5 bonnes raisons de télécharger Le Robert & Collins espagnol essentiel

- → Votre dictionnaire toujours disponible, même hors connexion Internet
- → L'accès à la bonne traduction en un clic
- → La prononciation des mots en espagnol
- → Une consultation facile, rapide et intuitive : hypertexte généralisé pour naviguer d'un mot à l'autre, suggestion de mots en cas de saisie erronée
- → Un accès direct au dictionnaire depuis vos documents Word

Comment télécharger votre dictionnaire sur PC ?

Rendez-vous sur **https://activation.lerobert.com/rc-poche-espagnol** et téléchargez Le Robert & Collins espagnol essentiel, votre dictionnaire numérique.

Téléchargez le logiciel avant le 31/12/2026 et uniquement depuis la page https://activation.lerobert.com/rc-poche-espagnol.

Compatible Windows 7/8/8.1/10. 300 Mo disponibles sur le disque dur.
Une connexion Internet est nécessaire pour télécharger et activer le logiciel. Il vous appartient de vous assurer, sans recours possible pour Le Robert, que les caractéristiques techniques de votre équipement sont conformes aux configurations requises pour télécharger et utiliser votre dictionnaire numérique Le Robert & Collins espagnol essentiel. Les équipements et les frais de télécommunication permettant l'accès à votre dictionnaire sont à votre charge exclusive. Vous êtes responsable de la sécurisation de votre équipement permettant l'accès à votre dictionnaire. Votre dictionnaire est destiné à un usage personnel. Ces dictionnaires ne peuvent être ni remboursés, ni remplacés, ni échangés. Une fois activé, le dictionnaire est installé sur votre ordinateur et consultable hors ligne. Les contenus intégrés à votre dictionnaire sont des créations originales protégées en France par les lois sur la propriété intellectuelle ainsi qu'à l'étranger par les conventions internationales relatives au droit d'auteur. Le Robert est titulaire exclusif des droits d'exploitation attachés à ces contenus. En cas de problème, contactez notre service Relation clients à la rubrique AIDE sur www.lerobert.com.

Le Robert & Collins

POCHE ESPAGNOL

HarperCollins Publishers
Westerhill Road
Bishopbriggs
Glasgow
G64 2QT
Great Britain

Huitième édition / Octava edición
2020

www.collinsdictionary.com

Dictionnaires Le Robert
92, avenue de France
75013 Paris
France

www.lerobert.com

ISBN Poche 978-2-32101-487-4
ISBN Poche+ 978-2-32101-491-1

Dépôt légal mai 2020
Achevé d'imprimer en mai 2020

Photocomposition / Fotocomposición
Davidson Publishing Solutions, Glasgow

Imprimé en Italie par / Impreso en Italia por
Grafica Veneta

CHEFS DE PROJET / JEFES DE PROYECTO
Teresa Álvarez
Janice McNeillie

COLLABORATEURS / COLABORADORES
Lola Busuttil
Xavier Carulla
Laurence Larroche
Gina Macleod
Carol McCann
Christian Salzédo
Holly Tarbet

POUR LA MAISON D'ÉDITION / PARA LA EDITORIAL
Gerry Breslin
Kerry Ferguson
Helen Newstead

Índice

Table des matières

Cómo usar este diccionario

informations linguistiques supplémentaires
notas lingüísticas suplementarias

indications d'emploi
indicaciones de uso

indications de domaine
indicaciones de campo semántico

genre grammatical de la traduction
género gramatical de la traducción

triangle séparant les différentes catégories grammaticales
triángulo que separa las diferentes categorías gramaticales

indications sémantiques
indicaciones semánticas

explication en l'absence de traduction
explicación que substituye a una traducción

équivalent quand il n'y a pas de traduction exacte
equivalente cuando no hay una traducción exacta

~s pedir disculpas; **lettre d'~s** carta de disculpa

> **On peut dire aussi :**
> ¡Perdón! (*Pardon !*)
> Perdona, me había olvidado de ti. (*Excuse-moi ...*)
> Perdone que no haya avisado antes. (*Excusez-moi de ne pas avoir ...*)
> Lo siento. A veces me cuesta reprimirme. (*Je regrette* ou *Je m'excuse.*)
> Lamento mucho lo de anoche. (*Je regrette beaucoup ...*)

excuser [ɛkskyze] *vt* excusar, disculpar; **s'excuser** *vpr* disculparse, excusarse; **s'~ (de)** disculparse (de), excusarse (por); **« excusez-moi »** (*en passant devant qn*) « discúlpeme »; (*pour attirer l'attention*) « perdón »; **se faire ~** excusarse

exécuter [ɛgzekyte] *vt* (*Inform, Mus, prisonnier*) ejecutar; (*opération, mouvement*) efectuar, realizar; **s'exécuter** *vpr* cumplir

exécutif, -ive [ɛgzekytif, iv] *adj* ejecutivo(-a) ▸ *nm* : **l'~** (*Pol*) el ejecutivo

exécution [ɛgzekysjɔ̃] *nf* ejecución *f*; **mettre à ~** llevar a cabo; **~ capitale** ejecución capital

exemplaire [ɛgzɑ̃plɛʀ] *adj* ejemplar ▸ *nm* ejemplar *m*; **en deux/trois ~s** por duplicado/triplicado

exemple [ɛgzɑ̃pl] *nm* ejemplo; **par ~** por ejemplo; **donner l'~** dar ejemplo; **prendre ~ sur qn** tomar ejemplo de algn; **suivre l'~ de qn** seguir el ejemplo de algn; **à l'~ de** a ejemplo de; **servir d'~ (à qn)** servir de ejemplo (a algn); **pour l'~** (*punir*) para que sirva *etc* de escarmiento *ou* de ejemplo

exercer [ɛgzɛʀse] *vt* ejercer; (*faculté, partie du corps*) ejercitar ▸ *vi* (*médecin*) ejercer; **s'exercer** *vpr* (*musicien*) practicar; **s'~ (sur/contre)** (*pression, poussée*) ejercerse (sobre/contra); **s'~ à faire qch** ejercitarse en hacer algo

exercice [ɛgzɛʀsis] *nm* ejercicio; **en ~** en ejercicio, en activo; **dans l'~ de ses fonctions** en ejercicio de sus funciones; **~s d'assouplissement** ejercicios *mpl* de flexibilidad

exhiber [ɛgzibe] *vt* exhibir; **s'exhiber** *vpr* exhibirse

CMU [seɛmy] *nf* (= *couverture maladie universelle*) *seguro de enfermedad para personas sin recursos económicos*

CNRS [seɛnɛʀɛs] *sigle m* (= *Centre national de la recherche scientifique*) ≈ CSIC *m* (= *Consejo Superior de Investigaciones Científicas*)

Comment utiliser ce dictionnaire

nome ; **~ de vecinos** copropriétaires *mpl*, association *f* de copropriétaires ; **C~ (Económica) Europea** Communauté (économique) européenne

> La Constitution espagnole de 1978 prévoit l'établissement de 17 régions et de deux villes dotées d'une certaine liberté de gestion. Il s'agit des **comunidades autónomas** ou *autonomías*. Certaines d'entre elles, telles que la Catalogne ou le Pays basque, ont une langue, une histoire et une culture propres. Les 17 régions sont les suivantes : Andalousie, Aragon, Asturies, Baléares, Canaries, Cantabrie, Castille-et-León, Castille-La Mancha, Catalogne, Estrémadure, Galice, Madrid, Murcie, Navarre, Pays basque, La Rioja, Communauté valencienne, et les villes de Ceuta et Melilla.

comunión [komu'njon] *nf* communion *f* ; **primera ~** première communion

comunismo [komu'nismo] *nm* communisme *m*

comunista [komu'nista] *adj, nm/f* communiste *m/f*

con [kon]

▸ *prep* **1** (*medio, compañía, modo*) avec ; **comer con cuchara** manger avec une cuillère ; **café con leche** café au lait ; **con habilidad** avec habileté ; **pasear con algn** se promener avec qn

2 (*actitud, situación*): **piensa con los ojos cerrados** il pense les yeux fermés ; **estoy con un catarro** j'ai un rhume

3 (*contenido*): **una libreta con direcciones** un carnet d'adresses ; **una maleta con ropa** une valise contenant des vêtements

4 (*a pesar de*): **con todo, merece nuestros respetos** malgré tout, il mérite notre respect

5 (*relación, trato*): **es muy bueno con los niños** il sait s'y prendre avec les enfants

6 (*+ infin*): **con llegar tan tarde se quedó sin comer** comme il est arrivé si tard, il n'a pas pu manger ; **con estudiar un poco apruebas** en étudiant un peu tu y arriveras

7 (*queja*): **¡con las ganas que tenía de hacerlo!** moi qui avais tellement envie de le faire !

cuate, -a ['kwate, a] (*CAm, Méx*) *nm/f* jumeau(-elle) ; (*fam*) copain (copine)

cuatro ['kwatro] *adj inv, nm inv* quatre *m inv* ; *ver tb* **seis**

cuatrocientos, -as [kwatro'θjentos, as] *adj* quatre cents ; *ver tb* **seiscientos**

Cuba ['kuβa] *nf* Cuba *f*

cuba ['kuβa] *nf* cuve *f*, tonneau *m* ; (*tina*) cuve ; **estar como una ~** (*fam*) être rond(e)

cubano, -a [ku'βano, a] *adj* cubain(e) ▸ *nm/f* Cubain(e)

note culturelle
nota culturale

transcription phonétique
transcripción fonética

mot-clé
palabra clave

expressions et exemples illustratifs
expresiones y ejemplos ilustrativos

américanismes
americanismos

indications de registre, ici familier
indicaciones de registro, aquí familiar

catégorie grammaticale
categoría gramatical

Abreviaturas / Abréviations

abreviatura	*abr*	abréviation
adjetivo	*adj*	adjectif
administración	*Admin*	administration
adverbio	*adv*	adverbe
agricultura	*Agr*	agriculture
alguien	*algn*	quelqu'un
América Latina	*AM*	Amérique latine
anatomía	*Anat*	anatomie
Andes	*And*	Andes
Antillas	*Ant*	Antilles
Argentina	*Arg*	Argentine
arquitectura	*Arq, Archit*	architecture
artículo	*art*	article
astrología	*Astrol*	astrologie
astronomía	*Astron*	astronomie
automóvil	*Auto*	automobile
auxiliar	*aux*	auxiliaire
aviación	*Aviat*	aviation
biología	*Bio, Biol*	biologie
botánica	*Bot*	botanique
Centroamérica	*CAm*	Amérique centrale
Caribe	*Carib*	Caraïbes
Chile	*Chi*	Chili
química	*Chim*	chimie
cine	*Cine, Ciné*	cinéma
Colombia	*Col*	Colombie
comercio	*Com, Comm*	commerce
conjunción	*conj*	conjonction
construcción	*Constr*	construction
Cono Sur	*CSur*	Argentine, Chili et Uruguay
Cuba	*CU*	Cuba
cocina	*Culin*	cuisine
definido	*def, déf*	défini
demostrativo	*demos, dém*	démonstratif
determinado	*det, dét*	déterminant
economía	*Econ, Écon*	économie
eletricidad, electrónica	*Elec, Élec*	électricité, électronique

escolar	*Escol*	enseignement
España	*Esp*	Espagne
especialmente	*esp*	surtout
etcétera	*etc*	et cetera
exclamación	*excl*	exclamation
femenino	*f*	féminin
lengua familiar	*fam*	familier
vulgar	*fam!*	vulgaire
ferrocarril	*Ferro*	chemins de fer
figurado	*fig*	figuré
finanzas	*Fin*	finance
filosofía	*Filos*	philosophie
física	*Fís*	physique
fisiología	*Fisiol*	physiologie
fotografía	*Foto*	photographie
generalmente	*gen, gén*	en général
geografía	*Geo, Géo*	géographie
geometría	*Geom, Géom*	géométrie
Guatemala	*Guat*	Guatemala
historia	*Hist*	histoire
humorístico	*hum*	humoristique
impersonal	*impers*	impersonnel
industria	*Ind*	industrie
indefinido	*indef, indéf*	indéfini
indirecto	*indir*	indirect
informática	*Inform*	informatique
interrogativo	*interrog*	interrogatif
invariable	*inv*	invariable
irónico	*iron*	ironique
jurídico	*Jur*	juridique
lingüística	*Ling*	linguistique
literatura	*Lit, Litt*	littérature
literario	*liter, littér*	littéraire
masculino	*m*	masculin
matemáticas	*Mat, Math*	mathématiques
masculino/femenino	*m/f*	masculin/féminin
medicina	*Med, Méd*	médecine
meterología	*Météo*	météorologie
México	*Méx, Mex*	Mexique

militar	*Mil*	militaire
música	*Mús, Mus*	musique
nombre	*n*	nom
náutica	*Náut, Naut*	nautisme
Nicaragua	*Nic*	Nicaragua
número	*num*	numéral
Panamá	*Pan*	Panama
Perú	*Perú*	Pérou
peyorativo	*pey, péj*	péjoratif
filosofía	*Philos*	philosophie
fotografía	*Photo*	photographie
física	*Phys*	physique
fisiología	*Physiol*	physiologie
plural	*pl*	pluriel
política	*Pol*	politique
participio de pasado	*pp*	participe passé
prefijo	*pref, préf*	préfixe
preposición	*prep, prép*	préposition
pronombre	*pron*	pronom
psicología	*Psico, Psych*	psychologie
algo	*qch*	quelque chose
alguien	*qn*	quelqu'un
química	*Quím*	chimie
ferrocarril	*Rail*	chemins de fer
religión	*Rel*	religion
relativo	*rel*	relatif
escolar	*Scol*	enseignement
singular	*sg*	singulier
sufijo	*suf*	suffixe
sujeto	*suj*	sujet
también	*tb*	aussi
tauromaquia	*Taur*	tauromachie
técnica, tecnología	*Tec, Tech*	technique
telecomunicaciones	*Telec, Tél*	télécommunications
tipografía	*Tip, Typo*	typographie
televisión	*TV*	télévision
universidad	*Univ*	université
ver	*v*	voir
verbo	*vb*	verbe
Venezuela	*Ven*	Venezuela

verbo intransitivo	*vi*	verbe intransitif
verbo pronominal	*vpr*	verbe pronominal
verbo transitivo	*vt*	verbe transitif
zoología	*Zool*	zoologie
marca registrada	®	marque déposée
indica un equivalente cultural	≈	indique une équivalence culturelle

Transcripción fonética

Consonantes		Consonnes
papel	p	poupée
boda	b	bombe
labor uva	β	
tinto	t	tente thermal
dama	d	dinde
casa que kilo	k	coq qui képi
goma	g	gag bague
pagar	ɣ	
quizás	s	sale ce nation
	z	zéro rose
	ʃ	tache chat
	ʒ	gilet juge
chiste	tʃ	tchao
fin	f	fer phare
	v	valve
tenaz cena[1]	θ	
cuidad	ð	
lejos	l	lent salle
talle[2]	ʎ	
	ʀ	rare rentrer
caro quitar	r	
garra	rr	
madre	m	maman femme
naranja	n	non nonne
niño	ɲ	agneau vigne
	ŋ	parking
	h	hop !
bien yunta	j	yaourt paille pied
huevo	w	nouer oui
jugar	x	

[1] se prononce parfois [s]   [2] se prononce parfois [ʒ]

Semiconsonantes		Semi-consonnes
viaje	ja	
viene	je	pied
radio	jo	
viuda	ju	
cuanto	wa	
sueño	we	nouer
ruido	wi	oui
cuota	wo	
	ɥ	huile lui

Transcription phonétique

Vocales		Voyelles
pino	i	ici vie lyrique
me	e	jouer été
	ɛ	lait jouet merci
pata	a	plat amour
	ɑ	bas pâte
	ə	le premier
	œ	beurre peur
	ø	peu deux
	ɔ	or homme
loco	o	mot eau gauche
lunes	u	genou roue
	y	rue urne
Diptongos		**Diphtongues**
baile	ai	
auto	au	
veinte	ei	
deuda	eu	
hoy	oi	
Nasales		**Voyelles nasales**
	ɛ̃	matin plein
	œ̃	brun
	ɑ̃	gens jambe dans
	ɔ̃	non pont pompe
Diversos		**Divers**
para el francés: indica que la h impide el enlace entre dos palabras sucesivas	ˈ	pour l'espagnol : précède la syllabe accentuée

Los números | Les nombres

un(o)(-a)	1	un(e)
dos	2	deux
tres	3	trois
cuatro	4	quatre
cinco	5	cinq
seis	6	six
siete	7	sept
ocho	8	huit
nueve	9	neuf
diez	10	dix
once	11	onze
doce	12	douze
trece	13	treize
catorce	14	quatorze
quince	15	quinze
dieciséis	16	seize
diecisiete	17	dix-sept
dieciocho	18	dix-huit
diecinueve	19	dix-neuf
veinte	20	vingt
veintún/veintiuno(-a)	21	vingt et un(e)
veintidós	22	vingt-deux
treinta	30	trente
treinta y un(o)(-a)	31	trente et un(e)
treinta y dos	32	trente-deux
cuarenta	40	quarante
cincuenta	50	cinquante
sesenta	60	soixante
setenta	70	soixante-dix
setenta y un(o)(-a)	71	soixante et onze
setenta y dos	72	soixante-douze
ochenta	80	quatre-vingts
ochenta y un(o)(-a)	81	quatre-vingt-un(e)
noventa	90	quatre-vingt-dix
noventa y un(o)(-a)	91	quatre-vingt-onze
cien(to)	100	cent
ciento un(o)(-a)	101	cent un(e)

ciento cincuenta y seis	**156**	cent cinquante-six
doscientos(-as)	**200**	deux cents
trescientos(-as) un(o)(-a)	**301**	trois cent un(e)
quinientos(-as)	**500**	cinq cents
mil	**1 000**	mille
cinco mil	**5 000**	cinq mille
un millón	**1 000 000**	un million

primer(o)(-a), 1º (1ª)	premier (première), 1er (1ère)
segundo(-a), 2º (2ª)	deuxième, 2e, 2ème
tercer(o)(-a), 3º (3ª)	troisième, 3e, 3ème
cuarto(-a)	quatrième
quinto(-a)	cinquième
sexto(-a)	sixième
séptimo(-a)	septième
octavo(-a)	huitième
noveno(-a)	neuvième
décimo(-a)	dixième
undécimo(-a)	onzième
duodécimo(-a)	douzième
decimotercer(o)(-a)	treizième
decimocuarto(-a)	quatorzième
decimoquinto(-a)	quinzième
decimosexto(-a)	seizième
decimoséptimo(-a)	dix-septième
decimoctavo(-a)	dix-huitième
decimonoveno(-a)	dix-neuvième
vigésimo(-a)	vingtième
vigésimo(-a) primero(-a)	vingt et unième
vigésimo(-a) segundo(-a)	vingt-deuxième
trigésimo(-a)	trentième
centésimo(-a)	centième
centésimo(-a) primero(-a)	cent unième
milésimo(-a)	millième

La hora	L'heure
¿qué hora es?	quelle heure est-il ?
es/son...	il est ...
es la una	il est une heure
son las cuatro	il est quatre heures
es medianoche/son las doce de la noche	il est minuit
la una (de la madrugada)	une heure (du matin)
la una y cinco	une heure cinq
la una y diez	une heure dix
la una y cuarto	une heure et quart
la una y veinticinco	une heure vingt-cinq
la una y media *o* treinta	une heure et demie, une heure trente
las dos menos veinticinco	deux heures moins vingt-cinq
las dos menos veinte	deux heures moins vingt, une heure quarante
las dos menos cuarto	deux heures moins le quart, une heure quarante-cinq
las dos menos diez	deux heures moins dix, une heure cinquante
mediodía, las doce (de la mañana)	midi
las dos (de la tarde)	deux heures (de l'après-midi)
las siete (de la tarde)	sept heures (du soir)
¿a qué hora?	à quelle heure ?
a medianoche	à minuit
a las siete	à sept heures
a la una	à une heure
en veinte minutos	en vingt minutes
hace diez minutos	il y a dix minutes

La fecha	La date
hoy	aujourd'hui
mañana	demain
pasado mañana	après-demain
ayer	hier
antes de ayer, anteayer	avant-hier
la víspera	la veille
el día siguiente	le lendemain
por la mañana	le matin
por la tarde	l'après-midi, le soir
esta mañana	ce matin
esta tarde	cet après-midi, ce soir
ayer por la mañana	hier matin
ayer por la tarde	hier soir *ou* après-midi
mañana por la mañana	demain matin
mañana por la tarde	demain soir *ou* après-midi
en la noche del sábado al domingo	dans la nuit de samedi à dimanche
vendrá el sábado	il viendra samedi
los sábados	le samedi
todos los sábados	tous les samedis
el sábado pasado	samedi dernier
el sábado que viene, el próximo sábado	samedi prochain
del sábado en ocho días	samedi en huit
del sábado en quince días	samedi en quinze
de lunes a sábado	du lundi au samedi
todos los días	tous les jours
una vez a la semana	une fois par semaine
una vez al mes	une fois par mois
dos veces a la semana	deux fois par semaine
hace una semana *o* ocho días	il y a une semaine *ou* huit jours
hace quince días	il y a quinze jours
el año pasado	l'année dernière
dentro de dos días	dans deux jours
dentro de ocho días *o* una semana	dans huit jours *ou* une semaine
dentro de quince días	dans quinze jours
el mes que viene, el próximo mes	le mois prochain
el año que viene, el próximo año	l'année prochaine

¿a qué *o* a cuántos estamos?	quel jour sommes-nous ?
el 1/24 de octubre de 2019	le 1er/24 octobre 2019
nací el 22 de octubre de 1980	je suis né le 22 octobre 1980
Barcelona, a 24 de octubre de 2019	Barcelona, le 24 octobre 2019
en 2014	en 2014
mil novecientos noventa y seis	mille neuf cent quatre-vingt-seize
dos mil tres	deux mille trois
44 a. de J.C.	44 av. J.–C.
14 d. de J.C.	14 apr. J.-C.
en el (siglo) XIX	au XIXe (siècle)
en los años treinta	dans les années trente
érase una vez...	il était une fois ...

FRANÇAIS – ESPAGNOL
FRANCÉS – ESPAÑOL

a

a [a] *vb voir* **avoir**

à [a]

(*à* + *le* = **au**, *à* + *les* = **aux**) *prép* 1 (*endroit, situation*) en; **être à Paris/au Portugal** estar en París/en Portugal; **être à la maison/à l'école/au bureau** estar en casa/en el colegio/en la oficina; **être à la campagne** estar en el campo; **c'est à 10 km/à 20 minutes (d'ici)** está a 10 km/a 20 minutos (de aquí); **à la radio/télévision** en la radio/televisión
2 (*direction*) a; **aller à Paris/au Portugal** ir a París/a Portugal; **aller à la maison/à l'école/au bureau** ir a casa/al colegio/a la oficina; **aller à la campagne** ir al campo
3 (*temps*) a; **à trois heures/à minuit** a las tres/a medianoche; **à demain/lundi/la semaine prochaine!** ¡hasta mañana/el lunes/la semana que viene!; **au printemps/au mois de juin** en primavera/el mes de junio; **à cette époque là** en aquella época; **nous nous verrons à Noël** nos veremos por Navidad; **visites de cinq heures à six heures** visitas de cinco a seis
4 (*attribution, appartenance*) de; **le livre est à lui/à nous/à Paul** el libro es suyo/nuestro/de Pablo; **un ami à moi** un amigo mío; **donner qch à qn** dar algo a algn
5 (*moyen*) : **se chauffer au gaz/à l'électricité** calentarse con gas/con electricidad; **à bicyclette** en bicicleta; **à pied** a pie; **à la main/machine** a mano/máquina; **pêcher à la ligne** pescar con caña
6 (*provenance*) de; **boire à la bouteille** beber de la botella; **prendre de l'eau à la fontaine** coger *ou* (AM) tomar agua de la fuente
7 (*caractérisation, manière*) : **l'homme aux yeux bleus/à la veste rouge** el hombre de ojos azules/de la chaqueta roja; **café au lait** café con leche; **à sa grande surprise** para su gran sorpresa; **à ce qu'il prétend** según pretende (él); **à l'européenne/la russe** a la europea/la rusa; **à nous trois nous n'avons pas su le faire** no hemos sabido hacerlo entre los tres
8 (*but, destination : de choses ou personnes*) : **tasse à café** taza de café; **«à vendre»** «se vende»; **à bien réfléchir** pensándolo bien; **problèmes à régler** problemas *mpl* por solucionar
9 (*rapport, évaluation, distribution*) : **100 km/unités à l'heure** 100 km/unidades por hora; **payé au mois/à l'heure** pagado por mes/por hora; **cinq à six** cinco a seis; **ils sont arrivés à quatre** llegaron cuatro

abaisser [abese] *vt* bajar; **s'abaisser** *vpr* (*aussi fig*) rebajarse; **s'~ à faire/à qch** rebajarse a hacer/a algo

abandon [abɑ̃dɔ̃] *nm* abandono; **être à l'~** estar abandonado(-a); **laisser à l'~** dejar abandonado(-a); **dans un moment d'~** en un momento de abandono

abandonner [abɑ̃dɔne] *vt* abandonar ▶ *vi* (*Sport*) abandonar; (*Inform*) salir; **s'abandonner** *vpr* abandonarse; **~ qch à qn** entregar algo a algn; **s'~ à** abandonarse a

abat-jour [abaʒuʀ] (*pl* **abat-jour(s)**) *nm* pantalla

abats [aba] *vb voir* **abattre** ▶ *nmpl* (*Culin*) menudos *mpl*

abattement [abatmɑ̃] *nm* (*physique, moral*) abatimiento; (*déduction*) deducción *f*; **~ fiscal** deducción fiscal

abattoir [abatwaʀ] *nm* matadero

abattre [abatʀ] *vt* (*arbre*) talar; (*mur, maison, avion*) derribar; (*tuer*) abatir; (*épuiser*) postrar; (*déprimer*) desanimar; **s'abattre** *vpr* (*mât, malheur*) caerse; **s'~ sur** (*aussi fig*) caer sobre; **~ ses cartes**

(*aussi fig*) enseñar las cartas; **~ du travail (*ou* de la besogne)** trabajar duro

abbaye [abei] *nf* abadía

abbé [abe] *nm* (*d'une abbaye*) abad *m*; (*de paroisse*) cura *m*; **M. l'~** señor cura

abcès [apsɛ] *nm* absceso

abdiquer [abdike] *vi* abdicar ▸ *vt* (*pouvoir, dignité*) renunciar a

abdominal, e, -aux [abdɔminal, o] *adj* abdominal; **abdominaux** *nmpl* abdominales *mpl*; **faire des abdominaux** hacer abdominales

abeille [abɛj] *nf* abeja

aberrant, e [abeʀɑ̃, ɑ̃t] *adj* aberrante

aberration [abeʀasjɔ̃] *nf* aberración *f*

abîme [abim] *nm* (*aussi fig*) abismo

abîmer [abime] *vt* estropear; **s'abîmer** *vpr* estropearse; (*fig*) abismarse; **s'~ les yeux** dañarse la vista

aboiement [abwamɑ̃] *nm* ladrido

abolir [abɔliʀ] *vt* abolir

abominable [abɔminabl] *adj* abominable

abondance [abɔ̃dɑ̃s] *nf* abundancia

abondant, e [abɔ̃dɑ̃, ɑ̃t] *adj* abundante

abonder [abɔ̃de] *vi* abundar; **~ en** abundar en; **~ dans le sens de qn** concordar con algn

abonné, e [abɔne] *adj* (*à un journal*) suscrito(-a); (*au téléphone*) abonado(-a) ▸ *nm/f* suscriptor(-a), abonado(-a)

abonnement [abɔnmɑ̃] *nm* (*à un journal*) suscripción *f*; (*transports en commun, théâtre*) abono

abonner [abɔne] *vt* : **~ qn à** (*revue*) suscribir a algn a; **s'abonner** *vpr* : **s'~ à** (*revue*) suscribirse a; (*téléphone*) abonarse a

abord [abɔʀ] *nm* : **être d'un ~ facile/difficile** ser de fácil/difícil acceso; **abords** *nmpl* (*d'un lieu*) alrededores *mpl*; **d'~** primero, en primer lugar; **tout d'~** antes de nada; **de prime ~, au premier ~** a primera vista

abordable [abɔʀdabl] *adj* (*personne*) accesible; (*prix, marchandise*) asequible

aborder [abɔʀde] *vi* abordar ▸ *vt* (*aussi fig*) abordar; (*virage, vie*) tomar

aboutir [abutiʀ] *vi* tener éxito; **~ à** (*lieu*) dar a; (*fig*) conducir a

aboyer [abwaje] *vi* ladrar

abréger [abʀeʒe] *vt* acortar

abreuver [abʀœve] *vt* abrevar; (*fig*) : **~ qn de** (*injures*) colmar a algn de; **s'abreuver** *vpr* abrevar

abreuvoir [abʀœvwaʀ] *nm* abrevadero

abréviation [abʀevjasjɔ̃] *nf* abreviatura

abri [abʀi] *nm* refugio; **à l'~** (*des intempéries, financièrement*) a cubierto; **à l'~ de** (*fig : erreur*) al abrigo de

abribus [abʀibys] *nm* marquesina

abricot [abʀiko] *nm* albaricoque *m*, damasco (AM)

abriter [abʀite] *vt* (*lieu*) resguardar; (*personne*) albergar; **s'abriter** *vpr* resguardarse; (*fig*) ampararse

abrupt, e [abʀypt] *adj* abrupto(-a); (*personne, ton*) rudo(-a)

abruti, e [abʀyti] (*fam*) *nm/f* tonto(-a)

absence [apsɑ̃s] *nf* ausencia; **en l'~ de** en ausencia de

absent, e [apsɑ̃, ɑ̃t] *adj, nm/f* ausente *m/f*

absenter [apsɑ̃te] : **s'absenter** *vpr* ausentarse

absolu, e [apsɔly] *adj* absoluto(-a) ▸ *nm* (*Philos*) : **l'~** el absoluto; **dans l'~** en abstracto

absolument [apsɔlymɑ̃] *adv* (*oui*) sí, por supuesto; (*sans faute, à tout prix*) absolutamente; **~ pas** en absoluto

absorbant, e [apsɔʀbɑ̃, ɑ̃t] *adj* absorbente

absorber [apsɔʀbe] *vt* absorber; (*manger, boire*) tomar

abstenir [apstəniʀ] : **s'abstenir** *vpr* abstenerse; **s'~ de qch/de faire** privarse de algo/de hacer

abstrait, e [apstʀɛ, ɛt] *adj* abstracto(-a) ▸ *nm* : **dans l'~** en abstracto; **art ~** arte *m* abstracto

absurde [apsyʀd] *adj* absurdo(-a) ▸ *nm* : **l'~** el absurdo; **raisonnement par l'~** razonamiento por reducción al absurdo

abus [aby] *nm* abuso; **il y a de l'~** (*fam*) es un abuso; **~ de biens sociaux** abuso *m* de bienes sociales; **~ de confiance** abuso de confianza; **~ de faiblesse** abuso de debilidad; **~ de pouvoir** abuso de poder; **~ sexuels** abusos *mpl* sexuales

abuser [abyze] *vi* abusar; **si je ne m'abuse** si no me equivoco; **~ de** abusar de; **~ de la patience de qn** abusar de la paciencia de algn

abusif, -ive [abyzif, iv] *adj* abusivo(-a)
acacia [akasja] *nm* acacia
académie [akademi] *nf* academia; (*Univ*) *circunscripción administrativa de la enseñanza en Francia*; **l'A~ (française)** la Academia Francesa

La **Académie française**, a veces llamada *la Coupole*, fue fundada por el cardenal Richelieu en 1635 durante el reinado de Luis XIII. La forman cuarenta eruditos y escritores electos a los que se conoce como *les Quarante* o *les Immortels*. Una de las funciones de la Academia es regular la evolución de la lengua francesa y sus recomendaciones son con frecuencia objeto de encendido debate. Ha publicado varias ediciones de su conocido diccionario y concede diversos premios literarios.

acajou [akaʒu] *nm* caoba
acariâtre [akaʀjɑtʀ] *adj* desabrido(-a)
accablant, e [akɑblɑ̃, ɑ̃t] *adj* (*témoignage, preuve*) abrumador(a); (*chaleur, poids*) agobiante
accabler [akɑble] *vt* (*physiquement*) agobiar; (*moralement*) abatir; (*suj : preuves, témoignage*) inculpar; **~ qn d'injures/de travail** colmar a algn de injurias/de trabajo; **accablé de dettes/soucis** cargado de deudas/preocupaciones
accalmie [akalmi] *nf* (*aussi fig*) calma, tregua
accaparer [akapaʀe] *vt* acaparar
accéder [aksede] *vt* : **~ à** (*lieu*) tener acceso a; (*fig*) acceder a; (*indépendance*) lograr
accélérateur [akseleʀatœʀ] *nm* acelerador *m*
accélérer [akseleʀe] *vt, vi* acelerar
accent [aksɑ̃] *nm* acento; **aux ~s de** (*musique*) a los acordes de; **mettre l'~ sur** (*fig*) hacer hincapié en; **~ aigu/circonflexe/grave** acento agudo/circunflejo/grave
accentuer [aksɑ̃tɥe] *vt* (*aussi fig*) acentuar; **s'accentuer** *vpr* acentuarse
acceptation [aksɛptasjɔ̃] *nf* aceptación *f*
accepter [aksɛpte] *vt* aceptar; (*admettre*) aceptar, admitir; **~ de faire** aceptar hacer; **~ que qn fasse** aceptar que algn haga; **~ que** admitir que; **accepteriez-vous que je m'en aille ?** ¿le importaría que me fuese?; **j'accepte !** ¡vale!; **je n'accepterai pas cela** eso no lo admitiré
accès [aksɛ] *nm* acceso ▶ *nmpl* (*routes, entrées*) accesos *mpl*; **d'~ facile/malaisé** de fácil/difícil acceso; **l'~ aux quais est interdit** el acceso a los andenes está prohibido; **donner ~ à** dar acceso a; **~ de colère** arrebato; **~ de fièvre** acceso de fiebre; **~ de toux** ataque *m* de tos
accessible [aksesibl] *adj* accesible; (*prix, objet*) asequible; **~ (à qn)** (*livre, sujet*) accesible (a algn)
accessoire [akseswaʀ] *adj* secundario(-a) ▶ *nm* accesorio
accident [aksidɑ̃] *nm* accidente *m*; **par ~** por accidente; **~ de la route/du travail** accidente de carretera/de trabajo; **~ de parcours** desliz *msg*; **~s de terrain** accidentes *mpl* del terreno
accidenté, e [aksidɑ̃te] *adj* accidentado(-a); (*voiture*) estropeado(-a), dañado(-a) ▶ *nm/f* herido(-a); **un ~ de la route** un herido de la carretera
accidentel, le [aksidɑ̃tɛl] *adj* accidental
acclamer [aklame] *vt* aclamar
acclimater [aklimate] *vt* aclimatar; (*personne*) acostumbrar; **s'acclimater** *vpr* aclimatarse
accolade [akɔlad] *nf* abrazo; **donner l'~ à qn** (*entre amis*) dar un abrazo a algn; (*dans une cérémonie*) dar el espaldarazo a algn
accommoder [akɔmɔde] *vt* (*Culin*) aliñar ▶ *vi* adaptar; **s'accommoder** *vpr* : **s'~ de** contentarse con
accompagnateur, -trice [akɔ̃paɲatœʀ, tʀis] *nm/f* acompañante *m/f*
accompagner [akɔ̃paɲe] *vt* acompañar; **s'accompagner** *vpr* acompañarse; **s'~ de** conllevar; (*avoir pour conséquence*) acarrear; **vous permettez que je vous accompagne ?** ¿me permite que le acompañe?
accompli, e [akɔ̃pli] *adj* (*fait*) consumado(-a); (*devoir*) cumplido(-a)
accomplir [akɔ̃pliʀ] *vt* cumplir; **s'accomplir** *vpr* cumplirse
accord [akɔʀ] *nm* (*entente*) acuerdo; (*Ling*) concordancia; (*consentement, autorisation*) consentimiento; (*Mus*) acorde *m*; **mettre deux personnes d'~** poner a dos personas de acuerdo; **se mettre d'~** ponerse de

acuerdo; **être d'~ (avec qn)** estar de acuerdo (con algn); **être d'~ (pour faire/que)** estar de acuerdo (en hacer/en que); **d'~ !** ¡de acuerdo!; **d'un commun ~** de común acuerdo; **en ~ avec qn** de acuerdo con algn; **donner son ~** dar su consentimiento; **~ en genre et en nombre** concordancia en género y número; **~ parfait** (*Mus*) acorde perfecto

On peut dire aussi :
Estoy de acuerdo con ella en lo que dice del machismo. (*Je suis d'accord avec ... sur ...*)
Los dos somos del mismo parecer *ou* de la misma opinión. (*Nous sommes ... du même avis.*)
Estamos conformes con el precio que piden. (*Nous sommes d'accord avec ...*)
No tengo ningún inconveniente en que vengan tus amigos. (*Je ne vois aucun inconvénient à ce que ...*)

accordéon [akɔʀdeɔ̃] *nm* acordeón *m*; **en ~** en acordeón

accorder [akɔʀde] *vt* (*faveur, délai*) conceder; (*harmoniser*) conciliar; (*Mus*) afinar; (*Ling*) concordar; **s'accorder** *vpr* estar de acuerdo; (*être d'accord, se mettre d'accord*) estar de acuerdo, ponerse de acuerdo; (*couleurs, caractères*) casar; (*Ling*) concordar; (*un moment de répit*) darse; **~ de l'importance/de la valeur à qch** dar importancia/valor a algo; **je vous accorde que ...** le concedo que ...

accoster [akɔste] *vt* (*Naut*) acostar; (*personne*) abordar ▸ *vi* acostar

accouchement [akuʃmɑ̃] *nm* parto; **~ à terme/sans douleur** parto a término/sin dolor

accoucher [akuʃe] *vi, vt* dar a luz; **~ d'une fille** dar a luz una niña

accouder [akude] : **s'accouder** *vpr* : **s'~ à/contre/sur** acodarse en/sobre; **accoudé à la fenêtre** acodado en la ventana

accoudoir [akudwaʀ] *nm* brazo

accoupler [akuple] *vt* (*animaux*) aparear; **s'accoupler** *vpr* aparearse

accourir [akuʀiʀ] *vi* precipitarse

accoutumance [akutymɑ̃s] *nf* (*au climat*) adaptación *f*; (*drogue*) adicción *f*

accoutumé, e [akutyme] *adj* acostumbrado(-a); **être ~ à qch/à faire** estar acostumbrado(-a) a algo/a hacer; **comme à l'accoutumée** como de costumbre

accoutumer [akutyme] *vt* : **~ qn à qch/à faire** acostumbrar a algn a algo/a hacer; **s'accoutumer** *vpr* : **s'~ à qch/à faire** acostumbrarse a algo/a hacer

accroc [akʀo] *nm* (*déchirure*) desgarrón *m*; **sans ~s** (*fig*) sin contratiempos; **faire un ~ à** (*vêtement*) hacer un desgarrón en; (*fig*) atentar contra

accrochage [akʀɔʃaʒ] *nm* (*d'un tableau*) colgamiento; (*d'une remorque*) enganche *m*; (*accident*) choque *m*; (*escarmouche*) escaramuza; (*dispute*) pelea

accrocher [akʀɔʃe] *vt* (*vêtement, tableau*) colgar; (*wagon, remorque*) enganchar; (*véhicule*) chocar con; (*déchirer : robe, pull*) rasgar; (*fig : regard, client*) atraer ▸ *vi* (*fermeture éclair*) engancharse; (*pourparlers*) atascarse; (*plaire : disque*) pegar; **s'accrocher** *vpr* (*se disputer*) pelearse; (*ne pas céder*) resistir; **s'~ à** (*rester pris à*) engancharse en; (*agripper*) agarrarse a; (*personne*) pegarse a; (*espoir, idée*) aferrarse a; **il faut s'~** (*fam*) hay que seguir

accrocheur, -euse [akʀɔʃœʀ, øz] *adj* (*publicité, titre*) llamativo(-a)

accroissement [akʀwasmɑ̃] *nm* aumento

accroître [akʀwatʀ] *vt* acrecentar; **s'accroître** *vpr* acrecentarse

accroupir [akʀupiʀ] : **s'accroupir** *vpr* ponerse en cuclillas

accru, e [akʀy] *pp de* **accroître**

accueil [akœj] *nm* acogida; (*endroit*) recepción *f*; **centre/comité d'~** centro/comité *m* de recepción

accueillir [akœjiʀ] *vt* (*recevoir, saluer*) acoger; (*loger*) alojar; (*fig*) recibir

accumuler [akymyle] *vt* acumular; **s'accumuler** *vpr* acumularse

accusation [akyzasjɔ̃] *nf* acusación *f*; **l'~** (*Jur*) la acusación; **mettre qn en ~** iniciar causa en contra de algn; **acte d'~** acta de acusación

accusé, e [akyze] *adj, nm/f* acusado(-a) ▸ *nm* : **~ de réception** acuse *m* de recibo

accuser [akyze] *vt* (*aussi fig*) acusar; (*fig : souligner*) acentuar; **~ qn de qch** acusar a algn de algo; **~ qch de qch** culpar a algo de algo; **~ réception de** acusar recibo de;

~ le coup (*fig, fam*) acusar el golpe; **s'~ de qch/d'avoir fait qch** culparse de algo/de haber hecho algo

acéré, e [aseʀe] *adj* acerado(-a); (*fig*) mordaz

acharné, e [aʃaʀne] *adj* (*combat, lutte*) encarnizado(-a)

acharner [aʃaʀne]: **s'acharner** *vpr*: **s'~ contre/sur** ensañarse con; **s'~ à faire** empeñarse en hacer

achat [aʃa] *nm* compra; **faire l'~ de** comprar; **faire des ~s** ir de compras

acheter [aʃ(ə)te] *vt* comprar; **~ à crédit** comprar a crédito; **~ qch à qn** comprar algo a algn

acheteur, -euse [aʃ(ə)tœʀ, øz] *nm/f* comprador(a); **l'~ et le vendeur** el comprador y el vendedor

achever [aʃ(ə)ve] *vt* acabar, finalizar; (*blessé*) rematar; **s'achever** *vpr* acabarse; **~ de faire qch** (*aussi fig*) acabar de hacer algo

acide [asid] *adj* ácido(-a); (*ton*) áspero(-a) ▸ *nm* ácido

acidulé [asidyle] *adj* ácido(-a); **bonbons ~s** caramelos *mpl* ácidos

acier [asje] *nm* acero; **~ inoxydable** acero inoxidable

aciérie [asjeʀi] *nf* acería

acné [akne] *nf* acné *f*; **~ juvénile** acné juvenil

acompte [akɔ̃t] *nm* (*arrhes*) señal *f*; (*sur somme due*) adelanto; (*sur salaire*) anticipo

à-côté [akote] *nm* (*point accessoire*) cuestión *f* secundaria; (*argent*: *aussi pl*) dinero extra *inv*

à-coup [aku] *nm* (*du moteur*) sacudidas *fpl*; (*du commerce, de l'économie*) altibajos *mpl*; **sans ~s** sin interrupción; **par ~s** a tirones

acoustique [akustik] *nf* acústica ▸ *adj* acústico(-a)

acquéreur [akeʀœʀ] *nm* comprador(a); **se porter ~ de qch** ofrecerse como comprador de algo; **se rendre ~ de qch** adquirir algo

acquérir [akeʀiʀ] *vt* comprar; (*résultats*) obtener

acquiescer [akjese] *vi* asentir; **~ (à qch)** consentir (en algo)

acquis, e [aki, iz] *pp de* **acquérir** ▸ *nm* (*savoir, expérience*) conocimientos *mpl*; **acquis** *nmpl*: **les ~ sociaux** los logros sociales ▸ *adj* (*voir vt*) adquirido(-a); (*résultats*) obtenido(-a); **tenir qch pour ~** (*comme allant de soi*) dar algo por sabido; (*comme décidé*) dar algo por hecho; **être ~ à** ser adicto(-a) a; **caractère ~** carácter *m* adquirido; **vitesse acquise** velocidad *f* adquirida

acquitter [akite] *vt* (*accusé*) absolver; (*payer*) abonar, pagar; **s'acquitter de** *vpr* (*promesse, tâche*) cumplir con; (*dette*) satisfacer

âcre [ɑkʀ] *adj* acre

acrobate [akʀɔbat] *nm/f* acróbata *m/f*

acrobatie [akʀɔbasi] *nf* (*aussi fig*) acrobacia; **~ aérienne** acrobacia aérea

acte [akt] *nm* (*Théâtre*: *action*) acto; (*document*) acta; **actes** *nmpl* (*compte-rendu*) actas *fpl*; **prendre ~ de** tomar nota de; **faire ~ de présence** hacer acto de presencia; **faire ~ de candidature** presentar una candidatura; **~ d'accusation** acta de acusación; **~ de baptême** fe *f* de bautismo; **~ de mariage/de naissance** partida de matrimonio/de nacimiento; **~ de vente** escritura

acteur, -trice [aktœʀ, tʀis] *nm/f* actor (actriz)

actif, -ive [aktif, iv] *adj* activo(-a) ▸ *nm* activo; **prendre une part active à qch** tomar parte activa en algo; **l'~ et le passif** el activo y el pasivo

action [aksjɔ̃] *nf* acción *f*; **une bonne/mauvaise ~** una buena/mala acción; **mettre en ~** poner en práctica; **passer à l'~** pasar a la acción; **un homme d'~** un hombre de acción; **sous l'~ de** bajo el efecto de; **un film d'~** una película de acción; **~ de grâce(s)** acción de gracias; **~ en diffamation** demanda por difamación

actionnaire [aksjɔnɛʀ] *nm/f* accionista *m/f*

actionner [aksjɔne] *vt* accionar

activer [aktive] *vt* activar; **s'activer** *vpr* (*s'affairer*) trajinar

activité [aktivite] *nf* actividad *f*; **cesser toute ~** abandonar toda actividad; **en ~** (*fonctionnaire, militaire*) en activo; (*volcan, industrie*) en actividad; **~s subversives** actividades subversivas

actrice [aktʀis] *nf voir* **acteur**

actualité [aktɥalite] *nf* actualidad *f*; **actualités** *nfpl*: **les ~s** las noticias; **l'~ politique/sportive** la actualidad política/deportiva; **d'~** de actualidad

actuel, le [aktɥɛl] *adj* actual; **à l'heure actuelle** hoy en día, en el momento actual

actuellement [aktɥɛlmɑ̃] *adv* actualmente

acuponcture [akypɔ̃ktyʀ], **acupuncture** [akypɔ̃ktyʀ] *nf* acupuntura

adaptateur, -trice [adaptatœʀ, tʀis] *nm/f* (*Théâtre*) adaptador(a) ▸ *nm* (*Élec*) adaptador *m*

adapter [adapte] *vt*: **~ à** adaptar a; **s'adapter** *vpr* (*personne*): **s'~ (à)** adaptarse (a); (*objet, prise etc*) ajustarse (a); **~ qch sur/dans/à** ajustar algo sobre/en/a

addition [adisjɔ̃] *nf* (*Math*) adición *f*; (*au restaurant*) cuenta; (*d'une clause*) inclusión *f*

additionner [adisjɔne] *vt* sumar; **s'additionner** *vpr* sumarse; **~ un vin d'eau** añadir agua al vino

adepte [adɛpt] *nm/f* (*d'une religion*) adepto(-a); (*d'un sport*) partidario(-a)

adéquat, e [adekwa(t), at] *adj* adecuado(-a)

adhérent, e [adeʀɑ̃, ɑ̃t] *adj* adherente ▸ *nm/f* miembro *m/f*

adhérer [adeʀe] *vi* adherirse ▸ *vt*: **~ à** (*coller*) adherir a; (*se rallier à*) adherirse a; (*devenir membre de*) afiliarse a; (*être membre de*) estar afiliado(-a) a

adhésif, -ive [adezif, iv] *adj* adhesivo(-a) ▸ *nm* adhesivo

adieu [adjø] *excl* ¡adiós! ▸ *nm* adiós *msg*; **adieux** *nmpl*: **faire ses adieux à qn** despedirse de algn; **dire ~ à qn** decir adiós a algn; **dire ~ à qch** decir adiós a algo

adjectif, -ive [adʒɛktif, iv] *adj* adjetivo(-a) ▸ *nm* adjetivo; **~ attribut/démonstratif/épithète** adjetivo atributo/demostrativo/epíteto; **~ numéral/possessif/qualificatif** adjetivo numeral/posesivo/calificativo

adjoint, e [adʒwɛ̃, wɛ̃t] *nm/f* adjunto(-a); **directeur ~** director *m* adjunto; **~ au maire** teniente *m* alcalde

admettre [admɛtʀ] *vt* admitir; (*candidat*) admitir, aprobar; **~ que** admitir que; **j'admets que** admito que; **je n'admets pas ce genre de conduite** no admito este tipo de comportamiento; **je n'admets pas que tu fasses cela** no admito que hagas esto; **admettons** admitamos; **admettons que ...** admitamos que ...

administrateur, -trice [administʀatœʀ, tʀis] *nm/f* administrador(a); **~ délégué** consejero(-a) delegado(-a); **~ judiciaire** interventor *m*

administration [administʀasjɔ̃] *nf* administración *f*; **l'A~** la Administración

administrer [administʀe] *vt* administrar

admirable [admiʀabl] *adj* admirable

admirateur, -trice [admiʀatœʀ, tʀis] *nm/f* admirador(a)

admiration [admiʀasjɔ̃] *nf* admiración *f*; **être en ~ devant** estar boquiabierto(-a) ante

admirer [admiʀe] *vt* admirar

admis, e [admi, iz] *pp de* **admettre**

admissible [admisibl] *adj* (*candidat*) admitido(-a); (*comportement*: *gén nég*) admisible

ADN [ɑdeɛn] *sigle m* (= *acide désoxyribonucléique*) ADN *m*

adolescence [adɔlesɑ̃s] *nf* adolescencia

adolescent, e [adɔlesɑ̃, ɑ̃t] *nm/f* adolescente *m/f*

adopter [adɔpte] *vt* (*enfant, politique*) adoptar; (*projet de loi*) aprobar

adoptif, -ive [adɔptif, iv] *adj* adoptivo(-a)

adorable [adɔʀabl] *adj* adorable

adorer [adɔʀe] *vt* adorar

adosser [adose] *vt*: **~ qch à/contre** adosar algo a/contra; **s'adosser** *vpr*: **s'~ à/contre** respaldarse en/contra; **être adossé à/contre** estar adosado a/contra

adoucir [adusiʀ] *vt* (*aussi fig*) suavizar; (*avec du sucre*) endulzar; (*peine, douleur*) aliviar; (*eau*) descalcificar; **s'adoucir** *vpr* suavizarse

adresse [adʀɛs] *nf* (*habileté*) habilidad *f*; (*domicile*) dirección *f*; **à l'~ de** a la atención de; **partir sans laisser d'~** marchar sin dejar la dirección; **~ Web** dirección *f* de Internet

adresser [adʀese] *vt* (*expédier*) enviar; (*écrire l'adresse sur*) poner la dirección en; (*injure, compliments*) dirigir; **s'adresser** *vpr*: **s'~ à** dirigirse a; (*suj*: *livre, conseil*) estar dirigido(-a) a; **~ qn à un docteur/un**

bureau enviar a algn a un médico/una oficina; **~ la parole à qn** dirigir la palabra a algn

adroit, e [adʀwa, wat] *adj* hábil; (*rusé*) astuto(-a)

ADSL *sigle m* (*= asymmetrical digital subscriber line*) ADSL *m ou f*

adulte [adylt] *nm/f* adulto(-a) ▸ *adj* adulto(-a); **l'âge ~** la edad adulta; **film pour ~s** película para adultos; **formation des/pour ~s** formación *f* de/para adultos

adverbe [advɛʀb] *nm* adverbio

adversaire [advɛʀsɛʀ] *nm/f* adversario(-a); **~ de qch** adversario(-a) de algo

aération [aeʀasjɔ̃] *nf* (*action d'aérer*) aeración *f*; (*circulation de l'air*) ventilación *f*; **bouche/conduit d'~** boca/conducto de ventilación

aérer [aeʀe] *vt* (*pièce, literie*) ventilar; **s'aérer** *vpr* airearse, tomar el aire

aérien, ne [aeʀjɛ̃, jɛn] *adj* (*aussi fig*) aéreo(-a); **compagnie aérienne** compañía aérea; **ligne aérienne** línea aérea

aérodynamique [aeʀodinamik] *adj* aerodinámico(-a) ▸ *nf* aerodinámica

aérogare [aeʀogaʀ] *nf* terminal *f*; (*en ville*) estación *f* terminal

aéroglisseur [aeʀoglisœʀ] *nm* aerodeslizador *m*

aéronaval, e [aeʀonaval] *adj* aeronaval ▸ *nf*: **l'Aéronavale** las Fuerzas aeronavales

aérophagie [aeʀɔfaʒi] *nf* aerofagia

aéroport [aeʀɔpɔʀ] *nm* aeropuerto; **~ d'embarquement** aeropuerto de embarque

aérosol [aeʀɔsɔl] *nm* aerosol *m*

affaiblir [afebliʀ] *vt* debilitar; **s'affaiblir** *vpr* debilitarse

affaire [afɛʀ] *nf* (*problème, question*) asunto; (*criminelle, judiciaire*) caso; (*entreprise, magasin*) negocio, empresa; (*marché, transaction*) negocio; (*occasion intéressante*) ganga; **affaires** *nfpl* negocios *mpl*; (*objets, effets personnels*) cosas *fpl*; **occupe-toi de tes ~s !** ¡ocúpate de tus asuntos!; **tirer qn/se tirer d'~** sacar a algn/salir de un apuro; **en faire son ~** encargarse de ello; **tu auras ~ à moi !** ¡te las verás conmigo!; **cela fera l'~** eso bastará; **avoir ~ à qn/qch** (*comme adversaire*) tener que vérselas con algn/algo; (*comme contact*) estar en relación con algn/algo; **c'est une ~ de goût/d'argent** es una cuestión de gusto/dinero; **c'est l'~ d'une minute/heure** es cosa de un minuto/una hora; **les A~s étrangères** Asuntos Exteriores; **toutes ~s cessantes** dejándolo todo

affairer [afeʀe] : **s'affairer** *vpr* afanarse

affamé, e [afame] *adj* hambriento(-a)

affecter [afɛkte] *vt* (*toucher, émouvoir*) afectar; (*feindre*) fingir; **~ qch/qn à** destinar algo/a algn a; **~ qch d'un coefficient/indice** asignar a algo un coeficiente/índice

affectif, -ive [afɛktif, iv] *adj* afectivo(-a)

affection [afɛksjɔ̃] *nf* afecto, cariño; (*Méd*) afectación *f*; **avoir de l'~ pour** tener cariño a; **prendre en ~** tomar cariño a

affectionner [afɛksjɔne] *vt* sentir predilección por

affectueux, -euse [afɛktɥø, øz] *adj* afectuoso(-a)

affichage [afiʃaʒ] *nm* anuncio; (*électronique*) marcador *m*; **« ~ interdit »** «se prohibe fijar carteles»; **panneau/tableau d'~** panel *m*/tablón *m* de anuncios; **~ à cristaux liquides** marcador de cristales líquidos; **~ digital/numérique** marcador digital/numérico

affiche [afiʃ] *nf* cartel *m*, afiche *m* (AM); (*officielle*) anuncio; **être à l'~** estar en cartelera; **tenir l'~** mantenerse en cartelera

afficher [afiʃe] *vt* anunciar; (*électroniquement*) marcar; (*fig, péj*) ostentar; **s'afficher** *vpr* (*péj*) exhibirse; (*électroniquement*) mostrarse; **« défense d'~ »** «prohibido fijar carteles»

affilée [afile] : **d'~** *adv* de un tirón

affirmatif, -ive [afiʀmatif, iv] *adj* (*réponse*) afirmativo(-a) ▸ *nf*: **répondre par l'affirmative** responder afirmativamente

affirmer [afiʀme] *vt* afirmar; **s'affirmer** *vpr* afirmarse

affligé, e [afliʒe] *adj* afligido(-a); **~ d'une maladie/tare** aquejado(-a) por una enfermedad/tara

affliger [afliʒe] *vt* afligir

affluence [aflyɑ̃s] *nf* afluencia; **heure/jour d'~** hora/día *m* de afluencia

affluent [aflyɑ̃] *nm* afluente *m*

affolant, e [afɔlɑ̃, ɑ̃t] *adj* enloquecedor(a)

affolement [afɔlmɑ̃] *nm* pánico
affoler [afɔle] *vt* asustar; **s'affoler** *vpr* asustarse
affranchir [afʀɑ̃ʃiʀ] *vt* (*lettre, paquet*) franquear; (*esclave*) libertar; (*d'une contrainte, menace*) liberar; **s'affranchir** *vpr* : **s'~ de** liberarse de
affranchissement [afʀɑ̃ʃismɑ̃] *nm* (*Postes*) franqueo; (*d'un esclave*) liberación *f*; **tarifs d'~** tarifas *fpl* de franqueo; **~ insuffisant** franqueo insuficiente
affreux, -euse [afʀø, øz] *adj* horrible
affront [afʀɔ̃] *nm* afrenta
affrontement [afʀɔ̃tmɑ̃] *nm* enfrentamiento
affronter [afʀɔ̃te] *vt* (*adversaire*) afrontar, hacer frente a; (*tempête, critiques*) afrontar; **s'affronter** *vpr* confrontarse
affût [afy] *nm* : **à l'~ (de)** (*aussi fig*) al acecho (de)
afin [afɛ̃] : **~ que** *conj* a fin de que; **~ de faire** a fin de hacer, con el fin de hacer
africain, e [afʀikɛ̃, ɛn] *adj* africano(-a) ▸ *nm/f* : **Africain, e** africano(-a)
Afrique [afʀik] *nf* África; **~ australe/du Nord/du Sud** África austral/del Norte/del Sur
agaçant, e [agasɑ̃, ɑ̃t] *adj* molesto(-a), irritante
agacer [agase] *vt* molestar
âge [ɑʒ] *nm* edad *f*; **quel ~ as-tu ?** ¿qué edad tienes?; **une femme d'un certain ~** una mujer de cierta edad; **bien porter son ~** llevar bien los años; **prendre de l'~** envejecer; **limite/dispense d'~** límite *m*/dispensa de edad; **troisième ~** tercera edad; **avoir l'~ de raison** tener uso de razón; **l'~ ingrat** la edad del pavo; **~ légal/mental** edad legal/mental; **l'~ mûr** la edad madura
âgé, e [ɑʒe] *adj* de edad; **~ de 10 ans** de 10 años de edad; **les personnes ~es** los ancianos
agence [aʒɑ̃s] *nf* agencia; **~ immobilière/matrimoniale** agencia inmobiliaria/matrimonial; **~ de placement/de publicité/de voyages** oficina de empleo/de publicidad/de viajes
agenda [aʒɛ̃da] *nm* agenda
agenouiller [aʒ(ə)nuje] : **s'agenouiller** *vpr* arrodillarse
agent, e [aʒɑ̃, ɑ̃t] *nm/f* (*Admin*) agente *m/f* ▸ *nm* (*élément, facteur*) agente *m*; **complément d'~** (*Ling*) complemento agente; **~ commercial(e)** agente comercial; **~ d'assurances/de change** agente de seguros/de cambio; **~ (de police)** policía *m/f*, agente *m/f* (AM); **~ immobilier(-ère)** agente inmobiliario(-a); **~ secret(-ète)** agente secreto(-a)
agglomération [aglɔmeʀasjɔ̃] *nf* aglomeración *f*; **l'~ parisienne** el área metropolitana de París
aggraver [agʀave] *vt* agravar, empeorar; (*Jur*) agravar; **s'aggraver** *vpr* agravarse; **~ son cas** agravar su caso
agile [aʒil] *adj* ágil
agir [aʒiʀ] *vi* actuar; (*avoir de l'effet*) hacer *ou* surtir efecto; **~ sur qch** (*sujet médicament, substance*) actuar sobre algo; **s'agir** *vpr* : **il s'agit de faire** se trata de hacer; **il s'agit de** se trata de; **de quoi s'agit-il ?** ¿de qué se trata?; **s'agissant de** tratándose de
agitation [aʒitasjɔ̃] *nf* agitación *f*
agité, e [aʒite] *adj* (*personne*) inquieto(-a); (*vie, voyage*) agitado(-a); **une mer agitée** un mar agitado *ou* revuelto; **un sommeil ~** un sueño intranquilo
agiter [aʒite] *vt* agitar; (*personne*) inquietar; **s'agiter** *vpr* (*aussi fig*) agitarse; **« ~ avant l'emploi »** « agitar antes de usar »
agneau [aɲo] *nm* cordero
agonie [agɔni] *nf* (*aussi fig*) agonía
agrafe [agʀaf] *nf* (*de bureau, Méd*) grapa; (*de vêtement*) corchete *m*
agrafer [agʀafe] *vt* (*des feuilles de papier*) grapar; (*vêtement*) abrochar
agrafeuse [agʀaføz] *nf* grapadora
agrandir [agʀɑ̃diʀ] *vt* agrandar, ampliar; **s'agrandir** *vpr* agrandarse; **(faire) ~ sa maison** (hacer) ampliar su casa
agrandissement [agʀɑ̃dismɑ̃] *nm* ampliación *f*, ensanche *m*; (*Photo*) ampliación
agréable [agʀeabl] *adj* agradable
agréé, e [agʀee] *adj* autorizado(-a); **magasin/concessionnaire ~** establecimiento/concesionario autorizado
agréer [agʀee] *vt* acceder; **~ à** acceder a; **se faire ~** hacerse admitir; **veuillez ~ ...** le saluda ...

agrégation [agʀegasjɔ̃] *nf* oposición *f*

> La **agrégation**, que se conoce familiarmente como *agrég*, es un examen de oposición para profesores de enseñanza secundaria. El número de opositores siempre excede en mucho al número de plazas. La mayor parte del profesorado de las *classes préparatoires* y del profesorado universitario ha aprobado la **agrégation**.

agrégé, e [agʀeʒe] *nm/f* catedrático(-a)
agrément [agʀemɑ̃] *nm* (*accord*) consentimiento; (*attraits*) atractivo; (*plaisir*) agrado; **jardin d'~** jardín *m* de recreo; **voyage d'~** viaje *m* de placer
agresser [agʀese] *vt* agredir
agresseur, -euse [agʀesœʀ, øz] *nm/f* agresor(a)
agressif, -ive [agʀesif, iv] *adj* agresivo(-a); (*couleur, toilette*) provocador(a)
agricole [agʀikɔl] *adj* agrícola
agriculteur, -trice [agʀikyltœʀ, tʀis] *nm/f* agricultor(a)
agriculture [agʀikyltyʀ] *nf* agricultura
agripper [agʀipe] *vt* agarrar; **s'agripper** *vpr* : **s'~ à** agarrarse a, aferrarse a
agro-alimentaire [agʀoalimɑ̃tɛʀ] (*pl* **agro-alimentaires**) *adj* agroalimenticio(-a)
agrumes [agʀym] *nmpl* cítricos *mpl*, agrios *mpl*
aguets [agɛ] : **aux ~** *adv* : **être aux ~** estar al acecho
ai [ɛ] *vb voir* **avoir**
aide [ɛd] *nf* ayuda ▸ *nm/f* ayudante *m/f*; **à l'~ de** con (la) ayuda de; **à l'~ !** ¡socorro!; **appeler (qn) à l'~** pedir ayuda (a algn); **venir en ~ à qn** ayudar a algn; **il est venu à mon ~** vino en mi ayuda; **~ de camp** *nm/f* ayudante de campo; **~ de laboratoire** *nm/f* auxiliar *m/f* de laboratorio; **~ familiale** *nf* ayuda familiar; **~ judiciaire** *nf* ayuda judicial; **~ ménagère** *nf* ayuda doméstica; **~ sociale** *nf* (*assistance*) asistencia social; **~ technique** *nm/f* asistente *m/f* técnico(-a)
aide-mémoire [ɛdmemwaʀ] (*pl* **aide-mémoire(s)**) *nm* memorándum *m*
aider [ede] *vt* ayudar; **s'aider de** *vpr* ayudarse de, servirse de; **~ qn à faire qch** ayudar a algn a hacer algo; **~ à** (*faciliter, favoriser*) ayudar a

> **On peut dire aussi :**
> ¿Te ayudo? (*Je t'aide ?*)
> ¿Quieres que vaya a recoger al niño al colegio? (*Tu veux que ... ?*)
> Déjame que te ayude. (*Laisse-moi t'aider.*)
> ¿Puedo ayudarte en algo? (*Je peux t'aider ?*)
> Si quieres, te acompaño. (*Si tu veux ...*)

aide-soignant, e [ɛdswaɲɑ̃, ɑ̃t] (*pl* **aides-soignants, es**) *nm/f* auxiliar *m/f* de enfermería
aie *etc* [ɛ] *vb voir* **avoir**
aïe [aj] *excl* ¡ay!
aigle [ɛgl] *nm* águila
aigre [ɛgʀ] *adj* (*aussi fig*) agrio(-a); **tourner à l'~** agriarse
aigre-doux, -douce [ɛgʀədu, dus] (*pl* **aigres-doux, -douces**) *adj* agridulce
aigreur [ɛgʀœʀ] *nf* acidez *f*; (*d'un propos*) acritud *f*; **~s d'estomac** acidez de estómago
aigu, ë [egy] *adj* (*voix, note, douleur*) agudo(-a)
aiguille [egɥij] *nf* aguja; (*montagne*) picacho; **~ à tricoter** aguja de tejer
aiguiser [egize] *vt* afilar; (*fig*) aguzar
ail (*pl* **aulx** [aj, o]) *nm* ajo
aile [ɛl] *nf* ala; (*de voiture*) aleta; **battre de l'~** estar alicaído(-a); **voler de ses propres ~s** volar solo(-a)
ailier, -ière [elje, jɛʀ] *nm/f* extremo *m/f*; **~ droit/gauche** extremo derecho/izquierdo
aille *etc* [aj] *vb voir* **aller**
ailleurs [ajœʀ] *adv* en otra parte; **partout/nulle part ~** en cualquier/en ninguna otra parte; **d'~** además; **par ~** por otra parte
aimable [ɛmabl] *adj* amable; **vous êtes bien ~** es usted muy amable
aimant, e [ɛmɑ̃] *adj* amoroso(-a) ▸ *nm* imán *m*
aimer [eme] *vt* (*d'amour*) querer, amar; (*d'amitié, affection*) querer; (*chose, activité*) gustar; **s'aimer** *vpr* amarse; **j'aime le cinéma/faire du sport** me gusta el cine/hacer deporte; **j'aime bien l'anglais** me gusta el inglés; **j'aime bien Pierre** me cae bien Pedro; **aimeriez-vous que je vous accompagne ?** ¿le gustaría que le acom-

pañase?; **j'aimerais (bien) m'en aller** me gustaría (mucho) irme; **j'aimerais te demander de ...** quisiera preguntarte si ...; **j'aimerais que la porte soit fermée** me gustaría que la puerta estuviese cerrada; **tu aimerais que je fasse qch pour toi ?** ¿te gustaría que hiciese algo por ti?; **j'aime mieux** *ou* **autant vous dire que** prefiero decirle que; **j'aimerais autant** *ou* **mieux y aller maintenant** preferiría ir ahora; **j'aimerais avoir ton avis/opinion** me gustaría conocer tu opinión; **j'aime mieux Paul que Pierre** prefiero a Pablo antes que a Pedro

> **On peut dire aussi :**
> Me ha gustado mucho su regalo. (*J'ai beaucoup aimé ...*)
> Me encanta el mar y navegar a vela. (*J'adore ...*)
> Me fascina observar a la gente. (*J'adore ...*)
> La historia es mi asignatura favorita. (*... est ma ... préférée.*)
> Es la mejor película que he visto en mi vida. (*C'est le meilleur ... que ...*)
>
> No me gusta comer fuera de casa. (*Je n'aime pas ...*)
> Me cuesta tener que criticarlo en público. (*Je trouve difficile de devoir ...*)
> Mis nuevos vecinos me caen muy mal *ou* no me caen nada bien. (*... ne me plaisent pas du tout.*)
> No soporto que me hagan esperar. (*Je ne supporte pas que ...*)
> Odio cualquier tipo de violencia. (*Je déteste ...*)

aine [ɛn] *nf* ingle *f*

aîné, e [ene] *adj* mayor ▸ *nm/f* primogénito(-a); **aînés** *nmpl* (*fig : anciens*) antepasados *mpl*; **il est mon ~ (de deux ans)** es (dos años) mayor que yo

ainsi [ɛ̃si] *adv* (*de cette façon*) de este modo; (*ce faisant*) así ▸ *conj* entonces; **~ que** (*comme*) así como; (*et aussi*) y también; **pour ~ dire** por decirlo así; **~ donc** así pues; **~ soit-il** así sea; **et ~ de suite** y así sucesivamente

air [ɛʀ] *nm* aire *m*; (*expression, attitude*) aspecto, aire; **dans l'~** (*atmosphère, ambiance*) en el aire; **regarder en l'~** mirar hacia arriba; **tirer en l'~** disparar al aire; **parole/menace en l'~** palabra/amenaza al aire; **prendre l'~** tomar el aire; **avoir l'~** parecer, verse (*AM*); **il a l'~ de manger/dormir/faire** parece que está comiendo/durmiendo/haciendo; **avoir l'~ d'un homme/clown** parecer un hombre/payaso; **prendre de grands ~s (avec qn)** darse aires de grandeza (con algn); **avoir l'~ triste** parecer triste; **ils ont un ~ de famille** se dan un aire de familia; **courant d'~** corriente *f* de aire; **le grand ~** el aire libre; **mal de l'~** mareo; **tête en l'~** despistado(-a); **~ comprimé/conditionné/liquide** aire comprimido/acondicionado/líquido

airbag [ɛʀbag] *nm* airbag *m*

aisance [ɛzɑ̃s] *nf* facilidad *f*

aise [ɛz] *nf* comodidad *f*; **aises** *nfpl* : **prendre ses ~s** instalarse a sus anchas; **soupirer/frémir d'~** suspirar/temblar de gozo; **être à l'~** estar a gusto; (*pas embarrassé*) estar a sus anchas; (*financièrement*) estar desahogado(-a); **se mettre à l'~** ponerse a gusto; **être mal à l'~** estar a disgusto; (*gêné*) estar molesto(-a); **mettre qn à l'~/mal à l'~** hacer que algn se sienta cómodo(-a)/incómodo(-a); **à votre ~** como usted guste

aisé, e [eze] *adj* (*facile*) fácil; (*naturel*) desenvuelto(-a); (*assez riche*) acomodado(-a)

aisselle [ɛsɛl] *nf* axila

ait [ɛ] *vb voir* **avoir**

ajourner [aʒuʀne] *vt* (*débat, décision*) aplazar, postergar (*AM*); (*candidat*) suspender

ajout [aʒu] *nm* añadido

ajouter [aʒute] *vt* añadir, agregar (*esp AM*); **~ que** añadir que; **~ foi à** dar crédito a; **~ à** añadir a; **s'~ à** añadirse a

alarme [alaʀm] *nf* (*signal*) alarma; (*inquiétude*) inquietud *f*; **donner l'~** dar la alarma; **jeter l'~** sembrar la alarma; **à la première ~** al primer toque de alarma

alarmer [alaʀme] *vt* alarmar; **s'alarmer** *vpr* alarmarse

alarmiste [alaʀmist] *adj* alarmista

album [albɔm] *nm* álbum *m*; **~ à colorier/de timbres** álbum para colorear/de sellos

albumine [albymin] *nf* albúmina

alcool [alkɔl] *nm* : **l'~** el alcohol; **un ~** un aguardiente; **~ à 90°** alcohol de 90°; **~ à brûler** alcohol de quemar; **~ camphré**

alcohol alcanforado; **~ de poire/de prune** aguardiente de pera/de ciruela

alcoolique [alkɔlik] *adj, nm/f* alcohólico(-a)

alcoolisé, e [alkɔlize] *adj* alcoholizado(-a); **fortement/peu ~** muy/poco alcoholizado(-a)

alcoolisme [alkɔlism] *nm* alcoholismo

alcotest®, alcootest® [alkɔtɛst] *nm* (*objet*) alcohómetro; (*épreuve*) prueba del alcohol; **faire subir l'~ à qn** hacer la prueba del alcohol a algn

aléatoire [aleatwaʀ] *adj* aleatorio(-a)

alentour [alɑ̃tuʀ] *adv* alrededor; **alentours** *nmpl* alrededores *mpl*; **aux ~s de** en los alrededores de

alerte [alɛʀt] *adj* vivo(-a) ▸ *nf* (*menace*) alerta; (*signal, inquiétude*) alarma; **donner l'~** dar la alerta; **à la première ~** al primer toque de alarma; **~ rouge** alerta roja

alerter [alɛʀte] *vt* alertar

algèbre [alʒɛbʀ] *nf* álgebra

Alger [alʒe] *n* Argel *m*

Algérie [alʒeʀi] *nf* Argelia

algérien, ne [alʒeʀjɛ̃, jɛn] *adj* argelino(-a) ▸ *nm/f*: **Algérien, ne** argelino(-a)

algue [alg] *nf* alga; **~s vertes** algas verdes

alibi [alibi] *nm* coartada

aligner [aliɲe] *vt* alinear; **s'aligner** *vpr* alinearse; **~ qch sur** poner algo en línea con; **s'~ (sur)** (*Pol*) estar alineado(-a) (con)

aliment [alimɑ̃] *nm* (*aussi fig*) alimento; **~ complet** alimento completo

alimentaire [alimɑ̃tɛʀ] *adj* alimenticio(-a); (*péj* : *besogne*) para poder comer; **produits** *ou* **denrées ~s** productos *mpl* alimenticios

alimentation [alimɑ̃tasjɔ̃] *nf* alimentación *f*; (*en eau, en électricité*) provisión *f*; **~ de base** alimentación básica; **~ en continu** alimentación continua; **~ en papier** alimentación de papel; **~ générale** alimentación

alimenter [alimɑ̃te] *vt* alimentar; (*conversation*) sostener; (*en eau, électricité*) : **~ (en)** alimentar (con), abastecer (con); **s'alimenter** *vpr* alimentarse

allaiter [alete] *vt* (*femme*) dar el pecho a; (*animal*) amamantar

alléchant, e [aleʃɑ̃, ɑ̃t] *adj* (*odeur*) atrayente; (*proposition*) tentador(a)

allécher [aleʃe] *vt* (*suj* : *proposition, odeur*) tentar

allée [ale] *nf* (*de jardin, parc*) paseo, sendero; (*en ville*) avenida; **allées** *nfpl* : **~s et venues** idas *fpl* y venidas *fpl*

allégé, e [aleʒe] *adj* (*yaourt etc*) bajo(-a) en grasas

Allemagne [almaɲ] *nf* Alemania

allemand, e [almɑ̃, ɑ̃d] *adj* alemán(-ana) ▸ *nm* (*Ling*) alemán *m* ▸ *nm/f* : **Allemand, e** alemán(-ana)

aller [ale]

▸ *nm* ida; **aller (simple)** ida; **aller (et) retour** viaje *m* de ida y vuelta

▸ *vi* **1** ir; **aller à la chasse/pêche** ir a cazar/pescar, ir de caza/pesca; **aller au théâtre/au concert/au cinéma** ir al teatro/a conciertos/al cine; **aller à l'école** ir al colegio

2 (*état, santé*) andar, estar; **comment allez-vous?** ¿qué tal está usted?; **comment ça va?** ¿qué tal?; **ça va? — oui, ça va/non, ça ne va pas** ¿qué tal? — bien/mal; **comment ça va les affaires?** ¿qué tal van las cosas?; **ça ne va pas très bien (au bureau)** las cosas no van muy bien (en la oficina); **ça va bien/mal** anda bien/mal; **ça va** (*approbation*) bien; **tout va bien** todo va bien; **il va bien/mal** está bien/mal; **il y va de leur vie** les va en ello la vida; **il n'y est pas allé par quatre chemins** (*fig*) no se anduvo con rodeos; **tu y vas un peu fort** exageras un poco; **aller à qn** (*suj* : *forme, pointure*) sentar *ou* quedar bien a algn; **cette robe te va très bien** este vestido te sienta *ou* queda muy bien; **cela me va** (*couleur, vêtement*) esto me sienta *ou* va bien; **aller avec** (*couleurs, style etc*) pegar con; **ça ne va pas sans difficultés** esto conlleva dificultades; **aller sur** (*âge*) acercarse a; **ça ira** (*comme ça*) está bien así; **se laisser aller** (*se négliger*) abandonarse, dejarse; **aller jusqu'à Paris/10 euros** (*limite*) llegar hasta París/10 euros; **ça va de soi** se cae por su propio peso; **ça va sans dire** ni qué decir tiene; **il va sans dire que ...** ni qué decir tiene que ...

3 (*fonction d'auxiliaire*) : **je vais me fâcher/le faire** voy a enfadarme/

hacerlo; **aller chercher/voir qn** ir a buscar/a ver a algn; **je vais m'en occuper demain** voy a ocuparme de ello mañana
4: **allons-y !** ¡vamos!; **allez !** ¡venga!; **allons donc !** ¡anda ya!; **aller mieux** ir mejor; **aller en empirant** ir empeorando; **allez, fais un effort** vamos, haz un esfuerzo; **allez, je m'en vais** bueno, me voy; **s'en aller** irse

allergique [alɛʀʒik] *adj* (*aussi fig*) alérgico(-a); **~ à** alérgico(-a) a

alliance [aljɑ̃s] *nf* alianza; (*mariage*) matrimonio; **neveu par ~** sobrino político

allier [alje] *vt* aliar; (*métaux*) alear; (*fig*) unir; **s'allier** *vpr* aliarse; **s'~ à** aliarse con

allô [alo] *excl* dígame, aló (AM)

allocation [alɔkasjɔ̃] *nf* subsidio, prestación *f*; **~ (de) chômage** subsidio de desempleo; **~ (de) logement/de maternité** prestación *f* para alojamiento/por maternidad; **~s familiales** ayuda *fsg* familiar

allonger [alɔ̃ʒe] *vt* (*objet, durée*) alargar; (*bras*) estirar; (*sauce*) extender; **s'allonger** *vpr* (*jours*) alargarse; (*personne*) tumbarse; **~ le pas** aligerar el paso

allumage [alymaʒ] *nm* encendido

allume-cigare [alymsigaʀ] (*pl* **allume-cigares**) *nm* (*Auto*) encendedor *m* (*de coche*)

allumer [alyme] *vt* encender, prender (AM); **s'allumer** *vpr* encenderse; **~ (la lumière** *ou* **l'électricité)** encender (la luz *ou* la electricidad); **~ la radio/la télévision** encender la radio/la televisión; **~ le/un feu** encender el/un fuego

allumette [alymɛt] *nf* cerilla, fósforo

allure [alyʀ] *nf* (*d'un véhicule*) velocidad *f*; (*d'un piéton*) paso; (*démarche, maintien*) presencia; (*aspect, air*) aspecto; **avoir de l'~** tener buena presencia; **à toute ~** a toda velocidad

allusion [a(l)lyzjɔ̃] *nf* (*référence*) referencia; (*sous-entendu*) alusión *f*; **faire ~ à** hacer referencia a

alors [alɔʀ]

▸ *adv* (*à ce moment-là*) entonces; **il habitait alors à Paris** vivía entonces en París
▸ *conj* (*par conséquent*) entonces; **tu as fini ? alors je m'en vais** ¿has acabado? entonces, me voy; **et alors ?** (*pour en savoir plus*) ¿entonces?; (*indifférence*) ¿y qué?
▸ **alors que** *conj* **1** (*au moment où*) cuando; **il est arrivé alors que je partais** llegó cuando me iba
2 (*pendant que*) cuando, mientras; **alors qu'il était à Paris, il a visité …** mientras estaba en París, visitó …
3 (*tandis que, opposition*) mientras que; **alors que son frère travaillait dur, lui se reposait** mientras que su hermano trabajaba duro, él descansaba

alourdir [aluʀdiʀ] *vt* hacer pesado(-a); (*fig*) entorpecer; **s'alourdir** *vpr* ponerse pesado(-a)

Alpes [alp] *nfpl* : **les ~** los Alpes

alphabet [alfabɛ] *nm* alfabeto

alphabétique [alfabetik] *adj* alfabético(-a); **par ordre ~** por orden alfabético

alpinisme [alpinism] *nm* alpinismo, andinismo (AM)

alpiniste [alpinist] *nm/f* alpinista *m/f*, andinista *m/f* (AM)

Alsace [alzas] *nf* Alsacia

alsacien, ne [alzasjɛ̃, jɛn] *adj* alsaciano(-a) ▸ *nm/f* : **Alsacien, ne** alsaciano(-a)

altermondialisation [altɛʀmɔ̃djalizasjɔ̃] *nf* antiglobalización *f*

altermondialiste [altɛʀmɔ̃djalist] *adj, nm/f* antiglobalizador(a)

alternateur [altɛʀnatœʀ] *nm* alternador *m*

alternatif, -ive [altɛʀnatif, iv] *adj* alternativo(-a)

alternative [altɛʀnativ] *nf* alternativa

alterner [altɛʀne] *vt* (*choses*) alternar; (*cultures*) rotar ▸ *vi* alternar; **~ avec qch** alternar con algo; **(faire) ~ qch avec qch** alternar algo con algo

altitude [altityd] *nf* (*par rapport à la mer*) altitud *f*; (*par rapport au sol*) altura; **à 500 m d'~** a 500m de altitud; **en ~** en las alturas; **perdre/prendre de l'~** perder/coger altura; **voler à haute/basse ~** volar alto/bajo

alto [alto] *nm* (*instrument à cordes*) viola; (*saxophone*) saxo alto

aluminium [alyminjɔm] *nm* aluminio

amabilité [amabilite] *nf* amabilidad *f*; **il a eu l'~ de …** ha tenido la amabilidad de …

amaigrissant, e [amegʀisɑ̃, ɑ̃t] *adj* : **régime ~** régimen *m* de adelgazamiento

amande [amɑ̃d] *nf* almendra; (*de noyau de fruit*) pepita; **en ~** (*yeux*) con forma de almendra, almendrado(-a)

amandier [amɑ̃dje] *nm* almendro

amant, e [amɑ̃, ɑ̃t] *nm/f* amante *m/f*

amas [amɑ] *nm* montón *m*

amasser [amɑse] *vt* amontonar; **s'amasser** *vpr* amontonarse

amateur, -trice [amatœʀ, tʀis] *nm/f* aficionado(-a); **musicien/sportif ~** músico(-a)/deportista aficionado(-a); **en ~** como aficionado(-a); **~ de musique/de sport** aficionado(-a) a la música/al deporte; **le sport ~** el deporte amateur *ou* aficionado

ambassade [ɑ̃basad] *nf* embajada; **secrétaire/attaché(e) d'~** secretario(-a)/agregado(-a) de embajada

ambassadeur, -drice [ɑ̃basadœʀ, dʀis] *nm/f* (*Pol, fig*) embajador(a)

ambiance [ɑ̃bjɑ̃s] *nf* ambiente *m*; **il y a de l'~** hay animación

ambigu, -uë [ɑ̃bigy] *adj* ambiguo(-a)

ambitieux, -euse [ɑ̃bisjø, jøz] *adj, nm/f* ambicioso(-a)

ambition [ɑ̃bisjɔ̃] *nf* ambición *f*

ambulance [ɑ̃bylɑ̃s] *nf* ambulancia

ambulancier, -ière [ɑ̃bylɑ̃sje, jɛʀ] *nm/f* conductor(a) de una ambulancia

ambulatoire [ɑ̃bylatwaʀ] *adj* (*Méd*) ambulatorio(-a); **chirurgie ~** cirugía ambulatoria; **médecine ~** medicina ambulatoria

âme [ɑm] *nf* alma; **village de 200 ~s** pueblo de 200 almas; **rendre l'~** entregar el alma; **joueur/tricheur dans l'~** jugador/tramposo empedernido; **bonne ~** (*aussi ironique*) alma caritativa; **en mon ~ et conscience** en conciencia; **~ sœur** alma gemela

amélioration [ameljɔʀasjɔ̃] *nf* mejoría

améliorer [ameljɔʀe] *vt* mejorar; **s'améliorer** *vpr* mejorarse

aménager [amenaʒe] *vt* (*local, carrefour*) acondicionar

amende [amɑ̃d] *nf* multa; **mettre à l'~** reprender; **faire ~ honorable** retractarse

amener [am(ə)ne] *vt* llevar; (*occasionner*) provocar; **s'amener** (*fam*) ▸ *vpr* venirse; **~ qn à qch/à faire** llevar a algn a algo/a hacer

amer, amère [amɛʀ] *adj* amargo(-a); (*personne*) amargado(-a)

américain, e [ameʀikɛ̃, ɛn] *adj* americano(-a) ▸ *nm* (*Ling*) americano ▸ *nm/f*: **Américain, e** americano(-a)

Amérique [ameʀik] *nf* América; **~ centrale/du Nord/du Sud/latine** América central/del Norte/del Sur/latina

amertume [amɛʀtym] *nf* amargura

ameublement [amœbləmɑ̃] *nm* mobiliario; **tissu d'~** género de tapicería

ami, e [ami] *nm/f* amigo(-a) ▸ *adj* amigo(-a); **être (très) ~ avec qn** ser (muy) amigo de algn; **être ~ de l'ordre/de la précision** ser amigo del orden/de la precisión; **un ~ des arts/des chiens** un amigo de las artes/de los perros; **petit ~/petite amie** (*fam*) novio/novia, pololo/polola (*Chi*); **ajouter à/supprimer de sa liste d'~s** (*réseaux sociaux*) añadir a/eliminar de la lista de amigos; **famille amie** familia amiga; **pays/groupe ~** país *m*/grupo aliado

amiable [amjabl] *adj* amistoso(-a); **à l'~** amistosamente

amiante [amjɑ̃t] *nm* amianto

amical, e, -aux [amikal, o] *adj* amistoso(-a)

amicalement [amikalmɑ̃] *adv* amistosamente; (*formule épistolaire*) cordialmente

amincir [amɛ̃siʀ] (*suj : vêtement*) hacer más delgado(-a); **s'amincir** *vpr* (*personne*) adelgazar

amincissant, e [amɛ̃sisɑ̃, ɑ̃t] *adj* adelgazante

amiral, e, -aux [amiʀal, o] *nm/f* almirante *m/f*

amitié [amitje] *nf* amistad *f*; **prendre en ~** tomar afecto a; **avoir de l'~ pour qn** sentir afecto por algn; **faire** *ou* **présenter ses ~s à qn** dar *ou* enviar recuerdos a algn; **~s** (*formule épistolaire*) cordialmente

amnésique [amnezik] *adj* amnésico(-a)

amonceler [amɔ̃s(ə)le] *vt* (*objets*) amontonar; **s'amonceler** *vpr* amontonarse; (*fig*) acumularse

amont [amɔ̃] *adv* : **en ~** (*d'un cours d'eau*) río arriba; (*d'une pente*) arriba; (*d'un processus*) precedente; **en ~ de** más arriba de

amorce [amɔʀs] *nf* (*sur un hameçon*) cebo; (*explosif*) fulminante *m*; (*tube*) pistón *m*; (*de pistolet d'enfant*) mixto; (*fig*) principio

amorcer [amɔʀse] *vt (hameçon, munition)* cebar; *(fig : négociations)* emprender; *(geste)* esbozar; *(virage)* coger

amortir [amɔʀtiʀ] *vt (choc, bruit)* amortiguar; *(douleur)* atenuar; *(Comm)* amortizar; **~ un abonnement** amortizar un abono

amortisseur [amɔʀtisœʀ] *nm* amortiguador *m*

amour [amuʀ] *nm (sentiment, goût)* amor *m*; **faire l'~** hacer el amor; **filer le parfait ~** vivir una historia de amor; **un ~ de** un encanto de; **l'~ libre** el amor libre; **~ platonique** amor platónico

amoureux, -euse [amuʀø, øz] *adj* amoroso(-a) ▸ *nm/f* enamorado(-a); **être ~ de qch/qn** estar enamorado(-a) de algo/algn; **tomber ~ (de qn)** enamorarse (de algn); **un ~ des bêtes/de la nature** un enamorado de los animales/de la naturaleza

amour-propre [amuʀpʀɔpʀ] *(pl* **amours-propres**) *nm* amor *m* propio

ampère [ɑ̃pɛʀ] *nm* amperio

amphithéâtre [ɑ̃fiteɑtʀ] *nm* anfiteatro

ample [ɑ̃pl] *adj* amplio(-a)

amplement [ɑ̃pləmɑ̃] *adv* ampliamente; **~ suffisant** más que suficiente

ampleur [ɑ̃plœʀ] *nf* amplitud *f*; *(de vêtement)* anchura; **prendre de l'~** extenderse

amplificateur [ɑ̃plifikatœʀ] *nm* amplificador *m*

amplifier [ɑ̃plifje] *vt (son, oscillation)* amplificar; *(importance, quantité)* acrecentar

ampoule [ɑ̃pul] *nf (Élec)* bombilla, foco *(AM)*, bombillo *(AM)*; *(de médicament, aux mains)* ampolla

amusant, e [amyzɑ̃, ɑ̃t] *adj* divertido(-a)

amuse-gueule [amyzgœl] *(pl* **amuse-gueules**) *nm* tapa

amusement [amyzmɑ̃] *nm* diversión *f*

amuser [amyze] *vt* divertir; **s'amuser** *vpr* divertirse; **s'~ de qch** divertirse con algo

amygdale [amidal] *nf* amígdala; **opérer qn des ~s** operar a algn de las amígdalas

AN *sigle f = Assemblée nationale; voir* **assemblée**

an [ɑ̃] *nm* año; **être âgé de** *ou* **avoir trois ans** tener tres años de edad; **en l'an 2007** en el año 2007; **le jour de l'an, le premier de l'an** el día de año nuevo; **le nouvel an** el año nuevo

anachronique [anakʀɔnik] *(péj) adj* anacrónico(-a)

anagramme [anagʀam] *nf* anagrama *m*

analogie [analɔʒi] *nf* analogía

analphabète [analfabɛt] *adj, nm/f* analfabeto(-a)

analyse [analiz] *nf* análisis *m inv*; **faire l'~ de** hacer el análisis de; **une ~ approfondie** un análisis minucioso; **en dernière ~** en última instancia; **avoir l'esprit d'~** tener una mente analítica; **~ grammaticale/logique** análisis gramatical/lógico

analyser [analize] *vt* analizar

ananas [anana(s)] *nm* piña, ananá(s) *m (AM)*

anatomie [anatɔmi] *nf* anatomía

ancêtre [ɑ̃sɛtʀ] *nm/f (parent)* antepasado(-a); **ancêtres** *nmpl (aïeux)* antepasados *mpl*; **l'~ de** *(fig)* el precursor de

anchois [ɑ̃ʃwa] *nm (poisson)* boquerón *m*; *(conservé dans du sel ou de l'huile)* anchoa

ancien, ne [ɑ̃sjɛ̃, jɛn] *adj* antiguo(-a), viejo(-a); *(de jadis, de l'antiquité)* antiguo(-a); *(précédent, ex-)* antiguo(-a), ex ▸ *nm/f* anciano(-a); **un ~ ministre** un antiguo ministro; **mon ancienne voiture** mi antiguo coche; **être plus ~ que qn** *(dans la hiérarchie)* tener más antigüedad que algn; **~ combattant** ex combatiente; **~ élève** ex alumno(-a)

ancienneté [ɑ̃sjɛnte] *nf* antigüedad *f*

ancre [ɑ̃kʀ] *nf* ancla; **jeter/lever l'~** echar/levar anclas; **à l'~** anclado(-a)

ancrer [ɑ̃kʀe] *vt (câble)* fijar; *(idée)* afianzar, anclar; **s'ancrer** *vpr (Naut, fig)* anclarse

Andorre [ɑ̃dɔʀ] *nf* Andorra

andouille [ɑ̃duj] *nf embutido a base de tripas de cerdo*; *(fam)* imbécil *m/f*

âne [ɑn] *(aussi péj) nm* burro

anéantir [aneɑ̃tiʀ] *vt (pays, récolte, espoirs)* aniquilar; *(personne)* abatir

anecdote [anɛkdɔt] *nf* anécdota

anémie [anemi] *nf* anemia

anémique [anemik] *adj* anémico(-a)

anesthésie [anɛstezi] *nf* anestesia; **sous ~** bajo anestesia; **~ générale/locale** anestesia general/local

ange [ɑ̃ʒ] *nm (aussi fig)* ángel *m*; **être aux ~s** estar en la gloria; **~ gardien** *(aussi fig)* ángel de la guarda

angine [ɑ̃ʒin] *nf* angina; **~ de poitrine** angina de pecho

anglais, e [ɑ̃glɛ, ɛz] *adj* inglés(-esa) ▶ *nm* (*Ling*) inglés *m* ▶ *nm/f*: **Anglais, e** inglés(-esa); **anglaises** *nfpl* (*cheveux*) tirabuzones *mpl*; **les A~** los ingleses; **filer à l'anglaise** tomar las de Villadiego, despedirse a la francesa

angle [ɑ̃gl] *nm* (*coin*) esquina; (*Géom, fig*) ángulo; **~ aigu** ángulo agudo; **~ droit** ángulo recto; **~ mort/obtus** ángulo muerto/obtuso

Angleterre [ɑ̃glətɛʀ] *nf* Inglaterra

anglophone [ɑ̃glɔfɔn] *adj, nm/f* anglófono(-a)

angoisse [ɑ̃gwas] *nf* angustia; **avoir des ~s** estar angustiado(-a)

angoissé, e [ɑ̃gwase] *adj* angustiado(-a)

anguille [ɑ̃gij] *nf* anguila; **il y a ~ sous roche** hay gato encerrado; **~ de mer** congrio

animal, e, -aux [animal, o] *adj* animal ▶ *nm* (*aussi fig*) animal *m*; **~ domestique/sauvage** animal doméstico/salvaje

animateur, -trice [animatœʀ, tʀis] *nm/f* animador(a); (*de spectacle*) presentador(a)

animation [animasjɔ̃] *nf* animación *f*; **animations** *nfpl* (*activités*) animación *fsg*

animé, e [anime] *adj* (*rue, lieu*) animado(-a)

animer [anime] *vt* animar; **s'animer** *vpr* animarse

anis [ani(s)] *nm* anís *m*

ankyloser [ɑ̃kiloze]: **s'ankyloser** *vpr* anquilosarse

anneau, x [ano] *nm* (*de rideau*) argolla; (*de chaîne*) anilla; (*bague*) anillo; **anneaux** *nmpl* (*Sport*) anillas *fpl*; **exercices aux anneaux** ejercicios *mpl* de anillas

année [ane] *nf* año; **souhaiter la bonne ~ à qn** felicitar el año a algn; **tout au long de l'~** a lo largo del año; **d'une ~ à l'autre** de un año a otro; **d'~ en ~** de año en año; **l'~ scolaire** el curso escolar; **l'~ fiscale** el año fiscal

annexe [anɛks] *adj* (*problème*) anexo(-a); (*document*) adjunto(-a); (*salle*) contiguo(-a) ▶ *nf* anexo

anniversaire [anivɛʀsɛʀ] *adj*: **jour ~** aniversario ▶ *nm* (*d'une personne*) cumpleaños *m inv*; (*d'un événement, bâtiment*) aniversario

annonce [anɔ̃s] *nf* anuncio; (*Cartes, avis*) aviso; **les petites ~s** anuncios *mpl* por palabras

annoncer [anɔ̃se] *vt* anunciar; (*Cartes*) cantar; **s'annoncer** *vpr*: **s'~ bien/difficile** presentarse bien/difícil; **~ la couleur** (*fig*) poner las cartas boca arriba; **je vous annonce que** le anuncio que

annuaire [anɥɛʀ] *nm* anuario; **~ électronique** anuario electrónico; **~ téléphonique** guía telefónica

annuel, le [anɥɛl] *adj* anual

annulation [anylasjɔ̃] *nf* anulación *f*

annuler [anyle] *vt* anular; **s'annuler** *vpr* anularse

anonymat [anɔnima] *nm* anonimato; **garder l'~** mantener el anonimato

anonyme [anɔnim] *adj* (*aussi fig*) anónimo(-a)

anorak [anɔʀak] *nm* anorak *m*

anormal, e, -aux [anɔʀmal, o] *adj* (*exceptionnel, inhabituel*) anormal; (*injuste*) injusto(-a); (*personne*) subnormal ▶ *nm/f* subnormal *m/f*

antarctique [ɑ̃taʀktik] *adj* antártico(-a) ▶ *nm*: **l'A~** la Antártida; **le cercle/l'océan ~** el círculo polar antártico/el océano Antártico

antenne [ɑ̃tɛn] *nf* antena; (*poste avancé, succursale, agence*) unidad *f*; **passer à l'~** salir en la televisión; **avoir l'~** estar en conexión; **prendre l'~** salir en antena; **deux heures d'~** un espacio de dos horas; **hors ~** fuera de antena; **~ chirurgicale** (*Mil*) unidad *f* quirúrgica; **~ parabolique** antena parabólica

antérieur, e [ɑ̃teʀjœʀ] *adj* anterior; **~ à** anterior a; **passé/futur ~** pasado/futuro anterior

anti... [ɑ̃ti] *préf* anti...

antibiotique [ɑ̃tibjɔtik] *nm* antibiótico ▶ *adj* antibiótico(-a)

antibrouillard [ɑ̃tibʀujaʀ] *adj*: **phare ~** faro antiniebla

anticipation [ɑ̃tisipasjɔ̃] *nf* anticipación *f*, previsión *f*; **par ~** (*Comm*) por adelantado; **livre/film d'~** libro/película de anticipación

anticipé, e [ɑ̃tisipe] *adj* (*règlement, paiement*) por adelantado; (*retraite*)

anticipado(-a); **avec mes remerciements ~s** agradeciéndole de antemano
anticiper [ɑ̃tisipe] *vt* (*événement, coup*) anticipar; (*paiement*) adelantar ▸ *vi* : **n'anticipons pas** no nos adelantemos; **~ sur** anticiparse a
anticorps [ɑ̃tikɔʀ] *nm* anticuerpo
antidote [ɑ̃tidɔt] *nm* antídoto
antieuropéen, ne [ɑ̃tiøʀɔpeɛ̃, -ɛn] *adj, nm/f* antieuropeísta *m/f*, antieuropeo(-a)
antigel [ɑ̃tiʒɛl] *nm* anticongelante *m*
antihistaminique [ɑ̃tiistaminik] *nm* antihistamínico
antillais, e [ɑ̃tijɛ, ɛz] *adj* antillano(-a) ▸ *nm/f* : **Antillais, e** antillano(-a)
Antilles [ɑ̃tij] *nfpl* : **les ~** las Antillas; **les grandes/petites ~** las grandes/pequeñas Antillas
antilope [ɑ̃tilɔp] *nf* antílope *m*
antimite, antimites [ɑ̃timit] *adj, nm* : **(produit) ~** antipolilla *m*
antipathique [ɑ̃tipatik] *adj* antipático(-a)
antipelliculaire [ɑ̃tipelikylɛʀ] *adj* anticaspa
antiquaire [ɑ̃tikɛʀ] *nm/f* anticuario(-a)
antique [ɑ̃tik] *adj* antiguo(-a)
antiquité [ɑ̃tikite] *nf* (*objet ancien*) antigüedad *f*; (*péj*) antigualla; **l'A~** la Antigüedad; **magasin d'~s** tienda de antigüedades
antirouille [ɑ̃tiʀuj] *adj* : **peinture/produit ~** pintura/producto antioxidante; **traitement ~** tratamiento antioxidante
antisémite [ɑ̃tisemit] *adj, nm/f* antisemita
antiseptique [ɑ̃tisɛptik] *adj* antiséptico(-a) ▸ *nm* antiséptico
antisystème [ɑ̃tisistɛm] *adj inv* antisistema *inv*
antivirus [antiviʀys] *nm* (*Inform*) antivirus *m inv*
antivol [ɑ̃tivɔl] *adj* : **(dispositif) ~** (dispositivo) antirrobo ▸ *nm* antirrobo
anxiété [ɑ̃ksjete] *nf* ansiedad *f*
anxieux, -euse [ɑ̃ksjø, jøz] *adj* ansioso(-a); **être ~ de faire** estar ansioso(-a) por hacer
AOC *sigle f* (= *appellation d'origine contrôlée*) ≈ DO *f* (= *denominación de origen*)
août [u(t)] *nm* agosto; *voir aussi* **juillet**
apaiser [apeze] *vt* tranquilizar; **s'apaiser** *vpr* tranquilizarse
apartheid [apaʀtɛd] *nm* apartheid *m*
apercevoir [apɛʀsəvwaʀ] *vt* (*voir*) distinguir; (*constater, percevoir*) percibir; **s'~ de/que** darse cuenta de/de que; **sans s'en ~** sin darse cuenta
aperçu [apɛʀsy] *pp de* **apercevoir** ▸ *nm* visión *f* de conjunto
apéritif, -ive [apeʀitif, iv] *adj* aperitivo(-a) ▸ *nm* aperitivo; **prendre l'~** tomar el aperitivo
à-peu-près [apøpʀɛ] (*péj*) *nm inv* aproximación *f*
apeuré, e [apœʀe] *adj* atemorizado(-a)
aphte [aft] *nm* afta
apitoyer [apitwaje] *vt* apiadar; **s'apitoyer** *vpr* apiadarse; **s'~ sur qn** apiadarse de algn
aplatir [aplatiʀ] *vt* aplastar; **s'aplatir** *vpr* aplastarse; (*péj* : *s'humilier*) rebajarse; **s'~ contre** (*fam*) aplastarse contra
aplomb [aplɔ̃] *nm* (*équilibre*) equilibrio; (*sang-froid, Constr*) aplomo; (*péj*) desfachatez *f*; **d'~** (*en équilibre*) derecho(-a)
apostrophe [apɔstʀɔf] *nf* (*signe*) apóstrofe *m*; (*interpellation*) improperio
apparaître [apaʀɛtʀ] *vi* aparecer; (*avec attribut*) parecer; **il apparaît que** es evidente que; **il m'apparaît que** me parece que
appareil [apaʀɛj] *nm* aparato; **~ digestif/reproducteur** aparato digestivo/reproductor; **qui est à l'~ ?** ¿quién está al aparato?; **dans le plus simple ~** como Dios lo(-a) trajo al mundo; **~ photographique, ~ photo** cámara de fotos; **~ productif** aparato productivo
appareiller [apaʀeje] *vi* zarpar ▸ *vt* emparejar
apparemment [apaʀamɑ̃] *adv* aparentemente, dizque (*AM*)
apparence [apaʀɑ̃s] *nf* apariencia; **malgré les ~s** a pesar de las apariencias; **en ~** en apariencia
apparent, e [apaʀɑ̃, ɑ̃t] *adj* aparente; **coutures ~es** costuras *fpl* visibles; **poutres ~es** vigas *fpl* al descubierto
apparenté, e [apaʀɑ̃te] *adj* : **~ à** (*aussi fig*) emparentado(-a) con
apparition [apaʀisjɔ̃] *nf* aparición *f*; **faire une ~** aparecer brevemente; **faire son ~** hacer su aparición
appartement [apaʀtəmɑ̃] *nm* piso, departamento (*AM*)

appartenir [apaʀtəniʀ] : **~ à** *vt* pertenecer a; **il lui appartient de** (*c'est son rôle*) le corresponde; **il ne m'appartient pas de (faire)** no me corresponde (hacer)

apparu, e [apaʀy] *pp de* **apparaître**

appât [apɑ] *nm* (*aussi fig*) cebo

appel [apɛl] *nm* llamada, llamado (AM); (*attirance*) reclamo; (*nominal*) lista; (*Mil*) alistamiento a filas; (*Jur*) apelación *f*, llamado (AM); **faire ~ à** (*invoquer*) apelar a; (*avoir recours à*) recurrir a; (*nécessiter*) necesitar; **faire** *ou* **interjeter ~** (*Jur*) apelar; **faire l'~** pasar lista; **sans ~** (*fig*) sin apelación; **faire un ~ de phares** hacer señales con los faros; **indicatif d'~** señal *f* distintiva; **numéro d'~** número telefónico; **~ d'air** aspiración *f* de aire; **~ d'offres** llamada a licitación; **~ (téléphonique)** llamada (telefónica); **~ vidéo** videollamada

appeler [ap(ə)le] *vt* llamar; (*en faisant l'appel*) pasar lista; (*nommer : avec attribut ou complément*) nombrar; (*nécessiter*) requerir; **s'appeler** *vpr* llamarse; **~ au secours** *ou* **à l'aide** pedir ayuda; (*en cas de danger*) pedir socorro *ou* auxilio; **~ qn à un poste/à des fonctions** destinar a algn a un puesto/a unas funciones; **être appelé à** (*fig*) ser llamado a; **~ qn à comparaître** (*Jur*) citar a algn; **en ~ à qn/qch** apelar a algn/algo; **il s'appelle** se llama; **comment ça s'appelle ?** ¿cómo se llama esto?; **je m'appelle** me llamo; **~ police-secours** llamar al 091; **ça s'appelle un(e) ...** se llama un(a) ...

appendicite [apɛ̃disit] *nf* apendicitis *f*

appesantir [apəzɑ̃tiʀ] : **s'appesantir** *vpr* hacerse más pesado; **s'~ sur** (*fig*) insistir en

appétissant, e [apetisɑ̃, ɑ̃t] *adj* apetitoso(-a)

appétit [apeti] *nm* apetito; **avoir un gros/petit ~** tener mucho/poco apetito; **couper l'~ de qn** quitar las ganas a algn; **bon ~ !** ¡buen provecho!

applaudir [aplodiʀ] *vt, vi* aplaudir; **~ à** (*décision, projet*) aprobar; **~ à tout rompre** aplaudir a rabiar

applaudissements [aplodismɑ̃] *nmpl* aplausos *mpl*

appli [apli] *nf* aplicación *f*

application [aplikasjɔ̃] *nf* aplicación *f*; **applications** *nfpl* (*d'une théorie, méthode*) aplicación *fsg*; **mettre en ~** poner en aplicación; **avec ~** aplicadamente

appliquer [aplike] *vt* aplicar; **s'appliquer** *vpr* aplicarse; **s'~ à** aplicarse a; **s'~ à faire qch** esmerarse en hacer algo; **il s'est (beaucoup) appliqué** se ha esmerado (mucho)

appoint [apwɛ̃] *nm* : **avoir/faire l'~** (*en payant*) tener/dar suelto; **chauffage/lampe d'~** calefacción *f*/lámpara suplementaria

apporter [apɔʀte] *vt* (*fleurs, bonbons*) traer; (*soutien, preuve*) aportar; (*soulagement*) procurar; (*suj : remarque*) añadir

appréciable [apʀesjabl] *adj* apreciable

apprécier [apʀesje] *vt* apreciar

appréhender [apʀeɑ̃de] *vt* (*craindre*) temer; (*aborder*) aprehender; (*suj : police*) detener; **~ que/de faire** temer que/hacer

appréhension [apʀeɑ̃sjɔ̃] *nf* aprehensión *f*

apprendre [apʀɑ̃dʀ] *vt* aprender; (*nouvelle, résultat*) conocer; **~ qch à qn** (*informer*) informar de algo a algn; (*enseigner*) enseñar algo a algn; **~ à faire qch** aprender a hacer algo; **~ à qn à faire qch** enseñar a algn a hacer algo

apprenti, e [apʀɑ̃ti] *nm/f* (*aussi fig*) aprendiz(a)

apprentissage [apʀɑ̃tisaʒ] *nm* aprendizaje *m*; **faire l'~ de qch** iniciarse en algo; **école** *ou* **centre d'~** escuela *ou* centro de aprendizaje

apprêter [apʀete] : **s'apprêter** *vpr* : **s'~ à qch/à faire qch** disponerse a algo/a hacer algo

appris, e [apʀi, iz] *pp de* **apprendre**

apprivoiser [apʀivwaze] *vt* domesticar

approbation [apʀɔbasjɔ̃] *nf* (*autorisation*) aprobación *f*, conformidad *f*; (*jugement favorable*) aprobación, asentimiento; **digne d'~** digno de aprobación

> **On peut dire aussi :**
> ¡Buena idea! Yo también me voy a bañar. (*Bonne idée ! ...*)
> Me parece una idea estupenda. (*Cela me semble une très bonne idée.*)
> ¡No faltaría más!, por supuesto que lo haré. (*Comment donc ! ...*)

approcher [apRɔʃe] *vi* acercarse, aproximarse ▸ *vt* (*vedette, artiste*) relacionarse con; (*rapprocher*) : **~ qch (de qch)** acercar algo (a algo); **s'approcher de** *vpr* acercarse a; **~ de** (*but, moment*) acercarse a, estar más cerca de; (*nombre, quantité*) rozar; **approchez-vous** acérquese

approfondir [apRɔfɔ̃diR] *vt* (*sujet, question*) profundizar (en); **sans ~** sin profundizar

approprié, e [apRɔpRije] *adj* apropiado(-a), adecuado(-a); **~ à** adecuado(-a) a, conforme a

approprier [apRɔpRije] *vt* adaptar; **s'approprier** *vpr* apropiarse de, adueñarse de

approuver [apRuve] *vt* (*autoriser*) aprobar; (*être d'accord avec*) estar de acuerdo con; **je vous approuve entièrement** estoy completamente de acuerdo con usted; **je ne vous approuve pas** no estoy de acuerdo con usted; **lu et approuvé** leído y conforme

approvisionner [apRɔvizjɔne] *vt* (*magasin, personne*) abastecer, proveer; (*compte bancaire*) cubrir; **~ qn en** abastecer *ou* proveer a algn de; **s'~ dans un magasin/au marché** comprar en una tienda/en el mercado; **s'~ en** proveerse de

approximatif, -ive [apRɔksimatif, iv] *adj* aproximativo(-a); (*idée*) aproximado(-a)

appt *abr* = *appartement*

appui [apɥi] *nm* apoyo; (*de fenêtre*) antepecho; (*d'escalier etc*) soporte *m*; (*soutien, aide*) apoyo, sostén *m*; **prendre ~ sur** apoyarse en; **point d'~** punto de apoyo; **à l'~ de** (*pour prouver*) en prueba de; **à l'~** como prueba

appuyer [apɥije] *vt* (*personne, demande*) apoyar, respaldar; **~ qch sur/contre/à** apoyar algo en/contra/en; **~ contre** (*mur, porte*) apoyar contra; **~ sur** (*bouton*) apretar; (*frein*) pisar; (*insister sur*) recalcar, insistir en; (*peser sur*) descansar sobre; **~ sur le champignon** (*fam*) apretar el acelerador; **s'~ sur** (*s'accouder à*) apoyarse contra; (*se baser sur*) basarse en; **s'~ sur qn** (*fig*) apoyarse en algn

après [apRɛ] *prép* después de ▸ *adv* después; **deux heures ~** dos horas después; **~ qu'il est parti/avoir fait** después de que se fuera/de haber hecho; **courir ~ qn** correr detrás de algn; **crier ~ qn** reñir a algn; **être toujours ~ qn** (*critiquer*) meterse con algn; **~ quoi** después, a continuación; **d'~ lui/moi** según él/yo; **~ coup** posteriormente; **~ tout** después de todo; **et (puis) ~ !** ¿y qué?

après-demain [apRɛdmɛ̃] *adv* pasado mañana

après-midi [apRɛmidi] *nm ou nf* (*pl* **après-midi(s)**) tarde *f*

après-rasage [apRɛRazaʒ] (*pl* **après-rasages**) *nm* : **lotion ~** loción *f* para después del afeitado

après-shampooing [apRɛʃɑ̃pwɛ̃] *nm* (*pl* **après-shampooings**) acondicionador *m*

après-ski [apRɛski] (*pl* **après-skis**) *nm* bota *f* « après-ski »

apte [apt] *adj* : **~ à qch/à faire qch** apto(-a) para algo/para hacer algo; **~ (au service)** (*Mil*) apto (para el servicio)

aquabike [akwabajk] *nm* aquabike *m*

aquarelle [akwaRɛl] *nf* acuarela

aquarium [akwaRjɔm] *nm* acuario

aqueduc [ak(ə)dyk] *nm* acueducto

arabe [aRab] *adj* árabe ▸ *nm* (*Ling*) árabe *m* ▸ *nm/f* : **Arabe** árabe *m/f*

Arabie [aRabi] *nf* Arabia; **l'~ saoudite** *ou* **séoudite** Arabia Saudita

arachide [aRaʃid] *nf* (*plante*) cacahuete *m*; (*graine*) cacahuete, maní *m*

araignée [aReɲe] *nf* araña; **~ de mer** centollo

arbitraire [aRbitRɛR] *adj* arbitrario(-a)

arbitre [aRbitR] *nm/f* (*Sport, aussi fig*) árbitro(-a); (*Jur, Tennis, Cricket*) juez *m/f*

arbitrer [aRbitRe] *vt* (*Sport*) arbitrar; (*fig*) moderar

arbre [aRbR] *nm* árbol *m*; **~ à cames** árbol de levas; **~ de Noël** árbol de navidad; **~ de transmission** árbol de transmisión; **~ fruitier** árbol frutal; **~ généalogique** árbol genealógico

arbuste [aRbyst] *nm* arbusto

arc [aRk] *nm* arco; **en ~ de cercle** en arco de círculo; **~ de triomphe** arco de triunfo

arcade [aRkad] *nf* (*Archit*) arcada; **arcades** *nfpl* (*d'un pont*) arcadas *fpl*; (*d'une rue*) soportales *mpl*; **~ sourcilière** arco superciliar

arc-en-ciel [aRkɑ̃sjɛl] (*pl* **arcs-en-ciel**) *nm* arco iris *m*

archaïque [aRkaik] *adj* arcaico(-a)

arche [aʀʃ] *nf* arco; **~ de Noé** arca de Noe
archéologie [aʀkeɔlɔʒi] *nf* arqueología
archéologue [aʀkeɔlɔg] *nm/f* arqueólogo(-a)
archet [aʀʃɛ] *nm* arco
archi... [aʀʃi] *préf* archi...
archipel [aʀʃipɛl] *nm* archipiélago
architecte [aʀʃitɛkt] *nm/f* arquitecto(-a); (*fig* : *de la réussite*) artífice *m/f*
architecture [aʀʃitɛktyʀ] *nf* arquitectura
archives [aʀʃiv] *nfpl* (*documents*) archivos *mpl*; (*local*) archivo *msg*
arctique [aʀktik] *adj* ártico(-a) ▸ *nm* : **l'A~** el Ártico; **le cercle ~** el círculo polar ártico; **l'océan A~** el océano Ártico
ardent, e [aʀdɑ̃, ɑ̃t] *adj* ardiente; (*feu, soleil*) ardiente, abrasador(a); (*prière*) fervoroso(-a)
ardoise [aʀdwaz] *nf* pizarra; **un toit en ~** un techo de pizarra; **avoir une ~** (*fig*) tener cuenta
ardu, e [aʀdy] *adj* arduo(-a)
arène [aʀɛn] *nf* arena; **arènes** *nfpl* (*de corrida*) ruedo; (*bâtiment*) plaza *fsg* de toros; **l'~ politique/littéraire** la palestra política/literaria
arête [aʀɛt] *nf* (*de poisson*) espina; (*d'une montagne*) cresta; (*d'un solide*) arista; (*d'une poutre, d'un toit*) cumbrera
argent [aʀʒɑ̃] *nm* (*métal, couleur*) plata; (*monnaie*) dinero; **en avoir pour son ~** lo comido por lo servido; **gagner beaucoup d'~** ganar mucho dinero; **changer de l'~** cambiar dinero; **~ comptant** dinero en efectivo; **~ de poche** dinero para gastos menudos; **~ liquide** dinero líquido
argenterie [aʀʒɑ̃tʀi] *nf* plata
argentin, e [aʀʒɑ̃tɛ̃, in] *adj* argentino(-a) ▸ *nm/f* : **Argentin, e** argentino(-a)
Argentine [aʀʒɑ̃tin] *nf* Argentina
argile [aʀʒil] *nf* arcilla
argot [aʀgo] *nm* argot *m*, jerga
argotique [aʀgɔtik] *adj* argótico(-a)
argument [aʀgymɑ̃] *nm* argumento
argumenter [aʀgymɑ̃te] *vi* argumentar
aride [aʀid] *adj* (*sol, pays*) árido(-a); (*texte, sujet*) árido(-a)
aristocratie [aʀistɔkʀasi] *nf* aristocracia
aristocratique [aʀistɔkʀatik] *adj* aristocrático(-a)
arithmétique [aʀitmetik] *adj* aritmético(-a) ▸ *nf* aritmética
arme [aʀm] *nf* arma; **armes** *nfpl* (*blason*) armas *fpl*; **à ~s égales** en igualdad de condiciones; **ville/peuple en ~s** ciudad *f*/pueblo en armas; **passer par les ~s** pasar por las armas; **prendre les ~s** tomar las armas; **~s de destruction massive** armas de destrucción masiva; **présenter les ~s** presentar armas; **~ à feu/blanche** arma de fuego/blanca
armée [aʀme] *nf* ejército; (*fig*) nube *f*, ejército; **~ de l'air/de terre** ejército del aire/de tierra; **~ du Salut** ejército de Salvación
armer [aʀme] *vt* armar; (*arme à feu, appareil photo*) montar; **~ qn de** armar a algn con; **s'~ de** (*courage, patience*) armarse de; (*bâton, fusil*) armarse con
armistice [aʀmistis] *nm* armisticio; **l'A~** el armisticio
armoire [aʀmwaʀ] *nf* armario, closet *ou* clóset (AM); (*penderie*) ropero; **~ à glace** (*fig*) mole *f*; **~ à pharmacie** botiquín *m*
armure [aʀmyʀ] *nf* armadura
armurier [aʀmyʀje] *nm* armero
arnaquer [aʀnake] (*fam*) *vt* timar; **tu t'es fait ~** te han timado
arobase [aʀobaz] *nf* arroba
aromates [aʀɔmat] *nmpl* hierbas *fpl* aromáticas
aromatisé, e [aʀɔmatize] *adj* aromatizado(-a)
arôme [aʀom] *nm* aroma *m*
arracher [aʀaʃe] *vt* arrancar; (*clou, dent*) sacar, extraer; (*fig*) sacar, arrancar; **s'arracher** *vpr* (*personne, article très recherché*) disputarse; **~ qch à qn** arrebatar algo a algn; (*fig*) sonsacar algo a algn; **~ qn à** (*solitude, rêverie*) sacar a algn de, arrancar a algn de; (*famille*) arrancar a algn de; **s'~ de** (*lieu*) alejarse de, separarse de
arrangement [aʀɑ̃ʒmɑ̃] *nm* (*agencement*) arreglo, disposición *f*; (*compromis*) acuerdo; (*Mus*) arreglo
arranger [aʀɑ̃ʒe] *vt* (*appartement*) arreglar, disponer; (*voyage*) organizar; (*rendez-vous*) concertar; (*montre, voiture*) arreglar; (*problème, difficulté*) arreglar, solucionar; (*Mus*) adaptar; **s'arranger** *vpr* (*se mettre d'accord*) ponerse de acuerdo; (*querelle, situation*) arreglarse; (*se débrouiller*) : **s'~ pour que** arreglárselas para que;

je vais m'~ voy a arreglarme; **cela m'arrange** eso me conviene; **ça va s'~** eso va a solucionarse; **s'~ pour faire** componérselas para hacer; **si cela peut vous ~** si esto le puede servir

arrestation [aʀɛstasjɔ̃] *nf* detención *f*

arrêt [aʀɛ] *nm* detención *f*, interrupción *f*; (*Jur*) fallo; **arrêts** *nmpl* (*Mil*) arresto *msg*; **être à l'~** estar parado(-a); **rester** *ou* **tomber en ~ devant ...** quedarse atónito(-a) ante ...; **sans ~** (*sans interruption*) sin parar; (*très fréquemment*) continuamente; **~ d'autobus** parada de autobús, paradero (*AM*); **~ de mort** sentencia de muerte; **~ de travail** permiso de trabajo

arrêter [aʀete] *vt* (*projet, maladie*) parar, interrumpir; (*voiture, personne*) detener, parar; (*date, choix*) fijar, decidir; (*suspect, criminel*) detener; **s'arrêter** *vpr* pararse; (*pluie, bruit*) cesar; **~ de faire (qch)** dejar de hacer (algo); **arrête de te plaindre** para de quejarte; **ne pas ~ de faire** no parar de hacer; **s'~ sur** (*yeux*) fijarse en; **~ son choix sur** decidirse por; **s'~ net** parar en seco

arrhes [aʀ] *nfpl* arras *fpl*, señal *f*; **verser des ~** pagar una señal

arrière [aʀjɛʀ] *adj inv* (*Auto*) trasero(-a) ▸ *nm* (*d'une voiture, maison*) parte *f* trasera; (*Sport*) defensa; **arrières** *nmpl* (*fig*) : **protéger ses ~s** proteger sus espaldas; **siège ~** asiento trasero; **à l'~** detrás; **en ~** hacia atrás; **en ~ de** detrás de

arrière-goût [aʀjɛʀgu] (*pl* **arrière-goûts**) *nm* regusto

arrière-grand-mère [aʀjɛʀgʀɑ̃mɛʀ] (*pl* **arrière-grands-mères**) *nf* bisabuela

arrière-grand-père [aʀjɛʀgʀɑ̃pɛʀ] (*pl* **arrière-grands-pères**) *nm* bisabuelo

arrière-grands-parents [aʀjɛʀgʀɑ̃paʀɑ̃] *nmpl* bisabuelos *mpl*

arrière-pays [aʀjɛʀpei] *nm inv* interior *m*, tierra adentro

arrière-pensée [aʀjɛʀpɑ̃se] (*pl* **arrière-pensées**) *nf* segunda intención *f*; (*réserves, doute*) reserva

arrière-petite-fille [aʀjɛʀpətitfij] (*pl* **arrière-petites-filles**) *nf* bisnieta

arrière-petit-fils [aʀjɛʀpətifis] (*pl* **arrière-petits-fils**) *nm* bisnieto

arrière-petits-enfants [aʀjɛʀpətizɑ̃fɑ̃] *nmpl* bisnietos *mpl*

arrière-plan [aʀjɛʀplɑ̃] (*pl* **arrière-plans**) *nm* segundo plano; **à l'~** en segundo plano

arrière-saison [aʀjɛʀsɛzɔ̃] (*pl* **arrière-saisons**) *nf* final *m* del otoño

arrimer [aʀime] *vt* estibar

arrivage [aʀivaʒ] *nm* arribada

arrivée [aʀive] *nf* (*de bateau*) arribada; (*concurrent, visites*) llegada, arribo (*esp AM*); (*ligne d'arrivée*) línea de llegada; **à mon ~** a mi llegada; **courrier à l'~** correo en mano; **~ d'air/de gaz** entrada de aire/de gas

arriver [aʀive] *vi* (*événement, fait*) ocurrir, suceder; **~ à qch/faire qch** lograr algo/hacer algo; **j'arrive !** ¡ya voy!; **il arrive à Paris à 8 h** llega a París a las 8; **~ à destination** llegar a destino; **j'arrive de Strasbourg** llego de Estrasburgo; **il arrive que** ocurre que; **il lui arrive de faire** suele hacer; **je n'y arrive pas** no lo consigo; **~ à échéance** vencer; **en ~ à faire** llegar a hacer

arrogance [aʀɔgɑ̃s] *nf* arrogancia, prepotencia (*esp AM*)

arrogant, e [aʀɔgɑ̃, ɑ̃t] *adj* arrogante, prepotente (*esp AM*)

arrondissement [aʀɔ̃dismɑ̃] *nm* distrito

arroser [aʀoze] *vt* regar; (*fig*) mojar; (*Culin*) rociar; (*suj : fleuve, rivière*) bañar

arrosoir [aʀozwaʀ] *nm* regadera

arsenal, -aux [aʀsənal, o] *nm* (*aussi fig*) arsenal *m*; (*Naut*) arsenal, astillero

art [aʀ] *nm* arte *m*; (*expression artistique*) : **l'~** el arte; **avoir l'~ de faire** tener la habilidad de hacer; **les ~s** las artes; **livre/critique d'~** libro/crítica de arte; **les ~s et métiers** artes y oficios; **~ dramatique** arte dramático; **~s ménagers** artes domésticas; **~s plastiques** artes plásticas

art. *abr* = *article*

artère [aʀtɛʀ] *nf* arteria

arthrite [aʀtʀit] *nf* artritis *f*

artichaut [aʀtiʃo] *nm* alcachofa

article [aʀtikl] *nm* artículo; **faire l'~** (*Comm, aussi fig*) hacer el artículo; **à l'~ de la mort** in articulo mortis, en el artículo de la muerte; **~ défini** artículo determinado; **~ de fond** (*Presse*) artículo de fondo; **~ indéfini** artículo indeterminado; **~s de bureau** artículos *mpl* de despacho; **~s de voyage** artículos de viaje

articulation [aʀtikylasjɔ̃] *nf* (*aussi fig*) articulación *f*

articuler [aʀtikyle] *vt* articular; **s'articuler** *vpr*: **s'~ (sur)** articularse (con); **s'~ autour de** (*fig*) articularse en torno a

artificiel, le [aʀtifisjɛl] *adj* artificial; (*jambe*) ortopédico(-a); (*péj*) artificial, fingido(-a)

artisan, e [aʀtizɑ̃, an] *nm/f* artesano(-a); (*fig*) artífice *m/f*; **l'~ de la victoire/du malheur** el/la artífice de la victoria/de la desgracia

artisanal, e, -aux [aʀtizanal, o] *adj* artesanal

artisanat [aʀtizana] *nm* artesanía

artiste [aʀtist] *adj* artista ▶ *nm/f* artista *m/f*

artistique [aʀtistik] *adj* artístico(-a)

ARTT [aɛʀtete] *nm* (= *accord sur la réduction du temps de travail*) *acuerdo para la reducción de las horas de trabajo*

AS [aɛs] *sigle fpl* = *assurances sociales* ▶ *sigle f* = *Association sportive*

as¹ [a] *vb voir* **avoir**

as² [ɑs] *nm* as *m*

ascenseur [asɑ̃sœʀ] *nm* ascensor *m*, elevador (AM)

ascension [asɑ̃sjɔ̃] *nf* ascensión *f*; **l'A~** (*Rel*) la Ascensión

asiatique [azjatik] *adj* asiático(-a) ▶ *nm/f*: **Asiatique** asiático(-a)

Asie [azi] *nf* Asia

asile [azil] *nm* asilo; (*refuge, abri*) refugio; **droit d'~** derecho de asilo; **accorder l'~ politique à qn** conceder asilo político a algn; **chercher/trouver ~ quelque part** buscar/encontrar asilo en alguna parte

asocial, e, -aux [asɔsjal, jo] *adj* asocial

aspect [aspɛ] *nm* aspecto, apariencia

asperge [aspɛʀʒ] *nf* espárrago

asperger [aspɛʀʒe] *vt* rociar

asphalte [asfalt] *nm* asfalto

asphyxier [asfiksje] *vt* asfixiar; **mourir asphyxié** morir asfixiado

aspirateur [aspiʀatœʀ] *nm* aspiradora

aspirer [aspiʀe] *vt* aspirar; **~ à qch** aspirar a algo; **~ à faire** aspirar a hacer

aspirine [aspiʀin] *nf* aspirina

assagir [asaʒiʀ] *vt* sosegar; **s'assagir** *vpr* sosegarse, aplacarse

assaisonnement [asɛzɔnmɑ̃] *nm* aliño; (*ingrédient*) condimento

assaisonner [asɛzɔne] *vt* aliñar, condimentar; **bien assaisonné** bien aliñado, bien condimentado

assassin, e [asasɛ̃, in] *nm/f* asesino(-a)

assassinat [asasina] *nm* asesinato

assassiner [asasine] *vt* asesinar

assaut [aso] *nm* asalto; (*fig*) embestida; **prendre d'~** tomar por asalto; **donner l'~ (à)** asaltar; **faire ~ de** rivalizar en

assécher [aseʃe] *vt* desecar

assemblage [asɑ̃blaʒ] *nm* (*action d'assembler*) ensamblaje *m*, montaje *m*; (*Menuiserie*) ensamblaje; **un ~ de** una mezcla de; **langage d'~** (*Inform*) lenguaje *m* de compilación

assemblée [asɑ̃ble] *nf* asamblea; **~ des fidèles** asamblea de los fieles; **l'A~ nationale** la Asamblea nacional

> La **Assemblée nationale** es la cámara baja del parlamento francés, mientras que la cámara alta recibe el nombre de *Sénat*. La **Assemblée nationale** se reúne en el Palais Bourbon de París. Sus miembros, o *députés*, 577 en la actualidad, son elegidos cada cinco años.

assembler [asɑ̃ble] *vt* (*Tech, gén*) ensamblar, juntar; (*mots, idées*) ensamblar, unir; (*amasser*) reunir; **s'assembler** *vpr* reunirse

asseoir [aswaʀ] *vt* sentar; (*autorité, réputation*) asentar; **s'asseoir** *vpr* sentarse; **faire ~ qn** hacer sentarse a algn; **~ qch sur** asentar algo sobre; (*appuyer*) fundar algo en, basar algo en

assez [ase] *adv* (*suffisamment*) bastante; (*passablement*) suficientemente, bastante; **~!** ¡basta!; **~/pas ~ cuit** bastante/no muy hecho; **est-il ~ fort/rapide ?** ¿es bastante fuerte/rápido?; **il est passé ~ vite** pasó bastante rápido; **~ de pain** bastante pan; **~ de livres** bastantes libros; **vous en avez ~** tiene bastante; **en avoir ~ de qch** estar harto(-a) de algo; **~ ... pour ...** bastante ... para ...

assidu, e [asidy] *adj* asiduo(-a); **~ auprès de qn** solícito(-a) con algn

assied *etc* [asje] *vb voir* **asseoir**

assiérai *etc* [asjeʀe] *vb voir* **asseoir**

assiette [asjɛt] *nf* plato; (*stabilité, équilibre*) equilibrio; **~ à dessert** plato de postre; **~ anglaise** plato de fiambres variados; **~ creuse** plato hondo; **~ de l'impôt** estimación *f* de la base imponible; **~ plate** plato llano

assimiler [asimile] *vt* (*aliment*) digerir; (*connaissances, idée*) asimilar; (*immigrants*) integrar; (*identifier*) : **~ qch/qn à** equiparar algo/a algn con; **s'assimiler** *vpr* integrarse; **ils sont assimilés aux infirmiers** están equiparados con los enfermeros

assis, e [asi, iz] *pp de* **asseoir** ▶ *adj* sentado(-a); **~ en tailleur** sentado(-a) a la turca

assistance [asistɑ̃s] *nf* (*public*) asistencia, público; (*aide*) asistencia; **porter/prêter ~ à qn** llevar/prestar ayuda a algn; **enfant de l'A~ (publique)** niño(-a) del hospicio; **A~ (publique)** hospicio; **~ technique** asistencia técnica

assistant, e [asistɑ̃, ɑ̃t] *nm/f* (*Scol*) lector(a); (*d'un professeur, cinéaste*) ayudante *m/f*; **assistante sociale** asistenta social

assisté, e [asiste] *adj* (*Auto*) asistido(-a) ▶ *nm/f* (*péj*) parásito(-a)

assister [asiste] *vt* ayudar ▶ *vi* : **~ à** asistir a

association [asɔsjasjɔ̃] *nf* asociación *f*; **~ d'idées** asociación de ideas

associé, e [asɔsje] *adj* asociado(-a) ▶ *nm/f* socio(-a); (*Comm*) asociado(-a)

associer [asɔsje] *vt* asociar; **s'associer** *vpr* asociarse; (*un collaborateur*) asociarse con; **~ qn à** asociar a algn a; (*joie, triomphe*) hacer partícipe a algn de; **~ qch à** unir algo a; **s'~ à** (*couleurs*) combinar con; (*opinions, joie de qn*) hacerse partícipe de

assoiffé, e [aswafe] *adj* sediento(-a); **~ de** (*fig*) sediento de

assommer [asɔme] *vt* (*tuer*) acogotar; (*étourdir*) dejar inconsciente de un golpe; (*étourdir, abrutir* : *médicament*) aturdir, atontar; (*fam* : *importuner*) fastidiar

Assomption [asɔ̃psjɔ̃] *nf* : **l'~** la Asunción

assorti, e [asɔʀti] *adj* : **fromages ~s** quesos *mpl* surtidos; **~ à** a juego con; **~ de** (*conditions, conseils*) acompañado(-a) de; **bien/mal ~** bien/mal surtido(-a)

assortiment [asɔʀtimɑ̃] *nm* (*aussi Comm*) surtido

assortir [asɔʀtiʀ] *vt* combinar; **s'assortir** *vpr* hacer juego; **~ qch à** combinar algo con; **~ qch de** acompañar algo con; **s'~ de** estar acompañado(-a) de *ou* por

assouplir [asupliʀ] *vt* (*cuir*) ablandar; (*membres, corps, aussi fig*) flexibilizar; (*caractère*) suavizar; **s'assouplir** *vpr* (*cuir*) ablandarse; (*lois, réglementation*) hacerse más flexible

assumer [asyme] *vt* asumir; (*poste, rôle*) desempeñar; **s'assumer** *vpr* asumirse

assurance [asyʀɑ̃s] *nf* (*certitude*) certeza; (*confiance en soi*) seguridad *f*; (*contrat, secteur commercial*) seguro; **prendre une ~ contre** hacer un seguro contra; **~ contre l'incendie/le vol** seguro contra incendios/robos; **société d'~** sociedad *f* de seguros; **compagnie d'~s** compañía de seguros; **~ au tiers** seguro contra terceros; **~ maladie** seguro de enfermedad; **~ tous risques** seguro a todo riesgo; **~s sociales** seguros *mpl* sociales

assurance-vie [asyʀɑ̃svi] (*pl* **assurances-vie**) *nf* seguro de vida

assuré, e [asyʀe] *adj* : **~ de** seguro(-a) de ▶ *nm/f* asegurado(-a); **être ~** (*assurance*) estar asegurado; **~ social** asegurado(-a) social

assurément [asyʀemɑ̃] *adv* seguramente

assurer [asyʀe] *vt* asegurar; (*succès, victoire*) asegurar, garantizar; **~ (à qn) que** asegurar (a algn) que; **s'assurer** *vpr* : **s'~ (contre)** asegurarse (contra); **~ qn de son amitié** garantizar a algn su amistad; **~ qch à qn** (*emploi, revenu*) garantizar algo a algn; (*fait etc*) asegurar algo a algn; **je vous assure que non/si** le aseguro que no/sí; **~ ses arrières** guardarse las espaldas; **s'~ de/que** asegurarse de/de que; **s'~ sur la vie** hacer un seguro de vida; **s'~ le concours/la collaboration de qn** asegurarse la ayuda/la colaboración de algn

assureur, -euse [asyʀœʀ, øz] *nm/f* asegurador(a)

astérisque [asteʀisk] *nm* asterisco

asthme [asm] *nm* asma

asticot [astiko] *nm* cresa

astre [astʀ] *nm* astro

astrologie [astʀɔlɔʒi] *nf* astrología

astronaute [astʀonot] *nm/f* astronauta *m/f*

astronomie [astʀɔnɔmi] *nf* astronomía

astuce [astys] *nf* astucia; (*truc*) truco

astucieux, -euse [astysjø, jøz] *adj* astucioso(-a)

atelier [atəlje] *nm* taller *m*; (*de peintre*) estudio; **~ de musique/poterie** taller de música/cerámica

athée [ate] *adj, nm/f* ateo(-a)

Athènes [atɛn] *n* Atenas

athlète [atlɛt] *nm/f* atleta *m/f*

athlétisme [atletism] *nm* atletismo; **tournoi d'~** torneo de atletismo; **faire de l'~** hacer atletismo

atlantique [atlɑ̃tik] *adj* atlántico(-a) ▶ *nm* : **l'(océan) A~** el (océano) Atlántico

Atlas [atlɑs] *nm* : **l'~** el Atlas

atlas [atlɑs] *nm* atlas *m*

atmosphère [atmɔsfɛʀ] *nf* atmósfera; (*fig*) ambiente *m*

atome [atom] *nm* átomo

atomique [atɔmik] *adj* atómico(-a)

atomiseur [atɔmizœʀ] *nm* atomizador *m*

atout [atu] *nm* (*aussi fig*) triunfo; **~ pique/trèfle** triunfo de picas/de trébol

atroce [atʀɔs] *adj* atroz; (*très désagréable, pénible*) atroz, terrible

attachant, e [ataʃɑ̃, ɑ̃t] *adj* encantador(a)

attache [ataʃ] *nf* grapa; (*fig*) lazo; **attaches** *nfpl* (*relations*) relaciones *fpl*; **à l'~** (*chien*) atado(-a)

attacher [ataʃe] *vt* atar; (*bateau*) amarrar; (*étiquette à qch*) pegar, fijar ▶ *vi* (*poêle*) pegar; (*riz, sucre*) pegarse; **s'attacher** *vpr* abrocharse; **s'~ à** encariñarse con; **s'~ à faire qch** consagrarse a hacer algo; **~ qch à** atar algo a; **~ qn à** (*fig*) vincular a algn a; **~ du prix/de l'importance à** atribuir valor/importancia a

attaque [atak] *nf* ataque *m*; (*Sport*) ofensiva; **être/se sentir d'~** sentirse con fuerzas; **~ à main armée** ataque a mano armada

attaquer [atake] *vt* (*aussi fig*) atacar; (*entreprendre*) acometer ▶ *vi* atacar; **~ qn en justice** entablar una acción judicial contra algn; **s'~ à** enfrentarse con; (*épidémie, misère*) luchar contra

attarder [ataʀde] : **s'attarder** *vpr* (*sur qch, en chemin*) demorarse; (*chez qn*) entretenerse

atteindre [atɛ̃dʀ] *vt* alcanzar; (*cible, fig*) conseguir; (*blesser*) alcanzar, herir; (*émouvoir*) afectar

atteint, e [atɛ̃, ɛ̃t] *pp de* **atteindre** ▶ *adj* : **être ~ de** estar aquejado(-a) de

atteinte [atɛ̃t] *nf* (*à l'honneur, au prestige*) ofensa; **hors d'~** (*aussi fig*) fuera del alcance; **porter ~ à** atentar contra

attendant [atɑ̃dɑ̃] : **en ~** *adv* (*dans l'intervalle*) entretanto, mientras tanto; (*quoi qu'il en soit*) de todos modos

attendre [atɑ̃dʀ] *vt* esperar ▶ *vi* esperar; **s'attendre** *vpr* : **s'~ à (ce que)** esperarse (que); **je n'attends plus rien (de la vie)** no espero nada más (de la vida); **attendez que je réfléchisse** espere a que reflexione; **je ne m'y attendais pas** no me lo esperaba; **ce n'est pas ce à quoi je m'attendais** no es lo que yo me esperaba; **~ un enfant** esperar un niño; **~ de pied ferme** esperar con pie firme; **~ de faire/d'être** esperar hacer/ser; **~ qch de qn** *ou* **qch** esperar algo de algn *ou* algo; **~ que** esperar que; **faire ~ qn** hacer esperar a algn; **se faire ~** hacerse esperar; **j'attends vos excuses** espero sus disculpas

attendrir [atɑ̃dʀiʀ] *vt* (*personne*) enternecer; (*viande*) ablandar; **s'attendrir** *vpr* : **s'~ (sur)** enternecerse (con)

attendrissant, e [atɑ̃dʀisɑ̃, ɑ̃t] *adj* enternecedor(a)

attendu, e [atɑ̃dy] *pp de* **attendre** ▶ *adj* esperado(-a); **attendus** *nmpl* (*Jur*) considerandos *mpl*; **tant ~** tan esperado(-a); **~ que** puesto que

attentat [atɑ̃ta] *nm* atentado; **~ à la bombe/à la pudeur** atentado con bomba/contra el pudor; **~ suicide** atentado *m* suicida *inv*

attente [atɑ̃t] *nf* espera; (*espérance*) espera, expectativa; **contre toute ~** contra toda previsión

attenter [atɑ̃te] : **~ à** *vt* atentar contra; **~ à la vie de qn** atentar contra la vida de algn; **~ à ses jours** atentar contra su propia vida

attentif, -ive [atɑ̃tif, iv] *adj* (*auditeur, élève*) atento(-a); (*soins*) cuidadoso(-a); (*travail*) cuidadoso(-a), concienzudo(-a); **~ à** (*scrupuleux*) escrupuloso(-a) con; (*ses devoirs*) cuidadoso(-a) con

attention [atɑ̃sjɔ̃] *nf* atención *f*; **attentions** *nfpl* atenciones *fpl*; **à l'~ de** (*pour*) a la atención de; **porter qch à l'~ de qn** presentar algo a la consideración de algn; **attirer l'~ de qn sur qch** llamar la atención de algn sobre algo; **faire ~ à** (*remarquer, noter*) prestar atención a; (*prendre garde à*) tener cuidado con; **faire ~ que/à ce que** tener cuidado que; **~!** ¡cuidado!; **~, respectez les consignes de sécurité** atención, respeten las consignas de seguridad; **mériter ~** merecer atención

attentionné, e [atɑ̃sjɔne] *adj* atento(-a), solícito(-a)

atténuer [atenɥe] *vt* atenuar; (*douleur*) aliviar; **s'atténuer** *vpr* atenuarse

atterrir [ateʀiʀ] *vi* aterrizar

atterrissage [ateʀisaʒ] *nm* aterrizaje *m*; **~ forcé/sans visibilité/sur le ventre** aterrizaje forzoso/sin visibilidad/de panza

attestation [atɛstasjɔ̃] *nf* certificado; **~ de paiement** comprobante *m* de pago

attirant, e [atiʀɑ̃, ɑ̃t] *adj* atractivo(-a)

attirer [atiʀe] *vt* atraer; **~ qn dans un coin/vers soi** llevar a algn a un rincón/hacia sí; **~ l'attention de qn sur qch** llamar la atención de algn sobre algo; **~ des louanges à qn** granjear elogios a algn; **~ des ennuis à qn** acarrear problemas a algn; **s'~ des ennuis** acarrearse problemas

attitude [atityd] *nf* (*comportement*) actitud *f*, conducta; (*position du corps*) postura; (*état d'esprit*) actitud, disposición *f*

attraction [atʀaksjɔ̃] *nf* atracción *f*; (*de cabaret, cirque*) atracción, número

attrait [atʀɛ] *nm* (*de l'argent, de la gloire*) atractivo, incentivo; (*d'un lieu, d'une personne*) atractivo; **attraits** *nmpl* (*d'une femme*) encantos *mpl*; **éprouver de l'~ pour** sentirse atraído(-a) por

attraper [atʀape] *vt* (*saisir*) atrapar, coger, agarrar (AM); (*voleur, animal*) atrapar, agarrar; (*train, maladie, amende*) pillar; (*fam : réprimander*) reñir; (*duper*) engañar

attrayant, e [atʀɛjɑ̃, ɑ̃t] *adj* atrayente

attribuer [atʀibɥe] *vt* (*prix*) otorgar; (*rôle, tâche*) asignar; (*conséquence, fait, qualité*) atribuir; (*échec*) achacar; (*importance*) conceder, dar; **s'attribuer** *vpr* atribuirse

attrister [atʀiste] *vt* entristecer; **s'attrister** *vpr* : **s'~ de qch** entristecerse por algo

attroupement [atʀupmɑ̃] *nm* aglomeración *f*

attrouper [atʀupe] : **s'attrouper** *vpr* aglomerarse, agolparse

au [o] *voir* **à**

aubaine [obɛn] *nf* (*avantage inattendu*) suerte *f*; (*Comm*) ganga

aube [ob] *nf* alba, amanecer *m*; (*de communiant*) alba; **l'~ de** (*fig*) los albores de, el amanecer de; **à l'~** al alba, al amanecer

aubépine [obepin] *nf* espino

auberge [obɛʀʒ] *nf* posada, mesón *m*; **~ de jeunesse** albergue *m* de juventud

aubergine [obɛʀʒin] *nf* berenjena

aucun, e [okœ̃, yn] *adj* ningún(-una) ▸ *pron* ninguno(-a), nadie; **cela n'a ~ sens** eso no tiene ningún sentido, eso no tiene sentido alguno

audace [odas] *nf* audacia; (*péj*) atrevimiento; **il a eu l'~ de** tuvo el atrevimiento de; **vous ne manquez pas d'~!** ¡no le falta atrevimiento!

audacieux, -euse [odasjø, jøz] *adj* audaz

au-delà [od(ə)la] *adv* más allá ▸ *nm* : **l'~** el más allá; **~ de** más allá de

au-dessous [odsu] *prép* abajo, debajo; **~ de** (*dans l'espace*) debajo de; (*dignité, condition, somme*) por debajo de

au-dessus [odsy] *adv* arriba, encima; **~ de** (*dans l'espace*) arriba de, encima de; (*limite, somme, loi*) por encima de

au-devant [od(ə)vɑ̃] : **~ de** *prép* al encuentro de; **aller ~ de** (*personne, danger*) ir al encuentro de; (*désirs de qn*) adelantarse a

audience [odjɑ̃s] *nf* (*auditeurs, lecteurs*) auditorio, público; (*entrevue, séance*) audiencia; **trouver ~ auprès de** encontrar buena acogida en; **~ télévisée** audiencia televisiva

audio [odjo] *adj* (*fichier, enregistrement, matériel*) audio *inv*

audiodescription [odjodɛskʀipsjɔ̃] *nf* audiodescripción *f*

audiovisuel, le [odjovizɥɛl] *adj* audiovisual ▸ *nm* (*techniques*) técnicas *fpl* audiovisuales; (*méthodes*) métodos *mpl* audiovisuales; **l'~** los medios audiovisuales

audition [odisjɔ̃] *nf* audición *f*; (*Jur*) audiencia; (*Mus, Théâtre*) prueba, audición

auditoire [oditwaʀ] *nm* auditorio

augmentation [ɔgmɑ̃tasjɔ̃] *nf* (*action, résultat*) aumento; (*prix*) subida; **~ (de salaire)** aumento (del salario)

augmenter [ɔgmɑ̃te] *vt* aumentar; (*prix*) subir; (*employé, salarié*) subir el sueldo a ▸ *vi* aumentar; **~ de poids/volume** aumentar de peso/volumen

augure [ogyʀ] *nm* agorero; (*Hist*) augur *m*; **de bon/mauvais ~** de buen/mal augurio

aujourd'hui [oʒuʀdɥi] *adv* hoy; (*de nos jours*) hoy en día; **~ en huit/en quinze** de hoy en ocho días/en quince días; **à dater** *ou* **partir d'~** a partir de hoy

aumônier [omonje] *nm* capellán *m*

auparavant [opaʀavɑ̃] *adv* antes

auprès [opʀɛ] : **~ de** *prép* al lado de, cerca de; (*du tribunal*) ante; (*en comparaison de*) comparado(-a) con; (*dans l'opinion de*) según

auquel [okɛl] *prép + pron voir* **lequel**

aurai *etc* [ɔʀe] *vb voir* **avoir**

aurons *etc* [ɔʀɔ̃] *vb voir* **avoir**

aurore [ɔʀɔ] *nf* aurora; **~ boréale** aurora boreal

ausculter [ɔskylte] *vt* auscultar

aussi [osi] *adv* también; (*de comparaison : avec adj, adv*) tan; (*si, tellement*) tan ▸ *conj* (*par conséquent*) por lo tanto; **~ fort/rapidement que** tan fuerte/rápidamente como; **lui ~** él también; **~ bien que** (*de même que*) lo mismo que; **il l'a fait/va y aller — moi ~** lo hizo/va a ir — yo también; **je le pense ~** yo también lo pienso *ou* creo

aussitôt [osito] *adv* enseguida, inmediatamente; **~ que** tan pronto como; **~ fait** ni bien hecho; **~ envoyé** ni bien enviado

austère [ostɛʀ] *adj* austero(-a)

austral, e [ɔstʀal] *adj* austral; **l'océan ~** el océano austral; **les terres ~es** las tierras australes

Australie [ostʀali] *nf* Australia

australien, ne [ostʀaljɛ̃, jɛn] *adj* australiano(-a) ▸ *nm/f*: **Australien, ne** australiano(-a)

autant [otɑ̃] *adv* (*tant, tellement*) tanto; (*comparatif*) : **~ (que)** tanto (como), tan (como); **~ (de)** tanto(-a), tantos(-as); **n'importe qui aurait pu en faire ~** cualquiera hubiera hecho lo mismo; **~ partir/ne rien dire** mejor marchar/no decir nada; **~ dire que ...** eso es tanto como decir que ...; **il n'est pas découragé pour ~** no se ha desanimado por eso; **pour ~ que** en la medida en que; **d'~** (*à proportion*) otro tanto; **d'~ plus/moins/mieux (que)** tanto más/menos/mejor (cuanto que); **~ ... ~ ...** tanto ... tanto ...; **tout ~** tanto; **ce sont ~ d'erreurs/d'échecs** son otros tantos errores/fracasos; **y en a-t-il ~ (qu'avant) ?** ¿queda tanto (como antes)?; **il y a ~ de garçons que de filles** hay tantos niños como niñas

autel [otɛl] *nm* altar *m*

auteur, e [otœʀ] *nm/f* autor(a); **droit d'~** derecho de autor

authenticité [otɑ̃tisite] *nf* autenticidad *f*

authentique [otɑ̃tik] *adj* auténtico(-a); (*récit, histoire*) auténtico(-a), cierto(-a); (*réel, sincère*) auténtico(-a), verdadero(-a)

auto [oto] *nf* coche *m*, carro (AM), auto (*esp* AM); **~s tamponneuses** coches *mpl* de choque

auto... [oto] *préf* auto...

autobiographie [otobjɔgʀafi] *nf* autobiografía

autobus [ɔtɔbys] *nm* autobús *m*, camión *m* (*Mex*); **ligne d'~** línea de autobús

autocar [ɔtɔkaʀ] *nm* autocar *m*

autochtone [ɔtɔktɔn] *adj, nm/f* autóctono(-a)

autocollant, e [otokɔlɑ̃, ɑ̃t] *adj* autoadhesivo(-a) ▸ *nm* autoadhesivo

autocuiseur [otokɥizœʀ] *nm* olla a presión

autodéfense [otodefɑ̃s] *nf* autodefensa; **groupe d'~** grupo de autodefensa

autodidacte [otodidakt] *nm/f* autodidacta *m/f*

auto-école [otoekɔl] (*pl* **auto-écoles**) *nf* autoescuela

autoentrepreneur, -euse [otoɑ̃tʀəpʀənœʀ, øz] *nm/f* autoemprendedor(a)

autographe [ɔtɔgʀaf] *nm* autógrafo

auto-immun, e [otoi(m)mœ̃, yn] *adj* autoinmune

automate [ɔtɔmat] *nm* (*aussi fig*) autómata *m*

automatique [ɔtɔmatik] *adj* automático(-a); (*réflexe, geste*) automático(-a), mecánico(-a) ▸ *nm* (*pistolet*) automática

automatiquement [ɔtɔmatikmɑ̃] *adv* automáticamente

automne [ɔtɔn] *nm* otoño

automobile [ɔtɔmɔbil] *nf* coche *m*, automóvil *m* ▸ *adj* automóvil; **l'~** la industria automovilística

automobiliste [ɔtɔmɔbilist] *nm/f* automovilista *m/f*

autonome [ɔtɔnɔm] *adj* autónomo(-a)

autonomie [ɔtɔnɔmi] *nf* autonomía; **~ de vol** autonomía de vuelo

autoportrait [otopɔʀtʀɛ] *nm* autorretrato

autopsie [ɔtɔpsi] *nf* autopsia

autoradio [otoʀadjo] *nm* autorradio

autorisation [ɔtɔʀizasjɔ̃] *nf* (*permission*) autorización *f*, permiso; (*papiers*) licencia, permiso; **donner à qn l'~ de** dar a algn la autorización para; **avoir l'~ de faire** tener permiso para hacer

> **On peut dire aussi :**
> ¡Naturalmente *ou* Claro que puedes ir! (*Évidemment* ou *Bien sûr ...*)
> Puedes llevarte mi coche, si quieres. (*Tu peux ...*)
> Haz lo que quieras. (*Fais ce que tu veux.*)
> No tengo ningún inconveniente en que lo uses. (*Je ne vois aucun inconvénient à ...*)

autorisé, e [ɔtɔʀize] *adj* autorizado(-a); **~ (à faire)** autorizado(-a) (para hacer); **dans les milieux ~s** en medios oficiales

autoriser [ɔtɔʀize] *vt* autorizar, permitir; (*justifier, permettre*) autorizar; **~ qn à faire** autorizar a algn para hacer

autoritaire [ɔtɔʀitɛʀ] *adj* autoritario(-a)

autorité [ɔtɔʀite] *nf* autoridad *f*; **les ~s** las autoridades; **faire ~** ser una autoridad; **d'~** (*de façon impérative*) autoritariamente; (*sans réflexion*) directamente; **~s administratives** autoridades administrativas

autoroute [otoʀut] *nf* autopista

auto-stop [otostɔp] *nm* (*pl* **autos-stops**) : **l'~** el autostop; **faire de l'~** hacer autostop; **prendre qn en ~** coger a algn en autostop

auto-stoppeur, -euse [otostɔpœʀ, øz] (*pl* **auto-stoppeurs, -euses**) *nm/f* autostopista *m/f*

autour [otuʀ] *adv* alrededor, en torno; **~ de** (*en cercle*) alrededor de, en torno de *ou* a; (*près de*) cerca de; (*environ, à peu près*) aproximadamente, alrededor de; **tout ~** por todas partes

autre [otʀ]

▸ *adj* **1** (*différent*) otro(-a); **je préférerais un autre verre** preferiría otro vaso
2 (*supplémentaire*) : **je voudrais un autre verre d'eau** querría otro vaso de agua
3 (*d'une paire, dans une dualité*) otro(-a); **autre chose** otra cosa; **penser à autre chose** pensar en otra cosa; **autre part** (*aller*) a otra parte; (*se trouver*) en otra parte; **d'autre part** (*en outre*) además; **d'une part ..., d'autre part ...** por una parte ..., por otra parte ...
▸ *pron* : **un autre** otro; **nous autres** nosotros(-as); **vous autres** vosotros(-as); (*politesse*) ustedes; **d'autres** otros(-as); **les autres** los (las) otros(-as); (*autrui*) los demás; **l'un et l'autre** uno y otro; **se détester l'un l'autre/les uns les autres** detestarse uno a otro/unos a otros; **la difficulté est autre** la dificultad es otra; **d'une minute à l'autre** de un momento a otro; **entre autres** entre otros(-as); **j'en ai vu d'autres** (*indifférence*) estoy curado de espanto; **à d'autres !** ¡cuéntaselo a otro!; **ni l'un ni l'autre** ni uno ni otro; **donnez-m'en un autre** deme otro; **de temps à autre** de vez en cuando; *voir aussi* **part** ; **temps** ; **un**

autrefois [otʀəfwa] *adv* antaño, en otro tiempo

autrement [otʀəmɑ̃] *adv* (*d'une manière différente*) de otro modo; (*sinon*) si no, de lo contrario; **je n'ai pas pu faire ~** no he podido hacer otra cosa; **~ dit** en otras palabras; (*c'est-à-dire*) es decir

Autriche [otʀiʃ] *nf* Austria

autrichien, ne [otʀiʃjɛ̃, jɛn] *adj* austríaco(-a) ▸ *nm/f* : **Autrichien, ne** austríaco(-a)

autruche [otʀyʃ] *nf* avestruz *m*; **faire l'~** meter la cabeza debajo del ala

aux [o] *voir* **à**

auxiliaire [ɔksiljɛʀ] *adj* auxiliar ▸ *nm/f* auxiliar *m/f*; (*aide, adjoint*) ayudante *m/f*; (*Ling*) auxiliar *m*

auxquelles [okɛl] *prép + pron voir* **lequel**

auxquels [okɛl] *prép + pron voir* **lequel**

avalanche [avalɑ̃ʃ] *nf* (*aussi fig*) avalancha

avaler [avale] *vt* tragar; (*fig*) devorar; (*croire*) tragarse

avance [avɑ̃s] *nf* avance *m*; (*d'argent*) adelanto, anticipo; (*opposé à retard*) adelanto; (*Inform*) : **~ (du) papier** avance del papel; **avances** *nfpl* (*ouvertures, aussi amoureuses*) proposiciones *fpl*; **une ~ de 300 m/4 h** una ventaja de 300 m/4 h; **(être) en ~** (*sur l'heure fixée*) (estar) adelantado(-a); (*sur un programme*) (ir) adelantado(-a); **on n'est pas en ~ !** ¡no adelantamos nada!; **être en ~ sur qn** (*pendant une action*) ir delante de algn; (*résultat*) llegar antes que algn; **il est très en ~ pour son âge** está muy adelantado para su edad; **à l'~, par ~** de antemano; **d'~** por anticipado; **payer d'~** pagar por adelantado

avancé, e [avɑ̃se] *adj* avanzado(-a); (*travail*) adelantado(-a); **d'un âge ~** de edad avanzada

avancement [avɑ̃smɑ̃] *nm* (*professionnel*) ascenso; (*de travaux*) progreso

avancer [avɑ̃se] *vi* avanzar; (*travail, montre, réveil*) adelantar; (*être en saillie, surplomb*) avanzar, sobresalir ▸ *vt* adelantar; (*troupes*) hacer avanzar; (*hypothèse, idée*) proponer, sugerir; **s'avancer** *vpr* (*s'approcher*) adelantarse, acercarse; (*se hasarder*) aventurarse; (*être en saillie, surplomb*) sobresalir; **j'avance (d'une heure)** estoy adelantado(-a) (una hora)

avant [avɑ̃] *prép* antes de ▸ *adv* : **trop/plus ~** demasiado/más lejos ▸ *adj inv* : **siège ~** asiento delantero ▸ *nm* (*d'un véhicule, bâtiment*) delantera, frente *m*; (*Sport*) delantero; **~ qu'il (ne) parte/de faire** antes de que marche/de hacer; **~ tout** ante todo; **à l'~** (*dans un véhicule*) en la delantera; **en ~** (*marcher, regarder*) hacia adelante; **en ~ de** (*en tête de, devant*) delante de; **aller de l'~** marchar bien

avantage [avɑ̃taʒ] *nm* (*supériorité*) ventaja; (*intérêt, bénéfice*) ventaja, beneficio; **à l'~ de qn** en beneficio de algn; **être à son ~** estar favorecido(-a); **tirer ~ de** sacar provecho de; **vous auriez ~ à faire** sería mejor que hiciese; **~s en nature** retribución *f* en especies; **~s sociaux** beneficios *mpl* sociales

avantager [avɑ̃taʒe] *vt* favorecer

avantageux, -euse [avɑ̃taʒø, øz] *adj* ventajoso(-a); (*portrait, coiffure*) favorecedor(a); **conditions avantageuses** condiciones *fpl* ventajosas

avant-bras [avɑ̃bʀa] *nm inv* antebrazo

avant-coureur [avɑ̃kuʀœʀ] (*pl* **avant-coureurs**) *adj* : **signe ~** signo anunciador

avant-dernier, -ière [avɑ̃dɛʀnje, jɛʀ] (*pl* **avant-derniers, -ières**) *adj, nm/f* penúltimo(-a)

avant-garde [avɑ̃gaʀd] (*pl* **avant-gardes**) *nf* (*aussi fig*) vanguardia; **d'~** de vanguardia

avant-goût [avɑ̃gu] (*pl* **avant-goûts**) *nm* anticipo

avant-hier [avɑ̃tjɛʀ] *adv* anteayer

avant-première [avɑ̃pʀəmjɛʀ] (*pl* **avant-premières**) *nf* preestreno; **en ~** antes de la presentación oficial

avant-veille [avɑ̃vɛj] (*pl* **avant-veilles**) *nf* : **l'~** la antevíspera

avare [avaʀ] *adj, nm/f* avaro(-a); **~ de compliments/caresses** parco(-a) en cumplidos/caricias

AVC [avese] *sigle m* (= *accident vasculaire cérébral*) ictus *m inv*

avec [avɛk] *prép* con; (*contre : se battre*) con, contra; (*en plus de, en sus de*) además de; **~ habileté/lenteur** con habilidad/lentitud; **~ eux/ces maladies** (*en ce qui concerne*) con ellos/estas enfermedades; **~ ça** (*malgré ça*) a pesar de eso; **et ~ ça ?** ¿algo más?; **~ l'été les noyades se multiplient** en verano se ahoga mucha más gente; **~ cela que ...** además de que ...

avenir [avniʀ] *nm* : **l'~** el porvenir, el futuro; **l'~ du monde/de l'automobile** el porvenir del mundo/del automóvil; **à l'~** en el futuro; **sans ~** sin futuro; **c'est une idée sans ~** es una idea sin futuro; **métier/politicien d'~** trabajo/político con futuro

aventure [avɑ̃tyʀ] *nf* aventura; **partir à l'~** marchar a la aventura; **roman/film d'~** novela/película de aventuras

aventurer [avɑ̃tyʀe] *vt* aventurar, arriesgar; (*remarque, opinion*) aventurar; **s'aventurer** *vpr* aventurarse; **s'~ à faire qch** arriesgarse a hacer algo

aventureux, -euse [avɑ̃tyʀø, øz] *adj* (*personne*) aventurado(-a), arriesgado(-a); (*projet*) arriesgado(-a); (*vie*) azaroso(-a)

aventurier, -ière [avɑ̃tyʀje, jɛʀ] *nm/f* aventurero(-a)

avenue [avny] *nf* avenida

avérer [aveʀe] : **s'avérer** *vpr* (*avec attribut*) : **s'~ faux/coûteux** revelarse falso/costoso

averse [avɛʀs] *nf* aguacero, chaparrón *m*; (*de pierres, flèches*) chaparrón, lluvia

averti, e [avɛʀti] *adj* entendido(-a)

avertir [avɛʀtiʀ] *vt* : **~ qn de qch/que** prevenir a algn de algo/de que; (*renseigner*) advertir a algn de algo/de que

avertissement [avɛʀtismɑ̃] *nm* advertencia; (*blâme*) amonestación *f*; (*d'un livre*) aviso

avertisseur [avɛʀtisœʀ] *nm* bocina; (*d'incendie*) alarma de incendio

aveu [avø] *nm* confesión *f*, declaración *f*; **passer aux aveux** confesar; **de l'~ de** según la opinión de

aveugle [avœgl] *adj, nm/f* (*aussi fig*) ciego(-a); **les ~s** los ciegos; **mur ~** pared *f* ciega; **test en double ~** ensayo a doble ciego

aviation [avjasjɔ̃] *nf* (*aussi Mil*) aviación *f*; **terrain d'~** campo de aviación; **~ de chasse** aviones *mpl* de caza

avide [avid] *adj* ávido(-a); (*péj*) codicioso(-a); **~ d'honneurs/d'argent/de sang** ávido(-a) de honores/de dinero/de sangre; **~ de connaître/d'apprendre** ávido(-a) de conocer/de aprender

avion [avjɔ̃] *nm* avión *m*; **par ~** por avión; **aller (quelque part) en ~** ir (a algún sitio) en avión; **~ à réaction** avión de *ou* a reacción; **~ de chasse/de ligne/supersonique** avión de caza/de línea/supersónico

aviron [aviʀɔ̃] *nm* remo; (*sport*) : **l'~** el remo

avis [avi] *nm* (*point de vue*) opinión *f*; (*conseil*) opinión, consejo; (*notification*) aviso; **à mon ~** en mi opinión; **j'aimerais avoir l'~ de Paul** me gustaría conocer la opinión de Paul; **je suis de votre ~** estoy de acuerdo con usted; **vous ne me ferez pas changer d'~** no me hará cambiar de opinión; **être d'~ que** ser del parecer que; **changer d'~** cambiar de opinión; **sauf ~ contraire** salvo aviso contrario; **sans ~ préalable** sin previo aviso; **jusqu'à nouvel ~** hasta nuevo aviso; **~ de crédit/débit** nota de crédito/débito; **~ de décès** esquela (mortuoria)

> **On peut dire aussi :**
> Creo que le va a encantar tu regalo. (*Je crois que ...*)
> Pienso que esa decisión ha sido un error. (*Je pense que ...*)
> Me parece que les has caído muy bien. (*Il me semble que ...*)
> En mi opinión, fue un error no decírselo. (*D'après moi, ...*)
> A mi juicio, están actuando mal. (*À mon avis, ...*)

aviser [avize] *vt* (*voir*) divisar, advertir; (*informer*) : **~ qn de qch/que** avisar a algn de algo/de que ▸ *vi* (*réfléchir*) reflexionar; **s'~ de qch/que** darse cuenta de algo/de que; **s'~ de faire qch** (*s'aventurer à*) ocurrírsele hacer algo

avocat, e [avɔka, at] *nm/f* (*aussi fig*) abogado(-a) ▸ *nm* (*Bot, Culin*) aguacate *m*, palta (AM); **se faire l'~ du diable** ser el abogado del diablo; **l'~ de la défense/de la partie civile** el abogado defensor/de la acusación particular; **~ d'affaires** abogado(a) de empresa; **~ général(e)** fiscal *m/f*

avoine [avwan] *nf* avena

avoir [avwaʀ]

▸ *vt* **1** (*posséder*) tener; **elle a deux enfants/une belle maison** tiene dos niños/una casa bonita; **il a les yeux gris** tiene los ojos grises; **vous avez du sel ?** ¿tiene sal?; **avoir du courage/de la patience** tener valor/paciencia; **avoir du goût** tener gusto; **avoir horreur de** tener horror a; **avoir rendez-vous** tener una cita

2 (*âge, dimensions*) tener; **il a trois ans** tiene tres años; **le mur a trois mètres de haut** la pared tiene tres metros de alto; *voir aussi* **faim** ; **peur** *etc*

3 (*fam : duper*) quedarse con; **on t'a bien eu !** ¡cómo nos hemos quedado contigo!

4 : **en avoir après** *ou* **contre qn** estar enojado(-a) con algn; **en avoir assez** estar harto; **j'en ai pour une demi-heure** tengo para media hora

5 (*obtenir : train, tickets*) coger, agarrar (AM)

▸ *vb aux* **1** haber; **avoir mangé/dormi** haber comido/dormido; **hier, je n'ai pas mangé** ayer no comí

2 (*avoir + à + infinitif*) : **avoir à faire qch**

tener que hacer algo; **vous n'avez qu'à lui demander** no tiene más que preguntarle; (*en colère*) pregúntele a él; **tu n'as pas à me poser de questions** no tienes porqué hacerme preguntas; **tu n'as pas à le savoir** no tienes porqué saberlo
▸ *vb impers* 1 : **il y a** (+ *sing, pl*) hay; **qu'y a-t-il ?** ¿qué ocurre?; **qu'est-ce qu'il y a ?** ¿qué pasa?; **il n'y a rien** no pasa nada; **qu'as-tu ?** ¿qué tienes?; **qu'est-ce que tu as ?** ¿qué te pasa?; **il doit y avoir une explication** tiene que haber una explicación; **il n'y a qu'à recommencer ...** no hay más que volver a empezar ...; **il ne peut y en avoir qu'un** no puede haber más que uno; **il n'y a pas de quoi** no hay de qué
2 (*temporel*) : **il y a 10 ans** hace 10 años; **il y a 10 ans/longtemps que je le sais** hace 10 años/mucho tiempo que lo sé; **il y a 10 ans qu'il est arrivé** hace 10 años que llegó
▸ *nm* haber *m*; (*Fin*) : **avoir fiscal** crédito fiscal

avortement [avɔʀtəmɑ̃] *nm* aborto
avouer [avwe] *vt* confesar, declarar ▸ *vi* (*se confesser*) confesar; (*admettre*) confesar, reconocer; **~ avoir fait/être/que** confesar haber hecho/ser/que; **s'~ vaincu/incompétent** declararse vencido(-a)/incompetente; **~ que oui/non** confesar que sí/no
avril [avʀil] *nm* abril *m*; *voir aussi* **juillet**
axe [aks] *nm* eje *m*; (*fig*) orientación *f*; **dans l'~ de** en la línea de; **~ de symétrie** eje de simetría; **~ routier** carretera general
ayons *etc* [ɛjɔ̃] *vb voir* **avoir**
azote [azɔt] *nm* nitrógeno
aztèque [astɛk] *adj* azteca

b

baba [baba] *adj inv* : **en être ~** (*fam*) quedarse pasmado(-a) ▸ *nm* : **~ au rhum** bizcocho de ron
babiller [babije] *vi* (*bébé*) balbucear
bâbord [bɑbɔʀ] *nm* : **à** *ou* **par ~** a babor
babouin [babwɛ̃] *nm* babuino
baby-foot [babifut] (*pl* **baby-foots**) *nm* futbolín *m*
bac¹ [bak] *nm* (*bateau*) transbordador *m*; (*récipient*) cubeta; **~ à glace** bandeja para el hielo; **~ à légumes** compartimento para las verduras; **~ à litière** caja de arena para gatos
bac² [bak] (*fam*) *nm* = *baccalauréat*
baccalauréat [bakalɔʀea] *nm título de enseñanza secundaria*, ≈ selectividad *f*

En Francia, el **baccalauréat** o *bac* es un título que se obtiene al terminar los estudios de enseñanza secundaria superior y que permite el ingreso en la universidad. Se pueden escoger distintas combinaciones de asignaturas dentro de cada una de las tres modalidades principales: general, profesional y tecnológica.

bâche [bɑʃ] *nf* toldo
bachoter [baʃɔte] (*fam*) *vi* empollar
bâcler [bɑkle] *vt* hacer de prisa y corriendo
bactérie [bakteʀi] *nf* bacteria
badaud, e [bado, od] *nm/f* curioso(-a), mirón(-ona)
badge [badʒ] *nm* chapa
badminton [badmintɔn] *nm* bádminton *m*

baffe [baf] (*fam*) *nf* bofetada, torta
bafouiller [bafuje] *vi, vt* farfullar
bagage [bagaʒ] *nm* (*fig*) bagaje *m*; **bagages** *nmpl* equipaje *m*; **~ littéraire** (*fig*) bagaje *m* literario; **~s à main** equipaje de mano; **un (seul) ~ à main** un (solo) bulto de mano
bagarre [bagaʀ] *nf* pelea; **il aime la ~** le gusta la pelea
bagarrer [bagaʀe]: **se bagarrer** *vpr* pelearse
bagnole [baɲɔl] (*fam*) *nf* coche *m*; (*vieille*) cacharro
bague [bag] *nf* anillo, sortija; (*d'identification*) anilla; **~ de fiançailles** sortija de pedida; **~ de serrage** casquillo
baguette [bagɛt] *nf* (*bâton*) varilla; (*chinoise*) palillo; (*de chef d'orchestre*) batuta; (*pain*) barra; (*Constr*) junquillo; **mener qn à la ~** tratar a algn a la baqueta; **~ de sourcier** varilla de zahorí; **~ de tambour** palillo; **~ magique** varita mágica
baie [bɛ] *nf* bahía; (*fruit*) baya; **~ vitrée** ventanal *m*
baignade [bɛɲad] *nf* baño
baigner [beɲe] *vt* bañar ▸ *vi*: **il baignait dans son sang** estaba bañado *ou* anegado en sangre; **se baigner** *vpr* bañarse; **«ça baigne!»** (*fam*) «¡todo marcha bien!»
baignoire [bɛɲwaʀ] *nf* bañera, tina (*AM*); (*Théâtre*) palco de platea
bail [baj] (*pl* **baux**) *nm* (contrato de) arrendamiento; **donner** *ou* **prendre qch à ~** arrendar algo, alquilar algo; **~ commercial** traspaso
bâillement [bɑjmɑ̃] *nm* bostezo
bâiller [bɑje] *vi* bostezar; (*être ouvert*) estar entreabierto(-a), estar entornado(-a)
bâillonner [bɑjɔne] *vt* amordazar; (*fig*) amordazar, cohibir
bain [bɛ̃] *nm* baño; **se mettre dans le ~** (*fig*) meterse en el asunto; **prendre un ~** tomar un baño; **prendre un ~ de foule** meterse entre la multitud; **prendre un ~ de pieds** darse un baño de pies; **~ de bouche** elixir *m* (para enjuagarse la boca); **~ de siège** baño de asiento; **~ de soleil** baño de sol; **~ moussant** baño de espuma; **~s de mer** baños *mpl* de mar; **~s(-douches) municipaux** baños públicos
bain-marie [bɛ̃maʀi] (*pl* **bains-marie**) *nm* baño (de) María; **faire chauffer au ~** calentar al baño (de) María
baïonnette [bajɔnɛt] *nf* bayoneta; **douille/ampoule à ~** casquillo/bombilla de bayoneta
baiser [beze] *nm* beso ▸ *vt* besar; (*fam!*) tirarse a (*fam!*), coger (*fam!*) (*AM*)
baisse [bɛs] *nf* (*de température, des prix*) descenso, bajada; **la ~ des prix de l'essence** el abaratamiento de la gasolina, la bajada del precio de la gasolina; **la ~ de la TVA** la bajada del IVA; **en ~** en baja; **à la ~** a la baja
baisser [bese] *vt* bajar ▸ *vi* (*niveau, température*) bajar, descender; (*jour, lumière*) disminuir; **se baisser** *vpr* inclinarse, agacharse; **sa vue baisse** está perdiendo vista
bal [bal] *nm* baile *m*; **~ costumé** baile de disfraces; **~ masqué** baile de máscaras; **~ musette** *baile popular en el que el acordeón es el instrumento principal*
balade [balad] *nf* (*à pied*) paseo, vuelta; (*en voiture*) vuelta; **faire une ~** dar una vuelta
balader [balade] *vt* pasear; **se balader** *vpr* pasear; **aller se ~** ir a pasear
baladeur [baladœʀ] *nm*: **~ MP3** reproductor *m* de MP3
balafre [balɑfʀ] *nf* tajo, chirlo
balai [balɛ] *nm* escoba; (*Auto, Mus*) escobilla; **donner un coup de ~** dar un barrido
balance [balɑ̃s] *nf* balanza; (*Astrol*): **B~** Libra; **être B~** ser Libra; **~ commerciale** balanza comercial; **~ des paiements** balanza de pagos; **~ romaine** romana
balancer [balɑ̃se] *vt* balancear; (*fam: lancer*) arrojar ▸ *vi* (*hésiter*) oscilar; **se balancer** *vpr* balancearse, mecerse; (*branche*) mecerse; (*sur une balançoire*) columpiarse; **~ qch à la poubelle** (*fam*) tirar algo a la basura; **je m'en balance** (*fam*) me importa un pito
balançoire [balɑ̃swaʀ] *nf* (*suspendue*) columpio; (*sur pivot*) balancín *m*, subibaja *m*
balayer [baleje] *vt* barrer; (*suj: radar, phares*) explorar
balayette [balɛjɛt] *nf* escobilla

balayeur, -euse [balɛjœʀ, øz] *nm/f* barrendero(-a)
balbutiement [balbysimɑ̃] *nm* balbuceo; **balbutiements** *nmpl* (*débuts*) balbuceos *mpl*
balbutier [balbysje] *vi, vt* balbucear
balcon [balkɔ̃] *nm* balcón *m*; (*Théâtre*) principal *m*
baleine [balɛn] *nf* (*Zool, de parapluie*) ballena
balise [baliz] *nf* baliza
baliser [balize] *vt* balizar ▶ *vi* (*fam*) tener canguelo
ballant, e [balɑ̃, ɑ̃t] *adj* : **les bras ~s** los brazos colgando
balle [bal] *nf* (*de fusil*) bala; (*de tennis, golf*) pelota; (*du blé*) cascarilla, cascabillo; **~ perdue** bala perdida
ballerine [bal(ə)ʀin] *nf* bailarina; (*chaussure*) zapatilla
ballet [balɛ] *nm* ballet *m*; **~ diplomatique** actividad *f* diplomática
ballon [balɔ̃] *nm* (*de sport*) balón *m*; (*aéronautique, jouet*) globo; (*de vin*) copa; **~ d'essai** (*aussi fig*) globo *m* sonda *inv*; **~ de football** balón de fútbol; **~ d'oxygène** globo de oxígeno
balnéaire [balneɛʀ] *adj* (*station, centre*) de costa, costero(-a); (*tourisme*) de sol y playa, costero(-a)
balustrade [balystʀad] *nf* balaustrada
bambin [bɑ̃bɛ̃] *nm* niño(-a), chiquillo(-a)
bambou [bɑ̃bu] *nm* bambú *m*
banal, e [banal] *adj* (*aussi péj*) banal
banalité [banalite] *nf* banalidad *f*; **dire des ~s** decir banalidades
banane [banan] *nf* plátano, banana (*esp AM*)
banc [bɑ̃] *nm* banco; **~ d'essai** (*fig*) banco de prueba; **~ de sable** banco de arena; **~ des accusés/témoins** banquillo de los acusados/testigos; **~ de poissons** banco de peces
bancaire [bɑ̃kɛʀ] *adj* bancario(-a)
bancal, e [bɑ̃kal] *adj* cojo(-a); (*fig*) defectuoso(-a)
bandage [bɑ̃daʒ] *nm* vendaje *m*
bande [bɑ̃d] *nf* banda; (*de tissu*) faja; (*pour panser*) venda; (*motif, dessin*) banda, franja; **une ~ de ...** (*copains, voyous*) una pandilla de ...; **faire ~ à part** hacer rancho aparte; **~ de roulement** banda de rodadura; **~ de terre** faja de tierra; **~ dessinée** (*dans un journal*) tira cómica, historieta; (*livre*) cómic *m*; **~ magnétique** cinta magnética; **~ sonore** banda sonora; **~ Velpeau®** venda; **~ vidéo** cinta de vídeo

> La **bande dessinée** o *BD* goza de gran popularidad en Francia, tanto entre los niños, como entre los adultos. Cada mes de enero se celebra en Angulema el Salón Internacional del Cómic. Astérix, Tintín, Lucky Luke y Gaston Lagaffe son algunos de los personajes de tebeo más famosos que acuden al certamen.

bandeau [bɑ̃do] *nm* venda; (*autour du front*) cinta, venda, vincha (*And, CSur*)
bander [bɑ̃de] *vt* (*blessure*) vendar; (*muscle, arc*) tensar ▶ *vi* (*fam!*) empalmarse (*fam!*); **~ les yeux à qn** vendar los ojos a algn
bandit [bɑ̃di] *nm/f* bandido(-a); (*fig*) estafador(a)
bandoulière [bɑ̃duljɛʀ] *nf* : **en ~** en bandolera
banlieue [bɑ̃ljø] *nf* suburbio; **quartier de ~** barrio suburbano; **lignes/trains de ~** líneas *fpl*/trenes *mpl* de cercanías
banlieusard, e [bɑ̃ljøzaʀ, aʀd] *nm/f* habitante *m/f* de los suburbios
bannir [baniʀ] *vt* desterrar
banque [bɑ̃k] *nf* banco; (*activités*) banca; **~ alimentaire** banco de alimentos; **~ d'affaires** banco de negocios; **~ de dépôt** banco de depósito; **~ de données** (*Inform*) banco de datos; **~ d'émission** banca central; **~ des yeux/du sang** banco de ojos/de sangre; **~ en ligne** banco online
banquet [bɑ̃kɛ] *nm* banquete *m*
banquette [bɑ̃kɛt] *nf* banqueta; (*d'auto*) asiento corrido
banquier, -ière [bɑ̃kje, jɛʀ] *nm/f* banquero(-a)
banquise [bɑ̃kiz] *nf* banco de hielo, banquisa
baptême [batɛm] *nm* (*sacrement*) bautismo; (*cérémonie*) bautizo; **~ de l'air** bautismo del aire
baptiser [batize] *vt* bautizar
bar [baʀ] *nm* bar *m*, cantina (*esp AM*); (*comptoir*) barra, mostrador *m*; (*poisson*) lubina

baraque [baʀak] *nf* barraca; (*cabane, hutte*) caseta; (*fam*) casucha; **~ foraine** barraca de feria

baraqué, e [baʀake] (*fam*) *adj* plantado(-a)

baratiner [baʀatine] (*fam*) *vt* camelar

barbare [baʀbaʀ] *adj, nm/f* bárbaro(-a)

barbe [baʀb] *nf* barba; **au nez et à la ~ de qn** en las barbas de algn; **quelle ~ !** (*fam*) ¡qué lata!; **~ à papa** algodón *m* de azúcar

barbecue [baʀbəkju] *nm* barbacoa, asado (*AM*)

barbelé [baʀbəle] *nm* alambrada

barbiturique [baʀbityʀik] *nm* barbitúrico

barbouiller [baʀbuje] *vt* (*couvrir, salir*) embadurnar; (*péj : mur, toile*) pintarrajear; **avoir l'estomac barbouillé** tener el estómago revuelto

barbu, e [baʀby] *adj* barbudo(-a)

barbue [baʀby] *nf* rodaballo menor

barder [baʀde] *vi* (*fam*) : **ça va ~** se va a armar la gorda ▶ *vt* enalbardar

barème [baʀɛm] *nm* (*des prix, des tarifs*) baremo, tabla; (*cotisations, notes*) baremo; **~ des salaires** tabla de salarios

baril [baʀi(l)] *nm* barril *m*

bariolé, e [baʀjɔle] *adj* abigarrado(-a)

barman [baʀman] *nm* barman *m inv*

baromètre [baʀɔmɛtʀ] *nm* (*aussi fig*) barómetro

baron, ne [baʀɔ̃, ɔn] *nm/f* barón(-onesa); (*fig*) magnate *m/f*

baroque [baʀɔk] *adj* (*Art*) barroco(-a); (*fig*) estrambótico(-a)

barque [baʀk] *nf* barca

barquette [baʀkɛt] *nf* (*en aluminium*) envase *m*; (*en bois*) caja; (*tartelette*) tartaleta

barrage [baʀaʒ] *nm* pantano, embalse *m*; (*sur route*) barrera; **~ de police** cordón *m* policial, retén *m* (*AM*)

barre [baʀ] *nf* barra; (*Naut*) timón *m*; (*écrite*) raya; **comparaître à la ~** comparecer ante el juez; **être à** *ou* **tenir la ~** llevar el timón; **~ à mine** barrena; **~ de mesure** (*Mus*) barra de compás; **~ d'outils** barra de herramientas; **~ fixe** (*Gymnastique*) barra fija; **~s parallèles** barras paralelas

barreau, x [baʀo] *nm* barrote *m*; (*Jur*) : **le ~** el foro, la abogacía

barrer [baʀe] *vt* (*route*) obstruir; (*mot*) tachar; (*chèque*) cruzar; (*Naut*) timonear; **se barrer** (*fam*) ▶ *vpr* largarse, pirarse; **~ le passage** *ou* **la route à qn** cerrar el paso a algn

barrette [baʀɛt] *nf* (*pour les cheveux*) prendedor *m*; (*Rel*) birrete *m*; (*broche*) broche *m*

barricader [baʀikade] *vt* (*rue*) levantar barricadas en; (*porte, fenêtre*) atrancar; **se ~ chez soi** (*fig*) encerrarse en su casa

barrière [baʀjɛʀ] *nf* (*aussi fig*) barrera; **~ de dégel** (*Admin, Auto*) *circulación de vehículos pesados prohibida a causa del deshielo*; **~s douanières** barreras *fpl* aduaneras

barrique [baʀik] *nf* barrica, tonel *m*

bas, basse [bɑ, bɑs] *adj* bajo(-a); (*vue*) corto(-a); (*action*) bajo(-a), vil ▶ *nm* (*chaussette*) calcetín *m*; (*de femme*) media; (*partie inférieure*) : **le ~ de ...** la parte de abajo de ... ▶ *adv* bajo; **plus ~** más bajo, más abajo; **parler plus ~** hablar más bajo; **la tête basse** cabizbajo; **avoir la vue basse** ser corto(-a) de vista; **au ~ mot** por lo menos, por lo bajo; **enfant en ~ âge** niño de corta edad; **en ~** abajo; **en ~ de** debajo de, en la parte baja de; **de ~ en haut** de abajo arriba; **des hauts et des ~** altibajos *mpl*; **un ~ de laine** ahorros *mpl*; **mettre ~** parir; **« à ~ la dictature/l'école ! »** « ¡abajo la dictadura/la escuela! »; **~ morceaux** despojos *mpl*

bas-côté [bakote] (*pl* **bas-côtés**) *nm* (*de route*) arcén *m*; (*d'église*) nave *f* lateral

basculer [baskyle] *vi* (*tomber*) volcar; (*benne*) bascular ▶ *vt* (*gén : faire basculer*) volcar

base [bɑz] *nf* base *f*; (*Pol*) : **la ~** la(s) base(s); **jeter les ~s de** sentar las bases de; **à la ~ de** (*fig*) en el origen de; **sur la ~ de** (*fig*) tomando como base; **principe/produit de ~** principio/producto de base; **à ~ de café** a base de café; **~ de données** (*Inform*) base de datos; **~ de lancement** base de lanzamiento

baser [bɑze] *vt* : **~ qch sur** basar algo en; **se ~ sur** basarse en; **basé à/dans** (*Mil*) con base en

bas-fond [bɑfɔ̃] (*pl* **bas-fonds**) *nm* (*Naut*) bajío; **bas-fonds** *nmpl* (*fig*) bajos fondos *mpl*, hampa *fsg*

basilic [bazilik] *nm* albahaca
basilique [bazilik] *nf* basílica
basket [baskɛt] *nm* = **basket-ball**
basket-ball [baskɛtbol] (*pl* **basket-balls**) *nm* baloncesto
baskets [baskɛt] *nfpl* (*chaussures*) playeras *fpl*, zapatillas *fpl* de deporte
basque [bask] *adj, nm/f* vasco(-a) ▸ *nm* (*Ling*) vasco, vascuence *m*; **le Pays ~** el País vasco
basse [bɑs] *adj f voir* **bas** ▸ *nf* bajo
basse-cour [bɑskuʀ] (*pl* **basses-cours**) *nf* (*cour*) corral *m*; (*animaux*) aves *fpl* de corral
bassin [basɛ̃] *nm* (*cuvette*) palangana, cubeta; (*pièce d'eau*) estanque *m*; (*de fontaine*) pila; (*Géo*) cuenca; (*Anat*) pelvis *f*; (*portuaire*) dársena; **~ houiller** cuenca hullera
bassine [basin] *nf* balde *m*
basson [bɑsɔ̃] *nm* (*instrument*) fagot *m*; (*musicien*) fagotista *m/f*, fagot *m*
bastion [bastjɔ̃] *nm* bastión *m*; (*fig*) baluarte *m*
bat [ba] *vb voir* **battre**
bataille [bataj] *nf* (*aussi fig*) batalla; **en ~** (*cheveux*) desgreñado(-a); **~ rangée** batalla campal
bateau, x [bato] *nm* barco; (*grand*) navío, buque *m*; (*abaissement du trottoir*) vado ▸ *adj* (*banal, rebattu*) típico(-a); **~ à moteur/de pêche** barco de motor/de pesca
bateau-mouche [batomuʃ] (*pl* **bateaux-mouches**) *nm* golondrina
bâti, e [bɑti] *adj* (*terrain*) edificado(-a) ▸ *nm* (*armature*) armazón *m*; (*Couture*) hilván *m*; **bien ~** (*personne*) bien hecho(-a), fornido(-a)
bâtiment [bɑtimɑ̃] *nm* edificio; (*Naut*) navío; **le ~** (*industrie*) la construcción
bâtir [bɑtiʀ] *vt* edificar, construir; (*fig*) edificar; (*Couture*) hilvanar
bâtisse [bɑtis] *nf* construcción *f*
bâton [bɑtɔ̃] *nm* palo, vara; (*d'agent de police*) porra; **mettre des ~s dans les roues à qn** poner trabas a algn; **à ~s rompus** sin orden ni concierto; **~ de rouge (à lèvres)** barra (de labios); **~ de ski** bastón *m* de esquiar
bats [ba] *vb voir* **battre**
battement [batmɑ̃] *nm* (*de cœur*) latido, palpitación *f*; (*intervalle*) intervalo; **10 minutes de ~** 10 minutos de intervalo; **~ de paupières** parpadeo
batterie [batʀi] *nf* (*aussi Mus*) batería; **~ de tests** batería de tests; **~ de cuisine** batería de cocina
batteur, -euse [batœʀ, øz] *nm/f* (*Mus*) batería *m/f* ▸ *nm* (*appareil*) batidora
battre [batʀ] *vt* golpear; (*suj : pluie, vagues*) golpear, azotar; (*vaincre*) vencer, derrotar; (*œufs*) batir; (*blé*) trillar; (*tapis*) sacudir; (*cartes*) barajar ▸ *vi* (*cœur*) latir; (*volets*) golpear; **se battre** *vpr* pelearse, luchar; (*fig*) esforzarse; **~ de** : **~ des mains** dar palmas; **~ de l'aile** (*fig*) estar alicaído(-a); **~ des ailes** aletear; **~ froid à qn** tratar a algn con frialdad; **~ la mesure** llevar el compás; **~ en brèche** batir en brecha; **~ son plein** estar en su apogeo; **~ pavillon espagnol** enarbolar bandera española; **~ en retraite** batirse en retirada
baume [bom] *nm* bálsamo; (*fig*) bálsamo, consuelo; **mettre du ~ au cœur (à qn)** servir de consuelo (a algn)
bavard, e [bavaʀ, aʀd] *adj* parlanchín(-ina)
bavarder [bavaʀde] *vi* charlar, platicar (*Mex*); (*indiscrètement*) charlatanear, irse de la lengua
bave [bav] *nf* baba
baver [bave] *vi* babear; (*encre, couleur*) correrse; **en ~** (*fam*) pasar las de Caín, pasarlas negras
bavoir [bavwaʀ] *nm* babero
bavure [bavyʀ] *nf* rebaba, mancha; (*fig*) error *m*; **~ policière** atropello policial
bazar [bazaʀ] *nm* bazar *m*; (*fam*) leonera
bazarder [bazaʀde] (*fam*) *vt* liquidar
BCBG [besebeʒe] *sigle adj* = *bon chic bon genre*; **une fille ~** ≈ una chica bien vestida
BD *sigle f* = *bande dessinée*; *voir* **bande**; (= *base de données*) base *f* de datos
bd *abr* (= *boulevard*) Blvr. (= *bulevar*)
beach-volley [bitʃvɔlɛ] *nm* vóley-playa *m*
béant, e [beɑ̃, ɑ̃t] *adj* abierto(-a)
beau, belle, beaux [bo, bɛl] (*devant nm commençant par voyelle ou h muet* **bel**) *adj* (*gén*) bonito(-a); (*plus formel*) hermoso(-a), bello(-a), lindo(-a) (*esp* AM); (*personne*) guapo(-a) ▸ *adv* : **il fait ~** hace buen tiempo;

un bel homme un hombre guapo; **un ~ geste** un gesto noble; **un ~ gâchis/rhume** (*iro*) un buen despilfarro/resfriado; **le ~ monde** la buena sociedad; **un ~ jour ...** un buen día ...; **de plus belle** más y mejor; **bel et bien** de verdad; **le plus ~ c'est que ...** lo mejor es que ...; **« c'est du ~ ! »** « ¡qué bonito! »; **on a ~ essayer ...** por más que se intente ...; **il a ~ jeu de protester** *etc* le es fácil protestar *etc*; **faire le ~** (*chien*) ponerse en dos patas; **~ parleur** hombre *m* de labia

beaucoup [boku] *adv* mucho; **il boit ~** bebe mucho; **il ne rit pas ~** no ríe mucho; **il est ~ plus grand** es mucho más grande; **il en a ~** tiene mucho(s)(-a(s)); **~ trop de** demasiado(s)(-a(s)); **(pas) ~ de** (no) mucho(s)(-a(s)); **~ d'étudiants/de touristes** muchos estudiantes/turistas; **~ de courage** mucho valor; **il n'a pas ~ d'argent** no tiene mucho dinero; **de ~** *adv* con mucho; **~ le savent** (*emploi nominal*) muchos lo saben

beau-fils [bofis] (*pl* **beaux-fils**) *nm* yerno; (*remariage*) hijastro

beau-frère [bofʀɛʀ] (*pl* **beaux-frères**) *nm* cuñado

beau-père [bopɛʀ] (*pl* **beaux-pères**) *nm* suegro; (*remariage*) padrastro

beauté [bote] *nf* belleza; **de toute ~** de gran belleza; **en ~** : **finir en ~** terminar brillantemente

beaux-arts [bozaʀ] *nmpl* bellas artes *fpl*

beaux-parents [bopaʀɑ̃] *nmpl* suegros *mpl*

bébé [bebe] *nm* bebé *m*

bec [bɛk] *nm* pico; (*de plume*) punta; (*d'une clarinette etc*) boquilla; **clouer le ~ à qn** (*fam*) cerrar el pico a algn; **~ de gaz** farola; **~ verseur** pico

bêche [bɛʃ] *nf* pala

bêcher [beʃe] *vt* (*terre*) cavar

bedaine [bədɛn] *nf* barriga

bedonnant, e [bədɔnɑ̃, ɑ̃t] *adj* barrigudo(-a)

bée [be] *adj* : **bouche ~** boquiabierto(-a)

bégayer [begeje] *vi, vt* tartamudear

beige [bɛʒ] *adj* beige

beignet [bɛɲɛ] *nm* buñuelo

bel [bɛl] *adj m voir* **beau**

bêler [bele] *vi* balar

belette [bəlɛt] *nf* comadreja

belge [bɛlʒ] *adj* belga ▸ *nm/f*: **Belge** belga *m/f*

> La **fête nationale belge**, que se celebra el 21 de julio, conmemora la coronación de Leopoldo de Sajonia-Coburgo-Gotha como primer rey de los belgas bajo el nombre de Leopoldo I, que tuvo lugar en 1831.

Belgique [bɛlʒik] *nf* Bélgica

bélier [belje] *nm* (*Zool*) carnero; (*engin*) ariete *m*; (*Astrol*) : **B~** Aries *m*; **être B~** ser Aries

belle [bɛl] *adj f voir* **beau** ▸ *nf* (*Sport*) : **la ~** el desempate; **belles** *nfpl* : **en faire/dire de ~s** hacerlas/decirlas buenas

belle-fille [bɛlfij] (*pl* **belles-filles**) *nf* nuera; (*remariage*) hijastra

belle-mère [bɛlmɛʀ] (*pl* **belles-mères**) *nf* suegra; (*remariage*) madrastra

belle-sœur [bɛlsœʀ] (*pl* **belles-sœurs**) *nf* cuñada

belote [bəlɔt] *nf* ≈ tute *m*

belvédère [bɛlvedɛʀ] *nm* mirador *m*

bémol [bemɔl] *nm* bemol *m*

bénédiction [benediksjɔ̃] *nf* bendición *f*

bénéfice [benefis] *nm* (*Comm*) beneficio; (*avantage*) beneficio, provecho; **au ~ de** a favor de

bénéficier [benefisje] *vi* : **~ de** (*jouir de, avoir, obtenir*) disfrutar de; (*tirer profit de*) beneficiarse de, aprovecharse de

bénéfique [benefik] *adj* benéfico(-a)

Bénélux [benelyks] *nm* Benelux *m*

bénévole [benevɔl] *adj* (*personne*) benévolo(-a); (*aide*) voluntario(-a) ▸ *nm/f* voluntario(-a)

Bénin [benɛ̃] *nm* Benin *m*

bénin, -igne [benɛ̃, iɲ] *adj* benigno(-a)

bénir [beniʀ] *vt* bendecir

bénit, e [beni, it] *adj* bendito(-a); **eau bénite** agua bendita

benne [bɛn] *nf* (*de camion*) volquete *m*; (*de téléphérique*) cabina; **~ basculante** volquete

BEP [beøpe] *sigle m* = (*brevet d'études professionnelles*) certificado de estudios profesionales

béquille [bekij] *nf* muleta; (*de bicyclette*) soporte *m*

berbère [bɛʀbɛʀ] *adj* berberisco(-a) ▶ *nm* (*Ling*) bereber *m* ▶ *nm/f*: **Berbère** bereber *m/f*

berceau, x [bɛʀso] *nm* (*aussi fig*) cuna

bercer [bɛʀse] *vt* acunar, mecer; (*suj*: *musique*) mecer; **se bercer** *vpr*: **se ~ d'illusions** hacerse ilusiones; **~ qn de promesses** engañar a alguien con promesas

berceuse [bɛʀsøz] *nf* (*chanson*) canción *f* de cuna, nana

béret [beʀɛ] *nm*: **~ (basque)** boina

berge [bɛʀʒ] *nf* (*d'un cours d'eau*) ribera

berger, -ère [bɛʀʒe, ʒɛʀ] *nm/f* pastor(a); **~ allemand** pastor *m* alemán

berne [bɛʀn] *nf*: **en ~** a media asta

berner [bɛʀne] *vt* estafar

besogne [bəzɔɲ] *nf* tarea, faena

besoin [bəzwɛ̃] *nm* necesidad *f*; (*pauvreté*): **le ~** la necesidad, la estrechez ▶ *adv*: **au ~** si es menester; **il n'y a pas ~ de (faire)** no hay necesidad de (hacer); **le ~ d'argent** la necesidad de dinero; **être dans le ~** pasar necesidad; **les ~s (naturels)** las necesidades; **faire ses ~s** hacer sus necesidades; **avoir ~ de qch/de faire qch** tener necesidad de algo/de hacer algo; **pour les ~s de la cause** por exigencias del objetivo

bestiole [bɛstjɔl] *nf* bicho

bétail [betaj] *nm* ganado

bête [bɛt] *nf* (*gén*) animal *m*; (*insecte, bestiole*) bicho ▶ *adj* (*stupide*) tonto(-a), bobo(-a); **chercher la petite ~** ser un chinche; **les ~s** (*bétail*) el ganado; **~ de somme** bestia de carga; **~ noire** pesadilla, bestia negra; **~s sauvages** fieras *fpl*, animales *mpl* salvajes

bêtement [bɛtmɑ̃] *adv* tontamente; **tout ~** simplemente, sin rodeos

bêtise [betiz] *nf* (*défaut d'intelligence*) estupidez *f*, tontería; (*action, remarque*) tontería; **faire/dire une ~** hacer/decir una tontería

béton [betɔ̃] *nm* hormigón *m*; **en ~** (*alibi, argument*) irrefutable; **~ armé/précontraint** hormigón armado/pretensado

bette [bɛt] *nf* acelga

betterave [bɛtʀav] *nf* remolacha, betarraga (*Chi*); **~ fourragère/sucrière** remolacha forrajera/azucarera

Beur [bœʀ] *nm/f* *joven árabe nacido en Francia de padres emigrantes*

> **Beur** es el término que se utiliza para referirse a una persona nacida en Francia de padres emigrantes norteafricanos. No es un término racista: los medios de comunicación, los grupos antirracistas y la segunda generación misma de norteafricanos lo usan con frecuencia. La palabra proviene de un tipo de argot llamado *verlan*.

beurre [bœʀ] *nm* mantequilla, manteca (*AM*); **mettre du ~ dans les épinards** (*fig*) hacer el agosto; **~ de cacao** manteca de cacao; **~ noir** mantequilla requemada

beurrer [bœʀe] *vt* untar con mantequilla

beurrier [bœʀje] *nm* mantequera

bi... [bi] *préf* bi...

biais [bjɛ] *nm* (*d'un tissu*) sesgo; (*bande de tissu*) bies *m*; (*moyen*) rodeo, vuelta; **en ~, de ~** (*obliquement*) al sesgo

biaiser [bjeze] *vi* andarse con rodeos

bibelot [biblo] *nm* chuchería

biberon [bibʀɔ̃] *nm* biberón *m*; **nourrir au ~** alimentar con biberón

bible [bibl] *nf* biblia

bibliobus [biblijobys] *nm* biblioteca ambulante, bibliobús *m*

bibliographie [biblijɔgʀafi] *nf* bibliografía

bibliothécaire [biblijɔtekɛʀ] *nm/f* bibliotecario(-a)

bibliothèque [biblijɔtɛk] *nf* biblioteca; **~ municipale** biblioteca municipal

bicarbonate [bikaʀbɔnat] *nm*: **~ (de soude)** bicarbonato (sódico)

biceps [bisɛps] *nm* bíceps *m inv*

biche [biʃ] *nf* cierva

bicolore [bikɔlɔʀ] *adj* bicolor

bicoque [bikɔk] (*péj*) *nf* casucha

bicyclette [bisiklɛt] *nf* bicicleta

bidet [bidɛ] *nm* bidé *m*

bidon [bidɔ̃] *nm* (*récipient*) bidón *m* ▶ *adj inv* (*fam*) amañado(-a)

bidonville [bidɔ̃vil] *nm* chabolas *fpl*

bidule [bidyl] *nm* trasto, chisme *m*

bien [bjɛ̃]

▶ *nm* **1** (*avantage, profit, moral*) bien *m*; **faire du bien à qn** hacer bien a algn; **faire le bien** hacer el bien; **dire du bien**

de qn/qch hablar bien de algn/algo; **c'est pour son bien** es por su bien; **changer en bien** cambiar para bien; **mener à bien** llevar a buen término; **je te veux du bien** te quiero bien; **le bien public** el bien público
2 (*possession, patrimoine*) bien; **son bien le plus précieux** su bien más preciado; **avoir du bien** tener fortuna; **biens de consommation** bienes *mpl* de consumo
▸ *adv* 1 (*de façon satisfaisante*) bien; **elle travaille/mange bien** trabaja/come bien; **vite fait, bien fait** pronto y bien; **croyant bien faire, je ...** creyendo hacer bien, yo ...
2 (*valeur intensive*) muy, mucho; **bien jeune** muy joven; **bien mieux** mucho mejor; **bien souvent** muy a menudo; **c'est bien fait !** ¡te está bien empleado!; **j'espère bien y aller** sí espero poder ir; **je veux bien le faire** (*concession*) lo haré aunque me duela; **il faut bien le faire** hay que hacerlo; **il faut bien l'admettre** hay que admitirlo; **il y a bien deux ans** hace dos años largos; **Paul est bien venu, n'est-ce pas ?** Paul sí ha venido, ¿verdad?; **tu as eu bien raison de dire cela** hiciste muy bien en decir eso; **se donner bien du mal** molestarse mucho; **où peut-il bien être passé ?** ¿dónde se habrá metido?; **on verra bien** ya veremos
3 (*beaucoup*) : **bien du temps/des gens** mucho tiempo/mucha gente
▸ *adj inv* 1 (*en bonne forme, à l'aise*) : **être/se sentir bien** estar/sentirse bien; **je ne me sens pas bien** no me siento bien; **on est bien dans ce fauteuil** se está bien en este sillón
2 (*joli, beau*) bien; **tu es bien dans cette robe** estás bien con este vestido; **elle est bien, cette femme** está bien esa mujer
3 (*satisfaisant, adéquat*) bien; **elle est bien, cette maison** está bien esta casa; **elle est bien, cette secrétaire** es buena esta secretaria; **c'est bien ?** ¿está bien?; **mais non, c'est très bien** que no, está muy bien; **c'est très bien (comme ça)** está muy bien (así)
4 (*juste, moral, respectable*) bien *inv*; **ce n'est pas bien de ...** no está bien ...; **des gens biens** gente bien
5 (*en bons termes*) : **être bien avec qn** estar a bien con algn; **si bien que** (*résultat*) de tal manera que; **tant bien que mal** así, así
6 : **bien que** *conj* aunque
7 : **bien sûr** *adv* desde luego

bien-aimé, e [bjɛ̃neme] *adj, nm/f* bienamado(-a)
bien-être [bjɛ̃nɛtʀ] *nm* bienestar *m*
bienfaisance [bjɛ̃fəzɑ̃s] *nf* beneficencia
bienfait [bjɛ̃fɛ]: **bienfaits** *nmpl* beneficios *mpl*
bienfaiteur, -trice [bjɛ̃fɛtœʀ, tʀis] *nm/f* bienhechor(a)
bien-fondé [bjɛ̃fɔ̃de] *nm* legitimidad *f*
bien-pensant, e [bjɛ̃pɑ̃sɑ̃, ɑ̃t] (*pl* **bien-pensants, -es**) (*péj*) *adj, nm/f* bienpensante *m/f*
bientôt [bjɛ̃to] *adv* pronto, luego; **à ~** hasta luego
bienveillance [bjɛ̃vɛjɑ̃s] *nf* benevolencia
bienveillant, e [bjɛ̃vɛjɑ̃, ɑ̃t] *adj* benévolo(-a)
bienvenu, e [bjɛ̃vny] *adj* bienvenido(-a)
▸ *nm/f* : **être le ~/la bienvenue** ser bienvenido/bienvenida
bienvenue [bjɛ̃vny] *nf* : **souhaiter la ~ à** desear la bienvenida a; **~ à** bienvenida a
bière [bjɛʀ] *nf* cerveza; (*cercueil*) ataúd *m*; **~ blonde/brune** cerveza dorada/negra; **~ (à la) pression** cerveza de barril
bifteck [biftɛk] *nm* bistec *m*, bisté *m*, bife *m* (*Arg*); **défendre son ~** (*fam*) mirar por lo suyo
bigorneau, x [bigɔʀno] *nm* bígaro
bigoudi [bigudi] *nm* bigudí *m*
bigrement [bigʀəmɑ̃] (*fam*) *adv* : **elle est ~ jolie** está la mar de guapa
bijou, x [biʒu] *nm* (*aussi fig*) joya, alhaja
bijouterie [biʒutʀi] *nf* (*bijoux*) joyas *fpl*; (*magasin*) joyería
bijoutier, -ière [biʒutje, jɛʀ] *nm/f* joyero(-a)
bikini [bikini] *nm* biquini *m*
bilan [bilɑ̃] *nm* balance *m*; **faire le ~ de** hacer el balance de; **déposer son ~** declararse en quiebra; **~ carbone** método utilizado para calcular las emisiones de gases de efecto invernadero; **~ de santé** chequeo

bile [bil] *nf* bilis *f*; **se faire de la ~** (*fam*) hacerse mala sangre
bilieux, -euse [biljø, jøz] *adj* bilioso(-a)
bilingue [bilɛ̃g] *adj* bilingüe
billard [bijaʀ] *nm* billar *m*; **c'est du ~** (*fam*) está tirado, es pan comido; **passer sur le ~** (*fam*) pasar por el quirófano
bille [bij] *nf* bola; (*du jeu de billes*) canica; **jouer aux ~s** jugar a las canicas
billet [bijɛ] *nm* billete *m*; (*de cinéma*) entrada; (*courte lettre*) billete, esquela; **~ à ordre** pagaré *m*; **~ aller retour** billete de ida y vuelta; **~ d'avion** billete de avión; **~ de loterie** billete de lotería; **~ de train** billete de tren; **~ doux** carta de amor; **~ électronique** billete electrónico
billetterie [bijɛtʀi] *nf* emisión *f* y venta de billetes; (*distributeur*) taquilla; (*Banque*) cajero (automático)
billion [biljɔ̃] *nm* billón *m*
bimensuel, le [bimɑ̃sɥɛl] *adj* bimensual, quincenal
bio [bjo] *adj* bio, biológico(-a)
bio... [bjɔ] *préf* bio...
biochimie [bjoʃimi] *nf* bioquímica
biodégradable [bjodegʀadabl] *adj* biodegradable
biodiesel [bjodjezɛl] *nm* biodiésel *m*
biodiversité [bjodivɛʀsite] *nf* biodiversidad *f*
biographie [bjɔgʀafi] *nf* biografía
biologie [bjɔlɔʒi] *nf* biología
biologique [bjɔlɔʒik] *adj* biológico(-a)
biologiste [bjɔlɔʒist] *nm/f* biólogo(-a)
biomasse [bjomas] *nf* biomasa
biotope [bjɔtɔp] *nm* biotopo
Birmanie [biʀmani] *nf* Birmania
bis, e [(*adj*) bi, biz, (*adv, excl, nm*) bis] *adj* pardo(-a) ▸ *adv* : **12 ~** 12 bis ▸ *excl* ¡otra! ▸ *nm* bis *m*
biscotte [biskɔt] *nf* biscote *m*
biscuit [biskɥi] *nm* (*gâteau sec*) galleta; (*gâteau, porcelaine*) bizcocho; **~ à la cuiller** bizcocho
bise [biz] *adj f voir* **bis** ▸ *nf* (*baiser*) beso; (*vent*) cierzo
bison [bizɔ̃] *nm* bisonte *m*
bisou [bizu] (*fam*) *nm* besito
Bisounours [bizunuʀs] *nmpl* : **on n'est pas chez les ~** *ou* **au pays des ~** (*fam*) no estamos *ou* no vivimos en el mundo de Yupi
bissextile [bisɛkstil] *adj* : **année ~** año bisiesto
bistro, bistrot [bistʀo] *nm* bar *m*, café *m*, cantina (*esp* AM)
bistronomie [bistʀonɔmi] *nf cocina creativa que se inspira en los clásicos del bistró y se sirve en pequeños locales*
bitume [bitym] *nm* asfalto
bizarre [bizaʀ] *adj* raro(-a)
blague [blag] *nf* (*propos*) chiste *m*; (*farce*) broma; **« sans ~ ! »** (*fam*) « ¡no me digas! »; **~ à tabac** petaca
blaguer [blage] *vi* bromear
blaireau, x [blɛʀo] *nm* (*Zool*) tejón *m*; (*brosse*) brocha de afeitar
blairer [bleʀe] (*fam*) *vt* : **je ne peux pas le ~** no lo trago
blâme [blɑm] *nm* (*jugement*) reprobación *f*; (*sanction*) sanción *f*
blâmer [blɑme] *vt* (*réprouver*) reprobar; **~ qn pour qch** censurar a algn por algo
blanc, blanche [blɑ̃, blɑ̃ʃ] *adj* blanco(-a) ▸ *nm/f* blanco(-a) ▸ *nm* blanco; (*linge*) : **le ~** la ropa blanca; (*aussi* : **blanc d'œuf**) clara; (*aussi* : **blanc de poulet**) pechuga ▸ *adv* : **à ~** (*chauffer*) al rojo vivo; (*tirer, charger*) con munición de fogueo; **d'une voix blanche** con una voz opaca; **aux cheveux ~s** de pelo blanco; **le ~ de l'œil** el blanco del ojo; **laisser en ~** dejar en blanco; **chèque en ~** cheque *m* en blanco; **saigner à ~** desangrar; **~ cassé** color *m* hueso
blanche [blɑ̃ʃ] *adj f voir* **blanc** ▸ *nf* (*Mus*) blanca
blancheur [blɑ̃ʃœʀ] *nf* blancura
blanchiment [blɑ̃ʃimɑ̃] *nm* : **~ d'argent sale** blanqueo de dinero (negro)
blanchir [blɑ̃ʃiʀ] *vt* (*gén, argent*) blanquear; (*linge*) lavar; (*Culin*) escaldar; (*disculper*) rehabilitar ▸ *vi* blanquear; (*cheveux*) blanquear, encanecer; **blanchi à la chaux** encalado
blanchisserie [blɑ̃ʃisʀi] *nf* lavandería
blason [blɑzɔ̃] *nm* blasón *m*
blasphème [blasfɛm] *nm* blasfemia
blatte [blat] *nf* cucaracha
blazer [blazɛʀ] *nm* blázer *m*

blé [ble] *nm* trigo; (*argent* : *fam*) pasta; **~ en herbe** trigo en ciernes; **~ noir** trigo sarraceno

bled [blɛd] *nm* (*péj*) poblacho; (*en Afrique du nord*) : **le ~** el interior

blême [blɛm] *adj* pálido(-a)

blessant, e [blesɑ̃, ɑ̃t] *adj* hiriente

blessé, e [blese] *adj* (*aussi fig*) herido(-a) ▸ *nm/f* herido(-a); **un ~ grave** un herido grave; **~ dans son orgueil** herido en su orgullo

blesser [blese] *vt* herir; **se blesser** *vpr* herirse; **se ~ au pied** *etc* lastimarse el pie *etc*

blessure [blesyʀ] *nf* herida; (*fig*) herida, ofensa

bleu, e [blø] *adj* azul; (*bifteck*) poco hecho ▸ *nm* azul *m*; (*novice*) bisoño; (*contusion*) cardenal *m*; (*vêtement*) mono, overol *m* (AM); **une peur bleue** un miedo cerval; **zone bleue** zona azul; **fromage ~** queso azul; **~ de méthylène** azul de metileno; **~ marine** azul marino; **~ nuit** azul oscuro; **~ roi** azulón

bleuet [bløɛ] *nm* aciano

bleuté, e [bløte] *adj* azulado(-a)

blinde [blɛ̃d] *nf* : **ça coûte une ~** (*fam*) cuesta un pastón

bling-bling [bliŋbliŋ] (*fam*) *adj inv* (*clinquant, voyant*) de oropel; (*design, ensemble, cadeau*) ostentoso(-a) ▸ *nm sg* bling bling *m*

bloc [blɔk] *nm* bloque *m*; (*de papier à lettres*) bloc *m*; **serré à ~** apretado a fondo; **en ~** en bloque; **faire ~** aliarse; **~ opératoire** quirófano

blocage [blɔkaʒ] *nm* (*aussi Psych*) bloqueo

bloc-notes [blɔknɔt] (*pl* **blocs-notes**) *nm* bloc *m* de notas

blocus [blɔkys] *nm* bloqueo

blog, blogue [blɔg] *nm* blog *m*; **~ vidéo** videoblog *m*

bloguer [blɔge] *vi* bloguear

blond, e [blɔ̃, blɔ̃d] *adj* rubio(-a); (*sable, blés*) dorado(-a) ▸ *nm/f* rubio(-a); **~ cendré** rubio ceniciento

bloquer [blɔke] *vt* bloquear; (*jours de congé*) agrupar; **~ les freins** frenar bruscamente

blottir [blɔtiʀ] : **se blottir** *vpr* acurrucarse

blouse [bluz] *nf* bata

blouson [bluzɔ̃] *nm* cazadora

bluff [blœf] *nm* farol *m*

bluffer [blœfe] *vi* ir de farol, tirarse un farol

bobard [bɔbaʀ] (*fam*) *nm* patraña

bobine [bɔbin] *nf* (*de fil*) carrete *m*; (*de film*) carrete, rollo; (*Élec*) bobina; **~ (d'allumage)** bobina (de encendido)

bobo¹ [bobo] *nm* (*langage enfantin*) pupa

bobo² [bobo] *nm/f* (*bourgeois-bohème*) pijoprogre (pijaprogre)

boboïser [boboize] : **se boboïser** *vpr* (*quartier, ville*) aburguesarse

bocal, -aux [bɔkal, o] *nm* tarro (de vidrio)

body [bɔdi] *nm* body *m*; (*Sport*) malla

bœuf [bœf] *nm* buey *m*; (*Culin*) carne *f* de vaca

bof! [bɔf] (*fam*) *excl* ¡bah!

bogue [bɔg] *nf* (*Bot*) erizo (*de castaña*) ▸ *nm* (*Inform*) fallo *ou* error *m* (de software), bug *m*

bohémien, ne [bɔemjɛ̃, jɛn] *nm/f* bohemio(-a)

boire [bwaʀ] *vt* beber, tomar (AM); (*s'imprégner de*) chupar ▸ *vi* beber; **~ un coup** echar un trago

bois [bwɑ] *vb voir* **boire** ▸ *nm* (*matière*) madera; (*forêt*) bosque *m*; **les ~** (*Mus*) la madera; (*Zool*) la cornamenta; **de ~, en ~** de madera; **poêle/cuisinière à ~** estufa/cocina de leña; **~ de chauffage** leña; **~ mort/vert** madera seca/verde

boisé, e [bwɑze] *adj* arbolado(-a); (*goût*) a madera

boisson [bwasɔ̃] *nf* bebida; **pris de ~** (*ivre*) bebido; **~s alcoolisées/gazeuses** bebidas *fpl* alcohólicas/gaseosas

boîte [bwat] *nf* caja; (*de fer*) lata; **il a quitté sa ~** (*fam* : *entreprise*) ha dejado el curro; **aliments en ~** alimentos *mpl* en lata; **mettre qn en ~** (*fam*) tomar el pelo a algn; **~ à gants** guantera; **~ à musique** caja de música; **~ à ordures** cubo de basura; **~ aux lettres** buzón *m*; **~ crânienne** caja craneana; **~ d'allumettes** caja de cerillas; **~ de conserves** lata de conservas; **~ d'envoi** (*pour courriels*) bandeja *f* de salida; **~ (de nuit)** discoteca; **~ de petits pois/de sardines** lata de guisantes/de sardinas; **~ de réception** (*pour courriels*) bandeja *f* de entrada; **~ de vitesses** caja de cambios; **~ noire** caja negra; **~ postale** apartado de correos; **~ vocale** (*Tél*) buzón *m* de voz

boiter [bwate] *vi* cojear, renguear (*AM*)

boiteux, -euse [bwatø, øz] *adj* cojo(-a), rengo(-a) (*AM*)

boîtier [bwatje] *nm* (*d'appareil-photo*) cuerpo; **~ de montre** caja de reloj

boive *etc* [bwav] *vb voir* **boire**

bol [bɔl] *nm* tazón *m*; (*contenu*) : **un ~ de café** un tazón de café; **un ~ d'air** una bocanada de aire; **en avoir ras le ~** (*fam*) estar hasta la coronilla; **un coup de ~** (*fam*) un golpe de suerte

bolide [bɔlid] *nm* bólido

boloss, bolosse, bolos [bɔlɔs] (*fam, péj*) *nm/f, adj* pringado(-a)

bombardement [bɔ̃baʀdəmɑ̃] *nm* bombardeo

bombarder [bɔ̃baʀde] *vt* (*Mil*) bombardear; **~ qn de** bombardear a algn con, acosar a algn con; **~ qn directeur** *etc* nombrar a algn director *etc* de sopetón

bombe [bɔ̃b] *nf* bomba; (*atomiseur*) atomizador *m*; (*Équitation*) visera; **faire la ~** (*fam*) ir de juerga; **~ à retardement** bomba de efecto retardado; **~ atomique** bomba atómica

bombé, e [bɔ̃be] *adj* abombado(-a)

bomber [bɔ̃be] *vi, vt* : **~ le torse** sacar el pecho

bon, bonne [bɔ̃, bɔn]

▶ *adj* **1** (*agréable, satisfaisant*) bueno(-a); (*avant un nom masculin*) buen; **un bon repas/restaurant** una buena comida/un buen restaurante; **vous êtes trop bon** es usted demasiado bueno; **avoir bon goût** tener buen gusto; **elle est bonne en maths** se le dan bien las matemáticas

2 (*bienveillant, charitable*) : **être bon (envers)** ser bueno (con)

3 (*correct*) correcto(-a); **le bon numéro** el número correcto; **le bon moment** el momento oportuno

4 (*souhaits*) : **bon anniversaire !** ¡feliz cumpleaños!; **bon voyage !** ¡buen viaje!; **bonne chance !** ¡(buena) suerte!; **bonne année !** ¡feliz año nuevo!; **bonne nuit !** ¡buenas noches!

5 (*approprié, apte*) : **bon à/pour** bueno(-a) para; **ces chaussures sont bonnes à jeter** estos zapatos están para tirarlos; **c'est bon à savoir** está bien saberlo; **bon à tirer** listo para imprimir

6 : **bon enfant** bonachón(-ona); **de bonne heure** temprano; **bon marché** barato(-a)

7 (*valeur intensive*) largo(-a); **ça m'a pris deux bonnes heures** me llevó dos horas largas

▶ *nm* **1** (*billet*) bono, vale *m*; (*aussi* : **bon cadeau**) vale regalo; **c'est un bon vivant** le gusta la buena vida; **bon à rien** inútil *m/f*; **bon d'essence** vale de gasolina; **bon de caisse/du Trésor** bono de caja/del tesoro; **bon mot** ocurrencia; **bon sens** sentido común

2 : **avoir du bon** tener ventajas; **pour de bon** de verdad, en serio; **il y a du bon dans ce qu'il dit** lo que dice tiene sentido

▶ *adv* : **il fait bon** hace bueno; **sentir bon** oler bien; **tenir bon** resistir; **à quoi bon ?** ¿para qué?; **juger bon de faire ...** juzgar oportuno hacer ...; **le bus/ton frère a bon dos** (*fig*) siempre es el autobús/tu hermano

▶ *excl* : **bon !** ¡bueno!; **ah bon ?** ¿ah, sí?; **bon, je reste** bueno, me quedo; *voir aussi* **bonne**

bonbon [bɔ̃bɔ̃] *nm* caramelo

bonbonne [bɔ̃bɔn] *nf* bombona, damajuana; **~ de gaz** bombona de gas

bond [bɔ̃] *nm* (*saut*) salto; (*fig*) salto, avance *m*; **faire un ~** dar un salto; **d'un seul ~** de un salto; **~ en avant** (*fig*) salto hacia delante

bondé, e [bɔ̃de] *adj* abarrotado(-a)

bondir [bɔ̃diʀ] *vi* saltar, brincar

bonheur [bɔnœʀ] *nm* felicidad *f*; **porter ~ (à qn)** dar buena suerte (a algn); **au petit ~** a la buena de Dios; **par ~** por fortuna

bonhomme [bɔnɔm] (*pl* **bonshommes**) *nm* hombre *m* ▶ *adj* bonachón(-ona); **un vieux ~** un viejo; **aller son ~ de chemin** ir paso a paso; **~ de neige** muñeco de nieve

bonifier [bɔnifje] : **se bonifier** *vpr* mejorar

bonjour [bɔ̃ʒuʀ] *excl, nm* buenos días *mpl*; **donner** *ou* **souhaiter le ~ à qn** dar los buenos días a algn; **~ Monsieur** buenos días, señor; **dire ~ à qn** saludar a algn

bonne [bɔn] *adj f voir* **bon** ▶ *nf* criada, mucama (*CSur*), recamarera (*Mex*)

bonnet [bɔnɛ] *nm* gorro; (*de soutien-gorge*) copa; **~ d'âne** ≈ orejas *fpl* de burro; **~ de bain** gorro de baño

bonshommes [bɔ̃zɔm] *nmpl de* **bonhomme**

bonsoir [bɔ̃swaʀ] *excl, nm* buenas tardes; (*plus tard*) buenas noches; *voir aussi* **bonjour**

bonté [bɔ̃te] *nf* bondad *f*; (*gén pl : attention, gentillesse*) bondad, amabilidad *f*; **avoir la ~ de ...** tener la bondad de ...

bonus [bɔnys] *nm inv* (*Assurance*) *descuento en la prima por poca siniestralidad*

bord [bɔʀ] *nm* (*de table, verre, falaise*) borde *m*; (*de lac, route*) orilla, borde; (*de vêtement*) ribete *m*; (*de chapeau*) ala; (*Naut*) : **à ~** a bordo; **monter à ~** subir a bordo; **jeter par-dessus ~** arrojar por la borda; **le commandant/les hommes du ~** el comandante/los hombres de a bordo; **du même ~** (*fig*) de la misma opinión; **au ~ de la mer/de la route** a orillas del mar/de la carretera; **être au ~ des larmes** estar a punto de llorar; **être au ~ de la crise de nerfs** estar al borde de un ataque de nervios; **sur les ~s** (*fam, fig*) un poco, ligeramente; **de tous ~s** de todas clases; **le ~ du trottoir** el bordillo

bordeaux [bɔʀdo] *nm inv* (*vin*) burdeos *m inv* ▶ *adj inv* (*couleur*) burdeos *inv*, rojo violáceo *inv*

bordel [bɔʀdɛl] (*fam*) *nm* burdel *m*; (*fig*) follón *m* ▶ *excl* ¡joder! (*fam!*); **mettre le ~** (*dans une chambre*) crear un desbarajuste; (*dans un lieu public*) montar un follón

bordelais, e [bɔʀdəlɛ, ɛz] *adj* bordelés (-esa) ▶ *nm/f* : **Bordelais, e** bordelés(-esa)

border [bɔʀde] *vt* (*être le long de*) orillar, bordear; (*personne, lit*) arropar; **~ qch de** (*garnir*) ribetear algo de

bordure [bɔʀdyʀ] *nf* borde *m*; (*sur un vêtement*) ribete *m*; **en ~ de** a orillas de; **~ de trottoir** bordillo

borgne [bɔʀɲ] *adj* tuerto(-a)

borne [bɔʀn] *nf* (*pour délimiter, kilométrique*) mojón *m*; **bornes** *nfpl* (*fig*) límites *mpl*; **dépasser les ~s** pasarse de la raya; **sans ~(s)** sin límites

borné, e [bɔʀne] *adj* limitado(-a); (*personne*) corto(-a) (de luces)

borner [bɔʀne] *vt* (*horizon, aussi fig*) limitar; (*terrain*) acotar; **se ~ à faire** limitarse a hacer

bosquet [bɔskɛ] *nm* bosquecillo

bosse [bɔs] *nf* (*de terrain*) montículo; (*sur un objet*) protuberancia; (*enflure*) bulto; (*du bossu, du chameau*) joroba; **avoir la ~ des maths** (*fam*) ser un hacha en matemáticas; **rouler sa ~** (*fam*) ver mundo

bosser [bɔse] (*fam*) *vt* empollar

bosseur, -euse [bɔsœʀ, øz] (*fam*) *nm/f* currante *m/f*

bossu, e [bɔsy] *adj, nm/f* jorobado(-a)

botanique [bɔtanik] *nf* botánica ▶ *adj* botánico(-a)

botte [bɔt] *nf* (*chaussure*) bota; (*de carottes*) manojo; (*Escrime*) estocada; **~ de paille** haz *m* de paja; **~ d'asperges/de radis** manojo de espárragos/rábanos; **~s de caoutchouc** botas *fpl* de goma

botter [bɔte] *vt* (*chausser de bottes*) poner las botas a; (*ballon, balle*) patear ▶ *vi* (*Rugby*) patear

bottin [bɔtɛ̃] *nm* anuario del comercio

bottine [bɔtin] *nf* botina

bouc [buk] *nm* (*animal*) macho cabrío; (*barbe*) perilla; **~ émissaire** chivo expiatorio

boucan [bukɑ̃] (*fam*) *nm* jaleo

bouche [buʃ] *nf* boca; **les ~s inutiles** los holgazanes; **une ~ à nourrir** una boca que mantener; **de ~ à oreille** confidencialmente; **pour la bonne ~** para el final; **faire du ~(-)à(-)~ à qn** hacer el boca a boca a algn; **faire venir l'eau à la ~** hacérsele a algn la boca agua; **« ~ cousue ! »** «¡punto en boca!»; **~ d'aération** respiradero; **~ d'égout** sumidero, alcantarilla; **~ de métro/d'incendie** boca de metro/de incendios

bouché, e [buʃe] *adj* (*flacon*) tapado(-a); (*carrière*) cerrado(-a); **avoir le nez ~** tener la nariz tapada; **t'es ~ ou quoi ?** (*fam*) ¿tú eres sordo o qué?

bouchée [buʃe] *nf* bocado; **ne faire qu'une ~ de qn** hacer picadillo a algn; **pour une ~ de pain** por una bicoca; **~ à la reine** *pastel de hojaldre de pollo*

boucher [buʃe] *nm* carnicero ▶ *vt* (*mettre un bouchon*) taponar; (*colmater*) rellenar; (*passage*) cerrar; (*porte*) obstruir; **se boucher** *vpr* (*tuyau*) taponarse; **se ~ le nez** taparse la nariz

boucherie [buʃʀi] *nf* (*aussi fig*) carnicería

bouchon [buʃɔ̃] *nm* (*en liège*) corcho; (*autre matière*) tapón *m*; (*embouteillage*) atasco; (*Pêche*) flotador *m*; **~ doseur** tapón dosificador

boucle [bukl] *nf* (*de cheveux*) rizo; (*de ceinture*) hebilla; (*d'un fleuve*) meandro; (*Inform*) bucle *m*; **en ~** (*écouter, passer*) en continuo; **~ (de cheveux)** bucle; **~s d'oreilles** pendientes *mpl*, aretes *mpl* (*esp* AM)

bouclé, e [bukle] *adj* (*cheveux, personne*) ensortijado(-a); (*tapis*) rizado(-a)

boucler [bukle] *vt* (*ceinture etc*) cerrar, ajustar; (*magasin, circuit*) cerrar; (*affaire*) concluir; (*budget*) equilibrar; (*fam : enfermer*) encerrar; (*: mettre en prison*) meter en chirona; (*quartier*) acordonar ▸ *vi* : **faire ~** rizar; **~ la boucle** (*Aviat*) rizar el rizo; **arriver à ~ ses fins de mois** llegar a fin de mes

bouclier [buklije] *nm* escudo; **~ fiscal** *disposición fiscal que limita la imposición máxima de los contribuyentes por muy altos que sean sus ingresos*

bouder [bude] *vi* enojarse ▸ *vt* (*suj : personne : cadeaux, chose*) poner mala cara a

boudin [budɛ̃] *nm* (*Culin*) morcilla; (*Tech*) pestaña; **~ blanc** morcilla blanca

boudoir [budwaʀ] *nm* (*salon*) tocador *m*; (*biscuit*) soletilla

boue [bu] *nf* barro, fango; **~s industrielles** vertidos *mpl* industriales

bouée [bwe] *nf* (*balise*) boya; (*de baigneur*) flotador *m*; **~ (de sauvetage)** (*aussi fig*) salvavidas *m inv*

boueux, -euse [bwø, øz] *adj* fangoso(-a) ▸ *nm* basurero

bouffe [buf] (*fam*) *nf* (*repas*) comilona; (*nourriture*) papeo

bouffée [bufe] *nf* bocanada; **~ de chaleur** sofoco; **~ de fièvre** calenturón *m* breve; **~ d'orgueil** arranque *m* de orgullo

bouffer [bufe] *vi* (*fam*) jalar ▸ *vt* (*fam*) jalar

bouffi, e [bufi] *adj* hinchado(-a)

bougeotte [buʒɔt] (*fam*) *nf* : **avoir la ~** ser un culo de mal asiento

bouger [buʒe] *vi* moverse; (*changer*) alterarse; (*agir*) agitarse ▸ *vt* mover; **se bouger** *vpr* (*fam*) moverse, menearse

bougie [buʒi] *nf* vela; (*Auto*) bujía

bougon, ne [bugɔ̃, ɔn] *adj* gruñón(-ona)

bougonner [bugɔne] *vi* refunfuñar, gruñir

boui-boui [bwibwi] (*pl* **bouis-bouis**) (*fam*) *nm* cafetucho

bouillabaisse [bujabɛs] *nf* sopa de pescado

bouillant, e [bujɑ̃, ɑ̃t] *adj* hirviendo; (*fig*) ardiente

bouillie [buji] *nf* gachas *fpl*; (*de bébé*) papilla; **en ~** (*fig*) en papilla

bouillir [bujiʀ] *vi* hervir; (*fig*) hervir, arder; **faire ~** hervir; **~ de colère/d'impatience/d'indignation** arder de ira/de impaciencia/de indignación

bouilloire [bujwaʀ] *nf* hervidor *m*

bouillon [bujɔ̃] *nm* (*Culin*) caldo; (*bulles, écume*) borbotón *m*, burbuja; **~ de culture** caldo de cultivo

bouillonner [bujɔne] *vi* borbotear; (*fig*) arder

bouillotte [bujɔt] *nf* calentador *m*, bolsa de agua caliente

boulanger, -ère [bulɑ̃ʒe, ʒɛʀ] *nm/f* panadero(-a)

boulangerie [bulɑ̃ʒʀi] *nf* panadería

boule [bul] *nf* bola; (*pour jouer*) bolo; **roulé en ~** hecho un ovillo; **avoir la ~ au ventre** tener un nudo en el estómago; **se mettre en ~** cabrearse; **perdre la ~** (*fam*) perder la chaveta; **~ de gomme** gominola; **~ de neige** bola de nieve; **faire ~ de neige** aumentar como una bola de nieve

bouleau, x [bulo] *nm* abedul *m*

bouledogue [buldɔg] *nm* buldog *m*

boulet [bulɛ] *nm* (*aussi* : **boulet de canon**) bala de cañón

boulette [bulɛt] *nf* (*petite boule*) bolita; (*fam : gaffe*) torpeza

boulevard [bulvaʀ] *nm* bulevar *m*

bouleversant, e [bulvɛʀsɑ̃, ɑ̃t] *adj* perturbador(a)

bouleversement [bulvɛʀsəmɑ̃] *nm* trastorno, alteración *f*

bouleverser [bulvɛʀse] *vt* trastornar, alterar; (*papiers, objets*) revolver

boulon [bulɔ̃] *nm* perno

boulot, te [bulo, ɔt] (*fam*) *adj* rechoncho(-a) ▸ *nm* trabajo, curro

boum [bum] *nm* bum *m* ▸ *nf* fiesta

bouquet [bukɛ] *nm* (*de fleurs*) ramo, ramillete *m*; (*parfum*) aroma *m*; **« c'est le ~ ! »**

(*fig*) «¡es el colmo!»; **~ garni** hierbas *fpl* finas

bouquin [bukɛ̃] (*fam*) *nm* libro

bouquiner [bukine] (*fam*) *vi* leer

bouquiniste [bukinist] *nm/f* librero de viejo

bourbier [buʀbje] *nm* cenagal *m*

bourdon [buʀdɔ̃] *nm* abejorro; **avoir le ~** (*fam*) tener morriña

bourdonnement [buʀdɔnmɑ̃] *nm* zumbido; **avoir des ~s d'oreilles** tener zumbidos en los oídos

bourg [buʀ] *nm* burgo

bourgeois, e [buʀʒwa, waz] *adj* (*souvent péj*) burgués(-esa) ▸ *nm/f* burgués(-esa)

bourgeoisie [buʀʒwazi] *nf* burguesía; **petite ~** pequeña burguesía

bourgeon [buʀʒɔ̃] *nm* brote *m*, yema

bourgeonner [buʀʒɔne] *vi* brotar

Bourgogne [buʀgɔɲ] *nf* Borgoña ▸ *nm*: **bourgogne** (*vin*) vino de borgoña

bourguignon, ne [buʀgiɲɔ̃, ɔn] *adj* borgoñón(-ona) ▸ *nm/f*: **Bourguignon, ne** borgoñón(-ona); **(bœuf) ~** *guiso de buey al vino tinto*

bourrasque [buʀask] *nf* borrasca

bourratif, -ive [buʀatif, iv] *adj* pesado(-a)

bourré, e [buʀe] *adj* (*fam*) trompa *inv*; **~ de** (*rempli*) cargado(-a) de

bourreau [buʀo] *nm* (*aussi fig*) verdugo; **~ de travail** fiera para el trabajo

bourrer [buʀe] *vt* (*pipe*) cargar; (*valise, poêle*) rellenar; **~ de** (*de nourriture*) atiborrar de; **~ qn de coups** moler a golpes a algn; **~ le crâne à qn** lavar el cerebro a algn

bourru, e [buʀy] *adj* rudo(-a)

bourse [buʀs] *nf* (*subvention*) beca; (*porte-monnaie*) bolsa; **bourses** *nfpl* (*Anat*) bolsas *fpl*; **la B~** la Bolsa; **sans ~ délier** sin soltar un céntimo; **B~ du travail** bolsa del trabajo

boursier, -ière [buʀsje, jɛʀ] *adj* (*élève*) becario(-a); (*Comm*) bursátil ▸ *nm/f* becario(-a)

bous [bu] *vb voir* **bouillir**

bousculade [buskylad] *nf* (*précipitation*) atropello; (*mouvements de foule*) aglomeración *f*

bousculer [buskyle] *vt* empujar; (*presser*) meter prisa a

bouse [buz] *nf*: **~ (de vache)** boñiga (de vaca)

bousiller [buzije] (*fam*) *vt* hacer polvo

boussole [busɔl] *nf* brújula

bout [bu] *vb voir* **bouillir** ▸ *nm* (*morceau*) trozo; (*extrémité*) punta; (*de table*) extremo; (*fin, rue*) final *m*; **au ~ de** (*après*) al cabo de, al final de; **au ~ du compte** a fin de cuentas; **être à ~** no poder más; **pousser qn à ~** poner a algn al límite; **venir à ~ de qch** terminar algo; **venir à ~ de qn** poder con algn; **~ à ~** uno tras otro; **à tout ~ de champ** a cada paso; **d'un ~ à l'autre, de ~ en ~** de cabo a rabo; **à ~ portant** a quemarropa; **un ~ de chou** (*enfant*) un angelito

boutade [butad] *nf* ocurrencia

bouteille [butɛj] *nf* botella; (*de gaz*) bombona; **prendre de la ~** (*fam*) envejecer

boutique [butik] *nf* tienda; (*de mode, de grand couturier*) tienda, boutique *f*; **~ en ligne** tienda online

bouton [butɔ̃] *nm* botón *m*; (*sur la peau*) grano; (*de porte*) pomo; **~ de manchette** gemelo; **~ d'or** (*Bot*) botón de oro

boutonner [butɔne] *vt* abotonar; **se boutonner** *vpr* abotonarse

boutonnière [butɔnjɛʀ] *nf* ojal *m*

bouture [butyʀ] *nf* esqueje *m*; **faire des ~s** desquejar

bovin, e [bɔvɛ̃, in] *adj* (*aussi fig*) bovino(-a); **bovins** *nmpl* ganado *msg* bovino

bowling [buliŋ] *nm* juego de bolos; (*salle*) bolera

boxe [bɔks] *nf* boxeo, box *m* (AM)

boxeur, -euse [bɔksœʀ, øz] *nm/f* boxeador(a)

BP [bepe] *sigle f* (= *boîte postale*) Apdo. (= *Apartado de correos*), C.P. *f* (AM) (= *Casilla Postal*)

bracelet [bʀaslɛ] *nm* pulsera

braconnier, -ière [bʀakɔnje, jɛʀ] *nm/f* cazador(a)/pescador(a) furtivo(-a)

brader [bʀade] *vt* vender a precio de saldo

braderie [bʀadʀi] *nf* (*marché*) mercadillo

braguette [bʀagɛt] *nf* bragueta

braise [bʀɛz] *nf* brasas *fpl*

brancard [bʀɑ̃kaʀ] *nm* camilla

brancardier, -ière [bʀɑ̃kaʀdje, jɛʀ] *nm/f* camillero(-a)

branche [bʀɑ̃ʃ] *nf* rama; (*de lunettes*) patilla

branché, e [bʀɑ̃ʃe] (*fam*) *adj* (*personne*) a la última; (*boîte de nuit*) de moda; **un mec ~** un chico que va a la última

brancher [bʀɑ̃ʃe] *vt* enchufar; (*téléphone*) conectar

brandir [bʀɑ̃diʀ] *vt* (*arme*) blandir; (*document*) esgrimir

braquage [bʀakaʒ] *nm* (*fam*) atraco (a mano armada); **rayon de ~** (*Auto*) ángulo de giro

braquer [bʀake] *vi* (*Auto*) girar ▶ *vt* (*regard*) clavar; (*fam* : *banque*) atracar a mano armada; **~ qch sur qn** (*revolver*) apuntar a algn con algo; **se braquer** *vpr* cerrarse en banda; **se ~ (contre)** rebelarse (contra)

bras [bʀɑ] *nm* brazo ▶ *nmpl* (*travailleurs*) brazos *mpl*; **~ dessus ~ dessous** cogidos(-as) del brazo; **avoir le ~ long** tener mucha influencia; **à ~ raccourcis** a brazo partido; **à tour de ~** con toda la fuerza; **baisser les ~** tirar la toalla; **~ de fer** brazo de hierro; **une partie de ~ de fer** (*fig*) una prueba de fuerza; **~ de levier/de mer** brazo de palanca/de mar; **~ droit** (*fig*) brazo derecho

brasier [bʀɑzje] *nm* hoguera

brassard [bʀasaʀ] *nm* brazalete *m*

brasse [bʀas] *nf* braza; **~ papillon** braza mariposa

brassée [bʀase] *nf* brazada

brasser [bʀase] *vt* (*bière*) fabricar; (*remuer*) mezclar; **~ de l'argent/des affaires** manejar dinero/negocios

brasserie [bʀasʀi] *nf* (*restaurant*) cervecería; (*usine*) fábrica de cerveza

brave [bʀav] *adj* valiente; (*bon, gentil*) bueno(-a); **c'est une ~ femme** es una buena mujer

braver [bʀave] *vt* (*ordre*) desafiar; (*danger*) afrontar

bravo [bʀavo] *excl, nm* bravo

bravoure [bʀavuʀ] *nf* bravura

break [bʀɛk] *nm* (*Auto*) ranchera

brebis [bʀəbi] *nf* oveja; **~ galeuse** oveja negra

brèche [bʀɛʃ] *nf* brecha; **être sur la ~** (*fig*) estar en la brecha; **battre en ~** batir en brecha

bredouiller [bʀəduje] *vi, vt* farfullar

bref, brève [bʀɛf, bʀɛv] *adj* breve ▶ *adv* total; **en ~** en resumen; **à ~ délai** en breve plazo

Brésil [bʀezil] *nm* Brasil *m*

brésilien, ne [bʀeziljɛ̃, jɛn] *adj* brasileño(-a) ▶ *nm/f*: **Brésilien, ne** brasileño(-a)

Bretagne [bʀətaɲ] *nf* Bretaña

bretelle [bʀətɛl] *nf* (*de fusil*) correa; (*de vêtement*) tirante *m*; (*d'autoroute*) enlace *m*; **bretelles** *nfpl* (*pour pantalons*) tirantes *mpl*, suspensores *mpl* (AM); **~ de contournement** carretera de circunvalación; **~ de raccordement** carretera *ou* vía de acceso

breton, ne [bʀətɔ̃, ɔn] *adj* bretón(-ona) ▶ *nm* (*Ling*) bretón *m* ▶ *nm/f*: **Breton, ne** bretón(-ona)

brève [bʀɛv] *adj f voir* **bref** ▶ *nf* (*nouvelle*) breve *f*; **(voyelle) ~** vocal *f* breve

brevet [bʀəvɛ] *nm* certificado; **~ (d'invention)** patente *f*; **~ d'apprentissage** certificado de idoneidad; **~ (des collèges)** ≈ Graduado Escolar; **~ d'études du premier cycle** bachillerato elemental

breveté, e [bʀəv(ə)te] *adj* (*invention*) patentado(-a)

bricolage [bʀikɔlaʒ] *nm* bricolaje *m*; (*péj*) chapuza

bricoler [bʀikɔle] *vi* hacer chapuzas; (*passe-temps*) hacer bricolaje ▶ *vt* (*réparer*) arreglar; (*mal réparer*) hacer una chapuza con

bricoleur, -euse [bʀikɔlœʀ, øz] *nm/f* mañoso(-a), manitas *m/f inv* ▶ *adj* mañoso(-a)

bridge [bʀidʒ] *nm* (*jeu*) bridge *m*; (*dentaire*) puente *m*

brièvement [bʀijɛvmɑ̃] *adv* brevemente

brigade [bʀigad] *nf* (*gén*) cuadrilla; (*Police, Mil*) brigada

brigadier, -ière [bʀigadje, jɛʀ] *nm/f* (*Mil*) cabo *m/f*; (*Police*) jefe(-a)

brillamment [bʀijamɑ̃] *adv* estupendamente

brillant, e [bʀijɑ̃, ɑ̃t] *adj* brillante ▶ *nm* brillante *m*

briller [bʀije] *vi* (*aussi fig*) brillar

brin [bʀɛ̃] *nm* hebra; **un ~ de** (*fig*) una pizca de; **un ~ mystérieux** *etc* (*fam*) un poquito misterioso *etc*; **~ d'herbe** brizna de hierba;

~ de muguet ramita de muguete; **~ de paille** brizna de paja
brindille [brɛ̃dij] *nf* ramita
brioche [brijɔʃ] *nf* bollo, queque *m* (AM); (*fam* : *ventre*) buche *m*
brique [brik] *nf* ladrillo ▶ *adj inv* (*couleur*) de color teja
briquet [brikɛ] *nm* mechero, encendedor *m*
brise [briz] *nf* brisa
briser [brize] *vt* (*casser*) romper; (*fig*) arruinar, destrozar; (*volonté*) quebrantar; (*grève*) romper; (*résistance*) vencer; (*personne*) destrozar; **se briser** *vpr* romperse; (*fig*) venirse abajo
britannique [britanik] *adj* británico(-a) ▶ *nm/f*: **Britannique** británico(-a); **les B~s** los británicos
brocante [brɔkɑ̃t] *nf* (*marché*) baratillo; (*commerce*) chamarileo
brocanteur, -euse [brɔkɑ̃tœr, øz] *nm/f* chamarilero(-a)
broche [brɔʃ] *nf* (*bijou*) broche *m*; (*Culin*) espetón *m*; (*fiche*) clavija; (*Méd*) alambre *m*; **à la ~** (*Culin*) al asador
broché, e [brɔʃe] *adj* (*livre*) en rústica; (*tissu*) brochado(-a), briscado(-a)
brochet [brɔʃɛ] *nm* lucio
brochette [brɔʃɛt] *nf* pincho, brocheta
brochure [brɔʃyr] *nf* folleto
brocoli [brɔkɔli] *nm* brécol *m*
broder [brɔde] *vt* bordar ▶ *vi* : **~ (sur des faits/une histoire)** adornar (hechos/una historia)
broderie [brɔdri] *nf* bordado
bronches [brɔ̃ʃ] *nfpl* bronquios *mpl*
bronchite [brɔ̃ʃit] *nf* bronquitis *f inv*
bronzage [brɔ̃zaʒ] *nm* bronceado
bronze [brɔ̃z] *nm* bronce *m*
bronzé, e [brɔ̃ze] *adj* bronceado(-a)
bronzer [brɔ̃ze] *vi* broncearse; **se bronzer** *vpr* broncearse
brosse [brɔs] *nf* cepillo, escobilla (AM); **donner un coup de ~ à qch** cepillar algo; **coiffé en ~** peinado al cepillo; **~ à cheveux** cepillo para el pelo; **~ à dents/à habits** cepillo de dientes/de (la) ropa
brosser [brɔse] *vt* (*nettoyer*) cepillar; (*fig*) bosquejar; **se brosser** *vpr* cepillarse; **se ~ les dents** cepillarse los dientes; **« tu peux te ~ ! »** (*fam*) « ¡espérate sentado! »
brouette [bruɛt] *nf* carretilla
brouillard [brujar] *nm* niebla; **être dans le ~** (*fig*) no enterarse
brouiller [bruje] *vt* mezclar; (*embrouiller*) embarullar, enredar; (*Radio*) interferir; (*rendre trouble, confus*) enturbiar; (*amis*) enemistar; **se brouiller** *vpr* (*ciel, temps*) cubrirse, nublarse; (*vue*) nublarse; (*détails*) confundirse; **se ~ (avec)** enfadarse (con); **~ les pistes** (*fig*) borrar el rastro
brouillon, ne [brujɔ̃, ɔn] *adj* desordenado(-a) ▶ *nm* (*écrit*) borrador *m*, copia en sucio; **cahier de ~** cuaderno para trabajos en sucio
broussailles [brusɑj] *nfpl* maleza *fsg*
broussailleux, -euse [brusɑjø, øz] *adj* (*sourcils*) enmarañado(-a); (*terrain*) cubierto(-a) de maleza
brousse [brus] *nf* monte *m* bajo
brouter [brute] *vt* pacer ▶ *vi* vibrar
brugnon [brypɔ̃] *nm* nectarina
bruit [brɥi] *nm* ruido; (*rumeur*) rumor *m*; **pas/trop de ~** nada/demasiado ruido; **sans ~** sin ruido; **faire du ~** hacer ruido; **faire grand ~ de** hablar mucho de; **le ~ court que...** corre el rumor de que...; **~ de fond** ruido de fondo
brûlant, e [brylɑ̃, ɑ̃t] *adj* ardiente; (*liquide*) hirviendo; (*fiévreux*) caliente; (*sujet*) candente
brûlé, e [bryle] *nm* : **odeur de ~** olor *m* a quemado; **les grands ~s** los grandes quemados
brûler [bryle] *vt* quemar; (*feu rouge*) saltarse ▶ *vi* (*se consumer*) consumirse; (*feu*) arder; (*lampe, bougie*) lucir; (*être brûlant, ardent*) estar caliente; (*jeu*) : **tu brûles** caliente-caliente; **se brûler** *vpr* (*accidentellement*) quemarse; **se ~ la cervelle** pegarse un tiro; **~ les étapes** quemar etapas; **~ (d'impatience) de faire qch** consumirse (de impaciencia) por hacer algo
brûlure [brylyr] *nf* (*lésion*) quemadura; (*sensation*) ardor *m*; **~s d'estomac** ardores *mpl* de estómago
brume [brym] *nf* bruma
brun, e [brœ̃, bryn] *adj* moreno(-a) ▶ *nm* pardo
brushing [brœʃiŋ] *nm* marcado; **faire un ~** lavar y marcar

brusque [bRysk] *adj* (*soudain*) repentino(-a); (*rude*) brusco(-a)
brut, e [bRyt] *adj* bruto(-a); (*diamant*) en bruto ▸ *nm* : **(champagne) ~** champán *m* *ou* cava *m* seco; **(pétrole) ~** crudo
brutal, e, -aux [bRytal, o] *adj* brutal; (*franchise*) rudo(-a)
brute [bRyt] *adj f voir* **brut** ▸ *nf* bruto
Bruxelles [bRysɛl] *n* Bruselas
bruyamment [bRɥjamɑ̃] *adv* ruidosamente
bruyant, e [bRɥjɑ̃, ɑ̃t] *adj* ruidoso(-a)
bruyère [bRyjɛR] *nf* brezo
BTS [beteɛs] *sigle m* (= *brevet de technicien supérieur*) *diploma de enseñanza técnica*
BU [bey] *sigle f* = *bibliothèque universitaire*
bu, e [by] *pp de* **boire**
buccal, e, -aux [bykal, o] *adj* : **par voie buccale** por vía oral
bûche [byʃ] *nf* leño; **prendre une ~** (*fam*) pegarse un batacazo; **~ de Noël** bizcocho de navidad
bûcher [byʃe] *nm* hoguera ▸ *vi, vt* (*fam*) empollar
bûcheron, ne [byʃRɔ̃, ɔn] *nm/f* leñador(a)
budget [bydʒɛ] *nm* presupuesto
budgéter [bydʒete], **budgétiser** [bydʒetize] *vt* presupuestar
buée [bɥe] *nf* vaho
buffet [byfɛ] *nm* (*meuble*) aparador *m*; (*de réception*) buffet *m*; **~ (de gare)** cantina (de estación)
buis [bɥi] *nm* boj *m*
buisson [bɥisɔ̃] *nm* matorral *m*
bulbe [bylb] *nm* bulbo
Bulgarie [bylgaRi] *nf* Bulgaria
bulle [byl] *nf* burbuja; (*de bande dessinée*) bocadillo; (*papale*) bula; **~ de savon** pompa de jabón
bulletin [byltɛ̃] *nm* boletín *m*; **~ d'informations** boletín informativo; **~ de naissance** partida de nacimiento; **~ de salaire** nómina; **~ de santé** parte médico; **~ (de vote)** papeleta; **~ météorologique** boletín *ou* parte *m* meteorológico; **~ réponse** bono de respuesta; **~ scolaire** notas *fpl*
bureau, x [byRo] *nm* (*meuble*) escritorio; (*pièce*) despacho; **bureaux** *nmpl* (*d'une entreprise*) oficinas *fpl*; **~ de change/de poste** oficina de cambio/de correos; **~ d'embauche/de placement** oficina de empleo/de colocación; **~ de tabac** estanco; **~ de vote** colegio electoral
bureaucratie [byRokRasi] *nf* burocracia
bus [(*vb*) by, (*nm*) bys] *vb voir* **boire** ▸ *nm* autobús *m*, bus *m* (*esp* AM), camión *m* (*Mex*); (*Inform*) bus *m*
buste [byst] *nm* busto; (*de femme*) pecho
but [(*vb*) by, (*nm*) byt] *vb voir* **boire** ▸ *nm* (*cible*) meta; (*d'un voyage*) destino; (*d'une entreprise, d'une action*) objetivo; (*Football : limites*) portería, arco (AM); (*Sport : point*) gol *m*, tanto; **de ~ en blanc** de buenas a primeras; **avoir pour ~ de faire** tener como objetivo hacer; **dans le ~ de** con el propósito de; **gagner par trois ~s à deux** ganar por tres tantos a dos
butane [bytan] *nm* butano
butiner [bytine] *vt, vi* libar
buvais *etc* [byvɛ] *vb voir* **boire**
buvard [byvaR] *nm* secante *m*
buvette [byvɛt] *nf* puesto de bebidas

C

c [se] *abr* (= *centime*) cént (= *céntimo*)
c' [s] *voir* **ce**
CA *sigle m* = *chiffre d'affaires*; *voir* **chiffre**; = *conseil d'administration*; *voir* **conseil**
ça [sa] *pron* (*proche*) esto; (*pour désigner*) eso; (*plus loin*) aquello; **ça m'étonne que** me sorprende que; **ça va?** ¿qué tal?; (*d'accord?*) ¿vale?; **ça alors!** (*désapprobation*) ¡pero bueno!; (*étonnement*) ¡y entonces!; **c'est ça** eso es; **ça fait une heure que j'attends** hace una hora que espero
çà [sa] *adv*: **çà et là** aquí y allá
cabane [kaban] *nf* cabaña
cabaret [kabaʀɛ] *nm* cabaret *m*
cabillaud [kabijo] *nm* bacalao fresco
cabine [kabin] *nf* cabina; (*de bateau*) camarote *m*; (*de plage*) caseta; (*de piscine etc*) cabina, vestuario; **~ de douche** cabina de ducha; **~ d'essayage** probador *m*; **~ de projection** cabina de proyección; **~ (téléphonique)** cabina (telefónica), locutorio
cabinet [kabinɛ] *nm* (*aussi Pol*) gabinete *m*; (*de médecin*) gabinete, consulta; (*d'avocat, de notaire*) gabinete, despacho; **cabinets** *nmpl* (*W.-C.*) servicios *mpl*; **~ d'affaires** gestoría; **~ de toilette** cuarto de aseo; **~ de travail** gabinete de trabajo, despacho
câble [kɑbl] *nm* cable *m*
cacahuète [kakaɥɛt] *nf* cacahuete *m*, maní *m* (*AM*), cacahuate *m* (*AM*)
cacao [kakao] *nm* cacao
cache [kaʃ] *nm* (*pour texte, photo, diapositive*) ocultador *m*; (*pour protéger l'objectif*) tapa ▸ *nf* (*cachette*) escondite *m*; **~ d'armes** zulo de armas
cache-cache [kaʃkaʃ] *nm inv*: **jouer à ~** jugar al escondite
cachemire [kaʃmiʀ] *nm* cachemira, cachemir *m* ▸ *adj* de cachemira; **C~** Cachemira
cacher [kaʃe] *vt* ocultar, esconder; **se cacher** *vpr* esconderse, ocultarse; **~ qch à qn** ocultar algo a algn; **je ne vous cache pas que** no le oculto que; **~ son jeu** ocultar sus intenciones; **il ne s'en cache pas** no lo oculta
cachet [kaʃɛ] *nm* (*comprimé*) pastilla; (*sceau*) sello; (*rétribution*) caché *m*; (*caractère*) carácter *m*
cachette [kaʃɛt] *nf* escondite *m*; **en ~** a escondidas
cachotteries [kaʃɔtʀi] *nfpl* misterios; **faire des ~** andar con misterios
cactus [kaktys] *nm inv* cactus *m inv*
cadastre [kadastʀ] *nm* catastro
cadavre [kadɑvʀ] *nm* cadáver *m*
caddie [kadi] *nm* (*au supermarché*) carrito
cadeau, x [kado] *nm* regalo; **faire un ~ à qn** hacer un regalo a algn; **ne pas faire de ~ à qn** (*fig*) no ponérselo fácil a algn; **faire ~ de qch à qn** regalar algo a algn
cadenas [kadnɑ] *nm* candado
cadence [kadɑ̃s] *nf* cadencia; **en ~** al compás
cadet, te [kadɛ, ɛt] *adj* (*plus jeune*) menor; (*le plus jeune*) menor, más pequeño(-a) ▸ *nm/f* (*de la famille*) benjamín(-ina); **le ~/la cadette** el/la menor; **il est mon ~ (de deux ans)** (*rapports non familiaux*) él es (dos años) menor que yo; **les ~s** (*Sport*) los juveniles; **le ~ de mes soucis** lo que menos me preocupa
cadran [kadʀɑ̃] *nm* (*de pendule, montre*) esfera; (*du téléphone*) disco; **~ solaire** reloj *m* de sol
cadre [kɑdʀ] *nm* marco; (*de vélo*) cuadro; (*sur formulaire*) recuadro; (*limites*) límite *m* ▸ *nm/f* (*Admin*) ejecutivo(-a), cuadro ▸ *adj*: **loi ~** ley *f* marco; **rayer qn des ~s** (*Mil, Admin*) dar de baja a algn; **dans le ~ de** (*fig*) en el marco de; **~ moyen/supérieur** (*Admin*) cuadro medio/superior

caduc, caduque [kadyk] *adj* caduco(-a)
cafard [kafaʀ] *nm* cucaracha; **avoir le ~** (*fam*) estar depre
café [kafe] *nm* café *m*; **~ au lait** café con leche; **~ crème** café cortado; **~ en grains/en poudre** café en grano/molido; **~ liégeois** helado de café con nata; **~ noir** café solo; **~ tabac** café-estanco
cafetière [kaftjɛʀ] *nf* cafetera
cafouillage [kafujaʒ] (*fam*) *nm* enredo
cage [kaʒ] *nf* jaula; **en ~** enjaulado(-a); **~ d'ascenseur** caja del ascensor; **~ (des buts)** portería; **~ d'escalier** caja de la escalera; **~ thoracique** caja torácica
cageot [kaʒo] *nm* caja
cagibi [kaʒibi] *nm* trastero
cagnotte [kaɲɔt] *nf* (*aussi fig*) hucha
cagoule [kagul] *nf* (*de moine*) capucha; (*de bandit*) pasamontañas *m inv*; (*ski etc*) gorro; (*d'enfant*) verdugo
cahier [kaje] *nm* (*de classe*) cuaderno, libreta; (*Typo*) cuadernillo, pliego; **cahiers** *nmpl* (*revue*) cuadernos *mpl*; **~ d'exercices** cuaderno de ejercicios; **~ de brouillon** cuaderno de sucio; **~ de doléances** libro de quejas; **~ de revendications** pliego de reivindicaciones; **~ des charges** pliego de condiciones
cahin-caha [kaɛ̃kaa] *adv* a trompicones
caïd [kaid] *nm* cabecilla *m*
caille [kaj] *nf* codorniz *f*
cailler [kaje] *vi* (*lait*) cuajar; (*sang*) coagular; (*fam : avoir froid*) tener pelete
caillou, x [kaju] *nm* guijarro, piedra; **le C~** *denominación familiar de Grande Terre, la isla más grande del archipiélago de Nueva Caledonia*
caillouteux, -euse [kajutø, øz] *adj* pedregoso(-a)
caisse [kɛs] *nf* caja; (*recettes*) caja, recaudación *f*; **faire sa ~** (*Comm*) hacer caja; **~ claire** tambor *m* pequeño; **~ d'épargne/de retraite** caja de ahorros/de jubilaciones; **~ enregistreuse** caja registradora; **~ noire** caja negra
caissier, -ière [kesje, jɛʀ] *nm/f* cajero(-a)
cajoler [kaʒɔle] *vt* mimar
cake [kɛk] *nm* plum-cake *m*
calandre [kalɑ̃dʀ] *nf* (*Auto*) rejilla del radiador, calandra; (*machine*) calandria
calanque [kalɑ̃k] *nf* cala
calcaire [kalkɛʀ] *nm* caliza ▸ *adj* calcáreo(-a); (*Géo*) calcáreo(-a), calizo(-a)
calcium [kalsjɔm] *nm* calcio
calcul [kalkyl] *nm* (*aussi fig*) cálculo; **le ~** el cálculo; **d'après mes ~s** según mis cálculos; **~ biliaire** cálculo biliar; **~ différentiel/intégral/mental** cálculo diferencial/integral/mental; **~ rénal** (*Méd*) cálculo renal
calculatrice [kalkylatʀis] *nf* calculadora
calculer [kalkyle] *vt* calcular ▸ *vi* calcular; (*péj : combiner*) maquinar; **~ qch de tête** calcular algo de memoria
calculette [kalkylɛt] *nf* calculadora de bolsillo
cale [kal] *nf* (*de bateau*) bodega; (*en bois*) cuña; **~ de construction** grada; **~ sèche** dique seco
calé, e [kale] *adj* (*fixé*) fijo(-a); (*voiture*) calado(-a); (*fam : personne*) empollado(-a)
caleçon [kalsɔ̃] *nm* calzoncillos *mpl*
calembour [kalɑ̃buʀ] *nm* retruécano, calambur *m*
calendrier [kalɑ̃dʀije] *nm* calendario; (*programme*) calendario, programa *m*
calepin [kalpɛ̃] *nm* bloc *m* de notas
caler [kale] *vt* (*fixer*) calzar, fijar; (*malade*) acomodar; (*avec une pile de livres etc*) arrellanar ▸ *vi* (*fig : ne plus pouvoir continuer*) rendirse; **se caler** *vpr* : **se ~ dans un fauteuil** arrellanarse en un sillón; **~ (son moteur/véhicule)** calar (el motor/vehículo)
calibre [kalibʀ] *nm* (*d'un fruit*) diámetro; (*d'une arme*) calibre *m*; (*fig*) calibre, envergadura
calice [kalis] *nm* cáliz *m*
califourchon [kalifuʀʃɔ̃] : **à ~** *adv* a horcajadas
câlin, e [kɑlɛ̃, in] *adj* mimoso(-a)
calmant, e [kalmɑ̃, ɑ̃t] *adj, nm* calmante *m*
calme [kalm] *adj* tranquilo(-a); (*ville, mer, endroit*) tranquilo(-a), apacible ▸ *nm* (*d'un lieu*) tranquilidad *f*; (*d'une personne*) tranquilidad, calma; **sans perdre son ~** sin perder la calma; **~ plat** (*Naut, aussi fig*) calma chicha
calmement [kalməmɑ̃] *adv* tranquilamente

calmer [kalme] *vt* tranquilizar, calmar; (*douleur, colère*) calmar, sosegar; **se calmer** *vpr* calmarse; (*personne*) calmarse, tranquilizarse
calomnie [kalɔmni] *nf* calumnia
calorie [kalɔʀi] *nf* caloría
calotte [kalɔt] *nf* : **~ glaciaire** casquete *m* glaciar
camaïeu [kamajø] *nm* monocromía
camarade [kamaʀad] *nm/f* compañero(-a); (*Pol*) camarada *m/f*; **~ d'école/de jeu** compañero(-a) de escuela/de juegos
Cambodge [kɑ̃bɔdʒ] *nm* Camboya
cambrer [kɑ̃bʀe] : **se cambrer** *vpr* arquearse
cambriolage [kɑ̃bʀijɔlaʒ] *nm* robo (con efracción)
cambrioler [kɑ̃bʀijɔle] *vt* robar (con efracción)
cambrioleur, -euse [kɑ̃bʀijɔlœʀ, øz] *nm/f* atracador(a), ladrón(-ona)
caméléon [kameleɔ̃] *nm* camaleón *m*
camelote [kamlɔt] (*fam*) *nf* baratija
caméra [kameʀa] *nf* cámara
caméscope [kameskɔp] *nm* cámara de vídeo
camion [kamjɔ̃] *nm* camión *m*
camionnette [kamjɔnɛt] *nf* camioneta
camionneur, -euse [kamjɔnœʀ, øz] *nm/f* camionero(-a)
camomille [kamɔmij] *nf* manzanilla
camp [kɑ̃] *nm* (*militaire, d'expédition*) campo, campamento; (*réfugiés, prisonniers*) campamento; (*fig*) campo; **~ de concentration** campo de concentración; **~ de nudistes/de vacances** colonia nudista/de vacaciones
campagnard, e [kɑ̃paɲaʀ, aʀd] *adj, nm/f* campesino(-a)
campagne [kɑ̃paɲ] *nf* campo; (*Mil, Pol, Comm*) campaña; **en ~** (*Mil*) de campaña; **à la ~** en el campo; **faire ~ pour** hacer campaña por; **~ de publicité** campaña de publicidad; **~ électorale** campaña electoral
campement [kɑ̃pmɑ̃] *nm* campamento
camper [kɑ̃pe] *vi* acampar ▸ *vt* (*personnage*) representar; **se camper** *vpr* : **se ~ devant qn/qch** plantarse delante de algn/algo
campeur, -euse [kɑ̃pœʀ, øz] *nm/f* campista *m/f*
camping [kɑ̃piŋ] *nm* camping *m*; **(terrain de) ~** (terreno de) camping; **faire du ~** hacer camping; **faire du ~ sauvage** hacer camping salvaje
camping-car [kɑ̃piŋkaʀ] (*pl* **camping-cars**) *nm* coche caravana *m*
Canada [kanada] *nm* Canadá *m*
canadien, ne [kanadjɛ̃, jɛn] *adj* canadiense ▸ *nm/f* : **Canadien, ne** canadiense *m/f*
canadienne [kanadjɛn] *nf* (*veste*) cazadora
canaille [kanɑj] *nf* canalla *m/f*
canal, -aux [kanal, o] *nm* canal *m*; (*Anat*) conducto; **par le ~ de** (*Admin*) por medio de; **~ de distribution** canal de distribución; **~ de Panama/de Suez** canal de Panamá/de Suez
canalisation [kanalizasjɔ̃] *nf* (*tuyau*) canalización *f*, cañería; (*d'un cours d'eau*) canalización
canaliser [kanalize] *vt* canalizar; (*fig*) canalizar, encauzar
canapé [kanape] *nm* (*siège*) canapé *m*, sofá *m*; (*Culin*) canapé
canard [kanaʀ] *nm* pato; (*fam* : *journal*) periódico
canari [kanaʀi] *nm* canario
cancer [kɑ̃sɛʀ] *nm* (*aussi fig*) cáncer *m*; (*Astrol*) : **C~** Cáncer *m*; **il a un ~** tiene un cáncer; **être C~** ser Cáncer
cancérigène [kɑ̃seʀiʒɛn] *adj* cancerígeno(-a)
cancre [kɑ̃kʀ] *nm* holgazán(ana)
candeur [kɑ̃dœʀ] *nf* candor *m*
candidat, e [kɑ̃dida, at] *nm/f* (*examen, Pol*) candidato(-a); (*à un poste*) candidato(-a), aspirante *m/f*; **être ~ à** ser candidato(-a) a
candidater [kɑ̃didate] *vi* presentar su candidatura
candidature [kɑ̃didatyʀ] *nf* candidatura; **poser sa ~** presentar su candidatura
cane [kan] *nf* pata
canette [kanɛt] *nf* (*de bière*) botellín *m*; (*de machine à coudre*) canilla
canevas [kanvɑ] *nm* (*Couture*) cañamazo; (*d'un texte, récit*) bosquejo
caniche [kaniʃ] *nm* caniche *m*

canicule [kanikyl] *nf* canícula
canif [kanif] *nm* navaja
canine [kanin] *nf* canino
caniveau [kanivo] *nm* cuneta
canne [kan] *nf* bastón *m*; **~ à pêche** caña de pescar; **~ à sucre** caña de azúcar
cannelle [kanɛl] *nf* canela
canoë [kanɔe] *nm* canoa; **~ (kayak)** (*Sport*) piragüismo
canon [kanɔ̃] *nm* cañón *m*; (*Mus*) canon *m* ▶ *adj* (*fam* : *très beau*) bueno(-a); (: *très bien*) genial; **droit ~** derecho canónico; **une fille ~** (*fam*) una tía buena
canot [kano] *nm* (*bateau*) bote *m*, lancha; **~ de sauvetage** bote salvavidas; **~ pneumatique** bote neumático
cantatrice [kɑ̃tatʀis] *nf* cantante *f*
cantine [kɑ̃tin] *nf* (*réfectoire*) comedor *m*, cantina; (*malle*) baúl *m*; **manger à la ~** comer en comedor
canton [kɑ̃tɔ̃] *nm* (*en France*) distrito; (*en Suisse*) cantón *m*

> En Francia, un **canton** es una división administrativa de un *arrondissement*, que es a su vez una división de un *département*. Cada **canton** está representado por un concejal en el *Conseil général*.

cantonner [kɑ̃tɔne]: **se cantonner** *vpr* : **se ~ à qch** limitarse a algo
canular [kanylaʀ] *nm* inocentada
caoutchouc [kautʃu] *nm* caucho; (*bande élastique*) goma; **en ~** de goma, de caucho; **~ mousse®** gomaespuma
CAP [seape] *sigle m* (= *certificat d'aptitude professionnelle*) ≈ título de FP1
cap [kap] *nm* (*Géo*) cabo; **changer de ~** (*Naut*) cambiar de rumbo; **passer le ~ de** (*fig*) superar la barrera de; **mettre le ~ sur** poner rumbo a; **le C~** el Cabo; **le ~ de Bonne Espérance** el cabo de Buena Esperanza; **le ~ Horn** el cabo de Hornos
capable [kapabl] *adj* (*compétent*) competente; **~ de faire** capaz de hacer; **~ de dévouement/d'un effort** capaz de dedicación/de un esfuerzo; **il est ~ d'oublier** es capaz de olvidar; **spectacle/livre ~ d'intéresser** espectáculo/libro susceptible de interesar
capacité [kapasite] *nf* capacidad *f*; **capacités** *nfpl* (*physiques, intellectuelles*) capacidades *fpl*; **~ à faire qch** capacidad de hacer algo; **~ (en droit)** capacitación *f* (en derecho)
cape [kap] *nf* capa; **rire sous ~** reír para sus adentros
CAPES [kapes] *sigle m* (= *certificat d'aptitude au professorat de l'enseignement du second degré*) título de profesor de enseñanza secundaria
capitaine [kapitɛn] *nm/f* capitán(-ana)
capital, e, -aux [kapital, o] *adj, nm* (*aussi fig*) capital *m*; **capitaux** *nmpl* (*fonds*) capitales *mpl*; **les sept péchés capitaux** los siete pecados capitales; **exécution/peine capitale** ejecución *f*/pena capital; **~ confiance** (*Pol*) capital de confianza; **~ d'exploitation** capital de explotación; **~ social** capital social
capitale [kapital] *nf* (*ville*) capital *f*; (*lettre*) mayúscula
capitaliser [kapitalize] *vt* capitalizar
capitalisme [kapitalism] *nm* capitalismo
capitaliste [kapitalist] *adj, nm/f* capitalista *m/f*
capiteux, -euse [kapitø, øz] *adj* (*parfum, vin*) embriagador(a)
capituler [kapityle] *vi* capitular
caporal, e, -aux [kapɔʀal, o] *nm/f* cabo *m/f*
capot [kapo] *nm* capó ▶ *adj inv* (*Cartes*) : **être ~** quedarse zapatero(-a)
capote [kapɔt] *nf* : **~ (anglaise)** (*fam*) condón *m*
câpre [kɑpʀ] *nf* alcaparra
caprice [kapʀis] *nm* capricho, antojo; **caprices** *nmpl* (*de la mode etc*) caprichos *mpl*; **faire un ~** coger una rabieta; **faire des ~s** tener caprichos
capricieux, -euse [kapʀisjø, jøz] *adj* (*aussi fig*) caprichoso(-a)
Capricorne [kapʀikɔʀn] *nm* (*Astrol*) Capricornio; **être ~** ser Capricornio
capsule [kapsyl] *nf* cápsula; (*de bouteille*) cápsula, chapa; **~ de café** cápsula de café
capter [kapte] *vt* captar; (*fam* : *comprendre*) captar, entender
captivant, e [kaptivɑ̃, ɑ̃t] *adj* cautivador(-a)
captivité [kaptivite] *nf* cautiverio
capture [kaptyʀ] *nf* captura; **~ d'écran** (*Inform*) captura de pantalla
capturer [kaptyʀe] *vt* capturar, apresar

capuche [kapyʃ] *nf* capucha
capuchon [kapyʃɔ̃] *nm* (*de vêtement*) capucha, capuchón *m*; (*de stylo*) capuchón
car [kaʀ] *nm* autocar *m* ▸ *conj* pues, porque; **~ de police/de reportage** furgoneta de policía/de reportaje
carabine [kaʀabin] *nf* carabina; **~ à air comprimé** carabina de aire comprimido
caractère [kaʀaktɛʀ] *nm* (*humeur, tempérament*) carácter *m*; (*de choses*) naturaleza; (*cachet*) carácter, personalidad *f*; **avoir bon/mauvais ~** tener buen/mal carácter; **en ~s gras** en negrita; **en petits ~s** en minúsculas; **en ~s d'imprimerie** en letras mayúsculas; **avoir du ~** tener carácter
caractériser [kaʀakteʀize] *vt* caracterizar; **se caractériser par** *vpr* caracterizarse por
caractéristique [kaʀakteʀistik] *adj* característico(-a) ▸ *nf* característica
carafe [kaʀaf] *nf* (*pot*) jarra, garrafa; (*d'eau, de vin*) jarra
caraïbe [kaʀaib] *adj* caribeño(-a); **les Caraïbes** *nfpl* el Caribe; **la mer des C~s** el mar (del) Caribe
caramel [kaʀamɛl] *nm* caramelo; (*bonbon*) caramelo blando ▸ *adj inv* caramelo *inv*
carapace [kaʀapas] *nf* (*d'animal, fig*) caparazón *m*; (*de crabe*) concha
carat [kaʀa] *nm* quilate *m*
caravane [kaʀavan] *nf* caravana
carbone [kaʀbɔn] *nm* carbono; (*aussi* : **papier carbone**) papel *m* carbón
carbonique [kaʀbɔnik] *adj* carbónico(-a)
carbonisé, e [kaʀbɔnize] *adj* carbonizado(-a); **mourir ~** morir carbonizado(-a)
carburant [kaʀbyʀɑ̃] *nm* carburante *m*
carburateur [kaʀbyʀatœʀ] *nm* carburador *m*
carcasse [kaʀkas] *nf* (*d'un animal mort*) huesos *mpl*; (*de voiture*) carcasa
cardiaque [kaʀdjak] *adj, nm/f* cardíaco(-a); **être ~** estar cardíaco(-a)
cardigan [kaʀdigɑ̃] *nm* rebeca
cardiologue [kaʀdjɔlɔg] *nm/f* cardiólogo(-a)
carême [kaʀɛm] *nm* : **le C~** Cuaresma
carence [kaʀɑ̃s] *nf* carencia; **~ vitaminique** carencia vitamínica
caresse [kaʀɛs] *nf* caricia
caresser [kaʀese] *vt* (*aussi fig*) acariciar
cargaison [kaʀgɛzɔ̃] *nf* carga, cargamento
cargo [kaʀgo] *nm* carguero, buque *m* de carga
caricature [kaʀikatyʀ] *nf* caricatura
carie [kaʀi] *nf* caries *f inv*; **la ~ (dentaire)** la caries (dental)
carnage [kaʀnaʒ] *nm* carnicería, matanza
carnaval [kaʀnaval] *nm* carnaval *m*
carnet [kaʀnɛ] *nm* libreta; (*de timbres*) cuadernillo; **~ à souches** taco de matrices; **~ d'adresses** agenda de direcciones; **~ de chèques** talonario de cheques; **~ de commandes** talonario *ou* libreta de pedidos; **~ de notes** boletín *m* de notas
carotte [kaʀɔt] *nf* zanahoria
carpe [kaʀp] *nf* carpa
carquois [kaʀkwa] *nm* carcaj *m*
carré, e [kaʀe] *adj* cuadrado(-a); (*franc*) directo(-a) ▸ *nm* (*Géom*) cuadrado; (*de jardin*) cuadro; (*Naut*) cámara de oficiales; **le ~ (d'un nombre)** el cuadrado (de un número); **élever un nombre au ~** elevar un número al cuadrado; **mètre/kilomètre ~** metro/kilómetro cuadrado; **~ d'agneau** brazuelo de cordero; **~ d'as/de rois** (*Cartes*) póker *m* de ases/de reyes; **~ de soie** pañuelo de seda
carreau, x [kaʀo] *nm* (*par terre*) baldosa; (*au mur*) azulejo; (*de fenêtre*) cristal *m*; (*dessin*) cuadro; (*Cartes : couleur*) diamantes *mpl*; **papier/tissu à carreaux** papel *m*/tela de cuadros
carrefour [kaʀfuʀ] *nm* (*aussi fig*) encrucijada
carrelage [kaʀlaʒ] *nm* (*sol*) embaldosado; (*mur*) alicatado
carrelet [kaʀlɛ] *nm* (*poisson*) platija, acedía
carrément [kaʀemɑ̃] (*fam*) *adv* (*franchement*) francamente; (*sans détours, sans hésiter*) directamente; (*nettement*) verdaderamente; **il l'a ~ mis à la porte** lo puso directamente de patitas en la calle
carrière [kaʀjɛʀ] *nf* (*de craie, sable*) cantera; (*métier*) carrera; **militaire de ~** militar *m* de carrera; **faire ~ dans** hacer carrera en

carrosserie [kaʀɔsʀi] *nf* carrocería; **atelier de ~** taller *m* de carrocería
carrure [kaʀyʀ] *nf* (*d'une personne*) anchura de espalda; (*fig*) clase *f*; **de ~ athlétique** de complexión atlética
cartable [kaʀtabl] *nm* cartera
carte [kaʀt] *nf* (*Géo*) mapa *m*; (*au restaurant*) carta; (*Cartes*) carta, naipe *m*; (*de parti*) carné *m*; (*d'électeur*) tarjeta; (*d'abonnement*) abono; (*aussi* : **carte postale**) postal *f*; (*aussi* : **carte de visite**) tarjeta; **avoir/donner ~ blanche** tener/dar carta blanca; **jouer aux ~s** jugar a las cartas; **jouer ~s sur table** (*fig*) poner las cartas boca arriba; **tirer les ~s à qn** echar las cartas a algn; **à la ~** a la carta; **~ à puce** tarjeta inteligente; **~ bancaire/de crédit** tarjeta bancaria/de crédito; **C~ Bleue®** tarjeta de débito; **~ de séjour** permiso de residencia; **~ des vins** carta de vinos; **~ d'état-major** mapa de Estado Mayor; **~ d'identité** carnet de identidad, documento nacional de identidad, cédula (de identidad) (AM); **~ grise** documentación *f* de un automóvil; **~ mémoire** (*d'appareil photo numérique*) tarjeta de memoria; **~ routière** mapa de carreteras; **~ SIM** tarjeta SIM; **~ téléphonique** tarjeta de teléfono; **~ vermeil** abono de transporte para jubilados
carte-mère [kaʀtəmɛʀ] (*pl* **cartes-mères**) *nf* (*Inform*) placa madre
carter [kaʀtɛʀ] *nm* cárter *m*
cartilage [kaʀtilaʒ] *nm* cartílago
carton [kaʀtɔ̃] *nm* (*Art, matériau*) cartón *m*; (*boîte*) caja (de cartón); (*d'invitation*) tarjeta; **en ~** de cartón; **faire un ~** (*au tir*) tirar al blanco; (*suj* : *film*) arrasar; **~ à dessin** cartapacio
cartouche [kaʀtuʃ] *nf* (*de fusil*) cartucho; (*de stylo*) cartucho, recambio; (*de cigarettes*) cartón *m*
cas [kɑ] *nm* caso; **faire peu de ~/grand ~ de** hacer poco/mucho caso a; **le ~ échéant** llegado el caso; **en aucun ~** en ningún caso, bajo ningún concepto; **au ~ où** (+ *conditionnel*) en caso de que + *subjuntivo*, por si acaso + *indicativo*; **dans** *ou* **en ce ~** en ese caso; **en ~ de** en caso de; **en ~ de besoin** en caso de necesidad; **en ~ d'urgence** en caso de urgencia; **en tout ~** de todas maneras; **~ de conscience** caso de conciencia; **~ de force majeure** caso de fuerza mayor; **~ limite** caso extremo; **~ social** caso social
cascade [kaskad] *nf* cascada; (*Ciné*) escena de riesgo
cascadeur, -euse [kaskadœʀ, øz] *nm/f* (*Ciné*) doble *m/f*
case [kɑz] *nf* casilla; (*hutte*) choza; (*pour le courrier*) casillero; **cochez la ~ correspondante** marque la casilla correspondiente
caser [kɑze] *vt* (*aussi péj*) colocar; **se caser** *vpr* (*personne*) colocarse; (*péj*) conseguir casarse
caserne [kazɛʀn] *nf* cuartel *m*
casier [kɑzje] *nm* casillero; (*à journaux*) revistero; (*de bureau*) fichero; (*à clef*) taquilla; (*Pêche*) nasa; **~ à bouteilles** botellero; **~ judiciaire** antecedentes *mpl* penales
casino [kazino] *nm* casino
casque [kask] *nm* casco; (*chez le coiffeur*) secador *m*; (*pour audition*) casco, auricular *m*; **les C~s bleus** los cascos azules
casquette [kaskɛt] *nf* gorra
casse-bonbons [kɑsbɔ̃bɔ̃] (*fam*) *adj inv* tocapelotas *inv*
casse-cou [kɑsku] (*pl* **casse-cou(s)**) *adj* (*imprudent*) alocado(-a) ▸ *nm/f* (*personne*) cabeza loca
casse-croûte [kɑskʀut] (*pl* **casse-croûte(s)**) *nm* tentempié *m*
casse-noix [kɑsnwa] *nm inv* cascanueces *m inv*
casse-pied [kɑspje] (*pl* **casse-pieds**) (*fam*) *adj, nm/f* pesado(-a)
casser [kɑse] *vt* (*verre*) romper; (*montre, moteur*) estropear; (*Jur*) anular ▸ *vi* (*corde*) romperse; **se casser** *vpr* romperse; (*fam*) largarse; (*être fragile*) romperse, quebrarse; **se ~ la jambe** romperse la pierna; **~ les prix** romper los precios; **à tout ~** (*fam : tout au plus*) a lo más; **se ~ net** romperse de un golpe
casserole [kasʀɔl] *nf* cacerola, cazuela
casse-tête [kɑstɛt] (*pl* **casse-têtes**) *nm* (*fig*) quebradero de cabeza; (*jeu*) rompecabezas *m inv*
cassis [kasis] *nm* (*fruit*) grosella negra
cassonade [kasɔnad] *nf* azúcar *m* moreno
cassoulet [kasulɛ] *nm guiso de alubias y carne típico del suroeste de Francia*
catalogue [katalɔg] *nm* (*aussi fig*) catálogo

catalytique [katalitik] *adj* : **pot ~** catalizador *m*
catastrophe [katastʀɔf] *nf* catástrofe *f*; **atterrir en ~** aterrizar por emergencia; **partir en ~** salir a escape
catéchisme [kateʃism] *nm* catecismo
catégorie [kategɔʀi] *nf* categoría; **de première/deuxième ~** de primera/segunda categoría
catégorique [kategɔʀik] *adj* categórico(-a)
cathédrale [katedʀal] *nf* catedral *f*
catholique [katɔlik] *adj, nm/f* católico(-a); **pas très ~** (*fig*) no muy católico(-a)
catimini [katimini] : **en ~** *adv* a escondidas
cauchemar [koʃmaʀ] *nm* pesadilla
cause [koz] *nf* causa; (*Jur*) caso; (*intérêts*) causa; **faire ~ commune avec qn** hacer causa común con algn; **être ~ de** ser causa de; **à ~ de** debido a; (*par la faute de*) por culpa de; **pour ~ de** por causa de, por; **(et) pour ~** claro está; **être en ~** (*personne*) tener parte de culpa; (*qualité, intérêts*) estar en juego; **mettre en ~** culpar; **remettre en ~** poner en tela de juicio; **être hors de ~** quedar fuera de sospecha; **en tout état de ~** de todas formas

On peut dire aussi :
Tuvimos que marcharnos porque se puso a llover. (*... parce que ...*)
Como no llegaban, decidimos entrar. (*Comme ...*)
El problema es grave, ya que el consumo anual es mayor que la producción. (*... puisque ...*)
Tuve que volver, pues estaba muy preocupada. (*... car ...*)
Se cansa mucho, a causa de *ou* debido a su enfermedad. (*... à cause de ...*)

causer [koze] *vt* causar ▶ *vi* charlar; (*jaser*) chismorrear
caution [kosjɔ̃] *nf* (*argent, Jur*) fianza; (*fig*) garantía, aval *m*; **payer la ~ de qn** pagar la fianza de algn; **se porter ~ pour qn** ser aval de algn; **libéré sous ~** libre bajo fianza; **sujet à ~** en tela de juicio
cavalier, -ière [kavalje, jɛʀ] *adj* brusco(-a) ▶ *nm/f* (*à cheval*) jinete *m/f*; (*au bal*) pareja ▶ *nm* (*Échecs*) caballo; **faire ~ seul** hacer rancho aparte; **allée** *ou* **piste cavalière** camino de herradura
cave [kav] *nf* sótano; (*réserve de vins*) bodega
caviste [kavist] *nm/f* bodeguero(-a); (*dans un restaurant*) sumiller *m/f*
CD [sede] *sigle m* (= *compact disc*) CD *m* (= *compact disc*); (= *corps diplomatique*) CD *m* (= *Cuerpo Diplomático*)
CDD *sigle m* (= *contrat à durée déterminée*) contrato temporal
CDI *sigle m* (= *centre de documentation et d'information*) *biblioteca escolar*; (= *contrat à durée indéterminée*) contrato indefinido
CDIser, cédéiser [sedeize] *vt* (*contractuels*) hacer un contrato indefinido a
CD-Rom [sedeʀɔm] *sigle m* CD-Rom
CE [seə] *sigle f* (= *Communauté européenne*) CE *f* ▶ *sigle m* = *comité d'entreprise*; *voir* **comité** ; = *cours élémentaire*; *voir* **cours**

ce, c', cette [sə, sɛt]

(*devant nm commençant par voyelle ou h aspiré* **cet**) (*pl* **ces**)
▶ *adj dém* (*proche*) este (esta); (*intermédiaire*) ese (esa); (*plus loin*) aquel(la); **cette maison(-ci/là)** esta casa/esa *ou* aquella casa; **cette nuit** esta noche
▶ *pron* 1 : **c'est** es; **c'est un peintre/ce sont des peintres** (*métier*) es un pintor/son pintores; (*en désignant*) es un pintor/son unos pintores; **c'est le facteur** es el cartero; **qui est-ce ?** ¿quién es?; **c'est toi qui le dis** lo dices tú; **c'est toi qui lui as parlé** eres tú quien le hablaste; **sur ce** tras esto; **c'est qu'il est lent/a faim** es que es lento/tiene hambre; **c'est petit/grand** es pequeño/grande
2 : **ce qui, ce que** lo que; (*chose qui*) : **il est bête, ce qui me chagrine** es tonto, lo cual me apena; **tout ce qui bouge** todo lo que se mueve; **tout ce que je sais** todo lo que sé; **ce dont j'ai parlé** eso de lo que hablé; **ce que c'est grand !** ¡qué grande es!; **veiller à ce que ...** procurar que ...; *voir aussi* **est-ce que** ; **n'est-ce pas** ; **c'est-à-dire**

ceci [səsi] *pron* esto
cédéiser [sedeize] *vt* = **CDIser**
céder [sede] *vt* (*maison, droit*) ceder, traspasar ▶ *vi* ceder; **~ à** (*tentation etc*) ceder a; **~ à qn** (*se soumettre*) someterse a algn

CEDEX [sedɛks] *sigle m (= courrier d'entreprise à distribution exceptionnelle)* correo especial para empresas

cèdre [sɛdʀ] *nm* cedro

ceinture [sɛ̃tyʀ] *nf* cinturón *m*; *(taille)* cintura; *(d'un pantalon, d'une jupe)* cintura, cinturilla; **~ de sauvetage** cinturón salvavidas; **~ de sécurité** cinturón de seguridad; **~ noire/verte** *(Judo)* cinturón negro/verde

cela [s(ə)la] *pron* eso; *(plus loin)* aquello; **~ m'étonne que** me extraña que; **quand ~ ?** ¿cuándo?

célèbre [selɛbʀ] *adj* famoso(-a), célebre

célébrer [selebʀe] *vt* celebrar

céleri [sɛlʀi] *nm* : **~(-rave)** apio (nabo); **~ en branche** apio

célibataire [selibatɛʀ] *adj* soltero(-a) ▶ *nm/f* soltero(-a); **mère ~** madre *f* soltera

celle, celles [sɛl] *pron voir* **celui**

cellule [selyl] *nf* célula; *(de prisonnier, moine)* celda; **~ souche** célula madre

cellulite [selylit] *nf* celulitis *f inv*

celui, celle [səlɥi, sɛl] *(mpl* **ceux**, *fpl* **celles**) *pron* : **~-ci** este/ese; **celle-ci** esta/esa; **~-là/celle-là** aquel/aquella; **ceux-ci/celles-ci** estos/estas; **ceux-là/celles-là** esos *ou* aquellos/esas *ou* aquellas; **~ de mon frère** el de mi hermano; **~ du salon/du dessous** el del salón/de abajo; **~ qui bouge** *(pour désigner)* el que se mueve; **~ que je vois** el que veo; **~ dont je parle** *(personne)* ese del que hablo; *(chose)* eso de lo que hablo; **~ qui veut** *(valeur indéfinie)* el que quiera

cendre [sɑ̃dʀ] *nf* ceniza; **cendres** *nfpl (volcaniques, d'un défunt)* cenizas *fpl*

cendrier [sɑ̃dʀije] *nm* cenicero

censé, e [sɑ̃se] *adj* : **je suis ~ faire sept heures par jour** se supone que hago siete horas diarias

censeur, e [sɑ̃sœʀ] *nm/f (du lycée)* subdirector(a); *(Pol, Presse, Ciné)* censor(a)

censure [sɑ̃syʀ] *nf* censura

censurer [sɑ̃syʀe] *vt* censurar

cent [sɑ̃] *adj (avant un nombre)* ciento; *(avant un substantif)* cien ▶ *nm* ciento; *(Math)* cien *m inv*; **~ cinquante** ciento cincuenta; **~ euros** cien euros; **pour ~** por ciento; **faire les ~ pas** ir y venir, ir de un lado para otro

centaine [sɑ̃tɛn] *nf* centena; **une ~ (de)** un centenar (de); **plusieurs ~s (de)** varios centenares (de); **des ~s (de)** centenares (de)

centenaire [sɑ̃t(ə)nɛʀ] *adj, nm/f* centenario(-a) ▶ *nm (anniversaire)* centenario

centième [sɑ̃tjɛm] *adj, nm/f* centésimo(-a); **un ~ de seconde** una centésima de segundo; *voir aussi* **cinquantième**

centigrade [sɑ̃tigʀad] *nm* centígrado

centilitre [sɑ̃tilitʀ] *nm* centilitro

centime [sɑ̃tim] *nm* céntimo

centimètre [sɑ̃timɛtʀ] *nm* centímetro; *(ruban)* cinta métrica

central, e, -aux [sɑ̃tʀal, o] *adj (aussi fig)* central ▶ *nm* : **~ (téléphonique)** central *f* (telefónica)

centrale [sɑ̃tʀal] *nf (prison)* central *f*; **~ d'achat** centro de compras; **~ électrique/nucléaire** central eléctrica/nuclear; **~ syndicale** central sindical

centre [sɑ̃tʀ] *nm* centro; *(Football : joueur)* centrocampista; **le ~** *(Pol)* el centro; **~ commercial/culturel** centro comercial/cultural; **~ d'appels** centro de llamadas; **~ d'apprentissage** centro de formación profesional; **~ d'éducation surveillée** centro de enseñanza vigilada; **~ de détention** centro penitenciario; **~ de gravité** centro de gravedad; **~ de loisirs** centro de recreo; **~ de tri** centro de correos; **~ hospitalier/sportif** centro hospitalario/deportivo; **~s nerveux** *(Anat)* centros *mpl* nerviosos

centre-ville [sɑ̃tʀəvil] *(pl* **centres-villes**) *nm* centro de la ciudad

cépage [sepaʒ] *nm* cepa

cèpe [sɛp] *nm* boleto

cependant [s(ə)pɑ̃dɑ̃] *conj* sin embargo, no obstante

céramique [seʀamik] *nf* cerámica

cercle [sɛʀkl] *nm (Géom)* círculo; *(objet circulaire)* círculo, aro; *(de jeu, bridge)* club *m*; **décrire un ~** describir un círculo; **~ d'amis** círculo de amigos; **~ de famille** entorno familiar; **~ vertueux** círculo virtuoso; **~ vicieux** círculo vicioso

cercueil [sɛʀkœj] *nm* ataúd *m*, féretro

céréale [seʀeal] *nf* cereal *m*; **céréales** *nfpl (du petit déjeuner)* cereales *mpl*

cérémonie [seremɔni] *nf* ceremonia; **cérémonies** *nfpl* (*péj : façons, chichis*) formalidades *fpl*
cerf [sɛr] *nm* ciervo
cerfeuil [sɛrfœj] *nm* perifollo
cerf-volant [sɛrvɔlɑ̃] (*pl* **cerfs-volants**) *nm* cometa
cerise [s(ə)riz] *nf, adj inv* cereza; **la ~ sur le gâteau** (*fig*) la guinda (del pastel)
cerisier [s(ə)rizje] *nm* cerezo
cerner [sɛrne] *vt* (*armée, ville*) cercar; (*problème*) delimitar
certain, e [sɛrtɛ̃, ɛn] *adj* (*indéniable*) cierto(-a), seguro(-a); (*personne*) : **~ (de/que)** seguro(-a) (de/de que), convencido(-a) (de/de que); (*plus ou moins défini*) : **un ~ Georges** un tal Georges; **un ~ courage** (*non négligeable*) mucho valor; **~s cas** algunos casos; **d'un ~ âge** de cierta edad; **un ~ temps** cierto tiempo; **sûr et ~** completamente seguro
certainement [sɛrtɛnmɑ̃] *adv* (*probablement*) probablemente; (*bien sûr*) sin duda, por supuesto
certes [sɛrt] *adv* (*bien sûr*) por supuesto; (*sans doute*) sin duda alguna
certificat [sɛrtifika] *nm* certificado; **~ médical/de vaccination** certificado médico/de vacunación
certifier [sɛrtifje] *vt* asegurar; (*document, signature*) certificar; **~ à qn que** asegurar a algn que
certitude [sɛrtityd] *nf* certeza

On peut dire aussi :
Seguro que no está en casa. (*C'est sûr que ...*)
Está claro que no tienen intención de invitarnos. (*Il est clair que ...*)
Estoy segura de que era él. (*Je suis sûre que ...*)
Por supuesto que no va a ser fácil. (*Il va de soi que ...*)

cerveau, x [sɛrvo] *nm* (*aussi fig*) cerebro
cervelas [sɛrvəlɑ] *nm salchicha corta y gruesa de carne y sesos*
cervelle [sɛrvɛl] *nf* (*d'un animal*) cerebro; (*Culin*) sesos *mpl*; **se creuser la ~** romperse la cabeza, devanarse los sesos
CES [seəɛs] *sigle m* (= *collège d'enseignement secondaire*) ≈ Instituto de Enseñanza Media
ces [se] *adj dém voir* **ce**
cesse [sɛs] : **sans ~** *adv* sin parar; **n'avoir de ~ que** no descansar hasta que
cesser [sese] *vt* cesar ▸ *vi* parar, cesar; **~ de faire** dejar de hacer; **faire ~** (*bruit, scandale*) acabar con
cessez-le-feu [sesel(ə)fø] *nm inv* alto el fuego
c'est-à-dire [sɛtadir] *adv* es decir; **~ ?** (*demander de préciser*) ¿es decir?, ¿y?; **~ que** es decir que, o sea que
cet [sɛt] *adj dém voir* **ce**
cette [sɛt] *adj dém voir* **ce**
ceux [sø] *pron voir* **celui**
chacun, e [ʃakœ̃, yn] *pron* cada uno(-a); (*indéfini*) todos(-as)
chagrin, e [ʃagrɛ̃, in] *nm* pena; **avoir du ~** sentir pena
chahut [ʃay] *nm* jaleo; (*Scol*) alboroto
chahuter [ʃayte] *vt* incordiar ▸ *vi* alborotar
chaîne [ʃɛn] *nf* cadena; (*TV*) cadena, canal *m*; **chaînes** *nfpl* (*liens, asservissement*) lazos *mpl*; (*pour pneus*) cadenas *fpl*; **travail à la ~** trabajo en cadena; **réactions en ~** reacciones *fpl* en cadena; **faire la ~** hacer una cadena; **~ audio** equipo *ou* cadena audio; **~ de fabrication/de montage** cadena de fabricación/de montaje; **~ de montagnes** cadena de montañas, cordillera; **~ de solidarité** cadena de solidaridad; **~ hi-fi** equipo de alta fidelidad
chaînon [ʃɛnɔ̃] *nm* : **le ~ manquant** el eslabón perdido
chair [ʃɛr] *nf* carne *f* ▸ *adj inv* : **(couleur) ~** (color) carne *inv*; **la ~** (*Rel*) la carne; **avoir la ~ de poule** tener la carne *ou* piel de gallina; **être bien en ~** estar entrado(-a) en carnes; **en ~ et en os** de carne y hueso; **~ à saucisses** carne picada de cerdo
chaise [ʃɛz] *nf* silla; **~ de bébé** silla de bebé; **~ électrique** silla eléctrica; **~ longue** tumbona, hamaca
châle [ʃɑl] *nm* chal *m*
chaleur [ʃalœr] *nf* (*aussi fig*) calor *m*; **en ~** en celo
chaleureux, -euse [ʃalœrø, øz] *adj* (*accueil, gens*) caluroso(-a)
chalumeau, x [ʃalymo] *nm* soplete *m*
chamailler [ʃamɑje] : **se chamailler** (*fam*) *vpr* reñir

chambre [ʃɑ̃bʀ] *nf* (*d'un logement*) habitación *f*, cuarto; (*Tech, Pol, Comm*) cámara; (*Jur*) sala; **faire ~ à part** dormir en habitaciones separadas; **stratège/alpiniste en ~** estratega *m/f*/alpinista *m/f* de tres al cuarto; **~ à air** cámara de aire; **~ à coucher** dormitorio; **~ à gaz** cámara de gas; **~ à un lit/deux lits** (*à l'hôtel*) habitación individual/doble; **~ d'accusation** sala de acusación; **~ d'agriculture** cámara agrícola; **~ d'amis** cuarto de invitados; **~ de combustion** cámara de combustión; **C~ de commerce et d'industrie** cámara de comercio y de industria; **C~ des députés** Cámara de los diputados; **~ des machines** sala de máquinas; **C~ des métiers** Cámara de oficios; **~ d'hôte** habitación de huéspedes; **~ forte** cámara acorazada; **~ froide** cámara frigorífica; **~ meublée** habitación amueblada; **~ noire** (*Photo*) cámara oscura; **~ pour une/deux personne(s)** habitación para una/dos persona(s)

chameau, x [ʃamo] *nm* camello

chamois [ʃamwa] *nm* gamuza

champ [ʃɑ̃] *nm* (*aussi fig*) campo; **les champs** *nmpl* (*la campagne*) el campo; **dans le ~** (*Photo*) en el campo visual; **prendre du ~** alejarse, tomar distancia; **laisser le ~ libre à qn** dejar el campo libre a algn; **~ d'action** campo de acción; **~ de bataille** campo de batalla; **~ de courses** hipódromo; **~ de manœuvre/de mines/de tir** campo de maniobras/de minas/de tiro; **~ d'honneur** campo de honor

champagne [ʃɑ̃paɲ] *nm* champán *m*; **fine ~** coñac *m*

champignon [ʃɑ̃piɲɔ̃] *nm* seta; (*Bot*) hongo; (*fam : accélérateur*) acelerador *m*; **~ de couche** *ou* **de Paris** champiñón; **~ vénéneux** seta venenosa

champion, ne [ʃɑ̃pjɔ̃, jɔn] *adj* campeón(-ona) ▶ *nm/f* (*Sport*) campeón(-ona); (*d'une cause*) adalid *m/f*; **~ du monde** campeón del mundo

championnat [ʃɑ̃pjɔna] *nm* campeonato

chance [ʃɑ̃s] *nf* suerte *f*; (*occasion*) oportunidad *f*; **chances** *nfpl* (*probabilités*) posibilidades *fpl*; **il y a de fortes ~s pour que Paul soit malade** es muy posible que Paul esté enfermo; **bonne ~!** ¡buena suerte!; **avoir de la ~** tener suerte; **il a des ~s de gagner** tiene posibilidades de ganar; **je n'ai pas de ~** no tengo suerte; **encore une ~ que tu viennes!** ¡qué suerte *ou* bien que vengas!; **donner sa ~ à qn** dar una oportunidad a algn

Chandeleur [ʃɑ̃dlœʀ] *nf* : **la ~** la Candelaria

chandelle [ʃɑ̃dɛl] *nf* vela; **monter en ~** elevarse verticalmente; **dîner aux ~s** cenar a la luz de las velas; **tenir la ~** llevar el cesto, ir de carabina

change [ʃɑ̃ʒ] *nm* cambio; **opérations de ~** operaciones *fpl* de cambio; **gagner/perdre au ~** ganar/perder en *ou* con el cambio; **donner le ~ à qn** (*fig*) dar gato por liebre a algn

changement [ʃɑ̃ʒmɑ̃] *nm* cambio; **~ climatique** cambio climático; **~ de vitesse** cambio de velocidades *ou* marchas

changer [ʃɑ̃ʒe] *vt* cambiar ▶ *vi* cambiar; **se changer** *vpr* cambiarse; **~ de** cambiar de; **~ d'air** cambiar de aires; **~ de vêtements** cambiarse de ropa; **~ de place avec qn** cambiar de sitio con algn; **~ de vitesse** (*Auto*) cambiar de velocidad *ou* de marcha; **~ qn/qch de place** cambiar a algo/algn de lugar; **~ qch en** convertir algo en; **il faut ~ à Lyon** hay que cambiar en Lyon; **cela me change** esto es un cambio para mí

chanson [ʃɑ̃sɔ̃] *nf* canción *f*; **c'est toujours la même ~** (*fig*) siempre con la misma cantinela

chant [ʃɑ̃] *nm* canto; **posé de** *ou* **sur ~** (*Tech*) colocado de canto; **~ de Noël** villancico

chantage [ʃɑ̃taʒ] *nm* chantaje *m*; **faire du ~** chantajear *ou* hacer chantaje

chanter [ʃɑ̃te] *vt* cantar ▶ *vi* cantar; **~ juste** cantar sin desafinar; **~ faux** desafinar; **si cela lui chante** (*fam*) si le apetece; **faire ~ qn** chantajear *ou* hacer chantaje a algn

chanteur, -euse [ʃɑ̃tœʀ, øz] *nm/f* cantante *m/f*; **~ de charme** cantante de melodías sentimentales

chantier [ʃɑ̃tje] *nm* obra; **être/mettre en ~** estar/poner en obras; **~ naval** astillero

chantilly [ʃɑ̃tiji] *nf voir* **crème**

chantonner [ʃɑ̃tɔne] *vi, vt* canturrear

chanvre [ʃɑ̃vʀ] *nm* cáñamo

chapeau, x [ʃapo] *nm* sombrero; **~ !** *excl* ¡bravo!; **partir sur les chapeaux de roues** arrancar a toda velocidad; **~ melon** bombín *m*

chapelle [ʃapɛl] *nf* capilla; **~ ardente** capilla ardiente

chapelure [ʃaplyʀ] *nf* pan rallado

chapitre [ʃapitʀ] *nm* capítulo; (*sujet*) tema; (*Rel*) cabildo; **avoir voix au ~** tener voz y voto

chaque [ʃak] *adj* cada; **c'est deux euros ~** son dos euros cada uno(-a); **~ fois que** cada vez que

char [ʃaʀ] *nm* carro; (*Mil* : *aussi* : **char d'assaut**) carro de combate; (*de carnaval*) carroza

charbon [ʃaʀbɔ̃] *nm* carbón *m*; **~ de bois** carbón de leña

charcuterie [ʃaʀkytʀi] *nf* (*magasin*) charcutería; (*produits*) embutidos *mpl*

charcutier, -ière [ʃaʀkytje, jɛʀ] *nm/f* chacinero(-a)

chardon [ʃaʀdɔ̃] *nm* cardo

charge [ʃaʀʒ] *nf* carga; (*rôle, mission*) misión *f*; (*Mil*) ataque *m*; (*Jur*) cargo; **charges** *nfpl* (*du loyer*) facturas *fpl*; (*d'un commerçant*) gastos *mpl*; **à la ~ de** a cargo de; **à ~ de revanche** en desquite; **prendre en ~** hacerse cargo de; **revenir à la ~** volver a la carga; **~s sociales** cargas sociales; **~ utile** carga máxima

chargé, e [ʃaʀʒe] *adj* cargado(-a) ▸ *nm/f* : **~ d'affaires** encargado(-a) de negocios; **~ de cours** profesor(a) adjunto(-a)

chargement [ʃaʀʒəmɑ̃] *nm* (*marchandises*) cargamento; (*action*) carga

charger [ʃaʀʒe] *vt* cargar; (*un portrait, une description*) recargar ▸ *vi* cargar; **~ qn de qch/faire qch** encargar a algn de algo/que haga algo; **se ~ de** encargarse de; **se ~ de faire qch** encargarse de hacer algo

chargeur [ʃaʀʒœʀ] *nm* cargador *m*; **~ de batterie** cargador de batería

chariot [ʃaʀjo] *nm* carretilla; (*à bagages, provisions*) carro; **~ élévateur** carretilla elevadora

charitable [ʃaʀitabl] *adj* caritativo(-a)

charité [ʃaʀite] *nf* caridad *f*; (*aumône*) limosna; **faire la ~ à** dar limosna a; **fête/vente de ~** fiesta/venta benéfica

charmant, e [ʃaʀmɑ̃, ɑ̃t] *adj* encantador(a)

charme [ʃaʀm] *nm* encanto; (*Bot*) carpe *m*; (*envoûtement*) encanto, hechizo; **charmes** *nmpl* (*appas*) encanto *msg*; **c'est ce qui fait son ~** es lo que le da encanto; **faire du ~ (à qn)** coquetear (con algn); **aller** *ou* **se porter comme un ~** estar más sano que una manzana

charmer [ʃaʀme] *vt* encantar, hechizar; **je suis charmé de** estoy encantado de

charmeur, -euse [ʃaʀmœʀ, øz] *adj, nm/f* seductor(a); **~ de serpents** encantador *m* de serpientes

charnière [ʃaʀnjɛʀ] *nf* (*de porte*) bisagra, gozne *m*

charpente [ʃaʀpɑ̃t] *nf* (*d'un bâtiment*) armazón *m*

charpentier, -ière [ʃaʀpɑ̃tje, jɛʀ] *nm/f* carpintero(-a) de armar

charrette [ʃaʀɛt] *nf* carreta

charrue [ʃaʀy] *nf* arado

chasse [ʃas] *nf* caza; **la ~ est ouverte/fermée** la veda está levantada/cerrada; **aller à la ~** ir de caza; **prendre en ~** perseguir, dar caza a; **donner la ~ à** (*fugitif*) dar caza a; **tirer la ~ (d'eau)** tirar de la cadena; **~ à courre** caza a caballo; **~ à l'homme** cacería humana; **~ aérienne** caza aérea; **~ gardée** (*aussi fig*) coto vedado; **~ sous-marine** caza submarina

chasse-neige [ʃasnɛʒ] (*pl* **chasse-neige(s)**) *nm* quitanieves *m*

chasser [ʃase] *vt* cazar; (*expulser*) echar; (*idée*) desechar; (*dissiper*) disipar ▸ *vi* cazar; (*Auto*) patinar, derrapar

chasseur, -euse [ʃasœʀ, øz] *nm/f* (*de gibier*) cazador(a) ▸ *nm* (*avion*) (avión de) caza *m*; (*domestique*) botones *m inv*; **~ de têtes** (*fig*) cazatalentos *m inv*; **~s alpins** (*Mil*) *cazadores de montaña del ejército francés*

châssis [ʃɑsi] *nm* (*de voiture*) chasis *m inv*

chasteté [ʃastəte] *nf* castidad *f*

chat[1] [ʃa] *nm* gato; **avoir un ~ dans la gorge** tener carraspera; **avoir d'autres ~s à fouetter** tener cosas más importantes; **~ sauvage** gato montés

chat[2] [tʃat] *nm* (*Internet*) chat *m*

châtaigne [ʃɑtɛɲ] *nf* castaña

châtaignier [ʃɑteɲe] *nm* castaño

châtain [ʃɑtɛ̃] *adj* castaño(-a)

château, x [ʃato] *nm* castillo; **~ d'eau** arca de agua; **~ de sable** castillo de arena; **~ fort** fortaleza, alcázar *m*
châtiment [ʃatimɑ̃] *nm* castigo; **~ corporel** castigo corporal
chaton [ʃatɔ̃] *nm* (*Zool*) gatito; (*Bot*) candelilla; (*de bague*) engaste *m*
chatouiller [ʃatuje] *vt* hacer cosquillas a; **~ l'odorat** abrir el olfato; **~ le palais** estimular el paladar; **ça chatouille!** ¡qué cosquillas!
chatte [ʃat] *nf* gata
chatter [tʃate] *vi* (*Internet*) chatear
chaud, e [ʃo, ʃod] *adj* caliente; (*vêtement*) abrigado(-a); (*couleur*) cálido(-a); (*discussion*) acalorado(-a) ▶ *nm* calor *m*; **il fait ~** hace calor; **manger/boire ~** comer/beber caliente; **avoir ~** tener calor; **tenir ~** abrigar; **tenir au ~** mantener caliente; **ça me tient ~** eso me abriga; **ça me donne ~** eso me da calor; **rester au ~** permanecer abrigado(-a); **~ et froid** *nm* (*Méd*) enfriamiento
chaudière [ʃodjɛʀ] *nf* caldera
chauffage [ʃofaʒ] *nm* calentamiento, calefacción *f*; (*appareils*) calefacción; **arrêter le ~** apagar la calefacción; **~ électrique** calefacción eléctrica; **~ au charbon/au gaz** calefacción de carbón/de gas; **~ central** calefacción central
chauffe-eau [ʃofo] *nm inv* calentador *m* de agua
chauffer [ʃofe] *vt* calentar ▶ *vi* calentar; (*suj : moteur*) calentarse; **se chauffer** *vpr* calentarse
chauffeur, -euse [ʃofœʀ, øz] *nm/f* chófer *m/f*, chofer *m/f* (AM); **voiture avec/sans ~** coche *m* con/sin conductor
chaumière [ʃomjɛʀ] *nf* choza
chaussée [ʃose] *nf* calzada
chausser [ʃose] *vt* calzar; **se chausser** *vpr* calzarse; **~ du 38/42** calzar el 38/42; **~ grand** (*suj : soulier*) dar mucho número
chaussette [ʃosɛt] *nf* calcetín *m*, media (AM)
chausson [ʃosɔ̃] *nm* zapatilla; (*de bébé*) patuco; **~ aux pommes** pastel *m* de manzana
chaussure [ʃosyʀ] *nf* zapato; **la ~** (*Comm*) el calzado; **~s basses** zapatos *mpl* bajos; **~s de ski** botas *fpl* de esquí
chauve [ʃov] *adj* calvo(-a)
chauve-souris [ʃovsuʀi] (*pl* **chauves-souris**) *nf* murciélago
chauvin, e [ʃovɛ̃, in] *adj, nm/f* patriotero(-a)
chaux [ʃo] *nf* cal *f*; **blanchi à la ~** encalado
chavirer [ʃaviʀe] *vi* (*bateau*) zozobrar
chef [ʃɛf] *nm/f* jefe(-a); **au premier ~** ante todo; **coupable au premier ~** culpable en el más alto grado; **de son propre ~** por su propia iniciativa; **général/commandant en ~** general *m*/comandante *m* en jefe; **~ d'accusation** base *f* de acusación; **~ d'atelier** jefe(-a) de taller; **~ d'entreprise** empresario(-a); **~ d'équipe** capataz *m/f*; **~ d'État** jefe(-a) de Estado; **~ d'orchestre** director(a) de orquesta; **~ de bureau** jefe(-a) de oficina; **~ de clinique** director(a) de clínica; **~ de file** (*de parti etc*) jefe(-a) de fila(s); **~ de gare** jefe(-a) de estación; **~ de rayon/de service** jefe(-a) de sección/de departamento
chef-d'œuvre [ʃɛdœvʀ] (*pl* **chefs-d'œuvre**) *nm* obra maestra
chef-lieu [ʃɛfljø] (*pl* **chefs-lieux**) *nm* cabeza de distrito
chemin [ʃ(ə)mɛ̃] *nm* (*aussi fig*) camino; **en ~** por el camino; **~ faisant** de camino; **les ~s de fer** los ferrocarriles *mpl*; **~ de terre** camino de tierra
cheminée [ʃ(ə)mine] *nf* chimenea
chemise [ʃ(ə)miz] *nf* (*vêtement*) camisa; (*dossier*) carpeta; **~ de nuit** camisón *m*
chemisier [ʃ(ə)mizje] *nm* blusa
chêne [ʃɛn] *nm* roble *m*
chenil [ʃ(ə)nil] *nm* perrera; (*élevage*) criadero de perros
chenille [ʃ(ə)nij] *nf* oruga; **véhicule à ~s** coche *m* oruga
chèque [ʃɛk] *nm* cheque *m*, talón *m*; **faire/toucher un ~** extender/cobrar un cheque; **par ~** con cheque; **~ au porteur** cheque al portador; **~ barré** cheque cruzado; **~ de voyage** cheque de viaje; **~ en blanc** cheque en blanco; **~ postal** cheque postal; **~ sans provision** cheque sin fondos
chéquier [ʃekje] *nm* talonario de cheques
cher, chère [ʃɛʀ] *adj* (*aimé*) querido(-a); (*coûteux*) caro(-a) ▶ *adv* : **coûter ~** costar

caro; **payer ~** pagar mucho dinero; **mon ~, ma chère** querido(-a)

chercher [ʃɛʀʃe] *vt* buscar; **~ des ennuis** buscarse problemas; **~ la bagarre** buscar pelea; **aller ~** ir a buscar; **~ à faire** tratar de hacer

chercheur, -euse [ʃɛʀʃœʀ, øz] *nm/f* investigador(a); **~ d'or** buscador(a) de oro

chéri, e [ʃeʀi] *adj* querido(-a); **(mon) ~** querido (mío)

cheval, -aux [ʃ(ə)val, o] *nm* caballo; **~ vapeur** caballo de vapor; **10 chevaux** 10 caballos; **faire du ~** practicar equitación; **à ~** a caballo; **à ~ sur** (*mur etc*) a horcajadas en *ou* sobre; (*périodes*) a caballo entre; **être à ~ sur le règlement** ser muy estricto(-a) con el reglamento; **monter sur ses grands chevaux** subirse a la parra; **~ à bascule** caballito de balancín; **~ d'arçons** potro; **~ de bataille** (*fig*) caballo de batalla; **~ de course** caballo de carreras; **chevaux de bois** (*des manèges*) caballitos *mpl*; (*manège*) tiovivo; **chevaux de frise** alambradas *fpl*

chevalier [ʃ(ə)valje] *nm* caballero; **~ servant** galán *m*

chevalière [ʃ(ə)valjɛʀ] *nf* (sortija de) sello

chevaux [ʃəvo] *nmpl voir* **cheval**

chevet [ʃ(ə)vɛ] *nm* : **au ~ de qn** al lecho de algn; **lampe de ~** lámpara de noche; **livre de ~** libro que se lee antes de dormir; **table de ~** mesilla de noche

cheveu, x [ʃ(ə)vø] *nm* pelo, cabello; **cheveux** *nmpl* (*chevelure*) pelo *msg*; **se faire couper les cheveux** cortarse el pelo; **avoir les cheveux courts/en brosse** tener el pelo corto/de punta; **tiré par les cheveux** (*histoire*) inverosímil; **cheveux d'ange** (*vermicelle*) cabello *msg* de ángel

cheville [ʃ(ə)vij] *nf* (*Anat*) tobillo; (*de bois*) clavija, tarugo; (*pour enfoncer une vis*) clavija; **être en ~ avec qn** tener relación con algn; **~ ouvrière** (*Auto*) clavija maestra; (*fig*) alma

chèvre [ʃɛvʀ] *nf* cabra ▸ *nm* queso de cabra; **ménager la ~ et le chou** saber nadar y guardar la ropa

chèvrefeuille [ʃɛvʀəfœj] *nm* madreselva

chevreuil [ʃəvʀœj] *nm* corzo

chez [ʃe] *prép* (*à la demeure de*) en casa de; (*direction*) a casa de; (*auprès de, parmi*) entre; **~-moi/~-soi/~-toi** casa; **~ qn** en casa de algn; **~ moi** (*à la maison*) en mi casa; (*direction*) a mi casa; **~ ce poète** en este poeta; **~ les Français/les renards** entre los franceses/los zorros; **~ lui c'est un devoir** es un deber en él; **aller ~ le boulanger/le dentiste** ir a la panadería/al dentista; **il travaille ~ Renault** trabaja en la Renault

chic [ʃik] *adj* (*élégant*) elegante; (*de la bonne société*) distinguido(-a); (*généreux*) amable ▸ *nm* (*élégance*) elegancia; **avoir le ~ pour** tener el don de; **c'était ~ de sa part** ha sido muy amable de su parte; **~ !** ¡estupendo!

chichis [ʃiʃi] *nmpl* : **faire des ~** hacer cursilerías

chicorée [ʃikɔʀe] *nf* achicoria; **~ frisée** escarola

chien [ʃjɛ̃] *nm* perro; (*de pistolet*) gatillo; **temps de ~** tiempo de perros; **vie de ~** vida perra; **en ~ de fusil** hecho(-a) un ovillo; **entre ~ et loup** entre dos luces; **~ d'aveugle** perro lazarillo; **~ de chasse/de garde** perro de caza/guardián; **~ de traîneau/de race** perro esquimal/de raza; **~ policier** perro policía

chienne [ʃjɛn] *nf* perra

chier [ʃje] (*fam!*) *vi* cagar (*fam!*); **faire ~ qn** (*importuner*) dar el coñazo a algn (*fam!*); **se faire ~** (*s'ennuyer*) amuermarse

chiffon [ʃifɔ̃] *nm* trapo

chiffonner [ʃifɔne] *vt* arrugar; (*tracasser*) inquietar

chiffre [ʃifʀ] *nm* cifra; **en ~s ronds** en números redondos; **écrire un nombre en ~s** escribir un número en cifras; **~s arabes/romains** números *mpl* arábigos/romanos; **~ d'affaires** cifra de negocios; **~ de ventes** cifra de ventas

chiffrer [ʃifʀe] *vt* (*dépense*) calcular; (*message*) cifrar; **se chiffrer à** *vpr* ascender a

chignon [ʃiɲɔ̃] *nm* moño

Chili [ʃili] *nm* Chile *m*

chilien, ne [ʃiljɛ̃, jɛn] *adj* chileno(-a) ▸ *nm/f* : **Chilien, ne** chileno(-a)

chimère [ʃimɛʀ] *nf* quimera

chimie [ʃimi] *nf* química

chimique [ʃimik] *adj* químico(-a); **produits ~s** productos *mpl* químicos

chimpanzé [ʃɛ̃pɑ̃ze] *nm* chimpancé *m*

Chine [ʃin] *nf* China; **la République populaire de ~** la República Popular de China
chiner [ʃine] *vi* chamarilear
chinois, e [ʃinwa, waz] *adj* chino(-a) ▶ *nm* (*Ling*) chino ▶ *nm/f*: **Chinois, e** chino(-a)
chiot [ʃjo] *nm* cachorro (de perro)
chipoter [ʃipɔte] *vi* (*ergoter*) discutir por nimiedades
chips [ʃips] *nfpl* (*aussi*: **pommes chips**) patatas *fpl* fritas *ou* chips
chirurgical, e, -aux [ʃiʀyʀʒikal, o] *adj* quirúrgico(-a)
chirurgie [ʃiʀyʀʒi] *nf* cirugía; **~ esthétique** cirugía estética
chirurgien, ne [ʃiʀyʀʒjɛ̃, jɛn] *nm/f* cirujano(-a); **~ dentiste** dentista *m/f*, odontólogo(-a)
chlore [klɔʀ] *nm* cloro
choc [ʃɔk] *nm* choque *m* ▶ *adj*: **prix ~** precio de ganga; **de ~** de choque; **en état de ~** en estado de choque; **~ en retour** (*fig*) choque de rechazo; **~ opératoire** choque operatorio
chocolat [ʃɔkɔla] *nm* chocolate *m*; (*bonbon*) bombón *m*; **~ à croquer** chocolate para crudo; **~ à cuire** chocolate a la taza; **~ au lait** chocolate con leche; **~ en poudre** chocolate en polvo
chœur [kœʀ] *nm* coro; **en ~** a coro
choisi, e [ʃwazi] *adj* escogido(-a)
choisir [ʃwaziʀ] *vt* escoger, elegir; (*candidat*) elegir; **~ de faire qch** elegir hacer algo
choix [ʃwa] *nm* elección *f*; (*assortiment*) selección *f*, surtido; **avoir le ~ de/entre** tener la opción de/entre; **de premier ~** (*Comm*) de primera calidad; **je n'avais pas le ~** no tenía opción; **de ~** escogido(-a), de calidad; **au ~** a escoger; **de mon/son ~** por mi/su gusto; **tu peux partir ou rester, tu as le ~** te vas o te quedas, tú eliges
chômage [ʃomaʒ] *nm* paro, cesantía (AM); **mettre au ~** dejar en el paro; **être au ~** estar en paro; **~ partiel/structurel/technique** paro parcial/estructural/técnico
chômeur, -euse [ʃomœʀ, øz] *nm/f* parado(-a)
choper [ʃɔpe] (*fam*) *vt* (*attraper*) pillar; (*séduire*) ligar
choquer [ʃɔke] *vt* chocar
chorale [kɔʀal] *nf* coral *f*
chose [ʃoz] *nf* cosa; **choses** *nfpl* (*situation*) cosas *fpl* ▶ *adj inv*: **être/se sentir tout ~** (*fam*) estar/sentirse raro(-a); **dire bien des ~s à qn** dar muchos recuerdos a algn; **faire bien les ~s** hacer las cosas bien; **parler de ~s et d'autres** hablar un poco de todo; **c'est peu de ~** es poca cosa
chou, x [ʃu] *nm* col *f*, berza ▶ *adj inv* mono(-a), encantador(a); **mon petit ~** tesoro mío, amor mío, mi negro (AM); **faire ~ blanc** errar el tiro; **bout de ~** niñito(-a); **~ (à la crème)** pastelillo (de crema); **~ de Bruxelles** col de Bruselas
choucroute [ʃukʀut] *nf* chucrut *m*
chouette [ʃwɛt] *nf* lechuza ▶ *adj* (*fam*) guay, estupendo(-a); **~ !** ¡qué guay!
chou-fleur [ʃuflœʀ] (*pl* **choux-fleurs**) *nm* coliflor *f*
chrétien, ne [kʀetjɛ̃, jɛn] *adj, nm/f* cristiano(-a)
Christ [kʀist] *nm*: **le ~** el Cristo; **un christ** (*crucifix, peinture*) un cristo; **Jésus ~** Jesucristo
christianisme [kʀistjanism] *nm* cristianismo
chrome [kʀom] *nm* cromo
chromé, e [kʀome] *adj* cromado(-a)
chromosome [kʀomozom] *nm* cromosoma *m*
chronique [kʀɔnik] *adj* crónico(-a) ▶ *nf* crónica; **la ~ sportive/théâtrale** la crónica deportiva/teatral
chronologique [kʀɔnɔlɔʒik] *adj* cronológico(-a)
chronomètre [kʀɔnɔmɛtʀ], **chrono** *nm* cronómetro
chronométrer [kʀɔnɔmetʀe] *vt* cronometrar
chronophage [kʀonofaʒ] *adj* (*activité*) devorador(a) de tiempo
chrysanthème [kʀizɑ̃tɛm] *nm* crisantemo
chuchotement [ʃyʃɔtmɑ̃] *nm* cuchicheo
chuchoter [ʃyʃɔte] *vt, vi* cuchichear
chut [ʃyt] *excl* ¡chitón!
chute [ʃyt] *nf* (*aussi fig*) caída; (*de papier*) recorte *m*; (*de tissu*) retal *m*; **la ~ des cheveux** la caída del cabello; **faire une ~ (de 10 m)** caerse (10 metros); **~ (d'eau)** salto de agua; **~ de reins** rabadilla; **~ libre** caída libre; **~s de neige** nevadas *fpl*; **~s de pluie** chaparrones *mpl*
Chypre [ʃipʀ] *n* Chipre *f*

ci [si] *adv* : **ce garçon/cet homme-ci** este chico/este hombre; **ces hommes/femmes-ci** estos hombres/estas mujeres; *voir aussi* **par** ; **comme** ; **ci-contre** *etc*

cible [sibl] *nf (aussi fig)* blanco; **atteindre sa ~** *(sujet missile, tireur)* dar en el blanco; *(fig)* alcanzar su objetivo

ciboulette [sibulɛt] *nf* cebolleta

cicatrice [sikatʀis] *nf* cicatriz *f*

cicatriser [sikatʀize] *vi, vt* cicatrizar; **se cicatriser** *vpr* cicatrizarse

ci-contre [sikɔ̃tʀ] *adv* al lado

ci-dessous [sidəsu] *adv* más abajo

ci-dessus [sidəsy] *adv* arriba

cidre [sidʀ] *nm* sidra

Cie *abr (= compagnie)* Cía *(= compañía)*

ciel [sjɛl] *(pl* **ciels** *ou (littér)* **cieux**) *nm* cielo; **cieux** *nmpl (Rel)* cielos *mpl*; **sous d'autres cieux** en otros lugares; **à ~ ouvert** a cielo abierto; **tomber du ~** *(arriver à l'improviste)* venir como caído del cielo; *(être stupéfait)* caer de las nubes; **~ !** ¡cielos!; **~ de lit** dosel *m*

cieux [sjø] *nmpl voir* **ciel**

cigale [sigal] *nf* cigarra

cigare [sigaʀ] *nm* cigarro, puro

cigarette [sigaʀɛt] *nf* cigarrillo; **~ électronique** cigarrillo electrónico

cigogne [sigɔɲ] *nf* cigüeña

ciguë [sigy] *nf* cicuta

ci-inclus, e [siɛ̃kly, yz] *adj* incluso(-a) ▸ *adv* incluso

ci-joint, e [siʒwɛ̃, ɛ̃t] *adj* adjunto(-a) ▸ *adv* adjunto; **veuillez trouver ~ ...** encontrará adjunto ...

cil [sil] *nm* pestaña

cime [sim] *nf* cima

ciment [simɑ̃] *nm* cemento

cimetière [simtjɛʀ] *nm* cementerio, camposanto; **~ de voitures** cementerio de coches

cinéaste [sineast] *nm/f* cineasta *m/f*

cinéma [sinema] *nm* cine *m*; **aller au ~** ir al cine; **~ d'animation** cine de animación

cinglant, e [sɛ̃glɑ̃, ɑ̃t] *adj (froid, vent)* azotador(a); *(propos, ironie)* mordaz; *(échec)* estrepitoso(-a)

cinglé, e [sɛ̃gle] *(fam) adj* chiflado(-a)

cinq [sɛ̃k] *adj inv, nm inv* cinco *inv*; **avoir ~ ans** tener cinco años; **le ~ décembre** el cinco de diciembre; **à ~ heures** a las cinco; **nous sommes ~** somos cinco

cinquantaine [sɛ̃kɑ̃tɛn] *nf* : **une ~ (de)** una cincuentena (de); **avoir la ~** estar en la cincuentena

cinquante [sɛ̃kɑ̃t] *adj inv, nm inv* cincuenta *inv*; *voir aussi* **cinq**

cinquantenaire [sɛ̃kɑ̃tnɛʀ] *adj* cincuentenario(-a) ▸ *nm (anniversaire)* cincuentenario

cinquantième [sɛ̃kɑ̃tjɛm] *adj, nm/f* quincuagésimo(-a) ▸ *nm (partitif)* cincuentavo; **son ~ anniversaire** su cincuenta cumpleaños; **vous êtes le ~** Usted es el (número) cincuenta

cinquième [sɛ̃kjɛm] *adj, nm/f* quinto(-a) ▸ *nm* quinto ▸ *nf (Auto)* quinta; *(Scol) segundo año de educación secundaria en el sistema francés*; **un ~ de la population** un quinto de la población; **trois ~s** tres quintos

cintre [sɛ̃tʀ] *nm* percha; **plein ~** *(Archit)* medio punto

cintré, e [sɛ̃tʀe] *adj (chemise)* entallado(-a)

cirage [siʀaʒ] *nm* betún *m*

circoncis [siʀkɔ̃si] *adj m* circunciso

circonférence [siʀkɔ̃feʀɑ̃s] *nf* circunferencia

circonstance [siʀkɔ̃stɑ̃s] *nf* circunstancia; **œuvre/air/tête de ~** obra/aspecto/cara de circunstancias; **~s atténuantes** circunstancias *fpl* atenuantes

circuit [siʀkɥi] *nm* circuito; **~ automobile** circuito automovilístico; **~ court** *(Comm)* circuito corto; **j'achète mes fruits en ~ court** compro fruta de proximidad; **~ de distribution** circuito de distribución; **~ fermé/intégré** circuito cerrado/integrado

circulaire [siʀkylɛʀ] *adj, nf* circular *f*

circulation [siʀkylasjɔ̃] *nf* circulación *f*; **bonne/mauvaise ~** *(du sang)* buena/mala circulación; **la ~** *(Auto)* la circulación, el tráfico; **il y a beaucoup de ~** hay mucho tráfico; **mettre en ~** poner en circulación

circuler [siʀkyle] *vi* circular; **faire ~** hacer circular

cire [siʀ] *nf* cera; **~ à cacheter** lacre *m*

ciré, e [siʀe] *adj* encerado(-a) ▸ *nm* impermeable *m*

cirer [siʀe] *vt (chaussures)* embetunar; *(parquet)* encerar

cirque [siʀk] *nm* circo; (*désordre*) desbarajuste *m*

ciseau, x [sizo]: **ciseaux** *nmpl* (*gén, de tailleur*) tijeras *fpl*

citadin, e [sitadɛ̃, in] *nm/f, adj* ciudadano(-a)

citation [sitasjɔ̃] *nf* (*d'auteur*) cita; (*Jur*) citación *f*; (*Mil*) mención *f*

cité [site] *nf* ciudad *f*; **~ ouvrière** ciudad obrera; **~ universitaire** ciudad universitaria

citer [site] *vt* citar; **~ en exemple** poner como ejemplo; **je ne veux ~ personne** no quiero nombrar a nadie

citoyen, ne [sitwajɛ̃, jɛn] *nm/f* ciudadano(-a) ▶ *adj* (*mouvement, rencontre, projet*) ciudadano(-a)

citoyenneté [sitwajɛnte] *nf* ciudadanía; **éducation à la ~** educación *f* para la ciudadanía

citron [sitʀɔ̃] *nm* limón *m*; **~ pressé** (*boisson*) limonada; **~ vert** lima

citronnade [sitʀɔnad] *nf* limonada

citronnelle [sitʀɔnɛl] *nf* toronjil *m*

citronnier [sitʀɔnje] *nm* limonero

citrouille [sitʀuj] *nf* calabaza

civet [sivɛ] *nm* (*de lièvre, de chevreuil*) civet *m*

civière [sivjɛʀ] *nf* camilla

civil, e [sivil] *adj* civil; (*poli*) cortés ▶ *nm* civil *m*; **habillé en ~** vestido de paisano *ou* de civil; **dans le ~** en la vida civil; **mariage/enterrement ~** matrimonio/entierro civil

civilisation [sivilizasjɔ̃] *nf* civilización *f*

civilisé, e [sivilize] *adj* civilizado(-a)

clair, e [klɛʀ] *adj* (*aussi fig*) claro(-a); (*sauce, soupe*) flojo(-a) ▶ *adv* : **voir ~** ver claro ▶ *nm* : **~ de lune** claro de luna; **pour être ~** para ser claro(-a); **y voir ~** (*comprendre*) verlo claro; **bleu/rouge ~** azul/rojo claro; **par temps ~** en un día claro; **tirer qch au ~** sacar algo en claro; **il ne voit plus très ~** ya no ve con mucha claridad; **mettre au ~** (*notes etc*) poner en limpio, pasar a limpio; **le plus ~ de son temps/argent** la mayor parte de su tiempo/dinero; **en ~** (*TV : non crypté*) en abierto; (*c'est-à-dire*) claramente, es decir

clairement [klɛʀmɑ̃] *adv* claramente

clairière [klɛʀjɛʀ] *nf* claro, calvero

clairsemé, e [klɛʀsəme] *adj* (*cheveux, herbe*) ralo(-a), escaso(-a)

clandestin, e [klɑ̃dɛstɛ̃, in] *adj* clandestino(-a); **passager ~** polizón *m*; **immigration clandestine** inmigración *f* clandestina

claque [klak] *nf* bofetada; **la ~** (*Théâtre*) la claque

claquer [klake] *vi* (*coup de feu*) sonar; (*porte*) golpear ▶ *vt* (*doigts*) castañetear; **~ la porte** dar un portazo; **elle claquait des dents** le castañeteaban los dientes; **se ~ un muscle** distenderse un músculo

claquettes [klakɛt] *nfpl* claquetas *fpl*

clarifier [klaʀifje] *vt* (*fig*) aclarar

clarinette [klaʀinɛt] *nf* clarinete *m*

clarté [klaʀte] *nf* claridad *f*; **manquer de ~** ser confuso(-a)

clasher [klaʃe] (*fam*) *vt* despotricar de ▶ *vi* armarse la gorda; **ça va ~** se va a armar la gorda

classe [klɑs] *nf* (*aussi fig*) clase *f*; (*local*) clase, aula; **un (soldat de) deuxième ~** un soldado raso; **1ère/2ème ~** 1ª/2ª clase; **faire la ~** dar clase; **aller en ~** ir a clase; **faire ses ~s** (*Mil*) hacer la instrucción; **aller en ~ verte/de neige/de mer** ir al campo/a la nieve/a la playa con la escuela; **~ dirigeante** clase dirigente; **~ ouvrière/sociale/touriste** clase obrera/social/turista

> Las **classes préparatoires** consisten en dos años de estudios intensivos en los que los estudiantes se preparan para los exámenes de acceso a las *grandes écoles*. Estos cursos, que presentan gran dificultad, son una continuación del *baccalauréat* y se hacen normalmente en un *lycée*. Se considera que los colegios que imparten estas clases son más prestigiosos que el resto.

classement [klɑsmɑ̃] *nm* clasificación *f*; **premier au ~ général** primero en la clasificación general

classer [klɑse] *vt* clasificar; (*Jur*) archivar, cerrar; **se ~ premier/dernier** clasificarse el primero/el último

classeur [klɑsœʀ] *nm* (*cahier*) clasificador *m*; (*meuble*) archivador *m*; **~ (à anneaux)** carpeta (de anillas)

classique [klasik] *adj* clásico(-a); (*habituel*) típico(-a) ▶ *nm* (*œuvre, auteur*) clásico; **études ~s** estudios *mpl* clásicos
clavecin [klav(ə)sɛ̃] *nm* clavicordio, clavecín *m*
clavicule [klavikyl] *nf* clavícula
clavier [klavje] *nm* teclado
clé [kle] *nf* = **clef**
clef [kle] *nf* llave *f*; (*fig*) clave *f* ▶ *adj* : **problème/position ~** problema *m*/posición *f* clave; **mettre sous ~** poner bajo llave; **prendre la ~ des champs** tomar las de Villadiego; **prix ~s en main** precio llave en mano; **roman à ~** *novela en la que personas reales aparecen como personajes de ficción*; **à la ~** (*à la fin*) al final; **~ à molette** *ou* **~ anglaise** llave inglesa; **~ d'ut/de fa/de sol** clave de do/de fa/de sol; **~ de contact** llave de contacto; **~ de voûte** piedra angular; **~ USB** memoria *f* USB, llave *f* USB
clématite [klematit] *nf* clemátide *f*
clément, e [klemɑ̃, ɑ̃t] *adj* (*temps*) suave; (*personne*)
clémentine [klemɑ̃tin] *nf* clementina
clergé [klɛʀʒe] *nm* clero
clic [klik] *nm* clic *m*; **en un ~** en un solo clic
cliché [kliʃe] *nm* cliché *m*; (*Ling*) tópico, cliché
client, e [klijɑ̃, klijɑ̃t] *nm/f* cliente(-a)
clientèle [klijɑ̃tɛl] *nf* clientela
cligner [kliɲe] *vi* : **~ des yeux** parpadear; **~ de l'œil** guiñar (el ojo)
clignotant, e [kliɲɔtɑ̃, ɑ̃t] *adj* intermitente ▶ *nm* (*Auto*) intermitente *m*, direccional *m* (AM)
clignoter [kliɲɔte] *vi* (*lumière*) parpadear
climat [klima] *nm* clima *m*; (*fig*) clima, ambiente *m*
climatisation [klimatizasjɔ̃] *nf* climatización *f*
climatisé, e [klimatize] *adj* climatizado(-a)
clin d'œil [klɛ̃dœj] *nm* guiño; **en un ~** en un abrir y cerrar de ojos
clinique [klinik] *adj* clínico(-a) ▶ *nf* clínica
clip [klip] *nm* clip *m*
cliquer [klike] *vi* (*Inform*) clicar; **~ deux fois** clicar dos veces
clivé, e [klive] *adj* (*pays, société*) dividido(-a)
clochard, e [klɔʃaʀ, aʀd] *nm/f* mendigo(-a)
cloche [klɔʃ] *nf* (*d'église*) campana; (*fam : niais*) tonto(-a); **se faire sonner les ~s** (*fam*) recibir un rapapolvo; **~ à fromage** quesera
cloche-pied [klɔʃpje] : **à ~** *adv* a la pata coja
clocher [klɔʃe] *nm* campanario ▶ *vi* (*fam*) fallar, no andar bien; **de ~** (*péj*) de pueblo
clochette [klɔʃɛt] *nf* campanilla; (*de vache*) esquila
cloison [klwazɔ̃] *nf* tabique *m*; (*fig*) separación *f*, barrera; **~ étanche** (*fig*) compartimento estanco
clone [klon] *nm* clon *m*
clope [klɔp] (*fam*) *nm ou f* pitillo, pito
cloque [klɔk] *nf* ampolla
clôture [klotyʀ] *nf* (*barrière*) cercado, valla; (*des débats, d'un festival*) clausura; (*des portes*) cierre *m*; (*des inscriptions*) cierre del plazo; (*d'une manifestation*) cierre, final *m*
clou [klu] *nm* clavo; (*Méd*) divieso; **clous** *nmpl* = *passage clouté*; *voir* **passage**; **le ~ du spectacle** (*fig*) la principal atracción del espectáculo; **~ de girofle** clavo de especia
clown [klun] *nm/f* payaso(-a), clown *m/f*; **faire le ~** hacer el payaso *ou* el tonto
club [klœb] *nm* club *m*
CMU [seɛmy] *nf* (= *couverture maladie universelle*) *seguro de enfermedad para personas sin recursos económicos*
CNRS [seɛnɛʀɛs] *sigle m* (= *Centre national de la recherche scientifique*) ≈ CSIC *m* (= *Consejo Superior de Investigaciones Científicas*)
coaguler [kɔagyle] *vi* (*aussi* : **se coaguler**) coagularse
cobaye [kɔbaj] *nm* (*aussi fig*) cobaya *m ou f*, conejillo de Indias
cocaïne [kɔkain] *nf* cocaína
coccinelle [kɔksinɛl] *nf* mariquita
cocher [kɔʃe] *nm* cochero ▶ *vt* marcar (*con una cruz*)
cochon, ne [kɔʃɔ̃, ɔn] *nm* cerdo(-a), chancho(-a) (AM) ▶ *nm/f* (*péj*) cerdo(-a) ▶ *adj* (*fam : livre, histoire, propos*) verde; **~ d'Inde** conejillo de Indias; **~ de lait** cochinillo, lechón *m*
cochonnerie [kɔʃɔnʀi] (*fam*) *nf* porquería; (*grivoiserie*) cochinada

cocktail [kɔktɛl] *nm* cóctel *m*, highball *ou* jaibol *m* (*AM*), daiquiri *ou* daiquirí *m* (*AM*)

cocorico [kɔkɔʀiko] *excl* ¡quiquiriquí! ▸ *nm* quiquiriquí *m*

cocotte [kɔkɔt] *nf* olla, cacerola; **ma ~** (*fam*) guapa; **~ en papier** pajarita de papel; **~ minute®** olla a presión

code [kɔd] *nm* código; (*conventions*) reglas *fpl*; **se mettre en ~(s)** (*Auto*) poner las luces de cruce; **~ barres** código de barras; **~ civil** código civil; **~ de conduite** código de conducta; **~ de la route** código de la circulación; **~ pénal** código penal; **~ postal** código postal; **~ secret** código secreto

code-barres [kɔdbaʀ] (*pl* **codes-barres**) código de barras

coefficient [kɔefisjɑ̃] *nm* coeficiente *m*

coercitif, ive [kɔɛʀsitif, iv] *adj* (*mesures, moyens*) coercitivo(-a)

cœur [kœʀ] *nm* corazón *m*; (*Cartes: couleur*) corazones *mpl*; (*carte*) corazón; **affaire de ~** asunto del corazón, asunto sentimental; **avoir bon/du ~** tener buen corazón; **avoir mal au ~** tener náuseas; **contre son ~** contra su pecho; **opérer qn à ~ ouvert** operar a algn a corazón abierto; **parler à ~ ouvert** hablar con el corazón en la mano; **de tout son ~** de todo corazón; **avoir le ~ gros** *ou* **serré** estar acongojado; **en avoir le ~ net** saber a qué atenerse; **avoir le ~ sur la main** ser muy generoso; **par ~** de memoria; **de boncœur** de corazón; **avoir à ~ de faire** empeñarse en hacer; **cela lui tient à ~** esto le apasiona; **prendre les choses à ~** tomar las cosas a pecho; **s'en donner à ~ joie** gozar; **être de tout ~ avec qn** estar de todo corazón con algn; **~ d'artichaut** corazón de alcachofa; **~ de la forêt** corazón del bosque; **~ de laitue** cogollo de lechuga; **~ de l'été** pleno verano; **~ du débat** (*fig*) centro del debate, meollo del debate

coffre [kɔfʀ] *nm* (*meuble*) arca; (*coffre-fort*) cofre *m*; (*d'auto*) maletero, baúl *m* (*AM*), maletera (*And, CSur*); **avoir du ~** (*fam*) tener mucho fuelle

coffre-fort [kɔfʀəfɔʀ] (*pl* **coffres-fortes**) *nm* caja fuerte

coffret [kɔfʀɛ] *nm* cofrecito; **~ à bijoux** joyero

cognac [kɔɲak] *nm* coñac *m*

cogner [kɔɲe] *vt, vi* golpear; **se cogner** *vpr* darse un golpe; **~ sur/contre** golpear en/contra; **~ à la porte/fenêtre** golpear a la puerta/ventana

cohabiter [kɔabite] *vi* cohabitar

cohérent, e [kɔeʀɑ̃, ɑ̃t] *adj* coherente

coiffé, e [kwafe] *adj*: **bien/mal ~** bien/mal peinado(-a); **~ d'un béret/d'un chapeau** cubierto(-a) con una boina/un sombrero; **~ en arrière** peinado(-a) hacia atrás; **~ en brosse** peinado(-a) con el cepillo

coiffer [kwafe] *vt* peinar; (*colline, sommet*) coronar; (*Admin*) estar al frente de; **se coiffer** *vpr* peinarse; **~ qn d'un béret** cubrir la cabeza de algn con una boina; **~ qn sur le fil** *ou* **sur le poteau** adelantar a algn en los últimos metros

coiffeur, -euse [kwafœʀ, øz] *nm/f* peluquero(-a)

coiffeuse [kwaføz] *nf* (*table*) tocador *m*, coqueta

coiffure [kwafyʀ] *nf* (*cheveux*) peinado; (*chapeau*) tocado; **la ~** la peluquería

coin [kwɛ̃] *nm* (*gén*) esquina; (*pour caler*) calzo; (*pour fendre le bois*) cuña; (*d'une table etc*) rincón *m*; **l'épicerie du ~** el ultramarinos de la esquina; **dans le ~** por aquí; **au ~ du feu** al amor de la lumbre; **du ~ de l'œil** de reojo; **regard/sourire en ~** mirada/sonrisa de soslayo

coincé, e [kwɛ̃se] *adj* (*tiroir, pièce mobile*) atascado(-a); (*fig*) corto(-a)

coincer [kwɛ̃se] *vt* calzar; (*fam: par une question, une manœuvre*) pillar; **se coincer** *vpr* atascarse

coïncidence [kɔɛ̃sidɑ̃s] *nf* coincidencia

coïncider [kɔɛ̃side] *vi*: **~ avec** coincidir con

coing [kwɛ̃] *nm* membrillo; **pâte de ~** carne *f* de membrillo

col [kɔl] *nm* cuello; (*de montagne*) puerto; **~ de l'utérus** cuello del útero; **~ du fémur** cuello del fémur; **~ roulé** cuello vuelto

colère [kɔlɛʀ] *nf* ira, cólera, enojo (*esp AM*); **être en ~ (contre qn)** estar enfadado(-a) *ou* enojado(-a) (*esp AM*) (con algn); **mettre qn en ~** hacer enfadar a algn, enojar a algn (*esp AM*); **se mettre en ~** enfadarse, enojarse (*esp AM*); **piquer une ~** (*fam*) ponerse hecho una furia

coléreux, -euse [kɔleʀø, øz] *adj* colérico(-a)

colimaçon [kɔlimasɔ̃] *nm* : **escalier en ~** escalera de caracol

colin [kɔlɛ̃] *nm* merluza

colique [kɔlik] *nf* cólico; **~ néphrétique** cólico nefrítico

colis [kɔli] *nm* paquete *m*; **par ~ postal** por paquete postal

collaborateur, -trice [kɔ(l)labɔʀatœʀ, tʀis] *nm/f* colaborador(a)

collaboration [kɔ(l)labɔʀasjɔ̃] *nf* colaboración *f*; (*Hist*) colaboracionismo; **en ~ avec** en colaboración con

collaborer [kɔ(l)labɔʀe] *vi* (*aussi Hist*) colaborar; **~ à** colaborar en

collant, e [kɔlɑ̃, ɑ̃t] *adj* adherente; (*robe*) ajustado(-a); (*péj* : *personne*) pegajoso(-a) ▶ *nm* (*bas*) pantis *mpl*; (*de danseur*) malla

colle [kɔl] *nf* (*à papier*) pegamento; (*à papiers peints*) cola; (*devinette*) pega; **avoir une ~** (*Scol*) quedarse castigado; **~ de bureau** goma de pegar; **~ forte** cola fuerte

collecte [kɔlɛkt] *nf* colecta; **faire une ~** hacer una colecta

collectif, -ive [kɔlɛktif, iv] *adj* colectivo(-a) ▶ *nm* colectivo; **~ budgétaire** ley *f* de presupuestos adicional

collection [kɔlɛksjɔ̃] *nf* colección *f*; (*Comm*) muestrario; **pièce de ~** pieza de colección; **faire (la) ~ de** coleccionar, hacer (una) colección de; **(toute) une ~ de** (*fig*) (toda) una colección de; **~ (de mode)** colección (de moda)

collectionner [kɔlɛksjɔne] *vt* coleccionar

collectionneur, -euse [kɔlɛksjɔnœʀ, øz] *nm/f* coleccionista *m/f*

collectivité [kɔlɛktivite] *nf* colectivo; **la ~** la colectividad; **~s locales** administraciones *fpl* locales

collège [kɔlɛʒ] *nm* colegio; **~ d'enseignement secondaire** colegio de enseñanza media; **~ électoral** colegio electoral

El **collège** es un colegio de educación secundaria para estudiantes de entre once y quince años. Los alumnos siguen un plan de estudios que consta de una serie de asignaturas comunes y varias optativas. Los colegios tienen libertad para elaborar sus propios horarios y escoger su propia metodología. Antes de que dejen el *collège*, se evalúa el trabajo de los alumnos durante la etapa y se les examina para la obtención del *brevet des collèges*.

collégien, ne [kɔleʒjɛ̃, jɛn] *nm/f* colegial *m/f*

collègue [kɔ(l)lɛg] *nm/f* colega *m/f*

coller [kɔle] *vt* pegar; (*papier peint*) encolar; (*fam* : *mettre*) meter; (*par une devinette*) pillar; (*Scol* : *fam*) catear ▶ *vi* (*être collant*) pegarse; (*adhérer*) pegar; **~ son front à la vitre** pegar la frente contra el cristal; **~ qch sur** pegar algo en; **~ à** adherir a; (*fig*) cuadrar con

collier [kɔlje] *nm* collar *m*; (*Tech*) collar *m*, abrazadera; **~ (de barbe), barbe en ~** sotabarba; **~ de serrage** brida de apriete

colline [kɔlin] *nf* colina

collision [kɔlizjɔ̃] *nf* colisión *f*; **entrer en ~ (avec)** chocar (con)

colloque [kɔ(l)lɔk] *nm* coloquio

collyre [kɔliʀ] *nm* colirio

colombe [kɔlɔ̃b] *nf* paloma

Colombie [kɔlɔ̃bi] *nf* Colombia

colonie [kɔlɔni] *nf* colonia; **~ (de vacances)** colonia (de vacaciones)

colonne [kɔlɔn] *nf* columna; **se mettre en ~ par deux/quatre** formar columna de a dos/cuatro; **en ~ par deux** en columna de a dos; **~ de secours** columna de socorro; **~ (vertébrale)** columna vertebral

colorant, e [kɔlɔʀɑ̃, ɑ̃t] *adj* colorante ▶ *nm* colorante *m*

colorer [kɔlɔʀe] *vt* colorear; **se colorer** *vpr* (*ciel*) colorearse; (*joues*) sonrojarse; (*tomates, raisins*) coger color

colorier [kɔlɔʀje] *vt* colorear, pintar; **album à ~** álbum *m* de colorear

coloris [kɔlɔʀi] *nm* colorido

colza [kɔlza] *nm* colza

coma [kɔma] *nm* coma *m*; **être dans le ~** estar en coma

combat [kɔ̃ba] *vb voir* **combattre** ▶ *nm* (*Mil*) combate *m*; (*fig*) lucha; **~ de boxe** combate de boxeo; **~ de rues** pelea callejera

combattant, e [kɔ̃batɑ̃, ɑ̃t] *vb voir* **combattre** ▶ *adj* combatiente ▶ *nm* combatiente *m*; (*d'une rixe*) contendiente *m*; **ancien ~** antiguo combatiente

combattre [kɔ̃batʀ] *vt, vi* combatir

combien [kɔ̃bjɛ̃] *adv* (*interrogatif*) cuánto(-a); (*nombre*) cuántos(-as); (*exclamatif*: *comme, que*) cómo, qué; **~ de** cuántos(-as); **~ de temps** cuánto tiempo; **~ coûte/pèse ceci ?** ¿cuánto cuesta/pesa esto?; **vous mesurez ~ ?** ¿cuánto mide usted?; **ça fait ~ ?** ¿cuánto es?; **ça fait ~ en largeur ?** ¿cuánto mide de ancho?

combinaison [kɔ̃binɛzɔ̃] *nf* combinación *f*; (*vêtement, Sport*) traje *m*; (*bleu de travail*) mono, overol *m* (AM)

combiné [kɔ̃bine] *nm* (*aussi*: **combiné téléphonique**) auricular *m*; (*Ski*) combinada; (*vêtement*) conjunto (de lencería); **~ nordique** combinada nórdica

comble [kɔ̃bl] *adj* abarrotado(-a) ▸ *nm* (*du bonheur, plaisir*) colmo; **combles** *nmpl* (*Constr*) armazón *msg* del tejado; **faire salle ~** llenar; **de fond en ~** de arriba abajo; **pour ~ de malchance** para colmo de desgracia; **c'est le ~ !** ¡es el colmo!; **sous les ~s** en el desván

combler [kɔ̃ble] *vt* (*trou*) llenar; (*fig*) llenar, cubrir; (*satisfaire*) colmar; **~ qn de joie/d'honneurs** colmar a algn de alegría/de honores

comédie [kɔmedi] *nf* comedia; **jouer la ~** (*fig*) hacer comedia; **~ musicale** comedia musical

La **Comédie-Française**, fundada en 1680 por Luis XIV, es el teatro nacional de Francia. Financiada con fondos públicos, la compañía actúa principalmente en el Palais-Royal de París y ofrece una mezcla de teatro clásico francés y de obras extranjeras y contemporáneas.

comédien, ne [kɔmedjɛ̃, jɛn] *nm/f* (*Théâtre, fig*) comediante(-a); (*comique*) cómico(-a)

comestible [kɔmɛstibl] *adj* comestible; **comestibles** *nmpl* comestibles *mpl*

comique [kɔmik] *adj* cómico(-a) ▸ *nm/f* cómico(-a); **le ~ de qch** lo gracioso de algo

commandant, e [kɔmɑ̃dɑ̃, ɑ̃t] *nm/f* comandante *m/f*; **~ (de bord)** comandante (de a bordo)

commande [kɔmɑ̃d] *nf* (*Comm*) pedido; (*Inform*) mando; **commandes** *nfpl* mandos *mpl*; **passer une ~ (de)** cursar un pedido (de); **sur ~** de encargo; **véhicule à double ~** vehículo de doble mando; **prendre les ~s** (*d'un avion, d'un parti*) tomar los mandos; (*fig*: *d'un mouvement*) tomar las riendas; **~ à distance** mando a distancia; **~ vocale** control *m* por la voz; **à ~ vocale** (*appareil, dispositif, four*) controlado(-a) por la voz

commander [kɔmɑ̃de] *vt* (*Comm*) encargar, pedir; (*diriger, ordonner*) mandar; **~ à** mandar a; **~ à qn de faire qch** ordenar a algn que haga algo; **c'est moi qui commande ici !** ¡aquí mando yo!

comme [kɔm]

▸ *prép* **1** (*comparaison*) como; **tout comme son père** igual que su padre; **fort comme un bœuf** fuerte como un toro; **il est petit comme tout** es muy pequeño; **comme c'est pas permis** (*fam*) como él (ella) solo(-a)

2 (*manière*): **comme ça** así; **comment ça va ? — comme ça** ¿qué tal? — así, así; **comme ci, comme ça** así, así; **faites comme cela** hágalo así; **on ne parle pas comme ça à ...** no se habla así a ...

3 (*en tant que*): **travailler comme secrétaire** trabajar de secretaria

▸ *conj* **1** (*ainsi que*) como; **elle écrit comme elle parle** escribe como habla; **comme on dit** como se dice; **comme si** como si; **comme quoi ...** (*d'où il s'ensuit que*) lo que demuestra que ...; **comme de juste** como es natural; **comme il faut** como es debido

2 (*au moment où, alors que*) cuando; **il est parti comme j'arrivais** se marchó cuando yo llegaba

3 (*parce que, puisque*) como; **comme il était en retard, ...** como se retrasaba, ...

▸ *adv* (*exclamation*): **comme c'est bon/il est fort !** ¡qué bueno está!/¡qué fuerte es!

commencement [kɔmɑ̃smɑ̃] *nm* comienzo; **au ~** al principio

commencer [kɔmɑ̃se] *vt, vi* comenzar, empezar; (*être placé au début de*) iniciar; **~ à faire** comenzar *ou* empezar a hacer; **~ par**

qch comenzar *ou* empezar por algo; **~ par faire qch** comenzar *ou* empezar por hacer algo

comment [kɔmɑ̃] *adv* (*interrogatif*) cómo; **~ ?** ¿cómo?, ¿mande (usted)?; **~ !** (*affirmatif*: *de quelle façon*) ¡claro!; **et ~ !** ¡pero cómo!; **~ donc !** (*bien sûr*) ¡por supuesto!, ¡pues claro!; **~ aurais-tu fait ?** ¿cómo habrías hecho?; **~ tu t'y serais pris ?** ¿qué habrías hecho tú?; **~ faire ?** ¿cómo hacemos?; **~ se fait-il que ?** ¿cómo es que ...?; **~ est-ce que ça s'appelle ?** ¿cómo se llama eso?; **~ est-ce qu'on ... ?** ¿cómo se ...?; **le ~ et le pourquoi** el cómo y el por qué

commentaire [kɔmɑ̃tɛʀ] *nm* (*gén pl*) comentario; **~ (de texte)** comentario (de textos)

commentateur, -trice [kɔmɑ̃tatœʀ, tʀis] *nm/f* comentarista *m/f*; **~ sportif(-ive)** comentarista deportivo(-a)

commerçant, e [kɔmɛʀsɑ̃, ɑ̃t] *adj* (*rue, ville*) comercial; (*personne*) comerciante ▸ *nm/f* comerciante *m/f*

commerce [kɔmɛʀs] *nm* (*activité*) comercio, negocio; (*boutique*) comercio, tienda; (*fig* : *rapports*) trato; **le petit ~** el pequeño comercio; **faire ~ de** comerciar *ou* negociar en; (*fig* : *péj*) comerciar en; **chambre de ~** cámara de comercio; **livres de ~** libros de comercio; **vendu dans le ~** de venta en comercios; **vendu hors-~** de venta fuera de comercio; **~ en** *ou* **de gros** comercio al por mayor; **~ équitable** comercio justo; **~ extérieur** comercio exterior; **~ intérieur** comercio interior; **~ de proximité** comercio de proximidad

commercial, e, -aux [kɔmɛʀsjal, jo] *adj* (*aussi péj*) comercial ▸ *nm/f* comercial *m/f*; **les commerciaux** los comerciales

commercialiser [kɔmɛʀsjalize] *vt* comercializar

commissaire [kɔmisɛʀ] *nm/f* comisario(-a); **~ aux comptes** interventor(a) *ou* censor(a) de cuentas; **~ du bord** sobrecargo *m/f*

commissariat [kɔmisaʀja] *nm* comisaría; (*Admin*) comisariado

commission [kɔmisjɔ̃] *nf* comisión *f*; (*message*) recado; (*course*) encargo, recado; **commissions** *nfpl* (*achats*) compras *fpl*; **~ d'examen** comisión de examen, tribunal *m*

commode [kɔmɔd] *adj* cómodo(-a); (*air, personne*) amable; **pas ~** difícil ▸ *nf* cómoda

commun, e [kɔmœ̃, yn] *adj* común, colectivo(-a) ▸ *nm* : **cela sort du ~** eso sale de lo común; **communs** *nmpl* dependencias *fpl*; **le ~ des mortels** el común de las gentes; **sans commune mesure** sin comparación; **bien ~** bien *m* común; **être ~ à** ser propio de; **en ~** en común; **peu ~** poco común; **d'un ~ accord** de común acuerdo

communauté [kɔmynote] *nf* comunidad *f*; (*Jur*) : **régime de la ~** régimen *m* de la comunidad

commune [kɔmyn] *adj f voir* **commun** ▸ *nf* municipio

communication [kɔmynikasjɔ̃] *nf* comunicación *f*; **communications** *nfpl* comunicaciones *fpl*; **travailler dans la ~** trabajar en una empresa de comunicación; **~ avec préavis** aviso de conferencia; **~ d'entreprise** comunicación de empresa

communier [kɔmynje] *vi* comulgar

communion [kɔmynjɔ̃] *nf* comunión *f*; **première ~** primera comunión; **~ solennelle** comunión solemne

communiquer [kɔmynike] *vt* comunicar; (*demande, dossier*) presentar; (*maladie, chaleur*) transmitir ▸ *vi* comunicarse; **se communiquer à** *vpr* tra(n)smitirse a; **~ avec** comunicar con

communisme [kɔmynism] *nm* comunismo

communiste [kɔmynist] *adj, nm/f* comunista *m/f*

compact, e [kɔ̃pakt] *adj* compacto(-a); (*foule*) denso(-a)

compagne [kɔ̃paɲ] *nf* compañera

compagnie [kɔ̃paɲi] *nf* compañía; **la ~ de qn** la compañía de algn; **homme/femme de ~** hombre *m*/mujer *f* de compañía; **tenir ~ à qn** hacer compañía a algn; **fausser ~ à qn** plantar a algn; **en ~ de** en compañía de; **Dupont et ~, Dupont et Cie** Dupont y compañía, Dupont y Cía; **~ aérienne** compañía aérea

compagnon, ne [kɔ̃paɲɔ̃, ɔn] *nm* (*conjoint, concubin*) compañero ▸ *nm/f* (*personne*) compañero(-a); (*ouvrier*) obrero

comparable [kɔ̃paʀabl] *adj* : **~ (à)** comparable (a)

comparaison [kɔ̃paʀɛzɔ̃] *nf* comparación *f*; **en ~ (de)** en comparación (con); **par ~ (à)** comparado(-a) (a); **sans ~** sin comparación

> **On peut dire aussi :**
> Las calles son muy ruidosas comparadas con las de nuestro país. (*... en comparaison avec ...*)
> En comparación con ella, yo soy muy habladora. (*Par rapport à ...*)
> Tu hijo se parece a Matt Damon. (*... ressemble à ...*)
> Las temperaturas aquí son muy parecidas *ou* similares a las de mi tierra. (*... sont très semblables à ...*)
> Este paisaje me recuerda a Andorra. (*... me rappelle ...*)

comparer [kɔ̃paʀe] *vt* comparar; **~ qch/qn à** *ou* **et** comparar algo/algn a *ou* con

compartiment [kɔ̃paʀtimɑ̃] *nm* (*de train*) compartim(i)ento; (*case*) casilla

compas [kɔ̃pɑ] *nm* compás *m*

compatible [kɔ̃patibl] *adj* : **~ (avec)** compatible (con)

compatriote [kɔ̃patʀijɔt] *nm/f* compatriota *m/f*

compensation [kɔ̃pɑ̃sasjɔ̃] *nf* (*dédommagement*) compensación *f*; **en ~** en compensación

compenser [kɔ̃pɑ̃se] *vt* compensar

compétence [kɔ̃petɑ̃s] *nf* (*aussi Jur*) competencia

compétent, e [kɔ̃petɑ̃, ɑ̃t] *adj* competente

compétitif, -ive [kɔ̃petitif, iv] *adj* (*Comm*) competitivo(-a)

compétition [kɔ̃petisjɔ̃] *nf* competencia; (*Sport*) competición *f*; **la ~** la competición; **être en ~ avec** estar en competencia con; **~ automobile** competición automovilística

complément [kɔ̃plemɑ̃] *nm* (*gén, aussi Ling*) complemento; (*reste*) resto; **~ (circonstanciel) de lieu** complemento (circunstancial) de lugar; **~ d'agent** complemento agente; **~ d'information** (*Admin*) suplemento (informativo); **~ (d'objet) direct/indirect** complemento directo/indirecto; **~ de nom** complemento del nombre

complémentaire [kɔ̃plemɑ̃tɛʀ] *adj* complementario(-a)

complet, -ète [kɔ̃plɛ, ɛt] *adj* completo(-a) ▸ *nm* (*aussi* : **complet-veston**) traje *m*; **au (grand) ~** en pleno

complètement [kɔ̃plɛtmɑ̃] *adv* completamente; **~ nu** completamente desnudo

compléter [kɔ̃plete] *vt* completar; **se compléter** *vpr* complementarse

complexe [kɔ̃plɛks] *adj* complejo(-a) ▸ *nm* complejo; **faire un ~** tener complejo; **~ d'infériorité** complejo de inferioridad; **~ industriel/portuaire/hospitalier** complejo industrial/portuario/hospitalario

complexé, e [kɔ̃plɛkse] *adj* acomplejado(-a)

complication [kɔ̃plikasjɔ̃] *nf* complicación *f*; **complications** *nfpl* (*Méd*) complicaciones *fpl*

complice [kɔ̃plis] *nm/f* cómplice *m/f*

compliment [kɔ̃plimɑ̃] *nm* cumplido; **compliments** *nmpl* (*félicitations*) enhorabuena *fsg*; **tous mes ~s !** ¡mi enhorabuena!

compliqué, e [kɔ̃plike] *adj* complicado(-a)

complot [kɔ̃plo] *nm* complot *m*

complotiste [kɔ̃plotist] *adj, nm/f* conspiranoico(-a)

comportement [kɔ̃pɔʀtəmɑ̃] *nm* comportamiento

comporter [kɔ̃pɔʀte] *vt* constar de; (*impliquer*) conllevar; **se comporter** *vpr* comportarse

composé, e [kɔ̃poze] *adj* compuesto(-a); **~ de** compuesto(-a) por

composer [kɔ̃poze] *vt* componer ▸ *vi* (*Scol*) redactar; (*transiger*) transigir; **se ~ de** componerse de; **~ un numéro** marcar *ou* discar (AM) un número

compositeur, -trice [kɔ̃pozitœʀ, tʀis] *nm/f* (*Mus*) compositor(a); (*Typo*) cajista *m/f*

composition [kɔ̃pozisjɔ̃] *nf* composición *f*; (*Scol : d'histoire, de math*) prueba; **de bonne ~** acomodadizo(-a); **~ française** redacción *f* de francés

composter [kɔ̃pɔste] *vt* (*dater*) fechar; (*poinçonner*) picar, cancelar; (*déchets*) compostar

compote [kɔ̃pɔt] *nf* compota; **~ de pommes** compota de manzana

compréhensible [kɔ̃pʀeɑ̃sibl] *adj* comprensible

compréhensif, -ive [kɔ̃pʀeɑ̃sif, iv] *adj* comprensivo(-a)

comprendre [kɔ̃pʀɑ̃dʀ] *vt* (*se composer de, être muni de*) comprender, constar de; (*sens, problème*) comprender, entender; (*sympathiser avec*) comprender; (*point de vue*) entender; **se faire ~** hacerse entender; **je me fais ~ ?** ¿me explico?

compresse [kɔ̃pʀɛs] *nf* compresa

compresser [kɔ̃pʀese] *vt* (*Inform*) comprimir

comprimé, e [kɔ̃pʀime] *adj* : **air ~** aire *m* comprimido ▶ *nm* comprimido, pastilla

compris, e [kɔ̃pʀi, iz] *pp de* **comprendre** ▶ *adj* (*inclus*) incluido(-a); **~ entre ...** (*situé*) situado(-a) entre ...; **~ ?** ¿entendido?; **livraison comprise/non comprise** entrega a domicilio incluida/no incluida; **service ~** servicio incluido; **20 euros tout ~** 20 euros con todo incluido

compromettre [kɔ̃pʀɔmɛtʀ] *vt* comprometer

comptabilité [kɔ̃tabilite] *nf* contabilidad *f*

comptable [kɔ̃tabl] *nm/f, adj* contable *m/f*, contador *m* (AM)

comptant [kɔ̃tɑ̃] *adv* : **payer/acheter ~** pagar/comprar al contado

compte [kɔ̃t] *nm* cuenta; **comptes** *nmpl* (*comptabilité*) cuentas *fpl*; **ouvrir un ~** abrir una cuenta; **rendre des ~s à qn** (*fig*) dar cuentas a algn; **faire le ~ de** hacer la cuenta de; **tout ~ fait, au bout du ~** después de todo; **à ce ~-là** (*dans ce cas*) en este caso; (*à ce train-là*) a este paso; **en fin de ~** (*fig*) a fin de cuentas; **à bon ~** a buen precio; **avoir son ~** (*fig* : *fam*) tener su merecido; **pour le ~ de qn** por cuenta de algn; **pour son propre ~** por su propia cuenta; **sur le ~ de qn** (*à son sujet*) acerca de algn; **travailler à son ~** trabajar por su cuenta; **mettre qch sur le ~ de qn** echar la culpa de algo a algn; **prendre qch à son ~** hacerse cargo de algo; **trouver son ~ à** sacar provecho a, tener interés en; **régler un ~** ajustar cuentas; **rendre ~ (à qn) de qch** dar cuenta de algo (a algn); **tenir ~ de qch/que** tener en cuenta algo/que; **~ tenu de** teniendo en cuenta, habida cuenta de; **~ à rebours** cuenta atrás; **~ chèques** cuenta corriente con cheques; **~ client** cuentas por cobrar; **~ courant** cuenta corriente; **~ de dépôt/d'exploitation** cuenta de depósito/de explotación; **~ rendu** informe *m*; (*de film, livre*) reseña

compte-goutte(s) [kɔ̃tgut] (*pl* **compte-gouttes**) *nm* cuentagotas *m inv*; **au ~** (*fig*) con cuentagotas

compter [kɔ̃te] *vt* contar; (*facturer*) cobrar; (*comporter*) constar de ▶ *vi* contar; **~ pour** (*valoir*) servir para, contar para; **~ parmi** figurar entre; **~ réussir/revenir** esperar aprobar/volver; **~ sur** contar con; **~ avec/sans qch/qn** contar con/sin algo/algn; **sans ~ que** sin contar con que; **à ~ du 10 janvier** a partir del 10 de enero; **ça compte beaucoup pour moi** esto tiene mucha importancia para mí; **je compte bien que** espero que

compteur [kɔ̃tœʀ] *nm* (*d'auto*) cuentakilómetros *m inv*; (*à gaz, électrique*) contador *m*; **~ de vitesse** velocímetro

comptoir [kɔ̃twaʀ] *nm* (*de magasin*) mostrador *m*; (*de café*) barra; (*ville coloniale*) factoría

con, ne [kɔ̃, kɔn] (*fam!*) *adj, nm/f* gilipollas *m/f inv* (*fam!*)

concentré, e [kɔ̃sɑ̃tʀe] *adj* concentrado(-a) ▶ *nm* concentrado; **~ de tomate(s)** concentrado de tomate

concentrer [kɔ̃sɑ̃tʀe] *vt* concentrar; **se concentrer** *vpr* concentrarse

concerner [kɔ̃sɛʀne] *vt* concernir a; **en ce qui me concerne** en lo que a mí respecta; **en ce qui concerne ceci** en lo que concierne a esto, en lo referente a esto

concert [kɔ̃sɛʀ] *nm* (*Mus*) concierto; (*fig*) coro; **de ~** de concierto

concessionnaire [kɔ̃sesjɔnɛʀ] *nm/f* concesionario(-a)

concevoir [kɔ̃s(ə)vwaʀ] *vt* concebir; (*décoration etc*) imaginar; (*machine*) diseñar; (*éprouver*) sentir; (*comprendre, saisir*) comprender; **appartement bien/mal conçu** piso bien/mal diseñado

concierge [kɔ̃sjɛʀʒ] *nm/f* portero(-a); (*d'hôtel*) conserje *m*

concis, e [kɔ̃si, iz] *adj* conciso(-a)

conclure [kɔ̃klyʀ] *vt* (*accord, pacte*) concluir; (*terminer*) concluir, terminar; **~ qch de qch** deducir algo de algo; **~ à** (*Jur, gén*) : **~ au suicide** decidirse *ou* pronunciarse por un suicidio; **~ à l'acquittement** pronunciarse por la absolución, dictar la libre absolución; **~ un marché** cerrar un trato; **j'en conclus que** deduzco que

conclusion [kɔ̃klyzjɔ̃] *nf* conclusión *f*; **conclusions** *nfpl* (*Jur*) conclusiones *fpl*; **en ~** en conclusión

conçois *etc* [kɔ̃swa] *vb voir* **concevoir**

concombre [kɔ̃kɔ̃bʀ] *nm* pepino

concours [kɔ̃kuʀ] *nm* concurso; (*Scol*) examen *m* eliminatorio; **recrutement par voie de ~** (*Admin*) incorporación *f* mediante oposición; **apporter son ~ à** ayudar a; **~ de circonstances** cúmulo de circunstancias; **~ hippique** concurso hípico

concret, -ète [kɔ̃kʀɛ, ɛt] *adj* concreto(-a)

concrétiser [kɔ̃kʀetize] *vt* concretar; **se concrétiser** *vpr* concretarse

conçu, e [kɔ̃sy] *pp de* **concevoir**

concubinage [kɔ̃kybinaʒ] *nm* concubinato

concurrence [kɔ̃kyʀɑ̃s] *nf* competencia; **en ~ avec** en competencia con; **jusqu'à ~ de** hasta un total de; **~ déloyale** competencia desleal

concurrent, e [kɔ̃kyʀɑ̃, ɑ̃t] *adj* (*société*) competidor(a); (*parti*) opositor(a) ▸ *nm/f* (*Sport, Écon*) competidor(a); (*Scol*) candidato(-a)

condamnation [kɔ̃danasjɔ̃] *nf*: **~ à mort** condena de muerte

condamner [kɔ̃dane] *vt* condenar; (*malade*) desahuciar; (*fig*) invalidar; **~ qn à qch/à faire** (*obliger*) condenar a algn a algo/a hacer; **~ qn à deux ans de prison** condenar a algn a dos años de prisión; **~ qn à une amende** imponer una multa a algn

condensation [kɔ̃dɑ̃sasjɔ̃] *nf* condensación *f*

condition [kɔ̃disjɔ̃] *nf* condición *f*; **conditions** *nfpl* (*tarif, prix, circonstances*) condiciones *fpl*; **sans ~** sin condiciones; **à/sous ~ de/que** a/con la condición de/de que; **en bonne ~** (*aliments, envoi*) en buenas condiciones; **mettre en ~** (*Sport*) entrenar; (*Psych*) condicionar; **~s atmosphériques** condiciones atmosféricas; **~s de vie** condiciones de vida

conditionnel [kɔ̃disjɔnɛl] *nm* (*Ling*) condicional *m*

conditionnement [kɔ̃disjɔnmɑ̃] *nm* acondicionamiento; (*emballage*) embalaje *m*, envasado; (*fig*) condicionamiento

condoléances [kɔ̃dɔleɑ̃s] *nfpl* pésame *m*

conducteur, -trice [kɔ̃dyktœʀ, tʀis] *adj* conductor(a) ▸ *nm* (*Élec*) conductor *m* ▸ *nm/f* conductor(a)

conduire [kɔ̃dɥiʀ] *vt* conducir; (*passager*) llevar; (*diriger*) dirigir; **se conduire** *vpr* comportarse, portarse; **~ vers/à** (*suj* : *route*) conducir a, llevar hacia/a; **~ à** (*suj* : *attitude, erreur*) llevar a; **~ qn quelque part** llevar a algn a algún sitio; **se ~ bien/mal** portarse bien/mal

conduite [kɔ̃dɥit] *nf* (*en auto*) conducción *f*, manejo (AM); (*comportement*) conducta; (*d'eau, gaz*) conducto; **sous la ~ de** bajo la dirección de

confection [kɔ̃fɛksjɔ̃] *nf* confección *f*; **la ~** (*Couture*) la confección; **vêtement de ~** ropa de confección

conférence [kɔ̃feʀɑ̃s] *nf* conferencia; **~ au sommet** conferencia cumbre; **~ de presse** conferencia de prensa

confesser [kɔ̃fese] *vt* confesar; **se confesser** *vpr* confesarse

confession [kɔ̃fesjɔ̃] *nf* confesión *f*

confiance [kɔ̃fjɑ̃s] *nf* confianza; **avoir ~ en** tener confianza en; **faire ~ à** confiar en; **en toute ~** con toda confianza; **mettre qn en ~** dar confianza a algn; **de ~** de confianza; **question/vote de ~** moción *f*/voto de confianza; **inspirer ~ à** inspirar confianza a; **digne de ~** digno de confianza; **~ en soi** confianza en sí mismo

confiant, e [kɔ̃fjɑ̃, jɑ̃t] *adj* confiado(-a)

confidence [kɔ̃fidɑ̃s] *nf* confidencia

confidentiel, le [kɔ̃fidɑ̃sjɛl] *adj* confidencial

confier [kɔ̃fje] *vt* confiar; **~ qch à qn** (*en dépôt, garde*) confiar algo a algn; **se ~ à qn** confiarse a algn

confirmation [kɔ̃fiʀmasjɔ̃] *nf* confirmación *f*

confirmé, e [kɔ̃fiʀme] *adj* (*expérimenté*) avanzado(-a)

confirmer [kɔ̃fiʀme] *vt* confirmar; **~ qn dans une croyance** reafirmar a algn en sus creencias; **~ qn dans ses fonctions** ratificar a algn en sus funciones; **~ qch à qn** confirmar algo a algn

confiserie [kɔ̃fizʀi] *nf* confitería; **confiseries** *nfpl* golosinas *fpl*

confisquer [kɔ̃fiske] *vt* (*Jur*) confiscar; (*à un enfant*) quitar

confit, e [kɔ̃fi, it] *adj* : **fruits ~s** frutas *fpl* confitadas; **~ d'oie** *nm* conserva de oca en su grasa

confiture [kɔ̃fityʀ] *nf* confitura, mermelada

conflit [kɔ̃fli] *nm* conflicto; (*fig*) choque *m*, conflicto; **~ armé** conflicto armado; **~ d'intérêts** conflicto de intereses

confondre [kɔ̃fɔ̃dʀ] *vt* confundir; **se confondre** *vpr* confundirse; **se ~ en excuses/remerciements** deshacerse en disculpas/agradecimientos; **~ qch/qn avec qch/qn d'autre** confundir algo/a algn con algo/con algn

conforme [kɔ̃fɔʀm] *adj* : **~ à** conforme a; **copie certifiée ~ (à l'original)** copia compulsada; **~ à la commande** según el pedido, conforme con el pedido

conformément [kɔ̃fɔʀmemɑ̃] *adv* : **~ à** conforme a, según

conformer [kɔ̃fɔʀme] *vt* : **~ qch à** adecuar algo a; **se conformer à** *vpr* adecuarse a, adaptarse a

conformité [kɔ̃fɔʀmite] *nf* : **en ~ avec** en conformidad con

confort [kɔ̃fɔʀ] *nm* confort *m*; **tout ~** con todas las comodidades

confortable [kɔ̃fɔʀtabl] *adj* confortable, cómodo(-a); (*avance*) holgado(-a)

confronter [kɔ̃fʀɔ̃te] *vt* confrontar; (*textes*) cotejar, confrontar; (*Jur*) confrontar, hacer un careo entre

confus, e [kɔ̃fy, yz] *adj* confuso(-a)

confusion [kɔ̃fyzjɔ̃] *nf* confusión *f*; **~ des peines** confusión de las penas

congé [kɔ̃ʒe] *nm* (*vacances*) vacaciones *fpl*; (*arrêt de travail*) descanso; (*Mil*) permiso; (*avis de départ*) baja; **en ~** de vacaciones; (*en arrêt de travail*) de descanso; (*soldat*) de licencia; **semaine/jour de ~** semana/día *m* de vacaciones; **prendre ~ de qn** despedirse de algn; **donner son ~ à** despedir a; **~ de maladie** baja por enfermedad; **~ de maternité** baja maternal; **~s payés** vacaciones pagadas

> **On peut dire aussi :**
> ¡Adiós! (*Au revoir !*)
> ¡Buenas noches! (*Bonne soirée* ou *nuit !*)
> ¡Hasta luego! (*À plus tard !*)
> ¡Hasta mañana! (*À demain !*)
> ¡Hasta el jueves! (*À jeudi !*)

congédier [kɔ̃ʒedje] *vt* despedir

congélateur [kɔ̃ʒelatœʀ] *nm* congelador *m*

congeler [kɔ̃ʒ(ə)le] *vt* congelar

congestion [kɔ̃ʒɛstjɔ̃] *nf* (*routière, postale*) congestión *f*; **~ cérébrale** derrame *m* cerebral; **~ pulmonaire** congestión pulmonar

congrès [kɔ̃gʀɛ] *nm* congreso

conifère [kɔnifɛʀ] *nm* conífera

conjoint, e [kɔ̃ʒwɛ̃, wɛ̃t] *adj* conjunto(-a) ▸ *nm/f* (*époux*) cónyuge *m/f*

conjonctivite [kɔ̃ʒɔ̃ktivit] *nf* conjuntivitis *f inv*

conjoncture [kɔ̃ʒɔ̃ktyʀ] *nf* coyuntura; **la ~ économique** la coyuntura económica

conjugaison [kɔ̃ʒygɛzɔ̃] *nf* conjugación *f*

conjuguer [kɔ̃ʒyge] *vt* (*Ling*) conjugar; (*efforts*) conjugar, aunar

connaissance [kɔnɛsɑ̃s] *nf* (*savoir*) conocimiento; (*personne connue*) conocido(-a); (*conscience, perception*) conocimiento, sentido; **connaissances** *nfpl* (*savoir*) conocimientos *mpl*; **être sans ~** (*Méd*) estar sin conocimiento; **perdre/reprendre ~** perder/recobrar el conocimiento; **à ma/sa ~** por lo que sé/sabe; **faire ~ avec qn** *ou* **la ~ de qn** (*rencontrer*) conocer a algn; (*apprendre à connaître*) llegar a conocer a algn; **avoir ~ de** (*document, fait*) tener conocimiento de; **j'ai pris ~ de ...** ha llegado a mi conocimiento ...; **en ~ de cause** con conocimiento de causa

connaisseur, -euse [kɔnɛsœʀ, øz] *nm/f* conocedor(a), entendido(-a)

connaître [kɔnɛtʀ] *vt* conocer; (*adresse*) conocer, saber; **se connaître** *vpr* conocerse; (*se rencontrer*) conocerse, encontrarse; **~ qn de nom/vue** conocer a algn de nombre/vista; **ils se sont connus à Genève** se conocieron en Ginebra; **s'y ~ en qch** entender mucho de algo

connecté, e [kɔnɛkte] *adj* (*Inform*) conectado(-a), en línea; (*objets, montre*) conectado(-a)

connecter [kɔnɛkte] *vt* conectar

connectique [kɔnɛktik] *nf* cableado *m*

connerie [kɔnʀi] (*fam!*) *nf* gilipollez *f*

connexion [kɔnɛksjɔ̃] *nf* conexión *f*

connu, e [kɔny] *pp de* **connaître** ▸ *adj* conocido(-a)

conquête [kɔ̃kɛt] *nf* conquista

consacrer [kɔ̃sakʀe] *vt* (*Rel*) : **~ qch (à)**

consagrar algo (a); (*fig*) consagrar; **~ qch à** (*employer*) dedicar algo a; **se consacrer** *vpr* : **se ~ à qch/à faire** dedicarse a algo/a hacer; **~ son temps/argent à faire** dedicar su tiempo/dinero a hacer

conscience [kɔ̃sjɑ̃s] *nf* conciencia; **avoir ~ de** ser consciente de; **prendre ~ de** (*situation, responsabilité*) tomar conciencia de; **avoir qch sur la ~** tener el peso de algo en la conciencia; **perdre/reprendre ~** perder/recuperar el conocimiento; **avoir bonne/mauvaise ~** tener buena/mala conciencia; **en (toute) ~** en conciencia; **~ professionnelle** conciencia profesional

consciencieux, -euse [kɔ̃sjɑ̃sjø, jøz] *adj* concienzudo(-a)

conscient, e [kɔ̃sjɑ̃, jɑ̃t] *adj* consciente; **~ de** consciente de

consécutif, -ive [kɔ̃sekytif, iv] *adj* consecutivo(-a); **~ à** debido(-a) a

conseil [kɔ̃sɛj] *nm* consejo ▶ *adj* : **ingénieur(-)~** ingeniero consultor; **~ en recrutement** (*expert*) asesor *m* de contratación; **tenir ~** celebrar consejo; **je n'ai pas de ~ à recevoir de vous** no necesito recibir consejo de usted; **donner un ~/des ~s à qn** dar un consejo/consejos a algn; **demander ~ à qn** pedir consejo a algn; **prendre ~ (auprès de qn)** consultar (a algn); **~ d'administration** consejo de administración; **~ de classe/de discipline** (*Scol*) consejo escolar/disciplinario; **~ de guerre** consejo de guerra; **~ de révision** junta de clasificación *ou* de revisión; **~ des ministres** consejo de ministros; **~ général** consejo general; **~ municipal** concejo, pleno municipal; **~ régional** consejo regional

> **On peut dire aussi :**
> ¿Tú qué me aconsejas? (*Que me conseilles-tu ?*)
> ¿Tú qué harías (si estuvieras) en mi lugar? (*Qu'est-ce que tu ferais, toi, (si tu étais) à ma place ?*)
> ¿Qué restaurante me recomiendas? (*Quel ... me recommandes-tu ?*)
>
> Yo que tú no haría nada por ahora. (*Si j'étais toi, ...*)
> Deberías mostrarte más abierto en tu relación. (*Tu devrais ...*)
> Harías bien en visitar a un especialista. (*Tu ferais bien de ...*)

> En Francia, el **Conseil départemental** se ocupa de las ayudas sociales, las infraestructuras de transportes, el turismo, el servicio de bomberos, ciertos aspectos de la cultura y la educación a nivel de cada *département*. Forman el consejo los *conseillers départementaux*, que son elegidos por un período de seis años según un sistema electoral binominal: dos *conseillers*, un hombre y una mujer, son elegidos conjuntamente en representación de cada *canton*.

conseiller[1] [kɔ̃seje] *vt* aconsejar a; **~ qch à qn** aconsejar algo a algn; **~ à qn de faire qch** aconsejar a algn hacer algo

conseiller[2], -ère [kɔ̃seje, ɛʀ] *nm/f* consejero(-a); **~ d'orientation** (*Scol*) asesor(a) de orientación profesional; **~ matrimonial(e)** asesor(a) matrimonial(e); **~ municipal** concejal(a)

consentement [kɔ̃sɑ̃tmɑ̃] *nm* consentimiento

consentir [kɔ̃sɑ̃tiʀ] *vt* : **~ (à qch/à faire)** consentir (en algo/en hacer); **~ qch à qn** consentir algo a algn

conséquence [kɔ̃sekɑ̃s] *nf* consecuencia; **conséquences** *nfpl* (*effet, répercussion*) consecuencias *fpl*; **en ~** (*donc*) en consecuencia, por consiguiente; (*de façon appropriée*) en consecuencia; **ne pas tirer à ~** no traer consecuencias; **sans ~** sin consecuencia; **lourd de ~** lleno de consecuencias

> **On peut dire aussi :**
> Por eso le tengo tanto aprecio. (*C'est pour ça que ...*)
> Los hoteles estaban llenos. Por tanto, tuvimos que cancelar el viaje. (*... C'est pourquoi ...*)
> La película me aburrió tanto que me dormí. (*... tellement que ...*)
> No había comido, así que me preparé un bocadillo. (*... alors ...*)
> Salieron temprano, de modo que cuando él llegó se encontró la casa vacía. (*... de sorte que ...*)

conséquent, e [kɔ̃sekɑ̃, ɑ̃t] *adj* (*personne, attitude*) consecuente; (*fam : important*) importante; **par ~** por consiguiente

conservateur, -trice [kɔ̃sɛʀvatœʀ, tʀis] *adj* conservador(a) ▸ *nm/f* conservador(a) ▸ *nm* (*Biol, Chim*: *produit*) conservante *m*

conservatoire [kɔ̃sɛʀvatwaʀ] *nm* (*de musique*) conservatorio; (*de comédiens*) escuela de arte dramático

conserve [kɔ̃sɛʀv] *nf* (*gén pl*: *aliments*) conserva; **en ~** en conserva; **~s de poisson** conservas de pescado

conserver [kɔ̃sɛʀve] *vt* conservar; (*habitude*) mantener, conservar; **se conserver** *vpr* conservarse; **« ~ au frais »** « conservar en frío »

considérable [kɔ̃sideʀabl] *adj* considerable

considération [kɔ̃sideʀasjɔ̃] *nf* consideración *f*; (*raison*) razonamiento, consideración; **considérations** *nfpl* (*remarques, réflexions*) consideraciones *fpl*; **prendre en ~** tomar en consideración; **cela mérite ~** eso merece ser considerado; **en ~ de** en consideración a

considérer [kɔ̃sideʀe] *vt* considerar; (*regarder*) examinar; **~ que** considerar que; **~ qch comme** considerar algo como

consigne [kɔ̃siɲ] *nf* (*ordre, instruction, de gare*) consigna; (*de bouteilles*) importe *m* (del envase); (*retenue*) castigo; **~ automatique** consigna automática; **~s de sécurité** consignas de seguridad

consister [kɔ̃siste] *vi*: **~ en** *ou* **dans** consistir en; **~ à faire** consistir en hacer

console [kɔ̃sɔl] *nf*: **~ de jeu** consola (de videojuegos)

consoler [kɔ̃sɔle] *vt* consolar; **se ~ (de qch)** consolarse (de algo)

consolider [kɔ̃sɔlide] *vt* (*aussi fig*) consolidar

consommateur, -trice [kɔ̃sɔmatœʀ, tʀis] *nm/f* (*Écon*) consumidor(a); (*dans un café*) cliente *m/f*

consommation [kɔ̃sɔmasjɔ̃] *nf* consumo; (*au café*) consumición *f*; **la ~** (*Écon*) el consumo; **de ~** (*biens*) de consumo; **~ aux 100 km** (*Auto*) consumo cada 100 km

consommer [kɔ̃sɔme] *vt* consumir; (*mariage*) consumar ▸ *vi* (*dans un café*) consumir, tomar

consonne [kɔ̃sɔn] *nf* consonante *f*

conspirationniste [kɔ̃spiʀasjɔnist] *nm/f, adj* conspiracionista *m/f*

constamment [kɔ̃stamɑ̃] *adv* constantemente

constant, e [kɔ̃stɑ̃, ɑ̃t] *adj* constante

constat [kɔ̃sta] *nm* (*d'huissier*) acta; **faire un ~ d'échec** reconocer su *etc* fracaso; **~ (à l'amiable)** (*Auto*) parte *m* amistoso

constatation [kɔ̃statasjɔ̃] *nf* (*d'un fait*) constatación *f*; (*remarque*) constatación, observación *f*

constater [kɔ̃state] *vt* (*remarquer*) advertir, observar; (*Admin, Jur*) testificar; (*dégâts*) constatar; **~ que** (*remarquer*) notar que; (*faire observer, dire*) advertir que

consterner [kɔ̃stɛʀne] *vt* consternar

constipé, e [kɔ̃stipe] *adj* estreñido(-a)

constitué, e [kɔ̃stitɥe] *adj*: **~ de** constituido(-a) por, integrado(-a) por; **bien/mal ~** bien/mal constituido(-a) *ou* formado(-a)

constituer [kɔ̃stitɥe] *vt* constituir; (*dossier*) elaborar; (*collection*) reunir; **se ~ partie civile** constituirse en parte civil; **se ~ prisonnier** entregarse a la justicia

constitution [kɔ̃stitysjɔ̃] *nf* constitución *f*

constructeur, -trice [kɔ̃stʀyktœʀ, tʀis] *nm/f* constructor(-ora); **~ automobile** fabricante *m* de coches

constructif, -ive [kɔ̃stʀyktif, iv] *adj* constructivo(-a)

construction [kɔ̃stʀyksjɔ̃] *nf* construcción *f*

construire [kɔ̃stʀɥiʀ] *vt* construir; **se construire** *vpr*: **ça s'est beaucoup construit dans la région** se edificó mucho en la región

consul, e [kɔ̃syl] *nm/f* cónsul *m/f*

consulat [kɔ̃syla] *nm* consulado

consultant, e [kɔ̃syltɑ̃, ɑ̃t] *adj* consultor(a)

consultation [kɔ̃syltasjɔ̃] *nf* consulta; **consultations** *nfpl* (*pourparlers*) deliberaciones *fpl*; **être en ~** (*délibération*) estar en deliberación; (*Méd*) estar pasando consulta; **aller à la ~** (*Méd*) ir a la consulta; **heures de ~** (*Méd*) horas *fpl* de consulta

consulter [kɔ̃sylte] *vt* consultar; **se consulter** *vt* consultarse

contact [kɔ̃takt] *nm* contacto; **au ~ de** al contacto con; **mettre/couper le ~** (*Auto*) encender *ou* poner/apagar *ou* quitar el contacto; **entrer en ~** (*fils, objets*) hacer contacto; **se mettre en ~ avec qn** ponerse en contacto con algn; **prendre ~ avec** ponerse en contacto con; **sans ~** (*Banque*) sin contacto; **payer sans ~** pagar sin contacto

contacter [kɔ̃takte] *vt* contactar con

contagieux, -euse [kɔ̃taʒjø, jøz] *adj* contagioso(-a)

contaminer [kɔ̃tamine] *vt* contaminar

conte [kɔ̃t] *nm* cuento; **~ de fées** cuento de hadas

contempler [kɔ̃tɑ̃ple] *vt* contemplar

contemporain, e [kɔ̃tɑ̃pɔʀɛ̃, ɛn] *adj, nm/f* contemporáneo(-a)

contenir [kɔ̃t(ə)niʀ] *vt* (*aussi fig*) contener; (*local*) tener una capacidad de *ou* para; **se contenir** *vpr* contenerse

content, e [kɔ̃tɑ̃, ɑ̃t] *adj* contento(-a); **~ de qn/qch** contento(-a) con algn/algo; **~ de soi** contento(-a) de sí mismo(-a), satisfecho(-a) de sí mismo(-a); **je serais ~ que tu ...** me alegraría que tú ...

contenter [kɔ̃tɑ̃te] *vt* (*personne*) contentar; (*envie, caprice*) satisfacer; **se contenter de** *vpr* contentarse con

contenu, e [kɔ̃t(ə)ny] *pp de* **contenir** ▸ *adj* (*colère, sentiments*) contenido(-a) ▸ *nm* contenido; **les créateurs de ~s** (*Internet*) los creadores de contenido

conter [kɔ̃te] *vt* contar, relatar; **il m'en a conté de belles !** ¡lo que me ha contado!

contestable [kɔ̃tɛstabl] *adj* discutible

conteste [kɔ̃tɛst] : **sans ~** *adv* sin discusión

contester [kɔ̃tɛste] *vt* discutir, cuestionar ▸ *vi* discutir

contexte [kɔ̃tɛkst] *nm* (*aussi fig*) contexto

continent [kɔ̃tinɑ̃] *nm* continente *m*

continu, e [kɔ̃tiny] *adj* continuo(-a); **courant ~** corriente *f* continua

continuel, e [kɔ̃tinɥɛl] *adj* (*qui se répète*) constante; (*continu : pluie etc*) continuo(-a)

continuer [kɔ̃tinɥe] *vt* continuar; (*voyage, études etc*) continuar, proseguir ▸ *vi* continuar; (*voyageur*) continuar, seguir; **vous continuez tout droit** siga todo derecho; **~ à** *ou* **de faire** seguir haciendo

contourner [kɔ̃tuʀne] *vt* (*aussi fig*) rodear, evitar

contraceptif, -ive [kɔ̃tʀasɛptif, iv] *adj* anticonceptivo(-a) ▸ *nm* anticonceptivo

contraception [kɔ̃tʀasɛpsjɔ̃] *nf* contracepción *f*

contracté, e [kɔ̃tʀakte] *adj* (*muscle*) contraído(-a); (*personne*) tenso(-a)

contracter [kɔ̃tʀakte] *vt* (*muscles, maladie*) contraer; (*assurance*) contratar; **se contracter** *vpr* (*métal, muscles*) contraerse

contractuel, le [kɔ̃tʀaktɥɛl] *adj* contractual ▸ *nm/f* (*agent*) controlador(a) del estacionamiento; (*employé*) empleado(-a) eventual del estado

contradiction [kɔ̃tʀadiksjɔ̃] *nf* contradicción *f*; **en ~ avec** en contradicción con

contradictoire [kɔ̃tʀadiktwaʀ] *adj* contradictorio(-a); **débat ~** debate *m* contradictorio

contraignant, e [kɔ̃tʀɛɲɑ̃, ɑ̃t] *vb voir* **contraindre** ▸ *adj* apremiante

contraindre [kɔ̃tʀɛ̃dʀ] *vt* : **~ qn à qch/à faire qch** forzar a algn a algo/a hacer algo

contrainte [kɔ̃tʀɛ̃t] *nf* coacción *f*; **sans ~** sin coacción

contraire [kɔ̃tʀɛʀ] *adj* contrario(-a), opuesto(-a) ▸ *nm* contrario; **~ à** contrario(-a) a, opuesto(-a) a; **au ~** al contrario; **je ne peux pas dire le ~** no puedo decir lo contrario; **le ~ de** lo contrario de

contrarier [kɔ̃tʀaʀje] *vt* (*irriter*) contrariar; (*mouvement, action*) dificultar

contrariété [kɔ̃tʀaʀjete] *nf* contrariedad *f*

contraste [kɔ̃tʀast] *nm* contraste *m*

contrat [kɔ̃tʀa] *nm* contrato; **~ de mariage/travail** contrato de matrimonio/trabajo

contravention [kɔ̃tʀavɑ̃sjɔ̃] *nf* (*infraction*) contravención *f*; (*amende*) multa; **dresser ~ à** poner una multa a

contre [kɔ̃tʀ] *prép* contra; (*en échange*) por; **par ~** en cambio

contrebande [kɔ̃tʀəbɑ̃d] *nf* contrabando; **faire la ~ de** hacer contrabando de

contrebas [kɔ̃tʀəba] : **en ~** *adv* más abajo

contrebasse [kɔ̃tʀəbas] *nf* contrabajo

contrecœur [kɔ̃tʀəkœʀ] : **à ~** *adv* de mala gana, a regañadientes

contrecoup [kɔ̃tʀəku] *nm* rebote *m*; **par ~** de rebote

contredire [kɔ̃tʀədiʀ] *vt* contradecir; **se contredire** *vpr* contradecirse

contrefaçon [kɔ̃tʀəfasɔ̃] *nf* falsificación *f*

contre-indication [kɔ̃tʀɛ̃dikasjɔ̃] (*pl* **contre-indications**) *nf* contraindicación *f*

contre-indiqué, e [kɔ̃tʀɛ̃dike] (*pl* **contre-indiqués, es**) *adj* contraindicado(-a)

contremaître, -esse [kɔ̃tʀəmɛtʀ, ɛs] *nm/f* contramaestre *m*, capataz *m/f*

contreplaqué [kɔ̃tʀəplake] *nm* contrachapado

contresens [kɔ̃tʀəsɑ̃s] *nm* contrasentido; **à ~** en sentido contrario

contretemps [kɔ̃tʀətɑ̃] *nm* contratiempo; **à ~** (*Mus*) a contratiempo; (*fig*) a destiempo

contribuer [kɔ̃tʀibɥe]: **~ à** *vt* contribuir a

contribution [kɔ̃tʀibysjɔ̃] *nf* contribución *f*; **les contributions** (*Admin*) la oficina de recaudación; **mettre à ~** utilizar los servicios de; **~s directes/indirectes** impuestos *mpl* directos/indirectos

contrôle [kɔ̃tʀol] *nm* (*Scol, d'un véhicule, gén*) control *m*; (*vérification*) control, comprobación *f*; (*maîtrise*: *de soi*) control, dominio; **~ continu** (*Scol*) evaluación *f* continua; **~ d'identité** control de identidad; **~ des changes/des prix** control de cambios/de precios; **~ des naissances** control de natalidad; **~ judiciaire** control judicial

contrôler [kɔ̃tʀole] *vt* controlar; (*vérifier*) comprobar; (*maîtriser*) dominar, controlar; **se contrôler** *vpr* (*personne*) controlarse, dominarse; **~ ses émotions** controlar sus emociones

contrôleur, -euse [kɔ̃tʀolœʀ, øz] *nm/f* revisor(a), inspector(a) de boletos (AM); **~ aérien(ne)** controlador(a) aéreo(a); **~ financier(-ère)** interventor(a)

controversé, e [kɔ̃tʀɔvɛʀse] *adj* controvertido(-a)

contusion [kɔ̃tyzjɔ̃] *nf* contusión *f*

convaincre [kɔ̃vɛ̃kʀ] *vt*: **~ qn (de qch/de faire)** convencer a algn (de algo/para que haga); **~ qn de** (*Jur*) inculpar a algn de

convalescence [kɔ̃valesɑ̃s] *nf* convalecencia

convenable [kɔ̃vnabl] *adj* (*personne, manières*) decoroso(-a), correcto(-a); (*moment, endroit*) adecuado(-a); (*salaire, travail*) aceptable

convenir [kɔ̃vniʀ] *vi* convenir; **~ à** (*être approprié à*) ser apropiado(-a) para; (*être utile à*) venir bien a; (*arranger, plaire à*) convenir a; **il convient de** es conveniente; **~ de** (*fixer*) convenir, acordar; **~ que** (*admettre*) admitir que; **~ de faire qch** acordar hacer algo; **il a été convenu que/de faire ...** se ha acordado que/hacer ...; **comme convenu** como estaba acordado

convention [kɔ̃vɑ̃sjɔ̃] *nf* (*accord*) convenio; (*Art, Théâtre*) reglas *fpl*; (*Pol*) convención *f*; **conventions** *nfpl* (*règles, convenances*) convenciones *fpl*; **~ collective** convenio colectivo

conventionné, e [kɔ̃vɑ̃sjɔne] *adj* (*clinique*) concertado(-a); (*médecin, pharmacie*) *que tiene un acuerdo con la Seguridad Social*

convenu, e [kɔ̃vny] *pp, adj* (*heure*) acordado(-a)

conversation [kɔ̃vɛʀsasjɔ̃] *nf* conversación *f*; **avoir de la ~** tener conversación

convertir [kɔ̃vɛʀtiʀ] *vt*: **~ qn (à)** convertir a algn (a); **~ qch en** convertir algo en; **se convertir (à)** *vpr* convertirse (a)

conviction [kɔ̃viksjɔ̃] *nf* convicción *f*; **sans ~** sin convicción

convivial, e, -aux [kɔ̃vivjal, jo] *adj* sociable; (*Inform*) fácil de usar

convocation [kɔ̃vɔkasjɔ̃] *nf* convocatoria

convoquer [kɔ̃vɔke] *vt* (*assemblée, candidat*) convocar; (*subordonné, témoin*) convocar, citar; (*patient*) citar; **~ qn (à)** convocar a algn (a)

coopération [kɔɔpeʀasjɔ̃] *nf* cooperación *f*

coopérer [kɔɔpeʀe] *vi*: **~ (à)** cooperar (en)

coordonné, e [kɔɔʀdɔne] *adj* coordinado(-a)

coordonner [kɔɔʀdɔne] *vt* coordinar

copain, copine [kɔpɛ̃, kɔpin] (*fam*) *nm/f* (*ami*) amigo(-a), colega *m/f*; (*de classe, de régiment*) compañero(-a) ▸ *adj*: **être ~ avec** ser amigo(-a) de; **petit(e) ~** novio(-a)

copie [kɔpi] *nf* copia; (*feuille d'examen*) hoja de examen; (*devoir*) examen *m*; (*Journalisme*) ejemplar *m*; **~ certifiée conforme** copia compulsada; **~ d'écran** (*Inform*) captura de pantalla; **~ papier** copia impresa

copier [kɔpje] *vt* copiar ▸ *vi* (*tricher*) copiar; **~ sur** copiar a; **~ coller** (*Inform*) copiar y pegar

copier-coller [kɔpjekɔle] *nm inv* copipega ▸ *vt* copiar y pegar, copipegar

copieur [kɔpjœʀ] *nm* copiadora

copieux, -euse [kɔpjø, jøz] *adj* (*repas*) copioso(-a), abundante; (*portion, notes, exemples*) abundante

copinaute [kɔpinot] (*fam*) *nm/f* ciberamigo(-a)

copine [kɔpin] *nf voir* **copain**

coq [kɔk] *nm* gallo ▸ *adj inv* : **poids ~** (*Boxe*) peso gallo; **~ de bruyère** urogallo; **le ~ du village** (*fig, péj*) el Don Juan del pueblo

coque [kɔk] *nf* (*de noix*) cáscara; (*de bateau, d'avion*) casco; (*mollusque*) berberecho; **à la ~** (*Culin*) pasado por agua

coquelicot [kɔkliko] *nm* amapola

coqueluche [kɔklyʃ] *nf* (*Méd*) tos *f* ferina; **être la ~ de** (*fig*) ser el (la) preferido(-a) de

coquet, te [kɔkɛ, ɛt] *adj* (*qui veut plaire*) coqueto(-a); (*bien habillé*) elegante; (*robe, appartement*) coquetón(-ona); (*somme*) bonito(-a)

coquetier [kɔk(ə)tje] *nm* huevera

coquillage [kɔkijaʒ] *nm* (*mollusque*) marisco; (*coquille*) concha

coquille [kɔkij] *nf* (*de mollusque*) concha; (*de noix, d'œuf*) cáscara; (*Typo*) errata; **~ de noix** (*Naut*) barquita; **~ d'œuf** *adj inv* (*couleur*) blanquecino(-a); **~ St Jacques** vieira

coquin, e [kɔkɛ̃, in] *adj* (*enfant, sourire, regard*) pícaro(-a); (*histoire*) picarón(-ona) ▸ *nm/f* pícaro(-a)

cor [kɔʀ] *nm* (*Mus*) trompa; (*au pied*) callo; **réclamer à ~ et à cri** reclamar a grito pelado; **~ anglais** corno inglés; **~ de chasse** cuerno de caza

corail, -aux [kɔʀaj, o] *nm* coral *m*

Coran [kɔʀɑ̃] *nm* : **le ~** el Corán

corbeau, x [kɔʀbo] *nm* cuervo

corbeille [kɔʀbɛj] *nf* cesta; (*Théâtre*) piso principal; **la ~** (*à la Bourse*) el corro; **~ à ouvrage** costurero; **~ à pain** cesta del pan; **~ à papiers** cesto de los papeles; **~ de mariage** regalos *mpl* de boda

corde [kɔʀd] *nf* (*gén*) cuerda; (*de violon, raquette*) cuerda; (*Athlétisme, Auto*) cuerda; **les ~s** (*Boxe*) las cuerdas; **la ~ sensible** la vena sensible; **les (instruments à) ~s** los instrumentos de cuerda; **tapis/semelles de ~** alfombra/suelas *fpl* de esparto; **tenir la ~** (*Athlétisme, Auto*) llevar la cuerda; **tomber des ~s** llover a cántaros; **tirer sur la ~** tirar de la cuerda; **usé jusqu'à la ~** raído; **~ à linge** tendedero; **~ à nœuds** cuerda de nudos; **~ à sauter** comba; **~ lisse/raide** cuerda lisa/floja; **~s vocales** cuerdas *fpl* vocales

cordée [kɔʀde] *nf* cordada

cordialement [kɔʀdjalmɑ̃] *adv* cordialmente

cordon [kɔʀdɔ̃] *nm* cordón *m*; **~ littoral** cordón litoral; **~ ombilical** cordón umbilical; **~ sanitaire/de police** cordón sanitario/policial

cordonnerie [kɔʀdɔnʀi] *nf* zapatería

cordonnier, -ère [kɔʀdɔnje, ijɛʀ] *nm/f* zapatero(-a)

Corée [kɔʀe] *nf* Corea; **la ~ du Sud/du Nord** Corea del Sur/del Norte

coriace [kɔʀjas] *adj* correoso(-a)

corne [kɔʀn] *nf* cuerno; **~ d'abondance** cuerno de la abundancia; **~ de brume** sirena de bruma

cornée [kɔʀne] *nf* córnea

corneille [kɔʀnɛj] *nf* corneja

cornemuse [kɔʀnəmyz] *nf* cornamusa, gaita; **joueur de ~** gaitero

cornet [kɔʀnɛ] *nm* (*de frites, glace*) cucurucho; **~ à piston** cornetín *m*

corniche [kɔʀniʃ] *nf* (*d'armoire*) cornisa; (*route*) carretera de cornisa

cornichon [kɔʀniʃɔ̃] *nm* pepinillo

corporel, le [kɔʀpɔʀɛl] *adj* corporal; **soins ~s** cuidados *mpl* corporales

corps [kɔʀ] *nm* (*aussi fig*) cuerpo; **à son ~ défendant** a pesar suyo; **à ~ perdu** en cuerpo y alma; **le ~ diplomatique** el cuerpo diplomático; **perdu ~ et biens** (*Naut*) perdido con toda su carga; **prendre ~** tomar cuerpo; **faire ~ avec** formar cuerpo con, confundirse con; **~ et âme** cuerpo y alma; **~ à ~** *nm, adv* cuerpo a cuerpo; **~ constitués** (*Pol*) instituciones *fpl*; **~ consulaire/législatif** cuerpo consular/legal; **~ de ballet/de garde** cuerpo de ballet/de guardia; **~ du délit** (*Jur*) cuerpo del delito; **~ électoral** censo electoral; **~ enseignant** cuerpo docente; **~ étranger** (*Méd, Biol*) cuerpo extraño; **~ expéditionnaire/d'armée** cuerpo expedicionario/de ejército; **~ médical** clase *f* médica

correct, e [kɔʀɛkt] *adj* correcto(-a)

correcteur, -trice [kɔʀɛktœʀ, tʀis] *nm/f* (*d'examen*) examinador(a); (*Typo*) corrector(a)

correction [kɔʀɛksjɔ̃] *nf* corrección *f*; (*idée, trajectoire*) modificación *f*; (*coups*) paliza, golpiza (AM); **~ (des épreuves)** corrección (de pruebas); **~ sur écran** corrección en pantalla

correspondance [kɔʀɛspɔ̃dɑ̃s] *nf* correspondencia; (*de train, d'avion*) empalme *m*; **ce train assure la ~ avec l'avion de 10 heures** este tren enlaza con el vuelo de las 10; **cours par ~** curso por correspondencia; **vente par ~** venta por correo

correspondant, e [kɔʀɛspɔ̃dɑ̃, ɑ̃t] *adj* correspondiente ▶ *nm/f* corresponsal *m/f*; (*au téléphone*) interlocutor(a)

correspondre [kɔʀɛspɔ̃dʀ] *vi* corresponder; (*chambres*) corresponderse; **~ à** corresponder a; (*se rapporter à*) corresponderse con; **~ avec qn** cartearse con algn

corrida [kɔʀida] *nf* corrida

corridor [kɔʀidɔʀ] *nm* pasillo

corrigé [kɔʀiʒe] *nm* (*Scol*) solución *f*

corriger [kɔʀiʒe] *vt* corregir; (*idée, trajectoire*) rectificar; **il l'a corrigé** le dio una paliza

corrompre [kɔʀɔ̃pʀ] *vt* corromper

corruption [kɔʀypsjɔ̃] *nf* corrupción *f*

corse [kɔʀs] *adj* corso(-a) ▶ *nf*: **Corse** Córcega ▶ *nm/f*: **Corse** corso(-a)

corsé, e [kɔʀse] *adj* (*café etc*) fuerte; (*problème*) arduo(-a); (*histoire*) escabroso(-a)

cortège [kɔʀtɛʒ] *nm* (*funèbre*) comitiva; (*de manifestants*) desfile *m*

cortisone [kɔʀtizɔn] *nf* cortisona

corvée [kɔʀve] *nf* faena

cosmétique [kɔsmetik] *nm* (*produit de beauté*) cosmético ▶ *adj* cosmético(-a)

cosmopolite [kɔsmɔpɔlit] *adj* cosmopolita

costaud, e [kɔsto, od] *adj* robusto(-a)

costume [kɔstym] *nm* traje *m*; (*de théâtre*) vestuario

costumé, e [kɔstyme] *adj* disfrazado(-a)

cote [kɔt] *nf* (*d'une valeur boursière*) cotización *f*; (*d'une voiture, d'un timbre*) valoración *f*; (*d'un cheval*) clasificación *f*; (*mesure*) cota; (*de classement, d'un document*) signatura; **avoir la ~** (*fam*) estar muy cotizado(-a); **~ d'alerte** nivel *m* de alarma; **~ de popularité** cota de popularidad

côte [kot] *nf* (*rivage*) costa; (*pente*) cuesta; (*Anat, Boucherie*) costilla; (*d'un tricot, tissu*) canalé *m*; **~ à ~** uno al lado de otro; **la C~ (d'Azur)** la Costa Azul; **la C~ d'Ivoire** Costa de Marfil

côté [kote] *nm* (*Géom, gén*) lado; (*du corps*) costado; (*feuille*) cara; **de 10 m de ~** de 10 m. de lado; **des deux ~s de la route/frontière** en ambos lados de la carretera/frontera; **de tous (les) ~s** por todos lados, por todas partes; **de quel ~ est-il parti ?** ¿en qué dirección salió?; **de ce/de l'autre ~** de este/del otro lado; **d'un ~ ... d'un autre ~** por una parte ... por otra; **du ~ de** (*provenance*) por el lado de; (*direction*) en dirección a, de camino a; (*proximité*) cerca de, por; **il habite du ~ de Lyon** vive cerca de Lyon; **de ~** (*marcher*) de lado; (*être, se tenir*) a un lado; **laisser de ~** dejar de lado; **mettre de ~** poner a un lado; **sur le ~ de** por el lado de; **de chaque ~ (de)** a cada lado (de), a ambos lados (de); **du ~ gauche** por la izquierda; **de mon ~** por mi parte; **regarder de ~** mirar de soslayo; **à ~** al lado; **à ~ de** al lado de; **être aux ~s de** estar al/del lado de

côtelette [kotlɛt] *nf* chuleta

côtier, -ière [kotje, jɛʀ] *adj* costero(-a)

cotisation [kɔtizasjɔ̃] *nf* (*à un club, syndicat*) cuota; (*pour une pension, sécurité sociale*) cotización *f*

cotiser [kɔtize] *vi* (*à une assurance etc*): **~ (à)** cotizar; (*à une association*) pagar la cuota (de); **se cotiser** *vpr* pagar a escote

coton [kɔtɔ̃] *nm* algodón *m*; **drap/robe de ~** sábana/vestido de algodón; **~ hydrophile** algodón hidrófilo; **c'est ~ !** (*fam : ardu, complexe*) ¡no es moco de pavo!

Coton-Tige® [kɔtɔ̃tiʒ] (*pl* **Cotons-Tiges**) *nm* bastoncillo

cou [ku] *nm* cuello

couchant [kuʃɑ̃] *adj* : **soleil ~** sol *m* poniente

couche [kuʃ] *nf* (*de bébé*) pañal *m*; (*gén, Géologie*) capa; **couches** *nfpl* (*Méd*) parto *msg*; **~s sociales** capas *fpl* sociales

couché, e [kuʃe] *adj* tumbado(-a), tendido(-a); (*au lit*) acostado(-a); **~ sur l'herbe** tumbado(-a) sobre la hierba

coucher [kuʃe] *nm* (*du soleil*) puesta ▸ *vt* (*mettre au lit*) acostar; (*étendre*) tumbar, tender ▸ *vi* dormir; (*fam*) : **~ avec qn** acostarse con algn; **se coucher** *vpr* (*pour dormir*) acostarse; (*pour se reposer*) tumbarse, acostarse; (*soleil*) ponerse; **à prendre avant le ~** (*Méd*) tomar antes de acostarse; **~ de soleil** puesta de sol

couchette [kuʃɛt] *nf* litera

coucou [kuku] *nm* cuclillo ▸ *excl* ¡hola!

coude [kud] *nm* codo; (*de la route*) recodo; **~ à ~** codo a codo

coudre [kudʀ] *vt, vi* coser

couette [kwɛt] *nf* (*édredon*) edredón *m*; **couettes** *nfpl* (*cheveux*) coletas *fpl*

couffin [kufɛ̃] *nm* (*de bébé*) moisés *m*

couler [kule] *vi* (*fleuve*) fluir; (*liquide, sang*) correr; (*stylo*) perder tinta; (*récipient*) gotear; (*nez*) moquear; (*bateau*) hundirse ▸ *vt* colar; (*bateau*) hundir; (*entreprise*) hundir, arruinar; **se couler dans** *vpr* colarse en; **~ une vie heureuse** llevar una vida feliz; **faire** *ou* **laisser ~** dejar correr; **faire ~ un bain** preparar un baño; **~ une bielle** (*Auto*) fundir una biela; **~ de source** caer por su peso; **~ à pic** irse a pique

couleur [kulœʀ] *nf* (*aussi fig*) color *m*; (*Cartes*) palo; **couleurs** *nfpl* (*du teint, dans un tableau*) colores *mpl*, colorido; (*Mil*) bandera; **film/télévision en ~s** película/televisión *f* en color; **de ~** de color; **sous ~ de faire** con el pretexto de hacer

couleuvre [kulœvʀ] *nf* culebra

coulisse [kulis] *nf* (*Tech*) ranura; **coulisses** *nfpl* (*Théâtre*) bastidores *mpl*; (*fig*) : **dans les ~s** entre bastidores; **porte à ~** puerta de corredera

coup [ku] *nm* golpe *m*; (*avec arme à feu*) disparo; (*frappé par une horloge*) campanada; (*fam : fois*) vez *f*; (*Échecs*) jugada; **à ~s de hache** a hachazos; **à ~s de marteau** a martillazos; **être sur un ~** (*fam*) tener un asuntillo entre manos; **en ~ de vent** como un rayo; **donner** *ou* **passer un ~ de balai (dans)** dar un barrido (a), pasar la escoba (por); **boire un ~** (*fam*) echar un trago; **à tous les ~s** todas las veces; **à tous les ~s il a oublié** seguro que se le ha olvidado; **être dans le/hors du ~** estar/no estar en el ajo; **il a raté son ~** le falló la jugada; **du ~** así que; **pour le ~** por una vez; **d'un seul ~** (*subitement*) de repente; (*à la fois*) de un solo golpe; **du premier ~** al primer intento; **faire un ~ bas à qn** dar un golpe bajo a algn; **du même ~** al mismo tiempo; **à ~ sûr ...** seguro que ...; **après ~** después; **~ sur ~** uno(-a) tras otro(-a); **sur le ~** en el acto; **sous le ~ de** (*surprise etc*) afectado(-a) por; **tomber sous la ~ de la loi** (*Jur*) caer bajo el peso de la ley; **~ d'éclat** proeza; **~ d'envoi** (*Sport*) saque *m* de centro; (*fig*) pistoletazo de salida; **~ d'essai** ensayo; **~ d'État** golpe de estado; **~ d'œil** vistazo, ojeada; **~ de chance** golpe de suerte; **~ de chapeau** sombrerazo; **~ de coude** codazo; **~ de couteau** cuchillada; **~ de crayon** trazo; **~ de feu** disparo; **~ de fil** (*fam*) llamada; **~ de filet** redada; **~ de foudre** flechazo; **~ de fouet** latigazo; **~ de frein** (*Auto*) frenazo; **~ de fusil** clavada; **~ de genou** rodillazo; **~ de grâce** golpe de suerte; **~ de main** : **donner un ~ de main à qn** echar una mano a algn; **~ de maître** acción *f* magistral; **~ de pied** patada; **~ de pinceau** pincelada; **~ de poing** puñetazo; **~ de soleil** insolación *f*; **~ de sonnette** timbrazo; **~ de téléphone** telefonazo, llamado (AM); **~ de tête** (*fig*) cabezonada; **~ de théâtre** (*fig*) hecho imprevisto; **~ de tonnerre** trueno; **~ de vent** ráfaga de viento; **~ du lapin** golpe en la nuca; **~ dur** golpe duro; **~ fourré** mala jugada; **~ franc** golpe franco; **~ sec** golpe seco

coupable [kupabl] *adj, nm/f* culpable *m/f*

coupe [kup] *nf* corte *f*; (*verre, Sport*) copa; (*à fruits*) frutero; **vue en ~** corte transversal; **être sous la ~ de** estar bajo la férula de; **faire des ~s sombres dans** hacer un recorte drástico en

coupe-file [kupfil] *adj* pase *m* rápido, fast pass *m*

couper [kupe] *vt* cortar; (*retrancher*) suprimir; (*eau, courant*) cortar, quitar; (*appétit, fièvre*) quitar; (*vin, liquide*) aguar; (*Tennis etc*) volear ▶ *vi* cortar; (*prendre un raccourci*) atajar; (*Cartes*) cortar; (: *avec l'atout*) cortar triunfo; **se couper** *vpr* cortarse; (*en témoignant etc*) contradecirse; **se faire ~ les cheveux** cortarse el pelo; **~ l'appétit à qn** quitar el apetito a algn; **~ la parole à qn** quitar la palabra a algn, interrumpir a algn; **~ les vivres à qn** suprimir los subsidios a algn; **~ le contact** *ou* **l'allumage** (*Auto*) quitar el contacto *ou* el encendido; **~ les ponts (avec qn)** cortar el contacto (con algn)

couper-coller [kupekɔle] *nm inv* cortapega *m*

couple [kupl] *nm* pareja; **~ de torsion** par *m* de torsión

couplet [kuplɛ] *nm* (*Mus*) copla, estrofa; (*péj*) cantilena

coupole [kupɔl] *nf* cúpula; **la C~** la Academia Francesa; *ver nota cultural* **Académie française**

coupon [kupɔ̃] *nm* (*ticket*) cupón *m*, bono; (*tissu*) pieza

coupure [kupyʀ] *nf* corte *m*; (*billet de banque*) billete *m*; (*de presse*) recorte *m*; **~ de courant/d'eau** corte de corriente/de agua

cour [kuʀ] *nf* (*de ferme*) corral *m*; (*de jardin, immeuble*) patio; (*Jur*) tribunal *m*; (*royale*) corte *f*; **faire la ~ à qn** hacer la corte a algn; **~ d'appel** tribunal de apelación; **~ d'assises** sala de lo criminal; **~ de cassation** ≈ tribunal supremo; **~ de récréation** patio; **~ des comptes** (*Admin*) tribunal de cuentas; **~ martiale** consejo de guerra

courage [kuʀaʒ] *nm* valor *m*; (*ardeur, énergie*) coraje *m*; **un peu de ~** ánimo; **bon ~ !** ¡ánimo!

courageux, -euse [kuʀaʒø, øz] *adj* valiente, valeroso(-a)

couramment [kuʀamɑ̃] *adv* (*souvent*) frecuentemente; (*parler*) con soltura

courant, e [kuʀɑ̃, ɑ̃t] *adj* (*fréquent*) corriente, común; (*gén, Comm*) corriente ▶ *nm* (*aussi fig*) corriente *f*; **être au ~ (de)** estar al corriente (de); **mettre qn au ~ (de)** poner a algn al corriente (de); **se tenir au ~ (de)** mantenerse al corriente (de); **dans le ~ de** durante; **~ octobre** a lo largo de octubre; **le 10 ~** el 10 del corriente; **« anglais ~ »** « inglés fluido »; **~ d'air** corriente de aire; **~ électrique** corriente eléctrica

courbature [kuʀbatyʀ] *nf*: **courbatures** (*Sport*) agujetas *fpl*

courbe [kuʀb] *adj* curvo(-a) ▶ *nf* curva; **~ de niveau** curva de nivel

coureur, -euse [kuʀœʀ, øz] *nm/f* corredor(a) ▶ *adj m, nm* (*péj*) mujeriego ▶ *adj f, nf* (*péj*) pendón *m*; **~ automobile** corredor automovilístico; **~ cycliste** ciclista *m*

courge [kuʀʒ] *nf* calabaza

courgette [kuʀʒɛt] *nf* calabacín *m*

courir [kuʀiʀ] *vi* (*aussi fig*) correr ▶ *vt* (*Sport*) disputar; (*danger, risque*) correr; **~ les cafés/bals** frecuentar los cafés/bailes; **~ les magasins** ir de compras, ir de tiendas; **le bruit court que ...** corre la voz de que ...; **par les temps qui courent** en los tiempos que corren, en estos tiempos; **~ après qn** correr detrás de algn; (*péj*) andar detrás de algn; **laisser ~ qch/qn** dejar en paz algo/a algn; **faire ~ qn** llevar a algn al retortero; **tu peux (toujours) ~ !** ¡espera sentado!

couronne [kuʀɔn] *nf* (*aussi fig*) corona; **~ (funéraire** *ou* **mortuaire)** corona (mortuoria)

courons *etc* [kuʀɔ̃] *vb voir* **courir**

courriel [kuʀjɛl] *nm* mail *m*, email *m*, correo electrónico; **envoyer qch par ~** enviar algo por mail *ou* email *ou* correo electrónico

courrier [kuʀje] *nm* correo; (*rubrique*) prensa; **qualité ~** calidad *f* de correspondencia; **long/moyen ~** (*Aviat*) avión *m* de distancias largas/medias; **~ du cœur** prensa del corazón; **~ électronique** correo electrónico

courroie [kuʀwa] *nf* correa; **~ de transmission/de ventilateur** correa de transmisión/del ventilador

courrons *etc* [kuʀɔ̃] *vb voir* **courir**

cours [kuʀ] *vb voir* **courir** ▶ *nm* clase *f*; (*série de leçons*) clases *fpl*, curso; (*établissement*) academia; (*des événements, d'une rivière*) curso; (*avenue*) avenida, paseo; (*Comm*) valor *m*, precio; (*Bourse*) cotización *f*; (*des matières premières*) valor; (*déroulement*) transcurso; **donner libre ~ à** dar rienda suelta a; **avoir ~** (*monnaie*) estar en circulación; (*fig*) estilarse; (*Scol*) tener clase; **en ~** (*année*) en curso; (*travaux*) en curso, pendiente; **en ~ de route** en el camino; **au ~ de** durante, en el transcurso de; **le ~ du change** el cambio; **~ d'eau** río; **~ du soir** (*Scol*) clase nocturna; **~ élémentaire** (*Scol*) *ciclo inicial de educación primaria en el sistema francés*; **~ moyen** (*Scol*) *ciclo medio de educación primaria en el sistema francés*; **~ préparatoire** (*Scol*) *año preparatorio de educación primaria en el sistema francés*

course [kuʀs] *nf* (*gén, d'un taxi, du soleil*) carrera; (*d'un projectile*) trayectoria; (*d'une pièce mécanique*) recorrido; (*excursion en montagne*) marcha, excursión *f*; (*petite mission*) recado; **courses** *nfpl* compras *fpl*; (*Hippisme*) carreras *fpl* (hípicas); **faire les** *ou* **ses ~s** ir de compras; **jouer aux ~s** apostar en las carreras; **à bout de ~** reventado(-a); **~ à pied/automobile** carrera a pie/automovilística; **~ de côte** (*Auto*) carrera de ascensión; **~s de chevaux** carreras de caballos; **~ d'obstacles/de vitesse/par étapes** carrera de obstáculos/de velocidad/por etapas

court, e [kuʀ, kuʀt] *adj* (*temps*) corto(-a), breve; (*en longueur, distance*) corto(-a); (*en hauteur*) bajo(-a) ▶ *adv* corto ▶ *nm* (*de tennis*) pista, cancha; **tourner ~** acabarse de golpe; **couper ~ à ...** acabar con ...; **à ~ de** escaso de; **prendre qn de ~** pillar a algn de imprevisto; **pour faire ~** para abreviar; **avoir le souffle ~** quedarse en seguida sin aliento; **tirer à la courte paille** echar pajas; **faire la courte échelle à qn** aupar a algn; **~ métrage** (*Ciné*) cortometraje *m*

court-circuit [kuʀsiʀkɥi] (*pl* **courts-circuits**) *nm* cortocircuito

courtoisie [kuʀtwazi] *nf* cortesía

couru, e [kuʀy] *pp de* **courir** ▶ *adj* (*spectacle*) concurrido(-a); **c'est ~ (d'avance) !** (*fam*) ¡está claro!

cousais *etc* [kuzɛ] *vb voir* **coudre**

couscous [kuskus] *nm* cuscús *m*, alcuzcuz *m*

cousin, e [kuzɛ̃, in] *nm/f* primo(-a); (*Zool*) típula; **~ germain** primo hermano *ou* carnal; **~ issu de germain** primo segundo

coussin [kusɛ̃] *nm* cojín *m*; (*Tech*) almohadilla; **~ d'air** (*Tech*) almohadilla neumática

cousu, e [kuzy] *pp de* **coudre** ▶ *adj* : **~ d'or** forrado(-a) de dinero

coût [ku] *nm* (*d'un travail, objet*) coste *m*, precio; **le ~ de la vie** el coste de la vida

couteau, x [kuto] *nm* cuchillo; (*mollusque*) navaja; **~ à cran d'arrêt** navaja de resorte; **~ à pain/de cuisine** cuchillo del pan/de cocina; **~ de poche** navaja de bolsillo

coûter [kute] *vt* (*aussi fig*) costar ▶ *vi* : **~ à qn** costarle a algn; **~ cher** costar caro; **ça va lui ~ cher** (*fig*) va a pagarlo caro; **combien ça coûte ?** ¿cuánto cuesta?, ¿cuánto vale?; **coûte que coûte** a toda costa

coûteux, -euse [kutø, øz] *adj* costoso(-a)

coutume [kutym] *nf* costumbre *f*; **de ~** de costumbre, de ordinario

couture [kutyʀ] *nf* costura

couturier, -ière [kutyʀje, jɛʀ] *nm/f* costurero(a) ▶ *nm* modisto(a) *m/f*

couvent [kuvɑ̃] *nm* convento

couver [kuve] *vt* (*œufs, maladie*) incubar; (*personne*) mimar ▶ *vi* (*feu*) mantenerse; (*révolte*) incubarse, prepararse; **~ qch/qn des yeux** comerse con los ojos algo/a algn

couvercle [kuvɛʀkl] *nm* tapa

couvert, e [kuvɛʀ, ɛʀt] *pp de* **couvrir** ▶ *adj* (*ciel, coiffé d'un chapeau*) cubierto(-a); (*protégé*) protegido(-a), resguardado(-a) ▶ *nm* cubierto; **couverts** *nmpl* cubiertos *mpl*; **~ de** cubierto(-a) por; **bien ~** bien abrigado(-a); **mettre le ~** poner la mesa; **service de 12 ~s en argent** juego de 12 cubiertos de plata; **à ~** a cubierto, a resguardo; **sous (le) ~ de** bajo la apariencia de

couverture [kuvɛʀtyʀ] *nf* (*de lit*) manta, frazada (*AM*), cobija (*AM*); (*de bâtiment*) cubierta; (*de livre, cahier*) forro; (*d'un espion*) máscara; (*Assurance, Presse*) cobertura; **~ chauffante** manta térmica

couvre-lit [kuvʀəli] (*pl* **couvre-lits**) *nm* colcha

couvrir [kuvʀiʀ] *vt* cubrir; (*d'ornements, d'éloges*) : **~ qch/qn de** cubrir a algo/algn de; (*supérieur hiérarchique*) proteger; (*voix, pas*) cubrir, tapar; (*erreur*) ocultar; (*distance*) recorrer; (*Zool*) cubrir; **se couvrir** *vpr* cubrirse; **se ~ de** (*fleurs, boutons*) llenarse de

covoiturage [kovwatyʀaʒ] *nm* uso *m* de vehículos compartidos; **le meilleur site**

de ~ la mejor web para compartir vehículo

cow-boy [kobɔj] (*pl* **cow-boys**) *nm* vaquero

crabe [kʀɑb] *nm* cangrejo (de mar)

cracher [kʀaʃe] *vi, vt* escupir; (*lave, injures*) escupir, arrojar; **~ du sang** escupir sangre

crachin [kʀaʃɛ̃] *nm* llovizna, garúa (*AM*)

craie [kʀɛ] *nf* (*substance*) greda; (*morceau*) tiza, gis *m* (*Mex*)

craindre [kʀɛ̃dʀ] *vt* temer; (*être sensible à*) no tolerar; **je crains que vous (ne) fassiez erreur** (me) temo que se equivoca; **~ de/que** temer/temer que

crainte [kʀɛ̃t] *nf* temor *m*; **soyez sans ~** no tema nada; **(de) ~ de/que** por temor a/a que

craintif, -ive [kʀɛ̃tif, iv] *adj* temeroso(-a)

crampe [kʀɑ̃p] *nf* calambre *m*; **~ d'estomac** cólico de estómago

crampon [kʀɑ̃pɔ̃] *nm* (*de semelle*) taco; (*Alpinisme*) crampón *m*; **raccrocher les ~s** (*fig*) colgar las botas

cramponner [kʀɑ̃pɔne]: **se cramponner** *vpr*: **se ~ (à)** agarrarse (a)

cran [kʀɑ̃] *nm* (*entaille, trou*) muesca; (*de courroie*) ojete *m*; (*courage*) agallas *fpl*; **être à ~** estar que se lo llevan los demonios; **~ d'arrêt** muelle *m*; **~ de sûreté** seguro

crapaud [kʀapo] *nm* sapo

craquement [kʀakmɑ̃] *nm* crujido

craquer [kʀake] *vi* (*bois, plancher*) crujir; (*fil, branche*) romperse; (*couture*) estallar; (*s'effondrer*) derrumbarse ▸ *vt* (*Inform: logiciel*) crackear; **~ une allumette** frotar una cerilla; **je craque** (*fam*) me vuelvo loco(-a); **~ pour qch** (*fam*) sucumbir al encanto de algo

crasse [kʀas] *nf* mugre *f* ▸ *adj* (*ignorance*) craso(-a)

crasseux, -euse [kʀasø, øz] *adj* mugriento(-a), mugroso(-a) (*AM*)

cravache [kʀavaʃ] *nf* fusta

cravate [kʀavat] *nf* corbata

crawl [kʀol] *nm* crol *m*

crayon [kʀɛjɔ̃] *nm* lápiz *m*; **écrire au ~** escribir con lápiz; **~ de couleur** lápiz de color; **~ optique** lápiz óptico

création [kʀeasjɔ̃] *nf* creación *f*

crèche [kʀɛʃ] *nf* (*de Noël*) nacimiento, belén *m*; (*garderie*) guardería

crédit [kʀedi] *nm* (*confiance, autorité, Écon*) crédito; (*d'un compte bancaire*) crédito, haber *m*; **crédits** *nmpl* fondos *mpl*; **payer/acheter à ~** pagar/comprar a plazos; **faire ~ à qn** tener confianza en algn

créditer [kʀedite] *vt*: **~ un compte (de)** abonar en cuenta

créer [kʀee] *vt* crear

crémaillère [kʀemajɛʀ] *nf* cremallera; **direction à ~** (*Auto*) dirección *f* de cremallera; **pendre la ~** festejar el estreno de una casa

crème [kʀɛm] *nf* crema; (*du lait*) nata, crema; (*Pharmacie*) crema, pomada ▸ *adj inv* crema; **un (café) ~** un café con leche; **~ à raser** crema de afeitar; **~ Chantilly** nata Chantilly; **~ fouettée** nata batida; **~ glacée** helado

crémeux, -euse [kʀemø, øz] *adj* cremoso(-a)

créneau, x [kʀeno] *nm* (*de fortification*) almena; (*Comm*) segmento de mercado; **faire un ~** (*Auto*) aparcar hacia atrás

crêpe [kʀɛp] *nf* crêpe *f*, panqueque *m* (*AM*) ▸ *nm* (*tissu*) crespón *m*; (*de deuil*) crespón, gasa negra; **semelle (de) ~** suela de crepé; **~ de Chine** crespón de China

crêperie [kʀɛpʀi] *nf* crepería

crépuscule [kʀepyskyl] *nm* crepúsculo

cresson [kʀesɔ̃] *nm* berro

creuser [kʀøze] *vt* cavar; (*bois*) vaciar; (*problème, idée*) cavilar; **ça creuse** (*fam*) eso abre el apetito; **se ~ la cervelle** *ou* **la tête** romperse la cabeza

creux, -euse [kʀø, kʀøz] *adj* hueco(-a) ▸ *nm* hueco; **heures creuses** (*transports*) horas *fpl* de menos tráfico; (*travail*) horas muertas; (*pour électricité, téléphone*) horas de tarifa baja; **le ~ de l'estomac** la boca del estómago

crevaison [kʀəvɛzɔ̃] *nf* pinchazo

crevé, e [kʀəve] *adj* (*pneu*) pinchado(-a); (*fam*): **je suis ~** estoy reventado(-a)

crever [kʀəve] *vt* estallar, explotar ▸ *vi* (*pneu, automobiliste*) pinchar; (*abcès, outre*) reventar; (*nuage*) descargar; (*fam: mourir*) palmarla; **~ d'envie/de peur** morirse de ganas/de miedo; **~ de faim/de soif/de froid** morirse de hambre/de sed/de frío; **~ l'écran** barrer; **~ l'abcès** (*fig*) cortar por lo sano

crevette [kʀəvɛt] *nf*: **~ rose** gamba; **~ grise** quisquilla, camarón *m*

cri [kʀi] *nm* grito; **à grands ~s** a grito pelado; **~s d'enthousiasme** gritos *mpl* de entusiasmo; **c'est le dernier ~** es el último grito; **~s de protestation** gritos de protesta

criard, e [kʀijaʀ, kʀijaʀd] *adj* (*couleur*) chillón(-ona)

cric [kʀik] *nm* (*Auto*) gato

crier [kʀije] *vi* gritar ▶ *vt* (*ordre*) dar a gritos; (*injure*) lanzar; **sans ~ gare** sin avisar; **~ au secours** pedir socorro; **~ famine** quejarse de hambre; **~ grâce** pedir merced; **~ au scandale** poner el grito en el cielo; **~ au meurtre** clamar contra el asesinato

crime [kʀim] *nm* crimen *m*; **le ~ organisé** el crimen organizado

criminel, le [kʀiminɛl] *adj* (*acte*) criminal; (*poursuites, droit*) penal ▶ *nm/f* criminal *m/f*; **~ de guerre** criminal de guerra

crin [kʀɛ̃] *nm* crin *f*; **à tous ~s, à tout ~** de tomo y lomo

crinière [kʀinjɛʀ] *nf* (*de cheval*) crines *fpl*; (*de lion*) melena

crique [kʀik] *nf* cala

criquet [kʀikɛ] *nm* langosta

crise [kʀiz] *nf* crisis *f inv*; **~ cardiaque** ataque *m* cardíaco; **~ de foie** cólico biliar; **~ de nerfs** ataque de nervios, crisis nerviosa

criser [kʀize] (*fam*) *vi* perder los estribos

cristal, -aux [kʀistal, o] *nm* cristal *m*; **cristaux** *nmpl* (*objets de verre*) cristalería *fsg*; **~ de plomb** vidrio de plomo, cristal de plomo; **~ de roche** cristal de roca; **cristaux de soude** sosa *fsg* en polvo

critère [kʀitɛʀ] *nm* criterio

critiquable [kʀitikabl] *adj* discutible

critique [kʀitik] *adj* crítico(-a) ▶ *nf* (*aussi article*) crítica ▶ *nm/f* (*personne*) crítico(-a); **la ~** (*activité, personnes*) la crítica

critiquer [kʀitike] *vt* criticar

Croatie [kʀɔasi] *nf* Croacia

crochet [kʀɔʃɛ] *nm* gancho; (*tige, clef*) ganzúa; (*détour*) desvío, rodeo; (*Tricot*) ganchillo; (*Boxe*) : **~ du gauche** gancho de izquierda; **crochets** *nmpl* (*Typo*) corchetes *mpl*; **vivre aux ~s de qn** vivir a expensas de algn

crocodile [kʀɔkɔdil] *nm* cocodrilo

croire [kʀwaʀ] *vt* creer; **~ qn honnête** creer en la honestidad de algn; **se ~ fort** considerarse fuerte; **~ que** creer que; **j'aurais cru que si** hubiera creído que sí; **je n'aurais pas cru cela (de lui)** nunca lo hubiera pensado (de él); **vous croyez ?** ¿lo cree usted?, ¿lo piensa usted?; **vous ne croyez pas ?** ¿no lo cree así?; **~ à** *ou* **en** creer en; **~ (en Dieu)** creer (en Dios)

croisade [kʀwazad] *nf* cruzada

croisement [kʀwazmɑ̃] *nm* (*carrefour, Biol*) cruce *m*

croiser [kʀwaze] *vt* cruzar; (*personne, voiture*) cruzarse con, encontrar ▶ *vi* navegar; **se croiser** *vpr* cruzarse; **~ les jambes/les bras** cruzar las piernas/los brazos; **se ~ les bras** (*fig*) cruzarse de brazos

croisière [kʀwazjɛʀ] *nf* crucero; **vitesse de ~** velocidad *f* de crucero

croissance [kʀwasɑ̃s] *nf* crecimiento; **troubles de la/maladie de ~** trastornos *mpl*/enfermedad *f* del crecimiento; **~ économique** crecimiento económico

croissant, e [kʀwasɑ̃, ɑ̃t] *vb voir* **croître** ▶ *adj* creciente ▶ *nm* (*gâteau*) croissant *m*; (*motif*) media luna; **~ de lune** media luna

croître [kʀwatʀ] *vi* crecer

croix [kʀwa] *nf* cruz *f*; **en ~** en cruz; **la C~ Rouge** la Cruz Roja

croque-monsieur [kʀɔkməsjø] *nm inv* *sandwich de jamón y queso (tostado)*

croquer [kʀɔke] *vt* (*manger, fruit*) comer; (*dessiner*) bosquejar ▶ *vi* crujir; **chocolat à ~** chocolate *m* negro; **~ la vie à belles dents** (*fig*) vivir la vida a tope; **être à ~** (*fig* : *enfant*) estar para comérselo(-a); (: *personne*) estar guapísimo(-a)

croquis [kʀɔki] *nm* croquis *m inv*, boceto

crotte [kʀɔt] *nf* caca; **~ !** (*fam*) ¡córcholis!, ¡concho!

crottin [kʀɔtɛ̃] *nm* : **~ (de cheval)** excremento (de caballo); (*petit fromage de chèvre*) *quesito redondo de cabra*

croustillant, e [kʀustijɑ̃, ɑ̃t] *adj* crujiente; (*histoire*) picante

croûte [kʀut] *nf* (*du fromage, pain*) corteza; (*de glace*) capa; (*Méd*) costra, postilla; (*de tartre, peinture*) costra; (*péj* : *peinture*) mamarracho; **en ~** (*Culin*) en pastel; **~ de**

pain (*morceau*) mendrugo; **~ terrestre** corteza terrestre

croûton [kʀutɔ̃] *nm* (*Culin*) picatoste *m*; (*extrémité : du pain*) cuscurro

croyant, e [kʀwajɑ̃, ɑ̃t] *vb voir* **croire** ▸ *adj* (*Rel*) : **être/ne pas être ~** ser/no ser creyente ▸ *nm/f* (*Rel*) creyente *m/f*

CRS [seɛʀɛs] = *Compagnie républicaine de sécurité sigle fpl* (*corps de la police*) brigada antidisturbios ▸ *sigle m/f* (*policier*) (agente *m/f*) antidisturbios *m/f inv*

cru, e [kʀy] *pp de* **croire** ▸ *adj* (*non cuit*) crudo(-a); (*lumière, couleur*) fuerte, vivo(-a); (*description, langage*) crudo(-a) ▸ *nm* (*vignoble*) viñedo; (*vin*) caldo; **monter à ~** (*cheval*) montar a pelo; **de son (propre) ~** (*fig*) de su (propia) cosecha; **du ~** de la región

crû, e [kʀy] *pp de* **croître**

cruauté [kʀyote] *nf* crueldad *f*

cruche [kʀyʃ] *nf* cántaro

crucifix [kʀysifi] *nm* crucifijo

crudité [kʀydite] *nf* (*d'un éclairage, d'une couleur*) viveza; **crudités** *nfpl* (*Culin*) verduras *fpl* y hortalizas crudas

crue [kʀy] *pp* de **croire** et **croître** ▸ *adj f voir* **cru** ▸ *nf* crecida; **en ~** con crecida

cruel, le [kʀyɛl] *adj* (*personne, sort*) cruel; (*froid*) despiadado(-a)

crustacés [kʀystase] *nmpl* crustáceos *mpl*

cryptogramme [kʀiptogʀam] *nm* código de seguridad (*de tarjeta bancaria*)

cryptomonnaie [kʀiptɔmɔnɛ] *nf* criptomoneda

Cuba [kyba] *nf ou nm* Cuba

cubain, e [kybɛ̃, ɛn] *adj* cubano(-a) ▸ *nm/f* : **Cubain, e** cubano(-a)

cube [kyb] *nm* cubo; (*Math*) : **2 au ~ = 8** 2 al cubo = 8; **mètre ~** metro cúbico; **élever au ~** (*Math*) elevar al cubo

cueillette [kœjɛt] *nf* recolección *f*; **la ~ des fraises** la recolección *ou* recogida de la fresa

cueillir [kœjiʀ] *vt* recoger; (*attraper : fam*) pillar

cuiller [kɥijɛʀ] *nf* cuchara; **~ à café** cucharilla; **~ à soupe** cuchara sopera

cuillère [kɥijɛʀ] *nf* = **cuiller**

cuillerée [kɥijʀe] *nf* cucharada; **~ à soupe/café** cucharada sopera/cucharadita

cuir [kɥiʀ] *nm* cuero

cuire [kɥiʀ] *vt* (*aliments, poterie*) cocer; (*au four*) asar ▸ *vi* cocerse; **bien cuit** (*viande*) bien hecho *ou* pasado; **trop cuit** demasiado hecho *ou* pasado; **pas assez cuit** no muy hecho *ou* pasado; **cuit à point** hecho en su punto

cuisine [kɥizin] *nf* cocina; **faire la ~** preparar la comida; **la ~ française/espagnole** la cocina francesa/española

cuisiné, e [kɥizine] *adj* : **plat ~** plato cocinado

cuisiner [kɥizine] *vt* cocinar; (*fam*) acribillar a preguntas a ▸ *vi* cocinar

cuisinier, -ière [kɥizinje, jɛʀ] *nm/f* cocinero(-a)

cuisinière [kɥizinjɛʀ] *nf* (*poêle*) cocina

cuisse [kɥis] *nf* (*Anat*) muslo; (*de poulet*) muslo; (*de mouton*) pierna

cuisson [kɥisɔ̃] *nf* cocción *f*

cuit, e [kɥi, kɥit] *pp de* **cuire** ▸ *adj* cocido(-a); (*viande*) : **bien/très ~** bien/muy hecho(-a)

cuivre [kɥivʀ] *nm* cobre *m*; **les ~s** (*Mus*) los cobres; **~ jaune** latón *m*; **~ (rouge)** cobre (rojizo)

cul [ky] *nm* (*fam! : derrière*) culo (*fam!*); **~ de bouteille** culo de botella

culbute [kylbyt] *nf* (*en jouant*) voltereta; (*accidentelle*) batacazo; **faire la ~** (*fig*) dar el pelotazo

culinaire [kylinɛʀ] *adj* culinario(-a)

culminant [kylminɑ̃] *adj* : **point ~** punto culminante

culot [kylo] *nm* (*d'ampoule*) casquillo; (*fam : effronterie*) cara, desfachatez *f*; **il a du ~** tiene cara

culotte [kylɔt] *nf* (*pantalon*) pantalón *m* corto; (*d'homme*) calzoncillos *mpl*, calzones *mpl* (AM); (*de femme*) : **(petite) ~** bragas *fpl*, calzones *mpl* (AM); **~ de cheval** pantalón de montar; (*chez les femmes*) celulitis *f inv*

culte [kylt] *nm* culto; (*en apposition*) de culto; **un film ~** una película de culto

cultivateur, -trice [kyltivatœʀ, tʀis] *nm/f* cultivador(a)

cultivé, e [kyltive] *adj* (*terre*) cultivado(-a); (*personne*) culto(-a)

cultiver [kyltive] *vt* cultivar

culture [kyltyʀ] *nf* cultivo; (*connaissances*) cultura; **cultures** *nfpl* cultivos *mpl*;

champs de ~s campos *mpl* de cultivo; **~ physique** cultura física

culturel, le [kyltyʀɛl] *adj* cultural

cumin [kymɛ̃] *nm* comino

cure [kyʀ] *nf* (*Méd*) cura; (*Rel* : *fonction*) curato; **faire une ~ de fruits** hacer una cura de frutas; **n'avoir ~ de** traerle a uno sin cuidado; **faire une ~ thermale** hacer una cura de aguas termales; **~ d'amaigrissement** régimen *m* de adelgazamiento; **~ de repos** cura de reposo; **~ de sommeil** cura de sueño

curé [kyʀe] *nm* cura *m*, párroco; **M. le ~** el Señor cura

cure-dent [kyʀdɑ̃] (*pl* **cure-dents**) *nm* palillo, mondadientes *m inv*

curieusement [kyʀjøzmɑ̃] *adv* curiosamente

curieux, -euse [kyʀjø, jøz] *adj* curioso(-a) ▸ *nmpl* curiosos *mpl*, mirones *mpl*

curiosité [kyʀjozite] *nf* curiosidad *f*; (*objet, site*) singularidad *f*

cutané, e [kytane] *adj* cutáneo(-a)

cuve [kyv] *nf* cuba; (*à mazout etc*) depósito, tanque *m*

cuvette [kyvɛt] *nf* (*récipient*) palangana; (*du lavabo*) pila; (*des w-c*) taza; (*Géo*) hondonada

CV [seve] *sigle m* (= *curriculum vitae*) CV (= *currículum vítae*)

cyberattaque [sibɛʀatak] *nf* ciberataque *m*

cybercafé [sibɛʀkafe] *nm* cibercafé *m*

cyberespionnage [sibɛʀɛspjɔnaʒ] *nm* ciberespionaje *m*

cyberfraude [sibɛʀfʀod] *nf* ciberfraude *m*

cyberharcèlement [sibɛʀaʀsɛlmɑ̃] *nm* ciberacoso

cyberintimidation [sibɛʀɛ̃timidasjɔ̃] *nf* ciberintimidación *f*

cybersécurité [sibɛʀsekyʀite] *nf* ciberseguridad *f*, seguridad *f* en Internet

cyclable [siklabl] *adj* : **piste ~** pista para ciclistas

cycle [sikl] *nm* (*vélo*) velocípedo; (*naturel, biologique*) ciclo; **1er ~** (*Scol*) ≈ segunda etapa de educación primaria; **2ème ~** ≈ educación secundaria

cyclisme [siklism] *nm* ciclismo

cycliste [siklist] *nm/f* ciclista *m/f* ▸ *adj* : **coureur ~** corredor *m* ciclista

cyclomoteur [siklomɔtœʀ] *nm* ciclomotor *m*

cyclone [siklon] *nm* ciclón *m*

cygne [siɲ] *nm* cisne *m*

cylindre [silɛ̃dʀ] *nm* cilindro; **moteur à quatre ~s en ligne** motor *m* de cuatro cilindros en línea

cylindrée [silɛ̃dʀe] *nf* cilindrada; **une (voiture de) grosse ~** un coche de gran cilindrada

cymbale [sɛ̃bal] *nf* platillo

cynique [sinik] *adj* cínico(-a)

cystite [sistit] *nf* cistitis *f*

d

d' [d] *prép voir* **de**

DAB [dab] *sigle m* (= *distributeur automatique de billets*) cajero automático

dactylo [daktilo] *nf* (*aussi* : **dactylographe**) mecanógrafa

dada [dada] *nm* tema *m* de siempre

daim [dɛ̃] *nm* (*Zool*) gamo; (*peau*) ante *m*; (*imitation*) piel *f* vuelta

dame [dam] *nf* señora; (*femme du monde*) dama; (*Cartes, Échecs*) reina; **dames** *nfpl* (*jeu*) damas *nfpl*; **les (toilettes des) ~s** los servicios de señoras; **~ de charité** dama de la caridad; **~ de compagnie** señora de compañía

dandiner [dɑ̃dine] : **se dandiner** *vpr* bambolearse

Danemark [danmaʀk] *nm* Dinamarca

danger [dɑ̃ʒe] *nm* peligro; **être/mettre en ~** estar/poner en peligro; **être en ~ de mort** estar en peligro de muerte; **être hors de ~** estar fuera de peligro

dangereusement [dɑ̃ʒʀøzmɑ̃] *adv* (*vivre*) peligrosamente

dangereux, -euse [dɑ̃ʒʀø, øz] *adj* peligroso(-a)

danois, e [danwa, waz] *adj* danés(-esa) ▸ *nm* (*Ling, chien*) danés *msg* ▸ *nm/f*: **Danois, e** danés(-esa)

dans [dɑ̃]

prép **1** (*position*) en; **dans le tiroir/le salon** en el cajón/el salón; **marcher dans la ville** andar por la ciudad; **je l'ai lu dans un journal** lo leí en un periódico; **monter dans une voiture/le bus** subir en un coche/el autobús; **dans la rue** en la calle; **être dans les premiers** ser de los primeros

2 (*direction*) a; **elle a couru dans le salon** corrió al salón

3 (*provenance*) de; **je l'ai pris dans le tiroir/salon** lo saqué del cajón/salón; **boire dans un verre** beber en un vaso

4 (*temps*) dentro de; **dans deux mois** dentro de dos meses; **dans quelques instants** dentro de unos momentos; **dans quelques jours** dentro de unos días; **il part dans quinze jours** se marcha dentro de quince días; **je serai là dans la matinée** estaré allí por la mañana

5 (*approximation*) alrededor de; **dans les 20 euros/quatre mois** alrededor de 20 euros/cuatro meses

6 (*intention*) con; **dans le but de faire qch** con objeto de hacer algo

danse [dɑ̃s] *nf* danza; **une ~** un baile; **~ du ventre** danza del vientre; **~ moderne** danza moderna

danser [dɑ̃se] *vt, vi* bailar

danseur, -euse [dɑ̃sœʀ, øz] *nm/f* (*de ballet*) bailarín(-ina); (*cavalier*) pareja; **en danseuse** (*cyclisme*) de pie sobre los pedales; **~ de claquettes** bailarín(-ina) de claqué

dard [daʀ] *nm* aguijón *m*

daron, ne [daʀɔ̃, ɔn] (*fam*) *nm/f* viejo(-a); **mes ~s** mis viejos

date [dat] *nf* (*jour*) fecha; **de longue ~** (*amis*) viejo(-a); (*anticipé, planifié*) desde hace mucho tiempo; **de fraîche ~** reciente; (*arrivé, élu*) recientemente; **premier/dernier en ~** más antiguo/reciente; **prendre ~ (avec qn)** fijar fecha (con algn); **faire ~** hacer época; **~ limite** fecha límite; **~ limite de vente** fecha de caducidad; **~ de naissance** fecha de nacimiento

dater [date] *vt* fechar ▸ *vi* estar anticuado(-a); **~ de** (*remonter à*) datar de; **à ~ de** a partir de

datte [dat] *nf* dátil *m*

dauphin, e [dofɛ̃, dofin] *nm* (*cétacé*) delfín *m* ▸ *nm/f* (*Hist, fig*) delfín(-ina)

daurade [dɔʀad] *nf* besugo

davantage [davɑ̃taʒ] *adv* más; (*plus longtemps*) más tiempo; **~ de** más; **~ que** más que

de, d' [də, d]

(*de* + *le* = **du**, *de* + *les* = **des**)
▸ *prép* 1 (*appartenance*) de; **le toit de la maison** el tejado de la casa; **la voiture d'Élisabeth/de mes parents** el coche de Elisabeth/de mis padres
2 (*moyen*) con; **suivre des yeux** seguir con la mirada; **nier de la tête** negar con la cabeza; **estimé de ses collègues** estimado por sus colegas
3 (*provenance*) de; **il vient de Londres** viene de Londres; **elle est sortie du cinéma** salió del cine
4 (*caractérisation, mesure*): **un mur de brique** un muro de ladrillo; **un verre d'eau** un vaso de agua; **un billet de 100 €** un billete de 100 euros; **une pièce de 2 m de large** *ou* **large de 2 m** una habitación de 2m de ancho; **un bébé de 10 mois** un bebé de 10 meses; **12 mois de crédit/travail** 12 meses de crédito/trabajo; **augmenter** *etc* **de 10 €** aumentar *etc* 10 euros; **trois jours de libres** tres días libres; **de nos jours** en nuestros días; **être payé 10 € de l'heure** cobrar 10 euros por hora
5 (*rapport*): **de 14 à 18** de 14 a 18; **de Madrid à Paris** de Madrid a París; **voyager de pays en pays** viajar de país en país
6 (*cause*) de; **mourir de faim** morir(se) de hambre; **rouge de colère** rojo(-a) de ira
7 (*vb* + *de* + *infinitif*): **je vous prie de venir** le ruego que venga; **il m'a dit de rester** me dijo que me quedara
8: **cet imbécile de Pierre** el tonto de Pierre
▸ *art*: **du vin/de l'eau/des pommes** vino/agua/manzanas; **des enfants sont venus** vinieron unos niños; **pendant des mois** durante meses; **il mange de tout** come de todo; **y a-t-il du vin ?** ¿hay vino?; **il n'a pas de chance/d'enfants** no tiene suerte/niños

dé [de] *nm* dado; (*aussi*: **dé à coudre**) dedal *m*; **dés** *nmpl* (*jeu*) dados *mpl*; (*Culin*): **couper en dés** cortar en dados; **un coup de dés** una tirada de dados

déambulateur [deɑ̃bylatœʀ] *nm* andador *m*

déballer [debale] *vt* desembalar; (*fam*: *savoir, connaissance*) desembuchar

débarcadère [debaʀkadɛʀ] *nm* desembarcadero

débardeur, -euse [debaʀdœʀ, øz] *nm/f* (*forestier*) transportista *m/f* de madera ▸ *nm* (*maillot*) camiseta de tirantes

de

débarquer [debaʀke] *vt* desembarcar ▸ *vi* desembarcar; (*fam*) plantarse

débarras [debaʀɑ] *nm* trastero; (*placard*) armario trastero; **« bon ~ ! »** « ¡adiós, muy buenas! »

débarrasser [debaʀɑse] *vt* despejar ▸ *vi* quitar la mesa; **se débarrasser** *vpr*: **se ~ de** desembarazarse de; (*vêtement*) quitarse; (*habitude*) librarse de; **~ la table** quitar la mesa; **~ qn de qch** (*vêtements*) recogerle algo a algn; (*paquets*) ayudar a algn con algo; **~ qch de** despejar algo de

débat [deba] *nm* debate *m*

débattre [debatʀ] *vt* (*question, prix*) debatir, discutir; **se débattre** *vpr* debatirse

débauché, e [deboʃe] *adj, nm/f* vicioso(-a)

débit [debi] *nm* (*d'un liquide*) flujo; (*fleuve*) caudal *m*; (*élocution*) cadencia; (*d'un magasin*) ventas *fpl*; (*du trafic*) fluidez *f*; (*bancaire*) débito; **gros/faible ~** mucha/poca presión; **haut ~** (*Internet*) de banda ancha; **~ de boissons** establecimiento de bebidas; **~ de tabac** estanco

déblayer [debleje] *vt* despejar

débloquer [deblɔke] *vt* desbloquear; (*crédits*) descongelar ▸ *vi* (*fam*) disparatar

déboîter [debwate] *vi* (*Auto*) salirse de la fila ▸ *vt*: **se ~** dislocarse

débordé, e [debɔʀde] *adj*: **être ~** estar desbordado(-a)

déborder [debɔʀde] *vi* (*rivière*) desbordarse; (*eau, lait*) derramarse ▸ *vt* (*Mil, Sport*) adelantar; (*dépasser*): **~ (de) qch** rebosar de algo; **~ de joie/zèle** (*fig*) rebosar de alegría/fervor

débouché [debuʃe] *nm* (*gén pl*: *pour vendre un produit*) mercado; (*perspectives d'emploi*) posibilidades *fpl*

déboucher [debuʃe] *vt* (*évier, tuyau*) desatascar; (*bouteille*) descorchar ▸ *vi* desembocar; **~ sur** desembocar en; (*fig*) conducir a; **~ de** salir de

debout [d(ə)bu] *adv* (*personne, chose*) de pie; (*levé, éveillé*) levantado(-a); **être encore ~** (*fig*) estar todavía en pie; **mettre**

qch/qn ~ poner algo/a algn de pie; **se mettre ~** ponerse de pie; **se tenir ~** mantenerse en pie; **« ~ ! »** « ¡pie! »; (*du lit*) « ¡arriba! »; **cette histoire/ça ne tient pas ~** esta historia/eso no se tiene en pie

déboutonner [debutɔne] *vt* desabrochar, desabotonar; **se déboutonner** *vpr* desabrocharse, desabotonarse

débraillé, e [debʀaje] *adj* (*tenue*) desaliñado(-a)

débrancher [debʀɑ̃ʃe] *vt* (*appareil électrique*) desenchufar; (*téléphone*) desconectar

débrayage [debʀɛjaʒ] *nm* (*Auto : aussi action*) desembrague *m*; (*grève*) paro

débrayer [debʀeje] *vi* (*Auto*) desembragar; (*cesser le travail*) hacer paro

débris [debʀi] *nm* trozo ▶ *nmpl* restos *mpl*

débrouillard, e [debʀujaʀ, aʀd] *adj* avispado(-a)

débrouiller [debʀuje] *vt* (*affaire, cas*) desembrollar; (*écheveau*) desenredar; **se débrouiller** *vpr* arreglárselas

début [deby] *nm* comienzo, principio; **débuts** *nmpl* (*Ciné, Sport etc*) debut *msg*; (*carrière*) comienzos *mpl*; **un bon/mauvais ~** un buen/mal comienzo; **faire ses ~s** debutar; **au ~** al principio; **dès le ~** desde el principio

débutant, e [debytɑ̃, ɑ̃t] *nm/f, adj* principiante *m/f*

débuter [debyte] *vi* comenzar; (*personne*) debutar

décadent, e [dekadɑ̃, ɑ̃t] *adj* decadente

décaféiné, e [dekafeine] *adj* descafeinado(-a)

décalage [dekalaʒ] *nm* desfase *m*; **le ~ entre ...** el desfase entre ...; **~ horaire** diferencia de horario

décalcomanie [dekalkɔmani] *nf* calcomanía

décaler [dekale] *vt* (*changer de position*) desplazar; (*retarder*) aplazar; **~ de 10 cm** desplazar 10 cm; **~ de deux heures** aplazar dos horas

décapotable [dekapɔtabl] *adj* descapotable

décapsuleur [dekapsylœʀ] *nm* abrebotellas *m inv*

décédé, e [desede] *adj* fallecido(-a); **~ le 10 janvier** fallecido(-a) el 10 de enero

décéder [desede] *vi* fallecer

décembre [desɑ̃bʀ] *nm* diciembre *m*; *voir aussi* **juillet**

décennie [deseni] *nf* decenio

décent, e [desɑ̃, ɑ̃t] *adj* decente

déception [desɛpsjɔ̃] *nf* decepción *f*

décès [desɛ] *nm* fallecimiento; **acte de ~** partida de defunción

décevant, e [des(ə)vɑ̃, ɑ̃t] *adj* decepcionante

décevoir [des(ə)vwaʀ] *vt* decepcionar; (*espérances, confiance*) defraudar

décharge [deʃaʀʒ] *nf* (*dépôt d'ordures*) vertedero; (*Jur*) descargo; (*salve, électrique*) descarga; **à la ~ de** en descargo de

décharger [deʃaʀʒe] *vt* descargar; **~ qn de** dispensar a algn de; **~ sa colère (sur)** (*fig*) descargar su cólera (en); **~ sa conscience** (*fig*) descargar la conciencia; **se ~ dans** (*se déverser*) derramarse en; **se ~ d'une affaire sur qn** delegar un asunto en algn

déchausser [deʃose] *vt* descalzar; (*skis*) quitar; **se déchausser** *vpr* (*personne*) descalzarse; (*dent*) descarnarse

déchéance [deʃeɑ̃s] *nf* decadencia; **~ de nationalité** privación *f* de nacionalidad

déchet [deʃɛ]: **déchets** *nmpl* (*ordures*) restos *mpl*, residuos *mpl*; **~s plastiques** residuos plásticos; **~s radioactifs** residuos radiactivos; **~s verts** residuos vegetales

déchétarien, ne [deʃetaʀjɛ̃, jɛn] *nm/f* frigano(-a)

déchiffrer [deʃifʀe] *vt* descifrar; (*partition*) repentizar

déchirant, e [deʃiʀɑ̃, ɑ̃t] *adj* desgarrador(a)

déchirement [deʃiʀmɑ̃] *nm* desgarrón *m*; (*chagrin*) desgarramiento; (*gén pl : conflit*) conflictividad *f*

déchirer [deʃiʀe] *vt* (*vêtement, livre*) desgarrar; (*mettre en morceaux*) rasgar; (*pour ouvrir*) rasgar; (*arracher*) arrancar; (*fig*) destrozar; **se déchirer** *vpr* desgarrarse; (*fig*) destrozarse; **se ~ un muscle/tendon** desgarrarse un músculo/tendón

déchirure [deʃiʀyʀ] *nf* desgarrón *m*; **~ musculaire** desgarrón muscular

décidé, e [deside] *adj* decidido(-a); **c'est ~** está decidido; **être ~ à faire** estar resuelto(-a) a hacer

décidément [desidemɑ̃] *adv* decididamente

décider [deside] *vt* : **~ qch** decidir algo; **se décider** *vpr* (*personne*) decidirse; (*problème, affaire*) resolverse; **~ que** decidir que; **~ qn (à faire qch)** animar a algn (a hacer algo); **~ de faire** decidir hacer; **~ de qch** decidir algo; **se ~ à faire qch** decidirse a hacer algo; **se ~ pour qch** decidirse por algo; **« décide-toi ! »** « ¡decídete! »

décimal, e, -aux [desimal, o] *adj* decimal

décimètre [desimɛtʀ] *nm* decímetro; **double ~** doble decímetro

décisif, -ive [desizif, iv] *adj* decisivo(-a)

décision [desizjɔ̃] *nf* decisión *f*; **prendre la ~ de faire** tomar la decisión de hacer; **emporter** *ou* **faire la ~** zanjar la cuestión; **~ de justice** resolución judicial

déclaration [deklaʀasjɔ̃] *nf* declaración *f*; **~ (d'amour)** declaración (de amor); **~ de décès** certificación *f* de fallecimiento; **~ de guerre** declaración de guerra; **~ d'impôts** declaración de la renta; **~ de naissance** partida de nacimiento; **~ de perte** denuncia de pérdida; **~ de revenus** declaración de la renta; **~ de sinistre** declaración de siniestro; **~ de vol** denuncia de robo

déclarer [deklaʀe] *vt* declarar; (*vol : à la police*) denunciar; (*décès, naissance*) certificar; **se déclarer** *vpr* declararse; **~ que** declarar que; **~ la guerre** declarar la guerra; **se ~ favorable/prêt à** declararse favorable/dispuesto a

déclencher [deklɑ̃ʃe] *vt* activar; (*attaque*) lanzar; (*grève*) poner en marcha; (*fig*) provocar; **se déclencher** *vpr* desencadenarse

décliner [dekline] *vi* (*empire, acteur*) decaer; (*jour, soleil, santé*) declinar ▶ *vt* (*Ling*) declinar; (*identité*) dar a conocer; **se décliner** *vpr* (*Ling*) declinarse

décoder [dekɔde] *vt* descodificar

décoiffer [dekwafe] *vt* (*déranger la coiffure*) despeinar; **se décoiffer** *vpr* despeinarse

déçois *etc* [deswa] *vb voir* **décevoir**

décollage [dekɔlaʒ] *nm* despegue *m*, decolaje *m* (AM); (*fig : de la croissance, des ventes*) despegue *m*

décoller [dekɔle] *vt, vi* despegar, decolar (AM); (*fig : croissance, ventes*) despegar; **se décoller** *vpr* despegarse

décolleté, e [dekɔlte] *adj* escotado(-a) ▶ *nm* escote *m*

décolorer [dekɔlɔʀe] *vt* decolorar; (*suj : âge, lumière*) descolorar; **se décolorer** *vpr* descolorarse

décommander [dekɔmɑ̃de] *vt* (*marchandise*) anular; (*réception*) cancelar; **se décommander** *vpr* (*invité*) excusarse; **il faut ~ les invités** tenemos que avisar a los invitados de que no vengan

décomplexé [dekɔ̃plɛkse] *adj* desacomplejado(-a)

déconcerter [dekɔ̃sɛʀte] *vt* desconcertar

décongeler [dekɔ̃ʒ(ə)le] *vt* descongelar

déconnecter [dekɔnɛkte] *vt* (*aussi fig*) desconectar

déconner [dekɔne] (*fam*) *vi* (*en parlant*) decir pijadas; (*faire des bêtises*) hacer pijadas; **sans ~** en serio

déconnexion [dekɔnɛksjɔ̃] *nf* desconexión *f*; **droit à la ~** derecho a la desconexión

déconseiller [dekɔ̃seje] *vt* : **~ qch (à qn)** desaconsejar algo (a algn); **~ à qn de faire** desaconsejar a algn hacer; **c'est déconseillé** no es aconsejable

décontracté, e [dekɔ̃tʀakte] *adj* (*personne*) relajado(-a); (*ambiance*) distendido(-a)

décontracter [dekɔ̃tʀakte] *vt* relajar; **se décontracter** *vpr* (*personne*) relajarse

décor [dekɔʀ] *nm* (*d'un palais etc*) decoración *f*; (*paysage*) panorama *m*; (*gén pl : Théâtre, Ciné*) decorado; **changement de ~** (*fig*) cambio de situación; **entrer dans le ~** (*fig*) salirse de la carretera; **en ~ naturel** (*Ciné*) en exteriores

décorateur, -trice [dekɔʀatœʀ, tʀis] *nm/f* decorador(a); (*Ciné*) escenógrafo(-a)

décoration [dekɔʀasjɔ̃] *nf* decoración *f*; (*médaille*) condecoración *f*

décorer [dekɔʀe] *vt* decorar; (*médailler*) condecorar

décortiquer [dekɔʀtike] *vt* (*riz*) descascarillar; (*amandes, crevettes*) pelar; (*fig*) desmenuzar

découdre [dekudʀ] *vt* descoser; **se découdre** *vpr* descoserse; **en ~** (*fig*) pelearse

découper [dekupe] *vt* recortar; (*volaille, viande*) trinchar; (*fig*) fragmentar; **se ~ sur** (*le ciel, fond*) perfilarse en

décourager [dekuʀaʒe] *vt* desanimar, desalentar; **se décourager** *vpr* desanimarse; **~ qn de faire/de qch** desalentar *ou* desanimar a algn de hacer/de algo

décousu, e [dekuzy] *pp de* **découdre** ▸ *adj* descosido(-a); (*fig*) deshilvanado(-a)

découvert, e [dekuvɛʀ, ɛʀt] *pp de* **découvrir** ▸ *adj* (*tête*) descubierto(-a) ▸ *nm* (*bancaire*) descubierto; **à ~** (*Mil*) al descubierto; (*compte*) en descubierto; **à visage ~** a cara descubierta

découverte [dekuvɛʀt(ə)] *nf* descubrimiento; **aller à la ~ (de)** ir en busca (de)

découvrir [dekuvʀiʀ] *vt* descubrir; (*casserole*) destapar; (*apercevoir*) divisar; **se découvrir** *vpr* (*ôter le chapeau*) descubrirse; (*se déshabiller*) desvestirse; (*au lit*) destaparse; (*ciel*) despejarse; **~ que** descubrir que; **se ~ des talents de** descubrir que se tiene talento para

décrire [dekʀiʀ] *vt* describir

décrochage [dekʀɔʃaʒ] *nm* (*Scol: d'élève*) abandono; **~ scolaire** abandono escolar

décrocher [dekʀɔʃe] *vt* descolgar; (*contrat, poste*) conseguir ▸ *vi* (*pour répondre au téléphone*) descolgar; (*Scol*) abandonar los estudios; (*perdre sa concentration*) desconectar; **se décrocher** *vpr* (*tableau, rideau*) descolgarse

décroissance [dekʀwasɑ̃s] *nf* decrecimiento

déçu, e [desy] *pp de* **décevoir** ▸ *adj* (*personne*) decepcionado(-a); (*espoir*) frustrado(-a)

dédaigner [dedeɲe] *vt* desdeñar; **~ de faire** desdeñar hacer

dédaigneux, -euse [dedɛɲø, øz] *adj* desdeñoso(-a)

dédain [dedɛ̃] *nm* desdén

dedans [dədɑ̃] *adv* dentro, adentro (*esp AM*) ▸ *nm* interior *m*; **là-~** ahí dentro; **au ~** (por) dentro; **en ~** por dentro

dédiaboliser [dedjabɔlize] *vt* (*parti, image*) desdemonizar

dédicacer [dedikase] *vt* dedicar

dédier [dedje] *vt* : **~ à** (*livre*) dedicar a; (*efforts*) consagrar a

dédommagement [dedɔmaʒmɑ̃] *nm* (*indemnité*) indemnización *f*

dédommager [dedɔmaʒe] *vt* : **~ qn (de)** indemnizar a algn (por); (*remercier*) recompensar a algn (por)

dédouaner [dedwane] *vt* aduanar

déduire [dedɥiʀ] *vt* : **~ qch (de)** deducir algo (de)

défaillance [defajɑ̃s] *nf* desfallecimiento; (*technique*) fallo; **~ cardiaque** fallo cardíaco

défaire [defɛʀ] *vt* (*installation, échafaudage*) desmontar; (*paquet etc*) abrir; (*nœud*) desatar; (*vêtement*) descoser; (*déranger*) deshacer; (*cheveux*) despeinar; **se défaire** *vpr* (*cheveux, nœud*) deshacerse; **se ~ de** deshacerse de; **~ ses bagages** deshacer las maletas; **~ le lit** (*pour changer les draps*) deshacer la cama; (*pour se coucher*) abrir la cama

défait, e [defɛ, ɛt] *pp de* **défaire** ▸ *adj* deshecho(-a); (*nœud*) desatado(-a); (*visage*) descompuesto(-a)

défaite [defɛt] *nf* (*aussi Mil*) derrota

défaut [defo] *nm* defecto; (*d'étoffe, métal*) falla; **~ de** (*manque, carence*) falto de; **~ de la cuirasse** (*fig*) punto débil; **en ~** en falta; **faire ~** faltar; **à ~ de** a falta de; **par ~** (*Jur*) en rebeldía; (*Inform*) por defecto

défavorable [defavɔʀabl] *adj* desfavorable

défavoriser [defavɔʀize] *vt* desfavorecer

défectueux, -euse [defɛktɥø, øz] *adj* defectuoso(-a)

défendre [defɑ̃dʀ] *vt* defender; (*interdire*) prohibir; **se défendre** *vpr* defenderse; **~ à qn qch/de faire** prohibir a algn algo/hacer; **c'est défendu** está prohibido; **il se défend** (*fig*) va defendiéndose; **ça se défend** (*fig*) esto se sostiene; **se ~ de/contre** (*se protéger*) protegerse de/contra; **se ~ de vouloir** no tener la intención de

défense [defɑ̃s] *nf* defensa; **ministre de la ~** ministro de defensa; **la ~ nationale** la defensa nacional; **la ~ contre avions** la defensa aérea; **« ~ de fumer/cracher »** « prohibido fumar/escupir »; **prendre la ~ de qn** defender a algn; **~ des consommateurs** defensa de los consumidores

défi [defi] *nm* desafío, reto; **mettre qn au ~ de faire qch** desafiar *ou* retar a algn a hacer algo; **relever un ~** aceptar un desafío

déficit [defisit] *nm* (*Comm*) déficit *m*; **être en ~** tener déficit; **~ budgétaire** déficit presupuestario

défier [defje] *vt* desafiar; **se défier de** *vpr* desconfiar de; **~ qn de faire qch** desafiar a algn a hacer algo; **~ toute comparaison/concurrence** excluir toda comparación/competencia

défigurer [defigyʀe] *vt* desfigurar

défilé [defile] *nm* (*Géo*) desfiladero; (*soldats, manifestants*) desfile *m*; **un ~ de** (*voitures, visiteurs*) un desfile de

défiler [defile] *vi* desfilar; **se défiler** *vpr* escaquearse; **faire ~** (*bande, film*) proyectar; (*Inform*) hacer un scroll; **faire ~ vers le bas/le haut** hacer scroll hacia abajo/arriba, deslizar hacia abajo/arriba

définir [definiʀ] *vt* definir

définitif, -ive [definitif, iv] *adj* definitivo(-a)

définitive [definitiv] *nf* : **en ~** en definitiva

définitivement [definitivmɑ̃] *adv* definitivamente

défiscaliser [defiskalize] *vt* eximir de impuestos

déforestation [defɔʀɛstasjɔ̃] *nf* deforestación *f*

déformer [defɔʀme] *vt* deformar; **se déformer** *vpr* deformarse

défouler [defule] : **se défouler** *vpr* desahogarse

défunt, e [defœ̃, œ̃t] *adj* : **son ~ père** su difunto padre ▶ *nm/f* difunto(-a)

dégagé, e [degaʒe] *adj* (*ciel, vue*) despejado(-a); (*ton, air*) desenvuelto(-a)

dégager [degaʒe] *vt* liberar; (*exhaler*) desprender; (*désencombrer*) despejar; (*idée, aspect*) extraer; (*crédits*) desbloquear; **se dégager** *vpr* (*odeur*) desprenderse; (*passage, ciel*) despejarse; **se ~ de** liberarse de; **~ qn de** liberar a algn de; **dégagé des obligations militaires** exento de las obligaciones militares

dégâts [degɑ] *nmpl* : **faire des ~** causar daños

dégel [deʒɛl] *nm* deshielo; (*des prix etc*) descongelación *f*

dégeler [deʒ(ə)le] *vt* (*fig*) descongelar ▶ *vi* deshelarse; **se dégeler** *vpr* (*atmosphère, relations*) animarse; **~ l'atmosphère** romper el hielo

dégivrer [deʒivʀe] *vt* (*frigo*) descongelar; (*vitres*) deshelar

dégonflé, e [degɔ̃fle] *adj* (*pneu*) desinflado(-a), deshinchado(-a) ▶ *nm/f* (*fam*) rajado(-a)

dégonfler [degɔ̃fle] *vt* desinflar, deshinchar ▶ *vi* deshincharse; **se dégonfler** *vpr* (*fam*) rajarse

dégouliner [deguline] *vi* chorrear; **~ de** chorrear

dégourdi, e [deguʀdi] *adj* espabilado(-a)

dégourdir [deguʀdiʀ] : **se dégourdir** *vpr* : **se ~ les jambes** estirar las piernas

dégoût [degu] *nm* asco; (*aversion*) repugnancia

dégoûtant, e [degutɑ̃, ɑ̃t] *adj* asqueroso(-a); **c'est ~ !** (*injuste*) ¡no hay derecho!

dégoûté, e [degute] *adj* asqueado(-a); **~ de** asqueado(-a) de

dégoûter [degute] *vt* asquear; **~ qn de faire qch** (*aussi fig*) quitarle a algn las ganas de hacer algo; **se ~ de** (*se lasser de*) hartarse de

dégrader [degʀade] *vt* (*Mil, fig*) degradar; (*abîmer*) deteriorar; **se dégrader** *vpr* deteriorarse; (*roche*) erosionarse; (*Phys*) degradarse

degré [dəgʀe] *nm* grado; (*escalier*) peldaño; (*niveau, taux*) punto; **brûlure/équation au 1er/2ème ~** quemadura/ecuación *f* de 1er/2º grado; **alcool à 90 ~s** alcohol *m* de 90 grados; **vin de 10 ~s** vino de 10 grados; **par ~(s)** gradualmente

dégressif, -ive [degʀesif, iv] *adj* decreciente; **tarif ~** tarifa decreciente

dégringoler [degʀɛ̃gɔle] *vi* caer rodando; (*prix, Bourse*) hundirse ▶ *vt* (*escalier*) bajar corriendo

dégueulasse [degœlas] (*fam*) *adj* asqueroso(-a)

déguisement [degizmɑ̃] *nm* disfraz *m*

déguiser [degize] *vt* disfrazar; **se déguiser** *vpr* disfrazarse; **se ~ en** disfrazarse de

dégustation [degystasjɔ̃] *nf* degustación *f*; (*vin*) cata

déguster [degyste] *vt* degustar; (*vin*) catar; (*fig*) saborear ▶ *vi* (*fam*) pasarlas moradas

dehors [dəɔʀ] *adv* fuera, afuera (*esp* AM) ▶ *nm* exterior *m* ▶ *nmpl* (*apparences*) apariencias *fpl*; **mettre** *ou* **jeter ~** echar fuera; **au ~** (por) fuera; (*en apparence*) por fuera;

au ~ de fuera de; **de ~** desde afuera; **en ~** (*vers l'extérieur*) hacia afuera; **en ~ de** (*hormis*) fuera de

déjà [deʒa] *adv* ya; **quel nom, ~ ?** (*interrogatif*) entonces, ¿qué nombre?; **c'est ~ pas mal** (*intensif*) no está nada mal; **as-tu ~ été en France ?** ¿ya has estado en Francia?; **c'est ~ quelque chose** ya es algo

déjeuner [deʒœne] *vi* (*matin*) desayunar; (*à midi*) almorzar, comer ▸ *nm* (*petit déjeuner*) desayuno; (*à midi*) almuerzo, comida; **~ d'affaires** comida de negocios

delà [dəla] *prép, adv* : **par-~** (*plus loin que*) más allá de; (*de l'autre côté de*) al otro lado de; **au-~ (de)** más allá (de)

délabré, e [delɑbʀe] *adj* deteriorado(-a)

délai [delɛ] *nm* plazo; (*sursis*) prórroga; **sans ~** sin demora; **à bref ~** en breve plazo; **dans les ~s** dentro de los plazos; **un ~ de 30 jours** un plazo de 30 días; **~ de livraison** plazo de entrega; **compter un ~ de livraison de 10 jours** contar un plazo de entrega de 10 días

délaisser [delese] *vt* abandonar

délasser [delɑse] *vt* (*membres*) descansar; (*personne*) recrear; **se délasser** *vpr* recrearse

délavé, e [delave] *adj* descolorido(-a)

délayer [deleje] *vt* diluir; (*discours, devoir*) alargar

delco® [dɛlko] *nm* (*Auto*) delco

délégué, e [delege] *adj* delegado(-a) ▸ *nm/f* delegado(-a); (*syndical*) enlace *m/f*; **ministre ~ à** ministro delegado de; **~ médical** delegado médico

déléguer [delege] *vt* delegar

délibéré, e [delibeʀe] *adj* deliberado(-a); (*déterminé*) resuelto(-a); **de propos ~** adrede

délicat, e [delika, at] *adj* delicado(-a); (*attentionné*) atento(-a)

délicatement [delikatmɑ̃] *adv* delicadamente

délice [delis] *nm* delicia; **délices** *nfpl* (*plaisirs*) placeres *mpl*

délicieux, -euse [delisjø, jøz] *adj* delicioso(-a)

délimiter [delimite] *vt* delimitar

délinquant, e [delɛ̃kɑ̃, ɑ̃t] *adj, nm/f* delincuente *m/f*

délirer [deliʀe] *vi* delirar

délit [deli] *nm* (*Jur, gén*) delito; **commettre un ~** cometer un delito; **~ de droit commun** delito común; **~ de fuite** delito de fuga

délivrer [delivʀe] *vt* (*prisonnier*) liberar; (*passeport, certificat*) expedir; **~ qn de** liberar a algn de

deltaplane® [dɛltaplan] *nm* ala delta

déluge [delyʒ] *nm* diluvio; **~ de** (*grand nombre*) avalancha de

demain [d(ə)mɛ̃] *adv* mañana; **~ matin/soir** mañana por la mañana/tarde; **~ midi** mañana a mediodía; **à ~** hasta mañana

demande [d(ə)mɑ̃d] *nf* petición *f*; (*Admin, formulaire*) instancia, solicitud *f*; **la ~** (*Écon*) la demanda; **à la ~ générale** a petición general; **faire sa ~ (en mariage)** pedir la mano; **~ d'emploi** solicitud de empleo; **« ~s d'emploi »** « demandas *fpl* de empleo »; **~ de naturalisation/poste** solicitud de nacionalidad/empleo

demandé, e [d(ə)mɑ̃de] *adj* : **très ~** muy solicitado(-a)

demander [d(ə)mɑ̃de] *vt* pedir; (*question*) preguntar; (*autorisation*) solicitar; (*médecin, plombier, infirmier*) necesitar; (*de l'habileté, du courage, aussi Jur*) requerir; (*personnel*) precisar; **~ qch à qn** preguntar algo a algn; **~ l'heure/son chemin** preguntar la hora/el camino; **~ la main de qn** (*fig*) pedir la mano de algn; **~ des nouvelles de qn** pedir noticias de algn; **~ pardon à qn** pedir perdón a algn; **~ à** *ou* **de voir/faire** solicitar ver/hacer; **cela demande de la patience/beaucoup de temps** eso requiere paciencia/mucho tiempo; **~ à qn de faire** pedir a algn que haga; **~ que** pedir *ou* solicitar que; **il a demandé 300 € par mois** pidió 300 euros al mes; **ils demandent deux secrétaires et un ingénieur** solicitan dos secretarias y un ingeniero; **~ la parole** pedir la palabra; **~ la permission de** pedir permiso para; **on vous demande au téléphone** le llaman por teléfono; **je n'en demandais pas davantage** no necesitaba más; **je me demande comment tu as pu ...** me pregunto cómo has podido ...; **je me le demande** me lo pregunto; **je me demande vraiment pourquoi** es que no entiendo por qué; **se ~ si/pourquoi** *etc* preguntarse si/por qué *etc*; **il ne**

demande que ça/qu'à faire ... (*iro*) justo lo que quería/lo que quería hacer ...; **je ne demande pas mieux que ...** no deseo otra cosa más que ...

demandeur, -euse [dəmɑ̃dœʀ, øz] *nm/f* : **~ d'emploi** demandante *m/f* de empleo

démangeaison [demɑ̃ʒɛzɔ̃] *nf* picor *m*

démanger [demɑ̃ʒe] *vi* picar; **l'envie** *ou* **ça le démange de faire ...** (*fig*) tiene muchas ganas de hacer ...

démaquillant, e [demakijɑ̃, ɑ̃t] *adj* desmaquillador(a) ▶ *nm* desmaquillador *m*

démaquiller [demakije] *vt* desmaquillar; **se démaquiller** *vpr* desmaquillarse

démarchage [demaʀʃaʒ] *nm* (*Comm*) venta domiciliaria

démarche [demaʀʃ] *nf* (*allure*) paso; (*intervention*) trámite *m*; (*intellectuelle etc*) proceso; (*requête, tractation*) gestión *f*; **faire** *ou* **entreprendre des ~s (auprès de qn)** hacer *ou* iniciar gestiones (ante algn)

démarrage [demaʀaʒ] *nm* (*d'une voiture, d'une machine*) arranque *m*; **~ en côte** arranque en pendiente

démarrer [demaʀe] *vi* arrancar; (*travaux, affaire*) ponerse en marcha ▶ *vt* (*voiture*) arrancar; (*travail*) poner en marcha

démarreur [demaʀœʀ] *nm* (*Auto*) arranque *m* (*dispositivo*)

démêlant, e [demɛlɑ̃, ɑ̃t] *adj* : **crème démêlante** *ou* **baume ~** crema suavizante

démêler [demele] *vt* (*fil, cheveux*) desenredar; (*problèmes*) desembrollar

démêlés [demele] *nmpl* : **avoir des ~ avec la justice** tener problemas con la justicia

déménagement [demenaʒmɑ̃] *nm* mudanza; **entreprise/camion de ~** empresa/camión *m* de mudanzas

déménager [demenaʒe] *vt* mudar ▶ *vi* mudarse

déménageur, -euse [demenaʒœʀ, øʒ] *nm/f* encargado(-a) de mudanzas

démence [demɑ̃s] *nf* (*Méd*) demencia; **~ sénile** demencia senil

démerder [demɛʀde] (*fam!*) *vi* : **se ~** arreglárselas; **démerde-toi tout seul !** ¡búscate la vida!

démettre [demɛtʀ] *vt* : **~ qn de** destituir a algn de; **se démettre** *vpr* (*épaule etc*) dislocarse; **se ~ (de ses fonctions)** dimitir (de sus funciones)

demeurer [d(ə)mœʀe] *vi* (*habiter*) residir, vivir; (*séjourner*) permanecer; (*rester*) quedar, permanecer; **en ~ là** quedarse así

demi, e [dəmi] *adj* : **~-rempli** medio lleno(-a) ▶ *nm* (*bière*) caña; (*Football*) medio; **trois bouteilles et demie** tres botellas y media; **il est deux heures/midi et demie** son las dos/doce y media; **à ~** a medias; (*presque : sourd, idiot*) medio(-a); (*fini, corrigé*) a medio; **à la demie** (*heure*) a la media; **~ de mêlée/d'ouverture** (*Rugby*) medio de melé/de apertura

demi-douzaine [dəmiduzɛn] (*pl* **demi-douzaines**) *nf* media docena

demi-finale [dəmifinal] (*pl* **demi-finales**) *nf* semifinal *f*

demi-frère [dəmifʀɛʀ] (*pl* **demi-frères**) *nm* medio hermano, hermanastro

demi-heure [dəmijœʀ] (*pl* **demi-heures**) *nf* media hora

demi-journée [dəmiʒuʀne] (*pl* **demi-journées**) *nf* media jornada

demi-litre [dəmilitʀ] (*pl* **demi-litres**) *nm* medio litro

demi-livre [dəmilivʀ] (*pl* **demi-livres**) *nf* media libra

demi-pension [dəmipɑ̃sjɔ̃] (*pl* **demi-pensions**) *nf* media pensión *f*; **être en ~** estar de media pensión

démis, e [demi, iz] *pp de* **démettre** ▶ *adj* (*épaule etc*) dislocado(-a)

demi-sœur [dəmisœʀ] (*pl* **demi-sœurs**) *nf* media hermana, hermanastra

démission [demisjɔ̃] *nf* dimisión *f*; **donner sa ~** presentar la dimisión

démissionner [demisjɔne] *vi* dimitir

demi-tarif [dəmitaʀif] (*pl* **demi-tarifs**) *nm* media tarifa; **voyager à ~** viajar con media tarifa

demi-tour [dəmituʀ] (*pl* **demi-tours**) *nm* media vuelta; **faire ~** dar la vuelta

démocratie [demɔkʀasi] *nf* democracia

démocratique [demɔkʀatik] *adj* democrático(-a)

démodé, e [demɔde] *adj* pasado(-a) de moda

demoiselle [d(ə)mwazɛl] *nf* señorita; **~ d'honneur** dama de honor
démolir [demɔliʀ] *vt* (*bâtiment*) demoler; (*théorie, système*) echar abajo
démon [demɔ̃] *nm* demonio; **le ~ du jeu** el demonio del juego
démonstration [demɔ̃stʀasjɔ̃] *nf* demostración *f*; (*aérienne, navale*) exhibición *f*
démonter [demɔ̃te] *vt* desmontar; (*discours, théorie*) desmoronar; **se démonter** *vpr* desconcertarse
démontrer [demɔ̃tʀe] *vt* demostrar; (*des talents, du courage*) mostrar
démouler [demule] *vt* (*gâteau*) extraer del molde
démuni, e [demyni] *adj* (*population*) necesitado(-a), desfavorecido(-a); **~ de** desprovisto(-a) de; **les plus ~s** los más necesitados, los más desfavorecidos
dénicher [deniʃe] *vt* encontrar
dénier [denje] *vt* negar; **~ qch à qn** denegar algo a algn
dénivellation [denivelasjɔ̃] *nf* desnivel *m*
dénombrer [denɔ̃bʀe] *vt* (*compter*) contar; (*énumérer*) enumerar
dénomination [denɔminasjɔ̃] *nf* (*nom*) denominación *f*
dénoncer [denɔ̃se] *vt* denunciar; **se dénoncer** *vpr* denunciarse
dénouement [denumɑ̃] *nm* desenlace *m*
dénouer [denwe] *vt* desatar; (*intrigue, affaire*) aclarar
denrée [dɑ̃ʀe] *nf* producto; **~s alimentaires** productos *mpl* alimenticios
dense [dɑ̃s] *adj* denso(-a)
densité [dɑ̃site] *nf* densidad *f*
dent [dɑ̃] *nf* diente *m*; **avoir une ~ contre qn** tener manía a algn; **avoir les ~s longues** (*fig*) ser muy ambicioso(-a); **se mettre quelque chose sous la ~** tener algo que llevarse a la boca; **être sur les ~s** estar en guardia; **faire ses ~s** salirle los dientes; **à belles ~s** con ganas; **en ~s de scie** (*fig*) con altibajos; **ne pas desserrer les ~s** no despegar los labios; **~ de lait** diente de leche; **~ de sagesse** muela del juicio
dentaire [dɑ̃tɛʀ] *adj* dental; **cabinet ~** clínica dental
dentelle [dɑ̃tɛl] *nf* encaje *m*; **ne pas faire dans la ~** (*fam*) no andarse con miramientos
dentier [dɑ̃tje] *nm* dentadura
dentifrice [dɑ̃tifʀis] *adj* : **pâte/eau ~** pasta/agua dentífrica ▶ *nm* dentífrico
dentiste [dɑ̃tist] *nm/f* dentista *m/f*
dentition [dɑ̃tisjɔ̃] *nf* dentadura
dénué, e [denɥe] *adj* : **~ de** desprovisto(-a) de; (*intérêt*) falto(-a) de
déodorant [deɔdɔʀɑ̃] *nm* desodorante *m*
déontologie [deɔ̃tɔlɔʒi] *nf* deontología
dépannage [depanaʒ] *nm* reparación *f*; **service de ~** (*Auto*) servicio de reparaciones; **camion de ~** (*Auto*) camión *m* grúa *inv*
dépanner [depane] *vt* reparar; (*fig*) sacar de apuros
dépanneuse [depanøz] *nf* grúa
dépareillé, e [depaʀeje] *adj* (*collection, service*) descabalado(-a); (*gant, volume, objet*) desparejado(-a)
départ [depaʀ] *nm* partida, marcha; (*du train*) salida; **à son ~** a su marcha; **au ~** al principio; **courrier au ~** correo saliente; **consulter le tableau des ~s** consultar el panel de salidas
département [depaʀtəmɑ̃] *nm* ≈ provincia; (*de ministère*) ministerio; (*d'université*) departamento; (*de magasin*) sección *f*; **~ d'outre-mer** provincia de ultramar

Francia está dividida en 101 unidades administrativas denominadas **départements**. Al frente de estas divisiones de la administración local se encuentra el *préfet*, nombrado por el gobierno, y su administración corre a cargo de un *Conseil départemental* electo. Los **départements** por lo general deben su nombre a algún accidente geográfico importante, como un río o una cordillera; *véase también DOM-TOM, ROM et COM*.

dépassé, e [depɑse] *adj* pasado(-a) de moda; (*fig*) desbordado(-a)
dépasser [depɑse] *vt* (*véhicule, concurrent*) adelantar; (*endroit*) dejar atrás; (*somme, limite fixée, prévisions*) rebasar; (*fig*) superar; (*être en saillie sur*) sobresalir ▶ *vi* (*Auto*) adelantarse; (*ourlet, jupon*) sobresalir; **se dépasser** *vpr* (*se surpasser*)

superarse; **cela me dépasse** esto no me cabe en la cabeza; **être dépassé** estar desbordado

dépaysé, e [depeize] *adj* extrañado(-a)

dépaysement [depeizmɑ̃] *nm* extrañamiento

dépêcher [depeʃe] *vt* despachar; **se dépêcher** *vpr* darse prisa, apresurarse, apurarse (AM); **se ~ de faire qch** darse prisa *ou* apurarse (AM) en hacer algo

dépendance [depɑ̃dɑ̃s] *nf* dependencia; (*Méd*) adicción *f*

dépendre [depɑ̃dʀ] *vt* descolgar; **~ de** depender de; **ça dépend** depende

dépens [depɑ̃] *nmpl* : **aux ~ de** a expensas de

dépense [depɑ̃s] *nf* gasto; (*comptabilité*) desembolso; (*fig*) consumo; **une ~ de 100 euros** un gasto de 100 euros; **pousser qn à la ~** incitar a algn al consumo; **~s de fonctionnement** gastos *mpl* de funcionamiento; **~ de temps** consumo *ou* gasto de tiempo; **~s d'investissement** gastos de inversión; **~s publiques** gastos públicos

dépenser [depɑ̃se] *vt* gastar; (*fig*) consumir; **se dépenser** *vpr* fatigarse

dépeupler [depœple] *vt* despoblar; **se dépeupler** *vpr* despoblarse

dépilatoire [depilatwaʀ] *adj* depilatorio(-a)

dépister [depiste] *vt* (*Méd*) identificar; (*voleur*) descubrir el rastro de; (*semer, déjouer*) despistar

dépit [depi] *nm* despecho; **en ~ de** a pesar de; **en ~ du bon sens** sin sentido común

dépité, e [depite] *adj* contrariado(-a)

déplacé, e [deplase] *adj* fuera de lugar *inv*; **personne déplacée** persona desplazada

déplacement [deplasmɑ̃] *nm* traslado; (*voyage*) viaje *m*; **en ~** de viaje; **~ d'air** corriente *f* de aire; **~ de vertèbre** vértebra dislocada

déplacer [deplase] *vt* mover; (*employé*) trasladar; (*conversation, sujet*) cambiar; **se déplacer** *vpr* (*objet, personne*) moverse; (*voyager*) desplazarse, viajar; (*vertèbre etc*) desplazarse; **se ~ en voiture/avion** desplazarse en coche/avión

déplaire [deplɛʀ] *vi* desagradar; **se déplaire** *vpr* hallarse a disgusto; **~ à qn** desagradar a algn

déplaisant, e [deplɛzɑ̃, ɑ̃t] *vb voir* **déplaire** ▸ *adj* desagradable

dépliant [deplijɑ̃] *nm* folleto

déplier [deplije] *vt* desplegar; **se déplier** *vpr* desplegarse

déposer [depoze] *vt* poner, dejar; (*à la banque*) ingresar; (*caution*) prestar; (*serrure, moteur*) desmontar; (*roi*) deponer; (*Admin, Jur*) presentar ▸ *vi* (*vin etc*) sedimentar; (*Jur*) : **~ (contre)** declarar (contra); **se déposer** *vpr* depositarse; **~ son bilan** (*Comm*) declararse en quiebra; **~ de l'argent** ingresar dinero

dépositaire [depozitɛʀ] *nm/f* (*d'un secret*) confidente *m/f*; (*Comm*) concesionario(-a); **~ agréé** concesionario autorizado

déposition [depozisjɔ̃] *nf* (*Jur*) deposición *f*

dépôt [depo] *nm* (*d'argent*) ingreso; (*de sable*) sedimento; (*de poussière*) acumulación *f*; (*de candidature*) presentación *f*; (*entrepôt*) depósito; (*gare*) cochera; (*prison*) cárcel *f* transitoria; **~ bancaire** depósito bancario; **~ de bilan** declaración *f* de suspensión de pagos; **~ d'ordures** basurero, vertedero; **~ légal** depósito legal

dépourvu, e [depuʀvy] *adj* : **~ de** desprovisto(-a) de; **au ~** : **prendre qn au ~** coger a algn desprevenido(-a)

dépressif, -ive [depʀesif, iv] *adj* depresivo(-a)

dépression [depʀesjɔ̃] *nf* depresión *f*; **~ (nerveuse)** depresión (nerviosa)

déprimant, e [depʀimɑ̃, ɑ̃t] *adj* deprimente

déprime [depʀim] (*fam*) *nf* depre *f*

déprimer [depʀime] *vt* deprimir

depuis [dəpɥi] *prép* desde ▸ *adv* (*temps*) desde entonces; **~ que** desde que; **~ qu'il m'a dit ça** desde que me dijo eso; **~ combien de temps ?** ¿cuánto tiempo hace?; **il habite Paris ~ cinq ans** vive en París desde hace cinco años, lleva cinco años viviendo en París; **~ quand le connaissez-vous ?** ¿desde cuándo lo conoce usted?; **je le connais ~ neuf ans** lo conozco desde hace nueve años; **~ quand ?** (*excl*) ¿desde cuándo?; **il a plu ~ Metz** ha estado lloviendo desde Metz; **elle a téléphoné ~ Valence** llamó por teléfono desde Valencia; **~ les plus petits jusqu'aux plus grands** desde los más pequeños hasta los más grandes; **je ne lui ai pas parlé ~** no he vuelto a hablar con él *ou* ella; **~ lors** desde entonces

député, e [depyte] *nm/f* (*Pol*) diputado(-a)

déradicaliser [deʀadikalize] *vt* desradicalizar

dérangement [deʀɑ̃ʒmɑ̃] *nm* molestia; **en ~** averiado(-a)

déranger [deʀɑ̃ʒe] *vt* (*personne*) molestar; **se déranger** *vpr* molestarse; (*changer de place*) cambiar de sitio; **est-ce que cela vous dérange si ... ?** ¿le molesta si ...?; **ça te dérangerait de faire ... ?** ¿te importaría hacer ...?; **ne vous dérangez pas** no se moleste; **excusez-moi de vous ~** perdone que le moleste

dérapage [deʀapaʒ] *nm* patinazo, derrape *m*; (*fig : verbal*) salida de tono

déraper [deʀape] *vi* (*voiture*) derrapar, patinar; (*personne, couteau*) resbalar; (*déficit*) descontrolarse

déréglé, e [deʀegle] *adj* (*montre, mécanisme*) estropeado(-a); (*estomac*) revuelto(-a); (*mœurs, vie*) desordenado(-a)

dérégler [deʀegle] *vt* (*mécanisme*) estropear; (*estomac*) indisponer; **se dérégler** *vpr* (*mécanisme*) estropearse; (*estomac*) indisponerse

dérision [deʀizjɔ̃] *nf* : **tourner en ~** burlarse de

dérisoire [deʀizwaʀ] *adj* irrisorio(-a)

dérive [deʀiv] *nf* (*Naut*) orza de quilla; **aller à la ~** (*Naut, fig*) ir a la deriva; **~ des continents** (*Géologie*) deriva de los continentes

dérivé, e [deʀive] *adj* derivado(-a) ▸ *nm* derivado

dériver [deʀive] *vi* derivarse de

dermatologue [dɛʀmatɔlɔg] *nm/f* dermatólogo(-a)

dernier, -ière [dɛʀnje, jɛʀ] *adj* último(-a) ▸ *nm/f* último(-a); **lundi/le mois ~** el lunes/el mes pasado; **du ~ chic** de última moda; **le ~ cri** el último grito; **rendre le ~ soupir** exhalar el último suspiro; **en ~** al final, por último; **en ~ ressort** en última instancia; **avoir le ~ mot** tener la última palabra; **ce ~/cette dernière** este último/esta última

dernièrement [dɛʀnjɛʀmɑ̃] *adv* últimamente

dernier-né, dernière-née [dɛʀnjene, dɛʀnjɛʀne] (*pl* **derniers-nés, dernières-nées**) *nm/f* (*enfant*) último(-a) hijo(-a); (*voiture*) último modelo

dérogation [deʀɔgasjɔ̃] *nf* derogación *f*

déroulant, e [deʀulɑ̃, ɑ̃t] *adj* (*menu*) desplegable

déroulement [deʀulmɑ̃] *nm* (*d'une opération*) desarrollo; **le ~ des faits** el desarrollo de los hechos

dérouler [deʀule] *vt* (*ficelle, papier*) desenrollar; **se dérouler** *vpr* (*avoir lieu*) desarrollarse

déroutant, e [deʀutɑ̃, ɑ̃t] *adj* desconcertante

déroute [deʀut] *nf* desbandada; **en ~** en desbandada

dérouter [deʀute] *vt* (*avion, train*) desviar; (*fig*) despistar

derrière [dɛʀjɛʀ] *prép* detrás de ▸ *adv* detrás, atrás ▸ *nm* (*d'une maison*) trasera; (*postérieur*) trasero; **les pattes/roues de ~** las patas/ruedas traseras; **par ~** por detrás

des [de] *voir* **de**

dès [dɛ] *prép* desde; **~ que** tan pronto como; **~ à présent** desde ahora; **~ réception** en cuanto se reciba; **~ son retour** en cuanto vuelva; **~ lors** desde entonces; (*en conséquence*) por lo tanto; **~ lors que** en cuanto; (*puisque, étant donné que*) ya que

désaccord [dezakɔʀ] *nm* desacuerdo; **en ~ avec** en desacuerdo con

> **On peut dire aussi :**
>
> Yo no lo veo así. (*Je ne suis pas de cet avis.*)
>
> No estoy de acuerdo contigo en ese punto. (*Je ne suis pas d'accord avec toi sur ...*)
>
> No estamos conformes con este aumento de sueldo. (*Nous ne sommes pas d'accord avec ...*)
>
> Estamos en contra de toda clase de extremismos. (*Nous sommes contre ...*)
>
> ¡Ni pensarlo! *ou* ¡Ni hablar! (*Pas question !*)

désaffecté, e [dezafɛkte] *adj* en desuso

désagréable [dezagʀeabl] *adj* desagradable

désagrément [dezagʀemɑ̃] *nm* desagrado
désaltérer [dezalteʀe] *vt* quitar la sed a ▸ *vi* refrescar; **se désaltérer** *vpr* beber; **ça désaltère** esto refresca
désapprobateur, -trice [dezapʀɔbatœʀ, tʀis] *adj* desaprobatorio(-a)
désapprouver [dezapʀuve] *vt* desaprobar

On peut dire aussi :
Lo que me parece mal es que le mientas. (*Ce que je ne trouve pas bien c'est que ...*)
Me parece fatal que fumen en clase. (*Je trouve lamentable que ...*)
Me ha decepcionado lo que ha dicho. (*J'ai été déçu par ...*)
No deberías haber hablado así. (*Tu n'aurais pas dû ...*)
En eso te equivocas *ou* estás equivocado. (*C'est là que tu te trompes.*)

désarmant, e [dezaʀmɑ̃, ɑ̃t] *adj* conmovedor(a)
désarroi [dezaʀwa] *nm* desasosiego
désastre [dezastʀ] *nm* desastre *m*
désastreux, -euse [dezastʀø, øz] *adj* desastroso(-a)
désavantage [dezavɑ̃taʒ] *nm* desventaja
désavantager [dezavɑ̃taʒe] *vt* desfavorecer
descendant, e [desɑ̃dɑ̃, ɑ̃t] *vb voir* **descendre** ▸ *adj voir* **marée** ▸ *nm/f* descendiente *m/f*
descendre [desɑ̃dʀ] *vt* bajar; (*fam : abattre*) cargarse; (*fam : boire*) pimplar, soplar ▸ *vi* bajar, descender; (*passager*) bajar(se); (*avion, chemin, marée*) bajar; **~ à pied/en voiture** bajar a pie/en coche; **~ de** (*famille*) descender de; **~ du train/d'un arbre/de cheval** bajar(se) del tren/de un árbol/del caballo; **~ à l'hôtel** quedarse en un hotel; **~ dans la rue** (*manifester*) salir a la calle; **~ dans le Midi** bajar al Sur de Francia; **~ la rue/rivière** ir calle/río abajo; **~ en ville** ir al centro
descente [desɑ̃t] *nf* bajada, descenso; (*route*) pendiente *f*; (*Ski*) descenso; **au milieu de la ~** en medio de la bajada; **~ de lit** alfombra de cama; **~ (de police)** redada (de la policía), allanamiento (*AM*)
descriptif, -ive [dɛskʀiptif, iv] *adj* descriptivo(-a) ▸ *nm* descripción *f*
description [dɛskʀipsjɔ̃] *nf* descripción *f*
désemparé, e [dezɑ̃paʀe] *adj* desamparado(-a)
désenclaver [dezɑ̃klave] *vt* acabar con el aislamiento de
déséquilibre [dezekilibʀ] *nm* desequilibrio; **en ~** desequilibrado(-a)
désert, e [dezɛʀ, ɛʀt] *adj* desierto(-a) ▸ *nm* desierto
déserter [dezɛʀte] *vi* (*Mil*) ▸ *vt* (*salle*) abandonar; (*école*) dejar desierto(-a)
déserteur, -euse [dezɛʀtœʀ, øz] *nm/f* desertor(a)
désertique [dezɛʀtik] *adj* desértico(-a)
désespéré, e [dezɛspeʀe] *adj, nm/f* desesperado(-a); **état ~** (*Méd*) estado desesperado
désespérer [dezɛspeʀe] *vi* desesperar; **se désespérer** *vpr* desesperarse; **~ de qn/qch** perder la esperanza en algn/algo; **~ de (pouvoir) faire qch** desesperar de (poder) hacer algo
désespoir [dezɛspwaʀ] *nm* desesperación *f*, desesperanza; **être** *ou* **faire le ~ de qn** ser la desesperación de algn; **en ~ de cause** como último recurso
déshabillé, e [dezabije] *adj* desvestido(-a) ▸ *nm* salto de cama
déshabiller [dezabije] *vt* desvestir; **se déshabiller** *vpr* desnudarse, desvestirse (*esp AM*)
déshérité, e [dezeʀite] *adj* desheredado(-a)
déshonorant, e [dezɔnɔʀɑ̃, ɑ̃t] *adj* deshonroso(-a)
déshonorer [dezɔnɔʀe] *vt* deshonrar (a)
déshydraté, e [dezidʀate] *adj* deshidratado(-a)
desiderata [dezideʀata] *nmpl* desiderata *fsg*
désigner [deziɲe] *vt* (*montrer*) enseñar; (*dénommer*) designar; (*représentant*) nombrar
désillusion [dezi(l)lyzjɔ̃] *nf* desilusión *f*
désinfectant, e [dezɛ̃fɛktɑ̃, ɑ̃t] *adj* desinfectante ▸ *nm* desinfectante *m*
désinfecter [dezɛ̃fɛkte] *vt* desinfectar
désinscrire [dezɛ̃skʀiʀ] : **se désinscrire** *vpr* darse de baja

désinstaller [dezɛ̃stale] *vt* (*application, programme*) desinstalar
désintéressé, e [dezɛ̃teʀese] *adj* desinteresado(-a)
désintéresser [dezɛ̃teʀese] *vt* : **se ~ (de qn/qch)** desinteresarse (por algn/algo), perder el interés (por algn/algo)
désintoxication [dezɛ̃tɔksikasjɔ̃] *nf* (*Méd*) desintoxicación *f*; **faire une cure de ~** hacer una cura de desintoxicación
désintoxiquer [dezɛ̃tɔksike] *vt* desintoxicar; **se désintoxiquer** *vpr* desintoxicarse
désinvolte [dezɛ̃vɔlt] *adj* desenvuelto(-a)
désinvolture [dezɛ̃vɔltyʀ] *nf* desparpajo, desenvoltura
désir [deziʀ] *nm* deseo; **exprimer le ~ de** expresar el deseo de
désirer [deziʀe] *vt* desear; **~ que** desear que; **~ faire qch** desear hacer algo; **ça laisse à ~** deja mucho que desear
désireux, -euse [deziʀø, øz] *adj* : **~ de** deseoso(-a) de
désister [deziste] : **se désister** *vpr* renunciar; **se ~ en faveur de** renunciar en favor de
désobéir [dezɔbeiʀ] *vi* : **~ (à qn/qch)** desobedecer (a algn/algo)
désobéissance [dezɔbeisɑ̃s] *nf* desobediencia; **~ civile** desobediencia civil
désobéissant, e [dezɔbeisɑ̃, ɑ̃t] *adj* desobediente
désobligeant, e [dezɔbliʒɑ̃, ɑ̃t] *adj* desagradable
désodorisant, e [dezɔdɔʀizɑ̃, ɑ̃t] *adj* desodorante ▶ *nm* desodorante *m*; (*d'appartement*) ambientador *m*
désœuvré, e [dezœvʀe] *adj, nm/f* desocupado(-a), ocioso(-a)
désolé, e [dezɔle] *adj* desolado(-a); **je suis ~, il n'y en a plus** lo siento, ya no hay más
désordonné, e [dezɔʀdɔne] *adj* desordenado(-a)
désordre [dezɔʀdʀ] *nm* desorden *m*; **désordres** *nmpl* (*Pol*) disturbios *mpl*; **en ~** en desorden; **dans le ~** (*tiercé*) sin dar el orden
désormais [dezɔʀmɛ] *adv* (de ahora) en adelante
desquelles [dekɛl] *prép + pron voir* **lequel**
desquels [dekɛl] *prép + pron voir* **lequel**
DESS [deəɛsɛs] *sigle m* (= *diplôme d'études supérieures spécialisées*) diploma de pos(t)grado
dessécher [deseʃe] *vt* desecar; **se dessécher** *vpr* secarse; (*peau, lèvres*) secarse, resecarse
dessein [desɛ̃] *nm* intención *f*, propósito; **à ~** a propósito
desserrer [deseʀe] *vt* aflojar; (*poings, dents*) abrir; **ne pas ~ les dents** no despegar los labios
dessert [desɛʀ] *vb voir* **desservir** ▶ *nm* (*moment du repas*) postres *mpl*; (*mets*) postre *m*
desservir [desɛʀviʀ] *vt* (*suj : moyen de transport*) cubrir el servicio de; (*suj : voie de communication*) comunicar con; (*personne*) perjudicar a; **~ la table** quitar la mesa
dessin [desɛ̃] *nm* dibujo; **~ animé** dibujos *mpl* animados; **~ humoristique** dibujo humorístico, viñeta; **~ industriel** diseño industrial
dessinateur, -trice [desinatœʀ, tʀis] *nm/f* dibujante *m/f*; **dessinatrice de mode** diseñadora de moda; **~ industriel** delineante *m/f*
dessiner [desine] *vt* dibujar; (*concevoir*) diseñar; (*suj : robe : taille*) resaltar; **se dessiner** *vpr* perfilarse
dessous [d(ə)su] *adv* debajo, abajo ▶ *nm* parte *f* inferior; (*de voiture*) bajos *mpl*; (*étage inférieur*) : **les voisins/l'appartement du ~** los vecinos/el piso de abajo; **dessous** *nmpl* (*fig*) secretos *mpl*; (*sous-vêtements*) ropa interior *fsg*; **en ~** (*sous*) debajo; (*plus bas*) por debajo; **par-~** *adv* por debajo; **de ~** de abajo; **au-~** abajo, debajo; **au-~ de** por debajo de; (*zéro*) bajo; **au-~ de tout** incalificable; **avoir le ~** tener *ou* llevar la peor parte
dessous-de-plat [dəsudpla] *nm inv* salvamanteles *m inv*
dessus [d(ə)sy] *adv* encima, arriba ▶ *nm* parte *f* superior; (*étage supérieur*) : **les voisins/l'appartement du ~** los vecinos/el piso de arriba; **en ~** encima, arriba; **c'est écrit ~** está ahí; **par-~** *adv* por encima, por arriba ▶ *prép* por encima de, por arriba de; **au-~** encima, arriba; **au-~ de** por encima de; (*zéro*) sobre; **de ~** de arriba, de encima; **avoir/prendre le ~** ir ganando;

reprendre le ~ recobrarse; **bras ~ bras dessous** cogidos(-as) del brazo; **sens ~ dessous** patas arriba

dessus-de-lit [dəsydli] *nm inv* colcha

destin [dɛstɛ̃] *nm* destino

destinataire [dɛstinatɛʀ] *nm/f* destinatario(-a)

destination [dɛstinasjɔ̃] *nf* destino; (*usage*) función *f*; **à ~ de** con destino a

destiner [dɛstine] *vt* : **~ qn à** destinar a algn a/para; **~ qch à** destinar algo a; **~ qch à qn** destinar a algn para algo; **se ~ à l'enseignement** pensar dedicarse a la enseñanza; **être destiné à** estar destinado(-a) a; (*usage*) servir para; **des mesures destinées à** medidas destinadas a

destruction [dɛstʀyksjɔ̃] *nf* destrucción *f*

désuet, -ète [dezɥɛ, ɛt] *adj* (*technologies, règlement*) desusado(-a); (*démodé*) anticuado(-a)

désuétude [desɥetyd] *nf* : **tomber en ~** caer en desuso

détachable [detaʃabl] *adj* separable; (*capuche*) de quita y pon

détachant [detaʃɑ̃] *nm* quitamanchas *m inv*

détachement [detaʃmɑ̃] *nm* (*désintéressement*) desapego; (*Mil*) destacamento; **être en ~** tener un destino temporal

détacher [detaʃe] *vt* (*ôter*) desprender; (*délier*) desatar, soltar; (*Mil*) destacar; (*vêtement*) limpiar; **se détacher** *vpr* (*Sport*) descolgarse; (*prisonnier etc*) desatarse; (*tomber, se défaire*) desprenderse; **~ qn (auprès de** *ou* **à)** (*Admin*) enviar a algn (a); **se ~ (de qn** *ou* **qch)** (*se désintéresser*) perder interés (por algn *ou* algo); **se ~ sur** (*se dessiner*) destacarse en

détail [detaj] *nm* detalle *m*; **le ~** (*Comm*) la venta al por menor; **prix de ~** precio al por menor; **au ~** (*Comm*) al por menor; (*individuellement*) por unidades; **faire/donner le ~ de** detallar; (*compte, facture*) desglosar; **en ~** en detalle

détaillant, e [detajɑ̃, ɑ̃t] *nm/f* minorista *m/f*

détaillé, e [detaje] *adj* detallado(-a)

détailler [detaje] *vt* detallar; (*personne*) examinar

détecter [detɛkte] *vt* detectar

détecteur [detɛktœʀ] *nm* (*Tech*) detector *m*; **~ de fumée** detector de humo

détective [detɛktiv] *nm/f* : **~ (privé)** detective *m/f*

déteindre [detɛ̃dʀ] *vi* desteñir; (*suj : soleil*) decolorar; **~ sur** teñir; (*influencer*) influir sobre

détendre [detɑ̃dʀ] *vt* (*fil, corde*) aflojar; (*atmosphère, relations*) relajar; (*lessive, linge*) recoger; (*gaz*) descomprimir; **se détendre** *vpr* (*personne*) relajarse; (*ressort*) aflojarse

détendu, e [detɑ̃dy] *adj* (*personne, atmosphère*) relajado(-a)

détenir [det(ə)niʀ] *vt* poseer; (*otage*) retener; (*prisonnier*) tener preso a; (*record*) ostentar; **~ le pouvoir** ostentar el poder

détente [detɑ̃t] *nf* distensión *f*, relajación *f*; (*politique, sociale*) distensión; (*loisirs*) esparcimiento, descanso; (*d'une arme*) disparador *m*, gatillo; (*d'un athlète qui saute*) resorte *m*

détenteur, -trice [detɑ̃tœʀ, tʀis] *nm/f* (*d'un record*) poseedor(a)

détention [detɑ̃sjɔ̃] *nf* (*d'un otage*) retención *f*; (*d'un prisonnier*) encarcelamiento; **~ préventive** *ou* **provisoire** prisión *f* preventiva

détenu, e [det(ə)ny] *pp de* **détenir** ▸ *nm/f* (*prisonnier*) preso(-a)

détergent [detɛʀʒɑ̃] *nm* detergente *m*

détérioration [deteʀjɔʀasjɔ̃] *nf* deterioro

détériorer [deteʀjɔʀe] *vt* deteriorar; **se détériorer** *vpr* deteriorarse

déterminant, e [detɛʀminɑ̃, ɑ̃t] *adj* determinante ▸ *nm* (*Ling*) determinante *m*; **un facteur ~** un factor determinante

déterminé, e [detɛʀmine] *adj* (*personne, air*) decidido(-a); (*quantité, période*) determinado(-a); **être ~ à faire qch** estar decidido(-a) a hacer algo

déterminer [detɛʀmine] *vt* (*date, quantité*) determinar

déterrer [deteʀe] *vt* desenterrar

détester [detɛste] *vt* detestar; **elle déteste les épinards** detesta las espinacas

détiens *etc* [detjɛ̃] *vb voir* **détenir**

détour [detuʀ] *nm* rodeo; **au ~ du chemin** a la vuelta del camino; **sans ~** (*parler*) sin rodeos

détourné, e [deturne] *adj* (*sentier, chemin*) indirecto(-a); (*moyen*) dudoso(-a)
détournement [deturnəmɑ̃] *nm* desvío; **~ d'avion** secuestro aéreo; **~ de fonds** malversación *f* de fondos; **~ de mineur** corrupción *f* de menores
détourner [deturne] *vt* desviar; (*avion*) secuestrar; (*yeux*) apartar; (*de l'argent*) malversar; **se détourner** *vpr* (*tourner la tête*) apartar la cara; **~ la conversation/l'attention (de qn)** desviar la conversación/la atención (de algn); **~ qn de son devoir/travail** apartar a algn de su deber/trabajo
détraquer [detrake] *vt* fastidiar, cargarse; (*santé, estomac*) estropear; **se détraquer** *vpr* : **ma montre s'est détraquée** se me ha fastidiado el reloj
détrempé, e [detrɑ̃pe] *adj* (*sol*) empapado(-a)
détresse [detrɛs] *nf* : **en ~** en peligro; **appel/signal de ~** llamada/señal *f* de socorro; **~ respiratoire** insuficiencia respiratoria
détriment [detrimɑ̃] *nm* : **au ~ de** en detrimento de; **à mon/son ~** en mi/su perjuicio
détroit [detrwa] *nm* estrecho; **le ~ de Be(h)ring/de Gibraltar/de Magellan/du Bosphore** el estrecho de Bering/de Gibraltar/de Magallanes/del Bósforo
détromper [detrɔ̃pe] *vt* desengañar; **se détromper** *vpr* desengañarse
détrôner [detrone] *vt* destronar
détrousser [detruse] *vt* atracar
détruire [detrɥir] *vt* destruir; (*espoir*) romper; (*santé*) perjudicar
dette [dɛt] *nf* deuda; **~ de l'État** *ou* **publique** deuda pública
deuil [dœj] *nm* luto; **porter le ~** llevar luto; **être en/prendre le ~** estar/ponerse de luto
deux [dø] *adj inv, nm inv* dos *m inv*; **les ~** los (las) dos, ambos(-as); **les ~ mains** las dos manos; **tous les ~ jours/mois** cada dos días/meses; **à ~ pas** a dos pasos; **~ points** (*ponctuation*) dos puntos *mpl*; *voir aussi* **cinq**
deuxième [døzjɛm] *adj, nm/f* segundo(-a); *voir aussi* **cinquième**
deuxièmement [døzjɛmmɑ̃] *adv* en segundo lugar
deux-pièces [døpjɛs] *nm inv* (*maillot de bain*) biquini *m*; (*appartement*) apartamento de dos habitaciones
deux-roues [døru] *nm inv* vehículo de dos ruedas
deux-temps [døtɑ̃] *adj inv* (*moteur*) de dos tiempos
devais [dəvɛ] *vb voir* **devoir**
dévaler [devale] *vt* bajar corriendo
dévaliser [devalize] *vt* desvalijar
dévaloriser [devalɔrize] *vt* desvalorizar
dévaluation [devalɥasjɔ̃] *nf* devaluación *f*
dévaluer [devalɥe] *vt* devaluar
devancer [d(ə)vɑ̃se] *vt* (*arriver avant, aussi fig*) adelantarse a; **~ l'appel** (*Mil*) alistarse como voluntario
devant [d(ə)vɑ̃] *vb voir* **devoir** ▶ *adv* delante, adelante ▶ *prép* (*en face de*) delante de, frente a; (*passer, être*) delante de; (*en présence de*) ante; (*face à*) ante, delante de ▶ *nm* (*de maison*) fachada; (*vêtement, voiture*) delantera; **prendre les ~s** adelantarse; **de ~** delantero(-a); **par ~** por delante; **aller au-~ de qn** ir al encuentro de algn; **aller au-~ de** (*désirs de qn*) anticiparse a; **par-~ notaire** ante notario
devanture [d(ə)vɑ̃tyr] *nf* (*étalage, vitrine*) escaparate *m*, vidriera (*AM*)
dévaster [devaste] *vt* devastar
développement [dev(ə)lɔpmɑ̃] *nm* desarrollo; (*photo*) revelado; **développements** *nmpl* desarrollos *mpl*; **les derniers/les récents ~s en matière de** los últimos/los recientes desarrollos en materia de; **~ durable** desarrollo sostenible
développer [dev(ə)lɔpe] *vt* desarrollar; (*Photo*) revelar; **se développer** *vpr* desarrollarse
devenir [dəv(ə)nir] *vt* volverse ▶ *nm* : **le ~ de qch** el futuro de algo; **~ fou** volverse loco(-a); **~ vieux/grand** hacerse viejo/mayor; **~ médecin** hacerse médico; **que sont-ils devenus ?** ¿qué ha sido de ellos?
déverser [devɛrse] *vt* verter, derramar; (*injures, colère*) descargar; **se ~ dans** verterse en
devez [dəve] *vb voir* **devoir**
déviation [devjasjɔ̃] *nf* desviación *f*; (*Auto*) desvío

devienne *etc* [dəvjɛn] *vb voir* **devenir**
deviner [d(ə)vine] *vt* adivinar; (*apercevoir*) atisbar
devinette [d(ə)vinɛt] *nf* adivinanza
devint *etc* [dəvɛ̃] *vb voir* **devenir**
devis [d(ə)vi] *nm* presupuesto; **~ descriptif/estimatif** presupuesto detallado/aproximado
dévisager [devizaʒe] *vt* mirar de arriba abajo
devise [dəviz] *nf* (*formule*) lema *m*, divisa; (*Écon*) divisa; **devises** *nfpl* dinero *msg* extranjero
dévisser [devise] *vt* desatornillar; **se dévisser** *vpr* desatornillarse
devoir [d(ə)vwaʀ] *nm* deber *m*; (*Scol*) deberes *mpl* ▶ *vt* deber; **il doit le faire** (*obligation*) debe hacerlo, tiene que hacerlo; **il doit partir demain** (*intention*) se va mañana; **il doit être tard** (*probabilité*) debe (de) ser tarde; **cela devait arriver** (*fatalité*) tenía que ocurrir (un día); **se faire un ~ de faire** creerse en la obligación de hacer; **se ~ de faire qch** sentirse obligado(-a) a hacer algo; **je devrais faire** tendría que hacer; **tu n'aurais pas dû** no deberías haberlo hecho; (*politesse*) no tendrías que haberlo hecho; **je lui dois beaucoup** le debo mucho; **comme il se doit** como debe ser; **se mettre en ~ de faire qch** empezar a hacer algo; **derniers ~s** honras *fpl* fúnebres; **faire ses ~s** hacer los deberes; **~ sur table** examen (escrito); **~s de vacances** deberes *mpl* de vacaciones
dévolu, e [devɔly] *adj* (*temps, part*) destinado(-a), atribuido(-a) ▶ *nm* : **jeter son ~ sur** poner sus miras en
dévorant, e [devɔʀɑ̃, ɑ̃t] *adj* (*faim*) voraz; (*feu, passion*) devastador(a)
dévorer [devɔʀe] *vt* devorar; **~ qch/qn des yeux** *ou* **du regard** devorar algo/a algn con la mirada
dévoué, e [devwe] *adj* dedicado(-a)
dévouer [devwe] : **se dévouer** *vpr* : **se ~ (pour)** sacrificarse (por); **se ~ à** dedicarse a *voir* **devoir**
dextérité [dɛksteʀite] *nf* destreza
diabète [djabɛt] *nm* (*Méd*) diabetes *f inv*
diabétique [djabetik] *adj, nm/f* diabético(-a)
diable [djɑbl] *nm* diablo; (*chariot à deux roues*) carretilla; **petit ~** (*enfant*) diablillo; **pauvre ~** pobre diablo; **il fait une chaleur du ~** hace un calor infernal; **avoir le ~ au corps** tener el diablo en el cuerpo; **habiter/être situé au ~** vivir/estar en el quinto infierno
diabolo [djabɔlo] *nm* (*jeu*) diábolo; (*boisson*) *mezcla de gaseosa y almíbar*; **~ menthe** menta con gas
diagnostic [djagnɔstik] *nm* diagnóstico
diagnostiquer [djagnɔstike] *vt* diagnosticar
diagonal, e, -aux [djagɔnal, o] *adj* diagonal
diagonale [djagɔnal] *nf* diagonal *f*; **en ~** en diagonal; (*fig*) : **lire en ~** leer por encima
diagramme [djagʀam] *nm* diagrama *m*
dialecte [djalɛkt] *nm* dialecto
dialogue [djalɔg] *nm* diálogo; **cesser/reprendre le ~** interrumpir/reanudar el diálogo; **~ de sourds** diálogo de besugos
diamant [djamɑ̃] *nm* diamante *m*
diamètre [djamɛtʀ] *nm* diámetro
diapositive [djapozitiv] *nf* diapositiva
diarrhée [djaʀe] *nf* diarrea
dictateur, trice [diktatœʀ, tʀis] *nm/f* dictador(-a)
dictature [diktatyʀ] *nf* dictadura
dictée [dikte] *nf* dictado; **prendre sous ~** tomar al dictado
dicter [dikte] *vt* (*aussi fig*) dictar
dictionnaire [diksjɔnɛʀ] *nm* diccionario; **~ bilingue** diccionario bilingüe; **~ encyclopédique/de langue** diccionario enciclopédico/de la lengua
dicton [diktɔ̃] *nm* refrán *m*, dicho
dièse [djɛz] *nm* almohadilla; (*Mus*) sostenido; **appuyez sur la touche ~** pulse (la tecla) almohadilla
diesel [djezɛl] *nm* diesel *m*; **un (véhicule/moteur) ~** un (vehículo/motor) diesel
diète [djɛt] *nf* dieta; **être à la ~** estar a dieta
diététique [djetetik] *adj* dietético(-a) ▶ *nf* dietética; **magasin ~** tienda de dietética
dieu, x [djø] *nm* (*aussi fig*) dios *msg*; **D~** Dios; **le bon D~** Dios; **mon D~ !** ¡Dios mío!
diffamation [difamasjɔ̃] *nf* difamación *f*; **attaquer qn en ~** atacar a algn por difamación

différemment [difeʀamɑ̃] *adv* de forma diferente

différence [difeʀɑ̃s] *nf* diferencia; **à la ~ de** a diferencia de

> **On peut dire aussi :**
> A los jóvenes les gusta salir, mientras que los mayores prefieren quedarse en casa. (*... alors que ...*)
> Se diferencia *ou* Se distingue del mío por el color. (*Il se distingue* ou *se différencie du ... par ...*)
> No se parece en nada a su padre. (*Il ne ressemble pas du tout à ...*)
> La realidad es muy diferente *ou* distinta de lo que creíamos. (*... est bien différente de ...*)
> No tiene nada que ver. (*Ça n'a rien à voir.*)

différencier [difeʀɑ̃sje] *vt* diferenciar; **se différencier** *vpr* diferenciarse; **se ~ (de)** diferenciarse (de)

différent, e [difeʀɑ̃, ɑ̃t] *adj* : **~ (de)** distinto(-a) (de), diferente (de); **~s objets/personnages** varios objetos/personajes; **à ~es reprises** en varias ocasiones; **pour ~es raisons** por distintas razones

différer [difeʀe] *vt* diferir, postergar (*AM*) ▶ *vi* : **~ (de)** diferir (de)

difficile [difisil] *adj* difícil; **faire le** *ou* **la ~** hacer remilgos

difficilement [difisilmɑ̃] *adv* difícilmente; **~ compréhensible/lisible** difícil de comprender/leer

difficulté [difikylte] *nf* dificultad *f*; **faire des ~s (pour)** poner dificultades (para); **en ~** en apuros; **avoir des ~s pour faire qch** tener dificultades para hacer algo; **rencontrer des ~s** tropezar con dificultades

diffuser [difyze] *vt* emitir; (*nouvelle, idée*) difundir; (*Comm*) distribuir

digérer [diʒeʀe] *vt* (*aussi fig*) digerir

digeste [diʒɛst] *adj* digestible

digestif, -ive [diʒɛstif, iv] *adj* digestivo(-a) ▶ *nm* licor *m*

digestion [diʒɛstjɔ̃] *nf* digestión *f*; **bonne/mauvaise ~** buena/mala digestión

digital, e, -aux [diʒital, o] *adj* digital

digne [diɲ] *adj* (*respectable*) digno(-a); **~ d'intérêt/d'admiration** digno de interés/de admiración; **~ de foi** digno de fe; **~ de qn/qch** digno de algn/algo

dignité [diɲite] *nf* dignidad *f*

digue [dig] *nf* dique *m*; (*pour protéger la côte*) rompeolas *m inv*

dilapider [dilapide] *vt* dilapidar

dilater [dilate] *vt* dilatar; **se dilater** *vpr* dilatarse

dilemme [dilɛm] *nm* dilema *m*

diligence [diliʒɑ̃s] *nf* diligencia; **faire ~** apresurarse

diluer [dilɥe] *vt* diluir; (*péj : discours etc*) meter paja en

dimanche [dimɑ̃ʃ] *nm* domingo; **le ~ des Rameaux/de Pâques** el domingo de Ramos/de Pascua; *voir aussi* **lundi**

dimension [dimɑ̃sjɔ̃] *nf* dimensión *f*; **dimensions** *fpl* dimensiones *fpl*

diminuer [diminɥe] *vt* disminuir; (*tricot*) menguar ▶ *vi* disminuir

diminutif [diminytif] *nm* (*Ling*) diminutivo; (*surnom*) diminutivo cariñoso

diminution [diminysjɔ̃] *nf* disminución *f*

dinde [dɛ̃d] *nf* pava

dindon [dɛ̃dɔ̃] *nm* pavo

dindonneau [dɛ̃dɔno] *nm* pavipollo, pavezno

dîner [dine] *nm* cena, comida (*AM*) ▶ *vi* cenar; **~ de famille/d'affaires** cena familiar/de negocios

dingue [dɛ̃g] (*fam*) *adj* chalado(-a)

dinosaure [dinɔzɔʀ] *nm* dinosaurio

diplomate [diplɔmat] *adj* diplomático(-a) ▶ *nm/f* diplomático(-a) ▶ *nm* (*Culin*) *bizcocho con licor, frutas confitadas y crema*

diplomatie [diplɔmasi] *nf* diplomacia

diplôme [diplom] *nm* diploma *m*, título; **avoir des ~s** tener títulos; **un ~ d'ingénieur** un título de ingeniero

diplômé, e [diplome] *adj, nm/f* titulado(-a), diplomado(-a)

dire [diʀ] *nm* : **au ~ de** al decir de, en la opinión de ▶ *vt* decir; (*ordre, invitation*) : **~ à qn qu'il fasse** *ou* **de faire qch** decir a algn que haga algo; (*objecter*) : **n'avoir rien à ~ (à)** no tener nada que decir (a); (*signifier*) : **vouloir ~ que** querer decir que; (*plaire*) : **cela me/lui dit de faire** me/le apetece hacer; (*penser*) : **que dites-vous de ... ?** ¿qué opina usted de ...?; **dires** *nmpl* opiniones *fpl*; **se dire** *vpr* decirse; (*se pré-*

tendre) : **se ~ malade** *etc* pretenderse enfermo(-a) *etc*; **ça se dit ... en anglais** se dice ... en inglés; **~ quelque chose/ce qu'on pense** decir algo/lo que uno piensa; **~ la vérité/l'heure** decir la verdad/la hora; **dis pardon** pide perdón; **dis merci** da las gracias; **on dit que** dicen que; **comme on dit** como se dice; **on dirait que** parece que; **on dirait du vin** *etc* parece vino *etc*; **ça ne me dit rien** no me apetece; (*rappeler qch*) no me suena; **à vrai ~** a decir verdad; **pour ainsi ~** por decirlo así; **cela va sans ~** ni qué decir tiene; **dis donc !/dites donc !** (*pour attirer attention*) ¡oye!/¡oiga!; (*au fait*) ¡a propósito!; (*agressif*) ¡oye!/¡oiga Vd!; **et ~ que ...** y pensar que ...; **ceci** *ou* **cela dit** a pesar de todo; (*à ces mots*) dicho esto; **c'est dit, voilà qui est dit** está dicho; **il n'y a pas à ~** realmente; **c'est ~ si** muestra hasta qué punto; **c'est beaucoup/peu ~** es mucho/poco decir; **cela ne se dit pas comme ça** no se dice así; **se ~ au revoir** decirse adiós; **c'est toi qui le dis** lo dices tú; **je ne vous le fais pas ~** estoy muy de acuerdo; **je te l'avais dit** te lo había dicho; **je ne peux pas ~ le contraire** no puedo decir lo contrario; **tu peux le ~, à qui le dis-tu** y que lo digas

direct, e [diʀɛkt] *adj* directo(-a) ▸ *nm* (*train, Boxe*) directo; **train/bus ~** tren *m*/autobús *msg* directo; **en ~** en directo; **~ du gauche/du droit** directo con la izquierda/derecha

directement [diʀɛktəmɑ̃] *adv* directamente

directeur, -trice [diʀɛktœʀ, tʀis] *adj* (*principe, fil*) rector(a) ▸ *nm/f* director(a); **comité ~** comité *m* directivo; **~ général(e)/commercial(e)/du personnel** director(a) general/comercial/de personal; **~ de thèse** director(a) de tesis

direction [diʀɛksjɔ̃] *nf* dirección *f*; **sous la ~ de** bajo la dirección de; **en ~ de** en dirección a; **«toutes ~s»** (*Auto*) «todas las direcciones»

directive [diʀɛktiv] *nf* directriz *f*

directrice [diʀɛktʀis] *adj, nf voir* **directeur**

dirent [diʀ] *vb voir* **dire**

dirigeant, e [diʀiʒɑ̃, ɑ̃t] *adj, nm/f* dirigente *m/f*

diriger [diʀiʒe] *vt* dirigir; **se diriger** *vpr* orientarse; **~ sur** (*regard*) dirigir hacia; **~ son arme sur qn** apuntar a algn con un arma; **~ contre** (*critiques, plaisanteries*) dirigir contra; **se ~ vers** *ou* **sur** dirigirse hacia

dis [di] *vb voir* **dire**

discerner [disɛʀne] *vt* (*apercevoir*) divisar; (*motif, cause*) discernir

disciple [disipl] *nm/f* discípulo(-a)

discipline [disiplin] *nf* disciplina

discipliné, e [disipline] *adj* disciplinado(-a)

discographie [diskɔgʀafi] *nf* discografía

discontinu, e [diskɔ̃tiny] *adj* discontinuo(-a)

discontinuer [diskɔ̃tinɥe] *vi* : **sans ~** sin interrupción

discothèque [diskɔtɛk] *nf* discoteca

discours [diskuʀ] *nm* discurso ▸ *nmpl* (*bavardages*) palabrería *fsg*; **le ~** (*Ling*) el enunciado; **~ direct/indirect** discurso directo/indirecto

discret, -ète [diskʀɛ, ɛt] *adj* discreto(-a); **un endroit ~** un lugar tranquilo

discrétion [diskʀesjɔ̃] *nf* discreción *f*; **à ~** (*boisson etc*) a discreción; **à la ~ de qn** según la voluntad de algn

discrimination [diskʀiminasjɔ̃] *nf* discriminación *f*; **sans ~** sin discriminación

discussion [diskysjɔ̃] *nf* discusión *f*; **discussions** *nfpl* negociaciones *fpl*

discutable [diskytabl] *adj* discutible

discuter [diskyte] *vt, vi* discutir; **~ de qch** discutir algo

dise [diz] *vb voir* **dire**

disjoncteur [disʒɔ̃ktœʀ] *nm* (*Élec*) disyuntor *m*

disloquer [dislɔke] *vt* (*membre*) dislocar; (*manifestation, cortège*) disolver; **se disloquer** *vpr* (*manifestation, cortège*) disolverse; **se ~ l'épaule** dislocarse el hombro

disons [dizɔ̃] *vb voir* **dire**

disparaître [dispaʀɛtʀ] *vi* desaparecer; **faire ~ qch/qn** hacer desaparecer algo/a algn

disparité [dispaʀite] *nf* disparidad *f*

disparition [dispaʀisjɔ̃] *nf* desaparición *f*

disparu, e [dispaʀy] *pp de* **disparaître** ▸ *nm/f* (*dont on a perdu la trace*) desaparecido(-a); (*défunt*) fallecido(-a); **être porté ~** ser dado por desaparecido

dispensaire [dispɑ̃sɛʀ] *nm* dispensario

dispenser [dispɑ̃se] *vt* (*soins etc*) prestar; (*exempter*) : **~ qn de qch/faire qch** dispensar a algn de algo/hacer algo; **se ~ de qch/faire qch** librarse de algo/hacer algo; **se faire ~ de qch** lograr eximirse de algo

disperser [dispɛʀse] *vt* dispersar; (*efforts*) dividir; **se disperser** *vpr* (*foule*) dispersarse; (*fig*) dividirse

disponibilité [dispɔnibilite] *nf* disponibilidad *f*; **en fonction de vos/leurs ~s** en función de su disponibilidad (horaria)

disponible [dispɔnibl] *adj* disponible

disposé, e [dispoze] *adj* dispuesto(-a); **bien/mal ~** de buen/mal humor; **être bien/mal ~ envers qn** tener buena/mala disposición hacia algn; **~ à** dispuesto(-a) a

disposer [dispoze] *vt* (*objets*) disponer; **~ qn à qch/faire qch** predisponer a algn para algo/hacer algo ▸ *vi* : **~ de** disponer de; **se disposer** *vpr* : **se ~ à faire qch** disponerse a hacer algo; **vous pouvez ~** puede retirarse

dispositif [dispozitif] *nm* dispositivo; (*d'un texte de loi*) parte *f* resolutiva; **~ de sûreté** dispositivo de seguridad

disposition [dispozisjɔ̃] *nf* disposición *f*; (*arrangement*) distribución *f*, disposición *f*; **dispositions** *nfpl* disposición *fsg*; **à la ~ de qn** a disposición de algn; **(être) dans de bonnes ~s** (estar) en buenas condiciones; **prendre ses ~s pour qch/pour faire qch** tomar medidas para algo/para hacer algo

disproportionné, e [dispʀɔpɔʀsjɔne] *adj* desproporcionado(-a)

dispute [dispyt] *nf* riña, disputa

disputer [dispyte] *vt* (*match, épreuve*) disputar; **se disputer** *vpr* (*réciproque*) reñir, pelearse; (*match, épreuve*) disputarse; **~ qch à qn** disputar algo a algn; **se ~ avec qn** pelearse con alguien; **ils se disputent sans cesse** se están peleando todo el rato

disquaire [diskɛʀ] *nm/f* vendedor(a) de discos

disqualifier [diskalifje] *vt* descalificar

disque [disk] *nm* disco; **le lancement du ~** el lanzamiento de disco; **~ compact** disco compacto; **~ dur** disco duro

dissemblable [disɑ̃blabl] *adj* desemejante

disséminer [disemine] *vt* diseminar; **se disséminer** *vpr* diseminarse

dissertation [disɛʀtasjɔ̃] *nf* (*Scol*) redacción *f*

disserter [disɛʀte] *vi* : **~ sur** disertar sobre

dissident, e [disidɑ̃, ɑ̃t] *adj, nm/f* disidente *m/f*

dissimuler [disimyle] *vt* disimular, ocultar; **se dissimuler** *vpr* ocultarse

dissipé, e [disipe] *adj* (*indiscipliné*) distraído(-a)

dissocier [disɔsje] *vt* disociar; **se dissocier** *vpr* (*éléments, groupe*) desunirse

dissolution [disɔlysjɔ̃] *nf* disolución *f*

dissolvant, e [disɔlvɑ̃, ɑ̃t] *nm* disolvente *m*

dissoudre [disudʀ] *vt* (*substance, parlement*) disolver; **se dissoudre** *vpr* disolverse

dissuader [disɥade] *vt* : **~ qn de faire qch/de qch** disuadir a algn de hacer algo/de algo

dissuasif, -ive [disɥazif, iv] *adj* disuasivo(-a)

dissuasion [disɥazjɔ̃] *nf* disuasión *f*

distance [distɑ̃s] *nf* distancia; **à ~** a distancia; **avec la ~** con el tiempo; **tenir qn à ~** tener a algn a raya; **se tenir à ~** mantenerse a distancia; **une ~ de 10 km** una distancia de 10km; **à 10 km de ~** a 10km de distancia; **prendre ses ~s** tomar las distancias; **garder ses ~s** guardar las distancias; **tenir la ~** resistir el recorrido; **~ de sécurité** (*Auto*) distancia de seguridad; **~ focale** (*Photo*) distancia focal

distancer [distɑ̃se] *vt* (*concurrent*) distanciarse de; **se laisser ~** quedarse atrás

distanciel, le [distɑ̃sjɛl] *adj* (*formation, enseignement*) a distancia

distant, e [distɑ̃, ɑ̃t] *adj* (*aussi fig*) distante; **~ de 5 km** distante 5km

distiller [distile] *vt* (*aussi fig*) destilar

distillerie [distilʀi] *nf* destilería

distinct, e [distɛ̃(kt), ɛ̃kt] *adj* distinto(-a)

distinctement [distɛ̃ktəmɑ̃] *adv* (*voir*) con nitidez; (*parler*) con claridad

distinctif, -ive [distɛ̃ktif, iv] *adj* distintivo(-a)

distinction [distɛ̃ksjɔ̃] *nf* distinción *f*; **sans ~** sin distinción

distingué, e [distɛ̃ge] *adj* distinguido(-a)

distinguer [distɛ̃ge] *vt* distinguir; **se distinguer** *vpr*: **se ~ (de)** distinguirse (de); **~ qch/qn de** (*suj: caractéristique, trait*) distinguir algo/algn de
distraction [distʀaksjɔ̃] *nf* distracción *f*
distraire [distʀɛʀ] *vt* distraer; (*amuser*) distraer, entretener ▸ *vi* distraer; **se distraire** *vpr* distraerse; **~ qn de qch** distraer a algn de algo; **~ l'attention** distraer la atención
distrait, e [distʀɛ, ɛt] *pp de* **distraire** ▸ *adj* distraído(-a)
distrayant, e [distʀɛjɑ̃, ɑ̃t] *adj* distraído(-a), entretenido(-a)
distribuer [distʀibɥe] *vt* repartir; (*hum: gifles, coups*) propinar; (*rôles*) repartir; (*Cartes*) dar; (*Comm*) distribuir
distributeur, -trice [distʀibytœʀ, tʀis] *nm/f* (*Comm*) distribuidor(a); **~ automatique** máquina expendedora; **~ automatique de billets** cajero automático
distribution [distʀibysjɔ̃] *nf* reparto; **circuits de ~** circuitos *mpl* de distribución; **~ des prix** reparto de premios
dit, e [di, it] *pp de* **dire** ▸ *adj*: **le jour ~** el día fijado; **X, ~ Pierrot** X, llamado Pierrot
dites [dit] *vb voir* **dire**
divan [divɑ̃] *nm* sofá *m*
divergence [divɛʀʒɑ̃s] *nf* (*d'opinion*) discrepancia
divergent, e [divɛʀʒɑ̃, ɑ̃t] *adj* (*lignes*) divergente; (*opinions, interprétations*) discrepante
diverger [divɛʀʒe] *vi* (*personnes, idées*) discrepar; (*rayons, lignes*) divergir
divers, e [divɛʀ, ɛʀs] *adj* diverso(-a), vario(-a); (*différent*) variado(-a); (*plusieurs*) varios(-as), diversos(-as); **«~»** «varios»; **frais ~** gastos *mpl* varios; **un fait ~** un suceso; **~ et variés/~es et variées** surtidos y variados/surtidas y variadas
diversement [divɛʀsəmɑ̃] *adv* de forma diversa, desigualmente; **~ apprécié/accueilli** desigualmente apreciado(-a)/acogido(-a)
diversifier [divɛʀsifje] *vt* diversificar; **se diversifier** *vpr* diversificarse
diversité [divɛʀsite] *nf* diversidad *f*
divertir [divɛʀtiʀ] *vt* divertir; **se divertir** *vpr* divertirse
divertissant, e [divɛʀtisɑ̃, ɑ̃t] *adj* entretenido(-a)
divertissement [divɛʀtismɑ̃] *nm* diversión *f*; (*Mus*) divertimento
dividende [dividɑ̃d] *nm* (*Math, Comm*) dividendo
divin, e [divɛ̃, in] *adj* divino(-a)
divinité [divinite] *nf* divinidad *f*
diviser [divize] *vt* dividir; **se diviser** *vpr*: **se ~ en** dividirse en; **~ par** dividir por; **~ un nombre par un autre** dividir un número entre otro
division [divizjɔ̃] *nf* división *f*; **1ère/2ème ~** (*Sport*) 1a/2a división; **~ du travail** división del trabajo
divorce [divɔʀs] *nm* (*aussi fig*) divorcio
divorcé, e [divɔʀse] *adj, nm/f* divorciado(-a)
divorcer [divɔʀse] *vi* divorciarse; **~ de** *ou* **d'avec qn** divorciarse de algn
divulguer [divylge] *vt* divulgar
dix [dis] *adj inv, nm inv* diez *m inv*; *voir aussi* **cinq**
dix-huit [dizɥit] *adj inv, nm inv* dieciocho *m inv*; *voir aussi* **cinq**
dix-huitième [dizɥitjɛm] *adj, nm/f* decimoctavo(-a); *voir aussi* **cinquantième**
dixième [dizjɛm] *adj, nm/f* décimo(-a) ▸ *nm* décimo; *voir aussi* **cinquième**
dix-neuf [diznœf] *adj inv, nm inv* diecinueve *m inv*; *voir aussi* **cinq**
dix-neuvième [diznœvjɛm] *adj, nm/f* decimonoveno(-a); *voir aussi* **cinquantième**
dix-sept [disɛt] *adj inv, nm inv* diecisiete *m inv*; *voir aussi* **cinq**
dix-septième [disɛtjɛm] *adj, nm/f* decimoséptimo(-a); *voir aussi* **cinquantième**
dizaine [dizɛn] *nf* (*unité*) decena; **une ~ de ...** unos(-as) diez ...
djihad [dʒiad] *nf* yihad *f*
djihadiste [dʒiadist] *adj, nm/f* yihadista *m/f*
do [do] *nm inv* (*Mus*) do
docile [dɔsil] *adj* dócil
dock [dɔk] *nm* dique *m*; (*hangar, bâtiment*) depósito, almacén *m*; (*Inform*) dock *m*; **~ flottant** dique flotante
docker [dɔkɛʀ] *nm* estibador *m*
docteur, e [dɔktœʀ] *nm/f* (*médecin*) médico(-a), doctor(a); (*d'Université*) doctor(a); **~ en médecine** doctor(a) en medicina
doctorat [dɔktɔʀa] *nm* (*aussi*: **doctorat d'État**) doctorado

di

doctrine [dɔktʀin] *nf* doctrina
document [dɔkymɑ̃] *nm* documento
documentaire [dɔkymɑ̃tɛʀ] *adj* documental ▸ *nm* documental *m*
documentaliste [dɔkymɑ̃talist] *nm/f* documentalista *m/f*
documentation [dɔkymɑ̃tasjɔ̃] *nf* documentación *f*
documenter [dɔkymɑ̃te] *vt* documentar; **se ~ (sur)** documentarse (sobre)
dodo [dɔdo] *nm* : **aller faire ~** ir a la camita
dogue [dɔg] *nm* (perro) dogo
doigt [dwa] *nm* dedo; **être à deux ~s de** estar a dos dedos de; **un ~ de** (*fig : whisky*) un dedo de; **le petit ~** el (dedo) meñique; **au ~ et à l'œil** (*obéir*) puntualmente; **compter sur ses ~s** contar con los dedos de la *ou* una mano; **lever le ~** (*Scol*) levantar la mano; **montrer du ~** señalar con el dedo; **connaître qch sur le bout des ~s** saber algo al dedillo; **les ~s dans le nez** (*fam : très facilement*) con la gorra; **~ de pied** dedo del pie
doit *etc* [dwa] *vb voir* **devoir**
dollar [dɔlaʀ] *nm* dólar *m*
DOM [dɔm] *sigle m ou sigle mpl* (= *département(s) d'outre-mer*) *provincias de ultramar*
domaine [dɔmɛn] *nm* (*aussi fig*) dominio; (*Jur*) : **tomber dans le ~ public** pasar al dominio público; **dans tous les ~s** en todos los órdenes
domestique [dɔmɛstik] *adj* doméstico(-a) ▸ *nm/f* sirviente(-a), criado(-a)
domicile [dɔmisil] *nm* domicilio; **à ~** a domicilio; **élire ~ à** fijar el domicilio en; **sans ~ fixe** sin domicilio fijo; **~ conjugal/légal** domicilio conyugal/legal
domicilié, e [dɔmisilje] *adj* : **être ~ à** estar domiciliado(-a) en
dominant, e [dɔminɑ̃, ɑ̃t] *adj* dominante
dominer [dɔmine] *vt* dominar; (*passions*) dominar, controlar ▸ *vi* dominar; (*être le plus nombreux*) predominar; **se dominer** *vpr* dominarse, controlarse
domino [dɔmino] *nm* dominó *m*; **jouer aux ~s** jugar al dominó
dommage [dɔmaʒ] *nm* daño, perjuicio; **dommages** *nmpl* (*dégâts, pertes*) daños *mpl*, pérdidas *fpl*; **quel ~ !** ¡qué pena!; **c'est ~ de faire/que ...** es una lástima hacer/que ...; **~s corporels** daños físicos; **~s et intérêts** daños y perjuicios; **~s matériels** daños materiales
domotique [dɔmɔtik] *nf* domótica
dompter [dɔ̃(p)te] *vt* domar; (*passions*) dominar
dompteur, -euse [dɔ̃(p)tœʀ, øz] *nm/f* domador(a)
DOM-TOM [dɔmtɔm], **DOM-ROM** [dɔmʀɔm] *sigle m ou sigle mpl* (= *département(s) et territoire(s)/régions d'outre-mer*) *provincias y territorios franceses de ultramar*

> Francia tiene cinco *départements d'outre-mer* o *DOM*: Guadalupe, Martinica, Reunión, Mayotte y la Guayana francesa. Su forma de gobierno es similar a la de los *départements* de la metrópoli y sus habitantes tienen ciudadanía francesa. En lo que se refiere a la administración, también son *régions* y por eso se les conoce también como *ROM* (*Régions d'outre-mer*). El término **DOM-TOM** se usa todavía con frecuencia, pero el término *Territoire d'outre-mer* ha sido sustituido por el de *Collectivité d'outre-mer* (*COM*). Entre los *COM* destacan la Polinesia francesa, Nueva Caledonia y Wallis y Futuna, así como los asentamientos polares. Aunque son independientes, cada territorio está supervisado por un representante del gobierno francés.

don [dɔ̃] *nm* (*charité*) donativo; (*aptitude*) don *m*; **faire ~ de** donar; **avoir des ~s pour** tener don *ou* tener gracia para; **~ d'organes** donación *f* de órganos; **~ en argent** donativo en metálico
donc [dɔ̃k] *conj* (*en conséquence*) por tanto; (*après une digression*) así pues; **voilà ~ la solution** (*intensif*) aquí está la solución; **je disais ~ que** como decía; **c'est ~ que** así que; **c'est ~ que j'avais raison** entonces yo tenía razón; **venez ~ dîner à la maison** venid por favor a cenar a casa; **faites ~ !** ¡adelante!; **« allons ~ ! »** « ¡no me digas! », « ¡anda, vamos! »
donne [dɔn] *nf* (*Cartes*) reparto; (*fig*) : **une nouvelle ~** un nuevo escenario; **changer la ~** cambiar el escenario
donné, e [dɔne] *adj* (*convenu*) : **prix/jour ~** precio/día *m* determinado; **c'est ~** es tirado, está regalado; **étant ~ que ...** puesto *ou* dado que ...

donnée [dɔne] *nf* dato; **~s ouvertes** datos abiertos; **~s personnelles** datos personales

donner [dɔne] *vt* dar; (*offrir*) regalar; (*maladie*) pegar; (*film, spectacle*) echar, poner ▸ *vi* : **~ sur** (*fenêtre, chambre*) dar a; **se donner** *vpr* : **se ~ à fond** entregarse a fondo; **~ dans** (*piège etc*) caer en; **faire ~ l'infanterie** hacer cargar a la infantería; **~ qch à qn** dar algo a algn; **~ l'heure à qn** decir la hora a algn; **~ le ton** (*fig*) marcar la tónica; **se ~ du mal** *ou* **de la peine (pour faire qch)** afanarse (por hacer algo); **s'en ~ (à cœur joie)** (*fam*) pasarlo bomba; **~ à penser/entendre que ...** parecer indicar que ...

dont [dɔ̃]

pron relatif **1** (*complément d'un nom sujet*) cuyo(-a), cuyos(-as); **une méthode dont je ne connais pas les résultats** un método cuyos resultados desconozco; **c'est le chien dont le maître habite en face** es el perro cuyo dueño vive enfrente

2 (*complément de verbe ou adjectif*) : **le voyage dont je t'ai parlé** el viaje del que te hablé; **le pays dont il est originaire** el país del que es originario; **la façon dont il l'a fait** la forma en que lo hizo

3 (*parmi lesquel(le)s*) : **deux livres, dont l'un est gros** dos libros, uno de los cuales es gordo; **il y avait plusieurs personnes, dont Gabrielle** había varias personas, entre ellas Gabriela; **dix blessés, dont deux grièvement** diez heridos, dos de ellos de gravedad

dopage [dɔpaʒ] *nm* doping *m* (*fig* : *croissance, investissements*) estimular

doré, e [dɔʀe] *adj* dorado(-a)

dorénavant [dɔʀenavɑ̃] *adv* en adelante, en lo sucesivo

dorer [dɔʀe] *vt* dorar ▸ *vi* (*Culin*) : **(faire) ~** dorar; **se ~ au soleil** tostarse al sol; **~ la pilule à qn** dorar la píldora a algn

dorloter [dɔʀlɔte] *vt* mimar; **se faire ~** dejarse mimar

dormir [dɔʀmiʀ] *vi* (*aussi fig*) dormir; (*être endormi*) dormir, estar dormido(-a); **il dort bien/mal** duerme bien/mal; **ne fais pas de bruit, il dort** no hagas ruido, está durmiendo; **~ à poings fermés** dormir a pierna suelta

dortoir [dɔʀtwaʀ] *nm* dormitorio; **cité ~** ciudad *f* dormitorio

dos [do] *nm* espalda; (*d'un animal, d'un livre*) lomo; (*d'un chèque etc*) dorso; (*de la main*) dorso; **voir au ~** véase al dorso; **robe décolletée dans le ~** vestido escotado de espalda; **de ~** de espaldas; **~ à ~** de espaldas uno a otro; **sur le ~** (*s'allonger*) boca arriba; **à ~ de** (*chameau*) a lomo de; **elle a bon ~, ta mère!** ¡qué fácil es echarle la culpa a tu madre!; **se mettre qn à ~** enemistarse con algn

dosage [dozaʒ] *nm* dosificación *f*

dose [doz] *nf* dosis *f inv*; **forcer la ~** (*fig*) exagerar

doser [doze] *vt* (*aussi fig*) dosificar

dossard [dosaʀ] *nm* dorsal *m*

dossier [dosje] *nm* expediente *m*; (*chemise, enveloppe, Inform*) carpeta; (*de chaise*) respaldo; (*Presse*) dossier *m*; **le ~ social/monétaire** (*fig*) la cuestión social/monetaria

doté, e [dɔte] *adj* : **~ de** dotado(-a) de

douane [dwan] *nf* aduana; (*taxes*) arancel *m*; **passer la ~** pasar la aduana; **en ~** en la aduana

douanier, -ière [dwanje, jɛʀ] *adj, nm/f* aduanero(-a)

double [dubl] *adj* doble ▸ *adv* : **voir ~** ver doble ▸ *nm* (*autre exemplaire*) copia; (*sosie*) doble; **le ~ (de)** el doble (de); **~ messieurs/mixte** (*Tennis*) dobles *mpl* masculinos/mixtos; **à ~ sens** con doble sentido; **à ~ tranchant** de doble filo; **faire ~ emploi** sobrar; **à ~s commandes** de doble mando; **en ~** por duplicado; **~ toit** (*tente*) doble techo; **~ vue** doble vista

doublé, e [duble] *adj* (*vêtement*) forrado(-a); (*film*) doblado(-a); **~ de** forrado(-a) de

double-clic [dubləklik] (*pl* **doubles-clics**) *nm* doble clic *m*

double-cliquer [dubləklike] *vi* (*Inform*) hacer doble clic

doublement [dubləmɑ̃] *nm* duplicación *f*

doubler [duble] *vt* duplicar; (*vêtement, chaussures*) forrar; (*voiture etc*) adelantar; (*film*) doblar; (*acteur*) doblar a ▸ *vi* duplicarse; **se doubler** *vpr* : **se ~ de** (*fig*) complicarse con; **~ un cap** (*Naut*) doblar un cabo; (*fig*) pasar una etapa

doublure [dublyʀ] *nf* (*de vêtement*) forro; (*acteur*) doble *m*

douce [dus] *adj voir* **doux**
douceâtre [dusɑtʀ] *adj* dulzón(-ona)
doucement [dusmɑ̃] *adv* (*délicatement*) con cuidado; (*à voix basse*) bajo; (*lentement*) despacio; (*graduellement*) poco a poco
douceur [dusœʀ] *nf* suavidad *f*; (*d'une personne, saveur etc*) dulzura; (*de gestes*) delicadeza; **douceurs** *nfpl* golosinas *fpl*; **en ~** con suavidad
douche [duʃ] *nf* ducha; **douches** *nfpl* (*salle*) duchas *fpl*; **prendre une ~** ducharse; **~ froide** (*fig*) jarro de agua fría
doucher [duʃe] *vt* : **~ qn** duchar a algn; (*fig*) echar un jarro de agua fría a algn; **se doucher** *vpr* ducharse
doudou [dudu] (*fam*) *nm peluche, mantita o pedazo de tela preferido de un bebé, que le reconforta y con el que suele dormir*
doué, e [dwe] *adj* dotado(-a); **~ de** (*possédant*) dotado(-a) de; **être ~ pour** tener facilidad para
douille [duj] *nf* (*Élec*) casquillo; (*de projectile*) casquete *m*
douillet, te [dujɛ, ɛt] *adj* (*personne*) delicado(-a); (*lit*) mullido(-a)
douleur [dulœʀ] *nf* dolor *m*; **ressentir des ~s** sentir dolores
douloureux, -euse [duluʀø, øz] *adj* doloroso(-a); (*membre*) dolido(-a)
doute [dut] *nm* duda; **sans ~** seguramente; **sans nul** *ou* **aucun ~** sin ninguna duda; **hors de ~** fuera de duda; **nul ~ que** no hay ninguna duda de que; **mettre en ~** poner en duda; **mettre en ~ que** dudar que
douter [dute] *vt* dudar; **~ de** dudar de; **~ que** dudar que; **j'en doute** lo dudo; **se ~ de qch/que** sospechar algo/que; **je m'en doutais** me lo figuraba; **ne ~ de rien** estar muy seguro(-a)
douteux, -euse [dutø, øz] *adj* dudoso(-a); (*discutable*) discutible; (*péj*) de aspecto dudoso
doux, douce [du, dus] *adj* suave; (*personne, saveur, eau*) dulce; (*gestes*) delicado(-a); (*climat*) templado(-a); **en douce** (*partir etc*) a la chita callando; **tout ~** despacio
douzaine [duzɛn] *nf* docena; **une ~ (de)** (*environ douze*) una docena (de)
douze [duz] *adj inv, nm inv* doce *m inv*; *voir aussi* **cinq**
douzième [duzjɛm] *adj, nm/f* duodécimo(-a) ▸ *nm* duodécimo; *voir aussi* **cinquième**
dragée [dʀaʒe] *nf* peladilla; (*Méd*) gragea
draguer [dʀage] *vt* (*rivière*) dragar; (*fam : filles*) ligar con ▸ *vi* (*fam*) ligar
dramatique [dʀamatik] *adj* dramático(-a) ▸ *nf* (*TV*) teledrama *m*
drame [dʀam] *nm* drama *m*; **~ familial** drama familiar
drap [dʀa] *nm* sábana; (*tissu*) paño; **être dans de beaux ~s** (*fam*) estar apañado(-a); **~ de dessous/de dessus** (*sábana*) bajera/encimera; **~ de plage** toalla de playa
drapeau, x [dʀapo] *nm* bandera; **sous les drapeaux** en filas; **le ~ blanc** la bandera blanca
drap-housse [dʀaus] (*pl* **draps-housses**) *nm* sábana ajustable
dresser [dʀese] *vt* levantar; (*liste*) redactar; (*animal domestique*) entrenar; (*animal de cirque*) amaestrar; **se dresser** *vpr* (*église, falaise*) erguirse; (*obstacle*) presentarse; **~ l'oreille** aguzar el oído; **~ la table** poner la mesa; **~ qn contre qn d'autre** indisponer a algn con algn; **~ un procès-verbal** *ou* **une contravention à qn** levantar acta a algn
dribbler [dʀible] *vt, vi* driblar
drogue [dʀɔg] *nf* droga; **~ douce/dure** droga blanda/dura
drogué, e [dʀɔge] *nm/f* drogadicto(-a)
droguer [dʀɔge] *vt* drogar; **se droguer** *vpr* drogarse
droguerie [dʀɔgʀi] *nf* droguería
droguiste [dʀɔgist] *nm/f* droguero(-a)
droit, e [dʀwa, dʀwat] *adj* derecho(-a), recto(-a); (*opposé à gauche*) derecho(-a); (*fig*) recto(-a) ▸ *adv* derecho ▸ *nm* derecho; (*Boxe*) : **direct/crochet du ~** directo/gancho de derecha; (*lois, matière*) : **le ~** el derecho; **droits** *nmpl* (*taxes*) derechos *mpl*; **~ au but** *ou* **au fait** al grano; **~ au cœur** al corazón; **avoir le ~ de** tener el derecho de; **avoir ~ à** tener derecho a; **être en ~ de** tener el derecho de; **être dans son ~** estar en su derecho; **à bon ~** con razón; **de quel ~ ?** ¿con qué derecho?; **à qui de ~** a quien corresponda; **avoir ~ de cité (dans)** (*fig*)

tener derecho de entrada (en); **~ coutumier** derecho consuetudinario; **~ de regard** derecho de control; **~ de réponse/de visite/de vote** derecho de réplica/de visita/al voto; **~s d'auteur** derechos de autor; **~s de douane** aranceles *mpl*, derechos arancelarios *ou* de aduana; **~s d'inscription** matrícula

droite [dRwat] *nf* (*direction*) derecha; (*Math*) recta; (*Pol*) : **la ~** la derecha; **à ~ (de)** a la derecha (de); **de ~** (*Pol*) de derechas

droitier, -ière [dRwatje, jɛR] *adj, nm/f* diestro(-a)

drôle [dRol] *adj* gracioso(-a); (*bizarre*) raro(-a); **un ~ de ...** un ... muy raro

dromadaire [dRɔmadɛR] *nm* dromedario

drone [dRon] *nm* (*Aviat*) dron *m*

dru, e [dRy] *adj* (*cheveux*) tupido(-a); (*pluie*) recio(-a) ▸ *adv* (*pousser*) tupido; **la pluie tombait ~** llovía a cántaros

du [dy] *dét, prép + dét voir* **de**

dû, due [dy] *pp de* **devoir** ▸ *adj* (*somme*) debido(-a); **dû à** debido a ▸ *nm* : **le dû** lo debido; **réclamer son dû** reclamar el pago de la deuda

duel [dɥɛl] *nm* duelo

dune [dyn] *nf* duna

duplex [dyplɛks] *nm* (*appartement*) dúplex *m*; **émission en ~** doble emisión *f*

duquel [dykɛl] *prép + pron voir* **lequel**

dur, e [dyR] *adj* duro(-a); (*lumière*) fuerte; (*fam*) almidonado(-a) ▸ *nm* : **en ~** (*construction*) de fábrica ▸ *adv* (*travailler*) duro; (*taper*) fuerte ▸ *nf* : **à la dure** en condiciones penosas; **mener la vie dure à qn** dar mala vida a algn; **~ d'oreille** duro(-a) de oído

durant [dyRɑ̃] *prép* durante; **~ des mois, des mois ~** durante meses enteros

durcir [dyRsiR] *vt, vi* endurecer; **se durcir** *vpr* endurecerse

durcissement [dyRsismɑ̃] *nm* endurecimiento

durée [dyRe] *nf* duración *f*; **de courte/longue ~** breve/prolongado(-a); **pile de longue ~** pila de larga duración; **pour une ~ illimitée** por un periodo ilimitado

durement [dyRmɑ̃] *adv* (*très*) fuertemente; (*traiter*) severamente, duramente; **~ touché par la crise** duramente afectado(-a) por la crisis

durer [dyRe] *vi* durar

dureté [dyRte] *nf* dureza

dut *etc* [dy] *vb voir* **devoir**

duvet [dyvɛ] *nm* plumón *m*; (*sac de couchage*) saco de dormir (de plumón)

DVD [devede] *sigle m* (*= digital versatile disc*) DVD *m*

DVD-Rom [devedeRɔm] *nm* DVD-Rom *m*

dynamique [dinamik] *adj* dinámico(-a)

dynamisme [dinamism] *nm* dinamismo

dynamo [dinamo] *nf* dinamo *f* (*m en* AM)

dysenterie [disɑ̃tRi] *nf* disentería

dysfonctionnement [disfɔ̃ksjɔnmɑ̃] *nm* disfunción *f*

dyslexie [dislɛksi] *nf* dislexia

e

EAU *abr* (= *Émirats arabes unis*) EAU *mpl* (= *Emiratos Árabes Unidos*)

eau, x [o] *nf* agua; **eaux** *nfpl* (*thermales*) aguas *fpl*; **prendre l'~** (*chaussure, vêtements*) calarse; **prendre les eaux** tomar las aguas; **tomber à l'~** (*fig*) fracasar; **à l'~ de rose** rosa; **~ bénite** agua bendita; **~ courante/douce/salée** agua corriente/ dulce/salada; **~ de Cologne/de toilette** agua de Colonia/de olor; **~ de javel** lejía; **~ de pluie** agua de lluvia; **~ distillée/ minérale/oxygénée/** agua destilada/ mineral/oxigenada/; **~ du robinet** agua del grifo; **~ plate/gazeuse** agua sin gas/ con gas; **eaux usées** aguas *fpl* residuales; **eaux territoriales** aguas jurisdiccionales

eau-de-vie [odvi] (*pl* **eaux-de-vie**) *nf* aguardiente *m*

ébahi, e [ebai] *adj* atónito(-a)

ébats [eba] *nmpl* retozos *mpl*

ébaucher [eboʃe] *vt* esbozar, bosquejar; **~ un sourire/geste** esbozar una sonrisa/ un gesto

ébène [ebɛn] *nf* ébano

ébéniste [ebenist] *nm* ebanista *m/f*

éblouir [ebluiʀ] *vt* (*aussi fig*) deslumbrar

éblouissant, e [ebluisɑ̃, ɑ̃t] *adj* deslumbrante

éboueur, -euse [ebwœʀ, øz] *nm/f* basurero(-a)

ébouillanter [ebujɑ̃te] *vt* escaldar; **s'ébouillanter** *vpr* escaldarse

éboulement [ebulmɑ̃] *nm* derrumbamiento

ébouriffé, e [ebuʀife] *adj* desgreñado(-a)

ébranler [ebʀɑ̃le] *vt* (*vitres, immeuble*) estremecer; (*résolution, personne*) hacer vacilar; (*régime*) desestabilizar; **s'ébranler** *vpr* (*train*) ponerse en movimiento

ébriété [ebʀijete] *nf*: **en état d'~** en estado de embriaguez

ébullition [ebylisjɔ̃] *nf* ebullición *f*; **en ~** en ebullición; (*fig*) en efervescencia

écaille [ekaj] *nf* (*de poisson*) escama; (*matière*) concha, carey *m*; **en ~** (*lunettes*) de pasta; (*peigne*) de concha; (*de peinture*) desconchón *m*

écailler [ekaje] *vt* (*poisson*) escamar; (*huître*) abrir; **s'écailler** *vpr* (*peinture*) desconcharse

écart [ekaʀ] *nm* (*de prix etc*) diferencia; (*mouvement*) desviación *f*, desvío; **l'~ entre les pays riches et les pays pauvres** la brecha entre los países ricos y los países pobres; **à l'~** apartado(-a); **faire le grand ~** hacer el spagat; **~ de conduite** desviación *f* de conducta; **~ de langage** grosería

écarté, e [ekaʀte] *adj* (*bras, jambes*) abierto(-a); (*endroit*) apartado(-a)

écartement [ekaʀtəmɑ̃] *nm* (*distance, intervalle*) separación *f*; (*des rails*) ancho

écarter [ekaʀte] *vt* (*ouvrir*) abrir; (*candidat, possibilité*) descartar; **s'écarter** *vpr* (*parois, jambes*) abrirse; (*personne*) alejarse; **s'~ de** alejarse de; (*fig*) desviarse de; **~ les jambes/les bras** abrir las piernas/los brazos

échafaud [eʃafo] *nm* cadalso

échafaudage [eʃafodaʒ] *nm* (*Constr*) andamiaje *m*

échafauder [eʃafode] *vt* (*plan*) trazar

échalote [eʃalɔt] *nf* chalote *m*, chalota

échange [eʃɑ̃ʒ] *nm* intercambio; **en ~ (de)** a cambio (de); **~s commerciaux/ culturels** intercambios *mpl* comerciales/ culturales; **~s de lettres/de politesses** intercambio *msg* de cartas/de cumplidos; **~ de vues** cambio de impresiones

échanger [eʃɑ̃ʒe] *vt* intercambiar; **~ qch (contre)** canjear algo (por); **~ qch avec qn** intercambiar algo con algn

échantillon [eʃɑ̃tijɔ̃] *nm* (*aussi fig*) muestra

échapper [eʃape] : **~ à** *vt* escapar de; (*punition, péril*) librarse de; **s'échapper** *vpr* escaparse; **~ à qn** escapársele a algn; **~ des mains de qn** escaparse de las manos de algn; **laisser ~** dejar escapar; **l'~ belle** escapar por los pelos
écharde [eʃaʀd] *nf* astilla
écharpe [eʃaʀp] *nf* (*cache-nez*) bufanda; (*de maire*) banda; **avoir un bras en ~** tener un brazo en cabestrillo; **prendre en ~** (*dans une collision*) coger de refilón
échassier [eʃasje] *nm* (ave *f*) zancuda
échaudé, e [eʃode] *adj* (*fig*) escarmentado(-a)
échauffement [eʃofmɑ̃] *nm* (*Sport*) calentamiento
échauffer [eʃofe] : **s'échauffer** *vpr* (*Sport*) calentarse; (*dans la discussion*) acalorarse; **les esprits s'échauffent** los ánimos se caldean
échéance [eʃeɑ̃s] *nf* (*date*) vencimiento; (*somme due*) deuda; (*d'engagements, promesses*) plazo; **à brève/longue ~** *adj, adv* a corto/largo plazo
échéant [eʃeɑ̃] : **le cas ~** *adv* llegado el caso
échec [eʃɛk] *nm* fracaso; (*Échecs*) jaque *m*; **échecs** *nmpl* (*jeu*) ajedrez *msg*; **~ et mat/au roi** jaque mate/al rey; **mettre en ~** hacer fracasar; **tenir en ~** tener en jaque; **faire ~ à** fracasar
échelle [eʃɛl] *nf* (*de bois*) escalera de mano; (*fig*) escala; **à l'~ de** a escala de; **sur une grande/petite ~** en gran/pequeña escala; **faire la courte ~ à qn** aupar a algn; **~ de corde** escala de cuerda
échelon [eʃ(ə)lɔ̃] *nm* (*d'échelle*) escalón *m*; (*Admin*) escalafón *m*; (*Sport*) categoría
échelonner [eʃ(ə)lɔne] *vt* escalonar; **paiement échelonné** pago escalonado
échine [eʃin] *nf* espinazo; **~ de porc** lomo de cerdo; **courber l'~** (*fig*) bajar *ou* doblar la cerviz
échiquier [eʃikje] *nm* tablero
écho [eko] *nm* (*aussi fig*) eco; **rester sans ~** no tener eco; **se faire l'~ de** hacerse eco de
échographie [ekogʀafi] *nf* ecografía
échouer [eʃwe] *vi* (*tentative*) fracasar; (*candidat*) suspender; (*personne*) ir a parar ▸ *vt* (*bateau*) embarrancar; **s'échouer** *vpr* embarrancarse
éclabousser [eklabuse] *vt* salpicar; (*fig*) mancillar
éclaboussure [eklabusyʀ] *nf* salpicadura
éclair [eklɛʀ] *nm* (*d'orage*) relámpago; (*de flash*) disparo; (*de génie, d'intelligence*) chispa ▸ *adj inv* (*voyage etc*) relámpago *inv*
éclairage [eklɛʀaʒ] *nm* iluminación *f*; (*fig*) punto de vista; **~ indirect** iluminación indirecta
éclairagiste [eklɛʀaʒist] *nm/f* técnico(-a) en iluminación
éclaircie [eklɛʀsi] *nf* escampada
éclaircir [eklɛʀsiʀ] *vt* (*aussi fig*) aclarar; (*sauce*) aguar; **s'éclaircir** *vpr* (*ciel*) despejarse; (*situation*) aclararse; **s'~ la voix** aclararse la voz
éclaircissement [eklɛʀsismɑ̃] *nm* (*d'une couleur*) aclarado; (*gén pl : explication*) aclaración *f*
éclairer [ekleʀe] *vt* (*suj : lampe, lumière*) iluminar; (*avec une lampe de poche*) alumbrar, instruir, aclarar ▸ *vi* : **~ bien/mal** iluminar bien/mal; **s'éclairer** *vpr* (*phare, rue*) iluminarse; (*situation*) aclararse; **s'~ à la bougie/l'électricité** alumbrarse con velas/con electricidad
éclat [ekla] *nm* (*de bombe, verre*) fragmento; (*du soleil, d'une couleur*) brillo; (*d'une cérémonie*) brillantez *f*; **faire un ~** (*scandale*) montar un número; **action d'~** hazaña; **voler en ~s** volar en pedazos; **des ~s de verre** cristales *mpl*; **~ de rire** carcajada; **~s de voix** subidas *fpl* de tono
éclatant, e [eklatɑ̃, ɑ̃t] *adj* (*couleur*) brillante; (*lumière*) resplandeciente; (*voix, son*) vibrante; (*évident*) incuestionable; (*succès*) clamoroso(-a); (*revanche*) sensacional
éclater [eklate] *vi* (*aussi fig*) estallar; (*groupe, parti*) fragmentarse; **s'éclater** (*fam*) *vpr* pasarlo bomba; **~ de rire/en sanglots** reventar de risa/en llanto
éclipse [eklips] *nf* eclipse *m*
éclipser [eklipse] *vt* eclipsar; **s'éclipser** *vpr* eclipsarse
éclosion [eklozjɔ̃] *nf* eclosión *f*
écluse [eklyz] *nf* esclusa
écocide [ekosid] *nm* ecocidio
écœurant [ekœʀɑ̃] *adj* asqueroso(-a)
écœurer [ekœʀe] *vt* (*suj : gâteau, goût*) dar asco; (*personne, attitude*) desagradar; (*démoraliser*) destrozar

écolabel [ekolabɛl] *nm* ecoetiqueta

école [ekɔl] *nf* escuela; **aller à l'~** ir a la escuela; **faire ~** formar escuela; **~ de danse/de dessin/de musique/de secrétariat** escuela de baile/de dibujo/de música/de secretariado; **~ hôtelière** escuela de hostelería; **~ maternelle** escuela de párvulos; **~ normale (d'instituteurs)/supérieure** escuela normal (de maestros)/superior; **~ élémentaire, ~ primaire** escuela primaria; **~ privée/publique/secondaire** escuela privada/pública/secundaria

> En Francia, la escuela infantil, la **école maternelle**, está subvencionada por el Estado y, pese a no ser obligatoria, la mayoría de los niños de entre dos y seis años acuden a ella. La educación obligatoria comienza con la educación primaria, la *école primaire*, que va desde los seis hasta los diez u once años.

écolier, -ière [ekɔlje, jɛʀ] *nm/f* escolar *m/f*

écologie [ekɔlɔʒi] *nf* ecología

écologique [ekɔlɔʒik] *adj* ecológico(-a)

écologiste [ekɔlɔʒist] *nm/f* ecologista *m/f*

économe [ekɔnɔm] *adj* ahorrador(a) ▶ *nm/f* (*de lycée etc*) ecónomo(-a)

économie [ekɔnɔmi] *nf* economía; **économies** *nfpl* ahorros *mpl*; **une ~ de temps/d'argent** un ahorro de tiempo/de dinero; **~ collaborative** economía colaborativa; **~ dirigée** economía planificada

économique [ekɔnɔmik] *adj* económico(-a)

économiser [ekɔnɔmize] *vt* ahorrar, economizar ▶ *vi* ahorrar dinero

économiseur [ekɔnɔmizœʀ] *nm* (*Inform*): **~ d'écran** protector *m* de pantalla

écorce [ekɔʀs] *nf* corteza; (*de fruit*) piel *f*

écorcher [ekɔʀʃe] *vt* (*animal*) desollar; (*égratigner*) arañar; (*une langue*) lastimar; **s'~ le genou** *etc* arañarse la rodilla *etc*

écorchure [ekɔʀʃyʀ] *nf* arañazo

écoresponsable [ekɔʀɛspɔ̃sabl] *adj* ecorresponsable

écossais, e [ekɔsɛ, ɛz] *adj* escocés(-esa) ▶ *nm/f*: **Écossais, e** escocés(-esa)

Écosse [ekɔs] *nf* Escocia

écosser [ekɔse] *vt* desgranar

écotourisme [ekotuʀism] *nm* ecoturismo

écosystème [ekosistɛm] *nm* ecosistema *m*

écouler [ekule] *vt* (*stock*) liquidar; (*faux billets*) hacer circular; **s'écouler** *vpr* (*rivière, eau*) fluir; (*jours, temps*) transcurrir

écoute [ekut] *nf*: **heure de grande ~** hora de gran audiencia; **être/rester à l'~ (de)** estar/seguir a la escucha (de); **~s téléphoniques** escuchas *fpl* telefónicas

écouter [ekute] *vt* escuchar ▶ *vi* escuchar; **si je m'écoutais** si por mí fuera; **s'~ parler** escucharse hablar

écouteur [ekutœʀ] *nm* auricular *m*; **écouteurs** *nmpl* (*Radio*) auriculares *mpl*

écran [ekʀɑ̃] *nm* pantalla; **porter à l'~** llevar a la pantalla; **faire ~** hacer pantalla; **le petit ~** la pequeña pantalla; **~ de fumée** pantalla de humo; **~ plat** pantalla plata; **~ tactile** pantalla táctil

écrasant, e [ekʀɑzɑ̃, ɑ̃t] *adj* (*responsabilité, travail*) agobiante; (*supériorité, avance*) abrumador(a), aplastante

écraser [ekʀɑze] *vt* (*broyer*) aplastar; (*suj : voiture, train*) atropellar; (*ennemi, équipe adverse*) aplastar; (*Inform*) sobreescribir; (*suj : travail, impôts*) abrumar; **écrase(-toi) !** (*fam*) ¡cierra el pico!; **se faire ~** ser atropellado(-a); **s'~ (au sol)** (*avion*) estrellarse (contra el suelo); **s'~ contre/sur** (*suj : voiture, objet*) estrellarse contra/en

écrémé, e [ekʀeme] *adj* (*lait*) desnatado(-a)

écrevisse [ekʀəvis] *nf* cangrejo de río

écrier [ekʀije] : **s'écrier** *vpr* exclamar

écrin [ekʀɛ̃] *nm* joyero

écrire [ekʀiʀ] *vt, vi* escribir; **s'écrire** *vpr* (*réciproque*) escribirse; (*mot*) : **ça s'écrit comment?** ¿cómo se escribe eso?; **~ à qn (que)** escribir a algn (que)

écrit, e [ekʀi, it] *pp de* **écrire** ▶ *adj* : **bien/mal ~** bien/mal escrito(-a) ▶ *nm* escrito; **par ~** por escrito

écriteau, x [ekʀito] *nm* letrero

écriture [ekʀityʀ] *nf* escritura; **écritures** *nfpl* (*Comm*) escrituras *fpl*; **les É~s** las Escrituras

écrivain, e [ekʀivɛ̃, ɛn] *nm/f* escritor(a)

écrou [ekʀu] *nm* tuerca

écrouler [ekʀule] : **s'écrouler** *vpr* (*mur*) derrumbarse; (*personne, animal*) desplomarse; (*projet etc*) venirse abajo

écru [ekʀy] *adj* crudo(-a)
écueil [ekœj] *nm* (*aussi fig*) escollo
éculé, e [ekyle] *adj* (*péj* : *plaisanterie*) trasnochado(-a)
écume [ekym] *nf* espuma; **~ de mer** espuma de mar
écumoire [ekymwaʀ] *nf* espumadera
écureuil [ekyʀœj] *nm* ardilla
écurie [ekyʀi] *nf* cuadra; (*de course automobile*) escudería; (*de course hippique*) caballeriza
écusson [ekysɔ̃] *nm* insignia
eczéma [ɛgzema] *nm* eczema *m*
EDF [ədeɛf] *sigle f* = *Électricité de France*
édifice [edifis] *nm* edificio
édifier [edifje] *vt* edificar
éditer [edite] *vt* editar
éditeur, -trice [editœʀ, tʀis] *nm/f* editor(a)
édition [edisjɔ̃] *nf* edición *f*; (*Presse* : *exemplaires d'un journal*) tirada; **~ sur écran** edición en pantalla; **l'~** (*industrie du livre*) la edición
édredon [edʀədɔ̃] *nm* edredón *m*
éducateur, -trice [edykatœʀ, tʀis] *adj* educativo(-a) ▸ *nm/f* educador(a); **~ spécialisé** educador especializado
éducatif, -ive [edykatif, iv] *adj* educativo(-a)
éducation [edykasjɔ̃] *nf* educación *f*; **l'É~ nationale** ≈ la educación pública; **~ permanente** educación permanente; **~ physique** educación física
édulcorant [edylkɔʀɑ̃] *nm* edulcorante *m*
édulcorer [edylkɔʀe] *vt* (*aussi fig*) edulcorar
éduquer [edyke] *vt* educar; **bien/mal éduqué** bien/mal educado
effacé, e [efase] *adj* (*personne*) eclipsado(-a)
effacer [efase] *vt* (*aussi fig*) borrar; **s'effacer** *vpr* borrarse; (*pour laisser passer*) apartarse
effarant, e [efaʀɑ̃, ɑ̃t] *adj* espantoso(-a)
effectif, -ive [efɛktif, iv] *adj* efectivo(-a) ▸ *nm* (*Mil, Comm* : *gén pl*) efectivos *mpl*; (*d'une classe*) alumnado
effectivement [efɛktivmɑ̃] *adv* efectivamente; (*réellement*) realmente
effectuer [efɛktɥe] *vt* efectuar; (*mouvement*) realizar; **s'effectuer** *vpr* efectuarse
efféminé, e [efemine] *adj* afeminado(-a)
effervescence [efɛʀvesɑ̃s] *nf* (*fig*) : **en ~** en efervescencia
effervescent, e [efɛʀvesɑ̃, ɑ̃t] *adj* efervescente
effet [efɛ] *nm* efecto; **effets** *nmpl* (*vêtements etc*) efectos *mpl*, enseres *mpl*; **avec ~ rétroactif** con efecto retroactivo; **faire de l'~** (*médicament, menace*) hacer efecto; **sous l'~ de** bajo el efecto de; **donner de l'~ à une balle** dar efecto a una pelota; **à cet ~** con este fin; **en ~** en efecto; **~ de couleur/de lumière/de style** efecto de color/de luz/de estilo; **~s de voix** efectos *mpl* de voz; **~s personnels** efectos personales; **~s spéciaux** efectos especiales
efficace [efikas] *adj* eficaz
efficacité [efikasite] *nf* eficacia
effleurer [eflœʀe] *vt* rozar
effondrement [efɔ̃dʀəmɑ̃] *nm* (*d'un mur*) desmoronamiento; (*des prix, du marché*) hundimiento; (*d'un coureur*) desplome *m*
effondrer [efɔ̃dʀe] : **s'effondrer** *vpr* (*mur, bâtiment*) desmoronarse; (*prix, marché*) hundirse; (*blessé, coureur*) desplomarse; (*craquer moralement*) hundirse
efforcer [efɔʀse] : **s'efforcer de** *vpr* esforzarse por; **s'~ de faire** esforzarse por hacer
effort [efɔʀ] *nm* esfuerzo; **faire un ~** hacer un esfuerzo; **faire tous ses ~s** hacer todos los esfuerzos posibles; **faire l'~ de ...** hacer el esfuerzo de ...; **sans ~** *adj, adv* sin esfuerzo; **~ de mémoire/de volonté** esfuerzo de memoria/de voluntad
effraction [efʀaksjɔ̃] *nf* efracción *f*; **vol avec** *ou* **par ~** robo con efracción
effrayant, e [efʀɛjɑ̃, ɑ̃t] *adj* horroroso(-a), espantoso(-a)
effrayer [efʀeje] *vt* asustar; **s'effrayer (de)** *vpr* asustarse (de)
effréné, e [efʀene] *adj* desenfrenado(-a)
effriter [efʀite] : **s'effriter** *vpr* desmoronarse
effronté, e [efʀɔ̃te] *adj* descarado(-a)
effrontément [efʀɔ̃temɑ̃] *adv* (*mentir*) descaradamente
effroyable [efʀwajabl] *adj* espantoso(-a)

effusion [efyzjɔ̃] *nf*: **sans ~ de sang** sin derramamiento de sangre

égal, e, -aux [egal, o] *adj* (*gén*) igual; (*terrain, surface*) liso(-a); (*vitesse, rythme*) regular ▸ *nm/f* igual *m/f*; **être ~ à** ser igual a; **ça lui/nous est ~** le/nos da igual; **c'est ~** es igual; **sans ~** sin igual; **à l'~ de** al igual que; **d'~ à ~** de igual a igual

également [egalmɑ̃] *adv* igualmente

égaler [egale] *vt* igualar; **trois plus trois égalent six** tres más tres igual a seis

égalisation [egalizasjɔ̃] *nf* (*Sport*) empate *m*

égaliser [egalize] *vt* igualar ▸ *vi* (*Sport*) empatar

égalité [egalite] *nf* igualdad *f*; **être à ~ (de points)** estar empatados(-as) (en tantos); **~ de droits** igualdad de derechos

> **On peut dire aussi :**
> Estos dos cuadros son exactamente iguales. (*... sont exactement pareils.*)
> Su programa político es igual que el de la oposición. (*... identique à ...*)
> En nuestras carreteras se producen casi tantos accidentes como en las de Portugal. (*... autant de ... que ...*)
> El paisaje es tan bello como lo describió el poeta. (*... aussi ... que ...*)
> Ha vuelto a suceder lo mismo que hace unos años. (*... la même chose que ...*)

égard [egaʀ] *nm* consideración *f*; **égards** *nmpl* (*marques de respect*) atenciones *fpl*; **à cet ~/certains ~s/tous ~s** a este respecto/ en ciertos aspectos/por todos los conceptos; **eu ~ à** teniendo en cuenta; **par/sans ~ pour** por/sin consideración para; **à l'~ de** con respecto a

égarement [egaʀmɑ̃] *nm* extravío; **un moment d'~** en un momento de extravío

égarer [egaʀe] *vt* (*perdre*) perder; **s'égarer** *vpr* (*aussi fig*) perderse

églefin [egləfɛ̃] *nm* abadejo

église [egliz] *nf* iglesia; **aller à l'~** ir a la iglesia; **l'É~ catholique** la Iglesia católica; **l'É~ presbytérienne** la Iglesia presbiteriana

égoïsme [egɔism] *nm* egoísmo

égoïste [egɔist] *adj, nm/f* egoísta *m/f*

égorger [egɔʀʒe] *vt* degollar

égout [egu] *nm* alcantarilla; **le tout(-)à(-)l'~** la red de saneamiento *ou* evacuación

égoutter [egute] *vt* escurrir; **s'égoutter** *vpr* escurrirse; (*eau*) gotear

égouttoir [egutwaʀ] *nm* escurridero

égratignure [egʀatiɲyʀ] *nf* rasguño

Égypte [eʒipt] *nf* Egipto

égyptien, ne [eʒipsjɛ̃, jɛn] *adj* egipcio(-a) ▸ *nm/f*: **Égyptien, ne** egipcio(-a)

eh [e] *excl* eh; **eh bien !** (*surprise*) ¡pero bueno!; **eh bien ?** (*attente, doute*) ¿y bien?; **eh bien** (*donc*) entonces

éjaculation [eʒakylasjɔ̃] *nf* eyaculación *f*; **~ précoce** eyaculación precoz

élaborer [elabɔʀe] *vt* elaborar

élagage [elagaʒ] *nm* (*des arbres*) poda

élaguer [elage] *vt* podar

élan [elɑ̃] *nm* (*Zool*) alce *m*; (*mouvement, lancée*) impulso; (*fig*) arrebato; **perdre son ~** perder impulso; **prendre de l'~** tomar carrerilla; **prendre son ~** tomar impulso

élancer [elɑ̃se]: **s'élancer** *vpr* lanzarse; (*arbre, clocher*) alzarse

élargir [elaʀʒiʀ] *vt* (*porte, route*) ensanchar; (*vêtement*) sacar a; (*fig : groupe, débat*) ampliar; (*Jur*) liberar; **s'élargir** *vpr* ensancharse

élastique [elastik] *adj* elástico(-a); (*Phys*) flexible; (*fig : parfois péj*) contemporizador(a) ▸ *nm* (*de bureau*) elástico, goma; (*pour la couture*) goma

électeur, -trice [elɛktœʀ, tʀis] *nm/f* elector(a)

élection [elɛksjɔ̃] *nf* elección *f*; **élections** *nfpl* (*Pol*) elecciones *fpl*; **sa terre/patrie d'~** su tierra/patria de elección; **~ partielle** elección parcial; **~s législatives** elecciones legislativas

> En Francia se celebran **élections législatives** cada cinco años con el fin de elegir a los *députés* de la *Assemblée nationale*. Hay además una *election présidentielle* en la que se elige al presidente y que celebra también cada cinco años. La votación, que siempre tiene lugar en domingo, es por sufragio universal y se realiza en dos vueltas.

électoral, e, -aux [elɛktɔʀal, o] *adj* electoral

électricien, ne [elɛktʀisjɛ̃, jɛn] *nm/f* electricista *m/f*
électricité [elɛktʀisite] *nf* electricidad *f*; **avoir l'~** tener corriente eléctrica; **fonctionner à l'~** funcionar con electricidad; **allumer/éteindre l'~** encender/apagar la luz; **~ statique** electricidad estática
électrique [elɛktʀik] *adj* eléctrico(-a); (*fig*) tenso(-a)
électrocuter [elɛktʀɔkyte] *vt* electrocutar
électroménager [elɛktʀomenaʒe] *adj*: **appareils ~s** aparatos *mpl* electrodomésticos; **l'~** el sector de los electrodomésticos
électron [elɛktʀɔ̃] *nm* electrón *m*; **l'~ libre (de)** (*fig*) el electrón libre (de)
électronique [elɛktʀɔnik] *adj* electrónico(-a) ▶ *nf* electrónica
élégance [elegɑ̃s] *nf* elegancia
élégant, e [elegɑ̃, ɑ̃t] *adj* (*aussi fig*) elegante
élément [elemɑ̃] *nm* elemento; **éléments** *nmpl* (*eau, air etc*) elementos *mpl*; (*rudiments*) rudimentos *mpl*
élémentaire [elemɑ̃tɛʀ] *adj* elemental
éléphant [elefɑ̃] *nm* elefante *m*; **~ de mer** elefante marino
élevage [el(ə)vaʒ] *nm* (*de bétail, de volaille*) cría; (*activité, secteur économique*) ganadería; (*vin*) crianza
élève [elɛv] *nm/f* alumno(-a); **~ infirmière** aspirante *f* a enfermera
élevé, e [el(ə)ve] *adj* (*aussi fig*) elevado(-a); **bien/mal ~** bien/mal educado(-a)
élever [el(ə)ve] *vt* (*enfant*) educar, criar; (*animaux, vin*) criar; (*hausser*) subir; (*monument, âme, esprit*) elevar; **s'élever** *vpr* (*avion, alpiniste*) ascender; (*clocher, montagne*) alzarse; (*protestations*) levantar; (*cri*) oírse; (*niveau*) subir; (*température*) ascender; **~ la voix/le ton** levantar la voz/el tono; **~ qn au rang/grade de** ascender *ou* elevar a algn al rango/grado de; **~ un nombre au carré/cube** elevar un número al cuadrado/al cubo; **s'~ contre qch** rebelarse contra algo; **s'~ à** (*frais, dégâts*) elevarse a
éleveur, -euse [el(ə)vœʀ, øz] *nm/f* (*de bétail*) ganadero(-a)
éligible [eliʒibl] *adj* elegible
éliminatoire [eliminatwaʀ] *adj* eliminatorio(-a) ▶ *nf* eliminatoria
éliminer [elimine] *vt* eliminar
élire [eliʀ] *vt* (*Pol etc*) elegir; **~ domicile à …** domiciliarse en …
élite [elit] *nf* élite *f*; **les ~s** las élites; **tireur d'~** tirador *m* de primera
élitiste [elitist] *adj* elitista
elle [ɛl] *pron* ella; **Marie est-~ rentrée?** ¿ha vuelto María?; **c'est à ~** es suyo(-a), es de ella; **ce livre est à ~** ese libro es suyo; **~-même** ella misma; (*après préposition*) sí misma; **avec ~** (*réfléchi*) consigo
éloge [elɔʒ] *nm* elogio; **faire l'~ de qn/qch** hacer el elogio de algn/algo; **ne pas tarir d'~s sur qn/qch** no escatimar elogios a algn/algo; **~ funèbre** oración *f* fúnebre
éloigné, e [elwaɲe] *adj* (*gén*) alejado(-a); (*date, échéance, parent*) lejano(-a)
éloigner [elwaɲe] *vt* (*échéance, but*) retrasar; (*soupçons, danger*) ahuyentar; **s'éloigner** *vpr* alejarse; (*fig*) distanciarse; **~ qch (de)** alejar algo (de); **~ qn (de)** distanciar a algn (de); **s'~ de** alejarse de; (*fig*: *sujet, but*) salirse de
élu, e [ely] *pp de* **élire** ▶ *nm/f* (*Pol*) elegido(-a), electo(-a); **l'~ de son cœur** su amado(-a); **les ~s locaux** los cargos electos locales
élucider [elyside] *vt* dilucidar
éluder [elyde] *vt* eludir
Élysée [elize] *nm*: **l'~, le palais de l'~** el Elíseo, el palacio del Elíseo; **les Champs ~s** los Campos Elíseos

El **palais de l'Élysée**, que está situado en el centro mismo de París, a muy poca distancia de los Campos Elíseos, es la residencia oficial del presidente francés. Fue construido en el siglo XVIII, y ha sido la residencia presidencial desde 1874. Se usa con frecuencia una versión reducida de su nombre, **l'Élysée**, para referirse a la presidencia misma.

e-mail [imɛl] *nm* mail *m*, email *m*; **envoyer qch par ~** enviar algo por (e)mail
émail, -aux [emaj, o] *nm* esmalte *m*
émaillé, e [emaje] *adj* esmaltado(-a); **~ de** plagado(-a) de

émanciper [emɑ̃sipe] *vt (Jur)* emancipar; *(gén : aussi moralement)* liberar; **s'émanciper** *vpr (fig)* liberarse

emballage [ɑ̃balaʒ] *nm* embalaje *m*; *(d'un cadeau)* envoltura; **~ perdu** embalaje no retornable

emballer [ɑ̃bale] *vt (marchandise, moteur)* embalar; *(cadeau)* envolver; *(fig : personne)* encantar; **s'emballer** *vpr (moteur, personne)* embalarse; *(cheval)* desbocarse; **j'ai été emballé par le spectacle** el espectáculo me ha encantado; **ne t'emballe pas !** ¡no te embales!

embarcadère [ɑ̃baʀkadɛʀ] *nm* embarcadero

embarquement [ɑ̃baʀkəmɑ̃] *nm* embarque *m*

embarquer [ɑ̃baʀke] *vt* embarcar; *(fam : arrêter)* trincar ▶ *vi* embarcar; **s'embarquer** *vpr* embarcarse; **s'~ dans** *(affaire, aventure)* embarcarse en

embarras [ɑ̃baʀa] *nm* aprieto, apuro; **être dans l'~** *(être ennuyé)* estar apurado(-a); *(gêne financière)* estar en apuros; **plonger qn dans l'~** poner a algn en un aprieto *ou* un apuro; **~ gastrique** molestia intestinal

embarrassant, e [ɑ̃baʀasɑ̃, ɑ̃t] *adj* molesto(-a)

embarrassé, e [ɑ̃baʀase] *adj (air, sourire)* incómodo(-a); *(personne : explications)* confuso(-a)

embarrasser [ɑ̃baʀase] *vt (encombrer)* estorbar; *(gêner)* molestar; *(troubler)* turbar; **ne pas s'~ de** *(scrupules, précautions)* no andarse con

embauche [ɑ̃boʃ] *nf* contratación *f*; **bureau d'~** oficina de contratación

embaucher [ɑ̃boʃe] *vt* contratar

embêtant, e [ɑ̃bɛtɑ̃, ɑ̃t] *(fam) adj* molesto(-a), embromado(-a) *(AM)*

embêtement [ɑ̃bɛtmɑ̃] *(fam) nm (gén pl)* problema *m*

embêter [ɑ̃bete] *(fam) vt (importuner)* molestar, embromar *(AM)*; *(contrarier)* fastidiar; **s'embêter** *vpr* aburrirse; *(iro)* : **il ne s'embête pas!** ¡no se aburre!

emblée [ɑ̃ble] : **d'~** *adv* de golpe

emblème [ɑ̃blɛm] *nm* emblema *m*

embobiner [ɑ̃bɔbine] *vt* encanillar; **~ qn** *(fam : enjôler)* embaucar a algn

emboîter [ɑ̃bwate] *vt* encajar; **~ le pas à qn** *(aussi fig)* seguir los pasos de algn; **s'~ dans** encajarse en

embouchure [ɑ̃buʃyʀ] *nf (Géo)* desembocadura; *(Mus)* embocadura

embourber [ɑ̃buʀbe] : **s'embourber** *vpr* atascarse; **s'~ dans** *(fig)* atrancarse en

embourgeoiser [ɑ̃buʀʒwaze] : **s'embourgeoiser** *vpr* aburguesarse

embout [ɑ̃bu] *nm* contera

embouteillage [ɑ̃butɛjaʒ] *nm* embotellado; *(fig)* embotellamiento

embranchement [ɑ̃bʀɑ̃ʃmɑ̃] *nm (routier)* bifurcación *f*; *(Science)* tipo, filo

embrasser [ɑ̃bʀase] *vt (étreindre)* abrazar; *(donner un baiser)* besar; *(sujet, période)* abarcar; **s'embrasser** *vpr* besarse; **~ une carrière/un métier** abrazar una carrera/ un oficio

embrayage [ɑ̃bʀɛjaʒ] *nm* embrague *m*

embrayer [ɑ̃bʀeje] *vi* embragar

embrouiller [ɑ̃bʀuje] *vt (aussi fig)* enredar; *(personne)* liar; **s'embrouiller** *vpr* enredarse

embruns [ɑ̃bʀœ̃] *nmpl* rociones *mpl*

embué, e [ɑ̃bɥe] *adj* empañado(-a); **yeux ~s de larmes** ojos *mpl* empañados por las lágrimas

embuscade [ɑ̃byskad] *nf* emboscada; **tendre une ~ à qn** tender una emboscada a algn

émeraude [em(ə)ʀod] *nf, adj inv* esmeralda

émerger [emɛʀʒe] *vi* emerger; *(fig)* surgir

émerveiller [emɛʀveje] *vt* maravillar; **s'émerveiller** *vpr* : **s'~ (de qch)** maravillarse (de algo)

émettre [emɛtʀ] *vt, vi* emitir; **~ sur ondes courtes** emitir en onda corta

émeus *etc* [emø] *vb voir* **émouvoir**

émeute [emøt] *nf* motín *m*

émeutier, -ère [emøtje, jɛʀ] *nm/f* amotinado(-a)

émietter [emjete] *vt* desmigajar

émigration [emigʀasjɔ̃] *nf* emigración *f*

émigrer [emigʀe] *vi* emigrar

émincer [emɛ̃se] *vt (viande)* trinchar; *(oignons etc)* cortar en rodajas finas

éminence [eminɑ̃s] *nf* eminencia; *(colline)* elevación *f*; **Son/Votre É~** Su/

Vuestra Eminencia; **~ grise** eminencia gris

émirat [emiʀa] *nm* emirato; **les É~s arabes unis** los Emiratos Árabes Unidos

émission [emisjɔ̃] *nf* emisión *f*

emmêler [ɑ̃mele] *vt* enmarañar; **s'emmêler** *vpr* enmarañarse

emménager [ɑ̃menaʒe] *vi* mudarse; **~ dans** instalarse en

emmener [ɑ̃m(ə)ne] *vt* llevar; (*comme otage, capture, avec soi*) llevarse; **~ qn au cinéma/restaurant** llevar a algn al cine/restaurante

emmerder [ɑ̃mɛʀde] (*fam!*) *vt* dar el coñazo (*fam!*), fregar (AM) (*fam!*); **s'emmerder** *vpr* aburrirse la hostia (*fam!*); **je t'emmerde !** ¡que te den! (*fam!*)

emmitoufler [ɑ̃mitufle] *vt* arropar; **s'emmitoufler** *vpr* arroparse

émoi [emwa] *nm* emoción *f*; **créer l'~** causar conmoción

émotif, -ive [emɔtif, iv] *adj* emotivo(-a)

émotion [emosjɔ̃] *nf* emoción *f*; **avoir des ~s** (*fig*) tener sobresaltos; **donner des ~s à** dar sobresaltos a; **sans ~** sin emoción

émoulu, e [emuly] *adj* : **frais ~ de** recién salido de

émoussé, e [emuse] *adj* desafilado(-a)

émouvant, e [emuvɑ̃, ɑ̃t] *adj* conmovedor(a)

émouvoir [emuvwaʀ] *vt* conmover; **s'émouvoir** *vpr* conmoverse; **s'~ de qch** conmoverse por algo

empaqueter [ɑ̃pakte] *vt* empaquetar

emparer [ɑ̃paʀe] : **s'emparer de** *vpr* apoderarse de; (*Mil*) adueñarse de; **s'~ du pouvoir** hacerse con el poder

empêchement [ɑ̃pɛʃmɑ̃] *nm* impedimento

empêcher [ɑ̃peʃe] *vt* impedir; **~ qn de faire qch** impedir a algn que haga algo; **~ que qch (n')arrive/que qn (ne) fasse** impedir que algo pase/que algn haga; **il n'empêche que** lo que no quiere decir que; **je ne peux pas m'~ de penser** no puedo dejar de pensar; **il n'a pas pu s'~ de rire** no pudo evitar reírse

empereur [ɑ̃pʀœʀ] *nm* emperador *m*

empester [ɑ̃pɛste] *vt, vi* apestar; **~ le tabac/le vin** apestar a tabaco/a vino

empêtrer [ɑ̃petʀe] : **s'~ dans** *vpr* (*aussi fig*) enredarse en; **s'~ dans ses explications** enredarse en sus explicaciones

empiéter [ɑ̃pjete] : **~ sur** *vt* (*aussi fig*) invadir

empiffrer [ɑ̃pifʀe] : **s'empiffrer** (*péj*) *vpr* atiborrarse; **s'~ de qch** atiborrarse de algo

empiler [ɑ̃pile] *vt* apilar; **s'empiler** *vpr* amontonarse

empire [ɑ̃piʀ] *nm* imperio; (*fig*) dominio; **sous l'~ de**

empirer [ɑ̃piʀe] *vi* empeorar

emplacement [ɑ̃plasmɑ̃] *nm* emplazamiento; **sur l'~ de** en el emplazamiento de

emplette [ɑ̃plɛt] *nf* : **faire des ~s** ir de tiendas

emploi [ɑ̃plwa] *nm* empleo; **l'~** (*Comm, Écon*) el empleo; **d'~ facile/délicat** de uso fácil/delicado; **offre/demande d'~** oferta/demanda de empleo; **le plein ~** pleno empleo; **~ du temps** horario

employé, e [ɑ̃plwaje] *nm/f* empleado(-a); **~ de banque** empleado(-a) de banco; **~ de bureau** oficinista *m/f*; **~ de maison** criado(-a)

employer [ɑ̃plwaje] *vt* emplear; **~ la force/les grands moyens** emplear fuerza/fuerzas mayores; **s'~ à qch/à faire** esforzarse por algo/por hacer

employeur, -euse [ɑ̃plwajœʀ, øz] *nm/f* empleador(a)

empoigner [ɑ̃pwaɲe] *vt* empuñar; **s'empoigner** *vpr* (*fig*) ir a las manos

empoisonnement [ɑ̃pwazɔnmɑ̃] *nm* envenenamiento

empoisonner [ɑ̃pwazɔne] *vt* envenenar; (*fam : embêter*) : **~ qn** fastidiar a algn; **s'empoisonner** *vpr* envenenarse; **~ l'atmosphère** (*fig*) cargar la atmósfera; **il nous empoisonne l'existence** nos amarga la existencia

emportement [ɑ̃pɔʀtəmɑ̃] *nm* enfurecimiento

emporte-pièce [ɑ̃pɔʀtəpjɛs] (*pl* **emporte-pièces**) *nm* (*Tech*) sacabocados *m inv*

emporter [ɑ̃pɔʀte] *vt* llevar; (*en dérobant, enlevant*) arrebatar; (*suj : courant, vent, avalanche*) arrastrar; (*suj : enthousiasme, colère*) arrebatar; (*gagner, Mil*) lograr; **s'emporter** *vpr* enfurecerse; **la maladie qui l'a emporté** la enfermedad que se lo ha llevado; **l'~** ganar; **l'~ sur** desbancar a; **boissons/plats chauds à ~** bebidas *fpl*/ comidas *fpl* calientes para llevar

empreint, e [ɑ̃pʀɛ̃, ɛ̃t] *adj* : **~ de** impregnado(-a) de

empreinte [ɑ̃pʀɛ̃t] *nf* (*aussi fig*) huella; **~ carbone** huella de carbono; **~s (digitales)** huellas *fpl* (dactilares); **~ écologique** huella ecológica

empressé, e [ɑ̃pʀese] *adj* solícito(-a)

empressement [ɑ̃pʀɛsmɑ̃] *nm* solicitud *f*; (*hâte*) prisa

empresser [ɑ̃pʀese] : **s'empresser** *vpr* apresurarse; **s'~ de faire** apresurarse a hacer

emprise [ɑ̃pʀiz] *nf* : **sous l'~ de** bajo la influencia de

emprisonnement [ɑ̃pʀizɔnmɑ̃] *nm* encarcelamiento; **une peine d'~ de trois à cinq ans** una pena de prisión de tres a cinco años

emprisonner [ɑ̃pʀizɔne] *vt* encarcelar

emprunt [ɑ̃pʀœ̃] *nm* (*gén*, *Fin*) préstamo; **nom d'~** (p)seudónimo; **~ d'État** empréstito de Estado

emprunter [ɑ̃pʀœ̃te] *vt* (*gén*, *Fin*) pedir *ou* tomar prestado; (*route, itinéraire*) seguir; (*style, manière*) imitar; **~ de l'argent** pedir dinero prestado, pedir un préstamo; **~ qch à qn** tomar prestado algo de algn

ému, e [emy] *pp de* **émouvoir** ▶ *adj* (*de joie, gratitude*) emocionado(-a); (*d'attendrissement*) conmovido(-a)

en [ɑ̃]

▶ *prép* 1 (*endroit, pays*) en; (*direction*) a; **habiter en France/en ville** vivir en Francia/en la ciudad; **aller en France/en ville** ir a Francia/a la ciudad

2 (*temps*) en; **en trois jours/20 ans** en tres días/20 años; **en été/juin** en verano/junio

3 (*moyen*) en; **en avion/taxi** en avión/taxi

4 (*composition*) de; **c'est en verre/bois** es de cristal/madera; **un collier en argent** un collar de plata

5 (*description, état*) : **une femme en rouge** una mujer de rojo; **peindre qch en rouge** pintar algo de rojo; **en T/étoile** en forma de T/en estrella; **en chemise/chaussettes** en camisa/calcetines; **en civil** de civil *ou* paisano; **en deuil** de luto; **cassé en plusieurs morceaux** roto en varios pedazos; **en réparation** en reparación; **partir en vacances** marcharse de vacaciones; **le même en plus grand** el mismo en tamaño más grande; **en bon diplomate, il n'a rien dit** como buen diplomático, no dijo nada; **expert/licencié en ...** experto/licenciado en ...; **fort en maths** fuerte en matemáticas; **être en bonne santé** estar bien de salud; **en deux volumes/une pièce** en dos volúmenes/una pieza; (*pour locutions avec « en »*) *voir* **tant** ; **croire** *etc*

6 (*en tant que*) : **en bon chrétien** como buen cristiano; **je te parle en ami** te hablo como amigo

7 (*avec gérondif*) : **en travaillant/dormant** al trabajar/dormir, trabajando/durmiendo; **en apprenant la nouvelle/sortant, ...** al saber la noticia/al salir, ...; **sortir en courant** salir corriendo

▶ *pron* 1 (*indéfini*) : **j'en ai ...** tengo ...; **en as-tu ?** ¿tienes?; **en veux-tu ?** ¿quieres?; **je n'en veux pas** no quiero; **j'en ai deux** tengo dos; **j'en ai assez** (*fig*) tengo bastante; (*j'en ai marre*) estoy harto de eso; **combien y en a-t-il ?** ¿cuántos hay?; **où en étais-je ?** ¿dónde estaba?; **j'en viens à penser que ...** eso me lleva a pensar que ...; **il en va ainsi** *ou* **de même pour toi !** ¡y tú igual!

2 (*provenance*) de allí; **j'en viens/sors** vengo/salgo (de allí)

3 (*cause*) : **il en est malade/perd le sommeil** está enfermo/pierde el sueño (por ello)

4 (*complément de nom, d'adjectif, de verbe*) : **j'en connais les dangers/défauts** conozco los peligros/defectos de eso; **j'en suis fier** estoy orgulloso de ello; **j'en ai besoin** lo necesito

encadrement [ɑ̃kɑdʀəmɑ̃] *nm* (*de porte*) marco; **l'~ des loyers** el control del precio del alquiler; **~ du crédit** control *m* del crédito

encadrer [ɑ̃kɑdʀe] *vt* (*tableau, image*) enmarcar; (*entourer*) rodear; (*personnel*) dirigir; (*crédit*) controlar

encaisser [ɑ̃kese] *vt* (*chèque, argent*) cobrar; (*coup, défaite*) encajar

en-cas [ɑ̃kɑ] *nm inv* tentempié *m*

encastrable [ɑ̃kastʀabl] *adj* (*four*) empotrable

encastrer [ɑ̃kastʀe] *vt*: **~ qch dans** empotrar algo en; **s'encastrer dans** *vpr* embutirse en

enceinte [ɑ̃sɛ̃t] *adj f*: **~ de six mois** encinta *ou* embarazada de seis meses ▸ *nf* recinto; **~ (acoustique)** bafle *m*

encens [ɑ̃sɑ̃] *nm* incienso

enchaîner [ɑ̃ʃene] *vt* encadenar ▸ *vi* proseguir

enchanté, e [ɑ̃ʃɑ̃te] *adj* encantado(-a); **~ de faire votre connaissance** encantado(-a) de conocerle

enchantement [ɑ̃ʃɑ̃tmɑ̃] *nm*: **comme par ~** como por arte de magia

enchère [ɑ̃ʃɛʀ] *nf* oferta; **faire une ~** hacer una oferta; **mettre/vendre aux ~s** sacar/vender en subasta; **les ~s montent** las ofertas suben; **faire monter les ~s** hacer subir las ofertas

enclencher [ɑ̃klɑ̃ʃe] *vt* (*mécanisme*) enganchar; **s'enclencher** *vpr* ponerse en marcha

enclin, e [ɑ̃klɛ̃, in] *adj*: **~ à qch/à faire** propenso(-a) a algo/a hacer

enclos [ɑ̃klo] *nm* cercado

enclume [ɑ̃klym] *nf* yunque *m*

encoche [ɑ̃kɔʃ] *nf* muesca

encombrant, e [ɑ̃kɔ̃bʀɑ̃, ɑ̃t] *adj* voluminoso(-a)

encombre [ɑ̃kɔ̃bʀ]: **sans ~** *adv* sin dificultad

encombrement [ɑ̃kɔ̃bʀəmɑ̃] *nm* (*d'un lieu*) obstrucción *f*; (*de circulation*) embotellamiento; (*des lignes téléphoniques*) saturación *f*; (*d'un objet*) volumen *m*

encombrer [ɑ̃kɔ̃bʀe] *vt* (*couloir, rue*) obstruir; (*personne*) estorbar; **s'encombrer de** *vpr* (*bagages etc*) cargarse de *ou* con; **~ le passage** obstruir el paso

encontre [ɑ̃kɔ̃tʀ]: **à l'~ de** *prép* en contra de

encore [ɑ̃kɔʀ]

adv **1** (*continuation*) todavía; **il travaille encore** trabaja todavía; **pas encore** todavía no

2 (*de nouveau*): **elle m'a encore demandé de l'argent** me ha vuelto a pedir dinero; **encore!** (*insatisfaction*) ¡otra vez!; **encore un effort** un esfuerzo más; **j'irai encore demain** iré también mañana; **encore une fois** una vez más; **encore deux jours** dos días más

3 (*intensif*): **encore plus fort/mieux** aún más fuerte/mejor; **hier encore** todavía ayer; **non seulement ..., mais encore** no sólo ... sino también

4 (*restriction*) al menos; **si encore** si por lo menos; **(et puis) quoi encore?** ¿y qué más?; **encore que** *conj* aunque

encourageant, e [ɑ̃kuʀaʒɑ̃, ɑ̃t] *adj* alentador(a)

encourager [ɑ̃kuʀaʒe] *vt* (*personne*) animar; (*activité, tendance*) fomentar; **~ qn à faire qch** animar a algn para que haga algo

On peut dire aussi :

¡Bravo! (*Bravo !*)
¡Vamos *ou* Venga, que tú puedes! (*Vas-y* ou *Allez, ...*)
Está muy bien, sigue así. (*C'est très bien, ...*)
Lo felicito, ha sabido arreglárselas muy bien. (*Je vous félicite, ...*)
¡Buen trabajo! (*C'est du bon travail !*)

encourir [ɑ̃kuʀiʀ] *vt* exponerse a

encre [ɑ̃kʀ] *nf* tinta; **~ de Chine** tinta china; **~ indélébile** tinta indeleble; **~ sympathique** tinta simpática *ou* invisible

encyclopédie [ɑ̃siklɔpedi] *nf* enciclopedia

endetter [ɑ̃dete] *vt* endeudar; **s'endetter** *vpr* endeudarse

endive [ɑ̃div] *nf* endibia

endolori, e [ɑ̃dɔlɔʀi] *adj* dolorido(-a)

endommager [ɑ̃dɔmaʒe] *vt* dañar

endormi, e [ɑ̃dɔʀmi] *pp de* **endormir** ▸ *adj* dormido(-a)

endormir [ɑ̃dɔʀmiʀ] *vt* adormecer, dormir; (*soupçons*) engañar; (*ennemi*) burlar; (*Méd*) anestesiar; **s'endormir** *vpr* (*aussi fig*) dormirse

endosser [ɑ̃dose] *vt* (*responsabilité*) asumir; (*chèque*) endosar; (*uniforme*) ponerse

endroit [ɑ̃dʀwa] *nm* lugar *m*, sitio; (*opposé à l'envers*) derecho; **à l'~** (*vêtement*) al derecho; **par ~s** en algunos sitios; **à cet ~** en ese sitio

endurance [ɑ̃dyʀɑ̃s] *nf* resistencia

endurant, e [ɑ̃dyʀɑ̃, ɑ̃t] *adj* resistente

endurcir [ɑ̃dyʀsiʀ] *vt* endurecer; **s'endurcir** *vpr* endurecerse

endurer [ɑ̃dyʀe] *vt* aguantar

énergétique [enɛʀʒetik] *adj* energético(-a)

énergie [enɛʀʒi] *nf* (*aussi fig*) energía

énergique [enɛʀʒik] *adj* enérgico(-a)

énervant, e [enɛʀvɑ̃, ɑ̃t] *adj* irritante

énerver [enɛʀve] *vt* poner nervioso, enervar; **s'énerver** *vpr* ponerse nervioso, enervarse

enfance [ɑ̃fɑ̃s] *nf* (*âge*) niñez *f*; (*fig*) principio; (*enfants*) infancia; **c'est l'~ de l'art** está tirado; **petite ~** primera infancia; **souvenir/ami d'~** recuerdo/amigo de infancia; **retomber en ~** volver a la niñez

enfant [ɑ̃fɑ̃] *nm/f* (*garçon, fillette : aussi fig*) niño(-a); (*fils, fille : aussi fig*) hijo(-a); **petit ~** nene(-a); **bon ~** bonachón(-ona); **~ adoptif** hijo adoptivo; **~ de chœur** (*Rel, fig*) monaguillo; **~ naturel/unique** hijo natural/único; **~ prodige** niño prodigio

enfantillage [ɑ̃fɑ̃tijaʒ] (*péj*) *nm* chiquillada

enfantin, e [ɑ̃fɑ̃tɛ̃, in] *adj* infantil

enfer [ɑ̃fɛʀ] *nm* infierno; **allure/bruit d'~** ritmo/ruido infernal

enfermer [ɑ̃fɛʀme] *vt* encerrar; **s'enfermer** *vpr* encerrarse; **s'~ à clef** cerrarse con llave; **s'~ dans la solitude/le mutisme** encerrarse en la soledad/el mutismo

enfiler [ɑ̃file] *vt* (*perles*) ensartar; (*aiguille*) enhebrar; (*rue, couloir*) enfilar; **s'enfiler dans** *vpr* (*entrer dans*) enfilar; **~ qch** (*vêtement*) ponerse algo; **~ qch dans** (*insérer*) meter algo en

enfin [ɑ̃fɛ̃] *adv* (*pour finir*) finalmente; (*en dernier lieu, pour conclure*) por último; (*de restriction, résignation*) en fin; (*eh bien!*) ¡por fin!

enflammer [ɑ̃flɑme] *vt* (*aussi fig*) inflamar; **s'enflammer** *vpr* inflamarse

enflé, e [ɑ̃fle] *adj* hinchado(-a)

enfler [ɑ̃fle] *vi* hincharse

enfoncer [ɑ̃fɔ̃se] *vt* (*clou*) clavar; (*forcer, défoncer, faire pénétrer*) hundir; (*lignes ennemies*) derrotar; (*fam : surpasser*) derribar; **s'enfoncer** *vpr* hundirse; **s'~ dans** hundirse en; (*forêt, ville*) adentrarse en; (*mensonge*) sumirse en; (*erreur*) andar en; **~ un chapeau sur la tête** calarse un sombrero en la cabeza

enfouir [ɑ̃fwiʀ] *vt* (*dans le sol*) enterrar; (*dans un tiroir, une poche*) meter en el fondo; **s'enfouir dans/sous** *vpr* refugiarse en/ocultarse bajo

enfreindre [ɑ̃fʀɛ̃dʀ] *vt* infringir

enfuir [ɑ̃fɥiʀ] : **s'enfuir** *vpr* huir

engagé, e [ɑ̃gaʒe] *adj* (*littérature, politique*) comprometido(-a)

engagement [ɑ̃gaʒmɑ̃] *nm* compromiso; (*contrat professionnel*) contrato; (*combat*) intervención *f*; (*Sport*) saque *m* de centro; **prendre l'~ de faire** comprometerse a hacer; **sans ~** (*Comm*) sin compromiso

engager [ɑ̃gaʒe] *vt* (*embaucher*) contratar; (*débat*) iniciar; (*négociations*) entablar; (*lier*) comprometer; (*impliquer, entraîner*) implicar; (*argent*) colocar; **s'engager** *vpr* (*Mil*) alistarse; (*politiquement, promettre*) comprometerse; (*négociations*) entablarse; **10 chevaux sont engagés dans cette course** 10 caballos toman parte en esta carrera; **~ qn à faire/à qch** incitar a algn a hacer/a algo; **~ qch dans** (*faire pénétrer*) meter algo en; **s'~ à faire qch** comprometerse a hacer algo; **s'~ dans** (*rue, passage*) enfilar; (*voie, carrière, discussion*) meterse en

engelures [ɑ̃ʒlyʀ] *nfpl* sabañones *mpl*

engendrer [ɑ̃ʒɑ̃dʀe] *vt* engendrar

engin [ɑ̃ʒɛ̃] *nm* máquina; **~ blindé** vehículo blindado; **~ de terrassement** excavadora; **~ explosif** artefacto explosivo

engloutir [ɑ̃glutiʀ] *vt* (*aussi fig*) tragar; **s'engloutir** *vpr* hundirse

engoncé, e [ɑ̃gɔ̃se] *adj* : **~ dans** embutido(-a) en

engouement [ɑ̃gumɑ̃] *nm* apasionamiento

engouffrer [ɑ̃gufʀe] *vt* engullir; **s'engouffrer dans** *vpr* (*suj : vent, eau*) penetrar en; (*: personnes*) precipitarse en

engourdir [ɑ̃guʀdiʀ] *vt* (*membres*) entumecer; (*esprit*) entorpecer; **s'engourdir** *vpr* entumecerse

engrais [ɑ̃gʀɛ] *nm* abono; **~ chimique/minéral/naturel** abono químico/mineral/natural; **~ organique/vert** abono orgánico/verde

engraisser [ɑ̃gʀese] *vt* (*animal*) cebar; (*terre*) abonar ▸ *vi* (*péj* : *personne*) forrarse

engrenage [ɑ̃gʀənaʒ] *nm* (*aussi fig*) engranaje *m*

engueuler [ɑ̃gœle] (*fam*) *vt* : **~ qn** echar una bronca a algn; **se faire ~** llevarse una bronca

enhardir [ɑ̃aʀdiʀ] *vt* animar; **s'enhardir** *vpr* envalentonarse

énigmatique [enigmatik] *adj* enigmático(-a)

énigme [enigm] *nf* enigma *m*

enivrer [ɑ̃nivʀe] *vt* (*aussi fig*) embriagar, emborrachar; **s'enivrer** *vpr* (*en buvant*) emborracharse, embriagarse; **s'~ de** (*fig*) embriagarse de, emborracharse de

enjamber [ɑ̃ʒɑ̃be] *vt* franquear

enjeu, x [ɑ̃ʒø] *nm* apuesta; (*d'une élection, d'un match*) lo que está en juego

enjoliver [ɑ̃ʒɔlive] *vt* (*aussi fig*) adornar

enjoliveur [ɑ̃ʒɔlivœʀ] *nm* (*Auto*) embellecedor *m*

enjoué, e [ɑ̃ʒwe] *adj* alegre

enlaidir [ɑ̃ledir] *vt* afear ▸ *vi* afearse

enlèvement [ɑ̃lɛvmɑ̃] *nm* (*rapt*) rapto; **l'~ des ordures ménagères** la recogida de basuras

enlever [ɑ̃l(ə)ve] *vt* quitar; (*ordures, meubles à déménager*) recoger; (*kidnapper*) raptar; (*prix, victoire*) conseguir; **s'enlever** *vpr* (*tache*) quitarse; **~ qch à qn** quitar algo a algn; **la maladie qui nous l'a enlevé** la enfermedad que nos lo ha llevado

enliser [ɑ̃lize] : **s'enliser** *vpr* hundirse; (*dialogue*) llegar a un punto muerto

enneigé, e [ɑ̃neʒe] *adj* (*pente, col*) nevado(-a)

ennemi, e [ɛnmi] *adj, nm/f* enemigo(-a) ▸ *nm* (*Mil, gén*) enemigo; **être ~ de** ser enemigo(-a) de

ennui [ɑ̃nɥi] *nm* (*lassitude*) aburrimiento; (*difficulté*) problema *m*; **avoir/s'attirer des ~s** tener/buscarse problemas

ennuyer [ɑ̃nɥije] *vt* (*importuner, gêner*) molestar; (*contrarier*) fastidiar; (*lasser*) aburrir; **s'ennuyer** *vpr* (*se lasser*) aburrirse; **si cela ne vous ennuie pas** si no le molesta; **s'~ de qch/qn** (*regretter*) echar de menos algo/a algn

ennuyeux, -euse [ɑ̃nɥijø, øz] *adj* (*lassant*) aburrido(-a); (*contrariant*) molesto(-a)

énoncé [enɔ̃se] *nm* enunciado

enorgueillir [ɑ̃nɔʀgœjiʀ] : **s'~ de** *vpr* enorgullecerse de

énorme [enɔʀm] *adj* enorme

énormément [enɔʀmemɑ̃] *adv* (*avec vb*) muchísimo; **~ de neige/gens** muchísima nieve/gente

enquête [ɑ̃kɛt] *nf* (*judiciaire, administrative, de police*) investigación *f*; (*de journaliste, sondage*) encuesta

enquêter [ɑ̃kete] *vi* (*gén, police*) investigar; (*journaliste, sondage*) hacer una encuesta; **~ sur** investigar sobre

enragé, e [ɑ̃ʀaʒe] *adj* (*chien*) rabioso(-a); (*personne*) furioso(-a); **~ de** fanático(-a) de irritante

enrager [ɑ̃ʀaʒe] *vi* : **il enrage de ne pas pouvoir ...** le da rabia no poder ...; **faire ~ qn** hacer rabiar a algn

enrayer [ɑ̃ʀeje] *vt* (*maladie*) cortar, interrumpir; **s'enrayer** *vpr* (*arme à feu*) encasquillarse

enregistrement [ɑ̃ʀ(ə)ʒistʀəmɑ̃] *nm* (*d'un disque*) grabación *f*; (*d'un fichier, d'une plainte*) registro; **~ des bagages** facturación *f*

enregistrer [ɑ̃ʀ(ə)ʒistʀe] *vt* (*Mus*) grabar; (*Inform*) archivar; (*Admin, Comm, fig*) registrar; (*aussi* : **faire enregistrer** : *bagages*) facturar

enrhumé, e [ɑ̃ʀyme] *adj* : **il est ~** está acatarrado *ou* constipado *ou* resfriado

enrhumer [ɑ̃ʀyme] : **s'enrhumer** *vpr* acatarrarse, constiparse, resfriarse

enrichir [ɑ̃ʀiʃiʀ] *vt* enriquecer; **s'enrichir** *vpr* enriquecerse

enrichissant, e [ɑ̃ʀiʃisɑ̃, ɑ̃t] *adj* (*expérience*) enriquecedor(a)

enroué, e [ɑ̃ʀwe] *adj* ronco(-a)

enrouer [ɑ̃ʀwe] : **s'enrouer** *vpr* enronquecer

enrouler [ɑ̃ʀule] *vt* enrollar; **s'enrouler** *vpr* enrollarse; **~ qch autour de** enrollar algo alrededor de

enseignant, e [ɑ̃sɛɲɑ̃, ɑ̃t] *adj, nm/f* docente *m/f*

enseigne [ɑ̃sɛɲ] *nf* rótulo ▸ *nm/f* : **~ de vaisseau** alférez *m/f* de navío; **à telle ~ que ...** la prueba es que ...; **être logé à la même ~** (*fig*) estar en el mismo caso; **~ lumineuse** rótulo luminoso

enseignement [ɑ̃sɛɲ(ə)mɑ̃] *nm* enseñanza; **~ primaire/secondaire** enseñanza primaria/secundaria; **~ privé/public** enseñanza privada/pública; **~ technique** enseñanza técnica

enseigner [ɑ̃seɲe] *vt* enseñar ▸ *vi* (*être professeur*) enseñar; **~ qch à qn** enseñar algo a algn; **~ à qn que** enseñar a algn que

ensemble [ɑ̃sɑ̃bl] *adv* (*l'un avec l'autre*) juntos(-as); (*en même temps*) juntos(-as) ▸ *nm* conjunto; **l'~ du/de la** la totalidad del/de la; **aller ~** (*être assorti*) combinarse; **impression/idée d'~** impresión *f*/idea de conjunto; **dans l'~** en conjunto; **dans son ~** en su conjunto; **~ instrumental/vocal** conjunto *ou* grupo instrumental/vocal

ensoleillé, e [ɑ̃sɔleje] *adj* soleado(-a)

ensommeillé, e [ɑ̃sɔmeje] *adj* adormilado(-a)

ensorceler [ɑ̃sɔʀsəle] *vt* hechizar

ensuite [ɑ̃sɥit] *adv* (*dans une succession : après*) a continuación; (*plus tard*) después; **~ de quoi** después de lo cual

ensuivre [ɑ̃sɥivʀ] : **s'ensuivre** *vpr* resultar; **il s'ensuit que ...** de lo que resulta que ...; **et tout ce qui s'ensuit** y toda la pesca

ENT [əɛnte] *sigle m* (= *espace numérique de travail*) EVA *m* (*entorno virtual de aprendizage*)

entamer [ɑ̃tame] *vt* (*pain, bouteille*) empezar; (*hostilités, pourparlers*) iniciar

entasser [ɑ̃tɑse] *vt* (*objets*) amontonar; (*personnes*) hacinar; **s'entasser** *vpr* (*objets*) amontonarse; (*personnes*) hacinarse

entendre [ɑ̃tɑ̃dʀ] *vt* oír; (*comprendre*) entender; (*vouloir dire*) querer decir; **s'entendre** *vpr* entenderse; (*se mettre d'accord*) ponerse de acuerdo; **j'ai entendu dire que** he oído que; **~ parler de** oír hablar de; **~ raison** entrar en razón; **ils s'entendent bien** se entienden bien; **entendons-nous** expliquémonos; **(cela) s'entend** por supuesto, naturalmente; **laisser ~ que** dar a entender que; **qu'est-ce qu'il ne faut pas ~ !** ¡lo que hay que oír!; **j'ai mal entendu** no he comprendido; **je suis heureux de vous l'~ dire** es un placer oírselo decir; **ça s'entend !** (*c'est audible*) ¡se oye!; **je vous entends très mal** le oigo muy mal

entendu, e [ɑ̃tɑ̃dy] *pp de* **entendre** ▸ *adj* (*affaire*) concluido(-a); (*air*) entendido(-a); **étant ~ que** dando por supuesto que; **(c'est) ~ !** ¡de acuerdo!, ¡entendido!; **c'est ~** (*concession*) entendido; **bien ~ !** ¡por supuesto!

entente [ɑ̃tɑ̃t] *nf* (*entre amis, pays*) entendimiento; (*accord, traité*) acuerdo

enterrement [ɑ̃tɛʀmɑ̃] *nm* entierro

enterrer [ɑ̃teʀe] *vt* enterrar; (*dispute, projet*) echar tierra sobre

en-tête [ɑ̃tɛt] (*pl* **en-têtes**) *nm* membrete *m*; **enveloppe/papier à ~** sobre *m*/papel *m* con membrete

entêté, e [ɑ̃tete] *adj* obstinado(-a), cabezota

entêtement [ɑ̃tɛtmɑ̃] *nm* cabezonería

entêter [ɑ̃tete] : **s'entêter** *vpr* obstinarse, empeñarse; **s'~ (à faire)** empeñarse (en hacer)

enthousiasme [ɑ̃tuzjasm] *nm* entusiasmo; **avec ~** con entusiasmo

enthousiasmer [ɑ̃tuzjasme] *vt* entusiasmar; **s'enthousiasmer** *vpr* : **s'~ (pour qch)** entusiasmarse (con algo)

enthousiaste [ɑ̃tuzjast] *adj, nm/f* entusiasta *m/f*

entier, -ère [ɑ̃tje, jɛʀ] *adj* entero(-a); (*personne, caractère*) íntegro(-a) ▸ *nm* (*Math*) entero; **en ~** por completo; **se donner tout ~ à qch** entregarse enteramente a algo; **lait ~** leche *f* entera; **nombre ~** número entero

entièrement [ɑ̃tjɛʀmɑ̃] *adv* enteramente

entonnoir [ɑ̃tɔnwaʀ] *nm* embudo

entorse [ɑ̃tɔʀs] *nf* esguince *m*; **~ à la loi/au règlement** infracción *f* de la ley/del reglamento; **se faire une ~ à la cheville/au poignet** hacerse un esguince en el tobillo/en la muñeca

entourage [ɑ̃tuʀaʒ] *nm* (*personnes proches*) allegados *mpl*

entourer [ɑ̃tuʀe] *vt* (*par une clôture*) cercar; (*faire cercle autour de*) rodear; **s'entourer de** *vpr* (*collaborateurs*) rodearse de; **~ qch de** rodear algo con; **~ qn de soins/**

prévenances prodigar a algn cuidados/atenciones; **s'~ de mystère/de luxe/de précautions** rodearse de misterio/de lujo/de precauciones

entracte [ɑ̃tʀakt] *nm* entreacto

entraide [ɑ̃tʀɛd] *nf* ayuda mutua

entrain [ɑ̃tʀɛ̃] *nm* brío; **avec ~** con brío; **faire qch sans ~** hacer algo con desgana

entraînement [ɑ̃tʀɛnmɑ̃] *nm* entrenamiento; **~ à chaîne/galet** tracción *f* a cadena/rodillo; **manquer d'~** estar desentrenado(-a)

entraîner [ɑ̃tʀene] *vt* (*moteur, poulie*) accionar; (*emmener*) llevarse; (*Sport*) entrenar; (*impliquer, causer*) ocasionar; **s'entraîner** *vpr* (*Sport*) entrenarse; **des blessures pouvant ~ la mort** heridas que pueden provocar la muerte; **s'~ à qch/à faire qch** ejercitarse en algo/en hacer algo

entraîneur, -euse [ɑ̃tʀɛnœʀ, øz] *nm/f* (*Sport*) entrenador(a)

entrave [ɑ̃tʀav] *nf* obstáculo; **~ à la concurrence** obstaculización *f* de la competencia

entre [ɑ̃tʀ] *prép* entre; **l'un d'~ eux/nous** uno de ellos/nosotros; **le meilleur d'~ eux/nous** el mejor de ellos/nosotros; **ils préfèrent rester ~ eux** prefieren permanecer entre ellos; **~ autres (choses)** entre otras (cosas); **~ nous, ...** entre nosotros, ...; **ils se battent ~ eux** se pelean entre sí; **~ ces deux solutions, il n'y a guère de différence** entre estas dos soluciones no hay mucha diferencia

entrecôte [ɑ̃tʀəkot] *nf* entrecot(e) *m*

entrée [ɑ̃tʀe] *nf* entrada; **entrées** *nfpl* : **avoir ses ~s chez/auprès de** tener libre acceso a/fácil contacto con; **faire son ~** hacer su entrada; **d'~** de entrada; **~ de service/des artistes** entrada de servicio/de artistas; **~ en matière** comienzo; **~ en scène** salida a escena; **~ en vigueur** entrada en vigor; **« ~ interdite »** « prohibida la entrada »; **« ~ libre »** « entrada libre »

entrefilet [ɑ̃tʀəfilɛ] *nm* noticia breve

entremets [ɑ̃tʀəmɛ] *nm* postre *m*

entreposer [ɑ̃tʀəpoze] *vt* almacenar

entrepôt [ɑ̃tʀəpo] *nm* almacén *m*, galpón *m* (*CSur*); **~ frigorifique** almacén frigorífico

entreprenant, e [ɑ̃tʀəpʀənɑ̃, ɑ̃t] *vb voir* **entreprendre** ▸ *adj* (*trop galant*) atrevido(-a)

entreprendre [ɑ̃tʀəpʀɑ̃dʀ] *vt* emprender; **~ de faire qch** decidir hacer algo

entrepreneur, e [ɑ̃tʀəpʀənœʀ, ɑ̃tʀəpʀənøz] *nm/f* empresario(-a); **~ de pompes funèbres** empresario(-a) de pompas fúnebres; **~ en bâtiment** contratista *m/f* de obras

entreprise [ɑ̃tʀəpʀiz] *nf* empresa; **~ agricole/de travaux publics** empresa agraria/de obras públicas

entrer [ɑ̃tʀe] *vi* entrar ▸ *vt* (*Inform*) meter; **~ dans** entrar en; (*entrer en collision avec*) chocar con; **~ au couvent/à l'hôpital** ingresar en el convento/en el hospital; **~ en ébullition** entrar en ebullición; **~ en scène** salir a escena; **~ dans le système** (*Inform*) entrar en el sistema; **laisser ~ qch/qn** (*lumière, air*) dejar pasar algo/a algn; **faire ~** hacer pasar; (*marchandises*) introducir

entresol [ɑ̃tʀəsɔl] *nm* entresuelo

entre-temps [ɑ̃tʀətɑ̃] *adv* entretanto

entretenir [ɑ̃tʀət(ə)niʀ] *vt* mantener; **s'entretenir** *vpr* : **s'~ (de qch)** conversar (sobre algo); **~ qn (de qch)** conversar con algn (sobre algo); **~ de bonnes relations (avec)** mantener buenas relaciones (con)

entretenu, e [ɑ̃tʀət(ə)ny] *pp de* **entretenir**; **bien/mal ~** bien/mal cuidado(-a)

entretien [ɑ̃tʀətjɛ̃] *nm* (*d'une maison, d'une famille, service*) mantenimiento; (*discussion*) conversación *f*; (*audience*) entrevista; **frais d'~** gastos *mpl* de mantenimiento; **~ d'embauche** entrevista de trabajo

entrevoir [ɑ̃tʀəvwaʀ] *vt* entrever; (*solution, problème*) vislumbrar

entrevu, e [ɑ̃tʀəvy] *pp de* **entrevoir** ▸ *nf* entrevista

entrouvert, e [ɑ̃tʀuvɛʀ, ɛʀt] *adj* entreabierto(-a)

énumérer [enymeʀe] *vt* enumerar

envahir [ɑ̃vaiʀ] *vt* invadir

envahissant, e [ɑ̃vaisɑ̃, ɑ̃t] *adj* (*péj : personne*) avasallador(a)

enveloppe [ɑ̃v(ə)lɔp] *nf* sobre *m*; **mettre sous ~** poner en un sobre; **~ à fenêtre** sobre de ventana; **~ autocollante** sobre autoadhesivo; **~ budgétaire** dotación *f* presupuestaria

envelopper [ɑ̃v(ə)lɔpe] *vt* envolver; **s'~ dans un châle/une couverture** envolverse en un chal/una manta
envenimer [ɑ̃v(ə)nime] *vt* envenenar; **s'envenimer** *vpr* (*relations*) envenenarse; (*plaie*) infectarse
envergure [ɑ̃vɛʀgyʀ] *nf* envergadura; (*d'une personne*) valía; **d'~** (*travaux, opération*) de envergadura
enverrai *etc* [ɑ̃veʀe] *vb voir* **envoyer**
envers [ɑ̃vɛʀ] *prép* hacia ▸ *nm* : **l'~** (*d'une feuille*) el dorso; (*d'un vêtement*) el revés; (*d'un problème*) la otra cara; **à l'~** al revés; **~ et contre tous** *ou* **tout** contra viento y marea; **ses sentiments ~ elle** sus sentimientos hacia ella
enviable [ɑ̃vjabl] *adj* envidiable; **peu ~** poco envidiable
envie [ɑ̃vi] *nf* envidia; (*sur la peau*) antojo; (*autour des ongles*) padrastro; **avoir ~ de qch/de faire qch** tener ganas de algo/de hacer algo; **avoir ~ que** tener ganas de que; **donner à qn l'~ de qch/de faire qch** dar a algn ganas de algo/de hacer algo; **ça lui fait ~** le da envidia
envier [ɑ̃vje] *vt* envidiar; **~ qch à qn** envidiar algo a algn; **n'avoir rien à ~ à** no tener nada que envidiarle a
envieux, -euse [ɑ̃vjø, jøz] *adj, nm/f* envidioso(-a)
environ [ɑ̃viʀɔ̃] *adv* aproximadamente; **3 h/2 km ~** 3 h/2 km aproximadamente; **~ 3 h/2 km** alrededor de 3 h/2 km
environnant, e [ɑ̃viʀɔnɑ̃, ɑ̃t] *adj* cercano(-a); **milieu ~** entorno; **la campagne environnante** los campos circundantes
environnement [ɑ̃viʀɔnmɑ̃] *nm* (*nature*) medio ambiente; (*milieu*) entorno; **la protection de l'~** la protección del medio ambiente; **un ~ stable/sain/agréable** un entorno estable/sano/agradable; **~ de travail** ambiente *m* de trabajo
environs [ɑ̃viʀɔ̃] *nmpl* alrededores *mpl*; **aux ~ de** en los alrededores de; (*fig* : *temps, somme*) alrededor de
envisager [ɑ̃vizaʒe] *vt* considerar; (*avoir en vue*) prever; **~ de faire** tener planeado hacer
envoi [ɑ̃vwa] *nm* envío; **~ contre remboursement** envío contra reembolso
envol [ɑ̃vɔl] *nm* : **prendre son ~** (*oiseau*) levantar el vuelo; (*fig*) tomar vuelo
envoler [ɑ̃vɔle] : **s'envoler** *vpr* (*oiseau*) echarse a volar; (*avion*) despegar; (*papier, feuille*) volarse; (*espoir, illusion*) esfumarse
envoûtant, e [ɑ̃vutɑ̃, ɑ̃t] *adj* hechizador(a)
envoyé, e [ɑ̃vwaje] *nm/f* enviado(-a) ▸ *adj* : **bien ~** (*fam* : *remarque*) atinado(-a); **~ spécial** enviado especial; **~ permanent** corresponsal *m* permanente
envoyer [ɑ̃vwaje] *vt* enviar; (*projectile, ballon*) lanzar; **s'envoyer** *vpr* (*fam* : *repas etc*) zamparse; **~ une gifle à qn** (*fam*) soltar una bofetada a algn; **~ chercher qch/qn** mandar a buscar algo/a algn; **~ par le fond** (*bateau*) hundir
éolien, ne [eɔljɛ̃, jɛn] *adj* eólico(-a) ▸ *nf* turbina eólica ▸ *nm* energía eólica; **l'~ terrestre/maritime** la energía eólica terrestre/marina *ou* marítima; **énergie éolienne** energía eólica
épagneul, e [epaɲœl] *nm/f* podenco(-a)
épais, se [epɛ, ɛs] *adj* (*tissu, mur*) grueso(-a); (*liquide, brouillard*) espeso(-a); (*foule*) denso(-a)
épaisseur [epɛsœʀ] *nf* espesor *m*, grosor *m*
épaissir [epesiʀ] *vt* espesar ▸ *vi* (*suj* : *sauce*) espesar; **s'épaissir** *vpr* (*sauce, brouillard*) espesarse; **le mystère s'épaissit** el misterio se oscurece
épanouir [epanwiʀ] : **s'épanouir** *vpr* (*fleur*) abrirse; (*visage*) iluminarse; (*fig*) florecer
épargne [epaʀɲ] *nf* ahorro; **l'~-logement** el ahorro-vivienda
épargner [epaʀɲe] *vt* ahorrar; (*ennemi*) perdonar la vida a; (*récolte, région*) no afectar a ▸ *vi* ahorrar; **~ qch à qn** ahorrarle algo a algn
éparpiller [epaʀpije] *vt* esparcir; (*fig* : *efforts*) dispersar; **s'éparpiller** *vpr* esparcirse; (*fig*) dispersarse los esfuerzos
épatant, e [epatɑ̃, ɑ̃t] (*fam*) *adj* estupendo(-a)
épater [epate] (*fam*) *vt* impresionar
épaule [epol] *nf* (*Anat*) hombro; (*Culin*) espaldilla
épave [epav] *nf* restos *mpl*; (*fig* : *personne*) desecho
épée [epe] *nf* espada

épeler [ep(ə)le] *vt* deletrear; **comment s'épelle ce mot?** ¿cómo se deletrea esa palabra?
éperdu, e [epɛʀdy] *adj* (*personne, regard*) desquiciado(-a); (*fuite*) enloquecido(-a)
éperdument [epɛʀdymɑ̃] *adv* : **~ amoureux** perdidamente enamorado; **je m'en fiche ~** me da exactamente igual
éperon [epʀɔ̃] *nm* (*de botte*) espuela; (*Géo, de navire*) espolón *m*
épervier [epɛʀvje] *nm* (*Zool*) gavilán *m*; (*Pêche*) esparavel *m*
éphémère [efemɛʀ] *adj* efímero(-a)
épi [epi] *nm* (*de blé*) espiga; (*dans les cheveux*) remolino; **en ~** (*stationnement, se garer*) en batería
épice [epis] *nf* especia
épicé, e [epise] *adj* picante
épicer [epise] *vt* condimentar; (*fig*) salpimentar
épicerie [episʀi] *nf* (*magasin*) tienda de ultramarinos, boliche *m* (AM); (*produits*) comestibles *mpl*; **~ fine** ultramarinos *mpl* finos
épicier, -ière [episje, jɛʀ] *nm/f* tendero(-a)
épidémie [epidemi] *nf* epidemia
épiderme [epidɛʀm] *nm* epidermis *f inv*
épier [epje] *vt* (*personne*) espiar; (*arrivée, occasion*) estar pendiente de
épilepsie [epilɛpsi] *nf* epilepsia
épiler [epile] *vt* depilar; **s'~ les jambes/les sourcils** depilarse las piernas/las cejas; **se faire ~** (ir a) depilarse; **pince à ~** pinzas *fpl* de depilar
épilogue [epilɔg] *nm* epílogo; (*fig*) desenlace *m*
épinard [epinaʀ]: **épinards** *nmpl* espinacas *fpl*
épine [epin] *nf* espina; **~ dorsale** espina dorsal
épineux, -euse [epinø, øz] *adj* (*aussi fig*) espinoso(-a)
épingle [epɛ̃gl] *nf* alfiler *m*; **tirer son ~ du jeu** salir del apuro; **tiré à quatre ~s** de punta en blanco; **monter qch en ~** poner algo de manifiesto; **virage en ~ à cheveux** curva muy cerrada; **~ à chapeau** alfiler de sombrero; **~ à cheveux** horquilla; **~ de cravate** alfiler de corbata; **~ à nourrice** *ou* **de sûreté** imperdible *m*
épisode [epizɔd] *nm* episodio; **film en trois ~s** película en tres episodios
épisodique [epizɔdik] *adj* episódico(-a)
épithète [epitɛt] *nf* (*Ling*) ▶ *adj* : **adjectif ~** adjetivo epíteto
épluche-légume(s) [eplyʃlegym] (*pl* **épluche-légumes**) *nm* pelador *m*, mondador *m*
éplucher [eplyʃe] *vt* (*fruit, légumes*) pelar; (*fig : texte*) examinar minuciosamente
épluchures [eplyʃyʀ] *nfpl* mondas *fpl*
éponge [epɔ̃ʒ] *nf* esponja ▶ *adj* : **tissu ~** tela de felpa; **passer l'~** (*fig*) hacer borrón y cuenta nueva; **passer l'~ sur** correr un tupido velo sobre; **jeter l'~** (*fig*) tirar la toalla
éponger [epɔ̃ʒe] *vt* (*liquide, fig*) enjugar; (*surface*) pasar una esponja por; **s'~ le front** enjugarse la frente; **~ ses dettes** enjugar sus deudas
époque [epɔk] *nf* época; **d'~** (*meubles*) de época; **à cette ~** (*dans l'histoire*) en aquella/esa época; (*les mois/années qui précèdent*) entonces; **à l'~ de/où** en la época de/en que; **faire ~** hacer época
épouse [epuz] *nf voir* **époux**
épouser [epuze] *vt* casarse con; (*vues, idées*) adherirse a; (*forme, mouvement*) adaptarse a
épousseter [epuste] *vt* limpiar el polvo de
époustouflant, e [epustuflɑ̃, ɑ̃t] (*fam*) *adj* pasmante
épouvantable [epuvɑ̃tabl] *adj* horroroso(-a), espantoso(-a)
épouvantail [epuvɑ̃taj] *nm* (*aussi fig*) espantapájaros *m inv*
épouvante [epuvɑ̃t] *nf* espanto; **film/livre d'~** película/novela de terror
épouvanter [epuvɑ̃te] *vt* (*terrifier*) horrorizar; (*sens affaibli*) espantar
époux, épouse [epu, uz] *nm/f* esposo(-a) ▶ *nmpl* : **les ~** los esposos
épreuve [epʀœv] *nf* prueba; (*Scol*) examen *m*; **à l'~ des balles/du feu** a prueba de balas/de fuego; **à toute ~** a toda prueba; **mettre à l'~** poner a prueba; **~ de force** (*fig*) prueba de fuerza; **~ de sélection** (prueba) eliminatoria
éprouvant, e [epʀuvɑ̃, ɑ̃t] *adj* agotador(a)

éprouver [epʀuve] *vt* (*fatigue, douleur*) sufrir, padecer; (*sentiment*) sentir; (*difficultés*) encontrar; (*personne*) afectar

éprouvette [epʀuvɛt] *nf* probeta; **bébé ~** bebé *m* probeta

EPS [əpeɛs] *sigle f* (= *éducation physique et sportive*) educación *f* física

épuisant, e [epɥizɑ̃, ɑ̃t] *adj* agotador(a)

épuisé, e [epɥize] *adj* agotado(-a)

épuisement [epɥizmɑ̃] *nm* agotamiento; **jusqu'à ~ des stocks** hasta que se agoten los stocks

épuiser [epɥize] *vt* agotar; **s'épuiser** *vpr* agotarse

épuisette [epɥizɛt] *nf* (*Pêche*) salabre *m*

équateur [ekwatœʀ] *nm* ecuador *m*; **É~** Ecuador *m*; **la république de l'É~** la república de Ecuador

équation [ekwasjɔ̃] *nf* ecuación *f*; **mettre en ~** convertir en ecuación; **~ du premier/second degré** ecuación de primer/segundo grado

équerre [ekɛʀ] *nf* (*pour dessiner, mesurer*) escuadra; (*pour fixer*) angular *m*; **à l'~, en ~, d'~** a *ou* en escuadra, las piernas en ángulo recto

équilibre [ekilibʀ] *nm* equilibrio; **être/mettre en ~** estar/poner en equilibrio; **avoir le sens de l'~** tener sentido del equilibrio; **garder/perdre l'~** guardar/perder el equilibrio; **en ~ instable** en equilibrio inestable; **~ budgétaire** equilibrio presupuestario

équilibré, e [ekilibʀe] *adj* equilibrado(-a)

équilibrer [ekilibʀe] *vt* equilibrar; **s'équilibrer** *vpr* equilibrarse

équipage [ekipaʒ] *nm* (*de bateau, d'avion*) tripulación *f*; (*Sport, Auto*) equipo

équipe [ekip] *nf* (*de joueurs*) equipo; (*de travailleurs*) cuadrilla; (*bande: parfois péj*) panda; **travailler par ~s** trabajar por equipos; **travailler en ~** trabajar en equipo; **faire ~ avec** formar equipo con; **~ de chercheurs/de sauveteurs/de secours** equipo de investigadores/de salvamento/de socorro

équipé, e [ekipe] *adj* equipado(-a)

équipement [ekipmɑ̃] *nm* equipo; **biens/dépenses d'~** bienes *mpl*/gastos *mpl* de equipo; **~s sportifs/collectifs** instalaciones *fpl* deportivas/colectivas; **(le ministère de) l'É~** (*Admin*) ≈ MOPT *m* (*Ministerio de Obras Públicas y Transportes*)

équiper [ekipe] *vt* equipar; (*région*) dotar; **s'équiper** *vpr* equiparse; **~ qch/qn de** equipar algo/a algn con

équipier, -ière [ekipje, jɛʀ] *nm/f* compañero(-a) de equipo

équitable [ekitabl] *adj* equitativo(-a); **commerce ~** comercio justo

équitation [ekitasjɔ̃] *nf* equitación *f*; **faire de l'~** practicar la equitación

équivalence [ekivalɑ̃s] *nf* equivalencia; (*de diplômes*) convalidación *f*

équivalent, e [ekivalɑ̃, ɑ̃t] *adj* equivalente ▸ *nm*: **l'~ de qch** el equivalente de algo

équivaloir [ekivalwaʀ]: **~ à** *vt* equivaler a

équivaut [ekivo] *vb voir* **équivaloir**

érable [eʀabl] *nm* arce *m*

érafler [eʀɑfle] *vt* arañar; **s'~ (la main/les jambes)** arañarse (la mano/las piernas)

éraflure [eʀɑflyʀ] *nf* rasguño, arañazo

ère [ɛʀ] *nf* era; **en l'an 1050 de notre ~** en el año 1050 de nuestra era; **~ chrétienne**: **l'~ chrétienne** la era cristiana

érection [eʀɛksjɔ̃] *nf* erección *f*

éroder [eʀɔde] *vt* erosionar

érosion [eʀozjɔ̃] *nf* erosión *f*

érotique [eʀɔtik] *adj* erótico(-a)

errer [eʀe] *vi* vagar

erreur [eʀœʀ] *nf* error *m*; (*de jeunesse*) desliz *m*; **tomber/être dans l'~** incurrir/estar en el error; **induire qn en ~** inducir a algn a error; **par ~** por error; **faire ~** equivocarse; **~ de calcul** error de cálculo; **~ de date** equivocación *f* de fecha; **~ de jugement** error de juicio; **~ judiciaire/tactique** error judicial/táctico

éruption [eʀypsjɔ̃] *nf* (*aussi Méd*) erupción *f*; (*de joie, colère*) arrebato; **en ~** (*volcan*) en erupción; **~ volcanique** erupción volcánica

es [ɛ] *vb voir* **être**

ès [ɛs] *prép*: **licencié ès lettres/sciences** licenciado en letras/ciencias; **docteur ès lettres** doctor(a) en letras

escabeau, x [ɛskabo] *nm* (*tabouret*) escabel *m*; (*échelle*) escalera de tijera

escalade [ɛskalad] *nf* escalada; **l'~ de la guerre/violence** la escalada de la guerra/violencia
escalader [ɛskalade] *vt* escalar
escale [ɛskal] *nf* escala; **faire ~ (à)** hacer escala (en); **vol sans ~** vuelo sin escala; **~ technique** escala técnica
escalier [ɛskalje] *nm* escalera; **dans l'~** *ou* **les ~s** en la escalera *ou* las escaleras; **descendre l'~** *ou* **les ~s** bajar la escalera *ou* las escaleras; **~ de secours/de service** escalera de socorro/de servicio; **~ roulant** *ou* **mécanique** escalera mecánica
escalope [ɛskalɔp] *nf* escalope *m*
escapade [ɛskapad] *nf* escapada
escargot [ɛskaʀgo] *nm* caracol *m*
escarpé, e [ɛskaʀpe] *adj* escarpado(-a)
esclavage [ɛsklavaʒ] *nm* esclavitud *f*
esclave [ɛsklav] *nm/f* esclavo(-a); **être ~ de qn/de qch** ser esclavo(-a) de algn/de algo
escompte [ɛskɔ̃t] *nm* descuento
escrime [ɛskʀim] *nf* esgrima; **faire de l'~** practicar la esgrima
escroc [ɛskʀo] *nm* estafador(a)
escroquer [ɛskʀɔke] *vt* : **~ qn (de qch)** timar a algn (con algo); **~ qch (à qn)** estafar algo (a algn)
escroquerie [ɛskʀɔkʀi] *nf* estafa
espace [ɛspas] *nm* espacio; **manquer d'~** faltarle a algn espacio; **~ publicitaire/vital** espacio publicitario/vital
espacer [ɛspase] *vt* espaciar; **s'espacer** *vpr* espaciarse
espadon [ɛspadɔ̃] *nm* pez *m* espada *inv*, emperador *m*
espadrille [ɛspadʀij] *nf* alpargata
Espagne [ɛspaɲ] *nf* España
espagnol, e [ɛspaɲɔl] *adj* español(a) ▸ *nm* (*Ling*) español *m*, castellano (*esp* AM) ▸ *nm/f* : **Espagnol, e** español(a)
espèce [ɛspɛs] *nf* especie *f*; **espèces** *nfpl* (*Comm*) metálico; **une ~ de** una especie de; **~ de maladroit/de brute !** ¡pedazo de *ou* so inútil/bruto!; **de toute ~** de toda clase; **payer en ~s** pagar en metálico; **l'~ humaine** la especie humana; **cas d'~** caso especial
espérance [ɛspeʀɑ̃s] *nf* esperanza; **~ de vie** esperanza de vida
espérer [ɛspeʀe] *vt* esperar; **j'espère bien** eso espero; **~ que/faire** esperar que/hacer; **je n'en espérais pas tant** no esperaba tanto
espiègle [ɛspjɛgl] *adj* travieso(-a)
espion, ne [ɛspjɔ̃, jɔn] *nm/f* espía *m/f* ▸ *adj* : **bateau/avion ~** barco/avión *m* espía
espionnage [ɛspjɔnaʒ] *nm* espionaje *m*; **film/roman d'~** película/novela de espionaje; **~ industriel** espionaje industrial
espionner [ɛspjɔne] *vt* espiar
espoir [ɛspwaʀ] *nm* esperanza; **l'~ de qch/de faire qch** la esperanza de algo/de hacer algo; **avoir bon ~ que** tener muchas esperanzas de que; **garder l'~ que** conservar la esperanza de que; **dans l'~ de/que** con la esperanza de/de que; **reprendre ~** recuperar la esperanza; **un ~ de la boxe/du ski** una promesa del boxeo/del esquí; **c'est sans ~** no tiene esperanza

> **On peut dire aussi :**
> Ojalá no llueva mañana. (*Pourvu que ...*)
> Esperemos que todo salga bien. (*Espérons que ...*)
> Es de esperar que la propuesta sea aceptada. (*Il faut espérer que ...*)

esprit [ɛspʀi] *nm* espíritu *m*; **l'~ de parti/de clan** espíritu de partido/de clan; **paresse/vivacité d'~** pereza/vivacidad mental; **l'~ d'équipe/de compétition/d'entreprise** espíritu de equipo/de competencia/de empresa; **dans mon ~** en mi opinión; **faire de l'~** hacerse el gracioso; **reprendre ses ~s** recuperar el sentido; **perdre l'~** perder la razón; **avoir bon/mauvais ~** tener buenas/malas intenciones; **avoir l'~ à faire qch** estar con ánimos para hacer algo; **avoir l'~ critique** tener sentido crítico; **~s chagrins** espíritus *mpl* sombríos; **~ de contradiction** espíritu de contradicción; **~ de corps** sentido de solidaridad; **~ de famille** espíritu de familia
esquimau, de, x [ɛskimo, od] *adj* esquimal ▸ *nm* (*Ling*) esquimal *m*; (*glace*) pingüino ▸ *nm/f* : **Esquimau, de** esquimal *m/f*
essai [esɛ] *nm* (*d'une voiture, d'un vêtement*) prueba; (*tentative, aussi Sport*) intento; (*Rugby, Litt*) ensayo; **essais** *nmpl* (*Sport*)

pruebas *fpl*; **à l'~** a prueba; **~ gratuit** prueba gratuita

essaim [esɛ̃] *nm* enjambre *m*

essayer [eseje] *vt* probar ▶ *vi* intentar, tratar de; **~ de faire qch** intentar hacer algo, tratar de hacer algo; **essayez un peu!** ¡inténtalo!; **s'~ à faire qch/à qch** ejercitarse en hacer algo/en algo

essence [esɑ̃s] *nf* (*carburant*) gasolina, nafta (*Arg*), bencina (*Chi*); (*d'une plante, fig*) esencia; (*espèce*: *d'arbre*) especie *f*; **par ~** por esencia; **prendre** *ou* **faire de l'~** echar gasolina, repostar; **~ de citron/lavande/térébenthine** esencia de limón/lavanda/trementina

essentiel, le [esɑ̃sjɛl] *adj* esencial; **être ~ à** ser esencial para; **emporter/acheter l'~** llevar/comprar lo esencial; **c'est l'~** es lo esencial; **l'~ de** la mayor parte de

essieu, x [esjø] *nm* eje *m*

essor [esɔʀ] *nm* (*de l'économie etc*) auge *m*; **prendre son ~** (*oiseau*) tomar el vuelo

essorer [esɔʀe] *vt* escurrir; (*à la machine*) centrifugar

essouffler [esufle]: **s'essouffler** *vpr* sofocarse; (*fig*: *économie*) tambalearse

essuie-glace [esɥiglas] (*pl* **essuie-glaces**) *nm* limpiaparabrisas *m inv*

essuyer [esɥije] *vt* secar; (*épousseter*) limpiar; (*fig*: *défaite, tempête*) soportar; **s'essuyer** *vpr* secarse; **~ la vaisselle** secar los platos

est[1] [ɛ] *vb voir* **être**

est[2] [ɛst] *nm* este *m* ▶ *adj inv* este *inv*; **à l'~** (*situation*) al este; (*direction*) hacia el este; **à l'~ de** al este de; **les pays de l'E~** los países del Este

est-ce que [ɛskə] *adv*: **~ c'est cher/c'était bon?** ¿es caro?/¿estaba bueno?; **quand est-ce qu'il part?** ¿cuándo se marcha?; **où est-ce qu'il va?** ¿dónde va?; **qui est-ce qui le connaît/a fait ça?** ¿quién le conoce/ha hecho esto?

esthéticienne [ɛstetisjɛn] *nf* (*d'institut de beauté*) esteticista

esthétique [ɛstetik] *adj* estético(-a) ▶ *nf* estética

estimation [ɛstimasjɔ̃] *nf* valoración *f*; **d'après mes ~s** según mis cálculos

estime [ɛstim] *nf* estima; **avoir de l'~ pour qn** tener estima a algn

estimer [ɛstime] *vt* (*personne, qualité*) estimar, apreciar; (*expertiser*: *bijou etc*) valorar; (*évaluer*: *prix, distance*) calcular; **~ que/être ...** (*penser*) estimar que/ser ..., considerar que/ser ...; **s'~ satisfait/heureux** sentirse satisfecho/feliz; **j'estime le temps nécessaire à trois jours** calculo que necesitaremos unos tres días

estival, e, -aux [ɛstival, o] *adj* estival

estivant, e [ɛstivɑ̃, ɑ̃t] *nm/f* veraneante *m/f*

estomac [ɛstɔma] *nm* estómago; **avoir mal à l'~** tener dolor de estómago

estomper [ɛstɔ̃pe]: **s'estomper** *vpr* (*bruit, souvenirs*) atenuarse; (*couleurs, forme*) difuminarse

Estonie [ɛstɔni] *nf* Estonia

estonien, ne [ɛstɔnjɛ̃, jɛn] *adj* estonio(-a) ▶ *nm* (*Ling*) estonio ▶ *nm/f*: **Estonien, ne** estonio(-a)

estrade [ɛstʀad] *nf* estrado

estragon [ɛstʀagɔ̃] *nm* estragón *m*

estuaire [ɛstɥɛʀ] *nm* estuario

esturgeon [ɛstyʀʒɔ̃] *nm* esturión *m*

et [e] *conj* y; **et aussi/lui** y también/él; **et puis?** ¿y qué?; **et alors** *ou* **(puis) après?** (*qu'importe!*) ¿y qué?; (*ensuite*) ¿y entonces?

étable [etabl] *nf* establo

établi, e [etabli] *adj* (*en place, solide*) establecido(-a); (*vérité*) confirmado(-a) ▶ *nm* banco; **l'ordre ~** el orden establecido

établir [etabliʀ] *vt* establecer; (*papiers d'identité*) hacer; (*facture*) hacer, realizar; (*liste, programme*) establecer, fijar; (*installer*: *entreprise, camp*) establecer, instalar; (*relations, liens d'amitié*) entablar, establecer; **s'établir** *vpr* establecerse; (*colonie*) asentarse; **~ un record** establecer un récord; **s'~ (à son compte)** establecerse (por su cuenta)

établissement [etablismɑ̃] *nm* establecimiento; **~ hospitalier/public** establecimiento hospitalario/público; **~ scolaire** establecimiento escolar

étage [etaʒ] *nm* (*d'immeuble*) piso, planta; **habiter à l'~/ au deuxième ~** vivir en el piso de arriba/ en el segundo piso; **maison à deux ~s** casa de dos pisos *ou* plantas; **de bas ~** (*fig*) de baja estofa

étagère [etaʒɛʀ] *nf* estante *m*

étain [etɛ̃] *nm* estaño
étais *etc* [etɛ] *vb voir* **être**
étalage [etalaʒ] *nm* (*de magasin*) escaparate *m*; **faire ~ de** hacer alarde de, hacer ostentación de
étaler [etale] *vt* (*beurre, nappe*) extender; (*paiements, dates*) escalonar; (*richesses, connaissances*) ostentar; **s'étaler** *vpr* (*fam* : *tomber*) caer a lo largo; **s'~ sur** (*suj* : *travaux, paiements*) repartirse en
étalon [etalɔ̃] *nm* (*mesure*) patrón *m*; (*cheval*) semental *m*; **l'~-or** el patrón oro
étanche [etɑ̃ʃ] *adj* (*montre*) sumergible; (*cloison*) estanco(-a)
étang [etɑ̃] *nm* estanque *m*
étant [etɑ̃] *vb voir* **être** ; **donné**
étape [etap] *nf* etapa; **faire ~ à** hacer una etapa en; **brûler les ~s** quemar etapas
état [eta] *nm* estado; (*liste, inventaire*) registro; **être boucher de son ~** (*condition professionnelle*) ser carnicero de oficio; **en bon/mauvais ~** en buen/mal estado; **être en ~ (de marche)** funcionar; **remettre en ~** volver a poner en condiciones, arreglar; **hors d'~** fuera de uso, inservible; **être en ~/hors d'~ de faire qch** estar/no estar en condiciones de hacer algo; **en tout ~ de cause** en todo caso, de todos modos; **être dans tous ses ~s** estar fuera de sí; **faire ~ de** hacer valer; **être en ~ d'arrestation** (*Jur*) quedar arrestado(-a), estar detenido(-a); **en ~ de grâce** (*Rel, fig*) en estado de gracia; **en ~ d'ivresse** en estado de embriaguez; **~ civil** (*Admin*) estado civil; **~ d'urgence/de guerre/de siège** estado de excepción/de guerra/de sitio; **~ d'alerte** estado de alerta; **~ d'esprit** mentalidad *f*; **~ de choses** estado de cosas; **~ de santé** estado de salud; **~ de veille** estado de vigilia; **~ des lieux** estado del inmueble; **~s de service** (*Mil, Admin*) hoja *fsg* de servicios; **les É~s du Golfe** los Estados del Golfo
États-Unis [etazyni] *nmpl* : **les ~** los Estados Unidos
étau, x [eto] *nm* (*Tech*) torno
etc. [ɛtsetera] *abr* (= *et c(a)etera*) etc.
été [ete] *pp de* **être** ▸ *nm* verano; **en ~** en verano
éteindre [etɛ̃dʀ] *vt* apagar; **s'éteindre** *vpr* (*aussi fig*) apagarse
éteint, e [etɛ̃, ɛ̃t] *pp de* **éteindre** ▸ *adj* apagado(-a); **tous feux ~s** (*rouler*) con las luces apagadas
étendre [etɑ̃dʀ] *vt* extender; (*lessive, linge*) tender, colgar; (*blessé, malade*) tender; **s'étendre** *vpr* extenderse; **s'~ (sur)** (*personne*) tenderse (sobre *ou* en); (*fig* : *sujet, problème*) extenderse (en); **s'~ jusqu'à** extenderse hasta
étendu, e [etɑ̃dy] *adj* (*terrain*) extenso(-a); (*connaissances, pouvoirs*) amplio(-a)
étendue [etɑ̃dy] *nf* extensión *f*; (*des connaissances*) amplitud *f*; **une ~ d'eau** una extensión de agua
éternel, le [etɛʀnɛl] *adj* eterno(-a); **les neiges éternelles** las nieves eternas *ou* perpetuas
éternité [etɛʀnite] *nf* eternidad *f*; **il y a** *ou* **ça fait une ~ que** hace una eternidad que; **de toute ~** de tiempo inmemorial
éternuement [etɛʀnymɑ̃] *nm* estornudo
éternuer [etɛʀnɥe] *vi* estornudar
êtes [ɛt(z)] *vb voir* **être**
éthique [etik] *adj* ético(-a) ▸ *nf* ética
étiez [etjɛ] *vb voir* **être**
étinceler [etɛ̃s(ə)le] *vi* resplandecer
étincelle [etɛ̃sɛl] *nf* chispa, fulgor *m*; (*fig*) destello, chispa
étiqueter [etik(ə)te] *vt* etiquetar
étiquette [etikɛt] *nf* (*aussi fig*) etiqueta; **l'~** (*protocole*) la etiqueta; **sans ~** (*Pol*) sin etiqueta
étirer [etiʀe] *vt* estirar; **s'étirer** *vpr* estirarse; (*convoi, route*) : **s'~ sur plusieurs kilomètres** extenderse por varios kilómetros; **~ ses bras/jambes** estirar los brazos/las piernas
étoffe [etɔf] *nf* tejido, tela; **avoir l'~ d'un chef** (*fig*) tener madera de jefe; (*fig*)
étoffer [etɔfe] *vt* (*discours, récit*) dar cuerpo a
étoile [etwal] *nf* estrella; (*signe*) asterisco ▸ *adj* : **danseur/danseuse ~** primer bailarín/primera bailarina; **la bonne/mauvaise ~ de qn** la buena/mala estrella de algn; **à la belle ~** al sereno, al aire libre; **~ de mer** estrella de mar; **~ filante** estrella fugaz; **~ polaire** estrella polar
étoilé, e [etwale] *adj* estrellado(-a)
étonnant, e [etɔnɑ̃, ɑ̃t] *adj* (*surprenant*) asombroso(-a), sorprendente

et

étonné, e [etɔne] *adj* asombrado(-a)

étonnement [etɔnmɑ̃] *nm* asombro; **à mon grand ~ …** con gran asombro mío …

étonner [etɔne] *vt* asombrar, sorprender; **s'~ que/de** asombrarse de que/de : **cela m'étonnerait (que)** me sorprendería (que)

étouffer [etufe] *vt* (*personne*) ahogar; (*bruit*) acallar; (*nouvelle, scandale*) ocultar, tapar ▸ *vi* ahogarse; **s'étouffer** *vpr* (*en mangeant*) atragantarse; **ouvre la fenêtre, on étouffe ici !** ¡abre la ventana, que aquí se asa uno!

étourderie [etuʀdəʀi] *nf* descuido; **faute d'~** despiste *m*

étourdi, e [etuʀdi] *adj* aturdido(-a), distraído(-a)

étourdir [etuʀdiʀ] *vt* aturdir

étourdissement [etuʀdismɑ̃] *nm* aturdimiento

étrange [etʀɑ̃ʒ] *adj* extraño(-a), raro(-a)

étranger, -ère [etʀɑ̃ʒe, ɛʀ] *adj* (*d'un autre pays*) extranjero(-a), gringo(-a) (AM); (*non familier*) extraño(-a), desconocido(-a) ▸ *nm/f* (*d'un autre pays*) extranjero(-a); (*inconnu*) extraño(-a); **à l'~** (*partir, voyager*) al extranjero; (*habiter*) en el extranjero; **~ à** ajeno(-a) a; **de l'~** del extranjero

étrangeté [etʀɑ̃ʒte] *nf* extrañeza, rareza

étrangler [etʀɑ̃gle] *vt* (*intentionnellement*) estrangular; (*accidentellement*) ahogar; (*fig : presse, libertés*) ahogar, asfixiar; **s'étrangler** *vpr* (*en mangeant etc*) atragantarse

être [ɛtʀ]

▸ *vb + attribut, vi* **1** (*qualité essentielle, permanente, profession*) ser; **il est fort/intelligent** es fuerte/inteligente; **être journaliste** ser periodista

2 (*état temporaire, position, + adj/pp*) estar; **comme tu es belle !** ¡qué guapa estás!; **être marié** estar casado; **il est à Paris/au salon** está en París/en el salón; **je ne serai pas ici demain** no estaré aquí mañana; **ça y est !** ¡ya está!

3 : **être à** (*appartenir*) ser de; **le livre est à Paul** el libro es de Pablo; **c'est à moi/eux** es mío(-a)/suyo(-a) *ou* de ellos

4 (*+ de : provenance, origine*) : **il est de Paris** es de París; (*: appartenance*) : **il est des nôtres** es de los nuestros; **être de Genève/de la même famille** ser de Ginebra/de la misma familia

5 (*date*) : **nous sommes le six juin** estamos a seis de junio

▸ *vb aux* **1** haber; **être arrivé/allé** haber llegado/ido; **il est parti** (él) se ha marchado; **il est parti hier** (*verbe au passé simple quand la période dans laquelle se situe l'action est révolue*) se marchó ayer

2 (*forme passive*) ser; **être fait par** ser hecho por; **il a été promu** ha sido ascendido

3 (*+ à : obligation*) : **c'est à faire/réparer** está por hacer/reparar; **c'est à essayer** está por ensayar

▸ *vb impers* **1** : **il est** *+adjectif* es; **il serait facile de/souhaitable que** sería fácil/deseable que

2 (*heure, date*) : **il est 10 heures** son las 10

3 (*emphatique*) : **c'est moi** soy yo; **c'est à lui de le faire/de décider** tiene que hacerlo/decidirlo él

▸ *nm* ser *m*; **être humain** ser humano

étreinte [etʀɛ̃t] *nf* (*amicale, amoureuse*) abrazo; **resserrer son ~ autour de** (*fig*) cerrar el cerco en torno a

étrier [etʀije] *nm* estribo

étroit, e [etʀwa, wat] *adj* (*gén, fig*) estrecho(-a); **à l'~** con estrechez

étroitesse [etʀwatɛs] *nf* : **~ d'esprit** estrechez de miras

étude [etyd] *nf* estudio; (*de notaire*) bufete *m*; (*Scol : salle de travail*) sala de estudio; **études** *nfpl* (*Scol*) estudios *mpl*; **être à l'~** (*projet etc*) estar en estudio; **faire une ~ de cas** ver un caso práctico; **faire des ~s de droit/médecine** cursar estudios de *ou* estudiar derecho/medicina; **~s secondaires/supérieures** estudios secundarios/superiores; **~ de faisabilité/de marché** estudio de factibilidad/de mercado

étudiant, e [etydjɑ̃, jɑ̃t] *nm/f* (*Univ*) estudiante *m/f*, universitario(-a) ▸ *adj* estudiante

étudier [etydje] *vt, vi* estudiar

étui [etɥi] *nm* (*à lunettes*) funda, estuche *m*; (*à cigarettes*) estuche

eu, eue [y] *pp de* **avoir**

EU, EUA *sigle mpl* (= *États-Unis (d'Amérique)*) EE. UU. (= *Estados Unidos*)

eucalyptus [økaliptys] *nm* eucalipto

euh [ø] *excl* ee

euphémisme [øfemism] *nm* eufemismo

euro [øRo] *nm* (*monnaie*) euro *m*

Europe [øRɔp] *nf* Europa; **l'~ centrale** la Europa central

européen, ne [øRɔpeɛ̃, ɛn] *adj* europeo(-a) ▸ *nm/f* : **Européen, ne** europeo(-a)

europćiste [øRɔpeist] *adj, nm/f* europeísta *m/f*

europhile [øRɔfil] *adj, nm/f* europeísta *m/f*

europhobe [øRɔfɔb] *adj, nm/f* eurófobo(-a)

eus *etc* [y] *vb voir* **avoir**

eux [ø] *pron* ellos

évacuer [evakɥe] *vt* evacuar

évader [evade] : **s'évader** *vpr* (*aussi fig*) evadirse

évaluer [evalɥe] *vt* evaluar

évangile [evɑ̃ʒil] *nm* evangelio; (*texte de la Bible*) : **É~** Evangelio

évanouir [evanwiR] : **s'évanouir** *vpr* desmayarse, desvanecerse; (*fig*) desvanecerse, desaparecer

évanouissement [evanwismɑ̃] *nm* (*Méd*) desmayo, desvanecimiento

évaporer [evapɔRe] : **s'évaporer** *vpr* evaporarse

évasion [evazjɔ̃] *nf* (*aussi fig*) evasión *f*; **littérature d'~** literatura de evasión; **~ fiscale** evasión fiscal

éveillé, e [eveje] *adj* despierto(-a)

éveiller [eveje] *vt* despertar; **s'éveiller** *vpr* (*aussi fig*) despertarse

évènement, événement [evɛnmɑ̃] *nm* acontecimiento, suceso; **un ~ caritatif** un acto benéfico; **évènements** *nmpl* (*Pol etc: situation générale*) acontecimientos *mpl*

évènementiel [evɛnmɑ̃sjɛl] *nm* sector *m* de los eventos

éventail [evɑ̃taj] *nm* abanico; **en ~** en abanico

éventualité [evɑ̃tɥalite] *nf* eventualidad *f*; **dans l'~ de** en la eventualidad de; **parer à toute ~** prevenir contra toda eventualidad

éventuel, le [evɑ̃tɥɛl] *adj* eventual

éventuellement [evɑ̃tɥɛlmɑ̃] *adv* eventualmente

évêque [evɛk] *nm* obispo

évidemment [evidamɑ̃] *adv* evidentemente; **~ !** ¡claro!

évidence [evidɑ̃s] *nf* evidencia; **se rendre à/nier l'~** rendirse ante/negar la evidencia; **à l'~** sin duda alguna; **de toute ~** a todas luces; **en ~** en evidencia; **mettre en ~** (*problème, détail*) poner de manifiesto

évident, e [evidɑ̃, ɑ̃t] *adj* evidente; **ce n'est pas ~** no es nada fácil

évier [evje] *nm* fregadero

éviter [evite] *vt* evitar; **~ de faire/que qch ne se passe** evitar hacer/que algo suceda; **~ qch à qn** evitar algo a algn

évoluer [evɔlɥe] *vi* evolucionar

évolution [evɔlysjɔ̃] *nf* evolución *f*

évoquer [evɔke] *vt* evocar

ex- [ɛks] *préf* : **~ministre/président** ex-ministro/-presidente; **son ~mari/femme** su ex-marido/-mujer

ex. *abr* (= *exemple*) ej (= *ejemplo*)

exact, e [ɛgza(kt), ɛgzakt] *adj* (*précis*) exacto(-a); **l'heure exacte** la hora exacta; **c'est ~** exacto

exactement [ɛgzaktəmɑ̃] *adv* exactamente

ex aequo [ɛgzeko] *adv* iguales ▸ *adj inv* : **ils sont ~** han quedado iguales

exagéré, e [ɛgzaʒeRe] *adj* exagerado(-a)

exagérer [ɛgzaʒeRe] *vt* exagerar ▸ *vi* exagerar; **encore en retard, tu exagères !** ¡otra vez tarde, te estás pasando!; **sans ~** sin exagerar; **il ne faut pas ~** no hay que exagerar

examen [ɛgzamɛ̃] *nm* examen *m*; **à l'~** en examen; **mettre en ~** (*Jur*) inculpar; **~ médical** examen *ou* reconocimiento médico; **~ blanc** prueba preliminar; **~ de conscience** examen de conciencia; **~ de la vue** examen de la vista; **~ final/d'entrée** examen final/de ingreso

examinateur, -trice [ɛgzaminatœR, tRis] *nm/f* examinador(a)

examiner [ɛgzamine] *vt* examinar

exaspérant, e [ɛgzaspeRɑ̃, ɑ̃t] *adj* exasperante

exaspérer [ɛgzaspeRe] *vt* exasperar

exaucer [egzose] *vt* (*vœu*) otorgar

excédent [ɛksedɑ̃] *nm* excedente *m*; **en ~** en excedente; **~ commercial** excedente comercial; **~ de bagages** exceso de equipaje

excéder [ɛksede] *vt* (*dépasser*) exceder, sobrepasar; (*agacer*) crispar

excellence [ɛkselɑ̃s] *nf* excelencia; **son E~** su Excelencia; **par ~** por excelencia

excellent, e [ɛkselɑ̃, ɑ̃t] *adj* excelente
excentrique [ɛksɑ̃tʀik] *adj* excéntrico(-a)
excepté, e [ɛksɛpte] *adj* : **les élèves ~s/ dictionnaires ~s** excepto los alumnos/ los diccionarios ▸ *prép* : **~ les élèves** salvo los alumnos; **~ si/quand ...** salvo si/ cuando ...; **~ que** salvo que
exception [ɛksɛpsjɔ̃] *nf* excepción *f*; **faire ~** ser una excepción; **faire une ~** hacer una excepción; **sans ~** sin excepción; **à l'~ de** con excepción de; **mesure/ loi d'~** medida/ley *f* de excepción
exceptionnel, le [ɛksɛpsjɔnɛl] *adj* excepcional
exceptionnellement [ɛksɛpsjɔnɛlmɑ̃] *adv* excepcionalmente
excès [ɛksɛ] *nm* exceso ▸ *nmpl* (*abus*) excesos *mpl*; **à l'~** (*méticuleux, généreux*) en exceso; **tomber dans l'~ inverse** pasar de un extremo al otro; **avec/sans ~** con/ sin exceso; **~ de langage** lenguaje *m* abusivo; **~ de pouvoir/de zèle** exceso de poder/de celo; **~ de vitesse** exceso de velocidad
excessif, -ive [ɛksesif, iv] *adj* excesivo(-a)
excitant [ɛksitɑ̃] *adj, nm* excitante *m*
excitation [ɛksitɑsjɔ̃] *nf* excitación *f*
exciter [ɛksite] *vt* excitar; **s'exciter** *vpr* excitarse
exclamer [ɛksklame] : **s'exclamer** *vpr* exclamar; **«zut», s'exclama-t-il** «caramba», exclamó
exclu, e [ɛkskly] *pp, adj* : **il est/n'est pas ~ que** cabe/no cabe la posibilidad de que; **ce n'est pas ~** cabe esa posibilidad
exclure [ɛksklyʀ] *vt* excluir
exclusif, -ive [ɛksklyzif, iv] *adj* exclusivo(-a)
exclusion [ɛksklyzjɔ̃] *nf* exclusión *f*; **à l'~ de** con exclusión de; **la lutte contre l'~** la lucha contra la exclusión social
exclusivité [ɛksklyzivite] *nf* exclusividad *f*; **en ~** en exclusiva
excursion [ɛkskyʀsjɔ̃] *nf* excursión *f*; **faire une ~** hacer una *ou* ir de excursión
excuse [ɛkskyz] *nf* excusa; **excuses** *nfpl* (*expression de regret*) disculpas *fpl*; **faire des ~s** disculparse, excusarse; **mot d'~** (*Scol*) justificante *m*; **faire/présenter ses ~s** pedir disculpas; **lettre d'~s** carta de disculpa

> **On peut dire aussi :**
> ¡Perdón! (*Pardon !*)
> Perdona, me había olvidado de ti. (*Excuse-moi ...*)
> Perdone que no haya avisado antes. (*Excusez-moi de ne pas avoir ...*)
> Lo siento. A veces me cuesta reprimirme. (*Je regrette* ou *Je m'excuse.*)
> Lamento mucho lo de anoche. (*Je regrette beaucoup ...*)

excuser [ɛkskyze] *vt* excusar, disculpar; **s'excuser** *vpr* disculparse, excusarse; **s'~ (de)** disculparse (de), excusarse (por); **«excusez-moi»** (*en passant devant qn*) «discúlpeme»; (*pour attirer l'attention*) «perdón»; **se faire ~** excusarse
exécuter [ɛgzekyte] *vt* (*Inform, Mus, prisonnier*) ejecutar; (*opération, mouvement*) efectuar, realizar; **s'exécuter** *vpr* cumplir
exécutif, -ive [ɛgzekytif, iv] *adj* ejecutivo(-a) ▸ *nm* : **l'~** (*Pol*) el ejecutivo
exécution [ɛgzekysjɔ̃] *nf* ejecución *f*; **mettre à ~** llevar a cabo; **~ capitale** ejecución capital
exemplaire [ɛgzɑ̃plɛʀ] *adj* ejemplar ▸ *nm* ejemplar *m*; **en deux/trois ~s** por duplicado/triplicado
exemple [ɛgzɑ̃pl] *nm* ejemplo; **par ~** por ejemplo; **donner l'~** dar ejemplo; **prendre ~ sur qn** tomar ejemplo de algn; **suivre l'~ de qn** seguir el ejemplo de algn; **à l'~ de** a ejemplo de; **servir d'~ (à qn)** servir de ejemplo (a algn); **pour l'~** (*punir*) para que sirva *etc* de escarmiento *ou* de ejemplo
exercer [ɛgzɛʀse] *vt* ejercer; (*faculté, partie du corps*) ejercitar ▸ *vi* (*médecin*) ejercer; **s'exercer** *vpr* (*musicien*) practicar; **s'~ (sur/contre)** (*pression, poussée*) ejercerse (sobre/contra); **s'~ à faire qch** ejercitarse en hacer algo
exercice [ɛgzɛʀsis] *nm* ejercicio; **en ~** en ejercicio, en activo; **dans l'~ de ses fonctions** en ejercicio de sus funciones; **~s d'assouplissement** ejercicios *mpl* de flexibilidad
exhiber [ɛgzibe] *vt* exhibir; **s'exhiber** *vpr* exhibirse

exhibitionniste [ɛgzibisjɔnist] *nm/f* exhibicionista *m/f*

exigeant, e [ɛgziʒɑ̃, ɑ̃t] *adj* exigente

exiger [ɛgziʒe] *vt* exigir

exil [ɛgzil] *nm* exilio; **en ~** en el exilio; **~ fiscal** exilio fiscal

exiler [ɛgzile] *vt* exiliar; **s'exiler** *vpr* exiliarse

existence [ɛgzistɑ̃s] *nf* existencia; **moyens d'~** medios *mpl* de existencia, medios de vida

exister [ɛgziste] *vi* existir; **il existe une solution/des solutions** existe una solución/existen soluciones

exode [ɛgzɔd] *nm* éxodo; **~ rural** éxodo rural

exoplanète [ɛgzoplanɛt] *nf* exoplaneta *m*

exorbitant, e [ɛgzɔʀbitɑ̃, ɑ̃t] *adj* exorbitante

exotique [ɛgzɔtik] *adj* exótico(-a)

expédier [ɛkspedje] *vt* (*lettre*) expedir; (*troupes, renfort*) enviar; (*péj : faire rapidement*) despachar; **~ par la poste** expedir por correo

expéditeur, -trice [ɛkspeditœʀ, tʀis] *nm/f* remitente *m/f*

expédition [ɛkspedisjɔ̃] *nf* (*d'une lettre*) envío; (*Mil, scientifique*) expedición *f*; **~ punitive** expedición de castigo

expérience [ɛkspeʀjɑ̃s] *nf* experiencia; **une ~** (*scientifique*) un experimento; **avoir de l'~** tener experiencia; **avoir l'~ de** tener experiencia en; **faire l'~ de qch** experimentar algo; **~ de chimie** experimento de química

expérimenté, e [ɛkspeʀimɑ̃te] *adj* experimentado(-a)

expérimenter [ɛkspeʀimɑ̃te] *vt* experimentar

expert, e [ɛkspɛʀ, ɛʀt] *adj* : **~ en** experto(-a) en ▸ *nm/f* experto(-a), perito(-a); **~ en assurances** perito(-a) de seguros

expert-comptable, experte-comptable [ɛkspɛrkɔ̃tabl, ɛkspɛrtkɔ̃tabl] (*pl* **expert(e)s-comptables**) *nm/f* perito(-a) contable

expirer [ɛkspiʀe] *vi* (*passeport, bail*) vencer, expirar; (*respirer*) espirar; (*littér : mourir*) expirar

explication [ɛksplikasjɔ̃] *nf* explicación *f*; (*discussion*) discusión *f*; **~ de texte** (*Scol*) comentario de texto

explicite [ɛksplisit] *adj* explícito(-a)

expliquer [ɛksplike] *vt* explicar; **s'expliquer** *vpr* explicarse; (*discuter*) discutir; (*se disputer*) pelearse; **je ne m'explique pas son retard/absence** (*comprendre*) no me explico su retraso/ausencia; **~ (à qn) comment/que** explicar (a algn) cómo/que; **son erreur s'explique** su error tiene una explicación

exploit [ɛksplwa] *nm* hazaña

exploitant [ɛksplwatɑ̃] *nm* (*Agr*) agricultor(a), labrador(a); **les petits ~s** (*Agr*) los pequeños agricultores

exploitation [ɛksplwatasjɔ̃] *nf* explotación *f*; **~ agricole** explotación agrícola

exploiter [ɛksplwate] *vt* explotar; (*tirer parti de : faiblesse de qn*) aprovecharse de

explorer [ɛksplɔʀe] *vt* explorar

exploser [ɛksploze] *vi* (*bombe*) explotar, estallar; (*joie, colère*) estallar; **faire ~** hacer estallar ▸ *vt* (*fam: adversaire*) dar un repaso a, dar una baño a; (: *budget, forfait téléphonique*) fundir

explosif, -ive [ɛksplozif, iv] *adj* explosivo(-a) ▸ *nm* explosivo

explosion [ɛksplozjɔ̃] *nf* explosión *f*; **~ démographique** explosión demográfica

exportateur, -trice [ɛkspɔʀtatœʀ, tʀis] *adj, nm/f* exportador(a)

exportation [ɛkspɔʀtasjɔ̃] *nf* exportación *f*

exporter [ɛkspɔʀte] *vt* exportar

exposant, e [ɛkspozɑ̃, ɑ̃t] *nm/f* (*personne*) expositor(a) ▸ *nm* (*Math*) exponente *m*

exposé, e [ɛkspoze] *adj* (*orienté*) orientado(-a) ▸ *nm* (*écrit*) informe *m*; (*oral*) charla; (*Scol*) exposición *f*; **~ à l'est/au sud** orientado(-a) al este/al sur; **bien ~** bien orientado(-a); **très ~** (*personne*) muy expuesto

exposer [ɛkspoze] *vt* exponer; (*orienter : maison*) orientar; **s'exposer à** *vpr* exponerse a; **~ qn/qch à** exponer a algn/algo a

exposition [ɛkspozisjɔ̃] *nf* exposición *f*; **temps d'~** (*Photo*) tiempo de exposición

exprès[1], expresse [ɛkspʀɛs] *adj* expreso(-a) ▸ *adj inv* : **lettre/colis ~** carta/paquete *m* urgente; **envoyer qch en ~** enviar algo urgente

ex

exprès² [ɛksprɛ] *adv* (*délibérément*) a propósito, adrede; (*spécialement*) expresamente; **faire ~ de faire qch** hacer algo deliberadamente; **il l'a fait/ne l'a pas fait ~** lo hizo/no lo hizo adrede *ou* a propósito

express [ɛksprɛs] *adj, nm* : **(café) ~** (café) exprés *m*; **(train) ~** (tren) expreso

expressif, -ive [ɛkspresif, iv] *adj* expresivo(-a)

expression [ɛkspresjɔ̃] *nf* expresión *f*; **réduit à sa plus simple ~** reducido a su mínima expresión; **liberté/moyens d'~** libertad *f*/medios *mpl* de expresión; **~ toute faite** frase *f* hecha

exprimer [ɛksprime] *vt* (*sentiment, idée*) expresar; (*littér*: *jus, liquide*) exprimir; **s'exprimer** *vpr* expresarse; **bien s'~** expresarse bien; **s'~ en français** expresarse en francés

expulser [ɛkspylse] *vt* expulsar; (*locataire*) echar

exquis, e [ɛkski, iz] *adj* (*personne, élégance, parfum*) exquisito(-a)

extasier [ɛkstɑzje] : **s'extasier** *vpr* : **s'~ sur** extasiarse ante

exténuer [ɛkstenɥe] *vt* extenuar

extérieur, e [ɛksterjœr] *adj* exterior; (*pressions, calme*) externo(-a) ▸ *nm* exterior *m*; **contacts avec l'~** contactos *mpl* con el exterior; **à l'~** fuera, afuera (AM); (*Sport*) por el exterior

externaliser [ɛksternalize] *vt* (*services, missions*) externalizar

externat [ɛksterna] *nm* externado

externe [ɛkstern] *adj* externo(-a) ▸ *nm/f* externo(-a); (*étudiant en médecine*) alumno(-a) en prácticas

extincteur [ɛkstɛ̃ktœr] *nm* extintor *m*

extinction [ɛkstɛ̃ksjɔ̃] *nf* extinción *f*; **~ de voix** afonía

extra [ɛkstra] *adj préf* extra ▸ *nm* extra *m*; (*employé*) eventual *m/f*

extraire [ɛkstrɛr] *vt* extraer; **~ qch de** extraer algo de

extrait, e [ɛkstrɛ, ɛt] *pp de* **extraire** ▸ *nm* extracto; (*de film, livre*) pasaje *m*; **~ de naissance** partida de nacimiento

extraordinaire [ɛkstraɔrdinɛr] *adj* extraordinario(-a); **mission/envoyé ~** misión *f*/enviado especial; **ambassadeur ~** embajador *m* especial *ou* extraordinario; **assemblée ~** asamblea extraordinaria

extra-terrestre [ɛkstraterɛstr(ə)] (*pl* **extra-terrestres**) *nm/f* extraterrestre *m/f*

extravagant, e [ɛkstravagɑ̃, ɑ̃t] *adj* extravagante

extraverti, e [ɛkstraverti] *adj* extravertido(-a), extrovertido(-a)

extrême [ɛkstrɛm] *adj* extremo(-a) ▸ *nm* : **les ~s** los extremos *mpl*; **d'une ~ simplicité/brutalité** (*intensif*) de una extrema simplicidad/brutalidad; **d'un ~ à l'autre** de un extremo a(l) otro; **à l'~** al extremo, en sumo grado; **à l'~ rigueur** en extremo rigor

extrêmement [ɛkstrɛmmɑ̃] *adv* extremadamente

Extrême-Orient [ɛkstrɛmɔrjɑ̃] *nm* Extremo Oriente *m*

extrémité [ɛkstremite] *nf* extremo; (*d'un doigt, couteau*) punta; (*geste désespéré*) extremos *mpl*; **extrémités** *nfpl* (*pieds et mains*) extremidades *fpl*; **à la dernière ~** en las últimas

exubérant, e [ɛgzyberɑ̃, ɑ̃t] *adj* exuberante

f

F [ɛf] *nm* (*appartement*) : **un F2/F3** un piso de 2/3 habitaciones
fa [fɑ] *nm inv* fa *m*
fable [fɑbl] *nf* fábula
fabricant [fabʀikɑ̃] *nm* fabricante *m/f*
fabrication [fabʀikasjɔ̃] *nf* fabricación *f*
fabrique [fabʀik] *nf* fábrica
fabriquer [fabʀike] *vt* fabricar; (*forger*) acuñar; **~ en série** fabricar en serie; **qu'est-ce qu'il fabrique ?** (*fam*) ¿qué está tramando?
fabulateur, -trice [fabylatœʀ, tʀis] *nm/f* fabulador(a)
fabuleux, -euse [fabylø, øz] *adj* fabuloso(-a)
fac [fak] (*fam*) *abr f* (= *faculté*) facu *f*
façade [fasad] *nf* (*aussi fig*) fachada; **de ~** (*superficiel*) de fachada
face [fas] *nf* (*visage*) cara, rostro; (*côté*) cara ▸ *adj* : **le côté ~** cara; **perdre la ~** caer en descrédito; **sauver la ~** salvar las apariencias; **regarder qn en ~** mirar a algn a la cara; **la maison/le trottoir d'en ~** la casa/la acera de enfrente; **il habite en ~** vive enfrente; **en ~ de** enfrente de ▸ *prép* (*fig*) frente a; **de ~** de frente; **~ à** (*aussi fig*) frente a, ante; **faire ~ à qn/qch** hacer frente *ou* cara a algn/algo; **faire ~ à la demande** (*Comm*) hacer frente a la demanda; **~ à ~** *adv* frente a frente
face-à-face [fasafas] *nm inv* cara a cara *m*
facétieux, -euse [fasesjø, jøz] *adj* bromista
facette [fasɛt] *nf* faceta
fâché, e [fɑʃe] *adj* enfadado(-a); (*désolé, contrarié*) contrariado(-a); **être ~ avec qn** (*brouillé*) estar enfadado(-a) con algn
fâcher [fɑʃe] *vt* enfadar; **se fâcher** *vpr* : **se ~ (contre** *ou* **avec qn)** enfadarse (con algn)
fâcheusement [fɑʃøzmɑ̃] *adv* desagradablemente; **avoir ~ tendance à** tener la mala costumbre de
fâcheux, -euse [fɑʃø, øz] *adj* (*contretemps, initiative*) fastidioso(-a)
faciès [fasjɛs] *nm* facciones *fpl*; **contrôle (d'identité) au ~** identificación *f* policial por perfil étnico; **délit de ~** *acto de discriminación que consiste en someter a un control policial o juzgar a alguien por su perfil étnico*
facile [fasil] *adj* (*aussi péj*) fácil; **~ à faire** fácil de hacer; **c'est ~ de critiquer** es fácil criticar; **personne ~ à tromper** persona fácil de engañar
facilement [fasilmɑ̃] *adv* con facilidad, fácilmente; (*au moins*) por lo menos; **se fâcher/se tromper ~** enfadarse/equivocarse con facilidad
facilité [fasilite] *nf* facilidad *f*; **facilités** *nfpl* (*possibilités*) facilidades *fpl*; **il a la ~ de rencontrer des gens** tiene facilidad para encontrar gente; **~s de crédit/paiement** facilidades de crédito/pago
faciliter [fasilite] *vt* facilitar
façon [fasɔ̃] *nf* modo, manera; **façons** *nfpl* (*péj*) modales *mpl*; **faire des ~s** (*péj*) ser remilgado(-a); **de quelle ~ l'a-t-il fait/construit ?** ¿cómo lo ha hecho/construido?; **sans ~** *adv* simplemente ▸ *adj* (*personne, déjeuner*) sencillo(-a); **d'une autre ~** de otra manera; **en aucune ~** de ningún modo; **de ~ agréable/agressive** *etc* de manera agradable/agresiva *etc*; **de ~ à faire/à ce que** de modo que haga/de modo que; **de (telle) ~ que** de tal forma que; **de toute ~** de todos modos; **~ de parler** manera de hablar; **travail à ~** trabajo a destajo; **châle ~ cachemire** chal *m* imitación cachemir
facteur, -trice [faktœʀ, tʀis] *nm/f* cartero(-a); (*d'instruments*) fabricante *m/f* ▸ *nm* (*Math, fig*) factor *m*; **~ d'orgues** fabricante de órganos; **~ de pianos** fabricante de pianos; **~ rhésus** factor Rh; **le ~ humain** el factor humano
factice [faktis] *adj* falso(-a)
faction [faksjɔ̃] *nf* : **en ~** de guardia

facture [faktyʀ] *nf* factura; (*façon de faire*) ejecución *f*, factura

facturer [faktyʀe] *vt* facturar

facultatif, -ive [fakyltatif, iv] *adj* (*enseignement, matière*) facultativo(-a)

faculté [fakylte] *nf* facultad *f*; **facultés** *nfpl* (*moyens intellectuels*) facultades *fpl*

fadaises [fadɛz] *nfpl* sandeces *fpl*

fade [fad] *adj* soso(-a); (*fig*) insulso(-a)

fagot [fago] *nm* haz *m*, gavilla

fagoté, e [fagɔte] (*fam*) *adj* : **tu es drôlement ~** estás hecho(-a) una facha

FAI [ɛfai] *sigle m* (= *fournisseur d'accès à Internet*) PSI *m* (= *proveedor de servicios de Internet*)

faible [fɛbl] *adj* débil; (*intellectuellement*) flojo(-a); (*protestations, résistance*) escaso(-a); (*rendement, revenus*) bajo(-a) ▸ *nm* : **avoir un ~ pour qn/qch** tener debilidad por algn/algo; **le point ~ de qn/qch** el punto flaco de algn/algo; **~ d'esprit** débil *m/f* mental

faiblement [fɛbləmɑ̃] *adv* débilmente

faiblesse [fɛblɛs] *nf* debilidad *f*; (*défaillance*) desmayo; (*lacune*) punto flaco

faiblir [febliʀ] *vi* debilitarse; (*vent*) amainar; (*résistance, intérêt*) decaer

faïence [fajɑ̃s] *nf* loza

faignant, e [fɛɲɑ̃, ɑ̃t] *nm/f, adj* = **fainéant**

faille [faj] *vb voir* **falloir** ▸ *nf* (*Géo*) falla; (*fig*) fallo

faillir [fajiʀ] *vi* : **j'ai failli tomber/lui dire** estuve apunto de caer/decirle; **~ à une promesse/un engagement** faltar a una promesa/un compromiso

faillite [fajit] *nf* : **être en/faire ~** estar en/hacer quiebra

faim [fɛ̃] *nf* hambre *f*; **la ~ dans le monde** el hambre en el mundo; **avoir ~** tener hambre; **je suis resté sur ma ~** (*fig*) me ha sabido a poco

fainéant, e [fɛneɑ̃, ɑ̃t] *adj, nm/f* holgazán(-ana), flojo(-a) (AM)

faire [fɛʀ]

▸ *vt* **1** (*fabriquer, être l'auteur de*) hacer; **faire du vin/une offre/un film** hacer vino/una oferta/una película; **faire du bruit/des taches/des dégâts** hacer ruido/manchas/destrozos; **fait à la main/la machine** hecho a mano/máquina

2 (*effectuer : travail, opération*) hacer; **que faites-vous ?** ¿qué hace?; (*quel métier etc*) ¿a qué se dedica (usted)?; **faire la lessive** hacer la colada; **faire la cuisine/le ménage/les courses** hacer la cocina/la limpieza/las compras; **faire les magasins/l'Europe** ir de tiendas/por Europa

3 (*étudier, pratiquer*) : **faire du droit/du français** hacer derecho/francés; **faire du sport/rugby** hacer deporte/rugby; **faire du cheval** montar a caballo; **faire du ski/du vélo** ir a esquiar/en bicicleta; **faire du violon/piano** tocar el violín/piano

4 (*simuler*) : **faire l'ignorant/l'innocent** hacerse el ignorante/el inocente

5 (*transformer, avoir un effet sur*) : **faire de qn un frustré/avocat** hacer de algn un frustrado/abogado; **ça ne me fait rien** *ou* **ni chaud ni froid** no me importa nada; **ça ne fait rien** no importa; **je n'ai que faire de tes conseils** no me hacen falta tus consejos

6 (*calculs, prix, mesures*) : **deux et deux font quatre** dos y dos son cuatro; **neuf divisé par trois fait trois** nueve entre tres es tres; **ça fait 10 m/15 euros** son 10 m/15 euros; **je vous le fais 10 euros** (*j'en demande 10 euros*) se lo dejo en 10 euros; *voir* **mal** ; **entrer** ; **sortir**

7 : **qu'a-t-il fait de sa valise/de sa sœur ?** ¿qué ha hecho con su maleta/con su hermana?; **que faire ?** ¿qué voy *etc* a hacer?; **tu fais bien de me le dire** haces bien en decírmelo

8 : **ne faire que** : **il ne fait que critiquer** no hace más que criticar

9 (*dire*) decir; **« vraiment ? » fit-il** « ¿de verdad? » dijo

10 (*maladie*) tener; **faire du diabète/de la tension/de la fièvre** tener diabetes/tensión/fiebre

▸ *vi* **1** (*agir, s'y prendre*) hacer; **il faut faire vite** hay que darse prisa; **comment a-t-il fait ?** ¿cómo ha hecho?; **faites comme chez vous** está en su casa

2 (*paraître*) : **tu fais jeune dans ce costume** este traje te hace joven; **ça fait bien** queda bien; (*remplaçant un autre verbe*) hacer; **je viens de le faire** acabo de hacerlo; **je peux le voir ? — faites !** ¿puedo verlo? — ¡desde luego!

▸ *vb impers* **1** : **il fait beau** hace bueno;

voir aussi **jour** ; **froid** *etc*
2 (*temps écoulé, durée*) : **ça fait cinq ans/heures qu'il est parti** hace cinco años/horas que se fue; **ça fait deux ans/heures qu'il y est** hace dos años/horas que está allí
▶ *vb semi-aux* : **faire** (+ *infinitif*) hacer + *infinitivo*; **faire tomber/bouger qch** hacer caer/mover algo; **cela fait dormir** esto hace dormir; **faire réparer qch** llevar algo a arreglar; **que veux-tu me faire croire/comprendre ?** ¿qué quieres hacerme creer/comprender?; **il m'a fait ouvrir la porte** me hizo abrir la puerta; **il m'a fait traverser la rue** me ayudó a cruzar la calle
▶ **se faire** *vi* 1 (*vin, fromage*) hacerse
2 : **cela se fait beaucoup** eso se hace mucho; **cela ne se fait pas** eso no se hace
3 : **se faire** (+ *nom ou pron*) : **se faire une jupe** hacerse una falda; **se faire des amis** hacer amigos; **se faire du souci** inquietarse; **il ne s'en fait pas** no se preocupa; **se faire des illusions** hacerse ilusiones; **se faire beaucoup d'argent** hacer mucho dinero
4 : **se faire** (+ *adj* : *devenir*) : **se faire vieux** hacerse viejo; (*délibérément*) : **se faire beau** ponerse guapo
5 : **se faire à** (*s'habituer*) acostumbrarse a; **je n'arrive pas à me faire à la nourriture/au climat** no acabo de acostumbrarme a la comida/al clima
6 : **se faire** + *infinitif* : **se faire opérer/examiner les yeux** operarse/examinarse la vista; **se faire couper les cheveux** cortarse el pelo; **il va se faire tuer/punir** le van a matar/castigar; **il s'est fait aider par qn** le ha ayudado algn; **se faire faire un vêtement** hacerse un vestido; **se faire ouvrir (la porte)** hacerse abrir (la puerta); **je me suis fait expliquer le texte par Anne** Anne me explicó el texto
7 (*impersonnel*) : **comment se fait-il que ... ?** ¿cómo es que ...?; **il peut se faire que ...** puede ocurrir que ...

faire-part [fɛʀpaʀ] *nm inv* : **~ de mariage** participación *f* de boda; **~ de décès** esquela de defunción

faisable [fəzabl] *adj* factible

faisan, e [fəzɑ̃, an] *nm/f* faisán(-ana)

faisceau, x [fɛso] *nm* haz *m*; (*fig*) : **un ~ de preuves** un cúmulo de pruebas

faisons [fəzɔ̃] *vb voir* **faire**

fait[1] [fɛ] *vb voir* **faire** ▶ *nm* hecho; **le ~ que ...** el hecho de que ...; **le ~ de manger/travailler** el hecho de comer/trabajar; **être le ~ de** ser cosa de, ser obra de; **être au ~ de** estar al corriente de; **au ~** a propósito; **aller droit au ~** ir al grano; **en venir au ~** pasar a los hechos; **mettre qn au ~** poner a algn al corriente; **de ~** *adj* (*opposé à* : *de droit*) de hecho ▶ *adv* (*en fait*) en realidad; **du ~ que** por el hecho de que; **du ~ de** a causa de; **de ce ~** por esto; **en ~** de hecho; **en ~ de repas/vacances** a guisa de comida/vacaciones; **c'est un ~** es un hecho, es verdad; **le ~ est que ...** el caso es que ...; **prendre ~ et cause pour qn** tomar partido por algn; **prendre qn sur le ~** coger a algn con las manos en la masa; **hauts ~s** hazañas *fpl*; **dire à qn son ~** decir a algn cuatro cosas; **les ~s et gestes de qn** todos los movimientos de algn; **~ accompli** hecho consumado; **~ d'armes** hecho de armas; **~ divers** suceso

fait[2]**, e** [fɛt] *pp de* **faire** ▶ *adj* hecho(-a); (*fromage*) maduro(-a); (*yeux*) maquillado(-a); (*ongles*) pintado(-a); **un homme ~** un hombre hecho; **être ~ pour** (*conçu pour*) estar pensado(-a) para; (*naturellement doué pour*) estar dotado(-a) para; **c'en est ~ de lui** es su fin; **c'en est ~ de notre tranquillité** se acabó la tranquilidad; **tout(e) ~(e)** (*préparé à l'avance*) ya listo(-a), ya preparado(-a); **idée toute faite** idea común; **c'est bien ~ pour lui !** ¡le está bien empleado!

faîte [fɛt] *nm* (*d'un arbre*) copa; **au ~ de la gloire/des honneurs** (*fig*) en la cima de la gloria/de los honores

faites [fɛt] *vb voir* **faire**

faitout [fɛtu] *nm* cacerola

falaise [falɛz] *nf* acantilado

falloir [falwaʀ] *vb impers* (*besoin*) : **il va ~ 10 euros** se necesitarán 10 euros; **il doit ~ du temps pour ...** se necesitará tiempo para ...; **il faut** + *infinitif* (*obligation*) hay que + *infinitivo*; **il faut faire les lits** hay que hacer las camas; **il faut qu'il ait oublié/qu'il soit malade** (*hypothèse*) debe haberse olvidado/estar enfermo; **il faut que tu arrives à ce moment!** (*fatalité*) ¡sólo nos faltaba que llegaras ahora!; **il me faut/faudrait 100 €/ de l'aide** necesito/necesitaría 100 euros/ ayuda; **il vous faut tourner à gauche après l'église** tiene que girar a la izquierda después de la iglesia; **nous avons ce qu'il (nous) faut** tenemos lo necesario; **il faut que je fasse les lits** tengo que hacer las camas; **il a fallu que je parte** tuve que irme; **il faudrait qu'elle rentre** convendría que volviese; **il faut toujours qu'il s'en mêle** está siempre entrometiéndose; **comme il faut** *adj, adv* (*bien, convenable*) como Dios manda; **s'en ~**: **il s'en faut/s'en est fallu de cinq minutes/10 € (pour que ...)** faltan/faltaron cinco minutos/10 euros (para que ...); **il t'en faut peu!** ¡con poco te conformas!; **il ne fallait pas** (*pour remercier*) no era necesario; **faut le faire!** (*surprise*) ¡hay que ver!; **il faudrait que ...** convendría que ...; **il s'en faut de beaucoup que ...** mucho falta para que ...; **il s'en est fallu de peu que ...** faltó poco para que ...; **... ou peu s'en faut** ... o poco falta

falsifier [falsifje] *vt* falsificar

famé, e [fame] *adj* : **mal ~** de mala fama

fameux, -euse [famø, øz] *adj* (*illustre*) famoso(-a), ilustre; (*bon*) excelente; **ce n'est pas ~** no es maravilloso

familial, e, -aux [familjal, jo] *adj* familiar

familiariser [familjaʀize] *vt* : **~ qn avec** familizarizar a algn con; **se ~ avec** familiarizarse con

familiarité [familjaʀite] *nf* familiaridad *f*; **familiarités** *nfpl* familiaridades *fpl*, confianzas *fpl*; **~ avec** (*connaissance*) conocimiento de

familier, -ière [familje, jɛʀ] *adj* familiar; (*Ling*) familiar, coloquial ▸ *nm* asiduo(-a); **tu es un peu trop ~ avec lui** (*cavalier, impertinent*) te tomas demasiadas confianzas con él

famille [famij] *nf* familia; **il a de la ~ à Paris** tiene familia en París; **de ~** (*secrets*) de familia; (*dîner, fête*) en familia; **~ monoparentale/homoparentale** familia monoparental/homoparental

famine [famin] *nf* hambruna

fan [fan] *nm/f* fan *m/f* ▸ *nf* **~ zone** zona de aficionados

fanatique [fanatik] *adj, nm/f* fanático(-a); **~ de rugby/de voile** (*sens affaibli*) entusiasta *m/f* del rugby/de la vela

fanatiser [fanatize] *vt* fanatizar

fané, e [fane] *adj* (*fleur, beauté*) marchito(-a)

faner [fane] : **se faner** *vpr* (*fleur*) marchitarse; (*couleur, tissu*) deslucirse

fanfare [fɑ̃faʀ] *nf* fanfarria; **en ~** con gran estruendo

fanfaron, ne [fɑ̃faʀɔ̃, ɔn] *nm/f* fanfarrón(-ona)

fange [fɑ̃ʒ] *nf* fango

fanion [fanjɔ̃] *nm* banderín *m*

fantaisie [fɑ̃tezi] *nf* fantasía; (*caprice*) capricho ▸ *adj* : **bijou/pain ~** joya/pan *m* de fantasía; **agir selon sa ~** hacer lo que le place

fantaisiste [fɑ̃tezist] *adj* (*hypothèses, estimations*) fantasioso(-a)

fantasme [fɑ̃tasm] *nm* fantasma *m*

fantasque [fɑ̃task] *adj* peregrino(-a)

fantassin [fɑ̃tasɛ̃] *nm* infante *m*

fantastique [fɑ̃tastik] *adj* fantástico(-a); **littérature/cinéma ~** literatura fantástica/cine *m* fantástico

fantôme [fɑ̃tom] *nm* fantasma *m*; **gouvernement ~** gobierno en la sombra

faon [fɑ̃] *nm* cervatillo

FAQ *sigle f* (= *foire aux questions*) preguntas frecuentes

faramineux, -euse [faʀaminø, øz] (*fam*) *adj* (*quantité*) descomunal

farce [faʀs] *nf* (*Culin*) relleno; (*Théâtre*) farsa; **faire une ~ à qn** gastar una broma a algn; **~s et attrapes** bromas *fpl* y engaños; **magasin de ~s et attrapes** tienda de objetos de broma

farceur, -euse [faʀsœʀ, øz] *nm/f* bromista *m/f*

farcir [faʀsiʀ] *vt* (*Culin*) rellenar; **se farcir** *vpr* (*fam*) : **je me suis farci la vaisselle** me tragué todo el fregado; **~ qch de** (*fig*) atiborrar algo con

fard [faʀ] *nm* : **~ à joues** colorete *m*; **~ à paupières** sombra de ojos

fardeau, x [faʀdo] *nm* (*aussi fig*) carga

farder [faʀde] : **se farder** *vpr* maquillarse

farfelu, e [faʀfəly] *adj* estrambótico(-a)

farfouiller [farfuje] *(fam)* *vi* revolver
farine [farin] *nf* harina; **~ de blé/de maïs** harina de trigo/de maíz; **~ lactée** harina lacteada; **~s animales** harinas animales
farineux, -euse [farinø, øz] *adj* harinoso(-a)
farouche [faruʃ] *adj* *(animal)* salvaje; *(personne)* arisco(-a); *(volonté, détermination)* férreo(-a); **peu ~** *(péj)* fácil
fart [fart] *nm* *(Ski)* cera
farter [farte] *vt* *(skis)* encerar
fascinant, e [fasinɑ̃, ɑ̃t] *adj* fascinante
fascination [fasinasjɔ̃] *nf* *(fig)* fascinación *f*
fasciner [fasine] *vt* fascinar
fascisme [faʃism] *nm* fascismo
fasciste [faʃist] *adj, nm/f* fascista *m/f*
fasse etc [fas] *vb voir* **faire**
faste [fast] *nm* fasto ▸ *adj* : **c'est un jour ~** es un día fasto
fastidieux, -euse [fastidjø, jøz] *adj* fastidioso(-a)
fatal, e [fatal] *adj* *(coup, erreur)* mortal; *(inévitable)* inevitable
fatalité [fatalite] *nf* fatalidad *f*
fatidique [fatidik] *adj* fatídico(-a)
fatigant, e [fatigɑ̃, ɑ̃t] *adj* fatigante; *(agaçant)* pesado(-a)
fatigue [fatig] *nf* fatiga, cansancio; *(d'un matériau)* deterioro; **les ~s du voyage** el cansancio del viaje
fatigué, e [fatige] *adj* cansado(-a), fatigado(-a); *(estomac, foie)* cansado(-a)
fatiguer [fatige] *vt* *(personne, membres)* cansar, fatigar; *(moteur etc)* forzar; *(importuner)* cansar ▸ *vi* *(moteur)* forzarse; **se fatiguer** *vpr* cansarse, fatigarse; **se ~ de** *(fig)* cansarse de; **se ~ à faire qch** molestarse en hacer algo
fatras [fatra] *nm* revoltijo
faubourg [fobur] *nm* suburbio
fauché, e [foʃe] *(fam)* *adj* pelado(-a)
faucher [foʃe] *vt* *(herbe : aussi fig)* segar; *(fam : voler)* birlar
faucille [fosij] *nf* hoz *f*
faucon [fokɔ̃] *nm* halcón *m*
faudra [fodra] *vb voir* **falloir**
faufiler [fofile] : **se faufiler** *vpr* : **se ~ dans/parmi/entre** deslizarse en/entre
faune [fon] *nf* *(fig, péj)* fauna ▸ *nm* fauno; **~ marine** fauna marina
faussaire [fosɛr] *nm/f* falseador(a)
fausse [fos] *adj voir* **faux²**
faussement [fosmɑ̃] *adv* *(accuser)* en falso; *(croire)* engañosamente
fausser [fose] *vt* *(serrure, objet)* torcer; *(résultat, données)* falsear; **~ compagnie à qn** dejar plantado(-a) a algn
faut [fo] *vb voir* **falloir**
faute [fot] *nf* *(de calcul)* error *m*; *(Sport, d'orthographe)* falta; *(Rel)* culpa; **par la ~ de** por culpa de; **c'est de sa/ma ~** es culpa suya/mía; **être en ~** hacer mal; *(être responsable)* tener la culpa; **prendre qn en ~** pillar a algn; **~ de** por falta de; **~ de mieux ...** a falta de algo mejor ...; **sans ~** *(à coup sûr)* sin falta; **~ d'inattention/d'orthographe** falta de atención/de ortografía; **~ de frappe** error de máquina; **~ de goût** falta de gusto; **~ professionnelle** error profesional
fauteuil [fotœj] *nm* sillón *m*; **~ à bascule** mecedora; **~ d'orchestre** *(Théâtre)* butaca de patio; **~ roulant** sillón de ruedas
fautif, -ive [fotif, iv] *adj* *(incorrect)* erróneo(-a); *(responsable)* culpable ▸ *nm/f* culpable *m/f*
fauve [fov] *nm* fiera; *(peintre)* fauvista *m/f* ▸ *adj* *(couleur)* rojizo(-a)
fauvette [fovɛt] *nf* curruca
faux¹ [fo] *nf* *(Agr)* guadaña
faux², fausse [fo, fos] *adj* falso(-a); *(inexact)* erróneo(-a); *(rire, personne)* falso(-a), hipócrita; *(barbe, dent)* postizo(-a); *(Mus)* desafinado(-a); *(opposé à bon, correct : numéro)* confundido(-a) ▸ *adv* : **jouer/chanter ~** tocar/cantar desafinadamente ▸ *nm* *(peinture, billet)* falsificación *f*; **distinguer le vrai du ~** distinguir lo verdadero de lo falso; **faire fausse route** ir por mal camino; **faire ~ bond à qn** fallarle a algn; **fausse alerte** falsa alarma; **fausse clé** llave *f* falsa; **fausse couche** aborto natural *ou* espontáneo; **fausse joie** chasco; **fausse note** *(Mus, fig)* nota discordante; **~ ami** *(Ling)* falso amigo; **~ col** cuello postizo; **~ départ** *(Sport, fig)* salida falsa; **~ frais** *nmpl* gastos *mpl* menudos; **~ frère** *(fig : péj)* traidor *m*; **~ mouvement** movimiento en falso; **~ nez** nariz *f* postiza; **~ nom** nombre *m*

falso; **~ pas** (*aussi fig*) paso en falso; **~ témoignage** (*délit*) falso testimonio

faux-filet [fofilɛ] (*pl* **faux-filets**) *nm* solomillo bajo

faux-fuyant [fofɥijɑ̃] (*pl* **faux-fuyants**) *nm* pretexto, evasiva

faux-monnayeur [fomɔnɛjœʀ] (*pl* **faux-monnayeurs**) *nm* falsificador(a) de moneda

faux-semblant [fosɑ̃blɑ̃] (*pl* **faux-semblants**) *nm* engaño

faveur [favœʀ] *nf* favor *m*; **faveurs** *nfpl* favores *mpl*; **avoir la ~ de qn** gozar del favor de algn; **régime/traitement de ~** régimen *m*/tratamiento preferencial; **à la ~ de** (*la nuit, une erreur*) aprovechando; **en ~ de qn/qch** en favor de algn/algo

favorable [favɔʀabl] *adj* favorable; **~ à qn/qch** favorable a algn/algo

favori, te [favɔʀi, it] *adj* favorito(-a) ▸ *nm/f* (*Sport*) favorito(-a); **favoris** *nmpl* (*barbe*) patillas *fpl*

favoriser [favɔʀize] *vt* favorecer

fébrile [febʀil] *adj* febril

fécond, e [fekɔ̃, ɔ̃d] *adj* (*aussi fig*) fecundo(-a)

fécondation [fekɔ̃dasjɔ̃] *nf* fecundación *f*; **~ in vitro** fecundación in vitro

féconder [fekɔ̃de] *vt* fecundar

fécondité [fekɔ̃dite] *nf* fecundidad *f*

fécule *nf* fécula

féculents [fekylɑ̃] *nmpl* féculas *fpl*

fédéral, e, -aux [fedeʀal, o] *adj* federal

fédération [fedeʀasjɔ̃] *nf* federación *f*

fée [fe] *nf* hada

féerique [fe(e)ʀik] *adj* (*paysage, vision*) mágico(-a)

feignant, e [fɛɲɑ̃, ɑ̃t] *nm/f, adj* = **fainéant**

feindre [fɛ̃dʀ] *vt, vi* fingir; **~ de faire** fingir hacer

feinte [fɛ̃t] *nf* finta

fêlé, e [fele] *adj* (*verre* : *fam*) chiflado(-a)

fêler [fele] *vt* (*verre, assiette*) resquebrajar; (*os*) astillar; **se fêler** *vpr* (*verre, assiette*) resquebrajarse; **se ~ le tibia/le coccyx** hacerse una fisura en la tibia/en el coxis

félicitations [felisitasjɔ̃] *nfpl* felicidades *fpl*

féliciter [felisite] *vt* felicitar; **~ qn (de qch/d'avoir fait qch)** felicitar a algn (por algo/por haber hecho algo); **se ~ de qch/d'avoir fait qch** alegrarse de algo/de haber hecho algo

félin, e [felɛ̃, in] *adj* felino(-a) ▸ *nm* felino

fêlure [felyʀ] *nf* resquebrajadura

femelle [fəmɛl] *nf* hembra ▸ *adj* : **souris/perroquet ~** ratón *m*/loro hembra; **prise/tuyau ~** (*Élec, Tech*) enchufe *m*/tubo hembra

féminicide [feminisid] *nm* feminicidio

féminin, e [feminɛ̃, in] *adj* femenino(-a); (*vêtements*) de mujer ▸ *nm* (*Ling*) femenino

féministe [feminist] *adj, nm/f* feminista *m/f*

femme [fam] *nf* mujer *f*; **devenir ~** hacerse mujer; **jeune ~** mujer joven; **~ au foyer** ama de casa; **~ célibataire/mariée** mujer soltera/casada; **~ d'affaires/d'intérieur** mujer de negocios/de su casa; **~ de chambre** doncella; **~ de ménage** asistenta; **~ de tête/du monde** mujer de carácter/de mundo; **~ fatale** mujer fatal

fémur [femyʀ] *nm* fémur *m*

fendre [fɑ̃dʀ] *vt* hender; (*suj* : *gel, séisme etc*) resquebrajar; (*foule, flots*) abrirse paso entre; **se fendre** *vpr* henderse; **~ l'air** surcar el aire

fendu, e [fɑ̃dy] *adj* (*crâne, lèvre*) partido(-a); (*jupe*) abierto(-a)

fenêtre [f(ə)nɛtʀ] *nf* ventana; **regarder par la ~** mirar por la ventana; **~ à guillotine** ventana de guillotina; **~ de lancement** (*Espace*) ventana de lanzamiento

fenouil [fənuj] *nm* hinojo

fente [fɑ̃t] *nf* (*fissure*) grieta, hendidura; (*de boîte à lettres*) ranura; (*dans un vêtement*) abertura

féodal, e, -aux [feɔdal, o] *adj* feudal

fer [fɛʀ] *nm* hierro; **objet de** *ou* **en ~** objeto de hierro; **santé/main de ~** salud *f*/mano de hierro; **mettre aux ~s** encadenar; **au ~ rouge** con el hierro al rojo; **~ à cheval** herradura; **en ~ à cheval** (*fig*) en herradura; **~ à friser** plancha de rizar; **~ à repasser** plancha; **~ à souder** soldador *m*; **~ à vapeur** plancha de vapor; **~ de lance** (*Mil, fig*) punta de lanza; **~ forgé** hierro forjado

ferai *etc* [fəʀe] *vb voir* **faire**

fer-blanc [fɛʀblɑ̃] *nm* (*pl* **fers-blancs**) hojalata

férié, e [feʀje] *adj* : **jour ~** día *m* festivo
ferions *etc* [fəʀjɔ̃] *vb voir* **faire**
ferme¹ [fɛʀm] *adj* firme; (*chair*) prieto(-a) ▶ *adv* : **travailler ~** trabajar mucho; **discuter ~** discutir enérgicamente; **tenir ~** mantenerse firme; **~ désir/intention de faire** firme deseo/intención *f* de hacer
ferme² [fɛʀm] *nf* granja; **~ éolienne** parque *m* eólico
fermé, e [fɛʀme] *adj* (*aussi fig*) cerrado(-a); (*gaz, eau*) cortado(-a); (*personne, visage*) huraño(-a); **~ pour travaux** cerrado(-a) por obras
fermement [fɛʀməmɑ̃] *adv* : **~ décidé à faire/opposé à** firmemente decidido a hacer/opuesto a
fermenter [fɛʀmɑ̃te] *vi* (*aussi fig*) fermentar
fermer [fɛʀme] *vt* cerrar; (*rideaux*) correr; (*eau, électricité, route*) cortar; (*lumière, radio, télévision*) apagar ▶ *vi* cerrar; **se fermer** *vpr* cerrarse; **~ à clef** cerrar con llave; **~ au verrou** cerrar con cerrojo; **~ les yeux (sur qch)** (*fig*) hacer la vista gorda (sobre algo)
fermeté [fɛʀməte] *nf* firmeza; (*des muscles*) dureza; **avec ~** con firmeza
fermeture [fɛʀmətyʀ] *nf* cierre *m*, cerradura; (*dispositif*) cerradura; **jour/heure de ~** día *m*/hora de cierre; **~ à glissière** cierre de cremallera; **~ éclair®** cierre relámpago
fermier, -ière [fɛʀmje, jɛʀ] *adj* : **beurre/cidre ~** mantequilla/sidra de granja ▶ *nm/f* granjero(-a)
fermoir [fɛʀmwaʀ] *nm* cierre *m*
féroce [feʀɔs] *adj* (*aussi fig*) feroz
ferons [fəʀɔ̃] *vb voir* **faire**
ferraille [feʀɑj] *nf* chatarra
ferrer [feʀe] *vt* (*cheval*) herrar; (*chaussure, canne*) guarnecer con hierro, ferrar; (*poisson*) enganchar con el anzuelo
ferronnerie [feʀɔnʀi] *nf* ferrería; **~ d'art** artesanía de hierro forjado
ferroviaire [feʀɔvjɛʀ] *adj* ferroviario(-a)
ferry [feʀe] (*pl* **ferries**), **ferry-boat** [fɛʀebot] (*pl* **ferry-boats**) *nm* ferry *m*, transbordador *m*
fertile [fɛʀtil] *adj* (*aussi fig*) fértil; **~ en événements/incidents** rico(-a) en acontecimientos/incidentes
fertiliser [fɛʀtilize] *vt* fertilizar
féru, e [feʀy] *adj* : **~ de** apasionado(-a) de
fervent, e [fɛʀvɑ̃, ɑ̃t] *adj* ferviente
ferveur [fɛʀvœʀ] *nf* fervor *m*
fesse [fɛs] *nf* nalga; **les ~s** las nalgas
fessée [fese] *nf* nalgada; **donner une ~ à** dar una nalgada a
festin [fɛstɛ̃] *nm* festín *m*
festival [fɛstival] *nm* festival *m*
festivités [fɛstivite] *nfpl* fiestas *fpl*
festoyer [fɛstwaje] *vi* festejar
fêtard, e [fɛtaʀ, aʀd] (*fam*) *nm/f* juerguista *m/f*
fête [fɛt] *nf* fiesta; (*kermesse*) romería; (*d'une personne*) santo; **faire la ~** irse de juerga *ou* de farra (AM); **faire ~ à qn** festejar a algn; **se faire une ~ de** estar deseando; **jour de ~** día *m* de fiesta; **les ~s (de fin d'année)** las fiestas (de fin de año); **salle/comité des ~s** sala/comité *m* de fiestas; **la ~ des Mères/des Pères** el día de la madre/del padre; **la F~ Nationale** *aniversario de la revolución francesa*; **~ de charité** fiesta de caridad; **~ de la musique** fiesta de la música; **~ foraine** feria
fêter [fete] *vt* (*personne, événement, anniversaire*) festejar
fétiche [fetiʃ] *nm* fetiche *m*; **animal/objet ~** animal *m*/objeto amuleto
fétichiste [fetiʃist] *adj, nm/f* fetichista
fétide [fetid] *adj* (*odeur*) fétido(-a)
fétu [fety] *nm* : **~ de paille** brizna de paja
feu¹ [fø] *adj* : **~ le roi/Mme Dupont** el difunto rey/la difunta Sra. Dupont; **~ son père** su difunto padre
feu², x [fø] *nm* fuego; (*signal lumineux*) luz *f*; (*fig*) fuego, ardor *m*; (*sensation de brûlure*) escozor *m*; **feux** *nmpl* (*éclat, lumière*) destello *msg*; (*Auto : de circulation*) semáforo *msg*; **tous feux éteints** con las luces apagadas; **au ~ !** ¡fuego!; **à ~ doux/vif** a poco fuego/fuego vivo; **à petit ~** (*aussi fig*) a fuego lento; **faire ~** abrir fuego; **ne pas faire long ~** (*fig*) no durar mucho; **commander le ~** (*Mil*) dirigir el combate; **tué au ~** (*Mil*) muerto en combate; **mettre à ~** (*fusée*) encender; **~ nourri/roulant** (*Mil*) fuego intenso/graneado; **être pris entre deux feux** (*fig*) estar entre la espada y la pared; **en ~** ardiendo, quemando; **être tout ~ tout flamme (pour)** estar entu-

fe

siasmadísimo(-a) (con); **avoir le ~ sacré** tener el fuego sagrado; **prendre ~** (*maison*) incendiarse; (*vêtements, rideaux*) prender fuego; **mettre le ~ à** meterle fuego a; **faire du ~** hacer fuego; **avez-vous du ~ ?** ¿tiene fuego?; **donner le ~ vert à qch/qn** (*fig*) dar luz verde a algo/a algn; **s'arrêter aux feux** *ou* **au ~ rouge** pararse en el semáforo *ou* con el disco rojo; **leur amour fut un ~ de paille** su amor fue efímero; **~ arrière** (*Auto*) luz *f* trasera, piloto trasero; **~ d'artifice** fuegos *mpl* de artificio; (*spectacle*) fuegos artificiales; **~ de camp/de cheminée** fuego de campamento/de chimenea; **~ de joie** fogata; **~ orange/rouge/vert** (*Auto*) disco ámbar/rojo/verde; **feux de brouillard/de croisement/de position/de stationnement** (*Auto*) luces *fpl* de niebla/de cruce/de posición/de estacionamiento; **feux de route** (*Auto*) luces largas *ou* de carretera

feuillage [fœjaʒ] *nm* follaje *m*

feuille [fœj] *nf* hoja; (*plaque : de carton*) lámina; **rendre ~ blanche** (*Scol*) entregar el examen en blanco; **~ de chou** (*fam : péj*) periodicucho; **~ de déplacement** (*Mil*) parte *m* de desplazamiento; **~ de maladie** informe *m* médico; **~ de métal** lámina de metal; **~ (de papier)** hoja (de papel); **~ de paye** nómina; **~ de présence** parte de asistencia; **~ de route** hoja de ruta; **~ de température** gráfico de temperatura; **~ de vigne** hoja de parra; **~ d'impôts** declaración *f* de impuestos; **~ d'or** lámina de oro; **~ morte** hoja seca; **~ volante** hoja suelta

feuillet [fœjɛ] *nm* pliego, página

feuilleté, e [fœjte] *adj* (*Culin*) hojaldrado(-a); (*verre*) laminado(-a) ▸ *nm* (*gâteau*) hojaldre *m*

feuilleter [fœjte] *vt* (*livre*) hojear

feuilleton [fœjtɔ̃] *nm* (*aussi TV, Radio*) serial *m*

feuillu, e [fœjy] *adj* frondoso(-a) ▸ *nm* árbol *m* frondoso

feutre [føtʀ] *nm* fieltro; (*chapeau*) sombrero de fieltro; (*stylo*) rotulador *m*

feutré, e [føtʀe] *adj* (*tissu*) afelpado(-a); (*pas, voix, atmosphère*) amortiguado(-a)

feutrine [føtʀin] *nf* paño

fève [fɛv] *nf* haba; (*dans la galette des Rois*) sorpresa

février [fevʀije] *nm* febrero; *voir aussi* **juillet**

fiable [fjabl] *adj* fiable

fiançailles [fjɑ̃saj] *nfpl* noviazgo

fiancé, e [fjɑ̃se] *nm/f* novio(-a) ▸ *adj* : **être ~ (à)** estar prometido(-a) (con)

fiancer [fjɑ̃se] : **se fiancer** *vpr* : **se ~ (avec)** prometerse (con)

fibre [fibʀ] *nf* fibra; (*de bois*) veta; (*fig*) vena; **avoir la ~ paternelle/militaire/patriotique** tener la vena paternal/militar/patriótica; **~ de verre/optique** fibra de vidrio/óptica

ficeler [fis(ə)le] *vt* atar

ficelle [fisɛl] *nf* cordón; (*pain*) violín *m*; **les ~s du métier** (*fig*) los secretos del oficio; **tirer les ~s** (*fig*) mover los hilos; **tirer sur la ~** (*fig*) pasarse

fiche [fiʃ] *nf* ficha; (*formulaire*) ficha, impreso; (*Élec*) enchufe *m*; **~ de paye** nómina; **~ signalétique** (*Police*) ficha; **~ technique** ficha técnica

ficher [fiʃe] *vt* (*pour un fichier*) anotar en fichas; (*suj : police, personne*) fichar; **~ qch dans** clavar algo en; **il ne fiche rien** (*fam*) no da golpe; **cela me fiche la trouille** (*fam*) eso me da miedo; **fiche-le dans un coin** (*fam*) ponlo en un rincón; **~ qn à la porte** (*fam*) poner a algn de patitas en la calle; **fiche(-moi) le camp** (*fam*) lárgate; **fiche-moi la paix** (*fam*) déjame en paz; **se ficher dans** *vpr* (*s'enfoncer*) clavarse en, hundirse en; **se ~ de qn** (*fam*) tomar el pelo a algn; **se ~ de qch** (*fam*) tomar el pelo a algn

fichier [fiʃje] *nm* fichero; (*à cartes*) archivador *m*, fichero; **~ actif** *ou* **en cours d'utilisation** (*Inform*) fichero activo *ou* en uso; **~ d'adresses** fichero de direcciones; **~ joint** (*Inform*) archivo *m* adjunto

fichu, e [fiʃy] *pp de* **ficher** ▸ *adj* (*fam : fini, inutilisable*) estropeado(-a) ▸ *nm* (*foulard*) pañoleta; **être/n'être pas ~ de** (*fam*) ser/no ser capaz de; **être mal ~** (*fam : personne*) estar fastidiado(-a); (*chose*) estar mal hecho(-a); **être bien ~** (*fam : avenant*) estar bueno(-a); **~ temps/caractère** tiempo/carácter *m* pajolero

fictif, -ive [fiktif, iv] *adj* (*emploi*) ficticio(-a); (*promesse, nom*) falso(-a)

fiction [fiksjɔ̃] *nf* ficción *f*

fidèle [fidɛl] *adj* fiel ▸ *nm/f* (*Rel, fig*) devoto(-a); **~ à** fiel a; **les ~s** (*Rel*) los fieles

fidéliser [fidelise] *vt* (*clients*) fidelizar

fidélité [fidelite] *nf* fidelidad *f*; **~ conjugale** fidelidad conyugal

fief [fjɛf] *nm* feudo

fiel [fjɛl] *nm* hiel *f*

fier[1] [fje] : **se fier à** *vpr* fiarse de

fier[2], **fière** [fjɛʀ] *adj* orgulloso(-a); **~ de qch/qn** orgulloso(-a) de algo/algn; **avoir fière allure** tener muy buen aspecto

fierté [fjɛʀte] *nf* orgullo; **blessé dans sa ~** herido en su orgullo

fièvre [fjɛvʀ] *nf* (*aussi fig*) fiebre *f*; **avoir de la ~/39 de ~** tener fiebre/39 de fiebre; **~ jaune/typhoïde** fiebre amarilla/tifoidea

fiévreux, -euse [fjevʀø, øz] *adj* febril

figer [fiʒe] *vt* cuajar; (*institutions*) entorpecer; **se figer** *vpr* cuajarse; (*personne, sourire*) petrificarse; (*institutions*) anquilosarse

fignoler [fiɲɔle] *vt* dar el último toque a

figue [fig] *nf* higo; **~ de Barbarie** higo chumbo

figuier [figje] *nm* higuera

figurant, e [figyʀɑ̃, ɑ̃t] *nm/f* (*aussi péj*) figurante *m/f*; (*Théâtre*) figurante, comparsa *m/f*; (*Ciné*) figurante, extra *m*

figure [figyʀ] *nf* figura; (*visage*) cara; (*illustration, dessin*) figura, ilustración *f*; **se casser la ~** (*fam*) partirse la cara; **faire ~ de** (*avoir l'air de*) aparentar ser; (*passer pour*) quedar como; **faire bonne ~** poner buena cara; **faire triste ~** estar cabizbajo(-a); **~ de rhétorique/de style** figura retórica/estilística

figuré, e [figyʀe] *adj* figurado(-a)

figurer [figyʀe] *vi* figurar ▸ *vt* representar, figurar; **se ~ qch/que** imaginarse algo/que; **figurez-vous que ...** figúrese que ...

figurine [figyʀin] *nf* figurita

fil [fil] *nm* hilo; (*du téléphone*) cable *m*; (*tranchant*) filo; **au ~ des heures/des années** a lo largo *ou* con el correr de las horas/de los años; **le ~ d'une histoire/de ses pensées** el hilo de una historia/de sus pensamientos; **au ~ de l'eau** a favor de la corriente; **de ~ en aiguille** de una cosa a otra; **ne tenir qu'à un ~** estar pendiente de un hilo; **donner du ~ à retordre à qn** dar mucha guerra a algn; **donner/recevoir un coup de ~** dar/recibir un telefonazo; **~ à coudre** hilo de coser; **~ à pêche** sedal *m*; **~ à plomb** plomada; **~ à souder** hilo de estaño; **~ de fer** alambre *m*; **~ de fer barbelé** alambre de espino; **~ électrique** cable eléctrico

filandreux, -euse [filɑ̃dʀø, øz] *adj* fibroso(-a)

filasse [filas] *adj inv* : **les cheveux (couleur) ~** el pelo rubio de estopa

filature [filatyʀ] *nf* (*fabrique*) hilandería; (*policière*) vigilancia; **prendre qn en ~** seguirle los pasos a algn

file [fil] *nf* (*de voitures*) fila; (*de clients*) cola; **prendre la ~ de droite** (*Auto*) coger el carril de la derecha; **se mettre en ~** (*Auto*) ponerse en fila; **stationner en double ~** (*Auto*) aparcar en doble fila; **à la ~** (*d'affilée*) seguidos(-as); (*l'un derrière l'autre*) en fila; **en ~ indienne** en fila india; **~ d'attente** cola

filer [file] *vt* hilar; (*verre*) soplar; (*dérouler*) soltar; (*note*) modular; (*prendre en filature*) seguir los pasos a ▸ *vi* (*bas, maille*) correrse, hacerse una carrera; (*liquide, pâte*) fluir; (*aller vite*) pasar volando; (*fam : partir*) largarse; **~ qch à qn** (*fam : donner*) dar algo a algn; **~ à l'anglaise** despedirse a la francesa; **~ doux** ser dócil; **~ un mauvais coton** estar de capa caída

filet [filɛ] *nm* red *f*; (*à cheveux*) redecilla; (*de poisson*) filete *m*; (*viande*) solomillo; (*d'eau, sang*) hilo; **~ à bagages** portaequipajes *m inv*; **~ à provisions** bolsa de malla

filiale [filjal] *nf* filial *f*, sucursal *f*

filière [filjɛʀ] *nf* escalafón *m*; **suivre la ~** seguir el escalafón; **la ~ bois/viande/automobile** (*Ind*) el sector de la madera/de la carne/del automóvil

filigrane [filigʀan] *nm* filigrana

fille [fij] *nf* chica; (*opposé à fils*) hija; **petite ~** niña; **une jeune ~** una chica joven; **vieille ~** solterona

fillette [fijɛt] *nf* chiquilla

filleul, e [fijœl] *nm/f* ahijado(-a)

film [film] *nm* película; (*couche*) capa; **~ alimentaire** film *m* transparente; **~ d'animation** película de animación; **~ muet/parlant** película muda/sonora; **~ policier** película policíaca

filmer [filme] *vt* filmar

filon [filɔ̃] *nm* (*aussi fig*) filón *m*

fils [fis] *nm* hijo; **le F~ (de Dieu)** (*Rel*) el Hijo (de Dios); **~ à papa** (*péj*) niño de papá; **~ de famille** niño bien

filtre [filtʀ] *nm* (*aussi Inform*) filtro; **« ~ ou sans ~ ? »** « ¿con filtro o sin filtro? »; **café/ cafetière ~** café *m*/cafetera de filtro; **~ à air/à huile/à particules** filtro de aire/de aceite/de partículas; **~ à café** filtro para el café

filtrer [filtʀe] *vt* filtrar; (*candidats, nouvelles*) hacer una criba de ▸ *vi* filtrarse; (*nouvelle, rumeurs*) filtrarse

fin¹ [fɛ̃] *nf* final *m*; (*d'un projet, d'un rêve: aussi mort*) final, fin *m*; **fins** *nfpl* (*desseins*) fines *mpl*; **à la ~ mai/juin** a finales de mayo/junio; **en ~ de journée** al final del día; **prendre ~** terminar, acabar; **mener à bonne ~** llevar a buen término; **toucher à sa ~** llegar a su fin; **mettre ~ à qch** poner fin a algo; **mettre ~ à ses jours** poner fin a sus días; **à la ~** finalmente; **sans ~** sin fin; **à cette ~** para *ou* con este fin; **à toutes ~s utiles** por si es *etc* de utilidad; **parvenir à ses ~s** lograr su objetivo; **~ de non-recevoir** (*Jur, Admin*) desestimación *f* de demanda; **~ de section** (*de ligne d'autobus*) final de zona

fin², e [fɛ̃, fin] *adj* fino(-a); (*taille*) delgado(-a); (*effilé*) afilado(-a); (*subtil*) agudo(-a) ▸ *adv* fino; **vouloir jouer au plus ~ (avec qn)** querer dárselas de listo (con algn); **c'est ~ !** (*iro*) ¡qué gracioso!; **avoir la vue fine/l'ouïe fine** tener vista aguda/buen oído; **le ~ fond de ...** lo más recóndito de ...; **le ~ mot de ...** el quid de ...; **la fine fleur de ...** la flor y nata de ...; **or ~** oro puro; **linge ~** lencería fina *ou* selecta; **vin ~** vino selecto; **être ~ gourmet** tener un paladar muy fino; **être ~ tireur** ser un muy buen tirador; **~es herbes** hierbas *fpl* aromáticas; **~ prêt/ soûl** completamente listo/borracho

final, e [final] *adj* (*aussi Philos*) final ▸ *nm* (*Mus*) final *m*; **cause finale** causa final

finale [final] *nf* (*Sport*) final *f*; **quart/8èmes/16èmes de ~** cuartos/ octavos/dieciseisavos de final

finalement [finalmɑ̃] *adv* finalmente; (*après tout*) al final, después de todo

finaliste [finalist] *nm/f* finalista *m/f*

finance [finɑ̃s] *nf* finanzas *fpl*; **finances** *nfpl* (*d'un club, pays*) fondos *mpl*; (*activités et problèmes financiers*) finanzas; **moyennant ~** con dinero; **la ~ internationale** las finanzas internacionales

financement [finɑ̃smɑ̃] *nm* financiación *f*; **~ participatif** financiación *f* colectiva, micromecenazgo

financer [finɑ̃se] *vt* financiar

financiariser [finɑ̃sjaʀize] *vt* financiarizar

financier, -ière [finɑ̃sje, jɛʀ] *adj* financiero(-a) ▸ *nm/f* financiero(-a) ▸ *nf* (*compagnie*) (compañía) financiera ▸ *nm* (*gâteau*) pastelillo de almendras

finesse [finɛs] *nf* finura; (*d'esprit*) agudeza; **finesses** *nfpl* (*subtilités*) sutilezas *fpl*; **une réponse/écriture/analyse pleine de ~** una respuesta/un estilo/un análisis lleno(-a) de agudeza

fini, e [fini] *adj* terminado(-a), acabado(-a); (*persona*) acabado(-a); (*Math: ensemble, espace*) finito(-a) ▸ *nm* (*d'un objet*) acabado; **bien/mal ~** (*travail, vêtement*) bien/mal terminado(-a), bien/mal rematado(-a); **un égoïste ~** (*valeur intensive*) un egoísta consumado; **un nombre ~ de** un número finito de; **un ~ mat/brillant** un acabado mate/brillante

finir [finiʀ] *vt* acabar, terminar; (*être placé en fin de: période, livre*) finalizar ▸ *vi* terminarse, acabarse; **~ quelque part** terminar en algún sitio; **~ de faire qch** acabar de hacer algo; **~ par qch/par faire qch** (*gén*) acabar con algo/haciendo *ou* por hacer algo; **il finit par m'agacer** acaba molestándome; **~ en pointe/tragédie** acabar en punta/tragedia; **en ~ (avec qn/qch)** acabar (con algn/algo); **à n'en plus ~** interminable; **il a fini son travail** acabó su trabajo; **il n'a pas encore fini de parler** no ha acabado todavía de hablar; **il finit de manger** está acabando de comer; **cela/il va mal ~** eso/él acabará mal; **c'est bientôt fini ?** ¿terminas o no?

finition [finisjɔ̃] *nf* último retoque *m*; (*fini*) acabado

finlandais, e [fɛ̃lɑ̃dɛ, ɛz] *adj* finlandés(-esa) ▸ *nm/f*: **Finlandais, e** finlandés(-esa)

Finlande [fɛ̃lɑ̃d] *nf* Finlandia

fiole [fjɔl] *nf* frasco

fioriture [fjɔʀityʀ] *nf* floritura; **sans ~(s)** sin florituras

fioul [fjul] *nm* fuel oil *m*
firmament [fiʀmamɑ̃] *nm* firmamento
firme [fiʀm] *nf* firma
fis [fi] *vb voir* **faire**
fisc [fisk] *nm* : **le ~** el fisco
fiscal, e, -aux [fiskal, o] *adj* fiscal; **l'année fiscale** el año fiscal; **charges ~es** cargas fiscales
fiscalité [fiskalite] *nf* fiscalidad *f*; **~ directe/indirecte** fiscalidad directa/ indirecta
fissure [fisyʀ] *nf* (*aussi fig*) fisura
fissurer [fisyʀe] : **se fissurer** *vpr* agrietarse
fit [fi] *vb voir* **faire**
FIV *sigle f* (= *fécondation in vitro*) FIV *f* (= *fecundación in vitro*)
fixation [fiksasjɔ̃] *nf* fijación *f*; **fixations** *nfpl* (*Ski*) fijaciones; **faire une ~ sur qn/ qch** tener una fijación con algo/algn
fixe [fiks] *adj* fijo(-a) ▸ *nm* (*salaire de base*) sueldo base; **à date/heure ~** en fecha/ hora fijada; **menu à prix ~** menú *m* de precio fijo
fixé, e [fikse] *adj* : **être ~ (sur)** saber a qué atenerse (respecto a); **à l'heure fixée** en la hora fijada; **au jour ~** en el día fijado
fixement [fiksəmɑ̃] *adv* (*regarder*) fijamente
fixer [fikse] *vt* fijar; (*personne*) estabilizar; (*poser son regard sur*) fijar la mirada en; **~ qch à/sur** sujetar algo a/en, fijar algo a/ en; **~ son regard/son attention sur** fijar su mirada/su atención en; **~ son choix sur qch** elegir algo; **se ~ quelque part** establecerse en algún sitio; **se ~ sur** (*suj : regard, attention*) fijarse en
flacon [flakɔ̃] *nm* frasco
flageller [flaʒele] *vt* flagelar
flageoler [flaʒɔle] *vi* (*jambes*) flaquear
flageolet [flaʒɔlɛ] *nm* (*Mus*) chirimía; **flageolets** *nmpl* (*Culin*) frijoles *mpl*
flagrant, e [flagʀɑ̃, ɑ̃t] *adj* flagrante; **prendre qn en ~ délit** coger a algn en flagrante delito
flair [flɛʀ] *nm* olfato; **avoir du ~** (*fig*) tener olfato
flairer [fleʀe] *vt* olfatear; (*fig*) olerse
flamand, e [flamɑ̃, ɑ̃d] *adj* flamenco(-a) ▸ *nm* (*Ling*) flamenco ▸ *nm/f* : **Flamand, e** flamenco(-a); **les F~s** los flamencos
flamant [flamɑ̃] *nm* (*Zool*) flamenco; **~ rose** flamenco rosa
flambant [flɑ̃bɑ̃] *adv* : **~ neuf** nuevo flamante
flambé, e [flɑ̃be] *adj* (*Culin* : *bananes, crêpe*) flameado(-a)
flambeau, x [flɑ̃bo] *nm* antorcha; **se passer le ~** pasarse la antorcha
flambée [flɑ̃be] *nf* llamarada; **~ de violence** (*fig*) ola de violencia; **~ des prix** disparo de los precios
flamber [flɑ̃be] *vi* llamear ▸ *vt* (*Culin*) flamear
flamboyant, e [flɑ̃bwajɑ̃, ɑ̃t] *adj* (*yeux, couleur*) resplandeciente; (*gothique*) flamígero(-a)
flamboyer [flɑ̃bwaje] *vi* (*aussi fig*) resplandecer
flamme [flɑm] *nf* llama; (*fig*) pasión *f*; **en ~s** en llamas
flan [flɑ̃] *nm* flan *m*; **en rester comme deux ronds de ~** (*fam*) quedarse patidifuso(-a)
flanc [flɑ̃] *nm* (*Anat*) costado; (*d'une armée*) flanco; (*montagne*) ladera; **à ~ de montagne/colline** en la ladera de la montaña/colina; **tirer au ~** (*fam*) escurrir el bulto; **prêter le ~ à** (*fig*) dar pie a
flancher [flɑ̃ʃe] *vi* flaquear
flanelle [flanɛl] *nf* franela
flâner [flɑne] *vi* callejear, deambular
flâneur, -euse [flɑnœʀ, øz] *adj, nm/f* callejero(-a)
flanquer [flɑ̃ke] *vt* flanquear; **~ qch sur/ dans** (*fam* : *mettre*) tirar algo a/en; **~ par terre** (*fam*) arrojar al suelo; **~ à la porte** (*fam*) echar a la calle; **~ la frousse à qn** (*fam*) meter miedo a algn; **être flanqué de** (*suj* : *personne*) estar escoltado por
flaque [flak] *nf* charco; **une ~ d'eau/ d'huile** un charco de agua/de aceite
flash [flaʃ] (*pl* **flashes**) *nm* (*Photo* : *dispositif*) flash *m*; (: *lumière*) flash, destello; **au ~** con el flash; **~ d'information** flash informativo; **~ publicitaire** flash publicitario
flasque [flask] *adj* flá(c)cido(-a) ▸ *nf* frasco
flatter [flate] *vt* (*personne*) halagar, adular; (*suj* : *honneurs, amitié*) halagar; (*animal*) acariciar; **se ~ de qch/de pouvoir faire qch** vanagloriarse de algo/de poder hacer algo

flatteur, -euse [flatœʀ, øz] *adj* (*photo, profil*) halagüeño(-a); (*éloges*) halagador(a) ▸ *nm/f* (*personne*) adulador(a)

fléau, x [fleo] *nm* (*calamité*) plaga; (*Agr*) mayal *m*

flèche [flɛʃ] *nf* flecha; (*de clocher*) aguja; (*de grue*) aguilón *m*; (*critique*) dardo; **monter en ~** (*fig*) subir como una flecha; **partir en ~** (*fig*) marcharse como una flecha

fléchette [fleʃɛt] *nf* dardo; **fléchettes** *nfpl* (*jeu*) dardos *mpl*

fléchir [fleʃiʀ] *vt* (*genoux*) flexionar, doblar; (*détermination de qn*) doblegar; (*fig*) ceder, claudicar; (*prix*) bajar

fléchissement [fleʃismɑ̃] *nm* flexión *f*; (*de l'économie*) empeoramiento; (*des prix, des cours*) disminución *f*

flegmatique [flɛgmatik] *adj* flemático(-a)

flegme [flɛgm] *nm* flema

flemmard, e [flemaʀ, aʀd] (*fam*) *adj, nm/f* gandul(a)

flemme [flɛm] (*fam*) *nf*: **j'ai la ~ de faire ...** me da una pereza hacer ...

flétan [fletɑ̃] *nm* halibut *m*

flétri, e [fletʀi] *adj* (*feuilles, fleur*) marchito(-a); (*peau, visage*) ajado(-a)

flétrir [fletʀiʀ] *vt* (*fleur*) marchitar; (*fruit*) secar; (*peau, visage*) ajar; **se flétrir** *vpr* (*fleur*) marchitarse; (*fruit*) pasarse; (*peau*) ajarse; **~ la mémoire de qn** (*fig*) mancillar la memoria de algn

fleur [flœʀ] *nf* flor *f*; **être en ~** estar en flor; **tissu/papier/assiette à ~s** tejido/papel *m*/plato de flores; **être ~ bleue** ser sentimental; **à ~ de terre/peau** a flor de tierra/piel; **faire une ~ à qn** hacer un favor a algn; **~ de lis** flor de lis

fleuret [flœʀɛ] *nm* florete *m*

fleuri, e [flœʀi] *adj* (*aussi fig*) florido(-a); (*papier, tissu*) floreado(-a); (*péj* : *teint, nez*) colorado(-a)

fleurir [flœʀiʀ] *vi* (*aussi fig*) florecer ▸ *vt* (*tombe*) poner flores en

fleuriste [flœʀist] *nm/f* florista *m/f*

fleuron [flœʀɔ̃] *nm* (*fig*) florón *m*

fleuve [flœv] *nm* río; **~ de sang/boue** (*fig*) río de sangre/barro; **discours-~** discurso interminable; **roman-~** novelón *m*

flexibiliser [flɛksibilize] *vt* (*salaires, horaires de travail*) flexibilizar

flexible [flɛksibl] *adj* (*aussi fig*) flexible

flic [flik] (*fam*) *nm* poli *m*

flingue [flɛ̃g] (*fam*) *nm* pistola

flipper¹ [flipœʀ] *nm* flíper *m*

flipper² [flipe] (*fam*) *vi* agobiarse

flirt [flœʀt] *nm* flirteo; (*personne*) flirt *m*

flirter [flœʀte] *vi* flirtear; **~ avec** (*fig*) flirtear con

flocon [flɔkɔ̃] *nm* copo; **~s d'avoine** copos *mpl* de avena

floraison [flɔʀɛzɔ̃] *nf* floración *f*

flore [flɔʀ] *nf* flora; **~ bactérienne/microbienne** flora bacteriana/microbiana

florissant, e [flɔʀisɑ̃, ɑ̃t] *voir* **fleurir** *adj* (*entreprise, commerce*) floreciente(-a); (*santé, mine*) rebosante

flot [flo] *nm* (*fig*) torrente *m*; **flots** *nmpl* (*de la mer*) olas *fpl*, mar *fsg*; **mettre/être à ~** (*aussi fig*) sacar/estar a flote; **à ~s** a raudales

flottaison [flɔtɛzɔ̃] *nf*: **ligne de ~** línea de flotación

flottant, e [flɔtɑ̃, ɑ̃t] *adj* (*maison*) flotante; (*vêtement*) de vuelo, ancho(-a); (*non fixe*) fluctuante

flotte [flɔt] *nf* (*bateaux*) flota; (*fam* : *eau*) agua; (*pluie*) lluvia

flottement [flɔtmɑ̃] *nm* (*fig*) vacilación *f*; (*Écon*) fluctuación *f*

flotter [flɔte] *vi* flotar; (*drapeau, cheveux*) ondear; (*vêtements*) volar; (*Écon*) fluctuar ▸ *vb impers* (*fam*) : **il flotte** llueve ▸ *vt* (*aussi* : **faire flotter** : *bois*) transportar mediante corriente fluvial

flotteur [flɔtœʀ] *nm* (*d'hydravion etc*) flotador *m*; (*de canne à pêche*) boya

flou, e [flu] *adj* borroso(-a); (*idée*) vago(-a) ▸ *nm* : **être dans le ~** estar en el aire

fluctuer [flyktɥe] *vi* fluctuar

fluide [flɥid] *adj* fluido(-a) ▸ *nm* fluido; (*force invisible*) efluvio

fluidité [flɥidite] *nf* fluidez *f*

fluor [flyɔʀ] *nm* flúor *m*

fluorescent, e [flyɔʀesɑ̃, ɑ̃t] *adj* fluorescente

flûte [flyt] *nf* flauta; (*verre*) copa de flauta; (*pain*) *barra pequeña de pan*; **petite ~** flautín *m*; **~!** ¡caramba!; **~ à bec/traversière**

flauta dulce/travesera; **~ de Pan** zampoña

flûtiste [flytist] *nm/f* flautista *m/f*

fluvial, e, -aux [flyvjal, jo] *adj* fluvial

flux [fly] *nm* (*aussi fig*) flujo; **le ~ et le reflux** el flujo y el reflujo

FM [ɛfɛm] *sigle f* (*= fréquence modulée*) FM *f* (*= frecuencia modulada*)

foc [fɔk] *nm* foque *m*

fœtus [fetys] *nm* feto

foi [fwa] *nf* fe *f*; **sous la ~ du serment** bajo juramento; **avoir ~ en** tener fe en; **ajouter ~ à** dar crédito a; **faire ~** acreditar, testificar; **digne de ~** fidedigno(-a); **sur la ~ de** en base a; **bonne/mauvaise ~** buena/mala fe; **être de bonne/mauvaise ~** actuar con buena/mala fe; **ma ~ !** ¡lo juro!

foie [fwa] *nm* hígado; **~ gras** foie-gras *m inv*

foin [fwɛ̃] *nm* heno; **faire les ~s** segar el heno; **faire du ~** (*fig : fam*) armar jaleo

foire [fwaʀ] *nf* feria; (*fam*) bulla; **faire la ~** (*fig : fam*) irse de juerga *ou* de farra (AM); **~ aux questions** (*Internet*) preguntas frecuentes; **~ exposition** feria de muestras

fois [fwa] *nf*: **une/deux ~** una vez/dos veces; **2 ~ 2** 2 por 2; **deux/quatre ~ plus grand (que)** dos/cuatro veces mayor (que); **encore une ~** una vez más; **cette ~** esta vez; **la ~ suivante/précédente** la próxima vez/vez anterior; **une ~ pour toutes** de una vez por todas; **une ~ que c'est fait** una vez que esté hecho; **une ~ qu'il prend une décision, il ne ...** (*quand*) una vez que toma una decisión, no ...; **une ~ couché, il s'endort tout de suite** (*dès que*) en cuanto se acuesta, se duerme; **à la ~** (*ensemble*) a la vez; **à la ~ grand et beau** grande y a la vez bonito; **des ~** a veces; **chaque ~ que** cada vez que; **si des ~ ...** (*fam*) si por casualidad ...; **« non mais, des ~ ! »** (*fam*) « ¡ya vale! », « ¡ya está bien! »; **il était une ~ ...** érase una vez ...

foison [fwazɔ̃] *nf* : **à ~** en profusión

fol [fɔl] *adj voir* **fou**

folichon, ne [fɔliʃɔ̃, ɔn] (*fam*) *adj* : **ça n'a rien de ~** no es para echarse a reir

folie [fɔli] *nf* locura; **la ~ des grandeurs** el delirio de grandeza; **faire des ~s** hacer locuras, gastar a lo loco

folklorique [fɔlklɔʀik] *adj* folklórico(-a), folclórico(-a); (*péj*) estrambótico(-a)

folle [fɔl] *adj f, nf voir* **fou**

follement [fɔlmɑ̃] *adv* (*amoureux*) locamente; (*drôle, intéressant*) tremendamente; **avoir ~ envie de** tener unos celos tremendos de

fomenter [fɔmɑ̃te] *vt* instigar

foncé, e [fɔ̃se] *adj* oscuro(-a); **bleu/rouge ~** azul/rojo oscuro

foncer [fɔ̃se] *vt* oscurecer ▸ *vi* oscurecerse; (*fam : aller vite*) ir volando; **~ sur** (*fam*) arremeter contra

fonction [fɔ̃ksjɔ̃] *nf* función *f*; (*poste*) cargo; **fonctions** *nfpl* (*activité, pouvoirs*) competencias *fpl*; (*corporelles, biologiques*) funciones *fpl*; **entrer en/reprendre ses ~s** tomar posesión de/reincorporarse a su cargo; **voiture/maison de ~** coche *m*/casa de empresa; **être ~ de** depender de; **en ~ de** dependiendo de; **faire ~ de** (*suj : personne*) hacer las veces de; (*chose*) servir para; **la ~ publique** la función pública

fonctionnaire [fɔ̃ksjɔnɛʀ] *nm/f* funcionario(-a)

fonctionnel, le [fɔ̃ksjɔnɛl] *adj* funcional

fonctionnement [fɔ̃ksjɔnmɑ̃] *nm* funcionamiento

fonctionner [fɔ̃ksjɔne] *vi* funcionar; **faire ~** poner en funcionamiento

fond [fɔ̃] *nm* fondo; **un ~ de verre/bouteille** el resto del vaso/de la botella; **donnez m'en seulement un ~** póngame sólo un dedo; **le ~** (*Sport*) el fondo; **course/épreuve de ~** carrera/prueba de fondo; **au ~ de** (*récipient*) en el fondo de; (*salle*) al fondo de; **aller au ~ des choses/du problème** ir al fondo de las cosas/del problema; **le ~ de sa pensée** el fondo de su pensamiento; **sans ~** sin fondo; **toucher le ~** (*aussi fig*) tocar fondo; **envoyer par le ~** echar a pique; **à ~** a fondo; (*soutenir*) a capa y espada; **à ~ (de train)** (*fam*) a todo correr, a toda marcha; **dans le ~, au ~** en resumidas cuentas; **de ~ en comble** de arriba a abajo; **~ de teint** maquillaje *m* de fondo; **~ sonore** fondo sonoro

fondamental, e, -aux [fɔ̃damɑ̃tal, o] *adj* fundamental

fondant, e [fɔ̃dɑ̃, ɑ̃t] *adj* : **gâteau ~** fondant *m*

fondateur, -trice [fɔ̃datœʀ, tʀis] *nm/f* fundador(a); **groupe/membre ~** grupo/ miembro fundador

fondation [fɔ̃dasjɔ̃] *nf* fundación *f*; **fondations** *nfpl* (*d'une maison*) cimientos *mpl*; **travaux de ~** (*Constr*) trabajos *mpl* de cimentación

fondé, e [fɔ̃de] *adj* fundado(-a) ▸ *nm/f*: **~ de pouvoir** apoderado(-a); **bien/mal ~** bien/mal fundado(-a)

fondement [fɔ̃dmɑ̃] *nm* : **sans ~** sin fundamento; **fondements** *nmpl* (*d'un édifice*) cimientos *mpl*; (*de la société, d'une théorie*) cimientos, base *fsg*

fonder [fɔ̃de] *vt* fundar; **~ qch sur** (*fig*) basar algo en; **se ~ sur qch** basarse en algo; **~ un foyer** fundar un hogar; **~ tous ses espoirs sur qn/qch** fundar todas sus esperanzas en algn/algo

fonderie [fɔ̃dʀi] *nf* fundición *f*

fondre [fɔ̃dʀ] *vt* (*neige, glace*) fundir, derretir; (*métal*) fundir; (*dans l'eau : sucre*) disolver; (*mélanger*) mezclar ▸ *vi* fundirse, derretirse; (*métal*) fundirse; (*dans l'eau*) disolverse; (*argent, courage*) esfumarse; **~ sur** (*se précipiter*) abatirse sobre; **se fondre** *vpr* confundirse; **faire ~** derretir; (*sucre*) disolver; **~ en larmes** deshacerse en lágrimas

fonds [fɔ̃] *nm* (*aussi fig*) fondo ▸ *nmpl* (*argent*) fondos *mpl*; **être en ~** tener fondos *ou* dinero; **à ~ perdus** a fondo perdido; **mise de ~** inversión *f* de capital; **le F~ monétaire international** el Fondo Monetario Internacional; **~ (de commerce)** fondo de comercio; **~ de roulement** fondo de operaciones; **~ publics** fondos *mpl* públicos; **~ vautour** fondo buitre

fondu, e [fɔ̃dy] *adj* (*beurre*) derretido(-a); (*neige*) fundido(-a), derretido(-a); (*métal*) fundido(-a) ▸ *nm* (*Ciné*) fundido; **~ enchaîné** fundido encadenado

fondue [fɔ̃dy] *nf*: **~ (savoyarde)/bourguignonne** fondue *f* (saboyana)/burguiñona

font [fɔ̃] *vb voir* **faire**

fontaine [fɔ̃tɛn] *nf* fuente *f*

fonte [fɔ̃t] *nf* (*de la neige*) deshielo; (*d'un métal*) fundición *f*; (*métal*) hierro fundido *ou* colado; **en ~ émaillée** de hierro esmaltado; **la ~ des neiges** el deshielo

foot [fut] (*fam*) *nm* fútbol *m*; **jouer au ~** jugar al fútbol

football [futbol] *nm* fútbol *m*; **~ américain/australien/gaélique** fútbol americano/australiano/gaélico

footballeur, -euse [futbolœʀ, øz] *nm/f* futbolista *m/f*

footeux, -euse [futø, øz] (*fam*) *nm/f* (*joueur*) futbolista *m/f*; (*amateur*) futbolero(-a)

footing [futiŋ] *nm* : **faire du ~** hacer footing

for [fɔʀ] *nm* : **dans** *ou* **en mon/son ~ intérieur** en mi/su fuero interno

forage [fɔʀaʒ] *nm* perforación *f*; **~ pétrolier** perforación petrolera

forain, e [fɔʀɛ̃, ɛn] *adj* ferial ▸ *nm/f* (*marchand*) feriante *m/f*; (*bateleur*) saltimbanqui *m*, titiritero(-a)

forçat [fɔʀsa] *nm* forzado

force [fɔʀs] *nf* fuerza; (*d'une armée*) potencia; (*intellectuelle, morale*) fortaleza; **forces** *nfpl* (*Mil, physiques*) fuerzas *fpl*; **d'importantes ~s de police** importantes efectivos de la policía; **avoir de la ~** tener fuerza; **ménager ses/reprendre des ~s** ahorrar/recuperar fuerzas; **être à bout de ~** estar agotado(-a); **c'est au-dessus de mes/ses ~s** supera mis/sus fuerzas; **de toutes mes/ses ~s** con todas mis/sus fuerzas; **à la ~ du poignet** (*fig*) a pulso; **à ~ de critiques/de le critiquer/de faire** a fuerza de críticas/de criticarlo/de hacer; **arriver en ~** llegar en gran número; **de ~** (*prendre, enlever*) a la fuerza; **par la ~** por fuerza; **à toute ~** (*absolument*) a toda costa; **cas de ~ majeure** caso de fuerza mayor; **être de ~ à faire qch** ser capaz de hacer algo; **dans la ~ de l'âge** en la madurez; **de première ~** de primera; **par la ~ des choses** debido a las circunstancias; **par la ~ de l'habitude** por la fuerza de la costumbre; **la ~** (*Élec*) la energía; **les ~s armées** las fuerzas armadas; **la ~ publique** la fuerza pública; **les ~s de l'ordre** las fuerzas del orden; **c'est une ~ de la nature** (*personne*) es un sansón; **~ centrifuge/d'inertie** fuerza centrífuga/de la inercia; **~ de caractère** fuerza de carácter; **~ de dissuasion** *ou* **de frappe** fuerza de disuasión; **~s d'intervention** fuerzas de intervención

forcé, e [fɔʀse] *adj* (*rire, attitude*) forzado(-a); (*bain, atterrissage*) forzoso(-a); **c'est ~ !** ¡es lógico!, ¡es inevitable!

forcément [fɔʀsemɑ̃] *adv* (*obligatoirement*) forzosamente; (*bien sûr*) como es lógico; **pas ~** no necesariamente

forcer [fɔʀse] *vt* forzar ▶ *vi* esforzarse; **~ qn à qch/à faire qch** forzar a algn a algo/a hacer algo; **se forcer** *vpr*: **se ~ à qch/faire qch** forzarse a algo/a hacer algo; **~ la main à qn** apretarle los tornillos a algn; **~ la dose** cargar la mano; **~ l'allure** aligerar; **~ la décision** determinar la decisión; **~ le destin** ir contra el destino; **~ l'attention** llamar la atención; **~ le respect** imponer el respeto; **~ la consigne** desacatar las órdenes

forer [fɔʀe] *vt* (*puits*) perforar

forestier, -ière [fɔʀɛstje, jɛʀ] *adj* forestal

foret [fɔʀɛ] *nm* broca

forêt [fɔʀɛ] *nf* bosque *m*; **Office national des ~s** ≈ ICONA (*Instituto para la conservación de la naturaleza*); **~ vierge** selva virgen

forfait [fɔʀfɛ] *nm* (*Comm*) ajuste *m*; (*crime*) crimen *m*; (*de téléphone*) tarifa *f*; **déclarer ~** (*Sport*) retirarse; **gagner par ~** ganar por incomparecencia; **travailler à ~** trabajar a destajo; **vendre/acheter à ~** vender/comprar a tanto alzado

forfaitaire [fɔʀfɛtɛʀ] *adj* concertado(-a)

forge [fɔʀʒ] *nf* forja; (*usine*) herrería

forgeron, ne [fɔʀʒəʀɔ̃, ɔn] *nm/f* herrero(-a)

formaliser [fɔʀmalize]: **se formaliser** *vpr* molestarse; **se ~ de qch** molestarse por algo

formalité [fɔʀmalite] *nf* requisito, trámite *m*; **simple ~** mera formalidad *f*

format [fɔʀma] *nm* formato; **petit ~** de tamaño pequeño

formater [fɔʀmate] *vt* formatear; (*fig : esprits, élèves*) moldear; **non formaté** sin formatear

formation [fɔʀmasjɔ̃] *nf* formación *f*; (*apprentissage*) educación *f*; **en ~** (*Mil, Aviat*) en formación; **la ~ permanente/continue** la formación permanente/continua; **la ~ professionnelle/des adultes** la formación profesional/de adultos

forme [fɔʀm] *nf* forma; (*type*) tipo; **formes** *nfpl* (*manières, silhouette*) formas *fpl*; **en ~ de poire** con forma de pera; **sous ~ de** en forma de; **être en (bonne/pleine) ~** estar en (buena/plena) forma; **avoir la ~** estar en forma; **en bonne et due ~** con todos los requisitos; **sans autre ~ de procès** (*fig*) sin más ni más; **pour la ~** para guardar las apariencias; **prendre ~** tomar cuerpo

formel, le [fɔʀmɛl] *adj* (*preuve, décision*) categórico(-a); (*logique*) formal

formellement [fɔʀmɛlmɑ̃] *adv* formalmente; (*interdit*) terminantemente

former [fɔʀme] *vt* formar; (*projet, idée*) concebir; (*caractère, intelligence, goût*) formar, desarrollar; **se former** *vpr* formarse

formidable [fɔʀmidabl] *adj* (*excellent*) estupendo(-a); (*important*) increíble

formulaire [fɔʀmylɛʀ] *nm* impreso; **remplir un ~** rellenar un impreso

formule [fɔʀmyl] *nf* fórmula; (*de vacances, crédit*) sistema *m*; **selon la ~ consacrée** según la expresión consagrada; **~ de politesse** fórmula de cortesía

formuler [fɔʀmyle] *vt* formular

fort, e [fɔʀ, fɔʀt] *adj* (*aussi fig*) fuerte; (*élevé*) alto(-a); (*gros*) grueso(-a); (*quantité*) importante ▶ *adv* (*frapper, serrer, sonner*) con fuerza; (*parler*) alto; (*beaucoup*) mucho; (*très*) muy ▶ *nm* (*édifice, fig*) fuerte *m*; **être ~ (en)** (*doué*) ser bueno(-a) (en); **c'est un peu ~!** ¡ya es demasiado!, ¡se pasa!; **à plus forte raison** con mayor motivo; **se faire ~ de faire** comprometerse a hacer; **~ bien/peu** muy bien/poco; **au plus ~ de** en lo más álgido de; **vous aurez ~ à faire pour le convaincre** le costará trabajo convencerle; **~ comme un Turc** fuerte como un toro; **les ~s et les faibles** (*personnes*) los fuertes y los débiles; **forte tête** rebelde *m/f*

forteresse [fɔʀtəʀɛs] *nf* fortaleza

fortifiant, e [fɔʀtifjɑ̃, jɑ̃t] *adj* fortificante ▶ *nm* reconstituyente *m*

fortifications [fɔʀtifikasjɔ̃] *nfpl* fortificaciones *fpl*

fortuit, e [fɔʀtɥi, it] *adj* fortuito(-a)

fortune [fɔʀtyn] *nf* fortuna; **des ~s diverses** (*sort*) diversas suertes; **faire ~** hacer fortuna; **de ~** improvisado(-a); **bonne/mauvaise ~** buena/mala fortuna

fortuné, e [fɔʀtyne] *adj* afortunado(-a)

forum [fɔʀɔm] *nm* foro; **~ de discussion** foro de discusión

fosse [fos] *nf* fosa; **~ à purin** depósito de aguas de estiércol; **~ aux lions/aux ours** foso de los leones/de los osos;

~ commune fosa común; **~ d'orchestre** foso; **~ septique** fosa séptica; **~s nasales** fosas *fpl* nasales

fossé [fose] *nm* zanja; (*fig*) abismo

fossette [fosɛt] *nf* hoyuelo

fossile [fosil] *nm* fósil *m* ▶ *adj* : **animal/coquillage ~** animal *m*/concha fósil

fossoyeur, -euse [foswajœʀ, øz] *nm/f* sepulturero(-a)

fou, folle [fu, fɔl] (*devant nm commençant par voyelle ou h muet* **fol**) *adj* loco(-a); (*regard*) extraviado(-a); (*fam* : *extrême*) inmenso(-a) ▶ *nm/f* loco(-a) ▶ *nm* (*d'un roi*) bufón *m*; (*Échecs*) alfil *m*; **~ de Bassan** alcatraz *m*; **~ à lier** loco(-a) de atar; **~ furieux/folle furieuse** loco(-a) agresivo(-a); **être ~ de** estar loco(-a) por; **~ de chagrin** trastornado(-a) por el dolor; **~ de colère/joie** loco(-a) de ira/alegría; **faire le ~** hacer el tonto *ou* el indio; **avoir le ~ rire** tener un ataque de risa; **ça prend un temps ~** (*fam*) esto lleva mucho tiempo; **il a eu un succès ~** (*fam*) tuvo un éxito loco; **herbe folle** hierbajo

foudre [fudʀ] *nf* rayo; **foudres** *nfpl* (*colère*) iras *fpl*; **s'attirer les ~s de qn** ganarse las iras de algn

foudroyant, e [fudʀwajɑ̃, ɑ̃t] *adj* fulminante

fouet [fwɛ] *nm* látigo, fuete (AM), rebenque (AM); (*Culin*) batidor *m*; **de plein ~** (*heurter*) de frente

fouetter [fwete] *vt* dar latigazos a; (*Culin, pluie, vagues etc*) batir

fougère [fuʒɛʀ] *nf* helecho

fougue [fug] *nf* fogosidad *f*

fougueux, -euse [fugø, øz] *adj* fogoso(-a)

fouille [fuj] *nf* (*voir vt*) cacheo, registro; **fouilles** *nfpl* (*archéologiques*) excavaciones *fpl*

fouiller [fuje] *vt* (*suspect*) cachear; (*local, quartier*) registrar; (*creuser*) excavar; (*approfondir*) ahondar en ▶ *vi* (*archéologue*) hacer excavaciones; **~ dans/parmi** hurgar en/entre

fouillis [fuji] *nm* revoltijo

fouine [fwin] *nf* garduña, fuina

fouiner [fwine] (*fam*) *vi* husmear

foulard [fulaʀ] *nm* pañuelo, fular *m*; **~ islamique** pañuelo islámico

foule [ful] *nf* : **la ~** la muchedumbre, la multitud; **une ~ énorme/émue** una muchedumbre inmensa/emocionada; **une ~ de** una multitud de; **les ~s** las masas; **venir en ~** llegar en masa

foulée [fule] *nf* (*Sport*) zancada; **dans la ~ de** inmediatamente después de

fouler [fule] *vt* (*écraser*) prensar; (*raisin*) pisar; **se fouler** *vpr* (*fam*) herniarse; **se ~ la cheville/le bras** torcerse el tobillo/el brazo; **~ aux pieds** (*fig*) pasar por encima de; **~ le sol de son pays** pisar el suelo de su país

foulure [fulyʀ] *nf* esguince *m*

four [fuʀ] *nm* horno; (*échec*) fiasco; **allant au ~** resistente al horno

fourbir [fuʀbiʀ] *vt* : **~ ses armes** (*fig*) preparar las armas

fourbu, e [fuʀby] *adj* rendido(-a)

fourche [fuʀʃ] *nf* horca; (*de bicyclette, de moto*) horquilla; (*d'une route*) bifurcación *f*

fourchette [fuʀʃɛt] *nf* tenedor *m*; (*Statistique*) horquilla; **~ à dessert** tenedor de postre; **~ de prix** horquilla de precios

fourchu, e [fuʀʃy] *adj* (*langue*) bífido(-a); (*cheveu*) abierto(-a) en las puntas; (*arbre*) bifurcado(-a)

fourgon [fuʀgɔ̃] *nm* furgón *m*; **~ mortuaire** funeraria

fourgonnette [fuʀgɔnɛt] *nf* furgoneta

fourmi [fuʀmi] *nf* hormiga; **avoir des ~s dans les jambes/mains** (*fig*) tener un hormigueo en las piernas/manos

fourmilière [fuʀmiljɛʀ] *nf* (*aussi fig*) hormiguero

fourmiller [fuʀmije] *vi* (*gens*) hormiguear; **~ de** (*lieu*) estar plagado(-a) de

fourneau, x [fuʀno] *nm* horno

fournée [fuʀne] *nf* (*aussi fig*) hornada

fourni, e [fuʀni] *adj* (*barbe, cheveux*) tupido(-a), poblado(-a); **bien/mal ~ (en)** bien/mal equipado(-a) (en)

fournir [fuʀniʀ] *vt* proporcionar; (*effort*) realizar; (*chose*) dar, proporcionar; **se fournir** *vpr* : **se ~ chez** abastecerse en; **~ qch à qn** proporcionar algo a algn; **~ qn en** abastecer a algn de

fournisseur, -euse [fuʀnisœʀ, øz] *nm/f* proveedor(a); **~ d'accès à Internet** proveedor *m* de acceso a Internet

fournitures [furnityr] *nfpl* material *msg*; **~ scolaires** material escolar
fourrage [fuʀaʒ] *nm* forraje *m*
fourré, e [fuʀe] *adj* (*bonbon*) relleno(-a); (*manteau, bottes*) forrado(-a) ▸ *nm* maleza
fourreau, x [fuʀo] *nm* (*d'épée*) vaina
fourrer [fuʀe] (*fam*) *vt* : **~ qch dans** meter algo en; **se fourrer** *vpr* : **se ~ dans/sous** meterse en/bajo
fourre-tout [fuʀtu] *nm inv* bolsa de viaje; (*local, meuble*) trastero; (*fig*) cajón *m* de sastre
fourrière [fuʀjɛʀ] *nf* (*pour chiens*) perrera; (*voitures*) depósito de coches; **ma voiture a été mise en** *ou* **à la ~** se me ha llevado el coche la grúa
fourrure [fuʀyʀ] *nf* piel *f*; **manteau/col de ~** abrigo/cuello de piel
foutraque [futʀak] (*fam*) *adj* estrafalario(-a)
foutre [futʀ] (*fam!*) *vt* : **je m'en fous** me importa un huevo (*fam!*); **qu'est-ce que tu fous ?** ¿qué coño haces? (*fam!*); **j'en ai rien à ~** me importa un huevo (*fam!*)
foutu, e [futy] (*fam!*) *adj* : **c'est ~** no hay nada que hacer; **être bien ~** estar bueno(-a)
foyer [fwaje] *nm* hogar *m*; (*fig*) foco; (*Théâtre*) vestíbulo; (*d'étudiants etc*) residencia; (*salon*) salón *m*; **lunettes à double ~** gafas *fpl ou* anteojos *mpl* (AM) bifocales
fracassant, e [fʀakasɑ̃, ɑ̃t] *adj* (*fig*) estrepitoso(-a)
fracasser [fʀakase] : **se fracasser** *vpr* : **se ~ contre** *ou* **sur** estrellarse contra
fraction [fʀaksjɔ̃] *nf* fracción *f*; (*Math*) fracción, quebrado; **une ~ de seconde** una fracción de segundo
fractionner [fʀaksjɔne] *vt* fraccionar; **se fractionner** *vpr* fraccionarse
fracturation [fraktyrasjɔ̃] *nf* : **~ hydraulique** fracturación *f* hidráulica
fracture [fʀaktyʀ] *nf* (*Méd, fig*) fractura; **~ de la jambe/du crâne** fractura de pierna/de cráneo; **~ numérique** fractura digital, brecha digital; **~ ouverte** fractura abierta; **~ sociale** fractura social
fracturer [fʀaktyʀe] *vt* (*coffre, serrure*) forzar; (*os, membre*) fracturar; **se ~ la jambe/le crâne** fracturarse la pierna/el cráneo
fragile [fʀaʒil] *adj* (*aussi fig*) frágil; (*santé, personne*) delicado(-a)
fragiliser [fʀaʒilize] *vt* debilitar
fragilité [fʀaʒilite] *nf* fragilidad *f*
fragment [fʀagmɑ̃] *nm* fragmento
fraîche [fʀɛʃ] *adj voir* **frais**
fraîcheur [fʀɛʃœʀ] *nf* (*voir frais*) frescor *m*, frescura; (*fig*) frialdad *f*
frais, fraîche [fʀɛ, fʀɛʃ] *adj* fresco(-a); (*teint*) lozano(-a); (*accueil*) frío(-a) ▸ *adv* : **il fait ~** hace *ou* está fresco ▸ *nm* : **mettre au ~** poner en el frigorífico ▸ *nmpl* (*Comm, dépenses*) gastos *mpl*; **le voilà ~ !** (*iron*) ¡va listo!, ¡está arreglado!; **des troupes fraîches** tropas *fpl* de refresco; **~ et dispos** preparado y listo; **à boire/servir ~** beber/servir frío; **légumes/fruits ~** verduras *fpl*/frutas *fpl* frescas; **~ débarqué de sa province** recién llegado de su provincia; **prendre le ~** tomar el fresco; **faire des ~** hacer gasto; **à grands/peu de ~** con mucho/poco gasto; **faire les ~ de** (*fig*) pagar la factura de; **rentrer dans ses ~** recuperar su dinero; **tous ~ payés** con todos los gastos pagados; **~ d'entretien** *nmpl* gastos de mantenimiento; **~ de déplacement/logement** gastos de desplazamiento/alojamiento; **~ de scolarité** gastos de matrícula; **~ fixes/variables** gastos fijos/variables; **~ généraux** gastos generales
fraise [fʀɛz] *nf* (*fruit*) fresa, frutilla (AM); (*outil*) fresa; (*de dentiste*) torno, fresa; **~ des bois** fresa silvestre
fraisier [fʀezje] *nm* (*plante*) fresa; (*gâteau*) pastel *m* de fresa
framboise [fʀɑ̃bwaz] *nf* frambuesa
franc, franche [fʀɑ̃, fʀɑ̃ʃ] *adj* franco(-a); (*refus, couleur*) claro(-a); (*coupure*) limpio(-a); (*intensif*) auténtico(-a) ▸ *adv* : **à parler ~** francamente ▸ *nm* (*monnaie*) franco; **~ belge/français/suisse** franco belga/francés/suizo; **~ de port** porte pagado
français, e [fʀɑ̃sɛ, ɛz] *adj* francés(-esa) ▸ *nm* (*Ling*) francés *m* ▸ *nm/f* : **Français, e** francés(-esa); **les F~** los franceses
France [fʀɑ̃s] *nf* Francia
franche [fʀɑ̃ʃ] *adj f voir* **franc**
franchement [fʀɑ̃ʃmɑ̃] *adv* francamente; (*tout à fait*) realmente; (*excl*) ¡pero bueno!

fo

franchir [fʀɑ̃ʃiʀ] *vt* (*obstacle*) salvar; (*seuil*) franquear

franchise [fʀɑ̃ʃiz] *nf* franqueza; (*douanière, Assurance*) franquicia; (*Comm*) licencia; **en toute ~** con toda franqueza; **~ de bagages** franquicia de equipaje

franciser [fʀɑ̃size] *vt* afrancesar

franc-jeu [fʀɑ̃ʒø] *nm* : **jouer ~** jugar limpio

franc-maçon, ne [fʀɑ̃masɔ̃, ɔn] (*mpl* **franc-maçons**, *fpl* **franc-maçonnes**) *nm/f* francmasón(-ona)

franc-maçonnerie [fʀɑ̃masɔnʀi] *nf* francmasonería

franco [fʀɑ̃ko] *adv* (*Comm*) : **~ (de port)** porte pagado

francophone [fʀɑ̃kɔfɔn] *adj, nm/f* francófono(-a)

francophonie [fʀɑ̃kɔfɔni] *nf* francofonía

franc-parler [fʀɑ̃paʀle] (*pl* **francs-parlers**) *nm* : **il a son ~** llama a las cosas por su nombre, no tiene pelos en la lengua

franc-tireur, -euse [fʀɑ̃tiʀœʀ, øz] (*mpl* **francs-tireurs**, *fpl* **francs-tireuses**) *nm* (*aussi fig*) francotirador(a)

frange [fʀɑ̃ʒ] *nf* fleco, franja; (*de cheveux*) flequillo; (*fig*) franja

frangipane [fʀɑ̃ʒipan] *nf* crema almendrada

franquette [fʀɑ̃kɛt] : **à la bonne ~** *adv* a la buena de Dios, a la pata la llana

frappant, e [fʀapɑ̃, ɑ̃t] *adj* sorprendente

frappe [fʀap] *nf* (*d'une dactylo, pianiste*) tecleo

frappé, e [fʀape] *adj* (*vin, café*) helado(-a); **~ de** *ou* **par qch** impresionado(-a) por algo; **~ de stupeur** estupefacto(-a)

frapper [fʀape] *vt* golpear; (*fig*) impresionar; (*malheur, impôt*) afectar; (*monnaie*) acuñar ▸ *vi* (*en arrivant chez qn*) llamar; **se frapper** *vpr* (*s'inquiéter, s'étonner*) impresionarse; **~ à la porte** llamar a la puerta; **~ dans ses mains** golpear con las manos; **~ du poing sur** dar un puñetazo en; **~ un grand coup** (*fig*) dar el golpe

frasques [fʀask] *nfpl* calaveradas *fpl*

fraternel, le [fʀatɛʀnɛl] *adj* fraterno(-a), fraternal

fraternité [fʀatɛʀnite] *nf* fraternidad *f*

fraude [fʀod] *nf* fraude *m*; **passer qch en ~** pasar algo fraudulentamente; **~ électorale/fiscale** fraude electoral/fiscal

frauder [fʀode] *vi* cometer un fraude ▸ *vt* defraudar; **~ le fisc** defraudar al fisco

fraudeur, -euse [fʀodœʀ, øz] *nm/f* defraudador(a)

frauduleux, -euse [fʀodylø, øz] *adj* fraudulento(-a)

frayer [fʀeje] *vi* : **~ avec qn** tratarse con algn; **se ~ un passage/chemin dans** abrirse paso/camino en

frayeur [fʀɛjœʀ] *nf* pavor *m*

fredonner [fʀədɔne] *vt* tararear

freezer [fʀizœʀ] *nm* congelador *m*

frein [fʀɛ̃] *nm* freno; **mettre un ~ à** (*fig*) poner freno a; **sans ~** sin freno; **~s à disques** frenos *mpl* de disco; **~ à main** freno de mano; **~s à tambours** frenos de tambor; **~ moteur** freno motor

freinage [fʀɛnaʒ] *nm* frenado; **distance de ~** distancia de frenado

freiner [fʀene] *vi, vt* frenar

frelaté, e [fʀəlate] *adj* adulterado(-a)

frêle [fʀɛl] *adj* frágil

frelon [fʀəlɔ̃] *nm* abejón *m*

frémir [fʀemiʀ] *vi* estremecerse; (*eau*) empezar a hervir; (*feuille*) temblar; **~ d'impatience/de colère** temblar de impaciencia/de ira

frémissement [fʀemismɑ̃] *nm* estremecimiento

frêne [fʀɛn] *nm* fresno

frénétique [fʀenetik] *adj* frenético(-a)

fréquemment [fʀekamɑ̃] *adv* frecuentemente, seguido (AM)

fréquence [fʀekɑ̃s] *nf* frecuencia

fréquent, e [fʀekɑ̃, ɑ̃t] *adj* frecuente

fréquentation [fʀekɑ̃tasjɔ̃] *nf* frecuentación *f*; **fréquentations** *nfpl* (*relations*) : **de bonnes ~s** buenas relaciones; **mauvaises ~s** malas compañías

fréquenté, e [fʀekɑ̃te] *adj* : **très ~** muy concurrido(-a); **mal ~** de mala fama

fréquenter [fʀekɑ̃te] *vt* frecuentar; (*personne*) tratar, frecuentar; (*courtiser*) salir con; **se fréquenter** *vpr* tratarse, frecuentarse

frère [fʀɛʀ] *nm* hermano; (*Rel*) hermano, fraile *m*; **partis/pays ~s** partidos *mpl*/países *mpl* hermanos

fresque [fʀɛsk] *nf* fresco; (*Litt*) retrato
fret [fʀɛ(t)] *nm* flete *m*
frétiller [fʀetije] *vi* colear
fretin [fʀətɛ̃] *nm* : **le menu ~** la morralla
friable [fʀijabl] *adj* desmenuzable
friand, e [fʀijɑ̃, fʀijɑ̃d] *adj* : **~ de** entusiasta de ▶ *nm* (*Culin*) empanadilla
friandise [fʀijɑ̃diz] *nf* golosina
fric [fʀik] (*fam*) *nm* pasta
friche [fʀiʃ] : **en ~** *adj* (*champ*) baldío(-a); (*fig*) inculto(-a) ▶ *nf* baldío; **~ industrielle** solar *m* industrial abandonado
friction [fʀiksjɔ̃] *nf* fricción *f*; (*chez le coiffeur*) masaje *m*; (*Tech*) rozamiento; (*fig*) fricciones *fpl*
frigidaire® [fʀiʒidɛʀ] *nm* nevera, frigorífico
frigide [fʀiʒid] *adj* frígido(-a)
frigo [fʀigo] (*fam*) *nm* nevera
frigorifique [fʀigɔʀifik] *adj* frigorífico(-a)
frileux, -euse [fʀilø, øz] *adj* friolero(-a); (*fig*) encogido(-a)
frimer [fʀime] (*fam*) *vi* chulear
frimeur, -euse [fʀimœʀ, øz] (*fam*) *nm/f* chulo(-a)
frimousse [fʀimus] (*fam*) *nf* carita
fringale [fʀɛ̃gal] *nf* pájara
fringues [fʀɛ̃g] (*fam*) *nfpl* trapos *mpl*
fripé, e [fʀipe] *adj* arrugado(-a)
fripouille [fʀipuj] (*péj*) *nf* golfo *m*
frire [fʀiʀ] *vt* (*aussi* : **faire frire**) freír ▶ *vi* freírse
frisé, e [fʀize] *adj* rizado(-a); **(chicorée) frisée** (achicoria) rizada
frisson [fʀisɔ̃] *nm* escalofrío, estremecimiento
frissonner [fʀisɔne] *vi* tiritar, estremecerse; (*fig*) temblar
frit, e [fʀi, fʀit] *pp de* **frire** ▶ *adj* frito(-a); **pommes ~es** patatas *fpl ou* papas *fpl* (AM) fritas
frite [fʀit] *nf* patata frita
friteuse [fʀitøz] *nf* freidora
friture [fʀityʀ] *nf* fritura; (*Radio*) ruido de fondo; **~ (de poissons)** fritura (de pescado)
frivole [fʀivɔl] *adj* frívolo(-a)
froc [fʀɔk] *nm* (*fam*) pantalón *m*
froid, e [fʀwa, fʀwad] *adj* (*aussi fig*) frío(-a) ▶ *nm* : **le ~** el frío; (*industrie*) la industria del frío; **il y a un ~ entre eux** hay tirantez entre ellos; **il fait ~** hace frío; **manger/boire ~** comer/beber frío; **avoir/prendre ~** tener/coger frío; **à ~** en frío; **les grands ~s** los grandes fríos; **jeter un ~** (*fig*) provocar el asombro; **être en ~ avec qn** estar enfadado(-a) con algn; **battre ~ à qn** tratar con frialdad a algn
froidement [fʀwadmɑ̃] *adv* fríamente
froisser [fʀwase] *vt* arrugar; (*fig*) ofender; **se froisser** *vpr* arrugarse; (*fig*) mosquearse; **se ~ un muscle** distendérsele a algn un músculo
frôler [fʀole] *vt* (*aussi fig*) rozar
fromage [fʀɔmaʒ] *nm* queso; **~ blanc** queso fresco, requesón *m*; **~ de tête** queso de cerdo
froment [fʀɔmɑ̃] *nm* trigo
froncer [fʀɔ̃se] *vt* fruncir; **~ les sourcils** fruncir el ceño
fronde [fʀɔ̃d] *nf* (*arme*) honda; (*opposition*) revuelta
front [fʀɔ̃] *nm* (*Anat*) frente *f*; (*Mil, Météo, fig*) frente *m*; **le F~ de libération/lutte pour** el frente de liberación/lucha por; **aller au/être sur le ~** (*Mil*) ir al/estar en el frente; **avoir le ~ de faire qch** tener la cara de hacer algo; **de ~** de frente; (*rouler*) al lado; (*simultanément*) al mismo tiempo; **faire ~ à** hacer frente a; **~ de mer** paseo marítimo
frontalier, -ière [fʀɔ̃talje, jɛʀ] *adj* fronterizo(-a) ▶ *nm/f* : **(travailleurs) ~s** (trabajadores *mpl*) fronterizos *mpl*
frontière [fʀɔ̃tjɛʀ] *nf* (*aussi fig*) frontera; **poste ~** puesto fronterizo; **ville ~** ciudad *f* fronteriza; **à la ~** en la frontera
frotter [fʀɔte] *vi* frotar ▶ *vt* frotar; (*pour nettoyer*) frotar, estregar; (*avec une brosse*) cepillar; **se ~ à qn/qch** (*fig*) acercarse a algn/algo; **~ une allumette** encender una cerilla; **se ~ les mains** (*fig*) frotarse las manos
fruit [fʀɥi] *nm* (*d'arbre, plante*) fruta; (*résultat*) fruto; **fruits** *nmpl* (*fig*) frutos *mpl*; **~s de mer** mariscos *mpl*; **~s secs** frutos secos
fruité, e [fʀɥite] *adj* (*vin, goût*) afrutado(-a)
fruitier, -ière [fʀɥitje, jɛʀ] *adj* : **arbre ~** árbol *m* frutal ▶ *nm/f* frutero(-a)
frustrer [fʀystʀe] *vt* frustrar; **~ qn de qch** privar a algn de algo

fuchsia [fyʃja] *nm* fucsia
fuel [fjul] (*pl, pl* **fuels**) *nm* fuel(-oil) *m*
fugace [fygas] *adj* fugaz
fugitif, -ive [fyʒitif, iv] *adj* (*lueur*) efímero(-a); (*prisonnier, esclave*) fugitivo(-a) ▸ *nm/f* fugitivo(-a)
fugue [fyg] *nf* (*aussi Mus*) fuga; **faire une ~** fugarse
fuir [fɥiʀ] *vt* huir ▸ *vi* huir; (*gaz, eau*) escapar; (*robinet*) perder agua; **~ devant l'ennemi** huir ante el enemigo
fuite [fɥit] *nf* huida; (*des capitaux etc*) fuga; (*d'eau*) escape *m*; (*divulgation*) filtración *f*; **être en ~** ser un(a) prófugo(-a); **mettre en ~** ahuyentar; **prendre la ~** escapar, huir
fulgurant, e [fylgyʀɑ̃, ɑ̃t] *adj* fulgurante
fumé, e [fyme] *adj* ahumado(-a)
fumée [fyme] *nf* humo; **partir en ~** (*fig*) volverse agua de borrajas
fumer [fyme] *vi* echar humo; (*personne*) fumar ▸ *vt* (*cigarette, pipe*) fumar; (*jambon, poisson*) ahumar
fûmes [fym] *vb voir* **être**
fumeur, -euse [fymœʀ, øz] *nm/f* fumador(a); **compartiment (pour) ~s/non-~s** compartimento de fumadores/no fumadores
fumier [fymje] *nm* estiércol *m*
funérailles [fyneʀaj] *nfpl* funeral *msg*
funiculaire [fynikylɛʀ] *nm* funicular *m*
fur [fyʀ] : **au ~ et à mesure** *adv* poco a poco; **au ~ et à mesure que** a medida que, conforme; **au ~ et à mesure de leur progression** a medida que avanzan, conforme avanzan
furet [fyʀɛ] *nm* (*Zool*) hurón *m*
fureter [fyʀ(ə)te] (*péj*) *vi* husmear, fisgonear
fureur [fyʀœʀ] *nf* furia, cólera; **faire ~** estar en boga, hacer furor
furie [fyʀi] *nf* furia; **en ~** (*aussi fig*) desencadenado(-a)
furieux, -euse [fyʀjø, jøz] *adj* furioso(-a); (*combat, tempête*) violento(-a); **être ~ contre qn** estar furioso(-a) con algn
furoncle [fyʀɔ̃kl] *nm* forúnculo
furtif, -ive [fyʀtif, iv] *adj* furtivo(-a)
fus [fy] *vb voir* **être**
fusain [fyzɛ̃] *nm* (*Bot*) bonetero; (*Art*) carboncillo
fuseau, x [fyzo] *nm* (*pantalon*) fuso; (*pour filer*) huso; **en ~** (*jambes*) estilizado(-a); (*colonne*) ensanchado(-a) en el centro; **~ horaire** huso horario
fusée [fyze] *nf* cohete *m*; (*de feu d'artifice*) volador *m*; **~ éclairante** bengala
fusible [fyzibl] *nm* fusible *m*
fusil [fyzi] *nm* (*de guerre, à canon rayé*) fusil *m*; (*de chasse, à canon lisse*) escopeta; **~ à deux coups** escopeta de dos cañones; **~ sous-marin** fusil submarino
fusillade [fyzijad] *nf* (*bruit*) tiroteo; (*combat*) descarga de fusilería
fusiller [fyzije] *vt* fusilar; **~ qn du regard** fulminar a algn con la mirada
fusionner [fyzjɔne] *vi* fusionarse
fût [fy] *nm* (*tonneau*) tonel *m*, barril *m*; (*de canon*) caña; (*d'arbre*) tronco; (*de colonne*) fuste *m*
futé, e [fyte] *adj* ladino(-a)
futile [fytil] *adj* fútil
futur, e [fytyʀ] *adj* futuro(-a) ▸ *nm* (*aussi Ling*) futuro; **son ~ époux** su futuro marido; **un ~ artiste** un futuro artista; **le ~ de qch/qn** el futuro de algo/algn; **au ~** (*Ling*) en futuro; **~ antérieur** futuro perfecto
fuyard, e [fɥijaʀ, aʀd] *nm/f* fugitivo(-a)

g

gâcher [gɑʃe] *vt* (*nourriture, argent, vie*) malgastar; (*plâtre, mortier*) amasar; **~ le métier** (*fig*) reventar precios

gâchette [gɑʃɛt] *nf* gatillo

gâchis [gɑʃi] *nm* lío; (*gaspillage*) despilfarro

gaffe [gaf] *nf* (*instrument*) bichero; (*fam : erreur*) metedura de pata; **faire ~** (*fam*) tener cuidado

gaffer [gafe] *vi* meter la pata

gag [gag] *nm* gag *m*

gaga [gaga] (*fam*) *adj* chocho(-a)

gage [gaʒ] *nm* (*dans un jeu, comme garantie*) prenda; (*fig : de fidélité*) prueba; **mettre en ~** empeñar; **laisser en ~** dejar en prenda

gagnant, e [gaɲɑ̃, ɑ̃t] *adj* : **billet/numéro ~** billete *m*/número premiado ▸ *adv* : **jouer ~** (*aux courses*) jugar a ganador ▸ *nm/f* (*aux courses*) acertante *m/f*; (*à la loterie*) ganador(a); (*dans un concours*) vencedor(a)

gagne-pain [gaɲpɛ̃] *nm inv* medio de vida

gagner [gaɲe] *vt* ganar; (*suj : maladie, feu*) extenderse a; (: *sommeil, faim, fatigue*) apoderarse de ▸ *vi* (*être vainqueur*) ganar; **~ du temps/de la place** ganar tiempo/espacio; **~ sa vie** ganarse la vida; **~ du terrain** (*aussi fig*) ganar terreno; **~ à faire qch** convenirle a algn hacer algo; **~ en élégance/rapidité** ganar en elegancia/rapidez; **il y gagne** sale ganando

gai, e [ge] *adj* alegre

gaiement [gemɑ̃] *adv* alegremente; (*de bon cœur*) con entusiasmo

gaieté [gete] *nf* alegría; **de ~ de cœur** de buena gana

gain [gɛ̃] *nm* ganancia; **~ de temps/place** ahorro de tiempo/espacio; (*Jur*) obtener una sentencia favorable; (*fig*) salirse con la suya

gaine [gɛn] *nf* (*de couteau*) funda; (*de sabre*) vaina; (*sous-vêtement*) faja

gainer [gene] *vt* enfundar

gala [gala] *nm* gala; **soirée de ~** fiesta de gala

galant, e [galɑ̃, ɑ̃t] *adj* galante; (*entreprenant*) galanteador(a); **en galante compagnie** (*homme*) en gentil compañía; (*femme*) en galante compañía

gale [gal] *nf* sarna

galère [galɛʀ] *nf* galera; (*fam*) fastidio

galerie [galʀi] *nf* galería; (*de voiture*) baca; (*fig : spectateurs*) público, galería; **~ de peinture** galería de arte; **~ marchande** galería comercial

galet [galɛ] *nm* guijarro; (*Tech*) arandela

galette [galɛt] *nf* (*gâteau*) roscón *m*; (*crêpe*) crepe *f*, panqueque *m* (AM); **~ des Rois** ≈ roscón de Reyes

> *La fête des Rois* se celebra el 6 de enero. Es costumbre agregar las figurillas de los Reyes Magos al belén y comer la **galette des Rois**, un pastel de bizcocho aplanado en el que se esconde una sorpresa (*la fève*). Quien encuentra la sorpresa se convierte en rey o reina ciñéndose una corona de papel y escoge a su pareja.

galipette [galipɛt] *nf* voltereta

Galles [gal] *nfpl* : **le pays de ~** el país de Gales

gallois, e [galwa, waz] *adj* galés(-esa) ▸ *nm* (*Ling*) galés *m* ▸ *nm/f* : **Gallois, e** galés(-esa)

galon [galɔ̃] *nm* galón *m*; **prendre du ~** (*Mil, fig*) subir en el escalafón

galop [galo] *nm* galope *m*; **au ~** al galope; **~ d'essai** (*fig*) temporada de prueba

galoper [galɔpe] *vi* galopar; (*fig*) ir a galope

gambader [gɑ̃bade] *vi* brincar

gamberger [gɑ̃bɛʀʒe] (*fam*) *vi* cavilar

gamelle [gamɛl] *nf* escudilla; **ramasser une ~** (*fam*) darse un trompazo

gameur, -euse [gɛmœʀ, øz] *nm/f* videojugador(a), gamer *m/f*

gamin, e [gamɛ̃, in] *nm/f* chiquillo(-a), chamaco(-a) (*CAm, Mex*), pibe(-a) (*Arg*), cabro(-a) (*And, Chi*)

gamme [gam] *nf* (*Mus*) escala; (*fig*) gama

gang [gɑ̃g] *nm* banda

ganglion [gɑ̃glijɔ̃] *nm* ganglio

gangrène [gɑ̃gʀɛn] *nf* gangrena

gangrener [gɑ̃gʀəne] *vt* gangrenar

gant [gɑ̃] *nm* guante *m*; **prendre des ~s** (*fig*) actuar con miramiento; **relever le ~** (*fig*) recoger el guante; **~ de toilette** manopla de baño; **~s de boxe/de caoutchouc/de crin** guantes *mpl* de boxeo/de goma/de crin

garage [gaʀaʒ] *nm* garaje *m*

garagiste [gaʀaʒist] *nm/f* (*propriétaire*) dueño(-a) de un garaje; (*mécanicien*) mecánico(-a)

garant, e [gaʀɑ̃, ɑ̃t] *nm/f*: **se porter ~ de qch/de qn** salir fiador(a) de algo/de algn

garantie [gaʀɑ̃ti] *nf* garantía; **(bon de) ~** (bono de) garantía

garantir [gaʀɑ̃tiʀ] *vt* garantizar; **je vous garantis que ...** le garantizo que ...; **garanti deux ans** garantizado por dos años

garce [gaʀs] (*péj*) *nf* zorra

garçon [gaʀsɔ̃] *nm* niño; (*fils*) hijo; (*jeune homme*) chico; **petit ~** niño; **jeune ~** muchacho; **un vieux ~** solterón *m*; **~ boucher/coiffeur** aprendiz *m* de carnicero/de peluquero; **~ d'écurie** mozo de cuadra; **~ de café** camarero; **~ manqué** medio chico

garçonnet [gaʀsɔnɛ] *nm* chiquillo

garçonnière [gaʀsɔnjɛʀ] *nf* piso de soltero

garde [gaʀd(ə)] *nm/f* guardia *m/f*; (*d'un domaine*) guarda *m/f* ▸ *nf* guardia *f*; (*d'une arme blanche*) guarnición *f*, empuñadura; **de ~** *adj, adv* de guardia; **mettre en ~** poner en guardia; **mise en ~** advertencia; **prendre ~ (à)** tener cuidado (con); **être sur ses ~s** estar en guardia; **monter la ~** montar guardia; **avoir la ~ des enfants** tener la custodia de los hijos; **jusqu'à la ~** (*enfoncer*) hasta la empuñadura; **~ à vue** *nf* (*Jur*) detención *f* provisional; **~ champêtre** *nm/f* guarda *m/f* rural; **~ d'enfants** *nm/f* niñero(-a), canguro *m/f*; **~ d'honneur** *nf* escolta *m/f*; **~ des Sceaux** *nm/f* ≈ ministro(-a) de Justicia; **~ du corps** *nm/f* guardaespaldas *m/f inv*; **~ forestier(-ière)** *nm/f* guarda *m/f* forestal; **~ mobile** *nm/f* policía *m/f* antidisturbios

> **On peut dire aussi :**
> Os advierto que son muy exigentes. (*Je vous avertis que ...*)
> Te lo advierto: no te va a gustar nada. (*Je te préviens ...*)
> No te fíes de lo que te digan. (*Ne te fie pas à ...*)
> No os olvidéis de cerrar la puerta al salir. (*N'oubliez pas de ...*)
> Corremos el riesgo de perder toda credibilidad. (*Nous courons le risque de ...*)

garde-à-vous [gaʀdavu] *nm inv*: **être/se mettre au ~** estar/ponerse firmes

garde-boue [gaʀdəbu] (*pl* **garde-boue(s)**) *nm* guardabarros *m inv*

garde-chasse [gaʀdəʃas] (*pl* **gardes-chasse(s)**) *nm/f* guarda *m/f* de caza

garde-côte [gaʀdəkot] (*pl* **garde-côtes**) *nm/f* guardacostas *m/f inv*

garde-manger [gaʀdmɑ̃ʒe] (*pl* **garde-mangers**) *nm* fresquera

garder [gaʀde] *vt* (*conserver*: *personne*) mantener; (: *sur soi*: *vêtement, chapeau*) quedarse con; (*surveiller*: *enfants*) cuidar; (: *prisonnier, lieu*) vigilar; **se garder** *vpr* (*aliment*) conservarse; **~ le lit** guardar cama; **~ la chambre** permanecer en la habitación; **~ la ligne** cuidar la línea; **~ le silence** guardar silencio; **~ à vue** (*Jur*) detener provisionalmente; **se ~ de faire qch** abstenerse de hacer algo; **pêche/chasse gardée** coto de pesca/caza

garderie [gaʀdəʀi] *nf* guardería

garde-robe [gaʀdəʀɔb] (*pl* **garde-robes**) *nf* (*meuble*) ropero; (*vêtements*) guardarropa *m*

gardien, ne [gaʀdjɛ̃, jɛn] *nm/f* (*garde*) vigilante *m/f*; (*de prison*) oficial *m/f*; (*de domaine, réserve, cimetière*) guarda *m/f*; (*de musée*) guarda, vigilante; (*de phare*) farero; (*fig*: *garant*) garante *m/f*; (*d'immeuble*) portero(-a); **~ de but** portero(-a), arquero(-a) (*esp AM*); **~ de la paix** agente *m/f* del orden público; **~ de nuit** vigilante de noche

gare [gaʀ] *nf* estación *f* ▸ *excl*: **~ à ...** cuidado con ...; **~ à ne pas ...** ten cuidado

de no ...; **~ à toi** cuidado con lo que haces; **sans crier ~** sin avisar; **~ de triage** apartadero; **~ maritime** estación marítima; **~ routière** estación de autobuses
garer [gaʀe] *vt* aparcar; **se garer** *vpr* (*véhicule, personne*) aparcar; (*pour laisser passer*) apartarse
gargariser [gaʀgaʀize] : **se gargariser** *vpr* hacer gárgaras; **se ~ de** (*fig*) relamerse de
gargouille [gaʀguj] *nf* gárgola
garni, e [gaʀni] *adj* (*plat*) con guarnición
garniture [gaʀnityʀ] *nf* (*Culin*) guarnición *f*; **~ de frein** (*Auto*) forro de freno
gars [gɑ] (*fam*) *nm* (*garçon*) chico; (*homme*) tío
Gascogne [gaskɔɲ] *nf* Gasconia
gas-oil [gazwal] *nm* gas-oil *m*
gaspillage [gaspijaʒ] *nm* derroche *m*
gaspiller [gaspije] *vt* derrochar, malgastar
gastro-entérite [gastʀoɑ̃teʀit] (*pl* **gastro-entérites**) *nf* gastroenteritis *f inv*
gastronome [gastʀɔnɔm] *nm/f* gastrónomo(-a)
gastronomie [gastʀɔnɔmi] *nf* gastronomía
gastronomique [gastʀɔnɔmik] *adj* : **menu ~** menú *m* gastronómico
gâteau, x [gɑto] *nm* pastel *m*; **~ d'anniversaire** pastel de cumpleaños; **~ de riz** pastel de arroz; **~ sec** galleta
gâter [gɑte] *vt* (*personne*) mimar, malcriar; **se gâter** *vpr* (*dent, fruit*) picarse; (*temps, situation*) empeorar; **un enfant gâté** un niño mimado *ou* malcriado
gâteux, -euse [gɑtø, øz] *adj* chocho(-a)
gauche [goʃ] *adj* izquierda; (*personne, style*) torpe ▸ *nm* (*Boxe*) : **direct du ~** directo de izquierda ▸ *nf* izquierda; **à ~** a la izquierda; **à (la) ~ de** a la izquierda de; **de ~** (*Pol*) de izquierdas
gaucher, -ère [goʃe, ɛʀ] *adj, nm/f* zurdo(-a)
gauchiste [goʃist] *adj, nm/f* izquierdista *m/f*
gaufre [gofʀ] *nf* gofre *m*
gaufrette [gofʀɛt] *nf* barquillo
gaulois, e [golwa, waz] *adj* galo(-a); (*grivois*) picante ▸ *nm/f* : **Gaulois, e** galo(-a)
gaver [gave] *vt* cebar; **~ de** (*fig*) atiborrar de; **se ~ de** atiborrarse de
gaz [gɑz] *nm inv* gas *m*; **avoir des ~** tener gases; **mettre les ~** (*Auto*) pisar el acelerador; **chambre/masque à ~** cámara/máscara de gas; **~ à effet de serre** gas *m* de efecto invernadero; **~ butane** gas butano; **~ carbonique** gas carbónico; **~ de schiste** gas de esquisto; **~ de ville** gas ciudad; **~ hilarant/lacrymogène** gas hilarante/lacrimógeno; **~ naturel/propane** gas natural/propano
gaze [gɑz] *nf* gasa
gazelle [gazɛl] *nf* gacela
gazette [gazɛt] *nf* gaceta
gazeux, -euse [gɑzø, øz] *adj* gaseoso(-a); **eau/boisson gazeuse** agua/bebida con gas
gazoduc [gɑzodyk] *nm* gaseoducto
gazon [gɑzɔ̃] *nm* césped *m*
gazouiller [gazuje] *vi* gorjear
geai [ʒɛ] *nm* arrendajo
géant, e [ʒeɑ̃, ɑ̃t] *adj* gigante ▸ *nm/f* gigante(-a)
geindre [ʒɛ̃dʀ] *vi* gemir
gel [ʒɛl] *nm* (*temps*) helada; (*de l'eau*) hielo; (*cosmétique*) gel *m*; (*fig*) : **le ~ des prix** la congelación de los precios; **~ douche** gel de ducha
gélatine [ʒelatin] *nf* gelatina
gelée [ʒ(ə)le] *nf* (*Culin*) gelatina; (*Météo*) helada; **viande en ~** carne *f* en gelatina; **~ blanche** escarcha; **~ royale** jalea real
geler [ʒ(ə)le] *vt* (*sol, liquide*) helar; (*Écon, aliment*) congelar ▸ *vi* (*sol, personne*) helarse; **il gèle** hiela
gélule [ʒelyl] *nf* gragea
Gémeaux [ʒemo] *nmpl* (*Astrol*) : **les ~** Géminis *mpl*; **être ~** ser Géminis
gémir [ʒemiʀ] *vi* gemir
gémissement [ʒemismɑ̃] *nm* gemido
gênant, e [ʒɛnɑ̃, ɑ̃t] *adj* molesto(-a)
gencive [ʒɑ̃siv] *nf* encía
gendarme [ʒɑ̃daʀm] *nm/f* gendarme *m/f*, ≈ guardia *m/f* civil
gendarmerie [ʒɑ̃daʀməʀi] *nf* ≈ Guardia Civil; (*caserne, bureaux*) ≈ cuartel *m* de la Guardia Civil
gendre [ʒɑ̃dʀ] *nm* yerno
gène [ʒɛn] *nm* gen *m*
gêne [ʒɛn] *nf* molestia

gêné, e [ʒene] *adj* embarazoso(-a); (*dépourvu d'argent*) apurado(-a); **tu n'es pas ~ !** ¡qué fresco eres!

gêner [ʒene] *vt* (*incommoder*) molestar; (*encombrer*) estorbar; (*déranger*) trastornar; **~ qn** (*embarrasser*) violentar a algn; **se gêner** *vpr* molestarse; **je vais me ~ !** (*fam, iron*) ¡no pienso cortarme!; **ne vous gênez pas !** (*fam, iron*) ¡no se corte!

général, e, -aux [ʒeneʀal, o] *adj, nm* general ▸ *nf* : **(répétition) générale** ensayo general; **en ~** en general; **à la satisfaction générale** con la satisfacción unánime; **à la demande générale** a petición general; **assemblée/grève générale** asamblea/huelga general; **culture/médecine générale** cultura/medicina general

généralement [ʒeneʀalmɑ̃] *adv* generalmente

généraliser [ʒeneʀalize] *vt, vi* generalizar; **se généraliser** *vpr* generalizarse

généraliste [ʒeneʀalist] *nm/f* (médico(-a)) generalista *m/f*

généralité [ʒeneʀalite] *nf* : **généralités** *nfpl* generalidades *fpl*

générateur, -trice [ʒeneʀatœʀ, tʀis] *adj* : **~ de** creador(a) de ▸ *nm* (*Tech, Inform*) generador *m*

génération [ʒeneʀasjɔ̃] *nf* generación *f*

généreux, -euse [ʒeneʀø, øz] *adj* generoso(-a)

générique [ʒeneʀik] *adj* genérico(-a) ▸ *nm* (*Ciné, TV*) ficha técnica; **médicaments ~s** medicamentos genéricos

générosité [ʒeneʀozite] *nf* generosidad *f*

genêt [ʒ(ə)nɛ] *nm* retama

génétique [ʒenetik] *adj* genético(-a) ▸ *nf* genética

génétiquement [ʒenetikmɑ̃] *adv* genéticamente; **~ modifié** genéticamente modificado(-a)

Genève [ʒ(ə)nɛv] *n* Ginebra

génial, e, -aux [ʒenjal, jo] (*aussi fam*) *adj* genial

génie [ʒeni] *nm* genio; **le ~** (*Mil*) el cuerpo de ingenieros; **de ~** genial; **bon/mauvais ~** espíritu *m* favorable/maligno; **avoir du ~** ser un genio; **~ civil** cuerpo de ingeniería civil

genièvre [ʒənjɛvʀ] *nm* (*Bot, Culin*) enebro; (*boisson*) ginebra; **grain de ~** enebrina

génisse [ʒenis] *nf* ternera; **foie de ~** hígado de ternera

génital, e, -aux [ʒenital, o] *adj* genital

génocide [ʒenɔsid] *nm* genocidio

génois, e [ʒenwa, waz] *adj* genovés(-esa) ▸ *nf* bizcocho

génome [ʒenom] *nm* (*Biol*) genoma *m*

génomique [ʒenomik] *nf* (*Biol*) genómica *f*

genou, x [ʒ(ə)nu] *nm* rodilla; **à genoux** de rodillas; **se mettre à genoux** ponerse de rodillas; **prendre qn sur ses genoux** poner a algn encima de sus rodillas

genouillère [ʒ(ə)nujɛʀ] *nf* rodillera

genre [ʒɑ̃ʀ] *nm* género; (*allure*) estilo; **se donner un ~** darse tono; **avoir bon/mauvais ~** tener buenos/malos modales; **études de** *ou* **sur le ~** estudios de género; **s'accorder en ~ et en nombre** (*Ling*) concordar en género y número

gens [ʒɑ̃] *nmpl, parfois nfpl* gente *f*; **de braves ~** buena gente; **de vieilles ~** ancianos; **les ~ du monde** la gente mundana; **jeunes ~** jóvenes *mpl*; **~ de maison** servidumbre *f*

gentil, le [ʒɑ̃ti, ij] *adj* (*aimable*) amable; (*enfant*) bueno(-a); **un ~ garçon** un niño bueno; **c'est très ~ à vous** es muy amable de *ou* su parte

gentillesse [ʒɑ̃tijɛs] *nf* amabilidad *f*

gentiment [ʒɑ̃timɑ̃] *adv* amablemente

géographe [ʒeɔgʀaf] *nm/f* geógrafo(-a)

géographie [ʒeɔgʀafi] *nf* geografía

géolocalisation [ʒeolokalizasjɔ̃] *nf* geolocalización *f*

géolocaliser [ʒeolokalize] *vt* geolocalizar

géologie [ʒeɔlɔʒi] *nf* geología

géologue [ʒeɔlɔg] *nm/f* geólogo(-a)

géomètre [ʒeɔmɛtʀ] *nm/f* agrimensor(a)

géométrie [ʒeɔmetʀi] *nf* geometría; **à ~ variable** (*Aviat, fig*) de geometría variable

géométrique [ʒeɔmetʀik] *adj* geométrico(-a)

géranium [ʒeʀanjɔm] *nm* geranio

gérant, e [ʒeʀɑ̃, ɑ̃t] *nm/f* gerente *m/f*; **~ d'immeuble** administrador(a) de fincas

gerbe [ʒɛʀb] *nf* (*de fleurs*) ramo; (*de blé*) gavilla; (*d'eau*) chorro

gercé, e [ʒɛʀse] *adj* agrietado(-a)

gerçure [ʒɛʀsyʀ] *nf* grieta

gérer [ʒeʀe] *vt* administrar

germain, e [ʒɛʀmɛ̃, ɛn] *adj voir* **cousin**

germe [ʒɛʀm] *nm* germen *m*; **~ de blé** germen de trigo
germer [ʒɛʀme] *vi* germinar
gérondif [ʒeʀɔ̃dif] *nm* gerundio
GES [ʒeəɛs] *sigle mpl* (= *gaz à effet de serre*) GEI *mpl* (= *gases de efecto invernadero*)
geste [ʒɛst] *nm* gesto; **s'exprimer par ~s** expresarse mediante gestos; **faire un ~ de refus** hacer un ademán de desaprobación; **il fit un ~ de la main pour m'appeler** me llamó con la mano; **ne faites pas un ~** no haga ni el menor gesto
gestion [ʒɛstjɔ̃] *nf* gestión *f*; **~ de fichier(s)** (*Inform*) gestión de fichero(s); **~ différenciée** *nf* (*Agr*) gestión diferenciada
gestionnaire [ʒɛstjɔnɛʀ] *nm/f* gestor(a)
gibier [ʒibje] *nm* caza; (*fig*) presa
gicler [ʒikle] *vi* brotar
gifle [ʒifl] *nf* bofetada
gifler [ʒifle] *vt* abofetear
gigantesque [ʒigɑ̃tɛsk] *adj* gigantesco(-a)
gigot [ʒigo] *nm* (Culin) : **~ (d'agneau)** pierna de cordero
gigoter [ʒigɔte] *vi* patalear
gilet [ʒilɛ] *nm* chaleco; **~ de sauvetage** chaleco salvavidas; **~ de sécurité** chaleco reflectante; **~ pare-balles** chaleco antibalas
gin [dʒin] *nm* ginebra
gingembre [ʒɛ̃ʒɑ̃bʀ] *nm* jenjibre *m*
girafe [ʒiʀaf] *nf* jirafa
giratoire [ʒiʀatwaʀ] *adj* : **sens ~** sentido giratorio
girofle [ʒiʀɔfl] *nf* : **clou de ~** clavo
girolle [ʒiʀɔl] *nf* rebozuelo
girouette [ʒiʀwɛt] *nf* veleta
gitan, e [ʒitɑ̃, an] *nm/f* gitano(-a)
gîte [ʒit] *nm* : **le ~ et le couvert** techo y comida; **~ rural** casa de turismo rural
givre [ʒivʀ] *nm* escarcha
givré, e [ʒivʀe] *adj* : **citron/orange ~(e)** limón *m* escarchado/naranja escarchada; (*fam*) tronado(-a)
glace [glas] *nf* hielo; (*crème glacée*) helado; (*verre*) cristal *m*; (*miroir*) espejo; (*de voiture*) ventanilla; **glaces** *nfpl* (*Géo*) hielos *mpl*; **de ~** (*fig*) frío(-a); **il est resté de ~** ni se inmutó; **rompre la ~** (*fig*) romper el hielo
glacé, e [glase] *adj* helado(-a); (*fig*) frío(-a)
glacer [glase] *vt* (*lac, eau*) helar; (*refroidir*) enfriar; (*Culin, papier, tissu*) glasear; **~ qn** (*fig*) dejar helado(-a) a algn
glacial, e [glasjal] *adj* glacial
glacier [glasje] *nm* (*Géo*) glaciar *m*; (*marchand*) heladero
glacière [glasjɛʀ] *nf* nevera
glaçon [glasɔ̃] *nm* témpano; (*pour boisson*) cubito de hielo
glaïeul [glajœl] *nm* gladiolo
glaise [glɛz] *nf* greda
gland [glɑ̃] *nm* (*de chêne*) bellota; (*décoration*) borla; (*Anat*) glande *m*
glande [glɑ̃d] *nf* glándula
glas [glɑ] *nm* doble *m*, toque *m* de difuntos; **sonner le ~ de qch** (*fig*) acabar con algo
glissade [glisad] *nf* (*par jeu*) deslizamiento; (*chute*) resbalón *m*; **faire des ~s** deslizarse
glissant, e [glisɑ̃, ɑ̃t] *adj* resbaladizo(-a); **sur un terrain ~** (*fig*) en terreno resbaladizo
glisse [glis] *nf* : **sports de ~** *deportes de deslizamiento*
glissement [glismɑ̃] *nm* (*aussi fig*) deslizamiento; **~ de terrain** corrimiento de tierra
glisser [glise] *vi* resbalar; (*patineur, fig*) deslizarse ▸ *vt* (*introduire* : *erreur, citation*) deslizar; (*mot, conseil*) decir discretamente; **se glisser** *vpr* (*erreur*) deslizarse; **~ qch sous/dans** meter algo bajo/en; **~ sur** (*détail, fait*) pasar por alto; **se ~ dans/entre** deslizarse *ou* escurrirse en/entre
global, e, -aux [glɔbal, o] *adj* global
globe [glɔb] *nm* globo; **~ oculaire/terrestre** globo ocular/terrestre
globule [glɔbyl] *nm* glóbulo
gloire [glwaʀ] *nf* gloria; **une ~ de la musique cubaine** una gloria de la música cubana
glossaire [glɔsɛʀ] *nm* glosario
glousser [gluse] *vi* cloquear; (*rire*) reír ahogadamente
glouton, ne [glutɔ̃, ɔn] *adj* glotón(-ona)
gluant, e [glyɑ̃, ɑ̃t] *adj* pegajoso(-a)
glucose [glykoz] *nm* glucosa
gluten [glytɛn] *nm* gluten *m*
glycine [glisin] *nf* glicina
go [go] : **tout de go** *adv* de sopetón

gobelet [gɔblɛ] *nm* cubilete *m*
gober [gɔbe] *vt* tragarse entero(-a); (*fig*) tragar
goéland [gɔelɑ̃] *nm* gaviota
goélette [gɔelɛt] *nf* goleta
goinfre [gwɛ̃fʀ] *adj, nm/f* tragón(-ona)
goinfrer [gwɛ̃fʀe] : **se goinfrer** *vpr* atiborrarse, atracarse; **se ~ de qch** atiborrarse de algo
golf [gɔlf] *nm* golf *m*
golfe [gɔlf] *nm* golfo; **~ d'Aden/de Gascogne/du Lion** golfo de Adén/de Vizcaya/de León; **~ Persique** golfo Pérsico
gomme [gɔm] *nf* (*à effacer*) goma (de borrar); (*résine*) resina; **boule de ~** gominola
gommer [gɔme] *vt* (*aussi fig*) borrar
gond [gɔ̃] *nm* gozne *m*; **sortir de ses ~s** (*fig*) salirse de sus casillas
gondoler [gɔ̃dɔle] : **se gondoler** *vpr* abombarse; (*fam*) desternillarse de risa
gonflé, e [gɔ̃fle] *adj* hinchado(-a); **être ~** (*fam*) tener jeta
gonflement [gɔ̃fləmɑ̃] *nm* hinchamiento
gonfler [gɔ̃fle] *vt* hinchar ▶ *vi* hincharse
gonzesse [gɔ̃zɛs] (*fam*) *nf* tía (*fam!*)
googler [gugle] *vt* googlear
gorge [gɔʀʒ] *nf* garganta; (*Géo*) garganta; **avoir mal à la ~** tener dolor de garganta; **avoir la ~ serrée** tener un nudo en la garganta
gorgée [gɔʀʒe] *nf* trago; **boire à petites/grandes ~s** beber a pequeños/grandes tragos
gorille [gɔʀij] (*aussi fam*) *nm* gorila
gosse [gɔs] (*fam*) *nm/f* chiquillo(-a), chamaco(-a) (*CAm, Mex*), pibe(-a) (*Arg*), cabro(-a) (*And, Chi*)
gothique [gɔtik] *adj* gótico(-a); **~ flamboyant** gótico flamígero
goudron [gudʀɔ̃] *nm* alquitrán *m*
goudronner [gudʀɔne] *vt* alquitranar
gouffre [gufʀ] *nm* sima, precipicio; (*fig*) abismo
goulot [gulo] *nm* cuello; **boire au ~** beber a morro
goulu, e [guly] *adj* glotón(-ona)
goulûment [gulymɑ̃] *adv* glotonamente, como un(a) glotón(-ona)
gourde [guʀd] *nf* (*récipient*) cantimplora; (*fam*) zoquete *m/f*
gourdin [guʀdɛ̃] *nm* porra
gourmand, e [guʀmɑ̃, ɑ̃d] *adj* goloso(-a)
gourmandise [guʀmɑ̃diz] *nf* gula; (*bonbon*) golosina
gourmet [guʀmɛ] *nm* gastrónomo(-a)
gousse [gus] *nf* vaina; **~ d'ail** diente *m* de ajo
goût [gu] *nm* gusto, sabor *m*; (*fig*) gusto; **goûts** *nmpl* : **chacun ses ~s** cado uno tiene sus gustos; **le bon ~** el buen gusto; **de bon/mauvais ~** de buen/mal gusto; **avoir du/manquer de ~** tener/no tener gusto; **avoir bon/mauvais ~** (*aliment*) saber bien/mal; (*personne*) tener mucho/poco gusto; **avoir du ~ pour** tener inclinación por; **prendre ~ à** aficionarse a
goûter [gute] *vt* (*aussi* : **goûter à** : *essayer*) probar; (*apprécier*) apreciar ▶ *vi* merendar ▶ *nm* merienda; **~ de qch** probar algo; **~ d'anniversaire/d'enfants** merienda de cumpleaños/de niños
goutte [gut] *nf* gota; **~ à ~** gota a gota
goutte-à-goutte [gutagut] *nm inv* bomba de perfusión
gouttelette [gut(ə)lɛt] *nf* gotita
gouttière [gutjɛʀ] *nf* canalón *m*
gouvernail [guvɛʀnaj] *nm* timón *m*
gouvernance [guvɛʀnɑ̃s] *nf* gobernanza
gouvernement [guvɛʀnəmɑ̃] *nm* gobierno; **membre du ~** miembro del gobierno
gouverner [guvɛʀne] *vt* gobernar; (*fig : émotions*) dominar
goyave [gɔjav] *nf* guayaba
GPA [ʒepea] *sigle f* (= *gestation pour autrui*) gestación *f* subrogada
GPL [ʒepeɛl] *sigle m* (= *gaz de pétrole liquéfié*) GLP *m* (= *gas licuado de petróleo*)
grâce [gʀɑs] *nf* gracia; (*faveur*) favor *m*; (*Jur*) indulto; **grâces** *nfpl* (*Rel*) gracias *fpl*; **de bonne/mauvaise ~** de buena/mala gana; **dans les bonnes ~s de qn** con el beneplácito de algn; **faire ~ à qn de qch** perdonar algo a algn; **rendre ~(s) à** dar las gracias a; **demander ~** pedir perdón; **droit de/recours en ~** (*Jur*) derecho de/recurso de indulto; **~ à** gracias a

gracier [gRasje] *vt* indultar
gracieusement [gRasjøzmɑ̃] *adv* (*gratuitement*) gratuitamente; (*avec grâce*) con gracia
gracieux, -euse [gRasjø, jøz] *adj* (*charmant, élégant*) encantador(a); **à titre ~** con carácter gratuito; **concours ~** colaboración *f* desinteresada
grade [gRad] *nm* grado; **monter en ~** ascender de grado
gradin [gRadɛ̃] *nm* grada; **gradins** *nmpl* (*de stade*) gradas *fpl*
gradué, e [gRadɥe] *adj* graduado(-a)
graduel, le [gRadɥɛl] *adj* gradual
graduellement [gRadɥɛlmɑ̃] *adv* gradualmente
graffiti [gRafiti] (*pl* **graffiti(s)**) *nm* grafiti *m*
grain [gRɛ̃] *nm* grano; **un ~ de** (*fig*) una pizca de; **mettre son ~ de sel** (*fam*) meter la nariz; **~ de beauté** lunar *m*; **~ de café/de poivre** grano de café/de pimienta; **~ de poussière** mota de polvo; **~ de raisin** uva; **~ de sable** (*fig*) minucia
graine [gRɛn] *nf* semilla; **mauvaise ~** (*fig*) mala hierba; **une ~ de voyou** un macarra en ciernes
graissage [gRɛsaʒ] *nm* engrase *m*
graisse [gRɛs] *nf* grasa
graisser [gRese] *vt* engrasar
graisseux, -euse [gRɛsø, øz] *adj* grasiento(-a); (*Anat*) adiposo(-a)
grammaire [gRa(m)mɛR] *nf* gramática
gramme [gRam] *nm* gramo
grand, e [gRɑ̃, gRɑ̃d] *adj* grande; (*avant le nom*) gran; (*haut*) alto(-a); (*corde, voyage, période*) largo(-a) ▸ *adv* : **~ ouvert** abierto de par en par; **voir ~** pensar a otro nivel; **de ~ matin** de madrugada; **en ~** en grande; **faire les choses en ~** hacer las cosas a lo grande; **un ~ homme/artiste** un gran hombre/artista; **un homme ~ et fort** un hombre alto y fuerte; **avoir ~ besoin de** tener mucha necesidad de; **il est ~ temps de** ya es hora de; **son ~ frère** su hermano mayor; **il est assez ~ pour** ya es bastante mayor para, ya tiene años para; **au ~ air** al aire libre; **au ~ jour** (*fig*) en pleno día, en plena luz; **~ blessé/brûlé** herido/quemado grave; **~ écart** spagat *m*; **~ ensemble** gran barriada; **grande personne** persona mayor; **~es écoles** *universidades de élite francesas*; **~es lignes** líneas *fpl* principales; **grande surface** hipermercado; **~es vacances** vacaciones *fpl* de verano; **~ magasin** grandes almacenes *mpl*; **~ public** gran público

> Las **grandes écoles** son centros de estudios superiores muy prestigiosos que preparan a los alumnos para el ejercicio de profesiones específicas. Solo los que han finalizado los dos años de *classes préparatoires* que siguen al *baccalauréat* pueden presentarse al examen selectivo de acceso a las mismas. Las **grandes écoles** tienen una fuerte identidad corporativa y de ellas se alimenta en gran medida la élite intelectual, administrativa y política francesa.

grand-chose [gRɑ̃ʃoz] *nm inv/nf inv* : **pas ~** poca cosa
Grande-Bretagne [gRɑ̃dbRətaɲ] *nf* Gran Bretaña
grandeur [gRɑ̃dœR] *nf* tamaño; (*mesure, quantité, aussi fig*) magnitud *f*; (*gloire, puissance*) grandeza; **~ nature** tamaño natural
grandiose [gRɑ̃djoz] *adj* grandioso(-a)
grandir [gRɑ̃diR] *vi* (*enfant, arbre*) crecer ▸ *vt* : **~ qn** (*suj : vêtement, chaussure*) hacer más alto(-a) a algn; (*fig*) ennoblecer a algn
grandissant, e [gRɑ̃disɑ̃, ɑ̃t] *adj* creciente
grand-mère [gRɑ̃mɛR] (*pl* **grands-mères**) *nf* abuela
grand-oncle [gRɑ̃tɔ̃kl(ə)] (*pl* **grands-oncles**) *nm* tío abuelo
grand-peine [gRɑ̃pɛn] : **à ~** *adv* a duras penas
grand-père [gRɑ̃pɛR] (*pl* **grands-pères**) *nm* abuelo
grand-rue [gRɑ̃Ry] (*pl* **grand-rues**) *nf* calle *f* mayor
grands-parents [gRɑ̃paRɑ̃] *nmpl* abuelos *mpl*
grand-tante [gRɑ̃tɑ̃t] (*pl* **grands-tantes**) *nf* tía abuela
grange [gRɑ̃ʒ] *nf* granero
granit [gRanit] *nm* granito
granulaire [gRanylɛR] *adj* (*Science*) granular

granulé [gʀanyle] *nm* granulado
granuleux, -euse [gʀanylø, øz] *adj* granuloso(-a)
graphique [gʀafik] *adj* gráfico(-a) ▸ *nm* gráfico
graphiste [gʀafist] *nm* grafista *m/f*
grappe [gʀap] *nf* (*Bot*) racimo; (*fig*) piña; **~ de raisin** racimo de uvas
grappin [gʀapɛ̃] *nm* (*Tech*) gancho; **mettre le ~ sur** (*fig*) echar el guante a
gras, se [gʀɑ, gʀɑs] *adj* (*viande, soupe, cheveux*) graso(-a); (*personne*) gordo(-a); (*surface*) grasiento(-a); (*terre*) viscoso(-a); (*toux*) flemático(-a); (*rire, plaisanterie*) grosero(-a); (*crayon*) blando(-a) ▸ *nm* (*Culin*) grasa; **faire la grasse matinée** levantarse tarde; **en caractères ~** en negrita
grassement [gʀɑsmɑ̃] *adv*: **~ payé** largamente pagado; (*rire*) groseramente
grassouillet, te [gʀɑsujɛ, ɛt] *adj* regordete
gratifiant, e [gʀatifjɑ̃, jɑ̃t] *adj* gratificante
gratifier [gʀatifje] *vt*: **~ qn de** gratificar a algn con; (*sourire etc*) honrar a algn con
gratin [gʀatɛ̃] *nm* gratín *m*; **au ~** gratinado(-a); **tout le ~ parisien** (*fig*) la flor y nata parisina
gratiné, e [gʀatine] *adj* gratinado(-a); (*fam*) espantoso(-a)
gratis [gʀatis] *adv, adj* gratis
gratitude [gʀatityd] *nf* gratitud *f*
gratte-ciel [gʀatsjɛl] (*pl* **gratte-ciel(s)**) *nm* rascacielos *m inv*
gratter [gʀate] *vt* (*frotter*) raspar; (*bras, bouton*) rascar; **se gratter** *vpr* rascarse
gratuit, e [gʀatɥi, ɥit] *adj* (*aussi fig*) gratuito(-a)
gratuité [gʀatɥite] *nf* gratuidad *f*
gratuitement [gʀatɥitmɑ̃] *adv* gratuitamente
gravats [gʀavɑ] *nmpl* escombros *mpl*
grave [gʀav] *adj* grave; (*sujet, problème*) grave, serio(-a) ▸ *nm* (*Mus*) grave *m*; **ce n'est pas ~!** ¡no importa!; **blessé ~** herido grave
gravement [gʀavmɑ̃] *adv* gravemente
graver [gʀave] *vt* (*aussi CD, DVD*) grabar; **~ qch dans son esprit/sa mémoire** (*fig*) grabar algo en su alma/su memoria
graveur [gʀavœʀ] *nm* grabadora; **~ de CD/DVD** grabadora de CD/DVD
gravier [gʀavje] *nm* grava
gravillons [gʀavijɔ̃] *nmpl* gravilla
gravir [gʀaviʀ] *vt* subir
gravité [gʀavite] *nf* (*aussi Phys*) gravedad *f*
graviter [gʀavite] *vi* (*aussi fig*): **~ autour de** gravitar alrededor de
gravure [gʀavyʀ] *nf* grabado *m*
gré [gʀe] *nm*: **à son ~** a su gusto; **au ~ de** a merced de; **contre le ~ de qn** contra la voluntad de algn; **de son plein ~** por su propia voluntad; **de ~ ou de force** por las buenas o por las malas; **de bon ~** con mucho gusto; **il faut le faire bon ~ mal ~** hay que hacerlo, queramos o no; **de ~ à ~** (*Comm*) de común acuerdo; **savoir ~ à qn de qch** estar agradecido(-a) a algn por algo
grec, grecque [gʀɛk] *adj* griego(-a) ▸ *nm* (*Ling*) griego ▸ *nm/f*: **Grec, Grecque** griego(-a)
Grèce [gʀɛs] *nf* Grecia
greffe [gʀɛf] *nf* (*Agr*) injerto; (*Méd*) tra(n)splante *m* ▸ *nm* (*Jur*) archivo; **~ du rein** transplante de riñón
greffer [gʀefe] *vt* (*tissu*) injertar; (*organe*) transplantar; **se greffer** *vpr*: **se ~ sur qch** incorporarse a algo
grêle [gʀɛl] *adj* flaco(-a) ▸ *nf* granizo
grêler [gʀele] *vb impers*: **il grêle** graniza
grêlon [gʀɛlɔ̃] *nm* granizo
grelot [gʀəlo] *nm* cascabel *m*
grelotter [gʀəlɔte] *vi* tiritar
Grenade [gʀənad] *nf* (*ville, île*) Granada
grenade [gʀənad] *nf* (*fruit, arme*) granada; **~ lacrymogène** bomba lacrimógena
grenadine [gʀənadin] *nf* granadina
grenat [gʀəna] *adj inv* granate
grenier [gʀənje] *nm* (*de maison*) desván *m*, altillo (AM), entretecho (AM); (*de ferme*) granero
grenouille [gʀənuj] *nf* rana
grès [gʀɛ] *nm* (*roche*) arenisca; (*poterie*) gres *msg*
grésillement [gʀezijmɑ̃] *nm* chirrido
grésiller [gʀezije] *vi* (*Culin*) chisporrotear; (*Radio*) chirriar
grève [gʀɛv] *nf* huelga; (*plage*) playa; **se mettre en/faire ~** declararse en/hacer huelga; **~ de la faim** huelga de hambre; **~ du zèle** huelga de celo; **~ perlée/sauvage** huelga intermitente/salvaje;

~ **sur le tas** huelga de brazos caídos; ~ **surprise/tournante** huelga sorpresa/ escalonada
grèviste [gʀevist] *nm/f* huelguista *m/f*
gribouiller [gʀibuje] *vt, vi* garabatear
grièvement [gʀijɛvmɑ̃] *adv* gravemente; ~ **blessé** herido de gravedad
griffe [gʀif] *nf* garra; (*fig : d'un couturier, parfumeur*) marca
griffer [gʀife] *vt* arañar
griffonner [gʀifɔne] *vt* garabatear
grignoter [gʀiɲɔte] *vt* roer; (*argent, temps*) consumir ▶ *vi* (*manger peu*) picar; **il lui a grignoté quelques secondes** (*Sport*) consiguió arrancarle unos segundos
gril [gʀil] *nm* parrilla
grillade [gʀijad] *nf* carne *f* a la parrilla, asado (AM)
grillage [gʀijaʒ] *nm* (*treillis*) reja; (*clôture*) alambrada
grille [gʀij] *nf* reja; (*fig*) red *f*; ~ **(des programmes)** (*Radio, TV*) parrilla (de programación); ~ **des salaires** cuadro de salarios
grille-pain [gʀijpɛ̃] (*pl* **grille-pain(s)**) *nm* tostador *m* de pan
griller [gʀije] *vt* (*aussi :* **faire griller** *: pain, café*) tostar; (*viande*) asar; (*ampoule, résistance*) fundir; (*feu rouge*) saltar ▶ *vi* (*brûler*) asarse
grillon [gʀijɔ̃] *nm* grillo
grimace [gʀimas] *nf* mueca; **faire des ~s** hacer muecas
grimpant, e [gʀɛ̃pɑ̃, ɑ̃t] *adj* : **plante grimpante** planta trepadora
grimper [gʀɛ̃pe] *vt* trepar a *ou* por ▶ *vi* empinarse; (*prix, nombre*) subir; ~ **à/sur** trepar a/por
grincement [gʀɛ̃smɑ̃] *nm* chirrido; crujido
grincer [gʀɛ̃se] *vi* (*porte, roue*) chirriar; (*plancher*) crujir; ~ **des dents** rechinar los dientes
grincheux, -euse [gʀɛ̃ʃø, øz] *adj* cascarrabias
gringalet [gʀɛ̃galɛ] *nm* mequetrefe *m*
griotte [gʀijɔt] *nf* guinda
grippe [gʀip] *nf* gripe *f*; **avoir la ~** tener gripe; **prendre qn/qch en ~** (*fig*) coger manía a algn/algo; ~ **aviaire** gripe aviar; ~ **porcine** gripe *f* porcina
grippé, e [gʀipe] *adj* : **être ~** estar griposo(-a); (*moteur*) estar gripado(-a)
gris, e [gʀi, gʀiz] *adj* gris *inv*; (*ivre*) alegre ▶ *nm* gris *msg*; **il fait ~** está nublado; **faire grise mine (à qn)** poner mala cara (a algn); ~ **perle** gris perla
grisaille [gʀizaj] *nf* gris *msg*
grisant, e [gʀizɑ̃, ɑ̃t] *adj* embriagador(a)
grisâtre [gʀizɑtʀ] *adj* grisáceo(-a)
griser [gʀize] *vt* (*fig*) embriagar; **se ~ de** (*fig*) embriagarse de
grisonnant, e [gʀizɔnɑ̃, ɑ̃t] *adj* entrecano(-a)
grisonner [gʀizɔne] *vi* encanecer
grive [gʀiv] *nf* tordo
grivois, e [gʀivwa, waz] *adj* atrevido(-a)
Groenland [gʀɔɛnlɑ̃d] *nm* Groenlandia
grogner [gʀɔɲe] *vi* gruñir; (*personne*) gruñir, refunfuñar
grognon, ne [gʀɔɲɔ̃, ɔn] *adj* gruñón(-ona)
grommeler [gʀɔm(ə)le] *vi* mascullar
gronder [gʀɔ̃de] *vi* (*canon, tonnerre*) retumbar; (*animal*) gruñir; (*fig*) amenazar con estallar ▶ *vt* regañar
gros, se [gʀo, gʀos] *adj* (*personne*) gordo(-a); (*paquet, problème, fortune*) gran, grande; (*travaux, dégâts*) importante; (*orage, bruit*) fuerte; (*trait, fil*) grueso(-a) ▶ *adv* : **risquer/gagner ~** arriesgar/ganar mucho ▶ *nm* (*Comm*) : **le ~** el por mayor; **écrire ~** escribir grueso; **en ~** en líneas generales; **prix de/vente en ~** precio/ venta al por mayor; **par ~ temps** con temporal; **par grosse mer** con mar gruesa; **le ~ de** (*troupe, fortune*) el grueso de; **en avoir ~ sur le cœur** estar con el corazón muy triste; ~ **intestin** intestino grueso; ~ **lot** premio gordo; ~ **mot** palabrota; ~ **œuvre** (*Constr*) obra bruta; ~ **plan** (*Photo*) primer plano; **en ~ plan** en primer plano; ~ **porteur** (*Aviat*) avión *m* de gran capacidad; **grosse caisse** (*Mus*) bombo; ~ **sel** sal *f* gorda; ~ **titre** titular *m*
groseille [gʀozɛj] *nf* grosella; ~ **à maquereau** grosella espinosa; ~ **(blanche)/ (rouge)** grosella (blanca)/(roja)
grosse [gʀos] *adj voir* **gros** ▶ *nf* (*Comm*) gruesa
grossesse [gʀosɛs] *nf* embarazo; ~ **nerveuse** falso embarazo

gr

grosseur [gRosœR] *nf* (*d'une personne*) gordura; (*d'un paquet*) tamaño; (*d'un trait*) grosor *m*; (*tumeur*) bulto

grossier, -ière [gRosje, jɛR] *adj* (*vulgaire*) grosero(-a); (*laine*) basto(-a); (*travail, finition*) tosco(-a); (*erreur*) burdo(-a), craso(-a)

grossièrement [gRosjɛRmɑ̃] *adv* groseramente

grossièreté [gRosjɛRte] *nf* grosería

grossir [gRosiR] *vi* engordar; (*fig*) aumentar; (*rivière, eaux*) crecer ▸ *vt* (*suj: vêtement*): **~ qn** hacer gordo a algn; (*nombre, importance*) aumentar; (*histoire, erreur*) exagerar

grossiste [gRosist] *nm/f* (*Comm*) mayorista *m/f*

grotesque [gRɔtɛsk] *adj* grotesco(-a)

grotte [gRɔt] *nf* gruta, cueva

grouiller [gRuje] *vi* (*foule*) bullir; (*fourmis*) pulular; **se grouiller** *vpr* (*fam*) espabilar; **~ de** estar atestado(-a) de

groupe [gRup] *nm* grupo; **~ de pression** grupo de presión; **~ électrogène** grupo electrógeno; **~ sanguin/scolaire** grupo sanguíneo/escolar

grouper [gRupe] *vt* agrupar; **se grouper** *vpr* agruparse

grue [gRy] *nf* grúa; (*Zool*) grulla; **faire le pied de ~** (*fam*) estar de plantón

guenon [gənɔ̃] *nf* mona

guépard [gepaR] *nm* guepardo

guêpe [gɛp] *nf* avispa

guêpier [gepje] *nm* (*fig*) avispero

guère [gɛR] *adv* (*avec adjectif, adverbe*): **ne ... ~** poco; (*avec verbe*) poco, apenas; **tu n'es ~ raisonnable** eres poco razonable; **il ne la connaît ~** apenas la conoce; **il n'y a ~ de** apenas hay; **il n'y a ~ que toi qui puisse le faire** apenas hay otro que puede hacerlo más que tú

guérilla [geRija] *nf* guerrilla

guérir [geRiR] *vt* curar ▸ *vi* (*personne*) curarse; (*plaie*) curarse, sanar; **~ de** (*Méd, fig*) curar de; **~ qn de** curar a algn de

guérison [geRizɔ̃] *nf* curación *f*

guérisseur, -euse [geRisœR, øz] *nm/f* curandero(-a)

guerre [gɛR] *nf* guerra; **~ atomique/de tranchées/d'usure** guerra atómica/de trincheras/de desgaste; **en ~** en guerra; **faire la ~ à** hacer la guerra a; **de ~ lasse** (*fig*) cansado(-a) de luchar; **de bonne ~** legítimo(-a); **~ civile** guerra civil; **~ de religion** guerra de religión; **~ froide/mondiale** guerra fría/mundial; **~ sainte** guerra santa; **~ totale** guerra total

guerrier, -ière [gɛRje, jɛR] *adj, nm/f* guerrero(-a)

guet [gɛ] *nm*: **faire le ~** estar al acecho

guet-apens [gɛtapɑ̃] (*pl* **guets-apens**) *nm* emboscada

guetter [gete] *vt* (*pour épier, surprendre*) acechar; (*attendre*) aguardar

gueule [gœl] *nf* (*d'animal*) hocico; (*du canon, tunnel*) boca; (*fam: visage*) jeta; (*: bouche*) pico; **ta ~ !** (*fam*) ¡cierra el pico!; **~ de bois** (*fam*) resaca

gueuler [gœle] (*fam*) *vi* chillar

gueuleton [gœltɔ̃] (*fam*) *nm* comilona

gui [gi] *nm* muérdago

guichet [giʃɛ] *nm* ventanilla; **les ~s** (*à la gare, au théâtre*) la taquilla, la boletería (AM); **jouer à ~s fermés** actuar con todas las entradas vendidas

guide [gid] *nm/f* guía *m/f* ▸ *nm* (*livre*) guía *f*

guider [gide] *vt* guiar

guidon [gidɔ̃] *nm* manillar *m*

guillemets [gijmɛ] *nmpl*: **entre ~** entre comillas

guimauve [gimov] *nf* (*sucrerie*) nube *f*

guindé, e [gɛ̃de] *adj* estirado(-a)

guirlande [giRlɑ̃d] *nf* guirnalda; **~ de Noël/lumineuse** guirnalda de Navidad/de luces

guise [giz] *nf*: **à votre ~** como guste; **en ~ de** (*en manière de, comme*) a guisa de; (*à la place de*) en lugar de

guitare [gitaR] *nf* guitarra; **~ sèche** guitarra española

guitariste [gitaRist] *nm/f* guitarrista *m/f*

gymnase [ʒimnɑz] *nm* gimnasio

gymnaste [ʒimnast] *nm/f* gimnasta *m/f*

gymnastique [ʒimnastik] *nf* gimnasia; **~ corrective/rythmique** gimnasia correctiva/rítmica

gynécologie [ʒinekɔlɔʒi] *nf* ginecología

gynécologique [ʒinekɔlɔʒik] *adj* ginecológico(-a)

gynécologue [ʒinekɔlɔg] *nm/f* ginecólogo(-a)

gyroskate [ʒiRoskɛt] *nm* hoverboard *m*, aeropatín *m*

h

habile [abil] *adj* hábil
habileté [abilte] *nf* habilidad *f*
habilité, e [abilite] *adj* : **~ à faire** habilitado(-a) para hacer
habillage [abijaʒ] *nm* (*d'un objet*) revestimiento
habillé, e [abije] *adj* vestido(-a); (*robe, costume*) elegante
habiller [abije] *vt* vestir; (*objet*) revestir, forrar; **s'habiller** *vpr* vestirse; (*mettre des vêtements chic*) vestir bien, ir bien vestido(-a); **s'~ de/en** vestirse de; **s'~ chez/à** vestirse en
habit [abi] *nm* traje *m*; **habits** *nmpl* (*vêtements*) ropa; **prendre l'~** (*Rel*) tomar hábito; **~ (de soirée)** traje de etiqueta
habitant, e [abitɑ̃, ɑ̃t] *nm/f* habitante *m/f*; (*d'une maison*) ocupante *m/f*; (*d'un immeuble*) vecino(-a); **loger chez l'~** alojarse con gente de la zona
habitation [abitasjɔ̃] *nf* (*bâtiment*) vivienda; **~s à loyer modéré** *viviendas oficiales de bajo alquiler*
habiter [abite] *vt* vivir en; (*suj : sentiment, envie*) anidar ▶ *vi* : **~ à** *ou* **dans** vivir en; **~ chez** *ou* **avec qn** vivir en casa de *ou* con algn; **~ rue Montmartre** vivir en la calle Montmartre
habitude [abityd] *nf* costumbre *f*; **avoir l'~ de faire/qch** tener la costumbre de hacer/algo; (*expérience*) estar acostumbrado(-a) a hacer/algo; **avoir l'~ des enfants** estar acostumbrado(-a) a los niños; **prendre l'~ de faire qch** acostumbrarse a hacer algo; **perdre une ~** perder una costumbre; **d'~** normalmente; **comme d'~** como de costumbre; **par ~** por hábito *ou* costumbre
habitué, e [abitɥe] *adj* : **être ~ à** estar acostumbrado(-a) a ▶ *nm/f* (*d'un café, d'un lieu*) parroquiano(-a)
habituel, le [abitɥɛl] *adj* habitual; **à l'endroit ~** en el sitio habitual
habituer [abitɥe] *vt* : **~ qn à qch/faire** acostumbrar a algn a algo/hacer; **s'~ à** acostumbrarse a; **s'~ à faire** acostumbrarse a hacer
hache ['aʃ] *nf* hacha
haché, e ['aʃe] *adj* (*Culin*) picado(-a); (*mot, style*) entrecortado(-a); **viande hachée** carne *f* picada, picadillo
hacher ['aʃe] *vt* (*viande, persil*) picar; **~ menu** hacer picadillo
hachis ['aʃi] *nm* picadillo; **~ parmentier** *pastel de carne picada de vaca y puré de patatas*
hacker[1] ['ake] *vt* hackear
hacker[2] ['akœʀ] *nm/f*, **hackeur, -euse** ['akœʀ, øz] *nm/f* hacker *m/f*
haie ['ɛ] *nf* seto; (*Sport*) valla; **110 m/400 m ~s** 110m/400m vallas; **~ d'honneur** hilera de honor
haillons ['ɑjɔ̃] *nmpl* harapos *mpl*, andrajos *mpl*; **en ~** harapiento(-a), andrajoso(-a)
haine ['ɛn] *nf* odio
haïr ['aiʀ] *vt* odiar; **se haïr** *vpr* odiarse
hâlé, e ['ɑle] *adj* bronceado(-a)
haleine [alɛn] *nf* aliento; **perdre ~** perder el aliento *ou* la respiración; **à perdre ~** hasta perder el aliento; **avoir mauvaise ~** tener mal aliento; **reprendre ~** recobrar el aliento; **hors d'~** sin aliento; **tenir en ~** tener en vilo; **de longue ~** de mucho esfuerzo
haleter ['alte] *vi* jadear
hall ['ol] *nm* vestíbulo
halle ['al] *nf* mercado; **halles** *nfpl* (*marché principal*) mercado central
hallucinant, e [alysinɑ̃, ɑ̃t] *adj* alucinante
hallucination [alysinasjɔ̃] *nf* alucinación *f*
halte ['alt] *nf* alto; (*escale*) parada; (*excl*) ¡alto!; **faire ~** hacer un alto, pararse
haltère [altɛʀ] *nm* pesa; **haltères** *nmpl* : **faire des ~s** hacer pesas
haltérophilie [alteʀɔfili] *nf* halterofilia
hamac ['amak] *nm* hamaca

hamburger ['ɑ̃buʀgœʀ] *nm* hamburguesa
hameau, x ['amo] *nm* aldea
hameçon [amsɔ̃] *nm* anzuelo
hameçonnage [amsɔnaʒ] *nm (Internet)* phishing *m*
hamster ['amstɛʀ] *nm* hámster *m*
hanche ['ɑ̃ʃ] *nf* cadera
handball ['ɑ̃dbal] *nm* balonmano
handicap ['ɑ̃dikap] *nm (Méd)* discapacidad *f*; *(fig, Sport)* handicap *m*; **~ mental** discapacidad intelectual
handicapé, e ['ɑ̃dikape] *adj, nm/f* discapacitado(-a); **~ mental** discapacitado(-a) intelectual; **~ moteur** discapacitado(-a) motor; **~ physique** discapacitado(-a) físico(-a)
hangar ['ɑ̃gaʀ] *nm* cobertizo, galpón *m (CSur)*; *(Aviat)* hangar *m*
hanneton ['antɔ̃] *nm* abejorro
hanter ['ɑ̃te] *vt (suj : fantôme)* aparecer en; *(: idée, souvenir)* obsesionar, atormentar; **une maison hantée** una casa encantada
hantise ['ɑ̃tiz] *nf* obsesión *f*
haras ['aʀɑ] *nm* acaballadero
harcèlement ['aʀsɛlmɑ̃] *nm* acoso; *(Mil)* hostigamiento; **~ moral** acoso moral, mobbing *m*
harceler ['aʀsəle] *vt* acosar; *(Mil)* hostigar; **~ de questions** acosar a preguntas
harceleur, -euse ['aʀsəlœʀ, -øz] *nm/f* acosador(a)
hardi, e ['aʀdi] *adj* audaz; *(décolleté)* atrevido(-a)
hareng ['aʀɑ̃] *nm* arenque *m*; **~ saur** arenque ahumado
hargne ['aʀɲ] *nf* saña
hargneux, -euse ['aʀɲø, øz] *adj* arisco(-a), hosco(-a)
haricot ['aʀiko] *nm (Bot)* judía; **~ blanc/rouge** alubia blanca/pinta; **~ vert** judía verde
harmonica [aʀmɔnika] *nm* armónica
harmonie [aʀmɔni] *nf* armonía
harmonieux, -euse [aʀmɔnjø, jøz] *adj* armonioso(-a)
harpe ['aʀp] *nf* arpa
hasard ['azaʀ] *nm* azar *m*; **un ~** una casualidad; **au ~** al azar; **par ~** por casualidad; **comme par ~** como de casualidad; **à tout ~** por si acaso
hâte ['ɑt] *nf* prisa; **à la ~** de prisa; **en ~** rápidamente; **avoir ~ de** tener prisa por
hâter ['ɑte] *vt* apresurar; **se hâter** *vpr* apresurarse; **se ~ de** apresurarse a
hâtif, -ive ['ɑtif, iv] *adj* precipitado(-a)
hausse ['os] *nf* alza; *(de la température)* subida, aumento; **à la ~** al alza; **en ~** *(prix)* en alza; *(température)* en aumento
hausser ['ose] *vt* subir; **~ les épaules** encogerse de hombros; **se ~ sur la pointe des pieds** ponerse de puntillas
haut, e ['o, 'ot] *adj* alto(-a); *(température, pression)* elevado(-a), alto(-a) ▶ *adv* : **être/monter/lever ~** estar/subir/levantar en alto ▶ *nm* alto; *(d'un arbre)* copa; *(d'une montagne)* cumbre *f*; **de 3 m de ~** de 3 m de alto *ou* altura; **~ de 2 m/5 étages** de 2m/5 pisos de altura; **en haute montagne** en alta montaña; **des ~s et des bas** altibajos *mpl*; **en ~ lieu** en las altas esferas; **à haute voix, tout ~** en voz alta; **du ~ de** desde lo alto de; **tomber de ~** caer desde lo alto; *(fig)* quedarse de una pieza; **prendre qch de ~** tomar algo con desdén; **traiter qn de ~** tratar con altanería a algn; **de ~ en bas** *(regarder)* de arriba abajo; **~ en couleur** *(personnage, scène)* pintoresco(-a); **plus ~** más alto; *(dans un texte)* más arriba; **en ~** arriba; **en ~ de** *(être situé)* por encima de; *(aller, monter)* a lo alto de; **« ~ les mains ! »** «¡arriba las manos!»; **haute coiffure/couture** alta peluquería/costura; **~ débit** *(Inform)* banda *f* ancha; **haute fidélité** *(Élec)* alta fidelidad *f*; **haute finance** altas finanzas *fpl*; **haute trahison** alta traición *f*
hautain, e ['otɛ̃, ɛn] *adj* altanero(-a)
hautbois ['obwɑ] *nm* oboe *m*
hauteur ['otœʀ] *nf* altura; *(arrogance)* altanería, altivez *f*; **à ~ de** a la altura de; **à ~ des yeux** a la altura de los ojos; **à la ~ de** al nivel de; **à la ~** *(fig)* a la altura
haut-parleur ['opaʀlœʀ] *(pl* **haut-parleurs**) *nm* altavoz *m*
hebdomadaire [ɛbdɔmadɛʀ] *adj* semanal ▶ *nm* semanario
hébergement [ebɛʀʒəmɑ̃] *nm* alojamiento, hospedaje *m*
héberger [ebɛʀʒe] *vt* alojar, hospedar; *(réfugiés)* alojar
hébreu, x [ebʀø] *adj* hebreo(-a) ▶ *nm* hebreo
hectare [ɛktaʀ] *nm* hectárea

hein ['ɛ̃] *excl* (*comment ?*) ¿eh?; **tu m'approuves, ~ ?** ¿estás de acuerdo, eh?; **Paul est venu, ~ ?** Pablo vino, ¿no?; **j'ai eu tort, ~ ?** me equivoqué, ¿no?

hélas ['elɑs] *excl* ¡ay! ▶ *adv* desgraciadamente

héler ['ele] *vt* llamar; **~ un taxi** llamar un taxi

hélice [elis] *nf* hélice *f*

hélicoptère [elikɔptɛʀ] *nm* helicóptero

hélium [eljɔm] *nm* helio

helvétique [ɛlvetik] *adj* helvético(-a)

hématome [ematom] *nm* hematoma *m*

hémisphère [emisfɛʀ] *nm* : **~ nord/sud** hemisferio norte/sur

hémophile [emɔfil] *adj* hemofílico(-a)

hémorragie [emɔʀaʒi] *nf* hemorragia; **~ cérébrale/interne/nasale** hemorragia cerebral/interna/nasal

hémorroïdes [emɔʀɔid] *nfpl* almorranas *fpl*, hemorroides *fpl*

hennir ['eniʀ] *vi* relinchar

hépatite [epatit] *nf* hepatitis *f*

herbe [ɛʀb] *nf* hierba; **en ~** en cierne; **touffe/brin d'~** mata/brizna de hierba

herbicide [ɛʀbisid] *nm* herbicida *m*

herbier [ɛʀbje] *nm* herbario

herboriste [ɛʀbɔʀist] *nm/f* herbolario(-a)

héréditaire [eʀeditɛʀ] *adj* hereditario(-a)

hérissé, e ['eʀise] *adj* erizado(-a); **~ de** erizado(-a) de

hérisson ['eʀisɔ̃] *nm* erizo

héritage [eʀitaʒ] *nm* herencia; **faire un (petit) ~** recibir una (pequeña) herencia

hériter [eʀite] *vt, vi* heredar; **~ qch (de qn)** heredar algo (de algn); **~ de qn** heredar de algn; **il a hérité deux millions de son oncle** heredó dos millones de su tío

héritier, -ière [eʀitje, jɛʀ] *nm/f* heredero(-a)

hermétique [ɛʀmetik] *adj* (*récipient*) hermético(-a); (*fig*) : **~ à** impermeable a

hermine [ɛʀmin] *nf* armiño

hernie ['ɛʀni] *nf* hernia; **~ discale** hernia discal

héroïne [eʀɔin] *nf* (*femme, drogue*) heroína

héroïque [eʀɔik] *adj* heroico(-a)

héron ['eʀɔ̃] *nm* garza

héros ['eʀo] *nm* héroe *m*

hésitant, e [ezitɑ̃, ɑ̃t] *adj* vacilante, indeciso(-a)

hésitation [ezitasjɔ̃] *nf* indecisión *f*, vacilación *f*

hésiter [ezite] *vi* : **~ (à faire)** vacilar *ou* dudar (en hacer); **je le dis sans ~** lo digo sin vacilar *ou* dudar; **~ sur qch** vacilar *ou* dudar sobre algo; **~ entre** dudar entre

hétérosexuel, le [eteʀɔsɛksɥɛl] *adj* heterosexual

hêtre ['ɛtʀ] *nm* haya

heure [œʀ] *nf* hora; **c'est l'~** es la hora; **quelle ~ est-il ?** ¿qué hora es?; **pourriez-vous me donner l'~, s'il vous plaît ?** ¿me puede decir la hora, por favor?; **deux ~s (du matin)** las dos (de la mañana); **à la bonne ~** (*parfois ironique*) ¡me alegro!; **être à l'~** ser puntual; (*montre*) estar en hora; **mettre à l'~** poner en hora; **100 km à l'~** 100 km por hora; **à toute ~** a todas horas; **24 ~s sur 24** 24 horas al día; **à l'~ qu'il est** a esta hora; (*fig*) a estas horas *ou* alturas; **une ~ d'arrêt** una hora de parada; **sur l'~** inmediatamente; **pour l'~** por ahora; **d'~ en ~** cada hora; (*d'une heure à l'autre*) de hora en hora; **d'une ~ à l'autre** dentro de nada; **de bonne ~** de madrugada; **le bus passe à l'~** el autobús pasa a la hora en punto; **deux ~s de marche/travail** dos horas de marcha/trabajo; **à l'~ actuelle** a estas horas, actualmente; **~ de pointe** hora punta; **~ locale/d'été** hora local/de verano; **~s supplémentaires/de bureau** horas *fpl* extraordinarias/de oficina

heureusement [œʀøzmɑ̃] *adv* afortunadamente; **~ que ...** menos mal que ...

heureux, -euse [œʀø, øz] *adj* feliz; (*chanceux*) afortunado(-a); **être ~ de qch/faire** alegrarse de algo/hacer; **être ~ que** alegrarle a algn que; **s'estimer ~ que/de qch** darse por contento(-a) de que/de algo; **encore ~ que ...** y menos mal que ...

heurt ['œʀ] *nm* choque *m*; **heurts** *nmpl* (*fig : bagarre*) choques *mpl*; (*désaccord*) desavenencias *fpl*

heurter ['œʀte] *vt* (*mur, porte*) chocar con *ou* contra; (*personne*) tropezar con; (*fig : personne, sentiment*) chocar (con); **se heurter** *vpr* chocar (con); (*voitures, personnes*) chocar; **se ~ à** (*fig*) enfrentarse a

hexagone [ɛgzagɔn] *nm* hexágono; (*la France*) Francia

hiberner [ibɛʀne] *vi* hibernar

hibou, x ['ibu] *nm* búho

hideux, -euse ['idø, øz] *adj* horrendo(-a)
hier [jɛʀ] *adv* ayer; **~ matin/soir/midi** ayer por la mañana/por la tarde/al mediodía; **toute la journée/la matinée d'~** todo el día/toda la mañana de ayer
hiérarchie ['jeʀaʀʃi] *nf* jerarquía
hindou, e [ɛ̃du] *adj* hindú ▸ *nm/f*: **Hindou, e** hindú *m/f*
hippique [ipik] *adj* hípico(-a)
hippocampe [ipɔkɑ̃p] *nm* (*Zool, Anat*) hipocampo
hippodrome [ipɔdʀom] *nm* hipódromo
hippopotame [ipɔpɔtam] *nm* hipopótamo
hirondelle [iʀɔ̃dɛl] *nf* golondrina
hisser ['ise] *vt* izar; **se ~ sur** levantarse sobre
histoire [istwaʀ] *nf* historia; (*chichis* : *gén pl*) lío; **histoires** *nfpl* (*ennuis*) problemas *mpl*; **l'~ de France** la historia de Francia; **une ~ de** (*fig*) una cuestión de; **une ~ drôle** un chiste; **faire des ~s** crear problemas
historique [istɔʀik] *adj* histórico(-a) ▸ *nm* : **faire l'~ de** hacer la crónica de
hiver [ivɛʀ] *nm* invierno; **en ~** en invierno
hivernal, e, -aux [ivɛʀnal, o] *adj* invernal
HLM ['aʃɛlɛm] *sigle m ou sigle f* (= *habitation à loyer modéré*) *vivienda oficial de bajo alquiler*
hocher ['ɔʃe] *vt* : **~ la tête** cabecear
hockey ['ɔkɛ] *nm* : **~ (sur glace/gazon)** hockey *m* (sobre hielo/hierba)
hold-up ['ɔldœp] *nm inv* atraco a mano armada
hollandais, e ['ɔlɑ̃dɛ, ɛz] *adj* holandés(-esa) ▸ *nm* (*Ling*) holandés *msg* ▸ *nm/f*: **Hollandais, e** holandés(-esa); **les H~** los holandeses
Hollande ['ɔlɑ̃d] *nf* Holanda ▸ *nm* : **hollande** (*fromage*) queso de Holanda
homard ['ɔmaʀ] *nm* bogavante *m*
homéopathique [ɔmeɔpatik] *adj* homeopático(-a)
homicide [ɔmisid] *nm* homicidio; **~ involontaire** homicidio involuntario
hommage [ɔmaʒ] *nm* homenaje *m*; **hommages** *nmpl* (*civilités*) : **présenter ses ~s** presentar sus respetos; **rendre ~ à** rendir homenaje a; **en ~ de** en prueba de
homme [ɔm] *nm* hombre *m*; **l'~ de la rue** el hombre de la calle; **~ à tout faire** hombre para todo; **~ d'affaires** hombre de negocios; **~ d'Église** eclesiástico; **~ d'État** estadista *m*; **~ de loi** abogado; **~ de main** matón *m*; **~ de paille** hombre de paja; **~ des cavernes** hombre de las cavernas
homogène [ɔmɔʒɛn] *adj* homogéneo(-a)
homologue [ɔmɔlɔg] *nm/f* homólogo(-a)
homologué, e [ɔmɔlɔge] *adj* homologado(-a)
homonyme [ɔmɔnim] *nm* (*Ling*) homónimo; (*d'une personne*) tocayo(-a)
homoparental, e, -aux [ɔmɔpaʀɑ̃tal, o] *adj* (*famille, foyer*) homoparental
homosexuel, le [ɔmɔsɛksɥɛl] *adj* homosexual ▸ *nm/f* homosexual *m/f*
Hongrie ['ɔ̃gʀi] *nf* Hungría
hongrois, e ['ɔ̃gʀwa, waz] *adj* húngaro(-a) ▸ *nm* (*Ling*) húngaro ▸ *nm/f*: **Hongrois, e** húngaro(-a)
honnête [ɔnɛt] *adj* (*intègre*) honrado(-a), honesto(-a); (*juste, satisfaisant*) justo(-a), razonable
honnêtement [ɔnɛtmɑ̃] *adv* honestamente
honnêteté [ɔnɛtte] *nf* honestidad *f*
honneur [ɔnœʀ] *nm* honor *m*; (*faveur*) honra; (*mérite*) : **l'~ lui revient** es mérito suyo; **à qui ai-je l'~ ?** ¿con quién tengo el honor de hablar?; **cela me/te fait ~** esto me/te honra; **«j'ai l'~ de ...»** «tengo el honor de ...»; **en l'~ de** (*personne*) en honor de; (*événement*) en celebración de; **faire ~ à** (*engagements*) cumplir con; (*famille, professeur*) hacer honor a; (*repas*) hacer los honores a; **être à l'~** (*personne*) ser admirado(-a); (*vêtement*) estar de moda; **membre d'~** miembro de honor; **table d'~** mesa de honor
honorable [ɔnɔʀabl] *adj* honorable; (*suffisant*) satisfactorio(-a)
honoraire [ɔnɔʀɛʀ] *adj* honorario(-a); **honoraires** *nmpl* honorarios *mpl*; **professeur ~** profesor(a) honorario(-a)
honorer [ɔnɔʀe] *vt* honrar; (*estimer*) respetar; (*Comm* : *chèque, dette*) pagar; **~ qn de** honrar a algn con; **s'~ de** honrarse con
honte ['ɔ̃t] *nf* vergüenza; **avoir ~ de** tener vergüenza de; **faire ~ à qn** avergonzar a algn
honteux, -euse ['ɔ̃tø, øz] *adj* avergonzado(-a); (*conduite, acte*) vergonzoso(-a)

hôpital, -aux [ɔpital, o] *nm* hospital *m*

hoquet ['ɔkɛ] *nm* hipo; **avoir le ~** tener hipo

horaire [ɔʀɛʀ] *adj* por hora ▸ *nm* horario; **horaires** *nmpl* (*conditions, heures de travail*) horario *msg*; **~ mobile/à la carte** horario móvil/libre; **~ souple** *ou* **flexible** horario flexible

horizon [ɔʀizɔ̃] *nm* horizonte *m*; (*paysage*) panorama *m*; **horizons** *nmpl* (*fig*) horizontes *mpl*; **sur l'~** en el horizonte

horizontal, e, -aux [ɔʀizɔ̃tal, o] *adj* horizontal ▸ *nf*: **à l'horizontale** en horizontal

horloge [ɔʀlɔʒ] *nf* reloj *m*; **~ parlante** reloj parlante *ou* telefónico

horloger, -ère [ɔʀlɔʒe, ɛʀ] *nm/f* relojero(-a)

hormis ['ɔʀmi] *prép* excepto

horoscope [ɔʀɔskɔp] *nm* horóscopo

horreur [ɔʀœʀ] *nf* horror *m*; **l'~ d'une action/d'une scène** lo horroroso de una acción/de una escena; **quelle ~!** ¡qué horror!; **avoir ~ de qch** sentir horror por algo; **cela me fait ~** eso me horroriza

horrible [ɔʀibl] *adj* horrible, horrendo(-a); (*laid*) horroroso(-a)

horrifier [ɔʀifje] *vt* horrorizar

hors ['ɔʀ] *prép* salvo; **~ de** fuera de; **~ de propos** fuera de lugar; **être ~ de soi** estar fuera de sí; **~ série** fuera de serie; **~ ligne** (*Internet*) sin conexión; **~ pair** fuera de serie; **~ service/d'usage** fuera de servicio/de uso

hors-bord ['ɔʀbɔʀ] (*pl* **hors-bord(s)**) *nm* fuera borda *m inv*

hors-d'œuvre ['ɔʀdœvʀ] *nm inv* entremés *m*

hors-la-loi ['ɔʀlalwa] *nm inv* forajido

hors-taxe [ɔʀtaks] *adj* libre de impuestos

hortensia [ɔʀtɑ̃sja] *nm* hortensia

hospice [ɔspis] *nm* (*de vieillards*) asilo; (*asile*) hospicio

hospitalier, -ière [ɔspitalje, jɛʀ] *adj* hospitalario(-a)

hospitaliser [ɔspitalize] *vt* hospitalizar

hospitalité [ɔspitalite] *nf* hospitalidad *f*; **offrir l'~ à qn** dar hospitalidad a algn

hostie [ɔsti] *nf* (*Rel*) hostia

hostile [ɔstil] *adj* hostil; **~ à** contrario(-a) a

hostilité [ɔstilite] *nf* hostilidad *f*; **hostilités** *nfpl* (*Mil*) hostilidades *fpl*

hôte [ot] *nm* (*maître de maison*) anfitrión *m* ▸ *nm/f* (*invité*) huésped *m/f*; (*client*) cliente *m/f*; (*fig*: *occupant*) ocupante *m/f*; **~ payant** huésped de pago

hôtel [otɛl] *nm* hotel *m*; **aller à l'~** ir a un hotel; **~ de ville** ayuntamiento; **~ (particulier)** palacete *m*

hôtellerie [otɛlʀi] *nf* (*profession*) hostelería; (*auberge*) hostal *m*

hôtesse [otɛs] *nf* (*maîtresse de maison*) anfitriona; (*dans une agence, une foire*) azafata, recepcionista; **~ (de l'air)** azafata (de aviación), aeromoza (AM); **~ (d'accueil)** azafata (de recepción)

hotte ['ɔt] *nf* (*panier*) cuévano; (*de cheminée*) campana; **~ aspirante** (*de cuisinière*) campana extractora

houblon ['ublɔ̃] *nm* lúpulo

houille ['uj] *nf* hulla; **~ blanche** hulla blanca

houle ['ul] *nf* marejada

houlette ['ulɛt] *nf*: **sous la ~ de** bajo la dirección de

houleux, -euse ['ulø, øz] *adj* (*mer*) encrespado(-a); (*discussion*) agitado(-a)

hourra ['uʀa] *nm* hurra *m* ▸ *excl* ¡hurra!

housse ['us] *nf* funda

houx ['u] *nm* acebo

hublot ['yblo] *nm* portilla

huées ['ɥe] *nfpl* abucheo

huer ['ɥe] *vt* abuchear ▸ *vi* graznar

huile [ɥil] *nf* aceite *m*; (*Art*) óleo; (*fam*) pez *m* gordo; **mer d'~** balsa de aceite; **faire tache d'~** (*fig*) extenderse como cosa buena; **~ d'arachide/de table** aceite de cacahuete/de mesa; **~ de ricin/de foie de morue** aceite de ricino/de hígado de bacalao; **~ essentielle** aceite esencial; **~ solaire** aceite bronceador

huileux, -euse [ɥilø, øz] *adj* aceitoso(-a)

huissier, -ère [ɥisje, ɛr] *nm/f* ordenanza *m/f*; (*Jur*) ujier *m/f*

huit ['ɥi(t)] *adj inv*, *nm inv* ocho *m inv*; **samedi en ~** el sábado en ocho días; **dans ~ jours** dentro de ocho días; *voir aussi* **cinq**

huitaine ['ɥitɛn] *nf*: **une ~ de jours** unos ocho días; **sous ~** (*Jur, Admin*) en ocho días

huitième ['ɥitjɛm] *adj*, *nm/f* octavo(-a)

▸ *nm* (*partitif*) octavo; *voir aussi* **cinquième**

huître [ɥitʀ] *nf* ostra

humain, e [ymɛ̃, ɛn] *adj* humano(-a) ▸ *nm* humano

humanitaire [ymanitɛʀ] *adj* humanitario(-a)

humanité [ymanite] *nf* humanidad *f*

humble [œ̃bl] *adj* humilde

humblement [œ̃bləmɑ̃] *adv* humildemente

humecter [ymɛkte] *vt* humedecer; **s'~ les lèvres** humedecerse los labios

humer ['yme] *vt* oler

humeur [ymœʀ] *nf* humor *m*; **de bonne/mauvaise ~** de buen/mal humor; **cela m'a mis de mauvaise/bonne ~** eso me puso de mal/buen humor; **être d'~ à faire qch** estar de humor para hacer algo

humide [ymid] *adj* húmedo(-a)

humidité [ymidite] *nf* humedad *f*; **traces d'~** rastros *mpl* de humedad

humiliant, e [ymiljɑ̃, ɑ̃t] *adj* humillante

humilier [ymilje] *vt* humillar; **s'~ devant qn** humillarse delante de algn

humilité [ymilite] *nf* humildad *f*

humoriste [ymɔʀist] *nm/f* humorista *m/f*

humoristique [ymɔʀistik] *adj* humorístico(-a)

humour [ymuʀ] *nm* humor *m*; **il a un ~ particulier** tiene un humor muy particular; **avoir de l'~** tener sentido del humor; **~ noir** humor negro

huppé, e ['ype] *adj* encopetado(-a)

hurlement ['yʀləmɑ̃] *nm* aullido, alarido

hurler ['yʀle] *vi* (*animal*) aullar; (*personne*) dar alaridos; (*de peur*) chillar; (*fig : vent etc*) ulular; **~ à la mort** aullar a la muerte

hutte ['yt] *nf* choza

hydratant, e [idʀatɑ̃, ɑ̃t] *adj* hidratante

hydraulique [idʀolik] *adj* hidráulico(-a)

hydravion [idʀavjɔ̃] *nm* hidroavión *m*

hydrogène [idʀɔʒɛn] *nm* hidrógeno

hydroglisseur [idʀɔglisœʀ] *nm* hidroplano

hyène [jɛn] *nf* hiena

hygiène [iʒjɛn] *nf* higiene *f*; **~ corporelle/intime** higiene corporal/íntima

hygiénique [iʒenik] *adj* higiénico(-a)

hymne [imn] *nm* himno; **~ national** himno nacional

hyperappel [ipɛʀapɛl] *nm* (*Inform*) hypercall *f*

hypermarché [ipɛʀmaʀʃe] *nm* hipermercado

hypermétrope [ipɛʀmetʀɔp] *adj* hipermétrope

hypertension [ipɛʀtɑ̃sjɔ̃] *nf* hipertensión *f*

hypertexte [ipɛʀtɛkst] *nm* hipertexto

hypnose [ipnoz] *nf* hipnosis *fsg*

hypnotiser [ipnɔtize] *vt* hipnotizar

hypocrisie [ipɔkʀizi] *nf* hipocresía

hypocrite [ipɔkʀit] *adj, nm/f* hipócrita *m/f*

hypoténuse [ipɔtenyz] *nf* hipotenusa

hypothèque [ipɔtɛk] *nf* hipoteca

hypothèse [ipɔtɛz] *nf* hipótesis *f inv*; **dans l'~ où ...** en la hipótesis de que ...

hystérique [isteʀik] *adj* histérico(-a)

I

iceberg [ajsbɛʀg] *nm* iceberg *m*

ici [isi] *adv* aquí; **jusqu'~** hasta aquí; (*temporel*) hasta ahora; **d'~ là** para entonces; (*en attendant*) mientras tanto; **d'~ peu** dentro de poco

icône [ikon] *nf* (*aussi Inform*) icono

idéal, e, -aux [ideal, o] *adj* ideal ▸ *nm* ideal *m*; **l'~ serait de/que** lo ideal sería/sería que

idéaliste [idealist] *adj, nm/f* idealista *m/f*

idée [ide] *nf* idea; **idées** *nfpl* (*opinions, conceptions*) ideas *fpl*; **se faire des ~s** hacerse ilusiones; **je n'en ai pas la moindre ~** no tengo la menor idea; **à l'~ de/que** con la idea de/de que; **avoir ~ que, avoir dans l'~ que** tener la impresión de que; **en voilà des ~s !** ¡menuda idea!, ¡vaya ocurrencia!; **avoir les ~s larges** tener una mentalidad abierta; **venir à l'~ de qn** ocurrírsele a algn; **~ fixe** idea fija; **~s noires** pensamientos *mpl* negros; **~s reçues** ideas preconcebidas

identifiant [idɑ̃tifjɑ̃] *nm* (*Inform*) nombre *m* de usuario

identifier [idɑ̃tifje] *vt* identificar; **~ qch/qn à** identificar algo/a algn con; **s'~ avec** *ou* **à qch/qn** identificarse con algo/algn

identique [idɑ̃tik] *adj* idéntico(-a); **~ à** idéntico a

identité [idɑ̃tite] *nf* (*d'une personne*) identidad *f*; **~ judiciaire** identidad judicial

idiot, e [idjo, idjɔt] *adj* (*Méd*) retrasado(-a); (*péj : personne*) idiota, estúpido(-a); (*film, réflexion*) estúpido(-a) ▸ *nm/f* idiota *m/f*; **l'~ du village** el tonto del pueblo

idiotie [idjɔsi] *nf* estupidez *f*, idiotez

idoine [idwan] *adj* idóneo(-a)

idole [idɔl] *nf* ídolo

idylle [idil] *nf* idilio

idyllique [idilik] *adj* idílico(-a)

if [if] *nm* (*Bot*) tejo

ignare [iɲaʀ] *adj, nm/f* ignorante *m/f*

ignoble [iɲɔbl] *adj* (*individu, procédé*) ruin, innoble; (*taudis, nourriture*) asqueroso(-a)

ignorance [iɲɔʀɑ̃s] *nf* ignorancia; **tenir qn dans l'~ de** tener algn en la ignorancia de; **être dans l'~ de** desconocer

ignorant, e [iɲɔʀɑ̃, ɑ̃t] *adj, nm/f* ignorante *m/f*; **faire l'~** hacerse el tonto

ignorer [iɲɔʀe] *vt* (*loi, faits*) ignorar; (*personne, demande*) no hacer caso a, ignorar a; (*plaisir, guerre*) desconocer; **j'ignore comment/si** no sé cómo/si; **~ que** ignorar que, desconocer que; **je n'ignore pas que ...** soy consciente de que ...; **je l'ignore** lo ignoro

il [il] *pron* él; **ils** ellos; **il fait froid** hace frío; **il est midi** es mediodía; **Pierre est-il arrivé ?** ¿ha llegado Pedro?; *voir aussi* **avoir**

île [il] *nf* isla; **les ~s** (*les Antilles*) las Antillas; **l'~ de Beauté** Córcega; **l'~ Maurice** la isla Mauricio; **les ~s anglo-normandes/Britanniques** las islas del Canal/Británicas; **les ~s Baléares/Canaries** las (islas) Baleares/Canarias; **les ~s Marquises** las (islas) Marquesas

illégal, e, -aux [i(l)legal, o] *adj* ilegal

illégalité [i(l)legalite] *nf* ilegalidad *f*; **être dans l'~** estar en la ilegalidad

illégitime [i(l)leʒitim] *adj* (*enfant*) ilegítimo(-a); (*craintes*) injustificado(-a)

illettré, e [i(l)letʀe] *adj* iletrado(-a), analfabeto(-a) ▸ *nm/f* analfabeto(-a)

illettrisme [i(l)letʀism] *nm* analfabetismo funcional

illicite [i(l)lisit] *adj* ilícito(-a)

illico [i(l)liko] (*fam*) *adv* : **~ (presto)** ahora mismo, desde ya (*Arg*), al tiro (*Chi*), luego luego (*Mex*)

illimité, e [i(l)limite] *adj* ilimitado(-a); (*confiance*) infinito(-a); (*congé, durée*) indefinido(-a)

illisible [i(l)lizibl] *adj* (*indéchiffrable*) ilegible; (*roman*) intragable, insoportable

illogique [i(l)lɔʒik] *adj* ilógico(-a)

illuminer [i(l)lymine] *vt* iluminar; **s'illuminer** *vpr* iluminarse

illusion [i(l)lyzjɔ̃] *nf* ilusión *f*; **se faire des ~s** hacerse ilusiones; **faire ~** dar el pego; **~ d'optique** ilusión óptica

illustration [i(l)lystʀasjɔ̃] *nf* ilustración *f*

illustré, e [i(l)lystʀe] *adj* ilustrado(-a) ▶ *nm* tebeo

illustrer [i(l)lystʀe] *vt* ilustrar; (*de notes, commentaires*) glosar; **s'illustrer** *vpr* (*personne*) distinguirse

îlot [ilo] *nm* (*petite île*) islote *m*; (*bloc de maisons*) manzana; **un ~ de verdure** una isla verde

ils [il] *pron voir* **il**

image [imaʒ] *nf* imagen *f*; **à l'~ de** (*comme*) como en el caso de; **~ de marque** (*d'un produit, d'une entreprise*) imagen de marca; (*d'une personne*) reputación *f*; **~ d'Épinal** cromo; (*présentation simpliste*) imagen estereotipada; **~ pieuse** imagen piadosa

imagé, e [imaʒe] *adj* rico(-a) en imágenes

imaginaire [imaʒinɛʀ] *adj* imaginario(-a)

imaginatif, -ive [imaʒinatif, iv] *adj* imaginativo(-a)

imagination [imaʒinasjɔ̃] *nf* imaginación *f*

imaginer [imaʒine] *vt* imaginar; (*inventer*) idear; **s'imaginer** *vpr* (*scène*) imaginarse; **~ que** suponer que; **j'imagine qu'il a voulu plaisanter** me figuro que habrá querido bromear; **que vas-tu ~ là ?** ¡qué ocurrencias tienes!; **s'~ que** imaginarse que; **s'~ à 60 ans/en vacances** imaginarse a los 60 años/en vacaciones; **il s'imagine pouvoir faire ...** se imagina que va a poder hacer ...; **ne t'imagine pas que** no te imagines que

imam [imam] *nm* imam *m*

imbattable [ɛ̃batabl] *adj* imbatible

imbécile [ɛ̃besil] *adj, nm/f* imbécil *m/f*

imbiber [ɛ̃bibe] *vt* empapar; **imbibé d'eau** empapado (de agua)

imbu, e [ɛ̃by] *adj* : **~ de sa personne** muy pagado(-a) de sí mismo(-a)

imbuvable [ɛ̃byvabl] *adj* imbebible; (*personne*) inaguantable

imitateur, -trice [imitatœʀ, tʀis] *nm/f* imitador(a)

imitation [imitasjɔ̃] *nf* imitación *f*; **un sac ~ cuir** un bolso imitación cuero *ou* de cuero imitación

imiter [imite] *vt* imitar; (*ressembler à*) imitar a

immangeable [ɛ̃mɑ̃ʒabl] *adj* incomible

immatriculation [imatʀikylasjɔ̃] *nf* matrícula

immatriculer [imatʀikyle] *vt* matricular; (*à la Sécurité sociale*) inscribir; **se faire ~** matricularse, inscribirse; **une voiture immatriculée à Paris** un coche con matrícula de París

immature [imatyʀ] *adj* inmaduro(-a)

immédiat, e [imedja, jat] *adj* inmediato(-a) ▶ *nm* : **dans l'~** por ahora; **dans le voisinage ~ de** en las inmediaciones de

immédiatement [imedjatmɑ̃] *adv* inmediatamente

immense [i(m)mɑ̃s] *adj* inmenso(-a)

immensément [i(m)mɑ̃semɑ̃] *adv* inmensamente

immensité [i(m)mɑ̃site] *nf* inmensidad *f*

immerger [imɛʀʒe] *vt* sumergir; **s'immerger** *vpr* (*sous-marin*) sumergirse

immérité, e [imeʀite] *adj* inmerecido(-a)

immersion [imɛʀsjɔ̃] *nf* inmersión *f*

immeuble [imœbl] *nm* (*bâtiment*) edificio ▶ *adj* (*Jur : bien*) inmueble; **~ de rapport** edificio de renta; **~ locatif** edificio de alquiler

immigration [imigʀasjɔ̃] *nf* inmigración *f*

immigrant, e [imigʀɑ̃, ɑ̃t] *nm/f* inmigrante *m/f*

immigré, e [imigʀe] *nm/f* inmigrado(-a)

imminent, e [iminɑ̃, ɑ̃t] *adj* inminente

immiscer [imise] : **s'immiscer dans** *vpr* inmiscuirse en

immobile [imɔbil] *adj* inmóvil; (*dogmes, institutions*) inamovible; **rester/se tenir ~** quedar/quedarse inmóvil

immobilier, -ière [imɔbilje, jɛʀ] *adj* inmobiliario(-a) ▶ *nm* : **l'~** (*Comm*) el sector inmobiliario; (*Jur*) los bienes inmuebles; *voir aussi* **promoteur** ; **société**

immobiliser [imɔbilize] *vt* inmovilizar; (*file, circulation*) detener; **s'immobiliser** *vpr* (*personne*) inmovilizarse; (*machine, véhicule*) pararse

immoral, e, -aux [imɔʀal, o] *adj* inmoral

immortel, -elle [imɔʀtɛl] *adj* inmortal

immortelle [imɔʀtɛl] *nf* (*Bot*) siempreviva
immuable [imɥabl] *adj* inmutable
immunisé, e [imynize] *adj* : **~ contre** inmunizado(-a) contra
immunité [imynite] *nf* inmunidad *f*; **~ diplomatique/parlementaire** inmunidad diplomática/parlamentaria
impact [ɛ̃pakt] *nm* impacto
impacter [ɛ̃pakte] *vt* tener impacto en, impactar en
impair, e [ɛ̃pɛʀ] *adj* impar ▸ *nm* (*gaffe*) torpeza
impardonnable [ɛ̃paʀdɔnabl] *adj* imperdonable
imparfait, e [ɛ̃paʀfɛ, ɛt] *adj* (*guérison, connaissance*) incompleto(-a); (*imitation, œuvre*) deficiente ▸ *nm* (*Ling*) (pretérito) imperfecto
impartial, e, -aux [ɛ̃paʀsjal, jo] *adj* imparcial
impasse [ɛ̃pɑs] *nf* (*aussi fig*) callejón *m* sin salida; **faire une ~** (*Scol*) preparar sólo una parte del temario; **être dans l'~** (*négociations*) estar en un punto muerto
impassible [ɛ̃pasibl] *adj* impasible
impatience [ɛ̃pasjɑ̃s] *nf* impaciencia; **avec ~** con impaciencia; **mouvement/signe d'~** movimiento/signo de impaciencia
impatient, e [ɛ̃pasjɑ̃, jɑ̃t] *adj* impaciente; **~ de faire qch** impaciente por hacer algo
impatienter [ɛ̃pasjɑ̃te] *vt* impacientar; **s'impatienter** *vpr* impacientarse
impeccable [ɛ̃pekabl] *adj* impecable
impensable [ɛ̃pɑ̃sabl] *adj* impensable
imper [ɛ̃pɛʀ] (*fam*) *nm* impermeable *m*
impératif, -ive [ɛ̃peʀatif, iv] *adj* imperioso(-a); (*Jur*) preceptivo(-a) ▸ *nm* (*Ling*) : **l'~** el imperativo; **impératifs** *nmpl* (*d'une charge, fonction, de la mode*) imperativos *mpl*
impératrice [ɛ̃peʀatʀis] *nf* emperatriz *f*
imperceptible [ɛ̃pɛʀsɛptibl] *adj* imperceptible
impérial, e, -aux [ɛ̃peʀjal, jo] *adj* imperial
impérieux, -euse [ɛ̃peʀjø, jøz] *adj* (*air, ton*) imperioso(-a)
impérissable [ɛ̃peʀisabl] *adj* imperecedero(-a)
imperméable [ɛ̃pɛʀmeabl] *adj* impermeable ▸ *nm* impermeable *m*; **~ à l'air** impermeable al aire; **~ à** (*fig* : *personne*) inaccesible a
impertinent, e [ɛ̃pɛʀtinɑ̃, ɑ̃t] *adj* impertinente
imperturbable [ɛ̃pɛʀtyʀbabl] *adj* imperturbable
impétueux, -euse [ɛ̃petɥø, øz] *adj* impetuoso(-a)
impitoyable [ɛ̃pitwajabl] *adj* despiadado(-a)
implant [ɛ̃plɑ̃] *nm* (*Méd*) implante *m*
implanter [ɛ̃plɑ̃te] *vt* (*Méd, usage, mode, industrie*) implantar; (*usine*) instalar; (*immigrants*) establecer; (*idée*) inculcar; **s'implanter dans** *vpr* (*voir vt*) implantarse en; instalarse en; establecerse en
implication [ɛ̃plikasjɔ̃] *nf* implicación *f*
implicite [ɛ̃plisit] *adj* implícito(-a)
impliquer [ɛ̃plike] *vt* (*supposer, entraîner*) implicar; (*Math*) implicar; **~ qn (dans)** implicar a algn (en)
implosion [ɛ̃plozjɔ̃] *nf* implosión *f*
impoli, e [ɛ̃pɔli] *adj* descortés
impolitesse [ɛ̃pɔlitɛs] *nf* descortesía
impopulaire [ɛ̃pɔpylɛʀ] *adj* impopular
importance [ɛ̃pɔʀtɑ̃s] *nf* importancia; **avoir de l'~** tener importancia; **sans ~** sin importancia; **quelle ~ ?** ¿qué más da?; **d'~** de importancia
important, e [ɛ̃pɔʀtɑ̃, ɑ̃t] *adj* importante; (*péj* : *airs, ton*) de importancia ▸ *nm* : **l'~ (est de/que)** lo importante (es/es que); **c'est ~ à savoir** es importante saberlo
importateur, -trice [ɛ̃pɔʀtatœʀ, tʀis] *adj, nm/f* importador(a); **pays ~ de blé** país *m* importador de trigo
importation [ɛ̃pɔʀtasjɔ̃] *nf* (*de marchandises, fig*) importación *f*
importer [ɛ̃pɔʀte] *vt* (*Comm*) importar; (*maladies, plantes*) importar ▸ *vi* (*être important*) importar; **~ à qn** importar a algn; **il importe de le faire/que nous le fassions** es importante hacerlo/que lo hagamos; **peu m'importe !** (*je n'ai pas de préférence*) ¡me da igual!; (*je m'en moque!*) ¡a mí qué me importa!; **peu importe !** ¡qué importa!; **peu importe que** poco importa que; **peu importe le prix, nous paierons**

im

no importa el precio, pagaremos; *voir aussi* **n'importe**

importun, e [ɛ̃pɔʀtœ̃, yn] *adj* (*curiosité, présence*) importuno(-a); (*visite, personne*) inoportuno(-a) ▸ *nm/f* inoportuno(-a)

importuner [ɛ̃pɔʀtyne] *vt* importunar; (*suj : insecte, bruit*) molestar

imposant, e [ɛ̃pozɑ̃, ɑ̃t] *adj* imponente

imposer [ɛ̃poze] *vt* (*taxer*) gravar; (*faire accepter par force*) imponer; **s'imposer** *vpr* imponerse; (*montrer sa prééminence*) destacar; (*être importun*) molestar; **~ qch à qn** imponer algo a algn; **en ~ à qn** impresionar a algn; **en ~** (*personne, présence*) imponer; **ça s'impose !** ¡es de rigor!

impossible [ɛ̃pɔsibl] *adj* imposible; (*enfant*) insoportable, inaguantable ▸ *nm* : **l'~** lo imposible; **~ à faire** imposible de hacer; **il est ~ que** es imposible que; **il m'est ~ de le faire** me resulta imposible hacerlo; **faire l'~** hacer lo imposible

> **On peut dire aussi :**
> A estas horas no puede ser el cartero. (*... cela ne peut pas être ...*)
> No es posible que se trate de la misma persona. (*Ce n'est pas possible que ...*)
> Es totalmente *ou* completamente imposible que lleguen antes que nosotros. (*Il est totalement* ou *absolument impossible ...*)
> Me es imposible recibirlo hoy. (*Il m'est impossible de ...*)

imposteur, -euse [ɛ̃pɔstœʀ, øz] *nm/f* impostor(a)

impôt [ɛ̃po] *nm* (*taxe*) impuesto; **impôts** *nmpl* (*contributions*) impuestos *mpl*; **~ direct/foncier/indirect** impuesto directo/sobre la propiedad/indirecto; **~s locaux** impuestos municipales; **~ sur la fortune** impuesto sobre el patrimonio; **~ sur les plus-values** impuesto sobre las plusvalías; **~ sur les sociétés** impuesto de sociedades

impotent, e [ɛ̃pɔtɑ̃, ɑ̃t] *adj* (*personne*) impedido(-a), inválido(-a)

impraticable [ɛ̃pʀatikabl] *adj* (*projet, idée*) impracticable; (*piste, chemin, sentier*) intransitable, impracticable

imprécis, e [ɛ̃pʀesi, iz] *adj* (*contours, renseignement*) impreciso(-a); (*souvenir*) impreciso(-a), borroso(-a)

imprégner [ɛ̃pʀeɲe] *vt* : **~ (de)** impregnar (con *ou* de); (*de lumière*) bañar (de); (*suj : amertume, ironie etc*) cargar (de); **s'imprégner de** *vpr* impregnarse de; (*de lumière*) bañarse de; (*idée, culture*) imbuirse de, empaparse de

imprenable [ɛ̃pʀənabl] *adj* (*forteresse, citadelle*) inexpugnable; **vue ~** vista panorámica asegurada

impression [ɛ̃pʀesjɔ̃] *nf* (*sentiment, sensation*) sensación *f*; (*Photo, d'un ouvrage*) impresión *f*; (*d'un tissu, papier peint*) imprimación *f*; (*dessin, motif*) imprimación, estampación *f*; **faire bonne/mauvaise ~** causar buena/mala impresión; **faire/produire une vive ~** (*émotion*) causar/producir una viva impresión; **donner l'~ d'être ...** dar la impresión de ser ...; **donner une ~ de/l'~ que** dar una impresión de/la impresión de que; **avoir l'~ de/que** tener la impresión de/de que; **faire ~** (*orateur, déclaration*) impresionar; **~s de voyage** impresiones *fpl* de viaje

impressionnant, e [ɛ̃pʀesjɔnɑ̃, ɑ̃t] *adj* impresionante

impressionner [ɛ̃pʀesjɔne] *vt* impresionar

impressionniste [ɛ̃pʀesjɔnist] *nm/f* impresionista *m/f*

imprévisible [ɛ̃pʀevizibl] *adj* imprevisible

imprévu, e [ɛ̃pʀevy] *adj* imprevisto(-a) ▸ *nm* : **l'~** lo imprevisto; **en cas d'~** en caso de imprevisto; **sauf ~** salvo imprevisto

imprimante [ɛ̃pʀimɑ̃t] *nf* (*Inform*) impresora; **~ 3D** impresora 3D; **~ (à) laser** impresora láser

imprimé, e [ɛ̃pʀime] *adj* (*motif, tissu*) estampado(-a); (*livre, ouvrage*) impreso(-a) ▸ *nm* impreso; (*tissu*) estampado; (*dans une bibliothèque*) libro (impreso); **un ~ à fleurs/pois** un estampado de flores/lunares

imprimer [ɛ̃pʀime] *vt* imprimir; (*tissu*) estampar; (*mouvement, vitesse*) comunicar, transmitir; (*direction*) imprimir, comunicar

imprimerie [ɛ̃pʀimʀi] *nf* imprenta; (*technique*) tipografía

imprimeur, -euse [ɛ̃pʀimœʀ, øz] *nm/f* impresor(a); (*ouvrier*) tipógrafo(-a)

improbable [ɛ̃pʀɔbabl] *adj* improbable

On peut dire aussi :
Es difícil que vuelvan a ganar. (*Il y a peu de chances que ...*)
Dudo mucho que admita su culpa. (*Je doute beaucoup que ...*)
No parece que vaya a hacer buen tiempo. (*Il ne semble pas que ...*)
Me extrañaría *ou* Me sorprendería (mucho) que tuvieran mi talla. (*Cela m'étonnerait (beaucoup) que ...*)
Es (muy) poco probable que queden todavía entradas. (*Il est (très) peu probable que ...*)

impropre [ɛ̃pʀɔpʀ] *adj* impropio(-a); **~ à** no apto(-a) para; **~ à la consommation** (*aliments, produits*) no apto(-a) para el consumo

improviser [ɛ̃pʀɔvize] *vt, vi* improvisar; **s'improviser** *vpr* improvisarse; **s'~ cuisinier** improvisarse como *ou* de cocinero

improviste [ɛ̃pʀɔvist] : **à l'~** *adv* de improviso

imprudence [ɛ̃pʀydɑ̃s] *nf* imprudencia

imprudent, e [ɛ̃pʀydɑ̃, ɑ̃t] *adj, nm/f* imprudente *m/f*

impudence [ɛ̃pydɑ̃s] *nf* descaro

impudent, e [ɛ̃pydɑ̃, ɑ̃t] *adj* descarado(-a)

impuissant, e [ɛ̃pɥisɑ̃, ɑ̃t] *adj* impotente; (*effort*) inútil, vano(-a) ▶ *nm* impotente *m*; **~ à faire qch** incapaz de hacer algo

impulsif, -ive [ɛ̃pylsif, iv] *adj* impulsivo(-a)

impulsion [ɛ̃pylsjɔ̃] *nf* impulso; **~ donnée aux affaires/au commerce** impulso dado a los negocios/al comercio; **sous l'~ de leurs chefs ...** impulsado por sus jefes ...

impunément [ɛ̃pynemɑ̃] *adv* impunemente

impuni, e [ɛ̃pyni] *adj* impune

impunité [ɛ̃pynite] *nf* impunidad *f*; **en toute ~** con toda impunidad

impur, e [ɛ̃pyʀ] *adj* impuro(-a)

impureté [ɛ̃pyʀte] *nf* impureza

imputable [ɛ̃pytabl] *adj* : **~ à** imputable a; **~ sur** (*Comm*) imputable a

imputer [ɛ̃pyte] *vt* : **~ qch à** *ou* **sur** imputar algo a

inabordable [inabɔʀdabl] *adj* (*lieu*) inaccesible; (*cher, exorbitant*) prohibitivo(-a)

inacceptable [inaksɛptabl] *adj* inaceptable

inaccessible [inaksesibl] *adj* (*endroit*) inaccesible; (*personne*) inaccesible, inabordable

inaccoutumé, e [inakutyme] *adj* desacostumbrado(-a)

inachevé, e [inaʃ(ə)ve] *adj* inacabado(-a)

inactif, -ive [inaktif, iv] *adj* inactivo(-a); (*machine, population*) inactivo(-a), parado(-a)

inadapté, e [inadapte] *adj, nm/f* inadaptado(-a)

inadéquat, e [inadekwa(t), kwat] *adj* inadecuado(-a)

inadmissible [inadmisibl] *adj* inadmisible

inadvertance [inadvɛʀtɑ̃s] : **par ~** *adv* por inadvertencia, por descuido

inanimé, e [inanime] *adj* inanimado(-a); **tomber ~** caer exánime

inanition [inanisjɔ̃] *nf* : **tomber/mourir d'~** caer/morir de inanición

inaperçu, e [inapɛʀsy] *adj* : **passer ~** pasar desapercibido(-a)

inapte [inapt] *adj* (*Mil*) no apto(-a), incapacitado(-a); **~ à qch/faire qch** incapaz para *ou* de algo/hacer algo

inattendu, e [inatɑ̃dy] *adj* inesperado(-a) ▶ *nm* : **l'~** lo inesperado

inattentif, -ive [inatɑ̃tif, iv] *adj* (*lecteur, élève*) desatento(-a)

inattention [inatɑ̃sjɔ̃] *nf* desatención *f*, despreocupación *f*; **par ~** por descuido; **faute** *ou* **erreur d'~** despiste *m*; **une minute d'~** un momento de despiste

inaudible [inodibl] *adj* inaudible

inaugural, e, -aux [inogyʀal, o] *adj* inaugural; **discours ~** discurso inaugural

inauguration [inogyʀasjɔ̃] *nf* inauguración *f*; **discours/cérémonie d'~** discurso/ceremonia de inauguración

inaugurer [inogyʀe] *vt* inaugurar; (*statue*) descubrir; (*politique*) inaugurar, estrenar

inavouable [inavwabl] *adj* inconfesable

inca [ɛ̃ka] *adj* inca ▶ *nm/f* : **Inca** inca *m/f*

incalculable [ɛ̃kalkylabl] *adj* incalculable; **un nombre ~ de** un número incalculable de

incapable [ɛ̃kapabl] *adj* incapaz; **~ de faire qch** incapaz de hacer algo; (*pour des* *raisons physiques*) incapacitado(-a) para hacer algo; **je suis ~ d'y aller** (*dans l'impossibilité*) no puedo ir

incapacité [ɛ̃kapasite] *nf* (*incompétence*) incapacidad *f*; (*Jur*) inhabilitación *f*; **je suis dans l'~ de vous aider** (*impossibilité*) me resulta imposible ayudarle; **~ de travail** incapacidad laboral; **~ partielle/permanente/totale** incapacidad parcial/definitiva/total

incarcération [ɛ̃kaʀseʀasjɔ̃] *nf* encarcelamiento

incarcérer [ɛ̃kaʀseʀe] *vt* encarcelar

incarné, e [ɛ̃kaʀne] *adj* encarnado(-a); **ongle ~** uña encarnada

incassable [ɛ̃kɑsabl] *adj* irrompible

incendie [ɛ̃sɑ̃di] *nm* incendio; **~ criminel/de forêt** incendio doloso/forestal

incendier [ɛ̃sɑ̃dje] *vt* incendiar; (*accabler de reproches*) vapulear

incertain, e [ɛ̃sɛʀtɛ̃, ɛn] *adj* incierto(-a); (*éventuel, douteux*) inseguro(-a), incierto(-a); (*temps*) inestable; (*pas, démarche*) inseguro(-a)

incertitude [ɛ̃sɛʀtityd] *nf* incertidumbre *f*

> **On peut dire aussi :**
> No sé si es buena idea. (*Je ne sais pas ...*)
> No estoy seguro de que esa sea la mejor solución. (*Je ne suis pas sûr que ...*)
> No lo veo muy claro. (*Je ne sais pas vraiment.*)
> No tengo muy claro que sea la persona idónea. (*Je ne suis pas persuadé que ...*)
> Dudo que nos hagan otra oferta similar. (*Je doute que ...*)

incessamment [ɛ̃sesamɑ̃] *adv* inmediatamente

incessant, e [ɛ̃sesɑ̃, ɑ̃t] *adj* incesante

inchangé, e [ɛ̃ʃɑ̃ʒe] *adj* invariable

incidemment [ɛ̃sidamɑ̃] *adv* incidentalmente

incident, e [ɛ̃sidɑ̃, ɑ̃t] *nm* incidente *m*; **~ de frontière** incidente fronterizo; **~ de parcours** (*fig*) pequeño contratiempo; **~ diplomatique** incidente diplomático; **~ technique** dificultad *f* técnica

incinérer [ɛ̃sineʀe] *vt* incinerar

inciser [ɛ̃size] *vt* hacer una incisión en

incisif, -ive [ɛ̃sizif, iv] *adj* incisivo(-a), mordaz

incisive [ɛ̃siziv] *nf* incisivo

incitatif, -ive [ɛ̃sitatif, iv] *adj* (*mécanisme, politique*) incentivador(a)

incitation [ɛ̃sitasjɔ̃] *nf* (*encouragement*) incitación *f*

inciter [ɛ̃site] *vt* : **~ qn à (faire) qch** incitar a algn a (hacer) algo; (*à la révolte etc*) incitar a

inclinable [ɛ̃klinabl] *adj* reclinable; **siège (à dossier) ~** asiento reclinable

inclination [ɛ̃klinasjɔ̃] *nf* inclinación *f*; **montrer de l'~ pour les sciences** mostrar inclinación hacia *ou* por las ciencias

incliner [ɛ̃kline] *vt* inclinar ▶ *vi* : **~ à qch/à faire** tender a algo/a hacer; **s'incliner** *vpr* (*personne, toit*) inclinarse; **~ la tête** (*pour saluer*) inclinar la cabeza; **s'~ (devant qn/qch)** (*rendre hommage à*) inclinarse (ante algn/algo); (*s'avouer battu*) doblegarse (ante algn/algo)

inclure [ɛ̃klyʀ] *vt* incluir; (*joindre à un envoi*) adjuntar

inclus, e [ɛ̃kly, yz] *pp de* **inclure** ▶ *adj* (*compris : frais*) incluido(-a); **jusqu'au troisième chapitre ~** hasta el tercer capítulo inclusive; **jusqu'au 10 mars ~** hasta el 10 de marzo inclusive

incognito [ɛ̃kɔɲito] *adv* de incógnito

incohérent, e [ɛ̃kɔeʀɑ̃, ɑ̃t] *adj* incoherente

incollable [ɛ̃kɔlabl] *adj* (*riz*) que no se pega; **il est ~** (*fam*) no hay quien lo pille

incolore [ɛ̃kɔlɔʀ] *adj* incoloro(-a)

incomber [ɛ̃kɔ̃be] : **~ à qn** *vt* (*suj : devoirs, responsabilités*) incumbir a algn

incommoder [ɛ̃kɔmɔde] *vt* : **~ qn** incomodar a algn

incomparable [ɛ̃kɔ̃paʀabl] *adj* incomparable

incompatibilité [ɛ̃kɔ̃patibilite] *nf* incompatibilidad *f*; **~ d'humeur** incompatibilidad de caracteres

incompatible [ɛ̃kɔ̃patibl] *adj* incompatible; **~ avec** incompatible con

incompétent, e [ɛ̃kɔ̃petɑ̃, ɑ̃t] *adj* incompetente

incomplet, -ète [ɛ̃kɔ̃plɛ, ɛt] *adj* incompleto(-a)

incompréhensible [ɛ̃kɔ̃pʀeɑ̃sibl] *adj* incomprensible

incompréhension [ɛ̃kɔ̃pʀeɑ̃sjɔ̃] *nf* incomprensión *f*

incompris, e [ɛ̃kɔ̃pʀi, iz] *adj* incomprendido(-a)

inconcevable [ɛ̃kɔ̃s(ə)vabl] *adj* inconcebible

inconciliable [ɛ̃kɔ̃siljabl] *adj* inconciliable

inconfortable [ɛ̃kɔ̃fɔʀtabl] *adj* (*aussi fig*) incómodo(-a)

incongru, e [ɛ̃kɔ̃gʀy] *adj* (*attitude, remarque*) improcedente

inconnu, e [ɛ̃kɔny] *adj* desconocido(-a); (*joie, sensation*) desconocido(-a), extraño(-a) ▸ *nm/f* desconocido(-a); (*étranger, tiers*) extraño(-a) ▸ *nm* : **l'~** lo desconocido

inconnue [ɛ̃kɔny] *nf* (*Math, fig*) incógnita

inconsciemment [ɛ̃kɔ̃sjamɑ̃] *adv* inconscientemente

inconscient, e [ɛ̃kɔ̃sjɑ̃, jɑ̃t] *adj* inconsciente ▸ *nm* (*Psych*) : **l'~** el inconsciente ▸ *nm/f* inconsciente *m/f*; **il est ~ de ...** no es consciente de ...

inconsidéré, e [ɛ̃kɔ̃sideʀe] *adj* desconsiderado(-a)

inconsistant, e [ɛ̃kɔ̃sistɑ̃, ɑ̃t] *adj* inconsistente

inconsolable [ɛ̃kɔ̃sɔlabl] *adj* inconsolable

incontestable [ɛ̃kɔ̃tɛstabl] *adj* indiscutible

incontestablement [ɛ̃kɔ̃tɛstabləmɑ̃] *adv* indiscutiblemente

incontinent, e [ɛ̃kɔ̃tinɑ̃, ɑ̃t] *adj* (*Méd*) incontinente

incontournable [ɛ̃kɔ̃tuʀnabl] *adj* imprescindible; (*problème, rendez-vous*) ineludible

incontrôlable [ɛ̃kɔ̃tʀolabl] *adj* (*enfant, situation*) incontrolable

inconvénient [ɛ̃kɔ̃venjɑ̃] *nm* inconveniente *m*; **y a-t-il un ~ à ...?** ¿hay algún inconveniente en ...?; **si vous n'y voyez pas d'~** si no tiene inconveniente

incorporer [ɛ̃kɔʀpɔʀe] *vt* incorporar; **~ (à)** incorporar (a)

incorrect, e [ɛ̃kɔʀɛkt] *adj* incorrecto(-a)

incorrigible [ɛ̃kɔʀiʒibl] *adj* incorregible

incrédule [ɛ̃kʀedyl] *adj* (*personne, moue*) incrédulo(-a), escéptico(-a)

increvable [ɛ̃kʀəvabl] *adj* (*ballon, pneu*) a prueba de pinchazos; (*fam : personne*) infatigable, incansable

incroyable [ɛ̃kʀwajabl] *adj* increíble

incroyablement [ɛ̃kʀwajabləmɑ̃] *adv* increíblemente

incruster [ɛ̃kʀyste] *vt* incrustar; **s'incruster** *vpr* incrustarse; (*invité*) instalarse, aposentarse; (*radiateur, conduite*) cubrirse de sarro; **incrusté de** (*pierres précieuses*) incrustado(-a) de

incubateur [ɛ̃kybatœʀ] *nm* incubadora; **~ d'entreprises** vivero de empresas

incubation [ɛ̃kybasjɔ̃] *nf* incubación *f*; **période d'~** (*Méd*) período de incubación

inculper [ɛ̃kylpe] *vt* (*Jur*) : **~ (de)** inculpar (de)

inculquer [ɛ̃kylke] *vt* : **~ qch à qn** inculcar algo a *ou* en algn

inculte [ɛ̃kylt] *adj* (*terres*) inculto(-a), yermo(-a); (*personne*) inculto(-a)

incursion [ɛ̃kyʀsjɔ̃] *nf* incursión *f*

Inde [ɛ̃d] *nf* India

indécent, e [ɛ̃desɑ̃, ɑ̃t] *adj* indecente

indéchiffrable [ɛ̃deʃifʀabl] *adj* indescifrable; (*pensée, personnage*) inescrutable

indécis, e [ɛ̃desi, iz] *adj* (*personne*) indeciso(-a); (*temps*) dudoso(-a), inestable; (*contours, formes*) impreciso(-a), vago(-a)

indécrottable [ɛ̃dekʀɔtabl] (*fam*) *adj* incorregible

indéfendable [ɛ̃defɑ̃dabl] *adj* indefendible

indéfini, e [ɛ̃defini] *adj* indefinido(-a); (*Ling : article*) indeterminado(-a)

indéfiniment [ɛ̃definimɑ̃] *adv* indefinidamente

indéfinissable [ɛ̃definisabl] *adj* indefinible

indélébile [ɛ̃delebil] *adj* indeleble; (*fig*) imborrable

indélicat, e [ɛ̃delika, at] *adj* (*grossier*) falto(-a) de delicadeza; (*malhonnête*) deshonesto(-a)

indemne [ɛ̃dɛmn] *adj* indemne

indemniser [ɛ̃dɛmnize] *vt* indemnizar; **~ qn de qch** indemnizar a algn por algo; **se faire ~** cobrar una indemnización

indemnité [ɛ̃dɛmnite] *nf* (*dédommagement*) indemnización *f*; (*allocation*) subsidio; **~ de licenciement** indemnización por despido; **~ de logement** subsidio de vivienda; **~ journalière de chômage** subsidio de paro; **~ parlementaire** dietas *fpl* parlamentarias

indéniable [ɛ̃denjabl] *adj* innegable

indéniablement [ɛ̃denjabləmɑ̃] *adv* innegablemente

indépendamment [ɛ̃depɑ̃damɑ̃] *adv* independientemente; **~ de** independientemente de

indépendance [ɛ̃depɑ̃dɑ̃s] *nf* independencia; **~ matérielle** independencia económica

indépendant, e [ɛ̃depɑ̃dɑ̃, ɑ̃t] *adj* independiente; **~ de** independiente de; **travailleur ~** trabajador autónomo; **chambre indépendante** habitación *f* independiente

indescriptible [ɛ̃dɛskʀiptibl] *adj* indescriptible

indésirable [ɛ̃deziʀabl] *adj* indeseable

indestructible [ɛ̃dɛstʀyktibl] *adj* indestructible

indéterminé, e [ɛ̃detɛʀmine] *adj* indeterminado(-a)

index [ɛ̃dɛks] *nm* (*doigt, liste*) índice *m*; **mettre qch/qn à l'~** poner algo/a algn en la lista negra

indexé, e [ɛ̃dɛkse] *adj* (*Écon*): **~ (sur)** ajustado(-a) (de acuerdo a *ou* según)

indicateur, -trice [ɛ̃dikatœʀ, tʀis] *nm/f* (*de la police*) confidente *m/f* ▸ *nm* (*Écon*) indicador *m*, índice *m* ▸ *adj*: **poteau ~** indicador, señal *f* de orientación; **panneau ~** panel *m* informativo; **~ de changement de direction** (*Auto*) indicador de cambio de dirección; **~ de niveau** indicador de nivel; **~ de pression** manómetro; **~ des chemins de fer** horario de trenes; **~ de vitesse** velocímetro; **~ immobilier** (*livre, brochure*) guía inmobiliaria

indicatif [ɛ̃dikatif] *nm* (*Ling*) indicativo; (*Radio*) sintonía; (*téléphonique*) prefijo ▸ *adj*: **à titre ~** a título informativo; **~ d'appel** (*Radio*) signo convencional

indication [ɛ̃dikasjɔ̃] *nf* indicación *f*; **indications** *nfpl* (*d'un médicament*) indicaciones *fpl*; (*directives*) indicaciones *fpl*, instrucciones *fpl*; **~ d'origine** (*Comm*) indicación de origen *ou* de procedencia

indice [ɛ̃dis] *nm* indicio; (*Police*) indicio, pista; (*Écon, Science, Tech, Admin*) índice *m*; **~ de la production industrielle** índice de producción industrial; **~ de réfraction/des prix** índice de refracción/de precios; **~ d'octane** (*d'un carburant*) índice de octano; **~ du coût de la vie** índice de coste de la vida; **~ inférieur** (*Inform*) índice inferior

indicible [ɛ̃disibl] *adj* (*joie, charme*) inefable; (*peine*) indecible

indien, ne [ɛ̃djɛ̃, jɛn] *adj* indio(-a) ▸ *nm/f*: **Indien, ne** (*d'Amérique, d'Inde*) indio(-a); **l'océan I~** el Océano Indico

indifféremment [ɛ̃difeʀamɑ̃] *adv* indiferentemente, indistintamente

indifférence [ɛ̃difeʀɑ̃s] *nf* indiferencia

> **On peut dire aussi :**
> Me da igual *ou* Me da lo mismo vivir aquí que allí. (*Cela m'est égal de ... ou ...*)
> ¿Cierro con llave? – Como quieras. (*Comme tu veux.*)
> Si no lo veo hoy no importa. (*Si ..., cela n'a pas d'importance.*)
> No me importa esperar. (*Cela ne me dérange pas de ...*)

indifférent, e [ɛ̃difeʀɑ̃, ɑ̃t] *adj* indiferente; **~ à qn/qch** indiferente a algn/algo

indigène [ɛ̃diʒɛn] *adj, nm/f* indígena, criollo(-a) (AM)

indigeste [ɛ̃diʒɛst] *adj* indigesto(-a); (*fig*) pesado(-a)

indigestion [ɛ̃diʒɛstjɔ̃] *nf* indigestión *f*; **avoir une ~** tener una indigestión

indignation [ɛ̃diɲasjɔ̃] *nf* indignación *f*; **~ générale/publique** indignación general/pública

indigne [ɛ̃diɲ] *adj* indigno(-a); **~ de** indigno(-a) de

indigné, e [ɛ̃diɲe] *adj* indignado(-a)

indigner [ɛ̃diɲe] *vt* indignar; **s'indigner** *vpr*: **s'~ (de qch/contre qn)** (*se fâcher*) indignarse (por *ou* con algo/contra *ou* con algn)

indiqué, e [ɛ̃dike] *adj* (*date, lieu*) indicado(-a), acordado(-a); (*adéquat*) indicado(-a), adecuado(-a); **ce n'est pas très ~** no es muy adecuado; **remède/traitement ~** (*prescrit*) remedio/tratamiento adecuado

indiquer [ɛ̃dike] *vt* indicar; (*heure, solution*) indicar, informar; (*déterminer*) señalar, fijar; **~ qch/qn du doigt/du regard** (*désigner*) indicar *ou* señalar algo/a algn con el dedo/con la mirada; **à l'heure indiquée** a la hora acordada; **pourriez-vous m'~ les toilettes/l'heure?** ¿puede indicarme dónde están los servicios/decirme la hora?

indirect, e [ɛ̃diʀɛkt] *adj* indirecto(-a)

indirectement [ɛ̃diʀɛktəmɑ̃] *adv* indirectamente

indiscipliné, e [ɛ̃disipline] *adj* (*écolier, troupes*) indisciplinado(-a)

indiscret, -ète [ɛ̃diskʀɛ, ɛt] *adj* indiscreto(-a)

indiscrétion [ɛ̃diskʀesjɔ̃] *nf* indiscreción *f*; **sans ~, ...** si no es indiscreción, ...

indiscutable [ɛ̃diskytabl] *adj* indiscutible

indispensable [ɛ̃dispɑ̃sabl] *adj* (*garanties, précautions, condition*) indispensable; (*objet, connaissances, personne*) imprescindible; **~ à qn/pour faire qch** imprescindible *ou* indispensable a algn/para hacer algo

indisponible [ɛ̃dispɔnibl] *adj* indisponible, no disponible

indisposé, e [ɛ̃dispoze] *adj* indispuesto(-a)

indissociable [ɛ̃disɔsjabl] *adj* indisociable

indistinct, e [ɛ̃distɛ̃(kt), ɛ̃kt] *adj* (*objet*) indistinto(-a); (*voix, bruits, souvenirs*) confuso(-a)

indistinctement [ɛ̃distɛ̃ktəmɑ̃] *adv* indistintamente

individu [ɛ̃dividy] *nm* individuo

individualiste [ɛ̃dividɥalist] *adj, nm/f* individualista *m/f*

individuel, le [ɛ̃dividɥɛl] *adj* individual; **chambre/maison individuelle** habitación *f*/casa individual

indolent, e [ɛ̃dɔlɑ̃, ɑ̃t] *adj* indolente

indolore [ɛ̃dɔlɔʀ] *adj* indoloro(-a)

indomptable [ɛ̃dɔ̃(p)tabl] *adj* (*fauve, fig*) indomable

Indonésie [ɛ̃dɔnezi] *nf* Indonesia

indu, e [ɛ̃dy] *adj*: **à des heures ~es** (*rentrer*) a horas imprudentes

indubitable [ɛ̃dybitabl] *adj* indudable; **il est ~ que** es indudable que

indubitablement [ɛ̃dybitabləmɑ̃] *adv* indudablemente

induire [ɛ̃dɥiʀ] *vt*: **~ qn en erreur** inducir a algn a error

indulgent, e [ɛ̃dylʒɑ̃, ɑ̃t] *adj* indulgente

indûment [ɛ̃dymɑ̃] *adv* indebidamente

industrialiser [ɛ̃dystʀijalize] *vt* industrializar; **s'industrialiser** *vpr* industrializarse

industrie [ɛ̃dystʀi] *nf* industria; **petite/moyenne/grande ~** pequeña/mediana/gran industria; **~ automobile** industria automovilística; **~ du livre/du spectacle** industria del libro/del espectáculo; **~ légère/lourde/textile** industria ligera/pesada/textil

industriel, le [ɛ̃dystʀijɛl] *adj, nm/f* industrial *m/f*

inébranlable [inebʀɑ̃labl] *adj* inquebrantable

inédit, e [inedi, it] *adj* inédito(-a)

inefficace [inefikas] *adj* ineficaz; (*machine, employé*) ineficiente

inégal, e, -aux [inegal, o] *adj* (*part, partage*) desigual; (*rythme, pouls, écrivain*) irregular; (*humeur*) variable

inégalable [inegalabl] *adj* inigualable

inégalé, e [inegale] *adj* inigualado(-a)

inégalité [inegalite] *nf* desigualdad *f*; **inégalités** *nfpl* desigualdades *fpl*; **~s de terrain** desigualdades del terreno; **~s économiques/sociales** desigualdades económicas/sociales

inéligible [ineliʒibl] *adj* inelegible

inéluctable [inelyktabl] *adj* inevitable, ineluctable

inepte [inɛpt] *adj* necio(-a)

ineptie [inɛpsi] *nf* necedad *f*

inépuisable [inepɥizabl] *adj* inagotable

inerte [inɛʀt] *adj* inerte

inertie [inɛʀsi] *nf* inercia

inespéré, e [inɛspeʀe] *adj* inesperado(-a)

inestimable [inɛstimabl] *adj* inestimable

inévitable [inevitabl] *adj* inevitable

inévitablement [inevitabləmɑ̃] *adv* inevitablemente

inexact, e [inɛgza(kt), akt] *adj* inexacto(-a)

inexcusable [inɛkskyzabl] *adj* inexcusable

inexistant, e [inɛgzistɑ̃, ɑ̃t] *adj* inexistente

inexplicable [inɛksplikabl] *adj* inexplicable

inexploré, e [inɛksplɔʀe] *adj* inexplorado(-a)

inexprimable [inɛkspʀimabl] *adj* inexpresable

in extremis [inɛkstʀemis] *adv, adj* in extremis

infaillible [ɛ̃fajibl] *adj* infalible

infaisable [ɛ̃fəzabl] *adj* imposible de hacer

infanterie [ɛ̃fɑ̃tʀi] *nf* infantería

infanticide [ɛ̃fɑ̃tisid] *nm* infanticidio

infantile [ɛ̃fɑ̃til] *adj* infantil

infarctus [ɛ̃faʀktys] *nm* : **~ (du myocarde)** infarto (de miocardio)

infatigable [ɛ̃fatigabl] *adj* infatigable, incansable

infect, e [ɛ̃fɛkt] *adj* (*goût*) asqueroso(-a); (*personne*) odioso(-a)

infecter [ɛ̃fɛkte] *vt* (*atmosphère, eau*) contaminar; (*personne*) contagiar; (*plaie*) infectar; **s'infecter** *vpr* infectarse

infectieux, -euse [ɛ̃fɛksjø, jøz] *adj* infeccioso(-a)

infection [ɛ̃fɛksjɔ̃] *nf* (*Méd*) infección *f*; (*puanteur*) pestilencia

inférieur, e [ɛ̃feʀjœʀ] *adj* inferior; **~ à** inferior a

infériorité [ɛ̃feʀjɔʀite] *nf* inferioridad *f*; **~ numérique** inferioridad numérica

> **On peut dire aussi :**
> En su tierra se lo aprecia (muchísimo) menos que en el extranjero.
> (... (*beaucoup*) *moins que* ...)
> Esa canción ya no suena tanto como el año pasado. (... *ne* ... *autant que* ...)
> Este premio no es tan importante como el que consiguió hace unos años. (... *n'est pas aussi* ... *que* ...)

infernal, e, -aux [ɛ̃fɛʀnal, o] *adj* infernal; (*satanique*) diabólico(-a); **tu es ~ !** (*enfant*) ¡estás hecho un diablillo!

infester [ɛ̃fɛste] *vt* infestar; **infesté de moustiques/de cafards** infestado de mosquitos/de cucarachas

infidèle [ɛ̃fidɛl] *adj* infiel

infiltrer [ɛ̃filtʀe] : **s'infiltrer** *vpr* : **s'~ dans** infiltrarse en; (*vent, lumière*) colarse en

infime [ɛ̃fim] *adj* ínfimo(-a)

infini, e [ɛ̃fini] *adj* infinito(-a) ▸ *nm* : **l'~** (*Math, Photo*) el infinito; **à l'~** (*Math*) al infinito

infiniment [ɛ̃finimɑ̃] *adv* infinitamente

infinité [ɛ̃finite] *nf* : **une ~ de** una infinidad de

infinitif, -ive [ɛ̃finitif, iv] *nm* (*Ling*) infinitivo ▸ *adj* (*mode, proposition*) infinitivo(-a)

infirme [ɛ̃fiʀm] *adj, nm/f* inválido(-a); **~ moteur** deficiente *m/f* físico(-a)

infirmerie [ɛ̃fiʀməʀi] *nf* enfermería

infirmier, -ière [ɛ̃fiʀmje, jɛʀ] *nm/f* enfermero(-a) ▸ *adj* : **élève ~(-ière)** alumno(-a) de enfermería; **infirmière chef** enfermera jefe; **infirmière diplômée** diplomada en enfermería

infirmité [ɛ̃fiʀmite] *nf* invalidez *f*

inflammable [ɛ̃flamabl] *adj* inflamable

inflation [ɛ̃flasjɔ̃] *nf* inflación *f*; **~ galopante** inflación galopante

infliger [ɛ̃fliʒe] *vt* (*défaite, châtiment*) infligir

influençable [ɛ̃flyɑ̃sabl] *adj* influenciable

influence [ɛ̃flyɑ̃s] *nf* influencia; (*Pol*) predominio; **sous l'~ de qch** bajo la influencia de algo

influencer [ɛ̃flyɑ̃se] *vt* influir

influent, e [ɛ̃flyɑ̃, ɑ̃t] *adj* influyente

informaticien, ne [ɛ̃fɔʀmatisjɛ̃, jɛn] *nm/f* informático(-a)

information [ɛ̃fɔʀmasjɔ̃] *nf* información *f*; **informations** *nfpl* (*Radio*) noticias *fpl*; **~ politique/sportive** (*TV etc*) información política/deportiva; **journal d'~** diario informativo

informatique [ɛ̃fɔʀmatik] *nf* informática

informatiser [ɛ̃fɔʀmatize] *vt* informatizar

informer [ɛ̃fɔʀme] *vt* : **~ qn (de)** informar a algn (de); **s'informer** *vpr* : **s'~ (sur)** informarse (sobre)

infos [ɛ̃fo] *nfpl* = **informations**

infraction [ɛ̃fʀaksjɔ̃] *nf* infracción *f*; **être en ~** haber cometido una infracción

infranchissable [ɛ̃fʀɑ̃ʃisabl] *adj* infranqueable; (*fig*) insalvable
infrarouge [ɛ̃fʀaʀuʒ] *adj* infrarrojo(-a) ▶ *nm* infrarrojo
infrastructure [ɛ̃fʀastʀyktyʀ] *nf* infraestructura; **infrastructures** *nfpl* (*d'un pays*) infraestructuras *fpl*; **~ touristique/hôtelière/routière** infraestructura turística/hotelera/viaria
infuser [ɛ̃fyze] *vt* (*aussi* : **faire infuser**) dejar reposar
infusion [ɛ̃fyzjɔ̃] *nf* infusión *f*
ingénier [ɛ̃ʒenje] : **s'ingénier** *vpr* : **s'~ à faire qch** ingeniárselas para hacer algo
ingénierie [ɛ̃ʒeniʀi] *nf* ingeniería; **~ génétique** ingeniería genética
ingénieur, e [ɛ̃ʒenjœʀ] *nm/f* ingeniero(-a); **~ agronome/du son** ingeniero(-a) agrónomo(-a)/de sonido; **~ chimiste/des mines** ingeniero(-a) químico(-a)/de minas
ingénieux, -euse [ɛ̃ʒenjø, jøz] *adj* ingenioso(-a)
ingérence [ɛ̃ʒeʀɑ̃s] *nf* ingerencia
ingrat, e [ɛ̃gʀa, at] *adj* (*personne, travail*) ingrato(-a); (*visage*) poco agraciado(-a) ▶ *nm/f* ingrato(-a); **~ envers** ingrato con
ingrédient [ɛ̃gʀedjɑ̃] *nm* ingrediente *m*
ingurgiter [ɛ̃gyʀʒite] *vt* engullir; (*connaissances*) empollar
inhabité, e [inabite] *adj* (*régions*) despoblado(-a); (*maison*) deshabitado(-a)
inhabituel, le [inabitɥɛl] *adj* inhabitual
inhalation [inalasjɔ̃] *nf* inhalación *f*; **faire une** *ou* **des ~(s)** hacer inhalaciones
inhaler [inale] *vt* inhalar
inhérent, e [ineʀɑ̃, ɑ̃t] *adj* : **~ à** inherente a
inhibition [inibisjɔ̃] *nf* inhibición *f*
inhumain, e [inymɛ̃, ɛn] *adj* inhumano(-a)
inhumer [inyme] *vt* inhumar
inimaginable [inimaʒinabl] *adj* inimaginable
ininterrompu, e [inɛ̃teʀɔ̃py] *adj* ininterrumpido(-a); (*flot, vacarme*) continuo(-a)
initial, e, -aux [inisjal, jo] *adj, nf* inicial; **initiales** *nfpl* iniciales *fpl*
initiation [inisjasjɔ̃] *nf* iniciación *f*
initiative [inisjativ] *nf* (*aussi Pol*) iniciativa; **avoir de l'~** tener iniciativa; **esprit d'~** (espíritu de) iniciativa; **à** *ou* **sur l'~ de qn** a iniciativa de algn; **de sa propre ~** por propia iniciativa
initier [inisje] *vt* iniciar; **s'initier** *vpr* : **s'~ à** iniciarse en; **~ qn à** iniciar a algn en
injecter [ɛ̃ʒɛkte] *vt* inyectar
injection [ɛ̃ʒɛksjɔ̃] *nf* inyección *f*; **~ intraveineuse/sous-cutanée** inyección intravenosa/subcutánea; **à ~** (*moteur, système*) de inyección
injure [ɛ̃ʒyʀ] *nf* insulto
injurier [ɛ̃ʒyʀje] *vt* insultar
injurieux, -euse [ɛ̃ʒyʀjø, jøz] *adj* injurioso(-a)
injuste [ɛ̃ʒyst] *adj* injusto(-a); **~ (avec** *ou* **envers qn)** injusto(-a) (con algn)
injustice [ɛ̃ʒystis] *nf* injusticia
injustifié, e [ɛ̃ʒystifje] *adj* injustificado(-a)
inlassable [ɛ̃lɑsabl] *adj* incansable, infatigable
inné, e [i(n)ne] *adj* innato(-a)
innocent, e [inɔsɑ̃, ɑ̃t] *adj* inocente; (*crédule, naïf*) inocente, ingenuo(-a); (*jeu, plaisir*) inofensivo(-a) ▶ *nm/f* inocente *m/f*; **faire l'~** hacerse el inocente
innocenter [inɔsɑ̃te] *vt* disculpar
innombrable [i(n)nɔ̃bʀabl] *adj* incontable
innovation [inɔvasjɔ̃] *nf* innovación *f*
innover [inɔve] *vt, vi* innovar
inoccupé, e [inɔkype] *adj* desocupado(-a)
inodore [inɔdɔʀ] *adj* inodoro(-a)
inoffensif, -ive [inɔfɑ̃sif, iv] *adj* inofensivo(-a)
inondation [inɔ̃dasjɔ̃] *nf* inundación *f*
inonder [inɔ̃de] *vt* (*aussi fig*) inundar; (*pluie*) empapar; **~ de** inundar de
inopportun, e [inɔpɔʀtœ̃, yn] *adj* inoportuno(-a)
inoubliable [inublijabl] *adj* inolvidable
inouï, e [inwi] *adj* inaudito(-a)
inox [inɔks] *adj* de acero inoxidable ▶ *nm abr* acero inoxidable
inqualifiable [ɛ̃kalifjabl] *adj* incalificable
inquiet, -ète [ɛ̃kjɛ, ɛ̃kjɛt] *adj* inquieto(-a) ▶ *nm/f* inquieto(-a); **~ de qch/au sujet de qn** inquieto(-a) *ou* preocupado(-a) por algo/algn

in

inquiétant, e [ɛ̃kjetɑ̃, ɑ̃t] *adj* inquietante, preocupante
inquiéter [ɛ̃kjete] *vt* inquietar, preocupar; (*suj : police*) molestar; **s'inquiéter** *vpr* inquietarse, preocuparse; **s'~ de** preocuparse por
inquiétude [ɛ̃kjetyd] *nf* inquietud *f*, preocupación *f*
insaisissable [ɛ̃sezisabl] *adj* (*ennemi*) incapturable; (*nuance*) imperceptible; (*bien*) inembargable
insalubre [ɛ̃salybʀ] *adj* insalubre
insatiable [ɛ̃sasjabl] *adj* insaciable
insatisfait, e [ɛ̃satisfɛ, ɛt] *adj* insatisfecho(-a)
inscription [ɛ̃skʀipsjɔ̃] *nf* inscripción *f*; (*indication*) inscripción, letrero; (*à une institution*) inscripción, matrícula
inscrire [ɛ̃skʀiʀ] *vt* escribir, inscribir; (*renseignement*) anotar; (*à un budget*) hacer asiento de; (*nom : sur une liste etc*) anotar, apuntar; **s'inscrire** *vpr* apuntarse, inscribirse; **~ qn à** matricular *ou* apuntar a algn a; **s'~ (à)** (*un club, parti*) apuntarse (a), matricularse (en); (*l'université, un examen*) matricularse (en); **s'~ dans** (*suj : projet*) insertarse en; **s'~ en faux contre qch** desmentir algo
inscrit, e [ɛ̃skʀi, it] *pp de* **inscrire** ▸ *adj* (*étudiant*) matriculado(-a); (*électeur*) censado(-a)
insecte [ɛ̃sɛkt] *nm* insecto
insecticide [ɛ̃sɛktisid] *nm* insecticida *m*
insécurité [ɛ̃sekyʀite] *nf* inseguridad *f*
insensé, e [ɛ̃sɑ̃se] *adj* insensato(-a)
insensible [ɛ̃sɑ̃sibl] *adj* insensible; **~ aux compliments/à la chaleur** insensible a los halagos/al calor
insensiblement [ɛ̃sɑ̃sibləmɑ̃] *adv* imperceptiblemente
inséparable [ɛ̃sepaʀabl] *adj* inseparable; **inséparables** *nmpl* (*oiseaux*) periquitos *mpl*
insigne [ɛ̃siɲ] *nm* emblema *m* ▸ *adj* insigne
insignifiant, e [ɛ̃siɲifjɑ̃, jɑ̃t] *adj* insignificante; (*paroles, visage, livre*) insustancial
insinuer [ɛ̃sinɥe] *vt* insinuar; **s'insinuer** *vpr* : **s'~ dans** (*odeur, humidité*) filtrarse en; (*personne*) colarse en
insipide [ɛ̃sipid] *adj* insípido(-a), insulso(-a); (*film etc*) insulso(-a); (*personne*) soso(-a)
insister [ɛ̃siste] *vi* insistir; **~ sur** insistir en; **~ pour (faire) qch** insistir en (hacer) algo
insolation [ɛ̃sɔlasjɔ̃] *nf* insolación *f*
insolent, e [ɛ̃sɔlɑ̃, ɑ̃t] *adj* insolente, descarado(-a) ▸ *nm/f* insolente *m/f*, descarado(-a)
insolite [ɛ̃sɔlit] *adj* extraño(-a)
insoluble [ɛ̃sɔlybl] *adj* (*problème*) sin solución; **~ (dans)** insoluble (en)
insomnie [ɛ̃sɔmni] *nf* insomnio; **avoir des ~s** tener insomnio
insonoriser [ɛ̃sɔnɔʀize] *vt* insonorizar
insouciant, e [ɛ̃susjɑ̃, jɑ̃t] *adj* despreocupado(-a)
insoupçonnable [ɛ̃supsɔnabl] *adj* insospechable
insoupçonné, e [ɛ̃supsɔne] *adj* insospechado(-a)
insoutenable [ɛ̃sut(ə)nabl] *adj* (*argument, opinion*) insostenible; (*lumière, chaleur, spectacle*) insoportable; (*effort*) insufrible
inspecter [ɛ̃spɛkte] *vt* inspeccionar; (*personne*) dar un repaso a; (*maison*) revisar
inspecteur, -trice [ɛ̃spɛktœʀ, tʀis] *nm/f* inspector(a); **~ (de police)** inspector (de policía); **~ des Finances** *ou* **des impôts** inspector de hacienda
inspection [ɛ̃spɛksjɔ̃] *nf* inspección *f*; **~ des Finances/du Travail** inspección de Hacienda/de trabajo
inspiration [ɛ̃spiʀasjɔ̃] *nf* inspiración *f*; **d'~ orientale** de inspiración oriental
inspirer [ɛ̃spiʀe] *vt* inspirar ▸ *vi* inspirar; **s'inspirer** *vpr* : **s'~ de qch** inspirarse en algo; **~ qch à qn** (*crainte, horreur*) inspirar algo a algn; **ça ne m'inspire pas beaucoup/vraiment pas** eso no me dice mucho/nada
instable [ɛ̃stabl] *adj* inestable
instagrammer [ɛ̃stagʀame] *vt* publicar en Instagram, instagramear
installation [ɛ̃stalasjɔ̃] *nf* instalación *f*; (*chez qn*) alojamiento; **installations** *nfpl* (*équipement*) : **~s portuaires** instalaciones *fpl* portuarias; **l'~ électrique** la instalación eléctrica; **~s industrielles** instalaciones industriales
installer [ɛ̃stale] *vt* instalar; (*asseoir, coucher*) acomodar; (*dans un lieu déterminé*)

colocar; (*fonctionnaire, magistrat*) dar posesión a; **s'installer** *vpr* instalarse; (*à un emplacement*) acomodarse; (*maladie, grève*) arraigarse; **~ une chambre dans le grenier** construir una habitación en el ático; **s'~ à l'hôtel/chez qn** alojarse en el hotel/en casa de algn

instance [ɛ̃stɑ̃s] *nf* (*Jur*) instancia; **instances** *nfpl* (*prières*) insistencia *fsg*; **les ~s internationales** los organismos internacionales; **affaire en ~** asunto pendiente; **courrier en ~** correo pendiente; **être en ~ de divorce** estar en trámites de divorcio; **train en ~ de départ** tren *m* a punto de salir; **en première ~** en primera instancia

instant, e [ɛ̃stɑ̃, ɑ̃t] *nm* instante *m*; **sans perdre un ~** sin perder un instante; **en** *ou* **dans un ~** en un instante; **à l'~ : je l'ai vu à l'~** lo he visto hace nada; **à l'~ (même) où** en el (mismo) momento en que; **à chaque** *ou* **tout ~** a cada instante; **pour l'~** por el momento; **par ~s** por momentos; **de tous les ~s** constante; **dès l'~ où** *ou* **que ...** desde el momento en que *ou* en cuanto ...; **d'un ~ à l'autre** de un momento a otro, en cualquier momento

instantané, e [ɛ̃stɑ̃tane] *adj* instantáneo(-a) ▶ *nm* (*Photo*) instantánea

instar [ɛ̃staʀ] : **à l'~ de** *prép* a semejanza de

instaurer [ɛ̃stɔʀe] *vt* implantar; **s'instaurer** *vpr* establecerse

instinct [ɛ̃stɛ̃] *nm* instinto; **avoir l'~ des affaires/du commerce** tener instinto para los negocios/el comercio; **d'~** por instinto; **~ grégaire/de conservation** instinto gregario/de conservación

instinctif, -ive [ɛ̃stɛ̃ktif, iv] *adj* instintivo(-a)

instinctivement [ɛ̃stɛ̃ktivmɑ̃] *adv* instintivamente

instituer [ɛ̃stitɥe] *vt* establecer; **s'instituer** *vpr* (*relations*) establecerse

institut [ɛ̃stity] *nm* instituto; **l'I~ de France** *institución que agrupa las cinco academias en Francia*, ≈ Real Academia Española; **~ de beauté** instituto de belleza; **~ médico-légal** instituto médico legal; **I~ universitaire de technologie (IUT)** ≈ Escuela Politécnica

instituteur, -trice [ɛ̃stitytœʀ, tʀis] *nm/f* maestro(-a)

institution [ɛ̃stitysjɔ̃] *nf* institución *f*; (*collège*) colegio privado; **institutions** *nfpl* instituciones *fpl*

instructif, -ive [ɛ̃stʀyktif, iv] *adj* instructivo(-a)

instruction [ɛ̃stʀyksjɔ̃] *nf* (*enseignement*) enseñanza; (*savoir*) cultura; (*Jur, Inform*) instrucción *f*; **instructions** *nfpl* (*directives, mode d'emploi*) instrucciones *fpl*; **~ publique/primaire** enseñanza pública/de educación primaria; **~ ministérielle/préfectorale** circular *f* ministerial/de la Prefectura; **~ civique** formación *f* cívica; **~ religieuse** formación religiosa

instruire [ɛ̃stʀɥiʀ] *vt* (*élèves*) enseñar; (*Mil, Jur*) instruir; **s'instruire** *vpr* instruirse

instruit, e [ɛ̃stʀɥi, it] *pp de* **instruire** ▶ *adj* instruido(-a), culto(-a)

instrument [ɛ̃stʀymɑ̃] *nm* (*aussi Mus*) instrumento; **~ à cordes/à percussion/à vent/de musique** instrumento de cuerda/de percusión/de viento/musical; **~ de mesure/de travail** instrumento de medición/de trabajo

insu [ɛ̃sy] *nm* : **à l'~ de qn** a espaldas de algn; **à son ~** a sus espaldas

insuffisance [ɛ̃syfizɑ̃s] *nf* insuficiencia; **~ cardiaque/hépatique** insuficiencia cardíaca/hepática

insuffisant, e [ɛ̃syfizɑ̃, ɑ̃t] *adj* insuficiente; **~ en maths** insuficiente en matemáticas

insulaire [ɛ̃sylɛʀ] *adj* insular; (*attitude*) cerrado(-a)

insuline [ɛ̃sylin] *nf* insulina

insulte [ɛ̃sylt] *nf* insulto

insulter [ɛ̃sylte] *vt* insultar

insupportable [ɛ̃sypɔʀtabl] *adj* insoportable

insurgé, e [ɛ̃syʀʒe] *adj, nm/f* sublevado(-a), insurrecto(-a)

insurger [ɛ̃syʀʒe] : **s'insurger (contre)** *vpr* (*aussi fig*) sublevarse (contra)

insurmontable [ɛ̃syʀmɔ̃tabl] *adj* insuperable

intact, e [ɛ̃takt] *adj* intacto(-a); (*réputation*) íntegro(-a)

intarissable [ɛ̃taʀisabl] *adj* inagotable; **il est ~ sur ...** es inagotable cuando habla de ...

intégral, e, -aux [ɛ̃tegʀal, o] *adj* total; (*édition*) completo(-a); **nu ~** desnudo integral

intégralement [ɛ̃tegʀalmɑ̃] *adv* totalmente, completamente

intégralité [ɛ̃tegʀalite] *nf* totalidad *f*; **dans son ~** en su totalidad

intégrant, e [ɛ̃tegʀɑ̃, ɑ̃t] *adj*: **faire partie intégrante de qch** formar parte integrante de algo

intègre [ɛ̃tɛgʀ] *adj* íntegro(-a)

intégré, e [ɛ̃tegʀe] *adj*: **circuit ~** circuito integrado; **être ~** estar integrado(-a)

intégrer [ɛ̃tegʀe] *vt* (*personnes*) integrar; (*théories, paragraphe*) incorporar; (*Univ*) ingresar en; **s'intégrer** *vpr*: **s'~ à** *ou* **dans qch** integrarse en algo

intégrisme [ɛ̃tegʀism] *nm* integrismo

intellectuel, le [ɛ̃telɛktɥɛl] *adj, nm/f* intelectual *m/f*

intelligence [ɛ̃teliʒɑ̃s] *nf* inteligencia; (*compréhension*) comprensión *f*; **regard/sourire d'~** mirada/sonrisa de complicidad; **vivre en bonne/mauvaise ~ avec qn** llevarse bien/mal con algn; **~ artificielle** inteligencia artificial

intelligent, e [ɛ̃teliʒɑ̃, ɑ̃t] *adj* inteligente

intelligible [ɛ̃teliʒibl] *adj*: **parler de façon peu ~** hablar de forma poco clara

intempéries [ɛ̃tɑ̃peʀi] *nfpl* inclemencias *fpl* del tiempo; **se protéger des ~** protegerse de las inclemencias del tiempo

intempestif, -ive [ɛ̃tɑ̃pɛstif, iv] *adj* intempestivo(-a)

intenable [ɛ̃t(ə)nabl] *adj* inaguantable, insoportable; (*position*) indefendible; (*enfant*) inaguantable

intendant, e [ɛ̃tɑ̃dɑ̃, ɑ̃t] *nm/f* (*Mil*) intendente *m*; (*Scol*) administrador(a)

intense [ɛ̃tɑ̃s] *adj* intenso(-a)

intensif, -ive [ɛ̃tɑ̃sif, iv] *adj* intensivo(-a); **cours ~** curso intensivo; **culture intensive** cultivo intensivo

intensifier [ɛ̃tɑ̃sifje] *vt* intensificar; **s'intensifier** *vpr* intensificarse

intensité [ɛ̃tɑ̃site] *nf* intensidad *f*

intenter [ɛ̃tɑ̃te] *vt*: **~ un procès/une action contre** *ou* **à qn** entablar proceso/una acción contra algn

intention [ɛ̃tɑ̃sjɔ̃] *nf* intención *f*; (*but, objectif*) intención *f*, propósito; **contrecarrer les ~s de qn** oponerse a las intenciones de algn; **avec** *ou* **dans l'~ de nuire** con la premeditación de dañar; **avoir l'~ de faire qch** tener la intención de hacer algo; **à l'~ de qn** para algn; **à cette ~** con este propósito; **sans ~ de** sin intención de; **faire qch sans mauvaise ~** hacer algo sin mala intención; **agir dans une bonne ~** actuar con buena intención

> **On peut dire aussi :**
> Voy a tomar el tren de las siete. (*Je vais ...*)
> Tenemos previsto *ou* Pensamos casarnos el año que viene. (*Nous avons prévu de ...*)
> Tengo la intención de empezar una serie de conciertos para niños. (*J'ai l'intention de ...*)
> Tenía pensado irme a las ocho. (*J'avais pensé ...*)

intentionné, e [ɛ̃tɑ̃sjɔne] *adj*: **être bien/mal ~** tener buena/mala intención

interactif, -ive [ɛ̃tɛʀaktif, iv] *adj* interactivo(-a)

intercepter [ɛ̃tɛʀsɛpte] *vt* interceptar

interchangeable [ɛ̃tɛʀʃɑ̃ʒabl] *adj* intercambiable

interdiction [ɛ̃tɛʀdiksjɔ̃] *nf* interdicción *f*, prohibición *f*; **~ de fumer** prohibido *ou* se prohibe fumar; **~ de séjour** prohibición de residencia

> **On peut dire aussi :**
> ¿Dejarte el coche? ¡Ni pensarlo! (*Il n'en est pas question !*)
> No puedo dejarte salir con este tiempo. (*Je ne peux pas te laisser ...*)
> Te prohíbo que hables así delante de mí. (*Je t'interdis de ...*)

interdire [ɛ̃tɛʀdiʀ] *vt* prohibir; **~ qch à qn** prohibir algo a algn; **~ à qn de faire qch** prohibir a algn hacer algo; (*suj : chose*) impedir que algn haga algo; **s'~ qch** privarse de algo; **il s'interdit d'y penser** se niega a pensar en ello

interdit, e [ɛ̃tɛʀdi, it] *pp de* **interdire** ▸ *adj* (*accès, écrivain, livre*) prohibido(-a); (*stupéfait*) estupefacto(-a) ▸ *nm* tabú *m*; **film ~ aux moins de 18/13 ans** película prohibida a los menores de 18/13 años; **sens/stationnement ~** dirección *f*/estacionamiento prohibido(-a); **être ~ bancaire** ou **~ de chéquier** *tener prohibido emitir cheques por haberlos emitido anteriormente sin fondos*; **~ de séjour** condenado(-a) a prohibición de residencia

intéressant, e [ɛ̃teʀesɑ̃, ɑ̃t] *adj* interesante; **faire l'~** hacerse el interesante

intéressé, e [ɛ̃teʀese] *adj* interesado(-a) ▸ *nm/f*: **l'intéressé, e** el (la) interesado(-a)

intéresser [ɛ̃teʀese] *vt* (*élèves*) interesar; (*Admin : mesure, loi*) concernir; (*Comm : aux bénéfices*) dar participación en; **ce film m'a beaucoup intéressé** he encontrado muy interesante esta película; **ça n'intéresse personne** eso no interesa a nadie; **~ qn dans une affaire** hacer partícipe a algn en un negocio; **~ qn à qch** interesar a algn en algo; **s'~ à qn/à ce que fait qn/qch** interesarse por algn/por lo que hace algn/algo; **s'~ à un sport** interesarse por un deporte

intérêt [ɛ̃teʀɛ] *nm* interés *msg*; (*avantage, originalité*) : **l'~ de ...** lo interesante de ...; **intérêts** *nmpl* intereses *mpl*; **agir par ~** actuar por interés; **éveiller l'~ de qn** despertar el interés de algn; **porter de l'~ à qn** interesarse por algn; **il a ~ à acheter cette voiture** le interesa comprar ese coche; **tu aurais ~ à te taire !** ¡más te vale callarte!; **il y a ~ à ...** interesa ...; **les ~s de la dette** los intereses de la deuda; **avoir des ~s dans une société** tener intereses en una compañía

intérieur, e [ɛ̃teʀjœʀ] *adj* interior ▸ *nm* interior *m*; **ministère de l'I~** ministerio del Interior; **un ~ bourgeois/confortable** una decoración burguesa/confortable; **à l'~ (de)** en el interior ou dentro ou adentro (*esp* AM) (de); (*fig*) dentro (de); **en ~** (*Ciné*) en interiores; **vêtement/veste/chaussures d'~** prenda/chaqueta/zapatos *mpl* de estar en casa

intérieurement [ɛ̃teʀjœʀmɑ̃] *adv* por dentro

intérim [ɛ̃teʀim] *nm* interinidad *f*; **assurer l'~ (de qn)** hacer la interinidad (de algn); **travailler en ~** trabajar a través de una empresa de trabajo temporal; **par ~** *adj* interino(-a) ▸ *adv* de interino

intérimaire [ɛ̃teʀimɛʀ] *adj* interino(-a) ▸ *nm/f* trabajador(a) de una empresa de trabajo temporal; **personnel ~** personal *m* interino

interligne [ɛ̃tɛʀliɲ] *nm* : **simple/double ~** un/doble espacio

interlocuteur, -trice [ɛ̃tɛʀlɔkytœʀ, tʀis] *nm/f* interlocutor(a)

intermédiaire [ɛ̃tɛʀmedjɛʀ] *adj* intermedio(-a) ▸ *nm/f* intermediario(-a); **par l'~ de** por mediación de

interminable [ɛ̃tɛʀminabl] *adj* interminable

intermittence [ɛ̃tɛʀmitɑ̃s] *nf*: **par ~** a intervalos

intermittent, e [ɛ̃tɛʀmitɑ̃, ɑ̃t] *adj* intermitente ▸ *nm/f*: **les ~s du spectacle** *los trabajadores intermitentes del sector del espectáculo*

internat [ɛ̃tɛʀna] *nm* internado; (*Méd : fonction*) interno

international, e, -aux [ɛ̃tɛʀnasjɔnal, o] *adj* internacional ▸ *nm/f* (*Sport*) jugador(a) internacional

internaute [ɛ̃tɛʀnot] *nm/f* internauta *m/f*

interne [ɛ̃tɛʀn] *adj* interno(-a) ▸ *nm/f* (*élève*) interno(-a); (*Méd*) médico(-a) interno(-a)

Internet [ɛ̃tɛʀnɛt] *nm* Internet *m*

interpeller [ɛ̃tɛʀpəle] *vt* interpelar; (*police*) detener

interphone [ɛ̃tɛʀfɔn] *nm* interfono; (*d'un appartement*) portero automático

interposer [ɛ̃tɛʀpoze] *vt* interponer; **s'interposer** *vpr* interponerse; **par personnes interposées** por un intermediario

interprète [ɛ̃tɛʀpʀɛt] *nm/f* intérprete *m/f*; **être l'~ de qn/de qch** ser el portavoz de algn/de algo

interpréter [ɛ̃tɛʀpʀete] *vt* interpretar

interrogatif, -ive [ɛ̃teʀɔgatif, iv] *adj* interrogativo(-a)

interrogation [ɛ̃teʀɔgasjɔ̃] *nf* interrogación *f*; **~ écrite/orale** (*Scol*) control *m* escrito/oral

interrogatoire [ɛ̃teʀɔgatwaʀ] *nm* interrogatorio

interrogé, e [ɛ̃teʀɔʒe] *adj* encuestado(-a)

interroger [ɛ̃teʀɔʒe] *vt* interrogar; (*données*) consultar; (*candidat*) examinar; **s'interroger** *vpr* preguntarse; **~ qn (sur qch)** preguntar a algn (por algo); **~ qn du regard** preguntar a algn con la mirada

interrompre [ɛ̃terɔ̃pr] *vt* interrumpir; (*circuit électrique, communications*) cortar; **s'interrompre** *vpr* interrumpirse
interrupteur [ɛ̃teryptœr] *nm* interruptor *m*
interruption [ɛ̃terypsjɔ̃] *nf* interrupción *f*; **sans ~** sin interrupción; **~ volontaire de grossesse** interrupción voluntaria del embarazo
intersection [ɛ̃tɛrsɛksjɔ̃] *nf* intersección *f*
intervalle [ɛ̃tɛrval] *nm* intervalo; **à deux mois d'~** con dos meses de intervalo; **à ~s rapprochés** con mucha frecuencia; **par ~s** a ratos; **dans l'~** mientras tanto
intervenir [ɛ̃tɛrvənir] *vi* : **~ dans** intervenir en; **~ (pour faire qch)** intervenir (para hacer algo); **~ auprès de qn/en faveur de qn** interceder ante algn/en favor de algn; **la police a dû ~** la policía tuvo que intervenir; **les médecins ont dû ~** los médicos tuvieron que intervenir
intervention [ɛ̃tɛrvɑ̃sjɔ̃] *nf* intervención *f*; **~ chirurgicale** intervención quirúrgica; **~ armée** intervención armada
intervertir [ɛ̃tɛrvɛrtir] *vt* invertir; **~ les rôles** invertir los papeles
interview [ɛ̃tɛrvju] *nf* interviú *f*, entrevista
interviewer [(*vb*) ɛ̃tɛrvjuve, (*n*) ɛ̃tɛrvjuvœr] *vt* entrevistar a ▸ *nm* entrevistador(a)
intestin, e [ɛ̃tɛstɛ̃, in] *nm* intestino ▸ *adj* : **querelles/luttes ~es** querellas *fpl*/luchas *fpl* internas; **~ grêle** intestino delgado
intime [ɛ̃tim] *adj* íntimo(-a); (*convictions*) profundo(-a) ▸ *nm/f* íntimo(-a)
intimider [ɛ̃timide] *vt* intimidar
intimité [ɛ̃timite] *nf* intimidad *f*; **dans l'~** en la intimidad
intolérable [ɛ̃tɔlerabl] *adj* (*chaleur*) insoportable; (*inadmissible*) intolerable
intolérant, e [ɛ̃tɔlerɑ̃, ɑ̃t] *adj* intolerante
intoxication [ɛ̃tɔksikasjɔ̃] *nf* intoxicación *f*; **~ alimentaire** intoxicación alimenticia
intoxiquer [ɛ̃tɔksike] *vt* intoxicar; **s'intoxiquer** *vpr* intoxicarse
intraitable [ɛ̃trɛtabl] *adj* despiadado(-a); **~ (sur)** intransigente (en); **demeurer ~** permanecer inflexible
intranet [ɛ̃tranɛt] *nm* Intranet *f*
intransigeant, e [ɛ̃trɑ̃ziʒɑ̃, ɑ̃t] *adj* intransigente
intransitif, -ive [ɛ̃trɑ̃zitif, iv] *adj* intransitivo(-a)
intrépide [ɛ̃trepid] *adj* intrépido(-a)
intrigue [ɛ̃trig] *nf* intriga
intriguer [ɛ̃trige] *vi, vt* intrigar
introduction [ɛ̃trɔdyksjɔ̃] *nf* introducción *f*; **paroles/chapitre d'~** palabras *fpl*/capítulo de introducción; **lettre/mot d'~** carta/nota de presentación; **~ en Bourse** salida a Bolsa
introduire [ɛ̃trɔdɥir] *vt* introducir; (*visiteur*) hacer pasar a; (*mots*) incorporar; **s'introduire** *vpr* introducirse; **~ qn auprès de qn** conducir a algn ante algn; **~ qn dans un club** introducir a algn en un club; **s'~ dans** introducirse en
introuvable [ɛ̃truvabl] *adj* (*personne*) ilocalizable; (*édition, livre*) imposible de encontrar; **ma montre est ~** no encuentro mi reloj por ningún sitio
intrus, e [ɛ̃try, yz] *nm/f* intruso(-a)
intuition [ɛ̃tɥisjɔ̃] *nf* intuición *f*; **avoir l'~ de qch** tener la intuición de algo; **avoir de l'~** tener intuición
inusable [inyzabl] *adj* duradero(-a)
inutile [inytil] *adj* inútil
inutilement [inytilmɑ̃] *adv* inútilmente
inutilisable [inytilizabl] *adj* inutilizable
invalide [ɛ̃valid] *adj, nm/f* inválido(-a); **~ de guerre** inválido(-a) de guerra; **~ du travail** inválido(-a) laboral
invariable [ɛ̃varjabl] *adj* invariable
invasion [ɛ̃vazjɔ̃] *nf* (*aussi fig*) invasión *f*; (*de sauterelles, rats*) plaga, invasión
inventaire [ɛ̃vɑ̃tɛr] *nm* (*aussi fig*) inventario; **faire un ~** hacer un inventario; **faire** *ou* **procéder à l'~** hacer inventario
inventer [ɛ̃vɑ̃te] *vt* inventar; (*moyen*) idear
inventeur, -trice [ɛ̃vɑ̃tœr, tris] *nm/f* inventor(a)
inventif, -ive [ɛ̃vɑ̃tif, iv] *adj* inventivo(-a)
invention [ɛ̃vɑ̃sjɔ̃] *nf* invención *f*; (*objet inventé, expédient*) invento; (*fable, mensonge*) ficción *f*, invención
inverse [ɛ̃vɛrs] *adj* (*ordre*) inverso(-a); (*sens*) inverso(-a), contrario(-a) ▸ *nm* : **l'~**

lo contrario; **en proportion ~** en proporción inversa; **dans l'ordre ~** en orden inverso; **dans le sens ~ des aiguilles d'une montre** en sentido contrario a las agujas del reloj; **en** *ou* **dans le sens ~** en sentido contrario; **à l'~** al contrario

inversement [ɛ̃vɛʀsəmɑ̃] *adv* inversamente; **~ proportionnel à** inversamente propocional a

inverser [ɛ̃vɛʀse] *vt* invertir

investir [ɛ̃vɛstiʀ] *vt* (*argent, capital*) invertir; (*Mil*) cercar, sitiar ▸ *vi* invertir; **~ qn de** (*d'une fonction, d'un pouvoir*) investir a algn con

investissement [ɛ̃vɛstismɑ̃] *nm* inversión *f*

invisible [ɛ̃vizibl] *adj* invisible

invitation [ɛ̃vitasjɔ̃] *nf* invitación *f*; **à/sur l'~ de qn** por/a invitación de algn; **carte/lettre d'~** tarjeta/carta de invitación

invité, e [ɛ̃vite] *nm/f* invitado(-a)

inviter [ɛ̃vite] *vt* invitar; **~ qn à faire qch** invitar a algn a hacer algo; **~ à qch** (*à la méfiance*) incitar a algo; (*à la promenade, méditation*) invitar a algo

invivable [ɛ̃vivabl] *adj* insoportable

involontaire [ɛ̃vɔlɔ̃tɛʀ] *adj* involuntario(-a)

invoquer [ɛ̃vɔke] *vt* invocar; (*excuse, argument*) invocar, alegar; (*loi, texte*) apelar; (*jeunesse, ignorance*) alegar

invraisemblable [ɛ̃vʀɛsɑ̃blabl] *adj* (*histoire*) inverosímil; (*aplomb, toupet*) increíble

invraisemblance [ɛ̃vʀɛsɑ̃blɑ̃s] *nf* inverosimilitud *f*

iode [jɔd] *nm* yodo

ion [jɔ̃] *nm* ión *m*

irai *etc* [iʀe] *vb voir* **aller**

Irak [iʀak] *nm* Irak *m*

irakien, ne [iʀakjɛ̃, jɛn] *adj* iraquí ▸ *nm/f*: **Irakien, ne** iraquí *m/f*

Iran [iʀɑ̃] *nm* Irán *m*

iranien, ne [iʀanjɛ̃, jɛn] *adj* iraní ▸ *nm/f*: **Iranien, ne** iraní *m/f*

irions *etc* [iʀjɔ̃] *vb voir* **aller**

iris [iʀis] *nm* (*Bot*) lirio; (*Anat*) iris *m inv*

irlandais, e [iʀlɑ̃dɛ, ɛz] *adj* irlandés(-esa) ▸ *nm/f*: **Irlandais, e** irlandés(-esa); **les I~** los irlandeses

Irlande [iʀlɑ̃d] *nf* Irlanda; **la mer d'~** el mar de Irlanda; **~ du Nord/Sud** Irlanda del Norte/Sur

IRM [iɛʀɛm] *sigle f* (= *imagerie par résonance magnétique*) IRM *f* (*imagen por resonancia magnética*)

ironie [iʀɔni] *nf* ironía; **~ du sort** ironía del destino

ironique [iʀɔnik] *adj* irónico(-a)

ironiser [iʀɔnize] *vi* ironizar

irons *etc* [iʀɔ̃] *vb voir* **aller**

irradier [iʀadje] *vi* irradiar ▸ *vt* irradiar, difundir

irraisonné, e [iʀɛzɔne] *adj* irrazonable

irrationnel, le [iʀasjɔnɛl] *adj* irracional

irréalisable [iʀealizabl] *adj* irrealizable

irrécupérable [iʀekypeʀabl] *adj* irrecuperable

irréel, le [iʀeɛl] *adj* irreal

irréfléchi, e [iʀefleʃi] *adj* irreflexivo(-a)

irrégularité [iʀegylaʀite] *nf* irregularidad *f*; **irrégularités** *nfpl* irregularidades *fpl*

irrégulier, -ière [iʀegylje, jɛʀ] *adj* irregular; (*développement, accélération*) irregular, desigual; (*peu honnête*) deshonesto(-a)

irrémédiable [iʀemedjabl] *adj* irremediable

irremplaçable [iʀɑ̃plasabl] *adj* irremplazable; (*personne*) irremplazable, insustituible

irréparable [iʀepaʀabl] *adj* (*aussi fig*) irreparable

irréprochable [iʀepʀɔʃabl] *adj* (*personne, vie*) irreprochable, intachable; (*tenue, toilette*) intachable

irrésistible [iʀezistibl] *adj* irresistible, contundente; (*qui fait rire*) graciosísimo(-a)

irrésolu, e [iʀezɔly] *adj* irresoluto(-a)

irrespectueux, -euse [iʀɛspɛktɥø, øz] *adj* irrespetuoso(-a)

irresponsable [iʀɛspɔ̃sabl] *adj, nm/f* irresponsable *m/f*

irréversible [iʀevɛʀsibl] *adj* irreversible

irriguer [iʀige] *vt* irrigar

irritable [iʀitabl] *adj* irritable

irriter [iʀite] *vt* irritar; **s'~ contre qn/de qch** irritarse con algn/por algo

irruption [iʀypsjɔ̃] *nf* irrupción *f*; **faire ~ dans un endroit/chez qn** irrumpir en un lugar/en casa de algn

Islam [islam] *nm* : **l'~** el Islam
islamique [islamik] *adj* islámico(-a)
islamiste [islamist] *adj, nm/f* islamista *m/f*
islamophobie [islamafɔbi] *nf* islamofobia
Islande [islɑ̃d] *nf* Islandia
isolant, e [izɔlɑ̃, ɑ̃t] *adj, nm* aislante *m*
isolation [izɔlasjɔ̃] *nf* : **~ acoustique/thermique** aislamiento acústico/térmico
isolé, e [izɔle] *adj* (*aussi fig*) aislado(-a); (*éloigné*) apartado(-a)
isoler [izɔle] *vt* (*aussi fig*) aislar; **s'isoler** *vpr* aislarse
isoloir [izɔlwaʀ] *nm* cabina electoral
Israël [isʀaɛl] *nm* Israel *m*
israélien, ne [isʀaeljɛ̃, jɛn] *adj* israelí ▸ *nm/f* : **Israélien, ne** israelí *m/f*
israélite [isʀaelit] *adj* (*Rel*) israelita ▸ *nm/f* : **Israélite** israelita *m/f*
issu, e [isy] *adj* : **~ de** descendiente de; (*fig*) resultante de
issue [isy] *nf* salida; (*solution*) salida, solución *f*; **à l'~ de** al concluir; **chemin/rue sans ~** camino/calle *f* sin salida; **~ de secours** salida de socorro
Italie [itali] *nf* Italia
italien, ne [italjɛ̃, jɛn] *adj* italiano(-a) ▸ *nm* (*Ling*) italiano ▸ *nm/f* : **Italien, ne** italiano(-a)
italique [italik] *nm* : **(mettre un mot) en ~(s)** (poner una palabra) en cursiva
itinéraire [itineʀɛʀ] *nm* itinerario
itinérance [itineʀɑ̃s] *nf* (*Tél*) itinerancia *f*
IUT *sigle m* = *Institut universitaire de technologie*; *voir* **institut**
IVG [iveʒe] *sigle f* (= *interruption volontaire de grossesse*) IVE *f* (= *interrupción voluntaria del embarazo*)
ivoire [ivwaʀ] *nm* marfil *m*
ivre [ivʀ] *adj* (*saoul*) ebrio(-a), beodo(-a); **~ de colère/de bonheur** ebrio(-a) de ira/de felicidad; **~ mort** borracho perdido
ivrogne [ivʀɔɲ] *nm/f* borracho(-a)

j

j' [ʒ] *pron voir* **je**
jachère [ʒaʃɛʀ] *nf* : **(être) en ~** (estar) en barbecho
jacinthe [ʒasɛ̃t] *nf* jacinto
jadis [ʒɑdis] *adv* antaño
jaillir [ʒajiʀ] *vi* (*liquide*) brotar; (*fig*) surgir
jais [ʒɛ] *nm* azabache *m*; **(d'un noir) de ~** (negro) azabache
jalousie [ʒaluzi] *nf* celos *mpl*; (*store*) celosía
jaloux, -se [ʒalu, uz] *adj* (*envieux*) envidioso(-a); (*possessif*) celoso(-a); **être ~ de qn/qch** estar celoso(-a) de algn/algo, tener envidia de algn/algo
jamais [ʒamɛ] *adv* nunca, jamás; (*sans négation*) alguna vez; **~ de la vie !** ¡nunca jamás!; **ne ... ~** no ... nunca; **si ~ ...** si alguna vez ...; **à (tout) ~** para siempre
jambe [ʒɑ̃b] *nf* (*Anat*) pierna; (*d'un cheval*) pata; (*d'un pantalon*) pernil *m*; **à toutes ~s** a toda velocidad
jambon [ʒɑ̃bɔ̃] *nm* jamón *m*; **~ cru/fumé** jamón crudo/ahumado
jambonneau, x [ʒɑ̃bɔno] *nm* lacón *m*
jante [ʒɑ̃t] *nf* llanta
janvier [ʒɑ̃vje] *nm* enero; *voir aussi* **juillet**
Japon [ʒapɔ̃] *nm* Japón *m*
japonais, e [ʒapɔnɛ, ɛz] *adj* japonés(-esa) ▸ *nm* (*Ling*) japonés *m* ▸ *nm/f* : **Japonais, e** japonés(-esa)
jardin [ʒaʀdɛ̃] *nm* jardín *m*; **~ botanique** jardín botánico; **~ d'enfants** jardín de infancia; **~ japonais** jardín japonés; **~ potager** huerto; **~ public** parque *m*

público; **~s suspendus** jardines *mpl* colgantes
jardinage [ʒaʀdinaʒ] *nm* jardinería
jardiner [ʒaʀdine] *vi* cuidar el jardín
jardinier, -ière [ʒaʀdinje, jɛʀ] *nm/f* jardinero(-a); **~ paysagiste** jardinero(-a) artístico(-a)
jardinière [ʒaʀdinjɛʀ] *nf* (*de fenêtre*) jardinera; **~ d'enfants** educadora infantil; **~ (de légumes)** (*Culin*) menestra
jargon [ʒaʀgɔ̃] *nm* jerga
jarret [ʒaʀɛ] *nm* (*Anat*) corva; (*Culin*) morcillo
jars [ʒaʀ] *nm* ganso
jasmin [ʒasmɛ̃] *nm* jazmín *m*
jauge [ʒoʒ] *nf* (*capacité*) capacidad *f*; (*d'un navire*) arqueo; (*instrument*) aspilla, varilla graduada; **~ (de niveau) d'huile** indicador *m* (del nivel) de aceite
jaunâtre [ʒonɑtʀ] *adj* amarillento(-a)
jaune [ʒon] *adj* amarillo(-a) ▸ *nm* amarillo; (*aussi* : **jaune d'œuf**) yema ▸ *nm/f* (*briseur de grève*) esquirol(a) ▸ *adv* : **rire ~** (*fam*) reír falsamente
jaunir [ʒoniʀ] *vt* amarillear ▸ *vi* amarillear(se)
jaunisse [ʒonis] *nf* ictericia
Javel [ʒavɛl] *nf voir* **eau**
javelot [ʒavlo] *nm* jabalina
JDC [ʒidese] *sigle f* (= *journeé défense et citoyenneté*) *jornada de instrucción militar*

Desde la abolición del servicio militar obligatorio, todos los franceses de entre 16 y 18 años participan en una jornada sobre defensa y ciudadanía (o **JDC**, en sus siglas en francés), en la que se les informa sobre las oportunidades de carrera en el ejército, así como sobre la estructura de la defensa en Francia y los derechos y deberes de todo ciudadano. El certificado obtenido tras este día es un requisito imprescindible para presentarse a oposiciones, al examen del carnet de conducir o para acceder a la universidad.

je [ʒə] *pron* yo
jean [dʒin] *nm* (*Textile*) tela vaquera; (*pantalon*) vaqueros *mpl*, blue-jean(s) *m(pl)* (*esp* AM)
jeep [(d)ʒip] *nf* jeep *m*
Jésus-Christ [ʒezykʀi(st)] *n* Jesucristo; **600 avant/après ~** *ou* **J.-C.** en el año 600 antes/después de Jesucristo *ou* J.C.
jet¹ [dʒɛt] *nm* (*avion*) jet *m*, avión *m* a reacción
jet² [ʒɛ] *nm* (*lancer*) lanzamiento; (*distance*) tiro; (*jaillissement, tuyau*) chorro; **premier ~** (*fig*) bosquejo, esbozo; **arroser au ~** regar a chorro; **d'un (seul) ~** de un tirón, de una sola vez; **du premier ~** a la primera; **~ d'eau** chorro de agua; (*fontaine*) surtidor *m*
jetable [ʒ(ə)tabl] *adj* desechable
jetée [ʒəte] *nf* escollera
jeter [ʒ(ə)te] *vt* (*lancer*) tirar, botar (AM); (*se défaire de*) tirar; (*passerelle, pont*) construir, tender; (*bases, fondations*) establecer, sentar; (*regard*) echar; (*cri, insultes*) lanzar; **~ qch à la poubelle** tirar algo a la basura; **~ l'ancre** echar el ancla; **~ un coup d'œil (à)** echar un vistazo (a); **~ qch à qn** lanzar algo a algn; **~ le trouble/l'effroi parmi ...** sembrar la confusión/el miedo entre ...; **~ un sort à qn** echar una maldición a algn; **~ qn dehors** echar a algn fuera; **~ qn en prison** meter a algn en la cárcel; **~ l'éponge** (*fig*) tirar la toalla; **~ des fleurs à qn** (*fig*) echar flores a algn; **~ la pierre à qn** (*accuser, blâmer*) echar la culpa a algn; **se ~ contre/dans/sur** arrojarse contra/en/sobre; **se ~ dans** (*suj* : *fleuve*) desembocar en; **se ~ par la fenêtre** tirarse por la ventana; **se ~ à l'eau** (*fig*) lanzarse a hacer algo
jeton [ʒ(ə)tɔ̃] *nm* ficha; **avoir les ~s** (*fam*) tener canguelo; **~s de présence** dieta *fsg ou* prima *fsg* de asistencia
jette *etc* [ʒɛt] *vb voir* **jeter**
jeu, x [ʒø] *nm* juego; (*interprétation*) actuación *f*, interpretación *f*; (*Mus*) interpretación; (*Tech*) juego, holgura; (*défaut de serrage*) holgura; **par ~** por juego; **d'entrée de ~** desde el principio; **cacher son ~** ocultar las intenciones; **c'est le ~** *ou* **la règle du ~** es el juego, son las reglas del juego; **c'est un ~ d'enfant** es un juego de niños; **il a beau ~ de dire ça** le resulta fácil decir eso; **être/remettre en ~** (*Football*) estar/poner en juego; **être en ~** (*fig*) estar en juego; **entrer/mettre en ~** (*fig*) entrar/poner en juego; **entrer dans le ~/le ~ de qn** (*fig*) entrar en el juego/en el juego de

algn; **se piquer** *ou* **se prendre au ~** cegarse por el juego; **jouer gros ~** jugar fuerte, arriesgar mucho; **~ d'orgue(s)** registros *mpl*; **~ de cartes** juego de naipes; (*paquet*) baraja; **~ de clés/d'aiguilles** (*série*) juego de llaves/de agujas; **~ de construction** juego de construcción, mecano; **~ d'échecs** ajedrez *m*; **~ d'écritures** traspaso de cuenta a cuenta; **~ de hasard/de mots** juego de azar/de palabras; **~ de massacre** (*à la foire, fig*) pim pam pum *m*; **~ de patience/de société** juego de paciencia/de salón; **jeux de lumière** juego de luces; **Jeux olympiques** Juegos *mpl* Olímpicos

jeudi [ʒødi] *nm* jueves *m inv*; **~ saint** jueves santo; *voir aussi* **lundi**

jeun [ʒœ̃] : **à ~** *adv* en ayunas

jeune [ʒœn] *adj* joven ▶ *adv* : **faire ~** hacer joven; **s'habiller ~** vestirse juvenil; **les ~s** los jóvenes; **~ fille** muchacha, chica; **~ homme** muchacho, chico; **~ loup** (*Écon, Pol*) joven cachorro; **~ premier** galán *m*; **~s gens** jóvenes *mpl*; **~s mariés** recién casados *mpl*

jeûne [ʒøn] *nm* ayuno

jeûner [ʒøne] *vi* ayunar

jeunesse [ʒœnɛs] *nf* juventud *f*

JO [ʒio] *sigle m* (= *Journal officiel*) ≈ BOE *m* (= *Boletín Oficial del Estado*) ▶ *sigle mpl* (= *Jeux olympiques*) JJ. OO. (= *Juegos Olímpicos*)

joaillier, -ière [ʒɔaje, jɛʀ] *nm/f* joyero(-a)

job [dʒɔb] *nm* trabajo; **~ d'été/d'étudiant** trabajo de verano/de estudiante

jogging [dʒɔgiŋ] *nm* : **faire du ~** hacer footing

joie [ʒwa] *nf* alegría; **joies** *nfpl* (*agrément*) alegrías *fpl*; (*iron : ennuis*) encantos *mpl*

joindre [ʒwɛ̃dʀ] *vt* juntar, unir; (*qch à qch*) juntar; **se joindre** *vpr* : **se ~ à qch** (*participer à*) sumarse a algo; **se ~ à** (*un groupe*) unirse a; **~ qch à** (*ajouter*) adjuntar algo a; **~ un fichier à un mail** adjuntar un archivo a un correo; **~ qn** (*réussir à contacter*) dar con algn, localizar a algn; **~ les mains/talons** juntar las manos/los talones; **~ les deux bouts** (*fig*) llegar a final de mes

joint, e [ʒwɛ̃, ɛ̃t] *pp de* **joindre** ▶ *adj* junto(-a) ▶ *nm* (*articulation, assemblage*) junta, empalme *m*; (*ligne, en ciment*) junta; (*de cannabis : fam*) porro; **sauter à pieds ~s** saltar con los pies juntos; **~ à** (*un paquet, une lettre*) adjunto(-a) a; **pièce jointe** (*de lettre*) pieza adjunta; (*de mail*) archivo adjunto; **chercher/trouver le ~** (*fig*) buscar/encontrar la solución; **~ de cardan/de culasse** junta de cardán/de culata; **~ de robinet** junta de grifo; **~ universel** junta universal

joker [(d)ʒɔkɛʀ] *nm* comodín *m*

joli, e [ʒɔli] *adj* bonito(-a), lindo(-a) (AM); **une jolie somme/situation** una buena suma/un buen puesto; **c'est du ~ !** (*iron*) ¡muy bonito!; **un ~ gâchis/travail** (*iron*) menudo lío/trabajo; **c'est bien ~ mais ...** está muy bien pero ...

jonc [ʒɔ̃] *nm* (*Bot*) junco; (*bague, bracelet*) anillo

joncher [ʒɔ̃ʃe] *vt* (*sol, surface*) estar esparcido(-a) por; **jonché de** cubierto de

jonction [ʒɔ̃ksjɔ̃] *nf* : **(point de) ~** (*de routes*) empalme *m*, enlace *m*; (*de fleuves*) confluencia

jongler [ʒɔ̃gle] *vi* hacer juegos malabares; **~ avec** (*fig*) hacer malabarismos con

jongleur, -euse [ʒɔ̃glœʀ, øz] *nm/f* malabarista *m/f*

jonquille [ʒɔ̃kij] *nf* junquillo

Jordanie [ʒɔʀdani] *nf* Jordania

joue [ʒu] *nf* mejilla; **mettre en ~** apuntar

jouer [ʒwe] *vt* jugar; (*pièce de théâtre*) representar; (*film, rôle*) interpretar; (*simuler*) fingir; (*morceau de musique*) ejecutar, tocar ▶ *vi* jugar; (*Mus*) ejecutar, tocar; (*Ciné, Théâtre*) actuar; (*aux cartes, à la roulette*) jugar a; (*bois, porte*) combarse; (*clé, pièce*) tener juego *ou* holgura; **~ au héros** dárselas de héroe; **~ sur** (*miser*) jugar con; **~ de** (*instrument*) tocar; (*fig*) : **~ du couteau** manejar el cuchillo; **~ des coudes** abrirse paso con los codos; **~ à** (*jeu, sport*) jugar a; **~ avec** (*sa santé etc*) jugar con; **se ~ de** (*difficultés*) pasar por alto; **se ~ de qn** (*tromper*) engañar a algn; **~ un tour à qn** jugar una mala pasada a algn; **~ la comédie** (*fig*) hacer teatro; **~ à la baisse/à la hausse** (*Bourse*) jugar a la baja/al alza; **~ serré** actuar con tiento; **~ de malchance** *ou* **malheur** tener mala suerte; **~ sur les mots** tergiversar las palabras; **à toi/nous de ~** te toca a ti/nos toca a nosotros; **~ aux courses** jugar a las carreras

jouet [ʒwɛ] *nm* juguete *m*; **être le ~ de** (*fig*) ser el juguete de

joueur, -euse [ʒwœʀ, øz] *nm/f* jugador(a) ▸ *adj* juguetón(-ona); **être beau/mauvais ~** (*fig*) ser un buen/mal perdedor

joufflu, e [ʒufly] mofletudo(-a)

joug [ʒu] *nm* yugo; **sous le ~ de** (*fig*) bajo el yugo de

jouir [ʒwiʀ] *vi* gozar; **~ de** (*avoir*) gozar de; (*savourer*) disfrutar de

jouissance [ʒwisɑ̃s] *nf* goce *m*; **la ~ de qch** (*Jur*) el usufructo de algo

jour [ʒuʀ] *nm* día *m*; (*ouverture*) hueco, vano; (*Couture*) calado; **jours** *nmpl* (*vie*) días *mpl*; **de nos ~s** hoy en día; **sous un ~ favorable/nouveau** (*fig*) bajo el aspecto más favorable/nuevo; **tous les ~s** todos los días, a diario; **de ~** de día; **d'un ~ à l'autre** de un día a otro; **du ~ au lendemain** de la noche a la mañana; **au ~ le ~, de ~ en ~** día a día; **il fait ~** es de día; **en plein ~** en pleno día; **au ~** a la luz del día; **au petit ~** de madrugada, al amanecer; **au grand ~** (*fig*) a todas luces, de forma evidente; **mettre au ~** (*découvrir*) sacar a la luz; **être/mettre à ~** estar/poner al día; **mise à ~** puesta al día; **donner le ~ à** dar a luz a; **voir le ~** salir a la luz; **se faire ~** (*fig*) abrirse camino, triunfar; **~ férié** día festivo; **le ~ J** ≈ el día D

journal, -aux [ʒuʀnal, o] *nm* periódico; (*personnel*) diario; **le J~ officiel (de la République française)** el Boletín oficial (de la República Francesa), ≈ el Boletín oficial del Estado; **tenir un ~** escribir un diario; **~ de bord** diario de a bordo; **~ intime** diario íntimo; **~ parlé** diario hablado; **~ télévisé** diario televisado, telediario

journalier, -ière [ʒuʀnalje, jɛʀ] *adj* diario(-a) ▸ *nm/f* jornalero(-a)

journalisme [ʒuʀnalism] *nm* periodismo

journaliste [ʒuʀnalist] *nm/f* periodista *m/f*

journée [ʒuʀne] *nf* día *m*; (*travail d'une journée*) jornada; **toute la ~** todo el día; **la ~ continue** la jornada continua

jouvence [ʒuvɑ̃s] *nf*: **bain de ~** baño de juventud

joyau, x [ʒwajo] *nm* (*aussi fig*) joya

joyeux, -euse [ʒwajø, øz] *adj* feliz, alegre; **~ Noël !** ¡feliz Navidad!; **~ anniversaire !** ¡feliz cumpleaños!; **d'humeur joyeuse** alegre

JT *sigle m* = *journal télévisé*; *voir* **journal**

jubiler [ʒybile] *vi* regocijarse

jucher [ʒyʃe] *vi* : **être juché sur qch** estar encaramado(-a) sobre algo

judas [ʒyda] *nm* mirilla

judiciaire [ʒydisjɛʀ] *adj* judicial

judicieux, -euse [ʒydisjø, jøz] *adj* juicioso(-a), sensato(-a)

judo [ʒydo] *nm* judo

juge [ʒyʒ] *nm/f* juez *m/f*; **être bon/mauvais ~** (*fig*) ser un buen/mal árbitro; **~ d'instruction/de paix** juez de instrucción/de paz; **~ de touche** (*Football*) juez de línea; **~ des enfants** juez de menores

jugé [ʒyʒe] : **au ~** *adv* a bulto

jugement [ʒyʒmɑ̃] *nm* (*Jur*) sentencia; (*gén*) juicio; **~ de valeur** juicio de valor

juger [ʒyʒe] *vt* juzgar; (*Jur*) juzgar, sentenciar ▸ *nm* : **au ~** a bulto; **~ qn/qch satisfaisant** considerar a algn/algo satisfactorio; **~ bon de faire ...** juzgar oportuno hacer ...; **~ que** estimar que; **~ de qch** juzgar algo; **jugez de ma surprise** imagine mi sorpresa

juguler [ʒygyle] *vt* atajar

juif, -ive [ʒɥif, ʒɥiv] *adj* judío(-a) ▸ *nm/f* : **Juif, -ive** judío(-a)

juillet [ʒɥijɛ] *nm* julio; **le premier ~** el uno de julio; **le deux/onze ~** el dos/once de julio; **début/fin ~** a primeros/finales de julio; **le 14 ~** el 14 de julio (*la fiesta nacional francesa*)

> En Francia, **le 14 juillet** es la fiesta nacional con la que se conmemora la toma de la Bastilla durante la Revolución Francesa. Se celebra con desfiles, música, baile y fuegos artificiales. En París tiene lugar un desfile militar por los Champs-Élysées que presencia el Presidente de la República.

juin [ʒɥɛ̃] *nm* junio; *voir aussi* **juillet**

jumeau, -elle, x [ʒymo, ɛl] *adj, nm/f* gemelo(-a); **maisons jumelles** casas *fpl* gemelas

jumelage [ʒym(ə)laʒ] *nm* (*de villes*) hermanamiento

jumeler [ʒym(ə)le] *vt* (*Tech*) acoplar; (*villes*) hermanar; **roues jumelées** ruedas *fpl* gemelas; **pari jumelé** apuesta doble

jumelle [ʒymɛl] *adj, nf voir* **jumeau**; **jumelles** *nfpl* (*instrument*) gemelos *mpl*

jument [ʒymɑ̃] *nf* yegua

jungle [ʒœ̃gl] *nf* jungla, selva; (*fig*) jungla

jupe [ʒyp] *nf* falda, pollera (*AM*)

jupon [ʒypɔ̃] *nm* enaguas *fpl*

juré [ʒyʀe] *nm* jurado ▸ *adj* : **ennemi ~** enemigo jurado

jurer [ʒyʀe] *vt* jurar ▸ *vi* jurar; **~ (avec)** (*couleurs*) chocar (con), desentonar (con); **~ de faire/que** jurar hacer/que; **~ de qch** jurar algo, responder de algo; **ils ne jurent que par lui** creen a ciegas en él; **je vous jure !** ¡se lo juro!

juridique [ʒyʀidik] *adj* jurídico(-a)

jurisprudence [ʒyʀispʀydɑ̃s] *nf* jurisprudencia; **faire ~** sentar jurisprudencia

juron [ʒyʀɔ̃] *nm* juramento

jury [ʒyʀi] *nm* (*Jur*) jurado; (*Scol*) tribunal *m*; **~ d'examen** tribunal

jus [ʒy] *nm* zumo, jugo (*AM*); (*de viande*) jugo; (*fam : courant*) corriente *f* (eléctrica); (*fam : café*) café *m*; **~ de fruits** zumo de frutas; **~ d'orange/de pommes/de raisin/de tomates** zumo de naranja/de manzana/de uvas/de tomate

jusque [ʒysk] : **jusqu'à** *prép* hasta; **jusqu'au matin/soir** hasta la mañana/la tarde; **jusqu'à ce que** hasta que; **jusqu'à présent** *ou* **maintenant** hasta ahora; **~ sur/dans** hasta arriba de/en; **~(-)là** hasta ahí; **jusqu'ici** (*temps*) hasta ahora; (*espace*) hasta aquí

justaucorps [ʒystokɔʀ] *nm* malla

juste [ʒyst] *adj* justo(-a); (*étroit*) ajustado(-a); (*insuffisant*) escaso(-a) ▸ *adv* (*chanter*) afinado; (*seulement*) solamente, nomás (*AM*); **~ assez** justo lo que se necesita; **~ au-dessus** justo encima; **au ~** exactamente; **comme de ~** como es lógico; **le ~ milieu** el término medio; **à ~ titre** con razón

justement [ʒystəmɑ̃] *adv* justamente; **c'est ~ ce qu'il fallait faire** es precisamente lo que había que hacer

justesse [ʒystɛs] *nf* (*d'une remarque*) propiedad *f*; **de ~** por poco

justice [ʒystis] *nf* justicia; **rendre la ~** administrar justicia; **traduire en ~** citar ante la justicia, hacer comparecer ante la justicia; **obtenir ~** lograr justicia; **rendre ~ à qn** hacer justicia a algn; **se faire ~** tomarse la justicia por su mano

justificatif, -ive [ʒystifikatif, iv] *adj* justificativo(-a) ▸ *nm* justificante *m*; **~ de domicile** justificante de domicilio

justifier [ʒystifje] *vt* justificar; **se justifier** *vpr* justificarse; **~ de** probar; **non justifié** injustificado(-a); **justifié à droite/gauche** justificado a la derecha/izquierda

juteux, -euse [ʒytø, øz] *adj* jugoso(-a); (*fam*) jugoso(-a), sustancioso(-a)

juvénile [ʒyvenil] *adj* juvenil

juxtaposer [ʒykstapoze] *vt* yuxtaponer

K

K, k [kɑ] *abr* (= *kilooctet*) K
kaki [kaki] *adj inv* caqui ▶ *nm* (*fruit*) caqui *m*
kangourou [kɑ̃guʀu] *nm* canguro
kapok [kapɔk] *nm* miraguano
karaté [kaʀate] *nm* karate *m*
kascher [kaʃɛʀ] *adj de acuerdo con las normas dietéticas de la ley hebraica*
kayak [kajak] *nm* kayak *m*
képi [kepi] *nm* quepis *m*
kermesse [kɛʀmɛs] *nf* romería
kérosène [keʀozɛn] queroseno
kidnapper [kidnape] *vt* secuestrar
kiffer [kife] (*fam*) *vt* molar; **je kiffe cette photo** me mola esta foto; **je la kiffe trop cette fille** esta tía me mola mogollón ▶ *vi* pasarlo bomba, pasarlo teta; **on a kiffé un max** nos lo pasamos teta
kilo [kilo] *nm* kilo
kilogramme [kilɔgʀam] *nm* kilogramo
kilométrage [kilɔmetʀaʒ] *nm* kilometraje *m*; **faible ~** poco kilometraje, pocos kilómetros
kilomètre [kilɔmɛtʀ] *nm* kilómetro; **~s (à l')heure** kilómetros por hora
kilométrique [kilɔmetʀik] *adj* kilométrico(-a); **compteur ~** cuentakilómetros *msg*
kilowatt [kilowat] *nm* kilovatio
kinésithérapeute [kineziteʀapøt] *nm/f* fisioterapeuta *m/f*
kiosque [kjɔsk] *nm* (*de jardin*) templete *m*; (*à journaux*) kiosco *ou* quiosco
kir [kiʀ] *nm* kir (*vino blanco con licor de cassis*)
kiwi [kiwi] *nm* (*fruit, oiseau*) kiwi *m*
klaxon [klaksɔn] *nm* bocina, claxon *m*
klaxonner [klaksɔne] *vi* tocar la bocina *ou* el claxon
km *abr* (= *kilomètre(s)*) km. (= *kilómetro(s)*)
km/h *abr* (= *kilomètres/heure*) km/h.
K.-O. [kao] *adj inv* K.O.
Ko *abr* (*Inform*: = *kilooctet*) K
koala [kɔala] *nm* koala *m*
kosovar [kɔsɔvaʀ] *adj* Kosovar ▶ *nm/f*: **Kosovar** Kosovar *m/f*
Kosovo [kɔsɔvo] *nm* Kosovo
krach [kʀak] *nm* quiebra, crac *m*
kyrielle [kiʀjɛl] *nf*: **une ~ de ...** una retahila de ...
kyste [kist] *nm* quiste *m*

l

l' [l] *voir* **le**

la [la] *nm* (*Mus*) la *m inv* ▸ *art, pron voir* **le**

là [la] *adv* (*plus loin*) ahí, allí; (*ici*) aquí; (*dans le temps*) entonces; **est-ce que Catherine est là ?** ¿está Catherine?; **elle n'est pas là** no está; **c'est là que** ahí *ou* allí es donde; (*ici*) aquí es donde; **là où** allí donde; **de là** (*fig*) de ahí; **par là** (*fig*) con eso; **que veux-tu dire par là ?** ¿qué quieres decir con eso?; **tout est là** todo está ahí; (*fig*) ahí está el fondo de la cuestión

là-bas [labɑ] *adv* allí

laboratoire [labɔʀatwaʀ] *nm* laboratorio; **~ d'analyses/de langues** laboratorio de análisis/de idiomas

laborieux, -euse [labɔʀjø, jøz] *adj* laborioso(-a); **classes laborieuses** clases *fpl* trabajadoras

labourer [labuʀe] *vt* (*aussi fig*) labrar

labyrinthe [labiʀɛ̃t] *nm* laberinto

lac [lak] *nm* lago; **les Grands L~s** los Grandes Lagos; **le ~ Léman** el lago Lemán

lacet [lasɛ] *nm* (*de chaussure*) cordón *m*; (*de route*) curva cerrada; (*piège*) lazo; **chaussures à ~s** zapatos de cordones

lâche [lɑʃ] *adj* (*poltron*) cobarde; (*procédé etc*) ruin, vil; (*desserré, pas tendu*) flojo(-a); (*morale, mœurs*) relajado(-a) ▸ *nm/f* cobarde *m/f*

lâchement [lɑʃmɑ̃] *adv* cobardemente

lâcher [lɑʃe] *nm* (*de ballons, d'oiseaux*) lanzamiento ▸ *vt* (*aussi fig*) soltar; (*Sport : distancer*) despegarse de; (*fam : abandonner*) dejar colgado(-a); **~ les chiens** soltar los perros; **~ prise** (*fig*) soltarse

lâcheté [lɑʃte] *nf* cobardía *f*

laconique [lakɔnik] *adj* lacónico(-a)

lacrymogène [lakʀimɔʒɛn] *adj* lacrimógeno(-a)

lacune [lakyn] *nf* laguna

là-dedans [ladədɑ̃] *adv* ahí dentro; (*fig*) en eso

là-dessous [ladsu] *adv* ahí debajo; (*fig*) detrás de eso

là-dessus [ladsy] *adv* ahí encima; (*fig*) luego; (*à ce sujet*) al respecto

lagune [lagyn] *nf* laguna

là-haut [lao] *adv* allí arriba

laïcité [laisite] *nf* laicidad *f*

laid, e [lɛ, lɛd] (*aussi fig*) *adj* feo(-a)

laideur [lɛdœʀ] *nf* fealdad *f*

laie [lɛ] *nf* jabalina

lainage [lɛnaʒ] *nm* (*vêtement*) jersey *m ou* chaqueta de lana; (*étoffe*) tejido de lana

laine [lɛn] *nf* lana; **pure ~** pura lana; **~ à tricoter** lana para tejer; **~ de verre** lana de vidrio; **~ peignée/vierge** lana cardada/virgen

laïque [laik] *adj, nm/f* laico(-a)

laisse [lɛs] *nf* (*de chien*) correa; **tenir en ~** tener atado(-a); (*fig*) manejar a su antojo

laisser [lese] *vt* dejar; **~ qch quelque part** dejar algo en algún sitio; **se ~ exploiter** dejarse explotar; **se ~ aller** abandonarse; **laisse-toi faire** déjate hacer; **rien ne laisse penser que ...** nada permite pensar que ...; **cela ne laisse pas de surprendre** esto no deja de sorprender; **~ qn tranquille** dejar a algn en paz

laisser-aller [leseale] *nm inv* abandono; (*péj : absence de soin*) desaliño

laissez-passer [lesepɑse] *nm inv* salvoconducto

lait [lɛ] *nm* leche *f*; **frère/sœur de ~** hermano/hermana de leche; **~ concentré/condensé** leche concentrada/condensada; **~ de beauté** leche de belleza; **~ de chèvre/de vache** leche de cabra/de vaca; **~ démaquillant** leche desmaquillante; **~ écrémé/entier/en poudre** leche descremada/entera/en polvo; **~ maternel** leche materna

laitage [lɛtaʒ] *nm* producto lácteo

laiterie [lɛtʀi] *nf* lechería

laiteux, -euse [lɛtø, øz] *adj* lechoso(-a)
laitier, -ière [letje, jɛʀ] *adj* (*produit, industrie*) lácteo(-a); **vache laitière** vaca lechera
laiton [lɛtɔ̃] *nm* latón *m*
laitue [lety] *nf* lechuga
lama [lama] *nm* llama
lambeau, x [lɑ̃bo] *nm* jirón *m*; **en lambeaux** hecho(-a) jirones
lame [lam] *nf* (*de couteau*) hoja; (*de parquet*) lámina; (*vague*) ola; **~ de fond** mar *m* de fondo; **~ de rasoir** cuchilla de afeitar
lamelle [lamɛl] *nf* laminilla; **couper en ~s** cortar en lascas
lamentable [lamɑ̃tabl] *adj* lamentable
lamenter [lamɑ̃te]: **se lamenter** *vpr*: **se ~ (sur)** quejarse (de)
lampadaire [lɑ̃padɛʀ] *nm* lámpara de pie; (*dans la rue*) farola
lampe [lɑ̃p] *nf* lámpara; **~ à alcool** lámpara de alcohol; **~ à arc** arco voltaico; **~ à bronzer** lámpara (de rayos) UVA; **~ de chevet/halogène** lámpara de mesa/halógena; **~ à pétrole** lámpara de petróleo, quinqué *m*; **~ à souder** soplete *m*; **~ de poche** linterna; **~ témoin** piloto
lampion [lɑ̃pjɔ̃] *nm* farolillo
lamproie [lɑ̃pʀwa] *nf* lamprea
lance [lɑ̃s] *nf* lanza; **~ à eau** manguera; **~ d'incendie/d'arrosage** manguera de incendios/de riego
lancée [lɑ̃se] *nf*: **être/continuer sur sa ~** aprovechar el impulso inicial
lancement [lɑ̃smɑ̃] *nm* lanzamiento; **offre de ~** oferta de lanzamiento
lance-pierre [lɑ̃spjɛʀ] (*pl* **lance-pierres**) *nm* tirachinas *m inv*
lancer [lɑ̃se] *nm* lanzamiento ▸ *vt* lanzar; (*mandat d'arrêt*) dictar; (*emprunt*) emitir; (*moteur*) poner en marcha; **se lancer** *vpr* lanzarse; **se ~ sur** *ou* **contre** lanzarse sobre *ou* contra; **~ qch à qn** lanzar algo a algn; **~ un appel** lanzar un llamamiento; **se ~ dans** lanzarse en; **~ du poids/du javelot/du marteau** lanzamiento de peso/de jabalina/de martillo
lanceur, -euse [lɑ̃sœʀ, øz] *nm/f* lanzador(a); **~ d'alerte** denunciante *m/f*
lancinant, e [lɑ̃sinɑ̃, ɑ̃t] *adj* (*douleur*) punzante
landau [lɑ̃do] *nm* coche *m ou* carro de niño
lande [lɑ̃d] *nf* landa
langage [lɑ̃gaʒ] *nm* lenguaje *m*; **d'assemblage/de programmation** (*Inform*) ensamblador/de programación; **~ machine** (*Inform*) lenguaje máquina
langer [lɑ̃ʒe] *vt*: **table à ~** vestidor *m*
langoureux, -euse [lɑ̃guʀø, øz] *adj* lánguido(-a)
langouste [lɑ̃gust] *nf* langosta
langoustine [lɑ̃gustin] *nf* cigala
langue [lɑ̃g] *nf* lengua; **~ de terre** franja de tierra; **tirer la ~ (à)** sacar la lengua (a); **donner sa ~ au chat** rendirse; **de ~ française** de lengua francesa; **~ de bois** *lenguaje engañoso de los políticos*; **~ maternelle** lengua materna; **~ verte** germanía, argot *m*; **~ vivante** lengua viva; **~s étrangères** lenguas *fpl* extranjeras
languette [lɑ̃gɛt] *nf* lengüeta
langueur [lɑ̃gœʀ] *nf* languidez *f*
languir [lɑ̃giʀ] *vi* languidecer; **se languir** *vpr* languidecer; **faire ~ qn** hacer esperar a algn
lanière [lanjɛʀ] *nf* (*de fouet*) tralla; (*de valise, bretelle*) correa; **en ~s** (*Culin*: *couper, découper*) en tiras
lanterne [lɑ̃tɛʀn] *nf* linterna; (*de voiture*) luz *f* de población; **~ rouge** (*fig*) farolillo rojo; **~ vénitienne** farolillo veneciano
lapalissade [lapalisad] *nf* perogrullada
laper [lape] *vt* beber a lengüetadas
lapidaire [lapidɛʀ] *adj* (*style, discours*) lapidario(-a); **musée ~** museo de lápidas
lapin [lapɛ̃] *nm* conejo; **coup du ~** golpe *m* en la nuca; **poser un ~ à qn** dar un plantón a algn; **~ de garenne** conejo de monte
Laponie [lapɔni] *nf* Laponia
laps [laps] *nm*: **~ de temps** lapso
laque [lak] *nm ou f* laca
laquelle [lakɛl] *pron voir* **lequel**
larcin [laʀsɛ̃] *nm* ratería
lard [laʀ] *nm* tocino
lardon [laʀdɔ̃] *nm* (*Culin*) torrezno
large [laʀʒ] *adj* ancho(-a) ▸ *adv*: **calculer ~** calcular por lo alto; **voir ~** ver con amplitud ▸ *nm*: **5 mètres de ~** cinco metros de ancho; **le ~** alta mar; **au ~ de** a la altura de; **ne pas en mener ~** temblarle las rodillas a algn; **~ d'esprit** de mentalidad abierta, amplio(-a) de miras

largement [laʀʒəmɑ̃] *adv* ampliamente; (*de loin*) indudablemente; **il a ~ le temps** tiene tiempo de sobra; **il a ~ de quoi vivre** tiene ampliamente de qué vivir

largesse [laʀʒɛs] *nf* esplendidez *f*, largueza; **largesses** *nfpl* (*dons*) regalos *mpl* espléndidos

largeur [laʀʒœʀ] *nf* anchura; **~ d'esprit** amplitud de miras

larguer [laʀge] *vt* (*Naut*) : **~ les amarres** soltar amarras; (*fam*) pasar de

larme [laʀm] *nf* lágrima; **une ~ de** (*fig*) una gota de; **en ~s** llorando; **pleurer à chaudes ~s** llorar a lágrima viva

larmoyer [laʀmwaje] *vi* (*yeux*) lagrimear

larve [laʀv] *nf* larva

larvé, e [laʀve] *adj* larvado(-a)

laryngite [laʀɛ̃ʒit] *nf* laringitis *f inv*

larynx [laʀɛ̃ks] *nm* laringe *f*

las, lasse [lɑ, lɑs] *adj* fatigado(-a)

laser [lazɛʀ] *nm* : **(rayon) ~** (rayo) láser *m*; **chaîne** *ou* **platine ~** cadena *ou* pletina láser

lasse [lɑs] *adj f voir* **las**

lasser [lɑse] *vt* (*ennuyer*) cansar; (*décourager*) agotar; **se lasser de** *vpr* cansarse de

latéral, e, -aux [lateʀal, o] *adj* lateral

latin, e [latɛ̃, in] *adj* latino(-a) ▸ *nm* (*Ling*) latín *m* ▸ *nm/f* : **Latin, e** latino(-a); **j'y perds mon ~** no me aclaro

latitude [latityd] *nf* latitud *f*; **avoir toute ~ pour (faire qch)** tener toda la libertad para (hacer algo); **à 48 degrés de ~ nord** a 48 grados latitud norte; **sous toutes les ~s** (*fig*) en todas las latitudes

lauréat, e [lɔʀea, at] *nm/f* galardonado(-a)

laurier [lɔʀje] *nm* laurel *m*; **lauriers** *nmpl* (*fig*) laureles *mpl*; **s'endormir sur ses ~s** dormirse en los laureles

laurier-rose [lɔʀjeʀoz] (*pl* **lauriers-roses**) *nm* adelfa

lavable [lavabl] *adj* lavable

lavabo [lavabo] *nm* lavabo; **lavabos** *nmpl* (*toilettes*) servicios *mpl*

lavage [lavaʒ] *nm* lavado; **~ d'estomac/d'intestin** lavado de estómago/de intestino; **~ de cerveau** lavado de cerebro

lavande [lavɑ̃d] *nf* lavanda

lave [lav] *nf* lava

lave-linge [lavlɛ̃ʒ] (*pl* **lave-linge(s)**) *nm* lavadora

laver [lave] *vt* lavar; (*accusation, affront*) limpiar; **se laver** *vpr* lavarse; **se ~ les dents/les mains** lavarse los dientes/las manos; **se ~ les mains de qch** (*fig*) lavarse las manos con respecto a algo; **~ la vaisselle** fregar los platos; **~ le linge** lavar la ropa; **~ qn d'une accusation** alejar una acusación que recae sobre algn; **~ qn de tous soupçons** limpiar a algn de toda sospecha

laverie [lavʀi] *nf* : **~ (automatique)** lavandería

lavette [lavɛt] *nf* estropajo; (*fig : péj*) calzonazos *m inv*

laveur, -euse [lavœʀ, øz] *nm/f* (*de carreaux*) limpiacristales *m/f inv*; (*de voitures*) lavacoches *m/f inv*

lave-vaisselle [lavvɛsɛl] (*pl* **lave-vaisselle(s)**) *nm* lavaplatos *m inv*

lavoir [lavwaʀ] *nm* lavadero

laxatif, -ive [laksatif, iv] *adj, nm* laxante *m*

laxisme [laksism] *nm* laxismo

laxiste [laksist] *adj* laxo(-a), flojo(-a)

layette [lɛjɛt] *nf* canastilla

le, la [lə, la]

(*devant nm commençant par voyelle ou h aspiré* **l'**) (*pl* **les**)

▸ *art déf* **1** (*masculin*) el; (*féminin*) la; (*pluriel*) los (las); **la pomme/l'arbre** la manzana/el árbol; **les étudiants/femmes** los estudiantes/las mujeres

2 (*indiquant la possession*) : **avoir les yeux gris/le nez rouge** tener los ojos grises/la nariz roja

3 (*temps*) : **travailler le matin/le soir** trabajar por la mañana/la tarde; **le jeudi** (*d'habitude*) los jueves; (*ce jeudi-là*) el jueves; **le lundi je vais toujours au cinéma** los lunes voy siempre al cine

4 (*distribution, évaluation*) el (la); **10 euros le mètre/la douzaine** 10 euros el metro/la docena; **le tiers/quart de** el tercio/cuarto de

▸ *pron* **1** (*masculin*) lo; (*féminin*) la; (*pluriel*) los (las); **je le/la/les vois** lo/la/los (las) veo

2 (*remplaçant une phrase*) : **je ne le savais pas** no lo sabía; **il était riche et ne l'est plus** era rico y ya no lo es

lécher [leʃe] *vt* lamer; (*finir, polir*) pulir; **se lécher** *vpr* : **se ~ qch** chuparse algo; **~ les vitrines** mirar los escaparates

lèche-vitrine [lɛʃvitʀin] (*pl* **lèche-vitrines**) *nm* : **faire du ~** mirar escaparates

leçon [l(ə)sɔ̃] *nf* clase *f*; (*fig*) lección *f*; **une ~ de courage/d'humilité/de cohérence** una lección de coraje *ou* valentía/de humildad/de coherencia; **donner une (bonne) ~ à qn** dar una (buena) lección a alguien; **faire la ~ à** (*fig*) leer la cartilla a; **~ de choses** clase práctica; **~s de conduite** clases de conducir; **~s particulières** clases particulares

lecteur, -trice [lɛktœʀ, tʀis] *nm/f* lector(a) ▸ *nm* (*appareil*) reproductor *m*, lector *m*; **~ de CD/de DVD** reproductor de CD/de DVD; **~ MP3** reproductor de MP3

lecture [lɛktyʀ] *nf* lectura; **en première/seconde ~** (*d'une loi*) en primera/segunda lectura

ledit, ladite [lədi, ladit] (*pl* **lesdits, lesdites**) *adj* susodicho(-a)

légal, e, -aux [legal, o] *adj* legal

légaliser [legalize] *vt* legalizar

légalité [legalite] *nf* legalidad *f*; **être dans/sortir de la ~** estar dentro/salirse de la ley

légendaire [leʒɑ̃dɛʀ] *adj* legendario(-a)

légende [leʒɑ̃d] *nf* leyenda; (*d'une photo*) pie *m*

léger, -ère [leʒe, ɛʀ] *adj* ligero(-a); (*erreur, retard*) leve, superficial; **blessé ~** herido leve; **à la légère** a la ligera; **de mœurs légères** ligero(-a) de cascos

légèrement [leʒɛʀmɑ̃] *adv* ligeramente, suavemente; **~ plus grand** ligeramente mayor; **~ en retard** con un ligero *ou* pequeño retraso

légèreté [leʒɛʀte] *nf* ligereza

légion [leʒjɔ̃] *nf* (*Mil*) legión *f*; **être ~** ser legión; **L~ d'honneur** legión de honor; *ver nota cultural*; **~ étrangère** legión extranjera

> Creada por Napoleón en 1802 para premiar los servicios prestados a la nación, la **Légion d'honneur** es una prestigiosa orden encabezada por el Presidente de la República, el *Grand Maître*.

législatif, -ive [leʒislatif, iv] *adj* legislativo(-a)

législation [leʒislasjɔ̃] *nf* legislación *f*

législatives [leʒislativ] *nfpl* elecciones *fpl* legislativas

légitime [leʒitim] *adj* legítimo(-a); **en (état de) ~ défense** (*Jur*) en (estado de) legítima defensa

legs [lɛg] *nm* (*Jur, fig*) legado

léguer [lege] *vt* : **~ qch à qn** (*aussi fig*) legar algo a algn

légume [legym] *nm* verdura; **~s secs** legumbres *fpl*; **~s verts** verduras

lendemain [lɑ̃dmɛ̃] *nm* : **le ~** el día siguiente; **le ~ matin/soir** el día siguiente por la mañana/por la noche; **le ~ de** el día después de; **au ~ de** inmediatamente después de; **penser au ~** pensar en el mañana; **sans ~** sin futuro, sin porvenir; **de beaux ~s** días *mpl* felices; **des ~s qui chantent** un futuro feliz

lent, e [lɑ̃, lɑ̃t] *adj* lento(-a)

lente [lɑ̃t] *nf* liendre *f*

lentement [lɑ̃tmɑ̃] *adv* lentamente

lenteur [lɑ̃tœʀ] *nf* lentitud *f*; **lenteurs** *nfpl* lentitud *fsg*

lentille [lɑ̃tij] *nf* (*Optique*) lente *f*; (*Bot, Culin*) lenteja; **~ d'eau** (*Bot*) lenteja de agua; **~s de contact** lentillas *fpl*

léopard [leɔpaʀ] *nm* leopardo; **tenue ~** (*Mil*) ropa de camuflaje

lèpre [lɛpʀ] *nf* lepra

lequel, laquelle [ləkɛl, lakɛl] (*mpl* **lesquels**, *fpl* **lesquelles**) (*à + lequel* = **auquel**, *de + lequel* = **duquel** *etc*) *pron* (*interrogatif*) cuál; (*relatif*) el/la cual, que; (: *après préposition*) el/la cual, el que/la que ▸ *adj* : **auquel cas** en cuyo caso; **laquelle des chambres est la sienne?** ¿cuál de las habitaciones es la suya?; **le bateau sur ~ nous étions** el barco en el que estábamos; **le monsieur auquel j'ai parlé** el señor al que hablé; **l'entreprise avec laquelle il doit travailler** la empresa con la que tiene que trabajar; **il prit un livre, ~ livre ...** cogió un libro, el cual ...; **un homme sur la compétence duquel on ne peut compter** un hombre con cuya competencia no se puede contar

les [le] *art, pron voir* **le**

lesbienne [lɛsbjɛn] *nf* lesbiana

lesdits, lesdites [ledi, dit] *adj voir* **ledit**
léser [leze] *vt* perjudicar; (*Méd*) lesionar
lésiner [lezine] *vi* : **~ (sur)** escatimar (en)
lésion [lezjɔ̃] *nf* lesión *f*; **~s cérébrales** lesiones *fpl* cerebrales
lesquels, lesquelles [lekɛl] *pron voir* **lequel**
lessive [lesiv] *nf* detergente *m*; (*linge*) colada; **faire la ~** hacer la colada
lessiver [lesive] *vt* lavar
lest [lɛst] *nm* lastre *m*; **jeter** *ou* **lâcher du ~** (*fig*) soltar lastre
leste [lɛst] *adj* (*personne*) ágil, ligero(-a); (*propos*) atrevido(-a)
lester [lɛste] *vt* lastrar
léthargie [letaʀʒi] *nf* letargo
letton, ne [letɔ̃, ɔn] *adj* letón(-ona) ▸ *nm* (*Ling*) letón *m* ▸ *nm/f*: **Letton, ne** letón(-ona)
Lettonie [lɛtɔni] *nf* Letonia
lettre [lɛtʀ] *nf* (*écrit*) carta; (*symbole*) letra; **lettres** *nfpl* (*Art, Scol*) letras *fpl*; **à la ~** (*fig*) al pie de la letra; **par ~** por carta; **en ~s majuscules** *ou* **capitales** en letras mayúsculas; **~ anonyme/piégeé** carta anónima/bomba; **~ de change/de crédit** letra de cambio/de crédito; **~ morte** : **rester ~ morte** quedarse en papel mojado; **~ ouverte** (*Pol, de journal*) carta abierta; **~s de noblesse** cartas *fpl* de nobleza
leucémie [løsemi] *nf* leucemia
leur [lœʀ] *adj poss* su ▸ *pron* (*objet indirect*) les; (*: après un autre pronom à la troisième personne*) se; **~ maison** su casa; **~s amis** sus amigos; **à ~ avis** en su opinión; **à ~ approche** al acercarse ellos; **à ~ vue** al verles; **je ~ ai dit la vérité** les dije la verdad; **je le ~ ai donné** se lo di; **le (la) ~, les ~s** (*possessif*) el (la) suyo(-a), los (las) suyos(-as)
leurre [lœʀ] *nm* (*Pêche*) cebo; (*fig*) engaño, señuelo
leurrer [lœʀe] : **se leurrer** *vpr* engañarse
leurs [lœʀ] *adj poss* sus; *voir* **leur**
levain [ləvɛ̃] *nm* masa madre; **pain au ~** pan de masa madre
levant, e [ləvɑ̃, ɑ̃t] *adj* : **soleil ~** sol *m* naciente ▸ *nm* : **le ~** el levante
levé, e [ləve] *adj* : **être ~** estar levantado(-a); **à mains ~es** (*vote*) a mano alzada; **au pied ~** de forma improvisada
levée [ləve] *nf* (*Postes*) recogida; (*Cartes*) baza; **~ d'écrou** liberación *f*; **~ de boucliers** (*fig*) levantamiento de protestas; **~ de terre** terraplén *m*; **~ de troupes** reclutamiento; **~ du corps** levantamiento del cadáver
lever [l(ə)ve] *vt* levantar; (*vitre*) subir; (*impôts*) recaudar; (*armée*) reclutar; (*Chasse*) ahuyentar; (*fam : fille*) enrollarse con ▸ *vi* (*Culin*) levantarse; (*semis, graine*) brotar ▸ *nm* : **au ~** al levantarse; **se lever** *vpr* levantarse; (*soleil*) salir; **~ de soleil/du jour** amanecer *m*; **~ du rideau** subida del telón
levier [ləvje] *nm* palanca; **faire ~ sur** hacer palanca en; **~ de changement de vitesse/de commande** palanca de cambios/de mando
lèvre [lɛvʀ] *nf* labio; (*d'une plaie*) labio, borde *m*; **du bout des ~s** (*manger*) con desgana; (*rire, parler, répondre*) con la boca pequeña; **petites/grandes ~s** (*Anat*) labios menores/mayores
lévrier [levʀije] *nm* galgo
levure [l(ə)vyʀ] *nf* : **~ de boulanger/chimique** levadura de pan/química; **~ de bière** levadura de cerveza
lexique [lɛksik] *nm* glosario
lézard [lezaʀ] *nm* lagarto
lézardé, e [lezaʀde] *adj* agrietado(-a)
LGBT [ɛlʒebete] *sigle adj* (= *lesbiennes, gays, bisexuels et transgenres*) LGBT (= *lesbianas, gais, bisexuales y transexuales*)
liaison [ljɛzɔ̃] *nf* (*Rail, Aviat, Phonétique*) enlace *m*; (*relation amoureuse*) relaciones *fpl*; (*Culin*) trabazón *f*; **entrer/être en ~ avec** entrar/estar en comunicación con; **avoir une ~ avec qn** tener una relación con algn; **~ radio/téléphonique** contacto radiofónico/telefónico
liane [ljan] *nf* liana
liasse [ljas] *nf* fajo
Liban [libɑ̃] *nm* Líbano
libanais, e [libanɛ, ɛz] *adj* libanés(-esa) ▸ *nm/f* : **Libanais, e** libanés(-esa)
libeller [libele] *vt* : **~ (au nom de)** extender (a la orden de); (*lettre, rapport*) redactar
libellule [libelyl] *nf* libélula
libéral, e, -aux [libeʀal, o] *adj, nm/f* liberal *m/f*; **les professions ~es** las profesiones liberales
libéralisme [libeʀalism] *nm* liberalismo
libéré, e [libeʀe] *adj* liberado(-a); (*de prison*) puesto(-a) en libertad; **~ de** libera-

do(-a) de; **être ~ sous caution/sur parole** ser puesto en libertad bajo fianza/bajo palabra

libérer [libeʀe] *vt* liberar; (*de prison*) poner en libertad; (*cran d'arrêt, levier*) soltar; **se libérer** *vpr* (*pour un rendez-vous*) escaparse; **~ qn de** liberar a algn de

liberté [libɛʀte] *nf* libertad *f*; **libertés** *nfpl* (*privautés*) libertades *fpl*; **mettre/être en ~** poner/estar en libertad; **en ~ provisoire/surveillée/conditionnelle** en libertad provisional/vigilada/condicional; **jours/heures de ~** días *mpl*/horas *fpl* libres; **~ d'action** libertad de acción; **~ d'association/de la presse/syndicale** libertad de asociación/de prensa/sindical; **~ d'esprit/de conscience** libertad de juicio/de conciencia; **~ d'opinion/de culte/de réunion** libertad de opinión/de culto/de reunión; **~s individuelles** libertades individuales; **~s publiques** libertades públicas

libertin, e [libɛʀtɛ̃, in] *adj* libertino(-a)

libraire [libʀɛʀ] *nm/f* librero(-a)

librairie [libʀeʀi] *nf* librería

libre [libʀ] *adj* libre; (*propos, manières*) atrevido(-a); (*ligne téléphonique*) desocupado(-a); (*Scol*) privado(-a); **de ~** (*place*) libre; **~ de** libre de; **~ de qch/de faire** libre de algo/de hacer; **avoir le champ ~** tener el campo libre; **en vente ~** de venta libre; **~ arbitre** libre albedrío; **~ concurrence/entreprise** libre competencia/empresa

libre-échange [libʀeʃɑ̃ʒ] *nm* librecambio

libre-service [libʀəsɛʀvis] (*pl* **libres-services**) *nm* autoservicio

Libye [libi] *nf* Libia

lice [lis] *nf* : **entrer en ~** entrar en liza

licence [lisɑ̃s] *nf* licencia; (*diplôme*) ≈ licenciatura

licencié, e [lisɑ̃sje] *nm/f* (*Sport*) poseedor(a) de licencia; **~ ès lettres/en droit** ≈ licenciado(-a) en letras/derecho

licenciement [lisɑ̃simɑ̃] *nm* despido; **~ économique** despido objetivo por causas económicas

licencier [lisɑ̃sje] *vt* despedir

lichen [likɛn] *nm* liquen *m*

licite [lisit] *adj* lícito(-a)

licorne [likɔʀn] *nf* unicornio

lie [li] *nf* heces *fpl*

lié, e [lje] *adj* : **être très ~ avec qn** tener mucha confianza con algn; **être ~ par** (*serment, promesse*) estar comprometido(-a) por; **avoir partie liée (avec qn)** actuar de común acuerdo (con algn)

liège [ljɛʒ] *nm* corcho

liégeois, e [ljeʒwa, waz] *adj* de Lieja; **café/chocolat ~** helado de café/chocolate con nata

lien [ljɛ̃] *nm* atadura; (*analogie*) vinculación *f*; (*rapport affectif, culturel*) vínculo; **le ~ social** la cohesión social; **~s de famille** lazos *mpl* familiares; **~ de parenté** lazo de parentesco

lier [lje] *vt* (*attacher*) atar; (*joindre*) unir, ligar; (*moralement*) vincular; (*sauce*) ligar; **se ~ (avec qn)** relacionarse (con algn); **~ qch à** (*attacher*) atar algo a; (*associer*) relacionar algo con; **~ amitié (avec)** trabar amistad (con); **~ conversation (avec)** entablar conversación (con); **~ connaissance (avec)** entablar relación (con), trabar conocimiento (con)

li

lierre [ljɛʀ] *nm* hiedra

lieu, x [ljø] *nm* lugar *m*; **lieux** *nmpl* lugar; **en ~ sûr** en lugar seguro; **en haut ~** en altas esferas; **en premier/dernier ~** en primer/último lugar; **avoir ~** tener lugar, suceder; **il n'y a pas ~ de s'inquiéter** no hay por qué preocuparse; **tenir ~ de** hacer las veces de, fungir de (AM); **donner ~ à** dar lugar a; **au ~ de** en lugar de, en vez de; **arriver/être sur les lieux** (*d'un accident, manifestation*) llegar al/estar en el lugar; **vider** *ou* **quitter les lieux** (*habitation, salle*) desalojar el lugar; **~ commun** lugar común; **~ de départ** punto de partida; **~ de naissance/rendez-vous/travail** lugar de nacimiento/encuentro/trabajo; **~ public** lugar público

lieu-dit [ljødi] (*pl* **lieux-dits**) *nm* aldea

lieutenant, e [ljøt(ə)nɑ̃, ɑ̃t] *nm/f* teniente *m/f*; **~ de vaisseau** teniente de navío

lièvre [ljɛvʀ] *nm* liebre *f*; **lever un ~** (*fig*) levantar la liebre

ligament [ligamɑ̃] *nm* ligamento

ligne [liɲ] *nf* línea; **en ~** (*Inform*) en línea; **en ~ droite** en línea recta; **« à la ~ »** « aparte »; **entrer en ~ de compte** entrar en cuenta; **garder la ~** guardar la línea; **~ de départ/d'arrivée** línea de salida/de llegada; **~ d'horizon** línea del horizonte; **~ de but/de touche** línea de meta/de banda; **~ de conduite** línea de conducta; **~ de flottaison/de mire** línea de flotación/de mira; **~ directrice** línea directriz; **~ médiane** línea media; **~ ouverte**: **émission à ~ ouverte** emisión *f* en línea abierta

lignée [liɲe] *nf* linaje *m*

ligneux, -euse [liɲø, øz] *adj* leñoso(-a)

ligoter [ligɔte] *vt* (*bras, personne*) amarrar

ligue [lig] *nf* (*association*) liga; (*Sport*) liga; **~ arabe** (*Pol*) liga árabe

liguer [lige]: **se liguer (contre)** *vpr* aliarse (contra)

lilas [lilɑ] *nm* lila

limace [limas] *nf* babosa

limande [limɑ̃d] *nf* limanda

lime [lim] *nf* lima; **~ à ongles** lima de uñas

limer [lime] *vt* limar

limitation [limitasjɔ̃] *nf* limitación *f*; **sans ~ de temps** sin límite de tiempo; **~ de vitesse** limitación de velocidad; **~ des armements/des naissances** reducción *f* de armamento/de nacimientos

limite [limit] *nf* (*aussi fig*) límite *m*; (*de terrain*) límite, linde *m ou f*; **dans la ~ de** dentro de; **à la ~** (*au pire*) como mucho; **sans ~s** sin límites; **vitesse/charge ~** velocidad *f*/carga límite; **cas ~** caso límite; **date ~ de vente/consommation** fecha límite de venta/consumo; **~ d'âge** límite de edad

limiter [limite] *vt*: **~ qch (à)** (*restreindre*) limitar algo (a); **se limiter** *vpr*: **se ~ (à qch/à faire)** limitarse (a algo/a hacer); (*chose*) reducirse a

limitrophe [limitʀɔf] *adj* limítrofe; **~ de** limítrofe con

limoger [limɔʒe] *vt* destituir

limon [limɔ̃] *nm* limo

limonade [limɔnad] *nf* gaseosa

lin [lɛ̃] *nm* lino

linceul [lɛ̃sœl] *nm* mortaja

linéaire [lineɛʀ] *adj* (*aussi fig*) lineal; **~ (de vente)** espacio de venta

linge [lɛ̃ʒ] *nm* (*serviettes etc*) ropa blanca; (*pièce de tissu*) lienzo; (*aussi*: **linge de corps**) ropa interior; (*lessive*) colada; **~ sale** ropa sucia

lingerie [lɛ̃ʒʀi] *nf* lencería

lingot [lɛ̃go] *nm* lingote *m*

linguistique [lɛ̃gɥistik] *adj* lingüístico(-a) ▸ *nf* lingüística

lion, ne [ljɔ̃, ɔn] *nm/f* león (leona); (*Astrol*): **le L~** Leo; **être L~** ser Leo; **~ de mer** león marino

lionceau, x [ljɔ̃so] *nm* cachorro de león

liquéfier [likefje] *vt* licuar; **se liquéfier** *vpr* (*gaz*) licuarse; (*fig*) derrumbarse

liqueur [likœʀ] *nf* licor *m*

liquidation [likidasjɔ̃] *nf* liquidación *f*; **~ judiciaire** liquidación judicial

liquide [likid] *adj* líquido(-a) ▸ *nm* líquido; **en ~** (*Comm*) en líquido; **air ~** aire *m* líquido

liquider [likide] *vt* liquidar

liquidités [likidite] *nfpl* (*Comm*) liquidez *fsg*, disponibilidades *fpl*

liquoreux, -euse [likɔʀø, øz] *adj* licoroso(-a)

lire [liʀ] *vt, vi* (*aussi fig*) leer; **~ qch à qn** leer algo a algn

lis [lis] *vb voir* **lire** ▸ *nm* = **lys**

liseuse [lizøz] *nf* (*Inform*) lector *m* electrónico

lisible [lizibl] *adj* legible; (*fig*: *politique, projet, offre*) transparente

lisière [lizjɛʀ] *nf* (*de forêt, bois*) lindero, linde *m ou f*

lisons [lizɔ̃] *vb voir* **lire**

lisse [lis] *adj* liso(-a)

lisser [lise] *vt* alisar

liste [list] *nf* lista; **faire la ~ de** hacer la lista de; **~ d'attente** lista de espera; **~ de mariage** lista de boda; **~ électorale/noire** lista electoral/negra

listing [listiŋ] *nm* (*Inform*) listado

lit [li] *nm* cama; (*de rivière*) lecho; **faire son ~** hacerse la cama; **aller/se mettre au ~** ir a/meterse en la cama; **d'un premier ~** (*Jur*) del primer matrimonio; **~ d'enfant** cuna; **~ de camp** cama de campaña; **~ simple/double** cama sencilla/de matrimonio

litchi [litʃi] *nm* lichi *m*

literie [litʀi] *nf* ropa de cama

litière [litjɛʀ] *nf*: **~ pour chat** arena para gatos

litige [litiʒ] *nm* litigio; **en ~** en litigio

litre [litʀ] *nm* litro; **~ de vin/bière** litro de vino/cerveza

littéraire [literɛʀ] *adj* literario(-a)
littéral, e, -aux [literal, o] *adj* literal
littérature [literatyʀ] *nf* literatura
littoral, e, -aux [litɔʀal, o] *adj, nm* litoral *m*
Lituanie [litɥani] *nf* Lituania
lituanien, ne [litɥanjɛ̃, jɛn] *adj* lituano(-a) ▸ *nm* (*Ling*) lituano ▸ *nm/f*: **Lituanien, ne** lituano(-a)
livide [livid] *adj* lívido(-a)
livraison [livʀɛzɔ̃] *nf* reparto; **~ à domicile** reparto a domicilio
livre [livʀ] *nm* libro ▸ *nf* (*poids, monnaie*) libra; **~ blanc** libro blanco; **~ d'or** libro de oro; **~ de bord** diario de navegación; **~ de chevet/de comptes** libro de cabecera/de cuentas; **~ de cuisine** libro de cocina; **~ de poche** libro de bolsillo; **~ électronique, ~ numérique** libro electrónico
livré, e [livʀe] *adj* : **~ à** (*soumis à*) sometido(-a) a; **~ à soi-même** abandonado a sí mismo
livrer [livʀe] *vt* (*marchandises, otage, complice*) entregar; (*plusieurs colis etc*) repartir; (*client*) hacer una entrega a; (*secret, information*) revelar; **se livrer à** *vpr* entregarse a; (*se confier à*) confiarse a; (*s'abandonner à*) darse a, entregarse a; (*enquête*) llevar a cabo; **~ bataille** librar una batalla
livret [livʀɛ] *nm* (*petit livre*) librito; (*d'opéra*) libreto; **~ de caisse d'épargne** libreta de ahorros; **~ de famille** libro de familia; **~ scolaire** libro escolar
livreur, -euse [livʀœʀ, øz] *nm/f* repartidor(a)
local, e, -aux [lɔkal, o] *adj* local ▸ *nm* local *m*; **locaux** *nmpl* (*d'une compagnie*) locales *mpl*
localiser [lɔkalize] *vt* localizar
localité [lɔkalite] *nf* localidad *f*
locataire [lɔkatɛʀ] *nm/f* inquilino(-a)
location [lɔkasjɔ̃] *nf* alquiler *m*; (*par le propriétaire*) arriendo, alquiler; **« ~ de voitures »** « alquiler de coches »; **~ de vacances** piso *ou* casa de alquiler para las vacaciones
locomotion [lɔkɔmosjɔ̃] *nf* locomoción *f*
locomotive [lɔkɔmɔtiv] *nf* (*aussi fig*) locomotora
locuteur, -trice [lɔkytœʀ, tʀis] *nm/f* (*Ling*) hablante *m/f*; **~ natif** hablante nativo
locution [lɔkysjɔ̃] *nf* (*Ling*) locución *f*
logarithme [lɔgaʀitm] *nm* logaritmo
loge [lɔʒ] *nf* (*d'artiste*) camerino; (*de spectateurs*) palco; (*de concierge*) portería, conserjería; (*de franc-maçon*) logia
logement [lɔʒmɑ̃] *nm* alojamiento; (*maison, appartement*) vivienda; **le ~** (*Pol, Admin*) la vivienda; **chercher un ~** buscar una vivienda; **construire des ~s bon marché** construir viviendas baratas; **crise du ~** crisis *fsg* de la vivienda; **~ de fonction** alojamiento de servicio
loger [lɔʒe] *vt* alojar; (*suj* : *hôtel, école*) alojar, albergar ▸ *vi* vivir; **se loger** *vpr* : **trouver à se ~** encontrar dónde alojarse *ou* vivir; **se ~ dans** (*suj* : *balle, flèche*) alojarse en
logeur, -euse [lɔʒœʀ, øz] *nm/f* casero(-a)
logiciel, le [lɔʒisjɛl] (*Inform*) *nm* software *m*, programa *m* (informático) ▸ *adj* (*solution, suite, système*) de software
logique [lɔʒik] *adj* lógico(-a) ▸ *nf* lógica; **la ~ de qch** la lógica de algo; **c'est ~** (*fam*) es lógico
logistique [lɔʒistik] *nf* logística ▸ *adj* (*moyens*) logístico(-a); **soutien ~** apoyo logístico
logo [lɔgo] *nm* (*Comm*) logotipo
loi [lwa] *nf* ley *f*; **livre/tables de la ~** (*Rel*) libro/tablas *fpl* de la ley, las leyes de la moda; **avoir force de ~** tener fuerza de ley; **faire la ~** dictar la ley; **la ~ de la jungle/du plus fort** la ley de la jungla/del más fuerte; **proposition/projet de ~** propuesta/proyecto de ley; **~ d'orientation** ≈ Ley de Autonomía Universitaria
loin [lwɛ̃] *adv* lejos; **~ de** lejos de; **pas ~ de 100 euros** no mucho menos de 100 euros; **au ~** a lo lejos; **de ~** de lejos; (*de beaucoup*) con mucho; **il revient de ~** (*fig*) ha vuelto a nacer; **de ~ en ~** de vez en cuando; **~ de là** ni mucho menos
lointain, e [lwɛ̃tɛ̃, ɛn] *adj* (*aussi fig*) lejano(-a) ▸ *nm* : **dans le ~** en la lejanía
loir [lwaʀ] *nm* lirón *m*; **dormir comme un ~** dormir como un lirón
loisir [lwaziʀ] *nm* : **heures de ~** horas *fpl* de ocio; **loisirs** *nmpl* tiempo libre *msg*; (*activités*) diversiones *fpl*; **prendre/avoir le ~ de faire qch** tomarse/tener tiempo para hacer algo; **(tout) à ~** todo lo que se quiera, tanto como se quiera; **~s créatifs** manualidades *fpl* (creativas)

lombaire [lɔ̃bɛʀ] *adj* lumbar

londonien, ne [lɔ̃dɔnjɛ̃, jɛn] *adj* londinense ▸ *nm/f* : **Londonien, ne** londinense *m/f*

Londres [lɔ̃dʀ] *n* Londres

long, longue [lɔ̃, lɔ̃g] *adj* largo(-a) ▸ *adv* : **en dire/savoir ~** decir/saber mucho ▸ *nm* : **de cinq mètres de ~** de cinco metros de largo; **au ~ cours** (*Naut*) de altura; **de longue date** de antiguo; **longue durée** larga duración; **de longue haleine** arduo(-a); **être ~ à faire** ser lento(-a) para hacer; **en ~** a lo largo; **(tout) le ~ de** (*rue, bord*) a lo largo de; **tout au ~ de** (*année, vie*) a lo largo de; **de ~ en large** de un lado a otro; **en ~ et en large** (*fig*) a fondo

longer [lɔ̃ʒe] *vt* bordear, costear; (*suj : mur, route*) bordear

longévité [lɔ̃ʒevite] *nf* longevidad *f*

longiligne [lɔ̃ʒiliɲ] *adj* longilíneo(-a)

longitude [lɔ̃ʒityd] *nf* longitud *f*; **à 45 degrés de ~ Nord** a 45 grados longitud norte

longtemps [lɔ̃tɑ̃] *adv* mucho tiempo; **avant ~** dentro de poco; **pour/pendant ~** para/durante mucho tiempo; **je n'en ai pas pour ~** no voy a tardar mucho tiempo; **mettre ~ à faire qch** costarle mucho tiempo a algn *ou* algo hacer algo; **ça ne va pas durer ~** eso no va a durar mucho; **elle/il en a pour ~ (à le faire)** le va a llevar un buen rato (hacerlo); **il y a/n'y a pas ~ que je travaille** hace/no hace mucho que trabajo; **il y a ~ que je n'ai pas travaillé** llevo mucho tiempo sin trabajar

longue [lɔ̃g] *adj f voir* **long** ▸ *nf* : **à la ~** a la larga

longuement [lɔ̃gmɑ̃] *adv* mucho tiempo, largamente; (*en détail*) detenidamente

longueur [lɔ̃gœʀ] *nf* longitud *f*; **longueurs** *nfpl* (*fig*) : **il y a des ~s dans ce film** hay momentos lentos en esta película; **une ~ (de piscine)** un largo (de piscina); **sur une ~ de 10 km** en una distancia de 10 Km; **en ~** a lo largo; **tirer en ~** alargarse demasiado; **à ~ de journée** durante todo el día; **d'une ~** (*Sport*) por un largo, por un cuerpo; **~ d'onde** longitud de onda

loque [lɔk] *nf* (*personne*) ruina; **être/tomber en ~s** estar hecho(-a)/hacerse harapos

loquet [lɔkɛ] *nm* picaporte *m*

lorgner [lɔʀɲe] *vt* (*regarder*) mirar de reojo; (*convoiter*) tener echado el ojo a, codiciar

lors [lɔʀ] : **~ de** *prép* durante

lorsque [lɔʀsk] *conj* cuando

losange [lɔzɑ̃ʒ] *nm* rombo; **en ~** en forma de rombo, romboidal

lot [lo] *nm* lote *m*; (*de loterie*) premio; (*destin*) suerte *f*; **~ de consolation** premio de consolación

loterie [lɔtʀi] *nf* lotería, rifa; (*fig*) lotería; **L~ nationale** Lotería nacional

lotion [losjɔ̃] *nf* loción *f*; **~ après rasage** loción para después del afeitado; **~ capillaire** loción capilar

lotissement [lɔtismɑ̃] *nm* (*de maisons, d'immeubles*) urbanización *f*; (*parcelle*) parcelación *f*

loto [lɔto] *nm* : **le L~** la loto

> La **Loto** es un sorteo nacional de lotería que distribuye grandes sumas de dinero. Se escogen 5 números de entre 49 y uno más del 1 al 10. Cuantos más números acertados, mayor es el premio. El sorteo se televisa tres veces a la semana.

lotte [lɔt] *nf* rape *m*

louange [lwɑ̃ʒ]: **louanges** *nfpl* (*compliments*) elogios *mpl*, alabanzas *fpl*

louche [luʃ] *adj* sospechoso(-a) ▸ *nf* cucharón *m*

loucher [luʃe] *vi* bizquear; **~ sur qch** (*fig*) írsele los ojos tras de algo

louer [lwe] *vt* alquilar; (*faire l'éloge de*) elogiar; (*Rel : Dieu*) alabar a; **« à ~ »** « se alquila »

loufoque [lufɔk] (*fam*) *adj* estrafalario(-a)

loup [lu] *nm* lobo; (*poisson*) róbalo, lubina; (*masque*) antifaz *m*; **jeune ~** (joven) cachorro; **~ de mer** (*marin*) lobo de mar

loupe [lup] *nf* (*Optique*) lupa; **~ de noyer** (*Menuiserie*) nudo de nogal; **à la ~** (*fig*) con lupa

louper [lupe] (*fam*) *vt* (*train etc*) perder; (*examen*) catear

lourd, e [luʀ, luʀd] *adj* (*aussi fig*) pesado(-a); (*chaleur, temps*) bochornoso(-a); (*responsabilité, impôts*) importante ▸ *adv* : **peser ~** pesar mucho; **~ de** (*conséquences,* *menaces*) lleno(-a) de; **artillerie/industrie lourde** artillería/industria pesada

lourdaud, e [luʀdo, od] (*péj*) *adj* torpe, tosco(-a)

lourdement [luʀdəmɑ̃] *adv* : **marcher/tomber ~** andar con paso pesado/caer como un plomo; (*insister, appuyer*) excesivamente; **se tromper ~** equivocarse burdamente

loutre [lutʀ] *nf* nutria

louve [luv] *nf* loba

louveteau, x [luv(ə)to] *nm* (*Zool*) lobezno; (*scout*) joven scout *m*

louvoyer [luvwaje] *vi* (*Naut*) bordear; (*fig*) andar con rodeos

loyal, e, -aux [lwajal, o] *adj* leal

loyauté [lwajote] *nf* lealtad *f*

loyer [lwaje] *nm* alquiler *m*

lu, e [ly] *pp de* **lire**

lubie [lybi] *nf* capricho, antojo

lubrifiant [lybʀifjɑ̃] *nm* lubrificante *m*

lubrifier [lybʀifje] *vt* lubrificar

lubrique [lybʀik] *adj* lúbrico(-a)

lucarne [lykaʀn] *nf* tragaluz *m*; **la petite ~** (*la télévision*) la pequeña pantalla

lucide [lysid] *adj* lúcido(-a)

lucidité [lysidite] *nf* lucidez *f*

luciole [lysjɔl] *nf* luciérnaga

lucratif, -ive [lykʀatif, iv] *adj* lucrativo(-a); **à but non ~** sin ánimo de lucro

ludique [lydik] *adj* lúdico(-a)

luette [lɥɛt] *nf* campanilla

lueur [lɥœʀ] *nf* (*des étoiles, de la lune, d'une lampe*) resplandor *m*, fulgor *m*; (*fig : de désir, colère*) brillo, destello; (: *d'espoir*) rayo

luge [lyʒ] *nf* (*objet*) trineo; (*discipline*) luge *m*; **faire de la ~** deslizarse en trineo

lugubre [lygybʀ] *adj* lúgubre; (*lumière, temps*) lóbrego(-a)

lui[1] [lɥi] *pron* (*objet indirect*) le; (*après un autre pronom à la troisième personne*) se; (*sujet, objet direct : aussi forme emphatique*) él; **je ~ ai donné de l'argent** le di dinero; **je le ~ donne** se lo doy; **elle est riche, ~ est pauvre** ella es rica, él es pobre; **~, il est à Paris** él está en París; **c'est ~ qui l'a fait** lo hizo él; **à ~** (*possessif*) suyo(-a), suyos(-as), de él; **cette voiture est à ~** ese coche es suyo; **je la connais mieux que ~** la conozco mejor que él; **~-même** él mismo; **il a agi de ~-même** obró por sí mismo

lui[2] [lɥi] *pp de* **luire**

luire [lɥiʀ] *vi* brillar, relucir

luisant, e [lɥizɑ̃, ɑ̃t] *vb voir* **luire** ▸ *adj* reluciente, brillante

lumière [lymjɛʀ] *nf* luz *f*; **lumières** *nfpl* (*d'une personne*) luces *fpl*; **à la ~ de** (*aussi fig*) a la luz de; **à la ~ électrique** con luz eléctrica; **faire (toute) la ~ sur** (*fig*) esclarecer, aclarar; **mettre qch en ~** (*fig*) poner algo en claro, sacar algo a la luz; **~ du jour/du soleil** luz del día/del sol

luminaire [lyminɛʀ] *nm* luminaria

lumineux, -euse [lyminø, øz] *adj* (*aussi fig*) luminoso(-a)

lunatique [lynatik] *adj* lunático(-a)

lundi [lœ̃di] *nm* lunes *m inv*; **on est ~** estamos a lunes; **le ~ 20 août** el lunes 20 de agosto; **il est venu ~** llegó el lunes; **le(s) ~(s)** (*chaque lundi*) el (los) lunes; **« à ~ »** « hasta el lunes »; **~ de Pâques** lunes de Pascua; **~ de Pentecôte** lunes de Pentecostés

lune [lyn] *nf* luna; **pleine/nouvelle ~** luna llena/nueva; **être dans la ~** estar en la luna; **~ de miel** luna de miel

lunette [lynɛt] *nf* : **~s** *nfpl* gafas *fpl*, anteojos *mpl* (AM); **~ arrière** (*Auto*) ventanilla trasera; **~ d'approche** catalejo; **~s de plongée** gafas de bucear; **~s noires/de soleil** gafas negras/de sol

lustre [lystʀ] *nm* araña; (*éclat*) brillo

lustrer [lystʀe] *vt* lustrar; (*vêtement*) gastar

luth [lyt] *nm* laúd *m*

luthier, -ère [lytje, ijɛʀ] *nm/f* fabricante *m/f* de instrumentos de cuerda

lutin [lytɛ̃] *nm* duende *m*

lutte [lyt] *nf* lucha; **de haute ~** en reñida lucha; **~ des classes** lucha de clases; **~ libre** (*Sport*) lucha libre

lutter [lyte] *vi* luchar; **~ pour/contre qn/qch** luchar por/contra algn/algo

luxation [lyksasjɔ̃] *nf* luxación *f*

luxe [lyks] *nm* lujo; **de ~** de lujo; **un ~ de** (*fig*) un lujo de; **l'industrie du ~** la industria del lujo

Luxembourg [lyksɑ̃buʀ] *nm* Luxemburgo

luxer [lykse] *vt* : **se ~ l'épaule/le genou** luxarse el hombro/la rodilla

luxueux, -euse [lyksɥø, øz] *adj* lujoso(-a)

luxuriant, e [lyksyʀjɑ̃, jɑ̃t] *adj* lujuriante

luzerne [lyzɛʀn] *nf* alfalfa

lycée [lise] *nm* instituto, liceo (AM); **~ technique** instituto técnico

> Los estudiantes franceses pasan los tres últimos años de educación secundaria en un **lycée**, que es donde se examinan del *baccalauréat* antes de comenzar los estudios universitarios. Hay dos tipos de **lycée**: los *lycées d'enseignement général et technologique*, que ofrecen cursos generales y técnicos, y los *lycées professionnels*, que ofrecen cursos que preparan directamente para una profesión. Algunos **lycées**, especialmente aquellos que cubren una zona territorial muy extensa o los que imparten cursos especializados, ofrecen a los alumnos la posibilidad de quedarse internos.

lycéen, ne [liseɛ̃, ɛn] *nm/f* alumno(-a) de instituto

lymphe [lɛ̃f] *nf* linfa

lynx [lɛ̃ks] *nm* lince *m*

lyophilisé, e [ljɔfilize] *adj* liofilizado(-a)

lyrique [liʀik] *adj* lírico(-a); **artiste ~** artista lírico(-a); **théâtre ~** teatro lírico; **comédie ~** comedia lírica

lyrisme [liʀism] *nm* lirismo

lys [lis] *nm* (*Bot*) lirio; (*emblème*) lis *m*

m

M *abr* (= *Monsieur*) Sr. (= *Señor*)

m' [m] *pron voir* **me**

ma [ma] *voir* **mon**

macaron [makaʀɔ̃] *nm* (*gâteau*) mostachón *m*; (*insigne*) insignia; (*natte*) rodete *m*

macaroni [makaʀɔni] *nmpl* macarrones *mpl*; **~ au fromage/au gratin** macarrones al queso/gratinados

macédoine [masedwan] *nf*: **~ de fruits** macedonia de frutas; **~ de légumes** menestra (*sin carne*)

macérer [maseʀe] *vi, vt* macerar

mâcher [mɑʃe] *vt* masticar; **ne pas ~ ses mots** no tener pelos en la lengua; **~ le travail à qn** (*fig*) darle a algn el trabajo mascado

machin [maʃɛ̃] (*fam*) *nm* chisme *m*; (*personne*): **M~** fulano

machinal, e, -aux [maʃinal, o] *adj* maquinal

machinalement [maʃinalmɑ̃] *adv* mecánicamente

machination [maʃinasjɔ̃] *nf* maquinación *f*

machine [maʃin] *nf* máquina; (*d'un navire, aussi fig*) maquinaria; (*fam*: *personne*): **M~** fulana; **faire ~ arrière** dar marcha atrás; **~ à coudre/à écrire/à tricoter** máquina de coser/de escribir/de tricotar; **~ à laver** lavadora; **~ à sous** máquina tragaperras *inv*; **~ à vapeur** máquina a *ou* de vapor

mâchoire [mɑʃwaʀ] *nf* mandíbula; (*Tech*) mordaza; **~ de frein** zapata

mâchonner [maʃɔne] *vt* mordisquear
maçon, ne [masɔ̃, ɔn] *nm/f* albañil *m/f*
maçonnerie [masɔnʀi] *nf* albañilería
Madame [madam] (*pl* **Mesdames**) *nf* (*titre*) señora, doña; **~ X** la señora X; **occupez-vous de ~** atienda a la señora; **bonjour ~** buenos días señora; **madame !** (*pour appeler*) ¡(oiga) señora!; **~,** (*sur lettre*) Señora:; **Chère ~,** Estimada señora:; **~ la Directrice** (la) señora directora; **Mesdames** Señoras
madeleine [madlɛn] *nf* (*gâteau*) magdalena
Mademoiselle [madmwazɛl] (*pl* **Mesdemoiselles**) *nf* Señorita; *voir aussi* **Madame**
madère [madɛʀ] *nm* madeira *m*
magasin [magazɛ̃] *nm* tienda; (*entrepôt*) almacén *m*; (*d'une arme*) recámara; **en ~** (*Comm*) en almacén; **faire les ~s** ir de tiendas; **~ d'alimentation** tienda de ultramarinos; **~ de déstockage** outlet *m*, tienda outlet
magasinier, -ère [magazinje, ijɛʀ] *nm/f* mozo(-a) de almacén
magazine [magazin] *nm* revista; (*radiodiffusé, télévisé*) magazine *m*
Maghreb [magʀɛb] *nm* Magreb *m*
magicien, ne [maʒisjɛ̃, jɛn] *nm/f* mago(-a)
magie [maʒi] *nf* magia; **~ noire** magia negra
magique [maʒik] *adj* mágico(-a)
magistral, -aux [maʒistʀal, o] *adj* magistral; **cours ~** clase *f* teórica
magistrat, e [maʒistʀa, at] *nm/f* magistrado(-a)
magistrature [maʒistʀatyʀ] *nf* magistratura
magnanime [maɲanim] *adj* magnánimo(-a)
magnat [magna] *nm* magnate *m/f*; **~ de la presse** magnate de la prensa
magner [maɲe] : **se magner** (*fam*) *vpr* espabilar; **magne-toi ! On est en retard** ¡espabila, que llegamos tarde!
magnétique [maɲetik] *adj* magnético(-a)
magnifique [maɲifik] *adj* magnífico(-a)
magouille [maguj] (*fam*) *nf* chanchullo
magouiller [maguje] (*fam*) *vt* maquinar, tramar
magret [magʀɛ] *nm* : **~ de canard** magret *m* de pato
mai [mɛ] *nm* mayo; *voir aussi* **juillet**

> **Le premier mai**, día internacional de los trabajadores, es costumbre en Francia llevar puestas e intercambiar ramitas de lirio de los valles. **Le 8 mai** es día festivo en Francia en el que se conmemora la rendición del ejército alemán ante Eisenhower el 7 de mayo de 1945. En la mayoría de las poblaciones hay desfiles de veteranos de guerra. La agitación social que tuvo lugar en mayo y junio de 1968, con manifestaciones estudiantiles, huelgas y disturbios, se conoce genéricamente como *les événements de mai 68*. El gobierno de De Gaulle resistió la presión, aunque se vio abocado a realizar reformas educativas y a avanzar hacia la descentralización.

maigre [mɛgʀ] *adj* (*après nom : personne, animal*) delgado(-a), flaco(-a); (*: viande, fromage*) magro(-a); (*fig : avant nom : repas, salaire, profit*) escaso(-a); (*: résultat*) mediocre
maigreur [mɛgʀœʀ] *nf* delgadez *f*, flaqueza
maigrichon, ne [megʀiʃɔ̃, ɔn] *adj* delgaducho(-a)
maigrir [megʀiʀ] *vi* adelgazar
mail [mɛl] *nm* correo electrónico, e-mail *m*; **~ groupé** grupo de correo
maille [maj] *nf* (*boucle*) eslabón *m*; (*ouverture : dans un filet etc*) punto; **avoir ~ à partir avec qn** andar en dimes y diretes con algn; **~ à l'endroit/à l'envers** punto del derecho/del revés
maillet [majɛ] *nm* (*outil*) mazo; (*de croquet*) palo
maillon [majɔ̃] *nm* (*d'une chaîne*) eslabón *m*
maillot [majo] *nm* malla; (*de sportif*) camiseta; **~ (de corps)** camiseta; **~ de bain** traje *m* de baño, bañador *m*; **~ deux pièces** biquini *m*; **~ jaune** (*Cyclisme*) jersey *m* amarillo, maillot *m* amarillo
main [mɛ̃] *nf* mano *f*; **la ~ dans la ~** cogidos(-as) de la mano; **à une ~** con una mano; **à deux ~s** con las dos manos; **à la ~** a mano; **se donner la ~** darse la mano; **donner** *ou* **tendre la ~ à qn** dar *ou* tender la mano a algn; **se serrer la ~** estrecharse la mano; **serrer la ~ à qn** estrechar la

mano a algn; **demander la ~ d'une femme** pedir la mano de una mujer; **sous la ~** a mano; **haut les ~s** arriba las manos; **à ~ levée** (*Art*) a pulso; **à ~s levées** (*voter*) a mano alzada; **attaque à ~ armée** ataque *m* a mano armada; **à ~ droite/gauche** a mano derecha/izquierda; **de première ~** de primera mano; **de ~ de maître** con mano maestra; **à remettre en ~s propres** a entregar en mano; **faire ~ basse sur qch** apoderarse de algo; **mettre la dernière ~ à qch** dar el último toque a algo; **mettre la ~ à la pâte** poner manos a la obra; **avoir qch/qn bien en ~** conocer algo/a algn bien; **prendre qch en ~** (*fig*) hacerse cargo de algo; **avoir la ~** (*Cartes*) ser mano; **céder/passer la ~** (*Cartes*) ceder/pasar la mano; **forcer la ~ à qn** obligar a algn; **s'en laver les ~s** (*fig*) lavarse las manos; **se faire la ~** entrenarse; **perdre la ~** estar desentrenado(-a); **en un tour de ~** (*fig*) en un periquete; **~ courante** pasamanos *m inv*

main-d'œuvre [mɛ̃dœvʀ] (*pl* **mains-d'œuvre**) *nf* mano *f* de obra

mainmise [mɛ̃miz] *nf*: **avoir la ~ sur** tener control sobre

mains libres [mɛ̃libʀ] *adj inv* (*téléphone, kit*) manos libres *fsg*

maint, e [mɛ̃, mɛ̃t] *adj* : **à ~es reprises** en repetidas ocasiones

maintenance [mɛ̃t(ə)nɑ̃s] *nf* mantenimiento

maintenant [mɛ̃t(ə)nɑ̃] *adv* ahora; (*ceci dit*) ahora bien; **~ que** ahora que

maintenir [mɛ̃t(ə)niʀ] *vt* mantener; **se maintenir** *vpr* mantenerse; (*préjugé*) conservarse

maintien [mɛ̃tjɛ̃] *nm* mantenimiento; (*allure*) compostura; **cours de ~** curso de buenas maneras; **~ de l'ordre** mantenimiento del orden

maire [mɛʀ] *nm/f* alcalde(sa), intendente(-a) (*CSur*), regente *m/f* (*Mex*)

mairie [meʀi] *nf* ayuntamiento

mais [mɛ] *conj* pero; **~ non !** ¡que no!; **~ enfin !** ¡pero bueno!; **~ encore** sino que

maïs [mais] *nm* maíz *m*

maison [mɛzɔ̃] *nf* casa; (*famille*) : **fils/ami de la ~** niño/amigo de la casa ▶ *adj inv* (*Culin*) casero(-a); (*dans un restaurant, fig*) de la casa; (*syndicat*) propio(-a); **à la ~** en casa; (*direction*) a casa; **~ centrale/mère** casa central/matriz; **~ close** *ou* **de passe** casa de citas; **~ d'arrêt** prisión *f*; **~ de campagne** casa de campo; **~ de la culture** casa de la cultura; **~ de repos** casa de reposo; **~ de correction** correccional *m*; **~ de retraite** asilo de ancianos; **~ de santé** centro de salud; **~ des jeunes** casa de la juventud

> Las **maisons des jeunes et de la culture** o **MJC**, parcialmente subvencionadas por el Estado, son centros que organizan una amplia gama de actividades deportivas, artísticas y culturales dirigidas a personas de todas las edades, y que llevan a cabo, además, una importante labor social.

maître [mɛtʀ] *nm/f* (*peintre etc*) maestro(-a); (*possesseur, propriétaire*) dueño(-a) ▶ *nm* (*Scol*) maestro; (*Jur*) : **M~** *título que se da en Francia a abogados, procuradores y notarios* ▶ *adj* maestro(-a); (*Cartes*) principal; **maison de ~** casa señorial; **voiture de ~** coche *m* con chófer; **être ~ de** dominar; **se rendre ~ de** (*pays, ville*) adueñarse de; (*situation, incendie*) dominar; **passer ~ dans l'art de** llegar a dominar el arte de; **rester ~ de soi** dominarse a sí mismo; **~ à penser** *nm/f* maestro(-a); **~ auxiliaire** *nm/f* profesor(a) adjunto(-a); **~ chanteur(-euse)** *nm/f* chantajista *m/f*; **~ d'armes** *nm/f* maestro(-a) de armas; **~ de conférences** *nm/f* (*Univ*) profesor(a); **~ d'école** maestro de escuela; **~ d'hôtel** *nm/f* jefe(-a) de comedor, maître *m/f*; **~ de maison** amo *ou* dueño de la casa; **~ d'œuvre** *nm/f* (*Constr*) contratista *m/f*; **~ nageur(-euse)** monitor(a) de natación; **~ queux** *nm/f* jefe(-a) de cocina; *voir aussi* **maîtresse**

maîtresse [mɛtʀɛs] *nf* (*Scol*) maestra; (*amante*) amante *f* ▶ *adj* : **une ~ femme** toda una mujer; **carte ~** (*fig*) as *m* en la manga; **~ d'école** maestra de escuela; **~ de maison** (*hôtesse*) señora *ou* dueña de la casa; (*ménagère*) ama de casa

maîtrise [metʀiz] *nf* (*aussi* : **maîtrise de soi**) dominio de sí mismo; (*calme*) serenidad *f*; (*habileté, virtuosité*) maestría; (*suprématie*) dominio; (*diplôme*) ≈ licenciatura; (*contremaîtres et chefs d'équipe*) capataces *mpl*

maîtriser [metʀize] *vt* dominar; **se maîtriser** *vpr* dominarse

majestueux, -euse [maʒɛstɥø, øz] *adj* majestuoso(-a)

majeur, e [maʒœʀ] *adj* mayor; (*Jur: personne*) mayor de edad; (*préoccupation*) principal ▸ *nm/f* (*Jur*) mayor *m/f* de edad ▸ *nm* (*doigt*) corazón *m*; **en majeure partie** en su mayor parte; **la majeure partie de** la mayor parte de

majorer [maʒɔʀe] *vt* recargar

majoritaire [maʒɔʀitɛʀ] *adj* mayoritario(-a); **système/scrutin ~** sistema *m*/escrutinio mayoritario

majorité [maʒɔʀite] *nf* mayoría; (*Jur*) mayoría de edad; **en ~** en su mayoría; **avoir la ~** tener la mayoría; **la ~ silencieuse** la mayoría silenciosa; **~ absolue/relativa** mayoría absoluta/relativa

majuscule [maʒyskyl] *adj*, *nf*: **(lettre) ~** (letra) mayúscula

mal, maux [mal, mo] *nm* (*tort, épreuve, malheur*) desgracia; (*douleur physique*) dolor *m*; (*maladie*) mal *m*; (*difficulté*) dificultad *f*; (*souffrance morale*) sufrimiento; (*péché*): **le ~** el mal ▸ *adv* mal ▸ *adj m*: **c'est ~ (de faire)** está mal (hacer); **être ~** (*mal installé*) estar incómodo(-a); **se sentir/se trouver ~** sentirse/encontrarse mal; **être ~ avec qn** andar de malas con algn; **il comprend ~** no entiende bien; **il a ~ compris** ha entendido mal; **~ tourner** ir mal; **dire du ~ de qn** hablar mal de algn; **ne vouloir de ~ à personne** no querer hacer daño a nadie; **il n'a rien fait de ~** no ha hecho nada malo; **penser du ~ de qn** pensar mal de algn; **ne voir aucun ~ à** no ver ningún mal en; **sans penser** *ou* **songer à ~** sin mala intención; **craignant ~ faire** temiendo hacer mal; **faire du ~ à qn** hacer daño a algn; **il n'y a pas de ~** no pasa nada; **se donner du ~ pour faire qch** tomarse trabajo para hacer algo; **se faire ~** hacerse daño; **se faire ~ au pied** hacerse daño en el pie; **ça fait ~** duele; **j'ai ~ (ici)** me duele (aquí); **j'ai ~ au dos** me duele la espalda; **avoir ~ à la tête/aux dents** tener dolor de cabeza/de muelas; **avoir ~ au cœur** tener náuseas; **j'ai du ~ à faire** me cuesta hacerlo; **avoir le ~ de l'air** marearse (en los aviones); **avoir le ~ du pays** tener morriña; **prendre ~** ponerse enfermo(-a); **~ de la route/de mer** mareo; **~ en point** *adj inv* bastante mal; **~ de ventre** dolor de barriga

malade [malad] *adj* enfermo(-a); (*poitrine, jambe*) malo(-a) ▸ *nm/f* enfermo(-a); **tomber ~** caer enfermo(-a); **être ~ du cœur** estar enfermo(-a) del corazón; **grand(e) ~** enfermo(-a) grave; **~ mental(e)** enfermo(-a) mental

maladie [maladi] *nf* enfermedad *f*; **être rongé par la ~** estar consumido por la enfermedad; **~ de peau** enfermedad de la piel

maladif, -ive [maladif, iv] *adj* enfermizo(-a)

maladresse [maladʀɛs] *nf* torpeza

maladroit, e [maladʀwa, wat] *adj* torpe

maladroitement [maladʀwatmɑ̃] *adv* torpemente

mal-aimé, e [maleme] (*pl* **mal-aimés, es**) *nm/f* malquerido(-a)

malaise [malɛz] *nm* malestar *m*; **avoir un ~** marearse; **~ cardiaque** malestar cardíaco

malaria [malaʀja] *nf* malaria

malaxer [malakse] *vt* amasar

malbouffe [malbuf] (*fam*) *nf*: **la ~** comida basura

malchance [malʃɑ̃s] *nf* mala suerte; **par ~** por desgracia; **quelle ~!** ¡qué mala suerte!

malchanceux, -euse [malʃɑ̃sø, øz] *adj* desafortunado(-a)

mâle [mɑl] *nm* macho ▸ *adj* macho; (*enfant*) varón; (*viril*) varonil, viril; **prise ~** (*Élec*) clavija; **souris ~** ratón *m* macho

malédiction [malediksjɔ̃] *nf* maldición *f*; (*fatalité, malchance*) desgracia

malentendant, e [malɑ̃tɑ̃dɑ̃, ɑ̃t] *nm/f*: **les ~s** las personas con defectos de audición

malentendu [malɑ̃tɑ̃dy] *nm* malentendido

malfaçon [malfasɔ̃] *nf* defecto

malfaisant, e [malfəzɑ̃, ɑ̃t] *adj* (*bête*) dañino(-a); (*être*) malo(-a); (*idées, influence*) nocivo(-a)

malfaiteur, -trice [malfɛtœʀ, tʀis] *nm/f* malhechor(a)

malfamé, e [malfame] *adj* de mala fama
malformation [malfɔʀmasjɔ̃] *nf* malformación *f*
malgache [malgaʃ] *adj* malgache ▸ *nm* (*Ling*) malgache *m* ▸ *nm/f*: **Malgache** malgache *m/f*
malgré [malgʀe] *prép* a pesar de; **~ moi/lui** a pesar mío/suyo; **~ tout** a pesar de todo
malheur [malœʀ] *nm* desgracia; **par ~** por desgracia; **quel ~!** ¡qué desgracia!; **faire un ~** (*fam* : *un éclat*) explotar; (: *avoir du succès*) arrasar
malheureusement [maløʀøzmɑ̃] *adv* desgraciadamente
malheureux, -euse [maløʀø, øz] *adj* (*triste* : *personne*) infeliz, desdichado(-a); (*existence, accident*) desgraciado(-a), desdichado(-a); (*malchanceux* : *candidat*) derrotado(-a); (: *tentative*) fracasado(-a); (*insignifiant*) miserable ▸ *nm/f* desgraciado(-a); **la malheureuse femme/victime** la desdichada mujer/víctima
malhonnête [malɔnɛt] *adj* deshonesto(-a)
malhonnêteté [malɔnɛtte] *nf* falta de honradez
malice [malis] *nf* malicia
malicieux, -euse [malisjø, jøz] *adj* malicioso(-a)
malin, -igne [malɛ̃, maliɲ] *adj* (*rusé* : *f gén* **maline**) astuto(-a); (*Méd*) maligno(-a); **faire le ~** dárselas de listo; **éprouver un ~ plaisir à** regodearse con; **c'est ~!** (*ironique*) ¡qué listo!
malingre [malɛ̃gʀ] *adj* enteco(-a)
malle [mal] *nf* baúl *m*; **~ arrière** (*Auto*) maletero
malléable [maleabl] *adj* maleable
mallette [malɛt] *nf* maletín *m*
malmener [malməne] *vt* maltratar; (*fig* : *adversaire*) dejar maltrecho(-a)
malodorant, e [malɔdɔʀɑ̃, ɑ̃t] *adj* maloliente
malpoli, e [malpɔli] *nm/f* maleducado(-a)
malsain, e [malsɛ̃, ɛn] *adj* malsano(-a)
malt [malt] *nm* malta; **whisky pur ~** whisky *m* de malta
Malte [malt] *nf* Malta
maltraitance [maltʀɛtɑ̃s] *nf* maltrato
maltraiter [maltʀete] *vt* maltratar
malveillance [malvɛjɑ̃s] *nf* mala intención *f*; (*Jur*) malevolencia
malversation [malvɛʀsasjɔ̃] *nf* malversación *f*
maman [mamɑ̃] *nf* mamá
mamelle [mamɛl] *nf* teta
mamelon [mam(ə)lɔ̃] *nm* (*Anat*) pezón *m*; (*petite colline*) montecillo
mamie [mami] (*fam*) *nf* abuelita, nana
mammifère [mamifɛʀ] *nm* mamífero
mammouth [mamut] *nm* mamut *m*
manche [mɑ̃ʃ] *nf* manga; (*Géo*) : **la M~** el Canal *m* de la Mancha ▸ *nm* mango; (*de violon, guitare*) mástil *m*; **à ~s courtes/longues** (*vêtement*) de manga corta/larga; **se débrouiller comme un ~** (*fam*) hacer las cosas con los pies; **faire la ~** pedir (limosna); **~ à air** *nf* (*Aviat*) manga de aire; **~ à balai** *nm* palo de escoba; (*Aviat, Inform*) palanca de mando
manchette [mɑ̃ʃɛt] *nf* (*de chemise*) puño; (*Presse*) cabecera, titular *m*; **faire la ~ des journaux** saltar a los titulares
manchot, e [mɑ̃ʃo, ɔt] *adj* manco(-a) ▸ *nm* (*Zool*) pingüino
mandarine [mɑ̃daʀin] *nf* mandarina
mandat [mɑ̃da] *nm* (*postal*) giro; (*d'un député, président*) mandato; (*procuration*) poder *m*; (*Police*) orden *f*; **toucher un ~** cobrar un giro; **~ d'amener** orden de comparecencia; **~ d'arrêt** orden de arresto; **~ de dépôt** orden de prisión; **~ de police** orden de registro
mandataire [mɑ̃datɛʀ] *nm/f* mandatario(-a)
manège [manɛʒ] *nm* (*école d'équitation*) picadero; (*à la foire*) tiovivo; (*fig* : *manœuvre*) maniobra; **faire un tour de ~** dar una vuelta en tiovivo; **~ de chevaux de bois** caballitos *mpl*
manette [manɛt] *nf* palanca; **~ de jeu** palanca de juego
mangeable [mɑ̃ʒabl] *adj* comible
mangeoire [mɑ̃ʒwaʀ] *nf* pesebre *m*
manger [mɑ̃ʒe] *vt* comer; (*ronger* : *suj* : *rouille etc*) carcomer; (*consommer*) gastar; (*capital*) despilfarrar ▸ *vi* comer
mangue [mɑ̃g] *nf* mango
maniable [manjabl] *adj* manejable; (*fig* : *personne*) manipulable

maniaque [manjak] *adj* maniático(-a) ▸ *nm/f* (*obsédé, fou*) maníaco(-a); (*pointilleux*) maniático(-a)
manie [mani] *nf* manía
manier [manje] *vt* manejar
manière [manjɛʀ] *nf* manera; (*genre, style*) estilo; **manières** *nfpl* (*attitude*) modales *mpl*; (*chichis*) melindres *mpl*; **de ~ à** con objeto de; **de telle ~ que** de tal manera que; **de cette ~** de esta manera; **d'une ~ générale** en general; **de toute ~** de todas maneras; **d'une certaine ~** en cierto sentido; **à la ~ de (qn)** a la manera de (algn); **faire des ~s** andar con remilgos; **employer la ~ forte** emplear la fuerza; **complément/adverbe de ~** complemento/adverbio de modo
maniéré, e [manjeʀe] *adj* amanerado(-a)
manif [manif] (*fam*) *nf* mani *f*, manifa
manifestant, e [manifɛstɑ̃, ɑ̃t] *nm/f* manifestante *m/f*
manifestation [manifɛstasjɔ̃] *nf* manifestación *f*
manifeste [manifɛst] *adj* manifiesto(-a) ▸ *nm* manifiesto
manifester [manifɛste] *vt* manifestar ▸ *vi* (*Pol*) manifestarse; **se manifester** *vpr* manifestarse; (*témoin*) presentarse
manigancer [manigɑ̃se] *vt* tramar
manioc [manjɔk] *nm* mandioca
manipulation [manipylasjɔ̃] *nf* manipulación *f*; **~ génétique** manipulación genética
manipuler [manipyle] *vt* manipular
manivelle [manivɛl] *nf* manivela
mannequin [mankɛ̃] *nm* (*Couture*) maniquí *m* ▸ *nm/f* (*Mode*) modelo *m/f*; **taille ~** talla maniquí
manœuvre [manœvʀ] *nf* maniobra ▸ *nm/f* peón *m/f* (de obra); **fausse ~** maniobra falsa
manœuvrer [manœvʀe] *vt* maniobrar; (*levier, personne*) manejar ▸ *vi* maniobrar
manoir [manwaʀ] *nm* casa solariega
manque [mɑ̃k] *nm* falta; **manques** *nmpl* (*lacunes*) lagunas *fpl*; **par ~ de** por falta de; **être en ~** tener el síndrome de abstinencia; **~ à gagner** lucro cesante
manqué, e [mɑ̃ke] *adj* fracasado(-a), fallido(-a); *voir aussi* **garçon**
manquer [mɑ̃ke] *vi* faltar; (*échouer*) fallar, fracasar ▸ *vt* (*coup, objectif*) fallar; (*cours, réunion*) faltar a; (*occasion*) perder ▸ *vb impers* : **il (nous) manque encore 10 euros** nos faltan todavía 10 euros; **il manque des pages** faltan páginas; **l'argent qui leur manque** el dinero que les falta; **~ à qch** faltar a algo; **~ à qn** : **il/cela me manque** le/lo echo de menos; **~ de** carecer de; **nous manquons de feutres** se nos han agotado los rotuladores, no nos quedan rotuladores; **j'ai manqué la photo** no me ha salido bien la foto; **ne pas ~ qn** vérselas con algn; **ne pas ~ de faire** : **il n'a pas manqué de le dire** no dejó de decirlo; **~ (de) faire** : **il a manqué (de) se tuer** por poco se mata; **il ne manquerait plus que ...** faltaría sólo que ...; **je n'y manquerai pas** no dejaré de hacerlo
mansarde [mɑ̃saʀd] *nf* buhardilla
mansardé, e [mɑ̃saʀde] *adj* abuhardillado(-a)
mante [mɑ̃t] *nf* : **~ religieuse** santateresa, mantis *f inv* religiosa
manteau, x [mɑ̃to] *nm* abrigo; (*de cheminée*) campana; **sous le ~** (*vendre*) bajo cuerda
manucure [manykyʀ] *nf* manicura
manuel, le [manɥɛl] *adj* manual ▸ *nm/f* : **je suis un ~** lo mío es trabajar con las manos ▸ *nm* (*livre*) manual *m*; **travailleur ~** trabajador *m* manual
manufacture [manyfaktyʀ] *nf* manufactura
manufacturé, e [manyfaktyʀe] *adj* manufacturado(-a)
manuscrit, e [manyskʀi, it] *adj* manuscrito(-a) ▸ *nm* manuscrito
manutention [manytɑ̃sjɔ̃] *nf* manipulación *f*
mappemonde [mapmɔ̃d] *nf* mapamundi *m*
maquereau, x [makʀo] *nm* (*Zool*) caballa; (*fam : proxénète*) chulo
maquette [makɛt] *nf* maqueta
maquettiste [maketist] *nm/f* maquetista *m/f*
maquillage [makijaʒ] *nm* maquillaje *m*
maquiller [makije] *vt* (*aussi fig*) maquillar; (*passeport*) falsificar; **se maquiller** *vpr* maquillarse

maquis [maki] *nm* (*Géo*) monte *m* bajo; (*fig*) embrollo; (*Mil*) maquis *m inv*

maraîcher, -ère [maʀeʃe, ɛʀ] *adj*: **cultures maraîchères** cultivos *mpl* de huerta ▸ *nm/f* hortelano(-a)

marais [maʀɛ] *nm* pantano; **~ salant** salina

marasme [maʀasm] *nm* marasmo

marathon [maʀatɔ̃] *nm* maratón *m*

marbre [maʀbʀ] *nm* mármol *m*; (*Typo*) platina; **rester de ~** quedarse de piedra

marc [maʀ] *nm* (*de raisin, pommes, aussi alcool*) orujo; **~ de café** poso de café

marchand, e [maʀʃɑ̃, ɑ̃d] *nm/f* comerciante *m/f*; (*au marché*) vendedor(a) ▸ *adj*: **valeur marchande** valor *m* comercial; **~ au détail/en gros** vendedor(a) minorista/mayorista; **~ de biens** corredor(a) de fincas; **~ de couleurs** droguero(-a); **~ de journaux** vendedor(a) de periódicos; **~ de légumes** verdulero(-a); **~ de poisson** pescadero(-a); **~ de sable** (*fig*) *genio fabuloso que duerme a los niños*; **~ de sommeil** (*péj*) *casero que alquila su vivienda a personas necesitadas a menudo en condiciones abusivas*; **~ de tableaux** marchante *m/f*; **~ de tapis** vendedor(a) de alfombras; **~ de vins** vinatero(-a); **~ des quatre saisons** vendedor(a) ambulante de frutas y verduras

marchander [maʀʃɑ̃de] *vt, vi* regatear

marchandise [maʀʃɑ̃diz] *nf* mercancía

marche [maʀʃ] *nf* marcha; (*d'escalier*) escalón *m*; (*du temps, progrès*) curso; **ouvrir/fermer la ~** abrir/cerrar la marcha; **à une heure de ~** a una hora de camino; **dans le sens de la ~** (*Rail*) en el sentido de la marcha; **monter/prendre en ~** subir/coger en marcha; **mettre en ~** poner en marcha; **remettre qch en ~** arreglar algo; **se mettre en ~** ponerse en marcha; **~ à suivre** pasos *mpl* a seguir; **~ arrière** (*Auto*) marcha atrás; **faire ~ arrière** (*Auto, aussi fig*) dar marcha atrás

marché [maʀʃe] *nm* mercado; (*accord, affaire*) trato; **par dessus le ~** por añadidura; **faire son ~** ir a la compra; **~ à terme/au comptant** (*Bourse*) operación *f* a plazo/al contado; **~ aux fleurs** mercado de flores; **~ aux puces** rastro, mercadillo; **~ du travail** mercado de trabajo; **~ noir** mercado negro

marcher [maʀʃe] *vi* andar; (*se promener*) caminar; (*Mil, affaires*) marchar; (*fonctionner*) funcionar; **d'accord, je marche** (*fam*) bueno, me parece bien; **~ sur** caminar por; (*mettre le pied sur*) pisar; (*Mil*) avanzar hacia; **~ dans** (*herbe, neige*) caminar por; (*flaque*) meterse en; **faire ~ qn** tomar el pelo a algn

marcheur, -euse [maʀʃœʀ, øz] *nm/f* andarín(-ina)

mardi [maʀdi] *nm* martes *m inv*; **M~ gras** martes de Carnaval; *voir aussi* **lundi**

mare [maʀ] *nf* charco; **~ de sang** charco de sangre

marécage [maʀekaʒ] *nm* ciénaga

marécageux, -euse [maʀekaʒø, øz] *adj* cenagoso(-a)

maréchal, e, -aux [maʀeʃal, o] *nm/f* mariscal *m/f*; **~ des logis** sargento *m/f*

marée [maʀe] *nf* marea; **contre vents et ~s** (*fig*) contra viento y marea; **~ basse/haute** marea baja/alta; **~ humaine** marea humana; **~ montante/descendante** flujo/reflujo; **~ noire** marea negra

marelle [maʀɛl] *nf* rayuela

margarine [maʀgaʀin] *nf* margarina

marge [maʀʒ] *nf* margen *m*; **en ~ (de)** al margen (de); **~ bénéficiaire** (*Comm*) margen de beneficios; **~ d'erreur/de sécurité** margen de error/de seguridad

marginal, e, -aux [maʀʒinal, o] *adj* marginal ▸ *nm/f* persona marginal

marguerite [maʀgəʀit] *nf* margarita

mari [maʀi] *nm* marido

mariage [maʀjaʒ] *nm* matrimonio; (*noce*) boda; (*fig*: *de mots, couleurs*) combinación *f*; **~ blanc** matrimonio de conveniencia (*para obtener la residencia o la nacionalidad*); **~ civil/religieux** matrimonio civil/religioso; **~ d'amour/d'intérêt/de raison** matrimonio por amor/por interés/de conveniencia

marié, e [maʀje] *adj* casado(-a) ▸ *nm/f* novio(-a); **les ~s** los novios; **les jeunes ~s** los recién casados; **vive la mariée!** ¡viva la novia!

marier [maʀje] *vt* casar; (*fig*: *couleur*) combinar; **se marier** *vpr* casarse; **se ~ (avec)** casarse (con); (*fig*) casar (con)

marin, e [maʀɛ̃, in] *adj* marino(-a); (*carte, lunette*) náutico(-a) ▸ *nm* marino; (*matelot*) marinero; **avoir le pied ~** saber mantener el equilibrio a bordo de un barco ; (*ne pas avoir le mal de mer*) no marearse en los barcos

marinade [maʀinad] *nf* escabeche *m*
marine [maʀin] *adj f voir* **marin** ▸ *nf* (*aussi Art*) marina ▸ *adj inv* azul marino; (*Mil*): **~ à voiles** marina de vela; **~ marchande/de guerre** marina mercante/de guerra
mariner [maʀine] *vt, vi* escabechar; **faire ~ qn** (*fam*) tener a algn plantado
marionnette [maʀjɔnɛt] *nf* (*aussi péj*) marioneta; **marionnettes** *nfpl* (*spectacle*) marionetas *fpl*
maritalement [maʀitalmɑ̃] *adv* maritalmente
maritime [maʀitim] *adj* marítimo(-a)
marmelade [maʀməlad] *nf* mermelada; **en ~** (*fig*) hecho(-a) migas; **~ d'oranges** mermelada de naranja
marmite [maʀmit] *nf* (*récipient*) marmita; (*contenu*) cocido
marmonner [maʀmɔne] *vt* mascullar
marmotte [maʀmɔt] *nf* marmota
marmotter [maʀmɔte] *vt* mascullar
Maroc [maʀɔk] *nm* Marruecos *msg*
marocain, e [maʀɔkɛ̃, ɛn] *adj* marroquí ▸ *nm/f*: **Marocain, e** marroquí *m/f*
maroquinerie [maʀɔkinʀi] *nf* marroquinería
marquant, e [maʀkɑ̃, ɑ̃t] *adj* destacado(-a); (*personnalité*) especial
marque [maʀk] *nf* marca; (*d'une fonction, d'un grade*) distintivo; **~ du pluriel** (*Ling*) terminación *f* de plural; **à vos ~s !** (*Sport*) ¡preparados!; **~ d'affection** muestra de afecto; **de ~** *adj* (*Comm : produit*) de marca; (*fig*) destacado(-a); **~ de fabrique** marca de fábrica; **~ déposée** marca registrada
marqué, e [maʀke] *adj* marcado(-a); (*visage*) envejecido(-a); (*taille*) acentuado(-a); **il n'y a rien de ~** no hay nada anotado
marquer [maʀke] *vt* marcar; (*inscrire*) anotar; (*frontières*) señalar; (*suj : chose*) impresionar; (*assentiment, refus*) manifestar ▸ *vi* dejar marca; (*Sport*) marcar; **~ qch de son empreinte** dejar su impronta en algo; **~ un temps d'arrêt** hacer una pausa; **~ le pas** (*fig*) marcar el paso; **~ d'une pierre blanche** señalar con una piedra blanca; **~ les points** apuntar los tantos
marqueterie [maʀkɛtʀi] *nf* marquetería
marqueur, -euse [maʀkœʀ, øz] *nm/f* (*Sport*) goleador(a) ▸ *nm* rotulador *m*
marquis, e [maʀki, iz] *nm/f* marqués(-esa)
marraine [maʀɛn] *nf* madrina
marrant, e [maʀɑ̃, ɑ̃t] (*fam*) *adj* divertido(-a); **ce n'est pas ~** no tiene gracia
marre [maʀ] (*fam*) *adv*: **en avoir ~ de** estar harto(-a) de
marrer [maʀe]: **se marrer** (*fam*) *vpr* reírse
marron, ne [maʀɔ̃, ɔn] *nm* (*aussi fam*) castaña ▸ *adj inv* (*couleur*) marrón *inv* ▸ *adj* (*péj : avocat, médecin*) corrupto(-a); **~ d'Inde** castaña de Indias; **~s glacés** castañas *fpl* confitadas
marronnier [maʀɔnje] *nm* castaño de Indias
Mars [maʀs] *nm ou f* Marte *m*
mars [maʀs] *nm* marzo; *voir aussi* **juillet**
marseillais, e [maʀsɛjɛ, ɛz] *adj* marsellés(-esa)

> La **Marseillaise** es el himno nacional francés desde 1879. La letra del *Chant de guerre de l'armée du Rhin*, título original de la canción, fue escrita en 1792 por el capitán del ejército, Rouget de Lisle, basándose en una melodía anónima. Adoptada más tarde como marcha militar por el batallón de Marsella, terminó conociéndose como la Marsellesa.

Marseille [maʀsɛj] *n* Marsella
marsouin [maʀswɛ̃] *nm* marsopa
marteau [maʀto] *nm* martillo; (*de porte*) aldaba
marteau-piqueur [maʀtopikœʀ] (*pl* **marteaux-piqueurs**) *nm* martillo neumático
marteler [maʀtəle] *vt* martillear; (*mots, phrases*) recalcar
martial, e, -aux [maʀsjal, jo] *adj* marcial; **arts martiaux** artes *fpl* marciales; **cour martiale** consejo de guerra; **loi martiale** ley *f* marcial
martien, ne [maʀsjɛ̃, jɛn] *adj* marciano(-a)
martinet [maʀtinɛ] *nm* (*fouet*) disciplinas *fpl*; (*Zool*) vencejo
martyr, e [maʀtiʀ] *nm/f* mártir *m/f* ▸ *adj* mártir; **enfants ~s** niños *mpl* mártires
martyre [maʀtiʀ] *nm* (*aussi fig*) martirio;

souffrir le ~ pasar un martirio

martyriser [maʀtiʀize] *vt* martirizar

marxiste [maʀksist] *adj, nm/f* marxista *m/f*

mascara [maskaʀa] *nm* rímel *m*

mascotte [maskɔt] *nf* mascota

masculin, e [maskylɛ̃, in] *adj* masculino(-a) ▶ *nm* masculino

masochiste [mazɔʃist] *adj, nm/f* masoquista *m/f*

masque [mask] *nm* (*aussi fig*) máscara; (*d'escrime, de soudeur*) careta; (*Méd : pour endormir*) mascarilla; **~ à gaz** máscara de gas, careta antigás *inv*; **~ à oxygène** máscara de oxígeno; **~ de beauté** mascarilla de belleza; **~ de plongée** gafas *fpl* de bucear

masquer [maske] *vt* ocultar; (*goût, odeur*) disimular

massacre [masakʀ] *nm* matanza; **jeu de ~** (*à la foire*) pim pam pum *m*; (*fig*) destrozo

massacrer [masakʀe] *vt* matar, exterminar; (*fig*) destrozar

massage [masaʒ] *nm* masaje *m*; **~ cardiaque** masaje cardíaco

masse [mas] *nf* masa; (*de cailloux, documents*) montón *m*; (*d'un édifice, navire*) mole *f*; (*maillet*) maza; **les ~s laborieuses/paysannes** las masas trabajadoras/campesinas; **une ~ de, des ~s de** (*fam*) un montón de, montones de; **en ~** en masa; **~ monétaire/salariale** masa monetaria/salarial

masser [mase] *vt* (*personne, jambe*) dar masaje a; **se masser** *vpr* (*se regrouper*) concentrarse

masseur, -euse [masœʀ, øz] *nm/f* masajista *m/f*

massif, -ive [masif, iv] *adj* (*porte, silhouette, or*) macizo(-a); (*dose*) masivo(-a) ▶ *nm* macizo

massue [masy] *nf* maza; **argument ~** argumento contundente

master [mastɛʀ] *nm* (*Univ*) máster *m*

mastic [mastik] *nm* masilla

mastiquer [mastike] *vt* masticar

masturber [mastyʀbe] *vt* : **se ~** masturbarse

mat, e [mat] *adj* mate *inv*; (*son*) sordo(-a); **être ~** (*Échecs*) ser mate

mât [mɑ] *nm* (*Naut*) mástil *m*; (*poteau*) poste *m*

match [matʃ] *nm* partido; **~ aller/retour** partido de ida/de vuelta; **~ nul** empate *m*; **faire ~ nul** empatar

matelas [mat(ə)lɑ] *nm* colchón *m*; **~ à ressorts** colchón de muelles; **~ pneumatique** colchón de aire

matelasser [mat(ə)lase] *vt* (*fauteuil*) rellenar; (*manteau*) acolchar

matelot [mat(ə)lo] *nm/f* marinero(-a)

mater [mate] *vt* (*personne*) someter; (*révolte*) dominar

matérialiser [mateʀjalize] *vt* materializar; **se matérialiser** *vpr* materializarse

matérialiste [mateʀjalist] *adj, nm/f* materialista *m/f*

matériau [mateʀjo] *nm* material *m*; **matériaux** *nmpl* : **matériaux de construction** materiales *mpl* de construcción

matériel, le [mateʀjɛl] *adj* material ▶ *nm* material *m*; (*de camping*) equipo; (*de pêche*) aparejos *mpl*; **il n'a pas le temps ~ de le faire** no tiene tiempo material para hacerlo; **panne matérielle** (*Inform*) fallo de hardware; **~ informatique** hardware *m*

matériellement [mateʀjɛlmɑ̃] *adv* materialmente; **c'est ~ impossible** es materialmente imposible

maternel, le [matɛʀnɛl] *adj* (*amour*) maternal; (*grand-père, grand-mère*) materno(-a)

maternelle [matɛʀnɛl] *nf* (*aussi* : **école maternelle**) escuela de párvulos

maternité [matɛʀnite] *nf* maternidad *f*

mathématique [matematik] *adj* matemático(-a); **mathématiques** *nfpl* matemáticas *fpl*

maths [mat] (*fam*) *nfpl* mates *fpl*

matière [matjɛʀ] *nf* (*Phys*) materia; (*Comm, Tech*) material *m*; (*d'un livre etc*) tema *m*; (*Scol*) asignatura; **en ~ de** en materia de; **donner ~ à** dar motivo de; **~ grise** materia gris; **~ plastique** plástico; **~s fécales** heces *fpl*; **~s grasses** grasas *fpl*; **~s premières** materias primas

matin [matɛ̃] *nm* mañana; **le ~** por la mañana; **dimanche ~** el domingo por la mañana; **jusqu'au ~** hasta la mañana; **le lendemain ~** a la mañana siguiente; **hier/demain ~** ayer/mañana por la mañana; **du ~ au soir** de la mañana a la noche; **une heure du ~** la una de la mañana; **à demain ~ !** ¡hasta mañana por la mañana!; **un beau ~** un día de éstos; **de grand** *ou* **bon ~** de madrugada; **tous les dimanches ~s** todos los domingos por la mañana

matinal, e, -aux [matinal, o] *adj* (*toilette, gymnastique*) matutino(-a), matinal; (*de bonne heure*) tempranero(-a); **être ~** (*personne*) ser madrugador(a)

matinée [matine] *nf* mañana; (*spectacle*) función *f* de tarde, vermú *m* (AM); **en ~** por la tarde

matou [matu] (*fam*) *nm* gato

matraquage [matʀakaʒ] *nm* aporreamiento; **~ publicitaire** bombardeo publicitario

matraque [matʀak] *nf* (*de malfaiteur*) cachiporra; (*de policier*) porra

matraquer [matʀake] *vt* aporrear

matricule [matʀikyl] *nf* matrícula ▸ *nm* (*Mil*) número de registro; (*Admin*) registro

matrimonial, e, -aux [matʀimɔnjal, jo] *adj* matrimonial

maturité [matyʀite] *nf* (*d'une personne*) madurez *f*; (*d'un fruit*) sazón *f*

maudit, e [modi, it] *adj* maldito(-a)

maugréer [mogʀee] *vi* refunfuñar

maussade [mosad] *adj* (*personne*) malhumorado(-a); (*ciel, temps*) desapacible; **(être) d'humeur ~** (estar) de mal humor

mauvais, e [mɔvɛ, ɛz] *adj* malo(-a); (*placé avant le nom*) mal; (*rire*) perverso(-a) ▸ *nm* : **le ~** lo malo ▸ *adv* : **il fait ~** hace malo; **sentir ~** oler mal; **la mer est mauvaise** el mar está agitado; **~ coucheur** persona con malas pulgas; **~ coup** (*fig*) golpe *m*; **~ garçon** delincuente *m*; **~ joueur** mal jugador *m*; **~ pas** mal paso; **~ payeur** moroso; **~ plaisant** gracioso; **~ traitements** malos tratos *mpl*; **mauvaise herbe** mala hierba; **mauvaise langue** lengua viperina; **mauvaise passe** mala racha; **mauvaise tête** terco(-a)

mauve [mov] *nm* malva ▸ *adj* malva *inv*

maux [mo] *nmpl voir* **mal**

maximal, e, -aux [maksimal, o] *adj* máximo(-a)

maxime [maksim] *nf* máxima

maximum [maksimɔm] *adj* máximo(-a) ▸ *nm* máximo; **le ~ de chances** el máximo de posibilidades; **atteindre un/son ~** alcanzar un/su máximo; **au ~** (*adv : le plus possible*) al máximo; (: *tout au plus*) como máximo

mayonnaise [majɔnɛz] *nf* mayonesa

mazout [mazut] *nm* fuel-oil *m*; **chaudière/poêle à ~** caldera/estufa de fuel-oil

monétiser [mɔnetize] *vt* monetizar

Me *abr* = *maître*

me [mə] *pron* me; **il m'a donné un livre** me ha dado un libro

mec [mɛk] (*fam*) *nm* tío

mécanicien, ne [mekanisjɛ̃, jɛn] *nm/f* mecánico(-a)

mécanique [mekanik] *adj* mecánico(-a) ▸ *nf* mecánica; **s'y connaître en ~** saber de mecánica; **ennui ~** problema *m* mecánico; **gripper la ~** (*fig*) atascar la maquinaria; **~ hydraulique/ondulatoire** mecánica hidráulica/ondulatoria

mécanisme [mekanism] *nm* mecanismo

mécène [mesɛn] *nm/f* mecenas *m/f inv*

méchamment [meʃamɑ̃] *adv* cruelmente

méchanceté [meʃɑ̃ste] *nf* maldad *f*, malicia

méchant, e [meʃɑ̃, ɑ̃t] *adj* (*personne*) malvado(-a); (*sourire*) malicioso(-a); (*animal*) malo(-a); (*avant le nom : affaire, humeur*) mal; **« attention, chien ~ »** « cuidado con el perro »

mèche [mɛʃ] *nf* (*de bougie*) mecha; (*de cheveux*) mechón *m*; (*d'une autre couleur*) mecha; **se faire faire des ~s** (*chez le coiffeur*) hacerse mechas; **vendre la ~** irse de la lengua; **être de ~ avec qn** estar conchabado(-a) con algn

méchoui [meʃwi] *nm* cordero asado

méconnaissable [mekɔnɛsabl] *adj* irreconocible

méconnaître [mekɔnɛtʀ] *vt* desconocer

méconnu, e [mekɔny] *pp de* **méconnaître** ▸ *adj* (*génie*) desconocido(-a)

mécontent, e [mekɔ̃tɑ̃, ɑ̃t] *adj* : **~ (de)** descontento(-a) (con) ▸ *nm/f* descontento(-a)

mécontentement [mekɔ̃tɑ̃tmɑ̃] *nm* descontento

mécontenter [mekɔ̃tɑ̃te] *vt* disgustar

médaille [medaj] *nf* medalla

ma

médaillon [medajɔ̃] *nm* medallón *m*
médecin [med(ə)sɛ̃] *nm/f* médico(-a); **~ de famille/du bord** médico(-a) de familia/de a bordo; **~ généraliste/légiste/traitant** médico(-a) general/forense/de cabecera
médecine [med(ə)sin] *nf* medicina; **~ du travail/générale/infantile** medicina laboral/general/infantil; **~ légale/préventive** medicina legal/preventiva
média [medja] *nm* medio (de comunicación); **un ~ d'information** un medio de información; **les ~s** los medios (de comunicación), los media; **les ~s sociaux** los medios sociales, las redes sociales
médiateur, -trice [medjatœʀ, tʀis] *nm/f* mediador(a)
médiation [medjasjɔ̃] *nf* mediación *f*
médiatique [medjatik] *adj* mediático
médiatisé, e [medjatize] *adj* mediatizado(-a)
médical, e, -aux [medikal, o] *adj* médico(-a)
médicalement [medikalmɑ̃] *adv* médicamente
médicament [medikamɑ̃] *nm* medicamento; **~ générique** medicamento genérico
médicinal, e, -aux [medisinal, o] *adj* medicinal
médiéval, e, -aux [medjeval, o] *adj* medieval
médiocre [medjɔkʀ] *adj* mediocre
médiocrité [medjɔkʀite] *nf* mediocridad *f*
médisant, e [medizɑ̃, ɑ̃t] *adj* maldiciente
méditation [meditasjɔ̃] *nf* meditación *f*
méditer [medite] *vi* meditar; **~ sur qch** meditar sobre algo
Méditerranée [mediteʀane] *nf*: **la (mer) ~** el (mar) Mediterráneo
méditerranéen, ne [mediteʀaneɛ̃, ɛn] *adj* mediterráneo(-a) ▸ *nm/f*: **Méditerranéen, ne** mediterráneo(-a)
médium [medjɔm] *nm* médium *m*
médius [medjys] *nm* (dedo) medio, (dedo) corazón *m*
méduse [medyz] *nf* medusa
méduser [medyze] *vt* asombrar, dejar estupefacto
meeting [mitiŋ] *nm* mitin *m*
méfait [mefɛ] *nm* (*faute*) fechoría; **méfaits** *nmpl* (*ravages*) daños *mpl*
méfiance [mefjɑ̃s] *nf* desconfianza, recelo
méfiant, e [mefjɑ̃, jɑ̃t] *adj* desconfiado(-a), receloso(-a)
méfier [mefje]: **se méfier** *vpr* desconfiar; **se ~ de** desconfiar de; (*faire attention*) tener cuidado con
mégadonnées [megadɔne] *nfpl* (*Inform*) macrodatos *mpl*
mégalomane [megalɔman] *adj, nm/f* megalómano(-a)
mégarde [megaʀd] *nf*: **par ~** por descuido
mégère [meʒɛʀ] (*péj*) *nf* arpía, bruja
mégot [mego] *nm* colilla
meilleur, e [mɛjœʀ] *adj* mejor; (*superlatif*): **le ~** el mejor ▸ *nm*: **le ~** el mejor ▸ *nf*: **la meilleure** la mejor; **le ~ des deux** el mejor de los dos; **c'est la meilleure !** ¡es el colmo!; **~ marché** más barato
mél [mɛl] *nm* mail *m*, email *m*, correo electrónico
mélancolie [melɑ̃kɔli] *nf* melancolía
mélancolique [melɑ̃kɔlik] *adj* melancólico(-a)
mélange [melɑ̃ʒ] *nm* mezcla; **une joie/un bonheur sans ~** una alegría/una felicidad absoluta
mélanger [melɑ̃ʒe] *vt* mezclar, desordenar; **se mélanger** *vpr* mezclarse; **vous mélangez tout !** ¡usted lo mezcla *ou* confunde todo!; **les cartes ne sont pas bien mélangées** las cartas no están bien mezcladas
mêlée [mele] *nf* pelea, contienda; (*Rugby*) melé *f*; **entrer dans la ~** (*fig*) inmiscuirse; **~ générale** tangana
mêler [mele] *vt* mezclar; **se mêler** *vpr* mezclarse; **se ~ à** mezclarse con; **se ~ de** entrometerse en; **~ qn à une affaire** implicar a algn en un asunto; **mêle-toi de tes affaires !** ¡métete en tus asuntos!
mélodie [melɔdi] *nf* melodía
mélodieux, -euse [melɔdjø, jøz] *adj* melodioso(-a)
mélodrame [melɔdʀam] *nm* melodrama *m*
mélomane [melɔman] *nm/f* melómano(-a)

melon [m(ə)lɔ̃] *nm* melón *m*; (*aussi*: **chapeau melon**) sombrero hongo; **~ d'eau** sandía

membre [mɑ̃bʀ] *nm* (*Anat*) miembro ▶ *nm/f* (*personne, groupe*) miembro ▶ *adj* : **les pays ~s** los países miembros; **être ~ de** ser miembro de; **~s inférieurs** miembros inferiores

mémé [meme] (*fam*) *nf* abuelita; (*vieille femme*) viejecita

même [mɛm]

▶ *adj* 1 (*avant le nom*) mismo(-a); **en même temps** al mismo tiempo; **ils ont les mêmes goûts** tienen los mismos gustos; **la même chose** lo mismo
2 (*après le nom : renforcement*) mismo(-a); **il est la loyauté même** es la lealtad misma; **ce sont ses paroles mêmes** son sus mismas palabras
▶ *pron* : **le (la) même** el (la) mismo(-a)
▶ *adv* 1 (*renforcement*) : **il n'a même pas pleuré** ni siquiera lloró; **même lui l'a dit** incluso él lo dijo; **ici même** aquí mismo
2 : **à même** : **à même la bouteille** de la botella misma; **à même la peau** junto a la piel; **être à même de faire** estar en condiciones de hacer
3 : **de même** : **faire de même** hacer lo mismo; **lui de même** también él; **de même que** lo mismo que; **de lui-même** por sí mismo; **il en va de même pour** lo mismo va para
4 : **même si** *conj* aunque + *subjuntivo*

mémoire [memwaʀ] *nf* memoria ▶ *nm* (*Univ, Admin, Jur*) memoria; **mémoires** *nmpl* memorias *fpl*; **avoir la ~ des visages/chiffres** tener memoria para las caras/los números; **n'avoir aucune ~** no tener nada de memoria; **avoir de la ~** tener memoria; **à la ~ de** en memoria de; **pour ~** a título de información; **de ~ d'homme** desde tiempo inmemorial; **de ~** (*adv*) de memoria; **mettre en ~** (*Inform*) guardar en memoria; **~ morte/vive** memoria ROM/RAM

mémorable [memɔʀabl] *adj* memorable

mémoriser [memɔʀize] *vt* memorizar

menaçant, e [mənasɑ̃, ɑ̃t] *adj* amenazador(a)

menace [mənas] *nf* amenaza; **~ en l'air** amenaza vana

menacer [mənase] *vt* amenazar; **~ qn de qch/de faire qch** amenazar a algn con algo/con hacer algo

ménage [menaʒ] *nm* limpieza; (*couple*) pareja; (*Admin, famille*) hogar *m*; **faire le ~** hacer la limpieza; **faire des ~s** trabajar de asistenta; **se mettre en ~ (avec)** irse a vivir en pareja (con); **heureux en ~** feliz con su pareja; **faire bon ~ avec qn** hacer buenas migas con algn; **~ à trois** triángulo amoroso

ménagement [menaʒmɑ̃] *nm* : **sans ~(s)** sin miramientos

ménager[1] [menaʒe] *vt* (*personne, animal*) tratar consideración; (*ressources*) administrar; (*vêtements*) tener cuidado con; (*ouverture*) practicar; **se ménager** *vpr* cuidarse; **~ ses forces** administrar sus fuerzas; **se ~ qch** procurarse algo

ménager[2]**, -ère** [menaʒe, ɛʀ] *adj* doméstico(-a); (*enseignement*) del hogar; (*eaux*) residual

ménagère [menaʒɛʀ] *nf* ama de casa; (*service de couverts*) estuche *m* de cubertería

ménagerie [menaʒʀi] *nf* (*lieu*) jaulas *fpl* de fieras

mendiant, e [mɑ̃djɑ̃, jɑ̃t] *nm/f* mendigo(-a), pordiosero(-a) ▶ *nm postre de almendras, higos, avellanas y uvas*

mendier [mɑ̃dje] *vt, vi* mendigar

mener [m(ə)ne] *vt* dirigir; (*enquête, vie, affaire*) llevar ▶ *vi* : **~ (à la marque)** (*Sport*) estar a la cabeza, ir en cabeza; **~ à/dans/chez** (*emmener*) llevar a/en/a casa de; **~ qch à bonne fin/à terme/à bien** llevar algo a buen fin/a término/a buen término; **~ à rien/à tout** llevar *ou* conducir a nada/a todas partes

meneur, -euse [mənœʀ, øz] *nm/f* (*de grève, révolte*) cabecilla *m/f*; **~ d'hommes** líder *m* innato; **~ de jeu** (*Radio, TV*) animador(a); (*Sport*) director(a) del juego

méningite [menɛ̃ʒit] *nf* meningitis *f*

ménisque [menisk] *nm* menisco

ménopause [menopoz] *nf* menopausia

menotte [mənɔt] *nf* (*langage enfantin*) manita; **menottes** *nfpl* esposas *fpl*

mensonge [mɑ̃sɔ̃ʒ] *nm* mentira

mensonger, -ère [mɑ̃sɔ̃ʒe, ɛʀ] *adj* falso(-a)

mensualité [mɑ̃sɥalite] *nf* mensualidad *f*

mensuel, le [mɑ̃sɥɛl] *adj* mensual ▸ *nm* (*Presse*) publicación *f* mensual

mensurations [mɑ̃syʀasjɔ̃] *nfpl* medidas *fpl*

mental, e, -aux [mɑ̃tal, o] *adj* mental ▸ *nm* mentalidad *f*; **un ~ d'acier/de guerrier/à toute épreuve** una mentalidad de acero/de guerrero/a prueba de bomba

mentalité [mɑ̃talite] *nf* mentalidad *f*; **quelle ~ !** ¡qué mentalidad!

menteur, -euse [mɑ̃tœʀ, øz] *nm/f* mentiroso(-a), embustero(-a)

menthe [mɑ̃t] *nf* menta; **~ (à l'eau)** menta (con agua)

mention [mɑ̃sjɔ̃] *nf* mención *f*; (*Scol, Univ*) : **~ passable/assez bien/bien/très bien** aprobado/bien/notable/sobresaliente; **faire ~ de** hacer mención de; **« rayer la ~ inutile »** (*Admin*) « tache lo que no proceda »

mentionner [mɑ̃sjɔne] *vt* mencionar

mentir [mɑ̃tiʀ] *vi* mentir; **~ à qn** mentir a algn

menton [mɑ̃tɔ̃] *nm* (*Anat*) mentón *m*, barbilla; **double/triple ~** papada

menu, e [məny] *adj* menudo(-a); (*voix*) débil; (*frais*) módico(-a) ▸ *adv* : **hacher ~** picar menudo ▸ *nm* menú *m*; **par le ~** (*raconter*) con todo detalle; **~ déroulant** menú desplegable; **menue monnaie** dinero suelto

menuiserie [mənɥizʀi] *nf* carpintería; **plafond en ~** artesonado

menuisier, -ière [mənɥizje, jɛʀ] *nm/f* carpintero(-a) (*de muebles*)

méprendre [mepʀɑ̃dʀ] : **se méprendre** *vpr* equivocarse, confundirse; **se ~ sur** confundirse en, equivocarse en; **à s'y ~** hasta el punto de confundirse

mépris, e [mepʀi, iz] *pp de* **méprendre** ▸ *nm* desprecio, menosprecio; **au ~ de** a despecho de

méprisable [mepʀizabl] *adj* despreciable

méprisant, e [mepʀizɑ̃, ɑ̃t] *adj* despreciativo(-a)

méprise [mepʀiz] *nf* equivocación *f*

mépriser [mepʀize] *vt* despreciar, menospreciar

mer [mɛʀ] *nf* mar *m*; (*fig : vaste étendue*) : **~ de sable/de feu** mar de arena/de fuego; **en ~** en el mar; **prendre la ~** hacerse a la mar; **en haute/pleine ~** en alta mar; **la ~ Adriatique** el mar Adriático; **la ~ des Antilles** *ou* **des Caraïbes** el mar de las Antillas *ou* del Caribe; **la ~ Baltique** el mar Báltico; **la ~ Caspienne** el mar Caspio; **la ~ Égée** el mar Egeo; **~ fermée** mar interior; **la ~ Morte** el mar Muerto; **la ~ Noire** el mar Negro; **la ~ du Nord** el mar del Norte; **la ~ Rouge** el mar Rojo; **la ~ des Sargasses** el mar de los Sargazos; **les ~s du sud** los mares del sur

mercenaire [mɛʀsənɛʀ] *nm/f* mercenario(-a)

mercerie [mɛʀsəʀi] *nf* mercería

merci [mɛʀsi] *excl* gracias ▸ *nm* : **dire ~ à qn** dar las gracias a algn ▸ *nf* merced *f*; **à la ~ de qn/qch** a merced de algn/algo; **~ beaucoup** muchas gracias; **~ de/pour** gracias por; **non, ~** no, gracias; **sans ~** despiadado(-a)

mercredi [mɛʀkʀədi] *nm* miércoles *m inv*; **~ des cendres** miércoles de Ceniza; *voir aussi* **lundi**

mercure [mɛʀkyʀ] *nm* mercurio

merde [mɛʀd] (*fam!*) *nf* mierda (*fam!*) ▸ *excl* ¡mierda! (*fam!*); (*surprise, impatience*) ¡joder! (*fam!*), ¡coño! (*fam!*)

mère [mɛʀ] *nf* madre *f*; (*fam*) tía ▸ *adj* (*idée*) central; (*langue*) madre; **maison ~** empresa matriz; **~ adoptive/porteuse** madre adoptiva/de alquiler; **~ célibataire/de famille** madre soltera/de familia

merguez [mɛʀgɛz] *nf* merguez *f*

méridional, e, -aux [meʀidjɔnal, o] *adj* meridional; (*du midi de la France*) del Sur de Francia ▸ *nm/f* nativo(-a) *ou* habitante *m/f* del Sur de Francia

meringue [məʀɛ̃g] *nf* merengue *m*

merisier [məʀizje] *nm* cerezo silvestre; (*bois*) cerezo

méritant, e [meʀitɑ̃, ɑ̃t] *adj* meritorio(-a)

mérite [meʀit] *nm* mérito; (*valeur*) mérito, valor *m*; **le ~ lui revient** el mérito es suyo; **je n'ai pas de ~ à le faire** no tengo mérito al hacer eso

mériter [meʀite] *vt* merecer, ameritar (AM); **~ de réussir** merecer aprobar; **il mérite qu'on fasse ...** merece que se haga ...

merlan [mɛʀlɑ̃] *nm* merlán *m*, liba

merle [mɛʀl] *nm* mirlo

mérou [meʀu] *nm* mero

merveille [mɛʀvɛj] *nf* maravilla; **faire ~/des ~s** hacer maravillas; **à ~** a las mil maravillas; **les sept ~s du monde** las siete maravillas del mundo

merveilleux, -euse [mɛʀvɛjø, øz] *adj* maravilloso(-a)

mes [me] *voir* **mon**

mésange [mezɑ̃ʒ] *nf* herrerillo

mésaventure [mezavɑ̃tyʀ] *nf* infortunio

Mesdames [medam] *nfpl voir* **Madame**

Mesdemoiselles [medmwazɛl] *nfpl voir* **Mademoiselle**

mésentente [mezɑ̃tɑ̃t] *nf* desacuerdo

mesquin, e [mɛskɛ̃, in] *adj* : **esprit ~/personne mesquine** espíritu ruin/persona mezquina

mesquinerie [mɛskinʀi] *nf* mezquindad *f*

message [mesaʒ] *nm* mensaje *m*; **~ d'erreur** (*Inform*) mensaje de error; **~ publicitaire** anuncio publicitario; **~ SMS** SMS *m*, mensaje de texto; **~ téléphoné** aviso telefónico

messager, -ère [mesaʒe, ɛʀ] *nm/f* mensajero(-a)

messagerie [mesaʒʀi] *nf* mensajería; **~ (électronique)** mensajería (electrónica); **~ vocale** (*Tél*) buzón *m* de voz

messe [mɛs] *nf* misa; **aller à la ~** ir a misa; **faire des ~s basses** (*fig, péj*) andar con secretos; **~ de minuit** misa del gallo

Messieurs [mesjø] *nmpl voir* **Monsieur**

mesure [m(ə)zyʀ] *nf* (*dimension, étalon*) medida; (*évaluation*) medición *f*; (*Mus*) compás *msg*; (*modération, retenue*) mesura, comedimiento; **prendre des ~s** tomar medidas; **sur ~** a la medida; **à la ~ de** a la medida de; **dans la ~ de/où** en la medida de/en que; **dans une certaine ~** en cierta medida; **à ~ que** a medida que; **en ~** (*Mus*) al compás; **être en ~ de** estar en condiciones de; **dépasser la ~** (*fig*) pasarse de la raya; **unité/système de ~** unidad *f*/sistema *m* de medida

mesurer [məzyʀe] *vt* medir; **se ~ avec/à qn** medirse con algn; **il mesure 1 m 80** mide 1 m 80

met [mɛ] *vb voir* **mettre**

métal, -aux [metal, o] *nm* metal *m*

métallique [metalik] *adj* metálico(-a)

métamorphose [metamɔʀfoz] *nf* metamorfosis *f inv*

métaphore [metafɔʀ] *nf* metáfora

météo [meteo] *nf* (*bulletin*) tiempo; (*service*) servicio meteorológico

météorite [meteɔʀit] *nm ou f* meteorito

météorologie [meteɔʀɔlɔʒi] *nf* meteorología; (*service*) instituto nacional de meteorología

méthane [metan] *nm* metano

méthode [metɔd] *nf* método

méthodique [metɔdik] *adj* metódico(-a)

méticuleux, -euse [metikylø, øz] *adj* meticuloso(-a)

métier [metje] *nm* oficio; (*aussi* : **métier à tisser**) telar *m*; **avoir du ~** tener oficio; **être du ~** ser del oficio

métis, se [metis] *adj, nm/f* mestizo(-a), cholo(-a) (*And*)

métrage [metʀaʒ] *nm* medición *f* en metros; (*longueur de tissu*) medida en metros; **long/moyen/court ~** (*Ciné*) largometraje/mediometraje/cortometraje *m*

mètre [mɛtʀ] *nm* metro; **un 100/800 ~s** (*Sport*) los 100/800 metros; **~ carré/cube** metro cuadrado/cúbico

métrique [metʀik] *adj* : **système ~** sistema métrico ▶ *nf* métrica

métro [metʀo] *nm* metro, subterráneo (*AM*)

métronome [metʀɔnɔm] *nm* metrónomo

métropole [metʀɔpɔl] *nf* metrópoli *f*, metrópolis *f inv*

mets [mɛ] *vb voir* **mettre** ▶ *nm* plato

metteur, -euse [metœʀ, øz] *nm/f* : **~ en scène** (*Théâtre*) director(a) escénico(-a); (*Ciné*) director(a)

mettre [mɛtʀ]

▶ *vt* 1 poner; **mettre en bouteille** embotellar; **mettre en sac** poner en sacos; **mettre en pages** compaginar; **mettre en examen** detener (*para ser interrogado*); **mettre à la poste** echar al correo

2 (*vêtements : revêtir*) poner; (*: soi-même*) ponerse; **mets ton gilet** ponte el chaleco
3 (*faire fonctionner : chauffage, réveil*) poner; (*installer : gaz, eau*) poner; **faire mettre le gaz/l'électricité** poner gas/electricidad; **mettre en marche** poner en marcha
4 (*consacrer*) : **mettre du temps/deux heures à faire qch** tardar tiempo/dos horas en hacer algo
5 (*écrire*) poner; **qu'est-ce que tu as mis sur la carte ?** ¿qué has puesto en la postal?; **mettre au pluriel** poner en plural
6 (*supposer*) : **mettons que ...** pongamos que ...
7 : **y mettre du sien** poner de su parte
▶ **se mettre** *vpr* : **vous pouvez vous mettre là** puede ponerse allí; **où ça se met ?** ¿dónde se pone eso?; **se mettre au lit** meterse en la cama; **se mettre qn à dos** ganarse la enemistad de algn; **se mettre de l'encre sur les doigts** mancharse los dedos de tinta; **se mettre en maillot de bain** ponerse en bañador; **n'avoir rien à se mettre** no tener nada que ponerse; **se mettre à faire qch** ponerse a hacer algo; **se mettre au piano** (*s'asseoir*) sentarse al piano; (*apprendre*) estudiar piano; **se mettre au travail/à l'étude** ponerse a trabajar/a estudiar; **se mettre au régime** ponerse a régimen; **allons, il faut s'y mettre !** ¡venga, vamos a ponernos a trabajar!

meuble [mœbl] *nm* mueble *m* ▶ *adj* mueble; **biens ~s** (*Jur*) bienes *mpl* muebles
meublé, e [mœble] *adj* amueblado(-a) ▶ *nm* (*pièce*) habitación *f* amueblada; (*appartement*) piso amueblado
meubler [mœble] *vt* amueblar; (*fig*) llenar; **se meubler** *vpr* amueblar la casa
meugler [møgle] *vi* mugir
meule [møl] *nf* muela; (*Agr*) almiar *m*; (*de fromage*) rueda grande de queso
meunier, -ière [mønje, jɛʀ] *nm/f* molinero(-a) ▶ *adj* : **sole meunière** (*Culin*) lenguado a la molinera
meurs *etc* [mœʀ] *vb voir* **mourir**
meurtre [mœʀtʀ] *nm* asesinato
meurtrier, -ière [mœʀtʀije, ijɛʀ] *nm/f* asesino(-a) ▶ *adj* mortal; (*arme, instinct*) asesino(-a)
meurtrir [mœʀtʀiʀ] *vt* magullar; (*fig*) herir
meus *etc* [mœ] *vb voir* **mouvoir**
meute [møt] *nf* jauría
mexicain, e [mɛksikɛ̃, ɛn] *adj* mexicano(-a), mejicano(-a) ▶ *nm/f* : **Mexicain, e** mexicano(-a), mejicano(-a)
Mexico [mɛksiko] *n* México, Méjico
Mexique [mɛksik] *nm* México, Méjico
Mgr *abr* (*= Monseigneur*) Mons. (*= Monseñor*)
mi [mi] *nm inv* (*Mus*) mi *m*
mi- [mi] *préf* medio; **à la ~janvier** a mediados de enero; **~bureau, ~chambre** mitad oficina, mitad dormitorio; **à ~jambes/corps** a media pierna/cuerpo; **à ~hauteur/pente** a media altura/pendiente
miaulement [mjolmɑ̃] *nm* maullido
miauler [mjole] *vi* maullar
miche [miʃ] *nf* hogaza
mi-chemin [miʃmɛ̃] : **à ~** *adv* (*aussi fig*) a medio camino
mi-clos, e [miklo, kloz] (*pl* **mi-clos, es**) *adj* entornado(-a)
micro [mikʀo] *nm* micrófono; (*Inform*) micro
microbe [mikʀɔb] *nm* microbio
micro-onde [mikʀoɔ̃d] (*pl* **micro-ondes**) *nf* : **four à ~s** horno microondas ▶ *nm* : **un ~(s)** un microondas
microphone [mikʀɔfɔn] *nm* micrófono
microplastique [mikʀoplastik] *nm* microplástico *m*
microprocesseur [mikʀopʀɔsesœʀ] *nm* microprocesador *m*
microscope [mikʀɔskɔp] *nm* microscopio; **examiner au ~** examinar en el microscopio; **~ électronique** microscopio electrónico
microscopique [mikʀɔskɔpik] *adj* microscópico(-a)
midi [midi] *nm* mediodía *m*; (*sud*) sur *m*, mediodía; **le M~ (de la France)** el sur de Francia; **à ~** a mediodía; **tous les ~s** todos los días a las doce; **le repas de ~** la comida de mediodía, el almuerzo; **en plein ~** en pleno día
mie [mi] *nf* miga
miel [mjɛl] *nm* miel *f*; **être tout ~** (*fig*) ser muy meloso(-a)
mielleux, -euse [mjelø, øz] (*péj*) *adj* meloso(-a)
mien, ne [mjɛ̃, mjɛn] *adj* mío(-a) ▶ *pron* : **le ~, la mienne, les ~s** el mío, la mía, los míos; **les ~s** (*ma famille*) los míos

miette [mjɛt] *nf* migaja; **en ~s** hecho añicos; **une ~ de** una pizca de

mieux [mjø]

▶ *adv* 1 (*d'une meilleure façon*) : **mieux (que)** mejor (que); **elle travaille/mange mieux** trabaja/come mejor; **elle va mieux** va mejor; **j'aime mieux le cinéma** me gusta más el cine; **j'attendais mieux de vous** esperaba algo más de usted; **qui mieux est** y lo que es mejor; **crier à qui mieux mieux** gritar a cual más; **de mieux en mieux** cada vez mejor
2 (*de la meilleure façon*) mejor; **les livres les mieux faits** los libros mejor hechos
▶ *adj* 1 (*en meilleure forme*) mejor; **se sentir mieux** encontrarse mejor
2 (*plus satisfaisant*) mejor; **c'est mieux ainsi** es mejor así; **c'est le mieux des deux** es el mejor de los dos; **le(la) mieux, les mieux** el (la) mejor, los (las) mejores; **demandez-lui, c'est le mieux** pregúntele, es lo mejor; **il est mieux sans moustache** está mejor sin bigote; **il est mieux que son frère** es mejor que su hermano
3 : **au mieux** en el mejor de los casos; **être au mieux avec** llevarse muy bien con; **tout est pour le mieux** todo va de maravilla
▶ *nm* 1 (*amélioration*) mejoría; **faute de mieux** a falta de algo mejor
2 : **faire de son mieux** hacer cuanto se pueda; **du mieux qu'il peut** lo mejor que puede

mièvre [mjɛvʀ] *adj* relamido(-a)
mignon, ne [miɲɔ̃, ɔn] *adj* mono(-a)
migraine [migʀɛn] *nf* jaqueca
migrateur, -trice [migʀatœʀ, tʀis] *adj* migratorio(-a)
mijoter [miʒɔte] *vt* (*plat*) cocer a fuego lento; (*fam* : *affaire*) tramar ▶ *vi* cocer a fuego lento; **qu'est-ce qu'il mijote ?** ¿qué estará tramando?
milice [milis] *nf* milicia
milieu, x [miljø] *nm* medio; (*social, familial*) medio, entorno; **au ~ de** en medio de; **au beau** *ou* **en plein ~ (de)** justo en medio *ou* mitad (de); **le juste ~** el término medio; **le ~** (*pègre*) el hampa; **~ de terrain** (*Football*) ▶ *nm/f* centrocampista *m/f*
militaire [militɛʀ] *adj, nm/f* militar *m/f*; **service ~** servicio militar
militant, e [militɑ̃, ɑ̃t] *adj, nm/f* militante *m/f*
militantisme [militɑ̃tism] *nm* militancia
militer [milite] *vi* militar; **~ pour/contre** militar a favor de/en contra de
mille [mil] *adj inv, nm inv* mil ▶ *nm* : **~ marin** milla marina; **page ~** página mil; **mettre dans le ~** (*fig*) dar en el blanco
millefeuille [milfœj] *nm* milhojas *m inv*
millénaire [milenɛʀ] *nm* milenio ▶ *adj* milenario(-a)
millénial, e [milenjal] *nm/f* milenial *m/f*
mille-patte(s) [milpat] (*pl* **mille-pattes**) *nm* ciempiés *m inv*
millésimé, e [milezime] *adj* con el año de la cosecha
millet [mijɛ] *nm* mijo
milliard [miljaʀ] *nm* mil millones *mpl*
milliardaire [miljaʀdɛʀ] *adj, nm/f* multimillonario(-a)
millième [miljɛm] *adj, nm/f* milésimo(-a); **~ de seconde** milésima de segundo
millier [milje] *nm* millar *m*; **un ~ (de)** un millar (de); **par ~s** por miles, a millares
milligramme [miligʀam] *nm* miligramo
millimètre [milimɛtʀ] *nm* milímetro
million [miljɔ̃] *nm* millón *m*; **deux ~s de** dos millones de; **toucher cinq ~s** ganar cinco millones
millionnaire [miljɔnɛʀ] *adj, nm/f* millonario(-a)
mime [mim] *nm/f* mimo(a) ▶ *nm* (*art*) mimo
mimer [mime] *vt* mimar; (*singer*) imitar
mimétisme [mimetism] *nm* mimetismo
mimique [mimik] *nf* mímica
mimosa [mimoza] *nm* mimosa
minable [minabl] *adj* penoso(-a)
mince [mɛ̃s] *adj* delgado(-a); (*étoffe, filet d'eau*) fino(-a); (*fig*) escaso(-a) ▶ *excl* : **~ alors !** ¡caramba!
minceur [mɛ̃sœʀ] *nf* delgadez *f*
mincir [mɛ̃siʀ] *vi* adelgazar
mine [min] *nf* mina; (*physionomie*) cara, aspecto; **les M~s** (*Admin*) Dirección *f* de Minas; **avoir bonne/mauvaise ~** tener buena/mala cara; **tu as bonne ~ !** (*iron* : *aspect*) ¡vaya pinta que tienes!; (: *action*)

¡has hecho el ridículo!; **faire grise ~** poner mala cara; **faire ~ de faire qch** simular hacer algo; **ne pas payer de ~** tener mala pinta; **~ de rien** como si nada; **~ à ciel ouvert/de charbon** mina a cielo abierto/de carbón

miner [mine] *vt* minar

minerai [minʀɛ] *nm* mineral *m*

minéral, e, -aux [mineʀal, o] *adj, nm* mineral *m*

minéralogique [mineʀalɔʒik] *adj* mineralógico(-a); **plaque ~** matrícula

minet, te [minɛ, ɛt] *nm/f* gatito(-a), minino(-a); (*péj*) chuleta *m/f*

mineur, e [minœʀ] *adj* (*souci*) secundario(-a); (*poète, personne*) menor ▸ *nm/f* (*Jur*) menor *m/f* ▸ *nm* (*travailleur*) minero; (*Mil*) minador *m*; **~ de fond** minero de interior

miniature [minjatyʀ] *adj, nf* miniatura; **en ~** en miniatura

miniaturiser [minjatyʀize] *vt* miniaturizar

minibus [minibys] *nm* microbús *msg*

minier, -ière [minje, jɛʀ] *adj* minero(-a)

mini-jupe [miniʒyp] (*pl* **mini-jupes**) *nf* minifalda

minimaliste [minimalist] *adj* minimalista

minime [minim] *adj* mínimo(-a) ▸ *nm/f* (*Sport*) alevín *m/f*

minimessage [minimesaʒ] *nm* SMS *m*, mensaje *m* de texto

minimiser [minimize] *vt* minimizar

minimum [minimɔm] *adj* mínimo(-a) ▸ *nm* mínimo; **un ~ de** un mínimo de; **au ~** como mínimo; **~ vital** (*salaire*) salario mínimo; (*niveau de vie*) mínimos *mpl* vitales ▸ *nmpl* : **minima sociaux** prestaciones *fpl* sociales no contributivas

ministère [ministɛʀ] *nm* ministerio; **~ public** (*Jur*) ministerio público

ministre [ministʀ] *nm/f* ministro(-a); **~ d'Etat** ministro(-a) de Estado

minoritaire [minɔʀitɛʀ] *adj* minoritario(-a)

minorité [minɔʀite] *nf* minoría; (*d'une personne*) minoría de edad; **la/une ~ de** la/una minoría de; **être en ~** estar en minoría; **mettre en ~** (*Pol*) poner en minoría

minuit [minɥi] *nm* medianoche *f*

minuscule [minyskyl] *adj* minúsculo(-a) ▸ *nf* : **(lettre) ~** (letra) minúscula

minute [minyt] *nf* minuto; (*Jur*) minuta ▸ *excl* ¡un momento!; **d'une ~ à l'autre** de un momento a otro; **entrecôte/steak ~** entrecot(e) *m*/bisté *m* al minuto

minuter [minyte] *vt* cronometrar

minuterie [minytʀi] *nf* programador *m*; (*d'escalier d'immeuble*) interruptor *m* (de la luz)

minutieusement [minysjøzmɑ̃] *adv* minuciosamente

minutieux, -euse [minysjø, øz] *adj* minucioso(-a)

mirabelle [miʀabɛl] *nf* ciruela mirabel; (*eau de vie*) aguardiente *m* de ciruela mirabel

miracle [miʀɑkl] *nm* milagro; **par ~** de milagro; **faire/accomplir des ~s** hacer milagros

miraculeux, -euse [miʀakylø, øz] *adj* milagroso(-a)

mirage [miʀaʒ] *nm* espejismo

mire [miʀ] *nf* (*d'un fusil*) mira; (*TV*) carta de ajuste; **point/ligne de ~** punto/línea de mira

mirifique [miʀifik] *adj* mirífico(-a)

miroir [miʀwaʀ] *nm* espejo

miroiter [miʀwate] *vi* espejear, relucir; **faire ~ qch à qn** seducir a algn con algo

mis, e [mi, miz] *pp de* **mettre** ▸ *adj* puesto(-a)

mise [miz] *nf* (*argent*) apuesta; (*tenue*) porte *m*; **être de ~** ser de recibo; **~ à feu** encendido; **~ à jour** puesta al día; (*Inform*) actualización *f*; **~ à mort** matanza; **~ à pied** despido; **~ à prix** tasación *f*; **~ au point** (*Photo*) enfoque *m*; (*fig*) aclaración *f*; **~ de fonds** inversión *f* de capital; **~ en bouteilles** embotellado; **~ en plis** marcado; **~ en scène** (*Théâtre, Ciné*) dirección *f*; (*Théâtre* : *matérielle*) puesta en escena; **~ en service** puesta en servicio; **~ sur pied** organización *f*

miser [mize] *vt* apostar; **~ sur** apostar a; (*fig*) contar con

misérable [mizeʀabl] *adj* miserable; (*insignifiant*) insignificante; (*honteux*) vergonzoso(-a) ▸ *nm/f* miserable *m/f*

misère [mizɛʀ] *nf* miseria; **misères** *nfpl* (*malheurs, peines*) desgracias *fpl*; (*ennuis*) dificultades *fpl*; **être dans la ~** estar en la miseria; **salaire de ~** salario de miseria; **faire des ~s à qn** hacer rabiar a algn; **~ noire** triste miseria

misogyne [mizɔʒin] *adj, nm/f* misógino(-a)

missile [misil] *nm* misil *m*; **~ de croisière** misil de crucero

mission [misjɔ̃] *nf* misión *f*; **partir en ~** (*Admin, Pol*) ir a realizar una misión; **~ de reconnaissance** (*Mil*) misión de reconocimiento

missionnaire [misjɔnɛʀ] *nm/f* misionero(-a)

mit [mi] *vb voir* **mettre**

mite [mit] *nf* polilla

mité, e [mite] *adj* apolillado(-a)

mi-temps [mitɑ̃] *nf inv* (*Sport : période*) tiempo; (*: pause*) descanso; **à ~** *adv* media jornada ▸ *adj* de media jornada

miteux, -euse [mitø, øz] *adj* mísero(-a)

mitigé, e [mitiʒe] *adj* moderado(-a)

mitoyen, ne [mitwajɛ̃, jɛn] *adj* medianero(-a); **maisons mitoyennes** casas *fpl* adosadas

mitrailler [mitʀɑje] *vt* ametrallar; **~ qn de** (*fig*) bombardear a algn con *ou* a

mitraillette [mitʀɑjɛt] *nf* metralleta

mitrailleuse [mitʀɑjøz] *nf* ametralladora

mi-voix [mivwa] : **à ~** *adv* a media voz

mixage [miksaʒ] *nm* mezcla *f* de sonido

mixer, mixeur [miksœʀ] *nm* (*Culin*) batidora

mixité [miksite] *nf* carácter *m* mixto; **~ sociale** mestizaje *m* social

mixte [mikst] *adj* mixto(-a); **à usage ~** para uso mixto

mixture [mikstyʀ] *nf* mixtura; (*péj*) mejunje *m*

MJC [ɛmʒise] *sigle f* (= *Maison des jeunes et de la culture*) Casa de Cultura; *ver nota cultural* **maisons des jeunes et de la culture**

Mlle (*pl* **Mlles**) *abr* (= *Mademoiselle*) Srta. (= *Señorita*)

MM *abr* (= *Messieurs*) ≈ Srs. (= *Señores*); *voir aussi* **Monsieur**

mm. *abr* (= *millimètre(s)*) mm. (= *milímetros*)

Mme (*pl* **Mmes**) *abr* (= *Madame*) ≈ Sra. (= *Señora*)

mobile [mɔbil] *adj* móvil, movible; (*pièce, feuillet*) suelto(-a); (*population, main d'œuvre*) móvil ▸ *nm* (*téléphone*) móvil *m*, celular *m* (AM); (*Art, d'un meutre*) móvil *m*

mobilier, -ière [mɔbilje, jɛʀ] *adj* mobiliario(-a) ▸ *nm* mobiliario; **valeurs mobilières** (*Fin*) valores *mpl* mobiliarios

mobiliser [mɔbilize] *vt* movilizar

mobilité [mɔbilite] *nf* movilidad *f*; **~ sociale** movilidad social

mocassin [mɔkasɛ̃] *nm* mocasín *m*

moche [mɔʃ] (*fam*) *adj* feo(-a)

modalité [mɔdalite] *nf* modalidad *f*; **~s de paiement** modalidades de pago

mode [mɔd] *nf* moda ▸ *nm* modo; **à la ~** de moda; **~ avion** modo avión; **~ de production/d'exploitation** modo de producción/de explotación; **~ d'emploi** instrucciones *fpl* de uso; **~ de paiement** forma de pago; **~ de vie** modo de vida

modèle [mɔdɛl] *nm* modelo ▸ *adj* modelico(-a); **un ~ de fidélité/générosité** un modelo de fidelidad/generosidad; **~ en carton/métal** modelo en cartón/metal; **~ courant/de série** modelo corriente/de serie; **~ déposé** modelo patentado *ou* registrado; **~ réduit** modelo reducido

modeler [mɔd(ə)le] *vt* modelar; (*suj : vêtement, érosion*) moldear; **~ qch sur** *ou* **d'après** moldear algo según

modem [mɔdɛm] *nm* (*Inform*) modem *m*, módem *m*

modération [mɔdeʀasjɔ̃] *nf* moderación *f*

modéré, e [mɔdeʀe] *adj, nm/f* moderado(-a)

modérer [mɔdeʀe] *vt* moderar; **se modérer** *vpr* moderarse

moderne [mɔdɛʀn] *adj* moderno(-a)

moderniser [mɔdɛʀnize] *vt* modernizar; **se moderniser** *vpr* modernizarse

modernité [mɔdɛʀnite] *nf* modernidad *f*

modeste [mɔdɛst] *adj* modesto(-a)

modestie [mɔdɛsti] *nf* modestia; **fausse ~** falsa modestia

modifier [mɔdifje] *vt* modificar; **se modifier** *vpr* modificarse

modique [mɔdik] *adj* módico(-a)

module [mɔdyl] *nm* módulo

moduler [mɔdyle] *vt* (*son*) modular; (*offre, effets*) adaptar; **~ qch en fonction de** adaptar algo en función de

moelle [mwal] *nf* médula; **jusqu'à la ~** (*fig*) hasta la médula; **~ épinière** médula espinal

moelleux, -euse [mwalø, øz] *adj* (*étoffe*) esponjoso(-a); (*siège*) mullido(-a); (*vin, chocolat*) suave; (*voix, son*) aterciopelado(-a)

mœurs [mœʀ(s)] *nfpl* costumbres *fpl*; **~ simples/bohèmes** costumbres sencillas/bohemias; **passer dans les ~** entrar en las costumbres; **contraire aux bonnes ~** contrario a las buenas costumbres

moi [mwa] *pron* (**m'** *avant en et y*) (*sujet*) yo; (*objet direct/indirect*) me ▸ *nm* (*Psych*) yo; **c'est ~** soy yo; **c'est ~ qui l'ai fait** lo hice yo; **c'est ~ que vous avez appelé ?** ¿me ha llamado a mí?; **apporte-le-~** tráemelo; **donnez-m'en un peu** deme un poco; **à ~** (*possessif*) mío (mía), míos (mías); **le livre est à ~** ese libro es mío; **avec ~** conmigo; **sans ~** sin mí; **~, je ...** (*emphatique*) yo, ...; **plus grand que ~** más grande que yo

moi-même [mwamɛm] *pron* yo mismo

moindre [mwɛ̃dʀ] *adj* menor; **le/la ~, les ~s** el/la menor, los/las menores; **c'est la ~ des politesses** es lo menos que se puede decir *ou* hacer; **c'est la ~ des choses** es lo mínimo

moine [mwan] *nm* monje *m*, fraile *m*

moineau, x [mwano] *nm* gorrión *m*

moins [mwɛ̃]

▸ *adv* **1** (*comparatif*) : **moins (que)** menos (que); **il a trois ans de moins que moi** tiene tres años menos que yo; **moins intelligent que** menos inteligente que; **moins je travaille, mieux je me porte** cuanto menos trabajo, mejor me encuentro

2 (*superlatif*) : **le moins** el (lo) menos; **c'est ce que j'aime le moins** es lo que menos me gusta; **le moins doué** el menos dotado; **pas le moins du monde** en lo más mínimo; **au moins, du moins** al menos, por lo menos

3 : **moins de** (*quantité, nombre*) menos; **moins de sable/d'eau** menos arena/agua; **moins de livres/de gens** menos libros/gente; **moins de deux ans/10 euros** menos de dos años/10 euros

4 : **de/en moins** : **10 euros/trois jours de moins** 10 euros/tres días menos; **trois livres en moins** tres libros menos; **de l'argent en moins** menos dinero; **le soleil en moins** sin el sol; **en moins de deux** en un santiamén

5 : **à moins de/que** *conj* a menos que, a no ser que; **à moins de faire ...** a no ser que se haga ...; **à moins que tu ne fasses** a menos que hagas; **à moins d'un accident** a no ser por un accidente

▸ *prép* : **quatre moins deux** cuatro menos dos; **il est moins cinq** son menos cinco; **il fait moins cinq** hay cinco grados bajo cero

mois [mwa] *nm* mes *msg*; **treizième ~** paga extra

moisi, e [mwazi] *adj* enmohecido(-a) ▸ *nm* moho; **odeur/goût de ~** olor *m*/gusto a moho

moisir [mwaziʀ] *vi* enmohecerse; (*fig*) criar moho ▸ *vt* enmohecer; **~ en prison** pudrirse en la cárcel

moisissure [mwazisyʀ] *nf* moho

moisson [mwasɔ̃] *nf* (*céréales*) cosecha; (*époque*) siega; **faire ~ de souvenirs/renseignements** (*fig*) hacer acopio de recuerdos/informaciones

moissonner [mwasɔne] *vt* segar, cosechar; (*champ*) segar; (*fig*) recolectar

moissonneuse [mwasɔnøz] *nf* (*machine*) segadora

moite [mwat] *adj* (*peau*) sudoroso(-a); (*atmosphère*) húmedo(-a)

moitié [mwatje] *nf* mitad *f*; **sa ~** (*épouse*) su media naranja; **la ~** la mitad; **la ~ du temps/des gens** la mitad del tiempo/de la gente; **à la ~ de** a mitad de; **~ moins grand** la mitad de grande; **~ plus long** la mitad más largo; **à ~** a medias; **à ~ prix** a mitad de precio; **de ~** en la mitad; **~ ~** mitad y mitad

moka [mɔka] *nm* moka; (*gâteau*) tarta de moka

molaire [mɔlɛʀ] *nf* molar *m*

molécule [mɔlekyl] *nf* molécula

molester [mɔlɛste] *vt* maltratar

molle [mɔl] *adj f voir* **mou**

mollement [mɔlmɑ̃] *adv* débilmente; (*péj*) desganadamente

mollet [mɔlɛ] *nm* pantorrilla ▸ *adj m* : **œuf ~** huevo pasado por agua

molletonné, e [mɔltɔne] *adj* forrado(-a) de muletón

mollir [mɔliʀ] *vi* flaquear; (*Naut: vent*) amainar

mollusque [mɔlysk] *nm* molusco

môme [mom] (*fam*) *nm/f* chiquillo(-a); (*fille*) chavala

moment [mɔmɑ̃] *nm* momento; **les grands ~s de l'histoire** los grandes momentos de la historia; **~ de gêne/de bonheur** momento de apuro/de felicidad; **profiter du ~** aprovechar el momento; **ce n'est pas le ~** no es el mejor momento; **à un certain ~** en cierto momento; **à un ~ donné** en un momento dado; **à quel ~?** ¿en qué momento?; **au même ~** en el mismo momento; **pour un bon ~** un buen rato; **en avoir pour un bon ~** tener para rato; **pour le ~** por el momento; **au ~ de** en el momento de; **au ~ où** en el momento en que; **à tout ~** a cada momento *ou* rato; (*continuellement*) constantemente; **en ce ~** en este momento; (*aujourd'hui*) en los momentos actuales; **sur le ~** al principio; **par ~s** por momentos; **d'un ~ à l'autre** de un momento a otro; **du ~ où** *ou* **que** (*dès lors que*) puesto que; (*à condition que*) siempre que; **n'avoir pas un ~ à soi** no tener ni un momento libre para sí; **derniers ~s** últimos momentos *mpl*

momentané, e [mɔmɑ̃tane] *adj* momentáneo(-a)

momentanément [mɔmɑ̃tanemɑ̃] *adv* momentáneamente

momie [mɔmi] *nf* momia

mon, ma [mɔ̃, ma] (*pl* **mes**) *adj poss* mi; (*pl*) mis

Monaco [mɔnako] *nm*: **(la principauté de) ~** (el principado de) Mónaco

monarchie [mɔnaʀʃi] *nf* monarquía; **~ absolue/parlementaire** monarquía absoluta/parlamentaria

monastère [mɔnastɛʀ] *nm* monasterio

monceau, x [mɔ̃so] *nm* montón *m*

mondain, e [mɔ̃dɛ̃, ɛn] *adj* mundano(-a) ▸ *nm/f* hombre *m* mundano/mujer *f* mundana; **carnet ~** agenda

mondanités [mɔ̃danite] *nfpl* formulismos *mpl* mundanos; (*Presse*) crónica *fsg* social, ecos *mpl* de sociedad

monde [mɔ̃d] *nm* mundo; **le ~ capitaliste/végétal/du spectacle** el mundo capitalista/vegetal/del espectáculo; **être/ne pas être du même ~** ser/no ser del mismo mundo; **il y a du ~** hay mucha gente; **beaucoup/peu de ~** mucha/poca gente; **mettre au ~** dar a luz; **l'autre ~** el otro mundo; **tout le ~** todo el mundo; **pas le moins du ~** de ninguna manera; **se faire un ~ de qch** hacerse un mundo de algo; **tour du ~** vuelta al mundo; **homme/femme du ~** hombre *m*/mujer *f* de mundo

mondial, e, -aux [mɔ̃djal, jo] *adj* mundial

mondialement [mɔ̃djalmɑ̃] *adv* mundialmente

mondialisation [mɔ̃djalizasjɔ̃] *nf* globalización *f*

mondialiser [mɔ̃djalize]: **se mondialiser** *vpr* mundializarse, globalizarse

monégasque [mɔnegask] *adj* monegasco(-a) ▸ *nm/f*: **Monégasque** monegasco(-a)

monétaire [mɔnetɛʀ] *adj* monetario(-a)

moniteur, -trice [mɔnitœʀ, tʀis] *nm/f* monitor(a) ▸ *nm* (*Inform*) monitor *m*; **~ cardiaque** (*Méd*) monitor cardíaco *ou* de electrocardiografía; **~ d'auto-école** monitor de auto-escuela

monnaie [mɔnɛ] *nf* moneda; **avoir de la ~** (*petites pièces*) tener cambio; **avoir/faire la ~ de 10 euros** tener cambio de/cambiar 10 euros; **donner/faire à qn la ~ de 10 euros** dar el cambio de/cambiar 10 euros a algn; **rendre à qn la ~ (sur 10 euros)** darle la vuelta a algn (de 10 euros); **servir de ~ d'échange** servir de moneda de cambio; **payer en ~ de singe** pagar con promesas vanas; **c'est ~ courante** es moneda corriente; **~ légale** moneda legal

monnayer [mɔneje] *vt* convertir en dinero

monocoque [mɔnɔkɔk] *adj, nm* velero monocasco

monogamie [mɔnɔgami] *nf* monogamia

monologue [mɔnɔlɔg] *nm* monólogo; **~ intérieur** monólogo interior

monologuer [mɔnɔlɔge] *vi* monologar

monoparental, e, -aux [mɔnopaʀɑ̃tal, o] *adj* monoparental

monoplace [mɔnoplas] *adj, nm/f* monoplaza *m*

monopole [mɔnɔpɔl] *nm* monopolio

monopoliser [mɔnɔpɔlize] *vt* monopolizar

monospace [mɔnɔspas] *nm* monovolumen *m*

monotone, e [mɔnɔtɔn] *adj* monótono(-a)

monotonie [mɔnɔtɔni] *nf* monotonía

Monsieur [məsjø] (*pl* **Messieurs**) *nm* (*titre*) señor, don; **occupez-vous de ~** atienda al señor; **bonjour ~** buenos días señor; **~ !** (*pour appeler*) ¡(oiga) señor!; **~,** (*sur lettre*) Señor:; **Cher ~,** Estimado señor:; **un/le monsieur** un/el señor; *voir aussi* **Madame**

monstre [mɔ̃stʀ] *nm* monstruo ▸ *adj* (*fam* : *succès, erreur*) brutal, bestial (*fam*); **un travail ~** (un) mogollón de trabajo; **~ sacré** (*Théâtre, Ciné*) monstruo sagrado

monstrueux, -euse [mɔ̃stʀyø, øz] *adj* monstruoso(-a)

mont [mɔ̃] *nm* : **par ~s et par vaux** por todas partes; **le ~ de Vénus** el monte de Venus; **le M~ Blanc** el Mont Blanc

montage [mɔ̃taʒ] *nm* montaje *m*; **~ sonore** montaje sonoro

montagnard, e [mɔ̃taɲaʀ, aʀd] *adj, nm/f* montañés(-esa)

montagne [mɔ̃taɲ] *nf* montaña; (*fig*) : **une ~ de** una montaña de; **la haute ~** la alta montaña; **la moyenne ~** la montaña media; **les ~s Rocheuses** las Montañas Rocosas; **~s russes** montaña *fsg* rusa

montagneux, -euse [mɔ̃taɲø, øz] *adj* montañoso(-a)

montant, e [mɔ̃tɑ̃, ɑ̃t] *adj* ascendente; (*chemin*) ascendente, cuesta arriba; (*robe, corsage, col*) cerrado(-a) ▸ *nm* (*somme*) importe *m*; (*d'une fenêtre*) jamba; (*d'un lit, d'une échelle*) larguero

monte-charge [mɔ̃tʃaʀʒ] (*pl* **monte-charges**) *nm* montacargas *m inv*

montée [mɔ̃te] *nf* subida; (*côte*) cuesta; **au milieu de la ~** en medio de la cuesta *ou* de la subida

monter [mɔ̃te] *vi* subir; (*à cheval*) : **~ bien/mal** montar bien/mal ▸ *vt* montar; (*escalier, valise*) subir; (*tente, échafaudage, machine*) armar; **se monter** *vpr* proveerse; **~ dans un train/avion/taxi** subir en un tren/avión/taxi; **~ sur/à un arbre/une échelle** subir a un árbol/una escalera; **~ à cheval/bicyclette** montar a caballo/en bicicleta; **~ à pied/en voiture** subir a pie/en coche; **~ à bord** subir a bordo; **~ à la tête de qn** subírsele a la cabeza de algn; **~ sur les planches** subir a un escenario; **~ en grade** ascender; **~ la tête à qn** calentarle la cabeza a algn; **~ qch en épingle** cargar las tintas con algo; **~ la garde** montar la guardia; **~ à l'assaut** lanzarse al asalto

monteur, -euse [mɔ̃tœʀ, øz] *nm/f* montador(a)

montgolfière [mɔ̃gɔlfjɛʀ] *nf* globo aerostático

monticule [mɔ̃tikyl] *nm* montículo

montre [mɔ̃tʀ] *nf* reloj *m*; **~ en main** reloj en mano; **contre la ~** contra reloj; **faire ~ de** dar muestras de; **~ de plongée** reloj sumergible

montrer [mɔ̃tʀe] *vt* mostrar, enseñar; (*suj* : *vêtement*) descubrir; **se montrer** *vpr* mostrarse; **~ qch à qn** mostrar algo a algn; **~ qch du doigt** señalar algo con el dedo; **~ à qn qu'il a tort** demostrar a algn que está equivocado; **~ à qn son affection/amitié** demostrar su afecto/amistad a algn; **se ~ habile/à la hauteur/intelligent** mostrarse hábil/a la altura/inteligente

monture [mɔ̃tyʀ] *nf* (*bête*) montura

monument [mɔnymɑ̃] *nm* monumento; **~ aux morts** monumento a los caídos

monumental, e, -aux [mɔnymɑ̃tal, o] *adj* monumental

mooc [muk] *nm* (= *massive online open course*) CEMA *m* (*curso en línea masivo y abierto*)

moquer [mɔke] : **se ~ de** *vt* (*personne*) burlarse de; (*chose*) importarle a algn muy poco

moquette [mɔkɛt] *nf* moqueta

moqueur, -euse [mɔkœʀ, øz] *adj* burlón(-ona)

moral, e, -aux [mɔʀal, o] *adj, nm* moral *f*; **au ~, sur le plan ~** moralmente; **avoir le ~ à zéro** tener la moral por los suelos

morale [mɔʀal] *nf* moral *f*; (*d'une fable, d'une histoire*) moraleja; **faire la ~ à qn** echarle un sermón a algn

moralité [mɔʀalite] *nf* moralidad *f*; (*conclusion*) moraleja

morceau, x [mɔʀso] *nm* trozo, pedazo; (*Mus, œuvre littéraire*) fragmento; (*Culin* : *de* *viande*) tajada; **couper en/déchirer en morceaux** cortar en/rasgar en trozos; **mettre en morceaux** hacer pedazos

morceler [mɔʀsəle] *vt* parcelar

mordant, e [mɔʀdɑ̃, ɑ̃t] *adj* (*ironie*) mordaz; (*froid*) cortante ▶ *nm* (*dynamisme*) ímpetu *m*, bríos *mpl*

mordicus [mɔʀdikys] (*fam*) *adv* : **affirmer/soutenir qch ~** afirmar/sostener algo erre que erre

mordiller [mɔʀdije] *vt* mordisquear

mordoré, e [mɔʀdɔʀe] *adj* doradillo(-a)

mordre [mɔʀdʀ] *vt* morder; (*suj* : *insecte*) picar; (*suj* : *ancre, vis*) penetrar en ▶ *vi* (*poisson*) picar; **~ dans** morder en; **~ sur** (*fig*) sobrepasar; **~ à l'hameçon** morder el anzuelo

mordu, e [mɔʀdy] *pp de* **mordre** ▶ *adj* (*amoureux*) loco(-a) ▶ *nm/f* : **un ~ de voile/de jazz** un loco de la vela/del jazz

morfondre [mɔʀfɔ̃dʀ] : **se morfondre** *vpr* aburrirse esperando

morgue [mɔʀg] *nf* (*arrogance*) altivez *f*; (*endroit*) depósito de cadáveres

morille [mɔʀij] *nf* colmenilla

mormon, e [mɔʀmɔ̃, ɔn] *adj, nm/f* mormón(-ona)

morne [mɔʀn] *adj* (*personne, regard*) apagado(-a); (*temps*) desapacible; (*vie, conversation*) monótono(-a)

morose [mɔʀoz] *adj* taciturno(-a); (*Écon*) moroso(-a)

morphologie [mɔʀfɔlɔʒi] *nf* morfología

mors [mɔʀ] *nm* bocado

morse [mɔʀs] *nm* (*Zool*) morsa; (*langage*) morse *m*

morsure [mɔʀsyʀ] *nf* picadura; (*plaie*) mordedura

mort, e [mɔʀ, mɔʀt] *pp de* **mourir** ▶ *adj, nm/f* muerto(-a) ▶ *nf* muerte *f* ▶ *nm* (*Cartes*) muerto; **il y a eu plusieurs ~s** hubo varios muertos; **à ~** (*blessé*) de muerte; **à la ~ de qn** a la muerte de algn; **à la vie, à la ~** de por vida; **~ ou vif** vivo o muerto; **~ de peur/fatigue** muerto(-a) de miedo/cansancio; **~s et blessés** muertos y heridos; **faire le ~** hacer el muerto; **se donner la ~** darse muerte; **~ clinique** muerte clínica

mortalité [mɔʀtalite] *nf* mortalidad *f*; **~ infantile** mortalidad infantil

mortel, le [mɔʀtɛl] *adj, nm/f* mortal *m/f*

mortier [mɔʀtje] *nm* (*Tech*) mortero, argamasa; (*canon*) mortero

mort-né, e [mɔʀne] (*pl* **mort-nés, es**) *adj* nacido(-a) muerto(-a); (*fig*) fracasado(-a)

mortuaire [mɔʀtɥɛʀ] *adj* ceremonia fúnebre; **couronne ~** corona mortuoria; **drap ~** mortaja

morue [mɔʀy] *nf* bacalao

morveux, -euse [mɔʀvø, øz] (*fam*) *adj* mocoso(-a)

mosaïque [mɔzaik] *nf* mosaico; (*fig*) : **une ~ de** un mosaico de

Moscou [mɔsku] *n* Moscú

mosquée [mɔske] *nf* mezquita

mot [mo] *nm* palabra; **mettre/écrire/recevoir un ~** (*message*) poner/escribir/recibir unas líneas; **le ~ de la fin** la conclusión; **~ à ~** (*adjectif, adverbe*) palabra por palabra; **bon ~** ocurrencia, gracia; **sur/à ces ~s** después de/con estas palabras; **en un ~** en una palabra; **~ pour ~** palabra por palabra; **à ~s couverts** con medias palabras; **avoir le dernier ~** tener la última palabra; **prendre qn au ~** coger *ou* tomar la palabra a algn; **se donner le ~** ponerse de acuerdo; **avoir son ~ à dire** tener algo que decir; **avoir des ~s avec qn** tener unas palabras con algn; **~ d'ordre** contraseña; **~ de passe** contraseña, santo y seña; **~s croisés** crucigrama *msg*

motard, e [mɔtaʀ, aʀd] *nm/f* motociclista *m/f*; (*de la police*) motorista *m/f*

mot-dièse [modjɛz] (*pl* **mots-dièse**) *nm* (*Inform* : *Twitter*) hashtag *m*

motel [mɔtɛl] *nm* motel *m*

moteur, -trice [mɔtœʀ, tʀis] *adj* (*Anat*) motor(a); (*Tech*) motor (motriz); (*Auto*) : **à quatre roues motrices** con cuatro ruedas motrices ▶ *nm* motor *m*; **à ~** a motor; **~ à deux/à quatre temps** motor de dos/de cuatro tiempos; **~ à explosion/à réaction** motor de explosión/de reacción; **~ de recherche** buscador *m*; **~ thermique** motor térmico

motif [mɔtif] *nm* motivo; **motifs** *nmpl* (*Jur*) alegato; **sans ~** sin motivo; **un ~ à fleurs** un motivo de flores

motion [mosjɔ̃] *nf* moción *f*; **~ de censure** moción de censura

motivation [mɔtivasjɔ̃] *nf* motivación *f*

motivé, e [mɔtive] *adj* motivado(-a)
motiver [mɔtive] *vt* motivar
moto [moto] *nf* moto *f*
motoculteur [mɔtɔkyltœʀ] *nm* motocultor *m*, motocultivador *m*
motocycliste [mɔtɔsiklist] *nm/f* motociclista *m/f*
motorisé, e [mɔtɔʀize] *adj* motorizado(-a)
motrice [mɔtʀis] *nf* (*Rail*) locomotora ▸ *adj f voir* **moteur**
motte [mɔt] *nf* : **~ de beurre** pella de mantequilla; **~ de gazon** montón *m* de césped; **~ de terre** terrón *m*
motus [mɔtys] *excl* : **~ (et bouche cousue) !** ¡chitón (y boca cerrada)!
mou, mol, molle [mu, mɔl] *adj* blando(-a); (*péj* : *visage*) insulso(-a) ▸ *nm* (*abats*) bofe *m*; **avoir du ~** estar flojo(-a); **j'ai les jambes molles** me flaquean las piernas; **donner du ~** aflojar
mouche [muʃ] *nf* mosca; **prendre la ~** picarse; **faire ~** dar en el blanco; **~ tsé-tsé** mosca tse-tsé
moucher [muʃe] *vt* (*enfant*) sonar; (*chandelle, lampe*) despabilar; (*fig*) dar una lección a; **se moucher** *vpr* sonarse
moucheron [muʃʀɔ̃] *nm* mosca pequeña
mouchoir [muʃwaʀ] *nm* pañuelo; **~ en papier** pañuelo de papel
moudre [mudʀ] *vt* moler
moue [mu] *nf* mueca; **faire la ~** poner cara de asco
mouette [mwɛt] *nf* gaviota
moufle [mufl] *nf* manopla; (*Tech*) aparejo
mouflon [muflɔ̃] *nm* muflón *m*
mouillé, e [muje] *adj* mojado(-a)
mouiller [muje] *vt* mojar; (*Culin*) añadir agua a; (*diluer*) aguar; (*Naut*) fondear ▸ *vi* (*Naut*) fondear; **se mouiller** *vpr* (*aussi fam*) mojarse; **~ l'ancre** fondear, echar el ancla
moulant, e [mulɑ̃, ɑ̃t] *adj* ceñido(-a)
moule [mul] *nf* mejillón *m* ▸ *nm* molde *m*; **~ à gâteaux** molde para pasteles; **~ à gaufre/à tarte** molde para barquillos/para tartas
mouler [mule] *vt* moldear, vaciar; (*suj* : *vêtement*) ceñir, ajustar
moulin [mulɛ̃] *nm* molino; (*fam* : *moteur*) motor *m*; **~ à café/à poivre** molinillo de café/de pimienta; **~ à eau/à vent** molino de agua/de viento; **~ à légumes** pasapurés *m inv*; **~ à paroles** cotorra; **~ à prières** cilindro de oraciones
moulinet [mulinɛ] *nm* (*d'un treuil*) torniquete *m*; (*d'une canne à pêche*) carrete *m*; **faire des ~s avec un bâton/les bras** hacer molinetes con un palo/los brazos
moulinette® [mulinɛt] *nf* pequeño pasapurés *m*
moulu, e [muly] *pp de* **moudre** ▸ *adj* molido(-a)
mourant, e [muʀɑ̃, ɑ̃t] *vb voir* **mourir** ▸ *adj* moribundo(-a) ▸ *nm/f* moribundo(-a)
mourir [muʀiʀ] *vi* morir(se); (*civilisation*) desaparecer; **~ de faim/de froid/d'ennui** morir(se) de hambre/de frío/de aburrimiento; **~ de rire/de vieillesse** morirse de risa/de viejo; **~ assassiné** morir asesinado; **~ d'envie de faire** morirse de ganas de hacer; **à ~** : **s'ennuyer à ~** morirse de aburrimiento
moussant, e [musɑ̃, ɑ̃t] *adj* : **bain ~** baño de espuma
mousse [mus] *nf* (*Bot*) musgo; (*écume*) espuma; (*Culin*) mousse *f*; (*matériau*) gomaespuma ▸ *nm* grumete *m*; **bain ~** baño de espuma; **balle ~** pelota de esponja; **~ à raser** espuma de afeitar; **~ carbonique** espuma de gas carbónico
mousseline [muslin] *nf* (*Textile*) muselina; **pommes ~** (*Culin*) puré *m* de patatas
mousser [muse] *vi* espumar, hacer espuma
mousseux, -euse [musø, øz] *adj* (*chocolat*) cremoso(-a) ▸ *nm* : **(vin) ~** (vino) espumoso
mousson [musɔ̃] *nf* monzón *m*
moustache [mustaʃ] *nf* bigote *m*; **moustaches** *nfpl* (*d'animal*) bigotes *mpl*
moustachu, e [mustaʃy] *adj* bigotudo(-a)
moustiquaire [mustikɛʀ] *nf* mosquitero
moustique [mustik] *nm* mosquito; **~ tigre** mosquito tigre
moutarde [mutaʀd] *nf, adj inv* mostaza
mouton [mutɔ̃] *nm* (*Zool*) carnero; (*peau*) piel *f* de carnero; (*fourrure*) mutón *m*; (*Culin, péj* : *personne*) cordero; **moutons** *nmpl* (*fig* : *nuages*) nubecillas *fpl*; (*poussière*) pelusa *fsg*

mouvement [muvmɑ̃] *nm* movimiento; (*d'une phrase*) expresividad *f*; (*d'un terrain, sol*) accidentes *mpl*; (*de montre*) mecanismo; **en ~** en movimiento; **mettre qch en ~** poner algo en funcionamiento; **~ de colère/d'humeur** arrebato de cólera/de mal humor; **~ d'opinion** cambio de opinión; **le ~ perpétuel** el movimiento continuo; **~ révolutionnaire/syndical** movimiento revolucionario/sindical

mouvementé, e [muvmɑ̃te] *adj* accidentado(-a); (*récit*) animado(-a); (*agité*) agitado(-a)

mouvoir [muvwaʀ] *vt* (*personne*) animar; **se mouvoir** *vpr* moverse

moyen, ne [mwajɛ̃, jɛn] *adj* medio(-a); (*élève, résultat*) regular ▸ *nm* medio; **moyens** *nmpl* (*capacités*) medios *mpl*; **au ~ de** por medio de; **y a-t-il ~ de...?** ¿hay modo de...?; **par quel ~ ?** ¿de qué manera?, ¿cómo?; **avec les ~s du bord** (*fig*) con todos los medios disponibles; **par tous les ~s** por todos los medios; **employer les grands ~s** emplear medios más persuasivos; **par ses propres ~s** por sus propios medios; **~ âge** edad *f* media; **~ d'expression** forma de expresión; **~ de locomotion/de transport** medio de locomoción/de transporte; **~ terme** término medio

moyennant [mwajɛnɑ̃] *prép* (*somme d'argent : contre une acquisition*) al precio de; (: *contre un service*) a cambio de; **~ quoi** mediante lo cual

moyenne [mwajɛn] *nf* media, promedio; (*Math, Statistique*) media; (*Scol*) nota media; (*Auto*) promedio; **en ~** por término medio; **faire la ~** hacer la media; **~ d'âge** edad *f* media; **~ entreprise** (*Comm*) mediana empresa

Moyen-Orient [mwajɛnɔʀjɑ̃] *nm* Medio Oriente *m*

moyeu, x [mwajø] *nm* cubo

MST [ɛmɛste] *sigle f* (= *maladie sexuellement transmissible*) ETS *f* (= *enfermedad de transmisión sexual*)

mû, mue [my] *pp de* **mouvoir**

mue [my] *nf* muda

muer [mɥe] *vi* mudar; (*jeune garçon*) : **il mue** está mudando la voz; **se muer** *vpr* : **se ~ en** convertirse en

muet, te [mɥɛ, mɥɛt] *adj, nm/f* mudo(-a); (*protestation, joie, douleur*) silencioso(-a) ▸ *nm* : **le ~** (*Ciné*) el cine mudo; **~ d'admiration/d'étonnement** mudo(-a) de admiración/de extrañeza

mufle [myfl] *nm* hocico; (*goujat*) patán *m*

mugir [myʒiʀ] *vi* mugir; (*sirène*) sonar

mugissement [myʒismɑ̃] *nm* mugido

muguet [mygɛ] *nm* muguete *m*, lirio del valle; (*Méd*) muguete

mulâtre, mulâtresse [mylɑtʀ, mylɑtʀɛs] *nm/f* mulato(-a)

mule [myl] *nf* mula; **mules** *nfpl* (*pantoufles*) chinelas *fpl*

mulet [mylɛ] *nm* mulo; (*poisson*) mújol *m*

mulot [mylo] *nm* ratón *m* campesino

multicolore [myltikɔlɔʀ] *adj* multicolor

multicoque [myltikɔk] *nm* velero de varios cascos

multimillionnaire [myltimiljɔnɛʀ] *adj, nm/f* multimillonario(-a)

multinationale [myltinasjɔnal] *nf* multinacional *f*

multiple [myltipl] *adj* múltiple ▸ *nm* múltiplo

multiplication [myltiplikasjɔ̃] *nf* multiplicación *f*

multiplier [myltiplije] *vt* multiplicar; **se multiplier** *vpr* multiplicarse

multitâche [myltitaʃ] *adj inv* (*aussi Inform*) multitarea *inv*

multitude [myltityd] *nf* multitud *f*; **une ~ de** (una) multitud de

municipal, e, -aux [mynisipal, o] *adj* municipal

municipalité [mynisipalite] *nf* municipalidad *f*, ayuntamiento; (*commune*) municipio

munir [myniʀ] *vt* : **~ qn de** proveer a algn de; **~ qch de** dotar algo de; **se munir** *vpr* : **se ~ de** proveerse de

munitions [mynisjɔ̃] *nfpl* municiones *fpl*

muqueuse [mykøz] *nf* mucosa

mur [myʀ] *nm* muro; (*cloison*) pared *f*; (*de terre*) tapia; (*de rondins*) cercado; **~ d'incompréhension/de haine** (*fig*) muro de incomprensión/de odio; **faire le ~** salir sin permiso; **~ du son** barrera del sonido

mûr, e [myʀ] *adj* maduro(-a); (*fig*) a punto

muraille [myʀɑj] *nf* muralla

mural, e, -aux [myʀal, o] *adj* mural ▸ *nm* mural *m*

mûre [myʀ] *nf* (*du mûrier*) mora; (*de la ronce*) zarzamora
murène [myʀɛn] *nf* morena
muret [myʀɛ] *nm* muro bajo
mûrier [myʀje] *nm* morera
mûrir [myʀiʀ] *vt, vi* madurar
murmure [myʀmyʀ] *nm* murmullo; **~ d'approbation/d'admiration/de protestation** murmullo de aprobación/de admiración/de protesta
murmurer [myʀmyʀe] *vi* murmurar; **~ que** murmurar que
musaraigne [myzaʀɛɲ] *nf* musaraña
musarder [myzaʀde] *vi* callejear
musc [mysk] *nm* almizcle *m*
muscade [myskad] *nf* : **noix de ~** nuez *f* moscada
muscat [myska] *nm* uva moscatel; (*vin*) moscatel *m*
muscle [myskl] *nm* músculo
musclé, e [myskle] *adj* musculoso(-a); (*fig : politique, régime*) duro(-a)
musculaire [myskylɛʀ] *adj* muscular
musculation [myskylasjɔ̃] *nf* : **travail/exercice de ~** trabajo/ejercicio de musculación
muse [myz] *nf* musa
museau, x [myzo] *nm* hocico
musée [myze] *nm* museo
museler [myz(ə)le] *vt* poner un bozal a; (*opposition, presse*) amordazar
muselière [myzəljɛʀ] *nf* bozal *m*
musette [myzɛt] *nf* morral *m* ▸ *adj* : **bal ~** *baile popular en el que el acordeón es el instrumento principal*
musical, e, -aux [myzikal, o] *adj* musical
music-hall [myzikol] (*pl* **music-halls**) *nm* music-hall *m*
musicien, ne [myzisjɛ̃, jɛn] *adj, nm/f* músico(-a)
musique [myzik] *nf* música; (*d'un vers, d'une phrase*) musicalidad *f*; **faire de la ~** componer música; (*jouer d'un instrument*) tocar música; **~ de chambre/de fond** música de cámara/de fondo; **~ militaire/de film** música militar/de banda sonora
must [mœst] *nm* : **le ~** el no va más
musulman, e [myzylmɑ̃, an] *adj, nm/f* musulmán(-ana)
mutation [mytasjɔ̃] *nf* (*Admin*) traslado; (*Biol*) mutación *f*
muter [myte] *vt* (*Admin*) trasladar
mutilé, e [mytile] *nm/f* mutilado(-a); **~ du travail/de guerre** mutilado(-a) laboral/de guerra
mutiler [mytile] *vt* mutilar; (*endroit*) deteriorar, degradar
mutin, e [mytɛ̃, in] *adj* (*enfant*) travieso(-a); (*air, ton*) pícaro(-a) ▸ *nm/f* (*Mil*) amotinado(-a)
mutinerie [mytinʀi] *nf* motín *m*
mutisme [mytism] *nm* mutismo
mutuel, le [mytɥɛl] *adj* mutuo(-a); (*établissement*) mutualista
mutuelle [mytɥɛl] *nf* mutualidad *f*, mutua
myope [mjɔp] *adj, nm/f* miope *m/f*
myosotis [mjɔzɔtis] *nm* nomeolvides *m inv*
myrtille [miʀtij] *nf* arándano
mystère [mistɛʀ] *nm* misterio
mystérieusement [misteʀjøzmɑ̃] *adv* misteriosamente
mystérieux, -euse [misteʀjø, øz] *adj* misterioso(-a)
mystifier [mistifje] *vt* mistificar
mythe [mit] *nm* mito
mythique [mitik] *adj* mítico(-a)
mythologie [mitɔlɔʒi] *nf* mitología
mythomane [mitɔman] *adj, nm/f* mitómano(-a)

n

n' [n] *adv voir* **ne**
nacelle [nasɛl] *nf* barquilla
nacre [nakʀ] *nf* nácar *m*
nage [naʒ] *nf* natación *f*; (*style*) estilo; **traverser/s'éloigner à la ~** atravesar/alejarse a nado; **en ~** bañado(-a) en sudor; **100 m ~ libre** 100m libres; **~ indienne** natación *f* de costado; **~ libre** estilo libre
nageoire [naʒwaʀ] *nf* aleta
nager [naʒe] *vi* nadar; **~ dans des vêtements** flotar en la ropa; **~ dans le bonheur** rebosar de alegría
nageur, -euse [naʒœʀ, øz] *nm/f* nadador(a)
naïf, -ïve [naif, naiv] *adj* ingenuo(-a)
nain, e [nɛ̃, nɛn] *adj, nm/f* enano(-a)
naissance [nɛsɑ̃s] *nf* nacimiento; **donner ~ à** (*enfant*) dar a luz a; (*fig*) originar; **prendre ~** nacer; **aveugle/Français de ~** ciego/francés de nacimiento; **à la ~ des cheveux** en la raíz del cabello; **lieu de ~** lugar de nacimiento
naissant, e [nɛsɑ̃, ɑ̃t] *adj* (*calvitie, barbe*) incipiente
naître [nɛtʀ] *vi* nacer; (*résulter*) : **~ (de)** nacer (de); **il est né en 1990** ha nacido en 1990; **il naît plus de filles que de garçons** nacen más niñas que niños; **faire ~** (*fig*) originar
naïve [naiv] *adj voir* **naïf**
naïveté [naivte] *nf* ingenuidad *f*
nana [nana] (*fam*) *nf* chica
nanoparticule [nanopaʀtikyl] *nf* nanopartícula
nanotechnologie [nanotɛknɔlɔʒi] *nf* nanotecnología
nappe [nap] *nf* mantel *m*; (*fig*) : **~ d'eau** capa de agua; **~ de brouillard** capa de niebla; **~ de gaz/mazout** capa de gas/fuel-oil
napper [nape] *vt* (*Culin*) : **~ qch de** cubrir algo con
napperon [napʀɔ̃] *nm* tapete *m*
naquit *etc* [naki] *vb voir* **naître**
narguer [naʀge] *vt* provocar
narine [naʀin] *nf* ventana (de la nariz)
narquois, e [naʀkwa, waz] *adj* burlón(-ona)
narrateur, -trice [naʀatœʀ, tʀis] *nm/f* narrador(a)
natal, e [natal] *adj* natal
natalité [natalite] *nf* natalidad *f*
natation [natasjɔ̃] *nf* natación *f*; **faire de la ~** hacer natación, nadar
natif, -ive [natif, iv] *adj* nativo(-a); (*inné*) natural; (*originaire*) : **~ de** natural de ▸ *nm/nf* : **~ numérique** nativo(-a) digital
nation [nasjɔ̃] *nf* nación *f*; **les N~s Unies** las Naciones Unidas
national, e, -aux [nasjɔnal, o] *adj* nacional; **nationaux** *nmpl* nacionales *mpl*; **obsèques ~es** exequias *fpl* nacionales
nationale [nasjɔnal] *nf* : **(route) ~** (carretera) nacional *f*
nationaliser [nasjɔnalize] *vt* nacionalizar
nationalisme [nasjɔnalism] *nm* nacionalismo
nationaliste [nasjɔnalist] *nm/f* nacionalista *m/f*
nationalité [nasjɔnalite] *nf* nacionalidad *f*; **il est de ~ française** es de nacionalidad francesa
natte [nat] *nf* (*tapis*) estera; (*cheveux*) coleta
naturaliser [natyʀalize] *vt* naturalizar
nature [natyʀ] *nf* naturaleza; (*tempérament*) temperamento ▸ *adj* natural; (*café*) solo; **payer en ~** pagar en especie; **peint d'après ~** pintado del natural; **~ morte** naturaleza muerta, bodegón *m*; **être de ~ à faire qch** (*propre à*) ser adecuado(-a) para hacer algo; **il n'est pas de ~ à accepter** está claro que no va a aceptar
naturel, le [natyʀɛl] *adj* natural ▸ *nm* (*caractère*) natural *m*; (*aisance*) naturalidad *f*; **au ~** (*Culin*) al natural

naturellement [natyʀɛlmɑ̃] *adv* naturalmente

naufrage [nofʀaʒ] *nm* naufragio; (*fig*) ruina; **faire ~** naufragar

nausée [noze] *nf* náusea, asco; **avoir la ~** *ou* **des ~s** tener náuseas

nautique [notik] *adj* náutico(-a); **sports ~s** deportes náuticos

naval, e [naval] *adj* naval

navet [navɛ] *nm* nabo; (*péj* : *film*) tostón *m*

navette [navɛt] *nf* lanzadera; **faire la ~ (entre)** ir y venir (entre); **la ~ pour l'aéroport** el tren de enlace para el aeropuerto; **~ spatiale** nave *f* espacial

navigateur, -trice [navigatœʀ, tʀis] *nm/f* navegante *m/f* ▸ *nm* (*Internet*) navegador *m*

navigation [navigasjɔ̃] *nf* navegación *f*; **compagnie de ~** compañía de navegación

naviguer [navige] *vi* navegar

navire [naviʀ] *nm* buque *m*; **~ marchand/de guerre** buque mercante/de guerra

navrer [navʀe] *vt* afligir; **je suis navré** lo siento en el alma; **je suis navré que** siento muchísimo que

ne [n(ə)] *adv* no; (*explétif*) *non traduit*; **je ne le veux pas** no lo quiero; **je crains qu'il ne vienne** temo que venga; **je ne veux que ton bonheur** sólo quiero tu felicidad; *voir* **pas²**; **plus**; **jamais**

né, e [ne] *pp de* **naître** ▸ *adj* : **un comédien né** un comediante nato; **né en 1990** nacido(-a) en 1990; **née Dupont** de soltera Dupont; **bien né(e)** de buena cuna; **né(e) de ... et de ...** (*sur acte de naissance etc*) hijo(-a) de ... y de ...; **né(e) d'une mère française** hijo(-a) de madre francesa

néanmoins [neɑ̃mwɛ̃] *adv* no obstante

néant [neɑ̃] *nm* nada; **réduire à ~** reducir a la nada

nécessaire [nesesɛʀ] *adj* necesario(-a) ▸ *nm* : **faire le ~** hacer lo necesario; **est-il ~ que je m'en aille ?** ¿es preciso que me vaya?; **il est ~ de ...** es necesario ...; **n'emporter que le strict ~** llevar sólo lo estrictamente necesario; **~ de couture** costurero; **~ de toilette/de voyage** neceser *m* de aseo/de viaje

nécessité [nesesite] *nf* necesidad *f*; **se trouver dans la ~ de faire qch** encontrarse en la necesidad de hacer algo; **par ~** por necesidad

nécessiter [nesesite] *vt* necesitar

nectar [nɛktaʀ] *nm* néctar *m*

nectarine [nɛktaʀin] *nf* nectarina

néerlandais, e [neɛʀlɑ̃dɛ, ɛz] *adj* neerlandés(-esa) ▸ *nm* (*Ling*) neerlandés *m* ▸ *nm/f* : **Néerlandais, e** neerlandés(-esa)

nef [nɛf] *nf* nave *f*

néfaste [nefast] *adj* nefasto(-a)

négatif, -ive [negatif, iv] *adj* negativo(-a) ▸ *nm* (*Photo*) negativo

négation [negasjɔ̃] *nf* negación *f*

négative [negativ] *nf* : **répondre par la ~** contestar con una negativa

négligé, e [negliʒe] *adj* descuidado(-a) ▸ *nm* salto de cama

négligeable [negliʒabl] *adj* despreciable; **non ~** no *ou* nada despreciable

négligence [negliʒɑ̃s] *nf* descuido; (*faute, erreur*) negligencia

négligent, e [negliʒɑ̃, ɑ̃t] *adj* (*personne*) descuidado(-a); (*geste, attitude*) negligente

négliger [negliʒe] *vt* descuidar; (*avis, précautions*) ignorar, no hacer caso de; **se négliger** *vpr* descuidarse; **~ de faire qch** olvidarse de hacer algo

négociable [negɔsjabl] *adj* negociable

négociant, e [negɔsjɑ̃, jɑ̃t] *nm/f* negociante *m/f*

négociation [negɔsjasjɔ̃] *nf* negociación *f*

négocier [negɔsje] *vt* negociar; (*virage, obstacle*) sortear ▸ *vi* (*Pol*) negociar

nègre [nɛgʀ] (*péj*) *nm* (*aussi écrivain*) negro ▸ *adj* negro(-a)

neige [nɛʒ] *nf* nieve *f*; **battre les œufs en ~** batir los huevos a punto de nieve; **~ carbonique** nieve carbónica; **~ fondue** aguanieve *f*; **~ poudreuse** nieve fresca

neiger [neʒe] *vi* nevar

nénuphar [nenyfaʀ] *nm* nenúfar *m*

néologisme [neɔlɔʒism] *nm* neologismo

néon [neɔ̃] *nm* neón *m*

néophyte [neɔfit] *nm/f* neófito(-a)

néo-zélandais, e [neoʒelɑ̃dɛ, ɛz] (*pl* **néo-zélandais, es**) *adj* neocelandés(-esa) ▸ *nm/f* : **Néo-zélandais, e** neocelandés(-esa)

nerf [nɛʀ] *nm* nervio; **nerfs** *nmpl* nervios *mpl*; **être** *ou* **vivre sur les ~s** estar *ou* vivir en tensión; **être à bout de ~s** estar al borde de un ataque de nervios; **passer ses ~s sur qn** pagarlas con algn

nerveux, -euse [nɛʀvø, øz] *adj* nervioso(-a); (*tendineux*) con nervios; **une voiture nerveuse** un coche que tiene buena aceleración

nervosité [nɛʀvozite] *nf* nerviosismo; (*passagère*) alteración *f*

n'est-ce pas [nɛspɑ] *adv* ¿verdad?; **« c'est bon, ~ ? »** « está bueno, ¿verdad? »; **« il a peur, ~ ? »** « tiene miedo, ¿verdad? »; **« ~ que c'est bon ? »** « ¿verdad que está bueno? »; **lui, ~, il peut se le permettre** él puede permitírselo, ¿no es así?

Net [nɛt] (*fam*) *nm* : **le ~** Internet *m ou f*, la Red; **surfer sur le ~** navegar por Internet

net, nette [nɛt] *adj* (*évident, sans équivoque*) evidente; (*distinct, propre*) limpio(-a); (*photo, film*) nítido(-a); (*Comm*) neto(-a) ▸ *adv* (*refuser*) rotundamente ▸ *nm* : **mettre au ~** poner en limpio; **s'arrêter ~** pararse en seco; **la lame a cassé ~** la hoja se rompió de un golpe; **faire place nette** despejar; **~ d'impôt** libre de impuestos

netiquette [nɛtikɛt] *nf* netiqueta *f*

nettement [nɛtmɑ̃] *adv* claramente; **~ mieux/meilleur** mucho mejor

netteté [nɛtte] *nf* nitidez *f*

nettoyage [netwajaʒ] *nm* limpieza; **~ à sec** limpieza en seco

nettoyer [netwaje] *vt* limpiar

neuf[1] [nœf] *adj inv, nm inv* nueve *m inv*; *voir aussi* **cinq**

neuf[2]**, neuve** [nœf, nœv] *adj* nuevo(-a) ▸ *nm* : **remettre à ~** dejar como nuevo; **n'acheter que du ~** comprar sólo cosas nuevas; **quoi de ~ ?** ¿qué hay de nuevo?

neutralité [nøtʀalite] *nf* neutralidad *f*

neutre [nøtʀ] *adj* neutro(-a); (*Pol*) neutral ▸ *nm* neutro

neuve [nœv] *adj f voir* **neuf**[2]

neuvième [nœvjɛm] *adj, nm/f* noveno(-a) ▸ *nm* (*partitif*) noveno; *voir aussi* **cinquième**

neveu, x [n(ə)vø] *nm* sobrino

névralgique [nevʀalʒik] *adj* neurálgico(-a); **centre ~** centro neurálgico

nez [ne] *nm* nariz *f*; (*d'avion etc*) morro; **rire au ~ de qn** reírse en las barbas *ou* narices de algn; **avoir du ~** tener olfato; **avoir le ~ fin** tener buen olfato; **~ à ~ avec** cara a cara con; **à vue de ~** a ojo de buen cubero

ni [ni] *conj* ni; **ni l'un ni l'autre ne sont ...** ni uno ni otro son ...; **il n'a rien vu ni entendu** no ha visto ni oído nada

niche [niʃ] *nf* (*du chien*) perrera; (*de mur*) hornacina, nicho

nicher [niʃe] *vi* anidar; **se ~ dans** (*oiseau*) anidar en; (*se cacher : enfant*) esconderse; (*se blottir*) acurrucarse

nichon [niʃɔ̃] (*fam*) *nm* teta

nickel [nikɛl] *nm* níquel *m* ▸ *adj* (*fam*) impecable

nid [ni] *nm* nido; **~ d'abeilles** nido de abeja; **~ de poule** bache *m*

nièce [njɛs] *nf* sobrina

nième [ɛnjɛm] *adj* : **la ~ fois** la enésima vez

nier [nje] *vt* negar

Nil [nil] *nm* : **le ~** el Nilo

n'importe [nɛ̃pɔʀt] *adv* : **« ~ ! »** « ¡no tiene importancia! »; **~ qui** cualquiera; **~ quoi** cualquier cosa; **~ où** a *ou* en cualquier sitio; **~ quoi !** (*fam*) ¡pamplinas!; **~ lequel/laquelle d'entre nous** cualquiera de nosotros(-as); **~ quel/quelle** cualquier/cualquiera; **à ~ quel prix** a cualquier precio; **~ quand** en cualquier momento; **~ comment, il part ce soir** se va esta noche, sea como sea; **~ comment** (*sans soin*) de cualquier manera

niveau, x [nivo] *nm* nivel *m*; **au ~ de** a nivel de; (*à côté de*) a la altura de; (*fig*) en cuanto a; **de ~ (avec)** a nivel (con); **le ~ de la mer** el nivel del mar; **~ à bulle** nivel de aire; **~ d'eau** nivel de agua; **~ de vie** nivel de vida; **~ social** nivel social

niveler [niv(ə)le] *vt* nivelar

noble [nɔbl] *adj, nm/f* noble *m/f*

noblesse [nɔblɛs] *nf* nobleza

noce [nɔs] *nf* boda; **il l'a épousée en secondes ~s** se ha casado con ella en segundas nupcias; **faire la ~** (*fam*) ir de juerga; **~s d'argent/d'or/de diamant** bodas de plata/de oro/de diamante

nocif, -ive [nɔsif, iv] *adj* nocivo(-a)

nocturne [nɔktyʀn] *adj* nocturno(-a) ▸ *nf* (*Sport*) nocturno; (*d'un magasin*) : **« ~ le**

mercredi» «abrimos hasta tarde el miércoles»

Noël [nɔɛl] *nm* Navidad *f*

nœud [nø] *nm* nudo; (*ruban*) lazo; **~ coulant** nudo corredizo; **~ gordien** nudo gordiano; **~ papillon** pajarita

noir, e [nwaʀ] *adj* negro(-a); (*obscur, sombre*) oscuro(-a); (*roman*) policíaco(-a); (*travail*) sumergido(-a) ▶ *nm/f* (*personne*) negro(-a) ▶ *nm* negro; **dans le ~** en la oscuridad; **au ~** ilegalmente; **il fait ~** está oscuro

noircir [nwaʀsiʀ] *vi* ennegrecer ▶ *vt* ensombrecer; (*réputation*) manchar

noire [nwaʀ] *nf* (*Mus*) negra

noisetier [nwaz(ə)tje] *nm* avellano

noisette [nwazɛt] *nf* avellana; (*Culin* : *de beurre*) nuececilla ▶ *adj* (*yeux*) color avellana

noix [nwa] *nf* nuez *f*; (*Culin*) : **une ~ de beurre** una nuez de mantequilla; **à la ~** (*fam*) de tres al cuarto; **~ de cajou** nuez de acajú; **~ de coco** (nuez de) coco; **~ de muscade** nuez moscada; **~ de veau** (*Culin*) babilla de ternera

nom [nɔ̃] *nm* nombre *m*; **connaître qn de ~** conocer a algn de nombre; **au ~ de** en nombre de; **~ d'une pipe** *ou* **d'un chien !** (*fam*) ¡caramba!; **~ commun/propre** nombre común/propio; **~ composé** (*Ling*) nombre compuesto; **~ de Dieu!** (*fam!*) ¡maldito sea!; **~ d'emprunt** apodo; **~ de famille** apellido; **~ de fichier** nombre de fichero; **~ de jeune fille** apellido de soltera; **~ d'utilisateur** nombre de usuario; **~ déposé** nombre registrado

nomade [nɔmad] *adj, nm/f* nómada *m/f*

nombre [nɔ̃bʀ] *nm* número; **venir en ~** venir muchos; **depuis ~ d'années** desde hace muchos años; **ils sont au ~ de trois** son tres; **au ~ de mes amis** entre mis amigos; **sans ~** innumerable; **(bon) ~ de** numerosos(-as); **~ entier/premier** número entero/primo

nombreux, -euse [nɔ̃bʀø, øz] *adj* (*avec nom pl*) numerosos(-as); **la foule nombreuse** la gran muchedumbre; **un public ~** mucho público; **peu ~** poco numeroso(-a); **de ~ cas** numerosos casos

nombril [nɔ̃bʀi(l)] *nm* ombligo

nommer [nɔme] *vt* nombrar; (*baptiser*) llamar; **se nommer** *vpr* (*se présenter*) presentarse; **il se nomme Jean** se llama Jean; **un nommé Leduc** un tal Leduc

nomophobe [nɔmɔfɔb] *adj, nm/f* nomofóbico(-a)

non [nɔ̃] *adv* no; **Paul est venu, ~ ?** ha venido Paul, ¿verdad *ou* no?; **répondre** *ou* **dire que ~** responder *ou* decir que no; **~ (pas) que ...** no porque ...; **~ plus** : **moi ~ plus** yo tampoco; **je préférerais que ~** preferiría que no; **il se trouve que ~** resulta que no; **mais ~, ce n'est pas mal** que no, que no está mal; **~ mais ... !** ¡pero bueno ...!; **~ mais des fois !** ¡qué te *etc* has *etc* creído!; **~ loin** no muy lejos; **~ seulement** no sólo; **~ sans** no sin antes

non- [nɔ̃] *préf* no

non alcoolisé, e [nɔ̃alkɔɔlize] *adj* sin alcohol

nonante [nɔnɑ̃t] *adj, nm* (*Belgique, Suisse*) noventa

nonchalant, e [nɔ̃ʃalɑ̃, ɑ̃t] *adj* indolente

non-fumeur, -euse [nɔ̃fymœʀ, øz] (*pl* **non-fumeurs, euses**) *nm/f* no fumador(a)

non-retour [nɔ̃ʀətuʀ] *nm* : **point de ~** punto límite

non-sens [nɔ̃sɑ̃s] *nm* disparate *m*

non-stop [nɔnstɔp] *adj inv, adv* sin parada

non-violence [nɔ̃vjɔlɑ̃s] *nf* no violencia

nord [nɔʀ] *nm* norte *m*; (*région*) : **le N~** el Norte ▶ *adj inv* norte; **au ~** (*situation*) al norte; (*direction*) hacia el norte; **au ~ de** al norte de; **perdre le ~** perder el norte; *voir* **pôle**

nord-est [nɔʀɛst] *nm inv* nordeste *m*

nordique [nɔʀdik] *adj* nórdico(-a)

nord-ouest [nɔʀwɛst] *nm inv* noroeste *m*

normal, e, -aux [nɔʀmal, o] *adj* normal

normale [nɔrmal] *nf* : **la ~** la media; **par rapport à la ~** con respecto a la media

normalement [nɔʀmalmɑ̃] *adv* normalmente

normand, e [nɔʀmɑ̃, ɑ̃d] *adj* normando(-a) ▶ *nm/f* : **Normand, e** normando(-a)

Normandie [nɔʀmɑ̃di] *nf* Normandía

norme [nɔʀm] *nf* norma

Norvège [nɔʀvɛʒ] *nf* Noruega

norvégien, ne [nɔʀveʒjɛ̃, jɛn] *adj* noruego(-a) ▶ *nm* (*Ling*) noruego ▶ *nm/f* : **Norvégien, ne** noruego(-a)

nos [no] *adj poss voir* **notre**
nostalgie [nɔstalʒi] *nf* nostalgia
nostalgique [nɔstalʒik] *adj* nostálgico(-a)
notable [nɔtabl] *adj, nm/f* notable *m/f*
notaire [nɔtɛʀ] *nm/f* notario(-a)
notamment [nɔtamɑ̃] *adv* particularmente, especialmente
note [nɔt] *nf* nota; (*facture*) cuenta; (*annotation*) nota; **prendre des ~s** tomar notas *ou* apuntes; **prendre ~ de** tomar nota de; **une ~ de tristesse/de gaieté** una nota de tristeza/de alegría; **~ de service** nota de servicio
noter [nɔte] *vt* (*écrire*) anotar, apuntar; (*remarquer*) señalar, notar; (*Scol*) calificar; (*Admin*) evaluar; **notez bien que ...** fíjense bien que ...
notice [nɔtis] *nf* nota; (*brochure*) : **~ explicative** folleto explicativo
notifier [nɔtifje] *vt* : **~ qch à qn** notificar algo a algn
notion [nosjɔ̃] *nf* noción *f*; **notions** *nfpl* nociones *fpl*
notoire [nɔtwaʀ] *adj* notorio(-a); **le fait est ~** el hecho es notorio
notoriété [nɔtɔʀjete] *nf* notoriedad *f*; **c'est de ~ publique** es público y notorio
notre [nɔtʀ] (*pl* **nos**) *adj poss* nuestro(-a)
nôtre [notʀ] *pron* : **le ~** el *ou* lo nuestro; **la ~** la nuestra; **les ~s** los (las) nuestros(-as); **soyez des ~s** únase a nosotros
nouer [nwe] *vt* anudar, atar; (*fig : amitié*) trabar; (*alliance*) formar; **se nouer** *vpr* : **c'est là où l'intrigue se noue** es ahí donde se urde la intriga; **~ la conversation** entablar conversación; **avoir la gorge nouée** tener un nudo en la garganta
noueux, -euse [nwø, øz] *adj* nudoso(-a); (*main*) huesudo(-a); (*vieillard*) enjuto(-a)
nougat [nuga] *nm tipo de turrón*
nounours [nunuʀs] *nm* osito de peluche
nourrice [nuʀis] *nf* nodriza; **mettre en ~** dar a criar
nourrir [nuʀiʀ] *vt* alimentar; (*fig : espoir*) mantener; (*haine*) guardar; **logé, nourri** alojamiento y comida; **bien/mal nourri** bien/mal alimentado(-a); **~ au sein** amamantar; **se ~ de légumes** alimentarse de verduras; **se ~ de rêves** vivir de fantasías
nourrissant, e [nuʀisɑ̃, ɑ̃t] *adj* alimenticio(-a)
nourriture [nuʀityʀ] *nf* alimento, comida; (*fig*) alimento
nous [nu] *pron* nosotros(-as); (*objet direct, indirect*) nos; **c'est ~ qui l'avons fait** lo hicimos nosotros; **~ les Marseillais** nosotros los marselleses; **il ~ le dit** nos lo dice; **il ~ en a parlé** nos habló de eso; **à ~** (*possession*) nuestro(-a), nuestros(-as); **ce livre est à ~** ese libro es nuestro; **avec/sans ~** con/sin nosotros; **plus riche que ~** más rico que nosotros; **~-mêmes** nosotros(-as) mismos(-as)
nouveau, nouvel, nouvelle, -aux [nuvo, nuvɛl, o] *adj* nuevo(-a); (*original*) novedoso(-a) ▸ *nm/f* nuevo(-a), novato(-a) ▸ *nm* : **il y a du ~** hay novedades; **de ~, à ~** de nuevo, otra vez; **Nouvel An** año nuevo; **nouveaux mariés** recién casados; **~ riche** *adj* nuevo(-a) rico(-a); **nouvelle vague** (*gén*) nueva ola; (*Ciné*) nouvelle vague *f*; **~ venu** recién llegado; **nouvelle venue** recién llegada
nouveau-né, e [nuvone] (*pl* **nouveau-nés, es**) *adj, nm/f* recién nacido(-a)
nouveauté [nuvote] *nf* (*aussi Comm*) novedad *f*
nouvel [nuvɛl] *adj m voir* **nouveau**
nouvelle [nuvɛl] *adj f voir* **nouveau** ▸ *nf* noticia; (*Litt*) cuento; **nouvelles** *nfpl* noticias *fpl*; **je suis sans ~s de lui** no tengo noticias de él

On peut dire aussi :
¿Cómo estás? *ou* ¿Qué tal (estás)?
(*Ça va ?* ou *Comment vas-tu ?*)
¿Qué hay? (*Alors, ça va ?*)
¿Cómo va eso? *ou* ¿Qué te cuentas?
(*Qu'est-ce que tu racontes ?*)
¿Qué es de tu vida? (*Qu'est-ce que tu deviens ?*)

Nouvelle-Calédonie [nuvɛlkaledɔni] *nf* Nueva Caledonia
nouvellement [nuvɛlmɑ̃] *adv* (*arrivé etc*) recién
Nouvelle-Zélande [nuvɛlzelɑ̃d] *nf* Nueva Zelanda, Nueva Zelandia (*AM*)

novembre [nɔvɑ̃bʀ] *nm* noviembre *m*; *voir aussi* **juillet**

En Francia, el **11 novembre** es un día festivo en que se conmemora la firma, en las cercanías de Compiègne, del armisticio que puso punto final a la Primera Guerra Mundial.

noyade [nwajad] *nf* ahogamiento

noyau, x [nwajo] *nm* núcleo; *(de fruit)* hueso

noyauter [nwajote] *vt* infiltrar

noyé, e [nwaje] *nm/f* ahogado(-a)

noyer [nwaje] *nm* nogal *m* ▶ *vt* ahogar; **se noyer** *vpr* ahogarse; **se ~ dans** *(fig)* perderse en; **~ son chagrin** ahogar su pena; **~ son moteur** *(Auto)* inundar el motor; **~ le poisson** dar largas al asunto

NTIC [ɛnteise] *sigle fpl (= nouvelles technologies de l'information et de la communication)* NTIC *fpl (= nuevas tecnologías de la información y la comunicación)*

nu, e [ny] *adj* desnudo(-a) ▶ *nm (Art)* desnudo; **le nu intégral** desnudo integral; **(les) pieds nus** descalzo(-a); **(la) tête nue** con la cabeza descubierta; **à mains nues** sólo con las manos, con las manos desnudas; **se mettre nu** desnudarse; **mettre à nu** desnudar

nuage [nɥaʒ] *nm* nube *f*; *(Inform)* : **le ~** la nube; **sans ~s** *(fig : bonheur)* completo(-a); **être dans les ~s** estar en las nubes; **un ~ de lait** una gota de leche

nuageux, -euse [nɥaʒø, øz] *adj* nuboso(-a), nublado(-a)

nuance [nɥɑ̃s] *nf* matiz *m*; **il y a une ~ (entre ...)** hay una leve diferencia (entre ...); **une ~ de tristesse** un algo de tristeza

nuancer [nɥɑ̃se] *vt* matizar

nucléaire [nykleɛʀ] *adj* nuclear ▶ *nm* : **le ~** *(secteur)* la industria nuclear; *(énergie)* la energía nuclear

nudiste [nydist] *nm/f* nudista *m/f*

nuée [nɥe] *nf* : **une ~ de** una nube de

nues [ny] *nfpl* : **tomber des ~** caerse de las nubes; **porter qn aux ~** poner a algn por las nubes

nuire [nɥiʀ] *vi* perjudicar; **~ à qn/qch** ser perjudicial para algn/algo

nuisance [nɥizɑ̃s] *nf* molestia; **nuisances** *nfpl* perjuicios *mpl*

nuisible [nɥizibl] *adj* perjudicial; *(animal)* dañino(-a)

nuit [nɥi] *nf* noche *f*; **cinque ~s de suite** cinco noches seguidas; **payer sa ~** pagar la noche; **il fait ~** es de noche; **cette ~** esta noche; **de ~** por la noche; **~ blanche** noche en blanco *ou* en vela; **~ de noces** noche de bodas; **~ de Noël** Nochebuena; **la ~ des temps** la noche de los tiempos

nul, nulle [nyl] *adj (aucun)* ninguno(-a); *(minime, non valable, péj)* nulo(-a) ▶ *pron* nadie; **résultat ~, match ~** *(Sport)* empate *m*; **nulle part** en ningún sitio; *(aller)* a ningún sitio

nullement [nylmɑ̃] *adv* de ningún modo

numérique [nymeʀik] *adj* numérico(-a); *(technologie)* digital

numéro [nymeʀo] *nm* número; **un (drôle de) ~** *(fig)* un elemento gracioso; **faire** *ou* **composer un ~** marcar un número; **~ de téléphone** número de teléfono; **~ d'identification personnel** número personal de identificación; **~ d'immatriculation** *ou* **minéralogique** número de matrícula; **~ vert** número verde

numéroter [nymeʀɔte] *vt* numerar

nuque [nyk] *nf* nuca

nu-tête [nytɛt] *adj inv* cabeza descubierta

nutritif, -ive [nytʀitif, iv] *adj* nutritivo(-a)

nylon [nilɔ̃] *nm* nylon *m*

O

oasis [ɔazis] *nf ou nm* oasis *m inv*

obéir [ɔbeiʀ] *vi* obedecer; **~ à** obedecer a; (*loi*) acatar; (*suj* : *moteur, véhicule*) responder a

obéissance [ɔbeisɑ̃s] *nf* obediencia

obéissant, e [ɔbeisɑ̃, ɑ̃t] *adj* obediente

obèse [ɔbɛz] *adj* obeso(-a)

obésité [ɔbezite] *nf* obesidad *f*

objecter [ɔbʒɛkte] *vt* (*prétexter*) pretextar; **~ qch à** objetar algo a; **~ (à qn) que** objetar (a algn) que

objecteur, -trice [ɔbʒɛktœʀ, tʀis] *nm/f* : **~ de conscience** objetor(a) de conciencia

objectif, -ive [ɔbʒɛktif, iv] *adj* objetivo(-a) ▸ *nm* (*but, Photo*) objetivo

objection [ɔbʒɛksjɔ̃] *nf* objeción *f*; **~ de conscience** objeción de conciencia

objectivité [ɔbʒɛktivite] *nf* objetividad *f*

objet [ɔbʒɛ] *nm* objeto; (*but*) objetivo; (*sujet*) tema *m*; **être** *ou* **faire l'~ de** ser objeto de; **sans ~** sin objeto; **(bureau des) ~s trouvés** (oficina de) objetos perdidos; **~ d'art** objeto de arte; **~s de toilette** artículos *mpl* de tocador; **~s personnels** objetos personales

obligation [ɔbligasjɔ̃] *nf* obligación *f*; (*devoir*) compromiso; **sans ~ d'achat/de votre part** sin compromiso de compra/por su parte; **être dans l'~ de faire qch** estar obligado(-a) a hacer algo; **avoir l'~ de faire qch** tener la obligación de hacer algo; **~s familiales** obligaciones *fpl* familiares

> **On peut dire aussi :**
> Mañana tenemos que levantarnos temprano. (*... nous devons ...*)
> Debes pedirles disculpas. (*Tu dois ...*)
> En verano hay que proteger la piel contra las radiaciones solares. (*... il faut ...*)
> Para viajar a Irán es preciso tener visado. (*... il faut ...*)

obligatoire [ɔbligatwaʀ] *adj* obligatorio(-a)

obligatoirement [ɔbligatwaʀmɑ̃] *adv* (*nécessairement*) obligatoriamente; (*fatalement*) a la fuerza

obligé, e [ɔbliʒe] *adj* obligado(-a); **être très ~ à qn** estar muy agradecido a algn; **je suis ~ de le faire** estoy obligado a hacerlo

obligeance [ɔbliʒɑ̃s] *nf* : **avoir l'~ de** tener la bondad de

obliger [ɔbliʒe] *vt* obligar; (*aider, rendre service à*) : **votre offre m'oblige beaucoup** le agradezco mucho que se haya ofrecido

oblique [ɔblik] *adj* oblicuo(-a); **regard ~** mirada torcida; **en ~** en diagonal

obliquer [ɔblike] *vi* : **~ vers** torcer a

oblitérer [ɔbliteʀe] *vt* (*Postes*) matar; (*Méd*) obliterar

oblong, oblongue [ɔblɔ̃, ɔ̃g] *adj* oblongo(-a)

obnubiler [ɔbnybile] *vt* obsesionar

obscène [ɔpsɛn] *adj* obsceno(-a)

obscur, e [ɔpskyʀ] *adj* oscuro(-a); (*inconnu*) desconocido(-a)

obscurcir [ɔpskyʀsiʀ] *vt* oscurecer; **s'obscurcir** *vpr* (*ciel, jour*) oscurecerse

obscurité [ɔpskyʀite] *nf* oscuridad *f*; **dans l'~** en la oscuridad

obsédé, e [ɔpsede] *nm/f* : **un ~ de** un obseso de; **~ sexuel** obseso sexual

obséder [ɔpsede] *vt* obsesionar; **être obsédé par** estar obsesionado por

obsèques [ɔpsɛk] *nfpl* exequias *fpl*

observateur, -trice [ɔpsɛʀvatœʀ, tʀis] *adj, nm/f* observador(a)

observation [ɔpsɛʀvasjɔ̃] *nf* observación *f*; (*d'un règlement*) cumplimiento; **faire une ~ à qn** (*reproche*) criticarle a algn; **en ~** (*Méd*) en observación; **avoir l'esprit d'~** tener un espíritu observador

observatoire [ɔpsɛʀvatwaʀ] *nm* observatorio; (*lieu élevé*) puesto de observación
observer [ɔpsɛʀve] *vt* observar; (*remarquer*) notar; **s'observer** *vpr* controlarse; **faire ~ qch à qn** hacer ver algo a algn
obsession [ɔpsesjɔ̃] *nf* obsesión *f*; **avoir l'~ de** estar obsesionado(-a) por
obsolescence [ɔpsɔlesɑ̃s] *nf* obsolescencia; **l'~ programmée** la obsolescencia programada
obstacle [ɔpstakl] *nm* obstáculo; **faire ~ à** obstaculizar
obstination [ɔpstinasjɔ̃] *nf* obstinación *f*
obstiné, e [ɔpstine] *adj* (*caractère*) obstinado(-a); (*effort*) tenaz
obstiner [ɔpstine] : **s'obstiner** *vpr* obstinarse; **s'~ à faire qch** empeñarse en hacer algo; **s'~ sur qch** obcecarse con algo
obstruer [ɔpstʀye] *vt* obstruir; **s'obstruer** *vpr* obstruirse
obtenir [ɔptəniʀ] *vt* conseguir, obtener; (*diplôme*) obtener; **~ de pouvoir faire qch** conseguir poder hacer algo; **~ qch à qn** conseguir algo a algn; **~ de qn qu'il fasse** conseguir que algn haga; **ils ont obtenu satisfaction** se ha accedido a sus demandas
obturateur [ɔptyʀatœʀ] *nm* (*Photo*) obturador *m*
obus [ɔby] *nm* obús *msg*
occasion [ɔkazjɔ̃] *nf* ocasión *f*, oportunidad *f*, chance *m ou f* (AM); (*acquisition avantageuse*) ganga; (*circonstance*) ocasión; **à plusieurs ~s** en varias ocasiones; **à cette/la première ~** en esta/la primera ocasión; **avoir l'~ de faire** tener la oportunidad *ou* la ocasión de hacer; **être l'~ de** ser el momento para; **à l'~** si llega el caso; **à l'~ de** con motivo de; **d'~** de segunda mano, de ocasión
occasionnel, le [ɔkazjɔnɛl] *adj* (*fortuit*) ocasional; (*non régulier*) eventual
occasionner [ɔkazjɔne] *vt* ocasionar, causar; **~ qch à qn** causar algo a algn
occident [ɔksidɑ̃] *nm* (*Géo*) occidente *m*; (*Pol*) : **l'O~** Occidente
occidental, e [ɔksidɑ̃tal, o] *adj* occidental ▸ *nm/f* occidental *m/f*
occulte [ɔkylt] *adj* oculto(-a)
occupation [ɔkypasjɔ̃] *nf* ocupación *f*; **l'O~** (1941–44) la Ocupación
occupé, e [ɔkype] *adj* ocupado(-a); (*ligne téléphonique*) comunicando
occuper [ɔkype] *vt* ocupar; (*surface, période*) cubrir; **s'occuper** *vpr* ocuparse; **s'~ de** (*être responsable de*) encargarse de; (*clients*) ocuparse de; (*s'intéresser à*) dedicarse a; **ça occupe trop de place** esto ocupa demasiado sitio
occurrence [ɔkyʀɑ̃s] *nf*: **en l'~** en este caso
OCDE [ɔsedeə] *sigle f* (= *Organisation de coopération et de développement économique*) OCDE *f* (= *Organización para la Cooperación y el Desarrollo Económico*)
océan [ɔseɑ̃] *nm* océano; **~ Indien** Océano Índico
Océanie [ɔseani] *nf* Oceanía
océanographe [ɔseanɔgʀaf] *nm/f* oceanógrafo(-a)
ocre [ɔkʀ] *adj inv* ocre *inv*
octave [ɔktav] *nf* octava
octet [ɔktɛ] *nm* (*Inform*) byte *m*, octeto
octobre [ɔktɔbʀ] *nm* octubre *m*; *voir aussi* **juillet**
octroyer [ɔktʀwaje] *vt* : **~ qch à qn** (*droit, faveur*) otorgar algo a algn; (*répit*) conceder algo a algn; **s'octroyer** *vpr* (*vacances*) concederse
oculiste [ɔkylist] *nm/f* oculista *m/f*
odeur [ɔdœʀ] *nf* olor *m*; **mauvaise ~** mal olor
odieux, -euse [ɔdjø, jøz] *adj* abominable; (*enfant*) odioso(-a)
odorant, e [ɔdɔʀɑ̃, ɑ̃t] *adj* oloroso(-a)
odorat [ɔdɔʀa] *nm* olfato; **avoir l'~ fin** tener un olfato muy fino
œdème [edɛm] *nm* edema *m*
œil [œj] (*pl* **yeux**) *nm* ojo; **avoir un ~ au beurre noir** *ou* **poché** tener un ojo a la funerala; **à l'~** (*fam*) por la cara; **à l'~ nu** a simple vista; **avoir l'~** estar ojo avizor; **avoir l'~ sur qn** no quitar ojo a algn; **faire de l'~ à qn** guiñar el ojo a algn; **voir qch d'un bon/mauvais ~** ver algo con buenos/malos ojos; **à l'~ vif** de mirada expresiva; **tenir qn à ~** no quitar los ojos de encima a algn; **à mes/ses yeux** para mí/él; **de ses propres yeux** con sus propios ojos; **fermer les yeux (sur)** (*fig*) hacer la vista gorda (a); **ne pas pouvoir fermer l'~** no pegar ojo; **~ pour ~, dent**

pour dent ojo por ojo, diente por diente; **les yeux fermés** a ciegas; **pour ses beaux yeux** (*fig*) por su cara bonita; **~ de verre** ojo de cristal

œil-de-bœuf [œjdəbœf] (*pl* **œils-de-bœuf**) *nm* claraboya

œillères [œjɛʀ] *nfpl* anteojeras *fpl*; **avoir des ~** (*fig : péj*) ser de miras muy estrechas

œillet [œjɛ] *nm* (*Bot*) clavel *m*; (*trou, bordure rigide*) ojete *m*

œuf [œf] *nm* huevo, blanquillo (*Mex*); **étouffer qch dans l'~** cortar algo de raíz; **~ à la coque/au plat/dur** huevo cocido/al plato/duro; **~ de Pâques** huevo de Pascua; **~ mollet** huevo pasado por agua; **~ poché** huevo escalfado; **~s brouillés** huevos *mpl* revueltos

œuvre [œvʀ] *nf* obra; (*organisation charitable*) obra benéfica ▶ *nm* (*d'un artiste*) obra; (*Constr*) : **le gros ~** el armazón; **œuvres** *nfpl* (*Rel*) obras *fpl*; **être/se mettre à l'~** estar/ponerse manos a la obra; **mettre en ~** poner en práctica; **bonnes ~s, ~s de bienfaisance** obras de caridad; **~ d'art** obra de arte

offense [ɔfɑ̃s] *nf* ofensa, agravio; (*Rel*) ofensa

offenser [ɔfɑ̃se] *vt* ofender; (*bon sens, bon goût, principes*) ir contra; **s'~ de qch** ofenderse por algo

offensive [ɔfɑ̃siv] *nf* (*Mil*) ofensiva; (*du froid, de l'hiver*) vuelta; **passer à l'~** pasar a la ofensiva

offert, e [ɔfɛʀ, ɛʀt] *pp de* **offrir**

office [ɔfis] *nm* (*charge*) cargo; (*bureau, agence*) oficina; (*messe*) oficio ▶ *nm ou f* (*pièce*) antecocina; **faire ~ de** hacer las veces de; **d'~** automáticamente; **bons ~s** (*Pol*) buenos oficios *mpl*; **~ du tourisme** oficina de turismo

officiel, le [ɔfisjɛl] *adj* oficial ▶ *nm/f* autoridad *f* (*persona*); (*Sport*) organizador(a)

officier [ɔfisje] *nm* oficial *m/f* ▶ *vi* (*Rel*) oficiar; **~ de police** oficial de policía; **~ ministériel** funcionario(-a) ministerial

officieux, -euse [ɔfisjø, jøz] *adj* oficioso(-a)

offrande [ɔfʀɑ̃d] *nf* regalo; (*Rel*) ofrenda

offrant [ɔfʀɑ̃] *nm* : **vendre/adjuger au plus ~** vender/adjudicar al mejor postor

offre [ɔfʀ] *vb voir* **offrir** ▶ *nf* oferta; **« ~s d'emploi »** « ofertas de empleo »; **~ d'emploi** oferta de empleo; **l'~ gratuite/payante** (*dans les médias*) los contenidos gratuitos/de pago; **~ publique d'achat** oferta pública de compra; **~s de service** ofertas de servicio

offrir [ɔfʀiʀ] *vt* regalar, ofrecer; (*proposer*) ofrecer; (*Comm*) ofertar; (*présenter*) presentar; **s'offrir** *vpr* (*se présenter*) presentarse; (*vacances*) tomarse; (*voiture*) regalarse; **~ (à qn) de faire qch** proponer (a algn) hacer algo; **~ à boire à qn** ofrecer de beber a algn; **~ ses services à qn** ofrecer sus servicios a algn; **~ le bras à qn** ofrecer el brazo a algn; **s'~ aux regards** exponerse a las miradas

OGM [oʒeɛm] *sigle m* (= *organisme génétiquement modifié*) OMG *m* (= *organismo modificado genéticamente*)

oie [wa] *nf* oca; **~ blanche** (*fig, péj*) pava

oignon [ɔɲɔ̃] *nm* cebolla; (*de tulipe etc*) bulbo; (*Méd*) juanete *m*; **ce ne sont pas tes ~s** (*fam*) no es asunto tuyo; **petits ~s** cebolletas *fpl*

oiseau, x [wazo] *nm* ave *f*, pájaro; **~ de nuit** ave nocturna; **~ de proie** ave de rapiña

oisif, -ive [wazif, iv] *adj* ocioso(-a) ▶ *nm/f* (*péj*) holgazán(-ana)

oléoduc [ɔleɔdyk] *nm* oleoducto

olive [ɔliv] *nf* aceituna, oliva ▶ *adj inv* verde oliva *inv*

oliveraie [ɔlivʀɛ] *nf* olivar *m*

olivier [ɔlivje] *nm* olivo

OLP [ɔɛlpe] *sigle f* (= *Organisation de libération de la Palestine*) OLP *f* (= *Organización para la Liberación de Palestina*)

olympique [ɔlɛ̃pik] *adj* olímpico(-a); **piscine ~** piscina olímpica

ombragé, e [ɔ̃bʀaʒe] *adj* (*coin*) con sombra; (*colline*) umbrío(-a); (*avenue*) : **être ~** tener sombra

ombre [ɔ̃bʀ] *nf* sombra; **il n'y a pas l'~ d'un doute** no hay la menor sombra de duda; **à l'~** (*aussi fam*) a la sombra; **à l'~ de** a la sombra de; (*fig*) al amparo de; **donner/faire de l'~** dar/hacer sombra; **dans l'~** en la sombra; **vivre dans l'~** (*fig*) vivir en la sombra; **laisser qch dans l'~** (*fig*) dejar algo en la sombra; **~ à paupières** sombra de ojos; **~ portée** sombra proyectada; **~s chinoises** sombras *fpl* chinescas

omelette [ɔmlɛt] *nf* tortilla; **~ au fromage/aux herbes** tortilla de queso/a las hierbas; **~ baveuse/flambée** tortilla poco hecha/flambeada; **~ norvégienne** souflé *m* helado

omettre [ɔmɛtʀ] *vt* omitir; **~ de faire qch** omitir hacer algo

omoplate [ɔmɔplat] *nf* omóplato, omoplato

on [ɔ̃]

pron **1** (*indéterminé*) : **on peut le faire ainsi** se puede hacer así
2 (*quelqu'un*) : **on frappe à la porte** llaman a la puerta; **on les a attaqués** les atacaron; **on vous demande au téléphone** le llaman por teléfono
3 (*nous*) nosotros(-as); **on va y aller demain** vamos a ir (allí) mañana
4 (*les gens*) : **autrefois, on croyait ...** antes, se creía ...; **on dit que ...** dicen que ..., se dice que ...
5 : **on ne peut plus** : **il est on ne peut plus stupide** no puede ser más estúpido

oncle [ɔ̃kl] *nm* tío

onctueux, -euse [ɔ̃ktɥø, øz] *adj* cremoso(-a)

onde [ɔ̃d] *nf* onda; **sur les ~s** en antena; **mettre en ~s** difundir por radio; **grandes/petites ~s** onda *fsg* larga/media; **~ de choc** onda expansiva; **~s courtes** onda *fsg* corta; **~s moyennes** onda *fsg* media; **~s sonores** ondas *fpl* acústicas

ondée [ɔ̃de] *nf* chaparrón *m*

on-dit [ɔ̃di] *nm inv* rumor *m*

onduler [ɔ̃dyle] *vi* ondular; (*route*) serpentear

onéreux, -euse [ɔneʀø, øz] *adj* oneroso(-a)

ONG [ɔɛnʒe] *sigle f* (*= organisation non-gouvernementale*) ONG *f* (*= organización no gubernamental*)

ongle [ɔ̃gl] *nm* uña; **se ronger les ~s** morderse las uñas; **se faire les ~s** arreglarse las uñas

ont [ɔ̃] *vb voir* **avoir**

ONU [ɔny] *sigle f* (*= Organisation des Nations unies*) ONU *f* (*= Organización de las Naciones Unidas*)

onze ['ɔ̃z] *adj inv, nm inv* once *m inv* ▶ *nm* (*Football*) : **le ~ tricolore** *la selección francesa de fútbol*; *voir aussi* **cinq**

onzième ['ɔ̃zjɛm] *adj, nm/f* undécimo(-a) ▶ *nm* (*partitif*) onceavo; *voir aussi* **cinquième**

OPA [ɔpea] *sigle f* (*= offre publique d'achat*) OPA *f* (*= Oferta Pública de Adquisición*); **~ hostile** OPA hostil

opacité [ɔpasite] *nf* opacidad *f*

opale [ɔpal] *nf* ópalo

opaque [ɔpak] *adj* opaco(-a); (*fig*) : **des pratiques ~s** prácticas opacas; **~ à** opaco(-a) a

opéra [ɔpeʀa] *nm* ópera

opérateur, -trice [ɔpeʀatœʀ, tʀis] *nm/f* operador(a); **les ~s de téléphonie mobile** los operadores de telefonía móvil; **~ de prise de vues** operador(a) de cámara

opération [ɔpeʀasjɔ̃] *nf* operación *f*; **salle d'~** quirófano; **table d'~** mesa de operaciones; **~ à cœur ouvert** operación a corazón abierto; **~ de sauvetage** maniobra de salvamento; **~ publicitaire** campaña publicitaria

opératoire [ɔpeʀatwaʀ] *adj* operatorio(-a); (*choc*) postoperatorio(-a); **bloc ~** quirófano

opérer [ɔpeʀe] *vt* operar; (*faire, exécuter*) realizar ▶ *vi* (*agir*) hacer efecto; (*Méd*) operar; **s'opérer** *vpr* realizarse; **~ qn des amygdales/du cœur** operar a algn de las anginas/del corazón; **se faire ~** operarse

opérette [ɔpeʀɛt] *nf* opereta

ophtalmologue [ɔftalmɔlɔg] *nm/f* oftalmólogo(-a)

opiner [ɔpine] *vi* : **~ de la tête** asentir con la cabeza; **~ à** asentir a

opinion [ɔpinjɔ̃] *nf* opinión *f*; (*point de vue*) posición *f*; **opinions** *nfpl* convicciones *fpl*, ideas *fpl*; **avoir (une) bonne/mauvaise ~ de** tener buena/mala opinión de; **l'~ américaine/ouvrière** la posición americana/obrera; **l'~ (publique)** la opinión pública

On peut dire aussi :
¿Qué piensas de su actitud? (*Que penses-tu de ... ?*)
¿Qué te parece mi trabajo? (*Que penses-tu de ... ?*)
¿Crees que le gustará el regalo? (*Tu crois que ... ?*)
¿Qué opina de la exportación de animales vivos? (*Qu'est-ce que vous pensez de... ?*)
Me gustaría saber tu opinión. (*J'aimerais connaître ton opinion.*)

opportun, e [ɔpɔʀtœ̃, yn] *adj* oportuno(-a); **en temps ~** en el momento oportuno

opportuniste [ɔpɔʀtynist] *adj, nm/f* oportunista *m/f*

opposant, e [ɔpozɑ̃, ɑ̃t] *nm/f* opositor(a); **opposants** *nmpl* opositores *mpl*

opposé, e [ɔpoze] *adj* opuesto(-a) ▸ *nm* : **l'~** (*contraire*) lo opuesto; **il est tout l'~ de son frère** es todo lo contrario de su hermano; **être ~ à** ser opuesto a; **à l'~** (*direction*) en dirección contraria; (*fig*) al contrario; **à l'~ de** al otro lado de; (*fig*) totalmente opuesto(-a) a; (*contrairement à*) al contrario de

opposer [ɔpoze] *vt* (*résistance*) oponer; (*suj : conflit*) dividir; (*couleurs*) contrastar; (*rapprocher, comparer*) contrastar; **s'opposer** *vpr* oponerse; **~ qch à** (*comme obstacle, défense*) interponer algo en; (*comme objection*) objetar algo contra; **s'~ à** oponerse a, enfrentarse a; **sa religion s'y oppose** su religión se lo impide; **s'~ à ce que qn fasse** oponerse a que algn haga

opposition [ɔpozisjɔ̃] *nf* oposición *f*; (*entre deux personnes etc*) enfrentamiento; (*contraste*) contraste *m*; **par ~** por oposición; **par ~ à** a diferencia de; **entrer en ~ avec qn** entrar en conflicto con algn; **être en ~ avec** estar en contra de; **faire ~ à un chèque** bloquear un cheque

oppressant, e [ɔpʀesɑ̃, ɑ̃t] *adj* agobiante

oppresser [ɔpʀese] *vt* oprimir; (*chaleur*) agobiar; **se sentir oppressé** sentirse oprimido

oppression [ɔpʀesjɔ̃] *nf* opresión *f*; (*physique*) agobio

opprimer [ɔpʀime] *vt* oprimir

opter [ɔpte] *vi* : **~ pour/entre** optar por/entre

opticien, ne [ɔptisjɛ̃, jɛn] *nm/f* óptico(-a)

optimal, e, -aux [ɔptimal, o] *adj* óptimo(-a)

optimiser [ɔptimize] *vt* optimizar

optimisme [ɔptimism] *nm* optimismo

optimiste [ɔptimist] *adj, nm/f* optimista *m/f*

option [ɔpsjɔ̃] *nf* (*aussi Comm, Auto, Jur*) opción *f*; (*Scol*) optativa; **matière/texte à ~** (*Scol*) asignatura optativa/texto optativo; **prendre une ~ sur** (*Jur*) tomar opción por

optique [ɔptik] *adj* óptico(-a) ▸ *nf* óptica; (*fig*) enfoque *m*

or [ɔʀ] *nm* oro ▸ *conj* ahora bien; **d'or** (*fig*) de oro; **en or** (*aussi fig*) de oro; **un mari/enfant en or** un marido/hijo de oro; **affaire en or** negocio magnífico; (*objet*) ganga; **plaqué or** chapado en oro; **or blanc/jaune** oro blanco/amarillo; **or noir** oro negro

orage [ɔʀaʒ] *nm* (*aussi fig*) tormenta

orageux, -euse [ɔʀaʒø, øz] *adj* (*aussi fig*) tormentoso(-a); (*chaleur*) bochornoso(-a)

oral, e, -aux [ɔʀal, o] *adj* oral ▸ *nm* (*Scol*) oral *m*; **par voie orale** (*Méd*) por vía oral

orange [ɔʀɑ̃ʒ] *nf* naranja ▸ *adj inv* naranja *inv* ▸ *nm* (*couleur*) naranja *m*; **~ amère** naranja amarga; **~ pressée** zumo de naranja natural; **~ sanguine** naranja sanguina *ou* agria

orangé, e [ɔʀɑ̃ʒe] *adj* anaranjado(-a), naranja *inv*

orangeade [ɔʀɑ̃ʒad] *nf* naranjada

oranger [ɔʀɑ̃ʒe] *nm* naranjo

orangeraie [ɔʀɑ̃ʒʀɛ] *nf* naranjal *m*

orangerie [ɔʀɑ̃ʒʀi] *nf* invernadero de naranjos

orateur, -trice [ɔʀatœʀ, tʀis] *nm/f* orador(a)

orbite [ɔʀbit] *nf* (*Anat, Phys*) órbita; **placer/mettre un satellite sur** *ou* **en ~** poner/situar un satélite en órbita; **dans l'~ de** (*fig*) en la órbita de; **mettre sur ~** (*fig*) poner en órbita

orchestre [ɔʀkɛstʀ] *nm* orquesta; (*de jazz, danse*) orquesta, grupo; (*Théâtre, Ciné : places*) patio de butacas; (*: spectateurs*) platea

orchestrer [ɔʀkɛstʀe] *vt* orquestar; (*fig*) orquestar, organizar

orchidée [ɔʀkide] *nf* orquídea

ordi [ɔʀdi] (*fam*) *nm* ordenata *m*

ordinaire [ɔʀdinɛʀ] *adj* ordinario(-a); (*coutumier, de tous les jours*) corriente ▸ *nm* (*menus*) : **l'~** lo corriente ▸ *nf* (*essence*) normal *f*; **d'~** por lo general, corrientemente; **à l'~** de costumbre; **sortir de l'~** salirse de lo corriente

ordinateur [ɔʀdinatœʀ] *nm* ordenador *m*; **~ portable** (ordenador) portátil *m*

ordonnance [ɔʀdɔnɑ̃s] *nf* (*Méd*) receta, prescripción *f*; (*décret*) mandamiento judicial, mandato; (*Mil*) ordenanza, reglamento; **~ de non-lieu** (*Jur*) auto de sobreseimiento; **d'~** (*arme*) reglamentario(-a)

ordonné, e [ɔʀdɔne] *adj* ordenado(-a)

ordonner [ɔʀdɔne] *vt* ordenar, arreglar; (*Rel, Math*) ordenar; (*Méd*) recetar, prescribir; **s'ordonner** *vpr* ordenarse; **~ à qn de faire** ordenar *ou* mandar a algn que haga; **~ le huis clos** (*Jur*) ordenar que la audiencia sea a puerta cerrada

ordre [ɔʀdʀ] *nm* orden *m*; (*directive, Rel*) orden *f*; (*association professionnelle*) colegio; **ordres** *nmpl* (*Rel*) : **être/entrer dans les ~s** pertenecer/entrar en las órdenes; **mettre en ~** poner en orden; **avoir de l'~** tener orden, ser ordenado(-a); **procéder par ~** proceder ordenadamente *ou* por orden; **par ~ d'entrée en scène** por orden de aparición; **mettre bon ~ à** poner orden en; **rentrer dans l'~** volver a la normalidad; **je n'ai pas d'~ à recevoir de vous** usted no tiene que darme ninguna orden; **être aux ~s de qn/sous les ~s de qn** estar a las órdenes de algn; **jusqu'à nouvel ~** hasta nuevo aviso; **rappeler qn à l'~** llamar a algn al orden; **donner (à qn) l'~ de** dar (a algn) la orden de; **payer à l'~ de** (*Comm*) pagar a la orden de; **dans le même ~/un autre ~ d'idées** en el mismo orden/en otro orden de cosas; **d'~ pratique** de orden *ou* tipo práctico; **de premier/second ~** de primer/segundo orden; **~ de grandeur** orden de tamaño; **~ de mission** (*Mil*) orden de misión; **~ du jour** orden del día; **à l'~ du jour** (*fig*) al orden del día; **~ public** orden público

ordure [ɔʀdyʀ] *nf* basura; **ordures** *nfpl* basura *fsg*; **~s ménagères** basura

oreille [ɔʀɛj] *nf* oreja; (*ouïe*) oído; **avoir de l'~** tener oído; **avoir l'~ fine** tener buen oído; **l'~ basse** con las orejas gachas; **se faire tirer l'~** hacerse de rogar; **parler/dire qch à l'~ de qn** hablar/decir algo al oído de algn

oreiller [ɔʀeje] *nm* almohada

oreillons [ɔʀɛjɔ̃] *nmpl* paperas *fpl*

ores [ɔʀ] : **d'~ et déjà** *adv* desde ahora, de aquí en adelante

orfèvre [ɔʀfɛvʀ] *nm/f* orfebre *m/f*; **être ~ en la matière** (*fig*) ser ducho(-a) en la materia

orfèvrerie [ɔʀfɛvʀəʀi] *nf* orfebrería

organe [ɔʀgan] *nm* órgano; (*voix*) voz *f*; (*représentant*) órgano, portavoz *m*; **~s de transmission** (*Tech*) órganos de transmisión

organigramme [ɔʀganigʀam] *nm* organigrama *m*

organique [ɔʀganik] *adj* orgánico(-a)

organisateur, -trice [ɔʀganizatœʀ, tʀis] *nm/f* organizador(a)

organisation [ɔʀganizasjɔ̃] *nf* organización *f*; **O~ des Nations unies** Organización de Naciones Unidas; **O~ du traité de l'Atlantique Nord** Organización del tratado del Atlántico Norte; **O~ mondiale de la santé** Organización mundial de la salud

organiser [ɔʀganize] *vt* organizar; (*mettre sur pied*) organizar, preparar; **s'organiser** *vpr* (*personne*) organizarse; (*choses*) arreglarse, ordenarse

organisme [ɔʀganism] *nm* organismo

organiste [ɔʀganist] *nm/f* organista *m/f*

orgasme [ɔʀgasm] *nm* orgasmo

orge [ɔʀʒ] *nf* cebada

orgue [ɔʀg] *nm* (*Mus*) órgano; **orgues** *nfpl* (*Géo*) basaltos *mpl* prismáticos; **~ de Barbarie** organillo; **~ électrique** *ou* **électronique** órgano electrónico

orgueil [ɔʀgœj] *nm* orgullo, soberbia; **l'~ de** el orgullo de

orgueilleux, -euse [ɔʀgøjø, øz] *adj* orgulloso(-a)

oriental, e, -aux [ɔʀjɑ̃tal, o] *adj* oriental ▸ *nm/f* : **Oriental, e** oriental *m/f*

orientation [ɔʀjɑ̃tasjɔ̃] *nf* orientación *f*; **avoir le sens de l'~** tener sentido de la orientación; **~ professionnelle** orientación profesional

orienté, e [ɔʀjɑ̃te] *adj* (*article, journal*) orientado(-a); **bien/mal ~** (*appartement*) bien/mal orientado(-a); **~ au sud** orientado(-a) al sur

orienter [ɔʀjɑ̃te] *vt* (*situer*) orientar; (*placer : pièce mobile*) colocar; (*tourner*) dirigir; (*voyageur*) orientar, dirigir; **s'orienter** *vpr* orientarse; **(s')~ vers** (*recherches*) orientar(se) *ou* dirigir(se) hacia

origan [ɔʀigɑ̃] *nm* orégano

originaire [ɔʀiʒinɛʀ] *adj* originario(-a);

être ~ de ser originario(-a) *ou* natural de

original, e, -aux [ɔʀiʒinal, o] *adj* original; (*bizarre, curieux*) original, extravagante ▶ *nm/f* (*excentrique*) excéntrico(-a), extravagante *m/f* ▶ *nm* (*document*) original *m*

origine [ɔʀiʒin] *nf* origen *m*; (*d'une idée*) origen, procedencia; **origines** *nfpl* (*d'une personne*) orígenes *mpl*; (*commencements*) : **les ~s de la vie** los orígenes de la vida; **d'~** (*nationalité*) de origen, natural de; (*pneus etc*) de origen; (*bureau postal*) de procedencia; **dès l'~** desde el principio; **à l'~ (de)** al principio (de); **avoir son ~ dans qch** tener su origen en algo

originel, le [ɔʀiʒinɛl] *adj* original

orme [ɔʀm] *nm* olmo

orné, e [ɔʀne] *adj* adornado(-a); **~ de** adornado(-a) con

ornement [ɔʀnəmɑ̃] *nm* adorno; (*garniture*) ornamento; (*fig*) ornato, ornamento; **ornements** *nmpl* : **~s sacerdotaux** ornamentos *mpl* sacerdotales

orner [ɔʀne] *vt* adornar; **~ qch de** adornar algo con

ornière [ɔʀnjɛʀ] *nf* carril *m*; (*fig*) atolladero; **sortir de l'~** (*fig*) salir del atolladero

orphelin, e [ɔʀfəlɛ̃, in] *adj, nm/f* huérfano(-a); **~ de mère/de père** huérfano de madre/de padre

orphelinat [ɔʀfəlina] *nm* orfanato

ORSEC [ɔʀsɛk] *sigle f* = *Organisation des secours*; **le plan ~** *plan de emergencia nacional*

orteil [ɔʀtɛj] *nm* dedo del pie; **gros ~** dedo gordo del pie

orthodoxe [ɔʀtɔdɔks] *adj* ortodoxo(-a)

orthographe [ɔʀtɔgʀaf] *nf* ortografía

orthopédique [ɔʀtɔpedik] *adj* ortopédico(-a)

ortie [ɔʀti] *nf* ortiga

OS [oɛs] *sigle m* = *ouvrier spécialisé*; *voir* **ouvrier**

os [ɔs] *nm* hueso(-a); **os à moelle** hueso de cañada; **os de seiche** jibión *m*

osciller [ɔsile] *vi* oscilar; (*au vent etc*) oscilar, balancearse; **~ entre** (*hésiter*) vacilar *ou* dudar entre

osé, e [oze] *adj* (*tentative*) osado(-a); (*plaisanterie*) atrevido(-a)

oseille [ozɛj] *nf* (*Bot*) acedera; (*fam : argent*) pasta, parné *m*

oser [oze] *vt, vi* osar, atreverse; **~ faire qch** atreverse a hacer algo; **je n'ose pas** no me atrevo

osier [ozje] *nm* mimbre *m*; **d'~, en ~** de mimbre

osseux, -euse [ɔsø, øz] *adj* óseo(-a); (*charpente, carapace*) de hueso, huesoso(-a); (*main, visage*) huesudo(-a)

ostentatoire [ɔstɑ̃tatwaʀ] *adj* ostentoso(-a)

otage [ɔtaʒ] *nm/f* rehén *m/f*; **prendre qn en ~** tomar *ou* coger a algn como rehén

OTAN [ɔtɑ̃] *sigle f* (= *Organisation du traité de l'Atlantique Nord*) OTAN *f* (= *Organización del Tratado del Atlántico Norte*)

otarie [ɔtaʀi] *nf* león *m* marino, otaria

ôter [ote] *vt* quitar; (*soustraire*) quitar, restar; **~ qch de** quitar algo de; **~ qch à qn** quitar algo a algn; **6 ôté de 10 égale 4** 10 menos 6 igual a 4

otite [ɔtit] *nf* otitis *f inv*

ou [u] *conj* o, u; **l'un ou l'autre** una u otra; **ou ... ou** o ... o; **ou bien** o bien

où [u]

▶ *pron relatif* **1** (*lieu*) donde, en que; **la chambre où il était** la habitación en que *ou* donde estaba; **le village d'où je viens** el pueblo de donde vengo; **les villes par où il est passé** las ciudades por donde pasó

2 (*direction*) adonde; **la ville où je me rends** la ciudad adonde me dirijo

3 (*temps, état*) (en) que; **le jour où il est parti** el día (en) que se marchó; **au prix où c'est** al precio que está

▶ *adv* **1** (*interrogatif*) ¿dónde?; **où est-il ?** ¿dónde está?; **par où ?** ¿por dónde?

2 (*direction*) (a)dónde; **où va-t-il ?** ¿(a)dónde va?

3 (*relatif*) donde; **je sais où il est** sé donde está; **où que l'on aille** vayamos donde vayamos, dondequiera que vayamos

ouate ['wat] *nf* algodón *m*, guata; **~ hydrophile/de cellulose** algodón hidrófilo/de celulosa

oubli [ubli] *nm* olvido; **le droit à l'~** (*Méd, Internet*) derecho al olvido; **tomber dans l'~** caer en el olvido

oublier [ublije] *vt* olvidar; (*ne pas mettre*) olvidar, omitir; (*famille*) descuidar;

(*responsabilités*) descuidar, olvidar; **s'oublier** *vpr* olvidarse; (*euph*) orinarse, mearse; **~ que/de faire qch** olvidar que/olvidar hacer algo; **~ l'heure** olvidar la hora

ouest [wɛst] *nm* oeste *m* ▸ *adj inv* oeste; **l'O~** (*région, Pol*) el Oeste; **à l'~ (de)** al oeste (de); **vent d'~** viento del oeste

ouf ['uf] *excl* uf

oui ['wi] *adv* sí; **répondre ~** responder que sí; **mais ~, bien sûr** pues claro que sí, naturalmente; **je suis sûr que ~** estoy seguro que sí; **je pense que ~** creo que sí; **pour un ~ ou pour un non** por un quítame allá esas pajas

ouï-dire ['widiʀ] *nm inv* : **par ~** de oídas

ouïe [wi] *nf* oído; **ouïes** *nfpl* (*de poisson*) agallas *fpl*; (*d'un violon*) eses *fpl*

ouragan [uʀagɑ̃] *nm* huracán *m*

ourlet [uʀlɛ] *nm* (*Couture*) dobladillo; (*de l'oreille*) repliegue *m*; **faire un ~ à** hacer un dobladillo a

ours [uʀs] *nm inv* oso; (*homme insociable*) oso, cardo; **~ blanc/brun** oso blanco/pardo; **~ en peluche** oso de peluche; **~ mal léché** oso, hurón *m*

oursin [uʀsɛ̃] *nm* erizo de mar

ourson [uʀsɔ̃] *nm* osezno(-a)

ouste [ust] *excl* ¡fuera!, ¡largo de aquí!

outil [uti] *nm* herramienta; **~ de travail** herramienta de trabajo

outiller [utije] *vt* equipar de herramienta *ou* de maquinaria

outrage [utʀaʒ] *nm* ultraje *m*; **faire subir les derniers ~s à** (*femme*) someter a los peores ultrajes a; **~ à la pudeur** (*Jur*) ultraje al pudor; **~ à magistrat** (*Jur*) ultraje *ou* injurias *fpl* a un magistrado; **~ aux bonnes mœurs** (*Jur*) ultraje a las buenas costumbres

outrance [utʀɑ̃s] *nf* exageración *f*, exceso; **à ~** a ultranza

outre [utʀ] *nf* odre *m* ▸ *prép* además de ▸ *adv* : **passer ~** hacer caso omiso; **passer ~ à** hacer caso omiso a; **en ~** además, por añadidura; **~ que** además de que; **~ mesure** sin medida, desmesuradamente

outre-Atlantique [utʀatlɑ̃tik] *adv* al otro lado del Atlántico

outremer [utʀəmɛʀ] *adj* : **bleu/ciel ~** azul/cielo de ultramar

outre-mer [utʀəmɛʀ] *adv* ultramar; **d'~** de ultramar, ultramarino(-a)

ouvert, e [uvɛʀ, ɛʀt] *pp de* **ouvrir** ▸ *adj* (*aussi fig*) abierto(-a); **à bras ~s** con los brazos abiertos; **à livre ~** como un libro abierto; (*traduire*) de corrido; **à cœur ~** (*fig*) con el corazón en la mano

ouvertement [uvɛʀtəmɑ̃] *adv* (*agir, dire*) abiertamente

ouverture [uvɛʀtyʀ] *nf* apertura; (*orifice, Mus*) obertura; **ouvertures** *nfpl* (*offres*) propuestas *fpl*; **l'~** (*Pol*) la apertura; **~ (du diaphragme)** (*Photo*) abertura (del diafragma); **heures/jours d'~** (*Comm*) horas *fpl*/días *mpl* de apertura; **~ d'esprit** apertura de ideas, amplitud *f* de ideas

ouvrable [uvʀabl] *adj* : **jour ~** día *m* laborable; **heures ~s** horas *fpl* laborables

ouvrage [uvʀaʒ] *nm* obra; **panier** *ou* **corbeille à ~** cesta de costura; **~ d'art** (*Génie Civil*) obra de ingeniería

ouvré, e [uvʀe] (*Admin*) : **jour ~** día *m* laborable

ouvre-boîte [uvʀəbwat] (*pl* **ouvre-boîtes**) *nm* abrelatas *m inv*

ouvre-bouteille [uvʀəbutɛj] (*pl* **ouvre-bouteilles**) *nm* abrebotellas *m inv*

ouvrier, -ière [uvʀije, ijɛʀ] *nm/f* obrero(-a) ▸ *nf* (*Zool*) obrera ▸ *adj* obrero(-a); (*conflits*) laboral; (*revendications*) obrero(-a); **classe ouvrière** clase *f* obrera; **~ agricole** trabajador *m* agrario; **~ qualifié** obrero calificado; **~ spécialisé** obrero especialista

ouvrir [uvʀiʀ] *vt* abrir; (*fonder*) abrir, fundar; (*commencer*) abrir, empezar ▸ *vi* abrir; **s'ouvrir** *vpr* abrirse; **~** *ou* **s'~ sur** comenzar con; **s'~ à** abrirse a; **s'~ à qn** confiarse a algn; **s'~ les veines** abrirse las venas; **~ l'œil** (*fig*) abrir los ojos, enterarse; **~ l'appétit à qn** abrir el apetito a algn; **~ des horizons/perspectives** abrir horizontes/perspectivas; **~ l'esprit** ampliar *ou* abrir las ideas; **~ une session** (*Inform*) abrir una sesión; **~ à cœur/trèfle** (*Cartes*) abrir *ou* salir con corazones/trébol

ovaire [ɔvɛʀ] *nm* ovario

ovale [ɔval] *adj* oval, ovalado(-a)

ovation [ɔvasjɔ̃] *nf* ovación *f*

OVNI [ɔvni] *sigle m* (= *objet volant non identifié*) OVNI *m* (= *objeto volante no identificado*)

ovule [ɔvyl] *nm* óvulo

oxyder [ɔkside] : **s'oxyder** *vpr* oxidarse

oxygène [ɔksiʒɛn] *nm* oxígeno

oxygéné, e [ɔksiʒene] *adj* : **cheveux ~s** cabellos *mpl* oxigenados; **eau oxygénée** agua oxigenada

ozone [ozon] *nm* ozono

P

PAC [pak] *sigle f* (= *politique agricole commune*) PAC *f* (= *Política Agraria Común*)

pacifique [pasifik] *adj* pacífico(-a) ▶ *nm* : **le P~, l'océan P~** el (Océano) Pacífico

pack [pak] *nm* pack *m*

pacotille [pakɔtij] (*péj*) *nf* pacotilla; **de ~** de pacotilla

PACS [paks] *sigle m* (= *pacte civil de solidarité*) contrato de pareja de hecho

pacte [pakt] *nm* pacto; **~ d'alliance/de non-agression** pacto de alianza/de no agresión

pagaille [pagaj] *nf* (*désordre*) follón *m*, desbarajuste *m*; **en ~** (*en grande quantité*) a porrillo; (*en désordre*) a barullo

page [paʒ] *nf* página ▶ *nm* paje *m*; **mettre en ~s** compaginar; **mise en ~** compaginación *f*; **être à la ~** (*fig*) estar al día; **~ blanche** página en blanco; **~ d'accueil** (*Internet*) página de inicio; **~ de garde** guarda; **~ Web** página web

paie [pɛ] *nf* paga

paiement [pɛmɑ̃] *nm* pago

païen, ne [pajɛ̃, pajɛn] *adj, nm/f* pagano(-a)

paillasson [pajasɔ̃] *nm* felpudo

paille [pɑj] *nf* paja; **être sur la ~** (*être ruiné*) estar a dos velas; **~ de fer** estropajo metálico

paillette [pɑjɛt]: **paillettes** *nfpl* (*décoratives*) lentejuelas *fpl*; **lessive en ~s** detergente *m* en escamas

pain [pɛ̃] *nm* pan *m*; (*Culin* : *de poisson, légumes*) pastel *m*; **petit ~** panecillo; **~ complet** pan integral; **~ d'épice(s)**

alfajor *m*; **~ de campagne/de seigle** pan de pueblo/de centeno; **~ de cire** librillo de cera; **~ de mie** pan de molde; **~ de sucre** pan de azúcar; **~ fantaisie/viennois** pan de lujo/de Viena; **~ grillé** pan tostado; **~ perdu** torrija

pair, e [pɛʀ] *adj* par ▸ *nm* par *m*; **aller** *ou* **marcher de ~ (avec)** correr *ou* ir parejo(-a) (con); **de ~ à ~** (*Inform*: *partage, échanges*) entre pares; **au ~** (*Fin*) a la par; **valeur au ~** valor *m* a la par; **jeune fille au ~** chica au pair

paire [pɛʀ] *nf* par *m*; **une ~ de lunettes/tenailles** un par de gafas/tenazas; **les deux font la ~** son tal para cual

paisible [pezibl] *adj* apacible; (*ville, lac*) tranquilo(-a)

paix [pɛ] *nf* paz *f*; (*fig* : *tranquillité*) paz, sosiego; **faire la ~ avec** hacer las paces con; **vivre en ~ avec** vivir en paz con; **avoir la ~** tener paz

Pakistan [pakistɑ̃] *nm* Paquistán *m*

palais [palɛ] *nm* palacio; (*Anat*) paladar *m*; **le P~ Bourbon** El Palacio Borbón (*sede de la asamblea nacional*); **le P~ de Justice** Palacio de Justicia, la audiencia nacional; **le P~ de l'Elysée** El Palacio del Elíseo (*residencia oficial del Presidente de la República francesa*); **~ des expositions** palacio de exposiciones

pâle [pɑl] *adj* pálido(-a); **une ~ imitation** (*fig*) una pálida imitación; **~ de colère/d'indignation** pálido(-a) de rabia/de indignación; **bleu/vert ~** azul/verde pálido

Palestine [palɛstin] *nf* Palestina

palette [palɛt] *nf* paleta; (*plateau de chargement*) plataforma; **~ riche/pauvre/brillante** (*ensemble de couleurs*) paleta rica/pobre/brillante

palétuvier [paletyvje] *nm* mangle *m*

pâleur [pɑlœʀ] *nf* palidez *f*

palier [palje] *nm* (*d'escalier*) rellano; (*d'un graphique*) nivel *m*; (*phase stable*) nivel estable; **par ~s** (*progresser*) gradualmente

pâlir [pɑliʀ] *vi* (*personne*) palidecer; (*couleur*) decolorar; **faire ~ qn** hacer palidecer a algn

palissade [palisad] *nf* empalizada

palissandre [palisɑ̃dʀ] *nm* palisandro

palliatif, -ive [paljatif, iv] *adj* paliativo(-a) ▸ *nm* paliativo

pallier [palje] *vt* paliar

palme [palm] *nf* palma; (*de plongeur*) aleta; **~s académiques** *galardón al mérito académico*

palmé, e [palme] *adj* palmeado(-a)

palmeraie [palməʀɛ] *nf* palmeral *m*

palmier [palmje] *nm* palmera

pâlot, e [pɑlo, ɔt] *adj* paliducho(-a)

palourde [paluʀd] *nf* almeja

palper [palpe] *vt* palpar

palpitant, e [palpitɑ̃, ɑ̃t] *adj* palpitante

palpiter [palpite] *vi* palpitar

paludisme [palydism] *nm* paludismo

pamphlet [pɑ̃flɛ] *nm* panfleto

pamplemousse [pɑ̃pləmus] *nm* pomelo

pan [pɑ̃] *nm* (*d'un manteau, rideau*) faldón *m*; (*côté*) cara; (*d'affiche etc*) lado ▸ *excl* ¡pum!; **~ de chemise** pañal *m*; **~ de mur** lienzo de pared

panache [panaʃ] *nm* (*de plumes*) penacho; **avoir du/aimer le ~** (*fig*) tener caballerosidad/gustarle a algn la caballerosidad

panaché, e [panaʃe] *adj* : **œillet ~** clavel *m* matizado ▸ *nm* (*bière*) clara, cerveza con gaseosa; **glace panachée** helado de varios gustos

panais [panɛ] *nm* pastinaca

pancarte [pɑ̃kaʀt] *nf* (*affiche, écriteau*) cartel *m*; (*dans un défilé*) pancarta

pancréas [pɑ̃kʀeas] *nm* páncreas *m inv*

pané, e [pane] *adj* empanado(-a)

panier [panje] *nm* cesta; **le ~ de la ménagère** la cesta de la compra; **mettre au ~** tirar a la basura; **~ à provisions** cesta de la compra; **~ à salade** (*Culin*) escurridor *m*; (*Police*) coche *m* celular; **~ de crabes** (*fig*) nido de víboras; **~ percé** (*fig*) manirroto(-a)

panier-repas [panjeʀ(ə)pɑ] (*pl* **paniers-repas**) *nm* almuerzo

panique [panik] *nf* pánico ▸ *adj* : **peur ~** miedo cerval; **terreur ~** terror *f* pánico

paniquer [panike] *vt* aterrorizar ▸ *vi* aterrorizarse, espantarse

panne [pan] *nf* (*d'un mécanisme, moteur*) avería; **mettre en ~** (*Naut*) ponerse al pairo, pairar; **être/tomber en ~** tener una avería, descomponerse/estar descompuesto (*esp Mex*); **tomber en ~ d'essence** *ou* **sèche** quedarse sin gasolina; **~ d'électricité** *ou* **de courant** corte *m* eléctrico

panneau, x [pano] *nm* (*écriteau*) letrero; (*de boiserie, de tapisserie*) panel *m*; **tomber dans le ~** caer en la trampa; **~ d'affichage** tablón *m* de anuncios; **~ de signalisation** señal *f* de tráfico; **~ électoral** panel electoral; **~ indicateur** panel indicador; **~ publicitaire** valla publicitaria

panoplie [panɔpli] *nf* (*d'armes*) panoplia; (*fig*) arsenal *m*; **~ de pompier/d'infirmière** disfraz *m* de bombero/de enfermera

panorama [panɔʀama] *nm* panorama *m*

panse [pɑ̃s] *nf* panza

pansement [pɑ̃smɑ̃] *nm* venda, apósito; **~ adhésif** tirita, curita (AM)

pantacourt [pɑ̃takuʀ] *nm* pantalón *m* pirata *inv*, pantalones *mpl* pirata *inv*

pantalon [pɑ̃talɔ̃] *nm* pantalón *m*, pantalones *mpl*; **~ de golf/de pyjama** pantalón de golf/de pijama; **~ de ski** pantalón de esquí

panthère [pɑ̃tɛʀ] *nf* pantera

pantin [pɑ̃tɛ̃] *nm* (*marionnette*) pelele *m*, monigote *m*; (*péj : personne*) pelele

pantouflard, e [pɑ̃tuflaʀ, aʀd] (*péj*) *adj* casero(-a)

pantoufle [pɑ̃tufl] *nf* zapatilla

PAO [peao] *sigle f* (= *publication assistée par ordinateur*) edición *f* asistida por ordenador, autoedición *f*

paon [pɑ̃] *nm* pavo real

papa [papa] *nm* papá *m*

papaye [papaj] *nf* papaya

pape [pap] *nm* papa *m*

paperasse [papʀas] (*péj*) *nf*: **des ~s** *ou* **de la ~** papelotes *mpl*; (*administrative*) papeles *mpl*

paperasserie [papʀasʀi] (*péj*) *nf* papelorio; (*administrative*) papeleo

papeterie [papɛtʀi] *nf* (*fabrication du papier*) industria papelera; (*usine*) papelera; (*magasin*) papelería; (*articles*) artículos *mpl* de papelería

papi [papi] (*fam*) *nm* abuelito

papier [papje] *nm* papel *m*; (*article*) artículo; (*écrit officiel*) documento; **papiers** *nmpl* (*aussi* : **papiers d'identité**) documentación *f*, papeles *mpl*; **sur le ~** (*théoriquement*) en teoría; **jeter une phrase sur le ~** poner una frase sobre el papel; **noircir du ~** emborronar papel; **~ à dessin** papel de dibujo; **~ à lettres** papel de cartas; **~ bible/pelure** papel biblia/cebolla; **~ bulle/calque** papel de estraza/de calcar; **~ buvard/carbone** papel secante/carbón; **~ collant** papel de goma; **~ couché/glacé** papel cuché/glaseado; **~ (d')aluminium** papel de aluminio; **~ d'Arménie** papel de Armenia; **~ d'emballage** papel de envolver; **~ de brouillon** papel de borrador; **~ de verre** papel de lija; **~ gommé/thermique** papel engomado/térmico; **~ hygiénique** papel higiénico; **~ journal** papel de periódico; **~ kraft/mâché** papel kraft/maché; **~ machine** papel de máquina de escribir; **~ peint** papel pintado

papillon [papijɔ̃] *nm* mariposa; (*contravention : fam*) multa; (*écrou*) tuerca de mariposa; **~ de nuit** mariposa nocturna

papillonner [papijɔne] *vi* mariposear

papillote [papijɔt] *nf* papillote *m*

papoter [papɔte] *vi* parlotear

paprika [papʀika] *nm* paprika *m*

paquebot [pak(ə)bo] *nm* paquebote *m*

pâquerette [pɑkʀɛt] *nf* margarita

Pâques [pɑk] *nfpl* (*fête*) Pascua *fsg* ▶ *nm* (*période*) Semana Santa; **l'île de ~** la isla de Pascua

paquet [pakɛ] *nm* paquete *m*; (*de linge, vêtements*) bulto; (*tas*) : **un ~ de** un manojo de; **paquets** *nmpl* (*bagages*) bultos *mpl*; **mettre le ~** (*fam*) poner toda la carne en el asador; **~ de mer** golpe *m* de mar; **~ fiscal** paquete fiscal

paquet-cadeau [pakɛkado] (*pl* **paquets-cadeaux**) *nm* paquete *m* regalo *inv*

par [paʀ]

prép **1** (*agent, cause*) por; **par amour** por amor; **peint par un grand artiste** pintado por un gran artista

2 (*lieu, direction*) por; **passer par Lyon/la côte** pasar por Lyon/la costa; **par la fenêtre** (*jeter, regarder*) por la ventana; **par le haut/bas** por arriba/abajo; **par ici** por aquí; **par où ?** ¿por dónde?; **par là** por allí; **par-ci, par-là** aquí y allá; **être/jeter par terre** estar en el/tirar al suelo

3 (*fréquence, distribution*) por; **trois fois par semaine** tres veces por *ou* a la semana; **trois par jour/par personne**

pa

tres al día/por persona; **par centaines** a cientos, a centenares; **deux par deux** (*marcher, entrer*) de dos en dos
4 (*moyen*) por; **par la poste** por correo
5 (*manière*) : **prendre par la main** coger *ou* agarrar de la mano; **prendre par la poignée** coger *ou* agarrar por el asa; **finir** *etc* **par** terminar *etc* por; **le film se termine par une scène d'amour** la película termina con una escena de amor; **Pau commence par la lettre « p »** Pau empieza por « p »

parabolique [paʀabɔlik] *adj* parabólico(-a)

parachute [paʀaʃyt] *nm* paracaídas *m inv*; **~ ventral** paracaídas de delantal

parachuter [paʀaʃyte] *vt* lanzar en paracaídas; (*fig* : *fam*) nombrar de improviso

parachutiste [paʀaʃytist] *nm/f* paracaidista *m/f*

parade [paʀad] *nf* (*Mil*) desfile *m*; (*de cirque, bateleurs*) cabalgata; (*Escrime, Boxe*) parada; **trouver la ~ à une attaque/mesure** hallar la contrapartida a un ataque/medida

parader [paʀade] *vi* darse postín, pavonearse

paradis [paʀadi] *nm* paraíso; **~ fiscal** paraíso fiscal; **~ terrestre** paraíso terrenal

paradisiaque [paʀadizjak] *adj* paradisiaco(-a)

paradoxal, e, -aux [paʀadɔksal, o] *adj* paradójico(-a)

paradoxe [paʀadɔks] *nm* paradoja

paraffine [paʀafin] *nf* parafina

parages [paʀaʒ] *nmpl* (*Naut*) aguas *fpl*; **dans les ~ (de)** en los alrededores (de)

paragraphe [paʀagʀaf] *nm* párrafo

paraître [paʀɛtʀ] *vb + attribut* parecer, verse (AM) ▸ *vi* (*Presse, Édition*) publicarse; (*sembler*) parecer; (*un certain âge*) aparentar, representar; **aimer/vouloir ~** gustarle a algn/querer aparentar; **il paraît que** parece que; **il me paraît que** me parece que; **il paraît absurde de/préférable que** parece absurdo/preferible que; **laisser ~ qch** dejar ver algo; **il ne paraît pas son âge** no representa su edad

parallèle [paʀalɛl] *adj* paralelo(-a) ▸ *nm* paralelo ▸ *nf* (*ligne*) paralela; **faire un ~ entre** establecer un paralelo entre; **en ~** en paralelo; **mettre en ~** (*choses opposées*) confrontar; (*choses semblables*) cotejar

paralympique [paʀalɛ̃pik] *adj* paralímpico(-a); **Jeux ~s** Juegos Paralímpicos

paralyser [paʀalize] *vt* paralizar

paralysie [paʀalizi] *nf* parálisis *f inv*

paramédical, e, -aux [paʀamedikal, o] *adj* : **personnel ~** personal *m* paramédico

paramètre [paʀamɛtʀ] *nm* parámetro

paraphrase [paʀafʀɑz] *nf* paráfrasis *f inv*

parapluie [paʀaplɥi] *nm* paraguas *m inv*; **~ atomique/nucléaire** paraguas atómico/nuclear

parasite [paʀazit] *nm* parásito ▸ *adj* parásito(-a); **parasites** *nmpl* (*Tél*) parásitos *mpl*

parasol [paʀasɔl] *nm* quitasol *m*

paratonnerre [paʀatɔnɛʀ] *nm* pararrayos *m inv*

paravent [paʀavɑ̃] *nm* biombo; (*fig*) tapadera

parc [paʀk] *nm* parque *m*; (*pour le bétail*) aprisco; (*de stationnement*) aparcamiento; **~ à huîtres** criadero de ostras; **~ automobile** (*d'un pays*) parque automovilístico; (*d'une société*) parque móvil; **~ d'attractions** parque de atracciones; **~ national/naturel** parque nacional/natural; **~ zoologique** parque zoológico

parcelle [paʀsɛl] *nf* (*de terrain*) parcela; (*d'or, de vérité*) partícula

parce que [paʀs(ə)kə] *conj* porque

parchemin [paʀʃəmɛ̃] *nm* pergamino

parcimonie [paʀsimɔni] *nf* parsimonia; **avec ~** con parsimonia

parcmètre [paʀkmɛtʀ], **parcomètre** [paʀkɔmɛtʀ] *nm* parquímetro

parcourir [paʀkuʀiʀ] *vt* recorrer; (*journal, article*) echar un vistazo a; **~ qch des yeux** *ou* **du regard** recorrer algo con la vista

parcours [paʀkuʀ] *nm* (*trajet, itinéraire*) trayecto; (*Sport*) recorrido; **sur le ~** en el trayecto; **~ du combattant** (*Mil*) pista americana

par-dessous [paʀd(ə)su] *prép* por debajo de ▸ *adv* por debajo

pardessus [paʀdəsy] *nm* abrigo

par-dessus [paʀd(ə)sy] *prép* por encima de ▸ *adv* por encima; **~ le marché** para colmo

par-devant [paʀd(ə)vɑ̃] *prép* ante ▸ *adv* por delante

pardon [paʀdɔ̃] *nm* perdón *m* ▸ *excl* ¡perdón!; (*se reprendre*) ¡disculpe!; **demander ~ à qn (de ...)** pedir perdón a algn (por ...); **je vous demande ~** le pido perdón; (*contradiction*) discúlpeme

pardonner [paʀdɔne] *vt* perdonar; **~ qch à qn** perdonar algo a algn; **~ à qn** perdonar a algn; **qui ne pardonne pas** (*maladie, erreur*) que no perdona

pare(-)brise [paʀbʀiz] (*pl* **pare(-)brises**) *nm* parabrisas *m inv*

parechoc *nm* (*pl* **parechocs**), **pare-chocs** *nm inv* [paʀʃɔk] *nm* parachoques *m inv*

pare-feu [paʀfø] (*pl* **pare-feux**) *nm* (*aussi Inform*) cortafuego, cortafuegos *m inv*

pareil, le [paʀɛj] *adj* igual ▸ *adv* : **habillés ~** vestidos de la misma manera; **faire ~** hacer lo mismo; **un courage ~** tal valor; **de ~s livres** tales libros; **j'en veux un ~** quiero uno igual; **rien de ~** nada parecido; **ne pas avoir son (sa) ~(le)** no tener igual; **~ à** parecido(-a) a; **sans ~** sin igual; **c'est du ~ au même** es lo mismo; **en ~ cas** en un caso parecido; **rendre la pareille à qn** pagar a algn con la misma moneda

parent, e [paʀɑ̃, ɑ̃t] *nm/f* pariente(-a) ▸ *adj* : **être ~ de qn** ser pariente de algn; **parents** *nmpl* (*père et mère*) padres *mpl*; (*famille, proches*) parientes *mpl*; **~s adoptifs** padres adoptivos; **~s en ligne directe** parientes por línea directa; **~s par alliance** parientes políticos

parenté [paʀɑ̃te] *nf* (*rapport, lien*) parentesco; **une ~ entre** un parentesco entre

parenthèse [paʀɑ̃tɛz] *nf* paréntesis *m inv*; **ouvrir/fermer la ~** abrir/cerrar el paréntesis; **entre ~s** (*aussi fig*) entre paréntesis; **mettre entre ~s** dejar de lado

parer [paʀe] *vt* (*éviter*) parar; **~ à** (*danger*) precaverse de *ou* contra; (*inconvénient*) protegerse de; **~ à toute éventualité** estar prevenido(-a) contra cualquier eventualidad; **~ au plus pressé** atender lo más urgente

pare-soleil [paʀsɔlɛj] *nm inv* quitasol *m*

paresse [paʀɛs] *nf* pereza, holgazanería

paresseux, -euse [paʀesø, øz] *adj* perezoso(-a), flojo(-a) (AM); (*estomac*) atónico(-a) ▸ *nm* (*Zool*) perezoso

parfait, e [paʀfɛ, ɛt] *adj* perfecto(-a) ▸ *nm* (*Ling*) pretérito perfecto; (*Culin*) helado ▸ *excl* ¡perfecto!, ¡muy bien!

parfaitement [paʀfɛtmɑ̃] *adv* perfectamente ▸ *excl* ¡seguro!, ¡desde luego!; **cela lui est ~ égal** le da completamente igual

parfois [paʀfwa] *adv* a veces

parfum [paʀfœ̃] *nm* perfume *m*; (*d'un tabac, d'un vin*) aroma *m*; (*d'une glace, d'un yaourt*) sabor *m*

parfumé, e [paʀfyme] *adj* perfumado(-a); **~ au café** aromatizado(-a) con café, con sabor a café

parfumer [paʀfyme] *vt* perfumar; (*crème, gâteau*) aromatizar; **se parfumer** *vpr* perfumarse

parfumerie [paʀfymʀi] *nf* perfumería; **rayon ~** sección *f* de perfumería

pari [paʀi] *nm* apuesta

parier [paʀje] *vt* apostar; **j'aurais parié que si/non** hubiera apostado que sí/no

Paris [paʀi] *n* París

parisien, ne [paʀizjɛ̃, jɛn] *adj* (*personne, vie*) parisino(-a); (*Géo, Admin*) parisiense ▸ *nm/f* : **Parisien, ne** parisiense *m/f*

parité [paʀite] *nf* paridad *f*

parjure [paʀʒyʀ] *nm* (*faux serment*) perjurio ▸ *nm/f* (*personne*) perjuro(-a)

parking [paʀkiŋ] *nm* aparcamiento

parlant, e [paʀlɑ̃, ɑ̃t] *adj* (*portrait, image*) vivo(-a), elocuente; (*comparaison, preuve*) concluyente; (*Ciné*) sonoro(-a) ▸ *adv* : **généralement/humainement ~** en términos generales/a nivel humano; **techniquement ~** técnicamente hablando

parlement [paʀləmɑ̃] *nm* parlamento

parlementaire [paʀləmɑ̃tɛʀ] *adj* parlamentario(-a) ▸ *nm/f* parlamentario(-a)

parler [paʀle] *nm* habla ▸ *vi* hablar; **~ de qch/qn** hablar de algo/algn; **~ (à qn) de** hablar (a algn) de; **~ de faire qch** hablar de hacer algo; **~ le/en français** hablar francés/en francés; **~ affaires/politique** hablar de negocios/de política; **~ en dormant** hablar en sueños; **~ du nez** hablar gangoso; **~ par gestes** hablar por señas; **~ en l'air** hablar a la ligera; **sans ~**

de sin hablar de; **tu parles !** ¡ya ves!; **les faits parlent d'eux-mêmes** los hechos hablan por sí mismos; **n'en parlons plus** no se hable más

parloir [paʀlwaʀ] *nm* locutorio

parmesan [paʀməzɑ̃] *nm* parmesano

parmi [paʀmi] *prép* entre, en medio de

paroi [paʀwa] *nf* pared *f*; **~ rocheuse** pared rocosa

paroisse [paʀwas] *nf* parroquia

parole [paʀɔl] *nf* palabra; **paroles** *nfpl* (*d'une chanson*) letra *fsg*; **la bonne ~** la palabra de Dios; **tenir ~** cumplir con su palabra; **n'avoir qu'une ~** no tener más que una palabra; **avoir/prendre la ~** tener/tomar la palabra; **demander/obtenir la ~** pedir/conseguir la palabra; **donner la ~ à qn** conceder la palabra a algn; **perdre la ~** (*fig*) perder la palabra; **sur ~** : **croire qn sur ~** confiar en la palabra de algn; **temps de ~** tiempo asignado para hablar; **histoire sans ~s** historieta muda; **ma ~ !** (*surprise*) ¡pero bueno!, ¡por Dios!; **~ d'honneur** palabra de honor

parquet [paʀkɛ] *nm* (*plancher*) parqué *m*; **le ~** (*Jur*) el tribunal de justicia

parrain [paʀɛ̃] *nm* padrino

parrainer [paʀene] *vt* apadrinar; (*suj : entreprise*) patrocinar

pars [paʀ] *vb voir* **partir**

parsemer [paʀsəme] *vt* : **~ qch de** sembrar algo de

part [paʀ] *vb voir* **partir** ▸ *nf* parte *f*; (*de gâteau, fromage*) trozo, pedazo; (*titre*) acción *f*; **prendre ~ à** (*débat*) tomar parte en; (*soucis, douleur*) compartir; **faire ~ de qch à qn** comunicar algo a algn; **pour ma ~** por mi parte; **à ~ entière** de pleno derecho; **de la ~ de** de parte de; **c'est de la ~ de qui ?** (*au téléphone*) ¿de parte de quién?; **de toute(s) ~(s)** de todas partes; **de ~ et d'autre** a *ou* en ambos lados; **de ~ en ~** de parte a parte; **d'une ~ ... d'autre ~** por una parte ... por otra; **nulle/autre/quelque ~** en ninguna/en otra/en alguna parte; **à ~** aparte : **à ~ cela** aparte de eso, excepto eso; **pour une large/bonne ~** en una larga/buena medida; **prendre qch en bonne/mauvaise ~** tomar algo en buen/mal sentido; **faire la ~ des choses** tener en cuenta las circunstancias, sopesar los pros y los contras

partage [paʀtaʒ] *nm* reparto; **en ~** : **donner/recevoir qch en ~** dar/recibir algo en herencia; **sans ~** (*régner*) sin compartir el poder

partagé, e [paʀtaʒe] *adj* (*opinions, torts*) compartido(-a); (*amour*) correspondido(-a); **être ~ entre** estar dividido(-a) entre; **être ~ sur** estar dividido(-a) en *ou* sobre

partager [paʀtaʒe] *vt* repartir; **se partager** *vpr* repartirse; **~ un gâteau en quatre/une ville en deux** dividir un pastel en cuatro/una ciudad en dos; **~ qch avec qn** compartir algo con algn; **~ la joie de qn/la responsabilité d'un acte** compartir la alegría de algn/la responsabilidad de un acto

partenaire [paʀtənɛʀ] *nm/f* compañero(-a); **~s sociaux** agentes *mpl* sociales

parterre [paʀtɛʀ] *nm* (*de fleurs*) parterre *m*, arriate *m*; (*Théâtre*) patio de butacas

parti [paʀti] *nm* (*Pol*) partido; (*décision*) decisión *f*; (*personne à marier*) : **un beau/riche ~** un buen partido; **tirer ~ de** sacar partido de; **prendre le ~ de faire qch** tomar la decisión de hacer algo; **prendre le ~ de qn** ponerse a favor de algn; **prendre ~ (pour qn)** tomar partido (por algn); **prendre ~ (pour/contre qn)** tomar partido (por/contra algn); **prendre son ~ de qch** resignarse a algo; **~ pris** prejuicio

> **Pour éviter de prendre parti**
> No sabría decir. (*Je ne pourrais pas dire.*)
> Depende. (*Cela dépend.*)
> Depende de lo que entiendas por patriotismo. (*Cela dépend de ce que tu entends par ...*)
> No sé muy bien. (*Je ne sais pas trop.*)
> No estoy seguro. (*Je ne suis pas sûr.*)

partial, e, -aux [paʀsjal, jo] *adj* parcial

participant, e [paʀtisipɑ̃, ɑ̃t] *nm/f* participante *m/f*; (*à un concours*) concursante *m/f*

participation [paʀtisipasjɔ̃] *nf* participación *f*; **la ~ aux frais** la contribución a los gastos; **la ~ aux bénéfices** la participación en los beneficios; **la ~ ouvrière** la participación obrera; **« avec la ~ de »** « con la participación de »

participer [paʀtisipe] : **~ à** *vt indir* participar en; **~ de** participar de

particularité [paʀtikylaʀite] *nf* particularidad *f*

particule [paʀtikyl] *nf* partícula; **~s fines** partículas finas

particulier, -ière [paʀtikylje, jɛʀ] *adj* particular; (*intérêt, style*) propio(-a); (*entretien, conversation*) privado(-a); (*spécifique*) propio(-a), individual ▸ *nm* (*individu*) particular *m*; **« ~ vend ... »** (*Comm*) « particular vende ... »; **avec un soin ~** con un cuidado especial; **avec une attention particulière** con una atención especial; **~ à** propio(-a) de; **en ~** (*précisément*) en concreto; (*en privé*) en privado; (*surtout*) especialmente

particulièrement [paʀtikyljɛʀmɑ̃] *adv* especialmente

partie [paʀti] *nf* parte *f*; (*profession, spécialité*) rama; (*de cartes, tennis, fig*) partida; **~ de campagne/de pêche** salida al campo/de pesca; **en ~** en parte; **faire ~ de qch** formar parte de algo; **prendre qn à ~** habérselas con algn; **en grande/majeure ~** en gran/la mayor parte; **ce n'est que ~ remise** es sólo cosa diferida, otra vez será; **avoir ~ liée avec qn** estar aliado(-a) con algn; **~ civile** (*Jur*) parte civil; **~ publique** (*Jur*) ministerio público

partiel, le [paʀsjɛl] *adj, nm* parcial *m*

partir [paʀtiʀ] *vi* (*gén*) partir; (*train, bus*) salir; (*s'éloigner*) marcharse; (*pétard, fusil*) dispararse; (*bouchon*) saltar; (*cris*) surgir; (*tache*) desaparecer; (*affaire, moteur*) arrancar; **~ de** (*lieu*) salir de; (*suj : personne, route*) partir de; (*date*) comenzar en; (*suj : abonnement*) comenzar a partir de; (*suj : proposition*) nacer de, manar de; **~ pour/à** (*lieu, pays*) salir para/hacia; **~ de rien** comenzar de la nada; **à ~ de** a partir de

partisan, e [paʀtizɑ̃, an] *nm/f* seguidor(a), partidario(-a) ▸ *adj* partidario(-a); **être ~ de qch/de faire qch** ser partidario(-a) de algo/de hacer algo

partition [paʀtisjɔ̃] *nf* (*Mus*) partitura

partout [paʀtu] *adv* por todas partes; **~ où il allait** por dondequiera que iba; **de ~** de todas partes; **trente/quarante ~** (*Tennis*) iguales a treinta/a cuarenta, empate *m* a treinta/a cuarenta

paru, e [paʀy] *pp de* **paraître**

parution [paʀysjɔ̃] *nf* aparición *f*, publicación *f*

parvenir [paʀvəniʀ] : **~ à** *vt indir* llegar a, arribar a (AM); **~ à ses fins/à la fortune/à un âge avancé** alcanzar sus fines/la fortuna/una edad avanzada; **~ à faire qch** (*réussir*) conseguir hacer algo; **faire ~ qch à qn** hacer llegar algo a algn

parvenu, e [paʀvəny] *pp de* **parvenir** ▸ *nm/f* (*péj*) advenedizo(-a)

parvis [paʀvi] *nm* atrio

pas[1] [pa] *nm* paso; **~ à ~** paso a paso; **de ce ~** al momento; **marcher à grands ~** andar dando zancadas; **mettre qn au ~** meter a algn en vereda; **rouler au ~** (*Auto*) ir a paso lento; **au ~ de gymnastique/de course** a paso ligero/a la carrera; **à ~ de loup** con paso sigiloso; **faire les cent ~** ir y venir, ir de un lado para otro; **faire les premiers ~** dar los primeros pasos; **retourner** *ou* **revenir sur ses ~** volver sobre sus pasos; **se tirer d'un mauvais ~** salir del atolladero; **sur le ~ de la porte** en el umbral (de la puerta); **le ~ de Calais** (*détroit*) el paso *ou* estrecho de Calais; **~ de porte** (*Comm*) entrada

pas[2] [pa]

adv 1 (*avec ne, non*) : **ne ... pas** no; **je ne vais pas à l'école** no voy a la escuela; **je ne mange pas de pain** no como pan; **il ne ment pas** no miente; **ils n'ont pas de voiture/d'enfants** no tienen coche/niños; **il m'a dit de ne pas le faire** me ha dicho que no lo haga; **non pas que ...** no es que ...; **je n'en sais pas plus** no sé más; **il n'y avait pas plus de 200 personnes** no había más de 200 personas; **je ne reviendrai pas de sitôt** tardaré en volver; **ils sont quatre et non pas trois** son cuatro y no tres

2 (*sans ne*) : **pas moi** yo no; (*renforçant l'opposition*) : **elle travaille, (mais) lui pas** *ou* **pas lui** ella trabaja, (pero) él no; (*dans des réponses négatives*) : **pas de sucre, merci !** ¡sin azúcar, gracias!; **une pomme pas mûre** una manzana que no está madura; **je suis très content — moi pas** *ou* **pas moi** yo estoy muy contento — yo no; **pas plus tard qu'hier** ayer mismo; **pas du tout** (*réponse*) en absoluto; **ça ne me plaît pas du tout** no me gusta nada; **pas encore** todavía no

3 : **pas mal** *adv* no está mal; **ça va ? — pas mal** ¿qué tal? — bien; **pas mal de** (*beaucoup de*) : **ils ont pas mal d'argent** no andan mal de dinero

passable [pasabl] *adj* pasable

passage [pasaʒ] *nm* paso; (*traversée*) travesía; (*extrait*) pasaje *m*; **sur le ~ du cortège** en el recorrido del cortejo; **«laissez/n'obstruez pas le ~»** «dejen/no impidan el paso»; **de ~** (*touristes*) de paso; (*amants*) de paso, de un día; **au ~** (*en passant*) al paso, de paso; **~ à niveau** paso a nivel; **~ à tabac** paliza; **~ à vide** (*fig*) mal momento; **~ clouté** paso de peatones; **~ interdit** prohibido el paso; **~ protégé/souterrain** paso protegido/subterráneo

passager, -ère [pasaʒe, ɛʀ] *adj* pasajero(-a); (*rue*) concurrido(-a) ▸ *nm/f* pasajero(-a); **~ clandestin(e)** polizón(-ona)

passant, e [pasɑ̃, ɑ̃t] *adj* transitado(-a) ▸ *nm/f* transeúnte *m/f* ▸ *nm* (*d'une ceinture, courroie*) trabilla; **bande passante** (*Inform, Phys*) ancho de banda; *voir aussi* **passer**

passation [pasasjɔ̃] *nf* : **~ des pouvoirs** traspaso de poderes

passe [pas] *nf* pase *m*; (*chenal*) pase, pasaje *m* ▸ *nm* (*passe-partout*) llave *f* maestra; (*de cambrioleur*) ganzúa; **être en ~ de faire** estar a punto de hacer; **être dans une bonne/mauvaise ~** (*fig*) tener buena/mala racha; **~ d'armes** (*fig*) intercambio de réplicas

passé, e [pase] *adj* pasado(-a); (*couleur, tapisserie*) pasado(-a), descolorido(-a) ▸ *prép* : **~ 10 heures/sept ans/ce poids** después de las 10/de siete años/a partir de ese peso ▸ *nm* pasado; (*Ling*) pretérito; **il est midi ~** ya es pasado mediodía *ou* mediodía pasado; **par le ~** hace tiempo, en otro tiempo; **~ de mode** pasado(-a) de moda; **~ simple/composé** perfecto simple/pretérito perfecto

passe-partout [paspaʀtu] *nm inv* llave *f* maestra ▸ *adj inv* : **tenue/phrase ~** vestimenta/frase *f* válida para todo momento

passeport [paspɔʀ] *nm* pasaporte *m*

passer [pase] *vi* pasar; (*air*) correr; (*liquide, café*) filtrarse, colarse; (*couleur, papier*) decolorarse ▸ *vt* pasar; (*obstacle*) pasar, superar; (*doubler*) adelantar, pasar; (*frontière, rivière*) cruzar; (*examen*) hacer; (*réplique, plaisanterie*) dejar pasar; (*film, émission, disque*) poner; (*vêtement*) ponerse; (*café*) filtrar; **se passer** *vpr* (*scène, action*) transcurrir; (*s'écouler*) pasar; (*arriver*) : **que s'est-il passé?** ¿qué ha pasado?; **~ par** pasar por; **~ chez qn** pasar por la casa de algn; **~ sur** (*fig*) pasar por alto; **~ qch (à qn)** (*faute, bêtise*) pasar por alto algo (a algn), aguantar algo (a algn); **~ qch à qn** pasar algo a algn; **~ dans les mœurs/la langue** pasar a las costumbres/a la lengua; **~ avant qch/qn** estar antes de algo/de algn; **~ devant/derrière qn/qch** pasar delante/detrás de algn/algo; **~ devant** (*accusé*) comparecer ante; (*projet de loi*) ser presentado(-a) a; **laisser ~** dejar pasar; **~ dans la classe supérieure** pasar al curso superior; **~ directeur/président** ascender a director/a presidente; **~ la** *ou* **en seconde/troisième** (*Auto*) meter *ou* poner segunda/tercera; **~ à la radio/télévision** salir en la radio/televisión; **~ à l'action** pasar a la acción; **~ aux aveux** decidirse a confesar; **~ inaperçu** pasar desapercibido; **~ outre (à qch)** hacer caso omiso (de algo); **~ pour riche/un imbécile/avoir fait qch** pasar por rico/un imbécil/haber hecho algo; **~ à table** sentarse a la mesa; **~ au salon/à côté** pasar al salón/a la habitación del lado; **~ à l'étranger/à l'opposition/à l'ennemi** pasarse al extranjero/a la oposición/al enemigo; **ne faire que ~** pasar solamente; **passe encore de** todavía pase que; **en passant** : **dire/remarquer qch en passant** decir/señalar algo de pasada; **venir voir qn/faire en passant** venir a ver a algn/hacer de paso; **faire ~ à qn le goût/l'envie de qch** quitarle a algn el gusto/las ganas de algo; **faire ~ qch/qn pour** hacer pasar algo/a algn por; **(faire) ~ qch dans/par** meter algo en/por; **passons** pasemos de eso; **ce film passe au cinéma/à la télé** ponen esa película en el cine/en la tele; **~ une radio/la visite médicale** hacerse una radiografía/un reconocimiento; **~ son chemin** pasar de largo; **je passe mon tour** paso; **~ qch en fraude** pasar algo de contrabando; **~ la tête/la main par la portière** sacar la cabeza/la mano por la ventanilla; **~ l'aspirateur** pasar la aspiradora; **je vous passe M Roux** (*au téléphone*) le pongo *ou* comunico (*AM*) con el Sr. Roux; (*je lui passe l'appareil*) le paso a *ou* con el Sr. Roux; **~ la parole à qn** cederle la palabra a algn; **~ qn par les armes** pasar a algn por las armas; **~ commande** hacer un pedido; **~ un marché/accord** concertar un negocio/acuerdo; **se ~ les mains sous l'eau** lavarse las manos; **se ~ de l'eau sur le visage** echarse agua por la cara; **cela se passe de commentaires** habla por sí solo; **se ~ de qch** (*s'en priver*) pasarse sin algo

passerelle [pɑsʀɛl] *nf* pasarela

passe-temps [pɑstɑ̃] *nm inv* pasatiempo

passible [pasibl] *adj* : **~ de** merecedor(a) de

passif, -ive [pasif, iv] *adj* pasivo(-a) ▸ *nm* (*Ling*) pasiva; (*Comm*) pasivo

passion [pasjɔ̃] *nf* pasión *f*; **avoir la ~ de** tener pasión por; **la ~ du jeu/de l'argent** la pasión por el juego/por el dinero; **fruit de la ~** fruta de la pasión

passionnant, e [pasjɔnɑ̃, ɑ̃t] *adj* apasionante

passionné, e [pasjɔne] *adj* apasionado(-a) ▸ *nm/f* : **~ de** entusiasta *m/f ou* apasionado(-a) de; **être ~ de** ser un(a) apasionado(-a) de

passionnément [pasjɔnemɑ̃] *adv* apasionadamente

passionner [pasjɔne] *vt* apasionar; **se ~ pour qch** apasionarse por algo

passoire [pɑswaʀ] *nf* colador *m*; (*à légumes*) pasapurés *m inv*

pastèque [pastɛk] *nf* sandía

pasteur [pastœʀ] *nm* pastor *m*

pasteuriser [pastœʀize] *vt* pasteurizar

pastille [pastij] *nf* pastilla; **~s pour la toux** pastillas de la tos

pastis [pastis] *nm* anís *msg*

patate [patat] *nf* patata, papa (*AM*); **~ douce** batata, camote *m* (*AM*)

patauger [patoʒe] *vi* (*pour s'amuser*) chapotear; (*avec effort*) atascarse; **~ dans** (*en marchant*) tropezar en; (*exposé, explications*) encasquillarse en, atascarse en

pâte [pɑt] *nf* pasta; (*à frire*) albardilla; **pâtes** *nfpl* (*macaroni etc*) pastas *fpl*; **fromage à ~ dure/molle** queso seco/cremoso; **~ à choux** crema de petisús; **~ à modeler** plastilina; **~ à papier** pasta de papel; **~ brisée** pasta quebrada; **~ d'amandes** pasta de almendra; **~ de fruits** fruta escarchada; **~ feuilletée** masa de hojaldre

pâté [pɑte] *nm* (*Culin*) paté *m*; (*tache d'encre*) borrón *m*; **~ de foie** paté de hígado; **~ de maisons** manzana de casas; **~ de sable** flan *m* de arena; **~ en croûte** paté empanado

pâtée [pɑte] *nf* cebo

patelin [patlɛ̃] (*fam*) *nm* pueblecito

paternaliste [patɛʀnalist] *adj* paternalista

paternel, le [patɛʀnɛl] *adj* paterno(-a)

paternité [patɛʀnite] *nf* paternidad *f*

pâteux, -euse [pɑtø, øz] *adj* pastoso(-a); **avoir la bouche/langue pâteuse** tener la boca/lengua pastosa

pathétique [patetik] *adj* patético(-a)

patiemment [pasjamɑ̃] *adv* pacientemente

patience [pasjɑ̃s] *nf* paciencia; (*Cartes*) solitario; **être à bout de ~** estar a punto de perder la paciencia; **perdre ~** perder la paciencia; **prendre ~** tomárselo con calma

patient, e [pasjɑ̃, jɑ̃t] *adj, nm/f* paciente *m/f*

patienter [pasjɑ̃te] *vi* esperar

patin [patɛ̃] *nm* patín *m*; **~ (de frein)** (*Tech*) zapata; **~s (à glace)** patines *mpl* (de cuchilla); **~s à roulettes** patines de ruedas

patinage [patinaʒ] *nm* patinaje *m*; **~ artistique/de vitesse** patinaje artístico/de velocidad

patiner [patine] *vi* patinar; **se patiner** *vpr* cubrirse de pátina

patineur, -euse [patinœʀ, øz] *nm/f* patinador(a)

patinoire [patinwaʀ] *nf* pista de patinaje

pâtir [pɑtiʀ] : **~ de** *vt indir* padecer de

pâtisserie [pɑtisʀi] *nf* pastelería; (*à la maison*) repostería; **pâtisseries** *nfpl* (*gâteaux*) pasteles *mpl*

pâtissier, -ière [pɑtisje, jɛʀ] *nm/f* pastelero(-a)

patois [patwa] *nm* dialecto

patrie [patʀi] *nf* patria

patrimoine [patʀimwan] *nm* patrimonio; **~ génétique** herencia genética

patriotique [patʀijɔtik] *adj* patriótico(-a)

patron, ne [patʀɔ̃, ɔn] *nm/f* (*chef*) jefe(-a), patrón(-ona); (*propriétaire*) dueño(-a); (*Rel*) patrono(-a) ▸ *nm* (*Couture*) patrón *m*; **~s et employés** patrones *mpl* y empleados

patronat [patʀɔna] *nm* empresariado

patronner [patʀɔne] *vt* (*personne, entreprise*) patrocinar; (*candidature*) apoyar

patrouille [patʀuj] *nf* patrulla; **~ de reconnaissance** patrulla de reconocimiento

patte [pat] *nf* (*d'animal*) pata; (*languette de cuir, d'étoffe*) lengüeta; (*de poche*) solapa; **~s** (*favoris*) patillas *fpl*; **à ~s d'éléphant** (*pantalon*) de pata de elefante; **(se mettre) à quatre ~s** (ponerse) a cuatro patas; **en avoir plein les ~s** (*fam*) estar reventado(-a); **~s de mouche** (*fig*) letra *fsg* de pulga; **~s d'oie** (*rides*) patas *fpl* de gallo

pâturage [pɑtyʀaʒ] *nm* pasto

paume [pom] *nf* palma (de la mano)

paumé, e [pome] (*fam*) *adj* marginado(-a)

paupière [popjɛʀ] *nf* párpado

pause [poz] *nf* (*arrêt, halte*) parada; (*en parlant*) pausa; (*Mus*) silencio

pauvre [povʀ] *adj, nm/f* pobre *m/f*; **pauvres** *nmpl* : **les ~s** los pobres; **~ en calcium** pobre en calcio

pauvreté [povʀəte] *nf* pobreza

pavaner [pavane] : **se pavaner** *vpr* pavonearse

pavé, e [pave] *adj* pavimentado(-a) ▸ *nm* (*bloc de pierre*) adoquín *m*; (*pavage, pavement*) pavimento; (*de viande*) trozo grueso; (*fam* : *article, livre*) tocho; **être sur le ~** estar en la calle; **~ numérique** (*Inform*) teclado numérico

pavillon [pavijɔ̃] *nm* pabellón *m*; (*maisonnette, villa*) chalet *m*; **~ de complaisance** pabellón de conveniencia

pavot [pavo] *nm* adormidera

payant, e [pɛjɑ̃, ɑ̃t] *adj* (*hôte, spectateur*) que paga; (*entreprise, coup*) rentable; **c'est ~** hay que pagar; **c'est un spectacle ~** es un espectáculo en el que hay que pagar

paye [pɛj] *nf* paga

payement [pɛjmɑ̃] *nm* pago

payer [peje] *vt* pagar ▸ *vi* (*métier*) dar dinero; (*effort, tactique*) dar fruto; **il me l'a fait ~ 10 €** me ha cobrado 10 euros; **~ qn de** (*ses efforts, peines*) recompensar a algn por; **~ qch à qn** pagar algo a algn; **ils nous ont payé le voyage** nos han pagado el viaje; **~ par chèque/en espèces** pagar con cheque/en metálico; **~ cher qch** pagar caro algo; (*fig*) costar caro algo; **~ de sa personne** darse por entero; **cela ne paie pas de mine** eso tiene mal aspecto, eso no tiene buena cara; **se ~ qch** comprarse algo; **se ~ de mots** contentarse con palabras; **se ~ la tête de qn** burlarse de algn, tomar el pelo a algn

pays [pei] *nm* país *msg*; (*région*) región *f*; (*village*) pueblo; **du ~** del país; **le ~ de Galles** el país de Gales

paysage [peizaʒ] *nm* paisaje *m*

paysan, ne [peizɑ̃, an] *nm/f* campesino(-a); (*aussi péj*) pueblerino(-a), paleto(-a) ▸ *adj* rústico(-a)

Pays-Bas [peiba] *nmpl* : **les ~** los Países Bajos

PC [pese] *sigle m* (= *Parti communiste*) *partido comunista*; (= *personal computer*) OP (= *ordenador personal*)

PDG [pedeʒe] *sigle m/f* (= *président directeur général*) presidente(-a) y director(a) general

péage [peaʒ] *nm* peaje *m*; (*endroit*) paso de peaje; **autoroute/pont à ~** carretera/puente *m* de peaje

peau, x [po] *nf* piel *f*; (*du lait*) nata; **une ~** (*morceau de peau*) un pellejo; **gants de ~** guantes *mpl* de piel; **être bien/mal dans sa ~** encontrarse/no encontrarse bien consigo mismo; **se mettre dans la ~ de qn** ponerse en el pellejo de algn; **faire ~ neuve** renovarse; **~ de chamois** gamuza; **~ d'orange** (*aussi fig*) piel de naranja

pêche [pɛʃ] *nf* (*activité*) pesca; (*fruit*) melocotón *m*, durazno (AM); **aller à la ~** ir de pesca; **avoir la ~** (*fam*) estar en buena forma; **~ à la ligne** pesca con caña; **~ sous-marine** pesca submarina

péché [peʃe] *nm* pecado; **le ~ originel** el pecado original; **~ mignon** punto flaco, debilidad *f*

pécher [peʃe] *vi* pecar; (*être insuffisant*) ser incompleto(-a); **~ contre la bienséance/les bonnes mœurs** pecar contra la decencia/las buenas costumbres

pêcher [peʃe] *nm* melocotonero ▸ *vi* ir de pesca ▸ *vt* pescar; (*chercher*) sacar; **~ au chalut** pescar con red

pécheur, -eresse [peʃœʀ, peʃʀɛs] *nm/f* pecador(a)

pêcheur, -euse [pɛʃœʀ, øz] *nm/f* pescador(a); **~ de perles** pescador(a) de perlas

pécho [peʃo] (*fam*) *vt* (*attraper*) pillar; (*séduire*) ligar

pectoral, e, -aux [pɛktɔʀal, o] *adj* pectoral; **pectoraux** *nmpl* (*Anat*) pectorales *mpl*

pédagogie [pedagɔʒi] *nf* pedagogía

pédagogique [pedagɔʒik] *adj* pedagógico(-a)

pédale [pedal] *nf* pedal *m*; **mettre la ~ douce** (*fam*) bajar el ritmo

pédalo [pedalo] *nm* barca a pedal

pédant, e [pedɑ̃, ɑ̃t] (*péj*) *adj, nm/f* pedante *m/f*

pédestre [pedɛstʀ] *adj* : **tourisme ~** turismo pedestre; **randonnée ~** excursión *f* a pie

pédiatre [pedjatʀ] *nm/f* pediatra *m/f*

pédicure [pedikyʀ] *nm/f* pedicuro(-a)

pègre [pɛgʀ] *nf* hampa

peigne [pɛɲ] *vb voir* **peindre**; **peigner** ▸ *nm* peine *m*

peigner [peɲe] *vt* peinar; **se peigner** *vpr* peinarse

peignoir [pɛɲwaʀ] *nm* (*chez le coiffeur*) peinador *m*; (*de sportif*) albornoz *m*; (*déshabillé*) salto de cama; **~ de bain** *ou* **de plage** albornoz

peinard, e [pɛnaʀ, aʀd] (*fam*) *adj* (*personne*) pancho(-a), tranquilo(-a); (*emploi, vie*) regalado(-a)

peindre [pɛ̃dʀ] *vt* pintar

peine [pɛn] *nf* pena; (*effort, difficulté*) trabajo; (*Jur*) condena; **faire de la ~ à qn** hacer sufrir a algn; **prendre la ~ de faire** tomarse la molestia de hacer; **se donner de la ~** esforzarse; **ce n'est pas la ~ de faire/que vous fassiez** no vale la pena hacer/que haga; **avoir de la ~ à faire** costarle trabajo a algn hacer; **donnez-vous/veuillez vous donner la ~ d'entrer** sírvase usted entrar; **pour la ~** en compensación; **c'est ~ perdue** es perder el tiempo; **à ~** apenas, recién (AM); **à ~ était-elle sortie qu'il se mit à pleuvoir** apenas salió se puso a llover; **c'est à ~ si ...** apenas si ...; **sous ~ d'être puni** so pena de ser castigado; **défense d'afficher sous ~ d'amende** prohibido fijar carteles bajo multa; **~ capitale** *ou* **de mort** pena capital *ou* de muerte

peiner [pene] *vi* cansarse ▸ *vt* apenar

peintre [pɛ̃tʀ] *nm/f* pintor(a); **~ en bâtiment** pintor(a) de brocha gorda

peinture [pɛ̃tyʀ] *nf* pintura; **ne pas pouvoir voir qn en ~** no poder ver a algn ni en pintura; **« ~ fraîche »** « recién pintado »; **~ brillante/mate** pintura brillante/mate; **~ laquée** laca

péjoratif, -ive [peʒɔʀatif, iv] *adj* peyorativo(-a), despectivo(-a)

pelage [pəlaʒ] *nm* pelaje *m*

pêle-mêle [pɛlmɛl] *adv* en desorden

peler [pəle] *vt* pelar ▸ *vi* pelarse

pèlerin, e [pɛlʀɛ̃, in] *nm/f* peregrino(-a)

pèlerinage [pɛlʀinaʒ] *nm* peregrinación *f*; (*lieu*) centro de peregrinación

pélican [pelikɑ̃] *nm* pelícano

pelle [pɛl] *nf* pala; **~ à gâteau** *ou* **à tarte** paleta; **~ mécanique** excavadora

pelleteuse [pɛltøz] *nf* excavadora

pellicule [pelikyl] *nf* (*couche fine*) película; (*Photo*) rollo, carrete *m*; (*Ciné*) cinta; **pellicules** *nfpl* (*Méd*) caspa *fsg*

pelote [p(ə)lɔt] *nf* (*de fil, laine*) ovillo; (*d'épingles, d'aiguilles*) acerico; (*balle, jeu*) : **~ (basque)** pelota (vasca)

peloter [p(ə)lɔte] (*fam*) *vt* achuchar; **se peloter** *vpr* darse *ou* pegarse el lote, achucharse

peloton [p(ə)lɔtɔ̃] *nm* pelotón *m*; **~ d'exécution** pelotón de ejecución

pelotonner [p(ə)lɔtɔne] : **se pelotonner** *vpr* acurrucarse

pelouse [p(ə)luz] *nf* césped *m*

peluche [p(ə)lyʃ] *nf* (*flocon de poussière, poil*) pelusa; **animal en ~** muñeco de peluche

pelure [p(ə)lyʀ] *nf* piel *f*; **~ d'oignon** capa; (*couleur*) violáceo

pénal, e, -aux [penal, o] *adj* penal

pénalité [penalite] *nf* penalidad *f*; (*Sport*) sanción *f*

penchant [pɑ̃ʃɑ̃] *nm* inclinación *f*; **avoir un ~ pour qch** tener una inclinación hacia algo

pencher [pɑ̃ʃe] *vi* inclinarse ▶ *vt* inclinar; **se pencher** *vpr* inclinarse; (*se baisser*) agacharse; **se ~ sur** inclinarse sobre; (*fig*) examinar; **se ~ au dehors** asomarse; **~ pour** (*fig*) inclinarse por

pendaison [pɑ̃dɛzɔ̃] *nf* ahorcamiento

pendant, e [pɑ̃dɑ̃, ɑ̃t] *adj* (*jambes, langue etc*) colgante; (*Admin, Jur*) pendiente ▶ *nm* : **être le ~ de** ser equiparable con ▶ *prép* durante; **faire ~ à** hacer pareja con; **~ que** mientras; **~s d'oreilles** pendientes *mpl*

pendentif [pɑ̃dɑ̃tif] *nm* colgante *m*

penderie [pɑ̃dʀi] *nf* ropero

pendre [pɑ̃dʀ] *vt* colgar; (*personne*) ahorcar ▶ *vi* colgar; **se ~ (à)** (*se suicider*) ahorcarse (de); **se ~ à** colgarse de; **~ à** colgar de; **~ qch à** colgar algo de

pendule [pɑ̃dyl] *nf* (*horloge*) reloj *m* péndulo ▶ *nm* péndulo

pénétrer [penetʀe] *vi* penetrar ▶ *vt* entrar; (*suj : projectile, mystère, secret*) penetrar; **~ dans/à l'intérieur de** penetrar en/en el interior de; (*suj : air, eau*) entrar en; **se ~ de qch** llenarse de algo

pénible [penibl] *adj* penoso(-a); **il m'est ~ de ...** me resulta penoso ...

péniblement [penibləmɑ̃] *adv* penosamente; (*tout juste*) a duras penas

péniche [peniʃ] *nf* chalana; (*Mil*) : **~ de débarquement** lanchón *m* de desembarco

pénicilline [penisilin] *nf* penicilina

péninsule [penɛ̃syl] *nf* península

pénis [penis] *nm* pene *m*

pénitence [penitɑ̃s] *nf* penitencia; **faire ~** hacer penitencia

pénitencier [penitɑ̃sje] *nm* (*prison*) penitenciaría

pénombre [penɔ̃bʀ] *nf* penumbra

pensée [pɑ̃se] *nf* (*aussi Bot*) pensamiento; (*maxime, sentence*) aforismo; **~ claire/obscure/organisée** ideas *fpl* claras/oscuras/organizadas; **en** *ou* **par la ~** con el pensamiento

penser [pɑ̃se] *vi* pensar; (*avoir une opinion*) : **je ne pense pas comme vous** no pienso como usted ▶ *vt* pensar; (*concevoir : problème, machine*) pensar, idear; **~ à** pensar en; **~ que** pensar que, creer que; **~ (à) faire qch** pensar (en) hacer algo; **~ du bien/du mal de qn/qch** pensar bien/mal de algn/algo; **faire ~ à** hacer pensar en, recordar; **n'y pensons plus** olvidémoslo; **qu'en pensez-vous ?** ¿qué opina usted?; **je le pense aussi** yo también lo creo; **je ne le pense pas** no lo creo; **j'aurais pensé que si/non** habría creído que sí/no; **je pense que oui/non** creo que sí/no; **vous n'y pensez pas !** ¡ni lo sueñe!; **sans ~ à mal** sin mala intención

pensif, -ive [pɑ̃sif, iv] *adj* pensativo(-a)

pension [pɑ̃sjɔ̃] *nf* pensión *f* de jubilación; (*prix du logement, hôtel*) pensión; (*école*) internado; **prendre ~ chez qn/dans un hôtel** alojarse en casa de algn/en un hotel; **prendre qn en ~** coger a algn en pensión; **mettre en ~** (*enfant*) meter interno; **~ alimentaire** (*d'étudiant*) pensión alimenticia; (*de divorcée*) pensión; **~ complète** pensión completa; **~ d'invalidité** subsidio de invalidez; **~ de famille** casa de huéspedes

pensionnaire [pɑ̃sjɔnɛʀ] *nm/f* (*d'un hôtel*) huésped *m*; (*d'école*) interno(-a)

pensionnat [pɑ̃sjɔna] *nm* pensionado; (*élèves*) internado

pente [pɑ̃t] *nf* pendiente *f*; (*descente*) cuesta; **en ~** en pendiente, en cuesta

Pentecôte [pɑ̃tkot] *nf* : **la ~** Pentecostés *msg*; **lundi de ~** lunes *m inv* de Pentecostés

pénurie [penyʀi] *nf* penuria, escasez *f*; **~ de main d'œuvre** escasez de mano de obra

people [pipɔl] *adj ou adj inv* (*presse*) del corazón; (*événement*) vip

pépé [pepe] (*fam*) *nm* abuelo

pépin [pepɛ̃] *nm* (*Bot*) pepita; (*fam : ennui*) lío; (*: parapluie*) paraguas *m inv*

pépinière [pepinjɛʀ] *nf* vivero; (*fig*) cantera

pépite [pepit] *nf* pepita

perçant, e [pɛʀsɑ̃, ɑ̃t] *adj* (*vue, regard, yeux*) perspicaz; (*cri, voix*) agudo(-a)

percepteur, -trice [pɛʀsɛptœʀ, tʀis] *nm/f* (*Admin*) recaudador(a) de impuestos

perception [pɛʀsɛpsjɔ̃] *nf* percepción *f*; (*d'impôts etc*) recaudación *f*; (*bureau*) oficina de recaudación

percer [pɛʀse] *vt* (*métal*) perforar; (*trou, coffre-fort*) abrir; (*pneu*) pinchar; (*abcès*) reventar; (*mystère, énigme*) penetrar; (*suj : bruit : oreilles, tympan*) traspasar ▶ *vi* (*aube, dent*) salir; (*artiste*) abrirse camino

perceuse [pɛʀsøz] *nf* taladradora, perforadora

percevoir [pɛʀsəvwaʀ] *vt* percibir; (*taxe, impôt*) recaudar

perche [pɛʀʃ] *nf* (*pièce de bois, métal*) vara; (*Sport*) pértiga; (*TV, Radio, Ciné*) jirafa (del micrófono); (*Zool*) perca; **~ à selfie** palo selfie, paloselfi *m*

percher [pɛʀʃe] *vt* : **~ qch sur** colocar algo sobre; **se percher** *vpr* (*oiseau*) encaramarse

perchiste [pɛʀʃist] *nm/f* (*Sport*) saltador(a) de pértiga; (*TV, Radio, Ciné*) jirafista *m/f*

perchoir [pɛʀʃwaʀ] *nm* percha; **le ~** *ou* **le P~** (*Pol*) *puesto de presidente de la Asamblea nacional francesa*

perçois *etc* [pɛʀswa] *vb voir* **percevoir**

perçu, e [pɛʀsy] *pp de* **percevoir**

percussion [pɛʀkysjɔ̃] *nf* percusión *f*

percussionniste [pɛʀkysjɔnist] *nm/f* percusionista *m/f*

percutant, e [pɛʀkytɑ̃, ɑ̃t] *adj* (*article, discours*) contundente

percuter [pɛʀkyte] *vt* percutir; (*suj : véhicule*) chocar ▶ *vi* : **~ contre** chocar contra

perdant, e [pɛʀdɑ̃, ɑ̃t] *nm/f* perdedor(a) ▶ *adj* (*numéro*) no agraciado(-a)

perdition [pɛʀdisjɔ̃] *nf* : **en ~** (*Naut*) en peligro de naufragio; **lieu de ~** lugar *m* de perdición

perdre [pɛʀdʀ] *vt* perder; (*argent*) gastar ▶ *vi* perder; **se perdre** *vpr* perderse; **il ne perd rien pour attendre** a ése le espero yo

perdrix [pɛʀdʀi] *nf* perdiz *f*

perdu, e [pɛʀdy] *pp de* **perdre** ▶ *adj* perdido(-a); (*malade, blessé*) : **il est ~** está desahuciado; **à vos moments ~s** en sus ratos libres

père [pɛʀ] *nm* padre *m*; **de ~ en fils** de padre a hijo; **~ de famille** padre de familia; **mon ~** (*Rel*) padre; **le ~ Noël** Papá *m* Noel

péremption [peʀɑ̃psjɔ̃] *nf* : **date de ~** fecha de caducidad

péremptoire [peʀɑ̃ptwaʀ] *adj* perentorio(-a); (*ton*) tajante

pérenne [peʀɛn] *adj* (*développement, emploi*) perenne

perfection [pɛʀfɛksjɔ̃] *nf* perfección *f*; **à la ~** a la perfección

perfectionné, e [pɛʀfɛksjɔne] *adj* perfeccionado(-a)

perfectionner [pɛʀfɛksjɔne] *vt* perfeccionar

perforatrice [pɛʀfɔʀatʀis] *nf* perforadora, taladradora

perforer [pɛʀfɔʀe] *vt* perforar

performance [pɛʀfɔʀmɑ̃s] *nf* (*d'un cheval, athlète*) marca; (*exploit, succès*) récord *m*; **performances** *nfpl* (*d'une machine, d'un véhicule*) prestaciones *fpl*

performant, e [pɛʀfɔʀmɑ̃, ɑ̃t] *adj* (*Écon*) competitivo(-a); (*Tech*) en buen rendimiento

perfusion [pɛʀfyzjɔ̃] *nf* perfusión *f*; **être sous ~** tener puesto el gotero

péricliter [peʀiklite] *vi* decaer

péril [peʀil] *nm* peligro; **au ~ de sa vie** con riesgo de su vida; **à ses risques et ~s** por su cuenta y riesgo

périmé, e [peʀime] *adj* (*passeport, billet*) caducado(-a); (*conception, idéologie*) caduco(-a)

périmètre [peʀimɛtʀ] *nm* perímetro; **~ de sécurité** perímetro de seguridad

période [peʀjɔd] *nf* periodo; **~ de l'ovulation/d'incubation** periodo de ovulación/de incubación

périodique [peʀjɔdik] *adj* periódico(-a) ▶ *nm* periódico; **serviette ~** compresa

périphérique [peʀifeʀik] *adj* periférico(-a) ▶ *nm* (*Inform*) periférico; (*Auto*) : **(boulevard) ~** (carretera de) circunvalación *f*

périr [peʀiʀ] *vi* perecer

périssable [peʀisabl] *adj* perecedero(-a)

perle [pɛʀl] *nf* (*aussi personne, chose*) perla; (*de verre etc*) cuenta; (*de rosée, sang, sueur*) gota; (*erreur*) gazapo

permanence [pɛʀmanɑ̃s] *nf* permanencia; (*local*) guardia; (*Scol*) permanencia; **assurer une ~** (*service public, bureaux*) estar abierto(-a); **être de ~** estar de guardia; **en ~** permanentemente

permanent, e [pɛʀmanɑ̃, ɑ̃t] *adj* permanente; (*spectacle*) continuo(-a) ▸ *nm/f* (*d'un syndicat*) representante *m/f*; (*d'un parti*) miembro *m/f* permanente

permanente [pɛʀmanɑ̃t] *nf* permanente *f*

perméable [pɛʀmeabl] *adj* permeable; **~ à** (*fig*) influenciable por

permettre [pɛʀmɛtʀ] *vt* permitir; **rien ne permet de penser que ...** nada permite pensar que ...; **~ à qn de faire qch** permitir a algn hacer algo; **se ~ (de faire) qch** permitirse (hacer) algo; **permettez !** ¡perdone!

permis, e [pɛʀmi, iz] *pp de* **permettre** ▸ *nm* permiso; **~ de conduire** carnet *m* de conducir; **~ de construire** licencia de construcción; **~ de chasse/pêche** licencia de caza/pesca; **~ d'inhumer** permiso de inhumación; **~ poids lourds** carnet de primera; **~ de séjour/de travail** permiso de residencia/de trabajo

permission [pɛʀmisjɔ̃] *nf* permiso; **en ~** (*Mil*) de permiso; **avoir la ~ de faire qch** tener permiso para hacer algo

> **On peut dire aussi :**
> ¿Puedo pasar? (*Je peux ... ?*)
> ¿Me dejas que lo use yo antes? (*Tu me laisses ... ?*)
> ¿Te importa si subo la tele un poco? (*Cela ne te dérange pas si ... ?*)
> ¿Te molesta que abra la ventana? (*Cela te gêne si ... ?*)

Pérou [peʀu] *nm* Perú *m*

perpétuel, le [pɛʀpetɥɛl] *adj* perpetuo(-a); (*Admin*) vitalicio(-a); (*jérémiades*) continuo(-a)

perpétuité [pɛʀpetɥite] *nf* : **à ~** a perpetuidad; **être condamné à ~** estar condenado a cadena perpetua

perplexe [pɛʀplɛks] *adj* perplejo(-a)

perquisitionner [pɛʀkizisjɔne] *vi* registrar

perron [peʀɔ̃] *nm* escalinata

perroquet [peʀɔkɛ] *nm* loro

perruche [peʀyʃ] *nf* cotorra

perruque [peʀyk] *nf* peluca

persécuter [pɛʀsekyte] *vt* perseguir

persévérer [pɛʀseveʀe] *vi* perseverar; **~ à croire que** obstinarse en creer que; **~ dans qch** perseverar en algo

persil [pɛʀsi] *nm* perejil *m*

Persique [pɛʀsik] *adj* : **le golfe ~** el Golfo pérsico

persistant, e [pɛʀsistɑ̃, ɑ̃t] *adj* persistente; (*feuilles, feuillage*) perenne; **arbre à feuillage ~** árbol de hoja perenne

persister [pɛʀsiste] *vi* persistir; **~ dans qch** persistir en algo; **~ à faire qch** empeñarse en hacer algo

personnage [pɛʀsɔnaʒ] *nm* personaje *m*

personnalité [pɛʀsɔnalite] *nf* personalidad *f*

personne [pɛʀsɔn] *nf* persona; (*Ling*) : **première/troisième ~** primera/tercera persona ▸ *pron* nadie; **il n'y a ~** no hay nadie; **10 euros par ~** 10 euros por persona; **en ~** en persona; **~ à charge** (*Jur*) persona a su cargo; **~ âgée** persona mayor; **~ civile/morale** (*Jur*) persona civil/moral

personnel, le [pɛʀsɔnɛl] *adj* personal; (*égoïste*) individualista; (*taxe, contribution*) individual ▸ *nm* (*domestiques*) servidumbre *f*; (*employés*) plantilla; **il a des idées très personnelles sur le sujet** tiene sus propias ideas sobre el tema; **service du ~** servicio de personal

personnellement [pɛʀsɔnɛlmɑ̃] *adv* personalmente

perspective [pɛʀspɛktiv] *nf* perspectiva; **perspectives** *nfpl* (*d'avenir*) perspectivas *fpl*; **en ~** en perspectiva

perspicace [pɛʀspikas] *adj* perspicaz

perspicacité [pɛʀspikasite] *nf* perspicacia

persuader [pɛʀsɥade] *vt* : **~ qn (de qch/de faire qch)** persuadir a algn (de algo/de hacer algo); **j'en suis persuadé** estoy convencido

persuasif, -ive [pɛʀsɥazif, iv] *adj* persuasivo(-a)

perte [pɛʀt] *nf* pérdida; **pertes** *nfpl* (*personnes tuées*) bajas *fpl*; (*Comm*) déficit *m*; **vendre à ~** hacer dumping; **à ~ de vue** hasta perderse de vista; (*discourir, raisonner*) hasta nunca acabar; **en pure ~** sin ganancia alguna; **courir à sa ~** buscarse la ruina; **être en ~ de vitesse** (*fig*) estar de capa caída; **avec ~ et fracas** sin contemplaciones; **~ de chaleur/d'énergie** pérdida de calor/de energía; **~ sèche** pérdida total; **~s blanches** flujo *msg*

pertinent, e [pɛʀtinɑ̃, ɑ̃t] *adj* pertinente

perturbation [pɛʀtyʀbasjɔ̃] *nf* perturbación *f*; **~ atmosphérique** perturbación atmosférica

perturber [pɛʀtyʀbe] *vt* perturbar

pervenche [pɛʀvɑ̃ʃ] *nf* (*Bot*) vincapervinca ▶ *adj* : **bleu ~** azul intenso

pervers, e [pɛʀvɛʀ, ɛʀs] *adj, nm/f* perverso(-a); **effet ~** efecto perverso

pervertir [pɛʀvɛʀtiʀ] *vt* pervertir; (*altérer, dénaturer*) desnaturalizar

pesant, e [pəzɑ̃, ɑ̃t] *adj* pesado(-a) ▶ *nm* : **valoir son ~ de** valer su peso en

pèse-personne [pɛzpɛʀsɔn] (*pl* **pèse-personne(s)**) *nm* báscula

peser [pəze] *vt* pesar; (*considérer, comparer*) ponderar ▶ *vi* pesar; (*fig*) tener peso; **~ sur** (*levier, bouton*) apretar sobre; (*fig*) abrumar; (*suj : aliment, fardeau, impôt*) pesar; (*influencer : décision*) influir en; **~ à qn** molestar a algn; **~ cent kilos/peu** pesar cien kilos/poco

pessimiste [pesimist] *adj, nm/f* pesimista *m/f*

peste [pɛst] *nf* (*Méd*) peste *f*; (*enfant, personne*) : **quelle ~ !** ¡es peor que la peste!

pester [pɛste] *vi* : **~ contre qn/qch** echar pestes contra algn/algo

pet [pɛ] (*fam*) *nm* pedo

pétale [petal] *nm* pétalo

pétanque [petɑ̃k] *nf* petanca

> La **pétanque**, que tiene sus orígenes en el sur de Francia, es una versión del juego de *boules* practicada en diversos tipos de terreno. De pie y con los pies juntos, los jugadores lanzan bolas de acero hacia un boliche de madera.

pétard [petaʀ] *nm* petardo, cohete *m*

péter [pete] (*fam*) *vi* (*sauter*) estallar; (*casser*) romperse; (*personne*) tirarse pedos *ou* un pedo ▶ *vt* : **~ une durite** (*s'emporter*) ponerse como un energúmeno

pétillant, e [petijɑ̃, ɑ̃t] *adj* (*eau*) con gas; (*vin*) espumoso(-a); (*regard*) chispeante

pétiller [petije] *vi* (*joie, yeux*) chispear; (*mousse, champagne*) burbujear; (*fig*) : **~ d'intelligence** chispear de ingenio

petit, e [p(ə)ti, it] *adj* pequeño(-a), chico(-a) (*esp* AM); (*personne, cri*) bajo(-a); (*court*) corto(-a) ▶ *nm/f* (*petit enfant*) pequeño(-a) ▶ *nm* (*d'un animal*) cachorro(-a); **petits** *nmpl* : **la classe des ~s** la clase de párvulos; **faire des ~s** (*animal*) tener cachorros; **en ~** en pequeño; **mon ~** mi niño; **ma petite** mi niña; **pauvre ~** pobre crío; **pour ~s et grands** para pequeños y mayores; **les tout-~s** los pequeñitos; **~ à ~** poco a poco; **~(e) ami(e)** novio(-a); **~ déjeuner** desayuno; **~ doigt** dedo meñique; **~ écran** pequeña pantalla; **~ four** pastelillo; **~ pain** panecillo; **petite monnaie** calderilla; **petite vérole** viruela; **~s pois** guisantes *mpl*, arvejas *fpl* (AM), chícharos *mpl* (*Mex*); **les ~es annonces** anuncios *mpl* por palabras; **~es gens** gente *f* humilde

petite-fille [pətitfij] (*pl* **petites-filles**) *nf* nieta

petit-fils [pətifis] (*pl* **petits-fils**) *nm* nieto

pétition [petisjɔ̃] *nf* petición *f*; **faire signer une ~** recoger firmas

petits-enfants [pətizɑ̃fɑ̃] *nmpl* nietos *mpl*

pétrin [petʀɛ̃] *nm* artesa; (*fig : fam*) : **être dans le ~** estar en un apuro

pétrir [petʀiʀ] *vt* (*pâte*) amasar; (*argile, cire*) moldear; (*palper fortement*) manosear

pétrole [petʀɔl] *nm* petróleo; **lampe à ~** lámpara de petróleo

pétrolier, -ière [petʀɔlje, jɛʀ] *adj* petrolero(-a) ▶ *nm* petrolero

peu [pø]

▶ *adv* **1** poco; **il boit peu** bebe poco; **il est peu bavard** es poco hablador; **elle est un peu grande** es un poco grande; **peu avant/après** poco antes/después; **depuis peu** desde hace poco

2 (*modifiant nom*) : **peu de** poco(-a), pocos(-as); (*quantité*) : **il a peu d'espoir** tiene pocas esperanzas; **il y a peu d'arbres** hay pocos árboles; **avoir peu de pain** tener poco pan; **pour peu de temps** por poco tiempo; **c'est (si) peu de chose** eso es (muy) poca cosa

3 : **peu à peu** poco a poco; **à peu près** *adv* más o menos; **à peu près 10 kg/10 euros** unos 10 kg/10 euros, como 10 kg/10 euros (AM); **à peu de frais** con poco gasto

▶ *nm* **1** : **le peu de gens qui** los pocos que; **le peu de sable qui** la poca arena que; **le peu de courage qui nous restait** el poco valor que nos quedaba

2 : **un peu** un poco; **un petit peu** un

poquito; **un peu d'espoir** cierta esperanza; **essayez un peu !** ¡mire a ver!; **un peu plus/moins de** un poco más/menos de; **un peu plus et il ratait son train** un poco más y pierde el tren; **pour peu qu'il travaille, il réussira** a poco que trabaje, aprobará
▸ *pron* : **peu le savent** pocos lo saben; **avant** *ou* **sous peu** dentro de poco; **de peu** : **il a gagné de peu** ganó por poco; **il s'en est fallu de peu (qu'il ne le blesse)** faltó muy poco (para que lo hiriese); **éviter qch de peu** evitar algo por poco

peuple [pœpl] *nm* pueblo; **il y a du ~** (*fam*) hay un montón de gente

peuplé, e [pœple] *adj* poblado(-a); **très/peu ~** muy/poco poblado(-a)

peupler [pœple] *vt* poblar; **se peupler** *vpr* (*aussi fig*) poblarse

peuplier [pøplije] *nm* álamo

peur [pœʀ] *nf* miedo; **avoir ~ (de qn/qch/de faire qch)** tener miedo (de *ou* a algn/algo/de hacer algo); **avoir ~ que** temer que; **prendre ~** asustarse; **la ~ de qn/qch/faire qch** el temor de algn/algo/hacer algo; **faire ~ à qn** asustar a algn; **de ~ de/que** por miedo a/a que

peureux, -euse [pøʀø, øz] *adj* (*personne*) miedoso(-a); (*regard*) atemorizado(-a)

peut [pø] *vb voir* **pouvoir**

peut-être [pøtɛtʀ] *adv* quizá(s), a lo mejor; **~ bien (qu'il fera/est)** puede (que haga/sea); **~ que** quizá(s), a lo mejor; **~ fera-t-il beau dimanche** quizás haga bueno el domingo, a lo mejor hace bueno el domingo

phalange [falɑ̃ʒ] *nf* falange *f*

phallocrate [falɔkʀat] *nm* falócrata *m*

phallus [falys] *nm* falo

phare [faʀ] *nm* faro ▸ *adj* : **produit ~** producto estrella; **se mettre en ~s, mettre ses ~s** poner la luz larga; **~s de recul** faros de marcha atrás

pharmacie [faʀmasi] *nf* farmacia; (*produits, armoire*) botiquín *m*

pharmacien, ne [faʀmasjɛ̃, jɛn] *nm/f* farmacéutico(-a)

phase [fɑz] *nf* fase *f*

phénomène [fenɔmɛn] *nm* fenómeno; (*personne*) bicho raro

philanthrope [filɑ̃tʀɔp] *nm/f* filántropo

philosophe [filɔzɔf] *adj, nm/f* filósofo(-a)

philosophie [filɔzɔfi] *nf* filosofía

phobie [fɔbi] *nf* fobia

phonétique [fɔnetik] *adj* fonético(-a) ▸ *nf* fonética

phoque [fɔk] *nm* foca

phosphate [fɔsfat] *nm* fosfato

phosphorescent, e [fɔsfɔʀesɑ̃, ɑ̃t] *adj* fosforescente

photo [fɔto] *nf* (= *abr de photographie*) foto *f* ▸ *adj* = *abr de photographique*; **appareil/pellicule ~** máquina/carrete *m* de fotos; **être mieux en ~ qu'au naturel** salir mejor en foto que al natural; **prendre (qn) en ~** hacer una foto (a algn); **il aime la ~** le gusta la fotografía; **faire de la ~** hacer fotografía; **~ d'identité** foto de carnet; **~ en couleurs** foto en color

photo... [fɔto] *préf* foto...

photocopie [fɔtɔkɔpi] *nf* fotocopia

photocopier [fɔtɔkɔpje] *vt* fotocopiar

photocopieuse [fɔtɔkɔpjøz] *nf* fotocopiadora

photographe [fɔtɔgʀaf] *nm/f* fotógrafo(-a)

photographie [fɔtɔgʀafi] *nf* fotografía

photographier [fɔtɔgʀafje] *vt* fotografiar

photoshoper [fɔtoʃɔpe] *vt* retocar con Photoshop®

phrase [fʀɑz] *nf* (*Ling, propos*) frase *f*; **phrases** *nfpl* (*péj*) palabras *fpl*

physicien, ne [fizisjɛ̃, jɛn] *nm/f* físico(-a)

physique [fizik] *adj* físico(-a) ▸ *nm* físico ▸ *nf* física; **au ~** físicamente

physiquement [fizikmɑ̃] *adv* físicamente

pianiste [pjanist] *nm/f* pianista *m/f*

piano [pjano] *nm* piano; **~ à queue** piano de cola

pianoter [pjanɔte] *vi* tocar el piano, teclear; (*tapoter*) tamborilear

pic [pik] *nm* pico; (*Zool*) pájaro carpintero; **à ~** (*mont, chemin*) escarpado(-a); **arriver/tomber à ~** (*fig*) venir/caer de perilla; **couler à ~** (*bateau*) irse a pique; **~ à glace** pico; **~ de fréquentation** (*d'un site Web*) pico de tráfico; (*d'un lieu*) pico de afluencia; **~ de froid/pollution** pico de frío/contaminación

pichenette [piʃnɛt] *nf* papirotazo

pichet [piʃɛ] *nm* jarro

pickpocket [pikpɔkɛt] *nm/f* ratero(-a)

picorer [pikɔʀe] *vt* picotear

pie [pi] *nf* (*Zool*) urraca; (*fig* : *femme*) cotorra ▸ *adj inv* : **cheval ~** caballo pío

pièce [pjɛs] *nf* pieza; (*d'un logement*) habitación *f*; (*Théâtre*) obra; (*de monnaie*) moneda; (*Couture*) parche *m*; (*document*) documento; **mettre en ~s** hacer pedazos; **en ~s** roto(-a) en pedazos; **deux euros ~** dos euros la unidad; **vendre à la ~** vender por unidades; **travailler/payer à la ~** trabajar/pagar a destajo; **créer/inventer de toutes ~s** crear/inventar completamente; **maillot une ~** bañador *m*; **un deux-~s cuisine** apartamento con dos habitaciones y cocina; **un trois-~s** (*costume*) un tres piezas *m inv*; (*appartement*) apartamento con tres habitaciones; **tout d'une ~** de una pieza; **~ à conviction** prueba de convicción; **~ d'eau** estanque *m*; **~ de rechange** pieza de recambio; **~ de résistance** (*plat*) plato fuerte; **~ d'identité** documento de identidad; **~ jointe** (*Inform*) archivo adjunto; **~ montée** tarta nupcial; **~s détachées** piezas *fpl* de repuesto; **en ~s détachées** en piezas montables; **~s justificatives** comprobante *msg*

pied [pje] *nm* pie *m*; (*Zool, d'un meuble, d'une échelle*) pata; (*d'une falaise*) base *f*; **~s nus** *ou* **nu-~s** descalzo(-a); **à ~** a pie; **à ~ sec** a pie enjuto; **à ~ d'œuvre** al pie del cañón; **au ~ de la lettre** al pie de la letra; **au ~ levé** de repente; **de ~ en cap** de los pies a la cabeza; **en ~** (*portrait, photo*) de cuerpo entero; **avoir ~** hacer pie; **perdre ~** (*fig*) perder pie; **sur ~** (*Agr*) antes de recoger; (*rétabli*) restablecido(-a); **être sur ~ dès cinq heures** estar en pie desde las cinco; **mettre sur ~** (*entreprise*) poner en pie; **mettre qn à ~** suspender a algn de sus funciones; **sur le ~ de guerre** en pie de guerra; **sur un ~ d'égalité** sobre una base de igualdad; **faire du ~ à qn** dar con el pie a algn; **mettre les ~s quelque part** poner los pies en algún sitio; **faire des ~s et des mains** revolver Roma con Santiago; **mettre qn au ~ du mur** poner a algn entre la espada y la pared; **quel ~ !** (*fam*) ¡qué guay!; **c'est le ~ !** (*fam*) ¡es fenomenal!; **se lever du bon ~** levantarse con buen pie; **il s'est levé du ~ gauche** se ha levantado con el pie izquierdo; **~ de nez** palmo de narices; **~ de lit** pata de la cama; **~ de salade** planta de ensalada; **~ de vigne** cepa

pied-noir [pjenwaʀ] (*pl* **pieds-noirs**) *nm/f francés nacido en Argelia*

piège [pjɛʒ] *nm* trampa; **prendre au ~** coger en la trampa; **tomber dans le ~** caer en la trampa

piéger [pjeʒe] *vt* (*animal*) coger en la trampa; (*voiture, lettre*) colocar un explosivo en; (*personne*) hacer caer en una trampa; **lettre/voiture piégée** carta/coche *m* bomba *inv*

piercing [pjɛʀsiŋ] *nm* piercing *m*

pierre [pjɛʀ] *nf* piedra; **poser la première ~** poner la primera piedra; **mur de ~s sèches** muro de piedras secas; **faire d'une ~ deux coups** matar dos pájaros de un tiro; **~ à briquet** piedra de mechero; **~ de taille/de touche** piedra tallada/de toque; **~ fine/ponce** piedra fina/pómez; **~ tombale** lápida sepulcral

pierreries [pjɛʀʀi] *nfpl* pedrería

piétiner [pjetine] *vi* patalear; (*marquer le pas*) marcar el paso; (*fig*) estancarse, atascarse ▸ *vt* (*aussi fig*) pisotear

piéton, ne [pjetɔ̃, ɔn] *nm/f* peatón *m/f* ▸ *adj* peatonal

piétonnier, -ière [pjetɔnje, jɛʀ] *adj* peatonal

pieu, x [pjø] *nm* estaca; (*fam* : *lit*) catre *m*

pieuvre [pjœvʀ] *nf* pulpo

pieux, -euse [pjø, pjøz] *adj* piadoso(-a)

pigeon [piʒɔ̃] *nm* palomo; **~ voyageur** paloma mensajera

piger [piʒe] (*fam*) *vt, vi* pillar

pigiste [piʒist] *nm/f* (*journaliste*) periodista *m/f* que trabaja por líneas

pignon [piɲɔ̃] *nm* piñón *m*; (*d'un mur*) aguilón *m*; **avoir ~ sur rue** (*fig*) estar bien establecido

pile [pil] *nf* pila; (*pilier*) pilar *m* ▸ *adj* : **le côté ~** cruz *f* ▸ *adv* (*net, brusquement*) en seco; (*à temps, à point nommé*) justo a tiempo; **à deux heures ~** a las dos en punto; **~ ou face ?** ¿cara o cruz?; **jouer à ~ ou face** jugar a cara o cruz; **une ~ de livres** una pila de libros; **~ alcaline/électrique** pila alcalina/eléctrica

piler [pile] *vt* machacar

pilier [pilje] *nm* (*colonne, support, Rugby*) pilar *m*; **~ de bar** asiduo de un bar

piller [pije] *vt* saquear

pilote [pilɔt] *nm/f* piloto *m/f* ▸ *adj* : **appartement-~** piso piloto; **~ d'essai/**

pi

de chasse/de course/de ligne piloto de pruebas/de caza/de carreras/civil

piloter [pilɔte] *vt* pilotar; (*automobile*) conducir; (*fig*) : **~ qn** guiar a algn

pilule [pilyl] *nf* píldora; **prendre la ~** tomar la píldora

piment [pimɑ̃] *nm* pimiento, ají *m* (AM); (*fig*) sal y pimienta; **~ rouge** guindilla

pimenté, e [pimɑ̃te] *adj* salpimentado(-a)

pin [pɛ̃] *nm* pino; **~ maritime/parasol** pino marítimo/piñonero

pinard [pinaʀ] (*fam*) *nm* vino

pince [pɛ̃s] *nf* pinza; (*outil*) pinzas *fpl*; **~ à épiler** pinza de depilar; **~ à linge** pinza de la ropa; **~ à sucre** tenacillas *fpl* para el azúcar; **~ universelle** alicates *mpl*; **~s de cycliste** pinzas para bicicleta

pincé, e [pɛ̃se] *adj* (*air*) forzado(-a)

pinceau, x [pɛ̃so] *nm* pincel *m*

pincée [pɛ̃se] *nf* : **une ~ de sel/poivre** una pizca de sal/pimienta

pincer [pɛ̃se] *vt* (*personne*) pellizcar; (*Mus* : *cordes*) puntear; (*fam* : *malfaiteur*) pescar; **se ~ le doigt** pillarse el dedo; **se ~ le nez** taparse la nariz

pinède [pinɛd] *nf* pinar *m*

pingouin [pɛ̃gwɛ̃] *nm* pingüino

ping-pong [piŋpɔ̃g] (*pl* **ping-pongs**) *nm* ping-pong *m*

pinson [pɛ̃sɔ̃] *nm* pinzón *m*

pintade [pɛ̃tad] *nf* pintada

pioche [pjɔʃ] *nf* pico

piocher [pjɔʃe] *vt* (*terre*) cavar; **~ dans** hurgar en

pion, ne [pjɔ̃, ɔn] *nm* (*Échecs*) peón *m*; (*Dames*) ficha ▶ *nm/f* (*Scol*, *fam*) vigilante *m/f*

pionnier, -ère [pjɔnje, jɛʀ] *nm/f* pionero(-a); (*fig*) precursor(a)

pipe [pip] *nf* pipa; **fumer la ~** fumar en pipa; **~ de bruyère** pipa (de raíz) de brezo

piper [pipe] *vt* : **sans ~ mot** (*fam*) sin decir ni pío; **les dés sont pipés** los dados están trucados

pipi [pipi] (*fam*) *nm* : **faire ~** hacer pis

pipole [pipɔl] *adj ou adj inv* (*presse*) rosa, del corazón; (*événement*) vip; **la presse ~** la prensa rosa, la prensa del corazón ▶ *nm/f* celebridad *f*, famoso(-a)

piquant, e [pikɑ̃, ɑ̃t] *adj* punzante; (*saveur*) picante ▶ *nm* (*épine*) espina; (*de hérisson*) púa

pique [pik] *nf* pica; (*parole blessante*) : **envoyer** *ou* **lancer des ~s à qn** tirar *ou* lanzar indirectas a algn ▶ *nm* (*Cartes*) picas *fpl*, ≈ espadas *fpl*

pique(-)nique [piknik] (*pl* **pique(-)niques**) *nm* picnic *m*

pique(-)niquer [piknike] *vi* ir de picnic

piquer [pike] *vt* picar; (*percer*, *aussi Méd*) pinchar; (*animal* : *tuer*) sacrificar; (*Couture*) pespuntear; (*fam* : *surprendre*, *attraper*) pillar; (: *voler*) birlar; (*planter*) : **~ qch dans** clavar algo en; (*fixer*) : **~ qch à/sur** colocar algo en ▶ *vi* (*oiseau*, *avion*) bajar en picado; (*saveur*) picar; **se piquer** *vpr* (*avec une aiguille*) pincharse; **se ~ de faire** alardear de hacer; **~ sur** bajar en picado sobre; **~ du nez** caerse de narices; **~ une tête** tirarse en el agua; **~ un cent mètres/un sprint** echar a correr; **~ une crise** (*fam*) coger una rabieta; **~ au vif** (*fig*) herir en carne viva

piquet [pikɛ] *nm* estaca; **mettre un élève au ~** castigar a un alumno contra la pared; **~ de grève** piquete *m* de huelga

piqûre [pikyʀ] *nf* (*d'insecte*) picadura; (*Méd*) inyección *f*; **faire une ~ à qn** poner una inyección a algn

piratage [piʀataʒ] *nm* (*aussi Inform*) piratería

pirate [piʀat] *nm* (*aussi fig*) pirata *m/f*; (*Inform*) pirata *m/f* informático(-a), hacker *m* ▶ *adj* : **émetteur ~** emisora pirata; **~ de l'air** pirata del aire

pirater [piʀate] *vt* (*aussi Inform*) piratear

pire [piʀ] *adj* (*comparatif*) peor; (*superlatif*) : **le (la) ~** el/lo (la) peor ▶ *nm* : **le ~ (de)** lo peor (de); **au ~** en el peor de los casos

pirogue [piʀɔg] *nf* piragua

pirouette [piʀwɛt] *nf* (*demi-tour*) pirueta; (*Danse*) vuelta; (*fig*) : **répondre par une ~** salirse por peteneras

pis [pi] *nm* (*de vache*) ubre *f* ▶ *adj*, *adv* peor; **de mal en ~** de mal en peor

piscine [pisin] *nf* piscina; **~ couverte/en plein air/olympique** piscina cubierta/al aire libre/olímpica

pissenlit [pisɑ̃li] *nm* cardillo

pisser [pise] (*fam!*) *vi* mear (*fam!*)

pistache [pistaʃ] *nf* pistacho

piste [pist] *nf* pista, rastro; (*sentier*) camino; **être sur la ~ de qn** estar tras la pista de algn; **~ cavalière** camino de herradura; **~ cyclable** pista para ciclistas; **~ sonore** banda sonora

pistil [pistil] *nm* pistilo

pistolet [pistɔlɛ] *nm* pistola; **~ à air comprimé/à bouchon/à eau** pistola de aire comprimido/con tapón/de agua

pistolet-mitrailleur [pistɔlɛmitʀajœʀ] (*pl* **pistolets-mitrailleurs**) *nm* pistola ametralladora

piston [pistɔ̃] *nm* (*Tech*) pistón *m*; (*fig*) enchufe *m*; (*Mus*) : **cornet/trombone à ~s** corneta/trombón *m* de pistones

pistonner [pistɔne] (*fam*) *vt* enchufar

piteusement [pitøzmɑ̃] *adv* cabizbajo

piteux, -euse [pitø, øz] *adj* (*résultat*) deplorable; (*air*) lastimoso(-a); **en ~ état** en estado lamentable

pitié [pitje] *nf* piedad *f*; **sans ~** sin piedad; **faire ~** dar pena *ou* lástima; **par ~, ...** por piedad, ...; **il me fait ~** me da lástima; **avoir ~ de qn** compadecerse de algn

pitoyable [pitwajabl] *adj* lamentable; (*réponse, acteur*) penoso(-a)

pittoresque [pitɔʀɛsk] *adj* pintoresco(-a)

pivoine [pivwan] *nf* (*Bot*) peonía

pixéliser [pikselize] *vt* (*Inform*) pixelar

PJ [peʒi] *sigle f* = *police judiciaire*; *voir* **police** (= *pièce jointe*) documento adjunto

placard [plakaʀ] *nm* armario (empotrado); **mettre qn au ~** (*fig*) arrinconar a alguien; **mettre qch au ~** (*fig*) dejar algo de lado, guardar algo en el cajón; **~ publicitaire** anuncio publicitario

place [plas] *nf* plaza; (*emplacement*) lugar *m*; (*espace libre*) sitio; (*siège*) asiento; (*prix : au cinéma etc*) entrada; (: *dans un bus*) billete *m*; (*situation : d'une personne*) situación *f*; (*Univ, emploi*) puesto; **en ~** en su sitio; **de ~ en ~** de un sitio a otro; **sur ~** en el sitio; (*sur les lieux*) : **faire une enquête/se rendre sur ~** hacer una encuesta/presentarse in situ; **faire de la ~** hacer sitio; **faire ~ à qch** dar paso a algo; **prendre ~** tomar asiento; **ça prend de la ~** ocupa sitio; **à votre ~ ...** en su lugar ...; **remettre qn à sa ~** poner a algn en su sitio; **ne pas rester** *ou* **tenir en ~** no estarse quieto(-a); **à la ~** (*en échange*) en su lugar; **à la ~ de** en lugar de; **une quatre ~s** (*Auto*) un cuatro plazas *m inv*; **il y a 20 ~s assises/debout** hay 20 plazas de asiento/de pie; **~ d'honneur** lugar de honor; **~ forte** plaza fuerte; **~s arrière/avant** asientos *mpl* traseros/delanteros

placé, e [plase] *adj* (*Hippisme*) clasificado(-a); **haut ~** (*fig*) bien situado(-a); **être bien/mal ~** (*objet*) estar bien/mal colocado(-a); (*spectateur*) estar bien/mal situado(-a); (*concurrent*) tener buena/mala posición; **être bien/mal ~ pour** estar en una buena/mala posición para

placement [plasmɑ̃] *nm* (*emploi*) colocación *f*; (*Fin*) inversión *f*; **agence/bureau de ~** oficina de empleo

placer [plase] *vt* (*convive, spectateur*) acomodar; (*chose*) colocar; (*élève, employé*) dar empleo a; (*marchandises, valeurs*) vender; (*capital*) invertir; **se placer** *vpr* (*Courses*) clasificarse; **se ~ au premier rang/devant qch** (*chose, pays*) encontrarse en primera fila/delante de algo; **~ qn chez qn/sous les ordres de qn** colocar a algn en casa de algn/bajo las órdenes de algn

placide [plasid] *adj* plácido(-a)

plafond [plafɔ̃] *nm* techo; (*Aviat*) altura máxima; (*fig*) tope *m*; *adj inv* (*prix, âge*) máximo; **~ de verre** (*fig*) techo de cristal

plafonnier [plafɔnje] *nm* plafón *m*; (*Auto*) luz *f* interna

plage [plaʒ] *nf* playa; (*fig*) : **~ horaire** intervalo horario; (*fig*) : **~ musicale** espacio *ou* programa *m* musical; (*fig*) : **~ de prix** horquilla de precios; **~ arrière** (*Auto*) bandeja

plagiat [plaʒja] *nm* plagio

plagier [plaʒje] *vt* plagiar

plaider [plede] *vi* (*avocat*) pleitear; (*plaignant*) litigar ▶ *vt* (*cause*) defender; **~ l'irresponsabilité/la légitime défense** alegar irresponsabilidad/legítima defensa; **~ coupable/non coupable** declararse culpable/inocente; **~ pour** *ou* **en faveur de qn** (*fig*) declarar a favor de algn

plaidoyer [plɛdwaje] *nm* (*Jur, fig*) alegato

plaie [plɛ] *nf* llaga

plaignant, e [plɛɲɑ̃, ɑ̃t] *vb voir* **plaindre** ▶ *adj, nm/f* demandante *m/f*

plaindre [plɛ̃dʀ] *vt* compadecer; **se plaindre** *vpr* quejarse; **se ~ que** quejarse de que

pi

plaine [plɛn] *nf* llanura
plain-pied [plɛ̃pje] : **de ~** *adv* al mismo nivel; (*fig*) sin dificultad; **de ~ avec** al mismo nivel que
plainte [plɛ̃t] *nf* queja; (*gémissement*) lamento; (*Jur*) : **porter ~** poner una denuncia
plaire [plɛʀ] *vi* gustar; **se plaire** *vpr* (*quelque part*) estar a gusto; **~ à** : **cela me plaît** eso me gusta; **essayer de ~ à qn** tratar de agradar a algn; **se ~ à** complacerse en; **elle plaît aux hommes** gusta a los hombres; **ce qu'il vous plaira** lo que usted quiera; **s'il vous plaît** por favor
plaisance [plɛzɑ̃s] *nf* (*aussi* : **navigation de plaisance**) navegación *f* de recreo
plaisant, e [plɛzɑ̃, ɑ̃t] *adj* agradable; (*personne*) grato(-a); (*histoire, anecdote*) divertido(-a)
plaisanter [plɛzɑ̃te] *vi* bromear; **pour ~** en broma; **on ne plaisante pas avec cela** con eso no se bromea; **tu plaisantes !** ¡no hablas en serio!
plaisanterie [plɛzɑ̃tʀi] *nf* broma
plaisir [pleziʀ] *nm* placer *m*; **les ~s** los placeres; **boire/manger avec ~** beber/comer con ganas; **faire ~ à qn** complacer a algn; (*suj* : *cadeau, nouvelle*) agradar a algn; **prendre ~ à qch/à faire qch** complacerse en algo/en hacer algo; **j'ai le ~ de ...** tengo el gusto de ...; **M et Mme X ont le ~ de vous faire part de ...** el señor y la señora X se complacen en hacerles partícipes de ...; **se faire un ~ de faire qch** tener mucho gusto en hacer algo; **faites-moi le ~ de ...** hágame usted el favor de ...; **à ~** a placer; **au ~ (de vous revoir)** hasta que nos veamos; **pour le ~** por gusto
plaît [plɛ] *vb voir* **plaire**
plan, e [plɑ̃, an] *adj* plano(-a) ▸ *nm* plano; (*projet, Écon*) plan *m*; **au premier/second ~** en primer/segundo plano; **sur tous les ~s** en todos los aspectos; **laisser/rester en ~** dejar/quedar en suspenso; **sur le même ~** al mismo nivel; **de premier/second ~** (*personnage*) de primera/segunda plana; **sur le ~ sexuel** en el terreno de la sexualidad; **~ d'action** plan de acción; **~ d'eau** estanque *m*; **~ de cuisson** rejilla de cocina; **~ de travail** encimera; **~ de vol** plan de vuelo; **~ directeur** (*Écon*) plan rector
planche [plɑ̃ʃ] *nf* tabla; (*de dessins*) lámina; (*d'un plongeoir*) tablón *m*; **planches** *nfpl* : **les ~s** (*Théâtre*) las tablas; **en ~s** de tablas; **faire la ~** (*dans l'eau*) hacer el muerto; **avoir du pain sur la ~** tener tela que cortar; **~ à découper** tabla de cortar; **~ à dessin** tablero de dibujo; **~ à pain** tabla; **~ à repasser** tabla de planchar; **~ à roulettes** monopatín *m*; **~ à voile** (*objet*) tabla de windsurfing; (*Sport*) windsurfing *m*; **~ de salut** (*fig*) tabla de salvación; **~ de surf** tabla de surf
plancher [plɑ̃ʃe] *nm* suelo; (*d'une maison*) piso; (*fig*) tope *m* ▸ *vi* : **~ sur** tener un examen de; **~ des salaires/cotisations** tope salarial/de las cotizaciones
planer [plane] *vi* (*oiseau*) cernerse; (*avion*) planear; (*odeur*) flotar; (*fam*) estar ciego(-a); **~ sur** cernerse sobre
planète [planɛt] *nf* planeta *m*
planeur [planœʀ] *nm* planeador *m*
planifier [planifje] *vt* planificar
planning [planiŋ] *nm* programación *f*; **~ familial** planificación *f* familiar
plant [plɑ̃] *nm* planta joven
plante [plɑ̃t] *nf* planta; (*Anat*) : **~ du pied** planta del pie; **~ d'appartement** planta de interior; **~ verte** planta verde
planter [plɑ̃te] *vt* plantar; (*pieu*) clavar; (*drapeau*) plantar; (*tente*) montar; (*fam* : *fam* : *abandonner*) : **~ là** dejar plantado(-a) ▸ *vi* (*fam* : *ordinateur*) bloquearse; **se planter** *vpr* (*fam* : *se tromper*) meter la pata; **planté d'arbres** (*terrain, avenue*) plantado(-a) de árboles; **se ~ devant qn/qch** plantarse delante de algn/algo
plaque [plak] *nf* placa; (*d'ardoise, de verre*) hoja; **~ chauffante** placa calientaplatos; **~ d'identité** placa (de identidad); **~ minéralogique/d'immatriculation** placa mineralógica/de matrícula; **~ de beurre** cucharada de mantequilla; **~ de cuisson** quemador *m*; **~ de four** placa de horno; **~ de propreté** placa protectora; **~ tournante** (*fig*) centro
plaqué, e [plake] *nm* (*métal*) : **~ or/argent** chapado en oro/plata; (*bois*) : **~ acajou** enchapado en caoba ▸ *adj* : **~ or/argent** chapado(-a) en oro/plata
plaquer [plake] *vt* (*bijou*) chapar; (*bois*) enchapar; (*Rugby*) hacer un placaje a; (*fam* : *laisser tomber*) dejar plantado(-a);

(*aplatir*) : **~ qch sur/contre** aplastar algo sobre/contra; **se ~ contre** pegarse a; **~ qn contre** sujetar a algn con fuerza contra

plaquette [plakɛt] *nf* (*de chocolat, pilules*) tableta; (*beurre*) cucharada; **~s de frein** (*Auto*) pastillas de freno

plastique [plastik] *adj* plástico(-a) ▸ *nm* plástico ▸ *nf* plástica; **bouteille en ~** botella de plástico; **chirurgie ~** cirugía plástica

plastiquer [plastike] *vt* volar con goma dos

plat, e [pla, at] *adj* llano(-a); (*chapeau, bateau*) chato(-a); (*ventre, poitrine*) plano(-a); (*cheveux*) lacio(-a); (*vin*) insípido(-a); (*banal*) anodino(-a) ▸ *nm* (*Culin : mets*) plato; (*: récipient*) fuente *f*; (*partie plate*) : **le ~ de la main** la palma de la mano; (*d'une route*) : **rouler sur du ~** conducir en lo llano; **à ~** (*adverbe*) a lo largo; (*adjectif : pneu*) desinflado(-a); (*batterie*) descargado(-a); (*personne*) rendido(-a); **à ~ ventre** boca abajo; **talons ~s** zapatos *mpl* planos; **~ cuisiné** plato precocinado; **~ de résistance** plato fuerte; **~ du jour** plato del día

platane [platan] *nm* plátano

plateau, x [plato] *nm* bandeja; (*d'une table*) superficie *f*; (*d'une balance, de tourne-disque*) plato; (*Géo*) meseta; (*d'un graphique*) nivel *m*; (*Ciné, TV*) plató; **~ à fromage** tabla de quesos

platebande, plate-bande [platbɑ̃d] (*pl* **plates-bandes**) *nf* arriate *m*

plateforme [platfɔʀm] *nf* plataforma; **~ de forage/petrolière** plataforma de perforación/petrolera

platine [platin] *nm* platino ▸ *nf* platina ▸ *adj inv* : **cheveux/blond ~** cabello/rubio platino *inv*; **~ laser** platina láser

plâtre [plɑtʀ] *nm* yeso; (*Méd, statue*) escayola; **plâtres** *nmpl* (*revêtements*) revestimientos *mpl* de escayola; **avoir un bras dans le ~** tener un brazo escayolado

plausible [plozibl] *adj* plausible

plein, e [plɛ̃, plɛn] *adj* lleno(-a); (*journée*) ocupado(-a); (*porte, roue*) macizo(-a); (*joues, formes*) relleno(-a); (*mer*) alto(-a); (*chienne, jument*) preñada ▸ *prép* : **avoir de l'argent ~ les poches** tener los bolsillos llenos de dinero ▸ *nm* : **faire le ~ (d'essence)** llenar el depósito (de gasolina); **faire le ~ de spectateurs/voix** llenar la sala/conseguir la mayoría de los votos; **avoir les mains ~es** tener las manos llenas; **à ~es mains** a manos llenas; **à ~, en ~** de lleno; **à ~ régime** al máximo; **à ~ temps, à temps ~** a tiempo completo; **en ~ air** al aire libre; **jeux de ~ air** juegos de aire libre; **en ~ vent/soleil** a pleno viento/sol; **en pleine mer** en altamar; **en pleine rue** en medio de la calle; **en ~ milieu** en medio; **en ~ jour/pleine nuit** en pleno día/plena noche; **en pleine croissance** en pleno crecimiento; **en ~ sur** de lleno sobre; **en avoir ~ le dos** (*fam*) estar hasta la coronilla; **~s pouvoirs** plenos poderes *mpl*

plein-emploi [plɛnɑ̃plwa] *nm* pleno empleo

plein-temps [plɛ̃tɑ̃] *nm* empleo a tiempo completo

pleurer [plœʀe] *vt, vi* llorar; **~ sur** llorar por; **~ de rire** llorar de risa

pleurnicher [plœʀniʃe] *vi* lloriquear

pleurs [plœʀ] *nmpl* : **en ~** deshecho(-a) en lágrimas

pleut [plø] *vb voir* **pleuvoir**

pleuvoir [pløvwaʀ] *vb impers* : **il pleut** llueve ▸ *vi* (*fig*) llover; **il pleut des cordes** *ou* **à verse/à torrents** llueve a cántaros/torrencialmente

pli [pli] *nm* pliegue *m*; (*d'un drapé, rideau*) doblez *f*; (*d'une jupe*) tabla; (*d'un pantalon*) raya; (*aussi* : **faux pli**) arruga; (*Admin*) carta; (*Cartes*) baza; **prendre le ~ de faire qch** adquirir el hábito de hacer algo; **ça ne va pas faire un ~** no cabe duda; **~ d'aisance** tabla

pliant, e [plijɑ̃, plijɑ̃t] *adj* plegable ▸ *nm* silla de tijera

plier [plije] *vt* (*nappe*) doblar; (*tente*) plegar; (*pour ranger*) recoger; (*genou, bras*) flexionar ▸ *vi* curvarse; (*céder*) ceder; **se plier** *vpr* : **se ~ à** doblegarse a; **~ bagage** (*fig*) tomar las de Villadiego

plinthe [plɛ̃t] *nf* zócalo

plissé, e [plise] *adj* (*jupe*) plisado(-a); (*peau*) arrugado(-a)

plisser [plise] *vt* arrugar; (*jupe*) hacerle tablas a, plisar; **se plisser** *vpr* arrugarse

plomb [plɔ̃] *nm* plomo; (*d'une cartouche*) perdigón *m*; (*sceau*) precinto; (*Élec*) fusible *m*; **sommeil de ~** sueño pesado; **soleil de ~** sol abrasador

plomber [plɔ̃be] *vt* (*dent*) empastar; (*fam : compromettre : finances, comptes, relations*) lastrar; **~ l'ambiance** aguar la fiesta

plomberie [plɔ̃bʀi] *nf* fontanería, plomería (AM); (*installation*) cañería

plombier, -ère [plɔ̃bje, jɛʀ] *nm/f* fontanero(-a), plomero(-a) (AM), gasfíter *m/f* (*Chi*), gasfitero(-a) (*Chi*)

plonge [plɔ̃ʒ] (*fam*) *nf* : **faire la ~** fregar los platos

plongeant, e [plɔ̃ʒɑ̃, ɑ̃t] *adj* (*vue*) desde arriba; (*tir*) oblicuo(-a); (*décolleté*) pronunciado(-a)

plongée [plɔ̃ʒe] *nf* inmersión *f*; (*Sport : sans bouteilles*) buceo; (*Ciné, TV*) plano tomado desde arriba, plano picado; **~ (sous-marine)** submarinismo; **sous-marin en ~** submarino sumergido

plongeoir [plɔ̃ʒwaʀ] *nm* trampolín *m*

plongeon [plɔ̃ʒɔ̃] *nm* zambullida; (*Football*) estirada

plonger [plɔ̃ʒe] *vi* (*personne*) zambullirse; (*sous-marin*) sumergirse; (*oiseau, avion*) lanzarse en picado; (*Football*) hacer una estirada; (*regard*) dirigir; (*personne*) : **~ dans un sommeil profond** sumirse en un sueño profundo ▸ *vt* sumergir; (*arme, racine*) clavar; **~ dans l'obscurité** sumir en la oscuridad; **~ qn dans l'embarras/le découragement** sumir a algn en la confusión/el desánimo

plongeur, -euse [plɔ̃ʒœʀ, øz] *nm/f* buceador(a); (*avec bouteilles*) submarinista *m/f*; (*de restaurant*) : **travailler comme ~** fregar los platos

ployer [plwaje] *vi* curvarse; **~ sous le joug** ceder bajo el yugo

plu [ply] *pp de* **plaire** ; **pleuvoir**

pluie [plɥi] *nf* lluvia; **une ~ de** (*fig*) una lluvia de; **retomber en ~** caer en forma de lluvia; **sous la ~** bajo la lluvia

plumage [plymaʒ] *nm* plumaje *m*

plume [plym] *nf* pluma; **dessin à la ~** dibujo en plumilla

plumeau, x [plymo] *nm* plumero

plumer [plyme] *vt* desplumar

plupart [plypaʀ] : **la ~** *pron* la mayor parte; **la ~ du temps** la mayoría de las veces; **dans la ~ des cas** en la mayoría de los casos; **pour la ~** en su mayoría

pluriel, le [plyʀjɛl] *nm* plural *m* ▸ *adj* (*gauche, société*) plural; **au ~** en plural

plus

▸ *adv* **1** [ply] (*forme négative*) : **ne ... plus** ya no; **je n'ai plus d'argent** ya no tengo dinero; **il ne travaille plus** ya no trabaja

2 [ply, plyz + *voyelle*] (*comparatif*) más; **plus intelligent (que)** más inteligente (que); **plus d'intelligence/de possibilités (que)** más inteligencia/posibilidades (que); (*superlatif*) : **le plus** el más; **c'est lui qui travaille le plus** es él quien más trabaja; **le plus grand** el más grande; **(tout) au plus** a lo sumo, a lo más

3 [plys, plyz + *voyelle*] (*davantage*) más; **il travaille plus (que)** trabaja más (que); **plus il travaille, plus il est heureux** cuanto más trabaja, más feliz es; **il était plus de minuit** era más de medianoche; **plus de trois heures/quatre kilos** más de tres horas/cuatro kilos; **trois heures/kilos de plus que** tres horas/kilos más que; **il a trois ans de plus que moi** tiene tres años más que yo; **de plus** (*en supplément*) de más; (*en outre*) además; **de plus en plus** cada vez más; **plus de pain** más pan; **sans plus** sin más; **trois kilos en plus** tres kilos de más; **en plus de cela ...** además de eso ...; **d'autant plus que** tanto más cuando, más aún cuando; **qui plus est** y lo que es más; **plus ou moins** más o menos; **ni plus ni moins** ni más ni menos

▸ *prép* [plys] : **4 plus 2** 4 más 2

plusieurs [plyzjœʀ] *adj, pron* varios(-as); **ils sont ~** son varios

plus-que-parfait [plyskəpaʀfɛ] *nm* (*Ling*) pluscuamperfecto

plus-value [plyvaly] (*pl* **plus-values**) *nf* (*Écon*) plusvalía

plutôt [plyto] *adv* más bien; **je ferais ~ cela** haría más bien eso; **fais ~ comme ça** haz mejor así; **~ que (de) faire qch** en lugar de hacer algo; **~ grand/rouge** más bien grande/rojo

pluvieux, -euse [plyvjø, jøz] *adj* lluvioso(-a)

PMA [peɛma] *sigle f* (= *procréation médicalement assistée*) reproducción *f* asistida

PME [peɛmə] *sigle f inv* (= *petite et moyenne entreprise*) ≈ PYME *f*, ≈ pyme *f* (= *pequeña y mediana empresa*)

PMU [peɛmy] *sigle m* = *Pari Mutuel Urbain*

> **PMU**, siglas de *Pari Mutuel Urbain*, es una red de ventanillas de apuestas regulada por el gobierno que se encuentran en los bares que muestran el signo **PMU**. Para apostar se compran boletos, que tienen un precio fijo y se hacen predicciones sobre quiénes van a ganar u ocupar las primeras posiciones en las carreras de caballos. La apuesta tradicional es el *tiercé*, que es una triple apuesta, aunque hay otras apuestas múltiples, como el *quinté*, entre otros, que se están haciendo cada vez más populares.

PNB [peɛnbe] *sigle m* (= *produit national brut*) PNB *m* (= *producto nacional bruto*)

pneu, x [pnø] *nm* neumático, llanta (AM)

pneumonie [pnømɔni] *nf* neumonía

poche [pɔʃ] *nf* bolsillo; (*des marsupiaux*) bolsa ▸ *nm* libro de bolsillo; **de ~** de bolsillo; **en être** *ou* **y être de sa ~** pagarlo de su bolsillo; **c'est dans la ~** es cosa hecha

poché, e [pɔʃe] *adj* : **œuf ~** huevo escalfado; **œil ~** ojo a la funerala

pochette [pɔʃɛt] *nf* (*de timbres*) sobre *m*; (*d'aiguilles etc*) estuche *m*; (*sac : de femme*) bolso de mano; (: *d'homme*) bolso; (*sur veste*) pañuelo; **~ d'allumettes** canterilla de cerillas; **~ de disque** funda de discos; **~ surprise** sobre sorpresa

podcast [pɔdkast] *nm* podcast *m*

podcaster [pɔdkaste] *vi* podcastear

podium [pɔdjɔm] *nm* podio

poêle [pwal] *nm* estufa ▸ *nf* : **~ (à frire)** sartén *f* (*m en* AM)

poème [pɔɛm] *nm* poema *m*

poésie [pɔezi] *nf* poesía

poète [pɔɛt] *nm/f* poeta *m/f* ▸ *adj* poeta

poétesse [pɔetɛs] *nf* poetisa

poétique [pɔetik] *adj* poético(-a)

pognon [pɔɲɔ̃] (*fam*) *nm* pasta

poids [pwa] *nm* peso; (*pour peser*) pesa; **vendre qch au ~** vender algo al peso; **prendre/perdre du ~** coger/perder peso; **faire le ~** (*fig*) dar la talla; **argument de ~** argumento de peso; **~ et haltères** *nmpl* pesas y halterofilia; **~ lourd** peso pesado; (*camion*) camión *m* de carga pesada; **~ mort** (*Tech*) peso muerto; (*fig : péj*) lastre *m*; **~ mouche/plume/coq/moyen** (*Boxe*) peso mosca/pluma/gallo/medio; **~ utile** carga

poignant, e [pwaɲɑ̃, ɑ̃t] *adj* conmovedor(a)

poignard [pwaɲaʀ] *nm* puñal *m*

poignarder [pwaɲaʀde] *vt* apuñalar

poigne [pwaɲ] *nf* fuerza; (*main, poing*) mano *f*; (*fig*) firmeza; **à ~** con firmeza

poignée [pwaɲe] *nf* puñado; (*de couvercle, valise*) asa; (*tiroir*) tirador *m*; (*porte*) picaporte *m*; (*de cuisine*) manopla *f*; **~ de main** apretón *m* de manos

poignet [pwaɲɛ] *nm* muñeca; (*d'une chemise*) puño

poil [pwal] *nm* pelo; (*de pinceau, brosse*) cerda; **à ~** (*fam : tout nu*) en pelota; **au ~** (*fam*) genial; **de tout ~** de toda calaña; **être de bon/mauvais ~** (*fam*) estar de buenas/malas; **~ à gratter** picapica

poilu, e [pwaly] *adj* peludo(-a)

poinçonner [pwɛ̃sɔne] *vt* (*billet, ticket*) picar; (*marchandise, bijou*) contrastar

poing [pwɛ̃] *nm* puño; **dormir à ~s fermés** dormir a pierna suelta

point [pwɛ̃] *nm* punto; (*Couture, tapisserie*) puntada ▸ *adv* = **pas²**; **il n'est ~ bête** no es ningún tonto; **faire le ~** (*Naut*) determinar la posición; (*fig*) recapitular; **faire le ~ sur** analizar la situación de; **en tout ~** de todo punto; **sur le ~ de faire qch** a punto de hacer algo; **au ~ que** hasta el punto que; **mettre au ~** poner a punto; (*appareil de photo*) enfocar; (*affaire*) precisar; **à ~** (*Culin*) en su punto; **à ~ nommé** en el momento oportuno; **au ~ de vue scientifique** desde el punto de vista científico; **~ chaud** (*Mil, Pol*) punto álgido; **~ com** puntocom *m*; **~ culminant** punto culminante; **~ d'eau** punto de agua; **~ d'exclamation/ d'interrogation** signo de exclamación/ de interrogación; **~ de chaînette/ de croix/de tige** punto de cadeneta/ de cruz/de tallo; **~ de chute** (*fig*) lugar *m* de parada; **~ de côté** punzada en el costado; **~ de départ/d'arrivée** punto de partida/de llegada; **~ de jersey/ mousse** (*Tricot*) punto liso *ou* de jersey/ de malla; **~ de non-retour** punto sin retorno; **~ de repère** punto de referencia; **~ de vente** punto de venta; **~ de vue**

punto de vista; **~ faible** punto débil; **~ final** punto final; **~ mort** punto muerto; **~ noir** punto negro; **~s cardinaux** puntos cardinales; **~s de suspension** puntos suspensivos

pointe [pwɛ̃t] *nf* punta; (*d'un clocher*) remate *m*; (*fig*) : **une ~ d'ail/d'accent** una pizca de ajo/de acento; **pointes** *nfpl* (*Danse*) zapatillas *fpl* de puntas; **être à la ~ de qch** estar en la vanguardia de algo; **faire** *ou* **pousser une ~ jusqu'à ...** llegar hasta ...; **sur la ~ des pieds** de puntillas; **en ~** *adv, adj* en punta; **de ~** (*industries*) de vanguardia; (*vitesse*) punta; **heures/jours de ~** horas *fpl*/días *mpl* punta; **faire des ~s** (*Danse*) bailar de puntillas; **~ d'asperge** punta de espárrago; **~ de vitesse** escapada

pointer [pwɛ̃te] *vt* puntear; (*canon, doigt*) apuntar ▸ *vi* (*ouvrier, employé*) fichar; (*pousses*) brotar; (*jour*) despuntar; **~ les oreilles** aguzar las orejas

pointillé [pwɛ̃tije] *nm* línea de puntos; (*Art*) punteado

pointilleux, -euse [pwɛ̃tijø, øz] *adj* puntilloso(-a)

pointu, e [pwɛ̃ty] *adj* puntiagudo(-a); (*son, voix, fig*) agudo(-a)

pointure [pwɛ̃tyʀ] *nf* número

point-virgule [pwɛ̃viʀgyl] (*pl* **points-virgules**) *nm* punto y coma *m*

poire [pwaʀ] *nf* pera; (*fam : péj*) memo(-a); **~ à injections** jeringa de inyecciones; **~ électrique/à lavement** pera eléctrica/de lavativa

poireau, x [pwaʀo] *nm* puerro

poirier [pwaʀje] *nm* peral *m*; **faire le ~** hacer el pino

pois [pwɑ] *nm* guisante *m*; (*sur une étoffe*) lunar *m*; **à ~** de lunares; **~ cassés** guisantes *mpl* secos; **~ chiche** garbanzo; **~ de senteur** guisante de olor

poison [pwazɔ̃] *nm* veneno

poisseux, -euse [pwasø, øz] *adj* pegajoso(-a)

poisson [pwasɔ̃] *nm* pez *m*; (*Culin*) pescado; (*Astrol*) : **P~s** Piscis *msg*; **être P~s** ser Piscis; **prendre du ~** pescar; **« ~ d'avril ! »** «¡inocente!»; **~ d'avril** inocentada; **~ volant/rouge** pez volador/de colores

> En Francia, el 1 de abril es el equivalente al día de los Santos Inocentes en España. La broma o inocentada típica de ese día es pegar en la espalda de alguien un pez de papel, el **poisson d'avril**, sin ser visto. Los medios de comunicación contribuyen con sus propios **poissons d'avril** difundiendo noticias falsas y disparatadas.

poissonnerie [pwasɔnʀi] *nf* pescadería

poissonnier, -ière [pwasɔnje, jɛʀ] *nm/f* pescadero(-a) ▸ *nf* (*récipient*) besuguera

poitrine [pwatʀin] *nf* pecho

poivre [pwavʀ] *nm* pimienta; **~ blanc/gris** pimienta blanca/negra; **~ de cayenne** cayena; **~ moulu/en grains** pimienta molida/en grano; **~ et sel** *adj inv* (*cheveux*) entrecano(-a); **~ vert** pimienta verde

poivrier [pwavʀije] *nm* (*Bot, ustensile*) pimentero

poivron [pwavʀɔ̃] *nm* pimiento morrón; **~ rouge/vert** pimiento rojo/verde

polaire [pɔlɛʀ] *adj* polar ▸ *nf* (*vêtement*) forro polar

polar [pɔlaʀ] (*fam*) *nm* novela policial *ou* policíaca

pôle [pol] *nm* (*Géo, Élec*) polo; (*chose en opposition*) polo opuesto; **~ d'attraction** polo de atracción; **~ de développement** (*Écon*) polo de desarrollo; **le ~ Nord/Sud** el polo Norte/Sur

poli, e [pɔli] *adj* (*personne*) educado(-a), elegante; (*surface*) liso(-a)

police [pɔlis] *nf* : **la ~** la policía; (*Assurance*) : **~ d'assurance** póliza de seguros; **être dans la ~** estar en la policía; **~ de caractère** (*Typo, Inform*) tipo de letra; **~ des mœurs** *policía encargada del control de la prostitución*; **~ judiciaire** policía judicial; **~ secours** servicio urgente de policía; **~ secrète** policía secreta

policier, -ière [pɔlisje, jɛʀ] *adj* policial, policiaco(-a) ▸ *nm/f* policía *m/f*, agente *m/f* (AM) ▸ *nm* (*roman*) novela policiaca; (*film*) película policiaca

polio [pɔljo] *nf* poliomielitis *f inv*

polir [pɔliʀ] *vt* pulir

politesse [pɔlitɛs] *nf* cortesía; (*civilité*) : **la ~** la urbanidad; **politesses** *nfpl* (*actes*)

cumplidos *mpl*; **devoir/rendre une ~ à qn** deber/devolver un cumplido a algn
politicien, ne [pɔlitisjɛ̃, jɛn] *nm/f* político(-a); (*péj*) politicastro(-a) ▶ *adj* político(-a)
politique [pɔlitik] *adj, nm/f* político(-a) ▶ *nf* política; **~ étrangère/intérieure** política exterior/interior
pollen [pɔlɛn] *nm* polen *m*
polluant, e [pɔlɥɑ̃, ɑ̃t] *adj* contaminante; **produit ~** producto contaminante
polluer [pɔlɥe] *vt* contaminar; **air pollué/eaux polluées** aire *m* contaminado/aguas *fpl* contaminadas
pollution [pɔlysjɔ̃] *nf* polución *f*
polo [pɔlo] *nm* polo
Pologne [pɔlɔɲ] *nf* Polonia
polonais, e [pɔlɔnɛ, ɛz] *adj* polaco(-a) ▶ *nm* (*Ling*) polaco ▶ *nm/f*: **Polonais, e** polaco(-a)
poltron, ne [pɔltʀɔ̃, ɔn] *adj* cobarde
Polynésie [pɔlinezi] *nf* Polinesia; **la ~ française** la Polinesia francesa
polyvalent, e [pɔlivalɑ̃, ɑ̃t] *adj* polivalente
pommade [pɔmad] *nf* pomada
pomme [pɔm] *nf* manzana; (*boule décorative*) pomo; (*pomme de terre*): **tomber dans les ~s** (*fam*) darle a algn un patatús; **~ d'Adam** nuez *f* de Adán; **~ d'arrosoir** alcachofa; **~ de pin** piña; **~ de terre** patata, papa (AM); **~s allumettes/vapeur** patatas paja/al vapor
pommette [pɔmɛt] *nf* pómulo
pommier [pɔmje] *nm* manzano
pompe [pɔ̃p] *nf* (*appareil*) bomba; (*faste*) pompa; **en grande ~** con gran pompa; **~ à eau** bomba de agua; **~ (à essence)** surtidor *m* (de gasolina); **~ à huile** bomba de aceite; **~ à incendie** bomba de incendios; **~ de bicyclette** bomba de bicicleta; **~s funèbres** pompas *fpl* fúnebres
pomper [pɔ̃pe] *vt* bombear; (*absorber*) empapar
pompeux, -euse [pɔ̃pø, øz] (*péj*) *adj* pomposo(-a)
pompier, -ère [pɔ̃pje, jɛʀ] *nm/f* bombero(-a) ▶ *adj m* (*style*) pomposo(-a)
pompiste [pɔ̃pist] *nm/f* encargado(-a) de una gasolinera
pompon [pɔ̃pɔ̃] *nm* borla
pomponner [pɔ̃pɔne]: **se pomponner** *vpr* (*fam*) emperifollarse
ponce [pɔ̃s] *nf*: **pierre ~** piedra pómez
poncer [pɔ̃se] *vt* alisar con un abrasivo
ponceuse [pɔ̃søz] *nf* pulidora
ponctualité [pɔ̃ktɥalite] *nf* puntualidad *f*
ponctuation [pɔ̃ktɥasjɔ̃] *nf* puntuación *f*
ponctuel, le [pɔ̃ktɥɛl] *adj* puntual
pondéré, e [pɔ̃deʀe] *adj* ponderado(-a)
pondre [pɔ̃dʀ] *vt* (*œufs*) poner; (*fig : fam*) parir ▶ *vi* poner
poney [pɔnɛ] *nm* poney *m*, poni *m*
pont [pɔ̃] *nm* (*aussi Auto*) puente *m*; (*Naut*) cubierta; **faire le ~** hacer puente; **faire un ~ d'or à qn** tender un puente de plata a algn; **~ à péage** puente de peaje; **~ aérien** puente aéreo; **~ basculant** puente basculante; **~ d'envol** (*sur un porte-avions*) cubierta de despegue; **~ élévateur** puente elevador; **~ roulant** puente grúa; **~ suspendu/tournant** puente colgante/giratorio; **P~s et Chaussées** (*Univ*) Caminos, Canales y Puertos
ponte [pɔ̃t] *nf* puesta ▶ *nm* (*fam*) mandamás *m/f inv*
pont-levis [pɔ̃lvi] (*pl* **ponts-levis**) *nm* puente *m* levadizo
pop [pɔp] *adj inv* pop *inv* ▶ *nf*: **la ~** la música pop
pop-corn [pɔpkɔʀn] (*pl* **pop-corns**) *nm* palomitas *fpl* de maíz
populaire [pɔpylɛʀ] *adj* popular
populariser [pɔpylaʀize] *vt* popularizar
popularité [pɔpylaʀite] *nf* popularidad *f*
population [pɔpylasjɔ̃] *nf* población *f*; **~ active/agricole** población activa/agrícola
populeux, -euse [pɔpylø, øz] *adj* populoso(-a)
populiste [pɔpylist] *adj* populista
porc [pɔʀ] *nm* (*Zool*) cerdo, chancho (AM); (*Culin*) carne *f* de cerdo
porcelaine [pɔʀsəlɛn] *nf* porcelana
porcelet [pɔʀsəlɛ] *nm* lechón *m*, tostón *m*
porc-épic [pɔʀkepik] (*pl* **porcs-épics**) *nm* puerco espín
porche [pɔʀʃ] *nm* porche *m*
porcherie [pɔʀʃəʀi] *nf* porqueriza; (*fig*) pocilga
pore [pɔʀ] *nm* poro

poreux, -euse [pɔʀø, øz] *adj* poroso(-a)

porno [pɔʀno] *adj* (= *pornographique*) porno *inv* ▸ *nm* película porno

port [pɔʀ] *nm* porte *m*; (*Naut*) puerto; **arriver à bon ~** llegar a buen puerto; **le ~ de l'uniforme est interdit dans ...** está prohibido llevar el uniforme en ...; **~ d'arme** (*Jur*) tenencia de armas; **~ d'attache** (*Naut*) puerto de amarre; (*fig*) refugio; **~ de commerce/de pêche** puerto comercial/pesquero; **~ d'escale** puerto de escala; **~ de tête** porte de cabeza; **~ dû/payé** (*Comm*) porte debido/pagado; **~ franc** puerto franco; **~ pétrolier** puerto petrolero

portable [pɔʀtabl] *adj* (*vêtement*) ponible; (*ordinateur*) portátil; (*téléphone*) móvil, celular (AM) ▸ *nm* (*téléphone*) móvil *m*, celular *m* (AM); (*ordinateur*) portátil *m*

portail [pɔʀtaj] *nm* (*gén*, *Internet*) portal *m*; (*d'une cathédrale*) pórtico

portant, e [pɔʀtɑ̃, ɑ̃t] *adj* sustentador(a); (*roues*) de apoyo; **être bien/mal ~** (*personne*) tener buena/mala salud

portatif, -ive [pɔʀtatif, iv] *adj* portátil

porte [pɔʀt] *nf* puerta; **mettre qn à la ~** poner a algn en la calle; **prendre la ~** coger la puerta; **à ma/sa ~** a la puerta de mi/su casa; **faire du ~ à ~** (*Comm*) vender de puerta en puerta, vender a domicilio; **journée ~s ouvertes** jornada de puertas abiertas; **~ d'embarquement** (*Aviat*) puerta de embarque; **~ d'entrée** puerta de entrada; **~ de secours** salida de emergencia; **~ de service** puerta de servicio

porté, e [pɔʀte] *adj*: **être ~ à faire qch** estar dispuesto(-a) a hacer algo; **être ~ sur qch** darle a algo

porte-avion(s) [pɔʀtavjɔ̃] (*pl* **porte-avions**) *nm* portaaviones *m inv*

porte-bagage(s) [pɔʀtbagaʒ] (*pl* **porte-bagages**) *nm* portaequipajes *m inv*

porte-bonheur [pɔʀtbɔnœʀ] (*pl* **porte-bonheur(s)**) *nm* amuleto

porte-clé(s) [pɔʀtəkle] (*pl* **porte-clés**) *nm* llavero

porte-document(s) [pɔʀtdɔkymɑ̃] (*pl* **porte-documents**) *nm* cartera de mano, portafolio(s) *m* (AM)

porte-drapeau [pɔʀtdʀapo] (*pl* **porte-drapeaux**) *nm/f* abanderado(-a)

portée [pɔʀte] *nf* alcance *m*; (*d'une chienne, chatte*) camada; (*Mus*) pentagrama *m*; **à (la) ~ (de)** al alcance (de); **hors de ~ (de)** fuera del alcance (de); **à ~ de (la) main** al alcance de la mano; **à ~ de voix** a poca distancia; **à la ~ de toutes les bourses** al alcance de todos los bolsillos; **ce n'est pas à sa ~** eso no está a su alcance

porte-fenêtre [pɔʀtfənɛtʀ] (*pl* **portes-fenêtres**) *nf* puerta vidriera

portefeuille [pɔʀtəfœj] *nm* cartera; (*Pol*) cartera (ministerial); **faire un lit en ~** hacer la petaca

porte-jarretelle(s) [pɔʀtʒaʀtɛl] (*pl* **porte-jarretelles**) *nm* liguero

portemanteau, x [pɔʀt(ə)mɑ̃to] *nm* perchero

portemonnaie [pɔʀtmɔnɛ] *nm* monedero

porte-parole [pɔʀtpaʀɔl] (*pl* **porte-parole(s)**) nm/f portavoz *m/f*, vocero(-a) (AM)

porter [pɔʀte] *vt* llevar; (*fig* : *poids d'une affaire*) soportar; (: *responsabilité*) cargar con; (*suj* : *jambes*) sostener; (: *arbre*) dar, producir ▸ *vi* llegar; (*fig*) surtir efecto; **se porter** *vpr* : **se ~ bien/mal** encontrarse bien/mal; (*aller*) : **se ~ vers** dirigirse hacia; **se ~ garant** avalar; **~ sur** (*suj* : *conférence*) tratar de; **~ qn au pouvoir** conducir a algn al poder; **~ secours/assistance à qn** prestar socorro/asistencia a algn; **~ bonheur à qn** traer buena suerte a algn; **~ un toast** brindar; **~ une somme sur un registre** asentar una cantidad en un registro; **~ atteinte à (l'honneur/la réputation de qn)** atentar contra (el honor/la reputación de algn); **se faire ~ malade** declararse enfermo(-a); **se ~ partie civile** constituirse parte civil; **se ~ candidat à la députation** presentarse como candidato a la diputación; **~ un jugement sur qn/qch** emitir un juicio sobre algn/algo; **~ un livre/récit à l'écran** llevar un libro/relato a la pantalla; **~ la main à son chapeau/une cuillère à sa bouche** llevarse la mano al sombrero/una cuchara a la boca; **~ son attention/regard/effort sur** fijar su atención/mirada/esfuerzo sobre; **~ un fait à la connaissance de qn** llevar un hecho al conocimiento de algn; **~ à croire** llevar a pensar

porteur, -euse [pɔʀtœʀ, øz] *nm/f* (*de messages*) mensajero(-a); (*Méd*) portador(a) ▸ *nm/f* (*de bagages*) mozo(-a) de equipaje ▸ *nm* (*Comm : d'un chèque*) portador *m*; (*Fin : d'une action*) tenedor *m* ▸ *adj* : **être ~ de** ser portador de; **gros ~** (*avion*) avión *m* de gran capacidad; **au ~** (*billet, chèque*) al portador; **les petits ~s** (*Fin*) los pequeños accionistas

porte-voix [pɔʀtəvwa] *nm inv* megáfono

portier, -ère [pɔʀtje, jɛʀ] *nm/f* portero(-a) ▸ *nf* (*de voiture, train*) puerta

portillon [pɔʀtijɔ̃] *nm* portillo

portion [pɔʀsjɔ̃] *nf* (*part*) ración *f*; (*partie*) parte *f*

porto [pɔʀto] *nm* oporto

portrait [pɔʀtʀɛ] *nm* retrato; **c'est tout le ~ de sa mère** (*fig*) es el vivo retrato de su madre

portrait-robot [pɔʀtʀɛʀɔbo] (*pl* **portraits-robots**) *nm* retrato robot

portuaire [pɔʀtɥɛʀ] *adj* portuario(-a)

portugais, e [pɔʀtygɛ, ɛz] *adj* portugués(-esa) ▸ *nm* (*Ling*) portugués *m* ▸ *nm/f* : **Portugais, e** portugués(-esa)

Portugal [pɔʀtygal] *nm* Portugal *m*

pose [poz] *nf* (*de moquette*) instalación *f*; (*de rideau, papier peint*) colocación *f*; (*position*) postura; **(temps de) ~** (*Photo*) (tiempo de) exposición *f*

posé, e [poze] *adj* comedido(-a)

poser [poze] *vt* poner; (*moquette, carrelage*) instalar; (*rideaux, papier peint*) colocar; (*question*) hacer; (*principe*) establecer; (*problème*) plantear; (*personne : mettre en valeur*) dar notoriedad a; (*déposer*) : **~ qch (sur)** dejar algo (sobre) ▸ *vi* (*modèle*) posar; **se poser** *vpr* (*oiseau, avion*) posarse; (*question*) plantearse; **se ~ en** erigirse en; **~ son** *ou* **un regard sur qn/qch** poner sus ojos sobre *ou* en algn/algo; **~ sa candidature** (*à un emploi*) presentarse; (*Pol*) presentar su candidatura

positif, -ive [pozitif, iv] *adj* positivo(-a)

position [pozisjɔ̃] *nf* posición *f*; (*posture*) postura; (*métier*) cargo; (*d'un compte en banque*) situación *f*; **être dans une ~ difficile/délicate** estar en una situación difícil/delicada; **prendre ~** tomar posiciones

posologie [pozɔlɔʒi] *nf* posología

posséder [pɔsede] *vt* poseer; (*qualité*) estar dotado(-a) de; (*métier, langue*) dominar, conocer a fondo; (*suj : jalousie, colère*) dominar; (*fam : duper*) engañar

possession [pɔsesjɔ̃] *nf* posesión *f*; **être/entrer en ~ de qch** estar/entrar en posesión de algo; **en sa/ma ~** en su/mi posesión; **prendre ~ de qch** tomar posesión de algo; **être en ~ de toutes ses facultés** tener pleno dominio de sus facultades

possibilité [pɔsibilite] *nf* posibilidad *f*; **possibilités** *nfpl* (*moyens*) medios *mpl*; (*potentiel*) posibilidades *fpl*; **avoir la ~ de faire qch** tener la posibilidad de hacer algo

> **On peut dire aussi :**
> Igual tengo suerte y apruebo. (*Si ça se trouve ...*)
> A lo mejor hago escala en Tenerife de camino a Montevideo. (*... peut-être ...*)
> Quizá(s) tengamos que volver antes de lo previsto. (*Peut-être que ...*)
> Tal vez nuestras sospechas sean infundadas. (*Peut-être que ...*)
> Puede que nos suban el sueldo. (*Il se peut que ...*)

possible [pɔsibl] *adj* posible; (*projet*) realizable ▸ *nm* : **faire (tout) son ~** hacer (todo) lo (que sea) posible; **il est ~ que** es posible que; **autant que ~** en la medida de lo posible; **si (c'est) ~** si es posible; **(ce n'est) pas ~ !** ¡no puede ser!; **comme c'est pas ~** (*fam*) a más no poder; **le plus/moins de livres ~** el mayor/menor número de libros posible; **le plus/moins d'eau ~** la mayor/menor cantidad de agua posible; **aussitôt** *ou* **dès que ~** en cuanto sea posible; **gentil au ~** amable al máximo

postal, e, -aux [pɔstal, o] *adj* postal; **sac ~** correspondencia

poste [pɔst] *nf* (*service*) correo; (*administration*) correos *mpl*; (*bureau*) oficina de correos ▸ *nm* (*Mil*) puesto; (*charge*) cargo; (*de radio, télévision*) aparato; (*Tél*) extensión *f*; (*de budget*) partida, asiento; (*Ind*) : **~ de nuit** turno de noche; **postes** *nfpl* : **agent(e)/employé(e) des ~s** empleado(-a)/ agente *m/f* de correos; **mettre à la ~** echar al correo; **~ de commandement** *nm* (*Mil* *etc*) puesto de mando; **~ de contrôle** *nm* puesto de control; **~ de douane** *nm* puesto aduanero; **~ d'essence** *nm* punto de repuesto; **~ d'incendie** *nm* boca de incendio; **~ de péage** *nm* puesto de peaje; **~ de pilotage** *nm* puesto de pilotaje; **~ (de police)** *nm* puesto (de policía); **~ de secours** *nm* puesto de socorro; **~ de travail** *nm* puesto de trabajo; **~ émetteur** *nm* (*Radio*) emisora; **~ restante** *nf* lista de correos

poster[1] [pɔste] *vt* (*lettre*) echar al correo; (*personne*) apostar; (*sur Internet*) colgar, publicar; **se poster** *vpr* apostarse

poster[2] [pɔstɛʀ] *nm* póster *m*

postérieur, e [pɔsteʀjœʀ] *adj* posterior ▸ *nm* (*fam*) trasero

postérieurement [pɔsteʀjœʀmɑ̃] *adv* posteriormente; **~ à** con posterioridad a

postérité [pɔsteʀite] *nf* posteridad *f*; **passer à la ~** pasar a la posteridad

posthume [pɔstym] *adj* póstumo(-a); **à titre ~** a título póstumo

postillonner [pɔstijɔne] *vi* echar saliva al hablar

postuler [pɔstyle] *vt* solicitar

posture [pɔstyʀ] *nf* postura; **être en bonne/mauvaise ~** (*fig*) estar en buena/mala situación

pot [po] *nm* (*récipient*) cacharro; (*en métal*) bote *m*; (*fam* : *chance*) : **avoir du ~** tener potra; **boire** *ou* **prendre un ~** (*fam*) tomar una copa; **découvrir le ~ aux roses** descubrir el pastel; **~ à tabac** tabaquera; **~ d'échappement** (*Auto*) tubo de escape; **~ (de chambre)** orinal *m*; **~ de fleurs** tiesto, maceta

potable [pɔtabl] *adj* potable; (*travail*) aceptable; (*fig*) pasable

potage [pɔtaʒ] *nm* sopa

potager, -ère [pɔtaʒe, ɛʀ] *adj* hortícola; **(jardin) ~** huerto

pot-au-feu [pɔtofø] (*pl* **pot(s)-au-feu**) *nm* cocido; (*viande*) carne *f* para el cocido ▸ *adj inv* (*fam*) casero(-a)

pot-de-vin [podvɛ̃] (*pl* **pots-de-vin**) *nm* gratificación *f*

pote [pɔt] (*fam*) *nm* amigo, compadre *m* (AM), manito (*Mex*)

poteau, x [pɔto] *nm* poste *m*; **~ de départ/d'arrivée** línea de salida/meta; **~ (d'exécution)** paredón *m*; **~ indicateur** poste indicador; **~ télégraphique** poste telegráfico; **poteaux (de but)** postes (de portería)

potelé, e [pɔt(ə)le] *adj* rollizo(-a)

potentiel, le [pɔtɑ̃sjɛl] *adj*, *nm* potencial *m*

poterie [pɔtʀi] *nf* (*fabrication*) alfarería; (*objet*) objeto de barro, cerámica

potier, -ère [pɔtje, jɛʀ] *nm/f* alfarero(-a)

potiron [pɔtiʀɔ̃] *nm* calabaza

pou, x [pu] *nm* piojo

poubelle [pubɛl] *nf* cubo *ou* bote *m* (AM) de la basura

pouce [pus] *nm* pulgar *m*; **se tourner** *ou* **se rouler les ~s** (*fig*) estar mano sobre mano; **manger sur le ~** comer de pie y deprisa

poudre [pudʀ] *nf* polvo; (*fard*) polvos *mpl*; (*explosif*) pólvora; **en ~** : **café/savon/lait en ~** café *m* molido/detergente *m*/leche *f* en polvo; **~ à canon** pólvora de cañón; **~ à éternuer** polvos de estornudar; **~ à priser** polvo de rapé; **~ à récurer** polvos de blanqueo; **~ de riz** polvos de arroz

poudreuse [pudʀøz] *nf* nieve *f* en polvo

poudrier [pudʀije] *nm* polvera

pouffer [pufe] *vi* : **~ (de rire)** partirse de risa

poulailler [pulɑje] *nm* (*aussi Théâtre*) gallinero

poulain [pulɛ̃] *nm* potro; (*fig*) pupilo

poule [pul] *nf* gallina; (*Sport*) liga; (*Rugby*) *grupo de equipos que se enfrentan en la primera fase de un campeonato*; (*fam* : *fille de mœurs légères*) golfa; (: *maîtresse*) amante *f*; **~ d'eau** polla de agua; **~ mouillée** cobarde *m/f*, gallina *m/f*; **~ pondeuse** gallina ponedora

poulet [pulɛ] *nm* pollo; (*fam*) poli *m*

poulie [puli] *nf* polea

poulpe [pulp] *nm* pulpo

pouls [pu] *nm* pulso; **prendre le ~ de qn** tomar el pulso a algn

poumon [pumɔ̃] *nm* pulmón *m*; **~ artificiel/d'acier** pulmón artificial/de acero

poupe [pup] *nf* (*Naut*) popa; **avoir le vent en ~** (*fig*) ir viento en popa

poupée [pupe] *nf* muñeca; **jouer à la ~** jugar a las muñecas; **de ~** : **jardin/**

maison de ~ jardín *m*/casa de muñecas

pour [puʀ]

▸ *prép* 1 (*destination, temps*) : **elle est partie pour Paris** se ha ido a París; **le train pour Séville** el tren para *ou* a Sevilla; **j'en ai pour une heure** tengo para una hora; **il faut le faire pour après les vacances** hay que hacerlo para después de vacaciones; **pour toujours** para siempre
2 (*au prix de, en échange de*) por; **il l'a acheté pour 5 €** lo compró por 5 euros; **donnez-moi pour 30 € d'essence** deme 30 euros de gasolina; **je te l'échange pour ta montre** te lo cambio por tu reloj
3 (*en vue de, intention, en faveur de*) : **pour le plaisir** por gusto; **pour ton anniversaire** para tu cumpleaños; **je le fais pour toi** lo hago por ti; **pastilles pour la toux** pastillas *fpl* para la tos; **pour que** para que; **pour faire** para hacer; **pour quoi faire ?** ¿para qué?; **je suis pour la démocratie** estoy por la democracia
4 (*à cause de*) : **fermé pour (cause de) travaux** cerrado por obras; **c'est pour cela que je le fais** por eso lo hago; **être pour beaucoup dans qch** influir mucho en algo; **ce n'est pas pour dire, mais ...** (*fam*) no es por nada pero ...; **pour avoir fait** por haber hecho
5 (*à la place de*) : **il a parlé pour moi** habló por mí
6 (*rapport, comparaison*) : **mot pour mot** palabra por palabra; **ça fait un an jour pour jour** hoy hace justamente un año; **10 pour cent** diez por ciento; **pour un Français, il parle bien suédois** para ser francés, habla bien el sueco; **pour riche qu'il soit** por rico que sea
7 (*comme*) : **la femme qu'il a eue pour mère** la mujer que tuvo por madre
8 (*point de vue*) : **pour moi, il a tort** para mí que se equivoca; **pour ce qui est de ...** por lo que se refiere a ...; **pour autant que je sache** que yo sepa
▸ *nm* : **le pour et le contre** los pros y los contras

pourboire [puʀbwaʀ] *nm* propina
pourcentage [puʀsɑ̃taʒ] *nm* porcentaje *m*; **travailler au ~** trabajar al tanto por ciento
pourchasser [puʀʃase] *vt* perseguir
pourparlers [puʀpaʀle] *nmpl* negociaciones *fpl*; **être en ~ avec** estar en tratos con
pourpre [puʀpʀ] *adj* púrpura
pourquoi [puʀkwa] *adv, conj* por qué ▸ *nm* : **le ~ (de)** el porqué (de); **~ dis-tu cela ?** ¿por qué dices eso?; **~ se taire/faire cela ?** ¿por qué *ou* para qué callarse/hacer eso?; **~ ne pas faire ... ?** ¿por qué no hacer ...?; **~ pas ?** ¿por qué no?; **je voudrais savoir/ne comprends pas ~ ...** quisiera saber/no entiendo por qué ...; **dire/expliquer ~** decir/explicar por qué; **c'est ~ ...** por eso ...
pourrai *etc* [puʀe] *vb voir* **pouvoir**
pourri, e [puʀi] *adj* podrido(-a); (*temps, climat*) horrible; (*fig*) corrompido(-a) ▸ *nm* : **sentir le ~** oler a podrido
pourriel [puʀjɛl] *nm* (*Internet*) correo *m* basura *inv*
pourrir [puʀiʀ] *vi* pudrirse; (*cadavre*) descomponerse; (*fig* : *situation*) degradarse ▸ *vt* pudrir; (*fig* : *personne*) corromper; (*enfant*) echar a perder
pourriture [puʀityʀ] *nf* podredumbre *f*
poursuite [puʀsɥit] *nf* persecución *f*; (*fig* : *de la fortune*) búsqueda; **poursuites** *nfpl* (*Jur*) diligencias *fpl*; **(course) ~** (*Cyclisme*) persecución
poursuivre [puʀsɥivʀ] *vt* perseguir; (*mauvais payeur*) acosar, perseguir; (*femme*) pretender a; (*obséder*) obsesionar, perseguir; (*fortune, gloire*) perseguir, buscar; (*continuer* : *voyage, études*) proseguir ▸ *vi* proseguir; **se poursuivre** *vpr* seguirse; **~ qn en justice** demandar a *ou* querellarse contra algn; **~ qn au pénal/au civil** querellarse contra algn por vía penal/por vía civil
pourtant [puʀtɑ̃] *adv* sin embargo; **et/mais ~** y/pero sin embargo; **c'est ~ facile** sin embargo es fácil
pourtour [puʀtuʀ] *nm* (*d'un quadrilatère*) perímetro; (*d'un lieu*) contorno
pourvoir [puʀvwaʀ] *vt* (*Comm*) : **~ qn en** proveer a algn de, suministrar a algn ▸ *vi* : **~ à** ocuparse de; (*emploi*) atender a; **se pourvoir** *vpr* (*Jur*) : **se ~ en cassation** *etc* interponer un recurso de casación *etc*; **~ qn de qch** (*recommandation, emploi*) proporcionar algo a algn; (*qualités*) dotar a

algn de algo; **~ qch de** equipar algo con

pourvu, e [puʀvy] *pp de* **pourvoir** ▶ *adj* : **~ de** provisto(-a) de; **~ que** (*à condition que*) con tal que; **~ qu'il soit là !** (*espérons que*) ¡ojalá que esté!

pousse [pus] *nf* brote *m*; (*bourgeon*) botón *m*, yema; **jeune ~** (*Internet : entreprise*) empresa emergente, start-up *f*; **~s de bambou** brotes *mpl* de bambú

poussée [puse] *nf* (*pression, attaque*) empuje *m*; (*coup*) empujón *m*; (*Méd*) acceso; (*fig : des prix*) aumento; (: *révolutionnaire*) ola; (: *d'un parti politique*) crecimiento

pousser [puse] *vt* empujar; (*acculer*) : **~ qn à qch/à faire qch** arrastrar *ou* empujar a algn a algo/a algn a hacer algo; (*cri*) lanzar, exhalar; (*élève*) hacer trabajar, estimular; (*études*) seguir, continuar; (*moteur, voiture*) forzar ▶ *vi* crecer; (*aller*) : **~ jusqu'à un endroit/plus loin** seguir hasta un lugar/hasta más lejos; **se pousser** *vpr* echarse a un lado; **faire ~** (*plante*) sembrar, plantar; **~ qn à bout** sacar a algn de sus casillas; **il a poussé la gentillesse jusqu'à ...** ha extremado su amabilidad hasta ...

poussette [pusɛt] *nf* cochecito de niño; (*des courses*) carro (de la compra)

poussière [pusjɛʀ] *nf* (*la poussière*) polvo; (*une poussière*) mota; **et des ~s** (*fig*) y pico; **~ de charbon** carbonilla

poussiéreux, -euse [pusjeʀø, øz] *adj* sucio(-a) de polvo; (*route*) polvoriento(-a)

poussin [pusɛ̃] *nm* pollito

poutre [putʀ] *nf* viga; **~s apparentes** vigas *fpl* aparentes

pouvoir [puvwaʀ] *nm* (*aussi Jur*) poder *m*; (*Pol : dirigeants*) : **le ~** el poder ▶ *vt, vb semi-aux, vb impers* poder ▶ *vi* : **il se peut que** puede ser que; **les ~s public** los poderes públicos; **je me porte on ne peut mieux** me encuentro perfectamente; **je ne peux pas le réparer** no puedo arreglarlo; **déçu de ne pas ~ le faire** decepcionado por no poder hacerlo; **tu ne peux pas savoir !** ¡no puedes imaginarte!; **je n'en peux plus** no puedo más; **je ne peux pas dire le contraire** no puedo decir lo contrario; **j'ai fait tout ce que j'ai pu** hice todo lo que pude; **qu'est-ce que je pouvais bien faire ?** ¿qué iba a *ou* podía hacer yo?; **tu peux le dire !** ¡ya lo creo!; **il aurait pu le dire !** ¡podría haberlo dicho!; **vous pouvez aller au cinéma** podéis ir al cine; **il a pu avoir un accident** pudo haber un accidente; **il peut arriver que ...** puede suceder que ...; **il pourrait pleuvoir** puede que llueva; **~ absorbant** poder de absorción; **~ calorifique** poder calorífico; **~ d'achat** poder adquisitivo

prairie [pʀeʀi] *nf* pradera

praline [pʀalin] *nf* (*bonbon*) garapiñado; (*au chocolat*) bombón *m*

praliné, e [pʀaline] *adj* (*amande, feuilleté*) garrapiñado(-a); (*chocolat, crème*) crocanti *inv*

praticable [pʀatikabl] *adj* (*chemin*) transitable; (*projet*) practicable, factible

pratiquant, e [pʀatikɑ̃, ɑ̃t] *adj* practicante

pratique [pʀatik] *nf* práctica; (*coutume*) usos *mpl*; (*conduite*) actuación *f*, prácticas *fpl* ▶ *adj* práctico(-a), positivo(-a); (*personne*) práctico(-a); (*instrument*) práctico(-a), útil; (*horaire*) adaptado(-a), adecuado(-a); **dans la ~** en la práctica; **mettre en ~** poner en práctica, llevar a la práctica

pratiquement [pʀatikmɑ̃] *adv* (*dans la pratique*) de una manera práctica; (*à peu près*) prácticamente

pratiquer [pʀatike] *vt* practicar; (*méthode, théorie*) poner en práctica; (*métier*) ejercer; (*intervention*) efectuar, realizar; (*abri*) instalar ▶ *vi* (*Rel*) practicar

pré [pʀe] *nm* prado

préalable [pʀealabl] *adj* previo(-a) ▶ *nm* : **condition ~ (de)** condición previa (a); **sans avis ~** sin previo aviso; **au ~** de antemano

préambule [pʀeɑ̃byl] *nm* preámbulo; (*fig*) preludio; **sans ~** sin preámbulos

préau, x [pʀeo] *nm* (*d'une cour d'école*) cobertizo; (*d'un hôpital, d'une prison*) patio; (*d'un monastère*) claustro

préavis [pʀeavi] *nm* : **~ (de licenciement)** notificación *f* (de despido); **communication avec ~** (*Tél*) llamada con aviso; **~ de congé** aviso de desahucio

précaire [pʀekɛʀ] *adj* precario(-a); (*bonheur*) incierto(-a) ▶ *nm/f* trabajador(a) precario(-a)

précariser [pʀekaʀize] *vt* precarizar

précarité [pʀekaʀite] *nf* precariedad *f*; **la ~ de l'emploi** la precariedad laboral

précaution [pʀekosjɔ̃] *nf* precaución *f*; (*prudence*) atención *f*; **avec/sans ~** con/sin precaución; **le principe de ~** el principio de precaución; **prendre des ~s/ses ~s** tomar precauciones/sus precauciones; **par ~** por precaución; **pour plus de ~** para mayor garantía; **~s oratoires** retórica *fsg* cuidadosa

précédemment [pʀesedamɑ̃] *adv* anteriormente

précédent, e [pʀesedɑ̃, ɑ̃t] *adj* precedente, anterior ▶ *nm* precedente *m*; **le jour ~** el día antes; **sans ~** sin precedentes

précéder [pʀesede] *vt* preceder; **elle m'a précédé de quelques minutes** llegó unos minutos antes que yo

précepte [pʀesɛpt] *nm* precepto

préchauffer [pʀeʃofe] *vt* (*four*) precalentar

prêcher [pʀeʃe] *vt* (*Rel*) : **~ l'Evangile** predicar el Evangelio; (*conseiller*) aconsejar ▶ *vi* predicar; (*fig*) sermonear; **~ un converti** convencer a un(a) convencido(-a)

précieux, -euse [pʀesjø, jøz] *adj* precioso(-a); (*temps, qualités*) valioso(-a), importante; (*ami, conseils*) valioso(-a); (*littérature, style*) preciosista

précipice [pʀesipis] *nm* precipicio; (*fig*) abismo, perdición *f*; **au bord du ~** (*fig*) al borde del abismo *ou* de la perdición

précipitamment [pʀesipitamɑ̃] *adv* precipitadamente

précipitation [pʀesipitasjɔ̃] *nf* (*hâte*) precipitación *f*; (*Chim*) precipitado; **précipitations** *nfpl* (*Météo*) : **~s (atmosphériques)** precipitaciones *fpl*

précipité, e [pʀesipite] *adj* (*respiration*) jadeante; (*pas*) apresurado(-a); (*démarche, entreprise*) precipitado(-a)

précipiter [pʀesipite] *vt* (*faire tomber*) arrojar, tirar; (*pas*) apresurar; (*événements*) precipitar; **se précipiter** *vpr* (*respiration*) acelerarse; (*événements*) precipitarse; **se ~ sur/vers** lanzarse sobre/hacia; **se ~ au devant de qn** abalanzarse hacia algn

précis, e [pʀesi, iz] *adj* conciso(-a); (*vocabulaire*) conciso(-a), preciso(-a); (*bruit, point*) preciso(-a), determinado(-a); (*dessin, esprit*) seguro(-a), preciso(-a); (*heure*) preciso(-a), exacto(-a); (*tir, mesures*) exacto(-a) ▶ *nm* compendio

précisément [pʀesizemɑ̃] *adv* (*avec précision*) de manera precisa; (*dans une réponse*) exactamente; (*dans négation*) precisamente; (*justement*) justamente

préciser [pʀesize] *vt* precisar; **se préciser** *vpr* precisarse, concretarse

précision [pʀesizjɔ̃] *nf* precisión *f*; (*détail*) exactitud *f*; **précisions** *nfpl* (*plus amples détails*) precisiones *fpl*

précoce [pʀekɔs] *adj* precoz

précocité [pʀekɔsite] *nf* precocidad *f*

préconçu, e [pʀekɔ̃sy] (*péj*) *adj* preconcebido(-a)

préconiser [pʀekɔnize] *vt* preconizar

prédécesseur, e [pʀedesesœʀ] *nm/f* predecesor(a); **prédécesseurs** *nmpl* (*ancêtres, précurseurs*) predecesores *mpl*

prédilection [pʀedilɛksjɔ̃] *nf* : **avoir une ~ pour qn/qch** tener predilección por algn/algo; **de ~** favorito(-a), preferido(-a)

prédire [pʀediʀ] *vt* (*événement improbable*) predecir, vaticinar; (*événement probable*) augurar; **~ l'avenir** predecir el futuro

prédisposer [pʀedispoze] *vt* : **~ qn à qch/à faire qch** predisponer a algn a algo/a hacer algo

prédisposition [pʀedispozisjɔ̃] *nf* predisposición *f*

prédominer [pʀedɔmine] *vi* predominar

préemption [pʀeɑ̃psjɔ̃] *nf* : **droit de ~** (*Jur*) derecho preferencial de compra

préface [pʀefas] *nf* prólogo; (*fig*) preliminar *m*

préfecture [pʀefɛktyʀ] *nf* prefectura, ≈ gobierno civil; (*ville*) capital *f* de departamento; **~ de police** dirección *f* general de policía

> La **préfecture** es la oficina central del *département*. El *préfet*, que es un alto cargo del funcionariado designado por el gobierno, se encarga de poner en práctica la política gubernamental y mantener la ley y el orden. Las diferentes regiones francesas, cada una de ellas formada por una serie de *départements*, cuentan también con un *préfet de région*.

préférable [pʀefeʀabl] *adj* preferible; **il est ~ de faire qch** es preferible hacer algo; **être ~ à** ser preferible a

préféré, e [pʀefeʀe] *adj* preferido(-a) ▸ *nm/f* favorito(-a)

préférence [pʀefeʀɑ̃s] *nf* preferencia; **de ~** preferentemente; **de ~ à/par ~ à** antes que/en lugar de; **avoir une ~ pour qn/qch** tener predilección por algn/algo; **n'avoir pas de ~** no tener predilección; **donner la ~ à qn** dar preferencia a algn; **par ordre de ~** por orden de preferencia; **obtenir la ~ (sur qn)** pasar delante (de algn)

> **On peut dire aussi :**
> Prefiero la lectura a la televisión. (*Je préfère ... à ...*)
> Prefiero que llegues tarde a que no vengas. (*Je préférerais que ... plutôt que ...*)
> Es mejor *ou* Es preferible hablar en el idioma del cliente. (*Il vaut mieux* ou *Il est préférable de ...*)

préférer [pʀefeʀe] *vt* : **~ qch/qn (à)** preferir algo/a algn (a); **~ faire qch** preferir hacer algo; **je préférerais du thé** preferiría té

préfet, -ète [pʀefɛ, ɛt] *nm/f* prefecto(-a), ≈ gobernador(a) civil; **~ de police** director(a) general de policía

préfixe [pʀefiks] *nm* prefijo

préhistorique [pʀeistɔʀik] *adj* prehistórico(-a)

préinstallé, e [pʀeɛ̃stale] *adj* (*logiciel, appli*) preinstalado(-a)

préjudice [pʀeʒydis] *nm* perjuicio; **porter ~ à qch/à qn** perjudicar algo/a algn; **au ~ de qn/de qch** en perjuicio de algn/de algo

préjudiciable [pʀeʒydisjabl] *adj* : **~ à** perjudicial para

préjugé [pʀeʒyʒe] *nm* prejuicio; **avoir un ~ contre qn/qch** tener prejuicios contra algn/algo; **bénéficier d'un ~ favorable** beneficiarse de un prejuicio favorable

prélasser [pʀelɑse] : **se prélasser** *vpr* relajarse

prélèvement [pʀelɛvmɑ̃] *nm* extracción *f*, toma; **faire un ~ de sang** hacer una extracción de sangre; **~ à la source** (*Admin* : *des impôts*) retención *f* en la nómina del impuesto sobre la renta; **~s obligatoires** (*des impôts*) exacciones *fpl* obligatorias

prélever [pʀel(ə)ve] *vt* (*échantillon*) tomar, sacar; (*organe*) extraer; **~ (sur)** (*retirer*) sacar (de); (*déduire*) descontar (de), deducir (de)

préliminaire [pʀeliminɛʀ] *adj* preliminar; **préliminaires** *nmpl* preliminares *mpl*

prématuré, e [pʀematyʀe] *adj* prematuro(-a); (*retraite, nouvelle*) anticipado(-a) ▸ *nm/f* prematuro(-a)

préméditer [pʀemedite] *vt* premeditar

prémices [pʀemis] *nfpl* primicias *fpl*

premier, -ière [pʀəmje, jɛʀ] *adj* primero(-a); (*avant un nom masculin*) primer; (*après le nom* : *cause, principe*) primordial; (: *objectif*) principal ▸ *adj m* (*Math*) primo ▸ *nm/f* primero(-a) ▸ *nm* (*premier étage*) primero ▸ *nf* (*vitesse, classe*) primera; (*Scol*) *sexto año de educación secundaria en el sistema francés*; (*Théâtre, Ciné*) estreno; **au ~ abord** en un primer momento; **au** *ou* **du ~ coup** al instante; **de ~ ordre** de primer orden; **à la première occasion** en la primera ocasión; **de première qualité** de primera calidad; **de ~ choix** de primera; **de première importance** de capital importancia; **de première nécessité** de primera necesidad; **le ~ venu** el primero que venga; **jeune ~** joven *m* promesa; (*Ciné*) galán *m*; **première classe** primera clase *f*; **le ~ de l'an** el primero de año, el día de año nuevo; **première communion** primera comunión *f*; **enfant du ~ lit** hijo de primer matrimonio; **en ~ lieu** en primer lugar; **~ âge** infancia, primera edad *f*; **P~ ministre** primer(a) ministro(-a)

premièrement [pʀəmjɛʀmɑ̃] *adv* primeramente; (*en premier lieu*) en primer lugar; (*introduisant une objection*) primero

premier-né, première-née [pʀəmjene, pʀəmjɛʀne] (*pl* **premiers-nés, premières-nées**) *nm/f* primogénito(-a)

prémonition [pʀemɔnisjɔ̃] *nf* premonición *f*

prémonitoire [pʀemɔnitwaʀ] *adj* premonitorio(-a)

prémunir [pʀemyniʀ] : **se prémunir** *vpr* : **se ~ contre qch** prevenirse contra algo

prenant, e [pʀənɑ̃, ɑ̃t] *vb voir* **prendre** ▸ *adj* (*film, livre*) cautivador(a); (*activité*) acaparador(a)

prénatal, e [pʀenatal] *adj* prenatal

prendre [pʀɑ̃dʀ] *vt* coger, agarrar (AM); (*aller chercher*) recoger; (*emporter avec soi*) llevar; (*poisson*) pescar; (*place*) ocupar; (*Cartes*) levantar; (*Échecs, aliment*) comer; (*boisson*) beber; (*médicament, notes, mesures*) tomar; (*bain, douche*) darse; (*moyen de transport, route*) tomar, coger; (*essence*) echar; (*commande*) tomar nota de; (*passager, personnel, élève*) coger, tomar (AM); (*exemple*) poner; (*photographie*) sacar; (*renseignements, ordres*) recibir; (*avis*) pedir; (*engagement, critique*) aceptar; (*attitude*) adoptar; (*du poids*) ganar; (*de la valeur*) adquirir, ganar; (*vacances, repos*) tomar(se); (*coûter: temps*) requerir, llevar; (*: efforts, argent*) requerir; (*prélever: pourcentage, argent, cotisation*) quedarse con ▸ *vi* (*pâte, peinture*) espesar; (*ciment*) fraguar; (*semis, vaccin*) agarrar; (*plaisanterie*) encajar; (*mensonge*) ser creído(-a); (*feu, incendie*) comenzar; (*bois, allumette*) prender; **~ qn par la main** coger a algn de la mano; **~ qn dans ses bras** abrazar a algn; **~ au piège** coger *ou* pillar en la trampa; **~ la relève** relevar, tomar el relevo; **~ la défense de qn** salir en defensa de algn, defender a algn; **~ des risques** arriesgarse; **~ l'air** tomar el aire; **~ son temps** tomarse el tiempo necesario, no precipitarse; **~ le deuil** ponerse de luto; **~ feu** prender fuego; **~ l'eau** entrarle agua a; **~ de l'âge** envejecer; **~ sa retraite** jubilarse; **~ la parole** tomar la palabra; **~ la fuite** emprender la huida; **~ la porte** coger *ou* agarrar la puerta; **~ sa source** (*rivière*) nacer; **~ congé de qn** despedirse de algn; **~ un virage** tomar una curva; **~ le lit** guardar cama; **~ le voile** (*Rel*) tomar los hábitos, profesar; **~ qn comme** *ou* **pour** coger *ou* tomar a algn como *ou* de; **~ sur soi** responsabilizarse de; **~ sur soi de faire qch** responsabilizarse de hacer algo; **~ du plaisir à qch** cogerle *ou* tomarle gusto a algo; **~ de l'intérêt à qch** tomar interés por algo; **~ qch au sérieux** tomar(se) algo en serio; **~ qn en faute** coger *ou* pillar a algn in fraganti; **~ qn en sympathie/horreur** coger *ou* agarrar simpatía/odio a algn; **~ qn pour qn/qch** tomar a algn por algn/algo; **~ qch pour prétexte** tomar algo como pretexto; **~ qn à témoin** poner a algn por testigo; **à tout ~** bien mirado; **~ (un) rendez-vous avec qn** concertar una entrevista con algn; **~ à gauche** coger *ou* tomar a la izquierda; **s'en ~ à** emprenderla con; **se ~ pour** creerse; **se ~ d'amitié pour qn** hacer amistad con algn; **se ~ d'affection pour qn** cobrar afecto a algn; **s'y ~ bien/mal** hacerlo bien/mal; **il faudra s'y ~ à l'avance** habrá que hacerlo con antelación; **s'y ~ à deux fois** intentarlo dos veces; **se ~ par le cou/la taille** agarrarse del cuello/de la cintura; **se ~ par la main** (*gén*) agarrarse de la mano; (*fig*) armarse de valor; **se ~ les doigts** pillarse los dedos

preneur, -euse [pʀənœʀ, øz] *nm/f*: **je suis ~** estoy dispuesto a comprar; **trouver ~** encontrar comprador(a)

prénom [pʀenɔ̃] *nm* nombre *m* (de pila)

préoccupation [pʀeɔkypasjɔ̃] *nf* preocupación *f*

préoccuper [pʀeɔkype] *vt* (*personne*) preocupar, inquietar; **se préoccuper** *vpr*: **se ~ de qch/de faire qch** preocuparse por algo/de hacer algo

préparatifs [pʀepaʀatif] *nmpl* preparativos *mpl*

préparation [pʀepaʀasjɔ̃] *nf* preparación *f*; (*Chim*) preparado

préparer [pʀepaʀe] *vt* preparar; **se préparer** *vpr* prepararse; **~ qn à** (*nouvelle etc*) preparar a algn para; **se ~ à qch/à faire qch** prepararse para algo/para hacer algo

prépondérant, e [pʀepɔ̃deʀɑ̃, ɑ̃t] *adj* preponderante

préposé, e [pʀepoze] *adj*: **~ (à qch)** encargado(-a) (de algo) ▸ *nm/f* encargado(-a); (*Admin: facteur*) cartero *m/f*; **~ des douanes** agente *m/f* de aduanas

préposition [pʀepozisjɔ̃] *nf* preposición *f*

préquel *nm*, **préquelle** *nf* [pʀekɛl] precuela *f*

préretraite [pʀeʀ(ə)tʀɛt] *nf* prejubilación *f*

prérogative [pʀeʀɔgativ] *nf* prerrogativa

près [pʀɛ] *adv* cerca; **~ de** (*lieu*) cerca de; (*la retraite*) próximo a; (*mourir*) a punto de; (*temps, quantité*) alrededor de; **de ~** de cerca; **à 5 m/5 kg ~** 5 m/5 kg más o menos; **à cela ~ que** salvo que, excepto que; **je ne suis pas ~ de lui pardon-**

pr

ner/d'oublier estoy lejos de perdonarle/ de olvidar; **on n'est pas à un jour ~** un día más o menos da igual

présage [pʀezaʒ] *nm* presagio; **un mauvais ~ (pour qn/qch)** un mal presagio (para algn/algo)

présager [pʀezaʒe] *vt* presagiar

presbyte [pʀɛsbit] *adj* présbita

presbytère [pʀɛsbitɛʀ] *nm* casa parroquial

prescription [pʀɛskʀipsjɔ̃] *nf* (*Jur* : *d'un délit, d'un crime*) prescripción *f*; (*instruction*) disposición *f*; (*Méd*) prescripción *f* facultativa, receta

prescrire [pʀɛskʀiʀ] *vt* (*médicament*) recetar; (*Jur*) dictar; (*ordonner*) prescribir; (*suj* : *circonstances*) recomendar; **se prescrire** *vpr* (*Jur*) prescribir, anularse

présence [pʀezɑ̃s] *nf* presencia; (*au bureau*) presencia, asistencia; **en ~ de** (*personne*) en presencia de; (*incidents etc*) en medio de; **en ~** presentes; **sentir une ~** sentir una presencia; **faire acte de ~** hacer acto de presencia; **~ d'esprit** presencia de ánimo

présent, e [pʀezɑ̃, ɑ̃t] *adj, nm* presente *m*; **présents** *nmpl* : **les ~s** (*personnes*) los presentes; **« ~ ! »** « ¡presente! »; **la présente lettre/loi** (*Admin, Comm*) la presente carta/ley; **à ~** en la actualidad, ahora; **dès à/jusqu'à ~** desde/hasta ahora; **à ~ que** ahora que

présentable [pʀezɑ̃tabl] *adj* presentable

présentation [pʀezɑ̃tasjɔ̃] *nf* presentación *f*; **faire les ~s** hacer las presentaciones

> **On peut dire aussi :**
> Te presento a Carlos. (*Je te présente ...*)
> Voy a presentarte a mi novia. (*Je vais te présenter ...*)
> Quiero que conozcas a mi marido.
> (*Je voudrais que tu fasses la connaissance de ...*)

présenter [pʀezɑ̃te] *vt* presentar; (*billet, pièce d'identité*) enseñar; (*spectacle*) ofrecer; (*thèse*) defender; (*note*) entregar; (*matière* : *à un examen*) hacer, exponer; (*condoléances, félicitations, remerciements*) dar ▸ *vi* : **~ mal/bien** tener buena/mala presencia; **se présenter** *vpr* presentarse; (*solution, doute*) surgir; **~ qch à qn** enseñar *ou* mostrar algo a algn; (*plat*) presentar algo a algn; **se ~ bien/mal** (*affaire*) presentarse bien/mal; **se ~ à l'esprit** venir a la cabeza

préservatif [pʀezɛʀvatif] *nm* preservativo

préserver [pʀezɛʀve] *vt* : **~ qch/qn de** preservar *ou* proteger algo/a algn de

président, e [pʀezidɑ̃, ɑ̃t] *nm/f* presidente(-a); **~ du jury** (*Jur*) presidente(-a) del jurado; **~ d'un jury d'examen/de concours** presidente(-a) del tribunal; **~ de la République** presidente(-a) de la República; **~ directeur(-trice) général** presidente(-a) y director(a) general

présidentiel, le [pʀezidɑ̃sjɛl] *adj* (*élection*) presidencial; **présidentielles** *nfpl* (*élections*) elecciones *fpl* presidenciales

présider [pʀezide] *vt* presidir; **~ à qch** presidir algo

présomption [pʀezɔ̃psjɔ̃] *nf* presunción *f*; **~ d'innocence** presunción de inocencia

présomptueux, -euse [pʀezɔ̃ptɥø, øz] *adj* presuntuoso(-a)

presque [pʀɛsk] *adv* casi; **~ toujours/autant** casi siempre/tanto; **~ tous/rien** casi todos/nada; **il n'a ~ pas d'argent** casi no tiene dinero, apenas tiene dinero; **il n'y avait ~ personne** no había casi nadie; **la voiture s'est ~ arrêtée** el coche casi se para, por poco se para el coche; **il n'y avait personne, ou ~** no había nadie, o casi nadie; **on pourrait ~ dire que** casi podría decirse que; **~ à chaque pas** casi a cada paso; **la ~ totalité (de)** la casi totalidad (de)

presqu'île [pʀɛskil] *nf* península

pressant, e [pʀesɑ̃, ɑ̃t] *adj* apremiante; (*personne*) atosigante; (*besoin*) acuciante; **se faire ~** volverse atosigante

presse [pʀɛs] *nf* prensa; **mettre un ouvrage sous ~** meter una obra en prensa; **avoir bonne/mauvaise ~** (*fig*) tener buena/mala prensa; **~ d'information/d'opinion** prensa de información/de opinión; **~ du cœur** prensa del corazón; **~ féminine** prensa femenina

pressé, e [pʀese] *adj* (*personne*) apresurado(-a), apurado(-a) (AM) ▸ *nm* : **aller/courir au plus ~** acudir/atender a lo más urgente; **être ~ de faire qch** tener prisa por hacer algo; **orange pressée** zumo de naranja

presse-citron [pʀɛssitʀɔ̃] (*pl* **presse-citrons**) *nm* exprimelimones *m inv*

pressentiment [pʀesɑ̃timɑ̃] *nm* presentimiento

pressentir [pʀesɑ̃tiʀ] *vt* presentir; (*prendre contact avec, sonder*) sondear

presse-papier(s) [pʀɛspapje] (*pl* **presse-papiers**) *nm* pisapapeles *m inv*

presser [pʀese] *vt* (*fruit*) exprimir; (*éponge*) escurrir; (*interrupteur, bouton*) pulsar; (*brusquer*) acosar ▸ *vi* (*être urgent*) urgir, correr prisa; **se presser** *vpr* (*se hâter*) darse prisa, apurarse (AM); (*se grouper*) apiñarse; **le temps presse** el tiempo apremia; **rien ne presse** no hay prisa; **~ le pas** *ou* **l'allure** aligerar (el paso); **~ qn de faire qch** (*inciter*) inducir *ou* presionar a algn a hacer algo; **~ qn de questions** acosar a algn a preguntas; **~ ses débiteurs** apremiar a sus deudores; **~ qn entre** *ou* **dans ses bras** estrechar a algn entre *ou* en sus brazos; **se ~ contre qn** apretujarse contra algn

pressing [pʀesiŋ] *nm* (*repassage*) planchado; (*magasin*) tintorería

pression [pʀesjɔ̃] *nf* presión *f*; (*bouton*) automático; **faire ~ sur qn/qch** ejercer presión sobre algn/algo; **sous ~** a presión; (*fig*) presionado(-a); **~ artérielle** tensión *f* arterial; **~ atmosphérique** presión atmosférica

prestataire [pʀɛstatɛʀ] *nm/f* beneficiario(-a); **~ de services** (*Comm*) prestador *m* de servicios

prestation [pʀɛstasjɔ̃] *nf* (*allocation*) prestación *f*, ayuda; (*d'une assurance*) prestación, indemnización *f*; (*d'une entreprise*) contribución *f*; (*d'un joueur, artiste, homme politique*) actuación *f*; **~ de serment** jura; **~ de service** prestación de servicios; **~s familiales** prestaciones *fpl* familiares

prestidigitateur, -trice [pʀɛstidiʒitatœʀ, tʀis] *nm/f* prestidigitador(a)

prestige [pʀɛstiʒ] *nm* prestigio

prestigieux, -euse [pʀɛstiʒjø, jøz] *adj* prestigioso(-a)

présumer [pʀezyme] *vt* : **~ que** presumir que; **~ de qn/qch** sobreestimar algn/a algo; **présumé coupable/innocent** presunto culpable/inocente

prêt, e [pʀɛ, pʀɛt] *adj* listo(-a), presto(-a); (*cérémonie, repas*) listo(-a), preparado(-a) ▸ *nm* préstamo; **~ à faire qch** (*préparé à*) listo(-a) para hacer algo; (*disposé à*) dispuesto(-a) a hacer algo; **~ à toute éventualité** preparado(-a) para lo que venga; **~ à tout** dispuesto(-a) a todo; **à vos marques, ~s ? partez !** ¡preparados, listos, ya!; **~ sur gages** préstamo bajo fianza

prêt-à-porter [pʀɛtapɔʀte] (*pl* **prêts-à-porter**) *nm* prêt-à-porter *f*

prétendre [pʀetɑ̃dʀ] *vt* (*avoir la ferme intention de*) pretender; (*affirmer*) : **~ que** mantener que; **~ à** aspirar a

prétendu, e [pʀetɑ̃dy] *adj* supuesto(-a)

prétentieux, -euse [pʀetɑ̃sjø, jøz] *adj* presuntuoso(-a); (*maison, villa*) pretencioso(-a)

prétention [pʀetɑ̃sjɔ̃] *nf* pretensión *f*; **sans ~** sin pretensiones

prêter [pʀete] *vt* (*livres, argent*) : **~ qch (à)** prestar algo (a); (*propos etc*) : **~ à qn** achacar a algn ▸ *vi* (*aussi* : **se prêter** : *tissu, cuir*) dar de sí; **~ à** : **~ aux commentaires/à équivoque/à rire** prestarse a comentarios/a equívoco/a risa; **se ~ à qch** prestarse a algo; **~ assistance à** prestar socorro a; **~ attention/serment** prestar atención/juramento; **~ l'oreille** aguzar el oído; **~ de l'importance à** prestar importancia a

prétexte [pʀetɛkst] *nm* pretexto; **sous aucun ~** bajo ningún pretexto; **sous ~ de** con el pretexto de

prétexter [pʀetɛkste] *vt* poner el pretexto de; **~ que** poner el pretexto de que

prêtre [pʀɛtʀ] *nm* sacerdote *m*

preuve [pʀœv] *nf* prueba; **jusqu'à ~ du contraire** hasta que se demuestre lo contrario; **faire ~ de** dar pruebas de; **faire ses ~s** dar prueba de sus aptitudes; **~ matérielle** (*Jur*) prueba material; **~ par neuf** prueba del nueve

prévaloir [pʀevalwaʀ] *vi* prevalecer; **se prévaloir** *vpr* : **se ~ de qch** contar con la ventaja de algo; (*tirer vanité de*) enorgullecerse de algo

prévenant, e [pʀev(ə)nɑ̃, ɑ̃t] *adj* atento(-a)

prévenir [pʀev(ə)niʀ] *vt* prevenir; (*besoins etc*) anticiparse a; **~ qn (de qch)** (*avertir*) prevenir a algn (de algo); **~ qn contre** (*influencer*) predisponer a algn contra

préventif, -ive [prevɑ̃tif, iv] *adj* preventivo(-a); **détention/prison/arrestation préventive** detención *f* preventiva/prisión *f* preventiva/arresto preventivo

prévention [prevɑ̃sjɔ̃] *nf* prevención *f*; **~ routière** seguridad *f* vial

prévenu, e [prev(ə)ny] *pp de* **prévenir** ▶ *nm/f* preso(-a) ▶ *adj* : **être ~ contre qn** estar prevenido(-a) contra algn; **j'ai été ~ en votre faveur** me han dado buenas referencias sobre usted

prévision [previzjɔ̃] *nf* : **~s** previsión *f*; **en ~ de l'orage** en caso de que haya tormenta; **~s météorologiques** previsión meteorológica

prévoir [prevwar] *vt* prever; **prévu pour quatre personnes** con cabida para cuatro personas; **prévu pour 10 h** previsto para las 10

prévoyant, e [prevwajɑ̃, ɑ̃t] *vb voir* **prévoir** ▶ *adj* prevenido(-a), precavido(-a)

prévu, e [prevy] *pp de* **prévoir**

prier [prije] *vi* rezar ▶ *vt* rogar; (*Rel*) rezar; (*demander avec fermeté*) mandar; **~ qn à dîner** invitar a algn a cenar; **se faire ~** hacerse rogar; **je vous en prie** (*allez-y*) pase por favor; (*de rien*) de nada

prière [prijɛr] *nf* oración *f*; (*demande*) ruego; **dire une/des/sa ~(s)** rezar una/algunas/su(s) oración(oraciones); **« ~ de faire/ne pas faire ... »** « se ruega hacer/no hacer ... »

primaire [primɛr] *adj* primario(-a); (*péj*) primitivo(-a); (: *explication*) superficial ▶ *nm* (*Scol* : *aussi* : **enseignement primaire**) : **le ~** ≈ primera etapa de la educación primaria; **primaires** *fpl* (*élections*) primarias *fpl*

prime [prim] *nf* (*bonification, Assurance, Bourse*) prima; (*subside*) ayuda; (*Comm* : *cadeau*) bonificación *f* ▶ *adj* : **de ~ abord** de entrada; **~ de risque/de transport** prima de riesgo/gastos *mpl* de transporte

primer [prime] *vt* : **~ sur qch** primar sobre algo; (*récompenser*) premiar ▶ *vi* primar

primeur [primœr] *nf* : **avoir la ~ de** tener las primicias de; **primeurs** *nfpl* (*fruits, légumes*) frutos *mpl* tempranos

primevère [primvɛr] *nf* primavera

primitif, -ive [primitif, iv] *adj* primitivo(-a); (*texte etc*) antiguo(-a) ▶ *nm/f* primitivo(-a)

primordial, e, -aux [primɔrdjal, jo] *adj* primordial

prince [prɛ̃s] *nm* príncipe *m*; **~ charmant** príncipe azul; **~ de Galles** (*Textile*) príncipe de Gales; **~ héritier** príncipe heredero

princesse [prɛ̃sɛs] *nf* princesa

princier, -ière [prɛ̃sje, jɛr] *adj* principesco(-a)

principal, e, -aux [prɛ̃sipal, o] *adj* principal ▶ *nm/f* (*Scol*) director(a) ▶ *nm* (*Fin*) principal *m*; **le ~** (*l'essentiel*) lo principal

principalement [prɛ̃sipalmɑ̃] *adv* principalmente

principe [prɛ̃sip] *nm* principio; **principes** *nmpl* (*moraux etc*) principios *mpl*; **partir du ~ que** partir del principio de que; **pour le ~** por principios; **de/en/par ~** de/en/por principio

printemps [prɛ̃tɑ̃] *nm* primavera

prioritaire [prijɔritɛr] *adj* prioritario(-a)

priorité [prijɔrite] *nf* prioridad *f*; **en ~** con prioridad; **~ à droite** prioridad a la derecha

pris, e [pri, priz] *pp de* **prendre** ▶ *adj* (*place, journée*) ocupado(-a); (*billets*) sacado(-a); (*crème, glace*) en su punto; (*ciment*) fraguado(-a); **avoir le nez ~/la gorge prise** (*Méd*) tener la nariz/la garganta irritada; **être ~ de peur/de fatigue** entrarle a algn miedo/cansancio

prise [priz] *nf* (*d'une ville*) toma; (*de judo, catch*) llave *f*; (*Pêche, Chasse*) presa; (*Élec*) conexión *f*; (*fiche*) enchufe *m*; **ne pas avoir de/avoir ~** no tener/tener donde agarrarse; **en ~** (*Auto*) en directa; **être aux ~s avec qn** enfrentarse con algn; **lâcher ~** soltarse; **donner ~ à** (*fig*) dar pie a; **avoir ~ sur qn** tener influencia sobre algn; **~ d'eau** toma de agua; **~ d'otages** captura de rehenes; **~ de contact** toma de contacto; **~ de courant** conexión; **~ de sang** toma de sangre; **~ de son** toma de sonido; **~ de tabac** toma de rapé; **~ de terre** toma de tierra; **~ de vue** (*Photo*) toma de vista; **~ en charge** (*par un taxi*) bajada de bandera; (*par la sécurité sociale*) cobertura; **~ multiple** ladrón *m*; **~ péritel** euroconector *m*

priser [prize] *vt* (*tabac*) inhalar; (*estimer*) apreciar

prison [prizɔ̃] *nf* cárcel *f*, prisión *f*; (*Mil*) prisión militar; (*fig*) cárcel; **faire de/**

risquer la ~ estar en/correr el riesgo de ir a la cárcel; **être condamné à cinq ans de ~** ser condenado a cinco años de cárcel

prisonnier, -ière [pʀizɔnje, jɛʀ] *nm/f* preso(-a); (*soldat, otage*) prisionero(-a) ▶ *adj* preso(-a); **faire qn ~** hacer prisionero(-a) a algn

privatiser [pʀivatize] *vt* privatizar

privé, e [pʀive] *adj* privado(-a); **~ de** privado(-a) de; **en ~** en privado; **dans le ~** (*Écon*) en el sector privado

priver [pʀive] *vt* privar; **se priver** *vpr*: **(ne pas) se ~ (de)** (no) privarse (de)

privilège [pʀivilɛʒ] *nm* privilegio

privilégier [pʀivileʒje] *vt* dar preferencia a, privilegiar

prix [pʀi] *nm* precio; (*récompense*) premio; **grand ~ automobile** gran premio automovilístico; **mettre à ~** sacar a la venta; **au ~ fort** al precio más alto; **acheter qch à ~ d'or** comprar algo a precio de oro; **hors de ~** carísimo(-a); **à aucun ~** por nada del mundo; **à tout ~** cueste lo que cueste; **~ conseillé** precio de venta al público, PVP *m*; **~ d'achat/de revient/de vente** precio de compra/de coste/de venta

probabilité [pʀɔbabilite] *nf* probabilidad *f*; **probabilités** *nfpl* (*Math, Écon*) probabilidades *fpl*; **selon toute ~** según todas las probabilidades

> **On peut dire aussi :**
> Seguramente se ha retrasado por el camino. (*... sûrement ...*)
> Debe (de) haberse olvidado. (*Il a dû ...*)
> Es muy posible *ou* probable que no te haya entendido. (*Il est fort possible que ...*)
> Probablemente se trate de una falsa alarma. (*... probablement ...*)

probable [pʀɔbabl] *adj* probable

probablement [pʀɔbabləmɑ̃] *adv* probablemente

probant, e [pʀɔbɑ̃, ɑ̃t] *adj* convincente

problème [pʀɔblɛm] *nm* problema *m*

procédé [pʀɔsede] *nm* proceso; (*comportement*) proceder *m*

procéder [pʀɔsede] *vi* proceder; **~ à** (*Jur*) proceder a, pasar a

procédure [pʀɔsedyʀ] *nf* procedimiento; (*Jur*) : **~ civile/pénale** enjuiciamiento civil/penal

procès [pʀɔsɛ] *nm* (*Jur*) juicio; (: *poursuites*) proceso; **être en ~ avec qn** estar en pleito con algn; **faire le ~ de qch/qn** (*fig*) criticar algo/a algn; **sans autre forme de ~** sin más ni más

processeur [pʀɔsesœʀ] *nm* procesador *m*

processus [pʀɔsesys] *nm* proceso

procès-verbal [pʀɔsɛvɛʀbal] (*pl* **procès-verbaux**) *nm* (*constat*) atestado; (*aussi* : **PV**) multa; (*d'une réunion*) acta

prochain, e [pʀɔʃɛ̃, ɛn] *adj* próximo(-a) ▶ *nm* prójimo; **la prochaine fois** la próxima vez; **la semaine prochaine** la semana que viene; **à la prochaine!** (*fam*) ¡hasta otra!; **un jour ~** cualquier día

prochainement [pʀɔʃɛnmɑ̃] *adv* pronto; (*au cinéma*) próximamente

proche [pʀɔʃ] *adj* (*ami*) cercano(-a), próximo(-a); **proches** *nmpl* (*parents*) familiares *mpl*; (*amis*) : **l'un de ses ~s** una de sus amistades; **être ~ (de)** estar cerca (de); **de ~ en ~** progresivamente

Proche-Orient [pʀɔʃɔʀjɑ̃] *nm* Oriente *m* Próximo, Cercano Oriente

proclamer [pʀɔklame] *vt* (*la république, son innocence*) proclamar; (*résultat d'un examen*) publicar

procréation [pʀɔkʀeasjɔ̃] *nf* : **~ (médicalement) assistée** reproducción *f* asistida

procuration [pʀɔkyʀasjɔ̃] *nf* poder *m*; **donner ~ à qn** hacer un poder a algn; **voter/acheter par ~** votar/comprar por poder

procurer [pʀɔkyʀe] *vt* (*fournir*) proporcionar; (*causer*) dar; **se procurer** *vpr* conseguir

procureur, e [pʀɔkyʀœʀ] *nm/f* : **~ (de la République)** ≈ fiscal *m/f*; **~ général** ≈ fiscal del tribunal supremo

prodige [pʀɔdiʒ] *nm* prodigio; **un ~ d'ingéniosité** un prodigio de ingenio; **un/une enfant ~** un niño/una niña prodigio

prodigieux, -euse [pʀɔdiʒjø, jøz] *adj* prodigioso(-a)

prodiguer [pʀɔdige] *vt* prodigar

producteur, -trice [pʀɔdyktœʀ, tʀis] *adj, nm/f* productor(a); **société productrice** productora

productif, -ive [pʀɔdyktif, iv] *adj* productivo(-a); (*personnel*) eficiente

production [pʀɔdyksjɔ̃] *nf* producción *f*

productivité [pʀɔdyktivite] *nf* productividad *f*

produire [pʀɔdɥiʀ] *vt* producir; (*Admin, Jur : documents, témoins*) presentar ▸ *vi* producir; **se produire** *vpr* producirse; (*acteur*) actuar

produit, e [pʀɔdɥi, it] *pp de* **produire** ▸ *nm* producto; **~ d'entretien** producto de limpieza; **~ des ventes** producto de la venta; **~ national brut** producto nacional bruto; **~ net** beneficio neto; **~ pour la vaisselle** lavavajillas *m inv*; **~s agricoles** productos *mpl* agrícolas; **~s alimentaires** productos alimenticios; **~s de beauté** productos de belleza

prof [pʀɔf] *nm/f* profe *m/f*

profane [pʀɔfan] *adj, nm/f* profano(-a)

proférer [pʀɔfeʀe] *vt* proferir

professeur [pʀɔfesœʀ] *nm/f* (*nf aussi* **professeure**) profesor(a); (*titulaire d'une chaire*) catedrático(-a); **~ (de faculté)** profesor(a) (de universidad)

profession [pʀɔfesjɔ̃] *nf* profesión *f*; **faire ~ de** hacer profesión de; **de ~** : **ballerine de ~** bailarina de profesión; **« sans ~ »** « sin profesión »; (*mère ou père au foyer*) « sus labores »

professionnel, le [pʀɔfesjɔnɛl] *adj* profesional ▸ *nm/f* profesional *m/f*; (*ouvrier qualifié*) obrero(-a) cualificado(-a)

profil [pʀɔfil] *nm* perfil *m*; (*d'une voiture*) línea; (*section*) sección *f*; **de ~** de perfil; **~ des ventes** perfil de ventas; **~ psychologique** perfil psicológico

profit [pʀɔfi] *nm* (*avantage*) provecho; (*Comm, Fin*) beneficio; **au ~ de qn/qch** en beneficio de algn/algo; **mettre à ~ qch** sacar partido de algo; **tirer** *ou* **retirer ~ de qch** sacar provecho de algo; **pertes et ~s** (*Comm*) pérdidas *fpl* y beneficios

profitable [pʀɔfitabl] *adj* provechoso(-a)

profiter [pʀɔfite] : **~ de** *vt indir* aprovecharse de; (*lecture*) sacar provecho de; (*occasion*) aprovechar; **~ de ce que ...** aprovecharse de que ...; **~ à qch/à qn** beneficiar algo/a algn

profond, e [pʀɔfɔ̃, ɔ̃d] *adj* profundo(-a); (*trou, eaux*) hondo(-a); **au plus ~ de** desde lo más hondo *ou* profundo de; **la France profonde** la Francia profunda

profondément [pʀɔfɔ̃demɑ̃] *adv* profundamente; **~ endormi** profundamente dormido

profondeur [pʀɔfɔ̃dœʀ] *nf* profundidad *f*; **en ~** en profundidad; **~ de champ** (*Photo*) profundidad de campo

programme [pʀɔgʀam] *nm* programa *m*; **au ~ de ce soir** (*TV*) en la programación de esta noche

programmer [pʀɔgʀame] *vt* programar

programmeur, -euse [pʀɔgʀamœʀ, øz] *nm/f* (*Inform*) programador(a)

progrès [pʀɔgʀɛ] *nm* progreso, avance *m*; (*gén pl : d'un incendie, d'une épidémie etc*) avance *m*; **faire des/être en ~** hacer progresos

progresser [pʀɔgʀese] *vi* (*mal etc*) avanzar; (*élève, recherche*) progresar

progressif, -ive [pʀɔgʀesif, iv] *adj* progresivo(-a)

progression [pʀɔgʀesjɔ̃] *nf* (*d'un mal etc*) avance *m*; (*Math*) progresión *f*

progressivement [pʀɔgʀesivmɑ̃] *adv* progresivamente

proie [pʀwa] *nf* presa; (*fig*) víctima; **être la ~ de** ser presa de; **être en ~ à** ser presa de

projecteur [pʀɔʒɛktœʀ] *nm* (*de théâtre, cirque*) foco; (*de films, photos*) proyector *m*

projectile [pʀɔʒɛktil] *nm* proyectil *m*

projection [pʀɔʒɛksjɔ̃] *nf* proyección *f*

projet [pʀɔʒɛ] *nm* proyecto; **faire des ~s** hacer planes; **~ de loi** proyecto de ley

projeter [pʀɔʒ(ə)te] *vt* proyectar; (*jeter*) lanzar; (*envisager*) planear

prolétaire [pʀɔletɛʀ] *nm/f* proletario(-a)

prolongation [pʀɔlɔ̃gasjɔ̃] *nf* prolongación *f*; (*Football, délai*) prórroga; **jouer les ~s** (*Football*) jugar la prórroga

prolongement [pʀɔlɔ̃ʒmɑ̃] *nm* prolongación *f*; **prolongements** *nmpl* (*fig*) repercusiones *fpl*; **être dans le ~ de** ser una prolongación de

prolonger [pʀɔlɔ̃ʒe] *vt* prolongar; (*délai*) prorrogar; **se prolonger** *vpr* prolongarse

promenade [pʀɔm(ə)nad] *nf* paseo; **faire une ~** dar un paseo; **partir en ~** salir

de paseo; **~ à pied/à vélo/en voiture** paseo andando/en bici/en coche
promener [pʀɔm(ə)ne] *vt* dar un paseo a; (*fig* : *qch*) llevar consigo; (*doigts, main*) recorrer; **se promener** *vpr* pasearse; **se ~ sur** (*fig*) recorrer; **son regard se promena sur ...** recorrió con la mirada ...
promesse [pʀɔmɛs] *nf* promesa; **~ d'achat/de vente** compromiso de compra/de venta
prometteur, -euse [pʀɔmetœʀ, øz] *adj* prometedor(a)
promettre [pʀɔmɛtʀ] *vt, vi* prometer; **se ~ de faire qch** comprometerse a hacer algo; **~ à qn de faire qch** prometer a algn hacer algo
promiscuité [pʀɔmiskɥite] *nf* promiscuidad *f*
promontoire [pʀɔmɔ̃twaʀ] *nm* promontorio
promoteur, -trice [pʀɔmɔtœʀ, tʀis] *nm/f* propulsor(a); **~ (immobilier)** promotor (inmobiliario)
promotion [pʀɔmosjɔ̃] *nf* promoción *f*; (*avancement*) ascenso; **article en ~** artículo en oferta; **~ des ventes** promoción de ventas
promouvoir [pʀɔmuvwaʀ] *vt* (*à un grade, poste*) ascender a; (*recherche etc*) promover; (*Comm* : *produit*) promocionar
prompt, e [pʀɔ̃(pt), pʀɔ̃(p)t] *adj* rápido(-a); **~ à qch/à faire qch** dado(-a) a algo/a hacer algo
prôner [pʀone] *vt* (*louer*) ensalzar; (*préconiser*) preconizar
pronom [pʀɔnɔ̃] *nm* pronombre *m*
prononcer [pʀɔnɔ̃se] *vt* pronunciar; (*souhait, vœu*) formular; **se prononcer** *vpr* pronunciarse; **se ~ sur qch** pronunciarse sobre algo; **ça se prononce comment ?** ¿cómo se pronuncia eso?
prononciation [pʀɔnɔ̃sjasjɔ̃] *nf* pronunciación *f*
pronostic [pʀɔnɔstik] *nm* pronóstico
propagande [pʀɔpagɑ̃d] *nf* propaganda; **faire de la ~ pour qch** hacer propaganda de algo
propager [pʀɔpaʒe] *vt* propagar; **se propager** *vpr* propagarse; (*espèce*) multiplicarse
prophète, prophétesse [pʀɔfɛt, ɛtɛs] *nm/f* profeta (profetisa)
prophétie [pʀɔfesi] *nf* (*d'un prophète*) profecía; (*d'une cartomancienne*) predicción *f*
propice [pʀɔpis] *adj* propicio(-a)
proportion [pʀɔpɔʀsjɔ̃] *nf* proporción *f*; (*relation, pourcentage*) relación *f*; **à ~ de** en proporción directa a; **en ~ de** (*selon*) en proporción a; (*en comparaison de*) en comparación a; **hors de ~** desproporcionado(-a); **toute(s) ~(s) gardée(s)** manteniendo las proporciones
propos [pʀɔpo] *nm* (*paroles*) palabras *fpl*; (*intention*) propósito; **à ~ de** a propósito de; **à tout ~** a cada momento; **à ce ~** a ese respecto; **à ~** a propósito; **hors de ~, mal à ~** fuera de lugar
proposer [pʀɔpoze] *vt* proponer; (*loi, motion*) presentar; **se ~ (pour faire qch)** ofrecerse (para hacer algo); **se ~ de faire qch** proponerse hacer algo
proposition [pʀɔpozisjɔ̃] *nf* propuesta; (*offre*) oferta; (*Ling*) proposición *f*; **sur la ~ de** a propuesta de; **~ de loi** propuesta de ley
propre [pʀɔpʀ] *adj* limpio(-a); (*net*) pulcro(-a); (*fig* : *honnête*) intachable; (*intensif possessif, sens*) propio(-a) ▸ *nm* : **le ~ de** lo propio de; **~ à** (*particulier*) propio(-a) de; (*convenable*) apropiado(-a) para; **mettre** ou **recopier au ~** pasar a limpio; **avoir qch/appartenir à qn en ~** tener algo/pertenecer a algn en propiedad; **~ à rien** *nm/f* (*péj*) inútil *m/f*
proprement [pʀɔpʀəmɑ̃] *adv* (*manger etc*) correctamente; (*rangé, habillé*) con esmero; (*avec décence*) honradamente; **à ~ parler** a decir verdad; **le village ~ dit** el pueblo propiamente dicho
propreté [pʀɔpʀəte] *nf* limpieza; (*d'une personne* : *pour s'habiller etc*) pulcritud *f*
propriétaire [pʀɔpʀijetɛʀ] *nm/f* propietario(-a); (*d'un chien etc*) dueño(-a); (*pour le locataire*) casero(-a); **~ (immobilier)** propietario; **~ récoltant** labrador; **~ terrien** terrateniente *m/f*
propriété [pʀɔpʀijete] *nf* propiedad *f*; (*villa, terres*) casa de campo; (*exploitations agricoles*) granja; **~ artistique et littéraire/industrielle** propiedad intelectual/industrial
propulser [pʀɔpylse] *vt* (*missile, engin*) propulsar; (*projeter*) lanzar

prorata [pRɔRata] *nm* : **au ~ de** a prorrata de
proroger [pRɔRɔʒe] *vt* prorrogar; (*assemblée*) aplazar
proscrire [pRɔskRiR] *vt* proscribir
prose [pRoz] *nf* prosa
prosélytisme [pRɔzelitism] *nm* proselitismo
prospecter [pRɔspɛkte] *vt* prospectar; (*Comm*) estudiar el mercado de
prospectus [pRɔspɛktys] *nm* prospecto
prospère [pRɔspɛR] *adj* próspero(-a)
prospérer [pRɔspeRe] *vi* prosperar
prostate [pRɔstat] *nf* próstata
prosterner [pRɔstɛRne] : **se prosterner** *vpr* prosternarse
prostitué, e [pRɔstitɥe] *nm/f* prostituto(-a)
prostitution [pRɔstitysjɔ̃] *nf* prostitución *f*
protagoniste [pRɔtagɔnist] *nm/f* protagonista *m/f*
protecteur, -trice [pRɔtɛktœR, tRis] *adj* protector(a); (*péj* : *air, ton*) paternalista ▸ *nm/f* protector(a); **~ des arts** mecenas *m*
protection [pRɔtɛksjɔ̃] *nf* protección *f*; **écran/enveloppe de ~** pantalla protectora/sobre *m* protector; **~ civile/judiciaire** protección civil/judicial; **~ maternelle et infantile** protección materna y de la infancia
protectionnisme [pRɔtɛksjɔnism] *nm* proteccionismo
protéger [pRɔteʒe] *vt* proteger; (*moralement*) amparar; (*carrière*) apoyar; (*Écon*) patrocinar; **se ~ de/contre qch** protegerse de/contra algo
protège-slip [pRɔtɛʒslip] (*pl* **protège-slips**) *nm* protege-slip *m*, salva-slip *m*
protéine [pRɔtein] *nf* proteína
protestant, e [pRɔtɛstɑ̃, ɑ̃t] *adj, nm/f* protestante *m/f*
protestation [pRɔtɛstasjɔ̃] *nf* protesta
protester [pRɔtɛste] *vi* protestar
prothèse [pRɔtɛz] *nf* prótesis *f inv*; **~ dentaire** prótesis dental
protocole [pRɔtɔkɔl] *nm* protocolo; (*procès-verbal*) acta de protocolo; **chef du ~** jefe *m* de protocolo; **~ d'accord** proposición *f* de acuerdo; **~ opératoire** (*Méd*) parte *m* médico
proue [pRu] *nf* proa
prouesse [pRuɛs] *nf* proeza
prouver [pRuve] *vt* probar; (*montrer*) demostrar
provenance [pRɔv(ə)nɑ̃s] *nf* procedencia; (*d'un mot, d'une coutume*) origen *m*; **en ~ de** procedente de
provenir [pRɔv(ə)niR] *vi* : **~ de** proceder de; (*tirer son origine de*) provenir de; (*résulter de*) derivarse de
proverbe [pRɔvɛRb] *nm* proverbio
providentiel, le [pRɔvidɑ̃sjɛl] *adj* providencial
province [pRɔvɛ̃s] *nf* provincia
proviseur [pRɔvizœR] *nm/f* (*nf aussi* **proviseure**) director(a) de instituto
provision [pRɔvizjɔ̃] *nf* provisión *f*; (*acompte, avance*) anticipo; (*Comm*) provisión de fondos; **provisions** *nfpl* (*vivres*) provisiones *fpl*; **faire ~ de qch** abastecerse de algo; **placard** *ou* **armoire à ~s** despensa
provisoire [pRɔvizwaR] *adj* provisional, provisorio(-a) (*AM*); (*personne*) interino(-a); **mise en liberté ~** puesta en libertad provisional
provisoirement [pRɔvizwaRmɑ̃] *adv* provisionalmente
provocant, e [pRɔvɔkɑ̃, ɑ̃t] *adj* (*agressif*) provocante; (*excitant*) provocativo(-a)
provocateur, -trice [pRɔvɔkatœR, tRis] *nm/f* provocador(a)
provoquer [pRɔvɔke] *vt* provocar; (*curiosité*) despertar
proxénète [pRɔksenɛt] *nm/f* proxeneta *m/f*
proximité [pRɔksimite] *nf* (*dans l'espace*) cercanía; (*dans le temps*) proximidad *f*; **à ~ (de)** cerca (de)
prudemment [pRydamɑ̃] *adv* con prudencia
prudence [pRydɑ̃s] *nf* prudencia; **avec ~** con prudencia; **par (mesure de) ~** como medida de precaución
prudent, e [pRydɑ̃, ɑ̃t] *adj* prudente; (*sage, conseillé*) sensato(-a); **ce n'est pas ~** no es sensato; **soyez ~ !** ¡tened cuidado!
prune [pRyn] *nf* ciruela
pruneau, x [pRyno] *nm* ciruela pasa
prunier [pRynje] *nm* ciruelo
PS [peɛs] *sigle m* (= *Parti socialiste*) *partido socialista francés*; (= *post-scriptum*) PD (= *postdata*)

psaume [psom] *nm* salmo
pseudonyme [psødɔnim] *nm* seudónimo; (*de comédien*) nombre *m* artístico
psychanalyse [psikanaliz] *nf* (p)sicoanálisis *m inv*
psychiatre [psikjatʀ] *nm/f* (p)siquiatra *m/f*
psychiatrique [psikjatʀik] *adj* (p)siquiátrico(-a)
psychique [psiʃik] *adj* (p)síquico(-a)
psychologie [psikɔlɔʒi] *nf* (p)sicología
psychologique [psikɔlɔʒik] *adj* (p)sicológico(-a)
psychologue [psikɔlɔg] *nm/f* (p)sicólogo(-a); **être ~** (*fig*) ser (p)sicólogo(-a)
psychose [psikoz] *nf* (p)sicosis *f inv*
pu [py] *pp de* **pouvoir**
puanteur [pɥɑ̃tœʀ] *nf* pestilencia
pub [pyb] (*fam*) *nf* (*publicité*) publicidad *f*
puberté [pybɛʀte] *nf* pubertad *f*
public, -ique [pyblik] *adj* público(-a) ▶ *nm* público; **en ~** en público; **interdit au ~** prohibido al público; **le grand ~** el público en general
publicitaire [pyblisitɛʀ] *adj* publicitario(-a) ▶ *nm/f* publicista *m/f*; **rédacteur/dessinateur ~** redactor *m*/dibujante *m* publicitario
publicité [pyblisite] *nf* publicidad *f*; **une ~** un anuncio; **faire trop de ~ autour de qch/qn** dar demasiada publicidad a algo/algn
publier [pyblije] *vt* publicar
publique [pyblik] *adj f voir* **public**
puce [pys] *nf* pulga; (*Inform*) chip *m*; **marché aux ~s** mercadillo; **mettre la ~ à l'oreille de qn** intrigar a algn, poner la mosca detrás de la oreja a algn
pudeur [pydœʀ] *nf* pudor *m*
pudique [pydik] *adj* (*chaste*) pudoroso(-a); (*discret*) recatado(-a)
puer [pɥe] (*péj*) *vi, vt* apestar (a)
puériculteur, -trice [pɥeʀikyltœʀ, tʀis] *nm/f* puericultor(a)
puéril, e [pɥeʀil] *adj* pueril
pugilat [pyʒila] *nm* pugilato
puis [pɥi] *adv* (*ensuite*) después, luego; (*dans une énumération*) luego; (*en outre*) : **et ~** y además, y encima; **et ~ après !** ¡y qué!; **et ~ quoi encore ?** ¡y qué más!
puiser [pɥize] *vt* : **~ (dans)** sacar (de)
puisque [pɥisk] *conj* ya que, como; **~ je te le dis !** (*valeur intensive*) ¡que te lo digo yo!
puissance [pɥisɑ̃s] *nf* potencia; (*pouvoir*) poder *m*; **deux (à la) ~ cinq** (*Math*) dos (elevado) a la quinta; **les ~s occultes** los poderes ocultos
puissant, e [pɥisɑ̃, ɑ̃t] *adj* poderoso(-a); (*homme, voix*) fuerte; (*raisonnement*) consistente; (*moteur*) potente; (*éclairage, drogue, vent*) fuerte
puits [pɥi] *nm* pozo; **~ artésien/de mine** pozo artesano/minero; **~ de science** pozo de sabiduría
pull [pyl], **pull-over** [pylɔvɛʀ] (*pl* **pull-overs**) *nm* jersey *m*
pulluler [pylyle] *vi* pulular; (*fig*) abundar
pulpe [pylp] *nf* pulpa
pulser [pylse] *vt* (*air*) impulsar ▶ *vi* (*fam : être puissant*) ser cañero(-a), ser una caña
pulvériser [pylveʀize] *vt* pulverizar; (*fig : adversaire*) machacar
punaise [pynɛz] *nf* (*Zool*) chinche *f*; (*clou*) chincheta
punch [pœnʃ] *nm* (*boisson*) ponche *m*; (*Boxe*) puñetazo; (*fig*) vitalidad *f*
punir [pyniʀ] *vt* castigar; (*faute, infraction*) sancionar; (*crime*) condenar; **~ qn de qch** castigar a algn por algo
punition [pynisjɔ̃] *nf* castigo
pupille [pypij] *nf* (*Anat*) pupila ▶ *nm/f* (*enfant*) pupilo(-a); **~ de l'État** hospiciano(-a); **~ de la Nation** huérfano(-a) de guerra
pupitre [pypitʀ] *nm* (*Scol*) pupitre *m*; (*Rel, Mus*) atril *m*; (*Inform*) consola; **~ de commande** consola de mandos
pur, e [pyʀ] *adj* puro(-a); (*intentions*) bueno(-a) ▶ *nm* duro; **~ et simple** mero(-a); **en pure perte** en balde; **pure laine** pura lana
purée [pyʀe] *nf* puré *m*; **~ de pois** (*fig*) niebla muy espesa; **~ de tomates** tomate *m* triturado
purement [pyʀmɑ̃] *adv* puramente
purgatoire [pyʀgatwaʀ] *nm* purgatorio
purge [pyʀʒ] *nf* (*Pol, Méd*) purga
purger [pyʀʒe] *vt* purgar; (*vidanger*) limpiar
pur-sang [pyʀsɑ̃] (*pl* **pur(s)-sang(s)**) *nm* pura sangre *m*

pus [py] *nm* pus *m*

putain [pytɛ̃] (*fam!*) *nf* puta (*fam!*); **~!** ¡joder!; **ce/cette ~ de …** este(-a) puto(-a) …

putois [pytwa] *nm* turón *m*; **crier comme un ~** gritar como un loco

puzzle [pœzl] *nm* rompecabezas *m inv*

PV [peve] *sigle m* (= *procès-verbal*) multa

pyjama [piʒama] *nm* pijama *m*, piyama *m ou f* (AM)

pyramide [piʀamid] *nf* pirámide *f*; **~ humaine** pirámide humana

Pyrénées [piʀene] *nfpl* : **les ~** los Pirineos

pyromane [piʀɔman] *nm/f* pirómano(-a)

python [pitɔ̃] *nm* pitón *m*

q

QCM [kyseɛm] *sigle m* (= *questionnaire à choix multiples*) cuestionario de opción múltiple

QI [kyi] *sigle m* (= *quotient intellectuel*) C.I. *m* (= *coeficiente intelectual*)

quadragénaire [k(w)adʀaʒenɛʀ] *nm/f* (*de quarante ans*) cuadragenario(-a); (*de quarante à cinquante ans*) cuarentón(-ona); **les ~s** los mayores de cuarenta años

quadriller [kadʀije] *vt* (*papier, page etc*) cuadricular; (*ville, région etc*) controlar totalmente

quadruple [k(w)adʀypl] *adj* cuádruple ▸ *nm* : **le ~ de** el cuádruplo de

quadruplés, -ées [k(w)adʀyple] *nmpl/nfpl* cuatrillizos(-as)

quai [ke] *nm* (*d'un port*) muelle *m*; (*d'une gare*) andén *m*; (*d'un cours d'eau, canal*) orilla; **être à ~** (*navire*) estar atracado; (*train*) estar en el andén; **le Q~ d'Orsay** *Ministerio de Asuntos Exteriores*; **le Q~ des Orfèvres** *la sede de la Policía Judicial*

qualification [kalifikasjɔ̃] *nf* calificación *f*; (*désignation*) designación *f*, nombramiento; (*aptitude*) capacitación *f*; **~ professionnelle** cualificación *f* profesional

qualifier [kalifje] *vt* calificar; **se qualifier** *vpr* (*Sport*) calificarse; **~ qch de crime** calificar algo de crimen; **~ qn d'artiste** calificar a algn de artista; **être qualifié pour** estar cualificado *ou* capacitado para

qualité [kalite] *nf* calidad *f*; (*valeur, aptitude*) cualidad *f*; **en ~ de** en calidad de; **ès**

~s como tal; **avoir ~ pour** tener autoridad para; **de ~** *adj* de calidad; **rapport ~-prix** relación *f* calidad-precio

quand [kɑ̃] *conj* cuando; (*chaque fois que*) cada vez que; (*alors que*) cuando, mientras ▸ *adv* : **~ arrivera-t-il ?** ¿cuándo llegará?; **~ je serai riche, j'aurai une belle maison** cuando sea rico, tendré una casa bonita; **~ même** (*cependant, pourtant*) sin embargo; (*tout de même*) : **tu exagères ~ même** desde luego te pasas; **~ bien même** aun cuando, así + *subjuntivo* (AM)

quant [kɑ̃] : **~ à** *prép* en cuanto a; (*au sujet de*) : **il n'a rien dit ~ à ses projets** no dijo nada sobre sus planes; **~ à moi, ...** en cuanto a mí ..., por lo que se refiere a mí ...

quantité [kɑ̃tite] *nf* cantidad *f*; (*grand nombre*) : **une** *ou* **des ~(s) de** una cantidad *ou* cantidades de; **~ négligeable** (*Science*) cantidad insignificante; **en grande ~** en gran cantidad; **en ~s industrielles** en cantidades industriales; **du travail en ~** cantidad de trabajo

quarantaine [kaʀɑ̃tɛn] *nf* (*isolement*) cuarentena; (*nombre*) : **une ~ (de)** unos cuarenta; (*âge*) : **avoir la ~** estar en la cuarentena; **mettre en ~** poner en cuarentena

quarante [kaʀɑ̃t] *adj inv, nm inv* cuarenta *m inv*; *voir aussi* **cinq**

quarantième [kaʀɑ̃tjɛm] *adj, nm/f* cuadragésimo(-a) ▸ *nm* (*partitif*) cuarentavo; *voir aussi* **cinquantième**

quart [kaʀ] *nm* cuarto ▸ *nm* (*Naut, surveillance*) guardia; **le ~ de** la cuarta parte de; **un ~ de l'héritage** un cuarto de la herencia; **un ~ de fromage** un cuarto (de kilo) de queso; **un kilo un** *ou* **et ~** un kilo y cuarto; **deux heures et** *ou* **un ~** las dos y cuarto; **une heure moins le ~** la una menos cuarto; **il est moins le ~** son menos cuarto; **être de/prendre le ~** estar de/entrar de guardia; **au ~ de tour** (*fig*) a la primera; **~s de finale** (*Sport*) cuartos *mpl* de final; **~ d'heure** cuarto de hora; **~ de tour** cuarto de vuelta

quartier [kaʀtje] *nm* cuarto; (*d'une ville*) barrio; (*d'orange*) gajo; **quartiers** *nmpl* (*Mil*) cuarteles *mpl*; (*blason*) cuartel *m*; **cinéma de ~** cine *m* de barrio; **avoir ~ libre** estar libre; (*Mil*) tener permiso; **ne pas faire de ~** no dar cuartel; **~ commerçant** zona *ou* barrio comercial; **~ général** cuartel general; **~ résidentiel** barrio residencial

quartz [kwaʀts] *nm* cuarzo

quasi [kazi] *adv* casi ▸ *préf* : **~-certitude/totalité** cuasicerteza/cuasitotalidad *f*

quasiment [kazimɑ̃] *adv* casi

quatorze [katɔʀz] *adj inv, nm inv* catorce *m inv*; *voir aussi* **cinq**

quatorzième [katɔʀzjɛm] *adj, nm/f* decimocuarto(-a) ▸ *nm* (*partitif*) catorceavo; *voir aussi* **cinquantième**

quatre [katʀ] *adj inv, nm inv* cuatro *m inv*; **à ~ pattes** a cuatro patas; **être tiré à ~ épingles** estar hecho un maniquí; **faire les ~ cents coups** armar las mil y una; **se mettre en ~ pour qn** desvivirse por algn; **monter/descendre (l'escalier) ~ à ~** subir/bajar (los escalones) de cuatro en cuatro; **à ~ mains** *adj* (*morceau*) a cuatro manos; *voir aussi* **cinq**

quatre-vingt-dix [katʀəvɛ̃dis] *adj inv, nm inv* noventa *m inv*; *voir aussi* **cinq**

quatre-vingt-dixième [katʀəvɛ̃dizjɛm] *adj, nm/f* nonagésimo(-a); *voir aussi* **cinquantième**

quatre-vingtième [katʀəvɛ̃tjɛm] *adj, nm/f* octogésimo(-a) ▸ *nm* (*partitif*) ochentavo; *voir aussi* **cinquantième**

quatre-vingts [katʀəvɛ̃] *adj inv, nm inv* ochenta *m inv*; *voir aussi* **cinq**

quatrième [katʀijɛm] *adj, nm/f* cuarto(-a) ▸ *nf* (*Auto*) cuarta; (*Scol*) *tercer año de educación secundaria en el sistema francés*; *voir aussi* **cinquième**

quatuor [kwatɥɔʀ] *nm* cuarteto

qu

que [kə]

▸ *conj* **1** (*introduisant complétive*) que; **il sait que tu es là** sabe que estás allí; **je veux que tu acceptes** quiero que aceptes; **il a dit que oui** dijo que sí

2 (*reprise d'autres conjonctions*) : **quand il rentrera et qu'il aura mangé** cuando vuelva y haya comido; **si vous y allez ou que vous lui téléphonez** si usted va (allí) o le llama por teléfono

3 (*en tête de phrase : hypothèse, souhait etc*) : **qu'il le veuille ou non** quiera o no quiera; **qu'il fasse ce qu'il voudra !** ¡que haga lo que quiera!

4 (*après comparatif*) : **aussi grand que**

tan grande como; **plus grand que** más grande que; *voir aussi* **plus**
5 (*temps*) : **elle venait à peine de sortir qu'il se mit à pleuvoir** acababa justo de salir cuando se puso a llover; **il y a quatre ans qu'il est parti** hace cuatro años que se marchó
6 (*attribut*) : **c'est une erreur que de croire ...** es un error creer ...
7 (*but*) : **tenez-le qu'il ne tombe pas** sujételo (para) que no se caiga
8 (*seulement*) : **ne ... que** sólo, no más que; **il ne boit que de l'eau** sólo bebe agua, no bebe más que agua
▸ *adv* (*exclamation*) : **qu'est-ce qu'il est bête !** ¡qué tonto es!; **qu'est-ce qu'il court vite !** ¡cómo corre!; **que de livres !** ¡cuántos libros!
▸ *pron* 1 (*relatif*) : **l'homme que je vois** el hombre que veo; (*temps*) : **un jour que j'étais ...** un día en que yo estaba ...; **le livre que tu lis** el libro que lees
2 (*interrogatif*) : **que fais-tu ?, qu'est-ce que tu fais ?** ¿qué haces?; **que préfères-tu, celui-ci ou celui-là ?** ¿cuál prefieres, éste o ése?; **que fait-il dans la vie ?** ¿a qué se dedica?; **qu'est-ce que c'est ?** ¿qué es?; **que faire ?** ¿qué se puede hacer?; *voir aussi* **aussi** ; **autant** *etc*

Québec [kebɛk] *nm* Quebec *m*

quel, quelle [kɛl]

adj 1 (*interrogatif* : *avant un nom*) qué; (*avant un verbe* : *personne*) quién; (: *chose*) cuál; **sur quel auteur va-t-il parler ?** ¿sobre qué autor va a hablar?; **quels acteurs préférez-vous ?** ¿(a) qué actores prefiere?; **quel est cet homme ?** ¿quién es este hombre?; **quel livre veux-tu ?** ¿qué libro quieres?; **quel est son nom ?** ¿cuál es su nombre?
2 (*exclamatif*) : **quelle surprise/coïncidence !** ¡qué sorpresa/coincidencia!; **quel dommage qu'il soit parti !** ¡qué pena que se haya marchado!
3 : **quel que soit** (*personne*) sea quien sea, quienquiera que sea; (*chose*) sea cual sea, cualquiera que sea; **quel que soit le coupable** sea quien sea el culpable; **quel que soit votre avis** sea cual sea su opinión
▸ *pron interrog* : **de tous ces enfants, quel est le plus intelligent ?** de todos esos niños, ¿cuál es el más inteligente?

quelconque [kɛlkɔ̃k] *adj* cualquier(a); (*sans valeur*) mediocre; **pour une raison ~** por cualquier razón

quelque [kɛlk]

▸ *adj* 1 (*suivi du singulier*) algún(-una); (*suivi du pluriel*) algunos(-as); **cela fait quelque temps que je ne l'ai (pas) vu** hace algún tiempo que no lo he visto; **il a dit quelques mots de remerciement** dijo algunas palabras de agradecimiento; **les quelques enfants qui ...** los pocos niños que ...; **il habite à quelque distance d'ici** vive a cierta distancia de aquí; **a-t-il quelques amis ?** ¿tiene amigos?; **20 kg et quelque(s)** 20 kg y pico
2 : **quelque ... que** : **quelque livre qu'il choisisse** cualquier libro que elija; **quelque temps qu'il fasse** haga el tiempo que haga
3 : **quelque chose** *pron* algo; **quelque chose d'autre** otra cosa; **y être pour quelque chose** tener algo que ver; **ça m'a fait quelque chose !** ¡sentí una cosa!; **puis-je faire quelque chose pour vous ?** ¿puedo hacer algo por usted?; **c'est déjà quelque chose** algo es algo; **quelque part** (*position*) en alguna parte; (*direction*) a alguna parte; **en quelque sorte** en cierto modo
▸ *adv* 1 (*environ, à peu près*) : **une route de quelque 100 km** una carretera de unos 100 km
2 : **quelque peu** algo; **il est quelque peu vulgaire** es algo vulgar

quelquefois [kɛlkəfwa] *adv* a veces

quelques-uns, -unes [kɛlkəzœ̃, yn] *pron* algunos(-as); **~ des lecteurs** unos cuantos lectores

quelqu'un, e [kɛlkœ̃, yn] *pron* alguien; (*entre plusieurs*) alguno(-a); **~ d'autre** otro(-a); **être ~** (*de valeur*) ser alguien

qu'en dira-t-on [kɑ̃diʀatɔ̃] *nm inv* : **le ~** el qué dirán

querelle [kəʀɛl] *nf* pelea; **chercher ~ à qn** buscar pelea con algn

querellar [kəʀele] : **se quereller** *vpr* pelearse

qu'est-ce que [kɛskə] *voir* **que**

qu'est-ce qui [kɛski] *voir* **que** ; **qui**

question [kɛstjɔ̃] *nf* (*gén*) pregunta; (*problème*) cuestión *f*, problema *m*; **il a été ~ de** se trató de; **il est ~ de les emprisonner** se trata de encarcelarlos; **c'est une ~ de temps/d'habitude** es cuestión de tiempo/de costumbre; **de quoi est-il ~ ?** ¿de qué se trata?; **il n'en est pas ~** ni hablar, ni mucho menos; **en ~** en cuestión; **hors de ~** fuera de lugar; **je ne me suis jamais posé la ~** nunca me he planteado el problema; **(re)mettre en ~** poner en tela de juicio; **poser la ~ de confiance** (*Pol*) pedir un voto de confianza; **~ d'actualité** (*Presse*) tema *m* de actualidad; **~ piège** pregunta capciosa; **~s économiques/sociales** cuestiones económicas/sociales; **~ subsidiaire** cuestión subsidiaria

questionnaire [kɛstjɔnɛʀ] *nm* cuestionario

questionner [kɛstjɔne] *vt* preguntar; **~ qn sur qch** preguntar a algn acerca de algo

quête [kɛt] *nf* (*collecte*) colecta; (*recherche*) búsqueda; **faire la ~** (*à l'église*) pasar la bandeja; (*artiste*) pasar la gorra; **se mettre en ~ de qch** ir en busca de algo

quetsche [kwɛtʃ] *nf* ciruela damascena

queue [kø] *nf* cola; (*de lettre, note*) rabo; (*d'une casserole*) asa; (*d'une poêle*) mango; (*d'un fruit, d'une feuille*) rabillo; (*cheveux*) coleta; (*Billard*) taco; **en ~ (de train)** en cola; **faire la ~** hacer cola; **se mettre à la ~** ponerse a la cola; **histoire sans ~ ni tête** historia sin pies ni cabeza; **à la ~ leu leu** uno tras otro; (*fig*) en fila india; **faire une ~ de poisson à qn** (*Auto*) ponerse bruscamente delante de algn al adelantar; **finir en ~ de poisson** (*projets*) terminar en agua de borrajas; **~ de cheval** cola de caballo

qui [ki]

pron **1** (*interrogatif*) quién; (: *pluriel*) quiénes; (*objet*) : **qui (est-ce que) j'emmène ?** ¿a quién llevo?; **je ne sais pas qui c'est** no sé quién es; **à qui est ce sac ?** ¿de quién es este bolso?; **à qui parlais-tu ?** ¿con quién hablabas?

2 (*relatif*) que; (: *après prép*) quien, el (la) que; (: *plural*) quienes, los (las) que; **l'ami de qui je vous ai parlé** el amigo de quien *ou* del que le hablé; **la personne avec qui je l'ai vu** la persona con quien lo vi

3 (*sans antécédent*) : **amenez qui vous voulez** traiga a quien quiera; **qui que ce soit** quienquiera que sea

quiconque [kikɔ̃k] *pron* quienquiera que; (*n'importe qui*) cualquiera

quille [kij] *nf* bolo; (*d'un bateau*) quilla; (*Mil* : *fam*) licencia; **(jeu de) ~s** juego de bolos

quincaillerie [kɛ̃kajʀi] *nf* (*ustensiles, métier*) quincallería; (*magasin*) ferretería

quinconce [kɛ̃kɔ̃s] *nm* : **en ~** al tresbolillo

quinquagénaire [kɛ̃kaʒenɛʀ] *nm/f* (*de cinquante ans*) quincuagenario(-a); (*de cinquante à soixante ans*) cincuentón(-ona); **les ~s** los mayores de cincuenta años

quinte [kɛ̃t] *nf* : **~ (de toux)** golpe *m* de tos

quintuple [kɛ̃typl] *adj* quíntuplo ▸ *nm* : **le ~ de** el quíntuplo de

quintuplés, -ées [kɛ̃typle] *nmpl/nfpl* quintillizos(-as)

quinzaine [kɛ̃zɛn] *nf* quincena; **une ~ (de jours)** una quincena (de días)

quinze [kɛ̃z] *adj inv, nm inv* quince *m inv*; **demain en ~** desde mañana en quince días; **lundi en ~** desde lunes en quince días; **dans ~ jours** dentro de quince días; **le ~ de France** (*Rugby*) el equipo internacional francés de rugby; *voir aussi* **cinq**

quinzième [kɛ̃zjɛm] *adj, nm/f* decimoquinto(-a) ▸ *nm* (*partitif*) quinceavo; *voir aussi* **cinquantième**

quiproquo [kipʀɔko] *nm* malentendido; (*Théâtre*) quid pro quo *m*

quittance [kitɑ̃s] *nf* (*reçu*) recibo; (*facture*) recibo, factura

quitte [kit] *adj* : **être ~ envers qn** estar en paz con algn; **être ~ de** haberse librado de; **en être ~ à bon compte** escaparse por los pelos; **~ à être renvoyé** aunque me echen; **je resterai ~ à attendre pendant trois heures** me quedaré aunque tenga que esperar tres horas; **~ ou double** doble o nada; (*fig*) : **c'est du ~ ou double** es el todo por el todo

qu

quitter [kite] *vt* dejar; (*fig : espoir, illusion*) perder; (*vêtement*) quitarse; **se quitter** *vpr* (*couples, interlocuteurs*) separarse; **~ la route** (*véhicule*) salir de la carretera; **ne quittez pas** (*au téléphone*) no se retire; **ne pas ~ qn d'une semelle** pisarle los talones a algn

qui-vive [kiviv] *nm inv* : **être sur le ~** estar alerta

quoi [kwa]

▸ *pron interrog* 1 (*interrogation directe*) qué; **qui de plus beau que ... ?** ¿hay algo más hermoso que ...?; **quoi de neuf ?** ¿qué hay de nuevo?; **quoi encore ?** ¿y ahora, qué?; **et puis quoi encore !** ¡y qué más!; **quoi ?** (*qu'est-ce que tu dis?*) ¿qué?
2 (*interrogation directe avec prép*) qué; **à quoi penses-tu ?** ¿en qué piensas?; **de quoi parlez-vous ?** ¿de qué habláis?; **en quoi puis-je vous aider ?** ¿en qué puedo ayudarle?; **à quoi bon ?** ¿para qué?
3 (*interrogation indirecte*) qué; **dis-moi à quoi ça sert** dime para qué sirve; **je ne sais pas à quoi il pense** no sé en qué piensa
▸ *pron relatif* 1 que; **ce à quoi tu penses** lo que piensas; **de quoi écrire** algo para escribir; **il n'a pas de quoi se l'acheter** no tiene con qué comprarlo; **il y a de quoi être fier** es para estar orgulloso; **merci — il n'y a pas de quoi** gracias — no hay de qué
2 (*locutions*) : **après quoi** después de lo cual; **sur quoi** sobre qué; **sans quoi, faute de quoi** si no; **comme quoi** (*déduction*) así que; **un message comme quoi il est arrivé** un mensaje en el que dice que ha llegado
3 : **quoi qu'il arrive** pase lo que pase; **quoi qu'il en soit** sea lo que sea; **quoi qu'elle fasse** haga lo que haga; **si vous avez besoin de quoi que ce soit** si necesita cualquier cosa
▸ *excl* qué

quoique [kwak(ɑ)] *conj* aunque

quotidien, ne [kɔtidjɛ̃, jɛn] *adj* cotidiano(-a) ▸ *nm* (*journal*) diario; (*vie quotidienne*) vida diaria; **les grands ~s** los grandes diarios

quotidiennement [kɔtidjɛnmɑ̃] *adv* diariamente

quotient [kɔsjɑ̃] *nm* (*Math*) cociente *m*; **~ intellectuel** coeficiente *m* intelectual

r

R [ɛʀ] *abr* (= *route*) ctra. (= *carretera*); (= *rue*) C (= *calle*)
rabais [ʀabɛ] *nm* rebaja; **au ~** rebajado
rabaisser [ʀabese] *vt* (*prétentions, autorité*) bajar, reducir; (*personne, mérites*) rebajar
rabat [ʀaba] *vb voir* **rabattre** ▸ *nm* solapa
rabat-joie [ʀabaʒwa] (*pl* **rabat-joie(s)**) *nm/f*
rabattre [ʀabatʀ] *vt* (*couvercle, siège*) bajar; (*couture*) dobladillar; (*gibier*) ojear; (*somme d'un prix*) rebajar; (*orgueil, prétentions*) bajar; (*Tricot*) cerrar; **se rabattre** *vpr* bajarse; **se ~ devant qn** (*véhicule, coureur*) colocarse delante de algn; **se ~ sur** conformarse con
rabbin [ʀabɛ̃] *nm* rabino
rabot [ʀabo] *nm* cepillo
raboter [ʀabɔte] *vt* cepillar
rabougri, e [ʀabugʀi] *adj* (*végétal*) mustio(-a); (*personne*) canijo(-a)
racaille [ʀakɑj] (*péj*) *nf* chusma
raccommoder [ʀakɔmɔde] *vt* (*vêtement, linge*) remendar; (*chaussette*) zurcir; (*fam*) reconciliar; **se raccommoder avec** *vpr* (*fam*) reconciliarse con
raccompagner [ʀakɔ̃paɲe] *vt* acompañar
raccord [ʀakɔʀ] *nm* (*Tech*) racor *m*, empalme *m*; (*Ciné*) ajuste *m*; **~ de maçonnerie/de peinture** retoque *m* de albañilería/de pintura
raccorder [ʀakɔʀde] *vt* (*tuyaux, fils électriques*) empalmar; (*bâtiments, routes*) reparar; (*suj : pont, passerelle*) enlazar; **se raccorder à** *vpr* empalmarse con; (*fig*) relacionarse con; **~ qn au réseau du téléphone** conectar a algn a la red telefónica
raccourci [ʀakuʀsi] *nm* atajo; **en ~** en síntesis; **~ clavier** (*Inform*) atajo de teclado
raccourcir [ʀakuʀsiʀ] *vt* acortar ▸ *vi* (*vêtement*) encoger; (*jours*) acortarse
raccrocher [ʀakʀɔʃe] *vt* (*tableau, vêtement*) volver a colgar; (*récepteur*) colgar; (*fig*) recuperar ▸ *vi* (*Tél*) colgar; **se raccrocher à** *vpr* (*branche*) agarrarse a; (*fig*) aferrarse a; **ne raccrochez pas** (*Tél*) no cuelgue
race [ʀas] *nf* raza; (*ascendance, origine*) casta; (*espèce*) calaña; **de ~** de raza
rachat [ʀaʃa] *nm* (*de qch*) compra; (*de qn*) redención *f*
racheter [ʀaʃ(ə)te] *vt* volver a comprar; (*part, firme : aussi d'occasion*) comprar; (*pension, rente*) liquidar; (*Rel*) redimir; (*mauvaise conduite, oubli, défaut*) compensar; **se racheter** *vpr* (*Rel*) redimirse; (*gén*) rehabilitarse; **~ du lait/des œufs** comprar más leche/huevos
racial, e, -aux [ʀasjal, jo] *adj* racial
racine [ʀasin] *nf* (*aussi fig*) raíz *f*; **~ carrée/cubique** raíz cuadrada/cúbica; **prendre ~** (*fig : s'attacher*) arraigar; (*: s'établir*) echar raíces
raciste [ʀasist] *adj, nm/f* racista *m/f*
racket [ʀakɛt] *nm* chantaje *m*, extorsión *f*
raclée [ʀɑkle] (*fam*) *nf* paliza, golpiza (AM)
racler [ʀɑkle] *vt* (*os, casserole*) raspar; (*tache, boue*) frotar; (*suj : chose : frotter contre*) rascar; **se ~ la gorge** carraspear
racontars [ʀakɔ̃taʀ] *nmpl* habladurías *fpl*
raconter [ʀakɔ̃te] *vt* : **~ (à qn)** contar (a algn)
radar [ʀadaʀ] *nm* radar *m*
rade [ʀad] *nf* rada; **en ~ de Toulon** en la rada de Toulon; **laisser/rester en ~** (*fig*) dejar/quedarse plantado(-a)
radeau, x [ʀado] *nm* balsa; **~ de sauvetage** balsa salvavidas
radiateur [ʀadjatœʀ] *nm* radiador *m*; **~ à gaz** radiador de gas; **~ électrique** radiador eléctrico
radiation [ʀadjasjɔ̃] *nf* (*Phys*) radiación *f*; (*d'une profession*) expulsión *f*; (*d'une liste*) exclusión *f*
radical, e, -aux [ʀadikal, o] *adj* radical; (*moyen, remède*) infalible ▸ *nm* radical *m*

radier [Radje] *vt* (*d'une profession*) expulsar; (*d'une liste*) excluir

radieux, -euse [Radjø, øz] *adj* (*aussi fig*) radiante

radin, e [Radɛ̃, in] (*fam*) *adj* tacaño(-a)

radio [Radjo] *nf* radio *f* (*m en AM*); (*radioscopie*) radioscopia; (*radiographie*) radiografía; **à la ~** en la radio; **avoir la ~** tener radio; **passer à la ~** (*personne*) salir por la radio; (*programme*) poner por la radio; **passer une ~** hacerse una radiografía; **~ libre** radio libre

radio... [Radjo] *préf* radio...

radioactif, -ive [Radjoaktif, iv] *adj* radioactivo(-a)

radiographie [RadjɔgRafi] *nf* radiografía

radiophonique [Radjɔfɔnik] *adj* : **programme/jeu ~** programa *m*/juego radiofónico; **émission ~** emisión *f* radiofónica

radio-réveil [RadjoRevɛj] (*pl* **radios-réveils**) *nm* radio-despertador *m*

radis [Radi] *nm* rábano; **~ noir** rábano picante

radoter [Radɔte] *vi* chochear

radoucir [RadusiR] *vt* mejorar; **se radoucir** *vpr* (*température, temps*) suavizarse; (*se calmer*) calmarse

rafale [Rafal] *nf* ráfaga; **souffler en ~s** soplar viento racheado; **tir en ~** disparo a ráfaga; **~ de mitrailleuse** ráfaga de ametralladora

raffermir [RafɛRmiR] *vt* (*tissus, muscle*) fortalecer; (*fig*) afianzar; **se raffermir** *vpr* fortalecerse

raffinement [Rafinmɑ̃] *nm* refinamiento

raffiner [Rafine] *vt* refinar

raffinerie [RafinRi] *nf* refinería

raffoler [Rafɔle] : **~ de** *vt indir* volverse loco(-a) por

rafle [Rɑfl] *nf* redada, allanamiento (*esp AM*)

rafler [Rɑfle] (*fam*) *vt* arrasar; **~ la mise** (*fig*) llevarse el gato al agua

rafraîchir [RafReʃiR] *vt* refrescar; (*atmosphère, température*) enfriar; (*fig*) renovar ▶ *vi* : **mettre une boisson à ~** poner una bebida a enfriar; **se rafraîchir** *vpr* refrescarse; **~ la mémoire** *ou* **les idées à qn** refrescarle a algn la memoria *ou* las ideas

rafraîchissant, e [RafReʃisɑ̃, ɑ̃t] *adj* refrescante

rafraîchissement [RafReʃismɑ̃] *nm* (*de la température*) enfriamiento; (*boisson*) refresco; **rafraîchissements** *nmpl* refrescos *mpl*

rage [Raʒ] *nf* rabia; **faire ~** (*tempête*) bramar; **l'incendie faisait ~** el incendio se propagaba con todo vigor; **~ de dents** tremendo dolor *m* de muelas

ragot [Rago] (*fam*) *nm* chisme *m*

ragoût [Ragu] *nm* guiso

raide [Rɛd] *adj* (*cheveux*) liso(-a); (*ankylosé*) entumecido(-a); (*peu souple : câble, personne*) tenso(-a); (*escarpé*) empinado(-a); (*étoffe etc*) tieso(-a); (*fam : surprenant*) inaudito(-a); (*: sans argent*) pelado(-a); (*: alcool, spectacle, paroles*) fuerte ▶ *adv* : **le sentier monte ~** el camino sube muy empinado; **tomber ~ mort** quedarse en el sitio

raideur [Rɛdœr] *nf* rigidez *f*; (*d'un câble*) tirantez *f*; (*des cheveux*) lisura; (*d'une côte*) pendiente *f*; (*des membres*) entumecimiento; **avec ~** (*marcher, danser*) con envaramiento

raidir [RediR] *vt* (*muscles, membres*) contraer; (*câble, fil de fer*) tensar; **se raidir** *vpr* (*personne, muscles*) contraerse; (*câble*) ponerse tenso(-a); (*se crisper*) ponerse tieso(-a); (*intransigeant*) mantenerse firme; **la discipline s'est raidie** la disciplina se ha vuelto severa

raie [Rɛ] *nf* (*gen, Zool*) raya

raifort [RɛfɔR] *nm* rábano picante

rail [Rɑj] *nm* (*barre d'acier*) riel *m*; **le ~** el ferrocarril; **les ~s** (*la voie ferrée*) las vías *fpl*; **par ~** por ferrocarril

railler [Rɑje] *vt* burlarse de

rainure [RenyR] *nf* ranura

raisin [Rɛzɛ̃] *nm* uva; **~ blanc/noir** uva blanca/negra; **~ muscat** uva moscatel; **~s secs** (uvas) pasas

raison [Rɛzɔ̃] *nf* razón *f*; **avoir ~** tener razón; **donner ~ à qn** dar la razón a algn; **avoir ~ de qn/qch** vencer a algn/algo; **se faire une ~** conformarse; **perdre/recouvrer la ~** perder/recobrar el juicio; **ramener qn à la ~** hacer entrar en razón a algn; **demander ~ à qn de** (*affront etc*) pedir satisfacción a algn por; **entendre ~** atenerse a razones; **plus que de ~** más de lo debido; **~ de plus** razón de más; **à plus forte ~** con mayor motivo; **en ~ de** (*à cause de*) a causa de; **à ~ de** a razón de; **sans ~** sin razón; **pour la simple ~ que**

por la sencilla razón de que; **pour quelle ~ dit-il ceci ?** ¿por qué razón dice esto?; **il y a plusieurs ~s à cela** existen varias razones para esto; **~ d'État** razón de estado; **~ d'être** razón de ser; **~ sociale** razón social

> **On peut dire aussi :**
> En eso tienes *ou* Te doy toda la razón. (*Là tu as tout à fait raison.*)
> Has hecho bien en decírmelo. (*Tu as bien fait de ...*)
> Me parece bien lo que has hecho. (*Je trouve que tu as bien fait.*)
> Me parece muy bien que se lo digas. (*Je pense que c'est très bien que ...*)

raisonnable [ʀɛzɔnabl] *adj* razonable; (*doué de raison*) racional

raisonné, e [ʀɛzɔne] *adj* razonado(-a); **agriculture raisonnée** agricultura racional

raisonnement [ʀɛzɔnmɑ̃] *nm* raciocinio; (*argumentation*) razonamiento

raisonner [ʀɛzɔne] *vi* razonar ▸ *vt* (*personne*) hacer entrar en razón a

rajeunir [ʀaʒœniʀ] *vt* rejuvenecer; (*attribuer un âge moins avancé à*) hacer más joven a; (*fig*) remozar ▸ *vi* (*personne*) rejuvenecer; (*entreprise, quartier*) renovarse

rajouter [ʀaʒute] *vt* (*commentaire*) añadir; **~ que ...** añadir que ...; **en ~** cargar las tintas; **~ du sel/un œuf** añadir sal/un huevo

rajuster [ʀaʒyste] *vt* (*cravate, coiffure*) retocar; (*salaires, prix*) reajustar; **se rajuster** *vpr* (*arranger ses vêtements*) retocarse

ralenti [ʀalɑ̃ti] *nm* : **au ~** (*aussi fig*) a ralentí; (*Ciné*) a cámara lenta; **tourner au ~** (*Auto*) rodar a ralentí

ralentir [ʀalɑ̃tiʀ] *vt* (*marche, allure*) aminorar; (*production, expansion*) ralentizar, desacelerar ▸ *vi* (*véhicule, coureur*) disminuir la velocidad; **se ralentir** *vpr* (*processus, effort etc*) verse reducido

ralentissement [ʀalɑ̃tismɑ̃] *nm* disminución *f* de la velocidad; (*de l'économie*) ralentización *f*, desaceleración *f*

râler [ʀɑle] *vi* (*fam : protester*) gruñir

rallier [ʀalje] *vt* (*rassembler*) reunir; (*rejoindre*) incorporarse a; (*gagner à sa cause*) captar; **se rallier à** *vpr* (*avis, opinion*) adherirse a

rallonge [ʀalɔ̃ʒ] *nf* (*de table*) larguero; (*supplément*) incremento; (*Élec*) alargador *m*

rallonger [ʀalɔ̃ʒe] *vt* alargar ▸ *vi* alargarse

rallye [ʀali] *nm* rally *m*

ramassage [ʀamasaʒ] *nm* recogida; **~ scolaire** transporte *m* escolar

ramasser [ʀamase] *vt* recoger; (*fam : arrêter*) pescar; **se ramasser** *vpr* (*se pelotonner*) encogerse

ramassis [ʀamasi] (*péj*) *nm* revoltijo

rambarde [ʀɑ̃baʀd] *nf* barandilla

rame [ʀam] *nf* (*aviron*) remo; (*de métro*) tren *m*; (*de papier*) resma

rameau, x [ʀamo] *nm* (*aussi fig*) rama; **les Rameaux** Domingo de Ramos

ramener [ʀam(ə)ne] *vt* volver a traer; (*reconduire*) llevar; (*rapporter, revenir avec*) traer consigo; (*rendre*) devolver; (*faire revenir*) hacer volver; (*rétablir*) restablecer; **se ramener** *vpr* (*fam*) llegar; **~ qch sur** (*couverture, visière*) echar algo hacia; **~ qch à** (*faire revenir*) devolver algo a; (*Math, réduire*) reducir algo a; **~ qn à la vie** volver a algn a la vida; **se ~ à** reducirse a

ramer [ʀame] *vi* remar

ramification [ʀamifikasjɔ̃] *nf* ramificación *f*; **aux ~s internationales** (*réseau*) con ramificaciones internacionales

ramollir [ʀamɔliʀ] *vt* (*amollir*) ablandar; **se ramollir** *vpr* reblandecerse

rampe [ʀɑ̃p] *nf* (*d'escalier*) barandilla; (*dans un garage*) rampa; (*d'un terrain, d'une route*) declive *m*; (*Théâtre*) : **la ~** candilejas *fpl*; **~ de lancement** plataforma de lanzamiento

ramper [ʀɑ̃pe] *vi* (*animal*) reptar; (*plante, personne, aussi péj*) arrastrarse

rancard [ʀɑ̃kaʀ] (*fam*) *nm* (*rendez-vous*) cita; (*renseignement*) soplo

rancart [ʀɑ̃kaʀ] (*fam*) *nm* : **mettre au ~** (*objet, projet*) arrinconar; (*personne*) arrumbar

rance [ʀɑ̃s] *adj* rancio(-a)

rancœur [ʀɑ̃kœʀ] *nf* rencor *m*

rançon [ʀɑ̃sɔ̃] *nf* rescate *m*; **la ~ du succès** *etc* (*fig*) el precio del éxito *etc*

rancune [ʀɑ̃kyn] *nf* rencor *m*; **garder ~ à qn (de qch)** guardar rencor a algn (por algo); **sans ~ !** ¡olvidémoslo!

rancunier, -ière [ʀɑ̃kynje, jɛʀ] *adj* rencoroso(-a)
randonnée [ʀɑ̃dɔne] *nf* (*excursion*) excursión *f*; (*à pied*) caminata; (*activité*) senderismo; **~ pédestre** senderismo; **ski de ~** esquí *m* de travesía
rang [ʀɑ̃] *nm* (*rangée*) fila; (*d'un cortège, groupe de soldats*) hilera; (*de perles, de tricot*) vuelta; (*grade*) grado; (*condition sociale*) rango; (*position dans un classement*) posición *f*; **rangs** *nmpl* (*Mil*) filas *fpl*; **se mettre en ~s/sur un ~** ponerse en filas/en una fila; **sur trois ~s** en tres filas; **se mettre en ~s par quatre** ponerse en fila de cuatro; **se mettre sur les ~s** (*fig*) ponerse entre los candidatos; **au premier/dernier ~** en el primer/último puesto; (*rangée de sièges*) en primera/última fila; **rentrer dans le ~** volverse más comedido; **au ~ de** en la categoría de; **avoir ~ de** tener rango de
rangé, e [ʀɑ̃ʒe] *adj* ordenado(-a); (*vie*) asentado(-a), reposado(-a)
rangée [ʀɑ̃ʒe] *nf* fila
ranger [ʀɑ̃ʒe] *vt* ordenar; (*voiture dans la rue*) aparcar; (*en cercle etc*) disponer; **se ranger** *vpr* (*se placer/disposer*) colocarse; (*véhicule, conducteur*) hacerse a un lado; (: *s'arrêter*) parar; (*piéton*) apartarse; (*s'assagir*) sosegarse; **se ~ à** ponerse del lado de; **~ qch/qn parmi** (*fig*) situar algo/algn entre
ranimer [ʀanime] *vt* (*personne, courage*) reanimar; (*réconforter, attiser*) avivar; (*colère, douleur*) despertar
rapace [ʀapas] *nm* rapaz *f* ▸ *adj* (*péj*) rapaz; **~ diurne/nocturne** rapaz diurna/nocturna
râpe [ʀɑp] *nf* (*Culin*) rallador *m*; (*à bois*) escofina
râper [ʀɑpe] *vt* (*Culin*) rallar; (*gratter, râcler*) raspar
rapetisser [ʀap(ə)tise] *vi* encoger ▸ *vt* empequeñecer
rapide [ʀapid] *adj* rápido(-a) ▸ *nm* rápido
rapidement [ʀapidmɑ̃] *adv* rápidamente
rapidité [ʀapidite] *nf* rapidez *f*
rapiécer [ʀapjese] *vt* remendar
rappel [ʀapɛl] *nm* (*Mil, d'un exilé, d'un ambassadeur*) llamamiento; (*Méd*) vacuna de refuerzo; (*Théâtre etc*) llamada a escena; (*de salaire*) atrasos *mpl*; (*d'une aventure, d'un nom, d'un titre*) recuerdo; (*de limitation de vitesse*) *señal recordatoria de limitación de velocidad*; (*Tech*) retroceso; (*Naut*) *hecho de colgarse la tripulación al exterior de un velero para equilibrarlo*; (*Alpinisme*) descenso con cuerda, rappel *m*; **~ à l'ordre** llamada al orden
rappeler [ʀap(ə)le] *vt* (*retéléphoner à*) volver a llamar; (*pour faire revenir*) llamar nuevamente; (*ambassadeur*) retirar; (*acteur*) llamar a escena; (*Mil*) llamar a filas; (*suj* : *événement, affaires*) recordar; **se rappeler** *vpr* acordarse de; **se ~ que ...** acordarse de que ...; **~ qn à la vie** volver a algn a la vida; **~ qn à la décence** llamar a algn a la decencia; **~ qch à qn** (*faire se souvenir*) recordar algo a algn; (*évoquer, faire penser à*) traer algo a la memoria de algn; **ça rappelle la Provence** eso me recuerda a Provenza; **~ à qn de faire qch** recordarle a algn hacer algo
rapport [ʀapɔʀ] *nm* (*compte rendu*) informe *m*; (*d'expert*) dictamen *m*; (*profit*) rendimiento; (*lien, analogie*) relación *f*; (*proportion*) razón *f*; **rapports** *nmpl* (*entre personnes, groupes, pays*) relaciones *fpl*; **avoir ~ à** tener relación con; **être en ~ avec** estar relacionado(-a) con; **être/se mettre en ~ avec qn** estar/ponerse en contacto con algn; **par ~ à** (*comparé à*) en comparación con; (*à propos de*) respecto a; **sous le ~ de** desde el punto de vista de; **sous tous (les) ~s** desde cualquier punto de vista; **~ qualité-prix** relación calidad-precio; **~s (sexuels)** relaciones *fpl* (sexuales)
rapporter [ʀapɔʀte] *vt* (*remettre à sa place, rendre*) devolver; (*apporter de nouveau*) volver a traer; (*revenir avec, ramener*) traer; (*Couture*) añadir; (*suj* : *investissement, entreprise*) rendir; (: *activité*) producir; (*relater*) referir; (*Jur*) revocar ▸ *vi* (*investissement, propriété*) rentar; (*activité*) dar beneficio; (*péj* : *moucharder*) chivarse; **se rapporter** *vpr* : **se ~ à** relacionarse con; **s'en ~ à qn/au jugement de qn** fiarse de algn/de la opinión de algn; **~ qch à** (*rendre*) devolver algo a; (*relater*) relatar algo a; (*fig*) atribuir algo a
rapporteur, -euse [ʀapɔʀtœʀ, øz] *nm/f* (*d'un procès, d'une commission*) ponente *m/f*; (*péj*) chivato(-a) ▸ *nm* (*Géom*) transportador *m*

rapprochement [RapRɔʃmɑ̃] *nm* (*réconciliation*) acercamiento; (*analogie, rapport*) cotejo

rapprocher [RapRɔʃe] *vt* (*faire paraître plus proche*) acercar; (*deux objets*) juntar, arrimar; (*réunions, visites*) aumentar el número de; (*réunir*) unir; (*associer, comparer*) cotejar; **se rapprocher** *vpr* acercarse; **~ qch (de)** (*chaise d'une table*) arrimar algo (a); **se ~ de** (*lieu, personne*) acercarse a, aproximarse a; (*présenter une analogie avec*) asemejarse a

raquette [Rakɛt] *nf* raqueta; (*de ping-pong*) pala

rare [RɑR] *adj* raro(-a); (*sentiment*) extraño(-a); (*main-d'œuvre, denrées*) escaso(-a); (*beaux jours*) raro(-a), poco(-a); (*cheveux, herbe*) ralo(-a); **il est ~ que** es raro que; **se faire ~** escasear; (*personne*) dejarse ver poco

rarement [RɑRmɑ̃] *adv* raramente

RAS [ɛRaɛs] *abr* (= *rien à signaler*) sin novedad

ras, e [Rɑ, Rɑz] *adj* (*tête, cheveux*) rapado(-a); (*poil*) corto(-a); (*herbe, mesure, cuillère*) raso(-a) ▸ *adv* (*couper*) al rape; **faire table rase** hacer tabla rasa; **en rase campagne** en pleno campo; **à ~ bords** colmado(-a); **au ~ de** a(l) ras de; **en avoir ~ le bol** (*fam*) estar hasta el moño; **~ du cou** (*pull, robe*) (de) cuello redondo

raser [Rɑze] *vt* (*barbe, cheveux*) rasurar; (*menton, personne*) afeitar; (*fam : ennuyer*) dar la lata a; (*quartier*) derribar; (*frôler*) rozar; **se raser** *vpr* afeitarse; (*fam*) aburrirse

rasoir [RɑzwaR] *nm* navaja de afeitar; **~ électrique** maquinilla eléctrica; **~ mécanique** *ou* **de sûreté** maquinilla de afeitar

rassasier [Rasazje] *vt* saciar; **être rassasié** estar saciado

rassemblement [Rasɑ̃bləmɑ̃] *nm* reunión *f*; (*Pol*) concentración *f*; (*Mil*) formación *f*

rassembler [Rasɑ̃ble] *vt* (*réunir*) reunir; (*regrouper*) agrupar; (*accumuler, amasser*) acumular; **se rassembler** *vpr* reunirse; **~ ses idées** poner en orden sus ideas; **~ son courage** armarse de valor

rasseoir [RaswaR] : **se rasseoir** *vpr* volver a sentarse

rassurer [RasyRe] *vt* tranquilizar; **se rassurer** *vpr* tranquilizarse; **rassure-toi** tranquilízate

rat [Ra] *nm* rata; (*danseuse*) joven bailarina; **~ musqué** ratón *m* almizclero

rate [Rat] *nf* (*Anat*) bazo

raté, e [Rate] *adj* (*tentative, opération*) frustrado(-a); (*vacances, spectacle*) malogrado(-a) ▸ *nm/f* fracasado(-a) ▸ *nm* (*Auto*) detonación *f*; (*d'arme à feu*) fallo

râteau, x [Rɑto] *nm* rastrillo

rater [Rate] *vi* (*coup de feu*) fallar; (*échouer*) fracasar ▸ *vt* (*cible, balle, train*) perder; (*occasion etc*) dejar escapar; (*démonstration, plat*) estropear; (*examen*) suspender; **~ son coup** fallar

ration [Rasjɔ̃] *nf* (*aussi fig*) ración *f*; **~ alimentaire** ración alimenticia

rationner [Rasjɔne] *vt* racionar

ratisser [Ratise] *vt* rastrillar; (*suj : armée, police*) peinar

raton [Ratɔ̃] *nm* : **~ laveur** mapache *m*

RATP [ɛRatepe] *sigle f* (= *Régie autonome des transports parisiens*) *administración de transportes parisinos*

rattacher [Rataʃe] *vt* atar de nuevo; **se rattacher** *vpr* : **se ~ à** (*avoir un lien avec*) asemejarse a; **~ qch à** (*incorporer*) incorporar algo a; (*relier*) relacionar algo con; **~ qn à** (*lier*) vincular a algn con

rattraper [RatRape] *vt* (*fugitif, animal échappé*) volver a coger; (*retenir, empêcher de tomber*) coger; (*atteindre, rejoindre*) alcanzar; (*imprudence, erreur*) reparar, subsanar; **se rattraper** *vpr* (*compenser une perte de temps*) ponerse al día; (*regagner ce qu'on a perdu*) recuperarse; (*se dédommager d'une privation*) explayarse; (*réparer une gaffe etc*) justificarse; (*éviter une erreur, bévue*) enmendarse; **se ~ (à)** (*se raccrocher*) agarrarse (a); **~ son retard/le temps perdu** recuperar el retraso/el tiempo perdido

rature [RatyR] *nf* tachadura

rauque [Rok] *adj* ronco(-a)

ravages [Ravaʒ] *nmpl* (*de la guerre, de l'alcoolisme*) estragos *mpl*; (*d'un incendie, orage*) devastación *f*; **faire des ~** (*aussi fig*) hacer estragos

ravi, e [Ravi] *adj* encantado(-a); **être ~ de/que ...** estar encantado(-a) de/de que ...

ravin [Ravɛ̃] *nm* hondonada
ravir [RaviR] *vt* (*enchanter*) encantar; **~ qch à qn** arrebatar algo a algn; **à ~** de maravilla; **chanter à ~** cantar que es un primor
raviser [Ravize] : **se raviser** *vpr* cambiar de opinión
ravissant, e [Ravisɑ̃, ɑ̃t] *adj* encantador(a)
ravisseur, -euse [RavisœR, øz] *nm/f* secuestrador(a)
ravitaillement [Ravitajmɑ̃] *nm* abastecimiento; **~ en vol** abastecimiento en vuelo
ravitailler [Ravitaje] *vt* abastecer; (*véhicule*) echar gasolina a; **se ravitailler** *vpr* abastecerse
raviver [Ravive] *vt* avivar; (*flamme, douleur*) reavivar
rayé, e [Reje] *adj* (*à rayures*) a *ou* de rayas; (*éraflé*) rayado(-a)
rayer [Reje] *vt* rayar; (*d'une liste*) tachar
rayon [Rɛjɔ̃] *nm* rayo; (*Géom, d'une roue*) radio; (*étagère*) estante *m*; (*de grand magasin*) departamento, sección *f*; (*fig : domaine*) asunto; (*d'une ruche*) panal *m*; **rayons** *nmpl* (*radiothérapie*) rayos *mpl*; **dans un ~ de ...** en un radio de ...; **~ d'action** radio de acción; **~ de braquage** (*Auto*) radio de giro; **~ de soleil** rayo de sol; **~ laser/vert** rayo láser/verde; **~s cosmiques/infrarouges/ultraviolets** rayos cósmicos/infrarrojos/ultravioletas; **~s X** rayos X
rayonnant, e [Rɛjɔnɑ̃, ɑ̃t] *adj* radiante; **~ de** (*joie, santé*) rebosante de
rayonnement [Rɛjɔnmɑ̃] *nm* (*solaire*) radiación *f*; (*fig*) influencia; (*d'une doctrine*) difusión *f*
rayonner [Rɛjɔne] *vi* irradiar; (*fig*) ejercer su influencia; (*avenues, axes*) divergir; (*touristes : excursionner*) recorrer
rayure [RejyR] *nf* (*motif*) raya; (*éraflure*) rayado; (*rainure, d'un fusil*) estría; **à ~s** a *ou* de rayas
raz-de-marée [RɑdmaRe] *nm inv* maremoto; (*fig*) conmoción *f*
R-D [ɛRde] *sigle f* (= *recherche-développement*) I-D *f* (= *Investigación y Desarrollo*)
ré [Re] *nm inv* (*Mus*) re *m*
réaction [Reaksjɔ̃] *nf* reacción *f*; **par ~** por reacción; **avion/moteur à ~** avión *m*/motor *m* de reacción; **~ en chaîne** reacción en cadena
réactionnaire [ReaksjɔnɛR] *adj* reaccionario(-a)
réadapter [Readapte] *vt* readaptar; **se ~ (à)** readaptarse (a)
réagir [ReaʒiR] *vi* reaccionar; **~ à** reaccionar ante; **~ contre** reaccionar contra; **~ sur** repercutir sobre
réalisateur, -trice [RealizatœR, tRis] *nm/f* realizador(a)
réalisation [Realizasjɔ̃] *nf* realización *f*
réaliser [Realize] *vt* realizar; (*rêve, souhait*) cumplir; (*exploit*) llevar a cabo; (*comprendre, se rendre compte de*) darse cuenta de; **se réaliser** *vpr* (*projet, prévision*) realizarse; **~ que** darse cuenta de que
réaliste [Realist] *adj, nm/f* realista *m/f*
réalité [Realite] *nf* realidad *f*; **en ~** en realidad; **dans la ~** en la realidad; **~ augmentée** realidad aumentada
réanimation [Reanimasjɔ̃] *nf* reanimación *f*; **service de ~** servicio de reanimación
réapparaître [ReapaRɛtR] *vi* reaparecer
rébarbatif, -ive [RebaRbatif, iv] *adj* (*mine*) repelente; (*travail*) fastidioso(-a); (*style*) árido(-a)
rebattu, e [R(ə)baty] *adj* trillado(-a)
rebelle [Rəbɛl] *adj, nm/f* rebelde *m/f*; **~ à** (*la patrie*) rebelado(-a) contra; (*fermé à qch, contre qch*) negado(-a) para
rebeller [R(ə)bele] : **se rebeller** *vpr* rebelarse; **se ~ contre** rebelarse contra
rebiffer [R(ə)bife] : **se rebiffer** *vpr* : **se ~ contre** plantarle cara a
rebond [R(ə)bɔ̃] *nm* rebote *m*
rebondi, e [R(ə)bɔ̃di] *adj* (*ventre*) panzudo(-a); (*joues*) relleno(-a)
rebondir [R(ə)bɔ̃diR] *vi* rebotar; (*fig*) reanudarse
rebord [R(ə)bɔR] *nm* (*d'une table etc*) reborde *m*; (*d'un fossé*) borde *m*
rebours [R(ə)buR] : **à ~** *adv* (*comprendre*) al revés; **compte à ~** cuenta *f* atrás; **compter à ~** contar hacia atrás
rebrousser [R(ə)bRuse] *vt* : **~ chemin** dar marcha atrás
rebuter [R(ə)byte] *vt* (*suj : travail, matière*) repeler; (*: attitude, manières*) disgustar
récalcitrant, e [RekalsitRɑ̃, ɑ̃t] *adj* (*cheval*) indómito(-a); (*caractère, personne*) recalcitrante

recapitaliser [ʀəkapitalize] *vt* (*entreprise*) recapitalizar
récapituler [ʀekapityle] *vt* recapitular
recel [ʀəsɛl] *nm* encubrimiento
receler [ʀ(ə)səle] *vt* encubrir; (*fig*) encerrar
receleur, -euse [ʀ(ə)səlœʀ, øz] *nm/f* encubridor(a)
récemment [ʀesamɑ̃] *adv* recientemente, recién (AM)
recensement [ʀ(ə)sɑ̃smɑ̃] *nm* (*de la population*) censo; (*des ressources, possibilités*) inventario, recuento
recenser [ʀ(ə)sɑ̃se] *vt* (*population*) censar; (*inventorier*) hacer el recuento *ou* el inventario de; (*dénombrer*) computar
récent, e [ʀesɑ̃, ɑ̃t] *adj* reciente
récépissé [ʀesepise] *nm* recibo
récepteur, -trice [ʀesɛptœʀ, tʀis] *adj* receptor(a) ▸ *nm* (*de téléphone*) auricular *m*; **~ de papier** (*Inform*) introductor *m* de hoja; **~ radio** receptor *m*
réception [ʀesɛpsjɔ̃] *nf* recepción *f*; (*accueil*) acogida *f*; (*Sport*) caída; **jour/heures de ~** día *m*/horas *fpl* de recepción
réceptionniste [ʀesɛpsjɔnist] *nm/f* recepcionista *m/f*
recette [ʀ(ə)sɛt] *nf* (*Culin, fig*) receta; (*Comm*) ingreso; **recettes** *nfpl* (*Comm*) entradas *fpl*; **faire ~** (*spectacle, exposition*) ser taquillero(-a)
recevoir [ʀ(ə)səvwaʀ] *vt* recibir; (*prime, salaire*) cobrar; (*visiteurs, ambassadeur*) acoger; (*candidat, plainte*) admitir ▸ *vi* recibir visitas; **se recevoir** *vpr* (*athlète*) caer; **il reçoit de 8 à 10** sus horas de visita son de 8 a 10; (*docteur, dentiste*) pasa consulta de 8 a 10; **il m'a reçu à deux heures** me recibió a las dos; **~ qn à dîner** recibir a algn a cenar; **être reçu** (*à un examen*) aprobar; **être bien/mal reçu** ser bien/mal recibido
rechange [ʀ(ə)ʃɑ̃ʒ] : **de ~** *adj* (*pièces, roue*) de repuesto; (*fig*) de recambio; **des vêtements de ~** ropa para cambiarse
recharge [ʀ(ə)ʃaʀʒ] *nf* recambio
rechargeable [ʀ(ə)ʃaʀʒabl] *adj* recargable
recharger [ʀ(ə)ʃaʀʒe] *vt* (*camion*) volver a cargar; (*fusil, batterie*) recargar; (*appareil photo, briquet, stylo*) cargar
réchaud [ʀeʃo] *nm* hornillo
réchauffement [ʀeʃofmɑ̃] *nm* : **~ climatique** calentamiento global
réchauffer [ʀeʃofe] *vt* (*plat*) recalentar; (*mains, doigts, personne*) calentar; **se réchauffer** *vpr* calentarse; (*température*) subir
rêche [ʀɛʃ] *adj* áspero(-a)
recherche [ʀ(ə)ʃɛʀʃ] *nf* (*action*) búsqueda; (*raffinement*) afectación *f*; (*scientifique etc*) investigación *f*; **recherches** *nfpl* (*de la police*) indagaciones *fpl*; (*scientifiques*) investigaciones *fpl*; **être/se mettre à la ~ de** estar investigando/ponerse a la búsqueda de
recherché, e [ʀ(ə)ʃɛʀʃe] *adj* (*rare*) codiciado(-a); (*entouré*) solicitado(-a); (*style, allure*) rebuscado(-a)
rechercher [ʀ(ə)ʃɛʀʃe] *vt* buscar; (*objet égaré, lettre*) rebuscar; (*cause d'un phénomène, nouveau procédé*) investigar; (*la perfection, le bonheur etc*) perseguir; **« ~ et remplacer »** (*Inform*) « buscar y sustituir »
rechute [ʀ(ə)ʃyt] *nf* recaída; **faire** *ou* **avoir une ~** (*Méd*) recaer *ou* tener una recaída
récidiver [ʀesidive] *vi* reincidir; (*fig*) reiterar; (*Méd* : *malade*) recaer; (: *maladie*) reproducirse
récif [ʀesif] *nm* arrecife *m*
récipient [ʀesipjɑ̃] *nm* recipiente *m*
réciproque [ʀesipʀɔk] *adj* (*mutuel*) recíproco(-a); (*partagé* : *confiance, amitié*) mutuo(-a) ▸ *nf* : **la ~** (*l'inverse*) la inversa
récit [ʀesi] *nm* relato
récital [ʀesital] *nm* recital *m*
réciter [ʀesite] *vt* recitar
réclamation [ʀeklamasjɔ̃] *nf* reclamación *f*; **service des ~s** servicio de reclamaciones

On peut dire aussi :
No estoy satisfecho con mi habitación. (*Je ne suis pas satisfait de ...*)
Quería presentar una reclamación. (*Je voudrais faire une réclamation.*)
Quiero hablar con el responsable, por favor. (*Je voudrais parler au responsable, s'il vous plaît.*)
Hay un problema con el aire acondicionado. (*Il y a un problème avec ...*)
Es absolutamente inaceptable. (*C'est absolument inacceptable.*)

réclame [ʀeklɑm] *nf*: **la ~** la publicidad; **une ~** (*annonce, prospectus*) un anuncio; **faire de la ~ (pour qch/qn)** hacer publicidad (de algo/algn); **article en ~** artículo de oferta

réclamer [ʀeklɑme] *vt* (*aide, nourriture*) pedir; (*exiger*) reclamar; (*nécessiter*) requerir ▸ *vi* (*protester*) reclamar; **se ~ de qn** (*se recommander de*) apelar a algn

réclusion [ʀeklyzjɔ̃] *nf* reclusión *f*; **~ à perpétuité** cadena perpetua

recoiffer [ʀ(ə)kwafe] *vt* volver a peinar; **se recoiffer** *vpr* volverse a peinar

recoin [ʀəkwɛ̃] *nm* (*aussi fig*) rincón *m*

reçois *etc* [ʀəswa] *vb voir* **recevoir**

recoller [ʀ(ə)kɔle] *vt* volver a pegar

récolte [ʀekɔlt] *nf* cosecha; (*fig*) acopio

récolter [ʀekɔlte] *vt* cosechar; (*fam*: *ennuis, coups*) ganarse, cobrar

recommandé, e [ʀ(ə)kɔmɑ̃de] *adj* recomendado(-a) ▸ *nm* (*Postes*): **en ~** certificado(-a)

recommander [ʀ(ə)kɔmɑ̃de] *vt* recomendar; (*Postes*) certificar; **~ qch à qn** recomendar algo a algn; **~ à qn de faire ...** recomendar a algn hacer ...; **~ qn auprès de qn/à qn** recomendar algn a algn; **il est recommandé de faire** se recomienda hacer; **se ~ à qn** encomendarse a algn; **se ~ de qn** apoyarse en algn

recommencer [ʀ(ə)kɔmɑ̃se] *vt* (*reprendre*) seguir con; (*refaire*) repetir; (*erreur*) reincidir ▸ *vi* volver a empezar; (*récidiver*) volver a las andadas; **~ à faire** volver a hacer; **ne recommence pas !** ¡no empieces!

récompense [ʀekɔ̃pɑ̃s] *nf* recompensa; **recevoir qch en ~** recibir algo como recompensa

récompenser [ʀekɔ̃pɑ̃se] *vt* recompensar; **~ qn de** *ou* **pour qch** recompensar a algn por algo

réconcilier [ʀekɔ̃silje] *vt* reconciliar; **se réconcilier** *vpr* reconciliarse; **~ qn avec qn** reconciliar a algn con algn; **~ qn avec qch** reconciliar a algn con algo; **se ~ avec** reconciliarse con

reconduire [ʀ(ə)kɔ̃dɥiʀ] *vt* (*à la porte*) acompañar hasta la salida; (*à son domicile*) acompañar; (*Jur, Pol*) reconducir

réconfort [ʀekɔ̃fɔʀ] *nm* consuelo

réconforter [ʀekɔ̃fɔʀte] *vt* (*aussi fig*) reconfortar

reconnaissance [ʀ(ə)kɔnɛsɑ̃s] *nf* reconocimiento; (*gratitude*) agradecimiento; **en ~** (*Mil*) de reconocimiento; **~ de dette** reconocimiento de deuda; **~ faciale** reconocimiento facial

reconnaissant, e [ʀ(ə)kɔnɛsɑ̃, ɑ̃t] *vb voir* **reconnaître** ▸ *adj* agradecido(-a); **je vous serais ~ de bien vouloir ...** le estaría muy agradecido si quisiera ...

reconnaître [ʀ(ə)kɔnɛtʀ] *vt* reconocer; (*distinguer*) distinguir; **~ que** reconocer que; **~ qch/qn à** reconocer algo/a algn por; **~ à qn** : **je lui reconnais certaines qualités/une grande franchise** le reconozco ciertas cualidades/una gran franqueza; **se ~ quelque part** (*s'y retrouver*) orientarse en un lugar

reconnu, e [ʀ(ə)kɔny] *pp de* **reconnaître** ▸ *adj* indiscutible

reconstituer [ʀ(ə)kɔ̃stitɥe] *vt* reconstituir; (*fresque, vase brisé*) recomponer; (*fortune, patrimoine*) rehacer

reconstruire [ʀ(ə)kɔ̃stʀɥiʀ] *vt* (*aussi fig*) reconstruir

recontacter [ʀ(ə)kɔ̃takte] *vt*: **~ qn** volver contactar con algn

reconvertir [ʀ(ə)kɔ̃vɛʀtiʀ] *vt* reconvertir; **se ~ dans** reconvertirse en

record [ʀ(ə)kɔʀ] *adj, nm* récord *m*; **battre tous les ~s** (*fig*) batir todos los récords; **en un temps/à une vitesse ~** en un tiempo/a una velocidad récord; **~ du monde** récord del mundo

recoucher [ʀ(ə)kuʃe] *vt*: **se recoucher** *vpr* volverse a acostar

recoupement [ʀ(ə)kupmɑ̃] *nm*: **par ~** atando cabos; **faire un ~/des ~s** verificar un hecho/hechos

recouper [ʀ(ə)kupe]: **se recouper** *vpr* (*témoignages*) coincidir

recourbé, e [ʀ(ə)kuʀbe] *adj* (*nez, tige de métal*) encorvado(-a); (*bec*) corvo(-a)

recourber [ʀ(ə)kuʀbe] *vt* (*branche, tige de métal*) doblar

recourir [ʀ(ə)kuʀiʀ] *vi*: **~ à** recurrir a

recours [ʀ(ə)kuʀ] *nm*: **le ~ à la ruse/violence** el recurso de la astucia/violencia; **avoir ~ à** recurrir a; **en dernier ~** como último recurso; **c'est sans ~** no tiene remedio; **~ en grâce** petición *f* de indulto

recouvert, e [Rəkuvɛʀ, ɛʀt] *pp de* **recouvrir** ▶ *adj* : **~ de** recubierto(-a) de

recouvrer [ʀ(ə)kuvʀe] *vt* (*la vue, santé, raison*) recobrar; (*impôts, créance*) recaudar

recouvrir [ʀ(ə)kuvʀiʀ] *vt* (*masquer*) encubrir; (*embrasser*) abarcar; **se recouvrir** *vpr* (*idées, concepts*) superponerse

récréation [ʀekʀeasjɔ̃] *nf* recreo

recroqueviller [ʀ(ə)kʀɔk(ə)vije] : **se recroqueviller** *vpr* (*plantes, feuilles*) marchitarse; (*personne*) acurrucarse

recrudescence [ʀ(ə)kʀydesɑ̃s] *nf* recrudecimiento

recruter [ʀ(ə)kʀyte] *vt* (*Mil, clients, adeptes*) reclutar; (*personnel*) contratar

recruteur, -euse [ʀ(ə)kʀytœʀ, øz] *nm/f* reclutador(a), técnico(-a) en selección de personal; (*Sport*) ojeador(a)

rectangle [ʀɛktɑ̃gl] *nm* rectángulo; **~ blanc** (*TV*) ≈ rombo

rectangulaire [ʀɛktɑ̃gylɛʀ] *adj* rectangular

rectificatif, -ive [ʀɛktifikatif, iv] *adj* rectificativo(-a) ▶ *nm* rectificativo

rectifier [ʀɛktifje] *vt* (*tracé*) enderezar; (*calcul*) rectificar; (*erreur*) corregir

rectiligne [ʀɛktiliɲ] *adj* rectilíneo(-a)

recto [ʀɛkto] *nm* anverso

reçu, e [ʀ(ə)sy] *pp de* **recevoir** ▶ *adj* (*admis, consacré*) admitido(-a) ▶ *nm* (*récépissé*) recibo

recueil [ʀəkœj] *nm* selección *f*

recueillir [ʀ(ə)kœjiʀ] *vt* recoger; (*matériaux, voix, suffrages*) conseguir; (*fonds*) conseguir, recolectar; (*renseignements, dépositions*) reunir; (*réfugiés*) acoger; **se recueillir** *vpr* recogerse

recul [ʀ(ə)kyl] *nm* retroceso; **avoir un mouvement de ~** hacer un movimiento de retroceso; **prendre du ~** retroceder; (*fig*) considerar con detenimiento; **avec le ~** con perspectiva

reculé, e [ʀ(ə)kyle] *adj* (*isolé*) apartado(-a); (*lointain*) lejano(-a)

reculer [ʀ(ə)kyle] *vi* (*aussi fig*) retroceder; (*véhicule, conducteur*) dar marcha atrás; (*se dérober, hésiter*) echarse atrás ▶ *vt* (*meuble, véhicule*) retirar; (*mur, frontières*) alejar; (*fig : possibilités, limites*) ampliar; (*: date, livraison, décision*) aplazar, postergar (AM); **~ devant** (*danger, difficulté*) echarse atrás ante; **~ pour mieux sauter** retrasar el asunto

reculons [ʀ(ə)kylɔ̃] : **à ~** *adv* hacia atrás

récupérer [ʀekypeʀe] *vt* recuperar; (*forces*) recobrar ▶ *vi* (*après un effort etc*) recuperarse

récurer [ʀekyʀe] *vt* fregar; **poudre à ~** detergente *m* de fregar

reçut [ʀəsy] *vb voir* **recevoir**

recyclable [ʀ(ə)siklabl] *adj* reciclable

recyclage [ʀ(ə)siklaʒ] *nm* reciclaje *m*; **cours de ~** curso de reciclaje

recycler [ʀ(ə)sikle] *vt* reciclar; (*Scol*) adaptar; (*employés*) reciclar, reconvertir; **se recycler** *vpr* reciclarse

rédacteur, -trice [ʀedaktœʀ, tʀis] *nm/f* redactor(a); **~ en chef** redactor(a) jefe; **~ publicitaire** redactor(a) publicitario(a)

rédaction [ʀedaksjɔ̃] *nf* redacción *f*

redescendre [ʀ(ə)desɑ̃dʀ] *vi* volver a bajar ▶ *vt* bajar

redessiner [ʀ(ə)desine] *vt* (*paysage, jardin*) rediseñar; (*frontière*) volver a trazar

redevance [ʀ(ə)dəvɑ̃s] *nf* canon *m*

rédiger [ʀediʒe] *vt* redactar

redire [ʀ(ə)diʀ] *vt* repetir; **avoir/trouver qch à ~** (*critiquer*) tener/encontrar algo que criticar

redoubler [ʀ(ə)duble] *vt* (*classe*) repetir; (*lettre*) duplicar ▶ *vi* (*Scol*) repetir; **~ de** (*amabilité, efforts*) redoblar; **le vent redouble de violence** el viento arrecia con violencia

redoutable [ʀ(ə)dutabl] *adj* temible

redouter [ʀ(ə)dute] *vt* temer; **~ que** temer que; **je redoute de faire sa connaissance** temo conocerlo

redressement [ʀ(ə)dʀɛsmɑ̃] *nm* (*de l'économie etc*) restablecimiento; **maison de ~** reformatorio; **~ fiscal** recuperación *f* fiscal

redresser [ʀ(ə)dʀese] *vt* enderezar; (*situation, économie*) restablecer; **se redresser** *vpr* (*objet penché*) enderezarse; (*personne*) erguirse; (*se tenir très droit*) ponerse derecho; (*fig : pays, situation*) restablecerse; **~ (les roues)** enderezarse

réduction [ʀedyksjɔ̃] *nf* reducción *f*; (*rabais, remise*) rebaja; **en ~** (*en plus petit*) reducido(-a)

réduire [ʀedɥiʀ] *vt* reducir; (*jus, sauce*) consumir; **se réduire** *vpr* : **se ~ à** reducirse

re

a; **se ~ en** (*se transformer en*) convertirse en; **~ qn au silence/à l'inaction/à la misère** reducir a algn al silencio/a la inactividad/a la miseria; **~ qch à** (*fig*) reducir algo a; **~ qch en** transformar algo en; **en être réduit à** no tener otro remedio que

réduit, e [ʀedɥi, it] *pp de* **réduire** ▶ *adj* reducido(-a) ▶ *nm* cuchitril *m*

redynamiser [ʀ(ə)dinamize] *vt* (*économie, secteur, tourisme*) redinamizar

rééducation [ʀeedykasjɔ̃] *nf* rehabilitación *f*; **centre de ~** centro de rehabilitación; **~ de la parole** logopedia

réel, le [ʀeɛl] *adj* real; (*intensif*: *avant le nom*) verdadero(-a) ▶ *nm* : **le ~** lo real

réellement [ʀeɛlmɑ̃] *adv* realmente

réexpédier [ʀeɛkspedje] *vt* (*à l'envoyeur*) devolver; (*au destinataire*) remitir

refaire [ʀ(ə)fɛʀ] *vt* hacer de nuevo; (*recommencer, faire tout autrement*) rehacer; (*réparer, restaurer*) restaurar; **se refaire** *vpr* (*en santé, argent etc*) reponerse; **se ~ une santé** mejorarse, recuperarse; **se ~ à qch** acostumbrarse de nuevo a algo; **être refait** (*fam*) ser engañado *ou* timado; **il faut ~ les peintures** tenemos que repintar

réfectoire [ʀefɛktwaʀ] *nm* refectorio, comedor *m*

référence [ʀefeʀɑ̃s] *nf* referencia; **références** *nfpl* (*garanties, recommandations*) referencias *fpl*; **faire ~ à** hacer referencia a; **ouvrage de ~** manual *m* de consulta; **ce n'est pas une ~** (*fig*) menuda referencia; **~s exigées** con informes

référer [ʀefeʀe] *vt* : **en ~ à qn** remitir a algn; **se référer** *vpr* : **se ~ à** remitirse a; (*se rapporter à*) referirse a

refermer [ʀ(ə)fɛʀme] *vt* volver a cerrar; **se refermer** *vpr* cerrarse

refiler [ʀ(ə)file] (*fam*) *vt* : **~ qch à qn** encajar algo a algn

réfléchi, e [ʀefleʃi] *adj* reflexivo(-a); (*action, décision*) pensado(-a)

réfléchir [ʀefleʃiʀ] *vt* reflejar ▶ *vi* reflexionar; **~ à** *ou* **sur** reflexionar acerca de; **c'est tout réfléchi** está todo pensado

reflet [ʀ(ə)flɛ] *nm* reflejo; **reflets** *nmpl* (*du soleil, des cheveux*) reflejos *mpl*; (*d'une étoffe, d'un métal*) destellos *mpl*

refléter [ʀ(ə)flete] *vt* reflejar; **se refléter** *vpr* reflejarse

réflexe [ʀeflɛks] *nm* reflejo ▶ *adj* : **acte/mouvement ~** acto/movimiento reflejo; **avoir de bons ~s** tener buenos reflejos; **~ conditionné** reflejo condicionado

réflexion [ʀeflɛksjɔ̃] *nf* reflexión *f*; (*remarque désobligeante*) reproche *m*; **réflexions** *nfpl* (*méditations*) reflexiones *fpl*; **sans ~** sin pensar; **après ~, ~ faite, à la ~** pensándolo bien; **cela demande ~** eso exige reflexión; **délai de ~** tiempo para reflexionar; **groupe de ~** gabinete *m* de estrategia

réforme [ʀefɔʀm] *nf* reforma; (*Mil*) baja; **la R~** (*Rel*) la Reforma; **conseil de ~** (*Mil*) tribunal *m* médico

réformer [ʀefɔʀme] *vt* reformar; (*recrue*) declarar inútil; (*soldat*) dar de baja

refouler [ʀ(ə)fule] *vt* (*envahisseurs*) rechazar; (*liquide*) impeler; (*fig* : *larmes*) contener; (*Psych, colère*) reprimir

refrain [ʀ(ə)fʀɛ̃] *nm* estribillo; (*air*) canción *f*; (*leitmotiv*) cantinela

refréner [ʀəfʀene] *vt* refrenar

réfrigérateur [ʀefʀiʒeʀatœʀ] *nm* frigorífico, nevera, heladera (AM), refrigeradora (AM)

refroidir [ʀ(ə)fʀwadiʀ] *vt* enfriar ▶ *vi* (*plat, moteur*) enfriar; **se refroidir** *vpr* (*personne*) enfriarse, coger frío; (*temps*) refrescar; (*fig*) enfriarse

refroidissement [ʀ(ə)fʀwadismɑ̃] *nm* enfriamiento

refuge [ʀ(ə)fyʒ] *nm* refugio; (*pour piétons*) abrigo; **chercher/trouver ~ auprès de qn** buscar/encontrar refugio en algn; **demander ~ à qn** pedir asilo a algn

réfugié, e [ʀefyʒje] *adj, nm/f* refugiado(-a)

réfugier [ʀefyʒje] : **se réfugier** *vpr* refugiarse

refus [ʀ(ə)fy] *nm* rechazo; **ce n'est pas de ~** (*fam*) se agradece

refuser [ʀ(ə)fyze] *vt* (*ne pas accorder*) denegar; (*ne pas accepter*) rechazar; (*candidat*) suspender ▶ *vi* (*cheval*) rehusar; **~ que/de faire** negarse a que/a hacer; **~ qch à qn** negar algo a algn; **~ du monde** cerrar las puertas a la gente; **se ~ à qch/faire qch** negarse a algo/hacer algo; **se ~ à qn** no entregarse a algn; **il ne se refuse rien** no se priva de nada

regain [ʀəgɛ̃] *nm* : **un ~ de** un rebrote de

régal [Regal] *nm* (*mets, fig*) delicia; (*plaisir*) regalo; **c'est un (vrai) ~** es una (verdadera) delicia; **un ~ pour les yeux** un regalo para la vista

régaler [Regale] *vt* : **~ qn** obsequiar a algn; **se régaler** *vpr* (*faire un bon repas*) regalarse; (*fig*) disfrutar; **~ qn de** obsequiar a algn con

regard [R(ə)gaR] *nm* mirada; **parcourir/menacer du ~** recorrer/amenazar con la mirada; **au ~ de** (*loi, morale*) a la luz de; **en ~** (*en face, vis à vis*) en frente; **en ~ de** en comparación con

regardant, e [R(ə)gaRdɑ̃, ɑ̃t] *adj* : **très/peu ~ sur** (*qualité, propreté*) muy/poco mirado(-a) con

regarder [R(ə)gaRde] *vt* mirar; (*situation, avenir*) ver; (*concerner*) concernir ▶ *vi* ver, mirar; **~ la télévision** ver *ou* mirar la televisión; **~ qn/qch comme** (*juger*) considerar a algn/algo como; **~ (qch) dans le dictionnaire/l'annuaire** mirar (algo) en el diccionario/en la guía telefónica; **~ par la fenêtre** mirar por la ventana; **~ à** (*dépense*) reparar en; (*qualité, détails*) mirar; **~ (vers)** mirar (hacia); **ne pas ~ à la dépense** no mirar por el dinero; **cela me regarde** eso me atañe, eso es cosa mía; **cela te regarde?** ¿a ti qué te importa?

régénérant, e [ReʒeneRɑ̃, ɑ̃t] *adj* (*lait, crème*) regenerador(a), revitalizante

régie [Reʒi] *nf* (*Admin*) administración *f* (*del estado o de una institución pública*); (*Comm, Industrie*) corporación *f* pública; (*Ciné, Théâtre*) departamento de producción; (*Radio, TV*) sala de control

régime [Reʒim] *nm* (*pouvoir, diète*) régimen *m*; (*fig : allure*) paso; (*de bananes, dattes*) racimo; **se mettre au/suivre un ~** ponerse a/estar a régimen; **~ sans sel** régimen sin sal; **à bas/haut ~** (*Auto*) a pocas/muchas revoluciones; **à plein ~** a toda velocidad; **~ matrimonial** régimen matrimonial

régiment [Reʒimɑ̃] *nm* regimiento; **un ~ de** (*fig : fam*) un regimiento de; **un copain de ~** un compañero de la mili

région [Reʒjɔ̃] *nf* región *f*; **la ~ parisienne** la región de Paris

régional, e, -aux [Reʒjɔnal, o] *adj* regional

régir [ReʒiR] *vt* regir

régisseur, -euse [ReʒisœR, øz] *nm/f* (*d'un domaine, d'une propriété*) administrador(a); (*Théâtre, Ciné*) regidor(a)

registre [Rəʒistʀ] *nm* registro; **~ de comptabilité** libro de cuentas; **~ de l'état civil** registro civil

réglable [Reglabl] *adj* (*siège, flamme etc*) regulable

réglage [Reglaʒ] *nm* ajuste *m*, regulación *f*; (*d'un moteur*) reglaje *m*

règle [Rɛgl] *nf* regla; **règles** *nfpl* (*Physiol*) reglas *fpl*; **avoir pour ~ de ...** tener por norma ...; **en ~** en regla; **être/se mettre en ~** estar/ponerse en regla; **dans** *ou* **selon les ~s** en *ou* según las normas; **être la ~** ser la norma; **être de ~** ser (la) norma; **en ~ générale** por regla general; **~ de trois** regla de tres

réglé, e [Regle] *adj* (*affaire*) zanjado(-a); (*vie, personne*) ordenado(-a); (*papier*) rayado(-a); (*arrangé*) arreglado(-a); (*femme*) : **bien réglée** de período regular

règlement [Rɛgləmɑ̃] *nm* (*règles*) reglamento; (*paiement*) pago; (*d'un conflit, d'une affaire*) arreglo, solución *f*; **~ à la commande** pago al hacer el pedido; **~ en espèces/par chèque** pago en metálico/por cheque; **~ de compte(s)** ajuste *m* de cuentas; **~ intérieur** reglamento de régimen interno; **~ judiciaire** pago de costas

réglementaire [Rɛgləmɑ̃tɛR] *adj* reglamentario(-a)

réglementation [Rɛgləmɑ̃tasjɔ̃] *nf* reglamentación *f*

réglementer [Rɛgləmɑ̃te] *vt* reglamentar

régler [Regle] *vt* (*mécanisme, machine*) ajustar; (*moteur, thermostat*) regular; (*modalités*) determinar; (*emploi du temps etc*) organizar; (*question, problème*) arreglar; (*facture, fournisseur*) pagar; **~ qch sur** acoplar algo a, adaptar algo a; **~ son compte à qn** ajustarle la cuenta a algn; **~ un compte avec qn** ajustar las cuentas con algn

réglisse [Reglis] *nf ou nm* regaliz *m*; **pâte/bâton de ~** pasta/barra de regaliz

règne [Rɛɲ] *nm* reinado; (*fig*) reino; **le ~ végétal/animal** el reino vegetal/animal

régner [Reɲe] *vi* (*aussi fig*) reinar

regorger [R(ə)gɔRʒe] *vi* : **~ de** rebosar de
regret [R(ə)gRɛ] *nm* (*nostalgie*) nostalgia; (*d'un acte commis*) arrepentimiento; (*d'un projet non réalisé*) pesar *m*; **à ~** *ou* **avec ~** con pesar; **à mon grand ~** con mi mayor pesar; **être au ~ de devoir/ne pas pouvoir faire ...** lamentar mucho tener que/no poder hacer ...; **j'ai le ~ de vous informer que ...** siento comunicarle que ...

> **On peut dire aussi :**
> Lo siento, pero no consigo acordarme. (*Je suis désolé, mais ...*)
> Siento mucho no haber podido conseguir la información. (*Je suis désolé de ne pas avoir pu ...*)
> Siento comunicarle que no podré recibirlo. (*Je suis au regret de vous informer que ...*)
> Desgraciadamente, nos es imposible aceptar su propuesta. (*Malheureusement, il nous est impossible de ...*)

regrettable [R(ə)gRetabl] *adj* lamentable; **il est ~ que** es lamentable que
regretter [R(ə)gRete] *vt* lamentar; (*jeunesse, personne, passé*) echar de menos; **~ d'avoir fait** lamentar haber hecho; **~ de** sentir; **~ que** lamentar que; **je regrette** lo siento; **non, je regrette** no, lo siento
regrouper [R(ə)gRupe] *vt* reagrupar; (*contenir*) reunir; **se regrouper** *vpr* reagruparse
régulier, -ière [Regylje, jɛR] *adj* regular; (*fam : correct, loyal*) formal; **armées/troupes régulières** (*Mil*) ejércitos *mpl*/tropas *fpl* regulares
régulièrement [RegyljɛRmɑ̃] *adv* con regularidad, regularmente
rehausser [Rəose] *vt* (*mur, plafond*) levantar; (*fig*) realzar
rein [Rɛ̃] *nm* riñón *m*; **reins** *nmpl* (*Anat : dos, muscles du dos*) riñones *mpl*; **avoir mal aux ~s** tener dolor de riñones; **~ artificiel** riñón artificial
réincarnation [Reɛ̃kaRnasjɔ̃] *nf* reencarnación *f*
reine [Rɛn] *nf* reina; **~ mère** reina madre
reine-claude [Rɛnklod] (*pl* **reines-claudes**) *nf* ciruela claudia
réinscriptible [Reɛ̃skRiptibl] *adj* (*CD, DVD*) reescribible
réinsertion [Reɛ̃sɛRsjɔ̃] *nf* reinserción *f*
réintégrer [Reɛ̃tegRe] *vt* (*lieu*) volver a; (*fonctionnaire*) reintegrar
rejaillir [R(ə)ʒajiR] *vi* : **~ sur** repercutir sobre
rejet [Rəʒɛ] *nm* rechazo; (*Poésie*) encabalgamiento *m*; (*Bot*) retoño; **phénomène de ~** (*Méd*) fenómeno de rechazo; **rejets** *nmpl* vertidos *mpl*; **~s industriels/polluants** vertidos industriales/contaminantes
rejeter [Rəʒ(ə)te] *vt* rechazar; (*aliments*) rechazar, vomitar; (*déverser*) vertir; **~ un mot à la fin d'une phrase** dejar una palabra al final de la frase; **~ la tête/les épaules en arrière** echar la cabeza/los hombros hacia atrás; **~ la responsabilité de qch sur qn** echar la responsabilidad de algo sobre algn
rejoindre [R(ə)ʒwɛ̃dR] *vt* (*famille, régiment*) reunirse con; (*lieu*) retornar a; (*concurrent*) alcanzar; (*suj : route etc*) llegar a; **se rejoindre** *vpr* (*personnes*) reunirse; (*routes*) juntarse; (*fig : observations, arguments*) asemejarse; **je te rejoins au café** te veo en el café
réjouir [Reʒwir] *vt* alegrar; **se réjouir** *vpr* regocijarse, alegrarse; **se ~ de qch/de faire qch** alegrarse de algo/de hacer algo; **se ~ que** alegrarse de que
réjouissances [Reʒwisɑ̃s] *nfpl* (*joie collective*) regocijos *mpl*; (*fête*) festejos *mpl*
relâche [Rəlɑʃ] *nf* : **faire ~** (*navire*) hacer escala; (*Ciné*) no haber función; **jour de ~** día *m* de descanso; **sans ~** sin descanso
relâché, e [R(ə)lɑʃe] *adj* relajado(-a)
relâcher [R(ə)lɑʃe] *vt* (*étreinte, cordes*) aflojar; (*animal, prisonnier*) soltar; **se relâcher** *vpr* (*cordes*) aflojarse; (*discipline*) relajarse; (*élève*) aflojar
relais [R(ə)lɛ] *nm* : **(course de) ~** (carrera de) relevos *mpl*; (*Radio, TV*) repetidor *m*; **satellite de ~** satélite *m* repetidor; **servir de ~** (*intermédiaire*) servir de relevo; **équipe de ~** equipo de relevo; **prendre le ~ (de qn)** tomar el relevo (de algn); **~ routier** restaurante *m* de carretera
relancer [R(ə)lɑ̃se] *vt* (*balle*) lanzar de nuevo; (*moteur*) poner en marcha de nuevo; (*fig : économie, agriculture*) reactivar; **~ qn** insistir a algn
relatif, -ive [R(ə)latif, iv] *adj* relativo(-a); **~ à** relativo(-a) a

relation [R(ə)lasjɔ̃] *nf* relación *f*; **relations** *nfpl* relaciones *fpl*; **avoir des ~s** tener relaciones; **être/entrer en ~(s) avec** estar/entrar en relación(relaciones) con; **mettre qn en ~(s) avec** poner a algn en relación con; **avoir** *ou* **entretenir des ~s avec** tener *ou* mantener relaciones con; **~s internationales** relaciones internacionales; **~s publiques** relaciones públicas; **~s sexuelles** relaciones sexuales

relativement [R(ə)lativmɑ̃] *adv* relativamente; **~ à** en relación con

relaxer [Rəlakse] *vt* (*détendre*) relajar; (*Jur*) poner en libertad; **se relaxer** *vpr* relajarse

relayer [R(ə)leje] *vt* (*collaborateur, coureur*) relevar; **se relayer** *vpr* (*dans une activité, course*) relevarse

reléguer [R(ə)lege] *vt* relegar; **~ au second plan** relegar a un segundo plano; **se sentir relégué** sentirse relegado

relevé, e [Rəl(ə)ve] *adj* (*bord de chapeau*) alzado(-a); (*virage*) peraltado(-a); (*conversation, style*) elevado(-a); (*sauce, plat*) sazonado(-a) ▸ *nm* (*liste*) relación *f*; (*de cotes*) alzado; (*facture*) extracto; (*d'un compteur*) lectura; **~ de compte** saldo; **~ d'identité bancaire** número de cuenta

relève [Rəlɛv] *nf* relevo; **prendre la ~** (*aussi fig*) tomar el relevo

relever [Rəl(ə)ve] *vt* levantar; (*niveau de vie, salaire*) aumentar; (*col*) subir; (*style, conversation*) animar; (*plat, sauce*) sazonar; (*sentinelle, équipe*) relevar; (*fautes, points*) señalar; (*traces, anomalies*) constatar; (*remarque*) contestar a; (*défi*) hacer frente a; (*noter*) tomar nota de, anotar; (*compteur*) leer; (*copies*) recoger; **se relever** *vpr* levantarse; **se ~ (de)** (*fig*) recuperarse (de); **~ de** (*maladie*) salir de; (*être du ressort de, du domaine de*) ser de la competencia de; (*Admin*) depender de; **~ qn de** (*fonctions*) eximir a algn de; (*Rel : vœux*) liberar a algn de; **~ la tête** levantar la cabeza; (*fig*) levantar cabeza

relief [Rəljɛf] *nm* relieve *m*; (*de pneu*) dibujo; **reliefs** *nmpl* (*restes*) restos *mpl*; **en ~** en relieve; **mettre en ~** (*fig*) poner de relieve; **donner du ~ à** (*fig*) dar relieve a

relier [Rəlje] *vt* (*routes, bâtiments*) unir; (*fig : idées etc*) relacionar; (*livre*) encuadernar; **~ qch à** unir algo con; **livre relié cuir** libro encuadernado en piel

religieux, -euse [R(ə)liʒjø, jøz] *adj* religioso(-a) ▸ *nm* religioso ▸ *nf* religiosa; (*gâteau*) pastelillo de crema

religion [R(ə)liʒjɔ̃] *nf* religión *f*; (*piété, dévotion*) fe *f*; **entrer en ~** hacer los votos

relire [R(ə)liR] *vt* releer; **se relire** *vpr* releerse

reluire [R(ə)lɥiR] *vi* relucir

remanier [R(ə)manje] *vt* (*roman, pièce*) modificar; (*ministère*) reorganizar

remarquable [R(ə)maRkabl] *adj* notable

remarque [R(ə)maRk] *nf* comentario

remarquer [R(ə)maRke] *vt* notar; **se remarquer** *vpr* notarse; **se faire ~** (*péj*) hacerse notar; **faire ~ (à qn) que** hacer notar (a algn) que; **faire ~ qch (à qn)** hacer notar algo (a algn); **~ que** (*dire*) observar que; **remarquez que ...** observe que ...

rembourrer [Rɑ̃buRe] *vt* rellenar

remboursement [Rɑ̃buRsəmɑ̃] *nm* reembolso; **envoi contre ~** envío contra reembolso

rembourser [Rɑ̃buRse] *vt* reembolsar

remède [R(ə)mɛd] *nm* (*médicament, traitement, fig*) remedio; **trouver un ~ à** encontrar un remedio para *ou* contra; **un ~ à la crise** un remedio contra la crisis

remémorer [R(ə)memɔRe] : **se remémorer** *vpr* acordarse de

remerciements [R(ə)mɛRsimɑ̃] *nmpl* gracias *fpl*; **(avec) tous mes ~** (con) todo mi agradecimiento

> **On peut dire aussi :**
> (Muchas) Gracias. (*Merci (beaucoup).*)
> Gracias por su colaboración. (*Merci pour ...*)
> Les agradezco que hayan sido tan pacientes. (*Je vous remercie d'avoir été si patients.*)
> Le estamos muy agradecidos por haber alojado a nuestra hija. (*Nous vous sommes très reconnaissants de ...*)

remercier [R(ə)mɛRsje] *vt* (*donateur, bienfaiteur*) dar las gracias a; (*congédier : employé*) despedir; **~ qn de qch** agradecerle algo a algn; **je vous remercie d'être venu** le agradezco que haya venido; **non, je vous remercie** no, muchas gracias

remettre [R(ə)mɛtR] *vt* (*vêtement*) volver a ponerse; (*rétablir* : *courant, eau*) volver a dar; (*ajourner, reporter*) : **~ qch (à)** aplazar algo (hasta *ou* para); **se remettre** *vpr* (*malade*) reponerse; **~ qn** (*fam*) recordar a algn; **~ qch à qn** (*paquet, argent, récompense*) entregar algo a algn; **~ qch quelque part** colocar de nuevo algo en algún sitio; **~ du sel/un sucre** añadir sal/un azucarillo; **se ~ de** (*maladie, chagrin*) recuperarse de; **s'en ~ à** remitirse a; **se ~ à faire/qch** ponerse de nuevo a hacer/algo; **~ qch en place** colocar algo en su sitio; **~ une pendule à l'heure** poner un reloj en hora; **~ les pendules à l'heure** (*fig*) poner las cosas en su sitio; **~ un moteur/une machine en marche** poner un motor/una máquina en marcha; **~ en état** reparar; **~ en ordre/en usage** volver a poner en orden/al uso; **~ en cause** *ou* **question** poner en tela de juicio; **~ sa démission** presentar su dimisión; **~ qch à plus tard** dejar algo para más tarde; **~ qch à neuf** dejar algo como nuevo; **~ qn à sa place** (*fig*) poner a algn en su sitio

remise [R(ə)miz] *nf* (*d'un colis, d'une récompense*) entrega; (*rabais, réduction*) descuento; (*lieu, local*) trastero, galpón *m* (*CSur*); **~ à neuf** renovación *f*; **~ de peine** remisión *f* de pena; **~ en cause** replanteamiento; **~ en jeu** (*Football*) saque *m*; **~ en marche/en ordre** puesta en marcha/en orden; **~ en question** replanteamiento

remontant [R(ə)mɔ̃tɑ̃] *nm* estimulante

remontée [R(ə)mɔ̃te] *nf* (*des eaux, de la fièvre*) subida; **~s mécaniques** remontes *mpl* mecánicos

remonte-pente [R(ə)mɔ̃tpɑ̃t] (*pl* **remonte-pentes**) *nm* remonte *m*

remonter [R(ə)mɔ̃te] *vi* volver a subir; (*sur un cheval*) volver a montar; (*dans une voiture*) volver a montarse; (*jupe*) subir ▸ *vt* volver a subir; (*hausser*) subir; (*fig* : *personne*) animar; (*moteur, meuble, mécanisme*) montar de nuevo; (*garde-robe, collection*) reponer; (*montre*) dar cuerda; **~ à** (*dater de*) remontarse a; **~ en voiture** volver a montarse en coche; **~ le moral à qn** levantar la moral a algn

remontrer [R(ə)mɔ̃tRe] *vt* : **en ~ à qn** dar lecciones a algn

remords [R(ə)mɔR] *nm* remordimiento; **avoir des ~** tener remordimiento

remorque [R(ə)mɔRk] *nf* remolque *m*; **prendre en ~** llevar en remolque; **être à la ~** (*fig*) estar a remolque

remorquer [R(ə)mɔRke] *vt* remolcar

remorqueur [R(ə)mɔRkœR] *nm* remolcador *m*

remous [Rəmu] *nm* remolino ▸ *nmpl* (*fig*) alboroto *msg*

rempart [Rɑ̃paR] *nm* (*de château fort*) bastión *m*; **remparts** *nmpl* murallas *fpl*

remplaçant, e [Rɑ̃plasɑ̃, ɑ̃t] *nm/f* sustituto(-a); (*Théâtre*) suplente *m/f*

remplacement [Rɑ̃plasmɑ̃] *nm* sustitución *f*; **assurer le ~ de qn** sustituir a algn; **faire des ~s** hacer sustituciones

remplacer [Rɑ̃plase] *vt* (*mettre qn/qch à la place de*) sustituir; (*ami, époux etc*) cambiar de; (*temporairement*) reemplazar; (*pneu, ampoule*) cambiar; (*tenir lieu de*) sustituir (a); **~ qch par qch d'autre/qn par qn d'autre** cambiar una cosa por otra/a algn por otro(-a)

rempli, e [Rɑ̃pli] *adj* (*journée*) cargado(-a); (*forme, visage*) relleno(-a); **~ de** lleno(-a) de

remplir [Rɑ̃pliR] *vt* llenar; (*questionnaire*) rellenar; (*obligations, conditions, rôle*) cumplir (con); **se remplir** *vpr* llenarse; **~ qch de** llenar algo de; **~ qn de** (*joie, admiration*) llenar a algn de

remporter [Rɑ̃pɔRte] *vt* (*victoire, succès*) lograr

remuant, e [Rəmɥɑ̃, ɑ̃t] *adj* (*enfant etc*) revoltoso(-a)

remue-ménage [R(ə)mymenaʒ] (*pl* **remue-ménage(s)**) *nm* zafarrancho

remuer [Rəmɥe] *vt* (*partie du corps*) mover; (*café, salade, sauce*) remover; (*émouvoir*) conmover ▸ *vi* moverse; **se remuer** *vpr* (*aussi fam*) moverse

rémunérer [RemyneRe] *vt* remunerar

renaissance [R(ə)nɛsɑ̃s] *nf* renacimiento; **la R~** el Renacimiento

renaître [R(ə)nɛtR] *vi* renacer; **~ à la vie** renacer a la vida

renard [R(ə)naR] *nm* zorro

renchérir [Rɑ̃ʃeRiR] *vi* encarecerse; **~ (sur)** ir más allá (de)

rencontre [Rɑ̃kɔ̃tR] *nf* encuentro; (*de cours d'eau*) confluencia; (*véhicules*) choque *m*;

(*idées*) coincidencia; **faire la ~ de qn** conocer a algn; **aller à la ~ de qn** ir al encuentro de algn; **amis/amours de ~** amigos/amores de paso

rencontrer [Rɑ̃kɔ̃tRe] *vt* encontrar (a); (*Sport*: *équipe*) enfrentarse con; (*mot, opposition*) encontrar; (*regard, yeux*) encontrarse con; **se rencontrer** *vpr* (*fleuves*) confluir; (*personnes, regards*) encontrarse

rendement [Rɑ̃dmɑ̃] *nm* rendimiento; (*d'une culture*) producto; **à plein ~** a pleno rendimiento

rendez-vous [Rɑ̃devu] *nm inv* cita; **recevoir sur ~** recibir previa cita; **donner ~ à qn** dar una cita a algn; **fixer un ~ à qn** fijar una cita con algn; **avoir ~ (avec qn)** tener una cita (con algn); **prendre ~ (avec qn)** pedir cita (con algn); **prendre ~ chez le médecin** pedir hora con el médico

rendre [Rɑ̃dR] *vt* devolver; (*honneurs*) rendir; (*sons*) producir; (*pensée, tournure*) traducir, expresar; (*Jur*: *verdict*) fallar; (: *jugement, arrêt*) dictar ▸ *vi* (*suj*: *terre, pêche etc*) ser productivo(-a); **se rendre** *vpr* rendirse; **~ qn célèbre/qch possible** hacer a algn célebre/algo posible; **se ~ quelque part** irse a algún sitio; **se ~ compte de qch** darse cuenta de algo; **~ la vue/l'espoir/la santé à qn** devolver la vista/la esperanza/la salud a algn; **~ la liberté** devolver la libertad; **~ la monnaie** dar las vueltas; **se ~ à** (*arguments etc*) rendirse a; **se ~ malade** ponerse enfermo(-a); **se ~ à l'évidence** rendirse a la evidencia

rênes [Rɛn] *nfpl* riendas

renfermé, e [Rɑ̃fɛRme] *adj* (*fig*) reservado(-a) ▸ *nm* : **sentir le ~** oler a cerrado

renfermer [Rɑ̃fɛRme] *vt* contener; **se ~ (sur soi-même)** encerrarse (en sí mismo)

renflouer [Rɑ̃flue] *vt* (*bateau*) reflotar; (*fig*) sacar a flote

renforcer [Rɑ̃fɔRse] *vt* reforzar; (*soupçons*) aumentar; **~ qn dans ses opinions** confirmar a algn en sus opiniones

renfort [Rɑ̃fɔR] *nm* : **à grand ~ de** con gran acompañamiento de; **renforts** *nmpl* (*Mil, gén*) refuerzo *msg*

renfrogné, e [Rɑ̃fRɔɲe] *adj* sombrío(-a)

renier [Rənje] *vt* renegar de

renifler [R(ə)nifle] *vi* resoplar ▸ *vt* aspirar

renne [Rɛn] *nm* reno

renom [Rənɔ̃] *nm* renombre *m*; **vin de grand ~** vino de gran fama

renommé, e [R(ə)nɔme] *adj* renombrado(-a), famoso(-a)

renommée [R(ə)nɔme] *nf* fama; **la ~** el renombre

renoncer [R(ə)nɔ̃se] : **~ à** *vt indir* renunciar a; (*opinion, croyance*) renegar de; **~ à faire qch** renunciar a hacer algo; **j'y renonce** renuncio

renouer [Rənwe] *vt* (*cravate, lacets*) atar de nuevo; (*fig*) reanudar; **~ avec** volver a; **~ avec qn** reconciliarse con algn

renouvelable [R(ə)nuv(ə)labl] *adj* (*contrat, bail, énergie*) renovable; (*expérience*) repetible

renouveler [R(ə)nuv(ə)le] *vt* renovar; (*eau d'une piscine, pansement*) cambiar; (*demande, remerciements*) reiterar; (*exploit, méfait*) repetir; **se renouveler** *vpr* (*incident*) repetirse; (*cellules etc*) reproducirse; (*artiste, écrivain*) renovarse

renouvellement [R(ə)nuvɛlmɑ̃] *nm* renovación *f*; (*pansement*) cambio; (*demande*) reiteración *f*; (*exploit, incident*) repetición *f*; (*cellules etc*) reproducción *f*

rénover [Renɔve] *vt* (*immeuble, enseignement*) renovar; (*meuble*) restaurar; (*quartier*) remozar

renseignement [Rɑ̃sɛɲmɑ̃] *nm* información *f*; **prendre des ~s sur** pedir referencia sobre; **(guichet des) ~s** (ventanilla de) información; **(service des) ~s** (*Tél*) (servicio de) información; **service/agent(e) de ~s** (*Mil*) servicio/agente *m/f* de información; **les ~s généraux** *servicio de información secreta del Estado francés*

renseigner [Rɑ̃seɲe] *vt* (*suj*: *expérience*) mostrar; (: *document*) informar; **se renseigner** *vpr* informarse; **~ qn (sur)** informar a algn (sobre)

rentabilité [Rɑ̃tabilite] *nf* rentabilidad *f*; **seuil de ~** mínimo de rentabilidad

rentable [Rɑ̃tabl] *adj* rentable

rente [Rɑ̃t] *nf* renta; **~ viagère** renta vitalicia

rentrée [Rɑ̃tRe] *nf*: **~ (d'argent)** ingreso; **la ~ (des classes)** el comienzo (del curso); **la ~ (parlementaire)** ≈ la reapertura (de las Cortes); **réussir/faire sa ~**

(*artiste, acteur*) tener éxito en/hacer su reaparición

La rentrée (des classes) en septiembre marca un hito importante en el calendario anual francés. Supone la vuelta al colegio para profesores y alumnos y la reanudación de la vida política y social tras el largo descanso estival.

rentrer [Rɑ̃tRe] *vi* entrar; (*entrer de nouveau*) volver a entrar; (*revenir chez soi*) irse a casa; (*revenu, argent*) ingresar ▶ *vt* meter; (*foins*) recoger; (*griffes*) guardar; (*fig: larmes, colère etc*) tragarse; **~ le ventre** (*effacer*) meter la tripa; **~ dans** (*famille, patrie*) volver a; (*arbre, mur*) chocar contra; (*catégorie etc*) entrar en; **~ dans l'ordre** volver al orden; **~ dans ses frais** cubrir sus gastos

renverse [Rɑ̃vɛRs] : **à la ~** *adv* (*tomber*) de espaldas

renverser [Rɑ̃vɛRse] *vt* (*chaise, verre*) dejar caer; (*piéton*) atropellar; (*liquide*) derramar; (*retourner*) poner boca abajo; (*ordre des mots etc*) invertir; (*gouvernement etc*) derrochar; (*stupéfier*) asombrar; **se renverser** *vpr* (*pile d'objets, récipient*) caerse; (*véhicule*) volcarse; (*liquide*) derramarse; **~ la tête/le corps en arrière** echar la cabeza/el cuerpo hacia atrás; **~ la vapeur** dar marcha atrás

renvoi [Rɑ̃vwa] *nm* reenvío, devolución *f*; (*d'un élève*) expulsión *f*; (*d'un employé*) despido; (*référence*) llamada, nota; (*éructation*) eructo

renvoyer [Rɑ̃vwaje] *vt* devolver; (*élève*) expulsar; (*domestique, employé*) despedir; (*lumière*) reflejar; **~ qn quelque part** volver a enviar a algn a algún sitio; **~ qch (à)** (*ajourner, différer*) aplazar algo (para); **~ qch à qn** devolver algo a algn; **~ qn à** (*référer*) remitir a algn a

repaire [R(ə)pɛR] *nm* (*aussi fig*) guarida

répandre [Repɑ̃dR] *vt* derramar; (*gravillons, sable etc*) echar; (*lumière, chaleur, odeur*) despedir; (*nouvelle, usage*) propagar; (*terreur, joie*) sembrar; **se répandre** *vpr* (*liquide*) derramarse; (*odeur, fumée*) propagarse; (*foule*) desparramarse; (*épidémie, mode*) difundirse; **se ~ en** (*injures, compliments*) deshacerse en

répandu, e [Repɑ̃dy] *pp de* **répandre** ▶ *adj* (*courant*) extendido(-a); **papiers ~s par terre/sur un bureau** papeles esparcidos por el suelo/sobre la mesa

réparation [Reparasjɔ̃] *nf* arreglo; **réparations** *nfpl* reparaciones *fpl*; **en ~** en reparación; **demander à qn ~ de** (*offense etc*) demandar a algn la reparación de

réparer [Repare] *vt* arreglar; (*déchirure, avarie, aussi fig*) reparar

repartie [Reparti] *nf* réplica; **avoir de la ~** tener una respuesta fácil; **esprit de ~** espíritu *m* de réplica

repartir [RepartiR] *vi* (*retourner*) regresar; (*partir de nouveau*) volver a marcharse; (*affaire*) comenzar de nuevo; **~ à zéro** recomenzar de cero

répartir [RepartiR] *vt* repartir; **se répartir** *vpr* (*travail, rôles*) repartirse; **~ sur** repartir en; **~ en** dividir en

répartition [Repartisjɔ̃] *nf* reparto

repas [R(ə)pɑ] *nm* comida; **à l'heure des ~** a la hora de comer

repassage [R(ə)pɑsaʒ] *nm* planchado

repasser [R(ə)pɑse] *vi* (*passer de nouveau*) volver a pasar ▶ *vt* (*vêtement, tissu*) planchar; (*examen, film*) repetir; (*leçon, rôle*) repasar; **~ qch à qn** (*plat, pain*) volver a pasar algo a algn

repentir [Rəpɑ̃tiR] *nm* arrepentimiento; **se repentir** *vpr* arrepentirse; **se ~ de qch/d'avoir fait qch** arrepentirse de algo/de haber hecho algo

répercussions [RepɛRkysjɔ̃] *nfpl* (*fig*) repercusiones *fpl*

répercuter [RepɛRkyte] *vt* repercutir; (*consignes, charges etc*) transmitir; **se répercuter** *vpr* repercutir; **se ~ sur** (*fig*) repercutir en

repère [R(ə)pɛR] *nm* referencia; (*Tech*) marca; (*monument etc*) lugar *m* de referencia; **point de ~** punto de referencia

repérer [R(ə)peRe] *vt* (*erreur, connaissance*) ver; (*abri, ennemi*) localizar; **se repérer** *vpr* orientarse; **se faire ~** hacerse notar

répertoire [RepɛRtwaR] *nm* repertorio; (*carnet*) agenda; (*Inform, de carnet*) directorio; (*indicateur*) índice *m*

répéter [Repete] *vt* repetir; (*nouvelle, secret*) volver a contar; (*leçon, rôle*) repasar; (*Théâtre*) ensayar ▶ *vi* (*Théâtre etc*) ensayar; **se répéter** *vpr* repetirse; **je te répète que ...** te repito que ...

répétitif, -ive [Repetitif, iv] *adj* repetitivo(-a)

répétition [Repetisjɔ̃] *nf* repetición *f*; (*Théâtre*) ensayo; **armes à ~** armas de repetición; **~ générale** (*Théâtre*) ensayo general

répit [Repi] *nm* descanso; (*fig*) respiro; **sans ~** sin tregua

replier [R(ə)plije] *vt* doblar; **se replier** *vpr* replegarse; **se ~ sur soi-même** ensimismarse

réplique [Replik] *nf* réplica; **donner la ~ à** contestar a; **sans ~** tajante

répliquer [Replike] *vt* contestar; (*avec impertinence*) replicar; **~ à** (*critique, personne*) rebatir (a); **~ que ...** contestar que ...

répondeur [Repɔ̃dœR] *nm* (*Tél*) contestador *m* (automático)

répondre [Repɔ̃dR] *vi* contestar, responder; (*freins, mécanisme*) responder; **~ à** responder a *ou* contestar a; (*affection*) corresponder a; (*salut, provocation, description*) responder a; **~ que** responder que; **~ de** responder de

réponse [Repɔ̃s] *nf* respuesta; **avec ~ payée** (*Postes*) a cobro revertido; **avoir ~ à tout** tener respuesta para todo; **en ~ à** en respuesta a; **carte-~** carta de respuesta; **bulletin-~** cupón *m* de concurso

reportage [R(ə)pɔRtaʒ] *nm* reportaje *m*

reporter¹ [R(ə)pɔRtɛR] *nm/f* reportero(-a)

reporter² [Rəpɔrte] *vt* (*total, notes*) : **~ qch sur** pasar algo a; (*ajourner, renvoyer*) : **~ qch (à)** aplazar algo (hasta); **se reporter** *vpr* : **se ~ à** (*époque*) remontarse a; (*document, texte*) remitirse a

repos [R(ə)po] *nm* descanso; (*après maladie*) reposo; (*fig*) sosiego; (*Mil*) : **~ !** ¡descansen!; **en ~** en reposo; **au ~** en reposo; (*soldat*) en descanso; **de tout ~** tranquilo(-a); **ne pas être de tout ~** (*fig*) no ser un camino de rosas

reposant, e [R(ə)pozɑ̃, ɑ̃t] *adj* descansado(-a)

reposer [R(ə)poze] *vt* (*verre, livre*) volver a poner; (*rideaux, carreaux*) volver a colocar; (*question, problème*) replantear; (*délasser*) descansar ▶ *vi* (*liquide, pâte*) reposar; (*personne*) : **ici repose ...** aquí descansa ...; **se reposer** *vpr* descansar; **~ sur** (*suj : bâtiment*) descansar sobre; (*fig : affirmation*) basarse en; **se ~ sur qn** apoyarse en algn

repoussant, e [R(ə)pusɑ̃, ɑ̃t] *adj* repulsivo(-a)

repousser [R(ə)puse] *vi* volver a crecer ▶ *vt* rechazar; (*rendez-vous, entrevue*) aplazar; (*répugner*) repeler

reprendre [R(ə)pRɑ̃dR] *vt* (*prisonnier*) volver a coger; (*Mil : ville*) volver a tomar; (*objet posé etc*) recoger; (*objet prêté, donné*) recuperar; (*se resservir de*) volver a tomar; (*racheter*) comprar; (*travail, promenade, études*) reanudar; (*explication, histoire*) volver a; (*emprunter : argument, idée*) tomar; (*article etc*) rehacer; (*jupe, pantalon*) arreglar; (*émission, pièce*) repetir; (*personne*) corregir ▶ *vi* (*cours, classes*) reanudarse; (*froid, pluie etc*) volver, llegar de nuevo; (*affaires, industrie*) reactivarse; **se reprendre** *vpr* (*se corriger*) corregirse; (*se ressaisir*) reponerse; **je reprends** (*poursuivre*) prosigo; **je viendrai te ~ à quatre heures** (*chercher*) pasaré a recogerte a las cuatro; **reprit-il** (*dire*) contestó; **~ courage/des forces** recobrar valor/fuerzas; **~ ses habitudes/sa liberté** recuperar sus costumbres/su libertad; **~ la route** volver a ponerse en marcha; **~ connaissance** recobrar el conocimiento; **~ haleine** *ou* **son souffle** recobrar el aliento; **~ la parole** retomar la palabra; **s'y ~ à deux fois** tener que intentarlo dos veces

représentant, e [R(ə)pRezɑ̃tɑ̃, ɑ̃t] *nm/f* representante *m/f*

représentation [R(ə)pRezɑ̃tasjɔ̃] *nf* representación *f*; **faire de la ~** (*Comm*) trabajar como representante; **frais de ~** (*d'un diplomate*) gastos *mpl* de representación

représenter [R(ə)pRezɑ̃te] *vt* representar; **se représenter** *vpr* (*occasion*) volver a presentarse; (*s'imaginer, se figurer*) figurarse; **se ~ à** (*examen, élections*) volver a presentarse a

répression [RepResjɔ̃] *nf* represión *f*; **mesures de ~** medidas *fpl* represivas

réprimer [RepRime] *vt* reprimir

repris, e [R(ə)pRi, iz] *pp de* **reprendre** ▶ *nm/f* : **~ de justice** reincidente *m/f*

reprise [R(ə)pRiz] *nf* (*entreprise*) compra; (*article*) reestructuración *f*; (*jupe, pantalon*) arreglo; (*recommencement*) reanudación *f*; (*Théâtre, TV, Ciné*) reposición *f*; (*Boxe*) asalto; (*Auto*) reprise *m*; (*Comm*) compra; (*de location*) traspaso; (*raccommodage*) zurcido; **la ~ des hostilités** la reanudación de las hostilidades; **à plusieurs ~s** repetidas veces

repriser [R(ə)pRize] *vt* zurcir; **aiguille/coton à ~** aguja/hilo de zurcir

reproche [R(ə)pRɔʃ] *nm* reproche *m*; **ton/air de ~** tono/aire *m* de reproche; **faire des ~s à qn** hacer reproches a algn; **sans ~(s)** sin reproche

reprocher [R(ə)pRɔʃe] *vt* : **~ qch à (qn)** reprochar algo a (algn); **se ~ qch/d'avoir fait qch** reprocharse algo/haber hecho algo

reproduction [R(ə)pRɔdyksjɔ̃] *nf* (*aussi Biol*) reproducción *f*; **droits de ~** derechos *mpl* de reproducción; **« ~ interdite »** « prohibida su reproducción »

reproduire [R(ə)pRɔdɥiR] *vt* reproducir; **se reproduire** *vpr* (*Biol, fig*) reproducirse

reptile [Rɛptil] *nm* reptil *m*

république [Repyblik] *nf* república; **R~ d'Irlande** República de Irlanda; **R~ dominicaine** República Dominicana; **R~ populaire de Chine** República popular de China

répugnant, e [Repyɲɑ̃, ɑ̃t] *adj* repugnante

répugner [Repyɲe] *vt* repugnar; **je répugne à le faire** me repugna hacerlo

réputation [Repytasjɔ̃] *nf* reputación *f*; (*d'une maison*) fama; **avoir la ~ d'être ...** tener fama de ser ...; **connaître qn/qch de ~** conocer a algn/algo por la fama; **de ~ mondiale** de fama mundial

réputé, e [Repyte] *adj* famoso(-a); **être ~ pour** ser famoso(-a) por

requérir [RəkeRiR] *vt* requerir; (*demander au nom de la loi*) demandar, requerir; (*Jur : peine*) pedir

requête [Rəkɛt] *nf* (*prière*) petición *f*; (*Jur*) demanda, requerimiento

requin [Rəkɛ̃] *nm* tiburón *m*; (*fam : fig*) buitre *m*

requis, e [Rəki, iz] *pp de* **requérir** ▸ *adj* (*conditions, âge*) requerido(-a)

RER [ɛRøɛR] *sigle m* (= *Réseau express régional*) *red de trenes rápidos de París y de la periferia*; (*train*) *uno de esos trenes*

rescapé, e [Rɛskape] *nm/f* superviviente *m/f*

rescousse [Rɛskus] *nf* : **aller/venir à la ~ de** ir/venir en socorro de; **appeler qn à la ~** pedir la ayuda de algn

réseau, x [Rezo] *nm* red *f*; **mettre en ~** (*ordinateurs, ressources*) conectar en red; **~ social** red *f* social

réseautage [Rezotaʒ] *nm* establecimiento de contactos, creación *f* de redes de contactos

réservation [RezɛRvasjɔ̃] *nf* reserva

réserve [RezɛRv] *nf* reserva; (*d'un magasin*) depósito; (*de pêche, chasse*) coto; **réserves** *nfpl* reservas *fpl*; **la ~** (*Mil*) la reserva; **officier de ~** oficial en la reserva; **sous toutes ~s** con muchas reservas; **sous ~ de** a reserva de; **sans ~** sin reservas; **avoir/mettre/tenir qch en ~** tener/poner/guardar algo en reserva; **de ~** de reserva; **~ naturelle** reserva natural

réservé, e [RezɛRve] *adj* reservado(-a); (*chasse, pêche*) vedado(-a); **~ à/pour** reservado(-a) a/para

réserver [RezɛRve] *vt* reservar; (*réponse, assentiment etc*) reservarse; **~ qch pour/à** (*mettre de côté, garder*) reservar algo para/a; **~ qch à qn** reservar algo a algn; **se ~ qch** reservarse algo; **se ~ de faire qch** reservarse el hacer algo; **se ~ le droit de faire qch** reservarse el derecho de hacer algo

réservoir [RezɛRvwaR] *nm* depósito

résidence [Rezidɑ̃s] *nf* (*Admin*) sede *f*; (*habitation luxueuse*) residencia; (*groupe d'immeubles*) conjunto residencial; **(en) ~ surveillée** (*Jur*) (en) arresto domiciliario; **~ principale/secondaire** residencia principal/secundaria; **~ universitaire** residencia universitaria

résidentiel, le [Rezidɑ̃sjɛl] *adj* residencial

résider [Rezide] *vi* : **~ à/dans/en** residir en; **~ dans/en** (*fig*) radicar en

résidu [Rezidy] *nm* (*Chim, Phys*) residuo; (*péj*) deshecho

résigner [Reziɲe] *vt* resignar; **se résigner** *vpr* resignarse; **se ~ à qch/faire qch** resignarse a algo/hacer algo

résilier [Rezilje] *vt* rescindir

résistance [Rezistɑ̃s] *nf* resistencia; **la R~** (*Pol*) la Resistencia

résistant, e [Rezistɑ̃, ɑ̃t] *adj* resistente ▸ *nm/f* militante *m/f* de la Resistencia

résister [Reziste] *vi* resistir; **~ à** resistir a

résolu, e [Rezɔly] *pp de* **résoudre** ▸ *adj* decidido(-a); **être ~ à qch/faire qch** estar decidido(-a) a algo/hacer algo

résolution [Rezɔlysjɔ̃] *nf* resolución *f*; (*fermeté*) decisión *f*; (*Inform*) definición *f*; **prendre la ~ de** tomar la resolución de; **bonnes ~s** determinaciones *fpl*

résolve *etc* [Rezɔlv] *vb voir* **résoudre**

résonner [Rezɔne] *vi* resonar; **~ de** resonar con

résorber [RezɔRbe] : **se résorber** *vpr* (*Méd*) reabsorberse; (*déficit, chômage*) reducirse

résoudre [RezudR] *vt* resolver; **~ qn à faire qch** inducir a que algn haga algo; **~ de faire qch** decidir hacer algo; **se ~ à qch/faire qch** decidirse por algo/a *ou* por hacer algo

respect [Rɛspɛ] *nm* respeto; **respects** *nmpl* : **présenter ses ~s à qn** presentar sus respetos a algn; **tenir qn en ~** mantener a algn a distancia; (*fig*) tener a algn a raya

respecter [Rɛspɛkte] *vt* respetar; **faire ~** hacer respetar; **le lexicographe qui se respecte** (*fig*) el lexicógrafo que se precie

respectueux, -euse [Rɛspɛktɥø, øz] *adj* respetuoso(-a); **à une distance respectueuse** a una distancia respetuosa; **~ de** respetuoso(-a) con

respiration [RɛspiRasjɔ̃] *nf* respiración *f*; **retenir sa ~** contener su respiración; **~ artificielle** respiración artificial

respirer [RɛspiRe] *vi* respirar ▸ *vt* (*odeur, parfum, grand air*) aspirar; (*santé, calme, paix*) respirar

resplendir [Rɛsplɑ̃diR] *vi* resplandecer; **~ (de)** resplandecer (de)

responsabilité [Rɛspɔ̃sabilite] *nf* responsabilidad *f*; **accepter/refuser la ~ de** aceptar/declinar la responsabilidad de; **prendre ses ~s** asumir su responsabilidad; **décliner toute ~** declinar cualquier responsabilidad; **~ civile/collective/morale/pénale** responsabilidad civil/colectiva/moral/penal

On peut dire aussi :

Es culpa mía. Me lo he buscado. (*C'est (de) ma faute.*)
Reconozco que estaba equivocado. (*Je reconnais que j'avais tort.*)
Debo reconocer *ou* admitir que nos hemos equivocado. (*Je dois reconnaître* ou *admettre que ...*)
No tendría que haber dicho eso. (*Je n'aurais pas dû ...*)
No es culpa mía. (*Ce n'est pas (de) ma faute.*)
De verdad que no lo hice a propósito. (*... je ne l'ai pas fait exprès.*)
Ha sido sin querer. (*Je ne l'ai pas fait exprès.*)
Lo dijeron sin mala intención. (*... sans mauvaises intentions.*)
No era mi intención ofenderte: hablaba en broma. (*Je ne voulais pas te blesser ...*)

responsable [Rɛspɔ̃sabl] *adj, nm/f* responsable *m/f*

resquiller [Rɛskije] *vi* (*au cinéma, au stade*) colarse; (*dans le train*) viajar de gorra

ressaisir [R(ə)seziR] : **se ressaisir** *vpr* (*se maîtriser*) serenarse; (*équipe sportive, concurrent*) recuperarse

ressasser [R(ə)sase] *vt* rumiar; (*histoires, critiques*) repetir

ressemblance [R(ə)sɑ̃blɑ̃s] *nf* semejanza; (*Art*) parecido; (*analogie, trait commun*) similitud *f*

ressemblant, e [R(ə)sɑ̃blɑ̃, ɑ̃t] *adj* parecido(-a)

ressembler [R(ə)sɑ̃ble] : **~ à** *vt indir* parecerse a; **se ressembler** *vpr* parecerse

ressentiment [R(ə)sɑ̃timɑ̃] *nm* resentimiento

ressentir [R(ə)sɑ̃tiR] *vt* sentir; **se ~ de** resentirse de

resserrer [R(ə)seRe] *vt* apretar; (*liens d'amitié*) estrechar; **se resserrer** *vpr* (*route, vallée*) estrecharse; (*liens, nœuds*) apretarse; **se ~ (autour de)** (*fig*) acercarse (a)

resservir [R(ə)sɛRviR] *vt* : **~ qn (d'un plat)** volver a servir a algn (un plato) ▸ *vi* (*être réutilisé*) servir de nuevo; **se resservir** *vpr* : **se ~ de** (*plat*) volver a servirse; **~ de qch (à qn)** volver a servir algo (a algn)

ressort [Rəsɔr] *vb voir* **ressortir** ▸ *nm* muelle *m*; **avoir du/manquer de ~** tener/carecer de dinamismo; **en dernier ~** en última instancia; **être du ~ de** ser de la competencia de

ressortir [RəsɔRtiR] *vi* (*sortir à nouveau*) salir de nuevo; (*projectile etc*) salir; (*couleur, broderie, détail*) resaltar ▸ *vt* sacar de nuevo; **il ressort de ceci que ...** resulta de eso que ...; **faire ~ qch** (*fig*) hacer resaltar algo

ressortissant, e [ʀ(ə)sɔʀtisɑ̃, ɑ̃t] *nm/f* súbdito(-a)

ressource [ʀ(ə)suʀs] *nf* recurso; **ressources** *nfpl* recursos *mpl*

ressusciter [ʀesysite] *vt* (*personne*) resucitar; (*art, mode*) resurgir ▸ *vi* (*Christ, aussi fig*) resucitar

restant, e [ʀɛstɑ̃, ɑ̃t] *adj* restante ▸ *nm* (*d'une somme, quantité*) : **le ~ (de)** el resto (de); **un ~ de** unas sobras de; (*vestige*) un resto de

restaurant [ʀɛstɔʀɑ̃] *nm* restaurante *m*; **manger au ~** comer en un restaurante; **~ d'entreprise/universitaire** comedor *m* de una empresa/universitario

restauration [ʀɛstɔʀasjɔ̃] *nf* restauración *f*; **~ rapide** comida rápida

restaurer [ʀɛstɔʀe] *vt* restaurar; **se restaurer** *vpr* comer

reste [ʀɛst] *nm* resto; (*Math*) residuo; **restes** *nmpl* (*Culin*) sobras *fpl*; (*d'une cité, dépouille mortelle*) restos *mpl*; **utiliser un ~ de poulet/soupe/tissu** utilizar un resto de pollo/sopa/tejido; **faites ceci, je me charge du ~** haced esto, del resto me encargo yo; **pour le ~, quant au ~** por lo demás, en cuanto a lo demás; **le ~ du temps/des gens** el resto del tiempo/de la gente; **avoir du temps/de l'argent de ~** tener tiempo/dinero de sobra; **et tout le ~** y todo lo demás; **ne voulant pas être** *ou* **demeurer en ~** no queriendo ser menos; **partir sans attendre** *ou* **demander son ~** (*fig*) marcharse sin esperar respuesta; **du ~, au ~** además

rester [ʀɛste] *vi* (*dans un lieu*) quedarse; (*dans un état, une position*) quedar; (*être encore là, subsister*) permanecer; (*durer*) persistir ▸ *vb impers* : **il me reste du pain** me queda pan; **il (me) reste deux œufs** (me) quedan dos huevos; **il (me) reste 10 minutes** (me) quedan 10 minutos; **voilà tout ce qui (me) reste** esto es todo lo que (me) queda; **ce qui (me) reste à faire** lo que (me) falta por hacer; **(il) reste à savoir/établir si ...** queda por saber/establecer si ...; **il reste que ..., il n'en reste pas moins que ...** sin embargo ..., con todo y con eso ...; **en ~ à** (*stade, menaces*) quedarse en; **restons-en là** dejémoslo aquí; **~ immobile/assis/habillé** quedarse inmóvil/sentado/vestido; **~ sur sa faim/une impression** quedarse con las ganas/una impresión; **y ~** (*fam*) : **il a failli y ~** por poco estira la pata

restituer [ʀɛstitɥe] *vt* (*texte, inscription*) reconstruir; (*Tech : énergie, son*) reproducir; **~ qch (à qn)** (*objet, somme*) restituir algo (a algn)

restreindre [ʀɛstʀɛ̃dʀ] *vt* restringir; **se restreindre** *vpr* restringirse

restriction [ʀɛstʀiksjɔ̃] *nf* restricción *f*; **restrictions** *nfpl* (*rationnement*) restricciones *fpl*; **sans ~** sin reservas

résultat [ʀezylta] *nm* resultado; **résultats** *nmpl* resultados *mpl*; **exiger/obtenir des ~s** exigir/obtener resultados; **~s sportifs** resultados deportivos

résulter [ʀezylte] *vi* : **~ de** resultar de; **il résulte de ceci que ...** de ello resulta que ...

résumé [ʀezyme] *nm* resumen *m*; (*ouvrage succinct*) compendio *m*; **faire le ~ de** hacer el resumen de; **en ~** en resumen

résumer [ʀezyme] *vt* resumir; **se résumer** *vpr* (*personne*) sintetizar; **se ~ à** (*se réduire à*) resumirse a

résurrection [ʀezyʀɛksjɔ̃] *nf* (*Rel*) resurrección *f*; (*fig*) reaparición *f*

rétablir [ʀetabliʀ] *vt* restablecer; **se rétablir** *vpr* restablecerse; (*Gymnastique etc*) : **se ~ (sur)** elevarse (sobre); **~ qn** restablecer a algn; **~ qn dans son emploi/ses droits** (*Admin*) restablecer a algn en su empleo/en sus derechos

rétablissement [ʀetablismɑ̃] *nm* restablecimiento; **faire un ~** (*Gymnastique etc*) hacer una elevación

retaper [ʀ(ə)tape] (*fam*) *vt* arreglar

retard [ʀ(ə)taʀ] *nm* retraso; **arriver en ~** llegar con retraso; **être en ~** (*personne*) llegar tarde; (*train*) traer retraso; (*dans paiement, travail*) retrasarse; (*pays*) estar retrasado(-a); **être en ~ (de deux heures)** retrasarse (dos horas); **avoir un ~ de deux heures/deux km** (*Sport*) llevar un retraso de dos horas/dos km; **rattraper son ~** recuperarse de un retraso; **avoir du ~** estar retrasado(-a); (*sur un programme*) estar atrasado(-a); **prendre du ~** (*train, avion*) retrasarse; (*montre*) atrasarse; **sans ~** sin retraso; **~ à l'allumage** (*Auto*) retardo en la chispa; **~ scolaire** retraso escolar

retardataire [R(ə)taRdatɛR] *nm/f* rezagado(-a)

retardement [R(ə)taRdəmɑ̃] : **à ~** *adj* de efecto retardado; (*aussi Photo, mécanisme*) de mecanismo retardado; **bombe à ~** (*aussi fig*) bomba de relojería

retarder [R(ə)taRde] *vt* (*montre*) atrasar; (*travail, études*) retrasar ▸ *vi* (*horloge, montre*) atrasar; (*: d'habitude*) estar atrasado(-a); (*fig : personne*) no estar al tanto; **~ qn (d'une heure)** retrasar a algn (una hora); **je retarde (d'une heure)** mi reloj va una hora atrasado

retenir [Rət(ə)niR] *vt* retener; (*objet qui glisse*) agarrar; (*objet suspendu*) sujetar; (*odeur, chaleur, lumière etc*) conservar; (*colère, larmes*) contener; (*chanson, date*) recordar; (*suggestion, proposition*) aceptar; (*place, chambre*) reservar; (*Math*) llevarse; **se retenir** *vpr* (*euphémisme*) aguantarse; (*se raccrocher*) : **se ~ (à)** agarrarse (a); **~ qn (de faire)** impedir a algn (hacer); **se ~ (de faire qch)** contenerse (de hacer algo); **je pose trois et je retiens deux** pongo tres y me llevo dos; **~ un rire/sourire** contener la risa/sonrisa; **~ son souffle** *ou* **haleine** contener su respiración *ou* aliento; **il m'a retenu à dîner** me ha hecho quedarme a cenar

retentir [R(ə)tɑ̃tiR] *vi* resonar; (*fig*) repercutir; **~ de** retumbar con

retentissant, e [R(ə)tɑ̃tisɑ̃, ɑ̃t] *adj* (*voix, choc*) ruidoso(-a); (*succès etc*) clamoroso(-a)

retenue [Rət(ə)ny] *nf* (*somme prélevée*) deducción *f*; (*Math*) lo que se lleva; (*Scol*) castigo; (*modération*) moderación *f*; (*réserve*) reserva; (*Auto*) cola

réticence [Retisɑ̃s] *nf* reticencia; **sans ~** sin reticencia

réticent, e [Retisɑ̃, ɑ̃t] *adj* reticente

rétine [Retin] *nf* retina

retiré, e [R(ə)tiRe] *adj* (*personne, vie*) solitario(-a); (*quartier*) alejado(-a)

retirer [R(ə)tiRe] *vt* retirar; (*vêtement, lunettes*) quitarse; **~ qch à qn** quitarle algo a algn; **~ qch/qn de** sacar algo/a algn de; **se retirer** *vpr* retirarse; **~ un bénéfice/des avantages de** sacar beneficio de/ventajas de

retomber [R(ə)tɔ̃be] *vi* caer; (*tomber de nouveau*) caer de nuevo; **~ malade/dans l'erreur** volver a caer enfermo/en el error; **~ sur qn** recaer sobre algn

retoquer [R(ə)tɔke] *vt* rechazar; **se faire ~** (*à un examen*) suspender

rétorquer [RetɔRke] *vt* : **~ (à qn) que** replicar (a algn) que

retouche [R(ə)tuʃ] *nf* retoque *m*; **faire une ~** *ou* **des ~s à** dar un retoque *ou* unos retoques a

retoucher [R(ə)tuʃe] *vt* retocar

retour [R(ə)tuR] *nm* vuelta; (*d'un lieu, vers un lieu*) regreso; **au ~** a la vuelta; **pendant le ~** durante el regreso; **à mon/ton ~** a mi/tu regreso; **au ~ de** a la vuelta de; **être de ~ (de)** estar de vuelta (de); **de ~ à Lyons** de vuelta en Lyons; **de ~ chez moi** de vuelta en casa; **«de ~ dans 10 minutes»** «vuelvo en 10 minutos»; **en ~** en cambio; **par ~ du courrier** a vuelta de correo; **un juste ~ des choses** un castigo merecido; **un de ces jours, il y aura un ~ de manivelle** un día se le virará la tortilla; **match ~** partido de vuelta; **~ à l'envoyeur** (*Postes*) devuelto a su procedencia; **~ aux sources** (*fig*) vuelta a las raíces; **~ de bâton** contragolpe *m*; **~ de flamme** retorno de llama; (*fig*) contragolpe *m*; **~ en arrière** (*Ciné, Litt, fig*) vuelta atrás; (*mesure*) paso atrás; **~ offensif** vuelta ofensiva

retourner [R(ə)tuRne] *vt* (*dans l'autre sens*) dar la vuelta a, voltear (AM); (*caisse*) poner boca abajo; (*arme*) volver; (*renvoyer, restituer, argument*) devolver; (*sac, vêtement*) volver del revés; (*terre, sol, foin, émouvoir*) revolver ▸ *vi* volver; (*aller de nouveau*) : **~ quelque part/vers/chez** volver de nuevo a algún sitio/hacia/a casa de; **se retourner** *vpr* volverse, voltearse (AM); (*voiture*) dar vuelta de campana; (*tourner la tête*) volverse; **~ à** volver a; **s'en ~** regresar; **se ~ contre qn/qch** (*fig*) volverse contra algn/algo; **savoir de quoi il retourne** saber de qué se trata; **~ sa veste** (*fig : fam*) cambiar de chaqueta; **~ en arrière** *ou* **sur ses pas** volver atrás *ou* sobre sus pasos; **~ aux sources** volver a las raíces

retrait [R(ə)tRɛ] *nm* retiro; **en ~** apartado(-a); **~ du permis (de conduire)** retirada de carnet (de conducir)

retraite [R(ə)tRɛt] *nf* retiro; (*d'une armée*) retirada; (*d'un employé, fonctionnaire*) jubi-

re

lación *f*; **être à la ~** estar jubilado(-a); **mettre à la ~** jubilar (a); **prendre sa ~** jubilarse; **~ anticipée** jubilación anticipada; **~ aux flambeaux** desfile *m* con antorchas

retraité, e [R(ə)tRete] *adj* retirado(-a), jubilado(-a) ▸ *nm/f* jubilado(-a)

retrancher [R(ə)tRɑ̃ʃe] *vt* suprimir; **~ qch de** (*nombre, somme*) sustraer algo de; **se ~ derrière/dans** (*Mil*) parapetarse detrás de/en; (*fig*) refugiarse en

rétrécir [RetResiR] *vt, vi* (*vêtement*) encoger; **se rétrécir** *vpr* estrecharse

rétro [RetRo] *adj* : **mode/style ~** moda/estilo retro *inv* ▸ *nm* (*fam*) = **rétroviseur**

rétroéclairé, e [RetRoeklɛRe] *adj* (*écran*) retroiluminado(-a)

rétrospectif, -ive [RetRɔspɛktif, iv] *adj* retrospectivo(-a)

rétrospective [RetRɔspɛktiv] *nf* retrospectiva

rétrospectivement [RetRɔspɛktivmɑ̃] *adv* retrospectivamente

retrousser [R(ə)tRuse] *vt* (*pantalon etc*) arremangar; (*nez*) arrugar; (*lèvres*) fruncir

retrouvailles [R(ə)tRuvɑj] *nfpl* reencuentro

retrouver [R(ə)tRuve] *vt* encontrar; (*sommeil, calme, santé*) recobrar; (*expression, style*) reconocer; (*rejoindre*) encontrarse con; **se retrouver** *vpr* encontrarse; (*s'orienter*) orientarse; **se ~ dans** (*calculs, dossiers, désordre*) desenvolverse en; **s'y ~** (*rentrer dans ses frais*) salir ganando

rétroviseur [RetRɔvizœR] *nm* retrovisor *m*

retweeter, retwitter [r(ə)twite] *vt* retuitear, retwittear

Réunion [Reynjɔ̃] *nf* : **la ~, l'île de la ~** la (isla de la) Reunión

réunion [Reynjɔ̃] *nf* reunión *f*; (*séance, congrès*) encuentro; **~ électorale** mitin *m* electoral; **~ sportive** tertulia deportiva

réunir [ReyniR] *vt* reunir; (*rapprocher*) juntar; (*rattacher*) unir; **se réunir** *vpr* reunirse; (*s'allier*) unirse; (*chemins, cours d'eau etc*) juntarse; **~ qch à** sumar algo a

réussi, e [Reysi] *adj* (*robe, photographie*) logrado(-a); (*réception*) exitoso(-a)

réussir [ReysiR] *vi* (*tentative, projet*) ser un éxito; (*plante, culture*) darse bien; (*personne*) tener éxito; (*: à un examen*) aprobar ▸ *vt* (*examen, plat*) salir bien; **j'ai réussi mon examen** he aprobado el examen; **~ à faire qch** lograr hacer algo; **~ à qn** (*aliment*) sentar bien a algn; **le travail/le mariage lui réussit** el trabajo/el matrimonio le sienta bien

réussite [Reysit] *nf* éxito; (*Cartes*) solitario; **une ~ insolente** un éxito inaudito; **taux de ~** (*au baccalauréat, à un examen*) porcentaje de aprobados

revaloir [R(ə)valwaR] *vt* : **je vous revaudrai cela** se lo pagaré con la misma moneda

revanche [R(ə)vɑ̃ʃ] *nf* revancha; **prendre sa ~ (sur)** tomar la revancha (contra); **en ~** en cambio

rêve [Rɛv] *nm* sueño; **paysage/silence de ~** paisaje/silencio de ensueño; **la voiture/maison de ses ~s** el coche/la casa de sus sueños; **~ éveillé** ensueño

réveil [Revɛj] *nm* despertar *m*; (*pendule*) despertador *m*; **au ~, je ...** al despertarme, ...; **sonner le ~** (*Mil*) tocar a diana

réveiller [Reveje] *vt* despertar; **se réveiller** *vpr* despertarse; (*fig : se secouer*) espabilarse

réveillon [Revɛjɔ̃] *nm* cena de Nochebuena; (*de la Saint-Sylvestre*) cena de Nochevieja; (*dîner, soirée*) cotillón *m*

réveillonner [Revɛjɔne] *vi celebrar la cena de Nochebuena o Nochevieja*

révélateur, -trice [RevelatœR, tRis] *adj* revelador(a) ▸ *nm* (*Photo*) revelador *m*

révéler [Revele] *vt* revelar; **se révéler** *vpr* revelarse; **~ qn/qch** dar algn/algo a conocer; **se ~ facile/faux** resultar fácil/falso; **se ~ cruel** mostrarse cruel; **se ~ un allié sûr** resultar ser un aliado seguro

revenant, e [R(ə)vənɑ̃, ɑ̃t] *nm/f* fantasma *m*

revendeur, -euse [R(ə)vɑ̃dœR, øz] *nm/f* revendedor(a)

revendication [R(ə)vɑ̃dikasjɔ̃] *nf* reivindicación *f*; (*gén pl : Pol etc*) reivindicaciones *fpl*; **journée de ~** (*Pol*) día de reivindicación

revendiquer [R(ə)vɑ̃dike] *vt* reivindicar; (*responsabilité*) asumir ▸ *vi* (*Pol*) reivindicar

revendre [R(ə)vɑ̃dR] *vt* revender; **à ~** de sobra; **avoir du talent/de l'énergie à ~** tener talento/energía para dar y tomar

revenir [ʀəv(ə)niʀ] *vi* (*venir de nouveau*) venir de nuevo; (*rentrer*) regresar, volver; (*saison, mode, calme*) volver; **faire ~ de la viande/des légumes** rehogar la carne/las verduras; **~ cher/à 20 euros (à qn)** resultar caro/a 20 euros (a algn); **~ à** (*études, conversation, projet*) volver a; (*équivaloir à*) venir a ser; **~ à qn** (*rumeur, nouvelle*) llegar a los oídos de algn; (*part, honneur, responsabilité*) corresponder a algn; (*souvenir, nom*) venirle a algn *ou* a la mente; **~ de** (*fig*) salir de; **~ sur** (*question*) volver sobre; (*promesse*) retractarse de; **~ à la charge** volver a la carga; **~ à soi** volver en sí; **n'en pas ~** : **je n'en reviens pas** no vuelvo de mi asombro; **~ sur ses pas** dar marcha atrás; **cela revient au même/à dire que** eso equivale a lo mismo/a decir que; **je reviens de loin** (*fig*) me escapé de una buena

revenu, e [ʀəv(ə)ny] *pp de* **revenir** ▸ *nm* renta; (*d'une terre*) rendimiento; **revenus** *nmpl* ingresos *mpl*

rêver [ʀeve] *vi* soñar; **~ de** *ou* **à** soñar con; **~ que** soñar que

réverbère [ʀevɛʀbɛʀ] *nm* farola

réverbérer [ʀevɛʀbeʀe] *vt* reverberar

revers [ʀ(ə)vɛʀ] *nm* revés *m*; (*d'une feuille*) envés *m*; (*de la main*) dorso; (*d'une pièce, médaille*) reverso; **d'un ~ de main** de un revés; **le ~ de la médaille** (*fig*) el lado malo; **prendre à ~** (*Mil*) coger por la espalda; **~ de fortune** revés de fortuna

revêtement [ʀ(ə)vɛtmɑ̃] *nm* revestimiento; (*d'une chaussée*) firme *m*; (*d'un tuyau etc*) capa

revêtir [ʀ(ə)vetiʀ] *vt* revestir; (*vêtement*) ponerse; **~ qn de** vestir a algn con; **~ qch de** revestir algo de; (*signature, visa*) estampar algo con

rêveur, -euse [ʀɛvœʀ, øz] *adj* soñador(a) ▸ *nm/f* soñador(a); (*péj* : *utopiste*) quijote *m*

revient [ʀəvjɛ̃] *vb voir* **revenir** ▸ *nm* : **prix de ~** (*Comm*) precio de coste

revigorer [ʀ(ə)vigɔʀe] *vt* vigorizar

revirement [ʀ(ə)viʀmɑ̃] *nm* (*d'une personne*) cambio de opinión; (*d'une situation, de l'opinion*) cambio brusco

réviser [ʀevize] *vt* revisar; (*Scol, comptes*) repasar

révision [ʀevizjɔ̃] *nf* revisión *f*; **conseil de ~** (*Mil*) junta de clasificación y revisión; **faire ses ~s** (*Scol*) repasar; **la ~ des 10 000 km** (*Auto*) la revisión de los 10.000 km

revivre [ʀ(ə)vivʀ] *vi* recuperar fuerzas; (*traditions, coutumes*) recuperarse ▸ *vt* revivir; **faire ~** (*mode, institution, usage*) resucitar; (*personnage, époque*) hacer revivir

revoir [ʀ(ə)vwaʀ] *vt* volver a ver; (*par la mémoire*) recordar; (*texte, édition*) revisar; (*matière, programme*) repasar ▸ *nm* : **au ~** adiós *msg*; **se revoir** *vpr* (*amis*) volverse a ver; **au ~ Monsieur/Madame** adiós señor/señora; **dire au ~ à qn** decir adiós a algn

révoltant, e [ʀevɔltɑ̃, ɑ̃t] *adj* indignante

révolte [ʀevɔlt] *nf* rebelión *f*; (*indignation*) indignación *f*

révolter [ʀevɔlte] *vt* indignar; **se révolter** *vpr* : **se ~ (contre)** rebelarse (contra); (*s'indigner*) indignarse (con)

révolu, e [ʀevɔly] *adj* (*de jadis*) pasado(-a); (*fini* : *période, époque*) terminado(-a); (*Admin* : *complété*) : **âgé de 18 ans ~s** con 18 años cumplidos; **après trois ans ~s** después de pasados tres años

révolution [ʀevɔlysjɔ̃] *nf* revolución *f*; **être en ~** (*pays etc*) estar en revolución; **la ~ industrielle** la revolución industrial; **la R~ française** la Revolución Francesa

révolutionnaire [ʀevɔlysjɔnɛʀ] *adj, nm/f* revolucionario(-a)

revolver [ʀevɔlvɛʀ] *nm* revólver *m*

révoquer [ʀevɔke] *vt* revocar; (*fonctionnaire*) destituir

revue [ʀ(ə)vy] *nf* revista; **passer en ~** (*Mil*) pasar revista (a); (*fig* : *problèmes, possibilités*) estudiar; **~ de presse** revista de prensa

rez-de-chaussée [ʀed(ə)ʃose] *nm inv* planta baja

RF [ɛʀɛf] *sigle f* = *République française*

Rhin [ʀɛ̃] *nm* : **le ~** el Rin

rhinocéros [ʀinɔseʀɔs] *nm* (*Zool*) rinoceronte *m*

Rhône [ʀon] *nm* : **le ~** el Ródano

rhubarbe [ʀybaʀb] *nf* ruibarbo

rhum [ʀɔm] *nm* ron *m*

rhumatisme [ʀymatism] *nm* reumatismo, reúma; **avoir des ~s** tener reúma

rhume [ʀym] *nm* catarro; **~ de cerveau** catarro de nariz; **le ~ des foins** la fiebre del heno

ricaner [ʀikane] *vi* (*avec méchanceté*) reírse burlonamente; (*bêtement*) reírse con risa tonta; (*avec gêne*) reírse con sofocación

riche [ʀiʃ] *adj* (*aussi fig*) rico(-a); **riches** *nmpl* : **les ~s** los ricos; **~ en/de** rico(-a) en/de

richesse [ʀiʃɛs] *nf* riqueza; **richesses** *nfpl* riquezas *fpl*

ricochet [ʀikɔʃɛ] *nm* rebote *m*; **faire ~** rebotar; (*fig*) tener repercusión; **faire des ~s** hacer cabrillas; **par ~** de rebote

ride [ʀid] *nf* arruga; (*sur l'eau, le sable*) onda

ridé, e [ʀide] *adj* arrugado(-a)

rideau, x [ʀido] *nm* cortina; (*Théâtre*) telón *m*; (*d'arbres etc*) hilera; **tirer/ouvrir les rideaux** correr/descorrer las cortinas; **~ de fer** cierre *m* metálico; (*Hist*) telón de acero

rider [ʀide] *vt* arrugar; (*eau, sable etc*) ondear; **se rider** *vpr* arrugarse

ridicule [ʀidikyl] *adj* ridículo(-a) ▶ *nm* ridículo; **tourner qn en ~** poner a algn en ridículo

ridiculiser [ʀidikylize] *vt* ridiculizar; **se ridiculiser** *vpr* ridiculizarse

rien [ʀjɛ̃] *pron* : **(ne) ... ~** (no) ... nada ▶ *nm* : **un petit ~** (*cadeau*) un detalle (de nada); **des ~s** naderías *fpl*; **qu'est-ce que vous avez ? — ~** ¿qué le pasa? — nada; **il n'a ~ dit/fait** no dijo/hizo nada; **il n'a ~** (*n'est pas blessé*) no tiene nada; **de ~ !** ¡de nada!; **n'avoir peur de ~** no tener miedo de nada; **a-t-il jamais ~ fait pour nous ?** ¿ha hecho alguna vez algo por nosotros?; **~ d'intéressant** nada interesante; **~ d'autre** nada más; **~ du tout** nada en absoluto; **~ que** nada más que; **~ que pour lui faire plaisir** nada más que por agradarle; **~ que la vérité** nada más que la verdad; **~ que cela** nada más que eso; **un ~ de** una pizca de; **en un ~ de temps** en nada de tiempo

rieur, -euse [ʀ(i)jœʀ, ʀ(i)jøz] *adj* reidor(a); (*yeux, expression*) risueño(-a)

rigide [ʀiʒid] *adj* rígido(-a)

rigoler [ʀigɔle] (*fam*) *vi* reírse; (*s'amuser*) pasarlo bien; (*ne pas parler sérieusement, plaisanter*) estar de broma

rigolo, -ote [ʀigɔlo, ɔt] (*fam*) *adj* gracioso(-a); (*curieux, étrange*) raro(-a) ▶ *nm/f* gracioso(-a); (*péj : fumiste*) cantamañanas *m inv*

rigoureusement [ʀiguʀøzmɑ̃] *adv* rigurosamente; **~ vrai/interdit** totalmente cierto/prohibido

rigoureux, -euse [ʀiguʀø, øz] *adj* riguroso(-a); (*morale*) rígido(-a); (*interdiction*) total

rigueur [ʀigœʀ] *nf* rigor *m*; (*de la morale*) rigidez *f*; (*d'une interdiction*) rigurosidad *f*; **de ~** de rigor; **être de ~** ser de rigor; **à la ~** en último extremo; **tenir ~ à qn de qch** guardar rencor a algn por algo

rillettes [ʀijɛt] *nfpl especie de paté de cerdo u oca*

rime [ʀim] *nf* rima; **n'avoir ni ~ ni raison** no tener pies ni cabeza

rimer [ʀime] *vi* rimar; **~ avec** rimar con; **ne ~ à rien** no tener sentido

rinçage [ʀɛ̃saʒ] *nm* aclarado; **liquide de ~** (*pour lave-vaisselle*) líquido de enjuague

rincer [ʀɛ̃se] *vt* enjuagar; (*linge*) aclarar; **se ~ la bouche** (*chez le dentiste etc*) enjuagarse la boca

ringard, e [ʀɛ̃gaʀ, aʀd] (*fam : péj*) *adj* hortera

riposte [ʀipɔst] *nf* réplica; **~ graduée** respuesta gradual

riposter [ʀipɔste] *vi* replicar ▶ *vt* : **~ que** responder que; **~ à** responder a

rire [ʀiʀ] *vi* reír; (*se divertir*) reírse; (*plaisanter*) bromear; **se rire** *vpr* : **se ~ de** reírse de ▶ *nm* risa; **tu veux ~ !** (*désapprobation*) ¡estás de broma!; **~ aux éclats/aux larmes** reírse a carcajadas/hasta llorar; **~ jaune** reírse sin ganas; **~ sous cape** reírse para sus adentros; **~ au nez de qn** reírse en las narices de algn; **pour ~** en broma

risible [ʀizibl] *adj* risible

risque [ʀisk] *nm* riesgo; **aimer le ~** amar el riesgo; **l'attrait du ~** la emoción del riesgo; **prendre un ~/des ~s** correr un riesgo/riesgos; **à ses ~s et périls** por su cuenta y riesgo; **au ~ de** a riesgo de; **~ d'incendie** riesgo de incendio

risqué, e [ʀiske] *adj* arriesgado(-a)

risquer [ʀiske] *vt* arriesgar; (*allusion, comparaison, question*) aventurar; (*Mil, gén*) arriesgarse a; **tu risques qu'on te renvoie** te arriesgas a que te despidan; **ça ne risque rien** no hay riesgo alguno; **il risque de se tuer** puede matarse; **il a risqué de se tuer** por poco se mata; **ce**

qui risque de se produire lo que puede producirse; **il ne risque pas de recommencer** no hay peligro de que vuelva a empezar; **se ~ dans** aventurarse en; **se ~ à qch/faire qch** arriesgarse a algo/hacer algo; **~ le tout pour le tout** arriesgar el todo por el todo

rissoler [risɔle] *vi, vt* : **(faire) ~ de la viande/des légumes** dorar la carne/las verduras

ristourne [RistuRn] *nf* rebaja, descuento

rite [Rit] *nm* rito; (*fig*) ritual *m*; **~s d'initiation** ritos iniciáticos

rivage [Rivaʒ] *nm* (*côte, littoral*) costa; (*grève, plage*) orilla

rival, e, -aux [Rival, o] *adj* rival ▸ *nm/f* (*adversaire*) rival *m/f*; **sans ~** sin rival

rivaliser [Rivalize] *vi* : **~ avec** rivalizar con; **~ d'élégance/de générosité avec qn** rivalizar en elegancia/en generosidad con algn

rivalité [Rivalite] *nf* rivalidad *f*

rive [Riv] *nf* orilla

riverain, e [Riv(ə)Rɛ̃, ɛn] *adj, nm/f* (*d'une rivière*) ribereño(-a); (*d'une route*) vecino(-a)

rivière [RivjɛR] *nf* río; **~ de diamants** collar *m* de diamantes

riz [Ri] *nm* arroz *m*; **~ au lait** arroz con leche

rizière [RizjɛR] *nf* arrozal *m*

RN [ɛRɛn] *sigle f* (= *route nationale*) N. (= *carretera nacional*)

robe [Rɔb] *nf* vestido; (*de juge, d'avocat*) toga; (*d'ecclésiastique*) hábito; (*d'un animal*) pelo; **~ de baptême** traje *m* de bautismo; **~ de chambre** bata; **~ de grossesse** vestido premamá; **~ de mariée** vestido de novia; **~ de soirée** traje de noche

robinet [Rɔbinɛ] *nm* grifo, canilla (AM); **~ du gaz** llave *f* del gas; **~ mélangeur** grifo mezclador

robot [Rɔbo] *nm* robot *m*; **~ de cuisine** robot de cocina

robuste [Rɔbyst] *adj* robusto(-a); (*moteur, voiture*) resistente

robustesse [Rɔbystɛs] *nf* robustez *f*

roc [Rɔk] *nm* roca

rocade [Rɔkad] *nf* (*Auto*) circunvalación *f*

rocaille [Rɔkaj] *nf* rocalla ▸ *adj* : **style ~** estilo rococó

roche [Rɔʃ] *nf* roca; **une ~** un peñasco; **~s éruptives/calcaires** rocas volcánicas/calizas

rocher [Rɔʃe] *nm* : **un ~** un peñasco; **le ~** (*matière*) la roca; (*Anat*) temporal *m*

rocheux, -euse [Rɔʃø, øz] *adj* rocoso(-a); **les (montagnes) Rocheuses** (*Géo*) las (montañas) Rocosas

rock [Rɔk], **rock and roll** [RɔkɛnRɔl] *nm* rock (and roll) *m*

rodage [Rɔdaʒ] *nm* (*voiture*) rodaje *m*; (*spectacle*) perfeccionamiento; **en ~** (*Auto*) en rodaje

rôder [Rode] *vi* rondar; (*péj*) vagabundear

rôdeur, -euse [RodœR, øz] *nm/f* vagabundo(-a)

rogne [Rɔɲ] (*fam*) *nf* : **être en ~** estar rabiando; **mettre en ~** hacer rabiar; **se mettre en ~** cogerse un berrinche

rogner [Rɔɲe] *vt* recortar; (*prix etc*) rebajar ▸ *vi* : **~ sur** (*dépenses etc*) recortar

rognons [Rɔɲɔ̃] *nmpl* riñones *mpl*

roi [Rwa] *nm* rey *m*; **le jour** *ou* **la fête des R~s** el día de Reyes; **les R~s** los Reyes; **les R~s mages** los Reyes magos

rôle [Rol] *nm* (*Ciné, Théâtre, aussi fig*) papel *m*; **jouer un ~ important dans ...** desempeñar un papel importante en ...

rom [Rɔm] *adj* (*populations*) gitano(-a) ▸ *nm/f* : **Rom** gitano(-a)

romain, e [Rɔmɛ̃, ɛn] *adj* romano(-a) ▸ *nm/f* : **Romain, e** romano(-a)

roman, e [Rɔmɑ̃, an] *adj* románico(-a) ▸ *nm* novela; **~ d'espionnage** novela de espionaje; **~ noir/policier** novela negra/policíaca

romancer [Rɔmɑ̃se] *vt* novelar

romancier, -ière [Rɔmɑ̃sje, jɛR] *nm/f* novelista *m/f*

romand, e [Rɔmɑ̃, ɑ̃d] *adj* de lengua francesa ▸ *nm/f* : **Romand, e** suizo(-a) de lengua francesa

romanesque [Rɔmanɛsk] *adj* novelesco(-a)

roman-feuilleton [Rɔmɑ̃fœjtɔ̃] (*pl* **romans-feuilletons**) *nm* folletín *m*

romanichel, le [Rɔmaniʃɛl] *nm/f* gitano(-a)

romantique [Rɔmɑ̃tik] *adj* romántico(-a)

romarin [RɔmaRɛ̃] *nm* romero

rompre [rɔ̃pʀ] *vt* romper ▸ *vi* (*fiancés*) romper; **se rompre** *vpr* romperse; **~ avec** romper con; **applaudir à tout ~** aplaudir a rabiar; **~ la glace** (*fig*) romper el hielo; **rompez !** (*Mil*) ¡rompan filas!; **se ~ les os** *ou* **le cou** romperse los huesos *ou* la crisma

rompu, e [rɔ̃py] *pp de* **rompre** ▸ *adj* : **~ à** avezado(-a) en

ronce [rɔ̃s] *nf* zarza; **ronces** *nfpl* zarzas *fpl*

ronchonner [rɔ̃ʃɔne] (*fam*) *vi* refunfuñar

rond, e [rɔ̃, rɔ̃d] *adj* redondo(-a); (*fam* : *ivre*) alegre; (*sincère, décidé*) : **être ~ en affaires** ser serio(-a) en los negocios ▸ *nm* redondo ▸ *adv* : **tourner ~** (*moteur*) marchar bien; **je n'ai plus un ~** (*fam* : *sou*) no me queda ni una perra; **ça ne tourne pas ~** (*fig*) eso no marcha bien; **pour faire un compte ~** para redondear la cuenta; **avoir le dos ~** ser cargado(-a) de hombros; **en ~** (*s'asseoir, danser*) en corro; **faire des ~s de jambe** hacer zalamerías; **~ de serviette** servilletero

ronde [rɔ̃d] *nf* ronda; (*danse*) corro; (*Mus* : *note*) redonda; **à 10 km à la ~** a 10 km a la redonda; **passer qch à la ~** pasar algo en corro

rondelet, te [rɔ̃dlɛ, ɛt] *adj* regordete(-a); (*fig* : *somme*) suculento(-a)

rondelle [rɔ̃dɛl] *nf* (*Tech*) arandela; (*tranche*) loncha

rond-point [rɔ̃pwɛ̃] (*pl* **ronds-points**) *nm* rotonda

ronflement [rɔ̃fləmɑ̃] *nm* (*d'une personne*) ronquido; (*d'un moteur*) zumbido

ronfler [rɔ̃fle] *vi* (*personne*) roncar; (*moteur, poêle*) zumbar

ronger [rɔ̃ʒe] *vt* (*suj* : *souris, chien etc*) roer; (: *vers*) carcomer; (: *insectes*) ficar; (: *rouille*) corroer; (*fig* : *suj* : *mal, pensée*) carcomer, atormentar; **~ son frein** morder el freno; **se ~ d'inquiétude/de souci** reconcomerse de inquietud/de preocupación; **se ~ les ongles** comerse las uñas; **se ~ les sangs** quemarse la sangre

rongeur [rɔ̃ʒœʀ] *nm* roedor *m*

ronronner [rɔ̃ʀɔne] *vi* ronronear

rosbif [ʀɔsbif] *nm* rosbif *m*

rose [ʀoz] *nf* rosa; (*vitrail*) rosetón *m* ▸ *adj* rosa *inv* ▸ *nm* (*couleur*) rosa *m*; **~ bonbon** rosa caramelo; **~ des sables/des vents** rosa de las arenas/de los vientos

rosé, e [ʀoze] *adj* rosa *inv* ▸ *nm* (*vin*) rosado

roseau, x [ʀozo] *nm* caña

rosée [ʀoze] *adj f voir* **rosé** ▸ *nf* rocío; **une goutte de ~** una gota de rocío

rosier [ʀozje] *nm* rosal *m*

rossignol [ʀɔsiɲɔl] *nm* (*Zool*) ruiseñor *m*; (*crochet*) ganzúa

rotation [ʀɔtasjɔ̃] *nf* rotación *f*; (*fig*) movimiento; (*renouvellement*) renovación *f*; **par ~** por rotación; **~ des cultures** alternancia de cultivos; **~s des stocks** (*Comm*) renovación de existencia

roter [ʀɔte] (*fam*) *vi* eructar

rôti [ʀoti] *nm* carne *f* de asar; (*cuit*) asado de carne

rotin [ʀɔtɛ̃] *nm* mimbre *m ou f*; **fauteuil en ~** sillón *m* de mimbre

rôtir [ʀotiʀ] *vt* asar ▸ *vi* asarse; **se ~ au soleil** tostarse al sol

rôtisserie [ʀotisʀi] *nf* (*restaurant*) restaurante-parrilla *m*; (*comptoir, magasin*) establecimiento de precocinados

rôtissoire [ʀotiswaʀ] *nf* asador *m*

rotule [ʀɔtyl] *nf* rótula

rouage [ʀwaʒ] *nm* (*d'un mécanisme*) engranaje *m*; (*de montre*) maquinaria; (*fig*) mecanismo; **rouages** *nmpl* (*fig*) máquina *fsg*

roue [ʀu] *nf* rueda; **faire la ~** (*paon*) pavonearse; (*Gymnastique*) dar la vuelta pineta; **descendre en ~ libre** (*Auto*) bajar en punto muerto; **grande ~** (*à la foire*) noria; **~ à aubes** rueda de álabes; **~ de secours** rueda de repuesto; **~ dentée** rueda dentada; **~s avant/arrière** ruedas delanteras/traseras

rouer [ʀwe] *vt* : **~ qn de coups** moler a algn a palos

rouge [ʀuʒ] *adj* rojo(-a) ▸ *nm/f* (*Pol*) rojo(-a) ▸ *nm* (*couleur*) rojo; (*fard*) carmín *m*; **(vin) ~** (vino) tinto; **passer au ~** (*signal*) ponerse el disco rojo; (*automobiliste*) pasar en rojo; **porter au ~** (*métal*) poner al rojo; **être sur la liste ~** (*Tél*) no constar en la guía; **~ de honte/colère** rojo(-a) de vergüenza/de cólera; **se fâcher tout ~, voir ~** ponerse hecho una furia; **~ (à lèvres)** barra de labios

rouge-gorge [ʀuʒgɔʀʒ] (*pl* **rouges-gorges**) *nm* petirrojo

rougeole [ʀuʒɔl] *nf* sarampión *m*

rougeoyer [ʀuʒwaje] *vi* ponerse rojo

rouget [ʀuʒɛ] *nm* salmonete *m*
rougeur [ʀuʒœʀ] *nf* rojez *f*; (*honte*) rubor *m*; (*échauffement*) colores *mpl*; **rougeurs** *nfpl* (*Méd*) enrojecimiento
rougir [ʀuʒiʀ] *vi* enrojecer; (*fraise, tomate*) ponerse rojo; (*ciel*) arrebolarse
rouille [ʀuj] *nf* moho; (*Culin*) *alioli con pimiento rojo que acompaña la sopa de pescado* ▸ *adj inv* (*couleur*) óxido *inv*
rouillé, e [ʀuje] *adj* oxidado(-a); (*personne, mémoire*) embotado(-a)
rouiller [ʀuje] *vt* oxidar; (*corps, esprit*) embotar ▸ *vi* oxidarse; **se rouiller** *vpr* oxidarse; (*mentalement*) embotarse; (*physiquement*) debilitarse
roulant, e [ʀulɑ̃, ɑ̃t] *adj* rodante; (*surface, trottoir*) transportador(a); **matériel/personnel ~** (*Rail*) material/personal móvil
rouleau, x [ʀulo] *nm* rollo; (*de pièces de monnaie*) cartucho; (*de machine, à peinture*) rodillo; (*à mise en plis*) rulo; (*Sport*) balanceo; (*vague*) rompiente *m*; **être au bout du ~** (*fam*) estar en las últimas; **~ à pâtisserie** rodillo; **~ compresseur** apisonadora; **~ de pellicule** rollo de película, carrete *m* de fotos
roulement [ʀulmɑ̃] *nm* rodamiento; (*voiture etc*) circulación *f*; (*bruit : de véhicule*) ruido; (*: du tonnerre*) fragor *m*; (*d'ouvriers*) turno; (*de capitaux*) circulación; **par ~** por turno; **~ (à billes)** rodamiento (de bolas); **~ d'yeux** movimiento de ojos; **~ de tambour** redoble *m* de tambor
rouler [ʀule] *vt* hacer rodar; (*Culin, tissu, papier*) enrollar; (*cigarette, aussi fam*) liar ▸ *vi* rodar; (*voiture, train*) circular, estar en marcha; (*automobiliste*) circular; (*bateau*) balancearse; (*tonnerre*) retumbar; **se rouler** *vpr* : **se ~ dans** (*boue*) revolcarse en; (*couverture*) envolverse en; **~ en bas de** caer rodando por; (*conversation*) tratar sobre; **~ dans la farine** (*fam*) timar; **~ les épaules/hanches** contonearse; **~ les « r »** marcar las « r »; **~ sur l'or** ser riquísimo(-a); **~ sa bosse** (*fam*) ver mundo
roulette [ʀulɛt] *nf* rueda; (*pâtissier*) carretilla; **la ~** la ruleta; **table/fauteuil à ~s** mesa/silla de ruedas; **la ~ russe** la ruleta rusa
roulis [ʀuli] *nm* balanceo
roulotte [ʀulɔt] *nf* carro, carromato
roumain, e [ʀumɛ̃, ɛn] *adj* rumano(-a) ▸ *nm* (*Ling*) rumano ▸ *nm/f* : **Roumain, e** rumano(-a)
Roumanie [ʀumani] *nf* Rumania
roupiller [ʀupije] (*fam*) *vi* echar una cabezada
rouquin, e [ʀukɛ̃, in] (*fam*) *nm/f* pelirrojo(-a)
rouspéter [ʀuspete] (*fam*) *vi* refunfuñar
rousse [ʀus] *adj voir* **roux**
rousseur [ʀusœʀ] *nf* : **tache de ~** peca
roussir [ʀusiʀ] *vt* (*herbe, linge*) quemar ▸ *vi* (*feuilles*) amarillear; (*Culin*) : **faire ~ la viande/les oignons** dorar la carne/las cebollas
route [ʀut] *nf* carretera; (*itinéraire, parcours*) ruta; (*fig*) camino; **par (la) ~** por (la) carretera; **il y a trois heures de ~** hay tres horas de camino; **en ~** por el camino; **en ~ !** ¡en marcha!; **en cours de ~** en *ou* por el camino; **mettre en ~** poner en marcha; **se mettre en ~** ponerse en camino; **faire ~ vers** dirigirse hacia; **faire fausse ~** (*fig*) ir por mal camino; **~ nationale** ≈ carretera nacional
routeur [ʀutøʀ] *nm* (*Inform*) router *m*
routier, -ière [ʀutje, jɛʀ] *adj* (*réseau, carte*) de carreteras; (*circulation*) de carretera ▸ *nm/f* (*camionneur*) camionero(-a); (*cycliste*) corredor(a) ▸ *nm* (*restaurant*) restaurante *m* de carretera; **vieux ~** perro viejo
routine [ʀutin] *nf* rutina; **visite/contrôle de ~** visita/control *m* rutinario(-a) *ou* de rutina
routinier, -ière [ʀutinje, jɛʀ] *adj* (*aussi péj*) rutinario(-a)
rouvrir [ʀuvʀiʀ] *vt* (*porte, valise*) volver a abrir ▸ *vi* (*suj : école, piscine*) volver a abrirse; **se rouvrir** *vpr* (*porte, blessure*) volver a abrirse
roux, rousse [ʀu, ʀus] *adj, nm/f* pelirrojo(-a) ▸ *nm* (*Culin*) salsa rubia
royal, e, -aux [ʀwajal, o] *adj* real; (*festin, cadeau*) regio(-a); (*indifférence*) soberano(-a); (*paix*) completo(-a)
royaume [ʀwajom] *nm* reino; (*fig*) dominios *mpl*; **le ~ des cieux** el reino de los cielos
royauté [ʀwajote] *nf* (*dignité*) realeza; (*régime*) monarquía

RSA [ɛʀɛsa] *sigle m (= revenu de solidarité active) ayuda pública para las personas con pocos recursos,* ≈ RMI *f (= Renta Mínima de Inserción)*

RTT [ɛʀtete] *sigle f (= réduction du temps de travail) reducción de las horas de trabajo*; **être en ~** tener días libres por reducción de jornada

ruban [ʀybɑ̃] *nm* cinta; (*de velours, de soie*) lazo; (*pour ourlet, couture*) galón *m*; (*décoration*) condecoración *f*; **~ adhésif** cinta adhesiva

rubéole [ʀybeɔl] *nf* rubeola

rubis [ʀybi] *nm* rubí *m*; **payer ~ sur l'ongle** pagar a toca teja

rubrique [ʀybʀik] *nf* (*titre, catégorie*) rúbrica; (*Presse : article*) sección *f*

ruche [ʀyʃ] *nf* colmena

rude [ʀyd] *adj* (*barbe, toile, voix*) áspero(-a); (*métier, épreuve, climat*) duro(-a); (*bourru*) rudo(-a); **un ~ paysan/montagnard** un rudo campesino/montañés; **un ~ appétit** un hambre de lobos; **être mis à ~ épreuve** ser sometido a severa prueba

rudement [ʀydmɑ̃] *adv* (*tomber, frapper, traiter*) duramente; **elle est ~ belle/riche** (*fam*) es súper guapa/rica, es súper guapísima/riquísima; **j'ai ~ faim** (*fam*) tengo un montón de hambre

rudimentaire [ʀydimɑ̃tɛʀ] *adj* rudimentario(-a)

rudiments [ʀydimɑ̃] *nmpl* rudimentos *mpl*

rue [ʀy] *nf* calle *f*; **être à la ~** estar en la calle; **jeter qn à la ~** echar a algn a la calle

ruée [ʀɥe] *nf* riada; **la ~ vers l'or** la fiebre del oro

ruelle [ʀɥɛl] *nf* callejuela

ruer [ʀɥe] *vi* cocear; **se ruer** *vpr* : **se ~ sur** (*provisions, adversaire*) arrojarse sobre; **se ~ vers/dans/hors de** precipitarse hacia/en/fuera de; **~ dans les brancards** plantar cara

rugby [ʀygbi] *nm* rugby *m*; **~ à quinze** rugby (a quince); **~ à treize** rugby de trece

rugir [ʀyʒiʀ] *vi* rugir; (*personne*) bramar ▸ *vt* (*menaces, injures*) lanzar a voz en grito

rugueux, -euse [ʀygø, øz] *adj* rugoso(-a)

ruine [ʀɥin] *nf* ruina; **tomber en ~** caerse, venirse abajo; **être au bord de la ~** (*fig*) estar al borde de la ruina

ruiner [ʀɥine] *vt* arruinar; **se ruiner** *vpr* arruinarse

ruineux, -euse [ʀɥinø, øz] *adj* ruinoso(-a)

ruisseau, x [ʀɥiso] *nm* (*cours d'eau*) arroyo; (*caniveau*) cuneta; **ruisseaux de larmes/sang** (*fig*) ríos *mpl* de lágrimas/sangre

ruisseler [ʀɥis(ə)le] *vi* (*eau, pluie, larmes*) correr; (*mur, visage*) chorrear; **~ d'eau, ~ de pluie** chorrear agua; **~ de sueur** chorrear de sudor; **~ de lumière** centellear luz; **son visage ruisselait de larmes** las lágrimas le corrían por las mejillas

rumeur [ʀymœʀ] *nf* rumor *m*

ruminer [ʀymine] *vi, vt* (*aussi fig*) rumiar

rupture [ʀyptyʀ] *nf* rotura; (*des négociations, d'un couple*) ruptura; (*d'un contrat*) incumplimiento; **en ~ de ban** (*fig*) libre de obligaciones; **être en ~ de stock** estar agotado

rural, e, -aux [ʀyʀal, o] *adj* rural; **ruraux** *nmpl* : **les ruraux** los campesinos

ruse [ʀyz] *nf* astucia; **une ~** un ardid; **par ~** con astucia

rusé, e [ʀyze] *adj* astuto(-a)

russe [ʀys] *adj* ruso(-a) ▸ *nm* (*Ling*) ruso ▸ *nm/f* : **Russe** ruso(-a)

Russie [ʀysi] *nf* Rusia; **la ~ blanche/Soviétique** la Rusia blanca/Soviética

rustine [ʀystin] *nf* parche *m*

rustique [ʀystik] *adj* rústico(-a); (*plante*) resistente

rythme [ʀitm] *nm* ritmo; (*des saisons*) paso; **au ~ de 10 par jour** a razón de 10 al día

rythmé, e [ʀitme] *adj* rítmico(-a)

S

s' [s] *pron voir* **se**
s/ *abr* (= *sur*) sobre
SA [ɛsa] *sigle f* (= *société anonyme*) S.A. (= *Sociedad Anónima*); (= *Son Altesse*) S.A. (= *Su Alteza*)
sa [sa] *voir* **son**
sable [sɑbl] *nm* arena; **~s mouvants** arenas *fpl* movedizas
sablé, e [sɑble] *adj* enarenado(-a) ▸ *nm* galleta de pastaflora; **pâte sablée** pastaflora
sabler [sɑble] *vt* enarenar; **~ le champagne** (*fig*) celebrar algo con champán
sabot [sabo] *nm* (*chaussure*) zueco; (*de cheval, bœuf*) casco; (*Tech*) zapata; **~ (de Denver)** cepo; **~ de frein** zapata de freno
saboter [sabɔte] *vt* sabotear
sac [sak] *nm* saco; (*pillage*) saqueo; **mettre à ~** saquear; **~ à dos** mochila; **~ à main** bolso de mano, cartera (*AM*); **~ à provisions** bolsa de la compra; **~ de couchage** saco de dormir; **~ de voyage** bolsa de viaje; **~ de plage** bolsa playera
saccadé, e [sakade] *adj* (*gestes, voix*) brusco(-a); (*voix*) entrecortado(-a)
saccager [sakaʒe] *vt* (*piller*) saquear; (*dévaster*) devastar
saccharine [sakaʀin] *nf* sacarina
sachet [saʃɛ] *nm* bolsita; (*de poudre, lavande*) saquito; **thé en ~s** té *m* en bolsitas
sacoche [sakɔʃ] *nf* bolso, talego; (*de bicyclette, motocyclette*) talego; (*du facteur*) cartera; (*d'outils*) bolsa
sacré, e [sakʀe] *adj* sagrado(-a); (*fam : satané*) maldito(-a); (*Anat*) sacro(-a); **il a une sacrée chance/un ~ culot** (*fam*) tiene una suerte/cara increíble
sacrement [sakʀəmɑ̃] *nm* sacramento; **administrer les derniers ~s à qn** administrar los últimos sacramentos a algn
sacrifice [sakʀifis] *nm* sacrificio; **faire le ~ de** sacrificar
sacrifier [sakʀifje] *vt* sacrificar; **se sacrifier** *vpr* sacrificarse; **~ à** (*mode, tradition*) seguir; **articles sacrifiés** artículos *mpl* a precio de saldo, gangas *fpl*
sacristie [sakʀisti] *nf* sacristía
sadique [sadik] *adj, nm/f* sádico(-a)
safran [safʀɑ̃] *nm* azafrán *m*
sage [saʒ] *adj* (*avisé, prudent*) sensato(-a); (*enfant*) bueno(-a); (*jeune fille, vie*) casto(-a) ▸ *nm/f* sabio(-a); (*Pol*) consejero, sabio(-a), experto(-a) independiente; **comité des ~s** comité *m* de sabios
sage-femme [saʒfam] (*pl* **sages-femmes**) *nf* comadrona
sagesse [saʒɛs] *nf* (*bon sens, prudence*) sensatez *f*; (*philosophie du sage*) sabiduría; (*d'un enfant*) buena conducta
Sagittaire [saʒitɛʀ] *nm* (*Astrol*) Sagitario; **être ~** ser Sagitario
Sahara [saaʀa] *nm* Sáhara *m*
saignant, e [sɛɲɑ̃, ɑ̃t] *adj* (*viande*) poco hecho(-a); (*blessure*) sangrante
saigner [seɲe] *vi* sangrar ▸ *vt* (*Méd, fig*) sangrar a; (*animal*) desangrar; **~ qn à blanc** (*fig*) esquilmar a algn; **~ du nez** sangrar por la nariz
saillir [sajiʀ] *vi* sobresalir ▸ *vt* (*Élevage*) cubrir; **faire ~** (*muscles etc*) hacer sobresalir
sain, e [sɛ̃, sɛn] *adj* sano(-a); (*habitation*) salubre; (*affaire, entreprise*) saneado(-a); **~ et sauf** sano y salvo; **~ d'esprit** sano(-a) de espíritu
saindoux [sɛ̃du] *nm* manteca de cerdo
saint, e [sɛ̃, sɛ̃t] *adj, nm/f* santo(-a) ▸ *nm* (*statue*) santo; **la Sainte Vierge** la Virgen Santísima
sainteté [sɛ̃tte] *nf* santidad *f*; **sa S~ le pape** su Santidad el Papa
sais *etc* [sɛ] *vb voir* **savoir**
saisie [sezi] *nf* (*Jur*) embargo; **~ (de données)** (*Inform*) recogida de datos

saisir [seziʀ] *vt* (*personne, chose*) agarrar; (*fig* : *occasion, prétexte*) aprovechar; (*comprendre*) comprender; (*entendre*) captar; (*suj* : *sensations, émotions*) sobrecoger; (*Inform*) procesar; (*Culin*) soasar; (*Jur* : *biens, personne*) embargar; (: *publication interdite*) secuestrar; **se saisir de** *vpr* (*personne*) apoderarse de; **~ un tribunal d'une affaire** someter un caso a un tribunal; **elle fut saisie de douleur/crainte** le embargó el dolor/fue presa del pánico

saisissant, e [sezisɑ̃, ɑ̃t] *adj* (*spectacle, contraste*) sobrecogedor(a); (*froid*) penetrante

saison [sɛzɔ̃] *nf* temporada, época; (*du calendrier*) estación *f*; **la ~** (*touristique*) la temporada; **la belle/mauvaise ~** la buena/mala temporada; **être de ~** ser de la temporada; **en/hors ~** en/fuera de temporada; **haute/basse/morte ~** temporada alta/media/baja; **la ~ des pluies/des amours** la época de las lluvias/de los amores; **les quatre ~s** las cuatro estaciones

saisonnier, -ière [sɛzɔnje, jɛʀ] *adj* (*produits, culture*) estacional; (*travail*) estacional, de temporada ▸ *nm/f* (*travailleur*) temporero(-a), trabajador(a) estacional; (*vacancier*) turista *m/f* estacional

salade [salad] *nf* ensalada; **salades** *nfpl* (*fam*) : **raconter des ~s** contar cuentos; **haricots en ~** judías *fpl* en ensalada; **~ composée** ensalada mixta; **~ de concombres/d'endives** ensalada de pepinos/de endibias; **~ de fruits** macedonia de frutas; **~ de laitue/de tomates** ensalada de lechuga/de tomate; **~ niçoise** *ensalada con aceitunas, anchoas, tomates*; **~ russe** ensaladilla rusa

saladier [saladje] *nm* ensaladera

salaire [salɛʀ] *nm* salario; (*journalier*) jornal *m*; (*fig*) recompensa; **un ~ de misère** un salario de miseria; **~ brut/net** salario bruto/neto; **~ de base** sueldo base; **~ minimum interprofessionnel de croissance** ≈ salario mínimo interprofesional

salarié, e [salaʀje] *adj, nm/f* asalariado(-a)

salaud [salo] (*fam!*) *nm* cabrón *m* (*fam!*), hijo de la chingada (*fam!*) (*Mex*)

sale [sal] *adj* sucio(-a); (*avant le nom* : *fam*) malo(-a)

salé, e [sale] *adj* salado(-a); (*fig* : *histoire, plaisanterie*) picante; (*fam* : *note, facture*) desorbitado(-a) ▸ *nm* (*porc salé*) carne *f* de cerdo salada; **bien ~** muy salado(-a); **petit ~** saladillo

saler [sale] *vt* (*plat*) echar sal; (*pour conserver*) salar

saleté [salte] *nf* suciedad *f*; (*action vile*) cochinada; (*chose sans valeur*) porquería; (*obscénité*) guarrada; **j'ai attrapé une ~** (*microbe etc*) se me ha pegado una enfermedad; **vivre dans la ~** vivir en la inmundicia

salière [saljɛʀ] *nf* salero

salir [saliʀ] *vt* manchar; (*fig*) mancillar; **se salir** *vpr* (*aussi fig*) ensuciarse

salissant, e [salisɑ̃, ɑ̃t] *adj* sucio(-a); **le blanc, c'est ~** el blanco es un color sucio *ou* poco sufrido

salle [sal] *nf* sala; (*pièce*) sala, habitación *f*; (*de restaurant*) salón *m*; **faire ~ comble** tener un llenazo; **~ à manger** comedor *m*; **~ commune** sala común; **~ d'armes** (*pour l'escrime*) sala de esgrima; **~ d'attente** sala de espera; **~ d'eau** aseo; **~ de bain(s)** cuarto de baño; **~ de bal** salón de baile; **~ de cinéma** sala de cine; **~ de classe** aula; **~ de concert** sala de conciertos; **~ de consultation** sala de consulta; **~ de douches** cuarto de duchas; **~ de jeux** sala de juegos; **~ d'embarquement** sala de embarque; **~ de projection** sala de proyección; **~ de séjour** cuarto de estar; **~ des machines** sala de máquinas; **~ de spectacle** sala de espectáculos; **~ des ventes** salón de ventas; **~ d'exposition** sala de exposiciones; **~ d'opération** sala de operaciones; **~ obscure** sala oscura

salon [salɔ̃] *nm* salón *m*, living *m* (AM); (*mondain, littéraire*) salón, tertulia; **~ de coiffure** salón de peluquería; **~ de discussion** (*Internet*) chat *m*; **~ de thé** salón de té

salope [salɔp] (*fam!*) *nf* marrana

saloperie [salɔpʀi] (*fam!*) *nf* (*obscénité, publication obscène*) guarradas *fpl*; (*action vile*) marranada; (*chose sans valeur, de mauvaise qualité*) porquería

salopette [salɔpɛt] *nf* pantalón *m* de peto; (*de travail*) mono, overol *m* (AM)

salsifis [salsifi] *nm* salsifí *m*

salubre [salybʀ] *adj* salubre

saluer [salɥe] *vt* saludar; (*fig* : *acclamer*) aclamar, saludar

salut [saly] *nm* (*Rel*, *sauvegarde*) salvación *f*; (*Mil*, *parole d'accueil*) saludo ▶ *excl* (*fam* : *bonjour*) ¡hola!; (: *au revoir*) ¡hasta luego!, ¡chao! *ou* ¡chau! (*esp* AM); (*style relevé*) ¡salve!; **~ public** salud *f* pública

salutations [salytasjɔ̃] *nfpl* saludos *mpl*; **recevez mes ~ distinguées** *ou* **respectueuses** (*dans une lettre*) reciba mis cordiales *ou* respetuosos saludos

> **On peut dire aussi :**
> ¡Hola! (*Salut !* ou *Bonjour !* ou *Bonsoir !*)
> Buenas tardes. (*Bonjour* ou *Bonsoir.*)
> Buenas noches. (*Bonsoir* ou *Bonne nuit.*)

samedi [samdi] *nm* sábado; *voir aussi* **lundi**

SAMU, Samu [samy] *sigle m* (= *service d'assistance médicale d'urgence*) ≈ servicio médico de urgencia

sanction [sɑ̃ksjɔ̃] *nf* sanción *f*; **prendre des ~s contre** tomar medidas sancionadoras contra

sanctionner [sɑ̃ksjɔne] *vt* sancionar

sandale [sɑ̃dal] *nf* sandalia

sandwich [sɑ̃dwi(t)ʃ] *nm* sandwich *m*, bocadillo, emparedado (*esp* AM); **être pris en ~ (entre)** estar aprisionado (entre)

sang [sɑ̃] *nm* sangre *f*; **être en ~** estar cubierto de sangre; **jusqu'au ~** hasta hacer(le) sangrar; **se faire du mauvais ~** preocuparse; **~ bleu** sangre azul

sang-froid [sɑ̃fʀwa] *nm inv* sangre *f* fría; **garder/perdre/reprendre son ~** conservar/perder/recobrar la sangre fría; **faire qch de ~** hacer algo a sangre fría

sanglant, e [sɑ̃glɑ̃, ɑ̃t] *adj* (*visage*, *arme*) ensangrentado(-a); (*combat*, *fig*) sangriento(-a)

sangle [sɑ̃gl] *nf* correa; **sangles** *nfpl* (*pour lit etc*) cinchas *fpl*; **fauteuil/lit de ~(s)** sillón *m*/catre *m* de tijera

sanglier [sɑ̃glije] *nm* jabalí *m*

sanglot [sɑ̃glo] *nm* sollozo

sangloter [sɑ̃glɔte] *vi* sollozar

sangsue [sɑ̃sy] *nf* sanguijuela

sanguin, e [sɑ̃gɛ̃, in] *adj* sanguíneo(-a)

sanitaire [sanitɛʀ] *adj* sanitario(-a); **sanitaires** *nmpl* sanitarios *mpl*; **installation/appareil ~** instalación *f*/aparato sanitario(-a)

sans [sɑ̃] *prép* sin; **~ qu'il s'en aperçoive** sin que se dé cuenta; **~ scrupules** sin escrúpulos; **~ manches** sin mangas

sans-abri [sɑ̃zabʀi] (*pl* **sans-abri(s)**) *nm/f* persona sin hogar

sans-emploi [sɑ̃zɑ̃plwa] (*pl* **sans-emplois**) *nm/f* desempleado(-a)

sans-gêne [sɑ̃ʒɛn] *adj inv* desenfadado(-a) ▶ *nm inv* desenfado

sans-papiers *adj inv*, *nm/f inv*, **sans-papier** *adj*, *nm/f* [sɑ̃papje] sin papeles *m/f inv*

santé [sɑ̃te] *nf* salud *f*; **avoir une ~ de fer** tener una salud de hierro; **avoir une ~ délicate** tener una salud delicada; **être en bonne ~** estar bien de salud; **boire à la ~ de qn** beber a la salud de algn; **« à la ~ de ... »** « a la salud de ... »; **« à votre/ta ~ ! »** « ¡a su/tu salud! »; **service de ~** servicio sanitario; **la ~ publique** la salud pública

saoudien, ne [saudjɛ̃, jɛn] *adj* saudí, saudita ▶ *nm/f* : **Saoudien, ne** saudí *m/f*, saudita *m/f*

saoul, e [su, sul] *adj* = **soûl**

saper [sape] *vt* socavar; **se saper** *vpr* (*fam*) vestirse

sapeur-pompier [sapœʀpɔ̃pje] (*pl* **sapeurs-pompiers**) *nm/f* bombero(-a)

saphir [safiʀ] *nm* zafiro; (*d'électrophone*) aguja

sapin [sapɛ̃] *nm* (*Bot*) abeto; (*bois*) pino; **~ de Noël** pino de Navidad

sarcastique [saʀkastik] *adj* sarcástico(-a)

Sardaigne [saʀdɛɲ] *nf* Cerdeña

sardine [saʀdin] *nf* sardina; **~s à l'huile** sardinas en aceite

sa

SARL [ɛsaɛʀɛl] *sigle f* (= *société à responsabilité limitée*) ≈ SL (= *sociedad limitada*)

sarrasin [saʀazɛ̃] *nm* (*Bot*) alforfón *m*, trigo sarraceno; (*farine*) harina de alforfón, harina de trigo sarraceno

satané, e [satane] *adj* (*maudit*) maldito(-a)

satellite [satelit] *nm* satélite *msg*; **pays ~** país *msg* satélite *inv*; **retransmis par ~** retransmitido vía satélite; **~ (artificiel)** satélite (artificial)

satin [satɛ̃] *nm* satén *m*

satire [satiʀ] *nf* sátira; **faire la ~ de** satirizar

satirique [satiʀik] *adj* satírico(-a)

satisfaction [satisfaksjɔ̃] *nf* satisfacción *f*; **à ma grande ~** para gran satisfacción mía; **donner ~ (à)** satisfacer; **ils ont obtenu ~** se ha accedido a sus demandas

satisfaire [satisfɛʀ] *vt* satisfacer; **se satisfaire de** *vpr* contentarse con; **~ à** cumplir con; (*conditions*) responder a

satisfaisant, e [satisfəzɑ̃, ɑ̃t] *adj* satisfactorio(-a)

satisfait, e [satisfɛ, ɛt] *pp de* **satisfaire** ▶ *adj* (*personne, air*) satisfecho(-a); (*curiosité, désir*) complacido(-a); **~ de** satisfecho(-a) de

saturer [satyʀe] *vt* saturar; **~ qn/qch de** saturar a algn/algo de; **être saturé de qch** (*publicité*) estar harto de algo; **je suis saturé de travail** estoy saturado de trabajo

sauce [sos] *nf* salsa; **en ~** en salsa; **~ à salade** salsa de ensalada; **~ aux câpres** salsa de alcaparras; **~ blanche** salsa blanca; **~ mayonnaise/piquante** salsa mayonesa/picante; **~ suprême/vinaigrette** salsa suprema/vinagreta; **~ tomate** salsa de tomate

saucière [sosjɛʀ] *nf* salsera

saucisse [sosis] *nf* salchicha

saucisson [sosisɔ̃] *nm* salchichón *m*; **~ à l'ail** salchichón al ajo; **~ sec** salchichón curado

sauf[1] [sof] *prép* salvo; **~ que ...** salvo que ...; **~ si ...** salvo si ...; **~ avis contraire** salvo aviso contrario; **~ empêchement** salvo impedimento; **~ erreur/imprévu** salvo error/imprevisto

sauf[2]**, sauve** [sof, sov] *adj* (*personne*) ileso(-a); (*fig : honneur*) a salvo; **laisser la vie sauve à qn** perdonar la vida a algn

sauge [soʒ] *nf* salvia

saugrenu, e [sogʀəny] *adj* (*accoutrement*) estrafalario(-a); (*idée, question*) ridículo(-a)

saule [sol] *nm* sauce *m*; **~ pleureur** sauce llorón

saumon [somɔ̃] *nm* salmón *m* ▶ *adj inv* (*couleur*) color salmón *inv*

saumure [somyʀ] *nf* salmuera

saupoudrer [sopudʀe] *vt* : **~ qch de** (*de sel, sucre*) espolvorear algo de; (*fig*) salpicar algo de

saut [so] *nm* salto; **faire un ~** dar un salto; **faire un ~ chez qn** dar un salto a casa de algn; **au ~ du lit** al levantarse; **~ en hauteur/longueur/à la perche** salto de altura/longitud/con pértiga; **~ à la corde** salto a la comba; **~ de page** (*Inform*) avance *m* de página; **~ en parachute** salto en paracaídas; **~ périlleux** salto mortal

sauté, e [sote] *adj* (*Culin*) salteado(-a) ▶ *nm* : **~ de veau** salteado de ternera

sauter [sote] *vi* saltar; (*exploser*) estallar; (*se rompre*) romperse; (*se détacher*) soltarse ▶ *vt* (*obstacle*) franquear; (*fig : omettre*) saltarse; **faire ~** (*avec explosifs*) volar; (*Culin*) saltear; **~ à pieds joints/à cloche-pied** saltar con los pies juntos/a pata coja; **~ dans/sur/vers** (*se précipiter*) echarse en/sobre/hacia; **~ en parachute** saltar en paracaídas; **~ à la corde** saltar a la cuerda; **~ de joie/de colère** saltar de alegría/de rabia; **~ au cou de qn** echarse al cuello de algn; **~ d'un sujet à l'autre** pasar de un tema a otro; **~ aux yeux** saltar a la vista; **~ au plafond** (*fig*) subirse por las paredes

sauterelle [sotʀɛl] *nf* (*Zool*) saltamontes *m inv*

sautiller [sotije] *vi* dar saltitos

sauvage [sovaʒ] *adj* (*animal, peuplade*) salvaje; (*plante*) silvestre; (*lieu*) agreste; (*insociable*) huraño(-a); (*non officiel*) no autorizado(-a) ▶ *nm/f* (*primitif*) salvaje *m/f*; (*brute*) bárbaro(-a)

sauve [sov] *adj f voir* **sauf**[2]

sauvegarde [sovgaʀd] *nf* salvaguardia; **faire une ~** (*Inform*) hacer una copia de seguridad

sauvegarder [sovgaʀde] *vt* salvaguardar; (*Inform*) grabar

sauve-qui-peut [sovkipø] *nm inv* desbandada ▶ *excl* ¡sálvese quien pueda!

sauver [sove] *vt* salvar; **se sauver** *vpr* (*s'enfuir*) largarse; (*fam : partir*) irse; **~ qn de** salvar a algn de; **~ la vie à qn** salvar la vida a algn; **~ les apparences** guardar las apariencias

sauvetage [sov(ə)taʒ] *nm* salvamento; **ceinture** *ou* **brassière** *ou* **gilet de ~** cinturón *m ou* camisa *ou* chaleco salvavidas *inv*; **~ en montagne** rescate *m* de montaña

sauveteur, -euse [sov(ə)tœʀ, øz] *nm/f* socorrista *m/f*

sauvette [sovɛt] : **à la ~** *adv* (*se marier*) precipitadamente ▶ *adj* : **vente à la ~** venta ambulante no autorizada

sauveur, -euse [sovœʀ, øz] *nm/f* salvador(a); **le S~** (*Rel*) el Salvador

savant, e [savɑ̃, ɑ̃t] *adj* (*érudit, instruit, habile*) sabio(-a); (*compliqué, difficile*) complejo(-a) ▶ *nm/f* sabio(-a); **animal ~** animal amaestrado

saveur [savœʀ] *nf* sabor *m*

savoir [savwaʀ] *vt* saber ▶ *nm* saber *m*; **se savoir** *vpr* (*chose : être connu*) saberse; **se ~ malade/incurable** saberse enfermo/incurable; **~ nager/se montrer ferme** saber nadar/mostrarse firme; **~ que** saber que; **~ si/comment/combien ...** saber si/cómo/cuánto ...; **il faut ~ que ...** es preciso saber que ...; **il est petit : tu ne peux pas ~ ...** no creerías lo pequeño que es ...; **vous n'êtes pas sans ~ que ...** usted no ignora que ...; **je crois ~ que ...** creo saber que ...; **je n'en sais rien** yo no sé nada de eso; **à ~** a saber; **à ~ que ...** a saber que ...; **faire ~ qch à qn** hacer saber algo a algn; **ne rien vouloir ~** no querer saber nada; **pas que je sache** que yo sepa, no; **sans le ~** sin saberlo; **en ~ long** saber un rato largo

savon [savɔ̃] *nm* jabón *m*; **un ~** (*morceau*) una pastilla de jabón; **passer un ~ à qn** (*fam*) echarle un rapapolvo a algn

savonner [savɔne] *vt* enjabonar; **se savonner** *vpr* enjabonarse; **se ~ les mains/pieds** enjabonarse las manos/los pies

savonnette [savɔnɛt] *nf* jaboncillo

savourer [savuʀe] *vt* saborear

savoureux, -euse [savuʀø, øz] *adj* sabroso(-a)

saxo [saksɔ], **saxophone** [saksɔfɔn] *nm* saxo(fón) *m*

scabreux, -euse [skabʀø, øz] *adj* escabroso(-a)

scandale [skɑ̃dal] *nm* escándalo; **faire du ~** (*tapage*) armar un escándalo; **faire ~** causar escándalo

scandaleux, -euse [skɑ̃dalø, øz] *adj* escandaloso(-a)

scandinave [skɑ̃dinav] *adj* escandinavo(-a) ▶ *nm/f* : **Scandinave** escandinavo(-a)

Scandinavie [skɑ̃dinavi] *nf* Escandinavia

scanner[1] [skanɛʀ] *nm* escáner *m*

scanner[2] [skane] *vt* escanear

scarabée [skaʀabe] *nm* escarabajo

scarlatine [skaʀlatin] *nf* escarlatina

scarole [skaʀɔl] *nf* escarola

sceau, x [so] *nm* sello; **sous le ~ du secret** bajo secreto

sceller [sele] *vt* sellar; (*barreau, chaîne etc*) fijar

scénario [senaʀjo] *nm* (*Ciné*) guión *m*

scène [sɛn] *nf* escena; (*lieu, décors*) escena, escenario; (*dispute bruyante*) altercado; **la ~ politique/internationale** la escena política/internacional; **sur le devant de la ~** (*fig*) de plena actualidad; **entrer en ~** entrar en escena; **par ordre d'entrée en ~** por orden de aparición; **mettre en ~** (*Théâtre, fig*) poner en escena; (*Ciné*) dirigir; **porter à/adapter pour la ~** llevar al/adaptar para el teatro; **faire une ~ (à qn)** hacerle una escena (a algn); **~ de ménage** riña conyugal

sceptique [sɛptik] *adj, nm/f* escéptico(-a)

schéma [ʃema] *nm* esquema *m*

schématique [ʃematik] *adj* esquemático(-a)

schiste [ʃist] *nm* esquisto

sciatique [sjatik] *adj* : **nerf ~** nervio ciático ▶ *nf* ciática

scie [si] *nf* sierra; (*fam : péj : rengaine*) cantinela; **~ à bois** sierra para madera; **~ à découper** segueta; **~ à métaux** sierra para metales; **~ circulaire/sauteuse** sierra circular/de vaivén

sciemment [sjamɑ̃] *adv* conscientemente

science [sjɑ̃s] *nf* ciencia; (*savoir*) saber *m*; (*savoir-faire*) saber hacer *m*; **les ~s** (*Scol*) las ciencias; **~s appliquées/expérimentales** ciencias aplicadas/experimentales; **~s humaines/naturelles** ciencias humanas/naturales; **~s occultes** ciencias ocultas; **~s politiques/sociales** ciencias políticas/sociales

science-fiction [sjɑ̃sfiksjɔ̃] (*pl* **sciences-fictions**) *nf* ciencia ficción

scientifique [sjɑ̃tifik] *adj, nm/f* científico(-a)

scier [sje] *vt* serrar; (*partie en trop*) aserrar
scierie [siʀi] *nf* aserradero
scintiller [sɛ̃tije] *vi* centellear
sciure [sjyʀ] *nf* : **~ (de bois)** serrín *m* (de madera)
sclérose [skleʀoz] *nf* esclerosis *f inv*; **~ artérielle** esclerosis arterial, arterio-sclerosis *f inv*; **~ en plaques** esclerosis en placas
scolaire [skɔlɛʀ] *adj* escolar; **l'année ~** el curso escolar; (*à l'université*) el curso académico; **en âge ~** en edad escolar
scolariser [skɔlaʀize] *vt* escolarizar
scolarité [skɔlaʀite] *nf* escolaridad *f*; **frais de ~** gastos *mpl* de escolaridad; **la ~ obligatoire** la escolaridad obligatoria
scooter [skutœʀ] *nm* escúter *m*
score [skɔʀ] *nm* (*Sport*) tanteo; (*dans un test*) puntuación *f*; (*électoral etc*) resultado
scorpion [skɔʀpjɔ̃] *nm* escorpión *m*; **le S~** (*Astrol*) escorpio; **être S~** ser escorpio
scotch [skɔtʃ] *nm* (*whisky*) whisky *m* escocés; **S~®** (*adhésif*) cinta adhesiva
scotché, e [skɔtʃe] *adj* (*fam* : *immobilisé*) pegado(-a); (: *stupéfait*) alucinado(-a); **il reste des heures ~ devant la télévision** se pasa horas pegado a la tele
scotcher [skɔtʃe] *vt* pegar con cinta adhesiva; (*fam* : *stupéfier*) dejar alucinado(-a)
scout, e [skut] *adj* de scout ▸ *nm/f* scout *m/f*, explorador(a)
script [skʀipt] *nm* (*écriture*) letra cursiva; (*Ciné*) guión *m*
scrupule [skʀypyl] *nm* escrúpulo; **être sans ~s** no tener escrúpulos
scruter [skʀyte] *vt* (*objet, visage*) escrutar; (*horizon, alentours*) otear
scrutin [skʀytɛ̃] *nm* (*vote*) escrutinio; (*ensemble des opérations*) votación *f*; **ouverture/clôture d'un ~** apertura/cierre *m* de la votación; **~ à deux tours** votación a doble vuelta; **~ de liste** sistema *m* de lista cerrada; **~ majoritaire/proportionnel** sistema mayoritario/proporcional; **~ uninominal** elección *f* uninominal
sculpter [skylte] *vt* esculpir
sculpteur [skyltœʀ] *nm/f* (*nf aussi* **sculpteure**) escultor(a)
sculpture [skyltyʀ] *nf* escultura; **~ sur bois** escultura en madera
SDF [ɛsdeɛf] *sigle m/f* (= *sans domicile fixe*) sin techo *m/f*; **les ~** los sin techo
SE *abr* (= *Son Excellence*) S. Exc. (= *Su Excelencia*)
se [sə] *pron* se; **se voir comme on est** verse como uno es; **ils s'aiment** se quieren; **cela se répare facilement** eso se arregla fácilmente; **se casser la jambe/laver les mains** romperse una pierna/lavarse las manos
séance [seɑ̃s] *nf* sesión *f*; **ouvrir/lever la ~** abrir/levantar la sesión; **~ tenante** : **obéir/régler une affaire ~ tenante** obedecer/arreglar un asunto en el acto
seau, x [so] *nm* cubo, balde *m* (*esp* AM); **~ à glace** cubitera
sec, sèche [sɛk, sɛʃ] *adj* seco(-a); (*maigre, décharné*) enjuto(-a); (*style, graphisme*) árido(-a); (*départ, démarrage*) brusco(-a) ▸ *nm* : **tenir au ~** mantener en sitio seco ▸ *adv* (*démarrer*) bruscamente; **je le prends** *ou* **bois ~** lo tomo *ou* bebo puro; **à pied ~** a pie enjuto; **à ~** (*cours d'eau*) agotado(-a); (*à court d'idées*) vacío(-a); (*à court d'argent*) pelado(-a); **une toux sèche** una tos seca; **avoir la gorge sèche** tener la garganta seca; **boire ~** (*beaucoup*) ser un gran bebedor; **raisins ~s** pasas *fpl*
sécateur [sekatœʀ] *nm* podadera
sèche [sɛʃ] *adj f voir* **sec** ▸ *nf* (*fam*) pitillo
sèche-cheveux [sɛʃʃəvø] *nm inv* secador *m* de pelo
sèche-linge [sɛʃlɛ̃ʒ] (*pl* **sèche-linge(s)**) *nm* secadora
sèchement [sɛʃmɑ̃] *adv* (*frapper etc*) bruscamente; (*répliquer etc*) secamente
sécher [seʃe] *vt* secar; (*fam* : *Scol* : *classe*) pirarse ▸ *vi* secarse; (*fam* : *candidat*) estar pez; **se sécher** *vpr* secarse
sécheresse [sɛʃʀɛs] *nf* (*du climat, sol*) sequedad *f*; (*fig* : *du style*) aridez *f*; (*absence de pluie*) sequía
séchoir [seʃwaʀ] *nm* (*à linge*) tendedero; (*tabac, fruits*) secadero
second, e [s(ə)gɔ̃, ɔ̃d] *adj* segundo(-a) ▸ *nm* (*adjoint*) ayudante *m*; (*étage*) segundo; (*Naut*) segundo de a bordo; **doué de seconde vue** dotado de un sexto sentido; **en ~** en segunda; **trouver son ~ souffle** (*Sport, fig*) recobrar fuerzas; **être dans un état ~** estar enajenado(-a); **de seconde main** de segunda mano

secondaire [s(ə)gɔ̃dɛʀ] *adj* secundario(-a); (*Scol*) medio(-a), secundario(-a)

seconde [s(ə)gɔ̃d] *nf* segundo; (*Scol*) *quinto año de educación secundaria en el sistema francés*; (*Auto*) segunda; **voyager en ~** (*Transport*) viajar en segunda

seconder [s(ə)gɔ̃de] *vt* (*assister*) ayudar; (*favoriser*) secundar

secouer [s(ə)kwe] *vt* sacudir; (*passagers*) zarandear; (*fam : faire se démener*) pinchar; **se secouer** *vpr* (*chiens*) sacudirse; (*fam : se démener*) menearse, moverse; **~ la poussière d'un tapis/manteau** sacudir el polvo de una alfombra/de un abrigo; **~ la tête** (*pour dire oui*) asentir con la cabeza; (*pour dire non*) negar con la cabeza

secourir [s(ə)kuʀiʀ] *vt* socorrer; (*prodiguer des soins à*) auxiliar

secourisme [s(ə)kuʀism] *nm* socorrismo

secouriste [s(ə)kuʀist] *nm/f* socorrista *m/f*

secours¹ [s(ə)kuʀ] *vb voir* **secourir**

secours² [s(ə)kuʀ] *nm* socorro ▸ *nmpl* (*aide financière, matérielle*) ayuda *fsg*; (*soins à un malade, blessé*) auxilio *msg*; (*équipes de secours*) servicios *mpl* de socorro; **au ~!** ¡socorro!; **appeler au ~** pedir socorro; **appeler qn à son ~** pedir socorro a algn; **aller au ~ de qn** acudir en ayuda de algn; **porter ~ à qn** prestar socorro a algn; **les premiers ~** los primeros auxilios; **sa mémoire/cet outil lui a été d'un grand ~** su memoria/esta herramienta le ha sido de gran ayuda; **le ~ en montagne** el servicio de rescate de montaña

secousse [s(ə)kus] *nf* sacudida; (*électrique*) descarga; (*fig : psychologique*) conmoción *f*; **~ sismique/tellurique** sacudida sísmica/telúrica

secret, -ète [səkʀɛ, ɛt] *adj* secreto(-a); (*renfermé : personne*) reservado(-a) ▸ *nm* secreto; **le ~ de qch** el secreto de algo; **en ~** en secreto; **au ~** (*prisonnier*) incomunicado(-a); **~ d'État/de fabrication** secreto de Estado/de fabricación; **~ professionnel** secreto profesional

secrétaire [s(ə)kʀetɛʀ] *nm/f* secretario(-a) ▸ *nm* (*meuble*) secreter *m*; **~ d'ambassade** secretario(-a) de embajada; **~ d'État** secretario(-a) de Estado; **~ de direction** secretario(-a) de dirección; **~ de mairie** secretario(-a) municipal; **~ de rédaction** secretario(-a) de redacción; **~ général(e)** secretario(-a) general; **~ médical(e)** auxiliar *m/f* médico(-a)

secrétariat [s(ə)kʀetaʀja] *nm* (*profession*) secretariado; (*bureau, fonction*) secretaría; **~ d'État** secretaría de Estado; **~ général** secretaría general

sectarisme [sɛktaʀism] *nm* sectarismo; **le ~ religieux** el sectarismo religioso

secte [sɛkt] *nf* secta

secteur [sɛktœʀ] *nm* sector *m*; **branché sur le ~** conectado a la red; **fonctionne sur pile et ~** funciona con pilas y con electricidad; **le ~ privé/public** el sector privado/público; **le ~ primaire/secondaire/tertiaire** el sector primario/secundario/terciario

section [sɛksjɔ̃] *nf* sección *f*; (*d'une route, d'un parcours*) tramo; (*d'un chapitre, d'une œuvre*) parte *f*; **la ~ rythmique/des cuivres** la sección rítmica/los cobres; **tube de ~ 6,5 mm** tubo de 6,5 mm de sección

sectionner [sɛksjɔne] *vt* (*membre, tige*) seccionar; **se sectionner** *vpr* (*câble*) romperse

sécu [seky] (*fam*) *nf* = *Sécurité sociale*; *voir* **sécurité**

sécurité [sekyʀite] *nf* seguridad *f*; **impression de ~** impresión *f* de seguridad; **être en ~** estar seguro(-a); **dispositif/système de ~** dispositivo/sistema *m* de seguridad; **mesures de ~** medidas *fpl* de seguridad; **la ~ de l'emploi** la garantía de trabajo; **la ~ internationale/nationale** la seguridad internacional/nacional; **la ~ routière** la seguridad vial; **la S~ sociale** la Seguridad Social

sédentaire [sedɑ̃tɛʀ] *adj* sedentario(-a)

séduction [sedyksjɔ̃] *nf* seducción *f*

séduire [sedɥiʀ] *vt* seducir

séduisant, e [sedɥizɑ̃, ɑ̃t] *vb voir* **séduire** ▸ *adj* seductor(a)

ségrégation [segʀegasjɔ̃] *nf* segregación *f*

seiche [sɛʃ] *nf* sepia

seigle [sɛgl] *nm* (*Bot*) centeno; (*farine*) harina de centeno

seigneur [sɛɲœʀ] *nm* señor *m*; **le S~** (*Rel*) el Señor

sein [sɛ̃] *nm* (*Anat*) seno; (*fig* : *poitrine*) pecho; **au ~ de** en el seno de; **donner le ~ à** dar el pecho a; **nourrir au ~** amamantar

séisme [seism] *nm* seísmo

seize [sɛz] *adj inv*, *nm inv* dieciséis *m inv*; *voir aussi* **cinq**

seizième [sɛzjɛm] *adj*, *nm/f* decimosexto(-a) ▸ *nm* (*partitif*) dieciseisavo; *voir aussi* **cinquantième**

séjour [seʒuʀ] *nm* (*villégiature*) estancia; (*pièce*) cuarto de estar

séjourner [seʒuʀne] *vi* permanecer

sel [sɛl] *nm* sal *f*; **~ de cuisine/de table** sal de cocina/de mesa; **~ fin/gemme** sal fina/gema; **~s de bain** sales de baño

sélection [selɛksjɔ̃] *nf* selección *f*; **faire/opérer une ~ parmi** hacer/realizar una selección entre; **épreuve de ~** (*Sport*) prueba de selección; **~ naturelle/professionnelle** selección natural/profesional

sélectionner [selɛksjɔne] *vt* seleccionar

selfie [sɛlfi] *nm* (*fam*) selfie *m ou f*, selfi *m ou f*

self-service [sɛlfsɛʀvis] (*pl* **self-services**) *adj* autoservicio ▸ *nm* self-service *m*, restaurante *m* autoservicio

selle [sɛl] *nf* (*de cheval*) silla de montar; (*de bicyclette*) sillín *m*; (*Culin*) paletilla; **selles** *nfpl* (*Méd*) deposiciones *fpl*; **aller à la ~** (*Méd*) hacer sus necesidades; **se mettre en ~** montar

seller [sele] *vt* ensillar

selon [s(ə)lɔ̃] *prép* según; **~ que** según que; **~ moi** a mi modo de ver

semaine [s(ə)mɛn] *nf* semana; **en ~** durante la semana; **la ~ de 35 heures** la semana de 35 horas; **la ~ du blanc/du livre** la semana de la ropa blanca/del libro; **à la petite ~** (*vivre etc*) al día; **une organisation à la petite ~** una organización de miras cortas; **la ~ sainte** la Semana Santa

semblable [sɑ̃blabl] *adj* semejante ▸ *nm* (*prochain*) semejante *m*; **~ à** parecido(-a) a; **de ~s mésaventures/calomnies** (*de ce genre*) semejantes desgracias/calumnias

semblant [sɑ̃blɑ̃] *nm* : **un ~ d'intérêt/de vérité** una apariencia de interés/de verdad; **faire ~ (de faire qch)** fingir (hacer algo)

sembler [sɑ̃ble] *vi* parecer ▸ *vb impers* : **il semble inutile/bon de ...** parece inútil/bien ...; **il semble (bien) que/ne semble pas que** parece (bien) que/no parece que; **il me semble (bien) que** me parece (bien) que; **il me semble le connaître** me parece que lo conozco; **cela leur semblait cher/pratique** eso les parecía caro/práctico; **~ être** parecer ser; **comme/quand bon lui semble** como/cuando le parece bien; **me semble-t-il, à ce qu'il me semble** me parece, en mi opinión

semelle [s(ə)mɛl] *nf* (*de chaussure*) suela; (: *intérieure*) plantilla; (*de bas, chaussette*) planta; (*d'un ski*) plancha; **battre la ~** golpear el suelo con los pies para calentarlos; (*fig*) recorrer; **~s compensées** suelas *fpl* de plataforma

semer [s(ə)me] *vt* (*Agr*) sembrar; (*fig* : *éparpiller*) esparcir; (: *poursuivants*) despistar; **~ la confusion** sembrar la confusión; **~ la discorde/terreur parmi ...** sembrar la discordia/el terror entre ...; **semé de difficultés/d'erreurs** sembrado de dificultades/de errores

semestre [s(ə)mɛstʀ] *nm* semestre *m*

séminaire [seminɛʀ] *nm* seminario

semi-remorque [səmiʀəmɔʀk] (*pl* **semi-remorques**) *nf* (*remorque*) semirremolque *m* ▸ *nm* (*camion*) semirremolque *m*

semoule [s(ə)mul] *nf* sémola; **~ de maïs/de riz** sémola de maíz/de arroz

sénat [sena] *nm* : **le S~** el Senado

> El **Sénat** es la cámara alta del parlamento francés, que se reúne en el Palais du Luxembourg de París. A la mitad de sus miembros, los *sénateurs*, los elige cada tres años, por un periodo de seis, un colegio electoral formado por los *députés* y otros representantes electos. El **Sénat** posee una amplia gama de poderes legislativos, pero en caso de controversia, el Gobierno puede determinar que sea la cámara baja, la *Assemblée nationale*, la que decida en último término.

sénateur, -trice [senatœʀ] *nm/f* senador(a)

sénile [senil] *adj* (*voix, tremblement, démence*) senil

senior, sénior [senjɔʀ] *nm/f* persona mayor de 55 años; **le taux de chômages des ~s** la tasa de paro de los mayores de 55 años

sens¹ [sɑ̃] *vb voir* **sentir**

sens² [sɑ̃s] *nm* sentido ▸ *nmpl* (*sensualité*) sentidos *mpl*; **avoir le ~ des affaires/de la mesure** tener el don de los negocios/de la medida; **en dépit du bon ~** sin sentido común; **tomber sous le ~** caer por su propio peso; **ça n'a pas de ~** eso no tiene sentido; **en ce ~ que** (*dans la mesure où*) en la medida en que; (*c'est-à-dire que*) en el sentido de que; **en un ~, dans un ~** en cierto sentido; **à mon ~** en mi opinión; **dans le ~ des aiguilles d'une montre** en el sentido de las agujas del reloj; **dans le ~ de la longueur/largeur** a lo largo/ancho; **dans le mauvais ~** en mal sentido; **bon ~** sensatez *f*; **reprendre ses ~** volver en sí; **un sixième ~** un sexto sentido; **~ commun** sentido común; **~ dessus dessous** desordenado, patas arriba; **~ figuré** sentido figurado; **~ interdit** dirección *f* prohibida; **~ propre** sentido propio; **~ unique** dirección *f* única

sensation [sɑ̃sasjɔ̃] *nf* sensación *f*; **faire ~** causar sensación; **à ~** (*péj*) sensacionalista

sensationnel, le [sɑ̃sasjɔnɛl] *adj* sensacional

sensé, e [sɑ̃se] *adj* sensato(-a)

sensibiliser [sɑ̃sibilize] *vt* : **~ qn (à)** sensibilizar a algn (para)

sensibilité [sɑ̃sibilite] *nf* sensibilidad *f*

sensible [sɑ̃sibl] *adj* sensible; (*différence, progrès*) apreciable; **~ à** sensible a

sensiblement [sɑ̃sibləmɑ̃] *adv* sensiblemente; **ils ont ~ le même poids** (*à peu près*) tienen casi el mismo peso

sensiblerie [sɑ̃sibləʀi] *nf* sensiblería

sensuel, le [sɑ̃sɥɛl] *adj* sensual

sentence [sɑ̃tɑ̃s] *nf* sentencia

sentier [sɑ̃tje] *nm* sendero

sentiment [sɑ̃timɑ̃] *nm* sentimiento; (*avis, opinion*) opinión *f*; **sentiments** *nmpl* : **les ~s** los sentimientos; **avoir le ~ de/que** tener la impresión de/que; **recevez mes ~s respectueux/dévoués** (*dans une lettre*) reciba usted mis más sinceros respetos; **veuillez agréer l'expression de mes ~s distingués** (*dans une lettre*) reciba usted mis más atentos saludos; **faire du ~** (*péj*) apelar a la sensiblería; **si vous me prenez par les ~s** si usted apela a mis sentimientos

sentimental, e, -aux [sɑ̃timɑ̃tal, o] *adj* sentimental

sentinelle [sɑ̃tinɛl] *nf* centinela *m/f*; **en ~** de guardia

sentir [sɑ̃tiʀ] *vt* sentir; (*par l'odorat*) oler; (*au toucher*) sentir; (*goût*) notar; (*avoir une odeur de, aussi fig*) oler a ▸ *vi* oler; **~ bon/mauvais** oler bien/mal; **se ~ à l'aise/mal à l'aise** sentirse a gusto *ou* cómodo/incómodo; **se ~ mal** encontrarse mal; **se ~ le courage/la force de faire qch** sentirse con ánimo/fuerza para hacer algo; **se ~ coupable de faire qch** sentirse culpable por haber hecho algo; **ne plus se ~ de joie** rebosar de alegría; **ne pas pouvoir ~ qn** (*fam*) no poder tragar a algn

séparation [sepaʀasjɔ̃] *nf* separación *f*; (*mur, cloison*) división *f*; **~ de biens/de corps** separación de bienes/de cuerpos; **~ des pouvoirs** separación de (los) poderes

séparatiste [sepaʀatist] *nm/f, adj* separatista *m/f*

séparé, e [sepaʀe] *adj* separado(-a); **~ de** separado(-a) de

séparément [sepaʀemɑ̃] *adv* separadamente

séparer [sepaʀe] *vt* separar; **se séparer** *vpr* separarse; (*amis etc*) despedirse; (*route, tige*) bifurcarse; (*éléments, parties*) desmontarse; (*écorce*) desprenderse; **se ~ de** (*époux*) separarse de; (*employé, objet personnel*) deshacerse de; **~ qn de** (*ami, allié*) separar a algn de; **~ une pièce/un jardin en deux** dividir una habitación/un jardín en dos

sept [sɛt] *adj inv, nm inv* siete *m inv*; *voir aussi* **cinq**

septante [sɛptɑ̃t] *adj inv, nm inv* (*Belgique, Suisse*) setenta *m inv*

septembre [sɛptɑ̃bʀ] *nm* se(p)tiembre *m*; *voir aussi* **juillet**

septicémie [sɛptisemi] *nf* septicemia

septième [sɛtjɛm] *adj, nm/f* sé(p)timo(-a) ▸ *nm* (*partitif*) sé(p)timo; **être au ~ ciel** estar en el sé(p)timo cielo; *voir aussi* **cinquième**

septique [sɛptik] *adj* : **fosse ~** foso séptico

séquelles [sekɛl] *nfpl* secuelas *fpl*

séquençage [sekɑ̃saʒ] *nm* (*de génomes*) secuenciación *f*

séquence [sekɑ̃s] *nf* secuencia

serein, e [səʀɛ̃, ɛn] *adj* sereno(-a); (*visage, regard, personne*) apacible
sergent, e [sɛʀʒɑ̃, ɑ̃t] *nm/f* sargento *m/f*
série [seʀi] *nf* serie *f*; (*de clefs, outils*) juego; (*Sport*) fase *f*; **en/de/hors ~** en/de/fuera de serie; **soldes de fin de ~s** saldos *mpl* de fin de serie; **~ noire** (*roman policier*) policiaca; (*suite de malheurs*) serie de desgracias; **~ (télévisée)** serie (televisiva)
sérieusement [seʀjøzmɑ̃] *adv* con seriedad; **il parle ~** habla en serio; **~?** ¿en serio?
sérieux, -euse [seʀjø, jøz] *adj* serio(-a); (*client*) serio(-a), formal; (*moral, rangé*) formal ▸ *nm* seriedad *f*; **garder son ~** mantener su seriedad; **manquer de ~** no tener fundamento; **prendre qch/qn au ~** tomarse algo/a algn en serio; **se prendre au ~** tomarse en serio; **tu es ~?** ¿lo dices en serio?; **c'est ~?** ¿en serio?; **ce n'est pas ~** eso no es serio; **une sérieuse différence/augmentation** una diferencia/un aumento considerable ▸ *adv* (*fam*): **il s'est marié — ~?** se ha casado — ¿en serio?
serin [s(ə)ʀɛ̃] *nm* canario
seringue [s(ə)ʀɛ̃g] *nf* jeringa
serment [sɛʀmɑ̃] *nm* juramento; **prêter ~** prestar juramento; **faire le ~ de** prestar juramento de; **témoigner sous ~** atestiguar bajo juramento
sermon [sɛʀmɔ̃] *nm* sermón *m*
séropositif, -ive [seʀopozitif, iv] *adj* (*Méd*) seropositivo(-a)
sérotonine [seʀɔtɔnin] *nf* serotonina
serpent [sɛʀpɑ̃] *nm* serpiente *f*; **~ à lunettes/à sonnettes** serpiente de anteojos/de cascabel
serpenter [sɛʀpɑ̃te] *vi* serpentear
serpillière [sɛʀpijɛʀ] *nf* bayeta
serre [sɛʀ] *nf* (*construction*) invernadero; **serres** *nfpl* (*griffes*) garras *fpl*; **~ chaude/froide** invernadero templado/frío
serré, e [seʀe] *adj* apretado(-a); (*habits*) ajustado(-a); (*lutte, match*) reñido(-a); (*café*) fuerte ▸ *adv*: **jouer ~** jugar sobre seguro; **écrire ~** escribir con letra apretada; **avoir le cœur ~** tener el corazón en un puño; **avoir la gorge serrée** tener un nudo en la garganta
serrer [seʀe] *vt* apretar; (*tenir : chose*) asir; (*: personne*) abrazar; (*rapprocher*) apretujar; (*frein, robinet*) apretar; (*automobiliste, cycliste*) arrimarse a ▸ *vi*: **~ à droite/gauche** pegarse a la derecha/a la izquierda; **se serrer** *vpr* (*se rapprocher*) apretujarse; **~ la main à qn** estrechar la mano a algn; **~ qn dans ses bras/contre son cœur** estrechar a algn entre sus brazos/contra su pecho; **~ la gorge/le cœur à qn** oprimir la garganta/el pecho a algn; **~ les dents** apretar los dientes; **~ qn de près** seguir de cerca a algn; **~ le trottoir** pegarse a la acera; **~ sa droite/gauche** pegarse a su derecha/izquierda; **se ~ contre qn** estrecharse contra algn; **se ~ les coudes** prestarse ayuda; **se ~ la ceinture** (*fig*) apretarse el cinturón; **~ la vis à qn** (*fig*) apretar las clavijas a algn; **~ les rangs** cerrar filas
serrure [seʀyʀ] *nf* cerradura, chapa (*AM*)
serrurier, -ère [seʀyʀje, jɛʀ] *nm/f* cerrajero(-a)
sert *etc* [sɛʀ] *vb voir* **servir**
sertir [sɛʀtiʀ] *vt* (*pierre précieuse*) engastar; (*deux pièces métalliques*) encastrar
sérum [seʀɔm] *nm* suero; **~ physiologique** suero fisiológico
servante [sɛʀvɑ̃t] *nf* sirvienta, mucama (*CSur*), recamarera (*Mex*)
serveur, -euse [sɛʀvœʀ, øz] *nm/f* (*de restaurant*) camarero(-a); (*Tennis*) *jugador que tiene el servicio*; (*Cartes*) mano *m/f* ▸ *nm* (*Inform*) servidor *m*
serviable [sɛʀvjabl] *adj* servicial
service [sɛʀvis] *nm* servicio; (*aide, faveur*) favor *m*; (*Rel*) oficio; (*Sport*) servicio, saque *m*; **services** *nmpl* (*travail, prestations*) servicios *mpl*; (*Écon*) sector *m* servicios; **~ compris/non compris** servicio incluido/no incluido; **faire le ~** servir; **être en ~ chez qn** (*domestique*) estar de servicio en casa de algn; **être au ~ de (qn)** estar al servicio de (algn); **pendant le ~** de servicio; **porte de ~** puerta de servicio; **premier/second ~** primer/segundo turno; **rendre ~ (à qn)** ayudar (a algn), echar una mano (a algn); (*suj : objet*) ser de utilidad (a algn); **il aime rendre ~** le gusta hacer favores; **rendre un ~ à qn** hacer un favor a algn; **reprendre du ~** volver al servicio activo; **heures de ~** horas de servicio; **être de ~** estar de servicio; **avoir 25 ans de ~** tener 25 años de servicio;

être/mettre en ~ estar/poner en servicio; **hors ~** fuera de servicio; **en ~ commandé** en comisión de servicio; **~ à café/à glaces** servicio de café/de helado; **~ après vente** servicio pos(t)-venta; **~ à thé** servicio de té; **~ d'ordre** servicio de orden; **~ funèbre** servicio funerario; **~ militaire/public** servicio militar/público; **~s secrets/sociaux** servicios secretos/sociales

On peut dire aussi :
¿Te puedo pedir un favor? (*Je peux te demander un service ?*)
¿Me traes un vaso de agua? (*Tu m'apportes ... ?*)
¿Quieres echarme una mano? (*Tu veux bien ... ?*)
¿Podrías decirme qué pone aquí, por favor? (*Pourrais-tu ... s'il te plaît ?*)
¿Te importaría cerrar un poco la ventana? (*Cela ne te ferait rien de ... ?*)

serviette [sɛʀvjɛt] *nf* (*de table*) servilleta; (*de toilette*) toalla; (*porte-documents*) cartera, portafolio(s) *m* (AM); **~ éponge** toalla de felpa; **~ hygiénique** compresa

servir [sɛʀviʀ] *vt* servir; (*client*) atender; (*rente, pension*) pagar ▸ *vi* servir; **se servir** *vpr* servirse; **se ~ chez qn** servirse en casa de algn; **se ~ de** (*plat*) servirse de; (*voiture, outil*) utilizar; (*relations, amis*) valerse de; **~ à qn** (*suj : diplôme, livre*) servir a algn; **ça m'a servi pour faire ...** eso me ha servido para hacer ...; **~ à qch/faire qch** (*outil*) servir para algo/hacer algo; **qu'est-ce que je vous sers ?** ¿qué le sirvo?; **est-ce que je peux vous ~ quelque chose ?** ¿le sirvo a usted algo?; **vous êtes servi ?** ¿le atienden a usted?; **ça peut ~** eso puede servir; **ça peut encore ~** todavía puede servir eso; **à quoi cela sert-il (de faire) ?** ¿de qué sirve (hacer)?; **cela ne sert à rien** eso no sirve para nada; **~ (à qn) de** hacer (a algn) de; **~ dans l'infanterie** servir en infantería; **~ la messe** ayudar a misa; **~ une cause** servir a una causa; **~ les intérêts de qn** servir a los intereses de algn; **~ à dîner/déjeuner à qn** servir de cenar/almorzar a algn; **~ le dîner à 18 h** servir la cena a las 6 de la tarde

serviteur [sɛʀvitœʀ] *nm* servidor *m*

ses [se] *voir* **son**

sésame [sezam] *nm* (*Bot*) sésamo; (*moyen d'accès*) : **le ~ pour (faire) qch** la llave para (hacer) algo

seuil [sœj] *nm* umbral *m*; **recevoir qn sur le ~ (de sa maison)** recibir a algn en la puerta (de su casa); **au ~ de** (*fig*) en el umbral de; **~ de rentabilité** (*Comm*) punto de equilibrio

seul, e [sœl] *adj* (*sans compagnie*) solo(-a); (*avec nuance affective* : *isolé*) solitario(-a); (*objet, mot etc*) aislado(-a) ▸ *adv* : **vivre ~** vivir solo(-a) ▸ *nm/f* : **j'en veux un(e) ~(e)** quiero sólo uno(-a); **le ~ livre/homme** el único libro/hombre; **lui ~ peut ...** sólo él puede ...; **à lui (tout) ~** sólo a él; **d'un ~ coup** *adv* (*subitement*) de pronto; (*à la fois*) de una vez; **~ ce livre** sólo ese libro; **parler tout ~** hablar solo; **faire qch (tout) ~** hacer algo (completamente) solo; **~ à ~** a solas; **il en reste un(e) ~(e)** queda sólo uno(-a); **pas un(e) ~(e)** ni siquiera uno(-a)

seulement [sœlmɑ̃] *adv* : **~ cinq, cinq ~** solamente cinco; **~ eux** (*exclusivement*) únicamente ellos; **~ hier/à 10 h** (*pas avant*) sólo ayer/a las 10; **il consent, ~ il demande des garanties** (*toutefois*) consiente, pero pide garantías; **non ~ ... mais aussi** *ou* **encore** no solamente ... pero también *ou* además

sève [sɛv] *nf* savia

sévère [sevɛʀ] *adj* severo(-a); (*style, tenue*) austero(-a); (*pertes*) serio(-a), grave

sexe [sɛks] *nm* sexo; **le ~ fort/faible** el sexo fuerte/débil

sexiste [sɛksist] *nm/f, adj* sexista *m/f*

sexto [sɛksto] *nm* mensaje *m* erótico

sexuel, le [sɛksɥɛl] *adj* sexual; **acte ~** acto sexual

shampooing [ʃɑ̃pwɛ̃] *nm* (*lavage*) lavado; (*produit*) champú *m*; **se faire un ~** hacerse un lavado con champú; **~ colorant/traitant** champú colorante/tratante

short [ʃɔʀt] *nm* pantalón *m* corto, short *m*

SI [ɛsi] *abr* (= *syndicat d'initiative*) oficina de turismo

si [si]

▸ *adv* **1** (*oui*) sí; **Paul n'est pas venu ? — si !** ¿no ha venido Pablo? — ¡sí!; **mais si !** ¡que sí!
2 (*tellement*) : **si gentil/rapidement** tan

amable/rápidamente; **si rapide qu'il soit** por muy rápido que sea
▸ *conj* si; **si tu veux** si quieres; **je me demande si ...** me pregunto si ...; **si seulement** si sólo; **si ce n'est ...** (*sinon*) sino ...; **si ce n'est que ...** excepto que ...; **si tant est que ...** siempre y cuando ...; **(tant et) si bien que** tanto que; **s'il pouvait (seulement) venir !** ¡si (al menos) pudiera venir!; **s'il le fait, c'est que ...** si lo hace, es que ...; **s'il est aimable, eux par contre ...** él es amable, pero en cambio ellos ...; **si j'étais toi ...** yo que tú ...
▸ *nm inv* (*Mus*) si *m*

Sicile [sisil] *nf* Sicilia

sida, **SIDA** [sida] *sigle m* (= *syndrome immuno-déficitaire acquis*) sida *m*, SIDA *m* (= *Síndrome de Inmunodeficiencia Adquirida*)

sidéré, e [sideʀe] *adj* atónito(-a)

sidérurgie [sideʀyʀʒi] *nf* siderurgia

siècle [sjɛkl] *nm* siglo *m*; **le ~ des lumières/de l'atome** el siglo de las luces/del átomo

siège [sjɛʒ] *nm* asiento; (*dans une assemblée*) puesto; (*de député*) escaño; (*tribunal, assemblée, organisation*) sede *f*; (*d'une douleur, maladie*) foco; (*Mil*) sitio; **lever le ~** levantar el sitio; **mettre le ~ devant une ville** sitiar una ciudad; **se présenter par le ~** (*nouveau-né*) nacer de nalgas; **~ arrière/avant** asiento trasero/delantero; **~ baquet** *asiento ajustable de los coches de carreras*; **~ social** sede social

siéger [sjeʒe] *vi* (*député*) ocupar un escaño; (*assemblée, tribunal*) celebrar sesión; (*résider, se trouver*) residir

sien, ne [sjɛ̃, sjɛn] *pron* : **le ~, la sienne** el suyo, la suya; **les ~s, les siennes** los suyos, las suyas; **y mettre du ~** poner de su parte; **faire des siennes** (*fam*) hacer de las suyas; **les ~s** (*sa famille*) los suyos

sieste [sjɛst] *nf* siesta; **faire la ~** dormir la siesta

sifflement [sifləmɑ̃] *nm* silbido

siffler [sifle] *vi* silbar; (*train, avec un sifflet*) pitar ▸ *vt* silbar; (*orateur, faute, départ*) pitar; (*fam : verre, bouteille*) soplarse

sifflet [siflɛ] *nm* (*instrument*) silbato; (*sifflement*) silbido; **sifflets** *nmpl* (*de mécontentement*) pitidos *mpl*; **coup de ~** pitido

siffloter [siflɔte] *vi, vt* silbar ligeramente

sigle [sigl] *nm* sigla

signal, -aux [siɲal, o] *nm* señal *f*; **donner le ~ de** dar la señal de; **~ d'alarme/d'alerte** señal de alarma/de alerta; **~ de détresse** señal de socorro; **~ horaire/optique/sonore** señal horaria/óptica/sonora; **signaux (lumineux)** (*Auto*) semáforo *msg*; **signaux routiers** señales de circulación

signalement [siɲalmɑ̃] *nm* descripción *f*

signaler [siɲale] *vt* señalar; **~ qch à qn/(à qn) que** señalar algo a algn/(a algn) que; **~ qn à la police** advertir a la policía sobre algn; **se signaler (par)** *vpr* distinguirse (por); **se ~ à l'attention de qn** llamar la atención de algn

signature [siɲatyʀ] *nf* firma

signe [siɲ] *nm* signo; (*mouvement, geste*) seña; **ne pas donner ~ de vie** no dar señales de vida; **c'est bon/mauvais ~** es buena/mala señal; **c'est ~ que** es señal de que; **faire un ~ de la tête/main** hacer una seña con la cabeza/la mano; **faire ~ à qn** (*fig*) hacer saber algo a algn; **faire ~ à qn d'entrer** hacer señas a algn para que entre; **en ~ de** en señal de; **~s extérieurs de richesse** signos externos de riqueza; **~ de la croix** señal *f* de la cruz; **~ de ponctuation** signo de puntuación; **~ du zodiaque** signo del Zodíaco; **~s particuliers** señas individuales

signer [siɲe] *vt* firmar; **se signer** *vpr* santiguarse

significatif, -ive [siɲifikatif, iv] *adj* significativo(-a)

signification [siɲifikasjɔ̃] *nf* significado

signifier [siɲifje] *vt* significar; **~ qch (à qn)** (*faire connaître*) comunicar algo (a algn); **~ qch à qn** (*Jur*) notificar algo a algn

silence [silɑ̃s] *nm* silencio; (*Mus*) pausa; **garder le ~ sur qch** guardar silencio sobre algo; **passer sous ~** silenciar; **réduire au ~** hacer callar; **« ~ ! »** « ¡silencio! »

silencieux, -euse [silɑ̃sjø, jøz] *adj* silencioso(-a) ▸ *nm* silenciador *m*

silhouette [silwɛt] *nf* silueta

sillage [sijaʒ] *nm* estela; **dans le ~ de** (*fig*) tras los pasos de

sillon [sijɔ̃] *nm* surco

sillonner [sijɔne] *vt* (*suj : rides, crevasses*) formar surcos en; (*parcourir en tous sens*) surcar; (*suj : routes, voyageurs*) atravesar

simagrées [simagʀe] *nfpl* melindres *mpl*

similaire [similɛʀ] *adj* similar

similicuir [similikɥiʀ] *nm* cuero artificial

similitude [similityd] *nf* semejanza

simple [sɛ̃pl] *adj* (*aussi péj*) simple; (*peu complexe*) sencillo(-a), simple; (*repas, vie*) sencillo(-a) ▸ *nm* (*Tennis*) : **~ messieurs/dames** individual *m* masculino/femenino; **simples** *nfpl* (*plantes médicinales*) simples *mpl*; **une ~ objection/formalité** una mera objeción/formalidad; **un ~ employé/particulier** un simple empleado/una simple persona; **cela varie du ~ au double** se duplica; **dans le plus ~ appareil** como Dios lo trajo al mundo; **réduit à sa plus ~ expression** reducido a su mínima expresión; **~ d'esprit** *nm/f* simplón(-ona); **~ soldat** soldado raso

simplicité [sɛ̃plisite] *nf* sencillez *f*; **en toute ~** con toda sencillez

simplifier [sɛ̃plifje] *vt* simplificar

simplissime [sɛ̃plisim] *adj* sencillísimo(-a)

simuler [simyle] *vt* fingir; (*suj : substance, revêtement*) simular, imitar; (*vente, contrat*) simular

simultané, e [simyltane] *adj* simultáneo(-a)

sincère [sɛ̃sɛʀ] *adj* sincero(-a); **mes ~s condoléances** mi más sentido pésame

sincèrement [sɛ̃sɛʀmɑ̃] *adv* sinceramente; (*franchement*) francamente

sincérité [sɛ̃seʀite] *nf* sinceridad *f*; **en toute ~** con toda franqueza

singe [sɛ̃ʒ] *nm* mono

singer [sɛ̃ʒe] *vt* imitar

singeries [sɛ̃ʒʀi] *nfpl* (*simagrées*) remilgos *mpl*; (*grimaces*) monerías *fpl*

singulariser [sɛ̃gylaʀize] *vt* singularizar; **se singulariser** *vpr* caracterizarse

singularité [sɛ̃gylaʀite] *nf* singularidad *f*

singulier, -ière [sɛ̃gylje, jɛʀ] *adj* singular ▸ *nm* (*Ling*) singular *m*

sinistre [sinistʀ] *adj* siniestro(-a) ▸ *nm* siniestro; **un ~ imbécile/crétin** (*intensif*) un imbécil/cretino redomado

sinistré, e [sinistʀe] *adj* siniestrado(-a) ▸ *nm/f* damnificado(-a)

sinon [sinɔ̃] *conj* (*autrement, sans quoi*) de lo contrario; (*sauf*) salvo; (*si ce n'est*) si no

sinueux, -euse [sinɥø, øz] *adj* (*ruelles*) sinuoso(-a); (*fig : raisonnement*) retorcido(-a)

sinus [sinys] *nm* seno

sinusite [sinyzit] *nf* sinusitis *f inv*

siphonner [sifɔne] *vt* (*réservoir*) vaciar con sifón; (*fonds, ressources*) desviar; (*: voix*) pescar

sirène [siʀɛn] *nf* sirena; **~ d'alarme** sirena de alarma

sirop [siʀo] *nm* (*de fruit etc*) concentrado; (*boisson*) sirope *m*, zumo; (*pharmaceutique*) jarabe *m*; **~ contre la toux** jarabe contra la tos; **~ de framboise/de menthe** concentrado de frambuesa/de menta; (*boisson*) sirope *ou* zumo de frambuesa/de menta

siroter [siʀɔte] *vt* beber a sorbos

sismique [sismik] *adj* sísmico(-a)

site [sit] *nm* (*paysage, environnement*) paraje *m*; (*d'une ville etc*) emplazamiento; **~ (pittoresque)** paisaje *m* (pintoresco); **~s historiques/naturels/touristiques** parajes históricos/naturales/turísticos; **~ Web** sitio (Web)

sitôt [sito] *adv* : **~ parti** nada más marcharse; **~ après** inmediatamente después; **pas de ~** no tan pronto; **~ que** tan pronto como

situation [sitɥasjɔ̃] *nf* situación *f*; (*emploi, place*) puesto; **être en ~ de faire qch** estar en situación de hacer algo; **~ de famille** estado civil

situé, e [sitɥe] *adj* situado(-a)

situer [sitɥe] *vt* situar; (*en pensée*) localizar; **se situer** *vpr* : **se ~ à** *ou* **dans/près de** situarse en/cerca de

six [sis] *adj inv, nm inv* seis *m inv*; *voir aussi* **cinq**

sixième [sizjɛm] *adj, nm/f* sexto(-a) ▸ *nm* (*partitif*) sexto ▸ *nf* (*Scol*) *primer año de educación secundaria en el sistema francés*; *voir aussi* **cinquième**

skaï [skaj] *nm* skay *m*

skate, [skɛt], **skateboard** [skɛtbɔʀd] *nm* (*sport*) skate(board) *m*; (*planche*) monopatín *m*

sketch [skɛtʃ] *nm* sketch *m*

ski [ski] *nm* esquí *m*; **une paire de ~s, des ~s** un par de esquís, esquís *mpl*; **faire du ~** esquiar; **aller faire du ~** ir a esquiar; **~ alpin** esquí alpino; **~ de fond/de piste/ de randonnée** esquí de fondo/de pista/ de travesía; **~ nautique** esquí náutico

skier [skje] *vi* esquiar

skieur, -euse [skjœʀ, øz] *nm/f* esquiador(a)

slalom [slalɔm] *nm* eslálom *m*; **faire du ~ entre** (*fig*) hacer eslálom entre; **~ géant/ spécial** eslálom gigante/especial

slip [slip] *nm* (*d'homme*) calzoncillo, slip *m*, calzones *mpl* (AM); (*de femme*) braga, calzones; (*de bain* : *d'homme*) bañador *m*; (: *de femme*) braga (del bikini)

slogan [slɔgɑ̃] *nm* eslogan *m*

SMIC [smik] *sigle m* (= *salaire minimum interprofessionnel de croissance*) *salario mínimo interprofesional*

> En Francia, se llama **SMIC** a la tarifa salarial mínima establecida por hora para trabajadores de más de dieciocho años. Este salario mínimo se actualiza cada 1 de enero según un cálculo basado en el índice de precios de consumo (IPC) y también puede subir durante el año si dicho índice aumenta en, por lo menos, un 2%.

smoking [smɔkiŋ] *nm* esmoquin *m*

SMS [ɛsɛmɛs] *sigle m* (= *short message service*) SMS *m*

SNCF [ɛsɛnseɛf] *sigle f* (= *Société nationale des chemins de fer français*) *red nacional de ferrocarriles franceses*

snob [snɔb] *adj, nm/f* esnob *m/f*

snobisme [snɔbism] *nm* esnobismo

snowboardeur, -euse [snobɔʀdœʀ, øz] *nm/f* aficionado(-a) al snowboard

sobre [sɔbʀ] *adj* sobrio(-a); **~ de (gestes/ compliments)** parco(-a) de (gestos/cumplidos)

sobriquet [sɔbʀikɛ] *nm* mote *m*

sociable [sɔsjabl] *adj* sociable

social, e, -aux [sɔsjal, jo] *adj* social

socialisme [sɔsjalism] *nm* socialismo

socialiste [sɔsjalist] *adj, nm/f* socialista *m/f*

société [sɔsjete] *nf* sociedad *f*; (*d'abeilles, de fourmis*) comunidad *f*; **~ anonyme/à responsabilité limitée** sociedad anónima/ de responsabilidad limitada; **la ~ d'abondance** la sociedad de la abundancia; **la ~ de consommation** la sociedad de consumo; **~ de services** sociedad de servicios; **~ d'investissement à capital variable** sociedad inversora de capital variable; **~ par actions** sociedad por acciones; **~ savante** sociedad cultural

sociologie [sɔsjɔlɔʒi] *nf* sociología

socle [sɔkl] *nm* (*de colonne, statue*) pedestal *m*; (*de lampe*) pie *m*

socquette [sɔkɛt] *nf* calcetín *m* corto

sœur [sœʀ] *nf* hermana; (*religieuse*) hermana, sor *f*; **~ Elisabeth** (*Rel*) sor Elisabeth; **~ aînée/cadette/de lait** hermana mayor/menor/de leche

soi [swa] *pron* sí mismo(-a); **cela va de ~** ni que decir tiene

soi-disant [swadizɑ̃] *adj inv* supuesto(-a) ▶ *adv* presuntamente

soie [swa] *nf* seda; (*de porc, sanglier*) cerda; **~ sauvage** seda salvaje

soierie [swaʀi] *nf* sedería

soif [swaf] *nf* sed *f*; **~ du pouvoir** sed de poder; **avoir ~** tener sed; **donner ~ (à qn)** dar sed (a algn)

soigné, e [swaɲe] *adj* (*personne*) cuidado(-a); (*travail*) esmerado(-a); (*fam* : *rhume, facture etc*) señor(a)

soigner [swaɲe] *vt* cuidar (a); (*maladie*) curar; (*clientèle, invités*) atender (a)

soigneux, -euse [swaɲø, øz] *adj* cuidadoso(-a); **~ de** cuidadoso(-a) con

soi-même [swamɛm] *pron* sí mismo(-a)

soin [swɛ̃] *nm* cuidado; **soins** *nmpl* (*à un malade, aussi hygiène*) cuidados *mpl*; (*attentions, prévenance*) detalles *mpl*; **avoir** *ou* **prendre ~ de qch/qn** ocuparse de algo/ algn; **laisser à qn le ~ de faire qch** dejar a algn al cargo de hacer algo; **sans ~** *adj* descuidado(-a) ▶ *adv* descuidadamente; **~s de la chevelure/de beauté/du corps** cuidados del cabello/de belleza/corporales; **les premiers ~s** primeros auxilios *mpl*; **aux bons ~s de** a la atención *ou* al cuidado de; **être aux petits ~s pour qn** tener mil detalles con algn; **confier qn aux ~s de qn** confiar a algn a los cuidados de algn; **~s palliatifs** cuidados paliativos

soir [swaʀ] *nm* tarde *f*, noche *f* ▶ *adv* : **dimanche ~** el domingo por la tarde; **il fait frais/il travaille le ~** hace fresco/

trabaja por la tarde; **ce ~** esta tarde; **« à ce ~ ! »** « ¡hasta la tarde! »; **la veille au ~** la víspera por la noche; **sept heures du ~** las siete de la tarde; **dix heures du ~** las diez de la noche; **le repas du ~** la cena; **le journal du ~** el diario de la tarde; **hier ~** ayer por la noche; **demain ~** mañana por la noche

soirée [swaʀe] *nf* (*moment de la journée*) tarde *f*; (*tard*) noche *f*; (*réception*) velada; **donner un film/une pièce en ~** dar una película/una obra de teatro en función de noche

soit [swa] *vb voir* **être** ▶ *conj* es decir ▶ *adv* (*assentiment*) sea, de acuerdo; **~ ..., ~ ...** sea ... sea ...; **~ un triangle ABC** tenemos un triángulo ABC; **~ que ..., ~ que ...** *ou* **ou que ...** ya sea ... ya sea ...

soixantaine [swasɑ̃tɛn] *nf* (*nombre*) : **la ~** los sesenta; **avoir la ~** rondar los sesenta; **une ~ de ...** unos sesenta ...

soixante [swasɑ̃t] *adj inv, nm inv* sesenta *m inv*; *voir aussi* **cinq**

soixante-dix [swasɑ̃tdis] *adj inv, nm inv* setenta *m inv*; *voir aussi* **cinq**

soixante-dixième [swasɑ̃tdizjɛm] *adj, nm/f* septuagésimo(-a) ▶ *nm* (*partitif*) setentavo; *voir aussi* **cinquantième**

soixantième [swasɑ̃tjɛm] *adj, nm/f* sexagésimo(-a) ▶ *nm* (*partitif*) sesentavo; *voir aussi* **cinquantième**

soja [sɔʒa] *nm* soja; **germes de ~** brotes *mpl* de soja

sol [sɔl] *nm* suelo; (*revêtement*) suelo, piso ▶ *nm inv* (*Mus*) sol *m*; **hors ~** (*piscine*) elevado; (*culture, tomates*) hidropónico

solaire [sɔlɛʀ] *adj* solar; (*huile, filtre*) bronceador(a); **cadran ~** reloj *m* de sol

soldat, e [sɔlda, t] *nm/f* soldado *m/f*; **~ de plomb** soldadito de plomo; **S~ inconnu** soldado desconocido

solde [sɔld] *nf* (*Mil*) sueldo ▶ *nm* (*Comm*) saldo; **soldes** *nmpl* (*Comm*) saldos *mpl*; **à la ~ de qn** (*péj*) a sueldo de algn; **en ~** rebajado; **aux ~s** en las rebajas; **~ créditeur/débiteur** *ou* **à payer** saldo acreedor/deudor

solder [sɔlde] *vt* (*compte : en acquittant le solde*) saldar; (*: en l'arrêtant*) liquidar; (*marchandise*) rebajar; **se solder par** *vpr* resultar en; **article soldé (à) 10 euros** artículo rebajado a 10 euros

sole [sɔl] *nf* lenguado

soleil [sɔlɛj] *nm* sol *m*; (*feu d'artifice*) rueda; (*acrobatie*) vuelta de campana; (*Bot*) girasol *m*; **il y a** *ou* **il fait du ~** hace sol; **au ~** al sol; **en plein ~** a pleno sol; **le ~ couchant** la puesta del sol; **le ~ de minuit** el sol de medianoche; **le ~ levant** la salida del sol

solennel, le [sɔlanɛl] *adj* solemne

solfège [sɔlfɛʒ] *nm* solfeo

solidaire [sɔlidɛʀ] *adj* solidario(-a); (*choses, pièces mécaniques*) interdependiente; **être ~ de** (*compatriotes, collègues*) ser solidario(-a) con; (*mécanisme*) ser interdependiente de

solidarité [sɔlidaʀite] *nf* solidaridad *f*; **par ~ (avec)** (*cesser le travail*) por solidaridad (con)

solide [sɔlid] *adj* sólido(-a); (*personne, estomac*) fuerte ▶ *nm* (*Phys, Géom*) sólido; **un ~ coup de poing** (*fam*) un buen puñetazo; **avoir les reins ~s** (*fig*) tener el riñón bien cubierto; **~ au poste** (*fig*) inquebrantable en el trabajo

solidité [sɔlidite] *nf* solidez *f*

soliste [sɔlist] *nm/f* solista *m/f*

solitaire [sɔlitɛʀ] *adj* solitario(-a); (*endroit, maison*) desierto(-a) ▶ *nm/f* solitario(-a) ▶ *nm* (*diamant, jeu*) solitario

solitude [sɔlityd] *nf* soledad *f*

solliciter [sɔlisite] *vt* solicitar; (*suj : attractions etc*) tentar; (*: occupations*) absorber; **~ qn** tentar a algn; **~ qch de qn** solicitar algo de algn

sollicitude [sɔlisityd] *nf* solicitud *f*

soluble [sɔlybl] *adj* soluble

solution [sɔlysjɔ̃] *nf* solución *f*; (*d'une situation, crise*) desenlace *m*; **~ de continuité** solución de continuidad; **~ de facilité** solución fácil

solvable [sɔlvabl] *adj* solvente

sombre [sɔ̃bʀ] *adj* oscuro(-a); (*fig*) taciturno(-a); (*: avenir*) sombrío(-a)

sombrer [sɔ̃bʀe] *vi* (*bateau*) zozobrar; **~ corps et biens** desaparecer personas y bienes; **~ dans la misère** caer en la miseria

sommaire [sɔmɛʀ] *adj* (*description, explication*) somero(-a) ▶ *nm* sumario; (*en fin ou début de chapitre*) resumen *m*; **faire le ~ de** hacer el resumen de; **exécution ~** ejecución *f* sumaria

somme [sɔm] *nf* (*Math, d'argent*) suma; (*fig*) cantidad *f* ▸ *nm* : **faire un ~** echar un sueño; **faire la ~ de** hacer la suma de; **en ~** en resumidas cuentas; **~ toute** en resumen

sommeil [sɔmɛj] *nm* sueño; **avoir ~** tener sueño; **avoir le ~ léger** tener el sueño ligero; **en ~** (*fig*) en suspenso

sommeiller [sɔmeje] *vi* dormitar; (*fig*) estar en suspenso

sommer [sɔme] *vt* : **~ qn de faire** intimar a algn a que haga

sommet [sɔmɛ] *nm* cima; (*fig*) cúspide *f*; (*de la perfection, gloire, conférence*) cumbre *f*; (*Géom*) vértice *m*; **l'air pur des ~s** el aire puro de las montañas; **atteindre des ~s** (*prix, taux*) alcanzar su nivel más alto, alcanzar su máximo; (*bêtise, égoïsme*) alcanzar su máxima expresión

sommier [sɔmje] *nm* somier *m*; **~ à lattes/à ressorts** somier de láminas/de muelles; **~ métallique** somier de malla metálica

somnambule [sɔmnɑ̃byl] *nm/f* sonámbulo(-a)

somnifère [sɔmnifɛʀ] *nm* somnífero

somnoler [sɔmnɔle] *vi* dormitar

somptueux, -euse [sɔ̃ptɥø, øz] *adj* suntuoso(-a)

son¹, sa [sɔ̃, sa] (*pl* **ses**) *adj poss* su

son² [sɔ̃] *nm* sonido; (*résidu de mouture*) salvado; (*sciure*) serrín *m*; **régler le ~** (*Radio, TV*) regular el volumen; **~ et lumière** luz y sonido

sondage [sɔ̃daʒ] *nm* sondeo; **~ (d'opinion)** sondeo (de opinión)

sonde [sɔ̃d] *nf* sonda; (*Tech*) barrena; **~ à avalanche** sonda para las avalanchas; **~ spatiale** sonda espacial

sonder [sɔ̃de] *vt* sondear; (*plaie, malade*) sondar; (*fig : conscience etc*) indagar (en); (*: personne*) tantear; **~ le terrain** (*fig*) tantear el terreno

songe [sɔ̃ʒ] *nm* sueño

songer [sɔ̃ʒe] : **~ à** *vt* (*rêver à*) soñar con; (*penser à*) pensar en; (*envisager*) considerar; **~ que** considerar que

songeur, -euse [sɔ̃ʒœʀ, øz] *adj* pensativo; **ça me laisse ~** eso me deja pensativo(-a)

sonnant, e [sɔnɑ̃, ɑ̃t] *adj* : **espèces ~es et trébuchantes** dinero contante y sonante; **à huit heures ~es** a las ocho en punto

sonné, e [sɔne] *adj* (*fam : fou*) sonado(-a); **il est midi ~** son las doce dadas; **il a quarante ans bien ~s** tiene cuarenta años bien cumplidos

sonner [sɔne] *vi* (*cloche*) tañer; (*réveil, téléphone*) sonar; (*à la porte*) llamar ▸ *vt* (*cloche*) tañer; (*domestique, portier, infirmière*) llamar a; (*messe, réveil, tocsin*) tocar a; (*fam : suj : choc, coup*) dejar sonado(-a); **~ du clairon** tocar la corneta; **~ bien/mal** sonar bien/mal; **~ creux** sonar a hueco; (*résonner*) retumbar; **~ faux** (*instrument*) desafinar; (*rire*) sonar a falso; **~ les heures** dar las horas; **minuit vient de ~** acaban de dar la medianoche; **~ chez qn** llamar a casa de algn

sonnerie [sɔnʀi] *nf* timbre *m*; (*d'horloge*) campanadas *fpl*; **~ d'alarme** alarma; **~ de clairon** toque *m* de corneta

sonnette [sɔnɛt] *nf* (*de porte, électrique*) timbre *m*; **~ d'alarme** timbre de alarma; **~ de nuit** timbre nocturno

sonore [sɔnɔʀ] *adj* sonoro(-a); **effets ~s** efectos *mpl* sonoros

sonorisation [sɔnɔʀizasjɔ̃] *nf* sonorización *f*

sonorité [sɔnɔʀite] *nf* sonoridad *f*; **sonorités** *nfpl* timbre *msg*

sophistiqué, e [sɔfistike] *adj* sofisticado(-a)

sorbet [sɔʀbɛ] *nm* sorbete *m*

sorcier, -ière [sɔʀsje, jɛʀ] *nm/f* brujo(-a) ▸ *adj* : **ce n'est pas ~** (*fam*) no es nada del otro mundo

sordide [sɔʀdid] *adj* sórdido(-a); (*avarice, affaire*) mísero(-a)

sort [sɔʀ] *vb voir* **sortir** ▸ *nm* (*fortune, destin*) suerte *f*; (*destinée*) destino; (*condition, situation*) fortuna *f*; **jeter un ~** hechizar; **un coup du ~** un golpe de suerte; **c'est une ironie du ~** es una ironía del destino; **le ~ en est jeté** la suerte está echada; **tirer au ~** sortear; **tirer qch au ~** sortear algo

sorte [sɔʀt] *vb voir* **sortir** ▸ *nf* clase *f*, especie *f*; **une ~ de** una especie de; **de la ~** de este modo; **en quelque ~** en cierto modo; **de (telle) ~ que, en ~ que** de (tal) modo que; **faire en ~ que** procurar que

sortie [sɔʀti] *nf* salida; (*parole incongrue*) disparate *m*; **sorties** *nfpl* (*comptabilité*) gastos *mpl*; (*Inform*) salida, output *m*; **faire une ~** (*fig*) hacer una crítica; **à sa ~ ...** a su salida ...; **à la ~ de l'école/l'usine** a la salida del colegio/de la fábrica; **à la ~ de ce nouveau modèle** a la salida al mercado de ese nuevo modelo; **«~ de camions»** «salida de camiones»; **~ de bain** albornoz *m*; **~ de secours** salida de emergencia; **~ papier** copia impresa

sortilège [sɔʀtilɛʒ] *nm* sortilegio

sortir [sɔʀtiʀ] *nm*: **au ~ de l'hiver/de l'enfance** al final del invierno/de la infancia ▸ *vi* salir; (*bourgeon, plante*) brotar; (*eau, fumée*) desprenderse ▸ *vt* llevar; (*mener dehors, promener*: *personne, chien*) sacar; (*produit etc*) salir al mercado; (*fam*: *expulser*: *personne*) echar; (: *débiter*: *boniments, incongruités*) echar; (*Inform*: *sur papier*) sacar; **~ de** salir de; (*rails etc, aussi fig*) salirse de; (*famille, université*) proceder de; **se ~ de** (*affaire, situation*) salir de; **~ qch (de)** sacar algo (de); **~ de ses gonds** (*fig*) salirse de sus casillas; **~ qn d'affaire/d'embarras** sacar a algn de un asunto/de un apuro; **~ du système** (*Inform*) finalizar la sesión; **~ de table** levantarse de la mesa; **s'en ~** (*malade*) reponerse; (*d'une difficulté etc*) salir de apuros

sosie [sɔzi] *nm* doble *m/f*

sot, sotte [so, sɔt] *adj, nm/f* necio(-a)

sottise [sɔtiz] *nf*: **la ~** la necedad; **une ~** una tontería

sou [su] *nm*: **être près de ses ~s** ser un(a) agarrado(-a); **être sans le ~** estar sin blanca; **économiser ~ à ~** ahorrar poco a poco; **n'avoir pas un ~ de bon sens** no tener ni una pizca de sentido común; **de quatre ~s** de tres al cuarto

soubresaut [subʀəso] *nm* (*de peur etc*) sobresalto; (*d'un cheval*) corcovo; (*d'un véhicule*) barquinazo

souche [suʃ] *nf* (*d'un arbre*) cepa; (*d'un registre, carnet*) matriz *f*; **dormir comme une ~** dormir como un tronco; **de vieille ~** de rancio abolengo; **carnet** *ou* **chéquier à ~(s)** talonario de cheques con resguardo

souci [susi] *nm* preocupación *f*, inquietud *f*; (*Bot*) caléndula; **se faire du ~** inquietarse; **avoir (le) ~ de** preocuparse por; **~s financiers** problemas *mpl* financieros

soucier [susje]: **se soucier de** *vpr* preocuparse por

soucieux, -euse [susjø, jøz] *adj* preocupado(-a); **~ de son apparence/que le travail soit bien fait** preocupado por su apariencia/por que el trabajo esté bien hecho; **peu ~ de/que ...** poco cuidadoso de/de que ...

soucoupe [sukup] *nf* platillo; **~ volante** platillo volante

soudain, e [sudɛ̃, ɛn] *adj* repentino(-a) ▸ *adv* de repente

soude [sud] *nf* sosa; **~ caustique** sosa cáustica

soudé, e [sude] *adj* (*fig*: *pétales, organes*) unido(-a)

souder [sude] *vt* soldar; **se souder** *vpr* (*os*) soldarse

soudure [sudyʀ] *nf* soldadura

souffle [sufl] *nm* soplo; (*respiration*) respiración *f*; (*d'une explosion*) onda expansiva; (*d'un ventilateur*) aire *m*; **retenir son ~** contener la respiración; **avoir du/manquer de ~** tener/faltarle el resuello; **être à bout de ~** estar sin aliento; **avoir le ~ court** faltarle la respiración enseguida; **second ~** (*fig*) fuerzas recobradas; **~ au cœur** (*Méd*) soplo en el corazón

soufflé, e [sufle] *adj* (*Culin*: *blé, maïs*) inflado(-a) ▸ *nm* (*Culin*) suflé *m*

souffler [sufle] *vi* soplar; (*haleter*) resoplar; **~ sur** soplar ▸ *vt* soplar; (*suj*: *explosion*) volar; **~ qch à qn** (*dire*) apuntar algo a algn; (*fam*: *voler*) birlar algo a algn; **~ son rôle à qn** apuntar su papel a algn; **laisser ~** (*fig*) dejar respirar; **ne pas ~ mot** no decir ni pío

souffrance [sufʀɑ̃s] *nf* sufrimiento; **en ~** (*marchandise*) detenido(-a); (*affaire*) en suspenso; **la ~ animale** el sufrimiento animal; **la ~ au travail** el sufrimiento en el trabajo

souffrant, e [sufʀɑ̃, ɑ̃t] *adj* (*personne*) indispuesto(-a); (*air*) doliente

souffre-douleur [sufʀədulœʀ] (*pl* **souffre-douleur(s)**) *nm* chivo expiatorio

souffrir [sufʀiʀ] *vi* sufrir ▸ *vt* (*faim, soif, torture*) padecer; (*supporter*: *gén négatif*) sufrir; (*exception, retard*) admitir; **~ de** padecer de; **~ des dents** padecer de los dientes; **ne pas pouvoir ~ qch/que ...** no poder soportar algo/que ...; **faire ~ qn** (*suj*: *personne*) hacer sufrir a algn; (: *dents, blessure etc*) hacer padecer a algn

soufre [sufʀ] *nm* azufre *m*
souhait [swɛ] *nm* deseo; **riche** *etc* **à ~** rico *etc* a pedir a boca; **« à vos ~s ! »** « ¡Jesús! »

> **On peut dire aussi :**
> Me gustaría saber lo que piensan. (*J'aimerais ...*)
> Me gustaría que fuera más sincero conmigo. (*J'aimerais que ...*)
> Me encantaría poder trabajar con un director como él. (*Je serais ravi(e) de ...*)
> Quisiera dedicar una canción a mi hija Gema. (*Je voudrais ...*)
> Desearía que se les prestara más atención a los ancianos. (*Je souhaiterais que ...*)

souhaitable [swɛtabl] *adj* aconsejable
souhaiter [swete] *vt* desear; **~ le bonjour à qn** dar los buenos días a algn; **~ la bonne année à qn** desearle un feliz año nuevo a algn; **~ bon voyage** *ou* **bonne route à qn** desear buen viaje a algn; **il est à ~ que** es de desear que
soûl, e [su, sul] *adj* (*aussi fig*) borracho(-a) ▸ *nm* : **boire/manger tout son ~** beber/comer hasta hartarse
soulagement [sulaʒmɑ̃] *nm* alivio
soulager [sulaʒe] *vt* aliviar; **~ qn de** (*fardeau*) aligerar a algn de; **~ qn de son portefeuille** (*hum*) afanar la cartera a algn
soûler [sule] *vt* emborrachar; (*suj : boisson : aussi fig*) embriagar; **se soûler** *vpr* emborracharse; (*fig*) : **se ~ de** (*vitesse, musique*) emborracharse de
soulever [sul(ə)ve] *vt* levantar; (*peuple, province*) sublevar; (*l'opinion*) indignar; (*difficultés*) provocar; (*question, problème, débat*) plantear; **se soulever** *vpr* levantarse; (*peuple, province*) sublevarse; **cela (me) soulève le cœur** eso me revuelve el estómago
soulier [sulje] *nm* zapato; **une paire de ~s, des ~s** un par de zapatos, unos zapatos; **~ bas** zapato plano; **~s plats/à talons** zapatos *mpl* sin tacón/de tacón
souligner [suliɲe] *vt* subrayar; (*fig*) destacar; (*détail, l'importance de qch*) remarcar
soumettre [sumɛtʀ] *vt* someter; **se soumettre** *vpr* : **se ~ (à)** someterse (a)
soumis, e [sumi, iz] *pp de* **soumettre** ▸ *adj* (*personne, air*) sumiso(-a); (*peuples*) sometido(-a); **revenus ~ à l'impôt** ganancias sujetas a impuesto
soumission [sumisjɔ̃] *nf* sumisión *f*; (*Comm*) licitación *f*
soupape [supap] *nf* válvula; **~ de sûreté** (*aussi fig*) válvula de seguridad
soupçon [supsɔ̃] *nm* sospecha; **un ~ de** una pizca de; **avoir ~ de** tener sospecha de; **au dessus de tout ~** por encima de toda sospecha
soupçonner [supsɔne] *vt* sospechar; **~ que** sospechar que; **je le soupçonne d'être l'assassin** sospecho que es el asesino
soupçonneux, -euse [supsɔnø, øz] *adj* desconfiado(-a)
soupe [sup] *nf* sopa; **être ~ au lait** tener genio *ou* prontos; **~ à l'oignon/de poisson** sopa de cebolla/de pescado; **~ populaire** sopa de pobres
souper [supe] *vi* cenar ▸ *nm* cena; **avoir soupé de qch** (*fam*) estar hasta la coronilla de algo
soupeser [supəze] *vt* sopesar
soupière [supjɛʀ] *nf* sopera
soupir [supiʀ] *nm* suspiro; (*Mus*) silencio de negra; **~ d'aise/de soulagement** suspiro de gozo/de alivio; **rendre le dernier ~** exhalar el último suspiro
soupirer [supiʀe] *vi* suspirar; **~ après qch** suspirar por algo
souple [supl] *adj* flexible; (*fig : caractère*) dócil; (*: démarche, taille*) desenvuelto(-a)
souplesse [suplɛs] *nf* flexibilidad *f*; (*du caractère*) docilidad *f*; (*de la démarche*) desenvoltura; **en ~, avec ~** con suavidad
source [suʀs] *nf* fuente *f*; (*point d'eau*) manantial *m*; (*fig : cause, point de départ*) origen *m*; (*: d'une information*) fuente *f*; **sources** *nfpl* (*fig*) fuentes *fpl*; **prendre sa ~ à/dans** (*cours d'eau*) tener su origen/nacer en; **tenir qch de bonne ~/de ~ sûre** saber algo de buena fuente/de buena tinta; **~ d'eau minérale** manantial *ou* fuente de agua mineral; **~ de chaleur/lumineuse** fuente de calor/de luz; **~ thermale** manantial *ou* fuente termal
sourcil [suʀsi] *nm* ceja
sourciller [suʀsije] *vi* : **sans ~** sin pestañear
sourd, e [suʀ, suʀd] *adj* sordo(-a); (*couleur*) mate ▸ *nm/f* sordo(-a); **être ~ à** hacerse el sordo(-a) ante; **un bruit ~** un ruido sordo

sourdine [suʀdin] *nf* (*Mus*) sordina; **en ~** por lo bajo; **mettre une ~ à** (*fig*) contener

sourd-muet, sourde-muette [suʀmyɛ, suʀdmyɛt] (*pl* **sourds-muets, sourdes-muettes**) *adj, nm/f* sordomudo(-a)

souriant, e [suʀjɑ̃, jɑ̃t] *vb voir* **sourire** ▸ *adj* sonriente

sourire [suʀiʀ] *nm* sonrisa ▸ *vi* sonreír; **~ à qn** (*aussi fig*) sonreír a algn; **faire un ~ à qn** hacer una sonrisa a algn; **garder le ~** mantener la sonrisa

souris [suʀi] *vb voir* **sourire** ▸ *nf* (*Zool, Inform*) ratón *m*

sournois, e [suʀnwa, waz] *adj* disimulado(-a), solapado(-a)

sous [su] *prép* debajo de, bajo; **~ la pluie/le soleil** bajo la lluvia/el sol; **~ mes yeux** ante mis ojos; **~ terre** *adj* bajo tierra ▸ *adv* debajo de la tierra; **~ vide** *adj* al vacío ▸ *adv* en vacío; **~ les coups de** por los golpes de; **~ les critiques** ante las críticas; **~ le choc** bajo los efectos del choque; **~ l'influence/l'action de** bajo la influencia/la acción de; **~ les ordres/la protection de** bajo las órdenes/la protección de; **~ telle rubrique/lettre** en tal sección/letra; **être ~ antibiotiques** estar tomando antibióticos; **~ Louis XIV** bajo el reinado de Luis XIV; **~ cet angle** desde este ángulo; **~ ce rapport** bajo esta perspectiva; **~ peu** dentro de poco

sous-bois [subwa] *nm inv* maleza

souscrire [suskʀiʀ] : **~ à** *vt* (*une publication*) suscribir a; (*fig : approuver*) suscribir a

sous-directeur, -trice [sudiʀɛktœʀ, tʀis] (*pl* **sous-directeurs, trices**) *nm/f* subdirector(a)

sous-effectif [suzefɛktif] (*pl* **sous-effectifs**) *nm* falta de efectivos; **être en ~** estar sin los efectivos suficientes

sous-entendre [suzɑ̃tɑ̃dʀ] *vt* sobrentender; **~ que** sobrentender que

sous-entendu, e [suzɑ̃tɑ̃dy] (*pl* **sous-entendus, es**) *adj* (*idée, message*) implícito(-a); (*Ling*) elíptico(-a) ▸ *nm* insinuación *f*

sous-estimer [suzɛstime] *vt* subestimar

sous-jacent, e [suʒasɑ̃, ɑ̃t] (*pl* **sous-jacents, es**) *adj* (*couche, matériau*) subyacente; (*fig : idée*) latente; (*: difficulté*) de fondo

sous-louer [sulwe] *vt* subarrendar

sous-marin, e [sumaʀɛ̃, in] (*pl* **sous-marins, es**) *adj* submarino(-a) ▸ *nm* submarino

sous-produit [supʀɔdɥi] (*pl* **sous-produits**) *nm* subproducto

soussigné, e [susiɲe] *adj* : **je ~ ...** yo, el que suscribe ... ▸ *nm/f* : **le/les ~(s)** el (los) abajo firmante(s)

sous-sol [susɔl] (*pl* **sous-sols**) *nm* sótano; (*Géo*) subsuelo; **en ~** en el sótano

sous-tasse [sutas] (*pl* **sous-tasses**) *nf* platillo

sous-tendre [sutɑ̃dʀ] *vt* subtender

sous-titre [sutitʀ] (*pl* **sous-titres**) *nm* subtítulo

sous-titré, e [sutitʀe] (*pl* **sous-titrés, es**) *adj* subtitulado(-a)

soustraction [sustʀaksjɔ̃] *nf* sustracción *f*

soustraire [sustʀɛʀ] *vt* sustraer; **~ qch (à qn)** sustraer algo (a algn); **~ qn à** alejar a algn de; **se ~ à** sustraerse a

sous-traitant, e [sutʀɛtɑ̃, ɑ̃t] (*pl* **sous-traitants, -es**) *nm/f* subcontratista *m/f*

sous-traiter [sutʀete] *vt* (*Comm : affaire*) ceder en subcontrato ▸ *vi* subcontratar

sous-vêtement [suvɛtmɑ̃]: **sous-vêtements** *nmpl* ropa interior

soutane [sutan] *nf* sotana

soute [sut] *nf* (*aussi* : **soute à bagages**) bodega

soutenance [sut(ə)nɑ̃s] *nf* : **~ de thèse** (*Univ*) defensa de tesis

soutenir [sut(ə)niʀ] *vt* sostener; (*réconforter, aider*) apoyar; (*assaut, choc*) resistir; (*thèse*) defender; **se soutenir** *vpr* (*s'aider mutuellement*) apoyarse; (*point de vue*) defenderse; (*dans l'eau, sur ses jambes*) mantenerse, sostenerse; **~ que** sostener que; **~ la comparaison avec** tener comparación con; **~ le regard de qn** sostener la mirada de algn

soutenu, e [sut(ə)ny] *pp de* **soutenir** ▸ *adj* (*attention, efforts*) constante; (*style*) elevado(-a); (*couleur*) vivo(-a)

souterrain, e [suteʀɛ̃, ɛn] *adj* subterráneo(-a); (*fig*) oculto(-a) ▸ *nm* subterráneo

soutien [sutjɛ̃] *nm* apoyo; **apporter son ~ à** prestar su apoyo a; **~ scolaire** apoyo escolar

soutien-gorge [sutjɛ̃gɔʀʒ] (*pl* **soutiens-gorge**) *nm* sujetador *m*, corpiño (AM)
soutirer [sutiʀe] *vt* : **~ qch à qn** sonsacar algo a algn
souvenir [suv(ə)niʀ] *nm* recuerdo; (*réminiscence*) memoria; **se souvenir** *vpr*; **se ~ de** recordar, acordarse de; **se ~ que** recordar que, acordarse de que; **garder le ~ de** conservar el recuerdo de; **en ~ de** como recuerdo de; **avec mes affectueux ~s, ...** con mis más afectuosos saludos, ...; **avec mes meilleurs ~s, ...** con mis mejores recuerdos, ...
souvent [suvɑ̃] *adv* a menudo, con frecuencia, seguido (AM); **peu ~** pocas veces, con poca frecuencia; **le plus ~** la mayoría de las veces
souverain, e [suv(ə)ʀɛ̃, ɛn] *adj* (*aussi fig*) soberano(-a) ▸ *nm/f* soberano(-a); **le ~ pontife** el sumo pontífice
souveraineté [suv(ə)ʀɛnte] *nf* soberanía
soyeux, -euse [swajø, øz] *adj* sedoso(-a)
spacieux, -euse [spasjø, jøz] *adj* espacioso(-a)
spaghettis [spageti] *nmpl* espaguetis *mpl*
sparadrap [spaʀadʀa] *nm* esparadrapo, curita (AM)
spatial, e, -aux [spasjal, jo] *adj* espacial
speaker, ine [spikœʀ, kʀin] *nm/f* locutor(a)
spécial, e, -aux [spesjal, jo] *adj* especial
spécialement [spesjalmɑ̃] *adv* especialmente; **pas ~** no demasiado
spécialiser [spesjalize] : **se spécialiser** *vpr* especializarse
spécialiste [spesjalist] *nm/f* especialista *m/f*
spécialité [spesjalite] *nf* especialidad *f*; **~ médicale/pharmaceutique** especialidad médica/farmacéutica
spécifier [spesifje] *vt* especificar; **~ que** especificar que
spécimen [spesimɛn] *nm* (*exemple représentatif*) espécimen *m*; (*revue etc*) ejemplar *m* gratuito ▸ *adj* modelo(-a)
spectacle [spɛktakl] *nm* espectáculo; **se donner en ~** (*péj*) dar un espectáculo; **pièce/revue à grand ~** obra/revista espectacular; **au ~ de ...** a la vista de ...
spectaculaire [spɛktakylɛʀ] *adj* espectacular
spectateur, -trice [spɛktatœʀ, tʀis] *nm/f* espectador(a)
spéculer [spekyle] *vi* especular; **~ sur** (*Fin, Comm*) especular con; (*réfléchir*) especular sobre
spéléologie [speleɔlɔʒi] *nf* espeleología
sperme [spɛʀm] *nm* esperma *m*
sphère [sfɛʀ] *nf* esfera; **~ d'activité/d'influence** esfera de acción/de influencia
spirale [spiʀal] *nf* espiral *f*; **en ~** en espiral
spirituel, le [spiʀitɥɛl] *adj* espiritual; (*fin, amusant*) ingenioso(-a)
splendide [splɑ̃did] *adj* espléndido(-a); (*effort, réalisation*) extraordinario(-a)
sponsoriser [spɔ̃sɔʀize] *vt* patrocinar
spontané, e [spɔ̃tane] *adj* espontáneo(-a)
spontanéité [spɔ̃taneite] *nf* espontaneidad *f*
sport [spɔʀ] *nm* deporte *m* ▸ *adj inv* (*vêtement, ensemble*) de sport; (*fair-play*) deportivo(-a); **faire du ~** hacer deporte; **~ de combat** deporte de combate; **~ d'équipe** deporte de equipo; **~ d'hiver** deporte de invierno; **~ individuel** deporte individual
sportif, -ive [spɔʀtif, iv] *adj* deportivo(-a) ▸ *nm/f* deportista *m/f*; **les résultats ~s** los resultados deportivos
spot [spɔt] *nm* (*lampe*) foco; **~ (publicitaire)** anuncio *ou* spot *m* (publicitario)
square [skwaʀ] *nm* plazoleta
squelette [skəlɛt] *nm* esqueleto
squelettique [skəletik] *adj* (*maigreur*) esquelético(-a); (*fig : exposé*) pobre; (*effectifs*) mermado(-a)
stabiliser [stabilize] *vt* estabilizar
stable [stabl] *adj* estable
stade [stad] *nm* estadio
stage [staʒ] *nm* (*d'études pratiques*) práctica; (*de perfectionnement*) cursillo; (*d'avocat stagiaire*) pasantía
stagiaire [staʒjɛʀ] *nm/f* becario(-a), persona en periodo de práctica; (*de perfectionnement*) cursillista *m/f* ▸ *adj* : **avocat ~** pasante *m*
stagner [stagne] *vi* estancarse
stand [stɑ̃d] *nm* (*d'exposition*) stand *m*; (*de foire*) puesto; **~ de ravitaillement** (*Auto,*

Cyclisme) puesto de avituallamiento; **~ de tir** (*Mil, Sport*) galería de tiro; (*à la foire*) puesto de tiro al blanco

standard [stɑ̃daʀ] (*pl* **standard(s)**) *adj* estándar ▸ *nm* estándar *m*; (*téléphonique*) central *f* telefónica, conmutador *m* (AM)

standardiste [stɑ̃daʀdist] *nm/f* telefonista *m/f*

standing [stɑ̃diŋ] *nm* nivel *m* de vida; **immeuble de grand ~** inmueble de lujo

starter [staʀtɛʀ] *nm* (*Auto*) estárter *m*; (*Sport*) juez *m* de salida; **mettre le ~** poner el estárter

station [stasjɔ̃] *nf* estación *f*; (*de bus, métro*) parada; (*Radio, TV*) emisora; (*posture*) : **la ~ debout** la posición de pie; **~ balnéaire** *centro turístico en la costa*; **~ de graissage/de lavage** estación de engrase/de lavado; **~ de ski** estación de esquí; **~ de sports d'hiver** estación de esquí; **~ de taxis** parada de taxis; **~ thermale** balneario

stationnement [stasjɔnmɑ̃] *nm* (*Auto*) aparcamiento; **zone de ~ interdit** zona de aparcamiento prohibido; **~ alterné** aparcamiento alterno

stationner [stasjɔne] *vi* aparcar

station-service [stasjɔ̃sɛʀvis] (*pl* **stations-service**) *nf* gasolinera, estación *f* de servicio

statistique [statistik] *nf* estadística ▸ *adj* estadístico(-a); **statistiques** *nfpl* estadísticas *fpl*

statue [staty] *nf* estatua

statu quo [statykwo] *nm* : **maintenir le ~** mantener el statu quo

statut [staty] *nm* estatuto; **statuts** *nmpl* (*Jur, Admin*) estatutos *mpl*

statutaire [statytɛʀ] *adj* estatutario(-a)

Sté *abr* = *société*

steak [stɛk] *nm* bistec *m*, bife *m* (*Arg*)

sténographie [stenɔgʀafi], **sténo** *nf* taquigrafía *f*

stéréotypé, e [steʀeɔtipe] *adj* estereotipado(-a)

stérile [steʀil] *adj* estéril; (*théorie, discussion*) irrelevante; (*effort*) frustrado(-a)

stérilet [steʀilɛ] *nm* espiral *f*

stériliser [steʀilize] *vt* esterilizar

sternum [stɛʀnɔm] *nm* esternón *m*

stigmatiser [stigmatize] *vt* estigmatizar

stimulant, e [stimylɑ̃, ɑ̃t] *adj* estimulante ▸ *nm* (*Méd*) estimulante *m*; (*fig*) aliciente *m*, incentivo

stimuler [stimyle] *vt* (*aussi fig*) estimular

stipuler [stipyle] *vt* estipular; **~ que** estipular que

stock [stɔk] *nm* (*Comm*) existencias *fpl*, stock *m*; (*d'or*) reservas *fpl*; (*fig*) reserva; **en ~** en almacén

stocker [stɔke] *vt* almacenar

stoïque [stɔik] *adj* estoico(-a)

stop [stɔp] *nm* (*Auto : panneau*) stop *m*; (*: feux arrière*) luz *f* de freno; (*dans un télégramme*) stop; (*auto-stop*) auto-stop *m* ▸ *excl* ¡alto!

stopper [stɔpe] *vt* (*navire, machine*) detener; (*mouvement, attaque*) parar; (*Couture*) zurcir ▸ *vi* pararse

store [stɔʀ] *nm* (*en tissu*) cortinilla; (*en bois*) persiana; (*de magasin*) toldo

strabisme [stʀabism] *nm* estrabismo

strapontin [stʀapɔ̃tɛ̃] *nm* asiento plegable

stratégie [stʀateʒi] *nf* estrategia

stratégique [stʀateʒik] *adj* estratégico(-a)

stress [stʀɛs] *nm* estrés *msg*

stressant, e [stʀesɑ̃, ɑ̃t] *adj* estresante

stresser [stʀese] *vt* estresar

strict, e [stʀikt] *adj* estricto(-a); (*parents*) severo(-a); (*tenue*) de etiqueta; (*langage, ameublement, décor*) riguroso(-a); **c'est son droit le plus ~** es su justo derecho; **dans la plus stricte intimité** en la más estricta intimidad; **au sens ~ du mot** en sentido estricto del término; **le ~ nécessaire** *ou* **minimum** lo esencial

strident, e [stʀidɑ̃, ɑ̃t] *adj* estridente

strophe [stʀɔf] *nf* estrofa

structure [stʀyktyʀ] *nf* estructura; **~s d'accueil** medios *mpl* de acogida; **~s touristiques** infraestructura turística

studieux, -euse [stydjø, jøz] *adj* estudioso(-a); (*vacances, retraite*) de estudio

studio [stydjo] *nm* estudio; (*logement*) apartamento-estudio; (*de danse*) sala (de danza)

stupéfait, e [stypefɛ, ɛt] *adj* estupefacto(-a)

stupéfiant, e [stypefjɑ̃, jɑ̃t] *adj, nm* estupefaciente *m*

st

stupéfier [stypefje] *vt* dejar estupefacto(-a)
stupeur [stypœʀ] *nf* estupor *m*
stupide [stypid] *adj* estúpido(-a)
stupidité [stypidite] *nf* estupidez *f*
style [stil] *nm* estilo; **meuble/robe de ~** mueble *m*/vestido de estilo; **en ~ télégraphique** en forma telegráfica; **~ administratif** estilo administrativo; **~ de vie** estilo de vida; **~ journalistique** estilo periodístico
stylé, e [stile] *adj* con clase
styliste [stilist] *nm/f* (*Mode, industriel*) diseñador(a); (*écrivain*) estilista *m/f*
stylo [stilo] *nm* : **~ à encre** *ou* **(à) plume** estilográfica; **~ (à) bille** bolígrafo, birome *f* (*CSur*)
su, e [sy] *pp de* **savoir** ▸ *nm* : **au su de** a sabiendas de
suave [sɥav] *adj* suave
subalterne [sybaltɛʀn] *adj, nm/f* subalterno(-a)
subconscient [sypkɔ̃sjɑ̃] *nm* subconsciente *m*
subir [sybiʀ] *vt* padecer; (*mauvais traitements, revers, modification*) sufrir; (*influence, charme*) experimentar; (*traitement, opération, examen*) pasar; (*personne*) soportar; (*dégâts*) padecer
subit, e [sybi, it] *adj* repentino(-a)
subitement [sybitmɑ̃] *adv* repentinamente
subjectif, -ive [sybʒɛktif, iv] *adj* subjetivo(-a)
subjonctif [sybʒɔ̃ktif] *nm* subjuntivo
subjuguer [sybʒyge] *vt* encantar
submerger [sybmɛʀʒe] *vt* sumergir; (*fig : de travail*) desbordar; (*: par la douleur*) ahogar
subordonné, e [sybɔʀdɔne] *adj* (*Ling*) subordinado(-a) ▸ *nm/f* (*Admin, Mil*) subordinado(-a); **~ à** (*personne*) subordinado a; (*résultats*) supeditado(-a) a
subrepticement [sybʀɛptismɑ̃] *adv* con disimulo
subside [sybzid] *nm* subsidio
subsidiaire [sybzidjɛʀ] *adj* : **question ~** pregunta adicional
subsister [sybziste] *vi* (*monument, erreur*) perdurar; (*personne, famille*) subsistir; (*survivre*) sobrevivir
substance [sypstɑ̃s] *nf* su(b)stancia; (*fig*) esencia; **en ~** en esencia
substantiel, le [sypstɑ̃sjɛl] *adj* (*aliment, repas*) sustancioso(-a); (*fig*) sustancial
substantif [sypstɑ̃tif] *nm* sustantivo
substituer [sypstitɥe] *vt* : **~ qch/qn à** sustituir algo/a algn por; **se ~ à qn** reemplazar a algn
substitut [sypstity] *nm* (*Jur*) sustituto; (*succédané*) su(b)stitutivo
subterfuge [syptɛʀfyʒ] *nm* subterfugio
subtil, e [syptil] *adj* sutil
subvenir [sybvəniʀ] *vt* : **~ à** atender a
subvention [sybvɑ̃sjɔ̃] *nf* subvención *f*
subventionner [sybvɑ̃sjɔne] *vt* subvencionar
suc [syk] *nm* (*Bot, d'une viande*) jugo; (*d'un fruit*) zumo; **~s gastriques** jugos *mpl* gástricos
succéder [syksede] : **~ à** *vt* suceder a; **se succéder** *vpr* sucederse
succès [syksɛ] *nm* éxito; (*d'un produit, une mode*) auge *m*; **succès** *nmpl* (*féminins etc*) conquistas *fpl*; **avec ~** con éxito; **sans ~** sin éxito; **avoir du ~** tener éxito; **à ~** de éxito; **~ de librairie** éxito de librería
successeur, e [syksesœʀ] *nm/f* sucesor(a)
successif, -ive [syksesif, iv] *adj* sucesivo(-a)
succession [syksesjɔ̃] *nf* (*d'événements, d'incidents*) sucesión *f*, serie *f*; (*de formalités etc*) serie; (*patrimoine*) sucesión; **prendre la ~ de** suceder a
succomber [sykɔ̃be] *vi* sucumbir; **~ à** sucumbir a
succulent, e [sykylɑ̃, ɑ̃t] *adj* suculento(-a)
succursale [sykyʀsal] *nf* sucursal *f*; **magasin à ~s multiples** almacén *m* con múltiples sucursales
sucer [syse] *vt* chupar; **~ son pouce** chuparse el dedo
sucette [sysɛt] *nf* (*bonbon*) piruleta; (*de bébé*) chupete *m*
sucre [sykʀ] *nm* azúcar *m ou f*; (*morceau de sucre*) terrón *m* de azúcar; **~ cristallisé** azúcar en polvo; **~ d'orge** pirulí *m*; **~ de betterave/de canne** azúcar de remolacha/de caña; **~ en morceaux/en poudre** azúcar de cortadillo/en polvo; **~ glace** azúcar glasé

sucré, e [sykʀe] *adj* con azúcar; *(au goût)* azucarado(-a); *(péj : ton, voix)* meloso(-a)

sucrer [sykʀe] *vt* poner azúcar en *ou* a; *(fam)* quitar; **se sucrer** *(fam) vpr* forrarse

sucrerie [sykʀəʀi]: **sucreries** *nfpl* golosinas *fpl*

sucrier, -ière [sykʀije, ijɛʀ] *adj* azucarero(-a) ▸ *nm* azucarero

sud [syd] *nm* sur *m* ▸ *adj inv* sur *inv*; **au ~** al sur; **au ~ de** al sur de

sud-africain, e [sydafʀikɛ̃, ɛn] *(pl* **sud-africains, es**) *adj* sudafricano(-a) ▸ *nm/f* : **Sud-Africain, e** sudafricano(-a)

sud-américain, e [sydameʀikɛ̃, ɛn] *(pl* **sud-américains, es**) *adj* sudamericano(-a) ▸ *nm/f* : **Sud-Américain, e** sudamericano(-a)

sud-est [sydɛst] *nm inv* sudeste *m inv* ▸ *adj inv* sudeste *inv*

sud-ouest [sydwɛst] *nm inv* sudoeste *m inv* ▸ *adj inv* sudoeste *inv*

Suède [sɥɛd] *nf* Suecia

suédois, e [sɥedwa, waz] *adj* sueco(-a) ▸ *nm (Ling)* sueco ▸ *nm/f* : **Suédois, e** sueco(-a)

suer [sɥe] *vi* sudar ▸ *vt (fig)* exhalar; **~ à grosses gouttes** sudar la gota gorda

sueur [sɥœʀ] *nf* sudor *m*; **en ~** bañado(-a) en sudor; **donner des ~s froides à qn/avoir des ~s froides** dar a algn/tener sudores fríos

suffire [syfiʀ] *vi* bastar; *(intensif)* : **il suffit d'une négligence pour que ...** un descuido basta para que ...; **se suffire** *vpr* ser autosuficiente; **il suffit qu'on oublie pour que ...** basta olvidarse para que ...; **cela lui suffit** eso le basta; **cela suffit pour les irriter/qu'ils se fâchent** eso basta para irritarles/para que se enfaden; **« ça suffit ! »** « ¡basta ya! »

suffisamment [syfizamɑ̃] *adv* suficientemente; **~ de** suficiente

suffisant, e [syfizɑ̃, ɑ̃t] *adj* suficiente; *(air, ton)* de suficiencia

suffixe [syfiks] *nm* sufijo

suffoquer [syfɔke] *vt* sofocar; *(suj : émotion, colère, larmes)* ahogar; *(suj : nouvelle)* dejar sin respiración ▸ *vi* sofocarse; **~ de colère/d'indignation** ponerse rojo(-a) de cólera/de indignación

suffrage [syfʀaʒ] *nm* voto; **suffrages** *nmpl (du public etc)* votos *mpl*; **~ universel/direct/indirect** sufragio universal/directo/indirecto; **~s exprimés** votos efectivos

suggérer [sygʒeʀe] *vt* sugerir; **~ (à qn) que** insinuar (a algn) que; **~ que/de faire** sugerir que/hacer

suggestion [sygʒɛstjɔ̃] *nf* sugerencia; *(Psych)* sugestión *f*

> **On peut dire aussi :**
> Si te parece bien, podemos enviártelo por correo. *(Si cela te convient, ...)*
> Propongo que busquemos ayuda profesional. *(Je propose que ...)*
> Quizá(s) habría que ser más firmes con ellos. *(Peut-être faudrait-il ...)*
> Estaría bien encontrar una alternativa más sencilla. *(Il faudrait ...)*
> Convendría que lo consultara con un contable. *(Il faudrait que ...)*

suicide [sɥisid] *nm* suicidio ▸ *adj* : **opération ~** operación *f* suicida

suicider [sɥiside] : **se suicider** *vpr* suicidarse

suie [sɥi] *nf* hollín *m*

Suisse [sɥis] *nf* : **la ~** Suiza

suisse [sɥis] *adj* suizo(-a) ▸ *nm (bedeau)* pertiguero(-a) ▸ *nm/f* : **Suisse** *(personne)* suizo(-a)

Suissesse [sɥisɛs] *nf* suiza

suite [sɥit] *nf (continuation)* continuación *f*; *(de maisons, rues, succès)* sucesión *f*; *(Math, liaison logique)* serie *f*; *(conséquence, résultat)* resultado; *(Mus, appartement)* suite *f*; *(escorte)* séquito; **suites** *nfpl (d'une maladie, chute)* secuelas *fpl*; **prendre la ~ de** *(directeur etc)* tomar el relevo de; **donner ~ à** dar curso a; **faire ~ à** ser continuación de; **(faisant) ~ à votre lettre du ...** en respuesta a su carta del ...; **sans ~** sin pies ni cabeza; **de ~** *(d'affilée)* seguido(-a); *(immédiatement)* enseguida; **par la ~** luego; **à la ~** *adj* seguido(-a) ▸ *adv* a continuación; **à la ~ de** *(derrière)* tras; *(en conséquence de)* como consecuencia de; **par ~ de** como consecuencia de; **avoir de la ~ dans les idées** tener perseverancia en las ideas; **attendre la ~ des événements** esperar el curso de los acontecimientos

suivant, e [sɥivɑ̃, ɑ̃t] *vb voir* **suivre** ▸ *adj* siguiente ▸ *prép* según; **~ que** según que; **« au ~ ! »** « ¡el siguiente! »

suiveur, -euse [sɥivœʀ, øz] *nm/f* (*aussi réseaux sociaux*) seguidor(a)

suivi, e [sɥivi] *pp de* **suivre** ▸ *adj* seguido(-a); (*article*) de venta permanente; (*discours etc*) coherente ▸ *nm* seguimiento; **très/peu ~** con mucho/poco éxito

suivre [sɥivʀ] *vt* seguir; (*mari, ami etc*) acompañar; (*suj : remords, pensées*) perseguir; (*imagination, fantaisie, goût*) dejarse guiar por; (*cours*) asistir a; (*comprendre : programme, leçon*) comprender; (*élève, malade, affaire*) llevar el seguimiento de; (*raisonnement*) seguir el hilo de; (*article*) proveerse de ▸ *vi* (*écouter attentivement*) atender; (*assimiler le programme*) comprender; (*venir après*) seguirse; **se suivre** *vpr* sucederse; (*raisonnement*) ser coherente; **~ des yeux** seguir con la mirada; **faire ~** (*lettre*) reexpedir; **~ son cours** seguir su curso; **«à ~»** «continuará»

sujet, te [syʒɛ, ɛt] *adj* : **être ~ à** (*accidents, vertige etc*) ser propenso(-a) a ▸ *nm/f* (*d'un souverain etc*) súbdito(-a) ▸ *nm* tema *m*; (*d'une dispute etc*) motivo, causa; (*élève*) alumno; (*Ling*) sujeto; **un ~ de dispute/discorde/mécontentement** una causa de riña/discordia/descontento; **c'est à quel ~ ?** ¿qué se le ofrece?; **avoir ~ de se plaindre** tener motivo para quejarse; **un mauvais ~** (*péj*) una mala persona; **au ~ de** a propósito de; **~ à caution** cuestionable; **~ de conversation** tema de conversación; **~ d'examen** (*Scol*) tema de examen; **~ d'expérience** conejillo de Indias

super [sypɛʀ] (*pl* **super(s)**) (*fam*) *adj* súper *inv* ▸ *nm* súper *f*

super... [sypɛʀ] *préf* super...

superbe [sypɛʀb] *adj* espléndido(-a); (*situation, performance*) magnífico(-a) ▸ *nf* soberbia

superficie [sypɛʀfisi] *nf* superficie *f*; (*fig*) apariencia

superficiel, le [sypɛʀfisjɛl] *adj* superficial

superflu, e [sypɛʀfly] *adj* superfluo(-a) ▸ *nm* : **le ~** lo superfluo

supérieur, e [sypeʀjœʀ] *adj* superior; (*air, sourire*) de superioridad ▸ *nm/f* superior(a) ▸ *nm* (*Univ*) enseñanza superior; **Mère supérieure** madre *f* superiora; **à l'étage ~** en el piso de arriba; **~ en nombre** superior en número

supériorité [sypeʀjɔʀite] *nf* superioridad *f*; **~ numérique** superioridad numérica

> **On peut dire aussi :**
> Es más inteligente de lo que parece.
> (*... plus ... qu'il n'y paraît.*)
> Este vino es muy superior al otro.
> (*... bien meilleur que ...*)
> Me encuentro muchísimo mejor que antes. (*... beaucoup mieux que ...*)

supermarché [sypɛʀmaʀʃe] *nm* supermercado

superposer [sypɛʀpoze] *vt* superponer; **se superposer** *vpr* (*images, souvenirs*) confundirse; **lits superposés** literas *fpl*

superpuissance [sypɛʀpɥisɑ̃s] *nf* superpotencia

superstitieux, -euse [sypɛʀstisjø, jøz] *adj* supersticioso(-a)

superviser [sypɛʀvize] *vt* supervisar

supplanter [syplɑ̃te] *vt* (*personne*) suplantar; (*méthode, machine*) sustituir

suppléant, e [sypleɑ̃, ɑ̃t] *adj* (*juge, fonctionnaire*) suplente; (*professeur*) sustituto(-a) ▸ *nm/f* sustituto(-a); **médecin ~** médico suplente

suppléer [syplee] *vt* suplir; (*remplacer, aussi Admin*) sustituir a; **~ à** suplir

supplément [syplemɑ̃] *nm* suplemento; **un ~ de frites** una porción extra de patatas fritas; **en ~** (*au menu etc*) no incluido; **~ d'information** suplemento de información

supplémentaire [syplemɑ̃tɛʀ] *adj* suplementario(-a); (*train etc*) adicional; **contrôles ~s** refuerzo de controles

supplication [syplikasjɔ̃] : **supplications** *nfpl* súplicas *fpl*

supplice [syplis] *nm* suplicio; **être au ~** (*appréhension*) estar atormentado(-a); (*gêne, douleur*) no aguantar más

supplier [syplije] *vt* suplicar

support [sypɔʀ] *nm* soporte *m*; **~ audiovisuel/publicitaire** soporte audiovisual/publicitario

supportable [sypɔʀtabl] *adj* soportable

supporter[1] [sypɔʀtɛʀ] *nm*, **supporteur, -trice** [sypɔʀtœʀ, tʀis] *nm/f* seguidor(a)

supporter[2] [sypɔʀte] *vt* soportar; (*choc*) resistir a; (*équipe*) apoyar

supposé, e [sypoze] *adj* supuesto(-a)
supposer [sypoze] *vt* suponer; **~ que** suponer que; **en supposant** *ou* **à ~ que** suponiendo que
suppositoire [sypozitwaʀ] *nm* supositorio
suppression [sypʀesjɔ̃] *nf* supresión *f*
supprimer [sypʀime] *vt* suprimir; (*personne, témoin gênant*) quitar de en medio, suprimir; **~ qch à qn** quitarle algo a algn
suprématie [sypʀemasi] *nf* supremacía
suprême [sypʀɛm] *adj* (*pouvoir etc*) supremo(-a); (*bonheur, habileté*) sumo(-a); **un ~ espoir** (*ultime*) una última esperanza; **les honneurs ~s** los honores póstumos

sur[1] [syʀ]

prép **1** en; (*par dessus, au-dessus*) encima de, sobre; **pose-le sur la table** ponlo en la mesa; **je n'ai pas d'argent sur moi** no llevo dinero encima; **avoir de l'influence/un effet sur ...** tener influencia/un efecto sobre ...; **avoir accident sur accident** tener accidente tras accidente; **sur ce** tras esto
2 (*direction*) hacia; **en allant sur Paris** yendo hacia París; **sur votre droite** a su derecha
3 (*à propos de*) acerca de, sobre; **un livre/une conférence sur Balzac** un libro/una conferencia sobre Balzac
4 (*proportion, mesures*) de entre, de cada; **un sur 10** uno de cada 10; (*Scol : note*) uno sobre 10; **sur 20, 2 sont venus** de 20, han venido 2; **4m sur 2** 4m por 2

sur[2]**, e** [syʀ] *adj* agrio(-a)
sûr, e [syʀ] *adj* seguro(-a); (*renseignement, ami, voiture*) de confianza; (*goût, réflexe etc*) agudo(-a); **peu ~** (*ami etc*) no de mucha confianza; (*méthode*) no muy seguro(-a); (*réflexe etc*) no muy agudo(-a); **être ~ de qn** confiar en algn; **c'est ~ et certain** sin lugar a dudas; **~ de soi** seguro de sí mismo(-a); **le plus ~ est de ...** lo más seguro es ...
surcharge [syʀʃaʀʒ] *nf* sobrecarga; (*correction, ajout*) tachón *m*; **prendre des passagers en ~** coger pasajeros en exceso; **~ de travail** exceso de trabajo
surchargé, e [syʀʃaʀʒe] *adj* (*décoration, style*) recargado(-a); (*voiture*) supercargado(-a); (*emploi du temps*) sobrecargado(-a); **~ de travail/soucis** sobrecargado de trabajo/de preocupaciones
surcharger [syʀʃaʀʒe] *vt* (*véhicule*) cargar en exceso; (*personne*) cargar; (*texte*) tachar; (*timbre-poste, fig*) sobrecargar; (*décoration*) recargar
surchauffé, e [syʀʃofe] *adj* (*local, wagon*) recalentado(-a); (*fig*) enardecido(-a)
surcroît [syʀkʀwa] *nm* : **un ~ de** un aumento de; **par** *ou* **de ~** por añadidura; **en ~** en añadidura
surdité [syʀdite] *nf* sordera; **atteint de ~ totale** que padece de sordera total
sureau, x [syʀo] *nm* saúco
sûrement [syʀmɑ̃] *adv* seguramente; **~ pas** seguro que no
surenchère [syʀɑ̃ʃɛʀ] *nf* (*aux enchères*) sobrepuja; (*sur prix fixe*) encarecimiento; **~ de violence** subida de violencia
surenchérir [syʀɑ̃ʃeʀiʀ] *vi* (*Comm*) sobrepujar; (*fig*) : **~ sur qn** aventajar a algn
surendettement [syʀɑ̃dɛtmɑ̃] *nm* sobreendeudamiento
surestimer [syʀɛstime] *vt* sobreestimar
sûreté [syʀte] *nf* fiabilidad *f*; (*du goût etc*) agudeza; (*Jur*) garantía; **être/mettre en ~** (*personne*) estar/poner a salvo; (*objet*) estar/poner en lugar seguro; **pour plus de ~** para mayor seguridad; **attentat/crime contre la ~ de l'État** atentado/crimen contra la seguridad del Estado
surexploiter [syʀɛksplwate] *vt* superexplotar
surf [sœʀf] *nm* surf *m*; **faire du ~** hacer surf
surface [syʀfas] *nf* superficie *f*; **faire ~** salir a la superficie; **en ~** (*nager, naviguer*) en la superficie; (*fig*) aparentemente; **la pièce fait 100m² de ~** la habitación mide 100m² de superficie; **~ de réparation** (*Sport*) área de castigo
surfait, e [syʀfɛ, ɛt] *adj* sobreestimado(-a)
surfer [syʀfe] *vi* hacer surf; **~ sur Internet** navegar por Internet
surgelé, e [syʀʒəle] *adj* congelado(-a)
surgir [syʀʒiʀ] *vi* aparecer; (*de terre*) salir; (*fig*) surgir
surhumain, e [syʀymɛ̃, ɛn] *adj* sobrehumano(-a)
sur-le-champ [syʀləʃɑ̃] *adv* en el acto

surlendemain [syʀlɑ̃d(ə)mɛ̃] *nm* : **le ~** a los dos días; **le ~ de** dos días después de; **le ~ soir** a los dos días por la noche

surmenage [syʀmənaʒ] *nm* (*Méd*) agotamiento; **le ~ intellectuel** el agotamiento intelectual

surmener [syʀməne] *vt* agotar; **se surmener** *vpr* agotarse

surmonter [syʀmɔ̃te] *vt* vencer; (*suj* : *coupole etc*) coronar

surnaturel, le [syʀnatyʀɛl] *adj* sobrenatural ▸ *nm* : **le ~** lo sobrenatural

surnom [syʀnɔ̃] *nm* (*gén*) sobrenombre *m*, apodo

surnombre [syʀnɔ̃bʀ] *nm* : **être en ~** estar de más

surpasser [syʀpɑse] *vt* superar; **se surpasser** *vpr* superarse

surpeuplé, e [syʀpœple] *adj* superpoblado(-a)

surpeuplement [syʀpœpləmɑ̃] *nm* superpoblación *f*

surplace [syʀplas] *nm* : **faire du ~** (*rester en équilibre*) mantener el equilibrio; (*dans un embouteillage etc*) ir a paso de caracol

surplomber [syʀplɔ̃be] *vi* sobresalir ▸ *vt* destacar sobre

surplus [syʀply] *nm* (*Comm*) excedente *m*; **~ de bois/tissu** sobrante *m* de leña/de tela; **au ~** por lo demás

surprenant, e [syʀpʀənɑ̃, ɑ̃t] *vb voir* **surprendre** ▸ *adj* sorprendente

surprendre [syʀpʀɑ̃dʀ] *vt* sorprender; (*secret, conversation*) descubrir; (*voisins, amis etc*) sorprender con una visita; (*fig*) captar; **se ~ à faire qch** sorprenderse haciendo algo

surpris, e [syʀpʀi, iz] *pp de* **surprendre** ▸ *adj* de sorpresa; **~ de/que** sorprendido(-a) por/de que

surprise [syʀpʀiz] *nf* sorpresa; **faire une ~ à qn** dar una sorpresa a algn; **voyage sans ~s** viaje sin sobresaltos; **avoir la ~ de** tener la sorpresa de; **par ~** por sorpresa

surprise-partie [syʀpʀizpaʀti] (*pl* **surprises-parties**) *nf* guateque *m*

surréaliste [syʀʀealist] *adj* surrealista

sursaut [syʀso] *nm* sobresalto; **en ~** de un sobresalto; **~ d'énergie** resuello de energía; **~ d'indignation** pronto de indignación

sursauter [syʀsote] *vi* sobresaltarse

sursis [syʀsi] *nm* (*Jur*) indulto; (: *à la condamnation à mort*) aplazamiento; (*fig*) periodo de espera; **condamné à cinq mois (de prison) avec ~** condenado a cinco meses (de prisión) con indulto; **on lui a accordé le ~** se le indultó

surtout [syʀtu] *adv* sobre todo; **il songe ~ à ses propres intérêts** piensa sobre todo en sus propios intereses; **il aime le sport, ~ le football** le gusta el deporte, sobre todo el fútbol; **~ pas d'histoires/ne dites rien !** ¡sobre todo nada de líos/no diga nada!; **~ pas !** ¡de ninguna manera!; **~ pas lui !** ¡él, de ninguna manera!; **~ que ...** sobre todo porque ...

surveillance [syʀvɛjɑ̃s] *nf* vigilancia; **être sous la ~ de qn** estar bajo la vigilancia de algn; **sous ~ médicale** bajo control médico; **la ~ du territoire** ≈ servicio de inteligencia *ou* contraespionaje

surveillant, e [syʀvɛjɑ̃, ɑ̃t] *nm/f* (*Scol, de prison*) vigilante *m/f*; (*de travaux*) capataz *m/f*

surveiller [syʀveje] *vt* (*enfant etc*) cuidar de; (*Mil, gén*) vigilar; (*travaux, cuisson*) atender; **se surveiller** *vpr* controlarse; **~ son langage/sa ligne** cuidar su vocabulario/la línea

survenir [syʀvəniʀ] *vi* sobrevenir

survêtement [syʀvɛtmɑ̃] *nm* chandal *m*, chándal *m*

survie [syʀvi] *nf* supervivencia; **équipement de ~** equipo de supervivencia

survivant, e [syʀvivɑ̃, ɑ̃t] *vb voir* **survivre** ▸ *nm/f* superviviente *m/f*; (*Jur*) heredero(-a)

survivre [syʀvivʀ] *vi* sobrevivir; **~ à** sobrevivir a; **la victime a peu de chances de ~** la víctima tiene pocas posibilidades de sobrevivir

survoler [syʀvɔle] *vt* (*lieu*) sobrevolar; (*livre, écrit*) leer por encima; (*question, problèmes*) tratar por encima

survolté, e [syʀvɔlte] *adj* (*fig* : *personne*) superexcitado(-a); (: *ambiance*) acalorado(-a)

sus [sy(s)] *prép* : **en ~ de** (*Jur, Admin*) además de; **en ~** además; **~ à ... !** : **~ au tyran !** ¡a por el tirano!

susceptible [sysɛptibl] *adj* susceptible; **(être) ~ de** (ser) susceptible de; **~ d'amé-**

lioration *ou* **d'être amélioré** susceptible de mejora *ou* de ser mejorado
susciter [sysite] *vt* (*ennuis etc*) : **~ (à qn)** originar (a algn); (*admiration etc*) suscitar
suspect, e [syspɛ(kt), ɛkt] *adj* sospechoso(-a); (*vin etc*) de poca confianza ▸ *nm/f* sospechoso(-a); **être (peu) ~ de** ser (poco) sospechoso(-a) de
suspecter [syspɛkte] *vt* sospechar; **~ qn d'être/d'avoir fait qch** sospechar que algn es/que algn ha hecho algo
suspendre [syspɑ̃dʀ] *vt* suspender; **se suspendre** *vpr* : **se ~ à** aferrarse a, colgarse de; **~ qch (à)** colgar algo (de)
suspendu, e [syspɑ̃dy] *pp de* **suspendre** ▸ *adj* (*accroché*) : **~ à** colgado(-a) de; (*perché*) : **~ au-dessus de** suspendido(-a) sobre; **voiture bien/mal suspendue** coche con buena/mala suspensión; **être ~ aux lèvres de qn** estar pendiente de los labios de algn
suspens [syspɑ̃] : **en ~** *adv* suspendido(-a); **tenir en ~** (*lecteurs, spectateurs*) mantener en suspense
suspense [syspɛns] *nm* suspense *m*
suspension [syspɑ̃sjɔ̃] *nf* suspensión *f*; (*lustre*) lámpara de techo; **en ~** en suspensión; **~ d'audience** suspensión de la vista
suture [sytyʀ] *nf* : **point de ~** punto de sutura
svelte [svɛlt] *adj* esbelto(-a)
SVP [ɛsvepe] *abr* (= *s'il vous plaît*) por favor
syllabe [si(l)lab] *nf* sílaba
symbole [sɛ̃bɔl] *nm* símbolo
symbolique [sɛ̃bɔlik] *adj* simbólico(-a) ▸ *nf* simbolismo
symboliser [sɛ̃bɔlize] *vt* simbolizar
symétrique [simetʀik] *adj* simétrico(-a)
sympa [sɛ̃pa] (*fam*) *adj voir* **sympathique**
sympathie [sɛ̃pati] *nf* simpatía; (*condoléances*) pésame *m*; **accueillir avec ~** acoger con gusto; **avoir de la ~ pour qn** tener simpatía a algn; **témoignages de ~** muestras *fpl* de condolencia; **croyez à toute ma ~** mi más sentido pésame
sympathique [sɛ̃patik] *adj* (*personne*) simpático(-a); (*déjeuner etc*) agradable
sympathisant, e [sɛ̃patizɑ̃, ɑ̃t] *nm/f* simpatizante *m/f*
sympathiser [sɛ̃patize] *vi* simpatizar; **~ avec qn** simpatizar con algn
symphonie [sɛ̃fɔni] *nf* sinfonía
symptôme [sɛ̃ptom] *nm* síntoma *m*
synagogue [sinagɔg] *nf* sinagoga
syncope [sɛ̃kɔp] *nf* (*Méd*) síncope *m*; (*Mus*) síncopa; **elle est tombée en ~** le dio un síncope
syndic [sɛ̃dik] *nm* administrador *m*
syndical, e, -aux [sɛ̃dikal, o] *adj* sindical; **centrale syndicale** central *f* sindical
syndicaliste [sɛ̃dikalist] *nm/f* sindicalista *m/f*
syndicat [sɛ̃dika] *nm* sindicato; **~ d'initiative** oficina de turismo; **~ de producteurs** unión *f* de productores; **~ de propriétaires** comunidad *f* de propietarios; **~ patronal** organización *f* patronal
syndiqué, e [sɛ̃dike] *adj* sindicado(-a); **non ~(e)** no sindicado(-a)
syndiquer [sɛ̃dike] : **se syndiquer** *vpr* sindicarse
syndrome [sɛ̃dʀom] *nm* síndrome *m*
synergie [sinɛʀʒi] *nf* sinergia
synonyme [sinɔnim] *adj* sinónimo(-a) ▸ *nm* sinónimo
syntaxe [sɛ̃taks] *nf* sintaxis *f sg*
synthèse [sɛ̃tɛz] *nf* síntesis *f inv*; **faire la ~ de** hacer la síntesis de
synthétique [sɛ̃tetik] *adj* sintético(-a); (*méthode, esprit*) de síntesis
Syrie [siʀi] *nf* Siria
systématique [sistematik] *adj* (*classement, étude, opposition*) sistemático(-a)
système [sistɛm] *nm* sistema *m*; **utiliser le ~ D** (*fam*) utilizar el ingenio; **~ décimal** sistema decimal; **~ d'exploitation** (*Inform*) sistema operativo; **~ expert** sistema experto; **~ métrique** sistema métrico; **~ nerveux/solaire** sistema nervioso/solar

t

t' [t] *pron voir* **te**

ta [ta] *voir* **ton**[1]

tabac [taba] *nm* tabaco ▸ *adj inv* : **(couleur) ~** (color) tabaco *inv*; **passer qn à ~** (*fam* : *battre*) dar una tunda a algn, zurrar a algn; **faire un ~** (*fam*) tener mucho éxito; **(débit** *ou* **bureau de) ~** estanco; **~ à priser** tabaco en polvo, rapé *m*; **~ blond/brun/gris** tabaco rubio/moreno/picado

tabagisme [tabaʒism] *nm* tabaquismo; **~ passif** tabaquismo pasivo

table [tabl] *nf* mesa; (*invités*) comensales *mpl*; (*liste*) lista; (*numérique*) tabla; **à ~ !** ¡a comer!; **se mettre à ~** sentarse a la mesa; (*fam*) cantar de plano; **mettre** *ou* **dresser/desservir la ~** poner/quitar la mesa; **faire ~ rase de** hacer tabla rasa con; **~ à repasser** tabla de planchar; **~ basse** mesa baja; **~ d'écoute** tablero de interceptaciones telefónicas; **~ d'harmonie** tabla de armonía; **~ de cuisson** cocina (de electricidad *ou* de gas); **~ de lecture** (*Mus*) tabla de lectura; **~ de multiplication** tabla de multiplicar; **~ de nuit** *ou* **de chevet** mesita de noche; **~ de toilette** mueble *m* de lavabo; **~ des matières** índice *m*; **~ ronde** (*débat*) mesa redonda; **~ roulante** carro, carrito

tableau, x [tablo] *nm* cuadro; (*panneau*) tablero; (*schéma*) cuadro, gráfico; **~ chronologique** cuadro cronológico; **~ d'affichage** tablón *m ou* tablero de anuncios; **~ de bord** (*Auto*) cuadro de instrumentos; (*Aviat*) cuadro de mandos; **~ de chasse** caza; **~ de contrôle** (*d'une machine*) cuadro de control; (*d'une installation*) cuadro *ou* panel *m* de control; **~ de maître** obra de maestro; **~ noir** encerado

tablette [tablɛt] *nf* (*planche*) anaquel *m*, tabla; (*Inform*) tableta, tablet *f*; **~ de chocolat** tableta de chocolate

tableur [tablœʀ] *nm* (*Inform*) hoja electrónica

tablier [tablije] *nm* delantal *m*; (*du cuisinier*) mandil *m*; (*de pont*) calzada; (: *en bois*) tableado; (*de cheminée*) tapadera

tabou, e [tabu] *adj, nm* tabú *m*

tabouret [tabuʀɛ] *nm* taburete *m*

tac [tak] *nm* : **répondre qch du ~ au ~** saltar con algo

tache [taʃ] *nf* mancha; **faire ~ d'huile** extenderse como cosa buena; **~ de rousseur** *ou* **de son** peca; **~ de vin** (*sur la peau*) mancha

tâche [tɑʃ] *nf* tarea, labor *f*; (*rôle*) papel *m*; **travailler à la ~** trabajar a destajo

tacher [taʃe] *vt* manchar; (*réputation*) manchar, mancillar; **se tacher** *vpr* (*fruits*) picarse

tâcher [tɑʃe] *vi* : **~ de faire** tratar de hacer, procurar hacer

tacheté, e [taʃte] *adj* : **~ (de)** salpicado(-a) *ou* moteado(-a) (de)

tact [takt] *nm* tacto; **avoir du ~** tener tacto

tactile [taktil] *adj* táctil; **écran ~** pantalla *f* táctil

tactique [taktik] *adj* táctico(-a) ▸ *nf* táctica

taie [tɛ] *nf* : **~ (d'oreiller)** funda (de la almohada)

taille [taj] *nf* (*d'un diamant*) tallado; (*des arbres*) poda; (*du corps, d'un vêtement*) talle *m*, cintura; (*hauteur*) estatura; (*grandeur*) tamaño; (*Comm*) talla; (*envergure*) dimensión *f*, envergadura; **de ~ à faire** capaz de hacer; **de ~** importante; **quelle ~ faites-vous ?** ¿cuál es su talla?

taillé, e [taje] *adj* (*moustache*) recortado(-a); (*ongles*) cortado(-a); (*arbre*) podado(-a); **~ pour** hecho(-a) para, propio(-a) para; **~ en pointe** cortado(-a) en punta

taille-crayon [tajkʀɛjɔ̃] (*pl* **taille-crayons**) *nm* sacapuntas *m inv*

tailler [taje] *vt* (*pierre, diamant*) tallar; (*arbre, plante*) podar; (*vêtement*) cortar; (*crayon*) afilar; **se tailler** *vpr* (*ongles, barbe*) cortarse; (*victoire, réputation*) conseguir; (*fam : s'enfuir*) largarse, pirarse; **~ dans la chair/le bois** hacer un corte en la carne/ madera; **~ grand/petit** (*suj : vêtement*) estar cortado grande/pequeño

tailleur, -euse [tajœʀ, øs] *nm/f* (*couturier*) sastre(-a) ▶ *nm* (*vêtement pour femmes*) traje *m* de chaqueta; **en ~** a la turca; **~ de diamants** lapidario(-a) de diamantes, tallador(a) de diamantes; **~ de pierre** cantero, picapedrero

taillis [taji] *nm* bosque *m* bajo

taire [tɛʀ] *vt* ocultar ▶ *vi* : **faire ~ qn** (*aussi fig*) hacer callar a algn; **se taire** *vpr* (*s'arrêter de parler*) callarse; (*ne pas parler*) callar(se); (*fig : bruit, voix*) cesar; **tais-toi !** ¡cállate!; **taisez-vous !** ¡callaos!; (*vouvoiement*) ¡cállese!

taiseux, -euse [tɛzø, øz] *adj* (*fam*) callado(-a)

talc [talk] *nm* talco

talent [talɑ̃] *nm* talento; **talents** *nmpl* (*personnes*) talentos *mpl*; **avoir du ~** tener talento

talon [talɔ̃] *nm* (*Anat, de chaussette*) talón *m*; (*de chaussure*) tacón *m*; (*de jambon, pain*) extremo; (*de chèque, billet*) matriz *f*; **être sur les ~s de qn** pisarle los talones a algn; **tourner/montrer les ~s** volver la espalda; **~s plats/aiguilles** tacones bajos/de aguja

talonner [talɔne] *vt* (*concurrent*) pisar los talones a; (*cheval*) espolear

talus [taly] *nm* (*Géo*) talud *m*; **~ de déblai** montón *m* de tierra (*procedente de una excavación*); **~ de remblai** terraplén *m*

tambour [tɑ̃buʀ] *nm* tambor *m*; (*porte*) cancel *m*; **sans ~ ni trompette** a la chita callando

tambourin [tɑ̃buʀɛ̃] *nm* tamboril *m*

tambouriner [tɑ̃buʀine] *vi* : **~ sur** *ou* **contre** repiquetear en *ou* contra

Tamise [tamiz] *nf* : **la ~** el Támesis

tamisé, e [tamize] *adj* tamizado(-a)

tampon [tɑ̃pɔ̃] *nm* (*de coton, d'ouate, bouchon*) tapón *m*; (*pour nettoyer, essuyer*) muñequilla, bayeta; (*pour étendre*) muñequilla; (*amortisseur : Rail, fig*) tope *m*; (*Inform : aussi:* **mémoire tampon**) tampón *m*; (*cachet, timbre*) matasellos *m inv*; (*Chim*) disolución *f* reguladora, disolución tampón; **~ (hygiénique)** tampón (higiénico); **~ à récurer** estropajo metálico; **~ buvard** secante *m*; **~ encreur** tampón

tamponner [tɑ̃pɔne] *vt* (*essuyer*) taponar; (*heurter*) chocar; (*document, lettre*) sellar; **se tamponner** *vpr* (*voitures*) chocar

tamponneuse [tɑ̃pɔnøz] *adj* : **autos ~s** coches *mpl* de choque

tandem [tɑ̃dɛm] *nm* tándem *m*

tandis [tɑ̃di] : **~ que** *conj* mientras que

tanguer [tɑ̃ge] *vi* (*Naut*) cabecear, arfar

tant [tɑ̃] *adv* tanto; **~ de** (*sg*) tanto(-a); (*pl*) tantos(-as); **~ que** (*tellement*) tanto que; (*comparatif*) hasta que, mientras que; **~ mieux** mejor; **~ mieux pour lui** mejor para él; **~ pis !** (*peu importe*) ¡qué más da!; (*qu'à cela ne tienne*) no tiene importancia; **~ pis pour lui** peor para él; **un ~ soit peu** (*un peu*) un poco; (*même un peu*) algo, por poco que; **s'il est un ~ soit peu subtil, il comprendra** si es algo sutil *ou* por poco sutil que sea, lo entenderá; **~ bien que mal** mal que bien

tante [tɑ̃t] *nf* tía

tantôt [tɑ̃to] *adv* (*cet après-midi*) esta tarde, por la tarde; **~ ... ~** (*parfois*) unas veces ... otras veces

taon [tɑ̃] *nm* tábano

tapage [tapaʒ] *nm* alboroto; (*fig*) escándalo; **~ nocturne** (*Jur*) escándalo nocturno

tapageur, -euse [tapaʒœʀ, øz] *adj* alborotador(a); (*toilette*) llamativo(a); (*publicité*) sensacionalista

tape [tap] *nf* cachete *m*; (*dans le dos*) palmada

tape-à-l'œil [tapalœj] *adj inv* vistoso(-a), llamativo(-a)

taper [tape] *vt* (*personne*) pegar; (*dactylographier*) escribir a máquina; (*Inform*) teclear ▶ *vi* (*soleil*) apretar; **se taper** *vpr* (*fam : travail*) chuparse, cargarse; (: *boire, manger*) soplarse, zamparse; **~ qn de 10 euros** (*fam*) dar un sablazo de 10 euros a algn; **~ sur qn** pegar a algn; (*fig*) poner como un trapo a algn; **~ sur qch** golpear en algo; **~ à** (*porte etc*) llamar a; **~ dans** (*fam : se servir*) echar mano de; **~ des mains/pieds** palmear/patalear; **~ (à la machine)** escribir a máquina

tapi, e [tapi] *adj* : **~ dans/derrière** (*blotti*) acurrucado(-a) en/detrás de; (*caché*) agazapado(-a) en/detrás de

tapis [tapi] *nm* alfombra; (*de table*) tapete *m*; **être/mettre sur le ~** (*fig*) estar/poner sobre el tapete; **aller/envoyer au ~** (*Boxe*) estar/enviar a la lona; **~ de sol** tela impermeable (de tienda de campaña); **~ de souris** (*Inform*) alfombrilla; **~ roulant** cinta transportadora, pasillo rodante

tapisser [tapise] *vt* (*avec du papier peint*) empapelar; **~ qch (de)** (*recouvrir*) revestir algo (con)

tapisserie [tapisʀi] *nf* tapiz *m*; (*travail*) tapizado; (*papier peint*) empapelado; **faire ~** (*fig*) quedarse cruzado(-a) de brazos

tapissier, -ière [tapisje, jɛʀ] *nm/f*: **~(-décorateur)** tapicero

tapoter [tapɔte] *vt* dar golpecitos en, golpetear

taquet [takɛ] *nm* : **être au ~** (*fam*) estar a tope

taquiner [takine] *vt* pinchar

tard [taʀ] *adv* tarde ▶ *nm* : **sur le ~** en la madurez; **au plus ~** a más tardar; **plus ~** más tarde

tarder [taʀde] *vi* tardar; **~ à faire** tardar en hacer; **il me tarde d'être** estoy impaciente por estar; **sans (plus) ~** sin (más) demora, sin (más) tardar

tardif, -ive [taʀdif, iv] *adj* tardío(-a)

tarif [taʀif] *nm* tarifa; (*liste*) tarifa, lista de precios; (*prix*) tarifa, precio; **voyager à plein ~/à ~ réduit** viajar con tarifa completa/con tarifa reducida; **~ douanier** arancel *m* aduanero

tarir [taʀiʀ] *vi, vt* secarse, agotarse

tarte [taʀt] *nf* tarta; **~ à la crème/aux pommes** tarta de crema/de manzana

tartine [taʀtin] *nf* rebanada; **~ beurrée/de miel** rebanada con mantequilla/con miel

tartiner [taʀtine] *vt* untar; **fromage** *etc* **à ~** queso *etc* para untar

tartre [taʀtʀ] *nm* sarro

tas [tɑ] *nm* montón *m*; (*de bois, livres*) pila, montón; **un ~ de** (*beaucoup de*) un montón de; **en ~** amontonado(-a); **dans le ~** (*fig*) a ciegas, a bulto; **formé sur le ~** formado en la práctica

tasse [tɑs] *nf* taza; **boire la ~** (*en se baignant*) tragar agua; **~ à café/à thé** taza de café/de té

tassé, e [tɑse] *adj* : **bien ~** (*café etc*) bien cargado(-a)

tasser [tɑse] *vt* apisonar, pisar; **se tasser** *vpr* (*sol, terrain*) hundirse; (*avec l'âge*) encorvarse; (*problème*) arreglarse; **~ qch dans** amontonar algo en

tata [tata] *nf* tita

tâter [tɑte] *vt* tantear; **se tâter** *vpr* (*hésiter*) reflexionar; **~ de** (*prison etc*) probar; **~ le terrain** tantear el terreno

tatillon, ne [tatijɔ̃, ɔn] *adj* puntilloso(-a)

tâtonnement [tɑtɔnmɑ̃] *nm* : **par ~s** a tientas

tâtonner [tɑtɔne] *vi* andar a tientas; (*fig*) tantear

tâtons [tɑtɔ̃] : **à ~** *adv* : **chercher/avancer à ~** buscar/avanzar a tientas

tatouage [tatwaʒ] *nm* tatuaje *m*

tatouer [tatwe] *vt* tatuar

taudis [todi] *nm* cuchitril *m*

taule [tol] (*fam*) *nf* chirona

taupe [top] *nf* topo

taureau, x [tɔʀo] *nm* (*Zool*) toro; **le T~** (*Astrol*) Tauro; **être T~** ser Tauro

tauromachie [tɔʀɔmaʃi] *nf* tauromaquia

taux [to] *nm* tasa; (*proportion : d'alcool*) porcentaje *m*; (*: de participation*) índice *m*; **~ d'escompte** porcentaje de descuento; **~ d'intérêt** tipo de interés; **~ de mortalité** índice *ou* tasa de mortalidad

taxe [taks] *nf* tasa, impuesto; (*douanière*) arancel *m*; **toutes ~s comprises** impuestos incluidos; **~ à** *ou* **sur la valeur ajoutée** impuesto sobre el valor añadido

taxer [takse] *vt* (*personne*) gravar con impuestos; (*produit*) tasar; **~ qn de** tachar *ou* calificar a algn de; (*accuser de*) acusar a algn de

taxi [taksi] *nm* taxi *m*

tchatter [tʃate] *vi* (*Internet*) chatear

tchèque [tʃɛk] *adj* checo(-a) ▶ *nm* (*Ling*) checo ▶ *nm/f*: **Tchèque** checo(-a); **la République ~** la República checa

Tchétchénie [tʃetʃeni] *nf* : **la ~** Chechenia

te [tə] *pron* te

technicien, ne [tɛknisjɛ̃, jɛn] *nm/f* técnico *m/f*

technico-commercial, e, -aux [tɛknikokɔmɛʀsjal, jo] *adj* técnico-comercial

technique [tɛknik] *adj* técnico(-a) ▶ *nf* técnica

techniquement [tɛknikmɑ̃] *adv* técnicamente

techno [tɛkno] (*fam*: *Mus*) *nf*: **la (musique) ~** tecno *m*, música tecno
technologie [tɛknɔlɔʒi] *nf* tecnología
technologique [tɛknɔlɔʒik] *adj* tecnológico(-a)
teck [tɛk] *nm* teca
tee-shirt [tiʃœʀt] (*pl* **tee-shirts**) *nm* camiseta
teindre [tɛ̃dʀ] *vt* teñir; **se teindre** *vpr*: **se ~ (les cheveux)** teñirse (el pelo)
teint, e [tɛ̃, tɛ̃t] *pp de* **teindre** ▸ *adj* teñido(-a) ▸ *nm* (*permanent*) tez *f*; (*momentané*) color *m* ▸ *nf*: **une teinte de** (*fig*: *d'humour etc*) un matiz de; **grand ~** *adj inv* (*tissu*) de color sólido; **bon ~** *adj inv* (*couleur*) sólido(-a); (*catholique, communiste etc*) convencido(-a)
teinté, e [tɛ̃te] *adj* (*verres, lunettes*) ahumado(-a); (*bois*) teñido(-a); **~ acajou** teñido(-a) en caoba; **~ de** teñido(-a) de
teinter [tɛ̃te] *vt* teñir
teinture [tɛ̃tyʀ] *nf* (*opération*) tintura, tinte *m*; (*substance*) tinte; **~ d'iode/d'arnica** tintura de yodo/de árnica
teinturerie [tɛ̃tyʀʀi] *nf* tintorería
teinturier, -ière [tɛ̃tyʀje, jɛʀ] *nm/f* tintorero(-a)
tel, telle [tɛl] *adj* (*pareil*) tal, semejante; (*indéfini*) tal; **~ un/des ...** tal como.../como ...; **un ~/de ~s ...** un tal/tales ...; **rien de ~** nada como; **~ quel** tal cual; **~ que** tal como
télé [tele] *nf* tele *f*; **à la ~** en la tele
télé... [tele] *préf* tele...
télécabine [telekabin] *nf* teleférico (monocable)
télécarte [telekaʀt] *nf* tarjeta de teléfono
téléchargeable [teleʃaʀʒabl] *adj* descargable
téléchargement [teleʃaʀʒəmɑ̃] *nm* descarga; **la lutte contre le ~ illégal** la lucha contra las descargas ilegales
télécharger [teleʃaʀʒe] *vt* (*Inform*) descargar
télécommande [telekɔmɑ̃d] *nf* telemando
téléconférence [telekɔ̃feʀɑ̃s] *nf* (servicio de) teleconferencia
télécopieur [telekɔpjœʀ] *nm* máquina de fax
télégramme [telegʀam] *nm* telegrama *m*
télégraphier [telegʀafje] *vt, vi* telegrafiar
téléguider [telegide] *vt* teledirigir
télématique [telematik] *nf* telemática ▸ *adj* telemático(-a)
téléobjectif [teleɔbʒɛktif] *nm* teleobjetivo
télépathie [telepati] *nf* telepatía
téléphérique [telefeʀik] *nm* teleférico
téléphone [telefɔn] *nm* (*appareil*) teléfono; **avoir le ~** tener teléfono; **au ~** al teléfono; **~ arabe** *transmisión de noticias de persona a persona*; **~ fixe** teléfono fijo; **~ portable** móvil *m*, teléfono celular (AM); **~ rouge** teléfono rojo; **~ sans fil** teléfono inalámbrico
téléphoner [telefɔne] *vt, vi* llamar por teléfono; **~ à** llamar por teléfono a
téléphonie [telefɔni] *nf* telefonía; **~ fixe** telefonía fija; **~ mobile** telefonía móvil
téléphonique [telefɔnik] *adj* telefónico(-a); **cabine/appareil ~** cabina telefónica/aparato telefónico; **conversation/appel/liaison ~** conversación *f*/llamada/comunicación *f* telefónica
téléréalité [teleʀealite] *nf* telerrealidad *f*
télescope [telɛskɔp] *nm* telescopio
télescoper [telɛskɔpe] *vt* chocar de frente; **se télescoper** *vpr* chocarse de frente
téléscripteur [teleskʀiptœʀ] *nm* teleimpresor *m*
télésiège [telesjɛʒ] *nm* telesilla
téléski [teleski] *nm* telesquí *m*; **~ à archets/à perche** telesquí de arcos/de trole
téléspectateur, -trice [telespɛktatœʀ, tʀis] *nm/f* telespectador(a)
télétravail [teletʀavaj] *nm* teletrabajo
téléverser [televɛʀse] *vt* (*fichier, photo*) cargar, subir
téléviseur [televizœʀ] *nm* televisor *m*
télévision [televizjɔ̃] *nf* televisión *f*; **(poste de) ~** televisión; **avoir la ~** tener televisión; **à la ~** en la televisión; **~ en circuit fermé** televisión en circuito cerrado; **~ numérique** televisión digital; **~ par câble** televisión por cable
télex [telɛks] *nm* télex *m*
telle [tɛl] *adj voir* **tel**
tellement [tɛlmɑ̃] *adv* tan; **~ grand/cher (que)** tan grande/caro (que); **~ de** (*sg*) tanto(-a); (*pl*) tantos(-as); **il était ~ fatigué qu'il s'est endormi** estaba tan cansado que se durmió; **il s'est endormi ~ il était fatigué** se durmió de lo cansado

que estaba; **je n'ai pas ~ envie d'y aller** no tengo muchas *ou* tantas ganas de ir; **pas ~ fort/lentement** no tan fuerte/lento; **il ne mange pas ~** no come tanto

tellurique [telyʀik] *adj* telúrico; **secousse ~** temblor *m* telúrico

téméraire [temeʀɛʀ] *adj* temerario(-a)

témoignage [temwaɲaʒ] *nm* testimonio; (*d'affection etc*) muestra

témoigner [temwaɲe] *vt* (*intérêt, gratitude*) manifestar ▸ *vi* (*Jur*) testimoniar, atestiguar; **~ que** declarar que; (*démontrer*) demostrar que; **~ de** dar pruebas de

témoin [temwɛ̃] *nm/f* testigo *m/f* ▸ *adj* testigo *inv*; (*appartement*) piloto *inv* ▸ *adv* : **~ le fait que ...** prueba de ello ...; **être ~ de** ser testigo de; **prendre à ~** tomar como *ou* por testigo; **appartement ~** piso piloto; **~ à charge** testigo de cargo; **T~ de Jéhovah** testigo de Jehová; **~ de moralité** testigo de moralidad; **~ oculaire** testigo ocular; **~ de connexion** (*Internet*) cookie *f*

tempe [tɑ̃p] *nf* sien *f*

tempérament [tɑ̃peʀamɑ̃] *nm* temperamento; (*santé*) constitución *f*; **à ~** (*vente*) a plazos; **avoir du ~** tener mucho temperamento

température [tɑ̃peʀatyʀ] *nf* temperatura; **prendre la ~ de** tomar la temperatura de; (*fig*) tantear; **avoir** *ou* **faire de la ~** tener fiebre; **feuille/courbe de ~** gráfica/curva de temperatura

tempéré, e [tɑ̃peʀe] *adj* (*climat*) templado(-a)

tempérer [tɑ̃peʀe] *vt* moderar

tempête [tɑ̃pɛt] *nf* (*en mer*) temporal *m*; (*à terre*) tormenta; **vent de ~** viento de tormenta; (*fig*) gran tensión *f*; **~ d'injures/de mots** torrente *m* de injurias/de palabras; **~ de neige/de sable** tormenta de nieve/de arena

temple [tɑ̃pl] *nm* templo

temporaire [tɑ̃pɔʀɛʀ] *adj* temporal

temporiser [tɑ̃pɔʀize] *vi* contemporizar

temps [tɑ̃] *nm* tiempo; (*époque*) tiempo, época; **les ~ changent/sont durs** los tiempos cambian/son duros; **il fait beau/mauvais ~** hace buen/mal tiempo; **passer/employer son ~ à faire qch** pasar/emplear el tiempo en hacer algo; **avoir le ~/tout le ~/juste le ~** tener tiempo/mucho tiempo/el tiempo justo; **avoir du ~ de libre** tener tiempo libre; **avoir fait son ~** (*fig*) haber pasado a la historia; **en ~ de paix/de guerre** en tiempo de paz/de guerra; **en ~ utile** *ou* **voulu** a su debido tiempo; **de ~ en ~, de ~ à autre** de vez en cuando; **en même ~** al mismo tiempo; **à ~** a tiempo; **pendant ce ~** mientras tanto; **à plein/mi-~** (*travailler*) jornada completa/media jornada; **à ~ partiel** *adv, adj* a tiempo parcial; **dans le ~** hace tiempo, antaño; **de tout ~** de toda la vida; **du ~ que, au/du ~ où** en los tiempos en que, cuando; **~ chaud/froid** tiempo caluroso/frío; **~ d'accès** (*Inform*) tiempo de acceso; **~ d'arrêt** parada; **~ de pose** tiempo de exposición; **~ mort** (*Sport*) tiempo muerto; (*Comm*) tiempo de inactividad; **~ partagé/réel** tiempo compartido/ real

tenable [t(ə)nabl] *adj* soportable

tenace [tənas] *adj* tenaz; (*infection*) persistente

tenant, e [tənɑ̃, ɑ̃t] *adj voir* **séance** ▸ *nm/f* (*Sport*) : **~ du titre** poseedor(a) del título ▸ *nm* : **d'un seul ~** de una sola pieza; **les ~s et les aboutissants** los detalles nimios

tendance [tɑ̃dɑ̃s] *nf* tendencia; ▸ *adj inv* trendy *inv*, tendencia *inv*; **~ à la hausse/baisse** tendencia a la alza/baja; **avoir ~ à** tener tendencia a **c'est très ~** es muy tendencia

tendeur [tɑ̃dœʀ] *nm* tensor *m*

tendre [tɑ̃dʀ] *adj* (*à manger*) tierno(-a), blando(-a); (*matière*) blando(-a); (*affectueux*) cariñoso(-a); (*lettre, regard, émotion*) tierno(-a); (*couleur, bleu*) suave ▸ *vt* (*élastique, peau*) extender, estirar; (*muscle, arc*) tensar; (*piège*) tender; **se tendre** *vpr* tensarse; **~ à qch/à faire qch** tender a algo/a hacer algo; **~ qch à qn** alcanzar algo a algn; **~ l'oreille** aguzar el oído; **~ le bras/la main** alargar el brazo/extender la mano; **~ la perche à qn** (*fig*) echar un capote a algn; **tendu de soie** tapizado en seda

tendrement [tɑ̃dʀəmɑ̃] *adv* tiernamente

tendresse [tɑ̃dʀɛs] *nf* ternura

tendu, e [tɑ̃dy] *pp de* **tendre** ▸ *adj* (*allongé*) estirado(-a); (*raidi*) tensado(-a)

ténèbres [tenɛbʀ] *nfpl* tinieblas *fpl*

teneur [tənœʀ] *nf* proporción *f*; (*d'une lettre*) texto; **~ en cuivre** proporción de cobre

tenir [t(ə)niʀ] *vt* (*avec la main, un objet*) tener; (*qn : par la main, le cou etc*) agarrar, coger; (*garder, maintenir : position*) mantener; (*maintenir fixé*) sujetar; (*prononcer : propos, discours*) proferir; (*magasin, hôtel*) regentar; (*promesse*) cumplir; (*un rôle*) desempeñar; (*Mil : ville, région*) ocupar; (*fam : un rhume*) estar con; (*Auto : la route*) agarrarse a ▸ *vi* (*être fixé*) aguantar; (*neige, gel*) cuajar; (*survivre*) aguantar; (*peinture, colle*) agarrar; (*capacité*) caber; **se tenir** *vpr* (*par la main*) cogerse, agarrarse; (*à qch*) agarrarse; (*conférence*) celebrarse; (*personne, monument*) estar; (*récit*) ser coherente; (*se comporter*) comportarse; **~ à** (*personne, chose*) tener cariño a; (*avoir pour cause*) deberse a; **~ à faire** tener interés en hacer; **~ de** (*parent*) salir; **~ qch pour** considerar algo como; **~ qn pour** tener a algn por; **~ qch de qn** (*histoire*) saber algo por algn; **~ lieu de** servir de; **~ compte de** tener en cuenta; **~ le lit** guardar cama; **~ la solution/le coupable** tener la solución/el culpable; **~ une réunion/un débat** celebrar una reunión/un debate; **~ la caisse/les comptes** llevar la contabilidad/las cuentas; **~ de la place** ocupar espacio; **~ l'alcool** aguantar el alcohol; **~ le coup, ~ bon** aguantar; **~ trois jours/deux mois** resistir *ou* aguantar tres días/dos meses; **~ au chaud/à l'abri** mantener caliente/protegido(-a); **~ chaud** (*suj : vêtement*) mantener abrigado; (*: café*) mantener caliente; **~ prêt** tener listo; **~ parole** mantener su *etc* palabra; **~ en respect** mantener a distancia; **~ sa langue** mantener la boca cerrada; **se ~ debout/droit** tenerse en pie/derecho; **bien/mal se ~** comportarse bien/mal; **s'en ~ à qch** atenerse a algo; **se ~ prêt/sur ses gardes** estar listo/en guardia; **se ~ tranquille** estarse quieto; **ça ne tient qu'à lui** es cosa suya; **il tient cela de son père** en eso ha salido a su padre; **nous ne tenons pas tous à cette table** no cabemos todos en esta mesa; **ça ne tient pas debout** no tiene ni pies ni cabeza; **qu'à cela ne tienne** por eso que no quede; **je n'y tiens pas** no me apetece; **tiens/tenez, voilà le stylo !** ¡toma/tome, aquí está la pluma!; **tiens, Pierre !** ¡anda, Pierre!; **tiens ?** ¡anda!; **tiens-toi bien !** ¡agárrate!

tennis [tenis] *nm* tenis *msg*; (*aussi* : **court de tennis**) pista ou (*AM*) cancha (de tenis) ▸ *nmpl* (*aussi* : **chaussures de tennis**) playeras *fpl*; **~ de table** tenis de mesa

tennisman [tenisman] *nm* tenista *m*

tension [tɑ̃sjɔ̃] *nf* tensión *f*; (*concentration, effort*) esfuerzo; **faire** *ou* **avoir de la ~** tener tensión; **~ nerveuse/raciale** tensión nerviosa/racial

tentation [tɑ̃tasjɔ̃] *nf* tentación *f*

tentative [tɑ̃tativ] *nf* intento; **~ d'évasion/de suicide** intento de fuga/de suicidio

tente [tɑ̃t] *nf* tienda; **~ à oxygène** tienda de oxígeno

tenter [tɑ̃te] *vt* tentar; (*attirer : suj : musique, objet*) encantar; **~ qch/de faire qch** intentar algo/hacer algo; **être tenté de penser/croire** estar tentado a pensar/creer; **~ sa chance** tentar la suerte

tenture [tɑ̃tyʀ] *nf* colgadura

tenu, e [t(ə)ny] *pp de* **tenir** ▸ *adj* : **maison bien tenue** casa bien cuidada; **les comptes de cette entreprise sont mal ~s** llevan mal las cuentas de esta empresa; **être ~ de faire/de ne pas faire/à qch** estar obligado(-a) a hacer/a no hacer/a algo

tenue [təny] *nf* (*vêtements*) ropa; **en petite ~** en paños menores; **« ~ correcte exigée »** « se requiere vestimenta formal »; **~ de route** (*Auto*) estabilidad *f*; **~ de soirée** traje de etiqueta; **~ de sport/de ville/de voyage** ropa de deporte/de calle/de viaje

ter [tɛʀ] *adj* : **16 ~** 16 C

terme [tɛʀm] *nm* término; (*Fin*) vencimiento; **être en bons/mauvais ~s avec qn** estar en buenos/malos términos con algn; **en d'autres ~s** en otras palabras; **vente/achat à ~** (*Comm*) venta/compra a plazos; **au ~ de** al término de; **à court/moyen/long ~** *adj, adv* a corto/medio/largo plazo; **moyen ~** término medio; **à ~** (*Méd*) a los nueve meses; **avant ~** (*Méd*) antes de tiempo; **mettre un ~ à** poner término a; **toucher à son ~** estar acabándose

terminaison [tɛʀminɛzɔ̃] *nf* (*Ling*) terminación *f*

terminal, e, -aux [tɛʀminal, o] *adj* terminal ▸ *nm* (*Inform*) terminal *m*; (*pétrolier, gare*) terminal *f*

terminale [tɛʀminal] *nf* (*Scol*) *sé(p)timo año de educación secundaria en el sistema francés*

terminer [tɛʀmine] *vt* terminar, acabar; **se terminer** *vpr* terminar(se), acabar(se); **se ~ par/en** (*repas, chansons*) acabar *ou* terminar con; (*pointe, boule*) acabar *ou* terminar en

terne [tɛʀn] *adj* apagado(-a); (*personne, style*) insípido(-a)

ternir [tɛʀniʀ] *vt* (*couleur, peinture*) desteñir; (*fig : honneur, réputation*) empañar; **se ternir** *vpr* desteñirse

terrain [teʀɛ̃] *nm* terreno; (*à bâtir*) solar *m*, terreno; (*Sport, fig : domaine*) campo; **sur le ~** sobre el terreno; **gagner/perdre du ~** ganar/perder terreno; **~ d'atterrissage** pista de aterrizaje; **~ d'aviation** campo de aviación; **~ d'entente** vía de entendimiento; **~ de camping** camping *m*; **~ de football/de golf** *etc* campo de fútbol/de golf *etc*; **~ de jeu** patio de juego; **~ vague** solar *m*

terrasse [teʀas] *nf* terraza; (*sur le toit*) azotea; **culture en ~s** cultivo en bancales

terrasser [teʀase] *vt* (*adversaire*) derribar; (*suj : maladie etc*) fulminar

terre [tɛʀ] *nf* tierra; (*population*) mundo; **terres** *nfpl* (*propriété*) tierras *fpl*; **travail de la ~** trabajo del campo; **en ~** de barro; **mettre en ~** enterrar; **à ~, par ~** (*mettre, être*) en el suelo *ou* piso (AM); (*jeter, tomber*) al suelo; **~ à ~** *adj inv* prosaico(-a); **la T~** la Tierra; **la T~ promise/Sainte** la Tierra prometida/Santa; **T~ Adélie/de Feu** Tierra de Adelaida/de Fuego; **~ cuite** terracota, arcilla cocida; **~ de bruyère** tierra de brezo; **~ ferme** tierra firme; **~ glaise** arcilla

terreau [teʀo] *nm* mantillo

terre-plein [tɛʀplɛ̃] (*pl* **terre-pleins**) *nm* (*Constr*) terraplén *m*

terrestre [teʀɛstʀ] *adj* terrestre; (*Rel*) terrenal; (*globe*) terráqueo(-a)

terreur [teʀœʀ] *nf* terror *m*

terrible [teʀibl] *adj* terrible; (*fam*) estupendo(-a), regio(-a)

terrien, ne [teʀjɛ̃, jɛn] *adj* campesino(-a) ▸ *nm/f* (*non martien etc*) terrícola *m/f*; (*qui ne vit pas sur la côte*) hombre *m*/mujer *f* de tierra adentro; **propriétaire ~** terrateniente *m/f*

terrier [tɛʀje] *nm* madriguera; (*chien*) terrier *m*

terrifier [teʀifje] *vt* aterrorizar

terrine [teʀin] *nf* tarro; (*Culin*) *conserva de carnes en tarro*

territoire [teʀitwaʀ] *nm* territorio; **T~ des Afars et des Issas** Territorio de los Afars y de los Isas; **~s d'outremer** territorios de ultramar

terroriser [teʀɔʀize] *vt* aterrorizar

terrorisme [teʀɔʀism] *nm* terrorismo

terroriste [teʀɔʀist] *adj, nm/f* terrorista *m/f*

tertiaire [tɛʀsjɛʀ] *adj* (*Écon, Géo*) terciario(-a) ▸ *nm* (*Écon*) sector *m* servicios

tes [te] *voir* **ton**

test [tɛst] *nm* prueba, examen *m*; **~ de niveau** prueba de nivel

testament [tɛstamɑ̃] *nm* testamento; **faire son ~** hacer testamento

tester [tɛste] *vt* testar; (*personne, produit etc*) someter a prueba

testicule [tɛstikyl] *nm* testículo

tétanos [tetanos] *nm* tétano, tétanos *msg*

têtard [tɛtaʀ] *nm* renacuajo

tête [tɛt] *nf* cabeza; (*visage*) cara; (*Football*) cabezazo; **de ~** *adj* (*wagon, voiture*) delantero(-a); (*concurrent*) en cabeza ▸ *adv* (*calculer*) mentalmente; **par ~** por persona, por cabeza; **être à la ~ de qch** estar al frente de algo; **il fait une ~ de plus que moi** me lleva un palmo; **gagner d'une (courte) ~** ganar por (casi) una cabeza; **prendre la ~ de qch** tomar la dirección de algo; **perdre la ~** perder la cabeza; **ça ne va pas la ~ ?** (*fam*) ¿no estás bien de la cabeza?; **il s'est mis en ~ de le faire** se le ha metido en la cabeza hacerlo; **tenir ~ à qn** hacer frente a algn; **la ~ la première** de cabeza; **la ~ basse** cabizbajo(-a); **la ~ en bas** cabeza abajo; **avoir la ~ dure** (*fig*) ser duro(-a) de mollera; **faire une ~** (*Football*) dar un cabezazo; **faire la ~** estar de morros, poner mala cara; **en ~** (*Sport*) a la cabeza; (*arriver, partir*) primero(-a); **de la ~ aux pieds** de la cabeza a los pies; **~ brûlée** (*fig*) cabeza loca; **~ chercheuse/d'enregistrement/d'impression** cabeza buscadora/grabadora/impresora; **~ d'affiche** (*Théâtre etc*) cabecera del reparto; **~ de bétail** res *f*; **~ de lecture** cabeza de lectura; **~ de ligne** (*Transport*) central *f*; **~ de liste** (*Pol*) cabeza de lista; **~ de mort** calavera; **~ de pont** (*Mil, fig*) cabeza de puente; **~ de série** (*Tennis*) cabeza de serie; **~ de Turc** cabeza de turco; **~ de veau** (*Culin*) cabeza de ternero

tête-à-queue [tɛtakø] *nm inv* : **faire un ~** derrapar y quedar en sentido contrario

téter [tete] *vt* mamar

tétine [tetin] *nf* (*de vache*) ubre *f*; (*de biberon*) tetina; (*sucette*) chupete *m*

têtu, e [tety] *adj* terco(-a), testarudo(-a)

teuf [tøf] (*fam*) *nf* fiesta; **faire la ~** estar de fiesta

texte [tɛkst] *nm* texto; (*passage*) : **~s choisis** textos *mpl* escogidos; **apprendre son ~** (*Théâtre, Ciné*) aprender el papel; **un ~ de loi** un texto de ley

texter [tɛkste] *vt* (*rédiger*) escribir un SMS a; (*envoyer*) enviar un SMS a ▸ *vi* enviar un SMS; **je t'ai texté mon adresse** te he enviado mi dirección en un SMS

textile [tɛkstil] *adj* textil ▸ *nm* tejido; (*industrie*) : **le ~** la industria textil

Texto®, texto [tɛksto] *nm* mensaje *m* de texto, SMS *m*

textoter [tɛkstɔte] *vt, vi* = **texter**

texture [tɛkstyʀ] *nf* textura

TGV [teʒeve] *sigle m* (= *train à grande vitesse*) ≈ AVE (= *Alta Velocidad Española*)

thaïlandais, e [tajlɑ̃dɛ, ɛz] *adj* tailandés (-esa) ▸ *nm/f* : **Thaïlandais, e** tailandés(-esa)

Thaïlande [tailɑ̃d] *nf* Tailandia

thé [te] *nm* té *m*; **prendre le ~** tomar el té; **faire le ~** hacer un té; **~ au citron/au lait** té con limón/con leche

théâtral, e, -aux [teɑtʀal, o] (*aussi péj*) *adj* teatral

théâtre [teɑtʀ] *nm* teatro; (*fig : lieu*) : **le ~ de** el escenario de; **faire du ~** hacer teatro; **~ filmé** teatro grabado

théière [tejɛʀ] *nf* tetera

thème [tɛm] *nm* tema; (*traduction*) traducción *f* inversa; **~ astral** carta astral

théologie [teɔlɔʒi] *nf* teología

théorie [teɔʀi] *nf* teoría; **en ~** en teoría; **~ musicale** teoría de la música

théorique [teɔʀik] *adj* teórico(-a)

thérapie [teʀapi] *nf* terapia; **~ génique** terapia génica

thermal, e, -aux [tɛʀmal, o] *adj* termal; **station/cure thermale** estación *f*/cura termal

thermique [tɛʀmik] *adj* térmico(-a)

thermomètre [tɛʀmɔmɛtʀ] *nm* termómetro

thermos® [tɛʀmos] *nm ou f* : **(bouteille) ~** termo

thermostat [tɛʀmɔsta] *nm* termostato

thèse [tɛz] *nf* tesis *f inv*; (*opinion*) teoría; **pièce/roman à ~** obra/novela de tesis

thon [tɔ̃] *nm* atún *m*

thym [tɛ̃] *nm* tomillo

tibia [tibja] *nm* tibia

TIC [tik] *sigle fpl* (= *technologies de l'information et de la communication*) TIC (= *Tecnologías de la Información y la Comunicación*)

tic [tik] *nm* (*nerveux*) tic *m*; (*de langage etc*) muletilla

ticket [tikɛ] *nm* billete *m*, boleto (AM); (*de cinéma, théâtre*) entrada; **~ de caisse** ticket *m ou* tique(t) *m* de compra; **~ de quai** ticket *ou* tique(t) de andén; **~ modérateur** *porcentaje correspondiente al asegurado en los gastos de la Seguridad social*; **~ repas** vale *m* (para la comida)

tiède [tjɛd] *adj* tibio(-a), templado(-a); (*bière*) caliente; (*thé, café*) tibio(-a); (*air*) templado(-a) ▸ *adv* : **boire ~** beber cosas templadas; **recevoir un accueil ~** tener una acogida tibia

tiédir [tjediʀ] *vi* templarse

tien, ne [tjɛ̃, tjɛn] *adj* tuyo(-a) ▸ *pron* : **le(la) ~(ne)** el/la tuyo(-a); **les ~s/les tiennes** los tuyos/las tuyas; **les ~s** (*ta famille*) los tuyos

tiens [tjɛ̃] *vb, excl voir* **tenir**

tiercé [tjɛʀse] *nm* apuesta triple

tiers, tierce [tjɛʀ, tjɛʀs] *adj* tercero(-a) ▸ *nm* (*Jur*) tercero; (*fraction*) tercio; **assurance au ~** seguro contra terceros; **une tierce personne** una tercera persona; **le ~ monde** el tercer mundo; **~ payant** (*Méd, Pharmacie*) *sistema en que la compañía de seguros paga directamente por la asistencia médica del paciente*; **~ provisionnel** (*Fin*) *pago fraccionado del impuesto sobre la renta*

tige [tiʒ] *nf* (*de fleur, plante*) tallo

tignasse [tiɲas] (*péj*) *nf* greñas *fpl*

Tigre [tigʀ] *nm* Tigris *m*

tigre [tigʀ] *nm* tigre *m*

tigré, e [tigʀe] *adj* atigrado(-a)

tigresse [tigʀɛs] *nf* tigresa

tilleul [tijœl] *nm* (*arbre*) tilo; (*boisson*) tila

timbre [tɛ̃bʀ] *nm* timbre *m*; (*aussi*: **timbre-poste**) sello, estampilla (AM); (*cachet*) sello; **~ dateur** fechador *m*; **~ fiscal** timbre fiscal

timbré, e [tɛ̃bʀe] *adj* (*enveloppe*) timbrado(-a), sellado(-a); (*voix*) timbrado(-a); (*fam*) tocado(-a) de la cabeza; **papier ~** papel *m* timbrado

timide [timid] *adj* tímido(-a); **le soleil est ~** el sol no se atreve a salir

timidement [timidmɑ̃] *adv* tímidamente

timidité [timidite] *nf* timidez *f*

tintamarre [tɛ̃tamaʀ] *nm* escandalera

tinter [tɛ̃te] *vi* tintinar

tique [tik] *nf* garrapata

TIR [tiʀ] *sigle mpl* (= *transports internationaux routiers*) TIR *m* (= *transporte internacional por carretera*)

tir [tiʀ] *nm* tiro; (*stand*) tiro al blanco; **~ à l'arc** tiro con arco; **~ au fusil** tiro con fusil; **~ au pigeon** tiro de pichón; **~ de barrage/de mitraillette/d'obus** fuego de barrera/disparo de ametralladora/tiro de obús

tirage [tiʀaʒ] *nm* (*Photo*) revelado; (*Typo, Inform*) impresión *f*; (*d'un journal, de livre*) tirada; (: *édition*) edición *f*; (*d'un poêle etc*) tiro; (*de loterie*) sorteo; (*désaccord*) fricción *f*; **~ au sort** sorteo

tire [tiʀ] *nf*: **voleur à la ~** ratero; **vol à la ~** tirón *m*

tiré, e [tiʀe] *adj* (*visage*) cansado(-a) ▸ *nm* (*Comm*) librado; **~ par les cheveux** difícil de creer; **~ à part** separata

tire-bouchon [tiʀbuʃɔ̃] (*pl* **tire-bouchons**) *nm* sacacorchos *m inv*

tirelire [tiʀliʀ] *nf* hucha

tirer [tiʀe] *vt* (*sonnette etc*) tirar de, jalar (AM); (*remorque*) arrastrar, jalar (AM); (*trait*) trazar; (*porte*) cerrar; (*rideau, panneau*) correr; (*extraire*: *carte, numéro, conclusion*) sacar; (*Comm*: *chèque*) extender; (*loterie*) sortear; (*en faisant feu*) tirar, disparar; (: *animal*) disparar (a); (*journal, livre*) imprimir; (*Photo*) revelar; (*Football*) sacar, tirar ▸ *vi* (*faire feu*) disparar; (*cheminée, Sport*) tirar; **se tirer** *vpr* (*fam*) largarse; **~ qch de** sacar algo de; (*un son d'un instrument*) obtener algo de; **~ une substance d'une matière première** obtener una sustancia de una materia prima; **~ six mètres** (*Naut*) tener seis metros de calado; **s'en ~** salir bien; **~ sur** tirar de; (*faire feu sur*) disparar a; (*pipe*) fumar en; **~ la langue** sacar la lengua; **~ avantage/parti de** sacar provecho/partido de; **~ son nom/origine de** recibir su nombre/origen de; **~ qn de** (*embarras etc*) sacar a algn de; **~ à l'arc/à la carabine** tirar con arco/con carabina; **~ en longueur** no tener fin; **~ à sa fin** tocar a su fin; **~ les cartes** echar las cartas

tiret [tiʀɛ] *nm* guión *m*; **~ bas** guion *m* bajo

tireur, -euse [tiʀœʀ, øz] *nm/f* (*Mil*) tirador(a); (*Comm*) librador(a); **bon ~** buen tirador; **~ d'élite** tirador de primera; **tireuse de cartes** echadora de cartas

tiroir [tiʀwaʀ] *nm* cajón *m*

tiroir-caisse [tiʀwaʀkɛs] (*pl* **tiroirs-caisses**) *nm* caja

tisane [tizan] *nf* tisana, infusión *f*

tisser [tise] *vt* tejer; (*réseau*) establecer

tissu [tisy] *nm* tejido; (*fig*) sarta; **~ de mensonges** sarta de mentiras

tissu-éponge [tisyepɔ̃ʒ] (*pl* **tissus-éponges**) *nm* felpa

titiller [titije] *vt* cosquillear

titre [titʀ] *nm* título; (*de journal, aussi télévisé*) titular *m*; (*Chim*: *d'alliage*) ley *f*; (: *de solution*) título; (: *d'alcool*) graduación *f*; **en ~** titular; **à juste ~** con toda razón; **à quel ~?** ¿a título de qué?; **à aucun ~** bajo ninguna razón; **au même ~ (que)** al igual (que); **au ~ de la coopération** *etc* en nombre de la cooperación *etc*; **à ~ d'exemple** como ejemplo; **à ~ d'exercice** como ejercicio; **à ~ exceptionnel** excepcionalmente; **à ~ amical** amistosamente; **à ~ d'information** a modo de información; **à ~ gracieux** gratis; **à ~ provisoire/d'essai** de forma provisional/a modo de ensayo; **à ~ privé/consultatif** a título privado/consultativo; **~ courant** titulillo; **~ de propriété** título de propiedad; **~ de transport** billete *m*

tituber [titybe] *vi* titubear

titulaire [titylɛʀ] *adj* titular ▸ *nm/f* titular *m/f*; **être ~ de** ser titular de

titulariser [titylaʀize] *vt* hacer titular a

TMS [teɛmɛs] *sigle mpl* (= *troubles musculosquelettiques*) TME *mpl* (= *trastornos musculoesqueléticos*)

TNT *sigle f* (= *Télévision numérique terrestre*) TDT *f* (= *televisión digital terrestre*)

toast [tost] *nm* tostada; (*de bienvenue*) brindis *m inv*; **porter un ~ à qn** brindar por algn
toboggan [tɔbɔgɑ̃] *nm* tobogán *m*; (*Auto*) paso a desnivel
TOC *sigle m* (= *trouble obsessionnel compulsif*) TOC *m* (= *trastorno obsesivo-compulsivo*)
toc [tɔk] *nm* : **en ~** de imitación
tocsin [tɔksɛ̃] *nm* rebato, toque *m* de alarma
tohu-bohu [tɔybɔy] *nm inv* (*désordre*) revoltijo; (*tumulte*) barullo
toi [twa] *pron* tú; **~, tu n'y vas pas** tú no vas; **c'est ~ ?** ¿eres tú?; **je veux aller avec ~** quiero ir contigo; **pour/sans ~** para/sin ti; **des livres à ~** libros tuyos
toile [twal] *nf* tela; (*bâche*) lona; (*tableau*) tela, lienzo; **grosse ~** tela basta; **tisser sa ~** tejer su tela; **~ cirée** hule *m*; **~ d'araignée** telaraña; **~ de fond** telón *m* de fondo; **~ de jute** tela de saco; **~ de lin** lienzo; **~ de tente** lona; **~ émeri** tela de esmeril
toilette [twalɛt] *nf* aseo; (*s'habiller et se préparer*) arreglo; (*habillement*) vestimenta; **toilettes** *nfpl* servicios *mpl*; **les ~s des dames/messieurs** los servicios de señoras/caballeros; **faire sa ~** asearse; **faire la ~ de** (*animal*) lavar y arreglar a; (*texte*) preparar; **articles de ~** artículos *mpl* de aseo; **~ intime** aseo íntimo
toi-même [twamɛm] *pron* tú mismo
toit [twa] *nm* techo; (*de bâtiment*) tejado; **~ ouvrant** techo solar
toiture [twatyʀ] *nf* tejado, techumbre *f*
tôle [tol] *nf* chapa; **~ d'acier** chapa de acero; **~ ondulée** chapa ondulada
tolérable [tɔleʀabl] *adj* tolerable
tolérant, e [tɔleʀɑ̃, ɑ̃t] *adj* tolerante
tolérer [tɔleʀe] *vt* tolerar
tollé [tɔ(l)le] *nm* : **un ~ (d'injures/de protestations)** una sarta (de insultos/de protestas)
tomate [tɔmat] *nf* tomate *m*
tombe [tɔ̃b] *nf* tumba
tombeau, x [tɔ̃bo] *nm* tumba; **à ~ ouvert** a toda velocidad
tombée [tɔ̃be] *nf* : **à la ~ du jour** *ou* **de la nuit** al atardecer, al anochecer
tomber [tɔ̃be] *vi* caer; (*accidentellement*) caerse; (*prix, température*) bajar ▸ *vt* : **~ la veste** (*fam*) quitarse la chaqueta; **laisser ~** abandonar; **~ sur** encontrarse con; (*attaquer*) echarse sobre; (*critiquer*) echarse encima de; **~ de fatigue/de sommeil** caerse de cansancio/de sueño; **~ à l'eau** (*fig*) irse al garete; **~ juste** salir bien; **~ en panne** tener una avería; **~ en ruine** caerse en ruinas; **le 15 tombe un mardi** el 15 cae en martes; **ça tombe bien/mal** (*fig*) viene bien/mal; **il est bien/mal tombé** (*fig*) le ha ido bien/mal
tombola [tɔ̃bɔla] *nf* tómbola
tome [tɔm] *nm* tomo
ton¹, ta [tɔ̃, ta] (*pl* **tes**) *adj poss* tu
ton² [tɔ̃] *nm* tono; **élever** *ou* **hausser le ~** levantar la voz; **donner le ~** llevar la voz cantante; **si vous le prenez sur ce ~** si lo toma usted así; **de bon ~** de buen tono; **~ sur ~** en la misma gama de color
tonalité [tɔnalite] *nf* tonalidad *f*; (*au téléphone*) señal *f*
tondeuse [tɔ̃døz] *nf* (*à gazon*) cortadora de césped; (*de coiffeur*) maquinilla (de cortar el pelo); (*pour la tonte*) esquiladora
tondre [tɔ̃dʀ] *vt* (*pelouse*) cortar; (*mouton*) esquilar; (*cheveux*) rapar
tonifier [tɔnifje] *vi* (*air*) vivificar; (*eau*) tonificar ▸ *vt* (*organisme*) entonar; (*peau*) tonificar
tonique [tɔnik] *adj* (*lotion, accent*) tónico(-a); (*médicament, personne*) estimulante; (*froid*) tonificante; (*air*) vivificador(a) ▸ *nm* (*médicament*) estimulante *m*; (*lotion*) tónico; (*boisson*) tónica ▸ *nf* (*Mus*) tónica
tonne [tɔn] *nf* tonelada
tonneau, x [tɔno] *nm* tonel *m*; (*Naut*) : **jauger 2.000 tonneaux** tener una capacidad de 2.000 toneladas; **faire des tonneaux** (*voiture*) dar vueltas de campana; (*avion*) hacer rizos
tonnelle [tɔnɛl] *nf* glorieta
tonner [tɔne] *vi* tronar; **~ contre qn/qch** despotricar contra algn/algo; **il tonne** truena
tonnerre [tɔnɛʀ] *nm* trueno; **du ~** (*fam*) bárbaro(-a); **coup de ~** infortunio; **~ d'applaudissements** salva de aplausos
tonton [tɔ̃tɔ̃] *nm* tito
tonus [tɔnys] *nm* : **avoir du ~** estar entonado(-a); **donner du ~** entonar
top [tɔp] *nm* : **au troisième ~** a la tercera señal ▸ *adj* : **~ secret** top secret ▸ *excl* ¡ya!; **le ~ 50** ≈ los 40 principales

topaze [tɔpɑz] *nf* topacio
topinambour [tɔpinɑ̃buʀ] *nm* pataca
torche [tɔʀʃ] *nf* antorcha
torchon [tɔʀʃɔ̃] *nm* trapo; (*à vaisselle*) paño de cocina
tordre [tɔʀdʀ] *vt* (*chiffon*) estrujar; (*barre*) torcer; (*visage*) retorcer; **se tordre** *vpr* torcerse; (*ver, serpent*) retorcerse; **se ~ le pied/bras** torcerse el pie/brazo; **se ~ de douleur/de rire** retorcerse de dolor/desternillarse de risa
tordu, e [tɔʀdy] *pp de* **tordre** ▸ *adj* (*esprit*) retorcido(-a) ▸ *nm/f* (*fam*) pirado(-a)
tornade [tɔʀnad] *nf* tornado
torpiller [tɔʀpije] *vt* torpedear
torrent [tɔʀɑ̃] *nm* torrente *m*; (*fig*) : **un ~ de** un torrente de; **il pleut à ~s** llueve a mares
torsade [tɔʀsad] *nf* retorcido; (*Archit*) espiral *f*
torse [tɔʀs] *nm* torso; (*poitrine*) pecho; **~ nu** con el torso desnudo
tort [tɔʀ] *nm* (*préjudice*) perjuicio; **torts** *nmpl* (*Jur*) daños y perjuicios *mpl*; **avoir ~** estar equivocado(-a); **être dans son ~** tener la culpa; **donner ~ à qn** echar la culpa a algn; (*fig* : *suj* : *chose*) perjudicar a algn; **causer du ~ à** perjudicar a; **être en ~** tener la culpa; **à ~** sin razón; **à ~ ou à raison** con razón o sin ella; **à ~ et à travers** a tontas y a locas
torticolis [tɔʀtikɔli] *nm* tortícolis *f inv*
tortiller [tɔʀtije] *vt* retorcer; **se tortiller** *vpr* retorcerse
tortionnaire [tɔʀsjɔnɛʀ] *nm/f* torturador(a)
tortue [tɔʀty] *nf* tortuga
tortueux, -euse [tɔʀtɥø, øz] *adj* tortuoso(-a)
torture [tɔʀtyʀ] *nf* tortura
torturer [tɔʀtyʀe] *vt* torturar
tôt [to] *adv* (*au début d'une portion de temps*) temprano; (*au bout de peu de temps*) pronto; **~ ou tard** tarde o temprano; **si ~** tan pronto; **au plus ~** cuanto antes; **plus ~** antes; **il eut ~ fait de faire ...** muy pronto hizo ...
total, e, -aux [tɔtal, o] *adj* total ▸ *nm* total *m*; **au ~** en total; (*fig*) en resumidas cuentas; **faire le ~** hacer el total
totalement [tɔtalmɑ̃] *adv* totalmente
totaliser [tɔtalize] *vt* totalizar
totalitaire [tɔtalitɛʀ] *adj* totalitario(-a)
totalité [tɔtalite] *nf* totalidad *f*; **revoir qch en ~** revisar algo en totalidad
toubib [tubib] (*fam*) *nm/f* médico(-a)
touchant, e [tuʃɑ̃, ɑ̃t] *adj* conmovedor(a)
touche [tuʃ] *nf* (*de piano, de machine à écrire*) tecla; (*de télécommande*) botón *m*; (*Peinture, fig*) toque *m*; (*Rugby*) línea lateral; (*Football* : *aussi* : **remise en touche**) saque *m* de banda; (: *ligne de touche*) línea de banda; (*Escrime*) tocado; **en ~** fuera de banda; **avoir une drôle de ~** (*fam*) tener una pinta extraña; **~ de commande/de fonction/de retour** (*Inform*) tecla de mando/de función/de retorno
toucher [tuʃe] *nm* tacto; (*Mus*) modo de tocar ▸ *vt* tocar; (*mur, pays*) lindar con; (*atteindre*) alcanzar; (*émouvoir* : *suj* : *amour, fleurs*) conmover; (: *catastrophe, malheur, crise*) afectar; (*concerner*) atañer; (*prix, récompense*) recibir; (*salaire, chèque*) cobrar; (*problème, sujet*) abordar; **se toucher** *vpr* tocarse; **au ~** al tacto; **~ à qch** tocar algo; (*concerner*) atañer a algo; **~ au but** llegar a la meta; **je vais lui en ~ un mot** le diré dos palabras sobre ello; **~ à sa fin** *ou* **son terme** tocar a su fin
touffe [tuf] *nf* (*d'herbe*) mata; (*de poils*) mechón *m*
touffu, e [tufy] *adj* (*haie, forêt*) frondoso(-a); (*cheveux*) tupido(-a); (*style, texte*) denso(-a)
toujours [tuʒuʀ] *adv* siempre; (*encore*) todavía; **~ plus** cada vez más; **pour ~** para siempre; **depuis ~** desde siempre; **~ est-il que** lo cierto es que; **essaie ~** prueba a intentarlo; **il vit ~ ici** todavía vive aquí, sigue viviendo aquí
toupie [tupi] *nf* peonza
tour [tuʀ] *nf* torre *f*; (*appartements*) bloque *m* (de pisos) ▸ *nm* (*promenade*) paseo, vuelta; (*excursion*) excursión *f*; (*Sport, Pol, de vis, de roue*) vuelta; (*d'être servi ou de jouer etc*) turno; (*de la conversation*) giro; (*ruse*) ardid *m*; (*de prestidigitation etc*) número; (*de cartes*) truco; (*de potier, à bois*) torno; **de trois mètres de ~** (*circonférence*) de tres metros de perímetro; **faire le ~ de** dar la vuelta a; (*questions, possibilités*) dar vueltas a; **faire un ~** dar una vuelta; **faire le ~ de l'Europe** dar la vuelta a Europa; **faire**

deux ou trois ~s dar dos o tres vueltas; **fermer à double ~** cerrar bajo siete llaves; **c'est mon/son ~** es mi/su turno; **c'est au ~ de Philippe** le toca a Philippe; **à ~ de rôle, ~ à ~** por turnos, en orden; **à ~ de bras** con todas las fuerzas; **en un ~ de main** en un santiamén, en un abrir y cerrar de ojos; **~ d'horizon** *nm* (*fig*) panorama; **~ de chant** *nm* recital *m* de canto; **~ de contrôle** *nf* torre de control; **~ de force** *nm* hazaña; **~ de garde** *nm* recorrido de guardia; **~ de lancement** *nf* plataforma de lanzamiento; **~ de lit** *nm* cubrecama *m*; **~ de main** *nm* habilidad *f*; **~ de passe-passe** *nm* juego de manos; **~ de poitrine/de tête** *nm* contorno de pecho/de cabeza; **~ de reins** *nm* lumbago; **~ de taille** *nm* contorno de cintura

tourbe [tuʀb] *nf* turba

tourbillon [tuʀbijɔ̃] *nm* (*d'eau, de poussière*) remolino; (*de vent, fig*) torbellino

tourbillonner [tuʀbijɔne] *vi* arremolinarse; (*objet, personne*) dar vueltas

tourelle [tuʀɛl] *nf* torrecilla; (*de véhicule*) torreta

tourisme [tuʀism] *nm* turismo; **office du ~** oficina de turismo; **avion de ~** avión *m* de turismo; **voiture de ~** turismo; **faire du ~** hacer turismo

touriste [tuʀist] *nm/f* turista *m/f*

touristique [tuʀistik] *adj* turístico(-a)

tourment [tuʀmɑ̃] *nm* tormento

tourmenté, e [tuʀmɑ̃te] *adj* atormentado(-a); (*mer, période*) tormentoso(-a); (*paysage*) escabroso(-a)

tourmenter [tuʀmɑ̃te]: **se tourmenter** *vpr* atormentarse

tournage [tuʀnaʒ] *nm* rodaje *m*

tournant, e [tuʀnɑ̃, ɑ̃t] *adj* (*feu, scène*) giratorio(-a); (*escalier*) de caracol; (*mouvement*) envolvente ▸ *nm* (*de route*) curva; (*fig*) giro; *voir aussi* **grève**; **plaque**

tournée [tuʀne] *nf* (*du facteur*) ronda; (*d'artiste, de politicien*) gira; **payer une ~** pagar una ronda; **faire la ~ de** hacer un recorrido por; **~ électorale/musicale** gira electoral/musical

tourner [tuʀne] *vt* girar, voltear (AM); (*sauce, mélange*) revolver; (*Naut : cap*) rodear; (*difficulté etc*) esquivar; (*scène, film*) rodar; (: *jouer dans*) actuar en ▸ *vi* girar, voltear (AM); (*vent*) cambiar de dirección; (*moteur*) estar en marcha; (*compteur*) estar andando; (*lait etc*) agriarse; (*chance, vie*) cambiar; (*fonctionner : société etc*) marchar; **se tourner** *vpr* volverse; **se ~ vers** volverse hacia; (*personne : pour demander : aide, conseil*) dirigirse a; (*profession*) inclinarse por; **bien/mal ~** salir bien/mal; **~ autour de** dar vueltas alrededor de; (*soleil : suj : terre*) girar alrededor de; (*péj : personne : importuner*) andar rondando a; **~ autour du pot** (*fig*) andarse con rodeos; **~ à/en** volverse, convertirse en; **~ à la pluie/au rouge** volverse lluvioso/ponerse rojo; **~ en ridicule** ridiculizar; **~ le dos à** dar la espalda a; **~ court** desviarse; **se ~ les pouces** (*fig*) estar con los brazos cruzados; **~ la tête** girar la cabeza; **~ la tête à qn** volver loco(-a) a algn; **~ de l'œil** (*fam*) desmayarse; **~ la page** (*fig*) hacer borrón y cuenta nueva

tournesol [tuʀnəsɔl] *nm* girasol *m*

tournevis [tuʀnəvis] *nm* destornillador *m*

tournoi [tuʀnwa] *nm* (*Hist*) torneo; **~ de bridge/tennis** torneo de bridge/tenis

tournure [tuʀnyʀ] *nf* (*Ling*) giro; (*d'une pièce, d'un texte*) carácter *m*, aspecto; **prendre ~** tomar forma; **~ d'esprit** manera de enfocar las cosas

tourte [tuʀt] *nf* (*Culin*) : **~ à la viande** pastel *m* de carne

tourteau, x [tuʀto] *nm* (*Agr*) torta de orujo; (*Zool*) buey *m* (de mar)

tourterelle [tuʀtəʀɛl] *nf* tórtola

tous [tu] *voir* **tout**

Toussaint [tusɛ̃] *nf* : **la ~** el día de Todos los Santos

> **La Toussaint**, el 1 de noviembre, es día festivo en Francia. Tradicionalmente, la gente visita las tumbas de sus parientes y amigos y deposita en ellas coronas de crisantemos.

tousser [tuse] *vi* toser

tout, e [tu, tut]

(*mpl* **tous**, *fpl* **toutes**)

▸ *adj* 1 (*avec article*) todo(-a); **tout le lait/l'argent** toda la leche/todo el dinero; **toute la nuit** toda la noche; **tout le livre** todo el libro; **toutes les trois/deux semaines** cada tres/dos semanas;

tout le temps *adv* todo el tiempo; **tout le monde** *pron* todo el mundo; **c'est tout le contraire** es todo lo contrario; **tout un pain/un livre** un pan/un libro entero; **c'est tout une affaire/une histoire** es todo un caso/una historia; **toutes les nuits** todas las noches; **toutes les fois que ...** todas las veces que ...; **tous les deux** los dos, ambos; **toutes les trois** las tres
2 (*sans article*) : **à tout âge/à toute heure** a cualquier edad/hora; **pour toute nourriture, il avait ...** por todo alimento, tenía ...; **à toute vitesse** a toda velocidad; **de tous côtés** *ou* **de toutes parts** de todos (los) lados *ou* de todas partes; **à tout hasard** por si acaso
▸ *pron* todo(-a); **il a tout fait** lo hizo todo; **je les vois toutes** las veo a todas; **nous y sommes tous allés** fuimos todos; **en tout** en total; **tout ce qu'il sait** todo lo que sabe; **en tout et pour tout, ...** en total ...; **tout ou rien** todo o nada; **c'est tout** eso es todo, nada más; **tout ce qu'il y a de plus aimable** el (la) más amable del mundo
▸ *nm* todo; **du tout au tout** del todo; **le tout est de ...** lo importante es ...; **pas du tout** en absoluto
▸ *adv* 1 (**toute** *avant adj f commençant par consonne ou h aspiré*) (*très, complètement*) : **elle était tout émue** estaba muy emocionada; **elle était toute petite** era muy pequeñita; **tout à côté** al lado; **tout près** muy cerca; **le tout premier** el primero de todos; **tout seul** solo; **le livre tout entier** el libro entero; **tout en haut/bas** arriba/abajo del todo; **tout droit** todo recto; **tout ouvert** completamente abierto; **tout rouge** todo rojo; **parler tout bas** hablar muy bajo; **tout simplement** sencillamente; **fais-le tout doucement** hazlo despacito
2 : **tout en** mientras; **tout en travaillant il ...** mientras trabaja, ...
3 : **tout d'abord** en primer lugar; **tout à coup** de repente; **tout à fait** (*complètement : fini, prêt*) del todo; (*exactement : vrai, juste, identique*) perfectamente; **«tout à fait !»** (*oui*) «¡desde luego!»; **tout à l'heure** (*passé*) hace un rato; (*futur*) luego; **à tout à l'heure !** ¡hasta luego!; **tout de même** sin embargo; **tout de suite** enseguida; **tout terrain** *ou* **tous terrains** *adj inv* todo terreno *inv*

toutefois [tutfwa] *adv* sin embargo, no obstante

toutes [tut] *voir* **tout**

toutou [tutu] (*fam*) *nm* guauguau *m*, perrito

toux [tu] *nf* tos *f inv*

toxicomane [tɔksikɔman] *adj, nm/f* toxicómano(-a)

toxique [tɔksik] *adj* tóxico(-a)

trac [tʀak] *nm* nerviosismo; **avoir le ~** estar nervioso(-a), estar como un flan

traçabilité [tʀasabilite] *nf* trazabilidad *f*

tracasser [tʀakase] *vt* (*suj : problème, idée*) preocupar; **se tracasser** *vpr* preocuparse

trace [tʀas] *nf* huella; (*de pneu, de brûlure etc*) marca; (*d'encre, indice, quantité minime*) rastro; (*de blessure, de maladie*) secuela; (*d'une civilisation etc*) restos *mpl*; **avoir une ~ d'accent étranger** tener un ligero acento extranjero; **suivre qn à la ~** seguir la pista *ou* el rastro de algn; **~s de freinage/de pneus** marcas de frenada/de neumáticos; **~s de pas** huellas *fpl* de pasos

tracer [tʀase] *vt* trazar

tract [tʀakt] *nm* panfleto

tracteur [tʀaktœʀ] *nm* tractor *m*

traction [tʀaksjɔ̃] *nf* tracción *f*; **~ avant/arrière** tracción delantera/trasera; **~ électrique/mécanique** tracción eléctrica/mecánica

tradition [tʀadisjɔ̃] *nf* tradición *f*

traditionnel, le [tʀadisjɔnɛl] *adj* tradicional

traducteur, -trice [tʀadyktœʀ, tʀis] *nm/f* traductor(a); **~ interprète** traductor(a) intérprete

traduction [tʀadyksjɔ̃] *nf* traducción *f*; **~ simultanée** traducción simultánea

traduire [tʀadɥiʀ] *vt* traducir; **se traduire** *vpr* : **se ~ par** traducirse por; **~ en/du français** traducir al/del francés; **~ qn en justice** hacer comparecer a algn ante la justicia

trafic [tʀafik] *nm* tráfico; **~ d'armes** tráfico de armas; **~ de drogue** narcotráfico

trafiquant, e [tʀafikɑ̃, ɑ̃t] *nm/f* traficante *m/f*

trafiquer [tʀafike] *vt* (*péj*) amañar ▶ *vi* traficar

tragédie [tʀaʒedi] *nf* tragedia

tragique [tʀaʒik] *adj* trágico(-a) ▶ *nm*: **prendre qch au ~** tomar algo por lo trágico

trahir [tʀaiʀ] *vt* (*aussi fig*) traicionar; (*suj*: *objet*): **~ qn** descubrir a algn; **~ un manque** revelar una ausencia; **se trahir** *vpr* traicionarse

trahison [tʀaizɔ̃] *nf* traición *f*

train [tʀɛ̃] *nm* tren *m*; (*allure*) paso; (*ensemble*) serie *f*; **être en ~ de faire qch** estar haciendo algo; **mettre qch en ~** empezar a hacer algo; **mettre qn en ~** animar a algn; **se mettre en ~** ponerse manos a la obra; **aller bon ~** ir a buen paso; **~ à grande vitesse/spécial** tren de alta velocidad/especial; **~ arrière/avant** tren trasero/delantero; **~ autos-couchettes** tren coche-cama; **~ d'atterrissage** tren de aterrizaje; **~ de pneus** juego de neumáticos; **~ de vie** tren de vida; **~ électrique** (*jouet*) tren eléctrico

traîne [tʀɛn] *nf* cola; **être à la ~** ir rezagado(-a)

traîneau, x [tʀɛno] *nm* trineo

traîner [tʀene] *vt* tirar de; (*maladie*): **il traîne un rhume depuis l'hiver** lleva arrastrando un resfriado desde el invierno ▶ *vi* rezagarse; (*être en désordre*) estar tirado(-a); (*vagabonder*) callejear; (*durer*) alargarse; **se traîner** *vpr* arrastrarse; (*marcher avec difficulté*) andar con dificultad; (*durer*) alargarse; **se ~ par terre** (*enfant*) arrastrarse por el suelo; **~ qn au cinéma** (*emmener*) arrastrar a algn al cine; **~ les pieds** arrastrar los pies; **~ par terre** (*balayer le sol*) arrastrar por el suelo; **~ qch par terre** arrastrar algo por el suelo; **~ en longueur** ir para largo

train-train [tʀɛ̃tʀɛ̃] *nm inv* rutina

traire [tʀɛʀ] *vt* ordeñar

trait, e [tʀɛ, ɛt] *pp de* **traire** ▶ *nm* trazo; (*caractéristique*) rasgo; (*flèche*) punta; **traits** *nmpl* (*du visage*) rasgos *mpl*; **d'un ~** de un tirón; **boire à longs ~s** beber a grandes tragos; **de ~** (*animal*) de tiro; **avoir ~ à** referirse a; **~ pour ~** punto por punto; **~ d'esprit** agudeza; **~ d'union** guión *m*; (*fig*) lazo; **~ de caractère** rasgo de carácter; **~ de génie** idea luminosa

traitant [tʀɛtɑ̃] *adj m*: **votre médecin ~** su médico de cabecera; **shampooing ~** champú *m* tratante; **crème traitante** crema tratante

traite [tʀɛt] *nf* (*Comm*) letra de cambio; (*Agr*) ordeño; (*trajet*) trecho; **d'une (seule) ~** de un (solo) tirón; **~ des blanches/noirs** trata de blancas/negros

traité [tʀete] *nm* tratado

traitement [tʀɛtmɑ̃] *nm* tratamiento; (*salaire*) sueldo; **suivre un ~** seguir un tratamiento; **mauvais ~s** malos tratos *mpl*; **~ de données/de l'information/par lots** (*Inform*) procesamiento de datos/de la información/por paquetes; **~ de texte** (*Inform*) procesamiento *ou* tratamiento de textos

traiter [tʀete] *vt*, *vi* tratar; **~ qn d'idiot** llamar idiota a algn; **~ de qch** tratar de algo; **bien/mal ~** tratar bien/mal

traiteur [tʀɛtœʀ] *nm* negocio de comidas por encargo *ou* de catering

traître, -esse [tʀɛtʀ, tʀɛtʀɛs] *adj* traicionero(-a) ▶ *nm/f* traidor(a); **prendre qn en ~** actuar a traición contra algn

trajectoire [tʀaʒɛktwaʀ] *nf* trayectoria, recorrido

trajet [tʀaʒɛ] *nm* trayecto; (*Anat*, *fig*) recorrido; (*d'un projectile*) trayectoria

trampoline [tʀɑ̃pɔlin], **trampolino** [tʀɑ̃pɔlino] *nm* trampolín *m*

tramway [tʀamwɛ] *nm* tranvía *m*

tranchant, e [tʀɑ̃ʃɑ̃, ɑ̃t] *adj* (*lame*) afilado(-a); (*personne*) resuelto(-a); (*couleurs*) contrastado(-a) ▶ *nm* (*d'un couteau*) filo; (*de la main*) borde *m*; **à double ~** de doble filo

tranche [tʀɑ̃ʃ] *nf* (*de pain*) rebanada; (*de jambon*, *fromage*) loncha; (*de saucisson*) rodaja; (*de gâteau*) porción *f*; (*d'un couteau*, *livre etc*) canto; (*de travaux*) etapa; (*de temps*) rato; (*Comm*) serie *f*; (*Admin*: *de revenues*, *d'impôts*) zona; **~ d'âge/de salaires** tramo de edad/de salarios; **~ (d'émission)** (*Loterie*) fase *f* (de emisión); **~ de vie** periodo de la vida cotidiana; **~ de silicium** capa de silicio

tranché, e [tʀɑ̃ʃe] *adj* (*couleurs*) contrastado(-a); (*opinions*) tajante

trancher [tʀɑ̃ʃe] *vt* cortar (en lonchas/rodajas); (*question*) zanjar ▶ *vi*: **~ avec** *ou* **sur** contrastar con

tranquille [tʀɑ̃kil] *adj* tranquilo(-a); (*mer*) sereno(-a); **se tenir ~** estarse quieto(-a); **avoir la conscience ~** tener la conciencia tranquila; **laisse-moi/ laisse-ça ~ !** ¡déjame/deja eso en paz!

tranquillisant, e [tʀɑ̃kilizɑ̃, ɑ̃t] *adj* tranquilizador(a) ▸ *nm* (*Méd*) tranquilizante *m*

tranquillité [tʀɑ̃kilite] *nf* tranquilidad *f*; **en toute ~** con toda tranquilidad; **~ d'esprit** tranquilidad de espíritu

transférer [tʀɑ̃sfeʀe] *vt* transferir; (*prisonnier, bureaux*) trasladar; (*titre*) transmitir; (*Inform*) reenviar

transfert [tʀɑ̃sfɛʀ] *nm* transferencia; (*d'un prisonnier, de bureaux*) traslado; (*d'un titre*) transmisión *f*; **~ de fonds** transferencia de fondos

transformation [tʀɑ̃sfɔʀmasjɔ̃] *nf* transformación *f*; **transformations** *nfpl* (*travaux*) reformas *fpl*; **industries de ~** industrias *fpl* de transformación

transformer [tʀɑ̃sfɔʀme] *vt* transformar; (*maison, magasin, vêtement*) reformar; **se transformer** *vpr* transformarse; **~ en** : **~ la houille en énergie** transformar la hulla en energía

transfusion [tʀɑ̃sfyzjɔ̃] *nf* : **~ sanguine** transfusión *f* sanguínea

transgénique [tʀɑ̃sʒenik] *adj* transgénico(-a)

transgenre [tʀɑ̃sʒɑ̃ʀ] *adj, nm/f* transgénero *m/f inv*

transgresser [tʀɑ̃sgʀese] *vt* transgredir

transhumanisme [tʀɑ̃symanism] *nm* transhumanismo *m*

transi, e [tʀɑ̃zi] *adj* helado(-a)

transiger [tʀɑ̃ziʒe] *vi* transigir; **~ sur** *ou* **avec qch** transigir sobre *ou* con algo

transit [tʀɑ̃zit] *nm* tránsito; **de/en ~** de/ en tránsito

transiter [tʀɑ̃zite] *vt* hacer circular

transition [tʀɑ̃zisjɔ̃] *nf* transición *f*; **la ~ énergétique** la transición energética

transitoire [tʀɑ̃zitwaʀ] *adj* transitorio(-a); (*fugitif*) pasajero(-a)

transmettre [tʀɑ̃smɛtʀ] *vt* transmitir; (*secret*) revelar; (*recette*) pasar, dar

transmission [tʀɑ̃smisjɔ̃] *nf* transmisión *f*; **transmissions** *nfpl* (*Mil*) (cuerpo de) transmisiones; **~ de données** (*Inform*) transmisión de datos; **~ de pensée** transmisión del pensamiento

transparent, e [tʀɑ̃spaʀɑ̃, ɑ̃t] *adj* transparente; (*intention*) evidente

transpercer [tʀɑ̃spɛʀse] *vt* (*suj : arme*) traspasar; (*fig*) penetrar; **~ un vêtement/mur** traspasar un vestido/muro

transpiration [tʀɑ̃spiʀasjɔ̃] *nf* transpiración *f*

transpirer [tʀɑ̃spiʀe] *vi* transpirar; (*information, nouvelle*) trascender

transplanter [tʀɑ̃splɑ̃te] *vt* (*Bot, Méd*) trasplantar; (*personne*) desplazar

transport [tʀɑ̃spɔʀ] *nm* transporte *m*; **voiture/avion de ~** coche *m*/avión *m* de transporte; **~ aérien** transporte aéreo; **~ de marchandises/de voyageurs** transporte de mercancías/de viajeros; **~s en commun** transportes públicos; **~s routiers** transportes por carretera

transporter [tʀɑ̃spɔʀte] *vt* llevar; (*voyageurs, marchandises*) transportar; (*Tech : énergie, son*) conducir; **se transporter** *vpr* : **se ~ quelque part** trasladarse a algún sitio; **~ qn à l'hôpital** llevar a algn al hospital; **~ qn de bonheur/joie** colmar a algn de felicidad/alegría

transporteur [tʀɑ̃spɔʀtœʀ] *nm* transportista *m*

transvaser [tʀɑ̃svɑze] *vt* transvasar

transversal, e, -aux [tʀɑ̃svɛʀsal, o] *adj* transversal; **axe ~** (*Auto*) eje *m* transversal

trapèze [tʀapɛz] *nm* trapecio

trappe [tʀap] *nf* (*de cave, grenier*) trampa, trampilla; **passer à la ~** caer en el olvido

trapu, e [tʀapy] *adj* bajo(-a) y fortachón(-ona)

traquenard [tʀaknaʀ] *nm* cepo

traquer [tʀake] *vt* acorralar; (*harceler*) acosar

traumatiser [tʀomatize] *vt* traumatizar

travail, -aux [tʀavaj, o] *nm* trabajo; (*Méd*) parto; **travaux** *nmpl* (*de réparation, agricoles*) trabajos *mpl*; (*de construction, sur route*) obras *fpl*; **être/entrer en ~** (*Méd*) estar de parto/tener las primeras contracciones; **être sans ~** estar sin trabajo; **~ (au) noir** trabajo clandestino; **~ d'intérêt général** trabajo de servicio a la comunidad; **~ posté** trabajo a turnos; **travaux des champs** faenas *fpl* del campo; **travaux dirigés** (*Scol*) ejercicios *mpl* dirigidos; **travaux forcés** trabajos forzados; **travaux manuels** (*Scol*) trabajos manuales; **travaux ménagers** tareas *fpl* domésticas; **travaux pratiques** prácticas *fpl*; **travaux publics** obras públicas

travailler [tʀavaje] *vi* trabajar; (*bois*) alabearse; (*argent*) producir ▸ *vt* trabajar; (*discipline*) estudiar; (*influencer*) ejercer influencia sobre; **cela le travaille** eso le preocupa; **ton imagination travaille de trop** eso son cosas de tu imaginación; **~ la terre** trabajar la tierra; **~ son piano** ejercitarse en el piano; **~ à** trabajar en; (*contribuer à*) contribuir a; **~ à faire** esforzarse en hacer

travailleur, -euse [tʀavajœʀ, øz] *adj, nm/f* trabajador(a); **~ intellectuel** intelectual *m*; **~ manuel** *ou* **de force** obrero; **~ social** trabajador *m* social; **travailleuse familiale** empleada del servicio doméstico

travailliste [tʀavajist] *adj, nm/f* laborista

travers [tʀavɛʀ] *nm* (*défaut*) imperfección *f*; **en ~ (de)** atravesado(-a) (en); **au ~ (de)** a través (de); **de ~** *adj* de través ▸ *adv* oblicuamente; (*fig*) al revés; **à ~** a través; **regarder de ~** (*fig*) mirar de reojo

traverse [tʀavɛʀs] *nf* (*Rail*) traviesa; **chemin de ~** atajo

traversée [tʀavɛʀse] *nf* travesía

traverser [tʀavɛʀse] *vt* atravesar; (*rue*) cruzar; (*percer* : *suj* : *pluie, froid*) traspasar

traversin [tʀavɛʀsɛ̃] *nm* cabezal *m*

travesti [tʀavɛsti] *nm* (*artiste de cabaret*) travestido; (*homosexuel*) travesti *m*

trébucher [tʀebyʃe] *vi* : **~ (sur)** tropezar (con)

trèfle [tʀɛfl] *nm* trébol *m*; **~ à quatre feuilles** trébol de cuatro hojas

treize [tʀɛz] *adj inv, nm inv* trece *m inv*; *voir aussi* **cinq**

treizième [tʀɛzjɛm] *adj, nm/f* decimotercero(-a) ▸ *nm* (*partitif*) treceavo; *voir aussi* **cinquantième**

> **Le treizième mois** es una paga extraordinaria de final de año que equivale aproximadamente a un mes de sueldo. Para muchos empleados es una parte normal de su salario anual.

tréma [tʀema] *nm* diéresis *f inv*

tremblement [tʀɑ̃bləmɑ̃] *nm* temblor *m*; **~ de terre** temblor de tierra, terremoto

trembler [tʀɑ̃ble] *vi* temblar; **~ de** (*froid, fièvre*) tiritar de, temblar de; (*peur*) temblar de; **~ pour qn** temer por algn

trémousser [tʀemuse] : **se trémousser** *vpr* menearse

trempé, e [tʀɑ̃pe] *adj* empapado(-a); **acier ~** acero templado

tremper [tʀɑ̃pe] *vt* empapar; (*pain, chemise*) mojar ▸ *vi* estar en remojo; **se tremper** *vpr* zambullirse; **~ dans** (*fig, péj*) estar metido(-a) *ou* implicado(-a) en; **se faire ~** quedarse empapado(-a); **faire ~, mettre à ~** poner en remojo; **~ qch dans** remojar algo en, poner algo en remojo en

tremplin [tʀɑ̃plɛ̃] *nm* trampolín *m*

trentaine [tʀɑ̃tɛn] *nf* treintena; **avoir la ~** tener unos treinta años; **une ~ (de)** unos(-as) treinta

trente [tʀɑ̃t] *adj inv, nm inv* treinta *m inv*; *voir aussi* **cinq**; **voir ~-six chandelles** ver las estrellas; **être/se mettre sur son ~ et un** estar/ir vestido de punta en blanco

trentième [tʀɑ̃tjɛm] *adj, nm/f* trigésimo(-a) ▸ *nm* (*partitif*) treintavo; *voir aussi* **cinquantième**

trépidant, e [tʀepidɑ̃, ɑ̃t] *adj* trepidante

trépigner [tʀepiɲe] *vi* : **~ (d'enthousiasme/d'impatience)** patalear (de entusiasmo/de impaciencia)

très [tʀɛ] *adv* muy; **~ beau/bien** muy bonito/bien; **~ critiqué/industrialisé** muy criticado/industrializado; **j'ai ~ envie de** tengo muchas ganas de; **j'ai ~ faim** tengo mucha hambre

trésor [tʀezɔʀ] *nm* tesoro; (*vertu précieuse*) joya; (*gén pl* : *richesses*) riquezas *fpl*; **T~ (public)** Tesoro (público)

trésorerie [tʀezɔʀʀi] *nf* tesorería; **difficultés de ~** problemas *mpl* de financieros; **~ générale** tesorería general

trésorier, -ière [tʀezɔʀje, jɛʀ] *nm/f* tesorero(-a)

tressaillir [tʀesajiʀ] *vi* (*de peur*) estremecerse; (*de joie, d'émotion*) vibrar; (*s'agiter*) temblar

tressauter [tʀesote] *vi* sobresaltar

tresse [tʀɛs] *nf* trenza

tresser [tʀese] *vt* trenzar

tréteau, x [tʀeto] *nm* caballete *m*; **les tréteaux** (*Théâtre*) las tablas

treuil [tʀœj] *nm* torno

trêve [tʀɛv] *nf* tregua; **~ de ...** basta de ...; **sans ~** sin tregua

tri [tʀi] *nm* selección *f*; (*Inform*) clasificación *f*, ordenación *f*; **le ~** (*Postes* : *action*) la clasificación; (: *bureau*) la sala de batalla; **~ sélectif** (*des déchets*) recogida selectiva

triangle [tʀijɑ̃gl] *nm* triángulo; **~ équilatéral/isocèle/rectangle** triángulo equilátero/isósceles/rectángulo

triangulaire [tʀijɑ̃gylɛʀ] *adj* triangular

tribord [tʀibɔʀ] *nm* : **à ~** a estribor

tribu [tʀiby] *nf* tribu *f*

tribunal, -aux [tʀibynal, o] *nm* tribunal *m*; (*bâtiment*) juzgado; **~ d'instance/de grande instance** juzgado de paz/de primera instancia; **~ de commerce** tribunal de comercio; **~ de police/pour enfants** tribunal correccional/de menores

tribune [tʀibyn] *nf* tribuna; (*d'église, de tribunal*) púlpito; (*de stade*) tribuna, grada; **~ libre** (*Presse*) tribuna libre

tribut [tʀiby] *nm* tributo; **payer un lourd ~ à** pagar un tributo muy caro a

tributaire [tʀibytɛʀ] *adj* : **être ~ de** ser tributario(-a) de, ser deudor(a) de

tricher [tʀiʃe] *vi* (*à un examen*) copiar; (*aux cartes, courses*) hacer trampas

tricheur, -euse [tʀiʃœʀ, øz] *nm/f* tramposo(-a)

tricolore [tʀikɔlɔʀ] *adj* tricolor; (*français* : *drapeau, équipe*) francés(-esa)

tricot [tʀiko] *nm* punto; (*ouvrage*) prenda de punto; **~ de corps** camiseta

tricoter [tʀikɔte] *vt* tricotar; **machine/aiguille à ~** máquina/aguja de hacer punto *ou* de tricotar

tricycle [tʀisikl] *nm* triciclo

trier [tʀije] *vt* (*classer*) clasificar; (*choisir*) seleccionar; (*fruits, grains*) seleccionar, escoger

trimestre [tʀimɛstʀ] *nm* trimestre *m*

trimestriel, le [tʀimɛstʀijɛl] *adj* trimestral

trinquer [tʀɛ̃ke] *vi* chocar los vasos; (*porter un toast*) brindar; (*fam*) pagar el pato; **~ à qch/la santé de qn** brindar por algo/a la salud de algn

triomphe [tʀijɔ̃f] *nm* triunfo; **être reçu/porté en ~** ser recibido con aclamaciones/ser llevado a hombros

triompher [tʀijɔ̃fe] *vi* triunfar; (*jubiler*) no caber en sí de gozo; (*exceller*) sobresalir; **~ de qch/qn** triunfar sobre algo/algn

tripes [tʀip] *nfpl* (*Culin*) callos *mpl*; (*fam*) tripas *fpl*

triple [tʀipl] *adj* triple ▶ *nm* : **le ~ (de)** el triple (de); **en ~ exemplaire** por triplicado

tripler [tʀiple] *vi, vt* triplicar

triplés, -ées [tʀiple] *nmpl/nfpl* (*bébés*) trillizos(as)

tripoter [tʀipɔte] *vt* (*objet*) manosear; (*fam*) sobar ▶ *vi* (*fam*) revolver

triste [tʀist] *adj* triste; **un ~ personnage/une ~ affaire** (*péj*) un personaje mediocre/un asunto turbio; **c'est pas ~ !** (*fam*) ¡qué cachondeo!

tristesse [tʀistɛs] *nf* tristeza

trivial, e, -aux [tʀivjal, jo] *adj* (*commun*) trivial; (*langage, plaisanteries*) ordinario(-a)

troc [tʀɔk] *nm* trueque *m*

trognon [tʀɔɲɔ̃] *nm* (*de fruit*) corazón *m*; (*de légume*) troncho

trois [tʀwɑ] *adj inv, nm inv* tres *m inv*; *voir aussi* **cinq**

troisième [tʀwazjɛm] *adj, nm/f* tercero(-a) ▶ *nf* (*Auto*) tercera; (*Scol*) *cuarto año de educación secundaria en el sistema francés*; **~ âge** : **le ~ âge** la tercera edad; *voir aussi* **cinquième**

troll [tʀɔl] *nm* troll *m/f*

troller [tʀɔle] *vi* (*Internet*) trolear

trolleur, euse [tʀɔlœʀ, -øz] *nm/f* = **troll**

trombe [tʀɔ̃b] *nf* tromba; **en ~** en tromba; **des ~s d'eau** trombas *fpl* de agua

trombone [tʀɔ̃bɔn] *nm* (*Mus*) trombón *m*; (*de bureau*) clip *m*; **~ à coulisse** trombón de varas

trompe [tʀɔ̃p] *nf* trompa; **~ d'Eustache** trompa de Eustaquio; **~s utérines** trompas *fpl* de Falopio

tromper [tʀɔ̃pe] *vt* engañar; (*espoir, attente*) frustrar; (*vigilance, poursuivants*) burlar; (*suj* : *distance, ressemblance*) confundir; **se tromper** *vpr* equivocarse; **se ~ de voiture/jour** equivocarse de coche/día; **se ~ de 3 cm/20 euros** equivocarse en 3 cm/20 euros

trompette [tʀɔ̃pɛt] *nf* trompeta; **nez en ~** nariz *f* respingona

trompeur, -euse [tʀɔ̃pœʀ, øz] *adj* engañoso(-a)

tronc [tʀɔ̃] *nm* (*Bot, Anat*) tronco; (*d'église*) cepillo; **~ commun** (*Scol*) ciclo común; **~ de cône** cono truncado

tronçon [tʀɔ̃sɔ̃] *nm* tramo

tronçonner [tʀɔ̃sɔne] *vt* (*arbre*) cortar en trozos

trône [tʀon] *nm* trono; **monter sur le ~** subir al trono

trop [tʀo] *adv* demasiado; (*devant adverbe*) muy, demasiado; **~ (souvent)/(long-temps)** demasiado (a menudo)/(tiempo); **~ de sucre/personnes** demasiado azúcar/demasiadas personas; **ils sont ~** son demasiados; **de ~, en ~ : des livres en ~** libros *mpl* de sobra; **du lait en ~** leche *f* de sobra; **trois livres/cinq € de ~** tres libras/cinco € de más

tropical, e, -aux [tʀɔpikal, o] *adj* tropical

tropique [tʀɔpik] *nm* trópico; **tropiques** *nmpl* (*régions*) trópicos *mpl*; **~ du Cancer/du Capricorne** trópico de Cáncer/de Capricornio

trop-plein [tʀoplɛ̃] (*pl* **trop-pleins**) *nm* (*tuyau*) desagüe *m*; (*liquide*) (lo) sobrante *m*, exceso

troquer [tʀɔke] *vt* : **~ qch contre qch** trocar algo por algo; (*fig*) cambiar algo por algo

trot [tʀo] *nm* trote *m*; **aller au ~** ir al trote; **partir au ~** marchar corriendo

trotter [tʀɔte] *vi* trotar

trotteuse [tʀɔtøz] *nf* segundero

trottinette [tʀɔtinɛt] *nf* patinete *m*

trottoir [tʀɔtwaʀ] *nm* acera, vereda (AM), andén *m* (AM); **faire le ~** (*péj*) hacer la calle; **~ roulant** cinta móvil

trou [tʀu] *nm* agujero; (*moment de libre*) hueco; **~ d'aération** boca de ventilación; **~ d'air** bache *m*; **~ de la serrure** ojo de la cerradura; **~ de mémoire** fallo de la memoria; **~ noir** (*Astron*) agujero negro

troublant, e [tʀublɑ̃, ɑ̃t] *adj* (*ressemblance*) sorprendente; (*yeux, regard*) turbador(a); (*beauté*) perturbador(a)

trouble [tʀubl] *adj* turbio(-a); (*image, mémoire*) confuso(-a) ▸ *adv* : **voir ~** ver borroso ▸ *nm* (*désarroi*) desconcierto; (*émoi sensuel*) trastorno; (*embarras*) confusión *f*; (*zizanie*) desavenencia; **troubles** *nmpl* (*Pol*) disturbios *mpl*; (*Méd*) trastornos *mpl*; **~s de la personnalité/de la vision** trastornos de la personalidad/de la visión; **~s obsessionnels compulsifs** trastorno *msg* obsesivo-compulsivo

trouble-fête [tʀubləfɛt] (*pl* **trouble-fêtes**) *nm/f* aguafiestas *m/f inv*

troubler [tʀuble] *vt* turbar; (*impressionner, inquiéter*) perturbar; (*d'émoi amoureux*) trastornar; (*liquide*) enturbiar; (*ordre*) alterar; (*tranquillité*) turbar, alterar; **se troubler** *vpr* turbarse; **~ l'ordre public** alterar el orden público

trouer [tʀue] *vt* agujerear; (*fig*) atravesar

trouille [tʀuj] (*fam*) *nf* : **avoir la ~** tener mieditis

troupe [tʀup] *nf* (*Mil*) tropa; (*d'écoliers*) grupo; **la ~** (*l'armée*) el ejército; (*les simples soldats*) la tropa; **~ (de théâtre)** compañía (de teatro); **~s de choc** fuerzas *fpl* de choque

troupeau, x [tʀupo] *nm* (*de moutons*) rebaño; (*de vaches*) manada

trousse [tʀus] *nf* (*étui*) estuche *m*; (*d'écolier*) cartera; (*de docteur*) maletín *m*; **aux ~s de** pisándole los talones a; **~ à outils** bolsa de herramientas; **~ de toilette** neceser *m*; **~ de voyage** bolsa de viaje

trousseau, x [tʀuso] *nm* ajuar *m*; **~ de clefs** manojo de llaves

trouvaille [tʀuvaj] *nf* hallazgo; (*fig : idée, expression*) idea

trouver [tʀuve] *vt* encontrar, hallar; **se trouver** *vpr* (*être*) encontrarse, hallarse; **aller/venir ~ qn** ir/venir a ver a algn; **~ le loyer cher/le prix excessif** parecerle a algn el alquiler caro/el precio excesivo; **je trouve que** me parece que; **~ à boire/critiquer** encontrar algo de beber/algo que criticar; **~ asile/refuge** hallar asilo/refugio; **se ~ loin/à 3 km** encontrarse lejos/a 3 km; **ils se trouvent être frères** resulta que son hermanos; **elles se trouvent avoir le même manteau** resulta que tienen el mismo abrigo; **il se trouve que** resulta que; **se ~ bien/mal** sentirse *ou* encontrarse bien/mal

truand, e [tʀyɑ̃, ɑ̃d] *nm/f* truhán(-ana), timador(a)

truander [tʀyɑ̃de] (*fam*) *vt* timar

truc [tʀyk] *nm* (*astuce*) maña, artificio; (*de cinéma, magie*) truco; (*fam : machin, chose*) cosa, chisme *m*; **demande à ~** (*fam : personne*) pregunta a ése *ou* ésa; **avoir le ~** coger el tranquillo *ou* truco; **c'est pas son** (*ou* **mon** *etc*) **~** (*fam*) no es lo suyo (*ou* lo mío *etc*)

truffe [tʀyf] *nf* (*Bot*) trufa; (*d'un chien*) trufa, nariz *f*; (*fam : nez*) napias *fpl*
truffer [tʀyfe] *vt* (*Culin*) trufar; **truffé de** (*fig : erreurs*) repleto de; (*: pièges*) lleno de
truie [tʀɥi] *nf* cerda, marrana
truite [tʀɥit] *nf* trucha
truquer [tʀyke] *vt* trucar; (*élections*) amañar
TSVP [teɛsvepe] *abr* (= *tournez s'il vous plaît*) sigue
TTC [tetese] *abr* (= *toutes taxes comprises*) todo incluido
tu¹ [ty] *pron* tú ▸ *nm* : **employer le tu** tratarse de tú
tu², e [ty] *pp de* **taire**
tuba [tyba] *nm* tuba; (*Sport*) tubo de respiración
tube [tyb] *nm* tubo; (*chanson, disque*) éxito; **~ à essai** tubo de ensayo; **~ de peinture** tubo de pintura; **~ digestif** tubo digestivo
tuberculose [tybɛʀkyloz] *nf* tuberculosis *f*
tuer [tɥe] *vt* matar; (*vie, activité*) acabar con, destruir; (*commerce*) arruinar; (*inspiration, amour*) destruir; **se tuer** *vpr* (*se suicider*) suicidarse; (*dans un accident*) matarse; **se ~ au travail** (*fig*) matarse trabajando
tuerie [tyʀi] *nf* matanza; (*fam: délice*): **c'est une ~ ce gâteau au chocolat** este pastel de chocolate está de muerte
tue-tête [tytɛt] : **à ~** *adv* a voz en grito, a grito pelado
tueur, -euse [tɥœʀ,øz] *nm/f* asesino(-a); **~ à gages** asesino(-a) a sueldo
tuile [tɥil] *nf* teja; (*fam*) contratiempo, problema *m*
tulipe [tylip] *nf* tulipán *m*
tuméfié, e [tymefje] *adj* tumefacto(-a)
tumeur [tymœʀ] *nf* tumor *m*; **~ maligne** tumor maligno
tumulte [tymylt] *nm* tumulto
tumultueux, -euse [tymyltɥø, øz] *adj* tumultuoso(-a); (*passionné*) apasionado(-a)
tunique [tynik] *nf* túnica
Tunisie [tynizi] *nf* Túnez *m*
tunisien, ne [tynizjɛ̃, jɛn] *adj* tunecino(-a) ▸ *nm/f*: **Tunisien, ne** tunecino(-a)
tunnel [tynɛl] *nm* túnel *m*
turbot [tyʀbo] *nm* rodaballo
turbulent, e [tyʀbylɑ̃, ɑ̃t] *adj* revoltoso(-a)
turc, turque [tyʀk] *adj* turco(-a) ▸ *nm* (*Ling*) turco ▸ *nm/f*: **Turc, Turque** turco(-a); **à la turque** *adv* (*assis*) a la turca ▸ *adj* (*W.-C.*) sin asiento
turf [tyʀf] *nm* deporte *m* hípico
turfiste [tyʀfist] *nm/f* aficionado(-a) a las carreras de caballos
Turquie [tyʀki] *nf* Turquía
turquoise [tyʀkwaz] *adj inv* turquesa *inv* ▸ *nf* turquesa
tutelle [tytɛl] *nf* tutela; **être/mettre sous la ~ de** estar/poner bajo la tutela de
tuteur, -trice [tytœʀ, tʀis] *nm/f* (*Jur*) tutor(a) ▸ *nm* (*de plante*) tutor *m*, rodrigón *m*
tutoiement [tytwamɑ̃] *nm* tuteo
tutoriel [tytɔʀjɛl] *nm* tutorial *m*
tutoyer [tytwaje] *vt* : **~ qn** tutear a algn
tuyau, x [tɥijo] *nm* tubo; (*fam : conseil*) consejo; **~ d'arrosage** manguera de riego; **~ d'échappement** tubo de escape; **~ d'incendie** manga de incendios
tuyauterie [tɥijɔtʀi] *nf* cañería, tubería
TVA [tevea] *sigle f* (= *taxe à la valeur ajoutée*) ≈ IVA (= *impuesto sobre el valor añadido*)
tweet [twit] *nm* tuit *m*, tweet *m*
tweeter [twite] *vi, vt* tuitear, twittear
tweetos [twitos] *nm/f inv* = **twittos**
tweetosphère [twitosfɛʀ] *nf* = **twittosphère**
twittos [twitos] *nm/f inv* tuitero(-a)
twittosphère [twitosfɛʀ] *nf* tuitesfera *f*
tympan [tɛ̃pɑ̃] *nm* tímpano
type [tip] *nm* tipo; (*fam : homme*) tío ▸ *adj* tipo; **avoir le ~ nordique** tener el tipo nórdico; **le ~ standard** (*modèle*) el tipo *ou* modelo standard; **le ~ travailleur** (*représentant*) el típico trabajador
typé, e [tipe] *adj* típico(-a)
typique [tipik] *adj* típico(-a)
tyran [tiʀɑ̃] *nm* tirano
tyrannique [tiʀanik] *adj* tiránico(-a)
tzigane [dzigan] *adj* cíngaro(-a), zíngaro(-a) ▸ *nm/f*: **Tzigane** cíngaro(-a), zíngaro(-a)

U

ubériser [ybeʀize] *vt* uberizar

uchronie [ykʀɔni] *nf* ucronía

UE [yə] *sigle f* (= *Union européenne*) UE *f* (= *Unión Europea*)

ulcère [ylsɛʀ] *nm* úlcera; **~ à l'estomac** úlcera de estómago

ulna [ylna] *nm* (*Anat*) ulna, cúbito

ultérieur, e [ylteʀjœʀ] *adj* ulterior, posterior; **reporté à une date ultérieure** aplazado hasta nuevo aviso

ultérieurement [ylteʀjœʀmɑ̃] *adv* posteriormente

ultime [yltim] *adj* último(-a)

un, une [œ̃, yn]

▸ *art indéf* un(a); **un garçon/vieillard** un chico/viejo; **une fille** una niña

▸ *pron* uno(-a); **l'un des meilleurs** uno de los mejores; **l'un ..., l'autre ...** uno ..., el otro ...; **les uns ..., les autres ...** (los) unos ..., (los) otros ...; **l'un et l'autre** uno y otro; **l'un ou l'autre** uno u otro; **pas un seul** ni uno; **un par un** uno a uno

▸ *num* uno(-a); **une pomme seulement** una manzana solamente

▸ *nf*: **la une** (*Presse*) la primera página; (*chaîne de télévision*) la primera (cadena)

unanime [ynanim] *adj* unánime; **ils sont ~s à penser que ...** piensan de forma unánime que ...

unanimité [ynanimite] *nf* unanimidad *f*; **à l'~** por unanimidad; **faire l'~** obtener la unanimidad

uni, e [yni] *adj* (*tissu*) uniforme; (*surface, couleur*) liso(-a); (*groupe, pays*) unido(-a) ▸ *nm* tejido liso

unifier [ynifje] *vt* unificar; **s'unifier** *vpr* unificarse

uniforme [ynifɔʀm] *adj* (*aussi fig*) uniforme ▸ *nm* uniforme *m*; **être sous l'~** (*Mil*) estar haciendo la mili

uniformiser [ynifɔʀmize] *vt* uniformizar, uniformar

union [ynjɔ̃] *nf* unión *f*; **l'U~ soviétique** (*Hist*) la Unión soviética; **~ conjugale** unión conyugal; **~ douanière** unión aduanera; **~ libre** unión libre

unique [ynik] *adj* único(-a); **ménage à salaire ~** matrimonio con un solo sueldo; **route à voie ~** carretera de una sola dirección; **fils/fille ~** hijo único/hija única; **~ en France** único en Francia

uniquement [ynikmɑ̃] *adv* únicamente

unir [yniʀ] *vt* unir; **s'unir** *vpr* unirse; **~ qch à** unir algo a; **s'~ à** *ou* **avec** unirse a *ou* con

unisson [ynisɔ̃]: **à l'~** *adv* al unísono

unitaire [ynitɛʀ] *adj* unitario(-a)

unité [ynite] *nf* unidad *f*; **~ centrale** (*Inform*) unidad central; **~ d'action** unidad de acción; **~ de valeur** (*Univ*) ≈ asignatura; **~ de vues** acuerdo de puntos de vista

univers [ynivɛʀ] *nm* (*aussi fig*) universo

universel, le [ynivɛʀsɛl] *adj* universal

universitaire [ynivɛʀsitɛʀ] *adj, nm/f* universitario(-a)

université [ynivɛʀsite] *nf* universidad *f*

urbain, e [yʀbɛ̃, ɛn] *adj* urbano(-a)

urbanisme [yʀbanism] *nm* urbanismo

urgence [yʀʒɑ̃s] *nf* urgencia ▸ *adv*: **d'~** urgentemente; **en cas d'~** en caso de urgencia; **service des ~s** servicio de urgencias

urgent, e [yʀʒɑ̃, ɑ̃t] *adj* urgente

urgentiste [yʀʒɑ̃tist] *nm/f* médico(-a) de urgencias

urine [yʀin] *nf* orina

urinoir [yʀinwaʀ] *nm* urinario

urne [yʀn] *nf* urna; **aller aux ~s** ir a las urnas; **~ funéraire** urna funeraria

urticaire [yʀtikɛʀ] *nf* urticaria

us [ys] *nmpl*: **us et coutumes** usos *mpl* y costumbres

US [yɛs], **USA** [yɛsa] *sigle mpl* (= *United States (of America)*) EE. UU. *mpl* (= *Estados Unidos*)

usage [yzaʒ] *nm* (*aussi Ling*) uso; (*coutume, bonnes manières*) costumbre *f*; **l'~** (*la coutume*) la costumbre; **c'est l'~** es costumbre; **faire ~ de** (*pouvoir, droit*) hacer uso de; **avoir l'~ de** tener uso de; **à l'~** con el uso; **à l'~ de** para uso de; **en ~** en uso; **hors d'~** fuera de uso, en desuso; **à ~ interne/externe** (*Méd*) de uso interno/externo; **~ de faux** (*Jur*) uso de documentos falsos

usagé, e [yzaʒe] *adj* usado(-a)

usager, -ère [yzaʒe, ɛʀ] *nm/f* usuario(-a)

usé, e [yze] *adj* usado(-a); (*santé, personne*) desgastado(-a); (*banal, rebattu*) manido(-a); **eaux ~es** aguas *fpl* sucias

user [yze] *vt* usar; (*consommer*) gastar; (*fig : santé, personne*) desgastar; **s'user** *vpr* (*outil, vêtement*) gastarse; (*fig : facultés, santé*) desgastarse; **il s'use à la tâche** *ou* **au travail** el trabajo le está consumiendo; **~ de** (*moyen, droit, procédé*) servirse de

usine [yzin] *nf* fábrica; **~ à gaz** planta de gas; (*fig*) rompecabezas *m inv*; **~ atomique/marémotrice** central *f* nuclear/maremotriz

usité, e [yzite] *adj* empleado(-a); **peu ~** poco empleado(-a)

ustensile [ystɑ̃sil] *nm* utensilio; **~ de cuisine** utensilio de cocina

usuel, le [yzɥɛl] *adj* usual

usure [yzyʀ] *nf* desgaste *m*; (*de l'usurier*) usura; **avoir qn à l'~** acabar convenciendo a algn; **~ normale** desgaste normal

usurper [yzyʀpe] *vt* usurpar; **réputation usurpée** reputación *f* ilegítima

utérus [yteʀys] *nm* útero

utile [ytil] *adj* útil; **~ à qn/qch** útil a algn/para algo; **si cela peut vous être ~, ...** si eso puede serle útil, ...

utilisateur, -trice [ytilizatœʀ, tʀis] *nm/f* usuario(-a)

utilisation [ytilizasjɔ̃] *nf* utilización *f*

utiliser [ytilize] *vt* (*aussi péj*) utilizar; (*Culin : restes*) aprovechar; (*consommer*) gastar

utilitaire [ytilitɛʀ] *adj* (*objet, véhicule*) utilitario(-a); (*préoccupations, but*) interesado(-a) ▶ *nm* (*Inform*) utilidad *f*

utilité [ytilite] *nf* utilidad *f*; **jouer les ~s** (*Théâtre*) actuar de figurante; **reconnu d'~ publique** (*Admin*) reconocido de utilidad pública; **ce n'est d'aucune/c'est d'une grande ~** no es de ninguna/es de gran utilidad

utopie [ytɔpi] *nf* utopía

V

va [va] *vb voir* **aller**

vacance [vakɑ̃s] *nf* (*Admin*) vacante *f*; **vacances** *nfpl* vacaciones *fpl*; **les grandes ~s** las vacaciones de verano; **prendre des/ses ~s (en juin)** coger las vacaciones (en junio); **aller en ~s** ir de vacaciones; **~s de Noël/de Pâques** vacaciones de Navidad/de Semana Santa

vacancier, -ière [vakɑ̃sje, jɛʀ] *nm/f* veraneante *m/f*

vacant, e [vakɑ̃, ɑ̃t] *adj* vacante; (*appartement*) desocupado(-a)

vacarme [vakaʀm] *nm* alboroto

vacataire [vakatɛʀ] *nm/f* empleado(-a) temporal; (*enseignant*) profesor(a) sustituto(-a)

vaccin [vaksɛ̃] *nm* vacuna; **~ antidiphtérique/antivariolique** vacuna contra la difteria/contra la viruela

vaccination [vaksinasjɔ̃] *nf* vacunación *f*

vacciner [vaksine] *vt* vacunar; **~ qn contre** vacunar a algn contra; **être vacciné** (*fig : fam*) estar vacunado(-a)

vache [vaʃ] *nf* vaca; (*cuir*) piel *f* ▸ *adj* (*fam*) duro(-a); **manger de la ~ enragée** (*fam*) pasar las de Caín; **période de ~s maigres** época de vacas flacas; **~ à eau** bolsa de agua; **~ à lait** (*fig*) pagano; **~ laitière** vaca lechera

vachement [vaʃmɑ̃] (*fam*) *adv* super

vacherie [vaʃʀi] (*fam*) *nf* faena

vaciller [vasije] *vi* vacilar; (*mémoire, raison*) fallar

vadrouille [vadʀuj] (*fam*) *nf*: **être/partir en ~** estar/ir de picos pardos

VAE [veaə] *sigle m* (= *vélo à assistance électrique*) bicicleta eléctrica

va-et-vient [vaevjɛ̃] *nm inv* vaivén *m*; (*Élec*) conmutador *m*

vagabond, e [vagabɔ̃, ɔ̃d] *adj* vagabundo(-a); (*pensées*) errabundo(-a) ▸ *nm/f* vagabundo(-a); (*voyageur*) trotamundos *m/f inv*

vagabonder [vagabɔ̃de] *vi* vagabundear; (*suj : pensées*) vagar

vagin [vaʒɛ̃] *nm* vagina

vague [vag] *nf* ola; (*d'une chevelure etc*) onda ▸ *adj* (*indications*) poco(-a) claro(-a); (*silhouette, souvenir*) vago(-a); (*angoisse*) indefinido(-a) ▸ *nm* : **rester dans le ~** hablar con vaguedad; **être dans le ~** estar en el aire; **un ~ cousin** un primo cualquiera; **regarder dans le ~** mirar al vacío; **~ à l'âme** *nm* nostalgia; **~ d'assaut** *nf* (*Mil*) ola de ataques; **~ de chaleur** *nf* ola de calor; **~ de fond** *nf* mar de fondo; **~ de froid** *nf* ola de frío

vaillant, e [vajɑ̃, ɑ̃t] *adj* (*courageux*) valeroso(-a), valiente; (*vigoureux*) saludable; **n'avoir plus** *ou* **pas un sou ~** no tener ni un cuarto

vain, e [vɛ̃, vɛn] *adj* vano(-a); **en ~** en vano

vaincre [vɛ̃kʀ] *vt* vencer, derrotar

vaincu, e [vɛ̃ky] *pp de* **vaincre** ▸ *nm/f* vencido(-a), derrotado(-a)

vainqueur [vɛ̃kœʀ] *adj, nm/f* ganador(a)

vaisseau, x [vɛso] *nm* (*Anat*) vaso; (*Naut*) navío; **enseigne/capitaine de ~** alférez *m/f*/capitán(-ana) de navío; **~ spatial** nave *f* espacial

vaisselier [vɛsəlje] *nm* aparador *m*

vaisselle [vɛsɛl] *nf* vajilla; (*lavage*) fregado; **faire la ~** fregar los platos

valable [valabl] *adj* válido(-a); (*motif, solution*) admisible; (*interlocuteur, écrivain*) aceptable

valet [valɛ] *nm* criado; (*péj*) lacayo; (*cintre*) colgador *m* de ropa; (*Cartes*) sota; **~ de chambre** ayuda *m* de cámara; **~ de ferme** mozo de labranza; **~ de pied** lacayo

valeur [valœʀ] *nf* valor *m*; **valeurs** *nfpl* (*morales*) valores *mpl*; **mettre en ~** valorizar; (*fig*) destacar; **avoir/prendre de la ~** tener/adquirir valor; **sans ~** sin valor;

~ absolue valor absoluto; **~ d'échange** valor de cambio; **~s mobilières/nominales** valores mobiliarios/nominales

valide [valid] *adj* (*personne*) sano(-a); (*passeport, billet*) válido(-a)

valider [valide] *vt* validar

valise [valiz] *nf* maleta, valija (*AM*); **faire sa ~** hacer la maleta; **~ diplomatique** valija diplomática

vallée [vale] *nf* valle *m*

vallon [valɔ̃] *nm* pequeño valle *m*

valoir [valwaʀ] *vi* valer ▸ *vt* (*prix, valeur*) valer; (*un effort, détour*) merecer; (*causer, procurer : suj : chose*) : **~ qch à qn** valer algo a algn; (*négatif*) costar algo a algn; **se valoir** *vpr* ser equivalente; (*péj*) ser tal para cual; **faire ~** (*ses droits*) hacer valer; (*domaine, capitaux*) valorizar; **faire ~ que** insistir en que; **se faire ~** alardear; **à ~ sur** a cuenta de; **vaille que vaille** mal que bien; **cela ne me dit rien qui vaille** eso me da mala espina; **ce climat** *etc* **ne me vaut rien** este clima *etc* no me sienta nada bien; **~ la peine** merecer la pena; **~ mieux** : **il vaut mieux se taire/que je fasse comme ceci** más vale callarse/que lo haga así; **ça ne vaut rien** eso no vale nada; **~ cher** costar mucho dinero; **il faut faire ~ que tu as de l'expérience** tienes que conseguir que valoren tu experiencia; **que vaut ce candidat/cette méthode ?** ¿qué valor tiene ese candidato/ese método?

valse [vals] *nf* vals *m*; **la ~ des prix** el baile de precios

vandalisme [vɑ̃dalism] *nm* vandalismo

vanille [vanij] *nf* vainilla; **glace/crème à la ~** helado/crema de vainilla

vanité [vanite] *nf* vanidad *f*; **tirer ~ de** vanagloriarse de

vaniteux, -euse [vanitø, øz] *adj* vanidoso(-a)

vanne [van] *nf* compuerta; (*fam*) pulla; **lancer une ~ à qn** tirar pullas a algn

vannerie [vanʀi] *nf* cestería

vantard, e [vɑ̃taʀ, aʀd] *adj* jactancioso(-a)

vanter [vɑ̃te] *vt* alabar; **se vanter** *vpr* jactarse; **~ les mérites de qch** ensalzar las virtudes de algo; **se ~ de qch** jactarse *ou* presumir de algo; **se ~ d'avoir fait/de pouvoir faire** jactarse *ou* presumir de haber hecho/de poder hacer

vapeur [vapœʀ] *nf* vapor *m*; (*brouillard, buée*) vaho; **vapeurs** *nfpl* (*bouffées de chaleur*) : **j'ai des ~s** tengo sofocos; **les ~s du vin** (*émanation*) los vapores del vino; **machine/locomotive à ~** máquina/locomotora de vapor; **à toute ~** a toda máquina; **renverser la ~** (*Tech, fig*) cambiar de marcha; **cuit à la ~** (*Culin*) cocinado al vapor

vaporeux, -euse [vapɔʀø, øz] *adj* vaporoso(-a)

vaporisateur [vapɔʀizatœʀ] *nm* vaporizador *m*

vaporiser [vapɔʀize] *vt* vaporizar

vaquer [vake] *vi* : **~ à ses occupations** dedicarse a sus ocupaciones

varappe [vaʀap] *nf* escalada de rocas

vareuse [vaʀøz] *nf* (*blouson*) marinera; (*d'uniforme*) guerrera

variable [vaʀjabl] *adj* (*temps*) variable; (*Tech*) adaptable; (*résultats*) diverso(-a) ▸ *nf* (*Math*) variable *f*; **~ d'ajustement** variable de ajuste

varice [vaʀis] *nf* variz *f*

varicelle [vaʀisɛl] *nf* varicela

varié, e [vaʀje] *adj* variado(-a); (*goûts, résultats*) diverso(-a); **hors d'œuvre ~s** entremeses *mpl* variados

varier [vaʀje] *vi* variar, cambiar; (*différer*) variar ▸ *vt* cambiar; **~ sur** (*différer d'opinion*) discrepar en

variété [vaʀjete] *nf* variedad *f*; **variétés** *nfpl* : **spectacle/émission de ~s** espectáculo/programa de variedades; **une (grande) ~ de** una (gran) variedad de

variole [vaʀjɔl] *nf* viruela

vas [va] *vb voir* **aller**; **~-y !** ¡venga!; (*quelque part*) ¡ve!

vase [vɑz] *nm* vaso ▸ *nf* fango; **en ~ clos** aislado(-a); **~ de nuit** orinal *m*; **~s communicants** vasos comunicantes

vaseux, -euse [vɑzø, øz] *adj* fangoso(-a); (*fam : confus, étourdi*) confuso(-a); (*: fatigué*) hecho(-a) polvo

vasistas [vazistɑs] *nm* tragaluz *m*

vaste [vast] *adj* amplio(-a)

vautour [votuʀ] *nm* buitre *m*

vautrer [votʀe] : **se vautrer** *vpr* revolcarse; **se ~ dans/sur** revolcarse en; (*vice*) hundirse en

va-vite [vavit] : **à la ~** *adv* de prisa y corriendo

veau, x [vo] *nm* ternero; (*Culin*) ternera; (*peau*) becerro; **tuer le ~ gras** echar la casa por la ventana

vécu, e [veky] *pp de* **vivre** ▸ *adj* vivido(-a) ▸ *nm* vivencia

vedette [vədɛt] *nf* estrella; (*personnalité*) figura; (*canot*) lancha motora; **mettre qn en ~** (*Ciné etc*) poner a algn en primer plano; **avoir la ~** estar en primera plana

végane [vegan] *adj, nm/f* vegano(-a)

végétal, e, -aux [veʒetal, o] *adj, nm* vegetal *m*

végétalien, ne [veʒetaljɛ̃, jɛn] *adj, nm/f* vegetariano(-a) estricto(-a)

végétalisé, e [veʒetalize] *adj* (*toit, mur*) verde; **mur ~** muro verde, jardín *m* vertical

végétarien, ne [veʒetaʀjɛ̃, jɛn] *adj, nm/f* vegetariano(-a)

végétation [veʒetasjɔ̃] *nf* vegetación *f*; **végétations** *nfpl* (*Méd*) vegetaciones *fpl*; **opérer qn des ~s** operar a algn de vegetaciones; **~ arctique/tropicale** vegetación ártica/tropical

véhicule [veikyl] *nm* vehículo; **~ utilitaire** vehículo utilitario

veille [vɛj] *nf* vigilancia; (*Psych*) vigilia; (*jour*) : **la ~ de** el día anterior a; **la ~ au soir** la noche anterior; **à la ~ de** en vísperas de; **l'état de ~** el estado de vigilia; **~ technologique/concurentielle** vigilancia tecnológica/competitiva

veillée [veje] *nf* velada; **~ d'armes** vela de armas; **~ (mortuaire)** velatorio

veiller [veje] *vi* velar; (*être vigilant*) vigilar ▸ *vt* velar; **~ à** (*s'occuper de*) velar por; (*faire attention à*) procurar; (*prendre soin de*) cuidar de; **~ à faire/à ce que** ocuparse de hacer/de que; **~ sur** cuidar de

veilleur, -euse [vɛjœʀ, øz] *nm/f* : **~ de nuit** vigilante *mf* nocturno(-a)

veilleuse [vɛjøz] *nf* (*lampe*) lamparilla de noche; (*Auto, flamme*) piloto; **en ~** a media luz; (*affaire*) a la espera

veinard, e [vɛnaʀ, aʀd] (*fam*) *nm/f* suertudo(-a)

veine [vɛn] *nf* vena; (*du bois, marbre etc*) veta; **avoir de la ~** (*fam*) tener chiripa

véliplanchiste [veliplɑ̃ʃist] *nm/f* windsurfista *m/f*

vélo [velo] *nm* bici *f*; **faire du ~** ir en bici

vélomoteur [velɔmɔtœʀ] *nm* velomotor *m*

velours [v(ə)luʀ] *nm* terciopelo; **~ côtelé** pana; **~ de coton/de laine** veludillo/fieltro; **~ de soie** terciopelo de seda

velouté, e [vəlute] *adj* (*peau*) aterciopelado(-a); (*lumière, couleurs*) suave; (*au goût*) cremoso(-a); (: *vin*) suave ▸ *nm* (*Culin*) : **~ d'asperges/de tomates** crema de espárragos/sopa de tomate

velu, e [vəly] *adj* velloso(-a)

vendange [vɑ̃dɑ̃ʒ] *nf* vendimia; (*raisins récoltés*) cosecha (de uvas)

vendanger [vɑ̃dɑ̃ʒe] *vi, vt* vendimiar

vendeur, -euse [vɑ̃dœʀ, øz] *nm/f* (*de magasin*) vendedor(a), dependiente(-a); (*Comm*) vendedor(a) ▸ *nm* (*Jur*) vendedor *m*; **~ de journaux** vendedor *ou* voceador *m* (AM) de periódicos, canillita *m* (*CSur*)

vendre [vɑ̃dʀ] *vt* vender; **~ qch à qn** vender algo a algn; **cela se vend à la douzaine** se vende por docenas; **cela se vend bien** esto se vende bien; **« à ~ »** « en venta »

vendredi [vɑ̃dʀədi] *nm* viernes *m inv*; **V~ saint** Viernes Santo; *voir aussi* **lundi**

vénéneux, -euse [venenø, øz] *adj* venenoso(-a)

vénérien, ne [veneʀjɛ̃, jɛn] *adj* venéreo(-a); **maladies vénériennes** enfermedades venéreas

vengeance [vɑ̃ʒɑ̃s] *nf* venganza

venger [vɑ̃ʒe] *vt* vengar; **se venger** *vpr* vengarse; **se ~ de/sur qch/qn** vengarse de/en algo/algn

venimeux, -euse [vənimø, øz] *adj* venenoso(-a)

venin [vənɛ̃] *nm* veneno

venir [v(ə)niʀ] *vi* venir, llegar; **~ de** (*lieu*) venir de; (*cause*) proceder de; **~ de faire** : **je viens d'y aller/de le voir** acabo de ir/de verle; **s'il vient à pleuvoir** si llegara a llover; **en ~ à faire** : **j'en viens à croire que** llego a pensar que; **il en est venu à mendier** ha llegado a mendigar; **en ~ aux mains** llegar a las manos; **les années/générations à ~** los años/generaciones venideros(-as); **où veux-tu en ~ ?** ¿hasta dónde quieres llegar?; **je te vois ~** te veo venir; **il me vient une idée** se me ocurre una idea; **il me vient des soupçons** empiezo a sospechar; **laisser ~** esperar antes de actuar; **faire ~** llamar; **d'où vient que ... ?** ¿cómo es posible que ...?; **~ au monde** venir al mundo

vent [vɑ̃] *nm* viento; **il y a du ~** hace viento; **c'est du ~** (*fig*) son palabras al aire; **au ~** a barlovento; **sous le ~** a sotavento; **avoir le ~ debout** *ou* **en face/arrière** *ou* **en poupe** tener viento en contra *ou* de cara/a favor *ou* en popa; **(être) dans le ~** (*fam*) (estar) a la moda; **prendre le ~** (*fig*) tantear el terreno; **avoir ~ de** enterarse de; **contre ~s et marées** contra viento y marea

vente [vɑ̃t] *nf* venta; **mettre en ~** poner en venta; **~ aux enchères** subasta; **~ de charité** venta de beneficencia; **~ par correspondance** venta por correspondencia

venteux, -euse [vɑ̃tø, øz] *adj* ventoso(-a)

ventilateur [vɑ̃tilatœʀ] *nm* ventilador *m*

ventiler [vɑ̃tile] *vt* ventilar; (*total*) repartir

ventouse [vɑ̃tuz] *nf* ventosa

ventre [vɑ̃tʀ] *nm* vientre *m*; (*fig*) panza; **avoir/prendre du ~** tener/echar barriga; **j'ai mal au ~** me duele la barriga

venu, e [v(ə)ny] *pp de* **venir** ▸ *adj* : **être mal ~ à** *ou* **de faire** ser poco oportuno hacer; **mal/bien ~** poco/muy oportuno(-a)

ver [vɛʀ] *nm* gusano; (*intestinal*) lombriz *f*; (*du bois*) polilla; **~ à soie** gusano de seda; **~ blanc** larva de abejorro; **~ de terre** lombriz *f*; **~ luisant** luciérnaga; **~ solitaire** tenia; *voir aussi* **vers**

verbe [vɛʀb] *nm* verbo; **avoir le ~ sonore** (*voix*) hablar alto; **la magie du ~** la magia del verbo; **le V~** (*Rel*) el Verbo

verdâtre [vɛʀdɑtʀ] *adj* verdusco(-a)

verdict [vɛʀdik(t)] *nm* veredicto

verdir [vɛʀdiʀ] *vi* verdear, verdecer ▸ *vt* pintar de verde

verdure [vɛʀdyʀ] *nf* (*arbres, feuillages*) verde *m*, verdor *m*; (*légumes verts*) verdura

véreux, -euse [veʀø, øz] *adj* agusanado(-a); (*malhonnête*) corrompido(-a)

verge [vɛʀʒ] *nf* (*Anat*) verga; (*baguette*) vara

verger [vɛʀʒe] *nm* huerto

verglacé, e [vɛʀglase] *adj* helado(-a)

verglas [vɛʀglɑ] *nm* hielo

véridique [veʀidik] *adj* verídico(-a)

vérification [veʀifikasjɔ̃] *nf* (*des comptes etc*) revisión *f*; (*d'une chose par une autre*) verificación *f*; **~ d'identité** (*Police*) identificación *f*

vérifier [veʀifje] *vt* (*mécanisme, comptes*) revisar; (*hypothèse*) comprobar; (*suj* : *chose* : *prouver*) corroborar; (*Inform*) verificar; **se vérifier** *vpr* verificarse

véritable [veʀitabl] *adj* verdadero(-a); (*ami, amour*) auténtico(-a); (*or, argent*) de ley; **un ~ désastre/miracle** un auténtico desastre/milagro

vérité [veʀite] *nf* verdad *f*; (*d'un fait, d'un portrait*) autenticidad *f*; (*sincérité*) sinceridad *f*; **à la** *ou* **en ~** en realidad

verlan [vɛʀlɑ̃] *nm* argot *m* invertido

> El **verlan** es un tipo de argot que se hizo popular en los años cincuenta. Consiste en invertir el orden de las sílabas de las palabras. El término **verlan** mismo proviene de *l'envers* (*à l'envers* = al revés). Son ejemplos típicos, *féca* (*café*), *ripou* (*pourri*), *meuf* (*femme*), y *Beur* (*Arabe*).

vermeil, le [vɛʀmɛj] *adj* bermejo(-a) ▸ *nm* corladura

vermine [vɛʀmin] *nf* parásitos *mpl*; (*fig*) chusma

vermoulu, e [vɛʀmuly] *adj* carcomido(-a)

verni, e [vɛʀni] *adj* barnizado(-a); (*fam*) suertudo(-a); **cuir ~** cuero charolado; **souliers ~s** zapatos *mpl* de charol

vernir [vɛʀniʀ] *vt* barnizar; (*poteries, ongles*) esmaltar

vernis [vɛʀni] *nm* barniz *m*; (*fig*) capa; **~ à ongles** esmalte *m* de uñas

vernissage [vɛʀnisaʒ] *nm* barnizado; (*d'une exposition*) inauguración *f*

vérole [veʀɔl] *nf* (*aussi* : **petite vérole**) viruela; (*fam* : *syphilis*) sífilis *fsg*

verre [vɛʀ] *nm* vidrio, cristal *m*; (*récipient, contenu*) vaso, copa; (*de lunettes*) cristal *m*; **boire** *ou* **prendre un ~** beber *ou* tomar una copa; **~ à dents** vaso de aseo; **~ à liqueur/à vin** copa de *ou* para licor/vino; **~ à pied** copa; **~ armé** cristal reforzado; **~ de lampe** cristal de lámpara; **~ de montre** cristal del reloj; **~ dépoli/trempé/feuilleté** cristal esmerilado/templado/laminado; **~s de contact** lentes *mpl* de contacto, lentillas *fpl*; **~s fumés** cristales *mpl* ahumados

verrière [vɛʀjɛʀ] *nf* cristalera

verrou [veʀu] *nm* cerrojo; **mettre le ~** poner el cerrojo; **mettre qn/être sous les ~s** (*fig*) meter a algn/estar entre rejas

verrouillage [veʀujaʒ] *nm* cierre *m*; **~ central** (*Auto*) cierre automático

verrouiller [veʀuje] *vt* (*porte*) cerrar con cerrojo; (*Mil : brèche*) bloquear

verrue [veʀy] *nf* verruga

vers [vɛʀ] *nm* verso ▶ *prép* hacia; (*dans les environs de*) hacia, cerca de; (*temporel*) alrededor de, sobre ▶ *nmpl* (*poésie*) versos *mpl*

versant [vɛʀsɑ̃] *nm* ladera

versatile [vɛʀsatil] *adj* versátil

verse [vɛʀs] : **à ~** *adv* a cántaros; **il pleut à ~** llueve a cántaros

Verseau [vɛʀso] *nm* (*Astrol*) Acuario; **être ~** ser Acuario

versement [vɛʀsəmɑ̃] *nm* pago; (*sur un compte*) ingreso; **en trois ~s** en tres plazos

verser [vɛʀse] *vt* verter, derramar; (*dans une tasse etc*) echar; (*argent : à qn*) pagar; (*: sur un compte*) ingresar; (*soldat : affecter*) : **~ qn dans** destinar a algn a; **~ dans** (*fig*) versar sobre; **~ à un compte** ingresar *ou* abonar en una cuenta

version [vɛʀsjɔ̃] *nf* (*Scol : traduction*) versión *f*; **film en ~ originale** película en versión original

verso [vɛʀso] *nm* dorso, reverso; **voir au ~** ver al dorso

vert, e [vɛʀ, vɛʀt] *adj* verde; (*écologique : croissance, économie*) verde; (*vin*) agraz; (*personne : vigoureux*) lozano(-a); (*langage, propos*) fuerte ▶ *nm* verde *m*; **en voir des ~es et des pas mûres** (*fam*) pasarlas negras; **en dire des ~es et des pas mûres** (*fam*) hablar a las claras; **se mettre au ~** irse a descansar al campo; **~ bouteille/d'eau/pomme** *adj inv* verde botella/agua/manzana *inv*

vertèbre [vɛʀtɛbʀ] *nf* vértebra

vertement [vɛʀtəmɑ̃] *adv* severamente

vertical, e, -aux [vɛʀtikal, o] *adj* vertical

verticale [vɛʀtikal] *nf* vertical *f*; **à la ~** en vertical

verticalement [vɛʀtikalmɑ̃] *adv* verticalmente

vertige [vɛʀtiʒ] *nm* vértigo; (*étourdissement*) mareo; **ça me donne le ~** me da vértigo; (*m'impressionne*) me alucina

vertigineux, -euse [vɛʀtiʒinø, øz] *adj* vertiginoso(-a)

vertu [vɛʀty] *nf* virtud *f*; **en ~ de** en virtud de

vertueux, -euse [vɛʀtɥø, øz] *adj* virtuoso(-a); (*conduite*) meritorio(-a)

verve [vɛʀv] *nf* inspiración *f*; **être en ~** estar en vena

verveine [vɛʀvɛn] *nf* verbena

vésicule [vezikyl] *nf* vesícula; **~ biliaire** vesícula biliar

vessie [vesi] *nf* vejiga

veste [vɛst] *nf* chaqueta, americana, saco (*AM*); **retourner sa ~** (*fig : fam*) cambiar de chaqueta; **~ croisée/droite** chaqueta cruzada/recta *ou* sin cruzar

vestiaire [vɛstjɛʀ] *nm* (*au théâtre etc*) guardarropa; (*de stade etc*) vestuario; **(armoire) ~** taquilla

vestibule [vɛstibyl] *nm* vestíbulo

vestige [vɛstiʒ] *nm* vestigio; **vestiges** *nmpl* (*de ville, civilisation*) vestigios *mpl*

vestimentaire [vɛstimɑ̃tɛʀ] *adj* (*dépenses*) en vestimenta; (*détail*) de la vestimenta; (*élégance*) en el vestir

veston [vɛstɔ̃] *nm* americana

vêtement [vɛtmɑ̃] *nm* vestido; (*Comm*) : **le ~** la confección; **vêtements** *nmpl* ropa; **~s de sport** ropa de sport

vétérinaire [veteʀinɛʀ] *adj, nm/f* veterinario(-a)

vêtir [vetiʀ] *vt* vestir; **se vêtir** *vpr* vestirse

vêtu, e [vety] *pp de* **vêtir** ▶ *adj* : **~ de** vestido(-a) de; **chaudement ~** abrigado(-a)

vétuste [vetyst] *adj* vetusto(-a)

veuf, veuve [vœf, vœv] *adj, nm/f* viudo(-a)

veuve [vœv] *adj f voir* **veuf**

vexant, e [vɛksɑ̃, ɑ̃t] *adj* (*contrariant*) molesto(-a); (*blessant*) humillante

vexations [vɛksasjɔ̃] *nfpl* (*insultes*) humillaciones *fpl*; (*brimades*) molestias *fpl*

vexer [vɛkse] *vt* ofender, humillar; **se vexer** *vpr* ofenderse

viable [vjabl] *adj* viable

viande [vjɑ̃d] *nf* carne *f*; **~ blanche/rouge** carne blanca/roja

vibrer [vibʀe] *vi* vibrar ▶ *vt* (*Tech*) someter a vibraciones; **faire ~** hacer vibrar

vice [vis] *nm* vicio; **~ de fabrication/construction** defecto de fabricación/construcción; **~ caché** (*Comm*) vicio oculto; **~ de forme** (*Jur*) defecto de forma

vice... [vis] *préf* vice...

vicié, e [visje] *adj* viciado(-a); (*goût*) estropeado(-a)

vicieux, -euse [visjø, jøz] *adj* vicioso(-a)
vicinal, e, -aux [visinal, o] *adj* vecinal; **chemin ~** camino vecinal
victime [viktim] *nf* víctima; **être (la) ~ de** ser (la) víctima de; **être ~ d'une attaque/d'un accident** ser víctima de un ataque/de un accidente
victoire [viktwaʀ] *nf* victoria, triunfo
victuailles [viktɥaj] *nfpl* vitualla
vidange [vidɑ̃ʒ] *nf* (*d'un fossé, réservoir*) vaciado; (*Auto*) cambio de aceite; (*de lavabo*) desagüe *m*; **faire la ~** (*Auto*) cambiar el aceite; **tuyau de ~** tubo de desagüe
vidanger [vidɑ̃ʒe] *vt* vaciar; **faire ~ la voiture** cambiar el aceite del coche
vide [vid] *adj* vacío(-a) ▸ *nm* vacío; (*futilité, néant*) nada; **~ de** desprovisto(-a) de; **sous ~** al vacío; **emballé sous ~** envasado al vacío; **regarder dans le ~** mirar al vacío; **avoir peur du ~** tener miedo del vacío; **parler dans le ~** hablar en el aire; **faire le ~** hacer el vacío; **faire le ~ autour de qn** hacer el vacío a algn; **à ~** (*sans occupants*) desocupado(-a); (*sans charge*) vacante; (*Tech*) en falso
vidéo [video] *nf* vídeo, video (*AM*) ▸ *adj inv* vídeo, video (*AM*); **~ inverse** (*Inform*) vídeo ou video (*AM*) inverso
vidéoconférence [videokɔ̃feʀɑ̃s] *nf* videoconferencia
vide-ordures [vidɔʀdyʀ] *nm inv* vertedero de basuras
vider [vide] *vt* vaciar; (*lieu*) desalojar; (*bouteille, verre*) beber; (*volaille, poisson*) limpiar; (*querelle*) liquidar; (*fatiguer*) agotar; (*fam*) echar; **se vider** *vpr* vaciarse; **~ les lieux** desalojar el local
videur, -euse [vidœʀ, øz] *nm/f* matón(-ona)
vie [vi] *nf* vida; (*animation*) vitalidad *f*; **être en ~** estar vivo(-a); **sans ~** sin vida; **à ~** para toda la vida, vitalicio(-a); **élu/membre à ~** elegido/miembro vitalicio; **dans la ~ courante** en la vida real; **avoir la ~ dure** tener siete vidas; **mener la ~ dure à qn** hacerle la vida imposible a algn
vieil [vjɛj] *adj m voir* **vieux**; **~ or** *adj inv* oro viejo *inv*
vieillard [vjɛjaʀ] *nm* anciano; **les ~s** los ancianos
vieille [vjɛj] *adj f voir* **vieux**; **~ fille** solterona
vieilleries [vjɛjʀi] *nfpl* antiguallas *fpl*
vieillesse [vjɛjɛs] *nf* vejez *f*
vieillir [vjejiʀ] *vi* envejecer; (*se flétrir*) avejentarse; (*institutions, doctrine*) anticuarse; (*vin*) hacerse añejo(-a) ▸ *vt* avejentar; (*attribuer un âge plus avancé*) envejecer; **se vieillir** *vpr* avejentarse; **il a beaucoup vieilli** ha envejecido mucho
vierge [vjɛʀʒ] *adj* virgen; (*page*) en blanco ▸ *nf* virgen *f*; (*Rel*) **la V~** la Virgen; (*Astrol*) : **V~** Virgo; **être V~** ser Virgo; **~ de** sin
Viêt-Nam, Vietnam [vjɛtnam] *nm* Vietnam *m*
vietnamien, ne [vjɛtnamjɛ̃, jɛn] *adj* vietnamita ▸ *nm* (*Ling*) vietnamita *m* ▸ *nm/f* : **Vietnamien, ne** vietnamita *m/f*
vieux, vieil, vieille [vjø, vjɛj] *adj* viejo(-a); (*ancien*) antiguo(-a) ▸ *nm* : **le ~ et le neuf** lo antiguo y lo nuevo ▸ *nm/f* viejo(-a), anciano(-a) ▸ *nmpl* : **les ~** los viejos; **un petit ~** un viejecito; **mon ~/ma vieille** (*fam*) hombre/mujer; **mon pauvre ~** pobrecito; **prendre un coup de ~** envejecer de repente; **se faire ~** hacerse viejo(-a); **un ~ de la vieille** (*fam*) un viejo experimentado; **~ garçon** solterón; **~ jeu** *adj inv* chapado(-a) a la antigua; **~ rose** *adj inv* rosa asalmonado *inv*
vif, vive [vif, viv] *adj* vivo(-a); (*alerte*) espabilado(-a); (*emporté*) impulsivo(-a); (*air*) tonificante; (*vent, froid*) cortante; (*émotion*) fuerte; (*déception, intérêt*) profundo(-a); **brûlé ~** quemado vivo; **eau vive** agua viva; **source vive** manantial *m*; **de vive voix** de viva voz; **toucher** *ou* **piquer qn au ~** dar a algn en el punto débil; **tailler** *ou* **couper dans le ~** cortar por lo sano; **à ~** en carne viva; **avoir les nerfs à ~** tener los nervios de punta; **sur le ~** (*Art*) del natural; **entrer dans le ~ du sujet** entrar en el meollo de la cuestión
vigne [viɲ] *nf* (*plante*) vid *f*; (*plantation*) viña; **~ vierge** viña loca
vigneron, ne [viɲ(ə)ʀɔ̃, ɔn] *nm/f* viticultor(a)
vignette [viɲɛt] *nf* viñeta; (*Auto*) pegatina; (*sur médicament*) resguardo de precio
vignoble [viɲɔbl] *nm* viñedo; (*vignes d'une région*) viñedos *mpl*
vigoureux, -euse [viguʀø, øz] *adj* vigoroso(-a)
vigueur [vigœʀ] *nf* vigor *m*; (*Jur*) : **être/entrer en ~** estar/entrar en vigor; **en ~** vigente

VIH [veiaʃ] *sigle m* (= *virus de l'immunodéficience humaine*) VIH *m* (= *virus de la inmunodeficiencia humana*)
vilain, e [vilɛ̃, ɛn] *adj* (*laid*) feo(-a); (*affaire, blessure*) malo(-a); (*enfant*) malo(-a) ▸ *nm* (*paysan*) villano; **ça va faire du/tourner au ~** esto va a ponerse feo; **~ mot** palabrota
villa [villa] *nf* villa, chalet *m*
village [vilaʒ] *nm* pueblo; (*aussi*: **petit village**) aldea; **~ de toile** campamento; **~ de vacances** lugar *m* de vacaciones
villageois, e [vilaʒwa, waz] *adj, nm/f* lugareño(-a); (*d'un petit village*) aldeano(-a)
ville [vil] *nf* ciudad *f*, villa, municipio; **habiter en ~** vivir en la ciudad; **aller en ~** ir a la ciudad; **~ nouvelle** ciudad nueva
vin [vɛ̃] *nm* vino; (*liqueur*) licor *m*; **il a le ~ gai/triste** la bebida le pone alegre/triste; **~ blanc/rosé/rouge** vino blanco/rosado/tinto; **~ d'honneur** vino de honor; **~ de messe** vino de misa; **~ de pays/de table** vino del país/de mesa; **~ nouveau/ordinaire** vino nuevo/corriente
vinaigre [vinɛgʀ] *nm* vinagre *m*; **tourner au ~** (*fig*) aguarse; **~ d'alcool/de vin** vinagre de alcohol/de vino
vinaigrette [vinɛgʀɛt] *nf* vinagreta
vindicatif, -ive [vɛ̃dikatif, iv] *adj* vindicativo(-a)
vingt [vɛ̃] *adj inv, nm inv* veinte *m inv*; **~-quatre heures sur ~-quatre** las veinticuatro horas del día; *voir aussi* **cinq**
vingtaine [vɛ̃tɛn] *nf*: **une ~ (de)** unos veinte
vingtième [vɛ̃tjɛm] *adj, nm/f* vigésimo(-a) ▸ *nm* (*partitif*) veinteavo; **le ~ siècle** el siglo veinte; *voir aussi* **cinquantième**
vinicole [vinikɔl] *adj* vinícola
vinyle [vinil] *nm* vinilo
viol [vjɔl] *nm* violación *f*
violacé, e [vjɔlase] *adj* violáceo(-a)
violemment [vjɔlamɑ̃] *adv* violentamente
violence [vjɔlɑ̃s] *nf* violencia; **violences** *nfpl* (*actes*) agresiones *fpl*; **la ~** la violencia; **faire ~ à qn** violentar a algn; **se faire ~** contenerse; **~ conjugale** violencia de pareja, violencia conyugal
violent, e [vjɔlɑ̃, ɑ̃t] *adj* violento(-a); (*besoin, désir*) imperante
violer [vjɔle] *vt* violar
violet, te [vjɔlɛ, ɛt] *adj, nm* violeta *m*
violette [vjɔlɛt] *nf* violeta
violon [vjɔlɔ̃] *nm* violín *m*; (*fam*: *prison*) chirona; **premier ~** (*Mus*) primer violín; **~ d'Ingres** pasatiempo favorito
violoncelle [vjɔlɔ̃sɛl] *nm* violoncelo, violonchelo
violoniste [vjɔlɔnist] *nm/f* violinista *m/f*
vipère [vipɛʀ] *nf* víbora
virage [viʀaʒ] *nm* (*d'un véhicule*) giro; (*d'une route, piste*) curva; **prendre un ~** tomar una curva; **~ sans visibilité** (*Auto*) curva sin visibilidad; **~ sur l'aile** (*Aviat*) viraje *m* sobre el ala
viral, e, -aux [viʀal, o] *adj* (*Méd*) vírico(-a); (*Internet*) viral
virée [viʀe] *nf* vuelta
virement [viʀmɑ̃] *nm* (*Comm*) transferencia; **~ bancaire/postal** giro bancario/postal
virer [viʀe] *vt* : **~ qch (sur)** (*Comm* : *somme*) hacer una transferencia (a); (*fam*) echar ▸ *vi* virar; (*Méd* : *cuti-réaction*) volverse positivo(-a); **~ au bleu/rouge** pasar al azul/rojo; **~ de bord** (*Naut*) virar de bordo; **~ sur l'aile** (*Aviat*) virar sobre el ala
virevolter [viʀvɔlte] *vi* dar vueltas; (*aller en tous sens*) ir de aquí para allá
virgule [viʀgyl] *nf* coma; **quatre ~ deux** (*Math*) cuatro coma dos; **~ flottante** decimal *f* flotante
viril, e [viʀil] *adj* viril; (*énergique, courageux*) viril, varonil
virtuel, le [viʀtɥɛl] *adj* virtual
virtuose [viʀtɥoz] *adj, nm/f* virtuoso(-a)
virulent, e [viʀylɑ̃, ɑ̃t] *adj* virulento(-a)
virus [viʀys] *nm* virus *m inv*
vis [vi] *vb voir* **voir**; **vivre** ▸ *nf* [vis] tornillo; **~ à tête plate/ronde** tornillo de cabeza chata/redonda; **~ platinées** (*Auto*) platinos *mpl*; **~ sans fin** tornillo sin fin
visa [viza] *nm* visa, visado; **~ de censure** (*Ciné*) visado de censura
visage [vizaʒ] *nm* cara, rostro; (*fig* : *aspect*) cara; **à ~ découvert** a cara descubierta
vis-à-vis [vizavi] *adv* enfrente de, frente a ▸ *nm inv* (*personne*) persona de enfrente; (*chose*) : **nous avons la poste pour ~** nuestra casa está enfrente de Correos; **~ de** frente a, enfrente de; (*à l'égard de*) con respecto a; (*en comparaison de*) en comparación con; **en ~** frente a frente, cara a

cara; **sans ~** (*immeuble*) protegido(-a) de las vistas

visée [vize] *nf* (*avec une arme*) puntería; (*arpentage*) mira; **visées** *nfpl* (*intentions*) objetivos *mpl*; **avoir des ~s sur qch/qn** hacer proyectos sobre algo/algn

viser [vize] *vi* apuntar ▸ *vt* apuntar; (*carrière etc*) aspirar a; (*concerner*) atañer a; (*apposer un visa sur*) visar; **~ à qch/faire qch** pretender algo/hacer algo

visibilité [vizibilite] *nf* visibilidad *f*; **bonne/mauvaise ~** buena/mala visibilidad; **sans ~** sin visibilidad

visible [vizibl] *adj* visible; (*évident*) evidente; (*disponible*) : **est-il ~ ?** ¿está para recibir?

visière [vizjɛʀ] *nf* visera; **mettre sa main en ~** hacer visera con la mano

vision [vizjɔ̃] *nf* visión *f*; (*conception*) idea; **en première ~** (*Ciné*) en estreno

visite [vizit] *nf* visita; (*expertise, d'inspection*) inspección *f*; **la ~** (*Méd*) la consulta; (*Mil*) la revisión; **faire une ~ à qn** hacer una visita a algn; **rendre ~ à qn** visitar a algn; **être en ~ (chez qn)** estar de visita (en casa de algn); **heures de ~** horas *fpl* de visita; **le droit de ~** (*Jur*) el derecho de visita; **~ domiciliaire** visita domiciliaria; **~ médicale** revisión médica

visiter [vizite] *vt* visitar

visiteur, -euse [vizitœʀ, øz] *nm/f* (*touriste*) visitante *m/f*; (*chez qn*) : **avoir un ~** tener visita; **~ des douanes** inspector de aduanas; **~ médical** visitador médico

vison [vizɔ̃] *nm* visón *m*

visser [vise] *vt* atornillar; (*serrer : couvercle*) enroscar

visuel, le [vizɥɛl] *adj* visual ▸ *nm* (*Inform*) unidad *f* de despliegue visual

vital, e, -aux [vital, o] *adj* vital

vitalité [vitalite] *nf* vitalidad *f*; (*d'une tradition*) vigencia

vitamine [vitamin] *nf* vitamina

vite [vit] *adv* rápidamente, de prisa; (*sans délai*) pronto; **faire ~** darse prisa; **ce sera ~ fini** pronto estará terminado; **viens ~ !** ¡corre!

vitesse [vitɛs] *nf* (*d'un véhicule, corps, fluide*) velocidad *f*; (*Auto*) : **les ~s** las marchas; **prendre qn de ~** ganar a algn por la mano; **faire de la ~** ir a mucha velocidad; **prendre de la ~** coger velocidad; **à toute ~** a toda marcha; **en perte de ~** (*avion*) perdiendo velocidad; (*fig*) perdiendo fuerza; **changer de ~** (*Auto*) cambiar de marcha; **en première/deuxième ~** (*Auto*) en primera/en segunda; **~ acquise** velocidad adquirida; **~ de croisière** velocidad de crucero; **~ de pointe** máximo de velocidad; **~ du son** velocidad del sonido

viticulteur, -trice [vitikyltœʀ, tʀis] *nm/f* viticultor(a)

vitrage [vitʀaʒ] *nm* : **double ~** doble acristalamiento; **des fenêtres (à) double ~** ventanas con doble acristalamiento

vitrail, -aux [vitʀaj, o] *nm* vidriera; (*technique*) fabricación *f* de vidrieras

vitre [vitʀ] *nf* vidrio, cristal *m*; (*d'une portière, voiture*) cristal

vitré, e [vitʀe] *adj* con cristales; **porte vitrée** puerta vidriera

vitrine [vitʀin] *nf* escaparate *m*, vidriera (AM); (*petite armoire*) vitrina; **mettre un produit en ~** poner un producto en el escaparate; **~ publicitaire** panel *m* publicitario

vivable [vivabl] *adj* soportable

vivace [vivatʃe] *adj* (*Bot : plante*) vivaz; (*haine*) tenaz ▸ *adv* (*Mus*) vivace

vivacité [vivasite] *nf* vivacidad *f*

vivant, e [vivɑ̃, ɑ̃t] *vb voir* **vivre** ▸ *adj* viviente; (*animé*) vivo(-a) ▸ *nm* : **du ~ de qn** en vida de algn; **les ~s et les morts** los vivos y los muertos

vive [viv] *adj f voir* **vif** ▸ *vb voir* **vivre** ▸ *excl* : **~ le roi/la république !** ¡viva el rey/la república!; **~ les vacances !** ¡vivan las vacaciones!; **~ la liberté !** ¡viva la libertad!

vivement [vivmɑ̃] *adv* vivamente ▸ *excl* : **~ qu'il s'en aille !** ¡que se vaya pronto!; **~ les vacances !** ¡que lleguen ya las vacaciones!

vivier [vivje] *nm* vivero; (*étang*) criadero

vivifiant, e [vivifjɑ̃, jɑ̃t] *adj* vivificante

vivoter [vivɔte] *vi* ir tirando

vivre [vivʀ] *vi* vivir; (*souvenir*) subsistir ▸ *vt* vivir; **vivres** *nmpl* (*provisions*) víveres *mpl*; **la victime vit encore** la víctima sigue viva; **savoir ~** saber vivir; **se laisser ~** dejarse estar; **ne plus ~** no poder vivir; **apprendre à ~ à qn** meter a algn en cintura; **il a vécu** ha vivido mucho; **cette**

mode/ce régime a vécu esta moda/este régimen ha muerto; **il est facile/difficile à ~** tiene buen/mal carácter; **faire ~ qn** mantener a algn; **~ bien/mal** vivir bien/mal; **~ de** vivir de

vlan [vlɑ̃] *excl* ¡pum!

VO [veo] *sigle f* (= *version originale*) V.O. (= *versión original*)

vocabulaire [vɔkabylɛʀ] *nm* vocabulario

vocation [vɔkasjɔ̃] *nf* vocación *f*; **avoir la ~** tener vocación

vœu, x [vø] *nm* deseo; (*à Dieu*) voto; **faire ~ de** hacer voto de; **avec nos meilleurs vœux** muchas felicidades; **vœux de bonheur/de bonne année** deseos *mpl* de felicidad/felicitaciones *fpl* de año nuevo

> **On peut dire aussi :**
> ¡Feliz cumpleaños! (*Joyeux anniversaire !*)
> ¡Feliz Navidad! (*Joyeux Noël !*)
> ¡Enhorabuena! *ou* ¡Felicidades! (*Félicitations !*)
> ¡Suerte! *ou* ¡Que te/os vaya bien! (*Bonne chance !*)
> ¡Que te mejores! (*Soigne-toi bien !*)

vogue [vɔg] *nf* moda; **en ~** en boga

voici [vwasi] *prép* aquí está; **en ~ un** aquí hay *ou* está uno; **et ~ que ...** y entonces ...; **me ~** aquí estoy; **« ~ »** (*en offrant qch*) « aquí tiene »; **~ deux ans** hace dos años; **~ une semaine que je l'ai vue** hace una semana que la vi

voie¹ [vwa] *vb voir* **voir**

voie² [vwa] *nf* vía; (*Auto*) carril *m*; **par ~ buccale** *ou* **orale/rectale** por vía oral/rectal; **suivre la ~ hiérarchique** (*Admin*) seguir los medios oficiales; **ouvrir/montrer la ~** abrir/mostrar el camino; **être en bonne ~** estar en el buen camino; **mettre qn sur la ~** encaminar a algn; **être en ~ d'achèvement/de rénovation** estar en vías de acabar/de renovar; **route à deux/trois ~s** carretera de dos/tres carriles; **par la ~ aérienne/maritime** por vía aérea/marítima; **par ~ ferrée** por vía férrea, por ferrocarril; **~ à sens unique** vía de dirección única; **~ d'eau** vía navegable; (*entrée d'eau*) vía de agua; **~ de fait** (*Jur*) vía de hecho; **~ de garage** (*aussi fig*) vía muerta; **~ express** vía urgente; **~ ferrée/navigable** vía férrea/navegable; **~ lactée** vía láctea; **~ prioritaire** (*Auto*) carril prioritario; **~ privée** camino privado; **~ publique** vía pública

voilà [vwala] *prép* he ahí, ahí está; **les ~** ahí están; **en ~ un** ahí hay *ou* está uno; **~ deux ans** hace dos años; **~ deux ans que ...** hace dos años que ...; **et ~ !** ¡eso es todo!, ¡ya está!; **~ tout** eso es todo; **« ~ »** (*en offrant qch*) « aquí tiene »

voile [vwal] *nm* velo; (*qui dissimule une ouverture etc*) cortina; (*Photo*) veladura ▸ *nf* vela; **la ~** (*Sport*) la vela; **prendre le ~** (*Rel*) tomar el velo; **mettre à la ~** (*Naut*) hacerse a la vela; **~ au poumon** *nm* (*Méd*) mancha en el pulmón; **~ du palais** *nm* (*Anat*) velo del paladar

voiler [vwale] *vt* poner las velas a; (*fig*) velar, ocultar; (*Photo*) velar; (*fausser : roue*) alabear; (*: bois*) combar; **se voiler** *vpr* (*lune*) ocultarse; (*regard*) apagarse; (*ciel*) cubrirse; (*Tech*) combarse; **se ~ la face** (*fig*) ponerse una venda en los ojos

voilier [vwalje] *nm* velero

voilure [vwalyʀ] *nf* (*d'un voilier*) velamen *m*; (*d'un avion*) planos *mpl* sustentadores; (*d'un parachute*) tela de paracaídas

voir [vwaʀ] *vi* ver; (*comprendre*) : **je vois** comprendo ▸ *vt* ver; (*considérer*) considerar; (*constater*) : **~ que/comme** ver que/como; **se voir** *vpr* : **se ~ critiquer** verse criticado(-a); **cela se voit** se nota; **~ à faire qch** (*veiller à*) asegurarse de hacer algo; **~ loin/venir** ver lejos/venir; **faire ~ qch à qn** enseñar algo a algn; **vois comme il est beau !** ¡mira lo bonito que es!; **en faire ~ à qn** (*fam*) enseñar a algn lo que es bueno; **ne pas pouvoir ~ qn** no poder ver a algn; **regardez ~** mire; **montrez ~** déjeme ver; **dites ~** diga, explíquese; **voyons !** ¡vamos!; **c'est à ~ !** ¡habrá que verlo!; **c'est à vous de ~** usted verá; **c'est ce qu'on va ~** eso habrá que verlo; **avoir quelque chose à ~ avec** tener algo que ver con; **cela n'a rien à ~ avec lui** esto no tiene nada que ver con él

voire [vwaʀ] *adv* incluso

voisin, e [vwazɛ̃, in] *adj* cercano(-a), próximo(-a); (*contigu*) vecino(-a), próximo(-a); (*ressemblant*) parecido(-a), vecino(-a) ▸ *nm/f* vecino(-a); (*de table etc*) compañero(-a); **nos ~s les Anglais** nuestros vecinos ingleses; **~ de palier** vecino(-a) de enfrente

voisinage [vwazinaʒ] *nm* vecindad *f*, proximidad *f*; (*environs*) vecindad, cercanía; (*quartier, voisins*) vecindad; **relations de bon ~** relaciones *fpl* de buena vecindad
voiture [vwatyʀ] *nf* coche *m*, auto (*esp* AM), carro (AM); **en ~ !** (*Rail*) ¡al tren!; **~ à bras** carro con varales; **~ d'enfant** cochecito de niño; **~ d'infirme** coche de inválido; **~ de sport** coche deportivo
voiture-bélier [vwatyʀbelje] *nf automóvil utilizado para realizar un alunizaje*; **braquage/vol à la ~** alunizaje
voix [vwɑ] *nf* voz *f*; (*Pol*) voto; **~ passive/active** (*Ling*) voz pasiva/activa; **la ~ de la conscience/raison** la voz de la conciencia/razón; **à haute ~** en voz alta; **à ~ basse** en voz baja; **faire la grosse ~** sacar el vozarrón; **avoir de la ~** tener voz; **rester sans ~** quedarse sin voz; **à deux/quatre ~** (*Mus*) a dos/cuatro voces; **avoir/ne pas avoir ~ au chapitre** tener/no tener voz ni voto; **mettre aux ~** poner a votación; **~ de basse/de ténor** voz de bajo/de tenor
vol [vɔl] *nm* vuelo; (*mode d'appropriation*) robo; (*larcin*) hurto; **un ~ de perdrix** una bandada de perdices; **à ~ d'oiseau** a vuelo de pájaro; **au ~** : **attraper qch au ~** coger algo al vuelo; **saisir une remarque au ~** coger una advertencia al vuelo; **prendre son ~** levantar el vuelo; **de haut ~** de altos vuelos; **en ~** en vuelo; **~ à l'étalage** hurto en las tiendas; **~ à la tire** tirón *m* (de bolsa); **~ à main armée** robo *ou* atraco a mano armada; **~ à voile** vuelo a vela; **~ avec effraction** robo con infracción; **~ de nuit** vuelo nocturno; **~ en palier** (*Aviat*) vuelo horizontal; **~ libre/sur aile delta** (*Sport*) vuelo libre/en ala delta; **~ plané** (*Aviat*) vuelo planeado; **~ qualifié/simple** (*Jur*) hurto agravado/simple
vol. *abr* (= *volume*) vol. (= *volumen*)
volage [vɔlaʒ] *adj* voluble
volaille [vɔlɑj] *nf* (*oiseaux*) aves *fpl* de corral; (*viande, oiseau*) ave *f*
volant, e [vɔlɑ̃, ɑ̃t] *adj* volante, volador(a) ▸ *nm* volante *m*; (*feuillet détachable*) talón *m*; **le personnel ~, les ~s** (*Aviat*) la tripulación; **~ de sécurité** margen *m* de seguridad
volcan [vɔlkɑ̃] *nm* volcán *m*
volée [vɔle] *nf* (*d'oiseaux*) bandada; (*Tennis*) voleo; **rattraper qch à la ~** coger algo al vuelo; **lancer/semer à la ~** lanzar/sembrar al voleo; **à toute ~** (*sonner les cloches*) al vuelo; (*lancer un projectile*) al voleo; **de haute ~** (*de haut rang*) de alto rango; (*de grande envergure*) de altos vuelos; **~ (de coups)** paliza; **~ de flèches** lluvia de flechas; **~ d'obus** descarga de obuses
voler [vɔle] *vi* volar; (*voleur*) robar, hurtar ▸ *vt* (*objet*) robar; (*idée*) apropiarse de; **~ en éclats** volar en mil pedazos; **~ de ses propres ailes** volar con sus propias alas, valerse por sí mismo(-a); **~ au vent** flotar al viento; **~ qch à qn** robar algo a algn
volet [vɔlɛ] *nm* (*de fenêtre*) postigo; (*Aviat*) flap *m*; (*de feuillet*) hoja; (*d'un plan*) aspecto; **trié sur le ~** muy escogido(-a); **~ de freinage** (*Aviat*) tren *m* de frenado
voleur, -euse [vɔlœʀ, øz] *adj, nm/f* ladrón(-ona)
volley-ball [vɔlɛbol], **volley** [vɔlɛ] *nm* voleibol *m*
volontaire [vɔlɔ̃tɛʀ] *adj* voluntario(-a); (*délibéré*) deliberado(-a); (*caractère*) decidido(-a) ▸ *nm/f* voluntario(-a); **(engagé) ~** (*Mil*) voluntario
volonté [vɔlɔ̃te] *nf* voluntad *f*; **se servir/boire à ~** servirse/beber a voluntad; **bonne/mauvaise ~** buena/mala voluntad; **les dernières ~s de qn** la última voluntad de algn
volontiers [vɔlɔ̃tje] *adv* con gusto; (*habituellement*) habitualmente; **« ~ »** «con mucho gusto»
volt [vɔlt] *nm* voltio
volte-face [vɔltəfas] (*pl* **volte-face(s)**) *nf* media vuelta; (*fig*) cambio; **faire ~** dar media vuelta
voltige [vɔltiʒ] *nf* (*au cirque*) acrobacia (en el aire); (*Équitation*) acrobacia ecuestre; (*Aviat*) acrobacia aérea; **(numéro de haute) ~** número de acrobacia; (*fig*) ejercicio mental
voltiger [vɔltiʒe] *vi* revolotear
volubile [vɔlybil] *adj* locuaz
volume [vɔlym] *nm* volumen *m*
volumineux, -euse [vɔlyminø, øz] *adj* voluminoso(-a)
volupté [vɔlypte] *nf* voluptuosidad *f*; (*esthétique etc*) gozo
vomi [vɔmi] *nm* vómito
vomir [vɔmiʀ] *vi* vomitar ▸ *vt* vomitar; (*exécrer*) abominar

vomissement [vɔmismɑ̃] *nm* vómito; **être pris de ~s** comenzar a devolver *ou* vomitar de pronto
vorace [vɔʀas] *adj* voraz
vos [vo] *voir* **votre**
VOST [veoɛste] *sigle f* (= *version originale sous-titrée*) VOS (= *versión original subtitulada*)
vote [vɔt] *nm* voto; (*suffrage*) voto, votación *f*; (*consultation*) votación; **~ secret** *ou* **à bulletins secrets** votación secreta; **~ à main levée** voto a mano alzada; **~ par correspondance/procuration** voto por correspondencia/poder
voter [vɔte] *vi, vt* votar
votre [vɔtʀ] (*pl* **vos**) *adj poss* vuestro(-a), su
vôtre [votʀ] *pron poss* : **le/la ~** el (la) vuestro(-a); **les ~s** los (las) vuestros(-as); (*forme de politesse*) los (las) suyos(-as); **à la ~ !** ¡salud!
voué, e [vwe] *adj* : **~ à l'échec/la faillite** condenado(-a) al fracaso/a la derrota
vouer [vwe] *vt* : **~ qch à Dieu/un saint** consagrar algo a Dios/un santo; **se vouer** *vpr* : **se ~ à** dedicarse a; **~ sa vie/son temps à** consagrar la vida/el tiempo a; **~ une haine/amitié éternelle à qn** profesar odio/amistad eterna a algn

vouloir [vulwaʀ]

▸ *vt* **1** querer; **voulez-vous du thé ?** ¿quiere té?; **que me veut-il ?** ¿qué quiere de mí?; **sans le vouloir** sin querer; **je voudrais qch/faire** quería *ou* quisiera algo/hacer; **le hasard a voulu que ...** el azar quiso que ...; **la tradition veut que ...** la tradición es que ...; **vouloir faire/que qn fasse qch** querer hacer/que algn haga algo; **que veux-tu que je te dise ?** ¿qué quieres que te diga?
2 (*consentir*) : **tu veux venir ? — oui, je veux bien** (*bonne volonté*) ¿quieres venir? — sí, me parece bien; **allez, tu viens ? — oui, je veux bien** (*concession*) venga, ¿vienes? — ¡bueno!; **oui, si on veut** (*en quelque sorte*) sí, en cierto modo; **si vous voulez** si quiere; **veuillez attendre** tenga la amabilidad de esperar; **veuillez agréer ...** le saluda atentamente ...; **comme vous voudrez** como quiera
3 : **en vouloir à** : **en vouloir à qn** estar resentido con algn; **je lui en veux d'avoir fait ça** me sienta muy mal que haya hecho eso; **s'en vouloir d'avoir fait qch** estar arrepentido de haber hecho algo; **il en veut à mon argent** se interesa por mi dinero
4 : **vouloir de qch/qn** : **l'entreprise ne veut plus de lui** la empresa ya no le quiere; **elle ne veut pas de son aide** ella no quiere su ayuda
5 : **vouloir dire (que)** (*signifier*) querer decir (que)
▸ *nm* : **le bon vouloir de qn** la buena voluntad de algn

voulu, e [vuly] *pp de* **vouloir** ▸ *adj* (*requis*) requerido(-a); (*délibéré*) deliberado(-a)
vous [vu] *pron* (*sujet* : *pl* : *courant*) vosotros(-as), ustedes (AM); (: *forme de politesse*) ustedes; (: *singulier*) usted; (*objet direct* : *pl*) os, les (AM); (: *forme de politesse*) les (las) *ou* los; (: *singulier*) le (la) *ou* lo; (*objet indirect* : *pl*) os, les (AM); (: *forme de politesse*) les; (: *singulier*) le; (*réfléchi, réciproque* : *direct, indirect*) os; (: *forme de politesse*) se ▸ *nm* : **employer le ~** emplear el usted; **je ~ le jure** os lo juro; (*politesse*) se lo juro; **je ~ prie de ...** os pido que ...; (*politesse* : *pluriel*) les pido que ...; (: *singulier*) le pido que ...; **~ pouvez ~ asseoir** podéis sentaros; (*politesse* : *pluriel*) pueden sentarse; (: *singulier*) puede usted sentarse; **à ~** vuestro(-a), vuestros(-as); (*formule de politesse*) suyo(-a), suyos(-as); **ce livre est à ~** ese libro es vuestro; (*politesse*) ese libro es suyo; **avec/sans ~** con/sin vosotros; (*politesse* : *pluriel*) con/sin ustedes; (: *singulier*) con/sin usted; **je vais chez ~** voy a vuestra casa; (*politesse*) voy a su casa; **~-même** (*sujet*) usted mismo(-a); (*après prép*) sí mismo(-a); (*emphatique*) : **~-même, ~ ...** usted, ...; **~-mêmes** (*sujet*) vosotros(-as) *ou* (AM) ustedes mismos(-as); (*forme de politesse*) ustedes mismos(-as); (*après prép*) sí mismos(-as); (*emphatique*) : **~- mêmes, ~ ...** vosotros ..., ustedes ... (AM); (*forme de politesse*) ustedes, ...
voûte [vut] *nf* bóveda; **~ céleste** bóveda celeste; **~ du palais** velo del paladar; **~ plantaire** arco plantar
vouvoiement [vuvwamɑ̃] *nm* tratamiento de usted
vouvoyer [vuvwaje] *vt* : **~ qn** tratar de usted a algn

VO

voyage [vwajaʒ] *nm* viaje *m*; **être/partir en ~** estar/ir *ou* salir de viaje; **faire un ~** hacer un viaje; **faire bon ~** hacer un buen viaje; **j'aime les ~s** me gustan los viajes; **les gens du ~** los saltimbanquis *mpl*; **~ d'affaires** viaje de negocios; **~ d'agrément** viaje de placer; **~ de noces** viaje de novios; **~ organisé** viaje organizado

voyager [vwajaʒe] *vi* viajar

voyageur, -euse [vwajaʒœʀ, øz] *adj, nm/f* viajero(-a); **un grand ~** un gran viajero; **~ (de commerce)** viajante *m/f* (de comercio)

voyagiste [vwajaʒist] *nm/f* touroperador(a)

voyant, e [vwajɑ̃, ɑ̃t] *adj* llamativo(-a) ▸ *nm/f* vidente *m/f* ▸ *nm* indicador *m* luminoso

voyelle [vwajɛl] *nf* vocal *f*

voyou [vwaju] *adj, nm* (*enfant*) granuja *m*

vrac [vʀak] : **en ~** *adj, adv* en desorden; (*Comm*) a granel

vrai, e [vʀɛ] *adj* verdadero(-a), cierto(-a); (*or, cheveux*) auténtico(-a) ▸ *nm* : **le ~** lo verdadero, lo verídico; **son ~ nom** su auténtico nombre; **un ~ comédien/sportif** un auténtico comediante/deportista; **à dire ~, à ~ dire** a decir verdad; **il est ~ que** cierto que; **être dans le ~** estar en lo cierto

vraiment [vʀɛmɑ̃] *adv* verdaderamente; **« ~ ? »** « ¿de verdad? », « ¿es cierto? »; **il est ~ rapide** es realmente rápido

vraisemblable [vʀɛsɑ̃blabl] *adj* (*plausible*) verosímil; (*probable*) probable

vraisemblablement [vʀɛsɑ̃blabləmɑ̃] *adv* probablemente

vraisemblance [vʀɛsɑ̃blɑ̃s] *nf* verosimilitud *f*; (*probabilité*) probabilidad *f*; (*romanesque*) realismo; **selon toute ~** con toda seguridad

vrombir [vʀɔ̃biʀ] *vi* zumbar

VRP [veɛʀpe] *sigle m* (= *voyageur, représentant, placier*) representante

VTT [vetete] *sigle m* (= *vélo tout terrain*) *bicicleta todo terreno*

vu¹ [vy] *prép* visto; **vu que** visto que

vu², e [vy] *pp de* **voir** ▸ *adj* : **bien/mal vu** bien/mal visto(-a) ▸ *nm* : **au vu et au su de tous** a cara descubierta; **ni vu ni connu** ni visto ni oído; **c'est tout vu** está claro

vue [vy] *nf* vista; (*spectacle*) visión *f*; **vues** *nfpl* (*idées*) opiniones *fpl*; (*dessein*) proyectos *mpl*; **perdre la ~** perder la vista; **perdre de ~** perder de vista; (*principes, objectifs*) olvidar; **à la ~ de tous** a la vista de todos; **hors de ~** fuera de la vista; **à première ~** a primera vista; **connaître qn de ~** conocer a algn de vista; **à ~** (*Comm*) a vista; **tirer à ~** disparar sin dar la voz de alto; **à ~ d'œil** a ojos vistas; **avoir ~ sur** tener vistas a; **en ~** a la vista; (*Comm*) en vistas; **avoir qch en ~** tener algo en vistas; **arriver/être en ~ d'un endroit** llegar/estar a la vista de un lugar; **en ~ de faire qch** con intención de hacer algo; **~ d'ensemble** vista de conjunto; **~ de l'esprit** teoría pura

vulgaire [vylgɛʀ] *adj* vulgar; **de ~s touristes/chaises de cuisine** simples turistas/sillas de cocina; **nom ~** (*Bot, Zool*) nombre *m* común

vulgariser [vylgaʀize] *vt* (*connaissances*) divulgar; (*rendre vulgaire*) vulgarizar

vulnérable [vylneʀabl] *adj* vulnerable; (*stratégiquement*) atacable

vulve [vylv] *nf* vulva

W X

wagon [vagɔ̃] *nm* vagón *m*
wagon-lit [vagɔ̃li] (*pl* **wagons-lits**) *nm* coche-cama *m*
wagon-restaurant [vagɔ̃ʀɛstɔʀɑ̃] (*pl* **wagons-restaurants**) *nm* coche-restaurante *m*
wallon, ne [walɔ̃, ɔn] *adj* valón(-ona) ▸ *nm* (*Ling*) valón *m* ▸ *nm/f* : **Wallon, ne** valón(-ona)
watt [wat] *nm* vatio
w-c [vese] *nmpl* W-C *mpl*
Web [wɛb] *nm inv* : **le ~** la Red, la Web
webcam [wɛbkam] *nf* webcam *f*
webmaster [wɛbmastɛʀ], **webmestre** [wɛbmɛstʀə] *nm/f* webmaster *m/f*, administrador(a) de web
week-end [wikɛnd] (*pl* **week-ends**) *nm* fin *m* de semana
western [wɛstɛʀn] *nm* película del oeste, western *m*
whatsapper [watsape] *vi* wasapear
whisky [wiski] (*pl* **whiskies**) *nm* whisky *m*
widget [widʒɛt] *nm* (*Inform*) widget *m*
wifi [wifi] *nm inv* (*= wireless fidelity*) Wi-Fi *m*

X [iks] *nm inv* : **plainte contre X** (*Jur*) *denuncia contra personas desconocidas*
xénophobe [gzenɔfɔb] *nm/f* xenófobo(-a)
xérès [gzeʀɛs] *nm* jerez *m*
xylophone [gzilɔfɔn] *nm* xilófono

y z

y [i] *adv* allí; (*plus près*) ahí; (*ici*) aquí ▶ *pron* (*la préposition espagnole dépend du verbe employé*) a/de/en él, ella, ello; **nous y sommes enfin** ya estamos aquí; **à l'hôtel ? j'y reste trois semaines** ¿en el hotel? me voy a quedar tres semanas; **j'y pense** (*je n'ai pas oublié*) lo tengo en mente; (*décision à prendre*) me lo estoy pensando; **j'y suis !** ¡ya caigo!; **je n'y suis pour rien** no he tenido nada que ver (en esto); **s'y entendre (en qch)** entender de (algo); *voir aussi* **aller** ; **avoir**

yacht ['jɔt] *nm* yate *m*

yaourt ['jauʀt] *nm* yogur *m*

yeux ['jø] *nmpl de* **œil**

yoga ['jɔga] *nm* yoga *m*

yoghourt ['jɔguʀt] *nm* = **yaourt**

yourte ['juʀt] *nf* yurta

yoyo *nm*, **yo-yo** [jojo] *nm* yoyó

ZAD [zad] *nf* (= *zone d'aménagement différé*) *en Francia, zona destinada a proyectos de ordenación del territorio en la que la Administración se reserva derecho de tanteo sobre los terrenos puestos a la venta*; (= *zone à défendre*) *en Francia, zona ocupada para evitar el desarrollo de un proyecto de ordenación de gran envergadura*

zadiste [zadist] *nm/f en Francia, militante de una ZAD* (*« Zone à défendre »*)

zapette [zapɛt] *nf* (*fam*) mando a distancia

zapper [zape] *vi* hacer zapping

zappette [zapɛt] *nf* (*fam*) = **zapette**

zapping [zapiŋ] *nm* : **faire du ~** hacer zapping, zapear

zèbre [zɛbʀ(ə)] *nm* cebra

zébré, e [zebʀe] *adj* rayado(-a)

zèle [zɛl] *nm* celo; **faire du ~** (*péj*) pasarse en el celo

zélé, e [zele] *adj* (*fonctionnaire*) diligente; (*défenseur*) celoso(-a)

zéro [zeʀo] *adj* cero ▶ *nm* (*Scol*) cero; **au-dessus/au-dessous de ~** sobre/bajo cero; **réduire à ~** reducir a cero; **partir de ~** partir de cero; **trois (buts) à ~** tres (goles) a cero

zeste [zɛst] *nm* cáscara; **un ~ de citron** una cáscara de limón; (*fig*) : **un ~ de** una pizca de

zézayer [zezeje] *vi* cecear

zigouiller [ziguje] (*fam*) *vt* cepillarse a, cargarse a

zigzag [zigzag] *nm* zigzag *m*

zigzaguer [zigzage] *vi* zigzaguear
zinc [zɛ̃g] *nm* cinc *m*; (*comptoir*) barra
zipper [zipe] *vt* (*Inform*) comprimir
zizanie [zizani] *nf* : **mettre** *ou* **semer la ~** meter *ou* sembrar cizaña
zizi [zizi] (*fam*) *nm* pito
zodiaque [zɔdjak] *nm* zodíaco; **les signes du ~** los signos del zodíaco
zona [zona] *nm* zona
zone [zon] *nf* zona; **la ~** (*quartiers*) las barriadas marginales; **de seconde ~** (*fig*) de segunda; **~ blanche** zona blanca; **~ bleue** zona azul; **~ d'action** (*Mil*) radio de acción; **~ d'extension** *ou* **d'urbanisation** zona urbanizable; **~ franche** zona franca; **~ grise** (*fig*) zona gris; **~ industrielle** polígono industrial; **~ résidentielle** zona residencial
zoo [zo(o)] *nm* zoo
zoologie [zɔɔlɔʒi] *nf* zoología
zoologique [zɔɔlɔʒik] *adj* zoológico(-a)
zut [zyt] *excl* ¡mecachis!

Verbes
Verbos

Verbes espagnols

	PRÉSENT	IMPARFAIT	PRÉTÉRIT	FUTUR	SUBJONCTIF PRÉSENT
1 actuar [*pp* actuado]					
yo	actúo	actuaba	actué	actuaré	actúe
tú	actúas	actuabas	actuaste	actuarás	actúes
él/ella/usted	actúa	actuaba	actuó	actuará	actúe
nosotros/as	actuamos	actuábamos	actuamos	actuaremos	actuemos
vosotros/as	actuáis	actuabais	actuasteis	actuaréis	actuéis
ellos/ellas/ustedes	actúan	actuaban	actuaron	actuarán	actúen
2 adquirir [*pp* adquirido]					
yo	adquiero	adquiría	adquirí	adquiriré	adquiera
tú	adquieres	adquirías	adquiriste	adquirirás	adquieras
él/ella/usted	adquiere	adquiría	adquirió	adquirirá	adquiera
nosotros/as	adquirimos	adquiríamos	adquirimos	adquiriremos	adquiramos
vosotros/as	adquirís	adquiríais	adquiristeis	adquiriréis	adquiráis
ellos/ellas/ustedes	adquieren	adquirían	adquirieron	adquirirán	adquieran
3 almorzar [*pp* almorzado]					
yo	almuerzo	almorzaba	almorcé	almorzaré	almuerce
tú	almuerzas	almorzabas	almorzaste	almorzarás	almuerces
él/ella/usted	almuerza	almorzaba	almorzó	almorzará	almuerce
nosotros/as	almorzamos	almorzábamos	almorzamos	almorzaremos	almorcemos
vosotros/as	almorzáis	almorzabais	almorzasteis	almorzaréis	almorcéis
ellos/ellas/ustedes	almuerzan	almorzaban	almorzaron	almorzarán	almuercen
4 andar [*pp* andado]					
yo	ando	andaba	anduve	andaré	ande
tú	andas	andabas	anduviste	andarás	andes
él/ella/usted	anda	andaba	anduvo	andará	ande
nosotros/as	andamos	andábamos	anduvimos	andaremos	andemos
vosotros/as	andáis	andabais	anduvisteis	andaréis	andéis
ellos/ellas/ustedes	andan	andaban	anduvieron	andarán	anden
5 caer [*pp* caído]					
yo	caigo	caía	caí	caeré	caiga
tú	caes	caías	caiste	caerás	caigas
él/ella/usted	cae	caía	cayó	caerá	caiga
nosotros/as	caemos	caíamos	caímos	caeremos	caigamos
vosotros/as	caéis	caíais	caisteis	caeréis	caigáis
ellos/ellas/ustedes	caen	caían	cayeron	caerán	caigan
6 cocer [*pp* cocido]					
yo	cuezo	cocía	cocí	coceré	cueza
tú	cueces	cocías	cociste	cocerás	cuezas
él/ella/usted	cuece	cocía	coció	cocerá	cueza
nosotros/as	cocemos	cocíamos	cocimos	coceremos	cozamos
vosotros/as	cocéis	cocíais	cocisteis	coceréis	cozáis
ellos/ellas/ustedes	cuecen	cocían	cocieron	cocerán	cuezan

	PRÉSENT	IMPARFAIT	PRÉTÉRIT	FUTUR	SUBJONCTIF PRÉSENT
7 coger [*pp* cogido]					
yo	cojo	cogía	cogí	cogeré	coja
tú	coges	cogías	cogiste	cogerás	cojas
él/ella/usted	coge	cogía	cogió	cogerá	coja
nosotros/as	cogemos	cogíamos	cogimos	cogeremos	cojamos
vosotros/as	cogéis	cogíais	cogisteis	cogeréis	cojáis
ellos/ellas/ustedes	cogen	cogían	cogieron	cogerán	cojan
8 comer [*pp* comido]					
yo	como	comía	comí	comeré	coma
tú	comes	comías	comiste	comerás	comas
él/ella/usted	come	comía	comió	comerá	coma
nosotros/as	comemos	comíamos	comimos	comeremos	comamos
vosotros/as	coméis	comíais	comisteis	comeréis	comáis
ellos/ellas/ustedes	comen	comían	comíeron	comerán	coman
9 conducir [*pp* conducido]					
yo	conduzco	conducía	conduje	conduciré	conduzca
tú	conduces	conducías	condujiste	conducirás	conduzcas
él/ella/usted	conduce	conducía	condujo	conducirá	conduzca
nosotros/as	conducimos	conducíamos	condujimos	conduciremos	conduzcamos
vosotros/as	conducís	conducíais	condujisteis	conduciréis	conduzcáis
ellos/ellas/ustedes	conducen	conducían	condujeron	conducirán	conduzcan
10 construir [*pp* construido]					
yo	construyo	construía	construí	construiré	construya
tú	construyes	construías	construiste	construirás	construyas
él/ella/usted	construye	construía	construyó	construirá	construya
nosotros/as	construimos	construíamos	construimos	construiremos	construyamos
vosotros/as	construís	construíais	construisteis	construiréis	construyáis
ellos/ellas/ustedes	construyen	construían	construyeron	construirán	construyan
11 contar [*pp* contado]					
yo	cuento	contaba	conté	contaré	cuente
tú	cuentas	contabas	contaste	contarás	cuentes
él/ella/usted	cuenta	contaba	contó	contará	cuente
nosotros/as	contamos	contábamos	contamos	contaremos	contemos
vosotros/as	contáis	contabais	contasteis	contaréis	contéis
ellos/ellas/ustedes	cuentan	contaban	contaron	contarán	cuenten
12 crecer [*pp* crecido]					
yo	crezco	crecía	crecí	creceré	crezca
tú	creces	crecías	creciste	crecerás	crezcas
él/ella/usted	crece	crecía	creció	crecerá	crezca
nosotros/as	crecemos	crecíamos	crecimos	creceremos	crezcamos
vosotros/as	crecéis	crecíais	crecisteis	creceréis	crezcáis
ellos/ellas/ustedes	crecen	crecían	crecieron	crecerán	crezcan

	PRÉSENT	IMPARFAIT	PRÉTÉRIT	FUTUR	SUBJONCTIF PRÉSENT
13 cruzar [*pp* cruzado]					
yo	cruzo	cruzaba	crucé	cruzaré	cruce
tú	cruzas	cruzabas	cruzaste	cruzarás	cruces
él/ella/usted	cruza	cruzaba	cruzó	cruzará	cruce
nosotros/as	cruzamos	cruzábamos	cruzamos	cruzaremos	crucemos
vosotros/as	cruzáis	cruzabais	cruzasteis	cruzaréis	crucéis
ellos/ellas/ustedes	cruzan	cruzaban	cruzaron	cruzarán	crucen
14 dar [*pp* dado]					
yo	doy	daba	di	daré	dé
tú	das	dabas	diste	darás	des
él/ella/usted	da	daba	dio	dará	dé
nosotros/as	damos	dábamos	dimos	daremos	demos
vosotros/as	dais	dabais	disteis	daréis	deis
ellos/ellas/ustedes	dan	daban	dieron	darán	den
15 decir [*pp* dicho]					
yo	digo	decía	dije	diré	diga
tú	dices	decías	dijiste	dirás	digas
él/ella/usted	dice	decía	dijo	dirá	diga
nosotros/as	decimos	decíamos	dijimos	diremos	digamos
vosotros/as	decís	decíais	dijisteis	diréis	digáis
ellos/ellas/ustedes	dicen	decían	dijeron	dirán	digan
16 dirigir [*pp* dirigido]					
yo	dirijo	dirigía	dirigí	dirigiré	dirija
tú	diriges	dirigías	dirigiste	dirigirás	dirijas
él/ella/usted	dirige	dirigía	dirigió	dirigirá	dirija
nosotros/as	dirigimos	dirigíamos	dirigimos	dirigiremos	dirijamos
vosotros/as	dirigís	dirigíais	dirigisteis	dirigiréis	dirijáis
ellos/ellas/ustedes	dirigen	dirigían	dirigieron	dirigirán	dirijan
17 dormir [*pp* dormido]					
yo	duermo	dormía	dormí	dormiré	duerma
tú	duermes	dormías	dormiste	dormirás	duermas
él/ella/usted	duerme	dormía	durmió	dormirá	duerma
nosotros/as	dormimos	dormíamos	dormimos	dormiremos	durmamos
vosotros/as	dormís	dormíais	dormisteis	dormiréis	durmáis
ellos/ellas/ustedes	duermen	dormían	durmieron	dormirán	duerman
18 elegir [*pp* elegido]					
yo	elijo	elegía	elegí	elegiré	elija
tú	eliges	elegías	elegiste	elegirás	elijas
él/ella/usted	elige	elegía	eligió	elegirá	elija
nosotros/as	elegimos	elegíamos	elegimos	elegiremos	elijamos
vosotros/as	elegís	elegíais	elegisteis	elegiréis	elijáis
ellos/ellas/ustedes	eligen	elegían	eligieron	elegirán	elija

	PRÉSENT	IMPARFAIT	PRÉTÉRIT	FUTUR	SUBJONCTIF PRÉSENT

19 empezar [*pp* empezado]

yo	empiezo	empezaba	empecé	empezaré	empiece
tú	empiezas	empezabas	empezaste	empezarás	empieces
él/ella/usted	empieza	empezaba	empezó	empezará	empiece
nosotros/as	empezamos	empezábamos	empezamos	empezaremos	empecemos
vosotros/as	empezáis	empezabais	empezasteis	empezaréis	empecéis
ellos/ellas/ustedes	empiezan	empezaban	empezaron	empezarán	empiecen

20 entender [*pp* entendido]

yo	entiendo	entendía	entendí	entenderé	entienda
tú	entiendes	entendías	entendiste	entenderás	entiendas
él/ella/usted	entiende	entendía	entendió	entenderá	entienda
nosotros/as	entendemos	entendíamos	entendimos	entenderemos	entendamos
vosotros/as	entendéis	entendíais	entendisteis	entenderéis	entendáis
ellos/ellas/ustedes	entienden	entendían	entendieron	entenderán	entiendan

21 enviar [*pp* enviado]

yo	envío	enviaba	envié	enviaré	envíe
tú	envías	enviabas	enviaste	enviarás	envíes
él/ella/usted	envía	enviaba	envió	enviará	envíe
nosotros/as	enviamos	enviábamos	enviamos	enviaremos	enviemos
vosotros/as	enviáis	enviabais	enviasteis	enviaréis	enviéis
ellos/ellas/ustedes	envían	enviaban	enviaron	enviarán	envíen

22 estar [*pp* estado]

yo	estoy	estaba	estuve	estaré	esté
tú	estás	estabas	estuviste	estarás	estés
él/ella/usted	está	estaba	estuvo	estará	esté
nosotros/as	estamos	estábamos	estuvimos	estaremos	estemos
vosotros/as	estáis	estabais	estuvisteis	estaréis	estéis
ellos/ellas/ustedes	están	estaban	estuvieron	estarán	estén

23 freír [*pp* freído *ou* frito]

yo	frío	freía	freí	freiré	fría
tú	fríes	freías	freíste	freirás	frías
él/ella/usted	fríe	freía	frió	freirá	fría
nosotros/as	freímos	freíamos	freímos	freiremos	friamos
vosotros/as	freís	freíais	freísteis	freiréis	friáis
ellos/ellas/ustedes	fríen	freían	frieron	freirán	frían

24 haber [*pp* habido]

yo	he	había	hube	habré	haya
tú	has	habías	hubiste	habrás	hayas
él/ella/usted	ha	había	hubo	habrá	haya
nosotros/as	hemos	habíamos	hubimos	habremos	hayamos
vosotros/as	habéis	habíais	hubisteis	habréis	hayáis
ellos/ellas/ustedes	han	habían	hubieron	habrán	hayan

	PRÉSENT	IMPARFAIT	PRÉTÉRIT	FUTUR	SUBJONCTIF PRÉSENT
25 hablar [*pp* hablado]					
yo	hablo	hablaba	hablé	hablaré	hable
tú	hablas	hablabas	hablaste	hablarás	hables
él/ella/usted	habla	hablaba	habló	hablará	hable
nosotros/as	hablamos	hablábamos	hablamos	hablaremos	hablemos
vosotros/as	habláis	hablabais	hablasteis	hablaréis	habléis
ellos/ellas/ustedes	hablan	hablaban	hablaron	hablarán	hablen
26 hacer [*pp* hecho]					
yo	hago	hacía	hice	haré	haga
tú	haces	hacías	hiciste	harás	hagas
él/ella/usted	hace	hacía	hizo	hará	haga
nosotros/as	hacemos	hacíamos	hicimos	haremos	hagamos
vosotros/as	hacéis	hacíais	hicisteis	haréis	hagáis
ellos/ellas/ustedes	hacen	hacían	hicieron	harán	hagan
27 ir [*pp* ido]					
yo	voy	iba	fui	iré	vaya
tú	vas	ibas	fuiste	irás	vayas
él/ella/usted	va	iba	fue	irá	vaya
nosotros/as	vamos	íbamos	fuimos	iremos	vayamos
vosotros/as	vais	ibais	fuisteis	iréis	vayáis
ellos/ellas/ustedes	van	iban	fueron	irán	vayan
28 jugar [*pp* jugado]					
yo	juego	jugaba	jugué	jugaré	juegue
tú	juegas	jugabas	jugaste	jugarás	juegues
él/ella/usted	juega	jugaba	jugó	jugará	juegue
nosotros/as	jugamos	jugábamos	jugamos	jugaremos	juguemos
vosotros/as	jugáis	jugabais	jugasteis	jugaréis	juguéis
ellos/ellas/ustedes	juegan	jugaban	jugaron	jugarán	jueguen
29 lavarse [*pp* lavado]					
yo	me lavo	me lavaba	me lavé	me lavaré	me lave
tú	te lavas	te lavabas	te lavaste	te lavarás	te laves
él/ella/usted	se lava	se lavaba	se lavó	se lavará	se lave
nosotros/as	nos lavamos	nos lavábamos	nos lavamos	nos lavaremos	nos lavemos
vosotros/as	os laváis	os lavábais	os lavásteis	os lavaréis	os lavéis
ellos/ellas/ustedes	se lavan	se lavaban	se lavaron	se lavarán	se laven
30 leer [*pp* leído]					
yo	leo	leía	leí	leeré	lea
tú	lees	leías	leíste	leerás	leas
él/ella/usted	lee	leía	leyó	leerá	lea
nosotros/as	leemos	leíamos	leímos	leeremos	leamos
vosotros/as	leéis	leíais	leísteis	leeréis	leáis
ellos/ellas/ustedes	leen	leían	leyeron	leerán	lean
31 llover [*pp* llovido]					
verbe impersonnel	llueve	llovía	llovió	lloverá	llueva

	PRÉSENT	IMPARFAIT	PRÉTÉRIT	FUTUR	SUBJONCTIF PRÉSENT
32 morir [*pp* muerto]					
yo	muero	moría	morí	moriré	muera
tú	mueres	morías	moriste	morirás	mueras
él/ella/usted	muere	moría	murió	morirá	muera
nosotros/as	morimos	moríamos	morimos	moriremos	muramos
vosotros/as	morís	moríais	moristeis	moriréis	muráis
ellos/ellas/ustedes	mueren	morían	murieron	morirán	mueran
33 mover [*pp* movido]					
yo	muevo	movía	moví	moveré	mueva
tú	mueves	movías	moviste	moverás	muevas
él/ella/usted	mueve	movía	movió	moverá	mueva
nosotros/as	movemos	movíamos	movimos	moveremos	movamos
vosotros/as	movéis	movíais	movisteis	moveréis	mováis
ellos/ellas/ustedes	mueven	movían	movieron	moverán	muevan
34 negar [*pp* negado]					
yo	niego	negaba	negué	negaré	niegue
tú	niegas	negabas	negaste	negarás	niegues
él/ella/usted	niega	negaba	negó	negará	niegue
nosotros/as	negamos	negábamos	negamos	negaremos	neguemos
vosotros/as	negáis	negabais	negasteis	negaréis	neguéis
ellos/ellas/ustedes	niegan	negaban	negaron	negarán	nieguen
35 oír [*pp* oído]					
yo	oigo	oía	oí	oiré	oiga
tú	oyes	oías	oíste	oirás	oigas
él/ella/usted	oye	oía	oyó	oirá	oiga
nosotros/as	oímos	oíamos	oímos	oiremos	oigamos
vosotros/as	oís	oíais	oísteis	oiréis	oigáis
ellos/ellas/ustedes	oyen	oían	oyeron	oirán	oigan
36 oler [*pp* olido]					
yo	huelo	olía	olí	oleré	huela
tú	hueles	olías	oliste	olerás	huelas
él/ella/usted	huele	olía	olió	olerá	huela
nosotros/as	olemos	olíamos	olimos	oleremos	olamos
vosotros/as	oléis	olíais	olisteis	oleréis	oláis
ellos/ellas/ustedes	huelen	olían	olieron	olerán	huelan
37 pagar [*pp* pagado]					
yo	pago	pagaba	pagué	pagaré	pague
tú	pagas	pagabas	pagaste	pagarás	pagues
él/ella/usted	paga	pagaba	pagó	pagará	pague
nosotros/as	pagamos	pagábamos	pagamos	pagaremos	paguemos
vosotros/as	pagáis	pagabais	pagasteis	pagaréis	paguéis
ellos/ellas/ustedes	pagan	pagaban	pagaron	pagarán	paguen

	PRÉSENT	IMPARFAIT	PRÉTÉRIT	FUTUR	SUBJONCTIF PRÉSENT
38 pedir [*pp* pedido]					
yo	pido	pedía	pedí	pediré	pida
tú	pides	pedías	pediste	pedirás	pidas
él/ella/usted	pide	pedía	pidió	pedirá	pida
nosotros/as	pedimos	pedíamos	pedimos	pediremos	pidamos
vosotros/as	pedís	pedíais	pedisteis	pediréis	pidáis
ellos/ellas/ustedes	piden	pedían	pidieron	pedirán	pidan
39 pensar [*pp* pensado]					
yo	pienso	pensaba	pensé	pensaré	piense
tú	piensas	pensabas	pensaste	pensarás	pienses
él/ella/usted	piensa	pensaba	pensó	pensará	piense
nosotros/as	pensamos	pensábamos	pensamos	pensaremos	pensemos
vosotros/as	pensáis	pensabais	pensasteis	pensaréis	penséis
ellos/ellas/ustedes	piensan	pensaban	pensaron	pensarán	piensen
40 poder [*pp* podido]					
yo	puedo	podía	pude	podré	pueda
tú	puedes	podías	pudiste	podrás	puedas
él/ella/usted	puede	podía	pudo	podrá	pueda
nosotros/as	podemos	podíamos	pudimos	podremos	podamos
vosotros/as	podéis	podíais	pudisteis	podréis	podáis
ellos/ellas/ustedes	pueden	podían	pudieron	podrán	puedan
41 poner [*pp* puesto]					
yo	pongo	ponía	puse	pondré	ponga
tú	pones	ponías	pusiste	pondrás	pongas
él/ella/usted	pone	ponía	puso	pondrá	ponga
nosotros/as	ponemos	poníamos	pusimos	pondremos	pongamos
vosotros/as	ponéis	poníais	pusisteis	pondréis	pongáis
ellos/ellas/ustedes	ponen	ponían	pusieron	pondrán	pongan
42 prohibir [*pp* prohibido]					
yo	prohíbo	prohibía	prohibí	prohibiré	prohíba
tú	prohíbes	prohibías	prohibiste	prohibirás	prohíbas
él/ella/usted	prohíbe	prohibía	prohibió	prohibirá	prohíba
nosotros/as	prohibimos	prohibíamos	prohibimos	prohibiremos	prohibamos
vosotros/as	prohibís	prohibíais	prohibisteis	prohibiréis	prohibáis
ellos/ellas/ustedes	prohíben	prohibían	prohibieron	prohibirán	prohíban
43 querer [*pp* querido]					
yo	quiero	quería	quise	querré	quiera
tú	quieres	querías	quisiste	querrás	quieras
él/ella/usted	quiere	quería	quiso	querrá	quiera
nosotros/as	queremos	queríamos	quisimos	querremos	queramos
vosotros/as	queréis	queríais	quisisteis	querréis	queráis
ellos/ellas/ustedes	quieren	querían	quisieron	querrán	quieran

	PRÉSENT	IMPARFAIT	PRÉTÉRIT	FUTUR	SUBJONCTIF PRÉSENT
44 reír [*pp* reído]					
yo	río	reía	reí	reiré	ría
tú	ríes	reías	reíste	reirás	rías
él/ella/usted	ríe	reía	rio	reirá	ría
nosotros/as	reímos	reíamos	reímos	reiremos	ríamos
vosotros/as	reís	reíais	reísteis	reiréis	ríais
ellos/ellas/ustedes	ríen	reían	rieron	reirán	rían
45 reñir [*pp* reñido]					
yo	riño	reñía	reñí	reñiré	riña
tú	riñes	reñías	reñiste	reñirás	riñas
él/ella/usted	riñe	reñía	riñó	reñirá	riña
nosotros/as	reñimos	reñíamos	reñimos	reñiremos	riñamos
vosotros/as	reñís	reñíais	reñisteis	reñiréis	riñáis
ellos/ellas/ustedes	riñen	reñían	riñieron	reñirán	riñan
46 reunir [*pp* reunido]					
yo	reúno	reunía	reuní	reuniré	reúna
tú	reúnes	reunías	reuniste	reunirás	reúnas
él/ella/usted	reúne	reunía	reunió	reunirá	reúna
nosotros/as	reunimos	reuníamos	reunimos	reuniremos	reunamos
vosotros/as	reunís	reuníais	reunisteis	reuniréis	reunáis
ellos/ellas/ustedes	reúnen	reunían	reunieron	reunirán	reúnan
47 saber [*pp* sabido]					
yo	sé	sabía	supe	sabré	sepa
tú	sabes	sabías	supiste	sabrás	sepas
él/ella/usted	sabe	sabía	supo	sabrá	sepa
nosotros/as	sabemos	sabíamos	supimos	sabremos	sepamos
vosotros/as	sabéis	sabíais	supisteis	sabréis	sepáis
ellos/ellas/ustedes	saben	sabían	supieron	sabrán	sepan
48 sacar [*pp* sacado]					
yo	saco	sacaba	saqué	sacaré	saque
tú	sacas	sacabas	sacaste	sacarás	saques
él/ella/usted	saca	sacábamos	sacó	sacará	saque
nosotros/as	sacamos	sacaba	sacamos	sacaremos	saquemos
vosotros/as	sacáis	sacabais	sacasteis	sacaréis	saquéis
ellos/ellas/ustedes	sacan	sacaban	sacaron	sacarán	saquen
49 salir [*pp* salido]					
yo	salgo	salía	salí	saldré	salga
tú	sales	salías	saliste	saldrás	salgas
él/ella/usted	sale	salía	salió	saldrá	salga
nosotros/as	salimos	salíamos	salimos	saldremos	salgamos
vosotros/as	salís	salíais	salisteis	saldréis	salgáis
ellos/ellas/ustedes	salen	salían	salieron	saldrán	salgan

	PRÉSENT	IMPARFAIT	PRÉTÉRIT	FUTUR	SUBJONCTIF PRÉSENT
50 seguir [*pp* seguido]					
yo	sigo	seguía	seguí	seguiré	siga
tú	sigues	seguías	seguiste	seguirás	sigas
él/ella/usted	sigue	seguía	siguió	seguirá	siga
nosotros/as	seguimos	seguíamos	seguimos	seguiremos	sigamos
vosotros/as	seguís	seguíais	seguisteis	seguiréis	sigáis
ellos/ellas/ustedes	siguen	seguían	siguieron	seguirán	sigan
51 sentir [*pp* sentido]					
yo	siento	sentía	sentí	sentiré	sienta
tú	sientes	sentías	sentiste	sentirás	sientas
él/ella/usted	siente	sentía	sintió	sentirá	sienta
nosotros/as	sentimos	sentíamos	sentimos	sentiremos	sentamos
vosotros/as	sentís	sentíais	sentisteis	sentiréis	sentáis
ellos/ellas/ustedes	sienten	sentían	sintieron	sentirán	sientan
52 ser [*pp* sido]					
yo	soy	era	fui	seré	sea
tú	eres	eras	fuiste	serás	seas
él/ella/usted	es	era	fue	será	sea
nosotros/as	somos	éramos	fuimos	seremos	seamos
vosotros/as	sois	erais	fuisteis	seréis	seáis
ellos/ellas/ustedes	son	eran	fueron	serán	sean
53 tener [*pp* tenido]					
yo	tengo	tenía	tuve	tendré	tenga
tú	tienes	tenías	tuviste	tendrás	tengas
él/ella/usted	tiene	tenía	tuvo	tendrá	tenga
nosotros/as	tenemos	teníamos	tuvimos	tendremos	tengamos
vosotros/as	tenéis	teníais	tuvisteis	tendréis	tengáis
ellos/ellas/ustedes	tienen	tenían	tuvieron	tendrán	tengan
54 traer [*pp* traído]					
yo	traigo	traía	traje	traeré	traiga
tú	traes	traías	trajiste	traerás	traigas
él/ella/usted	trae	traía	trajo	traerá	traiga
nosotros/as	traemos	traíamos	trajimos	traeremos	traigamos
vosotros/as	traéis	traíais	trajisteis	traeréis	traigáis
ellos/ellas/ustedes	traen	traían	trajeron	traerán	traigan
55 valer [*pp* valido]					
yo	valgo	valía	valí	valdré	valga
tú	vales	valías	valiste	valdrás	valgas
él/ella/usted	vale	valía	valió	valdrá	valga
nosotros/as	valemos	valíamos	valimos	valdremos	valgamos
vosotros/as	valéis	valíais	valisteis	valdréis	valgáis
ellos/ellas/ustedes	valen	valían	valieron	valdrán	valgan

	PRÉSENT	IMPARFAIT	PRÉTÉRIT	FUTUR	SUBJONCTIF PRÉSENT
56 venir [*pp* venido]					
yo	vengo	venía	vine	vendré	venga
tú	vienes	venías	viniste	vendrás	vengas
él/ella/usted	viene	venía	vino	vendrá	venga
nosotros/as	venimos	veníamos	vinimos	vendremos	vengamos
vosotros/as	venís	veníais	vinisteis	vendréis	vengáis
ellos/ellas/ustedes	vienen	venían	vinieron	vendrán	vengan
57 ver [*pp* visto]					
yo	veo	veía	vi	veré	vea
tú	ves	veías	viste	verás	veas
él/ella/usted	ve	veía	vio	verá	vea
nosotros/as	vemos	veíamos	vimos	veremos	veamos
vosotros/as	veis	veíais	visteis	veréis	veáis
ellos/ellas/ustedes	ven	veían	vieron	verán	vean
58 vivir [*pp* vivido]					
yo	vivo	vivía	viví	viviré	viva
tú	vives	vivías	viviste	vivirás	vivas
él/ella/usted	vive	vivía	vivió	vivirá	viva
nosotros/as	vivimos	vivíamos	vivimos	viviremos	vivamos
vosotros/as	vivís	vivíais	vivisteis	viviréis	viváis
ellos/ellas/ustedes	viven	vivían	vivieron	vivirán	vivan
59 volver [*pp* vuelto]					
yo	vuelvo	volvía	volví	volveré	vuelva
tú	vuelves	volvías	volviste	volverás	vuelvas
él/ella/usted	vuelve	volvía	volvió	volverá	vuelva
nosotros/as	volvemos	volvíamos	volvimos	volveremos	volvamos
vosotros/as	volvéis	volvíais	volvisteis	volveréis	volváis
ellos/ellas/ustedes	vuelven	volvían	volvieron	volverán	vuelvan

Verbos franceses

	PRESENTE	PERFECTO	IMPERFECTO	FUTURO	PRESENTE DE SUBJUNTIVO
1 acheter					
je/j'	achète	ai acheté	achetais	achèterai	achète
tu	achètes	as acheté	achetais	achèteras	achètes
il/elle	achète	a acheté	achetait	achètera	achète
nous	achetons	avons acheté	achetions	achèterons	achetions
vous	achetez	avez acheté	achetiez	achèterez	achetiez
ils/elles	achètent	ont acheté	achetaient	achèteront	achètent
2 acquérir					
je/j'	acquiers	ai acquis	acquérais	acquerrai	acquière
tu	acquiers	as acquis	acquérais	acquerras	acquières
il/elle	acquiert	a acquis	acquérait	acquerra	acquière
nous	acquérons	avons acquis	acquérions	acquerrons	acquérions
vous	acquérez	avez acquis	acquériez	acquerrez	acquériez
ils/elles	acquièrent	ont acquis	acquéraient	acquerront	acquièrent
3 aller					
je/j'	vais	suis allé(e)	allais	irai	aille
tu	vas	es allé(e)	allais	iras	ailles
il/elle	va	est allé(e)	allait	ira	aille
nous	allons	sommes allé(e)	allions	irons	allions
vous	allez	êtes allé(e)(s)	alliez	irez	alliez
ils/elles	vont	sont allé(e)s	allaient	iront	aillent
4 appeler					
je/j'	appelle	ai appelé	appelais	appellerai	appelle
tu	appelles	as appelé	appelais	appelleras	appelles
il/elle	appelle	a appelé	appelait	appellera	appelle
nous	appelons	avons appelé	appelions	appellerons	appelions
vous	appelez	avez appelé	appeliez	appellerez	appeliez
ils/elles	appellent	ont appelé	appelaient	appelleront	appellent
5 arriver					
je/j'	arrive	suis arrivé(e)	arrivais	arriverai	arrive
tu	arrives	es arrivé(e)	arrivais	arriveras	arrives
il/elle	arrive	est arrivé(e)	arrivait	arrivera	arrive
nous	arrivons	sommes arrivé(e)s	arrivions	arriverons	arrivions
vous	arrivez	êtes arrivé(e)(s)	arriviez	arriverez	arriviez
ils/elles	arrivent	sont arrivé(e)s	arrivaient	arriveront	arrivent

je se convierte en ***j'*** delante de vocal o ***h*** muda

	PRESENTE	PERFECTO	IMPERFECTO	FUTURO	PRESENTE DE SUBJUNTIVO
6 s'asseoir					
je	m'assieds/ m'assois	me suis assis(e)	m'asseyais	m'assiérai	m'asseye
tu	t'assieds/ t'assois	t'es assis(e)	t'asseyais	t'assiéras	t'asseyes
il/elle	s'assied/ s'assoit	s'est assis(e)	s'asseyait	s'assiéra	s'asseye
nous	nous asseyons/ nous assoyons	nous sommes assis(es)	nous asseyions	nous assiérons	nous asseyions
vous	vous asseyez/ vous assoyez	vous êtes assis(e(s))	vous asseyiez	vous assiérez	vous asseyiez
ils/elles	s'asseyent/ s'assoient	se sont assis(es)	s'asseyaient	s'assiéront	s'asseyent
7 attendre					
je/j'	attends	ai attendu	attendais	attendrai	attende
tu	attends	as attendu	attendais	attendras	attendes
il/elle	attend	a attendu	attendait	attendra	attende
nous	attendons	avons attendu	attendions	attendrons	attendions
vous	attendez	avez attendu	attendiez	attendrez	attendiez
ils/elles	attendent	ont attendu	attendaient	attendront	attendent
8 avoir					
je/j'	ai	ai eu	avais	aurai	aie
tu	as	as eu	avais	auras	aies
il/elle	a	a eu	avait	aura	ait
nous	avons	avons eu	avions	aurons	ayons
vous	avez	avez eu	aviez	aurez	ayez
ils/elles	ont	ont eu	avaient	auront	aient
9 battre					
je/j'	bats	ai battu	battais	battrai	batte
tu	bats	as battu	battais	battras	battes
il/elle	bat	a battu	battait	battra	batte
nous	battons	avons battu	battions	battrons	battions
vous	battez	avez battu	battiez	battrez	battiez
ils/elles	battent	ont battu	battaient	battront	battent
10 boire					
je/j'	bois	ai bu	buvais	boirai	boive
tu	bois	as bu	buvais	boiras	boives
il/elle	boit	a bu	buvait	boira	boive
nous	buvons	avons bu	buvions	boirons	buvions
vous	buvez	avez bu	buviez	boirez	buviez
ils/elles	boivent	ont bu	buvaient	boiront	boivent
11 bouillir					
je/j'	bous	ai bouilli	bouillais	bouillirai	bouille
tu	bous	as bouilli	bouillais	bouilliras	bouilles
il/elle	bout	a bouilli	bouillait	bouillira	bouille
nous	bouillons	avons bouilli	bouillions	bouillirons	bouillions
vous	bouillez	avez bouilli	bouilliez	bouillirez	bouilliez
ils/elles	bouillent	ont bouilli	bouillaient	bouilliront	bouillent

je se convierte en ***j'*** delante de vocal o ***h*** muda

	PRESENTE	PERFECTO	IMPERFECTO	FUTURO	PRESENTE DE SUBJUNTIVO
12 commencer					
je/j'	commence	ai commencé	commençais	commencerai	commence
tu	commences	as commencé	commençais	commenceras	commences
il/elle	commence	a commencé	commençait	commencera	commence
nous	commençons	avons commencé	commencions	commencerons	commencions
vous	commencez	avez commencé	commenciez	commencerez	commenciez
ils/elles	commencent	ont commencé	commençaient	commenceront	commencent
13 conclure					
je/j'	conclus	ai conclu	concluais	conclurai	conclue
tu	conclus	as conclu	concluais	concluras	conclues
il/elle	conclut	a conclu	concluait	conclura	conclue
nous	concluons	avons conclu	concluions	conclurons	concluions
vous	concluez	avez conclu	concluiez	conclurez	concluiez
ils/elles	concluent	ont conclu	concluaient	concluront	concluent
14 connaître					
je/j'	connais	ai connu	connaissais	connaîtrai	connaisse
tu	connais	as connu	connaissais	connaîtras	connaisses
il/elle	connaît	a connu	connaissait	connaîtra	connaisse
nous	connaissons	avons connu	connaissions	connaîtrons	connaissions
vous	connaissez	avez connu	connaissiez	connaîtrez	connaissiez
ils/elles	connaissent	ont connu	connaissaient	connaîtront	connaissent
15 coudre					
je/j'	couds	ai cousu	cousais	coudrai	couse
tu	couds	as cousu	cousais	coudras	couses
il/elle	coud	a cousu	cousait	coudra	couse
nous	cousons	avons cousu	cousions	coudrons	cousions
vous	cousez	avez cousu	cousiez	coudrez	cousiez
ils/elles	cousent	ont cousu	cousaient	coudront	cousent
16 courir					
je/j'	cours	ai couru	courais	courrai	coure
tu	cours	as couru	courais	courras	coures
il/elle	court	a couru	courait	courra	coure
nous	courons	avons couru	courions	courrons	courions
vous	courez	avez couru	couriez	courrez	couriez
ils/elles	courent	ont couru	couraient	courront	courent
17 craindre					
je/j'	crains	ai craint	craignais	craindrai	craigne
tu	crains	as craint	craignais	craindras	craignes
il/elle	craint	a craint	craignait	craindra	craigne
nous	craignons	avons craint	craignions	craindrons	craignions
vous	craignez	avez craint	craigniez	craindrez	craigniez
ils/elles	craignent	ont craint	craignaient	craindront	craignent

je se convierte en ***j'*** delante de vocal o ***h*** muda

	PRESENTE	PERFECTO	IMPERFECTO	FUTURO	PRESENTE DE SUBJUNTIVO
18 créer					
je/j'	crée	ai créé	créais	créerai	crée
tu	crées	as créé	créais	créeras	crées
il/elle	crée	a créé	créait	créera	crée
nous	créons	avons créé	créions	créerons	créions
vous	créez	avez créé	créiez	créerez	créiez
ils/elles	créent	ont créé	créaient	créeront	créent
19 crier					
je/j'	crie	ai crié	criais	crierai	crie
tu	cries	as crié	criais	crieras	cries
il/elle	crie	a crié	criait	criera	crie
nous	crions	avons crié	criions	crierons	criions
vous	criez	avez crié	criiez	crierez	criiez
ils/elles	crient	ont crié	criaient	crieront	crient
20 croire					
je/j'	crois	ai cru	croyais	croirai	croie
tu	crois	as cru	croyais	croiras	croies
il/elle	croit	a cru	croyait	croira	croie
nous	croyons	avons cru	croyions	croirons	croyions
vous	croyez	avez cru	croyiez	croirez	croyiez
ils/elles	croient	ont cru	croyaient	croiront	croient
21 croître					
je/j'	croîs	ai crû	croissais	croîtrai	croisse
tu	croîs	as crû	croissais	croîtras	croisses
il/elle	croît	a crû	croissait	croîtra	croisse
nous	croissons	avons crû	croissions	croîtrons	croissions
vous	croissez	avez crû	croissiez	croîtrez	croissiez
ils/elles	croissent	ont crû	croissaient	croîtront	croissent
22 cueillir					
je/j'	cueille	ai cueilli	cueillais	cueillerai	cueille
tu	cueilles	as cueilli	cueillais	cueilleras	cueilles
il/elle	cueille	a cueilli	cueillait	cueillera	cueille
nous	cueillons	avons cueilli	cueillions	cueillerons	cueillions
vous	cueillez	avez cueilli	cueilliez	cueillerez	cueilliez
ils/elles	cueillent	ont cueilli	cueillaient	cueilleront	cueillent
23 cuire					
je/j'	cuis	ai cuit	cuisais	cuirai	cuise
tu	cuis	as cuit	cuisais	cuiras	cuises
il/elle	cuit	a cuit	cuisait	cuira	cuise
nous	cuisons	avons cuit	cuisions	cuirons	cuisions
vous	cuisez	avez cuit	cuisiez	cuirez	cuisiez
ils/elles	cuisent	ont cuit	cuisaient	cuiront	cuisent

je se convierte en ***j'*** delante de vocal o ***h*** muda

	PRESENTE	PERFECTO	IMPERFECTO	FUTURO	PRESENTE DE SUBJUNTIVO
24	**descendre**				
je/j'	descends	suis descendu(e)/ ai descendu	descendais	descendrai	descende
tu	descends	es descendu(e)/ as descendu	descendais	descendras	descendes
il/elle	descend	est descendu(e)/ a descendu	descendait	descendra	descende
nous	descendons	sommes descendu(e)s/ avons descendu	descendions	descendrons	descendions
vous	descendez	êtes descendu(e)(s)/ avez descendu	descendiez	descendrez	descendiez
ils/elles	descendent	sont descendu(e)s/ ont descendu	descendaient	descendront	descendent
25	**devenir**				
je	deviens	suis devenu(e)	devenais	deviendrai	devienne
tu	deviens	es devenu(e)	devenais	deviendras	deviennes
il/elle	devient	est devenu(e)	devenait	deviendra	devienne
nous	devenons	sommes devenu(e)s	devenions	deviendrons	devenions
vous	devenez	êtes devenu(e)(s)	deveniez	deviendrez	deveniez
ils/elles	deviennent	sont devenu(e)s	devenaient	deviendront	deviennent
26	**devoir**				
je/j'	dois	ai dû	devais	devrai	doive
tu	dois	as dû	devais	devras	doives
il/elle	doit	a dû	devait	devra	doive
nous	devons	avons dû	devions	devrons	devions
vous	devez	avez dû	deviez	devrez	deviez
ils/elles	doivent	ont dû	devaient	devront	doivent
27	**dire**				
je/j'	dis	ai dit	disais	dirai	dise
tu	dis	as dit	disais	diras	dises
il/elle	dit	a dit	disait	dira	dise
nous	disons	avons dit	disions	dirons	disions
vous	disez	avez dit	disiez	direz	disiez
ils/elles	disent	ont dit	disaient	diront	disent
28	**donner**				
je/j'	donne	ai donné	donnais	donnerai	donne
tu	donnes	as donné	donnais	donneras	donnes
il/elle	donne	a donné	donnait	donnera	donne
nous	donnons	avons donné	donnions	donnerons	donnions
vous	donnez	avez donné	donniez	donnerez	donniez
ils/elles	donnent	ont donné	donnaient	donneront	donnent
29	**dormir**				
je/j'	dors	ai dormi	dormais	dormirai	dorme
tu	dors	as dormi	dormais	dormiras	dormes
il/elle	dort	a dormi	dormait	dormira	dorme
nous	dormons	avons dormi	dormions	dormirons	dormions
vous	dormez	avez dormi	dormiez	dormirez	dormiez
ils/elles	dorment	ont dormi	dormaient	dormiront	dorment

je se convierte en ***j'*** delante de vocal o ***h*** muda

	PRESENTE	PERFECTO	IMPERFECTO	FUTURO	PRESENTE DE SUBJUNTIVO
30 écrire					
je/j'	écris	ai écrit	écrivais	écrirai	écrive
tu	écris	as écrit	écrivais	écriras	écrives
il/elle	écrit	a écrit	écrivait	écrira	écrive
nous	écrivons	avons écrit	écrivions	écrirons	écrivions
vous	écrivez	avez écrit	écriviez	écrirez	écriviez
ils/elles	écrivent	ont écrit	écrivaient	écriront	écrivent
31 émouvoir					
je/j'	émeus	ai ému	émouvais	émouvrai	émeuve
tu	émeus	as ému	émouvais	émouvras	émeuves
il/elle	émeut	a ému	émouvait	émouvra	émeuve
nous	émouvons	avons ému	émouvions	émouvrons	émouvions
vous	émouvez	avez ému	émouviez	émouvrez	émouviez
ils/elles	émeuvent	ont ému	émouvaient	émouvront	émeuvent
32 entrer					
je/j'	entre	suis entré(e)/ai entré	entrais	entrerai	entre
tu	entres	es entré(e)/as entré	entrais	entreras	entres
il/elle	entre	est entré(e)/a entré	entrait	entrera	entre
nous	entrons	sommes entré(e)s/ avons entré	entrions	entrerons	entrions
vous	entrez	êtes entré(e)(s)/ avez entré	entriez	entrerez	entriez
ils/elles	entrent	sont entré(e)s/ ont entré	entraient	entreront	entrent
33 envoyer					
je/j'	envoie	ai envoyé	envoyais	enverrai	envoie
tu	envoies	as envoyé	envoyais	enverras	envoies
il/elle	envoie	a envoyé	envoyait	enverra	envoie
nous	envoyons	avons envoyé	envoyions	enverrons	envoyions
vous	envoyez	avez envoyé	envoyiez	enverrez	envoyiez
ils/elles	envoient	ont envoyé	envoyaient	enverront	envoient
34 espérer					
je/j'	espère	ai espéré	espérais	espérerai	espère
tu	espères	as espéré	espérais	espéreras	espères
il/elle	espère	a espéré	espérait	espérera	espère
nous	espérons	avons espéré	espérions	espérerons	espérions
vous	espérez	avez espéré	espériez	espérerez	espériez
ils/elles	espèrent	ont espéré	espéraient	espéreront	espèrent
35 être					
je/j'	suis	ai été	étais	serai	sois
tu	es	as été	étais	seras	sois
il/elle	est	a été	était	sera	soit
nous	sommes	avons été	étions	serons	soyons
vous	êtes	avez été	étiez	serez	soyez
ils/elles	sont	ont été	étaient	seront	soient

je se convierte en ***j'*** delante de vocal o ***h*** muda

	PRESENTE	PERFECTO	IMPERFECTO	FUTURO	PRESENTE DE SUBJUNTIVO
36	**faire**				
je/j'	fais	ai fait	faisais	ferai	fasse
tu	fais	as fait	faisais	feras	fasses
il/elle	fait	a fait	faisait	fera	fasse
nous	faisons	avons fait	faisions	ferons	fassions
vous	faites	avez fait	faisiez	ferez	fassiez
ils/elles	font	ont fait	faisaient	feront	fassent
37	**falloir**				
il	faut	a fallu	fallait	faudra	faille
38	**finir**				
je/j'	finis	ai fini	finissais	finirai	finisse
tu	finis	as fini	finissais	finiras	finisses
il/elle	finit	a fini	finissait	finira	finisse
nous	finissons	avons fini	finissions	finirons	finissions
vous	finissez	avez fini	finissiez	finirez	finissiez
ils/elles	finissent	ont fini	finissaient	finiront	finissent
39	**fuir**				
je/j'	fuis	ai fui	fuyais	fuirai	fuie
tu	fuis	as fui	fuyais	fuiras	fuies
il/elle	fuit	a fui	fuyait	fuira	fuie
nous	fuyons	avons fui	fuyions	fuirons	fuyions
vous	fuyez	avez fui	fuyiez	fuirez	fuyiez
ils/elles	fuient	ont fui	fuyaient	fuiront	fuient
40	**haïr**				
je/j'	hais	ai haï	haïssais	haïrai	haïsse
tu	hais	as haï	haïssais	haïras	haïsses
il/elle	hait	a haï	haïssait	haïra	haïsse
nous	haïssons	avons haï	haïssions	haïrons	haïssions
vous	haïssez	avez haï	haïssiez	haïrez	haïssiez
ils/elles	haïssent	ont haï	haïssaient	haïront	haïssent
41	**jeter**				
je/j'	jette	ai jeté	jetais	jetterai	jette
tu	jettes	as jeté	jetais	jetteras	jettes
il/elle	jette	a jeté	jetait	jettera	jette
nous	jetons	avons jeté	jetions	jetterons	jetions
vous	jetez	avez jeté	jetiez	jetterez	jetiez
ils/elles	jettent	ont jeté	jetaient	jetteront	jettent
42	**joindre**				
je/j'	joins	ai joint	joignais	joindrai	joigne
tu	joins	as joint	joignais	joindras	joignes
il/elle	joint	a joint	joignait	joindra	joigne
nous	joignons	avons joint	joignions	joindrons	joignions
vous	joignez	avez joint	joigniez	joindrez	joigniez
ils/elles	joignent	ont joint	joignaient	joindront	joignent

je se convierte en ***j'*** delante de vocal o ***h*** muda

	PRESENTE	PERFECTO	IMPERFECTO	FUTURO	PRESENTE DE SUBJUNTIVO

43 lever

je/j'	lève	ai levé	levais	lèverai	lève
tu	lèves	as levé	levais	lèveras	lèves
il/elle	lève	a levé	levait	lèvera	lève
nous	levons	avons levé	levions	lèverons	levions
vous	levez	avez levé	leviez	lèverez	leviez
ils/elles	lèvent	ont levé	levaient	lèveront	lèvent

44 lire

je/j'	lis	ai lu	lisais	lirai	lise
tu	lis	as lu	lisais	liras	lises
il/elle	lit	a lu	lisait	lira	lise
nous	lisons	avons lu	lisions	lirons	lisions
vous	lisez	avez lu	lisiez	lirez	lisiez
ils/elles	lisent	ont lu	lisaient	liront	lisent

45 manger

je/j'	mange	ai mangé	mangeais	mangerai	mange
tu	manges	as mangé	mangeais	mangeras	manges
il/elle	mange	a mangé	mangeait	mangera	mange
nous	mangeons	avons mangé	mangions	mangerons	mangions
vous	mangez	avez mangé	mangiez	mangerez	mangiez
ils/elles	mangent	ont mangé	mangeaient	mangeront	mangent

46 maudire

je/j'	maudis	ai maudit	maudissais	maudirai	maudisse
tu	maudis	as maudit	maudissais	maudiras	maudisses
il/elle	maudit	a maudit	maudissait	maudira	maudisse
nous	maudissons	avons maudit	maudissions	maudirons	maudissions
vous	maudissez	avez maudit	maudissiez	maudirez	maudissiez
ils/elles	maudissent	ont maudit	maudissaient	maudiront	maudissent

47 mettre

je/j'	mets	ai mis	mettais	mettrai	mette
tu	mets	as mis	mettais	mettras	mettes
il/elle	met	a mis	mettait	mettra	mette
nous	mettons	avons mis	mettions	mettrons	mettions
vous	mettez	avez mis	mettiez	mettrez	mettiez
ils/elles	mettent	ont mis	mettaient	mettront	mettent

	PRESENTE	PERFECTO	IMPERFECTO	FUTURO	PRESENTE DE SUBJUNTIVO
48	**monter**				
je/j'	monte	suis monté(e)/ ai monté	montais	monterai	monte
tu	montes	es monté(e)/ as monté	montais	monteras	montes
il/elle	monte	est monté(e)/ a monté	montait	montera	monte
nous	montons	sommes monté(e)s/ avons monté	montions	monterons	montions
vous	montez	êtes monté(e)(s)/ avez monté	montiez	monterez	montiez
ils/elles	montent	sont monté(e)s/ ont monté	montaient	monteront	montent
49	**mordre**				
je/j'	mords	ai mordu	mordais	mordrai	morde
tu	mords	as mordu	mordais	mordras	mordes
il/elle	mord	a mordu	mordait	mordra	morde
nous	mordons	avons mordu	mordions	mordrons	mordions
vous	mordez	avez mordu	mordiez	mordrez	mordiez
ils/elles	mordent	ont mordu	mordaient	mordront	mordent
50	**moudre**				
je/j'	mouds	ai moulu	moulais	moudrai	moule
tu	mouds	as moulu	moulais	moudras	moules
il/elle	moud	a moulu	moulait	moudra	moule
nous	moulons	avons moulu	moulions	moudrons	moulions
vous	moulez	avez moulu	mouliez	moudrez	mouliez
ils/elles	moulent	ont moulu	moulaient	moudront	moulent
51	**mourir**				
je	meurs	suis mort(e)	mourais	mourrai	meure
tu	meurs	es mort(e)	mourais	mourras	meures
il/elle	meurt	est mort(e)	mourait	mourra	meure
nous	mourons	sommes mort(e)s	mourions	mourrons	mourions
vous	mourez	êtes mort(e)(s)	mouriez	mourrez	mouriez
ils/elles	meurent	sont mort(e)s	mouraient	mourront	meurent
52	**naître**				
je	nais	suis né(e)	naissais	naîtrai	naisse
tu	nais	es né(e)	naissais	naîtras	naisses
il/elle	naît	est né(e)	naissait	naîtra	naisse
nous	naissons	sommes né(e)s	naissions	naîtrons	naissions
vous	naissez	êtes né(e)(s)	naissiez	naîtrez	naissiez
ils/elles	naissent	sont né(e)s	naissaient	naîtront	naissent

je se convierte en ***j'*** delante de vocal o ***h*** muda

	PRESENTE	PERFECTO	IMPERFECTO	FUTURO	PRESENTE DE SUBJUNTIVO
52	**nettoyer**				
je/j'	nettoie	ai nettoyé	nettoyais	nettoierai	nettoie
tu	nettoies	as nettoyé	nettoyais	nettoieras	nettoies
il/elle	nettoie	a nettoyé	nettoyait	nettoiera	nettoie
nous	nettoyons	avons nettoyé	nettoyions	nettoierons	nettoyions
vous	nettoyez	avez nettoyé	nettoyiez	nettoierez	nettoyiez
ils/elles	nettoient	ont nettoyé	nettoyaient	nettoieront	nettoient
54	**offrir**				
je/j'	offre	ai offert	offrais	offrirai	offre
tu	offres	as offert	offrais	offriras	offres
il/elle	offre	a offert	offrait	offrira	offre
nous	offrons	avons offert	offrions	offrirons	offrions
vous	offrez	avez offert	offriez	offrirez	offriez
ils/elles	offrent	ont offert	offraient	offriront	offrent
55	**ouvrir**				
je/j'	ouvre	ai ouvert	ouvrais	ouvrirai	ouvre
tu	ouvres	as ouvert	ouvrais	ouvriras	ouvres
il/elle	ouvre	a ouvert	ouvrait	ouvrira	ouvre
nous	ouvrons	avons ouvert	ouvrions	ouvrirons	ouvrions
vous	ouvrez	avez ouvert	ouvriez	ouvrirez	ouvriez
ils/elles	ouvrent	ont ouvert	ouvraient	ouvriront	ouvrent
56	**paraître**				
je/j'	parais	ai paru	paraissais	paraîtrai	paraisse
tu	parais	as paru	paraissais	paraîtras	paraisses
il/elle	paraît	a paru	paraissait	paraîtra	paraisse
nous	paraissons	avons paru	paraissions	paraîtrons	paraissions
vous	paraissez	avez paru	paraissiez	paraîtrez	paraissiez
ils/elles	paraissent	ont paru	paraissaient	paraîtront	paraissent
57	**partir**				
je	pars	suis parti(e)	partais	partirai	parte
tu	pars	es parti(e)	partais	partiras	partes
il/elle	part	est parti(e)	partait	partira	parte
nous	partons	sommes parti(e)s	partions	partirons	partions
vous	partez	êtes parti(e)(s)	partiez	partirez	partiez
ils/elles	partent	sont parti(e)s	partaient	partiront	partent
58	**passer**				
je/j'	passe	ai passé/suis passé(e)	passais	passerai	passe
tu	passes	as passé/es passé(e)	passais	passeras	passes
il/elle	passe	a passé/est passé(e)	passait	passera	passe
nous	passons	avons passé/ sommes passé(e)s	passions	passerons	passions
vous	passez	avez passé/ êtes passé(e)(s)	passiez	passerez	passiez
ils/elles	passent	ont passé/ sont passé(e)s	passaient	passeront	passent

je se convierte en ***j'*** delante de vocal o ***h*** muda

	PRESENTE	PERFECTO	IMPERFECTO	FUTURO	PRESENTE DE SUBJUNTIVO
59 payer					
je/j'	paie *o* paye	ai payé	payais	paierai	paie *o* paye
tu	paies *o* payes	as payé	payais	paieras	paies *o* payes
il/elle	paie *o* paye	a payé	payait	paiera	paie *o* paye
nous	payons	avons payé	payions	paierons	payions
vous	payez	avez payé	payiez	paierez	payiez
ils/elles	paient *o* payent	ont payé	payaient	paieront	paient *o* payent
60 peindre					
je/j'	peins	ai peint	peignais	peindrai	peigne
tu	peins	as peint	peignais	peindras	peignes
il/elle	peint	a peint	peignait	peindra	peigne
nous	peignons	avons peint	peignions	peindrons	peignions
vous	peignez	avez peint	peigniez	peindrez	peigniez
ils/elles	peignent	ont peint	peignaient	peindront	peignent
61 perdre					
je/j'	perds	ai perdu	perdais	perdrai	perde
tu	perds	as perdu	perdais	perdras	perdes
il/elle	perd	a perdu	perdait	perdra	perde
nous	perdons	avons perdu	perdions	perdrons	perdions
vous	perdez	avez perdu	perdiez	perdrez	perdiez
ils/elles	perdent	ont perdu	perdaient	perdront	perdent
62 plaire					
je/j'	plais	ai plu	plaisais	plairai	plaise
tu	plais	as plu	plaisais	plairas	plaises
il/elle	plaît	a plu	plaisait	plaira	plaise
nous	plaisons	avons plu	plaisions	plairons	plaisions
vous	plaisez	avez plu	plaisiez	plairez	plaisiez
ils/elles	plaisent	ont plu	plaisaient	plairont	plaisent
63 pleuvoir					
il	pleut	a plu	pleuvait	pleuvra	pleuve
64 pouvoir					
je/j'	peux	ai pu	pouvais	pourrai	puisse
tu	peux	as pu	pouvais	pourras	puisses
il/elle	peut	a pu	pouvait	pourra	puisse
nous	pouvons	avons pu	pouvions	pourrons	puissions
vous	pouvez	avez pu	pouviez	pourrez	puissiez
ils/elles	peuvent	ont pu	pouvaient	pourront	puissent
65 prendre					
je/j'	prends	ai pris	prenais	prendrai	prenne
tu	prends	as pris	prenais	prendras	prennes
il/elle	prend	a pris	prenait	prendra	prenne
nous	prenons	avons pris	prenions	prendrons	prenions
vous	prenez	avez pris	preniez	prendrez	preniez
ils/elles	prennent	ont pris	prenaient	prendront	prennent

je se convierte en ***j'*** delante de vocal o ***h*** muda

	PRESENTE	PERFECTO	IMPERFECTO	FUTURO	PRESENTE DE SUBJUNTIVO
66	**protéger**				
je/j'	protège	ai protégé	protégeais	protégerai	protège
tu	protèges	as protégé	protégeais	protégeras	protèges
il/elle	protège	a protégé	protégeait	protégera	protège
nous	protégeons	avons protégé	protégions	protégerons	protégions
vous	protégez	avez protégé	protégiez	protégerez	protégiez
ils/elles	protègent	ont protégé	protégeaient	protégeront	protègent
67	**recevoir**				
je/j'	reçois	ai reçu	recevais	recevrai	reçoive
tu	reçois	as reçu	recevais	recevras	reçoives
il/elle	reçoit	a reçu	recevait	recevra	reçoive
nous	recevons	avons reçu	recevions	recevrons	recevions
vous	recevez	avez reçu	receviez	recevrez	receviez
ils/elles	reçoivent	ont reçu	recevaient	recevront	reçoivent
68	**rentrer**				
je/j'	rentre	suis rentré(e)/ai rentré	rentrais	rentrerai	rentre
tu	rentres	es rentré(e)/as rentré	rentrais	rentreras	rentres
il/elle	rentre	est rentré(e)/a rentré	rentrait	rentrera	rentre
nous	rentrons	sommes rentré(e)s/ avons rentré	rentrions	rentrerons	rentrions
vous	rentrez	êtes rentré(e)(s)/ avez rentré	rentriez	rentrerez	rentriez
ils/elles	rentrent	sont rentré(e)s/ ont rentré	rentraient	rentreront	rentrent
69	**répondre**				
je/j'	réponds	ai répondu	répondais	répondrai	réponde
tu	réponds	as répondu	répondais	répondras	répondes
il/elle	répond	a répondu	répondait	répondra	réponde
nous	répondons	avons répondu	répondions	répondrons	répondions
vous	répondez	avez répondu	répondiez	répondrez	répondiez
ils/elles	répondent	ont répondu	répondaient	répondront	répondent
70	**résoudre**				
je/j'	résous	ai résolu	résolvais	résoudrai	résolve
tu	résous	as résolu	résolvais	résoudras	résolves
il/elle	résout	a résolu	résolvait	résoudra	résolve
nous	résolvons	avons résolu	résolvions	résoudrons	résolvions
vous	résolvez	avez résolu	résolviez	résoudrez	résolviez
ils/elles	résolvent	ont résolu	résolvaient	résoudront	résolvent
71	**rester**				
je	reste	suis resté(e)	restais	resterai	reste
tu	restes	es resté(e)	restais	resteras	restes
il/elle	reste	est resté(e)	restait	restera	reste
nous	restons	sommes resté(e)s	restions	resterons	restions
vous	restez	êtes resté(e)(s)	restiez	resterez	restiez
ils/elles	restent	sont resté(e)s	restaient	resteront	restent

je se convierte en ***j'*** delante de vocal o ***h*** muda

	PRESENTE	PERFECTO	IMPERFECTO	FUTURO	PRESENTE DE SUBJUNTIVO

72 retourner

je/j'	retourne	suis retourné(e)/ ai retourné	retournais	retournerai	retourne
tu	retournes	es retourné(e)/ as retourné	retournais	retourneras	retournes
il/elle	retourne	est retourné(e)/ a retourné	retournait	retournera	retourne
nous	retournons	sommes retourné(e)s/ avons retourné	retournions	retournerons	retournions
vous	retournez	êtes retourné(e)(s)/ avez retourné	retourniez	retournerez	retourniez
ils/elles	retournent	sont retourné(e)s/ ont retourné	retournaient	retourneront	retournent

73 revenir

je	reviens	suis revenu(e)	revenais	reviendrai	revienne
tu	reviens	es revenu(e)	revenais	reviendras	reviennes
il/elle	revient	est revenu(e)	revenait	reviendra	revienne
nous	revenons	sommes revenu(e)s	revenions	reviendrons	revenions
vous	revenez	êtes revenu(e)(s)	reveniez	reviendrez	reveniez
ils/elles	reviennent	sont revenu(e)s	revenaient	reviendront	reviennent

74 rire

je/j'	ris	ai ri	riais	rirai	rie
tu	ris	as ri	riais	riras	ries
il/elle	rit	a ri	riait	rira	rie
nous	rions	avons ri	riions	rirons	riions
vous	riez	avez ri	riiez	rirez	riiez
ils/elles	rient	ont ri	riaient	riront	rient

75 rompre

je/j'	romps	ai rompu	rompais	romprai	rompe
tu	romps	as rompu	rompais	rompras	rompes
il/elle	rompt	a rompu	rompait	rompra	rompe
nous	rompons	avons rompu	rompions	romprons	rompions
vous	rompez	avez rompu	rompiez	romprez	rompiez
ils/elles	rompent	ont rompu	rompaient	rompront	rompent

76 savoir

je/j'	sais	ai su	savais	saurai	sache
tu	sais	as su	savais	sauras	saches
il/elle	sait	a su	savait	saura	sache
nous	savons	avons su	savions	saurons	sachions
vous	savez	avez su	saviez	saurez	sachiez
ils/elles	savent	ont su	savaient	sauront	sachent

77 sentir

je/j'	sens	ai senti	sentais	sentirai	sente
tu	sens	as senti	sentais	sentiras	sentes
il/elle	sent	a senti	sentait	sentira	sente
nous	sentons	avons senti	sentions	sentirons	sentions
vous	sentez	avez senti	sentiez	sentirez	sentiez
ils/elles	sentent	ont senti	sentaient	sentiront	sentent

je se convierte en ***j'*** delante de vocal o ***h*** muda

	PRESENTE	PERFECTO	IMPERFECTO	FUTURO	PRESENTE DE SUBJUNTIVO
78	**servir**				
je/j'	sers	ai servi	servais	servirai	serve
tu	sers	as servi	servais	serviras	serves
il/elle	sert	a servi	servait	servira	serve
nous	servons	avons servi	servions	servirons	servions
vous	servez	avez servi	serviez	servirez	serviez
ils/elles	servent	ont servi	servaient	serviront	servent
79	**sortir**				
je/j'	sors	suis sorti(e)/ai sorti	sortais	sortirai	sorte
tu	sors	es sorti(e)/as sorti	sortais	sortiras	sortes
il/elle	sort	est sorti(e)/a sorti	sortait	sortira	sorte
nous	sortons	sommes sorti(e)s/ avons sorti	sortions	sortirons	sortions
vous	sortez	êtes sorti(e)(s)/ avez sorti	sortiez	sortirez	sortiez
ils/elles	sortent	sont sorti(e)s/ont sorti	sortaient	sortiront	sortent
80	**suffire**				
je/j'	suffis	ai suffi	suffisais	suffirai	suffise
tu	suffis	as suffi	suffisais	suffiras	suffises
il/elle	suffit	a suffi	suffisait	suffira	suffise
nous	suffisons	avons suffi	suffisions	suffirons	suffisions
vous	suffisez	avez suffi	suffisiez	suffirez	suffisiez
ils/elles	suffisent	ont suffi	suffisaient	suffiront	suffisent
81	**suivre**				
je/j'	suis	ai suivi	suivais	suivrai	suive
tu	suis	as suivi	suivais	suivras	suives
il/elle	suit	a suivi	suivait	suivra	suive
nous	suivons	avons suivi	suivions	suivrons	suivions
vous	suivez	avez suivi	suiviez	suivrez	suiviez
ils/elles	suivent	ont suivi	suivaient	suivront	suivent
82	**se taire**				
je	me tais	me suis tu(e)	me taisais	me tairai	me taise
tu	te tais	t'es tu(e)	te taisais	te tairas	te taises
il/elle	se tait	s'est tu(e)	se taisait	se taira	se taise
nous	nous taisons	nous sommes tu(e)s	nous taisions	nous tairons	nous taisions
vous	vous taisez	vous êtes tu(e)(s)	vous taisiez	vous tairez	vous taisiez
ils/elles	se taisent	se sont tu(e)s	se taisaient	se tairont	se taisent
83	**tenir**				
je/j'	tiens	ai tenu	tenais	tiendrai	tienne
tu	tiens	as tenu	tenais	tiendras	tiennes
il/elle	tient	a tenu	tenait	tiendra	tienne
nous	tenons	avons tenu	tenions	tiendrons	tenions
vous	tenez	avez tenu	teniez	tiendrez	teniez
ils/elles	tiennent	ont tenu	tenaient	tiendront	tiennent

je se convierte en ***j'*** delante de vocal o ***h*** muda

	PRESENTE	PERFECTO	IMPERFECTO	FUTURO	PRESENTE DE SUBJUNTIVO
84 tomber					
je	tombe	suis tombé(e)	tombais	tomberai	tombe
tu	tombes	es tombé(e)	tombais	tomberas	tombes
il/elle	tombe	est tombé(e)	tombait	tombera	tombe
nous	tombons	sommes tombé(e)s	tombions	tomberons	tombions
vous	tombez	êtes tombé(e)(s)	tombiez	tomberez	tombiez
ils/elles	tombent	sont tombé(e)s	tombaient	tomberont	tombent
85 traire					
je/j'	trais	ai trait	trayais	trairai	traie
tu	trais	as trait	trayais	trairas	traies
il/elle	trait	a trait	trayait	traira	traie
nous	trayons	avons trait	trayions	trairons	trayions
vous	trayez	avez trait	trayiez	trairez	trayiez
ils/elles	traient	ont trait	trayaient	trairont	traient
86 vaincre					
je/j'	vaincs	ai vaincu	vainquais	vaincrai	vainque
tu	vaincs	as vaincu	vainquais	vaincras	vainques
il/elle	vainc	a vaincu	vainquait	vaincra	vainque
nous	vainquons	avons vaincu	vainquions	vaincrons	vainquions
vous	vainquez	avez vaincu	vainquiez	vaincrez	vainquiez
ils/elles	vainquent	ont vaincu	vainquaient	vaincront	vainquent
87 valoir					
je/j'	vaux	ai valu	valais	vaudrai	vaille
tu	vaux	as valu	valais	vaudras	vailles
il/elle	vaut	a valu	valait	vaudra	vaille
nous	valons	avons valu	valions	vaudrons	valions
vous	valez	avez valu	valiez	vaudrez	valiez
ils/elles	valent	ont valu	valaient	vaudront	vaillent
88 vendre					
je/j'	vends	ai vendu	vendais	vendrai	vende
tu	vends	as vendu	vendais	vendras	vendes
il/elle	vend	a vendu	vendait	vendra	vende
nous	vendons	avons vendu	vendions	vendrons	vendions
vous	vendez	avez vendu	vendiez	vendrez	vendiez
ils/elles	vendent	ont vendu	vendaient	vendront	vendent
89 venir					
je	viens	suis venu(e)	venais	viendrai	vienne
tu	viens	es venu(e)	venais	viendras	viennes
il/elle	vient	est venu(e)	venait	viendra	vienne
nous	venons	sommes venu(e)s	venions	viendrons	venions
vous	venez	êtes venu(e)(s)	veniez	viendrez	veniez
ils/elles	viennent	sont venu(e)s	venaient	viendront	viennent

je se convierte en ***j'*** delante de vocal o ***h*** muda

	PRESENTE	PERFECTO	IMPERFECTO	FUTURO	PRESENTE DE SUBJUNTIVO
90 vêtir					
je/j'	vêts	ai vêtu	vêtais	vêtirai	vête
tu	vêts	as vêtu	vêtais	vêtiras	vêtes
il/elle	vêt	a vêtu	vêtait	vêtira	vête
nous	vêtons	avons vêtu	vêtions	vêtirons	vêtions
vous	vêtez	avez vêtu	vêtiez	vêtirez	vêtiez
ils/elles	vêtent	ont vêtu	vêtaient	vêtiront	vêtent
91 vivre					
je/j'	vis	ai vécu	vivais	vivrai	vive
tu	vis	as vécu	vivais	vivras	vives
il/elle	vit	a vécu	vivait	vivra	vive
nous	vivons	avons vécu	vivions	vivrons	vivions
vous	vivez	avez vécu	viviez	vivrez	viviez
ils/elles	vivent	ont vécu	vivaient	vivront	vivent
92 voir					
je/j'	vois	ai vu	voyais	verrai	voie
tu	vois	as vu	voyais	verras	voies
il/elle	voit	a vu	voyait	verra	voie
nous	voyons	avons vu	voyions	verrons	voyions
vous	voyez	avez vu	voyiez	verrez	voyiez
ils/elles	voient	ont vu	voyaient	verront	voient
93 vouloir					
je/j'	veux	ai voulu	voulais	voudrai	veuille
tu	veux	as voulu	voulais	voudras	veuilles
il/elle	veut	a voulu	voulait	voudra	veuille
nous	voulons	avons voulu	voulions	voudrons	voulions
vous	voulez	avez voulu	vouliez	voudrez	vouliez
ils/elles	veulent	ont voulu	voulaient	voudront	veuillent

je se convierte en ***j'*** delante de vocal o ***h*** muda

Perspectives sur l'espagnol

Table des matières

Introduction

Perspectives sur l'espagnol vous propose une initiation au monde hispanophone. Les pages qui suivent vous offrent la possibilité de faire connaissance avec cette langue et avec ses locuteurs.

Des conseils pratiques sur la langue et des notes abordant les problèmes de traduction les plus fréquents vous aideront à parler l'espagnol avec davantage d'assurance. Une partie très utile consacrée à la correspondance vous fournit toutes les informations dont vous avez besoin pour pouvoir communiquer efficacement.

Nous avons également inclus un certain nombre de liens vers des ressources en ligne qui vous permettront d'approfondir vos connaissances sur les pays hispanophones et la langue espagnole.

Les pages finales vous emmènent sur les lieux où l'espagnol se parle à travers le monde. Nous espérons que vous prendrez plaisir à consulter votre supplément *Perspectives sur l'espagnol*. Nous sommes sûrs qu'il vous aidera à mieux connaître le monde hispanophone et à prendre confiance en vous, à l'écrit comme à l'oral.

Les mots et expressions de la conversation

En français, nous émaillons nos conversations de mots et de formules comme donc, alors, au fait, pour structurer notre réflexion et souvent aussi pour traduire un état d'esprit. Les mots espagnols ci-dessous jouent le même rôle. Si vous les employez, vous gagnerez en aisance et en naturel.

• ***además***	***Además**, no tienes nada que perder.* (= de plus)
• ***está bien***	***¡Está bien!** Lo haré.* (= d'accord !)
• ***bueno***	***¡Bueno!** Haremos lo que tú quieras.* (= bon !, d'accord !)
• ***por cierto***	***Por cierto**, ¿has sacado las entradas?* (= au fait, à propos)
• ***claro***	*¿Te gusta el fútbol? – ¡**Claro** que sí/no!* (= bien sûr/bien sûr que non)
• ***desde luego***	*¡**Desde luego** que me gusta!* (= bien sûr, évidemment)
• ***entonces***	*Si no es tu padre, ¿**entonces** quién es?* (= alors) *¿**Entonces**, vienes o te quedas?* (= alors)
• ***pues***	***Pues**, como te iba contando...* (= donc, eh bien)
• ***por supuesto***	***Por supuesto** que sí/no.* (= bien sûr)
• ***de todas formas/ maneras***	***De todas formas/maneras** iremos.* (= de toute façon)
• ***vale***	*¿Vamos a tomar algo? – ¡**Vale!*** (= d'accord !)
• ***venga***	*¡**Venga**, vámonos!* (= allez ! ; employé en Espagne)

Les mots et expressions de la conversation

En variant les mots que vous employez pour exprimer une idée, vous donnerez également l'impression que vous êtes à l'aise en espagnol. À titre d'exemple, vous connaissez déjà *Me gusta el mar*, mais pour varier vous pourriez dire *Me encanta el mar*. Voici d'autres suggestions :

Pour dire ce que vous aimez ou n'aimez pas

Me ha gustado mucho *tu regalo.*	J'ai beaucoup aimé...
Me ha encantado *el regalo.*	J'ai adoré...
No me gusta *comer fuera de casa.*	Je n'aime pas...
Mi vecina ***me cae muy mal****.*	Je n'aime pas du tout...
Odio *todo tipo de violencia.*	Je déteste...

Pour exprimer votre opinion

Creo que *es demasiado caro.*	Je crois/trouve que...
Pienso que *es normal.*	Je pense que...
Me parece que *le va a encantar tu visita.*	Il me semble que...
Estoy seguro/segura de que *no es culpa tuya.*	Je suis sûr/sûre que...
En mi opinión*, fue un error.*	À mon avis...

Pour exprimer votre accord/votre désaccord

Tienes razón.	Tu as raison.
Estoy (No estoy) de acuerdo *contigo.*	Je suis (Je ne suis pas) d'accord...
¡Claro que sí!	Bien sûr !
¡Naturalmente!	Bien sûr !
En eso te equivocas.	Sur ce point tu as tort.

Au téléphone

Pour demander des renseignements

¿Cuál es el prefijo de Léon?	Quel est l'indicatif de Léon ?
¿Qué hay que hacer para llamar al exterior?	Qu'est-ce qu'il faut faire pour passer un appel vers l'extérieur ?
¿Podría decirme cuál es la extensión del Sr. Ruiz?	Est-ce que vous pouvez me donner le numéro de poste de M. Ruiz ?

Quand vous passez un appel

Hola, ¿está Susana?	Bonjour, est-ce que Susana est là ?
Por favor, ¿podría hablar con Carlos García?	Est-ce que je pourrais parler à Carlos García, s'il vous plaît ?
¿Es usted la Sra. Reyes?	Madame Reyes ?
¿Puede decirle que me llame?	Est-ce que vous pouvez lui demander de me rappeler ?
Le vuelvo a llamar dentro de media hora.	Je rappellerai dans une demi-heure.
¿Podría dejar un recado?	Est-ce que je pourrais laisser un message ?

Quand vous répondez au téléphone

¿Diga?/¿Dígame?/¿Sí?	Allô ? (en Espagne)
¿Aló? ¿Diga?/¿Dígame?/¿Sí?/Oigo	Allô ? (en Amérique latine)
¿Hola?	Allô ? (en Argentine, Chili, Uruguay)
¿Bueno?	Allô ? (au Mexique)
¿Con quién hablo?	Qui est à l'appareil ?
Soy Marcos.	C'est Marcos.
Sí, soy yo.	Oui, c'est moi.
¿Quiere dejar un mensaje?	Est-ce que vous voulez laisser un message ?

Au téléphone

Ce que vous entendrez peut-être

¿De parte de quién?	C'est de la part de qui ?
Le paso.	Je vous le/la passe.
No cuelgue.	Ne quittez pas.
No contesta.	Ça ne répond pas.
La línea está ocupada.	La ligne est occupée.
¿Quiere dejar un mensaje?	Est-ce que vous voulez laisser un message ?

En cas de problème

Perdone, me he equivocado de número.	Pardon, je me suis trompé de numéro.
No se oye bien.	On n'entend pas bien.
Se corta.	On est régulièrement coupé.
Me estoy quedando sin batería.	Je n'ai presque plus de batterie.
Se oye muy mal.	On entend très mal.
No tengo cobertura.	Je n'ai pas de réseau.
¿Cuál es la contraseña de Wi-Fi?	Quel est le mot de passe pour le wifi ?
Ya no tengo crédito ou *Me he quedado sin crédito.*	Je n'ai plus de crédit.
Se me ha olvidado el cargador/ el adaptador.	J'ai oublié mon chargeur/ adaptateur.

Pour donner son numéro de téléphone
Pour donner son numéro de téléphone à quelqu'un en espagnol, on regroupe généralement les chiffres par deux. Par exemple :

88 73 14
ochenta y ocho – setenta y tres – catorce

Si le nombre de chiffres est impair, on regroupe trois chiffres que l'on énonce séparément. Par exemple :

959 48 32 94
nueve-cinco-nueve – cuarenta y ocho – treinta y dos – noventa y cuatro

Locutions espagnoles

En espagnol comme dans d'autres langues, on a souvent recours à des expressions imagées. Les expressions courantes ci-dessous ont été regroupées en fonction du type d'images qu'elles évoquent. Pour rendre le tout plus amusant, nous vous donnons, outre l'équivalent de chaque expression en français, la traduction mot à mot.

La table

En todas partes cuecen habas. → C'est partout pareil.
mot à mot : *On cuit des fèves partout.*

llamar al pan pan y al vino vino → appeler un chat un chat
mot à mot : *appeler le pain pain et le vin vin*

Eso es pedir peras al olmo. → C'est demander la lune *ou* l'impossible.
mot à mot : *C'est demander des poires à l'orme.*

llegar para los postres → arriver après la bataille
mot à mot : *arriver pour le dessert*

Entre col y col, lechuga. → Il faut varier les plaisirs.
mot à mot : *Entre le chou et le chou, la laitue.*

Les animaux

aburrirse como una ostra → s'ennuyer comme un rat mort
mot à mot : *s'ennuyer comme une huître*

si los burros volaran → quand les poules auront des dents
mot à mot : *si les ânes pouvaient voler*

estar como una cabra → être fou à lier
mot à mot : *être comme une chèvre*

No es tan fiero el león como lo pintan. → Beaucoup de bruit pour rien.
mot à mot : *Le lion n'est pas aussi féroce qu'on le dit.*

Locutions espagnoles

Les objets

consultar algo con la almohada → La nuit porte conseil.
mot à mot : *discuter de quelque chose avec son oreiller*

empezar la casa por el tejado → mettre la charrue avant les bœufs
mot à mot : *commencer la maison par le toit*

Quien parte y reparte, se lleva la mejor parte. → C'est celui qui partage qui prend la meilleure part.
mot à mot : *Celui qui coupe et distribue emporte le meilleur morceau.*

Le climat

Ha llovido mucho desde entonces. → Beaucoup d'eau a coulé sous les ponts depuis.
mot à mot : *Il a beaucoup plu depuis.*

Nunca llueve a gusto de todos. → On ne peut pas contenter tout le monde.
mot à mot : *La pluie ne satisfait jamais tout le monde.*

Abril, aguas mil. → En avril, ne te découvre pas d'un fil.
mot à mot : *Avril, mille eaux.*

Al mal tiempo, buena cara. → Faire contre mauvaise fortune bon cœur.
mot à mot : *Face au mauvais temps, on fait bonne figure.*

Locutions espagnoles

Les parties du corps

romperse la cabeza → se creuser la tête
mot à mot : *se casser la tête*

Cuatro ojos ven más que dos. → Deux avis valent mieux qu'un.
mot à mot : *Quatre yeux voient mieux que deux.*

Quien tiene boca se equivoca. → L'erreur est humaine.
mot à mot : *Quiconque a une bouche se trompe.*

Me costó un riñón. → Ça m'a coûté les yeux de la tête.
mot à mot : *Ça m'a coûté un rein.*

Les vêtements

cambiar de chaqueta → retourner sa veste
mot à mot : *changer de veste*

estar hasta el gorro → en avoir par-dessus la tête
mot à mot : *en avoir ras le bonnet*

querer nadar y guardar la ropa → vouloir le beurre et l'argent du beurre
mot à mot : *vouloir nager tout habillé*

Les couleurs

no distinguir lo blanco de lo negro → être bête comme ses pieds
mot à mot : *ne pas distinguer le blanc du noir*

ponerse de mil colores → piquer un fard
mot à mot : *passer par mille couleurs*

estar más rojo que un cangrejo → être rouge comme une écrevisse
mot à mot : *être plus rouge qu'un crabe*

Quelques problèmes de traduction courants

Nous abordons ici quelques-unes des difficultés de traduction que vous risquez de rencontrer. Les astuces qui suivent vous permettront d'éviter les pièges classiques de l'espagnol écrit et parlé.

Je, tu, il/elle...

En français, le pronom personnel sujet (« je », « tu », « il/elle », etc.) est obligatoire, alors qu'en espagnol ***yo***, ***tú***, ***él***, ***ella***, etc. ne sont généralement pas utilisés si le verbe permet de savoir clairement qui accomplit l'action :

Je parle espagnol. → **Hablo** español.
Nous avons deux voitures. → **Tenemos** dos coches.

Utilisez ***yo***, ***tú***, ***él*** et les autres pronoms sujets pour créer un effet d'insistance, d'opposition ou pour éviter une ambiguïté quant à la personne dont il est question :

Toi, **tu** n'es pas obligé de venir. → **Tú** no tienes por qué venir.
Lui, **il** conduit mais pas elle. → **Él** conduce pero ella no.

« Tu » et « vous » en espagnol

En espagnol, on peut, en fonction de son interlocuteur, employer une forme polie ou une forme plus familière, comme on le fait en français avec le vouvoiement et le tutoiement. Cependant, à la différence du français, l'espagnol permet de faire la distinction de façon explicite entre le vous collectif et le vous de politesse singulier et pluriel.

- Lorsqu'on s'adresse à une personne que l'on connaît, on emploie le pronom ***tú***. Souvenez-vous, cependant, que le pronom personnel est souvent omis en espagnol :

Est-ce que **tu** vas venir au cours de mathématiques ? → *¿**Tú** vienes a la clase de matemáticas?*
*¿**Vienes** a la clase de matemáticas?*
Tu me prêtes ce livre ? → *¿Me **prestas** este libro?*

Quelques problèmes de traduction courants

- Pour s'adresser à plusieurs personnes que l'on connaît, on utilise en Espagne ***vosotros***, et ***vosotras*** au féminin. En Amérique latine, on emploie ***ustedes*** suivi du verbe à la troisième personne du pluriel :

Vous comprenez, les enfants ?	➜	*¿**Entendéis**, niños?*
Vous êtes allées au Chili récemment ?	➜	*¿**Vosotras** habéis ido a Chile recientemente?* (en Espagne) *¿**Ustedes** han ido a Chile recientemente?*
Vous avez regardé le match, les gars ?	➜	*¿**Vosotros** habéis mirado el partido?* (en Espagne) *¿**Ustedes** han mirado el partido?*

- Le vouvoiement se fait avec ***usted*** suivi de la troisième personne du singulier, ou, si l'on s'adresse à plus d'une personne, ***ustedes*** suivi du verbe à la troisième personne du pluriel :

Excusez-moi, Madame, pouvez-**vous** me dire où se trouve la gare ?	➜	*Perdone, Señora, ¿**usted** puede decirme dónde está la estación de tren?*
Vous connaissez ma femme ? (à une personne)	➜	*¿**Usted** conoce a mi mujer?*
Vous êtes allé**s** au Chili récemment ?	➜	*¿**Ustedes** han ido a Chile recientemente?*

Vos et tú
En Argentine, au Paraguay, en Uruguay et dans certaines parties de l'Amérique centrale, on emploie ***vos*** à la place de ***tú***.

Quelques problèmes de traduction courants

La conjonction « et »

« Et » se traduit par ***y*** sauf devant les mots qui commencent par ***i-*** ou ***hi-***, où il devient ***e*** pour faciliter la prononciation :

Toi **et** moi sommes amis.	➜	*Tú* ***y*** *yo somos amigos.*
Il mange des tomates **et** des figues.	➜	*Come tomates* ***e*** *higos.*

La conjonction « ou »

« Ou » se traduit par ***o***, mais devant un mot qui commence par ***o-*** ou ***ho-***, on emploie ***u*** :

Aujourd'hui **ou** demain.	➜	*Hoy* ***o*** *mañana.*
Pour une raison **ou** une autre.	➜	*Por una razón* ***u*** *otra.*

Attention aux prépositions !

- Un verbe qui a pour objet direct une personne ou un animal domestique doit être suivi de la préposition ***a*** :

Je m'occupe **de ma petite sœur**.	➜	*Cuido* ***a mi hermana pequeña***.
Ils adorent **leur chien**.	➜	*Quieren mucho* ***a su perro***.
Il appelle **sa mère**.	➜	*Llama* ***a su mamá***.
J'aime beaucoup **Pierre**.	➜	*Quiero mucho* ***a Pierre***.

- La préposition ***a*** doit également être employée devant ***alguien***, ***nadie***, ***cualquier/cualquiera***, ***ninguno/ninguna***, ***quien/quienes***, etc. :

Il a vu **quelqu'un** qui s'approchait.	➜	*Vió* ***a alguien*** *que se acercaba.*
Qui regardes-tu ?	➜	*¿**A quién** miras?*

Quelques problèmes de traduction courants

- Il existe un certain nombre de verbes qui, quelle que soit la nature de leur COD, sont suivis de la préposition ***a*** en espagnol ; c'est le cas de ***acompañar***, ***igualar***, ***preceder***, ***seguir***, ***superar***, entre autres :

La nuit **succède** au jour.	➜	*La noche* ***sigue al*** *día.*
Ce produit **surpasse** tous les autres.	➜	*Este producto* ***supera a*** *todos los otros.*
l'année qui **précéda** la guerre	➜	*el año que* ***precedió a*** *la guerra*

- Il ne faut pas oublier que des structures qui n'ont pas de préposition en français peuvent en comporter une en espagnol, et inversement. En outre, pour une tournure ou un verbe donné, la préposition n'est pas forcément la même dans les deux langues, comme l'illustrent les exemples ci-dessous. Votre dictionnaire montre clairement comment utiliser les prépositions ; n'hésitez pas à vous y reporter !

Il pense **à** toi.	➜	*Piensa* ***en*** *ti.*
J'ai rêvé **de** vous.	➜	*Soñé* ***con*** *vosotros.*
Elle compte **sur** lui.	➜	*Cuenta* ***con*** *él.*
Il est fou **d'**elle.	➜	*Está loco* ***por*** *ella.*
Nous sommes fâchés **contre** vous.	➜	*Estamos enfadados* ***con*** *ustedes.*
Je suis **en** vacances.	➜	*Estoy* ***de*** *vacaciones.*

- Attention aussi à la traduction de « de » suivi d'un verbe à l'infinitif :

Le travail me **permet de m'occuper**.	➜	*El trabajo me* ***permite estar ocupado****.*
Nous **avons besoin d'appeler** le médecin.	➜	***Necesitamos llamar*** *al médico.*
Ils **m'ont demandé d'aller** au supermarché.	➜	***Me pidieron que fuera*** *al supermercado.*

Quelques problèmes de traduction courants

Traduction de « être »

Il existe deux verbes « être » en espagnol, ***ser*** et ***estar***. Le choix de l'un ou l'autre est déterminé par le point de vue qu'on adopte sur la chose ou la personne dont on parle.

- On utilise ***ser*** devant un nom, un pronom, un nombre, un infinitif pour définir quelque chose, décrire des propriétés intrinsèques, immuables et naturelles :

C'**est** une maison.	➜	***Es*** *una casa.*
C'**est** à moi.	➜	***Es*** *mío.*
L'eau **est** transparente.	➜	*El agua* ***es*** *transparente.*
Le mieux **sera** de se lever tôt.	➜	*Lo mejor* ***será*** *levantarse temprano.*

➜ On emploie également ***ser*** pour donner l'heure :

Il **est** midi.	➜	***Son*** *las doce.*

- On utilise ***estar*** :

➜ Pour situer quelque chose dans l'espace (personne, objet, lieu, concept) :

Je **suis** à Madrid.	➜	***Estoy*** *en Madrid.*
L'ordinateur **est** sur la table.	➜	*El ordenador* ***está*** *sobre la mesa.*
Madrid **est** près de Tolède.	➜	*Madrid* ***está*** *cerca de Toledo.*
Où **est** la vérité ?	➜	*¿Dónde* ***está*** *la verdad?*

➜ Pour montrer le caractère temporaire, variable ou apparent :

Elle **est** triste.	➜	***Está*** *triste.*
Tu **es** très belle aujourd'hui.	➜	***Estás*** *muy guapa hoy.*

Notez qu'il serait parfaitement correct d'avoir ***ser*** dans ces phrases, mais le sens serait alors différent :

Elle **est** triste.	➜	***Es*** *triste.* (= Elle est d'un naturel triste)
Tu **es** belle.	➜	***Eres*** *guapa.* (à une personne qui est naturellement belle)

Quelques problèmes de traduction courants

• On peut utiliser ***ser*** ou ***estar*** :

→ Pour indiquer le jour, la date ou la saison :

Aujourd'hui c'**est** mardi. → *Hoy **es** martes.*
*Hoy **estamos** a martes.*

Nous **sommes** le 20 août. → ***Es** 20 de agosto.*
***Estamos** a 20 de agosto.*

C'est l'été. → ***Es** verano.*
***Estamos** en verano.*

→ Pour situer un événement dans le temps :

Ton anniversaire **est** en septembre. → *Tu cumpleaños **es** en septiembre.*
(Ici, ***ser*** est employé pour évoquer objectivement un événement qui est immuablement associé à une date.)

Demain nous serons en hiver. → *Mañana **estaremos** en invierno.*
(Ici en revanche, c'est celui ou celle qui parle qui se situe dans le temps.)

→ Dans les structures impersonnelles :

Il **est** tôt. → ***Es** temprano.*
(objectivité du point de vue)

Il **fait** gris dans le Nord. → ***Está** nublado en el norte.*
(conditions passagères)

→ Avec la voix passive :

L'autoroute a **été construite** par son entreprise. → *La carretera **ha sido construida** por su empresa.*
(insistance sur l'action elle-même avec ***ser***)

L'autoroute **sera** complètement **construite** en 2017. → *La carretera **estará** completamente **construida** en **2017**.*
(insistance sur le résultat d'une action avec ***estar***)

Quelques problèmes de traduction courants

Traduction de « être en train de »

En français, pour parler d'une action qui est en cours ou était en cours à un moment du passé, on emploie la tournure « être en train de » suivie du verbe à l'infinitif. En espagnol, on utilise la construction ***estar*** + verbe au gérondif (forme se terminant par ***-ando*** pour les infinitifs en ***-ar***, et ***-iendo*** pour les infinitifs en ***-er*** et ***-ir***).

Il **est en train de travailler** chez lui.	➜	***Está trabajando*** *en su casa.*
Ils **sont en train de lire**.	➜	***Están leyendo***.

Traduction de « avoir »

« Avoir » se traduit de différentes manières en espagnol.

- ***Tener*** traduit « avoir » dans les expressions qui décrivent des sentiments ou des sensations :

J'**ai** chaud/froid.	➜	***Tengo*** *calor/frío.*
Nous **avons** faim/soif.	➜	***Tenemos*** *hambre/sed.*
N'**aie** pas peur.	➜	*No* ***tengas*** *miedo.*
Tu **as** raison.	➜	***Tienes*** *razón.*

- On utilise aussi ***tener*** pour donner son âge :

Quel âge **as**-tu ?	➜	*¿Cuántos años* ***tienes****?*
J'**ai** quinze ans.	➜	***Tengo*** *quince años.*

- « Il y a » se traduit par ***hay*** (forme impersonnelle de ***haber***) lorsqu'on parle de l'existence d'une chose indéfinie :

Dans la chambre, **il y a** des lampes.	➜	*En el cuarto* ***hay*** *lámparas.*
Il y a une pharmacie près de chez moi.	➜	***Hay*** *una farmacia cerca de mi casa.*

- Dans les expressions de temps, « il y a » se traduit par ***hace*** (forme impersonnelle de ***hacer***, « faire », à mettre en rapport avec la tournure « cela fait ») :

Il y a deux ans qu'il est parti.	➜	***Hace*** *dos años que se fue.*
Il y a longtemps que c'est fini.	➜	***Hace*** *mucho que se terminó.*

Quelques problèmes de traduction courants

Faux amis

Un certain nombre de termes espagnols et français se ressemblent, mais certains n'ont pas du tout le même sens : ce sont des faux amis. Le mot espagnol ***equipaje***, par exemple, n'a pas le même sens que le mot « équipage » en français, puisqu'il se traduit par « bagages » (« équipage » se dit ***tripulación*** en espagnol). Voici quelques autres exemples de faux amis :

*Quiere **batir** el récord de velocidad.* → Il veut **battre** le record de vitesse.

Ils voulaient **bâtir** le pont le plus haut du monde. → *Querían **construir** el puente más alto del mundo.*

*Quiere **demandar** al periodista que ha escrito el artículo.* → Il veut **poursuivre** le journaliste qui a écrit l'article.

Il est venu lui **demander** son numéro de téléphone. → *Vino para **preguntarle** su número de teléfono.*

*La niña **exprime** una naranja.* → La petite fille **presse** une orange.

Il **exprime** facilement ses sentiments. → ***Expresa** fácilmente sus sentimientos.*

*Cuando la conocí, ella tenía el pelo **largo**.* → Quand je l'ai connue, elle avait les cheveux **longs**.

Il porte toujours des pantalons **larges**. → *Lleva siempre pantalones **anchos**.*

*Buscamos un lugar a la **sombra** para comer.* → Nous avons cherché un endroit à l'**ombre** pour déjeuner.

L'appartement est grand mais un peu **sombre**. → *El piso es grande, pero un poco **oscuro**.*

Améliorez votre prononciation

Il existe différentes méthodes pour améliorer votre accent et prendre de l'assurance à l'oral :

- lire à voix haute pour gagner en confiance
- écouter la radio en espagnol
- regarder des films en espagnol
- parler avec des hispanophones

Lien utile :
https://www.radio.fr/language/spanish
Sélection de radios espagnoles et latinoaméricaines.

Quelques sons propres à l'espagnol

- **z** et **c** : La plupart des Espagnols prononcent le *z* et le *c* dans *ce* et *ci* en plaçant le bout de la langue sous les incisives supérieures (comme pour le *th* du mot *thing* en anglais), contrairement à la majorité des Latino-Américains, pour qui la prononciation est la même que celle du *s* de *sauver*.

- **ll** : La prononciation de *ll* (*llamar*, *ella*) varie beaucoup à travers le monde hispanophone ; chez certains, il s'apparente au *y* de *yak*, et chez d'autres au *j* de *jour*, ou au *lli* de *million*.

- **j** et **g** : Lorsqu'ils sont suivis d'un *e* ou d'un *i*, *j* et *g* s'apparentent à un *r* « dur », semblable à celui que l'on trouve en allemand ou en néerlandais et dont la prononciation se fait au niveau de la gorge (*jefe*, *ajo*, *gente*). En Amérique latine, ce son est plus doux et se rapproche d'un *h* aspiré très prononcé.

- **b** et **v** : Au début d'un mot et après *m* et *n* (*vaso*, *ambulancia*), ces deux lettres ont exactement la même prononciation : elles s'apparentent au *b* de *boulanger*. Dans les autres cas, essayez de prononcer un *b* sans que vos lèvres se touchent (*obra*, *uva*).

- **d** : Entre deux voyelles et après les consonnes autres que *l* ou *n* (*modo*, *ardiente*), la prononciation du *d* est très atténuée, la langue venant à peine effleurer les incisives.

- **h** : En espagnol, le *h* est toujours muet (*hablar* se prononce « ablar »).

- **r** et **rr** : *Rr* (comme dans *perro*) est plus fortement roulé que *r* (*pero*), mais au début d'un mot (par exemple dans *rápido*) et après *l*, *n* ou *s*, un *r* simple se prononce comme *rr*.

- **ñ** : Le *tilde* change la prononciation du *n* pour produire un son similaire à *oi***gn***on* (par exemple dans *baño*).

La correspondance

Le chapitre suivant a été conçu pour vous aider à communiquer en toute confiance en espagnol, à l'écrit comme à l'oral. Grâce à des exemples de lettres et d'e-mails, ainsi qu'aux parties consacrées aux SMS et aux conversations téléphoniques, vous disposerez de tout le vocabulaire nécessaire à une communication réussie.

La correspondance privée

Archivo Edición Ver Herramientas **Redactar** Ayuda Enviar

A: familia.perez@hotmail.com

CC:

Copia oculta:

Asunto: Gracias

Queridos amigos:

Muchas gracias por la preciosa pulsera que me mandasteis por mi cumpleaños, me ha gustado muchísimo. La estrenaré en mi fiesta del sábado, y estoy segura de que a Cristina le va a dar una envidia tremenda.

En realidad no hay demasiadas cosas nuevas que contaros, ya que últimamente parece que no hago otra cosa que estudiar para los exámenes, que ya están a la vuelta de la esquina. No sabéis las ganas que tengo de terminarlos todos y poder empezar a pensar en las vacaciones.

Paloma me encarga que os dé recuerdos de su parte.

Muchos besos de

Ana

Lorsqu'on rédige une lettre en espagnol, on met deux-points après la formule d'appel, et non pas une virgule comme en français. Dans les e-mails, la formulation étant plus souple, on peut utiliser un point d'exclamation ou une virgule, ou même se passer de ponctuation.

La correspondance

Autres manières de commencer une lettre ou un e-mail à un ami ou parent	Autres manières de terminer une lettre ou un e-mail à un ami ou parent
Querido Juan *Mi querida Marta* *Queridísimo Antonio* *Queridos tíos*	*Con mucho cariño* *Un fuerte abrazo de...* *Un beso muy fuerte* *Afectuosamente*

Quelques formules utiles

Muchas gracias por la carta/ el correo electrónico.	Merci beaucoup pour ta lettre/ton e-mail.
Me alegró mucho recibir noticias tuyas.	Ça m'a fait très plaisir d'avoir de tes nouvelles.
Perdona que no te haya escrito antes.	Excuse-moi de ne pas t'avoir écrit plus tôt.
Espero que estés bien.	J'espère que tu vas bien.
Dale un beso a Eduardo de mi parte.	Embrasse Eduardo de ma part.
Mamá te manda recuerdos.	Maman te passe le bonjour.
Escríbeme pronto.	Écris-moi vite.
Besos de parte de Marta.	Marta t'embrasse.

La correspondance

La correspondance commerciale

Vos nom et adresse → José Arteaga Pérez
Plaza San Agustín 45, 3º A
34012 Zaragoza

Departamento de reservas ← Le nom et l'adresse de la personne ou de l'entreprise à laquelle vous écrivez
Centro de Turismo Rural Sierra Grande
C/ Santa Teresa, 7
05503 Ávila
19 de marzo de 2019 ← Date

Estimados señores: ← Mettez deux-points ici

Les escribo para confirmarles la reserva realizada a mi nombre con su central telefónica para la primera semana de agosto de este año en la casa rural de Navaluenga.

Asimismo, tal y como me indicaron, les adjunto el recibo bancario de ingreso en su cuenta de los 100€ de depósito como pago anticipado. Les ruego acusen recibo de este ingreso y me envíen los datos de contacto para entrar en la casa.

Cordialmente,

José Arteaga Pérez

Dans de nombreux pays hispanophones, la plupart des gens ont deux *apellidos* (noms de famille). Le premier correspond au premier nom de famille de leur père, et le second au premier nom de famille de leur mère. Par exemple, le fils de Juan Arteaga López et Carmen Pérez Rodríguez s'appelle José Arteaga Pérez. Une femme mariée garde généralement son nom de jeune fille au lieu de prendre celui de son mari.

La correspondance

Autres manières de commencer une lettre ou un e-mail d'ordre professionnel	Autres manières de terminer une lettre ou un e-mail d'ordre professionnel
Estimado señor (García) *Muy señor mío/Muy señores míos* (surtout utilisé en Espagne) *De nuestra consideración* (surtout utilisé en Amérique latine)	*Reciba un atento saludo de...* *Un cordial saludo* *Le/Les saluda atentamente*

Quelques formules utiles

Agradecemos su carta/correo electrónico de... — *Nous vous remercions pour votre lettre/e-mail du...*

En relación con... — *Suite à...*

Les ruego que me envíen... — *Je vous prie de m'envoyer...*

Sin otro particular, quedo a la espera de su respuesta. — *Dans l'attente de votre réponse, ...*

Muchas gracias de antemano por... — *Je vous remercie d'avance pour...*

Sr. D. est l'abréviation de *Señor Don*.

Sr. D. José María Álvarez Martín
c/ Colón 59, 3º dcha.
08720 Vilafranca del Penedés
Barcelona
ESPAÑA

Le numéro de la rue se place après le nom de la rue.

3º *dcha*. signifie que la personne vit au troisième étage et que sa porte est à droite (pour « gauche » on aurait *izqda*).

c/ est l'abréviation de *calle* (rue).

La correspondance

Les SMS

Abréviation	Espagnol	Français
a2	*adiós*	au revoir
bss	*besos*	bisous, grosses bises
dnd	*donde, dónde*	où
gnl	*genial*	génial
k tal?	*¿qué tal?*	ça va ?
kdms?	*¿quedamos?*	on se voit ?
msj	*mensaje*	message
mxo	*mucho*	beaucoup
qndo	*cuando/cuándo*	quand
q tl?	*¿qué tal?*	comment ça va ?
salu2	*saludos*	amitiés
tb/tmb	*también*	aussi
wnas	*buenas*	salut
x	*por*	pour, par, *etc.*
xfa	*por fa(vor)*	s'il te plaît
xq	*porque*	parce que
xq?	*¿por qué?*	pourquoi ?

La correspondance

Vocabulaire des e-mails et d'Internet

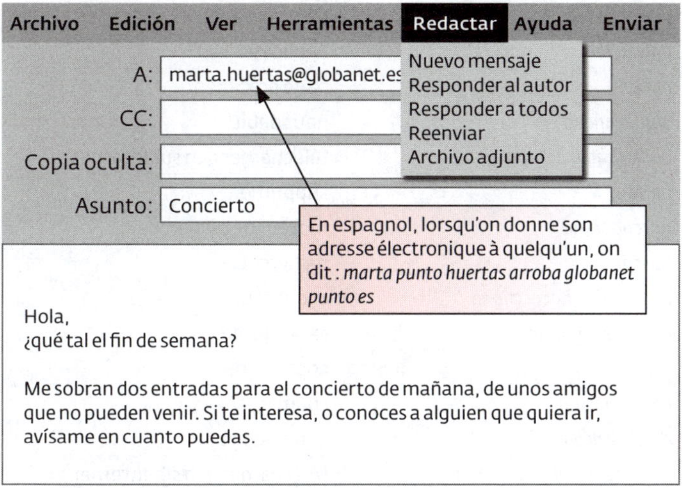

archivo	fichier
edición (f)	édition
ver	affichage
herramientas (fpl)	outils
redactar	écrire
ayuda	aide
enviar	envoyer
nuevo mensaje (m)	nouveau message
responder al autor	répondre

responder a todos	répondre à tous
reenviar	transférer
archivo adjunto	pièce jointe
A	à
CC	cc (copie carbone)
copia oculta	cci (copie carbone invisible)
asunto	objet, sujet
de	de
fecha	date

La correspondance

D'autres termes peuvent vous être utiles :

adelante	page suivante
aplicación	application
atrás	page précédente
banda ancha	haut débit
bajarse algo de Internet	télécharger qch sur Internet
borrar	supprimer
buscador (m)	moteur de recherche
buscar	rechercher
clicar en ou *hacer clic en*	cliquer sur
copia de seguridad	sauvegarde
copiar	copier
correo basura	spam
cortar y pegar	copier-coller
descargarse algo de Internet	télécharger qch sur Internet
e-mail ou *email (m)*	e-mail, courriel
enlace (m)	lien
historial (m)	historique
icono	icône
iniciar una sesión	se connecter, ouvrir une session
Internet (m ou f)	Internet
mandar un e-mail ou *un email a alguien*	envoyer un e-mail/courriel à quelqu'un
navegar por Internet	surfer sur la Toile
página de inicio	page d'accueil
página web	page web
preguntas frecuentes	FAQ
red social	réseau social
sitio web	site web
usuario	utilisateur
el ou *la Web*	la Toile, le Web

L'Espagne et ses régions

L'Espagne et ses régions

Les six plus grandes villes espagnoles

Ville	*Nom des habitants*	*Population*
Madrid	los madrileños	3 223 334
Barcelona	los barceloneses	1 620 343
Valencia	los valencianos	791 413
Sevilla	los sevillanos	688 711
Zaragoza	los zaragozanos	666 880
Málaga	los malagueños	571 026

Source : www.ine.es
Chiffres extraits du recensement du 1/1/2018 effectué par l'Instituto Nacional de Estadística.

L'Espagne partage la péninsule Ibérique avec le Portugal, son voisin de l'ouest. L'entité politique espagnole se compose du territoire continental, des îles Baléares en Méditerranée et des îles Canaries dans l'Atlantique, au nord-ouest de l'Afrique. Les villes de Ceuta et Melilla, situées sur les côtes marocaines, sont également espagnoles.

Le chef de l'État est le roi Felipe VI. Le Premier ministre, chef du parti majoritaire au Parlement, dirige le gouvernement et est élu tous les quatre ans.

L'Espagne est organisée en dix-sept régions administratives appelées *comunidades autónomas*. Chaque région, elle-même composée de plusieurs *provincias* plus petites, a son propre Parlement et peut légiférer dans des domaines comme le logement, les infrastructures, la santé et l'éducation. Le gouvernement central conserve ses compétences en matière de défense, d'affaires étrangères et de justice.

L'identité régionale est forte dans de nombreuses parties de l'Espagne, et si le castillan (*castellano*) est parlé par toute la population, d'autres langues et dialectes occupent également une place importante et sont pour un nombre significatif d'Espagnols des langues maternelles. Trois de ces langues sont appelées *lenguas cooficiales* : le basque (*euskera*), le catalan (*catalán*) et le galicien (*gallego*). La Constitution leur conférant un statut officiel, elles sont utilisées dans les documents de l'administration, l'enseignement, etc.

Portrait de l'Espagne

- L'Espagne est le deuxième plus grand pays d'Europe occidentale par sa superficie, avec 504 800 km^2 de territoire (pratiquement la taille de la France, qui est de 549 000 km^2).

- La montagne la plus haute d'Espagne, le Teide (3 718 m), se trouve dans les îles Canaries, à Tenerife.

- L'Èbre, fleuve d'une longueur de 910 km, prend sa source dans les monts Cantabriques et se jette dans la Méditerranée.

- L'Espagne compte 46,9 millions d'habitants. La population espagnole est l'une de celles qui, dans le monde, augmentent le moins rapidement.

- Le catholicisme est la religion principale en Espagne.

- L'économie espagnole occupe le treizième rang mondial (l'économie française occupant le sixième rang).

- Plus de 82 millions de touristes étrangers visitent l'Espagne chaque année. La Catalogne est la destination la plus fréquentée.

Quelques liens utiles :

www.ine.es
Institut espagnol de la statistique.

www.cervantes.es
Informations sur la culture et la langue espagnoles.

Le monde hispanophone

PAYS OU RÉGIONS OÙ L'ESPAGNOL EST LA LANGUE PRINCIPALE OU LA LANGUE OFFICIELLE

PAYS OU RÉGIONS OÙ UNE GRANDE PARTIE DE LA POPULATION PARLE L'ESPAGNOL

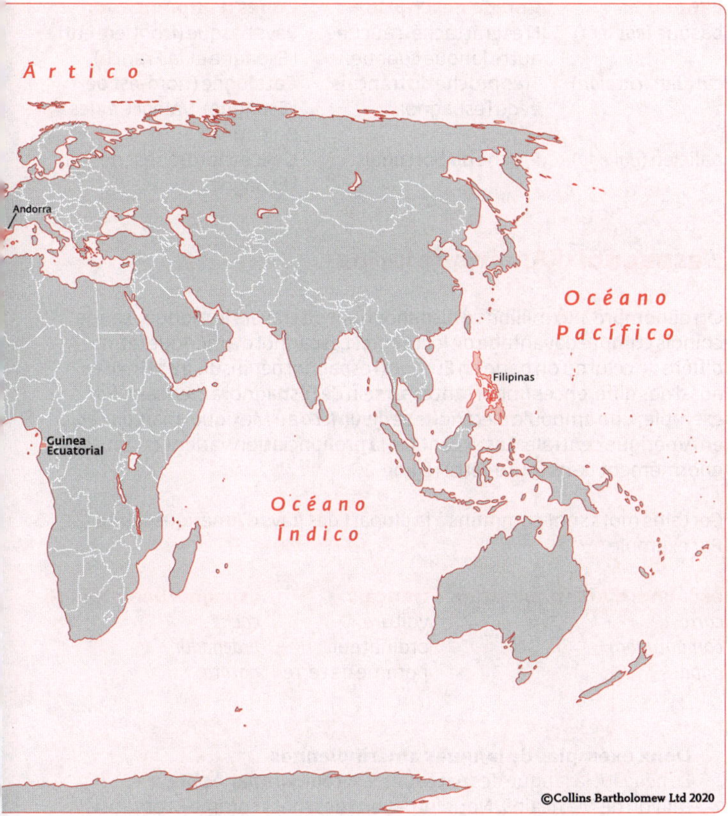
Ártico
Andorra
Océano Pacífico
Filipinas
Guinea Ecuatorial
Océano Índico
©Collins Bartholomew Ltd 2020

Les autres langues de l'Espagne

Langue	Courte description	Zones d'implantation
basque (*euskera*)	N'est rattaché à aucune autre langue connue.	Pays basque (frontière entre l'Espagne et la France).
catalan (*catalán*)	Très proche du français et de l'espagnol.	Catalogne (nord-est de l'Espagne), Valence et les Baléares.
galicien (*gallego*)	Proche du portugais.	Galice (nord-ouest de l'Espagne).

L'espagnol d'Amérique latine

On dénombre 480 millions d'hispanophones à travers le monde ; seul le chinois compte davantage de locuteurs. L'espagnol d'Amérique latine diffère de celui qu'on parle en Europe (l'espagnol péninsulaire). Il existe aussi des différences importantes au sein de l'espagnol américain. Par exemple, une ampoule électrique se dit *un foco* au Mexique, mais *una bujía* en Amérique centrale. Les accents et la prononciation varient eux aussi énormément dans toute cette région.

Certains mots sont communs à la plupart des pays d'Amérique latine. Par exemple :

espagnol d'Amérique latine	français	espagnol péninsulaire
carro	voiture	*coche*
computadora	ordinateur	*ordenador*
papa	pomme de terre	*patata*

Deux exemples de langues amérindiennes
Le *náhuatl*, la langue des Aztèques, est toujours parlé par un million de Mexicains. Nous lui devons des mots comme « tomate », « avocat », « chocolat » et « chili ». Le *quechua* reste en usage chez 8 millions de descendants des Incas vivant dans la région des Andes. Les mots « lama », « condor » et « puma » sont tous issus du *quechua*.

Portrait de l'Amérique hispanophone

- Avec ses 2 780 000 km² de superficie, l'Argentine est le plus grand pays hispanophone d'Amérique latine, devant le Mexique (1 958 000 km²) et le Pérou (1 285 000 km²).

- Le Mexique est, de loin, le pays le plus peuplé (124 millions d'habitants), mais il est devancé par le minuscule Salvador pour la densité de la population (305 habitants/km² contre 122 en France).

- Le Cerro Aconcagua (6 959 m), la montagne la plus haute du monde si l'on exclut la chaîne de l'Himalaya, se trouve en Argentine, à la frontière avec le Chili. Le point le plus bas d'Amérique du Sud, Laguna del Carbón (105 m sous le niveau de la mer), est également en Argentine.

- À 3 630 mètres d'altitude, la ville bolivienne de La Paz est la capitale la plus haute des Amériques.

- Le désert d'Atacama (dont la plus grande partie se trouve dans le nord du Chili) est l'endroit le plus aride de la planète.

- Le deuxième fleuve le plus long du monde, l'Amazone, prend sa source dans les Andes péruviennes et traverse le Brésil d'ouest en est, en direction de l'Atlantique. Les chutes de l'Ange (*Salto del Ángel*), au Venezuela, sont les chutes d'eau les plus hautes du monde.

- Seuls deux pays latino-américains sont privés d'accès à la mer : la Bolivie et le Paraguay.

- Le Chili fait plus de 4 000 kilomètres de long, mais seulement 177 kilomètres de large en moyenne.

- L'économie mexicaine occupe le quinzième rang mondial (la France occupant le sixième rang).

Lien utile :
http://www.mal217.org/
Maison de l'Amérique latine : informations et évènements liés à l'Amérique latine.

ESPAÑOL – FRANCÉS
ESPAGNOL – FRANÇAIS

a

a [a]

(*a + el =* **al**) *prep* **1** (*dirección*) à ; **fueron a Madrid/Grecia** ils sont allés à Madrid/en Grèce ; **caerse al río** tomber dans la rivière ; **subirse a la mesa** monter sur la table ; **bajarse a la calle** descendre dans la rue ; **llegó a la oficina** il est arrivé au bureau ; **me voy a casa** je rentre à la maison *o* chez moi ; **mira a la izquierda** regarde à gauche
2 (*distancia*): **está a 15 km de aquí** c'est à 15 km d'ici
3 (*posición*): **estar a la mesa** être à table ; **escríbelo al margen** écris-le dans la marge ; **al lado de** à côté de
4 (*tiempo*): **a las 10/a medianoche** à 10 heures/à minuit ; **a la mañana siguiente** le lendemain matin ; **a los pocos días** peu de jours après ; **estamos a nueve de julio** nous sommes le neuf juillet ; **a los 24 años** à (l'âge de) 24 ans ; **una vez a la semana** une fois par semaine
5 (*manera*): **a la inglesa** à l'anglaise ; **a caballo** à cheval ; **a cuadros** à carreaux ; **a oscuras** à tâtons ; **a la plancha** (*Culin*) grillé ; **a toda prisa** en toute hâte, à toute vitesse
6 (*medio, instrumento*): **a lápiz** au crayon ; **a mano** à la main ; **escrito a máquina** tapé à la machine ; **le echaron a patadas** ils l'ont mis dehors à coups de pied aux fesses
7 (*razón*): **a dos euros el kilo** à deux euros le kilo ; **a más de 50 km/h** à plus de 50 km/h ; **se vende lana a peso** laine vendue au poids
8 (*complemento directo: no se traduce*): **vi a Juan/a tu padre** j'ai vu Juan/ton père
9 (*dativo*): **se lo di a Pedro** je l'ai donné à Pedro
10 (*verbo + a + infin*): **empezó a trabajar** il a commencé à travailler ; (*no se traduce*): **voy a verle** je vais le voir ; **vengo a decírtelo** je viens te le dire
11 (*percepción, sentimientos*): **huele a rosas** ça sent la rose ; **miedo a la verdad** peur *f* de la vérité
12 (*simultaneidad*): **al verle, le reconocí inmediatamente** quand je l'ai vu, je l'ai tout de suite reconnu
13 (*n + a + infin*): **el camino a recorrer** le chemin à parcourir ; **asuntos a tratar** ordre *m* du jour
14 (*imperativo*): **¡a callar!** taisez-vous ! ; **¡a comer!** à table !
15 (*frases adverbiales*): **a no ser que** sauf si ; **a lo mejor** peut-être
16 (*desafío*): **¡a que no!** je parie que non !

abad, esa [a'βað, 'ðesa] *nm/f* abbé (abbesse)

abadía [aβa'ðia] *nf* abbaye *f*

abajo [a'βaxo]

▶ *adv* **1** (*posición*) en bas ; **allí abajo** là-bas ; **el piso de abajo** l'appartement du dessous ; **la parte de abajo** le bas ; **más abajo** plus bas ; (*en texto*) ci-dessous ; **desde abajo** d'en bas ; **abajo del todo** tout en bas ; **Pedro está abajo** Pedro est en bas ; **el abajo firmante** le soussigné ; **de seis euros para abajo** au-dessous de six euros
2 (*dirección*): **ir calle abajo** descendre la rue ; **río abajo** en aval
▶ *prep*: **abajo de** (*AM*) sous ; **abajo de la mesa** sous la table
▶ *excl*: **¡abajo el gobierno!** à bas le gouvernement !

abajofirmante [aβaxofir'mante] (*AM*) *nm/f* soussigné(e)

abalanzarse [aβalan'θarse] *vpr*: **~ sobre** se jeter sur

abalear [aβale'ar] (*AM*) *vt* abattre

abandonado, -a [aβando'naðo, a] *adj* abandonné(e)

abandonar [aβando'nar] *vt* abandonner ; (*salir de*: *tb Inform*) quitter ; **abandonarse** *vpr* (*descuidarse*) se laisser aller ; **abandonarse a** (*desesperación, dolor*) s'abandonner à ; **abandonarse a la bebida** s'adonner à la boisson

abandono [aβan'dono] *nm* abandon *m* ; **por ~** (*Deporte*) par abandon

abanicar [aβani'kar] *vt* éventer

abanico [aβa'niko] *nm* éventail *m*

abaratar [aβara'tar]: **abaratarse** *vpr* (*artículo*) coûter moins cher ; (*precio*) baisser

abarcar [aβar'kar] *vt* (*temas, período*) comprendre ; (*rodear con los brazos*) embrasser ; (AM: *acaparar*) accaparer ; **quien mucho abarca poco aprieta** qui trop embrasse mal étreint

abarrotado, -a [aβarro'taðo, a] *adj*: **~ (de)** plein(e) à craquer (de)

abarrotar [aβarro'tar] *vt* bourrer

abarrotero, -a [aβarro'tero, a] (AM) *nm/f* (*tendero*) épicier(-ière)

abarrotes [aβa'rrotes] (AM) *nmpl* (*ultramarinos*) épicerie *fsg*

abastecer [aβaste'θer] *vt*: **~ (de)** fournir (en), approvisionner (en) ; **abastecerse** *vpr*: **abastecerse (de)** s'approvisionner (en)

abastecimiento [aβasteθi'mjento] *nm* approvisionnement *m*

abasto [a'βasto] *nm*: **no dar ~** être débordé(e) ; **abastos** *nmpl* provisions *fpl* ; **no dar ~ a algo** ne pas arriver à qch ; **no dar ~ a** *o* **para hacer** ne pas arriver à faire

abatible [aβa'tiβle] *adj*: **asiento ~** siège *m* rabattable

abatido, -a [aβa'tiðo, a] *adj* (*deprimido*) abattu(e)

abatir [aβa'tir] *vt* abattre ; (*asiento*) rabattre ; **abatirse** *vpr* se laisser abattre ; **abatirse sobre** (*águila, avión*) s'abattre sur

abdicar [aβði'kar] *vi*: **~ (en algn)** abdiquer (en faveur de qn)

abdomen [aβ'ðomen] *nm* abdomen *m*

abdominal [aβðomi'nal] *adj* abdominal(e) ; **abdominales** *nmpl* (*tb*: **ejercicios abdominales**) abdominaux *mpl*

abecedario [aβeθe'ðarjo] *nm* abécédaire *m*

abedul [aβe'ðul] *nm* bouleau *m*

abeja [a'βexa] *nf* abeille *f*

abejorro [aβe'xorro] *nm* bourdon *m*

abertura [aβer'tura] *nf* ouverture *f* ; (*en falda, camisa*) échancrure *f*

abeto [a'βeto] *nm* sapin *m*

abierto, -a [a'βjerto, a] *pp de* **abrir** ▶ *adj* ouvert(e) ; **a campo ~** en rase campagne ; **emitir en ~** (*TV*) diffuser en clair

abigarrado, -a [aβiɣa'rraðo, a] *adj* bigarré(e)

abismal [aβis'mal] *adj* (*diferencia*) colossal(e)

abismar [aβis'mar] *vt* (*en dolor, desesperación*) plonger ; **abismarse** *vpr*: **abismarse en** plonger dans ; (*lectura*) se plonger dans ; (AM: *asombrarse*) s'étonner de

abismo [a'βismo] *nm* abîme *m* ; **de sus ideas a las mías hay un ~** entre ses idées et les miennes, il y a un abîme

abjurar [aβxu'rar] *vt* abjurer ▶ *vi*: **~ de** abjurer

ablandar [aβlan'dar] *vt* ramollir ; (*persona*) adoucir ; (*carne*) attendrir ; **ablandarse** *vpr* se ramollir ; (*persona*) s'adoucir

abnegación [aβneɣa'θjon] *nf* abnégation *f*

abnegado, -a [aβne'ɣaðo, a] *adj* (*persona*) qui fait preuve d'abnégation

abochornar [aβotʃor'nar] *vt* faire rougir (de honte) ; **abochornarse** *vpr* rougir (de honte)

abofetear [aβofete'ar] *vt* gifler

abogado, -a [aβo'ɣaðo, a] *nm/f* avocat(e) ; **~ defensor(a)** avocat(e) de la défense ; **~ del diablo** avocat du diable ; **~ del Estado** ≈ procureur(e) général(e) ; **~ de oficio** avocat(e) commis(e) d'office

abogar [aβo'ɣar] *vi*: **~ por** plaider pour

abolengo [aβo'lengo] *nm* lignage *m* ; **de ~** (*familia, persona*) de vieille souche

abolición [aβoli'θjon] *nf* abolition *f*

abolir [aβo'lir] *vt* abolir

abolladura [aβoʎa'ðura] *nf* bosse *f*

abollar [aβo'ʎar] *vt* (*metal*) bosseler ; (*coche*) cabosser ; **abollarse** *vpr* (*metal*) se bosseler ; (*coche*) se cabosser

abominable [aβomi'naβle] *adj* abominable

abonado, -a [aβo'naðo, a] *adj* (*deuda etc*) acquitté(e) ▶ *nm/f* abonné(e)

abonar [aβo'nar] *vt* (*importe*) régler ; (*terreno*) fertiliser ; **abonarse** *vpr*: **abonarse a** s'abonner à ; **~ a algn a** abonner qn à ; **~ dinero en una cuenta** verser de l'argent sur un compte

abonero, -a [aβo'nero, a] *(Méx) nm/f* marchand(e) ambulant(e)

abono [a'βono] *nm (fertilizante)* engrais *msg* ; *(suscripción)* abonnement *m*

abordar [aβor'ðar] *vt* aborder

aborigen [aβo'rixen] *nm/f* aborigène *m/f*

aborrecer [aβorre'θer] *vt* abhorrer

abortar [aβor'tar] *vi (espontáneamente)* faire une fausse couche ; *(de manera provocada)* avorter ▸ *vt (huelga, golpe de estado)* faire avorter ; *(Inform)* abandonner

aborto [a'βorto] *nm (espontáneo)* fausse couche *f* ; *(provocado)* avortement *m*

abotonar [aβoto'nar] *vt* boutonner ; **abotonarse** *vpr* se boutonner

abrasar [aβra'sar] *vt* brûler ▸ *vi* être très chaud(e) ; **abrasarse** *vpr*: **abrasarse de calor** étouffer ; **abrasarse vivo** *(de calor)* brûler vif

abrazar [aβra'θar] *vt* serrer dans ses bras ; *(fig)* embrasser ; **abrazarse** *vpr* s'éteindre

abrazo [a'βraθo] *nm* accolade *f* ; **dar un ~ a algn** serrer qn dans ses bras ; **« un ~ »** *(en carta)* « amitiés »

abrebotellas [aβreβo'teʎas] *nm inv* ouvre-bouteille *m*

abrecartas [aβre'kartas] *nm inv* coupe-papier *m inv*

abrelatas [aβre'latas] *nm inv* ouvre-boîte *m*

abreviar [aβre'βjar] *vt* abréger ▸ *vi* abréger ; *(apresurarse)* s'empresser ; **bueno, para ~** bon, pour abréger

abreviatura [aβreβja'tura] *nf* abréviation *f*

abriboca [aβri'βoka] *(Arg) adj inv* bouche bée

abridor [aβri'ðor] *nm (de botellas)* ouvre-bouteille *m* ; *(de latas)* ouvre-boîte *m*

abrigar [aβri'ɣar] *vt* abriter ; *(suj: ropa)* couvrir ; *(fig: sospechas, dudas)* nourrir ▸ *vi (ropa)* tenir chaud ; **abrigarse** *vpr* se couvrir

abrigo [a'βriɣo] *nm (prenda)* manteau *m* ; *(lugar)* abri *m* ; **al ~ de** à l'abri de ; **~ de pieles** manteau de fourrure

abril [a'βril] *nm* avril *m* ; *ver tb* **julio**

abrillantar [aβriʎan'tar] *vt* faire reluire

abrir [a'βrir] *vt, vi* ouvrir ; **abrirse** *vpr* s'ouvrir ; **en un ~ y cerrar de ojos** en un clin d'œil ; **~ la mano** *(en examen, oposición)* être indulgent(e) ; **abrirse a** *(puerta, ventana)* donner sur ; **abrirse paso** se frayer un chemin

abrochar [aβro'tʃar] *vt (con botones)* boutonner ; *(con hebilla)* boucler ; **abrocharse** *vpr (zapatos)* se lacer ; *(abrigo)* se boutonner ; **abrocharse el cinturón** attacher sa ceinture

abrumar [aβru'mar] *vt* accabler

abrupto, -a [a'βrupto, a] *adj* abrupt(e)

absceso [aβs'θeso] *nm* abcès *msg*

absolución [aβsolu'θjon] *nf (Rel)* absolution *f* ; *(Jur)* non-lieu *m*

absoluto, -a [aβso'luto, a] *adj* absolu(e) ; **en ~** *(para nada)* en aucun cas ; *(en respuesta)* pas du tout

absolver [aβsol'βer] *vt (Rel, Jur)* absoudre

absorbente [aβsor'βente] *adj* absorbant(e) ; *(película, libro)* prenant(e)

absorber [aβsor'βer] *vt* absorber ; **absorberse** *vpr*: **absorberse en algo** s'absorber dans qch

absorto, -a [aβ'sorto, a] *pp de* **absorber** ▸ *adj*: **~ en** absorbé(e) par *o* dans

abstemio, -a [aβs'temjo, a] *adj* abstinent(e)

abstención [aβsten'θjon] *nf* abstention *f*

abstenerse [aβste'nerse] *vpr* s'abstenir ; **~ de algo** se priver de qch ; **~ de hacer** s'abstenir de faire

abstinencia [aβsti'nenθja] *nf* abstinence *f*

abstracción [aβstrak'θjon] *nf* abstraction *f* ; **~ hecha de** abstraction faite de

abstracto, -a [aβ'strakto, a] *adj* abstrait(e) ; **en ~** dans l'abstrait

abstraer [aβstra'er] *vt (problemas, cuestión)* isoler ; **abstraerse** *vpr*: **abstraerse (de)** s'abstraire (de)

abstraído, -a [aβstra'iðo, a] *adj* absorbé(e)

absuelto [aβ'swelto] *pp de* **absolver**

absurdo, -a [aβ'surðo, a] *adj* absurde ▸ *nm* absurdité *f* ; **lo ~ es que ...** ce qui est absurde, c'est que ...

abuchear [aβutʃe'ar] *vt* huer

abuela [a'βwela] *nf* grand-mère *f* ; *(pey)* mémère *f* ; **¡cuéntaselo a tu ~!** *(fam)* avec moi ça ne prend pas ! ; **no tener** *o* **necesitar ~** *(fam)* s'envoyer des fleurs

abuelo [a'βwelo] *nm* grand-père *m* ; (*pey*) pépère *m* ; **abuelos** *nmpl* grands-parents *mpl* ; (*antepasados*) ancêtres *mpl*

abultado, -a [aβul'taðo, a] *adj* (*labios, mejillas, vientre*) enflé(e) ; (*paquete*) volumineux(-euse) ; (*resultado, cantidad*) important(e)

abultar [aβul'tar] *vt* (*importancia, consecuencias*) exagérer ▶ *vi* prendre de la place

abundancia [aβun'danθja] *nf* abondance *f* ; **en ~** en abondance

abundante [aβun'dante] *adj* abondant(e)

abundar [aβun'dar] *vi* abonder ; **~ en** abonder en ; **~ en una opinión** abonder dans un sens

aburrido, -a [aβu'rriðo, a] *adj* (*que aburre*) ennuyeux(-euse) ; **estar ~** s'ennuyer ; **~ de** fatigué(e) de

aburrimiento [aβurri'mjento] *nm* ennui *m*

aburrir [aβu'rrir] *vt* ennuyer ; **aburrirse** *vpr* s'ennuyer ; **aburrirse como una almeja** *u* **ostra** s'ennuyer comme un rat mort

abusado, -a [aβu'saðo, a] (*Méx*) *adj* (*astuto*) malin(-igne)

abusar [aβu'sar] *vi*: **~ de** abuser de

abusivo, -a [aβu'siβo, a] *adj* abusif(-ive)

abuso [a'βuso] *nm* abus *msg* ; **~ de autoridad** abus d'autorité ; **~ de confianza** abus de confiance; **~s sexuales** abus sexuels

a/c *abr* (= *al cuidado de*) abs (= *aux bons soins de*) ; (= *a cuenta*) a/o (= *un acompte de*)

acá [a'ka] *adv* (*esp* AM: *lugar*) ici ; **pasearse de ~ para allá** faire les cent pas ; **¡vente para ~!** approche un peu ! ; **de junio ~** depuis juin ; **más ~** en deçà

acabado, -a [aka'βaðo, a] *adj* (*mueble, obra*) achevé(e), fini(e) ; (*persona*) usé(e) ▶ *nm* finition *f*

acabar [aka'βar] *vt* achever, finir ; (*comida, bebida*) terminer, finir ; (*retocar*) parachever ▶ *vi* finir ; **acabarse** *vpr* finir, se terminer ; (*gasolina, pan, agua*) être épuisé(e) ; **~ con** en finir avec ; (*destruir*) liquider ; **~ en** se terminer en ; **~ mal** finir mal ; **¡acabáramos!** c'est pas trop tôt ! ; **esto acabará conmigo** cela va mal finir ; **~ de hacer** venir de faire ; **~ haciendo** *o* **por hacer** finir par faire ; **no acaba de gustarme** cela ne me plaît pas vraiment ; **¡se acabó!** terminé ! ; (*¡basta!*) ça suffit ! ; **se me acabó el tabaco** je n'ai plus de cigarettes

acabose [aka'βose] *nm*: **esto es el ~** c'est le bouquet

academia [aka'ðemja] *nf* académie *f* ; (*de enseñanza*) école *f* privée ; **la Real A~** l'Académie royale d'Espagne ; **~ de idiomas** école de langues ; **~ militar** école militaire

académico, -a [aka'ðemiko, a] *adj* académique ; (*universitario*) universitaire ▶ *nm/f* académicien(ne)

acallar [aka'ʎar] *vt* faire taire

acalorado, -a [akalo'raðo, a] *adj* échauffé(e)

acalorarse [akalo'rarse] *vpr* (*fig*) s'échauffer

acampada [akam'paða] *nf*: **ir de ~** partir camper

acampar [akam'par] *vi* camper

acantilado [akanti'laðo] *nm* falaise *f*

acaparar [akapa'rar] *vt* (*alimentos, gasolina*) accumuler ; (*atención*) accaparer

acariciar [akari'θjar] *vt* caresser ; (*esperanza*) nourrir

acarrear [akarre'ar] *vt* transporter ; (*fig*) entraîner

acaso [a'kaso] *adv* peut-être ; **por si ~** au cas où ; **si ~** à la rigueur ; **¿~?** (AM: *fam*) alors ... ? ; **¿~ es mi culpa?** alors, c'est ma faute ?

acatamiento [akata'mjento] *nm* respect *m*

acatar [aka'tar] *vt* respecter

acatarrarse [akata'rrarse] *vpr* s'enrhumer

acaudalado, -a [akauða'laðo, a] *adj* nanti(e)

acaudillar [akauði'ʎar] *vt* (*motín, revolución*) diriger ; (*tropas*) commander

acceder [akθe'ðer] *vi*: **~ a** accéder à ; (*Inform*) avoir accès à

accesible [akθe'siβle] *adj* accessible ; **~ a algn** (*comprensible*) accessible à qn

acceso [ak'θeso] *nm* (*tb Med, Inform*) accès *msg* ; **tener ~ a** avoir accès à ; **de ~ múltiple** à accès multiples ; **~ aleatorio/directo/secuencial** (*Inform*) accès aléatoire/direct/séquentiel

accesorio, -a [akθe'sorjo, a] *adj* accessoire ▶ *nm* accessoire *m* ; **accesorios** *nmpl* (*prendas de vestir, Auto*) accessoires *mpl* ; (*de cocina*) ustensiles *mpl*

accidentado, -a [akθiðen'taðo, a] *adj* (*terreno*) accidenté(e) ; (*viaje, día*) agité(e) ▶ *nm/f* accidenté(e)

accidental [akθiðen'tal] *adj* accidentel(le)

accidentarse [akθiðen'tarse] *vpr* avoir un accident

accidente [akθi'ðente] *nm* accident *m* ; **accidentes** *nmpl* (*tb*: **accidentes geográficos**) accidents *mpl* de terrain ; **por ~** accidentellement ; **tener** *o* **sufrir un ~** avoir un accident ; **~ laboral** *o* **de trabajo/de tráfico** accident du travail/de la circulation

acción [ak'θjon] *nf* action *f* ; **~ ordinaria/preferente** action ordinaire/de priorité

accionar [akθjo'nar] *vt* actionner ; (*Inform*) commander

accionista [akθjo'nista] *nm/f* actionnaire *m/f*

acebo [a'θeβo] *nm* houx *msg*

acechar [aθe'tʃar] *vt* guetter

acecho [a'θetʃo] *nm*: **estar al ~ (de)** être à l'affût (de)

aceitar [aθei'tar] *vt* huiler

aceite [a'θeite] *nm* huile *f* ; **~ de colza/de girasol/de hígado de bacalao/de oliva/de ricino/de soja** huile de colza/de tournesol/de foie de morue/d'olive/de ricin/de soja

aceitera [aθei'tera] *nf* burette *f* (d'huile)

aceitoso, -a [aθei'toso, a] *adj* (*comida*) gras(se) ; (*consistencia, líquido*) huileux(-euse)

aceituna [aθei'tuna] *nf* olive *f* ; **~ rellena** olive farcie

acelerador [aθelera'ðor] *nm* accélérateur *m*

acelerar [aθele'rar] *vt, vi* accélérer ; **~ el paso/la marcha** presser le pas/l'allure

acelga [a'θelɣa] *nf* blette *f*

acento [a'θento] *nm* accent *m* ; **~ cerrado** fort accent

acentuar [aθen'twar] *vt* accentuer ; **acentuarse** *vpr* s'accentuer

acepción [aθep'θjon] *nf* acception *f*

aceptable [aθep'taβle] *adj* acceptable

aceptación [aθepta'θjon] *nf* acceptation *f* ; **tener gran ~** être très populaire

aceptar [aθep'tar] *vt* accepter ; **~ hacer algo** accepter de faire qch

acequia [a'θekja] *nf* canal *m* d'irrigation

acera [a'θera] *nf* trottoir *m*

acerca [a'θerka]: **~ de** *prep* de, sur, à propos de

acercar [aθer'kar] *vt* approcher ; **acercarse** *vpr* approcher ; **acercarse a** s'approcher de

acerico [aθe'riko] *nm* pelote *f* à épingles

acero [a'θero] *nm* acier *m* ; **~ inoxidable** acier inoxydable

acérrimo, -a [a'θerrimo, a] *adj* acharné(e)

acertado, -a [aθer'taðo, a] *adj* (*respuesta, medida*) bon(ne) ; (*color, decoración*) heureux(-euse)

acertar [aθer'tar] *vt* (*blanco*) atteindre ; (*solución, adivinanza*) trouver ▶ *vi* réussir ; **~ a hacer algo** réussir à faire qch ; **~ con** (*camino, calle*) trouver

acertijo [aθer'tixo] *nm* devinette *f*

achacar [atʃa'kar] *vt*: **~ algo a** imputer qch à

achacoso, -a [atʃa'koso, a] *adj* souffreteux(-euse)

achantar [atʃan'tar] (*fam*) *vt* (*acobardar*) démonter ; **achantarse** *vpr* se dégonfler

achaque [a'tʃake] *vb ver* **achacar** ▶ *nm* ennui *m* de santé

achicar [atʃi'kar] *vt* rétrécir ; (*humillar*) abaisser ; (*Náut*) écoper ; **achicarse** *vpr* rétrécir, se rétrécir ; (*fig*) s'humilier

achicharrar [atʃitʃa'rrar] *vt* (*comida*) brûler ; **achicharrarse** *vpr* (*comida*) brûler ; (*planta*) griller ; (*persona*) cuire

achicoria [atʃi'korja] *nf* chicorée *f*

achinado, -a [atʃi'naðo, a] (AM) *adj* métis(se)

achura [a'tʃura] *nf*, **achuras** [a'tʃuras] *nfpl* (AM) abats *mpl*

aciago, -a [a'θjaɣo, a] *adj* funeste

acicalar [aθika'lar]: **acicalarse** *vpr* se faire beau (belle)

acicate [aθi'kate] *nm* stimulant *m*

acidez [aθi'ðeθ] *nf* acidité *f*

ácido, -a ['aθiðo, a] *adj* acide ▶ *nm* (*tb fam*: *droga*) acide *m*

acierto [a'θjerto] *vb ver* **acertar** ▶ *nm* (*al adivinar*) bonne réponse *f* ; (*éxito, logro*) réussite *f*, idée *f* judicieuse ; (*habilidad*) adresse *f* ; **fue un ~ suyo** ce fut judicieux de sa part

aclamación [aklama'θjon] *nf* acclamation *f* ; **por ~** par acclamation

aclamar [akla'mar] *vt* (*aplaudir*) acclamer ; (*proclamar*) proclamer

aclaración [aklara'θjon] *nf* éclaircissement *m*

aclarar [akla'rar] *vt* éclaircir ; (*ropa*) rincer ▶ *vi* (*tiempo*) s'éclaircir ; **aclararse** *vpr* (*persona*) s'expliquer ; (*asunto*) s'éclaircir ; **aclararse la garganta** s'éclaircir la voix *o* la gorge

aclaratorio, -a [aklara'torjo, a] *adj* explicatif(-ive)

aclimatación [aklimata'θjon] *nf* acclimatation *f*

aclimatar [aklima'tar] *vt* acclimater ; **aclimatarse** *vpr* s'acclimater ; **aclimatarse a algo** s'acclimater à qch, se faire à qch

acné [ak'ne] *nm o nf* acné *f*

acobardar [akoβar'ðar] *vt* intimider ; **acobardarse** *vpr* se laisser intimider ; **acobardarse (ante)** reculer (devant)

acogedor, a [akoxe'ðor, a] *adj* accueillant(e)

acoger [ako'xer] *vt* accueillir ; **acogerse** *vpr*: **acogerse a** (*ley, norma etc*) se référer à

acogida [ako'xiða] *nf* accueil *m*

acometer [akome'ter] *vt* (*empresa, tarea*) entreprendre ▶ *vi*: **~ (contra)** attaquer

acometida [akome'tiða] *nf* attaque *f* ; (*de gas, agua*) branchement *m*

acomodado, -a [akomo'ðaðo, a] *adj* aisé(e)

acomodador, a [akomoða'ðor, a] *nm/f* placeur (ouvreuse)

acomodar [akomo'ðar] *vt* (*paquetes, maletas*) disposer ; (*personas*) installer ; **acomodarse** *vpr* s'installer ; **acomodarse a** s'accommoder à, s'adapter à ; **¡acomódese a su gusto!** mettez-vous à l'aise !

acomodo [akomo'ðo] *nm* (*de paquetes, maletas*) disposition *f* ; (*de personas*) installation *f* ; (*alojamiento*) logement *m* ; (*AM pey: enchufe*) piston *f* ; (*AM: soborno*) pot-de-vin *m*

acompañar [akompa'ɲar] *vt* accompagner ; **¿quieres que te acompañe?** veux-tu que je t'accompagne ? ; **~ a algn a la puerta** raccompagner qn à la porte ; **le acompaño en el sentimiento** toutes mes condoléances

acondicionar [akondiθjo'nar] *vt*: **~ (para)** aménager (pour)

acongojar [akongo'xar] *vt* angoisser

aconsejar [akonse'xar] *vt* conseiller ; **aconsejarse** *vpr*: **aconsejarse con** *o* **de** prendre conseil auprès de ; **~ a algn hacer** *o* **que haga/que no haga algo** conseiller à qn de faire/de ne pas faire qch

acontecer [akonte'θer] *vi* arriver

acontecimiento [akonteθi'mjento] *nm* événement *m*, évènement *m*

acopio [a'kopjo] *nm*: **hacer ~ de** faire provision de

acoplar [ako'plar] *vt*: **~ (a)** accoupler (à) ; **acoplarse** *vpr* s'accoupler ; **acoplarse a** s'adapter à

acordar [akor'ðar] *vt* décider ; (*precio, condiciones*) convenir de ; **acordarse** *vpr*: **acordarse de** se souvenir de ; **~ hacer algo** (*resolver*) décider *o* convenir de faire qch

acorde [a'korðe] *adj* (*Mús*) accordé(e) ; (*conforme*) du même avis ▶ *nm* (*Mús*) accord *m* ; **~ (con)** conforme (à)

acordeón [akorðe'on] *nm* accordéon *m*

acorralar [akorra'lar] *vt* acculer ; (*fig*) intimider

acortar [akor'tar] *vt* raccourcir ; (*cantidad*) réduire ; **acortarse** *vpr* raccourcir

acosador, a [akosa'ðor, a] nm/f harceleur(-euse)

acosar [ako'sar] *vt* traquer ; (*fig*) harceler ; **~ a algn a preguntas** harceler qn de questions

acoso [a'koso] *nm* harcèlement *m* ; **~ escolar** harcèlement à l'école ; **~ sexual** harcèlement sexuel

acostar [akos'tar] *vt* (*en cama*) coucher ; (*en suelo*) allonger ; (*barco*) accoster ; **acostarse** *vpr* (*para descansar*) s'allonger ; (*para dormir*) se coucher ; **acostarse con algn** coucher avec qn

acostumbrar [akostum'brar] *vt*: **~ a algn a hacer algo** habituer qn à faire qch ; **acostumbrarse** *vpr*: **acostumbrarse a** prendre l'habitude de ; (*país, clima*) se faire à ; **~ (a) hacer algo** prendre l'habitude de faire qch

ácrata ['akrata] *adj, nm/f* anarchiste *m/f*

acre ['akre] *adj* âcre ; (*crítica, humor, tono*) mordant(e) ▶ *nm* acre *m*

acrecentar [akreθen'tar] *vt* accroître ; **acrecentarse** *vpr* s'accroître

acreditar [akreði'tar] *vt* accréditer ; (*Com*) créditer ; **acreditarse** *vpr*: **acreditarse como** (*propietario*) établir sa qualité de ; (*buen médico*) se faire une réputation de ; **~ como** reconnaître comme ; **~ para** accréditer pour

acreedor, a [akree'ðor, a] *adj*: **~ a** (*respeto*) digne de ▶ *nm/f* créancier(-ière) ; **~ común** (*Com*) créancier ; **~ diferido** (*Com*) créancier à terme ; **~ con garantía** (*Com*) créancier gagiste

acribillar [akriβi'ʎar] *vt*: **~ a balazos** cribler de balles ; **~ a preguntas** harceler de questions

acriollado, -a [akrio'ʎaðo, a] (*CSur*) *adj adapté aux usages d'un pays d'Amérique latine*

acróbata [a'kroβata] *nm/f* acrobate *m/f*

acta ['akta] *nf* (*de reunión*) procès-verbal *m* ; (*certificado*) certificat *m* ; **levantar ~** (*Jur*) dresser procès-verbal ; **~ notarial** acte *m* notarié

actitud [akti'tuð] *nf* attitude *f* ; **adoptar una ~ firme** adopter une attitude ferme

activar [akti'βar] *vt* (*mecanismo*) actionner ; (*acelerar*) activer ; (*economía, comercio*) relancer

actividad [aktiβi'ðað] *nf* activité *f*

activo, -a [ak'tiβo, a] *adj* actif(-ive) ▶ *nm* (*Com*) actif *m* ; **el ~ y el pasivo** l'actif et le passif ; **estar en ~** (*en ejercicio*) être en activité ; **~ circulante/fijo/inmaterial/invisible/realizable** actif circulant/immobilisé/incorporel/invisible/réalisable ; **~s bloqueados** *o* **congelados** actifs *mpl* gelés

acto ['akto] *nm* (*tb Teatro*) acte *m* ; (*ceremonia*) cérémonie *f* ; **en el ~** sur-le-champ ; **~ seguido** immédiatement après ; **hacer ~ de presencia** faire acte de présence

actor [ak'tor] *nm* acteur *m* ; (*Jur*) plaignant(e)

actriz [ak'triθ] *nf* actrice *f*

actuación [aktwa'θjon] *nf* (*acción*) action *f* ; (*comportamiento*) comportement *m* ; (*Jur*) procédure *f* ; (*Teatro*: *representación*) représentation *f* ; (: *interpretación*) jeu *m*

actual [ak'twal] *adj* actuel(le) ; **el seis del ~** le six courant

actualidad [aktwali'ðað] *nf* actualité *f* ; **la ~** l'actualité ; **en la ~** actuellement ; **ser de gran ~** être d'actualité

actualizar [aktwali'θar] *vt* actualiser, mettre à jour

actualmente [ak'twalmente] *adv* à l'heure actuelle, actuellement

actuar [ak'twar] *vi* (*comportarse*) agir ; (*actor*) jouer ; (*Jur*) entamer une procédure ; **~ de** tenir le rôle de

acuarela [akwa'rela] *nf* aquarelle *f*

acuario [a'kwarjo] *nm* aquarium *m* ; **A~** (*Astrol*) Verseau *m* ; **ser A~** être Verseau

acuartelar [akwarte'lar] *vt* (*retener en cuartel*) consigner ; (*alojar*) caserner

acuático, -a [a'kwatiko, a] *adj* aquatique

acuchillar [akutʃi'ʎar] *vt* poignarder ; (*Tec*) raboter

acuciante [aku'θjante] *adj* pressant(e)

acuciar [aku'θjar] *vt* presser

acudir [aku'ðir] *vi* aller ; **~ a** (*amistades etc*) avoir recours à ; **~ en ayuda de** venir en aide à ; **~ a una cita** aller à un rendez-vous ; **~ a una llamada** répondre à un appel ; **no tener a quién ~** n'avoir personne à qui faire appel

acuerdo [a'kwerðo] *vb ver* **acordar** ▶ *nm* accord *m* ; (*decisión*) décision *f* ; **¡de ~!** d'accord ! ; **de ~ con** en accord avec ; (*acción, documento*) conformément à ; **de común ~** d'un commun accord ; **estar de ~ (con)** être d'accord (avec) ; **llegar a un ~** parvenir à un accord ; **tomar un ~** adopter une résolution ; **~ de pago respectivo** (*Com*) *convention entre compagnies d'assurances par laquelle chacune s'engage à dédommager son propre client* ; **~ general sobre aranceles aduaneros y comercio** (*Com*) accord général sur les tarifs douaniers et le commerce

> **También se puede decir:**
>
> Je partage cette opinion. (*Comparto esa opinión.*)
> Je suis d'accord avec vous. (*Estoy de acuerdo con usted.*)
> Je suis entièrement d'accord avec toi. (*Estoy totalmente de acuerdo contigo.*)
>
> Je suis absolument contre. (*Estoy totalmente en contra.*)
> Je ne partage pas ce point de vue. (*No comparto ese punto de vista.*)
> Je ne suis absolument pas d'accord avec ce qu'il a dit. (*No estoy para nada de acuerdo con ...*)

acumular [akumu'lar] *vt* accumuler

acuñar [aku'ɲar] *vt* (*moneda*) frapper ; (*palabra, frase*) consacrer
acupuntura [akupun'tura] *nf* acupuncture *f*
acurrucarse [akurru'karse] *vpr* se blottir
acusación [akusa'θjon] *nf* accusation *f*
acusado, -a [aku'saðo, a] *adj* (*Jur*) accusé(e) ; (*acento*) prononcé(e) ▸ *nm/f* (*Jur*) accusé(e)
acusar [aku'sar] *vt* (*tb fig*) accuser ; (*suj: aparato*) indiquer ; **acusarse** *vpr*: **acusarse de algo** s'accuser de qch ; (*Rel*) confesser qch ; **~ recibo de** accuser réception de
acuse [a'kuse] *nm*: **~ de recibo** accusé *m* de réception
acústico, -a [a'kustiko, a] *adj* acoustique ▸ *nf* acoustique *f*
adaptación [aðapta'θjon] *nf* adaptation *f*
adaptador [aðapta'ðor] *nm* adaptateur *m*
adaptar [aðap'tar] *vt*: **~ (a)** adapter (à) ; **adaptarse** *vpr*: **adaptarse (a)** s'adapter (à)
adecuado, -a [aðe'kwaðo, a] *adj* adéquat(e) ; **el hombre ~ para el puesto** l'homme tout désigné pour le poste
adecuar [aðe'kwar] *vt*: **~ a** adapter à
a. de J.C. *abr* (*= antes de Jesucristo*) av. J.-C. (*= avant Jésus-Christ*)
adelantado, -a [aðelan'taðo, a] *adj* avancé(e) ; (*reloj*) en avance ; **pagar por ~** payer d'avance
adelantamiento [aðelanta'mjento] *nm* (*Auto*) dépassement *m*
adelantar [aðelan'tar] *vt, vi* avancer ; (*Auto*) doubler, dépasser ; **adelantarse** *vpr* (*moverse hacia delante*) s'avancer ; (*tomar la delantera*) prendre les devants ; (*anticiparse*) être en avance ; **adelantarse a algn** devancer qn ; **así no adelantas nada** cela ne t'avance à rien
adelante [aðe'lante] *adv* devant ▸ *excl* (*incitando a seguir*) en avant ! ; (*autorizando a entrar*) entrez ! ; **en ~** désormais ; **de hoy en ~** à l'avenir ; **más ~** (*después*) plus tard ; (*más allá*) plus loin
adelanto [aðe'lanto] *nm* progrès *msg* ; (*de dinero, hora*) avance *f* ; **los ~s de la ciencia** les progrès de la science
adelgazar [aðelɣa'θar] *vt* (*persona*) faire maigrir ; (*kilos*) perdre ▸ *vi* maigrir
ademán [aðe'man] *nm* geste *m* ; **ademanes** *nmpl* gestes *mpl* ; **en ~ de hacer** en faisant mine de faire ; **hacer ~ de hacer** faire mine de faire
además [aðe'mas] *adv* de plus ; **~ de** en plus de
adentrarse [aðen'trarse] *vpr*: **~ en** pénétrer dans
adentro [a'ðentro] *adv* dedans ; **mar ~** au large ; **tierra ~** à l'intérieur des terres ; **para sus ~s** dans son for intérieur ; **~ de** (*AM*: *dentro de*) dans
adepto, -a [a'ðepto, a] *nm/f* adepte *m/f*
aderezar [aðere'θar] *vt* assaisonner
adeudar [aðeu'ðar] *vt* (*dinero*) devoir ; **adeudarse** *vpr* (*persona*) s'endetter ; **~ una suma en una cuenta** débiter une somme sur un compte
adherir [aðe'rir] *vt*: **~ algo a algo** faire adhérer une chose à une autre ; **adherirse** *vpr* coller ; **adherirse a** (*propuesta*) adhérer à
adhesión [aðe'sjon] *nf* adhésion *f*
adhesivo, -a [aðe'siβo, a] *adj* adhésif(-ive) ▸ *nm* adhésif *m*
adicción [aðik'θion] *nf* (*a drogas etc*) dépendance *f*
adición [aði'θjon] *nf* addition *f* ; (*cosa añadida*) ajout *m*
adicto, -a [a'ðikto, a] *adj* (*Med*) dépendant(e) ; (*a ideología*) acquis(e) ▸ *nm/f* (*Med*) drogué(e) ; (*partidario*) fanatique *m/f*
adiestrar [aðjes'trar] *vt* entraîner ; **adiestrarse** *vpr*: **adiestrarse (en)** s'entraîner (à)
adinerado, -a [aðine'raðo, a] *adj* fortuné(e)
adiós [a'ðjos] *excl* (*despedida*) au revoir ! ; (*al pasar*) salut ! ; (*¡ay!*) aïe !
aditivo [aði'tiβo] *nm* additif *m*
adivinanza [aðiβi'nanθa] *nf* devinette *f*
adivinar [aðiβi'nar] *vt* (*pensamientos*) deviner ; (*el futuro*) lire
adivino, -a [aði'βino, a] *nm/f* devin(eresse)
adjetivo [aðxe'tiβo] *nm* adjectif *m*
adjudicar [aðxuði'kar] *vt* adjuger ; **adjudicarse** *vpr*: **adjudicarse algo** s'adjuger qch
adjuntar [aðxun'tar] *vt* joindre ; **~ un archivo a un correo** (*Inform*) joindre un fichier à un mail
adjunto, -a [að'xunto, a] *adj* (*documento*) joint(e) ; (*médico, director etc*) adjoint(e) ▸ *nm/f* (*profesor*) assistant(e) ▸ *adv* ci-joint

administración [aðministra'θjon] *nf* administration *f*; **A~ pública** fonction *f* publique ; **A~ de Correos** Postes et Télécommunications *fpl* ; **A~ de Justicia** justice *f*
administrador, a [aðministra'ðor, a] *nm/f* administrateur(-trice), gérant(e)
administrar [aðminis'trar] *vt* administrer, gérer ; (*medicamento, sacramento*) administrer
administrativo, -a [aðministra'tiβo, a] *adj* administratif(-ive) ▶ *nm/f* (*de oficina*) employé(e) de bureau
admirable [aðmi'raβle] *adj* admirable
admiración [aðmira'θjon] *nf* (*estimación*) admiration *f*; (*asombro*) étonnement *m* ; (*Ling*) exclamation *f*; **no salgo de mi ~** je n'en reviens pas
admirar [aðmi'rar] *vt* (*estimar*) admirer ; (*asombrar*) étonner ; **admirarse** *vpr*: **admirarse de** s'étonner de ; **se admiró de que ...** il s'est étonné que ... ; **no es de ~ que ...** rien d'étonnant à ce que ...
admisible [aðmi'siβle] *adj* acceptable
admisión [aðmi'sjon] *nf* admission *f*; (*de razones etc*) acceptation *f*
admitir [aðmi'tir] *vt* (*razonamiento etc*) admettre ; (*regalos*) accepter ; **esto no admite demora** cela ne peut pas attendre ; **la cuestión no admite dudas** cela ne fait aucun doute
adobar [aðo'βar] *vt* (*Culin*) mariner
adobe [a'ðoβe] *nm* torchis *msg*
adoctrinar [aðoktri'nar] *vt* endoctriner
adolecer [aðole'θer] *vi*: **~ de** souffrir de
adolescente [aðoles'θente] *adj, nm/f* adolescent(e)
adonde [a'ðonðe] (*esp AM*) *adv* où
adónde [a'ðonde] *adv* où
adopción [aðop'θjon] *nf* adoption *f*
adoptar [aðop'tar] *vt* adopter
adoptivo, -a [aðop'tiβo, a] *adj* adoptif(-ive) ; (*lengua, país*) d'adoption
adoquín [aðo'kin] *nm* pavé *m*
adorar [aðo'rar] *vt* adorer
adormecer [aðorme'θer] *vt* endormir ; **adormecerse** *vpr* somnoler ; (*miembro*) engourdir
adornar [aðor'nar] *vt* orner ; (*habitación, mesa*) décorer
adorno [a'ðorno] *nm* ornement *m*, décoration *f*; **de ~** d'ornement, décoratif(-ive)
adosado, -a [aðo'saðo, a] *adj*: **chalet ~** maison *f* jumelle
adquiera *etc* [að'kjera] *vb ver* **adquirir**
adquirir [aðki'rir] *vt* acquérir
adquisición [aðkisi'θjon] *nf* acquisition *f*
adrede [a'ðreðe] *adv* exprès, à dessein
adscribir [aðskri'βir] *vt*: **~ a** (*trabajo, puesto*) assigner à ; **le adscribieron al cuerpo diplomático** il a été attaché au corps diplomatique
adscrito, -a [að'skrito, a] *pp de* **adscribir**
ADSL *sigla m* (= *asymmetric digital subscriber line*) ADSL *m*
aduana [a'ðwana] *nf* douane *f*
aduanero, -a [aðwa'nero, a] *adj, nm/f* douanier(-ière)
aducir [aðu'θir] *vt* alléguer
adueñarse [aðwe'ɲarse] *vpr*: **~ de** s'approprier
adular [aðu'lar] *vt* aduler
adulterar [aðulte'rar] *vt* (*alimentos, vino*) frelater
adulterio [aðul'terjo] *nm* adultère *m*
adúltero, -a [a'ðultero, a] *adj, nm/f* adultère *m/f*
adulto, -a [a'ðulto, a] *adj, nm/f* adulte *m/f*
adusto, -a [a'ðusto, a] *adj* (*expresión, carácter*) sévère ; (*paisaje, región*) austère
advenedizo, -a [aðβene'ðiθo, a] *nm/f* parvenu(e)
advenimiento [aðβeni'mjento] *nm* avènement *m* ; **~ al trono** avènement au trône
adverbio [að'βerβjo] *nm* adverbe *m*
adversario, -a [aðβer'sarjo, a] *nm/f* adversaire *m/f*
adversidad [aðβersi'ðað] *nf* adversité *f*
adverso, -a [að'βerso, a] *adj* adverse
advertencia [aðβer'tenθja] *nf* avertissement *m*

También se puede decir:
Je vous préviens, je ne me laisserai pas faire. (*Se lo advierto ...*)
N'oubliez pas de conserver le double de votre déclaration d'impôts. (*No se olvide de ...*)
Surtout, n'y allez jamais le samedi. (*Sobre todo, no ... nunca ...*)
Attention, ça pourrait vous attirer des ennuis. (*Cuidado, eso podría ...*)

advertir [aðβer'tir] *vt* (*observar*) observer ; **~ a algn de algo** avertir qn de qch ; **~ a algn que ...** avertir qn que ...
advierta *etc* [að'βjerta] *vb ver* **advertir**
adyacente [aðja'θente] *adj* adjacent(e)
aéreo, -a [a'ereo, a] *adj* aérien(ne) ; **por vía aérea** par avion
aerobic [ae'roβik] *nm inv* aérobic *f*
aerodeslizador [aeroðesli'θeante], **aerodeslizante** [aeroðesliθa'ðor] *nm* aéroglisseur *m*
aerodinámico, -a [aerodi'namiko, a] *adj* aérodynamique
aerogenerador [aeroxenera'ðor] *nm* éolienne *f*
aeromozo, -a [aero'moθo, a] (AM) *nm/f* (*Aviat*) steward *m*, hôtesse *f* de l'air
aeronave [aero'naβe] *nf* aéronef *m*
aeroplano [aero'plano] *nm* aéroplane *m*
aeropuerto [aero'pwerto] *nm* aéroport *m*
aerosol [aero'sol] *nm* aérosol *m*
a/f *abr* (= *a favor*) à l'attention de
afabilidad [afaβili'ðað] *nf* affabilité *f*
afable [a'faβle] *adj* affable
afán [a'fan] *nm* (*ahínco*) ardeur *f* ; (*deseo*) soif *f* ; **con ~** avec ardeur
afanar [afa'nar] (*fam*) *vt* (*robar*) rafler ; **afanarse** *vpr* (*atarearse*) s'affairer ; **afanarse por hacer** s'évertuer à faire
afear [afe'ar] *vt* enlaidir
afección [afek'θjon] *nf* infection *f*
afectación [afekta'θjon] *nf* affectation *f*
afectado, -a [afek'taðo, a] *adj* affecté(e) ; **afectados** *nmpl* (*epidemias*) victimes *fpl* ; (*catástrofes*) sinistrés *mpl*
afectar [afek'tar] *vt* affecter ; **por lo que afecta a esto** quant à cela
afectísimo, -a [afek'tisimo, a] *adj*: **suyo ~** respectueusement vôtre
afectivo, -a [afek'tiβo, a] *adj* (*problema*) affectif(-ive)
afecto, -a [a'fekto, a] *adj*: **~ a** (*ideología*) acquis(e) à ; (*Jur*) soumis(e) à ▸ *nm* (*cariño*) affection *f* ; **tenerle ~ a algn** avoir de l'affection pour qn
afectuoso, -a [afek'twoso, a] *adj* affectueux(-euse) ; **« un saludo ~ »** (*en carta*) « affectueusement »
afeitar [afei'tar] *vt* raser ; **afeitarse** *vpr* se raser ; **afeitarse la barba/el bigote** se raser la barbe/la moustache
afeminado, -a [afemi'naðo, a] *adj* efféminé(e)
Afganistán [afɣanis'tan] *nm* Afghanistan *m*
afianzamiento [afjanθa'mjento] *nm* consolidation *f* ; (*salud*) amélioration *f*
afianzar [afjan'θar] *vt* (*objeto, conocimientos*) consolider ; (*salud*) assurer ; **afianzarse** *vpr* se cramponner ; (*establecerse*) s'établir ; **afianzarse en** (*idea, opinión*) se cramponner à
afiche [a'fitʃe] (AM) *nm* (*cartel*) affiche *f*
afición [afi'θjon] *nf* goût *m*, penchant *m* ; **la ~** les supporters *mpl* ; **~ a** goût pour *o* de ; **por ~** par goût ; **músico de ~** musicien(ne) amateur
aficionado, -a [afiθjo'naðo, a] *adj*, *nm/f* amateur *m* ; **ser ~ a algo** être amateur de qch
aficionar [afiθjo'nar] *vt*: **~ a algn a algo** donner à qn le goût de qch ; **aficionarse** *vpr*: **aficionarse a algo** prendre goût à qch
afilado, -a [afi'laðo, a] *adj* (*cuchillo*) aiguisé(e) ; (*lápiz*) bien taillé(e)
afilar [afi'lar] *vt* (*cuchillo*) aiguiser ; (*lápiz*) tailler ; **afilarse** *vpr* (*cara*) s'affiner
afiliarse [afi'ljarse] *vpr*: **~ (a)** s'affilier (à)
afín [a'fin] *adj* (*carácter*) semblable ; (*ideas, opiniones*) voisin(e)
afinar [afi'nar] *vt* (*Mús*) accorder ; (*puntería, Tec*) ajuster ; (*motor*) régler ▸ *vi* (*Mús: cantar*) chanter juste ; (*: tocar*) jouer juste
afincarse [afin'karse] *vpr* s'établir
afinidad [afini'ðað] *nf* affinité *f* ; **por ~** par affinité
afirmación [afirma'θjon] *nf* affirmation *f*
afirmar [afir'mar] *vt* affirmer ; (*objeto*) consolider ▸ *vi* acquiescer ; **afirmarse** *vpr* (*recuperar el equilibrio*) se rétablir ; **~ haber hecho/que** affirmer avoir fait/que ; **afirmarse en lo dicho** confirmer ce qui à été dit
afirmativo, -a [afirma'tiβo, a] *adj* affirmatif(-ive)
aflicción [aflik'θjon] *nf* affliction *f*
afligir [afli'xir] *vt* affliger ; **afligirse** *vpr* s'affliger ; **afligirse (por** *o* **con** *o* **de)** s'affliger (de) ; **no te aflijas tanto** ne te laisse pas abattre

aflojar [aflo'xar] *vt* desserrer ; (*cuerda*) détendre ▶ *vi* (*tormenta, viento*) se calmer ; **aflojarse** *vpr* (*pieza*) avoir du jeu

aflorar [aflo'rar] *vi* affleurer

afluente [aflu'ente] *adj, nm* affluent *m*

afluir [aflu'ir] *vi*: **~ a** (*gente, sangre*) affluer à ; (*río*) se jeter dans

afmo., -a. *abr* = *afectísimo*

afónico, -a ['afoniko, a] *adj*: **estar ~** être aphone

aforo [a'foro] *nm* (*Tec*) jaugeage *m* ; (*de teatro*) capacité *f* ; **el teatro tiene un ~ de 2.000 personas** ce théâtre a 2 000 places

afortunado, -a [afortu'naðo, a] *adj* (*persona*) chanceux(-euse) ; (*coincidencia, hallazgo*) heureux(-euse)

afrancesado, -a [afranθe'saðo, a] (*pey*) *adj partisan des Français (lors de la guerre d'Indépendance, et aux XVIIIe et XIXe siècles)*

afrenta [a'frenta] *nf* affront *m*

África ['afrika] *nf* Afrique *f* ; **~ del Sur** Afrique du Sud

africano, -a [afri'kano, a] *adj* africain(e) ▶ *nm/f* Africain(e)

afrontar [afron'tar] *vt* affronter ; (*dos personas*) confronter

afuera [a'fwera] *adv* (*esp AM*) dehors ; **afueras** *nfpl* banlieue *fsg*

agachar [aɣa'tʃar] *vt* incliner ; **agacharse** *vpr* s'incliner

agalla [a'ɣaʎa] *nf* (*Zool*) ouïe *f* ; **tener ~s** (*fam*) ne pas avoir froid aux yeux

agarradera [aɣarra'ðera] (*AM*) *nf* (*asa*) anse *f* ; **agarraderas** *nfpl* (*fam*): **tener (buenas) ~s** être pistonné(e)

agarrado, -a [aɣa'rraðo, a] *adj* radin(e)

agarrar [aɣa'rrar] *vt* saisir ; (*esp AM: recoger*) prendre ; (*fam: enfermedad*) attraper ▶ *vi* (*planta*) prendre ; **agarrarse** *vpr* (*comida*) coller ; (*dos personas*) s'accrocher ; **agarró y se fue** (*AM*) sans faire ni une ni deux il a fichu le camp ; **agarrarse (a)** s'accrocher (à) ; **agarrársela con algn** (*AM: tenerla tomada con algn*) avoir qn dans le nez

agarrotar [aɣarro'tar] *vt* (*reo*) faire subir le supplice du garrot à ; (*fardo*) ficeler ; (*persona*) garrotter ; **agarrotarse** *vpr* (*Med*) avoir des crampes ; (*motor*) se gripper

agasajar [aɣasa'xar] *vt* accueillir chaleureusement

agave [a'ɣaβe] (*AM*) *nm o nf* agave *m*

agazapar [aɣaθa'par] *vt* saisir ; **agazaparse** *vpr* (*persona, animal*) se tapir

agencia [a'xenθja] *nf* agence *f* ; **~ de créditos/inmobiliaria** établissement *m* de crédit/agence immobilière ; **~ matrimonial/de publicidad/de viajes** agence matrimoniale/de publicité/de voyages

agenciar [axen'θjar]: **agenciarse** *vpr* se procurer ; **agenciárselas para hacer algo** se débrouiller pour faire qch

agenda [a'xenda] *nf* agenda *m* ; (*orden del día*) ordre *m* du jour ; **~ electrónica** agenda *m* électronique

agente [a'xente] *nm/f* agent(e); **~ acreditado/de bolsa/de negocios/de seguros** agent(e) accrédité(e)/de change/d'affaires/d'assurances ; **~ femenino** auxiliaire *f* de police ; **~ (de policía)** agent(e) (de police)

ágil ['axil] *adj* agile

agilidad [axili'ðað] *nf* agilité *f*

agilizar [axili'θar] *vt* activer

agitación [axita'θjon] *nf* agitation *f*

agitado, -a [axi'taðo, a] *adj* (*día, viaje, vida*) agité(e)

agitar [axi'tar] *vt* agiter ; (*fig*) troubler, inquiéter ; **agitarse** *vpr* s'agiter ; (*inquietarse*) se troubler, s'inquiéter

aglomeración [aɣlomera'θjon] *nf*: **~ de gente** rassemblement *m* ; **~ de tráfico** embouteillage *m*

agnóstico, -a [aɣ'nostiko, a] *adj, nm/f* agnostique *m/f*

agobiar [aɣo'βjar] *vt* (*suj: trabajo*) accabler ; (*: calor*) accabler, étouffer ; **agobiarse** *vpr* stresser ; **me agobias con tantas preguntas** tu m'embêtes avec toutes tes questions ; **sentirse agobiado por** être accablé de *o* par

agolparse [aɣol'parse] *vpr* (*acontecimientos*) se précipiter ; (*problemas*) s'accumuler ; (*personas*) se presser, se bousculer

agonía [aɣo'nia] *nf* agonie *f*

agonizante [aɣoni'θante] *adj* agonisant(e)

agonizar [aɣoni'θar] *vi* agoniser, être à l'agonie

agosto [a'ɣosto] *nm* août *m* ; **hacer el** *o* **su ~** faire son beurre ; *ver tb* **julio**

agotado, -a [aɣo'taðo, a] *adj* épuisé(e) ; (*pila*) à plat

agotador, a [aɣota'ðor, a] *adj* épuisant(e)

agotamiento [aɣota'mjento] *nm* épuisement *m*

agotar [aɣo'tar] *vt* épuiser ; **agotarse** *vpr* s'épuiser ; (*libro*) être épuisé(e)

agraciado, -a [aɣra'θjaðo, a] *adj* qui a du charme ▶ *nm/f* (*en sorteo, lotería*) gagnant(e) ; **el número ~** (*en sorteo*) le numéro gagnant

agradable [aɣra'ðaβle] *adj* agréable

agradar [aɣra'ðar] *vi* plaire ; **esto no me agrada** cela ne me plaît pas ; **le agrada estar en su compañía** votre compagnie lui est agréable

agradecer [aɣraðe'θer] *vt* remercier ; **¡se agradece!** mille fois merci ! ; **le agradecería me enviara ...** je vous serais reconnaissant de m'envoyer ... ; **te agradezco que hayas venido** je te remercie d'être venu

> **También se puede decir:**
> Merci (beaucoup). ((*Muchas*) *Gracias*.)
> Merci de votre coopération. (*Gracias por ...*)
> Je vous remercie d'avoir été si patients. (*Les agradezco que hayan sido tan pacientes.*)
> Je ne sais pas comment vous remercier. (*No sé cómo agradecérselo.*)
> Nous vous sommes très reconnaissants d'avoir hébergé notre fille. (*Le estamos muy agradecidos por ...*)

agradecido, -a [aɣraðe'θiðo, a] *adj*: **~ (por/a)** reconnaissant(e) (de/envers) ; **¡muy ~!** merci beaucoup !, merci bien !

agradecimiento [aɣraðeθi'mjento] *nm* remerciement *m*

agradezca *etc* [aɣra'ðeθka] *vb ver* **agradecer**

agrado [a'ɣraðo] *nm* agrément *m*, plaisir *m* ; (*amabilidad*) amabilité *f* ; **ser de tu** *etc* **~** être à ton *etc* goût

agrandar [aɣran'dar] *vt* agrandir ; (*exagerar*) amplifier, grossir ; **agrandarse** *vpr* s'agrandir

agrario, -a [a'ɣrarjo, a] *adj* agraire

agravante [aɣra'βante] *adj* (*circunstancia*) aggravant(e) ▶ *nm o nf*: **con el** *o* **la ~ de que ...** le problème étant que ...

agravar [aɣra'βar] *vt* aggraver ; **agravarse** *vpr* s'aggraver

agraviar [aɣra'βjar] *vt* offenser ; (*perjudicar*) faire du tort à ; **agraviarse** *vpr* s'offenser

agravio [a'ɣraβjo] *nm* offense *f* ; (*Jur*) tort *m*

agredir [aɣre'ðir] *vt* agresser

agregado, -a [aɣre'ɣaðo, a] *nm* agrégat *m* ▶ *nm/f* (*profesor*) maître *m/f* de conférences (*à l'université*), professeur *m/f* certifié(e) (*dans l'enseignement secondaire*) ; **~ comercial** attaché(e) commercial(e) ; **~ cultural** attaché(e) culturel(le) ; **~ diplomático(-a)** attaché(e) diplomatique ; **~ militar** attaché(e) militaire

agregar [aɣre'ɣar] *vt*: **~ (a)** ajouter (à) ; (*unir*) associer (à) ; **agregarse** *vpr*: **agregarse a** se joindre à

agresión [aɣre'sjon] *nf* agression *f*

agresivo, -a [aɣre'siβo, a] *adj* agressif(-ive)

agriar [a'ɣrjar] *vt* aigrir ; (*leche*) faire tourner ; **agriarse** *vpr* s'aigrir ; (*leche*) tourner

agrícola [a'ɣrikola] *adj* agricole

agricultor, a [aɣrikul'tor, a] *nm/f* agriculteur(-trice)

agricultura [aɣrikul'tura] *nf* agriculture *f*

agridulce [aɣri'ðulθe] *adj* aigre-doux (-douce)

agrietarse [aɣrje'tarse] *vpr* se crevasser ; (*piel*) se gercer

agrimensor, a [aɣrimen'sor, a] *nm/f* arpenteur(-euse)

agringado, -a [aɣrin'gaðo, a] (AM) *adj* américanisé(e)

agrio, -a ['aɣrjo, a] *adj* aigre ; (*carácter*) aigri(e), revêche ; **agrios** *nmpl* agrumes *mpl*

agroturismo [aɣrotu'rismo] *nm* agritourisme *m*

agrupación [aɣrupa'θjon] *nf* groupement *m*, regroupement *m*

agrupar [aɣru'par] *vt* (*personas*) grouper ; (*libros, datos*) regrouper ; (*Inform*) grouper, regrouper ; **agruparse** *vpr* se regrouper

agua ['aɣwa] *nf* eau *f* ; (*lluvia*) pluie *f*, eau de pluie ; **aguas** *nfpl* (*de joya*) eau *fsg* ; (*mar*) eau *fsg*, eaux *fpl* ; **a dos ~s** (*tejado*) à deux pentes ; **hacer ~** (*embarcación*) faire eau ; **se me hace la boca ~** ça me met l'eau à la bouche ; **~s abajo** en aval ; **~s arriba** en amont ; **nunca digas, «de esta ~ no beberé»** il ne faut pas dire « Fontaine, je ne boirai pas de ton eau » ; **estar con el ~ al cuello** avoir la corde au cou ; **estar como pez en el ~** être comme un poisson dans l'eau ; **quedar algo en ~ de borrajas** s'en aller en eau de boudin ; **romper ~s** (*Med*) perdre les eaux ; **tomar las ~s** prendre les eaux ; **venir como ~ de mayo** tomber à pic, arriver comme mars en carême ; **~ bendita/caliente/corriente/destilada/dulce/oxigenada/potable/salada** eau bénite/chaude/courante/distillée/douce/oxygénée/potable/salée ; **~ de colonia** eau de Cologne ; **~ mineral (con/sin gas)** eau minérale (gazeuse/non gazeuse) ; **~s jurisdiccionales/residuales/termales** eaux territoriales/résiduaires/thermales ; **~s mayores/menores** (*Med*) selles *fpl*/urine *fsg*

aguacate [aɣwa'kate] *nm* avocat *m* ; (*árbol*) avocatier *m*

aguacero [aɣwa'θero] *nm* averse *f*

aguado, -a [a'ɣwaðo, a] *adj* (*leche, vino*) baptisé(e), coupé(e)

aguafiestas [aɣwa'fjestas] *nm inv/nf inv* trouble-fête *m inv/f inv*, rabat-joie *m inv/f inv*

aguamiel [aɣwa'mjel] (*CAM, Méx*) *nm* (*bebida*) eau *f* sucrée

aguanieve [aɣwa'njeβe] *nf* neige *f* fondue

aguantar [aɣwan'tar] *vt* supporter, endurer ; (*risa, ganas*) réprimer ▸ *vi* (*ropa*) résister ; **aguantarse** *vpr* (*persona*) se dominer ; **no sé cómo aguanta** je ne sais pas comment il tient le coup

aguante [a'ɣwante] *nm* (*paciencia*) patience *f* ; (*resistencia*) résistance *f*

aguar [a'ɣwar] *vt* (*leche, vino*) baptiser, couper ; **~ la fiesta a algn** gâcher son plaisir à qn

aguardar [aɣwar'ðar] *vt* attendre ▸ *vi*: **~ (a que)** attendre (que)

aguardiente [aɣwar'ðjente] *nm* eau-de-vie *f*

aguarrás [aɣwa'rras] *nm* essence *f* de térébenthine

agudeza [aɣu'ðeθa] *nf* (*oído, olfato*) finesse *f* ; (*vista*) acuité *f* ; (*de sonido*) aigu *m* ; (*fig: ingenio*) vivacité *f*, finesse ; (*ocurrencia*) mot *m* d'esprit

agudizar [aɣuði'θar] *vt* aiguiser ; (*crisis*) intensifier ; **agudizarse** *vpr* s'aiguiser ; (*crisis*) s'intensifier

agudo, -a [a'ɣuðo, a] *adj* (*afilado*) tranchant(e), coupant(e) ; (*vista*) perçant(e) ; (*oído, olfato*) fin(e) ; (*sonido, dolor*) aigu(ë) ; (*ingenioso*) subtil(e)

agüero [a'ɣwero] *nm*: **ser de buen/mal ~** être de bon/mauvais augure ; **pájaro de mal ~** oiseau *m* de mauvais augure

aguijón [aɣi'xon] *nm* (*de insecto*) dard *m* ; (*fig: estímulo*) aiguillon *m*

águila ['aɣila] *nf* aigle *m* ; **ser un ~** (*fig*) être un as

aguileño, -a [aɣi'leɲo, a] *adj* (*nariz*) aquilin(e) ; (*rostro*) allongé(e), long (longue)

aguinaldo [aɣi'naldo] *nm* étrennes *fpl*

aguja [a'ɣuxa] *nf* aiguille *f* ; (*para hacer punto*) aiguille à tricoter ; (*para hacer ganchillo*) crochet *m* ; (*Arq*) aiguille, flèche *f* ; (*Tec*) percuteur *m* ; **agujas** *nfpl* (*Ferro*) aiguillage *m* ; **carne de ~** côtes *fpl* ; **buscar una ~ en un pajar** chercher une aiguille dans une botte de foin ; **~ de tejer** (*AM*) aiguille à tricoter

agujerear [aɣuxere'ar] *vt* (*perforar: ropa, cristal, madera*) trouer

agujero [aɣu'xero] *nm* trou *m*

agujetas [aɣu'xetas] *nfpl* courbatures *fpl*

aguzar [aɣu'θar] *vt* (*herramientas*) aiguiser, affiler ; (*ingenio, entendimiento*) aiguillonner, stimuler ; **~ el oído/la vista** aiguiser l'ouïe/la vue

ahí [a'i] *adv* (*lugar*) là ; **de ~ que** donc, d'où il s'ensuit que ; **~ está el problema** tout le problème est là ; **~ llega** le voilà ; **por ~** par là ; (*lugar indeterminado*) là-bas ; **¡hasta ~ podríamos llegar!** il ne manquerait plus que ça ! ; **¡~ va!** le voilà ! ; **~ donde le ve** tel que vous le voyez ; **¡~ es nada!** rien que ça ! ; **200 o por ~** environ 200

ahijado, -a [ai'xaðo, a] *nm/f* filleul(e)

ahogar [ao'ɣar] *vt* étouffer ; (*en el agua*) noyer ; (*grito, sollozo*) contenir, étouffer ; (*fig: angustiar*) angoisser ; **ahogarse** *vpr* (*en el agua*) se noyer ; (*por asfixia*) s'asphyxier

ahondar [aon'dar] *vt* creuser ▸ *vi*: **~ en** (*problema*) approfondir, creuser

ahora [a'ora] *adv* maintenant ; (*hace poco*) tout à l'heure ; **~ bien** *o* **que** cependant, remarquez (que) ; **~ mismo** à l'instant (même) ; **~ voy** j'arrive ; **¡hasta ~!** à tout de suite !, à bientôt ! ; **por ~** pour le moment ; **de ~ en adelante** désormais, dorénavant

ahorcar [aor'kar] *vt* pendre ; **ahorcarse** *vpr* se pendre

ahorita [ao'rita] (*esp AM*: *fam*) *adv* tout de suite

ahoritita [aori'tita] (*AM*: *fam*) *adv* tout de suite

ahorrar [ao'rrar] *vt* économiser, épargner ; **ahorrarse** *vpr*: **ahorrarse molestias** s'éviter des ennuis ; **~ a algn algo** épargner qch à qn ; **no ~ esfuerzos/sacrificios** ne pas ménager ses efforts/être avare de sacrifices

ahorro [a'orro] *nm* économie *f*, épargne *f* ; **ahorros** *nmpl* économies *fpl*

ahuecar [awe'kar] *vt* (*madera, tronco*) évider ; (*voz*) enfler ▸ *vi*: **¡ahueca!** (*fam*) fous le camp ! ; **ahuecarse** *vpr* (*fig*) être bouffi(e) d'orgueil

ahumar [au'mar] *vt* fumer ; (*llenar de humo*) enfumer ; **ahumarse** *vpr* (*habitación*) se remplir de fumée ; (*comida*) prendre un goût de fumé

ahuyentar [aujen'tar] *vt* (*ladrón, fiera*) mettre en fuite ; (*fig*) chasser

aindiado, -a [ain'djaðo, a] (*AM*) *adj* (*Fisiol*) de type indien

airado, -a [ai'raðo, a] *adj* furieux(-euse)

airar [ai'rar] *vt* (*persona*) irriter, fâcher ; **airarse** *vpr* (*irritarse*) s'irriter, se fâcher

aire ['aire] *nm* (*tb Mús*) air *m* ; **aires** *nmpl*: **darse ~s** se donner des airs ; **al ~ libre** en plein air ; **cambiar de ~s** changer d'air ; **dejar en el ~** laisser sans réponse ; **tener ~ de** avoir l'air de ; **estar en el ~** (*Radio*) être sur les ondes ; (*fig*) être en suspens ; **tener un ~ con** *o* **darse un ~ a** ressembler à ; **tomar el ~** prendre l'air ; **~ acondicionado** air conditionné, climatisation *f* ; **~ popular** (*Mús*) air populaire

airear [aire'ar] *vt* aérer ; (*asunto, secreto*) éventer ; **airearse** *vpr* prendre l'air

airoso, -a [ai'roso, a] *adj*: **salir ~ de algo** bien s'en tirer

aislado, -a [ais'laðo, a] *adj* isolé(e)

aislar [ais'lar] *vt* isoler ; **aislarse** *vpr*: **aislarse (de)** s'isoler (de)

ajardinado, -a [axarði'naðo, a] *adj* aménagé(e) avec des jardins

ajedrez [axe'ðreθ] *nm* échecs *mpl*

ajeno, -a [a'xeno, a] *adj* d'autrui ; **ser ~ a** (*impropio de*) contraire à ; **estar ~ a algo** être étranger(-ère) à qch ; **por razones ajenas a nuestra voluntad** pour des raisons indépendantes de notre volonté

ajetreado, -a [axetre'aðo, a] *adj* (*día*) mouvementé(e)

ajetreo [axe'treo] *nm* agitation *f*

ají [a'xi] (*AM*) *nm* piment *m* rouge ; (*salsa*) sauce *f* au piment

ajo ['axo] *nm* ail *m* ; **estar en el ~** (*fam*) être dans le coup ; **~ blanco** *soupe à l'ail et aux amandes*

ajuar [a'xwar] *nm* (*de casa*) mobilier *m* ; (*de novia*) trousseau *m*

ajustado, -a [axus'taðo, a] *adj* (*ropa*) ajusté(e) ; (*precio*) raisonnable ; (*resultado*) serré(e) ; (*cálculo*) exact(e)

ajustar [axus'tar] *vt* ajuster ; (*reloj, cuenta*) régler ; (*concertar*) convenir de ; (*Tec*) ajuster, régler ; (*Imprenta*) mettre en pages ; (*diferencias*) aplanir ▸ *vi* (*ventana, puerta*) cadrer ; **ajustarse** *vpr*: **ajustarse a** se conformer à ; **~ algo a algo** ajuster qch à qch ; (*fig*) adapter qch à qch ; **~ cuentas con algn** régler ses comptes avec qn

ajuste [a'xuste] *nm* (*de reloj*) réglage *m* ; (*Fin*) fixation *f* (des prix) ; (*acuerdo*) accord *m* ; **~ de cuentas** (*fig*) règlement *m* de comptes

al [al] (= *a* + *el*) *ver* **a**

ala ['ala] *nf* aile *f* ; (*de sombrero*) bord *m* ▸ *nm/f* (*baloncestista*) ailier(-ière) ; **cortar las ~s a algn** mettre des bâtons dans les roues à qn ; **dar ~s a algn** laisser qn faire ce qu'il veut ; **~ delta** deltaplane *m*

alabanza [ala'βanθa] *nf* éloge *m*, louange *f*

alabar [ala'βar] *vt* (*persona*) louer, faire l'éloge de ; (*obra etc*) louer, vanter

alacena [ala'θena] *nf* garde-manger *m inv*

alacrán [ala'kran] *nm* scorpion *m*

alambrada [alam'braða] *nf*, **alambrado** [alam'braðo] *nm* grillage *m*

alambre [a'lambre] *nm* fil *m* de fer ; **~ de púas** fil de fer barbelé

alameda [ala'meða] *nf* peupleraie *f* ; (*lugar de paseo*) promenade *f* (*bordée d'arbres*)

álamo ['alamo] *nm* peuplier *m* ; **~ temblón** tremble *m*

alarde [a'larðe] *nm*: **hacer ~ de** faire étalage de

alargador [alarɣa'ðor] *nm* (*Elec*) rallonge *f*

alargar [alar'ɣar] *vt* rallonger ; (*estancia, vacaciones*) prolonger ; (*brazo*) allonger, tendre ; (*paso*) presser ; **alargarse** *vpr* (*días*) rallonger ; (*discurso, reunión*) se prolonger ; **~ algo a algn** tendre qch à qn ; **alargarse a** *o* **hasta** (*persona*) aller jusqu'à ; **alargarse en** (*explicación*) se perdre en

alarido [ala'riðo] *nm* hurlement *m*

alarma [a'larma] *nf* (*señal de peligro*) alarme *f*, alerte *f* ; **voz de ~** ton *m* alarmé ; **dar/sonar la ~** donner/sonner l'alarme ; **~ de incendios** avertisseur *m* d'incendie

alarmante [alar'mante] *adj* alarmant(e)

alarmar [alar'mar] *vt* alarmer ; **alarmarse** *vpr* s'alarmer

alba ['alβa] *nf* aube *f*

albacea [alβa'θea] *nm/f* exécuteur(-trice) testamentaire

albahaca [al'βaka] *nf* basilic *m*

Albania [al'βanja] *nf* Albanie *f*

albañil [alβa'ɲil] *nm/f* maçon(ne)

albarán [alβa'ran] *nm* bordereau *m*

albaricoque [alβari'koke] *nm* abricot *m*

albedrío [alβe'ðrio] *nm*: **libre ~** libre arbitre *m*

alberca [al'βerka] *nf* réservoir *m* d'eau ; (*AM*) piscine *f*

albergar [alβer'ɣar] *vt* héberger ; (*esperanza*) nourrir ; **albergarse** *vpr* s'abriter ; (*alojarse*) se faire héberger, loger

albergue [al'βerɣe] *vb ver* **albergar** ▶ *nm* abri *m* ; **~ juvenil** *o* **de juventud** auberge *f* de jeunesse

albóndigas [al'βondiɣas] *nfpl* boulettes *fpl* de viande

albornoz [alβor'noθ] *nm* (*para el baño*) peignoir *m* ; (*de los árabes*) burnous *msg*

alborotar [alβoro'tar] *vt* agiter ; (*amotinar*) ameuter ▶ *vi* faire du tapage ; **alborotarse** *vpr* s'agiter

alboroto [alβo'roto] *nm* tapage *m*

alborozar [alβoro'θar] *vt* réjouir ; **alborozarse** *vpr* se réjouir

alborozo [alβo'roθo] *nm* réjouissance *f*

álbum ['alβum] (*pl* **álbums** *o* **álbumes**) *nm* album *m* ; **~ de recortes** recueil *m* de coupures de journaux

alcachofa [alka'tʃofa] *nf* artichaut *m* ; **~ de ducha/de regadera** pomme *f* de douche/d'arrosoir

alcalde, -esa [al'kalde, alkal'desa] *nm/f* maire *m/f*

alcaldía [alkal'dia] *nf* mairie *f*

alcance [al'kanθe] *vb ver* **alcanzar** ▶ *nm* portée *f* ; (*Com*) solde *m* débiteur ; **al ~ de la mano** à portée de main ; **estar a/fuera de mi** *etc* **~** être/ne pas être à ma *etc* portée ; **de gran ~** (*Mil*) longue portée ; (*fig*) de grande importance

alcantarilla [alkanta'riʎa] *nf* (*subterránea*) égout *m* ; (*en la calle*) caniveau *m*

alcanzar [alkan'θar] *vt* atteindre ; (*persona*) rattraper ; (*autobús*) attraper ; (*AM*: *entregar*) passer ▶ *vi* être suffisant(e) ; (*para todos*) suffire ; **~ a hacer** arriver à faire

alcaparra [alka'parra] *nf* câpre *f*

alcaucil [alkau'θil] (*CSur*) *nm* (*alcachofa*) artichaut *m*

alcayata [alka'jata] *nf* (*clavo*) piton *m*

alcázar [al'kaθar] *nm* citadelle *f* ; (*Náut*) dunette *f*

alcoba [al'koβa] *nf* alcôve *f*

alcohol [al'kol] *nm* alcool *m* ; **~ metílico** alcool à brûler ; **no bebe ~** il ne boit pas d'alcool

alcohólico, -a [al'koliko, a] *adj, nm/f* alcoolique *m/f* ; **~s anónimos** ligue *fsg* des alcooliques anonymes

alcoholímetro [alko'limetro] *nm* alcoomètre *m*

alcoholismo [alko'lismo] *nm* alcoolisme *m*

alcornoque [alkor'noke] *nm* chêne-liège *m* ; (*fam*) andouille *f*

alcurnia [al'kurnja] *nf* noble lignée *f*

aldaba [al'daβa] *nf* heurtoir *m*

aldea [al'dea] *nf* hameau *m*

aldeano, -a [alde'ano, a] *adj, nm/f* villageois(e)

aleación [alea'θjon] *nf* alliage *m*

aleatorio, -a [alea'torjo, a] *adj* aléatoire ; **acceso ~** (*Inform*) accès *msg* aléatoire

aleccionar [alekθjo'nar] *vt* instruire ; (*regañar*) faire la leçon à

alegación [aleɣa'θjon] *nf* allégation *f*

alegar [ale'ɣar] *vt* alléguer ▶ *vi* (*AM*) discuter ; **~ que ...** alléguer que ...

alegato [ale'ɣato] *nm* plaidoyer *m* ; (*AM*) discussion *f*

alegoría [aleɣo'ria] *nf* allégorie *f*

alegrar [ale'ɣrar] *vt* réjouir ; (*casa*) égayer ; (*fiesta*) animer ; (*fuego*) attiser ; **alegrarse** *vpr* (*fam*) se griser ; **alegrarse de** se réjouir de

alegre [a'leɣre] *adj* gai(e), joyeux(-euse) ; (*fam: con vino*) éméché(e)

alegría [ale'ɣria] *nf* joie *f*, gaieté *f* ; **~ vital** joie de vivre

alejamiento [alexa'mjento] *nm* éloignement *m*

alejar [ale'xar] *vt* éloigner ; (*ideas*) repousser ; **alejarse** *vpr* s'éloigner

alemán, -ana [ale'man, ana] *adj* allemand(e) ▸ *nm/f* Allemand(e) ▸ *nm* (*Ling*) allemand *m*

Alemania [ale'manja] *nf* Allemagne *f*

alentador, a [alenta'ðor, a] *adj* encourageant(e)

alentar [alen'tar] *vt* encourager

alergia [a'lerxja] *nf* allergie *f*

alero [a'lero] *nm* auvent *m* ; (*Deporte*) ailier *m* ; (*Auto*) garde-boue *m inv*

alerta [a'lerta] *adj inv* vigilant(e) ▸ *nf* alerte *f* ▸ *adv*: **estar** *o* **mantenerse ~** être sur ses gardes

aleta [a'leta] *nf* (*pez*) nageoire *f* ; (*foca*) aileron *m* ; (*nariz*) aile *f* ; (*Deporte*) palme *f* ; (*Auto*) garde-boue *m inv*

aletargar [aletar'ɣar] *vt* endormir ; **aletargarse** *vpr* s'assoupir

aletear [alete'ar] *vi* (*ave*) battre des ailes ; (*pez*) battre des nageoires ; (*individuo*) agiter les bras

alevín [ale'βin] *nm* alevin *m*

alfabeto [alfa'βeto] *nm* alphabet *m*

alfajor [alfa'xor] *nm* (*CSur: dulce*) *biscuit fourré*

alfalfa [al'falfa] *nf* luzerne *f*

alfarería [alfare'ria] *nf* poterie *f* ; (*tienda*) magasin *m* de poterie

alfarero, -a [alfa'rero, a] *nm/f* potier(-ière)

alféizar [al'feiθar] *nm* embrasure *f*

alférez [al'fereθ] *nm/f* (*Mil*) sergent(e)

alfil [al'fil] *nm* (*Ajedrez*) fou *m*

alfiler [alfi'ler] *nm* épingle *f* ; (*broche*) broche *f* ; **prendido con ~es** précaire ; **~ de corbata** épingle de cravate ; **~ de gancho** (*AM: imperdible grande*) (grande) épingle de nourrice

alfiletero [alfile'tero] *nm* porte-aiguilles *m inv*

alfombra [al'fombra] *nf* tapis *msg*

alfombrar [alfom'brar] *vt* recouvrir d'un tapis

alfombrilla [alfom'briʎa] *nf* carpette *f* ; (*Inform*) tapis *m* de souris

alforja [al'forxa] *nf* sacoche *f*

algarabía [alɣara'βia] (*fam*) *nf* brouhaha *m*

alga ['alɣa] *nf* algue *f*

álgebra ['alxeβra] *nf* algèbre *f*

álgido, -a ['alxiðo, a] *adj* crucial(e)

algo ['alɣo] *pron* quelque chose ; (*una cantidad pequeña*) un peu ▸ *adv* un peu, assez ; **~ así (como)** quelque chose comme ; **~ es ~** c'est toujours ça de pris ; **¿~ más?** c'est tout ? ; (*en tienda*) et avec ceci ? ; **por ~ será** il y a bien une raison ; **es ~ difícil** c'est un peu difficile

algodón [alɣo'ðon] *nm* coton *m* ; **~ de azúcar** barbe *f* à papa ; **~ hidrófilo** coton hydrophile

algodonero, -a [alɣoðo'nero, a] *adj* cotonnier(-ière) ▸ *nm* (*Bot*) cotonnier *m*

alguacil [alɣwa'θil] *nm/f* (*de juzgado*) huissier(-ière) ; (*de ayuntamiento*) employé(e) municipal(e) ; (*Taur*) officiel(le) à cheval

alguien ['alɣjen] *pron* quelqu'un

algún [al'ɣun] *adj ver* **alguno**

alguno, -a [al'ɣuno, a] (*antes de nmsg* **algún**) *adj* quelque, un (une) ; (*después de n*): **no tiene talento ~** il n'a aucun talent ▸ *pron* quelqu'un ; **~ de ellos** l'un d'eux ; **algún que otro libro** quelques livres ; **algún día iré** j'irai un jour ; **sin interés ~** sans aucun intérêt ; **~ que otro** quelque ; **~s piensan** certains pensent

alhaja [a'laxa] *nf* joyau *m* ; (*persona*) perle *f* ; (*niño*) bijou *m*

alhelí [ale'li] *nm* giroflée *f*

aliado, -a [a'ljaðo, a] *adj, nm/f* allié(e) ▸ *nm* (*Chi: Culin*) sandwich *m* mixte ; (*bebida*) mélange *m*

alianza [a'ljanθa] *nf* alliance *f*

aliarse [alj'arse] *vpr*: **~ (con/a)** s'allier (à)

alias ['aljas] *adv* alias

alicates [ali'kates] *nmpl* pince *fsg* ; **~ de uñas** coupe-ongles *m inv*

aliciente [ali'θjente] *nm* stimulant *m* ; (*atractivo*) attrait *m*, charme *m*
alienación [aljena'θjon] *nf* aliénation *f*
aliento [a'ljento] *vb ver* **alentar** ▶ *nm* haleine *f* ; (*fig*) courage *m* ; **sin ~** hors d'haleine
aligerar [alixe'rar] *vt* alléger ; (*dolor*) soulager ; **aligerarse** *vpr*: **aligerarse de** (*ropa*) enlever ; (*prejuicios*) se débarrasser de ; **~ el paso** presser le pas
alijo [a'lixo] *nm* marchandise *f* de contrebande
alimaña [ali'maɲa] *nf* animal *m* nuisible
alimentación [alimenta'θjon] *nf* alimentation *f* ; **tienda de ~** magasin *m* d'alimentation ; **~ continua** alimentation en continu
alimentar [alimen'tar] *vt* nourrir, alimenter ▶ *vi* être nourrissant(e) ; **alimentarse** *vpr*: **alimentarse de** *o* **con** s'alimenter de
alimenticio, -a [alimen'tiθjo, a] *adj* (*sustancia*) alimentaire ; (*nutritivo*) nourrissant(e)
alimento [ali'mento] *nm* aliment *m* ; **alimentos** *nmpl* (*Jur*) aliments *mpl*
alineación [alinea'θjon] *nf* alignement *m* ; (*Deporte*) formation *f*
alinear [aline'ar] *vt* aligner ; (*Deporte*) faire jouer ; **alinearse** *vpr* s'aligner ; (*Deporte*) rentrer
aliñar [ali'ɲar] *vt* assaisonner
aliño [a'liɲo] *nm* assaisonnement *m*
alisador [alisa'dor] *nm* (*de pelo*) lisseur *m*
alisar [ali'sar] *vt* lisser ; (*madera*) polir
alistar [ali'star] *vt* inscrire (*sur une liste*) ; (*Mil*) enrôler, recruter ; **alistarse** *vpr* s'inscrire ; (*Mil*) s'enrôler ; (*AM*: *prepararse*) se préparer
aliviar [ali'βjar] *vt* (*carga*) alléger ; (*persona*) soulager
alivio [a'liβjo] *nm* soulagement *m*
aljibe [al'xiβe] *nm* citerne *f*
allá [a'ʎa] *adv* là-bas ; (*por ahí*) par là ; **~ abajo/arriba** tout en bas/en haut ; **hacia ~** par là-bas ; **más ~** plus loin ; **más ~ de** au-delà de ; **~ por** vers ; **¡~ tú!** tant pis pour toi ! ; **el más ~** l'au-delà *m*
allanamiento [aʎana'mjento] *nm*: **~ de morada** violation *f* de domicile
allanar [aʎa'nar] *vt* aplanir ; (*muro*) raser ; (*obstáculos*) surmonter ; (*entrar a la fuerza en*) forcer ; (*Jur*) rentrer par effraction ; **allanarse** *vpr*: **allanarse a** se soumettre à
allegado, -a [aʎe'ɣaðo, a] *adj* partisan(e) ▶ *nm/f* proche parent(e)
allí [a'ʎi] *adv* (*lugar*) là ; **~ mismo** là précisément ; **por ~** par là
alma ['alma] *nf* (*tb Tec*) âme *f* ; (*de negocio*) nœud *m* ; (*de fiesta*) clou *m* ; (*de reunión*) objet *m* principal ; **se le cayó el ~ a los pies** il s'est effondré ; **entregar el ~** rendre l'âme ; **estar con el ~ en la boca** être à l'agonie ; **tener el ~ en un hilo** être mort(e) d'inquiétude ; **estar como ~ en pena** être comme une âme en peine ; **ir como ~ que lleva el diablo** courir comme un(e) dératé(e) ; **lo agradezco/lo siento en el ~** je vous remercie/je le regrette infiniment ; **no puedo con mi ~** je n'en peux plus (de fatigue) ; **con toda el ~** du fond du cœur
almacén [alma'θen] *nm* (*tb Mil*) magasin *m* ; (*al por mayor*) magasin de gros ; (*AM*) épicerie *f* ; **(grandes) almacenes** grands magasins *mpl* ; **~ depositario** (*Com*) dépôt *m*
almacenaje [almaθe'naxe] *nm* emmagasinage *m*, stockage *m* ; **~ secundario** (*Inform*) mémoire *f* auxiliaire
almacenar [almaθe'nar] *vt* emmagasiner, stocker ; (*Inform*) mémoriser
almacenero, -a [almaθe'nero, a] (*AM*) *nm/f* épicier(-ière)
almanaque [alma'nake] *nm* almanach *m*
almeja [al'mexa] *nf* (*Zool*) clovisse *f* ; (*Culin*) palourde *f*
almendra [al'mendra] *nf* amande *f* ; **~s garrapiñadas** pralines *fpl*
almendro [al'mendro] *nm* amandier *m*
almíbar [al'miβar] *nm* sirop *m* ; **en ~** au sirop
almidón [almi'ðon] *nm* amidon *m*
almirante [almi'rante] *nm/f* amiral(e)
almirez [almi'reθ] *nm* mortier *m*
almizcle [al'miθkle] *nm* musc *m*
almohada [almo'aða] *nf* oreiller *m* ; (*funda*) taie *f* d'oreiller ; **lo consultaré** *etc* **con la ~** la nuit porte conseil
almohadilla [almoa'ðiʎa] *nf* (*para sentarse*) coussinet *m* ; (*para planchar*) pattemouille *f* ; (*para sellar*) tampon *m* encreur ;

(*en los arreos*) tapis *msg* de selle ; (AM) pelote *f* à épingles ; (*tecla*) touche *f* dièse

almohadón [almoa'ðon] *nm* coussin *m* ; (*funda de almohada*) taie *f* d'oreiller

almorranas [almo'rranas] *nfpl* hémorroïdes *fpl*

almorzar [almor'θar] *vt*: **~ una tortilla** déjeuner d'une omelette ▶ *vi* déjeuner

almuerzo [al'mwerθo] *vb ver* **almorzar** ▶ *nm* déjeuner *m*

aló [a'lo] (AM) *excl* (*Telec*) allô !

alocado, -a [alo'kaðo, a] *adj* écervelé(e) ; (*acción*) irréfléchi(e)

alojamiento [aloxa'mjento] *nm* logement *m* ; (*de visitante*) hébergement *m*

alojar [alo'xar] *vt* loger ; **alojarse** *vpr* se loger ; **alojarse en** (*suj*: *bala, proyectil*) se loger dans

alondra [a'londra] *nf* alouette *f*

alpargata [alpar'ɣata] *nf* espadrille *f*

Alpes ['alpes] *nmpl*: **los ~** les Alpes *fpl*

alpinismo [alpi'nismo] *nm* alpinisme *m*

alpinista [alpi'nista] *nm/f* alpiniste *m/f*

alpiste [al'piste] *nm* alpiste *m* ; (AM: *fam*: *dinero*) fric *m*

alquilar [alki'lar] *vt* louer ; **« se alquila casa »** « maison à louer »

alquiler [alki'ler] *nm* location *f* ; (*precio*) loyer *m* ; **de ~** à louer ; **~ de coches** location de voitures

alquimia [al'kimja] *nf* alchimie *f*

alquitrán [alki'tran] *nm* goudron *m*

alrededor [alreðe'ðor] *adv* autour ; **alrededores** *nmpl* environs *mpl* ; **~ de** autour de ; (*aproximadamente*) environ ; **a su ~** autour de lui ; **mirar a su** *etc* **~** regarder autour de soi *etc*

alta ['alta] *nf*: **dar a algn de ~** *o* **dar el ~ a algn** (*Med*) déclarer qn guéri ; (*en empleo*) autoriser qn à reprendre son travail (*après un congé de maladie*) ; **darse de ~** (*en club, asociación*) devenir membre, s'inscrire ; (*en la Seguridad Social*) s'immatriculer

altanería [altane'ria] *nf* arrogance *f* ; (*de aves*) haut vol *m*

altanero, -a [altanero, a] *adj* hautain(e)

altar [al'tar] *nm* autel *m* ; **~ mayor** maître-autel *m*

altavoz [alta'βoθ] *nm* haut-parleur *m*

alteración [altera'θjon] *nf* altération *f* ; (*alboroto*) altercation *f* ; (*agitación*) agitation *f* ; **~ del orden público** trouble *m* de l'ordre public

alterar [alte'rar] *vt* modifier ; (*persona*) perturber ; (*alimentos, medicinas*) altérer ; **alterarse** *vpr* (*persona*) se troubler ; (*enfadarse*) se fâcher ; **~ el orden público** troubler l'ordre public

altercado [alter'kaðo] *nm* altercation *f*

alternar [alter'nar] *vt*: **~ algo con** *o* **y algo** alterner une chose et une autre ▶ *vi* fréquenter des gens ; **alternarse** *vpr* se relayer ; **~ con** fréquenter

alternativa [alterna'tiβa] *nf* alternative *f* ; **no tener otra ~** ne pas avoir le choix ; **tomar la ~** (*Taur*) recevoir l'alternative

alternativo, -a [alterna'tiβo, a] *adj* alternatif(-ive) ; (*hojas, ángulo*) alterne

alterno, -a [al'terno, a] *adj* (*Elec*) alternatif(-ive) ; (*Bot, Mat*) alterne ; **en días ~s** un jour sur deux

alteza [al'teθa] *nf* altesse *f* ; **su A~ Real** Son Altesse Royale

altibajos [alti'βaxos] *nmpl* (*del terreno*) inégalités *fpl* ; (*fig*) des hauts et des bas *mpl*

altillo [al'tiʎo] (AM) *nm* combles *mpl*

altiplanicie [altipla'niθje] *nf* haut plateau *m*

altiplano [alti'plano] *nm* = **altiplanicie**

altisonante [altiso'nante] *adj* ronflant(e)

altitud [alti'tuð] *nf* altitude *f* ; **a una ~ de** à une altitude de

altivez [alti'βeθ] *nf* hauteur *f*, morgue *f*

altivo, -a [al'tiβo, a] *adj* hautain(e), altier(-ière)

alto, -a ['alto, a] *adj* haut(e) ; (*persona*) grand(e) ; (*sonido*) aigu(ë) ; (*precio, ideal, clase*) élevé(e) ▶ *nm* haut *m* ; (AM) tas *msg* ; (*Mús*) alto *m* ▶ *adv* haut ; (*río*) en crue ▶ *excl* halte ! ; **la pared tiene dos metros de ~** le mur fait deux mètres de haut ; **alta costura** haute couture ; **alta fidelidad/ frecuencia** haute fidélité/fréquence ; **en alta mar** en haute mer ; **alta tensión** haute tension ; **en voz alta** à voix haute ; **a altas horas de la noche** à une heure avancée de la nuit ; **en lo ~ de** en haut de, tout en haut de ; **hacer un ~** faire une halte ; **pasar por ~** passer outre ; **por todo lo ~** en grande pompe ; **poner la radio más ~** mettre la radio plus fort ; **¡más ~, por favor!** plus fort, s'il vous plaît ! ; **declarar/respetar el ~ el fuego** déclarer/observer le cessez-le-feu ; **dar el ~** crier « Halte-là ! »

altoparlante [altopar'lante] (AM) *nm* haut-parleur *m*

altruismo [al'truismo] *nm* altruisme *m*

altura [al'tura] *nf* hauteur *f* ; (*de persona*) taille *f* ; (*altitud*) altitude *f* ; **alturas** *nfpl* hauteurs *fpl* ; (*cielo*) cieux *mpl* ; **la pared tiene 1.80 de ~** le mur fait 1 mètre 80 de hauteur *o* de haut ; **a estas ~s del año** à cette époque de l'année ; **estar a la ~ de las circunstancias** être à la hauteur des circonstances ; **ha sido un partido de gran ~** cela a été un grand match ; **a estas ~s** à l'heure qu'il est

alubias [a'luβjas] *nfpl* haricots *mpl*

alucinación [aluθina'θjon] *nf* hallucination *f*

alucinar [aluθi'nar] *vi* avoir des hallucinations ▸ *vt* : **me alucina este guitarrista** je trouve ce guitariste incroyable

alud [a'luð] *nm* avalanche *f*

aludir [alu'ðir] *vi* : **~ a** faire allusion à ; **darse por aludido** se sentir visé

alumbrado [alum'braðo] *nm* éclairage *m*

alumbramiento [alumbra'mjento] *nm* accouchement *m*

alumbrar [alum'brar] *vt* éclairer ; (*Med*) accoucher de ▸ *vi* éclairer

aluminio [alu'minjo] *nm* aluminium *m*

alumno, -a [a'lumno, a] *nm/f* élève *m/f*

alunizar [aluni'θar] *vi* alunir ; **~ en (un lugar)** (*robar*) attaquer (un lieu) à la voiture bélier

alusión [alu'sjon] *nf* allusion *f* ; **hacer ~ a** faire allusion à

aluvión [alu'βjon] *nm* (*de agua*) inondation *f* ; (*de gente, noticias*) déluge *m* ; **~ de improperios** torrent *m* d'injures

alverja [al'verxa] (AM) *nf* pois *msg* de senteur

alza ['alθa] *nf* hausse *f* ; **estar en ~** (*precio*) être en hausse ; (*estimación*) être bien coté(e) ; **jugar al ~** jouer à la hausse ; **cotizarse en ~** être coté(e) à la hausse ; **~ telescópica** hausse télescopique ; **~s fijas/graduables** hausses fixes/graduées

alzada [al'θaða] *nf* (*de caballos*) hauteur *f* au garrot ; **recurso de ~** (*Jur*) recours *msg* hiérarchique

alzamiento [alθa'mjento] *nm* (*rebelión*) soulèvement *m* ; (*de precios*) relèvement *m* ; (*de muro*) élévation *f* ; (*en subasta*) surenchère *f*

alzar [al'θar] *vt* (*tb castigo*) lever ; (*precio, muro, monumento*) élever ; (*cuello de abrigo*) relever ; (*poner derecho*) redresser ; (*Agr*) rentrer ; (*Tip*) assembler ; **alzarse** *vpr* s'élever ; (*rebelarse*) se soulever ; (*Com*) faire banqueroute ; (*Jur*) interjeter appel ; **~ la voz** élever la voix ; **alzarse con el premio** remporter le gros lot ; **alzarse en armas** prendre les armes

ama ['ama] *nf* maîtresse *f* (de maison), propriétaire *f* ; (*criada*) gouvernante *f* ; (*madre adoptiva*) mère *f* adoptive ; **~ de casa** ménagère *f* ; **~ de cría** *o* **leche** nourrice *f* ; **~ de llaves** gouvernante

amabilidad [amaβili'ðað] *nf* amabilité *f*

amable [a'maβle] *adj* aimable ; **es usted muy ~** c'est très aimable à vous

amaestrado, -a [amaes'traðo, a] *adj* dressé(e)

amaestrar [amaes'trar] *vt* dresser

amago [a'maɣo] *nm* menace *f* ; (*gesto*) ébauche *f*, commencement *m* ; (*Med*) symptôme *m* ; **hizo un ~ de levantarse** il commença à se lever

amainar [amai'nar] *vt* (*Náut*) amener ▸ *vi* tomber

amalgama [amal'ɣama] *nf* amalgame *m*

amalgamar [amalɣa'mar] *vt* amalgamer

amamantar [amaman'tar] *vt* allaiter, donner le sein à

amanecer [amane'θer] *vi* : **amanece** le jour se lève ▸ *nm* lever *m* du jour ; **el niño amaneció con fiebre** l'enfant s'est réveillé avec de la fièvre ; **amanecimos en Lugo** à l'aube nous sommes arrivés à Lugo

amanerado, -a [amane'raðo, a] *adj* maniéré(e) ; (*lenguaje*) affecté(e)

amansar [aman'sar] *vt* apprivoiser ; (*persona*) amadouer, calmer ; **amansarse** *vpr* (*persona*) se calmer ; (*aguas, olas*) s'apaiser

amante [a'mante] *adj* : **~ de** amoureux(-euse) de ▸ *nm/f* amant (maîtresse)

amapola [ama'pola] *nf* coquelicot *m*

amar [a'mar] *vt* aimer

amargado, -a [amar'ɣaðo, a] *adj* amer(-ère), aigri(e)

amargar [amar'ɣar] *vt* (*comida*) rendre amer(-ère) ; (*fig: estropear*) gâcher ▸ *vi* (*naranja*) se gâter ; **amargarse** *vpr* s'aigrir ; **~ la vida a algn** empoisonner la vie de qn
amargo, -a [a'marɣo, a] *adj* amer(-ère)
amargura [amar'ɣura] *nf* (*tristeza*) chagrin *m* ; (*sabor*) amertume *f*
amarillento, -a [amari'ʎento, a] *adj* jaunâtre ; (*tez*) jaune
amarillo, -a [ama'riʎo, a] *adj* (*color*) jaune ▸ *nm* jaune *m* ; **la prensa amarilla** la presse à sensation
amarra [a'marra] *nf* amarre *f*; **amarras** *nfpl* piston *msg* ; **tener buenas ~s** être pistonné(e) ; **soltar ~s** larguer les amarres
amarrar [ama'rrar] *vt* (*Náut*) amarrer ; (*atar*) ficeler, ligoter
amarrete [ama'rrete] (*CSur: fam*) *adj* (*tacaño*) avare
amasar [ama'sar] *vt* (*masa*) pétrir ; (*yeso, mortero*) gâcher ; (*fig*) tramer ; **~ una fortuna** amasser une fortune
amasijo [ama'sixo] *nm* (*fig*) ramassis *msg* ; (*Culin*) pétrissage *m*
amateur [ama'ter] *nm/f* amateur(-trice)
amazona [ama'θona] *nf* amazone *f*, cavalière *f*
Amazonas [ama'θonas] *nm*: **el (Río) ~** l'Amazone *f*
ambages [am'baxes] *nmpl*: **sin ~** sans ambages
ámbar ['ambar] *nm* ambre *m* (jaune)
ambición [ambi'θjon] *nf* ambition *f*
ambicionar [ambiθjo'nar] *vt* ambitionner ; **~ hacer** ambitionner de faire
ambicioso, -a [ambi'θjoso, a] *adj* ambitieux(-euse)
ambidextro, -a [ambi'ðekstro, a] *adj* ambidextre
ambientación [ambjenta'θjon] *nf* (*Cine, Teatro, TV*) cadre *m*
ambiente [am'bjente] *nm* (*atmósfera, tb fig*) atmosphère *f* ; (*entorno*) milieu *m*
ambigüedad [ambiɣwe'ðað] *nf* ambiguïté *f*
ambiguo, -a [am'biɣwo, a] *adj* ambigu(ë)
ámbito ['ambito] *nm* domaine *m* ; (*fig*) cercle *m*
ambos, -as ['ambos, as] *adj pl* les deux ▸ *pron pl* tous (toutes) les deux
ambulancia [ambu'lanθja] *nf* ambulance *f*
ambulante [ambu'lante] *adj* ambulant(e)
ambulatorio, -a [ambula'torio, a] *nm* centre *m* médical ▸ adj (*Med*) ambulatoire; **cirugía ambulatoria** chirurgie *f* ambulatoire; **medicina ambulatoria** médecine *f* ambulatoire
amedrentar [ameðren'tar] *vt* effrayer ; **amedrentarse** *vpr* s'effrayer
amén [a'men] *excl* amen ! ; **~ de** outre ; **en un decir ~** en un clin d'œil ; **decir ~ a todo** dire amen à tout
amenaza [ame'naθa] *nf* menace *f*
amenazar [amena'θar] *vt* menacer ; **~ con (hacer)** menacer de (faire) ; **~ de muerte** menacer de mort
amenidad [ameni'ðað] *nf* aménité *f*
ameno, -a [a'meno, a] *adj* amène
América [a'merika] *nf* Amérique *f*; **~ Central/Latina** Amérique centrale/latine ; **~ del Norte/del Sur** Amérique du Nord/du Sud
americana [ameri'kana] *nf* veste *f*
americano, -a [ameri'kano, a] *adj* américain(e) ▸ *nm/f* Américain(e)
ameritar [ameri'tar] (*esp Méx*) *vt* (*merecer*) mériter
ametralladora [ametraʎa'ðora] *nf* mitrailleuse *f*
amianto [a'mjanto] *nm* amiante *m*
amigable [ami'ɣaβle] *adj* amical(e)
amígdala [a'miɣðala] *nf* amygdale *f*
amigdalitis [amiɣða'litis] *nf* amygdalite *f*
amigo, -a [a'miɣo, a] *adj* ami(e) ▸ *nm/f* (*gen*) ami(e) ; (*amante*) petit(e) ami(e) ; **añadir a la lista de ~s** (*en redes sociales*) ajouter à sa liste d'amis; **hacerse ~s** devenir amis ; **ser ~ de algo** être amateur(-trice) de qch ; **ser muy ~s** être très amis ; **~ corresponsal** correspondant(e) ; **~ íntimo(-a)** *o* **de confianza** ami(e) intime
amilanar [amila'nar] *vt* effrayer ; **amilanarse** *vpr* s'effrayer
aminorar [amino'rar] *vt* (*velocidad etc*) ralentir ▸ *vi* (*calor, odio*) diminuer
amistad [amis'tað] *nf* amitié *f*; **amistades** *nfpl* (*amigos*) amis *mpl* ; **romper las ~es** se brouiller ; **trabar ~ con** se lier d'amitié avec
amistoso, -a [ami'stoso, a] *adj* amical(e)
amnesia [am'nesja] *nf* amnésie *f*

amnistía [amnis'tia] *nf* amnistie *f*
amo ['amo] *nm* (*dueño*) maître *m* (de maison), propriétaire *m* ; (*jefe*) patron *m* ; **hacerse el ~ (de algo)** prendre la direction (de qch)
amodorrarse [amoðo'rrarse] *vpr* s'assoupir
amoldar [amol'dar] *vt*: **~ a** adapter à ; **amoldarse** *vpr*: **amoldarse a** (*prenda, zapatos*) prendre la forme de ; (*persona*) s'adapter à
amonestación [amonesta'θjon] *nf* admonestation *f* ; **amonestaciones** *nfpl* (*Rel*) bans *mpl*
amonestar [amone'star] *vt* admonester ; (*Rel*) publier les bans de
amontonar [amonto'nar] *vt* entasser, amonceler ; (*riquezas etc*) accumuler, amasser ; **amontonarse** *vpr* (*gente*) se masser ; (*hojas, nieve etc*) s'entasser ; (*trabajo*) s'accumuler
amor [a'mor] *nm* amour *m* ; **de mil ~es** très volontiers ; **hacer el ~** faire l'amour ; (*cortejar*) faire la cour ; **tener ~es con algn** avoir une liaison avec qn ; **hacer algo por ~ al arte** faire qch pour l'amour de l'art ; **¡por (el) ~ de Dios!** pour l'amour de Dieu ! ; **estar al ~ de la lumbre** être au coin du feu ; **~ interesado/libre/platónico** amour intéressé/libre/platonique ; **~ a primera vista** coup *m* de foudre ; **~ propio** amour-propre *m*
amoratado, -a [amora'taðo, a] *adj* (*por frío*) violacé(e) ; (*por golpes*) couvert(e) de bleus ; **ojo ~** œil *m* au beurre noir
amordazar [amorða'θar] *vt* bâillonner ; (*fig*) faire taire
amorfo, -a [a'morfo, a] *adj* amorphe
amoroso, -a [amo'roso, a] *adj* amoureux(-euse) ; (*carta*) d'amour
amortiguador [amortiɣwa'ðor] *nm* (*dispositivo*) amortisseur *m* ; (*parachoques*) pare-chocs *m inv* ; (*silenciador*) silencieux *msg* ; **amortiguadores** *nmpl* (*Auto*) suspension *fsg*
amortiguar [amorti'ɣwar] *vt* amortir ; (*dolor*) atténuer ; (*color*) neutraliser ; (*luz*) baisser
amortización [amortiθa'θjon] *nf* amortissement *m*
amotinar [amoti'nar] *vt* ameuter ; **amotinarse** *vpr* se mutiner
AMPA ['ampa] *sigla f* (*Esp*) (= *Asociación de Madres y Padres de Alumnos*) ≈ association *f* de parents d'élèves
amparar [ampa'rar] *vt* secourir ; (*suj: ley*) protéger ; **ampararse** *vpr* se mettre à l'abri ; **ampararse en** (*ley, costumbre*) se prévaloir de
amparo [am'paro] *nm* protection *f* ; **al ~ de** à la faveur de
amperio [am'perjo] *nm* ampère *m*
ampliación [amplja'θjon] *nf* agrandissement *m* ; (*de capital*) augmentation *f* ; (*de estudios*) approfondissement *m* ; (*cosa añadida*) extension *f*
ampliar [am'pljar] *vt* agrandir ; (*estudios*) approfondir ; (*sonido*) amplifier
amplificación [amplifika'θjon] *nf* amplification *f*
amplificador [amplifika'ðor] *nm* amplificateur *m*
amplificar [amplifi'kar] *vt* amplifier
amplio, -a ['ampljo, a] *adj* (*habitación*) vaste ; (*ropa, consecuencias*) ample ; (*calle*) large
amplitud [ampli'tuð] *nf* étendue *f* ; (*Fís*) amplitude *f* ; **de gran ~** de grande envergure ; **~ de miras** largeur *f* d'esprit
ampolla [am'poʎa] *nf* ampoule *f*
ampuloso, -a [ampu'loso, a] *adj* ampoulé(e)
amputar [ampu'tar] *vt* amputer
amueblar [amwe'βlar] *vt* meubler
amuleto [amu'leto] *nm* amulette *f*
anacronismo [anakro'nismo] *nm* anachronisme *m*
anales [a'nales] *nmpl* annales *fpl*
analfabetismo [analfaβe'tismo] *nm* analphabétisme *m*
analfabeto, -a [analfa'βeto, a] *adj, nm/f* analphabète *m/f*
analgésico [anal'xesiko] *nm* analgésique *m*
análisis [a'nalisis] *nm inv* analyse *f* ; **~ clínico** analyse médicale ; **~ de costos-beneficios** analyse coûts-avantages ; **~ de mercado** étude *f* de marché ; **~ de sangre** analyse de sang
analista [ana'lista] *nm/f* analyste *m/f* ; **~ de sistemas** (*Inform*) analyste-programmeur(-euse)
analizar [anali'θar] *vt* analyser
analogía [analo'xia] *nf* analogie *f* ; **por ~ con** par analogie avec

analógico, -a [ana'loxico, a] *adj* analogique

análogo, -a [a'naloɣo, a] *adj* analogue ; **~ a** analogue à

anaquel [ana'kel] *nm* étagère *f*

anaranjado, -a [anaran'xaðo, a] *adj* orangé(e)

anarquía [anar'kia] *nf* anarchie *f*

anarquismo [anar'kismo] *nm* anarchisme *m*

anarquista [anar'kista] *nm/f* anarchiste *m/f*

anatomía [anato'mia] *nf* anatomie *f*

anca ['anka] *nf* (*de animal*) croupe *f* ; **ancas** *nfpl* (*fam*) fesses *fpl* ; **~s de rana** (*Culin*) cuisses *fpl* de grenouille

ancestro [an'θestro] (*esp AM*) *nm* ancêtre *m/f*

ancho, -a ['antʃo, a] *adj* large ▸ *nm* largeur *f* ; (*Ferro*) écartement *m* ; **~ de miras** large d'esprit ; **a lo ~** sur toute la largeur ; **me está** *o* **queda ~ el vestido** je nage dans cette robe ; **estar a sus anchas** être à l'aise ; **ir muy ~** prendre de grands airs ; **ponerse ~** prendre un air de supériorité ; **quedarse tan ~** ne pas se décontenancer ; **le viene muy ~ el cargo** il n'est pas à la hauteur pour ce poste

anchoa [an'tʃoa] *nf* anchois *msg*

anchura [an'tʃura] *nf* largeur *f*

anciano, -a [an'θjano, a] *adj* vieux (vieille) ▸ *nm/f* personne *f* âgée

ancla ['ankla] *nf* ancre *f* ; **echar/levar ~s** jeter/lever l'ancre

anclar [an'klar] *vi* mouiller l'ancre

Andalucía [andalu'θia] *nf* Andalousie *f*

andaluz, a [anda'luθ, a] *adj* andalou(se) ▸ *nm/f* Andalou(se)

andamiaje [anda'mjaxw] *nm* échafaudage *m*

andamio [an'damjo] *nm* échafaudage *m*

andar [an'dar]

▸ *vt* parcourir

▸ *vi* **1** (*persona, animal*) marcher ; (*coche*) rouler ; **andar a caballo/en bicicleta** aller à cheval/à vélo

2 (*funcionar: máquina, reloj*) marcher

3 (*estar*) être ; **¿qué tal andas?** comment vas-tu ? ; **andar mal de dinero/de tiempo** être à court d'argent/ne pas avoir le temps ; **andar haciendo algo** être en train de faire qch ; **anda (metido) en asuntos sucios** il est impliqué dans des affaires louches ; **siempre andan a gritos** ils sont tout le temps en train de crier ; **anda por los cuarenta** il a environ quarante ans ; **no sé por dónde anda** je ne sais pas où il est ; **anda tras un empleo** il cherche du travail

4 (*revolver*): **no andes ahí/en mi cajón** ne touche pas à ça/à mon tiroir

5 (*obrar*): **andar con cuidado** *o* **con pies de plomo** faire bien attention, regarder où l'on met les pieds

6 (*exclamaciones*): **¡anda!** (*sorpresa*) eh bien ! ; (*para animar*) allez ! ; **¡anda (ya)!** (*incredulidad*) allons donc !

▸ **andarse** *vpr*: **andarse con rodeos** *o* **por las ramas** tourner autour du pot ; **no te andes en la herida** ne retourne pas le couteau dans la plaie ; **andarse con historias** raconter des histoires ; **todo se andará** chaque chose en son temps

▸ **andares** *nmpl* démarche *f*

andén [an'den] *nm* quai *m* ; (*AM*) trottoir *m*

Andes ['andes] *nmpl*: **los ~** les Andes *fpl*

andinismo [andi'nismo] (*AM*) *nm* alpinisme *m* (*dans les Andes*)

Andorra [an'dorra] *nf* Andorre *f*

andrajo [an'draxo] *nm* loque *f*, haillon *m* ; (*prenda*) guenilles *fpl* ; (*persona*) loque *f*

andrajoso, -a [andra'xoso, a] *adj* déguenillé(e), loqueteux(-euse)

anduve *etc* [an'duβe] *vb ver* **andar**

anduviera *etc* [andu'βjera] *vb ver* **andar**

anécdota [a'nekðota] *nf* anecdote *f*

anegar [ane'ɣar] *vt* (*lugar*) inonder ; (*ahogar*) noyer ; (*fig*): **~ de** écraser de ; **anegarse** *vpr* être inondé(e) ; **anegarse en llanto** fondre en larmes

anejo, -a [a'nexo, a] *adj* annexe ▸ *nm* annexe *f*

anemia [a'nemja] *nf* anémie *f*

anestesia [anes'tesja] *nf* anesthésie *f* ; **~ general/local** anesthésie générale/locale

anexar [anek'sar] *vt* annexer ; **~ algo a algo** (*Pol*) annexer qch à qch

anexión [anek'sjon] *nf* annexion *f*

anexionamiento [aneksjona'mjento] *nm* = **anexión**

anexo, -a [a'nekso, a] *adj* annexe ▸ *nm* annexe *f*

anfibio, -a [an'fiβjo, a] *adj* amphibie ▸ *nm* amphibien *m*

anfiteatro [anfite'atro] *nm* amphithéâtre *m*

anfitrión, -ona [anfi'trjon, ona] *nm/f* amphitryon(ne), hôte(sse) ; **el equipo ~** (*Deporte*) l'équipe qui reçoit

ángel ['anxel] *nm* ange *m* ; **tener ~** avoir du charme ; **~ de la guarda** ange gardien

angelical [anxeli'kal] *adj* angélique

angélico, -a [an'xeliko, a] *adj* = **angelical**

angina [an'xina] *nf*: **tener ~s** avoir une angine ; **~ de pecho** angine *f* de poitrine

anglicano, -a [angli'kano, a] *adj, nm/f* anglican(e)

anglosajón, -ona [anglosa'xon, ona] *adj* anglo-saxon(ne) ▸ *nm/f* Anglo-Saxon(ne)

angosto, -a [an'gosto, a] *adj* étroit(e)

anguila [an'gila] *nf* anguille *f* ; **anguilas** *nfpl* (*Náut*) savates *fpl*

angulas [an'gulas] *nfpl* civelles *fpl*

ángulo ['angulo] *nm* (*tb fig*) angle *m* ; (*rincón*) coin *m* ; **~ agudo/obtuso/recto** angle aigu/obtus/droit

angustia [an'gustja] *nf* angoisse *f* ; (*agobio*) anxiété *f*

angustiar [angus'tjar] *vt* angoisser ; **angustiarse** *vpr* s'angoisser

anhelar [ane'lar] *vt* être avide de ; **~ hacer** mourir d'envie de faire

anhelo [a'nelo] *nm* désir *m* ardent

anhídrido [an'iðriðo] *nm*: **~ carbónico** dioxyde *m* de carbone

anidar [ani'ðar] *vi* nicher ; (*fig*) s'installer

anillo [a'niʎo] *nm* bague *f* ; **venir como ~ al dedo** venir à point nommé ; **~ de boda** alliance *f* ; **~ de compromiso** bague de fiançailles

animación [anima'θjon] *nf* animation *f*

animado, -a [ani'maðo, a] *adj* (*vivaz*) plein(e) de vie *o* d'entrain ; (*fiesta, conversación*) animé(e) ; (*alegre*) joyeux(-euse) ; **dibujos ~s** dessins *mpl* animés

animador, a [anima'ðor, a] *nm/f* (*TV, Deporte*) animateur(-trice) ; (*persona alegre*) boute-en-train *m inv* ; **~ cultural** animateur(-trice) culturel(le)

animadversión [animaðβer'sjon] *nf* animadversion *f*

animal [ani'mal] *adj* animal(e) ▸ *nm* animal *m* ; **ser un ~** (*fig*) être une brute

animalista [anima'lista] *adj, nm/f* animaliste *m/f*

animar [ani'mar] *vt* animer ; (*dar ánimo a*) encourager ; (*habitación, vestido*) égayer ; (*fuego*) ranimer ; **animarse** *vpr* s'égayer ; **~ a algn a hacer/para que haga** encourager qn à faire ; **animarse a hacer** se décider à faire

> **También se puede decir:**
> Bravo ! (*¡Bravo!*)
> Vas-y, tu vas y arriver ! (*¡Vamos* ou *Venga ...!*)
> C'est très bien, continuez comme ça. (*Está muy bien ...*)

anime [a'nime] *nm* (*japonés*) anime *m inv*

ánimo ['animo] *nm* courage *m* ; (*mente*) esprit *m* ▸ *excl* courage ! ; **cobrar ~** reprendre courage ; **apaciguar los ~s** calmer les esprits ; **dar ~(s) a algn** encourager qn ; **tener ~(s) (para)** être d'humeur (à) ; **con/sin ~ de hacer** avec l'intention/sans intention de faire

animoso, -a [ani'moso, a] *adj* courageux(-euse)

aniquilar [aniki'lar] *vt* anéantir ; (*salud*) ruiner

anís [a'nis] *nm* anis *msg* ; (*bebida*) liqueur *f* d'anis

aniversario [aniβer'sarjo] *nm* anniversaire *m*

anoche [a'notʃe] *adv* hier soir, la nuit dernière ; **antes de ~** avant-hier soir

anochecer [anotʃe'θer] *vi* commencer à faire nuit ▸ *nm* crépuscule *m* ; **al ~** à la tombée de la nuit

anodino, -a [ano'ðino, a] *adj* (*película, novela*) insipide ; (*persona*) insignifiant(e)

anomalía [anoma'lia] *nf* anomalie *f*

anonadado, -a [ano'naðaðo, a] *adj* abattu(e)

anonimato [anoni'mato] *nm* anonymat *m*

anónimo, -a [a'nonimo, a] *adj* anonyme ▸ *nm* lettre *f* anonyme

anorexia [ano'reksja] *nf* anorexie *f*

anormal [anor'mal] *adj* anormal(e) ▸ *nm/f* débile *m/f* mental(e)

anotador [anota'ðor] *nm* (*CSur*) bloc-notes *m*

anotar [ano'tar] *vt* annoter

anquilosarse [ankilo'sarse] *vpr* s'ankyloser ; (*fig*) se scléroser

ansia ['ansja] *nf* (*ansiedad*) angoisse *f*; **~ de** soif de

ansiar [an'sjar] *vt* désirer ardemment ; **~ hacer** brûler de faire

ansiedad [ansje'ðað] *nf* angoisse *f*

ansioso, -a [an'sjoso, a] *adj* (*preocupado*) anxieux(-euse) ; **~ de** *o* **por (hacer)** impatient(e) de (faire)

antagónico, -a [anta'ɣoniko, a] *adj* antagonique

antagonista [antaɣo'nista] *nm/f* adversaire *m/f*

antaño [an'taɲo] *adv* jadis, autrefois

Antártico [an'tartiko] *nm*: **el ~** l'Antarctique *m*

ante ['ante] *prep* devant ; (*enemigo, peligro, en comparación con*) face à ; (*datos, cifras*) en présence de ▸ *nm* daim *m* ; **~ todo** avant tout

anteanoche [antea'notʃe] *adv* avant-hier soir

anteayer [antea'jer] *adv* avant-hier

antebrazo [ante'βraθo] *nm* avant-bras *m inv*

antecedente [anteθe'ðente] *adj* antérieur(e) ▸ *nm* antécédent *m* ; **antecedentes** *nmpl* antécédents *mpl* ; **no tener ~s** avoir un casier judiciaire vierge ; **estar en ~s** être au courant ; **poner a algn en ~s** mettre qn au courant ; **~s penales** casier *msg* judiciaire

anteceder [anteθe'ðer] *vt*: **~ a** précéder

antecesor, a [anteθe'sor, a] *nm/f* prédécesseur(e)

antedicho, -a [ante'ðitʃo, a] *adj* susdit(e)

antelación [antela'θjon] *nf*: **con ~** à l'avance

antemano [ante'mano]: **de ~** *adv* d'avance

antena [an'tena] *nf* antenne *f* ; **~ parabólica** antenne parabolique

anteojo [ante'oxo] *nm* lunette *f*; **anteojos** *nmpl* (*esp* AM) lunettes *fpl*

antepasados [antepa'saðos] *nmpl* ancêtres *mpl*

anteponer [antepo'ner] *vt*: **~ algo a algo** faire passer une chose avant une autre

anteproyecto [antepro'jekto] *nm* avant-projet *m* ; **~ de ley** avant-projet de loi

anterior [ante'rjor] *adj* précédent(e) ; **~ (a)** (*en orden*) qui précède ; (*en el tiempo*) antérieur(e) (à)

anterioridad [anterjori'ðað] *nf*: **con ~ a** préalablement à, avant

antes ['antes] *adv* avant ; (*primero*) d'abord ; (*con prioridad*) avant tout ; (*hace tiempo*) autrefois ▸ *prep*: **~ de** (*antiguamente*) avant ▸ *conj*: **~ de ir/de que te vayas** avant d'aller/que tu ne partes ; **~ bien** plutôt ; **~ de nada** avant tout ; **dos días ~** deux jours plus tôt ; **la tarde de ~** la veille au soir ; **no quiso venir ~** il n'a pas voulu venir plus tôt ; **mucho ~** longtemps auparavant ; **poco ~** peu avant ; **~ muerto que esclavo** plutôt la mort que l'esclavage ; **tomo el avión ~ que el barco** je préfère l'avion au bateau ; **~ que yo** avant moi ; **lo ~ posible** dès que possible ; **cuanto ~ mejor** le plus tôt sera le mieux

antiaéreo, -a [antia'ereo, a] *adj* antiaérien(ne)

antibalas [anti'βalas] *adj inv*: **chaleco ~** gilet *m* pare-balles

antibiótico [anti'βjotiko] *nm* antibiotique *m*

anticiclón [antiθi'klon] *nm* anticyclone *m*

anticipación [antiθipa'θjon] *nf*: **con 10 minutos de ~** avec 10 minutes d'avance ; **hacer algo con ~** faire qch à l'avance

anticipado, -a [antiθi'paðo, a] *adj* anticipé(e) ; **por ~** d'avance, par anticipation

anticipar [antiθi'par] *vt* anticiper ; **anticiparse** *vpr* (*estación*) être en avance ; **anticiparse (a)** (*adelantarse*) devancer ; (*prever*) anticiper ; **anticiparse a su época** être en avance sur son temps

anticipo [anti'θipo] *nm* avance *f*; **ser un ~ de** être un avant-goût de

anticonceptivo, -a [antikonθep'tiβo, a] *adj* contraceptif(-ive) ▸ *nm* contraceptif *m* ; **métodos ~s** méthodes *fpl* contraceptives

anticongelante [antikonxe'lante] *nm* (*Auto*) antigel *m*
anticuado, -a [anti'kwaðo, a] *adj* (*ropa, estilo*) démodé(e) ; (*modelo, máquina*) dépassé(e) ; (*término*) vieilli(e)
anticuario [anti'kwarjo] *nm* antiquaire *m/f*
anticucho [anti'kutʃo] (*And, Chi*) *nm* (*Culin*) kebab *m*
anticuerpo [anti'kwerpo] *nm* anticorps *msg*
antidepresivo [antiðpre'siβo] *nm* antidépresseur *m*
antídoto [an'tiðoto] *nm* antidote *m* ; (*fig*): **ser el ~ de** *o* **contra** être l'antidote contre
antiestético, -a [anties'tetiko, a] *adj* inesthétique
antifaz [anti'faθ] *nm* masque *m*
antiglobalización [antigloβaliθa'θjon] *nf* antimondialisation *f*
antiglobalizador, a [antigloβaliθa'ðor, a] *adj, nm/f* altermondialiste *m/f*
antigualla [anti'ɣwaʎa] *nf* (*pey: objeto*) antiquité *f* ; **antiguallas** *nfpl* vieilleries *fpl*
antiguamente [an'tiɣwamente] *adv* autrefois, jadis
antigüedad [antiɣwe'ðað] *nf* antiquité *f* ; (*en empleo*) ancienneté *f* ; **antigüedades** *nfpl* antiquités *fpl*
antiguo, -a [an'tiɣwo, a] *adj* ancien(ne), vieux (vieille) ▶ *nm*: **los ~s** les Anciens *mpl* ; **a la antigua** à l'ancienne
Antillas [an'tiʎas] *nfpl*: **las ~** les Antilles *fpl* ; **el mar de las ~** la mer des Antilles
antílope [an'tilope] *nm* antilope *f*
antinatural [antinatu'ral] *adj* anormal(e) ; (*perverso*) contre nature ; (*afectado*) forcé(e)
antipatía [antipa'tia] *nf* antipathie *f* ; (*a cosa*) répugnance *f*
antipático, -a [anti'patiko, a] *adj* antipathique ; (*gesto etc*) déplaisant(e)
antirrobo [anti'rroβo] *adj inv* antivol *inv*
antisemita [antise'mita] *adj, nm/f* antisémite *m/f*
antiséptico, -a [anti'septiko, a] *adj* antiseptique ▶ *nm* antiseptique *m*
antisistema [antisis'tema] *adj inv, nm/f inv* antisystème
antítesis [an'titesis] *nf inv*: **ser la ~ de** être l'antithèse de
antivirus [anti'birus] *nm inv* (*Inform*) antivirus *msg*
antojadizo, -a [antoxa'ðiθo, a] *adj* capricieux(-euse)
antojarse [anto'xarse] *vpr*: **se me antoja comprarlo** j'ai envie de me l'acheter ; **se me antoja que** j'imagine que
antojo [an'toxo] *nm* caprice *m*, lubie *f* ; (*Anat, de embarazada, lunar*) envie *f* ; **hacer algo a su ~** faire qch à sa guise
antología [antolo'xia] *nf* anthologie *f*
antorcha [an'tortʃa] *nf* torche *f*
antro ['antro] *nm* (*fig*) antre *m* ; **~ de perdición** (*fig*) lieu *m* de perdition
antropófago, -a [antro'pofaɣo, a] *adj, nm/f* anthropophage *m/f*
antropología [antropolo'xia] *nf* anthropologie *f*
anual [a'nwal] *adj* annuel(le)
anuario [a'nwarjo] *nm* annuaire *m*
anudar [anu'ðar] *vt* nouer ; **anudarse** *vpr* nouer ; **se me anudó la voz/la garganta** j'eus la gorge serrée
anulación [anula'θjon] *nf* annulation *f* ; (*ley*) abrogation *f* ; (*persona*) annihilation *f*
anular [anu'lar] *vt* annuler ; (*ley*) abroger ; (*persona*) annihiler ; **anularse** *vpr* s'annuler ▶ *nm* (*tb*: **dedo anular**) annulaire *m*
anunciación [anunθja'θjon] *nf* (*Rel*): **la A~** l'Annonciation *f*
anunciante [anun'θjante] *nm/f* (*Com*) annonceur *m* (publicitaire) ▶ *adj*: **empresa ~** annonceur
anunciar [anun'θjar] *vt* annoncer ; (*Com*) faire de la publicité pour
anuncio [a'nunθjo] *nm* annonce *f* ; (*pronóstico*) signe *m* ; (*Com*) publicité *f* ; (*cartel*) panneau *m* publicitaire ; (*Teatro, Cine*) affiche *f* ; (*señal*) pancarte *f* ; **~s por palabras** petites annonces *fpl*
anzuelo [an'θwelo] *nm* hameçon *m* ; (*fig*) appât *m* ; **caer en el ~** tomber dans le piège ; **tragarse el ~** mordre à l'hameçon
añadidura [aɲaði'ðura] *nf* ajout *m* ; (*vestido*) rallonge *f* ; **por ~** par surcroît
añadir [aɲa'ðir] *vt* ajouter ; (*prenda*) rallonger
añejo, -a [a'ɲexo, a] *adj* (*vino*) vieux (vieille)
añicos [a'ɲikos] *nmpl* morceaux *mpl* ; **hacer ~** (*cosa*) mettre en morceaux ;

hacerse ~ se briser en mille morceaux ; (*cristal*) voler en éclats

añil [a'ɲil] *nm* indigo *m*

año ['aɲo] *nm* an *m* ; (*duración*) année *f* ; **el ~ que viene** l'année prochaine, l'an prochain ; **los ~s 80** les années 80 ; **¡Feliz A~ Nuevo!** Bonne et heureuse année ! ; **en el ~ de la nana** il y a des siècles ; **entrado en ~s** d'un certain âge ; **estar de buen ~** être en pleine forme ; **hace ~s** il y a longtemps ; **tener 15 ~s** avoir 15 ans ; **~ académico** *o* **escolar/bisiesto/sabático** année scolaire *o* universitaire/bissextile/sabbatique ; **~ económico** *o* **fiscal** exercice *m* financier ; **~ entrante** année qui commence

año-luz [aɲo'luθ] (*pl* **años-luz**) *nm* année-lumière *f*

añoranza [aɲo'ranθa] *nf* nostalgie *f*

apabullar [apaβu'ʎar] *vt* sidérer

apacentar [apaθen'tar] *vt* faire paître

apacible [apa'θiβle] *adj* paisible ; (*clima*) doux (douce) ; (*lluvia*) fin(e)

apaciguar [apaθi'ɣwar] *vt* apaiser, calmer ; **apaciguarse** *vpr* s'apaiser, se calmer

apadrinar [apaðri'nar] *vt* (*Rel*) être le parrain de ; (*fig*) parrainer

apagado, -a [apa'ɣaðo, a] *adj* éteint(e) ; (*color*) terne ; (*sonido*) étouffé(e) ; (*tímido*) effacé(e) ; **estar ~** être éteint(e)

apagar [apa'ɣar] *vt* éteindre ; (*sonido*) étouffer ; (*sed*) étancher ; **apagarse** *vpr* s'éteindre ; **~ el sistema** (*Inform*) sortir du système

apagón [apa'ɣon] *nm* panne *f* de courant *o* d'électricité

apalabrar [apala'βrar] *vt* (*persona*) engager ; (*piso*) convenir (verbalement) de

apalear [apale'ar] *vt* rosser ; (*fruta*) gauler ; (*grano*) éventer

apañar [apa'ɲar] (*fam*) *vt* (*arreglar*) rafistoler ; (*vestido*) raccommoder ; (*robar*) piquer ; **apañarse** *vpr*: **apañarse (con)** se débrouiller (avec) ; **apañarse** *o* **apañárselas (para hacer)** se débrouiller (pour faire) ; **apañárselas por su cuenta** se débrouiller tout(e) seul(e)

apapachar [apapa'tʃar] (*Méx*) *vt* (*mimar*) dorloter, cajoler

aparador [apara'ðor] *nm* buffet *m* ; (*escaparate*) vitrine *f*

aparato [apa'rato] *nm* appareil *m* ; (*Radio, TV*) poste *m* ; (*boato*) apparat *m* ; **aparatos** *nmpl* (*gimnasia*) agrès *mpl* ; **~ circulatorio/digestivo/respiratorio** appareil circulatoire/digestif/respiratoire ; **~ de facsímil** télécopieur *m* ; **~s de mando** (*Aviat etc*) commandes *fpl*

aparatoso, -a [apara'toso, a] *adj* spectaculaire

aparcabicis [aparka'βiθis] *nm inv* rack *m* à vélo

aparcamiento [aparka'mjento] *nm* (*lugar*) parking *m* ; (*maniobra*) stationnement *m*

aparcar [apar'kar] *vt* garer ▸ *vi* se garer

aparear [apare'ar] *vt* (*igualar*) appareiller ; (*animales*) apparier ; **aparearse** *vpr* s'apparier

aparecer [apare'θer] *vi* apparaître ; (*publicarse*) paraître ; (*ser encontrado*) être retrouvé(e) ; **aparecerse** *vpr* apparaître ; **apareció borracho** il est revenu soûl

aparejado, -a [apare'xaðo, a] *adj*: **llevar** *o* **traer ~** entraîner ; **ir ~ con** aller de pair avec

aparejador, a [aparexa'ðor, a] *nm/f* (*Arq*) *aide-architecte*

aparejo [apa'rexo] *nm* (*de pesca*) matériel *m* (de pêche) ; (*de caballería*) harnachement *m* ; (*Náut*) gréement *m* ; (*de poleas*) moufle *f* ; **aparejos** *nmpl* matériel *msg*

aparentar [aparen'tar] *vt* (*edad*) faire ▸ *vi* se faire remarquer ; **~ hacer** faire semblant de faire ; **~ tristeza** faire semblant d'être triste

aparente [apa'rente] *adj* apparent(e) ; (*fam: atractivo*) attrayant(e)

aparezca *etc* [apa'reθka] *vb ver* **aparecer**

aparición [apari'θjon] *nf* apparition *f* ; (*de libro*) parution *f*

apariencia [apa'rjenθja] *nf* apparence *f* ; **apariencias** *nfpl* (*aspecto*) apparences *fpl* ; **en ~** en apparence ; **tener (la) ~ de** avoir l'apparence de ; **guardar las ~s** sauver les apparences

apartado, -a [apar'taðo, a] *adj* (*lugar*) éloigné(e) ; (*aislado: persona*) à l'écart ▸ *nm* paragraphe *m*, alinéa *m* ; **~ (de correos)** boîte *f* postale

apartamento [aparta'mento] *nm* studio *m* ; (*esp AM:*) *appartement m*

apartar [apar'tar] *vt* écarter ; (*quitar*) retirer ; (*comida, dinero*) mettre de côté ; **apartarse** *vpr* s'écarter ; **~ a algn de**

écarter qn de ; (*de estudios, vicio*) détourner qn de ; **apartarse de** s'éloigner de ; (*de creencia, partido*) prendre ses distances vis-à-vis de ; **¡aparta!** ôte-toi de là !

aparte [a'parte] *adv* (*en otro sitio*) de côté ; (*en sitio retirado*) à l'écart ; (*además*) en outre ▶ *prep*: **~ de** à part ▶ *nm* aparté *m* ; (*tipográfico*) paragraphe *m* ▶ *adj* à part ; **~ de que** sans compter que, en plus du fait que ; **«punto y ~»** «point à la ligne» ; **dejar ~** laisser de côté

aparthotel [aparto'tel] *nm* appart-hôtel *m*

apasionado, -a [apasjo'naðo, a] *adj* passionné(e) ; **~ de/por** passionné(e) de/par

apasionar [apasjo'nar] *vt*: **le apasiona el fútbol** c'est un passionné de football ; **apasionarse** *vpr* se passionner ; **apasionarse por** se passionner pour ; (*persona*) être passionnément amoureux(-euse) de ; (*deporte, política*) être un(e) passionné(e) de

apatía [apa'tia] *nf* apathie *f*

apático, -a [a'patiko, a] *adj* apathique

Apdo. *abr* (= *Apartado* (*de Correos*)) B.P. (= *boîte postale*)

apeadero [apea'ðero] *nm* (*Ferro*) halte *f* ; (*alojamiento*) pied-à-terre *m inv*

apear [ape'ar] *vt*: **~ (de)** faire descendre (de) ; (*objeto*) descendre ; **apearse** *vpr*: **apearse (de)** descendre (de) ; **no apearse del burro** ne pas en démordre

apechugar [apetʃu'ɣar] *vi*: **~ con algo** se coltiner qch

apedrear [apeðre'ar] *vt* lapider

apegarse [ape'ɣarse] *vpr*: **~ a** (*a persona*) s'attacher à ; (*a cargo*) prendre à cœur

apego [a'peɣo] *nm*: **~ a/por** (*persona*) attachement *m* à/pour ; (*cargo*) intérêt *m* pour ; (*objeto*) attachement à

apelación [apela'θjon] *nf* appel *m* ; **interponer/presentar ~** faire/interjeter appel

apelar [ape'lar] *vi*: **~ (contra)** (*Jur*) faire appel (de) ; **~ a** faire appel à ; (*justicia*) avoir recours à

apelativo [apela'tiβo] *nm* (*Ling*) nom *m* commun ; (*sobrenombre*) appellation *f* ; (*AM*) nom de famille

apellidarse [apeʎi'ðarse] *vpr*: **se apellida Pérez** il s'appelle Pérez

apellido [ape'ʎiðo] *nm* nom *m* de famille

> Dans les pays de langue espagnole, on porte toujours deux **apellidos**, qui correspondent au premier nom de famille de chacun des parents. Depuis 2011, les parents ont la possibilité de choisir l'ordre dans lequel apparaissent ces deux noms, alors qu'auparavant c'était toujours celui du père qui venait en premier.

apelmazarse [apelma'θarse] *vpr* (*masa*) se tasser ; (*arroz*) coller ; (*prenda*) rétrécir

apenar [ape'nar] *vt* peiner, faire de la peine à ; (*AM*: *avergonzar*) faire honte à ; **apenarse** *vpr* avoir de la peine ; (*AM*) avoir honte

apenas [a'penas] *adv* à peine, presque pas ▶ *conj* dès que ; **~ si podía levantarse** c'est à peine s'il pouvait se lever

apéndice [a'pendiθe] *nm* appendice *m*

apendicitis [apendi'θitis] *nf* appendicite *f*

apercibir [aperθi'βir] *vt* (*avisar*) avertir ; (*AM*) apercevoir

aperitivo [aperi'tiβo] *nm* apéritif *m*

aperos [a'peros] *nmpl* (*utensilios*) matériel *msg* ; (*Agr*) matériel agricole

apertura [aper'tura] *nf* ouverture *f* ; (*de curso*) rentrée *f* (des classes) ; (*de parlamento*) rentrée parlementaire ; **~ de un juicio hipotecario** (*Com*) ouverture d'un jugement hypothécaire ; **~ centralizada** (*Auto*) verrouillage *m* centralisé (des portières)

apesadumbrar [apesaðum'brar] *vt* attrister ; **apesadumbrarse** *vpr*: **apesadumbrarse (con** *o* **por)** s'affliger (de)

apestar [apes'tar] *vt* empester, puer ▶ *vi*: **~ (a)** empester ; **estar apestado de** grouiller de

apetecer [apete'θer] *vt*: **¿te apetece una tortilla?** as-tu envie d'une omelette ?

apetecible [apete'θiβle] *adj* appétissant(e) ; (*olor*) agréable ; (*objeto*) séduisant(e)

apetito [ape'tito] *nm* (*tb fig*) appétit *m* ; **despertar** *o* **abrir el ~** réveiller *o* ouvrir l'appétit, mettre en appétit

apetitoso, -a [apeti'toso, a] *adj* alléchant(e) ; (*comida*) appétissant(e)

apiadarse [apja'ðarse] *vpr*: **~ de** s'apitoyer sur
ápice ['apiθe] *nm* (*fig*) summum *m* ; **ni un ~** pas le moins du monde ; **no ceder un ~** ne pas céder d'un pouce
apilar [api'lar] *vt* empiler ; **apilarse** *vpr* s'empiler
apiñar [api'ɲar] *vt* entasser ; **apiñarse** *vpr* se presser
apio ['apjo] *nm* céleri *m*
apisonadora [apisona'ðora] *nf* rouleau *m* compresseur
aplacar [apla'kar] *vt* apaiser ; (*sed*) étancher ; (*entusiasmo*) refroidir ; **aplacarse** *vpr* s'apaiser ; (*entusiasmo*) se refroidir
aplanar [apla'nar] *vt* aplanir ; **aplanarse** *vpr* être abattu(e)
aplastante [aplas'tante] *adj* écrasant(e)
aplastar [aplas'tar] *vt* écraser
aplatanarse [aplata'narse] (*fam*) *vpr* se ramollir
aplaudir [aplau'ðir] *vt, vi* applaudir
aplauso [a'plauso] *nm* applaudissement *m* ; (*fig*) éloge *m*
aplazamiento [aplaθa'mjento] *nm* ajournement *m*
aplazar [apla'θar] *vt* (*reunión*) ajourner
aplicación [aplika'θjon] *nf* application *f* ; (*para móvil, Internet*) application, appli *f* ; **aplicaciones** *nfpl* applications *fpl* ; **aplicaciones de gestión** gestion *f*
aplicado, -a [apli'kaðo, a] *adj* appliqué(e), studieux(-euse)
aplicar [apli'kar] *vt* mettre en pratique ; (*ley, norma*) appliquer ; **aplicarse** *vpr* s'appliquer ; **~ (a)** appliquer (à) ; **~ el oído a una puerta** écouter à une porte
aplique [a'plike] *vb ver* **aplicar** ▶ *nm* applique *f*
aplomo [a'plomo] *nm* aplomb *m*
apocado, -a [apo'kaðo, a] *adj* timoré(e)
apoderado, -a [apoðe'raðo, a] *nm/f* (*Jur, Com*) mandataire *m/f*, fondé(e) de pouvoir
apoderar [apoðe'rar] *vt* (*Jur*) déléguer des pouvoirs à, nommer comme fondé(e) de pouvoir ; **apoderarse** *vpr*: **apoderarse de** s'emparer de, s'approprier
apodo [a'poðo] *nm* surnom *m*
apogeo [apo'xeo] *nm* apogée *m*
apolillarse [apoli'ʎarse] *vpr* (*ropa*) être mangé(e) par les mites ; (*madera*) être vermoulu(e) ; (*fig*) se rouiller
apoltronarse [apoltro'narse] *vpr* devenir paresseux(-euse)
apoplejía [apople'xia] *nf* apoplexie *f*
aporrear [aporre'ar] *vt* cogner sur
aportar [apor'tar] *vt* (*datos*) fournir ; (*dinero*) apporter ▶ *vi* (*Náut*) aborder ; **aportarse** *vpr* (AM) arriver
aporte [a'porte] *nm* (*aportación*) apport *m* ; (AM: *a la seguridad social*) cotisation *f* ; **~ calórico** apport *m* calorique
aposento [apo'sento] *nm* appartement *m*
aposta [a'posta] *adv* à dessein, exprès
apostar [apos'tar] *vt* (*dinero*) parier ; (*tropas*) poster ▶ *vi* parier ; **apostarse** *vpr* se poster ; **¿qué te apuestas a que ...?** on parie combien que ... ?
apóstol [a'postol] *nm* apôtre *m*
apóstrofo [a'postrofo] *nm* apostrophe *f*
apoyar [apo'jar] *vt* (*tb fig*) appuyer ; **apoyarse** *vpr*: **apoyarse en** (*tb fig*) s'appuyer *o* reposer sur ; **~ algo en/contra** appuyer qch sur/contre
apoyo [a'pojo] *nm* appui *m* ; (*fundamento*) fondement *m*
app [ap] *nf* (*para móvil, Internet*) appli *f*
apreciable [apre'θjaβle] *adj* appréciable
apreciar [apre'θjar] *vt* apprécier
aprecio [a'preθjo] *nm* estime *f* ; (*Com*) estimation *f* ; **tener ~ a/sentir ~ por** avoir/ressentir de l'estime pour
aprehender [apreen'der] *vt* (*armas, drogas*) saisir ; (*persona*) appréhender
apremiante [apre'mjante] *adj* pressant(e)
apremiar [apre'mjar] *vt, vi* presser ; **apremiaba conseguirlo** il était urgent d'y parvenir ; **~ a algn a hacer/para que haga** presser qn de faire
aprender [apren'der] *vt, vi* apprendre ; **aprenderse** *vpr*: **aprenderse algo** apprendre qch ; **~ a conducir** apprendre à conduire ; **~ de memoria** *o* **de carretilla** apprendre par cœur ; **para que aprendas** ça t'apprendra
aprendiz, a [apren'diθ, a] *nm/f* apprenti(e)
aprendizaje [aprendi'θaxe] *nm* apprentissage *m*
aprensión [apren'sjon] *nf* appréhension *f* ; **aprensiones** *nfpl* appréhensions *fpl* ;

dar ~ (hacer) avoir des scrupules (à faire)

aprensivo, -a [apren'siβo, a] *adj* méfiant(e)

apresar [apre'sar] *vt* (*delincuente*) incarcérer ; (*contrabando*) saisir ; (*soldado*) mettre aux arrêts

apresurado, -a [apresu'raðo, a] *adj* (*decisión*) hâtif(-ive) ; (*persona*) pressé(e)

apresurar [apresu'rar] *vt* hâter, presser ; **apresurarse** *vpr* se presser ; **apresurarse (a hacer)** se hâter (de faire) ; **me apresuré a sugerir que ...** je me suis empressé de suggérer que ...

apretado, -a [apre'taðo, a] *adj* serré(e) ; (*estrecho de espacio*) à l'étroit ; (*programa*) chargé(e) ; **íbamos muy ~s en el autobús** nous étions très serrés dans l'autobus ; **vivir ~** vivre à l'étroit

apretar [apre'tar] *vt* serrer ; (*labios*) pincer ; (*gatillo, botón*) appuyer sur ▶ *vi* (*calor etc*) redoubler ; (*zapatos, ropa*) serrer, être trop juste ; **apretarse** *vpr* se serrer ; **~ la mano a algn** serrer la main à qn ; **~ el paso** presser le pas ; **la apretó contra su pecho** il la serra contre lui ; **apretarse el cinturón** (*fig*) se serrer la ceinture

apretón [apre'ton] *nm*: **~ de manos** poignée *f* de main ; **apretones** *nmpl* cohue *fsg*

aprieto [a'prjeto] *vb ver* **apretar** ▶ *nm* gêne *f*, embarras *msg* ; **estar en un ~** être dans l'embarras ; **estar en ~s** traverser des moments difficiles ; **ayudar a algn a salir de un ~** aider qn à s'en sortir

aprisa [a'prisa] *adv* vite

aprisionar [aprisjo'nar] *vt* (*poner en prisión*) emprisonner ; (*sujetar*) serrer

aprobación [aproβa'θjon] *nf* approbation *f* ; **dar su ~** donner son approbation

> **También se puede decir:**
> Quelle bonne idée ! (*¡Qué buena idea!*)
> Je trouve que c'est une excellente idée. (*Me parece (que es) una idea estupenda.*)
> C'est une très bonne chose. (*Está muy bien.*)

aprobar [apro'βar] *vt* (*decisión*) approuver ; (*examen*) être reçu(e) à ; (*materia*) être reçu(e) en ▶ *vi* (*en examen*) réussir, être reçu(e) ; **~ por mayoría/por unanimidad** approuver à la majorité/à l'unanimité ; **~ por los pelos** réussir de justesse

apropiación [apropja'θjon] *nf* appropriation *f*

apropiado, -a [apro'pjaðo, a] *adj* approprié(e)

apropiarse [apro'pjarse] *vpr*: **~ de** s'approprier, s'emparer de

aprovechado, -a [aproβe'tʃaðo, a] *adj* (*estudiante*) appliqué(e) ; (*económico*) économe ; (*día, viaje*) bien employé(e) ▶ *nm/f* (*pey: persona*) profiteur(-euse)

aprovechamiento [aproβetʃa'mjento] *nm* exploitation *f*, utilisation *f* ; (*académico*) progrès *mpl*

aprovechar [aproβe'tʃar] *vt* profiter de ; (*tela, comida, ventaja*) tirer profit de ▶ *vi* progresser ; **aprovecharse** *vpr*: **aprovecharse de** (*pey*) profiter de ; **¡que aproveche!** bon appétit ! ; **~ la ocasión para hacer** profiter de l'occasion pour faire

aproximación [aproksima'θjon] *nf* rapprochement *m* ; (*de lotería*) lot *m* de consolation ; **con ~** par approximation

aproximadamente [aproksi'maða'mente] *adv* approximativement, environ

aproximado, -a [aproksi'maðo, a] *adj* approximatif(-ive)

aproximar [aproksi'mar] *vt*: **~ (a)** rapprocher (de) ; **aproximarse** *vpr* (s')approcher

apruebe *etc* [a'prweβe] *vb ver* **aprobar**

aptitud [apti'tuð] *nf*: **~ (para)** aptitude *f* (pour), dispositions *fpl* (pour) ; **tiene ~ para los negocios** il est doué pour les affaires

apto, -a ['apto, a] *adj*: **~ (para)** apte (à), capable (de) ; (*apropiado*) qui convient (à) ▶ *nm* (*Escol*) mention *f* « passable » ; **~/no ~ para menores** (*Cine*) convient/interdit aux moins de 18 ans

apuesta [a'pwesta] *nf* pari *m*

apuntador, -a [apunta'ðor, a] *nm/f* (*Teatro*) souffleur(-euse)

apuntalar [apunta'lar] *vt* étayer

apuntar [apun'tar] *vt* (*con arma*) viser ; (*con dedo*) montrer *o* désigner du doigt ; (*datos*) noter ; (*Teatro*) souffler ; (*posibilidad*) émettre ; (*persona: en examen*) noter ; **apuntarse** *vpr* (*tanto, victoria*) remporter ; (*en lista, registro*) s'inscrire ; **~ una canti-**

dad en la cuenta de algn mettre *o* verser une somme sur le compte de qn ; **apuntarse en un curso** s'inscrire à un cours ; **¡yo me apunto!** je suis partant !

apunte [a'punte] *nm* croquis *msg* ; (*Teatro: voz*) voix *fsg* du souffleur ; (: *texto*) texte *m* du souffleur ; **apuntes** *nmpl* (*Escol*) notes *fpl* ; **tomar ~s** prendre des notes

apuñalar [apuɲa'lar] *vt* poignarder

apurado, -a [apu'raðo, a] *adj* (*necesitado*) dans la gêne ; (*situación*) difficile, délicat(e) ; (AM: *con prisa*) pressé(e) ; **estar en una situación apurada** traverser un moment difficile, être dans une situation critique ; **estar ~** (*avergonzado*) être embarrassé(e) ; (*en peligro*) être en mauvaise posture

apurar [apu'rar] *vt* (*bebida, cigarrillo*) finir ; (*recursos*) épuiser ; (*persona: agobiar*) mettre à bout ; (: *causar vergüenza a*) mettre dans l'embarras ; (: *apresurar*) presser ; **apurarse** *vpr* s'inquiéter ; (*esp* AM: *darse prisa*) se dépêcher ; **no se apure Vd** ne vous inquiétez pas

apuro [a'puro] *nm* (*aprieto, vergüenza*) gêne *f*, embarras *msg* ; (*penalidad*) affliction *f* ; (AM: *prisa*) hâte *f* ; **estar en ~s** (*dificultades*) avoir des ennuis ; (*falta de dinero*) être dans la gêne ; **poner a algn en un ~** mettre qn dans l'embarras

aquejado, -a [ake'xaðo, a] *adj*: **~ de** (*Med*) atteint(e) de

aquel, aquella [a'kel, a'keʎa] (*mpl* **aquellos**, *fpl* **aquellas** [a'keʎos, as]) *adj* ce (cette) ; (*pl*) ces ▸ *pron* celui-là (celle-là) ; (*pl*) ceux-là (celles-là)

aquél, aquélla [a'kel, a'keʎa] (*mpl* **aquéllos**, *fpl* **aquéllas** [a'keʎos, as]) *pron* celui-là (celle-là) ; (*pl*) ceux-là (celles-là)

aquello [a'keʎo] *pron* cela ; **~ que hay allí** ce qu'il y a là-bas

aquí [a'ki] *adv* ici ; (*entonces*) alors ; **~ abajo/arriba** en bas/là-haut ; **~ mismo** ici même ; **~ yace** ci-gît ; **de ~ en adelante** désormais ; **de ~ a poco** d'ici peu ; **de ~ a siete días** d'ici sept jours ; **de ~ que ...** de là que ... ; **hasta ~** jusqu'ici ; **por ~** par ici

aquietar [akje'tar] *vt* apaiser

ara ['ara] *nf* autel *m* ; **aras** *nfpl* (*beneficio*): **en ~s de** au nom de

árabe ['araβe] *adj* arabe ▸ *nm/f* Arabe *m/f* ▸ *nm* (*Ling*) arabe *m*

Arabia [a'raβja] *nf* Arabie *f* ; **~ Saudí** *o* **Saudita** Arabie saoudite

arado [a'raðo] *nm* charrue *f*

Aragón [ara'ɣon] *nm* Aragon *m*

aragonés, -esa [araɣo'nes, esa] *adj* aragonais(e) ▸ *nm/f* Aragonais(e) ▸ *nm* (*Ling*) aragonais *msg*

arancel [aran'θel] *nm* (*tb*: **arancel de aduanas**) tarif *m* douanier

arandela [aran'dela] *nf* rondelle *f* ; (*de vela*) bobèche *f* ; (*adorno de vestido*) ruche *f* ; (AM: *volante*) volant *m*

araña [a'raɲa] *nf* araignée *f* ; (*lámpara*) lustre *m*

arañar [ara'ɲar] *vt* (*herir*) griffer ; (*raspar*) érafler ; **arañarse** *vpr* s'égratigner

arañazo [ara'ɲaθo] *nm* égratignure *f*

arar [a'rar] *vt* labourer

arbitraje [arβi'traxe] *nm* arbitrage *m*

arbitrar [arβi'trar] *vt* arbitrer ; (*recursos*) obtenir ▸ *vi* arbitrer

arbitrariedad [arβitrarje'ðað] *nf* arbitraire *m*

arbitrario, -a [arβi'trarjo, a] *adj* arbitraire

arbitrio [ar'βitrjo] *nm* volonté *f* ; (*Jur*) arbitrage *m* ; **quedar al ~ de algn** dépendre de la volonté de qn

árbitro, -a ['arβitro, a] *nm/f* arbitre *m/f*

árbol ['arβol] *nm* (*Bot, Tec*) arbre *m* ; (*Náut*) mât *m* ; **~ de Navidad** sapin *m* de Noël ; **~ frutal** arbre fruitier ; **~ genealógico** arbre généalogique

arbolado, -a [arβo'laðo, a] *adj* boisé(e) ; (*camino*) bordé(e) d'arbres ▸ *nm* bois *msg*

arboleda [arβo'leða] *nf* bois *msg*, bosquet *m*

arbusto [ar'βusto] *nm* arbuste *m*

arca ['arka] *nf* coffre *m* ; **arcas** *nfpl* (*públicas*) caisses *fpl* de l'État, Trésor *msg* public ; **A~ de la Alianza** arche *f* d'alliance ; **A~ de Noé** Arche de Noé

arcada [ar'kaða] *nf* arcade *f* ; (*de puente*) arche *f* ; **arcadas** *nfpl* (*Med*) nausées *fpl* ; **me dieron ~s, me dio una ~** j'ai été pris de nausées

arcaico, -a [ar'kaiko, a] *adj* archaïque

arce ['arθe] *nm* érable *m*

arcén [ar'θen] *nm* (*de autopista*) accotement *m* ; (*de carretera*) bas-côté *m*

archipiélago [artʃi'pjelaɣo] *nm* archipel *m*

archivador [artʃiβa'ðor] *nm* classeur *m*

archivar [artʃi'βar] *vt* (*tb Inform*) archiver

archivo [ar'tʃiβo] *nm* archives *fpl* ; (*Inform*) fichier *m* ; **nombre de ~** (*Inform*) nom *m* de fichier ; **~ adjunto** (*Inform*) fichier joint ; **~ maestro** (*Inform*) fichier maître ; **A~ Nacional** Archives nationales ; **~s policíacos** archives de la police ; **~ de transacciones** (*Inform*) fichier mouvements

arcilla [ar'θiʎa] *nf* argile *f*

arco ['arko] *nm* arc *m* ; (*Mús*) archet *m* ; (*AM: Deporte*) but *m* ; **~ iris** arc-en-ciel *m*

arder [ar'ðer] *vi* brûler ; **~ en deseos de hacer** mourir d'envie de faire ; **~ sin llama** se consumer ; **estar que arde** (*fam*) bouillir de rage ; **esto está que arde** (*fig*) ça sent le brûlé

ardid [ar'ðið] *nm* ruse *f*

ardiente [ar'ðjente] *adj* ardent(e) ; **ser un ~ defensor/partidario de** être un ardent défenseur/partisan de

ardilla [ar'ðiʎa] *nf* écureuil *m*

ardor [ar'ðor] *nm* ardeur *f* ; **con ~** (*fig*) avec ardeur ; **~ de estómago** brûlures *fpl* d'estomac

arduo, -a ['arðwo, a] *adj* ardu(e)

área ['area] *nf* (*zona*) surface *f* ; (*medida*) are *m* ; (*Deporte*) zone *f* ; **~ de servicios** (*Auto*) aire *f* de service

arena [a'rena] *nf* sable *m* ; (*de una lucha*) arène *f* ; (*Taur*) arènes *fpl* ; **~s movedizas** sables mouvants

arenal [are'nal] *nm* étendue *f* de sable ; (*arena movediza*) sables *mpl* mouvants

arengar [aren'gar] *vt* haranguer

arenisca [are'niska] *nf* grès *msg*

arenoso, -a [are'noso, a] *adj* sablonneux(-euse)

arenque [a'renke] *nm* hareng *m*

arepa [a'repa] (*AM*) *nf* (*torta de maíz*) galette *f* de maïs

arete [a'rete] (*And, Méx*) *nm* boucle *f* d'oreille

argamasa [arɣa'masa] *nf* mortier *m*

Argel [ar'xel] *n* Alger

Argelia [ar'xelja] *nf* Algérie *f*

argelino, -a [arxe'lino, a] *adj* algérien(ne) ▸ *nm/f* Algérien(ne)

Argentina [arxen'tina] *nf* Argentine *f*

argentino, -a [arxen'tino, a] *adj* argentin(e) ▸ *nm/f* Argentin(e)

argolla [ar'ɣoʎa] *nf* anneau *m* ; (*AM: anillo de matrimonio*) alliance *f*

argot [ar'ɣot] (*pl* **argots**) *nm* argot *m*

argucia [ar'ɣuθja] *nf* sophisme *m*

argüir [ar'ɣwir] *vt* arguer ; (*argumentar*) arguer (de) ; (*indicar*) sous-entendre ▸ *vi* argumenter ; **~ a favor/en contra de** argumenter en faveur de/contre ; **~ que** (*alegar*) arguer que ; (*deducir*) déduire que

argumentación [arɣumenta'θjon] *nf* argumentation *f*

argumentar [arɣumen'tar] *vt* argumenter ; (*deducir*) déduire ▸ *vi* discuter ; **~ que** (*alegar*) avancer que ; **~ a favor/en contra de** avancer des arguments en faveur de/contre

argumento [arɣu'mento] *nm* argument *m* ; (*Cine, TV*) scénario *m*

aria ['arja] *nf* aria *f*

aridez [ari'ðeθ] *nf* aridité *f*

árido, -a ['ariðo, a] *adj* aride

áridos ['ariðos] *nmpl* (*Agr*) grains *mpl*

Aries ['arjes] *nm* (*Astrol*) Bélier *m* ; **ser ~** être Bélier

arisco, -a [a'risko, a] *adj* (*persona*) bourru(e) ; (*animal*) farouche

aristocracia [aristo'kraθja] *nf* aristocratie *f*

aristócrata [aris'tokrata] *nm/f* aristocrate *m/f*

aritmética [arit'metika] *nf* arithmétique *f*

arma ['arma] *nf* arme *f* ; **armas** *nfpl* (*Mil*) armes *fpl* ; **rendir las ~s** rendre les armes ; **ser de ~s tomar** ne pas être commode ; **~ blanca** arme blanche ; **~ de doble filo** (*fig*) arme à double tranchant ; **~ de fuego** arme à feu ; **~s cortas** armes légères ; **~s de destrucción masiva** armes de destruction massive

armada [ar'maða] *nf* marine *f* de guerre ; (*flota*) flotte *f*

armadillo [arma'ðiʎo] *nm* tatou *m*

armado, -a [ar'maðo, a] *adj* armé(e)

armador, a [arma'ðor, a] *nm/f* (*Náut: dueño*) armateur(-trice) ; (*Tec*) monteur(-euse)

armadura [arma'ðura] *nf* (*Mil*) armure *f* ; (*Tec, Fís*) armature *f* ; (*tejado*) charpente *f* ; (*de gafas*) monture *f* ; (*Zool*) ossature *f*

armamento [arma'mento] *nm* armement *m*

armar [ar'mar] *vt* armer ; (*Mec, Tec*) monter ; (*ruido, escándalo*) faire ; **armarse** *vpr*: **armarse (con/de)** s'armer (de) ; **~ la gorda** (*fam*) faire du barouf ; **armarla** faire un esclandre ; **armarse un lío** s'embrouiller ; **armarse de valor/paciencia** s'armer de courage/patience

armario [ar'marjo] *nm* armoire *f* ; **~ de cocina** garde-manger *m inv* ; **~ de luna** armoire à glace ; **~ empotrado** placard *m*

armatoste [arma'toste] (*fam*) *nm objet encombrant*

armazón [arma'θon] *nm o nf* armature *f* ; (*Arq*) échafaudage *m* ; (*Auto*) châssis *msg*

armería [arme'ria] *nf* musée *m* de l'armée ; (*tienda*) armurerie *f*

armiño [ar'miɲo] *nm* hermine *f* ; **de ~** d'hermine

armisticio [armis'tiθjo] *nm* armistice *m*

armonía [armo'nia] *nf* harmonie *f*

armónica [ar'monika] *nf* harmonica *m*

armonioso, -a [armo'njoso, a] *adj* harmonieux(-euse)

armonizar [armoni'θar] *vt* harmoniser ▸ *vi*: **~ con** (*fig*) être en harmonie avec

arnés [ar'nes] *nm* harnais *msg* ; **arneses** *nmpl* (*para caballerías*) harnais *msg*

aro ['aro] *nm* cercle *m*, anneau *m* ; (*juguete*) cerceau *m* ; (AM: *pendiente*) anneau ; **entrar** *o* **pasar por el ~** mettre les pouces

aroma [a'roma] *nm* arôme *m*, parfum *m*

aromaterapia [aromatera'pia] *nf* aromathérapie *f*

aromático, -a [aro'matiko, a] *adj* aromatique

arpa ['arpa] *nf* harpe *f*

arpía [ar'pia] *nf* (*fig*) harpie *f*, mégère *f*

arpillera [arpi'ʎera] *nf* serpillière *f*

arpón [ar'pon] *nm* harpon *m*

arquear [arke'ar] *vt* fléchir ; **arquearse** *vpr* fléchir

arqueología [arkeolo'xia] *nf* archéologie *f*

arqueólogo, -a [arke'oloɣo, a] *nm/f* archéologue *m/f*

arquero, -a [ar'kero, a] *nm/f* archer(-ère) ; (AM: *Deporte*) gardien(ne) de but

arquetipo [arke'tipo] *nm* archétype *m*

arquitecto, -a [arki'tekto, a] *nm/f* architecte *m/f* ; **~ paisajista** *o* **de jardines** paysagiste *m/f*

arquitectura [arkitek'tura] *nf* architecture *f*

arrabal [arra'βal] *nm* faubourg *m* ; (*barrio bajo*) bas quartiers *mpl* ; **arrabales** *nmpl* (*afueras*) faubourgs *mpl*

arraigado, -a [arrai'ɣaðo, a] *adj* (*tb fig*) enraciné(e)

arraigar [arrai'ɣar] *vi* prendre racine ; (*ideas, costumbres*) s'enraciner, prendre racine ; (*persona*) s'installer, s'établir ; **arraigarse** *vpr* (*costumbre*) s'enraciner, prendre racine ; (*persona*) s'installer, s'établir

arrancar [arran'kar] *vt* arracher ; (*árbol*) déraciner ; (*carteles, colgaduras*) retirer ; (*esparadrapo*) enlever ; (*suspiro*) pousser ; (*Auto, máquina*) mettre en marche ; (*Inform*) lancer ▸ *vi* (*Auto, máquina*) démarrer ; (*persona*) s'en aller ; **~ información a algn** soutirer un renseignement à qn ; **~ de** (*fig*) provenir de ; **~ de raíz** déraciner

arranque [a'rranke] *vb ver* **arrancar** ▸ *nm* (*Auto*) démarrage *m* ; (*de enfermedad*) début *m* ; (*de tradición*) origine *f* ; (*fig: arrebato*) élan *m*

arrasar [arra'sar] *vt* aplanir ; (*derribar*) raser ▸ *vi* (*fig*) faire un triomphe *o* tabac

arrastrado, -a [arras'traðo, a] *adj* misérable ; (AM: *servil*) servile ▸ *nm/f* (*fam: bribón*) coquin(-ine)

arrastrar [arras'trar] *vt* traîner ; (*suj: agua, viento, tb fig*) entraîner ▸ *vi* traîner ; **arrastrarse** *vpr* se traîner ; (*fig*) s'abaisser ; **llevar algo arrastrando** traîner qch depuis longtemps

arrastre [a'rrastre] *nm* remorquage *m* ; (*Pesca*) chalutage *m* ; **estar para el ~** (*fam*) être foutu(e) ; **~ de papel por fricción/por tracción** (*en impresora*) entraînement *m* par friction/par ergots

arre ['arre] *excl* hue !

arrear [arre'ar] *vt* exciter ; (*fam*) flanquer ▸ *vi* (*fam*) se grouiller

arrebatado, -a [arreβa'taðo, a] *adj* emporté(e), impétueux(-euse) ; (*cara*) congestionné(e) ; (*color*) vif (vive)

arrebatar [arreβa'tar] *vt* arracher ; (*fig*) transporter ; **arrebatarse** *vpr* s'emporter

arrebato [arre'βato] *nm* emportement *m* ; (*éxtasis*) transport *m* ; **~ de cólera/entusiasmo** élan *m o* mouvement *m* de colère/d'enthousiasme

arrecife [arre'θife] *nm* récif *m* ; (*tb*: **arrecife de coral**) récif de corail

arredrar [arre'ðrar] *vt* effrayer ; **arredrarse** *vpr*: **arredrarse (por** *o* **ante algo)** s'effrayer (de qch)

arreglado, -a [arre'ɣlaðo, a] *adj* (*persona*) soigné(e) ; (*vestido*) impeccable ; (*habitación*) ordonné(e), en ordre ; (*conducta*) réglé(e) ; **¡estamos ~s!** nous voilà bien avancés !

arreglar [arre'ɣlar] *vt* ranger, mettre en ordre ; (*persona*) préparer ; (*algo roto*) réparer, arranger ; (*problema*) régler ; (*entrevista*) fixer ; **arreglarse** *vpr* s'arranger, se régler ; (*acicalarse*) se préparer ; **arreglarse (para hacer)** se préparer (à faire) ; **arreglárselas** (*fam*) se débrouiller, s'en sortir ; **arreglarse el pelo/las uñas** s'arranger les cheveux/se faire les ongles

arreglo [a'rreɣlo] *nm* rangement *m*, ordre *m* ; (*acuerdo*) arrangement *m*, accord *m* ; (*Mús*) arrangement ; (*Inform*) tableau *m* ; (*de algo roto*) réparation *f* ; (*de persona*) toilette *f*, soin *m* ; **con ~ a** conformément à ; **llegar a un ~** parvenir à un accord ; **~ de cuentas** (*fig*) règlement *m* de comptes

arrellanarse [arreʎa'narse] *vpr*: **~ en** (*sillón*) se carrer *o* se prélasser dans

arremangar [arreman'gar] *vt* relever, retrousser ; **arremangarse** *vpr* retrousser ses manches

arremeter [arreme'ter] *vi*: **~ contra** se jeter à l'assaut de, fondre sur ; (*fig*) s'en prendre à, s'attaquer à

arrendamiento [arrenda'mjento] *nm* location *f* ; (*contrato*) bail *m* ; (*precio*) loyer *m*

arrendar [arren'dar] *vt* louer

arrendatario, -a [arrenda'tarjo, a] *nm/f* locataire *m/f*

arreos [a'rreos] *nmpl* harnais *msg* ; (*fig*) attirail *m*

arrepentimiento [arrepenti'mjento] *nm* repentir *m* ; **sentir/tener ~** éprouver du repentir

arrepentirse [arrepen'tirse] *vpr*: **~ (de)** se repentir (de) ; **~ de haber hecho algo** se repentir d'avoir fait qch ; **mostrarse arrepentido** regretter, être navré

arrestar [arres'tar] *vt* arrêter ; (*Mil*) mettre aux arrêts

arresto [a'rresto] *nm* arrestation *f* ; (*Mil*) arrêts *mpl* ; **arrestos** *nmpl* (*audacia*) audace *fsg* ; **~ domiciliario** assignation *f* à domicile ; **~ menor** *détention d'une durée d'un à trente jours* ; **~ mayor** *détention d'une durée d'un à six mois*

arriar [a'rrjar] *vt* amener ; (*un cable*) mollir

arriba [a'rriβa]

▶ *adv* **1** (*posición*) en haut ; **allí arriba** là-haut ; **el piso de arriba** l'appartement du dessus ; **la parte de arriba** le haut ; **la orden vino de arriba** (*fig*) l'ordre est venu d'en haut ; **más arriba** plus haut ; **desde arriba** d'en haut ; **arriba del todo** tout en haut ; **Juan está arriba** Juan est en haut ; **lo arriba mencionado** ce qui est mentionné ci-dessus ; **de treinta euros para arriba** au-dessus de trente euros ; **euro arriba, euro abajo** à quelques euros près

2 (*dirección*): **ir calle arriba** remonter la rue ; **río arriba** en amont

3: **mirar a algn de arriba abajo** regarder qn de haut en bas

▶ *prep*: **arriba de** (AM) sur, au-dessus de ; **arriba de cien euros** plus de cent euros

▶ *excl*: **¡arriba!** (*¡levanta!*) debout ! ; (*ánimo*) courage ! ; **¡manos arriba!** haut les mains ! ; **¡arriba España!** vive l'Espagne !

arribar [arri'βar] *vi* arriver

arribista [arri'βista] *nm/f* arriviste *m/f*

arribo [a'rriβo] (*esp* AM) *nm* arrivée *f*

arriendo [a'rrjendo] *vb ver* **arrendar** ▶ *nm* = **arrendamiento**

arriero [a'rrjero] *nm* muletier *m*

arriesgado, -a [arrjes'ɣaðo, a] *adj* (*peligroso*) risqué(e), hasardeux(-euse) ; (*audaz*: *persona*) audacieux(-euse)

arriesgar [arrjes'ɣar] *vt* risquer ; **arriesgarse** *vpr* prendre des risques ; **~ el pellejo** risquer sa peau ; **arriesgarse a hacer algo** se risquer à faire qch

arrimar [arri'mar] *vt* (*acercar*): **~ a** approcher de ; (*dejar de lado*) abandonner, laisser tomber ; **arrimarse** *vpr*: **arrimarse a** (*acercarse*) s'approcher de ; (*apoyarse*) s'appuyer sur ; (*fig*) se rapprocher de, se placer sous la protection de ; **~ el hombro** (*ayudar*) donner un coup de main ; (*trabajar*) travailler dur ; **arrimarse al sol que**

más calienta se ranger du côté du plus fort ; **arrímate a mí** approche-toi de moi
arrinconar [arrinko'nar] *vt* (*algo viejo*) mettre dans un coin, mettre au rebut ; (*enemigo*) acculer ; (*fig: persona*) laisser tomber, délaisser
arroba [a'rroβa] *nf* (*Internet*) arobase *f*
arrodillarse [arroði'ʎarse] *vpr* s'agenouiller
arrogancia [arro'ɣanθja] *nf* arrogance *f*
arrogante [arro'ɣante] *adj* arrogant(e)
arrojar [arro'xar] *vt* (*piedras*) jeter ; (*pelota*) lancer ; (*basura*) jeter, déverser ; (*humo*) cracher ; (*persona*) chasser, mettre dehors ; (*Com*) totaliser ; **arrojarse** *vpr* se jeter
arrojo [a'rroxo] *nm* hardiesse *f*
arrollador, a [arroʎa'ðor, a] *adj* (*éxito*) retentissant(e) ; (*fuerza*) irrésistible ; (*mayoría*) écrasant(e)
arrollar [arro'ʎar] *vt* (*suj: vehículo*) renverser ; (*: agua*) emporter, rouler ; (*Deporte*) écraser ▸ *vi* (*tener éxito electoral*) avoir une majorité écrasante
arropar [arro'par] *vt* couvrir ; **arroparse** *vpr* se couvrir
arroyo [a'rrojo] *nm* ruisseau *m* ; (*de la calle*) caniveau *m* ; **recoger a algn del ~** tirer qn du ruisseau
arroz [a'rroθ] *nm* riz *m* ; **~ blanco** (*Culin*) riz blanc ; **~ con leche** riz au lait
arruga [a'rruɣa] *nf* ride *f* ; (*en ropa*) pli *m*
arrugar [arru'ɣar] *vt* (*piel*) rider ; (*ropa, papel*) froisser ; (*ceño, frente*) froncer ; **arrugarse** *vpr* se rider ; (*ropa*) se froisser ; (*persona*) ne pas avoir peur
arruinar [arrwi'nar] *vt* ruiner ; **arruinarse** *vpr* se ruiner
arrullar [arru'ʎar] *vt* bercer ▸ *vi* roucouler
arsenal [arse'nal] *nm* (*Mil*) arsenal *m* ; (*Náut*) chantier *m* naval
arsénico [ar'seniko] *nm* arsenic *m*
arte ['arte] *nm* (*gen m en sg y siempre f en pl*) art *m* ; (*maña*) don *m* ; **artes** *nfpl* arts *mpl* ; **~s y oficios** arts et métiers ; **por amor al ~** pour l'amour de l'art ; **por ~ de magia** comme par enchantement ; **Bellas A~s** Beaux-Arts *mpl* ; **con malas ~s** par des moyens peu orthodoxes ; **no tener ~ ni parte en algo** n'être pour rien dans qch, n'avoir rien à voir avec qch ; **~ abstracto** art abstrait ; **~s plásticas** arts plastiques
artefacto [arte'fakto] *nm* engin *m*, machine *f* ; (*Arqueología*) objet *m* (fabriqué) ; (*explosivo*) engin explosif
arteria [ar'terja] *nf* artère *f*
artesanía [artesa'nia] *nf* artisanat *m* ; **de ~** artisanal(e)
artesano, -a [arte'sano, a] *nm/f* artisan(e)
ártico, -a ['artiko, a] *adj* arctique ▸ *nm*: **el Á~** l'Arctique *m*
articulación [artikula'θjon] *nf* articulation *f*
articulado, -a [artiku'laðo, a] *adj* articulé(e)
articular [artiku'lar] *vt* articuler
artículo [ar'tikulo] *nm* article *m* ; **artículos** *nmpl* (*Com*) articles *mpl* ; **~ de fondo** article de fond ; **~s de escritorio/tocador** articles de bureau/toilette ; **~s de lujo/marca/primera necesidad** articles de luxe/marque/première nécessité
artífice [ar'tifiθe] *nm/f* artisan(e) ; (*fig*) auteur *m*
artificial [artifi'θjal] *adj* artificiel(le) ; (*fig*) artificiel(le), forcé(e)
artificio [arti'fiθjo] *nm* appareil *m*, engin *m* ; (*artesanía*) art *m* ; (*truco*) artifice *m*
artillería [artiʎe'ria] *nf* artillerie *f*
artilugio [arti'luxjo] *nm* engin *m* ; (*ardid*) subterfuge *m*
artimaña [arti'maɲa] *nf* (*ardid*) stratagème *m* ; (*astucia*) astuce *f*, ruse *f*
artista [ar'tista] *nm/f* artiste *m/f* ; **~ de cine** artiste de cinéma ; **~ de teatro** comédien(ne)
artístico, -a [ar'tistiko, a] *adj* artistique
artritis [ar'tritis] *nf* arthrite *f*
arveja [ar'βexa] (AM: *guisante*) *nf* pois *msg*
arzobispo [arθo'βispo] *nm* archevêque *m*
as [as] *nm* as *m* ; **ser un as (de)** (*fig*) être un as (de) ; **as del fútbol** as du football
asa ['asa] *nf* anse *f*
asado [a'saðo] *nm* (*carne*) rôti *m* ; (*CSur: barbacoa*) barbecue *m*
asaduras [asa'ðuras] *nfpl* (*Culin*) abats *mpl*
asalariado, -a [asala'rjaðo, a] *adj, nm/f* salarié(e)
asaltador, a [asalta'ðor, a] *nm/f*, **asaltante** [asal'tante] *nm/f* assaillant(e)
asaltar [asal'tar] *vt* (*banco etc*) attaquer ;

(*persona, fig*) assaillir ; (*Mil*) prendre d'assaut
asalto [a'salto] *nm* (*a banco*) hold-up *m inv* ; (*a persona*) agression *f* ; (*Mil*) assaut *m* ; (*Boxeo*) round *m* ; **tomar por ~** prendre d'assaut
asamblea [asam'blea] *nf* (*corporación*) assemblée *f*, rassemblement *m* ; (*reunión*) assemblée
asar [a'sar] *vt* rôtir (*au four*), griller (*au feu de bois, au gril*) ; **asarse** *vpr* (*fig*) cuire ; **~ a preguntas** harceler de questions ; **me aso de calor** (*fig*) j'étouffe de chaleur ; **~ al horno/a la parrilla** rôtir au four/sur le gril ; **aquí se asa uno vivo** on cuit ici !
asbesto [as'βesto] *nm* asbeste *m*
ascendencia [asθen'denθja] *nf* ascendance *f* ; **de ~ francesa** d'origine française ; **tener ~ sobre algn** avoir de l'ascendant sur qn
ascender [asθen'der] *vi* monter ; (*Deporte*) monter, passer ; (*en puesto de trabajo*) monter en grade ▶ *vt* faire monter ; **~ a** s'élever à ; **ascendió a general** il a accédé au grade de général, il est passé général
ascendiente [asθen'djente] *nm* ascendant *m* ; **ascendientes** *nmpl* ascendants *mpl*
ascensión [asθen'sjon] *nf* ascension *f* ; **la A~** (*Rel*) l'Ascension
ascenso [as'θenso] *nm* promotion *f*
ascensor [asθen'sor] *nm* ascenseur *m*
ascético, -a [as'θetiko, a] *adj* ascétique
asco ['asko] *nm* : **¡qué ~!** c'est dégoûtant ! ; **el ajo me da ~** j'ai horreur de l'ail ; **hacer ~s a algo** faire la fine bouche devant qch ; **estar hecho un ~** être dans un sale état ; **poner a algn de ~** (*AM*) abreuver qn d'injures ; **ser un ~** (*clase, libro*) être nul(le) ; (*película*) être un navet ; **morirse de ~** s'ennuyer à mourir
ascua ['askwa] *nf* braise *f* ; **arrimar el ~ a su sardina** tirer la couverture à soi ; **estar en** *o* **sobre ~s** être sur des charbons ardents
aseado, -a [ase'aðo, a] *adj* (*persona*) impeccable, bien mis(e) ; (*casa*) impeccable
asear [ase'ar] *vt* (*casa*) arranger ; (*persona*) arranger, faire la toilette de ; **asearse** *vpr* (*persona*) s'arranger, faire sa toilette
asediar [ase'ðjar] *vt* assiéger ; (*fig*) assaillir
asedio [a'seðjo] *nm* siège *m* ; (*Com*) forte demande *f*
asegurado, -a [aseɣu'raðo, a] *adj, nm/f* assuré(e)
asegurar [aseɣu'rar] *vt* assurer ; (*cuerda, clavo*) fixer ; (*maleta*) bien fermer ; (*afirmar*) assurer ; (*garantizar*) garantir ; **asegurarse** *vpr* : **asegurarse (de)** s'assurer (de) ; **asegurarse (contra)** (*Com*) s'assurer (contre), prendre une assurance (contre) ; **se lo aseguro** je vous assure
asemejarse [aseme'xarse] *vpr* : **~ a** ressembler à
asentado, -a [asen'taðo, a] *adj* sensé(e) ; **estar ~ en** être situé(e) dans *o* sur ; (*persona*) être établi(e) à
asentar [asen'tar] *vt* (*sentar*) asseoir ; (*poner*) placer ; (*alisar*) aplatir ; (*golpe*) asséner ; (*instalar*) installer ; (*asegurar*) assurer ; (*Com*) inscrire ; **asentarse** *vpr* (*persona*) s'établir ; (*líquido, polvo*) se déposer
asentir [asen'tir] *vi* acquiescer ; **~ con la cabeza** acquiescer d'un signe de tête
aseo [a'seo] *nm* hygiène *f*, toilette *f* ; (*orden*) soin *m* ; **aseos** *nmpl* (*servicios*) toilettes *fpl* ; **cuarto de ~** cabinet *m* de toilette ; **~ personal** hygiène personnelle
aséptico, -a [a'septiko, a] *adj* aseptique
asequible [ase'kiβle] *adj* (*precio*) abordable ; (*meta*) accessible ; (*persona*) accessible, abordable ; **~ a** (*comprensible*) accessible à, à la portée de
aserrar [ase'rrar] *vt* scier
asesinar [asesi'nar] *vt* assassiner
asesinato [asesi'nato] *nm* assassinat *m*
asesino, -a [ase'sino, a] *nm/f* assassin(e)
asesor, a [ase'sor, a] *nm/f* conseiller(-ère), consultant(e) ; (*Com*) consultant(e) ; **~ administrativo(-a)** conseiller(-ère) en gestion ; **~ de imagen** conseiller(-ère) en communication
asesorar [aseso'rar] *vt* (*Jur, Com*) conseiller ; **asesorarse** *vpr* : **asesorarse con** *o* **de** prendre conseil auprès de
asesoría [aseso'ria] *nf* (*cargo*) conseil *m* ; (*oficina*) cabinet *m* d'expert-conseil
asestar [ases'tar] *vt* (*golpe*) asséner ; (*tiro*) envoyer
asfalto [as'falto] *nm* bitume *m*
asfixia [as'fiksja] *nf* asphyxie *f*

asfixiar [asfik'sjar] *vt* (*suj*: *persona*) asphyxier ; (: *calor*) étouffer ; **asfixiarse** *vpr* s'asphyxier, étouffer ; **asfixiarse de calor** étouffer de chaleur

asgo *etc* ['asgo] *vb ver* **asir**

así [a'si] *adv* (*de esta manera*) ainsi ▸ *conj* (+ *subjuntivo*) même si ; **~, ~** comme ci comme ça, couci-couça ; **~ de grande** grand(e) comme ça ; **~ llamado** soi-disant, prétendu ; **~ es la vida** c'est la vie ; **¡~ sea!** ainsi soit-il ! ; **y ~ sucesivamente** et ainsi de suite ; **~ y todo** malgré tout ; **¿no es ~?** n'est-ce pas (vrai) ? ; **seis euros o ~** à peu près six euros ; **~ como** (*también*) ainsi que, de même que ; (*en cuanto*) dès que ; **~ pues** ainsi donc ; **~ que** (*en cuanto*) dès que ; (*por consiguiente*) donc

Asia ['asja] *nf* Asie *f*

asiático, -a [a'sjatiko, a] *adj* asiatique ▸ *nm/f* Asiatique *m/f*

asidero [asi'ðero] *nm* anse *f*

asiduidad [asiðwi'ðað] *nf* assiduité *f*

asiduo, -a [a'siðwo, a] *adj* assidu(e) ▸ *nm/f* habitué(e)

asiento [a'sjento] *vb ver* **asentar**; **asentir** ▸ *nm* siège *m* ; (*de silla etc*) assise *f* ; (*de cine, tren*) place *f* ; (*Com*) inscription *f* ; **tomar ~** prendre place ; **~ delantero/trasero** siège avant/arrière

asignación [asiɣna'θjon] *nf* attribution *f* ; (*reparto*) assignation *f* ; (*paga*) traitement *m* ; (*Com*) allocation *f* ; **~ de presupuesto** crédit *m* budgétaire ; **~ (semanal)** salaire *m* (hebdomadaire) ; (*a un hijo*) argent *m* de poche

asignar [asiɣ'nar] *vt* assigner ; (*cantidad*) allouer, attribuer

asignatura [asiɣna'tura] *nf* matière *f*, discipline *f* ; **~ pendiente** épreuve *f* à repasser ; **es nuestra ~ pendiente** (*fig*) c'est quelque chose qui nous reste à faire

asilado, -a [asi'laðo, a] *nm/f* (*Pol*) réfugié(e) politique ; (*en asilo de ancianos*) pensionnaire *m/f*

asilo [a'silo] *nm* asile *m* ; **derecho de ~** droit *m* d'asile ; **pedir/dar ~ a algn** demander/donner asile à qn ; **~ de ancianos** asile (de vieillards), hospice *m* ; **~ de pobres** hospice des pauvres ; **~ político** asile politique

asimilación [asimila'θjon] *nf* assimilation *f*

asimilar [asimi'lar] *vt* assimiler ; **asimilarse** *vpr*: **asimilarse a** s'assimiler à

asimismo [asi'mismo] *adv* aussi

asir [a'sir] *vt* saisir ; **asirse** *vpr*: **asirse a** *o* **de** s'accrocher à

asistencia [asis'tenθja] *nf* assistance *f* ; (*tb*: **asistencia médica**) soins *mpl* médicaux ; **~ social/técnica** assistance sociale/technique

asistenta [asis'tenta] *nf* femme *f* de ménage

asistente [asis'tente] *nm/f* assistant(e) ▸ *nm* (*Mil*) ordonnance *f* ; **los ~s** les assistants *nmpl* ; **~ social** employé(e) des services sociaux ; (*mujer*) assistante *f* sociale

asistido, -a [asis'tiðo, a] *adj* (*Auto*: *dirección*) assisté(e) ; **~ por ordenador** assisté(e) par ordinateur

asistir [asis'tir] *vt* (*Med*) assister, soigner ; (*ayudar*) assister, secourir ; (*acompañar*) assister ▸ *vi*: **~ (a)** assister (à)

asma ['asma] *nf* asthme *m*

asno ['asno] *nm* (*tb fig*) âne *m*

asociación [asoθja'θjon] *nf* association *f* ; **~ de ideas** association d'idées

asociado, -a [aso'θjaðo, a] *adj*, *nm/f* associé(e)

asociar [aso'θjar] *vt* associer ; **asociarse** *vpr*: **asociarse (a)** s'associer (à)

asolar [aso'lar] *vt* dévaster, ravager

asomar [aso'mar] *vt* sortir, mettre dehors ▸ *vi* (*sol*) poindre, se montrer ; (*barco*) apparaître ; **asomarse** *vpr*: **asomarse a** *o* **por** se montrer à, se mettre à ; **~ la cabeza por la ventana** se mettre à la fenêtre

asombrar [asom'brar] *vt* (*causar asombro*) étonner ; (*causar admiración*) stupéfier ; **asombrarse** *vpr*: **asombrarse (de)** (*sorprenderse*) s'étonner (de) ; (*asustarse*) s'effrayer (de)

asombro [a'sombro] *nm* (*sorpresa*) étonnement *m*, stupéfaction *f* ; (*susto*) frayeur *f* ; **no salir de su ~** ne pas en revenir

asombroso, -a [asom'broso, a] *adj* étonnant(e), stupéfiant(e)

asomo [a'somo] *nm* signe *m*, ombre *f* ; **ni por ~** pas le moins du monde, en aucune manière

asorocharse [asoro'tʃarse] (*AM*) *vpr* (*Med*) avoir le mal d'altitude *o* des montagnes

aspa ['aspa] *nf* croix *fsg* de Saint André ; (*de molino*) aile *f* ; **en ~** en forme de X

aspaviento [aspa'βjento] *nm* gestes *mpl* outranciers ; **hacer ~s** faire des simagrées

aspecto [as'pekto] *nm* aspect *m*, air *m* ; (*de salud*) mine *f* ; (*fig*) aspect ; **bajo este ~** vu(e) sous cet angle ; **tener buen/mal ~** (*persona*) avoir bonne/mauvaise mine ; **en todos los ~s** sous tous les rapports

aspereza [aspe'reθa] *nf* rugosité *f* ; (*de sabor*) âpreté *f* ; (*de terreno, carácter*) aspérité *f*

áspero, -a ['aspero, a] *adj* rugueux(-euse) ; (*sabor*) âpre

aspersión [asper'sjon] *nf* aspersion *f* ; **riego por ~** arrosage *m* par aspersion

aspiración [aspira'θjon] *nf* aspiration *f* ; **aspiraciones** *nfpl* (*ambiciones*) aspirations *fpl*

aspiradora [aspira'ðora] *nf*, **aspirador** [aspira'ðor] *nm* aspirateur *m*

aspirante [aspi'rante] *nm/f* candidat(e)

aspirar [aspi'rar] *vt* aspirer ▶ *vi*: **~ a (hacer)** aspirer à (faire)

aspirina [aspi'rina] *nf* aspirine *f*

asquear [aske'ar] *vt* écœurer ; **asquearse** *vpr*: **asquearse de** être dégoûté(e) de

asqueroso, -a [aske'roso, a] *adj, nm/f* dégoûtant(e)

asta ['asta] *nf* hampe *f* ; **astas** *nfpl* (*Zool*) bois *mpl* ; **a media ~** en berne

asterisco [aste'risko] *nm* astérisque *m*

astigmatismo [astiɣma'tismo] *nm* astigmatisme *m*

astilla [as'tiʎa] *nf* éclat *m* ; (*de leña*) écharde *f* ; (*de hueso*) esquille *f* ; **astillas** *nfpl* (*para fuego*) petit bois *m* ; **hacer ~s** briser ; **de tal palo tal ~** tel père, tel fils

astilleros [asti'ʎeros] *nmpl* chantier *msg* naval ; (*de la Armada*) arsenal *msg*

astringente [astrin'xente] *adj* astringent(e) ▶ *nm* astringent *m*

astro ['astro] *nm* astre *m*

astrología [astrolo'xia] *nf* astrologie *f*

astronauta [astro'nauta] *nm/f* astronaute *m/f*

astronave [astro'naβe] *nf* astronef *m*

astronomía [astrono'mia] *nf* astronomie *f*

astrónomo, -a [as'tronomo, a] *nm/f* astronome *m/f*

astucia [as'tuθja] *nf* astuce *f*

astuto, -a [as'tuto, a] *adj* astucieux(-euse) ; (*taimado*) rusé(e)

asumir [asu'mir] *vt* assumer

asunción [asun'θjon] *nf* prise *f* de possession ; **la A~** l'Assomption *f*

asunto [a'sunto] *nm* (*tema*) sujet *m* ; (*negocio*) affaire *f* ; (*argumento*) thème *m* ; **¡eso es ~ mío!** cela me regarde ! ; **~s a tratar** affaires à régler ; **ir al ~** en venir aux choses sérieuses ; **A~s Exteriores** Affaires étrangères

asustar [asus'tar] *vt* faire peur à ; (*ahuyentar*) mettre en fuite ; **asustarse** *vpr*: **asustarse (de *o* por)** avoir peur (de)

atacar [ata'kar] *vt* attaquer ; (*teoría*) s'attaquer à

atadura [ata'ðura] *nf* attache *f*, lien *m* ; (*impedimento*) entrave *f*, lien

atajar [ata'xar] *vt* (*interrumpir*) couper court à, interrompre ; (*cortar el paso a*) barrer la route à ; (*enfermedad*) enrayer ; (*riada, sublevación*) endiguer ; (*incendio*) maîtriser ; (*discurso*) interrompre ; (*Deporte*) plaquer ▶ *vi* prendre un raccourci

atajo [a'taxo] *nm* raccourci *m* ; (*Deporte*) plaquage *m* ; **son un ~ de cobardes/ladrones** c'est une bande de lâches/voleurs ; **soltar un ~ de mentiras** débiter un tissu de mensonges

atañer [ata'ɲer] *vi*: **~ a** (*persona*) concerner ; (*gobierno*) incomber à ; **en lo que atañe a eso** en ce qui concerne cela

ataque [a'take] *vb ver* **atacar** ▶ *nm* (*Mil*) attaque *f*, raid *m* ; (*Med*) attaque ; **¡al ~!** à l'attaque ! ; **~ cardíaco** crise *f* cardiaque ; **~ de ira/de nervios/de risa** accès *m* de colère/crise de nerfs/fou rire *m*

atar [a'tar] *vt* attacher ; **atarse** *vpr* (*zapatos*) attacher ; (*corbata*) nouer ; **~ la lengua a algn** (*fig*) réduire qn au silence ; **~ cabos** déduire par recoupements ; **~ corto a algn** tenir la bride haute à qn

atardecer [atarðe'θer] *vi*: **atardece a las 8** la nuit tombe à 8 h ▶ *nm* tombée *f* du jour ; **al ~** à la tombée du jour

atareado, -a [atare'aðo, a] *adj* affairé(e)

atascar [atas'kar] *vt* boucher ; **atascarse** *vpr* se boucher ; (*coche*) s'embourber ; (*motor*) se gripper ; (*fig: al hablar*) bafouiller ; (*: en problema*) s'enliser

atasco [a'tasko] *nm* obstruction *f* ; (*Auto*) bouchon *m*

ataúd [ata'uð] *nm* cercueil *m*, bière *f*
ataviar [ata'βjar] *vt* parer ; **ataviarse** *vpr* se parer
atavío [ata'βio] *nm* toilette *f*; **atavíos** *nmpl* (*adornos*) toilette, atours *mpl*
atemorizar [atemori'θar] *vt* faire peur à ; **atemorizarse** *vpr*: **atemorizarse de** *o* **por** s'effrayer de
Atenas [a'tenas] *n* Athènes
atención [aten'θjon] *nf* attention *f* ▸ *excl* attention ! ; **atenciones** *nfpl* (*amabilidad*) attentions *fpl*, égards *mpl* ; **en ~ a esto** eu égard à cela ; **llamar la ~ a algn** (*despertar curiosidad*) attirer l'attention de qn ; (*reprender*) rappeler qn à l'ordre ; **prestar ~** prêter attention ; **«a la ~ de ...»** (*en carta*) «à l'attention de ...»
atender [aten'der] *vt* (*consejos*) tenir compte de ; (*Tec*) entretenir ; (*enfermo*) s'occuper de, soigner ; (*niño*) s'occuper de ; (*cliente*) servir ; (*petición*) accéder à ▸ *vi*: **~ a** se soucier de ; (*detalles*) s'arrêter sur ; **~ al teléfono** répondre au téléphone ; **~ a la puerta** aller ouvrir la porte
atenerse [ate'nerse] *vpr*: **~ a** s'en tenir à ; **~ a las consecuencias** penser aux conséquences
atentado [aten'taðo] *nm* attentat *m* ; (*delito*) atteinte *f*, attentat ; **~ contra la vida de algn** attentat à la vie de qn ; **~ contra el pudor** attentat à la pudeur ; **~ contra la salud pública** atteinte à la santé publique ; **~ golpista** coup *m* d'État ; **~ terrorista** attentat terroriste ; **~ suicida** attentat suicide
atentamente [a'tentamente] *adv* attentivement ; **le saluda ~** (*en carta*) recevez mes salutations distinguées
atentar [aten'tar] *vi*: **~ a** *o* **contra** (*seguridad*) attenter à ; (*moral, derechos*) porter atteinte à ; **~ contra** attenter à la vie de, commettre un attentat contre
atento, -a [a'tento, a] *adj* attentif(-ive) ; (*cortés*) attentionné(e) ; **~ a** attentif(-ive) à ; **su atenta (carta)** (*Com*) votre courrier
atenuar [ate'nwar] *vt* atténuer ; **atenuarse** *vpr* s'atténuer
ateo, -a [a'teo, a] *adj, nm/f* athée *m/f*
aterido, -a [ate'riðo, a] *adj*: **~ de frío** transi(e)
aterrador, a [aterra'ðor, a] *adj* épouvantable, effroyable
aterrar [ate'rrar] *vt* effrayer ; (*aterrorizar*) terrifier ; **aterrarse** *vpr*: **aterrarse de** *o* **por** être terrifié(e) par
aterrizaje [aterri'θaxe] *nm* (*Aviat*) atterrissage *m* ; **~ forzoso** atterrissage forcé
aterrizar [aterri'θar] *vi* (*Aviat*) atterrir
aterrorizar [aterrori'θar] *vt* terroriser ; **aterrorizarse** *vpr*: **aterrorizarse (de** *o* **por)** être terrorisé(e) (par)
atesorar [ateso'rar] *vt* amasser ; (*fig*) accumuler
atestado, -a [ates'taðo, a] *adj* (*testarudo*) entêté(e) ▸ *nm* (*Jur*) procès-verbal *m* ; **~ de** plein(e) à craquer de
atestar [ates'tar] *vt* envahir ; (*Jur*) attester
atestiguar [atesti'ɣwar] *vt* (*Jur*) témoigner ; (*fig*: *dar prueba de*) témoigner de
atiborrar [atiβo'rrar] *vt* envahir ; **atiborrarse** *vpr*: **atiborrarse de** se gaver de
ático ['atiko] *nm appartement au dernier étage d'un immeuble*
atinado, -a [ati'naðo, a] *adj* approprié(e) ; (*sensato*) sensé(e)
atinar [ati'nar] *vi* viser juste ; (*fig*) deviner juste ; **~ con** *o* **en** (*solución*) trouver ; **~ a hacer** réussir à faire
atisbar [atis'βar] *vt* épier ; (*vislumbrar*) percevoir
atizar [ati'θar] *vt* (*fuego, fig*) attiser ; (*horno etc*) alimenter ; (*Deporte*) battre à plate couture ; (*fam*: *golpe*) flanquer
atlántico, -a [at'lantiko, a] *adj* atlantique ▸ *nm*: **el (Océano) A~** l'(océan *m*) Atlantique *m*
atlas ['atlas] *nm* atlas *m*
atleta [at'leta] *nm/f* athlète *m/f*
atlético, -a [at'letiko, a] *adj* (*competición*) d'athlétisme ; (*persona*) athlétique
atletismo [atle'tismo] *nm* athlétisme *m*
atmósfera [at'mosfera] *nf* atmosphère *f*
atol [a'tol], **atole** [a'tole] (*CAm, Méx*) *nm* (*Culin*) *boisson à base de farine de maïs*
atolladero [atoʎa'ðero] *nm* (*fig*) impasse *f*; **estar en un ~** être dans une impasse ; **sacar a algn de un ~** tirer qn d'embarras
atómico, -a [a'tomiko, a] *adj* atomique
atomizador [atomiθa'ðor] *nm* atomiseur *m*
átomo ['atomo] *nm* atome *m*
atónito, -a [a'tonito, a] *adj* pantois(e)

atontado, -a [aton'taðo, a] *adj* étourdi(e) ; (*bobo*) stupide ▶ *nm/f* abruti(e)

atontar [aton'tar] *vt* abrutir ; **atontarse** *vpr* s'abêtir

atormentar [atormen'tar] *vt* tourmenter, torturer ; **atormentarse** *vpr* se tourmenter

atornillar [atorni'ʎar] *vt* visser

atorón [ato'ron] (*Méx*) *nm* (*Auto: atasco*) embouteillage *m*

atorrante, -a [ato'rrante, a] (*CSur : fam*) *adj* (*perezoso*) fainéant(e) ; (*vagabundo*) vagabond(e) ▶ *nm/f* vagabond(e)

atosigar [atosi'ɣar] *vt* empoisonner ; **atosigarse** *vpr* être obsédé(e)

atracador, a [atraka'ðor, a] *nm/f* braqueur(-euse)

atracar [atra'kar] *vt* (*Náut*) amarrer ; (*atacar*) attaquer ▶ *vi* amarrer ; **atracarse** *vpr*: **atracarse (de)** se bourrer (de)

atracción [atrak'θjon] *nf* attirance *f* ; **atracciones** *nfpl* (*diversiones*) attractions *fpl* ; **sentir ~ por** éprouver de l'attirance pour ; **centro/punto de ~** centre *m*/point *m* d'attraction

atraco [a'trako] *nm* agression *f* ; (*en banco*) hold-up *m inv* ; **~ a mano armada** attaque *f* à main armée

atracón [atra'kon] *nm*: **darse** *o* **pegarse un ~ (de)** (*fam*) s'empiffrer (de), se bourrer (de)

atractivo, -a [atrak'tiβo, a] *adj* attirant(e) ▶ *nm* attrait *m*

atraer [atra'er] *vt* attirer ; **atraerse** *vpr* s'attirer ; **dejarse ~ por** se laisser attirer par ; **atraerse a algn** conquérir qn

atragantarse [atraɣan'tarse] *vpr*: **~ (con)** s'étrangler (avec) ; **se me ha atragantado el chico ése** je ne peux pas le voir, celui-là ; **se me ha atragantado el inglés** l'anglais et moi, ça fait deux

atrancar [atran'kar] *vt* (*puerta*) barricader ; (*desagüe*) boucher ; **atrancarse** *vpr* (*desagüe*) se boucher ; (*mecanismo*) se gripper ; (*fig: al hablar*) bafouiller

atrapar [atra'par] *vt* attraper

atrás [a'tras] *adv* (*posición*) derrière, en arrière ; (*dirección*) derrière ; **~ de** *prep* (AM: *detrás de*) derrière ; **años/meses ~** des années/mois auparavant ; **días ~** cela fait des jours et des jours ; **asiento/parte de ~** siège *m*/partie *f* arrière ; **cuenta ~** compte *m* à rebours ; **marcha ~** marche *f* arrière ; **echarse para ~** reculer ; (*desdecirse*) faire marche arrière ; **ir hacia ~** (*movimiento*) aller en arrière ; (*dirección*) aller derrière ; **estar ~** être *o* se trouver derrière *o* en arrière ; **está más ~** c'est plus loin derrière ; **volverse ~** revenir en arrière, reculer ; (*desdecirse*) se dédire

atrasado, -a [atra'saðo, a] *adj* (*pago*) arriéré(e) ; (*país*) sous-développé(e) ; (*trabajo*) en retard ; (*costumbre*) du passé ; (*moda*) dépassé(e) ; **el reloj está** *o* **va ~** la pendule retarde ; **ir ~** (*Escol*) être en retard ; **poner fecha atrasada a** antidater

atrasar [atra'sar] *vi, vt* retarder ; **atrasarse** *vpr* (*persona*) être en retard ; (*tren*) avoir du retard ; (*reloj*) retarder

atraso [a'traso] *nm* retard *m* ; **atrasos** *nmpl* (*Com*) arriérés *mpl*

atravesar [atraβe'sar] *vt* traverser ; (*poner al través*) barrer ; **atravesarse** *vpr* se mettre en travers de ; **ese tipo se me ha atravesado** je ne peux pas voir ce type

atraviese *etc* [atra'βjese] *vb ver* **atravesar**

atrayente [atra'jente] *adj* attrayant(e)

atreverse [atre'βerse] *vpr*: **~ a (hacer)** oser (faire)

atrevido, -a [atre'βiðo, a] *adj* (*audaz*) audacieux(-euse) ; (*descarado*) insolent(e) ; (*moda, escote*) osé(e) ▶ *nm/f* audacieux(-euse), insolent(e)

atrevimiento [atreβi'mjento] *nm* (*audacia*) audace *f* ; (*descaro*) insolence *f*

atribución [atriβu'θjon] *nf* attribution *f* ; **atribuciones** *nfpl* (*Pol, Admin*) attributions *fpl*

atribuir [atriβu'ir] *vt*: **~ a** attribuer à ; **atribuirse** *vpr* s'attribuer

atribular [atriβu'lar] *vt* affliger ; **atribularse** *vpr* être affligé(e)

atributo [atri'βuto] *nm* attribut *m*, apanage *m* ; (*emblema*) attributs *mpl*

atril [a'tril] *nm* pupitre *m*, lutrin *m* ; (*Mús*) pupitre

atrocidad [atroθi'ðað] *nf* atrocité *f* ; **atrocidades** *nfpl* (*disparates*) énormités *fpl*

atropellar [atrope'ʎar] *vt* écraser ; (*derribar*) renverser ; (*empujar*) bousculer ; (*agraviar*) malmener ; **atropellarse** *vpr* s'embrouiller

atropello [atro'peʎo] *nm* (*Auto*) accident *m* ; (*contra propiedad, derechos*) violation *f* ; (*empujón*) bousculade *f* ; (*agravio*) insulte *f* ; (*atrocidad*) atrocité *f*

atroz [a'troθ] *adj* atroce ; (*frío*) terrible ; (*hambre*) de loup ; (*sueño*) irrésistible ; (*película, comida*) épouvantable

A.T.S. (*Esp*) *sigla m/f* (= *Ayudante Técnico Sanitario*) infirmier(-ière)

atto., -a. *abr* (= *atento, a*) dévoué(e)

atuendo [a'twendo] *nm* tenue *f*

atún [a'tun] *nm* thon *m*

aturdir [atur'ðir] *vt* assommer ; (*suj*: *ruido*) assourdir ; (: *vino*) étourdir ; (: *droga*) abrutir ; (: *noticia*) laisser sans voix ; **aturdirse** *vpr* être assourdi(e) ; (*por órdenes contradictorias*) être décontenancé(e)

atusar [atu'sar] *vt* (*pelo*: *cortar*) couper ; (: *alisar*) arranger ; **atusarse** *vpr* se pomponner

audacia [au'ðaθja] *nf* audace *f*

audaz [au'ðaθ] *adj* audacieux(-euse)

audible [au'ðiβle] *adj* audible

audición [auði'θjon] *nf* audition *f* ; **~ radiofónica** audition radiophonique

audiencia [au'ðjenθja] *nf* audience *f* ; **~ pública** (*Pol*) audience publique

audífono [au'ðifono] *nm* audiophone *m*

audiodescripción [auðjodeskrip'θjon] *nf* audiodescription *f*

audiolibro [auðjo'liβro] *nm* livre *m* audio

audiovisual [auðjoβi'swal] *adj* audiovisuel(le)

auditor [auði'tor] *nm* (*Jur*) assesseur *m* ; (*Com*) commissaire *m* aux comptes

auditorio [auði'torjo] *nm* auditoire *m* ; (*sala*) auditorium *m*

auge ['auxe] *nm* apogée *m* ; (*Com, Econ*) essor *m* ; **estar en ~** être en plein essor

augurar [auɣu'rar] *vt* (*suj*: *hecho*) laisser présager ; (: *persona*) prédire

augurio [au'ɣurjo] *nm* présage *m*

aula ['aula] *nf* (*en colegio*) salle *f* de classe, classe *f* ; (*en universidad*) salle de cours ; **~ magna** amphithéâtre *m*

aullar [au'ʎar] *vi* grogner ; (*fig*: *viento*) hurler

aullido [au'ʎiðo] *nm* hurlement *m*

aumentar [aumen'tar] *vt* augmenter ; (*vigilancia*) redoubler de ; (*Foto*) agrandir ; (*con microscopio*) grossir ▸ *vi* augmenter

aumento [au'mento] *nm* augmentation *f* ; (*vigilancia*) redoublement *m* ; **en ~** (*precios*) en hausse

aun [a'un] *adv* même ; **~ así** même ainsi ; **~ cuando** même si

aún [a'un] *adv* (*todavía*) encore, toujours ; **~ no** pas encore, toujours pas ; **~ más** encore plus ; **¿no ha venido ~?** il n'est pas encore arrivé ?, il n'est toujours pas arrivé ?

aunque [a'unke] *conj* bien que, même si

aúpa [a'upa] *adj*: **de ~** (*fam*: *catarro*) carabiné(e) ; (: *chica*) bien roulé(e) ; (: *espectáculo*) sensass

auricular [auriku'lar] *nm* (*Telec*) écouteur *m* ; **auriculares** *nmpl* écouteurs *mpl*

aurora [au'rora] *nf* aurore *f* ; **~ boreal(is)** aurore boréale

auscultar [auskul'tar] *vt* ausculter

ausencia [au'senθja] *nf* absence *f* ; **brillar por su ~** briller par son absence

ausentarse [ausen'tarse] *vpr*: **~ (de)** s'absenter (de)

ausente [au'sente] *adj* absent(e) ▸ *nm/f* (*Escol*) absent(e) ; (*Jur*) personne *f* portée disparue

auspiciar [auspi'θjar] (*AM*) *vt* (*patrocinar*) patronner

auspicio [aus'piθjo] *nm*: **buen/mal ~** bons/mauvais auspices *mpl* ; **auspicios** *nmpl*: **bajo los ~s de** sous les auspices de

austeridad [austeri'ðað] *nf* (*de vida*) austérité *f* ; (*de mirada*) sévérité *f*

austero, -a [aus'tero, a] *adj* austère ; (*lenguaje*) dépouillé(e)

austral [aus'tral] *adj* austral(e) ▸ *nm* (*AM*: *Hist*: *moneda*) austral *m*

Australia [aus'tralja] *nf* Australie *f*

australiano, -a [austra'ljano, a] *adj* australien(ne) ▸ *nm/f* Australien(ne)

Austria ['austrja] *nf* Autriche *f*

austriaco, -a [aus'trjako, a], **austríaco, -a** [aus'triako, a] *adj* autrichien(ne) ▸ *nm/f* Autrichien(ne)

auténtico, -a [au'tentiko, a] *adj* authentique ; (*cuero*) véritable ; **es un ~ campeón** c'est un vrai champion

auto ['auto] *nm* (*coche*) auto *f* ; (*Jur*) arrêté *m* ; **autos** *nmpl* (*Jur*) pièces *fpl* d'un dossier ; (: *acta*) procédure *f* judiciaire ; **~ de comparecencia** assignation *f* ; **~ de ejecución** titre *m* exécutoire ; **~ sacramental** *drame* *religieux espagnol des XVIème et XVIIème siècles, comparable aux mystères français du Moyen Âge*

autoadhesivo, -a [autoaðe'siβo, a] *adj* autocollant(e)

autoayuda [autoa'juða] *nf* développement *m* personnel ; **grupo de ~** groupe *m* d'entraide

autobiografía [autoβjoɣra'fia] *nf* autobiographie *f*

autobronceador [autoβronθea'ðor] *nm* autobronzant *m*

autobús [auto'βus] *nm* autobus *m* ; **~ de línea** car *m*

autocar [auto'kar] *nm* autocar *m* ; **~ de línea** car *m*

autóctono, -a [au'toktono, a] *adj* autochtone

autodefensa [autoðe'fensa] *nf* autodéfense *f*

autodeterminación [autoðetermina'θjon] *nf* autodétermination *f*

autodidacta [autoði'ðakta] *adj, nm/f* autodidacte *m/f*

autoempleo [autoem'pleo] *nm* auto-emploi *m*, travail *m* indépendant

autoescuela [autoes'kwela] *nf* auto-école *f*

autógrafo [au'toɣrafo] *nm* autographe *m*

autoinmune [autoin'mune] *adj* auto-immun(e)

autómata [au'tomata] *nm* (*persona*) automate *m*

automático, -a [auto'matiko, a] *adj* automatique ; (*reacción*) machinal(e) ▸ *nm* bouton-pression *m*

automotor, -triz [automo'tor, 'triz] *adj* automoteur(-trice) ▸ *nm* automotrice *f*

automóvil [auto'moβil] *nm* automobile *f*

automovilismo [automoβi'lismo] *nm* automobilisme *m*

automovilista [automoβi'lista] *nm/f* (*conductor*) automobiliste *m/f*

automovilístico, -a [automoβi'listiko, a] *adj* (*industria*) automobile

autonomía [autono'mia] *nf* autonomie *f* ; (*territorio*) région *f* autonome ; **Estatuto de A~** (*Esp*) statut *m* d'autonomie

autonómico, -a [auto'nomiko, a] (*Esp*) *adj* (*elecciones*) des communautés autonomes ; (*política*) d'autonomie des régions ; **gobierno ~** gouvernement *m* régional autonome

autónomo, -a [au'tonomo, a] *adj* (*Pol, Inform*) autonome ; (*trabajador*) indépendant(e)

autopista [auto'pista] *nf* autoroute *f* ; **~ de peaje** autoroute à péage

autopsia [au'topsja] *nf* autopsie *f*

autor, a [au'tor, a] *nm/f* auteur *m* ; **los ~es del atentado** les auteurs de l'attentat

autoridad [autori'ðað] *nf* autorité *f* ; **autoridades** *nfpl* (*Pol*) autorités *fpl* ; **la ~ política/judicial** les autorités politiques/judiciaires ; **ser una ~ en física/matemáticas** être une autorité en physique/mathématiques ; **tener ~ sobre algn** avoir autorité sur qn ; **~ local** autorité locale

autoritario, -a [autori'tarjo, a] *adj* autoritaire

autorización [autoriθa'θjon] *nf* autorisation *f*

autorizado, -a [autori'θaðo, a] *adj* autorisé(e)

autorizar [autori'θar] *vt* autoriser ; **~ a hacer** autoriser à faire

autoservicio [autoser'βiθjo] *nm* (*tienda*) libre-service *m* ; (*restaurante*) self-service *m*

autostop [auto'stop] *nm* auto-stop *m* ; **hacer ~** faire de l'auto-stop

autostopista [autosto'pista] *nm/f* auto-stoppeur(-euse)

autovía [auto'βia] *nf* route *f* à quatre voies

auxiliar [auksi'ljar] *vt* secourir, venir en aide à ▸ *adj* auxiliaire ; (*profesor*) suppléant(e) ▸ *nm/f* auxiliaire *m/f*

auxilio [auk'siljo] *nm* aide *f*, secours *msg* ▸ *excl* au secours ! ; **primeros ~s** premiers secours *mpl* ; **prestar ~ a algn** venir en aide à qn, porter secours à qn ; **~ en carretera** secours *mpl* d'urgence

Av. *abr* (= *Avenida*) av. (= *avenue*)

a/v *abr* = *a la vista*; *ver* **vista**

aval [a'βal] *nm* aval *m* ; (*garantía*) garantie *f* ; **~ bancario** garantie bancaire

avalancha [aβa'lantʃa] *nf* avalanche *f*

avance [a'βanθe] *vb ver* **avanzar** ▸ *nm* (*de tropas*) avance *f*, progression *f* ; (*de la ciencia*) progrès *msg* ; (*pago*) avance ; (*TV: de noticias*) flash *m* (d'information) ; (*del tiempo*) prévisions *fpl* météorologiques ; (*Cine*) bande-annonce *f*

avanzar [aβan'θar] *vt* avancer ▸ *vi* avancer, progresser ; (*proyecto*) avancer ; (*alumno*) avancer, faire des progrès
avaricia [aβa'riθja] *nf* avarice *f*
avaricioso, -a [aβari'θjoso, a] *adj* avaricieux(-euse)
avaro, -a [a'βaro, a] *adj, nm/f* avare *m/f*
avatar [aβa'tar] *nm* (*en Internet*) avatar *m* ; **avatares** (*vicisitudes*) aléas *mpl*, tribulations *fpl*
Avda. *abr* (= *Avenida*) av. (= *avenue*)
AVE ['aβe] *sigla m* (= *Alta Velocidad Española*) ≈ TGV *m* (= *train à grande vitesse*)
ave ['aβe] *nf* oiseau *m* ; **~ de rapiña** oiseau de proie ; **~s de corral** oiseaux *mpl* de basse-cour, volaille *f*
avecinarse [aβeθi'narse] *vpr* approcher
avellana [aβe'ʎana] *nf* noisette *f*
avellano [aβe'ʎano] *nm* noisetier *m*, coudrier *m*
avemaría [aβema'ria] *nm* Ave *m* (Maria)
avena [a'βena] *nf* avoine *f*
avenida [aβe'niða] *nf* avenue *f* ; (*de río*) crue *f*
avenir [aβe'nir] *vt* mettre d'accord ; **avenirse** *vpr* (*personas*) s'entendre ; **avenirse a hacer** consentir à faire ; **avenirse a razones** se rendre à la raison
aventado, -a [aβen'taðo, a] (AM) *adj* (*osado*) osé(e)
aventajado, -a [aβenta'xaðo, a] *adj* remarquable
aventajar [aβenta'xar] *vt* : **~ a algn (en algo)** surpasser qn (en qch)
aventar [aβen'tar] *vt* (AM : *fam* : *echar*) jeter
aventón [aβen'ton] (*Méx*) *nm* : **dar un ~ a algn** déposer qn quelque part ; **pedir ~** faire du stop
aventura [aβen'tura] *nf* aventure *f*
aventurado, -a [aβentu'raðo, a] *adj* aventureux(-euse)
aventurero, -a [aβentu'rero, a] *adj, nm/f* aventurier(-ière)
avergonzar [aβerɣon'θar] *vt* faire honte à ; **avergonzarse** *vpr* : **avergonzarse de (hacer)** avoir honte de (faire)
avería [aβe'ria] *nf* panne *f*
averiguación [aβeriɣwa'θjon] *nf* enquête *f* ; (*descubrimiento*) découverte *f*
averiguar [aβeri'ɣwar] *vt* enquêter sur ; (*descubrir*) découvrir
aversión [aβer'sjon] *nf* aversion *f* ; **cobrar ~ a** prendre en aversion
avestruz [aβes'truθ] *nm* autruche *f*
aviación [aβja'θjon] *nf* aviation *f*
aviador, a [aβja'ðor, a] *nm/f* aviateur(-trice)
avidez [aβi'ðeθ] *nf* : **~ de** *o* **por** empressement *m* à ; (*pey*) avidité *f* de ; **con ~** avec avidité
ávido, -a ['aβiðo, a] *adj* : **~ de** *o* **por** avide de
avinagrado, -a [aβina'ɣraðo, a] *adj* aigri(e), revêche ; (*voz*) aigre
avión [a'βjon] *nm* avion *m* ; (*ave*) martinet *m* ; **por ~** (*Correos*) par avion ; **~ de caza** avion de chasse, chasseur *m* ; **~ de combate/de hélice/de reacción** avion de combat/à hélice/à réaction
avioneta [aβjo'neta] *nf* avion *m* léger
avisar [aβi'sar] *vt* prévenir ; (*ambulancia, fontanero, médico*) appeler ; **~ (de)** (*advertir*) avertir (de) ; (*informar*) avertir (de), faire part (de) ; **~ a algn con antelación** prévenir qn
aviso [a'βiso] *nm* avis *msg* ; (*Com*) commande *f* ; **estar/poner sobre ~** être sur ses gardes/mettre en garde ; **hasta nuevo ~** jusqu'à nouvel ordre ; **sin previo ~** sans préavis ; **~ escrito** notification *f* par écrit
avispa [a'βispa] *nf* guêpe *f*
avispado, -a [aβis'paðo, a] *adj* éveillé(e)
avispero [aβis'pero] *nm* guêpier *m* ; **meterse en un ~** se fourrer dans un guêpier
avituallar [aβitwa'ʎar] *vt* ravitailler
avivar [aβi'βar] *vt* aviver ; (*paso*) presser ; **avivarse** *vpr* se raviver ; (*discusión*) s'animer
axila [ak'sila] *nf* aisselle *f*
axioma [ak'sjoma] *nm* axiome *m*
ay [ai] *excl* aïe ! ; (*aflicción*) hélas ! ; **¡ay de mí!** pauvre de moi !
aya ['aja] *nf* (*institutriz*) gouvernante *f* ; (*niñera*) nurse *f*
ayer [a'jer] *adv* hier ▸ *nm* passé *m* ; **antes de ~** avant-hier ; **~ por la tarde** hier après-midi
ayote [a'jote] (*Méx* : *calabaza*) *nm* courge *f*
ayuda [a'juða] *nf* aide *f* ▸ *nm* (*Med*) lavement *m* ; **~ de cámara** valet *m* de chambre

Para ofrecer ayuda:

Je peux passer vous prendre, si vous voulez. (*Puedo ... si ...*)
Je pourrais vous accompagner. (*Podría ...*)
Est-ce que vous voulez que j'aille chercher votre voiture ? (*¿Quiere que ...?*)

ayudante, -a [aju'ðante, a] *nm/f* adjoint(e) ; (*Escol*) assistant(e) ; (*Mil*) adjudant *m*

ayudar [aju'ðar] *vt* aider ; **~ a algn a hacer algo** aider qn à faire qch

ayunar [aju'nar] *vi* jeûner

ayunas [a'junas] *nfpl*: **estar en ~** être à jeun ; (*fig*) ne rien savoir

ayuno [a'juno] *nm* jeûne *m*

ayuntamiento [ajunta'mjento] *nm* (*concejo*) municipalité *f* ; (*edificio*) mairie *f*, hôtel *m* de ville ; (*cópula*) copulation *f*

azabache [aθa'βatʃe] *nm* jais *msg*

azada [a'θaða] *nf* houe *f*

azafata [aθa'fata] *nf* hôtesse *f* de l'air ; (*de congreso*) hôtesse d'accueil

azafrán [aθa'fran] *nm* safran *m*

azahar [aθa'ar] *nm* fleur *f* d'oranger

azar [a'θar] *nm* (*casualidad*) hasard *m* ; (*desgracia*) malheur *m* ; **al/por ~** au/par hasard ; **juegos de ~** jeux *mpl* de hasard

azoramiento [aθora'mjento] *nm* trouble *m*

azorar [aθo'rar] *vt* faire honte ; **azorarse** *vpr* se troubler

Azores [a'θores] *nfpl*: **las (Islas) ~** les Açores *fpl*

azotar [aθo'tar] *vt* fouetter ; (*suj*: *lluvia*) fouetter, cingler ; (*fig*) sévir

azote [a'θote] *nm* coup *m* de fouet ; (*a niño*) fessée *f* ; (*fig*) fléau *m* ; (*látigo*) fouet *m*

azotea [aθo'tea] *nf* terrasse *f* ; **andar** *o* **estar mal de la ~** travailler du chapeau

azteca [aθ'teka] *adj* aztèque ▸ *nm/f* Aztèque *m/f*

azúcar [a'θukar] *nm o nf* sucre *m* ; **~ glas** sucre glace

azucarado, -a [aθuka'raðo, a] *adj* sucré(e)

azucarero, -a [aθuka'rero, a] *adj* (*industria*) sucrier(-ière) ; (*comercio*) du sucre ▸ *nm* sucrier *m*

azucena [aθu'θena] *nf* lis *m*, lys *m*

azufre [a'θufre] *nm* soufre *m*

azul [a'θul] *adj* bleu(e) ▸ *nm* bleu *m* ; **~ celeste/marino** bleu ciel/marine

azulejo [aθu'lexo] *nm* carreau *m* (*au mur*)

azuzar [aθu'θar] *vt* exciter

b

B.A. *abr* = *Buenos Aires*

baba ['baβa] *nf* bave *f*; **caérsele la ~ a algn** (*fig*) baver d'admiration

babero [ba'βero] *nm* bavoir *m*

babor [ba'βor] *nm*: **a** *o* **por ~** à bâbord

babosada [baβo'saða] (AM: *fam*) *nf* imbécillité *f*

baboso, -a [ba'βoso, a] (AM: *fam*) *adj, nm/f* idiot(e), imbécile *m/f*

baca ['baka] *nf* (*Auto*) galerie *f*

bacalao [baka'lao] *nm* morue *f*; **cortar el ~** (*fig*) mener la barque

bache ['batʃe] *nm* nid *m* de poule; (*fig*) crise *f* passagère; **~ de aire** trou *m* d'air

bachillerato [batʃiʎe'rato] *nm* (*estudios*) études secondaires réalisées entre 16 et 18 ans; (*título*) diplôme obtenu à l'issue de ces études secondaires

bacteria [bak'terja] *nf* bactérie *f*

báculo ['bakulo] *nm* (*bastón*) canne *f*; (*fig*) soutien *m*

bádminton ['baðminton] *nm* badminton *m*

bagaje [ba'ɣaxe] *nm* (*de ejército*) barda *m*; (*fig*) bagage *m*; **~ cultural** bagage culturel

Bahamas [ba'amas] *nfpl*: **las (Islas) ~** les (îles) Bahamas *fpl*

bahía [ba'ia] *nf* baie *f*

bailar [bai'lar] *vt* danser; (*peonza, trompo*) faire tourner ▶ *vi* danser; (*peonza, trompo*) tourner; **te bailan los pies en esos zapatos** tu nages dans ces souliers

bailarín, -ina [baila'rin, ina] *nm/f* danseur(-euse)

baile ['baile] *nm* danse *f*; (*fiesta*) bal *m*; **~ de disfraces** bal masqué; **~ de salón** danse de salon; **~ flamenco** flamenco *m*; **~ regional** danse folklorique

baja ['baxa] *nf* baisse *f*; (*Mil*) perte *f*; **dar de ~ a algn** (*soldado*) réformer qn; (*empleado*) congédier qn; (*miembro de club*) exclure qn; **darse de ~** (*de trabajo*) démissionner; (*por enfermedad*) se faire porter malade; (*de club*) quitter; (*de suscripción*) se désinscrire; **estar de ~** (*enfermo*) être en congé (de) maladie; **jugar a la ~** (*Bolsa*) jouer à la baisse

bajada [ba'xaða] *nf* baisse *f*; (*declive, camino*) pente *f*; **~ de aguas** gouttière *f*; **~ de bandera** (*en taxi*) prise *f* en charge

bajar [ba'xar] *vi* descendre; (*temperatura, precios, calidad*) baisser ▶ *vt* baisser; (*escalera, maletas*) descendre; (*persiana*) abaisser; (*Internet*) télécharger; **bajarse** *vpr* descendre; **~ de** (*de coche, autobús etc*) descendre de; **los coches han bajado de precio** le prix des voitures a baissé; **bajarle los humos a algn** remettre quelqu'un à sa place; **bajarse algo de Internet** télécharger qch sur Internet

bajeza [ba'xeθa] *nf* bassesse *f*

bajío [ba'xio] (AM) *nm* banc *m* de sable

bajo, -a ['baxo, a] *adj* (*piso*) inférieur(e); (*empleo*) médiocre; (*persona, animal*) petit(e); (*ojos*) baissé(e); (*sonido*) faible; **~ en** (*metal*) à faible teneur en ▶ *adv* bas ▶ *prep* sous ▶ *nm* (*Mús*) basse *f*; (*en edificio*) rez-de-chaussée *m inv*; **bajos** *nmpl* (*de falda, de pantalón*) bas *msg*; **hablar en voz baja** parler à voix basse; **caer ~** (*fig*) tomber bas; **de clase baja** (*pey*) de bas étage; **~ la lluvia** sous la pluie; **~ su punto de vista** de son point de vue

bajón [ba'xon] *nm* chute *f*; (*de salud*) aggravation *f*; **dar** *o* **pegar un ~** (*fam: físicamente*) en prendre un coup; (*anímicamente*) avoir un coup de cafard

bakalao [baka'lao] (*fam*) *nm* techno *f*

bala ['bala] *nf* (*proyectil*) balle *f*; **como una ~** comme l'éclair

balacera [bala'θera] (AM) *nf* échange *m* de coups de feu

balance [ba'lanθe] *nm* (*Com*) bilan *m*; (*: libro*) livre *m* de comptes; **hacer ~ de** faire le point de; **~ consolidado** bilan consolidé; **~ de comprobación** balance *f* de vérification

balancear [balanθe'ar] *vt* (*suj: viento, olas*) balancer ; **balancearse** *vpr* se balancer

balanceo [balan'θeo] *nm* balancement *m*

balanza [ba'lanθa] *nf* balance *f*; (*Astrol*): **B~** Balance ; **~ comercial** balance commerciale ; **~ de pagos** balance des paiements ; **~ de poder(es)** équilibre *m* des pouvoirs

balar [ba'lar] *vi* bêler

balaustrada [balaus'traða] *nf* balustrade *f*; (*en escalera*) rampe *f*

balazo [ba'laθo] *nm* (*disparo*) coup *m* de feu ; (*herida*) blessure *f* par balle

balbucear [balβuθe'ar] *vi, vt* balbutier

balbuceo [balβu'θeo] *nm* balbutiement *m*

balbucir [balβu'θir] *vi, vt* = **balbucear**

balcón [bal'kon] *nm* balcon *m*

balde ['balde] *nm* (*esp* AM) seau *m*; **de ~** gratis ; **en ~** en vain

baldío, -a [bal'dio, a] *adj* en friche ; (*esfuerzo, ruego*) vain(e)

baldosa [bal'dosa] *nf* carreau *m*

baldosín [baldo'sin] *nm* (*de pared*) petit carreau *m* en faïence

balear [bale'ar] *adj* des Baléares ▸ *nm/f* natif(-ive) *o* habitant(e) des Baléares ▸ *vt* (AM) abattre

Baleares [bale'ares] *nfpl*: **las (Islas) ~** les (îles) Baléares *fpl*

balido [ba'liðo] *nm* bêlement *m*

baliza [ba'liθa] *nf* (*Aviat, Náut*) balise *f*

ballena [ba'ʎena] *nf* baleine *f*

ballet [ba'le] (*pl* **ballets**) *nm* ballet *m*

balneario, -a [balne'arjo, a] *adj* thermal(e) ; (AM) balnéaire ▸ *nm* station *f* thermale/balnéaire

balón [ba'lon] *nm* ballon *m*

baloncesto [balon'θesto] *nm* basket-ball *m*

balonmano [balon'mano] *nm* hand-ball *m*

balonvolea [balombo'lea] *nm* volley-ball *m*

balsa ['balsa] *nf* (*Náut*) radeau *m* ; (*charca*) mare *f*; **estar como ~ de aceite** (*mar*) être d'huile ; **ser una ~ de aceite** (*fig*) être de tout repos

bálsamo ['balsamo] *nm* baume *m*

baluarte [ba'lwarte] *nm* (*de muralla*) rempart *m* ; (*fig*) bastion *m*

bambolearse [bambole'arse] *vpr* osciller ; (*silla*) branler ; (*persona*) tituber

bambú [bam'bu] *nm* bambou *m*

banana [ba'nana] (AM) *nf* banane *f*

bananal [bana'nal] (AM) *nm* bananeraie *f*

banano [ba'nano] (AM) *nm* bananier *m*

banca ['banka] *nf* (AM: *asiento*) banc *m* ; (*Com*) banque *f*, secteur *m* bancaire ; **la gran ~** les grandes banques ; **~ por Internet** banque en ligne

bancario, -a [ban'karjo, a] *adj* bancaire ; **giro ~** virement *m* bancaire

bancarrota [banka'rrota] *nf* faillite *f*; (*fraudulenta*) banqueroute *f*; **declararse en ~** déclarer faillite

banco ['banko] *nm* banc *m* ; (*de carpintero*) établi *m* ; (*Com*) banque *f*; **~ comercial** banque commerciale ; **~ de alimentos** banque alimentaire ; **~ de arena** banc de sable ; **~ de crédito** établissement *m* de crédit ; **~ de datos** (*Inform*) banque de données ; **~ de hielo** banquise *f*; **~ de sangre** banque du sang ; **~ mercantil** banque d'affaires ; **B~ Mundial** Banque mondiale ; **~ por acciones** banque de dépôt

banda ['banda] *nf* bande *f*; (*honorífica*) écharpe *f*; (*Mús*) fanfare *f*; (*para el pelo*) ruban *m*; (*bandada*) volée *f*, bande ; **cerrarse en ~** ne rien vouloir entendre ; **fuera de ~** (*Deporte*) en touche ; **~ de sonido** bande sonore ; **~ sonora** (*Cine*) bande-son *m* ; **~ ancha** (*Inform*) haut débit *m* ; **~ transportadora** tapis *m* roulant

bandada [ban'daða] *nf* (*de pájaros*) volée *f*; (*de peces*) banc *m*

bandazo [ban'daθo] *nm*: **dar ~s** (*coche*) faire des embardées

bandeja [ban'dexa] *nf* plateau *m* ; **servir algo en ~** (*fig*) servir qch sur un plateau d'argent ; **~ de entrada/salida** (*Inform*) boîte *f* de réception/d'envoi

bandera [ban'dera] *nf* (*tb Inform*) drapeau *m* ; **izar (la) ~** hisser les couleurs ; **arriar la ~** amener les couleurs ; **jurar ~** prêter serment au drapeau ; **~ blanca** drapeau blanc

banderilla [bande'riʎa] *nf* (*Taur*) banderille *f*; (*tapa*) apéritif *m*

banderín [bande'rin] *nm* (*para la pared*) fanion *m*

bandido, -a [ban'diðo, a] *nm/f* bandit *m*

bando ['bando] *nm* arrêt *m*; (*facción*) faction *f*; **los bandos** *nmpl* (*Rel*) les bans *mpl* ; **pasar al otro ~** passer à l'ennemi

bandolera [bando'lera] *nf* (*bolso*) cartouchière *f*; **llevar en ~** porter en bandoulière

bandolero, -a [bando'lero, a] *nm/f* brigand *m*

bandoneón [bandone'on] (AM) *nm* bandonéon *m*

banner ['baner] *nm* (*Inform*) bandeau *m*

banquero, -a [ban'kero, a] *nm/f* banquier(-ière)

banqueta [ban'keta] *nf* banquette *f*; (AM) trottoir *m*

banquete [ban'kete] *nm* banquet *m*; **~ de bodas** repas *msg* de noces

banquillo [ban'kiʎo] *nm* (*Jur*) banc *m* des accusés; (*Deporte*) gradin *m*, banquette *f*

bañadera [baɲa'ðera] (AM) *nf* baignoire *f*

bañador [baɲa'ðor] *nm* maillot *m* de bain

bañar [ba'ɲar] *vt* baigner; (*objeto*) tremper; **bañarse** *vpr* se baigner; (*en la bañera*) prendre un bain; **bañado en** baigné de; **~ en** *o* **de** (*de pintura*) enduire de; (*chocolate*) enrober de

bañera [ba'ɲera] *nf* baignoire *f*

bañero, -a [ba'ɲero, a] *nm/f* surveillant(e) de baignade

bañista [ba'ɲista] *nm/f* baigneur(-euse)

baño ['baɲo] *nm* bain *m*; (*en río, mar, piscina*) baignade *f*; (*cuarto*) salle *f* de bains; (*bañera*) baignoire *f*; (*capa*) couche *f*; **tomar ~s de sol** prendre des bains de soleil; **~ (de) María** bain-marie *m*; **~ de vapor** bain de vapeur; **~ turco** bain turc

baqueano, -a [ba'keano, a], **baquiano, -a** [ba'kjano, a] (AM) *nm/f* guide *m/f*

bar [bar] *nm* bar *m*; **ir de ~es** faire la tournée des bars

barahúnda [bara'unda] *nf* tapage *m*

baraja [ba'raxa] *nf* jeu *m* de cartes; **~ española** *voir article*

> La **baraja española**, le jeu de cartes traditionnel espagnol, est différente du jeu de cartes français. Les quatre *palos* (couleurs) sont *oros* (pièces d'or), *copas* (coupes), *espadas* (épées) et *bastos* (gourdins). Chaque couleur se compose de neuf cartes numérotées de 1 à 9 (bien que, dans certains jeux, on n'en utilise que sept), et de trois figures : la *sota* (valet), le *caballo* (équivalent de la reine) et le *rey* (roi).

barajar [bara'xar] *vt* battre; (*fig*) envisager; (*datos*) brasser

baranda [ba'randa], **barandilla** [baran'diʎa] *nf* (*en escalera*) rampe *f*; (*en balcón*) balustrade *f*

barata [ba'rata] *nf* (*Méx: venta*) soldes *mpl*; (*Chi: cucaracha*) cafard *m*

baratija [bara'tixa] *nf* babiole *f*; **baratijas** *nfpl* (*Com*) camelote *fsg*

baratillo [bara'tiʎo] *nm* (*de muebles, objetos*) brocante *f*; (*de ropa*) friperie *f*

barato, -a [ba'rato, a] *adj* bon marché *inv* ▸ *adv* bon marché; **lo ~ sale caro** ce qui est bon marché revient cher

baraúnda [bara'unda] *nf* = **barahúnda**

barba ['barβa] *nf* barbe *f*; (*mentón*) menton *m*; **tener ~** avoir de la barbe; **reírse en las ~s de algn** rire au nez de qn; **salir algo a tres euros por ~** (*fam*) revenir à trois euros par tête de pipe; **con ~ de tres días** avec une barbe de trois jours; **subirse a las ~s de algn** prendre des libertés avec qn; **se rió en mis propias ~s** il m'a ri au nez

barbacoa [barβa'koa] *nf* barbecue *m*

barbaridad [barβari'ðað] *nf* atrocité *f*; (*imprudencia, temeridad*) témérité *f*; (*disparate*) énormité *f*; **come una ~** (*fam*) il mange énormément; **¡qué ~!** (*fam*) quelle horreur!; **cuesta una ~** (*fam*) cela coûte les yeux de la tête; **decir ~es** dire des énormités

barbarie [bar'βarje] *nf* barbarie *f*

bárbaro, -a ['barβaro, a] *adj* barbare; (*osado*) audacieux(-euse); (*fam: estupendo*) génial(e); (*éxito*) monstre ▸ *nm/f* (*pey: salvaje*) barbare *m/f* ▸ *adv*: **lo pasamos ~** (*fam*) ça a été génial; **¡qué ~!** c'est formidable!; **es un tipo ~** (*fam*) c'est un type sensass

barbero [bar'βero] *nm* barbier *m*, coiffeur *m*

barbilla [bar'βiʎa] *nf* menton *m*

barbo ['barβo] *nm* barbeau *m*; **~ de mar** rouget *m*

barbotar [barβo'tar], **barbotear** [barβote'ar] *vt, vi* bredouiller

barbudo, -a [bar'βuðo, a] *adj* barbu(e)

barca ['barka] *nf* barque *f*; **~ de pasaje** bac *m*; **~ pesquera** barque de pêche

barcaza [bar'kaθa] *nf* péniche *f*; **~ de desembarco** péniche de débarquement

Barcelona [barθe'lona] *n* Barcelone

barcelonés, -esa [barθelo'nes, esa] *adj* barcelonais(e) ▸ *nm/f* Barcelonais(e), natif(-ive) *o* habitant(e) de Barcelone

barco ['barko] *nm* bateau *m*; **ir en ~** aller en bateau; **~ de carga** cargo *m*; **~ de guerra** navire *m* de guerre; **~ de vela** bateau à voiles; **~ mercante** navire marchand

baremo [ba'remo] *nm* barème *m*

barítono [ba'ritono] *nm* baryton *m*

barman ['barman] *nm inv* barman *m*

barniz [bar'niθ] *nm* (*tb fig*) vernis *msg*; **~ de uñas** vernis à ongles

barnizar [barni'θar] *vt* vernir

barómetro [ba'rometro] *nm* baromètre *m*

barquero, -a [bar'kero, a] *nm/f* barreur(-euse)

barquillo [bar'kiʎo] *nm* (*dulce*) cornet *m*

barra ['barra] *nf* (*tb Jur*) barre *f*; (*de un bar, café*) comptoir *m*; (*de pan*) pain *m* long, baguette *f*; (*palanca*) levier *m*; **no pararse en ~s** ne reculer devant rien; **~ americana** bar *m* américain; **~ espaciadora** *o* **de espaciado** (*Inform*) barre d'espacement; **~ de labios** rouge *m* à lèvres; **~ libre** (*en bar*) boissons *fpl* à volonté; **~s paralelas** barres *fpl* parallèles

barraca [ba'rraka] *nf* baraque *f*; (*en feria*) stand *m*; (*en Valencia*) *sorte de chaumière des rizières de la région de Valence*

barranco [ba'rranko] *nm* précipice *m*; (*rambla*) fossé *m*

barrenar [barre'nar] *vt* forer

barreno [ba'rreno] *nm* mine *f*

barrer [ba'rrer] *vt* balayer; (*niebla, nubes*) dissiper; (*fig*) balayer ▸ *vi* balayer; (*fig*) tout rafler; **~ para dentro** tirer la couverture à soi

barrera [ba'rrera] *nf* barrière *f*; (*Mil*) barrage *m*; (*obstáculo*) obstacle *m*; **poner ~s a** faire obstacle à; **~ arancelaria** (*Com*) barrière douanière; **~ del sonido** mur *m* du son; **~ generacional** conflit *m* des générations

barriada [ba'rrjaða] *nf* quartier *m*

barricada [barri'kaða] *nf* barricade *f*

barrida [ba'rriða] *nf*, **barrido** [ba'rriðo] *nm* balayage *m*; **dar un barrido rápido** passer un coup de balai

barriga [ba'rriɣa] *nf* ventre *m*; **rascarse** *o* **tocarse la ~** (*fam*) se tourner les pouces; **echar ~** prendre du ventre

barrigón, -ona [barri'ɣon, ona], **barrigudo, -a** [barri'ɣuðo, a] *adj* bedonnant(e)

barril [ba'rril] *nm* baril *m*; **cerveza de ~** bière *f* pression, pression *f*

barrilete [barri'lete] (*Arg*) *nm* (*cometa*) cerf-volant *m*

barrio ['barrjo] *nm* quartier *m*; (*en las afueras*) faubourg *m*; (*Ven: de chabolas*) bidonville *m*; **irse al otro ~** (*fam*) passer l'arme à gauche; **de ~** (*cine, tienda*) de quartier; **~ chino** quartier des prostituées; **~s bajos** bas quartiers *mpl*

barro ['barro] *nm* boue *f*; (*arcilla*) terre *f* (glaise)

barroco, -a [ba'rroko, a] *adj* (*tb fig*) baroque ▸ *nm* baroque *m*

barrote [ba'rrote] *nm* (*de ventana etc*) barreau *m*

barruntar [barrun'tar] *vt* (*conjeturar*) deviner; (*presentir*) pressentir

bartola [bar'tola]: **a la ~** *adv*: **tirarse** *o* **tumbarse a la ~** flemmarder

bártulos ['bartulos] *nmpl* attirail *msg*

barullo [ba'ruʎo] *nm* tohu-bohu *m inv*; (*desorden*) pagaille *f*; **¡qué ~!** quelle pagaille!; **a ~** (*fam*) en pagaille

basar [ba'sar] *vt*: **~ algo en** (*fig*) fonder qch sur; **basarse** *vpr*: **basarse en** se fonder sur

báscula ['baskula] *nf* bascule *f*; **~ biestable** (*Inform*) bascule

base ['base] *nf* base *f* ▸ *adj* (*color, salario*) de base; **bases** *nfpl* (*de concurso, juego*) règlement *msg*; **a ~ de** (*mediante*) grâce à; **a ~ de bien** on ne peut mieux; **de ~** (*militante, asamblea*) de base; **carecer de ~** être dénué(e) de fondement; **partir de la ~ de que ...** partir du principe que ...; **~ aérea/espacial/militar/naval** base aérienne/spatiale/militaire/navale; **~ de datos** (*Inform*) base de données; **~ de operaciones** base d'opérations; **~ imponible** (*Fin*) assiette *f* de l'impôt

básico, -a ['basiko, a] *adj* (*elemento, norma, condición*) de base

basílica [ba'silika] *nf* basilique *f*

bastante [bas'tante]

▶ *adj* 1 (*suficiente*) assez de ; **bastante dinero** assez d'argent ; **bastantes libros** assez de livres
2 (*valor intensivo*): **bastante gente** pas mal de gens ; **hace bastante tiempo que ocurrió** cela fait assez longtemps que c'est arrivé
▶ *adv* 1 (*suficiente*) assez ; **¿hay bastante?** il y en a assez ? ; **(lo) bastante inteligente (como) para hacer algo** assez intelligent(e) pour faire qch
2 (*valor intensivo*) assez ; **bastante rico** assez riche ; **voy a tardar bastante** je serai assez long

bastar [bas'tar] *vi* suffire ; **bastarse** *vpr*: **bastarse (por sí mismo)** se suffire (à soi-même) ; **~ para hacer** suffire pour faire ; **¡basta!** ça suffit ! ; **me basta con cinco** cinq me suffisent ; **me basta con ir** il me suffit d'y aller ; **basta (ya) de ...** arrêtez de ...

bastardilla [bastar'ðiʎa] *nf* (*Tip*) italique *m*

bastardo, -a [bas'tarðo, a] *adj, nm/f* bâtard(e)

bastidor [basti'ðor] *nm* (*de costura*) métier *m* à broder ; (*de coche, Arte*) châssis *msg* ; **entre ~es** dans les coulisses

basto, -a ['basto, a] *adj* rustre ; (*tela*) grossier(-ière) ; **bastos** *nmpl* (*Naipes*) *l'une des quatre couleurs du jeu de cartes espagnol*

bastón [bas'ton] *nm* (*cayado*) canne *f* ; (*vara*) bâton *m* ; (*tb*: **bastón de esquí**) bâton de ski ; **~ de mando** bâton de commandement

bastoncillo [baston'θiʎo] *nm* (*de algodón*) coton-tige *m*

basura [ba'sura] *nf* ordures *fpl* ; (*tb*: **cubo de la basura**) poubelle *f*

basurero, -a [basu'rero, a] *m/f* (*persona*) éboueur(-euse) ▶ *nm* (*lugar*) décharge *f* ; (*cubo*) poubelle *f*

bata ['bata] *nf* robe *f* de chambre ; (*Med, Tec, Escol*) blouse *f*

batalla [ba'taʎa] *nf* bataille *f* ; **de ~** de tous les jours ; **~ campal** bataille rangée

batallar [bata'ʎar] *vi* batailler ; **~ por algo/algn** se battre pour qch/qn

batallón [bata'ʎon] *nm* bataillon *m* ; **un ~ de gente** une multitude de gens

batata [ba'tata] *nf* (AM: *Bot, Culin*) patate *f* douce

batería [bate'ria] *nf* batterie *f* ▶ *nm/f* (*persona*) batteur(-euse) ; **aparcar/estacionar en ~** se garer/stationner en épi ; **~ de cocina** batterie de cuisine

baterista [bate'rista] (AM) *nm/f* batteur (-euse)

batido, -a [ba'tiðo, a] *adj* (*camino*) battu(e) ; (*mar*) agité(e) ▶ *nm* (*de chocolate, frutas*) milk-shake *m*

batidora [bati'ðora] *nf* mixeur *m* ; **~ eléctrica** batteur *m* électrique

batir [ba'tir] *vt* battre ▶ *vi*: **~ (contra)** battre (contre) ; **batirse** *vpr*: **batirse en duelo** se battre en duel ; **batirse en retirada** battre en retraite ; **~ palmas** battre des mains

batuta [ba'tuta] *nf* (*Mús*) baguette *f* ; **llevar la ~** mener la danse

baúl [ba'ul] *nm* malle *f* ; (AM: *Auto*) coffre *m*

bautismo [bau'tismo] *nm* (*Rel*) baptême *m* ; **~ de fuego** baptême du feu

bautizar [bauti'θar] *vt* baptiser

bautizo [bau'tiθo] *nm* baptême *m*

bayeta [ba'jeta] *nf* (*para limpiar*) chiffon *m* à poussière ; (AM: *pañal*) lange *m*

bayoneta [bajo'neta] *nf* baïonnette *f*

baza ['baθa] *nf* (*Naipes*) pli *m* ; (*fig*) atout *m* ; **meter ~** mettre son grain de sel

bazar [ba'θar] *nm* (*comercio*) bazar *m*

bazofia [ba'θofja] *nf*: **es una ~** c'est infect ; **esa novela es una ~** ce roman est nul

be[1] [be] *nf* (*letra*) b *m inv*, lettre *f* b ; **~ chica** (*Méx*) v *m inv* ; **~ larga** (AM), **~ grande** (*Méx*) b

be[2] *nm* (*balido*) bêlement *m*

beato, -a [be'ato, a] *adj, nm/f* (*pey*) bigot(e) ; (*Rel*) bienheureux(-euse)

bebe, -a ['beβe, a] (AM) *nm/f* bébé *m*

bebé [be'βe] *nm* bébé *m*

bebedor, a [beβe'ðor, a] *nm/f* buveur(-euse)

beber [be'βer] *vt, vi* boire ; **~ por** (*brindar*) boire à ; **~ a sorbos** boire à petites gorgées ; **se lo bebió todo** il a tout bu ; **~ como un cosaco** boire comme un trou

bebida [be'βiða] *nf* boisson *f*

bebido, -a [be'βiðo, a] *adj* ivre

beca ['beka] *nf* bourse *f*
becario, -a [be'karjo, a] *nm/f* boursier(-ière) ; (*en prácticas*) stagiaire *m/f*
bedel [be'ðel] *nm* (*Escol, Univ*) appariteur *m*
béisbol ['beisβol] *nm* base-ball *m*
Belén [be'len] *n* Bethléem
belén [be'len] *nm* crèche *f*
belga ['belɣa] *adj* belge ▸ *nm/f* Belge *m/f*
Bélgica ['belxika] *nf* Belgique *f*
bélico, -a ['beliko, a] *adj* (*armamento, preparativos*) de guerre ; (*conflicto*) armé(e) ; (*actitud*) belliqueux(-euse)
beligerante [belixe'rante] *adj* belligérant(e)
belleza [be'ʎeθa] *nf* beauté *f*
bello, -a ['beʎo, a] *adj* beau (belle) ; **Bellas Artes** beaux-arts *mpl*
bellota [be'ʎota] *nf* gland *m*
bemol [be'mol] *nm* bémol *m* ; **esto tiene ~es** (*fam*) c'est pas de la tarte
bencina [ben'θina] (*Chi*) *nf* (*gasolina*) essence *f*
bendecir [bende'θir] *vt* bénir ; **~ la mesa** dire le bénédicité
bendición [bendi'θjon] *nf* bénédiction *f* ; **ser una ~** être une bénédiction ; **dar** *o* **echar la ~** donner sa bénédiction
bendito, -a [ben'dito, a] *pp de* **bendecir** ▸ *adj* bénit(e) ; (*feliz*) bienheureux(-euse) ▸ *nm/f* brave homme/femme ; (*ingenuo*) benêt *m* ; **¡~ sea Dios!** Dieu soit loué ! ; **dormir como un ~** dormir à poings fermés
beneficencia [benefi'θenθja] *nf* (*tb*: **beneficencia pública**) assistance *f* publique
beneficiar [benefi'θjar] *vt* profiter à ; **beneficiarse** *vpr*: **beneficiarse (de** *o* **con)** bénéficier (de)
beneficiario, -a [benefi'θjarjo, a] *nm/f* bénéficiaire *m/f*
beneficio [bene'fiθjo] *nm* (*bien*) bienfait *m* ; (*ganancia*) bénéfice *m* ; **a/en ~ de** au bénéfice de ; **sacar ~ de** tirer profit de ; **en ~ propio** dans son propre intérêt ; **~ bruto/neto/por acción** bénéfice brut/net/(net) par action
beneficioso, -a [benefi'θjoso, a] *adj* salutaire ; (*Econ*) rentable
benéfico, -a [be'nefiko, a] *adj* (*organización, festival*) de bienfaisance ; **sociedad benéfica** œuvre *f* de bienfaisance
benevolencia [beneβo'lenθja] *nf* bienveillance *f*
benévolo, -a [be'neβolo, a] *adj* bienveillant(e)
benigno, -a [be'niɣno, a] *adj* bienveillant(e) ; (*clima*) clément(e) ; (*resfriado, Med*) bénin (bénigne)
berberecho [berβe'retʃo] *nm* coque *f*
berenjena [beren'xena] *nf* aubergine *f*
Berlín [ber'lin] *n* Berlin
Bermudas [ber'mudas] *nfpl*: **las (Islas) ~** les (îles) Bermudes *fpl*
bermudas [ber'muðas] *nfpl o nmpl* bermuda *msg*
berrear [berre'ar] *vi* mugir ; (*niño*) brailler
berrido [be'rriðo] *nm* mugissement *m* ; (*niño*) braillement *m*
berrinche [be'rrintʃe] (*fam*) *nm* petite colère *f* ; (*disgusto*) contrariété *f* ; **llevarse un ~** se mettre en rogne
berro ['berro] *nm* cresson *m*
berza ['berθa] *nf* chou *m* ; **~ lombarda** chou rouge
besamel [besa'mel] *nf* béchamel *f*
besar [be'sar] *vt* embrasser ; (*fig: tocar*) effleurer ; **besarse** *vpr* s'embrasser
beso ['beso] *nm* baiser *m*, bise *f*
bestia ['bestja] *nf* bête *f* ; (*fig*) brute *f* ; **¡no seas ~!** ne sois pas si vache ! ; (*idiota*) ne sois pas si bête ! ; **a lo ~** comme une brute ; **mala ~** peau *f* de vache ; **~ de carga** bête de somme
bestial [bes'tjal] *adj* (*inhumano*) bestial(e) ; (*fam: calor*) terrible ; (*error*) aberrant(e)
bestialidad [bestjali'ðað] *nf* bestialité *f* ; (*fam*) énormité *f*
besugo [be'suɣo] *nm* daurade *f* ; (*fam*) bourrique *f*
betún [be'tun] *nm* cirage *m* ; (*Quím*) bitume *m* ; **quedar a la altura del ~** (*fam*) passer pour un(e) minable
biberón [biβe'ron] *nm* biberon *m*
Biblia ['biβlja] *nf* Bible *f*
bibliografía [biβljoɣra'fia] *nf* bibliographie *f*
biblioteca [biβljo'teka] *nf* bibliothèque *f* ; **~ de consulta** bibliothèque de consultation
bibliotecario, -a [biβljote'karjo, a] *nm/f* bibliothécaire *m/f*

bicarbonato [bikarβo'nato] *nm* bicarbonate *m*
bicho ['bitʃo] *nm* bestiole *f*; (*fam*) bête *f*; (*Taur*) taureau *m*; **~ raro** (*fam*) drôle d'oiseau *m*; **mal ~** (*fam*) chameau *m*
bici ['biθi] (*fam*) *nf* vélo *m*
bicicleta [biθi'kleta] *nf* bicyclette *f*
bidé [bi'ðe] *nm* bidet *m*
bidón [bi'ðon] *nm* bidon *m*

bien [bjen]

▸ *nm* bien *m*; **te lo digo por tu bien** je te le dis pour ton bien; **el bien y el mal** (*moral*) le bien et le mal; **hacer el bien** faire le bien
▸ **bienes** *nmpl* (*posesiones*) biens *mpl*; **bienes de consumo** biens de consommation; **bienes de equipo** biens d'équipement; **bienes gananciales** biens communs; **bienes inmuebles/muebles** biens immeubles/meubles; **bienes raíces** biens-fonds *mpl*
▸ *adv* 1 (*de manera satisfactoria, correcta*) bien; **trabaja/come bien** il travaille/mange bien; **huele bien** cela sent bon; **sabe bien** cela a bon goût; **contestó bien** il a bien répondu; **lo pasamos muy bien** nous nous sommes bien amusés; **hiciste bien en llamarme** tu as bien fait de m'appeler; **el paseo te sentará bien** la promenade te fera du bien; **no me siento bien** je ne me sens pas bien; **viven bien** (*económicamente*) ils vivent bien
2 (*valor intensivo*) bien; **un café bien caliente** un café bien chaud; **¡es bien caro!** c'est bien cher!; **¡tienes bien de regalos!** tu en as des cadeaux!
3: **estar bien**: **estoy muy bien aquí** je suis très bien ici; **¿estás bien?** ça va (bien)?; **ese chico está muy bien** il est très beau, ce garçon; **ese libro está muy bien** ce livre est très bien, c'est un très bon livre; **está bien que vengan** c'est bien qu'ils viennent; **¡eso no está bien!** ce n'est pas bien!; **se está bien aquí** on est bien ici; **el traje me está bien** le costume me va bien; **¡ya está bien!** là, ça va!; **¡pues sí que estamos bien!** nous voilà bien!; **¡está bien! lo haré** c'est bon! je le ferai
4 (*de buena gana*): **yo bien que iría pero ...** moi, j'irais bien, mais ...
5 (*ya*): **bien se ve que ...** on voit bien que ...; **¡bien podías habérmelo dicho!** tu aurais pu me le dire!
6: **no quiso o bien no pudo venir** il n'a pas voulu venir, ou plutôt il n'a pas pu
▸ *excl*: **¡bien!** (*aprobación*) bien!; **¡muy bien!** très bien!; **¡qué bien!** comme c'est bien!
▸ *adj inv* (*matiz despectivo*): **niño bien** fils *msg* de bonne famille; **gente bien** gens *mpl* aisés
▸ *conj* 1: **bien ... bien**: **bien en coche bien en tren** soit en voiture soit en train
2: **ahora bien** mais, cependant
3: **no bien** (*esp* AM): **no bien llegue te llamaré** dès que j'arrive, je t'appelle
4: **si bien** si; *ver tb* **más**

bienal [bje'nal] *adj* biennal(e)
bienestar [bjenes'tar] *nm* bien-être *m*; (*económico*) confort *m*; **el Estado de B~** l'État-providence *m*
bienhechor, a [bjene'tʃor, a] *adj, nm/f* bienfaiteur(-trice)
bienvenida [bjembe'niða] *nf* bienvenue *f*; **dar la ~ a algn** souhaiter la bienvenue à qn
bienvenido, -a [bjembe'niðo, a] *adj*: **~ (a)** bienvenu(e) (à) ▸ *excl* bienvenue!
bife ['bife] (AM) *nm* bifteck *m*
bifocal [bifo'kal] *adj* (*gafas, lentes*) à double foyer
bifurcación [bifurka'θjon] *nf* bifurcation *f*
bifurcarse [bifur'karse] *vpr* bifurquer
bigamia [bi'ɣamja] *nf* bigamie *f*
bigote [bi'ɣote] *nm* (*tb*: **bigotes**) moustache *f*
bigotudo, -a [biɣo'tuðo, a] *adj* moustachu(e)
bikini [bi'kini] *nm* bikini *m*; (*Culin*) *sandwich chaud au jambon et au fromage*
bilateral [bilate'ral] *adj* bilatéral(e)
bilbaíno, -a [bilβa'ino, a] *adj* de Bilbao ▸ *nm/f* natif(-ive) *o* habitant(e) de Bilbao
bilingüe [bi'lingwe] *adj* bilingue
billar [bi'ʎar] *nm* billard *m*; **~ americano** billard américain
billete [bi'ʎete] *nm* billet *m*; (*en autobús, metro*) ticket *m*; **sacar (un) ~** acheter un billet; **un ~ de cinco euros** un billet de

cinq euros ; **medio ~** billet demi-tarif ; **~ de ida** aller *m* simple ; **~ de ida y vuelta** aller-retour *m* ; **~ electrónico** billet électronique

billetera [biʎe'tera] *nf*, **billetero** [biʎe'tero] *nm* portefeuille *m*

billón [bi'ʎon] *nm* billion *m*

bimensual [bimen'swal] *adj* bimensuel(le)

bimotor [bimo'tor] *adj*, *nm* bimoteur *m*

bingo ['bingo] *nm* bingo *m*

biodegradable [bioðeɣra'ðaβle] *adj* biodégradable

biodiversidad [bioðiβersi'ðað] *nf* biodiversité *f*

biografía [bioɣra'fia] *nf* biographie *f*

biología [biolo'xia] *nf* biologie *f*

biológico, -a [bio'loxiko, a] *adj* biologique ; (*cultivo, producto*) bio(logique) ; **guerra biológica** guerre *f* biologique

biólogo, -a [bi'oloɣo, a] *nm/f* biologiste *m/f*

biomasa [bio'masa] *nf* biomasse *f*

biombo ['bjombo] *nm* paravent *m*

biopsia [bi'opsja] *nf* biopsie *f*

biotecnología [bioteknolo'xia] *nf* biotechnologie *f*

bioterrorismo [bioterro'rismo] *nm* bioterrorisme *m*

biquini [bi'kini] *nm* = **bikini**

Birmania [bir'manja] *nf* Birmanie *f*

birome [bi'rome] (*Arg*) *nf*, *a veces nm* stylo *m*

birria ['birrja] *nf*: **ser una ~** être un(e) rien du tout ; (*película*) être un navet ; (*libro*) être un torchon

bis [bis] *adv* bis ; **viven en el 27 ~** ils habitent au 27 bis ; **artículo 47 ~** article 47 bis

bisabuelo, -a [bisa'βwelo, a] *nm/f* arrière-grand-père (arrière-grand-mère) ; **bisabuelos** *nmpl* arrière-grands-parents *mpl*

bisagra [bi'saɣra] *nf* charnière *f*

bisiesto, -a [bi'sjesto, a] *adj ver* **año**

bisnieto, -a [bis'njeto, a] *nm/f* arrière-petit-fils (arrière-petite-fille) ; **bisnietos** *nmpl* arrière-petits-enfants *mpl*

bisonte [bi'sonte] *nm* (*Zool*) bison *m*

bisté [bis'te], **bistec** [bis'tek] (*pl* **bistecs**) *nm* bifteck *m*

bisturí [bistu'ri] (*pl* **bisturíes**) *nm* bistouri *m*

bisutería [bisute'ria] *nf* bijoux *mpl* en toc ; **pendientes/collar de ~** boucles *fpl* d'oreille/collier *m* en toc

bit [bit] *nm* (*Inform*) bit *m* ; **~ de parada/de paridad** bit d'arrêt/de parité

bizco, -a ['biθko, a] *adj* qui louche ▶ *nm/f* personne *f* qui louche ; **dejar a algn ~** (*fam*) en boucher un coin à qn

bizcocho [biθ'kotʃo] *nm* biscuit *m*, génoise *f*

bizquear [biθke'ar] *vi* loucher

blanca [blan'ka] *nf* (*Mús*) blanche *f* ; **estar sin ~** être fauché(e)

blanco, -a ['blanko, a] *adj* blanc (blanche) ▶ *nm/f* (*individuo*) Blanc (Blanche) ▶ *nm* blanc *m* ; (*Mil*) cible *f* ; **cheque en ~** chèque *m* en blanc ; **noche en ~** nuit *f* blanche ; **dejar algo en ~** laisser qch en blanc ; **dar en el ~** faire mouche ; **hacer ~ (en)** frapper (sur) ; **poner los ojos en ~** rouler des yeux ; **quedarse en ~** (*mentalmente*) avoir un trou ; **ser el ~ de las burlas** être l'objet des railleries ; **votar en ~** voter blanc ; **~ del ojo** blanc *m* de l'œil

blancura [blan'kura] *nf* blancheur *f*

blandir [blan'dir] *vt* brandir

blando, -a ['blando, a] *adj* mou (molle) ; (*padre, profesor*) indulgent(e) ; (*carne*) tendre ▶ *nm/f* timoré(e) ; **~ de corazón** au cœur tendre

blandura [blan'dura] *nf* mollesse *f* ; (*de padre, profesor*) indulgence *f*

blanquear [blanke'ar] *vt* blanchir ▶ *vi* pâlir

blanquecino, -a [blanke'θino, a] *adj* blanchâtre ; (*luz*) blafard(e)

blanqueo [blan'keo] *nm* blanchiment *m* ; **~ de dinero** blanchiment d'argent

blasfemar [blasfe'mar] *vi*: **~ (contra)** blasphémer (contre)

blasfemia [blas'femja] *nf* blasphème *m*

blasón [bla'son] *nm* blason *m* ; (*fig*) gloire *f*

bledo ['bleðo] *nm*: **(no) me importa un ~** ça ne me fait ni chaud ni froid

blindado, -a [blin'daðo, a] *adj* blindé(e) ▶ *nm* (*Mil*) blindé *m* ; **coche** (*Esp*) *o* **carro** (AM) **~** véhicule *m* blindé

blindaje [blin'daxe] *nm* blindage *m*

bloc [blok] (*pl* **blocs**) *nm* bloc-notes *msg* ; (*cuaderno*) bloc *m* ; **~ de dibujo** bloc à dessin

blog [bloɣ] (*pl* **blogs**) *nm* blog *m*
blogosfera [bloɣos'fera] *nf* blogosphère *f*
bloguero, -a [blo'ɣero, a] *nm/f* blogueur(-euse)
bloque ['bloke] *nm* (*tb Inform*) bloc *m* ; (*edificio*) immeuble *m* ; (*de noticias*) rubrique *f* ; **en ~** en bloc ; **~ de cilindros** bloc-cylindres *msg*
bloquear [bloke'ar] *vt* bloquer ; (*Mil*) faire le blocus de ; **fondos bloqueados** fonds *mpl* bloqués
bloqueo [blo'keo] *nm* blocage *m* ; (*Mil*) blocus *msg* ; **~ informativo** black-out *m inv* ; **~ mental** blocage
blue-jean [blu'jin] *nm*, **blue-jeans** [blu'jins] *nmpl* (AM) (blue-)jean *m*
blusa ['blusa] *nf* blouse *f* ; (*de mujer*) chemisier *m*
boa ['boa] *nf* boa *m*
boato [bo'ato] *nm* faste *m*
bobada [bo'βaða] *nf* sottise *f* ; **decir ~s** dire des bêtises
bobina [bo'βina] *nf* bobine *f*
bobo, -a ['boβo, a] *adj* (*tonto*) sot (sotte) ; (*cándido*) naïf (naïve) ▶ *nm/f* sot (sotte) ▶ *nm* (*Teatro*) bouffon *m* ; **hacer el ~** faire le pitre
boca ['boka] *nf* bouche *f* ; (*de animal carnívoro, horno*) gueule *f* ; (*de crustáceo*) pince *f* ; (*de vasija*) bec *m* ; (*de puerto, túnel, cueva*) entrée *f* ; (*Inform*) fente *f* ; **~ abajo** sur le ventre ; **~ arriba** sur le dos ; **hacerle a algn el ~ a ~** faire du bouche à bouche à qn ; **se me hace la ~ agua** j'en ai l'eau à la bouche ; **todo salió a pedir de ~** tout s'est parfaitement déroulé ; **en ~ de todos** sur toutes les lèvres ; **andar de ~ en ~** circuler de bouche en bouche ; **¡cállate la ~!** (*fam*) la ferme ! ; **meterse en la ~ del lobo** se jeter dans la gueule du loup ; **partirle la ~ a algn** (*fam*) casser la gueule à qn ; **quedarse con la ~ abierta** en rester bouche bée ; **no abrir la ~** ne pas piper mot ; **~ de dragón** (*Bot*) gueule-de-loup *f* ; **~ de incendios** bouche d'incendie ; **~ de metro** bouche de métro ; **~ de riego** prise *f* d'eau ; **~ del estómago** creux *msg* de l'estomac
bocacalle [boka'kaʎe] *nf* : **una ~ de la avenida** une rue qui donne sur l'avenue ; **la primera ~ a la derecha** la première à droite
bocadillo [boka'ðiʎo] *nm* sandwich *m*
bocado [bo'kaðo] *nm* bouchée *f* ; (*para caballo*) mors *msg* ; (*mordisco*) coup *m* de dent ; **no probar ~** ne rien manger ; **~ de Adán** pomme *f* d'Adam
bocajarro [boka'xarro] : **a ~** *adv* à brûle-pourpoint ; **decir algo a ~** dire qch sans mâcher ses mots
bocanada [boka'naða] *nf* bouffée *f* ; (*de líquido*) gorgée *f* ; **a ~s** (*salir, llegar, entrar*) par à-coups
bocata [bo'kata] (*fam*) *nm* casse-croûte *m inv*
bocatería [bokate'ria] *nf* sandwicherie *f*
boceto [bo'θeto] *nm* esquisse *f* ; (*plano*) ébauche *f*
bochorno [bo'tʃorno] *nm* (*vergüenza*) honte *f* ; (*calor*) : **hace ~** il fait lourd
bochornoso, -a [botʃor'noso, a] *adj* (*día*) lourd(e) ; (*situación*) orageux(-euse)
bocina [bo'θina] *nf* (*Mús*) corne *f* ; (*Auto*) klaxon *m* ; (*megáfono*) porte-voix *m inv* ; **tocar la ~** klaxonner
boda ['boða] *nf* (*tb* : **bodas**) noce *f*, mariage *m* ; (*fiesta*) noce ; **~s de oro** noces *fpl* d'or ; **~s de plata** noces d'argent
bodega [bo'ðeɣa] *nf* (*de vino*) cave *f* ; (*esp* AM) bistrot *m* ; (*granero*) grenier *m* ; (*establecimiento*) marchand *m* de vin ; (*de barco*) cale *f*
bodegón [boðe'ɣon] *nm* taverne *f* ; (*Arte*) nature *f* morte
BOE ['boe] *sigla m* (= *Boletín Oficial del Estado*) ≈ JO *m* (= *Journal officiel*)

> Le *Boletín Oficial del Estado*, ou **BOE**, est le journal officiel où sont consignées toutes les lois et résolutions adoptées par *las Cortes* (le Parlement espagnol). C'est un ouvrage très consulté, notamment parce que l'on y trouve les avis d'*oposiciones* (concours de la fonction publique).

bofe ['bofe] *nm* (*tb* : **bofes** : *de res*) mou *m* ; **echar los ~s** (*fam*) trimer
bofetada [bofe'taða] *nf* gifle *f* ; **dar de ~s a algn** taper sur qn
bofetón [bofe'ton] *nm* = **bofetada**
boga ['boɣa] *nf* : **en ~** en vogue
bogar [bo'ɣar] *vi* ramer
Bogotá [boɣo'ta] *n* Bogota

bohemio, -a [bo'emjo, a] *adj, nm/f* bohémien(ne)

boicot [boi'kot] (*pl* **boicots**) *nm* boycott *m* ; **hacer el ~ a** boycotter

boicotear [boikote'ar] *vt* boycotter

boicoteo [boiko'teo] *nm* boycottage *m*

boina ['boina] *nf* béret *m*

bola ['bola] *nf* boule *f*; (*canica*) bille *f*; (*pelota*) balle *f*, ballon *m* ; (*Naipes*) chelem *m* ; (*betún*) cirage *m* ; (*fam*) bobard *m* ; (AM: *rumor*) rumeur *f*; **bolas** *nfpl* (AM: *Caza*) bolas *fpl* (*arme de jet utilisée par les gauchos*) ; **no dar pie con ~** faire tout de travers ; **~ de billar** boule de billard ; **~ de naftalina** boule de naphtaline ; **~ de nieve** boule de neige ; **~ del mundo** globe *m* terrestre

bolchevique [boltʃe'βike] *adj* bolchevique ▸ *nm/f* bolchevik *m/f*

boleadoras [bolea'ðoras] (AM) *nfpl* bolas *fpl* (*arme de jet utilisée par les gauchos*)

bolera [bo'lera] *nf* bowling *m*

boleta [bo'leta] (AM) *nf* (*billete*) laissez-passer *m inv* ; (*permiso*) bon *m* ; (*cédula para votar*) bulletin *m* de vote

boletería [bolete'ria] (AM) *nf* (*taquilla*) guichet *m*

boletín [bole'tin] *nm* bulletin *m* ; **~ informativo** *o* **de noticias** informations *fpl* ; **~ de pedido** bulletin de commande ; **~ de precios** tarifs *mpl* ; **~ de prensa** communiqué *m* de presse ; **~ escolar** (*Esp*) bulletin scolaire ; **B~ Oficial del Estado** Journal officiel

boleto [bo'leto] *nm* billet *m* ; **~ de apuestas** coupon *m* de pari ; **~ electrónico** billet électronique

boli ['boli] (*fam*) *nm* stylo *m*

boliche [bo'litʃe] *nm* cochonnet *m* ; (*juego*) jeu *m* de quilles ; (*lugar*) bowling *m* ; (AM: *tienda*) échoppe *f*

bolígrafo [bo'liɣrafo] *nm* stylo bille *m*, stylo *m* à bille

bolívar [bo'liβar] *nm* bolivar *m*

Bolivia [bo'liβja] *nf* Bolivie *f*

boliviano, -a [boli'βjano, a] *adj* bolivien(ne) ▸ *nm/f* Bolivien(ne)

bollería [boʎe'ria] *nf* viennoiserie *f*

bollo ['boʎo] *nm* petit pain *m* ; (*de bizcocho*) brioche *f* ; (*abolladura*) bosse *f* ; **bollos** *nmpl* (AM: *apuros*) ennuis *mpl* ; (*fam*) gnon *m* ; **no está el horno para ~s** ce n'est vraiment pas le moment

bolo ['bolo] *nm* quille *f* ▸ *adj* (*CAm, CU, Méx*) ivre, soûl(e) ; **(juego de) ~s** (jeu *m* de) quilles *fpl*

bolsa ['bolsa] *nf* sac *m*, poche *f*; (*tela*) sacoche *f*; (AM: *bolsillo*) poche ; (*Escol*) bourse *f*; (*Anat, Minería*) poche ; **La B~** la Bourse ; **hacer ~s** faire de faux plis ; **jugar a la B~** jouer à la Bourse ; **~ de agua caliente** bouillotte *f*; **~ de aire** poche d'air ; **~ de deportes** sac de sport ; **~ de dormir** (AM) sac de couchage ; **~ de estudios** bourse d'études ; **~ de la compra** panier *m* de la ménagère ; **B~ de la propiedad** Marché *m* immobilier ; **~ de papel/plástico** sac en papier/plastique ; **B~ de trabajo** Bourse du travail ; **~ de viaje** sac de voyage

bolsillo [bol'siʎo] *nm* poche *f*; (*cartera*) porte-monnaie *m inv* ; **de ~** de poche ; **meterse a algn en el ~** mettre qn dans sa poche ; **lo pagó de su ~** il l'a payé de sa poche

bolsista [bol'sista] *nm/f* (*Fin*) agent(e) de change

bolso ['bolso] *nm* sac *m* ; (*de mujer*) sac à main

boludo, -a [bo'luðo, a] (*CSur: fam!*) *nm/f* con(ne) (*fam!*)

bomba ['bomba] *nf* (*Mil*) bombe *f*; (*Tec*) pompe *f* ▸ *adj* (*fam*): **noticia ~** nouvelle *f* sensationnelle ▸ *adv* (*fam*): **pasarlo ~** s'amuser comme un fou *o* des petits fous ; **a prueba de ~** à l'épreuve des bombes ; **caer algo como una ~** faire l'effet d'une bombe ; **~ atómica** bombe atomique ; **~ de agua/de gasolina/de incendios** pompe à eau/à essence/à incendie ; **~ de efecto retardado/de neutrones** bombe à retardement/à neutrons ; **~ de humo** fumigène *m* ; **~ lacrimógena** bombe lacrymogène

bombardear [bombarðe'ar] *vt* bombarder ; **~ a preguntas** bombarder de questions

bombardeo [bombar'ðeo] *nm* bombardement *m*

bombardero [bombar'ðero] *nm* bombardier *m*

bombear [bombe'ar] *vt* (*agua*) pomper ; (*Mil*) bombarder ; (*Deporte*) lober ; **bombearse** *vpr* (se) gondoler

bombero, -a [bom'bero, a] *nm/f* pompier *m* ; **(cuerpo de) ~s** (corps *msg* des sapeurs-)pompiers *mpl*
bombilla [bom'biʎa] *nf* (*Esp*: *Elec*) ampoule *f* ; (*Arg*) *tube en métal qui sert à boire le maté*
bombín [bom'bin] *nm* pompe *f* à vélo
bombo ['bombo] *nm* (*Mús*) grosse caisse *f* ; (*Tec*) tambour *m* ; **hacer algo a ~ y platillo** faire qch en grande pompe ; **tengo la cabeza hecha un ~** j'en ai la tête grosse comme ça ; **dar ~ a** (*a persona*) ne pas tarir d'éloges sur ; (*asunto*) faire du tam-tam autour de
bombón [bom'bon] *nm* (*Culin*: *petit*) chocolat *m* ; **ser un ~** (*fam*) être un canon
bombona [bom'bona] *nf* bouteille *f*
bonachón, -ona [bona'tʃon, ona] *adj* bon enfant *inv* ▶ *nm/f* bonne pâte *f*
bonanza [bo'nanθa] *nf* (*Náut*) bonace *f* ; (*fig*) prospérité *f* ; (*Minería*) riche filon *m*
bondad [bon'dað] *nf* bonté *f* ; **tenga la ~ de** veuillez avoir l'amabilité de
bondadoso, -a [bonda'ðoso, a] *adj* bon (bonne)
bonificación [bonifika'θjon] *nf* bonification *f*
bonito, -a [bo'nito, a] *adj* joli(e) ▶ *adv* (AM: *fam*) gentiment ▶ *nm* (*atún*) thon *m* ; **un ~ sueldo/una bonita cantidad** un beau salaire/une coquette somme
bono ['bono] *nm* bon *m* ; **~s del Estado** obligations *fpl* de l'État ; **~ del Tesoro** bon du Trésor
bonobús [bono'βus] (*Esp*) *nm carte de transport (en autobus urbain)*
boquerón [boke'ron] *nm* anchois *msg* ; (*agujero*) large brèche *f*
boquete [bo'kete] *nm* brèche *f*
boquiabierto, -a [bokia'βjerto, a] *adj*: **quedarse ~** en rester bouche bée ; **nos dejó ~s** nous sommes restés bouche bée
boquilla [bo'kiʎa] *nf* (*de manguera*) prise *f* d'eau ; (*mechero*) bec *m* ; (*calentador*) brûleur *m* ; (*para cigarro*) fume-cigarette *m* ; (*Mús*) bec *m* ; **de ~** en l'air
borbotón [borβo'ton] *nm*: **salir a borbotones** jaillir à gros bouillons
borda ['borða] *nf* (*Náut*) bord *m* ; **echar** *o* **tirar algo por la ~** jeter *o* lancer qch par-dessus bord
bordado [bor'ðaðo] *nm* broderie *f* ▶ *adj*: **el cuadro le quedó** *o* **salió ~** il a réussi ce tableau à la perfection
bordar [bor'ðar] *vt* broder
borde ['borðe] *nm* bord *m* ; **al ~ de** (*fig*) au bord de ; **ser ~** (*Esp*: *fam*) être désagréable
bordear [borðe'ar] *vt* longer
bordillo [bor'ðiʎo] *nm* (*en acera*) bord *m* ; (*en carretera*) accotement *m*
borla ['borla] *nf* gland *m* ; (*para polvos*) houppette *f*
borracho, -a [bo'rratʃo, a] *adj* (*persona*) soûl(e), saoul(e) ; (: *por costumbre*) ivrogne ▶ *nm/f* (*temporalmente*) soûlard(e) ; (*habitualmente*) ivrogne *m/f* ; **bizcocho ~** baba *m* au rhum
borrador [borra'ðor] *nm* (*de escrito, carta*) brouillon *m* ; (*cuaderno*) cahier *m* de brouillon ; (*goma*) gomme *f* ; (*Com*) main *f* courante ; (*para pizarra*) chiffon *m* à effacer
borrar [bo'rrar] *vt* gommer ; (*de lista*) barrer ; (*tachar*) raturer ; (*cinta, Inform*) effacer ; (*Pol etc*) éliminer ; **borrarse** *vpr* (*de club, asociación*) quitter ; (*recuerdo, imagen*) s'effacer
borrasca [bo'rraska] *nf* tempête *f*
borrico, -a [bo'rriko, a] *nm/f* âne (ânesse) ; (*fig*) bourrique *f*
borrón [bo'rron] *nm* tache *f* d'encre ; **hacer ~ y cuenta nueva** tourner la page
borroso, -a [bo'rroso, a] *adj* flou(e) ; (*escritura*) indécis(e)
bosque ['boske] *nm* bois *msg*, forêt *f*
bosquejo [bos'kexo] *nm* ébauche *f*, esquisse *f*
bostezar [boste'θar] *vi* bâiller
bostezo [bos'teθo] *nm* bâillement *m*
bota ['bota] *nf* botte *f* ; (*de vino*) gourde *f* ; **ponerse las ~s** (*fam*) s'en mettre plein les poches ; (*comer mucho y bien*) s'en mettre plein la panse ; **~s de esquí** chaussures *fpl* de ski ; **~s de agua** *o* **goma** bottes *fpl* en caoutchouc ; **~s de montar** bottes d'équitation
botana [bo'tana] *nf*, **botanas** [bo'tanas] *nfpl* (AM) (*tapa(s)*) amuse-gueule *m*
botánica [bo'tanika] *nf* botanique *f*
botánico, -a [bo'taniko, a] *adj* botanique ▶ *nm/f* botaniste *m/f*
botar [bo'tar] *vt* (*balón*) faire rebondir ; (*Náut*) lancer, mettre à la mer ; (*fam*)

mettre à la porte ; (*esp* AM: *fam*) jeter, balancer ▶ *vi* (*persona*) bondir ; (*balón*) rebondir

bote ['bote] *nm* bond *m* ; (*tarro*) pot *m* ; (*lata*) boîte *f* de conserve ; (*en bar*) pourboire *m* ; (*embarcación*) canot *m* ; (*en juego*) cagnotte *f* ; **de ~ en ~** plein(e) à craquer ; **dar un ~** laisser un pourboire ; **dar ~s** (*Auto etc*) cahoter ; **tener a algn en el ~** avoir qn dans sa poche ; **un ~ de tomate** des tomates en conserve ; **~ de la basura** (AM) poubelle *f* ; **~ salvavidas** canot de sauvetage

botella [bo'teʎa] *nf* bouteille *f* ; **~ de oxígeno** bouteille d'oxygène ; **~ de vino** bouteille de vin

botellín [bote'ʎin] *nm* petite bouteille *f*

botellón (*Esp*: *fam*) [bote'ʎon] *nm* *rassemblement de jeunes s'adonnant à des beuveries collectives dans les lieux publics*

botica [bo'tika] *nf* pharmacie *f*

boticario, -a [boti'karjo, a] *nm/f* pharmacien(ne)

botijo [bo'tixo] *nm* cruche *f*

botín [bo'tin] *nm* (*calzado*) bottine *f* ; (*polaina*) guêtre *f* ; (*Mil, de atraco, robo*) butin *m*

botiquín [boti'kin] *nm* armoire *f* à pharmacie ; (*portátil*) trousse *f* à pharmacie ; (*enfermería*) infirmerie *f*

botón [bo'ton] *nm* bouton *m* ; **pulsar el ~** appuyer sur le bouton ; **~ de arranque** (*Auto*) démarreur *m* ; **~ de oro** bouton *m* d'or

botones [bo'tones] *nm inv* groom *m*

bóveda ['boβeða] *nf* (*Arq*) voûte *f* ; **~ celeste** voûte céleste

box [boks] (AM) *nm* boxe *f*

boxeador, a [boksea'ðor, a] *nm/f* boxeur (-euse)

boxear [bokse'ar] *vi* boxer

boxeo [bok'seo] *nm* boxe *f*

boya ['boja] *nf* (*Náut*) bouée *f* ; (*en red*) flotteur *m*

boyante [bo'jante] *adj* (*Náut*) lège ; (*feliz*) débordant(e) de joie ; (*negocio*) prospère

bozal [bo'θal] *nm* (*de perro*) muselière *f* ; (*de caballo*) licou *m*

bracear [braθe'ar] *vi* agiter les bras ; (*nadar*) nager la brasse

bracero, -a [bra'θero, a] *nm/f* journalier(-ière)

braga ['braɣa] *nf* (*tb*: **bragas**) culotte *f*

bragueta [bra'ɣeta] *nf* braguette *f*

braille ['braile] *nm* braille *m*

brákets ['brakets] *nmpl* (*para dientes*) bagues *fpl*

bramar [bra'mar] *vi* (*toro, viento, mar*) mugir ; (*venado*) bramer ; (*elefante*) barrir

bramido [bra'miðo] *nm* (*de toro, viento, mar*) mugissement *m* ; (*del venado*) bramement *m* ; (*del elefante*) barrissement *m* ; (*de persona*) hurlement *m*

brasa ['brasa] *nf* braise *f* ; **a la ~** (*carne, pescado*) cuit(e) sur la braise

brasero [bra'sero] *nm* (*para los pies*) brasero *m* ; (AM: *chimenea*) cheminée *f*

brasier, brassiere [bra'sjer] (AM) *nm* soutien-gorge *m*

Brasil [bra'sil] *nm* Brésil *m*

brasileño, -a [brasi'leɲo, a] *adj* brésilien(ne) ▶ *nm/f* Brésilien(ne)

braveza [bra'βeθa] *nf* férocité *f* ; (*valor*) bravoure *f* ; (*de viento, mar, lluvia*) violence *f*

bravío, -a [bra'βio, a] *adj* féroce

bravo, -a ['braβo, a] *adj* (*soldado*) vaillant(e) ; (*animal*: *feroz*) féroce ; (: *salvaje*) sauvage ; (*toro*) de combat ; (*mar*) déchaîné(e) ; (*terreno*) accidenté(e) ; (AM: *fam*) en colère ▶ *excl* bravo ! ; **patatas bravas** (*Culin*) *pommes de terre frites accommodées avec une sauce relevée*

bravura [bra'βura] *nf* (*de persona*) bravoure *f* ; (*de animal*) férocité *f*

braza ['braθa] *nf*: **nadar a (la) ~** nager la brasse

brazada [bra'θaða] *nf* brasse *f* ; (*de hierba, leña*) brassée *f*

brazalete [braθa'lete] *nm* bracelet *m* ; (*banda*) brassard *m*

brazo ['braθo] *nm* bras *msg* ; (*Zool*) patte *f* de devant, antérieur *m* ; (*Bot, Pol*) branche *f* ; **brazos** *nmpl* journaliers *mpl* ; **cogidos del ~** bras dessus, bras dessous ; **cruzarse de ~s** rester les bras croisés ; **no dar su ~ a torcer** ne pas en démordre ; **ir del ~** marcher bras dessus, bras dessous ; **luchar a ~ partido** combattre corps à corps ; **ser el ~ derecho de algn** (*fig*) être le bras droit de qn ; **tener/llevar en ~s a algn** tenir/prendre qn dans ses bras ; **huelga de ~s caídos** grève *f* sur le tas ; **~ de gitano** roulé *m*

brea ['brea] *nf* brai *m*
brebaje [bre'βaxe] *nm* breuvage *m*
brecha ['bretʃa] *nf* brèche *f*; (*en la cabeza*) blessure *f*; (*Mil*) percée *f*; **hacer** *o* **abrir ~ en** percer sur; **~ salarial** écart *m* de salaire (entre hommes et femmes)
breteles [bre'teles] (AM) *nmpl* bretelles *fpl*
breva ['breβa] *nf* figue *f* (d'été); (*puro*) cigare *m* aplati; **¡no caerá esa ~!** ce serait trop beau!
breve ['breβe] *adj* (*pausa, encuentro, discurso*) bref (brève) ▸ *nf* (*Mús*) brève *f*; **en ~** d'ici peu; (*en pocas palabras*) en bref
brevedad [breβe'ðað] *nf* brièveté *f*; **a la mayor ~ posible** dans les meilleurs délais; **con la mayor ~** au plus tôt
brezal [bre'θal], **brezo** ['breθo] *nm* bruyère *f*
bribón, -ona [bri'βon, ona] *nm/f* fripouille *f*; (*pillo*) coquin(e)
bricolaje [briko'laxe] *nm* bricolage *m*
brida ['briða] *nf* (*tb Tec*) bride *f*; **a toda ~** à bride abattue
bridge [britʃ] *nm* (*Naipes*) bridge *m*
brigada [bri'ɣaða] *nf* brigade *f* ▸ *nm/f* (*Mil*) brigadier(-ière); **B~ de Estupefacientes** brigade des stupéfiants; **B~ de Investigación Criminal** police *f* judiciaire
brillante [bri'ʎante] *adj* brillant(e) ▸ *nm* (*joya*) brillant *m*
brillar [bri'ʎar] *vi* briller; **~ por su ausencia** briller par son absence
brillo ['briʎo] *nm* éclat *m*; **dar** *o* **sacar ~ a** faire reluire
brilloso, -a [bri'ʎoso, a] (AM) *adj* resplendissant(e)
brincar [brin'kar] *vi* (*persona, animal*) bondir; **~ de** (*de alegría etc*) sauter de; **está que brinca** il(elle) est fou(folle) de rage
brinco ['brinko] *nm* (*salto*) bond *m*; **de un ~** en moins de deux; **dar** *o* **pegar un ~** faire un bond; **dar** *o* **pegar ~s de alegría** sauter de joie
brindar [brin'dar] *vi*: **~ a** *o* **por** porter un toast à ▸ *vt* (*oportunidad, amistad*) offrir; **brindarse** *vpr*: **brindarse a hacer algo** s'offrir pour faire qch; **lo cual brinda la ocasión de ...** ceci me permet de ...
brindis ['brindis] *nm inv* (*al beber, frase*) toast *m*; (*Taur*) hommage *m*
brío ['brio] *nm* (*tb*: **bríos**) énergie *f*, brio *m*; **con ~** avec brio
brisa ['brisa] *nf* brise *f*
británico, -a [bri'taniko, a] *adj* britannique ▸ *nm/f* Britannique *m/f*
brizna ['briθna] *nf* brin *m*; (*paja*) fétu *m*; **no tener ni ~ de sentido común** ne pas avoir un grain de bon sens
broca ['broka] *nf* (*Costura*) broche *f*; (*Tec*) foret *m*; (*clavo*) broquette *f*
brocal [bro'kal] *nm* margelle *f*
brocha ['brotʃa] *nf* (*de pintar*) brosse *f*; (*de afeitar*) blaireau *m*; **pintor de ~ gorda** (*de paredes*) peintre *m* en bâtiment; (*fig*) barbouilleur *m*
broche ['brotʃe] *nm* (*en vestido*) agrafe *f*; (*joya*) broche *f*
broma ['broma] *nf* plaisanterie *f*, blague *f*; **de** *o* **en ~** pour rire; **gastar una ~ a algn** faire une blague à qn; **ni en ~** en aucun cas; **tomar algo a ~** ne pas prendre qch au sérieux; **~ pesada** plaisanterie *f* de mauvais goût
bromear [brome'ar] *vi* plaisanter
bromista [bro'mista] *adj, nm/f* farceur(-euse), blagueur(-euse)
bronca ['bronka] *nf* dispute *f*; (*regañina*) réprimande *f*; **armar una ~** faire une scène; **buscar ~** chercher querelle; **echar una ~ a algn** passer un savon à qn
bronce ['bronθe] *nm* bronze *m*
bronceado, -a [bronθe'aðo, a] *adj* bronzé(e) ▸ *nm* (*de piel*) bronzage *m*
bronceador, a [bronθea'ðor] *adj* solaire ▸ *nm* crème *f* bronzante
broncearse [bronθe'arse] *vpr* se faire bronzer
bronco, -a ['bronko, a] *adj* (*modales*) bourru(e); (*voz*) rauque
bronquio ['bronkjo] *nm* bronche *f*
bronquitis [bron'kitis] *nf inv* bronchite *f*
brotar [bro'tar] *vi* (*Bot*) pousser; (*aguas, lágrimas*) jaillir; (*Med*) se déclarer
brote ['brote] *nm* (*Bot*) pousse *f*; (*Med*) épidémie *f*; (*de insurrección, huelga*) vague *f*; **~s de soja** germes *mpl* de soja
bruces ['bruθes]: **de ~** *adv* sur le ventre, à plat ventre; **acostarse de ~** se coucher sur le ventre; **estar de ~** être sur le ventre, être à plat ventre; **caer de ~** s'étaler de tout son long; **darse de ~ con algn** tomber nez à nez avec qn

brujería [bruxe'ria] *nf* sorcellerie *f*

brujo, -a ['bruxo, a] *nm/f* sorcier(-ière) ▶ *nf* (*pey*) sorcière *f*

brújula ['bruxula] *nf* boussole *f*

bruma ['bruma] *nf* brume *f*

brumoso, -a [bru'moso, a] *adj* brumeux(-euse)

bruñir [bru'ɲir] *vt* polir

brusco, -a ['brusko, a] *adj* brusque

Bruselas [bru'selas] *n* Bruxelles

brutal [bru'tal] *adj* brutal(e) ; (*fam*: *tremendo*) énorme ; (: *muy bueno*) génial(e)

brutalidad [brutali'ðað] *nf* brutalité *f*

bruto, -a ['bruto, a] *adj* (*persona*) brutal(e) ; (*estúpido*) idiot(e) ; (*metal, piedra, peso*) brut(e) ▶ *nm* brute *f* ; **a la bruta, a lo ~** à la va-vite ; **en ~** brut(e)

Bs.As. *abr* = *Buenos Aires*

bucal [bu'kal] *adj* buccal(e) ; **por vía ~** par voie orale

bucear [buθe'ar] *vi* plonger ; **~ en** (*documentos, pasado*) fouiller dans

buceo [bu'θeo] *nm* plongeon *m* ; (*de buzo*) plongée *f* ; **~ de altura** plongée en haute mer

bucle ['bukle] *nm* boucle *f* ; (*de carretera*) tournant *m* ; (*Inform*) boucle, cycle *m*

buen [bwen] *adj ver* **bueno**

buenamente ['bwenamente] *adv* tout bonnement ; (*de buena gana*) volontiers

buenaventura [bwenaβen'tura] *nf* chance *f* ; (*adivinación*) bonne aventure *f* ; **decir** *o* **echar la ~ a algn** dire la bonne aventure à qn

bueno, -a ['bweno, a]

(*antes de nmsg* **buen** [bwen])

▶ *adj* **1** (*excelente etc*) bon(ne) ; **es un libro bueno** *o* **es un buen libro** c'est un bon livre ; **tiene buena voz** il/elle a une belle voix ; **hace bueno/buen tiempo** il fait beau/beau temps ; **ya está bueno** (*de salud*) il va bien maintenant ; **lo bueno fue que** le meilleur c'est que

2 (*bondadoso*): **es buena persona** c'est quelqu'un de bien ; **el bueno de Paco** ce brave Paco ; **fue muy bueno conmigo** il a été très gentil avec moi

3 (*apropiado*): **ser bueno para** être bien pour ; **es un buen momento (para)** c'est le moment (de) ; **creo que vamos por buen camino** je crois que nous sommes sur la bonne voie

4 (*grande*): **un buen trozo** un bon bout ; **un buen número de** bon nombre de ; **le di un buen rapapolvo** je lui ai passé un savon

5 (*irónico*): **¡buen conductor estás hecho!** comme tu conduis bien ! ; **¡estaría bueno que ...!** il ne manquerait plus que... ! ; **una pelea de las buenas** une sacrée bagarre

6 (*sabroso*): **está bueno este bizcocho** ce gâteau est très bon

7 (*fam*: *atractivo*): **Carmen está muy buena** Carmen est vachement mignonne

8 (*saludos*): **¡buenos días!** bonjour ! ; **¡buenas tardes!** bonjour ! ; (*más tarde*) bonsoir ! ; **¡buenas noches!** bonsoir ! ; (*al acostarse*) bonne nuit ! ; **¡buenas!** salut !

9 (*otras locuciones*): **un buen día** un beau jour ; **estar de buenas** être de bonne humeur ; **por las buenas o por las malas** de gré ou de force ; **de buenas a primeras** tout d'un coup ; **¡la ha liado buena ...!** il a mis une belle pagaille !

▶ *excl*: **¡bueno!** bon ! ; **bueno, ¿y qué?** bon, et alors ?

Buenos Aires [bweno'saires] *n* Buenos Aires

buey [bwei] *nm* bœuf *m*

búfalo ['bufalo] *nm* buffle *m*

bufanda [bu'fanda] *nf* écharpe *f*

bufar [bu'far] *vi* (*caballo*) souffler ; (*gato*) cracher ; **~ de rabia** pester

bufete [bu'fete] *nm* étude *f*, cabinet *m*

buffer ['bufer] *nm* (*Inform*) mémoire *f* tampon

buhardilla [buar'ðiʎa] *nf* mansarde *f* ; (*ventana*) lucarne *f*

búho ['buo] *nm* hibou *m* ; (*fig*: *persona*) ours *msg*

buhonero [buo'nero] *nm* colporteur *m*

buitre ['bwitre] *nm* vautour *m*

bujía [bu'xia] *nf* (*vela, Elec, Auto*) bougie *f*

bula ['bula] *nf* bulle *f*

bulbo ['bulβo] *nm* (*Bot*) bulbe *m* ; **~ raquídeo** bulbe rachidien

bulevar [bule'βar] *nm* boulevard *m*

Bulgaria [bul'ɣarja] *nf* Bulgarie *f*

búlgaro, -a ['bulɣaro, a] *adj* bulgare ▸ *nm/f* Bulgare *m/f*

bulla ['buʎa] *nf* raffut *m* ; (*follón*) pagaille *f* ; **armar** *o* **meter ~** faire du raffut

bullicio [bu'ʎiθjo] *nm* brouhaha *m* ; (*movimiento*) bousculade *f*

bullir [bu'ʎir] *vi* (*líquido*) bouillonner ; **~ (de)** (*gente, insectos*) grouiller (de) ; (*actividad*) déborder (de)

bulto ['bulto] *nm* paquet *m* ; (*en superficie, Med*) grosseur *f* ; (*silueta*) masse *f* ; **hacer ~** prendre de la place ; **escurrir el ~** se dérober ; **a ~** au jugé ; **de ~** (*error*) de taille ; (*argumento*) de poids

bumerán *nm*, (AM) **búmeran** *nm inv* boomerang *m*

buñuelo [bu'ɲwelo] *nm* beignet *m* ; (*fig*) travail *m* d'amateur

buque ['buke] *nm* navire *m* ; **~ cisterna/escuela/insignia/mercante** bateau-citerne *m*/navire-école *m*/vaisseau *m* amiral/bateau *m* de commerce ; **~ de guerra** navire de guerre

burbuja [bur'βuxa] *nf* bulle *f* ; **hacer ~s** pétiller

burbujear [burβuxe'ar] *vi* pétiller

burdel [bur'ðel] *nm* bordel *m*

burdo, -a ['burðo, a] *adj* grossier(-ière)

burgués, -esa [bur'ɣes, esa] *adj* (*tb pey*) bourgeois(e) ▸ *nm/f* bourgeois(e) ; **pequeño(-a) ~** petit(e)-bourgeois(e) ; (*Pol, pey*) bourgeois(e)

burguesía [burɣe'sia] *nf* bourgeoisie *f*

burka ['burka] *nm*, *a veces nf* burka *m o f*, burqa *m o f*

burla ['burla] *nf* moquerie *f* ; (*broma*) blague *f* ; **hacer ~ de algn/de algo** se moquer de qn/de qch ; **hacer ~ a algn** faire la nique à qn

burladero [burla'ðero] *nm* (*Taur*) palissade *f*

burlar [bur'lar] *vt* (*persona*) tromper ; (*vigilancia*) déjouer ; (*seducir*) séduire ; **burlarse** *vpr*: **burlarse (de)** se moquer (de)

burlón, -ona [bur'lon, ona] *adj* moqueur (-euse)

burocracia [buro'kraθja] *nf* (*tb pey*) bureaucratie *f*

burócrata [bu'rokrata] *nm/f* (*tb pey*) bureaucrate *m/f*

burrada [bu'rraða] (*fam*) *nf*: **decir/hacer/soltar ~s** dire/faire/lâcher des âneries ; **una ~** (*mucho*) une flopée

burro, -a ['burro, a] *nm/f* âne (ânesse) ; (*fig*: *ignorante*) âne *m* ; (: *bruto*) abruti(e) ▸ *adj* crétin(e) ; **caerse del ~** reconnaître ses erreurs ; **hacer el ~** faire l'âne ; **no ver tres en un ~** être myope comme une taupe ; **~ de carga** (*fig*) bourreau *m* de travail

bursátil [bur'satil] *adj* boursier(-ière)

bus [bus] *nm* bus *msg*

busca ['buska] *nf*: **en ~ de** à la recherche de ▸ *nm* (*Telec*) bip-(bip) *m*

buscador, a [buska'ðor, a] *nm/f*: **~ (de)** chercheur(-euse) (de) ▸ *nm* (*Internet*) moteur *m* de recherche

buscar [bus'kar] *vt* chercher ; (*beneficio, Inform*) rechercher ▸ *vi* chercher ; **ven a buscarme a la oficina** viens me chercher au bureau ; **~ una aguja en un pajar** chercher une aiguille dans une botte de foin ; **buscarle tres pies al gato** chercher midi à quatorze heures ; **« ~ y reemplazar »** (*Inform*) « recherche-remplacement » ; **se busca secretaria** on demande une secrétaire ; **se la buscó** c'est bien fait pour lui ; **~ camorra** chercher noise

busque *etc* ['buske] *vb ver* **buscar**

búsqueda ['buskeða] *nf* recherche *f*

busto ['busto] *nm* (*Anat, Arte*) buste *m*

butaca [bu'taka] *nf* fauteuil *m* ; **~ de patio** fauteuil d'orchestre

butano [bu'tano] *nm* butane *m* ; **bombona de ~** bouteille *f* de butane ; **color ~** orange

buzo ['buθo] *nm* (*mono*) bleu *m* (de travail) ; (AM: *chándal*) survêtement *m* ▸ *nm/f* (*persona*) plongeur(-euse)

buzón [bu'θon] *nm* boîte *f* aux lettres ; **echar al ~** mettre dans la boîte aux lettres ; **~ de voz** messagerie *f* vocale

C

C. *abr (= centígrado)* C *(= Celsius)*
c. *abr (= capítulo)* chap. *(= chapitre)*
C/ *abr = calle*
c/ *abr (Com) = cuenta*
ca [ka] *excl* pas question !
c.a. *abr = corriente alterna*
cabal [ka'βal] *adj (peso, precio)* juste ; *(definición)* exact(e) ; *(honrado)* bien
cábala ['kaβala] *nf* cabale *f* ; **cábalas** *nfpl (suposiciones)*: **hacer ~s** faire des suppositions
cabalgar [kaβal'ɣar] *vt* monter ▸ *vi* chevaucher
cabalgata [kaβal'ɣata] *nf* défilé *m* ; **la ~ de los Reyes Magos** le défilé des Rois mages
caballa [ka'βaʎa] *nf* maquereau *m*
caballeresco, -a [kaβaʎe'resko, a] *adj* chevaleresque
caballería [kaβaʎe'ria] *nf* monture *f* ; *(Mil)* cavalerie *f* ; **~ andante** chevalerie *f* errante
caballeriza [kaβaʎe'riθa] *nf* écurie *f*
caballero [kaβa'ʎero] *nm* gentleman *m* ; *(de la orden de caballería)* chevalier *m* ; *(en trato directo)* monsieur *m* ; **de ~** d'homme, pour homme ; **«C~s»** «Messieurs» ; **~ andante** chevalier errant
caballerosidad [kaβaʎerosi'ðað] *nf* courtoisie *f*
caballete [kaβa'ʎete] *nm (de pintor)* chevalet *m* ; *(de pizarra)* support *m* ; *(de mesa)* tréteau *m* ; *(de tejado)* faîte *m*
caballito [kaβa'ʎito] *nm* cheval *m* à bascule ; **caballitos** *nmpl* chevaux *mpl* de bois ; **montar a los ~s** faire un tour de manège ; **~ del diablo** demoiselle *f* ; **~ de mar** hippocampe *m*
caballo [ka'βaʎo] *nm* cheval *m* ; *(Ajedrez, Naipes)* cavalier *m* ; **a ~** à cheval ; **a ~ entre** à cheval sur ; **es su ~ de batalla** c'est son cheval de bataille ; **~ blanco** bailleur *m* de fonds ; **~ de carreras** cheval de course ; **~ de vapor** cheval-vapeur *m*
cabaña [ka'βaɲa] *nf* cabane *f*
cabaré, cabaret [kaβa're] *(pl* **cabarets***)* *nm* cabaret *m*
cabecear [kaβeθe'ar] *vt*: **~ el balón** faire une tête ▸ *vi (caballo)* encenser ; *(dormitar)* piquer du nez
cabecera [kaβe'θera] *nf (de mesa, tribunal)* bout *m* ; *(de cama)* tête *f* ; *(en libro)* frontispice *m* ; *(periódico)* manchette *f*, gros titre *m* ; *(de río)* source *f* ; **médico de ~** médecin *m* traitant
cabecilla [kaβe'θiʎa] *nm* chef *m* de file, meneur(-euse)
cabellera [kaβe'ʎera] *nf* chevelure *f* ; *(de cometa)* queue *f*
cabello [ka'βeʎo] *nm* cheveu *m* ; **~ de ángel** *garniture sucrée à la citrouille*
caber [ka'βer] *vi* tenir, rentrer ; *(Mat)* faire ; **caben tres más** on peut encore en mettre trois ; **no cabe duda** cela ne fait pas de doute ; **dentro de lo que cabe** autant que possible ; **cabe la posibilidad de que** il est possible que ; **me cupo el honor de** il m'est revenu l'honneur de ; **no cabe en sí de alegría** il ne se tient plus de joie
cabestrillo [kaβes'triʎo] *nm*: **en ~** en écharpe
cabeza [ka'βeθa] *nf* tête *f* ; *(Pol)* chef *m* ; **caer de ~** tomber la tête la première ; **~ abajo/arriba** la tête en bas/en haut ; **a la ~ de** *(de pelotón)* en tête de ; *(de empresa)* à la tête de ; **tirarse de ~** plonger ; **tocamos a tres por ~** ça fait trois par tête ; **romperse la ~** se creuser la tête ; **sentar la ~** se ranger ; **se me va la ~** je perds la tête ; **~ atómica/nuclear** tête atomique/ogive *f* nucléaire ; **~ cuadrada** tête de mule ; **~ de ajo** tête d'ail ; **~ de escritura** tête d'écriture ; **~ de familia** chef de famille ; **~ de ganado** tête de bétail ; **~ de impresión/de lectura** tête d'impression/de lecture ; **~ de partido**

chef-lieu *m* d'arrondissement ; **~ de turco** tête de turc ; **~ impresora** tête imprimante ; **~ de chorlito** tête de linotte

cabezada [kaβe'θaða] *nf* coup *m* de tête ; **dar ~s** piquer du nez ; **echar una ~** faire un somme

cabezón, -ona [kaβe'θon, ona] *adj* qui a une grosse tête ; (*vino*) capiteux(-euse) ; (*terco*) entêté(e)

cabida [ka'βiða] *nf* capacité *f* ; (*depósito*) contenance *f* ; **dar ~ a** admettre ; **tener ~ para** avoir une capacité de

cabildo [ka'βildo] *nm* (*de iglesia*) chapitre *m* ; (*Pol*) conseil *m* municipal

cabina [ka'βina] *nf* cabine *f* ; **~ de mandos** cabine de pilotage ; **~ telefónica** cabine téléphonique

cabizbajo, -a [kaβiθ'βaxo, a] *adj* la tête basse *inv*

cable ['kaβle] *nm* câble *m* ; (*de electrodoméstico*) fil *m* ; **conectar con ~** connecter par câble

cabo ['kaβo] *nm* bout *m* ; (*Náut*) cordage *m* ; (*Geo*) cap *m* ; ▶ *nm/f* (*Mil*) caporal(e); (*de policía*) brigadier(-ière) ; **al ~ de tres días** au bout de trois jours ; **al fin y al ~** en fin de compte ; **de ~ a rabo** (*contar, saber*) de bout en bout ; (*leer*) d'un bout à l'autre ; **llevar a ~** mener à bien ; **atar ~s** faire des rapprochements ; **no dejar ~s sueltos** ne rien laisser en suspens ; **las Islas de C~ Verde** les îles *fpl* du Cap-Vert ; **C~ de Buena Esperanza** cap de Bonne Espérance ; **C~ de Hornos** cap Horn

cabra ['kaβra] *nf* chèvre *f* ; **estar como una ~** être timbré(e) ; **~ montés** chèvre sauvage

cabré *etc* [ka'βre] *vb ver* **caber**

cabrear [kaβre'ar] (*fam*) *vt* énerver ; **cabrearse** (*fam*) ▶ *vpr* s'emporter ; **estar cabreado** être en colère

cabrío, -a [ka'βrio, a] *adj*: **macho ~** bouc *m* ; *ver* **ganado**

cabriola [ka'βrjola] *nf* cabriole *f* ; **hacer ~s** faire des cabrioles

cabritilla [kaβri'tiʎa] *nf*: **de ~** en chevreau

cabrito [ka'βrito] *nm* chevreau *m* ; (*fam!*) vache *f* (*fam!*)

cabrón [ka'βron] (*fam!*) *nm* salaud *m* (*fam!*)

caca ['kaka] (*fam*) *nf* caca *m* ▶ *excl*: **no toques, ¡~!** ne touche pas à ça, c'est caca !

cacahuete [kaka'wete] (*Esp*) *nm* cacahuète *f*, cacahouète *f*

cacao [ka'kao] *nm* cacao *m* ; (*bebida*) chocolat *m* ; (*Bot*) cacaoyer *m* ; (*tb*: **crema de cacao**) beurre *m* de cacao ; (*follón*) boucan *m*

cacarear [kakare'ar] *vt* s'enorgueillir de ▶ *vi* caqueter

cacería [kaθe'ria] *nf* partie *f* de chasse

cacerola [kaθe'rola] *nf* casserole *f*, marmite *f*

cachalote [katʃa'lote] *nm* cachalot *m*

cacharro [ka'tʃarro] *nm* ustensile *m* ; (*trasto*) machin *m*, truc *m* ; (*de cerámica*) poterie *f* ; (*AM*: *fam*) taule *f*

cachear [katʃe'ar] *vt* fouiller

cachemir [katʃe'mir] *nm*, **cachemira** [katʃe'mira] *nf* cachemire *m* ; **de ~** en cachemire

cachete [ka'tʃete] *nm* claque *f*

cachiporra [katʃi'porra] *nf* massue *f*

cachivache [katʃi'βatʃe] *nm* truc *m*, machin *m*

cacho ['katʃo] *nm* morceau *m* ; (*AM*) corne *f*

cachondeo [katʃon'deo] (*fam*) *nm* rigolade *f* ; **estar de ~** plaisanter, blaguer ; **tomarse algo a ~** prendre qch à la rigolade

cachondo, -a [ka'tʃondo, a] (*fam*) *adj* marrant(e), rigolo(te) ; **estar ~** être excité(e)

cachorro, -a [ka'tʃorro, a] *nm/f* chiot *m* ; (*de león*) lionceau *m* ; (*de lobo*) louveteau *m*

cacique [ka'θike] *nm* (*AM*) cacique *m* ; (*Pol*) personnage *m* influent ; (*fig*) petit chef *m*

caciquismo [kaθi'kismo] *nm* caciquisme *m*

caco ['kako] *nm* filou *m*

cacto ['kakto] *nm*, **cactus** ['kaktus] *nm inv* cactus *m inv*

cada ['kaða] *adj inv* chaque ; (*antes de número*) tous les ; **~ día** tous les jours ; **~ dos días** tous les deux jours ; **~ cual/uno** chacun ; **~ vez más/menos** de plus en plus/de moins en moins ; **~ vez que** chaque fois que ; **uno de ~ diez** un sur dix ; **¿~ cuánto?** tous les combien ? ; **¡tienes ~ idea!** tu as de ces idées !

cadalso [ka'ðalso] *nm* échafaud *m*

cadáver [ka'ðaβer] *nm* cadavre *m*
cadena [ka'ðena] *nf* chaîne *f*; **cadenas** *nfpl* (*Auto*) chaînes *fpl*; **reacción en ~** réaction *f* en chaîne; **trabajo en ~** travail *m* à la chaîne; **tirar de la ~ del wáter** tirer la chasse d'eau; **~ de caracteres** chaîne de caractères; **~ de montaje** chaîne de montage; **~ montañosa** chaîne de montagnes; **~ perpetua** (*Jur*) emprisonnement *m* à perpétuité
cadera [ka'ðera] *nf* hanche *f*
cadete [ka'ðete] *nm/f* cadet(te)
caducar [kaðu'kar] *vi* (*documento, tarjeta*) expirer; (*alimento, medicamento*) être périmé(e)
caduco, -a [ka'ðuko, a] *adj* dépassé(e); **de hoja caduca** à feuilles caduques
caer [ka'er] *vi* tomber; (*precios*) chuter; (*sol*) se coucher; **caerse** *vpr* tomber; **dejar ~** laisser tomber; **dejarse ~** s'écrouler, se laisser tomber; **dejarse ~ por** passer par/chez; **estar al ~** être sur le point d'arriver; **¡no caigo!** je ne vois pas; **¡ya caigo!** j'y suis!; **me cae bien/mal** (*persona*) je le trouve sympathique/antipathique; (*vestido*) ça me va bien/ça ne me va pas; (*alimento*) ça me réussit/ça ne me réussit pas; **~ en desgracia** tomber en disgrâce; **~ en la cuenta** saisir, se rendre compte; **~ en la trampa** tomber dans le panneau; **~ enfermo** tomber malade; **su cumpleaños cae en viernes** son anniversaire tombe un vendredi; **mi casa cae por aquí/a la derecha** ma maison se trouve par ici/à droite; **se me cayó el libro** j'ai fait tomber le livre
café [ka'fe] *nm* café *m*; **~ con leche** café crème, café au lait; **~ solo** *o* **negro** café (noir)
cafeína [kafe'ina] *nf* caféine *f*
cafetalero, -a [kafeta'lero, a] (AM) *adj* (*industria*) du café; (*zona*) producteur(-trice) de café ▸ nm/f planteur(-euse) de café
cafetera [kafe'tera] *nf* cafetière *f*
cafetería [kafete'ria] *nf* cafétéria *f*
cagar [ka'ɣar] (*fam!*) *vi* chier (*fam!*); **cagarse** *vpr* se dégonfler; **¡la hemos cagado!** on a fait une connerie!; **cagarse de miedo** être mort(e) de trouille; **¡me cago en diez/la mar!** Bon Dieu!
caída ['kaiða] *nf* chute *f*; (*declive*) pente *f*; (*de tela*) tombée *f*; **a la ~ del sol/de la tarde** à la tombée du jour/de la nuit; **sufrir una ~** faire une chute; **~ libre** chute libre
caído, -a [ka'iðo, a] *adj* tombant(e) ▸ *nm/f*: **los ~s** les morts *mpl*; **~ del cielo** tombé(e) du ciel
caiga *etc* ['kaiɣa] *vb ver* **caer**
caimán [kai'man] *nm* caïman *m*
caja ['kaxa] *nf* boîte *f*, caisse *f*; (*para reloj*) boîtier *m*; (*Tip*) casse *f*; **ingresar en ~** encaisser; **~ de ahorros** caisse d'épargne; **~ de cambios** boîte de vitesses; **~ de caudales** coffre *m* fort; **~ de fusibles** boîte à fusibles; **~ de música** boîte à musique; **~ de resonancia** caisse de résonance; **~ fuerte** coffre fort; **~ negra** (*Aviat*) boîte noire
cajero, -a [ka'xero, a] *nm/f* caissier(-ière) ▸ *nm*: **~ automático** distributeur *m* automatique
cajetilla [kaxe'tiʎa] *nf* paquet *m*
cajón [ka'xon] *nm* caisse *f*; (*de mueble*) tiroir *m*; **¡es de ~!** ça va de soi!; **~ de embalaje** caisse d'emballage
cal [kal] *nf* chaux *fsg*; **cerrar algo a ~ y canto** fermer qch à double tour; **~ viva** chaux vive
cal. *abr* (= *caloría(s)*) cal. (= *calorie(s)*)
cala ['kala] *nf* crique *f*; (*de barco*) cale *f*
calabacín [kalaβa'θin] *nm*, (AM) **calabacita** [kalaβa'θita] *nf* courgette *f*
calabaza [kala'βaθa] *nf* courge *f*, citrouille *f*; **dar ~s a** (*en examen*) recaler; (*novio*) envoyer promener
calabozo [kala'βoθo] *nm* cachot *m*
calada [ka'laða] *nf* bouffée *f*
calado, -a [ka'laðo, a] *adj* ajouré(e) ▸ *nm* broderie *f* ajourée; (*de barco*) tirant *m* d'eau; (*de las aguas*) profondeur *f*; **estoy ~ (hasta los huesos)** je suis trempé(e) (jusqu'aux os)
calamar [kala'mar] *nm* calmar *m*, calamar *m*; **~es a la romana** calmars *mpl* *o* calamars *mpl* à la romaine *o* frits
calambre [ka'lambre] *nm* crampe *f*; **dar ~** envoyer une décharge
calamidad [kalami'ðað] *nf* calamité *f*; **es una ~** (*persona*) c'est un(e) bon(ne) à rien
calar [ka'lar] *vt* transpercer; (*Auto*) caler;

(*melón, sandía*) couper pour goûter ; (*ideas, palabras*) saisir, comprendre ; **calarse** *vpr* (*motor*) caler ; (*mojarse*) se tremper ; (*gafas*) chausser ; (*sombrero*) enfoncer ; **¡le tengo calado!** (*fam*) je le connais sur le bout des doigts

calavera [kala'βera] *nf* tête *f* de mort ▸ *nm* (*pey*) noceur *m*

calcar [kal'kar] *vt* décalquer ; (*imitar*) calquer ; **es calcado a su abuelo** c'est tout le portrait de son grand-père

calcetín [kalθe'tin] *nm* chaussette *f*

calcinar [kalθi'nar] *vt* calciner

calcio ['kalθjo] *nm* calcium *m*

calcomanía [kalkoma'nia] *nf* décalcomanie *f*

calculador, a [kalkula'ðor, a] *adj* calculateur(-trice)

calculadora [kalkula'ðora] *nf* calculatrice *f*

calcular [kalku'lar] *vt* calculer ; (*gastos, pérdidas*) évaluer, calculer ; **calculo que ...** je pense que ...

cálculo ['kalkulo] *nm* (*tb Med*) calcul *m* ; **según mis ~s** d'après mes calculs ; **obrar con mucho ~** agir avec beaucoup de prudence ; **~ de costo** calcul du prix ; **~ diferencial** calcul différentiel

caldear [kalde'ar] *vt* chauffer ; (*ánimos*) échauffer

caldera [kal'dera] *nf* chaudière *f*

calderilla [kalde'riʎa] *nf* ferraille *f*, petite monnaie *f*

caldero [kal'dero] *nm* chaudron *m*

caldo ['kaldo] *nm* bouillon *m* ; (*vino*) cru *m* ; **poner a ~ a algn** passer un savon à qn ; **~ de cultivo** bouillon de culture

calefacción [kalefak'θjon] *nf* chauffage *m* ; **~ central** chauffage central

calendario [kalen'darjo] *nm* calendrier *m*

calentador [kalenta'ðor] *nm* : **~ (de agua)** chauffe-eau *m inv*

calentamiento [kalenta'mjento] *nm* échauffement *m* ; **~ global** réchauffement *m* de la planète

calentar [kalen'tar] *vt* faire chauffer ; (*habitación*) chauffer ; (*motor*) faire tourner ; (*ánimos*) échauffer ; (*sexualmente*) exciter ; (*pegar*) flanquer une calotte à ; (AM : *enfurecer*) échauffer ▸ *vi* chauffer ; **calentarse** *vpr* se chauffer, se réchauffer ; (*motor*) chauffer ; (*discusión, ánimos*) s'échauffer

calentura [kalen'tura] *nf* fièvre *f* ; (*de boca*) bouton *m* de fièvre

calesita [kale'sita] (*CSur*) *nf* manège *m*

calibrar [kali'βrar] *vt* (*Tec*) calibrer ; (*consecuencias*) évaluer ; (*importancia*) jauger

calibre [ka'liβre] *nm* calibre *m* ; (*fig*) calibre, envergure *f*

calidad [kali'ðað] *nf* qualité *f* ; **de ~** de qualité ; **en ~ de** en qualité de ; **ser de primera ~** être de premier choix ; **~ de carta** *o* **de correspondencia** qualité courrier ; **~ texto** (*Inform*) qualité de texte

cálido, -a ['kaliðo, a] *adj* chaud(e) ; (*palabras, aplausos*) chaleureux(-euse)

caliente [ka'ljente] *vb ver* **calentar** ▸ *adj* chaud(e) ; **estar/ponerse ~** (*fam*) être excité(e)/s'exciter ; **en ~** à chaud

calificación [kalifika'θjon] *nf* qualification *f* ; (*en examen*) note *f* ; **~ de sobresaliente** mention *f* très bien

calificar [kalifi'kar] *vt* noter ; **~ como/de** traiter de

calima [ka'lima], **calina** [ka'lina] *nf* (*neblina*) brume *f* de chaleur ; (*calor*) chaleur *f* caniculaire

cáliz ['kaliθ] *nm* calice *m*

caliza [ka'liθa] *nf* pierre *f* à chaux

callado, -a [ka'ʎaðo, a] *adj* : **estar ~** être silencieux(-euse) ; **ser ~** être peu bavard(e)

callar [ka'ʎar] *vt* taire ; (*persona, oposición*) faire taire ▸ *vi* se taire ; **callarse** *vpr* se taire ; **¡calla!** silence ! ; **¡cállate!** tais-toi ! ; **¡cállate la boca!** la ferme !

calle ['kaʎe] *nf* rue *f* ; (*Deporte*) couloir *m* ; **la ~** (*en conjunto*) la rue ; **salir** *o* **irse a la ~** sortir ; **poner a algn (de patitas) en la ~** mettre qn à la porte, flanquer qn dehors ; **ir ~ abajo/arriba** descendre/remonter la rue ; **~ de sentido único** rue à sens unique ; **~ mayor** grand-rue *f* ; **~ peatonal** rue piétonne

calleja [ka'ʎexa] *nf* = **callejuela**

callejear [kaʎexe'ar] *vi* flâner dans les rues

callejero, -a [kaʎe'xero, a] *adj* ambulant(e) ; (*verbena*) en plein air ; (*riña*) de rue ; (*persona*) flâneur(-euse) ; (*perro*) errant(e) ▸ *nm* plan *m*

callejón [kaʎe'xon] *nm* ruelle *f*, passage

m ; (*en plaza de toros*) couloir *m* ; **~ sin salida** impasse *f*, voie *f* sans issue ; (*fig*) impasse

callejuela [kaʎe'xwela] *nf* ruelle *f*, venelle *f*

callista [ka'ʎista] *nm/f* pédicure *m/f*

callo ['kaʎo] *nm* (*en pies*) cor *m* ; (*en manos*) durillon *m* ; **callos** *nmpl* (*Culin*) tripes *fpl*

calma ['kalma] *nf* calme *m* ; **hacer algo con ~** faire qch calmement ; **~ chicha** calme plat ; **perder la ~** perdre son calme ; **¡~!, ¡con ~!** du calme !

calmante [kal'mante] *adj* calmant(e) ▸ *nm* calmant *m*, tranquillisant *m*

calmar [kal'mar] *vt* calmer ▸ *vi* (*tempestad, viento*) se calmer ; **calmarse** *vpr* se calmer

calor [ka'lor] *nm* chaleur *f* ; **entrar en ~** se réchauffer ; (*Deporte*) s'échauffer ; **hace ~** il fait chaud ; **tener ~** avoir chaud

caloría [kalo'ria] *nf* calorie *f*

calumnia [ka'lumnja] *nf* calomnie *f*

caluroso, -a [kalu'roso, a] *adj* chaud(e) ; (*acogida, aplausos*) chaleureux(-euse)

calvario [kal'βarjo] *nm* calvaire *m*

calvicie [kal'βiθje] *nf* calvitie *f*

calvo, -a ['kalβo, a] *adj, nm/f* chauve *m/f*

calzada [kal'θaða] *nf* chaussée *f*

calzado, -a [kal'θaðo, a] *adj* chaussé(e) ▸ *nm* chaussure *f*

calzador [kalθa'ðor] *nm* chausse-pied *m*

calzar [kal'θar] *vt* chausser ; (*Tec*) caler ; **calzarse** *vpr*: **calzarse los zapatos** se chausser ; **¿qué (número) calza?** quelle est votre pointure ?

calzón [kal'θon] *nm* (*tb*: **calzones**) caleçon *m* ; (*AM*: *de hombre*) slip *m* ; (: *de mujer*) culotte *f*

calzoncillos [kalθon'θiʎos] *nmpl* slip *msg*

cama ['kama] *nf* lit *m* ; **estar en ~** être alité(e) ; **guardar ~** garder le lit ; **hacer la ~** faire le lit ; **hacer la ~ a algn** jouer un tour de cochon à qn ; **~ individual/de matrimonio** lit simple/double ; **~ nido** lit gigogne ; **~ en petaca** lit en portefeuille

camafeo [kama'feo] *nm* camée *m*

camaleón [kamale'on] *nm* caméléon *m*

cámara ['kamara] *nf* chambre *f* ; (*Cine, TV*) caméra *f* ; (*fotográfica*) appareil *m* photo ▸ *nm/f* (*Cine, TV*) caméraman *m* ; **a ~ lenta** au ralenti ; **música de ~** musique *f* de chambre ; **~ alta/baja** Chambre haute/basse ; **~ de aire** chambre à air ; **~ de comercio** chambre de commerce ; **~ de gas** chambre à gaz ; **~ frigorífica** chambre froide ; **~ nupcial/oscura** chambre nuptiale/noire ; **~ de vídeo** caméscope *m*

camarada [kama'raða] *nm/f* camarade *m/f* ; (*de trabajo*) collègue *m/f*

camarera [kama'rera] *nf* (*en hotel*) femme *f* de chambre ; (*AM*) hôtesse *f* de l'air ; *ver tb* **camarero**

camarero, -a [kama'rero, a] *nm/f* (*en restaurante*) serveur(-euse) ; (*en bar*) garçon *m* de café (serveuse) ; **¡camarera, por favor!** mademoiselle, s'il vous plaît !

camarilla [kama'riʎa] *nf* clique *f* ; (*Pol*) groupe *m* de pression, lobby *m*

camarón [kama'ron] *nm* crevette *f* grise

camarote [kama'rote] *nm* cabine *f*

cambalache [kamβa'latʃe] (*CSur*) *nm* magasin *m* d'objets *o* de vêtements d'occasion

cambiante [kam'bjante] *adj* variable ; (*humor*) changeant(e)

cambiar [kam'bjar] *vt, vi* changer ; (*fig*) échanger ; **cambiarse** *vpr* (*de casa*) changer ; (*de ropa*) se changer ; **~ algo por algo** changer qch pour *o* contre qch ; **~ de coche/de idea/de trabajo** changer de voiture/d'idée/de travail ; **~ de marcha** changer de vitesse ; **~(se) de sitio** changer de place

cambio ['kambjo] *nm* changement *m* ; (*de dinero, impresiones*) échange *m* ; (*Com*: *tipo de cambio*) change *m* ; (*dinero menudo*) monnaie *f* ; **a ~ de** en échange de ; **en ~** (*por otro lado*) en revanche, par contre ; (*en lugar de eso*) à la place ; **~ a término** change à terme ; **~ climático** changement climatique ; **~ de divisas** change de devises ; **~ de domicilio** changement de domicile ; **~ de la guardia** relève *f* de la garde ; **~ de línea/de página** (*Inform*) changement de ligne/de page ; **~ de marchas** *o* **de velocidades** changement de vitesses ; **~ de vía** aiguillage *m*

camelar [kame'lar] (*fam*) *vt* baratiner ; **camelarse** *vpr* entortiller, embobeliner

camello [ka'meʎo] *nm* chameau *m* ; (*fam*) dealer *m*

camerino [kame'rino] *nm* loge *f*

camilla [ka'miʎa] *nf* civière *f*, brancard *m* ; (*mesa*) guéridon *m*

caminante [kami'nante] *nm/f* marcheur(-euse)

caminar [kami'nar] *vi* marcher ▸ *vt* faire à pied

caminata [kami'nata] *nf* trotte *f*

camino [ka'mino] *nm* (*tb Inform*) chemin *m* ; **a medio ~** à mi-chemin ; **en el ~** en chemin, chemin faisant ; **~ de** vers ; **estar/ponerse en ~** être/se mettre en route ; **C~s, Canales y Puertos** (*Univ*) Ponts *mpl* et Chaussées ; **ir por buen/mal ~** (*fig*) être sur la bonne/mauvaise voie ; **~ de cabras** sentier *m* de chèvres ; **C~ de Santiago** chemin de saint Jacques ; **~ particular** voie *f* privée ; **~ vecinal** chemin vicinal

> Le **Camino de Santiago** (chemin de saint Jacques) est un pèlerinage célèbre depuis le Moyen-Âge. Il a pour point de départ les Pyrénées et se termine à Saint-Jacques-de-Compostelle, au nord-ouest de l'Espagne, où serait enterré l'apôtre saint Jacques. De nos jours, ce pèlerinage continue d'attirer un grand nombre de croyants et de touristes.

camión [ka'mjon] *nm* camion *m*, poids *msg* lourd ; **estar como un ~** (*fam: mujer*) être bien roulée ; **~ cisterna** camion-citerne *m* ; **~ de la basura** camion des éboueurs ; **~ de mudanzas** camion de déménagement

camionero, -a [kamjo'nero, a] *nm/f* camionneur(-euse), routier(-ière)

camioneta [kamjo'neta] *nf* camionnette *f*

camisa [ka'misa] *nf* (*tb Tec*) chemise *f* ; **~ de fuerza** camisole *f* de force

camiseta [kami'seta] *nf* tee-shirt *m* ; (*ropa interior*) maillot *m* de corps ; (*de deportista*) maillot

camisón [kami'son] *nm* chemise *f* de nuit

camorra [ka'morra] *nf*: **armar ~** faire un scandale ; **buscar ~** chercher querelle

camote [ka'mote] (AM) *nm* patate *f* douce

campamento [kampa'mento] *nm* colonie *f* de vacances ; (*Mil*) camp *m*

campana [kam'pana] *nf* cloche *f* ; (*CSur*) campagne *f* ; **~ de cristal** cloche de verre

campanario [kampa'narjo] *nm* clocher *m*

campanilla [kampa'niʎa] *nf* clochette *f* ; (*Bot*) campanule *f*

campaña [kam'paɲa] *nf* campagne *f* ; **hacer ~ (en pro de/contra)** faire campagne (en faveur de *o* pour/contre) ; **~ de venta** campagne commerciale ; **~ electoral/publicitaria** campagne électorale/publicitaire

campechano, -a [kampe'tʃano, a] *adj* sans façon ; **es muy ~** il est très nature

campeón, -ona [kampe'on, ona] *nm/f* champion(ne)

campeonato [kampeo'nato] *nm* championnat *m* ; **de ~** (*fam*) du tonnerre, formidable

campera [kam'pera] (*CSur*) *nf* blouson *m*

campesino, -a [kampe'sino, a] *adj* champêtre ; (*gente*) de la campagne ▸ *nm/f* paysan(ne)

campestre [kam'pestre] *adj* champêtre

camping ['kampin] (*pl* **campings**) *nm* camping *m* ; **ir de** *o* **hacer ~** aller en camping, faire du camping

campo ['kampo] *nm* campagne *f* ; (*Agr, Elec, Fís*) champ *m* ; (*Inform*) champ, zone *f* ; (*Mil, de fútbol, rugby*) terrain *m* ; (*ámbito*) domaine *m* ; **a ~ traviesa** *o* **través** à travers champs ; **dormir a ~ raso** dormir à la belle étoile ; **trabajo de ~** travaux *mpl* pratiques (sur le terrain) ; **~ de batalla** champ de bataille ; **~ de concentración** camp *m* de concentration ; **~ de deportes/de golf** terrain de sports/de golf ; **~ de minas** champ de mines ; **~ de trabajo** camp de travail ; **~ magnético** champ magnétique ; **~ petrolífero** champ pétrolifère, gisement *m* de pétrole ; **~ raso** rase campagne *f* ; **~ visual** champ visuel

camposanto [kampo'santo] *nm* cimetière *m*

camuflaje [kamu'flaxe] *nm* camouflage *m*

cana ['kana] *nf* cheveu *m* blanc ; **tener ~s** avoir des cheveux blancs ; **echar una ~ al aire** se payer une partie de plaisir ; *ver tb* **cano**

Canadá [kana'ða] *nm* Canada *m*

canadiense [kana'ðjense] *adj* canadien(ne) ▸ *nm/f* Canadien(ne)

canal [ka'nal] *nm* canal *m* ; (*de televisión*)

chaîne *f* ; (*de tejado*) chéneau *m*, gouttière *f* ; **abrir algo en ~** ouvrir qch de haut en bas ; **~ de distribución** réseau *m* de distribution ; **C~ de la Mancha** la Manche ; **C~ de Panamá** canal de Panama

canalizar [kanali'θar] *vt* canaliser

canalla [ka'naʎa] *nm* canaille *f*

canalón [kana'lon] *nm* tuyau *m* de descente ; (*del tejado*) chéneau *m* ; **canalones** *nmpl* (*Culin*) cannelloni *mpl*

canapé [kana'pe] *nm* (*tb Culin*) canapé *m*

Canarias [ka'narjas] *nfpl*: **las (Islas) ~** les (îles) Canaries *fpl*

canario, -a [ka'narjo, a] *adj* des (îles) Canaries ▸ *nm/f* natif(-ive) *o* habitant(e) des (îles) Canaries ▸ *nm* (*Zool*) canari *m*, serin *m* ; **amarillo ~** jaune canari *inv*, jaune serin *inv*

canasta [ka'nasta] *nf* corbeille *f* ; (*en baloncesto*) panier *m* ; (*Naipes*) canasta *f* ; **hacer ~** réussir un panier

canastilla [kanas'tiʎa] *nf* trousse *f* à couture ; (*de niño*) layette *f*

canasto [ka'nasto] *nm* corbeille *f*

cancela [kan'θela] *nf* portillon *m*

cancelación [kanθela'θjon] *nf* (*ver vt*) annulation *f* ; résiliation *f* ; suppression *f* ; acquittement *m*

cancelar [kanθe'lar] *vt* (*visita, vuelo*) annuler ; (*contrato*) résilier ; (*permiso*) supprimer ; (*deuda*) s'acquitter de ; (*cuenta corriente*) fermer

cáncer ['kanθer] *nm* cancer *m* ; **C~** (*Astrol*) Cancer ; **ser C~** être Cancer

cancha ['kantʃa] *nf* terrain *m* ; (*de tenis*) court *m* ▸ *excl* (*CSur*) dégagez !, faites place !

canciller [kanθi'ʎer] *nm/f* chancelier(-ière) ; (*AM*) ministre *m/f* des Affaires étrangères

cancillería [kanθiʎe'ria] *nf* (*en embajada*) chancellerie *f* ; (*AM: ministerio*) ministère *m* des Affaires étrangères

canción [kan'θjon] *nf* chanson *f* ; **~ de cuna** berceuse *f* ; **~ infantil** comptine *f* ; **~ popular** chanson populaire

candado [kan'daðo] *nm* cadenas *msg*

candente [kan'dente] *adj* chauffé(e) au rouge ; (*tema, problema*) brûlant(e)

candidato, -a [kandi'ðato, a] *nm/f* candidat(e) ; (*para puesto*) candidat(e), postulant(e)

candidez [kandi'ðeθ] *nf* candeur *f* ; (*falta de malicia*) innocence *f*

cándido, -a ['kandiðo, a] *adj* candide ; (*sin malicia*) innocent(e)

candil [kan'dil] *nm* lampe *f* à huile

candombe [kan'domβe] (*AM*) *nm* (*baile*) candombe *m*, *danse d'origine africaine pratiquée en Amérique du Sud*

candor [kan'dor] *nm* candeur *f*

canela [ka'nela] *nf* cannelle *f* ; **~ en rama** cannelle en bâtons

cangrejo [kan'grexo] *nm* crabe *m* ; (*de río*) écrevisse *f*

canguro [kan'guro] *nm* kangourou *m* ▸ *nm/f* (*de niños*) baby-sitter *m/f* ; **hacer de ~** garder des enfants, faire du baby-sitting

caníbal [ka'niβal] *adj, nm/f* cannibale *m/f*

canica [ka'nika] *nf* bille *f*

canijo, -a [ka'nixo, a] *adj* chétif(-ive)

canilla [ka'niʎa] *nf* cannette *f* ; (*de pierna*) tibia *m* ; (*AM*) jambe *f* ; (*CSur*) robinet *m*

canillita [kani'ʎita] (*And, CSur*) *nm* crieur *m* de journaux

canino, -a [ka'nino, a] *adj* canin(e) ▸ *nm* canine *f* ; **tener un hambre canina** avoir une faim de loup

canjear [kanxe'ar] *vt*: **~ (por)** échanger (pour) ; (*Com*) changer (pour)

cano, -a ['kano, a] *adj* (*pelo, cabeza*) blanc (blanche)

canoa [ka'noa] *nf* canoë *m*

canon ['kanon] *nm* canon *m* ; (*Com*) taxe *f*, impôt *m*

canónigo [ka'noniɣo] *nm* chanoine *m*

canonizar [kanoni'θar] *vt* canoniser

canoso, -a [ka'noso, a] *adj* grisonnant(e), aux cheveux blancs ; (*pelo*) grisonnant(e)

cansado, -a [kan'saðo, a] *adj* fatigué(e) ; (*viaje, trabajo*) fatigant(e) ; **estoy ~ de hacerlo** j'en ai assez de faire ça

cansador, a [kansa'ðor, a] (*CSur*) *nm/f* ennuyeux(-euse)

cansancio [kan'sanθjo] *nm* fatigue *f* ; **hasta el ~** à satiété

cansar [kan'sar] *vt* fatiguer ; (*aburrir*) ennuyer ; (*hartar*) lasser ; **cansarse** *vpr*: **cansarse (de hacer)** se lasser (de faire)

cantábrico, -a [kan'taβriko, a] *adj* cantabrique ; **Mar C~** golfe *m* de Gascogne

cántabro, -a ['kantaβro, a] *adj* de la province de Santander ▸ *nm/f* natif(-ive) *o* habitant(e) de la province de Santander

cantante [kan'tante] *nm/f* chanteur(-euse)

cantar [kan'tar] *vt* chanter ▶ *vi* chanter ; (*fam: criminal*) se mettre à table ; (*: oler mal*) puer, cocoter ▶ *nm* chanson *f*; **estaba cantado** c'était à prévoir ; **~ de plano** passer aux aveux ; **en menos que canta un gallo** en un rien de temps ; **cantarle a algn las cuarenta** dire à qn ses quatre vérités ; **~ a dos voces** chanter en duo

cántara ['kantara] *nf* bidon *m*

cántaro ['kantaro] *nm* cruche *f*

cante ['kante] *nm*: **~ jondo** chant *m* flamenco

cantera [kan'tera] *nf* (*lugar*) carrière *f*; (*fig: de profesionales, futbolistas*) pépinière *f*

cantero [kan'tero] (*CSur*) *nm* (*macizo de flores*) massif *m* de fleurs ; (*macizo de legumbres*) planche *f* de légumes

cantidad [kanti'ðað] *nf* quantité *f* ▶ *adv* (*fam*) plein ; **el café me gusta ~** j'adore le café, je raffole du café ; **gran ~ de** une grande quantité de, bon nombre de ; **en ~** en quantité ; **~ alzada** forfait *m*

cantimplora [kantim'plora] *nf* gourde *f*

cantina [kan'tina] *nf* cantine *f*; (*de estación*) buffet *m* ; (*esp AM: taberna*) café *m*

canto ['kanto] *nm* chant *m* ; (*de mesa, moneda*) bord *m* ; (*de libro*) tranche *f*; (*de cuchillo*) dos *msg* ; **faltó el ~ de un duro** il s'en est fallu d'un cheveu ; **de ~** de côté, sur le côté ; **~ rodado** galet *m*

canturrear [kanturre'ar] *vi* chantonner

canuto [ka'nuto] *nm* petit tube *m* ; (*fam: droga*) joint *m*

caña ['kaɲa] *nf* (*Bot*) tige *f*; (*: especie*) roseau *m* ; (*de hueso*) os *msg* long ; (*vaso*) verre *m* ; (*de cerveza*) demi *m* ; (*AM*) alcool *m* de canne à sucre ; **dar** *o* **meter ~** (*fam: a un coche*) appuyer sur le champignon ; (*: a algn*) secouer ; **~ de azúcar/de pescar** canne *f* à sucre/à pêche

cañada [ka'ɲaða] *nf* vallon *m* ; (*de ganado*) chemin *m* de transhumance

cáñamo ['kaɲamo] *nm* chanvre *m*

cañería [kaɲe'ria] *nf* tuyauterie *f*

caño ['kaɲo] *nm* (*tubo*) tuyau *m* ; (*de fuente*) jet *m*

cañón [ka'ɲon] *nm* canon *m* ; (*Geo*) canyon *m*

caoba [ka'oβa] *nf* acajou *m*

caos ['kaos] *nm* chaos *msg*

cap. *abr* (= *capítulo*) chap. (= *chapitre*)

capa ['kapa] *nf* (*prenda*) cape *f*; (*Culin, Geo*) couche *f*; (*de polvo*) couche *f*; **defender a ~ y espada** défendre avec acharnement ; **~ de ozono** couche d'ozone ; **~s sociales** couches *fpl* sociales

capacidad [kapaθi'ðað] *nf* capacité *f*; **este teatro tiene una ~ de mil espectadores** ce théâtre peut contenir mille spectateurs ; **tener ~ para los idiomas/las matemáticas** être doué(e) pour les langues/les mathématiques ; **tener ~ de adaptación/de trabajo** avoir une capacité d'adaptation/de travail ; **~ adquisitiva** pouvoir *m* d'achat

capacitar [kapaθi'tar] *vt*: **~ a algn para** préparer qn à

capar [ka'par] *vt* castrer

caparazón [kapara'θon] *nm* (*de ave*) carcasse *f*; (*de tortuga*) carapace *f*

capataz [kapa'taθ] *nm/f* contremaître(sse)

capaz [ka'paθ] *adj* capable ; **ser ~ de (hacer)** être capable de (faire) ; **es ~ que venga mañana** (*AM*) il viendra probablement demain

capcioso, -a [kap'θjoso, a] *adj*: **pregunta capciosa** question *f* captieuse

capellán [kape'ʎan] *nm* aumônier *m* ; (*sacerdote*) chapelain *m*

caperuza [kape'ruθa] *nf* capuche *f*; (*de bolígrafo*) capuchon *m*

capicúa [kapi'kua] *adj inv* palindrome ▶ *nfm* nombre *m* palindrome

capilla [ka'piʎa] *nf* chapelle *f*; **~ ardiente** chapelle ardente

capital [kapi'tal] *adj* (*tb Jur*) capital(e) ▶ *nm* capital *m* ▶ *nf* capitale *f*; **inversión de ~es** investissement *m* de capitaux ; **~ activo** capital circulant *o* d'exploitation ; **~ arriesgado** *o* **riesgo** capital-risque *m* ; **~ autorizado** *o* **social** capital social ; **~ emitido** capital émis ; **~ en acciones** capital en actions ; **~ improductivo/pagado** capital improductif/versé ; **~ invertido** *o* **utilizado** capital investi, mise *f* de fonds

capitalino, -a [kapita'lino, a] (*AM*) *adj* de la capitale ▶ *nm/f* natif(-ive) *o* habitant(e) de la capitale

capitalismo [kapita'lismo] *nm* capitalisme *m*
capitalista [kapita'lista] *adj, nm/f* capitaliste *m/f*
capitán, -ana [kapi'tan, ana] *nm/f* capitaine *m/f*; **~ general** ≈ général(e) de corps d'armée
capitanear [kapitane'ar] *vt* commander; (*equipo*) être le capitaine de; (*pandilla, expedición*) être à la tête de
capitulación [kapitula'θjon] *nf* capitulation *f*; **capitulaciones matrimoniales** contrat *msg* de mariage
capitular [kapitu'lar] *vi* capituler
capítulo [ka'pitulo] *nm* chapitre *m*
capo ['kapo] *nm* (*jefe*) chef *m*; (*persona influyente*) grosse légume *f* (*fam*); (*de la mafia*) parrain *m*; (*esp Col*) baron *m* de la drogue
capó [ka'po] *nm* capot *m*
capón [ka'pon] *nm* (*pollo*) chapon *m*; (*golpe*) tape *f* sur la tête
capota [ka'pota] *nf* (*de coche*) capote *f*
capote [ka'pote] *nm* (*de militar*) capote *f*; (*de torero*) cape *f*; **echar un ~ a algn** prêter main forte à qn
capricho [ka'pritʃo] *nm* caprice *m*; **darse un ~** se faire un petit plaisir
caprichoso, -a [kapri'tʃoso, a] *adj* capricieux(-euse)
Capricornio [kapri'kornjo] *nm* (*Astrol*) Capricorne *m*; **ser ~** être Capricorne
cápsula ['kapsula] *nf* capsule *f*; **~ espacial** capsule spatiale
captar [kap'tar] *vt* (*indirecta, sentido*) saisir; (*Radio*) capter; (*atención, apoyo*) attirer
captura [kap'tura] *nf* capture *f*; **~ de pantalla** (*Inform*) capture d'écran
capturar [kaptu'rar] *vt* capturer
capucha [ka'putʃa] *nf*, **capuchón** [kapu'tʃon] *nm* capuche *f*; (*de bolígrafo*) capuchon *m*
capullo, -a [ka'puʎo, a] *nm/f* (*fam!*) con(ne) (*fam!*) ▸ *nm* (*Zool*) cocon *m*; (*Bot*) bouton *m*; **~ de rosa** bouton de rose
caqui ['kaki] *adj inv* kaki *inv* ▸ *nm* (*fruta*) kaki *m*
cara ['kara] *nf* visage *m*, face *f*; (*expresión*) mine *f*; (*de disco, papel*) face; (*fam: descaro*) culot *m*, toupet *m* ▸ *adv*: **(de) ~ a** (*en dirección a*) face à; (*con vistas a*) en vue de; **de ~** de face; **decir algo ~ a ~** dire qch en face; **mirar ~ a ~** regarder bien en face; **dar la ~** ne pas se dérober; **echar algo en ~ a algn** reprocher qch à qn; **¿~ o cruz?** pile ou face?; **poner/tener ~ de** prendre/avoir un air de; **¡qué ~ más dura!** quel culot!, en voilà du toupet!; **tener buena/mala ~** avoir bonne/mauvaise mine; (*herida, asunto, guiso*) avoir bon/mauvais aspect; **tener mucha ~** avoir un culot monstre; **de una ~** (*disquete*) d'une seule face
carabina [kara'βina] *nf* carabine *f*; (*persona*) chaperon *m*
Caracas [ka'rakas] *n* Caracas
caracol [kara'kol] *nm* escargot *m*; (*concha*) coquille *f* d'escargot; (*rizo*) boucle *f*; (*esp AM*) coquillage *m*; **escalera de ~** escalier *m* en colimaçon
carácter [ka'rakter] (*pl* **caracteres**) *nm* caractère *m*; **tener buen/mal ~** avoir bon/mauvais caractère; **~ alfanumérico** caractère alphanumérique; **caracteres de imprenta** caractères *mpl* d'imprimerie
característica [karakte'ristika] *nf* caractéristique *f*
característico, -a [karakte'ristiko, a] *adj* caractéristique
caracterizar [karakteri'θar] *vt* caractériser; (*Teatro*) bien interpréter; **caracterizarse** *vpr* (*Teatro*) se mettre en costume; **caracterizarse por** se caractériser par
caradura [kara'ðura] *nm/f*: **es un(a) ~** il(elle) est un(e) culotté(e)
carajillo [kara'xiʎo] *nm* *café arrosé de cognac ou de liqueur d'anis*
carajo [ka'raxo] (*fam!*) *nm*: **¡~!** merde! (*fam!*); **¡qué ~!** et quoi encore!, mon œil!; **me importa un ~** je m'en fous pas mal!; **¡vete al ~!** va te faire voir!
caramba [ka'ramba] *excl* dis donc!, mince alors!
carámbano [ka'rambano] *nm* glaçon *m*
caramelo [kara'melo] *nm* bonbon *m*; (*azúcar fundido*) caramel *m*
carancho [ka'rantʃo] (*CSur*) *nm* *sorte de vautour*
carátula [ka'ratula] *nf* masque *m*; (*de disco*) pochette *f*; (*de libro*) couverture *f*; **la ~** le théâtre
caravana [kara'βana] *nf* caravane *f*; (*de vehículos, gente*) file *f*; (*Auto*) bouchon *m*
carbón [kar'βon] *nm* charbon *m*; **papel ~**

carbone *m* ; **al ~** au charbon ; **~ de leña** *o* **vegetal** charbon de bois
carboncillo [karβon'θiʎo] *nm* fusain *m*
carbonilla [karβo'niʎa] *nf* poussière *f* de charbon
carbonizar [karβoni'θar] *vt* carboniser ; **quedar carbonizado** être réduit en cendres
carbono [kar'βono] *nm* carbone *m*
carburador [karβura'ðor] *nm* carburateur *m*
carburante [karβu'rante] *nm* carburant *m*
carcajada [karka'xaða] *nf* éclat *m* de rire ; **reír(se) a ~s** rire aux éclats
cárcel ['karθel] *nf* prison *f*, maison *f* d'arrêt
carcelero, -a [karθe'lero, a] *nm/f* gardien(ne) de prison
carcoma [kar'koma] *nf* termite *m*
carcomer [karko'mer] *vt* manger, ronger ; (*salud, confianza*) miner ; **carcomerse** *vpr*: **carcomerse de** être rongé(e) par
cardar [kar'ðar] *vt* carder
cardenal [karðe'nal] *nm* cardinal *m* ; (*Med*) bleu *m*
cardiaco, -a [kar'ðjako, a], **cardíaco, -a** [kar'ðiako, a] *adj* cardiaque ; **estar ~** (*fam*) être énervé(e)
cardinal [karði'nal] *adj* cardinal(e) ; **puntos ~es** points *mpl* cardinaux
cardo ['karðo] *nm* (*comestible*) cardon *m* ; (*espinoso*) chardon *m* ; **ser un ~** (*fam*) être laid(e) comme un pou ; (*arisco*) être grincheux(-euse)
carecer [kare'θer] *vi*: **~ de** manquer de
carencia [ka'renθja] *nf* manque *m* ; (*Med*) carence *f*
carente [ka'rente] *adj*: **~ de** dépourvu(e) de
carestía [kares'tia] *nf* (*Com*) cherté *f* ; (*escasez*) pénurie *f* ; **época de ~** période *f* de pénurie
careta [ka'reta] *nf* masque *m* ; **quitarle a algn la ~** démasquer qn ; **~ antigás** masque à gaz
carga ['karɣa] *nf* charge *f* ; (*de barco, camión*) chargement *m*, cargaison *f* ; (*de bolígrafo, pluma*) cartouche *f*, recharge *f* ; (*Inform*) chargement ; **de ~** (*animal*) de charge ; **buque de ~** cargo *m* ; **la ~ fiscal** la charge fiscale ; **zona de ~ y descarga** zone *f* de livraisons ; **~ aérea** fret *m* aérien ; **~ afectiva** charge affective ; **~ explosiva** charge explosive ; **~ útil** charge utile
cargado, -a [kar'ɣaðo, a] *adj* chargé(e) ; (*café, té*) serré(e), fort(e) ; (*ambiente*) raréfié(e), vicié(e) ; **~ de hombros/espalda** les épaules voûtées/le dos voûté
cargamento [karɣa'mento] *nm* chargement *m*, cargaison *f*
cargar [kar'ɣar] *vt* charger ; (*impuesto*) imposer, taxer ; (*Com*) débiter ; (*móvil*) recharger ▸ *vi* charger ; **cargarse** *vpr* (*fam*: *estropear*) bousiller ; (: *matar*) liquider ; (: *ley, proyecto*) supprimer ; (: *suspender*) recaler, coller ; (*Elec*) se charger ; (*cielo, nubes*) se couvrir ; **te la vas a ~** (*fam*) cela va te coûter cher ; **~ las tintas** forcer la note ; **~ (contra)** charger (contre) ; **~ con** porter ; (*responsabilidad*) assumer ; **los indecisos me cargan** les gens indécis me portent sur les nerfs ; **~ a** *o* **en la espalda** prendre sur son dos ; **cargarse de** (*de dinero*) se munir de ; (*de paquetes*) se charger de ; (*de obligaciones*) assumer
cargo ['karɣo] *nm* (*Com etc*) débit *m* ; (*puesto*) poste *m* ; **cargos** *nmpl* (*Jur*) accusations *fpl* ; **altos ~s** (*Com*) cadres *mpl* supérieurs ; (*Pol*) autorités *fpl* ; **una cantidad en ~ a algn** une somme portée au compte de qn ; **estar a(l) ~ de** être à (la) charge de ; **hacerse ~ de** (*de deudas, poder*) assumer ; (*darse cuenta de*) se rendre compte de ; **me da ~ de conciencia** cela me donne des remords
cargosear [kargose'ar] (*CSur*: *fam*) *vt* casser les pieds à
carguero [kar'ɣero] *nm* cargo *m* ; (*avión*) avion-cargo *m*
Caribe [ka'riβe] *nm*: **el ~** les Caraïbes *fpl*
caribeño, -a [kari'βeɲo, a] *adj* des Caraïbes
caricatura [karika'tura] *nf* caricature *f*
caricia [ka'riθja] *nf* caresse *f*
caridad [kari'ðað] *nf* charité *f* ; **obras de ~** œuvres *fpl* de charité ; **vivir de la ~** vivre de la charité
caries ['karjes] *nf inv* carie *f*
cariño [ka'riɲo] *nm* affection *f* ; **sí, ~** oui, chéri ; **sentir ~ por/tener ~ a** ressentir/avoir de l'affection pour ; **tomar ~ a algn** s'attacher à qn ; **hacer algo con ~** prendre plaisir à faire qch

cariñoso, -a [kari'ɲoso, a] *adj* affectueux(-euse); **«saludos ~s»** «affectueusement»

carioca [ka'rjoka] (*AM*) *adj* carioca, de Rio de Janeiro ▸ *nm/f* carioca *m/f*, natif(-ive) *o* habitant(e) de Rio de Janeiro

carisma [ka'risma] *nm* charisme *m*

caritativo, -a [karita'tiβo, a] *adj* charitable

cariz [ka'riθ] *nm* (*de los acontecimientos*) tournure *f*

carmesí [karme'si] *adj* cramoisi(e) ▸ *nm* cramoisi *m*

carmín [kar'min] *nm* carmin *m*; **~ (de labios)** rouge *m* (à lèvres)

carnal [kar'nal] *adj* charnel(le); **primo ~** cousin *m* germain

carnaval [karna'βal] *nm* carnaval *m*

> Les réjouissances du **Carnaval** se déroulent pendant les trois jours qui précèdent le début du carême (*cuaresma*). En déclin sous le régime franquiste, le carnaval connaît aujourd'hui un regain de popularité dans toute l'Espagne. Le carnaval de Cadix et celui de Tenerife sont particulièrement renommés pour leur animation et leurs défilés et déguisements souvent somptueux.

carne ['karne] *nf* chair *f*; (*Culin*) viande *f*; **carnes** *nfpl* (*fam*) graisse *fsg*; **en ~ viva** à vif; **en ~ y hueso** en chair et en os; **~ de cañón** chair à canon; **~ de cerdo/de cordero** viande de porc/d'agneau; **~ de gallina** chair de poule; **~ de membrillo** gelée *f* de coing; **~ de ternera/de vaca** viande de veau/de bœuf; **~ picada** viande hachée

carné [kar'ne] *nm* = **carnet**

carnero [kar'nero] *nm* mouton *m*

carnet [kar'ne] (*pl* **carnets**) *nm*: **~ de conducir** permis *msg* de conduire; **~ de identidad** carte *f* d'identité; **~ de socio** carte de membre

carnicería [karniθe'ria] *nf* boucherie *f*

carnicero, -a [karni'θero, a] *adj* carnassier(-ière); (*pájaro, ave*) de proie ▸ *nm/f* boucher(-ère)

carnívoro, -a [kar'niβoro, a] *adj* carnivore ▸ *nm* carnivore *m*

carnoso, -a [kar'noso, a] *adj* charnu(e)

caro, -a ['karo, a] *adj* cher (chère) ▸ *adv* cher; **te costará/lo pagarás ~** (*fig*) cela te coûtera/tu le paieras cher

carozo [ka'roθo] (*AM*) *nm* noyau *m*

carpa ['karpa] *nf* carpe *f*; (*de circo*) chapiteau *m*; (*AM*) tente *f*

carpeta [kar'peta] *nf* dossier *m*, chemise *f*; **~ (de anillas)** classeur *m*

carpintería [karpinte'ria] *nf* menuiserie *f*

carpintero, -a [karpin'tero, a] *nm/f* menuisier(-ière) *m*; **pájaro ~** pic *m*

carraspear [karraspe'ar] *vi* (*toser*) se racler la gorge, s'éclaircir la gorge

carrera [ka'rrera] *nf* course *f*; (*Univ*) études *fpl*; (*profesión*) carrière *f*; **tienes una ~ en las medias** tes bas sont filés; **aquí se recogen ~s a las medias** ici on reprise les bas; **a la ~** à toute vitesse; **darse** *o* **echar** *o* **pegar una ~** filer à toute allure *o* à toutes jambes; **de ~s** de course; **en una ~** d'une traite; **~ de armamentos/de obstáculos** course aux armements/d'obstacles

carreta [ka'rreta] *nf* charrette *f*

carrete [ka'rrete] *nm* pellicule *f*; (*Tec*) bobine *f*

carretera [karre'tera] *nf* route *f*; **~ de circunvalación** boulevard *m* périphérique; **~ nacional/secundaria** route nationale/secondaire

carretilla [karre'tiʎa] *nf* brouette *f*

carril [ka'rril] *nm* chemin *m*; (*de autopista*) file *f*, voie *f*; (*Ferro*) voie; **~ bici** piste *f* cyclable

carrillo [ka'rriʎo] *nm* joue *f*

carrito [ka'rrito] *nm* chariot *m*, caddie® *m*

carro ['karro] *nm* chariot *m*; (*con dos ruedas*) charrette *f*; (*AM*) voiture *f*; **¡para el ~!** arrête là!, c'est bon, ça suffit!; **~ blindado/de combate** char *m* d'assaut/de combat

carrocería [karroθe'ria] *nf* carrosserie *f*

carroña [ka'rroɲa] *nf* charogne *f*

carroza [ka'rroθa] *nf* carrosse *m*; (*en desfile*) char *m* ▸ *nm/f* (*fam*) croulant(e), vieux schnock (vieille taupe)

carta ['karta] *nf* lettre *f*; (*Naipes*) carte *f*; (*Jur*) charte *f*; **a la ~** (*menú, televisión*) à la carte; **dar ~ blanca a algn** donner carte blanche à qn; **echar una ~ (al correo)**

mettre une lettre à la poste ; **echar las ~s a algn** tirer les cartes à qn ; **tomar ~s en el asunto** intervenir dans l'affaire ; **~ certificada** lettre recommandée ; **~ de ajuste** (*TV*) mire *f* ; **~ de crédito documentaria** lettre de crédit ; **~ de crédito irrevocable** (*Com*) lettre de crédit irrévocable ; **~ de pedido** bon *m* de commande ; **~ de vinos** carte des vins ; **~ marítima** carte marine ; **~ urgente** lettre urgente ; **~ verde** carte verte

cartabón [karta'βon] *nm* équerre *f*

cartel [kar'tel] *nm* affiche *f* ; (*Com*) cartel *m*, trust *m* ; **en ~** à l'affiche

cartelera [karte'lera] *nf* rubrique *f* ; (*en la calle*) panneau *m* d'affichage ; (*en París*) colonne *f* Morris ; **lleva mucho/poco tiempo en ~** il est à l'affiche depuis longtemps/peu

cartera [kar'tera] *nf* (*tb*: **cartera de bolsillo**) portefeuille *m* ; (*de cobrador*) serviette *f* ; (*de colegial*) cartable *m* ; (*AM*) sac à main *m* ; **ministro sin ~** (*Pol*) ministre *m* sans portefeuille ; **ocupa la ~ de Agricultura** il occupe le portefeuille de l'Agriculture ; **tener algo en ~** avoir qch de prévu ; **efectos en ~** (*Econ*) avoirs *mpl* fonciers ; **~ de mano** serviette, porte-documents *m inv* ; **~ de pedidos** carnet *m* de commandes ; *ver tb* **cartero**

carterista [karte'rista] *nm/f* pickpocket *m/f*, voleur(-euse) à la tire

cartero, -a [kar'tero, a] *nm/f* facteur(-trice)

cartilla [kar'tiʎa] *nf* livret *m* scolaire ; **~ de ahorros** livret de caisse d'épargne ; **~ de racionamiento** carte *f* de rationnement

cartón [kar'ton] *nm* carton *m* ; (*de tabaco*) cartouche *f* ; **de ~** en carton ; **~ piedra** papier *m* mâché

cartucho [kar'tutʃo] *nm* cartouche *f* ; (*cucurucho*) cornet *m* ; **~ de datos** (*Inform*) chargeur *m*

cartulina [kartu'lina] *nf* bristol *m*

casa ['kasa] *nf* maison *f* ; **sentirse como en su ~** se sentir comme chez soi ; **ir a ~** rentrer chez soi ; **salir de ~** sortir de chez soi ; **irse de ~** faire sa malle ; **él es como de la ~** c'est comme s'il était de la famille ; **llevar la ~** tenir sa maison ; **echar la ~ por la ventana** (*gastar*) jeter l'argent par les fenêtres ; (*recibir a lo grande*) mettre les petits plats dans les grands ; **~ consistorial** hôtel *m* de ville, mairie *f* ; **~ de campo** maison de campagne ; **~ de citas/de discos** maison de rendez-vous/de disques ; **~ de fieras** ménagerie *f* ; **~ de huéspedes** pension *f* de famille ; **~ de la moneda** hôtel des monnaies ; **~ de socorro** dispensaire *m*

casado, -a [ka'saðo, a] *adj, nm/f* marié(e)

casamiento [kasa'mjento] *nm* mariage *m*

casar [ka'sar] *vt* marier ▸ *vi*: **~ (con)** aller bien (avec) ; **casarse** *vpr*: **casarse (con)** se marier (avec) ; **casarse por lo civil/por la Iglesia** se marier civilement/religieusement

cascabel [kaska'βel] *nm* grelot *m* ; (*Zool*) serpent *m* à sonnette

cascada [kas'kaða] *nf* cascade *f* ; **en ~** en cascade

cascanueces [kaska'nweθes] *nm inv* casse-noisettes *msg*

cascar [kas'kar] *vt* casser ; (*fam*: *golpear*) tabasser ▸ *vi* (*fam*) papoter ; (: *morir*) clamser ; **cascarse** *vpr* se casser ; (*voz*) s'érailler

cáscara ['kaskara] *nf* coquille *f* ; (*de fruta*) pelure *f* ; (*de patata*) épluchure *f* ; (*de limón, naranja*) écorce *f*

casco ['kasko] *nm* casque *m* ; (*Náut*) coque *f* ; (*Zool*) sabot *m* ; (*pedazo roto*) tesson *m* ; **cascos** *nmpl* (*fam*: *cabeza*) cervelle *fsg* ; (: *auriculares*) écouteurs *mpl* ; **el ~ antiguo** la vieille ville ; **el ~ urbano** le centre-ville

caserío [kase'rio] *nm* hameau *m* ; (*casa*) ferme *f*

casero, -a [ka'sero, a] *adj* (*cocina*) maison *inv* ; (*remedio*) de bonne femme ; (*trabajos*) domestique ▸ *nm/f* propriétaire *m/f* ; (*Com*) syndic *m* ; **« comida casera »** « cuisine maison » ; **pan ~** pain *m* de ménage ; **ser muy ~** être très casanier(-ière)

caseta [ka'seta] *nf* baraque *f* ; (*de perro*) niche *f* ; (*para bañista*) cabine *f* ; (*de feria*) stand *m*

casete [ka'sete] *nm* magnétophone *m* ▸ *nf* cassette *f*

casi ['kasi] *adv* presque ; **~ nunca/nada** presque jamais/rien ; **~ te caes** tu as manqué (de) *o* failli tomber

casilla [ka'siʎa] *nf* casier *m* ; (*en ajedrez,*

crucigrama) case *f*; **sacar a algn de sus ~s** faire sortir qn de ses gonds; **C~ de Correo(s)** (*AM*) boîte *f* postale

casillero [kasi'ʎero] *nm* casier *m*; (*marcador*) tableau *m*, marqueur *m*

casino [ka'sino] *nm* casino *m*; (*asociación*) cercle *m*, club *m*

caso ['kaso] *nm* cas *msg*; **en ~ de ...** en cas de ...; **en ~ (de) que venga** au cas où il viendrait; **el ~ es que** le fait est que; **en el mejor/peor de los ~s** dans le meilleur/pire des cas; **en ese ~** dans ce cas; **en todo ~** en tout cas; **en último ~** en dernier recours; **¡eres un ~!** tu es un cas!; **(no) hacer ~ a** *o* **de algo/algn** (ne pas) faire cas de qch/qn; **hacer ~ omiso de** faire fi de; **hacer** *o* **venir al ~** venir à propos; **yo en tu ~ ...** moi, à ta place ..., moi, si j'étais à ta place ...

caspa ['kaspa] *nf* (*en pelo*) pellicules *fpl*

cassette [ka'set] *nf, nm* = **casete**

casta ['kasta] *nf* race *f*; (*clase social*) caste *f*; (*de persona*) lignée *f*

castaña [kas'taɲa] *nf* châtaigne *f*, marron *m*; (*fam*: *tb*: **castañazo**) gnon *m*, marron; (: *Aut*) gnon; (: *puñetazo*) châtaigne, coup *m* de poing; **~ pilonga** châtaigne sèche

castañetear [kastaɲete'ar] *vi*: **le castañetean los dientes** il claque des dents

castaño, -a [kas'taɲo, a] *adj* marron; (*pelo*) brun(e) ▸ *nm* châtaignier *m*, marronnier *m*; **~ de Indias** marronnier des Indes

castañuelas [kasta'ɲwelas] *nfpl* castagnettes *fpl*

castellano, -a [kaste'ʎano, a] *adj* castillan(e) ▸ *nm/f* (*persona*) Castillan(e) ▸ *nm* (*Ling*) castillan *m*

> Dans de nombreux pays, le terme **castellano** sert à désigner la langue espagnole, bien qu'il soit recommandé de le réserver à la variété d'espagnol parlée en Castille. En Espagne, le terme de **castellano** fait référence à la langue commune de la nation, par rapport aux autres langues co-officielles que sont le catalan, le galicien et le basque (*euskera*) dans leurs régions respectives.

castidad [kasti'ðað] *nf* chasteté *f*

castigar [kasti'ɣar] *vt* punir, châtier; (*cuerpo, campos*) affecter; (*Deporte*) pénaliser

castigo [kas'tiɣo] *nm* punition *f*; (*Deporte*) pénalisation *f*; (*fig*) enfer *m*

Castilla [kas'tiʎa] *nf* Castille *f*

castillo [kas'tiʎo] *nm* château *m*; **hacer ~s en el aire** bâtir des châteaux en Espagne; **~ de popa** dunette *f*

ca

castizo, -a [kas'tiθo, a] *adj* (*Ling*) pur(e); (*auténtico*) de pure souche

casto, -a ['kasto, a] *adj* chaste

castor [kas'tor] *nm* castor *m*

castrar [kas'trar] *vt* châtrer

castrense [kas'trense] *adj* militaire

casual [ka'swal] *adj* fortuit(e)

casualidad [kaswali'ðað] *nf* hasard *m*; **dar la ~ (de) que** se trouver que; **se da la ~ que ...** il se trouve que ...; **por ~** par hasard; **¡qué ~!** quel hasard!

cataclismo [kata'klismo] *nm* cataclysme *m*

catalán, -ana [kata'lan, ana] *adj* catalan(e) ▸ *nm/f* Catalan(e) ▸ *nm* (*Ling*) catalan *m*

catalizador [kataliθa'ðor] *nm* catalyseur *m*

catalogar [katalo'ɣar] *vt* cataloguer; **~ a algn de** étiqueter qn comme

catálogo [ka'taloɣo] *nm* catalogue *m*

Cataluña [kata'luɲa] *nf* Catalogne *f*

catar [ka'tar] *vt* goûter

catarata [kata'rata] *nf* cataracte *f*

catarro [ka'tarro] *nm* rhume *m*

catástrofe [ka'tastrofe] *nf* catastrophe *f*

catastrófico, -a [katas'trofiko, a] *adj* catastrophique

catear [kate'ar] (*fam*) *vt* recaler, coller

cátedra ['kateðra] *nf* chaire *f*; **sentar ~ sobre un argumento** argumenter comme un expert; (*pey*) étaler sa science

catedral [kate'ðral] *nf* cathédrale *f*

catedrático, -a [kate'ðratiko, a] *nm/f* professeur *m*

categoría [kateɣo'ria] *nf* catégorie *f*; **de ~** de qualité; **de segunda ~** de seconde catégorie; **un empleo de baja ~** un emploi subalterne; **no tiene ~** il n'a aucune classe

categórico, -a [kate'ɣoriko, a] *adj* catégorique

cateto, -a [ka'teto, a] *nm/f* (*pey*) rustre *m*, péquenaud(e) ▸ *nm* (*Geom*) côté *m*

catolicismo [katoli'θismo] *nm* catholicisme *m*

católico, -a [ka'toliko, a] *adj, nm/f* catholique *m/f*

catorce [ka'torθe] *adj inv, nm inv* quatorze *m inv* ; *ver tb* **seis**

cauce ['kauθe] *nm* (*de río*) lit *m* ; (*fig*) voie *f*

caucho ['kautʃo] *nm* caoutchouc *m* ; (AM) pneu *m* ; **de ~** en caoutchouc

caución [kau'θjon] *nf* caution *f*

caudal [kau'ðal] *nm* débit *m* ; (*fortuna*) fortune *f*, capital *m* ; (*abundancia*) abondance *f*

caudaloso, -a [kauða'loso, a] *adj* à fort débit

caudillo [kau'ðiʎo] *nm* chef *m* ; **el C~** le Caudillo, *le général Franco*

causa ['kausa] *nf* cause *f* ; **a/por ~ de** à/pour cause de

También se puede decir:

Je n'ai rien acheté parce que je n'ai pas d'argent. (*... porque ...*)
Je suis arrivé en retard à cause des embouteillages. (*... a causa de ...*)
Puisque tu insistes, je vais rester un jour de plus. (*Ya que ...*)
Comme j' habitais près de la bibliothèque, j'y allais souvent. (*Como ...*)
Je ne pourrai pas venir car je n'ai pas fini. (*... porque ...*)

causar [kau'sar] *vt* causer

cautela [kau'tela] *nf* précaution *f*, prudence *f*

cauteloso, -a [kaute'loso, a] *adj* prudent(e)

cautivar [kauti'βar] *vt* captiver

cautiverio [kauti'βerjo] *nm*, **cautividad** [kautiβi'ðaθ] *nf* captivité *f*

cautivo, -a [kau'tiβo, a] *adj, nm/f* captif(-ive)

cauto, -a ['kauto, a] *adj* prudent(e), avisé(e)

cava ['kaβa] *nm* cava *m*, *équivalent catalan du champagne* ▶ *nf* cave *f*

cavar [ka'βar] *vt, vi* creuser

caverna [ka'βerna] *nf* caverne *f*

cavidad [kaβi'ðað] *nf* cavité *f*

cavilar [kaβi'lar] *vi*: **~ (sobre)** méditer (sur)

cayado [ka'jaðo] *nm* (*de pastor*) houlette *f* ; (*de obispo*) houlette, crosse *f*

cayendo *etc* [ka'jendo] *vb ver* **caer**

caza ['kaθa] *nf* chasse *f* ▶ *nm* (*Aviat*) chasseur *m* ; **dar ~ a** faire la chasse à ; **ir de ~** aller à la chasse ; **andar a la ~ de algo/algn** être à la recherche de qch/qn ; **~ furtiva** braconnage *m* ; **~ mayor/menor** gros/menu gibier *m*

cazador, a [kaθa'ðor, a] *adj, nm/f* chasseur(-euse) ; **~ furtivo** braconnier(-ière)

cazadora [kaθa'ðora] *nf* blouson *m*

cazar [ka'θar] *vt* (*buscar*) chasser ; (*perseguir*) pourchasser ; (*coger*) attraper ; (*indirecta, intención*) saisir ; (*marido*) dénicher ; **cazarlas al vuelo** ne rien laisser passer

cazo ['kaθo] *nm* (*cacerola*) poêlon *m* ; (*cucharón*) louche *f*

cazuela [ka'θwela] *nf* (*vasija*) marmite *f* ; (*guisado*) ragoût *m*

c/c. *abr* (*Com*: = *cuenta corriente*) CC (= *compte courant*)

CD *sigla m* (= *compact disc*) CD *m* (= *compact disc*) ; (*Pol*: = *Cuerpo Diplomático*) CD (= *corps diplomatique*)

c/d *abr* (= *en casa de*) c/o, chez ; (= *con descuento*) avec remise

CD-ROM *sigla m* CD-ROM *m*

CE *sigla m* (= *Consejo de Europa*) CE *m* (= *Conseil de l'Europe*) ▶ *sigla f* (= *Comunidad Europea*) CE *f* (= *Communauté européenne*)

cebada [θe'βaða] *nf* orge *f*

cebar [θe'βar] *vt* (*animal*) gaver, engraisser ; (*persona*) gaver ; (*anzuelo*) amorcer ; (*Mil, Tec*) charger ; **cebarse** *vpr* se gaver ; **cebarse en/con** s'acharner sur/à ; **estar cebado** être gros comme une barrique

cebiche [θe'βitʃe] (AM) *nm* (*Culin*) *marinade de poisson ou de fruits de mer*

cebo ['θeβo] *nm* appât *m*, amorce *f* ; (*fig*) appât, leurre *m*

cebolla [θe'βoʎa] *nf* oignon *m*

cebolleta [θeβo'ʎeta] *nf* oignon *m* nouveau ; (*en vinagre*) petit oignon blanc

cebra ['θeβra] *nf* zèbre *m* ; **paso de ~** passage *m* pour piétons

cecear [θeθe'ar] *vi* zézayer

ceceo [θe'θeo] *nm* zézaiement *m*

ceder [θe'ðer] *vt* céder ▶ *vi* céder ; (*disminuir*) diminuer ; (*fiebre*) tomber ; (*dolor*) s'apaiser ; **«ceda el paso»** «cédez le passage»

cedro ['θeðro] *nm* cèdre *m*

cédula ['θeðula] *nf* certificat *m* ; **~ de identidad** (AM) carte *f* d'identité ; **~ en blanco** billet *m* en blanc ; **~ hipotecaria** cédule hypothécaire

cegar [θe'ɣar] *vt* aveugler ; (*tubería, ventana*) boucher ; **cegarse** *vpr* (*fig*) s'aveugler ; **cegarse de ira** se fâcher tout rouge

ceguera [θe'ɣera] *nf* cécité *f*

ceiba ['θeiβa] (AM) *nf* (*Bot*) kapokier *m*

ceja ['θexa] *nf* sourcil *m* ; **~s pobladas** sourcils *mpl* fournis ; **arquear las ~s** hausser les sourcils ; **fruncir las ~s** froncer les sourcils

cejar [θe'xar] *vi*: **(no) ~ en su empeño/propósito** (ne pas) renoncer à son engagement/dessein

celador, a [θela'ðor, a] *nm/f* (*de hospital*) gardien(ne) ; (*de cárcel*) gardien(ne) de prison

celda ['θelda] *nf* cellule *f* ; (*de abejas*) cellule, alvéole *m o f*

celebración [θeleβra'θjon] *nf* célébration *f*

celebrar [θele'βrar] *vt* célébrer ▸ *vi* (*Rel*) officier ; **celebrarse** *vpr* se célébrer ; **celebro que sigas bien** je suis ravi que tu ailles bien

célebre ['θeleβre] *adj* célèbre

celebridad [θeleβri'ðað] *nf* célébrité *f*

celeste [θe'leste] *adj* (*tb*: **azul celeste**) bleu ciel *inv* ; (*cuerpo, bóveda*) céleste ▸ *nm* bleu *m* ciel

celestial [θeles'tjal] *adj* céleste

celíaco, -a [θe'liako, a] *adj* cœliaque, intolérant(e) au gluten ▸ *nm/f* cœliaque *m/f*, personne *f* intolérante au gluten

celibato [θeli'βato] *nm* célibat *m*

célibe ['θeliβe] *adj, nm/f* célibataire *m/f*

celo[1] ['θelo] *nm* zèle *m* ; **celos** *nmpl* (*de niño, amante*) jalousie *fsg* ; **dar ~s a algn** rendre qn jaloux(-ouse) ; **tener ~s de algn** être jaloux(-ouse) de qn ; **estar en ~** être en chaleur

celo[2]® ['θelo] *nm* (*tb*: **papel celo**®) ruban *m* adhésif

celofán [θelo'fan] *nm* cellophane *f*

celoso, -a [θe'loso, a] *adj* jaloux(-ouse) ; **~ en** (*el trabajo, cumplimiento*) zélé(e) dans

célula ['θelula] *nf* cellule *f* ; **~ fotoeléctrica** cellule photoélectrique ; **~ madre** cellule souche

celulitis [θelu'litis] *nf* cellulite *f*

celulosa [θelu'losa] *nf* cellulose *f*

cementerio [θemen'terjo] *nm* cimetière *m* ; **~ de coches** cimetière de voitures, casse *f*

cemento [θe'mento] *nm* (*argamasa*) mortier *m* ; (*para construcción*) ciment *m* ; (AM: *cola*) colle *f* ; **~ armado** ciment armé

cena ['θena] *nf* dîner *m*, souper *m*

cenagal [θena'ɣal] *nm* bourbier *m*

cenar [θe'nar] *vt*: **~ algo** manger qch pour le dîner ▸ *vi* dîner, souper

cenicero [θeni'θero] *nm* cendrier *m*

cenit [θe'nit] *nm* zénith *m* ; (*de carrera*) sommet *m*, faîte *m*

ceniza [θe'niθa] *nf* cendre *f* ; **cenizas** *nfpl* (*de persona*) cendres *fpl*

censo ['θenso] *nm* recensement *m* ; **~ electoral** recensement électoral

censura [θen'sura] *nf* censure *f*

censurar [θensu'rar] *vt* censurer

centella [θen'teʎa] *nf* étincelle *f* ; (*rayo*) foudre *f* ; **como una ~** comme la foudre

centellear [θenteʎe'ar] *vi* étinceler ; (*estrella*) scintiller

centenar [θente'nar] *nm* centaine *f*

centenario, -a [θente'narjo, a] *adj, nm* centenaire *m*

centeno [θen'teno] *nm* seigle *m*

centésimo, -a [θen'tesimo, a] *adj, nm/f* centième *m*

centígrado [θen'tiɣraðo] *adj* centigrade

centímetro [θen'timetro] *nm* centimètre *m* ; **~ cuadrado/cúbico** centimètre carré/cube

céntimo ['θentimo] *nm* centime *m* ; **~ de euro** centime d'euro

centinela [θenti'nela] *nm/f* sentinelle *f* ; **estar de ~** être de garde ; **hacer de ~** monter la garde

centollo [θen'toʎo] *nm* araignée *f* de mer

central [θen'tral] *adj* central(e) ▸ *nf* centrale *f* ; **~ eléctrica/nuclear** centrale électrique/nucléaire ; **~ sindical** centrale syndicale ; **~ térmica** centrale thermique

centralita [θentra'lita] *nf* standard *m*

centralizar [θentrali'θar] *vt* centraliser

centrar [θen'trar] *vt* centrer ; (*interés,*

atención) attirer ; (*esfuerzo, trabajo*) concentrer ▸ *vi* (*Deporte*) centrer ; **centrarse** *vpr* (*tener como objeto*) être centré(e) sur ; (*concentrarse*) se concentrer

céntrico, -a ['θentriko, a] *adj* central(e) ; **zona céntrica** zone *f* centrale, quartier *m* central

centrifugar [θentrifu'ɣar] *vt* essorer

centrista [θen'trista] *adj* centriste

centro ['θentro] *nm* centre *m* ; **ser del ~** (*Pol*) être au centre ; **ser el ~ de las miradas** être le point de mire ; **~ comercial** centre commercial ; **~ de beneficios** (*Com*) centre de profit ; **~ de computación** centre de calcul ; **~ (de determinación) de costes** centre (de détermination) des coûts ; **~ de gravedad** centre de gravité ; **~ de mesa** surtout *m* de table ; **~ de salud** centre de santé ; **~ docente** centre d'enseignement ; **~ social** foyer *m* socio-éducatif ; **~ turístico** centre touristique

centroamericano, -a [θentro-ameri'kano, a] *adj* d'Amérique centrale, centraméricain(e) ▸ *nm/f* natif(-ive) *o* habitant(e) d'Amérique centrale, centraméricain(e)

ceñido, -a [θe'ɲiðo, a] *adj* cintré(e)

ceñir [θe'ɲir] *vt* serrer ; **ceñirse** *vpr* (*vestido*) coller ; **ceñirse a algo/a hacer algo** s'en tenir à qch/à faire qch

ceño ['θeɲo] *nm* froncement *m* ; **fruncir el ~** froncer les sourcils

CEOE [θeo'e] *sigla f* (= *Confederación Española de Organizaciones Empresariales*) ≈ CNPF *m* (= *Conseil national du patronat français*)

cepillar [θepi'ʎar] *vt* brosser ; (*madera*) raboter ; **cepillarse** *vpr* (*fam*) liquider ; (: *acostarse con algn*) se faire

cepillo [θe'piʎo] *nm* brosse *f* ; (*para madera*) rabot *m* ; (*Rel*) tronc *m* ; **~ de dientes** brosse à dents

cera ['θera] *nf* cire *f* ; (*del oído*) cérumen *m* ; **~ de abejas** cire d'abeilles

cerámica [θe'ramika] *nf* céramique *f* ; **de ~** en céramique

cerca ['θerka] *nf* haie *f* ▸ *adv* (*en el espacio*) près ; (*en el tiempo*) bientôt ▸ *prep* : **~ de** (*cantidad*) près de, environ ; (*distancia*) près de ; **de ~** de près ; **por aquí ~** tout près d'ici

cercanía [θerka'nia] *nf* proximité *f* ; **cercanías** *nfpl* (*de ciudad*) alentours *mpl* ; **tren de ~s** train *m* de banlieue

cercano, -a [θer'kano, a] *adj* proche ; (*pueblo etc*) voisin(e) ; **~ a** proche de ; **C~ Oriente** Proche-Orient *m*

cercar [θer'kar] *vt* clôturer ; (*manifestantes*) encercler ; (*Mil*) assiéger

cerciorar [θerθjo'rar] *vt* (*asegurar*) assurer ; **cerciorarse** *vpr* : **cerciorarse (de)** s'assurer (de)

cerco ['θerko] *nm* cercle *m* ; (*de ventana, puerta*) cadre *m* ; (*AM*) clôture *f* ; (*Mil*) siège *m*

Cerdeña [θer'ðeɲa] *nf* Sardaigne *f*

cerdo, -a ['θerðo, a] *nm/f* cochon (truie) ; (*fam : persona sucia*) cochon(ne) ; (: *sin escrúpulos*) salaud *m* (salope *f*) ; **(carne de) ~** (viande *f* de) porc *m*

cereal [θere'al] *nm* céréale *f* ; **cereales** *nmpl* (*Culin*) céréales *fpl*

cerebral [θere'βral] *adj* cérébral(e)

cerebro [θe'reβro] *nm* cerveau *m* ; **ser un ~** être un cerveau ; **es el ~ de la banda** c'est le cerveau de la bande

ceremonia [θere'monja] *nf* cérémonie *f* ; **hablar sin ~s** parler sans cérémonies

ceremonial [θeremo'njal] *adj* (*traje*) de cérémonie ; (*danza*) cérémoniel(le) ▸ *nm* cérémonial *m*

ceremonioso, -a [θeremo'njoso, a] *adj* cérémonieux(-euse)

cereza [θe'reθa] *nf* cerise *f*

cerilla [θe'riʎa] *nf*, (*AM*) **cerillo** [θe'riʎo] ▸ *nm* allumette *f*

cernerse [θer'nerse] *vpr* : **~ sobre** (*suj : tempestad*) menacer ; (: *desgracia*) planer sur

cero ['θero] *nm* zéro *m* ; **ocho grados bajo ~** moins huit degrés ; **15 a ~** 15 à zéro ; **a partir de ~** à zéro ; **ser un ~ a la izquierda** être un zéro

cerrado, -a [θe'rraðo, a] *adj* fermé(e) ; (*cielo*) couvert(e) ; (*curva*) en épingle à cheveux ; (*poco sociable*) renfermé(e) ; (*bruto*) borné(e) ; (*acento*) marqué(e), prononcé(e) ; (*noche*) obscur(e) ; (*barba*) dru(e), fourni(e) ; **a puerta cerrada** à huis clos

cerradura [θerra'ðura] *nf* serrure *f*

cerrajero, -a [θerra'xero, a] *nm/f* serrurier(-ière)

cerrar [θe'rrar] *vt* fermer ; (*paso, entrada*) barrer ; (*sobre*) cacheter, fermer ; (*debate,* *plazo*) clore, clôturer ; (*cuenta*) clore, fermer ▶ *vi* fermer ; **cerrarse** *vpr* se fermer ; (*herida*) se refermer ; **~ con llave** fermer à clef *o* à clé ; **~ la marcha** fermer la marche ; **~ el sistema** (*Inform*) fermer *o* boucler le système ; **~ un trato** conclure un marché ; **¡cierra la boca!** la ferme ! ; **cerrarse a algo** se refuser à qch, s'opposer à qch

cerro ['θerro] *nm* tertre *m* ; **irse por los ~s de Úbeda** divaguer, s'éloigner du sujet

cerrojo [θe'rroxo] *nm* verrou *m* ; **echar** *o* **correr el ~** verrouiller

certamen [θer'tamen] *nm* concours *msg*

certero, -a [θer'tero, a] *adj* adroit(e)

certeza [θer'teθa], **certidumbre** [θerti'ðumbre] *nf* certitude *f* ; **tener la ~ de que** avoir la certitude que

También se puede decir:

Il est certain qu' il y aura des problèmes. (*Seguro que ...*)
Il est évident qu'il traverse une période difficile. (*Es evidente que ...*)
Je suis sûre que mon frère te plaira. (*Estoy segura de que ...*)
Je suis certain que nous sommes sur la bonne voie. (*Estoy seguro de que ...*)
Je suis persuadé qu'il y a d'autres solutions. (*Estoy convencido de que ...*)

certificado, -a [θertifi'kaðo, a] *adj* recommandé(e) ▶ *nm* certificat *m* ; **~ médico** certificat médical

certificar [θertifi'kar] *vt* certifier ; (*Correos*) envoyer en recommandé

cervatillo [θerβa'tiʎo] *nm* faon *m*

cervecería [θerβeθe'ria] *nf* brasserie *f*

cerveza [θer'βeθa] *nf* bière *f*

cesante [θe'sante] *adj* en disponibilité ; (AM) au chômage

cesar [θe'sar] *vi* cesser ; (*empleado*) se démettre de ses fonctions ▶ *vt* (*funcionario, ministro*) démettre de ses fonctions ; **~ de hacer** arrêter de faire ; **sin ~** sans cesse

cesárea [θe'sarea] *nf* césarienne *f*

cese ['θese] *nm* fin *f* ; (*despido*) révocation *f*

césped ['θespeð] *nm* gazon *m*, pelouse *f* ; (*Deporte*) gazon, terrain *m*

cesta ['θesta] *nf* panier *m* ; **~ de la compra** panier de la ménagère

cesto ['θesto] *nm* panier *m*, corbeille *f*

cetro ['θetro] *nm* sceptre *m*

chabacano, -a [tʃaβa'kano, a] *adj* vulgaire ▶ *nm* (*Méx*) abricot *m*

chabola [tʃa'βola] *nf* cabane *f* ; **chabolas** *nfpl* (*zona*) bidonville *m*

chacal [tʃa'kal] *nm* chacal *m*

chacarero [tʃaka'rero] (*And, CSur*) *nm* petit exploitant *m* agricole

chacha ['tʃatʃa] (*fam*) *nf* bonne *f*

cháchara ['tʃatʃara] *nf*: **estar de ~** parler à bâtons rompus

chacra ['tʃakra] (*And, CSur*) *nf* ferme *f*

chafar [tʃa'far] *vt* (*pelo*) aplatir ; (*hierba*) coucher ; (*ropa*) chiffonner ; (*fig: planes*) bouleverser

chal [tʃal] *nm* châle *m*

chalado, -a [tʃa'laðo, a] (*fam*) *adj* taré(e) ; **estar ~ por algn** en pincer pour qn

chalé [tʃa'le] *nm* villa *f* ; (*en la montaña*) chalet *m*

chaleco [tʃa'leko] *nm* gilet *m* ; **~ antibala** gilet pare-balles ; **~ reflectante** gilet de sécurité réfléchissant ; **~ salvavidas** gilet de sauvetage

chalet [tʃa'le] (*pl* **chalets**) *nm* = **chalé**

chamaco, -a [tʃa'mako, a] (*CAm, Méx: fam*) *nm/f* gamin(e)

chamarra [tʃa'marra] *nf* veste *f* ; (*CAm, Carib*) poncho *m*

chamba ['tʃamba] (*Méx: fam*) *nf* boulot *m*

champán [tʃam'pan], **champaña** [tʃam'paɲa] *nm* champagne *m*

champú [tʃam'pu] (*pl* **champúes** *o* **champús**) *nm* shampooing *m*

chamuscar [tʃamus'kar] *vt* roussir

chance ['tʃanθe] (AM) *nm o nf* occasion *f*

chanchada [tʃan'tʃaða] (AM: *fam*) *nf* sale tour *m*

chancho, -a ['tʃantʃo, a] (AM) *nm/f* porc *m*

chanchullo [tʃan'tʃuʎo] (*fam*) *nm* magouille *f*

chandal [tʃan'dal] *nm* survêtement *m*

changa ['tʃanga] (*CSur*) *nf* petits travaux *mpl*

changador [tʃanga'ðor] (*CSur*) *nm* homme *m* à tout faire

chantaje [tʃan'taxe] *nm* chantage *m* ; **hacer ~ a algn** faire du chantage à qn

chao [tʃao] (*esp* AM: *fam*) *excl* ciao

chapa ['tʃapa] *nf* (*de metal, insignia*) plaque *f* ; (*de madera*) planche *f* ; (*de botella*) capsule *f* ;

(*AM*) serrure *f* ; **de tres ~s** (*madera*) en trois épaisseurs ; **~ (de matrícula)** (*CSur*) plaque d'immatriculation

chaparro, -a [tʃa'parro, a] (*esp AM*) *adj* petit(e)

chaparrón [tʃapa'rron] *nm* averse *f*

chapotear [tʃapote'ar] *vi* patauger

chapucero, -a [tʃapu'θero, a] (*pey*) *adj* (*trabajo*) bâclé(e) ▸ *nm/f*: **ser un ~** bâcler son travail

chapulín [tʃapu'lin] (*Méx*) *nm* sauterelle *f*

chapurrar [tʃapurr'ar], **chapurrear** [tʃapurre'ar] *vt* (*idioma*) baragouiner

chapuza [tʃa'puθa] *nf* bricole *f* ; (*pey*) travail *m* bâclé ; (*trabajo extra*) travail supplémentaire

chapuzón [tʃapu'θon] *nm*: **darse un ~** piquer une tête

chaqueta [tʃa'keta] *nf* (*de lana*) gilet *m* ; (*de traje*) veste *f* ; **cambiar de ~** (*fig*) retourner sa veste

chaquetón [tʃake'ton] *nm* veste *f*

charca ['tʃarka] *nf* mare *f*

charco ['tʃarko] *nm* flaque *f*

charcutería [tʃarkute'ria] *nf* charcuterie *f*

charla ['tʃarla] *nf* bavardage *m* ; (*conferencia*) conférence *f*

charlar [tʃar'lar] *vi* bavarder

charlatán, -ana [tʃarla'tan, ana] *adj* bavard(e) ▸ *nm/f* bavard(e) ; (*estafador*) charlatan *m*

charol [tʃa'rol] *nm* cuir *m* verni ; (*AM*) plateau *m* ; **de ~** verni(e)

charola [tʃa'rola] (*AM*) *nf* plateau *m*

charro, -a ['tʃarro, a] (*Méx*) *adj* mexicain(e)

charrúa [tʃa'rrua] (*CSur*) *adj* uruguayen(ne)

chárter ['tʃarter] *adj inv*: **vuelo ~** vol *m* charter

chascarrillo [tʃaska'rriʎo] *nm* histoire *f* drôle

chasco ['tʃasko] *nm* (*desengaño*) déception *f* ; (*broma*) tour *m* ; **me llevé un ~** ça a été une grosse déception

chasis ['tʃasis] *nm inv* châssis *msg*

chasquear [tʃaske'ar] *vt* faire claquer

chasquido [tʃas'kiðo] *nm* claquement *m* ; (*de madera*) craquement *m*

chat ['tʃat] *nm* (*en Internet*) chat *m*

chatarra [tʃa'tarra] *nf* ferraille *f* ; **estar hecho** *o* **ser una ~** ne plus être qu'un vieux tas de ferraille

chatear [tʃate'ar] *vi* (*en Internet*) chatter

chato, -a ['tʃato, a] *adj* (*persona*) au nez épaté ; (*nariz*) épaté(e) ; (*Perú, Chi*: *bajito*) petit(e) ▸ *nm* petit verre *m* (de vin) ; **hola, ~** salut, vieux ; **beber unos ~s** prendre un pot

chau [tʃau] (*esp AM*: *fam*) *excl* = **chao**

chaucha ['tʃautʃa] (*And, CSur*) *nf* (*Agr*) pomme *f* de terre nouvelle ; **chauchas** *nfpl* (*CSur*: *fam*) sous *mpl* ; (: *bagatela*) broutilles *fpl*

chaval, a [tʃa'βal, a] *nm/f* gars *msg* (fille *f*) ; **estás hecho un ~** tu ne fais pas ton âge

chavo ['tʃaβo] (*CAm, Méx*: *fam*) *nm* type *m*

che [tʃe] (*CSur*: *fam*) *excl* dis donc !

chepa ['tʃepa] *nf* bosse *f*

cheque ['tʃeke] *nm* chèque *m* ; **~ abierto/cruzado/en blanco** chèque non barré/à ordre/en blanc ; **~ al portador** chèque au porteur ; **~ de viaje** chèque de voyage ; **~ sin fondos** chèque sans provision

chequear [tʃeke'ar] *vt* (*esp AM*: *comprobar*) vérifier ; (*Med*) faire un bilan de santé

chequeo [tʃe'keo] *nm* (*Med*) bilan *m* de santé ; (*Auto*) vérification *f*

chequera [tʃe'kera] (*AM*) *nf* chéquier *m*

chévere ['tʃeβere] (*Ven*: *fam*) *adj* super

chica ['tʃika] *nf* fille *f* ; **¿qué tal, ~?** alors, comment tu vas ? ; *ver tb* **chico**

chicano, -a [tʃi'kano, a] *adj, nm/f* chicano (chicana)

chicha ['tʃitʃa] (*AM*) *nf* *boisson de maïs fermenté*

chícharo ['tʃitʃaro] (*Méx*) *nm* (*guisante*) petit pois *msg*

chichón [tʃi'tʃon] *nm* bosse *f* (à la tête)

chicle ['tʃikle] *nm* chewing-gum *m*

chico, -a ['tʃiko, a] *adj* (*esp AM*) petit(e) ▸ *nm* (*niño*) petit garçon *m* ; (*muchacho*) garçon

chicote [tʃi'kote] (*AM*) *nm* fouet *m*

chiflado, -a [tʃi'flaðo, a] (*fam*) *adj* givré(e) ▸ *nm/f* taré(e) ; **estar ~ por algn** être fou (folle) de qn

chiflar [tʃi'flar] *vi* siffler ; (*fam*): **le chiflan los helados** il raffole des glaces ; **nos chifla montar en moto** on adore faire de la moto

Chile ['tʃile] *nm* Chili *m*
chile ['tʃile] *nm* piment *m* fort
chileno, -a [tʃi'leno, a] *adj* chilien(ne) ▸ *nm/f* Chilien(ne)
chillar [tʃi'ʎar] *vi* (*persona*) crier ; (*animal*) glapir
chillido [tʃi'ʎiðo] *nm* (*de persona*) cri *m* (aigu) ; (*de animal*) glapissement *m*
chillón, -ona [tʃi'ʎon, ona] *adj* (*niño*) brailleur(-euse) ; (*voz, color*) criard(e)
chimenea [tʃime'nea] *nf* cheminée *f* ; **~ de ventilación** bouche *f* d'aération
chimichurri [tʃimi'tʃurri] (*CSur*) *nm sauce à base de persil, d'ail, d'huile, de vinaigre et de plusieurs épices (paprika, origan, cumin, etc.)*
chimpancé [tʃimpan'θe] *nm* chimpanzé *m*
China ['tʃina] *nf*: **la ~** la Chine
china ['tʃina] *nf* caillou *m* ; (*porcelana*) porcelaine *f* ; **te tocó la ~** tu as gagné le gros lot (*iron*) ; *ver tb* **chino**
chinche ['tʃintʃe] *nm/f* punaise *f* ; **morirse como ~s** tomber comme des mouches
chincheta [tʃin'tʃeta] *nf* punaise *f*
chinchulines [tʃintʃu'lines] (*CSur*) *nmpl* tripes *fpl*
chingado, -a [tʃin'gaðo, a] (*CAm, Méx*: *fam!*) *adj* foutu(e) (*fam!*)
chingar [tʃin'gar] (*Méx*: *fam!*) *vt* enculer (*fam!*) ; **chingarse** *vpr* (*fracasar*) tomber à l'eau
chingo [tʃingo] *nm* (*Méx*: *fam*): **un ~ de algo** des tonnes de
chingón, ona [tʃin'gon, ona] (*Méx*: *fam*) *nm/f* exploiteur(-euse)
chino, -a ['tʃino, a] *adj* chinois(e) ▸ *nm/f* Chinois(e) (*And, CSur*: *indio*) Indien(ne) ; (: *criado*) domestique *m/f* ; ▸ *nm* (*Ling*) chinois *msg* ; (*Méx*) boucle *f* ; **trabajar como un ~** trimer
chipirón [tʃipi'ron] *nm* petit calmar *m*
Chipre ['tʃipre] *nf* Chypre *f*
chipriota [tʃi'prjota] *adj* chypriote ▸ *nm/f* Chypriote *m/f*
chiqueo [tʃi'keo] (*Méx*) *nm* caresse *f*
chiquillo, -a [tʃi'kiʎo, a] (*fam*) *nm/f* môme *m/f*
chirimoya [tʃiri'moja] *nf* (*Bot*) anone *f*
chiringuito [tʃirin'gito] *nm bar en plein air*
chiripa [tʃi'ripa] *nf*: **por** *o* **de ~** sur un coup de pot
chirriar [tʃi'rrjar] *vi* (*goznes*) grincer ; (*pájaros*) piailler
chirrido [tʃi'rriðo] *nm* grincement *m*
chis [tʃis] *excl* chut !
chisme ['tʃisme] *nm* ragot *m* ; (*fam*) truc *m*
chismoso, -a [tʃis'moso, a] *adj* cancanier(-ière) ▸ *nm/f* commère *f*
chispa ['tʃispa] *nf* étincelle *f* ; (*de lluvia*) petite goutte *f* ; **una ~** (*fam*) un tout petit peu ; **estar que echa ~s** être énervé(e) ; **no tiene ni ~ de gracia** il n'a pas le moindre sens de l'humour
chispear [tʃispe'ar] *vi* étinceler ; (*lloviznar*) pleuvioter
chisporrotear [tʃisporrote'ar] *vi* crépiter ; (*aceite*) grésiller
chiste ['tʃiste] *nm* histoire *f* drôle ; **~ verde** histoire cochonne
chistoso, -a [tʃis'toso, a] *adj* (*situación*) comique ; (*persona*) blagueur(-euse)
chivarse [tʃi'βarse] (*Ven*: *fam*) *vpr* (*enojarse*) se fâcher
chivo, -a ['tʃiβo, a] *nm/f* chevreau(-vrette) ; **~ expiatorio** tête *f* de turc
chocante [tʃo'kante] *adj* (*sorprendente*) choquant(e) ; (*gracioso*) drôle ; **es ~ que sea así** c'est choquant que ce soit comme ça
chocar [tʃo'kar] *vi* (*coches etc*) se heurter ; (*Mil, fig*) s'affronter ▸ *vt* (*sorprender*) choquer ; **~ las copas** trinquer ; **~ con** rentrer dans ; (*fig*) s'accrocher avec ; **¡chócala!** (*fam*) tope là !
chochear [tʃotʃe'ar] *vi* devenir gâteux(-euse)
chocho, -a ['tʃotʃo, a] *adj* gâteux(-euse) ; **estar ~ por algn/algo** être gaga devant qn/qch
choclo ['tʃoklo] (*And, CSur*) *nm* maïs *msg*
chocolate [tʃoko'late] *adj* (*AM*) chocolat *inv* ▸ *nm* chocolat *m* ; (*fam*: *hachís*) hasch *m*
chocolatina [tʃokola'tina] *nf* barre *f* de chocolat
chófer ['tʃofer], **chofer** [tʃo'fer] *nm/f* chauffeur(-euse)
chollo ['tʃoʎo] (*fam*) *nm* bon plan *m* ; (*artículo barato*) affaire *f*
cholo, -a [tʃolo, a] (*And*) *adj* eurasien(ne) ▸ *nm/f* Eurasien(ne)
chomba ['tʃomba], **chompa** ['tʃompa] (*AM*) *nf* pull *m*
chongo ['tʃongo] (*Méx*) *nm* chignon *m*

ch

chop [tʃop] (*CSur*) *nm* chope *f*

choque ['tʃoke] *vb ver* **chocar** ▶ *nm* choc *m* ; (*impacto*) impact *m* ; (*fig: disputa*) heurt *m*

chorizo [tʃo'riθo] *nm* chorizo *m* ; (*fam*) voyou *m*

chorrear [tʃorre'ar] *vt* dégouliner de ▶ *vi* dégouliner ; (*gotear*) goutter ; **estar chorreando** être trempé(e)

chorro ['tʃorro] *nm* (*de líquido*) jet *m* ; (*de luz, aceite*) filet *m* ; (*fig*) flot *m* ; **a ~s** à flots ; **llover a ~s** pleuvoir des cordes ; **salir a ~s** couler à flots ; **propulsión a ~** propulsion *f* par réaction

choza ['tʃoθa] *nf* hutte *f*

chubasco [tʃu'βasko] *nm* bourrasque *f*

chubasquero [tʃuβas'kero] *nm* ciré *m*

chúcaro, -a ['tʃukaro, a] (*And, CSur*) *adj* indomptable

chuche ['tʃutʃe] (*fam*) *nf* bonbon *m*

chuchería [tʃutʃe'ria] *nf* babiole *f* ; (*para comer*) sucrerie *f*

chuleta [tʃu'leta] *nf* côte *f* ; (*Escol etc: fam*) pompe *f*, antisèche *f*

chulo, -a ['tʃulo, a] *adj* (*fam: bonito*) classe ; (*Méx*) beau (belle) ; (*pey*) effronté(e) ▶ *nm* effronté *m* ; (*matón*) frimeur *m* ; (*madrileño*) *type des bas-fonds de Madrid* ; (*tb*: **chulo de putas**) maquereau *m* ; (*And*) vautour *m* ; **ponerse ~ (con algn)** faire l'insolent(e) (avec qn)

chupar [tʃu'par] *vt* (*líquido*) aspirer ; (*caramelo*) sucer ; (*absorber*) absorber ; **chuparse** *vpr* (*dedo*) sucer ; (*Med*) s'émacier ; **para chuparse los dedos** à s'en lécher les babines

chupete [tʃu'pete] *nm* sucette *f*

chupito [tʃu'pito] (*fam*) *nm* petit verre *m* ; **un ~ de whisky por favor** un baby, s'il vous plaît

churrasco [tʃu'rrasko] (*CSur*) *nm* viande *f* grillée

churro ['tʃurro] *nm* ≈ beignet *m* ; (*fam*) bricolage *m* ; (*And, CSur: fam*) beau mec (belle fille)

Les **churros**, ces longs beignets à base de farine et d'eau, sont très appréciés dans toute l'Espagne. On les déguste généralement au petit déjeuner ou au goûter, en buvant du chocolat chaud épais. À Madrid, il en existe une variété plus grosse appelée *porra*.

chusma ['tʃusma] (*pey*) *nf* racaille *f*

chutar [tʃu'tar] *vi* (*Deporte*) shooter ; **esto va que chuta** (*fam*) ça marche comme sur des roulettes ; **con 1.000 euros vas que chutas** (*fam*) tu auras assez avec 1 000 euros

Cía *abr* (= *compañía*) Cie (= *compagnie*)

cianuro [θja'nuro] *nm* (*Quím*) cyanure *m*

ciberacoso [θiβera'koso] *nm* cyberharcèlement *m*

ciberamigo, -a [θiβera'miɣo, a] *nm/f* copinaute *m/f*

ciberataque [θiβera'take] *nm* cyberattaque *f*

cibercafé [θiβerka'fe] *nm* cybercafé *m*

ciberespionaje [θiβerespio'naxe] *nm* cyberespionnage *m*

ciberfraude [θiβer'frauðe] *nm* cyberfraude *f*

ciberintimidación [θiβerintimiða'θjon] *nf* cyberintimidation *f*

cibernauta [θiβer'nauta] *nm/f* internaute *m/f*

ciberseguridad [θiβerseɣuri'ðað] *nf* cybersécurité *f*

cibertienda [θiβer'tjenda] *nf* cyberboutique *f*, boutique *f* en ligne

cicatriz [θika'triθ] *nf* cicatrice *f*

cicatrizar [θikatri'θar] *vt, vi* cicatriser ; **cicatrizarse** *vpr* cicatriser

ciclismo [θi'klismo] *nm* cyclisme *m*

ciclista [θi'klista] *adj, nm/f* cycliste *m/f* ; **vuelta ~** course *f* cycliste

ciclo ['θiklo] *nm* cycle *m*

ciclomotor [θiklomo'tor] *nm* cyclomoteur *m*

ciclón [θi'klon] *nm* cyclone *m*

cicloturismo [θiklotu'rismo] *nm* cyclotourisme *m*

ciego, -a ['θjeɣo, a] *vb ver* **cegar** ▶ *adj* aveugle ; (*Constr*) bouché(e) ▶ *nm/f* aveugle *m/f* ; **a ciegas** à l'aveuglette ; **quedarse ~** devenir aveugle ; **~ de ira** aveuglé(e) par la colère

cielo ['θjelo] *nm* ciel *m* ; **sí, ~** oui, mon ange ; **¡~s!** Mon Dieu !, juste ciel ! ; **vimos el ~ abierto** la solution nous est apparue ; **~ de la boca** voûte *f* palatine

ciempiés [θjem'pjes] *nm inv* mille-pattes *m inv*

cien [θjen] *adj inv, nm inv* cent *m* ; **al ~ por ~** à cent pour cent

ciénaga ['θjenaɣa] *nf* marécage *m*
ciencia ['θjenθja] *nf* science *f*; **saber algo a ~ cierta** être sûr(e) et certain(e) de qch ; **~ ficción** science-fiction *f*; **~s empresariales** études *fpl* de commerce ; **~s exactas** sciences *fpl* exactes, mathématiques *fpl* ; **~s ocultas** sciences occultes
cieno ['θjeno] *nm* vase *f*
científico, -a [θjen'tifiko, a] *adj, nm/f* scientifique *m/f*
ciento ['θjento] *adj, nm* cent *m* ; **~ cuarenta** cent quarante ; **el diez por ~** dix pour cent
cierre ['θjerre] *vb ver* **cerrar** ▸ *nm* fermeture *f*; (*pulsera*) fermoir *m* ; (*de emisión*) fin *f*; **precio de ~** cours *msg* de clôture ; **~ del sistema** (*Inform*) clôture *f* du système ; **~ de cremallera** fermeture éclair® ; **~ relámpago** (*And, CSur*) fermeture éclair®
cierto, -a ['θjerto, a] *adj* certain(e) ; **~ hombre/día** un certain homme/jour ; **ciertas personas** certaines personnes ; **sí, es ~** oui, c'est vrai ; **por ~** à propos ; **lo ~ es que ...** ce qui est sûr c'est que ... ; **estar en lo ~** avoir raison
ciervo ['θjerβo] *nm* cerf *m*
cifra ['θifra] *nf* chiffre *m* ; **en ~** codé(e) ; **~ de negocios/de venta** chiffre d'affaires/de ventes ; **~ de referencia** prix *msg* de base ; **~ global** chiffre global
cifrar [θi'frar] *vt* coder ; (*esperanzas, felicidad*) fonder ; **cifrarse** *vpr*: **cifrarse en** s'élever à
cigala [θi'ɣala] *nf* langoustine *f*
cigarra [θi'ɣarra] *nf* cigale *f*
cigarrillo [θiɣa'rriʎo] *nm* cigarette *f*
cigarro [θi'ɣarro] *nm* cigarette *f*; (*puro*) cigare *m*
cigüeña [θi'ɣweɲa] *nf* cigogne *f*
cilíndrico, -a [θi'lindriko, a] *adj* cylindrique
cilindro [θi'lindro] *nm* cylindre *m*
cima ['θima] *nf* sommet *m*, cime *f*; (*de árbol*) cime ; (*apogeo*) sommet
cimarrón, ona [θima'rron, ona] *adj* (AM: *Bot, Zool*) sauvage ; (AM: *persona: vago*) paresseux(-euse), fainéant(e) ▸ *nm* (*CSur*) maté *m* sans sucre, maté *m* pur
cimbrearse [θimbre'arse] *vpr* se déhancher ; (*ramas, tallos*) se balancer
cimentar [θimen'tar] *vt* (*edificio*) jeter les fondations de ; (*consolidar*) cimenter ; **cimentarse** *vpr*: **cimentarse en** se fonder sur
cimientos [θi'mjentos] *nmpl* fondations *fpl* ; (*fig*) fondements *mpl*
cinc [θink] *nm* zinc *m*
cincel [θin'θel] *nm* ciseau *m*
cincelar [θinθe'lar] *vt* ciseler
cinco ['θinko] *adj inv, nm inv* cinq *m inv* ; *ver tb* **seis**
cincuenta [θin'kwenta] *adj inv, nm inv* cinquante *m inv* ; *ver tb* **sesenta**
cine ['θine] *nm* cinéma *m* ; **hacer ~** faire du cinéma ; **el ~ mudo** le cinéma muet
cineasta [θine'asta] *nm/f* cinéaste *m/f*
cinematográfico, -a [θinemato'ɣrafiko, a] *adj* cinématographique
cínico, -a ['θiniko, a] *adj, nm/f* cynique *m/f*; (*desvergonzado*) effronté(e)
cinismo [θi'nismo] *nm* (*ver adj*) cynisme *m* ; effronterie *f*
cinta ['θinta] *nf* ruban *m*, bande *f*; **~ adhesiva/aislante** ruban adhésif/isolant ; **~ de carbón** ruban carbone ; **~ de múltiples impactos** bande d'impacts multiple ; **~ de vídeo** cassette *f* vidéo ; **~ magnética** (*Inform*) bande magnétique ; **~ métrica** mètre *m* à ruban ; **~ transportadora** convoyeur *m*, stéréoduc *m* ; **~ virgen** cassette vierge
cintura [θin'tura] *nf* taille *f*; **meter a algn en ~** faire entendre raison à qn
cinturón [θintu'ron] *nm* ceinture *f*; **~ de miseria** (*Méx*) bidonville *m* ; **~ de seguridad** ceinture de sécurité ; **~ industrial** zone *f* industrielle ; **~ salvavidas** ceinture de sauvetage
ciprés [θi'pres] *nm* cyprès *m*
circo ['θirko] *nm* cirque *m*
circuito [θir'kwito] *nm* circuit *m* ; **TV por ~ cerrado** télévision *f* en circuit fermé ; **~ impreso** circuit imprimé ; **~ lógico** (*Inform*) porte *f*, circuit logique
circulación [θirkula'θjon] *nf* circulation *f*; **«cerrado a la ~ rodada»** «fermé au trafic routier» ; **poner algo en ~** mettre qch en circulation
circular [θirku'lar] *adj, nf* circulaire *f* ▸ *vt* (*orden*) faire circuler ▸ *vi* circuler ; **¡circulen!** circulez !

círculo ['θirkulo] *nm* cercle *m*; **en ~** en cercle, en rond; **en ~s políticos** dans les cercles politiques; **~ vicioso** cercle vicieux

circundar [θirkun'dar] *vt* entourer

circunferencia [θirkunfe'renθja] *nf* circonférence *f*

circunscribir [θirkunskri'βir] *vt* (*actuación, discurso*) circonscrire; **circunscribirse** *vpr* se circonscrire; **circunscribirse a (hacer)** se limiter *o* s'en tenir à (faire)

circunscripción [θirkunskrip'θjon] *nf* circonscription *f*

circunspecto, -a [θirkuns'pekto, a] *adj* circonspect(e)

circunstancia [θirkuns'tanθja] *nf* circonstance *f*; **~s agravantes/atenuantes** circonstances *fpl* aggravantes/atténuantes; **estar a la altura de las ~s** être à la hauteur des circonstances; **poner cara de ~s** faire une figure de circonstance

circunvalación [θirkumbala'θjon] *nf* *ver* **carretera**

cirio ['θirjo] *nm* cierge *m*

ciruela [θi'rwela] *nf* prune *f*; **~ claudia** reine *f* claude; **~ pasa** pruneau *m*

cirugía [θiru'xia] *nf* chirurgie *f*; **~ estética/plástica** chirurgie esthétique/plastique

cirujano, -a [θiru'xano, a] *nm/f* chirurgien(ne)

cisne ['θisne] *nm* cygne *m*; **canto de ~** chant *m* du cygne

cisterna [θis'terna] *nf* chasse *f* d'eau; (*depósito*) citerne *f*

cita ['θita] *nf* rendez-vous *m inv*; (*mención*) citation *f*; **acudir/faltar a una ~** se rendre à/manquer un rendez-vous

citación [θita'θjon] *nf* citation *f*

citadino, -a [θita'ðino, a] (AM) *adj, nm/f* citadin(e)

citar [θi'tar] *vt* donner rendez-vous à; (*Jur, mencionar*) citer; **citarse** *vpr*: **citarse (con)** prendre rendez-vous (avec)

cítrico, -a ['θitriko, a] *adj* citrique; **cítricos** *nmpl* agrumes *mpl*

ciudad [θju'ðað] *nf* ville *f*; **~ universitaria** cité *f* universitaire; **la C~ Condal** Barcelone; **C~ del Cabo** Le Cap; **~ dormitorio** cité-dortoir *f*; **~ perdida** (*Méx*) bidonville *m*; **~ satélite** ville satellite

ciudadanía [θjuðaða'nia] *nf* citoyenneté *f*

ciudadano, -a [θjuða'ðano, a] *adj, nm/f* citadin(e); (*como súbdito*) citoyen(ne)

cívico, -a ['θiβiko, a] *adj* civique; (*persona*) civil(e)

civil [θi'βil] *adj* civil(e) ▸ *nm* civil *m*; **casarse por lo ~** se marier civilement

civilización [θiβiliθa'θjon] *nf* civilisation *f*

civilizar [θiβili'θar] *vt* civiliser

civismo [θi'βismo] *nm* civisme *m*

cizaña [θi'θaɲa] *nf*: **meter/sembrar ~** mettre/semer la zizanie

cl *abr* (= *centilitro(s)*) cl (= *centilitre(s)*)

clamar [kla'mar] *vt* clamer ▸ *vi* crier; **~ venganza** crier vengeance

clamor [kla'mor] *nm* clameur *f*

clandestino, -a [klandes'tino, a] *adj* clandestin(e)

clara ['klara] *nf* (*de huevo*) blanc *m*

claraboya [klara'βoja] *nf* lucarne *f*

clarear [klare'ar] *vi* (*el día*) se lever; (*el cielo*) s'éclaircir

clarete [kla'rete] *nm* rosé *m*

claridad [klari'ðað] *nf* clarté *f*

clarificar [klarifi'kar] *vt* éclaircir

clarinete [klari'nete] *nm* clarinette *f*

clarividencia [klariβi'ðenθja] *nf* clairvoyance *f*

claro, -a ['klaro, a] *adj* clair(e) ▸ *nm* éclaircie *f*; (*entre asientos*) place *f* libre ▸ *adv* clairement ▸ *excl* bien sûr!; **estar ~** être clair(e); **lo tengo muy ~** pour moi c'est clair; **no lo tengo muy ~** je ne sais pas vraiment; **hablar ~** parler franchement; **a las claras** clairement; **no sacamos nada en ~** nous n'avons rien tiré au clair; **~ que sí/no** bien sûr que oui/non

clase ['klase] *nf* genre *m*, classe *f*; (*lección*) cours *msg*; **la ~ dirigente** la classe dirigeante; **dar ~(s)** (*profesor*) faire cours, donner des cours; (*alumno*) avoir cours; **tener ~** avoir de la classe; **de toda(s) ~(s)** de toute(s) sorte(s); **~ alta/media/obrera/social** classe dominante/moyenne/ouvrière/sociale; **~s particulares** cours particuliers

clásico, -a ['klasiko, a] *adj* classique

clasificación [klasifika'θjon] *nf* classement *m*; (*de cartas, líneas*) tri *m*

clasificar [klasifi'kar] *vt* classer ; (*cartas*) trier ; (*Inform*) classifier, trier ; **clasificarse** *vpr* se qualifier
claudicar [klauði'kar] *vi* céder
claustro ['klaustro] *nm* cloître *m* ; (*Univ, Escol*) conseil *m* ; (*: junta*) assemblée *f*, réunion *f*
cláusula ['klausula] *nf* clause *f* ; **~ de exclusión** clause d'exclusion
clausura [klau'sura] *nf* clôture *f* ; **de ~** (*Rel*) claustral ; (*: monja*) cloîtré(e)
clausurar [klausu'rar] *vt* clore ; (*local*) fermer
clavadista [klaβa'ðista] (*CAm, Méx*) *nm/f* plongeur(-euse)
clavar [kla'βar] *vt* enfoncer ; (*clavo*) clouer ; (*alfiler*) épingler ; (*mirada*) fixer ; (*fam: cobrar caro*) faire payer au prix fort ; **clavarse** *vpr* s'enfoncer
clave ['klaβe] *nf* clef *f*, clé *f* ▸ *adj inv* clé ; **en ~** (*mensaje*) codé(e) ; **~ de acceso** mot *m* de passe ; **~ de búsqueda/de clasificación** clef de recherche/de classement
clavel [kla'βel] *nm* œillet *m*
clavícula [kla'βikula] *nf* clavicule *f*
clavija [kla'βixa] *nf* cheville *f* ; (*Elec*) fiche *f*
clavo ['klaβo] *nm* clou *m* ; (*Bot, Culin*) clou de girofle ; **dar en el ~** mettre dans le mille, faire mouche
claxon ['klakson] (*pl* **claxons**) *nm* klaxon *m* ; **tocar el ~** klaxonner
clemencia [kle'menθja] *nf* clémence *f*
cleptómano, -a [klep'tomano, a] *nm/f* cleptomane *m/f*
clérigo ['kleriɣo] *nm* ecclésiastique *m*
clero ['klero] *nm* clergé *m*
clic [klik] *nm* (*Inform*) clic *m* ; **hacer ~ en algo** cliquer sur qch
clicar [kli'kar] *vi* (*Inform*) cliquer ; **~ dos veces** double-cliquer
cliché [kli'tʃe] *nm* cliché *m*
cliente, -a ['kljente, a] *nm/f* client(e)
clientela [kljen'tela] *nf* clientèle *f*
clima ['klima] *nm* climat *m*
climatizado, -a [klimati'θaðo, a] *adj* climatisé(e)
clímax ['klimaks] *nm inv* apogée *m*, point *m* culminant ; (*sexual*) orgasme *m*
clínica ['klinika] *nf* clinique *f*
clínico, -a ['kliniko, a] *adj* clinique
clip [klip] (*pl* **clips**) *nm* trombone *m* ; (*de pelo*) barrette *f*
clítoris ['klitoris] *nm inv* clitoris *m inv*
cloaca [klo'aka] *nf* égout *m*
cloro ['kloro] *nm* chlore *m*
closet, clóset ['kloset] (AM) *nm* placard *m*
club [klub] (*pl* **clubs** *o* **clubes**) *nm* club *m*
cm *abr* (= *centímetro(s)*) cm (= *centimètre(s)*)
CNT *sigla f* (*Esp: = Confederación Nacional de Trabajo*) syndicat ; (AM: = *Confederación Nacional de Trabajadores*) syndicat
coacción [koak'θjon] *nf* contrainte *f*
coaccionar [koakθjo'nar] *vt* contraindre
coagular [koaɣu'lar] *vt* coaguler ; **coagularse** *vpr* coaguler
coágulo [ko'aɣulo] *nm* caillot *m*
coalición [koali'θjon] *nf* coalition *f*
coartada [koar'taða] *nf* alibi *m*
coba ['koβa] *nf*: **dar ~ a algn** passer de la pommade à qn
cobarde [ko'βarðe] *adj* lâche ▸ *nm/f* lâche *m/f*, peureux(-euse)
cobardía [koβar'ðia] *nf* lâcheté *f*
cobaya [ko'βaja] *nm o nf* cobaye *m*
cobertizo [koβer'tiθo] *nm* hangar *m*, remise *f* ; (*de animal*) abri *m*
cobertura [koβer'tura] *nf* couverture *f* ; **~ de dividendo** rapport *m* dividendes-résultat ; **estar fuera de ~** être hors de portée ; **aquí no hay ~** (*Telec*) il n'y a pas de couverture ici, il n'y a pas de réseau ici
cobija [ko'βixa] (AM) *nf* couverture *f*
cobijar [koβi'xar] *vt* héberger, loger ; **cobijarse** *vpr*: **cobijarse (de)** se protéger (de) ; **~ (de)** protéger (de)
cobijo [ko'βixo] *nm* abri *m* ; **dar ~ a algn** héberger qn
cobra ['koβra] *nf* cobra *m*
cobrador, a [koβra'ðor, a] *nm/f* receveur(-euse)
cobrar [ko'βrar] *vt* (*cheque*) toucher, encaisser ; (*sueldo*) toucher ; (*precio*) faire payer ; (*deuda, alquiler, gas*) encaisser ; (*caza*) rapporter ; (*fama, importancia*) acquérir ; (*cariño*) prendre en ; (*fuerza, valor*) reprendre ▸ *vi* toucher son salaire ; **cóbrese** payez-vous ; **cóbrese al entregar** paiement *m* à la livraison ; **¡vas a ~!** qu'est-ce que tu vas prendre ! ; **a ~** à encaisser ; **cantidades por ~** sommes *fpl* dues

cl

cobre ['koβre] *nm* cuivre *m* ; **cobres** *nmpl* (*Mús*) cuivres *mpl* ; **sin un ~** (*AM*: *fam*) sans un sou

cobro ['koβro] *nm* (*de cheque*) encaissement *m* ; (*pago*) paiement *m* ; **presentar al ~** encaisser ; *ver tb* **llamada**

cocaína [koka'ina] *nf* cocaïne *f*

cocción [kok'θjon] *nf* cuisson *f*

cocear [koθe'ar] *vi* ruer

cocer [ko'θer] *vt* faire cuire, cuire ▸ *vi* cuire ; (*agua*) bouillir ; **cocerse** *vpr* cuire ; (*tramarse*) mijoter

coche ['kotʃe] *nm* voiture *f* ; (*para niños*) poussette *f* ; **~ blindado** voiture blindée ; **~ celular** fourgon *m* cellulaire ; **~ comedor** wagon-restaurant *m* ; **~ de bomberos** voiture des pompiers ; **~ de carreras** voiture de course ; **~s de choque** autos *fpl* tamponneuses ; **~ de línea** autocar *m* ; **~ fúnebre** corbillard *m*

coche-cama ['kotʃe'kama] (*pl* **coches-cama**) *nm* wagon-lit *m*

cochera [ko'tʃera] *nf* garage *m* ; (*de autobuses*) dépôt *m*

cochino, -a [ko'tʃino, a] *adj* dégoûtant(e) ▸ *nm/f* cochon (truie) ; (*persona*) cochon(ne)

cocido, -a [ko'θiðo, a] *adj* (*patatas*) bouilli(e) ; (*huevos*) dur(e) ▸ *nm* pot-au-feu *m inv*

cocina [ko'θina] *nf* cuisine *f* ; (*aparato*) cuisinière *f* ; **~ casera** cuisine maison ; **~ eléctrica/de gas** cuisinière électrique/à gaz ; **~ francesa** cuisine française

cocinar [koθi'nar] *vt, vi* cuisiner

cocinero, -a [koθi'nero, a] *nm/f* cuisinier(-ière)

coco ['koko] *nm* noix *fsg* de coco ; (*fam*) citrouille *f* ; **el ~** le grand méchant loup

cocodrilo [koko'ðrilo] *nm* crocodile *m*

cocoliche [koco'litʃe] (*CSur*) *nm* jargon *m*

cocotero [koko'tero] *nm* cocotier *m*

cóctel ['koktel] *nm* cocktail *m* ; **~ molotov** cocktail Molotov

codazo [ko'ðaθo] *nm*: **dar un ~ a algn** donner un coup de coude à qn ; **abrirse paso a ~s** jouer des coudes

codicia [ko'ðiθja] *nf* convoitise *f*

codiciar [koði'θjar] *vt* convoiter

codicioso, -a [koði'θjoso, a] *adj* avide ; (*expresión*) de convoitise

código ['koðiɣo] *nm* (*tb Jur*) code *m* ; **~ binario** code binaire ; **~ civil/postal** code civil/postal ; **~ de barras** code-barres *m* ; **~ de caracteres/de control** code à caractères/de contrôle ; **~ de (la) circulación** code de la route ; **~ malicioso** logiciel *m* malveillant ; **~ máquina/de operación** code machine *inv*/d'opération ; **~ militar/penal** code militaire/pénal

codillo [ko'ðiʎo] *nm* (*Zool*) coude *m*, épaule *f* ; (*Culin*) épaule ; (*Tec*) coude

codo ['koðo] *nm* coude *m* ; **hablar por los ~s** bavarder comme une pie ; **~ a ~** coude à coude

codorniz [koðor'niθ] *nf* caille *f*

coerción [koer'θjon] *nf* coercition *f*

coercitivo, -a [koerθi'tiβo, a] *adj* coercitif(-ive)

coetáneo, -a [koe'taneo, a] *nm/f* contemporain(e)

coexistir [koeksis'tir] *vi*: **~ (con)** coexister (avec)

cofradía [kofra'ðia] *nf* confrérie *f*

cofre ['kofre] *nm* coffre *m* ; (*de joyas*) coffret *m* ; (*Méx*) voiture *f*

coger [ko'xer] *vt* prendre ; (*objeto caído*) ramasser ; (*pelota*) attraper ; (*frutas*) cueillir ; (*sentido, indirecta*) comprendre, saisir ; (*tomar prestado*) emprunter ; (*AM*: *fam!*) baiser (*fam!*) ; **cogerse** *vpr* se prendre ; **~ a algn desprevenido** prendre qn au dépourvu ; **~ cariño a algn** prendre qn en affection ; **~ celos de algn** être jaloux(-ouse) de qn ; **~ manía a algn** prendre qn en grippe ; **cogerse a** s'accrocher à, s'agripper à ; **iban cogidos de la mano** ils se tenaient par la main

cogollo [ko'ɣoʎo] *nm* cœur *m*

cogote [ko'ɣote] *nm* nuque *f*

cohecho [ko'etʃo] *nm* subornation *f*

coherente [koe'rente] *adj* cohérent(e) ; **ser ~ con** être en accord avec

cohesión [koe'sjon] *nf* cohésion *f*

cohete [ko'ete] *nm* fusée *f*, pétard *m* ; (*tb*: **cohete espacial**) fusée

cohibido, -a [koi'βiðo, a] *adj*: **estar/sentirse ~** être/se sentir gêné(e) ; (*tímido*) être/se sentir intimidé(e)

cohibir [koi'βir] *vt* intimider ; (*reprimir*) réprimer ; **cohibirse** *vpr* se retenir

coima ['koima] (*CSur: fam*) *nf* pot-de-vin *m*
coimero, -a [koi'mero, a] (*CSur: fam*) *nm/f* fonctionnaire *m/f* corrompu(e)
coincidencia [koinθi'ðenθja] *nf* coïncidence *f*
coincidir [koinθi'ðir] *vi* (*en lugar*) se rencontrer ; **coincidimos en ideas** nous partageons les mêmes idées ; **~ con** coïncider avec
coito ['koito] *nm* coït *m*
cojear [koxe'ar] *vi* boiter ; (*mueble*) être bancal(e)
cojera [ko'xera] *nf* claudication *f*
cojín [ko'xin] *nm* coussin *m*
cojinete [koxi'nete] *nm* palier *m*
cojo, -a ['koxo, a] *vb ver* **coger** ▸ *adj* boiteux(-euse) ; (*mueble*) bancal(e) ▸ *nm/f* (*persona*) boiteux(-euse) ; **ir a la pata coja** aller à cloche-pied
cojón [ko'xon] (*fam!*) *nm* couille *f* (*fam!*) ; **¡cojones!** putain ! (*fam!*) ; **lo hizo por cojones** il a fallu qu'il le fasse
cojonudo, -a [koxo'nuðo, a] (*Esp: fam!*) *adj* super
cojudo, -a [ko'xudo, a] (*AM: fam!*) *adj, nm/f* connard(-asse) (*fam!*)
col [kol] *nf* chou *m* ; **~es de Bruselas** choux *mpl* de Bruxelles
col. *abr* (= *columna*) col (= *colonne*)
col.ª *abr* (= *columna*) col (= *colonne*)
cola ['kola] *nf* queue *f* ; (*para pegar*) colle *f* ; (*de vestido*) traine *f* ; **estar/ponerse a la ~** être/se mettre à la queue ; **hacer ~** faire la queue ; **traer ~** avoir des suites
colaborador, a [kolaβora'ðor, a] *nm/f* collaborateur(-trice)
colaborar [kolaβo'rar] *vi*: **~ con** collaborer avec
colada [ko'laða] *nf*: **hacer la ~** faire la lessive
colador [kola'ðor] *nm* passoire *f*
colapso [ko'lapso] *nm* collapsus *msg* ; (*de circulación*) embouteillage *m* ; (*en producción*) effondrement *m* ; **~ cardíaco** collapsus cardiovasculaire
colar [ko'lar] *vt* filtrer ▸ *vi* (*mentira*) prendre, passer ; **colarse** *vpr* (*en cola*) se glisser, se faufiler ; (*viento, lluvia*) s'engouffrer ; (*fam: equivocarse*) se gourer ; **colarse en** (*concierto, cine*) se faufiler dans
colcha ['koltʃa] *nf* couvre-lit *m*
colchón [kol'tʃon] *nm* matelas *m* ; **~ inflable/neumático** matelas gonflable/pneumatique
colchoneta [coltʃo'neta] *nf* tapis *msg* de sol
colección [kolek'θjon] *nf* collection *f*
coleccionar [kolekθjo'nar] *vt* collectionner
coleccionista [kolekθjo'nista] *nm/f* collectionneur(-euse)
colecho [ko'letʃo] *nm* co-dodo *m*
colecta [ko'lekta] *nf* collecte *f*
colectivo, -a [kolek'tiβo, a] *adj* collectif(-ive) ▸ *nm* collectif *m* ; (*AM*) autobus *msg* ; (*: taxi*) taxi *m*
colega [ko'leɣa] *nm/f* collègue *m/f* ; (*fam*) copain (copine)
colegial, a [kole'xjal, a] *adj, nm/f* collégien(ne)
colegiatura [kolexja'tura] *nf*, **colegiaturas** [kolexja'turas] *nfpl* (*Méx*) frais *mpl* d'inscription
colegio [ko'lexjo] *nm* école *f*, collège *m* ; (*de abogados, médicos*) ordre *m* ; **ir al ~** aller à l'école *o* au collège ; **~ electoral** collège électoral ; **~ mayor** résidence *f* universitaire

En Espagne, on désigne habituellement par le mot **colegio** soit une école primaire publique soit une école primaire et secondaire privée. Ceci s'explique notamment par le fait que dans l'enseignement privé, à la différence de l'enseignement public, les deux cycles sont offerts dans un même établissement.

colegir [kole'xir] *vt* déduire
cólera ['kolera] *nf* colère *f* ▸ *nm* choléra *m* ; **montar en ~** se mettre en colère, s'emporter
colérico, -a [ko'leriko, a] *adj* colérique ; (*persona*) coléreux(-euse)
colesterol [koleste'rol] *nm* cholestérol *m*
coleta [ko'leta] *nf* queue *f*, couette *f* ; **cortarse la ~** abandonner l'arène
colgante [kol'ɣante] *adj* pendant(e), suspendu(e) ▸ *nm* pendentif *m* ; *ver tb* **puente**
colgar [kol'ɣar] *vt* accrocher ; (*teléfono*) raccrocher ; (*ropa*) étendre ; (*ahorcar*) pendre ▸ *vi* raccrocher ; **~ de** pendre à, être suspendu(e) à ; **no cuelgue** ne raccrochez pas

cólico ['koliko] *nm* colique *f*
coliflor [koli'flor] *nf* chou-fleur *m*
colilla [ko'liʎa] *nf* mégot *m*
colina [ko'lina] *nf* colline *f*
colirio [ko'lirjo] *nm* collyre *m*
colisión [koli'sjon] *nf* collision *f* ; (*de intereses, ideas*) conflit *m*
collar [ko'ʎar] *nm* collier *m*
colmar [kol'mar] *vt* remplir à ras bord ; (*ansias, exigencias*) satisfaire ; **~ a algn de regalos/de atenciones** combler qn de cadeaux/d'attentions
colmena [kol'mena] *nf* ruche *f*
colmillo [kol'miʎo] *nm* canine *f* ; (*de elefante*) défense *f* ; (*de perro*) croc *m*
colmo ['kolmo] *nm* : **ser el ~ de la locura/frescura/insolencia** être le comble de la folie/du toupet/de l'insolence ; **para ~ (de desgracias)** pour comble (de malheurs) ; **¡eso ya es el ~!** ça c'est le comble !
colocación [koloka'θjon] *nf* (*de piedra*) pose *f* ; (*de persona*) placement *m* ; (*empleo*) emploi *m*, travail *m* ; (*disposición*) emplacement *m*
colocar [kolo'kar] *vt* (*piedra*) poser ; (*cuadro*) accrocher ; (*poner en empleo*) placer ; **colocarse** *vpr* se placer ; (*Deporte*) se classer ; (*fam* : *drogarse*) se défoncer ; (*conseguir trabajo*) : **colocarse (de)** trouver du travail (comme)
Colombia [ko'lombja] *nf* Colombie *f*
colombiano, -a [kolom'bjano, a] *adj* colombien(ne) ▸ *nm/f* Colombien(ne)
Colonia [ko'lonja] *n* Cologne
colonia [ko'lonja] *nf* colonie *f* ; (*tb* : **agua de colonia**) eau *f* de cologne ; (*Méx*) quartier *m* ; **~ de verano** colonie de vacances ; **~ proletaria** (*Méx*) bidonville *m*
colonización [koloniθa'θjon] *nf* colonisation *f*
colonizador, a [koloniθa'ðor, a] *adj, nm/f* colonisateur(-trice)
colonizar [koloni'θar] *vt* coloniser
coloquial [kolo'kjal] *adj* familier(-ière), parlé(e)
coloquio [ko'lokjo] *nm* colloque *m*
color [ko'lor] *nm* couleur *f* ; **de ~** de couleur ; **de ~ amarillo/azul/naranja** de couleur jaune/bleue/orange ; **de ~es** (*lápices*) de couleur ; **en ~** en couleur ; **a todo ~** tout en couleur ; **le salieron los ~es** il s'est mis à rougir ; **dar ~ a** donner du relief à
colorado, -a [kolo'raðo, a] *adj* rouge ; (AM : *chiste*) grivois(e) ; **ponerse ~** rougir
colorante [kolo'rante] *nm* colorant *m*
colorar [kolo'rar], **colorear** [kolore'ar] *vt* colorier
colorete [kolo'rete] *nm* fard *m*
columna [ko'lumna] *nf* colonne *f* ; **~ blindada** colonne blindée ; **~ vertebral** colonne vertébrale
columpiar [kolum'pjar] *vt* balancer ; **columpiarse** *vpr* se balancer
columpio [ko'lumpjo] *nm* balançoire *f*
coma ['koma] *nf* virgule *f* ▸ *nm* (*Med*) coma *m*
comadre [ko'maðre] (*esp* AM : *fam*) *nf* marraine *f* ; (*cotilla*) commère *f* ; (*vecina*) voisine *f* ; **comadres** *nfpl* commères *fpl*
comadrona [koma'ðrona] *nf* sage-femme *f*
comandancia [koman'danθja] *nf* (*mando*) commandement *m* ; (*edificio*) commandement, commanderie *f*
comandante [koman'dante] *nm/f* commandant(e)
comarca [ko'marka] *nf* région *f*
comba ['komba] *nf* courbure *f*, corde *f* ; **saltar a la ~** sauter à la corde ; **no pierde ~** il n'en perd pas une
combar [kom'bar] *vt* courber ; **combarse** *vpr* se courber
combate [kom'bate] *nm* combat *m* ; **fuera de ~** hors de combat ; (*Boxeo*) knock-out ; (*fam*) groggy
combatiente [komba'tjente] *nm* combattant *m*
combatir [komba'tir] *vt, vi* combattre ; **~ por** combattre pour
combi ['kombi] (*fam*) *nf* (*Esp* : *frigorífico*) réfrigérateur-congélateur *m* ; (*Méx* : *bus*) minibus *m*
combinación [kombina'θjon] *nf* combinaison *f*
combinar [kombi'nar] *vt* combiner ; (*esfuerzos*) unir
combustible [kombus'tiβle] *adj, nm* combustible *m*
combustión [kombus'tjon] *nf* combustion *f*
comedia [ko'meðja] *nf* comédie *f* ; **hacer ~**

faire la comédie

comediante [kome'ðjante] *nm/f* comédien(ne)

comedido, -a [kome'ðiðo, a] *adj* modéré(e)

comedor [kome'ðor] *nm* salle *f* à manger ; (*de colegio, hotel*) réfectoire *m*

comején [kome'jen] (AM) *nm* termite *m*, fourmi *f* blanche

comensal [komen'sal] *nm/f* invité(e), convive *m/f*

comentar [komen'tar] *vt* commenter ; **comentó que ...** il a observé *o* remarqué que ...

comentario [komen'tarjo] *nm* commentaire *m* ; **comentarios** *nmpl* (*chismes*) commentaires *mpl* ; **dar lugar a ~s** donner lieu à des commentaires, prêter à commentaires ; **~ de texto** commentaire de texte

comentarista [komenta'rista] *nm/f* commentateur(-trice)

comenzar [komen'θar] *vt, vi* commencer ; **~ a/por hacer** commencer à/par faire

comer [ko'mer] *vt* manger ; (*Damas, Ajedrez*) souffler ; (*metal, madera*) manger, ronger ▶ *vi* manger ; (*almorzar*) manger, déjeuner ; **comerse** *vpr* manger ; **le come la envidia** l'envie le ronge ; **dar de ~ a algn** donner à manger à qn ; **está para comérsela** elle est belle à croquer ; **~ el coco a algn** (*fam*) bourrer le crâne à qn ; **comerse el coco** (*fam*) se faire du mouron

comercial [komer'θjal] *adj* commercial(e)

comercializar [komerθjali'θar] *vt* commercialiser

comerciar [komer'θjar] *vi*: **~ en** faire le commerce de ; **~ con** avoir des relations commerciales avec ; (*pey*) faire commerce de

comercio [ko'merθjo] *nm* commerce *m* ; **~ autorizado** commerce autorisé ; **~ de proximidad** commerce de proximité ; **~ equitativo** commerce équitable ; **~ electrónico** commerce électronique ; **~ exterior/interior** commerce extérieur/intérieur ; **~ justo** commerce équitable

comestible [komes'tiβle] *adj* comestible ▶ *nm*: **~s** aliments *mpl* ; **tienda de ~s** épicerie *f*, magasin *m* d'alimentation

cometa [ko'meta] *nm* comète *f* ▶ *nf* cerf-volant *m*

cometer [kome'ter] *vt* commettre

cometido [kome'tiðo] *nm* rôle *m* ; (*deber*) devoir *m*

comezón [kome'θon] *nf* démangeaison *f*

cómic ['komik] *nm* bande *f* dessinée

comicios [ko'miθjos] *nmpl* comices *mpl*

cómico, -a ['komiko, a] *adj* comique ▶ *nm/f* (*de TV, cabaret*) comique *m/f* ; (*de teatro*) comédien(ne)

comida [ko'miða] *nf* nourriture *f* ; (*acción*) repas *msg* ; (*almuerzo*) déjeuner *m* ; (*esp* AM) dîner *m* ; **~ basura** malbouffe *f*

comidilla [komi'ðiʎa] *nf*: **ser la ~ del barrio** être sur toutes les lèvres

comienzo [ko'mjenθo] *vb ver* **comenzar** ▶ *nm* commencement *m* ; **dar ~ a un acto** commencer une cérémonie ; **~ del archivo** (*Inform*) tête *f* du fichier

comillas [ko'miʎas] *nfpl* guillemets *mpl* ; **entre ~** entre guillemets

comilona [komi'lona] (*fam*) *nf* gueuleton *m*

comino [ko'mino] *nm* cumin *m* ; (*fam*): **(no) me importa un ~** je m'en balance

comisaría [komisa'ria] *nf* (*tb*: **comisaría de Policía**) commissariat *m*

comisario, -a [komi'sarjo, a] *nm/f* commissaire *m/f*

comisión [komi'sjon] *nf* commission *f* ; **~ mixta/permanente** commission paritaire/permanente ; **comisiones bancarias** commissions bancaires ; **Comisiones Obreras** (*Esp*) *syndicat ouvrier*

comité [komi'te] *nm* comité *m* ; **~ de empresa** comité d'entreprise

comitiva [komi'tiβa] *nf* suite *f*, cortège *m*

como ['komo] *adv* comme ; (*en calidad de*) en ▶ *conj* (*condición*) si ; (*causa*) comme ; **lo hace ~ yo** il le fait comme moi ; **tan grande ~** aussi grand que ; **¡tanto ~ eso ...!** pas tant que ça ! ; **eran ~ diez** ils devaient être 10 ; **llegó ~ a las cuatro** il est arrivé vers les 4 heures ; **sabe ~ a cebolla** ça a comme un goût d'oignon ; **~ testigo** en tant que témoin ; **~ ser** (AM: *tal* ~) comme ; **a ~ dé/diera lugar** (*CAm, Méx*) à tout prix ; **~ quieras** comme tu voudras ; **~ llueva no salimos** s'il pleut on reste à la maison ; **~ ella no llegaba me**

fui comme elle n'arrivait pas, je suis parti ; **¡~ no quieras cinco euros!** à moins que tu ne veuilles cinq euros ! ; **así fue ~ ocurrió** c'est ainsi que ça s'est passé ; **es ~ para echarse a llorar** ça donne envie de pleurer ; **¡~ que lo voy a permitir!** et vous croyez que je vais permettre cela ? ; **~ si estuviese ciego** comme s'il était aveugle ; **~ si lo viera** comme si je le voyais ; **~ si nada** *o* **tal cosa** comme si de rien n'était

cómo ['komo] *adv* comment ▶ *excl* comment ! ▶ *nm*: **el ~ y el porqué** le pourquoi et le comment ; **¿~ (ha dicho)?** comment ?, vous avez dit ? ; **¿~ está Ud?** comment allez-vous ? ; **¿~ son?** comment sont-ils ? ; **¿a ~ están?** combien coûtent-ils ? ; **¡~ no!** bien sûr ! ; (*esp* AM: *¡claro!*) pardi ! ; **¡~ corre!** comme il cavale !

cómoda ['komoða] *nf* commode *f*

comodidad [komoði'ðað] *nf* confort *m* ; (*conveniencia*) avantage *m* ; **comodidades** *nfpl* aises *fpl*

comodín [komo'ðin] *nm* (*Naipes*) joker *m* ; (*Inform*) caractère *m* de remplacement

cómodo, -a ['komoðo, a] *adj* confortable ; (*máquina, herramienta*) pratique ; **estar/ponerse/sentirse ~** être/se mettre/se sentir à l'aise

compa ['kompa] (*CAm*: *fam*) *nm/f* copain (copine)

compact disc [kompakt'disk] *nm* disque *m* compact, CD *m*

compacto, -a [kom'pakto, a] *adj* compact(e)

compadecer [kompaðe'θer] *vt* plaindre ; **compadecerse** *vpr*: **compadecerse de algn** plaindre qn

compadre [kom'paðre] *nm* parrain *m* ; (*en oración directa*) (mon) vieux ; (*esp* AM: *fam*) copain *m*

compañero, -a [kompa'ɲero, a] *nm/f* collègue *m/f* ; (*en juego*) partenaire *m/f* ; (*en estudios*) camarade *m/f* ; (*novio*) compagnon (compagne) ; **~ de clase** camarade de classe ; **~ de equipo** coéquipier(-ière) ; **~ de trabajo** collègue de travail

compañía [kompa'ɲia] *nf* compagnie *f* ; **en ~ de** en compagnie de ; **malas ~s** mauvaises fréquentations *fpl* ; **hacer ~ a algn** tenir compagnie à qn ; **~ afiliada** filiale *f* ; **~ concesionaria/inversionista** compagnie concessionnaire/actionnaire ; **~ (no) cotizable** compagnie (non) cotée en Bourse ; **~ de seguros** compagnie d'assurances

comparación [kompara'θjon] *nf* comparaison *f* ; **en ~ con** par comparaison à *o* avec

> **También se puede decir:**
> L'Afrique reste un continent sous-peuplé comparé à l'Asie.
> (*... en comparación con ...*)
> Les investissements ont connu une progression par rapport à l'année dernière. (*... en relación con ...*)
> Par comparaison avec l'Islande, l'Irlande a un climat tropical.
> (*En comparación con ...*)
> Cette histoire ressemble à un conte de fées. (*... es como o parece...*)
> Cette campagne lui rappelait l'Andalousie. (*... le recordaba ...*)

comparar [kompa'rar] *vt*: **~ a/con** comparer à/avec

comparecer [kompare'θer] *vi* (*tb Jur*) comparaître

comparsa [kom'parsa] *nm/f* (*Teatro, Cine*) figurant(e) ▶ *nf* (*de carnaval etc*) mascarade *f*

compartimento [komparti'mento], **compartimiento** [komparti'mjento] *nm* compartiment *m* ; **~ estanco** compartiment étanche

compartir [kompar'tir] *vt* partager

compás [kom'pas] *nm* (*Mús*) rythme *m* ; (*para dibujo*) compas *msg* ; **al ~** au même rythme ; **llevar el ~** battre la mesure ; **~ de espera** (*fig*) attente *f*

compasión [kompa'sjon] *nf* compassion *f* ; **sin ~** sans pitié

compasivo, -a [kompa'siβo, a] *adj* compatissant(e)

compatibilidad [kompatiβili'ðað] *nf* compatibilité *f*

compatible [kompa'tiβle] *adj*: **~ (con)** compatible (avec)

compatriota [kompa'trjota] *nm/f* compatriote *m/f*

compendiar [kompen'djar] *vt* résumer

compendio [kom'pendjo] *nm* abrégé *m*

compenetrarse [kompene'trarse] *vpr*

(*personas*) s'entendre sur tout ; **estamos muy compenetrados** nous nous entendons à merveille

compensación [kompensa'θjon] *nf* compensation *f*, dédommagement *m* ; (*Jur, Com*) compensation ; **en ~** en compensation, à titre de dédommagement

compensar [kompen'sar] *vt* (*persona*) compenser ; (*contrarrestar: pérdidas*) compenser, contrebalancer ; (*: peso, balanza*) compenser, équilibrer ; (*indemnizar*) dédommager ▶ *vi* (*esfuerzos, trabajo*) valoir la peine

competencia [kompe'tenθja] *nf* compétition *f*, concurrence *f* ; (*Jur, habilidad*) compétence *f* ; **competencias** *nfpl* (*Pol*) compétences *fpl* ; **la ~** (*Com*) la concurrence ; **hacer la ~ a** faire concurrence à ; **ser de la ~ de algn** être de la compétence de qn

competente [kompe'tente] *adj* compétent(e)

competición [kompeti'θjon] *nf* compétition *f*

competir [kompe'tir] *vi* concourir ; **~ en** (*fig*) rivaliser en ; **~ por** rivaliser pour ; (*Deporte*) être en compétition pour, concourir pour

compilar [kompi'lar] *vt* compiler

complacencia [kompla'θenθja] *nf* complaisance *f*

complacer [kompla'θer] *vt* faire plaisir à ; **complacerse** *vpr*: **complacerse en (hacer)** se complaire à (faire)

complaciente [kompla'θjente] *adj* complaisant(e) ; **ser ~ con** *o* **para con** montrer de la complaisance envers

complejo, -a [kom'plexo, a] *adj* complexe ▶ *nm* (*Psico*) complexe *m* ; **~ deportivo** cité *f* des sports ; **~ industrial** complexe industriel

complemento [komple'mento] *nm* complément *m*

completar [komple'tar] *vt* compléter

completo, -a [kom'pleto, a] *adj* complet (-ète) ; (*persona*) accompli(e), parfait(e) ; (*éxito, fracaso*) total(e) ▶ *nm* salle *f* comble ; **al ~** au complet ; **por ~** complètement ; (*Chi: Culin*) hot-dog *m*

complicado, -a [kompli'kaðo, a] *adj* compliqué(e) ; **estar ~ en** être impliqué(e) dans

complicar [kompli'kar] *vt* compliquer ; **complicarse** *vpr* se compliquer ; **~ a algn en** impliquer qn dans ; **complicarse la vida (con)** se compliquer la vie *o* l'existence (avec)

cómplice ['kompliθe] *nm/f* complice *m/f*

complot [kom'plo(t)] (*pl* **complots**) *nm* complot *m*

componer [kompo'ner] *vt* (*tb Mús, Lit*) composer ; (*algo roto*) réparer ; **componerse** *vpr* (*Méx*) se remettre ; **componerse de** se composer de ; **componérselas para hacer algo** s'arranger pour faire qch

comportamiento [komporta'mjento] *nm* comportement *m*

comportar [kompor'tar] *vt* comporter ; **comportarse** *vpr* se comporter

composición [komposi'θjon] *nf* composition *f*

compositor, a [komposi'tor, a] *nm/f* (*Mús*) compositeur(-trice)

compostura [kompos'tura] *nf* tenue *f*, maintien *m* ; **perder la ~** perdre contenance

compra ['kompra] *nf* achat *m* ; **hacer/ir a la ~** faire/aller faire les courses ; **ir de ~s** faire les magasins ; **~ a granel** (*Com*) achat en vrac ; **~ proteccionista** (*Com*) achat de soutien ; **~ a plazos** achat à crédit

comprador, a [kompra'ðor, a] *nm/f* acheteur(-euse)

comprar [kom'prar] *vt* acheter ; **comprarse** *vpr* s'acheter

compraventa [kompra'βenta] *nf* (*negocio*) commerce *m* ; **(contrato de) ~** contrat *m* d'achat et de vente

comprender [kompren'der] *vt* comprendre ; **hacerse ~** se faire comprendre

comprensión [kompren'sjon] *nf* compréhension *f*

comprensivo, -a [kompren'siβo, a] *adj* compréhensif(-ive)

compresa [kom'presa] *nf* (*tb*: **compresa higiénica**) serviette *f* hygiénique ; (*Med*) compresse *f*

comprimido, -a [kompri'miðo, a] *adj* comprimé(e) ▶ *nm* (*Med*) comprimé *m*, cachet *m*

comprimir [kompri'mir] *vt* comprimer ; (*Inform*) zipper

comprobante [kompro'βante] *nm*

(*Com*) reçu *m*, récépissé *m* ; (*Jur*) pièce *f* justificative *o* à l'appui

comprobar [kompro'βar] *vt* vérifier ; (*Inform*) vérifier, contrôler

comprometer [komprome'ter] *vt* compromettre ; **comprometerse** *vpr* se compromettre ; **~ a algn a hacer** mettre qn dans l'obligation de faire ; **comprometerse a hacer** s'engager à faire

También se puede decir:
Je ne peux pas me prononcer. (*No puedo opinar.*)
Je ne sais pas trop. (*No sé muy bien.*)
Ça dépend. (*Depende.*)
Tout dépend de ce que vous entendez par là. (*Depende de lo que entienda por...*)

compromiso [kompro'miso] *nm* (*acuerdo*) compromis *msg* ; (*obligación*) engagement *m* ; (*situación difícil*) embarras *msg* ; **libre de ~** (*Com*) sans engagement ; **poner a algn en un ~** mettre qn dans l'embarras

compuesto, -a [kom'pwesto, a] *pp de* **componer** ▸ *adj* composé(e) ▸ *nm* composé *m* ; **~ de** composé(e) de

computador [komputa'ðor] *nm*, **computadora** [komputa'ðora] *nf* ordinateur *m* ; **~ central** ordinateur central ; **~ especializado** ordinateur spécialisé

cómputo ['komputo] *nm* calcul *m*

comulgar [komul'ɣar] *vi* (*Rel*) communier ; **~ con** (*con ideas, valores*) partager

común [ko'mun] *adj* commun(e) ▸ *nm*: **el ~ de las gentes** le commun des mortels ; **por lo ~** généralement ; **en ~** en commun ; **hacer/poner algo en ~** faire/mettre qch en commun

comunicación [komunika'θjon] *nf* communication *f* ; **comunicaciones** *nfpl* (*transportes, Telec*) communications *fpl* ; **vía de ~** voie *f* de communication

comunicado [komuni'kaðo] *nm* communiqué *m* ; **~ de prensa** communiqué de presse

comunicar [komuni'kar] *vt* communiquer ▸ *vi* (*teléfono*) être occupé(e) ; **comunicarse** *vpr* communiquer ; **~ con** communiquer avec ; **está comunicando** (*Telec*) c'est occupé

comunidad [komuni'ðað] *nf* communauté *f* ; **en ~** en communauté ; **~ autónoma** (*Pol*) communauté autonome ; **~ de vecinos** copropriétaires *mpl*, association *f* de copropriétaires ; **C~ (Económica) Europea** Communauté (économique) européenne

La Constitution espagnole de 1978 prévoit l'établissement de 17 régions et de deux villes dotées d'une certaine liberté de gestion. Il s'agit des **comunidades autónomas** ou *autonomías*. Certaines d'entre elles, telles que la Catalogne ou le Pays basque, ont une langue, une histoire et une culture propres. Les 17 régions sont les suivantes : Andalousie, Aragon, Asturies, Baléares, Canaries, Cantabrie, Castille-et-León, Castille-La Manche, Catalogne, Estrémadure, Galice, Madrid, Murcie, Navarre, Pays basque, La Rioja, Communauté valencienne, et les villes de Ceuta et Melilla.

comunión [komu'njon] *nf* communion *f* ; **primera ~** première communion

comunismo [komu'nismo] *nm* communisme *m*

comunista [komu'nista] *adj, nm/f* communiste *m/f*

con [kon]

▸ *prep* **1** (*medio, compañía, modo*) avec ; **comer con cuchara** manger avec une cuillère ; **café con leche** café au lait ; **con habilidad** avec habileté ; **pasear con algn** se promener avec qn

2 (*actitud, situación*): **piensa con los ojos cerrados** il pense les yeux fermés ; **estoy con un catarro** j'ai un rhume

3 (*contenido*): **una libreta con direcciones** un carnet d'adresses ; **una maleta con ropa** une valise contenant des vêtements

4 (*a pesar de*): **con todo, merece nuestros respetos** malgré tout, il mérite notre respect

5 (*relación, trato*): **es muy bueno con los niños** il sait s'y prendre avec les enfants

6 (*+ infin*): **con llegar tan tarde se quedó sin comer** comme il est arrivé si tard, il n'a pas pu manger ; **con estudiar un poco apruebas** en étudiant un peu tu y arriveras

7 (*queja*): **¡con las ganas que tenía de hacerlo!** moi qui avais tellement envie de le faire !

► *conj* 1: **con que**: **será suficiente con que le escribas** il suffit que tu lui écrives 2: **con tal (de) que** du moment que

conato [ko'nato] *nm* tentative *f*; (*de incendio*) début *m*

concebir [konθe'βir] *vt, vi* concevoir; **¡no lo concibo!** je n'arrive pas à le comprendre!

conceder [konθe'ðer] *vt* accorder; (*premio*) décerner

concejal, -a [konθe'xal, a] *nm/f* conseiller(-ère) *m/f* municipal(e)

concentración [konθentra'θjon] *nf* concentration *f*

concentrar [konθen'trar] *vt* concentrer; (*personas*) rassembler; **concentrarse** *vpr* se concentrer; **concentrarse (en)** se concentrer (sur)

concepción [konθep'θjon] *nf* conception *f*

concepto [kon'θepto] *nm* (*idea*) concept *m*; **en ~ de** (*Com*) à *o* au titre de; **tener buen/mal ~ de algn** avoir bonne/mauvaise opinion de qn; **bajo ningún ~** en aucun cas

concernir [konθer'nir] *vi* concerner; **en lo que concierne a** en ce qui concerne

concertar [konθer'tar] *vt* (*precio*) se mettre d'accord sur; (*entrevista*) fixer; (*tratado, paz*) conclure; (*esfuerzos*) associer; (*Mús*) accorder ► *vi* (*Mús*) être en harmonie; (*concordar*): **~ con** concorder avec

concesión [konθe'sjon] *nf* (*Com*: *adjudicación*) concession *f*; **hacer concesiones** faire des concessions; **sin concesiones** sans concessions

concesionario, -a [konθesjo'narjo, a] *nm/f* (*Com*) concessionnaire *m/f*

concha ['kontʃa] *nf* (*de molusco*) coquille *f*; (*de tortuga*) carapace *f*; (AM: *fam!*: *de mujer*) moule *f* (*fam!*)

conciencia [kon'θjenθja] *nf* conscience *f*; **libertad de ~** liberté *f* de conscience; **hacer algo a ~** faire qch consciencieusement; **tener/tomar ~ de** avoir/prendre conscience de; **tener la ~ limpia** *o* **tranquila** avoir la conscience tranquille; **tener plena ~ de** avoir pleine conscience de

concienciar [konθjen'θjar] *vt* faire prendre conscience à; **concienciarse** *vpr* prendre conscience

concienzudo, -a [konθjen'θuðo, a] *adj* consciencieux(-euse)

concierto [kon'θjerto] *nm* (*Mús*: *acto*) concert *m*; (: *obra*) concerto *m*; (*convenio*) accord *m*

conciliar [konθi'ljar] *vt* concilier ► *adj* (*Rel*) conciliaire; **~ el sueño** trouver le sommeil

concilio [kon'θiljo] *nm* concile *m*

conciso, -a [kon'θiso, a] *adj* concis(e)

concluir [konklu'ir] *vt* conclure ► *vi* (se) terminer; **concluirse** *vpr* prendre fin, se terminer; **todo ha concluido** c'est terminé

conclusión [konklu'sjon] *nf* conclusion *f*; **llegar a la ~ de que ...** en arriver à la conclusion que ...

concluyente [konklu'jente] *adj* concluant(e)

concordia [kon'korðja] *nf* concorde *f*

concretar [konkre'tar] *vt* concrétiser; (*fecha, día*) fixer; **concretarse** *vpr*: **concretarse a (hacer)** s'en tenir à (faire)

concreto, -a [kon'kreto, a] *adj* concret(-ète); (*determinado*) précis(e) ► *nm* (AM: *hormigón*) béton *m*; **en ~** en somme; (*específicamente*) en particulier; **un día ~** un jour précis; **no hay nada en ~** il n'y a rien de concret

concurrencia [konku'rrenθja] *nf* assistance *f*; (*de sucesos, factores*) concours *m*

concurrido, -a [konku'rriðo, a] *adj* fréquenté(e)

concurrir [konku'rrir] *vi* (*sucesos*) coïncider; (*factores*) concourir; (*ríos*) confluer; (*avenidas*) converger; (*público*) assister

concursante [konkur'sante] *nm/f* concurrent(e); (*para proyecto, trabajo*) candidat(e)

concurso [kon'kurso] *nm* concours *m*

conde ['konde] *nm* comte *m*

condecoración [kondekora'θjon] *nf* décoration *f*

condecorar [kondeko'rar] *vt* décorer

condena [kon'dena] *nf* condamnation *f*; **cumplir una ~** purger une peine

condenar [konde'nar] *vt* condamner; **condenarse** *vpr* (*Jur*) se reconnaître coupable; (*Rel*) se damner; **~ (a)** condamner (à) ; **~ a algn a hacer** condamner qn à faire

condensar [konden'sar] *vt* condenser ; **condensarse** *vpr* se condenser

condesa [kon'desa] *nf* comtesse *f*

condición [kondi'θjon] *nf* condition *f* ; (*modo de ser*) caractère *m* ; (*estado*) état *m* ; **condiciones** *nfpl* capacités *fpl*, aptitudes *fpl* ; **a ~ de que ...** à condition que ... ; **no estar en condiciones de hacer** ne pas être en état de faire ; **las condiciones del contrato** les conditions du contrat ; **condiciones de trabajo/venta/vida** conditions de travail/vente/vie

condicional [kondiθjo'nal] *adj* conditionnel(le) ; *ver* **libertad**

condicionar [kondiθjo'nar] *vt* conditionner ; **estar condicionado a** dépendre de

condimento [kondi'mento] *nm* condiment *m*

condolerse [kondo'lerse] *vpr* compatir

condominio [kondo'minjo] *nm* (AM: *apartamento*) appartement *m* ; (*Com*) condominium *f*

condón [kon'don] *nm* capote *f*

conducir [kondu'θir] *vt* conduire ; (*suj: camino, escalera, negocio*) conduire, mener ▸ *vi* conduire ; **conducirse** *vpr* se conduire ; **esto no conduce a nada/ninguna parte** cela ne mène à rien/nulle part

conducta [kon'dukta] *nf* conduite *f*

conducto [kon'dukto] *nm* conduit *m* ; **por ~ oficial** par voie officielle

conductor, a [konduk'tor, a] *adj* (*Fís, Elec*) conducteur(-trice) ▸ *nm* conducteur *m* ▸ *nm/f* conducteur(-trice)

conduje *etc* [kon'duxe] *vb ver* **conducir**

conduzca *etc* [kon'duθka] *vb ver* **conducir**

conectar [konek'tar] *vt* relier ; (*tubos*) raccorder ; (*Telec*) brancher ; (*enchufar*) connecter, brancher ; (*Inform*) connecter ▸ *vi*: **~ (con)** (*TV, Radio*) donner l'antenne (à) ; (*fam: personas*) être sur la même longueur d'ondes que ; **conectarse** *vpr* (*Inform*) se connecter

conejillo [kone'xiʎo] *nm*: **~ de Indias** cochon *m* d'Inde ; (*fig*) cobaye *m*

conejo [ko'nexo] *nm* lapin *m*

conexión [konek'sjon] *nf* connexion *f* ; **conexiones** *nfpl* (*amistades*) contacts *mpl*

confección [konfek'θjon] *nf* confection *f* ; **ropa de ~** prêt-à-porter *m* ; **~ de caballero/señora** prêt-à-porter pour hommes/femmes

confeccionar [konfekθjo'nar] *vt* confectionner

confederación [konfeðera'θjon] *nf* confédération *f*

conferencia [konfe'renθja] *nf* conférence *f* ; (*Telec*) communication *f* interurbaine ; **~ a cobro revertido** (*Telec*) appel *m* en PCV ; **~ de prensa** conférence de presse

conferir [konfe'rir] *vt* (*tb fig*) conférer

confesar [konfe'sar] *vt* confesser, avouer ▸ *vi* (*Rel*) confesser ; (*Jur*) avouer ; **confesarse** *vpr* se confesser ; **he de ~ que** je dois avouer que

confesión [konfe'sjon] *nf* confession *f*, aveu *m* ; (*Rel*) confession

confesionario [konfesjo'narjo] *nm* (*Rel*) confessionnal *m*

confeti [kon'feti] *nm* confetti *m*

confiado, -a [kon'fiaðo, a] *adj* confiant(e) ; **está ~ en que aprobará** il est confiant de son succès

confianza [kon'fjanθa] *nf* confiance *f* ; (*familiaridad*) familiarité *f* ; **de ~** (*persona*) de confiance ; (*alimento*) de qualité ; **en ~** en (toute) confiance ; **margen de ~** marge *f* de confiance ; **tener ~ con algn** être intime avec qn ; **tomarse ~s con algn** (*pey*) se permettre des familiarités avec qn ; **hablar con ~** parler en toute confiance

confiar [kon'fjar] *vt* confier ▸ *vi* avoir confiance ; **confiarse** *vpr* être confiant(e) ; **~ en** avoir confiance en ; **~ en hacer/en que** compter faire/que

confidencia [konfi'ðenθja] *nf* confidence *f*

confidencial [konfiðen'θjal] *adj* confidentiel(le) ; **« ~ »** (*en sobre*) « confidentiel »

confidente [konfi'ðente] *nm/f* (*amigo*) confident(e) ; (*policial*) informateur(-trice), indicateur(-trice)

configurar [konfiɣu'rar] *vt* façonner ; (*Inform*) configurer

confín [kon'fin] *nm*: **el ~ del mundo** le bout du monde ; **confines** *nmpl* (*límites*): **en los confines de** aux confins de

confinar [konfi'nar] *vt* (*desterrar*) confiner

confirmar [konfir'mar] *vt* confirmer ; **confirmarse** *vpr* se confirmer ; (*Rel*) faire sa confirmation ; **la excepción confirma la regla** l'exception confirme la règle

confiscar [konfis'kar] *vt* confisquer

confitería [konfite'ria] *nf* (*tienda*) confiserie *f* ; (*CSur*: *café*) café *m*

confitura [konfi'tura] *nf* confiture *f*

conflictivo, -a [konflik'tiβo, a] *adj* conflictuel(le) ; (*época*) de conflits

conflicto [kon'flikto] *nm* conflit *m* ; (*fig*: *problema*) problème *m* ; **estar en un ~** être dans l'embarras ; **~ de intereses** conflit d'intérêts ; **~ laboral** conflit social *o* du travail

confluir [konflu'ir] *vi* (*ríos*) confluer ; (*carreteras, personas*) se rejoindre

conformar [konfor'mar] *vt* (*carácter, paisaje*) façonner ; (*persona*) contenter, satisfaire ▸ *vi*: **~ con** être conforme à ; **conformarse** *vpr*: **conformarse con** se contenter de ; (*resignarse*) se résigner à ; **~ algo a** *o* **con** adapter qch à ; **conformarse con hacer** se contenter de faire

conforme [kon'forme] *adj* conforme ; (*de acuerdo*) d'accord ; (*satisfecho*) content(e), satisfait(e) ▸ *conj* (*tal como*) tel que, comme ; (*a medida que*) à mesure que ▸ *excl* d'accord ▸ *prep*: **~ a** conformément à ; **~ con** content(e) *o* satisfait(e) de

conformidad [konformi'ðað] *nf* conformité *f* ; (*aprobación*) accord *m*, approbation *f* ; (*resignación*) résignation *f* ; **en ~ con** conformément à ; **dar su ~** donner son accord

conformista [konfor'mista] *adj, nm/f* conformiste *m/f*

confortable [konfor'taβle] *adj* confortable

confortar [konfor'tar] *vt* réconforter

confrontar [konfron'tar] *vt* confronter ; (*situación, peligro*) affronter ; **confrontarse** *vpr* s'affronter ; **confrontarse con** affronter

confundir [konfun'dir] *vt* confondre ; (*persona*: *embrollar*) embrouiller ; (: *desconcertar*) confondre ; **confundirse** *vpr* (*equivocarse*) se tromper ; (*hacerse borroso*) se confondre ; (*turbarse*) être confondu(e) ; (*mezclarse*) se confondre ; **~ algo/algn con** confondre qch/qn avec ; **confundirse de** se tromper de

confusión [konfu'sjon] *nf* confusion *f*

confuso, -a [kon'fuso, a] *adj* confus(e)

congelado, -a [konxe'laðo, a] *adj* (*carne, pescado*) congelé(e) ; **congelados** *nmpl* (*Culin*) surgelés *mpl*

congelador [konxela'ðor] *nm* congélateur *m*

congelar [konxe'lar] *vt* congeler ; (*Com, Fin*) geler ; **congelarse** *vpr* se congeler ; (*fam*: *persona*) se geler ; (*sangre, grasa*) se figer

congeniar [konxe'njar] *vi*: **~ (con)** s'entendre (avec)

congestión [konxes'tjon] *nf* (*de tráfico*) encombrement *m* ; (*Med*) congestion *f*

congestionar [konxestjo'nar] *vt* congestionner ; **congestionarse** *vpr* se congestionner

conglomerado [konglome'raðo] *nm* (*Constr, Tec*) aggloméré *m* ; (*de factores, intereses*) conglomérat *m*

congoja [kon'goxa] *nf* chagrin *m*

congraciarse [kongra'θjarse] *vpr*: **~ con** s'attirer les bonnes grâces de

congratular [kongratu'lar] *vt* féliciter ; **congratularse** *vpr*: **congratularse de** *o* **por** se féliciter de

congregación [kongreɣa'θjon] *nf* congrégation *f*

congregar [kongre'ɣar] *vt* réunir, rassembler ; **congregarse** *vpr* se réunir, se rassembler

congreso [kon'greso] *nm* congrès *m* ; **C~ de los Diputados** (*Esp*: *Pol*) ≈ Assemblée *f* nationale

conjetura [konxe'tura] *nf* conjecture *f* ; **sólo podemos hacer ~s** nous en sommes réduits aux conjectures

conjugar [konxu'ɣar] *vt* conjuguer

conjunción [konxun'θjon] *nf* (*Ling*) conjonction *f* ; (*de esfuerzos, cualidades*) conjugaison *f*

conjunto, -a [kon'xunto, a] *adj* commun(e) ▸ *nm* ensemble *m* ; (*de circunstancias*) concours *msg* ; (*de música pop*) groupe *m* ; **de ~** (*visión, estudio*) d'ensemble ; **en ~** dans l'ensemble

conjurar [konxu'rar] *vt, vi* conjurer ; **conjurarse** *vpr* se conjurer

conmemoración [konmemora'θjon] *nf* commémoration *f*

conmemorar [konmemo'rar] *vt* commémorer

conmigo [kon'miɣo] *pron* avec moi

conmoción [konmo'θjon] *nf* commotion *f* ; (*en sociedad, costumbres*) bouleversement *m* ; **~ cerebral** (*Med*) commotion cérébrale

conmovedor, a [konmoβe'ðor, a] *adj* émouvant(e)

conmover [konmo'βer] *vt* émouvoir ; (*suj: terremoto, estrépito*) ébranler ; **conmoverse** *vpr* s'émouvoir

conmutador [konmuta'ðor] (AM) *nm* (*Telec*) central *m* téléphonique

cono ['kono] *nm* (*Geom*) cône *m* ; **C~ Sur** (*Geo*) *Chili, Argentine, Uruguay*

conocedor, a [konoθe'ðor, a] *adj, nm/f* connaisseur(-euse)

conocer [kono'θer] *vt* connaître ; (*reconocer*) reconnaître ; **conocerse** *vpr* se connaître ; **dar a ~** faire connaître *o* savoir ; **darse a ~** se faire connaître ; **se conoce que ...** il semble *o* paraît que ...

conocido, -a [kono'θiðo, a] *adj* connu(e) ▸ *nm/f* (*persona*) connaissance *f*

conocimiento [konoθi'mjento] *nm* connaissance *f* ; (*de la madurez*) raison *f* ; (*Náut: tb:* **conocimiento de embarque**) connaissement *m* ; **conocimientos** *nmpl* (*saber*) connaissances *fpl* ; **hablar con ~ de causa** parler en connaissance de cause ; **perder/recobrar el ~** perdre/reprendre connaissance ; **poner en ~ de algn** faire savoir à qn ; **tener ~ de** avoir connaissance de ; **~ (de embarque) aéreo** (*Com*) lettre *f* de transport aérien

conozca *etc* [ko'noθka] *vb ver* **conocer**

conque ['konke] *conj* ainsi donc, alors

conquista [kon'kista] *nf* conquête *f*

conquistador, a [konkista'ðor, a] *adj, nm/f* conquérant(e) ▸ *nm* (*de América*) conquistador *m* ; (*seductor*) séducteur *m*

conquistar [konkis'tar] *vt* conquérir ; (*puesto*) obtenir ; (*simpatía, fama*) conquérir ; (*enamorar*) conquérir, faire la conquête de

consagrar [konsa'ɣrar] *vt* consacrer ; **consagrarse** *vpr*: **consagrarse a** se consacrer à ; **~ como** (*acreditar*) sacrer ; **consagrarse como** se confirmer comme

consciente [kons'θjente] *adj* conscient(e) ; **estar ~** être conscient(e) ; **ser ~ de** être conscient(e) de

consecuencia [konse'kwenθja] *nf* conséquence *f* ; **a ~ de** par suite de ; **en ~** en conséquence

> **También se puede decir:**
> Je dois partir ce soir. Je ne pourrai donc pas venir avec vous. (*... de modo que no podré ...*)
> Le cidre nouveau est très peu fermenté et par conséquent très peu alcoolisé. (*... por consiguiente ...*)
> Voilà pourquoi on s'en souvient. (*Por eso ...*)

consecuente [konse'kwente] *adj*: **~ (con)** conséquent(e) (avec)

consecutivo, -a [konseku'tiβo, a] *adj* consécutif(-ive)

conseguir [konse'ɣir] *vt* obtenir ; (*sus fines*) parvenir à ; **~ hacer** arriver à faire

consejero, -a [konse'xero, a] *nm/f* (*persona*) conseiller(-ère) ; (*Pol*) *ministre dans une communauté autonome*

consejo [kon'sexo] *nm* conseil *m* ; **dar un ~** donner un conseil ; **~ de administración** (*Com*) conseil d'administration ; **C~ de Europa** Conseil de l'Europe ; **~ de guerra/de ministros** conseil de guerre/des ministres

> **También se puede decir:**
> À ma place, que feriez-vous ? (*¿Usted qué haría (si estuviera) en mi lugar?*)
> Quel est votre avis sur la question ? (*¿Qué opina al respecto?*)
> Que me conseillez-vous de faire ? (*¿Qué me aconseja que haga?*)
>
> À votre place, je me méfierais. (*Yo que usted ...*)
> Si j'étais toi, je ne dirais rien. (*Yo en tu lugar ...*)
> Un bon conseil : n'attendez pas le dernier moment pour faire votre réservation. (*Un consejo ...*)

consenso [kon'senso] *nm* consensus *m inv*

consentimiento [konsenti'mjento] *nm* consentement *m* ; **dar su ~** donner son consentement

consentir [konsen'tir] *vt* consentir ; (*mimar*) gâter ▸ *vi*: **~ en hacer** consentir à faire ; **~ a algn hacer algo/que algn haga algo** permettre à qn de faire qch/ que qn fasse qch

conserje [kon'serxe] *nm* concierge *m*

conserva [kon'serβa] *nf* conserve *f* ; **conservas** *nfpl* conserves *fpl* ; **en ~** en conserve

conservación [konserβa'θjon] *nf* (*de paisaje, naturaleza*) conservation *f* ; (*de especie*) protection *f*

conservador, a [konserβa'ðor, a] *adj, nm/f* conservateur(-trice)

conservante [konser'βante] *nm* conservateur *m*

conservar [konser'βar] *vt* (*gen*) conserver ; (*costumbre, figura*) garder ; **conservarse** *vpr*: **conservarse bien** (*comida etc*) bien se conserver ; **conservarse joven** être bien conservé(e)

conservatorio [konserβa'torjo] *nm* (*Mús*) conservatoire *m* ; (AM) serre *f*

considerable [konsiðe'raβle] *adj* (*importante*) important(e) ; (*grande*) considérable

consideración [konsiðera'θjon] *nf* considération *f* ; **de ~** (*herida, daño*) grave ; **tomar en ~** prendre en considération ; **¡qué falta de ~!** quel manque de considération ! ; **de mi/nuestra (mayor) ~** (AM: *Admin*) Madame, Monsieur

considerado, -a [konsiðe'raðo, a] *adj* (*atento*) attentionné(e) ; (*respetado*) respecté(e) ; **estar bien/mal ~** être bien/mal vu(e)

considerar [konsiðe'rar] *vt* considérer

consigna [kon'siɣna] *nf* consigne *f*

consigo [kon'siɣo] *vb ver* **conseguir** ▸ *pron* (*m*) avec lui ; (*f*) avec elle ; (*usted(es)*) avec vous ; **~ mismo** avec soi-même

consiguiendo *etc* [konsi'ɣjendo] *vb ver* **conseguir**

consiguiente [konsi'ɣjente] *adj*: **el ~ susto/nerviosismo** la peur/nervosité qui en résulte ; **por ~** par conséquent

consistente [konsis'tente] *adj* consistant(e) ; (*material, pared, teoría*) solide ; **~ en** qui consiste en

consistir [konsis'tir] *vi*: **~ en algo/hacer algo** consister en qch/à faire qch

consola [kon'sola] *nf* console *f* ; **~ de mando** (*Inform*) console ; **~ de visualización** console de visualisation

consolación [konsola'θjon] *nf ver* **premio**

consolar [konso'lar] *vt* consoler ; **consolarse** *vpr*: **consolarse (con)** se consoler (avec) ; **consolarse haciendo** se consoler en faisant

consolidar [konsoli'ðar] *vt* consolider

consomé [konso'me] *nm* (*Culin*) consommé *m*

consonante [konso'nante] *nf* consonne *f* ▸ *adj* consonantique

consorcio [kon'sorθjo] *nm* (*Com*) consortium *m*

conspiración [konspira'θjon] *nf* conspiration *f*

conspiracionista [konspiraθjo'nista] *nm/f* conspirationniste *m/f*, complotiste *m/f*

conspirador, a [konspira'ðor, a] *nm/f* conspirateur(-trice)

conspirar [konspi'rar] *vi* conspirer

constancia [kons'tanθja] *nf* constance *f* ; (*testimonio*) témoignage *m* ; **dejar ~ de algo** faire état de qch

constante [kons'tante] *adj* constant(e) ▸ *nf* (*Mat, fig*) constante *f*

constar [kons'tar] *vi*: **~ (en)** figurer (dans) ; **~ de** se composer de ; **hacer ~** manifester ; **me consta que ...** je suis conscient(e) que ... ; **(que) conste que lo hice por ti** n'oublie pas que c'est pour toi que je l'ai fait

constatar [konsta'tar] *vt* constater

consternación [konsterna'θjon] *nf* consternation *f*

constipado, -a [konsti'paðo, a] *adj*: **estar ~** être enrhumé(e) ▸ *nm* rhume *m*

constitución [konstitu'θjon] *nf* constitution *f* ; (*de tribunal, equipo etc*) composition *f*

constitucional [konstituθjo'nal] *adj* constitutionnel(le)

constituir [konstitu'ir] *vt* constituer ; **constituirse** *vpr* se constituer

constituyente [konstitu'jente] *adj* constituant(e) ; **cortes ~s** assemblée *fsg* constituante

constreñir [konstre'ɲir] *vt* (*limitar*) restreindre ; (*obligar*) contraindre

construcción [konstruk'θjon] *nf* construction *f*

constructor, a [konstruk'tor, a] *nm/f* constructeur(-trice) ▶ *nf* entreprise *f* de construction

construir [konstru'ir] *vt* construire

construyendo *etc* [konstru'jendo] *vb ver* **construir**

consuelo [kon'swelo] *vb ver* **consolar** ▶ *nm* consolation *f*; **sin ~** inconsolable

cónsul ['konsul] *nm/f* consul(e)

consulado [konsu'laðo] *nm* consulat *m*

consulta [kon'sulta] *nf* consultation *f*; (*Med*: *consultorio*) cabinet *m*; **horas de ~** heures *fpl* de consultation; **obra de ~** ouvrage *m* de référence

consultar [konsul'tar] *vt* consulter; **~ algo con algn** consulter qn au sujet de qch; **~ un archivo** (*Inform*) consulter un fichier

consultorio [konsul'torjo] *nm* (*Med*) cabinet *m*; (*en periódico etc*) courrier *m* du cœur

consumar [konsu'mar] *vt* consommer; (*sentencia*) exécuter

consumición [konsumi'θjon] *nf* consommation *f*; **~ mínima** prix *m* minimum de la consommation

consumidor, a [konsumi'ðor, a] *nm/f* consommateur(-trice)

consumir [konsu'mir] *vt* consommer; **consumirse** *vpr* se consumer; (*caldo*) réduire; (*persona*) dépérir; **consumirse (de celos/de envidia/de rabia)** se consumer (de jalousie/d'envie/de rage)

consumismo [konsu'mismo] *nm* (*Com*) surconsommation *f*

consumo [kon'sumo] *nm* consommation *f*; **bienes/sociedad de ~** biens *mpl*/ société *f* de consommation

contabilidad [kontaβili'ðað] *nf* comptabilité *f*; **~ de costes** *o* **analítica** comptabilité analytique; **~ de doble partida/por partida simple** comptabilité en partie double/en partie simple; **~ de gestión** comptabilité de gestion

contable [kon'taβle] *nm/f* comptable *m/f*; **~ de costos** analyste *m/f* des coûts

contactar [kontak'tar] *vi*: **~ con algn** contacter qn

contacto [kon'takto] *nm* contact *m*; **estar/ponerse en ~ con algn** être/se mettre en contact avec qn; **perder ~** (*amigos*) se perdre de vue; **sin ~** (*pago, tarjeta*) sans contact; **pagar sin ~** payer sans contact

contado, -a [kon'taðo, a] *adj*: **en casos ~s** dans de rares cas ▶ *nm*: **al ~** au comptant; **pagar al ~** payer comptant

contador, a [konta'ðor, a] *nm/f* (AM: *contable*) comptable *m/f* ▶ *nm* (*aparato*) compteur *m*

contagiar [konta'xjar] *vt* (*enfermedad*) passer; (*persona*) contaminer; (*fig*: *entusiasmo*) transmettre; **contagiarse** *vpr* (*sentimiento*) se transmettre; **contagiarse de la gripe** attraper la grippe

contagio [kon'taxjo] *nm* contagion *f*

contagioso, -a [konta'xjoso, a] *adj* (*tb fig*) contagieux(-euse)

contaminación [kontamina'θjon] *nf* (*de alimentos*) contamination *f*; (*del agua, ambiente*) pollution *f*

contaminar [kontami'nar] *vt* (*aire, agua*) polluer; (*fig*) contaminer

contante [kon'tante] *adj*: **dinero ~** argent *m* comptant; **dinero ~ y sonante** espèces *fpl* sonnantes et trébuchantes

contar [kon'tar] *vt* (*dinero etc*) compter; (*historia etc*) conter, raconter ▶ *vi* compter; **contarse** *vpr* (*calcularse*) se compter; (*incluirse*) compter; **~ con** (*persona*) compter sur; (*disponer de*: *plazo etc*) disposer de; (: *habitantes*) compter; **sin ~** sans compter; **le cuento entre mis amigos** il est de mes amis; **¿qué (te) cuentas?** comment tu vas ?

contemplación [kontempla'θjon] *nf* contemplation *f*; **contemplaciones** *nfpl* (*miramientos*) égards *mpl*; **no andarse con contemplaciones** ne pas y aller par quatre chemins

contemplar [kontem'plar] *vt* contempler; (*considerar*) envisager; (*mimar*) être aux petits soins pour

contemporáneo, -a [kontempo'raneo, a] *adj, nm/f* contemporain(e)

contendiente [konten'djente] *adj, nm/f* (*persona, país*) rival(e); (*Deporte*) adversaire *m/f*

contenedor [kontene'ðor] *nm* conteneur *m*

contener [konte'ner] *vt* contenir; (*risa, caballo etc*) retenir; **contenerse** *vpr* se retenir

contenido, -a [konte'niðo, a] *adj* contenu(e) ▶ *nm* contenu *m*

contentar [konten'tar] *vt* faire plaisir à ; **contentarse** *vpr*: **contentarse (con)** se contenter (de) ; **contentarse con hacer** se contenter de faire

contento, -a [kon'tento, a] *adj*: **~ (con/de)** content(e) (de)

contestación [kontesta'θjon] *nf* réponse *f*; **~ a la demanda** (*Jur*) plaidoyer *m*

contestador [kontesta'ðor] *nm* (*tb*: **contestador automático**) répondeur *m*

contestar [kontes'tar] *vt* répondre ; (*Jur*) plaider ▸ *vi* répondre ; **~ a una pregunta/a un saludo** répondre à une question/à un salut

contexto [kon'teksto] *nm* contexte *m*

contienda [kon'tjenda] *nf* dispute *f*

contigo [kon'tiɣo] *pron* avec toi

contiguo, -a [kon'tiɣwo, a] *adj*: **~ (a)** contigu(ë) (à)

continente [konti'nente] *nm* continent *m*

contingencia [kontin'xenθja] *nf* (*posibilidad*) éventualité *f*; (*riesgo*) risque *m*

contingente [kontin'xente] *adj* contingent(e) ; (*posible*) possible ▸ *nm* (*Mil, Com*) contingent *m*

continuación [kontinwa'θjon] *nf* (*de trabajo, estancia, obras*) poursuite *f*; (*de novela, película, calle*) suite *f*; **a ~** juste après

continuar [konti'nwar] *vt* continuer, poursuivre ; (*reanudar*) reprendre ▸ *vi* (*permanecer*) rester ; (*mantenerse, prolongarse*) continuer ; (*telenovela etc*) reprendre ; **~ haciendo** continuer de *o* à faire ; **~ siendo** être toujours

continuo, -a [kon'tinwo, a] *adj* continu(e) ; (*llamadas, quejas*) continuel(le)

contorno [kon'torno] *nm* (*silueta*) contours *mpl* ; (*en dibujo*) contour *m* ; **contornos** *nmpl* (*alrededores*) environs *mpl*

contorsión [kontor'sjon] *nf* contorsion *f*

contra ['kontra] *prep* contre ▸ *adj* (*Nic*) contra ▸ *adv*: **en ~ (de)** contre ▸ *nm/f* contra *m/f* ▸ *nf*: **la C~ (nicaragüense)** les Contras *mpl* ▸ *nm ver* **pro**

contraataque [kontraa'take] *nm* contre-attaque *f*

contrabajo [kontra'βaxo] *nm* contrebasse *f*

contrabandista [kontraβan'dista] *nm/f* contrebandier(-ière)

contrabando [kontra'βando] *nm* contrebande *f*; **de ~** de contrebande ; **llevar/pasar algo de ~** passer qch en contrebande ; **~ de armas** contrebande d'armes

contracción [kontrak'θjon] *nf* contraction *f*

contracorriente [kontrako'rrjente]: **a ~** *adv* à contre-courant

contradecir [kontraðe'θir] *vt* contredire ; **contradecirse** *vpr* se contredire ; **esto se contradice con ...** ceci est en contradiction avec ...

contradicción [kontraðik'θjon] *nf* contradiction *f*; **el espíritu de la ~** l'esprit de contradiction ; **en ~ con** en contradiction avec

contradictorio, -a [kontraðik'torjo, a] *adj* contradictoire

contraer [kontra'er] *vt* contracter ; **contraerse** *vpr* se contracter ; **~ matrimonio con** épouser

contralor [kontra'lor] (AM) *nm* (*Admin*) contrôleur *m* des Finances

contraluz [kontra'luθ] *nm* (*Foto*) contre-jour *m* ; **a ~** à contre-jour

contrapelo [kontra'pelo]: **a ~** *adv* (*tb fig*) à rebrousse-poil

contrapesar [kontrape'sar] *vt* contrebalancer

contrapeso [kontra'peso] *nm* (*tb fig*) contrepoids *msg* ; (*Com*) contrepartie *f*

contraportada [kontrapor'taða] *nf* quatrième *m* de couverture

contraproducente [kontraproðu'θente] *adj* qui n'a pas l'effet escompté

contrariar [kontra'rjar] *vt* contrarier

contrariedad [kontrarje'ðað] *nf* contretemps *msg* ; (*disgusto*) contrariété *f*

contrario, -a [kon'trarjo, a] *adj*: **~ (a)** opposé(e) (à) ; (*equipo etc*) adverse ▸ *nm/f* adversaire *m/f* ; **al ~** au contraire ; **por el ~** tout au contraire ; **ser ~ a** être opposé(e) à ; (*a intereses, opinión*) être contraire à ; **llevar la contraria** contredire ; **de lo ~** sinon ; **salvo indicación contraria** sauf indication contraire ; **todo lo ~** tout au contraire

contrarrestar [kontrarres'tar] *vt* (*neu-*

tralizar) pallier ; (*hacer frente a*) contrecarrer
contraseña [kontra'seɲa] *nf* mot *m* de passe
contrastar [kontrastar] *vi*: **~ con** trancher avec ▶ *vt* (*comprobar*) vérifier
contraste [kon'traste] *nm* contraste *m*
contratar [kontra'tar] *vt* engager, recruter ; (*servicios*) faire appel à
contratiempo [kontra'tjempo] *nm* contretemps *msg* ; **a ~** (*fig*) à contretemps
contratista [kontra'tista] *nm/f* entrepreneur(-euse)
contrato [kon'trato] *nm* contrat *m* ; **~ a precio fijo** forfait *m* ; **~ a término/de compraventa/de trabajo** contrat à terme/de vente/de travail
contravenir [kontraβe'nir] *vt* contrevenir
contraventana [kontraβen'tana] *nf* volet *m*
contribución [kontriβu'θjon] *nf* contribution *f* ; **exento de contribuciones** exonéré d'impôts ; **~ territorial** impôt *m* foncier ; **~ urbana** impôts *mpl* locaux
contribuir [kontriβu'ir] *vi*: **~ (a)** contribuer (à) ; **~ con** participer à raison de
contribuyente [kontriβu'jente] *nm/f* contribuable *m/f*
contrincante [kontrin'kante] *nm* concurrent(e)
control [kon'trol] *nm* contrôle *m* ; (*dominio*: *de nervios, impulsos*) maîtrise *f* ; (*tb*: **control de policía**) contrôle ; **llevar el ~** (*de situación*) maîtriser ; (*en asunto*) diriger ; **perder el ~** perdre le contrôle ; **~ de calidad/de cambios/de costos/de existencias/de precios** (*Com*) contrôle de qualité/des changes/des coûts/des stocks/des prix ; **~ de créditos** encadrement *m* du crédit ; **~ de (la) natalidad** contrôle des naissances ; **~ de pasaportes** contrôle des passeports ; **~ por la voz** (*Inform, Tec*) commande *f* vocale
controlador, a [kontrola'ðor, a] *nm/f*: **~ aéreo(a)** contrôleur(-euse) aérien(ne)
controlar [kontro'lar] *vt* contrôler ; (*nervios, impulsos*) maîtriser ; **controlarse** *vpr* se maîtriser
controversia [kontro'βersja] *nf* controverse *f*
contundente [kontun'dente] *adj* (*prueba*) indiscutable ; (*fig*: *argumento etc*) radical(e) ; (*arma*) contendant(e)
contusión [kontu'sjon] *nf* contusion *f*
convalecencia [kombale'θenθja] *nf* convalescence *f*
convaleciente [kombale'θjente] *adj, nm/f* convalescent(e)
convalidar [kombali'ðar] *vt* valider
convencer [komben'θer] *vt* convaincre ; **convencerse** *vpr*: **convencerse (de)** se persuader (de) ; **~ a algn de (que haga) algo** convaincre qn de (faire) qch ; **~ a algn para que haga** convaincre qn de faire ; **esto no me convence (nada)** cela ne me convainc pas (du tout)
convencimiento [kombenθi'mjento] *nm* certitude *f* ; **llegar al/tener el ~ de que ...** arriver à/avoir la certitude que ...
convención [komben'θjon] *nf* convention *f*
conveniencia [kombe'njenθja] *nf* (*oportunidad*) opportunité *f* ; (*provecho*) intérêt *m* ; (*utilidad*) avantage *m* ; **conveniencias** *nfpl* (*tb*: **conveniencias sociales**) convenances *fpl* ; **ser de la ~ de algn** être à la convenance de qn
conveniente [kombe'njente] *adj* opportun(e) ; (*útil*) pratique ; **(no) es ~ (hacer)** il (n')est (pas) bon (de faire)
convenio [kom'benjo] *nm* accord *m* ; **~ colectivo/salarial** convention *f* collective/accord salarial
convenir [kombe'nir] *vt* convenir de ▶ *vi* convenir ; **~ (en) hacer** convenir de faire ; **«sueldo a ~»** « salaire négociable » ; **conviene recordar que ...** il convient de rappeler que ... ; **no te conviene salir** tu ne devrais pas sortir
convento [kom'bento] *nm* couvent *m*
convenza *etc* [kom'benθa] *vb ver* **convencer**
converger [komber'xer], **convergir** [komber'xir] *vi* converger
conversación [kombersa'θjon] *nf* conversation *f* ; **conversaciones** *nfpl* (*Pol*) pourparlers *mpl*
conversar [komber'sar] *vi* discuter
conversión [komber'sjon] *nf* transformation *f* ; (*Rel*) conversion *f*
convertir [komber'tir] *vt* transformer ; (*Rel*): **~ a** convertir à ; (*Com*): **~ (en)**

changer (en) ; **convertirse** *vpr* (*Rel*): **convertirse (a)** se convertir (à)

convicción [kombik'θjon] *nf* conviction *f* ; **convicciones** *nfpl* (*ideas*) convictions *fpl*

convicto, -a [kom'bikto, a] *adj* condamné(e)

convidado, -a [kombi'ðaðo, a] *nm/f* convive *m/f*

convidar [kombi'ðar] *vt*: **~ (a)** convier (à) ; **~ a algn a hacer** inviter qn à faire

convincente [kombin'θente] *adj* convaincant(e)

convite [kom'bite] *nm* (*banquete*) banquet *m* ; (*invitación*) invitation *f*

convivencia [kombi'βenθja] *nf* cohabitation *f*

convivir [kombi'βir] *vi* cohabiter

convocar [kombo'kar] *vt* convoquer ; **~ (a)** (*personas*) convoquer (à) ; (*huelga*) appeler à

convocatoria [komboka'torja] *nf* convocation *f* ; (*huelga*) appel *m*

convulsión [kombul'sjon] *nf* (*Med*) convulsion *f* ; (*política*) bouleversement *m*

conyugal [konju'ɣal] *adj* conjugal(e) ; **vida ~** vie *f* conjugale

cónyuge ['konyuxe] *nm/f* conjoint(e)

coñac [ko'ɲak] (*pl* **coñacs**) *nm* cognac *m*

coño ['koɲo] (*fam!*) *nm* con *m* (*fam!*) ▸ *excl* merde ! (*fam!*) ; **¡qué ~!** merde ! (*fam!*)

cooperación [koopera'θjon] *nf* coopération *f*

cooperar [koope'rar] *vi* coopérer

cooperativa [koopera'tiβa] *nf* coopérative *f* ; **~ agrícola** coopérative agricole

coordinador, a [koorðina'ðor, a] *nm/f* coordinateur(-trice) ▸ *nf* bureau *m* de coordination

coordinar [koorði'nar] *vt* coordonner

copa ['kopa] *nf* (*recipiente*) verre *m* (à pied) ; (*de champán, Deporte*) coupe *f* ; (*de árbol*) cime *f* ; (*de sombrero*) calotte *f* ; **copas** *nfpl* (*Naipes*) *l'une des quatre couleurs du jeu de cartes espagnol* ; **tomar una ~** prendre un verre *o* un pot ; **ir de ~s** aller prendre un pot ; **sombrero de ~** haut-de-forme *m* ; **huevo a la ~** (*Chi*) œuf *m* à la coque

copago [ko'paɣo] *nm* (*sistema*) copaiement *m* ; (*Med: cuota*) ticket *m* modérateur

copetín [kope'tin] (*CSur*) *nm* apéritif *m*

copia ['kopja] *nf* copie *f* ; (*llave*) double *m* ; **hacer una ~ de seguridad** (*Inform*) faire une sauvegarde ; **~ de respaldo** *o* **de seguridad** (*Inform*) sauvegarde *f* ; **~ de trabajo** (*Inform*) fichier *m* de travail ; **~ impresa** (*Inform*) tirage *m* papier ; **~ vaciada** (*Inform*) vidage *m*

copiar [ko'pjar] *vt* copier ; (*Inform*) faire une copie de ; **~ al pie de la letra** copier mot pour mot ; **~ y pegar** faire un copier-coller

copioso, -a [ko'pjoso, a] *adj* abondant(e) ; (*comida*) copieux(-euse)

copipega [kopi'peɣa] *nm* copier-coller *m inv*

copipegar [kopipe'ɣar] *vt* copier-coller

copla ['kopla] *nf* (*canción*) couplet *m* ; (*Lit*) strophe *f*

copo ['kopo] *nm*: **~ de nieve** flocon *m* de neige ; **~s de avena** flocons *mpl* d'avoine

coqueta [ko'keta] *nf* (*mujer*) coquette *f* ; (*mueble*) coiffeuse *f* ; **coquetear** [koke'ar] *vi* flirter

coraje [ko'raxe] *nm* courage *m* ; (*esp AM*) colère *f* ; **le da ~ hacer ...** ça l'énerve de faire ...

coral [ko'ral] *adj* (*Mús*) choral(e) ▸ *nf* (*Mús*) chorale *f* ▸ *nm* (*Zool*) corail *m* ; **de ~** en corail

coraza [ko'raθa] *nf* cuirasse *f* ; (*Zool*) carapace *f*

corazón [kora'θon] *nm* cœur *m* ; (*Bot*) noyau *m* ; **corazones** *nmpl* (*Naipes*) cœur *msg* ; **ser de buen ~** avoir bon cœur ; **de (todo) ~** de tout cœur ; **del ~** (*prensa, revista*) people *inv*, pipole *inv* ; **estar mal del ~** être malade du cœur

corazonada [koraθo'naða] *nf* pressentiment *m*

corbata [kor'βata] *nf* cravate *f*

Córcega ['korθeɣa] *nf* Corse *f*

corchete [kor'tʃete] *nm* agrafe *f* ; **corchetes** *nmpl* (*Tip*) crochets *mpl*

corcho ['kortʃo] *nm* liège *m* ; (*Pesca, tapón*) bouchon *m* ; **de ~** en liège

corcholata [kortʃo'lata] (*Méx*) *nf* (*tapón*) bouchon *m*

cordel [kor'ðel] *nm* corde *f*

cordero [kor'ðero] *nm* agneau *m* ; **~ lechal** agneau de lait

cordial [kor'ðjal] *adj* cordial(e) ▸ *nm* cordial *m*

cordialidad [korðjali'ðað] *nf* cordialité *f*

cordillera [korði'ʎera] *nf* cordillère *f*

co

Córdoba ['korðoβa] *n* Cordoue
córdoba ['korðoβa] *nm monnaie du Nicaragua*
cordón [kor'ðon] *nm* (*cuerda*) ficelle *f* ; (*de zapatos*) lacet *m* ; (*Elec, policial*) cordon *m* ; (*CSur*) bord *m* du trottoir ; **~ umbilical** cordon ombilical
cordura [kor'ðura] *nf* sagesse *f* ; (*Med*) santé *f* mentale ; **con ~** avec sagesse
córner ['korner] (*pl* **córners**) *nm* (*Deporte*) corner *m*
corneta [kor'neta] *nf* (*Mús*) cornet *m* ; (*Mil*) clairon *m*
cornisa [kor'nisa] *nf* corniche *f*
coro ['koro] *nm* chœur *m* ; **a ~** (*responder etc*) en chœur
corona [ko'rona] *nf* couronne *f* ; (*de santo*) auréole *f* ; **la ~** (*Pol*) la Couronne ; **~ de laurel** couronne de laurier
coronación [korona'θjon] *nf* (*tb fig*) couronnement *m*
coronar [koro'nar] *vt* (*tb fig*) couronner
coronel [koro'nel] *nm* colonel *m*
coronilla [koro'niʎa] *nf* sommet *m* du crâne ; **estar hasta la ~ (de)** en avoir jusque-là (de)
corpiño [kor'piɲo] *nm* corsage *m* ; (*AM*) soutien-gorge *m*
corporación [korpora'θjon] *nf* corporation *f*
corporal [korpo'ral] *adj* (*ejercicio*) physique ; (*castigo, higiene*) corporel(le)
corpulento, -a [korpu'lento, a] *adj* (*persona*) corpulent(e) ; (*árbol, tronco*) énorme
corral [ko'rral] *nm* (*patio*) cour *f* ; (*de animales*) basse-cour *f* ; (*de niño*) parc *m*
correa [ko'rrea] *nf* courroie *f* ; (*cinturón*) ceinture *f* ; (*de perro*) laisse *f* ; **~ del ventilador** (*Auto*) courroie du ventilateur
corrección [korrek'θjon] *nf* correction *f* ; **~ (de pruebas)** (*Tip*) correction (d'épreuves) ; **~ en pantalla** correction sur écran
correccional [korrekθjo'nal] *nm* pénitencier *m* ; **~ de menores** maison *f* de correction
correcto, -a [ko'rrekto, a] *adj* correct(e)
corredor, a [korre'ðor, a] *nm/f* coureur(-euse) ▶ *nm* (*pasillo*) corridor *m* ; (*balcón corrido*) galerie *f* ; (*Com*) courtier *m* ; **~ de apuestas** bookmaker *m* ; **~ de bolsa/de fincas** agent(e) de change/immobilier(-ière)
corregir [korre'xir] *vt* corriger ; **corregirse** *vpr* se corriger ; **se le ha corregido la miopía** on lui a corrigé sa myopie
correo [ko'rreo] *nm* courrier *m* ; (*servicio*) poste *f* ; **Correos** *nmpl* (*servicio, edificio*) la Poste ; **a vuelta de ~** par retour de courrier ; **echar al ~** mettre à la poste ; **~ aéreo** courrier par avion ; **~ basura** (*Inform*) spam *m* ; **~ certificado** courrier recommandé ; **~ electrónico** courrier électronique
correr [ko'rrer] *vt* (*mueble etc*) déplacer ; (*riesgo*) courir ; (*suerte*) risquer ; (*aventura*) vivre ; (*cortinas: cerrar*) fermer ; (*: abrir*) ouvrir ; (*cerrojo*) tourner ▶ *vi* (*persona, rumor*) courir ; (*coche*) aller vite ; (*agua*) couler ; (*viento*) souffler ; (*tiempo*) passer ; (*apresurarse*) se presser ; **correrse** *vpr* (*persona, terreno*) se déplacer ; (*colores*) couler ; (*fam: tener orgasmo*) jouir ; **echar a ~** se mettre à courir ; **~ con los gastos** payer ; **~ mundo** parcourir le monde ; **eso corre de mi cuenta** je m'en occupe ; **nos corrimos una juerga** (*fam*) on s'est bien éclaté ; **a todo ~** à toute vitesse
correspondencia [korrespon'denθja] *nf* correspondance *f* ; **~ directa** (*Com*) correspondance directe
corresponder [korrespon'der] *vi* (*dinero, tarea*) revenir ; (*en amor*) aimer en retour ; **corresponderse** *vpr* (*amarse*) bien s'entendre ; **~ a** (*invitación*) répondre à ; (*a favor, cariño*) rendre ; (*convenir, ajustarse, pertenecer*) correspondre à ; **al gobierno le corresponde ...** le gouvernement a pour tâche de ... ; **corresponderse con** correspondre à ; **« a quien corresponda »** « à qui de droit »
correspondiente [korrespon'djente] *adj* (*respectivo*) correspondant(e) ; **~ (a)** (*adecuado*) qui correspond (à)
corresponsal [korrespon'sal] *nm/f* correspondant(e) ; (*Com*) agent(e)
corrida [ko'rriða] *nf* corrida *f* ; (*carrera corta*) sprint *m* ; (*Chi*) file *f*
corrido, -a [ko'rriðo, a] *adj* (*avergonzado*) contrit(e) ▶ *nm* (*Méx*) ballade *f* ; **de ~** couramment ; **un kilo ~** un bon kilo
corriente [ko'rrjente] *adj* courant(e) ;

(*suceso, costumbre*) habituel(le) ; (*común*) commun(e) ▶ *nf* courant *m* ; (*tb*: **corriente de aire**) courant d'air ▶ *nm*: **el 16 del ~** le 16 courant ; **las ~s artísticas** les courants artistiques ; **estar al ~ de** être au courant de ; **seguir la ~ a algn** ne pas contrarier qn ; **poner/tener al ~** mettre/tenir au courant ; **~ alterna/continua** courant alternatif/continu ; **~ sanguínea** flux *msg* sanguin

corrija *etc* [ko'rrixa] *vb ver* **corregir**

corrillo [ko'rriʎo] *nm* petit groupe *m*

corro ['korro] *nm* cercle *m* ; **hacer ~ aparte** faire bande à part ; **jugar al ~** faire la ronde

corroborar [korroβo'rar] *vt* corroborer

corroer [korro'er] *vt* corroder ; (*suj*: *envidia*) ronger ; **corroerse** *vpr* se désagréger

corromper [korrom'per] *vt* pourrir ; (*aguas*) polluer ; (*fig*: *costumbres, moral*) corrompre ; (: *juez etc*) corrompre, soudoyer ; **corromperse** *vpr* pourrir ; (*costumbres*) se corrompre ; (*persona, justicia*) se laisser soudoyer

corrosivo, -a [korro'siβo, a] *adj* corrosif(-ive)

corrupción [korrup'θjon] *nf* putréfaction *f* ; (*fig*) corruption *f*

corsé [kor'se] *nm* corset *m*

cortacésped [korta'θespeð] *nm* tondeuse *f* (à gazon)

cortada [kor'taða] (*AM*) *nf* (*corte*) coupure *f* ; (*atajo*) raccourci *m*

cortado, -a [kor'taðo, a] *adj* (*leche*) tourné(e) ; (*con cuchillo*) coupé(e) ; (*piel, labios*) craquelé(e) ; (*tímido*) coincé(e) ▶ *nm* café *m* avec un nuage de lait ; **estar ~** être coincé(e) ; **quedarse ~** rester sans voix

cortafuego [korta'fwego], **cortafuegos** [korta'fwegos] *nm* (*en el bosque*) pare-feu *m*, coupe-feu *m* ; (*Inform*) pare-feu *m*

cortapega [korta'peɣa] *nm* couper-coller *m inv*

cortapegar [kortape'ɣar] *vt* couper-coller

cortar [kor'tar] *vt* couper ; (*discusión*) interrompre ; (*piel, labios*) fendre ▶ *vi* couper ; (*viento*) être glacial(e) ; (*AM*: *Telec*) raccrocher ; **cortarse** *vpr* se couper ; (*turbarse*) se troubler ; (*Telec*) s'interrompre ; (*leche*) tourner ; **~ el paso (a algn)** barrer le passage (à qn) ; **~ por lo sano** trancher dans le vif ; **~ de raíz** tuer dans l'œuf ; **cortarse el pelo** se (faire) couper les cheveux ; **cortarse el dedo** se couper le doigt ; **se le cortan los labios** ses lèvres se gercent

cortaúñas [korta'uɲas] *nm inv* coupe-ongles *m inv*

corte ['korte] *nm* coupure *f* ; (*de pelo, vestido*) coupe *f* ; (*de tela*) pièce *f* ; (*de helado*) tranche *f* napolitaine ▶ *nf* (*real*) cour *f* ; **me da ~ pedírselo** cela m'embête de le lui demander ; **¡qué ~ le di!** je lui ai rabattu son caquet ! ; **las C~s (Españolas)** *le Parlement espagnol* ; **hacer la ~ a algn** faire la cour à qn ; **~ de corriente/de luz** coupure de courant/d'électricité ; **~ de mangas** bras *m* d'honneur ; **C~ Internacional de Justicia** Cour internationale de justice ; **~ y confección** confection *f*

> Le Parlement espagnol, ou **Cortes (Españolas)**, se compose d'une chambre basse (*Congreso de los Diputados*) et d'une chambre haute (*Senado*). Les membres du Congreso, ou *diputados*, sont élus au suffrage universel et à la proportionnelle. Quant aux membres du *Senado*, ou *senadores*, certains d'entre eux sont élus au suffrage universel et d'autres sont nommés par les Parlements régionaux.

cortejar [korte'xar] *vt* courtiser

cortejo [kor'texo] *nm* cortège *m* ; **~ fúnebre** cortège funèbre

cortés [kor'tes] *adj* courtois(e), poli(e)

cortesía [korte'sia] *nf* courtoisie *f*, politesse *f* ; **de ~** (*visita, carta*) de courtoisie

corteza [kor'teθa] *nf* (*de árbol, limón*) écorce *f* ; (*de pan, queso*) croûte *f* ; (*de fruta*) peau *f* ; **~ terrestre** écorce *o* croûte terrestre

cortina [kor'tina] *nf* rideau *m* ; **~ de humo** rideau de fumée

corto, -a ['korto, a] *adj* court(e) ; (*tímido*) timide, timoré(e) ; (*tonto*) bouché(e) ▶ *nm* (*Cine*) court-métrage *m* ; **~ de luces** bête ; **~ de oído** dur(e) d'oreille ; **~ de vista** myope ; **quedarse ~** (*al calcular*) voir trop juste ; (*al relatar*) être en deçà de la vérité ; (*ser insuficiente*) être insuffisant(e)

cortocircuito [kortoθir'kwito] *nm* court-circuit *m*

cortometraje [kortome'traxe] *nm* court-métrage *m*

cosa ['kosa] *nf* chose *f*; (*asunto*) affaire *f*; **es ~ de una hora** c'est l'affaire d'une heure; **como si tal ~** comme si de rien n'était; **eso es ~ mía** c'est mon affaire; **llévate tus ~s** prends tes affaires; **es poca ~** ce n'est pas grand-chose; **¡qué ~ más rara!** comme c'est drôle!; **eso son ~s de la edad** c'est de son *o* leur âge; **tal como están las ~s** vu l'état actuel des choses; **lo que son las ~s** c'est drôle, la vie; **las ~s como son** les choses étant ce qu'elles sont

coscorrón [kosko'rron] *nm* coup *m* sur la tête; **darse un ~** se cogner la tête

cosecha [ko'setʃa] *nf* récolte *f*; (*de vino*) cru *m*

cosechar [kose'tʃar] *vt* récolter ▸ *vi* faire la récolte

coser [ko'ser] *vt* coudre; **~ algo a algo** coudre qch à qch

cosmética [kos'metika] *nf* cosmétique *f*

cosmético, -a [kos'metiko, a] *adj, nm* cosmétique *m*

cosquillas [kos'kiʎas] *nfpl*: **hacer ~** chatouiller; **tener ~** être chatouilleux(-euse)

costa ['kosta] *nf* (*Geo*) côte *f*; **costas** *nfpl* (*Jur*) dépens *mpl*; **a ~** (*Com*) au coût; **a ~ de** aux dépens de; (*trabajo*) à force de; (*grandes esfuerzos*) au prix de; (*su vida*) au péril de; **a toda ~** coûte que coûte, à tout prix; **C~ Brava/del Sol** Costa Brava/del Sol; **C~ Azul/Cantábrica/de Marfil** Côte d'Azur/cantabrique/d'Ivoire

costado [kos'taðo] *nm* côté *m*; **de ~** (*dormir etc*) sur le côté; **español por los cuatro ~s** espagnol jusqu'au bout des ongles; **rodeado por los cuatro ~s** encerclé (de tous côtés)

costanera [kosta'nera] (AM) *nf* chemin *m* côtier

costar [kos'tar] *vt, vi* coûter; **me cuesta hablarle** j'ai du mal à lui parler; **¿cuánto cuesta?** combien ça coûte?; **te costará caro** (*fig*) cela va te coûter cher

costarricense [kostarri'θense], **costarriqueño, -a** [kostarri'keɲo, a] *adj* costaricien(ne), du Costa Rica ▸ *nm/f* Costaricien(ne)

costear [koste'ar] *vt* payer; (*Com*) financer; (*Náut*) longer la côte de; **costearse** *vpr* rentrer dans ses frais, couvrir ses frais

costeño, -a [kos'teɲo, a] (AM) *adj* (*persona*) de la côte ▸ *nm/f* natif(-ive) *o* habitant(e) de la côte

costero, -a [kos'tero, a] *adj* côtier(-ière)

costilla [kos'tiʎa] *nf* (*Anat*) côte *f*; (*Culin*) côtelette *f*

costo ['kosto] *nm* coût *m*, prix *msg*; **~ directo/de expedición/de sustitución** coût direct/d'expédition/de remplacement; **~ unitario** prix unitaire

costoso, -a [kos'toso, a] *adj* coûteux(-euse); (*difícil*) difficile

costra ['kostra] *nf* (*de suciedad*) couche *f*; (*Med, de pan etc*) croûte *f*

costumbre [kos'tumbre] *nf* coutume *f*, habitude *f*; (*tradición*) coutume; **como de ~** comme d'habitude

costura [kos'tura] *nf* couture *f*

costurera [kostu'rera] *nf* couturière *f*

costurero [kostu'rero] *nm* boîte *f* à couture

cotejar [kote'xar] *vt*: **~ (con)** comparer (à *o* avec)

cotidiano, -a [koti'ðjano, a] *adj* quotidien(ne)

cotilla [ko'tiʎa] *nm/f* commère *f*

cotillear [kotiʎe'ar] *vi* faire des commérages

cotización [kotiθa'θjon] *nf* (*Com*) cours *m*; (*de club, del trabajador*) cotisation *f*

cotizar [koti'θar] *vt* (*Com*) coter; (*pagar*) cotiser ▸ *vi* (*trabajador*) cotiser; **cotizarse** *vpr* (*fig*) être bien coté(e); **cotizarse a** (*Com*) être coté(e) à

coto ['koto] *nm* (*tb*: **coto de caza**) réserve *f*; (*Chi*) goitre *m*; **poner ~ a** mettre fin à

cotorra [ko'torra] *nf* (*loro*) perruche *f*; (*fam: persona*) pie *f*

coyote [ko'jote] *nm* coyote *m*; (*Méx: fam*) guide *m*

coyuntura [kojun'tura] *nf* articulation *f*, jointure *f*; (*fig*) conjoncture *f*; **esperar una ~ favorable** attendre une conjoncture favorable, attendre l'occasion favorable

coz [koθ] *nf* ruade *f*

cráneo ['kraneo] *nm* crâne *m*; **ir de ~** aller droit au désastre

cráter ['krater] *nm* cratère *m*

creación [krea'θjon] *nf* création *f*

creador, a [krea'ðor, a] *adj, nm/f* créateur(-trice)

crear [kre'ar] *vt* créer ; **crearse** *vpr* se créer
creativo, -a [krea'tiβo, a] *adj* créatif(-ive)
crecer [kre'θer] *vi* grandir ; (*planta, pelo*) pousser ; (*ciudad*) s'agrandir ; (*río*) grossir ; (*riqueza, odio*) augmenter ; (*cólera*) monter ; **crecerse** *vpr* s'enorgueillir
creces ['kreθes]: **con ~** *adv* (*pagar*) au centuple
crecido, -a [kre'θiðo, a] *adj*: **estar ~** avoir grandi ; (*planta*) avoir poussé
creciente [kre'θjente] *adj* croissant(e) ; **cuarto ~** premier quartier *m*
crecimiento [kreθi'mjento] *nm* croissance *f* ; (*de planta*) pousse *f* ; (*de ciudad*) agrandissement *m*
credenciales [kreðen'θjales] *nfpl* lettres *fpl* de créance
crédito ['kreðito] *nm* crédit *m* ; **a ~** à crédit ; **dar ~ a** accorder crédit à, croire ; **~ al consumo** crédit à la consommation ; **ser digno de ~** être digne de confiance ; **~ rotativo** *o* **renovable** crédit à renouvellement automatique
credo ['kreðo] *nm* credo *m*
crédulo, -a ['kreðulo, a] *adj* crédule
creencia [kre'enθja] *nf* croyance *f*
creer [kre'er] *vt, vi* croire ; **creerse** *vpr* (*considerarse*) se croire ; (*aceptar*) croire ; **~ en** croire en ; **¡ya lo creo!** je crois *o* pense bien ; **creo que no/sí** je crois que non/oui ; **no se lo cree** il n'y croit pas ; **se cree alguien** il a une bonne opinion de lui
creíble [kre'iβle] *adj* crédible
creído, -a [kre'iðo, a] *adj* prétentieux(-euse)
crema ['krema] *adj inv* (*color*) crème *inv* ▸ *nf* crème *f* ; (*para zapatos*) cirage *m* ; **la ~ de la sociedad** la crème de la société ; **~ de afeitar** crème à raser ; **~ de cacao** beurre *m* de cacao ; **~ de champiñones/de espárragos** velouté *m* de champignons/d'asperges ; **~ hidratante** crème hydratante ; **~ pastelera** crème pâtissière
cremallera [krema'ʎera] *nf* fermeture *f* éclair®
crematorio [krema'torjo] *nm* (*tb*: **horno crematorio**) four *m* crématoire
crepitar [krepi'tar] *vi* crépiter
crepúsculo [kre'puskulo] *nm* crépuscule *m*
cresta ['kresta] *nf* crête *f*
creyendo *etc* [kre'jendo] *vb ver* **creer**
creyente [kre'jente] *nm/f* croyant(e)
creyó *etc* [kre'jo] *vb ver* **creer**
crezca *etc* ['kreθka] *vb ver* **crecer**
cría ['kria] *vb ver* **criar** ▸ *nf* (*de animales*) élevage *m* ; (*cachorro*) petit *m* ; *ver tb* **crío**
criada [kri'aða] *nf* bonne *f* ; *ver tb* **criado**
criadero [kria'ðero] *nm* élevage *m*
criado, -a [kri'aðo, a] *nm/f* domestique *m/f*
crianza [kri'anθa] *nf* allaitement *m* ; (*formación*) éducation *f* ; (*de animales*) élevage *m* ; **vino de ~** grand cru *m*
criar [kri'ar] *vt* allaiter, nourrir ; (*educar*) éduquer, élever ; (*parásitos*) produire ; (*animales*) élever ▸ *vi* avoir des petits ; **criarse** *vpr* être élevé(e) ; (*formarse*) se former ; (*crecer*) grandir
criatura [kria'tura] *nf* créature *f* ; (*niño*) gosse *m/f*
criba ['kriβa] *nf* crible *m* ; (*fig*) crible, tamis *m*
cribar [kri'βar] *vt* cribler, tamiser
crimen ['krimen] *nm* crime *m* ; **~ pasional** crime passionnel
criminal [krimi'nal] *adj* criminel(le) ; (*tiempo, viaje etc*) horrible ▸ *nm/f* criminel(le)
crin [krin] *nf* (*tb*: **crines**) crinière *f*
crío, -a ['krio, a] (*fam*) *nm/f* gamin(e) ; (*más pequeño*) bébé *m*
criollo, -a [kri'oʎo, a] *adj* créole ; (AM) indigène ▸ *nm/f* Créole *m/f* ; (AM) indigène *m/f*
criptomoneda [kriptomo'neða] *nf* cryptomonnaie *f*
crisis ['krisis] *nf inv* crise *f* ; **~ nerviosa** dépression *f* nerveuse
crispar [kris'par] *vt* crisper ; **crisparse** *vpr* se crisper ; **ese ruido me crispa los nervios** ce bruit me porte sur les nerfs
cristal [kris'tal] *nm* verre *m* ; (*Quím*) cristal *m* ; (*de ventana*) vitre *f* ; **cristales** *nmpl* (*trozos rotos*) bouts *mpl* de verre ; **de ~** en verre ; **~ ahumado** verre fumé ; **~ de roca** cristal de roche
cristalino, -a [krista'lino, a] *adj* cristallin(e) ▸ *nm* cristallin *m*
cristalizar [kristali'θar] *vi* cristalliser ; (*fig*) se cristalliser ; **cristalizarse** *vpr* se cristalliser
cristiandad [kristjan'dað] *nf* chrétienté *f*
cristianismo [kristja'nismo] *nm* christianisme *m*

cr

cristiano, -a [kris'tjano, a] *adj, nm/f* chrétien(ne) ; **hablar en ~** parler espagnol ; (*fig*) parler clairement

Cristo ['kristo] *nm* le Christ ; (*crucifijo*) crucifix *m* ; **armar un ~** faire du chahut

criterio [kri'terjo] *nm* critère *m* ; (*opinión*) avis *m* ; (*discernimiento*) discernement *m*, jugement *m* ; **lo dejo a su ~** la décision vous appartient

crítica ['kritika] *nf* critique *f* ; **la ~** (*Teatro etc*) la critique ; *ver tb* **crítico**

criticar [kriti'kar] *vt* (*censurar*) critiquer ; (*novela, película*) faire la critique de ▶ *vi* critiquer

crítico, -a ['kritiko, a] *adj, nm/f* critique *m/f*

Croacia [kro'aθja] *nf* Croatie *f*

croar [kro'ar] *vi* coasser

cromo ['kromo] *nm* chrome *m* ; (*para niños*) vignette *f*

crónica ['kronika] *nf* chronique *f* ; **~ deportiva/de sociedad** rubrique sportive/mondaine

crónico, -a ['kroniko, a] *adj* (*tb fig*) chronique

cronómetro [kro'nometro] *nm* chronomètre *m*

croqueta [kro'keta] *nf* croquette *f*

cruce ['kruθe] *vb ver* **cruzar** ▶ *nm* croisement *m* ; (*de miradas*) rencontre *f* ; (*de carreteras*) carrefour *m* ; (*Telec etc*) interférence *f* ; **luces de ~** feux *mpl* de croisement ; **~ de peatones** passage *m* clouté

crucificar [kruθifi'kar] *vt* (*tb fig*) crucifier

crucifijo [kruθi'fixo] *nm* crucifix *msg*

crucigrama [kruθi'ɣrama] *nm* mots *mpl* croisés

crudo, -a ['kruðo, a] *adj* cru(e) ; (*invierno etc*) rigoureux(-euse) ▶ *nm* pétrole *m* brut ; (*Perú*) serpillière *f*

cruel [krwel] *adj* cruel(le)

crueldad [krwel'ðað] *nf* cruauté *f*

crujido [kru'xiðo] *nm* craquement *m*

crujiente [kru'xjente] *adj* (*galleta*) croquant(e) ; (*pan*) croustillant(e)

crujir [kru'xir] *vi* craquer ; (*dientes*) grincer ; (*nieve, arena*) crisser

cruz [kruθ] *nf* croix *fsg* ; (*de moneda*) pile *f* ; **con los brazos en ~** les bras en croix ; **~ gamada** croix gammée ; **C~ Roja** Croix-Rouge *f*

cruzado, -a [kru'θaðo, a] *adj* croisé(e) ; (*en calle, carretera*) en travers ▶ *nm* croisé *m*

cruzar [kru'θar] *vt* croiser ; (*calle, desierto*) traverser ; (*palabras*) échanger ; **cruzarse** *vpr* se croiser ; **cruzarle la cara a algn** flanquer une gifle à qn ; **cruzarse con algn** croiser qn ; **cruzarse de brazos** (*tb fig*) se croiser les bras

cta., c.ta *abr* = *cuenta*

c/u *abr* = *cada uno*; *ver* **cada**

cuaderno [kwa'ðerno] *nm* cahier *m* ; **~ de bitácora** (*Náut*) livre *m* de bord

cuadra ['kwaðra] *nf* écurie *f* ; (AM: *Arq*) pâté *m* de maisons

cuadrado, -a [kwa'ðraðo, a] *adj* (*tb fam*) carré(e) ▶ *nm* (*Mat*) carré *m* ; **metro/kilómetro ~** mètre *m*/kilomètre *m* carré

cuadrar [kwa'ðrar] *vt* (*Mat*) élever au carré ; (*Perú*) garer ▶ *vi* (*Tip*) justifier ; **cuadrarse** *vpr* (*soldado*) se mettre au garde-à-vous ; **~ (con)** (*informaciones*) correspondre (à) ; (*cuentas*) s'accorder (avec) ; **~ por la derecha/izquierda** (*Tip*) justifier à droite/gauche

cuadrilátero [kwaðri'latero] *nm* (*Deporte*) ring *m* ; (*Geom*) quadrilatère *m*

cuadrilla [kwa'ðriʎa] *nf* (*de obreros etc*) équipe *f* ; (*de ladrones, amigos*) bande *f*

cuadro ['kwaðro] *nm* tableau *m* ; (*cuadrado*) carré *m* ; (*Deporte, Med*) équipe *f* ; (*Pol, Mil, tb de bicicleta*) cadre *m* ; **a/de ~s** à carreaux ; **~ de mandos** tableau de bord

cuádruple ['kwaðruple] *adj* quadruple

cuajar [kwa'xar] *vt* (*leche*) cailler ; (*sangre*) coaguler ; (*huevo*) faire durcir ▶ *vi* (*Culin, nieve*) prendre ; (*fig*: *planes*) aboutir ; (: *acuerdo*) marcher ; (: *idea*) se réaliser ; **cuajarse** *vpr* (*leche*) se cailler ; **~ algo de** remplir qch de

cuajo ['kwaxo] *nm*: **de ~** (*arrancar etc*) à la racine

cual [kwal] *adv* comme ▶ *pron*: **el/la ~** lequel (laquelle), qui ; **los/las ~es** lesquels (lesquelles), qui ; **lo ~** ce qui, ce que ; **allá cada ~** chacun ses goûts ; **son a ~ más gandul** ils sont tous plus fainéants les uns que les autres ; **cada ~** chacun ; **con** *o* **por lo ~** c'est pourquoi ; **del ~** duquel, dont ; **tal ~** tel quel

cuál [kwal] *pron* (*interrogativo*) lequel, laquelle, lesquels, lesquelles ▶ *adj* (*esp* AM: *fam*): **¿~es primos?** quels cousins ?

cualesquier, a [kwales'kjer, a] *pl de* **cualquier**

cualidad [kwali'ðað] *nf* qualité *f*

cualquier, a [kwal'kjer, a] (*pl* **cualesquiera**) *adj* (*indefinido*) n'importe quel(le) ; (*tras sustantivo*) quelconque ▸ *pron*: **cualquiera** quiconque, n'importe qui ; (*a la hora de escoger*) n'importe lequel (laquelle) ; **~ día de estos** un de ces jours ; **no es un hombre cualquiera** ce n'est pas n'importe qui ; **en ~ momento** à n'importe quel moment ; **en ~ parte** n'importe où ; **eso cualquiera lo sabe hacer** ça, n'importe qui peut le faire ; **es un cualquiera** c'est un pas-grand-chose ; **cualquiera que sea** (*objeto*) quel(le) que ce soit ; (*persona*) qui que ce soit

cuando ['kwando] *adv* quand ▸ *conj* quand, lorsque ; (*puesto que*) puisque, du moment que ; (*si*) si ▸ *prep*: **yo, ~ niño ...** moi, quand j'étais petit ... ; **aun ~** même si, même quand ; **aun ~ no sea así** même si ce n'est pas le cas ; **~ más/menos** tout au plus/au moins ; **de ~ en ~** de temps en temps, de temps à autre ; **ven ~ quieras** viens quand tu voudras

cuándo ['kwando] *adv* quand ; **¿desde ~?, ¿de ~ acá?** depuis quand ?

cuantioso, -a [kwan'tjoso, a] *adj* considérable

cuanto, -a ['kwanto, a]

▸ *adj* 1 (*todo*): **tiene todo cuanto desea** il a tout ce qu'il veut ; **le daremos cuantos ejemplares necesite** nous vous donnerons autant d'exemplaires qu'il vous en faudra ; **cuantos hombres la ven la admiran** tous les hommes qui la voient l'admirent

2: **unos cuantos**: **había unos cuantos periodistas** il y avait un certain nombre de journalistes

3 (*+ más*): **cuanto más vino bebas peor te sentirás** plus tu boiras de vin plus tu te sentiras mal ; **cuanto más tiempo estemos mejor** plus on reste mieux c'est

▸ *pron* 1: **tome cuanto/cuantos quiera** prends-en autant que tu voudras

2: **unos cuantos** quelques-uns

▸ *adv*: **en cuanto**: **en cuanto profesor es excelente** comme professeur, il est excellent ; **en cuanto a mí** quant à moi ; *ver tb* **antes**

▸ *conj* 1: **cuanto más lo pienso menos me gusta** plus j'y pense moins ça me plaît

2: **en cuanto**: **en cuanto llegue/llegó** dès qu'il arrive *o* arrivera/arriva

cuánto, -a ['kwanto, a] *adj* (*exclamativo*) que de, quel(le) ; (*interrogativo*) combien de ▸ *pron, adv* combien ; **¡cuánta gente!** que de gens ! ; **¿~ tiempo?** combien de temps ? ; **¿~ cuesta?** combien ça coûte ? ; **¿a ~s estamos?** le combien sommes-nous ? ; **¿~ hay de aquí a Bilbao?** combien y a-t-il d'ici à Bilbao ? ; **¡~ me alegro!** comme je suis content ! ; **Señor no sé ~s** Monsieur Untel

cuarenta [kwa'renta] *adj inv, nm inv* quarante *m inv* ; *ver tb* **sesenta**

cuarentena [kwaren'tena] *nf* quarantaine *f*

cuaresma [kwa'resma] *nf* carême *m*

cuarta ['kwarta] *nf* empan *m* ; (*Mús*) quarte *f* ; *ver tb* **cuarto**

cuartel [kwar'tel] *nm* caserne *f* ; **no dar ~** ne pas faire de quartier ; **~ general** quartier *m* général

cuarteto [kwar'teto] *nm* quatuor *m*

cuarto, -a ['kwarto, a] *adj* quatrième ▸ *nm* (*Mat*) quart *m* ; (*habitación*) pièce *f* ; (*dormitorio*) chambre *f* ; (*Zool*) quartier *m* ; **no tener un ~** ne pas avoir un sou ; **~ creciente/menguante** premier/dernier quartier ; **~ de baño/de estar** salle *f* de bains/de séjour ; **~s de final** (*Deporte*) quarts *mpl* de finale ; **~ de hora** quart d'heure ; **~ de huéspedes** chambre d'amis ; **~ de kilo** demi-livre *f* ; **~ delantero/trasero** avant-/arrière-train *m* ; *ver tb* **sexto**

cuarzo ['kwarθo] *nm* quartz *m*

cuate, -a ['kwate, a] (*CAm, Méx*) *nm/f* jumeau(-elle) ; (*fam*) copain (copine)

cuatro ['kwatro] *adj inv, nm inv* quatre *m inv* ; *ver tb* **seis**

cuatrocientos, -as [kwatro'θjentos, as] *adj* quatre cents ; *ver tb* **seiscientos**

Cuba ['kuβa] *nf* Cuba *f*

cuba ['kuβa] *nf* cuve *f*, tonneau *m* ; (*tina*) cuve ; **estar como una ~** (*fam*) être rond(e)

cubano, -a [ku'βano, a] *adj* cubain(e) ▸ *nm/f* Cubain(e)

cúbico, -a ['kuβiko, a] *adj* cubique
cubierta [ku'βjerta] *nf* couverture *f* ; (*neumático*) pneu *m* ; (*Náut*) pont *m*
cubierto, -a [ku'βjerto, a] *pp de* **cubrir** ▸ *adj* couvert(e) ; (*vacante*) pourvu(e) ▸ *nm* couvert *m* ; **~ de** couvert(e) de, recouvert(e) de ; **a** *o* **bajo ~** à l'abri ; **precio del ~** prix *msg* par personne
cubilete [kuβi'lete] *nm* gobelet *m*, cornet *m*
cubito [ku'βito] *nm* : **~ de hielo** glaçon *m*
cubo ['kuβo] *nm* (*Mat, Geom*) cube *m* ; (*recipiente*) seau *m* ; (*Tec*) tambour *m* ; **~ de la basura** poubelle *f*
cubrecama [kuβre'kama] *nm* couvre-lit *m*, dessus *msg* de lit
cubrir [ku'βrir] *vt* couvrir ; (*esconder*) cacher ; (*polvo, nieve*) recouvrir, couvrir ; (*vacante*) pourvoir ; **cubrirse** *vpr* se couvrir ; **lo cubrieron las aguas** les eaux l'ont englouti ; **el agua casi me cubría** je n'avais presque pas pied ; **~ de** couvrir de ; **cubrirse de** se couvrir de, se recouvrir de ; **cubrirse de gloria** se couvrir de gloire
cucaracha [kuka'ratʃa] *nf* cafard *m*
cuchara [ku'tʃara] *nf* cuiller *f* *o* cuillère *f* ; (*Tec*) benne *f* preneuse
cucharada [kutʃa'raða] *nf* cuillerée *f* ; **~ colmada/rasa** cuiller *f* *o* cuillère *f* pleine à ras bord/rase
cucharadita [kutʃara'ðita] *nf* cuillerée *f* à café
cucharilla [kutʃa'riʎa] *nf* petite cuiller *f* *o* cuillère *f*
cucharón [kutʃa'ron] *nm* louche *f*
cuchichear [kutʃitʃe'ar] *vi* chuchoter
cuchilla [ku'tʃiʎa] *nf* lame *f*
cuchillo [ku'tʃiʎo] *nm* couteau *m*
cuchitril [kutʃi'tril] (*pey*) *nm* taudis *msg*, bouge *m*
cuclillas [ku'kliʎas] *nfpl* : **en ~** accroupi(e)
cuco, -a ['kuko, a] *adj* (*mono*) joli(e) ; (*astuto*) malin(-igne) ▸ *nm* coucou *m*
cucurucho [kuku'rutʃo] *nm* cornet *m* ; **helado de ~** cornet de glace
cuello ['kweʎo] *nm* cou *m* ; (*de ropa*) col *m* ; (*de botella*) goulot *m* ; **~ a la caja/alto/de pico** col rond/roulé/en V ; **~ uterino** col de l'utérus
cuenca ['kwenka] *nf* (*tb* : **cuenca del ojo**) orbite *f* ; (*Geo* : *valle*) vallée *f* ; (: *fluvial*) bassin *m*
cuenco ['kwenko] *nm* bol *m*
cuenta ['kwenta] *vb ver* **contar** ▸ *nf* compte *m* ; (*en restaurante*) addition *f* ; (*de collar*) grain *m* ; **a fin de ~s** au bout du compte ; **en resumidas ~s** en bref ; **ajustar las ~s a algn** régler son compte à qn ; **caer en la ~** y être ; **llevar la ~ de algo** faire le compte de qch ; **eso corre de mi ~** c'est moi qui m'en charge *o* occupe ; (*yo pago*) c'est moi qui paie ; **dar ~ de** rendre compte de ; **darse ~ de algo** se rendre compte de qch ; **echar ~s** faire les comptes ; **perder la ~ de** ne pas se rappeler ; **tener en ~** tenir compte de ; **por la ~ que me** *etc* **trae** j'ai *etc* intérêt ; **trabajar por su ~** travailler à son compte ; **abonar una cantidad en ~ a algn** créditer le compte de qn d'une somme ; **liquidar una ~** régler un compte ; **más de la ~** (*fam*) plus que de raison ; **~ a plazo (fijo)** compte de dépôt ; **~ atrás** compte à rebours ; **~ común** compte joint ; **~ corriente** compte courant ; **~ de ahorros** compte d'épargne ; **~ de asignación** compte d'affectation ; **~ de caja/de capital/de crédito** compte caisse/capital/client ; **~ de correo** (*Internet*) compte de messagerie ; **~ de gastos e ingresos** compte de dépenses et de recettes ; **~ por cobrar/por pagar** somme *f* à percevoir/à payer
cuentakilómetros [kwentaki'lometros] *nm inv* compteur *m* kilométrique ; (*velocímetro*) compteur de vitesse
cuento ['kwento] *vb ver* **contar** ▸ *nm* conte *m* ; (*patraña*) histoire *f* ; **es el ~ de nunca acabar** c'est une histoire à n'en plus finir ; **eso no viene a ~** ceci n'a rien à voir ; **tener mucho ~** être très comédien(ne) ; **vivir del ~** vivre de l'air du temps ; **~ chino** histoire à dormir debout ; (*fam*) bobard *m* ; **~ de hadas** conte de fées
cuerda ['kwerða] *nf* corde *f* ; (*de reloj*) ressort *m* ; **dar ~ a un reloj** remonter une montre ; **~ floja** corde raide ; **~s vocales** cordes vocales ; *ver tb* **cuerdo**
cuerdo, -a ['kwerðo, a] *adj* sensé(e) ; (*prudente*) sage, prudent(e)
cuerear [kwere'ar] (AM) *vt* écorcher, dépouiller
cuerno ['kwerno] *nm* corne *f* ; (*Mús*) cor *m* ; **mandar a algn al ~** envoyer qn paître ; **¡y un ~!** mon œil ! ; **poner los ~s a** (*fam*)

faire porter des cornes à ; **~ de caza** corne de chasse

cuero ['kwero] *nm* cuir *m* ; (*Carib*: *fam!*) pute *f* (*fam!*) ; **en ~s** tout(e) nu(e) ; **~ cabelludo** cuir chevelu

cuerpo ['kwerpo] *nm* corps *msg* ; (*Geom*) solide *m* ; (*fig*) partie *f* principale ; **a ~** sans manteau ; **luchar ~ a ~** lutter corps à corps ; **tomar ~** (*plan etc*) prendre corps ; **~ de bomberos** régiment *m* de sapeurs-pompiers ; **~ diplomático** corps diplomatique

cuervo ['kwerβo] *nm* corbeau *m* ; (*CSur*) vautour *m*

cuesta ['kwesta] *vb ver* **costar** ▶ *nf* côte *f* ; **ir ~ arriba/abajo** monter/descendre ; **este trabajo se me hace muy ~ arriba** (*fig*) j'ai du mal à faire ce travail ; **a ~s** sur le dos

cuestión [kwes'tjon] *nf* question *f* ; (*riña*) dispute *f*, querelle *f* ; **en ~ de** en matière de ; **eso es otra ~** ça c'est une autre histoire ; **es ~ de** il s'agit de

cueva ['kweβa] *nf* grotte *f*, caverne *f* ; **~ de ladrones** caverne de voleurs

cuidado, -a [kwi'ðaðo] *adj* soigné(e) ▶ *nm* précaution *f* ; (*preocupación*) souci *m* ; (*de los niños etc*) soin *m* ▶ *excl* attention ! ; **eso me trae sin ~** ça je m'en fiche ; **estar al ~ de** s'occuper de ; **tener ~** faire attention ; **~ con el perro** attention au chien ; **~s intensivos** soins *mpl* intensifs

cuidadoso, -a [kwiða'ðoso, a] *adj* soigneux(-euse) ; (*prudente*) prudent(e)

cuidar [kwi'ðar] *vt* soigner ; (*niños, casa*) s'occuper de ▶ *vi*: **~ de** prendre soin de ; **cuidarse** *vpr* prendre soin de soi ; **cuidarse de hacer** prendre soin de faire ; **¡cuídate!** prends soin de toi !, fais attention à toi !

culata [ku'lata] *nf* crosse *f* ; **le salió el tiro por la ~** ça a été l'arroseur arrosé

culebra [ku'leβra] *nf* couleuvre *f*

culebrón [kule'βron] (*fam*) *nm* feuilleton *m*

culinario, -a [kuli'narjo, a] *adj* culinaire

culminación [kulmina'θjon] *nf* point *m* culminant

culo ['kulo] *nm* (*fam*) fesses *fpl*, cul *m* (*fam!*) ; (*en botella*: *final*) fond *m* ; **¡vamos de ~!** (*fam*) nous voilà bien ! ; **¡vete a tomar por ~!** (*fam!*) va te faire enculer ! (*fam!*)

culpa ['kulpa] *nf* faute *f* ; (*Jur*) culpabilité *f* ; **culpas** *nfpl* (*Rel*) fautes *fpl* ; **echar la ~ a algn** accuser qn ; **por ~ de** à cause de ; **tengo la ~** c'est de ma faute

culpabilidad [kulpaβili'ðað] *nf* culpabilité *f*

culpable [kul'paβle] *adj, nm/f* coupable *m/f* ; **ser ~ (de)** être coupable (de) ; **confesarse ~** plaider coupable ; **declarar ~ a algn** déclarer qn coupable

culpar [kul'par] *vt* accuser

cultivar [kulti'βar] *vt* cultiver ; (*amistad*) entretenir

cultivo [kul'tiβo] *nm* culture *f* ; (*cosecha*) récolte *f*

culto, -a ['kulto, a] *adj* cultivé(e) ; (*lenguaje*) choisi(e) ; (*palabra*) savant(e) ▶ *nm* culte *m* ; **rendir ~ a** (*Rel*, *fig*) vouer un culte à

cultura [kul'tura] *nf* culture *f*

culturismo [kultu'rismo] *nm* culturisme *m*

cumbre ['kumbre] *nf* (*tb fig*) sommet *m*

cumpleaños [kumple'aɲos] *nm inv* anniversaire *m* ; **¡feliz ~!** joyeux anniversaire !

cumplido, -a [kum'pliðo, a] *adj* (*cortés*) poli(e) ; (*plazo*) échu(e) ; (*información*) complet(-ète) ; (*tamaño*) grand(e) ▶ *nm* compliment *m* ; **cumplidos** *nmpl* (*amabilidades*) politesses *fpl* ; **con el servicio militar ~** dégagé des obligations militaires ; **visita de ~** visite *f* de politesse

cumplimentar [kumplimen'tar] *vt* complimenter, adresser ses compliments à ; (*orden*) exécuter

cumplimiento [kumpli'mjento] *nm* accomplissement *m* ; (*de norma*) respect *m*

cumplir [kum'plir] *vt* accomplir ; (*ley*) respecter ; (*promesa*) tenir ; (*años*) avoir ▶ *vi* (*pago*) arriver à échéance ; (*plazo*) expirer ; **cumplirse** *vpr* (*plazo*) expirer ; (*plan, pronósticos*) se réaliser, s'accomplir ; **~ con** (*deber*) faire, remplir ; (*promesa*) tenir ; **hoy cumple dieciocho años** aujourd'hui il a dix-huit ans ; **hacer algo por ~** faire qch pour la forme, faire qch par politesse ; **hoy se cumplen dos años/tres meses de** ça fait aujourd'hui deux ans/trois mois que

cúmulo ['kumulo] *nm* tas *msg* ; (*nube*) cumulus *msg*

cuna ['kuna] *nf* berceau *m* ; **canción de ~** berceuse *f*

cundir [kun'dir] *vi* (*rumor, pánico*) se répandre, se propager ; (*trabajo*) avancer, progresser ; (*aceite, hilo*) durer

cuneta [ku'neta] *nf* fossé *m*

cuña ['kuɲa] *nf* (*Tec*) coin *m* ; (*Med*) bassin *m* ; **tener ~s** (*AM*) avoir du piston ; **~ publicitaria** message *m* publicitaire

cuñado, -a [ku'ɲaðo, a] *nm/f* beau-frère (belle-sœur) ; (*fam, hum*) monsieur (madame) je-sais-tout

cuota ['kwota] *nf* quota *m* ; (*parte proporcional*) quote-part *f* ; (*de club etc*) cotisation *f* ; **de ~** (*AM*: *carretera*) à péage

cupo ['kupo] *vb ver* **caber** ▶ *nm* quote-part *f* ; (*Mil*) contingent *m* ; **~ de importación** (*Com*) contingent d'importation ; **~ de ventas** quota *m* de ventes ; *ver* **excedente**

cupón [ku'pon] *nm* billet *m* ; (*de resguardo*) bon *m* ; (*Com*) coupon *m*

cúpula ['kupula] *nf* coupole *f*

cura ['kura] *nf* guérison *f* ; (*tratamiento*) soin *m* ▶ *nm* curé *m* ; **~ de desintoxicación** cure *f* de désintoxication ; **~ de urgencia** soins *mpl* d'urgence

curación [kura'θjon] *nf* guérison *f* ; (*tratamiento*) traitement *m*

curandero, -a [kuran'dero, a] *nm/f* guérisseur(-euse)

curar [ku'rar] *vt* (*enfermo, enfermedad, herida*) guérir ; (*: con apósitos*) panser ; (*Culin*) faire sécher ; (*cuero*) tanner ; **curarse** *vpr* guérir

curiosear [kurjose'ar] *vt* fouiner dans ▶ *vi* fouiner

curiosidad [kurjosi'ðað] *nf* curiosité *f* ; **sentir** *o* **tener ~ por** *o* **de (hacer)** être curieux(-euse) de (faire)

curioso, -a [ku'rjoso, a] *adj* curieux(-euse) ; (*aseado*) propre, soigné(e) ▶ *nm/f* (*pey*) curieux(-euse) ; **¡qué ~!** comme c'est étrange !

curita [ku'rita] (*AM*) *nf* sparadrap *m*

currante [ku'rrante] (*fam*) *nm/f* bosseur(-euse)

currar [ku'rrar], **currelar** [kurre'lar] (*fam*) *vi* bosser, trimer

currículo [ku'rrikulo], **currículum** [ku'rrikulum] *nm* (*tb*: **currículo vitae**) curriculum *m* (vitae)

curro ['kurro] (*fam*) *nm* boulot *m*

cursi ['kursi] *adj* de mauvais goût ; (*afectado*) maniéré(e)

cursillo [kur'siʎo] *nm* cours *msg* ; (*de reciclaje etc*) stage *m* ; (*de conferencias*) cycle *m*

cursiva [kur'siβa] *nf* italique *m*

curso ['kurso] *nm* cours *msg* ; (*Escol, Univ*) année *f* ; **en ~** (*año, proceso*) en cours ; **dar ~ a** donner suite à ; **moneda de ~ legal** monnaie *f* à cours légal ; **en el ~ de** au cours de ; **~ acelerado/por correspondencia** cours accéléré/par correspondance

cursor [kur'sor] *nm* (*Inform*) curseur *m* ; (*Tec*) curseur, coulisseau *m*

curtido, -a [kur'tiðo, a] *adj* (*cara, cuero*) tanné(e) ; (*fig*: *persona*) expérimenté(e), chevronné(e)

curtir [kur'tir] *vt* (*pieles*) tanner, corroyer ; (*suj*: *sol, viento*) tanner ; (*fig*) endurcir, aguerrir ; **curtirse** *vpr* (*fig*) s'endurcir, s'aguerrir

curva ['kurβa] *nf* virage *m*, tournant *m* ; (*Mat*) courbe *f* ; **~ de rentabilidad** (*Com*) courbe de rentabilité

cúspide ['kuspiðe] *nf* sommet *m* ; (*fig*) faîte *m*, comble *m*

custodia [kus'toðja] *nf* surveillance *f* ; (*de hijos*) garde *f* ; (*Jur*) détention *f* ; **estar bajo ~ policial** être en garde à vue

custodiar [kusto'ðjar] *vt* surveiller

cutis ['kutis] *nm inv* peau *f*

cutre ['kutre] (*fam*) *adj* ringard(e)

cuyo, -a ['kujo, a] *pron* (*complemento de sujeto*) dont le, (dont la) ; (*: plural*) dont les ; (*complemento de objeto*) dont ; (*tras preposición*) de qui, duquel, (de laquelle) ; (*: plural*) desquels, (desquelles) ; **la señora en cuya casa me hospedé** la dame chez qui j'étais logé ; **el asunto ~s detalles conoces** l'affaire dont tu connais les détails ; **por ~ motivo** c'est pourquoi ; **en ~ caso** auquel cas

C.V. *abr* (= *caballos de vapor*) CV (= *cheval vapeur*) ; (= *curriculum vitae*) CV *m* (= *curriculum vitae*)

d

D. *abr* = Don (*con apellido*) Monsieur *m* ; (*sólo con nombre*) Don *m*

Da. *abr* = Doña (*con apellido*) Madame *f* ; (*sólo con nombre*) Doña *f*, ≈ Madame

dación [da'θjon] *nf*: **~ en pago** (*Jur*) dation *f* en paiement

dádiva ['daðiβa] *nf* (*donación*) don *m* ; (*regalo*) présent *m*

dado, -a ['daðo, a] *pp de* **dar** ▸ *adj*: **en un momento ~** à un moment donné ▸ *nm* (*para juego*) dé *m* ; **dados** *nmpl* (*juego*) dés *mpl* ; **ser ~ a hacer algo** être enclin(e) à faire qch ; **~ que** étant donné que

daltónico, -a [dal'toniko, a] *adj, nm/f* daltonien(ne)

dama ['dama] *nf* dame *f* ; **damas** *nfpl* (*juego*) dames *fpl* ; **primera ~** (*Teatro*) premier rôle *m* féminin ; (*Pol*) première dame ; **~ de honor** (*de novia*) demoiselle *f* d'honneur ; (*de reina*) dame d'honneur ; (*en concurso*) dauphine *f*

damasco [da'masko] (AM) *nm* abricot *m*

danés, -esa [da'nes, esa] *adj* danois(e) ▸ *nm/f* Danois(e) ▸ *nm* (*Ling*) danois *m*

danza ['danθa] *nf* danse *f*

danzar [dan'θar] *vt* danser ▸ *vi* danser ; (*fig: moverse*) s'agiter

dañar [da'ɲar] *vt* (*mueble, cuadro, motor*) abîmer ; (*cosecha*) endommager ; (*salud, reputación*) nuire à ; **dañarse** *vpr* (*cosecha*) se gâter

dañino, -a [da'ɲino, a] *adj* (*sustancia*) nocif(-ive) ; (*animal*) nuisible

daño ['daɲo] *nm* (*a mueble, máquina*) dommage *m* ; (*a cosecha, región*) dégât *m* ; (*a persona, animal*) mal *m* ; **~s y perjuicios** (*Jur*) dommages *mpl* et intérêts *mpl* ; **hacer ~ a algn** (*producir dolor*) faire mal à qn ; (*fig: ofender*) blesser qn ; **eso me hace ~** ça ne me réussit pas ; **hacerse ~** se faire mal

d

dar [dar]

▸ *vt* **1** donner ; **dar algo a algn** donner qch à qn ; **dar un golpe/una patada** donner un coup/un coup de pied ; **dar clase** faire la classe ; **dar la luz** allumer (la lumière) ; **dar las gracias** remercier ; **dar olor** répandre une odeur ; **dar de beber a algn** donner à boire à qn

2 (*causar: alegría*) faire ; (*: problemas*) causer ; (*: susto*) faire

3 (+ *n: perífrasis de verbo*): **me da pena/asco** cela me désole/dégoûte ; **da gusto escucharle** c'est bien agréable de l'écouter ; **me da no sé qué** (*reparo*) cela m'embête un peu

4 (*considerar*): **dar algo por descontado** considérer qch comme chose faite ; **lo doy por hecho/terminado** je considère que c'est fait/terminé

5 (*hora*): **el reloj dio las seis** la pendule sonna six heures ; *ver tb* **más**

6 (*dar a + infin*): **dar a conocer** faire connaître

▸ *vi* **1**: **dar a** (*ventana, habitación*) donner sur ; (*botón etc*) appuyer sur

2: **dar con**: **dimos con él dos horas más tarde** nous l'avons rencontré deux heures plus tard ; **al final di con la solución** finalement j'ai trouvé la solution

3: **dar en** (*blanco*) atteindre ; **dar en el suelo** tomber par terre ; **el sol me da en la cara** j'ai le soleil dans la figure

4: **dar de sí** (*ropa*) se détendre ; (*zapatos*) se faire

5: **dar para**: **el sueldo no da para más** ce salaire est très juste

6: **le dio por comprarse ...** il s'est mis en tête de s'acheter ...

7: **dar que** (+ *infin*): **dar que pensar** donner à penser ; **el niño da mucho que hacer** cet enfant donne beaucoup de travail

8: **me da igual** *o* **lo mismo** ça m'est égal ; **¿qué más te da?** qu'est-ce que ça peut te faire ?

▸ **darse** *vpr* **1** se donner ; **darse un baño**

prendre un bain ; **darse un golpe** se cogner
2 (*ocurrir*): **se han dado muchos casos** il y a eu de nombreux cas
3: **darse a**: **darse a la bebida** s'adonner à la boisson
4: **darse por**: **darse por vencido** se déclarer vaincu ; **darse por satisfecho** s'estimer satisfait
5: **se me dan bien/mal las ciencias** je suis bon/mauvais en sciences
6: **dárselas de**: **se las da de experto** il joue les experts

dardo ['darðo] *nm* dard *m*
datar [da'tar] *vi*: **~ de** dater de
dátil ['datil] *nm* datte *f*
dato ['dato] *nm* (*detalle*) fait *m* ; (*Mat*) donnée *f* ; **datos** *nmpl* (*información, Inform*) données *fpl* ; **~s de entrada/de salida** données en entrée/en sortie ; **~s abiertos** données ouvertes ; **~s móviles** (*Telec*) données mobiles ; **~s personales** données personnelles
dcha. *abr* (= *derecha*) dr. (= *droite*)

de [de]

(*de* + *el* = **del**) *prep* 1 (*gen*) (*complemento de n*) de, d' ; **la casa de Isabel/de mis padres/de los Álvarez** la maison d'Isabel/de mes parents/des Alvarez ; **una copa de vino** un verre de vin ; **clases de inglés** cours *mpl* d'anglais
2 (*posesión*: *con ser*): **es de ellos** c'est à eux
3 (*origen, distancia*) de ; **soy de Gijón** je suis de Gijón ; **salir del cine/de la casa** sortir du cinéma/de la maison ; **de lado** de côté ; **de atrás/delante** de derrière/devant
4 (*materia*) en ; **un abrigo de lana** un manteau en laine ; **de madera** en bois
5 (*uso*) à ; **una máquina de coser/escribir** une machine à coudre/écrire
6 (*traje, aspecto*): **ir vestido de gris** être habillé en gris, être vêtu de gris ; **la niña del vestido azul** la fille en robe bleue ; **la del pelo negro** celle qui a les cheveux noirs
7 (*profesión*): **trabaja de profesora** elle travaille comme professeur
8 (*hora, tiempo*): **a las ocho de la mañana** à huit heures du matin ; **de día/de noche** le jour/la nuit ; **de hoy en ocho días** aujourd'hui en huit ; **de niño era gordo** quand il était petit, il était gros
9 (*medida, distribución*): **cinco metros de largo/ancho** cinq mètres de long/large ; **de dos en dos** de deux en deux ; **uno de cada tres** un sur trois
10 (*comparaciones*): **más/menos de cien personas** plus/moins de cent personnes ; **el más caro de la tienda** le plus cher du magasin ; **menos/más de lo pensado** moins/plus qu'on ne pensait
11 (*adj* + *de* + *inf*): **es difícil de creer** c'est difficile à croire ; **eso es difícil de hacer** il est difficile de faire cela
12 (*causa, modo*): **no puedo dormir del calor que hace** je ne peux pas dormir à cause de la chaleur ; **de puro tonto se le olvidó coger dinero** il est si bête qu'il a oublié de prendre de l'argent ; **temblar de miedo/de frío** trembler de peur/de froid ; **de un trago** d'un coup ; **de un solo golpe** d'un seul coup
13 (*condicional* + *infin*): **de no ser así** sinon ; **de ser posible** si c'est possible ; **de no terminarlo hoy** si ce n'est pas fini aujourd'hui
14: **el pobre de Juan** le pauvre Juan ; **el tonto de Carlos** cet idiot de Carlos
15: **de no** (*AM*: *si no*) sinon ; **hazlo, de no ...!** fais-le sinon ... !

dé [de] *vb ver* **dar**
deambular [deambu'lar] *vi* (*persona*) déambuler ; (*animal*) errer
debajo [de'βaxo] *adv* dessous ; **~ de** sous ; **por ~ de** en dessous de
debate [de'βate] *nm* débat *m*
debatir [deβa'tir] *vt* débattre (de) ▸ *vi* débattre ; **debatirse** *vpr* (*forcejear*) se débattre
deber [de'βer] *nm* (*obligación*) devoir *m* ; **deberes** *nmpl* (*Escol*) devoirs *mpl* ▸ *vt* devoir ; **deberse** *vpr*: **deberse a** être dû (due) à ; **debo hacerlo** je dois le faire ; **debería dejar de fumar** il devrait arrêter de fumer ; **debe (de) ser canadiense** il doit être canadien ; **¿qué/cuánto le debo?** qu'est ce que/combien est-ce que je vous dois ? ; **queda a ~ 250 euros** il reste à payer 250 euros ; **como debe ser** comme il se doit
debido, -a [de'βiðo, a] *adj* (*cuidado, respeto*) dû (due) ; **~ a** en raison de ; **a su ~**

tiempo en temps voulu ; **como es ~** comme il se doit
débil ['deβil] *adj* faible
debilidad [deβili'ðað] *nf* faiblesse *f* ; **tener ~ por algn/algo** avoir un faible pour qn/qch
debilitar [deβili'tar] *vt* (*persona, resistencia*) affaiblir ; (*cimientos*) ébranler ; **debilitarse** *vpr* s'affaiblir
debutar [deβu'tar] *vi* (*en actuación*) débuter
década ['dekaða] *nf* décennie *f*
decadencia [deka'ðenθja] *nf* (*de edificio*) délabrement *m* ; (*de persona*) déchéance *f* ; (*de sociedad*) décadence *f*
decaer [deka'er] *vi* (*espectáculo*) perdre de son attrait ; (*negocio*) dépérir ; (*civilización, imperio*) décliner ; (*costumbres*) tomber en désuétude ; (*éxito, afición, interés*) retomber ; (*salud*) décliner
decaído, -a [deka'iðo, a] *adj* : **estar ~** (*desanimado*) être abattu(e)
decano, -a [de'kano, a] *nm/f* (*tb Univ*) doyen(ne)
decapitar [dekapi'tar] *vt* décapiter
decena [de'θena] *nf* dizaine *f*
decencia [de'θenθja] *nf* décence *f*
decente [de'θente] *adj* décent(e) ; (*honesto*) convenable
decepción [deθep'θjon] *nf* déception *f*
decepcionar [deθepθjo'nar] *vt* décevoir
decidir [deθi'ðir] *vt* décider (de) ▸ *vi* décider ; **decidirse** *vpr* : **decidirse (a hacer algo)** se décider (à faire qch) ; **¡decídete!** décide-toi ! ; **decidirse por** se décider pour
décima ['deθima] *nf* (*Mat*) dixième *m* ; **tener ~s** avoir un peu de fièvre
decimal [deθi'mal] *adj* décimal(e)
decímetro [de'θimetro] *nm* décimètre *m*
décimo, -a ['deθimo, a] *adj, nm* dixième *m* ; *ver tb* **sexto**
decir [de'θir] *vt* dire ; (*fam* : *llamar*) appeler ▸ *nm* : **es un ~** c'est une façon de parler ; **decirse** *vpr* : **se dice que ...** on dit que ... ; **¡no me digas!** (*sorpresa*) non ! ; **~ para sí** se dire ; **~ (de)** (*revelar*) en dire long (sur) ; **~ por ~** dire comme ça ; **querer ~** vouloir dire ; **es ~** c'est-à-dire ; **ni que ~ tiene que ...** il va sans dire que ... ; **como quien dice** *o* **como si dijéramos** comme qui dirait ; **que digamos** *o* **que se diga** vraiment ; **¡quién lo diría!** qui l'eût cru ! ; **por así decirlo** pour ainsi dire ; **el qué dirán** le qu'en dira-t-on ; **¡diga!, ¡dígame!** (*Telec*) allô ! ; **le dije que fuera más tarde** je lui ai dit d'y aller plus tard ; **dicho sea de paso** soit dit en passant ; **que ya es ~** ce n'est pas peu dire ; **por no ~** pour ne pas dire ; **¿cómo se dice «cursi» en francés?** comment dit-on « cursi » en français ?
decisión [deθi'sjon] *nf* décision *f* ; **tomar una ~** prendre une décision
decisivo, -a [deθi'siβo, a] *adj* décisif(-ive)
declaración [deklara'θjon] *nf* déclaration *f* ; (*Jur*) déposition *f* ; **falsa ~** (*Jur*) faux témoignage *m* ; **prestar ~** (*Jur*) faire une déposition ; **tomar ~ a algn** (*Jur*) prendre la déposition de qn ; **~ de derechos** (*Pol*) déclaration des droits ; **~ de la renta** déclaration de revenus ; **~ fiscal** déclaration d'impôts ; **~ jurada** déposition
declarar [dekla'rar] *vt* déclarer ▸ *vi* (*para la prensa, en público*) faire une déclaration ; (*Jur*) faire une déposition ; **declararse** *vpr* (*a una chica*) se déclarer ; (*guerra, incendio*) se déclarer ; **~ culpable/inocente a algn** déclarer qn coupable/innocent ; **declararse culpable/inocente** se déclarer coupable/innocent(e)
declinar [dekli'nar] *vt* décliner ▸ *vi* (*poder*) décliner ; (*fiebre*) baisser
declive [de'kliβe] *nm* pente *f* ; (*fig*) déclin *m* ; **en ~** en pente ; (*fig* : *imperio, economía*) en déclin
decoración [dekora'θjon] *nf* décoration *f* ; (*Teatro*) décor *m* ; **~ de escaparates/de interiores** décoration de vitrines/d'intérieur
decorado [deko'raðo] *nm* décor *m*
decorar [deko'rar] *vt* décorer
decorativo, -a [dekora'tiβo, a] *adj* décoratif(-ive)
decoro [de'koro] *nm* (*en comportamiento etc*) correction *f*
decoroso, -a [deko'roso, a] *adj* correct(e) ; (*digno*) respectable
decrecer [dekre'θer] *vi* décroître, diminuer ; (*días*) raccourcir
decrecimiento [dekreθi'mjento] *nm* décroissance *f*
decrépito, -a [de'krepito, a] *adj* décrépit(e) ; (*sociedad*) en décrépitude
decretar [dekre'tar] *vt* décréter
decreto [de'kreto] *nm* décret *m*

dedal [de'ðal] *nm* (*para costura*) dé *m* ; (*fig: medida*) doigt *m*
dedicación [deðika'θjon] *nf* (*a trabajo etc*) investissement *m* ; (*de persona*) dévouement *m* ; **con ~ exclusiva** *o* **plena** à plein temps
dedicar [deði'kar] *vt* dédicacer ; (*tiempo, dinero, esfuerzo*) consacrer ; **dedicarse** *vpr*: **dedicarse a** se consacrer à ; **¿a qué se dedica usted?** qu'est-ce que vous faites dans la vie ?
dedicatoria [deðika'torja] *nf* dédicace *f*
dedo ['deðo] *nm* doigt *m* ; (*del pie*) orteil *m* ; **contar con los ~s** compter sur les doigts ; **chuparse los ~s** se régaler ; **a ~** (*entrar, nombrar*) avec du piston ; **hacer ~** (*fam*) faire du stop ; **poner el ~ en la llaga** toucher le point sensible ; **no tiene dos ~s de frente** il n'est pas très futé ; **estar a dos ~s de** être à deux doigts de ; **~ anular** annulaire *m* ; **~ corazón** majeur *m* ; **~ gordo** pouce *m* ; (*en pie*) gros orteil ; **~ índice** index *msg* ; **~ meñique** auriculaire *m* ; **~ del pie** orteil
deducción [deðuk'θjon] *nf* déduction *f*
deducir [deðu'θir] *vt* déduire
defecto [de'fekto] *nm* défaut *m* ; **por ~** (*Inform*) par défaut
defectuoso, -a [defek'twoso, a] *adj* défectueux(-euse)
defender [defen'der] *vt* défendre ; **defenderse** *vpr*: **defenderse de algo** se défendre de qch ; **defenderse contra algo/algn** se défendre contre qch/qn ; **defenderse bien** (*en profesión etc*) bien se défendre ; **me defiendo en inglés** (*fig*) je ne me défends pas mal en anglais
defensa [de'fensa] *nf* (*tb Jur, Deporte*) défense *f* ▸ *nm* (*Deporte*) défenseur *m*, arrière *m* ; **defensas** *nfpl* (*Med*) défenses *fpl* ; **en ~ propia** en légitime défense
defensivo, -a [defen'siβo, a] *adj* (*movimiento, actitud*) de défense
defensor, a [defen'sor, a] *adj* (*persona*) qui défend ▸ *nm/f* (*abogado*) avocat(e) de la défense ; (*protector*) défenseur(e) ; **~ del menor** défenseur(e) des enfants ; **~ del pueblo** (*Esp*) ≈ médiateur(-trice) de la République
deficiente [defi'θjente] *adj* (*trabajo*) insuffisant(e) ; (*salud*) déficient(e) ▸ *nm/f*: **ser un ~ mental/físico** être handicapé mental/physique ▸ *nm* (*Escol*) mauvaise note *f* ; **~ en** insuffisant(e) en
déficit ['defiθit] (*pl* **déficits**) *nm* déficit *m* ; **~ presupuestario** déficit budgétaire
definición [defini'θjon] *nf* définition *f*
definir [defi'nir] *vt* définir
definitivo, -a [defini'tiβo, a] *adj* définitif(-ive) ; **en definitiva** en définitive
deforestación [deforesta'θjon] *nf* déforestation *f*
deformación [deforma'θjon] *nf* déformation *f* ; **~ profesional** déformation professionnelle
deformar [defor'mar] *vt* déformer ; **deformarse** *vpr* se déformer
deforme [de'forme] *adj* difforme
defraudar [defrau'ðar] *vt* (*a personas*) tromper ; (*a Hacienda*) frauder
defunción [defun'θjon] *nf* décès *m* ; **«cerrado por ~»** «fermé pour cause de décès»
degeneración [dexenera'θjon] *nf* dégradation *f*
degenerar [dexene'rar] *vi* dégénérer ; **~ en** dégénérer en
degollar [deɣo'ʎar] *vt* égorger
degradar [deɣra'ðar] *vt* (*tb Mil*) dégrader ; (*Inform: datos*) altérer ; **degradarse** *vpr* se dégrader
degustación [deɣusta'θjon] *nf* dégustation *f*
dejadez [dexa'ðeθ] *nf* laisser-aller *m inv*
dejar [de'xar] *vt* laisser ; (*persona, empleo, pueblo*) quitter ▸ *vi*: **~ de** arrêter de ; **dejarse** *vpr* se laisser aller ; **~ a algn (hacer algo)** laisser qn (faire qch) ; **~ de fumar** arrêter de fumer ; **no dejes de visitarles** continue à leur rendre visite ; **le dejó su novia** sa fiancée l'a quitté ; **no dejes de comprar un billete** n'oublie pas d'acheter un billet ; **¡déjame en paz!** laisse-moi tranquille ! ; **~ a un lado** laisser de côté ; **~ caer** (*objeto*) laisser tomber ; (*fig: insinuar*) glisser ; **~ atrás a algn** dépasser qn ; **~ entrar/salir** laisser entrer/sortir ; **~ pasar** laisser passer ; **¡déjalo!** laisse tomber ! ; **te dejo en tu casa** je te laisse chez toi ; (*a un pasajero*) je te dépose chez toi ; **~ a algn sin algo** laisser qn sans qch, priver qn de qch ; **deja mucho que desear** cela laisse beaucoup à désirer ; **dejarse persuadir** se laisser

convaincre ; **dejarse llevar por algn/algo** se laisser entraîner par qn/qch ; **¡déjate de tonterías!** arrête de dire des bêtises !

deje ['dexe], **dejo** ['dexo] *nm* accent *m* ; (*sabor*) arrière-goût *m*

del [del] = **de + el**

del. *abr* (*Admin*) = *delegación*

delantal [delan'tal] *nm* tablier *m*

delante [de'lante] *adv* devant ▸ *prep*: **~ de** devant ; **la parte de ~** la partie avant ; **estando otros ~** devant d'autres personnes ; **por ~ (de)** devant ; **~ mío/nuestro** (*esp CSur*: *fam*) devant moi/nous

delantera [delan'tera] *nf* (*de vestido*) devant *m* ; (*de coche*) avant *m* ; (*Teatro*) fauteuil *m* d'orchestre ; (*Deporte*) ligne *f* d'attaque ; **llevar la ~ (a algn)** mener (devant qn) ; **coger** *o* **tomar la ~ (a algn)** devancer (qn)

delantero, -a [delan'tero, a] *adj* (*patas, asiento, balcón*) de devant ; (*vagón*) de tête ▸ *nm* (*Deporte*) avant *m* ; **~ centro** avant-centre *m*

delatar [dela'tar] *vt* dénoncer ; (*sonrisa, gesto, ropa*) trahir ; **los delató a la policía** il les a dénoncés à la police

delator, a [dela'tor, a] *adj* (*gesto, sonrisa*) révélateur(-trice) ▸ *nm/f* dénonciateur(-trice)

delegación [deleɣa'θjon] *nf* délégation *f* ; (*Méx*: *comisaría*) commissariat *m* ; (: *ayuntamiento*) mairie *f* ; **~ de poderes** (*Pol*) délégation de pouvoirs ; **D~ de Educación/de Hacienda/de Trabajo** ≈ ministère *m* de l'Éducation/des Finances/du Travail

delegado, -a [dele'ɣaðo, a] *nm/f* délégué(e)

delegar [dele'ɣar] *vt*: **~ algo en algn** déléguer qch à qn

deletrear [deletre'ar] *vt* épeler

delfín [del'fin] *nm* dauphin *m*

delgadez [delɣa'ðeθ] *nf* maigreur *f* ; (*fineza*) minceur *f*

delgado, -a [del'ɣaðo, a] *adj* maigre ; (*fino*) mince

deliberación [deliβera'θjon] *nf* délibération *f*

deliberar [deliβe'rar] *vi*: **~ (sobre)** délibérer (sur)

delicadeza [delika'ðeθa] *nf* délicatesse *f* ; **tener la ~ de hacer** avoir la délicatesse de faire

delicado, -a [deli'kaðo, a] *adj* délicat(e)

delicia [de'liθja] *nf* délice *m*

delicioso, -a [deli'θjoso, a] *adj* délicieux(-euse)

delimitar [delimi'tar] *vt* délimiter

delincuencia [delin'kwenθja] *nf* délinquance *f* ; **~ juvenil** délinquance juvénile

delincuente [delin'kwente] *nm/f* délinquant(e) ; **~ habitual** délinquant(e) récidiviste ; **~ juvenil** jeune délinquant(e)

delineante [deline'ante] *nm/f* dessinateur(-trice) industriel(le)

delirar [deli'rar] *vi* délirer

delirio [de'lirjo] *nm* délire *m* ; **con ~** (*fam*) à la folie ; **sentir/tener ~ por algo/algn** aimer qch/qn à la folie ; **~s de grandeza** folie *f* des grandeurs

delito [de'lito] *nm* délit *m* ; **en flagrante ~** en flagrant délit ; **~ de odio** crime *m* de haine

delta ['delta] *nm* delta *m*

demacrado, -a [dema'kraðo, a] *adj* émacié(e)

demanda [de'manda] *nf* (*tb Com, Jur*) demande *f* ; (*reivindicación*) requête *f* ; **hay poca/mucha ~ de este producto** la demande pour ce produit est faible/forte ; **en ~ de** pour demander ; **entablar ~** (*Jur*) intenter une action en justice ; **presentar ~ de divorcio** demander le divorce ; **~ de mercado** (*Com*) demande du marché ; **~ de pago** avertissement *m* ; **~ final** (*Com*) dernier rappel *m* ; **~ indirecta** (*Com*) demande induite

demandante [deman'dante] *nm/f* (*Jur*) plaignant(-e)

demandar [deman'dar] *vt* demander ; (*Jur*) poursuivre ; **~ a algn por calumnia/por daños y perjuicios** poursuivre qn en diffamation/pour dommages et intérêts

demarcación [demarka'θjon] *nf* démarcation *f* ; (*zona*) zone *f* ; (*jurisdicción*) circonscription *f*

demás [de'mas] *adj*: **los ~ niños** les autres enfants *mpl* ▸ *pron*: **los/las ~** les autres ; **lo ~** le reste ; **por lo ~** à part cela ; **por ~** en vain ; **y ~** et cetera

demasiado, -a [dema'sjaðo, a] *adj*: **~ vino** trop de vin ▸ *adv* trop ; **~s libros**

trop de livres ; **¡es ~!** c'est trop ! ; **es ~ pesado para levantarlo** c'est trop lourd pour être soulevé ; **~ lo sé** je ne le sais que trop bien ; **hace ~ calor** il fait trop chaud

demencia [de'menθja] *nf* démence *f* ; **~ senil** démence sénile

demente [de'mente] *adj, nm/f* dément(e)

democracia [demo'kraθja] *nf* démocratie *f*

demócrata [de'mokrata] *adj, nm/f* démocrate *m/f*

democrático, -a [demo'kratiko, a] *adj* démocratique

demolición [demoli'θjon] *nf* démolition *f*

demonio [de'monjo] *nm* (*tb fig*) démon *m* ; **¡~s!** mince ! ; **¿cómo ~s?** comment diable ? ; **¿qué ~s será?** (*fam*) qu'est-ce que ça peut bien être ? ; **¿dónde ~ lo habré dejado?** où diable l'ai-je laissé ?

demora [de'mora] *nf* retard *m*

demorar [demo'rar] *vt* retarder ▸ *vi*: **~ en** (AM) mettre du temps à ; **demorarse** *vpr* s'attarder ; **demorarse al** *o* **en hacer algo** prendre du retard pour faire qch

demos ['demos] *vb ver* **dar**

demostración [demostra'θjon] *nf* démonstration *f* ; (*de sinceridad*) preuve *f*

demostrar [demos'trar] *vt* (*sinceridad*) prouver ; (*afecto, fuerza*) montrer ; (*funcionamiento, aplicación*) démontrer

demostrativo, -a [demostra'tiβo, a] *adj* démonstratif(-ive)

demudado, -a [demu'ðaðo, a] *adj*: **tener el rostro ~** avoir le visage pâle

den [den] *vb ver* **dar**

denegar [dene'ɣar] *vt* refuser ; (*demanda, recurso*) rejeter

denigrar [deni'ɣrar] *vt* dénigrer ; (*humillar*) humilier

denominación [denomina'θjon] *nf* dénomination *f* ; **~ de origen** appellation *f* d'origine

denotar [deno'tar] *vt* dénoter

densidad [densi'ðað] *nf* densité *f* ; **~ de caracteres** (*Inform*) espacement *m* des caractères ; **~ de población** densité de population

denso, -a ['denso, a] *adj* dense ; (*humo, niebla*) épais(se) ; (*novela, discurso*) complexe

dentadura [denta'ðura] *nf* denture *f* ; **~ postiza** dentier *m*

dentera [den'tera] *nf* frisson *m* ; **me da ~** ça me fait frémir

dentífrico, -a [den'tifriko, a] *adj*: **crema** *o* **pasta dentífrica** pâte *f* dentifrice ▸ *nm* dentifrice *m*

dentista [den'tista] *nm/f* dentiste *m/f*

dentro ['dentro] *adv* dedans ▸ *prep*: **~ de** dans ; **allí ~** à l'intérieur ; **mirar por ~** regarder à l'intérieur ; **~ de lo posible** dans la mesure du possible ; **~ de lo que cabe** relativement ; **~ de tres meses** dans trois mois ; **~ de poco** sous peu

denuncia [de'nunθja] *nf* plainte *f* ; **hacer** *o* **poner una ~** déposer une plainte

denunciar [denun'θjar] *vt* (*en comisaría*) déposer une plainte contre ; (*en prensa etc*) dénoncer

departamento [departa'mento] *nm* département *m* ; (AM) appartement *m* ; (*en mueble*) compartiment *m* ; **~ de envíos** (*Com*) service *m* des expéditions

dependencia [depen'denθja] *nf* dépendance *f* ; (*Pol*) bureau *m* ; (*Com*) succursale *f* ; **dependencias** *nfpl* dépendances *fpl*

depender [depen'der] *vi*: **~ de** dépendre de ; **todo depende** ça dépend ; **no depende de mí** cela ne dépend pas de moi ; **depende de lo que haga él** cela dépend de ce qu'il fait

dependienta [depen'djenta] *nf* vendeuse *f*

dependiente [depen'djente] *adj*: **~ (de)** dépendant(e) (de) ▸ *nm* vendeur *m*

depilar [depi'lar] *vt* épiler ; **depilarse** *vpr* s'épiler

depilatorio, -a [depila'torjo, a] *adj, nm* dépilatoire *m*

deplorable [deplo'raβle] *adj* déplorable

deplorar [deplo'rar] *vt* déplorer

deponer [depo'ner] *vt* (*rey, gobernante*) déposer ; (*actitud*) laisser libre cours à ; **~ las armas** déposer les armes

deportar [depor'tar] *vt* déporter

deporte [de'porte] *nm* sport *m* ; **hacer ~** faire du sport

deportista [depor'tista] *adj, nm/f* sportif(-ive) ; **ser muy ~** être très sportif(-ive)

deportivo, -a [depor'tiβo, a] *adj* sportif(-ive) ; (*club, ropa*) de sport ▸ *nm* voiture *f* de sport

depositar [deposi'tar] *vt* déposer ; **depositarse** *vpr* se déposer ; **~ la confianza en algn** accorder sa confiance à qn

depositario, -a [deposi'tarjo, a] *nm/f*: **~ de** dépositaire *m/f* de ; **~ judicial** administrateur(-trice) judiciaire

depósito [de'posito] *nm* dépôt *m* ; (*de agua, gasolina etc*) réserve *f* ; **dejar dinero en ~** laisser de l'argent en dépôt ; **~ de cadáveres** morgue *f*

depreciar [depre'θjar] *vt* déprécier ; **depreciarse** *vpr* se déprécier

depredador, a [depreða'ðor, a] *adj* prédateur(-trice) ▸ *nm/f* prédateur(-trice)

depresión [depre'sjon] *nf* dépression *f* ; **~ nerviosa** dépression nerveuse

deprimido, -a [depri'miðo, a] *adj* déprimé(e)

deprimir [depri'mir] *vt*, **deprimirse** *vpr* déprimer

deprisa [de'prisa] *adv* vite ; **¡~!** vite ! ; **~ y corriendo** vite fait bien fait

depuración [depura'θjon] *nf* (*tb Pol*) épuration *f* ; (*Inform*) décontamination *f*

depurar [depu'rar] *vt* épurer ; (*Inform*) décontaminer

derecha [de'retʃa] *nf* (*tb Pol*) droite *f* ; **a la ~** à droite ; **a ~s** (*hacer*) bien ; **de ~s** (*Pol*) de droite

derecho, -a [de'retʃo, a] *adj* droit(e) ▸ *nm* droit *m* ; (*lado*) côté *m* droit ▸ *adv* droit ; **derechos** *nmpl* droits *mpl* ; **a mano derecha** à droite ; **Facultad de D~** Faculté *f* de Droit ; **estudiante de D~** étudiant(e) en Droit ; **«reservados todos los ~s»** « tous droits réservés » ; **¡no hay ~!** ce n'est pas juste ! ; **~ a la desconexión** droit à la déconnexion ; **tener ~ a algo** avoir droit à qch ; **tener ~ a hacer algo** avoir le droit de faire qch ; **estar en su ~** être dans son droit ; **~ a voto** droit de vote ; **~s civiles** droits civiques ; **~s de patente** propriété *f* industrielle ; **~ de propiedad literaria** copyright *m* ; **~ de timbre** (*Com*) droit de timbre ; **~s humanos/de autor** droits de l'homme/d'auteur ; **~ mercantil/penal/de retención** droit commercial/pénal/de rétention ; **~s portuarios/de muelle** (*Com*) droit de mouillage/de bassin

deriva [de'riβa] *nf*: **ir/estar a la ~** (*tb fig*) aller/être à la dérive

derivado, -a [deri'βaðo, a] *adj* dérivé(e) ▸ *nm* dérivé *m*

derivar [deri'βar] *vt* (*conclusión*) arriver à ; (*conversación*) dévier ▸ *vi* dévier ; **derivarse** *vpr*: **derivarse de** dériver de

derramamiento [derrama'mjento] *nm*: **~ de sangre** effusion *f* de sang

derramar [derra'mar] *vt* (*verter*) verser ; (*esparcir*) renverser ; **derramarse** *vpr* se répandre ; **~ lágrimas** verser *o* répandre des larmes

derrame [de'rrame] *nm* écoulement *m* ; (*Med*) épanchement *m* ; **~ cerebral** hémorragie *f* cérébrale

derretido, -a [derre'tiðo, a] *adj* fondu(e) ; **estar ~ por algn** mourir d'amour pour qn

derretir [derre'tir] *vt* fondre ; **derretirse** *vpr* fondre ; (*fig*) mourir d'amour ; **derretirse de calor** être en nage

derribar [derri'βar] *vt* faire tomber ; (*construcción*) abattre ; (*gobierno, político*) renverser

derrocar [derro'kar] *vt* (*gobierno*) renverser ; (*ministro*) destituer

derrochar [derro'tʃar] *vt* dilapider ; (*energía, salud*) déborder de

derroche [de'rrotʃe] *nm* gaspillage *m* ; (*de salud, alegría*) débordement *m*

derrota [de'rrota] *nf* déroute *f* ; (*Deporte, Pol*) défaite *f* ; **sufrir una grave ~** subir une défaite cuisante

derrotar [derro'tar] *vt* vaincre ; (*enemigo*) mettre en déroute ; (*Deporte, Pol*) battre

derrotero [derro'tero] *nm* cap *m* ; **tomar otros ~s** prendre une autre voie

derruir [derru'ir] *vt* démolir

derrumbar [derrum'bar] *vt* démolir ; **derrumbarse** *vpr* s'écrouler ; (*esperanzas, persona*) s'effondrer

derruyendo *etc* [derru'jendo] *vb ver* **derruir**

des [des] *vb ver* **dar**

desabotonar [desaβoto'nar] *vt* déboutonner ; **desabotonarse** *vpr* se déboutonner

desabrido, -a [desa'βriðo, a] *adj* (*comida*) insipide ; (*persona*) désagréable ; (*tiempo*) mauvais(e)

desabrochar [desaβro'tʃar] *vt* défaire ; **desabrocharse** *vpr* (*cinturón*) défaire

desacato [desa'kato] *nm* manque *m* de respect ; (*Jur*) outrage *m* ; **~ a la autori-**

dad outrage à agent de la force publique

desacertado, -a [desaθer'taðo, a] *adj* erroné(e) ; (*inoportuno*) malvenu(e)

desacierto [desa'θjerto] *nm* erreur *f*

desaconsejado, -a [desakonse'xaðo, a] *adj*: **estar ~** être déconseillé(e)

desaconsejar [desakonse'xar] *vt*: **~ algo a algn** déconseiller qch à qn

desacreditar [desakreði'tar] *vt* discréditer

desacuerdo [desa'kwerðo] *nm* désaccord *m* ; (*disconformidad*) contradiction *f* ; **en ~** en désaccord

desafiar [desa'fjar] *vt* défier ; **~ a algn a hacer** mettre qn au défi de faire

desafilado, -a [desafi'laðo, a] *adj* émoussé(e)

desafinado, -a [desafi'naðo, a] *adj*: **estar ~** être désaccordé(e)

desafinar [desafi'nar] *vi* (*cantar*) détonner, chanter faux ; (*tocar*) jouer faux ; **desafinarse** *vpr* se désaccorder

desafío [desa'fio] *nm* défi *m*

desaforado, -a [desafo'raðo, a] *adj* (*grito*) terrible ; (*ambición*) démesuré(e)

desafortunadamente [desafortu'naðamente] *adv* malheureusement

desafortunado, -a [desafortu'naðo, a] *adj* malheureux(-euse) ; (*inoportuno*) inopportun(e)

desagradable [desaɣra'ðaβle] *adj* désagréable ; **ser ~ con algn** être désagréable avec qn ; **es ~ tener que hacerlo** il est désagréable d'avoir à le faire

desagradecido, -a [desaɣraðe'θiðo, a] *adj* ingrat(e)

desagrado [desa'ɣraðo] *nm* mécontentement *m* ; **con ~** de mauvaise grâce

desagraviar [desaɣra'βjar] *vt* se racheter

desagüe [de'saɣwe] *nm* écoulement *m* ; (*de lavadora*) vidange *f* ; **tubo de ~** tuyau *m* d'écoulement

desaguisado [desaɣi'saðo] *nm* dommage *m*

desahogado, -a [desao'ɣaðo, a] *adj* aisé(e) ; (*espacioso*) spacieux(-euse)

desahogar [desao'ɣar] *vt* laisser libre cours à ; **desahogarse** *vpr* se soulager ; **se desahogó conmigo** il s'est défoulé sur moi

desahogo [desa'oɣo] *nm* soulagement *m* ; (*comodidad*) commodité *f* ; **vivir con ~** vivre dans l'aisance

desahuciar [desau'θjar] *vt* (*enfermo*) condamner ; (*inquilino*) expulser

desahucio [de'sauθjo] *nm* expulsion *f*

desaire [des'aire] *nm* mépris *m* ; **hacer un ~ a algn** faire un affront à qn ; **¿me va usted a hacer ese ~?** vous n'allez pas me faire cet affront ?

desajustar [desaxus'tar] *vt* desserrer ; (*planes*) déranger ; **desajustarse** *vpr* se desserrer

desajuste [desa'xuste] *nm* (*de situación*) dérèglement *m* ; (*de piezas*) desserrage *m* ; (*desacuerdo*) désaccord *m* ; **~ económico/de horarios** décalage *m* économique/horaire

desalentador, a [desalenta'ðor, a] *adj* décourageant(e)

desalentar [desalen'tar] *vt* décourager ; **desalentarse** *vpr* se décourager

desaliento [desa'ljento] *vb ver* **desalentar** ▸ *nm* découragement *m*

desaliño [desa'liɲo] *nm* négligence *f*

desalmado, -a [desal'maðo, a] *adj* sans-cœur

desalojar [desalo'xar] *vt* (*salir de*) quitter ; (*expulsar*) déloger ; (*líquido, aire*) déplacer ; **la policía desalojó el local** la police a évacué les locaux

desamparado, -a [desampa'raðo, a] *adj* (*persona*) désemparé(e) ; (*lugar*: *expuesto*) exposé(e) ; (: *desierto*) déserté(e)

desamparar [desampa'rar] *vt* abandonner

desandar [desan'dar] *vt*: **~ lo andado** *o* **el camino** revenir sur ses pas

desangrar [desan'grar] *vt* saigner ; **desangrarse** *vpr* se vider de son sang

desanimado, -a [desani'maðo, a] *adj* déprimé(e) ; (*espectáculo, fiesta*) ennuyeux(-euse)

desanimar [desani'mar] *vt* décourager ; (*deprimir*) déprimer ; **desanimarse** *vpr* se décourager

desapacible [desapa'θiβle] *adj* (*clima, tiempo*) mauvais, maussade ; (*carácter*) désagréable

desaparecer [desapare'θer] *vi* disparaître ▸ *vt* (*AM*: *Pol*) faire disparaître ; **~ de**

vista (*fig*) disparaître de la circulation

desaparecido, -a [desapare'θiðo, a] *adj* disparu(e) ▸ *nm/f* (AM: *Pol*) disparu(e) ; **desaparecidos** *nmpl* disparus *mpl*

desaparición [desapari'θjon] *nf* disparition *f*

desapasionado, -a [desapasjo'naðo, a] *adj* impartial(e)

desapego [desa'peɣo] *nm* indifférence *f* ; (*a dinero*) désintéressement *m*

desapercibido, -a [desaperθi'βiðo, a] *adj*: **pasar ~** passer inaperçu(e) ; **me cogió ~** il m'a pris au dépourvu

desaprensivo, -a [desapren'siβo, a] *adj* sans scrupules ▸ *nm/f* personne *f* sans scrupules

desaprobar [desapro'βar] *vt* désapprouver

También se puede decir:
Je suis déçu par son attitude. (*Me ha decepcionado ...*)
Tu n'aurais pas dû lui parler sur ce ton. (*No deberías haber ...*)
Je trouve qu'il a eu tort d'emprunter autant d'argent. (*Creo que ha hecho mal en ...*)
C'est dommage qu'il ait réagi ainsi. (*Es una pena que ...*)

desaprovechar [desaproβe'tʃar] *vt* (*oportunidad, tiempo*) perdre ; (*comida, tela*) gaspiller ; (*talento*) gâcher

desarmador [desarma'ðor] (*Méx*) *nm* tournevis *msg*

desarmar [desar'mar] *vt* désarmer ; (*mueble, máquina*) démonter ; **desarmarse** *vpr* (*romperse*) se casser ; (*ser desarmable*) se démonter

desarme [de'sarme] *nm* désarmement *m* ; **~ nuclear** désarmement nucléaire

desarraigo [desa'rraiɣo] *nm* déracinement *m*

desarreglo [desa'rreɣlo] *nm* désordre *m* ; (*en horarios*) irrégularité *f* ; **desarreglos** *nmpl* (*Med*) troubles *mpl*

desarrollar [desarro'ʎar] *vt* développer ; (*planta, semilla*) faire pousser ; (*plan etc*) mettre au point ; **desarrollarse** *vpr* se développer ; (*hechos, reunión*) se dérouler ; **la acción se desarrolla en Roma** l'action se déroule à Rome

desarrollo [desa'rroʎo] *nm* développement *m* ; (*de acontecimientos*) déroulement *m* ; **país en vías de ~** pays *msg* en voie de développement ; **la industria está en pleno ~** l'industrie est en plein essor ; **~ sostenible** développement *m* durable

desarticular [desartiku'lar] *vt* (*huesos*) disloquer ; (*mecanismo, bomba*) désamorcer ; (*grupo terrorista*) démanteler

desasir [desa'sir] *vt* (*soltar*) lâcher ; **desasirse** *vpr*: **desasirse (de)** se défaire (de)

desasosegar [desasose'ɣar] *vt* inquiéter ; **desasosegarse** *vpr* s'inquiéter

desasosiego [desaso'sjeɣo] *vb ver* **desasosegar** ▸ *nm* inquiétude *f* ; (*Pol*) agitation *f*

desastrado, -a [desas'traðo, a] *adj* (*desaliñado*) négligé(e) ; (*descuidado*) négligent(e)

desastre [de'sastre] *nm* désastre *m* ; (*fam*: *persona*) catastrophe *f* ; **¡qué ~!** quel désastre ! ; **la función fue un ~** le spectacle a été un désastre ; **ir hecho un ~** être négligé

desastroso, -a [desas'troso, a] *adj* désastreux(-euse) ; **ser ~ para (hacer)** être nul (le) quand il s'agit de (faire)

desatado, -a [desa'taðo, a] *adj* déchaîné(e)

desatar [desa'tar] *vt* (*nudo*) défaire ; (*cordones, cuerda*) dénouer ; (*perro, prisionero*) détacher ; (*protesta, odio*) déchaîner ; **desatarse** *vpr* se défaire ; (*perro, prisionero*) se détacher ; (*tormenta*) se déchaîner ; **desatarse en injurias** se répandre en injures ; **se le desató la lengua** ça lui a délié la langue

desatascar [desatas'kar] *vt* (*cañería*) déboucher ; (*carro, ruedas*) libérer ; **desatascarse** *vpr* (*cañería*) se déboucher ; (*tráfico*) se fluidifier

desatender [desaten'der] *vt* (*consejos, súplicas*) ignorer ; (*trabajo, hijo*) négliger

desatento, -a [desa'tento, a] *adj* impoli(e) ; **estar ~** être distrait(e)

desatinado, -a [desati'naðo, a] *adj* insensé(e)

desatino [desa'tino] *nm* folie *f* ; (*falta de juicio*) manque *m* de jugement ; **decir ~s** raconter des bêtises

desatornillar [desatorni'ʎar] *vt* (*tornillo*) dévisser ; (*estructura*) démonter ; **desatornillarse** *vpr* (*ver vt*) se dévisser ; se démonter

de

desatrancar [desatran'kar] *vt* (*puerta*) débloquer ; (*cañería*) déboucher

desautorizar [desautori'θar] *vt* (*oficial*) désavouer ; (*informe, declaraciones*) désapprouver ; (*huelga, manifestación*) interdire

desavenencia [desaβe'nenθja] *nf* désaccord *m* ; (*discordia*) conflit *m*

desayunar [desaju'nar] *vt*: **~ algo** prendre qch au petit déjeuner ▶ *vi* prendre le petit déjeuner ; **desayunarse** *vpr* prendre le petit déjeuner ; **~ con café** prendre du café au petit déjeuner

desayuno [desa'juno] *nm* petit déjeuner *m*

desazón [desa'θon] *nf* malaise *m* ; (*fig*) contrariété *f*

desazonar [desaθo'nar] *vt* inquiéter ; **desazonarse** se faire du souci

desbandarse [desβan'darse] *vpr* se débander

desbarajuste [desβara'xuste] *nm* pagaille *f* ; **¡qué ~!** quelle pagaille !

desbaratar [desβara'tar] *vt* déranger ; (*plan*) bouleverser ; **desbaratarse** *vpr* (*máquina*) se dérégler ; (*peinado*) se défaire

desbloquear [desβloke'ar] *vt* (*Com, negociaciones*) débloquer ; (*tráfico*) rétablir

desbocado, -a [desβo'kaðo, a] *adj* (*caballo*) emballé(e) ; (*cuello*) détendu(e) ; (*herramienta*) émoussé(e) ; (*fig*) galopant(e)

desbordar [desβor'ðar] *vt* déborder de ; (*fig: paciencia, tolerancia*) pousser à bout ; (*: previsiones, expectativas*) dépasser ▶ *vi* déborder ; **desbordarse** *vpr*: **desbordarse (de)** déborder (de) ; **estar desbordado de trabajo** être débordé de travail ; **desbordarse de alegría** déborder de joie

descabalgar [deskaβal'ɣar] *vi*: **~ (de)** descendre (de)

descabellado, -a [deskaβe'ʎaðo, a] *adj* insensé(e)

descafeinado, -a [deskafei'naðo, a] *adj* décaféiné(e) ; (*fam: obra, proyecto*) qui manque de corps ▶ *nm* décaféiné *m*

descalabro [deska'laβro] *nm* revers *msg* ; (*daño*) coup *m*

descalificar [deskalifi'kar] *vt* (*Deporte*) disqualifier ; (*desacreditar*) discréditer

descalzar [deskal'θar] *vt* déchausser ; (*zapato*) ôter ; **descalzarse** *vpr* se déchausser

descalzo, -a [des'kalθo, a] *adj* (*persona*) pieds nus ; (*fig*) sans un sou ; **estar/ir (con los pies) ~(s)** être/aller pieds nus

descambiar [deskam'bjar] *vt* (*Com*) échanger

descaminado, -a [deskami'naðo, a] *adj*: **estar** *o* **ir ~** se leurrer ; **en eso no anda usted muy ~** sur ce point vous n'avez pas tout à fait tort

descampado [deskam'paðo] *nm* terrain *m* vague ; **comer al ~** pique-niquer

descansado, -a [deskan'saðo, a] *adj* reposant(e) ; (*oficio, actividad*) facile ; **estar/sentirse ~** être/se sentir reposé(e)

descansar [deskan'sar] *vt* reposer ▶ *vi* (*reposar*) se reposer ; (*no trabajar*) faire une pause ; (*dormir*) se coucher ; (*cadáver, restos*) reposer ; **~ (sobre** *o* **en)** (*mueble, muro*) reposer (contre *o* sur) ; **¡que descanse!** reposez-vous bien ! ; **¡descansen!** (*Mil*) repos ! ; **descanse en paz** qu'il repose en paix

descansillo [deskan'siʎo] *nm* palier *m*

descanso [des'kanso] *nm* repos *msg* ; (*en el trabajo*) pause *f* ; (*alivio*) soulagement *m* ; (*Teatro, Cine*) entracte *m* ; (*Deporte*) mi-temps *fsg* ; **día de ~** jour *m* de congé ; **~ por enfermedad/maternidad** congé *m* maladie/de maternité ; **tomarse unos días de ~** prendre quelques jours de congé

descapotable [deskapo'taβle] *nm* (*tb*: **coche descapotable**) décapotable *f*

descarado, -a [deska'raðo, a] *adj* éhonté(e) ; (*insolente*) effronté(e)

descarga [des'karɣa] *nf* déchargement *m* ; (*Mil, Elec*) décharge *f*

descargable [deskar'ɣaβle] *adj* téléchargeable

descargar [deskar'ɣar] *vt* décharger ; (*Inform*) télécharger ; (*golpe*) envoyer ; (*nube, tormenta*) déverser ; (*cólera*) faire passer ; (*de una obligación*) libérer ; (*de culpa*) déclarer innocent ▶ *vi* décharger ; (*tormenta*) éclater ; (*nube*) crever ; **~ en** (*río*) se jeter dans ; **descargarse** *vpr* se décharger ; **descargarse de** (*penas*) se soulager de ; (*responsabilidades*) se décharger de ; **~ algo de Internet** télécharger qch sur Internet

descargo [des'karɣo] *nm* (*de obligación*)

libération *f* ; (*Com*) crédit *m* ; (*de conciencia*) soulagement *m* ; (*Jur*) décharge *f* ; **~ de una acusación** réfutation *f* d'une accusation

descaro [des'karo] *nm* effronterie *f* ; (*insolencia*) impudence *f* ; **¡qué ~!** quel toupet !

descarriar [deska'rrjar] *vt* (*fig*) dévergonder ; **descarriarse** *vpr* se dévergonder

descarrilamiento [deskarrila'mjento] *nm* déraillement *m*

descarrilar [deskarri'lar] *vi* dérailler

descartar [deskar'tar] *vt* rejeter ; **descartarse** *vpr* (*Naipes*) se défausser

descascarillado, -a [deskaskari'ʎaðo, a] *adj* écaillé(e)

descendencia [desθen'denθja] *nf* (*estirpe*) lignée *f* ; (*hijos*) descendance *f* ; **morir sin dejar ~** mourir sans laisser d'enfants

descender [desθen'der] *vt* descendre ▸ *vi* descendre ; (*temperatura, nivel*) baisser ; (*agua, lava*) couler ; **~ de** descendre de ; **~ de categoría** se déclasser

descendiente [desθen'djente] *nm/f* descendant(e)

descenso [des'θenso] *nm* descente *f* ; (*de temperatura, fiebre*) baisse *f* ; (*Deporte*) déclassement *m* ; (*en un trabajo*) rétrogradation *f*

descifrar [desθi'frar] *vt* déchiffrer ; (*motivo, actitud*) comprendre ; (*problema*) éclaircir ; (*misterio*) élucider

descolgar [deskol'ɣar] *vt* décrocher ; (*con cuerdas*) descendre à l'aide de cordes ; **descolgarse** *vpr* se laisser glisser ; (*lámpara, cortina*) se décrocher ; **descolgarse por** descendre de ; **descolgarse de** (*esp Deporte*) se détacher de ; **dejó el teléfono descolgado** il n'a pas raccroché

descolorido, -a [deskolo'riðo, a] *adj* (*tela, cuadro*) passé(e) ; (*persona*) pâlot(te)

descomponer [deskompo'ner] *vt* décomposer ; (*desordenar*) déranger ; (*estropear*) casser ; (*facciones*) altérer ; (*estómago*) détraquer ; (*persona: molestar*) énerver ; (*: irritar*) exaspérer ; **descomponerse** *vpr* se décomposer ; (*estómago*) se détraquer ; (*encolerizarse*) se mettre en colère ; (*Méx*) se casser

descomposición [deskomposi'θjon] *nf* décomposition *f* ; **~ de vientre** diarrhée *f*

descompostura [deskompos'tura] (*Méx*) *nf* panne *f*

descomprimir [deskompri'mir] *vt* (*Inform*) décompresser, dézipper

descompuesto, -a [deskom'pwesto, a] *pp de* **descomponer** ▸ *adj* (*alimento*) pourri(e) ; (*vino*) frelaté(e) ; (*Méx: máquina*) en panne ; (*persona, rostro*) décomposé(e) ; (*con diarrea*) dérangé(e)

descomunal [deskomu'nal] *adj* énorme

desconcertado, -a [deskonθer'taðo, a] *adj* déconcerté(e)

desconcertar [deskonθer'tar] *vt* déconcerter ; **desconcertarse** *vpr* se déconcerter

desconcierto [deskon'θjerto] *vb ver* **desconcertar** ▸ *nm* désarroi *m* ; (*confusión*) confusion *f* ; **sembrar el ~** semer le désordre

desconectar [deskonek'tar] *vt* déconnecter ; (*desenchufar*) débrancher ; (*apagar*) éteindre ▸ *vi* (*perder atención*) déconnecter

desconexión [deskonek'sjon] *nf* déconnexion *f* ; (*fig*) décalage *m*

desconfianza [deskon'fjanθa] *nf* méfiance *f*

desconfiar [deskon'fjar] *vi*: **~ de algn/algo** se méfier de qn/qch ; **~ de que algn/algo haga algo** (*dudar*) craindre que qn/qch (ne) fasse qch ; **«desconfíe de las imitaciones»** (*Com*) « méfiez-vous des imitations »

descongelar [deskonxe'lar] *vt* décongeler ; (*Pol, Com*) dégeler ; **descongelarse** *vpr* se décongeler ; se dégeler

descongestionar [desconxestjo'nar] *vt* décongestionner

desconocer [deskono'θer] *vt* (*dato*) ignorer ; (*persona*) ne pas connaître

desconocido, -a [deskono'θiðo, a] *adj, nm/f* inconnu(e) ; **está ~** (*persona*) il est transformé ; (*lugar*) c'est transformé ; **el soldado ~** le soldat inconnu

desconsiderado, -a [deskonsiðe'raðo, a] *adj* irrespectueux(-euse)

desconsolar [deskonso'lar] *vt* affliger ; **desconsolarse** *vpr* s'affliger

desconsuelo [deskon'swelo] *vb ver* **desconsolar** ▸ *nm* affliction *f*, chagrin *m*

descontado, -a [deskon'taðo, a] *adj*: **por ~** bien sûr ; **dar por ~ (que)** être sûr(e) (que)

descontar [deskon'tar] *vt* (*deducir*) déduire ; (*rebajar*) faire une remise de

descontento, -a [deskon'tento, a] *adj* mécontent(e) ▶ *nm* mécontentement *m*

descorazonar [deskoraθo'nar] *vt* décourager ; **descorazonarse** *vpr* perdre courage

descorchar [deskor'tʃar] *vt* déboucher

descorrer [desko'rrer] *vt* (*cortina, cerrojo*) tirer

descortés [deskor'tes] *adj* discourtois(e) ; (*grosero*) grossier(-ière)

descoser [desko'ser] *vt* découdre ; **descoserse** *vpr* se découdre

descosido, -a [desko'siðo, a] *adj* décousu(e) ▶ *nm* (*en prenda*) trou *m* ; **como un ~** (*beber*) comme un trou ; (*comer*) comme quatre ; (*trabajar*) comme un forcené

descrédito [des'kreðito] *nm* discrédit *m* ; **caer en ~** se discréditer ; **ir en ~ de** discréditer

descremado, -a [deskre'maðo, a] *adj* écrémé(e)

describir [deskri'βir] *vt* décrire

descripción [deskrip'θjon] *nf* description *f*

descuartizar [deskwarti'θar] *vt* (*Culin: cerdo*) équarrir ; (*: pollo*) dépecer ; (*cuerpo, persona*) écorcher

descubierto, -a [desku'βjerto, a] *pp de* **descubrir** ▶ *adj* découvert(e) ; (*coche*) décapoté(e) ; (*campo*) nu(e) ▶ *nm* (*Com: en el presupuesto*) déficit *m* ; (*: bancario*) découvert *m* ; **al ~** en plein air ; **poner al ~** révéler ; **quedar al ~** être découvert(e) ; **estar en ~** (*Com*) être à découvert

descubrimiento [deskuβri'mjento] *nm* découverte *f* ; (*de secreto*) divulgation *f* ; (*de estatua*) inauguration *f*

descubrir [desku'βrir] *vt* découvrir ; (*placa, estatua*) inaugurer ; (*poner al descubierto*) révéler ; (*delatar*) dénoncer ; **descubrirse** *vpr* se découvrir ; **descubrirse ante** tirer son chapeau à

descuento [des'kwento] *vb ver* **descontar** ▶ *nm* remise *f* ; **hacer un ~ del 3%** faire une remise de 3% ; **con ~** avec remise ; **~ por pago al contado/par volumen de compras** (*Com*) remise pour paiement comptant/sur la quantité

descuidado, -a [deskwi'ðaðo, a] *adj* négligé(e) ; (*desordenado*) négligent(e) ; (*desprevenido*) pris(e) au dépourvu ; (*jardín, casa*) pas entretenu(e) ; **pillar a algn ~** prendre qn au dépourvu

descuidar [deskwi'ðar] *vt* négliger ▶ *vi* ne plus y penser ; **descuidarse** *vpr* (*despistarse*) ne pas faire attention ; (*abandonarse*) se négliger ; **¡descuida!** n'y pense plus !

descuido [des'kwiðo] *nm* négligence *f* ; **al menor ~** à la moindre négligence ; **con ~** sans faire attention ; **en un ~** dans un moment d'inattention ; **por ~** par inadvertance

desde ['desðe]

▶ *prep* **1** (*lugar, posición*) depuis ; **desde Burgos hasta mi casa hay 30 km** de Burgos à chez moi il y a 30 km ; **hablaba desde el balcón** il parlait depuis le balcon

2 (*tiempo*) depuis ; **desde ahora** à partir de maintenant ; **desde entonces** depuis ce temps-là ; **desde niño** depuis qu'il est tout petit ; **desde 3 años atrás** depuis 3 ans ; **nos conocemos desde 1987/desde hace 20 años** nous nous connaissons depuis 1987/depuis 20 ans *o* cela fait 20 ans que nous nous connaissons ; **no le veo desde 1992/desde hace cinco años** je ne le vois plus depuis 1992/depuis cinq ans *o* cela fait cinq ans que je ne le vois plus ; **¿desde cuándo vives aquí?** depuis quand est-ce que tu habites ici ?

3 (*gama*): **desde los más lujosos hasta los más económicos** des plus luxueux aux plus avantageux

4: **desde luego (que no/sí)** bien sûr (que non/oui) ; **desde luego, no hay quien te entienda!** qu'est-ce que tu peux être compliqué !

▶ *conj*: **desde que**: **desde que recuerdo** aussi loin que je m'en souvienne ; **desde que llegó no ha salido** depuis qu'il est rentré il n'est pas sorti

desdecir [desðe'θir] *vi*: **~ de** ne pas être à la hauteur de ; (*no corresponder*) ne pas aller avec ; **desdecirse** *vpr*: **desdecirse de** se dédire de

desdén [des'ðen] *nm* dédain *m*

desdeñar [desðe'ɲar] *vt* dédaigner

desdicha [des'ðitʃa] *nf* malheur *m*

desdichado, -a [desði'tʃaðo, a] *adj* (*sin suerte*) infortuné(e) ; (*infeliz*) malheureux(-euse) ▶ *nm/f* malheureux(-euse)

desdoblar [desðo'βlar] *vt* (*extender*) déplier ; (*convertir en dos*) dédoubler

desear [dese'ar] *vt* désirer ; **¿qué desea?** (*en tienda*) que désirez-vous ? ; **te deseo mucha suerte** je te souhaite bonne chance ; **dejar mucho que ~** laisser beaucoup à désirer ; **estoy deseando que esto termine** je souhaite que ça se termine

> **También se puede decir:**
> Je veux faire du cinéma. (*Quiero ...*)
> Je voudrais savoir jouer aussi bien que lui. (*Me gustaría ...*)
> J'aimerais faire du deltaplane. (*Me gustaría ...*)
> J'aimerais que mes photos soient publiées dans la presse. (*Me gustaría que ...*)
> Je rêve d'avoir une grande maison. (*Mi sueño es ...*)

desecar [dese'kar] *vt* assécher ; **desecarse** *vpr* se dessécher

desechar [dese'tʃar] *vt* jeter ; (*oferta*) rejeter

desecho [de'setʃo] *nm* déchet *m* ; **desechos** *nmpl* ordures *fpl* ; **de ~** (*materiales*) de rebut ; (*ropa*) à jeter

desembalar [desemba'lar] *vt* déballer

desembarazar [desembara'θar] *vt* débarrasser ; **desembarazarse** *vpr*: **desembarazarse de** se débarrasser de

desembarcar [desembar'kar] *vt, vi* débarquer

desembocadura [desemboka'ðura] *nf* (*de río*) embouchure *f* ; (*de calle*) bout *m*

desembocar [desembo'kar] *vi*: **~ en** (*río*) se jeter dans ; (*fig*) déboucher sur

desembragar [desembra'ɣar] *vt, vi* débrayer

desembrollar [desembro'ʎar] *vt* débrouiller

desemejanza [deseme'xanθa] *nf* dissemblance *f*

desempacar [desempa'kar] *vt* (*mercancías*) déballer ; (AM) défaire

desempaquetar [desempake'tar] *vt* déballer

desempatar [desempa'tar] *vi*: **volvieron a jugar para ~** ils ont joué à nouveau pour se départager

desempate [desem'pate] *nm* (*Fútbol*) avantage *m* ; (*Tenis*) tie-break *m* ; **partido de ~** belle *f* ; **gol de ~** but *m* de la victoire

desempeñar [desempe'ɲar] *vt* (*cargo, función*) occuper ; (*papel*) jouer ; (*deber*) accomplir ; (*lo empeñado*) dégager ; **desempeñarse** *vpr* (*de deudas*) s'acquitter ; **~ un papel** (*fig*) jouer un rôle

desempeño [desem'peɲo] *nm* (*de cargo*) accomplissement *m* ; (*de lo empeñado*) dégagement *m*

desempleado, -a [desemple'aðo, a] *adj* au chômage ▸ *nm/f* chômeur(-euse)

desempleo [desem'pleo] *nm* chômage *m*

desempolvar [desempol'βar] *vt* dépoussiérer ; (*recuerdos*) rassembler ; (*volver a usar*) ressortir

desencadenar [desenkaðe'nar] *vt* (*preso, perro*) désenchaîner ; (*ira, conflicto*) déchaîner ; (*guerra*) déclencher ; **desencadenarse** *vpr* (*tormenta*) se déchaîner ; (*guerra*) se déclencher

desencajar [desenka'xar] *vt* (*mandíbula*) décrocher ; (*hueso, pieza*) déboîter ; **desencajarse** *vpr* se déboîter

desencanto [desen'kanto] *nm* désenchantement *m*

desenchufar [desentʃu'far] *vt* débrancher

desenfadado, -a [desenfa'ðaðo, a] *adj* décontracté(e)

desenfado [desen'faðo] *nm* décontraction *f*

desenfocado, -a [desenfo'kaðo, a] *adj* (*Foto*) flou(e)

desenfrenado, -a [desenfre'naðo, a] *adj* (*pasión*) sans bornes ; (*lenguaje, conducta*) débridé(e) ; (*multitud*) déchaîné(e)

desenfreno [desen'freno] *nm* (*libertinaje*) libertinage *m* ; (*falta de control*) déchaînement *m*

desenganchar [desengan'tʃar] *vt* décrocher ; (*caballerías*) dételer ; (*Tec*) déclencher ; **desengancharse** *vpr* (*fam: de drogas*) décrocher

desengañar [desenga'ɲar] *vt* désillusionner ; (*abrir los ojos a*) détromper ; **desengañarse** *vpr*: **desengañarse (de)** perdre ses illusions (sur) ; **¡desengáñate!** détrompe-toi !

desengaño [desen'gaɲo] *nm* désillusion *f* ;

llevarse un ~ (con algn) être déçu(e) (par qn) ; **sufrir un ~ amoroso** avoir une déception amoureuse

desenlace [desen'laθe] *nm* dénouement *m*

desenmarañar [desenmara'ɲar] *vt* (*fig*) débrouiller

desenmascarar [desenmaska'rar] *vt* (*fig*) démasquer

desenredar [desenre'ðar] *vt* démêler

desenroscar [desenros'kar] *vt* dévisser ; **desenroscarse** *vpr* se dévisser

desenterrar [desente'rrar] *vt* déterrer

desentonar [desento'nar] *vi* détonner

desentrañar [desentra'ɲar] *vt* (*misterio*) percer ; (*sentido*) éclaircir

desentumecer [desentume'θer] *vt* (*pierna*) dégourdir ; (*Deporte*) échauffer ; **desentumecerse** *vpr* se dégourdir

desenvoltura [desembol'tura] *nf* désinvolture *f*

desenvolver [desembol'βer] *vt* défaire ; **desenvolverse** *vpr* se dérouler ; **desenvolverse bien/mal** bien/mal se débrouiller ; **desenvolverse en la vida** se débrouiller dans la vie

deseo [de'seo] *nm* désir *m* ; **~ de algo/de hacer** vœu *m* de qch/désir de faire ; **arder en ~s de hacer algo** désirer ardemment faire qch

También se puede decir:
Bon anniversaire ! (*¡Feliz cumpleaños!* o *¡Felicidades!*)
Joyeux Noël ! (*¡Feliz Navidad!* o *¡Felices Pascuas!*)
Félicitations ! (*¡Enhorabuena!*)
Bonne chance ! (*¡Suerte!*)
Amusez-vous bien ! (*¡Que se lo pase bien!*)

deseoso, -a [dese'oso, a] *adj*: **estar ~ de algo/de hacer** avoir soif de qch/être désireux(-euse) de faire

desequilibrado, -a [desekili'βraðo, a] *adj, nm/f* déséquilibré(e)

desequilibrio [deseki'liβrio] *nm* déséquilibre *m*

desertar [deser'tar] *vi* (*soldado*) déserter ; **~ de** (*sus deberes*) manquer à ; (*una organización*) déserter

desértico, -a [de'sertiko, a] *adj* désertique

desesperación [desespera'θjon] *nf* désespoir *m* ; (*irritación*) exaspération *f* ; **es una ~ tener que ...** c'est malheureux de devoir ...

desesperar [desespe'rar] *vt* désespérer ; (*exasperar*) exaspérer ▸ *vi*: **~ (de)** désespérer (de) ; **desesperarse** *vpr* perdre espoir ; (*impacientarse*) s'impatienter ; **~ de hacer** désespérer de faire

desestabilizar [desestaβili'θar] *vt* déstabiliser

desestimar [desesti'mar] *vt* (*menospreciar*) mésestimer ; (*rechazar*) rejeter

desfachatez [desfatʃa'teθ] *nf* aplomb *m* ; **¡qué ~!** quel culot ! ; **tener la ~ de hacer** avoir l'aplomb de faire

desfalco [des'falko] *nm* détournement *m* de fonds

desfallecer [desfaʎe'θer] *vi* défaillir ; **~ de agotamiento** défaillir de fatigue ; **~ de hambre/sed** mourir de faim/soif

desfasado, -a [desfa'saðo, a] *adj* déphasé(e) ; (*costumbres*) vieux jeu *inv*

desfase [des'fase] *nm* (*en mecanismo*) déphasage *m* ; (*entre ideas, circunstancias*) décalage *m* ; **~ horario** décalage horaire

desfavorable [desfaβo'raβle] *adj* défavorable

desfigurar [desfiɣu'rar] *vt* défigurer

desfiladero [desfila'ðero] *nm* (*Geo*) défilé *m*

desfilar [desfi'lar] *vi* défiler ; **desfilaron ante el general** ils ont défilé devant le général

desfile [des'file] *nm* défilé *m* ; **~ de modelos** défilé de mode

desfogar [desfo'ɣar] *vt* (*fig*) décharger ; **desfogarse** *vpr* se défouler

desgajar [desɣa'xar] *vt* arracher ; (*naranja*) cueillir ; **desgajarse** *vpr* (*rama*) s'arracher

desgana [des'ɣana] *nf* (*falta de apetito*) manque *m* d'appétit ; (*falta de entusiasmo*) manque d'entrain ; **hacer algo a** *o* **con ~** faire qch à contrecœur

desganado, -a [desɣa'naðo, a] *adj*: **estar ~** (*sin apetito*) ne pas avoir d'appétit ; (*sin entusiasmo*) manquer d'entrain

desgarrador, a [desɣarra'ðor, a] *adj* déchirant(e)

desgarrar [desɣa'rrar] *vt* (*tb fig*) déchirer ;

(*carne*) déchiqueter ; **desgarrarse** *vpr* se déchirer

desgastar [desɣas'tar] *vt* user ; **desgastarse** *vpr* s'user

desgaste [des'ɣaste] *nm* usure *f* ; **~ físico** déchéance *f* physique

desglosar [desɣlo'sar] *vt* disjoindre ; (*tema, escrito*) décomposer

desgracia [des'ɣraθja] *nf* malheur *m* ; **por ~** malheureusement ; **no hubo que lamentar ~s personales** il n'y a pas eu de victimes à déplorer ; **caer en ~** tomber en disgrâce ; **tener la ~ de** avoir le malheur de

desgraciado, -a [desɣra'θjaðo, a] *adj* malheureux(-euse) ; (*miserable*) infortuné(e) ; (AM: *fam*) infâme ▸ *nm/f* (*miserable*) infortuné(e) ; (*infeliz*) malheureux(-euse) ; **¡~!** (*insulto*) minable ! ; **es un pobre ~** c'est un pauvre malheureux

desgravación [desɣraβa'θjon] *nf* (*Com*): **~ fiscal** dégrèvement *m* fiscal

desgravar [desɣra'βar] *vt* dégrever ▸ *vi* (*Fin*) détaxer ; **acciones/operaciones que desgravan** actions *fpl*/opérations *fpl* qui donnent droit à un dégrèvement

deshabitado, -a [desaβi'taðo, a] *adj* (*edificio*) inhabité(e) ; (*zona*) désert(e)

deshacer [desa'θer] *vt* défaire ; (*proyectos*) ruiner ; (*Tec*) démonter ; (*familia, grupo*) désunir ; (*enemigo*) détruire ; (*disolver*) dissoudre ; (*derretir*) fondre ; (*contrato*) annuler ; (*intriga*) dénouer ; **deshacerse** *vpr* se défaire ; (*planes*) s'écrouler ; (*familia, grupo*) se désunir ; (*disolverse*) se dissoudre ; (*derretirse*) fondre ; **deshacerse de** se défaire de ; (*Com: existencias*) liquider ; **deshacerse en cumplidos/atenciones/lágrimas** se répandre en compliments/être plein d'attentions/fondre en larmes ; **deshacerse por algo** se démener pour qch

desharrapado, -a [desharra'paðo, a] *adj* en haillons

deshecho, -a [de'setʃo, a] *pp de* **deshacer** ▸ *adj* défait(e) ; (*roto*) cassé(e) ; (*helado, pastel*) fondu(e) ; **estoy ~** (*cansado*) je suis mort(e) de fatigue ; (*deprimido*) je suis abattu(e)

desheredar [desere'ðar] *vt* déshériter

deshidratar [desiðra'tar] *vt* déshydrater ; **deshidratarse** *vpr* se déshydrater

deshielo [des'jelo] *nm* dégel *m*

deshonesto, -a [deso'nesto, a] *adj* malhonnête

deshonor [deso'nor] *nm*, **deshonra** [de'sonra] *nf* déshonneur *m*

deshora [de'sora]: **a ~(s)** *adv* (*llegar*) au mauvais moment ; (*hablar*) quand il ne faut pas ; (*acostarse, comer*) à des heures impossibles

deshuesar [deswe'sar] *vt* (*carne*) désosser ; (*fruta*) dénoyauter

desierto, -a [de'sjerto, a] *adj* désert(e) ▸ *nm* désert *m* ; **declarar ~ un premio** ne pas décerner un prix (*à cause du niveau insuffisant des candidats*)

designar [desiɣ'nar] *vt* désigner ; **~ (para)** (*nombrar*) désigner (à)

designio [de'siɣnjo] *nm* dessein *m* ; **~s divinos** volonté *f* divine

desigual [desi'ɣwal] *adj* inégal(e) ; (*tamaño, escritura*) irrégulier(-ière)

desilusión [desilu'sjon] *nf* désillusion *f*

desilusionar [desilusjo'nar] *vt* désillusionner ; (*decepcionar*) décevoir ; **desilusionarse** *vpr* perdre ses illusions

desinfectar [desinfek'tar] *vt* désinfecter

desinflar [desin'flar] *vt* dégonfler ; **desinflarse** *vpr* se dégonfler

desinstalar [desinsta'lar] *vt* (*Inform*) désinstaller

desintegración [desinteɣra'θjon] *nf* désintégration *f*

desinterés [desinte'res] *nm* (*altruismo*) désintéressement *m* ; **~ por** (*familia, actividad*) manque *m* d'intérêt pour

desintoxicar [desintoksi'kar]: **desintoxicarse** *vpr* se désintoxiquer

desistir [desis'tir] *vi* renoncer ; **~ de (hacer)** renoncer à (faire)

desleal [desle'al] *adj* déloyal(e)

deslealtad [desleal'tað] *nf* déloyauté *f*

desleír [desle'ir] *vt* diluer

deslenguado, -a [deslen'gwaðo, a] *adj* (*grosero*) fort(e) en gueule

desligar [desli'ɣar] *vt* (*separar*) séparer ; (*desatar*) délier ; **desligarse** *vpr* se détacher

desliz [des'liθ] *nm* (*fig*) impair *m* ; **cometer un ~** commettre un impair

deslizar [desli'θar] *vt* glisser ; (*Inform*): **~ hacia abajo/arriba** faire défiler vers le

de

bas/le haut ; **deslizarse** *vpr* glisser ; (*aguas mansas, lágrimas*) couler ; (*horas*) passer ; (*con disimulo: entrar, salir*) se glisser

deslucido, -a [deslu'θiðo, a] *adj* terne

deslumbrar [deslum'brar] *vt* éblouir

desmadrarse [desma'ðrarse] (*fam*) *vpr* faire n'importe quoi

desmán [des'man] *nm* abus *msg*

desmandarse [desman'darse] *vpr* (*descontrolarse*) se rebeller

desmantelar [desmante'lar] *vt* démanteler ; (*casa, fábrica*) vider ; (*Náut*) démâter

desmayar [desma'jar]: **desmayarse** *vpr* perdre connaissance

desmayo [des'majo] *nm* (*Med*) évanouissement *m* ; (*desaliento*) découragement *m* ; **sufrir un ~** perdre connaissance ; **sin ~** sans relâche

desmedido, -a [desme'ðiðo, a] *adj* démesuré(e)

desmejorar [desmexo'rar] *vi* (*Med*) s'affaiblir

desmembrar [desmem'brar] *vt* démembrer ; **desmembrarse** *vpr* (*imperio*) se morceler

desmemoriado, -a [desmemo'rjaðo, a] *adj* distrait(e)

desmentir [desmen'tir] *vt* démentir ; **desmentirse** *vpr* se dédire

desmenuzar [desmenu'θar] *vt* (*pan*) émietter ; (*roca*) effriter ; (*carne*) couper en petits morceaux ; (*asunto, teoría*) examiner en détail ; **desmenuzarse** *vpr* (*pan*) s'émietter ; (*roca*) s'effriter

desmerecer [desmere'θer] *vi* (*marca*) baisser ; (*belleza*) se flétrir ; **~ de** (*cosa*) ne pas être à la hauteur de ; (*persona*) ne pas être digne de

desmesurado, -a [desmesu'raðo, a] *adj* (*ambición, egoísmo*) démesuré(e) ; (*habitación, gafas*) énorme

desmontable [desmon'taβle] *adj* (*que se quita*) démontable ; (*que se puede plegar*) pliable

desmontar [desmon'tar] *vt* démonter ; (*escopeta*) désarmer ; (*tierra*) aplatir ; (*quitar los árboles a*) déboiser ; (*jinete*) descendre de cheval ▸ *vi* (*de caballería*) mettre pied à terre

desmoralizar [desmorali'θar] *vt* démoraliser ; **desmoralizarse** *vpr* se démoraliser ; **estar desmoralizado** être démoralisé

desmoronar [desmoro'nar] *vt* saper ; **desmoronarse** *vpr* s'écrouler ; (*convicción, ilusión*) s'effondrer

desnatado, -a [desna'taðo, a] *adj* écrémé(e)

desnivel [desni'βel] *nm* (*de terreno*) dénivellation *f* ; (*económico, cultural*) différence *f* ; (*de fuerzas*) déséquilibre *m*

desnudar [desnu'ðar] *vt* dénuder ; **desnudarse** *vpr* se dénuder ; **~ (de)** (*despojarse*) se dépouiller (de)

desnudo, -a [des'nuðo, a] *adj* nu(e) ; (*árbol*) dépouillé(e) ; (*paisaje*) dénudé(e) ▸ *nm* (*Arte*) nu *m* ; **~ de** dénué(e) de ; **poner al ~** mettre à nu ; **ir medio ~** se balader à moitié nu(e)

desnutrición [desnutri'θjon] *nf* malnutrition *f*

desnutrido, -a [desnu'triðo, a] *adj* sous-alimenté(e)

desobedecer [desoβeðe'θer] *vt, vi* désobéir

desobediente [desoβe'ðjente] *adj* désobéissant(e)

desocupación [desokupa'θjon] (*esp* AM) *nf* chômage *m*

desocupado, -a [desoku'paðo, a] *adj* (*persona: ocioso*) désœuvré(e) ; (*: desempleado*) sans emploi ; (*casa*) inoccupé(e) ; (*asiento, servicios*) libre

desocupar [desoku'par] *vt* (*vivienda*) libérer ; (*local*) vider ; **desocuparse** *vpr* se libérer

desodorante [desoðo'rante] *nm* déodorant *m*

desolación [desola'θjon] *nf* désolation *f*

desorbitado, -a [desorβi'taðo, a] *adj* (*deseos*) démesuré(e) ; (*precio*) exorbitant(e) ; **con los ojos ~s** les yeux exorbités

desorden [de'sorðen] *nm* désordre *m* ; (*en escrito*) confusion *f* ; (*en horarios*) irrégularité *f* ; **desórdenes** *nmpl* (*Pol*) troubles *mpl* ; (*excesos*) excès *mpl* ; **ir en ~** (*gente*) marcher dans le plus grand désordre ; **estar en ~** (*cabellos, habitación*) être en désordre

desordenado, -a [desorðe'naðo, a] *adj* (*habitación, objetos*) en désordre ; (*persona*) désordonné(e)

desorganización [desoɾɣaniθa'θjon] *nf* désorganisation *f*
desorganizar [desoɾɣani'θar] *vt* bouleverser
desorientado, -a [desorjen'taðo, a] *adj* (*extraviado*) égaré(e) ; (*confundido*) confus(e)
desorientar [desorjen'tar] *vt* désorienter ; (*al electorado*) confondre ; **desorientarse** *vpr* s'égarer
despabilado, -a [despaβi'laðo, a] *adj* (*despierto*) réveillé(e) ; (*fig*) éveillé(e)
despabilar [despaβi'lar] *vt* réveiller ; (*fig*) secouer ▸ *vi* se réveiller ; (*fig*) s'éveiller ; **despabilarse** *vpr* se réveiller ; **¡despabílate!** (*date prisa*) réveille-toi !
despachar [despa'tʃar] *vt* (*negocio*) expédier ; (*trabajo*) terminer ; (*correspondencia*) s'occuper de ; (*fam*: *comida*) se taper ; (: *bebida*) descendre ; (*mensaje, carta*) envoyer ; (*en tienda*: *cliente*) servir ; (*entradas*) distribuer ; (*empleado*) se débarrasser de ; (*visitas*) décliner ; (*matar*) descendre ; (*Arg*: *maletas*) enregistrer ▸ *vi* (*en tienda*) servir ; **despacharse** *vpr* se dépêcher ; **está despachando con el jefe** il discute avec le chef ; **despacharse de algo** se débarrasser de qch ; **despacharse a su gusto con algn** soulager sa conscience auprès de qn
despacho [des'patʃo] *nm* bureau *m* ; (*envío*) dépêche *f* ; (*Com*: *venta*) envoi *m* ; (*comunicación oficial*) dépêche ; (: *a distancia*) ordre *m* ; **mesa de ~** bureau ; **muebles de ~** mobilier *m* de bureau ; **~ de billetes** *o* **boletos** (AM) bureau de tabac ; **~ de localidades** guichet *m*
despacio [des'paθjo] *adv* lentement ; (*cuidadosamente*: AM: *en voz baja*) doucement ; **¡~!** doucement ! ; **ya hablaremos más ~** on se parlera plus longuement
desparpajo [despar'paxo] *nm* (*desenvoltura*) aisance *f* ; (*pey*) insolence *f*
desparramar [desparra'mar] *vt* répandre
despavorido, -a [despaβo'riðo, a] *adj* terrorisé(e)
despecho [des'petʃo] *nm* dépit *m* ; **a ~ de** en dépit de ; **por ~** par dépit
despectivo, -a [despek'tiβo, a] *adj* (*tono, modo*) condescendant(e) ; (*Ling*) péjoratif(-ive)
despedazar [despeða'θar] *vt* réduire en miettes ; **despedazarse** *vpr* tomber en miettes
despedida [despe'ðiða] *nf* (*adiós*) congé *m* ; (*antes de viaje*) adieux *mpl* ; (*en carta*) formule *f* de politesse ; **regalo/cena de ~** cadeau *m*/dîner *m* d'adieu ; **hacer una ~ a algn** fêter le départ de qn ; **hacer su ~ de soltero/soltera** enterrer sa vie de garçon/jeune fille
despedir [despe'ðir] *vt* (*decir adiós a*) dire au revoir à ; (*empleado*) renvoyer ; (*arrojar*) lancer, jeter ; (*olor, calor*) dégager ; **despedirse** *vpr* quitter son emploi ; **despedirse de algn** dire au revoir à qn ; **se despidieron** ils se sont dit au revoir ; **salir despedido** être lancé ; **ir a ~ a algn** aller prendre congé de qn

> **También se puede decir:**
> Au revoir ! (*¡Adiós!*)
> Bonne nuit ! (*¡Buenas noches!*)
> Salut ! (*¡Adiós!*)
> À bientôt ! (*¡Hasta pronto!*)
> À demain ! (*¡Hasta mañana!*)

despegar [despe'ɣar] *vt, vi* décoller ; **despegarse** *vpr* se décoller ; **sin ~ los labios** sans piper mot
despego [des'peɣo] *nm* = **desapego**
despegue [des'peɣe] *vb ver* **despegar** ▸ *nm* décollage *m*
despejado, -a [despe'xaðo, a] *adj* dégagé(e) ; (*persona*) bien réveillé(e)
despejar [despe'xar] *vt* dégager ; (*desalojar*) vider ; (*misterio*) éclaircir ; (*Mat*: *incógnita*) isoler ; (*mente*) rafraîchir ; (*Deporte*) dégager ▸ *vi* s'éclaircir ; **despejarse** *vpr* s'éclaircir ; (*persona*) émerger ; **¡despejen!** évacuez les lieux ! ; **salir a despejarse** sortir pour se changer les idées
despellejar [despeʎe'xar] *vt* (*animal*) écorcher ; (*fig*) ne pas ménager
despensa [des'pensa] *nf* armoire *f* à provisions
despeñadero [despeɲa'ðero] *nm* précipice *m*
despeñar [despe'ɲar]: **despeñarse** *vpr* basculer
desperdiciar [desperði'θjar] *vt* gaspiller ; (*oportunidad*) manquer
desperdicio [desper'ðiθjo] *nm* gaspillage *m* ; (*residuo*) déchet *m* ; **desperdicios** *nmpl*

(*basura*) ordures *fpl* ; (*residuos*) déchets *mpl* ; (*de comida*) restes *mpl* ; **el libro no tiene ~** le livre est excellent du début à la fin

desperdigar [desperði'ɣar]: **desperdigarse** *vpr* se disperser ; (*semillas etc*) s'éparpiller ; **andar desperdigados** être dispersés

desperezarse [despere'θarse] *vpr* s'étirer

desperfecto [desper'fekto] *nm* (*deterioro*) dommage *m* ; (*defecto*) imperfection *f*

despertador [desperta'ðor] *nm* réveil *m*

despertar [desper'tar] *vt* réveiller ; (*sospechas, admiración*) éveiller ; (*apetito*) aiguiser ▸ *vi* se réveiller ▸ *nm* (*de persona*) réveil *m* ; (*día, era*) aube *f* ; **despertarse** *vpr* se réveiller

despiadado, -a [despja'ðaðo, a] *adj* impitoyable

despido [des'piðo] *vb ver* **despedir** ▸ *nm* (*de trabajador*) licenciement *m* ; **~ improcedente** licenciement abusif ; **~ injustificado** renvoi *m* injustifié ; **~ libre** faculté *f* de licencier arbitrairement ; **~ voluntario** départ *m* volontaire

despierto, -a [des'pjerto, a] *vb ver* **despertar** ▸ *adj* réveillé(e) ; (*fig*) éveillé(e)

despilfarro [despil'farro] *nm* gaspillage *m*

despiole [des'pjole] (*Arg*: *fam*) *nm* (*jaleo*) bordel *m*

despistado, -a [despis'taðo, a] *adj* (*distraído*) distrait(e) ; (*desorientado*) dérouté(e) ▸ *nm/f* distrait(e)

despistar [despis'tar] *vt* (*perseguidor*) semer ; (*desorientar*) dérouter ; **despistarse** *vpr* (*distraerse*) être distrait(e)

despiste [des'piste] *nm* distraction *f* ; (*confusión*) confusion *f* ; **tiene un terrible ~** il est terriblement distrait

desplazamiento [desplaθa'mjento] *nm* déplacement *m* ; (*Inform*) défilement *m* ; **~ hacia arriba/abajo** (*Inform*) déplacement vers le haut/bas ; **gastos de ~** frais *mpl* de déplacement

desplazar [despla'θar] *vt* déplacer ; (*tropas*) transférer ; (*fig*) supplanter ; (*Inform*) faire défiler ; **desplazarse** *vpr* se déplacer

desplegar [desple'ɣar] *vt* déployer ; (*tela, papel*) déplier ; **desplegarse** *vpr* (*Mil*) se déployer

despliegue [des'pljeɣe] *vb ver* **desplegar** ▸ *nm* déploiement *m*

desplomarse [desplo'marse] *vpr* s'écrouler ; **se ha desplomado el techo** le toit s'est effondré

desplumar [desplu'mar] *vt* (*ave*) déplumer ; (*fam*) plumer

despoblado, -a [despo'βlaðo, a] *adj* (*sin habitantes*) vide ; (*con pocos habitantes*) dépeuplé(e) ▸ *nm* lieu *m* dépeuplé

despojar [despo'xar] *vt* dépouiller ; **~ de** (*persona*: *de sus bienes*) dépouiller de ; (: *de título, derechos*) retirer ; (: *de su cargo*) relever ; **despojarse** *vpr*: **despojarse de** (*ropa*) enlever ; (*posesiones*) se dépouiller de

despojo [des'poxo] *nm* (*usurpación*) spoliation *f* ; (*botín*) butin *m* ; **despojos** *nmpl* (*Culin*) abats *mpl* ; (*de banquete*) reliefs *mpl* ; (*cadáver*) dépouille *fsg*

desposado, -a [despo'saðo, a] *adj* tout juste marié(e) ▸ *nm/f* jeune marié(e)

desposar [despo'sar] *vt* (*suj*: *sacerdote*) marier ; **desposarse** *vpr* se marier

desposeer [despose'er] *vt*: **~ (de)** déposséder (de) ; **~ a algn de su autoridad** priver qn de son autorité

déspota ['despota] *nm/f* despote *m*

despreciar [despre'θjar] *vt* mépriser ; (*oferta, regalo*) dédaigner

desprecio [des'preθjo] *nm* dédain *m* ; **un ~** un affront ; **le hicieron el ~ de no acudir** ils lui ont fait l'affront de ne pas venir

desprender [despren'der] *vt* ôter ; (*olor, calor*) dégager ; (*chispas*) jeter ; **desprenderse** *vpr* se détacher ; (*olor, perfume*) se dégager ; **~ (de)** (*separar*) ôter (de) ; **desprenderse de algo** se défaire de qch ; **de ahí se desprende que** il en découle que

desprendimiento [desprendi'mjento] *nm* générosité *f* ; **~ de retina** décollement *m* de la rétine ; **~ de tierras** éboulement *m* de terrain

despreocupado, -a [despreoku'paðo, a] *adj*: **estar ~** (*sin preocupación*) ne pas s'inquiéter ; **ser ~** être insouciant(e)

despreocuparse [despreoku'parse] *vpr*: **~ (de)** (*dejar de inquietarse*) ne plus s'occuper (de) ; (*desentenderse*) se désintéresser (de)

desprestigiar [despresti'xjar] *vt* discréditer ; **desprestigiarse** *vpr* se discréditer

desprevenido, -a [despreβe'niðo, a] *adj* dépourvu(e) ; **coger** (*Esp*) *o* **agarrar** (*AM*) **a algn ~** prendre qn au dépourvu

desprolijo, -a [despro'lixo, a] (*Arg: fam*) *adj* nul(le)

desproporcionado, -a [desproporθjo'naðo, a] *adj* disproportionné(e)

desprovisto, -a [despro'βisto, a] *adj*: **~ de** dépourvu(e) de ; **estar ~ de** être dépourvu(e) de

después [des'pwes] *adv* après ; (*desde entonces*) dès lors ; (*entonces*) alors ▸ *prep*: **~ de** après ▸ *conj*: **~ (de) que** après que ; **poco ~** peu après ; **un año ~** un an après ; **~ se debatió el tema** puis on a discuté de l'affaire ; **~ de comer** après manger ; **~ de corregir el texto** après avoir corrigé le texte ; **~ de esa fecha** (*pasado*) après cette date ; (*futuro*) passée cette date ; **~ de todo** après tout ; **~ de verlo** après l'avoir vu ; **mi nombre está ~ del tuyo** mon nom vient après le tien ; **~ (de) que lo escribí** après que je l'eus écrit

desquiciar [deski'θjar] *vt* (*puerta*) sortir de ses gonds ; (*planes*) bouleverser ; (*persona*) rendre fou (folle) ; **el pobre está desquiciado** le pauvre est ébranlé

desquite [des'kite] *nm*: **tomarse el ~ (de)** prendre sa revanche (sur)

desradicalizar [desraðikali'θar] *vt* déradicaliser

destacar [desta'kar] *vt* (*Arte*) mettre en relief ; (*fig*) souligner ; (*Mil*) détacher ▸ *vi* (*sobresalir: montaña, figura*) ressortir ; (*: obra, persona*) se démarquer ; **destacarse** *vpr* se démarquer ; **quiero ~ que ...** je voudrais souligner que ... ; **~ en/por algo** briller en/par qch ; **~(se) de** *o* **entre los demás** se démarquer des autres

destajo [des'taxo] *nm*: **trabajar a ~** (*por pieza*) travailler à la pièce ; (*mucho*) travailler d'arrache-pied

destapar [desta'par] *vt* découvrir ; (*botella*) déboucher ; (*cacerola*) ôter le couvercle de ; **destaparse** *vpr* (*botella*) se déboucher ; (*en la cama*) se découvrir

destartalado, -a [destarta'laðo, a] *adj* (*casa*) délabré(e) ; (*coche*) démantibulé(e)

destello [des'teʎo] *nm* (*de diamante, metal*) scintillement *m* ; (*de estrella*) scintillation *f* ; (*de faro*) lueur *f* ; **un ~ de lucidez/genio** un éclair de lucidité/génie

destemplado, -a [destem'plaðo, a] *adj* (*Mús*) désaccordé(e) ; (*voz*) discordant(e) ; (*Meteorología*) mauvais(e) ; **estar/sentirse ~** (*Med*) ne pas se sentir bien

desteñir [deste'ɲir] *vt, vi* déteindre ; **desteñirse** *vpr* déteindre ; **esta tela no destiñe** ce tissu ne déteint pas

de

desternillarse [desterni'ʎarse] *vpr*: **~ de risa** se tordre de rire

desterrar [deste'rrar] *vt* exiler ; (*pensamiento, tristeza*) chasser ; (*sospechas*) bannir

destiempo [des'tjempo]: **a ~** *adv* mal à propos

destierro [des'tjerro] *vb ver* **desterrar** ▸ *nm* (*expulsión*) interdiction *f* de séjour ; (*exilio*) exil *m* ; **vivir en el ~** vivre en exil

destilar [desti'lar] *vt, vi* distiller

destilería [destile'ria] *nf* distillerie *f*

destinar [desti'nar] *vt* (*funcionario, militar*) affecter ; (*habitación, tarea*) assigner ; **~ a** *o* **para** (*fondos*) destiner à ; **es un libro destinado a los niños** c'est un livre pour enfants ; **una carta que viene destinada a usted** une lettre qui vous est adressée

destinatario, -a [destina'tarjo, a] *nm/f* destinataire *m/f*

destino [des'tino] *nm* (*suerte*) destin *m* ; (*de viajero*) destination *f* ; (*función*) fonction *f* ; (*de funcionario, militar*) poste *m* ; **con ~ a** à destination de ; **salir con ~ a** partir pour

destituir [destitu'ir] *vt*: **~ (de)** destituer (de)

destornillador [destorniʎa'ðor] *nm* tournevis *msg*

destornillar [destorni'ʎar] *vt* = **desatornillar**

destreza [des'treθa] *nf* dextérité *f* ; (*maña*) adresse *f*

destrozar [destro'θar] *vt* (*romper*) casser ; (*planes, campaña, persona*) anéantir ; (*nervios*) mettre à vif ; **está destrozado por la noticia** il est anéanti par la nouvelle

destrozo [des'troθo] *nm* destruction *f* ; **destrozos** *nmpl* (*daños*) dégâts *mpl*

destrucción [destruk'θjon] *nf* destruction *f*

destructivo, -a [destruk'tiβo, a] *adj* destructeur(-trice)

destruir [destru'ir] *vt* détruire ; (*persona: moralmente*) briser ; (*negocio, comarca*) ruiner ; (*político, competidor, ilusiones*) anéantir ; (*argumento*) démolir

desubicar [desuβi'kar] (*CSur*) *vt* désorienter

desuso [de'suso] *nm* non-utilisation *f* ; **caer en ~** tomber en désuétude ; **estar en ~** être inusité(e) ; **una expresión (caída) en ~** une expression tombée en désuétude

desvalido, -a [desβa'liðo, a] *adj* déshérité(e) ; **niños ~s** enfants *mpl* déshérités

desvalijar [desβali'xar] *vt* dévaliser ; (*coche*) cambrioler

desván [des'βan] *nm* grenier *m*

desvanecer [desβane'θer]: **desvanecerse** *vpr* (*Med*) s'évanouir ; (*fig*) se dissiper ; (*borrarse*) s'effacer

desvanecimiento [desβaneθi'mjento] *nm* (*de contornos, colores*) effacement *m* ; (*de dudas*) dissipation *f* ; (*Med*) évanouissement *m*

desvariar [desβa'rjar] *vi* délirer

desvarío [desβa'rio] *nm* délire *m* ; **desvaríos** *nmpl* (*disparates*) absurdités *fpl*

desvelar [desβe'lar] *vt* (*suj: café, preocupación*) tenir éveillé(e) ; **desvelarse** *vpr* rester éveillé(e) ; **desvelarse por algo** se démener pour qch ; **desvelarse por los demás** se donner du mal pour autrui

desvelo [des'βelo] *nm* éveil *m* ; **desvelos** *nmpl* (*preocupación*) soucis *mpl*

desvencijado, -a [desβenθi'xaðo, a] *adj* (*silla*) branlant(e) ; (*máquina*) détraqué(e)

desventaja [desβen'taxa] *nf* inconvénient *m* ; **estar en** *o* **llevar ~** être désavantagé(e)

desventura [desβen'tura] *nf* malheur *m*

desvergonzado, -a [desβerɣon'θaðo, a] *adj, nm/f* dévergondé(e) ; (*descarado*) effronté(e)

desvergüenza [desβer'ɣwenθa] *nf* dévergondage *m* ; (*descaro*) toupet *m* ; **¡qué ~!** quel toupet ! ; **tener la ~ de hacer** avoir le toupet de faire

desvestir [desβes'tir] *vt* déshabiller ; **desvestirse** *vpr* se déshabiller

desviación [desβja'θjon] *nf* (*de río*) détournement *m* ; (*Auto*) déviation *f* ; (*de la conducta*) écart *m* ; **~ de la columna** (*Med*) scoliose *f*

desviar [des'βjar] *vt* dévier ; (*de objetivo*) écarter ; (*río, mirada*) détourner ; **desviarse** *vpr* (*apartarse del camino*) s'égarer ; (*rumbo*) faire un détour ; (*Auto*) faire une embardée ; **desviarse de un tema** s'éloigner du sujet

desvío [des'βio] *vb ver* **desviar** ▸ *nm* (*Auto*) déviation *f*

desvirtuar [desβir'twar] *vt* (*actuación, labor*) nuire à ; (*argumento*) démolir ; (*sentido*) affaiblir ; **desvirtuarse** *vpr* perdre sa signification première

desvivirse [desβi'βirse] *vpr*: **~ por algo/algn** se mettre en quatre pour qch/qn ; **~ por hacer** se tuer à faire

detalle [de'taʎe] *nm* détail *m* ; (*delicadeza*) attention *f* ; **narrar con (todo) ~** raconter en détail ; **no pierde ~** il n'en perd pas une miette ; **tener un ~ con algn** avoir une attention pour qn ; **¡qué ~!** comme c'est gentil ! ; **al ~** (*Com*) au détail ; **comercio al ~** commerce *m* de détail ; **vender al ~** vendre au détail ; **~ de cuenta** détail d'un compte

detallista [deta'ʎista] *adj* méticuleux(-euse) ▸ *nm/f* (*Com*) détaillant(e)

detective [detek'tiβe] *nm/f* détective *m/f* ; **~ privado** détective privé(e)

detector [detek'tor] *nm*: **~ de humo** détecteur *m* de fumée ; **~ de mentiras/de metales/de minas** détecteur de mensonges/à métaux/de mines

detener [dete'ner] *vt* arrêter ; (*retrasar*) retarder ; **detenerse** *vpr* s'arrêter ; (*demorarse*) s'attarder ; **¡deténgase!** arrêtez-vous ! ; **detenerse a hacer algo** s'attarder à faire qch

detenido, -a [dete'niðo, a] *adj* arrêté(e) ; (*minucioso*) minutieux(-euse) ; (*preso*) détenu(e) ▸ *nm/f* détenu(e)

detenimiento [deteni'mjento] *nm*: **con ~** avec soin

detergente [deter'xente] *nm* détergent *m* ; (*para la ropa*) lessive *f*

deteriorar [deterjo'rar] *vt* détériorer ; **deteriorarse** *vpr* se détériorer

determinación [determina'θjon] *nf* détermination *f* ; (*decisión*) décision *f*

determinado, -a [determi'naðo, a] *adj* déterminé(e) ; **a una hora determinada** à une heure précise ; **no hay ningún tema ~** aucun sujet n'a été déterminé

determinar [determi'nar] *vt* déterminer ; **determinarse** *vpr*: **determinarse a hacer** se déterminer à faire ; **el reglamento determina que …** le règlement prévoit que … ; **aquello determinó la caída del gobierno** cela a déterminé la chute du gouvernement

detestar [detes'tar] *vt* détester

detrás [de'tras] *adv* derrière ; (*en sucesión*) après ▸ *prep*: **~ de** derrière ; **hacer algo por ~ de algn** faire qch dans le dos de qn ; **ir ~ de algn/algo** être derrière qn/qch ; **por ~** par derrière ; **~ mío/nuestro** (*esp CSur*) derrière moi/nous

detrimento [detri'mento] *nm*: **en ~ de** au détriment de

deuda [de'uða] *nf* dette *f* ; **estar en ~ con algn** (*fig*) avoir une dette envers qn ; **contraer ~s** contracter des dettes ; **~ a largo plazo** dette à long terme ; **~ exterior/pública** dette extérieure/publique

devaluación [deβalwa'θjon] *nf* dévaluation *f*

devaluar [deβalu'ar] *vt* dévaluer

devastar [deβas'tar] *vt* dévaster

devoción [deβo'θjon] *nf* dévotion *f* ; **sentir ~ por algn/algo** avoir de la dévotion pour qn/une passion pour qch

devolución [deβolu'θjon] *nf* restitution *f* ; (*de carta*) retour *m* ; (*de dinero*) remboursement *m* ; **no se admiten devoluciones** (*Com*) ni repris ni échangé

devolver [deβol'βer] *vt* rendre ; (*a su sitio*) remettre ; (*producto, carta*) retourner ; (*factura*) protester ; (*fam*: *vomitar*) rendre ▸ *vi* (*fam*) rendre ; **devolverse** *vpr* (*AM*) revenir ; **~ la pelota a algn** (*fig*) renvoyer la balle à qn

devorar [deβo'rar] *vt* dévorer ; (*fig*: *fortuna*) manger ; **~ a algn con los ojos** dévorer qn des yeux ; **el fuego lo devoró todo** tout a été dévoré par les flammes ; **le devoran los celos** il est habité par la jalousie

devoto, -a [de'βoto, a] *adj* (*Rel*) dévot(e) ; (*amigo*) dévoué(e) ▸ *nm/f* dévot(e) ; (*adepto*) adepte *m/f* ; **~ de** (*Rel*) dévot(e) à ; (*muy aficionado a*) adepte de ; **su ~ servidor** votre dévoué serviteur

devuelto [de'βwelto] *pp de* **devolver**

devuelva *etc* [de'βwelβa] *vb ver* **devolver**

di [di] *vb ver* **dar**; **decir**

día ['dia] *nm* (*24 horas*) journée *f* ; (*lo que no es noche*) jour *m* ; **¿qué ~ es?** quel jour est-on ? ; **estar/poner al ~** (*cuentas*) être/mettre à jour ; (*persona*) être/mettre au courant ; **el ~ de mañana** demain ; **el ~ menos pensado te haremos una visita** quand tu t'y attendras le moins, nous te rendrons visite ; **hoy (en) ~** aujourd'hui ; **al ~ siguiente** le jour suivant ; **tener un mal ~** passer une mauvaise journée ; **~ a ~** jour après jour ; **¡cualquier ~ se mata!** il va finir par se tuer ! ; **todos los ~s** tous les jours ; **un ~ de estos** un de ces jours ; **un ~ sí y otro no** tous les deux jours ; **vivir al ~** vivre au jour le jour ; **es de ~** il fait jour ; **del ~** (*estilos*) au goût du jour ; (*pan*) frais (fraîche) ; (*menú*) du jour ; **de un ~ para otro** d'un jour à l'autre ; **en pleno ~** en plein jour ; **en su ~** en son temps ; **¡hasta otro ~!** à un autre jour ! ; **¡buenos ~s!** bonjour ! ; **~ domingo/lunes** *etc* (*AM*) dimanche/lundi *etc* ; **~ de los (santos) inocentes** (*28 diciembre*) jour des Saints Innocents, ≈ le premier avril ; **~ de precepto** jour du Seigneur ; **D~ de Reyes** Épiphanie *f* ; **~ festivo** *o* (*AM*) **feriado** *o* **de fiesta** jour férié ; **~ hábil/inhábil** jour ouvrable/chômé ; **~ laborable** jour de travail *o* ouvrable ; **~ lectivo/libre** jour de classe/de congé

diabetes [dja'βetes] *nf inv* diabète *m*

diabético, -a [dja'βetiko, a] *nm/f* diabétique *m/f*

diablo ['djaβlo] *nm* diable *m* ; **¿cómo/qué ~s …?** comment/que diable … ? ; **pobre ~** pauvre diable ; **hace un frío de mil ~s** *o* **de todos los ~s** il fait un froid de tous les diables ; **mandar algo/a algn al ~** envoyer qch/qn au diable ; **¡al ~ con …!** au diable … !

diablura [dja'βlura] *nf* diablerie *f*

diadema [dja'ðema] *nf* serre-tête *m* ; (*joya*) diadème *m*

diafragma [dja'fraɣma] *nm* diaphragme *m*

diagnosis [djaɣ'nosis] *nf inv* diagnostic *m*

diagnóstico [djaɣ'nostiko] *nm* diagnostic *m*

diagonal [djaɣo'nal] *adj* diagonal(e) ▸ *nf* diagonale *f* ; **en ~** en diagonale

diagrama [dja'ɣrama] *nm* diagramme *m* ; **~ de barras** diagramme en bâtons ; **~ de flujo** (*Inform*) organigramme *m*

de

dial [di'al] *nm* (*de radio*) bande *f* de fréquence

dialecto [dja'lekto] *nm* dialecte *m*

dialogar [djalo'ɣar] *vi* dialoguer ; **~ con** (*Pol*) s'entretenir avec

diálogo ['djaloɣo] *nm* dialogue *m*

diamante [dja'mante] *nm* diamant *m* ; **diamantes** *nmpl* (*Naipes*) carreau *msg* ; **~ (en) bruto** diamant brut ; (*fig*) perle *f* rare

diámetro [di'ametro] *nm* diamètre *m* ; **3 m de ~** 3 m de diamètre

diana ['djana] *nf* (*Mil*) réveil *m* ; (*de blanco*) mouche *f* ; **hacer ~** faire mouche

diapositiva [djaposi'tiβa] *nf* (*Foto*) diapositive *f*

diario, -a ['djarjo, a] *adj* quotidien(ne) ▶ *nm* quotidien *m*, journal *m* ; (*para memorias*) journal ; (*Com*) livre *m* journal ; **a ~** tous les jours ; **de** *o* **para ~** de tous les jours ; **~ de navegación** (*Náut*) journal de bord ; **~ de sesiones** *compte rendu d'une session du Parlement* ; **~ hablado** (*Radio*) journal

diarrea [dja'rrea] *nf* diarrhée *f*

dibujar [diβu'xar] *vt, vi* dessiner ; **dibujarse** *vpr* (*emoción*) se peindre ; **dibujarse en el horizonte/a lo lejos** se dessiner à l'horizon/au loin

dibujo [di'βuxo] *nm* dessin *m* ; **~s animados** dessins *mpl* animés ; **~ artístico** dessin d'art ; **~ lineal/técnico** dessin industriel

diccionario [dikθjo'narjo] *nm* dictionnaire *m* ; **~ enciclopédico** dictionnaire encyclopédique

dicho, -a ['ditʃo, a] *pp de* **decir** ▶ *adj*: **en ~s países** dans ces pays ▶ *nm* proverbe *m* ; **mejor ~** plutôt ; **propiamente ~** proprement dit ; **~ y hecho** aussitôt dit, aussitôt fait ; **~ sea de paso** soit dit en passant

dichoso, -a [di'tʃoso, a] *adj* heureux(-euse) ; **¡aquel ~ coche!** (*fam*) cette sacrée voiture !

diciembre [di'θjembre] *nm* décembre *m* ; *ver tb* **julio**

dictado [dik'taðo] *nm* dictée *f* ; **escribir al ~** écrire sous la dictée ; **los ~s de la conciencia** ce que dicte la conscience

dictador, a [dikta'ðor, a] *nm/f* dictateur(-trice)

dictadura [dikta'ðura] *nf* dictature *f*

dictamen [dik'tamen] *nm* expertise *f* ; **~ contable** rapport *m* comptable ; **~ facultativo** (*Med*) diagnostic *m*

dictar [dik'tar] *vt* dicter ; (*decreto*) prendre ; (*ley*) édicter ; (*AM*: *clase*) faire ; (: *conferencia*) donner

didáctico, -a [di'ðaktiko, a] *adj* didactique ; (*educativo*) éducatif(-ive)

diecinueve [djeθinu'eβe] *adj inv, nm inv* dix-neuf *m inv* ; **el siglo ~** le dix-neuvième siècle ; *ver tb* **seis**

dieciocho [djeθi'otʃo] *adj inv, nm inv* dix-huit *m inv* ; *ver tb* **seis**

dieciséis [djeθi'seis] *adj inv, nm inv* seize *m inv* ; *ver tb* **seis**

diecisiete [djeθi'sjete] *adj inv, nm inv* dix-sept *m inv* ; *ver tb* **seis**

diente ['djente] *nm* dent *f* ; **enseñar los ~s** (*fig*) montrer les dents ; **hablar entre ~s** parler entre ses dents ; **hincarle el ~ a** (*comida*) mordre à belles dents dans ; (*fig*: *asunto*) s'attaquer à ; **~ de ajo** gousse *f* d'ail ; **~ de leche** dent de lait ; **~ de león** pissenlit *m* ; **~s postizos** fausses dents

diera *etc* ['djera] *vb ver* **dar**

diesel ['djesel] *adj*: **motor ~** (moteur *m*) diesel *m*

diestro, -a ['djestro, a] *adj* droit(e) ; (*persona*) droitier(-ière) ; (*hábil*) adroit(e) ▶ *nm* (*Taur*) matador *m* ; **a ~ y siniestro** au hasard

dieta ['djeta] *nf* régime *m* ; **dietas** *nfpl* (*de viaje, hotel*) frais *mpl* ; **la ~ mediterránea** la cuisine méditerranéenne ; **estar a ~** être au régime

dietética [dje'tetika] *nf* diététique *f*

dietético, -a [dje'tetiko, a] *adj* diététique ▶ *nm/f* diététicien(ne)

dietista [dje'tista] (*AM*) *nm/f* diététicien(ne)

diez [djeθ] *adj inv, nm inv* dix *m inv* ; *ver tb* **seis**

diezmar [djeθ'mar] *vt* décimer

difamar [difa'mar] *vt* diffamer

diferencia [dife'renθja] *nf* différence *f* ; **diferencias** *nfpl* (*desacuerdos*) différend *msg* ; **a ~ de** à la différence de ; **hacer ~ entre** faire la différence entre ; **~ salarial** écarts *mpl* de salaire

> **También se puede decir:**
> Les actions de ce groupe n'ont rien de comparable avec les agissements des terroristes. (*... no tienen nada que ver con ...*)
> Ça n'a rien à voir. (*No tiene nada que ver.*)
> Ce sont deux choses complètement différentes. (*Son dos cosas completamente diferentes.*)
> L'espérance de vie des femmes est de 81 ans, tandis que celle des hommes est de 72 ans. (*... mientras que ...*)

diferenciar [diferen'θjar] *vt*: **~ (de)** distinguer (de) ; (*hacer diferente*) différencier (de) ▶ *vi*: **~ entre A y B** distinguer A de B ; **diferenciarse** *vpr*: **diferenciarse (de)** se distinguer (de) ; **¿en qué se diferencian?** en quoi sont-ils différents ?

diferente [dife'rente] *adj* différent(e) ▶ *adv* différemment

diferido [dife'riðo] *nm*: **en ~** (*TV*) en différé

difícil [di'fiθil] *adj* difficile ; **es un hombre ~ (de tratar)** c'est quelqu'un de difficile ; **ser ~ de hacer/entender/explicar** être difficile à faire/comprendre/expliquer

dificultad [difikul'tað] *nf* difficulté *f* ; **dificultades** *nfpl* (*problemas*) difficultés *fpl* ; **poner ~es (a algn)** faire des difficultés (à qn)

dificultar [difikul'tar] *vt* (*explicación, labor*) rendre difficile ; (*visibilidad*) brouiller

difteria [dif'terja] *nf* diphtérie *f*

difundir [difun'dir] *vt* (*calor, noticia*) diffuser ; (*doctrina, rumores*) répandre ; **difundirse** *vpr* se diffuser ; (*doctrina*) se répandre

difunto, -a [di'funto, a] *adj, nm/f* défunt(e)

difusión [difu'sjon] *nf* diffusion *f* ; (*de teoría*) généralisation *f* ; **un programa de gran ~** une émission à grande diffusion

diga *etc* ['diɣa] *vb ver* **decir**

digerir [dixe'rir] *vt* digérer

digestión [dixes'tjon] *nf* digestion *f* ; **corte de ~** crampe *f* d'estomac

digestivo, -a [dixes'tiβo, a] *adj* digestif(-ive) ▶ *nm* digestif *m*

digital [dixi'tal] *adj* digital(e) ; (*Tec*) numérique

dignarse [diɣ'narse] *vpr*: **~ (a) hacer** daigner faire

dignatario, -a [diɣna'tarjo, a] *nm/f* dignitaire *m*

dignidad [diɣni'ðað] *nf* dignité *f* ; **hacer algo con ~** faire qch avec dignité

digno, -a ['diɣno, a] *adj* (*sueldo, nivel de vida*) décent(e) ; (*comportamiento, actitud*) digne ; **~ de** digne de ; **es ~ de mención** ça mérite d'être mentionné ; **es ~ de verse** ça mérite d'être vu ; **poco ~** peu digne

dije ['dixe] *vb ver* **decir** ▶ *adj* (*Chi: fam*) sympa

dilapidar [dilapi'ðar] *vt* dilapider

dilatar [dila'tar] *vt* dilater ; (*prolongar, aplazar*) prolonger ; **dilatarse** *vpr* se dilater

dilema [di'lema] *nm* dilemme *m*

diligencia [dili'xenθja] *nf* diligence *f* ; (*trámite*) acte *m* de procédure ; **diligencias** *nfpl* (*Jur*) formalités *fpl* ; **~s judiciales/previas** enquête *fsg* judiciaire/préliminaire

diligente [dili'xente] *adj* diligent(e) ; **poco ~** pas très sérieux(-euse)

diluir [dilu'ir] *vt* diluer

diluvio [di'luβjo] *nm* déluge *m* ; **un ~ de cartas** (*fig*) un déluge de lettres

dimensión [dimen'sjon] *nf* dimension *f* ; (*de catástrofe*) proportions *fpl* ; **dimensiones** *nfpl* (*tamaño*) dimensions *fpl* ; **tomar las dimensiones de** prendre les dimensions de

diminuto, -a [dimi'nuto, a] *adj* tout(e) petit(e)

dimitir [dimi'tir] *vi*: **~ (de)** démissionner (de)

dimos ['dimos] *vb ver* **dar**

Dinamarca [dina'marka] *nf* Danemark *m*

dinámico, -a [di'namiko, a] *adj* dynamique

dinamita [dina'mita] *nf* dynamite *f*

dinamo [di'namo], **dínamo** ['dinamo] *nf o* AM *nm* dynamo *f*

dineral [dine'ral] *nm* fortune *f*

dinero [di'nero] *nm* argent *m* ; **es hombre de ~** c'est un homme riche ; **andar mal de ~** être sans le sou ; **~ caro** (*Com*) argent cher ; **~ contante (y sonante)** espèces *fpl* ; **~ efectivo** *o* **en metálico** liquide *m* ; **~ suelto** (petite) monnaie *f*

dinosaurio [dino'saurjo] *nm* dinosaure *m*

dio [djo] *vb ver* **dar**

diócesis ['djoθesis] *nf inv* diocèse *m*

Dios [djos] *nm* Dieu *m* ; **~ mediante** si Dieu le veut ; **¡gracias a ~!** grâce à Dieu ! ; **a la buena de ~** au petit bonheur la chance ; **armar** *o* **armarse la de ~ (es Cristo)** (*fam*) foutre la pagaille ; **como ~ manda** comme il faut ; **¡~ mío!** mon Dieu ! ; **¡por ~!** grand Dieu ! ; **estar dejado de la mano de ~** être abandonné de Dieu ; **¡sabe ~!** Dieu seul le sait ! ; **¡que sea lo que ~ quiera!** advienne que pourra ! ; **si ~ quiere** si Dieu le veut ; **~ te lo pague** Dieu te le rendra ; **ni ~** (*fam*) pas un chat ; **¡válgame ~!** que Dieu me protège ! ; **¡vaya por ~!** grand Dieu !

dios [djos] *nm* dieu *m*

diosa ['djosa] *nf* déesse *f*

diploma [di'ploma] *nm* diplôme *m*

diplomacia [diplo'maθja] *nf* diplomatie *f*

diplomado, -a [diplo'maðo, a] *adj, nm/f* diplômé(e)

diplomático, -a [diplo'matiko, a] *adj* diplomatique ▸ *nm/f* diplomate *m/f*

diptongo [dip'tongo] *nm* diphtongue *f*

diputación [diputa'θjon] *nf* ≈ conseil *m* général

diputado, -a [dipu'taðo, a] *nm/f* député(e)

dique ['dike] *nm* digue *f* ; **~ de contención** barrage *m*

diré *etc* [di're] *vb ver* **decir**

dirección [direk'θjon] *nf* direction *f* ; (*fig: tendencia*) tendance *f* ; (*señas*) adresse *f* ; (*Cine, Teatro*) mise *f* en scène ; **ir/salir con ~ a** aller/sortir en direction de ; **cambio de ~** déviation *f* ; **~ absoluta/relativa** (*Inform*) adresse absolue/relative ; **~ administrativa** administration *f* ; **~ asistida** (*Auto*) direction assistée ; **~ de correo electrónico** adresse électronique ; **~ de Internet** (*Inform*) adresse *f* web ; **D~ General de Turismo** ≈ ministère *m* du Tourisme ; **~ prohibida/única** sens *m* interdit/unique

directa [di'rekta] *nf* (*Auto*) quatrième *f*, cinquième *f*

directiva [direk'tiβa] *nf* comité *m* directeur

directo, -a [di'rekto, a] *adj* direct(e) ; (*traducción*) exact(e) ; **transmitir en ~** (*TV*) diffuser en direct

director, a [direk'tor, a] *adj* directeur(-trice) ▸ *nm/f* directeur(-trice) ; (*Cine, TV*) metteur(-euse) en scène ; (*de orquesta*) chef *m* ; **~ adjunto(-a)** directeur(-trice) adjoint(e) ; **~ comercial** directeur(-trice) commercial(e) ; **~ de sucursal** directeur(-trice) de succursale ; **~ ejecutivo(-a)** administrateur(-trice) *m/f* ; **~ general** *o* **gerente** directeur(-trice) général(e)

directorio [direk'torjo] *nm* (*Inform*) répertoire *m* ; (*Com*) programme *m*

dirigente [diri'xente] *adj, nm/f* dirigeant(e)

dirigir [diri'xir] *vt* diriger ; (*carta, pregunta*) adresser ; (*obra de teatro, film*) mettre en scène ; (*sublevación*) prendre la tête de ; (*esfuerzos*) concentrer ; **dirigirse** *vpr*: **dirigirse a** s'adresser à ; **~ a** *o* **hacia** diriger vers ; **no ~ la palabra a algn** ne pas adresser la parole à qn ; **dirigirse a algn solicitando algo** s'adresser à qn pour solliciter qch ; **« diríjase a ... »** « s'adresser à ... »

dirija *etc* [di'rixa] *vb ver* **dirigir**

discapacidad [diskapaθi'ðað] *nf* handicap *m* ; **~ física** handicap physique ; **~ intelectual** handicap mental

discapacitado, -a [diskapaθi'taðo, a] *adj, nm/f* handicapé(e) ; **~ intelectual** handicapé(e) mental(e)

discar [dis'kar] (*And, CSur*) *vt* (*Telec*) composer

discernir [disθer'nir] *vt* discerner ▸ *vi*: **~ entre ... y ...** discerner ... de ...

disciplina [disθi'plina] *nf* discipline *f*

discípulo, -a [dis'θipulo, a] *nm/f* disciple *m/f*

disco ['disko] *nm* disque *m* ; (*Auto*) feu *m* ; **~ compacto** disque compact ; **~ de freno** disque (de frein) ; **~ duro** disque *m* dur

disconforme [diskon'forme] *adj* pas d'accord ; **estar ~ (con)** être en désaccord (avec)

discordia [dis'korðja] *nf* discorde *f*

discoteca [disko'teka] *nf* discothèque *f*

discreción [diskre'θjon] *nf* discrétion *f* ; **añadir azúcar a ~** (*Culin*) rajouter du sucre à volonté ; **comer/beber a ~** manger/boire à volonté

discrecional [diskreθjo'nal] *adj* (*uso, poder*) discrétionnaire ; (*servicio*) spécial(e)

discrepancia [diskre'panθja] *nf* différence *f* ; (*desacuerdo*) divergence *f*

discreto, -a [dis'kreto, a] *adj* discret(-ète) ; (*mediano*) décent(e)

discriminación [diskrimina'θjon] *nf* discrimination *f*

disculpa [dis'kulpa] *nf* excuse *f*; **pedir ~s a/por** demander pardon à/pour

disculpar [diskul'par] *vt* pardonner; **disculparse** *vpr*: **disculparse (de/por)** s'excuser (de/pour)

> **También se puede decir:**
> Je regrette, mais ce n'est pas possible. (*Lo siento, pero ...*)
> Je suis désolé, mais je ne peux pas vous aider. (*Lo siento mucho, pero ...*)
> Il nous est malheureusement impossible d'accéder à votre demande. (*Lamentablemente, nos es imposible ...*)

discurrir [disku'rrir] *vt* échafauder ▶ *vi* réfléchir; (*el tiempo*) s'écouler; **~ (por)** (*gente, río*) passer (par)

discurso [dis'kurso] *nm* discours *msg*; **pronunciar un ~** prononcer un discours; **~ de clausura** discours de clôture

discusión [disku'sjon] *nf* discussion *f*; **tener una ~** avoir une discussion

discutir [disku'tir] *vt* discuter de ▶ *vi* discuter; (*disputar*): **~ (con)** se disputer (avec); **~ de política** discuter politique; **¡no discutas!** ne discute pas !

disecar [dise'kar] *vt* (*animal*) empailler; (*planta*) sécher

diseminar [disemi'nar] *vt* éparpiller; (*fig*) répandre

diseñar [dise'ɲar] *vt* créer

diseño [di'seɲo] *nm* (*Tec*) conception *f*; (*boceto*) ébauche *f*; (*Costura*) dessin *m*; **de ~ italiano** de création italienne; **traje/objetos de ~** costume *m*/objets *mpl* de créateur; **~ asistido por ordenador** conception assistée par ordinateur; **~ de modas** dessin de mode; **~ gráfico** graphisme *m o* conception graphique; **~ industrial** design *m* industriel

disfraz [dis'fraθ] *nm* déguisement *m*; (*fig*) prétexte *m*; **bajo el ~ de** sous prétexte de

disfrazar [disfra'θar] *vt* déguiser; **disfrazarse** *vpr* se déguiser; **disfrazarse de** se déguiser en

disfrutar [disfru'tar] *vt* jouir de ▶ *vi* prendre beaucoup de plaisir; **¡que disfrutes!** profites-en !; **~ de buena salud** jouir d'une bonne santé; **~ de la vida** profiter de la vie

disgregar [disɣre'ɣar] *vt* (*manifestantes*) disperser; (*familia, imperio*) diviser; **disgregarse** *vpr* (*muchedumbre*) se disperser; (*imperio, país*) se diviser

disgustar [disɣus'tar] *vt* déplaire à; **disgustarse** *vpr* être contrarié(e); (*dos personas*) s'accrocher; **estaba muy disgustado con ella/con el asunto** elle/l'affaire l'avait beaucoup contrarié

disgusto [dis'ɣusto] *nm* désagrément *m*; (*pesadumbre*) contrariété *f*; (*desgracia*) malheur *m*; (*riña*) accrochage *m*; **dar un ~ a algn** décevoir qn; **hacer algo a ~** faire qch à contre-cœur; **sentirse/estar a ~** se sentir/être mal à l'aise; **matar a algn a ~s** faire mourir qn de chagrin; **llevarse un ~** être déçu(e)

disidente [disi'ðente] *adj, nm/f* dissident(e)

disimular [disimu'lar] *vt* dissimuler ▶ *vi* faire comme si de rien n'était

disipar [disi'par] *vt* dissiper; (*fortuna*) dilapider; **disiparse** *vpr* se dissiper

dislocar [dislo'kar] *vt* (*articulación*) déboîter; (*hechos*) déformer; **dislocarse** *vpr* se déboîter

disminución [disminu'θjon] *nf* diminution *f*; **ir en ~** aller en diminuant

disminuido, -a [disminu'iðo, a] *nm/f*: **~ mental/físico(-a)** handicapé(e) mental(e)/physique

disminuir [disminu'ir] *vt* diminuer; (*velocidad*) réduire ▶ *vi* (*días, población, número*) diminuer; (*precios, temperatura, memoria*) baisser

disociar [diso'θjar]: **disociarse** *vpr*: **disociarse (de)** se dissocier (de)

disolver [disol'βer] *vt* dissoudre; (*manifestación*) disperser; (*contrato*) dénoncer; **disolverse** *vpr* se dissoudre; (*manifestantes*) se disperser

dispar [dis'par] *adj* (*distinto*) distinct(e); (*irregular*) inégal(e)

disparar [dispa'rar] *vt, vi* tirer; **dispararse** *vpr* (*precios*) monter en flèche; (*persona: al hablar o actuar*) s'emporter; **se disparó el arma** le coup de feu est parti tout seul

disparate [dispa'rate] *nm* bêtise *f*; (*error*) absurdité *f*; **decir ~s** dire des bêtises;

¡qué ~! n'importe quoi !

disparo [dis'paro] *nm* tir *m* ; **disparos** *nmpl* (*tiroteo*) coups *mpl* de feu

dispensar [dispen'sar] *vt* dispenser ; (*bienvenida*) souhaiter ; **¡usted dispense!** je vous prie de m'excuser ! ; **~ a algn de hacer algo** dispenser qn de faire qch

dispersar [disper'sar] *vt* éparpiller ; (*manifestación, fig*) disperser ; (*Mil: enemigo*) mettre en déroute ; **dispersarse** *vpr* se disperser ; (*luz*) se répandre

disponer [dispo'ner] *vt* disposer ; (*mandar*) ordonner ▶ *vi*: **~ de** disposer de ; **disponerse** *vpr*: **disponerse a** *o* **para hacer** se disposer à faire ; **la ley dispone que ...** la loi stipule que ... ; **no puede ~ de esos bienes** il ne peut disposer librement de ces biens ; **puede ~ de mí** je suis à votre disposition

disponible [dispo'niβle] *adj* disponible ; **(no) estar ~** (ne pas) être disponible

disposición [disposi'θjon] *nf* disposition *f* ; **última ~** dernières volontés *fpl* ; **~ para** (*aptitud*) dispositions *fpl* pour ; **a (la) ~ de** à (la) disposition de ; **a su ~** à votre disposition ; **no estar en ~ de hacer** ne pas être en état de faire ; **~ de ánimo** disposition

dispositivo [disposi'tiβo] *nm* dispositif *m* ; **~ de alimentación** silo *m* ; **~ de almacenaje** (*Inform*) unité *f* de stockage ; **~ de seguridad** dispositif de sécurité ; **~ intrauterino** stérilet *m* ; **~ periférico** (*Inform*) périphérique *m* ; **~ policial** dispositif policier

dispuesto, -a [dis'pwesto, a] *pp de* **disponer** ▶ *adj* (*preparado*) prêt(e) ; (*capaz*) capable ; **estar ~/poco ~ a hacer** être disposé(e)/peu disposé(e) à faire

disputar [dispu'tar] *vt* (*Dep, premio, derecho*) disputer ▶ *vi* discuter ; **disputarse** *vpr* se disputer ; **~ por** se disputer

disquetera [diske'tera] *nf* (*Inform*) lecteur *m* de disquette

distancia [dis'tanθja] *nf* distance *f* ; (*en el tiempo*) écart *m* ; (*entre opiniones*) différence *f* ; **a ~** à distance ; (*enseñanza, formación*) à distance, distanciel(le) ; **a gran** *o* **a larga ~** à grande distance ; **¿a qué ~ está?** c'est à quelle distance ? ; **a 20 m de ~** à 20 m de distance ; **guardar las ~s** garder ses distances ; **~ de seguridad** (*Auto*) distance de sécurité ; **~ focal** distance focale

distanciar [distan'θjar] *vt* distancer ; (*amigos, hermanos*) éloigner ; **distanciarse** *vpr* (*enemistarse*) se distancier ; **distanciarse (de)** (*alejarse*) s'éloigner (de)

distante [dis'tante] *adj* distant(e)

distar [dis'tar] *vi*: **dista 5 kms de aquí** c'est à 5 km d'ici ; **no dista mucho de aquí** ce n'est pas très loin d'ici ; **dista mucho de la verdad** c'est loin d'être vrai

diste ['diste]**, disteis** ['disteis] *vb ver* **dar**

distensión [disten'sjon] *nf* détente *f*

distinción [distin'θjon] *nf* distinction *f* ; **a ~ de** à la différence de ; **sin ~ de** sans distinction de ; **no hacer distinciones** ne pas faire de distinction

distinguido, -a [distin'giðo, a] *adj* distingué(e)

distinguir [distin'gir] *vt* distinguer ▶ *vi*: **~ (entre)** distinguer (entre) ; **distinguirse** *vpr* se distinguer ; **~ X de Y** distinguer X de Y ; **a lo lejos no se distingue** de loin cela ne se voit pas

distintivo, -a [distin'tiβo, a] *adj* distinctif(-ive) ▶ *nm* (*insignia*) insigne *m* ; (*fig*) point *m* fort

distinto, -a [dis'tinto, a] *adj*: **~ (a** *o* **de)** distinct(e) (de), différent(e) (de) ; **distintos** (*varios*) plusieurs

distracción [distrak'θjon] *nf* distraction *f*

distraer [distra'er] *vt* distraire ; (*fondos*) détourner ▶ *vi* distraire ; **distraerse** *vpr* (*entretenerse*) se distraire ; (*perder la concentración*) être distrait(e) ; **~ a algn de su pensamiento** tirer qn de ses pensées

distraído, -a [distra'iðo, a] *adj* distrait(e) ; (*entretenido*) amusant(e) ▶ *nm*: **hacerse el ~** faire la sourde oreille ; **con aire ~** d'un air distrait ; **me miró distraída** elle m'a regardé distraitement

distribuidor, a [distriβui'ðor, a] *nm/f* (*persona*) distributeur(-trice) ▶ *nf* (*Com*) concessionnaire *m* ; (*Cine*) distributeur *m* ; **su ~ habitual** votre concessionnaire habituel

distribuir [distriβu'ir] *vt* (*riqueza, beneficio*) répartir ; (*cartas, trabajo*) distribuer ; (*Arq*) concevoir

distrito [dis'trito] *nm* district *m* ; **~ electoral** circonscription *f* électorale ; **~ judicial** district ; **~ postal** secteur *m* postal ; **~ universitario** ≈ académie *f*

disturbio [dis'turβjo] *nm* troubles *mpl* ; **~s callejeros** émeutes *fpl* de rue ; **~ de orden público** trouble *m* de l'ordre public
disuadir [diswa'ðir] *vt*: **~ (de)** dissuader (de) ; **~ a algn de hacer** dissuader qn de faire
disuelto [di'swelto] *pp de* **disolver**
disyuntiva [disjun'tiβa] *nf* alternative *f*
DIU ['diu] *sigla m* (= *dispositivo intrauterino*) stérilet *m*
diurno, -a ['djurno, a] *adj* de jour ; (*Zool*) diurne
divagar [diβa'ɣar] *vi* divaguer
diván [di'βan] *nm* divan *m*
divergencia [diβer'xenθja] *nf* divergence *f*
diversidad [diβersi'ðað] *nf* diversité *f*
diversificar [diβersifi'kar] *vt* diversifier ; **diversificarse** *vpr* se diversifier
diversión [diβer'sjon] *nf* distraction *f*
diverso, -a [di'βerso, a] *adj* (*variado*) varié(e) ; (*diferente*) distinct(e) ▸ *nm*: **~s** (*Com*) articles *mpl* divers ; **~s libros** plusieurs livres *mpl* ; **~s colores** couleurs *fpl* variées
divertido, -a [diβer'tiðo, a] *adj* amusant(e) ; (*fiesta*) réussi(e) ; (*película, libro*) divertissant(e)
divertir [diβer'tir] *vt* amuser ; **divertirse** *vpr* s'amuser
dividendo [diβi'ðendo] *nm* (*Com*): **~s** dividendes *mpl* ; **~ definitivo** superdividende *m* ; **~s por acción** taux *mpl* de rendement d'une action
dividir [diβi'ðir] *vt* partager ; (*separar*) séparer ; (*partido, opinión pública*) diviser ; (*Mat*): **~ (por** *o* **entre)** diviser (par) ▸ *vi* (*Mat*) diviser ; **dividirse** *vpr* se diviser
divierta *etc* [di'βjerta] *vb ver* **divertir**
divino, -a [di'βino, a] *adj* (*Rel, fam*) divin(e)
divirtiendo *etc* [diβir'tjendo] *vb ver* **divertir**
divisa [di'βisa] *nf* devise *f* ; **divisas** *nfpl* (*Com*) devises *fpl* ; **control/mercado de ~s** contrôle *m*/marché *m* des changes
divisar [diβi'sar] *vt* apercevoir
división [diβi'sjon] *nf* division *f* ; (*de herencia*) partage *m*
divorciar [diβor'θjar] *vt* prononcer le divorce de ; **divorciarse** *vpr*: **divorciarse (de)** divorcer (de)
divorcio [di'βorθjo] *nm* divorce *m*
divulgar [diβul'ɣar] *vt* divulguer ; (*popularizar*) vulgariser
dizque ['diθke] (*AM*: *fam*) *adv* que l'on dit
DNI (*Esp*) *sigla m* (= *Documento Nacional de Identidad*) carte *f* d'identité; *ver* **documento**

> Le *Documento Nacional de Identidad*, appelé également **DNI** ou *carnet de identidad* est la carte d'identité nationale espagnole, comportant la photographie et la signature du titulaire. Comme en France, il faut toujours en être muni et le présenter à la police en cas de contrôle.

Dña. *abr* (= *Doña*) Mme (= *Madame*)
do [do] *nm* (*Mús*) do *m*
D.O. *sigla f* (= *denominación de origen*) ≈ AOC *f* (= *appellation d'origine controlée*)
dobladillo [doβla'ðiʎo] *nm* ourlet *m*
doblar [do'βlar] *vt* plier ; (*cantidad, Cine*) doubler ▸ *vi* (*campana*) sonner le glas ; **doblarse** *vpr* se plier ; **~ la esquina** tourner au coin de la rue ; **~ a la derecha/izquierda** tourner à droite/gauche ; **doblarle en edad a algn** avoir deux fois l'âge de qn
doble ['doβle] *adj* double ▸ *nm*: **el ~** le double ▸ *nm/f* (*Teatro, Cine*) double *m* ; **dobles** *nmpl* (*Deporte*): **partido de ~s** double *msg* ; **~ o nada** quitte ou double ; **a ~ página** à double page ; **con ~ sentido** à double sens ; **es tu ~** c'est ton sosie ; **su sueldo es el ~ del mío** il gagne deux fois plus que moi ; **trabaja el ~ que tú** il travaille deux fois plus que toi ; **~ cara/densidad** (*Inform*) double face *f*/densité *f* ; **~ espacio** double interligne *m*
doblegar [doβle'ɣar] *vt* faire plier ; **doblegarse** *vpr* (*ceder*) se plier
doblez [do'βleθ] *nm* (*pliegue*) pli *m* ▸ *nf* (*falsedad*) fausseté *f*
doce ['doθe] *adj inv, nm inv* douze *m inv* ; **las ~** (*del mediodía*) midi ; (*de la noche*) minuit ; *ver tb* **seis**
docena [do'θena] *nf* douzaine *f* ; **por ~s** (*fig*) par douzaines
docente [do'θente] *adj*: **centro ~** centre *m* d'enseignement ; **cuerpo/personal ~** corps *msg*/personnel *m* enseignant
dócil ['doθil] *adj* docile

di

doctor, a [dok'tor, a] *nm/f* (*médico*) médecin *m/f* ; (*Univ*) docteur(e) ; **~ en filosofía** docteur(e) en philosophie

doctorado [dokto'raðo] *nm* doctorat *m*

doctrina [dok'trina] *nf* doctrine *f*

documentación [dokumenta'θjon] *nf* documentation *f* ; (*de persona, vehículo*) papiers *mpl*

documental [dokumen'tal] *adj, nm* documentaire *m*

documento [doku'mento] *nm* document *m* ; (*certificado*) justificatif *m* ; (*fig: testimonio*) témoignage *m* ; **documentos** *nmpl* (*de identidad*) papiers *mpl* ; **~ justificativo** justificatif ; **D~ Nacional de Identidad** carte *f* d'identité ; *ver* **DNI**

dólar ['dolar] *nm* dollar *m*

doler [do'ler] *vi* faire mal ; (*fig*) peiner ; **dolerse** *vpr* se plaindre ; (*de las desgracias ajenas*) compatir ; **me duele el brazo** mon bras me fait mal ; **esta inyección no duele** cette piqûre ne fait pas mal ; **no me duele el dinero** ce n'est pas l'argent qui compte ; **¡ahí le duele!** (*fig*) c'est donc ça !

dolor [do'lor] *nm* douleur *f* ; **~ agudo/sordo** douleur aiguë/sourde ; **~ de cabeza** mal *m* de tête ; **~ de estómago** maux *mpl* d'estomac ; **~ de muelas** mal *o* rage *f* de dents ; **~ de oídos** mal d'oreilles

domar [do'mar] *vt* dompter

domesticar [domesti'kar] *vt* domestiquer

doméstico, -a [do'mestiko, a] *adj, nm/f* domestique *m/f* ; **economía doméstica** économie *f* domestique

domiciliación [domiθilja'θjon] *nf*: **~ de pagos** virement *m* automatique

domicilio [domi'θiljo] *nm* domicile *m* ; **servicio a ~** service *m* à domicile ; **sin ~ fijo** sans domicile fixe ; **~ particular** domicile particulier ; **~ social** (*Com*) siège *m* social

dominante [domi'nante] *adj* dominant(e) ; (*persona*) dominateur(-trice)

dominar [domi'nar] *vt* dominer ; (*adversario, caballo, idioma*) maîtriser ; (*epidemia*) enrayer ▸ *vi* dominer ; **dominarse** *vpr* se dominer ; **tener dominado a algn** tenir qn à sa merci

domingo [do'mingo] *nm* dimanche *m* ; **D~ de Ramos/de Resurrección** dimanche des Rameaux/de Pâques ; *ver tb* **sábado**

dominicano, -a [domini'kano, a] *adj* dominicain(e) ▸ *nm/f* Dominicain(e)

dominio [do'minjo] *nm* domination *f* ; (*territorio*) domaine *m* ; (*de las pasiones, de idioma*) maîtrise *f* ; **dominios** *nmpl* (*tierras*) domaine *msg* ; **ser del ~ público** relever du domaine public

dominó [domi'no] *nm* domino *m* ; (*juego*) dominos *mpl*

domótica [do'motika] *nf* domotique *f*

don [don] *nm* don *m* ; (*tratamiento: con apellido*) Monsieur *m* ; (*: sólo con nombre*) Don *m*, ≈ Monsieur ; **D~ Juan Gómez** Monsieur Juan Gómez ; **tener ~ de gentes** savoir s'y prendre avec les gens ; **un ~ de la naturaleza** un don de la nature ; **tener ~ de mando** être un(e) meneur(-euse) d'hommes ; **tener un ~ para el dibujo/la música** être doué(e) pour le dessin/la musique

> Le titre **don/doña**, souvent abrégé en *D./Dña.*, s'utilise en signe de respect lorsqu'on s'adresse à une personne plus âgée que soi ou à un supérieur hiérarchique. Il se place devant le prénom, par exemple *Don Diego*, *Doña Inés*. Cet usage, de plus en plus rare en Espagne, est maintenant surtout réservé à la correspondance et aux documents officiels. Dans ce cas, le titre précède les prénoms et noms de famille : *Sr. D. Pedro Rodríguez Hernández, Sra. Dña. Inés Rodríguez Hernández.*

donar [do'nar] *vt* faire un don de ; (*sangre*) donner

donativo [dona'tiβo] *nm* don *m*

doncella [don'θeʎa] *nf* (*criada*) bonne *f*

donde ['donde] *adv* où ▸ *prep*: **el coche está allí ~ el farol** la voiture est là-bas, près du réverbère ; (*fam*): **se fue ~ sus tíos** il est allé chez ses vieux ; **por ~** par où ; **a/en ~** où ; **~ sea** où que ce soit ; **está ~ el médico** il est chez le médecin

dónde ['donde] *adv* où ; **¿a ~ vas?** où vas-tu ? ; **¿de ~ vienes?** d'où viens-tu ? ; **¿en ~?** où ? ; **¿por ~?** par où ? ; **¿hasta ~?** jusqu'où ?

dondequiera [donde'kjera] *adv* n'importe où ▸ *conj*: **~ que** où que

doña ['doɲa] *nf* (*tratamiento: con apellido*) Madame *f* ; (*: sólo con nombre*) Doña *f*, ≈ Madame

dorado, -a [do'raðo, a] *adj* doré(e) ▸ *nm* dorure *f*
dormir [dor'mir] *vt* endormir ▸ *vi* dormir ; **dormirse** *vpr* s'endormir ; **~ la siesta** faire la sieste ; **se me ha dormido el brazo/la pierna** j'ai des fourmis dans le bras/la jambe ; **dormirla** *o* **~ la mona** (*fam*) cuver son vin ; **~ como un lirón/tronco** dormir comme un loir/une souche ; **~ a pierna suelta** avoir un sommeil de plomb ; **~ con algn** (*eufemismo*) coucher avec qn ; **dormirse en los laureles** s'endormir sur ses lauriers ; **quedarse dormido** (*dormirse*) s'endormir ; (*no despertarse*) ne pas se réveiller ; **estar medio dormido** être à moitié endormi
dormitar [dormi'tar] *vi* somnoler
dormitorio [dormi'torjo] *nm* chambre *f* ; (*en una residencia*) dortoir *m*
dorsal [dor'sal] *adj* dorsal(e) ▸ *nm* (*Deporte*) dossard *m*
dorso ['dorso] *nm* dos *m* ; **escribir algo al ~** écrire qch au dos ; **«véase al ~»** «voir au dos»
DOS [dos] *sigla m* (= *sistema operativo de disco*) DOS *msg* (= *Disc-Operating System*)
dos [dos] *adj inv, nm inv* deux *inv* ; **los ~** les deux *mpl* ; **cada ~ por tres** tout le temps ; **de ~ en ~** deux par deux ; **~ piezas** deux-pièces *m inv* ; **estar a ~** (*Tenis*) faire un double ; *ver tb* **seis**
doscientos, -as [dos'θjentos, as] *adj* deux cents ; *ver tb* **seiscientos**
dosis ['dosis] *nf inv* dose *f*
dotado, -a [do'taðo, a] *adj* doué(e) ; **~ de** doté(e) de
dotar [do'tar] *vt* équiper ; **~ de** *o* **con** (*proveer: de inteligencia, simpatía*) douer de ; (*: de dinero*) allouer ; (*: de personal, maquinaria*) doter de
dote ['dote] *nf* dot *f* ; **dotes** *nfpl* (*aptitudes*) dons *mpl*
doy [doj] *vb ver* **dar**
dragar [dra'ɣar] *vt* draguer
drama ['drama] *nm* drame *m*
dramático, -a [dra'matiko, a] *adj* dramatique
dramaturgo, -a [drama'turɣo, a] *nm/f* dramaturge *m/f*
drástico, -a ['drastiko, a] *adj* drastique
drenaje [dre'naxe] *nm* drainage *m*
droga ['droɣa] *nf* drogue *f* ; **~ dura/blanda** drogue dure/douce ; **el problema de la ~** le problème de la drogue
drogadicto, -a [droɣa'ðikto, a] *nm/f* toxicomane *m/f*
drogar [dro'ɣar] *vt* droguer ; (*Deporte*) doper ; **drogarse** *vpr* se droguer
droguería [droɣe'ria] *nf* droguerie *f*
dron [dron] *nm* drone *m*
ducha ['dutʃa] *nf* douche *f* ; **darse una ~** prendre une douche
ducharse [du'tʃarse] *vpr* se doucher
duda ['duða] *nf* doute *m* ; **sin ~** sans aucun doute ; **¡sin ~!** bien sûr ! ; **no cabe ~** il n'y a pas de doute ; **no le quepa ~** cela va de soi ; **poner algo en ~** mettre qch en doute ; **para salir de ~s** pour en avoir le cœur net ; **¿alguna ~?** des questions ? ; **tengo mis ~s** je n'en suis pas si sûr(e)
dudar [du'ðar] *vt, vi* douter ; **~ (de)** douter (de) ; **dudó entre …** il a hésité entre … ; **dudó si comprarlo o no** il a hésité à l'acheter ; **dudo que sea cierto** je crains que ce ne soit pas vrai
dudoso, -a [du'ðoso, a] *adj* douteux(-euse)
D.U.E. ['due] (*Esp*) *sigla m/f* (= *Diplomado Universitario de Enfermería*) infirmier(-ière)
duelo ['dwelo] *vb ver* **doler** ▸ *nm* duel *m* ; (*ceremonia*) deuil *m* ; **batirse en ~** se battre en duel
duende ['dwende] *nm* lutin *m* ; **tiene ~** (*en flamenco*) elle a de la classe
dueño, -a ['dweɲo, a] *nm/f* (*propietario*) propriétaire *m/f* ; (*empresario*) patron(ne) ; **ser ~ de sí mismo** être maître de soi ; **eres (muy) ~ de hacer como te parezca** tu es libre de faire comme bon te semblera ; **hacerse ~ de una situación** se rendre maître de la situation
duerma *etc* ['dwerma] *vb ver* **dormir**
dulce ['dulθe] *adj* doux (douce) ; (*azucarado*) sucré(e) ▸ *nm* sucrerie *f* ; (*pastel*) douceur *f* ; **~ de almíbar** fruits *mpl* au sirop
dulzura [dul'θura] *nf* douceur *f* ; **con ~** avec douceur
duna ['duna] *nf* dune *f*
duplicar [dupli'kar] *vt* (*llave, documento*) faire un double de ; (*cantidad*) doubler ; **duplicarse** *vpr* se multiplier par deux

duque ['duke] *nm* duc *m*
duquesa [du'kesa] *nf* duchesse *f*
duración [dura'θjon] *nf* durée *f*; (*de máquina*) durée de vie ; **de larga ~** (*enfermedad*) de longue durée ; (*pila, disco*) longue durée ; **de corta ~** de courte durée
duradero, -a [dura'ðero, a] *adj* (*material*) résistant(e) ; (*fe, paz*) durable
durante [du'rante] *adv* pendant ; **~ toda la noche** pendant toute la nuit ; **habló ~ una hora** il a parlé pendant une heure
durar [du'rar] *vi* durer ; (*persona: en cargo*) rester
durazno [du'raθno] (AM) *nm* pêche *f*; (*árbol*) pêcher *m*
durex® ['dureks] (AM) *nm* ruban *m* adhésif
dureza [du'reθa] *nf* dureté *f*; (*de clima*) rigueur *f*; (*callosidad*) callosité *f*
duro, -a ['duro, a] *adj* dur(e) ▸ *adv* dur ▸ *nm pièce de cinq pesetas* ; **a duras penas** à grand-peine ; **estar ~** être dur(e) ; **un tipo ~** un dur ; **el sector ~ del partido** la faction dure du parti ; **ser ~ con algn** être dur(e) avec qn ; **~ de mollera** (*torpe*) dur(e) à la détente ; **~ de oído** dur(e) d'oreille ; **es ~ de pelar** il faut se le farcir ; **trabajar ~** travailler dur ; **estar sin un ~** être sans le sou
DVD *nm abr* (= *disco de vídeo digital*) DVD *m* (= *digital versatile disc*)

e

E *abr* (= *este*) E (= *est*)
e [e] *conj* (*delante de* **i-** *e* **hi-**, *pero no* **hie-**) *ver tb* **y**
e/ *abr* (*Com*) = *envío*
ebanista [eβa'nista] *nm/f* ébéniste *m/f*
ébano ['eβano] *nm* ébène *m*
ebrio, -a ['eβrjo, a] *adj* ivre
ebullición [eβuʎi'θjon] *nf* ébullition *f*; **punto de ~** point *m* d'ébullition
eccema [ek'θema] *nm* eczéma *m*
echar [e'tʃar] *vt* (*lanzar*) jeter ; (*verter*) verser ; (*gasolina, carta, freno*) mettre ; (*sal, especias*) ajouter ; (*comida*) servir ; (*dientes*) faire ; (*expulsar*) mettre dehors ; (*empleado*) renvoyer ; (*despedir: humo*) rejeter ; (*: agua*) cracher ; (*reprimenda*) faire ; (*cerrojo*) fermer ; (*película*) passer ▸ *vi*: **~ a andar/volar/correr** se mettre à marcher/voler/courir ; **echarse** *vpr* s'allonger ; **~ a cara o cruz algo** jouer qch à pile ou face ; **~ abajo** (*gobierno*) renverser ; (*edificio*) abattre ; **~ una carrera/una siesta** faire la course/une sieste ; **~ un trago** avaler une gorgée ; **~ la buenaventura a algn** dire la bonne aventure à qn ; (*echar las cartas a algn*) tirer les cartes à qn ; **~ cuentas** faire ses comptes ; **~ la culpa a** accuser ; **~ chispas** (*fig*) être furieux(-euse) ; **~ por tierra** ruiner ; **~ de menos** regretter ; **la echo de menos** elle me manque ; **~ mano a** mettre la main sur ; **~ a suertes** décider à pile ou face ; **echarse atrás** se pencher en arrière ; (*fig*) se raviser ; **echarse a llorar/reír/temblar** se mettre à pleurer/rire/trembler ; **echarse novia/novio** avoir

un(e) petit(e) ami(e) ; **echarse a perder** (*alimento*) se gâter ; (*persona*) dégénérer

eclesiástico, -a [ekle'sjastiko, a] *adj* ecclésiastique ▶ *nm* ecclésiastique *m*

eclipse [e'klipse] *nm* éclipse *f*

eco ['eko] *nm* écho *m* ; **encontrar un ~ en** trouver un écho dans ; **hacerse ~ de una opinión** se faire l'écho d'une opinion ; **tener ~** faire écho

ecocidio [eko'θiðjo] *nm* écocide *m*

ecoetiqueta [ekoeti'keta] *nf* écolabel *m*

ecología [ekolo'xia] *nf* écologie *f*

ecológico, -a [eko'loxiko, a] *adj* écologique

ecologista [ekolo'xista] *adj, nm/f* écologiste *m/f*

economato [ekono'mato] *nm* économat *m*

economía [ekono'mia] *nf* économie *f* ; (*de empresa*) situation *f* économique ; **hacer ~s** faire des économies ; **~ colaborativa** économie collaborative ; **~s de escala** économies d'échelle ; **~ de mercado** économie de marché ; **~ dirigida/doméstica/mixta/sumergida** économie dirigée/nationale/mixte/souterraine

económico, -a [eko'nomiko, a] *adj* économique ; (*persona*) économe

economista [ekono'mista] *nm/f* économiste *m/f*

ecorresponsable [ekorespon'sable] *adj* écoresponsable

ecotasa [eko'tasa] *nf* écotaxe *f*

ecu ['eku] *nm* écu *m*

ecuación [ekwa'θjon] *nf* équation *f*

ecuador [ekwa'ðor] *nm* équateur *m* ; **(el) E~** (l')Équateur

ecuánime [e'kwanime] *adj* (*carácter*) juste ; (*juicio*) impartial(e)

ecuatoriano, -a [ekwato'rjano, a] *adj* équatorien(ne) ▶ *nm/f* Équatorien(ne)

ecuestre [e'kwestre] *adj* équestre

eczema [ek'θema] *nm* = **eccema**

edad [e'ðað] *nf* âge *m* ; **¿qué ~ tienes?** quel âge as-tu ? ; **tiene ocho años de ~** il a huit ans ; **de corta ~** en culottes courtes ; **ser de mediana ~** être d'âge mûr ; **ser de ~ avanzada** être âgé(e) ; **ser mayor/menor de ~** être majeur(e)/mineur(e) ; **(no) estar en ~ de hacer algo** (ne pas) être en âge de faire qch ; **la E~ Media** le Moyen Âge ; **tercera ~** troisième âge ; **la ~ del pavo** l'âge ingrat ; **E~ de Hierro/Piedra** âge du fer/de la pierre

edición [eði'θjon] *nf* édition *f* ; **«al cerrar la ~»** (*Tip*) « nouvelles de dernière heure » ; **última ~** dernière édition

edificar [edifi'kar] *vt* édifier

edificio [eði'fiθjo] *nm* bâtiment *m* ; (*de viviendas*) immeuble *m* ; **~ público** bâtiment public

editar [eði'tar] *vt* éditer ; (*preparar textos*) mettre en page

editor, a [eði'tor, a] *nm/f* éditeur(-trice) ; (*redactor*) rédacteur(-trice) ▶ *adj*: **casa editora** maison *f* d'édition

editorial [eðito'rjal] *adj* éditorial(e) ▶ *nm* éditorial *m* ▶ *nf* (*tb*: **casa editorial**) maison *f* d'édition

edredón [eðre'ðon] *nm* couette *f*

educación [eðuka'θjon] *nf* éducation *f* ; **ser de buena/mala ~** être bien/mal élevé(e) ; **sin ~** sans aucune éducation ; **¡qué falta de ~!** quel manque d'éducation ! ; **~ infantil** éducation maternelle ; **~ para la ciudadanía** éducation à la citoyenneté

educar [eðu'kar] *vt* éduquer

EE.UU. *sigla mpl* (= *Estados Unidos*) EU *mpl* (= *États-Unis*), US(A) *mpl* (= *United States (of America)*)

efectista [efek'tista] *adj* spectaculaire

efectivamente [efek'tiβamente] *adv* effectivement

efectivo, -a [efek'tiβo, a] *adj* effectif(-ive) ▶ *nm*: **en ~** (*Com*) en espèces ; **efectivos** *nmpl* (*de policía, ejército*) effectifs *mpl* ; **hacer ~ un cheque** encaisser un chèque

efecto [e'fekto] *nm* (*tb Deporte*) effet *m* ; **efectos** *nmpl* (*tb*: **efectos personales**) effets *mpl* ; (*Com*) actif *m* ; (*Econ*) valeurs *fpl* ; **hacer** *o* **surtir ~** (*medida*) avoir de l'effet ; (*medicamento*) faire de l'effet ; **hacer** *o* **causar ~** faire de l'effet ; **al** *o* **a tal ~** à cet effet ; **a ~s de** à des fins de ; **en ~** en effet ; **tener ~** avoir lieu ; **~s a cobrar** effets à recevoir ; **~s especiales** effets spéciaux ; **~s secundarios** (*Med*) effets secondaires ; (*Com*) retombées *fpl* ; **~s sonoros** effets de son

efectuar [efek'twar] *vt* effectuer ; **efectuarse** *vpr* avoir lieu

eficacia [efi'kaθja] *nf* efficacité *f*

eficaz [efi'kaθ] *adj* efficace

eficiente [efi'θjente] *adj* efficace

efusivo, -a [efu'siβo, a] *adj* expansif(-ive) ; **mis más efusivas gracias** mes plus vifs remerciements

egipcio, -a [e'xipθjo, a] *adj* égyptien(ne) ▸ *nm/f* Égyptien(ne)

Egipto [e'xipto] *nm* Égypte *f*

egoísmo [eɣo'ismo] *nm* égoïsme *m*

egoísta [eɣo'ista] *adj, nm/f* égoïste *m/f*

egresado, -a [eɣre'saðo, a] (AM) *nm/f* diplômé(e)

egresar [eɣre'sar] (AM) *vi* obtenir son diplôme

egreso [e'ɣreso] (AM) *nm* (*Univ*) diplôme *m*

ej. *abr* (= *ejemplo*) ex. (= *exemple*)

eje ['exe] *nm* axe *m*

ejecución [exeku'θjon] *nf* exécution *f* ; (*Jur*) saisie *f* ; **poner en ~** (*plan*) mettre à exécution

ejecutar [exeku'tar] *vt* exécuter ; (*Jur*) saisir

ejecutivo, -a [exeku'tiβo, a] *adj* exécutif(-ive) ▸ *nm/f* cadre *m* dirigeant ; **el ~** l'exécutif ; **el poder ~** le pouvoir exécutif

ejemplar [exem'plar] *adj* exemplaire ▸ *nm* (*Zool etc*) spécimen *m* ; (*de libro, periódico*) exemplaire *m* ; **~ de regalo** exemplaire gratuit

ejemplo [e'xemplo] *nm* exemple *m* ; **por ~** par exemple ; **dar ~** donner l'exemple

ejercer [exer'θer] *vt* exercer ▸ *vi*: **~ de** exercer le métier de

ejercicio [exer'θiθjo] *nm* exercice *m* ; **hacer ~** faire de l'exercice ; **~ acrobático** (*Aviat*) exercice acrobatique ; **~ comercial** exercice ; **~s espirituales** retraite *fsg*

ejército [e'xerθito] *nm* armée *f* ; **entrar en el ~** entrer dans l'armée ; **~ de ocupación** troupes *fpl* d'occupation ; **E~ de Tierra/del Aire** armée de terre/de l'air

ejido [e'xiðo] (*esp Méx*) *nm terres exploitées en commun*

ejote [e'xote] (AM) *nm* haricot *m* vert

el [el], **la** [la]

(*pl* **los** *o* **las**) *art def* **1** le, la, les ; **el libro/la mesa/los estudiantes/las flores** le livre/la table/les étudiants/les fleurs ; **el amor/la juventud** l'amour/la jeunesse ; **me gusta el fútbol** j'aime le football ; **está en la cama** il est au lit

2: **romperse el brazo** se casser le bras ; **levantó la mano** il leva la main ; **se puso el sombrero** il mit son chapeau

3 (*en descripción*): **tener la boca grande/los ojos azules** avoir une grande bouche/les yeux bleus

4 (*con días*): **me iré el viernes** je partirai vendredi ; **los domingos suelo ir a nadar** le dimanche je vais nager

5 (*en exclamación*): **¡el susto que me diste!** tu m'as fait une de ces peurs !

6: **el de** (*pertenencia*) **mi libro y el de usted** mon livre et le vôtre ; **las de Pepe son mejores** celles de Pepe sont mieux ; **no la(s) blanca(s) sino la(s) gris(es)** pas la(les) blanche(s), la(les) grise(s)

7: **el/la/los/las que** (*sujeto*) celui/celle/ceux/celles qui ; (: *objeto*) celui/celle/ceux/celles que ; **el/la que quiera que se vaya** que celui/celle qui le veut s'en aille ; **el que sea** n'importe qui ; **llévese el que más le guste** emportez celui que vous préférez ; **el que compré ayer** celui que j'ai acheté hier ; **la que está debajo** celle qui est dessous

8: **el/la/los/las que** (*con preposición*) lequel/laquelle/lesquels/lesquelles ; **la persona con la que hablé** la personne avec laquelle j'ai parlé

9: **el que sea tan vago me molesta** ça me gêne qu'il soit si paresseux

él [el] *pron pers* (*sujeto*) il ; (*con preposición*) lui ; **para él** pour lui ; **es él** c'est lui

elaborar [elaβo'rar] *vt* élaborer ; (*madera etc*) travailler

elasticidad [elastiθi'ðað] *nf* élasticité *f*

elástico, -a [e'lastiko, a] *adj, nm* élastique *m*

ELE ['ele] *sigla m* (= *español como lengua extranjera*) ELE *m* (= *espagnol langue étrangère*)

elección [elek'θjon] *nf* élection *f* ; (*selección*) choix *m* ; (*alternativa*) alternative *f* ; **elecciones** *nfpl* élections *fpl* ; **elecciones generales** élections

electorado [elekto'raðo] *nm* électorat *m*

electricidad [elektriθi'ðað] *nf* électricité *f*

electricista [elektri'θista] *nm/f* électricien(ne)

eléctrico, -a [e'lektriko, a] *adj* électrique

electro... [elektro] *pref* électro...

electrocardiograma [elektrocarðjo'ɣrama] *nm* électrocardiogramme *m*

electrocutar [elektroku'tar] *vt* électrocuter ; **electrocutarse** *vpr* s'électrocuter
electrodo [elek'troðo] *nm* électrode *f*
electrodoméstico [elektroðo'mestiko] *nm* électroménager *m*
electromagnético, -a [elektromaɣ'netiko, a] *adj* électromagnétique
electrónica [elek'tronika] *nf* électronique *f*
electrónico, -a [elek'troniko, a] *adj* électronique ; **proceso ~ de datos** (*Inform*) traitement *m* électronique des données
elefante [ele'fante] *nm* éléphant *m*
elegancia [ele'ɣanθja] *nf* élégance *f*
elegante [ele'ɣante] *adj* (*de buen gusto*) élégant(e) ; (*fino*) raffiné(e) ; **estar** *o* **ir ~** être élégant(e)
elegir [ele'xir] *vt* choisir ; (*por votación*) élire
elemental [elemen'tal] *adj* élémentaire
elemento [ele'mento] *nm* élément *m* ; (*AM*: *fam*) type *m* ; **elementos** *nmpl* (*de una ciencia*) rudiments *mpl* ; (*de la naturaleza*) éléments *mpl* ; **estar en su ~** être dans son élément ; **~s de juicio** éléments de jugement ; **¡menudo ~!** c'est un bon à rien !
elepé [ele'pe] *nm* 33 tours *m inv*
elevación [eleβa'θjon] *nf* élévation *f*
elevador [eleβa'ðor] (*AM*) *nm* ascenseur *m*
elevar [ele'βar] *vt* élever ; (*producción*) augmenter ; **elevarse** *vpr* s'élever ; **elevarse a** s'élever à
eligiendo *etc* [eli'xjenðo] *vb ver* **elegir**
elija *etc* [e'lixa] *vb ver* **elegir**
eliminar [elimi'nar] *vt* éliminer ; (*Med*) enlever ; (*Inform*) supprimer
eliminatoria [elimina'torja] *nf* épreuve *f* éliminatoire ; (*Deporte*) éliminatoires *fpl*
élite ['elite] *nf* élite *f*
ella ['eʎa] *pron* elle ; **es de ~** c'est à elle
ellas ['eʎas] *pron ver* **ellos**
ello ['eʎo] *pron* cela ; **es por ~ que ...** c'est pour cela que ...
ellos, -as ['eʎos, as] *pron* ils (elles) ; (*después de prep*) eux (elles) ; **es de ~** c'est à eux (elles)
elocuencia [elo'kwenθja] *nf* éloquence *f*
elogiar [elo'xjar] *vt* louer
elogio [e'loxjo] *nm* éloge *m* ; **hacer ~s a** *o* **de** faire l'éloge de ; **deshacerse en ~s** ne pas tarir d'éloges
elote [e'lote] (*AM*) *nm* épi *m* de maïs
eludir [elu'ðir] *vt* (*deber*) se dérober à ; (*responsabilidad*) rejeter ; (*justicia*) se soustraire à ; (*respuesta*) éluder
email ['imeil] *nm* e-mail *m* ; **enviar algo por ~** envoyer qch par e-mail ; **mandar un ~ a algn** envoyer un mail à qn
emanar [ema'nar] *vi*: **~ de** émaner de ; (*situación*) découler de
emancipar [emanθi'par] *vt* affranchir ; **emanciparse** *vpr* s'émanciper ; (*siervo*) s'affranchir
embadurnar [embaður'nar] *vt*: **~ (de)** badigeonner (de) ; **embadurnarse** *vpr*: **embadurnarse (de)** se badigeonner (de)
embajada [emba'xaða] *nf* ambassade *f* ; (*mensaje*) dépêche *f*
embajador, a [embaxa'ðor, a] *nm/f* ambassadeur(-drice)
embaladura [embala'ðura] (*AM*) *nf*, **embalaje** [emba'laxe] *nm* emballage *m*
embalar [emba'lar] *vt* emballer ; **embalarse** *vpr* s'emballer
embalsamar [embalsa'mar] *vt* embaumer
embalse [em'balse] *nm* réservoir *m* ; (*construcción*) barrage *m*
embarazada [embara'θaða] *adj f* enceinte ▸ *nf* femme *f* enceinte
embarazo [emba'raθo] *nm* (*de mujer*) grossesse *f* ; (*estorbo, vergüenza*) embarras *m*
embarazoso, -a [embara'θoso, a] *adj* embarrassant(e)
embarcación [embarka'θjon] *nf* embarcation *f* ; **~ de arrastre** chalutier *m*
embarcadero [embarka'ðero] *nm* embarcadère *m*
embarcar [embar'kar] *vt* embarquer ; **embarcarse** *vpr* s'embarquer ; **~ a algn en una empresa** (*fig*) embarquer qn dans une affaire ; **~(se) en** (*AM*: *tren, avión*) monter dans
embargar [embar'ɣar] *vt* (*Jur*) saisir ; **me embargaba la emoción** l'émotion m'envahissait
embargo [em'barɣo] *nm* (*Jur*) saisie *f* ; (*Com, Pol*) embargo *m* ; **sin ~** cependant
embargue *etc* [em'barɣe] *vb ver* **embargar**
embarque [em'barke] *vb ver* **embarcar** ▸ *nm* embarquement *m* ; **tarjeta/sala de ~**

carte *f*/salle *f* d'embarquement

embaucar [embau'kar] *vt* enjôler

embeber [embe'βer] *vt* boire ▶ *vi* (*tela*) rétrécir ; **embeberse** *vpr*: **embeberse en** (*en libro, etc*) se plonger dans

embellecer [embeʎe'θer] *vt* embellir ; **embellecerse** *vpr* embellir

embestida [embes'tiða] *nf* charge *f*

embestir [embes'tir] *vt* charger ▶ *vi* charger ; (*olas*) rugir

emblema [em'blema] *nm* emblème *m*

embobado, -a [embo'βaðo, a] *adj* bouche bée

embolia [em'bolja] *nf* embolie *f* ; **~ cerebral** embolie cérébrale

émbolo ['embolo] *nm* piston *m*

embolsar [embol'sar]: **embolsarse** *vpr* empocher

emborrachar [emborra'tʃar] *vt* soûler ; **emborracharse** *vpr* se soûler

emboscada [embos'kaða] *nf* embuscade *f*

embotar [embo'tar] *vt* (*sentidos*) émousser ; (*facultades*) diminuer

embotellamiento [emboteʎa'mjento] *nm* embouteillage *m*

embotellar [embote'ʎar] *vt* mettre en bouteille ; (*tráfico*) embouteiller ; **embotellarse** *vpr* être embouteillé(e)

embrague [em'braɣe] *nm* embrayage *m*

embriagar [embrja'ɣar] *vt* soûler ; (*fig*) griser ; **embriagarse** *vpr* se soûler

embrión [em'brjon] *nm* embryon *m* ; **en ~** (*proyecto*) à l'état embryonnaire

embrollar [embro'ʎar] *vt* embrouiller ; **embrollarse** *vpr* s'embrouiller

embrollo [em'broʎo] *nm* enchevêtrement *m* ; **meterse en un ~** se mettre dans de beaux draps

embromado, -a [embro'maðo, a] (AM: *fam*) *adj* difficile

embromar [embro'mar] (AM: *fam*) *vt* embêter

embrujado, -a [embru'xaðo, a] *adj* ensorcelé(e)

embrutecer [embrute'θer] *vt* abrutir ; **embrutecerse** *vpr* s'abrutir

embudo [em'buðo] *nm* entonnoir *m*

embuste [em'buste] *nm* mensonge *m*

embustero, -a [embus'tero, a] *adj, nm/f* menteur(-euse)

embutido [embu'tiðo] *nm* (*Culin*) charcuterie *f* ; (*Tec*) emboutissage *m*

emergencia [emer'xenθja] *nf* urgence *f* ; (*surgimiento*) émergence *f*

emerger [emer'xer] *vi* émerger

emigración [emiɣra'θjon] *nf* (*de personas*) émigration *f* ; (*de pájaros*) migration *f* ; **la ~** (*emigrantes*) l'émigration

emigrante [emi'ɣrante] *adj* qui émigre ▶ *nm/f* émigrant(e)

emigrar [emi'ɣrar] *vi* (*personas*) émigrer ; (*pájaros*) migrer

eminencia [emi'nenθja] *nf*: **ser una ~ (en algo)** être une sommité (de qch) ; (*en títulos*): **Su/Vuestra E~** (*Rel*) Son/Votre Éminence *f*

eminente [emi'nente] *adj* éminent(e)

emisario, -a [emi'sarjo, a] *nm/f* émissaire *m*

emisión [emi'sjon] *nf* émission *f* ; **~ de acciones/de valores** (*Com*) émission d'actions/de titres ; **~ gratuita de acciones** (*Com*) émission prioritaire

emisor, a [emi'sor, a] *adj* émetteur(-trice) ▶ *nm* émetteur *m* ▶ *nf* station *f* de radio

emitir [emi'tir] *vt* émettre ; (*voto*) exprimer ; **~ una señal sonora** émettre un signal sonore

emoción [emo'θjon] *nf* émotion *f* ; (*excitación*) excitation *f*

emocionante [emoθjo'nante] *adj* émouvant(e), excitant(e)

emocionar [emoθjo'nar] *vt* émouvoir ; (*excitar*) exciter ; **emocionarse** *vpr* s'émouvoir

emotivo, -a [emo'tiβo, a] *adj* (*escena*) émouvant(e) ; (*persona*) émotif(-ive)

empadronarse [empaðro'narse] *vpr* se faire recenser

empalagoso, -a [empala'ɣoso, a] *adj* (*alimento*) écœurant(e) ; (*fig: persona*) mielleux(-euse) ; (*: estilo*) à l'eau de rose

empalmar [empal'mar] *vt* (*cable*) raccorder ; (*carretera*) rejoindre ; (*sesión*) enchaîner ▶ *vi* (*dos caminos*) se rejoindre ; **~ con** (*tren*) assurer la correspondance avec

empalme [em'palme] *nm* (*Tec*) raccordement *m* ; (*de carreteras*) croisement *m* ; (*de trenes*) correspondance *f*

empanada [empa'naða] *nf* *sorte de chausson salé fourré à la tomate, à la viande ou au poisson etc*

empantanarse [empanta'narse] *vpr* être inondé(e) ; (*fig*) être dans une impasse

empañar [empa'ɲar] *vt* embuer ; **empañarse** *vpr* s'embuer

empapar [empa'par] *vt* mouiller ; (*suj: toalla, esponja etc*) absorber ; **empaparse** *vpr*: **empaparse (de)** (*persona*) être trempé(e) (par) ; (*esponja, comida*) absorber

empapelar [empape'lar] *vt* tapisser

empaquetar [empake'tar] *vt* empaqueter

emparedado [empare'ðaðo] (*esp* AM) *nm* sandwich *m*

empastar [empas'tar] *vt* plomber

empaste [em'paste] *nm* plombage *m*

empatar [empa'tar] *vi* faire match nul ▸ *vt* (*Ven*) assembler ; **empataron a 1** il y a eu 1 partout ; **estar empatados** (*dos equipos*) être à égalité

empate [em'pate] *nm* match *m* nul ; **un ~ a cero** zéro partout

empecé *etc* [empe'θe], **empecemos** *etc* [empe'θemos] *vb ver* **empezar**

empedernido, -a [empeðer'niðo, a] *adj* invétéré(e)

empedrado, -a [empe'ðraðo, a] *adj* pavé(e) ▸ *nm* (*pavimento*) pavement *m*

empeine [em'peine] *nm* (*de pie*) cou-de-pied *m* ; (*de zapato*) empeigne *f*

empellón [empe'ʎon] *nm* coup *m* ; **dar empellones a algn** rouer qn de coups ; **abrirse paso a empellones** se frayer un chemin à coups de coude

empeñado, -a [empe'ɲaðo, a] *adj* (*persona*) endetté(e) ; (*objeto*) mis(e) en gage ; **~ en** (*obstinado*) déterminé(e) à

empeñar [empe'ɲar] *vt* mettre en gage ; **empeñarse** *vpr* s'endetter ; **empeñarse en hacer** s'obstiner à faire

empeño [em'peɲo] *nm* acharnement *m* ; (*cosa prendada*) gage *m* ; **casa de ~s** établissement *m* de prêts sur gages, mont-de-piété *m* ; **con ~** avec acharnement ; **poner ~ en hacer algo** mettre de l'acharnement à faire qch ; **tener ~ en hacer algo** être déterminé(e) à faire qch

empeorar [empeo'rar] *vt, vi* empirer

empequeñecer [empekeɲe'θer] *vt* rapetisser ; (*fig*) banaliser

emperador [empera'ðor] *nm* empereur *m*

emperatriz [empera'triθ] *nf* impératrice *f*

empezar [empe'θar] *vt* commencer ▸ *vi* commencer ; **empezó a llover** il a commencé à pleuvoir ; **bueno, para ~** voyons, pour commencer ; **~ a hacer** commencer à faire ; **~ por (hacer)** commencer par (faire)

empiece *etc* [em'pjeθe] *vb ver* **empezar**

empiezo *etc* [em'pjeθo] *vb ver* **empezar**

empinar [empi'nar] *vt* redresser ; **empinarse** *vpr* (*persona*) se mettre sur la pointe des pieds ; (*animal*) se mettre sur ses pattes de derrière ; (*camino*) grimper ; **~ el codo** (*fam*) lever le coude

empírico, -a [em'piriko, a] *adj* empirique

emplazamiento [emplaθa'mjento] *nm* emplacement *m* ; (*Jur*) citation *f*

emplazar [empla'θar] *vt* installer ; (*Jur*) citer à comparaître ; (*citar*) citer

empleado, -a [emple'aðo, a] *adj, nm/f* employé(e) ; **le está bien ~** c'est bien fait pour lui ; **empleada del hogar** employée de maison ; **~ público** fonctionnaire *m/f*

emplear [emple'ar] *vt* employer ; **emplearse** *vpr*: **emplearse de** *o* **como** trouver un emploi de, se faire embaucher comme ; **~ mal el tiempo** mal gérer son temps

empleo [em'pleo] *nm* emploi *m* ; **modo de ~** mode *m* d'emploi

empobrecer [empoβre'θer] *vt* appauvrir ; **empobrecerse** *vpr* s'appauvrir

empoderar [empoðe'rar] *vt* donner les moyens d'agir à

empollar [empo'ʎar] *vt, vi* (*Zool*) couver ; (*Escol: fam*) bûcher

empollón, -ona [empo'ʎon, ona] (*fam*) *nm/f* (*Escol*) bûcheur(-euse)

emporio [em'porjo] *nm* centre *m* commercial ; (AM) grand magasin *m*

empotrado, -a [empo'traðo, a] *adj ver* **armario**

emprendedor, a [emprende'ðor, a] *adj* entreprenant(e) ▸ *nm/f* entrepreneur(-euse)

emprender [empren'der] *vt* entreprendre ; **emprenderla con algn** (*fam*) s'en prendre à qn ; **emprenderla a bofetadas/golpes (con algn)** commencer à gifler/taper (qn)

empresa [em'presa] *nf* entreprise *f* ; **la libre ~** la libre entreprise ; **~ filial/matriz** filiale *f*/société *f* mère

empresario, -a [empre'sarjo, a] *nm/f* (*Com*) chef *m* d'entreprise ; (*Teatro, Mús*) impresario *m* ; **~ de pompas fúnebres** entrepreneur *m* de pompes funèbres

empréstito [em'prestito] *nm* emprunt *m* ; (*Com*) capital *m* d'emprunt

empujar [empu'xar] *vt* pousser ; **~ a algn a hacer** pousser qn à faire

empuje [em'puxe] *nm* poussée *f* ; (*fig*) énergie *f*

empujón [empu'xon] *nm* coup *m* ; **abrirse paso a empujones** se frayer un chemin à coups de coude

empuñar [empu'ɲar] *vt* empoigner ; **~ las armas** (*fig*) prendre les armes

emular [emu'lar] *vt* imiter

en [en]

prep **1** (*posición: dentro de*) dans ; (*: sobre*) sur ; **en la mesa** sur la table ; **está en el cajón** c'est dans le tiroir ; **en el periódico** dans le journal ; **en el suelo** par terre ; **en Argentina/Francia/España** en Argentine/France/Espagne ; **en La Paz/París/Londres** à La Paz/Paris/Londres ; **en casa** à la maison ; **en la oficina/el colegio** au bureau/à l'école ; **en el quinto piso** au cinquième étage

2 (*dirección*) dans ; **entró en el aula** il est entré dans la salle de classe ; **la pelota cayó en el tejado** le ballon est tombé sur le toit

3 (*tiempo*) en ; **en 1605/invierno** en 1605/hiver ; **en el mes de enero** au mois de janvier ; **caer en martes** tomber un mardi ; **en aquella ocasión/época** à cette occasion/époque ; **en ese momento** à ce moment ; **en tres semanas** dans trois semaines ; **en la mañana** (*AM*) le matin

4 (*manera*) : **en avión/autobús** en avion/autobus ; **viajar en tren** voyager en train ; **escrito en inglés** écrit en anglais ; **en broma** pour rire ; **en un susurro** dans un murmure

5 (*forma*) : **en espiral** en spirale ; **en punta** pointu(e)

6 (*tema, ocupación*) : **experto en la materia** expert en la matière ; **trabaja en la construcción** il travaille dans le bâtiment

7 (*precio*) pour ; **lo vendió en 20 dólares** il l'a vendu pour 20 dollars

8 (*diferencia*) de ; **reducir/aumentar en una tercera parte/en un 20 por ciento** diminuer/augmenter d'un tiers/de 20 pour cent

9 (*después de vb que indica gastar etc*) en ; **se le va la mitad del sueldo en comida** il dépense la moitié de son salaire en nourriture

10 (*adj + en + infin*) : **lento en reaccionar** lent à réagir

11 : **¡en marcha!** en route !

enaguas [e'naɣwas] (*AM*) *nfpl* combinaison *fsg*

enajenación [enaxena'θjon] *nf* aliénation *f* ; (*tb* : **enajenación mental**) aliénation (mentale)

enajenar [enaxe'nar] *vt* aliéner ; (*fig*) déranger

enamorado, -a [enamo'raðo, a] *adj, nm/f* amoureux(-euse) ; **estar ~ (de)** être amoureux(-euse) (de) ; **ser un(a) ~ de** (*fig*) être un(e) passionné(e) de

enamorar [enamo'rar] *vt* rendre amoureux(-euse) ; **enamorarse** *vpr* : **enamorarse (de)** tomber amoureux(-euse) (de)

enano, -a [e'nano, a] *adj* nain(e) ; (*fam : muy pequeño*) minuscule ▸ *nm/f* nain(e)

enardecer [enarðe'θer] *vt* (*incitar*) inciter ; (*entusiasmar*) enflammer ; **enardecerse** *vpr* (*excitarse*) s'enhardir ; (*exaltarse*) s'enflammer

encabezado [enkaβe'θado] (*Méx*) *nm* (*Prensa, Tip : encabezamiento*) manchette *f* ; (*: titular*) titre *m*

encabezamiento [enkaβeθa'mjento] *nm* en-tête *m* ; (*de periódico*) titre *m* ; **~ normal** (*Tip etc*) titre courant

encabezar [enkaβe'θar] *vt* (*movimiento*) prendre la tête de ; (*lista*) être en tête de ; (*carta, libro*) commencer

encadenar [enkaðe'nar] *vt* enchaîner ; (*bicicleta*) attacher ; **encadenarse** *vpr* s'enchaîner ; (*fig*) s'assujettir

encajar [enka'xar] *vt* encastrer, emboîter ; (*fam : golpe*) envoyer ; (*: broma, mala noticia*) encaisser ▸ *vi* s'encastrer, s'emboîter ; **encajarse** *vpr* (*mecanismo*) se coincer ; (*un sombrero*) mettre ; **~ con** (*fig*) cadrer avec

encaje [en'kaxe] *nm* encastrement *m* ; (*tejido*) dentelle *f*

encalar [enka'lar] *vt* blanchir à la chaux

encallar [enka'ʎar] *vi (Náut)* échouer

encaminar [enkami'nar] *vt*: **~ (a)** diriger (vers) ; **encaminarse** *vpr*: **encaminarse a** *o* **hacia** se diriger vers

encantado, -a [enkan'taðo, a] *adj* enchanté(e) ; **¡~!** enchanté(e) ! ; **estar ~ con algn/algo** être très content(e) de qn/qch

encantador, a [enkanta'ðor, a] *adj* charmant(e) ▸ *nm/f* charmeur(-euse) ; **~ de serpientes** charmeur(-euse) de serpents

encantar [enkan'tar] *vt* enchanter ; **me encantan los animales** j'adore les animaux ; **le encanta esquiar** il adore skier

encanto [en'kanto] *nm (atractivo)* charme *m* ; *(magia)* enchantement *m* ; *(expresión de ternura)* ravissement *m* ; **como por ~** comme par enchantement

encarcelar [enkarθe'lar] *vt* emprisonner

encarecer [enkare'θer] *vt* augmenter le prix de ; *(importancia)* souligner ▸ *vi* augmenter ; **encarecerse** *vpr* augmenter ; **le encareció que hiciera** il a insisté pour qu'il fasse

encarecimiento [enkareθi'mjento] *nm* renchérissement *m*

encargado, -a [enkar'ɣaðo, a] *adj* chargé(e) ▸ *nm/f (gerente)* gérant(e) ; *(responsable)* responsable *m/f* ; **~ de negocios** responsable commercial(e)

encargar [enkar'ɣar] *vt* charger ; *(Com)* commander ; **encargarse** *vpr*: **encargarse de** se charger de ; **~ a algn que haga algo** charger qn de faire qch

encargo [en'karɣo] *nm* commission *f* ; *(Com)* commande *f* ; **hecho de ~** fait sur mesure

encariñarse [enkari'ɲarse] *vpr*: **~ con** se prendre d'affection pour

encarnizado, -a [enkarni'θaðo, a] *adj (lucha)* sanglant(e)

encasillar [enkasi'ʎar] *vt (Teatro)* attribuer une place à ; *(pey)* caser

encauzar [enkau'θar] *vt* diriger ; *(fig)* orienter

encendedor [enθende'ðor] *(esp AM) nm* briquet *m*

encender [enθen'der] *vt* allumer ; *(entusiasmo, cólera)* déclencher ; **encenderse** *vpr* s'allumer ; *(de cólera)* s'enflammer

encendido, -a [enθen'diðo, a] *adj* allumé(e) ; *(mejillas)* en feu ; *(mirada)* enflammé(e) ▸ *nm* allumage *m*

encerado, -a [enθe'raðo, a] *adj (suelo)* ciré(e) ▸ *nm (Escol)* tableau *m*

encerar [enθe'rar] *vt (suelo)* cirer

encerrar [enθe'rrar] *vt (persona, animal)* enfermer ; *(libros, documentos)* serrer ; *(fig)* renfermer ; **encerrarse** *vpr* s'enfermer ; *(fig)* se réfugier ; **~ en** *(Pol)* occuper

encharcar [entʃar'kar] *vt* détremper ; **encharcarse** *vpr* être inondé(e)

enchilada [entʃi'laða] *(Méx) nf* enchilada *f, crêpe de maïs fourrée à la viande et au piment*

enchilarse [entʃi'larse] *(Méx: fam) vpr* fulminer

enchinar [entʃi'nar] *(Méx) vt* friser

enchufado, -a [entʃu'faðo, a] *(fam) nm/f* pistonné(e)

enchufar [entʃu'far] *vt (Elec)* brancher ; *(Tec)* assembler ; *(fam: persona)* pistonner

enchufe [en'tʃufe] *nm (Elec)* prise *f* ; *(clavija)* prise *f* mâle ; *(: toma)* prise femelle ; *(Tec)* jointure *f* ; *(fam: recomendación)* piston *m* ; *(: puesto) poste obtenu par piston* ; **tiene un ~ en el ministerio** il est pistonné par quelqu'un au ministère

encía [en'θia] *nf* gencive *f*

enciclopedia [enθiklo'peðja] *nf* encyclopédie *f*

encienda *etc* [en'θjenda] *vb ver* **encender**

encierro [en'θjerro] *vb ver* **encerrar** ▸ *nm* retraite *f* ; *(Taur) lâchage des taureaux dans les rues avant une corrida* ; **el ~ en la fábrica** *(Pol)* l'occupation *f* de l'usine

encima [en'θima] *adv (en la parte de arriba)* en haut ; *(además)* en plus ; **~ de** *(sobre)* sur ; *(además de)* en plus de ; **por ~ de** plus haut que ; *(fig)* plus haut placé(e) que ; **por ~ de todo** par-dessus tout ; **leer/mirar algo por ~** lire/regarder qch rapidement ; **¿llevas dinero ~?** as-tu de l'argent sur toi ? ; **se me vino ~** il est venu me voir à l'improviste ; **~ mío/nuestro** *etc (esp CSur: fam)* au-dessus de moi/nous *etc*

encina [en'θina] *nf* chêne *m* vert

encinta [en'θinta] *adj f* enceinte

enclenque [en'klenke] *adj* malingre

encoger [enko'xer] *vt (ropa)* rétrécir ; *(piernas)* plier ; *(músculos)* bander ; *(fig)* intimider ▸ *vi* rétrécir ; **encogerse** *vpr* rétrécir ; (*fig*) être intimidé(e) ; **encogerse de hombros** hausser les épaules

encolar [enko'lar] *vt* coller

encolerizar [enkoleri'θar] *vt* mettre en colère ; **encolerizarse** *vpr* se mettre en colère

encomendar [enkomen'dar] *vt* confier ; **encomendarse** *vpr*: **encomendarse a** s'en remettre à

encomiar [enko'mjar] *vt* faire l'éloge de

encomienda [enko'mjenda] *vb ver* **encomendar** ▸ *nf* (AM) colis *m* ; **~ postal** colis postal

encontrado, -a [enkon'traðo, a] *adj* opposé(e)

encontrar [enkon'trar] *vt* trouver ; **encontrarse** *vpr* (*reunirse*) se retrouver ; (*estar*) se trouver ; (*sentirse*) se sentir ; (*entrar en conflicto*) s'opposer ; **~ a algn bien/cambiado** trouver qn bien/changé ; **encontrarse con algn/algo** tomber sur qn/qch ; **encontrarse bien (de salud)** aller bien

encrespar [enkres'par] *vt* faire moutonner ; (*cabello*) friser ; **encresparse** *vpr* moutonner ; (*cabello*) friser

encrucijada [enkruθi'xaða] *nf* croisement *m* ; **encontrarse** *o* **estar en una ~** (*fig*) ne plus savoir sur quel pied danser

encuadernación [enkwaðerna'θjon] *nf* reliure *f* ; (*taller*) atelier *m* de relieur

encuadrar [enkwa'ðrar] *vt* encadrer ; (*Foto*) cadrer

encubrir [enku'βrir] *vt* cacher ; (*Jur*) couvrir

encuentro [en'kwentro] *vb ver* **encontrar** ▸ *nm* rencontre *f* ; (*Mil*) choc *m* ; (*discusión*) discussion *f* ; **ir/salir al ~ de algn** aller/sortir à la rencontre de qn

encuerado, -a [enkwe'raðo, a] (AM: *fam*) *adj* à poil

encuesta [en'kwesta] *nf* sondage *m* ; (*investigación*) enquête *f* ; **~ de opinión** sondage d'opinion ; **~ judicial** enquête judiciaire

encuestado, -a [enkwes'taðo, a] *adj* interrogé(e), sondé(e) ▸ *nm/f*: **el 69 por 100 de los ~s** 69 % des personnes interrogées

endeble [en'deβle] *adj* (*argumento*) mauvais(e) ; (*persona*) faible

endémico, -a [en'demiko, a] *adj* endémique

endemoniado, -a [endemo'njaðo, a] *adj* démoniaque ; (*fig*: *travieso*) vicieux(-euse) ; (*: tiempo*) de chien ; (*sabor*) infect(e)

enderezar [endere'θar] *vt* (*tb fig*) redresser ; (*enmendar*) corriger ; **enderezarse** *vpr* se redresser

endeudarse [endeu'ðarse] *vpr* s'endetter

endiablado, -a [endja'βlaðo, a] *adj* (*hum*: *genio, carácter*) espiègle ; (*: problema*) diabolique ; (*: tiempo*) de chien

endiñar [endi'ɲar] (*fam*) *vt* refiler

endosar [endo'sar] *vt* endosser ; **~ algo a algn** (*fam*) refiler qch à qn

endulzar [endul'θar] *vt* (*café*) sucrer ; (*salsa, fig*) adoucir ; **endulzarse** *vpr* (*ver vt*) sucrer ; adoucir, s'adoucir

endurecer [endure'θer] *vt* durcir ; (*fig*: *persona*) endurcir ; **endurecerse** *vpr* (*ver vt*) se durcir ; s'endurcir

enema [e'nema] *nm* lavement *m*

enemigo, -a [ene'miɣo, a] *adj, nm/f* ennemi(e) ; **ser ~ de** être l'ennemi(e) de

enemistad [enemis'tað] *nf* aversion *f*

enemistar [enemis'tar] *vt* séparer ; **enemistarse** *vpr*: **enemistarse (con)** se fâcher (avec)

energía [ener'xia] *nf* énergie *f* ; **~ atómica/nuclear/solar** énergie atomique/nucléaire/solaire

enérgico, -a [e'nerxiko, a] *adj* énergique

energúmeno, -a [ener'ɣumeno, a] *nm/f* énergumène *m/f* ; **ponerse como un ~ con algo** se mettre dans une colère noire pour qch

enero [e'nero] *nm* janvier *m* ; *ver tb* **julio**

enfadado, -a [enfa'ðaðo, a] *adj* en colère

enfadar [enfa'ðar] *vt* fâcher ; **enfadarse** *vpr* se fâcher

enfado [en'faðo] *nm* colère *f*

énfasis ['enfasis] *nm inv* emphase *f* ; **con ~** avec emphase ; **poner ~ en** mettre l'accent sur

enfático, -a [en'fatiko, a] *adj* emphatique

enfermar [enfer'mar] *vt* rendre malade ▸ *vi* tomber malade ; **enfermarse** *vpr* (*esp* AM) tomber malade ; **su actitud me enferma** (*fam*) son attitude me rend malade ; **~ del corazón** souffrir d'une maladie de cœur

enfermedad [enferme'ðað] *nf* maladie *f*

enfermería [enferme'ria] *nf* infirmerie *f*

enfermero, -a [enfer'mero, a] *nm/f* infirmier(-ière) ; **~ jefe** infirmier(-ière) en chef

enfermizo, -a [enfer'miθo, a] *adj* maladif(-ive)

enfermo, -a [en'fermo, a] *adj* malade ▸ *nm/f* malade *m/f* ; (*en hospital*) patient(e) ; **~ del corazón/hígado** malade du cœur/foie ; **caer** *o* **ponerse ~** tomber malade ; **¡me pone ~!** (*fam*) il/ça me rend malade !

enflaquecer [enflake'θer] *vt* faire maigrir ▸ *vi* maigrir ; (*fuerzas, ánimo*) faiblir

enfocar [enfo'kar] *vt* (*luz, foco*) diriger ; (*persona, objeto*) diriger le projecteur sur ; (*Foto*) faire la mise au point sur ; (*fig: problema*) envisager

enfoque [en'foke] *vb ver* **enfocar** ▸ *nm* (*Foto*) mise *f* au point ; (*fig*) point *m* de vue

enfrentar [enfren'tar] *vt* (*peligro*) affronter ; (*contendientes*) confronter ; **enfrentarse** *vpr* s'affronter ; (*dos equipos*) se rencontrer ; **enfrentarse a** *o* **con** (*problema*) se trouver face à ; (*enemigo*) faire face à

enfrente [en'frente] *adv* en face ; **~ de** devant ; **la casa de ~** la maison d'en face ; **~ mío/nuestro** *etc* (*esp CSur: fam*) devant moi/nous *etc*

enfriamiento [enfria'mjento] *nm* refroidissement *m*

enfriar [enfri'ar] *vt* (*algo caliente, amistad*) refroidir ; (*habitación*) rafraîchir ; **enfriarse** *vpr* se refroidir ; (*habitación*) se rafraîchir ; (*Med*) prendre froid

enfurecer [enfure'θer] *vt* rendre furieux(-euse) ; **enfurecerse** *vpr* devenir furieux(-euse) ; (*mar*) se déchaîner

engalanar [engala'nar] *vt* (*persona*) habiller ; (*ciudad, calle*) décorer ; **engalanarse** *vpr* bien s'habiller

enganchar [engan'tʃar] *vt* (*vagones*) accrocher ; (*caballos*) atteler ; (*teléfono, electricidad*) mettre ; (*fam: persona*) mettre le grappin sur ; (*pez*) ferrer ; (*Taur*) encorner ; **engancharse** *vpr* (*Mil*) s'engager ; **engancharse (en)** (*ropa*) s'accrocher (à) ; **engancharse (a)** (*fam: drogas*) devenir accro (à) ; **se le enganchó la falda en el clavo** elle a accroché sa jupe au clou

enganche [en'gantʃe] *nm* (*Tec*) crochet *m* ; (*Ferro*) accrochage *m* ; (*Mil*) recrutement *m* ; (*Méx: Com*) dépôt *m*

engañar [enga'ɲar] *vt* tromper ; (*estafar*) escroquer ▸ *vi* tromper ; **engañarse** *vpr* se tromper ; **~ el hambre** tromper la faim ; **las apariencias engañan** les apparences sont trompeuses

engaño [en'gaɲo] *nm* (*mentira*) mensonge *m* ; (*trampa*) piège *m* ; (*estafa*) escroquerie *f* ; **estar en** *o* **padecer un ~** être trompé(e) ; **inducir** *o* **llevar a ~** prêter à confusion

engañoso, -a [enga'ɲoso, a] *adj* trompeur(-euse)

engarzar [engar'θar] *vt* (*joya*) sertir ; (*cuentas*) enfiler ; (*fig*) associer

engatusar [engatu'sar] (*fam*) *vt* enjôler

engendrar [enxen'drar] *vt* (*tb fig*) engendrer

engendro [en'xendro] (*pey*) *nm* monstre *m* ; (*novela, cuadro etc*) monstruosité *f*

englobar [englo'βar] *vt* englober

engordar [engor'ðar] *vt* faire grossir ▸ *vi* grossir ; **~ un kilo** prendre un kilo ; **los dulces engordan** les sucreries, ça fait grossir

engorroso, -a [engo'rroso, a] *adj* empoisonnant(e)

engranaje [engra'naxe] *nm* engrenage *m*

engrandecer [engrande'θer] *vt* (*hacer más grande*) agrandir ; (*ennoblecer*) ennoblir

engrasar [engra'sar] *vt* graisser

engreído, -a [engre'iðo, a] *adj* suffisant(e)

engrosar [engro'sar] *vt* (*manuscrito*) grossir ; (*muro*) épaissir ; (*capital, filas*) augmenter ▸ *vi* grossir

enhebrar [ene'βrar] *vt* enfiler

enhorabuena [enora'βwena] *nf*: **dar la ~ a algn** féliciter qn ; **¡~!** félicitations !

enigma [e'niɣma] *nm* énigme *f*

enjabonar [enxaβo'nar] *vt* savonner ; **enjabonarse** *vpr* se savonner ; **enjabonarse la barba/las manos** se savonner la barbe/les mains

enjambre [en'xamβre] *nm* essaim *m* ; (*fig*) meute *f*

enjaular [enxau'lar] *vt* mettre en cage ; (*fam: persona*) mettre en taule

enjuagar [enxwa'ɣar] *vt* rincer ; **enjuagarse** *vpr* se rincer

enjuague [en'xwaɣe] *vb ver* **enjuagar** ▸ *nm* rinçage *m* ; (*fig*) magouille *f*

enjugar [enxu'ɣar] *vt* éponger ; (*lágrimas*) essuyer ; **enjugarse** *vpr*: **enjugarse el sudor** s'éponger ; **enjugarse las lágrimas** essuyer ses larmes

enjuiciar [enxwi'θjar] *vt* (*Jur*) instruire ; (*opinar sobre*) juger

enjuto, -a [en'xuto, a] *adj* décharné(e)

enlace [en'laθe] *vb ver* **enlazar** ▸ *nm* (*relación*) lien *m* ; (*tb*: **enlace matrimonial**) union *f* ; (*de trenes*) liaison *f* ; **~ de datos** enchaînement *m* des faits ; **~ policial** contact *m* ; **~ sindical** délégué(e) syndical(e) ; **~ telefónico** liaison téléphonique

enlatado, -a [enla'taðo, a] *adj* (*comida*) en conserve ; (*fam, pey*: *música*) (enregistré(e)) en conserve

enlazar [enla'θar] *vt* attacher ; (*conceptos, organizaciones*) faire le lien entre ; (*AM*) prendre au lasso ▸ *vi*: **~ con** faire le lien avec

enlodar [enlo'ðar] *vt* tacher de boue ; (*fama*) entacher

enloquecer [enloke'θer] *vt* rendre fou (folle) ▸ *vi* devenir fou (folle) ; **me enloquece el chocolate** (*fig*) je raffole du chocolat ; **~ de** (*fig*) devenir fou (folle) de

enlutado, -a [enlu'taðo, a] *adj* en deuil

enmarañar [enmara'ɲar] *vt* emmêler ; (*fig*) embrouiller ; **enmarañarse** *vpr* s'embrouiller

enmarcar [enmar'kar] *vt* encadrer ; (*fig*) constituer le cadre de

enmascarar [enmaska'rar] *vt* masquer ; **enmascararse** *vpr* se mettre un masque

enmendar [enmen'dar] *vt* (*escrito*) modifier ; (*constitución, ley*) amender ; (*comportamiento*) améliorer ; **enmendarse** *vpr* (*persona*) s'améliorer

enmicar [enmi'kar] (*Méx*) *vt* (*Tec*) plastifier

enmienda [en'mjenda] *vb ver* **enmendar** ▸ *nf* amendement *m* ; (*de carácter*) amélioration *f* ; **no tener ~** être incorrigible

enmohecerse [enmoe'θerse] *vpr* (*metal*) s'oxyder ; (*muro, plantas, alimentos*) moisir

enmudecer [enmuðe'θer] *vi* rester muet(te) ; (*perder el habla*) devenir muet(te)

ennegrecer [enneɣre'θer] *vt* noircir ; **ennegrecerse** *vpr* noircir

ennoblecer [ennoβle'θer] *vt* faire honneur à

en.º *abr* = *enero*

enojado, -a [eno'xaðo, a] (*esp AM*: *fam*) *adj* furax *inv*

enojar [eno'xar] *vt* mettre en colère ; (*disgustar*) contrarier ; **enojarse** *vpr* (*ver vt*) se mettre en colère ; être contrarié(e)

enojoso, -a [eno'xoso, a] *adj* ennuyeux(-euse)

enorgullecer [enorɣuʎe'θer] *vt* enorgueillir ; **enorgullecerse** *vpr* s'enorgueillir

enorme [e'norme] *adj* énorme

enormidad [enormi'ðað] *nf* énormité *f*

enrarecido, -a [enrare'θiðo, a] *adj* raréfié(e)

enredadera [enreða'ðera] *nf* plante *f* grimpante

enredar [enre'ðar] *vt* emmêler ; (*fig*: *asunto*) embrouiller ▸ *vi* (*molestar*) faire des bêtises ; (*trastear*) tripoter ; **enredarse** *vpr* s'emmêler ; (*fig*) s'embrouiller ; **~ a algn en** (*fig*: *implicar*) mêler qn à ; **enredarse en** se prendre dans ; (*fig*) se mêler à ; **enredarse con algn** (*fam*) s'amouracher de qn

enredo [en'reðo] *nm* nœud *m* ; (*fig*: *lío*) pétrin *m* ; (: *amorío*) amourette *f*

enrejado [enre'xaðo] *nm* grille *f* ; (*en jardín*) treillis *m*

enrevesado, -a [enreβe'saðo, a] *adj* épineux(-euse)

enriquecer [enrike'θer] *vt* enrichir ▸ *vi* s'enrichir ; **enriquecerse** *vpr* s'enrichir

enrojecer [enroxe'θer] *vt, vi* rougir ; **enrojecerse** *vpr* rougir

enrolar [enro'lar] *vt* enrôler ; **enrolarse** *vpr* s'enrôler

enrollar [enro'ʎar] *vt* enrouler ; **enrollarse** *vpr* (*fam*: *al hablar*) s'éterniser ; **enrollarse con algn** (*fam*) sortir avec qn ; **enrollarse bien/mal** (*fam*) être sympa/peu causant(e)

enroscar [enros'kar] *vt* (*tornillo, tuerca*) visser ; (*cable, cuerda*) lover ; **enroscarse** *vpr* (*serpiente*) se lover ; (*planta*) se vriller

ensaimada [ensai'maða] *nf pâtisserie en spirale, spécialité des îles Baléares*

ensalada [ensa'laða] *nf* salade *f* ; **~ mixta/rusa** salade mixte/russe

ensaladilla [ensala'ðiʎa] *nf* (*tb*: **ensaladilla rusa**) salade *f* russe

ensalzar [ensal'θar] *vt* encenser

ensambladura [ensambla'ðura] *nf* (*Tec: acoplamiento*) assemblage *m* ; (*: pieza*) joint *m*

ensamblaje [ensam'blaxe] *nm* assemblage *m* ; (*Tec*) joint *m*

ensanchar [ensan'tʃar] *vt* élargir ; **ensancharse** *vpr* s'élargir ; (*fig: persona*) se rengorger

ensanche [en'santʃe] *nm* élargissement *m* ; (*zona*) terrain *m* à lotir

ensangrentar [ensangren'tar] *vt* ensanglanter

ensañarse [ensa'ɲarse] *vpr*: **~ con** tourmenter

ensartar [ensar'tar] *vt* enfiler ; **~ (con)** (*atravesar*) transpercer (de)

ensayar [ensa'jar] *vt* essayer ; (*Teatro, Mús*) répéter ▸ *vi* répéter

ensayo [en'sajo] *nm* essai *m* ; (*Teatro, Mús*) répétition *f* ; (*Escol*) dissertation *f* ; **pedido de ~** (*Com*) commande *f* d'essai ; **~ general** répétition générale

enseguida [ense'ɣuiða] *adv* = **en seguida** ; *ver* **seguida**

ensenada [ense'naða] *nf* crique *f*

enseñanza [ense'ɲanθa] *nf* enseignement *m* ; **~ primaria/secundaria/superior** enseignement primaire/secondaire/supérieur

enseñar [ense'ɲar] *vt* enseigner ; (*mostrar*) montrer ; (*señalar*) signaler ; **~ a algn a hacer** apprendre à qn à faire

enseres [en'seres] *nmpl* effets *mpl* ; (*útiles*) matériel *msg*

ensillar [ensi'ʎar] *vt* seller

ensimismarse [ensimis'marse] *vpr* s'absorber ; (*AM*) se vanter ; **~ en** s'absorber dans

ensombrecer [ensombre'θer] *vt* assombrir ; **ensombrecerse** *vpr* (*fig: rostro*) s'assombrir

ensortijado, -a [ensorti'xaðo, a] *adj* (*pelo*) frisé(e)

ensuciar [ensu'θjar] *vt* salir ; **ensuciarse** *vpr* se salir

ensueño [en'sweɲo] *nm* rêve *m* ; (*fantasía*) illusion *f* ; **de ~** de rêve

entablar [enta'βlar] *vt* (*suelo, hueco*) planchéier ; (*Ajedrez, Damas*) disposer ; (*conversación, lucha*) engager ; (*pleito, negociaciones*) entamer

entablillar [entaβli'ʎar] *vt* mettre une attelle à

entallar [enta'ʎar] *vt* (*traje*) ajuster

ente ['ente] *nm* entité *f* ; (*ser*) être *m* ; (*fam*) phénomène *m* ; **~ público** (*Esp*) télévision *f* espagnole

entender [enten'der] *vt, vi* comprendre ▸ *nm*: **a mi ~** d'après moi ; **entenderse** *vpr* (*a sí mismo*) se comprendre ; (*dos personas*) s'entendre ; **~ de** s'y entendre en ; **~ algo de** avoir quelques notions de ; **~ por** entendre par ; **dar a ~ que ...** donner à entendre que ... ; **entenderse bien/mal (con algn)** s'entendre bien/mal (avec qn) ; **¿entiendes?** tu comprends ? ; **yo me entiendo** (*fam*) je me comprends

entendido, -a [enten'diðo, a] *adj* (*experto*) compétent(e) ; (*informado*) informé(e) ▸ *nm/f* connaisseur(-euse) ▸ *excl* (c'est) entendu !

entendimiento [entendi'mjento] *nm* entente *f* ; (*inteligencia*) entendement *m*

enterado, -a [ente'raðo, a] *adj* informé(e) ; **estar ~ de** être au courant de ; **no darse por ~** jouer les ignorants

enteramente [en'teramente] *adv* entièrement

enterarse [ente'rarse] *vpr*: **~ (de)** apprendre ; **no se entera de nada** (*fam: no se da cuenta*) il ne se rend compte de rien ; (*: no entiende*) il ne comprend rien ; **para que te enteres ...** (*fam*) je te ferais remarquer ...

entereza [ente'reθa] *nf* droiture *f* ; (*fortaleza*) courage *m* ; (*integridad*) intégrité *f* ; (*firmeza*) fermeté *f*

enterito [ente'rito] (*Arg*) *nm* bleu *m* de travail

enternecer [enterne'θer] *vt* attendrir ; **enternecerse** *vpr* s'attendrir

entero, -a [en'tero, a] *adj* (*íntegro*) au complet ; (*no roto, fig*) entier(-ière) ▸ *nm* (*Mat*) entier *m* ; (*Com*) point *m* ; (*AM*) versement *m* ; (*Arg*) bleu *m* de travail ; **las acciones han subido dos ~s** les actions ont augmenté de deux points ; **por ~** entièrement

enterrador [enterra'ðor] *nm* fossoyeur *m*

enterrar [ente'rrar] *vt* enterrer

entibiar [enti'βjar] *vt* tiédir ; **entibiarse** *vpr* tiédir

entidad [enti'ðað] *nf* (*empresa*) entreprise *f*; (*organismo, Filos*) entité *f*; (*sociedad*) société *f*; **de menor/poca ~** de moindre importance/de peu d'importance
entienda *etc* [en'tjenda] *vb ver* **entender**
entierro [en'tjerro] *vb ver* **enterrar** ▸ *nm* enterrement *m*
entonación [entona'θjon] *nf* intonation *f*
entonar [ento'nar] *vt* entonner; (*colores*) harmoniser; (*Med*) fortifier ▸ *vi* (*al cantar*) donner le ton; **entonarse** *vpr* (*Med*) se fortifier; **~ con** (*colores*) se marier bien avec
entonces [en'tonθes] *adv* alors; **desde ~** depuis; **en aquel ~** en ce temps-là; **(pues) ~** (et) alors; **¡(pues) ~!** et alors!
entornar [entor'nar] *vt* (*puerta, ventana*) entrebâiller; (*los ojos*) garder mi-clos
entorno [en'torno] *nm* environnement *m*; **~ de redes** (*Inform*) environnement de réseaux
entorpecer [entorpe'θer] *vt* (*tb fig*) gêner; (*mente, persona*) abrutir
entrada [en'traða] *nf* entrée *f*; (*para espectáculo*) billet *m*; (*de año, libro*) début *m*; (*ingreso, Com*) recette *f*; **entradas** *nfpl* (*Com*) recettes *fpl*; **~s brutas** recettes brutes; **~s y salidas** (*Com*) recettes et dépenses; **~ de aire** (*Tec*) entrée d'air; **de ~** d'entrée de jeu; **« ~ gratis »** « entrée gratuite »; **dar ~ a algn** admettre qn; **tener ~s** avoir le front dégarni
entrado, -a [en'traðo, a] *adj*: **~ en años** d'un âge avancé; **(una vez) ~ el verano** l'été venu
entramparse [entram'parse] *vpr* s'endetter
entrante [en'trante] *adj* prochain(e) ▸ *nm* encaissement *m*; (*Culin*) entrée *f*
entrañable [entra'ɲaβle] *adj* (*amigo*) cher(-ère); (*trato*) cordial(e)
entrañas [en'traɲas] *nfpl* entrailles *fpl*; **sin ~** (*fig*) sans merci
entrar [en'trar] *vt* mettre; (*Inform*) entrer ▸ *vi* entrer; (*caber: anillo, zapato*) aller; (*: tornillo, personas*) rentrer; (*año, temporada*) commencer; (*en profesión etc*) entrer; (*en categoría, planes*) rentrer; **le entraron ganas de reír** il eut envie de rire; **me entró sueño/frío** j'ai eu sommeil/froid; **~ en acción** entrer en action; (*entrar en funcionamiento*) commencer à fonctionner; **no me entra** je ne saisis pas; **~ a** (*AM*) entrer dans
entre ['entre] *prep* (*dos cosas*) entre; (*más de dos cosas*) parmi; **se abrieron paso ~ la multitud** ils se frayèrent un passage à travers la foule; **~ otras cosas** entre autres; **lo haremos ~ todos** nous le ferons tous ensemble; **~ más estudia, más aprende** (*esp AM: fam*) plus il étudie, plus il apprend
entreabrir [entrea'βrir] *vt* entrouvrir
entrecejo [entre'θexo] *nm*: **fruncir el ~** froncer les sourcils
entrecerrar [entreθe'rrar] (*esp AM*) *vt* entrebâiller; **entrecerrarse** *vpr* s'entrebâiller
entrecortado, -a [entrekor'taðo, a] *adj* entrecoupé(e)
entrega [en'treɣa] *nf* (*de mercancías*) livraison *f*; (*de premios*) remise *f*; (*de novela, serial*) épisode *m*; (*dedicación*) ardeur *f*; **« ~ a domicilio »** « livraison à domicile »; **novela por ~s** roman-feuilleton *m*
entregar [entre'ɣar] *vt* livrer; (*dar*) remettre; **entregarse** *vpr* se livrer; **a ~** (*Com*) à livrer; **entregarse a** (*al trabajo*) se consacrer à; (*al vicio*) se livrer à
entrelazar [entrela'θar] *vt* entrelacer
entremeses [entre'meses] *nmpl* entrées *fpl*
entremeter [entreme'ter]: **entremeterse** *vpr* = **entrometerse**
entremetido, -a [entreme'tiðo, a] *adj* = **entrometido**
entremezclar [entremeθ'klar] *vt* mélanger; **entremezclarse** *vpr* se mélanger
entrenador, a [entrena'ðor, a] *nm/f* entraîneur(-euse)
entrenar [entre'nar] *vt* entraîner ▸ *vi* (*Deporte*) s'entraîner; **entrenarse** *vpr* s'entraîner
entrepierna [entre'pjerna] *nf* entrejambe *msg*
entresacar [entresa'kar] *vt* (*árboles*) déboiser; (*pelo*) désépaissir; (*frases, páginas*) sélectionner
entresuelo [entre'swelo] *nm* entresol *m*
entretanto [entre'tanto] *adv* entretemps
entretención [entreten'θjon] (*AM*) *nf* distraction *f*

entretener [entrete'ner] *vt* amuser ; (*retrasar*) retenir ; (*distraer*) distraire ; (*fig*) entretenir ; **entretenerse** *vpr* s'amuser ; (*retrasarse*) s'attarder ; (*distraerse*) se distraire ; **no le entretengo más** je ne vous retiendrai pas plus longtemps

entretenido, -a [entrete'niðo, a] *adj* amusant(e) ; (*tarea*) prenant(e)

entretenimiento [entreteni'mjento] *nm* distraction *f*

entrever [entre'βer] *vt* entrevoir

entrevista [entre'βista] *nf* entretien *m* ; (*para periódico, TV*) interview *f*

entrevistar [entreβis'tar] *vt* interviewer ; **entrevistarse** *vpr*: **entrevistarse (con)** avoir un entretien (avec)

entristecer [entriste'θer] *vt* attrister ; **entristecerse** *vpr* s'attrister

entrometerse [entrome'terse] *vpr*: **~ (en)** se mêler de

entrometido, -a [entrome'tiðo, a] *adj, nm/f* indiscret(-ète)

entumecer [entume'θer] *vt* engourdir ; **entumecerse** *vpr* s'engourdir

entumecido, -a [entume'θiðo, a] *adj* engourdi(e)

enturbiar [entur'βjar] *vt* (*agua*) troubler ; (*alegría*) gâter ; **enturbiarse** *vpr* (*ver vt*) se troubler ; retomber

entusiasmar [entusjas'mar] *vt* enthousiasmer ; **entusiasmarse** *vpr*: **entusiasmarse (con** *o* **por)** s'enthousiasmer (pour)

entusiasmo [entu'sjasmo] *nm*: **~ (por)** enthousiasme *m* (pour) ; **con ~** avec enthousiasme

entusiasta [entu'sjasta] *adj, nm/f* enthousiaste *m/f* ; **~ de** passionné(e) de

enumerar [enume'rar] *vt* énumérer

enunciación [enunθja'θjon] *nf* énonciation *f*

enunciado [enun'θja'ðo] *nm* énoncé *m*

envainar [embai'nar] *vt* rengainer

envalentonar [embalento'nar] (*pey*) *vt* stimuler ; **envalentonarse** *vpr* s'enhardir

envanecer [embane'θer] *vt* monter à la tête ; **envanecerse** *vpr*: **envanecerse de hacer/de haber hecho** se vanter de faire/d'avoir fait

envasar [emba'sar] *vt* conditionner ; **envasado al vacío** conditionné sous vide

envase [em'base] *nm* (*recipiente*) récipient *m* ; (*botella*) bouteille *f* ; (*lata*) boîte *f* de conserve ; (*bolsa*) sachet *m* ; (*acción*) conditionnement *m*

envejecer [embexe'θer] *vt, vi* vieillir

envenenar [embene'nar] *vt* empoisonner ; (*fig: relaciones*) envenimer

envergadura [emberɣa'ðura] *nf* envergure *f* ; **de gran ~** de grande envergure

envés [em'bes] *nm* envers *m*

enviar [em'bjar] *vt* envoyer ; **~ a algn a hacer** envoyer qn faire ; **~ un SMS a algn** envoyer un SMS à qn

enviciar [embi'θjar]: **enviciarse** *vpr*: **enviciarse (con)** devenir accro (à)

envidia [em'biðja] *nf* envie *f* ; (*celos*) jalousie *f* ; **tiene ~ de nuestro coche** il est jaloux de notre voiture

envidiar [embi'ðjar] *vt* envier ; (*tener celos de*) jalouser

envío [em'bio] *nm* envoi *m* ; (*en barco*) expédition *f* ; **gastos de ~** frais *mpl* d'envoi ; **~ contra reembolso** envoi contre remboursement

enviudar [embju'ðar] *vi* devenir veuf (veuve)

envoltorio [embol'torjo] *nm* paquet *m*

envolver [embol'βer] *vt* envelopper ; (*enemigo*) encercler ; **envolverse** *vpr*: **envolverse en** s'envelopper dans ; **~ a algn en** (*implicar*) impliquer qn dans

envuelto *etc* [em'bwelto], **envuelva** *etc* [em'bwelβa] *vb ver* **envolver**

enyesar [enje'sar] *vt* plâtrer

enzarzarse [enθar'θarse] *vpr*: **~ en** se mêler à

epa ['epa] (AM: *fam*) *excl* (*¡oiga!*) écoute !

épica ['epika] *nf* poésie *f* épique

épico, -a ['epiko, a] *adj* épique

epidemia [epi'ðemja] *nf* épidémie *f*

epilepsia [epi'lepsja] *nf* épilepsie *f*

epílogo [e'piloɣo] *nm* épilogue *m*

episodio [epi'so'ðjo] *nm* épisode *m*

epístola [e'pistola] *nf* lettre *f*

época ['epoka] *nf* époque *f* ; **de ~** d'époque ; **hacer ~** faire époque

equilibrar [ekili'βrar] *vt* équilibrer

equilibrio [eki'liβrjo] *nm* équilibre *m* ; **mantener/perder el ~** garder/perdre l'équilibre

equilibrista [ekili'βrista] *nm/f* équilibriste *m/f*

en

equipaje [eki'paxe] *nm* bagages *mpl* ; **hacer el ~** faire ses bagages ; **~ de mano** bagages à main

equipar [eki'par] *vt*: **~ (con** *o* **de)** équiper (de)

equiparar [ekipa'rar] *vt*: **~ algo/a algn a** *o* **con** (*igualar*) mettre qch/qn sur un pied d'égalité avec ; (*comparar*) comparer qch/qn à ; **equipararse** *vpr*: **equipararse con** se comparer à

equipo [e'kipo] *nm* (*grupo, Dep*) équipe *f* ; (*instrumentos*) matériel *m*, équipement *m* ; **trabajo en ~** travail *m* d'équipe ; **~ de alta fidelidad** chaîne *f* haute fidélité ; **~ de música** chaîne *f* stéréo ; **~ de rescate** équipe de sauvetage

equis ['ekis] *nf* (*letra*) X, x *m inv* ; (*fam: cantidad indeterminada*) x *m*

equitación [ekita'θjon] *nf* équitation *f*

equitativo, -a [ekita'tiβo, a] *adj* équitable

equivalente [ekiβa'lente] *adj* équivalent(e) ▸ *nm* équivalent *m*

equivaler [ekiβa'ler] *vi*: **~ a (hacer)** équivaloir à (faire)

equivocación [ekiβoka'θjon] *nf* erreur *f*

equivocado, -a [ekiβo'kaðo, a] *adj* (*decisión, camino*) mauvais(e) ; **estás (muy) ~** tu te trompes (sur toute la ligne)

equivocarse [ekiβo'karse] *vpr* se tromper ; **~ de camino/número** se tromper de chemin/numéro

equívoco, -a [e'kiβoko, a] *adj* équivoque ▸ *nm* (*ambigüedad*) ambiguïté *f* ; (*malentendido*) quiproquo *m*

era ['era] *vb ver* **ser** ▸ *nf* ère *f* ; (*Agr*) aire *f*

erais ['erais] *vb ver* **ser**

éramos ['eramos] *vb ver* **ser**

eran ['eran] *vb ver* **ser**

erario [e'rarjo] *nm* Trésor *m*

eras ['eras] *vb ver* **ser**

ERE ['ere] *sigla m* (*= Expediente de Regulación de Empleo*) *procédure de licenciement économique*

erección [erek'θjon] *nf* érection *f*

eres ['eres] *vb ver* **ser**

erguir [er'ɣir] *vt* (*alzar*) lever ; (*poner derecho*) redresser ; **erguirse** *vpr* se redresser

erigir [eri'xir] *vt* ériger ; **erigirse** *vpr*: **erigirse en** s'ériger en

erizarse [eri'θarse] *vpr* se hérisser

erizo [e'riθo] *nm* hérisson *m* ; (*tb*: **erizo de mar**) oursin *m*

ermita [er'mita] *nf* ermitage *m*

ermitaño, -a [ermi'taɲo, a] *nm/f* ermite *m/f*

erosión [ero'sjon] *nf* érosion *f*

erosionar [erosjo'nar] *vt* éroder

erótico, -a [e'rotiko, a] *adj* érotique

erotismo [ero'tismo] *nm* érotisme *m*

erradicar [erraði'kar] *vt* éradiquer

errar [e'rrar] *vi* errer ; (*equivocarse*) se tromper ▸ *vt*: **~ el camino** s'égarer ; **~ el tiro** manquer son coup

errata [e'rrata] *nf* errata *m inv*

erróneo, -a [e'rroneo, a] *adj* erroné(e)

error [e'rror] *nm* erreur *f* ; **estar en un ~** être dans l'erreur ; **~ de escritura/de lectura** (*Inform*) erreur d'écriture/de lecture ; **~ de imprenta** faute *f* d'impression ; **~ judicial** erreur judiciaire

eructar [eruk'tar] *vi* roter

erudito, -a [eru'ðito, a] *adj, nm/f* érudit(e) ; **los ~s en esta materia** les experts en la matière

erupción [erup'θjon] *nf* éruption *f* ; (*de violencia*) explosion *f*

es [es] *vb ver* **ser**

E/S *abr* (*Inform*: *= entrada/salida*) E/S (*= entrée/sortie*)

ESA *sigla f* (*= Administración* o *Agencia Espacial Europea*) ASE *f* (*= Agence spatiale européenne*)

esa ['esa] *adj, pron ver* **ese²**

ésa ['esa] *pron ver* **ése**

esbelto, -a [es'βelto, a] *adj* svelte

esbozo [es'βoθo] *nm* ébauche *f*

escabeche [eska'βetʃe] *nm* escabèche *f* ; **en ~** à l'escabèche

escabroso, -a [eska'βroso, a] *adj* (*accidentado*) accidenté(e) ; (*fig: complicado*) épineux(-euse) ; (*: atrevido*) scabreux(-euse)

escabullirse [eskaβu'ʎirse] *vpr* s'esquiver ; (*de entre los dedos*) filer

escafandra [eska'fandra] *nf* (*tb*: **escafandra autónoma**) scaphandre *m* (autonome) ; **~ espacial** scaphandre spatial

escala [es'kala] *nf* échelle *f* ; (*tb*: **escala de cuerda**) échelle de corde ; (*Aviat, Náut*) escale *f* ; **a gran/pequeña ~** à grande/petite échelle ; **una investigación a ~ nacional** une enquête à l'échelon national ; **reproducir a ~** reproduire à l'échelle ;

hacer ~ en faire escale à ; **~ móvil** échelle mobile ; **~ salarial** échelle des salaires
escalafón [eskala'fon] *nm (en empresa)* échelle *f* des salaires ; *(en organismo público)* échelons *mpl* de solde ; **subir en el ~** monter en grade
escalar [eska'lar] *vt* escalader ; *(fig)* monter ▸ *vi* faire de l'escalade ; *(fig)* monter en grade
escalera [eska'lera] *nf* escalier *m* ; *(tb:* **escalera de mano***)* échelle *f* ; *(Naipes)* suite *f* ; **~ de caracol/de incendios** escalier en colimaçon/de secours ; **~ de tijera** escabeau *m* ; **~ mecánica** escalier roulant
escalfar [eskal'far] *vt* pocher
escalinata [eskali'nata] *nf* perron *m*
escalofriante [eskalo'frjante] *adj* terrifiant(e)
escalofrío [eskalo'frio] *nm* frisson *m* ; **escalofríos** *nmpl (fig)*: **dar** *o* **producir ~s a algn** donner des frissons à qn
escalón [eska'lon] *nm* marche *f* ; *(de escalera de mano, fig)* échelon *m*
escalope [eska'lope] *nm* escalope *f*
escama [es'kama] *nf* écaille *f* ; *(de jabón)* paillette *f*
escamar [eska'mar] *vt (pez)* écailler ; *(producir recelo)* rendre soupçonneux(-euse)
escamotear [eskamote'ar] *vt (sueldo)* subtiliser ; *(verdad)* cacher
escampar [eskam'par] *vi* se dégager
escandalizar [eskandali'θar] *vt* scandaliser ; **escandalizarse** *vpr* se scandaliser
escándalo [es'kandalo] *nm* scandale *m* ; **armar un ~** faire un scandale ; **¡es un ~!** c'est un scandale !
escandaloso, -a [eskanda'loso, a] *adj* scandaleux(-euse) ; *(niño)* très bruyant(e)
escandinavo, -a [eskandi'naβo, a] *adj* scandinave ▸ *nm/f* Scandinave *m/f*
escanear [eskane'ar] *vt* scanner
escáner [es'kaner] *nm (aparato)* scanner *m* ; *(imagen)* (examen *m* au) scanner
escaño [es'kaɲo] *nm* siège *m*
escapar [eska'par] *vi*: **~ (de)** *(de encierro)* s'échapper (de) ; *(de peligro)* échapper à ; *(Deporte)* faire une échappée ; **escaparse** *vpr*: **escaparse (de)** s'échapper (de) ; *(agua, gas)* fuir (de) ; **dejar ~ una oportunidad** laisser échapper une occasion ; **se le escapó el secreto** il a vendu la mèche ; **se le escapó la risa** un rire lui a échappé ; **no se le escapa un detalle** pas un détail ne lui échappe
escaparate [eskapa'rate] *nm* vitrine *f*
escape [es'kape] *nm (de agua, gas)* fuite *f* ; *(tb:* **tubo de escape***)* pot *m* d'échappement ; **salir a ~** sortir à toute vitesse ; **tecla de ~** touche *f* d'échappement
escarabajo [eskara'βaxo] *nm* scarabée *m*
escaramuza [eskara'muθa] *nf* escarmouche *f*
escarbar [eskar'βar] *vt* ratisser ▸ *vi* fouiller ; **escarbarse** *vpr*: **escarbarse los dientes** se curer les dents ; **~ en** *(en asunto)* démêler
escarceos [eskar'θeos] *nmpl (fig)* écarts *mpl* ; **~ amorosos** ébats *mpl* amoureux
escarcha [es'kartʃa] *nf* givre *m*
escarchado, -a [eskar'tʃaðo, a] *adj* glacé(e)
escarlata [eskar'lata] *adj* écarlate
escarlatina [eskarla'tina] *nf* scarlatine *f*
escarmentar [eskarmen'tar] *vt* punir ▸ *vi* comprendre la leçon ; **¡para que escarmientes!** ça t'apprendra !
escarmiento [eskar'mjento] *vb ver* **escarmentar** ▸ *nm* punition *f* ; *(aviso)* leçon *f*
escarnio [es'karnjo] *nm* raillerie *f* ; *(insulto)* quolibet *m*
escarola [eska'rola] *nf* frisée *f*
escarpado, -a [eskar'paðo, a] *adj* escarpé(e)
escasear [eskase'ar] *vi* manquer
escasez [eska'seθ] *nf (falta)* pénurie *f* ; *(pobreza)* misère *f* ; **vivir con ~** vivre pauvrement
escaso, -a [es'kaso, a] *adj* faible ; *(posibilidades)* compté(e) ; *(recursos)* insuffisant(e) ; *(público)* peu nombreux(-euse) ; **estar ~ de algo** être à court de qch ; **duró una hora escasa** cela a duré une heure à peine
escatimar [eskati'mar] *vt (sueldo, tela)* lésiner sur ; *(elogios, esfuerzos)* ménager ; **no ~ esfuerzos (para)** ne pas ménager ses efforts (pour)
escayola [eska'jola] *nf* plâtre *m*
escena [es'θena] *nf* scène *f* ; **poner en ~** mettre en scène ; **hacer una ~** *(fam)* faire une scène

escenario [esθe'narjo] *nm* scène *f* ; **el ~ del crimen** les lieux *mpl* du crime
escenografía [esθenoɣra'fia] *nf* scénographie *f*
escepticismo [esθepti'θismo] *nm* scepticisme *m*
escéptico, -a [es'θeptiko, a] *adj, nm/f* sceptique *m/f*
escisión [esθi'sjon] *nf* (*Bio*) excision *f* ; (*de partido*) scission *f* ; **~ nuclear** fission *f* nucléaire
esclarecer [esklare'θer] *vt* éclaircir
esclavitud [esklaβi'tuð] *nf* esclavage *m*
esclavizar [esklaβi'θar] *vt* asservir
esclavo, -a [es'klaβo, a] *adj, nm/f* esclave *m/f*
esclusa [es'klusa] *nf* écluse *f*
escoba [es'koβa] *nf* balai *m* ; **pasar la ~** passer le balai
escobilla [esko'βiʎa] *nf* (*del wáter*) balayette *f* ; (*esp* AM) brosse *f*
escocer [esko'θer] *vi* brûler ; **escocerse** *vpr* s'irriter ; **me escuece mucho la herida** la blessure me brûle
escocés, -esa [esko'θes, esa] *adj* écossais(e) ▸ *nm/f* Écossais(e) ; **falda escocesa** kilt *m* ; **tela escocesa** tissu *m* écossais
Escocia [es'koθja] *nf* Écosse *f*
escoger [esko'xer] *vt* choisir
escogido, -a [esko'xiðo, a] *adj* choisi(e)
escolar [esko'lar] *adj* scolaire ▸ *nm/f* écolier(-ière)
escollo [es'koʎo] *nm* (*tb fig*) écueil *m*
escolta [es'kolta] *nf* escorte *f*
escoltar [eskol'tar] *vt* escorter
escombros [es'kombros] *nmpl* décombres *mpl*
esconder [eskon'der] *vt* cacher ; **esconderse** *vpr* se cacher
escondidas [eskon'diðas] *nfpl* (AM) cache-cache *m inv* ; **a ~** en cachette ; **hacer algo a ~ de algn** faire qch en cachette de qn
escondite [eskon'dite] *nm* cachette *f* ; (*juego*) cache-cache *m inv*
escondrijo [eskon'drixo] *nm* cachette *f*
escopeta [esko'peta] *nf* fusil *m* ; **~ de aire comprimido** fusil à air comprimé
escoria [es'korja] *nf* (*mineral*) scorie *f* ; (*fig*) lie *f*
Escorpio [es'korpjo] *nm* (*Astrol*) Scorpion *m* ; **ser ~** être Scorpion
escorpión [eskor'pjon] *nm* scorpion *m*
escotado, -a [esko'taðo, a] *adj* décolleté(e) ; **ir muy ~** porter des vêtements très décolletés
escote [es'kote] *nm* décolleté *m* ; **pagar a ~** payer son écot
escotilla [esko'tiʎa] *nf* (*Náut*) écoutille *f*
escozor [esko'θor] *nm* brûlure *f*
escrache [es'kratʃe] *nm manifestation citoyenne devant le domicile ou le lieu de travail d'un personnage public*
escribible [eskri'βiβle] *adj* (*CD/DVD*) gravable
escribir [eskri'βir] *vt, vi* écrire ; **escribirse** *vpr* s'écrire ; **~ a máquina** taper à la machine ; **¿cómo se escribe?** comment ça s'écrit ?
escrito, -a [es'krito, a] *pp de* **escribir** ▸ *adj* écrit(e) ▸ *nm* (*documento*) écrit *m* ; (*manifiesto*) manifeste *m* ; **por ~** par écrit
escritor, a [eskri'tor, a] *nm/f* écrivain *m*
escritorio [eskri'torjo] *nm* (*mueble*) secrétaire *m* ; (*oficina*) bureau *m*
escritura [eskri'tura] *nf* écriture *f* ; (*Jur*) écrit *m* ; **~ de propiedad** titre *m* de propriété ; **Sagrada(s) E~(s)** l'Écriture (Sainte), les Écritures *fpl* (Saintes)
escrúpulo [es'krupulo] *nm*: **me da ~ (hacer)** j'ai des scrupules (à faire) ; **escrúpulos** *nmpl* (*dudas*) scrupules *mpl*
escrupuloso, -a [eskrupu'loso, a] *adj* scrupuleux(-euse) ; (*aprensivo*) maniaque
escrutar [eskru'tar] *vt* scruter ; (*votos*) dépouiller
escrutinio [eskru'tinjo] *nm* examen *m* attentif ; (*de votos*) scrutin *m*
escuadra [es'kwaðra] *nf* équerre *f* ; (*Mil*) escouade *f* ; (*Náut*) escadre *f*
escuadrilla [eskwa'ðriʎa] *nf* escadrille *f*
escuadrón [eskwa'ðron] *nm* escadron *m*
escuálido, -a [es'kwaliðo, a] *adj* efflanqué(e)
escuchar [esku'tʃar] *vt* écouter ; (*esp* AM: *oír*) entendre ▸ *vi* écouter ; **escucharse** *vpr* (AM: *Telec*): **escucharse muy mal** entendre très mal
escudo [es'kuðo] *nm* bouclier *m* ; (*insignia*) écusson *m* ; (*moneda*) écu *m* ; **~ de armas** armes *fpl*

escudriñar [eskuðri'ɲar] *vt* scruter
escuela [es'kwela] *nf* école *f* ; **~ de arquitectura/Bellas Artes/idiomas** école d'architecture/des Beaux Arts/de langues ; **~ normal** école normale
escueto, -a [es'kweto, a] *adj* (*estilo*) dépouillé(e) ; (*explicación*) concis(e)
escuincle [es'kwinkle] (*Méx*: *fam*) *nm* gosse *m*
esculcar [eskul'kar] (*Méx*) *vt* examiner
esculpir [eskul'pir] *vt* sculpter
escultor, a [eskul'tor, a] *nm/f* sculpteur(-trice)
escultura [eskul'tura] *nf* sculpture *f*
escupidera [eskupi'ðera] *nf* crachoir *m* ; (*orinal*) pot *m* de chambre
escupir [esku'pir] *vt, vi* cracher ; **~ (a la cara) a algn** (*fig*) cracher sur qn
escurreplatos [eskurre'platos] *nm inv* égouttoir *m*
escurridizo, -a [eskurri'ðiθo, a] *adj* glissant(e) ; (*fig*: *persona*) fuyant(e)
escurridor [eskurri'ðor] *nm* passoire *f*
escurrir [esku'rrir] *vt* (*ropa*) essorer ; (*verduras*) égoutter ; (*platos*) laisser s'égoutter ; (*líquidos*) verser la dernière goutte de ▸ *vi* (*ropa, botella*) goutter ; (*líquidos*) couler ; **escurrirse** *vpr* (*líquido*) s'écouler ; (*ropa, platos*) s'égoutter ; (*resbalarse*) glisser ; (*escaparse*) s'esquiver ; **~ el bulto** (*fig*) se dérober
ese[1] ['ese] *nf* (*letra*) S, s *m* ; **hacer ~s** (*en carretera*) faire des zigzags ; (*borracho*) avancer en zigzags
ese[2] ['ese], **esa** ['esa], **esos** ['esos], **esas** ['esas] *adj* (*demostrativo*: *sg*) ce (cette) ; (: *pl*) ces ▸ *pron* (*sg*) celui-là (celle-là) ; (*pl*) ceux-là (celles-là) ; **~ ... este** ... celui-là ... celui-ci ... ; **¡no me vengas con esas!** tu ne vas pas revenir là-dessus
ése ['ese], **ésa** ['esa], **ésos** ['esos], **ésas** ['esas] *pron* (*sg*) celui-là (celle-là) ; (*pl*) ceux-là (celles-là)
esencia [e'senθja] *nf* essence *f* ; (*de doctrina*) essentiel *m* ; **en ~** par essence
esencial [esen'θjal] *adj* essentiel(le) ; **lo ~** l'essentiel *m*
esfera [es'fera] *nf* sphère *f* ; (*de reloj*) cadran *m* ; **~ impresora** boule *f* d'impression ; **~ profesional/social** sphère professionnelle/sociale ; **~ terrestre** globe *m* terrestre
esférico, -a [es'feriko, a] *adj* sphérique
esforzarse [esfor'θarse] *vpr* s'efforcer ; **~ por hacer** s'efforcer de faire
esfuerzo [es'fwerθo] *vb ver* **esforzarse** ▸ *nm* effort *m* ; **hacer un ~ (para hacer)** faire un effort (pour faire) ; **con/sin ~** avec/sans effort
esfumarse [esfu'marse] *vpr* (*persona*) s'évanouir dans la nature ; (*esperanzas*) partir en fumée
esgrima [es'ɣrima] *nf* escrime *f*
esgrimir [esɣri'mir] *vt* (*arma*) manier ; (*argumento*) déployer
esguince [es'ɣinθe] *nm* entorse *f*
eslabón [esla'βon] *nm* maillon *m* ; **el ~ perdido** (*Bio, fig*) le chaînon manquant
eslavo, -a [es'laβo, a] *adj* slave ▸ *nm/f* Slave *m/f* ▸ *nm* (*Ling*) langue *f* slave
eslip [es'lip] *nm* slip *m*
eslovaco, -a [eslo'βako, a] *adj* slovaque ▸ *nm/f* Slovaque *m/f* ▸ *nm* (*Ling*) slovaque *m*
Eslovaquia [eslo'βakja] *nf* Slovaquie *f*
esmaltar [esmal'tar] *vt* émailler
esmalte [es'malte] *nm* émail *m* ; **~ de uñas** vernis *m* à ongles
esmerado, -a [esme'raðo, a] *adj* soigné(e)
esmeralda [esme'ralda] *nf* émeraude *f* ▸ *adj* émeraude *inv*
esmerarse [esme'rarse] *vpr*: **~ (en)** se donner du mal (pour)
esmero [es'mero] *nm* soin *m* ; **con ~** avec soin
esnob [es'nob] *adj inv, nm/f* snob *m/f*
esnobismo [esno'βismo] *nm* snobisme *m*
eso ['eso] *pron* ce, cela ; **~ de su coche** cette histoire avec sa voiture ; **~ de ir al cine** cette histoire d'aller au cinéma ; **a ~ de las cinco** vers cinq heures ; **en ~** sur ce ; **por ~** c'est pour ça ; **~ es** c'est cela ; **~ mismo** cela-même ; **nada de ~** rien de tout ça ; **no es ~** ce n'est pas cela ; **¡~ sí que es vida!** ça, c'est la vie ! ; **por ~ te lo dije** c'est pour cela que je te l'ai dit ; **y ~ que llovía** pourtant il pleuvait !
esos ['esos] *adj, pron ver* **ese**
ésos ['esos] *pron ver* **ése**
espabilar [espaβi'lar] *vt* = **despabilar**
espacial [espa'θjal] *adj* spatial(e)
espaciar [espa'θjar] *vt* espacer

espacio [es'paθjo] *nm* espace *m* ; (*Mús*) interligne *m* ; **el ~** l'espace ; **ocupar mucho ~** prendre beaucoup de place ; **a dos ~s, a doble ~** (*Tip*) à double interligne ; **en el ~ de una hora/de 3 días** en l'espace d'une heure/de 3 jours ; **por ~ de** durant ; **~ aéreo/exterior** espace aérien/extérieur

espacioso, -a [espa'θjoso, a] *adj* spacieux(-euse)

espada [es'paða] *nf* épée *f* ▸ *nm* (*Taur*) matador *m* ; **espadas** *nfpl* (*Naipes*) *l'une des quatre couleurs du jeu de cartes espagnol* ; **estar entre la ~ y la pared** être entre le marteau et l'enclume

espaguetis [espa'ɣetis] *nmpl* spaghettis *mpl*

espalda [es'palda] *nf* dos *msg* ; (*Natación*) dos crawlé ; **a ~s de algn** dans le dos de qn ; **a (las) ~s de** (*de edificio*) derrière ; **dar la ~ a algn** tourner le dos à qn ; **estar de ~s** être de dos ; **por la ~** (*atacar*) par derrière ; (*disparar*) dans le dos ; **ser cargado de ~s** être voûté ; **tenderse de ~s** s'allonger sur le dos ; **volver la ~ a algn** tourner le dos à qn

espantajo [espan'taxo] *nm*, **espantapájaros** [espanta'paxaros] *nm inv* épouvantail *m*

espantar [espan'tar] *vt* (*persona*) effrayer ; (*animal*) faire fuir ; (*fig*) chasser ; **espantarse** *vpr* s'effrayer ; (*ahuyentar*) déguerpir ; (*fig*) se dissiper

espanto [es'panto] *nm* frayeur *f* ; (*terror*) panique *f* ; **de ~** (*frío*) de canard ; (*ruido*) assourdissant(e) ; **¡qué ~!** quelle horreur !

espantoso, -a [espan'toso, a] *adj* effrayant(e) ; (*fam: desmesurado*) terrible ; (*: feísimo*) horrible

España [es'paɲa] *nf* Espagne *f*

español, a [espa'ɲol, a] *adj* espagnol(e) ▸ *nm/f* Espagnol(e) ▸ *nm* (*Ling*) espagnol *m*

esparadrapo [espara'ðrapo] *nm* sparadrap *m*

esparcimiento [esparθi'mjento] *nm* éparpillement *m* ; (*fig*) divertissement *m*

esparcir [espar'θir] *vt* (*objetos*) éparpiller ; (*semillas*) semer ; (*líquido, noticia*) répandre ; **esparcirse** *vpr* s'éparpiller ; (*noticia*) se répandre ; (*divertirse*) se divertir

espárrago [es'parraɣo] *nm* asperge *f* ; **¡vete a freír ~s!** (*fam*) va te faire cuire un œuf ! ; **~ triguero** asperge sauvage

esparto [es'parto] *nm* alfa *m*

espasmo [es'pasmo] *nm* spasme *m*

espátula [es'patula] *nf* spatule *f*

especia [es'peθja] *nf* épice *f*

especial [espe'θjal] *adj* spécial(e) ; **en ~** spécialement

especialidad [espeθjali'ðað] *nf* spécialité *f* ; (*Escol*) spécialisation *f*

especialista [espeθja'lista] *nm/f* spécialiste *m/f* ; (*Cine*) cascadeur(-euse)

especialmente [espe'θjalmente] *adv* spécialement

especie [es'peθje] *nf* espèce *f* ; **una ~ de** une espèce de ; **pagar en ~** payer en espèces

especificar [espeθifi'kar] *vt* spécifier

específico, -a [espe'θifiko, a] *adj* spécifique

espécimen [es'peθimen] (*pl* **especímenes**) *nm* spécimen *m* ; (*muestra*) échantillon *m*

espectáculo [espek'takulo] *nm* spectacle *m* ; **dar un ~** se donner en spectacle

espectador, a [espekta'ðor, a] *nm/f* spectateur(-trice) ; (*de incidente*) badaud *m*

espectro [es'pektro] *nm* spectre *m* ; (*fig: gama*) gamme *f*

especular [espeku'lar] *vi* (*meditar*): **~ sobre** spéculer sur ; **~ (en)** (*Com*) spéculer (en)

espejismo [espe'xismo] *nm* mirage *m*

espejo [es'pexo] *nm* miroir *m* ; **mirarse al ~** se regarder dans la glace ; **~ retrovisor** rétroviseur *m*

espeluznante [espeluθ'nante] *adj* à faire dresser les cheveux sur la tête

espera [es'pera] *nf* attente *f* ; (*Jur*) délai *m* de grâce ; **a la** *o* **en ~ de** dans l'attente de ; **en ~ de su contestación/carta** dans l'attente de votre réponse/lettre

esperanza [espe'ranθa] *nf* espoir *m* ; **hay pocas ~s de que venga** il y a peu de chances qu'il vienne ; **dar ~s a algn** donner de l'espoir à qn ; **~ de vida** espérance *f* de vie

esperar [espe'rar] *vt* attendre ; (*desear, confiar*) espérer ▸ *vi* attendre ; **esperarse** *vpr*: **como podía esperarse** comme on pouvait s'y attendre ; **hacer ~ a algn** faire attendre qn ; **ir a ~ a algn** aller attendre qn ; **espero que venga** j'espère qu'il va venir ; **~ un bebé** attendre un enfant ; **es de ~ que** il faut espérer que

> **También se puede decir:**
> J'espère avoir des enfants. (*Espero ...*)
> Nous espérons que les enfants regarderont cette émission avec leurs parents. (*Esperamos que ...*)
> Pourvu que tout se passe bien ! (*¡Ojalá que ... !*)

esperma [es'perma] *nm* sperme *m* ▸ *nf* (*Carib, Col*) bougie *f*

espesar [espe'sar] *vt* épaissir ; **espesarse** *vpr* s'épaissir

espeso, -a [es'peso, a] *adj* épais(se)

espesor [espe'sor] *nm* épaisseur *f* ; (*densidad*) densité *f*

espía [es'pia] *nm/f* espion(ne)

espiar [espi'ar] *vt* espionner ▸ *vi* : **~ para** être un espion à la solde de

espiga [es'piɣa] *nf* épi *m*

espigón [espi'ɣon] *nm* (*Bot*) piquant *m* ; (*Náut*) digue *f*

espina [es'pina] *nf* (*Bot*) épine *f* ; (*de pez*) arête *f* ; **me da mala ~** ça ne me dit rien qui vaille ; **~ dorsal** épine dorsale

espinaca [espi'naka] *nf* (*Bot*) épinard *m* ; **~s** (*Culin*) épinards *mpl*

espinazo [espi'naθo] *nm* épine *f* dorsale

espinilla [espi'niʎa] *nf* (*Anat*) tibia *m* ; (*Med*) point *m* noir

espinoso, -a [espi'noso, a] *adj* épineux(euse)

espionaje [espjo'naxe] *nm* espionnage *m*

espiral [espi'ral] *adj* en spirale ▸ *nf* spirale *f* ; (*anticonceptivo*) stérilet *m* ; **la ~ inflacionista** la spirale inflationniste ; **en ~** en spirale

espirar [espi'rar] *vt, vi* expirer

espíritu [es'piritu] *nm* esprit *m* ; **~ de cuerpo/de equipo** esprit de corps/d'équipe ; **~ de lucha** esprit combatif ; **E~ Santo** Saint-Esprit *m*

espiritual [espiri'twal] *adj* spirituel(le)

espita [es'pita] *nf* robinet *m*

espléndido, -a [es'plendiðo, a] *adj* (*magnífico*) splendide ; (*generoso*) généreux(-euse)

esplendor [esplen'dor] *nm* splendeur *f* ; (*apogeo*) apogée *m*

espolear [espole'ar] *vt* éperonner ; (*fig: persona*) tanner

espoleta [espo'leta] *nf* goupille *f*

espolón [espo'lon] *nm* (*de ave*) ergot *m* ; (*malecón*) jetée *f*

espolvorear [espolβore'ar] *vt* saupoudrer

esponja [es'ponxa] *nf* éponge *f* ; **beber como** *o* **ser una ~** boire comme un trou ; **~ de baño** éponge de toilette

esponjoso, -a [espon'xoso, a] *adj* spongieux(-euse) ; (*bizcocho*) moelleux(-euse)

espontaneidad [espontanei'ðað] *nf* spontanéité *f*

espontáneo, -a [espon'taneo, a] *adj* spontané(e) ▸ *nm/f* (*esp Taur*) *spectateur qui s'élance dans l'arène pour participer à la corrida*

esposar [espo'sar] *vt* passer les menottes à

esposo, -a [es'poso, a] *nm/f* époux(-ouse) ; **esposas** *nfpl* (*para detenidos*) menottes *fpl*

espray [es'prai] *nm* aérosol *m*, spray *m*

espuela [es'pwela] *nf* éperon *m*

espuma [es'puma] *nf* mousse *f* ; (*sobre olas*) écume *f* ; **echar ~ por la boca** (*perro*) baver ; (*fig: persona*) écumer de rage ; **~ de afeitar** mousse à raser

espumadera [espuma'ðera] *nf* écumoire *f*

espumoso, -a [espu'moso, a] *adj* mousssant(e)

esqueleto [eske'leto] *nm* squelette *m*

esquema [es'kema] *nm* schéma *m* ; (*guión*) plan *m* ; **en ~** schématiquement

esquí [es'ki] (*pl* **esquís**) *nm* ski *m* ; **~ acuático** ski nautique

esquiar [es'kjar] *vi* skier

esquilar [eski'lar] *vt* tondre

esquimal [eski'mal] *adj* esquimau(de) ▸ *nm/f* Esquimau(de)

esquina [es'kina] *nf* coin *m* ; **doblar la ~** tourner au coin de la rue ; **hacer ~ con** faire le coin avec

esquinazo [eski'naθo] *nm* : **dar ~ a algn** planter là qn

esquirol [eski'rol] *nm* briseur *m* de grève

esquivar [eski'βar] *vt* esquiver

esquivo, -a [es'kiβo, a] *adj* (*huraño*) asocial(e) ; (*desdeñoso*) dédaigneux(-euse)

esta ['esta] *adj, pron ver* **este²**

ésta ['esta] *pron ver* **éste**

está [es'ta] *vb ver* **estar**

estabilidad [estaβili'ðað] *nf* stabilité *f*
estable [es'taβle] *adj* stable
establecer [estaβle'θer] *vt* établir ; **establecerse** *vpr* s'établir ; **establecerse de** *o* **como médico** s'établir comme médecin
establecimiento [estaβleθi'mjento] *nm* établissement *m*
establo [es'taβlo] *nm* étable *f* ; (*granero*) grange *f*
estaca [es'taka] *nf* (*palo*) piquet *m* ; (*con punta*) pieu *m*
estación [esta'θjon] *nf* gare *f* ; (*de metro*) station *f* ; (*del año*) saison *f* ; (*Rel*) station ; **~ de autobuses/de ferrocarril** gare routière/de chemin de fer ; **~ de esquí** station de sports d'hiver ; **~ de metro** station de métro ; **~ de radio** station de radio ; **~ de servicio** station-service *f* ; **~ de trabajo** station de travail ; **~ de visualización** visuel *m* ; **~ meteorológica** station météorologique
estacionamiento [estaθjona'mjento] *nm* stationnement *m*
estacionar [estaθjo'nar] *vt* (*Aut*) garer ; **estacionarse** *vpr* (*Aut*) se garer ; (*Med*) se stabiliser
estacionario, -a [estaθjo'narjo, a] *adj* (*estado*) stationnaire ; (*mercado*) calme
estadio [es'taðjo] *nm* stade *m*
estadista [esta'ðista] *nm/f* (*Pol*) homme (femme) d'État ; (*Estadística*) statisticien(ne)
estadística [esta'ðistika] *nf* statistique *f*
estado [es'taðo] *nm* état *m* ; **el E~** l'État ; **estar en ~ (de buena esperanza)** attendre un heureux événement ; **~ civil** état civil ; **~ de ánimo** humeur *f* ; **~ de cuenta(s)** relevé *m* de compte ; **~ de emergencia** *o* **excepción** état d'urgence ; **~ de pérdidas y ganancias** compte *m* de profits et pertes ; **~ de sitio** état de siège ; **~ financiero** bilan *m* financier ; **~ mayor** (*Mil*) état-major *m* ; **E~s Unidos** États-Unis *mpl*
estadounidense [estaðouni'ðense] *adj* américain(e) ▸ *nm/f* Américain(e)
estafa [es'tafa] *nf* escroquerie *f*
estafar [esta'far] *vt* escroquer ; **les estafaron ocho millones** ils les ont escroqués de huit millions
estafeta [esta'feta] *nf* bureau *m* de poste
estáis [es'tais] *vb ver* **estar**
estallar [esta'ʎar] *vi* (*bomba*) exploser ; (*volcán*) entrer en éruption ; (*vidrio*) voler en éclats ; (*bolsa, fig*) éclater ; **~ (de)** (*de ira*) exploser de ; (*de curiosidad*) être pris(e) de ; **~ en llanto** fondre en larmes
estallido [esta'ʎiðo] *nm* explosion *f* ; (*fig: de guerra*) déclenchement *m*
estampa [es'tampa] *nf* estampe *f* ; (*porte*) allure *f* ; **ser la viva ~ de** être l'image même de
estampado, -a [estam'paðo, a] *adj* imprimé(e) ▸ *nm* (*dibujo*) imprimé *m*
estampar [estam'par] *vt* imprimer ; (*metal*) estamper ; (*fam: beso*) plaquer ; (*: bofetada*) envoyer ; **~ algo contra la pared** (*fam*) écraser qch contre le mur
estampida [estam'piða] (*esp* AM) *nf* débandade *f*
estampido [estam'piðo] *nm* détonation *f*
estampilla [estam'piʎa] (AM) *nf* (*Correos*) timbre *m*
están [es'tan] *vb ver* **estar**
estancado, -a [estan'kaðo, a] *adj* stagnant(e)
estancar [estan'kar] *vt* retenir ; (*asunto, negociación*) paralyser ; **estancarse** *vpr* stagner ; (*fig: progreso*) piétiner ; (*persona*): **estancarse en** s'enliser dans
estancia [es'tanθja] *nf* séjour *m* ; (*sala*) salle *f* ; (AM) ferme *f* d'élevage
estanciero, -a [estan'θjero, a] (AM) *nm/f* (*Agr*) éleveur(-euse)
estanco, -a [es'tanko, a] *adj*: **compartimento ~** compartiment *m* étanche ▸ *nm* bureau *m* de tabac

> L'**estanco** est l'équivalent espagnol du bureau de tabac : on y achète des cigarettes, du tabac, des timbres et des timbres fiscaux.

estándar [es'tandar] *adj* normal(e) ; (*medio*) standard ▸ *nm* standard *m*
estandarizar [estandari'θar] *vt* standardiser ; **estandarizarse** *vpr* se standardiser
estandarte [estan'darte] *nm* étendard *m*
estanque [es'tanke] *vb ver* **estancar** ▸ *nm* bassin *m* ; (*Chi*) réservoir *m*
estanquero, -a [estan'kero, a] *nm/f* buraliste *m/f*

estante [es'tante] *nm* (*de mueble*) rayonnage *m* ; (*adosado*) étagère *f* ; (AM: *soporte*) étai *m*
estantería [estante'ria] *nf* étagère *f*
estaño [es'taɲo] *nm* étain *m*

estar [es'tar]

▶ *vi* 1 (*posición*) être ; **está en la Plaza Mayor** il est sur la Plaza Mayor ; **¿está Juan?** (est-ce que) Juan est là ? ; **estamos a 30 km de Junín** nous sommes à 30 km de Junín
2 (+ *adj o adv*) (*estado*) être ; **estar enfermo** être malade ; **estar lejos** être loin ; **está roto** c'est cassé ; **está muy elegante** il est très élégant ; **¿cómo estás?** comment vas-tu ? ; *ver tb* **bien**
3 (+ *gerundio*) être en train de ; **estoy leyendo** je suis en train de lire
4 (*uso pasivo*): **está condenado a muerte** il est condamné à mort ; **está envasado en ...** c'est emballé dans ...
5 (*tiempo*): **estamos en octubre/2017** nous sommes en octobre/2017
6 (*estar listo*): **¿está la comida?** le repas est prêt ? ; **¿estará para mañana?** ce sera prêt pour demain ? ; **ya está** ça y est ; **en seguida está** tout de suite
7 (*sentar*) aller ; **el traje le está bien** le costume lui va bien
8: **estar a** (*con fechas*): **¿a cuántos estamos?** nous sommes le combien ? ; **estamos a cinco de mayo** nous sommes le cinq mai ; (*con precios*): **las manzanas están a 1,50 euros** les pommes sont à 1,50 euros ; (*con grados*): **estamos a 25°** il fait 25° ; **está a régimen** il est au régime
9: **estar con**: **está con gripe** il a la grippe ; (*apoyar*): **estoy con él** je suis (d'accord) avec lui
10: **estar de** (*ocupación*): **estar de vacaciones/viaje** être en vacances/voyage ; (*trabajo*): **está de camarero** il travaille comme garçon de café ; (*actitud*): **está de mal humor** il est de mauvaise humeur
11: **estar en** (*consistir*) résider dans
12: **estar para** (*a punto de*): **está para salir** il est prêt à sortir ; (*disponible*): **no estoy para nadie** je n'y suis pour personne ; (*con humor de*): **no estoy para bromas** je ne suis pas d'humeur à plaisanter
13: **estar por** (*a favor de*) être pour ; **estoy por dejarlo** je suis tenté de laisser tomber ; (*sin hacer*): **está por limpiar** ça reste à nettoyer
14: **estar que**: **¡está que trina!** il en est fumasse ! ; **estoy que me caigo de sueño** c'est que je tombe de sommeil
15: **estar sin**: **estar sin dinero** ne pas avoir d'argent ; **la casa está sin terminar** la maison n'est pas finie
16 (*locuciones*): **¡ya estuvo!** (AM: *fam*) ça suffit ! ; **¿estamos?** (*¿de acuerdo?*) d'accord ? ; **¡ya está bien!** bon, ça va !
▶ **estarse** *vpr*: **se estuvo en la cama toda la tarde** il est resté au lit tout l'après-midi ; **¡estáte quieto!** reste tranquille !

estas ['estas] *adj demos*, *pron ver* **este²**
éstas ['estas] *pron ver* **éste**
estatal [esta'tal] *adj* (*política*) gouvernemental(e) ; (*enseñanza*) public(-ique)
estático, -a [es'tatiko, a] *adj* statique
estatua [es'tatwa] *nf* statue *f*
estatura [esta'tura] *nf* taille *f*, stature *f*
estatuto [esta'tuto] *nm* statut *m* ; **~s sociales** (*Com*) statuts
este¹ ['este] *adj* est ; (*viento*) d'est ▶ *nm* est *m* ; **los países del E~** les pays *mpl* de l'Est
este² ['este], **esta** ['esta], **estos** ['estos], **estas** ['estas] *adj* (*demostrativo*: *sg*) ce (cette) ; (: *pl*) ces ▶ *pron* (*sg*) celui-ci (celle-ci) ; (*pl*) ceux-ci (celles-ci) ; **~ ... ese ...** celui-ci ... celui-là ...
éste ['este], **ésta** ['esta], **éstos** ['estos], **éstas** ['estas] *pron* (*sg*) celui-ci (celle-ci) ; (*pl*) ceux-ci (celles-ci)
esté [es'te] *vb ver* **estar**
estelar [este'lar] *adj* (*Astron*) stellaire ; (*actuación*) de star ; (*reparto*) prestigieux(-euse)
estén [es'ten] *vb ver* **estar**
estepa [es'tepa] *nf* steppe *f*
estera [es'tera] *nf* natte *f*
estéreo [es'tereo] *adj inv*, *nm* stéréo *f* ; **en ~** en stéréo
estereotipo [estereo'tipo] (*pey*) *nm* stéréotype *m*
estéril [es'teril] *adj* stérile
esterilizar [esterili'θar] *vt* stériliser
esterlina [ester'lina] *adj*: **libra ~** livre *f* sterling

estero [es'tero] (AM) *nm* lac *m*
estés [es'tes] *vb ver* **estar**
estética [es'tetika] *nf* esthétique *f*
estético, -a [es'tetiko, a] *adj* esthétique
estibador [estiβa'ðor] *nm* docker *m*
estiércol [es'tjerkol] *nm* fumier *m*
estilarse [esti'larse] *vpr* être en vogue
estilo [es'tilo] *nm* style *m* ; (*Natación*) nage *f* ; **~ de vida** style de vie ; **al ~ de** à la mode de ; **por el ~** de ce genre ; **tener ~** avoir du style
estima [es'tima] *nf* estime *f* ; **le tiene en mucha ~** il a beaucoup d'estime pour lui
estimación [estima'θjon] *nf* (*valoración*) estimation *f* ; (*estima*) estime *f*
estimar [esti'mar] *vt* estimer ; **~ algo en** (*valorar*) estimer qch à
estimulante [estimu'lante] *adj* stimulant(e) ▸ *nm* stimulant *m*
estimular [estimu'lar] *vt* stimuler
estímulo [es'timulo] *nm* stimulation *f*
estipulación [estipula'θjon] *nf* stipulation *f*
estipular [estipu'lar] *vt* stipuler
estirado, -a [esti'raðo, a] *adj* tendu(e) ; (*engreído*) infatué(e)
estirar [esti'rar] *vt* étirer ; (*brazo, pierna*) tendre ; (*fig: dinero*) faire durer ▸ *vi* tirer ; **estirarse** *vpr* s'étirer ; **~ la pata** (*fam*) partir les pieds devant ; **~ las piernas** (*fig*) se dégourdir les jambes
estirón [esti'ron] *nm* étirement *m* ; **dar** *o* **pegar un ~** beaucoup grandir
estirpe [es'tirpe] *nf* souche *f*
estival [esti'βal] *adj* estival(e)
esto ['esto] *pron* cela, ça, c' ; **~ de la boda** cette affaire de la noce ; **~ es, ...** c'est-à-dire, ... ; **en ~** sur ce ; **por ~** c'est pour ça
Estocolmo [esto'kolmo] *n* Stockholm
estofado, -a [esto'faðo, a] *adj* cuit(e) à l'étouffée ▸ *nm* ragoût *m*
estofar [esto'far] *vt* cuire à l'étouffée
estómago [es'tomaɣo] *nm* estomac *m* ; **tener ~** (*fig*) avoir de l'estomac ; **revolverle el ~ a algn** (*fam*) soulever le cœur de qn
estorbar [estor'βar] *vt, vi* gêner
estorbo [es'torβo] *nm* gêne *f*
estornudar [estornu'ðar] *vi* éternuer
estos ['estos] *adj, pron ver* **este²**
éstos ['estos] *pron ver* **éste**
estoy [es'toi] *vb ver* **estar**
estrado [es'traðo] *nm* estrade *f* ; **estrados** *nmpl* (*Jur*) salles *fpl* d'audience
estrafalario, -a [estrafa'larjo, a] *adj* extravagant(e)
estrago [es'traɣo] *nm*: **hacer** *o* **causar ~s en** faire des ravages parmi
estragón [estra'ɣon] *nm* estragon *m*
estrambótico, -a [estram'botiko, a] *adj* extravagant(e)
estrangular [estrangu'lar] *vt* étrangler ; (*Med*) obstruer
Estrasburgo [estras'βurɣo] *n* Strasbourg
estratagema [estrata'xema] *nf* stratagème *m*
estrategia [estra'texja] *nf* stratégie *f*
estratégico, -a [estra'texiko, a] *adj* stratégique
estrato [es'trato] *nm* strate *f* ; **~ social** couche *f* sociale
estrechamente [estretʃa'mente] *adv* (*íntimamente*) étroitement ; (*pobremente*) à l'étroit
estrechar [estre'tʃar] *vt* rétrécir ; (*persona*) serrer ; (*lazos de amistad*) resserrer ; **estrecharse** *vpr* se rétrécir ; (*dos personas*) se rapprocher ; (*fam: en asiento*) se serrer ; **~ la mano** serrer la main
estrechez [estre'tʃeθ] *nf* étroitesse *f* ; **estrecheces** *nfpl* (*apuros*) difficultés *fpl* financières
estrecho, -a [es'tretʃo, a] *adj* étroit(e) ; (*amistad*) intime ▸ *nm* détroit *m* ; **~ de miras** borné(e) ; **estar/ir muy ~s** être très serrés ; **E~ de Gibraltar** détroit de Gibraltar
estrella [es'treʎa] *nf* étoile *f* ; (*Cine etc*) star *f* ; **tener (buena)/mala ~** être né(e) sous une bonne/mauvaise étoile ; **ver las ~s** (*fam*) voir trente-six chandelles ; **~ de mar** étoile de mer ; **~ fugaz** étoile filante ; **E~ Polar** étoile polaire
estrellado, -a [estre'ʎaðo, a] *adj* en forme d'étoile ; (*cielo*) étoilé(e) ; (*huevos*) sur le plat
estrellar [estre'ʎar] *vt* briser en mille morceaux ; (*huevos*) faire cuire sur le plat ; **estrellarse** *vpr* se briser en mille morceaux ; (*coche*) s'écraser ; (*fracasar*) échouer ;

se estrellaron en la carretera ils sont morts dans un accident de voiture

estremecer [estreme'θer] *vt* bouleverser ; (*suj*: *miedo, frío*) faire frissonner ; **estremecerse** *vpr* frissonner ; (*edificio*) trembler ; **estremecerse de** frissonner de

estremecimiento [estremeθi'mjento] *nm* frisson *m*

estrenar [estre'nar] *vt* (*vestido*) étrenner ; (*película, obra de teatro*) donner la première de ; **estrenarse** *vpr*: **estrenarse como** (*persona*) faire ses débuts de ; **~ casa** pendre la crémaillère

estreno [es'treno] *nm* inauguration *f* ; (*Cine, Teatro*) première *f*

estreñido, -a [estre'ɲiðo, a] *adj* constipé(e)

estreñimiento [estreɲi'mjento] *nm* constipation *f*

estrépito [es'trepito] *nm* fracas *msg*

estrepitoso, -a [estrepi'toso, a] *adj* (*caída*) spectaculaire ; (*gritos*) perçant(e) ; (*fracaso, victoria*) fracassant(e) ; **aplausos ~s** un tonnerre d'applaudissements

estrés [es'tres] *nm* stress *m*

estría [es'tria] *nf* (*en tronco*) strie *f* ; (*columna*) striure *f* ; **~s** (*en la piel*) vergetures *fpl*

estribación [estriβa'θjon] *nf* (*Geo*) contrefort *m*

estribar [estri'βar] *vi*: **~ en** reposer sur ; **la dificultad estriba en el texto** la difficulté se situe dans le texte

estribillo [estri'βiʎo] *nm* refrain *m*

estribo [es'triβo] *nm* (*de jinete*) étrier *m* ; (*de tren*) marchepied *m* ; (*de oído*) osselet *m* ; (*de puente, cordillera*) contrefort *m* ; **perder los ~s** (*fig*) monter sur ses grands chevaux

estribor [estri'βor] *nm* (*Náut*) tribord *m*

estricto, -a [es'trikto, a] *adj* strict(e)

estridente [estri'ðente] *adj* (*color*) criard(e) ; (*voz*) strident(e)

estropajo [estro'paxo] *nm* tampon *m* à récurer

estropear [estrope'ar] *vt* (*material*) abîmer ; (*máquina, coche*) casser ; (*planes*) gâcher ; (*cosecha*) gâter ; (*persona*) abîmer ; **estropearse** *vpr* tomber en panne ; (*envejecer*) vieillir

estructura [estruk'tura] *nf* structure *f*

estruendo [es'trwendo] *nm* vacarme *m*

estrujar [estru'xar] *vt* (*limón*) presser ; (*bayeta, papel*) tordre ; (*persona*) serrer ; **estrujarse** *vpr* (*personas*) se serrer ; **estrujarse la cabeza** *o* **los sesos** se creuser la cervelle

estuario [es'twarjo] *nm* estuaire *m*

estuche [es'tutʃe] *nm* trousse *f*

estudiante [estu'ðjante] *nm/f* étudiant(e)

estudiantil [estuðjan'til] *adj* estudiantin(e)

estudiar [estu'ðjar] *vt* étudier ; (*carrera*) faire des études de ▸ *vi* étudier ; **~ para abogado** faire des études pour devenir avocat

estudio [es'tuðjo] *nm* étude *f* ; (*proyecto*) projet *m* ; (*piso*) atelier *m* ; (*Radio, TV etc*: *local*) studio *m* ; **estudios** *nmpl* études *fpl* ; **cursar** *o* **hacer ~s** faire des études ; **~ de desplazamientos y tiempos/de motivación** étude des cadences/enquête *f* sur la motivation ; **~ del trabajo/de viabilidad** étude du travail/de faisabilité

estudioso, -a [estu'ðjoso, a] *adj* studieux(-euse) ▸ *nm/f*: **~ de** spécialiste *m/f* de

estufa [es'tufa] *nf* radiateur *m*

estupefaciente [estupefa'θjente] *adj* stupéfiant(e) ▸ *nm* stupéfiant *m*

estupefacto, -a [estupe'fakto, a] *adj*: **quedarse ~** être stupéfait(e) ; **me dejó ~** il m'a laissé stupéfait ; **me miró ~** il m'a regardé avec stupéfaction

estupendo, -a [estu'pendo, a] *adj* formidable ; **¡~!** super !

estupidez [estupi'ðeθ] *nf* stupidité *f*

estúpido, -a [es'tupiðo, a] *adj* stupide

estupor [estu'por] *nm* stupeur *f*

estuve *etc* [es'tuβe] *vb ver* **estar**

esvástica [es'βastika] *nf* croix *f* gammée

ETA ['eta] *sigla f* (*Pol*: = *Euskadi Ta Askatasuna*) ETA *f*

etapa [e'tapa] *nf* étape *f* ; **por ~s** par étapes ; **quemar ~s** brûler les étapes

etarra [e'tarra] *adj, nm/f* membre *m* de l'ETA

etc. *abr* (= *etcétera*) etc. (= *et cetera*)

etcétera [et'θetera] *adv* et cetera

eternidad [eterni'ðað] *nf* éternité *f* ; **una ~** (*fam*) une éternité

eterno, -a [e'terno, a] *adj* éternel(le) ;

(*fam*: *larguísimo*) à n'en plus finir
ética ['etika] *nf* éthique *f* ; **~ profesional** éthique professionnelle
ético, -a ['etiko, a] *adj* éthique
Etiopía [etio'pia] *nf* Éthiopie *f*
etiqueta [eti'keta] *nf* (*tb Inform*) étiquette *f* ; **traje de ~** tenue *f* de soirée
étnico, -a ['etniko, a] *adj* ethnique
ETT [ete'te] *sigla f* (= *Empresa de Trabajo Temporal*) agence *f* d'intérim
EUA (AM) *sigla mpl* (= *Estados Unidos de América*) USA *mpl* (= *United States of America*)
eucaristía [eukaris'tia] *nf* Eucharistie *f*
eufemismo [eufe'mismo] *nm* euphémisme *m*
euforia [eu'forja] *nf* euphorie *f*
euro ['euro] *nm* euro *m*
Eurocheque [euro'tʃeke] *nm* Eurochèque *m*
eurodiputado, -a [euroðipu'taðo, a] *nm/f* député(e) européen(ne)
eurófobo, -a [eu'rofoβo, a] *adj, nm/f* europhobe *m/f*
Europa [eu'ropa] *nf* Europe *f*
europeo, -a [euro'peo, a] *adj* européen(ne) ▶ *nm/f* Européen(ne)
Euskadi [eus'kaði] *nm* Pays *m* basque
euskera, eusquera [eus'kera] *nm* basque *m*
eutanasia [euta'nasja] *nf* euthanasie *f*
evacuación [eβakwa'θjon] *nf* évacuation *f*
evadir [eβa'ðir] *vt* éviter ; (*dinero*) faire sortir illégalement du pays ; **evadirse** *vpr* s'évader ; **~ impuestos** frauder le fisc
evaluar [eβa'lwar] *vt* (*valorar*) évaluer ; (*calificar*) noter
evangelio [eβan'xeljo] *nm* Évangile *m*
evaporar [eβapo'rar] *vt* faire évaporer ; **evaporarse** *vpr* s'évaporer ; (*fam: persona*) se volatiliser
evasión [eβa'sjon] *nf* évasion *f* ; **de ~** (*novela, película*) d'évasion ; **~ de capitales** évasion de capitaux ; **~ fiscal** *o* **de impuestos** évasion fiscale
evasiva [eβa'siβa] *nf* réponse *f* évasive ; **contestar con ~s** faire des réponses évasives
evasivo, -a [eβa'siβo, a] *adj* évasif(-ive)
evento [e'βento] *nm* événement *m*
eventual [eβen'twal] *adj* (*circunstancias*) éventuel(le) ; (*trabajo*) temporaire
evidencia [eβi'ðenθja] *nf* évidence *f* ; **poner en ~** (*a algn*) tourner en ridicule ; (*algo*) mettre en évidence ; **ponerse en ~** se faire remarquer
evidenciar [eβiðen'θjar] *vt* rendre évident(e) ; **evidenciarse** *vpr* être manifeste
evidente [eβi'ðente] *adj* évident(e)
evitar [eβi'tar] *vt* éviter ; (*molestia*) épargner ; (*tentación*) résister à ; **~ hacer** éviter de faire ; **si puedo evitarlo** si je peux faire autrement
evocar [eβo'kar] *vt* évoquer
evolución [eβolu'θjon] *nf* évolution *f* ; **evoluciones** *nfpl* (*giros*) évolutions *fpl*
evolucionar [eβoluθjo'nar] *vi* évoluer
ex [eks] *prep* ex ; **el ex ministro** l'ex-ministre
exacerbar [eksaθer'βar] *vt* exacerber ; (*persona*) exaspérer
exactamente [ek'saktamente] *adv* exactement
exactitud [eksakti'tuð] *nf* exactitude *f* ; (*fidelidad*) fidélité *f*
exacto, -a [ek'sakto, a] *adj* exact(e) ; **¡~!** exactement ! ; **eso no es del todo ~** ce n'est pas tout à fait exact ; **para ser ~** pour être exact
exageración [eksaxera'θjon] *nf* exagération *f*
exagerar [eksaxe'rar] *vt, vi* exagérer
exaltado, -a [eksal'taðo, a] *adj, nm/f* exalté(e)
exaltar [eksal'tar] *vt* exalter ; **exaltarse** *vpr* s'exalter
examen [ek'samen] *nm* examen *m* ; **~ de conciencia** examen de conscience ; **~ de conducir** examen du permis de conduire ; **~ de ingreso** examen d'entrée ; **~ eliminatorio** épreuve éliminatoire ; **~ final** examen final
examinar [eksami'nar] *vt* examiner ; (*Escol*) faire passer un examen à ; **examinarse** *vpr*: **examinarse (de)** passer un examen (de)
exasperar [eksaspe'rar] *vt* exaspérer ; **exasperarse** *vpr* s'irriter
Exc.ª *abr* = *Excelencia*
excavadora [ekskaβa'ðora] *nf* (*Tec*) pelleteuse *f*

excavar [ekska'βar] *vt, vi* excaver

excedencia [eksθe'ðenθja] *nf*: **estar en ~** (*trabajador*) être en congé sans solde ; (*funcionario*) être en disponibilité ; **pedir** *o* **solicitar la ~** demander d'être mis(e) en disponibilité

excedente [eksθe'ðente] *adj* (*producto, dinero*) excédentaire ; (*funcionario*) en disponibilité ▸ *nm* excédent *m* ; **~ de cupo** exempté *m* du service militaire

exceder [eksθe'ðer] *vt* dépasser ; **excederse** *vpr* dépasser ; **excederse en gastos** faire trop de dépenses ; **excederse en sus funciones** outrepasser ses pouvoirs

excelencia [eksθe'lenθja] *nf* excellence *f* ; **E~** (*tratamiento*) Excellence ; **por ~** par excellence

excelente [eksθe'lente] *adj* excellent(e)

excentricidad [eksθentriθi'ðað] *nf* excentricité *f*

excéntrico, -a [eks'θentriko, a] *adj, nm/f* excentrique *m/f*

excepción [eksθep'θjon] *nf*: **ser/hacer una ~** être/faire une exception ; **a** *o* **con ~ de** à l'exception de ; **sin ~** sans exception ; **de ~** d'exception

excepcional [eksθepθjo'nal] *adj* exceptionnel(le)

excepto [eks'θepto] *adv* excepté

exceptuar [eksθep'twar] *vt* excepter

excesivo, -a [eksθe'siβo, a] *adj* excessif(-ive)

exceso [eks'θeso] *nm* excès *msg* ; (*Com*) excédent *m* ; **excesos** *nmpl* (*desórdenes*) excès *mpl* ; **con** *o* **en ~** à l'excès ; **~ de equipaje/peso** excédent de bagages/poids ; **~ de velocidad** excès de vitesse

excitación [eksθita'θjon] *nf* excitation *f*

excitar [eksθi'tar] *vt* exciter ; **excitarse** *vpr* s'exciter ; **me excita los nervios** il me porte sur les nerfs

exclamación [eksklama'θjon] *nf* exclamation *f*

exclamar [ekskla'mar] *vt, vi* s'exclamer

excluir [eksklu'ir] *vt* (*descartar*) exclure ; (*no incluir*): **~ (de)** exclure (de)

exclusión [eksklu'sjon] *nf* exclusion *f* ; **con ~ de** à l'exclusion de

exclusiva [eksklu'siβa] *nf* exclusivité *f* ; **modelo en ~** modèle *m* exclusif

exclusivo, -a [eksklu'siβo, a] *adj* exclusif(-ive) ; **trabajar con dedicación exclusiva por** travailler exclusivement pour ; **derecho ~** droit *m* exclusif

Excmo. *abr* (= *Excelentísimo*) *titre de courtoisie*

excomulgar [ekskomul'ɣar] *vt* excommunier

excomunión [ekskomu'njon] *nf* excommunion *f*

excursión [ekskur'sjon] *nf* (*por el campo*) randonnée *f* ; (*viaje*) excursion *f* ; **ir de ~** faire une excursion

excursionista [ekskursjo'nista] *nm/f* (*por campo*) randonneur(-euse) ; (*en excursión de un día*) excursionniste *m/f*

excusa [eks'kusa] *nf* excuse *f* ; **presentar sus ~s** présenter ses excuses

excusar [eksku'sar] *vt* excuser ; **excusarse** *vpr* s'excuser ; **~ (de hacer)** (*eximir*) excuser (de faire)

exhalar [eksa'lar] *vt* exhaler

exhaustivo, -a [eksaus'tiβo, a] *adj* exhaustif(-ive)

exhausto, -a [ek'sausto, a] *adj* épuisé(e)

exhibición [eksiβi'θjon] *nf* exhibition *f* ; (*de película*) projection *f*

exhibir [eksi'βir] *vt* exhiber ; (*película*) projeter ; **exhibirse** *vpr* s'exhiber

exhortar [eksor'tar] *vt*: **~ a** exhorter à

exigencia [eksi'xenθja] *nf* exigence *f* ; **~s del trabajo/de la situación** exigences du travail/de la situation

exigente [eksi'xente] *adj* exigeant(e) ; **ser ~ con algn** être exigeant(e) avec qn

exigir [eksi'xir] *vt* (*reclamar, necesitar*) exiger ▸ *vi* être exigeant(e)

exiliado, -a [eksi'ljaðo, a] *adj, nm/f* exilé(e)

exilio [ek'siljo] *nm* exil *m*

eximir [eksi'mir] *vt*: **~ a algn (de)** exempter qn (de)

existencia [eksis'tenθja] *nf* existence *f* ; **existencias** *nfpl* (*artículos*) stock *m* ; **~ de mercancías** (*Com*) stock de marchandises ; **en ~** (*Com*) en stock ; **amargar la ~ a algn** (*fam*) empoisonner la vie de qn

existir [eksis'tir] *vi* exister ; (*vivir*) vivre

éxito ['eksito] *nm* succès *m* ; **tener ~** avoir du succès ; **~ editorial** best-seller *m*

exitoso, -a [eksi'toso, a] (*esp* AM) *adj* qui a du succès

exonerar [eksone'rar] *vt*: **~ de** (*de cargo*) destituer de ; (*de obligación*) dispenser de
exoplaneta [eksopla'neta] *nm* exoplanète *f*
exorbitante [eksorβi'tante] *adj* exorbitant(e)
exorcizar [eksorθi'θar] *vt* exorciser
exótico, -a [ek'sotiko, a] *adj* exotique
expandir [ekspan'dir] (*Fís*) *vt* dilater ; **expandirse** *vpr* se dilater
expansión [ekspan'sjon] *nf* expansion *f*; (*diversión*) distraction *f*; **economía en ~** économie *f* en expansion ; **~ económica** expansion économique
expansivo, -a [ekspan'siβo, a] *adj* (*onda*) de propagation ; (*carácter*) expansif(-ive)
expatriarse [ekspa'trjarse] *vpr* s'expatrier
expectativa [ekspekta'tiβa] *nf* expectative *f*; (*perspectiva*) perspective *f*; **estar a la ~** être dans l'expectative
expedición [ekspeði'θjon] *nf* expédition *f*; **gastos de ~** frais *mpl* d'expédition
expediente [ekspe'ðjente] *nm* (*Jur*: *procedimiento*) procédure *f*; (: *papeles*) démarches *fpl* ; (*Escol*: *tb*: **expediente académico**) dossier *m* scolaire ; **abrir/formar ~ a algn** engager une procédure contre qn ; **cubrir el ~** (*fam*) pratiquer la politique du moindre effort
expedir [ekspe'ðir] *vt* (*carta, mercancías*) expédier ; (*documento*) délivrer ; (*cheque*) établir
expendedor, a [ekspende'ðor, a] *nm/f* vendeur(-euse) ; (*Teatro*) ouvreur(-euse) ▸ *nm* (*tb*: **expendedor automático**) guichet *m* automatique ; **~ de cigarrillos** distributeur *m* de cigarettes
expendio [eks'pendjo] (*AM*) *nm* boutique *f*
expensas [eks'pensas] *nfpl* (*Jur*) frais *mpl* ; **a ~ de** aux frais de
experiencia [ekspe'rjenθja] *nf* expérience *f*
experimentado, -a [eksperimen'taðo, a] *adj* expérimenté(e)
experimentar [eksperimen'tar] *vt* (*en laboratorio*) expérimenter ; (*probar*) tester ; (*deterioro, aumento*) connaître ; (*sensación*) ressentir
experimento [eksperi'mento] *nm* expérience *f*
experto, -a [eks'perto, a] *adj, nm/f* expert(e)
expiar [ekspi'ar] *vt* expier
expirar [ekspi'rar] *vi* expirer
explanada [ekspla'naða] *nf* esplanade *f*
explayarse [ekspla'jarse] *vpr* s'étendre ; (*fam*: *divertirse*) se changer les idées ; (*desahogarse*) se soulager ; **~ con algn** se confier à qn
explicación [eksplika'θjon] *nf* explication *f*
explicar [ekspli'kar] *vt* expliquer ; **explicarse** *vpr* s'expliquer ; **explicarse algo** s'expliquer qch ; **no me lo explico** je ne me l'explique pas
explícito, -a [eks'pliθito, a] *adj* explicite
explique *etc* [eks'plike] *vb ver* **explicar**
explorador, a [eksplora'ðor, a] *nm/f* explorateur(-trice) ; (*Mil*) éclaireur(-euse) ▸ *nm* (*Med*) explorateur *m* ; (*radar*) détecteur *m* de radar
explorar [eksplo'rar] *vt* explorer ; **~ el terreno** (*fig*) tâter le terrain
explosión [eksplo'sjon] *nf* explosion *f*; **~ atómica/nuclear** explosion atomique/nucléaire
explosivo, -a [eksplo'siβo, a] *adj* explosif(-ive) ▸ *nm* explosif *m*
explotación [eksplota'θjon] *nf* exploitation *f*; **~ agrícola/minera/petrolífera** exploitation agricole/minière/pétrolifère
explotar [eksplo'tar] *vt* exploiter ▸ *vi* exploser
exponer [ekspo'ner] *vt* exposer ; **exponerse** *vpr*: **exponerse a (hacer) algo** s'exposer à (faire) qch
exportación [eksporta'θjon] *nf* exportation *f*
exportar [ekspor'tar] *vt* exporter
exposición [eksposi'θjon] *nf* exposition *f*; **E~ Universal** Exposition universelle
exprés [eks'pres] *adj inv* (*café*) express ▸ *nm* express *msg*
expresamente [eks'presamente] *adv* (*decir*) expressément ; (*ir*) exprès
expresar [ekspre'sar] *vt* exprimer ; **expresarse** *vpr* s'exprimer
expresión [expre'sjon] *nf* expression *f*; **~ corporal** expression corporelle
expresivo, -a [ekspre'siβo, a] *adj* expressif(-ive)

expreso, -a [eks'preso, a] *adj* (*explícito*) exprès(-esse) ; (*claro*) explicite ; (*tren*) express ▸ *nm* (*Ferro*) express *msg*

exprimidor [eksprimi'ðor] *nm* presse-citron *msg*

exprimir [ekspri'mir] *vt* presser ; (*fig*: *explotar*) sucer jusqu'à la moelle ; **exprimirse** *vpr*: **exprimirse el cerebro** *o* **los sesos** se creuser la cervelle

expropiar [ekspro'pjar] *vt* exproprier

expuesto, -a [eks'pwesto, a] *pp de* **exponer** ▸ *adj* exposé(e) ; **estar ~ a** être exposé(e) à ; **según lo ~ arriba** d'après ce qui a été dit plus haut

expulsar [ekspul'sar] *vt* expulser ; (*humo*) cracher

expulsión [ekspul'sjon] *nf* expulsion *f* ; (*de humo*) émission *f*

exquisito, -a [ekski'sito, a] *adj* exquis(e)

éxtasis ['ekstasis] *nm* extase *f*

extender [eksten'der] *vt* étendre ; (*mantequilla, pintura*) étaler ; (*certificado, documento*) délivrer ; (*cheque, recibo*) établir ; **extenderse** *vpr* s'étendre ; (*en el tiempo*) se prolonger ; (*costumbre, rumor*) se répandre

extendido, -a [eksten'diðo, a] *adj* étendu(e) ; (*costumbre, creencia*) répandu(e)

extensión [eksten'sjon] *nf* étendue *f* ; (*Telec*) poste *m* ; (*Com*: *de plazo*) prolongation *f* ; **en toda la ~ de la palabra** dans tous les sens du terme ; **por ~** par extension

extenso, -a [eks'tenso, a] *adj* étendu(e)

extenuar [ekste'nwar] *vt* exténuer

exterior [ekste'rjor] *adj* extérieur(e) ▸ *nm* extérieur *m* ; (*aspecto*) aspect *m* ; (*países extranjeros*) étranger *m* ; **exteriores** *nmpl* (*Cine*) extérieurs *mpl* ; **Asuntos E~es** Affaires *fpl* étrangères ; **al ~** à l'extérieur ; **en el ~** en extérieur

exterminar [ekstermi'nar] *vt* exterminer

exterminio [ekster'minjo] *nm* extermination *f*

externalizar [eksternali'θar] *vt* externaliser, sous-traiter

externo, -a [eks'terno, a] *adj* externe ▸ *nm/f* externe *m/f* ; **de uso ~** (*Med*) à usage externe

extinguir [ekstin'gir] *vt* (*fuego*) éteindre ; (*especie, raza*) provoquer l'extinction de ; **extinguirse** *vpr* s'éteindre

extinto, -a [eks'tinto, a] *adj* disparu(e)

extintor [ekstin'tor] *nm* (*tb*: **extintor de incendios**) extincteur *m*

extirpar [ekstir'par] *vt* (*mal*) éradiquer ; (*Med*) extirper

extorsión [ekstor'sjon] *nf* extorsion *f*

extra ['ekstra] *adj inv* (*tiempo, paga*) supplémentaire ; (*chocolate, calidad*) extra *inv* ▸ *nm/f* (*Cine*) figurant(e) ▸ *nm* (*bono*) bonus *m inv* ; (*de menú, cuenta*) supplément *m* ; (*periódico*) édition *f* spéciale

extra... ['ekstra] *pref* extra...

extracción [ekstrak'θjon] *nf* extraction *f* ; (*en lotería*) tirage *m*

extracto [eks'trakto] *nm* résumé *m* ; (*de café, hierbas*) extrait *m*

extradición [ekstraði'θjon] *nf* extradition *f*

extraer [ekstra'er] *vt* extraire

extraescolar [ekstraesko'lar] *adj*: **actividad ~** activité *f* extrascolaire

extralimitarse [ekstralimi'tarse] *vpr*: **~ (en)** dépasser les limites (de)

extranjero, -a [ekstran'xero, a] *adj, nm/f* étranger(-ère) ▸ *nm* étranger *m* ; **en el ~** à l'étranger

extrañar [ekstra'ɲar] *vt* étonner ; (AM: *echar de menos*) regretter ; (*algo nuevo*) ne pas reconnaître ; **extrañarse** *vpr*: **extrañarse (de)** s'étonner (de) ; **me extraña** ça m'étonne ; **te extraño mucho** tu me manques beaucoup

extrañeza [ekstra'ɲeθa] *nf* (*rareza*) singularité *f* ; (*asombro*) étonnement *m*

extraño, -a [eks'traɲo, a] *adj* étranger(-ère) ; (*raro*) bizarre ▸ *nm/f* étranger(-ère) ; **... lo que por ~ que parezca** ... ce qui, aussi bizarre que cela puisse paraître

extraordinario, -a [ekstraorði'narjo, a] *adj* extraordinaire ; (*edición*) spécial(e) ▸ *nm* (*de periódico*) numéro *m* spécial ; **horas extraordinarias** heures *fpl* supplémentaires

extrarradio [ekstra'rraðjo] *nm* banlieue *f*

extravagancia [ekstraβa'ɣanθja] *nf* extravagance *f*

extravagante [ekstraβa'ɣante] *adj* extravagant(e)

extraviar [ekstra'βjar] *vt* (*objeto*) égarer ; **extraviarse** *vpr* s'égarer

extravío [ekstra'βio] *nm* objet *m* perdu ; (*fig*) égarement *m*

extremar [ekstre'mar] *vt* pousser à l'extrême ; **extremarse** *vpr*: **extremarse en** se surpasser dans

extremaunción [ekstremaun'θjon] *nf* extrême-onction *f*

extremeño, -a [ekstre'meɲo, a] *adj* d'Estrémadure ▸ *nm/f* natif(-ive) *o* habitant(e) d'Estrémadure

extremidad [ekstremi'ðað] *nf* extrémité *f* ; **extremidades** *nfpl* (*Anat*) extrémités *fpl*

extremo, -a [eks'tremo, a] *adj* extrême ▸ *nm* (*punta*) extrémité *f* ; (*fig*) extrême *m* ; **en último ~** en dernière extrémité ; **pasar de un ~ a otro** (*fig*) passer d'un extrême à l'autre ; **con** *o* **por ~** extrêmement ; **la extrema derecha/izquierda** (*Pol*) l'extrême droite *f*/gauche *f* ; **~ derecho/izquierdo** (*Deporte*) aile *f* droite/gauche ; **E~ Oriente** Extrême-Orient *m*

extrovertido, -a [ekstroβer'tiðo, a] *adj, nm/f* extraverti(e)

exuberancia [eksuβe'ranθja] *nf* exubérance *f*

exuberante [eksuβe'rante] *adj* exubérant(e)

eyacular [ejaku'lar] *vi* éjaculer

f

fa [fa] *nm* fa *m*

fábrica ['faβrika] *nf* usine *f* ; (*fabricación*) fabrique *f* ; **de ~** (*Arq*) en brique ; **marca/precio de ~** marque *f*/prix *m* de fabrique ; **~ de cerveza** brasserie *f* ; **~ de textil** manufacture *f* textile ; **F~ de Moneda y Timbre** ≈ Hôtel *m* de la Monnaie

fabricación [faβrika'θjon] *nf* fabrication *f* ; **de ~ casera** fait(e) maison ; **de ~ nacional** de fabrication nationale ; **~ en serie** fabrication en série

fabricante [faβri'kante] *nm/f* fabricant(e)

fabricar [faβri'kar] *vt* fabriquer ; (*fig*: *cuento*) monter ; **~ en serie** fabriquer en série

fábula ['faβula] *nf* fable *f* ; (*chisme, mentira*) histoire *f*

fabuloso, -a [faβu'loso, a] *adj* fabuleux(-euse)

facción [fak'θjon] *nf* (*Pol*) faction *f* ; **facciones** *nfpl* (*del rostro*) traits *mpl*

faceta [fa'θeta] *nf* facette *f*

facha ['fatʃa] (*fam*) *adj, nm/f* (*pey*) facho *m/f* ▸ *nf* (*aspecto*) aspect *m* ; **estar hecho una ~** ressembler à un épouvantail ; **¡qué ~ tienes!** tu es grotesque !

fachada [fa'tʃaða] *nf* façade *f*

fácil ['faθil] *adj* facile ; **es ~ que venga** il est probable qu'il vienne ; **~ de hacer** facile à faire ; **~ de usar** (*Inform*) convivial(e)

facilidad [faθili'ðað] *nf* facilité *f* ; **facilidades** *nfpl* (*condiciones favorables*) facilités *fpl* ; **tener ~ para las matemáticas** avoir des facilités en mathématiques ; **«~es de pago»** (*Com*) «facilités de paiement» ; **~ de palabra** facilité pour s'exprimer

facilitar [faθili'tar] *vt* faciliter ; (*proporcionar*) fournir ; **le agradecería me facilitara ...** je vous serais reconnaissant de bien vouloir me fournir ...

fácilmente [faθil'mente] *adv* facilement

facsímil [fak'simil] *nm* fac-similé *m*

factible [fak'tiβle] *adj* faisable

factor [fak'tor] *nm* (*tb Mat*) facteur *m* ▶ *nm/f* (*Com*) agent(e) ; (*Ferro*) préposé(e) au fret ; **~ sorpresa** facteur surprise

factoría [fakto'ria] *nf* (*fábrica*) fabrique *f* ; (*agencia*) succursale *f*

factura [fak'tura] *nf* facture *f* ; **presentar ~ a** présenter sa facture à

facturación [faktura'θjon] *nf* (*Com*) facturation *f* ; (: *ventas*) chiffre *m* d'affaires ; **~ de equipajes** enregistrement *m* des bagages

facturar [faktu'rar] *vt* (*Com*) facturer ; (*equipaje*) enregistrer

facultad [fakul'tað] *nf* faculté *f* ; **tener/no tener ~ para hacer algo** avoir/ne pas avoir la faculté de faire qch ; **~es mentales** facultés *fpl* mentales

faena [fa'ena] *nf* tâche *f* ; (*Chi*) équipe *f* d'ouvriers ; **~s domésticas** tâches *fpl* domestiques ; **hacerle una ~ a algn** (*fam*) jouer un mauvais tour à qn

faisán [fai'san] *nm* faisan *m*

faja ['faxa] *nf* (*para la cintura*) ceinture *f* ; (*de mujer*) gaine *f* ; (*de tierra, libro etc*) bande *f*

fajo ['faxo] *nm* liasse *f*

falacia [fa'laθja] *nf* fausseté *f*

falda ['falda] *nf* jupe *f* ; (*Geo*) versant *m* ; (*de mesa, camilla*) couverture *f* ; (*regazo*) genoux *mpl* ; **faldas** *nfpl* (*fam: mujeres*) bonnes femmes *fpl* ; **~ escocesa** kilt *m* ; **~ pantalón** jupe-culotte *f*

falla ['faʎa] *nf* (*Geo*) faille *f* ; (*defecto*) défaillance *f*

fallas ['faʎas] *nfpl*

> Les **Fallas** ou fêtes de la Saint-Joseph, en l'honneur du saint patron de la ville, ont lieu chaque année à Valence, la semaine du 19 mars. Le terme **fallas** désigne les grandes figures en papier mâché et en bois, à l'effigie d'hommes politiques et de personnalités connues, qui sont réalisées pendant l'année par les différentes équipes en compétition. Ces figures sont ensuite examinées par un jury et brûlées dans des feux de joie. Seule la meilleure échappe aux flammes.

fallar [fa'ʎar] *vt* (*Jur*) prononcer ; (*blanco*) manquer ▶ *vi* échouer ; (*cuerda, rama*) céder ; (*motor*) tomber en panne ; (*frenos*) lâcher ; **~ a algn** décevoir qn ; **le falló la memoria** il a eu un trou de mémoire ; **le fallaron las piernas** les jambes lui ont manqué ; **sin ~** sans faute ; **~ en favor/en contra** (*Jur*) se prononcer en faveur/contre

fallecer [faʎe'θer] *vi* décéder

fallecimiento [faʎeθi'mjento] *nm* décès *m*

fallido, -a [fa'ʎiðo, a] *adj* avorté(e)

fallo ['faʎo] *nm* (*Jur*) jugement *m* ; (*defecto, Inform*) défaut *m* ; (*error*) erreur *f* ; (*de motor*) défaillance *f* ; (*Deporte*) faute *f* ; **~ cardíaco** crise *f* cardiaque

fallutería [faʎute'ria] (*CSur*) *nf* hypocrisie *f*

falluto, -a [fa'ʎuto, a] (*CSur*) *adj* hypocrite

falsedad [false'ðað] *nf* fausseté *f* ; (*mentira*) mensonge *m*

falsificar [falsifi'kar] *vt* falsifier

falso, -a ['falso, a] *adj* faux (fausse) ; (*puerta*) dérobé(e) ; **declarar en ~** faire une fausse déclaration ; **dar un paso en ~** (*tb fig*) faire un faux pas

falta ['falta] *nf* (*carencia*) manque *m* ; (*defecto, en comportamiento*) défaut *m* ; (*ausencia*) absence *f* ; (*en examen, ejercicio, Deporte*) faute *f* ; (*Jur*) erreur *f* ; **echar en ~** : **echa en ~ a su familia** sa famille lui manque ; **echo en ~ mis gafas** j'aurais bien besoin de mes lunettes ; **hace ~ hacerlo** il faut le faire ; **no hace ~ que vengas** il n'est pas nécessaire que tu viennes ; **me hace ~ un lápiz** j'ai besoin d'un crayon ; **sin ~** sans faute ; **a/por ~ de** faute de ; **~ de asistencia** non-assistance *f* ; **~ de educación** manque d'éducation ; **~ de ortografía** faute d'orthographe ; **~ de respeto** manque de respect

faltar [fal'tar] *vi* manquer ; (*escasear*) se faire rare ; **le falta algo** il lui manque quelque chose ; **¿falta algo?** il manque quelque chose ? ; **¿falta mucho?** c'est encore loin ? ; **faltan dos horas para llegar** il reste encore deux heures avant que l'on arrive ; **falta poco para que termine** c'est presque fini ; **~ al respeto a algn** manquer de respect à qn ; **~ a una cita/a clase** manquer un rendez-vous/la classe ; **~ al trabajo** ne pas aller au travail ; **faltó a su palabra/promesa** il a manqué à sa parole/promesse ; **~ por hacer** rester à faire ; **~ a la verdad** faire une entorse à la vérité ; **¡no faltaba** *o* **faltaría más!** (*naturalmente*) mais bien sûr ! ; (*¡ni hablar!*) il ne manquerait plus que ça ! ; **¡lo que faltaba!** c'est le bouquet !

falto, -a ['falto, a] *adj*: **está ~ de** il (elle) manque de

fama ['fama] *nf* (*celebridad*) célébrité *f*; (*reputación*) réputation *f*; **tener ~ de** avoir la réputation de ; **tener mala ~** avoir mauvaise réputation

famélico, -a [fa'meliko, a] *adj* famélique

familia [fa'milja] *nf* famille *f*; **de buena ~** de bonne famille ; **estamos (como) en ~** on est en famille ; **~ numerosa** famille nombreuse ; **~ política** belle famille

familiar [fami'ljar] *adj* familial(e) ; (*conocido, informal*) familier(-ière) ▶ *nm* parent(e)

familiaridad [familjari'ðað] *nf* familiarité *f*; **familiaridades** *nfpl* (*pey*) familiarités *fpl*

familiarizarse [familjari'θarse] *vpr*: **~ con** se familiariser avec

famoso, -a [fa'moso, a] *adj* célèbre ▶ *nm/f* célébrité *f*

fanático, -a [fa'natiko, a] *adj, nm/f* fanatique *m/f*; **ser un ~ de** être un fanatique de

fanatismo [fana'tismo] *nm* fanatisme *m*

fanfarrón, -ona [fanfa'rron, ona] *adj, nm/f* fanfaron(ne)

fango ['fango] *nm* boue *f*; (*fig*) fange *f*

fangoso, -a [fan'goso, a] *adj* boueux(-euse), fangeux(-euse) ; (*consistencia*) visqueux(-euse)

fantasía [fanta'sia] *nf* fantaisie *f*; **fantasías** *nfpl* (*ilusiones*) illusions *fpl* ; **joyas de ~** bijoux *mpl* fantaisie

fantasma [fan'tasma] *nm* fantôme *m* ; (*pey*: *presuntuoso*) frimeur(-euse) ; **compañía ~** société *f* fantôme

fantástico, -a [fan'tastiko, a] *adj* fantastique

farmacéutico, -a [farma'θeutiko, a] *adj* pharmaceutique ▶ *nm/f* pharmacien(ne)

farmacia [far'maθja] *nf* pharmacie *f*; **~ de guardia** pharmacie de garde

fármaco ['farmako] *nm* médicament *m*

faro ['faro] *nm* (*Náut, Auto*) phare *m* ; (*señal*) feu *m* ; **~s antiniebla** phares *mpl* antibrouillard ; **~s delanteros/traseros** feux *mpl* avant/arrière

farol [fa'rol] *nm* lanterne *f*; (*Ferro*) feu *m* ; (*poste*) réverbère *m* ; **echarse** *o* **tirarse un ~** (*fam*) frimer

farola [fa'rola] *nf* réverbère *m*

farra ['farra] (*esp Arg*) *nf* foire *f*

farsa ['farsa] *nf* farce *f*; **¡es una ~!** (*fig*) quelle farce !

farsante [far'sante] *nm/f* comédien(ne)

fascículo [fas'θikulo] *nm* fascicule *m*

fascinar [fasθi'nar] *vt* fasciner

fascismo [fas'θismo] *nm* fascisme *m*

fascista [fas'θista] *adj, nm/f* fasciste *m/f*

fase ['fase] *nf* phase *f*

fashion ['fæʃən] (*fam*) *adj* à la mode

fastidiar [fasti'ðjar] *vt* (*molestar*) ennuyer ; (*estropear*) gâcher ; **fastidiarse** *vpr* prendre sur soi ; **¡no fastidies!** tu n'y penses pas ! ; **¡no te fastidia!** tu imagines ! ; **ando fastidiado del estómago** j'ai l'estomac détraqué

fastidio [fas'tiðjo] *nm* ennui *m* ; **¡qué ~!** c'est trop bête !

fastidioso, -a [fasti'ðjoso, a] *adj* fastidieux(-euse)

fastuoso, -a [fas'twoso, a] *adj* fastueux(-euse)

fatal [fa'tal] *adj* fatal(e) ; (*fam*: *malo*) nul(le) ▶ *adv* très mal ; **lo pasó ~** ça a été très dur pour lui

fatalidad [fatali'ðað] *nf* fatalité *f*

fatiga [fa'tiɣa] *nf* fatigue *f*; **fatigas** *nfpl* (*penalidades*) tracas *mpl*

fatigar [fati'ɣar] *vt* fatiguer ; (*molestar*) ennuyer ; **fatigarse** *vpr* se fatiguer

fatigoso, -a [fati'ɣoso, a] *adj* (*tarea*) pénible ; (*respiración*) difficile

favor [fa'βor] *nm* (*servicio*) service *m* ; (*apoyo*) faveur *f*; **haga el ~ de ...** faites-moi le plaisir de ... ; **por ~** s'il te/vous plaît ; **a ~** pour ; **a ~ de** en faveur de ; (*Com*) à l'ordre de ; **en ~ de** en faveur de ; **gozar del ~ de algn** jouir de l'estime de qn

> **También se puede decir:**
> Est-ce que vous pourriez venir me chercher ? (*¿Podría …?*)
> Est-ce que cela vous dérangerait d'ouvrir la fenêtre ? (*¿Le importaría …?*)
> Sois gentille, fais un saut chez le boulanger. (*Hazme un favor …*)
> Je vous serais reconnaissant de me prévenir dès que possible. (*Le agradecería que me avisara …*)

favorable [faβo'raβle] *adj* favorable ; **ser ~ a algo** être favorable à qch

favorecer [faβore'θer] *vt* favoriser ; (*suj: vestido, peinado*) avantager

favorito, -a [faβo'rito, a] *adj, nm/f* favori(te)

fax [faks] *nm* fax *m*

fe [fe] *nf* foi *f* ; **de buena/mala fe** de bonne/mauvaise foi ; **dar fe de** faire foi de ; **tener fe en algo/algn** avoir foi en qch/qn ; **fe de bautismo/de vida** certificat *m* de baptême/de vie ; **fe de erratas** errata *m*

fealdad [feal'dað] *nf* laideur *f*

febrero [fe'βrero] *nm* février *m* ; *ver tb* **julio**

febril [fe'βril] *adj* fiévreux(-euse) ; (*fig*) fébrile

fecha ['fetʃa] *nf* date *f* ; **en ~ próxima** prochainement ; **hasta la ~** jusqu'à aujourd'hui ; **por estas ~s** aux alentours de cette date ; **~ de caducidad** (*de alimentos*) date limite de consommation ; (*de contrato*) terme *m* ; **~ de vencimiento** (*Com*) date d'échéance ; **~ de nacimiento** date de naissance ; **~ límite** *o* **tope** date limite

fechar [fe'tʃar] *vt* dater

fecundar [fekun'dar] *vt* féconder

fecundo, -a [fe'kundo, a] *adj* (*mujer, fig*) fécond(e) ; (*tierra*) fertile

federación [feðera'θjon] *nf* fédération *f*

federal [feðe'ral] *adj* fédéral(e)

felicidad [feliθi'ðað] *nf* bonheur *m* ; (*dicha*) félicité *f* ; **~es** (*en general*) tous mes *etc* vœux ; (*enhorabuena*) félicitations ; (*en cumpleaños*) joyeux anniversaire

felicitación [feliθita'θjon] *nf* (*enhorabuena*) vœux *mpl* ; (*tarjeta*) carte *f* de vœux ; **~ navideña** *o* **de Navidad** carte de Noël

felicitar [feliθi'tar] *vt*: **~ (por)** féliciter (pour) ; **me felicitó por mi cumpleaños** il me souhaita un bon anniversaire ; **~ las Pascuas** souhaiter un joyeux Noël ; **¡te felicito!** je te félicite !

feligrés, -esa [feli'ɣres, esa] *nm/f* fidèle *m/f*

feliz [fe'liθ] *adj* heureux(-euse) ; **¡~ cumpleaños!** bon anniversaire ! ; **¡felices Pascuas!** *o* **Navidades!** joyeux Noël !

felpudo [fel'puðo] *nm* paillasson *m*

femenino, -a [feme'nino, a] *adj* féminin(e) ; (*Zool, Bio*) femelle ▸ *nm* (*Ling*) féminin *m*

feminicidio [femini'θiðjo] *nm* féminicide *m*

feminista [femi'nista] *adj, nm/f* féministe *m/f*

fenomenal [fenome'nal] (*fam*) *adj* (*enorme*) phénoménal(e) ; (: *estupendo*) sensationnel(le) ▸ *adv* vachement bien ▸ *excl* super !

fenómeno [fe'nomeno] *nm* phénomène *m* ▸ *adv* (*fam*): **lo pasamos ~** on s'est vachement bien amusés ▸ *excl* (*fam*) super !

feo, -a ['feo, a] *adj* laid(e) ▸ *nm*: **hacer un ~ a algn** faire un sale coup à qn ; **esto se está poniendo ~** ça va mal tourner ; **más ~ que Picio** laid(e) comme un pou

féretro ['feretro] *nm* cercueil *m*

feria ['ferja] *nf* foire *f* ; (*AM: mercado de pueblo*) marché *m* ; (*Méx: cambio*) monnaie *f* ; **ferias** *nfpl* (*fiestas*) fêtes *fpl* ; **~ comercial/de muestras** marché *m*/salon *m*

feriado, -a [fe'rjaðo, a] (*AM*) *adj* férié(e) ▸ *nm* jour *m* férié

fermentar [fermen'tar] *vi* fermenter

ferocidad [feroθi'ðað] *nf* férocité *f*

feroz [fe'roθ] *adj* féroce ; (*fam: hambre*) de loup ; (*ganas*) dingue

férreo, -a ['ferreo, a] *adj* ferreux(-euse) ; (*fig*) de fer ; **vía férrea** voie *f* ferrée

ferretería [ferrete'ria] *nf* quincaillerie *f*

ferrocarril [ferroka'rril] *nm* chemin *m* de fer ; **~ de vía estrecha/única** chemin de fer à voie étroite/unique

ferroviario, -a [ferrovja'rjo, a] *adj* ferroviaire ▸ *nm/f* employé(e) des chemins de fer

fértil ['fertil] *adj* (*tierra, fig*) fertile ; (*persona*) fécond(e)

ferviente [fer'βjente] *adj* fervent(e)

fervor [fer'βor] *nm* ferveur *f*

fervoroso, -a [ferβo'roso, a] *adj* = **ferviente**

festejar [feste'xar] *vt* fêter

festejo [fes'texo] *nm* fête *f* ; **festejos** *nmpl* (*fiestas*) festivités *fpl*

festín [fes'tin] *nm* festin *m*

festival [festi'βal] *nm* festival *m*

festividad [festiβi'ðað] *nf* festivités *fpl*

festivo, -a [fes'tiβo, a] *adj* festif(-ive) ; (*alegre*) joyeux(-euse) ; **día ~** jour *m* férié

fétido, -a ['fetiðo, a] *adj* fétide

feto ['feto] *nm* fœtus *msg*

fiable [fi'aβle] *adj* fiable

fiaca ['fjaka] (*Arg: fam*) *nf* flemme *f*

fiador, a [fja'ðor, a] *nm/f* garant(e) ; **salir ~ por algn** se porter garant(e) de qn

fiambre ['fjambre] *adj* (*Culin*) froid(e) ▸ *nm* (*Culin*) charcuterie *f* ; (*fam*) macchabée *m*

fianza ['fjanθa] *nf* caution *f* ; **libertad bajo ~** (*Jur*) liberté *f* sous caution

fiar [fi'ar] *vt* vendre à crédit ; (*salir garante de*) se porter garant(e) de ▸ *vi* vendre à crédit ; **fiarse** *vpr*: **fiarse de algn/algo** avoir confiance en qn/qch ; **es de ~** on peut se fier à lui

fibra ['fiβra] *nf* fibre *f* ; (*fig*) punch *m* ; **~ de vidrio** fibre de verre ; **~ óptica** (*Inform*) fibre optique

ficción [fik'θjon] *nf* fiction *f* ; **literatura/obra de ~** littérature *f*/œuvre *f* de fiction

ficha ['fitʃa] *nf* fiche *f* ; (*en juegos, casino*) jeton *m* ; **~ policial** fiche de police ; **~ técnica** (*Cine*) fiche technique

fichar [fi'tʃar] *vt* ficher ; (*Deporte*) recruter ; (*fig*) classer ▸ *vi* (*deportista*) se faire recruter ; (*trabajador*) pointer ; **estar fichado** être fiché

fichero [fi'tʃero] *nm* fichier *m* ; **nombre de ~** (*Inform*) nom *m* de fichier ; **~ activo/archivado/indexado** (*Inform*) fichier actif/archivé/indexé ; **~ de reserva** (*Inform*) fichier de sauvegarde

ficticio, -a [fik'tiθjo, a] *adj* (*imaginario*) fictif(-ive) ; (*falso*) simulé(e)

fidelidad [fiðeli'ðað] *nf* fidélité *f* ; **alta ~** haute fidélité

fideos [fi'ðeos] *nmpl* vermicelles *mpl*

fiebre ['fjeβre] *nf* fièvre *f* ; **tener ~** avoir de la fièvre ; **~ amarilla** fièvre jaune ; **~ del heno** rhume *m* des foins ; **~ palúdica** paludisme *m*

fiel [fjel] *adj* fidèle ▸ *nm* aiguille *f* ; **los ~es** (*Rel*) les fidèles *mpl*

fieltro ['fjeltro] *nm* feutre *m*

fiera [fjera] *nf* bête *f* féroce ; **ponerse hecho una ~** monter sur ses grands chevaux ; **ser un(a) ~ en** *o* **para algo** être un crack en qch

fiero, -a ['fjero, a] *adj* féroce

fierro ['fjerro] (AM) *nm* fer *m*

fiesta ['fjesta] *nf* fête *f* ; (*vacaciones*: *tb*: **fiestas**) fêtes *fpl* ; **hoy/mañana es ~** aujourd'hui/demain c'est férié ; **estar de ~** faire la fête ; **~ de guardar** (*Rel*) fête d'obligation ; **~ nacional** fête nationale

> Les **fiestas** espagnoles correspondent à des fêtes légales ou à des jours fériés institués par chaque région autonome. Elles coïncident souvent avec des fêtes religieuses. De nombreuses **fiestas** sont également organisées dans toute l'Espagne en l'honneur de la Sainte Vierge ou du saint patron de la ville ou du village. Les festivités, qui durent plusieurs jours, peuvent comporter des processions, des défilés de carnaval, une fête foraine, des courses de taureaux et des bals.

fifí [fi'fi] (*Méx*) *nm* petit monsieur *m*

figura [fi'ɣura] *nf* figure *f* ; (*forma, imagen*) silhouette *f* ; (*de porcelana, cristal*) figurine *f* ; **~ retórica** figure de rhétorique

figurar [fiɣu'rar] *vt, vi* figurer ; **figurarse** *vpr* se figurer ; **¡figúrate!** figure-toi ! ; **ya me lo figuraba** je l'avais bien dit

fijador [fixa'ðor] *nm* fixateur *m*

fijar [fi'xar] *vt* fixer ; (*sellos*) coller ; (*cartel*) afficher ; (*residencia*) établir ; **fijarse** *vpr*: **fijarse (en)** observer ; **~ algo a** attacher qch à ; **¡fíjate!** tu te rends compte !

fijo, -a ['fixo, a] *adj* fixe ; (*sujeto*): **~ (a)** fixé(e) (à) ▸ *adv*: **mirar ~** regarder fixement ; **de ~** assurément

fila ['fila] *nf* file *f* ; (*Deporte, Teatro*) rang *m* ; (*fig: facción*) faction *f* ; **filas** *nfpl* (*Mil*) service *m* militaire ; **ponerse en ~** se mettre en file ; **en primera ~** au premier rang ; **alistarse** *o* **incorporarse a ~s** être incorporé dans l'armée ; **~ india** file indienne

filántropo, -a [fi'lantropo, a] *nm/f* philanthrope *m/f*

filatelia [fila'telja] *nf* philatélie *f*

filete [fi'lete] *nm* filet *m*
filial [fi'ljal] *adj* filial(e) ▶ *nf* filiale *f*
Filipinas [fili'pinas] *nfpl*: **las (Islas) ~** les (îles) Philippines *fpl*
filipino, -a [fili'pino, a] *adj* philippin(e) ▶ *nm/f* Philippin(e)
filmar [fil'mar] *vt* filmer
filo ['filo] *nm* fil *m* ; **sacar ~ a** aiguiser ; **al ~ de la medianoche** à minuit sonnant ; **arma de doble ~** (*fig*) arme *f* à double tranchant
filón [fi'lon] *nm* filon *m*
filoso, -a [fi'loso, a] (AM) *adj* aiguisé(e)
filosofía [filoso'fia] *nf* philosophie *f*; **tomarse algo con mucha ~** prendre qch avec philosophie
filósofo, -a [fi'losofo, a] *nm/f* philosophe *m/f*
filtrar [fil'trar] *vt* filtrer ▶ *vi* s'infiltrer ; **filtrarse** *vpr* (*líquido*) s'infiltrer ; (*luz, noticia*) filtrer ; (*fig: dinero*) s'envoler
filtro ['filtro] *nm* filtre *m* ; (*papel*) buvard *m* ; **~ de aceite** (*Auto*) filtre à huile
fin [fin] *nm* fin *f*; **a ~ de cuentas** en fin de compte ; **al ~** à la fin ; **al ~ y al cabo** finalement ; **a ~ de** afin de ; **a ~ de que** afin que ; **a ~es de** à la fin de ; **por/en ~** enfin ; **dar** *o* **poner ~ a algo** mettre fin à qch ; **con el ~ de** dans le but de ; **sin ~** sans fin ; **llegar a ~ de mes** (*fig*) boucler ses fins de mois ; **~ de año** Saint-Sylvestre *f*; **~ de archivo** (*Inform*) fin de fichier ; **~ de registro** (*Inform*) fin de sauvegarde ; **~ de semana** week-end *m*
final [fi'nal] *adj* final(e) ▶ *nm* (*de partido, tarde, novela*) fin *f*; (*de calle*) bout *m* ▶ *nf* (*Deporte*) finale *f*; **al ~** à la fin ; **a ~es de mayo** fin mai
finalidad [finali'ðað] *nf* finalité *f*
finalista [fina'lista] *nm/f* finaliste *m/f*
finalizar [finali'θar] *vt* terminer ▶ *vi* toucher à sa fin ; **~ la sesión** (*Inform*) clore la session
financiación [finanθja'θjon] *nf* financement *m*; **~ colectiva** *o* **~ en masa** financement participatif
financiar [finan'θjar] *vt* financer
financiero, -a [finan'θjero, a] *adj, nm/f* financier(-ière)
financista [finan'θista] (AM) *nm/f* financier(-ière)
finca ['finka] *nf* propriété *f*; (*edificio*) immeuble *m*
finde ['finde] (*fam*) *nm* week-end *m*
fingir [fin'xir] *vt* feindre ▶ *vi* mentir ; **fingirse** *vpr*: **fingirse dormido** faire semblant de dormir ; **fingirse un sabio** se donner des airs de savant
finlandés, -esa [finlan'des, esa] *adj* finlandais(e) ▶ *nm/f* Finlandais(e) ▶ *nm* (*Ling*) finnois *m*
Finlandia [fin'landja] *nf* Finlande *f*
fino, -a ['fino, a] *adj* fin(e) ; (*tipo*) mince ; (*de buenas maneras*) délicat(e) ▶ *nm* (*jerez*) xérès *m*
firma ['firma] *nf* signature *f*; (*Com*) firme *f*
firmamento [firma'mento] *nm* firmament *m*
firmar [fir'mar] *vt, vi* signer ; **~ un contrato** signer un contrat ; **firmado y sellado** signé et scellé
firme ['firme] *adj* solide ; (*fig*) ferme ▶ *nm* chaussée *f*; **mantenerse ~** (*fig*) tenir ferme ; **de ~** avec acharnement ; **¡~s!** (*Mil*) garde-à-vous ! ; **oferta en ~** (*Com*) offre *f* ferme
firmemente ['firmemente] *adv* fermement
firmeza [fir'meθa] *nf* fermeté *f*; (*solidez*) solidité *f*; (*perseverancia*) persévérance *f*
fiscal [fis'kal] *adj* fiscal(e) ▶ *nm/f* (*Jur*) avocat(e) général(e)
fisco ['fisko] *nm* fisc *m* ; **declarar algo al ~** déclarer qch au fisc
fisgar [fis'ɣar] *vt* fouiner dans ▶ *vi* fouiner
fisgonear [fisɣone'ar] *vt* fureter dans ▶ *vi* fureter
física ['fisika] *nf* physique *f*; *ver tb* **físico**
físico, -a ['fisiko, a] *adj* physique ▶ *nm* physique *m* ▶ *nm/f* physicien(ne)
fisura [fi'sura] *nf* fissure *f*; (*de hueso*) fracture *f*
flác(c)ido, -a ['fla(k)θiðo, a] *adj* flasque
flaco, -a ['flako, a] *adj* (*delgado*) maigre ; (*débil*) faible ; **punto ~** point *m* faible
flagrante [fla'ɣrante] *adj* flagrant(e) ; **en ~ delito** en flagrant délit
flamante [fla'mante] (*fam*) *adj* (*vistoso*) voyant(e) ; (*nuevo*) flambant neuf (neuve)
flamenco, -a [fla'menko, a] *adj* (*de Flandes*) flamand(e) ; (*baile, música*) flamenco ▶ *nm/f* Flamand(e) ▶ *nm*

flamenco *m* ; (*Ling*) flamand *m* ; (*Zool*) flamant *m* ; **los ~s** les Flamands ; **ponerse ~** frimer

flan [flan] *nm* flan *m* ; **~ de arroz/verduras** boule *f* de riz/légumes

flaqueza [fla'keθa] *nf* faiblesse *f*

flash [flas] (*pl* **flashes**) *nm* (*Foto*) flash *m*

flauta ['flauta] *nf* flûte *f* ▶ *nm/f* flûtiste *m/f* ; **¡la gran ~!** (AM: *fam*) flûte ! ; **de la gran ~** (: *bárbaro*) du tonnerre ; **hijo de la gran ~** (*fam!*) fils *m* de pute (*fam!*) ; **~ dulce** flûte à bec ; **~ travesera** flûte traversière

flecha ['fletʃa] *nf* flèche *f*

flechazo [fle'tʃaθo] *nm* (*enamoramiento*) coup *m* de foudre ; (*disparo*) tir *m* de flèche

fleco ['fleko] *nm* frange *f*

flema ['flema] *nm* flegme *m*

flequillo [fle'kiʎo] *nm* frange *f*

flexibilizar [fleksiβili'θar] *vt* assouplir ; (*horario, programa, empleo*) flexibiliser

flexible [flek'siβle] *adj* souple ; (*horario*) flexible

flexión [flek'sjon] *nf* flexion *f*

flexo ['flekso] *nm* lampe *f* de bureau

flojera [flo'xera] *nf* défaillance *f* ; (*esp* AM: *pereza*) paresse *f* ; **me da ~ (hacer)** j'ai la flemme de (faire)

flojo, -a ['floxo, a] *adj* (*cuerda, nudo*) lâche ; (*persona, Com: sin fuerzas*) faible ; (*perezoso: esp* AM) paresseux(-euse) ; (*viento, vino, trabajo*) léger(-ère) ; (*estudiante*) faible ; (*conferencia*) ennuyeux(-euse) ; **está ~ en matemáticas** il est faible en mathématiques

flor [flor] *nf* fleur *f* ; **en ~** en fleur ; **la ~ y nata de la sociedad** (*fig*) la crème de la société ; **en la ~ de la vida** dans la fleur de l'âge ; **a ~ de piel** (*fig*) à fleur de peau ; **es ~ de amigo** (*And, CSur*) c'est un super ami

florecer [flore'θer] *vi* fleurir

floreciente [flore'θjente] *adj* fleurissant(e)

florero [flo'rero] *nm* pot *m* de fleurs

floristería [floriste'ria] *nf* fleuriste *m/f*

flota ['flota] *nf* flotte *f*

flotador [flota'ðor] *nm* flotteur *m* ; (*para nadar*) bouée *f*

flotar [flo'tar] *vi* flotter

flote ['flote] *nm*: **a ~** à flot ; **salir a ~** (*fig*) s'en tirer

fluctuar [fluk'twar] *vi* fluctuer

fluidez [flui'ðeθ] *nf* fluidité *f* ; **con ~** avec fluidité

fluido, -a [flu'iðo, a] *adj, nm* fluide *m*

fluir [flu'ir] *vi* couler ; (*fig: ideas*) venir

flujo ['fluxo] *nm* flux *m* ; (*Med*) écoulement *m* ; **~ y reflujo** flux et reflux ; **~ de efectivo** (*Com*) marge *f* brute d'autofinancement

fluvial [fluβi'al] *adj* fluvial(e) ; **vía ~** voie *f* fluviale

fobia ['fobja] *nf* phobie *f*

foca ['foka] *nf* phoque *m* ; (*fam: persona gorda*) baleine *f*

foco ['foko] *nm* foyer *m* ; (AM: *bombilla*) ampoule *f* ; (: *farola*) réverbère *m* ; **~ de infección** (*Med*) foyer d'infection

fofo, -a ['fofo, a] *adj* (*esponjoso*) mou (molle) ; (*carnes*) flasque

fogata [fo'ɣata] *nf* feu *m* de bois

fogón [fo'ɣon] *nm* (*de cocina*) feu *m*

fogoso, -a [fo'ɣoso, a] *adj* fougueux(-euse)

folder, **fólder** ['folder], ['folder] (AM) *nm* (*carpeta*) chemise *f*

folio ['foljo] *nm* feuille *f* de papier ; (*Imprenta*) folio *m* ; **de tamaño ~** en feuillet

folklore [fol'klore] *nm* folklore *m*

follaje [fo'ʎaxe] *nm* feuillage *m*

folletín [foʎe'tin] *nm* feuilleton *m* ; (*fig*) mélodrame *m*

folleto [fo'ʎeto] *nm* (*de propaganda*) prospectus *msg* ; (*informativo*) dépliant *m* ; (*con instrucciones*) livret *m*

follón [fo'ʎon] (*fam*) *nm* bordel *m* ; **armar un ~** faire du bordel ; **se armó un ~** ça a été la panique

fomentar [fomen'tar] *vt* promouvoir ; (*odio, envidia*) fomenter

fomento [fo'mento] *nm* promotion *f* ; (*Admin*): **(Ministerio de) F~** ministère *m* du Développement

fonda ['fonda] *nf* auberge *f*

fondo ['fondo] *nm* fond *m* ; (*profundidad*) profondeur *f* ; (AM: *prenda*) combinaison *f* ; **fondos** *nmpl* (*Com, de museo, biblioteca*) fonds *msg* ; **a/de ~** à/de fond ; **a ~ perdido** à fonds perdu ; **al ~ de la calle/del pasillo** au bout de la rue/au fond du couloir ; **en el ~** au fond ; **tener buen ~** avoir un bon fond ; **los bajos ~s** les bas-fonds *mpl* ; **~ buitre** fonds *msg* vautour ; **~ común** fonds *msg* commun ; **~ de amortización** (*Com*) fonds *mpl* d'amortissement ; **~ del mar** fond de la mer ; **F~ Monetario Internacional** Fonds *msg* monétaire international

fontanería [fontane'ria] *nf* plomberie *f*

fontanero, -a [fonta'nero, a] *nm/f* plombier(-ière)

footing ['futin] *nm* footing *m* ; **hacer ~** faire du footing

forastero, -a [foras'tero, a] *nm/f* étranger(-ère)

forcejear [forθexe'ar] *vi* lutter

forense [fo'rense] *nm/f* (*tb*: **médico forense**) médecin *m/f* légiste

forjar [for'xar] *vt* forger ; (*imperio, fortuna*) bâtir ; **forjarse** *vpr* (*porvenir*) s'assurer ; (*ilusiones*) se faire ; **hierro forjado** fer *m* forgé

forma ['forma] *nf* forme *f* ; (*manera*) façon *f*, manière *f* ; **formas** *nfpl* (*del cuerpo*) formes *fpl* ; **en (plena) ~** en (pleine) forme ; **en baja ~ (física)** pas en bonne forme ; **en ~ de** en forme de ; **~ de pago** (*Com*) mode de paiement ; **guardar las ~s** se tenir convenablement ; **de ~ que ...** de sorte que ... ; **de todas ~s** de toute façon

formación [forma'θjon] *nf* formation *f* ; **~ a cargo de la empresa** formation continue ; **~ profesional** formation professionnelle

formal [for'mal] *adj* (*defecto*) de forme ; (*requisito, promesa*) formel(le) ; (*persona*: *de fiar*) sérieux(-euse)

formalidad [formali'ðað] *nf* sérieux *m* ; (*trámite*) formalité *f*

formalizar [formali'θar] *vt* officialiser ; **formalizarse** *vpr* se ranger

formar [for'mar] *vt* former ; (*hacer*) faire ▸ *vi* (*Mil*) se mettre en formation ; (*Deporte*) se placer ; **formarse** *vpr* se former ; (*jaleo, lío*) se produire ; **~ parte de** faire partie de

formatear [formate'ar] *vt* (*Inform*) formater

formativo, -a [forma'tiβo, a] *adj* formateur(-trice)

formato [for'mato] *nm* format *m* ; **sin ~** (*disco, texto*) non formaté(e) ; **~ de registro** format d'enregistrement

formidable [formi'ðaβle] *adj* formidable

fórmula ['formula] *nf* formule *f* ; (*fig*: *método*) solution *f* ; **hacer algo por (pura) ~** faire qch pour la forme ; **~ de cortesía** formule de politesse ; **~ uno** (*Auto*) formule 1

formular [formu'lar] *vt* formuler ; (*idea*) émettre

formulario [formu'larjo] *nm* formulaire *m* ; **rellenar un ~** remplir un formulaire ; **~ de pedido** (*Com*) bon *m* de commande ; **~ de solicitud** (*Com*) formulaire de demande

fo

fornido, -a [for'niðo, a] *adj* corpulent(e)

forrar [fo'rrar] *vt* (*abrigo*) doubler ; (*libro, sofá*) recouvrir ; (*puerta*) blinder ; **forrarse** *vpr* (*fam*) amasser une petite fortune

forro ['forro] *nm* (*de abrigo*) doublure *f* ; (*de libro*) couverture *f* ; (*de sofá*) tissu *m*

fortalecer [fortale'θer] *vt* fortifier ; **fortalecerse** *vpr* se fortifier

fortaleza [forta'leθa] *nf* (*Mil*) forteresse *f* ; (*fuerza*) force *f*

fortuito, -a [for'twito, a] *adj* fortuit(e)

fortuna [for'tuna] *nf* fortune *f* ; **por ~** par hasard ; **probar ~** tenter sa chance

forzar [for'θar] *vt* forcer ; (*proceso*) accélérer ; (*violar*) violer ; **~ a algn a hacer algo** forcer qn à faire qch

forzoso, -a [for'θoso, a] *adj* forcé(e)

fosa ['fosa] *nf* fosse *f* ; **~s nasales** fosses *fpl* nasales

fósforo ['fosforo] *nm* phosphore *m* ; (AM: *cerilla*) allumette *f*

fósil ['fosil] *adj, nm* fossile *m*

foso ['foso] *nm* (*hoyo, Auto*) fosse *f* ; (*Teatro*) fosse d'orchestre ; (*de castillo*) douves *fpl*

foto ['foto] *nf* photo *f* ; **sacar** *o* **hacer una ~** faire *o* prendre une photo ; **~ de carné** photo d'identité

fotocopia [foto'kopja] *nf* photocopie *f*

fotocopiadora [fotokopja'ðora] *nf* photocopieuse *f*

fotocopiar [fotoko'pjar] *vt* photocopier

fotografía [fotoɣra'fia] *nf* photographie *f*

fotógrafo, -a [fo'toɣrafo, a] *nm/f* photographe *m/f*

fracasar [fraka'sar] *vi* échouer

fracaso [fra'kaso] *nm* échec *m* ; (*desastre*) catastrophe *f* ; (*revés*) revers *msg*

fracción [frak'θjon] *nf* fraction *f* ; (*Pol*) scission *f*

fraccionamiento [frakθjona'mjento] (AM) *nm* lotissement *m*
fracking ['frakin] *nm* fracturation *f* hydraulique
fractura [frak'tura] *nf* fracture *f*; (*grieta*) cassure *f*
fracturación [fraktura'θjon] *nf* **~ hidráulica** fracturation *f* hydraulique
fragancia [fra'ɣanθja] *nf* parfum *m*
frágil ['fraxil] *adj* fragile; **«~»** (*Com*) «fragile»
fragmento [fraɣ'mento] *nm* fragment *m*; (*Mús*) morceau *m* choisi
fragua ['fraɣwa] *nf* forge *f*
fraguar [fra'ɣwar] *vt* forger ▶ *vi* prendre
fraile ['fraile] *nm* moine *m*
frambuesa [fram'bwesa] *nf* framboise *f*
francamente [franka'mente] *adv* franchement
francés, -esa [fran'θes, esa] *adj* français(e) ▶ *nm/f* Français(e) ▶ *nm* (*Ling*) français *m*
Francia ['franθja] *nf* France *f*
franco, -a ['franko, a] *adj* franc(franche); (*Com*: *exento*: *entrada, puerto*) franco ▶ *nm* (*Hist*: *moneda*) franc *m*; **~ de derechos** (*Com*) hors taxe; **~ al costado del buque** (*Com*) franco long du bord; **~ puesto sobre vagón** (*Com*) franco wagon; **~ a bordo** (*Com*) franco à bord; **~ en fábrica** (*Com*) départ usine; **de ~** (*CSur*) en permission
francotirador, a [frankotira'ðor, a] *nm/f* franc-tireur(-euse)
franela [fra'nela] *nf* flanelle *f*
franja ['franxa] *nf* (*en vestido, bandera*) frange *f*; (*de tierra, luz*) bande *f*
franquear [franke'ar] *vt* (*paso, entrada*) débarrasser; (*carta etc*) affranchir; (*obstáculo*) franchir; **franquearse** *vpr*: **franquearse con algn** parler à cœur ouvert avec qn
franqueo [fran'keo] *nm* affranchissement *m*
franqueza [fran'keθa] *nf* franchise *f*; **con ~** avec franchise
frasco ['frasko] *nm* flacon *m*
frase ['frase] *nf* phrase *f*; (*locución*) expression *f*; **~ hecha** expression *f* figée; (*despectivo*) cliché *m*
fraterno, -a [fra'terno, a] *adj* fraternel(le)
fraude ['frauðe] *nm* fraude *f*
fraudulento, -a [frauðu'lento, a] *adj* frauduleux(-euse)
frazada [fra'θaða] (AM) *nf* couvre-lit *m*
frecuencia [fre'kwenθja] *nf* fréquence *f*; **con ~** fréquemment; **~ de red/del reloj** (*Inform*) fréquence d'alimentation/d'horloge
frecuentar [frekwen'tar] *vt* fréquenter
frecuente [fre'kwente] *adj* fréquent(e); (*habitual*) habituel(le)
fregadero [freɣa'ðero] *nm* évier *m*
fregado, -a [fre'ɣaðo, a] (*fam*) *adj* (AM: *molesto*) embêtant(e) ▶ *nm* dispute *f*
fregar [fre'ɣar] *vt* laver; (AM: *fam*) énerver
fregona [fre'ɣona] *nf* balai *m* à franges; (*pey*: *sirvienta*) boniche *f*
freír [fre'ir] *vt* frire; **freírse** *vpr* frire; **~ a preguntas a algn** assommer qn de questions
frenar [fre'nar] *vt, vi* freiner; **~ en seco** freiner brusquement
frenazo [fre'naθo] *nm* coup *m* de frein
frenético, -a [fre'netiko, a] *adj* frénétique; (*persona*) hors de soi; **ponerse ~** devenir fou (folle) de rage
freno ['freno] *nm* frein *m*; (*de cabalgadura*) mors *m*; **poner ~ a algo** (*fig*) réfréner qch; **~ de mano** frein à main
frente ['frente] *nm* front *m*; (*Arq, de objeto*) devant *m* ▶ *nf* front ▶ *adv* (*esp CSur*: *fam*): **~ mío/nuestro** *etc* en face de moi/nous *etc*; **hacer ~ común con algn** faire cause commune avec qn; **~ a** en face de; (*en comparación con*) par rapport à; **~ a ~** face à face; **chocar de ~** se heurter de front; **hacer ~ a** faire face à; **ir/ponerse al ~ de** être/se mettre à la tête de; **~ de batalla** front de bataille; **~ único** front commun
fresa ['fresa] *nf* (*Esp, CAm, Carib, Méx*) fraise *f*; (*de dentista*) roulette *f*
fresco, -a ['fresko, a] *adj* frais (fraîche); (*ropa*) léger(-ère); (*descarado*) insolent(e); (*descansado*) frais (fraîche) et dispos(e) ▶ *nm* (*aire*) fraîcheur *f*; (*Arte*) fresque *f*; (AM) boisson *f* fraîche ▶ *nm/f* (*fam*: *descarado*) insolent(e); (: *desvergonzado*) effronté(e); **al ~** au frais; **hace ~** il fait frais; **estar/quedarse tan ~** demeurer imperturbable; **tomar el ~** prendre le frais; **¡qué ~!** quelle insolence!
frescura [fres'kura] *nf* fraîcheur *f*; (*descaro*) insolence *f*

fresón [freson] *nm* fraise *f*
frialdad [frjal'dað] *nf* froideur *f*
fricción [frik'θjon] *nf* friction *f*
frigano, -a [fri'ɣano, a] *adj, nm/f* déchétarien(-ienne)
frigidez [frixi'ðeθ] *nf* frigidité *f*
frigorífico, -a [friɣo'rifiko, a] *adj* frigorifique ▶ *nm* réfrigérateur *m* ; **camión ~** camion *m* frigorifique
frijol [fri'xol] (AM) *nm* haricot *m* sec ; (*verde*) haricot vert
friki ['friki] (*fam*) *nm/f* farfelu(e), personne *f* bizarre
frío, -a ['frio, a] *adj* froid(e) ; (*fig: poco entusiasta*) pas très chaud(e) ; (*relaciones*) tendu(e) ▶ *nm* froid *m* ; **coger ~** prendre froid ; **tener ~** avoir froid ; **hace ~** il fait froid ; **¡qué ~!** il fait un de ces froids ! ; **quedarse ~** commencer à avoir froid
friolento, -a [frjo'lento, a] (AM) *adj* = **friolero**
friolero, -a [frjo'lero, a] *adj* frileux(-euse)
friqui ['friki] (*fam*) *nm/f* = **friki**
fritanga [fri'tanga] *nf* (AM) *aliments frits* ; (*pey*) graillon *m*
frito, -a ['frito, a] *pp de* **freír** ▶ *adj* (*Culin*) frit(e) ▶ *nm*: **~s** (*Culin*) friture *f* ; **me tiene** *o* **trae ~ ese hombre** (*fam*) ce type est barbant ; **quedarse ~** (*fam*) s'endormir
frívolo, -a ['friβolo, a] *adj* frivole
frontal [fron'tal] *adj* frontal(e)
frontera [fron'tera] *nf* frontière *f* ; **sin ~s** sans limite
fronterizo, -a [fronte'riθo, a] *adj* (*pueblo, paso*) frontalier(-ière) ; (*países*) limitrophe
frontón [fron'ton] *nm* (*cancha*) fronton *m* ; (*juego*) pelote *f* basque
frotar [fro'tar] *vt, vi* frotter ; **frotarse** *vpr*: **frotarse las manos** se frotter les mains
fructífero, -a [fruk'tifero, a] *adj* fructueux(-euse)
fruncir [frun'θir] *vt* froncer ; (*labios*) plisser
frustrar [frus'trar] *vt* frustrer ; **frustrarse** *vpr* (*plan etc*) échouer
fruta ['fruta] *nf* fruit *m* ; **~ del tiempo** fruit de saison ; **~ escarchada** fruit confit
frutería [frute'ria] *nf* boutique *f* de fruits et légumes
frutero, -a [fru'tero, a] *adj* fruitier(-ière) ▶ *nm/f* marchand(e) de fruits et légumes ▶ *nm* compotier *m*
frutilla [fru'tiʎa] (*And, CSur*) *nf* fraise *f*
fruto ['fruto] *nm* fruit *m* ; **dar** *o* **producir ~** porter ses fruits ; **~s secos** fruits *mpl* secs
fue [fwe] *vb ver* **ser**; **ir**
fuego ['fweɣo] *nm* feu *m* ; **prender ~ a** mettre le feu à ; **a ~ lento** à petit feu ; **¡alto el ~!** cessez le feu ! ; **estar entre dos ~s** être pris(e) entre deux feux ; **¿tienes ~?** tu as du feu ? ; **~ amigo** tirs *mpl* de son propre camp ; **~s artificiales** *o* **de artificio** feux *mpl* d'artifice
fuente ['fwente] *nf* fontaine *f* ; (*plato*) plat *m* ; (*fig*) source *f* ; **de buena ~** de source sûre ; **de ~s fidedignas** de sources bien informées ; **~ de alimentación** (*Inform*) source d'alimentation ; **~ de soda** (AM) buvette *f*
fuera ['fwera] *vb ver* **ser**; **ir** ▶ *adv* dehors ; (*de viaje*) en voyage ▶ *prep*: **~ de** hors de ; (*fig*) sauf ; **¡~!** dehors ! ; **~ de alcance** hors de portée ; **~ de combate** hors de combat ; (*Boxeo*) K.O. ; (*Fútbol*) hors jeu ; **~ de la ley** hors-la-loi ; **estar ~ de lugar** ne pas être à sa place ; **~ de serie/servicio/temporada** hors série/service/saison ; **~ de sí** hors de soi ; **~ de (toda) duda/sospecha** au-dessus de tout soupçon ; **por ~** au dehors ; **los de ~** les étrangers *mpl*
fuera-borda [fwera'βorða] *nm inv* hors-bord *m*
fuereño, -a [fwe'reɲo, a] (AM) *adj, nm/f* étranger(-ère)
fuerte ['fwerte] *adj* fort(e) ; (*resistente*) solide ; (*chocante*) choquant(e) ▶ *adv* (*sujetar*) solidement ; (*golpear*) violemment ; (*llover*) à verse ; (*gritar*) fort ▶ *nm* (*Mil*) fort *m* ; (*fig*): **el canto no es mi ~** le chant, ce n'est pas mon fort
fuerza ['fwerθa] *vb ver* **forzar** ▶ *nf* force *f* ; (*Mil*: *tb*: **fuerzas**) forces *fpl* ; **a ~ de** à force de ; **cobrar ~s** prendre des forces ; **empujar/tirar con ~/con todas sus ~s** pousser/tirer avec force/de toutes ses forces ; **tener ~** avoir de la force ; **tener ~s para hacer** avoir la force de faire ; **a** *o* **por la ~** de force ; **con ~ legal** (*Com*) à force de loi ; **por ~** forcément ; **~s aéreas/armadas** forces aériennes/armées ; **~ bruta** force brute ; **~ de arrastre** (*Tec*) effort *m* de traction ; **~s de Orden Público** forces de l'ordre ; **~ de voluntad** volonté *f* ;

~ mayor force majeure ; **~ vital** énergie *f* vitale

fuga ['fuɣa] *nf* fugue *f* ; (*de gas, agua*) fuite *f* ; **~ de capitales** (*Econ*) fuite des capitaux ; **~ de cerebros** (*fig*) fuite des cerveaux

fugarse [fu'ɣarse] *vpr* s'enfuir

fugaz [fu'ɣaθ] *adj* fugace

fugitivo, -a [fuxi'tiβo, a] *adj* en fuite ▸ *nm/f* fugitif(-ive)

fui *etc* [fwi] *vb ver* **ser**; **ir**

fulano, -a [fu'lano, a] *nm/f* un(e) tel(le)

full [ful] (*CSur: fam*) *nm*: **a ~** d'arrache-pied

fulminante [fulmi'nante] *adj* explosif(-ive) ; (*Med, fig*) foudroyant(e) ; (*fam: éxito*) fulgurant(e)

fumada [fu'maða] (*AM*) *nf* succion *f*

fumador, a [fuma'ðor, a] *nm/f* fumeur(-euse) ; **no ~** non-fumeur(-euse)

fumar [fu'mar] *vt, vi* fumer ; **fumarse** *vpr* fumer ; (*fam: herencia*) manger ; (*: clases, trabajo*) manquer ; **~ en pipa** fumer la pipe

función [fun'θjon] *nf* fonction *f* ; (*Teatro etc*) représentation *f* ; **entrar en funciones** entrer en fonction ; **~ de tarde/de noche** matinée *f*/soirée *f* ; **en ~ de** en fonction de ; **presidente/director en funciones** président/directeur par intérim

funcional [funθjo'nal] *adj* fonctionnel(le)

funcionar [funθjo'nar] *vi* fonctionner ; **« no funciona »** « en panne »

funcionario, -a [funθjo'narjo, a] *nm/f* fonctionnaire *m/f*

funda ['funda] *nf* étui *m* ; (*de nórdico, sofá*) housse *f* ; (*de almohada*) taie *f* ; (*de disco*) pochette *f*

fundación [funda'θjon] *nf* fondation *f*

fundamental [fundamen'tal] *adj* fondamental(e)

fundamentar [fundamen'tar] *vt* (*fig*): **~ (en)** fonder (sur)

fundamento [funda'mento] *nm* fondement *m* ; **fundamentos** *nmpl* (*de ciencia, arte*) fondements *mpl* ; **eso carece de ~** ça ne tient pas debout

fundar [fun'dar] *vt* fonder ; (*fig: basar*): **~ en** fonder sur ; **fundarse** *vpr*: **fundarse en** se fonder sur

fundición [fundi'θjon] *nf* (*fábrica*) fonderie *f* ; (*de metal, Tip*) fonte *f*

fundir [fun'dir] *vt* fondre ; (*Com, fig*) fusionner ; (*fam: presupuesto, saldo*) exploser ; **fundirse** *vpr* (*colores etc*) se fondre ; (*Elec, nieve, mantequilla*) fondre ; (*fig*) fusionner

fúnebre ['funeβre] *adj* funèbre ; (*fig*) sombre

funeral [fune'ral] *nm* funérailles *fpl*

funeraria [fune'rarja] *nf* pompes *fpl* funèbres

funesto, -a [fu'nesto, a] *adj* funeste

fungir [fun'xir] (*AM*) *vi*: **~ de** faire office de ; **va a ~ de padrino** il sera le parrain

furgón [fur'ɣon] *nm* (*camión*) camion *m* ; (*Ferro*) wagon *m*

furgoneta [furɣo'neta] *nf* fourgonnette *f*

furia ['furja] *nf* furie *f* ; **hecho una ~** comme une furie

furibundo, -a [furi'βundo, a] *adj* furibond(e)

furioso, -a [fu'rjoso, a] *adj* furieux(-euse) ; (*violento*) violent(e)

furor [fu'ror] *nm* fureur *f* ; **hacer ~** faire fureur

furtivo, -a [fur'tiβo, a] *adj* furtif(-ive) ▸ *nm/f* (*cazador*) braconnier(-ière)

fusible [fu'siβle] *nm* fusible *m*

fusil [fu'sil] *nm* fusil *m*

fusilar [fusi'lar] *vt* fusiller

fusión [fu'sjon] *nf* fusion *f*

fútbol ['futβol] *nm* football *m*

futbolín [futβo'lin] *nm* baby-foot *m*

futbolista [futβo'lista] *nm/f* footballeur(-euse)

futuro, -a [fu'turo, a] *adj* futur(e) ▸ *nm* avenir *m*, futur *m* ; (*Ling*) futur ; **futuros** *nmpl* (*Com*) opérations *fpl* à terme ; **futura madre** future maman *f*

g

gabardina [gaβar'ðina] *nf* imperméable *m* ; (*tela*) gabardine *f*
gabinete [gaβi'nete] *nm* cabinet *m* ; (*de abogados*) étude *f* ; **~ de consulta/de lectura** salle *f* de consultation/de lecture
gaceta [ga'θeta] *nf* gazette *f*
gachas ['gatʃas] *nfpl* bouillie *f*
gachupín, ina [gatʃu'pin, ina] (*CAm, Méx*: *pey*) *nm/f* Espagnol(e)
gafapasta [gafa'pasta] (*fam*) *nm/f* hipster *m* (*affectionnant les lunettes à grosses montures*)
gafas ['gafas] *nfpl* lunettes *fpl* ; **~ de sol** lunettes de soleil
gafe ['gafe] *adj* : **ser ~** porter la poisse
gaita ['gaita] *nf* cornemuse *f* ; (*fam*) galère *f*
gajes ['gaxes] *nmpl* : **~ del oficio** aléas *mpl* du métier
gajo ['gaxo] *nm* (*de naranja*) quartier *m* ; (*racimo*) grappe *f*
gala ['gala] *nf* gala *m* ; **galas** *nfpl* (*atuendo*) atours *mpl* ; **de ~** de gala ; **vestir de ~** mettre sa tenue de gala ; (*Mil*) être en grand uniforme ; **hacer ~ de** se targuer de ; **tener algo a ~** mettre un point d'honneur à faire qch ; **con sus mejores ~s** de ses plus beaux atours
galante [ga'lante] *adj* galant(e)
galantería [galante'ria] *nf* galanterie *f*
galápago [ga'lapaɣo] *nm* tortue *f* (d'eau douce)
galaxia [ga'laksja] *nf* galaxie *f*
galera [ga'lera] *nf* (*nave*) galère *f* ; (*Tip*) galée *f* ; **galeras** *nfpl* (*castigo*) galères *fpl*
galería [gale'ria] *nf* galerie *f* ; (*para cortina*) tringle *f* ; **hacer algo para la ~** faire qch pour la galerie ; **~ comercial** galerie commerciale ; **~ secreta** passage *m* secret
Gales ['gales] *nm* : **(el País de) ~** le pays de Galles
galés, -esa [ga'les, esa] *adj* gallois(e) ▶ *nm/f* Gallois(e) ▶ *nm* gallois *msg*
galgo, -a ['galɣo, a] *nm/f* lévrier (levrette)
Galicia [ga'liθja] *nf* Galice *f*
galimatías [galima'tias] *nm inv* galimatias *msg*
gallardía [gaʎar'ðia] *nf* (*en aspecto*) grâce *f* ; (*al actuar*) vaillance *f*
gallego, -a [ga'ʎeɣo, a] *adj* galicien(ne) ; (*AM*: *pey*) espagnol(e) ▶ *nm/f* Galicien(ne) ; (*AM*: *pey*) Espagnol(e) ▶ *nm* (*Ling*) galicien *m*
galleta [ga'ʎeta] *nf* biscuit *m* ; (*fam*: *bofetada*) baffe *f*
gallina [ga'ʎina] *nf* poule *f* ▶ *nm* (*fam*) poule mouillée ; **carne de ~** chair *f* de poule ; **~ ciega** colin-maillard *m* ; **~ clueca** poule pondeuse
gallinero [gaʎi'nero] *nm* poulailler *m* ; (*donde se vocea*) volière *f*
gallo ['gaʎo] *nm* coq *m* ; (*pescado*) limande *f* ; (*Mús*) couac *m* ; **en menos que canta un ~** en un clin d'œil ; **otro ~ nos cantara** ça serait tout autre chose
galón [ga'lon] *nm* galon *m*
galopar [galo'par] *vi* galoper
gama ['gama] *nf* gamme *f* ; (*Zool*) femelle *f* du daim
gamba ['gamba] *nf* crevette *f*
gamberro, -a [gam'berro, a] *nm/f* voyou *m*
gamuza [ga'muθa] *nf* chamois *msg* ; (*bayeta*) peau *f* de chamois
gana ['gana] *nf* (*deseo*) envie *f* ; (*apetito*) faim *f* ; **de buena/mala ~** volontiers/à contrecœur ; **me dan ~s de hacer** ça me donne envie de faire ; **tener ~s de (hacer)** avoir envie de (faire) ; **me quedé con las ~s de ir** j'y serais bien allé ; **no me da la (real) ~** je n'en ai pas envie ; **son ~s de molestar** c'est vraiment pour le plaisir d'embêter le monde ; **hacer algo con/sin ~s** faire qch volontiers/à contrecœur
ganadería [ganaðe'ria] *nf* bétail *m* ; (*cría*) élevage *m* ; (*comercio*) commerce *m* du bétail
ganado [ga'naðo] *nm* bétail *m* ; **~ bovino** *o* **vacuno** bovins *mpl* ; **~ caballar/cabrío**

cheveaux *mpl*/chèvres *fpl* ; **~ lanar/porcino** moutons *mpl*/porcs *mpl*

ganador, a [gana'ðor, a] *adj, nm/f* gagnant(e)

ganancia [ga'nanθja] *nf* gain *m* ; **ganancias** *nfpl* (*ingresos*) revenus *mpl* ; (*beneficios*) gains *mpl* ; **pérdidas y ~s** profits *mpl* et pertes ; **sacar ~ de** tirer profit de ; **~ bruta/líquida** bénéfice *m* brut/net ; **~s de capital** plus-values *fpl* (de capital)

ganar [ga'nar] *vt* gagner ; (*fama, experiencia*) acquérir ; (*premio*) remporter ; (*peso*) prendre ; (*apoyo*) s'assurer ▶ *vi* (*Deporte*) gagner ; (*mejorar*) améliorer ; **ganarse** *vpr*: **ganarse la vida** gagner sa vie ; **le gana en simpatía** il est plus sympathique ; **~ a algn para una causa** rallier qn à une cause ; **se lo ha ganado** il l'a bien mérité ; **~ tiempo** gagner du temps ; **salir ganando** sortir gagnant(e)

ganchillo [gan'tʃiʎo] *nm* crochet *m* ; **hacer ~** faire du crochet ; **aguja de ~** crochet

gancho ['gantʃo] *nm* crochet *m* ; (*fam: atractivo*) charme *m* ; **usar algo/a algn como ~** utiliser qch/qn comme appât

gandul, a [gan'dul, a] *adj, nm/f* feignant(e)

ganga ['ganga] *nf* affaire *f*

gangrena [gan'grena] *nf* gangrène *f*

gángster ['ganster] (*pl* **gángsters**) *nm* gangster *m*

ganso, -a ['ganso, a] *nm/f* jars (oie) ; (*fam*) pitre *m* ; **hacer el ~** faire l'imbécile

ganzúa [gan'θua] *nf* crochet *m*

garabatear [garaβate'ar] *vt* griffonner ▶ *vi* avoir une écriture de chat

garabato [gara'βato] *nm* gribouillage *m* ; **garabatos** *nmpl* (*escritura*) pattes *fpl* de mouche

garaje [ga'raxe] *nm* garage *m* ; **plaza de ~** place *f* de parking

garante [ga'rante] *adj, nm/f* garant(e)

garantía [garan'tia] *nf* garantie *f* ; **de máxima ~** garanti(e) à cent pour cent

garantizar [garanti'zar] *vt* garantir ; **te garantizo que no vendrá** je te garantis qu'il ne viendra pas

garbanzo [gar'βanθo] *nm* pois *msg* chiche ; **~ negro** (*fig*) brebis *fsg* galeuse

garbo ['garβo] *nm* allure *f* ; (*gracia*) grâce *f* ; **andar con ~** avoir une démarche élégante

garfio ['garfjo] *nm* (*Tec*) crochet *m* ; (*Alpinismo*) piton *m*

garganta [gar'ɣanta] *nf* gorge *f* ; **se me hizo un nudo en la ~** j'ai eu la gorge nouée

gargantilla [garɣan'tiʎa] *nf* collier *m*

gárgara ['garɣara] *nf* gargarisme *m* ; **hacer ~s** faire des gargarismes ; **¡vete a hacer ~s!** (*fam*) va te faire voir !

garita [ga'rita] *nf* guérite *f*

garra ['garra] *nf* griffe *f* ; (*de ave*) serre *f* ; **caer en las ~s de algn** tomber entre les griffes de qn

garrafa [ga'rrafa] *nf* carafe *f*

garrapata [garra'pata] *nf* tique *f*

garrote [ga'rrote] *nm* (*palo*) gourdin *m* ; (*porra*) massue *f* ; (*ejecución*) garrot *m*

garúa [ga'rua] (AM) *nf* bruine *f*

garza ['garθa] *nf* héron *m*

gas [gas] *nm* gaz *m* ; **gases** *nmpl* (*Med*) gaz *mpl* ; **a todo ~** plein gaz ; **~es lacrimógenos** gaz *mpl* lacrymogènes ; **~ natural** gaz *m* naturel

gasa ['gasa] *nf* gaze *f* ; (*de pañal*) couche *f*

gaseosa [gase'osa] *nf* limonade *f*

gaseoso, -a [gase'oso, a] *adj* gazeux(-euse)

gasoil [ga'soil], **gasóleo** [ga'soleo] *nm* gasoil *m*

gasolina [gaso'lina] *nf* essence *f*

gasolinera [gasoli'nera] *nf* station-service *f*

gastado, -a [gas'taðo, a] *adj* (*ropa*) usé(e) ; (*mechero*) fini(e) ; (*bolígrafo*) qui n'a plus d'encre ; (*fig: político*) dépassé(e)

gastar [gas'tar] *vt* dépenser ; (*malgastar*) gaspiller ; (*desgastar*) user ; (*usar*) porter ; (*fig: persona*) user ; **gastarse** *vpr* s'user ; **~ bromas** faire des blagues ; **¿qué número gastas?** quelle est ta pointure ?

gasto ['gasto] *nm* dépense *f* ; **gastos** *nmpl* (*desembolsos*) dépenses *fpl* ; (*costes*) frais *mpl* ; **cubrir ~s** couvrir les frais ; **meterse en ~s** se mettre en frais ; **~ corriente/fijo** (*Com*) dépenses courantes/frais fixes ; **~s de desplazamiento** frais de déplacement ; **~s de distribución/representación** (*Com*) frais de distribution/représentation ; **~s de mantenimiento** frais de maintenance ; **~s de tramitación** (*Com*) frais de

dossier ; **~s generales** frais généraux ; **~s vencidos** (*Com*) frais à payer
gastritis [gas'tritis] *nf* gastrite *f*
gastronomía [gastrono'mia] *nf* gastronomie *f*
gata ['gata] *nf ver* **gato**
gatear [gate'ar] *vi* marcher à quatre pattes
gatillo [ga'tiʎo] *nm* gâchette *f*
gato, -a ['gato, a] *nm/f* chat(te) ▸ *nm* (*Tec*) cric *m* ; **andar a gatas** marcher à quatre pattes ; **dar a algn ~ por liebre** rouler qn ; **aquí hay ~ encerrado** il y a anguille sous roche ; **~ de Angora** chat(te) angora ; **~ montés/siamés** chat sauvage/siamois
gauchada [gau'tʃaða] (*CSur: fam*) *nf* service *m*
gaviota [ga'βjota] *nf* mouette *f*
gay [gei] *adj, nm* homo *m*
gazpacho [gaθ'patʃo] *nm* gaspacho *m* (*soupe froide espagnole*)
gel [xel] *nm* (*de ducha*) gel *m* ; (*de baño*) bain *m* moussant
gelatina [xela'tina] *nf* gélatine *f*
gema ['xema] *nf* gemme *f*
gemelo, -a [xe'melo, a] *adj, nm/f* jumeau(-elle) ; **gemelos** *nmpl* (*de camisa*) boutons *mpl* de manchette ; (*anteojos*) jumelles *fpl* ; **~s de campo/de teatro** jumelles de campagne/de spectacle
gemido [xe'miðo] *nm* gémissement *m*
Géminis ['xeminis] *nm* (*Astrol*) Gémeaux *mpl* ; **ser ~** être Gémeaux
gemir [xe'mir] *vi* gémir
gen [xen] *nm* gène *m*
gendarme [xen'darme] (*esp* AM) *nm/f* gendarme *m/f*
gendarmería [xenðarme'ria] (*esp* AM) *nf* gendarmerie *f*
generación [xenera'θjon] *nf* génération *f* ; **tercera/cuarta** *etc* **~** (*Inform*) troisième/quatrième *etc* génération
general [xene'ral] *adj* général(e) ▸ *nm* général *m* ; **en** *o* **por lo ~** en général ; **~ de brigada/de división** général de brigade/de division
Generalitat [xenerali'tat] *nf gouvernement catalan*
generalizar [xenerali'θar] *vt, vi* généraliser ; **generalizarse** *vpr* se généraliser
generalmente [xene'ralmente] *adv* généralement
generar [xene'rar] *vt* (*energía*) générer ; (*interés*) susciter
género ['xenero] *nm* genre *m* ; (*Com*) article *m* ; **géneros** *nmpl* (*productos*) articles *mpl* ; **~ chico** (*zarzuela*) *comédie musicale espagnole* ; **~s de punto** tricots *mpl* ; **~ humano** genre humain ; **~ literario** genre littéraire
generosidad [xenerosi'ðað] *nf* générosité *f*
generoso, -a [xene'roso, a] *adj* généreux(-euse)
genética [xe'netika] *nf* génétique *f*
genial [xe'njal] *adj* (*artista, obra*) de génie ; (*fam: idea*) génial(e) ; (*: persona*) spirituel(le)
genio ['xenjo] *nm* tempérament *m* ; (*mal carácter*) mauvais caractère *m* ; (*persona, en cuentos*) génie *m* ; **tener mal ~** avoir mauvais caractère ; **tener un ~ vivo** être un peu vif (vive), être soupe *inv* au lait
genital [xeni'tal] *adj* génital(e) ▸ *nm*: **~es** organes *mpl* génitaux
genoma [xe'noma] *nm* génome *m*
genómica [xe'nomika] *nf* génomique *f*
gente ['xente] *nf* gens *mpl* ; (*fam: familia*) petite famille *f* ; (AM: *fam*): **una ~ como usted** quelqu'un comme vous ; **es buena ~** (*fam*) c'est quelqu'un de bien ; **~ baja/bien** petites gens *fpl*/gens aisés ; **~ de la calle** gens comme vous et moi ; **~ gorda** (*fig*) les grosses légumes *fpl* ; **~ menuda** les petits *mpl*
gentileza [xenti'leθa] *nf*: **tener la ~ de hacer** avoir la gentillesse de faire ; **por ~ de** avec l'aimable autorisation de
gentío [xen'tio] *nm* foule *f* ; **¡qué ~!** que de monde !
genuino, -a [xe'nwino, a] *adj* authentique
geografía [xeoɣra'fia] *nf* géographie *f*
geolocalizar [xeolokali'θar] *vt* géolocaliser
geología [xeolo'xia] *nf* géologie *f*
geometría [xeome'tria] *nf* géométrie *f*
geranio [xe'ranjo] *nm* géranium *m*
gerencia [xe'renθja] *nf* direction *f* ; (*cargo*) gérance *f*
gerente [xe'rente] *nm/f* (*supervisor*) gérant(e) ; (*jefe*) directeur(-trice)
geriatría [xerja'tria] *nf* gériatrie *f*
germen ['xermen] *nm* germe *m*
germinar [xermi'nar] *vi* germer

gestación *nf* gestation *f* ; **~ subrogada** GPA *f* (= *gestation pour autrui*)

gesticular [xestiku'lar] *vi* gesticuler ; (*hacer muecas*) faire des grimaces

gestión [xes'tjon] *nf* gestion *f* ; (*trámite*) démarche *f* ; **hacer las gestiones preliminares** faire les démarches préliminaires ; **~ de cartera/de riesgos** (*Com*) gestion de portefeuille/des risques ; **~ de personal** gestion du personnel ; **~ financiera** (*Com*) gestion financière ; **~ interna** (*Inform*) gestion des disques

gestionar [xestjo'nar] *vt* s'occuper de

gesto ['xesto] *nm* geste *m* ; (*mueca*) grimace *f* ; **hacer ~s** faire des gestes ; **hacer ~s a algn** faire de grands gestes à qn

Gibraltar [xiβral'tar] *nm* Gibraltar *m*

gibraltareño, -a [xiβralta'reɲo, a] *adj* de Gibraltar ▶ *nm/f* natif(-ive) *o* habitant(e) de Gibraltar

giga ['xiɣa] *nm* (*Inform*) giga *m*

gigante [xi'ɣante] *adj, nm/f* géant(e)

gigantesco, -a [xiɣan'tesko, a] *adj* gigantesque

gil, a [xil, 'xila] (*CSur: fam*) *nm/f* crétin(e)

gilipollas [xili'poʎas] (*fam!*) *adj inv, nm inv/nf inv* con(ne) (*fam!*)

gimnasia [xim'nasja] *nf* gymnastique *f* ; **hacer ~** faire de la gymnastique

gimnasio [xim'nasjo] *nm* gymnase *m*

gimnasta [xim'nasta] *nm/f* gymnaste *m/f*

gimotear [ximote'ar] *vi* pleurnicher

Ginebra [xi'neβra] *n* Genève

ginebra [xi'neβra] *nf* gin *m*

ginecólogo, -a [xine'koloɣo, a] *nm/f* gynécologue *m/f*

gira ['xira] *nf* excursion *f* ; (*de grupo*) tournée *f*

girar [xi'rar] *vt* (*hacer girar*) faire tourner ; (*dar la vuelta*) tourner ; (*giro postal, letra de cambio*) virer ▶ *vi* tourner ; **~ (a/hacia)** (*torcer*) virer (à) ; **~ en torno a** (*conversación*) tourner autour de ; **~ alrededor de algo** tourner autour de qch ; **~ en descubierto** être à découvert

girasol [xira'sol] *nm* tournesol *m*

giratorio, -a [xira'torjo, a] *adj* tournant(e), pivotant(e)

giro ['xiro] *nm* tour *m* ; (*Com*) virement *m* ; (*tb*: **giro postal**) mandat *m* (postal) ; **dar un ~** tourner ; **dar un ~ de 180 grados** (*fig*) faire un virage à 180 degrés ; **~ a la vista** (*Com*) virement à vue ; **~ bancario** virement bancaire

gis [xis] (*Méx*) *nm* craie *f*

gitano, -a [xi'tano, a] *adj* gitan(e) ▶ *nm/f* Gitan(e)

glacial [gla'θjal] *adj* (*zona*) glaciaire ; (*frío, fig*) glacial(e)

glaciar [gla'θjar] *nm* glacier *m*

glándula ['glandula] *nf* glande *f*

global [glo'βal] *adj* global(e)

globalización [gloβaliθa'θjon] *nf* mondialisation *f*

globalizado, -a [gloβali'θaðo, a] *adj* mondialisé(e)

globo ['gloβo] *nm* globe *m* ; (*para volar, juguete*) ballon *m* ; **~ ocular** globe oculaire ; **~ terráqueo** *o* **terrestre** globe terrestre

glóbulo ['gloβulo] *nm*: **~ blanco/rojo** globule *m* blanc/rouge

gloria ['glorja] *nf* gloire *f* ; (*Rel*) paradis *m* ; **estar en la ~** être aux anges ; **es una ~** (*fam*) quel délice ; **saber a ~** être délicieux(-euse)

glorieta [glo'rjeta] *nf* (*de jardín*) tonnelle *f* ; (*Auto, plaza*) rond-point *m*

glorificar [glorifi'kar] *vt* glorifier

glorioso, -a [glo'rjoso, a] *adj* glorieux(-euse)

glosario [glo'sarjo] *nm* glossaire *m*

glotón, -ona [glo'ton, ona] *adj, nm/f* glouton(ne)

glucosa [glu'kosa] *nf* glucose *m*

gobernador, a [goβerna'ðor, a] *nm/f* gouverneur *m* ; **G~ civil** *représentant du gouvernement au niveau local* ; **G~ militar** gouverneur militaire

gobernante [goβer'nante] *adj, nm/f* gouvernant(e)

gobernar [goβer'nar] *vt* gouverner ; (*nave*) piloter ; (*fam*) dominer ▶ *vi* gouverner ; (*Náut*) piloter

gobierno [go'βjerno] *vb ver* **gobernar** ▶ *nm* gouvernement *m* ; (*Náut*) pilotage *m* ; **G~ Vasco/de Aragón** gouvernement basque/d'Aragon ; **G~ Civil** *institution représentant le gouvernement au niveau local*

goce ['goθe] *vb ver* **gozar** ▶ *nm* jouissance *f*

gol [gol] *nm* but *m* ; **meter un ~** marquer un but

golf [golf] *nm* golf *m*
golfa ['golfa] (*fam*) *nf* pute *f* (*fam!*)
golfo[1], -a ['golfo, a] *nm/f* voyou *m* ; (*hum: pillo*) fripon(ne)
golfo[2] ['golfo] *nm* golfe *m*
golondrina [golon'drina] *nf* hirondelle *f*
golosina [golo'sina] *nf* friandise *f* ; (*caramelo*) bonbon *m*
goloso, -a [go'loso, a] *adj* gourmand(e) ; (*empleo*) alléchant(e)
golpe ['golpe] *nm* coup *m* ; **no dar ~** ne pas en ficher une rame ; **dar el ~** faire sensation ; **darse un ~** se cogner ; **de un ~** en un clin d'œil ; **de ~ y porrazo** tout d'un coup ; **cerrar una puerta de ~** claquer la porte ; **~ bajo** coup bas ; **~ de fortuna/de maestro** coup du destin/de maître ; **~ de gracia** coup de grâce ; **~ de tos** quinte *f* de toux
golpear [golpe'ar] *vt* frapper, heurter ▸ *vi* cogner ; (*lluvia*) tomber dru ; (*puerta*) battre ; **golpearse** *vpr* se cogner
golpiza [gol'piθa] (AM) *nf* volée *f* de coups
goma ['goma] *nf* gomme *f* ; (*gomita, Costura*) élastique *m* ; **~ de mascar** chewing-gum *m* ; **~ de pegar** colle *f* ; **~ dos** (*explosivo*) plastic *m*
góndola ['gondola] *nf* gondole *f* ; (*And, Chi*) bus *msg*
googlear [guɣle'ar] *vt* googler
gordo, -a ['gorðo, a] *adj* gros(se) ; (*libro, tela*) épais(se) ; (*fam: problema*) gros(se) ; (*accidente*) grave ▸ *nm/f*, gros(se) ▸ *nm* (*tb:* **premio gordo**) gros lot *m* ; (*de la carne*) gras *msg* ; **¡~!** (*Chi: fam*) chéri(e) ! ; **ese tipo me cae ~** ce type ne me revient pas

> **El Gordo** désigne le gros lot attribué au tirage de la loterie nationale espagnole (*Lotería Nacional*), en particulier à Noël. Le tirage au sort exceptionnel (*Sorteo Extraordinario de Navidad*) du 22 décembre atteint une valeur de plusieurs millions d'euros.

gordura [gor'ðura] *nf* excès *m* de poids ; (*grasa*) graisse *f*
gorila [go'rila] *nm* gorille *m* ; (*CSur: fam: jefe militar*) chef *m/f*
gorjear [gorxe'ar] *vi* triller
gorra ['gorra] *nf* casquette *f* ; (*de niño*) bonnet *m* ; **de ~** (*sin pagar*) à l'œil ; **~ de montar** bombe *f* ; **~ de paño** béret de laine ; **~ de visera** casquette à visière
gorrión [go'rrjon] *nm* moineau *m*
gorro ['gorro] *nm* bonnet *m* ; **estoy hasta el ~** j'en ai par-dessus la tête ; **~ de baño** bonnet de bain ; **~ de punto** bonnet tricoté
gorrón, -ona [go'rron, ona] *nm/f* parasite *m/f*
gota ['gota] *nf* goutte *f* ; **gotas** *nfpl* (*de medicamento*) gouttes *fpl* ; **una ~, unas ~s** (*un poco*) une goutte ; **~ a ~** (*adv: caer*) goutte à goutte (*nm inv: Med*) goutte-à-goutte *m inv* ; **ni ~** rien ; **la ~ que colma el vaso** la goutte d'eau qui fait déborder le vase ; **como dos ~s de agua** comme deux gouttes d'eau ; **caer unas** *o* **cuatro ~s** tomber deux ou trois gouttes
gotear [gote'ar] *vi* goutter ; (*lloviznar*) pleuvioter
gotera [go'tera] *nf* gouttière *f* ; (*mancha*) tache *f* d'humidité
gozar [go'θar] *vi* jouir ; **~ de** jouir de ; **~ con algo** jouir de qch ; **~ haciendo algo** éprouver un immense plaisir à faire qch
gozne ['goθne] *nm* gond *m*
gozo ['goθo] *nm* (*alegría*) plaisir *m* ; (*placer*) jouissance *f* ; **¡mi ~ en un pozo!** adieu veau, vache, cochon, couvée !
GPS *nm abr* (= *Global Positioning System*) GPS *m*
gr *abr* (= *gramo(s)*) g (= *gramme(s)*)
grabación [graβa'θjon] *nf* enregistrement *m*
grabado, -a [gra'βaðo, a] *adj* (*Mús*) enregistré(e) ▸ *nm* gravure *f* ; **~ al agua fuerte** gravure à l'eau-forte ; **~ en cobre/madera** gravure sur cuivre/bois
grabadora [graβa'ðora] *nf* magnétophone *m* ; **~ de CD/DVD** graveur *m* de CD/DVD
grabar [gra'βar] *vt* (*en piedra, Arte*) graver ; (*discos, en video, Inform*) enregistrer ; **lo tengo grabado en la memoria** ça reste gravé dans ma mémoire
gracia ['graθja] *nf* grâce *f* ; (*chiste*) plaisanterie *f* ; (: *irónico*) plaisanterie lourde ; (*humor*) humour *m* ; **¡muchas ~s!** merci beaucoup ! ; **~s a** grâce à ; **¡~s a Dios!** grâce à Dieu ! ; **caerle en ~ a algn** être dans les bonnes grâces de qn ; **tener ~** (*chiste etc*) être drôle ; (*irónico*) être très drôle ; **¡qué ~!** (*gracioso*) comme c'est drôle ! ; (*irónico*) très drôle ! ; **no me hace ~**

(hacer) ça ne m'amuse pas (de faire) ; **dar las ~s a algn por algo** remercier qn de *o* pour qch

gracioso, -a [gra'θjoso, a] *adj* drôle ▸ *nm/f* (*Teatro*) bouffon(ne) ; **su graciosa Majestad** sa gracieuse Majesté ; **¡qué ~!** (*irónico*) très drôle ! ; **es ~ que ...** c'est curieux que ...

grada ['graða] *nf* marche *f* ; **gradas** *nfpl* (*de estadio*) gradins *mpl*

gradería [graðe'ria] *nf* gradins *mpl* ; **~ cubierta** stade *m* couvert

grado ['graðo] *nm* degré *m* ; (*Escol*) classe *f* ; (*Univ*) titre *m* ; (*Mil*) grade *m* ; **de buen ~** de bon gré ; **quemaduras de primer/segundo ~** brûlures *fpl* au premier/second degré ; **tercer ~ (penitenciario)** (*Esp*) régime de semi-liberté ; **en sumo ~** au plus haut degré ; **~ centígrado/Fahrenheit** degré centigrade/Fahrenheit

graduación [graðwa'θjon] *nf* (*medición en grados*) gradation *f* ; (*escala*) échelle *f* ; (*del alcohol*) degré *m* ; (*Univ*) remise *f* du diplôme ; (*Mil*) grade *m* ; **de alta ~** de haut rang

graduado, -a [gra'ðwaðo, a] *adj* gradué(e) ▸ *nm/f* (*Univ*) diplômé(e) ▸ *nm* : **~ escolar** ≈ brevet *m* des collèges ; **~ social** ≈ B.T.S. *m* d'assistance sociale

gradual [gra'ðwal] *adj* progressif(-ive)

graduar [gra'ðwar] *vt* graduer ; (*volumen*) mesurer ; (*Mil*) : **~ a algn de** conférer à qn le grade de ; **graduarse** *vpr* (*Univ*) être diplômé(e) ; (*Mil*) : **graduarse (de)** obtenir son grade (de) ; **graduarse la vista** se faire vérifier la vue

gráfica ['grafika] *nf* courbe *f* ; **~ de temperatura** (*Med*) courbe de température

gráfico, -a ['grafiko, a] *adj* graphique ; (*revista*) d'art ; (*expresivo*) vivant(e) ▸ *nm* graphique *m* ; **gráficos** *nmpl* (*tb Inform*) graphiques *mpl* ; **~ de barras** graphique à barres ; **~ de sectores** *o* **de tarta** camembert *m* ; **~s empresariales** graphiques de l'entreprise

gragea [gra'xea] *nf* (*Med*) pilule *f* ; (*caramelo*) dragée *f*

grajo ['graxo] *nm* freux *m*

Gral. *abr* (*Mil* : = *General*) gal (= *Général*)

gramática [gra'matika] *nf* grammaire *f* ; *ver tb* **gramático**

gramatical [gramati'kal] *adj* grammatical(e)

gramático, -a [gra'matiko, a] *nm/f* grammairien(ne)

gramo ['gramo] *nm* gramme *m*

gran [gran] *adj ver* **grande**

granada [gra'naða] *nf* grenade *f* ; **~ de mano** grenade à main

granadilla [grana'ðiʎa] (AM) *nf* fruit *m* de la passion

granate [gra'nate] *adj* grenat *adj inv* ▸ *nm* grenat *m*

Gran Bretaña [grambre'taɲa] *nf* Grande-Bretagne *f*

grande ['grande] *adj* grand(e) ; (*Arg* : *fam* : *gracioso*) rigolo(te) ▸ *nm* grand *m* ; **gran miedo** grand peur ; **¿cómo es de ~?** c'est grand comment ? ; **a lo ~** en grande pompe ; **pasarlo en ~** prendre son pied ; **los zapatos le están** *o* **quedan ~s** ces chaussures sont trop grandes pour lui

grandeza [gran'deθa] *nf* grandeur *f*

grandioso, -a [gran'djoso, a] *adj* grandiose

granel [gra'nel] *nm* : **a ~** (*Com*) en vrac

granero [gra'nero] *nm* grenier *m*

granito [gra'nito] *nm* granit *m* ; **poner/aportar su ~ de arena** apporter sa modeste contribution

granizado [grani'θaðo] *nm* granité *m* ; **~ de café** granité de café *o* au café

granizar [grani'θar] *vi* grêler

granizo [gra'niθo] *nm* grêle *f*

granja ['granxa] *nf* ferme *f* ; **~ avícola** ferme avicole

granjear [granxe'ar] *vt* (*amistad, simpatía*) gagner ; **granjearse** *vpr* gagner

granjero, -a [gran'xero, a] *nm/f* fermier(-ière)

grano ['grano] *nm* grain *m* ; (*Med*) bouton *m* ; **ir al ~** aller droit au but

granuja [gra'nuxa] *nm/f* (*bribón*) fripouille *f* ; (*golfillo*) filou(te)

granular [granu'lar] *adj* granulaire

grapa ['grapa] *nf* agrafe *f* ; (*CSur* : *aguardiente barato*) tord-boyaux *m inv*

grapadora [grapa'ðora] *nf* agrafeuse *f*

grasa ['grasa] *nf* graisse *f* ; (*sebo*) gras *m* ; **grasas** *nfpl* (*de persona*) graisse ; **~ de ballena/de pescado** graisse de baleine/de poisson

grasiento, -a [gra'sjento, a] *adj* gras(se) ; (*sucio*) graisseux(-euse)

graso, -a ['graso, a] *adj* gras(se)
grasoso, -a [gra'soso, a] (AM) *adj* graisseux(-euse)
gratificación [gratifika'θjon] *nf* gratification *f*
gratificar [gratifi'kar] *vt* (*recompensar*) gratifier ; **«se gratificará»** «récompense»
gratis ['gratis] *adj inv, adv* gratis *inv*
gratitud [grati'tuð] *nf* gratitude *f*
grato, -a ['grato, a] *adj* agréable ; **ser ~ de hacer** être heureux(-euse) de faire ; **nos es ~ informarle que ...** nous sommes heureux de vous informer que ... ; **persona non-grata** persona *f* non grata
gratuito, -a [gra'twito, a] *adj* gratuit(e)
gravamen [gra'βamen] *nm* (*carga*) poids *msg* ; (*impuesto*) servitude *f*, hypothèque *f* ; **libre de ~** (*Econ*) non grevé(e) d'hypothèque
gravar [gra'βar] *vt* (*Jur*: *propiedad*) grever ; **~ (con impuesto)** (*producto*) imposer
grave ['graβe] *adj* grave ; **estar ~** être dans un état grave ; **herida ~** blessure *f* grave
gravedad [graβe'ðað] *nf* gravité *f*
gravilla [gra'βiʎa] *nf* gravillon *m*
gravitar [graβi'tar] *vi* graviter ; **~ sobre algn** peser sur qn
graznar [graθ'nar] *vi* (*cuervo*) croasser ; (*pato*) cancaner
Grecia ['greθja] *nf* Grèce *f*
gremio ['gremjo] *nm* corporation *f*
greña ['greɲa] *nf* (*tb*: **greñas**) tignasse *f* ; **andar a la ~** se disputer
gresca ['greska] *nf* altercation *f*
griego, -a ['grjeɣo, a] *adj* grec(que) ▶ *nm/f* Grec(que) ▶ *nm* (*Ling*) grec *m*
grieta ['grjeta] *nf* (*en pared, madera*) fissure *f* ; (*en terreno, Med*) crevasse *f*
grifo ['grifo] *nm* robinet *m* ; (*And*) station-service *f*
grilletes [gri'ʎetes] *nmpl* fers *mpl*
grillo ['griʎo] *nm* grillon *m* ; **grillos** *nmpl* (*de preso*) fers *mpl*
gringo, -a ['gringo, a] (AM: *pey*) *adj* (*extranjero*) étranger(-ère) ; (*norteamericano, idioma*) ricain(e) ▶ *nm/f* (*extranjero*) étranger(-ère) ; (*norteamericano*) Ricain(e)
gripa ['gripa] (AM) *nf* = **gripe**
gripe ['gripe] *nf* grippe *f* ; **~ aviar** grippe *f* aviaire ; **~ porcina** grippe *f* porcine
gris [gris] *adj* gris(e) ; (*vida*) triste ; (*personaje*) terne ; (*estudiante*) médiocre ▶ *nm* gris *msg* ; **~ marengo/perla** gris anthracite/perle
gritar [gri'tar] *vt, vi* crier ; **¡no (me) grites!** ne crie pas (après moi) !
grito ['grito] *nm* cri *m* ; **a ~ pelado** en hurlant ; **a ~s** en criant ; **dar ~s** pousser des cris ; **poner el ~ en el cielo** pousser des hauts cris ; **es el último ~** (*de moda*) c'est le dernier cri
grosella [gro'seʎa] *nf* groseille *f* ; **~ negra** cassis *msg*
grosería [grose'ria] *nf* grossièreté *f*
grosero, -a [gro'sero, a] *adj* grossier(-ière)
grosor [gro'sor] *nm* grosseur *f*
grotesco, -a [gro'tesko, a] *adj* grotesque
grúa ['grua] *nf* grue *f* ; (*para vehículos averiados*) dépanneuse *f* ; (*para vehículos mal aparcados*) fourrière *f* ; **~ corrediza** *o* **móvil** pont *m* roulant ; **~ de pescante** grue à flèche ; **~ de torre** grue de chantier ; **~ puente** grue à chevalet
grueso, -a ['grweso, a] *adj* épais(se) ; (*persona*) corpulent(e) ; (*mar*) fort(e) ▶ *nm* grosseur *f* ; **el ~ de** le gros de
grulla ['gruʎa] *nf* grue *f*
grumo ['grumo] *nm* grumeau *m*
gruñido [gru'ɲiðo] *nm* grognement *m*
grupa ['grupa] *nf* (*Zool*) croupe *f*
grupo ['grupo] *nm* groupe *m* ; **~ de presión** groupe de pression ; **~ sanguíneo** groupe sanguin
gruta ['gruta] *nf* grotte *f*
guacamayo [gwaka'majo] (AM) *nm* perroquet *m*
guacamole [gwaka'mole] (AM) *nm* guacamole *m*
guachada [gwa'tʃaða] (*Arg*: *fam*) *nf* vacherie *f*
guacho, -a ['gwatʃo, a] (*And, CSur*) *nm/f* orphelin(e) ; (*hijo natural*) fils (fille) naturel(le)
guadaña [gwa'ðaɲa] *nf* faux *f*
guagua ['gwaɣwa] *nf* (*Ant, Canarias*) autobus *msg* ; (*And, CSur*) bébé *m*
guajiro, -a [gwa'xiro, a] (*Carib, Col*) *adj, nm/f* paysan(ne)
guajolote [gwajo'lote] (*Méx*) *nm* dindon *m*

guanábana [gwa'naβana] (*AM*) *nf* corossol *m*

guanaco [gwa'nako] (*AM*) *nm* guanaco *m*

guante ['gwante] *nm* gant *m* ; **se ajusta como un ~** il te/lui *etc* va comme un gant ; **más suave que un ~** doux (douce) comme un agneau ; **arrojar el ~ a algn** jeter le gant à qn ; **echar el ~ a algn** prendre qn au collet ; **con ~ blanco** (*fig*) en prenant des gants ; **~s de goma** gants de caoutchouc

guantera [gwan'tera] *nf* (*Auto*) boîte *f* à gants

guapo, -a ['gwapo, a] *adj* beau (belle) ▸ *nm* (*And*: *fam*) beau gosse *m* ; **estar ~** être beau (belle) ; **¡ven, ~!** (*a niños*) viens, mon mignon ! ; **¿quién será el ~ que se atreva?** alors, qui est chiche d'y aller ?

guarangada [gwaran'gaða] (*CSur*) *nf* grossièreté *f*

guarda ['gwarða] *nm/f* gardien(ne) ▸ *nf* garde *f* ; **~ forestal** garde *m/f* forestier(-ière) ; **~ jurado** vigile *m*

guardabosques [gwarda'βoskes] *nm inv/nf inv* garde *m/f* forestier(-ière)

guardacostas [gwarda'kostas] *nm/f inv* garde-côte *m/f*

guardaespaldas [gwardaes'paldas] *nm inv/nf inv* garde *m/f* du corps

guardameta [gwarða'meta] *nm/f* gardien(ne) de but

guardar [gwar'ðar] *vt* garder ; (*poner*: *en su sitio*) mettre ; (: *en sitio seguro*) ranger ; (*ley*) observer ; **guardarse** *vpr* garder ; (*ocultar*) garder (pour soi): **guardarse de** se garder de ; **~ cama/silencio** garder le lit/le silence ; **~ el sitio** (*en cola*) garder la place ; **~ las apariencias** sauver les apparences ; **guardarse de hacer** (*abstenerse*) se garder de faire ; **se la tengo guardada** il me le paiera

guardarropa [gwarða'rropa] *nm* (*armario*) armoire *f* ; (*en establecimiento público*) vestiaire *m* ; (*ropas*) garde-robe *f*

guardería [gwarðe'ria] *nf* crèche *f*

guardia ['gwarðja] *nf* garde *f* ▸ *nm/f* (*de tráfico, municipal etc*) agent(e) ; (*policía*) policier (femme policier) ; **estar de ~** être de garde ; **estar/ponerse en ~** être sur ses gardes/se mettre en garde ; **montar ~** monter la garde ; **la G~ Civil** *la Garde Civile espagnole* ; **un ~ civil** ≈ un gendarme ; **~ de tráfico** agent(e) de la circulation ; **~ municipal** *o* **urbana** agent(e) de police ; **G~ Nacional** (*Nic, Pan*) ≈ gendarmerie *f* nationale

> La **Guardia Civil** reste présente dans toute l'Espagne, mais dans les *comunidades* où la police régionale assure la sécurité des citoyens, l'ordre public et la circulation routière, elle a réduit ses effectifs et se consacre à la surveillance intérieure des ports et des aéroports, des côtes et des frontières, au contrôle d'armes et d'explosifs, ainsi qu'à la lutte contre la contrebande et la fraude fiscale.

guardián, -ana [gwar'ðjan, ana] *nm/f* gardien(ne)

guarecer [gware'θer] *vt* héberger ; **guarecerse** *vpr*: **guarecerse (de)** s'abriter (de)

guarida [gwa'riða] *nf* abri *m* ; (*fig*: *de delincuentes*) repaire *m*

guarnecer [gwarne'θer] *vt* garnir ; (*Tec*) revêtir ; (*Mil*) doter d'une garnison

guarnición [gwarni'θjon] *nf* (*de vestimenta*) ornement *m* ; (*de piedra preciosa*) chaton *m* ; (*Culin*) garniture *f* ; (*arneses*) harnachement *m* ; (*Mil*) garnison *f*

guarro, -a ['gwarro, a] *adj* (*fam*) sale ▸ *nm/f* cochon (truie) ; (*fam*: *persona*) cochon(ne)

guarura [gwa'rura] (*Méx*: *fam*) *nm* gorille *m*

guasa ['gwasa] *nf* blague *f* ; **con** *o* **de ~** pour rire

guasón, -ona [gwa'son, ona] *adj, nm/f* blagueur(-euse)

Guatemala [gwate'mala] *nf* Guatemala *m*

gubernativo, -a [guβerna'tiβo, a] *adj* du gouvernement

güero, -a ['gwero, a] (*esp Méx*) *adj, nm/f* roux (rousse)

guerra ['gerra] *nf* guerre *f* ; **~ a muerte** guerre à mort ; **Primera/Segunda G~ Mundial** Première/Deuxième Guerre mondiale ; **estar en ~** être en guerre ; **dar ~** donner du fil à retordre ; **~ atómica/bacteriológica/nuclear/psicológica** guerre atomique/bactériologique/nucléaire/psychologique ; **~ civil/fría** guerre civile/froide ; **~ de guerrillas** guérilla *f*, guerre de partisans ; **~ de precios** (*Com*) guerre des prix

guerrear [gerre'ar] *vi* guerroyer

guerrero, -a [ge'rrero, a] *adj* de guerre ; (*carácter*) guerrier(-ière) ▶ *nm/f* guerrier(-ière)

guerrilla [ge'rriʎa] *nf* guérilla *f*

guerrillero, -a [gerri'ʎero, a] *nm/f* guérilléro *m*

guía ['gia] *vb ver* **guiar** ▶ *nm/f* (*persona*) guide *m/f* ▶ *nf* (*libro*) guide *m* ; (*Bot*) branche *f* mère ; (*Inform*) message *m* ; **~ de ferrocarriles** horaire *m* des trains ; **~ telefónica** annuaire *m* ; **~ turística** (*libro*) guide *m* touristique ; **~ turístico(a)** (*persona*) guide *m/f*

guiar [gi'ar] *vt* guider ; (*Auto*) diriger ; **guiarse** *vpr*: **guiarse por** suivre

guijarro [gi'xarro] *nm* caillou *m*

guillotina [giʎo'tina] *nf* guillotine *f* ; (*para papel*) coupe-papier *m inv*

guinda ['ginda] *nf* griotte *f*

guindilla [gin'diʎa] *nf* piment *m*

guineo [gi'neo] (*And, CAm, Perú*) *nm* banane *f*

guiñapo [gi'ɲapo] *nm* (*harapo*) haillon *m* ; (*persona*) chiffe *f* molle ; **estar hecho un ~** être lessivé

guiñar [gi'ɲar] *vt* cligner de

guión [gi'on] *nm* (*Ling*) tiret *m* ; (*esquema*) plan *m* ; (*Cine*) scénario *m* ; **~ bajo** tiret bas

guionista [gjo'nista] *nm/f* scénariste *m/f*

guiri ['giri] (*fam*) *nm/f* étranger(-ère)

guirnalda [gir'nalda] *nf* guirlande *f*

guisado [gi'saðo] *nm* ragoût *m*

guisante [gi'sante] *nm* petit pois *msg*

guisar [gi'sar] *vt, vi* faire cuire ; (*fig*) tramer

guiso ['giso] *nm* ragoût *m*

guitarra [gi'tarra] *nf* guitare *f*

gula ['gula] *nf* gloutonnerie *f*

gurí [gu'ri] (*pl* **gurises**) (*CSur: fam*) *nm/f* (*chiquillo*) gosse *m/f*

gusano [gu'sano] *nm* vers *m* ; (*de mariposa, pey*) larve *f* ; (*CU: pey*) *réfugié cubain* ; **~ de seda** ver à soie

gustar [gus'tar] *vt* goûter ▶ *vi* plaire ; **~ de hacer** prendre plaisir à faire ; **me gustan las uvas** j'aime le raisin ; **le gusta nadar** il aime nager ; **me gusta ese chico/esa chica** j'aime bien ce garçon/cette fille ; **¿usted gusta?** vous en prendrez bien ? ; **como usted guste** comme il vous plaira

También se puede decir:

J'aime les gâteaux. (*Me gustan ...*)
J'adore sortir en boîte. (*Me encanta ...*)
La visite des vignobles m'a beaucoup plu. (*Me gustó mucho ...*)

Je déteste la chimie. (*Odio ...*)
J'ai horreur du sport. (*Odio ...*)
Sa façon d'agir ne me plaît pas du tout. (*No me gusta nada ...*)

gusto ['gusto] *nm* goût *m* ; (*agrado, placer*) plaisir *m* ; (*afición*) intérêt *m* ; **a su** *etc* **~** à votre *etc* aise ; **hacer algo con ~** faire qch avec plaisir ; **dar ~ a algn** faire plaisir à qn ; **que da ~** bien agréable ; **tiene un ~ amargo** ça a un goût amer ; **tener buen/mal ~** avoir bon/mauvais goût ; **sobre ~s no hay nada escrito** chacun ses goûts ; **de buen/mal ~** de bon/mauvais goût ; **darse el ~ de hacer algo** se faire le plaisir de faire qch ; **estar/sentirse a ~** être/se sentir à l'aise ; **¡mucho** *o* **tanto ~ (en conocerle)!** enchanté(e) *o* ravi(e) de faire votre connaissance ! ; **el ~ es mío** tout le plaisir est pour moi ; **coger** *o* **tomar ~ a algo** prendre goût à qch

gustoso, -a [gus'toso, a] *adj* savoureux(-euse) ; **aceptar ~** accepter avec joie

h

ha¹ *abr* (= *hectárea(s)*) ha (= *hectare(s)*)
ha² [a] *vb ver* **haber**
haba ['aβa] *nf* fève *f*; **en todas partes cuecen ~s** ça peut arriver à tout le monde
Habana [a'βana] *n*: **La ~** la Havane
habano [a'βano] *nm* havane *m*
habéis [a'beis] *vb ver* **haber**

haber [a'βer]

▸ *vb aux* **1** (*tiempos compuestos*) avoir ; (*con verbos pronominales y de movimiento*) être ; **he/había comido** j'ai/j'avais mangé ; **antes/después de haberlo visto** avant/après l'avoir vu ; **si lo hubiera sabido, habría ido** si j'avais su, j'y serais allé ; **se ha sentado** il s'est assis ; **ella había salido** elle était sortie ; **¡haberlo dicho antes!** il fallait le dire plus tôt !
2: **haber de** (+ *infin*): **he de hacerlo** je dois le faire ; **ha de llegar mañana** il doit arriver demain ; **no ha de tardar** (AM) il arrivera bientôt ; **has de estar loco** (AM) tu dois être tombé sur la tête
▸ *vb impers* **1** (*existencia*) avoir ; **hay un hermano/dos hermanos** il y a un frère/deux frères ; **¿cuánto hay de aquí a Sucre?** il y a combien d'ici à Sucre ? ; **habrá unos 4° (de temperatura)** il doit faire 4° ; **no hay cintas blancas, pero sí las hay rojas** il n'y a pas de rubans blancs, mais il y en a des rouges ; **¡no hay quien le entienda!** il est incompréhensible ! ; **no hay nada como un buen filete** il n'y a rien de tel qu'un bon filet
2 (*tener lugar*): **hubo mucha sequía/una guerra** il y a eu une grande sécheresse/une guerre ; **¿hay partido mañana?** il y a un match demain ?
3: **¡no hay de** *o* (AM) **por qué!** il n'y a pas de quoi !
4: **¿qué hay?** (*¿qué pasa?*) qu'est-ce qu'il y a ? ; (*¿qué tal?*) ça va ? ; **¡qué hubo!, ¡qué húbole!** (*esp Méx, Chi: fam*) salut !
5 (*haber que + infin*): **hay que apuntarlo para acordarse** il faut le noter pour s'en souvenir ; **habrá que decírselo** il faudra le lui dire
6: **¡hay que ver!** il faut voir !
7: **he aquí las pruebas** voici les preuves
8: **¡habráse visto!** (*fam*) eh bien dis *o* dites donc ! ; **¡hubiera visto ...!** (*Méx*: *si hubiera visto*) si vous aviez vu ... !
▸ **haberse** *vpr*: **voy a habérmelas con él** je vais m'expliquer avec lui
▸ *nm* (*Com*) crédit *m* ; **¿cuánto tengo en el haber?** j'ai combien sur mon compte ? ; **tiene varias novelas en su haber** il a plusieurs romans à son actif
▸ **haberes** *nmpl* avoirs *mpl*

habichuela [aβi'tʃwela] *nf* haricot *m*
hábil ['aβil] *adj* habile ; **día ~** jour *m* ouvrable
habilidad [aβili'ðað] *nf* habileté *f*; **habilidades** *nfpl* (*aptitudes*) aptitudes *fpl* ; **tener ~ manual** être habile de ses mains
habilitar [aβili'tar] *vt* (*autorizar, Jur*) habiliter ; (*financiar*) financer ; **~ (para)** (*casa, local*) aménager (pour) ; **~ a algn para hacer** habiliter qn à faire
hábilmente ['aβilmente] *adv* habilement
habitación [aβita'θjon] *nf* pièce *f* ; (*dormitorio*) chambre *f*; **~ doble** *o* **de matrimonio** chambre double ; **~ sencilla** *o* **individual** chambre simple
habitante [aβi'tante] *nm/f* habitant(e)
habitar [aβi'tar] *vt, vi* habiter
hábito ['aβito] *nm* (*costumbre*) habitude *f*; (*traje*) habit *m* ; **tener el ~ de hacer algo** avoir l'habitude de faire qch
habitual [aβi'twal] *adj* habituel(le)
habituar [aβi'twar] *vt*: **~ a algn a (hacer)** habituer qn à (faire) ; **habituarse** *vpr*: **habituarse a (hacer)** s'habituer à (faire)
habla ['aβla] *nf* (*capacidad de hablar*) parole

f; (*forma de hablar*) langage *m*; (*dialecto*) parler *m*; **perder el ~** perdre l'usage de la parole; **de ~ francesa/española** de langue française/espagnole; **estar/ponerse al ~** être en train de parler/se mettre à parler; **estar al ~** (*Telec*) être à l'appareil; **¡González al ~!** (*Telec*) González à l'appareil!

hablador, a [aβla'ðor, a] *adj, nm/f* bavard(e)

habladuría [aβlaðu'ria] *nf* commérage *m*; **habladurías** *nfpl* (*chismes*) commérages *mpl*

hablante [a'βlante] *nm/f* (*Ling*) locuteur(-trice); **los ~s de catalán** les personnes parlant catalan

hablar [a'βlar] *vt, vi* parler; **hablarse** *vpr* se parler; **hablarlo (con algn)** en parler (avec qn); **~ con** parler avec; **¡ya puede ~!** (*Telec*) à vous!; **¡ni ~!** pas question!; **~ alto/claro** parler fort/clairement; **dar que ~** faire jaser; **~ por los codos** bavarder comme une pie; **~ entre dientes** marmonner; **~ de** parler de; **~ mal/bien de algn** dire du mal/du bien de qn; **~ de tú/de usted** tutoyer/vouvoyer; **«se habla francés»** «on parle français»; **no se hablan** ils ne se parlent plus; **no me hablo con mi hermana** je ne parle plus à ma sœur

habré *etc* [a'βre] *vb ver* **haber**

hacendoso, -a [aθen'doso, a] *adj* travailleur(-euse)

hacer [a'θer]

▸ *vt* 1 (*producir, ejecutar*) faire; **hacer una película/un ruido** faire un film/un bruit; **hacer la compra** faire les courses; **hacer la comida** faire à manger; **hacer la cama** faire le lit

2 (*obrar*) faire; **¿qué haces?** qu'est-ce que tu fais?; **eso no se hace** ça ne se fait pas; **¡así se hace!** c'est comme ça que l'on fait!; **¡bien hecho!** bravo!; **¿cómo has hecho para llegar tan rápido?** comment as-tu fait pour arriver si vite?; **no hace más que criticar** il ne fait que critiquer; **¡eso está hecho!** tout de suite!; **hacer el papel del malo** (*Teatro*) avoir le rôle du méchant; **hacer el tonto** faire l'idiot *o* le pitre; **hacer el ridículo** se ridiculiser

3 (*dedicarse a*) faire; **hacer teatro** faire du théâtre; **hacer español/económicas** faire de l'espagnol/de l'économie; **hacer yoga/gimnasia/deporte** faire du yoga/de la gym/du sport

4 (*causar*): **hacer ilusión** faire plaisir; **hacer gracia** faire rire

5 (*conseguir*): **hacer amigos** se faire des amis; **hacer una fortuna** faire fortune

6 (*dar aspecto de*): **ese peinado te hace más joven** cette coiffure te rajeunit

7 (*cálculo*): **esto hace 100** et voilà 100

8 (*como sustituto de vb*) faire; **él bebió y yo hice lo mismo** il a bu et j'ai fait la même chose

9 (*+ infin, + que*): **les hice venir** je les ai fait venir; **hacer trabajar a los demás** faire travailler les autres; **aquello me hizo comprender** cela m'a fait comprendre; **hacer reparar algo** faire réparer qch; **esto nos hará ganar tiempo** ça nous fera gagner du temps; **harás que no quiera venir** tu vas lui ôter l'envie de venir

10 (*+ adj*) rendre; **hacer feliz a algn** rendre qn heureux

▸ *vi* 1: **hiciste bien en decírmelo** tu as bien fait de me le dire

2 (*convenir*): **si os hace** si ça vous dit; **¿hace?** ça vous dit?

3: **no le hace** (*AM*: *no importa*) ça ne fait rien

4: **haz como que no lo sabes** fais comme si tu ne savais rien

5: **hacer de** (*objeto*) servir de; **la tabla hace de mesa** la planche sert de table; **hacer de madre** jouer le rôle de mère; (*pey*) jouer les mères poules; (*Teatro*): **hacer de Otelo** jouer Othello

▸ *vb impers* 1: **hace calor/frío** il fait chaud/froid; *ver tb* **bueno**; **sol**; **tiempo**

2 (*tiempo*): **hace tres años** il y a trois ans; **hace un mes que voy/no voy** cela fait un mois que j'y vais/je n'y vais plus; **desde hace mucho** depuis longtemps; **no lo veo desde hace mucho** cela fait longtemps que je ne l'ai pas vu

▸ **hacerse** *vpr* 1 (*volverse*) se faire; **hacerse viejo** se faire vieux; **se hicieron amigos** ils sont devenus amis

2 (*resultar*): **se me hizo muy duro el viaje** j'ai trouvé le voyage très pénible

3 (*acostumbrarse*): **hacerse a** se faire à;

hacerse a una idea se faire à une idée
4 (*obtener*): **hacerse de** *o* **con algo** obtenir qch
5 (*fingir*): **hacerse el sordo** *o* **el sueco** faire la sourde oreille
6: **hacerse idea de algo** se faire une idée de qch ; **hacerse ilusiones** se faire des illusions
7: **se me hace que** (*AM*: *me parece que*) il me semble que

hacha ['atʃa] *nf* hache *f* ; (*antorcha*) mèche *f* ; **ser un ~** (*fig*) être un as
hachís [a'tʃis] *nm* haschich *m*
hacia ['aθja] *prep* vers ; (*actitud*) envers ; **~ adelante/atrás/dentro/fuera** en avant/en arrière/dedans/dehors ; **~ abajo/arriba** en bas/haut ; **mira ~ acá** regarde par ici ; **~ mediodía/finales de mayo** vers midi/la fin mai
hacienda [a'θjenda] *nf* (*propiedad*) propriété *f* ; (*finca*) ferme *f* ; (*AM*) hacienda *f* ; **(Ministerio de) H~** ministère *m* des Finances ; **~ pública** Trésor *m* public
hada ['aða] *nf* fée *f* ; **~ madrina** bonne fée
haga *etc* ['aɣa] *vb ver* **hacer**
Haití [ai'ti] *nm* Haïti *m*
halagar [ala'ɣar] *vt* flatter ; (*agradar*) réjouir
halago [a'laɣo] *nm* flatterie *f*
halagüeño, -a [ala'ɣweɲo, a] *adj* réjouissant(e) ; (*lisonjero*) flatteur(-euse)
halcón [al'kon] *nm* faucon *m*
hallar [a'ʎar] *vt* trouver ; **hallarse** *vpr* se trouver ; **se halla fuera** il est dehors
hallazgo [a'ʎaθɣo] *nm* trouvaille *f*
halterofilia [altero'filja] *nf* haltérophilie *f*
hamaca [a'maka] *nf* hamac *m* ; (*asiento*) chaise *f* longue
hambre ['ambre] *nf* faim *f* ; **~ de** (*fig*) faim de ; **tener ~** avoir faim ; **pasar ~** souffrir de la faim
hambriento, -a [am'brjento, a] *adj, nm/f* affamé(e) ; **~ de** (*fig*) affamé(e) de
hamburguesa [ambur'ɣesa] *nf* hamburger *m*
hamburguesería [amburɣese'ria] *nf* sandwicherie *f*
han [an] *vb ver* **haber**
harapiento, -a [ara'pjento, a] *adj* en haillons
harapos [a'rapos] *nmpl* haillons *mpl*
haré *etc* [a're] *vb ver* **hacer**
harina [a'rina] *nf* farine *f* ; **eso es ~ de otro costal** c'est une autre paire de manches ; **~ de maíz/de trigo** farine de maïs/de blé
hartar [ar'tar] *vt* (*de comida*) gaver ; (*saturar*) saturer ; (*fastidiar*) fatiguer ; **hartarse** *vpr* (*cansarse*) se lasser ; (*de comida*): **hartarse (de)** se gaver (de) ; **hartarse de leer/reír** se lasser de lire/rire ; **¡me estás hartando!** tu m'ennuies !
hartazgo [ar'taθɣo] *nm*: **darse un ~ (de)** avoir son content (de)
harto, -a ['arto, a] *adj*: **~ (de)** rassasié(e) (de) ; (*cansado*) fatigué(e) (de) ▶ *adv* (*bastante*) assez ; (*muy*) bien assez ; **estar ~ de hacer/algn** en avoir marre de faire/qn ; **¡estoy ~ de decírtelo!** je te l'ai assez dit ! ; **¡me tienes ~!** tu me fatigues !
has [as] *vb ver* **haber**
hasta ['asta] *adv* même, voire ▶ *prep* jusqu'à ▶ *conj*: **~ que** jusqu'à ce que ; (*CAm, Col, Méx*: *no ... hasta*): **viene ~ las cuatro** il ne vient pas avant quatre heures ; **~ luego** *o* **ahora,** (*Arg*) **~ siempre** salut ! ; **~ mañana/el sábado** à demain/samedi ; **~ la fecha/ahora** jusqu'à aujourd'hui/maintenant ; **~ nueva orden** jusqu'à nouvel ordre ; **¿~ qué punto?** à quel point ? ; **~ tal punto que ...** à tel point que ... ; **¿~ cuándo/dónde?** on se voit quand/où ? ; **~ ayer empezó** (*AM*) cela n'a commencé qu'hier
hastiar [as'tjar] *vt* fatiguer ; **hastiarse** *vpr*: **hastiarse de (hacer)** se lasser de (faire)
hastío [as'tio] *nm* ennui *m*
hatillo [a'tiʎo] *nm* affaires *fpl*
hay [ai] *vb ver* **haber**
Haya ['aja] *n*: **La ~** La Haye
haya ['aja] *vb ver* **haber** ▶ *nf* hêtre *m*
haz [aθ] *vb ver* **hacer** ▶ *nm* botte *f* ; (*de luz*) faisceau *m* ▶ *nf* (*de tela*) endroit *m*
hazaña [a'θaɲa] *nf* exploit *m*
hazmerreír [aθmerre'ir] *nm inv*: **ser/convertirse en el ~ de** être/devenir la risée de
he [e] *vb ver* **haber** ▶ *adv*: **he aquí** voici ; **he aquí por qué ...** voici pourquoi ...
hebilla [e'βiʎa] *nf* boucle *f*

hebra ['eβra] *nf* fil *m* ; (*de carne*) nerf *m* ; (*de tabaco*) fibre *f* ; **pegar la ~** tailler une bavette

hebreo, -a [e'βreo, a] *adj* hébreu (*sólo m*), hébraïque ▶ *nm/f* Hébreu *m* ▶ *nm* (*Ling*) hébreu *m*

hechizar [etʃi'θar] *vt* ensorceler

hechizo [e'tʃiθo] *nm* sortilège *m* ; (*encantamiento*) enchantement *m* ; (*fig*) fascination *f*

hecho, -a ['etʃo, a] *pp de* **hacer** ▶ *adj* fait(e) ; (*hombre, mujer*) mûr(e) ; (*vino*) arrivé(e) à maturation ; (*ropa*) de prêt-à-porter ▶ *nm* fait *m* ; (*factor*) facteur *m* ▶ *excl* c'est fait ! ; **¡bien ~!** bravo !, bien joué ! ; **muy/poco ~** (*Culin*) très/peu cuit(e) ; **estaba ~ una fiera/un mar de lágrimas** il était dans une colère noire/en larmes ; **bien/mal ~** bien/mal fait(e) ; **estar ~ a algo** s'être fait(e) à qch ; **~ a la medida** fait(e) sur mesure ; **de ~** de fait ; **el ~ es que ...** le fait est que ... ; **el ~ de que ...** le fait que ...

hechura [e'tʃura] *nf* (*confección*) confection *f* ; (*corte, forma*) coupe *f* ; (*Tec*) fabrication *f*

hectárea [ek'tarea] *nf* hectare *m*

heder [e'ðer] *vi* puer

hediondo, -a [e'ðjondo, a] *adj* puant(e) ; (*fig*) dégoûtant(e)

hedor [e'ðor] *nm* puanteur *f*

helada [e'laða] *nf* gelée *f* ; **caer una ~** geler

heladera [ela'ðera] (*CSur*) *nf* réfrigérateur *m*

helado, -a [e'laðo, a] *adj* gelé(e) ; (*muy frío*) glacé(e) ; (*fig*) de glace ▶ *nm* glace *f* ; **¡estoy ~ (de frío)!** je suis congelé ! ; **dejar ~ a algn** épater qn ; **quedarse ~** être abasourdi(e)

helar [e'lar] *vt* geler ; (*dejar atónito*) abasourdir ▶ *vi* geler ; **helarse** *vpr* geler ; **helarse de frío** mourir de froid ; **ha helado esta noche** il a gelé cette nuit

helecho [e'letʃo] *nm* fougère *f*

hélice ['eliθe] *nf* hélice *f*

helicóptero [eli'koptero] *nm* hélicoptère *m*

hembra ['embra] *nf* femelle *f* ; (*mujer*) femme *f* ; **un elefante ~** un éléphant femelle

hemorragia [emo'rraxja] *nf* hémorragie *f* ; **~ nasal** saignement *m* de nez

hemorroides [emo'rroiðes] *nfpl* hémorroïdes *fpl*

hemos ['emos] *vb ver* **haber**

hendidura [endi'ðura] *nf* fente *f* ; (*Geo*) faille *f*

heno ['eno] *nm* foin *m*

herbicida [erβi'θiða] *nm* herbicide *m*

heredad [ere'ðað] *nf* domaine *m*

heredar [ere'ðar] *vt* hériter

heredero, -a [ere'ðero, a] *nm/f* héritier(-ière) ; **príncipe ~** prince *m* héritier ; **~ del trono** héritier(-ière) du trône

hereje [e'rexe] *nm/f* hérétique *m/f*

herencia [e'renθja] *nf* héritage *m* ; (*Bio*) hérédité *f*

herida [e'riða] *nf* blessure *f* ; *ver tb* **herido**

herido, -a [e'riðo, a] *adj*, *nm/f* blessé(e) ; **resultar ~** être blessé(e) ; **sentirse ~** (*fig*) se sentir blessé(e)

herir [e'rir] *vt* blesser ; (*vista, oídos*) irriter ; **herirse** *vpr* se blesser

hermana [er'mana] *nf* sœur *f* ; **~ gemela** sœur jumelle ; **~ política** belle-sœur *f*

hermanastro, -a [erma'nastro, a] *nm/f* demi-frère (demi-sœur)

hermandad [erman'dað] *nf* congrégation *f* ; (*fraternidad*) fraternité *f*

hermano, -a [er'mano, a] *adj* (*ciudad*) jumeau (jumelle) ▶ *nm* frère *m* ; **él y ella son ~s** ils sont frère et sœur ; **~ gemelo** frère jumeau ; **~ político** beau-frère *m*

hermético, -a [er'metiko, a] *adj* hermétique

hermoso, -a [er'moso, a] *adj* beau (belle) ; (*espacioso*) spacieux(-euse)

hermosura [ermo'sura] *nf* beauté *f* ; **ese niño es una ~** c'est un bébé magnifique

hernia ['ernja] *nf* hernie *f* ; **~ discal** hernie discale

héroe ['eroe] *nm* héros *msg*

heroína [ero'ina] *nf* (*mujer, droga*) héroïne *f*

heroísmo [ero'ismo] *nm* héroïsme *m*

herradura [erra'ðura] *nf* fer *m* à cheval

herramienta [erra'mjenta] *nf* outil *m*

herrero [e'rrero] *nm* forgeron *m*

herrumbre [e'rrumbre] *nf* rouille *f*

hervidero [erβi'ðero] *nm* (*fig: de personas*) foule *f* ; (*: de animales*) troupeau *m* ; (*: de pasiones*) déchaînement *m*

hervir [er'βir] *vt* (faire) bouillir ▸ *vi* bouillir ; (*fig*): **~ de** bouillir de ; **~ en deseos de** brûler d'envie de

hervor [er'βor] *nm*: **dar un ~ a** blanchir

heterosexual [eterosek'swal] *adj, nm/f* hétérosexuel(le)

hice *etc* ['iθe] *vb ver* **hacer**

hidratante [iðra'tante] *adj* hydratant(e)

hidratar [iðra'tar] *vt* hydrater

hidrato [i'ðrato] *nm*: **~s de carbono** hydrates *mpl* de carbone

hidráulica [i'ðraulika] *nf* hydraulique *f*

hidráulico, -a [i'ðrauliko, a] *adj* hydraulique

hidroeléctrico, -a [iðroe'lektriko, a] *adj* hydroélectrique

hidrofobia [iðro'foβja] *nf* hydrophobie *f*

hidrógeno [i'ðroxeno] *nm* hydrogène *m*

hiedra ['jeðra] *nf* lierre *m*

hiel [jel] *nf* bile *f* ; (*fig*) fiel *m*

hielera [je'lera] (*Chi, Méx*) *nf* glacière *f*

hielo ['jelo] *vb ver* **helar** ▸ *nm* glace *f* ; (*fig*) froideur *f* ; **hielos** *nmpl* (*escarcha*) gelées *fpl* ; **romper el ~** (*fig*) rompre la glace

hiena ['jena] *nf* hyène *f*

hierba ['jerβa] *nf* herbe *f* ; **mala ~** mauvaise herbe ; (*fig*) mauvaise graine *f*

hierbabuena [jerβa'βwena] *nf* menthe *f*

hierro ['jerro] *nm* fer *m* ; (*trozo, pieza*) bout *m* de fer ; **de ~** en fer ; (*fig: persona*) fort(e) comme un bœuf ; (*: voluntad, salud*) de fer ; **~ colado/forjado/fundido** fer coulé/forgé/fondu

hígado ['iɣaðo] *nm* foie *m* ; **echar los ~s** en baver

higiene [i'xjene] *nf* hygiène *f*

higiénico, -a [i'xjeniko, a] *adj* hygiénique

higo ['iɣo] *nm* figue *f* ; **de ~s a brevas** tous les 36 du mois ; **estar hecho un ~** (*fam*) être tout chiffonné ; **~ chumbo** figue de Barbarie ; **~ seco** figue sèche

higuera [i'gera] *nf* figuier *m*

hija ['ixa] *nf* fille *f* ; (*uso vocativo*) ma fille ; **~ política** belle-fille *f*

hijastro, -a [i'xastro, a] *nm/f* beau-fils (belle-fille) ; **~s** beaux-enfants *mpl*

hijo ['ixo] *nm* (*retoño*) fils *msg* ; (*uso vocativo*) fiston *m*, mon garçon ; **hijos** *nmpl* (*hijos e hijas*) enfants *mpl* ; (*descendientes*) enfants et petits-enfants *mpl* ; **sin ~s** sans enfants ; **cada ~ de vecino** tout un chacun ; **~ adoptivo** fils adoptif ; **~ de mamá/papá** fils à maman/papa ; **~ de puta** (*fam!*) fils de pute (*fam!*) ; **~ ilegítimo** fils illégitime ; **~ político** gendre *m* ; **~ pródigo** fils prodigue

hilar [i'lar] *vt* filer ; **~ delgado** *o* **fino** (*fig*) jouer finement

hilera [i'lera] *nf* rangée *f*

hilo ['ilo] *nm* fil *m* ; (*de metal*) filon *m* ; (*de agua, luz, voz*) filet *m* ; **colgar de un ~** (*fig*) ne tenir qu'à un fil ; **perder/seguir el ~** (*de relato, pensamientos*) perdre/suivre le fil ; **traje de ~** costume *m* de toile

hilvanar [ilβa'nar] *vt* (*Costura*) ourler ; (*bosquejar*) esquisser ; (*precipitadamente*) ébaucher

himno ['imno] *nm* hymne *m* ; **~ nacional** hymne national

hincapié [inka'pje] *nm*: **hacer ~ en** mettre l'accent sur

hincar [in'kar] *vt* planter ; **hincarse** *vpr* s'enfoncer ; **hincarle el diente a** (*comida*) mordre à belles dents dans ; (*fig: asunto*) s'attaquer à ; **hincarse de rodillas** s'agenouiller

hincha ['intʃa] *nm/f* (*fam: Deporte*) fan *m/f* ▸ *nf*: **tenerle ~ a algn** avoir une dent contre qn

hinchado, -a [in'tʃaðo, a] *adj* gonflé(e) ; (*Med*) enflammé(e) ; (*inflado*) enflé(e) ; (*estilo*) ronflant(e)

hinchar [in'tʃar] *vt* gonfler ; (*fig*) exagérer ; **hincharse** *vpr* (*Med*) s'enflammer ; (*fig: engreírse*) se rengorger ; **hincharse de (hacer)** en avoir marre de (faire)

hinchazón [intʃa'θon] *nf* inflammation *f*

hinojo [i'noxo] *nm* fenouil *m* ; **de ~s** sur les genoux

hipermercado [ipermer'kaðo] *nm* hypermarché *m*

hipertexto [iper'teksto] *nm* hypertexte *m*

hipervínculo [iper'binkulo] *nm* hyperlien *m*

hípica ['ipika] *nf* équitation *f* ; (*local*) hippodrome *m*

hípico, -a ['ipiko, a] *adj* (*concurso*) hippique ; (*carrera*) de chevaux ; **club ~** club *m* d'équitation

hipnotismo [ipno'tismo] *nm* hypnotisme *m*

hipnotizar [ipnoti'θar] *vt* hypnotiser
hipo [ipo] *nm* hoquet *m* ; **me ha entrado ~** j'ai le hoquet ; **tener ~** avoir le hoquet ; **quitar el ~ a algn** (*fig*) couper le sifflet à qn
hipo... ['ipo] *pref* hypo...
hipocresía [ipokre'sia] *nf* hypocrisie *f*
hipócrita [i'pokrita] *adj, nm/f* hypocrite *m/f*
hipódromo [i'poðromo] *nm* hippodrome *m*
hipopótamo [ipo'potamo] *nm* hippopotame *m*
hipoteca [ipo'teka] *nf* hypothèque *f* ; **pagar la ~** rembourser l'hypothèque
hipotenusa [ipote'nusa] *nf* hypoténuse *f*
hipótesis [i'potesis] *nf inv* hypothèse *f*
hiriente [i'rjente] *adj* blessant(e)
hispánico, -a [is'paniko, a] *adj* hispanique
hispano, -a [is'pano, a] *adj* espagnol(e) ; (*en EE.UU.*) hispano-américain(e) ▶ *nm/f* Espagnol(e) ; (*en EE.UU.*) Hispano-Américain(e)
Hispanoamérica [ispanoa'merika] *nf* Amérique *f* latine (hispanophone)
hispanoamericano, -a [ispanoameri'kano, a] *adj* hispano-américain(e) ▶ *nm/f* Hispano-Américain(e)
histeria [is'terja] *nf* hystérie *f* ; **~ colectiva** hystérie collective
historia [is'torja] *nf* histoire *f* ; **¡la ~ de siempre!, ¡la misma ~!** c'est toujours la même histoire ! ; **déjate de ~s** ne me raconte pas d'histoires ; **pasar a la ~** passer à la postérité ; **~ antigua/contemporánea** histoire ancienne/contemporaine ; **~ natural** histoire naturelle
historiador, a [istorja'ðor, a] *nm/f* historien(ne)
historial [isto'rjal] *nm* (*profesional*) curriculum vitae *m inv* ; (*Med*) antécédents *mpl*
histórico, -a [is'toriko, a] *adj* historique ; (*estudios*) d'histoire
historieta [isto'rjeta] *nf* bande *f* dessinée
hito ['ito] *nm* (*fig*) fait *m* historique ; **mirar a algn de ~ en ~** regarder fixement qn
hizo ['iθo] *vb ver* **hacer**
Hno., Hnos. *abr* (= *Hermano(s)*) Fre(s) (= *frère(s)*)
hocico [o'θiko] *nm* museau *m* ; **estar de ~s** faire la tête ; **torcer el ~** faire la moue ; **meter el ~ en algo** mettre son nez dans qch
hockey ['xokei] *nm* hockey *m* ; **~ sobre hielo/patines** hockey sur glace/patins
hogar [o'ɣar] *nm* foyer *m* ; **labores del ~** tâches *fpl* domestiques ; **crear/formar un ~** créer/fonder une famille
hogareño, -a [oɣa'reɲo, a] *adj* (*ambiente*) familial(e) ; (*escena*) de famille ; (*persona*) casanier(-ière)
hoguera [o'ɣera] *nf* feu *m* de bois ; (*para herejes*) bûcher *m*
hoja ['oxa] *nf* feuille *f* ; (*de flor*) pétale *m* ; (*de cuchillo*) lame *f* ; (*de puerta, ventana*) battant *m* ; **de ~ caduca/perenne** à feuilles caduques/persistantes ; **~ de afeitar** lame de rasoir ; **~ electrónica** *o* **de cálculo** feuille de calcul (électronique) ; **~ de pedido** bon *m* de commande ; **~ de servicios** états *mpl* de service ; **~ de trabajo** (*Inform*) feuille de programmation ; **~ informativa** circulaire *f*
hojalata [oxa'lata] *nf* fer *m* blanc
hojaldre [o'xaldre] *nm* pâte *f* feuilletée
hojear [oxe'ar] *vt* feuilleter
hola ['ola] *excl* salut !
Holanda [o'landa] *nf* Hollande *f*
holandés, -esa [olan'des, esa] *adj* hollandais(e) ▶ *nm/f* Hollandais(e) ▶ *nm* (*Ling*) hollandais *msg*
holgado, -a [ol'ɣaðo, a] *adj* (*prenda*) ample ; (*situación*) aisé(e) ; **iban muy ~s en el coche** ils étaient au large dans la voiture
holgar [ol'ɣar] *vi*: **huelga decir que** inutile de dire que
holgazán, -ana [olɣa'θan, ana] *adj, nm/f* paresseux(-euse)
holgura [ol'ɣura] *nf* ampleur *f* ; (*Tec*) jeu *m* ; **vivir con ~** vivre dans l'aisance ; **cabemos con ~** on a largement la place
hollín [o'ʎin] *nm* suie *f*
hombre ['ombre] *nm* homme *m* ; (*raza humana*): **el ~** l'homme ▶ *excl* dis donc ! ; **hacerse ~** devenir un homme ; **buen ~** brave homme ; **pobre ~** pauvre homme ; **¡sí, ~!** mais si ! ; **de ~ a ~** d'homme à homme ; **ser muy ~** être un homme, un vrai ; **~ de bien** homme de bien ; **~ de confianza** homme de confiance ; **~ de estado** homme d'État ; **~ de la calle**

hi

homme de la rue ; **~ de letras** homme de lettres ; **~ de mundo** homme du monde ; **~ de negocios** homme d'affaires ; **~ de palabra** homme de parole ; **~-rana** homme-grenouille *m*

hombrera [om'brera] *nf* épaulette *f*

hombro ['ombro] *nm* épaule *f* ; **al ~** sur l'épaule ; **arrimar el ~** se mettre au travail ; **encogerse de ~s** hausser les épaules ; **llevar/traer a ~s** porter sur les épaules ; **mirar a algn por encima del ~** regarder qn de haut

hombruno, -a [om'bruno, a] *adj* hommasse

homenaje [ome'naxe] *nm* hommage *m* ; **un partido (de) ~** un match d'adieu

homicida [omi'θiða] *adj* (*arma*) du crime ; (*carácter*) meurtrier(-ière) ▶ *nm/f* meurtrier(-ière)

homicidio [omi'θiðjo] *nm* homicide *m*

homologar [omolo'ɣar] *vt* homologuer

homólogo, -a [o'moloɣo, a] *nm/f*: **su** *etc* **~** son *etc* homologue

homoparental [omoparen'tal] *adj* homoparental(e)

homosexual [omosek'swal] *adj, nm/f* homosexuel(le)

hondo, -a ['ondo, a] *adj* profond(e) ; **en lo ~ de** au fin fond de

hondonada [ondo'naða] *nf* creux *msg*

Honduras [on'duras] *nf* Honduras *m*

hondureño, -a [ondu'reɲo, a] *adj* du Honduras, hondurien(ne) ▶ *nm/f* natif(-ive) *o* habitant(e) du Honduras, Hondurien(ne)

honestidad [onesti'ðað] *nf* honnêteté *f*

honesto, -a [o'nesto, a] *adj* honnête ; (*decente*) vertueux(-euse)

hongo ['ongo] *nm* champignon *m* ; (*sombrero*) chapeau *m* melon ; **hongos** *nmpl* (*Med*) champignons *mpl*, mycose *f* ; **~s del pie** mycose au pied

honor [o'nor] *nm* honneur *m* ; **en ~ a la verdad ...** la vérité est que ... ; **hacer ~ a algo/algn** faire honneur à qch/qn ; **en ~ de algn** en l'honneur de qn ; **es un ~ para mí ...** c'est un honneur pour moi ... ; **rendir los ~es a algn** rendre les honneurs à qn ; **hacer los ~es** (*suj: anfitrión*) faire les honneurs de la maison ; **~ profesional** honneur professionnel

honorable [ono'raβle] *adj* honorable

honorario, -a [ono'rarjo, a] *adj* honoraire ▶ *nm*: **~s** honoraires *mpl*

honra ['onra] *nf* honneur *m* ; (*renombre*) prestige *m* ; **tener algo a mucha ~** s'enorgueillir de qch ; **~s fúnebres** honneurs funèbres

honradez [onra'ðeθ] *nf* honnêteté *f* ; (*de mujer*) vertu *f*

honrado, -a [on'raðo, a] *adj* honnête ; (*mujer*) vertueux(-euse)

honrar [on'rar] *vt* honorer ; **honrarse** *vpr*: **honrarse con algo/de hacer algo** s'enorgueillir de qch/de faire qch ; **nos honró con su presencia/amistad** il nous a honorés de sa présence/son amitié

honroso, -a [on'roso, a] *adj* (*que da honra*) tout à l'honneur de qn ; (*decoroso*) pour sauver l'honneur

hora ['ora] *nf* heure *f* ; **¿qué ~ es?** quelle heure est-il ? ; **¿tienes ~?** tu as l'heure ? ; **¿a qué ~?** à quelle heure ? ; **media ~** une demi-heure *f* ; **a la ~ de comer/del recreo** à l'heure du repas/de la récréation ; **a primera/última ~** à la première heure/au dernier moment ; **a primera/última ~ de** en début/fin de ; **~ tras ~** heure après heure ; **«última ~»** « dernière heure » ; **¡es la ~!** c'est l'heure ! ; **noticias de última ~** nouvelles *fpl* de dernière heure ; **a altas ~s (de la noche)** à des heures tardives ; **a estas ~s** à l'heure qu'il est ; **a la ~ en punto** à l'heure pile ; **entre ~s** (*comer*) entre les repas ; **por ~s** à l'heure ; **¡a buena(s) ~(s) me lo dices!** c'est maintenant que tu me le dis ! ; **a todas ~s** à toute heure ; **en mala ~** par malchance ; **me han dado ~ para mañana** j'ai rendez-vous demain ; **dar la ~** donner l'heure ; **pasarse las ~s muertas haciendo algo** passer son temps à faire qch ; **pedir ~** prendre rendez-vous ; **poner el reloj en ~** mettre sa montre à l'heure ; **no ver la ~ de** avoir hâte de ; **¡ya era ~!** il était temps ! ; **~s de oficina/de trabajo/de visita** heures de bureau/de travail/de visite ; **~s extra** heures sup ; **~s extraordinarias** heures supplémentaires ; **~ punta** *o* (*Méx*) **pico** heure de pointe

horadar [ora'ðar] *vt* forer

horario, -a [o'rarjo, a] *adj, nm* horaire *m* ; **~ comercial** heures *fpl* d'ouverture

horca ['orka] *nf* potence *f* ; (*Agr*) fourche *f*
horcajadas [orka'xaðas]: **a ~** *adv* à califourchon
horchata [or'tʃata] *nf sirop à base d'un tubercule, de sucre et d'eau*
horizontal [oriθon'tal] *adj* horizontal(e)
horizonte [ori'θonte] *nm* horizon *m*
horma ['orma] *nf* forme *f* ; **de ~ estrecha/ancha** (*zapatos*) large/étroit(e)
hormiga [or'miɣa] *nf* fourmi *f*
hormigón [ormi'ɣon] *nm* béton *m* ; **~ armado** béton armé
hormigueo [ormi'ɣeo] *nm* fourmis *fpl* ; (*fig*) agitation *f*
hormona [or'mona] *nf* hormone *f*
hornada [or'naða] *nf* fournée *f*
hornillo [or'niʎo] *nm* réchaud *m* ; **~ de gas** réchaud à gaz
horno ['orno] *nm* four *m* ; **alto(s) ~(s)** haut(s) fourneau(x) ; **al ~** (*Culin*) au four ; **no estar el ~ para bollos** ne pas être d'humeur à plaisanter ; **¡este lugar es un ~!** c'est pire que dans un four ! ; **~ crematorio** four crématoire ; **~ microondas** four à micro-ondes
horóscopo [o'roskopo] *nm* horoscope *m*
horquilla [or'kiʎa] *nf* épingle *f* à cheveux ; (*Agr*) fourche *f*
horrendo, -a [o'rrendo, a] *adj* affreux(-euse)
horrible [o'rriβle] *adj* horrible
horripilante [orripi'lante] *adj* horripilant(e)
horror [o'rror] *nm* horreur *f* ; **horrores** *nmpl* (*atrocidades*) horreurs *fpl* ; **¡qué ~!** quelle horreur ! ; **me da ~** cela me fait horreur ; **tener ~ a (hacer)** avoir horreur de (faire) ; **me gusta ~es** j'en raffole
horrorizar [orrori'θar] *vt* horrifier ; **horrorizarse** *vpr*: **se horrorizó de pensarlo** il a été horrifié à cette idée ; **estar horrorizado** être horrifié
horroroso, -a [orro'roso, a] *adj* affreux(-euse) ; (*hambre, sueño*) terrible
hortaliza [orta'liθa] *nf* légume *m*
hortelano, -a [orte'lano, a] *nm/f* maraîcher(-ère)
hortera [or'tera] (*fam*) *adj, nm/f* ringard(e)
hosco, -a ['osko, a] *adj* (*persona*) antipathique ; (*lugar*) exécrable
hospedar [ospe'ðar] *vt* loger ; **hospedarse** *vpr* se loger
hospital [ospi'tal] *nm* hôpital *m* ; **~ clínico** clinique *f*
hospitalario, -a [ospita'larjo, a] *adj* hospitalier(-ière)
hospitalidad [ospitali'ðað] *nf* hospitalité *f*
hostal [os'tal] *nm* pension *f*
hostelería [ostele'ria] *nf* hôtellerie *f*
hostería [oste'ria] (*CSur*) *nf* hôtel *m*
hostia ['ostja] *nf* (*Rel*) ostie *f* ; (*fam!*) beigne *f* (*fam!*) ▸ *excl*: **¡~(s)!** (*fam!*) putain ! (*fam!*) ; **¡es la ~!** (*fam!: como crítica*) c'est nul ! ; (: *apreciativo*) c'est d'enfer ! ; **está (de) la ~** (*fam!*) il est vachement mignon ; **está de mala ~** (*fam!: mal humor*) il est de mauvais poil (*fam!*) ; **tiene mala ~** (*fam!: mala intención*) c'est un salaud (*fam!*) ; **a toda ~** (*fam!*) à toute berzingue (*fam!*)
hostigar [osti'ɣar] *vt* (*Mil, fig*) harceler ; (*caballería*) cravacher
hostil [os'til] *adj* hostile
hostilidad [ostili'ðað] *nf* hostilité *f* ; **hostilidades** *nfpl*: **iniciar/romper las ~es** engager/cesser les hostilités
hotel [o'tel] *nm* hôtel *m*

> Il existe en Espagne différents types d'hébergement, dont le prix est fonction des services offerts aux voyageurs. Ce sont, par ordre décroissant de prix : l'**hotel** (du 5 étoiles au 1 étoile), l'*hostal* et la *pensión*. L'État gère également un réseau d'hôtels de luxe, appelés *paradores*, généralement situés dans des lieux à caractère historique ou installés dans des monuments historiques.

hotelero, -a [ote'lero, a] *adj, nm/f* hôtelier(-ère)
hoy [oi] *adv* aujourd'hui ; **~ mismo** aujourd'hui même ; **~ (en) día,** (*AM*) **el día de ~** aujourd'hui ; **~ por ~** aujourd'hui ; **por ~** pour aujourd'hui ; **de ~ en ocho días** aujourd'hui en huit ; **de ~ en adelante** dorénavant
hoyo ['ojo] *nm* fosse *f* ; (*Golf*) trou *m*
hoyuelo [oj'welo] *nm* fossette *f*
hoz [oθ] *nf* faux *fsg* ; (*Geo*) gorge *f*
huarache [wa'ratʃe] (*Méx*) *nm* sandale *f*
hube *etc* ['uβe] *vb ver* **haber**
hucha ['utʃa] *nf* tirelire *f*

hueco, -a ['weko, a] *adj* creux(-euse) ; (*persona, estilo*) vain(e) ▸ *nm* creux *msg* ; (*espacio*) place *f* ; **hacerle (un) ~ a algn** faire une place à qn ; **tener un ~** avoir un moment de libre ; **~ de la escalera/del ascensor** cage *f* d'escalier/d'ascenseur ; **~ de la mano** creux de la main

huela *etc* ['wela] *vb ver* **oler**

huelga ['welɣa] *vb ver* **holgar** ▸ *nf* grève *f* ; **declararse/estar en ~** se mettre/être en grève ; **~ de brazos caídos** grève sur le tas ; **~ de celo** grève du zèle ; **~ de hambre** grève de la faim ; **~ general** grève générale

huelguista [wel'ɣista] *nm/f* gréviste *m/f*

huella ['weʎa] *nf* trace *f* ; **sin dejar ~** sans laisser de traces ; **perder las ~s** perdre la trace ; **seguir las ~s de algn** (*fig*) marcher sur les traces de qn ; **~ dactilar** empreinte *f* digitale ; **~ de carbono** empreinte carbone ; **~ digital** empreinte digitale

huérfano, -a ['werfano, a] *adj* : **~ (de)** orphelin(e) (de) ▸ *nm/f* orphelin(e) ; **quedar(se) ~** devenir orphelin(e)

huerta ['werta] *nf* verger *m* ; (*en Murcia, Valencia*) huerta *f*

huerto ['werto] *nm* (*de verduras*) jardin *m* potager ; (*de árboles frutales*) verger *m*

hueso ['weso] *nm* os *msg* ; (*de fruta*) noyau *m* ; (*Méx* : *fam*) sinécure *f* ; **estar en los ~s** être sur les genoux ; **estar calado** *o* **mojado hasta los ~s** être trempé jusqu'aux os ; **ser un ~** (*profesor*) être un tyran ; **un ~ duro de roer** (*persona*) un(e) dur(e) à cuire ; **de color ~** blanc cassé

huésped, a ['wespeð, a] *nm/f* hôte *m/f* ; (*en hotel*) client(e)

huesudo, -a [we'suðo, a] *adj* osseux(-euse)

huevada [we'βaða] (*And, CSur* : *fam!*) *nf* (*estupidez*) connerie *f* (*fam!*)

huevas ['weβas] *nfpl* œufs *mpl* de poisson ; (*Chi* : *fam!*) couilles *fpl* (*fam!*)

huevera [we'βera] *nf* (*para servir*) coquetier *m* ; (*para transportar*) boîte *f* à œufs

huevo ['weβo] *nm* œuf *m* ; (*fam!*) couille *f* (*fam!*) ; **me costó un ~** (*fam!* : *caro*) ça m'a coûté la peau des fesses (*fam!*) ; (: *difícil*) ça a été coton ; **tener ~s** (*fam!*) avoir des couilles (*fam!*) ; **~ duro/escalfado/frito** œuf dur/poché/au plat ; **~ estrellado** œuf sur le plat ; **~s revueltos** œufs *mpl* brouillés ; **~ pasado por agua** *o* (AM) **tibio** *o* (*And, CSur*) **a la copa** œuf à la coque

huida [u'iða] *nf* fuite *f* ; **~ de capitales** (*Com*) fuite des capitaux

huidizo, -a [ui'ðiθo, a] *adj* (*tímido*) farouche ; (*mirada, frente*) fuyant(e) ; (*tiempo*) passager(-ère)

huir [u'ir] *vt, vi* fuir ; **~ de** fuir

huiro ['wiro] (*And, CSur*) *nm* algue *f*

huitlacoche [witla'kotʃe] (*CAm, Méx*) *nf* charbon *m* du maïs, *champignon noir très apprécié*

hule ['ule] *nm* toile *f* cirée

humanidad [umani'ðað] *nf* humanité *f* ; **humanidades** *nfpl* (*Univ, Escol*) lettres *fpl*

humanitario, -a [umani'tarjo, a] *adj* humanitaire

humano, -a [u'mano, a] *adj* humain(e) ▸ *nm* humain *m* ; **ser ~** être humain(e)

humareda [uma'reða] *nf* nuage *m* de fumée

humedad [ume'ðað] *nf* humidité *f* ; **a prueba de ~** résiste à l'humidité

humedecer [umeðe'θer] *vt* humidifier ; **humedecerse** *vpr* s'humidifier

húmedo, -a ['umeðo, a] *adj* humide

humildad [umil'dað] *nf* humilité *f*

humilde [u'milde] *adj* humble

humillación [umiʎa'θjon] *nf* humiliation *f*

humillar [umi'ʎar] *vt* humilier ; **humillarse** *vpr* : **humillarse (ante)** s'humilier (devant) ; **sentirse humillado** se sentir humilié

humita [u'mita] (*And, CSur*) *nf* (*Culin*) *plat à base de maïs et de piment, enveloppé dans une feuille de maïs*

humo ['umo] *nm* fumée *f* ; **humos** *nmpl* (*fig* : *altivez*) air *m* hautain ; **echar ~** fumer ; **bajar los ~s a algn** rabattre son caquet à qn ; **hacerse ~** (*And, CSur* : *fam*) s'évanouir dans la nature

humor [u'mor] *nm* humeur *f* ; **de buen/mal ~** de bonne/mauvaise humeur ; **(no) estar de ~ para (hacer) algo** (ne pas) être d'humeur à (faire) qch

humorista [umo'rista] *nm/f* humoriste *m/f*

humorístico, -a [umo'ristiko, a] *adj* humoristique

hundimiento [undi'mjento] *nm* (*de barco*) naufrage *m* ; (*de edificio*) écroule-

ment *m*; (*de tierra*) éboulement *m*; (*del terreno*) creux *msg*
hundir [un'dir] *vt* (*barco, negocio*) couler; (*edificio*) raser; (*pavimento*) enfoncer; (*fig: persona*) abattre; **hundirse** *vpr* (*barco, negocio*) couler; (*edificio*) s'écrouler; (*terreno, cama*) s'affaisser; (*economía, precios*) s'effondrer; **hundirse en la miseria** sombrer dans la misère
húngaro, -a ['ungaro, a] *adj* hongrois(e) ▸ *nm/f* Hongrois(e) ▸ *nm* (*Ling*) hongrois *m*
Hungría [un'gria] *nf* Hongrie *f*
huracán [ura'kan] *nm* ouragan *m*; **pasar/entrar como un ~** passer/entrer en trombe
huraño, -a [u'raɲo, a] *adj* désagréable; (*poco sociable*) peu sociable
hurgar [ur'ɣar] *vt* remuer ▸ *vi*: **~ (en)** fouiner (dans); **hurgarse** *vpr*: **hurgarse (las narices)** se curer (le nez); **~ en la herida** (*fig*) remuer le couteau dans la plaie
hurón [u'ron] *nm* furet *m*
hurtadillas [urta'ðiʎas]: **a ~** *adv* à la dérobée
hurtar [ur'tar] *vt* dérober
hurto ['urto] *nm* vol *m*
husmear [usme'ar] *vt* humer ▸ *vi* fouiner; **~ en** (*fam*) se mêler de
huyendo *etc* [u'jendo] *vb ver* **huir**

i

iba *etc* ['iβa] *vb ver* **ir**
ibérico, -a [i'βeriko, a] *adj* ibérique; **la Península ibérica** la péninsule Ibérique
iberoamericano, -a [iβeroame-ri'kano, a] *adj* latino-américain(e) ▸ *nm/f* Latino-américain(e)
Ibiza [i'βiθa] *nf* Ibiza *f*
iceberg [iθe'ber] (*pl* **icebergs**) *nm* iceberg *m*
icono [i'kono] *nm* (*tb Inform*) icône *f*
iconoclasta [ikono'klasta] *adj, nm/f* (*tb fig*) iconoclaste *m/f*
ictericia [ikte'riθja] *nf* jaunisse *f*
ictus ['ictus] *nm inv* AVC *m* (= *accident vasculaire cérébral*)
I+D *sigla f* (= *Investigación y Desarrollo*) R-D *f* (= *Recherche-Développement*)
ida ['iða] *nf* aller *m*; **~ y vuelta** aller (et) retour; **~s y venidas** allées *fpl* et venues
idea [i'ðea] *nf* idée *f*; (*propósito*) intention *f*; **ideas** *nfpl* (*manera de pensar*) idées *fpl*; **a mala ~** dans l'intention de nuire; **no tengo la menor ~** je n'en ai pas la moindre idée; **hacerse a la ~ (de que)** se faire à l'idée (que); **cambiar de ~** changer d'idée; **¡ni ~!** aucune idée!; **tener ~ de hacer algo** avoir l'intention de faire qch; **tener mala ~** être malintentionné(e); **~ genial** idée géniale
ideal [iðe'al] *adj* idéal(e) ▸ *nm* idéal *m*
idealista [iðea'lista] *adj, nm/f* idéaliste *m/f*
idealizar [iðeali'θar] *vt* idéaliser
idear [iðe'ar] *vt* concevoir
ídem ['iðem] *pron* idem

idéntico, -a [i'ðentiko, a] *adj*: **~ (a)** identique (à)

identidad [iðenti'ðað] *nf* identité *f*; **~ corporativa** image *f* de l'entreprise

identificación [iðentifika'θjon] *nf* identification *f*

identificar [iðentifi'kar] *vt* identifier; **identificarse** *vpr*: **identificarse (con)** s'identifier (à)

ideología [iðeolo'xia] *nf* idéologie *f*

idilio [i'ðiljo] *nm* idylle *f*

idioma [i'ðjoma] *nm* langue *f*

idiota [i'ðjota] *adj, nm/f* idiot(e)

idiotez [iðjo'teθ] *nf* idiotie *f*

ídolo ['iðolo] *nm* (*tb fig*) idole *f*

idóneo, -a [i'ðoneo, a] *adj* idéal(e); **~ para (hacer)** idéal(e) pour (faire)

iglesia [i'ɣlesja] *nf* église *f*; **la I~ católica** l'Église catholique; **~ parroquial** église paroissiale

ignorancia [iɣno'ranθja] *nf* ignorance *f*

ignorante [iɣno'rante] *adj, nm/f* ignorant(e)

ignorar [iɣno'rar] *vt* ignorer; **ignoramos su paradero** nous ignorons où il se trouve

igual [i'ɣwal]

▸ *adj* 1 (*idéntico*) pareil(le); **Pedro es igual que tú** Pedro est comme toi; **X es igual a Y** (*Mat*) X est égal à Y; **son iguales** ils sont pareils; **van iguales** (*en carrera, competición*) ils sont à égalité; **él, igual que tú, está convencido de que ...** comme toi, il est convaincu que ...; **¡es igual!** (*no importa*) ça ne fait rien!; **me da igual** ça m'est égal

2 (*liso*: *terreno, superficie*) égal(e)

3 (*constante*: *velocidad, ritmo*) égal(e)

4: **al igual que** comme

▸ *nm/f* (*persona*) égal(e); **no tener igual** ne pas avoir d'égal; **sin igual** sans égal; **de igual a igual** d'égal à égal

▸ *adv* 1 (*de la misma manera*) de la même façon, pareil; **visten igual** ils s'habillent de la même façon

2 (*fam*: *a lo mejor*) peut-être que; **igual no lo saben todavía** peut-être qu'ils ne le savent pas encore

3 (*esp CSur*: *fam*: *a pesar de todo*) quand même; **era inocente pero me expulsaron igual** j'étais innocent mais ils m'ont renvoyé quand même

igualar [iɣwa'lar] *vt* égaliser; **igualarse** *vpr* (*diferencias*) s'aplanir; **igualarse (con)** (*compararse*) se comparer (avec)

igualdad [iɣwal'dað] *nf* (*tb Mat*) égalité *f*; **en ~ de condiciones** dans les mêmes conditions

También se puede decir:

C'est la même chose. (*Es lo mismo.*)
Cela revient au même. (*Viene a ser lo mismo.*)
Ce disque n'est ni meilleur ni moins bon que les autres. (*... no es ni mejor ni peor que ...*)

igualmente [i'ɣwalmente] *adv* également; (*en comparación*) aussi; **¡felices vacaciones! — ~** bonnes vacances! — à toi aussi

ilegal [ile'ɣal] *adj* illégal(e)

ilegible [ile'xiβle] *adj* illisible

ilegítimo, -a [ile'xitimo, a] *adj* illégitime

ileso, -a [i'leso, a] *adj*: **resultar** *o* **salir ~ (de)** sortir indemne (de), sortir sain(e) et sauf (sauve) (de)

ilícito, -a [i'liθito, a] *adj* illicite

ilimitado, -a [ilimi'taðo, a] *adj* illimité(e)

ilógico, -a [i'loxiko, a] *adj* illogique

iluminación [ilumina'θjon] *nf* illumination *f*, éclairage *m*; (*de local, habitación*) éclairage

iluminar [ilumi'nar] *vt* illuminer, éclairer; (*adornar con luces*) illuminer; (*colorear*: *ilustración*) enluminer; (*fig*: *inspirar*) éclairer; **iluminarse** *vpr*: **se le iluminó la cara** son visage s'est illuminé

ilusión [ilu'sjon] *nf* illusion *f*; (*alegría*) joie *f*; (*esperanza*) espoir *m*; (*emoción*) émotion *f*; **hacerle ~ a algn** faire plaisir à qn; **hacerse ilusiones** se faire des illusions; **no te hagas ilusiones** ne te fais pas d'illusions; **tener ~ por (hacer)** se réjouir de (faire)

ilusionado, -a [ilusjo'naðo, a] *adj*: **estar ~ (con)** se réjouir (de)

ilusionar [ilusjo'nar] *vt* réjouir; **ilusionarse** *vpr*: **ilusionarse (con)** se réjouir (de)

ilusionista [ilusjo'nista] *nm/f* illusionniste *m/f*

iluso, -a [i'luso, a] *adj* naïf(-ïve) ▸ *nm/f* rêveur(-euse)

ilusorio, -a [ilu'sorjo, a] *adj* illusoire

ilustración [ilustra'θjon] *nf* illustration *f*; (*cultura*) instruction *f*, culture *f*; **servir como** *o* **de ~** servir d'exemple ; **la I~** le Siècle des lumières

ilustrado, -a [ilus'traðo, a] *adj* illustré(e) ; (*persona*) cultivé(e), instruit(e)

ilustrar [ilus'trar] *vt* illustrer ; (*instruir*) instruire, cultiver ; **ilustrarse** *vpr* s'instruire, se cultiver

ilustre [i'lustre] *adj* illustre, célèbre

imagen [i'maxen] *nf* image *f*; **ser la viva ~ de** être le portrait tout craché de ; **a su ~** à son image

imaginación [imaxina'θjon] *nf* imagination *f*; **imaginaciones** *nfpl* (*suposiciones*) idées *fpl* ; **no se me pasó por la ~ que ...** je n'aurais jamais imaginé que ...

imaginar [imaxi'nar] *vt* imaginer ; (*idear*) imaginer, concevoir ; **imaginarse** *vpr* s'imaginer ; **~ que ...** (*suponer*) imaginer que ... ; **¡imagínate!** tu te rends compte ! ; **imagínese que ...** figurez-vous que ... ; **me imagino que sí** j'imagine que oui

imaginario, -a [imaxi'narjo, a] *adj* imaginaire

imaginativo, -a [imaxina'tiβo, a] *adj* imaginatif(-ive)

imam [i'mam] *nm* imam *m*

imán [i'man] *nm* aimant *m*

imbécil [im'beθil] *adj, nm/f* imbécile *m/f*

imitación [imita'θjon] *nf* imitation *f*; (*parodia*) imitation, pastiche *m* ; (*Com*) contrefaçon *f*; **a ~ de** sur le modèle de ; **de ~** en imitation ; **desconfíe de las imitaciones** (*Com*) méfiez-vous des contrefaçons

imitar [imi'tar] *vt* imiter ; (*parodiar*) imiter, pasticher

impaciencia [impa'θjenθja] *nf* impatience *f*

impaciente [impa'θjente] *adj* impatient(e) ; **estar ~** se tracasser ; (*deseoso*) être impatient(e) ; **estar ~ (por hacer)** être impatient(e) (de faire), avoir hâte (de faire)

impactar [impak'tar] *vt* (*impresionar*) choquer, déconcerter ▸ *vi* (*bala*) venir se loger ; (*chocar*): **~ en** *o* **contra** aller *o* venir percuter ; (*afectar*): **~ en** impacter, avoir un impact sur

impacto [im'pakto] *nm* impact *m* ; (*esp* AM: *fig*) impression *f* ; **~ ecológico** empreinte *f* écologique

impar [im'par] *adj* impair(e) ▸ *nm* impair *m*

imparcial [impar'θjal] *adj* impartial(e)

impartir [impar'tir] *vt* (*clases*) donner ; (*orden*) intimer

impasible [impa'siβle] *adj* impassible

impecable [impe'kaβle] *adj* impeccable

impedimento [impeði'mento] *nm* empêchement *m*

impedir [impe'ðir] *vt* (*imposibilitar*) empêcher ; (*estorbar*) gêner ; **~ a algn hacer** *o* **que haga algo** empêcher qn de faire qch ; **~ el tráfico** bloquer la circulation

impenetrable [impene'traβle] *adj* impénétrable

imperar [impe'rar] *vi* régner ; (*fig*) dominer, prévaloir

imperativo, -a [impera'tiβo, a] *adj* impératif(-ive) ▸ *nm* (*Ling*) impératif *m* ; **imperativos** *nmpl* (*exigencias*) impératifs *mpl*

imperceptible [imperθep'tiβle] *adj* imperceptible

imperdible [imper'ðiβle] *nm* épingle *f* à nourrice

imperdonable [imperðo'naβle] *adj* impardonnable

imperfección [imperfek'θjon] *nf* (*en prenda, joya, vasija*) défaut *m* ; (*de persona*) imperfection *f*

imperfecto, -a [imper'fekto, a] *adj* défectueux(-euse) ; (*tarea, Ling*) imparfait(e) ▸ *nm* (*Ling*) imparfait *m*

imperial [impe'rjal] *adj* impérial(e)

imperialismo [imperja'lismo] *nm* impérialisme *m*

imperio [im'perjo] *nm* empire *m* ; **el ~ de la ley/justicia** le règne de la loi/justice ; **vale un ~** (*fig*) cela vaut son pesant d'or

imperioso, -a [impe'rjoso, a] *adj* impérieux(-euse)

impermeable [imperme'aβle] *adj, nm* imperméable *m*

impersonal [imperso'nal] *adj* impersonnel(le)

impertinencia [imperti'nenθja] *nf* impertinence *f*

impertinente [imperti'nente] *adj* impertinent(e)

imperturbable [impertur'βaβle] *adj* imperturbable

ímpetu ['impetu] *nm* (*violencia*) violence *f*; (*energía*) énergie *f*; (*impetuosidad*) fougue *f*

impetuoso, -a [impe'twoso, a] *adj* impétueux(-euse); (*paso, ritmo*) soutenu(e)

impío, -a [im'pio, a] *adj* impie

implacable [impla'kaβle] *adj* implacable

implantar [implan'tar] *vt* implanter; **implantarse** *vpr* s'implanter

implicar [impli'kar] *vt* impliquer; **~ a algn en algo** impliquer qn dans qch; **eso no implica que ...** cela n'implique pas que ...

implícito, -a [im'pliθito, a] *adj* (*tácito*) tacite; (*sobreentendido*) implicite; **llevar ~** comporter implicitement

implorar [implo'rar] *vt* implorer

imponente [impo'nente] *adj* imposant(e); (*fam*) sensationnel(le) ▸ *nm/f* (*Com*) déposant(e)

imponer [impo'ner] *vt* imposer; (*respeto*) inspirer; (*Com*) placer, déposer ▸ *vi* en imposer; **imponerse** *vpr* (*moda, costumbre*) s'imposer; (*razón, equipo*) l'emporter; **imponerse a** s'imposer face à; **imponerse (hacer)** s'imposer (de faire); **imponerse un deber** s'imposer un devoir

imponible [impo'niβle] *adj* (*Com*) imposable; **no ~** non imposable

impopular [impopu'lar] *adj* impopulaire

importación [importa'θjon] *nf* importation *f*

importancia [impor'tanθja] *nf* importance *f*; **no dar ~ a** ne pas attacher d'importance à; **darse ~** faire l'important; **sin ~** sans importance; **no tiene ~** ce n'est pas important

importante [impor'tante] *adj* important(e); **lo ~ es hacer .../que haga ...** l'important c'est de faire .../qu'il fasse ...

importar [impor'tar] *vt* importer; (*ascender a: cantidad*) se monter à, coûter ▸ *vi* importer; **me importa un bledo** *o* **rábano** (*fam*) je m'en fiche pas mal; **¿le importa que fume?** ça vous ennuie si je fume ?; **¿te importa prestármelo?** ça ne te dérange pas de me le prêter ?; **¿y a ti qué te importa?** qu'est-ce que ça peut (bien) te faire ?; **¿qué importa?** qu'est-ce que ça peut faire ?; **no importa** ce n'est pas grave, ça ne fait rien; **no le importa** ça ne le regarde pas; **«no importa precio»** « prix indifférent »

importe [im'porte] *nm* (*coste*) coût *m*; (*total*) montant *m*

importunar [importu'nar] *vt* importuner

imposibilidad [imposiβili'ðað] *nf* impossibilité *f*

> **También se puede decir:**
> C'est impossible. (*Es imposible.*)
> Il n'est pas possible qu'il n'y ait rien à faire. (*No es posible que ...*)
> Il est impossible que ces renseignements soient faux. (*Es imposible que ...*)
> Il n'y a aucune chance qu'ils viennent à notre secours. (*No hay ninguna posibilidad de que ...*)

imposibilitar [imposiβili'tar] *vt* rendre impossible; (*impedir*) empêcher

imposible [impo'siβle] *adj, nm* impossible *m*; **es ~** c'est impossible; **es ~ de predecir** c'est impossible à prévoir; **hacer lo ~ por** faire l'impossible pour

imposición [imposi'θjon] *nf* (*de moda*) introduction *f*; (*sanción, condena*) application *f*; (*mandato*) ordre *m*; (*Com: impuesto*) imposition *f*; (*: depósito*) dépôt *m*; **efectuar una ~** faire un dépôt

impostor, a [impos'tor, a] *nm/f* imposteur *m*

impotencia [impo'tenθja] *nf* impuissance *f*

impotente [impo'tente] *adj* impuissant(e) ▸ *nm* impuissant *m*

impracticable [imprakti'kaβle] *adj* (*camino*) impraticable

impreciso, -a [impre'θiso, a] *adj* imprécis(e)

impregnar [impreɣ'nar] *vt* imprégner; **impregnarse** *vpr* s'imprégner

imprenta [im'prenta] *nf* imprimerie *f*; (*aparato*) presse *f*; **letra de ~** caractère *m* d'imprimerie

imprescindible [impresθin'diβle] *adj* indispensable ; **es ~ hacer/que haga ...** il est indispensable de faire/qu'il fasse ...

impresión [impre'sjon] *nf* impression *f* ; (*marca*) empreinte *f* ; **tengo** *o* **me da la ~ de que no va a venir** j'ai (bien) l'impression qu'il ne viendra pas ; **cambio de impresiones** échange *m* de vues ; **~ digital** empreinte digitale

impresionable [impresjo'naβle] *adj* impressionnable

impresionante [impresjo'nante] *adj* impressionnant(e) ; (*conmovedor*) bouleversant(e)

impresionar [impresjo'nar] *vt* impressionner ; (*conmover*) bouleverser, toucher ; **impresionarse** *vpr* être impressionné(e) ; **se impresiona con facilidad** il ne faut pas grand-chose pour l'impressionner

impreso, -a [im'preso, a] *pp de* **imprimir** ▶ *adj* imprimé(e) ▶ *nm* (*solicitud*) imprimé *m*, formulaire *m* ; **impresos** *nmpl* (*material impreso*) imprimés *mpl* ; **~ de solicitud** formulaire de demande

impresora [impre'sora] *nf* (*Inform*) imprimante *f* ; **~ 3D** imprimante 3D ; **~ de línea** imprimante ligne par ligne ; **~ láser** imprimante laser

imprevisto, -a [impre'βisto, a] *adj* imprévu(e) ▶ *nm* imprévu *m*

imprimir [impri'mir] *vt* imprimer

improbable [impro'βaβle] *adj* improbable

> **También se puede decir:**
> Il est peu probable qu'il reste encore des places. (*Es poco probable que ...*)
> Ça m'étonnerait qu'ils aient ta pointure. (*Me sorprendería que ...*)
> Nous ne risquons pas de nous ennuyer. (*No creo que nos aburramos.*)
> Il y a peu de chances que le taux de croissance dépasse 1,5 %. (*Hay pocas probabilidades de que ...*)

improcedente [improθe'ðente] *adj* inopportun(e) ; (*Jur*) irrégulier(-ière) ; **despido ~** licenciement *m* abusif

improductivo, -a [improðuk'tiβo, a] *adj* improductif(-ive)

improperio [impro'perjo] *nm* insulte *f*, injure *f*

impropio, -a [im'propjo, a] *adj* impropre ; **~ de** *o* **para** peu approprié(e) à

improvisado, -a [improβi'saðo, a] *adj* improvisé(e)

improvisar [improβi'sar] *vt*, *vi* improviser

improviso [impro'βiso] *adv*: **de ~** à l'improviste

imprudencia [impru'ðenθja] *nf* imprudence *f* ; (*indiscreción*) indiscrétion *f* ; **~ temeraria** (*Jur*) imprudence

imprudente [impru'ðente] *adj* imprudent(e) ; (*indiscreto*) indiscret(-ète)

impúdico, -a [im'puðiko, a] *adj* impudique

impuesto, -a [im'pwesto, a] *pp de* **imponer** ▶ *adj*: **estar ~ en** s'y connaître en ▶ *nm* impôt *m* ; (*derecho*) droit *m*, taxe *f* ; **anterior al ~** avant impôt ; **libre de ~s** exonéré(e) d'impôt ; **sujeto a ~** soumis à l'impôt ; **~ de lujo** taxe de luxe ; **~ de plusvalía** impôt sur les plus-values ; **~ de transferencia de capital** droit de mutation ; **~ de venta** taxe à l'achat ; **~ directo/indirecto** impôt direct/indirect ; **~ sobre el valor añadido** *o* (*AM*) **agregado** taxe sur la valeur ajoutée ; **~ sobre la propiedad** impôt foncier ; **~ sobre la renta (de las personas físicas)** impôt sur le revenu (des personnes physiques) ; **~ sobre la riqueza** impôt sur la fortune

impugnar [impuɣ'nar] *vt* contester ; (*refutar*) réfuter

impulsar [impul'sar] *vt* propulser ; (*economía*) stimuler ; **él me impulsó a hacerlo** *o* **a que lo hiciera** il m'a poussé à le faire

impulsivo, -a [impul'siβo, a] *adj* impulsif(-ive)

impulso [im'pulso] *nm* impulsion *f* ; (*fuerza*) élan *m* ; **a ~s del miedo** poussé(e) par la peur ; **dar ~ a** donner une impulsion à

impune [im'pune] *adj* impuni(e)

impureza [impu'reθa] *nf* impureté *f* ; **impurezas** *nfpl* (*de agua, aire*) impuretés *fpl*

impuro, -a [im'puro, a] *adj* impur(e)

imputar [impu'tar] *vt* imputer

inacabable [inaka'βaβle] *adj* interminable

inaccesible [inakθe'siβle] *adj* inaccessible ; (*fig: precio*) inabordable
inacción [inak'θjon] *nf* inaction *f*
inaceptable [inaθep'taβle] *adj* inacceptable
inactividad [inaktiβi'ðað] *nf* inactivité *f* ; (*Com*) inutilisation *f*
inactivo, -a [inak'tiβo, a] *adj* inactif(-ive) ; (*período*) d'inaction ; (*Com*) inutilisé(e) ; **la población inactiva** les inactifs
inadecuado, -a [inaðe'kwaðo, a] *adj* inadéquat(e)
inadmisible [inaðmi'siβle] *adj* inadmissible
inadvertido, -a [inaðβer'tiðo, a] *adj*: **pasar ~** passer inaperçu(e)
inagotable [inaɣo'taβle] *adj* inépuisable, intarissable
inaguantable [inaɣwan'taβle] *adj* insupportable
inalámbrico, -a [ina'lamβriko, a] *adj* sans fil
inalterable [inalte'raβle] *adj* inaltérable ; (*persona*) imperturbable
inanición [inani'θjon] *nf* inanition *f*
inanimado, -a [inani'maðo, a] *adj* inanimé(e)
inapreciable [inapre'θjaβle] *adj* (*poco importante*) insignifiant(e) ; (*de gran valor*) inestimable ; (*invisible: objeto*) invisible
inaudito, -a [inau'ðito, a] *adj* inouï(e)
inauguración [inauɣura'θjon] *nf* inauguration *f*
inaugurar [inauɣu'rar] *vt* inaugurer
inca ['inka] *adj* inca *inv* ▸ *nm/f* Inca *m/f*
incalculable [inkalku'laβle] *adj* incalculable
incandescente [inkandes'θente] *adj* incandescent(e)
incansable [inkan'saβle] *adj* infatigable
incapacidad [inkapaθi'ðað] *nf* incapacité *f*; **~ para hacer** incapacité à faire ; **~ física** incapacité physique ; **~ laboral** incapacité de travail ; **~ mental** incapacité mentale
incapacitar [inkapaθi'tar] *vt*: **~ (para)** (*inhabilitar*) rendre inapte (à) ; (*descalificar*) déclarer inapte (à)
incapaz [inka'paθ] *adj* incapable ; **~ de hacer algo** incapable de faire qch
incautación [inkauta'θjon] *nf* saisie *f*
incautarse [inkau'tarse] *vpr*: **~ de** s'emparer de
incauto, -a [in'kauto, a] *adj* (*imprudente*) imprudent(e) ; (*crédulo*) crédule
incendiar [inθen'djar] *vt* incendier ; **incendiarse** *vpr* prendre feu, brûler
incendiario, -a [inθen'djarjo, a] *adj, nm/f* incendiaire *m/f*
incendio [in'θendjo] *nm* incendie *m*
incentivo [inθen'tiβo] *nm* incitation *f*
incertidumbre [inθerti'ðumbre] *nf* incertitude *f*

También se puede decir:
Je ne suis pas sûr que ce soit utile. (*No estoy seguro de que ...*)
Je ne suis pas certain d'avoir raison. (*No estoy seguro de ...*)
Elle n'est pas convaincue que cela soit une bonne idée. (*No está convencida de que ...*)
Je doute fort qu'il accepte de rester inactif. (*Dudo mucho que ...*)
On ne sait pas exactement ce qui s'est passé. (*No se sabe exactamente ...*)

incesante [inθe'sante] *adj* incessant(e)
incesto [in'θesto] *nm* inceste *m*
incidencia [inθi'ðenθja] *nf* (*repercusión*) incidence *f* ; (*suceso*) incident *m*
incidente [inθi'ðente] *nm* incident *m*
incidir [inθi'ðir] *vi*: **~ en** affecter ; **~ en un error** tomber dans l'erreur
incienso [in'θjenso] *nm* encens *msg*
incineración [inθinera'θjon] *nf* incinération *f*
incinerar [inθine'rar] *vt* incinérer
incipiente [inθi'pjente] *adj* naissant(e)
incisión [inθi'sjon] *nf* incision *f*
incisivo, -a [inθi'siβo, a] *adj* (*instrumento*) tranchant(e) ; (*fig*) incisif(-ive) ▸ *nm* incisive *f*
incitar [inθi'tar] *vt* inciter ; **~ a algn a hacer** inciter qn à faire, pousser qn à faire
inclemencia [inkle'menθja] *nf* sévérité *f*; **inclemencias** *nfpl* (*del tiempo*) rigueurs *fpl*
inclinación [inklina'θjon] *nf* inclinaison *f*; (*fig*) inclination *f*, penchant *m* ; **tener ~ por algn/algo** avoir un penchant pour qn/qch

inclinar [inkli'nar] *vt* incliner ; (*cabeza, cuerpo*) incliner, pencher ; **inclinarse** *vpr* pencher ; (*persona*) se pencher ; **inclinarse ante** s'incliner devant ; **me inclino a pensar que ...** je suis enclin à penser que ...

incluir [inklu'ir] *vt* (*abarcar*) comprendre ; (*meter*) inclure ; **todo incluido** (*Com*) tout compris

inclusive [inklu'siβe] *adv* (*incluido*) inclus ; (*incluso*) même

incluso, -a [in'kluso, a] *adv, prep* même

incógnito [in'koɣnito]: **de ~** *adv* incognito

incoherente [inkoe'rente] *adj* incohérent(e)

incomodar [inkomo'ðar] *vt* incommoder ; **incomodarse** *vpr* se fâcher

incomodidad [inkomoði'ðað] *nf* ennui *m* ; (*de vivienda, asiento*) manque *m* de confort

incómodo, -a [in'komoðo, a] *adj* (*vivienda*) inconfortable ; (*asiento*) peu confortable ; (*molesto*) incommodant(e) ; **sentirse ~** se sentir mal à l'aise

incomparable [inkompa'raβle] *adj* incomparable

incompatible [inkompa'tiβle] *adj*: **~ (con)** incompatible (avec)

incompetencia [inkompe'tenθja] *nf* incompétence *f*

incompetente [inkompe'tente] *adj* incompétent(e)

incompleto, -a [inkom'pleto, a] *adj* incomplet(-ète)

incomprensible [inkompren'siβle] *adj* incompréhensible

incomunicado, -a [inkomuni'kaðo, a] *adj* (*aislado*: *persona*) isolé(e) ; (: *pueblo*) coupé(e) de tout ; (*preso*) mis(e) au régime cellulaire

inconcebible [inkonθe'βiβle] *adj* inconcevable

incondicional [inkondiθjo'nal] *adj* inconditionnel(le)

inconexo, -a [inko'nekso, a] *adj* décousu(e)

inconfundible [inkonfun'diβle] *adj* caractéristique

incongruente [inkon'grwente] *adj* incongru(e) ; **~ (con)** (*actitud*) en désaccord (avec)

inconsciencia [inkons'θjenθja] *nf* inconscience *f*

inconsciente [inkons'θjente] *adj* inconscient(e) ; **~ de** inconscient(e) de

inconsecuente [inkonse'kwente] *adj*: **~ (con)** inconséquent(e) (avec)

inconsiderado, -a [inkonsiðe'raðo, a] *adj* inconsidéré(e)

inconsistente [inkonsis'tente] *adj* inconsistant(e)

inconstancia [inkons'tanθja] *nf* inconstance *f*

inconstante [inkons'tante] *adj* inconstant(e)

incontable [inkon'taβle] *adj* innombrable, incalculable

incontestable [inkontes'taβle] *adj* incontestable

incontinencia [inkonti'nenθja] *nf* incontinence *f*

inconveniencia [inkombe'njenθja] *nf* inconvenance *f*

inconveniente [inkombe'njente] *adj* déplacé(e) ▶ *nm* inconvénient *m* ; **el ~ es que ...** l'inconvénient, c'est que ... ; **no hay ~ en** *o* **para hacer eso** il n'y a pas d'inconvénient à faire cela ; **no tengo ~** je n'y vois pas d'inconvénient

incordiar [inkor'ðjar] (*fam*) *vt* casser les pieds (*fam!*)

incorporación [inkorpora'θjon] *nf* incorporation *f*

incorporar [inkorpo'rar] *vt* incorporer ; (*enderezar*) lever ; **incorporarse** *vpr* se lever ; **incorporarse a** (*puesto*) intégrer ; (*grupo, manifestación*) se joindre à

incorrección [inkorrek'θjon] *nf* incorrection *f*

incorrecto, -a [inko'rrekto, a] *adj* incorrect(e)

incorregible [inkorre'xiβle] *adj* incorrigible

incredulidad [inkreðuli'ðað] *nf* incrédulité *f*

incrédulo, -a [in'kreðulo, a] *adj* incrédule

increíble [inkre'iβle] *adj* incroyable

incremento [inkre'mento] *nm* augmentation *f*

increpar [inkre'par] *vt* admonester

incubar [inku'βar] *vt* couver

inculcar [inkul'kar] *vt* inculquer
inculpar [inkul'par] *vt* inculper
inculto, -a [in'kulto, a] *adj* inculte ▸*nm/f* ignorant(e)
incumplimiento [inkumpli'mjento] *nm* (*de promesa*) manquement *m* ; (*de ley*) non-respect *m* ; **por ~** par défaut ; **~ de contrato** rupture *f* de contrat
incurrir [inku'rrir] *vi*: **~ en** (*error*) commettre ; (*crimen*) en arriver à ; (*enfado*) s'attirer
indagación [indaɣa'θjon] *nf* recherche *f*
indagar [inda'ɣar] *vt* rechercher ; (*policía*) enquêter sur
indecente [inde'θente] *adj* indécent(e) ; (*indigno*) peu convenable ; (*ruin*: *comportamiento*) incorrect(e)
indecible [inde'θiβle] *adj* indicible ; **sufrir lo ~** souffrir atrocement
indeciso, -a [inde'θiso, a] *adj* indécis(e)
indefenso, -a [inde'fenso, a] *adj* sans défense
indefinido, -a [indefi'niðo, a] *adj* (*indeterminado*) indéfini(e) ; (*ilimitado*) indéterminé(e)
indeleble [inde'leβle] *adj* indélébile
indemne [in'demne] *adj*: **salir ~ de** sortir indemne de
indemnizar [indemni'θar] *vt* indemniser
independencia [indepen'denθja] *nf* indépendance *f* ; **con ~ de** indépendamment de
independiente [indepen'djente] *adj* indépendant(e) ; (*Inform*) autonome
indeterminado, -a [indetermi'naðo, a] *adj* indéterminé(e)
India ['indja] *nf*: **la ~** l'Inde *f*
indicación [indika'θjon] *nf* indication *f* ; (*señal*: *de persona*) signe *m* ; **indicaciones** *nfpl* (*instrucciones*) indications *fpl*
indicador [indika'ðor] *nm* indicateur *m* ; (*Auto*) panneau *m* de signalisation ; **~ de encendido** (*Inform*) voyant *m* « sous tension »
indicar [indi'kar] *vt* indiquer
índice ['indiθe] *nm* index *m* ; **~ de materias** table *f* des matières ; **~ de natalidad** taux *msg* de natalité ; **~ de precios al por menor** (*Com*) indice *m* des prix de détail ; **~ del coste de (la) vida** indice du coût de la vie
indicio [in'diθjo] *nm* indice *m* ; (*Inform*) repère *m*
indiferencia [indife'renθja] *nf* indifférence *f*

También se puede decir:
Ça m'est égal. (*Me da igual.*)
Je n'ai pas de préférence. (*No tengo preferencias.*)
C'est comme vous voudrez. (*Como quiera.*)
Cela n'a aucune importance. (*No tiene ninguna importancia.*)
Peu importe. (*No importa.*)

indiferente [indife'rente] *adj*: **~ (a)** indifférent(e) (à) ; **es ~ que viva en Madrid o Valencia** peu importe qu'il habite à Madrid ou à Valence ; **me es ~ hacerlo hoy o mañana** cela m'est égal de le faire aujourd'hui ou demain ; **a Alfonso le era ~ Carmen** Carmen laissait Alfonso indifférent
indígena [in'dixena] *adj, nm/f* indigène *m/f*
indigencia [indi'xenθja] *nf* indigence *f*
indigestión [indixes'tjon] *nf* indigestion *f*
indigesto, -a [indi'xesto, a] *adj* indigeste ; (*persona*) insupportable
indignación [indiɣna'θjon] *nf* indignation *f*
indignar [indiɣ'nar] *vt* indigner ; **indignarse** *vpr*: **indignarse (por)** s'indigner (de)
indigno, -a [in'diɣno, a] *adj*: **~ (de)** indigne (de)
indio, -a ['indjo, a] *adj* indien(ne) ▸*nm/f* Indien(ne) ; **hacer el ~** faire l'imbécile ; **subírsele** *o* **asomarle el ~** (*CSur*: *fam*) s'exciter
indirecta [indi'rekta] *nf* allusion *f* ; **soltar una ~** faire une allusion
indirecto, -a [indi'rekto, a] *adj* indirect(e)
indiscreción [indiskre'θjon] *nf* indiscrétion *f* ; **si no es ~** si ce n'est pas indiscret
indiscreto, -a [indis'kreto, a] *adj* indiscret(-ète)

indiscriminado, -a [indiskrimi'naðo, a] *adj* (*golpes*) distribué(e) au hasard ; **de un modo ~** sans discrimination

indiscutible [indisku'tiβle] *adj* indiscutable

indispensable [indispen'saβle] *adj* indispensable

indisponer [indispo'ner] *vt* indisposer ; **indisponerse** *vpr* (*Med*) se sentir indisposé(e) ; **indisponerse con** *o* **contra algn** se brouiller avec qn

indisposición [indisposi'θjon] *nf* indisposition *f*

indistinto, -a [indis'tinto, a] *adj* indistinct(e) ; **es ~ que hables tú o ella** peu importe que ce soit toi ou elle qui parle

individual [indiβi'ðwal] *adj* individuel(le) ; (*cama*) à une place ▸ *nm* (*Deporte*) simple *m*

individuo [indi'βiðwo] *nm* individu *m*

índole ['indole] *nf* (*naturaleza*) nature *f* ; (*clase*) caractère *m*

inducir [indu'θir] *vt* induire ; **~ a algn a hacer** inciter qn à faire ; **~ a algn a error** induire qn en erreur

indudable [indu'ðaβle] *adj* indubitable ; **es ~ que …** il n'y a aucun doute que …

indulgencia [indul'xenθja] *nf* indulgence *f* ; **proceder sin ~ contra** se montrer implacable envers

indultar [indul'tar] *vt* gracier ; **~ (de)** (*Jur*) dispenser (de)

indulto [in'dulto] *nm* grâce *f*

industria [in'dustrja] *nf* industrie *f* ; (*habilidad*) adresse *f* ; **~ agropecuaria** industrie agropastorale ; **~ pesada** industrie lourde ; **~ petrolífera** industrie du pétrole

industrial [indus'trjal] *adj* industriel(le) ▸ *nm/f* industriel(le)

inédito, -a [i'neðito, a] *adj* inédit(e)

inefable [ine'faβle] *adj* ineffable

ineficaz [inefi'kaθ] *adj* (*medida, medicamento*) inefficace ; (*persona*) peu efficace

inepto, -a [i'nepto, a] *adj* inepte ▸ *nm/f* incapable *m/f*

inequívoco, -a [ine'kiβoko, a] *adj* clair(e)

inercia [i'nerθja] *nf* inertie *f* ; **por ~** (*fig*) par habitude

inerme [i'nerme] *adj* (*sin armas*) désarmé(e) ; (*indefenso*) sans défense

inerte [i'nerte] *adj* inerte

inesperado, -a [inespe'raðo, a] *adj* inattendu(e)

inestable [ines'taβle] *adj* instable

inevitable [ineβi'taβle] *adj* inévitable

inexactitud [ineksakti'tuð] *nf* inexactitude *f*

inexacto, -a [inek'sakto, a] *adj* inexact(e)

inexperto, -a [ineks'perto, a] *adj* inexpérimenté(e)

infalible [infa'liβle] *adj* infaillible

infame [in'fame] *adj* infâme

infancia [in'fanθja] *nf* enfance *f* ; **jardín de ~** jardin *m* d'enfants

infantería [infante'ria] *nf* infanterie *f* ; **~ de marina** infanterie de marine

infantil [infan'til] *adj* (*programa, juego*) pour les enfants ; (*enfermedad, población*) infantil(e) ; (*pey*) puéril(e)

infarto [in'farto] *nm* (*tb*: **infarto de miocardio**) infarctus *msg*

infatigable [infati'ɣaβle] *adj* infatigable

infección [infek'θjon] *nf* infection *f*

infeccioso, -a [infek'θjoso, a] *adj* (*Med*) infectieux(-euse) ; (*fig*) contagieux(-euse)

infectar [infek'tar] *vt* infecter ; **infectarse** *vpr* s'infecter

infeliz [infe'liθ] *adj, nm/f* malheureux(-euse)

inferior [infe'rjor] *adj, nm/f* inférieur(e) ; **~ (a)** inférieur(e) (à) ; **un número ~ a nueve** un chiffre inférieur à neuf ; **una cantidad ~** une quantité moindre

> **También se puede decir:**
> Son deuxième film est moins violent que le premier. (*… es menos … que …*)
> La tarte n'est pas aussi bonne que le gâteau au chocolat. (*La tarta no está tan buena como el pastel de chocolate.*)
> Je ne lis plus autant qu'avant. (*Ya no leo tanto como antes.*)

inferir [infe'rir] *vt* déduire, inférer ; (*herida*) infliger

infestar [infes'tar] *vt* infester

infidelidad [infiðeli'ðað] *nf* infidélité *f* ; **infidelidades** *nfpl* (*adulterios*) infidélités *fpl* ; **~ conyugal** infidélité conjugale

infiel [in'fjel] *adj, nm/f* infidèle *m/f*

infierno [in'fjerno] *nm* (*Rel*) enfer *m* ; **ser un ~** (*fig*) être un enfer ; **¡vete al ~!** va-t'en au diable ! ; **está en el quinto ~** c'est au diable (vauvert)

infiltrar [infil'trar]: **infiltrarse** *vpr* s'infiltrer

ínfimo, -a ['infimo, a] *adj* infime

infinidad [infini'ðað] *nf*: **una ~ de** une infinité de ; **una ~ de veces** un nombre incalculable de fois

infinitivo [infini'tiβo] *nm* infinitif *m*

infinito, -a [infi'nito, a] *adj* infini(e) ▸ *adv* infiniment ▸ *nm* (*tb Mat*) infini *m* ; **hasta lo ~** jusqu'à l'infini

inflación [infla'θjon] *nf* (*Econ*) inflation *f*

inflacionario, -a [inflaθjo'narjo, a] *adj* inflationniste

inflamar [infla'mar] *vt* enflammer ; **inflamarse** *vpr* s'enflammer ; (*hincharse*) s'enfler

inflar [in'flar] *vt* gonfler ; (*fig*) exagérer ; **inflarse** *vpr* s'enfler ; **inflarse de** (*chocolate etc*) se bourrer de

inflexible [inflek'siβle] *adj* (*material*) indéformable ; (*persona*) inflexible

infligir [infli'xir] *vt* infliger

influencia [in'flwenθja] *nf* influence *f*

influenciar [inflwen'θjar] *vt* influencer

influir [influ'ir] *vt* influencer ▸ *vi* agir ; **~ en** *o* **sobre** influer sur, influencer

influjo [in'fluxo] *nm* influence *f* ; **~ de capitales** afflux *msg* de capitaux

influyendo *etc* [influ'jendo] *vb ver* **influir**

influyente [influ'jente] *adj* influent(e)

información [informa'θjon] *nf* (*sobre un asunto, Inform*) information *f* ; (*noticias, informe*) informations *fpl* ; (*Jur*) enquête *f* ; **I~** (*oficina, Telec*) Renseignements *mpl* ; (*mostrador*) Information ; **abrir una ~** (*Jur*) ouvrir une enquête ; **~ deportiva** nouvelles *fpl* sportives

informal [infor'mal] *adj* (*persona*) peu sérieux(-euse) ; (*estilo*) décontracté(e)

informar [infor'mar] *vt* informer ; (*dar forma a*) donner forme à ▸ *vi* (*dar cuenta de*): **~ de/sobre** informer de/sur ; **informarse** *vpr*: **informarse (de)** s'informer (de) ; **~ (contra)** (*Jur*) plaider (contre) ; **(les) informó que ...** il (les) a informé(s) que ...

informática [infor'matika] *nf* informatique *f* ; **~ de gestión** informatique de gestion

informe [in'forme] *adj* informe ▸ *nm* rapport *m* ; (*Jur*) plaidoyer *m* ; **informes** *nmpl* (*referencias*) références *fpl* ; **~ anual** rapport annuel

infortunio [infor'tunjo] *nm* infortune *f*

infracción [infrak'θjon] *nf* infraction *f*

infranqueable [infranke'aβle] *adj* infranchissable

infravalorar [infraβalo'rar] *vt* sous-estimer

infringir [infrin'xir] *vt* transgresser

infructuoso, -a [infruk'twoso, a] *adj* infructueux(-euse)

infundado, -a [infun'daðo, a] *adj* peu fondé(e)

infundir [infun'dir] *vt*: **~ ánimo** *o* **valor** insuffler du courage ; **~ respeto** inspirer le respect ; **~ miedo** inspirer de la crainte

infusión [infu'sjon] *nf* infusion *f* ; **~ de manzanilla** infusion de camomille

ingeniar [inxe'njar] *vt* inventer ; **ingeniarse** *vpr*: **ingeniarse** *o* **ingeniárselas para hacer** se débrouiller pour faire

ingeniería [inxenje'ria] *nf* ingénierie *f* ; **~ de sistemas** (*Inform*) développement *m* de systèmes

ingeniero, -a [inxe'njero, a] *nm/f* ingénieur *m/f* ; (*esp Méx: título de cortesía: tb:* **Ingeniero**) Monsieur (Madame) ; **~ agrónomo(-a)** ingénieur agronome ; **~ de caminos** ingénieur des Ponts et Chaussées ; **~ de montes** ingénieur des Eaux et Forêts ; **~ de sonido** ingénieur du son ; **~ naval** ingénieur en construction navale

ingenio [in'xenjo] *nm* génie *m* ; (*Tec*) engin *m* ; **aguzar el ~** faire travailler sa matière grise ; **~ azucarero** raffinerie *f* de sucre

ingenioso, -a [inxe'njoso, a] *adj* (*hábil*) ingénieux(-euse) ; (*divertido*) spirituel(le)

ingenuidad [inxenwi'ðað] *nf* ingénuité *f*

ingenuo, -a [in'xenwo, a] *adj* ingénu(e)

ingerir [inxe'rir] *vt* ingérer

Inglaterra [ingla'terra] *nf* Angleterre *f*

ingle ['ingle] *nf* aine *f*

inglés, -esa [in'gles, esa] *adj* anglais(e) ▸ *nm/f* Anglais(e) ▸ *nm* (*Ling*) anglais *msg*

ingratitud [ingrati'tuð] *nf* ingratitude *f*

ingrato, -a [in'grato, a] *adj* ingrat(e)

ingrediente [ingre'ðjente] *nm* ingrédient *m* ; **ingredientes** *nmpl* (AM) tapas *fpl*

ingresar [ingre'sar] *vt* (*dinero*) déposer ; (*enfermo*) faire entrer ▸ *vi*: **~ (en)** (*en facultad, escuela*) être admis(e) (à) ; (*en club etc*) s'inscrire (à) ; (*en ejército*) entrer (dans) ; (*en* *hospital*) entrer (à) ; **~ a** (*esp AM*) rentrer dans

ingreso [in'greso] *nm* admission *f* ; (*en ejército*) entrée *f* ; **ingresos** *nmpl* (*dinero*) revenus *mpl* ; (: *Com*) recettes *fpl* ; **~ gravable** revenu imposable ; **~s accesorios** avantages *mpl* en nature ; **~s brutos** revenus bruts ; **~s devengados** revenus salariaux ; **~s exentos de impuestos** revenus non imposables ; **~s personales disponibles** revenus disponibles

inhabitable [inaβi'taβle] *adj* inhabitable

inhalar [ina'lar] *vt* inhaler

inherente [ine'rente] *adj* : **~ a** inhérent(e) à

inhibir [ini'βir] *vt* (*Med*) inhiber ; **inhibirse** *vpr* : **inhibirse (de hacer)** s'abstenir (de faire)

inhóspito, -a [i'nospito, a] *adj* inhospitalier(-ière)

inhumano, -a [inu'mano, a] *adj* inhumain(e)

inicial [ini'θjal] *adj* initial(e) ▶ *nf* initiale *f*

iniciar [ini'θjar] *vt* commencer ; **~ (en)** (*persona*) initier (à) ; **~ a algn en un secreto** mettre qn dans le secret ; **~ la sesión** (*Inform*) ouvrir la session

iniciativa [iniθja'tiβa] *nf* initiative *f* ; **la ~ privada** l'initiative privée ; **por ~ propia** de sa *etc* propre initiative ; **tomar la ~** prendre l'initiative

inicio [i'niθjo] *nm* début *m*

ininterrumpido, -a [ininterrum'piðo, a] *adj* ininterrompu(e)

injerencia [inxe'renθja] *nf* ingérence *f*

injertar [inxer'tar] *vt* greffer

injuria [in'xurja] *nf* injure *f*

injuriar [inxu'rjar] *vt* injurier

injurioso, -a [inxu'rjoso, a] *adj* injurieux(-euse)

injusticia [inxus'tiθja] *nf* injustice *f* ; **con ~** injustement

injusto, -a [in'xusto, a] *adj* injuste

inmadurez [inmaðu'reθ] *nf* immaturité *f*

inmediaciones [inmeðja'θjones] *nfpl* abords *mpl*

inmediato, -a [inme'ðjato, a] *adj* immédiat(e) ; (*contiguo*) contigu(ë) ; **~ a** contigu(ë) à ; **de ~** (*esp AM*) tout de suite

inmejorable [inmexo'raβle] *adj* excellent(e)

inmenso, -a [in'menso, a] *adj* immense

inmerecido, -a [inmere'θiðo, a] *adj* (*críticas*) injustifié(e) ; (*premio*) immérité(e)

inmigración [inmiɣra'θjon] *nf* immigration *f*

inmigrante [inmi'ɣrante] *adj, nm/f* immigrant(e)

inmiscuirse [inmisku'irse] *vpr* : **~ (en)** s'immiscer (dans)

inmobiliaria [inmoβi'ljarja] *nf* (*tb* : **agencia inmobiliaria**) agence *f* immobilière

inmobiliario, -a [inmoβi'ljarjo, a] *adj* immobilier(-ière)

inmoral [inmo'ral] *adj* immoral(e)

inmortal [inmor'tal] *adj* immortel(le)

inmortalizar [inmortali'θar] *vt* immortaliser

inmóvil [in'moβil] *adj* immobile

inmueble [in'mweβle] *adj* : **bienes ~s** biens *mpl* immeubles ▶ *nm* immeuble *m*

inmundicia [inmun'diθja] *nf* saleté *f*

inmundo, -a [in'mundo, a] *adj* (*lugar*) immonde ; (*lenguaje*) vulgaire

inmune [in'mune] *adj* : **~ (a)** immunisé(e) (contre)

inmunidad [inmuni'ðað] *nf* immunité *f* ; **~ diplomática/parlamentaria** immunité diplomatique/parlementaire

inmutarse [inmu'tarse] *vpr* se troubler ; **siguió sin ~** il poursuivit sans se troubler le moins du monde

innato, -a [in'nato, a] *adj* inné(e)

innecesario, -a [inneθe'sarjo, a] *adj* pas nécessaire

innoble [in'noβle] *adj* ignoble

innovación [innoβa'θjon] *nf* innovation *f*

inocencia [ino'θenθja] *nf* innocence *f*

inocentada [inoθen'taða] *nf* (*broma*) ≈ poisson *m* d'avril ; **gastar una ~ a algn** ≈ faire un poisson d'avril à qn

inocente [ino'θente] *adj, nm/f* innocent(e) ; **Día de los (Santos) I~s** jour *m* des (saints) Innocents

> Le 28 décembre, **Día de los Santos Inocentes**, l'Église commémore le massacre des enfants de Judée ordonné par Hérode. Cette journée est l'occasion pour les Espagnols de se faire des plaisanteries et de se jouer des tours appelés *inocentadas*, un peu comme lors du premier avril en France.

inocuo, -a [i'nokwo, a] *adj* inoffensif(-ive)

inodoro, -a [ino'ðoro, a] *adj* inodore ▸ *nm* WC *mpl*
inofensivo, -a [inofen'siβo, a] *adj* inoffensif(-ive)
inolvidable [inolβi'ðaβle] *adj* inoubliable
inopinado, -a [inopi'naðo, a] *adj* inopiné(e)
inoportuno, -a [inopor'tuno, a] *adj* inopportun(e)
inoxidable [inoksi'ðaβle] *adj* inoxydable ; **acero ~** acier *m* inoxydable
inquebrantable [inkeβran'taβle] *adj* (*fe*) inébranlable ; (*promesa*) solennel(le)
inquietar [inkje'tar] *vt* inquiéter ; **inquietarse** *vpr* s'inquiéter
inquieto, -a [in'kjeto, a] *adj* inquiet(-ète) ; (*niño*) turbulent(e) ; **estar ~ por** être inquiet(-ète) de
inquietud [inkje'tuð] *nf* inquiétude *f* ; (*agitación*) dissipation *f*
inquilino, -a [inki'lino, a] *nm/f* locataire *m/f*
inquirir [inki'rir] *vt* s'enquérir de
insalubre [insa'luβre] *adj* insalubre
inscribir [inskri'βir] *vt* inscrire ; **inscribirse** *vpr* (*Escol etc*) s'inscrire
inscripción [inskrip'θjon] *nf* inscription *f*
insecticida [insekti'θiða] *nm* insecticide *m*
insecto [in'sekto] *nm* insecte *m*
inseguridad [inseɣuri'ðað] *nf* insécurité *f* ; (*inestabilidad*) instabilité *f* ; (*de carácter*) manque *m* de confiance ; (*indecisión*) indécision *f* ; **~ ciudadana** insécurité urbaine
inseguro, -a [inse'ɣuro, a] *adj* incertain(e) ; (*persona*) pas sûr(e) de soi *etc* ; (*lugar*) peu sûr(e) ; (*terreno*) instable ; (*escalera*) branlant(e) ; **sentirse ~** ne pas se sentir en sécurité
insensato, -a [insen'sato, a] *adj* insensé(e)
insensibilidad [insensiβili'ðað] *nf* insensibilité *f*
insensible [insen'siβle] *adj* insensible
insertar [inser'tar] *vt* insérer ; **insertarse** *vpr*: **insertarse en** s'insérer dans
inservible [inser'βiβle] *adj* inutilisable
insidioso, -a [insi'ðjoso, a] *adj* insidieux(-euse) ; (*persona*) fourbe
insignia [in'siɣnja] *nf* (*emblema*) insigne *m* ; (*estandarte*) enseigne *f* ; **buque ~** vaisseau *m* amiral
insignificante [insiɣnifi'kante] *adj* insignifiant(e)
insinuar [insi'nwar] *vt* insinuer ; **insinuarse** *vpr*: **él se me insinuó** il m'a fait des avances
insípido, -a [in'sipiðo, a] *adj* insipide
insistencia [insis'tenθja] *nf* insistance *f* ; **con ~** avec insistance
insistir [insis'tir] *vi*: **~ (en)** insister (sur)
insolación [insola'θjon] *nf* insolation *f*
insolencia [inso'lenθja] *nf* insolence *f*
insolente [inso'lente] *adj* insolent(e)
insólito, -a [in'solito, a] *adj* insolite
insoluble [inso'luβle] *adj* (*problema*) insoluble ; **~ (en)** (*sustancia*) insoluble (dans)
insolvencia [insol'βenθja] *nf* (*Com*) insolvabilité *f*
insomnio [in'somnjo] *nm* insomnie *f*
insondable [inson'daβle] *adj* insondable
insonorizar [insonori'θar] *vt* insonoriser
insoportable [insopor'taβle] *adj* insupportable
insospechado, -a [insospe'tʃaðo, a] *adj* insoupçonné(e)
inspección [inspek'θjon] *nf* inspection *f*
inspeccionar [inspekθjo'nar] *vt* inspecter ; (*Inform*) contrôler
inspector, a [inspek'tor, a] *nm/f* inspecteur(-trice)
inspiración [inspira'θjon] *nf* inspiration *f* ; **de ~ clásica/romántica** d'inspiration classique/romantique
inspirar [inspi'rar] *vt, vi* inspirer ; **inspirarse** *vpr*: **inspirarse en** s'inspirer de
instalación [instala'θjon] *nf* installation *f* ; **instalaciones** *nfpl* (*de centro deportivo, hotel*) installations *fpl* ; **~ eléctrica** installation électrique
instalar [insta'lar] *vt* installer ; **instalarse** *vpr* s'installer
instancia [ins'tanθja] *nf* instance *f* ; **a ~s de** à la requête de ; **en última ~** en dernier ressort
instantánea [instan'tanea] *nf* instantané *m*
instantáneo, -a [instan'taneo, a] *adj* instantané(e) ; **café ~** café *m* instantané
instante [ins'tante] *nm* instant *m* ; **a cada ~** à tout instant ; **al ~** à l'instant ; **en**

un ~ en un instant

instar [ins'tar] *vt*: **~ a algn a hacer** *o* **para que haga** prier instamment qn de faire

instaurar [instau'rar] *vt* instaurer

insti ['insti] (*fam*) *nm* (*instituto*) bahut *m*

instigar [insti'ɣar] *vt*: **~ a algn a (hacer)** inciter qn à (faire)

instinto [ins'tinto] *nm* instinct *m*; **por ~** d'instinct; **~ de conservación** instinct de conservation; **~ maternal/sexual** instinct maternel/sexuel

institución [institu'θjon] *nf* institution *f*; **instituciones** *nfpl* (*de un país*) institutions *fpl*; **~ benéfica** société *f* de bienfaisance

instituir [institu'ir] *vt* instituer

instituto [insti'tuto] *nm* (*Escol*) lycée *m*; (*de investigación, cultural etc*) institut *m*; **I~ de Bachillerato** (*Esp*) lycée

institutriz [institu'triθ] *nf* préceptrice *f*

instrucción [instruk'θjon] *nf* (*tb Inform*) instruction *f*; (*Deporte*) entraînement *m*; **instrucciones** *nfpl* (*explicaciones, órdenes*) instructions *fpl*; **~ del sumario** (*Jur*) instruction; **instrucciones de funcionamiento** (*Inform*) guide *msg* de l'utilisateur; **instrucciones de uso** mode *msg* d'emploi

instructivo, -a [instruk'tiβo, a] *adj* instructif(-ive)

instruir [instru'ir] *vt* (*tb Jur*) instruire

instrumento [instru'mento] *nm* instrument *m*; (*Com*) effet *m*; **~ de cuerda/de percusión/de viento** instrument à cordes/à percussion/à vent

insubordinarse [insuβorði'narse] *vpr*: **~ (contra)** se rebeller (contre)

insuficiencia [insufi'θjenθja] *nf* insuffisance *f*; **~ cardíaca/renal** insuffisance cardiaque/rénale

insuficiente [insufi'θjente] *adj* insuffisant(e) ▸ *nm* (*Escol*) ≈ note inferieure a la moyenne

insufrible [insu'friβle] *adj* = **insoportable**

insular [insu'lar] *adj* insulaire

insultar [insul'tar] *vt* insulter

insulto [in'sulto] *nm* insulte *f*

insumiso, -a [insu'miso, a] *adj* insoumis(e) ▸ *nm* (*Mil*) *personne qui refuse de faire le service militaire et d'être objecteur de conscience*

insuperable [insupe'raβle] *adj* (*excelente*) incomparable; (*invencible*) insurmontable

insurgente [insur'xente] *adj, nm/f* insurgé(e)

insurrección [insurrek'θjon] *nf* insurrection *f*

intachable [inta'tʃaβle] *adj* irréprochable

intacto, -a [in'takto, a] *adj* intact(e)

integral [inte'ɣral] *adj* intégral(e); (*idiota*) parfait(e); **pan ~** pain *m* complet

integrar [inte'ɣrar] *vt* composer; (*Mat*) intégrer; **integrarse** *vpr* s'intégrer

integridad [inteɣri'ðað] *nf* intégrité *f*; **en su ~** dans son intégralité

íntegro, -a ['inteɣro, a] *adj* intègre; (*texto*) intégral(e)

intelectual [intelek'twal] *adj, nm/f* intellectuel(le)

inteligencia [inteli'xenθja] *nf* intelligence *f*; **~ artificial** intelligence artificielle

inteligente [inteli'xente] *adj* intelligent(e)

inteligible [inteli'xiβle] *adj* intelligible

intemperie [intem'perje] *nf* intempérie *f*; **a la ~** sans abri

intempestivo, -a [intempes'tiβo, a] *adj* intempestif(-ive)

intención [inten'θjon] *nf* intention *f*; **con segundas intenciones** avec des intentions cachées; **con ~** à dessein, intentionnellement; **buena/mala ~** bonne/mauvaise intention; **de buena/mala ~** bien/mal intentionné(e)

También se puede decir:

Je comptais m'envoler pour Ajaccio le 8 juillet. (*Tenía pensado ...*)
Elle prévoit de voyager pendant un an. (*Tiene previsto ...*)
Ils envisagent d'avoir plusieurs enfants. (*Piensan ...*)
Cette banque a l'intention de fermer un grand nombre de succursales. (*... tiene intención de ...*)
J'ai décidé de changer de carrière. (*He decidido ...*)

intencionado, -a [intenθjo'naðo, a] *adj* intentionnel(le); **bien/mal ~** bien/mal intentionné(e)

intendente [inten'dente] *nm* (*CSur: alcalde*) gouverneur *m*, maire *m* ; (*Chi*) gouverneur (*d'une province*) ; (*Méx*) concierge *m*

intensidad [intensi'ðað] *nf* intensité *f* ; **llover con ~** pleuvoir dru

intenso, -a [in'tenso, a] *adj* intense

intentar [inten'tar] *vt*: **~ (hacer)** essayer *o* tenter de (faire)

intento [in'tento] *nm* essai *m*, tentative *f* ; (*propósito*) intention *f* ; **al primer/segundo ~** à la première/seconde tentative

intercalar [interka'lar] *vt* intercaler

intercambio [inter'kambjo] *nm* échange *m*

interceder [interθe'ðer] *vi*: **~ (por)** intercéder (en faveur de)

interceptar [interθep'tar] *vt* intercepter ; (*tráfico*) entraver

intercesión [interθe'sjon] *nf* intercession *f*

interés [inte'res] *nm* intérêt *m* ; **intereses** *nmpl* (*dividendos, aspiraciones*) intérêts *mpl* ; (*patrimonio*) biens *mpl* ; **con un ~ de nueve por ciento** à neuf pour cent d'intérêt ; **dar a ~** prêter à *o* avec intérêt ; **devengar ~** rapporter un intérêt ; **tener ~ en** *o* **por** avoir intérêt à ; **tipo de ~** (*Com*) taux *msg* d'intérêt ; **intereses acumulados** intérêts cumulés ; **~ compuesto/simple** intérêt composé/simple ; **intereses creados** coalition *f* d'intérêts ; **intereses por cobrar/por pagar** intérêts à percevoir/à verser ; **~ propio** intérêt personnel

interesado, -a [intere'saðo, a] *adj, nm/f* intéressé(e) ; **~ en/por** intéressé(e) par

interesante [intere'sante] *adj* intéressant(e) ; **hacerse el/la ~** faire l'intéressant(e)

interesar [intere'sar] *vt* intéresser ; (*Med*) affecter ▸ *vi* être intéressant(e) ; **interesarse** *vpr*: **interesarse en** *o* **por** s'intéresser à ; **no me interesan los toros** les courses de taureaux ne m'intéressent pas

interferencia [interfe'renθja] *nf* (*Radio, TV, Telec*) interférence *f* ; **~ (en)** (*injerencia*) ingérence *f* (dans)

interferir [interfe'rir] *vt* (*Telec*) brouiller ▸ *vi* (*persona*): **~ (en)** s'immiscer (dans)

interfono [inter'fono] *nm* interphone *m*

interino, -a [inte'rino, a] *adj* intérimaire ▸ *nm/f* intérimaire *m/f* ; (*Med*) remplaçant(e)

interior [inte'rjor] *adj* intérieur(e) ▸ *nm* intérieur *m* ; (*Deporte*) inter *m* ; (*Col, Ven*: *tb*: **interiores**) caleçon *m* ; **Ministerio del I~** ministère *m* de l'Intérieur ; **dije para mí ~** je me suis dit en mon for intérieur ; **habitación ~** chambre *f* sur cour ; **ropa ~** sous-vêtements *mpl* ; **vida ~** vie *f* intérieure

interjección [interxek'θjon] *nf* interjection *f*

interlocutor, a [interloku'tor, a] *nm/f* interlocuteur(-trice) ; **mi ~** mon interlocuteur

intermediario, -a [interme'ðjarjo, a] *adj, nm/f* intermédiaire *m/f*

intermedio, -a [inter'meðjo, a] *adj* intermédiaire ▸ *nm* (*Teatro, Cine*) entracte *m*

interminable [intermi'naβle] *adj* interminable

intermitente [intermi'tente] *adj* intermittent(e) ▸ *nm* (*Auto*) clignotant *m*

internacional [internaθjo'nal] *adj* international(e)

internado [inter'naðo] *nm* internat *m*

internar [inter'nar] *vt* interner ; **internarse** *vpr* (*penetrar*): **internarse en** pénétrer dans

internauta [inter'nauta] *nm/f* internaute *m/f*

Internet [inter'net] *nm* Internet *m* ; **navegar por ~** naviguer sur (l')Internet

interno, -a [in'terno, a] *adj* interne ; (*Pol etc*) intérieur(e) ▸ *nm/f* (*alumno*) interne *m/f* ; (*médico*) généraliste *m/f* ; **medicina interna** médecine *f* générale

interponer [interpo'ner] *vt* interposer ; (*Jur*: *apelación*) interjeter ; **interponerse** *vpr* s'interposer ; **~ (entre)** interposer (entre) ; **~ recurso (contra)** interjeter appel (contre)

interpretación [interpreta'θjon] *nf* interprétation *f*

interpretar [interpre'tar] *vt* interpréter ; **~ mal** mal interpréter

intérprete [in'terprete] *nm/f* interprète *m/f*

interrogación [interroɣa'θjon] *nf* interrogation *f* ; (*tb*: **signo de interrogación**)

point *m* d'interrogation
interrogar [interro'ɣar] *vt* interroger
interrumpir [interrum'pir] *vt* interrompre
interrupción [interrup'θjon] *nf* interruption *f*
interruptor [interrup'tor] *nm* (*Elec*) interrupteur *m*
intersección [intersek'θjon] *nf* intersection *f*
interurbano, -a [interur'βano, a] *adj* interurbain(e) ; **llamada/conferencia interurbana** appel *m* interurbain/communication *f* interurbaine
intervalo [inter'βalo] *nm* intervalle *m* ; **a ~s** à intervalles
intervención [interβen'θjon] *nf* intervention *f* ; (*Telec*) écoute *f* téléphonique ; **la política de no ~** la politique de non-intervention ; **~ quirúrgica** intervention chirurgicale
intervenir [interβe'nir] *vt* (*Med*) pratiquer une intervention sur ; (*suj: policía*) saisir ; (*teléfono*) placer sous écoute téléphonique ; (*cuenta bancaria*) bloquer ▸ *vi* intervenir
interventor, a [interβen'tor, a] *nm/f* (*en elecciones*) scrutateur(-trice) ; (*Com*) audit *m*
interviú [inter'βju] *nf* interview *f*
intestino [intes'tino] *nm* intestin *m* ; **~ delgado/grueso** intestin grêle/gros intestin
intimar [inti'mar] *vt*: **~ a algn a que …** intimer à qn de … ▸ *vi* se lier d'amitié
intimidad [intimi'ðað] *nf* intimité *f* ; (*amistad*) amitié *f* ; **en la ~** dans l'intimité
íntimo, -a ['intimo, a] *adj* intime
intolerable [intole'raβle] *adj* intolérable
intoxicación [intoksika'θjon] *nf* intoxication *f* ; **~ alimenticia** intoxication alimentaire
Intranet [intra'net] *nf* Intranet *m*
intranquilizar [intrankili'θar]: **intranquilizarse** *vpr* s'inquiéter
intranquilo, -a [intran'kilo, a] *adj* inquiet(-ète)
intransigente [intransi'xente] *adj* intransigeant(e)
intransitable [intransi'taβle] *adj* impraticable
intrépido, -a [in'trepiðo, a] *adj* intrépide
intriga [in'triɣa] *nf* intrigue *f*
intrigar [intri'ɣar] *vt, vi* intriguer
intrincado, -a [intrin'kaðo, a] *adj* (*camino*) embrouillé(e) ; (*bosque*) impénétrable ; (*problema, asunto*) inextricable
intrínseco, -a [in'trinseko, a] *adj* intrinsèque
introducción [introðuk'θjon] *nf* introduction *f*
introducir [introðu'θir] *vt* introduire ; **introducirse** *vpr* s'introduire
intromisión [intromi'sjon] *nf* intromission *f*
introvertido, -a [introβer'tiðo, a] *adj, nm/f* introverti(e)
intruso, -a [in'truso, a] *nm/f* intrus(e)
intuición [intwi'θjon] *nf* intuition *f* ; **por ~** par intuition ; **tener una gran ~** avoir beaucoup d'intuition
inundación [inunda'θjon] *nf* inondation *f*
inundar [inun'dar] *vt* inonder ; **inundarse** *vpr* s'inonder
inusitado, -a [inusi'taðo, a] *adj* (*espectáculo*) insolite ; (*hora, calor*) inhabituel(le)
inútil [i'nutil] *adj* (*herramienta*) inutilisable ; (*esfuerzo*) inutile ; (*persona: minusválido*) handicapé(e) ; (*: pey*) bon(ne) à rien, inepte ; **declarar ~ a algn** (*Mil*) réformer qn
inutilidad [inutili'ðað] *nf* inutilité *f* ; (*ineptitud*) ineptie *f*
inutilizar [inutili'θar] *vt* rendre inutilisable
invadir [imba'ðir] *vt* envahir
inválido, -a [im'baliðo, a] *adj, nm/f* invalide *m/f*
invariable [imba'rjable] *adj* invariable
invasión [imba'sjon] *nf* invasion *f*
invasor, a [imba'sor, a] *adj* envahissant(e) ▸ *nm/f* envahisseur *m*
invención [imben'θjon] *nf* invention *f*
inventar [imben'tar] *vt* inventer
inventario [imben'tarjo] *nm* inventaire *m* ; **hacer ~ de** faire l'inventaire de
inventiva [imben'tiβa] *nf* inventivité *f*
invento [im'bento] *nm* invention *f*
inventor, a [imben'tor, a] *nm/f* inventeur(-trice)

invernadero [imberna'ðero] *nm* serre *f*

inverosímil [imbero'simil] *adj* invraisemblable

inversión [imber'sjon] *nf* (*Com*) investissement *m* ; **~ de capitales** investissement de capitaux ; **inversiones extranjeras** investissements étrangers

inverso, -a [im'berso, a] *adj* inverse ; **en orden ~** dans l'ordre inverse ; **a la inversa** à l'inverse ; **traducción inversa** thème *m*

inversor, a [imber'sor, a] *nm/f* (*Com*) investisseur *m*

invertir [imber'tir] *vt* (*Com*) investir ; (*orden*) inverser ; (*intercambiar*) intervertir ; (*tiempo*) consacrer

investigación [imbestiɣa'θjon] *nf* recherche *f* ; **~ de los medios de publicidad** recherche sur les supports publicitaires ; **~ de mercado** étude *f* de marché ; **~ y desarrollo** recherche et développement

investigar [imbesti'ɣar] *vt* (*indagar*) chercher ; (*estudiar*) faire des recherches sur

invierno [im'bjerno] *nm* hiver *m*

invisible [imbi'siβle] *adj* invisible ; **exportaciones/importaciones ~s** exportations *fpl*/importations *fpl* invisibles

invitación [imbita'θjon] *nf* invitation *f*

invitado, -a [imbi'taðo, a] *nm/f* invité(e)

invitar [imbi'tar] *vt* inviter ; **~ a algn a hacer algo** inviter qn à faire qch ; **~ a algo** inviter à qch ; **te invito a un café** je te paie un café ; **invito yo** c'est moi qui invite *o* paie

invocar [imbo'kar] *vt* (*tb Inform*) invoquer

involucrar [imbolu'krar] *vt*: **~ a algn en** impliquer qn dans ; **involucrarse** *vpr*: **involucrarse en** s'impliquer dans

involuntario, -a [imbolun'tarjo, a] *adj* involontaire

inyección [injek'θjon] *nf* piqûre *f*, injection *f* ; **poner una ~ a algn** faire une piqûre à qn ; **ponerse una ~** se faire une piqûre ; **~ intramuscular** injection intramusculaire ; **~ intravenosa** injection intraveineuse, intraveineuse *f*

inyectar [injek'tar] *vt* (*Med*) injecter ; **~ (en)** (*introducir*) injecter (dans)

ir [ir]

▸ *vi* **1** aller ; **ir andando** marcher ; **fui en tren** j'y suis allé en train ; **voy a la calle** je sors ; **¡(ahora) voy!** j'y vais ! ; **ir desde X a Y** (*extenderse*) aller de X à Y ; **ir de pesca/de vacaciones** aller à la pêche/en vacances

2: **ir (a) por**: **ir (a) por el médico** aller chercher le docteur

3 (*progresar*) aller ; **el trabajo va muy bien** le travail marche très bien ; **¿cómo te va?** tu t'y fais ? ; **¿cómo te va en el trabajo?** comment ça va au travail ? ; **me va muy bien** ça va très bien ; **le fue fatal** ça ne s'est pas bien passé du tout

4 (*funcionar*): **el coche no va muy bien** la voiture ne marche pas très bien

5 (*sentar*): **me va estupendamente** (*ropa, color*) cela me va à merveille ; (*medicamento*) c'est exactement ce qu'il me fallait

6 (*aspecto*): **ir con zapatos negros** porter des chaussures noires ; **iba muy bien vestido** il était très bien habillé

7 (*combinar*): **ir con algo** aller avec qch

8 (*excl*): **¡qué va!** (*no*) mais non ! ; **¿qué tal? — ¡vaya!** ça va ? — à peu près ! ; **vamos, no llores** allons, ne pleure pas ; **vamos a ver** voyons voir ; **¡vaya coche!** (*admiración*) en voilà une super voiture ! ; (*desprecio*) quelle voiture minable ! ; **¡que le vaya bien!** (*esp* AM: *despedida*) salut ! ; **¡vete a saber!** allez savoir !

9: **ir a mejor/peor** aller mieux/mal ; **ir de mal en peor** aller de mal en pis ; **va para largo** ça va prendre du temps ; **en esta casa cada uno va a lo suyo** dans cette maison c'est chacun pour soi ; **¡a eso voy!** j'y viens ! ; **eso no va por ti** ça ne s'applique pas à toi ; **ni me va ni me viene** ça ne me regarde pas

10: **no vaya a ser**: **tienes que correr, no vaya a ser que pierdas el tren** il faut que tu te dépêches, sinon tu vas rater ton train

▸ *vb aux* **1**: **ir a**: **voy/iba a hacerlo hoy** je vais/j'allais le faire aujourd'hui

2 (+ *gerundio*): **iba anocheciendo** il commençait à faire nuit ; **todo se me iba aclarando** tout devenait clair pour moi

3 (+ *pp* = *pasivo*): **van vendidos 300**

ejemplares 300 exemplaires ont déjà été vendus
▸**irse** *vpr* 1: **¿por dónde se va al parque?** comment va-t-on au parc ?
2: **irse (de)** (*marcharse*) s'en aller (de) ; **ya se habrán ido** ils doivent être déjà partis ; **¡vete!** vas-y ! ; (*con enfado*) va-t'en ! ; **¡vámonos!** allons-y !, on y va ! ; **¡nos fuimos!** (AM: *vámonos*) on y va !

IRA ['ira] *sigla m* (= *Irish Republican Army*) IRA *f* (= *Armée républicaine irlandaise*)
ira ['ira] *nf* colère *f*
Irak [i'rak] *nm* = **Iraq**
Irán [i'ran] *nm* Iran *m*
iraní [ira'ni] *adj* iranien(ne) ▸ *nm/f* Iranien(ne)
Iraq [i'rak] *nm* Irak *m*
iraquí [ira'ki] *adj* irakien(ne), iraquien(ne) ▸ *nm/f* Irakien(ne), Iraquien(ne)
iris ['iris] *nm inv* (*Anat*) iris *msg*
Irlanda [ir'landa] *nf* Irlande *f*; **~ del Norte** Irlande du Nord
irlandés, -esa [irlan'des, esa] *adj* irlandais(e) ▸ *nm/f* Irlandais(e) ▸ *nm* (*Ling*) irlandais *msg*
IRM *sigla f* (= *imagen por resonancia magnética*) IRM *f* (= *imagerie par résonance magnétique*)
ironía [iro'nia] *nf* ironie *f*
irónico, -a [i'roniko, a] *adj* ironique
IRPF (*Esp*) *sigla m* (= *Impuesto sobre la Renta de las Personas Físicas*) ≈ IRPP *m* (= *impôt sur le revenu des personnes physiques*)
irracional [irraθjo'nal] *adj* irrationnel(le)
irreal [irre'al] *adj* irréel(le)
irrecuperable [irrekupe'raβle] *adj* irrécupérable
irreflexión [irreflek'sjon] *nf* irréflexion *f*
irregular [irreɣu'lar] *adj* irrégulier(-ière)
irremediable [irreme'ðjaβle] *adj* irrémédiable
irreparable [irrepa'raβle] *adj* irréparable
irresoluto, -a [irreso'luto, a] *adj* irrésolu(e)
irrespetuoso, -a [irrespe'twoso, a] *adj* irrespectueux(-euse)
irresponsable [irrespon'saβle] *adj* irresponsable
irreversible [irreβer'siβle] *adj* irréversible
irrigar [irri'ɣar] *vt* irriguer
irrisorio, -a [irri'sorjo, a] *adj* dérisoire
irritación [irrita'θjon] *nf* irritation *f*
irritar [irri'tar] *vt* irriter ; **irritarse** *vpr* s'irriter
irrupción [irrup'θjon] *nf* irruption *f*
isla ['isla] *nf* île *f*; **las I~s Filipinas/Malvinas/Canarias** les îles Philippines/Malouines/Canaries
Islam [is'lam] *nm* Islam *m*
islamista [isla'mista] *adj*, *nm/f* islamiste *m/f*
islamofobia [islamo'fobja] *nf* islamophobie *f*
islandés, -esa [islan'des, esa] *adj* islandais(e) ▸ *nm/f* Islandais(e) ▸ *nm* (*Ling*) islandais *msg*
Islandia [is'landja] *nf* Islande *f*
isleño, -a [is'leɲo, a] *adj*, *nm/f* insulaire *m/f*
Israel [isra'el] *nm* Israël *m*
israelí [israe'li] *adj* israélien(ne) ▸ *nm/f* Israélien(ne)
istmo ['istmo] *nm* isthme *m*; **el I~ de Panamá** l'isthme de Panama
Italia [i'talja] *nf* Italie *f*
italiano, -a [ita'ljano, a] *adj* italien(ne) ▸ *nm/f* Italien(ne) ▸ *nm* (*Ling*) italien *m*
itinerancia [itine'ranθja] *nf* (*de teléfono móvil*) itinérance *f*
itinerario [itine'rarjo] *nm* itinéraire *m*
IVA ['iβa] (*Esp*) *sigla m* (*Com*: = *Impuesto sobre el Valor Añadido*) TVA *f* (= *taxe à la valeur ajoutée*)
izar [i'θar] *vt* hisser
izdo. *abr* (= *izquierdo*) gche (= *gauche*)
izquierda [iθ'kjerða] *nf* gauche *f*; (*lado izquierdo*) côté *m* gauche ; **a la ~** à gauche ; **a la ~ del edificio** à gauche de l'immeuble ; **el camino de la ~** le chemin de gauche ; **es un cero a la ~** (*fam*) c'est un bon à rien ; **conducción por la ~** conduite *f* à gauche ; **ser de ~s** être de gauche
izquierdista [iθkjer'ðista] *adj* (*Pol*) de gauche ▸ *nm/f* gauchiste *m/f*
izquierdo, -a [iθ'kjerðo, a] *adj* gauche

J

jabalí [xaβa'li] *nm* sanglier *m*

jabalina [xaβa'lina] *nf* javelot *m*

jabón [xa'βon] *nm* savon *m* ; **dar ~ a algn** passer de la pommade à qn ; **~ de afeitar** savon à barbe ; **~ de baño** savon liquide ; **~ de tocador** savon de toilette ; **~ en polvo** savon en poudre

jabonar [xaβo'nar] *vt* savonner ; **jabonarse** *vpr* se savonner

jaca ['xaka] *nf* bidet *m* ; (*yegua*) petite jument *f*

jacinto [xa'θinto] *nm* jacinthe *f*

jactarse [xak'tarse] *vpr*: **~ (de)** se vanter (de)

jadear [xaðe'ar] *vi* haleter

jadeo [xa'ðeo] *nm* halètement *m*

jaguar [xa'ɣwar] *nm* jaguar *m*

jalapeño [xala'peɲo] (*Méx*) *nm variété de piment*

jalar [xa'lar] *vt* (*AM*) tirer ; (*fam*) bouffer

jalea [xa'lea] *nf* gelée *f*

jaleo [xa'leo] *nm* (*barullo*) tapage *m* ; (*riña*) grabuge *m* ; **armar un ~** faire (toute) une histoire ; **me armé un ~ con las fechas** je me suis embrouillé dans les dates ; **¡qué ~!** quelle pagaille !

jalón [xa'lon] *nm* (*AM*: *estirón*) coup *m* ; (*estaca, fig*) jalon *m*

jamás [xa'mas] *adv* jamais ; **¿se vio ~ tal cosa?** a-t-on jamais vu cela ?

jamón [xa'mon] *nm* jambon *m* ; **¡y un ~!** (*fam*) mon œil ! ; **~ de York** jambon cuit ; **~ serrano** (jambon) serrano *m*

Japón [xa'pon] *nm* Japon *m*

japonés, -esa [xapo'nes, esa] *adj* japonais(e) ▸ *nm/f* Japonais(e) ▸ *nm* (*Ling*) japonais *msg*

jaque ['xake] *nm* (*Ajedrez*) échec *m* ; **dar ~** mettre en échec ; **tener en ~ a algn** tracasser qn ; **~ mate** échec et mat

jaqueca [xa'keka] *nf* migraine *f*

jarabe [xa'raβe] *nm* sirop *m* ; **~ para la tos** sirop contre la toux

jarcia ['xarθja] *nf* (*Náut*) cordage *m*

jardín [xar'ðin] *nm* jardin *m* ; **~ botánico** jardin botanique ; **~ de (la) infancia** *o* (*AM*) **de infantes** jardin d'enfants ; **~ vertical** mur *m* végétalisé

jardinería [xarðine'ria] *nf* jardinage *m*

jardinero, -a [xarði'nero, a] *nm/f* jardinier(-ière)

jarra ['xarra] *nf* jarre *f* ; (*de agua*) carafe *f* ; (*de leche*) cruchon *m* ; (*de cerveza*) chope *f* ; **de** *o* **en ~s** les poings sur les hanches

jarro ['xarro] *nm* broc *m* ; **ser un ~ de agua fría** faire l'effet d'une douche froide

Jauja, jauja ['xauxa] *nf* pays *m* de cocagne

jaula ['xaula] *nf* cage *f* ; (*embalaje*) cageot *m*

jauría [xau'ria] *nf* meute *f*

jazmín [xaθ'min] *nm* jasmin *m*

jefa ['xefa] *nf ver* **jefe**

jefatura [xefa'tura] *nf* (*liderato*) commandement *m* ; (*sede*) direction *f* ; **J~ de la aviación civil** Direction de l'aviation civile ; **~ de policía** préfecture *f* de police

jefe, -a ['xefe, a] *nm/f* chef *m* ; **ser el ~** (*fig*) être le chef ; **comandante en ~** commandant *m* en chef ; **~ ejecutivo(a)** (*Com*) directeur(-trice) des ventes ; **~ de estación** chef de gare ; **~ de estado** chef d'État ; **~ de estado mayor** chef d'état major ; **~ de estudios** surveillant *m* général ; **~ de gobierno** chef de gouvernement ; **~ de negociado** chef de service ; **~ de oficina/de producción** (*Com*) chef de bureau/de production ; **~ de redacción** rédacteur(-trice) en chef

jeque ['xeke] *nm* cheik *m*

jerarquía [xerar'kia] *nf* hiérarchie *f* ; (*persona*) supérieur(e)

jerárquico, -a [xe'rarkiko, a] *adj* hiérarchique

jerez [xe'reθ] *nm* xérès *msg*, jerez *msg* ;

J~ de la Frontera Jerez

jerga ['xerɣa] *nf* jargon *m* ; **~ informática** jargon informatique

jeringa [xe'ringa] *nf* seringue *f* ; (*esp AM*: *fam*) ennui *m* ; **~ de engrase** graisseur *m*

jeringuilla [xerin'guiʎa] *nf* seringue *f*

jeroglífico [xero'ɣlifiko] *nm* hiéroglyphe *m* ; (*pasatiempo*) rébus *m*

jersey [xer'sei] (*pl* **jerseys** *o* **jerséis**) *nm* pull-over *m*, pull *m*

Jerusalén [xerusa'len] *n* Jérusalem

Jesucristo [xesu'kristo] *nm* Jésus-Christ *m*

jesuita [xe'swita] *adj, nm* jésuite *m*

Jesús [xe'sus] *nm* Jésus *m* ; **¡~!** mon Dieu ! ; (*al estornudar*) à tes *o* vos souhaits !

jícama ['xikama] (*AM*) *nf* (*Bot*) tubercule *m*

jícara ['xikara] (*AM*) *nf* calebasse *f*

jinete [xi'nete] *nm* cavalier *m* ; **ser buen/mal ~** être un bon/mauvais cavalier

jipijapa [xipi'xapa] (*AM*) *nm* panama *m*

jirafa [xi'rafa] *nf* girafe *f*

jirón [xi'ron] *nm* lambeau *m* ; (*Perú*: *calle*) rue *f*

jitomate [xito'mate] (*CAm*, *Méx*) *nm* tomate *f*

jocoso, -a [xo'koso, a] *adj* cocasse

joder [xo'ðer] (*fam!*) *vt* baiser (*fam!*) ; **¡~!** merde !, putain ! (*fam!*)

jodido, -a [xo'ðiðo, a] (*fam!*) *adj* (*difícil*) coton *inv* (*fam*), duraille (*fam*) ; (*AM*: *pesado*) chiant(e) (*fam!*) ; **estoy ~** je suis foutu(e) (*fam*)

jofaina [xo'faina] *nf* cuvette *f*

jornada [xor'naða] *nf* journée *f* ; **~ de ocho horas** journée de huit heures ; **(trabajar a) ~ intensiva/partida** (faire la) journée continue/discontinue

jornal [xor'nal] *nm* journée *f*

jornalero, -a [xorna'lero, a] *nm/f* journalier(-ière)

joroba [xo'roβa] *nf* bosse *f*

jorobado, -a [xoro'βaðo, a] *adj, nm/f* bossu(e)

jota ['xota] *nf* (*letra*) j *m inv* ; (*danza*) jota *f* ; **no entiendo ni ~** je n'y pige rien ; **no sabe ni ~** il n'en sait rien ; **no veo ni ~** je n'y vois rien

joven ['xoβen] *adj* jeune ▸ *nm* jeune homme *m* ; (*Méx*: *señor*) monsieur *m* ▸ *nf* jeune fille *f* ; **¡oiga, ~!** eh, jeune homme !

jovial [xo'βjal] *adj* jovial(e)

joya ['xoja] *nf* bijou *m* ; (*persona*) perle *f* ; **~s de fantasía** bijoux *mpl* fantaisie

joyería [xoje'ria] *nf* bijouterie *f*

joyero, -a [xo'jero, a] *nm/f* bijoutier(-ière) ▸ *nm* (*caja*) coffret *m* à bijoux

juanete [xwa'nete] *nm* (*del pie*) oignon *m*

jubilación [xuβila'θjon] *nf* retraite *f*

jubilado, -a [xuβi'lado, a] *adj, nm/f* retraité(e)

jubilar [xuβi'lar] *vt* mettre à la retraite ; (*fam*: *algo viejo*) mettre au rancart ; **jubilarse** *vpr* prendre sa retraite

júbilo ['xuβilo] *nm* joie *f*

judía [xu'ðia] *nf* haricot *m* ; **~ verde** haricot vert ; **~ blanca** flageolet *m* ; *ver tb* **judío**

judicial [xuði'θjal] *adj* judiciaire

judío, -a [xu'ðio, a] *adj, nm/f* juif(-ive)

judo ['juðo] *nm* judo *m*

juego ['xweɣo] *vb ver* **jugar** ▸ *nm* jeu *m* ; (*vajilla*) service *m* ; (*herramientas*) assortiment *m* ; **estar en ~** être en jeu ; **fuera de ~** hors jeu ; **hacer ~ con** aller avec, faire pendant à ; **hacerle el ~ a algn** faire le jeu de qn ; **por ~** par jeu, pour jouer ; **~ de azar** jeu de hasard ; **~ de café** service à café ; **~ de caracteres** (*Inform*) jeu de caractères ; **~ de cartas** *o* **de naipes** jeu de cartes ; **~ de palabras** jeu de mots ; **~ de programas** (*Inform*) jeu de programmes ; **~ limpio** jeu franc, fair-play *m* ; **~s malabares** jongleries *fpl* ; **J~s Olímpicos** Jeux olympiques ; **J~s Paralímpicos** Jeux paralympiques ; **~ sucio** jeu déloyal

juerga ['xwerɣa] *nf* fête *f* ; **ir de ~** faire la fête ; **tomar a ~ algo** ne pas prendre qch au sérieux

jueves ['xweβes] *nm inv* jeudi *m* ; **la fiesta no fue nada del otro ~** la fête n'était pas géniale ; *ver tb* **sábado**

juez [xweθ] *nm/f* (*nf tb* **jueza**) juge *m/f* ; **~ de instrucción** juge d'instruction ; **~ de línea** juge de touche ; **~ de paz** juge de paix ; **~ de salida** starter *m*

jugada [xu'ɣaða] *nf* (*en juego*) coup *m* ; (*fig*) mauvais tour *m*

jugador, a [xuɣa'ðor, a] *nm/f* joueur(-euse)

jugar [xu'ɣar] *vt, vi* jouer ; **jugarse** *vpr* (*partido*) se jouer ; (*lotería*) être tiré(e) ; (*vida, puesto, futuro*) jouer ; **~ a** jouer à ;

~(se) algo a cara o cruz jouer qch à pile ou face ; **~ sucio** ne pas jouer franc jeu ; **¿quién juega?** à qui le tour ? ; **¡me la han jugado!** (*fam*) on m'a eu !, on m'a refait ! ; **jugarse el todo por el todo** jouer le tout pour le tout

jugo ['xuɣo] *nm* jus *msg* ; (*fig*: *de artículo etc*) suc *m* ; **sacarle ~ a algo** (*fig*) profiter au maximum de qch ; **~ de naranja/de piña** jus d'orange/d'ananas

jugoso, -a [xu'ɣoso, a] *adj* juteux(-euse) ; (*fig*) savoureux(-euse)

juguete [xu'ɣete] *nm* jouet *m*

juguetear [xuɣete'ar] *vi* jouer

juguetería [xuɣete'ria] *nf* magasin *m* de jouets

juguetón, -ona [xuɣe'ton, ona] *adj* joueur(-euse)

juicio ['xwiθjo] *nm* jugement *m* ; (*sensatez*) esprit *m* ; (*opinión*) avis *msg* ; (*Jur*) procès *msg* ; **a mi** *etc* **~** à mon *etc* avis ; **estar fuera de ~** avoir perdu l'esprit ; **estar en su (sano) ~** avoir tous ses esprits ; **perder el ~** perdre la tête ; **poner algo en tela de ~** remettre qch en question ; **J~ Final** Jugement dernier

juicioso, -a [xwi'θjoso, a] *adj* sage

julio ['xuljo] *nm* juillet *m* ; **el uno de ~** le premier juillet ; **el dos/once de ~** le deux/onze juillet ; **a primeros/finales de ~** début/fin juillet

junco ['xunko] *nm* jonc *m* ; (*Náut*) jonque *f*

jungla ['xungla] *nf* jungle *f*

junio ['xunjo] *nm* juin *m* ; *ver tb* **julio**

junta ['xunta] *nf* comité *m* ; (*organismo*) assemblée *f*, conseil *m* ; (*Tec*: *punto de unión*) joint *m* ; (: *arandela*) joint, rondelle *f* ; **~ constitutiva** (*Com*) comité constitutif ; **~ de culata** (*Auto*) joint de culasse ; **~ directiva** équipe *f* de direction ; **~ general extraordinaria** assemblée générale extraordinaire ; **~ militar** junte *f* militaire

juntar [xun'tar] *vt* (*grupo, dinero*) rassembler ; (*rodillas, pies*) joindre ; **juntarse** *vpr* (*ríos, carreteras*) se rejoindre ; (*personas*) se rassembler ; (: *citarse*) se voir ; (: *acercarse*) se rapprocher ; (: *vivir juntos*) vivre ensemble ; **juntarse a** *o* **con algn** rejoindre qn

junto, -a ['xunto, a] *adj* ensemble ▸ *adv*: **todo ~** tout ensemble ; **~ a** (*cerca de*) à côté de ; (*además de*) avec ; **~ con** ci-joint ; **~s** ensemble ; (*próximos*) rapprochés ; (*en contacto*) joints

jurado [xu'raðo] *nm* jury *m* ; (*individuo*: *Jur*) juré *m* ; (: *de concurso*) membre *m* du jury

juramento [xura'mento] *nm* serment *m* ; (*maldición*) juron *m* ; **bajo ~** sous serment ; **prestar ~** prêter serment ; **tomar ~ a** faire prêter serment à

jurar [xu'rar] *vt, vi* jurer ; **~ en falso** faire un faux serment ; **jurársela(s) a algn** garder un chien de sa chienne à qn

jurídico, -a [xu'riðiko, a] *adj* juridique

jurisdicción [xurisðik'θjon] *nf* juridiction *f*

jurisprudencia [xurispru'ðenθja] *nf* jurisprudence *f*

jurista [xu'rista] *nm/f* juriste *m/f*

justamente ['xustamente] *adv* justement

justicia [xus'tiθja] *nf* justice *f* ; **en ~** en toute justice ; **hacer ~** rendre justice ; **ser de ~** être juste ; **su físico hacía ~ a su imagen** son physique correspondait à l'image qu'on se faisait de lui

justiciero, -a [xusti'θjero, a] *adj* justicier(-ière)

justificación [xustifika'θjon] *nf* justification *f* ; **~ automática** (*Inform*) justification automatique

justificar [xustifi'kar] *vt* justifier ; **justificarse** *vpr* se justifier

justo, -a ['xusto, a] *adj* juste ; (*exacto*) exact(e) ; (*preciso*) précis(e) ▸ *adv* précisément ; **¡~!** juste ! ; **llegaste muy ~** tu es arrivé juste à temps ; **venir muy ~** (*dinero, comida*) être (tout) juste suffisant(e) ; **me viene** *o* **está muy justa esta falda** cette jupe est un peu juste pour moi ; **vivir muy ~** parvenir tout juste à joindre les deux bouts

juvenil [xuβe'nil] *adj* juvénile ; (*equipo*) junior ; (*moda, club*) de jeunes ; (*paro*) des jeunes ; (*aspecto*) jeune

juventud [xuβen'tuð] *nf* jeunesse *f* ; (*jóvenes*) jeunes *mpl*

juzgado [xuθ'ɣaðo] *nm* tribunal *m* ; **~ de instrucción/de primera instancia** tribunal de police/de première instance

juzgar [xuθ'ɣar] *vt* juger ; (*opinar*) penser ; **a ~ por ...** à en juger par ... ; **~ mal** se méprendre (sur) ; **júzguelo usted mismo**

jugez-en vous-même ; **la juzgo muy capaz de hacerlo** j'estime qu'elle est parfaitement capable de le faire ; **lo juzgo mi deber** j'estime que c'est mon devoir

K

karate [ka'rate], **kárate** ['karate] *nm* karaté *m*

Kg, kg *abr* (= *kilogramo(s)*) kg, K (= *kilogramme(s)*)

kilo ['kilo] *nm* kilo *m* ; (*fam*) million *m* de pesetas

kilocaloría [kilokalo'ria] *nf* kilocalorie *f*

kilogramo [kilo'ɣramo] *nm* kilogramme *m*

kilometraje [kilome'traxe] *nm* kilométrage *m*

kilómetro [ki'lometro] *nm* kilomètre *m* ; **~ cuadrado** kilomètre carré

kilovatio [kilo'βatjo] *nm* kilowatt *m* ; **~ hora** kilowattheure *m*

kiosco ['kjosko] *nm* = **quiosco**

km *abr* (= *kilómetro(s)*) km (= *kilomètre(s)*)

km/h *abr* (= *kilómetros por hora*) km/h (= *kilomètres/heure*)

kosovar [koso'bar] *adj* kosovar(e) ▸ *nm/f* Kosovar(e) *m/f*

kv *abr* (= *kilovatio(s)*) kW (= *kilowatt*)

kv/h *abr* (= *kilovatios-hora*) kWh (= *kilowattheure*)

l

l *abr* (= *litro(s)*) l (= *litre(s)*) ; (*Jur*) = **ley**

L/ *abr* (*Com*) = *letra*

la [la] *art def* la, l' ▶ *pron* (*a ella*) la, l' ; (*usted*) vous ; (*cosa*) la, l' ▶ *nm* (*Mús*) la *m inv* ; **está en la cárcel** il est en prison ; **la del sombrero rojo** celle qui porte un chapeau rouge

laberinto [laβe'rinto] *nm* labyrinthe *m*

labia ['laβja] *nf* (*locuacidad*) volubilité *f* ; (*pey*) bagout *m* ; **tener mucha ~** avoir du bagout

labio ['laβjo] *nm* lèvre *f* ; (*de vasija etc*) bord *m* ; **~ inferior/superior** lèvre inférieure/supérieure

labor [la'βor] *nf* travail *m*, labeur *m* ; (*Agr*) labour *m* ; (*obra*) travail ; (*Costura*, *de punto*) ouvrage *m* ; **~ de equipo** travail d'équipe ; **~ de ganchillo** ouvrage au crochet ; **~es domésticas** *o* **del hogar** tâches *fpl* domestiques

laborable [laβo'raβle] *adj* (*Agr*) labourable ; **día ~** jour *m* ouvrable

laboral [laβo'ral] *adj* du travail

laboratorio [laβora'torjo] *nm* laboratoire *m*

laborioso, -a [laβo'rjoso, a] *adj* (*persona*) travailleur(-euse) ; (*negociaciones*, *trabajo*) laborieux(-euse)

labrado, -a [la'βraðo, a] *adj* (*campo*) labouré(e) ; (*madera*) travaillé(e) ; (*metal*, *cristal*) ciselé(e) ▶ *nm* (*de madera etc*) travail *m*

labrador, a [laβra'ðor, a] *nm/f* cultivateur(-trice)

labrar [la'βrar] *vt* (*tierra*) labourer ; (*madera*, *cuero*) travailler ; (*metal*, *cristal*) ciseler ; (*porvenir*, *ruina*) courir à

labriego, -a [la'βrjeɣo, a] *nm/f* paysan(ne)

laburar [laβu'rar] (*CSur*: *fam*) *vi* trimer

laburo [la'βuro] (*CSur*: *fam*) *nm* boulot *m*

laca ['laka] *nf* laque *f* ; **~ de uñas** vernis *msg* à ongles

lacayo [la'kajo] *nm* laquais *msg*

lacio, -a ['laθjo, a] *adj* raide

lacónico, -a [la'koniko, a] *adj* laconique

lacra ['lakra] *nf* cicatrice *f* ; (*fig*) fléau *m* ; **~ social** fléau de la société

lacrar [la'krar] *vt* cacheter

lacre ['lakre] *nm* cire *f* (à cacheter)

lactancia [lak'tanθja] *nf* allaitement *m*

lácteo, -a ['lakteo, a] *adj* : **productos ~s** produits *mpl* laitiers

ladear [laðe'ar] *vt* pencher ; **ladearse** *vpr* se pencher ; (*Aviat*) virer sur l'aile

ladera [la'ðera] *nf* versant *m*

lado ['laðo] *nm* côté *m* ; (*de cuerpo*, *Mil*) flanc *m* ; **~ izquierdo/derecho** côté gauche/droit ; **al ~ (de)** à côté (de) ; **dejar de ~** *o* **a un ~** laisser de côté ; **estar/ponerse del ~ de algn** être/se mettre du côté de qn ; **hacerse a un ~** se mettre sur le côté ; **poner de ~** mettre sur le côté ; **me da de ~** je m'en fiche ; **por un ~ ..., por otro ~ ...** d'un côté ..., d'un autre côté ... ; **por todos ~s** de tous les côtés

ladrar [la'ðrar] *vi* aboyer

ladrido [la'ðriðo] *nm* aboiement *m*

ladrillo [la'ðriʎo] *nm* brique *f* ; **este libro es un ~** (*fig*) ce livre est un pavé

ladrón, -ona [la'ðron, ona] *nm/f* voleur(-euse) ▶ *nm* (*Elec*) prise *f* multiple

lagartija [laɣar'tixa] *nf* lézard *m*

lagarto [la'ɣarto] *nm* lézard *m* ; (*AM*: *caimán*) caïman *m*

lago ['laɣo] *nm* lac *m*

lágrima ['laɣrima] *nf* larme *f* ; **~s de cocodrilo** larmes de crocodile

laguna [la'ɣuna] *nf* lagune *f* ; (*en escrito*, *conocimientos*) lacune *f*

laico, -a ['laiko, a] *adj*, *nm/f* laïque *m/f*

lamber [lam'ber] (*AM*: *fam*) *vt* lécher

lamentable [lamen'taβle] *adj* (*desastroso*) déplorable ; (*lastimoso*) lamentable

lamentar [lamen'tar] *vt* (*desgracia, pérdida*) déplorer ; **lamentarse** *vpr*: **lamentarse (de)** se lamenter (sur) ; **lamento tener que decirle ...** je regrette d'avoir à vous dire ... ; **lamento que no haya venido** je regrette qu'il ne soit pas venu ; **lo lamento mucho** je regrette beaucoup

lamento [la'mento] *nm* plainte *f*

lamer [la'mer] *vt* lécher

lámina ['lamina] *nf* (*de metal, papel*) feuille *f* ; (*ilustración, de madera*) planche *f*

lámpara ['lampara] *nf* lampe *f* ; (*mancha*) tache *f* ; **~ de alcohol/de gas** lampe à alcool/à gaz ; **~ de pie** lampe de chevet

lana ['lana] *nf* laine *f* ; (*AM: fam: dinero*) fric *m* ; **de ~** en laine

lancha ['lantʃa] *nf* canot *m*, vedette *f* ; **~ de socorro** canot de sauvetage ; **~ motora** canot à moteur ; **~ neumática** canot pneumatique ; **~ torpedera** vedette lance-torpilles

langosta [lan'gosta] *nf* (*insecto*) sauterelle *f* ; (*crustáceo*) langouste *f*

langostino [langos'tino] *nm* langoustine *f*

languidecer [langiðe'θer] *vi* languir

languidez [langi'ðeθ] *nf* langueur *f*

lánguido, -a ['langiðo, a] *adj* languissant(e)

lanza ['lanθa] *nf* lance *f*

lanzador, a [lanθa'ðor, a] *nm/f* (*Deporte*) lanceur(-euse) ▸ *nm* (*de cohetes, misiles*) lanceur *m*

lanzamiento [lanθa'mjento] *nm* lancer *m* ; (*de cohete, Com*) lancement *m* ; **~ de pesos** lancer du poids

lanzar [lan'θar] *vt* lancer ; **lanzarse** *vpr*: **lanzarse a** (*al agua*) se jeter à ; (*al vacío, al mar*) se jeter dans ; (*fig*) se lancer à ; **lanzarse contra algn/algo** se lancer contre qn/qch

lapa ['lapa] *nf* bernicle *f*, bernique *f* ; **pegarse como** *o* **ser una ~** (*fam*) être pot de colle

lapicera [lapi'θera] (*CSur*) *nf* stylo *m*

lapicero [lapi'θero] *nm* crayon *m* ; (*AM: bolígrafo*) stylo *m*

lápida ['lapiða] *nf* pierre *f* tombale ; **~ conmemorativa** plaque *f* commémorative

lapidario, -a [lapi'ðarjo, a] *adj, nm* lapidaire *m*

lápiz ['lapiθ] *nm* crayon *m* (à papier) ; **a ~** au crayon ; **~ de color** crayon de couleur ; **~ de labios/de ojos** rouge *m* à lèvres/crayon pour les yeux ; **~ óptico** *o* **luminoso** crayon optique

lapón, -ona [la'pon, ona] *adj* lapon(e) ▸ *nm/f* Lapon(e) ▸ *nm* (*Ling*) lapon *m*

lapso ['lapso] *nm* (*tb*: **lapso de tiempo**) laps *msg* de temps ; (*error*) lapsus *msg*

lapsus ['lapsus] *nm inv* lapsus *msg*

largar [lar'ɣar] *vt* (*Náut: cable*) larguer ; (*fam: dinero, bofetada*) allonger ; (*: discurso*) infliger ; (*AM*) lancer ▸ *vi* (*fam: hablar*) causer ; **largarse** *vpr* (*fam*) se casser ; **largarse a** (*AM*) se mettre à

largavistas [larɣa'βistas] (*CSur*) *nm inv* (*Tec*) jumelles *fpl*

largo, -a ['larɣo, a] *adj* long (longue) ; (*persona: alta*) grand(e) ; (*: generosa*) large ▸ *nm* longueur *f* ; (*Mús*) largo *m* ; **dos horas largas** deux bonnes heures ; **a ~ plazo** à long terme ; **tiene nueve metros de ~** il fait neuf mètres de long ; **¡~ (de aquí)!** (*fam*) fous le camp ! ; **~ y tendido** (*hablar*) en long et en large ; **a lo ~** (*posición*) en long ; **a lo ~ de** (*espacio*) le long de ; (*tiempo*) pendant ; **hacerse muy ~** traîner en longueur ; **a la larga** à la fin ; **me dio largas con la promesa de que ...** il s'est débarrassé de moi en promettant que ...

largometraje [larɣome'traxe] *nm* long métrage *m*

laringe [la'rinxe] *nf* larynx *msg*

laringitis [larin'xitis] *nf* laryngite *f*

larva ['larβa] *nf* larve *f*

las [las] *art def, pron* les ; **~ que cantan** celles qui chantent

lascivo, -a [las'θiβo, a] *adj* lascif(-ive)

láser ['laser] *nm* laser *m* ; **rayo ~** rayon *m* laser

lástima ['lastima] *nf* pitié *f* ; **dar ~** faire pitié ; **es una ~ que** quel dommage que ; **¡qué ~!** quel dommage ! ; **estar hecho una ~** faire pitié à voir

lastimar [lasti'mar] *vt* (*herir*) blesser ; (*ofender*) peiner ; **lastimarse** *vpr* se blesser

lastimero, -a [lasti'mero, a] *adj* navrant(e)

lastre ['lastre] *nm* (*Tec, Náut*) leste *m* ; (*fig*) poids *msg* mort

lata ['lata] *nf* (*metal*) fer *m* blanc ; (*envase*) boîte *f* de conserve ; (*fam*) plaie *f* ; **en ~** en conserve ; **dar la ~** enquiquiner ; **¡qué ~!** quelle plaie !
latente [la'tente] *adj* latent(e)
lateral [late'ral] *adj* latéral(e) ▸ *nm* (*de iglesia, camino*) côté *m* ; (*Deporte*) aile *f*
latido [la'tiðo] *nm* (*del corazón*) battement *m*
latifundio [lati'fundjo] *nm* latifundio *m*, latifundium *m*
latifundista [latifun'dista] *nm/f* propriétaire *m/f* d'un latifundio
latigazo [lati'ɣaθo] *nm* coup *m* de fouet ; (*fig: dolor*) douleur *f* vive
látigo ['latiɣo] *nm* fouet *m*
latín [la'tin] *nm* (*Ling*) latin *m* ; **saber (mucho) ~** (*fam*) ne pas être né(e) de la dernière pluie
latino, -a [la'tino, a] *adj* latin(e)
Latinoamérica [latinoa'merika] *nf* Amérique *f* latine
latinoamericano, -a [latinoameri'kano, a] *adj* latino-américain(e) ▸ *nm/f* Latino-américain(e)
latir [la'tir] *vi* battre
latitud [lati'tuð] *nf* latitude *f* ; **latitudes** *nfpl* (*región*) latitudes *fpl*
latón [la'ton] *nm* laiton *m*
latoso, -a [la'toso, a] *adj* enquiquinant(e)
laúd [la'uð] *nm* (*Mús*) luth *m*
laurel [lau'rel] *nm* laurier *m* ; **dormirse en los ~es** s'endormir sur ses lauriers
lava ['laβa] *nf* lave *f*
lavabo [la'βaβo] *nm* lavabo *m* ; (*servicio*) toilettes *fpl*
lavado [la'βaðo] *nm* nettoyage *m* ; (*de cuerpo*) toilette *f* ; **~ de cerebro** lavage *m* de cerveau ; **~ de estómago** lavage d'estomac
lavadora [laβa'ðora] *nf* machine *f* à laver
lavanda [la'βanda] *nf* lavande *f*
lavandería [laβande'ria] *nf* blanchisserie *f* ; **~ automática** laverie *f* automatique
lavaplatos [laβa'platos] *nm inv* lave-vaisselle *m inv*
lavar [la'βar] *vt* laver ; **lavarse** *vpr* se laver ; **~ y marcar** (*pelo*) faire un shampo(o)ing et une mise en plis ; **~ en seco** nettoyer à sec ; **lavarse las manos** se laver les mains ; (*fig*) s'en laver les mains
lavatorio [laβa'torjo] (*CSur*) *nm* lavabo *m*
lavavajillas [laβaβa'xiʎas] *nm inv* = **lavaplatos**
laxante [lak'sante] *nm* laxatif *m*
lazada [la'θaða] *nf* nœud *m*
lazarillo [laθa'riʎo] *nm* guide *m/f* d'aveugle ; **perro ~** chien *m* d'aveugle
lazo ['laθo] *nm* nœud *m* ; (*para animales*) lasso *m* ; (*trampa*) piège *m* ; (*vínculo*) lien *m* ; **~ corredizo** nœud coulant ; **~s de amistad/de parentesco** liens *mpl* d'amitié/de parenté
L/C *abr* (= *Letra de Crédito*) L/C (= *lettre de crédit*)
le [le] *pron* (*directo*) le ; (*: usted*) vous ; (*indirecto*) lui ; (*: usted*) vous
leal [le'al] *adj* loyal(e)
lealtad [leal'tað] *nf* loyauté *f*
lección [lek'θjon] *nf* leçon *f* ; **dar lecciones de** donner des leçons de ; **dar una ~ a algn** (*fig*) donner une bonne leçon à qn ; **~ práctica** leçon de choses
leche ['letʃe] *nf* lait *m* ; **dar una ~ a algn** (*fam*) filer un gnon à qn ; **darse una ~** (*fam*) se filer un gnon ; **¡~!** (*fam*) putain ! (*fam!*) ; **estar de mala ~** (*fam*) être de mauvais poil ; **~ condensada/descremada** *o* **desnatada** lait condensé/écrémé ; **~ en polvo** lait en poudre
lechera [le'tʃera] *nf* (*recipiente*) pot *m* à lait ; *ver tb* **lechero**
lechero, -a [le'tʃero, a] *adj, nm/f* laitier(-ière)
lecho ['letʃo] *nm* lit *m*, couche *f* ; **~ de muerte** lit de mort ; **~ de río** lit de la rivière
lechón [le'tʃon] *nm* cochon *m* de lait
lechoso, -a [le'tʃoso, a] *adj* laiteux(-euse)
lechuga [le'tʃuɣa] *nf* laitue *f*
lechuza [le'tʃuθa] *nf* chouette *f*
lector, a [lek'tor, a] *nm/f* lecteur(-trice) ▸ *nm* (*Inform*) lecteur *m* ▸ *nf*: **lectora de fichas** (*Inform*) lecteur de cartes ; **~ de discos compactos** lecteur *m* de CD ; **~ electrónico** liseuse *f* ; **~ óptico de caracteres** (*Inform*) lecteur optique de caractères
lectura [lek'tura] *nf* lecture *f*
leer [le'er] *vt* lire ; **~ algo en los ojos/la cara de algn** lire qch dans les yeux/sur le visage de qn ; **~ entre líneas** lire entre les lignes

legado [le'ɣaðo] *nm (Jur, fig)* legs *msg*; *(enviado)* légat *m*
legajo [le'ɣaxo] *nm* dossier *m*
legal [le'ɣal] *adj* légal(e); *(fam: persona)* réglo *adj inv*
legalidad [leɣali'ðað] *nf* légalité *f*; *(normas)* législation *f*
legalizar [leɣali'θar] *vt* légaliser
legaña [le'ɣaɲa] *nf* chassie *f*
legar [le'ɣar] *vt (Jur, fig)* léguer
legendario, -a [lexen'darjo, a] *adj* légendaire
legión [le'xjon] *nf (Mil, fig)* légion *f*; **L~ Extranjera** Légion étrangère
legionario [lexjo'narjo] *nm* légionnaire *m*
legislación [lexisla'θjon] *nf* législation *f*; **~ antimonopolio** lois *fpl* anti-trust
legislar [lexis'lar] *vi* légiférer
legislatura [lexisla'tura] *nf* législature *f*
legitimar [lexiti'mar] *vt* légitimer
legítimo, -a [le'xitimo, a] *adj (genuino)* véritable; *(legal)* légitime; **en legítima defensa** en légitime défense
lego, -a ['leɣo, a] *adj (Rel)* séculaire; *(ignorante)* profane ▸ *nm/f* profane *m/f*
legua ['leɣwa] *nf* lieue *f*; **se ve** *o* **se nota a la ~** ça se voit comme le nez au milieu de la figure
legumbres [le'ɣumbres] *nfpl* légumes *mpl* secs
leído, -a [le'iðo, a] *adj* instruit(e)
lejanía [lexa'nia] *nf* éloignement *m*
lejano, -a [le'xano, a] *adj* éloigné(e); **L~ Oriente** Extrême-Orient *m*
lejía [le'xia] *nf* eau *f* de Javel
lejos ['lexos] *adv* loin; **a lo ~** au loin; **de** *o* **desde ~** de loin; **está muy ~** c'est très loin; **¿está ~?** c'est loin?; **ir demasiado ~** *(fig)* aller trop loin; **sin ir más ~** sans aller plus loin; **llegar ~** *(fig)* aller loin; **~ de** loin de
lelo, -a ['lelo, a] *adj* bébête ▸ *nm/f* sot(te)
lema ['lema] *nm* devise *f*; *(Pol)* slogan *m*
lencería [lenθe'ria] *nf* linge *m*; *(ropa interior)* lingerie *f*
lengua ['lengwa] *nf* langue *f*; **dar a la ~** causer; **irse de la ~** avoir la langue bien pendue; **morderse la ~** *(fig)* se mordre la langue; **~s clásicas** langues mortes; **~ de tierra** *(Geo)* langue de terre; **~ materna** langue maternelle

En vertu de la Constitution espagnole, les **lenguas cooficiales** ou **oficiales** jouissent du même statut que le castillan dans les régions où subsiste une langue propre. C'est le cas du galicien en Galice, du basque au Pays basque et du catalan en Catalogne, dans la Communauté valencienne et et aux Baléares. Les gouvernements régionaux encouragent l'utilisation de ces langues à travers les médias et le système scolaire. Des trois régions qui possèdent leur propre langue, c'est en Catalogne que la **lengua cooficial** est la plus parlée.

lenguado [len'gwaðo] *nm* sole *f*
lenguaje [len'gwaxe] *nm* langage *m*; **en ~ llano** simplement; **~ comercial** langage commercial; **~ de programación** *(Inform)* langage de programmation; **~ ensamblador** *o* **de bajo nivel** *(Inform)* assembleur *m*; **~ máquina** *(Inform)* langage machine; **~ periodístico** langage journalistique
lengüeta [len'gweta] *nf (de zapatos, Mús)* languette *f*
lente ['lente] *nf* lentille *f*; *(lupa)* loupe *f*; **lentes** *nmpl (gafas)* lunettes *fpl*; **~s de contacto** lentilles de contact
lenteja [len'texa] *nf* lentille *f*
lentejuela [lente'xwela] *nf* paillette *f*
lentilla [len'tiʎa] *nf* lentille *f*
lentitud [lenti'tuð] *nf* lenteur *f*; **con ~** avec lenteur
lento, -a ['lento, a] *adj* lent(e)
leña ['leɲa] *nf (para el fuego)* bois *msg*; **dar** *o* **repartir ~ a** distribuer des coups à; **echar ~ al fuego** *(fig)* mettre de l'huile sur le feu
leñador, a [leɲa'ðor, a] *nm/f* bûcheron(ne)
leño ['leɲo] *nm* tronc *m*; *(fig)* crétin *m*
Leo ['leo] *nm (Astrol)* Lion *m*; **ser ~** être Lion
león [le'on] *nm* lion *m*; **~ marino** otarie *f*
leopardo [leo'parðo] *nm* léopard *m*
leotardos [leo'tarðos] *nmpl* collants *mpl*
lepra ['lepra] *nf* lèpre *f*
leproso, -a [le'proso, a] *nm/f* lépreux(-euse)
lerdo, -a ['lerðo, a] *adj* lent(e)
les [les] *pron (directo)* les; (: *ustedes*) vous; *(indirecto)* leur; (: *ustedes*) vous
lesbiana [les'βjana] *nf* lesbienne *f*

lesión [le'sjon] *nf* lésion *f*
lesionado, -a [lesjo'naðo, a] *adj* blessé(e)
letal [le'tal] *adj* létal(e)
letanía [leta'nia] *nf* (*Rel*) litanie *f*; (*retahíla*) chapelet *m*
letargo [le'taɣo] *nm* léthargie *f*
letra ['letra] *nf* lettre *f*; (*escritura*) écriture *f*; (*Com*) traite *f*; (*Mús*: *de canción*) paroles *fpl*; **Letras** *nfpl* (*Univ, Escol*) Lettres *fpl*; **escribir cuatro ~s a algn** écrire un petit mot à qn; **~ bancaria** traite bancaire; **~ bastardilla/negrita** (*Tip*) italique *m*/caractères *mpl* gras; **~ de cambio** (*Com*) lettre de change; **~ de imprenta** *o* **de molde** caractère *m* d'imprimerie; **~ de patente** (*Com*) brevet *m* d'invention; **~ inicial** initiale *f*; **~ mayúscula/minúscula** lettre majuscule/minuscule
letrado, -a [le'traðo, a] *adj* instruit(e) ▸ *nm/f* avocat(e)
letrero [le'trero] *nm* panneau *m*; (*anuncio*) écriteau *m*
letrina [le'trina] *nf* latrines *fpl*
leucemia [leu'θemja] *nf* leucémie *f*
levadizo, -a [leβa'ðiθo, a] *adj*: **puente ~** pont *m* basculant; (*Hist*) pont-levis *m*
levadura [leβa'ðura] *nf* levure *f*; **~ de cerveza** levure de bière; **~ en polvo** (*Culin*) levure en poudre
levantamiento [leβanta'mjento] *nm* soulèvement *m*; (*de castigo, orden*) levée *f*; **~ de pesos** haltérophilie *f*
levantar [leβan'tar] *vt* lever; (*velo, telón*) relever; (*paquete, niño*) soulever; (*voz*) élever; (*mesa*) débarrasser; (*polvo*) soulever; (*construir*) élever; **levantarse** *vpr* se lever; (*desprenderse*) s'enlever; (*sesión*) être levé(e); **~ el ánimo** remonter le moral; **no levanto cabeza** tout va de travers
levante [le'βante] *nm* (*Geo*) levant *m*; (*viento*) vent *m* d'Est; **el L~** le Levant
levar [le'βar] *vt*: **~ anclas** lever l'ancre
leve ['leβe] *adj* léger(-ère)
levedad [leβe'ðað] *nf* légèreté *f*; (*de herida*) caractère *m* bénin
levita [le'βita] *nf* redingote *f*
léxico, -a ['leksiko, a] *adj* lexical(e) ▸ *nm* lexique *m*
ley [lei] *nf* loi *f*; (*de sociedad*) règlement *m*; **de ~** (*oro, plata*) véritable; **vivir fuera de la ~** vivre en marge des lois; **según la ~** d'après la loi; **aplicar la ~ del embudo** faire deux poids, deux mesures; **~ de la gravedad** loi de la pesanteur
leyenda [le'jenda] *nf* légende *f*
leyendo *etc* [le'jendo] *vb ver* **leer**
liar [li'ar] *vt* (*atar*) lier; (*enredar*) embrouiller; (*cigarrillo*) rouler; (*envolver*) enrouler; **liarse** *vpr* (*fam*) s'embrouiller; **~ a algn en algo** (*fam*) embarquer qn dans qch; **liarse a palos** se taper dessus; **liarse a hacer algo** se mettre à faire qch; **liarse haciendo algo** se plonger dans qch; **liarse con algn** (*fam*) avoir une liaison avec qn; **¡la que has liado!** tu te rends compte de ce que tu as fait ?
Líbano ['liβano] *nm*: **el ~** le Liban
libelo [li'βelo] *nm* libelle *m*
libélula [li'βelula] *nf* libellule *f*
liberación [liβera'θjon] *nf* libération *f*
liberal [liβe'ral] *adj, nm/f* (*Pol, Econ*) libéral(e); **profesiones ~es** professions *fpl* libérales
liberalidad [liβerali'ðað] *nf* libéralité *f*
liberar [liβe'rar] *vt* libérer; **liberarse** *vpr* se libérer
libertad [liβer'tað] *nf* liberté *f*; **libertades** *nfpl* (*pey*) libertés *fpl*; **estar en ~** être en liberté; **poner a algn en ~** remettre qn en liberté; **~ bajo fianza/bajo palabra** liberté sous caution/sur parole; **~ condicional** liberté conditionnelle; **~ de comercio** libre-échange *m*; **~ de culto/de expresión/de prensa** liberté du culte/d'expression/de presse; **~ provisional** liberté provisoire
libertar [liβer'tar] *vt* (*preso*) délivrer
libertino, -a [liβer'tino, a] *adj, nm/f* libertin(e)
libra ['liβra] *nf* livre *f*; **L~** (*Astrol*) Balance *f*; **ser L~** être Balance; **~ esterlina** livre sterling
librar [li'βrar] *vt* (*de castigo, obligación*) dispenser; (*de peligro*) sauver; (*batalla*) livrer; (*cheque*) virer; (*Jur*) exempter ▸ *vi* avoir un jour de congé; **librarse** *vpr*: **librarse de algn/algo** échapper à qn/qch; **libro los domingos** je ne travaille pas le dimanche; **de buena nos hemos librado** nous l'avons échappé belle

libre ['liβre] *adj* libre ; **~ a bordo** (*Com*) franco à bord ; **~ de impuestos** exonéré(e) d'impôts ; **~ de preocupaciones** libre de toute préoccupation ; **tiro ~** coup *m* franc ; **los 100 metros ~s** le 100 mètres nage libre ; **al aire ~** à l'air libre ; **entrada ~** entrée *f* libre ; **día ~** jour *m* de congé ; **¿estás ~?** tu es libre ?

librería [liβre'ria] *nf* librairie *f* ; (*estante*) bibliothèque *f* ; **~ de ocasión** librairie de livres d'occasion

librero, -a [li'βrero, a] *nm/f* libraire *m/f* ▸ *nm* (*Méx*) librairie *f*

libreta [li'βreta] *nf* cahier *m* ; **~ de ahorros** livret *m* de caisse d'épargne

libro ['liβro] *nm* livre *m* ; **~ azul/blanco** (*Pol*) livre bleu/blanc ; **~ de actas** minutes *fpl* ; **~ de bolsillo** livre de poche ; **~ de caja/de caja auxiliar** (*Com*) livre de caisse/de petite caisse ; **~ de cocina** livre de cuisine ; **~ de consulta** ouvrage *m* de référence ; **~ de cuentas** livre de comptes ; **~ de cuentos** livre de contes ; **~ de entradas y salidas** (*Com*) main *f* courante ; **~ de familia** (*Jur*) livret *m* de famille ; **~ de honor** livre d'or ; **~ de reclamaciones** registre *m* des réclamations ; **~ de texto** manuel *m* ; **~ electrónico** livre *m* électronique ; **~ mayor** (*Com*) grand livre

licencia [li'θenθja] *nf* (*Admin, Jur*) licence *f*, autorisation *f* ; **~ de apertura** licence ; **~ de armas/de caza** permis *msg* de port d'arme/de chasse ; **~ de exportación** (*Com*) licence d'exportation ; **~ de obras** permis de construire ; **~ fiscal** patente *f* ; **~ poética** licence poétique

licenciado, -a [liθen'θjaðo, a] *adj* (*soldado*) libéré(e) ; (*Univ*) ≈ titulaire d'une maîtrise ▸ *nm/f* ≈ titulaire *m/f* d'une maîtrise ; **L~** (*abogado*) ≈ Maître ; **L~ en Filosofía y Letras** ≈ titulaire d'une maîtrise de lettres

> Avant 2010, au terme de cinq années d'études universitaires en moyenne, les étudiants espagnols se voyaient décerner le titre de **licenciado**. Si les études ne duraient que trois ans, on recevait le titre de *diplomado*.

licenciar [liθen'θjar] *vt* (*soldado*) libérer ; **licenciarse** *vpr* terminer son service militaire ; (*Univ*) ≈ passer sa maîtrise ; **licenciarse en letras** ≈ obtenir une maîtrise de lettres

licencioso, -a [liθen'θjoso, a] *adj* licencieux(-euse)

licitar [liθi'tar] *vt* faire une enchère sur ▸ *vi* faire monter les enchères

lícito, -a ['liθito, a] *adj* (*legal*) licite ; (*justo*) juste ; (*permisible*) permis(e)

licor [li'kor] *nm* liqueur *f*

licuadora [likwa'ðora] *nf* mixeur *m*

licuar [li'kwar] *vt* passer au mixeur

lid [lið] *nf* lutte *f* ; **lides** *nfpl* matière *f*

líder ['liðer] *nm/f* leader *m/f*

liderazgo [liðe'raθɣo] *nm* leadership *m*

lidia ['liðja] *nf* (*Taur*) combat *m* ; (: *una lidia*) corrida *f* ; **toros de ~** taureaux *mpl* de combat

lidiar [li'ðjar] *vt* combattre ▸ *vi* : **~ con** (*dificultades, enemigos*) batailler avec

liebre ['ljeβre] *nf* lièvre *m* ; (*Chi: microbús*) minibus *msg* ; **dar gato por ~** rouler

lienzo ['ljenθo] *nm* toile *f* ; (*Arq*) mur *m*

liga ['liɣa] *nf* (*de medias*) porte-jarretelles *m inv* ; (*Deporte*) compétition *f* ; (*Pol*) ligue *f*

ligadura [liɣa'ðura] *nf* ligature *f* ; **~ de trompas** (*Med*) ligature des trompes

ligamento [liɣa'mento] *nm* ligament *m*

ligar [li'ɣar] *vt* lier ; (*Med*) ligaturer ▸ *vi* (*fam: persona*) draguer ; (: *2 personas*) se faire du gringue ; **ligarse** *vpr* (*fig*) se lier ; **~ con** (*fam*) draguer ; **estar muy ligado a algn/algo** être très attaché à qn/qch ; **ligarse a algn** (*fam*) draguer qn

ligereza [lixe'reθa] *nf* légèreté *f*

ligero, -a [li'xero, a] *adj* léger(-ère) ▸ *adv* (*andar*) d'un pas léger ; (*moverse*) avec légèreté ; **a la ligera** à la légère

light ['lait] *adj inv* (*cigarrillo, bebida*) light *inv* ; (*comida*) allégé(e)

liguero [li'ɣero] *nm* porte-jarretelles *m inv*

lija ['lixa] *nf* (*pez*) roussette *f* ; (*tb*: **papel de lija**) papier *m* de verre

lila ['lila] *adj inv* lilas *adj inv* ▸ *nf* (*Bot*) lilas *msg* ▸ *nm* (*color*) lilas *msg* ; (*fam: tonto*) crétin *m*

lima ['lima] *nf* (*herramienta, Bot*) lime *f* ; **comer como una ~** manger comme quatre ; **~ de uñas** lime à ongles

limar [li'mar] *vt* limer ; **~ asperezas** (*fig*) arrondir les angles

limitación [limita'θjon] *nf* limitation *f* ;

limitaciones *nfpl* (*carencias*) limites *fpl* ; **~ de velocidad** limitation de vitesse

limitar [limi'tar] *vt* limiter ; (*terreno, tiempo*) délimiter ▸ *vi*: **~ con** (*Geo*) faire frontière avec ; **limitarse** *vpr*: **limitarse a (hacer)** se limiter à (faire)

límite ['limite] *nm* limite *f* ; **límites** *nmpl* (*de finca, país*) limites *fpl* ; **fecha ~** date *f* limite ; **situación ~** situation *f* limite ; **no tener ~s** être sans limite ; **~ de crédito** découvert *m* autorisé ; **~ de página** fin *f* de page ; **~ de velocidad** limitation *f* de vitesse

limítrofe [li'mitrofe] *adj* limitrophe

limón [li'mon] *nm* citron *m* ▸ *adj*: **amarillo ~** jaune citron *inv*

limonada [limo'naða] *nf* limonade *f*

limosna [li'mosna] *nf* aumône *f* ; **pedir ~** demander l'aumône, mendier ; **vivir de la ~** vivre de la mendicité

limpiaparabrisas [limpjapara'βrisas] *nm inv* essuie-glace *m*

limpiar [lim'pjar] *vt* nettoyer ; (*fam: robar*) ratiboiser ; **limpiarse** *vpr*: **limpiarse la cara/los pies** se laver la figure/les pieds ; **~ en seco** nettoyer à sec

limpieza [lim'pjeθa] *nf* propreté *f* ; (*acto, Policía*) nettoyage *m* ; (*habilidad*) adresse *f* ; **operación de ~** (*Mil*) opération *f* de nettoyage ; **~ en seco** nettoyage à sec ; **~ étnica** purification *f* ethnique

limpio, -a ['limpjo, a] *adj* propre ; (*conducta, negocio*) net(te) ; (*cielo, pared*) dégagé(e) ; (*aire*) pur(e) ; (*agua*) clair(e) ; (*conciencia*) tranquille ▸ *adv*: **jugar ~** (*fig*) jouer franc jeu ; **pasar a ~** mettre au propre ; **gana 2 000 € ~s** il gagne 2 000 € net ; **sacar algo en ~** tirer qch au clair ; **~ de** libre de ; **a grito/puñetazo ~** avec force cris/coups de poing

linaje [li'naxe] *nm* lignée *f*

lince ['linθe] *nm* lynx *msg* ; **ser un ~** (*observador*) ne pas avoir les yeux dans sa poche ; (*astuto*) être un as

linchar [lin'tʃar] *vt* lyncher

lindar [lin'dar] *vi*: **~ con** border ; (*fig*) friser

linde ['linde] *nm o nf* (*de bosque, terreno*) limite *f*

lindero [lin'dero] *nm* = **linde**

lindo, -a ['lindo, a] *adj* joli(e) ▸ *adv* (AM) bien ; **canta muy ~** (AM) il chante très bien ; **de lo ~** (*fam: muy*) vachement ; **disfrutar/divertirse de lo ~** vachement bien s'amuser

línea ['linea] *nf* ligne *f* ; **en ~** (*Inform*) en ligne ; **de primera ~** de premier rang ; **en ~s generales** globalement ; **guardar la ~** garder la ligne ; **fuera de ~** (*Inform*) déconnecté(e) ; **~ aérea** ligne aérienne ; **~ de fuego** (*Mil*) ligne de tir ; **~ de meta** (*Deporte*) ligne de touche ; (: *de carrera*) ligne d'arrivée ; **~ discontinua** (*Auto*) ligne discontinue ; **~ dura** (*Pol*) ligne *f* dure ; **~s enemigas** (*Mil*) lignes ennemies ; **~ recta** ligne droite

lingote [lin'gote] *nm* lingot *m*

lingüística [lin'gwistika] *nf* linguistique *f*

lino ['lino] *nm* lin *m*

linóleo [li'noleo] *nm* linoléum *m*

linterna [lin'terna] *nf* lampe *f* de poche

linyera [lin'jera] (*CSur*) *nm* vagabond *m*

lío ['lio] *nm* paquet *m* ; (*desorden*) fatras *msg* ; (*fam: follón*) bordel *m* ; (: *relación amorosa*) aventure *f* ; **armar un ~** foutre le bordel ; **hacerse un ~** s'emmêler les pédales ; **meterse en un ~** se fourrer dans un drôle de pétrin ; **tener un ~ con algn** avoir une aventure avec qn

liquen ['liken] *nm* lichen *m*

liquidación [likiða'θjon] *nf* (*de empresa*) dépôt *m* de bilan ; (*de salario*) prime *f* ; (*de existencias, cuenta, deuda*) liquidation *f*

liquidar [liki'ðar] *vt* liquider

líquido, -a ['likiðo, a] *adj* liquide ; (*ganancia*) net(te) ▸ *nm* liquide *m* ; (*Com: ganancia*) bénéfice *m* net ; **~ de frenos** liquide de frein

lira ['lira] *nf* (*Mús*) lyre *f* ; (*Hist: moneda*) lire *f*

lírico, -a ['liriko, a] *adj* lyrique

lirio ['lirjo] *nm* iris *msg*

lirón [li'ron] *nm* loir *m* ; **dormir como un ~** dormir comme un loir

Lisboa [lis'βoa] *n* Lisbonne

lisiado, -a [li'sjaðo, a] *adj, nm/f* estropié(e)

lisiar [li'sjar] *vt* estropier ; **lisiarse** *vpr* se blesser

liso, -a ['liso, a] *adj* (*superficie*) lisse ; (*cabello*) raide ; (*tela, color*) uni(e) ; (*And, CSur: grosero*) grossier(-ière) ; **lisa y llanamente** purement et simplement

lisonja [li'sonxa] *nf* flatterie *f*

lista ['lista] *nf* liste *f*; (*franja*) rayure *f*; **pasar ~** faire l'appel; **tela a ~s** tissu *m* rayé; **~ de correos** poste *f* restante; **~ de direcciones** fichier *m* d'adresses; **~ de espera** liste d'attente; **~ de platos** carte *f*; **~ de precios** tarifs *mpl*; **~ electoral** liste électorale

listo, -a ['listo, a] *adj* intelligent(e); (*preparado*) prêt(e); **~ para empezar** prêt(e) à commencer; **¿estás ~?** tu es prêt(e)?; **pasarse de ~** se tromper lourdement

listón [lis'ton] *nm* planche *f*

litera [li'tera] *nf* (*en barco, tren*) couchette *f*; (*en dormitorio*) lit *m* superposé

literal [lite'ral] *adj* littéral(e)

literario, -a [lite'rarjo, a] *adj* littéraire

literatura [litera'tura] *nf* littérature *f*

litigar [liti'ɣar] *vi* (*Jur*) plaider; (*fig*) être en conflit

litigio [li'tixjo] *nm* (*Jur, fig*) litige *m*; **en ~ con** en litige avec

litografía [litoɣra'fia] *nf* lithographie *f*

litoral [lito'ral] *adj* littoral(e) ▸ *nm* littoral *m*

litro ['litro] *nm* litre *m*

liviano, -a [li'βjano, a] *adj* (*esp* AM) léger(-ère)

lívido, -a ['liβiðo, a] *adj* livide

living ['liβin] (*pl* **livings**) (*esp* AM) *nm* living *m*

llaga ['ʎaɣa] *nf* plaie *f*

llama ['ʎama] *nf* flamme *f*; (*Zool*) lama *m*; **en ~s** en flammes

llamada [ʎa'maða] *nf* (*telefónica*) appel *m*; (*a la puerta*) coup *m*; (: *timbre*) coup de sonnette; (*en un escrito*) renvoi *m*; **~ a cobro revertido** appel en PCV; **~ al orden** *o* **de atención** rappel *m* à l'ordre; **~ interurbana** appel interurbain

llamado [ʎa'maðo] (AM), **llamamiento** [ʎama'mjento] *nm* appel *m*

llamar [ʎa'mar] *vt* appeler; (*convocar*) convoquer ▸ *vi* (*a la puerta*) frapper; (*al timbre*) sonner; **llamarse** *vpr* s'appeler; **¿cómo te llamas?** comment t'appelles-tu?; **~ la atención** attirer l'attention; **~ por teléfono** appeler, téléphoner; **me han llamado payaso/cobarde** ils m'ont traité de clown/lâche; **¿quién llama?** (*Telec*) qui est à l'appareil?; **~ al orden** rappeler à l'ordre

llamarada [ʎama'raða] *nf* flambée *f*; (*rubor*) rougeur *f* passagère

llamativo, -a [ʎama'tiβo, a] *adj* voyant(e); (*color*) criard(e)

llano, -a ['ʎano, a] *adj* (*superficie*) plat(e); (*persona, estilo*) simple ▸ *nm* plaine *f*; **Los L~s** (*Ven*) les Plaines

llanta ['ʎanta] *nf* jante *f*; (AM: *cámara*) chambre *f* à air

llanto ['ʎanto] *nm* pleurs *mpl*, larmes *fpl*

llanura [ʎa'nura] *nf* plaine *f*

llave ['ʎaβe] *nf* clé *f*, clef *f*; (*de gas, agua*) robinet *m*; (*Tec*) clé; (*de la luz*) interrupteur *m*; (*Tip*) crochet *m*; **cerrar con ~** *o* **echar la ~** fermer à clé; **~ de contacto** (*Auto*) clé de contact; **~ de judo** prise *f* de judo; **~ de paso** robinet d'arrêt; **~ inglesa** clé anglaise; **~ maestra** passe-partout *m inv*

llavero [ʎa'βero] *nm* porte-clés *msg*

llegada [ʎe'ɣaða] *nf* arrivée *f*

llegar [ʎe'ɣar] *vi* arriver; (*ruido*) parvenir; (*bastar*) suffire; **llegarse** *vpr*: **llegarse a** aller à; **~ a** arriver à; **llegó a pegarme** il est allé jusqu'à me frapper; **~ a saber** finir par savoir; **~ a (ser) famoso/jefe** devenir célèbre/le patron; **~ a las manos** en venir aux mains; **~ a las manos de algn** tomber entre les mains de qn; **no llegues tarde** ne rentre pas trop tard; **esta cuerda no llega** cette corde n'est pas assez longue

llenar [ʎe'nar] *vt* remplir; (*superficie*) couvrir; (*tiempo*) faire passer; (*satisfacer*) combler ▸ *vi* rassasier; **llenarse** *vpr*: **llenarse (de)** se remplir (de); (*al comer*) se rassasier (de)

lleno, -a ['ʎeno, a] *adj* plein(e), rempli(e); (*persona*: *de comida*) rassasié(e) ▸ *nm* (*Teatro*) salle *f* comble; **~ de polvo/de gente/de errores** plein(e) de poussière/de gens/d'erreurs; **dar de ~ contra algo** heurter qch de plein fouet

llevar [ʎe'βar] *vt* porter; (*en coche*) emmener; (*transportar*) transporter; (*ruta*) suivre; (*dinero*) avoir sur soi; (*coche, moto*) conduire; (*soportar*) supporter; (*negocio*) diriger; (*ritmo, compás*) mener; (*Mat*) retenir; **llevarse** *vpr* (*estar de moda*) se porter beaucoup; **me llevó una hora hacerlo** j'ai mis une heure à le faire; **llevamos dos días aquí** nous sommes ici depuis deux jours; **llevo un año estu-**

diando cela fait un an que j'étudie ; **~ hecho/vendido/estudiado** avoir fait/vendu/étudié ; **él me lleva dos años** il a deux ans de plus que moi ; **~ a** (*suj*: *camino*) mener à ; **~ adelante** (*fig*) faire avancer ; **~ la contraria/la corriente a algn** contredire/suivre qn ; **~ ventaja** avoir l'avantage ; **~ los libros** (*Com*) tenir les registres ; **~ una vida tranquila** mener une vie paisible ; **nos llevó a cenar fuera** il nous a emmenés dîner ; **~ de paseo** emmener faire un tour ; **llevarse el dinero/coche** prendre l'argent/la voiture ; **llevarse algo/a algn por delante** (*atropellar*) percuter qch/qn ; **llevarse un susto/disgusto/sorpresa** être effrayé(e)/mécontent(e)/surpris(e) ; **llevarse bien/mal (con algn)** bien/ne pas s'entendre (avec qn) ; **dejarse ~ por algo/algn** se laisser emporter par qch/se laisser faire par qn

llorar [ʎo'rar] *vt, vi* pleurer ; **~ a moco tendido** (*fam*) pleurer toutes les larmes de son corps ; **~ de risa** pleurer de rire

lloriquear [ʎorike'ar] *vi* pleurnicher

lloro ['ʎoro] *nm* pleurs *mpl*

llorón, -ona [ʎo'ron, ona] *adj, nm/f* pleurnichard(e)

lloroso, -a [ʎo'roso, a] *adj* (*ojos*) gonflé(e) par les larmes ; (*persona*) qui a pleuré

llover [ʎo'βer] *vi* pleuvoir ; **~ a cántaros** *o* **a cubos** *o* **a mares** pleuvoir à seaux *o* des cordes ; **como llovido del cielo** tombé(e) du ciel ; **llueve sobre mojado** les catastrophes se succèdent

llovizna [ʎo'βiθna] *nf* bruine *f*

lloviznar [ʎoβiθ'nar] *vi* pleuvioter

llueve *etc* ['ʎweβe] *vb ver* **llover**

lluvia ['ʎuβja] *nf* pluie *f* ; **día de ~** jour *m* pluvieux *o* de pluie ; **~ radioactiva** pluie radioactive

lluvioso, -a [ʎu'βjoso, a] *adj* pluvieux(-euse)

lo [lo]

▸ *art def* **1** : **lo bueno/caro** ce qui est bon/cher ; **lo mejor/peor** le mieux/pire ; **lo gracioso fue que ...** ce qui est drôle, c'est que ... ; **lo mío** ce qui est à moi ; **olvidaste lo esencial** tu as oublié l'essentiel ; **¡no sabes lo aburrido que es!** tu ne peux pas savoir comme c'est ennuyeux ! ; **con lo poco que gana** avec le peu d'argent qu'il gagne

2 : **lo + de** (*pron dem*) : **¿sabes lo del presidente?** tu es au courant pour le président ? ; **olvida lo de ayer** oublie ce qui s'est passé hier ; **(a) lo de** (*CSur* : *a casa de*) chez ; (*+ infin*) : **¿a quién se le ocurrió lo de esperar aquí?** qui a eu l'idée d'attendre ici ?

3 : **lo que** (*pron rel*) : **lo que yo pienso** ce que je pense ; **lo que más me gusta** ce que j'aime le plus ; **lo que pasa es que ...** ce qu'il y a, c'est que ... ; **más de lo que crees** plus que tu ne crois ; **en lo que se refiere a** pour ce qui est de ; **lo que quieras** ce que tu veux *o* voudras ; **lo que sea** quoi que ce soit ; **(a) lo que** (*AM* : *en cuanto*) dès que

4 : **lo cual** : **lo cual es lógico** ce qui est logique

▸ *pron pers* **1** (*a él*) le, l' ; **lo han despedido** ils l'ont renvoyé ; **no lo conozco** je ne le connais pas

2 (*a usted*) vous ; **lo escucho señor** je vous écoute, monsieur

3 (*cosa, animal*) le, l' ; **te lo doy** je te le donne ; **no lo veo** je ne le vois pas

4 (*concepto*) le, l' ; **no lo sabía** je ne le savais pas ; **voy a pensarlo** je vais y réfléchir ; **es fácil, pero no lo parece** c'est facile, mais ça n'en a pas l'air

loable [lo'aβle] *adj* louable

loar [lo'ar] *vt* louer

lobo ['loβo] *nm* loup *m* ; **~ de mar** (*fig*) loup de mer ; **~ marino** otarie *f*

lóbrego, -a ['loβreɣo, a] *adj* lugubre

lóbulo ['loβulo] *nm* lobe *m*

local [lo'kal] *adj* local(e) ▸ *nm* local *m* ; (*bar*) bar *m*

localidad [lokali'ðað] *nf* localité *f* ; (*Teatro*) place *f*

localizar [lokali'θar] *vt* localiser ; **localizarse** *vpr* (*dolor*) être localisé(e)

loción [lo'θjon] *nf* lotion *f* ; **~ capilar** lotion capillaire

loco, -a ['loko, a] *adj, nm/f* fou (folle) ; **~ de atar** *o* **remate, ~ rematado** fou (folle) à lier ; **a lo ~** à la va-vite ; **ando ~ con el examen** l'examen me rend malade ; **estar ~ de alegría** être fou (folle) de joie ; **estar ~ con algo/por algn** être fou (folle) de qch/de qn ; **como un ~** comme un fou ; **me vuelve ~** (*me gusta mucho*) j'en suis fou (folle) ; (*me marea*) il me rend fou (folle)

locomotora [lokomo'tora] *nf* locomotive *f*

locuaz [lo'kwaθ] *adj* loquace

locución [loku'θjon] *nf* (*Ling*) locution *f*

locura [lo'kura] *nf* folie *f* ; **con ~** à la folie

locutor, a [loku'tor, a] *nm/f* (*Radio, TV*) speaker(ine)

locutorio [loku'torjo] *nm local équipé de cabines téléphoniques et d'accès à Internet*

lodo ['lodo] *nm* boue *f*

lógica ['loxika] *nf* logique *f*

lógico, -a ['loxiko, a] *adj* logique ; **es ~ que ...** il est logique que ...

logística [lo'xistika] *nf* logistique *f*

logotipo [loɣo'tipo] *nm* logo *m*

logrado, -a [lo'ɣraðo, a] *adj* réussi(e)

lograr [lo'ɣrar] *vt* réussir ; (*victoria*) remporter ; **~ hacer algo** réussir à faire qch ; **~ que algn venga** réussir à faire venir qn

logro ['loɣro] *nm* réussite *f*

loma ['loma] *nf* colline *f*

lombriz [lom'briθ] *nf* (*Zool*) ver *m* de terre ; (*Med*) ver

lomo ['lomo] *nm* (*de animal*) dos *msg*, échine *f* ; (*Culin*: *de cerdo*) épaule *f* ; (: *de vaca*) entrecôte *f* ; (*de libro*) dos ; **a ~s de** (*caballo*) à dos de ; **~ de burro** (*Arg*: *fam*) ralentisseur *m*

lona ['lona] *nf* toile *f* ; (*para cubrir*) bâche *f* ; (*en boxeo*) tapis *m*

loncha ['lontʃa] *nf* tranche *f*

lonche ['lontʃe] (AM) *nm* petit-déjeuner *m*

lonchería [lontʃe'ria] (AM) *nf* cafétéria *f*

Londres ['londres] *n* Londres

longaniza [longa'niθa] *nf saucisse sèche*

longitud [lonxi'tuð] *nf* longueur *f* ; (*Geo*) longitude *f* ; **tener tres metros de ~** faire trois mètres de long ; **salto de ~** (*Deporte*) saut *m* en longueur ; **~ de onda** (*Fís*) longueur d'onde

lonja ['lonxa] *nf* (*edificio*) halle *f* ; (*de jamón, embutido*) tranche *f* ; **~ de pescado** halle *f* aux poissons

loro ['loro] *nm* perroquet *m*

los [los] *art def* les ▸ *pron* les ; (*ustedes*) vous ; **mis libros y ~ de usted** mes livres et les vôtres ; **~ de Ana son verdes** ceux d'Ana sont verts

losa ['losa] *nf* dalle *f* ; **~ sepulcral** pierre *f* tombale

lote ['lote] *nm* (*de libros, Com, Inform*) lot *m* ; (*de comida*) portion *f*

lotería [lote'ria] *nf* loterie *f* ; **le tocó la ~** il a gagné au Loto ; **~ nacional** loterie nationale ; **~ primitiva** (*Esp*) ≈ Loto *m*

> D'importantes sommes d'argent sont dépensées en Espagne pour l'achat de billets de loterie. Il existe de nombreuses loteries, les plus prisées étant la **Lotería Nacional** et la **Primitiva** (toutes deux gérées par l'État), ainsi que **el cupón de la ONCE** (proposé par la fondation ONCE au profit des personnes aveugles et malvoyantes).

loza ['loθa] *nf* (*material*) faïence *f* ; (*vajilla*) vaisselle *f*

lozano, -a [lo'θano, a] *adj* vigoureux(-euse)

lubricante [luβri'kante] *adj* lubrifiant(e) ▸ *nm* lubrifiant *m*

lubricar [luβri'kar] *vt* lubrifier

luces ['luθes] *nfpl de* **luz**

lucha ['lutʃa] *nf* lutte *f* ; **~ contra/por** lutte contre/pour ; **~ de clases** lutte des classes ; **~ libre** lutte libre

luchar [lu'tʃar] *vi* lutter ; **~ contra/por** lutter contre/pour

lucidez [luθi'ðeθ] *nf* lucidité *f*

lúcido, -a ['luθiðo, a] *adj* lucide ; **estar ~** être lucide

luciérnaga [lu'θjernaɣa] *nf* ver *m* luisant

lucir [lu'θir] *vt* (*vestido*) porter ; (*coche*) exhiber ; (*conocimientos*) étaler ; (*habilidades*) exhiber ▸ *vi* briller ; (AM: *parecer*) sembler ; **lucirse** *vpr* (*presumir*) se montrer ; **¡te has lucido!** (*irónico*) bien joué ! ; **no me luce lo que trabajo** mon travail n'est pas productif ; **la casa luce limpia** (AM) la maison a l'air très propre

lucro ['lukro] (*pey*) *nm* lucre *m* ; **el afán** *o* **ánimo de ~** l'appât m du gain ; **organización sin ánimo de ~** organisation *f* à but non lucratif

lúdico, -a ['luðiko, a] *adj* ludique

ludópata [lu'ðopata] *adj, nm/f* joueur(-euse) pathologique

ludoteca [luðo'teka] *nf* ludothèque *f*

luego ['lweɣo] *adv* (*después*) après ; (*más tarde*) puis ; (AM: *fam*: *en seguida*) tout de suite ▸ *conj* (*consecuencia*) donc ; **desde ~** évidemment ; **¡hasta ~!** à plus tard !, salut ! ; **¿y ~?** et maintenant ? ; **~ lo sabía** donc, il le savait ; **~ ~** (*esp Méx*) dare-dare

lugar [lu'ɣar] *nm* lieu *m*, endroit *m* ; (*en lista*) place *f* ; **en ~ de** au lieu de ; **en primer ~** en premier lieu ; **dar ~ a** donner lieu à ; **hacer ~** faire de la place ; **fuera de ~** (*comentario, comportamiento*) déplacé(e) ; **tener ~** avoir lieu ; **yo en su ~** moi, à sa place ; **sin ~ a dudas** sans aucun doute ; **~ común** lieu commun

lugareño, -a [luɣa'reɲo, a] *nm/f* villageois(e)

lugarteniente [luɣarte'njente] *nm/f* remplaçant(e)

lúgubre ['luɣuβre] *adj* lugubre

lujo ['luxo] *nm* luxe *m* ; **de ~** de luxe ; **permitirse el ~ de hacer** se donner le luxe de faire ; **con todo ~ de detalles** avec force détails

lujoso, -a [lu'xoso, a] *adj* luxueux(-euse)

lujuria [lu'xurja] *nf* luxure *f*

lumbre ['lumbre] *nf* feu *m* (de bois) ; **a la ~** près du feu

lumbrera [lum'brera] *nf* (*genio*) lumière *f*

luminoso, -a [lumi'noso, a] *adj* lumineux(-euse)

luna ['luna] *nf* lune *f* ; (*vidrio*) glace *f* ; **media ~** croissant *m* ; **estar en la ~** être dans la lune ; **pedir la ~** demander la lune ; **~ creciente/menguante** lune croissante/décroissante ; **~ de miel** lune de miel ; **~ llena/nueva** pleine/nouvelle lune

lunar [lu'nar] *adj* lunaire ▸ *nm* grain *m* de beauté ; (*diseño*) pois *msg* ; **tela de ~es** tissu *m* à pois

lunes ['lunes] *nm inv* lundi *m* ; *ver tb* **sábado**

lupa ['lupa] *nf* loupe *f*

lustrar [lus'trar] *vt* lustrer ; (*AM* : *zapatos*) cirer

lustre ['lustre] *nm* lustre *m* ; (*fig*) éclat *m* ; **dar ~ a algo** faire briller qch

lustroso, -a [lus'troso, a] *adj* brillant(e)

luto ['luto] *nm* deuil *m* ; **ir** *o* **vestirse de ~** porter le deuil ; **~ oficial** deuil national

Luxemburgo [luksem'burɣo] *nm* Luxembourg *m*

luz [luθ] (*pl* **luces**) *nf* lumière *f* ; **dar a ~ un niño** mettre un enfant au monde ; **dar la ~** donner de la lumière ; **encender** *o* (*esp AM*) **prender/apagar la ~** allumer/éteindre la lumière ; **les cortaron la ~** ils leur ont coupé l'électricité ; **a la ~ de** (*tb fig*) à la lumière de ; **a todas luces** de toute évidence ; **a media ~** dans la pénombre ; **se hizo la ~ sobre ...** la lumière se fit sur ... ; **sacar a la ~** tirer au clair ; **el Siglo de las Luces** le Siècle des Lumières ; **tener pocas luces** ne pas être une lumière ; **~ de cruce** feu *m* de croisement ; **~ de la luna** clair *m* de lune ; **~ eléctrica** lumière électrique ; **~ intermitente** lumière intermittente ; (*Auto*) clignotant *m* ; **~ roja/verde** (*Auto*) feu rouge/vert ; **~ solar** *o* **del sol** lumière du jour ; **~ trasera/de freno** feu arrière/de stop

m

m *abr* (= *metro(s)*) m (= *mètre(s)*) ; (= *minuto(s)*) min. (= *minute(s)*) ; (= *masculino*) m (= *masculin*)

M. *abr* (= *mujer*) F (= *féminin*) ; (= *Metro*) M (= *métro*)

M.ª *abr* = *María*

macana [ma'kana] (AM) *nf* (*porra*) massue *f* ; (*esp And, CSur: mentira*) mensonge *m* ; (: *tontería*) bêtise *f*

macanear [makane'ar] (*And, CSur: fam*) *vi* faire des bêtises ; (*decir tonterías*) dire des bêtises ; (*mentir*) mentir

macanudo, -a [maka'nuðo, a] (*esp* AM: *fam*) *adj* génial(e)

macarrones [maka'rrones] *nmpl* (*Culin*) macaronis *mpl*

macedonia [maθe'ðonja] *nf*: **~ de frutas** macédoine *f* de fruits

macerar [maθe'rar] *vt* macérer

maceta [ma'θeta] *nf* pot *m* de fleurs

machacar [matʃa'kar] *vt* (*ajos*) réduire en purée ; (*asignatura*) rabâcher ; (*enemigo*) écraser ▸ *vi* insister

machete [ma'tʃete] *nm* machette *f*

machismo [ma'tʃismo] *nm* machisme *m*

machista [ma'tʃista] *adj, nm/f* machiste *m/f*

macho ['matʃo] *adj* (*Bot, Zool*) mâle ; (*fam*) macho ▸ *nm* mâle *m* ; (*fig*) macho *m* ; (*fam: apelativo*) mec *m* ; (*Tec*) cheville *f* ; (*Elec*) prise *f* mâle ; (*Costura*) crochet *m*

machote [ma'tʃote] (*Méx*) *nm* (*borrador*) brouillon *m* ; (*patrón*) modèle *m*

macizo, -a [ma'θiθo, a] *adj* massif(-ive) ▸ *nm* (*Geo, de flores*) massif *m* ; **¡qué chica más maciza!** (*fam*) quelle belle plante !

macrodatos [makro'ðatos] *nmpl* mégadonnées *fpl*

madeja [ma'ðexa] *nf* (*de lana*) écheveau *m*

madera [ma'ðera] *nf* bois *msg* ; **una ~** un morceau de bois ; **~ contrachapada** *o* **laminada** contre-plaqué *m* ; **de ~** en bois ; **tiene buena ~** il a de bonnes dispositions ; **tiene ~ de profesor** il a l'étoffe d'un professeur

madero [ma'ðero] *nm* madrier *m*

madrastra [ma'ðrastra] *nf* belle-mère *f*

madre ['maðre] *adj* (*lengua*) mère ▸ *nf* mère *f* ; (*de vino etc*) lie *f* ; **¡~ mía!** mon Dieu ! ; **¡tu ~!** (*fam!*) va te faire foutre ! (*fam!*) ; **salirse de ~** (*río*) sortir de son lit ; (*persona*) dépasser les bornes ; **~ adoptiva/de alquiler/soltera** mère adoptive/porteuse/célibataire ; **~ patria** mère patrie ; **~ política** belle-mère *f*

Madrid [ma'ðrið] *n* Madrid

madriguera [maðri'ɣera] *nf* terrier *m*

madrileño, -a [maðri'leɲo, a] *adj* madrilène ▸ *nm/f* Madrilène *m/f*

madrina [ma'ðrina] *nf* marraine *f* ; **~ de boda** demoiselle *f* d'honneur

madrugada [maðru'ɣaða] *nf* aube *f* ; **de ~** de bon matin ; **a las cuatro de la ~** à quatre heures du matin

madrugador, a [maðruɣa'ðor, a] *adj* lève-tôt *inv*

madrugar [maðru'ɣar] *vi* se lever tôt ; (*anticiparse*) s'avancer

madurar [maðu'rar] *vt, vi* mûrir

madurez [maðu'reθ] *nf* maturité *f*

maduro, -a [ma'ðuro, a] *adj* mûr(e) ; (*hombre, mujer*) d'âge mûr ; **poco ~** immature

maestra [ma'estra] *nf ver* **maestro**

maestría [maes'tria] *nf* maestria *f* ; (*Escol: grado*) master *m*

maestro, -a [ma'estro, a] *adj* maître(sse) ▸ *nm/f* (*de escuela*) maître(sse) (d'école), instituteur(-trice), professeur *m/f* des écoles ; (*en la vida*) maître *m* ▸ *nm* maître *m* ; (*Mús*) maestro *m* ; **~ albañil** maître maçon *m* ; **~ de obras** maître d'ouvrage

magdalena [maɣda'lena] *nf* madeleine *f*

magia ['maxja] *nf* magie *f* ; **~ negra** magie noire

mágico, -a ['maxiko, a] *adj* magique
magisterio [maxis'terjo] *nm (enseñanza)* études *fpl* d'instituteur(-trice) ; *(profesión)* métier *m* d'instituteur(-trice) ; *(maestros)* corps *msg* des instituteurs
magistrado, -a [maxis'traðo, a] *nm/f (Jur)* magistrat(e) ; **primer(a) M~** *(AM)* président(e)
magnánimo, -a [maɣ'nanimo, a] *adj* magnanime
magnate [maɣ'nate] *nm/f* magnat *m* ; **~ de la prensa** magnat de la presse
magnético, -a [maɣ'netiko, a] *adj* magnétique
magnetizar [maɣneti'θar] *vt (tb fig)* magnétiser
magnetofón [maɣneto'fon] *nm* magnétophone *m*
magnetofónico, -a [maɣneto'fonico, a] *adj*: **cinta magnetofónica** bande *f* magnétique
magnetófono [maɣne'tofono] *nm* = **magnetofón**
magnífico, -a [maɣ'nifiko, a] *adj* magnifique ; *(carácter)* exceptionnel(le) ; *(tratamiento: rector) titre honorifique du recteur* ; **¡~!** magnifique !
magnitud [maɣni'tuð] *nf (física)* grandeur *f* ; *(de problema etc)* ampleur *f*
mago, -a ['maɣo, a] *nm/f* magicien(ne) ; **los Reyes M~s** les Rois *mpl* mages
magrebí [maɣre'βi] *adj* maghrébin(e) ▸ *nm/f* Maghrébin(e)
magro, -a ['maɣro, a] *adj, nm* maigre *m*
maguey [ma'ɣei] *nm (Bot)* agave *m*
magullar [maɣu'ʎar] *vt* contusionner ; *(lastimar)* abîmer ; **magullarse** *vpr* se faire une *o* des contusion(s)
mahometano, -a [maome'tano, a] *adj* mahométan(e) ▸ *nm/f* Mahométan(e)
mahonesa [mao'nesa] *nf* = **mayonesa**
mail [meil] *(pl* **mails)** *(fam) nm* mail *m*
maillot [ma'jot] *nm (de ciclista)* maillot *m* ; *(de gimnasta)* justaucorps *m*
maíz [ma'iθ] *nm* maïs *msg*
majadero, -a [maxa'ðero, a] *adj* imbécile
majestad [maxes'tað] *nf* majesté *f* ; **Su M~** Sa Majesté ; **(Vuestra) M~** (Votre) Majesté
majestuoso, -a [maxes'twoso, a] *adj* majestueux(-euse)
majo, -a ['maxo, a] *adj (Esp)* sympa ; *(bonito)* beau (belle) ; *(apelativo, cariñoso)* mignon(ne) ; *(: elegante)* classe *inv*
mal [mal] *adv* mal ; *(oler, saber)* mauvais ▸ *adj* = **malo** ▸ *nm*: **el ~** le mal ; *(desgracia)* le malheur ▸ *conj*: **~ que le pese** qu'il le veuille ou non ; **me entendió ~** il m'a mal compris ; **haces ~ en callarte** tu as tort de te taire ; **hablar ~ de algn** dire du mal de qn ; **ir de ~ en peor** aller de mal en pis ; **si ~ no recuerdo** si mes souvenirs sont exacts ; **¡menos ~!** heureusement ! ; **menos ~ que** heureusement que ; **~ que bien** tant bien que mal ; **~ de ojo** mauvais œil *m*
malabarismo [malaβa'rismo] *nm* jonglerie *f* ; **hacer ~s** *(fig)* jongler
malabarista [malaβa'rista] *nm/f* jongleur(-euse)
malaria [ma'larja] *nf* malaria *f*
malcriado, -a [mal'krjaðo, a] *adj* mal élevé(e)
maldad [mal'dað] *nf* méchanceté *f*
maldecir [malde'θir] *vt, vi* maudire ; **~ de** maudire
maldición [maldi'θjon] *nf* malédiction *f* ; **¡~!** malédiction !
maldito, -a [mal'dito, a] *adj* maudit(e) ; **¡~ sea ...!** *(fam)* maudit(e) soit ... ! ; **¡malditas las ganas que tengo de verle!** *(fam)* comme si j'avais envie de le voir !
maleante [male'ante] *nm/f* malfaiteur *m*, criminel(le)
maledicencia [maleði'θenθja] *nf* médisance *f*
maleducado, -a [maleðu'kaðo, a] *adj* mal élevé(e)
malentendido [malenten'diðo] *nm* malentendu *m*
malestar [males'tar] *nm* malaise *m*
maleta [ma'leta] *nf* valise *f* ; **hacer la ~** faire sa valise *o* ses valises
maletera [male'tera] *(AM) nf*, **maletero** [male'tero] *nm (Auto)* coffre *m*
maletín [male'tin] *nm (de uso profesional)* serviette *f* ; *(de viaje)* mallette *f*
maleza [ma'leθa] *nf (hierbas malas)* mauvaises herbes *fpl* ; *(arbustos)* fourré *m*
malgastar [malɣas'tar] *vt* gaspiller ; *(oportunidades)* laisser passer ; *(salud)* abîmer
malhechor, a [male'tʃor, a] *nm/f* malfaiteur *m*

malhumorado, -a [malumo'raðo, a] *adj* de mauvaise humeur
malicia [ma'liθja] *nf* méchanceté *f* ; (*de niño*) malice *f*
malicioso, -a [mali'θjoso, a] *adj* malicieux(-euse) ; (*con mala intención*) méchant(e) ; (*de malpensado*) mauvais(e)
maligno, -a [ma'liɣno, a] *adj* (*Med*) malin (maligne) ; (*ser*) méchant(e)
malla ['maʎa] *nf* maille *f* ; (*esp AM*) maillot *m* de bain ; (*tb*: **mallas**) collants *mpl*
Mallorca [ma'ʎorka] *nf* Majorque *f*
malo, -a ['malo, a] (*antes de nmsg* **mal**) *adj* mauvais(e) ; (*niño*) méchant(e) ▶ *nm/f* (*en cuentos, cine*) méchant(e) ; **estar ~** (*persona*) être malade ; (*comida*) être mauvais(e) ; **ser ~ de** (*entender, hacer*) être difficile à ; **ser ~ haciendo/en algo** ne pas savoir faire qch/être mauvais(e) en qch ; **estar de malas** être fâché(e) ; **lo ~ es que ...** le problème, c'est que ... ; **por las malas** de force
malograr [malo'ɣrar]: **malograrse** *vpr* (*plan*) tomber à l'eau ; (*cosecha*) être gâché(e) ; (*carrera profesional*) se briser ; (*Perú*: *fam*) s'abîmer ; **el malogrado actor** l'acteur mort prématurément
malparado, -a [malpa'raðo, a] *adj*: **salir ~** s'en tirer mal
malpensado, -a [malpen'saðo, a] *adj* malveillant(e)
malsano, -a [mal'sano, a] *adj* malsain(e)
maltratar [maltra'tar] *vt* maltraiter ; **niños maltratados** enfants *mpl* maltraités
maltrato [mal'trato] *nm* mauvais traitements *mpl*, maltraitance *f* ; **~ animal** maltraitance animale
maltrecho, -a [mal'tretʃo, a] *adj* en piteux état
malvado, -a [mal'βaðo, a] *adj* méchant(e)
malversar [malβer'sar] *vt* détourner
Malvinas [mal'βinas] *nfpl*: **las (Islas) ~** les (îles) Malouines *fpl*
malvivir [malβi'βir] *vi* subsister
mama ['mama] *nf* (*Zool*) mamelle *f* ; (*de mujer*) sein *m*
mamá [ma'ma] *nf* (*fam*) maman *f* ; (*CAm, Carib, Méx*: *cortesía*) mère *f* ; **~ grande** (*Col*) grand-maman *f*
mamadera [mama'ðera] (*AM*) *nf* biberon *m*
mamar [ma'mar] *vt* (*pecho*) téter ; (*ideas*) se nourrir de ▶ *vi* téter ; **dar de ~** allaiter
mamarracho [mama'rratʃo] *nm* (*persona despreciable*) bouffon(ne) ; (*por su apariencia física*) épouvantail *m*
mameluco [mame'luko] (*CSur*) *nm* (*prenda*) salopette *f* ; (*de niños*) grenouillère *f*
mamífero, -a [ma'mifero, a] *adj, nm* mammifère *m*
mampara [mam'para] *nf* (*entre habitaciones*) cloison *f* ; (*biombo*) écran *m* ; (*de ducha*) pare-douche *m*
mampostería [mamposte'ria] *nf* maçonnerie *f*
manada [ma'naða] *nf* (*de leones, lobos*) horde *f* ; (*de búfalos, elefantes*) troupeau *m* ; **llegaron en ~** (*fam*) ils sont arrivés en bande
manantial [manan'tjal] *nm* source *f*
manar [ma'nar] *vt* laisser couler ▶ *vi* jaillir
mancha ['mantʃa] *nf* tache *f* ; **la M~** la Manche
manchar [man'tjar] *vt, vi* tacher ; **mancharse** *vpr* se tacher
manchego, -a [man'tʃeɣo, a] *adj* de la Manche ▶ *nm/f* natif(-ive) *o* habitant(e) de la Manche
manco, -a ['manko, a] *adj* manchot(e) ; (*incompleto*) incomplet(-ète) ; **no ser ~** (*fig*) être dégourdi(e)
mancomunar [mankomu'nar] *vt* mettre en commun ; (*Jur*) rendre solidaires
mancomunidad [mankomuni'ðað] *nf* (*de bienes*) copropriété *f* ; (*de personas, Jur*) association *f* ; (*de municipios*) syndicat *m*
mancuernas [man'kwernas] (*CAm, Méx*) *nfpl* boutons *mpl* de manchette
mandamiento [manda'mjento] *nm* (*Rel*) commandement *m* ; **~ judicial** mandat *m* d'arrêt
mandar [man'dar] *vt* ordonner ; (*Mil*) commander ; (*enviar*) envoyer ▶ *vi* commander ; (*en un país*) diriger ; **mandarse** *vpr*: **mandarse mudar** (*AM*: *fam*) se casser ; **¿mande?** je vous demande pardon ? ; **¿manda usted algo más?** désirez-vous autre chose ? ; **se lo mandaremos por correo** nous vous l'enverrons par courrier ; **~ hacer un traje** se faire faire un costume ; **~ a algn a hacer algo** ordonner à qn de faire qch ; **~ a algn a paseo** *o* **a la porra** envoyer qn au diable

mandarina [manda'rina] *nf* mandarine *f*

mandatario, -a [manda'tarjo, a] *nm/f* (*Jur*) mandataire *m/f*; **(primer) ~** (*esp* AM: *Pol*) président *m*

mandato [man'dato] *nm* (*orden*) ordre *m*; (*Pol*) mandat *m*; (*Inform*) commande *f*; **~ judicial** mandat d'arrêt

mandíbula [man'diβula] *nf* mandibule *f*

mandil [man'dil] *nm* tablier *m*

mandinga [man'dinga] (AM) *nm* diable *m*

mando ['mando] *nm* (*Mil*) commandement *m*; (*de organización, país*) direction *f*; (*Tec*) commande *f*; **los (altos) ~s** les chefs *mpl*; **el alto ~** le haut commandement; **al ~ de** sous la responsabilité de; **tomar el ~** prendre le commandement; **~ a distancia** télécommande *f*

manejable [mane'xaβle] *adj* maniable; (*libro*) peu encombrant(e); (*persona*) facile

manejar [mane'xar] *vt* manier; (*máquina*) manœuvrer; (*caballo*) mener; (*pey: a personas*) manipuler; (*casa, negocio*) mener; (*dinero, números*) brasser; (*idioma*) maîtriser; (AM: *Auto*) conduire ▸ *vi* (AM: *Auto*) conduire; **manejarse** *vpr* se débrouiller; **« ~ con cuidado »** « manipuler avec précaution »

manejo [ma'nexo] *nm* maniement *m*; (*de máquinas*) manœuvre *f*; (AM: *de negocio*) conduite *f*; (*soltura*) maîtrise *f*; **manejos** *nmpl* (*pey*) manœuvres *fpl*

manera [ma'nera] *nf* manière *f*, façon *f*; **maneras** *nfpl* (*modales*) manières *fpl*; **~ de pensar/de ser** façon de penser/d'être; **a mi ~** à ma façon; **de cualquier ~** de toute manière; (*pey*) n'importe comment; **de mala ~** (*fam*) brutalement; **¡de ninguna ~!** en aucun cas !; **de otra ~** autrement; **de todas ~s** de toute manière; **en gran ~** largement; **sobre ~** énormément; **a mi ~ de ver** d'après moi; **no hay ~ de persuadirle** il n'y a pas moyen de le persuader; **de ~ que** de sorte que

manga ['manga] *nf* manche *f*; (*Geo*) tuyau *m*; **de ~ corta/larga** à manches courtes/longues; **en ~s de camisa** en bras de chemise; **andar ~ por hombro** être débraillé(e); **tener ~ ancha** être très ouvert(e); **~ de pastelero** douille *f* (de pâtissier); **~ de riego** tuyau d'irrigation; **~ de viento** manche *f* à air

mangar [man'gar] (*fam*) *vt* piquer

mango ['mango] *nm* manche *m*; (*Bot*) mangue *f*; **~ de escoba** manche à balai

mangonear [mangone'ar] (*pey*) *vt* commander ▸ *vi* se mêler de tout

manguera [man'gera] *nf* tuyau *m* d'arrosage; **~ de incendios** lance *f* d'incendie

maní [ma'ni] (*pl* **maníes**) (AM) *nm* cacahuète *f*; (*planta*) arachide *f*

manía [ma'nia] *nf* manie *f*; **tiene sus ~s** il a ses petites manies; **tener ~ a algn/algo** avoir une dent contre qn/ne pas aimer qch

maníaco, -a [ma'niako, a] *adj, nm/f* maniaque *m/f*

maniatar [manja'tar] *vt* ligoter

maniático, -a [ma'njatiko, a] *adj, nm/f* maniaque *m/f*

manicomio [mani'komjo] *nm* asile *m* (de fous)

manifestación [manifesta'θjon] *nf* manifestation *f*; (*declaración*) déclaration *f*

manifestar [manifes'tar] *vt* manifester; (*declarar*) déclarer; **manifestarse** *vpr* (*Pol*) manifester; (*interés, dolor*) se manifester

manifiesto, -a [mani'fjesto, a] *pp de* **manifestar** ▸ *adj* manifeste ▸ *nm* (*Arte, Pol*) manifeste *m*; **poner (algo) de ~** mettre (qch) en évidence

manillar [mani'ʎar] *nm* guidon *m*

maniobra [ma'njoβra] *nf* manœuvre *f*; **maniobras** *nfpl* (*Mil, pey*) manœuvres *fpl*

maniobrar [manio'βrar] *vi* manœuvrer; (*Mil*) faire des manœuvres

manipulación [manipula'θjon] *nf* manipulation *f*

manipular [manipu'lar] *vt* manipuler

maniquí [mani'ki] *nm/f* mannequin *m/f* ▸ *nm* (*de escaparate*) mannequin *m*

manirroto, -a [mani'rroto, a] *adj, nm/f* dépensier(-ière)

manivela [mani'βela] *nf* manivelle *f*

manjar [man'xar] *nm* mets *msg*

mano ['mano] *nf* main *f*; (*Zool*) patte *f*; (*Culin*) pied *m*; (*de pintura*) couche *f* ▸ *nm* (*Méx: fam*) copain *m*; **a ~** à la main; **estar/tener algo a ~** être/avoir qch à portée de la main; **a ~ derecha/izquierda** à droite/gauche; **hecho a ~** fait à la main; **a ~s llenas** à pleines mains; **de primera ~** de première main; **de segunda ~** d'occasion; **robo a ~ armada** vol *m* à main armée ; **Pedro es mi ~ derecha** Pedro est mon bras droit ; **darse la(s) ~(s)** se donner la main ; **echar una ~** donner un coup de main ; **hacer algo ~ a ~** faire qch en tête à tête ; **echar ~ de algo** (*para usarlo*) recourir à qch ; **estrechar la ~ a algn** serrer la main à qn ; **dar algo en ~** donner qch en mains propres ; **ir de la ~** échapper ; **tener buena/mala ~ para algo** être doué(e)/peu doué(e) pour qch ; **meter ~** (*fam*) peloter ; **traer** *o* **llevar algo entre ~s** avoir qch entre les mains ; **estar en ~s de algn** être entre les mains de qn ; **estar en buenas ~s** être en de bonnes mains ; **se le fue la ~** il n'y est pas allé de main morte ; (*con ingredientes*) il a eu la main un peu lourde ; **haré lo que esté en mi ~** je ferai mon possible ; **¡~s a la obra!** au travail ! ; **pillar/coger/sorprender a algn con las ~s en la masa** prendre qn la main dans le sac ; **~ de obra** main-d'œuvre *f* ; **~ dura** sévérité *f* ; **~s libres** *adj inv* (*teléfono, dispositivo*) mains-libres *inv* ▸ *nm inv* kit *m* mains-libres

manojo [ma'noxo] *nm* (*de hierbas*) botte *f* ; (*de llaves*) trousseau *m* ; **ser un ~ de nervios** être un paquet de nerfs

manopla [ma'nopla] *nf* moufle *f* ; **~ de cocina** manique *f*

manoseado, -a [manose'aðo, a] *adj* (*tema*) rebattu(e) ; (*papel*) manipulé(e)

manosear [manose'ar] *vt* tripoter ; (*tema, asunto*) rebattre

manotazo [mano'taθo] *nm* gifle *f*

mansalva [man'salβa] : **a ~** *adv* sans risque

mansedumbre [manse'ðumbre] *nf* (*de persona*) douceur *f* ; (*de animal*) docilité *f*

mansión [man'sjon] *nf* demeure *f*

manso, -a ['manso, a] *adj* (*persona*) doux (douce) ; (*animal*) docile ; (*aguas*) tranquille ; (*Chi: fam*) énorme

manta ['manta] *nf* couverture *f* ; (AM) poncho *m* ; **una ~ de azotes/palos** une volée de coups de fouet/de bâton ; **a ~** (*llover*) des cordes ; (*reírse*) aux larmes

manteca [man'teka] *nf* (*de cerdo*) saindoux *m* ; (*de cacao,* AM) beurre *m* ; (*de leche*) crème *f*

mantel [man'tel] *nm* nappe *f*

mantendré *etc* [manten'dre] *vb ver* **mantener**

mantener [mante'ner] *vt* maintenir ; (*familia*) subvenir aux besoins de ; (*Tec*) assurer la maintenance (de) ; (*actividad*) conserver ; (*edificio*) soutenir ; **mantenerse** *vpr* (*edificio*) être soutenu(e) ; (*no ceder*) se maintenir ; **~ la línea** garder la ligne ; **~ el equilibrio** garder l'équilibre ; **~ algo encendido/caliente** laisser qch allumé(e)/garder qch au chaud ; **~ a algn informado** tenir qn au courant ; **~ a algn con vida** maintenir qn en vie ; **mantenerse a distancia** garder ses distances ; **mantenerse de/con** vivre de ; **mantenerse en forma** garder la forme ; **mantenerse en pie** rester debout ; **mantenerse firme** rester ferme

mantenimiento [manteni'mjento] *nm* (*Tec*) maintenance *f* ; (*de orden, relaciones*) maintien *m* ; (*sustento*) subsistance *f* ; **ejercicios de ~** exercices *mpl* de gymnastique

mantequilla [mante'kiʎa] *nf* beurre *m*

manto ['manto] *nm* cape *f*

mantuve *etc* [man'tuβe] *vb ver* **mantener**

manual [ma'nwal] *adj* manuel(le) ▸ *nm* manuel *m*

manubrio [ma'nubrjo] (AM) *nm* (*Auto*) volant *m*

manufactura [manufak'tura] *nf* manufacture *f*

manufacturado, -a [manufaktu'raðo, a] *adj* manufacturé(e)

manuscrito, -a [manus'krito, a] *adj* manuscrit(e) ▸ *nm* manuscrit *m*

manutención [manuten'θjon] *nf* (*de persona*) subsistance *f* ; (*de alimentos, dinero*) conservation *f*

manzana [man'θana] *nf* pomme *f* ; (*de edificios*) pâté *m* ; **~ de la discordia** (*fig*) pomme de discorde

manzanilla [manθa'niʎa] *nf* camomille *f* ; (*vino*) manzanilla *m*

manzano [man'θano] *nm* pommier *m*

maña ['maɲa] *nf* adresse *f* ; **mañas** *nfpl* (*artimañas*) ruses *fpl* ; **con ~** avec adresse ; **darse (buena) ~ para hacer algo** être doué(e) pour faire qch

mañana [ma'ɲana] *adv* demain ▸ *nm* : **(el) ~** (le) lendemain ▸ *nf* matin *m* ; **de** *o* **por la ~** le matin ; **¡hasta ~!** à demain ! ; **pasado ~** après-demain ; **~ por la ~**

demain matin ; **a las tres de la ~** à trois heures du matin ; **a media ~** tard dans la matinée

mañanitas [maɲa'nitas] (*Méx*) *nfpl* chanson *f* d'anniversaire

mañoso, -a [ma'ɲoso, a] *adj* adroit(e)

mapa ['mapa] *nm* carte *f*

maqueta [ma'keta] *nf* maquette *f*

maquillaje [maki'ʎaxe] *nm* maquillage *m*

maquillar [maki'ʎar] *vt* maquiller ; **maquillarse** *vpr* se maquiller

máquina ['makina] *nf* machine *f* ; (*de tren*) locomotive *f* ; (*CAm, CU*) voiture *f* ; **a toda ~** à toute allure ; **escrito a ~** tapé à la machine ; **~ de coser/de escribir/de vapor** machine à coudre/à écrire/à vapeur ; **~ fotográfica** appareil *m* photographique ; **~ herramienta** machine-outil *f* ; **~ tragaperras** machine à sous

maquinación [makina'θjon] *nf* machination *f*

maquinal [maki'nal] *adj* machinal(e)

maquinaria [maki'narja] *nf* machinerie *f*

maquinilla [maki'niʎa] *nf* (*tb*: **maquinilla de afeitar**) rasoir *m* ; **~ eléctrica** rasoir électrique

maquinista [maki'nista] *nm/f* mécanicien(ne)

mar [mar] *nm o nf* mer *f* ; **~ de fondo** lame *f* de fond ; (*fig*) malaise *m* ; **~ gruesa** mer forte ; **~ adentro** au large ; **en alta ~** en haute mer ; **por ~** par mer ; **hacerse a la ~** partir en mer ; **a ~es** (*llover*) à verse ; (*llorar*) comme une madeleine ; **estar hecho un ~ de lágrimas** pleurer comme une fontaine ; **es la ~ de guapa** elle est très belle ; **la ~ de bien** très bien ; **el M~ Negro/Báltico** la mer Noire/Baltique ; **el M~ Muerto/Rojo** la mer Morte/Rouge ; **el M~ del Norte** la Mer du Nord

mar. *abr* = *marzo*

maraña [ma'raɲa] *nf* enchevêtrement *m*

maratón [mara'ton] *nm* marathon *m*

maravilla [mara'βiʎa] *nf* merveille *f* ; (*Bot*) souci *m* ; **¡qué ~!** quelle merveille ! ; **hacer ~s** faire des merveilles ; **a las mil ~s** à merveille

maravillar [maraβi'ʎar] *vt* émerveiller ; **maravillarse** *vpr*: **maravillarse (de)** s'émerveiller (de)

maravilloso, -a [maraβi'ʎoso, a] *adj* merveilleux(-euse) ; **¡es ~!** c'est merveilleux !

marca ['marka] *nf* marque *f* ; (*acto*) marquage *m* ; (*Deporte*) record *m* ; **de ~** (*Com*) de marque ; **~ blanca** marque de distributeur ; **~ de fábrica** marque de fabrique ; **~ propia/registrada** marque propre/déposée

marcador [marka'ðor] *nm* (*Deporte*) tableau *m* d'affichage

marcapasos [marka'pasos] *nm inv* stimulateur *m* cardiaque

marcar [mar'kar] *vt* marquer ; (*número de teléfono*) composer ; (*Com*) étiqueter ▸ *vi* (*Deporte*) marquer ; (*Telec*) composer le numéro ; (*en peluquería*) faire une mise en plis ; **mi reloj marca las dos** à ma montre il est deux heures ; **~ el compás** (*Mús*) battre la mesure ; **~ el paso** marquer le pas ; **lavar y ~** faire un shampo(o)ing et une mise en plis

marcha ['martʃa] *nf* marche *f* ; (*Auto*) vitesse *f* ; (*dirección*) tournure *f* ; (*fam*: *animación*) animation *f* ; **dar ~ atrás** (*Auto, fig*) faire marche arrière ; **estar en ~** être en marche ; (*negocio*) marcher ; **hacer algo sobre la ~** faire qch au fur et à mesure ; **poner en ~** faire démarrer ; **ponerse en ~** se mettre en marche ; **a ~s forzadas** (*fig*) en quatrième vitesse ; **¡en ~!** (*Mil*) en avant, marche ! ; (*fig*) allons-y ! ; **una persona/una ciudad/un bar con (mucha) ~** une personne (très) dynamique/une ville/un bar (très) animé(e)

marchar [mar'tʃar] *vi* marcher ; (*ir*) partir ; **marcharse** *vpr* s'en aller ; **todo marcha bien** tout va bien

marchitar [martʃi'tar]: **marchitarse** *vpr* se faner

marcial [mar'θjal] *adj* martial(e)

marco ['marko] *nm* cadre *m* ; (*Hist*: *moneda*) mark *m*

marea [ma'rea] *nf* marée *f* ; **~ alta/baja** marée haute/basse ; **una ~ de gente** une marée humaine ; **~ negra** marée noire

marear [mare'ar] *vt* (*Med*) donner mal au cœur à ; (*fam*) harceler ; **marearse** *vpr* avoir mal au cœur ; (*en barco*) avoir le mal de mer ; (*desmayarse*) s'évanouir ; (*estar aturdido*) être abruti(e) ; (*emborracharse*) se soûler ; *ver tb* **mareo**

maremoto [mare'moto] *nm* raz-de-marée *m inv*

mareo [ma'reo] *nm* mal *m* au cœur ; (*en barco*) mal de mer ; (*en avión*) mal de l'air ; (*en coche*) mal des transports ; (*desmayo*) évanouissement *m* ; (*aturdimiento*) abrutissement *m* ; (*fam: lata*) ennui *m*

marfil [mar'fil] *nm* ivoire *m*

margarina [marɣa'rina] *nf* margarine *f*

margarita [marɣa'rita] *nf* marguerite *f*

margen ['marxen] *nm o nf* (*de río, camino*) bord *m* ; (*de página*) marge *f* ▸ *nm* marge ; **~ de beneficio** *o* **de ganancia** marge bénéficiaire ; **~ de confianza** marge de confiance ; **dar ~ para** donner l'occasion de ; **dejar a algn al ~** tenir qn à l'écart ; **mantenerse al ~** rester en marge ; **al ~ de lo que digas** quoi que tu dises

marginar [marxi'nar] *vt* (*socialmente*) marginaliser

marica [ma'rika] (*fam!*) *nm* (*homosexual*) pédé *m* (*fam!*) ; (*: cobarde*) poule *f* mouillée

maricón [mari'kon] (*fam!*) *nm* (*homosexual*) pédé *m* (*fam!*) ; (*: insulto*) connard *m* (*fam!*)

marido [ma'riðo] *nm* mari *m*

marihuana [mari'wana] *nf* marijuana *f*

marina [ma'rina] *nf* (*Mil*) marine *f* ; **~ mercante** marine marchande

marinero, -a [mari'nero, a] *adj* marin(e) ▸ *nm/f* marin *m*

marino, -a [ma'rino, a] *adj* marin(e) ▸ *nm* marin *m*

marioneta [marjo'neta] *nf* marionnette *f*

mariposa [mari'posa] *nf* papillon *m* ; (*Tec*) veilleuse *f* ; (*en natación*) brasse *f* papillon

mariquita [mari'kita] *nf* coccinelle *f* ▸ *nm* (*fam!*) pédé *m* (*fam!*)

marisco [ma'risko] *nm* fruits *mpl* de mer

marítimo, -a [ma'ritimo, a] *adj* maritime

mármol ['marmol] *nm* marbre *m*

marqués, -esa [mar'kes, esa] *nm/f* marquis(e)

marrón [ma'rron] *adj* marron

marroquí [marro'ki] *adj* marocain(e) ▸ *nm/f* Marocain(e) ▸ *nm* (*cuero*) maroquin *m*

Marruecos [ma'rrwekos] *nm* Maroc *m*

martes ['martes] *nm inv* mardi *m* ; **~ de carnaval** Mardi *m* gras ; **~ y trece** *voir article* ; *ver tb* **sábado**

> En Espagne la superstition veut que le **martes 13** soit un jour qui porte malheur, un peu comme notre vendredi 13.

martillo [mar'tiʎo] *nm* marteau *m* ; **~ neumático** marteau-piqueur *m*

mártir ['martir] *nm/f* martyr(e)

martirio [mar'tirjo] *nm* martyre *m*

marxismo [mark'sismo] *nm* marxisme *m*

marxista [mark'sista] *adj, nm/f* marxiste *m/f*

marzo ['marθo] *nm* mars *msg* ; *ver tb* **julio**

mas [mas] *conj* mais

más [mas]

▸ *adv* **1** (*compar*) plus ; **más grande/inteligente** plus grand/intelligent ; **trabaja más (que yo)** il travaille plus (que moi) ; **más de mil** plus de mille ; **más de lo que yo creía** plus que je ne pensais

2 (*+ sustantivo*) plus de ; **más libros** plus de livres ; **más tiempo** plus longtemps

3 (*tras sustantivo*) en plus, de plus ; **tres personas más (que ayer)** trois personnes de plus (qu'hier)

4 (*superl*): **el más ...** le plus ... ; **el más inteligente (de)** le plus intelligent (de) ; **el coche más grande** la voiture la plus grande ; **el que más corre** le plus rapide ; **puedo hacerlo como el que más** je peux le faire comme personne

5 (*adicional*): **deme una más** donnez m'en encore une ; **un poco más** encore un peu ; **¿qué más?** quoi d'autre ?, quoi encore ? ; **¿quién más?** qui d'autre ? ; **¿quieres más?** en veux-tu plus *o* davantage ?

6 (*negativo*): **no tengo más dinero** je n'ai plus d'argent ; **no viene más por aquí** il ne vient plus par ici ; **no sé más** je n'en sais pas plus *o* davantage ; **nunca más** plus jamais ; **no hace más que hablar** il ne fait que parler ; **no lo sabe nadie más que él** il n'y a que lui qui le sache

7 (*+ adj: valor intensivo*): **¡qué perro más sucio!** comme ce chien est sale ! ; **¡es más tonto!** qu'est-ce qu'il est bête !

8 (*locuciones*): **más o menos** plus ou moins ; **ni más ni menos** ni plus ni moins ; **los más** la plupart ; **es más, acabamos pegándonos** on a même fini par se battre ; **más aún** d'autant plus ; **más bien** plutôt ; **¡más te vale!** ça vaut mieux pour toi ! ; **más vale tarde que nunca** mieux vaut tard que jamais ; **a más tardar** au plus tard ; **a más y mejor** à qui mieux mieux ; **¡qué más da!** qu'est-ce que cela peut faire ! ; *ver tb* **cada**

9: **de más**: **veo que aquí estoy de más** je vois que je suis de trop ici ; **tenemos uno de más** nous en avons un de trop

10 (*AM*): **no más** seulement ; **así no más** comme ça ; **ayer no más** pas plus tard qu'hier

11: **por más**: **por más que lo intento** j'ai beau essayer ; **por más que quisiera** j'ai beau vouloir

12 (*Mat*): **dos más dos son cuatro** deux plus deux font quatre

▸ *nm* (*Mat*: *signo*) signe *m* plus ; **este trabajo tiene sus más y sus menos** ce travail a de bons et de mauvais côtés

masa ['masa] *nf* masse *f* ; (*Culin*) pâte *f* ; (*CSur*) gâteau *m* ; **las masas** *nmpl* (*Pol*) les masses *fpl* ; **en ~** en masse

masacre [ma'sakre] *nf* massacre *m*

masaje [ma'saxe] *nm* massage *m*

máscara ['maskara] *nf* (*tb Inform*) masque *m* ▸ *nm/f* personne *f* masquée ; **~ antigás/de oxígeno** masque à gaz/à oxygène

mascarilla [maska'riʎa] *nf* (*Med, en cosmética*) masque *m*

masculino, -a [masku'lino, a] *adj* masculin(e) ▸ *nm* (*Ling*) masculin *m*

masificación [masifika'θjon] *nf* massification *f*

masivo, -a [ma'siβo, a] *adj* massif(-ive)

masón, -ona [ma'son, ona] *nm/f* franc-maçon(ne)

masoquista [maso'kista] *adj, nm/f* masochiste *m/f*

máster ['master] *nm* (*Univ*) mastère *m*

masticar [masti'kar] *vt, vi* mastiquer

mástil ['mastil] *nm* mât *m* ; (*de guitarra*) manche *m*

mastín [mas'tin] *nm* mâtin *m*

masturbación [masturβa'θjon] *nf* masturbation *f*

masturbarse [mastur'βarse] *vpr* se masturber

mata ['mata] *nf* (*esp AM*) arbuste *m* ; (*de perejil*) bouquet *m* ; **matas** *nfpl* (*matorral*) fourrés *mpl* ; **~ de pelo** touffe *f* de cheveux

matadero [mata'ðero] *nm* abattoir *m*

matador, a [mata'ðor, a] *adj* laid(e) à faire peur ▸ *nm* (*Taur*) matador *m*

matamoscas [mata'moskas] *nm inv* tue-mouches *m inv*

matanza [ma'tanθa] *nf* (*de gente*) massacre *m* ; (*de cerdo*: *acción*) abattage *m* du cochon ; (: *época*) *saison de l'abattage du cochon* ; (: *carne*) *viande du cochon abattu*

matar [ma'tar] *vt* tuer ; (*hambre, sed*) apaiser ▸ *vi* tuer ; **matarse** *vpr* se tuer ; **~ a algn a disgustos** (*fig*) faire mourir qn de chagrin ; **matarlas callando** agir en douce ; **matarse trabajando** *o* **a trabajar** se tuer au travail ; **matarse por hacer algo** se tuer à faire qch

matasellos [mata'seʎos] *nm inv* cachet *m* de la poste

mate ['mate] *adj* mat(e) ▸ *nm* (*en ajedrez*) mat *m* ; (*And, CSur*: *hierba, infusión*) maté *m* ; (: *vasija*) récipient *m* pour le maté ; **~ de coca/de menta** thé à la coca/à la menthe

matemáticas [mate'matikas] *nfpl* mathématiques *fpl*, maths *fpl* ; *ver tb* **matemático**

matemático, -a [mate'matiko, a] *adj* mathématique ▸ *nm/f* mathématicien(ne) ; **¡es ~!** c'est mathématique !

materia [ma'terja] *nf* matière *f* ; **en ~ de** en matière de ; **entrar en ~** entrer en matière ; **~ prima** matière première

material [mate'rjal] *adj* matériel(le) ▸ *nm* matière *f*, matériau *m* ; (*dotación*) matériel *m* ; (*cuero*) peau *f* ; **~ de construcción** matériau de construction ; **~es de derribo** décombres *mpl* ; **no tener tiempo ~ para algo** ne pas avoir le temps matériel de faire qch

materialista [materja'lista] *adj* matérialiste

materialmente [mate'rjalmente] *adv*: **es ~ imposible** c'est matériellement impossible

maternal [mater'nal] *adj* maternel(le)

maternidad [materni'ðað] *nf* maternité *f*

materno, -a [ma'terno, a] *adj* maternel(le)

matinal [mati'nal] *adj* matinal(e)

matiz [ma'tiθ] *nm* nuance *f*; **un (cierto) ~ irónico** une (légère) nuance d'ironie

matizar [mati'θar] *vt, vi* préciser

matón [ma'ton] *nm* dur(e)

matorral [mato'rral] *nm* buisson *m*

matraca [ma'traka] *nf* matraque *f*; (*fam*: *lata*) plaie *f*

matrícula [ma'trikula] *nf* (*Escol*) inscription *f*; (*Auto*) immatriculation *f*; (: *placa*) plaque *f* d'immatriculation; **~ de honor** ≈ mention *f* très bien

matricular [matriku'lar] *vt* (*coche*) immatriculer; (*alumno*) inscrire; **matricularse** *vpr* s'inscrire

matrimonial [matrimo'njal] *adj* (*contrato*) de mariage; (*vida*) conjugal(e)

matrimonio [matri'monjo] *nm* (*pareja*) couple *m*; (*boda*) mariage *m*; **~ civil/clandestino** mariage civil/clandestin; **contraer ~ (con)** se marier (avec)

matriz [ma'triθ] *nf* (*Anat*) utérus *msg*; (*Tec, Mat*) matrice *f*; **casa ~** (*Com*) maison *f* mère

maullar [mau'ʎar] *vi* miauler

máxime ['maksime] *adv* particulièrement

máximo, -a ['maksimo, a] *adj* maximal(e), maximum; (*longitud, altitud*) maximal(e); (*galardón*) supérieur(e) ▸ *nm* maximum *m*; **como ~** au plus; **al ~** au maximum; **lo ~** le maximum; **~ líder** *o* **jefe, líder ~** (*esp AM*) président *m*

mayo ['majo] *nm* mai *m*; *ver tb* **julio**

mayonesa [majo'nesa] *nf* mayonnaise *f*

mayor [ma'jor] *adj* (*adulto*) adulte; (*de edad avanzada*) âgé(e); (*Mús, fig*) majeur(e); (*compar*: *de tamaño*) plus grand(e); (: *de edad*) plus âgé(e); (*superl*: *ver compar*) très grand(e); très âgé(e); (*calle, plaza*) grand(e) ▸ *nm* (*AM*: *Mil*) major *m*; **mayores** *nmpl* adultes *mpl*; **al por ~** en gros; **~ de edad** majeur(e)

mayordomo [major'ðomo] *nm* majordome *m*

mayoreo [majo'reo] (*AM*) *nm* vente *f* en gros

mayoría [majo'ria] *nf* majorité *f*; **en la ~ de los casos** dans la majorité des cas; **en su ~** en majorité; **~ absoluta/relativa** majorité absolue/relative; **~ de edad** majorité

mayorista [majo'rista] *nm/f* grossiste *m/f*

mayúscula [ma'juskula] *nf* (*tb*: **letra mayúscula**) majuscule *f*

mayúsculo, -a [ma'juskulo, a] *adj* (*susto*) terrible; (*error*) énorme

mazapán [maθa'pan] *nm* pâte *f* d'amandes

mazo ['maθo] *nm* maillet *m*; (*de mortero*) pilon *m*; (*de naipes*) paquet *m*; (*de billetes*) liasse *f*

me [me] *pron* me; (*en imperativo*) moi; **me lo compró** il me l'a acheté; **¡dámelo!** donne-le-moi!

mear [me'ar] (*fam*) *vt, vi* pisser; **mearse** *vpr* pisser; **mearse de risa** pisser de rire

mecánica [me'kanika] *nf* mécanique *f*

mecánico, -a [me'kaniko, a] *adj* mécanique ▸ *nm/f* mécanicien(ne)

mecanismo [meka'nismo] *nm* mécanisme *m*

mecanografía [mekanoɣra'fia] *nf* dactylographie *f*

mecanógrafo, -a [meka'noɣrafo, a] *nm/f* dactylo(graphe) *m/f*

mecate [me'kate] (*AM*) *nm* corde *f*

mecedor [meθe'ðor] (*AM*) *nm*, **mecedora** [meθe'ðora] *nf* fauteuil *m* à bascule

mecer [me'θer] *vt* bercer; **mecerse** *vpr* se balancer

mecha ['metʃa] *nf* mèche *f*; **mechas** *nfpl* (*en el pelo*) mèches *fpl*; **a toda ~** à toute allure

mechero [me'tʃero] *nm* briquet *m*

mechón [me'tʃon] *nm* (*de pelo*) mèche *f*; (*de lana*) brins *mpl*

medalla [me'ðaʎa] *nf* médaille *f*

media ['meðja] *nf* moyenne *f*; (*prenda de vestir*) bas *msg*; (*AM*) chaussette *f*; **medias** *nfpl* (*un par*) collant *msg*

medialuna [meðja'luna] (*esp CSur*) *nf* (*Culin*) croissant *m*

mediano, -a [me'ðjano, a] *adj* moyen(ne); **de tamaño ~** de taille moyenne; **el ~** celui du milieu

medianoche [meðja'notʃe] *nf* minuit *m*

mediante [me'ðjante] *adv* grâce à

mediar [me'ðjar] *vi* servir d'intermédiaire ; (*tiempo*) s'écouler ; (*distancia*) séparer ; (*problema: interponerse*) s'interposer ; **media el hecho de que ...** il y a le fait que ... ; **~ por algn** intercéder en faveur de qn ; **entre ambos media un abismo** un abîme les sépare

medias ['meðjas] *nfpl ver* **media**

mediático, -a [me'ðjatiko, a] *adj* médiatique

medicación [meðika'θjon] *nf* (*acción*) prise *f* de médicaments ; (*medicamentos*) médicaments *mpl*

medicamento [meðika'mento] *nm* médicament *m*

medicina [meði'θina] *nf* (*ciencia*) médecine *f*; (*medicamento*) médicament *m* ; **estudiante de ~** étudiant(e) en médecine ; **~ general** médecine générale

medición [meði'θjon] *nf* mesure *f*

médico, -a ['meðiko, a] *adj* médical(e) ▸ *nm/f* médecin *m/f*; **~ de cabecera** médecin de famille ; **~ forense** médecin légiste ; **~ residente** interne *m/f*

medida [me'ðiða] *nf* mesure *f*; (*de camisa etc*) taille *f*; **medidas** *nfpl* (*de persona*) mesures *fpl* ; **en cierta ~** dans une certaine mesure ; **en gran ~** en grande partie ; **un traje a la ~** un costume sur mesure ; **~ de cuello** encolure *f*; **a ~ de mi** *etc* **capacidad/necesidad** dans la mesure de mes *etc* possibilités/besoins ; **con ~** avec mesure ; **sin ~** sans aucune mesure ; **a ~ que ...** à mesure que ... ; **en la ~ de lo posible** dans la mesure du possible ; **tomar ~s** prendre des mesures

medio, -a ['meðjo, a] *adj* moyen(ne) ▸ *adv* à moitié ▸ *nm* milieu *m* ; (*método*) moyen *m* ; **medios** *nmpl* moyens *mpl* ; **a medias** à moitié ; **pagar a medias** partager les frais ; **~ litro** un demi-litre ; **media hora/docena/manzana** une demi-heure/douzaine/pomme ; **las tres y media** trois heures et demie ; **a ~ camino** à mi-chemin ; **a media luz** dans la pénombre ; **~ dormido/enojado** à moitié endormi/fâché ; **a ~ terminar** à moitié fait ; **en ~, entre medias** au milieu ; **por ~ de** au moyen de ; **(de) por ~** au milieu ; **en los ~s financieros** dans les milieux financiers ; **~ ambiente** environnement *m* ; **~s de comunicación/transporte** moyens de communication/transport ; **M~ Oriente** Moyen-Orient *m*

medioambiental [meðjoambjen'tal] *adj* environnemental(e) ; (*efectos*) sur l'environnement

mediocre [me'ðjokre] *adj* médiocre

mediodía [meðjo'ðia] *nm* midi *m* ; **a ~** à midi

medir [me'ðir] *vt* mesurer ; **medirse** *vpr* se mesurer ; **~ mal sus fuerzas** trop présumer de ses forces ; **~ las palabras/acciones** (*fig*) mesurer ses paroles/actes ; **¿cuánto mides? — mido 1.50 m** tu mesures combien ? — je mesure 1 m 50 ; **medirse con algn** se mesurer à qn

meditar [meði'tar] *vt* méditer ▸ *vi*: **~ (sobre)** méditer (sur)

mediterráneo, -a [meðite'rraneo, a] *adj* méditerranéen(ne) ▸ *nm*: **el (mar) M~** la (mer) Méditerranée

médula ['meðula] *nf* moelle *f*; **hasta la ~** (*fig*) jusqu'au bout des ongles ; **~ espinal** moelle épinière

medusa [me'ðusa] (*Esp*) *nf* méduse *f*

mega ['meɣa] *m* (*Inform*) méga *m*

megafonía [meɣafo'nia] *nf* sono *f*; (*técnica*) sonorisation *f*

megáfono [me'ɣafono] *nm* haut-parleur *m*

megalómano, -a [meɣa'lomano, a] *nm/f* mégalomane *m/f*

mejicano, -a [mexi'kano, a] (*Esp*) *adj* mexicain(e) ▸ *nm/f* Mexicain(e)

Méjico ['mexiko] (*Esp*) *nm* Mexique *m*

mejilla [me'xiʎa] *nf* joue *f*

mejillón [mexi'ʎon] *nm* moule *f*

mejor [me'xor] *adj* meilleur(e) ▸ *adv* mieux ; **lo ~** le mieux ; **en lo ~ de la vida** dans la fleur de l'âge ; **será ~ que vayas** il vaut mieux que tu t'en ailles ; **a lo ~** peut-être ; **~ dicho** plutôt ; **¡(tanto) ~!** tant mieux ! ; **es el ~ de todos** c'est le meilleur de tous ; **~ vámonos** (*esp* AM: *fam*) allons-y ; **tú, ~ te callas** (*esp* AM: *fam*) toi, tu ferais mieux de te taire

mejora [me'xora] *nf* amélioration *f*

mejorar [mexo'rar] *vt* améliorer ▸ *vi* s'améliorer ; (*enfermo*) aller mieux ; **mejorarse** *vpr* s'améliorer ; (*paciente*) aller mieux ; **mejorando lo presente** *formule* *de politesse pour complimenter quelqu'un en présence d'autres personnes*; **¡que se mejore!** je vous souhaite un prompt rétablissement !

mejoría [mexo'ria] *nf* amélioration *f*

melancólico, -a [melan'koliko, a] *adj* mélancolique

melena [me'lena] *nf* (*de persona*) chevelure *f*; (*de león*) crinière *f*; **melenas** *nfpl* (*pey*) tignasse *fsg*

mellizo, -a [me'ʎiθo, a] *adj, nm/f* jumeau(-elle); **mellizos** *nmpl* (AM) jumelles *fpl*; (*de ropa*) boutons *mpl* de manchette

melocotón [meloko'ton] (*Esp*) *nm* pêche *f*

melodía [melo'ðia] *nf* mélodie *f*

melodrama [melo'ðrama] *nm* mélodrame *m*

melón [me'lon] *nm* melon *m*

membresía [membre'sia] (*Méx*) *nf* adhérents *mpl*

membrete [mem'brete] *nm* en-tête *m*

membrillo [mem'briʎo] *nm* (*fruto*) coing *m*; (*árbol*) cognassier *m*; (*tb*: **carne de membrillo**) pâte *f* de coings

meme ['meme] (*fam*) *nm* mème *m* (Internet)

memorable [memo'raβle] *adj* mémorable

memoria [me'morja] *nf* mémoire *f*; (*informe*) rapport *m*; **memorias** *nfpl* (*de autor*) mémoires *mpl*; **tener buena/mala ~** avoir une bonne/mauvaise mémoire; **~ anual** rapport annuel; **aprender/saber/recitar algo de ~** apprendre/savoir/réciter qch par cœur; **a la ~ de** à la mémoire de; **en ~ de** en mémoire de; **ahora que me viene a la ~** ça me revient; **~ auxiliar/fija/fija programable** (*Inform*) mémoire auxiliaire/morte/morte programmable; **~ de acceso aleatorio** (*Inform*) mémoire vive; **~ del teclado** (*Inform*) mémoire du clavier

memorizar [memori'θar] *vt* mémoriser

menaje [me'naxe] *nm* (*de cocina*) ustensiles *mpl* de cuisine; (*del hogar*) articles *mpl* pour la maison

mencionar [menθjo'nar] *vt* mentionner; **sin ~ ...** sans parler de ...

mendigar [mendi'ɣar] *vt, vi* mendier

mendigo, -a [men'diɣo, a] *nm/f* mendiant(e)

mendrugo [men'druɣo] *nm* quignon *m*

menear [mene'ar] *vt* remuer; (*cadera*) balancer; **menearse** *vpr* remuer; (*al andar*) se déhancher; (*fam*) se manier

menester [menes'ter] *nm*: **es ~ hacer algo** il faut faire qch; **menesteres** *nmpl* activités *fpl*

menestra [me'nestra] *nf*: **~ de verduras** macédoine *f* de légumes (*parfois avec des morceaux de viande*)

menguante [men'gwante] *adj* décroissant(e)

menguar [men'gwar] *vt* diminuer ▸ *vi* décroître; (*días, número*) diminuer; (*marea*) descendre

meningitis [menin'xitis] *nf inv* méningite *f*

menopausia [meno'pausja] *nf* ménopause *f*

menor [me'nor] *adj* (*más pequeño: compar*) plus petit(e); (*número: superl*) moindre; (*más joven*) plus jeune; (*Mús*) mineur(e) ▸ *nm/f* (*tb*: **menor de edad**) mineur(e); **Juanito es ~ que Pepe** Juanito est plus jeune que Pepe; **ella es la ~ de todas** c'est la plus jeune de toutes; **no tengo la ~ idea** je n'en ai pas la moindre idée; **al por ~** au détail

Menorca [me'norka] *nf* Minorque *f*

menos ['menos]

▸ *adv* **1** (*compar*) moins; **me gusta menos (que el otro)** je l'aime moins (que l'autre); **menos de 50** moins de 50; **menos de lo que esperaba** moins que ce que je pensais; **hay siete de menos** il y en a sept de moins

2 (+ *sustantivo*) moins de; **menos gente** moins de gens; **menos coches** moins de voitures

3 (*tras sustantivo*) de moins; **tres libros menos (que ayer)** trois livres de moins (qu'hier)

4 (*superl*): **es la menos lista (de su clase)** c'est la moins intelligente (de sa classe); **el libro menos vendido** le livre le moins vendu; **de todas ellas es la que menos me agrada** c'est celle qui me plaît le moins parmi elles; **es el que menos culpa tiene** c'est celui qui est le

moins coupable ; **lo menos que ...** le minimum que ...
5 (*locuciones*): **no quiero verle y menos visitarle** je ne veux pas le voir, encore moins lui rendre visite ; **menos aun cuando ...** d'autant moins que ... ; **¡menos mal (que ...)!** heureusement (que ...) ! ; **al** *o* **por lo menos** (tout) au moins ; **si al menos ...** si seulement ... ; **qué menos que entres y tomes un café** tu peux bien entrer prendre un café ; **¡eso es lo de menos!** ça, c'est le moins important !
6 (*Mat*): **cinco menos dos** cinq moins deux
▸ *prep* (*excepto*) sauf ; **todos menos él** tous sauf lui
▸ *conj*: **a menos que**: **a menos que venga mañana** à moins qu'il ne vienne demain
▸ *nm* (*Mat*: *signo*) signe *m* moins

menospreciar [menospre'θjar] *vt* sous-estimer ; (*despreciar*) mépriser

mensaje [men'saxe] *nm* message *m* ; (*Telec*) minimessage *m*, SMS *m* ; **enviar un ~ a algn** (*por móvil*) envoyer un minimessage *o* SMS à qn ; **~ de error** (*Inform*) message *m* d'erreur ; **~ de texto** SMS *m*, texto® *m*

mensajero, -a [mensa'xero, a] *nm/f* messager(-ère) ; (*de cartas, paquetes*) coursier(-ière)

menstruación [menstrwa'θjon] *nf* menstruation *f*

mensual [men'swal] *adj* mensuel(le) ; **50 euros ~es** 50 euros par mois

mensualidad [menswali'ðað] *nf* mensualité *f*

menta ['menta] *nf* menthe *f*

mental [men'tal] *adj* mental(e)

mentalidad [mentali'ðað] *nf* mentalité *f*

mentalizar [mentali'θar] *vt* faire prendre conscience à ; **mentalizarse** *vpr*: **mentalizarse (de/de que)** se faire à l'idée (de/que)

mentar [men'tar] *vt* mentionner ; **mentarle la madre a algn** (*fam*) mettre qn plus bas que terre

mente ['mente] *nf* esprit *m* ; **tener en ~ algo/~ hacer algo** avoir qch en tête/dans l'idée de faire qch ; **tener la ~ en blanco** avoir la tête vide

mentir [men'tir] *vi* mentir ; **¡miento!** que dis-je !

mentira [men'tira] *nf* mensonge *m* ; **eso es ~** ce n'est pas vrai ; **una ~ como una casa** (*fam*) un mensonge gros comme une maison ; **parece ~ que ...** on ne dirait vraiment pas que ... ; (*como reproche*) c'est incroyable que ... ; **de ~** (*pistola*) pour rire ; (*historia*) pour blaguer ; **~ piadosa** pieux mensonge

mentiroso, -a [menti'roso, a] *adj, nm/f* menteur(-euse)

menú [me'nu] *nm* (*tb Inform*) menu *m* ; **guiado por ~** (*Inform*) contrôlé par menu

menudeo [menu'ðeo] (AM) *nm* vente *f* au détail

menudo, -a [me'nuðo, a] *adj* (*muy pequeño*) menu(e) ; (*sin importancia*) insignifiant(e) ; **¡~ negocio!** drôle d'affaire ! ; **¡~ chaparrón/lío!** quelle engueulade/histoire ! ; **¡~ sitio/actor!** (*pey*) drôle d'endroit/d'acteur ! ; **a ~** souvent

meñique [me'ɲike] *nm* (*tb*: **dedo meñique**) auriculaire *m*

meollo [me'oʎo] *nm*: **el ~ del asunto** le fond du problème

mercado [mer'kaðo] *nm* marché *m* ; **M~ Común** Marché commun ; **~ de valores** marché des valeurs ; **~ exterior/interior** marché extérieur/intérieur ; **~ laboral** marché du travail ; **~ negro** marché noir

mercancía [merkan'θia] *nf* marchandise *f* ; **~s en depósito** marchandises en stock

mercantil [merkan'til] *adj* commercial(e)

mercenario, -a [merθe'narjo, a] *adj, nm/f* mercenaire *m/f*

mercería [merθe'ria] *nf* mercerie *f* ; **artículos/sección de ~** mercerie

mercurio [mer'kurjo] *nm* mercure *m*

merecer [mere'θer] *vt* mériter ; **merece la pena** ça vaut la peine

merecido, -a [mere'θiðo, a] *adj* mérité(e) ; **recibir su ~** avoir ce qu'on *etc* mérite

merendar [meren'dar] *vt* prendre pour son goûter ▸ *vi* prendre son goûter

merengue [me'renge] *nm* meringue *f*

meridiano, -a [meri'ðjano, a] *adj*: **la explicación es de una claridad meridiana** l'explication est on ne peut plus

claire ▶ *nm* méridien *m*
merienda [me'rjenda] *vb ver* **merendar** ▶ *nf* goûter *m* ; **~ de negros** foire *f* d'empoigne
mérito ['merito] *nm* mérite *m* ; **hacer ~s** se faire remarquer par son zèle ; **restar ~ a** diminuer les mérites de
merluza [mer'luθa] *nf* colin *m* ; **coger una ~** (*fam*) prendre une cuite
merma ['merma] *nf* perte *f*
mermar [mer'mar] *vt, vi* diminuer
mermelada [merme'laða] *nf* confiture *f*
mero, -a ['mero, a] *adj* simple ; (*CAm, Méx: fam: verdadero*) vrai(e) ; (*: principal*) principal(e) ; (*: exacto*) précis(e) ▶ *nm* (*Zool*) mérou *m* ▶ *adv* (*CAm, Méx: fam*) précisément ; **allí ~** là-bas précisément ; **el ~ ~** (*Méx: fam*) le grand manitou
merodear [meroðe'ar] *vi*: **~ por (un lugar)** rôder dans (un endroit)
mersa ['mersa] (*Arg*) *adj* grossier(-ière) ▶ *nm/f* grossier personnage *m*
mes [mes] *nm* mois *msg* ; **el ~ corriente** ce mois-ci ; **llegar a fin de ~** joindre les deux bouts
mesa ['mesa] *nf* table *f* ; **poner/quitar la ~** mettre/débarrasser la table ; **~ de billar** table de billard ; **~ electoral** bureau *m* de vote ; **~ redonda** table ronde
mesero, -a [me'sero, a] (*esp Méx*) *nm/f* garçon (serveuse)
meseta [me'seta] *nf* plateau *m*
mesilla [me'siʎa] *nf* (*tb*: **mesilla de noche**) table *f* de nuit
mesón [me'son] *nm* restaurant *m*
mestizo, -a [mes'tiθo, a] *adj, nm/f* métis(-se)
mesura [me'sura] *nf* (*moderación*) mesure *f* ; (*en trato con gente*) réserve *f*
meta ['meta] *nf* (*tb Fútbol*) but *m*
metabolismo [metaβo'lismo] *nm* métabolisme *m*
metáfora [me'tafora] *nf* métaphore *f*
metal [me'tal] *nm* métal *m* ; (*Mús*) cuivres *mpl*
metálico, -a [me'taliko, a] *adj* métallique ▶ *nm*: **en ~** en espèces
metalurgia [meta'lurxja] *nf* métallurgie *f*
meteoro [mete'oro] *nm* météore *m* ; **como un ~** comme un éclair
meteorología [meteorolo'xia] *nf* météorologie *f*
meter [me'ter] *vt* mettre ; (*involucrar*) mêler ; (*Costura*) raccourcir ; (*miedo*) faire ; (*paliza*) flanquer ; (*marchas: Auto*) mettre, passer ; **meterse** *vpr*: **meterse en** (*un lugar*) entrer dans ; (*negocios, política*) se lancer dans ; (*entrometerse*) se mêler de ; **~ algo en** *o* (*esp* AM) **a** mettre qch dans ; **~ ruido** faire du bruit ; **~ una mentira** glisser un mensonge ; **~ prisa a algn** bousculer qn ; **meterse a hacer algo** se mettre à faire qch ; **meterse a escritor** se lancer dans la littérature ; **meterse con algn** s'en prendre à qn ; (*en broma*) taquiner qn ; **meterse en todo/donde no le llaman** se mêler de tout/de ce qui ne le regarde pas
meticuloso, -a [metiku'loso, a] *adj* méticuleux(-euse)
metódico, -a [me'toðiko, a] *adj* méthodique
método ['metoðo] *nm* méthode *f* ; **con ~** avec méthode
metodología [metoðolo'xia] *nf* méthodologie *f*
metralleta [metra'ʎeta] *nf* mitraillette *f*
metro ['metro] *nm* mètre *m* ; (*tren: tb*: **metropolitano**) métro *m* ; **~ cuadrado/cúbico** mètre carré/cube
mexicano, -a [mexi'kano, a] *adj* mexicain(e) ▶ *nm/f* Mexicain(e)
México ['mexiko] *nm* Mexique *m* ; **Ciudad de ~** Mexico
mezcla ['meθkla] *nf* mélange *m*
mezclar [meθ'klar] *vt* mélanger ; (*cosas, ideas dispares*) mêler ; **mezclarse** *vpr* se mélanger ; **~ a algn en** (*pey*) mêler qn à ; **mezclarse en algo** (*pey*) se mêler de qch ; **mezclarse con algn** (*pey*) fréquenter qn
mezquino, -a [meθ'kino, a] *adj* mesquin(e)
mezquita [meθ'kita] *nf* mosquée *f*
mg *abr* (= *miligramo(s)*) mg (= *milligramme(s)*)
mi [mi] *adj* mon (ma) ▶ *nm* (*Mús*) mi *m* ; **mi hijo** mon fils ; **mis hijos** mes enfants
mí [mi] *pron* moi ; **¿y a mí qué?** qu'est-ce que ça peut bien me faire à moi ? ; **para mí que ...** à mon avis ... ; **por mí no hay problema** pour ma part il n'y a pas de problème ; **por mí mismo** par moi-même

michelín [mitʃe'lin] *nm* bourrelet *m*
micro ['mikro] *nm* micro *m* ; (*AM*: *microordenador*) micro-ordinateur *m* ; (: *microbús*) minibus *msg* ; (*Arg*) autocar *m* ▸ *nf* (*a veces nm*: *Chi*) minibus
microbio [mi'kroβjo] *nm* microbe *m*
micrófono [mi'krofono] *nm* microphone *m*
micromecenazgo [mikromeθe'naθɣo] *nm* micro-mécénat *m*, micromécénat *m*
microondas [mikro'ondas] *nm inv* (*tb*: **horno microondas**) (four *m* à) micro-ondes *msg*
microplástico [mikro'plastiko] *nm* microplastique *m*
microscopio [mikros'kopjo] *nm* microscope *m*
miedo ['mjeðo] *nm* peur *f* ; **meter ~ a** faire peur à ; **tener ~** avoir peur ; **tener ~ de que** avoir peur que ; **de ~** (*fam*) terrible ; **ese chica está de ~** cette fille est sublime ; **pasarlo de ~** s'en donner à cœur joie ; **me da ~** cela me fait peur ; **me da ~ pensarlo/perderlo** je tremble à cette idée/à l'idée de le perdre ; **hace un frío de ~** (*fam*) il fait un froid de loup
miedoso, -a [mje'ðoso, a] *adj* peureux(-euse)
miel [mjel] *nf* miel *m*
miembro ['mjembro] *nm* membre *m* ; **~ viril** membre viril
mientras ['mjentras] *conj* pendant que ▸ *adv* en attendant ; **~ viva/pueda** tant que je vivrai/pourrai ; **~ que** tandis que ; **~ tanto** entre-temps ; **~ más tiene, más quiere** (*esp AM*) plus on en a, plus on en veut
miércoles ['mjerkoles] *nm inv* mercredi *m* ; **~ de ceniza** mercredi des Cendres ; *ver tb* **sábado**
mierda ['mjerða] (*fam!*) *nf* merde *f* (*fam!*) ; **ser una ~** (*pey*) être de la merde ; **¡vete a la ~!** va te faire voir ! ; **¡~!** merde ! ; **de ~** de merde, merdique
miga ['miɣa] *nf* mie *f* ; (*una miga*) miette *f* ; **hacer buenas ~s** (*fam*) faire bon ménage ; **estar hecho ~s** (*fam*) être lessivé ; **esto tiene ~** c'est compliqué
migración [miɣra'θjon] *nf* migration *f*
mil [mil] *adj*, *nm* mille *m* ; **dos ~ libras** deux mille livres ; **~es de veces** des milliers de fois
milagro [mi'laɣro] *nm* miracle *m* ; **de ~** par miracle ; **hacer ~s** faire des miracles
milagroso, -a [mila'ɣroso, a] *adj* miraculeux(-euse)
milanesa [mila'nesa] (*esp AM*) *nf* (*Culin*) escalope *f* viennoise
milenial [mi'lenjal] *nm/f* millénial(e)
milésimo, -a [mi'lesimo, a] *adj*, *nm/f* millième *m/f*
mili ['mili] *nf*: **la ~** (*fam*) le service (militaire) ; **hacer la ~** faire son service
milicia [mi'liθja] *nf* milice *f*
milico [mi'liko] (*And*, *CSur*: *pey*) *nm* (*policía*) flic *m* ; (*soldado*) troufion *m*
milímetro [mi'limetro] *nm* millimètre *m*
militante [mili'tante] *adj*, *nm/f* militant(e)
militar [mili'tar] *adj*, *nm/f* militaire *m/f* ▸ *vi*: **~ en** (*Pol*) militer dans ; **los ~es** les militaires *mpl*, l'armée *f*
millar [mi'ʎar] *nm* millier *m* ; **a ~es** par milliers
millón [mi'ʎon] *nm* million *m*
millonario, -a [miʎo'narjo, a] *adj*, *nm/f* millionnaire *m/f*
milonga [mi'longa] (*Arg*) *nf danse populaire*
milpa ['milpa] (*CAm*, *Méx*) *nf* champ *m* de maïs ; (*planta*) maïs *msg*
mimar [mi'mar] *vt* gâter
mimbre ['mimbre] *nm o nf* osier *m* ; **de ~** en osier
mímica ['mimika] *nf* mimique *f*
mimo ['mimo] *nm* (*gesto cariñoso*) mamours *mpl* ; (*en trato con niños*: *pey*) indulgence *f* ; (*Teatro*) mime *m* ; **un trabajo hecho con ~** un travail fait avec amour
mina ['mina] *nf* mine *f* ; **ese negocio es una ~** c'est une affaire en or ; **ese actor es una ~** cet acteur vaut de l'or
minar [mi'nar] *vt* miner
mineral [mine'ral] *adj* minéral(e) ▸ *nm* minéral *m*
minero, -a [mi'nero, a] *adj* minier(-ière) ▸ *nm/f* mineur *m*
miniatura [minja'tura] *nf* miniature *f* ; **en ~** en miniature
minifalda [mini'falda] *nf* mini-jupe *f*
mínimo, -a ['minimo, a] *adj* (*temperatura*, *salario*) minimal(e) ; (*detalle*, *esfuerzo*) minime ▸ *nm* minimum *m* ; **lo ~ que puede hacer** le moins qu'il puisse faire ;

como ~ au minimum ; **en lo más ~** le moins du monde

ministerio [minis'terjo] *nm* ministère *m* ; **M~ del Interior/de Hacienda** ministère de l'Intérieur/des Finances

ministro, -a [mi'nistro, a] *nm/f* ministre *m/f* ; **M~ de Hacienda/del Interior** ministre des Finances/de l'Intérieur

minoría [mino'ria] *nf* minorité *f*

minucioso, -a [minu'θjoso, a] *adj* minutieux(-euse)

minúscula [mi'nuskula] *nf* minuscule *f* ; **con ~(s)** (*Tip*) en minuscule(s)

minusválido, -a [minus'βaliðo, a] *adj, nm/f* handicapé(e)

minuta [mi'nuta] *nf* (*de comida*) menu *m* ; (*de abogado etc*) note *f* d'honoraires

minutero [minu'tero] *nm* aiguille *f* des minutes

minuto [mi'nuto] *nm* minute *f*

mío, -a ['mio, a] *adj* à moi ▸ *pron* : **el ~, la mía** le mien, la mienne ; **un amigo ~** un de mes amis, un ami à moi ; **lo ~** ce qui m'appartient ; **los ~s** les miens *mpl*

miope ['mjope] *adj* myope

mira ['mira] *nf* (*de arma*) viseur *m* ; **con la ~ de (hacer)** dans le but de (faire) ; **con ~s a (hacer)** en vue de (faire) ; **de amplias/estrechas ~s** large/étroit(e) d'esprit

mirada [mi'raða] *nf* regard *m* ; (*momentánea*) coup *m* d'œil ; **echar una ~ a** jeter un coup d'œil à ; **levantar/bajar la ~** lever/baisser les yeux ; **resistir la ~ de algn** soutenir le regard de qn ; **~ de soslayo** regard de travers ; **~ fija** regard fixe ; **~ perdida** regard dans le vague

mirado, -a [mi'raðo, a] *adj* réservé(e) ; **estar bien/mal ~** être bien/mal vu(e)

mirador [mira'ðor] *nm* mirador *m*

mirar [mi'rar] *vt* regarder ; (*considerar*) penser à ▸ *vi* regarder ; (*suj: ventana etc*) donner sur ; **mirarse** *vpr* se regarder ; **~ algo/a algn de reojo** regarder qch/qn du coin de l'œil ; **~ algo por encima** survoler qch ; **~ algo/a algn por encima del hombro** regarder qch/qn de haut ; **~ (hacia/por)** regarder (vers/par) ; **~ (en/por)** veiller (à) ; **~ fijamente** regarder fixement ; **~ por la ventana** regarder par la fenêtre ; **mira a ver si está ahí** regarde s'il y est ; **~ bien/mal a algn** apprécier/ne pas apprécier qn ; **mirándolo bien, ...** réflexion faite, ... ; **~ por algn/algo** veiller sur qn/qch ; **mirarse al espejo** se regarder dans le miroir ; **mirarse a los ojos** se regarder dans les yeux

mirilla [mi'riʎa] *nf* judas *msg*

mirlo ['mirlo] *nm* merle *m*

misa ['misa] *nf* messe *f* ; **lo que él dice va a ~** ce qu'il dit est parole d'évangile ; **~ de difuntos/del gallo** messe des morts/de minuit

miserable [mise'raβle] *adj, nm/f* misérable *m/f*

miseria [mi'serja] *nf* misère *f* ; (*tacañería*) mesquinerie *f* ; **una ~** (*muy poco*) une misère ; **hundir(se) en la ~** être au trente-sixième dessous

misericordia [miseri'korðja] *nf* miséricorde *f*

misil [mi'sil] *nm* missile *m*

misión [mi'sjon] *nf* mission *f* ; **misiones** *nfpl* (*Rel*) missions *fpl*

misionero, -a [misjo'nero, a] *nm/f* missionnaire *m/f*

mismo, -a ['mismo, a] *adj* : **el ~ libro/apellido** le même livre/nom de famille ; (*con pron personal*) : **mi ~** *etc* moi-même *etc* ▸ *adv* : **aquí/hoy ~** (*dando énfasis*) ici/aujourd'hui même ; (*por ejemplo*) par exemple ici/aujourd'hui ; **ayer ~** pas plus tard qu'hier ▸ *conj* : **lo ~ que** de même que ; **ahora ~** à l'instant ; **por lo ~** du coup ; **lo hizo por sí ~** il l'a fait de lui-même ; **en ese ~ momento** à ce moment-là ; **vino el ~ Ministro** le ministre en personne est venu ; **yo ~ lo vi** je l'ai vu de mes propres yeux ; **quiero lo ~** je veux la même chose ; **es/da lo ~** peu importe ; **lo ~ viene** rien ne dit qu'il ne viendra pas, il peut très bien venir ; **quedamos en las mismas** nous en sommes au même point ; **volver a las mismas** en revenir où on en était ; **~ que** (*Méx: esp en prensa*) qui ; **detuvieron al ladrón, ~ que fue trasladado a la cárcel** ils ont arrêté le voleur qui a été conduit en prison

misterio [mis'terjo] *nm* mystère *m* ; **hacer algo con (mucho) ~** faire qch en (grand) secret

misterioso, -a [miste'rjoso, a] *adj* mystérieux(-euse)

mitad [mi'tað] *nf* moitié *f* ; (*centro*) milieu

m ; **~ y ~** moitié moitié ; **a ~ de precio** à moitié prix ; **en** *o* **a ~ del camino** à mi-chemin ; **cortar por la ~** partager en deux

mitigar [miti'ɣar] *vt* atténuer

mitin ['mitin] *nm* (*esp Pol*) meeting *m*

mito ['mito] *nm* mythe *m*

mixto, -a ['miksto, a] *adj* mixte ; (*ensalada*) composé(e)

m/n *abr* (*Econ*) = *moneda nacional*

M.º *abr* = *Ministerio*

m/o *abr* (*Com*: = *mi orden*) notre réf.

mobiliario [moβi'ljarjo] *nm* mobilier *m*

mochila [mo'tʃila] *nf* sac *m* à dos

moción [mo'θjon] *nf* motion *f* ; **~ de censura** motion de censure

moco ['moko] *nm* crotte *f* de nez ; **mocos** *nmpl* morve *fsg* ; **limpiarse los ~s** se moucher *sg* ; **no es ~ de pavo** ce n'est pas rien

moda ['moða] *nf* mode *f* ; **estar de ~** être à la mode ; **pasado de ~** démodé(e) ; **ir a la ~** suivre la mode ; **a la última ~** à la dernière mode

modales [mo'ðales] *nmpl* manières *fpl* ; **buenos ~** bonnes manières

modalidad [moðali'ðað] *nf* modalité *f*

modelar [moðe'lar] *vt* modeler

modelo [mo'ðelo] *adj inv* modèle ▸ *nm/f* modèle *m* ; (*en moda, publicitario*) mannequin *m/f* ▸ *nm* (*a imitar*) modèle

moderado, -a [moðe'raðo, a] *adj* modéré(e)

moderar [moðe'rar] *vt* modérer ; **moderarse** *vpr*: **moderarse (en)** se modérer (dans)

modernizar [moðerni'θar] *vt* moderniser ; **modernizarse** *vpr* se moderniser

moderno, -a [mo'ðerno, a] *adj* moderne

modestia [mo'ðestja] *nf* modestie *f*

modesto, -a [mo'ðesto, a] *adj* modeste

módico, -a ['moðiko, a] *adj* modique

modificar [moðifi'kar] *vt* modifier

modisto, -a [mo'ðisto, a] *nm/f* couturier(-ière)

modo ['moðo] *nm* (*manera*) manière *f* ; (*Inform, Mús, Ling*) mode *f* ; **modos** *nmpl* (*modales*): **buenos/malos ~s** bonnes/mauvaises manières ; **« ~ de empleo »** « mode d'emploi » ; **a ~ de** en guise de ; **de cualquier ~** de n'importe quelle manière ; **de este ~** de cette façon ; **de ningún ~** en aucune façon ; **de todos ~s** de toute manière ; **de un ~ u otro** d'une façon ou de l'autre ; **en cierto ~** d'une certaine manière ; **de ~ que** de sorte que

modorra [mo'ðorra] *nf* léthargie *f*

mofa ['mofa] *nf*: **hacer ~ de algn** se moquer de qn

mofarse [mo'farse] *vpr*: **~ de** se moquer de

moho ['moo] *nm* (*en pan etc*) moisi *m* ; (*en metal*) rouille *f*

mojar [mo'xar] *vt* mouiller ; **mojarse** *vpr* se mouiller ; **~ el pan en el café/en salsa** tremper son pain dans le café/dans la sauce

mojón [mo'xon] *nm* borne *f* ; **~ kilométrico** borne kilométrique

molar [mo'lar] *nm* molaire *f* ▸ *vi* (*fam*): **esa cazadora/ir en moto mola (mucho)** ce blouson/la moto, ça me botte

molde ['molde] *nm* moule *m* ; (*Tip*) forme *f* ; **romper ~s** rompre les schémas traditionnels

mole ['mole] *nf* masse *f* ▸ *nm* (*Méx*) (sorte *f* de viande en) daube *f*

moler [mo'ler] *vt* moudre ; (*cansar*) crever ; **~ a algn a palos** rouer qn de coups

molestar [moles'tar] *vt* (*suj*: *olor, ruido*) gêner ; (: *visitas, niño*) déranger ; (: *zapato, herida*) faire mal à ; (: *comentario, actitud*) vexer ▸ *vi* (*visitas, niño*) déranger ; **molestarse** *vpr* se déranger ; (*ofenderse*) se vexer ; **¿le molesta el humo?** la fumée vous dérange ? ; **me molesta tener que hacerlo** cela m'ennuie de devoir faire cela ; **siento molestarle** je regrette de vous déranger ; **molestarse (en)** prendre la peine (de)

molestia [mo'lestja] *nf* gêne *f* ; (*Med*) douleur *f* ; **tomarse la ~ de** prendre la peine de ; **no es ninguna ~** cela ne me dérange pas du tout, je vous en prie ; **«perdonen las ~s»** « veuillez nous excuser pour le désagrément »

molesto, -a [mo'lesto, a] *adj* gênant(e), désagréable ; **estar ~** (*Med*) se sentir mal ; (*enfadado*) être fâché(e) ; **estar ~ con algn** ne pas être à l'aise avec qn

molido, -a [mo'liðo, a] *adj*: **estar ~** être crevé(e)

molinillo [moli'niʎo] *nm*: **~ de café** moulin *m* à café

molino [mo'lino] *nm* moulin *m*

momentáneo, -a [momen'taneo, a] *adj* momentané(e)

momento [mo'mento] *nm* moment *m* ; **es el/no es el ~ de (hacer)** c'est/ce n'est pas le moment de (faire) ; **en estos ~s** en ce moment ; **un buen/mal ~** un bon/mauvais moment ; **al ~** sur-le-champ ; **a cada ~** à tout moment ; **en un ~** en un instant ; **de ~** pour le moment ; **del ~ (actual)** du moment ; **por el ~** pour le moment ; **de un ~ a otro** d'un moment à l'autre ; **por ~s** par moments

momia ['momja] *nf* momie *f*

monarca [mo'narka] *nm* monarque *m* ; **los ~s** le roi et la reine

monarquía [monar'kia] *nf* monarchie *f*

monárquico, -a [mo'narkiko, a] *adj* monarchique ▸ *nm/f* monarchiste *m/f*

monasterio [monas'terjo] *nm* monastère *m*

Moncloa [mon'kloa] *nf voir article*

> Le palais de **la Moncloa** à Madrid est la résidence officielle du chef du gouvernement espagnol. Par extension, l'expression **la Moncloa** désigne souvent le chef du gouvernement et ses collaborateurs.

mondar [mon'dar] *vt* éplucher ; **mondarse** *vpr*: **mondarse de risa** (*fam*) se tordre de rire

moneda [mo'neða] *nf* (*unidad monetaria*) monnaie *f* ; (*pieza*) pièce *f* (de monnaie) ; **una ~ de 2 euros** une pièce de 2 euros ; **es ~ corriente** c'est monnaie courante ; **~ de curso legal** monnaie au cours légal ; **~ extranjera** monnaie étrangère

monedero [mone'ðero] *nm* porte-monnaie *m inv*

monetario, -a [mone'tarjo, a] *adj* monétaire

monitor, a [moni'tor, a] *nm/f* moniteur(-trice) ▸ *nm* (*TV, Inform*) moniteur *m*

monja ['monxa] *nf* religieuse *f*

monje ['monxe] *nm* moine *m*

mono, -a ['mono, a] *adj* mignon(ne) ; (*Col*) blond(e) ▸ *nm/f* singe (guenon) ▸ *nm* (*prenda: entera*) bleu *m* de travail ; (*: con peto*) salopette *f*

monólogo [mo'noloɣo] *nm* monologue *m*

monopolio [mono'poljo] *nm* monopole *m* ; **~ estatal** monopole d'État

monopolizar [monopoli'θar] *vt* monopoliser

monotonía [monoto'nia] *nf* monotonie *f*

monótono, -a [mo'notono, a] *adj* monotone

monovolumen [monobo'lumen] *nm* monospace *m*

monstruo ['monstrwo] *nm* monstre *m* ; **~ de la música** monstre sacré de la musique

monstruoso, -a [mons'trwoso, a] *adj* monstrueux(-euse)

montaje [mon'taxe] *nm* montage *m* ; (*pey: historia falsa*) coup *m* monté

montaña [mon'taɲa] *nf* montagne *f* ; (*AM*) forêt *f* ; (*de ropa, problemas*) tas *msg* ; **~ rusa** montagne russe

montar [mon'tar] *vt, vi* monter ; **montarse** *vpr* (*en vehículo*) monter ; **~ un número** *o* **numerito** faire son numéro ; **~ a caballo** monter à cheval ; **botas de ~** bottes *fpl* d'équitation ; **~ en cólera** se mettre en colère ; **ir montado en autobús/bicicleta** être en autobus/bicyclette

monte ['monte] *nm* mont *m* ; (*área sin cultivar*) bois *msg* ; **~ alto** futaie *f* ; **~ bajo** maquis *msg* ; **~ de piedad** mont-de-piété

montón [mon'ton] *nm* tas *msg* ; **a montones** en masse ; **del ~** quelconque

montonero, -a [monto'nero, a] (*CSur*) *adj* (de) guérilléro ▸ *nm/f* guérilléro *m*

monumento [monu'mento] *nm* monument *m*

moño ['moɲo] *nm* chignon *m* ; **estar hasta el ~** (*fam*) en avoir ras-le-bol *o* par-dessus la tête

moqueta [mo'keta] *nf* moquette *f*

mora ['mora] *nf* (*Bot*) mûre *f* ; **en ~** (*Com*) en retard

morada [mo'raða] *nf* demeure *f*

morado, -a [mo'raðo, a] *adj* violet(te) ▸ *nm* violet *m* ; **pasarlas moradas** en voir de toutes les couleurs ; **ponerse ~ (a algo)** se gaver (de qch)

moral [mo'ral] *adj* moral(e) ▸ *nf* morale *f* ; (*ánimo*) moral *m* ▸ *nm* (*Bot*) mûrier *m* ; **tener baja la ~** ne pas avoir le moral

moraleja [mora'lexa] *nf* morale *f*

moralidad [morali'ðað] *nf* moralité *f*

morboso, -a [mor'βoso, a] *adj* morbide

morcilla [mor'θiʎa] *nf* (*Culin*) ≈ boudin *m* noir ; **¡que le den ~!** (*fam*) qu'il aille se faire voir !

mordaz [mor'ðaθ] *adj* (*crítica*) acerbe

mordaza [mor'ðaθa] *nf* bâillon *m*

morder [mor'ðer] *vt, vi* mordre ; **morderse** *vpr* se mordre ; **está que muerde** il n'est pas à prendre avec des pincettes ; **morderse las uñas** se ronger les ongles ; **morderse la lengua** se mordre la langue

mordisco [mor'ðisko] *nm* (petite) morsure *f*

moreno, -a [mo'reno, a] *adj* brun(e) ; (*de piel*) mat(e) ; (*negro*) noir(e) ▶ *nm/f* brun(e) ; (*negro*) noir(e) ; **estar ~** être bronzé(e) ; **ponerse ~** bronzer

morfina [mor'fina] *nf* morphine *f*

moribundo, -a [mori'βundo, a] *adj, nm/f* moribond(e)

morir [mo'rir] *vi* mourir ; (*olas, día*) se mourir ; (*camino, río*) finir ; **morirse** *vpr* mourir ; **fue muerto a tiros/en un accidente** il a été tué par balles/dans un accident ; **~ de frío/hambre** mourir de froid/faim ; **¡me muero de hambre!** je meurs de faim ! ; **morirse de envidia/de ganas/de vergüenza** crever de jalousie/mourir d'envie/de honte ; **se muere por ella** il est fou d'elle ; **se muere por comprar una moto** il meurt d'envie de s'acheter une moto

moro, -a ['moro, a] *adj* maure (mauresque) ▶ *nm/f* Maure (Mauresque) ; **¡hay ~s en la costa!** attention, danger !

moroso, -a [mo'roso, a] *adj* retardataire ▶ *nm/f* (*Com*) mauvais(e) payeur(-euse)

morral [mo'rral] *nm* musette *f*

morro ['morro] *nm* museau *m* ; (*Auto, Aviat*) devant *m* ; **beber a ~** boire au goulot ; **estar de ~s (con algn)** faire la gueule (à qn) ; **tener mucho ~** (*fam*) avoir du toupet

mortadela [morta'ðela] *nf* mortadelle *f*

mortaja [mor'taxa] *nf* linceul *m* ; (*Tec*) mortaise *f* ; (AM) papier *m* à cigarettes

mortal [mor'tal] *adj, nm/f* mortel(le)

mortalidad [mortali'ðað] *nf* mortalité *f*

mortero [mor'tero] *nm* mortier *m*

mortífero, -a [mor'tifero, a] *adj* meurtrier(-ière)

mortificar [mortifi'kar] *vt* mortifier ; **mortificarse** *vpr* se mortifier

mosca ['moska] *nf* mouche *f* ; **por si las ~s** au cas où ; **estar ~** être sur le qui-vive ; **tener la ~ en** *o* **detrás de la oreja** avoir la puce à l'oreille

Moscú [mos'ku] *n* Moscou

mosquear [moske'ar] (*fam*) *vt* (*hacer sospechar*) faire soupçonner ; (*fastidiar*) agacer ; **mosquearse** *vpr* se vexer

mosquitero [moski'tero] *nm* moustiquaire *f*

mosquito [mos'kito] *nm* moustique *m* ; **~ tigre** moustique tigre

mostaza [mos'taθa] *nf* moutarde *f*

mostrador [mostra'ðor] *nm* comptoir *m*

mostrar [mos'trar] *vt* montrer ; (*el camino*) montrer, indiquer ; (*explicar*) expliquer ; **mostrarse** *vpr*: **mostrarse amable** se montrer aimable ; **~ en pantalla** (*Inform*) visualiser

mota ['mota] *nf* poussière *f* ; (*en tela: dibujo*) nœud *m*

mote ['mote] *nm* surnom *m* ; (*And, Chi*) maïs *msg* cuit

motín [mo'tin] *nm* mutinerie *f* ; (*del pueblo*) émeute *f*

motivar [moti'βar] *vt* motiver ; **(no) estar/sentirse motivado (para hacer)** (ne pas) être motivé(e) (pour faire)

motivo [mo'tiβo] *nm* motif *m* ; **con ~ de** en raison de ; **sin ~** sans raison ; **no tener ~s (para hacer/estar)** ne pas avoir de raison (de faire/d'être)

moto ['moto], **motocicleta** [motoθi'kleta] *nf* moto *f*

motociclista [motoθik'lista] *nm/f* motocycliste *m/f*

motocrós [moto'kros] *nm* motocross *m*

motoneta [moto'neta] (AM) *nf* scooter *m*

motor, a [mo'tor, a] *adj* moteur(-trice) ▶ *nm* moteur *m* ; **~ a** *o* **de reacción/de explosión** moteur à réaction/à explosion

motora [mo'tora] *nf* canot *m* (à moteur)

motorista [moto'rista] *nm/f* motard(e) ; (*esp* AM) chauffeur(-euse)

movedizo, -a [moβe'ðiθo, a] *adj*: **arenas movedizas** sables *mpl* mouvants

mover [mo'βer] *vt* bouger ; (*máquina*)

mettre en marche ; (*asunto*) activer ; **moverse** *vpr* se déplacer ; (*tierra*) glisser ; (*con impaciencia*) gigoter ; (*para conseguir algo*) se remuer ; **~ a algn a hacer** (*inducir*) pousser qn à faire ; **~ a compasión/risa** faire pitié/rire ; **¡muévete!** magne-toi !, grouille-toi ! ; **~ la cabeza** (*para negar*) hocher la tête de droite à gauche ; (*para asentir*) hocher la tête de haut en bas

móvil ['moβil] *adj* mobile ; (*pieza de máquina*) roulant(e) ▸ *nm* (*de crimen*) mobile *m* ; (*teléfono*) (téléphone *m*) portable *m* ; **~ con cámara** téléphone *m* avec appareil photo, photophone *m*

movilidad [moβili'ðað] *nf* mobilité *f*

movilizar [moβili'θar] *vt* mobiliser

movimiento [moβi'mjento] *nm* mouvement *m* ; **el M~** (*Pol*) le Mouvement, *soulèvement du Général Franco en 1936 en Espagne* ; **poner/estar en ~** mettre/être en mouvement ; **~ de bloques** (*Inform*) transfert *m* de blocs ; **~ de capital** mouvement de capitaux ; **~ de divisas** mouvement de devises ; **~ de mercancías** (*Com*) mouvement des marchandises ; **~ obrero/político/sindical** mouvement ouvrier/politique/syndical ; **~ sísmico** mouvement sismique

moza ['moθa] *nf* jeune fille *f* ; **una buena ~** une belle femme, un beau brin de fille

mozo ['moθo] *nm* jeune homme *m* ; (*en hotel*) groom *m* ; (*camarero*) garçon *m* ; (*Mil*) conscrit *m* ; **un buen ~** un beau garçon ; **~ de estación** porteur *m*

MP3 *nm abr* MP3 *m* ; **reproductor (de) ~** lecteur *m* MP3

MP4 *nm abr* MP4 *m* ; **reproductor (de) ~** lecteur *m* MP4

muchacha [mu'tʃatʃa] *nf* fille *f* ; (*criada*) domestique *f*

muchachada [mutʃa'tʃaða] (AM) *nf* marmaille *f*

muchacho [mu'tʃatʃo] *nm* garçon *m*

muchedumbre [mutʃe'ðumbre] *nf* foule *f*

mucho, -a ['mutʃo, a]

▸ *adj* **1** (*cantidad, número*) beaucoup de ; **mucha gente** beaucoup de monde ; **mucho dinero** beaucoup d'argent ; **hace mucho calor** il fait très chaud ; **muchas amigas** beaucoup d'amies

2 (*sg: fam: grande*): **ésta es mucha casa para él** cette maison est bien trop grande pour lui

3 (*sg: demasiados*): **hay mucho gamberro aquí** il y a beaucoup de voyous par ici

▸ *pron*: **tengo mucho que hacer** j'ai beaucoup (de choses) à faire ; **muchos dicen que ...** beaucoup de gens disent que ... ; *ver tb* **tener**

▸ *adv* **1**: **te quiero mucho** je t'aime beaucoup ; **lo siento mucho** je suis vraiment désolé(e) ; **mucho más/menos** beaucoup plus/moins ; **mucho antes/mejor** bien avant/meilleur(e) ; **come mucho** il mange beaucoup ; **viene mucho** il vient souvent ; **¿te vas a quedar mucho?** tu vas rester longtemps ?

2 (*respuesta*) très ; **¿estás cansado? — ¡mucho!** tu es fatigué ? — très !

3 (*locuciones*): **leo como mucho un libro al mes** je lis au maximum un livre par mois ; **el mejor con mucho** de loin le meilleur ; **ese ni con mucho llega a sargento** il ne réussira même pas à être sergent ; **¡ni mucho menos!** loin de là ! ; **él no es ni mucho menos trabajador** il est loin d'être travailleur ; **¡mucho la quieres tú!** (*irón*) tu parles que tu l'aimes bien !

4: **por mucho que**: **por mucho que le quieras** tu as beau l'aimer

muda ['muða] *nf* (*de ropa*) vêtements *mpl* de rechange ; (*Zool, de voz*) mue *f*

mudanza [mu'ðanθa] *nf* déménagement *m* ; **estar de ~** déménager ; **camión/casa de ~s** camion *m*/entreprise *f* de déménagement

mudar [mu'ðar] *vt* changer ; (*Zool*) muer ; **mudarse** *vpr*: **mudarse (de ropa)** se changer ; **~ de** (*opinión, color*) changer de ; **mudarse (de casa)** déménager ; **la voz le está mudando** il est en train de muer

mudo, -a ['muðo, a] *adj* muet(te) ; (*callado*) silencieux(-euse) ; **quedarse ~ de asombro** rester bouche bée

mueble ['mweβle] *nm* meuble *m*

mueca ['mweka] *nf* grimace *f* ; **hacer ~s a** faire des grimaces à

muela ['mwela] *vb ver* **moler** ▸ *nf* (*diente de atrás*) molaire *f* ; (*de molino*) meule *f* ; (*de afilar*) meule, affiloir *m* ; **~ del juicio** dent *f* de sagesse

muelle ['mweʎe] *adj* (*vida*) facile ▸ *nm* ressort *m* ; (*Náut*) quai *m*

muera *etc* ['mwera] *vb ver* **morir**

muerte ['mwerte] *nf* mort *f* ; **dar ~ a** donner la mort à ; **de mala ~** (*fam*) minable ; **es la ~** (*fam*) c'est la galère ! ; **este pastel está de ~** (*fam*) c'est une tuerie ce gâteau

muerto, -a ['mwerto, a] *pp de* **morir** ▸ *adj* mort(e) ; (*color*) terne ; (*manos*) détendu(e) ▸ *nm/f* mort(e) ; **cargar con el ~** (*fam*) assumer le fardeau ; **echar el ~ a algn** mettre tout sur le dos de qn ; **hacer el ~** (*nadando*) faire la planche ; **estar ~ de cansancio/frío/hambre/sed** être mort(e) de fatigue/froid/faim/soif

muestra ['mwestra] *vb ver* **mostrar** ▸ *nf* (*Com, Costura*) échantillon *m* ; (*de sangre*) prélèvement *m* ; (*en estadística*) échantillonnage *m* ; (*señal*) preuve *f* ; (*exposición*) foire *f* ; (*demostración explicativa*) démonstration *f* ; **dar ~s de** donner des signes de ; **~ al azar** (*Com*) échantillon *m* prélevé au hasard

muestreo [mwes'treo] *nm* (*estadístico*) échantillonnage *m*

mueva *etc* ['mweβa] *vb ver* **mover**

mugir [mu'xir] *vi* mugir

mugre ['muɣre] *nf* (*suciedad*) crasse *f* ; (*: grasienta*) cambouis *msg*

mugriento, -a [mu'ɣrjento, a] *adj* crasseux(-euse)

mujer [mu'xer] *nf* femme *f*

mujeriego [muxe'rjeɣo] *adj, nm* coureur *m*

mula ['mula] *nf* mule *f*

muleta [mu'leta] *nf* (*para andar*) béquille *f* ; (*Taur*) muleta *f*

mullido, -a [mu'ʎiðo, a] *adj* moelleux(-euse)

multa ['multa] *nf* amende *f* ; (*Aut*) amende, contravention *f* ; **me han puesto una ~** ils m'ont mis une amende

multar [mul'tar] *vt* condamner à une amende

multicine [multi'θine] *nm* cinéma *m* multisalle

multinacional [multinaθjo'nal] *adj* multinational(e) ▸ *nf* multinationale *f*

múltiple ['multiple] *adj* multiple ; **de tarea ~** (*Inform*) multitâche ; **de usuario ~** (*Inform*) à utilisateurs multiples

multiplicar [multipli'kar] *vt* multiplier ; **multiplicarse** *vpr* se multiplier ; (*para hacer algo*) se démener, se mettre en quatre

multitud [multi'tuð] *nf* foule *f* ; **~ de** multitude de

mundano, -a [mun'dano, a] *adj* mondain(e)

mundial [mun'djal] *adj* mondial(e) ▸ *nm* (*Fútbol*) coupe *f* du monde

mundo ['mundo] *nm* monde *m* ; **el otro ~** l'autre monde ; **el ~ del espectáculo** le monde du spectacle ; **todo el ~** tout le monde ; **tiene ~** il sait comment se comporter en société ; **un hombre de ~** un homme du monde ; **hacer de algo un ~** faire tout un monde de qch ; **el ~ es un pañuelo** le monde est petit ; **por nada del ~** pour rien au monde ; **no es nada del otro ~** ce n'est pas la mer à boire ; **se le cayó el ~ (encima)** il est accablé par ce coup du sort ; **el Tercer M~** le Tiers-Monde *m*

munición [muni'θjon] *nf* munition *f*

municipal [muniθi'pal] *adj* municipal(e) ▸ *nm/f* (*tb*: **policía municipal**) agent(e) de police

municipio [muni'θipjo] *nm* municipalité *f*

muñeca [mu'ɲeka] *nf* (*Anat*) poignet *m* ; (*juguete, mujer*) poupée *f* ; (*And, CSur: fam*) prise *f* de courant

muñeco [mu'ɲeko] *nm* (*juguete*) baigneur *m* ; (*dibujo*) dessin *m* ; (*marioneta, fig*) pantin *m* ; **~ de nieve** bonhomme *m* de neige

mural [mu'ral] *adj* mural(e) ▸ *nm* peinture *f* murale

muralla [mu'raʎa] *nf* muraille *f*

murciélago [mur'θjelaɣo] *nm* chauve-souris *fsg*

murmullo [mur'muʎo] *nm* murmure *m*

murmuración [murmura'θjon] *nf* médisance *f*

murmurar [murmu'rar] *vt, vi* murmurer ; **~ (de)** (*criticar*) dire du mal (de)

muro ['muro] *nm* mur *m* ; **~ de contención** mur de soutènement ; **~ vegetal** mur végétalisé

muscular [musku'lar] *adj* musculaire

músculo ['muskulo] *nm* muscle *m*

museo [mu'seo] *nm* musée *m* ; **~ de arte** *o* **de pintura** musée d'art ; **~ de cera** musée de cire
musgo ['musɣo] *nm* mousse *f*
música ['musika] *nf* musique *f*; **irse con la ~ a otra parte** plier bagage ; *ver tb* **músico**
musical [musi'kal] *adj* musical(e) ▸ *nm* comédie *f* musicale
músico, -a ['musiko, a] *nm/f* musicien(ne)
muslo ['muslo] *nm* cuisse *f*
mustio, -a ['mustjo, a] *adj* (*planta*) flétri(e) ; (*persona*) triste
musulmán, -ana [musul'man, ana] *adj, nm/f* musulman(e)
mutación [muta'θjon] *nf* mutation *f*
mutilar [muti'lar] *vt* mutiler
mutismo [mu'tismo] *nm* mutisme *m*
mutual [mu'twal] (*And, CSur*) *nf* mutualité *f*
mutuo, -a ['mutwo, a] *adj* mutuel(le)
muy [mwi] *adv* très ; (*demasiado*) trop ; **M~ Señor mío/Señora mía** cher Monsieur/chère Madame ; **~ bien** très bien ; **~ de noche** tard dans la nuit ; **eso es ~ de él** c'est bien de lui ; **eso es ~ español** c'est très espagnol ; **por ~ tarde que sea** aussi tard soit-il

n

N *abr* (= *norte*) N (= *nord*)
N. *sigla f* (= *carretera nacional*) RN *f* (= *route nationale*)
n/ *abr* = *nuestro*
nabo ['naβo] *nm* navet *m*
nácar ['nakar] *nm* nacre *f*
nacer [na'θer] *vi* naître ; (*vegetal, barba, vello*) pousser ; (*río*) prendre sa source ; (*columna, calle*) commencer ; **~ de** naître de ; **ha nacido para poeta** c'est un poète né ; **no ha nacido para trabajar** le travail et lui, ça fait deux
nacido, -a [na'θiðo, a] *adj*: **~ en** né(e) en
naciente [na'θjente] *adj* naissant(e) ; **el sol ~** le soleil levant
nacimiento [naθi'mjento] *nm* naissance *f*; (*de Navidad*) crèche *f*; (*de río*) source *f*; **ciego de ~** aveugle de naissance
nación [na'θjon] *nf* nation *f*; **Naciones Unidas** Nations unies
nacional [naθjo'nal] *adj* national(e)
nacionalidad [naθjonali'ðað] *nf* nationalité *f*; (*Esp: Pol: nación*) communauté *f* autonome
nacionalismo [naθjona'lismo] *nm* nationalisme *m*
nacionalista [naθjona'lista] *adj, nm/f* nationaliste *m/f*
nacionalizar [naθjonali'θar] *vt* nationaliser ; **nacionalizarse** *vpr* se faire naturaliser
nada ['naða] *pron, adv* rien ▸ *nf*: **la ~** le néant ; **no decir ~** ne rien dire ; **de ~** de rien ; **¡~ de eso!** pas question ! ; **antes de**

~ avant tout ; **como si ~** comme si de rien n'était ; **no ha sido ~** ce n'est pas bien grave ; **~ menos que** ni plus ni moins que ; **~ de ~** rien de rien ; **para ~** (*inútilmente*) pour rien ; (*claro que no*) pas du tout ; **por ~** pour rien ; **por ~ del mundo** pour rien au monde

nadador, a [naða'ðor, a] *nm/f* nageur(-euse)

nadar [na'ðar] *vi* nager ; **~ en la abundancia** nager dans l'opulence ; **~ contra corriente** nager à contre-courant

nadie ['naðje] *pron* personne ; **~ habló** personne n'a parlé ; **no había ~** il n'y avait personne ; **no soy ~ para ...** ce n'est pas moi qui peux ... ; **es un don ~** c'est un moins que rien

nado ['naðo] *adv*: **a ~** à la nage

nafta ['nafta] (*CSur*) *nf* (*gasolina*) essence *f*

naipe ['naipe] *nm* carte *f*

nalgas ['nalɣas] *nfpl* fesses *fpl*

nana ['nana] *nf* berceuse *f* ; (*CAm, Méx: fam*) nourrice *f*

nanopartícula [nanopar'tikula] *nf* nanoparticule *f*

naranja [na'ranxa] *adj inv* orange ▸ *nm* (*color*) orange *m* ▸ *nf* (*fruta*) orange *f* ; **media ~** (*fam*) moitié *f*

naranjada [naran'xaða] *nf* orangeade *f*

naranjo [na'ranxo] *nm* oranger *m*

narciso [nar'θiso] *nm* narcisse *m*

narcótico, -a [nar'kotiko, a] *adj, nm* narcotique *m*

narcotizar [narkoti'θar] *vt* administrer des narcotiques à

nardo ['narðo] *nm* nard *m*

narigón, -ona [nari'ɣon, ona], **narigudo, -a** [nari'ɣuðo, a] *adj*: **un tipo ~** un type au grand nez

nariz [na'riθ] *nf* nez *m* ; **narices** *nfpl* narines *fpl* ; **¡narices!** (*fam*) flûte alors ! ; **me dio con la puerta en las narices** il m'a fermé la porte au nez ; **darse de narices contra algo/con algn** se trouver nez à nez avec qch/qn ; **¡se me están hinchando las narices!** la moutarde me monte au nez ! ; **delante de las narices de algn** au nez de qn ; **estar hasta las narices (de algo/algn)** (*fam*) en avoir ras le bol (de qch/qn) ; **meter las narices en algo** (*fam*) mettre son nez dans qch ; **hacer algo por narices** (*fam*) faire qch coûte que coûte ; **~ chata/respingona** nez épaté/en trompette

narración [narra'θjon] *nf* narration *f*

narrador, a [narra'ðor, a] *nm/f* narrateur(-trice)

narrar [na'rrar] *vt* raconter, narrer

narrativa [narra'tiβa] *nf* roman *m*

nata ['nata] *nf* crème *f* ; (*en leche cocida*) peau *f* ; **~ montada** crème fouettée

natación [nata'θjon] *nf* natation *f*

natal [na'tal] *adj* natal(e)

natalidad [natali'ðað] *nf* natalité *f* ; **control de ~** contrôle *m* des naissances ; **índice** *o* **tasa de ~** taux *msg* de natalité

natillas [na'tiʎas] *nfpl* crème *fsg* renversée

nativo, -a [na'tiβo, a] *adj* (*costumbres*) local(e), du pays ; (*lengua*) maternel(le) ; (*país*) natal(e) ▸ *nm/f* natif(-ive) ; **~ digital** (*Internet*) natif(-ive) numérique

nato, -a ['nato, a] *adj* né(e) ; **un actor/pintor/músico ~** un acteur/peintre/musicien né

natural [natu'ral] *adj* naturel(le) ; (*luz*) du jour ; (*flor, fruta*) vrai(e) ; (*café*) non traité(e) ▸ *nm* naturel *m* ; **~ de** natif(-ive) de ; **ser ~ en algn** être naturel(le) chez qn ; **es ~ que** il est naturel que ; **al ~** au naturel

naturaleza [natura'leθa] *nf* nature *f* ; **por ~** par nature ; **~ humana** nature humaine ; **~ muerta** nature morte

naturalidad [naturali'ðað] *nf* naturel *m* ; **con ~** avec naturel

naturalmente [natu'ralmente] *adv* naturellement ; **¡~!** naturellement !

naufragar [naufra'ɣar] *vi* faire naufrage ; (*negocio*) faire faillite ; (*proyecto*) tomber à l'eau

naufragio [nau'fraxjo] *nm* naufrage *m*

náufrago, -a ['naufraɣo, a] *nm/f* naufragé(e)

náuseas ['nauseas] *nfpl* nausées *fpl* ; **sentir ~** avoir des nausées ; **me da ~** ça me donne la nausée

náutico, -a ['nautiko, a] *adj* nautique

navaja [na'βaxa] *nf* couteau *m* (de poche) ; **~ (de afeitar)** rasoir *m* à main

naval [na'βal] *adj* naval(e)

Navarra [na'βarra] *nf* Navarre *f*

nave ['naβe] *nf* (*barco*) navire *m* ; (*Arq*) nef

f; (*almacén*) entrepôt *m*; **quemar las ~s** brûler ses vaisseaux; **~ espacial** vaisseau *m* spatial; **~ industrial** hangar *m*

navegación [naβeɣa'θjon] *nf* navigation *f*; (*viaje*) voyage *m* en mer; **~ aérea/costera/fluvial** navigation aérienne/côtière/fluviale

navegador [naβeɣa'ðor] *nm* (*Inform*) navigateur *m*, logiciel *m* de navigation

navegante [naβe'ɣante] *nm/f* navigateur(-trice)

navegar [naβe'ɣar] *vi* naviguer; **~ por Internet** surfer sur Internet, surfer le Net

navidad [naβi'ðað] *nf* (*tb*: **navidades**) fêtes *fpl* de Noël; (*tb*: **día de navidad**) Noël *m*; **por ~es** à Noël; **¡felices ~es!** joyeux Noël!

navideño, -a [naβi'ðeɲo, a] *adj* de Noël

navío [na'βio] *nm* navire *m*

nazca *etc* ['naθka] *vb ver* **nacer**

nazi ['naθi] *adj, nm/f* nazi(e)

n/cta *abr* (*Com*: = *nuestra cuenta*) notre compte

NE *abr* (= *nor(d)este*) N.-E. (= *nord-est*)

neblina [ne'βlina] *nf* brume *f*

nebulosa [neβu'losa] *nf* nébuleuse *f*

necesario, -a [neθe'sarjo, a] *adj*: **~ (para)** nécessaire (pour); **(no) es ~ que** il (n')est (pas) nécessaire que; **si es ~ ...** si nécessaire ...

neceser [neθe'ser] *nm* trousse *f* de toilette

necesidad [neθesi'ðað] *nf* (*carencia, miseria*) besoin *m*; (*cosa necesaria*) nécessité *f*; **necesidades** *nfpl* (*penurias*) privations *fpl*; **en caso de ~** en cas de besoin; **de primera ~** de première nécessité; **no hay ~ de/de que** il n'est pas nécessaire de/que; **hacer sus ~es** faire ses besoins

necesitado, -a [neθesi'taðo, a] *adj* nécessiteux(-euse); **estar ~ de** avoir grand besoin de

necesitar [neθesi'tar] *vt*: **~ (hacer)** avoir besoin de (faire) ▶ *vi*: **~ de** avoir besoin de; **¿qué se necesita?** que faut-il?; **«se necesita camarero»** «on demande un serveur»

necio, -a ['neθjo, a] *adj, nm/f* idiot(e)

néctar ['nektar] *nm* nectar *m*

nectarina [nekta'rina] *nf* nectarine *f*

nefasto, -a [ne'fasto, a] *adj* néfaste

negación [neɣa'θjon] *nf* négation *f*

negar [ne'ɣar] *vt* (*hechos*) nier; (*permiso, acceso*) refuser; **negarse** *vpr*: **negarse a hacer algo** se refuser à faire qch; **~ que** nier que; **~ con la cabeza** faire non de la tête; **~ el saludo a algn** ignorer qn; **¡me niego!** c'est non!

negativa [neɣa'tiβa] *nf* négative *f*; (*rechazo*) refus *msg*

negativo, -a [neɣa'tiβo, a] *adj* négatif(-ive) ▶ *nm* (*Foto*) négatif *m*

negligencia [neɣli'xenθja] *nf* négligence *f*

negligente [neɣli'xente] *adj* négligent(e)

negociado [neɣo'θjaðo] *nm* bureau *m*

negociante [neɣo'θjante] *nm/f* (*Com*) négociant(e); (*pey*) trafiquant(e)

negociar [neɣo'θjar] *vt* négocier ▶ *vi*: **~ en** *o* **con** (*Com*) faire le commerce de *o* du commerce avec

negocio [ne'ɣoθjo] *nm* affaire *f*; (*tienda*) commerce *m*; **los ~s** les affaires *fpl*; **hacer ~** faire des affaires; **hacer (un) buen/mal ~** faire une bonne/mauvaise affaire; **¡eso es un ~!** ça rapporte!; **~ sucio** affaire *f* louche; **¡mal ~!** (*fam*) ça ne dit rien de bon!

negra ['neɣra] *nf* (*Mús*) noire *f*; **tener la ~** avoir la poisse; *ver tb* **negro**

negro, -a ['neɣro, a] *adj* noir(e); (*futuro*) sombre; (*tabaco*) brun(e) ▶ *nm* (*color*) noir *m* ▶ *nf*: **la negra** la poisse ▶ *nm/f* (*persona*) Noir(e); (*AM*: *fam*) chéri(e); **¡estoy ~!** je suis furax!; **¡me pone ~!** ça *o* il me porte sur les nerfs!; **verse ~ para hacer algo** avoir beaucoup de mal à faire qch; **trabajar como un ~** travailler comme un forçat

nene, -a ['nene, a] *nm/f* petit(e)

nenúfar [ne'nufar] *nm* nénuphar *m*

neón [ne'on] *nm*: **luz** *o* **lámpara de ~** néon *m*

neopreno® [neo'preno] *nm* néoprène® *m*; **traje de ~** combinaison *f* de plongée (en néoprène)

nervio ['nerβjo] *nm* nerf *m*; (*Bot, Arq*) nervure *f*; **ser puro ~** être un paquet de nerfs; **alterarle** *o* **crisparle los ~s a algn** taper sur les nerfs de qn; **estar de los ~s** (*fam*) être sur les nerfs; **tener los ~s destrozados** avoir les nerfs en pelote; **me pone los ~s de punta** ça *o* il me porte sur les nerfs

nerviosismo [nerβjo'sismo] *nm* état *m* d'agitation, nervosité *f*
nervioso, -a [ner'βjoso, a] *adj* nerveux(-euse) ; **¡me pone ~!** ça m'énerve !
neto, -a ['neto, a] *adj* net (nette)
neumático, -a [neu'matiko, a] *adj* (*cámara*) à air ; (*martillo*) pneumatique ▸ *nm* pneu *m* ; **~ de recambio** roue *f* de secours
neumonía [neumo'nia] *nf* pneumonie *f*
neurona [neu'rona] *nf* neurone *m*
neutral [neu'tral] *adj* neutre
neutralizar [neutrali'θar] *vt* neutraliser
neutro, -a ['neutro, a] *adj* (*tb Ling*) neutre
neutrón [neu'tron] *nm* neutron *m*
nevada [ne'βaða] *nf* chute *f* de neige
nevar [ne'βar] *vi* neiger
nevera [ne'βera] (*Esp*) *nf* réfrigérateur *m*
nexo ['nekso] *nm* lien *m*
n/f *abr* (*Com: = nuestro favor*) *notre crédit*
ni [ni] *conj* ni ; (*tb*: **ni siquiera**) même pas ; **ni aunque** même si ; **ni blanco ni negro** ni blanc ni noir ; **ni (el) uno ni (el) otro** ni l'un ni l'autre ; **¡ni que fuese un dios!** comme si c'était un dieu ! ; **¡ni hablar!** pas question !
Nicaragua [nika'raɣwa] *nf* Nicaragua *m*
nicaragüense [nikara'ɣwense] *adj* nicaraguayen(ne) ▸ *nm/f* Nicaraguayen(ne)
nicho ['nitʃo] *nm* niche *f*
nicotina [niko'tina] *nf* nicotine *f*
nido ['niðo] *nm* nid *m* ; **~ de amor** nid d'amour ; **~ de ladrones** repaire *m* de voleurs ; **~ de víboras** nid de vipères
niebla ['njeβla] *nf* brouillard *m* ; **hay ~** il y a du brouillard
niego *etc* ['njeɣo], **niegue** *etc* ['njeɣe] *vb ver* **negar**
nieto, -a ['njeto, a] *nm/f* petit-fils (petite-fille) ; **los nietos** *nmpl* les petits-enfants *mpl*
nieve ['njeβe] *vb ver* **nevar** ▸ *nf* neige *f* ; (*AM*: *helado*) glace *f* ; **copo de ~** flocon *m* de neige
NIF [nif] *sigla m* (= *Número de Identificación Fiscal*) *numéro d'identification personnel nécessaire pour effectuer des opérations bancaires et commerciales*
Nilo ['nilo] *nm*: **el (Río) ~** le Nil
nimiedad [nimje'ðað] *nf* bagatelle *f* ; (*de problema, detalle*) petitesse *f*
nimio, -a ['nimjo, a] *adj* insignifiant(e), sans importance
ninfa ['ninfa] *nf* nymphe *f*
ningún [nin'gun] *adj ver* **ninguno**
ninguno, -a [nin'guno, a] (*antes de nmsg* **ningún**) *adj* aucun(e) ▸ *pron* personne ; **no es ninguna belleza** c'est loin d'être une beauté ; **de ninguna manera** en aucune manière ; **en ningún sitio** nulle part ; **no voy a ninguna parte** je ne vais nulle part ; **~ de ellos** aucun d'entre eux
nini ['nini] (*fam*) *adj* qui n'étudie ni ne travaille ; **la generación ~** la génération ni-ni ▸ *nm/f* ni-ni *m/f*
niña ['niɲa] *nf* (petite) fille *f* ; (*del ojo*) pupille *f* ; **es la ~ de sus ojos** (*fig*) il tient à lui/elle comme à la prunelle de ses yeux ; *ver tb* **niño**
niñera [ni'ɲera] *nf* nourrice *f*
niñería [niɲe'ria] (*pey*) *nf* enfantillage *m*
niñez [ni'ɲeθ] *nf* enfance *f*
niño, -a ['niɲo, a] *adj* jeune ; (*pey*) puéril(e) ▸ *nm* enfant *m* ; (*chico*) (petit) garçon *m* ; (*bebé*) petit enfant *m* ; **los niños** *nmpl* les enfants ; **de ~** quand j'étais *etc* petit ; **ser el ~ mimado de algn** être le chouchou de qn ; **~ bien** *o* **de papá** (*pey*) fils *msg* à papa ; **~ de pecho** nourrisson *m* ; **~ prodigio** enfant prodige
nipón, -ona [ni'pon, ona] *adj* nippon(e), nippon(ne) ▸ *nm/f* Nippon(e), Nippon(ne)
níquel ['nikel] *nm* nickel *m*
niquelar [nike'lar] *vt* nickeler
níspero ['nispero] *nm* (*árbol*) néflier *m* ; (*fruto*) nèfle *f*
nitidez [niti'ðeθ] *nf* (*de imagen*) netteté *f* ; (*de atmósfera*) pureté *f* ; **ver algo con ~** voir qch très nettement
nítido, -a ['nitiðo, a] *adj* (*imagen*) net(te) ; (*cielo*) dégagé(e) ; (*atmósfera*) pur(e) ; (*gestión, conducta*) clair(e)
nitrato [ni'trato] *nm* nitrate *m* ; **~ de Chile** salpêtre *m* du Chili
nitrógeno [ni'troxeno] *nm* azote *m*
nivel [ni'βel] *nm* niveau *m* ; **al mismo ~** au même niveau ; **de alto ~** de haut niveau ; **a 900m sobre el ~ del mar** à 900 m au-dessus du niveau de la mer ; **~ de aire** (*Tec*) niveau à bulle (d'air) ; **~ del aceite** niveau d'huile ; **~ de vida** niveau de vie

nivelar [niβe'lar] *vt* niveler ; (*ingresos, categorías*) égaliser ; (*balanza de pagos*) équilibrer

n/l. *abr* (*Com: = nuestra letra*) *notre lettre*

NN.UU. *abr* (= *Naciones Unidas*) N.U. (= *Nations unies*)

NO *abr* (= *noroeste*) N.-O. (= *nord-ouest*)

no [no]

▸ *adv* 1: **¡no!** (*en respuesta*) non ! ; **ahora no** pas maintenant ; **no mucho** pas tellement, pas beaucoup ; **¡cómo no!** bien sûr ! ; **¡que no!** non !
2 (*con verbo*) ne … pas ; **no viene** il ne vient pas ; **no es el mío** ce n'est pas le mien ; **creo que no** je crois que non ; **decir que no** dire non ; **no quiero nada** je ne veux rien ; **no es que no quiera** ce n'est pas que je ne veuille pas ; **no dormir** ne pas dormir ; **«No Fumar»** « Défense de fumer »
3 (*no + sustantivo*): **pacto de no agresión** pacte *m* de non-agression ; **los países no alineados** les pays non-alignés ; **la no intervención** la non-intervention ; **el no va más** le nec plus ultra
4 (*en comparación*): **mejor ir ahora que no luego** mieux vaut partir maintenant
5: **no sea que haga frío** au cas où il ferait froid
6: **no bien hubo terminado se marchó** à peine eut-il terminé qu'il s'en alla
7: **¡a que no lo sabes!** je parie que tu ne le sais pas !
▸ *nm*: **un no rotundo** un non catégorique

N.º, nº *abr* (= *número*) nº (= *numéro*)

n/o *abr* (*Com: = nuestra orden*) *notre ordre*

noble ['noβle] *adj, nm/f* noble *m/f*

nobleza [no'βleθa] *nf* noblesse *f* ; **la ~** la noblesse

noche ['notʃe] *nf* nuit *f* ; (*la tarde*) soir *m* ; **de ~, por la ~** le soir ; (*de madrugada*) la nuit ; **se hace de ~** la nuit tombe ; **es de ~** il fait nuit ; **ayer por la ~** hier soir ; **esta ~** ce soir ; (*de madrugada*) cette nuit ; **de la ~ a la mañana** du jour au lendemain ; **hacer ~ en un sitio** passer la nuit quelque part ; **¡buenas ~s!** (*saludo*) bonsoir ! ; (*despedida*) bonsoir !, bonne nuit ! ; **~ cerrada** nuit noire ; **~ de bodas** nuit de noces

La fête de la **Noche de San Juan** a lieu le 24 juin. Cette fête, qui coïncide avec le solstice d'été, a remplacé d'anciennes fêtes païennes. Durant les festivités, où selon la tradition le feu joue un rôle important, on danse autour de feux de joie dans les villes et les villages.

Nochebuena [notʃe'βwena] *nf* nuit *f* de Noël

Dans les pays de langue espagnole, comme en France, on fête Noël la nuit du 24 décembre ; c'est **Nochebuena**. Les familles se réunissent autour d'un grand repas et les plus pieux assistent à la messe de minuit. Bien que la tradition veuille que les cadeaux soient apportés par les Rois mages le 6 janvier, il est de plus en plus fréquent de s'offrir des cadeaux le jour de Noël.

Nochevieja [notʃe'βjexa] *nf* nuit *f* de la Saint-Sylvestre

En Espagne, *las campanadas*, les douze coups de l'horloge de la *Puerta del Sol* à Madrid, qui sont retransmis en direct pour marquer le début de chaque nouvelle année, représentent le temps fort du réveillon de la Saint-Sylvestre, **Nochevieja**. Lorsque minuit sonne, la tradition connue sous le nom de *las uvas de la suerte* ou *las doce uvas* veut que l'on mange douze grains de raisin, un pour chaque coup.

noción [no'θjon] *nf* notion *f* ; **nociones** *nfpl* (*rudimentos*) notions *fpl*

nocivo, -a [no'θiβo, a] *adj* nocif(-ive)

noctámbulo, -a [nok'tambulo, a] *adj, nm/f* noctambule *m/f*

nocturno, -a [nok'turno, a] *adj* nocturne ; (*club*) de nuit ; (*clases*) du soir ▸ *nm* (*Mús*) nocturne *m*

nodriza [no'ðriθa] *nf* nourrice *f* ; **buque/nave ~** bateau *m*/navire *m* de ravitaillement

nogal [no'ɣal] *nm* noyer *m*

nómada ['nomaða] *adj, nm/f* nomade *m/f*

nomás [no'mas] (AM) *adv* seulement ; (*tan solo*) juste ; **así ~** (*fam*) comme ça ; **ayer ~** pas plus tard qu'hier ; **~ se fue se acordó** à peine était-il parti qu'il s'en est souvenu

nombramiento [nombra'mjento] *nm* nomination *f*

nombrar [nom'brar] *vt* nommer ; **~ a algn gobernador** nommer qn gouverneur ; **~ a algn heredero** faire de qn son héritier

nombre ['nombre] *nm* nom *m* ; (*tb*: **nombre completo**) nom (et prénoms) ; **abogado de ~** avocat *m* de renom ; **~ y apellidos** nom et prénoms ; **(estar/poner algo) a ~ de** (être/mettre qch) au nom de ; **en ~ de** au nom de ; **sin ~** sans nom ; **su conducta no tiene ~** sa conduite dépasse les bornes ; **~ común** nom commun ; **~ de fichero** (*Inform*) nom de fichier ; **~ de pila** prénom *m* ; **~ de soltera** nom de jeune fille ; **~ de usuario** (*Inform*) nom *m* d'utilisateur ; **~ propio** nom propre

nómina ['nomina] *nf* (*de personal*) liste *f* ; (*hoja de sueldo*) feuille *f* de paie ; (*sueldo*) salaire *m* ; **estar en ~** faire partie du personnel

nominal [nomi'nal] *adj* nominal(e)

nominar [nomi'nar] *vt* nommer

nominativo, -a [nomina'tiβo, a] *adj* (*Ling*) nominatif(-ive) ; **un cheque ~ a X** un chèque à l'ordre de X

nomofóbico, -a [nomo'foβiko, a] *adj, nm/f* nomophobe *m/f*

nordeste [nor'ðeste] *adj* nord-est ▶ *nm* nord-est *m* ; (*viento*) nordet *m*

nórdico, -a ['norðiko, a] *adj* (*zona*) nord *inv* ; (*escandinavo*) nordique ▶ *nm/f* Nordique *m/f*

noreste [no'reste] *adj, nm* = **nordeste**

noria ['norja] *nf* (*Agr*) noria *f* ; (*de feria*) grande roue *f*

normal [nor'mal] *adj* normal(e) ; **¡es ~ que ...!** c'est normal que ... ! ; **Escuela N~** ≈ École *f* normale ; **gasolina ~** essence *f* ordinaire

normalidad [normali'ðað] *nf* normalité *f* ; **restablecer la ~** rétablir l'ordre

normalizar [normali'θar] *vt* normaliser ; (*gastos*) régulariser ; **normalizarse** *vpr* se normaliser

normando, -a [nor'mando, a] *adj* normand(e) ▶ *nm/f* Normand(e)

normativa [norma'tiβa] *nf* réglementation *f*

noroeste [noro'este] *adj* nord-ouest ▶ *nm* nord-ouest *m* ; (*viento*) noroît *m*

norte ['norte] *adj* nord *inv* ▶ *nm* nord *m* ; (*tb*: **viento (del) norte**) vent *m* du nord ; (*fig*) objectif *m* ; **país/gentes del ~** pays *msg*/peuples *mpl* du Nord ; **al ~ de** au nord de

Norteamérica [nortea'merika] *nf* Amérique *f* du Nord

norteamericano, -a [norteameri'kano, a] *adj* américain(e), nord-américain(e) ▶ *nm/f* Américain(e), Nord-Américain(e)

Noruega [no'rweɣa] *nf* Norvège *f*

noruego, -a [no'rweɣo, a] *adj* norvégien(ne) ▶ *nm/f* Norvégien(ne) ▶ *nm* (*Ling*) norvégien *m*

nos [nos] *pron* nous ; **~ levantamos a las 7** nous nous levons à 7 heures

nosocomio [noso'komjo] (*esp* AM) *nm* hôpital *m*

nosotros, -as [no'sotros, as] *pron* nous ; **~ (mismos)** nous(-mêmes)

nostalgia [nos'talxja] *nf* nostalgie *f*

nota ['nota] *nf* note *f* ; **notas** *nfpl* (*apuntes*) notes *fpl* ; (*calificación*) résultats *mpl* ; **tomar (buena) ~ de algo** prendre (bonne) note de qch ; **de mala ~** mal famé(e) ; **dar la ~** (*fam*) se faire remarquer ; **la ~ dominante** la note dominante ; **tomar ~s** prendre des notes ; **~ a pie de página** note de bas de page ; **~s de sociedad** chronique *fsg* mondaine

notar [no'tar] *vt* (*darse cuenta de*) remarquer ; (*percibir*) noter ; (*frío, calor*) sentir ; **notarse** *vpr* (*efectos, cambio*) se faire sentir ; (*mancha*) se voir ; **se nota que ...** on voit que ... ; **te noto cambiado** je te trouve changé ; **me noto cansado** je me sens fatigué ; **hacerse ~** se faire remarquer

notarial [nota'rjal] *adj* notarial(e) ; **acta ~** acte *m* notarié

notario, -a [no'tarjo, a] *nm/f* notaire *m/f*

noticia [no'tiθja] *nf* nouvelle *f* ; (*TV, Radio*) information *f* ; **las ~s** (*TV*) les informations ; **según nuestras ~s** d'après nos informations ; **tener ~s de algn** avoir des nouvelles de qn ; **~(s) de última hora** nouvelle(s) de dernière minute

noticiero [noti'θjero] *nm* journal *m*

noticioso, -a [noti'θjoso, a] *adj* (*esp* AM:

reportaje, agencia) de presse ; (: *fuente etc*) bien informé(e) ▶ *nm* (*AM*: *TV*, *Radio*) bulletin *m* d'information

notificación [notifika'θjon] *nf* notification *f*

notificar [notifi'kar] *vt* notifier

notoriedad [notorje'ðað] *nf* notoriété *f*

notorio, -a [no'torjo, a] *adj* notoire

novato, -a [no'βato, a] *adj*, *nm/f* nouveau(-velle)

novecientos, -as [noβe'θjentos, as] *adj* neuf cents ; *ver tb* **seiscientos**

novedad [noβe'ðað] *nf* nouveauté *f*; (*noticia*) nouvelle *f*; **novedades** *nfpl* (*noticia*) nouvelles *fpl* ; (*Com*) nouveautés *fpl* ; **sin ~** rien de neuf

novel [no'βel] *adj* débutant(e)

novela [no'βela] *nf* roman *m* ; **~ policíaca** roman policier

noveno, -a [no'βeno, a] *adj*, *nm/f* neuvième *m/f* ; *ver tb* **sexto**

noventa [no'βenta] *adj inv*, *nm inv* quatre-vingt-dix *m inv* ; *ver tb* **sesenta**

novia ['noβja] *nf ver* **novio**

noviar [no'bjar] (*CSur*) *vi*: **~ con** (*cortejar*) fréquenter

noviazgo [no'βjaθɣo] *nm* fiançailles *fpl*

novicio, -a [no'βiθjo, a] *adj* (*Rel*) novice ; (*novato*) nouveau(-velle) ▶ *nm/f* (*Rel*) novice *m/f*

noviembre [no'βjembre] *nm* novembre *m* ; *ver tb* **julio**

novillada [noβi'ʎaða] *nf course de jeunes taureaux*

novillero [noβi'ʎero] *nm torero combattant de jeunes taureaux*

novillo [no'βiʎo] *nm* jeune taureau *m* ; **hacer ~s** (*fam*) faire l'école buissonnière

novio, -a ['noβjo, a] *nm/f* petit(e) ami(e) ; (*prometido*) fiancé(e) ; (*en boda*) marié(e) ; **los ~s** les fiancés *mpl* ; (*en boda*) les mariés *mpl*

nubarrón [nuβa'rron] *nm* gros nuage *m*

nube ['nuβe] *nf* nuage *m* ; (*de mosquitos*) nuée *f*; (*Med*: *ocular*) taie *f*; (*Inform*): **la ~** le nuage ; **una ~ de polvo** un nuage de poussière ; **los precios están por las ~s** c'est hors de prix ; **estar en las ~s** être dans les nuages ; **vivir en las ~s** ne pas avoir les pieds sur terre ; **poner algo/a algn por las ~s** porter qch/qn aux nues ; **guardar algo en la ~** (*Inform*) stocker qch sur *ou* dans le nuage

nublado, -a [nu'βlaðo, a] *adj* nuageux(-euse) ; (*día*) gris(e) ▶ *nm* nuages *mpl* lourds

nubosidad [nuβosi'ðað] *nf* nuages *mpl* ; **había mucha ~** il y avait beaucoup de nuages

nuca ['nuka] *nf* nuque *f*

nuclear [nukle'ar] *adj* nucléaire

núcleo ['nukleo] *nm* noyau *m* ; **~ de población** agglomération *f*; **~s de resistencia** noyaux *mpl* de résistance ; **~ urbano** centre *m* urbain

nudillo [nu'ðiʎo] *nm* jointure *f*

nudista [nu'dista] *adj*, *nm/f* nudiste *m/f*

nudo ['nuðo] *nm* nœud *m* ; **se le hizo un ~ en la garganta** il avait la gorge nouée ; **~ corredizo** nœud coulant ; **~ de carreteras** nœud routier ; **~ de comunicaciones** nœud de communications

nudoso, -a [nu'ðoso, a] *adj* noueux(-euse)

nuera ['nwera] *nf* belle-fille *f*

nuestro, -a ['nwestro, a] *adj* notre ▶ *pron*: **el ~/la nuestra** le nôtre/la nôtre ; **~ padre** notre père ; **un amigo ~** un de nos amis, un ami à nous ; **ese libro es ~** ce livre est à nous ; **es el ~** c'est le nôtre ; **los ~s** les nôtres ; (*Deporte*) notre équipe

nueva ['nweβa] *nf* nouvelle *f*; **hacerse de ~s** feindre l'étonnement ; *ver tb* **nuevo**

nuevamente ['nweβamente] *adv* à nouveau

Nueva York [-'jork] *n* New York

Nueva Zelanda [-θe'landa] *nf* Nouvelle-Zélande *f*

Nueva Zelandia [-θe'landja] (*AM*) *nf* = **Nueva Zelanda**

nueve ['nweβe] *adj inv*, *nm inv* neuf *m inv* ; *ver tb* **seis**

nuevo, -a ['nweβo, a] *adj* nouveau(-velle) ; (*no usado*) neuf (neuve) ▶ *nm/f* nouveau(-velle) ; **ese abrigo está ~** ce manteau est neuf ; **¿qué hay de ~?** (*fam*) quoi de neuf ? ; **soy ~ aquí** je suis nouveau ici ; **de ~** de nouveau

nuez [nweθ] *nf* noix *fsg* ; **~ (de Adán)** pomme *f* d'Adam ; **~ moscada** noix muscade

nulidad [nuli'ðað] *nf* nullité *f*; **es una ~** (*pey*) il (elle) est nul(le)

nulo, -a ['nulo, a] *adj* nul(le) ; **soy ~ para la música** je suis nul(le) en musique

núm. *abr* (= *número*) nº (= *numéro*)

numeración [numera'θjon] *nf* (*de calle, páginas*) numérotation *f* ; (*sistema*) chiffres *mpl* ; **~ arábiga/romana** chiffres arabes/romains ; **~ de línea** (*Inform*) numérotation des lignes

numeral [nume'ral] *adj* (*Ling*) numéral(e) ▶ *nm* numéral *m*

numerar [nume'rar] *vt* numéroter ; **numerarse** *vpr* se numéroter

número ['numero] *nm* nombre *m* ; (*cifra*) chiffre *m* ; (*de zapato*) pointure *f* ; (*Teatro, de publicación, de lotería*) numéro *m* ; **sin ~** sans nombre ; **en ~s redondos** en chiffres ronds ; **hacer** *o* **montar un ~** (*fam*) faire un numéro ; **hacer ~s** faire les comptes ; **ser el ~ uno** être le numéro un ; **estar en ~s rojos** être à découvert ; **~ atrasado** vieux numéro ; **~ binario** (*Inform*) nombre binaire ; **~ de matrícula/de teléfono** numéro d'immatriculation/de téléphone ; **~ de serie** numéro de série ; **~ decimal/impar/par** nombre décimal/impair/pair ; **~ personal de identificación** (*Inform etc*) numéro personnel d'identification ; **~ romano** chiffre romain

numeroso, -a [nume'roso, a] *adj* nombreux(-euse) ; *ver tb* **familia**

nunca ['nunka] *adv* jamais ; **~ me escribes** tu ne m'écris jamais ; **no estudia ~** il n'étudie jamais ; **¿~ lo has pensado?** tu n'y as jamais pensé ? ; **~ más** jamais plus

nupcias ['nupθjas] *nfpl*: **en segundas ~** en secondes noces

nutria ['nutrja] *nf* loutre *f*

nutrición [nutri'θjon] *nf* nutrition *f*

nutrido, -a [nu'triðo, a] *adj* nourri(e) ; (*grupo, representación*) nombreux(-euse) ; **bien/mal ~** bien/mal nourri(e) ; **~ de** truffé(e) de

nutrir [nu'trir] *vt* nourrir ; **nutrirse** *vpr*: **nutrirse de** se nourrir de

nutritivo, -a [nutri'tiβo, a] *adj* nutritif(-ive)

nylon [ni'lon] *nm* nylon *m*

ñ

ñato, -a ['ɲato, a] (*CSur*) *adj* (*de nariz chata*) camus(e)

ñoñería [ɲoɲe'ria] *nf* (*de persona sosa*) fadeur *f* ; (*de persona melindrosa*) pudibonderie *f* ; (*una ñoñería*) niaiserie *f*

ñoño, -a ['ɲoɲo, a] *adj* (*soso*) fadasse ; (*melindroso*) pudibond(e)

O

O *abr* (= *oeste*) O (= *ouest*)

o [o] *conj* ou ; **o ... o ...** soit ... soit ... ; **o sea** c'est-à-dire

o/ *abr* (= *orden*) commande *f*

oasis [o'asis] *nm inv* oasis *msg o fsg*

obedecer [oβeðe'θer] *vt* obéir à ▸ *vi* obéir ; **~ a** (*Med, fig*) obéir à ; **~ al hecho de** provenir du fait que

obediencia [oβe'ðjenθja] *nf* obéissance *f*

obediente [oβe'ðjente] *adj* obéissant(e)

obertura [oβer'tura] *nf* (*Mús*) ouverture *f*

obesidad [oβesi'ðað] *nf* obésité *f*

obeso, -a [o'βeso, a] *adj* obèse

obispo [o'βispo] *nm* évêque *m*

objeción [oβxe'θjon] *nf* objection *f* ; **hacer una ~, poner objeciones** faire une objection, soulever des objections ; **~ de conciencia** objection de conscience

objetar [oβxe'tar] *vt*: **~ que** objecter que ▸ *vi* être objecteur de conscience ; **¿algo que ~?** des objections ?

objetivo, -a [oβxe'tiβo, a] *adj* objectif(-ive) ▸ *nm* objectif *m*

objeto [oβ'xeto] *nm* objet *m* ; (*finalidad*) objet, but *m* ; **ser ~ de algo** être l'objet de qch ; **con ~ de** dans le but de

objetor, a [oβxe'tor, a] *nm/f* (*tb*: **objetor(a) de conciencia**) objecteur(-trice) de conscience

oblicuo, -a [o'βlikwo, a] *adj* oblique

obligación [oβliɣa'θjon] *nf* (*tb Com*) obligation *f* ; **obligaciones** *nfpl* obligations *fpl* ; **cumplir con mi** *etc* **~** remplir mon *etc* devoir

> **También se puede decir:**
> Il faut que je me trouve un logement. (*Es preciso que ...*)
> Si vous allez en Pologne, vous devez venir nous voir. (*... tiene que ...*)
> Je suis obligé de partir. (*Tengo que ...*)
> Ça me force à faire de l'exercice. (*... me obliga a ...*)

obligar [oβli'ɣar] *vt* obliger ; **obligarse** *vpr*: **obligarse a hacer** s'obliger à faire

obligatorio, -a [oβliɣa'torjo, a] *adj* obligatoire

oboe [o'βoe] *nm* hautbois *msg* ▸ *nm/f* (*músico*) hautboïste *m/f*

obra ['oβra] *nf* œuvre *f* ; (*libro*) œuvre, ouvrage *m* ; (*tb*: **obra dramática** *o* **de teatro**) pièce *f* ; **obras** *nfpl* travaux *mpl* ; **ser ~ de algn** être l'œuvre de qn ; **por ~ de** à cause de ; **estar de** *o* **en ~s** être en travaux ; **~s benéficas/de caridad** œuvres *fpl* de bienfaisance/de charité ; **~s completas** œuvres complètes ; **~ de arte** œuvre d'art ; **~ de consulta** ouvrage de référence ; **~ maestra** chef-d'œuvre *m* ; **~s públicas** travaux publics

obrar [o'βrar] *vt*: **~ milagros** (*fig*) faire des miracles ▸ *vi* agir ; **la carta obra en su poder** la lettre est en votre possession

obrero, -a [o'βrero, a] *adj* ouvrier(-ière) ▸ *nm/f* ouvrier(-ière) ; (*del campo*) ouvrier(-ière) (agricole) ; **clase obrera** classe *f* ouvrière

obscenidad [oβsθeni'ðað] *nf* obscénité *f*

obsceno, -a [oβs'θeno, a] *adj* obscène

obscu... [oβsku] = **oscu...**

obsequiar [oβse'kjar] *vt*: **~ a algn con algo** faire cadeau de qch à qn ; (*con una atención*) offrir qch à qn

obsequio [oβ'sekjo] *nm* (*regalo*) présent *m* ; (*cortesía*) attention *f*

observación [oβserβa'θjon] *nf* observation *f* ; **capacidad de ~** esprit *m* d'observation

observador, a [oβserβa'ðor, a] *adj, nm/f* observateur(-trice)

observar [oβser'βar] *vt* observer

obsesión [oβse'sjon] *nf* obsession *f*

obsesivo, -a [oβse'siβo, a] *adj* obsessionnel(le)

obsoleto, -a [oβso'leto, a] *adj* (*máquina*) obsolète ; (*ideas*) désuet(-ète)

obstáculo [oβs'takulo] *nm* obstacle *m*
obstante [oβs'tante] *adv*: **no ~** cependant
obstinado, -a [oβsti'naðo, a] *adj* obstiné(e)
obstinarse [oβsti'narse] *vpr* s'obstiner ; **~ en** s'obstiner à
obstrucción [oβstruk'θjon] *nf* obstruction *f*
obstruir [oβstru'ir] *vt* obstruer ; (*plan, labor, proceso*) faire obstacle à
obtener [oβte'ner] *vt* obtenir
obturador [oβtura'ðor] *nm* obturateur *m*
obvio, -a ['oββjo, a] *adj* évident(e)
ocasión [oka'sjon] *nf* occasion *f* ; **¡~!** (*Com*) offre spéciale ; **de ~** (*artículo*) d'occasion ; **con ~ de** à l'occasion de ; **dar ~ de** donner l'occasion de ; **en (algunas) ocasiones** parfois ; **aprovechar la ~** profiter de l'occasion
ocasionar [okasjo'nar] *vt* occasionner
ocaso [o'kaso] *nm* (*puesta de sol*) coucher *m* du soleil ; (*decadencia*) déclin *m*
occidente [okθi'ðente] *nm* occident *m* ; **el O~** l'Occident *m*
OCDE *sigla f* (= *Organización para la Cooperación y el Desarrollo Económico*) OCDE *f* (= *Organisation de coopération et de développement économique*)
océano [o'θeano] *nm* océan *m* ; **el ~ Atlántico** l'océan *m* Atlantique
ochenta [o'tʃenta] *adj inv, nm inv* quatre-vingts *m inv* ; *ver tb* **sesenta**
ocho ['otʃo] *adj inv, nm inv* huit *m inv* ; **~ días** huit jours *mpl* ; *ver tb* **seis**
ochocientos, -as [otʃo'θjentos, as] *adj* huit cents ; *ver tb* **seiscientos**
ocio ['oθjo] *nm* (*tiempo*) loisir *m* ; (*pey*) oisiveté *f* ; **guía del ~** guide *m* art et spectacles
ocioso, -a [o'θjoso, a] *adj*: **estar ~** être oisif(-ive) ; **ser ~** être oiseux(-euse)
octavilla [okta'βiʎa] *nm* (*esp Pol*) tract *m*
octavo, -a [ok'taβo, a] *adj, nm/f* huitième *m/f* ; *ver tb* **sexto**
octubre [ok'tuβre] *nm* octobre *m* ; *ver tb* **julio**
ocular [oku'lar] *adj* (*inspección*) des yeux ; **testigo ~** témoin *m* oculaire
oculista [oku'lista] *nm/f* oculiste *m/f*
ocultar [okul'tar] *vt* cacher ; **ocultarse** *vpr*: **ocultarse (tras/de)** se cacher (derrière/de)
oculto, -a [o'kulto, a] *adj* (*puerta, persona*) dissimulé(e) ; (*razón*) caché(e), secret(-ète)
ocupación [okupa'θjon] *nf* occupation *f*
ocupado, -a [oku'paðo, a] *adj* occupé(e) ; **¿está ocupada la silla?** la place est prise ?
ocupar [oku'par] *vt* occuper ; **ocuparse** *vpr*: **ocuparse de** s'occuper de ; **ocuparse de lo suyo** s'occuper de ses affaires
ocurrencia [oku'rrenθja] *nf* (*idea*) idée *f* ; (: *graciosa*) trait *m* d'esprit ; **¡qué ~!** (*pey*) quelle drôle d'idée !
ocurrir [oku'rrir] *vi* (*suceso*) se produire, se passer ; **ocurrirse** *vpr*: **se me ha ocurrido que ...** il m'est venu à l'esprit que ... ; **¿qué te ocurre?** qu'est-ce que tu as ? ; **¿qué ocurre?** qu'est-ce qui se passe ? ; **lo que ocurre es que ...** ce qui se passe, c'est que ... ; **¡ni se te ocurra!** pas question ! ; **¡qué cosas se te ocurren!** tu as de ces idées ! ; **¿se te ocurre algo?** tu as une idée ?
odiar [o'ðjar] *vt* (*a algn*) haïr ; (*comida, trabajo*) détester
odio ['oðjo] *nm* haine *f* ; **tener ~ a algn** détester qn, haïr qn
odioso, -a [o'ðjoso, a] *adj* (*persona*) odieux(-euse) ; (*tiempo*) exécrable ; (*trabajo, tema*) insupportable
odontólogo, -a [oðon'toloɣo, a] *nm/f* odontologiste *m/f*
OEA *sigla f* (= *Organización de Estados Americanos*) OEA *f* (= *Organisation des États américains*)
oeste [o'este] *nm* ouest *m* ; **película del ~** western *m* ; *ver tb* **norte**
ofender [ofen'der] *vt* offenser ; **ofenderse** *vpr* s'offenser ; **~ la vista** blesser la vue ; **~ los oídos** écorcher les oreilles ; **sentirse ofendido** se froisser
ofensa [o'fensa] *nf* offense *f* ; (*Jur*) outrage *m*
ofensiva [ofen'siβa] *nf* offensive *f*
ofensivo, -a [ofen'siβo, a] *adj* (*palabra etc*) offensant(e) ; (*Mil*) offensif(-ive)
oferta [o'ferta] *nf* offre *f* ; (*Com*: *de bajo precio*) promotion *f* ; **la ~ y la demanda** l'offre et la demande ; **artículos de** *o* **en ~** articles *mpl* en promotion ; **~s de trabajo** offres *fpl* d'emploi ; **~ monetaria** offre monétaire ; **~ pública de compra** (*Com*)

offre publique d'achat

oficial [ofi'θjal] *adj* officiel(le) ▸ *nm/f* (*Mil*) officier *m*; (*en un trabajo*) ouvrier(-ière) qualifié(e)

oficialista [ofiθja'lista] (AM) *adj* officiel(le)

oficina [ofi'θina] *nf* bureau *m*; **~ de empleo** agence *f* pour l'emploi; **~ de información** bureau d'information; **~ de objetos perdidos** bureau des objets trouvés; **~ de turismo** office *m* du tourisme

oficinista [ofiθi'nista] *nm/f* employé(e) de bureau

oficio [o'fiθjo] *nm* travail *m*; (*Rel*) office *m*; (*función*) fonction *f*; (*comunicado*) communiqué *m*; **ser del ~** être du métier; **sin ~ ni beneficio** sans profession; **buenos ~s (de algn)** bons offices (de qn); **~ de difuntos** office des morts

oficioso, -a [ofi'θjoso, a] *adj* officieux(-euse)

ofrecer [ofre'θer] *vt* offrir; (*fiesta*) donner; **ofrecerse** *vpr*: **ofrecerse a** *o* **para hacer algo** s'offrir pour faire qch; **~ la posibilidad de** donner la possibilité de; **¿qué se le ofrece?, ¿se le ofrece algo?** puis-je vous aider?; **ofrecerse de** s'offrir comme

ofrecimiento [ofreθi'mjento] *nm* offre *f*

oftalmólogo, -a [oftal'moloɣo, a] *nm/f* ophtalmologue *m/f*

ofuscar [ofus'kar] *vt* aveugler; **ofuscarse** *vpr* se troubler; **estar ofuscado por** *o* **con algo** être aveuglé par qch

oída [o'iða] *nf*: **de ~s** par ouï-dire

oído [o'iðo] *nm* (*Anat*) oreille *f*; (*sentido*) ouïe *f*; **al ~** à l'oreille; **de ~** d'oreille; **tener ~** avoir de l'oreille; **tener buen ~** avoir une bonne oreille; **ser todo ~s** être tout ouïe; **ser duro de ~** être dur d'oreille; **no doy crédito a mis ~s** je n'en crois pas mes oreilles; **hacer ~s sordos a** faire la sourde oreille à; **~ interno** oreille interne

oiga *etc* ['oiɣa] *vb ver* **oír**

oír [o'ir] *vt* entendre; (*atender a, esp* AM) écouter ▸ *vi* entendre; **¡oye!, ¡oiga!** écoute!, écoutez!; **¿oiga?** (*Telec*) allô?; **~ misa** entendre la messe; **¡lo que hay que ~!** ce qu'il ne faut pas entendre!; **como quien oye llover** autant parler à un mur; **~ hablar de algn/algo** entendre parler de qn/qch

OIT *sigla f* (= *Organización Internacional del Trabajo*) OIT *f* (= *Organisation internationale du travail*)

ojal [o'xal] *nm* boutonnière *f*

ojalá [oxa'la] *excl* si seulement!, espérons! ▸ *conj* (*tb*: **ojalá que**) si seulement, espérons que; **~ (que) venga hoy** espérons qu'il viendra aujourd'hui; **¡~ pudiera!** si seulement il pouvait!

ojeada [oxe'aða] *nf* coup *m* d'œil; **echar una ~ a** jeter un coup d'œil à

ojera [o'xera] *nf* cerne *m*; **tener ~s** avoir les yeux cernés

ojeriza [oxe'riθa] *nf*: **tener ~ a** prendre en grippe

ojeroso, -a [oxe'roso, a] *adj* (*cara, aspecto*) fatigué(e); (*ojos*) cerné(e)

ojo ['oxo] *nm* œil *m*; (*de puente*) arche *f*; (*de cerradura*) trou *m*; (*de aguja*) chas *msg* ▸ *excl* attention!; **tener ~ para** avoir l'œil pour; **~s saltones** yeux *mpl* globuleux; **ir/andar con ~** faire attention; **no pegar ~** ne pas fermer l'œil; **~ por ~** œil pour œil; **tener ~ clínico** avoir l'œil infaillible; **tener echado el ~ a algo/algn** avoir l'œil sur qch/qn; **en un abrir y cerrar de ~s** en un clin d'œil; **mirar** *o* **ver con buenos/malos ~s** voir d'un bon/mauvais œil; **a ~s vistas** à vue d'œil; **¡dichosos los ~s (que te ven)!** quelle bonne surprise!; **a ~ (de buen cubero)** à vue de nez; **ten mucho ~ con ése** fais bien attention avec ce type-là; **ser el ~ derecho de algn** (*fig*) être le chouchou de qn; **~ de buey** œil-de-bœuf *m*

ojota [o'xota] (*And, CSur*) *nf* sandale *f*

okupa [o'kupa] (*fam*) *nm/f* squatteur(-euse)

ola ['ola] *nf* vague *f*; **~ de calor/frío** vague *f* de chaleur/froid; **la nueva ~** la nouvelle vague

olé [o'le] *excl* olé!

oleada [ole'aða] *nf* (*tb fig*) vague *f*

oleaje [ole'axe] *nm* vagues *fpl*

óleo ['oleo] *nm*: **un ~** une peinture à l'huile; **al ~** à l'huile

oleoducto [oleo'ðukto] *nm* oléoduc *m*

oler [o'ler] *vt* (*tb sospechar*) sentir; (*curiosear*) mettre le nez (dans) ▸ *vi* (*despedir olor*) sentir; **huele a tabaco** ça sent le tabac; **huele a corrupción** ça sent la corruption; **huele mal** ça sent mauvais; (*fig*) ça sent le brûlé ; **huele que apesta** ça pue

olfatear [olfate'ar] *vt* renifler ; (*con el hocico*) flairer ; (*sospechar*) flairer ; (*curiosear*) mettre le nez (dans)

olfato [ol'fato] *nm* odorat *m* ; **tener (buen) ~ para algo** avoir du flair pour qch

oligarquía [oliɣar'kia] *nf* oligarchie *f*

olimpiada [olim'pjaða] *nf* olympiade *f* ; **olimpiadas** *nfpl* Jeux *mpl* olympiques

oliva [o'liβa] *nf* olive *f* ; **aceite de ~** huile *f* d'olive

olivo [o'liβo] *nm* olivier *m*

olla ['oʎa] *nf* marmite *f* ; (*comida*) ragoût *m* ; **~ a presión** cocotte-minute *f*

olmo ['olmo] *nm* orme *m*

olor [o'lor] *nm* odeur *f* ; **mal ~** mauvaise odeur ; **~ a** odeur de

oloroso, -a [olo'roso, a] *adj* odorant(e)

olvidar [olβi'ðar] *vt* oublier ; **olvidarse** *vpr*: **olvidarse (de)** oublier (de) ; **~ hacer algo** oublier de faire qch ; **se me olvidó (hacerlo)** j'ai oublié (de le faire) ; **¡se me olvidaba!** j'allais oublier !

olvido [ol'βiðo] *nm* oubli *m* ; **por ~** par inadvertance ; **echar algo en el ~** oublier ; **caer en el ~** tomber dans l'oubli

ombligo [om'bliɣo] *nm* nombril *m*

ombú [om'bu] (*Arg*) *nm* ombú *m*, *arbre de la pampa*

OMG *sigla m* (= *organismo modificado genéticamente*) OGM *m* (= *organisme génétiquement modifié*)

omiso, -a [o'miso, a] *adj*: **hacer caso ~ de** ne fait aucun cas de

omitir [omi'tir] *vt* omettre

ómnibus ['omniβus] (*AM*) *nm inv* autobus *msg*

omnipotente [omnipo'tente] *adj* omnipotent(e)

omoplato [omo'plato] *nm* omoplate *f*

OMS ['oms] *sigla f* (= *Organización Mundial de la Salud*) OMS *f* (= *Organisation mondiale de la santé*)

ONCE ['onθe] *sigla f* (= *Organización Nacional de Ciegos Españoles*) *entreprise et organisme d'aide aux aveugles et malvoyants*

once ['onθe] *adj inv, nm inv* onze *m inv* ▸ *nf* (*AM*: *refrigerio, merienda*): **la ~, las ~s** le goûter, le thé ; *ver tb* **seis**

onda ['onda] *nf* (*Fís*) onde *f* ; (*del pelo*) ondulation *f* ; **~s acústicas/hertzianas** ondes acoustiques/hertziennes ; **~ corta/larga/media** onde courte/grande/moyenne ; **la ~ expansiva** l'onde de choc ; **~ sonora** onde sonore

ondear [onde'ar] *vi* onduler

ondular [ondu'lar] *vt, vi* onduler ; **ondularse** *vpr* onduler

ONG *sigla f* (= *Organización no gubernamental*) ONG *f* (= *organisation non gouvernementale*)

ONU ['onu] *sigla f* (= *Organización de las Naciones Unidas*) ONU *f* (= *Organisation des Nations unies*)

OPA ['opa] *sigla f* (= *Oferta Pública de Adquisición*) OPA *f* (= *offre publique d'achat*)

opa ['opa] (*CSur*) *adj, nm/f* idiot(e)

opaco, -a [o'pako, a] *adj* opaque

opción [op'θjon] *nf* (*elección*) choix *m* ; (*una opción*) option *f* ; (*derecho*): **~ a** choix entre ; **no hay otra ~** il n'y a pas d'autre solution

opcional [opθjo'nal] *adj* facultatif(-ive)

OPEP [o'pep] *sigla f* (= *Organización de Países Exportadores de Petróleo*) OPEP *f* (= *Organisation des pays exportateurs de pétrole*)

ópera ['opera] *nf* opéra *m* ; **~ bufa/cómica** opéra bouffe/comique

operación [opera'θjon] *nf* opération *f* ; **~ a plazo** (*Com*) transaction *f* à terme ; **operaciones accesorias** (*Inform*) gestion *f* des disques ; **operaciones a término** (*Com*) marché *m* à terme

operar [ope'rar] *vt* opérer ▸ *vi* opérer ; (*Com*) faire des transactions ; (*Mat*) faire une opération ; **operarse** *vpr* (*cambio*) s'opérer ; **~ a algn de algo** opérer qn de qch ; **se han operado grandes cambios** il s'est opéré de grands changements ; **operarse (de)** être opéré(e) (de)

operativo, -a [opera'tiβo, a] *adj* opérationnel(le) ▸ *nm* (*esp AM*: *militar, policial*) opération *f*

opereta [ope'reta] *nf* opérette *f*

opinar [opi'nar] *vt* penser ▸ *vi*: **~ (de** *o* **sobre)** donner son avis (sur) ; **~ bien/mal de** penser du bien/mal de

opinión [opi'njon] *nf* opinion *f*, avis *msg* ; **cambiar de ~** changer d'avis ; **tener mala/buena ~ de algo/algn** avoir mauvaise/bonne opinion de qch/qn ; **la ~ pública** l'opinion publique

> **También se puede decir:**
> Qu'en pensez-vous ? (*¿Qué cree usted?*)
> Que pensez-vous de sa façon d'agir ? (*¿Qué piensa de ...?*)
> À votre avis, hommes et femmes sont-ils égaux ? (*En su opinión ...?*)
>
> Personnellement, je pense que c'est trop cher. (*Personalmente, creo que ...*)
> À mon avis, il n'a pas changé. (*En mi opinión ...*)
> D'après moi, il a fait une erreur. (*Para mí ...*)

opio ['opjo] *nm* opium *m*

oponente [opo'nente] *nm/f* opposant(e) ; (*Dep, Pol*) adversaire *m/f*

oponer [opo'ner] *vt* opposer ; **oponerse** *vpr*: **oponerse (a)** s'opposer (à) ; **~ A a B** opposer A à B ; **¡me opongo!** je m'y oppose !

oportunidad [oportuni'ðað] *nf* (*ocasión*) occasion *f* ; (*posibilidad*) opportunité *f* ; **oportunidades** *nfpl* (*Com*) promotions *fpl* ; (*en trabajo, educación*) possibilités *fpl* ; **dar a algn otra ~** redonner une chance à qn

oportuno, -a [opor'tuno, a] *adj* opportun(e) ; (*persona*) judicieux(-euse) ; **en el momento ~** au moment opportun ; **¡qué ~!** (*irónico*) c'est bien le moment !

oposición [oposi'θjon] *nf* opposition *f* ; **oposiciones** *nfpl* (*Esp*) concours *msg* ; **la ~** (*Pol*) l'opposition ; **hacer oposiciones (a), presentarse a unas oposiciones (a)** se présenter au concours (de)

opresivo, -a [opre'siβo, a] *adj* (*régimen*) oppressif(-ive) ; (*medidas*) de répression

opresor, a [opre'sor, a] *nm/f* oppresseur *m*

oprimir [opri'mir] *vt* (*botón*) presser ; (*suj: cinturón, ropa*) serrer ; (*fig: corazón*) oppresser ; (*obrero, campesino*) opprimer

optar [op'tar] *vi*: **~ por** opter pour ; **~ a** aspirer à

optativo, -a [opta'tiβo, a] *adj* (*asignatura*) facultatif(-ive)

óptica ['optika] *nf* (*tienda*) opticien *m* ; (*Fís, Tec*) optique *f* ; *ver tb* **óptico**

óptico, -a ['optiko, a] *adj* optique ▸ *nm/f* opticien(ne)

optimismo [opti'mismo] *nm* optimisme *m*

optimista [opti'mista] *adj, nm/f* optimiste *m/f*

óptimo, -a ['optimo, a] *adj* optimal(e)

opuesto, -a [o'pwesto, a] *pp de* **oponer** ▸ *adj* opposé(e)

opulencia [opu'lenθja] *nf* opulence *f*

opulento, -a [opu'lento, a] *adj* opulent(e)

oración [ora'θjon] *nf* (*Rel*) prière *f* ; (*Ling*) énoncé *m*

orador, a [ora'ðor, a] *nm/f* orateur(-trice)

oral [o'ral] *adj* oral(e) ; **por vía ~** par voie orale

órale ['orale] (*Méx: fam*) *excl* (*¡venga!*) allez ! ; (*¡oiga!*) écoutez !

orangután [orangu'tan] *nm* orang-outang *m*

orar [o'rar] *vi* prier

oratoria [ora'torja] *nf* éloquence *f*

órbita ['orβita] *nf* orbite *f* ; (*ámbito*) champ *m*

orden ['orðen] *nm* ordre *m* ▸ *nf* (*mandato, Rel*) ordre *m* ; **por ~** par ordre ; **por ~ alfabético/de aparición** par ordre alphabétique/d'apparition ; **estar/poner en ~** être/mettre en ordre ; **del ~ de** de l'ordre de ; **de primer ~** de premier ordre ; **estar a la ~ del día** être à l'ordre du jour ; **¡a sus órdenes!** à vos ordres ! ; **dar la ~ de hacer algo** donner l'ordre de faire qch ; **~ bancaria** virement *m* bancaire ; **~ de comparencia** assignation *f* à comparaître ; **~ de compra** (*Com*) ordre d'achat ; **~ del día** ordre du jour ; **~ público** ordre public

ordenado, -a [orðe'naðo, a] *adj* ordonné(e)

ordenador [orðena'ðor] *nm* (*Inform*) ordinateur *m* ; **~ central** ordinateur central ; **~ de sobremesa** ordinateur de bureau ; **~ personal** ordinateur personnel ; **~ portátil** ordinateur portable

ordenanza [orðe'nanθa] *nf* (*militar, municipal*) ordonnance *f* ▸ *nm* (*en oficinas*) employé *m* de bureau ; (*Mil*) ordonnance *f*

ordenar [orðe'nar] *vt* (*mandar*) ordonner ; (*papeles, juguetes*) ranger ; (*habitación, ideas*) mettre de l'ordre (dans) ; (*Rel*) ordonner ; **ordenarse** *vpr* (*Rel*) être ordonné(e)

ordeñar [orðe'ɲar] *vt* traire

ordinario, -a [orði'narjo, a] *adj* ordinaire ; (*pey*) grossier(-ière) ; **de ~** d'ordinaire

orégano [o'reɣano] *nm* origan *m*

oreja [o'rexa] *nf* oreille *f* ; **sonrisa de ~ a ~** sourire *m* jusqu'aux oreilles ; **ver las ~s al lobo** percevoir le danger

orfanato [orfa'nato] *nm* orphelinat *m*

orfandad [orfan'dað] *nf fait d'être orphelin*

orfebrería [orfeβre'ria] *nf* orfèvrerie *f*

orgánico, -a [or'ɣaniko, a] *adj* (*tb ley*) organique ; (*todo*) organisé(e) ; (*agricultura, verduras*) bio

organigrama [orɣani'ɣrama] *nm* organigramme *m*

organismo [orɣa'nismo] *nm* organisme *m* ; **~ internacional** organisation *f* internationale

organización [orɣaniθa'θjon] *nf* organisation *f* ; **buena/mala ~** bonne/mauvaise organisation ; **O~ de las Naciones Unidas** Organisation des Nations unies ; **O~ del Tratado del Atlántico Norte** Organisation du traité de l'Atlantique Nord

organizar [orɣani'θar] *vt* organiser ; **organizarse** *vpr* s'organiser ; (*escándalo*) se produire

órgano ['orɣano] *nm* organe *m* ; (*Mús*) orgue *m*

orgasmo [or'ɣasmo] *nm* orgasme *m*

orgía [or'xia] *nf* orgie *f*

orgullo [or'ɣuʎo] *nm* orgueil *m*

orgulloso, -a [orɣu'ʎoso, a] *adj* orgueilleux(-euse)

orientación [orjenta'θjon] *nf* orientation *f* ; **~ profesional/universitaria** orientation professionnelle/des études ; **tener sentido de la ~** avoir le sens de l'orientation

orientar [orjen'tar] *vt* orienter ; (*esfuerzos*) diriger ; **orientarse** *vpr* s'orienter ; **orientarse (en, sobre)** s'orienter (vers, d'après)

oriente [o'rjente] *nm* orient *m* ; **el O~** l'Orient *m* ; **O~ Medio/Próximo** Moyen-/Proche-Orient *m* ; **Lejano O~** Extrême-Orient *m*

origen [o'rixen] *nm* origine *f* ; **de ~ español** d'origine espagnole ; **de ~ humilde** d'origine modeste ; **dar ~ a** donner lieu à ; **país/lugar de ~** pays *msg*/lieu *m* d'origine ; **idioma de ~** langue *f* maternelle

original [orixi'nal] *adj* original(e) ; (*relativo al origen*) originel(le) ▶ *nm* original *m* ; **el pecado ~** le péché originel

originalidad [orixinali'ðað] *nf* originalité *f*

originar [orixi'nar] *vt* causer, provoquer ; **originarse** *vpr*: **originarse (en)** trouver son origine (dans)

originario, -a [orixi'narjo, a] *adj* originaire ; (*motivo, razón*) premier(-ière) ; **~ de** originaire de ; **país ~** pays *msg* d'origine

orilla [o'riʎa] *nf* bord *m* ; **a ~s del mar/río** au bord de la mer/rivière

orina [o'rina] *nf* urine *f*

orinal [ori'nal] *nm* pot *m* (de chambre)

orinar [ori'nar] *vi* uriner ; **orinarse** *vpr* faire pipi

orines [o'rines] *nmpl* urines *fpl*

oriundo, -a [o'rjundo, a] *adj*: **~ de** originaire de

ornitología [ornitolo'xia] *nf* ornithologie *f*

oro ['oro] *nm* or *m* ; **~ de ley** or au titre ; **de ~** en or ; **ofrecer/prometer el ~ y el moro** promettre monts et merveilles ; **no es ~ todo lo que reluce** tout ce qui brille n'est pas or ; **hacerse de ~** faire fortune ; *ver tb* **oros**

oropel [oro'pel] *nm* oripeau *m*

oros ['oros] *nmpl* (*Naipes*) *l'une des quatre couleurs du jeu de cartes espagnol*

orquesta [or'kesta] *nf* orchestre *m* ; **~ de cámara/de jazz** orchestre de chambre/de jazz

orquídea [or'kiðea] *nf* orchidée *f*

ortiga [or'tiɣa] *nf* ortie *f*

ortodoxo, -a [orto'ðokso, a] *adj* orthodoxe

ortografía [ortoɣra'fia] *nf* orthographe *f*

ortopedia [orto'peðja] *nf* orthopédie *f*

ortopédico, -a [orto'peðiko, a] *adj* orthopédique

oruga [o'ruɣa] *nf* chenille *f*

orzuelo [or'θwelo] *nm* orgelet *m*

os [os] *pron* vous ; **vosotros os laváis** vous vous lavez ; **¡callaros!** (*fam*) taisez-vous !

osa ['osa] *nf* ourse *f* ; **O~ Mayor/Menor** Grande/Petite Ourse

osadía [osa'ðia] *nf* audace *f*

osar [o'sar] *vi* oser

oscilación [osθila'θjon] *nf* oscillation *f*; (*de precios*) fluctuation *f*, variation *f*

oscilar [osθi'lar] *vi* osciller; (*titubear*) vaciller

oscurecer [oskure'θer] *vt* obscurcir ▸ *vi* commencer à faire nuit; **oscurecerse** *vpr* s'obscurcir

oscuridad [oskuri'ðað] *nf* obscurité *f*; **en la ~** dans le noir

oscuro, -a [os'kuro, a] *adj* obscur(e); (*color etc*) foncé(e); (*día, cielo*) sombre; (*futuro*) sombre; **a oscuras** dans l'obscurité

óseo, -a ['oseo, a] *adj* osseux(-euse)

oso ['oso] *nm* ours *msg*; **~ blanco/pardo** ours blanc/brun; **hacer el ~** faire le clown; **~ de peluche** ours en peluche; **~ hormiguero** tamanoir *m*

ostentación [ostenta'θjon] *nf* ostentation *f*; **hacer ~ de algo** (*pey*) faire étalage de qch

ostentar [osten'tar] *vt* arborer; (*cargo, título, récord*) posséder

ostra ['ostra] *nf* huître *f* ▸ *excl*: **¡~s!** (*fam*) mince!

OTAN ['otan] *sigla f* (= *Organización del Tratado del Atlántico Norte*) OTAN *f* (= *Organisation du traité de l'Atlantique Nord*)

otear [ote'ar] *vt* scruter

otitis [o'titis] *nf inv* otite *f*

otoñal [oto'ɲal] *adj* automnal(e); (*amor*) mûr(e)

otoño [o'toɲo] *nm* automne *m*

otorgar [otor'ɣar] *vt* octroyer, concéder; (*perdón*) accorder; (*poderes*) attribuer; (*premio*) décerner

otorrinolaringólogo, -a [otorrinolarin'goloɣo, a], **otorrino, -a** [oto'rrino, a] *nm/f* oto-rhino(-laryngologiste) *m/f*

otro, -a ['otro, a]

▸ *adj* **1** (*distinto*: *sg*) un(e) autre; (: *pl*) d'autres; **otra persona** une autre personne; **con otros amigos** avec d'autres amis

2 (*adicional*): **tráigame otro café (más), por favor** apportez-moi un autre café, s'il vous plaît; **otros 10 días más** encore 10 jours; **otros tres** trois autres; **otra vez** encore une fois

3 (*un nuevo*): **es otro Mozart** c'est un nouveau Mozart; **¡otra!** (*en concierto*) une autre!, bis!; **¡a otra cosa!** passons à autre chose!

4: **otro tanto**: **comer otro tanto** manger autant; **recibió una decena de telegramas y otras tantas llamadas** il a reçu une dizaine de télégrammes et autant de coups de téléphone

▸ *pron* **1**: **el otro/la otra** l'autre; **otros/otras** d'autres; **los otros/las otras** les autres; **no cojas esa gabardina, que es de otro** ne prends pas cet imperméable, il est à quelqu'un d'autre; **que lo haga otro** que quelqu'un d'autre le fasse

2 (*recíproco*): **se odian (la) una a (la) otra** elles se détestent l'une l'autre; **unos y otros** les uns et les autres

outlet ['autlet] (*pl* **outlets**) *nm* (*tienda*) magasin *m* de déstockage

ovación [oβa'θjon] *nf* ovation *f*

ovalado, -a [oβa'laðo, a] *adj* ovale

óvalo ['oβalo] *nm* ovale *m*

ovario [o'βarjo] *nm* ovaire *m*

oveja [o'βexa] *nf* brebis *fsg*; **~ negra** (*de familia*) brebis galeuse

overol [oβe'rol] (AM) *nm* salopette *f*

ovillo [o'βiʎo] *nm* pelote *f*; **hacerse un ~** se pelotonner

OVNI ['oβni] *sigla m* (= *objeto volante (o volador) no identificado*) OVNI *m* (= *objet volant non identifié*)

ovulación [oβula'θjon] *nf* ovulation *f*

óvulo ['oβulo] *nm* ovule *m*

oxidar [oksi'ðar] *vt* oxyder, rouiller; **oxidarse** *vpr* s'oxyder, se rouiller; (*Tec*) s'oxyder

óxido ['oksiðo] *nm* oxyde *m*; (*sobre metal*) rouille *f*

oxigenado, -a [oksixe'naðo, a] *adj* (*agua*) oxygéné(e); (*pelo*) blond(e) oxygéné(e)

oxígeno [ok'sixeno] *nm* oxygène *m*

oyendo *etc* [o'jendo] *vb ver* **oír**

oyente [o'jente] *nm/f* auditeur(-trice)

P

P *abr* (*Rel*: = *Padre*) P (= *Père*) ; (= *Papa*) pape ; (= *pregunta*) Q. (= *question*)

p. *abr* (*Tip*: = *página*) p. (= *page*) ; (*Costura*) = **punto**

pabellón [paβe'ʎon] *nm* pavillon *m* ; **~ de conveniencia** (*Com*) pavillon de complaisance ; **~ de la oreja** pavillon de l'oreille

pacer [pa'θer] *vi* paître

Pachamama [patʃa'mama] (*And, CSur*) *nf* Pachamama *f*

pachanga [pa'tʃanga] (*CAm, Méx*) *nf* pachanga *f*

paciencia [pa'θjenθja] *nf* patience *f* ; **¡~!** patience ! ; **armarse de ~** s'armer de patience ; **perder la ~** perdre patience

paciente [pa'θjente] *adj, nm/f* patient(e)

pacificar [paθifi'kar] *vt* pacifier

pacífico, -a [pa'θifiko, a] *adj* pacifique ; **el (Océano) P~** le (*o* l'océan) Pacifique

pacifismo [paθi'fismo] *nm* pacifisme *m*

pacifista [paθi'fista] *nm/f* pacifiste *m/f*

pacotilla [pako'tiʎa] *nf*: **de ~** de pacotille

pactar [pak'tar] *vt* convenir de ▶ *vi* pactiser

pacto ['pakto] *nm* pacte *m*

padecer [paðe'θer] *vt* (*dolor, enfermedad*) souffrir de ; (*injusticia, consecuencias*) subir ; (*sequía*) connaître ▶ *vi*: **~ de** souffrir de

padecimiento [paðeθi'mjento] *nm* souffrance *f*

padrastro [pa'ðrastro] *nm* beau-père *m* ; (*en las uñas*) envie *f*

padre ['paðre] *nm* père *m* ▶ *adj* (*fam*): **una juerga ~** une bringue à tout casser ; **padres** *nmpl* (*padre y madre*) parents *mpl* ; **García ~** García père ; **~ adoptivo** père adoptif ; **~ de familia** père de famille ; **~ espiritual** père spirituel ; **P~ Nuestro** Notre Père ; **~ político** beau-père *m*

padrino [pa'ðrino] *nm* parrain *m* ; **padrinos** *nmpl* *le parrain et la marraine* ; **~ de boda** témoin *m* de mariage

padrón [pa'ðron] *nm* recensement *m*

paella [pa'eʎa] *nf* paella *f*

pág. *abr* (= *página*) p. (= *page*)

págs. *abr* (= *páginas*) pp. (= *pages*)

paga ['paɣa] *nf* paie *f*, paye *f* ; **~ extra(ordinaria)** treizième mois *m*

> En Espagne, la plupart des contrats de travail à durée indéterminée ou de longue durée stipulent un treizième et quatorzième mois de salaire. En juin et en décembre, la majorité des salariés reçoivent donc un mois double, appelé **paga extraordinaria** ou **paga extra**.

pagano, -a [pa'ɣano, a] *adj, nm/f* païen(ne)

pagar [pa'ɣar] *vt, vi* payer ; **¡me las pagarás!** tu me le paieras ! ; **~ al contado** payer comptant ; **~ algo caro** (*fig*) payer cher qch

pagaré [paɣa're] *nm* billet *m* à ordre

página ['paxina] *nf* page *f* ; **~ web** page Web

pago ['paɣo] *nm* paiement *m* ; **~(s)** (*esp And, CSur*) région *fsg* ; **en ~ de** en paiement de ; **~ a cuenta** acompte *m* ; **~ a la entrega/anticipado/en especie** paiement à la livraison/anticipé/en espèces ; **~ inicial** versement *m* initial

pague *etc* ['paɣe] *vb ver* **pagar**

país [pa'is] *nm* pays *msg* ; **los P~es Bajos** les Pays Bas ; **el P~ Vasco** le Pays basque

paisaje [pai'saxe] *nm* paysage *m*

paisano, -a [pai'sano, a] *nm/f* compatriote *m/f* ; (*esp CSur*) paysan(ne) ▶ *adj* (*esp CSur*) paysan(ne) ; **vestir de ~** être en civil

paja ['paxa] *nf* paille *f* ; (*fig*) remplissage *m*

pajarita [paxa'rita] *nf* nœud *m* papillon

pájaro ['paxaro] *nm* oiseau *m* ; (*fam*) oiseau, loustic *m* ; **tener la cabeza llena de ~s** avoir la tête ailleurs *o* en l'air ; **~ carpintero** pic *m*

pajita [pa'xita] *nf* paille *f*

pala ['pala] *nf* pelle *f* ; (*de ping-pong®, frontón*) raquette *f* ; (*de hélice, remo*) pale *f* ; **~ mecánica** pelle mécanique

palabra [pa'laβra] *nf* mot *m* ; (*promesa, facultad, en asamblea*) parole *f* ; **faltar a su ~** manquer à sa parole ; **dejar a algn con la ~ en la boca** ne pas laisser qn terminer sa phrase ; **pedir/tener/tomar la ~** demander/avoir/prendre la parole ; **no encuentro ~s para expresar ...** je ne trouve pas les mots pour exprimer ... ; **~ de honor** parole d'honneur

palabrota [pala'βrota] *nf* gros mot *m*

palacio [pa'laθjo] *nm* palais *msg* ; **~ de justicia** palais de justice

paladar [pala'ðar] *nm* (*tb fig*) palais *msg*

paladear [palaðe'ar] *vt* savourer

palanca [pa'lanka] *nf* levier *m* ; (*fig*) piston *m* ; **~ de cambio/mando** levier de changement de vitesse/de commande

palangana [palan'gana] *nf* cuvette *f*

palco ['palko] *nm* (*Teatro*) loge *f* ; **~ de autoridades/de honor** tribune *f* officielle/d'honneur

Palestina [pales'tina] *nf* Palestine *f*

palestino, -a [pales'tino, a] *adj* palestinien(ne) ▸ *nm/f* Palestinien(ne)

paleta [pa'leta] *nf* (*de albañil*) truelle *f* ; (*Arte*) palette *f* ; (*de hélice*) pale *f* ; (AM) esquimau *m* ; *ver tb* **paleto**

paleto, -a [pa'leto, a] *adj, nm/f* péquenaud(e)

paliar [pa'ljar] *vt* pallier

paliativo [palja'tiβo] *nm* palliatif *m*

palidecer [paliðe'θer] *vi* pâlir

palidez [pali'ðeθ] *nf* pâleur *f*

pálido, -a ['paliðo, a] *adj* pâle

palillo [pa'liʎo] *nm* cure-dents *msg* ; (*Mús*) baguette *f* ; **palillos** *nmpl* (*para comer: tb:* **palillos chinos**) baguettes *fpl* ; **estar hecho un ~** être maigre comme un clou

paliza [pa'liθa] *nf* raclée *f* ; **dar la ~ a algn** (*fam*) assommer qn ; **dar una ~ a algn** flanquer une raclée à qn ; **darse una ~ haciendo algo** s'esquinter à faire qch

palma ['palma] *nf* (*de mano*) paume *f* ; (*árbol*) palmier *m* ; **batir** *o* **dar ~s** battre des mains ; **llevarse la ~** remporter la palme, l'emporter

palmada [pal'maða] *nf* tape *f* ; **palmadas** *nfpl* (*aplauso*) applaudissements *mpl* ; (*en música*) battements *mpl* de mains

palmar [pal'mar] (*fam*) *vi* (*tb:* **palmarla**) clamser

palmear [palme'ar] *vi* applaudir ; (*en flamenco*) battre des mains

palmera [pal'mera] *nf* palmier *m*

palmo ['palmo] *nm* empan *m* ; (*fig*) pied *m* ; **~ a ~** (*recorrer*) d'un bout à l'autre ; (*registrar*) de fond en comble ; **dejar a algn con un ~ de narices** laisser qn le bec dans l'eau

palo ['palo] *nm* (*de madera*) bâton *m* ; (*poste*) piquet *m* ; (*mango*) manche *m* ; (*golpe*) coup *m* ; (*de golf*) club *m* ; (*Náut*) mât *m* ; (*Naipes*) couleur *f* ; **vermut a ~ seco** vermouth *m* sec ; **dar (de) ~s a algn** rouer qn de coups ; **¡qué ~!** (*fam*) quelle tuile ! ; **~ selfie** perche *f* à selfie

paloma [pa'loma] *nf* pigeon *m* ; (*blanca*) colombe *f* ; **la ~ de la paz** la colombe de la paix ; **~ mensajera** pigeon voyageur

palomitas [palo'mitas] *nfpl* (*tb:* **palomitas de maíz**) pop-corn *msg*

paloselfi [palo'selfi] *nm* perche *f* à selfie

palpar [pal'par] *vt* palper ; (*al andar a ciegas*) tâter ; **se palpaba la tensión** la tension était palpable

palpitación [palpita'θjon] *nf* palpitation *f*

palpitante [palpi'tante] *adj* palpitant(e) ; (*fig*) brûlant(e)

palpitar [palpi'tar] *vi* palpiter

palta ['palta] (*And, CSur*) *nf* avocat *m*

paludismo [palu'ðismo] *nm* paludisme *m*

pamela [pa'mela] *nf* capeline *f*

pampa ['pampa] *nf* pampa *f*

pampeano, -a [pampe'ano, a] (AM) *adj* de la pampa ▸ *nm/f* natif(-ive) *o* habitant(e) de la pampa

pampero [pam'pero] (*CSur*) *nm* pampéro *m*, vent *m* froid du sud

pan [pan] *nm* pain *m* ; **un ~** un pain ; **barra de ~** baguette *f* ; **eso es ~ comido** c'est du gâteau, c'est du tout cuit ; **llamar al ~ ~ y al vino vino** appeler un chat un chat ; **ganarse el ~** gagner son pain ; **~ de molde** pain de mie ; **~ integral** pain complet ; **~ rallado** chapelure *f*

pana ['pana] *nf* velours *msg* côtelé ; (*Chi: avería*) panne *f*

panadería [panaðe'ria] *nf* boulangerie *f*

Panamá [pana'ma] *nm* Panama *m*
panameño, -a [pana'meɲo, a] *adj* panaméen(ne) ▸ *nm/f* Panaméen(ne)
pancarta [pan'karta] *nf* pancarte *f*
pancito [pan'θito] (AM) *nm* petit pain *m*
panda ['panda] *nm* panda *m* ▸ *nf* (*fam*) bande *f*
pandemia [pan'demja] *nf* pandémie *f*
pandereta [pande'reta] *nf* tambourin *m*
pandilla [pan'diʎa] *nf* bande *f*
pandillero, -a [panði'ʎero, a] (*esp* AM) *nm/f* membre *m* d'une bande
panel [pa'nel] *nm* panneau *m* ; **~ acústico** isolant *m* acoustique ; **~ de control/de mandos** tableau *m* de contrôle/de commande ; **~ de invitados** (*Radio, TV*) plateau *m* d'invités ; **~ solar** panneau solaire
panfleto [pan'fleto] *nm* pamphlet *m*
pánico ['paniko] *nm* panique *f*
panorama [pano'rama] *nm* panorama *m*
pantaletas [panta'letas] (AM) *nfpl* culotte *fsg*
pantalla [pan'taʎa] *nf* écran *m* ; (*de lámpara*) abat-jour *m* ; **servir de ~ a** servir de couverture à ; **~ de ayuda** aide *f* (en ligne) ; **~ de cristal líquido** écran à cristaux liquides ; **~ plana** écran plat ; **~ táctil** écran tactile
pantallazo [panta'ʎaθo] *nm* (*Inform*) capture *f* d'écran
pantalón [panta'lon] *nm*, **pantalones** [panta'lones] *nmpl* pantalon *msg* ; **pantalones vaqueros** blue-jean *msg*
pantano [pan'tano] *nm* (*ciénaga*) marécage *m* ; (*embalse*) barrage *m* ; (*fig: atolladero*) bourbier *m*
panteón [pante'on] *nm*: **~ familiar** caveau *m* de famille
pantera [pan'tera] *nf* panthère *f*
pantis ['pantis] *nmpl* collant *msg*
pantomima [panto'mima] *nf* pantomime *f*
pantorrilla [panto'rriʎa] *nf* mollet *m*
pantys ['pantis] *nmpl* collant *msg*
panza ['panθa] *nf* ventre *m* ; (*de rumiante*) panse *f*
pañal [pa'ɲal] *nm* couche *f*; **estar todavía en ~es** (*proyecto*) en être à ses débuts ; (*persona*) être novice
paño ['paɲo] *nm* (*tela*) étoffe *f*; (*trapo*) chiffon *m* ; **en ~s menores** en petite tenue ; **~s calientes** (*fig*) palliatifs *mpl*, baume *msg* ; **~ de cocina** torchon *m* ; **~ de lágrimas** (*fig*) réconfort *m*
pañuelo [pa'ɲwelo] *nm* (*para la nariz*) mouchoir *m* ; (*para la cabeza*) foulard *m* ; **~ de papel** mouchoir en papier
Papa ['papa] *nm* Pape *m*
papa ['papa] (AM) *nf* pomme *f* de terre
papá [pa'pa] (*fam*) *nm* papa *m* ; **papás** *nmpl* (*padre y madre*) parents *mpl* ; **hijo de ~** fils *msg* à papa ; **P~ Noel** père *m* Noël
papachar *vt* (*Méx: fam*) gâter
papada [pa'paða] *nf* double menton *m*
papagayo [papa'ɣajo] *nm* perroquet *m*
papalote [papa'lote] (*CAm, Méx*) *nm* cerf-volant *m*
paparrucha [papa'rrutʃa] *nf* (*tontería*) bêtise *f* ; (*rumor falso*) bobard *m*
papaya [pa'paja] *nf* papaye *f*
papel [pa'pel] *nm* papier *m* ; (*Teatro, fig*) rôle *m* ; **papeles** *nmpl* (*documentos*) papiers *mpl* ; **~ carbón** papier carbone ; **~ continuo** papier en continu ; **~ de aluminio** papier aluminium ; **~ de calco/de lija** papier calque/de verre ; **~ de carta(s)/de fumar** papier à lettres/à cigarettes ; **~ de envolver** papier d'emballage ; **~ timbrado** *o* **del Estado** papier timbré ; **~ de estaño** *o* **plata** papier aluminium ; **~ higiénico** *o* (*Méx*) **sanitario/secante** papier hygiénique/buvard ; **~ madera** (*CSur*) carton *m* ; **~ moneda** papier-monnaie *m* ; **~ térmico** papier thermique ▸ *adj inv, nm/f inv*: **sin ~es** sans-papiers *m/f inv*, sans-papier *m/f*
papeleo [pape'leo] *nm* paperasserie *f*
papelera [pape'lera] *nf* corbeille *f* à papiers ; (*en la calle*) poubelle *f* ; (*industria*) papeterie *f* ; **~ de reciclaje** (*Inform*) corbeille *f*
papelería [papele'ria] *nf* papeterie *f*
papeleta [pape'leta] *nf* (*de rifa*) billet *m* ; (*Pol*) bulletin *m* ; (*Escol: calificación*) relevé *m* de notes ; **¡vaya ~!** quelle histoire !, quelle affaire !
paperas [pa'peras] *nfpl* oreillons *mpl*
papilla [pa'piʎa] *nf* bouillie *f* ; **dejar hecho** *o* **hacer ~** réduire *o* mettre en bouillie
paquete [pa'kete] *nm* paquet *m* ; (*esp* AM: *fam*) ennui *m* ; (*Inform*) progiciel *m* ; **~ de aplicaciones** lot *m* de logiciels ; **~ fiscal** paquet fiscal ; **~ de gestión integrado** progiciel de gestion ; **~ integrado** progiciel ;

~s postales colis *mpl* postaux ; **~-bomba** colis *msg* piégé

par [par] *adj* pair(e) ▸ *nm* (*de guantes, calcetines*) paire *f* ; (*de veces, días*) deux ; (*pocos*) deux ou trois ; (*título*) pair *m* ; (*Golf*) par *m* ▸ *nf* (*Econ*) pair ; **~es o nones** pairs ou impairs ; **a ~es** par paires ; **abrir de ~ en ~** ouvrir tout grand ; **a la ~** à la fois ; **sobre/bajo la ~** (*Econ*) au dessus/au dessous du pair ; **sin ~** unique

para ['para] *prep* pour ; **decir ~ sí** se dire ; **~ ti** pour toi ; **¿~ qué?** pourquoi faire ? ; **¿~ qué lo quieres?** que veux-tu en faire ? ; **~ que te sientes** pour que tu t'assoies ; **~ entonces** à ce moment-là ; **estará listo ~ mañana** ça sera prêt demain ; **ir ~ casa** rentrer chez soi ; **~ ser tan mayor, está ágil** il est agile pour son âge ; **¿quién es usted ~ gritar así?** vous vous prenez pour qui pour crier comme ça ? ; **tengo bastante ~ vivir** j'ai de quoi vivre ; **~ el caso que me haces** vu l'intérêt que tu me portes ; **~ eso no vengas** si c'est pour ça, ne viens pas ; **~ colmo** pour comble

parábola [pa'raβola] *nf* parabole *f*

parabólica [para'βolika] *nf* (*tb*: **antena parabólica**) antenne *f* parabolique

parabrisas [para'βrisas] *nm inv* pare-brise *m inv*

paracaídas [paraka'iðas] *nm inv* parachute *m*

paracaidista [parakai'ðista] *nm/f* parachutiste *m/f* ; (*Méx: fam*) squatteur(-euse)

parachoques [para'tʃokes] *nm inv* pare-chocs *m inv*

parada [pa'raða] *nf* arrêt *m* ; **~ de autobús/de taxis** arrêt d'autobus/station *f* de taxis ; **~ discrecional** arrêt facultatif ; **~ en seco** arrêt net ; **~ militar** parade *f* ; *ver tb* **parado**

paradero [para'ðero] *nm* endroit *m* ; (*And, CSur*) halte *f* ; **en ~ desconocido** parti(e) sans laisser d'adresse

parado, -a [pa'raðo, a] *adj* arrêté(e) ; (*tímido*) timide ; (*sin empleo*) au chômage ; (*confuso*) confondu(e) ; (AM) debout ▸ *nm/f* chômeur(-euse) ; **salir bien ~** bien s'en tirer

paradoja [para'ðoxa] *nf* paradoxe *m*

parador [para'ðor] *nm* (*tb*: **parador de turismo**) parador *m* (*hôtel de première catégorie géré par l'État*)

Le réseau des **paradores** a été mis en place par le gouvernement dans les années 1950, au début de l'essor du tourisme en Espagne. Il s'agit d'hôtels de première catégorie, dans des sites uniques ou des lieux à caractère historique, souvent établis dans d'anciens châteaux et monastères. Il en existe actuellement un peu moins d'une centaine, tous classés trois étoiles ou plus, offrant des prestations de qualité ainsi qu'un large éventail de spécialités locales.

paráfrasis [pa'rafrasis] *nf inv* paraphrase *f*

paraguas [pa'raɣwas] *nm inv* parapluie *m*

Paraguay [para'ɣwai] *nm* Paraguay *m*

paraguaya [para'ɣwaja] *nf* (*fruta*) pêche *f* plate

paraguayo, -a [para'ɣwajo, a] *adj* paraguayen(ne) ▸ *nm/f* Paraguayen(ne) ▸ *nm* (*fruta*) pêche *f* plate

paraíso [para'iso] *nm* paradis *msg* ; **~ fiscal** paradis fiscal

paraje [pa'raxe] *nm* endroit *m*

paralelo, -a [para'lelo, a] *adj, nm* parallèle *m* ; **en ~** en parallèle

paralímpico, -a [para'limpiko, a] *adj* paralympique ▸ *nm/f* athlète *m/f* paralympique

parálisis [pa'ralisis] *nf inv* paralysie *f* ; **~ cerebral/infantil/progresiva** paralysie cérébrale/infantile/progressive

paralítico, -a [para'litiko, a] *adj, nm/f* paralytique *m/f*

paralizar [parali'θar] *vt* paralyser ; **paralizarse** *vpr* être paralysé(e) ; **estar/quedarse paralizado de miedo** être paralysé par la peur

paramilitar [paramili'tar] *adj* paramilitaire

páramo ['paramo] *nm* plateau *m* nu

parangón [paran'gon] *nm*: **sin ~** sans égal(e)

paranoico, -a [para'noiko, a] *adj* paranoïaque ▸ *nm/f* paranoïaque *m/f* ; (*fig*) maniaque, obsédé(e)

parapente [para'pente] *nm* (*deporte, aparato*) parapente *m*

parar [pa'rar] *vt* arrêter ▸ *vi* s'arrêter ; **pararse** *vpr* s'arrêter ; (AM) se lever ; **sin ~** sans arrêt ; **no ~** ne pas arrêter ; **no ~ de hacer algo** ne pas arrêter de faire qch ; **ha**

pa

parado de llover il ne pleut plus ; **fue a ~ a la comisaría** il a atterri au commissariat ; **no sé en qué va a ~ todo esto** je ne sais pas comment tout cela va finir ; **¡dónde va a ~!** ce n'est pas comparable ! ; **pararse a hacer algo** s'arrêter pour faire qch

pararrayos [para'rrajos] *nm inv* paratonnerre *m*

parásito, -a [pa'rasito, a] *adj, nm* parasite *m* ; **un ~ de la sociedad** un parasite de la société

parcela [par'θela] *nf* parcelle *f*

parche ['partʃe] *nm* (*de rueda*) rustine *f* ; (*de ropa*) pièce *f* ; (*fig* : *de problema*) pis-aller *m inv* ; **sólo estamos poniendo ~s** (*fig*) nous ne faisons que du rafistolage

parcial [par'θjal] *adj* (*pago, eclipse*) partiel(le) ; (*juicio*) partial(e)

parcialidad [parθjali'ðað] *nf* partialité *f*

pardillo, -a [par'ðiʎo, a] *adj, nm/f* péquenaud(e) ; (*inocente*) naïf (naïve) ▸ *nm* (*Zool*) bouvreuil *m*

parecer [pare'θer] *nm* opinion *f* ; (*aspecto*) allure *f* ▸ *vi* sembler ; (*asemejarse a*) ressembler à ; **parecerse** *vpr* se ressembler ; **parecerse a** ressembler à ; **parece mentira** cela paraît incroyable ; **al ~** à ce qu'il paraît ; **parece que va a llover** on dirait qu'il va pleuvoir ; **me parece bien/ importante que ...** je trouve que c'est bien/qu'il est important que ... ; **¿que te pareció la película?** comment as-tu trouvé le film ? ; **me parece bien** ça me va ; **me parece que** il me semble que

parecido, -a [pare'θiðo, a] *adj* semblable ▸ *nm* ressemblance *f* ; **~ a algo** semblable à qch ; **un hombre bien ~** un bel homme

pared [pa'reð] *nf* mur *m* ; (*de montaña*) paroi *f* ; **subirse por las ~es** (*fam*) monter sur ses grands chevaux ; **~ medianera/ divisoria** mur mitoyen/de refend

pareja [pa'rexa] *nf* paire *f* ; (*hombre y mujer*) couple *m* ; (*persona*) partenaire *m/f* ; **una ~ de guardias** deux gendarmes ; **la ~** (*de un par*) l'autre

parentela [paren'tela] *nf* parenté *f*

parentesco [paren'tesko] *nm* parenté *f*

paréntesis [pa'rentesis] *nm inv* parenthèse *f* ; **entre ~** entre parenthèses

parezca *etc* [pa'reθka] *vb ver* **parecer**

pariente, -a [pa'rjente, a] *nm/f* parent(e)

parir [pa'rir] *vt* (*hijo*) accoucher de ; (*animal*) mettre bas ▸ *vi* (*mujer*) accoucher ; (*animal*) mettre bas ; (*yegua*) mettre bas, pouliner ; (*vaca*) mettre bas, vêler

París [pa'ris] *n* Paris

parisiense [pari'sjense], **parisino, -a** [pari'sino, a] *adj* parisien(ne) ▸ *nm/f* Parisien(ne)

parking ['parkin] (*pl* **parkings**) *nm* parking *m*

parlamentario, -a [parlamen'tarjo, a] *adj, nm/f* parlementaire *m/f*

parlamento [parla'mento] *nm* parlement *m* ; (*discurso*) discours *msg* ; **P~ Europeo** Parlement européen

parlanchín, -ina [parlan'tʃin, ina] *adj, nm/f* bavard(e)

parlante [par'lante] (*AM*) *nm* haut-parleur *m*

paro ['paro] *nm* (*huelga*) arrêt *m* ; (*desempleo, subsidio*) chômage *m* ; **estar en ~** être au chômage ; **~ del sistema** (*Inform*) arrêt du système ; **~ cardíaco** arrêt cardiaque

parodia [pa'roðja] *nf* parodie *f*

parodiar [paro'ðjar] *vt* parodier

parpadear [parpaðe'ar] *vi* cligner des yeux ; (*luz*) clignoter

párpado ['parpaðo] *nm* paupière *f*

parque ['parke] *nm* parc *m* ; **~ de atracciones** parc d'attractions ; **~ de bomberos** caserne *f* de pompiers ; **~ móvil** parc automobile ; **~ nacional/ zoológico** parc national/zoologique ; **~ temático** parc à thème

parquímetro [par'kimetro] *nm* parcmètre *m*, parcomètre *m*

parra ['parra] *nf* treille *f*

párrafo ['parrafo] *nm* paragraphe *m*

parrilla [pa'rriʎa] *nf* grill *m* ; (*AM*) porte-bagages *m inv* ; **carne a la ~** viande *f* grillée

parrillada [parri'ʎaða] *nf* assortiment *m* de grillades

párroco ['parroko] *nm* curé *m*

parroquia [pa'rrokja] *nf* paroisse *f* ; (*Com*) clientèle *f*

parsimonia [parsi'monja] *nf* parcimonie *f* ; **con ~** avec parcimonie

parte ['parte] *nm* rapport *m* ▸ *nf* partie *f* ; (*lado*) côté *m* ; (*lugar, de reparto*) part *f* ; **en alguna ~ de Europa** quelque part en Europe ; **por todas ~s** partout ; **en cualquier ~** partout, n'importe où ; **en (gran)**

~ en (grande) partie ; **la mayor ~ de los españoles** la plupart des Espagnols ; **de algún tiempo a esta ~** depuis quelque temps ; **de ~ de algn** de la part de qn ; **¿de ~ de quién?** (*Telec*) de la part de qui ? ; **por ~ de** de la part de ; **yo por mi ~** en ce qui me concerne, quant à moi ; **por una ~ ... por otra ~** d'une part ... d'autre part ; **dar ~ a algn** communiquer à qn ; **formar ~ de** faire partie de ; **ponerse de ~ de algn** prendre fait et cause pour qn ; **tomar ~ (en)** prendre part (à) ; **~ de guerra** communiqué *m* de guerre ; **~ meteorológico** bulletin *m* météorologique

partición [parti'θjon] *nf* partage *m*

participación [partiθipa'θjon] *nf* participation *f* ; (*de lotería*) billet *m* ; **~ en los beneficios** participation aux bénéfices ; **~ minoritaria** participation minoritaire

participante [partiθi'pante] *nm/f* participant(e)

participar [partiθi'par] *vt* communiquer ▶ *vi* : **~ (en)** participer (à) ; **~ de algo** partager qch ; **~ en una empresa** (*Com*) investir dans une entreprise ; **le participo que ...** je vous informe que ...

partícipe [par'tiθipe] *nm/f* : **hacer ~ a algn de algo** faire part à qn de qch

partícula [par'tikula] *nf* particule *f* ; **~s finas** particules fines

particular [partiku'lar] *adj* particulier(-ière) ▶ *nm* (*punto, asunto*) sujet *m*, chapitre *m* ; (*individuo*) particulier *m* ; **clases ~es** cours *mpl* particuliers ; **en ~** en particulier ; **no dijo mucho sobre el ~** il n'en a pas dit long sur ce sujet

partida [par'tiða] *nf* départ *m* ; (*Com : de mercancía*) lot *m* ; (*: de cuenta, factura*) entrée *f* ; (*: de presupuesto*) chapitre *m* ; (*juego*) partie *f* ; (*grupo, bando*) bande *f* ; **mala ~** mauvais tour *m* ; **echar una ~** faire une partie ; **~ de caza** partie de chasse ; **~ de defunción/de matrimonio** extrait *m* d'acte de décès/de mariage ; **~ de nacimiento** extrait de naissance

partidario, -a [parti'ðarjo, a] *adj* : **ser ~ de** être partisan(e) de ▶ *nm/f* (*seguidor*) partisan *m*

partido [par'tiðo] *nm* parti *m* ; (*Deporte*) match *m* ; **sacar ~ de** tirer parti de ; **tomar ~** prendre parti ; **~ amistoso** match amical ; **~ de baloncesto** match de basket ; **~ de fútbol** match de football ; **~ de tenis** match de tennis ; **~ judicial** arrondissement *m*

partir [par'tir] *vt* (*dividir*) partager ; (*romper*) casser ; (*rebanada, trozo*) couper ▶ *vi* partir ; **partirse** *vpr* se casser ; **a ~ de** à partir de, à compter de ; **~ de** partir de ; **partirse de risa** se tordre de rire

partitura [parti'tura] *nf* partition *f*

parto ['parto] *nm* (*de una mujer*) accouchement *m* ; (*de un animal*) mise *f* bas ; (*fig*) enfantement *m* ; **estar de ~** être en couches

pasa ['pasa] *nf* raisin *m* sec ; **~ de corinto** raisin de Corinthe

pasada [pa'saða] *nf* passage *m* ; (*con trapo, escoba*) coup *m* ; **de ~** (*leer, decir*) au passage ; **mala ~** mauvais tour *m*

pasadizo [pasa'ðiθo] *nm* passage *m*

pasado, -a [pa'saðo, a] *adj* passé(e) ; (*muy hecho*) trop cuit(e) ; (*anticuado*) dépassé(e), démodé(e) ▶ *nm* passé *m* ; **~ mañana** après-demain ; **el mes ~** le mois dernier ; **~s dos días** deux jours plus tard ; **lo ~, ~** tout ça, c'est du passé ; **~ de moda** démodé(e) ; **~ por agua** (*huevo*) à la coque

pasador [pasa'ðor] *nm* verrou *m* ; (*de pelo*) barrette *f* ; (*de corbata*) épingle *f* ; (*AM*) lacet *m*

pasaje [pa'saxe] *nm* passage *m* ; (*de barco, avión*) billet *m* ; (*los pasajeros*) passagers *mpl* ; **~ electrónico** billet *m* électronique

pasajero, -a [pasa'xero, a] *adj, nm/f* passager(-ère)

pasamontañas [pasamon'taɲas] *nm inv* passe-montagne *m*

pasaporte [pasa'porte] *nm* passeport *m*

pasar [pa'sar] *vt* passer ; (*barrera, meta*) franchir ; (*frío, calor, hambre*) avoir ; (*: con énfasis*) souffrir de ; (*rebasar*) dépasser ▶ *vi* passer ; (*ocurrir*) se passer ; (*entrar*) entrer ; **pasarse** *vpr* se passer ; (*flores*) se faner ; (*comida*) se gâter ; (*excederse*) exagérer ; **hacer ~ a algn** faire entrer qn ; **~ a (hacer)** en venir à (faire) ; **~ de** dépasser de ; **~ de largo** ne pas s'en faire ; **~ de (hacer) algo** (*fam*) se ficher de (faire) qch ; **~ de todo** (*fam*) se ficher de tout ; **¡pase!** entrez ! ; **~ por un sitio/una calle** passer par un endroit/une rue ; **~ por alto** faire fi de, passer sous silence ; **~ por una crisis** traverser une crise ; **~ sin algo** se passer

pa

de qch ; **pasarlo bien** s'amuser ; **¿qué pasa?** que se passe-t-il ? ; **¿qué te pasa?** que t'arrive-t-il ? ; **¡cómo pasa el tiempo!** comme le temps passe vite ! ; **pase lo que pase** quoi qu'il en soit ; **se hace ~ por médico** il se fait passer pour un médecin ; **pásate por casa/la oficina** passe chez moi/par mon bureau ; **pasarse al enemigo** passer à l'ennemi ; **pasarse de moda** passer de mode ; **pasarse de la raya** dépasser les bornes ; **¡no te pases!** n'exagère pas ! ; **me lo pasé bien/mal** cela s'est bien/mal passé ; **se me pasó** j'ai complètement oublié ; **se me pasó el turno** j'ai laissé passer mon tour ; **no se le pasa nada** rien ne lui échappe ; **ya se te pasará** ça te passera

pasarela [pasa'rela] *nf* passerelle *f* ; (*de modas*) podium *m*

pasatiempo [pasa'tjempo] *nm* passe-temps *msg* ; **pasatiempos** *nmpl* (*en revista*) jeux *mpl*

Pascua, pascua ['paskwa] *nf* (*tb*: **Pascua de Resurrección**) Pâques *fpl* ; **Pascuas** *nfpl* Noël *msg* ; **¡felices ~s!** joyeux Noël ! ; **de ~s a Ramos** tous les trente-six du mois ; **hacer la ~ a algn** (*fam*) mettre qn dans le pétrin

pase ['pase] *nm* passe *m* ; (*Com*) passavant *m* ; (*Cine*) projection *f* ; **~ de modelos** défilé *m* de mannequins

pasear [pase'ar] *vt, vi* promener ; **pasearse** *vpr* se promener

paseo [pa'seo] *nm* promenade *f* ; (*distancia corta*) pas *msg* ; **dar un ~** faire une promenade ; **mandar a algn a ~** envoyer qn promener ; **¡vete a ~!** va te faire voir ! ; **~ marítimo** front *m* de mer

pasillo [pa'siʎo] *nm* couloir *m* ; **~ aéreo** couloir aérien

pasión [pa'sjon] *nf* passion *f*

pasivo, -a [pa'siβo, a] *adj* passif(-ive) ▸ *nm* (*Com*) passif *m* ; **~ circulante** passif exigible

pasmar [pas'mar] *vt* ébahir ; **pasmarse** *vpr* être ébahi(e), ne pas en revenir

pasmo ['pasmo] *nm* stupéfaction *f*

paso, -a ['paso, a] *adj* (*ciruela*) sec (sèche) ▸ *nm* passage *m* ; (*pisada, de baile*) pas *msg* ; (*modo de andar*) pas, allure *f* ; (*de montaña*) col *m* ; (*Telec*) unité *f* ; **pasos** *nmpl* (*gestiones*) démarches *fpl* ; (*huellas*) pas *mpl* ; **~ a ~** pas à pas ; **a cada ~** à tout bout de champ ; **a un ~** *o* **dos ~s** à deux pas ; **a ese ~** à cette allure ; **a ~ lento** à pas comptés ; **a ~ ligero** d'un pas léger ; **abrirse ~** se frayer un chemin ; **salir al ~ de** répliquer à ; **salir al ~** passer à la contre-offensive ; **salir del ~** se tirer d'affaire ; **dar un ~ en falso** faire un faux pas, trébucher ; (*fig*) faire un faux pas, commettre une faute ; **de ~, ...** au passage, ... ; **estar de ~** être de passage ; **un ~ atrás** un pas en arrière ; **un mal ~** (*fig*) une mauvaise passe ; **prohibido el ~** passage interdit ; **ceda el ~** cédez le passage, priorité ; **~ a nivel** passage à niveau ; **~ de peatones/de cebra** passage pour piétons/clouté ; **~ elevado** saut-de-mouton *m* ; **~ subterráneo** passage souterrain

pasota [pa'sota] (*fam*) *adj, nm/f* je-m'en-foutiste *m/f*

pasta ['pasta] *nf* pâte *f* ; (*macarrones, fideos etc*) pâtes *fpl* ; (*tb*: **pasta de té**) petit gâteau *m* ; (*fam*: *dinero*) fric *m* ; (*encuadernación*) reliure *f* ; **~ dentífrica** *o* **de dientes** dentifrice *m* ; **~ de papel** pâte à papier

pastar [pas'tar] *vi* paître

pastel [pas'tel] *nm* gâteau *m* ; (*de carne*) friand *m* ; (*Arte*) pastel *m* ; **se descubrió el ~** on a découvert le pot aux roses

pastelería [pastele'ria] *nf* pâtisserie *f*

pasteurizado, -a [pasteuri'θaðo, a] *adj* pasteurisé(e)

pastilla [pas'tiʎa] *nf* (*de jabón*) savonnette *f* ; (*de chocolate*) tablette *f* ; (*Med*) comprimé *m*, cachet *m*

pastillero, -a [pasti'ʎero, a] *nm/f* (*fam*) accro *m/f* aux petites pilules ▸ *nm* boîte *f* à pilules

pasto ['pasto] *nm* pâture *f* ; (*lugar*) pâturage *m* ; **fue ~ de las llamas** il a été la proie des flammes

pastón [pas'ton] (*fam*) *nm*: **cuesta un ~** ça coûte une blinde

pastor, a [pas'tor, a] *nm/f* berger(-ère) ▸ *nm* (*Rel*) pasteur *m* ; **perro ~** chien *m* (de) berger ; **~ alemán** berger allemand

pata ['pata] *nf* patte *f* ; (*pie*) pied *m* ; **~s arriba** (*caer*) les quatre fers en l'air ; (*revuelto*) sens dessus dessous ; **a cuatro ~s** à quatre pattes ; **a la ~ coja** à cloche-pied ; **meter la ~** mettre les pieds dans le plat ; **tener mala ~** ne pas avoir de bol ; **~ de cabra** (*Tec*) pince *f* à levier ; **~ de gallo** pied-de-poule *m*

patada [pa'taða] *nf* coup *m* de pied ; **dar una ~ a algn/a algo** donner un coup de pied à qn/à qch ; **a ~s** (*fam: en abundancia*) à foison ; **echar a algn a ~s** éjecter qn à coup de pieds ; **tratar a algn a ~s** traiter qn comme un chien

patalear [patale'ar] *vi* trépigner

patata [pa'tata] *nf* pomme *f* de terre ; **~s fritas** frites *fpl* ; (*de bolsa*) chips *fpl* ; **no entender/no saber ni ~** (*fam*) comprendre/savoir que dalle

paté [pa'te] *nm* pâté *m*

patear [pate'ar] *vt* piétiner ; (*fig: humillar*) houspiller ; (*fam: ciudad, museo*) parcourir de long en large *o* en tous sens ▶ *vi* trépigner

patentar [paten'tar] *vt* breveter

patente [pa'tente] *adj* manifeste ▶ *nf* brevet *m* ; (*CSur*) immatriculation *f* ; **hacer ~** manifester

patera [pa'tera] (*Esp*) *nf bateau utilisé notamment par les immigrés clandestins venus d'Afrique*

paternal [pater'nal] *adj* paternel(le)

paterno, -a [pa'terno, a] *adj* paternel(le)

patético, -a [pa'tetiko, a] *adj* pathétique

patilla [pa'tiʎa] *nf* (*de gafas*) branche *f* ; **patillas** *nfpl* (*de la barba*) favoris *mpl*, pattes *fpl*

patín [pa'tin] *nm* patin *m* ; (*de mar*) pédalo *m* ; **~ de hielo/de ruedas** patin à glace/à roulettes

patinaje [pati'naxe] *nm* patinage *m* ; **~ artístico** patinage artistique ; **~ sobre hielo/sobre ruedas** patinage (sur glace)/à roulettes

patinar [pati'nar] *vi* patiner ; (*fam: equivocarse*) se gourer

patio ['patjo] *nm* cour *f* ; **~ de butacas** (*Cine, Teatro*) orchestre *m* ; **~ de recreo** cour de récréation

pato ['pato] *nm* canard *m* ; **pagar el ~** (*fam*) payer les pots cassés

patológico, -a [pato'loxiko, a] *adj* pathologique

patoso, -a [pa'toso, a] *adj* empoté(e)

patraña [pa'traɲa] *nf* mensonge *m*

patria ['patrja] *nf* patrie *f* ; **~ chica** terroir *m*

patrimonio [patri'monjo] *nm* patrimoine *m*

patriota [pa'trjota] *nm/f* patriote *m/f*

patriotismo [patrjo'tismo] *nm* patriotisme *m*

patrocinar [patroθi'nar] *vt* (*sufragar*) sponsoriser, parrainer ; (*apoyar*) appuyer, parrainer

patrocinio [patro'θinjo] *nm* parrainage *m*

patrón, -ona [pa'tron, ona] *nm/f* patron(ne) ; (*de pensión*) hôte (hôtesse) ; (*de barco*) patron *m* ▶ *nm* patron *m* ; **~ oro** étalon-or *m*

patronal [patro'nal] *adj* patronal(e) ▶ *nf* patronat *m* ; **cierre ~** lock-out *m*

patrulla [pa'truʎa] *nf* patrouille *f*

pausa ['pausa] *nf* pause *f* ; **con ~** posément, tranquillement

pausado, -a [pau'saðo, a] *adj* posé(e)

pauta ['pauta] *nf* modèle *m*

pava ['paβa] (*CSur*) *nf* bouilloire *f* à maté

pavada [pa'βaða] (*And, CSur: fam*) *nf* bêtise *f*

pavimento [paβi'mento] *nm* revêtement *m*

pavo ['paβo] *nm* dindon *m* ; **¡no seas ~!** ne fais pas le mariolle ! ; **estar en la edad del ~** être à l'âge bête ; **~ real** paon *m*

pavor [pa'βor] *nm* frayeur *f*

payaso, -a [pa'jaso, a] *nm/f* clown *m/f*

payo, -a ['pajo, a] *nm/f* gadjo (gadji)

paz [paθ] *nf* paix *f* ; (*tranquilidad*) calme *m* ; **dejar algo/a algn en ~** laisser qch/qn en paix ; **hacer las paces** faire la paix ; **que en ~ descanse** qu'il repose en paix

P.D. *abr* (= *posdata*) P.S. (= *post-scriptum*)

peaje [pe'axe] *nm* péage *m* ; **autopista de ~** autoroute *f* à péage

peatón [pea'ton] *nm* piéton *m*

peca ['peka] *nf* tache *f* de rousseur

pecado [pe'kaðo] *nm* péché *m* ; **~ mortal/venial** péché mortel/véniel

pecador, a [peka'ðor, a] *adj*: **alma pecadora** âme *f* de pécheur ▶ *nm/f* pécheur(-eresse)

pecar [pe'kar] *vi* pécher ; **~ de generoso** pécher par excès de générosité

pecho ['petʃo] *nm* poitrine *f* ; (*fig*) cœur *m* ; **dar el ~ a** donner le sein à ; **tomar algo a ~** prendre qch à cœur ; **la alegría no le cabía en el ~** il ne se sentait plus de joie

pechuga [pe'tʃuɣa] *nf* (*de ave*) blanc *m*
peculiar [peku'ljar] *adj* caractéristique ; (*particular*) particulier(-ière)
peculiaridad [pekuljari'ðað] *nf* particularité *f*
pedal [pe'ðal] *nm* pédale *f* ; **~ de embrague/de freno** pédale d'embrayage/de frein
pedalear [peðale'ar] *vi* pédaler
pedante [pe'ðante] *adj, nm/f* pédant(e)
pedantería [peðante'ria] *nf* pédanterie *f*
pedazo [pe'ðaθo] *nm* morceau *m* ; **hacer algo ~s** réduire qch en mille morceaux ; **hacer ~s a algn** mettre qn en bouillie ; **caerse a ~s** tomber en ruine ; **ser un ~ de pan** (*fig*) avoir un cœur d'or
pediatra [pe'ðjatra] *nm/f* pédiatre *m/f*
pedido [pe'ðiðo] *nm* commande *f* ; **~s en cartera** commandes *fpl* en souffrance
pedir [pe'ðir] *vt* demander ; (*Com*) commander ▸ *vi* mendier ; **~ limosna** demander l'aumône ; **~ la mano de** demander la main de ; **~ disculpas** demander des excuses ; **~ prestado** emprunter ; **me pidió que cerrara la puerta** il m'a demandé de fermer la porte ; **¿cuánto piden por el coche?** combien demande-t-on pour cette voiture ?
pedo ['peðo] (*fam!*) *adj inv* : **estar ~** être rond(e) ▸ *nm* (*ventosidad*) pet *m* ; (*borrachera*) cuite *f*
pega ['peɣa] *nf* (*obstáculo*) problème *m* ; (*fam: pregunta*) colle *f* ; **de ~** à la gomme, de pacotille ; **nadie me** *etc* **puso ~s** personne n'a trouvé à redire
pegadizo, -a [peɣa'ðiθo, a] *adj* (*canción*) entraînant(e)
pegajoso, -a [peɣa'xoso, a] *adj* collant(e)
pegamento [peɣa'mento] *nm* colle *f*
pegar [pe'ɣar] *vt* coller ; (*enfermedad, costumbre*) passer ; (*golpear*) frapper ; (*Costura*) coudre ▸ *vi* (*adherirse*) coller ; (*armonizar*) aller bien ; (*el sol*) taper ; **pegarse** *vpr* se coller ; (*enfermedad*) s'attraper ; (*costumbre*) se prendre ; (*dos personas*) se frapper ; **~ un grito** pousser un cri ; **~ un salto** faire un saut ; **~ un susto a algn** faire peur à qn ; **~ fuego** mettre le feu ; **~ la mesa a la pared** mettre la table contre le mur ; **~ en** toucher ; **ese sombrero no pega con el abrigo** ce chapeau ne va pas avec ce manteau ; **pegarse un tiro** se tirer une balle dans la tête ; **pegarse un golpe** se donner un coup ; **me pega que ...** j'ai comme l'impression que ... ; **pegarse a algn** se coller à qn ; **pegársela a algn** (*fam*) tromper qn ; **se me ha pegado la costumbre/el acento** j'ai pris l'habitude/l'accent
pegatina [peɣa'tina] *nf* autocollant *m*
pegote [pe'ɣote] (*fam*) *nm* emplâtre *m* ; **tirarse un ~** (*fam*) s'envoyer des fleurs
peinado [pei'naðo] *nm* coupe *f*
peinar [pei'nar] *vt* peigner ; (*rastrear*) passer au peigne fin ; **peinarse** *vpr* se peigner
peine ['peine] *nm* peigne *m*
peineta [pei'neta] *nf* grand peigne *m*
p.ej. *abr* (= *por ejemplo*) p. ex. (= *par exemple*)
Pekín [pe'kin] *n* Pékin
pelado, -a [pe'laðo, a] *adj* pelé(e) ; (*cabeza*) tondu(e) ; (*sueldo*) simple, seul(e) ; (*fam*) fauché(e)
pelaje [pe'laxe] *nm* pelage *m* ; (*fig*) dégaine *f*
pelar [pe'lar] *vt* (*fruta*) peler ; (*patatas, marisco*) éplucher ; (*habas*) écosser ; (*nueces*) écaler ; (*cortar el pelo*) couper ; (*ave*) plumer ; **pelarse** *vpr* (*la piel*) peler ; (*cortarse el pelo*) se faire couper les cheveux ; **hace un frío que pela** il fait un froid de canard ; **corre que se las pela** (*fam*) il court à toutes jambes
peldaño [pel'daɲo] *nm* marche *f* ; (*de escalera de mano*) échelon *m*
pelea [pe'lea] *nf* (*lucha*) lutte *f* ; (*discusión*) discussion *f*
peleado, -a [pele'aðo, a] *adj* : **estar ~ (con algn)** être brouillé(e) (avec qn)
pelear [pele'ar] *vi* se battre ; (*discutir*) se disputer ; **pelearse** *vpr* se battre ; (*discutir*) se disputer ; (*enemistarse*) se brouiller
peletería [pelete'ria] *nf* pelleterie *f*
pelícano [pe'likano] *nm* pélican *m*
película [pe'likula] *nf* film *m* ; (*capa fina, Foto*) pellicule *f* ; **de ~** (*fam*) sensass ; **~ de dibujos (animados)** dessin *m* animé ; **~ del oeste** western *m* ; **~ muda** film muet
peligro [pe'liɣro] *nm* danger *m* ; **« ~ de muerte »** « danger de mort » ; **correr ~ de** courir le risque de ; **fuera de ~** hors de danger ; **poner algo/a algn en ~** mettre

qch/qn en danger

peligroso, -a [peli'ɣroso, a] *adj* dangereux(-euse)

pelirrojo, -a [peli'rroxo, a] *adj, nm/f* roux (rousse), rouquin(e)

pellejo [pe'ʎexo] *nm* peau *f*; **salvar el ~** sauver sa peau

pellizcar [peʎiθ'kar] *vt* pincer; (*comida*) grignoter; **pellizcarse** *vpr* se pincer

pellizco [pe'ʎiθko] *nm* pincement *m*; (*pizca*) pincée *f*

pelma ['pelma], **pelmazo, -a** [pel'maθo, a] (*fam*) *nm/f* casse-pieds *msg/fsg*

pelo ['pelo] *nm* (*en conjunto*) cheveux *mpl*; (*un pelo*) cheveu *m*; (: *en el cuerpo*) poil *m*; (*de sierra*) lame *f*; **a ~** (*sin abrigo*) peu couvert(e); (*sin ayuda*) tout(e) seul(e); **venir al ~** tomber à pic; **por los ~s** de justesse; **faltó un ~ para que ...** il s'en est fallu d'un poil que ...; **se me pusieron los ~s de punta** mes cheveux se sont dressés sur ma tête; **con ~s y señales** en long et en large; **no tener ~s en la lengua** ne pas mâcher ses mots; **tomar el ~ a algn** se payer la tête de qn; **¡y yo con estos ~s!** (*fam*) et moi qui ne suis même pas prêt(e)!

pelota [pe'lota] *nf* (*grande*) ballon *m*; (*pequeña*) balle *f*; (*tb*: **pelota vasca**) pelote *f* basque; (*fam: cabeza*) bouille *f* ▸ *nm/f* (*fam*) lèche-bottes *m inv*; **en ~(s)** (*fam*) à poil; **devolver la ~ a algn** (*fig*) renvoyer la balle à qn; **hacer la ~ (a algn)** (*fam*) lécher les bottes (à qn)

pelotón [pelo'ton] *nm* peloton *m*; **~ de ejecución** peloton d'exécution

pelotudo, -a [pelo'tuðo, a] (*CSur: fam, pey*) *adj, nm/f* demeuré(e)

peluca [pe'luka] *nf* perruque *f*

peluche [pe'lutʃe] *nm*: **muñeco de ~** peluche *f*

peludo, -a [pe'luðo, a] *adj* (*cabeza*) chevelu(e); (*persona, perro*) poilu(e)

peluquería [peluke'ria] *nf* salon *m* de coiffure

peluquero, -a [pelu'kero, a] *nm/f* coiffeur(-euse)

pelusa [pe'lusa] *nf* (*Bot*) duvet *m*; (*de tela*) peluche *f*; (*de polvo*) mouton *m*; (*celos*) jalousie *f*

pelvis ['pelβis] *nf inv* bassin *m*

pena ['pena] *nf* peine *f*; (*AM*) honte *f*; **penas** *nfpl* pénalités *fpl*; **merecer/valer la ~** valoir la peine; **a duras ~s** à grand-peine; **sin ~ ni gloria** sans se faire remarquer, en passant inaperçu(e); **bajo** *o* **so ~ de** sous peine de; **me da ~** cela me fait de la peine; **es una ~** c'est vraiment dommage; **¡qué ~!** quel dommage!; **~ capital** peine capitale; **~ de muerte** peine de mort

penal [pe'nal] *adj* pénal; **antecedentes ~es** casier *msg* judiciaire

penalidades [penali'ðaðes] *nfpl* souffrances *fpl*

penalti, penalty [pe'nalti] *nm* penalty *m*

pendejada [penðe'xaða] (*AM: fam!*) *nf* connerie *f* (*fam!*)

pendejo, -a [pen'dexo, a] (*AM: fam!*) *nm/f* abruti(e)

pendiente [pen'djente] *adj* (*asunto*) en suspens; (*asignatura*) à repasser; (*terreno*) en pente ▸ *nm* boucle *f* d'oreille ▸ *nf* pente *f*; **~ de confirmación** en instance de confirmation; **estar ~ de algo/algn** (*vigilar*) attendre qch/qn; **estar ~ de los labios/de las palabras de algn** être pendu(e) aux lèvres de qn/boire les paroles de qn

pene ['pene] *nm* pénis *msg*

penetración [penetra'θjon] *nf* pénétration *f*

penetrante [pene'trante] *adj* pénétrant(e)

penetrar [pene'trar] *vt, vi* pénétrer

penicilina [peniθi'lina] *nf* pénicilline *f*

península [pe'ninsula] *nf* péninsule *f*; **P~ Ibérica** péninsule Ibérique

peninsular [peninsu'lar] *adj* péninsulaire

penique [pe'nike] *nm* penny *m*

penitencia [peni'tenθja] *nf* pénitence *f*; **en ~** en pénitence

penoso, -a [pe'noso, a] *adj* pénible

pensador, -a [pensa'ðor, a] *nm/f* penseur(-euse)

pensamiento [pensa'mjento] *nm* pensée *f*; **no le pasó por el ~** cela ne lui a pas traversé l'esprit

pensar [pen'sar] *vt, vi* penser; **~ (hacer)** penser (faire); **~ en** penser à; **he pensado que** j'ai pensé que; **¡ni pensarlo!** (il n'en est) pas question!; **pensándolo bien**

tout bien réfléchi ; **~ mal de algn** avoir une mauvaise opinion de qn ; **tras pensárselo mucho** après y avoir bien réfléchi

pensativo, -a [pensa'tiβo, a] *adj* pensif(-ive)

pensión [pen'sjon] *nf* pension *f* ; **media ~** (*en hotel*) demi-pension *f* ; **~ completa** pension complète ; **~ de jubilación** pension de retraite

pensionista [pensjo'nista] *nm/f* (*jubilado*) retraité(e) ; (*Escol*) pensionnaire *m/f*

penúltimo, -a [pe'nultimo, a] *adj, nm/f* avant-dernier(-ière)

penumbra [pe'numbra] *nf* pénombre *f*

penuria [pe'nurja] *nf* pénurie *f*

peña ['peɲa] *nf* rocher *m* ; (*grupo*) amicale *f* ; (*Deporte*) club *m*

peñasco [pe'ɲasko] *nm* rocher *m*

peñón [pe'ɲon] *nm* piton *m* ; **el P~** Gibraltar *m*

peón [pe'on] *nm* manœuvre *m*, ouvrier *m* ; (*esp AM*) ouvrier agricole ; (*Ajedrez*) pion *m* ; **~ de albañil** aide-maçon *m*

peor [pe'or] *adj* (*compar*) moins bon, pire ; (*superl*) pire ▶ *adv* (*compar*) moins bien, pire ; (*superl*) moins bien ; **de mal en ~** de mal en pis ; **A es ~ que B** A est pire que B, A est moins bien que B ; **Z es el ~ de todos** Z est le pire de tous ; **y lo que es ~** et le pire c'est que ; **¡~ para ti!** tant pis pour toi !

pepenar [pepe'nar] (*CAm, Méx*) *vi* fouiller

pepinillo [pepi'niʎo] *nm* cornichon *m*

pepino [pe'pino] *nm* concombre *m* ; **(no) me importa un ~** je m'en fiche complètement

pepita [pe'pita] *nf* pépin *m* ; (*de mineral*) pépite *f*

pequeñez [peke'ɲeθ] *nf* petitesse *f*

pequeño, -a [pe'keɲo, a] *adj, nm/f* petit(e) ; **~ burgués** petit bourgeois

pera ['pera] *adj inv* (*fam*) ≈ BCBG *inv* ▶ *nf* poire *f* ; **niño ~** petit snob ; **eso es pedir ~s al olmo** c'est demander l'impossible

percance [per'kanθe] *nm* contretemps *msg*

percatarse [perka'tarse] *vpr*: **~ de** se rendre compte de

percepción [perθep'θjon] *nf* perception *f*

percha ['pertʃa] *nf* cintre *m* ; (*en la pared*) portemanteau *m* ; (*de ave*) perchoir *m*

percibir [perθi'βir] *vt* percevoir

percusión [perku'sjon] *nf* percussion *f*

perdedor, a [perðe'ðor, a] *adj, nm/f* perdant(e)

perder [per'ðer] *vt* perdre ; (*tren*) rater ▶ *vi* perdre ; **perderse** *vpr* se perdre ; **echar a ~** (*comida*) gâcher, gâter ; (*oportunidad*) laisser passer ; **~ el conocimiento** perdre connaissance ; **~ el juicio/la calma** perdre la tête/son calme ; **tener algo/no tener nada que ~** avoir qch/ne rien avoir à perdre ; **he perdido la costumbre** j'ai perdu l'habitude ; **perderse en detalles** se perdre dans des détails ; **¡no te lo pierdas!** ne rate pas ça !

perdición [perði'θjon] *nf* perdition *f*

pérdida ['perðiða] *nf* perte *f* ; (*Com*) perte, manque *m* à gagner ; **pérdidas** *nfpl* (*Com*) pertes *fpl* ; **una ~ de tiempo** une perte de temps ; **¡no tiene ~!** vous ne pouvez pas vous tromper ! ; **~ contable** (*Com*) perte comptable

perdido, -a [per'ðiðo, a] *adj* perdu(e) ; **estar ~ por** être épris(e) de ; **es un caso ~** c'est un cas désespéré ; **tonto ~** (*fam*) bête comme ses pieds

perdiz [per'ðiθ] *nf* perdrix *f*

perdón [per'ðon] *nm* pardon *m* ; **¡~!** pardon ! ; **con ~** avec votre *etc* permission

> **También se puede decir:**
> Excusez-moi. (*Lo siento.*)
> Excusez-moi de vous déranger. (*Perdone que lo moleste.*)
> Oh, pardon ! J'ai dû faire un faux numéro. (*¡Perdone!*)
> Je suis désolé de vous avoir réveillé. (*Siento mucho ...*)
> Je vous prie de m'excuser. (*Le ruego que me disculpe.*)

perdonar [perðo'nar] *vt* pardonner ; (*la vida*) épargner ; (*eximir*) dispenser, exempter ▶ *vi* pardonner ; **¡perdone (usted)!** pardon ! ; **perdone, pero me parece que ...** excusez-moi, mais il me semble que ...

perdurar [perðu'rar] *vi* perdurer ; (*continuar*) durer

perecedero, -a [pereθe'ðero, a] *adj* périssable

perecer [pere'θer] *vi* périr

peregrino, -a [pere'ɣrino, a] *adj* (*idea*) curieux(-euse), bizarre ▶ *nm/f* pèlerin(e)

perejil [pere'xil] *nm* persil *m*

perenne [pe'renne] *adj* permanent(e); **hoja ~** feuille persistante
pereza [pe'reθa] *nf* paresse *f*; **me da ~ hacerlo** cela ne me dit rien de le faire
perezoso, -a [pere'θoso, a] *adj* paresseux(-euse)
perfección [perfek'θjon] *nf* perfection *f*; **a la ~** à la perfection
perfeccionar [perfekθjo'nar] *vt* perfectionner
perfectamente [per'fektamente] *adv* parfaitement; **¡~!** parfaitement!, certainement!
perfecto, -a [per'fekto, a] *adj* parfait(e)
perfil [per'fil] *nm* profil *m*; **perfiles** *nmpl* (*de figura*) contours *mpl*; **de ~** de profil; **~ del cliente** profil du client
perfilar [perfi'lar] *vt* profiler; **perfilarse** *vpr* se profiler; **el proyecto se va perfilando** peu à peu ce projet prend corps
perforación [perfora'θjon] *nf* perforation *f*
perforar [perfo'rar] *vt* perforer
perfume [per'fume] *nm* parfum *m*
pericia [pe'riθja] *nf* adresse *f*
periferia [peri'ferja] *nf* périphérie *f*
periférico, -a [peri'feriko, a] *adj* périphérique ▶ *nm* (*Inform*) périphérique *m*; (*AM*: *Auto*) (boulevard *m*) périphérique *m*
perímetro [pe'rimetro] *nm* périmètre *m*
periódico, -a [pe'rjoðiko, a] *adj* périodique ▶ *nm* journal *m*; **~ dominical** journal du dimanche
periodismo [perjo'ðismo] *nm* journalisme *m*
periodista [perjo'ðista] *nm/f* journaliste *m/f*
periodo [pe'rjoðo], **período** [pe'rioðo] *nm* période *f*; (*menstruación*) règles *fpl*; **~ contable** (*Com*) période comptable
perito, -a [pe'rito, a] *nm/f* expert(e); (*técnico*) technicien(ne); **~ agrónomo** agronome *m/f*; **~ industrial** ingénieur industriel
perjudicar [perxuði'kar] *vt* nuire à, porter préjudice à
perjudicial [perxuði'θjal] *adj* préjudiciable
perjuicio [per'xwiθjo] *nm* préjudice *m*; **en/sin ~ de** au/sans préjudice de
perla ['perla] *nf* perle *f*; **me viene de ~s** ça tombe à pic
permanecer [permane'θer] *vi* séjourner, rester; (*seguir*) rester
permanencia [perma'nenθja] *nf* durée *f*; (*estancia*) séjour *m*
permanente [perma'nente] *adj* permanent(e) ▶ *nf* permanente *f*; **hacerse una ~** se faire faire une permanente
permiso [per'miso] *nm* permission *f*; (*licencia*) licence *f*, permis *msg*; **con ~** avec votre permission; **estar de ~** être en permission; **~ de conducir** permis de conduire; **~ de exportación/de importación** licence d'exportation/d'importation; **~ de residencia** permis de séjour

> **También se puede decir:**
> Je peux téléphoner? (*¿Puedo ...?*)
> Ça ne vous dérange pas si *o* que j'arrive en avance? (*¿Le importa si ...?*)
> Est-ce que ça vous dérange si j'ouvre la fenêtre? (*¿Le importa* o *Le molesta que ...?*)
> Vous permettez, Madame, que je regarde ce qu'il y a dans votre sac? (*¿Me permite ... que ...?*)
> (Vous) faites comme vous voulez. (*Como quiera.*)
> Allez-y! (*¡Adelante!*)
> Je n'y vois pas d'inconvénient. (*No tengo inconveniente.*)
> Je vous en prie. (*Cómo no.*)

permitir [permi'tir] *vt* permettre; **permitirse** *vpr*: **permitirse algo** se permettre qch; **no me puedo ~ ese lujo** je ne peux pas m'offrir ce luxe; **¿me permite?** vous permettez?
pernicioso, -a [perni'θjoso, a] *adj* pernicieux(-euse)
pero ['pero] *conj* mais ▶ *nm* objection *f*; **~ ¿qué haces?** mais qu'est-ce que tu fais?; **¡~ si yo no he sido!** ce n'est pas moi!; **¡~ bueno!** mais (enfin) bon!
perpendicular [perpendiku'lar] *adj* perpendiculaire
perpetrar [perpe'trar] *vt* perpétrer
perpetuar [perpe'twar] *vt* perpétuer
perpetuo, -a [per'petwo, a] *adj* perpétuel(le); **cadena perpetua** réclusion *f* à perpétuité; **nieves perpetuas** neiges *fpl* éternelles

perplejo, -a [per'plexo, a] *adj* perplexe
perra ['perra] *nf* chienne *f* ; (*fam: dinero*) thune *f* ; (*: manía*) manie *f* ; (*: rabieta*) colère *f* ; **estoy sin una ~** je n'ai plus un rond
perrera [pe'rrera] *nf* chenil *m*
perrito [pe'rrito] *nm*: **~ caliente** hot-dog *m*
perro, -a ['perro, a] *adj*: **¡qué vida más perra!** chienne de vie ! ▸ *nm* chien *m* ; **ser ~ viejo** être un vieux renard ; **de ~s** (*tiempo*) de chien ; (*noche*) épouvantable ; **~ callejero/guardián/guía** chien errant/de garde/d'aveugle
perroflauta [perro'flauta] (*fam*) *nm/f* jeune punk *m/f* S.D.F.
persa ['persa] *adj* persan(e) ▸ *nm/f* Persan(e) ▸ *nm* (*Ling*) persan *m*
persecución [perseku'θjon] *nf* poursuite *f* ; (*Rel, Pol*) persécution *f*
perseguir [perse'ɣir] *vt* poursuivre ; (*atosigar, Rel, Pol*) persécuter
perseverante [perseβe'rante] *adj* persévérant(e)
perseverar [perseve'rar] *vi* persévérer ; **~ en** persévérer dans
persiana [per'sjana] *nf* persienne *f*
persignarse [persiɣ'narse] *vpr* se signer
persistente [persis'tente] *adj* persistant(e)
persistir [persis'tir] *vi*: **~ (en)** persister (dans)
persona [per'sona] *nf* personne *f* ; **por ~** par personne ; **es buena ~** c'est quelqu'un de bien ; **~ jurídica** personne morale ; **~ mayor** adulte *m/f*
personaje [perso'naxe] *nm* personnage *m*
personal [perso'nal] *adj* personnel(le) ; (*aseo*) intime ▸ *nm* personnel *m* ; (*fam*) gens *mpl*
personalidad [personali'ðað] *nf* personnalité *f*
personarse [perso'narse] *vpr*: **~ (en)** se présenter (à)
personificar [personifi'kar] *vt* personnifier
perspectiva [perspek'tiβa] *nf* perspective *f* ; **perspectivas** *nfpl* (*de futuro*) perspectives *fpl* ; **tener algo en ~** avoir qch en perspective
perspicacia [perspi'kaθja] *nf* perspicacité *f*
perspicaz [perspi'kaθ] *adj* perspicace
persuadir [perswa'ðir] *vt* persuader ; **persuadirse** *vpr* se persuader
persuasión [perswa'sjon] *nf* persuasion *f*
persuasivo, -a [perwa'siβo, a] *adj* persuasif(-ive)
pertenecer [pertene'θer] *vi*: **~ a** appartenir à
perteneciente [pertene'θjente] *adj*: **ser ~ a** appartenir à
pertenencia [perte'nenθja] *nf* possession *f* ; (*a organización, club*) appartenance *f* ; **pertenencias** *nfpl* (*posesiones*) biens *mpl*
pertenezca *etc* [perte'neθka] *vb ver* **pertenecer**
pértiga ['pertiɣa] *nf* perche *f* ; **salto de ~** saut *m* à la perche
pertinente [perti'nente] *adj* pertinent(e) ; (*momento etc*) approprié(e) ; **~ a** relatif(-ive) à
perturbado, -a [pertur'βaðo, a] *adj* troublé(e) ▸ *nm/f* malade *m/f* mental(e)
perturbar [pertur'βar] *vt* perturber, troubler ; (*Med*) troubler
Perú [pe'ru] *nm* Pérou *m*
peruano, -a [pe'rwano, a] *adj* péruvien(ne) ▸ *nm/f* Péruvien(ne)
perversión [perβer'sjon] *nf* perversion *f*
perverso, -a [perβerso, a] *adj* pervers(e)
pervertido, -a [perβer'tiðo, a] *adj, nm/f* pervers(e)
pervertir [perβer'tir] *vt* pervertir ; **pervertirse** *vpr* se pervertir
pesa ['pesa] *nf* poids *msg* ; (*Deporte*) haltère *m* ; **hacer ~s** faire des haltères
pesadez [pesa'ðeθ] *nf* lourdeur *f* ; (*lentitud*) lenteur *f* ; (*fastidio*) ennui *m* ; **es una ~ tener que ...** quel ennui que d'avoir à ... ; **~ de estómago** lourdeurs *fpl* d'estomac ; **tener ~ en los párpados** avoir les paupières lourdes
pesadilla [pesa'ðiʎa] *nf* cauchemar *m*
pesado, -a [pe'saðo, a] *adj* lourd(e) ; (*lento*) lent(e) ; (*difícil, duro*) pénible ; (*aburrido*) ennuyeux(-euse) ▸ *nm/f* enquiquineur(-euse) ; **tener el estómago ~** avoir l'estomac lourd ; **¡no seas ~!** ne commence pas !
pésame ['pesame] *nm* condoléances *fpl* ; **dar el ~** présenter ses condoléances
pesar [pe'sar] *vt* peser ▸ *vi* peser ; (*fig: opinión*) compter ; (*arrepentirse de*) regret-

ter ▸ *nm* (*remordimiento*) remords *msg*; (*pena*) chagrin *m*; **peso 50 kg** je pèse 50 kg; **a ~ de** en dépit de; **a ~ de que** bien que; **pese a que** en dépit du fait que; **(no) me pesa haberlo hecho** je (ne) regrette (pas) de l'avoir fait; **lo haré mal que me pese** je le ferai coûte que coûte

pesca ['peska] *nf* pêche *f*; **ir de ~** aller à la pêche; **~ de altura/de bajura** pêche hauturière/côtière

pescadería [peskaðe'ria] *nf* poissonnerie *f*

pescadilla [peska'ðiʎa] *nf* merlan *m*

pescado [pes'kaðo] *nm* poisson *m*

pescador, a [peska'ðor, a] *nm/f* pêcheur(-euse)

pescar [pes'kar] *vt* pêcher; (*fam*) choper; (*novio*) se dénicher; (*delincuente*) cueillir ▸ *vi* pêcher; **¡te pesqué!** (*fam*) je t'ai vu!

pescuezo [pes'kweθo] *nm* cou *m*

peseta [pe'seta] *nf* (*Hist*) peseta *f*

pesimista [pesi'mista] *adj, nm/f* pessimiste *m/f*

pésimo, -a ['pesimo, a] *adj* lamentable

peso ['peso] *nm* poids *msg*; (*balanza*) balance *f*; (AM: *moneda*) peso *m*; **de poco ~** léger(-ère); **levantamiento de ~s** haltérophilie *f*; **vender a ~** vendre au poids; **argumento de ~** argument *m* de poids; **eso cae por su propio ~** cela tombe sous le sens; **~ bruto** poids brut; **~ específico** masse *f* spécifique; **~ neto** poids net; **~ pesado/pluma** (*Boxeo*) poids lourd/plume

pesquero, -a [pes'kero, a] *adj* (*industria*) de la pêche; (*barco*) de pêche

pesquisa [pes'kisa] *nf* recherche *f*

pestaña [pes'taɲa] *nf* cil *m*; (*borde*) bord *m*

pestañear [pestaɲe'ar] *vi* cligner des yeux; **sin ~** sans sourciller

peste ['peste] *nf* peste *f*; (*fig*) plaie *f*; (*mal olor*) puanteur *f*; **echar ~s** pester; **~ negra** peste noire

pesticida [pesti'θiða] *nm* pesticide *m*

pestillo [pes'tiʎo] *nm* verrou *m*; (*picaporte*) pêne *m*

petaca [pe'taka] *nf* (*para cigarros*) porte-cigarettes *m inv*; (*para tabaco*) tabatière *f*; (*para beber*) flasque *f*; (AM) valise *f*

petado, -a [pe'taðo, a] (*fam*) *adj*: **estar ~ de gente** être bourré(e) de monde; **ir ~ de trabajo** avoir un boulot monstre

pétalo ['petalo] *nm* pétale *m*

petar [pe'tar] (*fam*) *vt*: **petarlo** (*arrasar*) faire un tabac

petardo [pe'tarðo] *nm* pétard *m*; **¡que ~ de película!** (*fam*) quelle barbe ce film!

petición [peti'θjon] *nf* demande *f*; (*Jur*) requête *f*; **a ~ de** à la demande de; **firmar una ~** signer une pétition

petiso, -a [pe'tiso, a], **petizo, -a** [pe'tiθo, a] (AM) *adj* (*bajito*) petit(e) ▸ *nm/f* petit cheval *m*

petrificar [petrifi'kar] *vt* pétrifier

petróleo [pe'troleo] *nm* pétrole *m*

petrolero, -a [petro'lero, a] *adj* pétrolier(-ière) ▸ *nm* pétrolier *m*

peyorativo, -a [pejora'tiβo, a] *adj* péjoratif(-ive)

pez [peθ] *nm* poisson *m* ▸ *nf* poix *fsg*; **estar como el ~ en el agua** être comme un poisson dans l'eau; **estar ~ en algo** être nul(le) en qch; **~ de colores** poisson rouge; **~ espada** poisson-épée *m*; **~ gordo** (*fig*) grosse légume *f*

pezón [pe'θon] *nm* mamelon *m*

pezuña [pe'θuɲa] *nf* (*de animal*) sabot *m*

piadoso, -a [pja'ðoso, a] *adj* pieux(-euse)

pianista [pja'nista] *nm/f* pianiste *m/f*

piano ['pjano] *nm* piano *m*; **~ de cola** piano à queue

piar [pjar] *vi* piailler

pibe, -a ['piβe, a] (AM) *nm/f* gosse *m/f*

picada [pi'kaða] (*CSur*) *nf* amuse-gueule *m*

picadillo [pika'ðiʎo] *nm* hachis *msg*

picado, -a [pi'kaðo, a] *adj* haché(e); (*hielo*) pilé(e); (*vino*) piqué(e); (*tela, ropa*) mangé(e); (*mar*) agité(e); (*diente*) gâté(e); (*tabaco*) découpé(e); (*enfadado*) piqué(e) ▸ *nm*: **en ~** en piqué; **~ de viruelas** ravagé(e) par la petite vérole

picador [pika'ðor] *nm* (*Taur*) picador *m*; (*minero*) piqueur *m*

picadura [pika'ðura] *nf* piqûre *f*; (*de serpiente*) morsure *f*; (*tabaco picado*) tabac *m* gris

picante [pi'kante] *adj* épicé(e); (*comentario, chiste*) grivois(e)

picaporte [pika'porte] *nm* poignée *f*

picar [pi'kar] *vt* piquer; (*ave*) picoter; (*anzuelo*) mordre (à); (*Culin*) hacher; (*billete, papel*) poinçonner; (*comer*) grignoter ▸ *vi* piquer; (*el sol*) brûler; (*pez*) mordre; **picarse** *vpr* (*vino*) se piquer; (*mar*) s'agiter; (*muela*) se gâter; (*ofenderse*) prendre la mouche; (*fam: con droga*) se shooter; **me pica el brazo** j'ai le bras qui me gratte; **me pica la curiosidad** ça pique ma curiosité; **¡picaste!** je t'ai eu!; **picarse con algn** se fâcher avec qn

picardía [pikar'ðia] *nf* sournoiserie *f*; (*astucia*) astuce *f*; (*travesura*) espièglerie *f*

pícaro, -a ['pikaro, a] *adj* malin (maligne); (*travieso*) espiègle; (*malintencionado*) voyou ▸ *nm/f* malin (maligne); (*malintencionado*) filou *m*; (*Lit*) picaro *m*

pichón, -ona [pi'tʃon, ona] *nm/f* pigeonneau *m*; (*apelativo*) mon (ma) chéri(e)

pico ['piko] *nm* bec *m*; (*de mesa, ventana*) coin *m*; (*Geo, herramienta*) pic *m*; (*fam: labia*) tchatche *f*; (*: de drogas*) shoot *m*; **no abrir el ~** ne pas ouvrir le bec; **son las 3 y ~** il est 3 heures et quelques; **peso 50 kilos y ~** je pèse 50 kg et quelques; **me costó un ~** ça m'a coûté une jolie somme

picoso, -a [pi'koso, a] (*Méx*) *adj* piquant(e)

picotear [pikote'ar] *vt, vi* (*ave*) picorer; (*fam*) grignoter

picudo, -a [pi'kuðo, a] *adj* au long bec; (*zapato, tejado*) pointu(e)

pidiendo *etc* [pi'ðjendo] *vb ver* **pedir**

pie [pje] *nm* pied *m*; (*de página*) bas *msg*; **ir a ~** aller à pied; **a ~s juntillas** sur parole; **al ~ de** au pied de; **estar de ~** être debout; **de a ~** moyen(ne); **ponerse de ~** se mettre debout; **al ~ de la letra** au pied de la lettre; **con ~s de plomo** avec précaution; **con buen/mal ~** bien/mal; **de ~s a cabeza** des pieds à la tête; **en ~ de guerra** sur le pied de guerre; **en ~ de igualdad** sur un pied d'égalité; **sin ~s ni cabeza** sans queue ni tête; **dar ~ a** donner prise à; **no dar ~ con bola** faire tout de travers; **hacer ~** (*en el agua*) avoir pied; **saber de qué ~ cojea algn** connaître les points faibles de qn; **seguir en ~** (*oferta, propuesta*) tenir toujours

piedad [pje'ðað] *nf* pitié *f*; **tener ~ de algn** avoir pitié de qn

piedra ['pjeðra] *nf* pierre *f*; (*Med*) calcul *m*; (*Meteorología*) grêle *f*; **quedarse de ~** ne pas en revenir; **~ angular** pierre angulaire; **~ de afilar** pierre à aiguiser; **~ preciosa** pierre précieuse

piel [pjel] *nf* peau *f*; (*de animal, abrigo*) fourrure *f* ▸ *nm/f*: **~ roja** Peau-Rouge *m/f*; **abrigo de ~** manteau *m* de fourrure

pienso ['pjenso] *vb ver* **pensar** ▸ *nm* (*Agr*) farines *fpl*

piercing ['pirsiŋ] (*pl* **piercings**) *nm* piercing *m*

pierda *etc* ['pjerða] *vb ver* **perder**

pierna ['pjerna] *nf* jambe *f*; (*de cordero*) gigot *m*

pieza ['pjeθa] *nf* pièce *f*; **quedarse de una ~** rester sans voix; **un dos/tres ~s** (*traje*) un costume deux pièces/trois pièces; **~ de recambio** *o* **de repuesto** pièce de rechange

pigmeo, -a [piɣ'meo, a] *adj* pygmée ▸ *nm/f* Pygmée *m/f*

pijama [pi'xama] *nm* pyjama *m*

pijo, -a ['pixo, a] (*Esp fam, pey*) *adj* ≈ BCBG *inv* ▸ *nm/f*: **ser un/una ~** ≈ être BCBG

pijoprogre [pixo'progre] (*fam, pey*) *adj, nm/f* bobo *m/f*

pila ['pila] *nf* pile *f*; (*fregadero*) évier *m*; (*lavabo*) lavabo *m*; (*fuente*) fontaine *f*; **nombre de ~** prénom *m*; **tengo una ~ de cosas que hacer** (*fam*) j'ai un tas de choses à faire; **~ bautismal** fonts *mpl* baptismaux

píldora ['pildora] *nf* pilule *f*; **la ~ (anticonceptiva)** la pilule (contraceptive); **tragarse la ~** (*creerse*) avaler la pilule

pileta [pi'leta] (*esp CSur*) *nf* évier *m*; (*piscina*) piscine *f*

pillaje [pi'ʎaxe] *nm* pillage *m*

pillar [pi'ʎar] *vt* coincer; (*fam: coger, sorprender*) pincer; (*: conseguir*) se dégotter; (*: atropellar*) faucher; (*: alcanzar*) attraper; (*: entender indirecta*) piger; **le pillé en casa/comiendo** je l'ai trouvé chez lui/en train de manger; **me pilla cerca/lejos** c'est près/loin de chez moi; **~ una borrachera** (*fam*) prendre une cuite; **~ un resfriado** (*fam*) choper un rhume

pillo, -a ['piʎo, a] *adj, nm/f* (*astuto*) malin (maligne); (*travieso*) coquin(e)

piloto [pi'loto] *nm/f* pilote *m* ▸ *nm* (*Arg*) imperméable *m* ▸ *adj inv*: **programa/piso ~** programme *m*/appartement *m* pilote; **~ automático** pilote automatique

pimentón [pimen'ton] *nm* piment *m* doux

pimienta [pi'mjenta] *nf* poivre *m*

pimiento [pi'mjento] *nm* poivron *m*

pin [pin] (*pl* **pins**) *nm* (*chapa*) pin's *m inv*

pinacoteca [pinako'teka] *nf* pinacothèque *f*
pinar [pi'nar] *nm* pinède *f*
pincel [pin'θel] *nm* pinceau *m*
pinchar [pin'tʃar] *vt* piquer ; (*neumático*) crever ; (*teléfono*) mettre sur (table d')écoute ▶ *vi* (*Auto*) crever ; **pincharse** *vpr* se piquer ; (*neumático*) crever ; **ni pincha ni corta en esto** (*fam*) il n'a rien à voir là-dedans ; (*no tiene influencia*) il n'a pas son mot à dire ; **tener un neumático pinchado** avoir un pneu crevé
pinchazo [pin'tʃaθo] *nm* piqûre *f* ; (*de dolor*) élancement *m* ; (*de llanta*) crevaison *f* ; **~ telefónico** écoute *f* téléphonique
pincho ['pintʃo] *nm* pointe *f* ; (*de planta*) épine *f* ; (*Culin*) amuse-gueule *m inv* ; (*fam: para Internet*) dongle *m* ; (*de memoria*) clé *f* USB ; **~ de tortilla** *petite ration d'omelette* ; **~ moruno** *brochette de viande épicée*
pingüino [pin'gwino] *nm* pingouin *m*
pino ['pino] *nm* pin *m* ; **en el quinto ~** dans un coin perdu
pinta ['pinta] *nf* (*mota*) tache *f* ; (*aspecto*) mine *f* ; **tener buena ~** (*persona*) avoir bonne mine ; (*plato*) avoir l'air bon ; **tener ~ de** avoir l'air
pintar [pin'tar] *vt* peindre ; (*colorear*) colorier ; (*fig*) dépeindre ▶ *vi* peindre ; (*colorear*) colorier ; (*fam*) compter ; **pintarse** *vpr* se maquiller ; (*uñas*) se faire ; **pintárselas solo para hacer algo** être passé maître dans l'art de faire qch ; **no ~ nada** (*fam: no tener que hacer*) n'avoir rien à faire ici/là ; (*: no tener influencia*) ne pas avoir son mot à dire ; **¿qué pinta aquí esto?** qu'est-ce que ça vient faire ici ?
pintor, a [pin'tor, a] *nm/f* peintre *m/f* ; **~ de brocha gorda** peintre en bâtiment
pintoresco, -a [pinto'resko, a] *adj* pittoresque
pintura [pin'tura] *nf* peinture *f* ; **~ a la acuarela** aquarelle *f* ; **~ al óleo** peinture à l'huile ; **~ rupestre** peinture rupestre
pinza ['pinθa] *nf* pince *f* ; (*para colgar ropa*) pince à linge ; **pinzas** *nfpl* pinces *fpl* ; (*para depilar*) pince à épiler
piña ['piɲa] *nf* (*fruto del pino*) pomme *f* de pin ; (*fruta*) ananas *msg* ; (*fig: conjunto*) bande *f*
piñón [pi'ɲon] *nm* pignon *m*
piojo ['pjoxo] *nm* pou *m*
piola ['pjola] (*Arg: fam*) *adj* débrouillard(e)
pionero, -a [pjo'nero, a] *adj, nm/f* pionnier(-ière)
pipa ['pipa] *nf* pipe *f* ; (*Bot*) pépin *m* ; **pipas** *nfpl* (*de girasol*) graines *fpl* (de tournesol) ; **pasarlo ~** (*fam*) bien s'amuser
pique ['pike] *vb ver* **picar** ▶ *nm* brouille *f* ; (*rivalidad*) compétition *f* ; **irse a ~** couler à pic ; (*familia, negocio*) aller à la dérive ; **tener un ~ con algn** être brouillé(e) avec
piquete [pi'kete] *nm* piquet *m* de grève
piragua [pi'raɣwa] *nf* pirogue *f* ; (*Deporte*) canoë *m*
piragüismo [pira'ɣwismo] *nm* canoë-kayak *m*
pirámide [pi'ramiðe] *nf* pyramide *f*
pirata [pi'rata] *adj*: **edición/disco ~** édition *f*/disque *m* pirate ▶ *nm/f* pirate *m* ; **~ informático** pirate informatique
piratear [pirate'ar] *vt* (*Inform*) pirater
piratería [pirate'ria] *nf* (*Inform*) piratage *m*
Pirineo [piri'neo] *nm*, **Pirineos** [piri'neos] *nmpl* Pyrénées *fpl*
pirómano, -a [pi'romano, a] *nm/f* pyromane *m/f*
piropo [pi'ropo] *nm* compliment *m* ; **echar ~s a algn** faire des compliments à qn
pis [pis] (*fam*) *nm* pipi *m*, pisse *f* ; **hacer ~** pisser
pisada [pi'saða] *nf* trace *f* de pas
pisar [pi'sar] *vt* fouler, marcher sur ; (*apretar con el pie, fig*) écraser ; (*idea, puesto*) piquer ▶ *vi* marcher ; **me has pisado** tu m'as marché dessus ; **no ~ (por) un sitio** (*fig*) ne pas mettre les pieds quelque part ; **~ fuerte** (*fig*) s'imposer
piscina [pis'θina] *nf* piscine *f*
Piscis ['pisθis] *nm* (*Astrol*) Poissons *mpl* ; **ser ~** être Poissons
pisco ['pisko] (*And, Chi*) *nm* aguardiente *f*
piso ['piso] *nm* (*planta*) étage *m* ; (*apartamento*) appartement *m* ; (*suelo*) sol *m* ; **primer ~** premier étage ; (AM: *de edificio*) rez-de-chaussée *m inv*
pista ['pista] *nf* piste *f* ; **estar sobre la ~ de algn** être sur la piste de qn ; **~ de aterrizaje** piste d'atterrissage ; **~ de auditoría** (*Com*) piste de vérification ; **~ de baile** piste de danse ; **~ de carreras** champ *m* de courses ; **~ de hielo** patinoire

f; **~ de tenis** court *m* de tennis

pistola [pis'tola] *nf* pistolet *m*

pistolero, -a [pisto'lero, a] *nm/f* gangster *m*

pistón [pis'ton] *nm* piston *m*

pitar [pi'tar] *vt* siffler ; (*Auto*) klaxonner ▸ *vi* siffler ; (*Auto*) klaxonner ; (*fam*) gazer ; (AM) fumer ; **salir pitando** partir en quatrième vitesse

pitillo [pi'tiʎo] *nm* cigarette *f* ; (*Col*: *pajita*) paille *f*

pito ['pito] *nm* sifflement *m* ; (*silbato*) sifflet *m* ; (*de coche*) klaxon *m* ; (*fam*: *cigarrillo*) clope *f* ; (*fam!*: *pene*) bite *f* (*fam!*) ; **me importa un ~** (*fam*) je m'en fous

pitón [pi'ton] *nm* python *m*

pitorreo [pito'rreo] *nm* moquerie *f* ; **estar de ~** blaguer

pituco, -a [pi'tuko, a] (*And, CSur*: *fam*) *adj, nm/f* richard(e)

piyama [pi'jama] (AM) *nm o nf* pyjama *m*

pizarra [pi'θarra] *nf* ardoise *f* ; (*encerado*) tableau *m* (noir)

pizca ['piθka] *nf* pincée *f* ; (*de pan*) miette *f* ; (*fig*) petit morceau *m* ; **ni ~** rien

pizza ['pitsa] *nf* pizza *f*

placa ['plaka] *nf* plaque *f* ; (*Inform*) panneau *m* ; **~ conmemorativa** plaque commémorative ; **~ de matrícula** plaque d'immatriculation ; **~ dental** plaque dentaire ; **~ madre** (*Inform*) carte-mère *f*

placard [pla'kar] (*CSur*) *nm* placard *m*

placentero, -a [plaθen'tero, a] *adj* agréable

placer [pla'θer] *nm* plaisir *m* ; **a ~** à loisir

plácido, -a ['plaθiðo, a] *adj* placide ; (*día, mar*) calme

plaga ['plaɣa] *nf* fléau *m* ; (*fig*) horde *f*

plagar [pla'ɣar] *vt* infester ; **plagado de moscas/turistas** infesté de mouches/touristes

plagiar [pla'xjar] *vt* plagier ; (AM) kidnapper

plagiario, -a [pla'xjarjo, a] (AM) *nm/f* kidnappeur(-euse)

plagio ['plaxjo] *nm* plagiat *m* ; (AM) kidnapping *m*

plan [plan] *nm* plan *m*, projet *m* ; (*idea*) idée *f* ; **¡menudo ~!** tu parles d'une idée ! ; **tener ~** (*fam*) voir qn ; **en ~ de cachondeo** (*fam*) pour rigoler ; **en ~ económico** (*fam*) pour pas cher ; **vamos en ~ de turismo** on y va en touristes ; **si te pones en ese ~ ...** si tu le vois comme ça ... ; **~ cotizable de jubilación** ≈ plan d'épargne-retraite ; **~ de estudios** programme *m* ; **~ de incentivos** (*Com*) système *m* de primes

plana ['plana] *nf* page *f* ; **a toda ~** pleine page ; **la primera ~** la une ; **~ mayor** (*Mil*) état-major *m*

plancha ['plantʃa] *nf* (*para planchar*) fer *m* (à repasser) ; (*ropa*) repassage *m* ; (*de metal, madera, Tip*) planche *f* ; (*Culin*) grill *m* ; **pescado a la ~** poisson *m* grillé ; **~ de pelo** lisseur *m*, fer *m* à lisser

planchado, -a [plan'tʃaðo, a] *adj* repassé(e) ▸ *nm* repassage *m*

planchar [plan'tʃar] *vt, vi* repasser

planeador [planea'ðor] *nm* planeur *m*

planear [plane'ar] *vt* planifier ▸ *vi* planer

planeta [pla'neta] *nm* planète *f*

planicie [pla'niθje] *nf* plaine *f*

planificación [planifika'θjon] *nf* planification *f* ; **diagrama de ~** (*Com*) planning *m* ; **~ corporativa** (*Com*) planning de l'entreprise ; **~ familiar** planning familial

planilla [pla'niʎa] (AM) *nf* formulaire *m*

plano, -a ['plano, a] *adj* plat(e) ▸ *nm* plan *m* ; **primer ~** (*Cine*) premier plan ; **en primer/segundo ~** au premier/second plan ; **caer de ~** tomber de tout son long ; **rechazar algo de ~** rejeter entièrement qch ; **me da el sol de ~** le soleil m'arrive en plein dessus

planta ['planta] *nf* plante *f* ; (*Tec*) usine *f* ; (*piso*) étage *m* ; **tener buena ~** avoir de l'allure ; **~ baja** rez-de-chaussée *m inv*

plantación [planta'θjon] *nf* plantation *f*

plantar [plan'tar] *vt* planter ; (*novio, trabajo*) laisser tomber ; **plantarse** *vpr* se planter ; **~ a algn en la calle** mettre qn à la rue ; **plantarse (en)** arriver (à)

plantear [plante'ar] *vt* exposer ; (*problema*) poser ; (*proponer*) proposer ; **plantearse** *vpr* envisager ; **se lo plantearé** je le lui expliquerai

plantilla [plan'tiʎa] *nf* (*de zapato*) semelle *f* ; (*personal*) personnel *m* ; **estar en ~** faire partie du personnel

plasmar [plas'mar] *vt* (*dar forma*) modeler ; (*representar*) reproduire ; **plasmarse** *vpr*: **plasmarse en** se concrétiser

plástico, -a ['plastiko, a] *adj* plastique ▸ *nm* plastique *m*; **artes plásticas** arts *mpl* plastiques

plastilina® [plasti'lina] *nf* pâte *f* à modeler

plata ['plata] *nf* (*metal, dinero*) argent *m*; (*cosas de plata*) argenterie *f*; **hablar en ~** aller droit au but

plataforma [plata'forma] *nf* plate-forme *f*; (*tribuna*) estrade *f*; (*de zapatos*) semelle *f* (compensée); **~ de lanzamiento** rampe *f* de lancement; **~ digital** plate-forme numérique; **~ petrolera/de perforación** plate-forme pétrolière/de forage; **~ reivindicativa** plate-forme de revendications

plátano ['platano] *nm* banane *f*; (*árbol*) bananier *m*

platea [pla'tea] *nf* orchestre *m*

plateado, -a [plate'aðo, a] *adj* argenté(e); (*Tec*) plaqué(e) argent

plática ['platika] *nf* (*CAm, Méx*) discussion *f*; (*informal*) conversation *f*; (*Rel*) sermon *m*

platicar [plati'kar] (*CAm, Méx*) *vi* discuter; (*de manera informal*) bavarder

platillo [pla'tiʎo] *nm* soucoupe *f*; (*de balanza*) plateau *m*; (*de limosnas*) timbale *f*; **platillos** *nmpl* (*Mús*) cymbales *fpl*; **~ volante** soucoupe volante

platino [pla'tino] *nm* platine *m*; **platinos** *nmpl* (*Auto*) vis *fpl* platinées

plato ['plato] *nm* assiette *f*; (*guiso*) plat *m*; (*de tocadiscos*) platine *f*; **pagar los ~s rotos** (*fam*) payer les pots cassés; **primer/segundo ~** entrée *f*/plat principal; **~ combinado** plat *m* garni; **~ hondo/llano** *o* (*esp* AM) **pando** assiette creuse/plate

playa ['plaja] *nf* plage *f*; **~ de estacionamiento** (AM) place *f* de stationnement

playera [pla'jera] *nf* (AM) tee-shirt *m*; **playeras** *nfpl* chaussures *fpl* en toile

plaza ['plaθa] *nf* place *f*; (*mercado*) place du marché, marché *m*; **~ de abastos** marché; **~ de toros** arène *f*; **~ mayor** place *f* de la mairie

plazo ['plaθo] *nm* délai *m*; (*pago parcial*) terme *m*; **a corto/largo ~** à court/long terme; **comprar a ~s** acheter à crédit; **nos dan un ~ de 8 días** ils nous donnent un délai de 8 jours

pleamar [plea'mar] *nf* pleine mer *f*

plebe ['pleβe] (*pey*) *nf* plèbe *f*

plebiscito [pleβis'θito] *nm* plébiscite *m*

plegable [ple'ɣaβle] *adj* pliable

plegar [ple'ɣar] *vt* plier; **plegarse** *vpr* se plier

pleito ['pleito] *nm* procès *msg*; (*fig*) conflit *m*; **entablar ~** entamer un procès; **poner (un) ~ a** poursuivre

pleno, -a ['pleno, a] *adj* plein(e) ▸ *nm* (*del ayuntamiento*) assemblée *f* plénière; (*del congreso*) séance *f* plénière; **en ~** (*reunirse*) au complet; (*elegir*) à l'unanimité; **en ~ día/verano** en plein jour/été; **en plena cara** en plein visage

pliego ['pljeɣo] *vb ver* **plegar** ▸ *nm* (*hoja*) feuille *f* (de papier); (*carta*) pli *m*; **~ de cargos** charges *fpl* produites contre l'accusé; **~ de condiciones** cahier *m* des charges; **~ de descargo** témoignages *mpl* à la décharge de l'accusé

pliegue ['pljeɣe] *vb ver* **plegar** ▸ *nm* pli *m*

plomero, -a [plo'mero, a] (AM) *nm/f* plombier(-ière)

plomo ['plomo] *nm* plomb *m*; **plomos** *nmpl* (*Elec*) plombs *mpl*; **caer a ~** tomber de tout son long; **ser un ~** (*fam*) être un(e) casse-pied; (*libro*) être rasoir; **(gasolina) sin ~** (essence) sans plomb

pluma ['pluma] *nf* plume *f*; **de ~s** en plumes; **~ (estilográfica),** (AM) **~ fuente** stylo *m* plume

plumón [plu'mon] *nm* (AM) stylo-feutre *m*; (*para saco de dormir*) duvet *m*; (*anorak*) doudoune *f*

plural [plu'ral] *adj* pluriel(le) ▸ *nm* pluriel *m*

pluralidad [plurali'ðað] *nf* pluralité *f*

pluriempleo [pluriem'pleo] *nm* cumul *m* d'emplois

plusvalía [plusβa'lia] *nf* (*Com*) plus-value *f*

P.º *abr* = *paseo*

población [poβla'θjon] *nf* population *f*; (*pueblo, ciudad*) agglomération *f*; (*Chi*) bidonville *m*; **~ activa/pasiva** population active/non active; **~ callampa** (*CSur*) bidonville

poblado, -a [po'βlaðo, a] *adj* peuplé(e); (*barba, cejas*) fourni(e) ▸ *nm* village *m*; **~ de** peuplé(e) de; **densamente ~** densément peuplé(e)

poblar [po'βlar] *vt* peupler ; **poblarse** *vpr* (*árbol*) reverdir ; **poblarse de** se peupler de

pobre ['poβre] *adj, nm/f* pauvre *m/f* ; **~ en proteínas** pauvre en protéines ; **los ~s** les pauvres *mpl* ; **¡~ hombre!** pauvre homme ! ; **¡el ~!** le pauvre ! ; **~ diablo** (*fig*) pauvre diable *m*

pobreza [po'βreθa] *nf* pauvreté *f* ; **~ energética** pauvreté *f* énergétique

pocilga [po'θilɣa] *nf* porcherie *f*

pocillo [po'θiʎo] (AM) *nm* tasse *f*

poco, -a ['poko, a]

▸ *adj* **1** (*sg*) peu de ; **poco tiempo** peu de temps ; **de poco interés** peu intéressant ; **poca cosa** peu de chose

2 (*pl*) peu de ; **pocas personas lo saben** peu de gens le savent ; **unos pocos libros** quelques livres

▸ *adv* (*comer, trabajar*) peu ; **poco amable/inteligente** peu aimable/intelligent ; **es poco** c'est peu ; **cuesta poco** cela ne coûte pas cher ; **poco más o menos** à peu près ; **a poco que se interese …** pour peu qu'il montre de l'intérêt …

▸ *pron* **1**: **unos/as pocos/as** quelques-uns/unes

2 (*casi*): **por poco me caigo** j'ai failli tomber

3 (*locuciones de tiempo*): **a poco de haberse casado** peu après s'être marié ; **poco después** peu après ; **dentro de poco** sous peu, bientôt ; **hace poco** il n'y a pas longtemps

4: **poco a poco** peu à peu

▸ *nm*: **un poco** un peu ; **un poco triste** un peu triste ; **un poco de dinero** un peu d'argent

podar [po'ðar] *vt* tailler

podcast [pod'kast] (*pl* **podcasts**) *nm* podcast *m*

podcastear [podkaste'ar] *vt* podcaster

poder [po'ðer]

▸ *vb aux* (*capacidad, posibilidad, permiso*) pouvoir ; **no puedo hacerlo** je ne peux pas le faire ; **puede llegar mañana** il peut arriver demain ; **pudiste haberte hecho daño** tu aurais pu te faire mal ; **no se puede fumar en el hospital** on n'a pas le droit de fumer dans l'hôpital ; **podías habérmelo dicho** tu aurais pu me le dire

▸ *vi* **1** pouvoir ; **tanto como puedas** autant que tu peux ; **¿se puede?** on peut entrer ? ; **¡no puedo más!** je n'en peux plus ! ; **¡quién pudiera!** si seulement ! ; **no pude menos que dejarlo** je n'ai pas pu m'empêcher de le laisser ; **a** *o* **hasta más no poder** jusqu'à n'en plus pouvoir ; **¡es tonto a más no poder!** il est on ne peut plus idiot !

2: **¿puedes con eso?** tu peux y arriver ? ; **no puedo con este crío** je n'arrive pas à venir à bout de cet enfant

3: **A le puede a B** (*fam*) A est plus fort que B

▸ *vb impers*: **¡puede (ser)!** cela se peut ! ; **¡no puede ser!** ce n'est pas possible ! ; **puede que llueva** il se peut qu'il pleuve

▸ *nm* pouvoir *m* ; **ocupar el poder** détenir le pouvoir ; **detentar el poder** s'emparer du pouvoir ; **estar en el poder** être au pouvoir ; **en mi/tu** *etc* **poder** (*posesión*) en ma/ta *etc* possession ; **en poder de** entre les mains de ; **por poderes** (*Jur*) par procuration ; **poder adquisitivo** pouvoir d'achat ; **poder ejecutivo/legislativo/judicial** (*Pol*) pouvoir exécutif/législatif/judiciaire

poderoso, -a [poðe'roso, a] *adj* puissant(e)

podio ['poðjo], **pódium** ['poðjum] (*pl* **pódiums**) *nm* podium *m*

podrido, -a [po'ðriðo, a] *adj* pourri(e) ; (*fig*) corrompu(e)

podrir [po'ðrir] *vt* = **pudrir**

poema [po'ema] *nm* poème *m*

poesía [poe'sia] *nf* poésie *f*

poeta [po'eta] *nm/f* poète *m*

póker ['poker] *nm* poker *m*

polaco, -a [po'lako, a] *adj* polonais(e) ▸ *nm/f* Polonais(e) ▸ *nm* (*Ling*) polonais *msg*

polar [po'lar] *adj* polaire

polaridad [polari'ðað] *nf* polarité *f*

polarizar [polari'θar] *vt* polariser ; **polarizarse** *vpr* se polariser

polea [po'lea] *nf* poulie *f*

polémica [po'lemika] *nf* polémique *f*

polémico, -a [po'lemiko, a] *adj* controversé(e)
polen ['polen] *nm* pollen *m*
polera [po'lera] *nf* (*Chi*) T-shirt *m* ; (*Arg*) col *m* roulé
policía [poli'θia] *nm/f* policier(-ière), agent(e) (de police) ▶ *nf* (*cuerpo*) police *f* ; **~ judicial** police judiciaire ; **~ secreta** services *mpl* secrets

La **policía** se divise en deux branches en Espagne, toutes deux armées : la *policía nacional*, chargée de la sécurité nationale et du maintien de l'ordre en général, et la *policía municipal* (ou *policía local*, ou bien encore *guardia urbana*), qui s'occupe de la circulation et du maintien de l'ordre au niveau municipal. La Catalogne et le Pays basque ont leurs propres forces de police, respectivement les *Mossos d'Esquadra* et l'*Ertzaintza*.

policíaco, -a [poli'θiako, a], **policial** [poli'θjal] *adj* policier(-ière)
polideportivo [poliðepor'tiβo] *nm* complexe *m* omnisports
poligamia [poli'ɣamja] *nf* polygamie *f*
polilla [po'liʎa] *nf* mite *f*
polio ['poljo] *nf* polio *f*
política [po'litika] *nf* politique *f* ; **~ agraria** politique agricole ; **~ de ingresos y precios** politique des revenus et des prix ; **~ económica** politique économique ; **~ exterior** politique extérieure ; *ver tb* **político**
político, -a [po'litiko, a] *adj* politique ▶ *nm/f* homme *m* (femme *f*) politique ; **padre/hermano ~** beau-père *m*/beau-frère *m* ; **madre política** belle-mère *f*
póliza ['poliθa] *nf* police *f* ; (*sello*) timbre *m* fiscal ; **~ de seguro(s)** police d'assurance
polizón, -ona [poli'θon, -ona] *nm/f* passager(-ère) clandestin(e)
pollera [po'ʎera] (*AM*) *nf* jupe *f*
pollo ['poʎo] *nm* poulet *m* ; (*joven*) jeune homme *m* ; (*Méx*: *fam*) immigré *m* clandestin ; **~ asado** poulet rôti
polo ['polo] *nm* pôle *m* ; (*helado*) glace *f* ; (*Deporte*, *suéter*) polo *m* ; **es el ~ opuesto de su hermano** c'est tout le contraire de son frère ; **P~ Norte/Sur** pôle Nord/Sud
pololo, -a [po'lolo, a] (*And*, *CSur*) *nm/f* copain (copine)
Polonia [po'lonja] *nf* Pologne *f*
poltrona [pol'trona] (*esp AM*) *nf* fauteuil *m*
polvo ['polβo] *nm* poussière *f* ; (*fam!*) baise *f* (*fam!*) ; **polvos** *nmpl* (*en cosmética etc*) poudre *fsg* ; **en ~** en poudre ; **estar hecho ~** (*fam*) être fichu ; (: *persona*) être crevé ; (: *deprimido*) avoir le moral à zéro ; **dejar hecho ~ a algn** (*fam*) crever qn ; (*suj*: *noticia*) ficher qn par terre ; **~s de talco** talc *m*
pólvora ['polβora] *nf* poudre *f* ; (*fuegos artificiales*) feux *mpl* d'artifice ; **propagarse como la ~** se répandre comme une traînée de poudre
polvoriento, -a [polβo'rjento, a] *adj* poussiéreux(-euse)
pomada [po'maða] *nf* pommade *f*
pomelo [po'melo] *nm* pamplemousse *m*
pomo ['pomo] *nm* poignée *f*
pompa ['pompa] *nf* bulle *f* ; (*ostentación*) pompe *f* ; **~s fúnebres** pompes *fpl* funèbres
pomposo, -a [pom'poso, a] (*pey*) *adj* prétentieux(-euse) ; (*lenguaje*, *estilo*) pompeux(-euse)
pómulo ['pomulo] *nm* pommette *f*
pon [pon] *vb ver* **poner**
ponche ['pontʃe] *nm* punch *m*
poncho ['pontʃo] *nm* poncho *m*
ponderar [ponde'rar] *vt* soupeser ; (*elogiar*) faire l'éloge de
pondré *etc* [pon'dre] *vb ver* **poner**

poner [po'ner]

▶ *vt* **1** (*colocar*) mettre, poser ; (*ropa*, *mesa*) mettre ; **poner algo a hervir/a secar** mettre qch à bouillir/à sécher ; (*Telec*): **póngame con el Sr. López** passez-moi M. López ; **poner a algn a la cabeza de una empresa** placer qn à la tête d'une entreprise
2 (*fig*: *emoción*, *énfasis*) mettre ; (*condiciones*) poser ; **poner interés** porter de l'intérêt ; **poner en claro/duda** mettre au clair/en doute ; **poner al corriente** mettre au courant
3 (*imponer*: *tarea*) donner ; (*multa*) condamner à, donner
4 (*obra de teatro*, *película*) passer ; **¿qué ponen en el Excelsior?** qu'est-ce qui

po

passe à l'Excelsior ?
5 (*tienda*) monter ; (*casa*) arranger ; (*instalar: gas etc*) (faire) mettre
6 (*radio, TV*) mettre ; **ponlo más alto** mets-le plus fort
7 (*mandar: telegrama*) envoyer
8 (*suponer*): **pongamos que ...** mettons que ...
9 (*contribuir*): **el gobierno ha puesto un millón** le gouvernement a mis un million
10 (+ *adj*) rendre ; **me estás poniendo nerviosa** tu commences à m'énerver
11 (*dar nombre*): **al hijo le pusieron Diego** ils ont appelé leur fils Diego
12 (*decir por escrito*) dire ; **¿qué pone el periódico?** que dit le journal ?
13 (*huevos*) pondre
▸ *vi* (*gallina*) pondre
▸ **ponerse** *vpr* **1** (*colocarse*) se mettre ; **se puso a mi lado** il s'est mis à côté de moi ; **ponte en esa silla** mets-toi sur cette chaise
2 (*vestido, cosméticos*) mettre ; **¿por qué no te pones el vestido nuevo?** pourquoi ne mets-tu pas ta nouvelle robe ?
3 (*sol*) se coucher
4 (+ *adj*) devenir ; **ponerse bueno** aller mieux ; **ponerse malo** tomber malade ; **ponerse rojo** devenir tout rouge ; **se puso muy serio** il a pris un air très sérieux ; **¡no te pongas así!** ne te mets pas dans cet état !
5: **ponerse a** se mettre à ; **se puso a llorar** il s'est mis à pleurer ; **tienes que ponerte a estudiar** il faut que tu te mettes à étudier
6: **ponerse a bien con algn** se réconcilier avec qn ; **ponerse a mal con algn** se mettre mal avec qn
7 (AM: *parecer*): **se me pone que ...** j'ai l'impression que ...

poniente [po'njente] *nm* couchant *m*
pontífice [pon'tifiθe] *nm* pontife *m* ; **el Sumo P~** le souverain pontife
popa ['popa] *nf* poupe *f* ; **a ~** en poupe ; **de ~ a proa** d'un bout à l'autre
popular [popu'lar] *adj* populaire
popularidad [populari'ðað] *nf* popularité *f*
popularizar [populari'θar] *vt* populariser ; **popularizarse** *vpr* se populariser

por [por]

prep **1** (*objetivo, en favor de*) pour ; **luchar por la patria** combattre pour la patrie ; **hazlo por mí** fais-le pour moi
2 (+ *infin*) pour ; **por no llegar tarde** pour ne pas arriver tard ; **por citar unos ejemplos** pour citer quelques exemples
3 (*causa, agente*) par ; **por escasez de fondos** par manque de fonds ; **le castigaron por desobedecer** il a été puni pour avoir désobéi ; **por eso** c'est pourquoi ; **escrito por él** écrit par lui
4 (*tiempo*): **por la mañana/Navidad** le matin/vers Noël
5 (*duración*): **se queda por una semana** il reste une semaine ; **se fue por 3 días** il est parti pour 3 jours
6 (*lugar*): **pasar por Madrid** passer par Madrid ; **ir a Guayaquil por Quito** aller à Guayaquil via Quito ; **caminar por la calle/por las Ramblas** déambuler dans la rue/sur les Rambles ; **por fuera/dentro** à l'extérieur/à l'intérieur ; **anda por la izquierda** marche à gauche ; **vive por aquí** il habite par ici ; **pasear por el jardín** se promener dans le jardin
7 (*cambio, precio*): **te doy uno nuevo por el que tienes** je t'en donne un neuf contre le tien ; **lo vendo por 40 euros** je le vends (pour) 40 euros
8 (*valor distributivo*): **20 euros por hora/cabeza** 20 euros de l'heure/par tête ; **100 km por hora** 100 km à l'heure ; **veinte por ciento** vingt pour cent ; **tres horas por semana** trois heures par semaine ; **por centenares** par centaines
9 (*modo, medio*) par ; **por avión/correo** par avion/la poste ; **por orden** par ordre ; **caso por caso** cas par cas ; **por tamaños** par ordre de taille
10: **25 por 4 son 100** 4 fois 25 font 100
11: **ir/venir por algo/algn** aller/venir chercher qch/qn ; **estar/quedar por hacer** être/rester à faire
12 (*evidencia*): **por lo que dicen** d'après ce qu'on dit
13: **por bonito que sea** cela a beau être très joli ; **por más que lo intento** j'ai beau essayer
14: **por si (acaso)** au cas où ; **lo hice por si acaso** je l'ai fait au cas où ; **por si acaso venía/viniera** au cas où il serait

venu/viendrait ; **por si fuera poco** si ça n'était pas assez
15: **¿por qué?** pourquoi ? ; **¿por qué no?** pourquoi pas ?

porcelana [porθe'lana] *nf* porcelaine *f*
porcentaje [porθen'taxe] *nm* pourcentage *m* ; **~ de actividad** (*Inform*) taux *msg* d'activité
porción [por'θjon] *nf* portion *f*
pordiosero, -a [porðjo'sero, a] *nm/f* mendiant(e)
pormenor [porme'nor] *nm* détail *m*
pornografía [pornoɣra'fia] *nf* pornographie *f*
poro ['poro] *nm* pore *m*
porongo [poron'go] (*And, CSur*) *nm* gourde *f* à maté
poroso, -a [po'roso, a] *adj* poreux(-euse)
poroto [po'roto] (*And, CSur*) *nm* haricot *m*
porque ['porke] *conj* parce que ; **~ sí** parce que
porqué [por'ke] *nm* pourquoi *m*
porquería [porke'ria] *nf* cochonnerie *f*, saleté *f* ; (*algo sin valor*) cochonnerie ; (*jugarreta*) tour *m* de cochon ; **porquerías** *nfpl* (*comida*) cochonneries *fpl* ; **hacer ~s** faire des cochonneries ; **de ~** (*AM*: *fam*) à la noix
porra ['porra] *nf* matraque *f* ; **¡~s!** flûte ! ; **¡vete a la ~!** (*fam*) va te faire voir !
porrazo [po'rraθo] *nm* coup *m* ; **darse un ~ con** *o* **contra algo** se cogner contre qch
porrón [po'rron] *nm récipient à bec pour boire le vin à la régalade*
portada [por'taða] *nf* couverture *f*
portador, -a [porta'ðor, a] *nm/f* porteur(-euse) ; (*Com*) porteur *m* ; **cheque al ~** chèque *m* au porteur
portaequipajes [portaeki'paxes] *nm inv* (*maletero*) coffre *m* ; (*baca*) porte-bagages *m inv*
portal [por'tal] *nm* (*entrada*) vestibule *m* ; (*puerta*) porte *f* ; (*Inform*) portail *m* ; **~ de Belén** crèche *f*
portamaletas [portama'letas] *nm inv* = **portaequipajes**
portarse [por'tarse] *vpr* se comporter ; **~ bien/mal** bien/mal se comporter ; **se portó muy bien conmigo** il s'est très bien comporté avec moi
portátil [por'tatil] *adj* portatif(-ive) ; (*ordenador*) portable
portavoz [porta'βoθ] *nm/f* porte-parole *m inv/f inv*
portazo [por'taθo] *nm*: **dar un ~** claquer la porte
porte ['porte] *nm* (*Com*) port *m* ; (*aspecto*) allure *f* ; **~ debido/pagado** (*Com*) port dû/payé
portento [por'tento] *nm* prodige *m*
porteño, -a [por'teɲo, a] *adj* de Buenos Aires ▸ *nm/f* natif(-ive) *o* habitant(e) de Buenos Aires
portería [porte'ria] *nf* loge *f* (de concierge) ; (*Deporte*) but *m*
portero, -a [por'tero, a] *nm/f* concierge *m/f* ; (*de club*) portier *m* ; (*Deporte*) gardien(ne) de but ▸ *nm* **~ automático** interphone *m*
pórtico ['portiko] *nm* portique *m*
portorriqueño, -a [portorri'keɲo, a] *adj* portoricain(e) ▸ *nm/f* Portoricain(e)
Portugal [portu'ɣal] *nm* Portugal *m*
portugués, -esa [portu'ɣes, esa] *adj* portugais(e) ▸ *nm/f* Portugais(e) ▸ *nm* (*Ling*) portugais *msg*
porvenir [porβe'nir] *nm* avenir *m*
pos [pos]: **en ~ de** *prep* après ; (*fig*) en quête de
posada [po'saða] *nf* auberge *f* ; **dar ~ a** héberger
posar [po'sar] *vt, vi* poser ; **posarse** *vpr* se poser ; (*polvo*) se déposer
posavasos [posa'βasos] *nm inv* sous-verre *m*
posdata [pos'ðata] *nf* post-scriptum *m inv*
pose ['pose] *nf* pose *f*
poseedor, a [posee'ðor, a] *nm/f* possesseur *m* ; (*de récord, título*) détenteur(-trice)
poseer [pose'er] *vt* posséder ; (*conocimientos, belleza*) avoir ; (*récord, título*) détenir
posesión [pose'sjon] *nf* possession *f* ; **estar en ~ de** être en possession de, détenir ; **tomar ~ (de)** prendre possession (de)
posesivo, -a [pose'siβo, a] *adj* possessif(-ive)
posgrado [pos'ɣraðo] *nm* = **postgrado**
posibilidad [posiβili'ðað] *nf* possibilité *f*

También se puede decir:
C'est possible. (*Es posible.*)
Il est possible que cela coûte plus cher. (*Es posible que ...*)
Il se pourrait que l'Amérique ait été découverte par des Chinois. (*Es posible que* o *Puede que ...*)
En quelques mois tout peut changer. (*... puede ...*)
Il a peut-être mal compris. (*A lo mejor ...*)

posible [po'siβle] *adj* possible ; **de ser ~** si possible ; **en** *o* **dentro de lo ~** dans la mesure du possible ; **es ~ que** il est possible que ; **hacer todo lo ~** faire tout son *etc* possible ; **lo antes ~** le plus tôt possible ; **lo menos/más ~** le moins/plus possible ; **estudiar lo más ~** étudier le plus possible ; **lo más pronto ~** le plus vite possible ; **ser/no ser ~ (hacer)** être/ne pas être possible (de faire)

posición [posi'θjon] *nf* position *f*

positivo, -a [posi'tiβo, a] *adj* positif(-ive) ▸ *nm* (*Foto*) cliché *m* ; **el test dio ~** les résultats du test sont positifs

poso ['poso] *nm* (*de café*) marc *m* ; (*de vino*) lie *f*

posponer [pospo'ner] *vt* faire passer après ; (*aplazar*) ajourner, reporter

post [post] (*pl* **posts**) *nm* (*en sitio web*) billet *m*, post *m*

posta ['posta] *nf*: **a ~** exprès

postal [pos'tal] *adj* postal(e) ▸ *nf* carte *f* postale

poste ['poste] *nm* poteau *m* ; (*Deporte*) pilier *m*

postear [poste'ar] *vt* (*en blog, redes sociales*) poster, publier

póster ['poster] *nm* poster *m*

postergar [poster'ɣar] *vt* reléguer ; (*esp* AM: *aplazar*) retarder

posteridad [posteri'ðað] *nf* postérité *f*

posterior [poste'rjor] *adj* de derrière ; (*parte*) postérieur(e) ; (*en el tiempo*) ultérieur(e) ; **ser ~ a** être ultérieur(e) à

posterioridad [posterjori'ðað] *nf*: **con ~** par la suite

postgrado [postɣraðo] *nm* troisième cycle *m*

postizo, -a [pos'tiθo, a] *adj* faux (fausse), postiche ▸ *nm* postiche *m*

postor, a [pos'tor, a] *nm/f* offrant *m* ; **al mejor ~** au plus offrant

postre ['postre] *nm* dessert *m* ▸ *nf*: **a la ~** finalement ; **para ~** (*fig*) pour couronner le tout

postrero, -a [pos'trero, a] *adj* dernier(-ière) ; (*momentos, obra*) ultime

postulado [postu'laðo] *nm* postulat *m*

postular [postu'lar] *vt* (*teoría*) prôner ; (AM: *candidato*) nommer ▸ *vi* (*en colecta*) quêter, faire la quête ; (AM: *para un trabajo*) postuler ; **postularse** *vpr* (AM) (*Pol*) se présenter

póstumo, -a ['postumo, a] *adj* posthume

postura [pos'tura] *nf* position *f*, posture *f* ; (*ante hecho, idea*) position

postureo [postu'reo] *nm* mise *f* en avant de soi

potable [po'taβle] *adj* potable

potaje [po'taxe] *nm* potage *m*

pote ['pote] *nm* pot *m*

potencia [po'tenθja] *nf* puissance *f* ; **en ~** en puissance

potencial [poten'θjal] *adj* potentiel(le) ▸ *nm* potentiel *m* ; **~ eléctrico** potentiel électrique

potenciar [poten'θjar] *vt* promouvoir

potente [po'tente] *adj* puissant(e)

potrero [po'trero] (AM) *nm* herbage *m*

potro ['potro] *nm* poulain *m* ; (*Deporte*) cheval *m* d'arçons

pozo ['poθo] *nm* puits *msg* ; (*de río*) *endroit le plus profond* ; **ser un ~ de sabiduría** être un puits de science

PP *sigla m* (= *Partido Popular*) *parti de droite*

P.P. *abr* = *porte pagado*

pp. *abr* (= *páginas*) pp. (= *pages*)

p.p. *abr* (= *por poderes*) p.p. (= *par procuration*)

práctica ['praktika] *nf* pratique *f* ; **prácticas** *nfpl* (*Escol*) travaux *mpl* pratiques ; (*en empresa*) stage *m* ; (*Mil*) entraînement *m* ; **en la ~** dans la pratique ; **llevar a la** *o* **poner en ~** mettre en pratique

practicante [prakti'kante] *adj* (*Rel*) pratiquant(e) ▸ *nm/f* (*Med*) aide-soignant(e)

practicar [prakti'kar] *vt, vi* pratiquer

práctico, -a ['praktiko, a] *adj* pratique

practique *etc* [prak'tike] *vb ver* **practicar**

pradera [pra'ðera] *nf* prairie *f*

prado ['praðo] *nm* pré *m* ; (*AM*) gazon *m*
Praga ['praɣa] *n* Prague
pragmático, -a [praɣ'matiko, a] *adj* pragmatique
preámbulo [pre'ambulo] *nm* préambule *m* ; **sin ~s** sans préambule
precandidato, -a [prekandi'ðato, a] (*esp Méx*) *nm/f* candidat(e) potentiel(le)
precariedad [prekarie'ðað] *nf* précarité *f*
precario, -a [pre'karjo, a] *adj* précaire
precarizar [prekari'θar] *vt* précariser
precaución [prekau'θjon] *nf* précaution *f*
precaverse [preka'βerse] *vpr*: **~ de** *o* **contra algo** se prémunir contre qch
precavido, -a [preka'βiðo, a] *adj* prévoyant(e)
precedente [preθe'ðente] *adj* précédent(e) ▸ *nm* précédent *m* ; **sin ~(s)** sans précédent ; **establecer** *o* **sentar un ~** créer un précédent
preceder [preθe'ðer] *vt* précéder
precepto [pre'θepto] *nm* précepte *m*
preciado, -a [pre'θjaðo, a] *adj* précieux(-euse)
preciarse [pre'θjarse] *vpr* se vanter ; **~ de** se vanter de
precinto [pre'θinto] *nm* (*Com*: *tb*: **precinto de garantía**) cachet *m*
precio ['preθjo] *nm* prix *msg* ; **a cualquier ~** (*fig*) à tout prix ; **no tener ~** (*fig*) ne pas avoir de prix ; **«no importa ~»** « prix indifférent » ; **a ~ de saldo** en réclame ; **~ al contado** prix au comptant ; **~ al detalle** prix de détail ; **~ al detallista** prix de gros ; **~ al por menor** prix de détail ; **~ de compra/de coste/de entrega inmediata** prix d'achat/de revient/de livraison immédiate ; **~ de ocasión** prix avantageux ; **~ de oferta** prix promotionnel ; **~ de salida** prix initial, mise *f* à prix ; **~ de venta al público** prix de vente conseillé ; **~ por unidad** prix à l'unité, prix unitaire ; **~ tope** prix plafond ; **~ unitario** prix à l'unité
preciosidad [preθjosi'ðað] *nf* (*valor*) beauté *f* ; (*cosa bonita*) merveille *f* ; **es una ~** c'est une merveille
precioso, -a [pre'θjoso, a] *adj* (*hermoso*) très joli(e) ; (*de mucho valor*) précieux(-euse)
precipicio [preθi'piθjo] *nm* (*tb fig*) précipice *m*
precipitación [preθipita'θjon] *nf* précipitation *f*
precipitado, -a [preθipi'taðo, a] *adj* précipité(e) ▸ *nm* (*Quím*) précipité *m*
precipitar [preθipi'tar] *vt* précipiter ; **precipitarse** *vpr* se précipiter
precisamente [pre'θisamente] *adv* précisément ; **~ por eso** pour cette raison précisément ; **~ fue él quien lo dijo** c'est précisément lui qui l'a dit ; **no es ~ bueno** il n'est pas vraiment bon
precisar [preθi'sar] *vt* (*necesitar*) avoir besoin de ; (*determinar, especificar*) préciser
precisión [preθi'sjon] *nf* précision *f* ; **de ~** de précision
preciso, -a [pre'θiso, a] *adj* précis(e) ; (*necesario*) nécessaire ; **en ese ~ momento** à ce moment précis ; **es ~ que lo hagas** il faut que tu le fasses
preconcebido, -a [prekonθe'βiðo, a] *adj* préconçu(e)
precoz [pre'koθ] *adj* précoce
precuela [pre'kwela] *nf* prequel *m*, préquelle *f*
precursor, a [prekur'sor, a] *nm/f* précurseur *m/f*
predecir [preðe'θir] *vt* prédire
predestinado, -a [preðesti'naðo, a] *adj* prédestiné(e)
predicar [preði'kar] *vt, vi* prêcher
predicción [preðik'θjon] *nf* prédiction *f* ; **~ del tiempo** prévisions *fpl* météorologiques
predictivo, -a [preðik'tiβo, a] *adj* prédictif(-ive)
predilecto, -a [preði'lekto, a] *adj* préféré(e)
predisponer [preðispo'ner] *vt* prédisposer
predisposición [preðisposi'θjon] *nf* prédisposition *f*
predominante [preðomi'nante] *adj* prédominant(e)
predominar [preðomi'nar] *vi* prédominer
predominio [preðo'minjo] *nm* prédominance *f*
preescolar [preesko'lar] *adj* préscolaire
prefabricado, -a [prefaβri'kaðo, a] *adj* préfabriqué(e)
prefacio [pre'faθjo] *nm* préface *f*
preferencia [prefe'renθja] *nf* (*predilección*) préférence *f* ; (*Auto, ventaja*) priorité *f* ;

de ~ de préférence ; **localidad de ~** place *f* de choix

preferible [prefe'riβle] *adj* préférable

preferir [prefe'rir] *vt* préférer ; **~ hacer/que** préférer faire/que

> **También se puede decir:**
> Je préfère le rock à la musique classique. (*Prefiero ... a ...*)
> Je préférerais vivre à Paris. (*Preferiría ...*)
> J'aimerais mieux mourir que de lui demander un service. (*Antes ... que ...*)

prefiera *etc* [pre'fjera] *vb ver* **preferir**

prefijo [pre'fixo] *nm* (*Telec*) indicatif *m* ; (*Ling*) préfixe *m*

pregonar [preɣo'nar] *vt* crier sur tous les toits ; (*edicto*) annoncer

pregunta [pre'ɣunta] *nf* question *f* ; **hacer una ~** poser une question ; **~ capciosa** question piège ; **~s frecuentes** (*Inform*) foire *f* aux questions

preguntar [preɣun'tar] *vt, vi* demander ; **preguntarse** *vpr* se demander ; **~ por algn** demander qn ; **~ por la salud de algn** s'enquérir de la santé de qn

> **También se puede decir:**
> Comment allez-vous ? (*¿Cómo está?*)
> Comment ça va ? (*¿Qué hay?* o *¿Qué tal?*)
> Qu'est-ce que tu deviens ? (*¿Qué es de tu vida?*)
> Quoi de neuf ? (*¿Qué hay de nuevo?*)

prehistórico, -a [preis'toriko, a] *adj* préhistorique

preinstalado, -a [preinstalado, a] *adj* (*software*) préinstallé(e)

prejubilar [prexubi'lar] *vt* mettre en préretraite

prejuicio [pre'xwiθjo] *nm* préjugé *m* ; **tener ~s** avoir des préjugés

preliminar [prelimi'nar] *adj, nm* préliminaire *m*

preludio [pre'luðjo] *nm* prélude *m*

premeditación [premeðita'θjon] *nf* préméditation *f*

premiar [pre'mjar] *vt* récompenser ; (*en un concurso*) décerner un prix à

premio ['premjo] *nm* récompense *f* ; (*de concurso etc*) prix *msg* ; (*Com*) prime *f* ; **~ gordo** gros lot *m*

premonición [premoni'θjon] *nf* prémonition *f*

prenatal [prena'tal] *adj* prénatal(e)

prenda ['prenda] *nf* (*ropa*) vêtement *m* ; (*garantía*) gage *m* ; (*fam: apelativo*) mon chou ; **prendas** *nfpl* (*juego*) gages *mpl* ; **dejar algo en ~** laisser qch en gage ; **no soltar ~** (*fig*) ne pas dire un mot

prendedor [prende'ðor] *nm* broche *f*

prender [pren'der] *vt* (*sujetar*) attacher ; (*delincuente*) arrêter ; (*esp* AM: *encender*) allumer ▸ *vi* (*idea, miedo*) s'enraciner ; (*planta, fuego*) prendre ; **prenderse** *vpr* prendre feu ; (*esp* AM: *encenderse*) s'allumer ; **~ fuego a algo** mettre le feu à qch

prendido, -a [pren'diðo, a] (AM) *adj* (*luz etc*) allumé(e)

prensa ['prensa] *nf* presse *f* ; **tener mala ~** avoir mauvaise presse ; **agencia/conferencia de ~** agence *f*/conférence *f* de presse

prensar [pren'sar] *vt* (*papel, uva*) presser

preñado, -a [pre'ɲaðo, a] *adj* (*mujer*) enceinte ; **~ de** chargé(e) de

preocupación [preokupa'θjon] *nf* souci *m*

preocupado, -a [preoku'paðo, a] *adj* préoccupé(e)

preocupar [preoku'par] *vt* préoccuper ; **preocuparse** *vpr* (*inquietarse*) se soucier ; **preocuparse de algo** (*hacerse cargo*) s'occuper de qch ; **preocuparse por algo** se soucier de qch ; **¡no te preocupes!** ne t'en fais pas !

preparación [prepara'θjon] *nf* préparation *f*

preparado, -a [prepa'raðo, a] *adj* (*dispuesto*) prêt(e) ; (*platos, estudiante etc*) préparé(e) ▸ *nm* (*Med*) préparation *f* ; **¡~s, listos, ya!** à vos marques ... prêts ? ... partez !

preparar [prepa'rar] *vt* préparer ; **prepararse** *vpr* se préparer ; **prepararse para hacer algo** se préparer à faire qch

preparativos [prepara'tiβos] *nmpl* préparatifs *mpl*

preparatoria [prepara'torja] (AM) *nf* terminale *f*

prerrogativa [prerroɣa'tiβa] *nf* prérogative *f*

presa ['presa] *nf* (*de animal*) proie *f*; (*de agua*) barrage *m*; **hacer ~ en** avoir prise sur; **ser ~ de** (*fig: remordimientos*) être en proie à; (*llamas*) être la proie de

presagio [pre'saxjo] *nm* présage *m*

prescindir [presθin'dir] *vi*: **~ de** (*privarse de*) se passer de; (*descartar*) faire abstraction de; **no podemos ~ de él** nous ne pouvons pas nous passer de lui

prescribir [preskri'βir] *vt* prescrire

prescripción [preskrip'θjon] *nf* prescription *f*; **~ facultativa** prescription médicale

presencia [pre'senθja] *nf* présence *f*; **en ~ de** en présence de; **tener buena ~** avoir une bonne présentation; **~ de ánimo** présence d'esprit

presencial [presen'θjal] *adj* (*Educación: formación*) présentiel(le), en présentiel; **testigo ~** témoin *m* oculaire

presenciar [presen'θjar] *vt* (*accidente, discusión*) être témoin de; (*ceremonia etc*) assister à

presentación [presenta'θjon] *nf* présentation *f*; (*Jur: de pruebas, documentos*) production *f*

presentador, a [presenta'ðor, a] *nm/f* présentateur(-trice)

presentar [presen'tar] *vt* présenter; (*Jur: pruebas, documentos*) produire; **presentarse** *vpr* se présenter; **~ al cobro** (*Com*) présenter au recouvrement; **presentarse a la policía** se présenter à la police

> **También se puede decir:**
> Je vous présente mon amie. (*Le presento a ...*)
> Marc; Laurent (*Marc, te presento a Laurent. Laurent; Marc.*)
> Je ne crois pas que vous vous connaissiez. (*Creo que no os conocéis.*)

presente [pre'sente] *adj* présent(e) ▸ *nm* présent *m*; **los ~s** les personnes *fpl* présentes; **¡~!** présent!; **hacer ~** faire savoir; **tener ~** se souvenir de; **la ~ (carta)** la présente

presentimiento [presenti'mjento] *nm* pressentiment *m*

presentir [presen'tir] *vt* pressentir; **~ que** pressentir que

preservativo [preserβa'tiβo] *nm* préservatif *m*

presidencia [presi'ðenθja] *nf* présidence *f*; **ocupar la ~** assumer la présidence

presidente [presi'ðente] *nm/f* président(e)

presidiario, -a [presi'ðjarjo, a] *nm/f* détenu(e)

presidio [pre'siðjo] *nm* prison *f*

presidir [presi'ðir] *vt* (*reunión*) présider; (*suj: sentimiento*) régner sur

presión [pre'sjon] *nf* (*tb fig*) pression *f*; **a ~** à la pression; **cerrar a ~** fermer avec des pressions; **grupo de ~** (*Pol*) groupe *m* de pression; **~ arterial** tension *f* artérielle; **~ atmosférica** pression atmosphérique; **~ sanguínea** tension artérielle

presionar [presjo'nar] *vt* (*coaccionar*) faire pression sur; (*botón*) appuyer sur ▸ *vi*: **~ para** *o* **por** faire pression pour

preso, -a ['preso, a] *adj*: **~ de terror/pánico** pris(e) de terreur/panique ▸ *nm/f* (*en la cárcel*) prisonnier(-ière); **tomar** *o* **llevar ~ a algn** faire prisonnier qn

prestación [presta'θjon] *nf* (*Admin*) prestation *f*; **prestaciones** *nfpl* (*Tec, Auto*) performances *fpl*

prestado, -a [pres'taðo, a] *adj* emprunté(e); **dar algo ~** prêter qch; **pedir ~** emprunter

préstamo ['prestamo] *nm* prêt *m*; **~ con garantía** prêt sur gages; **~ hipotecario** prêt hypothécaire

prestar [pres'tar] *vt* prêter; (*servicio*) rendre; **prestarse** *vpr*: **prestarse a hacer** se proposer pour faire; **prestarse a malentendidos** prêter à confusion

presteza [pres'teθa] *nf* promptitude *f*

prestigio [pres'tixjo] *nm* prestige *m*

presumido, -a [presu'miðo, a] *adj, nm/f* prétentieux(-euse); (*preocupado de su aspecto*) coquet(te)

presumir [presu'mir] *vt* présumer ▸ *vi* (*tener aires*) s'afficher; **según cabe ~** selon toute vraisemblance, à ce que l'on suppose; **~ de listo** se croire fin

presunción [presun'θjon] *nf* présomption *f*

presunto, -a [pre'sunto, a] *adj* présumé(e); (*heredero*) présomptif(-ive)

presuntuoso, -a [presun'twoso, a] *adj* présomptueux(-euse)

pr

presuponer [presupo'ner] *vt* présupposer

presupuesto [presu'pwesto] *pp de* **presuponer** ▸ *nm* (*Fin*) budget *m* ; (*de costo, obra*) devis *msg* ; **asignación de ~** (*Com*) dotation *f* budgétaire

pretencioso, -a [preten'θjoso, a] *adj* prétentieux(-euse)

pretender [preten'der] *vt* prétendre ; **~ que** prétendre que ; **¿qué pretende usted?** que prétendez-vous ?

pretendiente, -a [preten'djente, a] *nm/f* prétendant(e)

pretensión [preten'sjon] *nf* prétention *f* ; **pretensiones** *nfpl* (*pey*) prétentions *fpl* ; **tener muchas/pocas pretensiones** avoir des prétentions élevées/de faibles prétentions

pretexto [pre'teksto] *nm* (*excusa*) prétexte *m* ; **so** *o* **con el ~ de** sous prétexte de

prevalecer [preβale'θer] *vi* prévaloir

prevención [preβen'θjon] *nf* prévention *f*

prevenido, -a [preβe'niðo, a] *adj*: **(estar) ~** (*preparado*) (être) prévenu(e) ; **(ser) ~** (*cuidadoso*) (être) prévoyant(e) ; **hombre ~ vale por dos** un homme averti en vaut deux

prevenir [preβe'nir] *vt* prévenir ; (*preparar*) préparer ; **prevenirse** *vpr* se préparer ; **~ (en) contra (de)/a favor de** prévenir contre/en faveur de ; **prevenirse contra** se prémunir contre

preventivo, -a [preβen'tiβo, a] *adj* préventif(-ive)

prever [pre'βer] *vt* prévoir

previo, -a ['preβjo, a] *adj* (*anterior*) préalable ; **~ pago de los derechos** moyennant l'acquittement préalable des droits

previsión [preβi'sjon] *nf* prévision *f* ; **en ~ de** en prévision de ; **~ del tiempo** prévision météorologique ; **~ de ventas** prévision des ventes

prima ['prima] *nf* prime *f* ; *ver tb* **primo** ; **~ única** prime unique

primacía [prima'θia] *nf* primauté *f*

primario, -a [pri'marjo, a] *adj* primaire

primavera [prima'βera] *nf* printemps *m*

primera [pri'mera] *nf* première *f* ; **a la ~** du premier coup ; **de ~** (*fam*) de premier ordre

primero, -a [pri'mero, a] (*antes de nmsg* **primer**) *adj* premier(-ière) ▸ *adv* (*en primer lugar*) d'abord ; (*más bien*) plutôt ▸ *nm*: **ser/llegar el ~** être/arriver le premier ; **a ~s (de mes)** en début de mois ; **primer ministro** Premier ministre *m*

primicia [pri'miθja] *nf* primeur *f*

primitivo, -a [primi'tiβo, a] *adj* primitif(-ive)

primo, -a ['primo, a] *adj* (*Mat*) premier(-ière) ▸ *nm/f* cousin(e) ; (*fam*) idiot(e) ; **materias primas** matières *fpl* premières ; **hacer el ~** faire l'idiot ; **~ hermano** cousin *m* germain

primogénito, -a [primo'xenito, a] *adj* aîné(e)

primordial [primor'ðjal] *adj* primordial(e)

princesa [prin'θesa] *nf* princesse *f*

principal [prinθi'pal] *adj* principal(e) ; (*piso*) premier(-ière) ▸ *nm* principal *m* ; (*piso*) premier étage *m*

príncipe ['prinθipe] *nm* prince *m* ; **~ de Gales** (*tela*) prince de Galles ; **~ heredero** prince héritier

principiante [prinθi'pjante] *adj, nm/f* débutant(e)

principio [prin'θipjo] *nm* (*comienzo*) début *m* ; (*origen*) commencement *m* ; (*fundamento, moral, tb Quím*) principe *m* ; **a ~s de** au début de ; **al ~** au début ; **en ~** en principe ; **~ de precaución** principe de précaution

pringado, -a [prin'ɣaðo, a] (*fam*) *nm/f* boloss *m/f* (*fam*)

pringoso, -a [prin'goso, a] *adj* (*grasiento*) graisseux(-euse) ; (*pegajoso*) poisseux(-euse)

pringue ['pringe] *nm* (*grasa*) graisse *f* ; (*suciedad*) crasse *f*

prioridad [priori'ðað] *nf* priorité *f*

prisa ['prisa] *nf* hâte *f* ; (*rapidez*) rapidité *f* ; **correr ~** être urgent(e) ; **darse ~** se dépêcher ; **tener ~** être pressé(e)

prisión [pri'sjon] *nf* prison *f*

prisionero, -a [prisjo'nero, a] *nm/f* prisonnier(-ière)

prismáticos [pris'matikos] *nmpl* jumelles *fpl*

privación [priβa'θjon] *nf* privation *f*; **privaciones** *nfpl* (*necesidades*) privations *fpl*

privado, -a [pri'βaðo, a] *adj* privé(e) ; **en ~** en privé ; **« ~ y confidencial »** « personnel »

privar [pri'βar] *vt* (*despojar*) priver ; (*fam: gustar*) raffoler de ; **privarse** *vpr*: **privarse de** (*abstenerse*) se priver de ; **~ a algn de hacer** empêcher qn de faire ; **me privan las motos** la moto c'est mon dada

privilegiado, -a [priβile'xjaðo, a] *adj, nm/f* privilégié(e)

privilegio [priβi'lexjo] *nm* privilège *m*

pro [pro] *nm* profit *m* ▸ *prep*: **asociación ~ ciegos** association *f* au profit des aveugles ▸ *pref*: **~ soviético/americano** pro-soviétique/américain ; **en ~ de** en faveur de ; **los ~s y los contras** le pour et le contre ; **ciudadano de ~** honorable citoyen *m* ; **hombre de ~** homme *m* de bien

proa ['proa] *nf* (*Náut*) proue *f*

probabilidad [proβaβili'ðað] *nf* probabilité *f*; **probabilidades** *nfpl* (*perspectivas*) chances *fpl*

> **También se puede decir:**
>
> Il est probable que le prix du pétrole va continuer d'augmenter. (*Es probable que ...*)
>
> Le taux d'inflation dépassera très probablement les 10 %. (*Es muy probable que ...*)
>
> Ils avaient sans doute raison. (*Seguramente ...*)
>
> Il y a de fortes chances que la France gagne. (*Hay muchas posibilidades de que ...*)
>
> Il a dû oublier d'ouvrir les fenêtres. (*Se debe de haber olvidado de ...*)

probable [pro'βaβle] *adj* probable ; **es ~ que** (+ *subjuntivo*) il est probable que + *subjonctif*; **es ~ que no venga** il est probable qu'il ne viendra pas

probador [proβa'ðor] *nm* cabine *f* d'essayage

probar [pro'βar] *vt* essayer ; (*demostrar*) prouver ; (*comida*) goûter ▸ *vi* essayer ; **probarse** *vpr*: **probarse un traje** essayer un costume

probeta [pro'βeta] *nf* éprouvette *f*; **bebé-~** bébé-éprouvette *m*

problema [pro'βlema] *nm* problème *m* ; **el ~ del paro** le problème du chômage

proceder [proθe'ðer] *vi* (*actuar*) procéder ; (*ser correcto*) convenir ▸ *nm* (*comportamiento*) procédé *m* ; **~ a** procéder à ; **~ de** provenir de ; **no procede obrar así** il n'y a pas lieu d'agir ainsi

procedimiento [proθeði'mjento] *nm* (*Jur, Admin*) procédure *f*; (*proceso*) processus *msg* ; (*método*) procédé *m*

prócer ['proθer] (*esp* AM) *nm* (*Pol*) personnage *m* illustre

procesado, -a [proθe'saðo, a] *nm/f* (*Jur*) accusé(e)

procesador [proθesa'ðor] *nm*: **~ de textos** (*Inform*) machine *f* de traitement de texte

procesar [proθe'sar] *vt* (*Jur*) accuser ; (*Inform*) traiter

procesión [proθe'sjon] *nf* procession *f*; **la ~ va por dentro** il *etc* souffre en silence

proceso [pro'θeso] *nm* (*desarrollo, procedimiento*) processus *msg* ; (*Jur*) procès *msg* ; (*lapso*) cours *msg* ; (*Inform*): **~ (automático) de datos** traitement *m* (automatique) de données ; **~ de textos** traitement de texte(s) ; **~ no prioritario** traitement non prioritaire ; **~ por pasadas** traitement séquentiel ; **~ en tiempo real** traitement en temps réel

proclamar [prokla'mar] *vt* proclamer

procreación [prokrea'θjon] *nf* procréation *f*

procrear [prokre'ar] *vt, vi* procréer

procurador, a [prokura'ðor, a] *nm/f* (*Jur*) avoué *m* ; (*Pol*) député(e)

procurar [proku'rar] *vt* (*intentar*) essayer de ; (*proporcionar*) procurer ; **procurarse** *vpr* se procurer

prodigio [pro'ðixjo] *nm* prodige *m* ; **niño ~** enfant *m* prodige

prodigioso, -a [proði'xjoso, a] *adj* prodigieux(-euse)

producción [proðuk'θjon] *nf* production *f*; **~ en serie** production en série

producir [proðu'θir] *vt* produire ; (*impresión, heridas, tristeza*) causer ; **producirse** *vpr* se produire

productividad [proðuktiβi'ðað] *nf* productivité *f*

productivo, -a [proðuk'tiβo, a] *adj* productif(-ive)

producto [pro'ðukto] *nm* produit *m* ; **~ alimenticio** produit alimentaire ; **~ interior bruto** produit intérieur brut ; **~s lácteos** produits laitiers ; **~ nacional bruto** produit national brut

productor, a [proðuk'tor, a] *adj, nm/f* producteur(-trice)

proeza [pro'eθa] *nf* prouesse *f*

profanar [profa'nar] *vt* profaner

profano, -a [pro'fano, a] *adj, nm/f* profane *m/f* ; **soy ~ en la materia** je suis profane en la matière

profecía [profe'θia] *nf* prophétie *f*

proferir [profe'rir] *vt* proférer

profesión [profe'sjon] *nf* profession *f* ; **abogado de ~, de ~ abogado** avocat *m* de profession

profesional [profesjo'nal] *adj, nm/f* professionnel(le)

profesionista [profesjo'nista] (*Méx*) *nm/f* professionnel(le)

profesor, a [profe'sor, a] *nm/f* professeur *m/f* ; **~ adjunto** professeur assistant

profeta, -isa [pro'feta, isa] *nm/f* prophète(sse)

profetizar [profeti'θar] *vt, vi* prophétiser

prófugo, -a ['profuɣo, a] *nm/f* fugitif(-ive) ▸ *nm* (*Mil*) insoumis *msg*

profundidad [profundi'ðað] *nf* profondeur *f* ; **profundidades** *nfpl* (*de océano etc*) profondeurs *fpl* ; **tener una ~ de 30 cm** avoir une profondeur de 30 cm

profundizar [profundi'θar] *vi*: **~ en** (*fig*) approfondir

profundo, -a [pro'fundo, a] *adj* profond(e) ; **poco ~** peu profond(e)

programa [pro'ɣrama] *nm* programme *m* ; **~ de estudios** programme ; **~ verificador de ortografía** (*Inform*) vérificateur *m* d'orthographe

programación [proɣrama'θjon] *nf* programmation *f* ; **~ estructurada** programmation structurée

programador, a [proɣrama'ðor, a] *nm/f* programmeur(-euse) ▸ *nm* programmateur *m* ; **~ de aplicaciones** programmateur d'applications

programar [proɣra'mar] *vt* programmer

progresar [proɣre'sar] *vi* progresser

progresista [proɣre'sista] *adj, nm/f* progressiste *m/f*

progresivo, -a [proɣre'siβo, a] *adj* progressif(-ive)

progreso [pro'ɣreso] *nm* (*avance*) progrès *msg* ; **el ~** le progrès ; **hacer ~s** faire des progrès

prohibición [proiβi'θjon] *nf* interdiction *f* ; (*Admin, Jur*) prohibition *f* ; **levantar la ~ de** lever l'interdiction de

prohibir [proi'βir] *vt* interdire ; (*Admin, Jur*) prohiber ; **« prohibido fumar »** « défense de fumer » ; **« prohibida la entrada »** « entrée interdite » ; **dirección prohibida** (*Auto*) sens *m* interdit

> **También se puede decir:**
> Je te défends de sortir ! (*Te prohíbo ...*)
> C'est défendu. (*Está prohibido.*)
> Il est interdit de fumer dans les toilettes. (*Está prohibido ...*)
> Défense d'entrer. (*Prohibida la entrada.*)

prójimo ['proximo] *nm* prochain *m*

proletariado [proleta'rjaðo] *nm* prolétariat *m*

proletario, -a [prole'tarjo, a] *adj, nm/f* prolétaire *m/f*

proliferación [prolifera'θjon] *nf* prolifération *f* ; **~ de armas nucleares** prolifération des armes nucléaires

proliferar [prolife'rar] *vi* proliférer

prolífico, -a [pro'lifiko, a] *adj* prolifique

prolijo, -a [pro'lixo, a] *adj* prolixe ; (*esp* AM: *pulcro*) propre

prólogo ['proloɣo] *nm* prologue *m*

prolongación [prolonga'θjon] *nf* prolongation *f*

prolongado, -a [prolon'gaðo, a] *adj* (*largo*) prolongé(e) ; (*alargado*) allongé(e)

prolongar [prolon'gar] *vt* prolonger ; **prolongarse** *vpr* se prolonger

promedio [pro'meðjo] *nm* moyenne *f*

promesa [pro'mesa] *nf* promesse *f* ▸ *adj*: **jóvenes ~s** jeunes espoirs *mpl* ; **faltar a una ~** ne pas tenir une promesse

prometer [prome'ter] *vt*: **~ hacer algo** promettre de faire qch ▸ *vi* promettre ; **prometerse** *vpr* (*dos personas*) se fiancer

prometido, -a [prome'tiðo, a] *adj* promis(e) ▸ *nm/f* fiancé(e)

prominente [promi'nente] *adj* proéminent(e) ; (*artista*) en vue ; (*político*) important(e)

promiscuo, -a [pro'miskwo, a] (*pey*) *adj* (*persona*) de mœurs légères

promoción [promo'θjon] *nf* promotion *f*; **~ por correspondencia directa** (*Com*) publipostage *m*; **~ de ventas** promotion des ventes

promotor, a [promo'tor, a] *nm/f* promoteur(-trice)

promover [promo'βer] *vt* promouvoir; (*escándalo, juicio*) provoquer

promulgar [promul'ɣar] *vt* promulguer

pronombre [pro'nombre] *nm* pronom *m*

pronosticar [pronosti'kar] *vt* pronostiquer

pronóstico [pro'nostiko] *nm* pronostic *m*; **de ~ leve** au pronostic dénué de toute gravité; **de ~ reservado** au pronostic réservé; **~ del tiempo** prévisions *fpl* météorologiques

pronto, -a ['pronto, a] *adj* (*rápido*) rapide; (*preparado*) prêt(e) ▸ *adv* rapidement; (*dentro de poco*) bientôt; (*temprano*) tôt ▸ *nm* (*impulso*) élan *m*; (: *de ira*) accès *msg*; **al ~** au début; **de ~** tout à coup; **¡hasta ~!** à bientôt!; **lo más ~ posible** le plus tôt possible; **por lo ~** pour l'instant; **tan ~ como** dès que

prontuario [prontu'arjo] *nm* (*Arg: Jur*) casier *m* judiciaire

pronunciación [pronunθja'θjon] *nf* (*Ling*) prononciation *f*; (*Jur*) prononcé *m*

pronunciar [pronun'θjar] *vt* prononcer; **pronunciarse** *vpr* (*Mil*) se soulever; (*declararse*) se prononcer; **pronunciarse sobre** se prononcer sur

propaganda [propa'ɣanda] *nf* propagande *f*; **hacer ~ de** (*Com*) faire de la propagande pour

propagar [propa'ɣar] *vt* propager; **propagarse** *vpr* se propager

propenso, -a [pro'penso, a] *adj*: **~ a** enclin(e) à; (*enfermedad*) sujet(te) à; **ser ~ a hacer algo** être enclin(e) à faire qch

propicio, -a [pro'piθjo, a] *adj* propice

propiedad [propje'ðað] *nf* propriété *f*; **ceder algo a algn en ~** céder la propriété de qch à qn; **ser ~ de** être propriété de; **con ~** (*hablar*) correctement; **~ intelectual** propriété intellectuelle; **~ particular** propriété privée; **~ pública** (*Com*) propriété publique

propietario, -a [propje'tarjo, a] *nm/f* propriétaire *m/f*

propina [pro'pina] *nf* pourboire *m*; **dar algo de ~** donner qch en pourboire

propio, -a ['propjo, a] *adj* propre; (*mismo*) en personne; **el ~ ministro** le ministre en personne; **¿tienes casa propia?** as-tu une maison à toi?; **eso es muy ~ de él** c'est bien de lui; **nombre ~** nom *m* propre

proponer [propo'ner] *vt* proposer; **proponerse** *vpr*: **proponerse hacer** se proposer de faire

proporción [propor'θjon] *nf* proportion *f*; **proporciones** *nfpl* (*dimensiones, tb fig*) proportions *fpl*; **en ~ con** en proportion avec

proporcionado, -a [proporθjo'naðo, a] *adj* proportionné(e); **bien ~** bien proportionné(e)

proporcionar [proporθjo'nar] *vt* offrir; (*Com*) fournir; **esto le proporciona una renta anual de …** cela lui rapporte un revenu annuel de …

proposición [proposi'θjon] *nf* proposition *f*; **proposiciones deshonestas** propositions malhonnêtes

propósito [pro'posito] *nm* intention *f* ▸ *adv*: **a ~** à propos; **a ~ de** à propos de; **hacer algo a ~** faire qch exprès

propuesta [pro'pwesta] *nf* proposition *f*

propulsar [propul'sar] *vt* (*impulsar*) propulser; (*fig*) développer

propulsión [propul'sjon] *nf* propulsion *f*; **~ a chorro** *o* **por reacción** propulsion par réaction

prórroga ['prorroɣa] *nf* (*de plazo*) prorogation *f*; (*Deporte*) prolongations *fpl*; (*Mil*) sursis *msg*

prorrogar [prorro'ɣar] *vt* (*plazo*) proroger; (*decisión*) différer

prorrumpir [prorrum'pir] *vi*: **~ en lágrimas/carcajadas** éclater en sanglots/de rire; **el público prorrumpió en aplausos** les applaudissements ont fusé dans le public

prosa ['prosa] *nf* (*Lit*) prose *f*

proscrito, -a [pros'krito, a] *adj, nm/f* proscrit(e)

proseguir [prose'ɣir] *vt* poursuivre ▸ *vi* continuer; (*discusiones etc*) se poursuivre; **~ con algo** poursuivre qch

prospección [prospek'θjon] *nf* prospection *f*

pr

prospecto [pros'pekto] *nm* (*Med*) notice *f*; (*publicidad*) prospectus *msg*
prosperar [prospe'rar] *vi* prospérer
prosperidad [prosperi'ðað] *nf* prospérité *f*
próspero, -a ['prospero, a] *adj* prospère ; **¡~ año nuevo!** bonne année !
prostíbulo [pros'tiβulo] *nm* bordel *m*
prostitución [prostitu'θjon] *nf* prostitution *f*
prostituir [prosti'twir] *vt* prostituer ; **prostituirse** *vpr* se prostituer
prostituta [prosti'tuta] *nf* prostituée *f*
protagonista [protaɣo'nista] *nm/f* protagoniste *m/f*
protagonizar [protaɣoni'θar] *vt* (*película, suceso*) être le (la) protagoniste de
protección [protek'θjon] *nf* protection *f*
protector, a [protek'tor, a] *adj* (*barrera, gafas*) de protection ; (*crema, tono*) protecteur(-trice) ▸ *nm/f* protecteur(-trice)
proteger [prote'xer] *vt* protéger ; **protegerse** *vpr*: **protegerse (de)** se protéger (de) ; **~ contra grabación** *o* **contra escritura** (*Inform*) protéger contre l'écriture
protege-slip [protexes'lip] (*pl* **protege-slips**) *nm* protège-slip *m*
proteína [prote'ina] *nf* protéine *f*
protesta [pro'testa] *nf* protestation *f*
protestante [protes'tante] *adj, nm/f* protestant(e)
protestar [protes'tar] *vt* (*cheque*) protester ▸ *vi* protester ; **¡protesto!** objection !
protocolo [proto'kolo] *nm* protocole *m* ; **sin ~s** sans protocole
prototipo [proto'tipo] *nm* prototype *m*
prov. *abr* = *provincia*
provecho [pro'βetʃo] *nm* profit *m* ; **¡buen ~!** bon appétit ! ; **en ~ de** au profit de ; **sacar ~ de** tirer profit de
proveer [proβe'er] *vt* (*suministrar*) fournir ; (*preparar*) préparer ▸ *vi*: **~ a** pourvoir à ; **proveerse** *vpr*: **proveerse de** se pourvoir de
provenir [proβe'nir] *vi* provenir
proverbio [pro'βerβjo] *nm* proverbe *m*
providencia [proβi'ðenθja] *nf* providence *f*; **providencias** *nfpl* (*disposiciones*) mesures *fpl*
provincia [pro'βinθja] *nf* province *f*; (*Admin*) ≈ département *m* ; **un pueblo de ~s** un village de province

L'Espagne se compose de 50 divisions administratives, ou **provincias**, qui couvrent la péninsule ainsi que les îles et les villes autonomes de l'Afrique du Nord. Chacune possède une capitale (*capital de provincia*), qui porte en général le même nom que la province. Les **provincias** sont regroupées en *comunidades autónomas* selon des critères géographiques, historiques et culturels. Il faut préciser que le terme *comarca*, qui normalement n'a qu'une signification géographique en espagnol, désigne en Catalogne une division administrative bien précise.

provinciano, -a [proβin'θjano, a] (*pey*) *adj* provincial(e)
provisión [proβi'sjon] *nf* (*abastecimiento*) approvisionnement *m* ; (*precaución*) mesure *f* ; **provisiones** *nfpl* (*víveres*) provisions *fpl*
provisional [proβisjo'nal] *adj* provisoire
provocación [proβoka'θjon] *nf* provocation *f*
provocar [proβo'kar] *vt* provoquer ; (AM): **¿te provoca un café?** ça te dit, un café ?
provocativo, -a [proβoka'tiβo, a] *adj* provocant(e)
próximamente ['proksimamente] *adv* prochainement
proximidad [proksimi'ðað] *nf* proximité *f* ; **proximidades** *nfpl* (*cercanías*) environs *mpl*
próximo, -a ['proksimo, a] *adj* (*cercano*) proche ; (*parada, año*) prochain(e) ; **en fecha próxima** sous peu
proyectar [projek'tar] *vt* projeter ; **proyectarse** *vpr* se projeter
proyectil [projek'til] *nm* projectile *m* ; **~ teledirigido** projectile télécommandé
proyecto [pro'jekto] *nm* projet *m* ; **tener algo en ~** avoir qch en projet ; **~ de ley** projet de loi
proyector [projek'tor] *nm* projecteur *m*
prudencia [pru'ðenθja] *nf* prudence *f*
prudente [pru'ðente] *adj* prudent(e)
prueba ['prweβa] *vb ver* **probar** ▸ *nf* (*gen*) épreuve *f* ; (*testimonio*) témoignage *m* ; (*Jur*) preuve *f* ; (*de ropa*) essayage *m* ; **a ~** à l'épreuve ; (*Com*) à l'essai ; **a ~ de** à l'épreuve de ; **a ~ de agua/fuego**

étanche/à l'épreuve du feu ; **en ~ de** en témoignage de ; **período/fase de ~** période *f*/phase *f* d'essai ; **poner/someter a ~** mettre/soumettre à l'épreuve ; **¿tiene usted ~ de ello?** en avez-vous la preuve ? ; **~ de capacitación** (*Com*) preuve d'aptitudes ; **~ de fuego** (*fig*) épreuve du feu

prurito [pru'rito] *nm* démangeaison *f* ; (*fig*) obsession *f*

psico... [siko] *pref* psycho...

psicoanálisis [sikoa'nalisis] *nm* psychanalyse *f*

psicología [sikolo'xia] *nf* psychologie *f*

psicológico, -a [siko'loxiko, a] *adj* psychologique

psicólogo, -a [si'koloɣo, a] *nm/f* psychologue *m/f*

psicópata [si'kopata] *nm/f* psychopathe *m/f*

psicosis [si'kosis] *nf inv* psychose *f*

psiquiatra [si'kjatra] *nm/f* psychiatre *m/f*

psiquiátrico, -a [si'kjatriko, a] *adj* psychiatrique

psíquico, -a ['sikiko, a] *adj* psychique

PSOE [pe'soe] *sigla m* = *Partido Socialista Obrero Español*

Pta. *abr* (*Geo*: = *Punta*) pte (= *pointe*)

púa ['pua] *nf* (*de planta*) piquant *m* ; (*de peine*) dent *f* ; (*para guitarra*) médiator *m* ; **alambre de ~s** fil *m* de fer barbelé

pubertad [puβer'tað] *nf* puberté *f*

publicación [puβlika'θjon] *nf* publication *f*

publicar [puβli'kar] *vt* publier

publicidad [puβliθi'ðað] *nf* publicité *f* ; **dar ~ a** rendre public(-ique) ; **~ en el punto de venta** publicité sur le point de vente

publicitario, -a [puβliθi'tarjo, a] *adj* publicitaire

público, -a ['puβliko, a] *adj* public(-ique) ▶ *nm* public *m* ; **el gran ~** le grand public ; **en ~** en public ; **hacer ~** (*difundir*) rendre public(-ique) ; **~ objetivo** (*Com*) public ciblé

pucha ['putʃa] (*And, CSur*: *fam*) *excl*: **¡~(s)!** mince !

puchero [pu'tʃero] *nm* (*Culin*: *olla*) marmite *f* ; (: *guiso*) pot-au-feu *m* ; **hacer ~s** bouder

pucho ['putʃo] (*CSur*) *nm* mégot *m*

púdico, -a ['puðiko, a] *adj* pudique

pudiendo *etc* [pu'ðjendo] *vb ver* **poder**

pudor [pu'ðor] *nm* pudeur *f*

pudrir [pu'ðrir] *vt* pourrir ; **pudrirse** *vpr* pourrir

pueblo ['pweβlo] *vb ver* **poblar** ▶ *nm* peuple *m* ; (*población pequeña*) village *m* ; **~ joven** (*Perú*) quartier *m* de bidonvilles

pueda *etc* ['pweða] *vb ver* **poder**

puente ['pwente] *nm* (*gen*) pont *m* ; (*de gafas*) arcade *f* ; (*de dientes*) bridge *m* ; (*Náut*: *tb*: **puente de mando**) passerelle *f* ; **curso ~** (*Escol*) cours *msg* d'adaptation ; **hacer ~** (*fam*) faire le pont ; **~ aéreo/colgante** pont aérien/suspendu ; **~ levadizo** pont-levis *m*

puerco, -a ['pwerko, a] *adj* cochon(ne) ▶ *nm/f* (*Zool*) porc (truie) ; (*fam*) porc (cochonne) ; **~ espín** porc-épic *m*

pueril [pwe'ril] *adj* puéril(e)

puerro ['pwerro] *nm* poireau *m*

puerta ['pwerta] *nf* porte *f* ; (*de coche*) portière *f* ; (*de jardín*) portail *m*, porte *f* ; (*portería*: *Deporte*) but *m* ; (*Inform*) port *m* ; **a ~ cerrada** à huis clos ; **~ batiente/blindada/corredera** porte battante/blindée/coulissante ; **~ de servicio** porte de service ; **~ (de transmisión) en paralelo/en serie** (*Inform*) port parallèle/série ; **~ giratoria** tourniquet *m*, porte à tambour ; **~ principal/trasera** porte d'entrée/de derrière

puerto ['pwerto] *nm* (*tb Inform*) port *m* ; (*de montaña*) col *m* ; **llegar a ~** (*fig*) arriver à bon port ; **~ franco** port franc ; **~ USB** port *m* USB

puertorriqueño, -a [pwertorri'keɲo, a] *adj* portoricain(e) ▶ *nm/f* Portoricain(e)

pues [pwes] *conj* (*en tal caso*) donc ; (*puesto que*) car ▶ *adv* (*así que*) donc ; **¡~ claro!** bien sûr ! ; **~ ... no sé** eh bien ... je ne sais pas ; **¡~ sí!** eh bien, oui !

puesta ['pwesta] *nf*: **~ a cero** (*Inform*) réinitialisation *f* ; **~ al día/a punto** mise *f* à jour/au point ; **~ del sol** coucher *m* du soleil ; **~ en escena** mise en scène ; **~ en marcha** mise en marche

puesto, -a ['pwesto, a] *pp de* **poner** ▶ *adj*: **ir bien/muy ~** être bien habillé(e)/tiré(e) à quatre épingles ▶ *nm* (*tb Mil*) poste *m* ; (: *en clasificación*) rang *m* ; (*tb*: **puesto de**

trabajo) poste ; (*Com*: *en mercado*) étal *m*, éventaire *m* ; (: *de flores, periódicos*) kiosque *m* ▸ *conj*: **~ que** puisque ; **~ de mando/policía/socorro** poste de commandement/police/secours

pugna ['puɣna] *nf* lutte *f*

pugnar [puɣ'nar] *vi*: **~ por** lutter pour

pujar [pu'xar] *vi* (*en subasta*) enchérir ; (*fig*) lutter

pulcro, -a ['pulkro, a] *adj* propre

pulga ['pulɣa] *nf* puce *f* ; **tener malas ~s** avoir mauvais caractère

pulgada [pul'ɣaða] *nf* (*medida*) pouce *m*

pulgar [pul'ɣar] *nm* pouce *m*

pulir [pu'lir] *vt* polir ; (*fig*) peaufiner

pulla ['puʎa] *nf* (*broma*) pique *f*

pulmón [pul'mon] *nm* poumon *m* ; **a pleno ~** à pleins poumons ; **~ artificial/de acero** poumon artificiel/d'acier

pulmonía [pulmo'nia] *nf* pneumonie *f*

pulpa ['pulpa] *nf* pulpe *f*

pulpería [pulpe'ria] (*AM*) *nf* épicerie *f*

púlpito ['pulpito] *nm* (*Rel*) chaire *f*

pulpo ['pulpo] *nm* poulpe *m*

pulsación [pulsa'θjon] *nf* pulsation *f* ; **pulsaciones por minuto** (*del teclado*) caractères *mpl* par minute

pulsar [pul'sar] *vt* (*tecla*) frapper ; (*botón*) appuyer sur ▸ *vi* (*latir*) battre

pulsera [pul'sera] *nf* bracelet *m* ; **reloj de ~** bracelet-montre *m*

pulso ['pulso] *nm* (*Med*) pouls *msg* ; (*Col*: *pulsera*) bracelet *m* ; (: *reloj de pulsera*) bracelet-montre *m* ; **a ~** (*tb fig*) à la force du poignet ; **con ~ firme** de propos délibéré ; **echar un ~** faire un bras de fer

pulverizador [pulβeriθa'ðor] *nm* pulvérisateur *m*

pulverizar [pulβeri'θar] *vt* pulvériser

puna ['puna] (*And, CSur*) *nf* (*Med*) puna *f*

punitivo, -a [puni'tiβo, a] *adj* punitif(-ive)

punta ['punta] *nf* pointe *f* ; (*de lengua, dedo*) bout *m* ; (*fig*: *toque*) brin *m* ; **horas ~** heures *fpl* de pointe ; **tecnología ~** technologie *f* de pointe ; **de ~** debout ; **de ~ a ~** d'un bout à l'autre ; **ir de ~ en blanco** être tiré(e) à quatre épingles ; **sacar ~ a** (*lápiz*) tailler ; **sacarle ~ a todo** chercher la petite bête ; **tener algo en la ~ de la lengua** avoir qch sur le bout de la langue ; **se me pusieron los pelos de ~** j'en ai eu les cheveux qui se sont dressés sur la tête ; **~ del iceberg** (*fig*) partie *f* visible de l'iceberg

puntada [pun'taða] *nf* (*Costura*) point *m*

puntaje [pun'taxe] (*AM*) *nm* résultat *m*

puntal [pun'tal] *nm* étai *m*

puntapié [punta'pje] *nm* coup *m* de pied ; **echar a algn a ~s** chasser qn à coups de pied aux fesses

puntear [punte'ar] *vt* (*dibujar*) marquer avec des points ; (*Mús*) pincer

puntería [punte'ria] *nf* (*de arma*) visée *f* ; (*destreza*) précision *f*

puntero, -a [pun'tero, a] *adj* (*industria*) de pointe ; (*país*) à la pointe ▸ *nm* (*vara*) baguette *f*

puntiagudo, -a [puntja'ɣuðo, a] *adj* pointu(e)

puntilla [pun'tiʎa] *nf* (*Costura*) picot *m* ; **(andar) de ~s** (marcher) sur la pointe des pieds

punto ['punto] *nm* point *m* ; **a ~** (*listo*) au point ; **estar a ~ de** être sur le point de ; **llegar a ~** arriver à point ; **al ~** immédiatement ; **dos ~s** (*Tip*) deux-points *mpl* ; **de ~** tricoté(e) ; **en ~** (*horas*) pile ; **estar en su ~** (*Culin*) être cuit(e) à point ; **hasta cierto ~** jusqu'à un certain point ; **hasta tal ~ que** à tel point que ; **hacer ~** tricoter ; **poner un motor a ~** mettre un moteur au point ; **~s a tratar** points à traiter ; **~ acápite** (*AM*) point, à la ligne ; **~ culminante** point culminant ; **~ de apoyo** point d'appui ; **~ débil** point faible ; **~ de congelación** point de congélation ; **~ de equilibrio** (*Com*) seuil *m* de rentabilité ; **~ de fusión** point de fusion ; **~ de partida** point de départ ; **~ de pedido** (*Com*) seuil de réapprovisionnement ; **~ de referencia** (*Com*) point de référence ; **~ de salida** (*Inform*) point de départ ; **~ de venta** (*Com*) point de vente ; **~ de vista** point de vue ; **~ final** point final ; **~ muerto** (*Auto*) point mort ; **~ negro** point noir ; **~s suspensivos** points de suspension ; **~ y coma** point-virgule *m*

puntocom [punto'kom] *nf inv, adj inv* point com *f*

puntuación [puntwa'θjon] *nf* (*signos*) ponctuation *f* ; (*puntos*) points *mpl*

puntual [pun'twal] *adj* ponctuel(le)

puntualidad [puntwali'ðað] *nf* ponctualité *f*
puntualizar [puntwali'θar] *vt* préciser
puntuar [pun'twar] *vt* (*Ling, Tip*) ponctuer ; (*examen*) noter ▸ *vi* (*Deporte*) compter
punzada [pun'θaða] *nf* (*puntura*) piqûre *f* ; (*dolor*) élancement *m*
punzante [pun'θante] *adj* (*dolor*) lancinant(e) ; (*herramienta*) pointu(e) ; (*comentario*) mordant(e)
punzar [pun'θar] *vt* (*pinchar*) piquer ▸ *vi* (*doler*) élancer
puñado [pu'ɲaðo] *nm* poignée *f* ; **a ~s** à foison
puñal [pu'ɲal] *nm* poignard *m*
puñalada [puɲa'laða] *nf* coup *m* de poignard ; **una ~ trapera** (*fig*) un coup de Jarnac
puñetazo [puɲe'taθo] *nm* coup *m* de poing
puño ['puɲo] *nm* (*Anat*) poing *m* ; (*de ropa*) poignet *m* ; (*de herramienta*) manche *m* ; **como un ~** (*verdad*) flagrant(e) ; **de su ~ y letra** de sa main ; **tener el corazón en un ~** avoir le cœur gros
pupila [pu'pila] *nf* (*Anat*) pupille *f*
pupitre [pu'pitre] *nm* pupitre *m*
puré [pu're] *nm* (*Culin*) purée *f* ; **estar hecho ~** (*fig*) être mort ; **~ de patatas/de verduras** purée de pommes de terre/de légumes
pureza [pu'reθa] *nf* pureté *f*
purga ['purɣa] *nf* purge *f*
purgante [pur'ɣante] *adj* purgatif(-ive) ▸ *nm* purgatif *m*
purgar [pur'ɣar] *vt* purger ; **purgarse** *vpr* se purger
purgatorio [purɣa'torjo] *nm* purgatoire *m*
purificar [purifi'kar] *vt* purifier
puritano, -a [puri'tano, a] *adj, nm/f* puritain(e)
puro, -a ['puro, a] *adj* pur(e) ; (*esp Méx*) même ▸ *nm* (*tabaco*) cigare *m* ▸ *adv* (*esp Méx*) uniquement ; **de ~ cansado** à force de fatigue ; **por pura casualidad/curiosidad** par pur hasard/pure curiosité
púrpura ['purpura] *nf* pourpre *f*
pus [pus] *nm* pus *msg*
puse *etc* ['puse] *vb ver* **poner**
pústula ['pustula] *nf* pustule *f*
puta ['puta] (*fam!*) *nf* putain *f*, pute *f* (*fam!*) ; **de ~ madre** du tonnerre
puteada [pute'aða] (*CSur: fam!*) *nf* insulte *f*
putrefacción [putrefak'θjon] *nf* putréfaction *f*
PVC *sigla m* (*= polyvinyl-chloride*) PVC *m*
PVP (*Esp*) *sigla m = precio de venta al público*; *ver* **precio**
PYME, pyme ['pime] *sigla f* (*= Pequeña y Mediana Empresa*) PME *f* (*= petite et moyenne entreprise*)

pu

q

que [ke]

▸ *pron rel* 1 (*sujeto*) qui ; **el hombre que vino ayer** l'homme qui est venu hier
2 (*objeto*) que ; **el sombrero que te compraste** le chapeau que tu t'es acheté ; **la chica que invité** la fille que j'ai invitée
3 (*circunstancial, con prep*): **el día que yo llegué** le jour où je suis arrivé ; **el piano con que toca** le piano sur lequel il joue ; **el libro del que te hablé** le livre dont je t'ai parlé ; **la cama en que dormí** le lit dans lequel j'ai dormi ; *ver tb* **el**
▸ *conj* 1 (*con oración subordinada*) que ; **dijo que vendría** il a dit qu'il viendrait ; **espero que lo encuentres** j'espère que tu le retrouveras ; *ver tb* **el**
2 (*con verbo de mandato*): **dile que me llame** dis-lui de m'appeler
3 (*en oración independiente*): **¡que entre!** qu'il (elle) entre ! ; **¡que se mejore tu padre!** j'espère que ton père va se rétablir ! ; **que lo haga él** qu'il le fasse, lui ; **que yo sepa** que je sache
4 (*enfático*): **¿me quieres? — ¡que sí!** tu m'aimes ? — mais oui !
5 (*repetición*): **¿cómo has dicho? — ¿que si ...?** qu'est-ce que tu disais ? — que si ... ?
6 (*consecutivo*) que ; **es tan grande que no lo puedo levantar** c'est si gros que je ne peux pas le soulever
7 (*en comparaciones*) que ; **es más alto que tú** il est plus grand que toi ; **ese libro es igual que el otro** ce livre est pareil que l'autre ; *ver tb* **más**; **menos**; **mismo**
8 (*valor disyuntivo*): **que venga o que no venga** qu'il vienne ou non
9 (*porque*): **no puedo, que tengo que quedarme en casa** je ne peux pas, je dois rester à la maison
10 (*valor condicional*): **que no puedes, no lo haces** si tu ne peux pas, ne le fais pas
11 (*valor final*): **sal a que te vea** sors pour que je te voie
12: **todo el día toca que toca** il joue toute la sainte journée ; **y él dale que dale** (*hablando*) et lui qui n'arrêtait pas
13: **yo que tú ...** si j'étais toi ...

qué [ke] *adj* quel(le) ▸ *pron* que, quoi ; **¿~ edad tienes?** quel âge as-tu ? ; **¿a ~ velocidad?** à quelle vitesse ? ; **¡~ divertido/asco!** comme c'est drôle/dégoûtant ! ; **¡~ día más espléndido!** quelle journée splendide ! ; **¿~?** quoi ? ; **¿~ quieres?** qu'est-ce que tu veux ? ; **¿de ~ me hablas?** de quoi me parles-tu ? ; **¿~ tal?** (comment) ça va ? ; **¿~ hay de nuevo?** quoi de neuf ? ; **¿~ más?** autre chose ? ; **no sé ~ quiere hacer** je ne sais pas ce qu'il veut faire ; **¡y ~!** et alors !

quebradizo, -a [keβra'ðiθo, a] *adj* cassant(e) ; (*persona, salud*) fragile

quebrado, -a [ke'βraðo, a] *adj* (*roto*) cassé(e) ; (*línea, masa*) brisé(e) ; (*terreno*) accidenté(e) ▸ *nm/f* (*Com*) failli(e) ▸ *nm* (*Mat*) fraction *f* ; **~ rehabilitado** failli réhabilité

quebrantar [keβran'tar] *vt* (*moral*) saper ; (*ley, secreto, promesa*) violer ; (*salud*) affaiblir ; **quebrantarse** *vpr* (*persona, fuerzas*) s'affaiblir

quebranto [ke'βranto] *nm* (*en salud*) affaiblissement *m* ; (*en fortuna*) perte *f* ; (*fig: pena*) affliction *f*

quebrar [ke'βrar] *vt* casser ▸ *vi* faire faillite ; **quebrarse** *vpr* se casser ; (*línea, cordillera*) se briser ; (*Med: herniarse*) se faire une hernie ; **se le quebró la voz** sa voix s'est brisée

quedar [ke'ðar] *vi* rester ; (*encontrarse*) se donner rendez-vous ; **quedarse** *vpr* rester ; **~ en** convenir de ; **~ en nada** ne pas aboutir ; **~ por hacer** rester à faire ; **no te queda bien ese vestido** cette robe ne te va pas bien ; **quedamos allí** on se retrouve là ; **quedamos a las seis** (*en pasado*) on a dit six heures ; (*en presente*) on se voit à six heures ; **eso queda muy lejos** c'est très loin ; **nos quedan 12 kms para llegar al pueblo** il nous reste encore 12 km avant d'arriver au village ; **quedan dos horas** il reste deux heures ; **eso queda por/hacia allí** c'est par là ; **ahí quedó la cosa** la chose en est restée là ; **no queda otra** il n'y a pas le choix ; **quedarse ciego/mudo** devenir aveugle/muet ; **quedarse (con) algo** garder qch ; **quedarse con algn** (*fam*) taquiner qn ; **quedarse sin** ne plus avoir de

quedo, -a ['keðo, a] *adj* (*voz*) bas (basse) ; (*pasos*) feutré(e) ▸ *adv* (*hablar*) doucement ; (*andar*) à pas feutrés

quehacer [kea'θer] *nm* tâche *f* ; **~es (domésticos)** tâches *fpl* (domestiques)

queja ['kexa] *nf* plainte *f*

quejarse [ke'xarse] *vpr* se plaindre ; **~ de que ...** se plaindre que ...

También se puede decir:

Je ne suis pas satisfait de ma chambre. (*No estoy satisfecho con ...*)

Je suis très déçu du service fourni par votre hôtel. (*Estoy muy decepcionado con ...*)

Je voudrais faire une réclamation. (*Quería presentar una reclamación.*)

Je voudrais parler au responsable, s'il vous plaît. (*Quiero hablar con el responsable, por favor.*)

Il y a un problème avec la réservation. (*Hay un problema con ...*)

quejido [ke'xiðo] *nm* gémissement *m*, plainte *f*

quemado, -a [ke'maðo, a] *adj* brûlé(e) ▸ *nm* : **oler a ~** sentir le brûlé ; **estar ~** (*fam* : *harto*) en avoir marre ; (: *político, actor*) être fini(e)

quemadura [kema'ðura] *nf* brûlure *f* ; (*de sol*) coup *m* de soleil

quemar [ke'mar] *vt* brûler ; (*fig* : *malgastar*) dilapider ; (: *deteriorar* : *imagen, persona*) user ; (*fastidiar*) agacer ▸ *vi* brûler ; **quemarse** *vpr* (*consumirse*) brûler ; (*del sol*) attraper un coup *o* des coups de soleil

quemarropa [kema'rropa] : **a ~** *adv* (*disparar*) à bout portant ; (*preguntar*) à brûle-pourpoint

quepo *etc* ['kepo] *vb ver* **caber**

querella [ke'reʎa] *nf* (*Jur*) plainte *f* ; (*disputa*) querelle *f*

querellarse [kere'ʎarse] *vpr* porter plainte

querer [ke'rer]

vt **1** (*desear*) vouloir ; **quiero más dinero** je veux plus d'argent ; **quisiera** *o* **querría un té** je voudrais un thé ; **sin querer** sans faire exprès ; **quiera o no quiera** qu'il le veuille ou non ; **¡no quiero!** je ne veux pas ! ; **como usted quiera** comme vous voudrez ; **como quien no quiere la cosa** mine de rien ; **¡qué más quisiera yo!** si seulement je pouvais !

2 (*+ vb dependiente*) : **quiero ayudar/que vayas** je veux aider/que tu t'en ailles ; **¿qué quieres decir?** que veux-tu dire ?

3 (*para pedir algo*) : **¿quiere abrir la ventana?** vous voulez bien ouvrir la fenêtre ?

4 (*amar*) aimer ; (*amigo, perro*) aimer bien ; **quiere mucho a sus hijos** elle aime beaucoup ses enfants ; **te quiero bien** je ne veux que ton bien ; **¡por lo que más quieras!** je t'en prie !

5 (*requerir*) : **esta planta quiere más luz** cette plante a besoin de plus de lumière

6 (*impersonal*) : **quiere llover** il va pleuvoir

7 : **como quiera que ...** (*dado que*) puisque ..., comme ...

querido, -a [ke'riðo, a] *adj* (*mujer, hijo*) chéri(e) ; (*tierra, amigo, en carta*) cher (chère) ▸ *nm/f* amant(e) ; **nuestra querida patria** notre chère patrie ; **¡sí, ~!** oui, chéri !

querosén [kero'sen] (AM), **querosene** [kero'sene] (AM), **queroseno** [kero'seno] *nm* kérosène m

quesadilla [kesa'ðiʎa] (*CAm, Méx*) *nf crêpe de maïs fourrée*

queso ['keso] *nm* fromage *m* ; **dárselas con ~ a algn** (*fam*) mener qn en bateau ; **~ cremoso** fromage crémeux ; **~ rallado** fromage râpé

quicio ['kiθjo] *nm* gond *m* ; **estar fuera de ~** être sens dessus dessous ; **sacar a algn de ~** mettre qn hors de soi

quiebra ['kjeβra] *nf* effondrement *m* ; (*Com*) faillite *f*

quiebro ['kjeβro] *vb ver* **quebrar** ▸ *nm* (*del cuerpo*) déhanchement *m* ; (*del torero*) écart *m*

quien [kjen] *pron* (*relativo*: *sujeto*) qui ; (: *complemento*) qui, que ; **la persona a ~ quiero** la personne que j'aime ; **~ dice eso es tonto** (*indefinido*) celui qui dit cela est un idiot ; **hay ~ piensa que** il y a des gens qui pensent que ; **no hay ~ lo haga** personne n'en est capable ; **~ más, ~ menos tiene sus problemas** tout le monde a des problèmes

quién [kjen] *pron* (*interrogativo*) qui ; **¿~ es?** qui est-ce ? ; (*Telec*) qui est à l'appareil ? ; **¡~ pudiera!** si seulement je pouvais !

quienquiera [kjen'kjera] (*pl* **quienesquiera**) *pron* quiconque

quiera *etc* ['kjera] *vb ver* **querer**

quieto, -a ['kjeto, a] *adj* (*manos, cuerpo*) immobile ; (*carácter*) tranquille ; **¡estate ~!** reste tranquille !

quietud [kje'tuð] *nf* (*inmovilidad*) immobilité *f* ; (*tranquilidad*) tranquillité *f*, quiétude *f*

quilate [ki'late] *nm* carat *m*

quilla ['kiʎa] *nf* quille *f*

quilombo [ki'lombo] (*CSur*: *fam*) *nm* bordel *m* (*fam*)

quimera [ki'mera] *nf* chimère *f*

química ['kimika] *nf* chimie *f*

químico, -a ['kimiko, a] *adj* chimique ▸ *nm/f* chimiste *m/f*

quince ['kinθe] *adj inv, nm inv* quinze *m inv* ; **~ días** quinze jours ; *ver tb* **seis**

quinceañero, -a [kinθea'ɲero, a] *adj* adolescent(e) ▸ *nm/f* garçon (fille) de quinze ans, adolescent(e)

quincena [kin'θena] *nf* quinzaine *f*

quincenal [kinθe'nal] *adj* (*pago, reunión*) bimensuel(le)

quiniela [ki'njela] *nf* (*impreso*) grille *f* *o* bulletin *m* de Loto sportif ; **quinielas** ≈ Loto *msg* sportif ; **~ hípica** ≈ tiercé *m*

quinientos, -as [ki'njentos, as] *adj* cinq cents ; *ver tb* **seiscientos**

quinina [ki'nina] *nf* quinine *f*

quinto, -a ['kinto, a] *adj* cinquième ▸ *nm* (*Mil*) recrue *f* ; (*ordinal*) cinquième *m* ; *ver tb* **sexto**

quiosco ['kjosko] *nm* kiosque *m*

quirófano [ki'rofano] *nm* salle *f* d'opération

quirúrgico, -a [ki'rurxiko, a] *adj* chirurgical

quise *etc* ['kise] *vb ver* **querer**

quisquilloso, -a [kiski'ʎoso, a] *adj* (*susceptible*) chatouilleux(-euse) ; (*meticuloso*) pointilleux(-euse)

quiste ['kiste] *nm* kyste *m*

quitaesmalte [kitaes'malte] *nm* dissolvant *m*

quitamanchas [kita'mantʃas] *nm inv* détachant *m*

quitanieves [kita'njeβes] *nm inv* chasse-neige *m inv*

quitar [ki'tar] *vt* enlever ; (*ropa*) enlever, ôter ; (*dolor*) éliminer ; (*vida*) donner la mort à ▸ *vi*: **¡quita de ahí!** hors d'ici ! ; **quitarse** *vpr* (*desaparecer*) partir ; (*ropa*) ôter ; (*vida*) se donner la mort ; **de quita y pon** amovible ; **quítalo de ahí** enlève ça de là ; **me quita mucho tiempo** cela me prend beaucoup de temps ; **~ la televisión/radio** éteindre la télévision/radio ; **~ la mesa** débarrasser la table ; **el café me quita el sueño** le café m'empêche de dormir ; **~ de en medio a algn** se débarrasser de qn ; **eso no quita para que venga** cela ne l'empêche pas de venir ; **quitarse algo de encima** se débarrasser de qch ; **quitarse del tabaco/de fumar** arrêter de fumer ; **se quitó el sombrero** il ôta son chapeau ; **quitarse de** renoncer à

quite ['kite] *nm* (*esgrima*) parade *f* ; (*Taur*) *action de détourner l'attention du taureau* ; **estar al ~** être prêt(e) à aider qn

Quito ['kito] *n* Quito

quizá [ki'θa], **quizás** [ki'θas] *adv* peut-être

r

rábano ['raβano] *nm* radis *msg*; **me importa un ~** je m'en moque comme de l'an quarante
rabia ['raβja] *nf* rage *f*; **¡qué ~!** c'est trop bête!; **me da ~** ça m'énerve; **tener ~ a algn** avoir une dent contre qn; **me da ~ marcharme** je dois partir, c'est trop bête!
rabiar [ra'βjar] *vi* (*Med*) avoir la rage; **~ por hacer algo** mourir d'envie de faire qch
rabieta [ra'βjeta] *nf* crise *f* (de colère)
rabino [ra'βino] *nm* rabbin *m*
rabioso, -a [ra'βjoso, a] *adj* (*perro*) enragé(e); (*dolor, ganas*) fou (folle); **estar ~** (*fig*) être furieux(-euse), avoir la rage
rabo ['raβo] *nm* queue *f*
racha ['ratʃa] *nf* (*de viento*) rafale *f*; (*serie*) suite *f*; **buena/mala ~** bonne/mauvaise passe *f*; **~ de mala suerte** série *f* de malchances
racial [ra'θjal] *adj* racial(e)
racializado, -a [raθjali'θaðo, a] *adj* racisé(e)
racimo [ra'θimo] *nm* grappe *f*
raciocinio [raθjo'θinjo] *nm* raisonnement *m*
ración [ra'θjon] *nf* ration *f*; (*en bar*) portion *f*
racional [raθjo'nal] *adj* rationnel(le); **animal ~** être *m* doué de raison
racionalizar [raθjonali'θar] *vt* rationaliser
racionar [raθjo'nar] *vt* rationner
racismo [ra'θismo] *nm* racisme *m*
racista [ra'θista] *adj, nm/f* raciste *m/f*
radar [ra'ðar], **rádar** ['raðar] *nm* radar *m*
radiactivo, -a [raðjak'tiβo, a] *adj* = **radioactivo**
radiador [raðja'ðor] *nm* radiateur *m*
radial [ra'ðjal] (*AM*) *adj* radiophonique
radiante [ra'ðjante] *adj* radieux(-euse)
radical [raði'kal] *adj* radical(e) ▸ *nm* (*Ling, Mat*) radical *m*
radicalizar [raðikali'θar] *vt* radicaliser; **radicalizarse** *vpr* se radicaliser
radicar [raði'kar] *vi*: **~ en** (*consistir*) résider en; (*estar situado*) se trouver; **radicarse** *vpr* s'établir
radio ['raðjo] *nf* (*AM*: *a veces nm*) radio *f* ▸ *nm* rayon *m*; **por ~** à la radio; **~ de acción** rayon d'action
radioactividad [raðjoaktiβi'ðað] *nf* radioactivité *f*
radioactivo, -a [raðjoak'tiβo, a] *adj* radioactif(-ive)
radiocasete [raðjoca'sete] *nm* radiocassette *f*
radiodifusión [raðjodifu'sjon] *nf* radiodiffusion *f*
radioemisora [raðjoemi'sora] *nf* station *f* (de radio)
radiografía [raðjoɣra'fia] *nf* radiographie *f*
radiotaxi [raðjo'taksi] *nm* radio-taxi *m*
radioterapia [raðjote'rapja] *nf* radiothérapie *f*
radioyente [raðjo'jente] *nm/f* auditeur(-trice)
RAE ['rae] *sigla f* (= *Real Academia Española*) ≈ Académie *f* française
ráfaga ['rafaɣa] *nf* rafale *f*; (*de luz*) jet *m*
raído, -a [ra'iðo, a] *adj* (*ropa*) râpé(e)
raigambre [rai'ɣambre] *nf* racines *fpl*
raíz [ra'iθ] *nf* racine *f*; **~ cuadrada** racine carrée; **a ~ de** (*como consecuencia de*) à la suite de; (*después de*) après; **echar raíces** (*fig*) prendre racine
raja ['raxa] *nf* (*de melón, limón*) tranche *f*; (*en tela, plástico*) coupure *f*; (*en muro, madera*) fissure *f*
rajar [ra'xar] *vt* (*tela*) couper; (*madera*) fendre; (*fam: herir*) mettre un coup de couteau à ▸ *vi* (*fam*) jacasser; **rajarse** *vpr* se fendre; (*fam*) se dégonfler
rajatabla [raxa'taβla]: **a ~** *adv* à la lettre
rallador [raʎa'ðor] *nm* râpe *f*
rallar [ra'ʎar] *vt* râper

rama ['rama] *nf* branche *f* ; **andarse** *o* **irse por las ~s** (*fig, fam*) tourner autour du pot
ramaje [ra'maje] *nm* ramage *m*
ramal [ra'mal] *nm* (*de cuerda*) brin *m* ; (*Ferro*) embranchement *m* ; (*Auto*) bretelle *f*
rambla ['rambla] *nf* promenade *f*, avenue *f*
ramificación [ramifika'θjon] *nf* ramification *f*
ramificarse [ramifi'karse] *vpr* se ramifier
ramillete [rami'ʎete] *nm* bouquet *m*
ramo ['ramo] *nm* bouquet *m* ; (*de industria*) branche *f*
rampa ['rampa] *nf* rampe *f* ; **~ de acceso** rampe d'accès ; **~ de lanzamiento** rampe de lancement
ramplón, -ona [ram'plon, ona] *adj* vulgaire
rana ['rana] *nf* grenouille *f* ; **salir ~** (*fam*) decevoir ; **cuando las ~s críen pelo** quand les poules auront des dents
ranchero, -a [ran'tʃero, a] *nm/f* (*AM*) fermier(-ière) ; (*Méx*) paysan(ne)
rancho ['rantʃo] *nm* (*comida*) popote *f* ; (*AM*) ranch *m* ; (*: pequeño*) petite ferme *f* ; (*choza*) cabane *f* ; **ranchos** *nmpl* (*Ven: barrio de chabolas*) bidonvilles *mpl*
rancio, -a ['ranθjo, a] *adj* rance ; (*vino, fig*) vieux (vieille)
rango ['rango] *nm* rang *m*
ranura [ra'nura] *nf* rainure *f* ; (*de teléfono*) fente *f* ; **~ de expansión** (*Inform*) emplacement *m*
rapar [ra'par] *vt* raser
rapaz [ra'paθ] *adj* (*ave*) de proie ▸ *nf* (*tb fig*) rapace *m* ▸ *nm* gamin *m*
rape ['rape] *nm* (*pez*) lotte *f* ; **al ~** ras *inv*
rapé [ra'pe] *nm* tabac *m* à priser
rapero, -a [ra'pero, a] *adj* rap ▸ *nm/f* rappeur(-euse)
rapidez [rapi'ðeθ] *nf* rapidité *f*
rápido, -a ['rapiðo, a] *adj* rapide ▸ *adv* rapidement ▸ *nm* (*Ferro*) rapide *m* ; **rápidos** *nmpl* (*de río*) rapides *mpl*
rapiña [ra'piɲa] *nm* rapine *f* ; **ave de ~** oiseau *m* de proie
raptar [rap'tar] *vt* enlever
rapto ['rapto] *nm* rapt *m*, enlèvement *m* ; (*impulso*) accès *msg* ; (*éxtasis*) transport *m*, ravissement *m*
raqueta [ra'keta] *nf* raquette *f*
raquítico, -a [ra'kitiko, a] *adj* rachitique
raquitismo [raki'tismo] *nm* rachitisme *m*
rareza [ra'reθa] *nf* rareté *f* ; (*fig*) manie *f*
raro, -a ['raro, a] *adj* rare ; (*extraño*) curieux(-euse), bizarre ; **¡qué ~!** c'est curieux !, c'est bizarre ! ; **¡qué cosa más rara!** comme c'est bizarre !
ras [ras] *nm*: **a ~ de tierra/del suelo** à ras de terre/au ras du sol
rascacielos [raska'θjelos] *nm inv* gratte-ciel *m inv*
rascar [ras'kar] *vt* gratter ; (*raspar*) racler ; **rascarse** *vpr* se gratter
rasgar [ras'ɣar] *vt* déchirer
rasgo ['rasɣo] *nm* trait *m* ; **rasgos** *nmpl* (*de rostro*) traits *mpl* ; **a grandes ~s** à grands traits
rasguñar [rasɣu'ɲar] *vt* égratigner ; **rasguñarse** *vpr* s'égratigner
rasguño [ras'ɣuɲo] *nm* égratignure *f*
raso, -a ['raso, a] *adj* ras(e) ▸ *nm* satin *m* ; **cielo ~** ciel *m* dégagé ; **al ~** à la belle étoile
raspadura [raspa'ðura] *nf* (*de pintura*) grattage *m* ; (*marca*) rayure *f* ; **raspaduras** *nfpl* (*restos*) restes *mpl*
raspar [ras'par] *vt* gratter ; (*arañar*) rayer ; (*limar*) râper ▸ *vi* être rugueux(-euse) ; (*vino*) être râpeux(-euse)
rastra ['rastra] *nf*: **a ~s** en traînant ; (*fig*) à contrecœur
rastreador, a [rastrea'ðor, a] *adj*: **perro ~** (*de cazador*) chien *m* d'arrêt ; (*de policía*) limier *m* ▸ *nm* (*de huellas, pistas*) pisteur *m* ; **~ de minas** dragueur *m* de mines
rastrear [rastre'ar] *vt* (*pista*) suivre ; (*minas*) draguer
rastrero, -a [ras'trero, a] *adj* (*tb fig*) rampant(e)
rastrillo [ras'triʎo] *nm* râteau *m* ; (*Méx*) rasoir *m*
rastro ['rastro] *nm* trace *f* ; (*Agr*) râteau *m* ; (*mercado*) marché *m* aux puces ; **el R~** *le marché aux puces de Madrid* ; **perder el ~** perdre la trace ; **desaparecer sin dejar ~** disparaître sans laisser de traces ; **¡ni ~!** pas la moindre trace !
rastrojo [ras'troxo] *nm* chaume *m*
rasuradora [rasura'ðora] (*Méx*) *nf* rasoir *m*

rasurarse [rasu'rarse] (AM) *vpr* se raser
rata ['rata] *nf* rat *m*
ratear [rate'ar] *vt* voler
ratero, -a [ra'tero, a] *nm/f* voleur(-euse) ; (AM: *de casas*) cambrioleur(-euse)
ratificar [ratifi'kar] *vt* ratifier ; **ratificarse** *vpr*: **ratificarse en algo** réaffirmer qch
rato ['rato] *nm* moment *m* ; **a ~s** par moments ; **de a ~s** (*Arg*) de temps en temps ; **al poco ~** peu après ; **~s libres** *o* **de ocio** moments de loisir ; **¡hasta otro ~!** à la prochaine ! ; **hay para ~** il y en a pour un bon moment ; **pasar el ~** passer le temps ; **pasar un buen/mal ~** passer un bon/mauvais moment
ratón [ra'ton] *nm* (*tb Inform*) souris *fsg*
ratonera [rato'nera] *nf* souricière *f*
raudal [rau'ðal] *nm* torrent *m* ; **a ~es** à flots ; **entrar a ~es** entrer à flots
raya ['raja] *nf* raie *f* ; (*en tela*) rayure *f* ; (*Tip*) tiret *m* ; (*de droga*) ligne *f* ; **a ~s** à rayures ; **pasarse de la ~** dépasser les bornes ; **tener a ~** tenir en respect
rayar [ra'jar] *vt* rayer ▸ *vi*: **~ en** *o* **con** confiner à ; (*parecerse a*) friser ; **raya en la cincuentena** il frise la cinquantaine ; **al ~ el alba** au point du jour
rayo ['rajo] *nm* rayon *m* ; (*en una tormenta*) foudre *f* ; **ser un ~** (*fig*) être très vif (vive) ; **como un ~** comme un éclair ; **la noticia cayó como un ~** la nouvelle a fait l'effet d'une bombe ; **pasar como un ~** passer comme un éclair ; **~ de luna** rayon de lune ; **~ solar** *o* **de sol** rayon de soleil ; **~s infrarrojos** rayons *mpl* infrarouges ; **~s X** rayons X
rayuela [ra'jwela] (*Arg*) *nf* marelle *f*
raza ['raθa] *nf* race *f* ; **de pura ~** (*animal*) de race ; **~ humana** race humaine
razón [ra'θon] *nf* (*tb Mat*) raison *f* ; **a ~ de 10 cada día** à raison de 10 par jour ; **« ~: aquí »** « s'adresser ici » ; **en ~ de** en raison de ; **en ~ directa con** en relation directe avec ; **perder la ~** perdre la raison ; **entrar en ~** entendre raison ; **dar la ~ a algn** donner raison à qn ; **dar ~ de** renseigner sur ; **¡y con ~!** et pour cause ! ; **tener/no tener ~** avoir raison/tort ; **~ directa/inversa** raison directe/indirecte ; **~ de ser** raison d'être

> **También se puede decir:**
> Je trouve que vous avez raison de vous méfier. (*Creo que hace bien en ...*)
> Vous avez bien fait de laisser vos bagages à la consigne. (*Hizo bien en ...*)
> Vous n'avez pas tort de critiquer le gouvernement. (*Razón no le falta para ...*)

razonable [raθo'naβle] *adj* raisonnable
razonamiento [raθona'mjento] *nm* raisonnement *m*
razonar [raθo'nar] *vt* raisonner ; (*Com: cuenta*) détailler ▸ *vi* raisonner
reacción [reak'θjon] *nf* réaction *f* ; **avión a ~** avion *m* à réaction ; **~ en cadena** réaction en chaîne
reaccionar [reakθjo'nar] *vi* réagir
reaccionario, -a [reakθjo'narjo, a] *adj, nm/f* réactionnaire *m/f*
reacio, -a [re'aθjo, a] *adj* réticent(e) ; **ser/estar ~ a hacer algo** être/se montrer réticent(e) à faire qch
reactivar [reakti'βar] *vt* (*economía, negociaciones*) relancer ; **reactivarse** *vpr* reprendre
reactor [reak'tor] *nm* réacteur *m* ; (*avión*) avion *m* à réaction ; **~ nuclear** réacteur nucléaire
readaptación [reaðapta'θjon] *nf*: **~ profesional** réadaptation *f* professionnelle
reajuste [rea'xuste] *nm* réajustement *m* ; **~ de plantilla** compression *f* de personnel ; **~ ministerial** remaniement *m* ministériel ; **~ salarial** réajustement des salaires
real [re'al] *adj* (*verdadero*) réel(le) ; (*del rey, fig*) royal(e)

> La **Real Academia Española**, ou **RAE**, a été créée en 1713 et reconnue officiellement par le roi Philippe V en 1714 sous la devise *Limpia, fija y da esplendor* (*Elle purifie, fixe et fait resplandir*) dans le but de préserver la pureté de la langue espagnole. Les 46 membres de cette institution, nommés à vie, comptent parmi les plus grands écrivains et linguistes d'Espagne. Le premier dictionnaire, *el Diccionario de Autoridades* en six volumes, a été publié entre 1726 et 1739. Depuis la version condensée en

un volume parue en 1780, plus d'une vingtaine de nouvelles éditions ont été publiées.

realce [re'alθe] *vb ver* **realzar** ▶ *nm* relief *m* ; **poner de ~** mettre en relief ; **dar ~ a algo** (*fig*) mettre qch en relief
realidad [reali'ðað] *nf* réalité *f* ; **en ~** en réalité ; **~ aumentada** réalité augmentée
realista [rea'lista] *adj, nm/f* réaliste *m/f* ; (*Pol*) royaliste *m/f*
realización [realiθa'θjon] *nf* réalisation *f* ; **~ de plusvalías** réalisation de plus-values
realizador, -a [realiθa'ðor, a] *nm/f* (*TV, Cine*) réalisateur(-trice)
realizar [reali'θar] *vt* réaliser ; **realizarse** *vpr* se réaliser
realmente [re'almente] *adv* réellement ; (*con adjetivo*) vraiment ; **es ~ apasionante** c'est vraiment passionnant
realquilar [realki'lar] *vt* (*subarrendar*) sous-louer ; (*alquilar de nuevo*) relouer
realzar [real'θar] *vt* (*Tec*) surélever ; (*belleza*) mettre en valeur ; (*importancia*) augmenter
reanimar [reani'mar] *vt* ranimer ; **reanimarse** *vpr* se ranimer
reanudar [reanu'ðar] *vt* renouer ; (*historia, viaje*) reprendre
reaparición [reapari'θjon] *nf* réapparition *f*
rearme [re'arme] *nm* réarmement *m*
rebaja [re'βaxa] *nf* solde *m* ; **«~s»** « soldes »
rebajar [reβa'xar] *vt* rabaisser ; (*reducir: artículo*) solder ; **rebajarse** *vpr*: **rebajarse a hacer algo** s'abaisser à faire qch
rebanada [reβa'naða] *nf* tranche *f*
rebañar [reβa'ɲar] *vt* racler
rebaño [re'βaɲo] *nm* troupeau *m*
rebasar [reβa'sar] *vt* dépasser ; (*Auto*) doubler
rebatir [reβa'tir] *vt* réfuter
rebeca [re'βeka] *nf* cardigan *m*
rebelarse [reβe'larse] *vpr* se rebeller
rebelde [re'βelde] *adj* rebelle ▶ *nm/f* (*Pol*) rebelle *m/f* ; (*Jur*) accusé(e) défaillant(e)
rebeldía [reβel'dia] *nf* rébellion *f* ; (*Jur*) contumace *f* ; **en ~** par contumace
rebelión [reβe'ljon] *nf* rébellion *f*
rebenque [re'βenke] (*AM*) *nm* fouet *m*
reblandecer [reβlande'θer] *vt* ramollir
rebobinar [reβoβi'nar] *vt* rembobiner
rebosante [reβo'sante] *adj*: **~ de** (*fig*) débordant(e) de
rebosar [reβo'sar] *vt, vi* déborder ; **~ de salud** respirer la santé
rebotar [reβo'tar] *vi* rebondir
rebote [re'βote] *nm* rebondissement *m* ; **de ~** (*fig*) par ricochet
rebozado, -a [reβo'θaðo, a] *adj* pané(e)
rebozar [reβo'θar] *vt* paner
rebuscado, -a [reβus'kaðo, a] *adj* recherché(e)
rebuscar [reβus'kar] *vt* rechercher ▶ *vi*: **~ (en** *o* **por)** chercher (dans), fouiller (dans)
rebuznar [reβuθ'nar] *vi* braire
recado [re'kaðo] *nm* course *f* ; (*mensaje*) message *m* ; (*AM: montura*) selle *f* ; **recados** *nmpl* (*compras*) courses *fpl*, commissions *fpl* ; **dejar/tomar un ~** (*Telec*) laisser/prendre un message ; **fui a hacer unos ~s** je suis allé faire des courses
recaer [reka'er] *vi* rechuter ; **~ en** (*responsabilidad*) retomber sur ; (*premio*) échoir à ; (*criminal*) retomber dans
recalcar [rekal'kar] *vt* (*fig*) souligner
recalcitrante [rekalθi'trante] *adj* récalcitrant(e)
recámara [re'kamara] *nf* (*habitación*) dressing-room *m* ; (*de arma*) magasin *m* ; (*AM*) chambre *f*
recambio [re'kambjo] *nm* (*de pieza*) pièce *f* détachée *o* de rechange ; (*de pluma*) recharge *f* ; **piezas de ~** pièces *fpl* détachées
recapacitar [rekapaθi'tar] *vi* réfléchir
recargado, -a [rekar'ɣaðo, a] *adj* surchargé(e)
recargar [rekar'ɣar] *vt* recharger ; (*pago*) alourdir
recargo [re'karɣo] *nm* majoration *f* de prix
recatado, -a [reka'taðo, a] *adj* réservé(e)
recato [re'kato] *nm* réserve *f*
recaudación [rekauða'θjon] *nf* recette *f* ; (*acción*) perception *f*
recaudador, a [rekauða'ðor, a] *nm/f* (*tb*: **recaudador de impuestos**) percepteur(-trice)
recelar [reθe'lar] *vt*: **~ que** (*sospechar*)

soupçonner que ; (*temer*) craindre que ▸ *vi* se méfier ; **recelarse** *vpr* se méfier

recelo [re'θelo] *nm* (*desconfianza*) méfiance *f* ; (*temor*) crainte *f*

receloso, -a [reθe'loso, a] *adj* (*suspicaz*) méfiant(e) ; (*temeroso*) craintif(-ive)

recepción [reθep'θjon] *nf* réception *f*

recepcionista [reθepθjo'nista] *nm/f* réceptionniste *m/f*

receptáculo [reθep'takulo] *nm* réceptacle *m*

receptivo, -a [reθep'tiβo, a] *adj* réceptif(-ive)

receptor, a [reθep'tor, a] *nm/f* réceptionnaire *m/f* ▸ *nm* (*Telec, radio*) récepteur *m* ; **descolgar el ~** décrocher le récepteur

recesión [reθe'sjon] *nf* récession *f*

receso [re'θeso] *nm* (*descanso*) pause *f* ; (*AM* : *parlamentario*) intersession *f*, vacances *fpl* parlementaires

receta [re'θeta] *nf* (*Culin*) recette *f* ; (*Med*) ordonnance *f*

rechazar [retʃa'θar] *vt* (*ataque, oferta*) repousser ; (*idea, acusación*) rejeter

rechazo [re'tʃaθo] *nm* rejet *m* ; (*sentimiento*) refoulement *m* ; **de ~** par ricochet

rechinar [retʃi'nar] *vi* grincer

rechistar [retʃis'tar] *vi* : **sin ~** sans rechigner

rechoncho, -a [re'tʃontʃo, a] (*fam*) *adj* trapu(e)

rechupete [retʃu'pete] : **de ~** *adj* à s'en lécher les babines *o* doigts

recibidor [reθiβi'ðor] *nm* entrée *f*

recibimiento [reθiβi'mjento] *nm* accueil *m*

recibir [reθi'βir] *vt, vi* recevoir ; **recibirse** *vpr* (*AM* : *Escol*) : **recibirse de** obtenir le diplôme de

recibo [re'θiβo] *nm* reçu *m* ; **acusar ~ de** accuser réception de

reciclable [reθi'klaβle] *adj* recyclable

reciclaje [reθi'klaxe] *nm* recyclage *m*

reciclar [reθi'klar] *vt* recycler

recién [re'θjen] *adv* récemment ; (*AM* : *sólo*) seulement ; **~ casado** jeune marié ; **el ~ llegado/nacido** le nouveau venu/-né ; **~ a las seis me enteré** (*AM*) je ne l'ai appris qu'à six heures

reciente [re'θjente] *adj* récent(e) ; (*pan, herida*) frais (fraîche)

recientemente [re'θjentemente] *adv* récemment

recinto [re'θinto] *nm* enceinte *f* ; **~ ferial** parc *m* des expositions

recio, -a ['reθjo, a] *adj* résistant(e) ; (*voz*) fort(e) ▸ *adv* fort, dur

recipiente [reθi'pjente] *nm* (*objeto*) récipient *m* ; (*persona*) récipiendaire *m/f*

reciprocidad [reθiproθi'ðað] *nf* réciprocité *f*

recíproco, -a [re'θiproko, a] *adj* réciproque

recital [reθi'tal] *nm* récital *m*

recitar [reθi'tar] *vt* réciter

reclamación [reklama'θjon] *nf* réclamation *f* ; **~ salarial** revendication *f* salariale

reclamar [rekla'mar] *vt, vi* réclamer ; **~ a algn en justicia** assigner qn en justice

reclamo [re'klamo] *nm* (*en caza*) appeau *m* ; (*incentivo*) appât *m* ; (*And, CSur* : *queja*) plainte *f* ; **~ publicitario** réclame *f*

reclinar [rekli'nar] *vt* incliner ; **reclinarse** *vpr* s'incliner

recluir [reklu'ir] *vt* enfermer ; **recluirse** *vpr* vivre en reclus ; **recluirse en su casa** s'enfermer *o* se cloître chez soi

reclusión [reklu'sjon] *nf* réclusion *f* ; (*voluntario*) retraite *f* ; **~ perpetua** réclusion à perpétuité

recluta [re'kluta] *nm/f* recrue *f* ▸ *nf* recrutement *m*

reclutar [reklu'tar] *vt* recruter

recobrar [reko'βrar] *vt* (*fuerzas*) récupérer ; (*salud*) retrouver ; (*ciudad, conocimiento*) reprendre ; **recobrarse** *vpr* : **recobrarse (de)** se remettre (de) ; **~ el sentido** reprendre connaissance

recodo [re'koðo] *nm* coude *m*

recogedor [rekoxe'ðor] *nm* pelle *f*

recoger [reko'xer] *vt* (*firmas, dinero*) recueillir ; (*fruta*) cueillir ; (*del suelo*) ramasser ; (*ordenar*) ranger ; (*juntar*) rassembler ; (*pasar a buscar*) prendre ; (*dar asilo*) recueillir ; (*plegar*) plier ; (*faldas, mangas*) retrousser ; (*polvo*) prendre ; **recogerse** *vpr* se retirer ; (*pelo*) s'attacher ; **me recogieron en la estación** ils sont venus me chercher à la gare

recogida [reko'xiða] *nf* (*Agr*) cueillette *f* ; (*de basura*) ramassage *m* ; (*de cartas*) levée *f* ; **horas de ~** heures *fpl* de levée ; **~ de**

datos (*Inform*) saisie *f* de données ; **~ de equipajes** livraison *f* des bagages

recogido, -a [reko'xiðo, a] *adj* (*lugar*) retiré(e) ; (*pequeño*) petit(e)

recolección [rekolek'θjon] *nf* (*Agr*) récolte *f* ; (*de datos, dinero*) collecte *f*

recomendación [rekomenda'θjon] *nf* recommandation *f* ; **carta de ~** lettre *f* de recommandation

recomendar [rekomen'dar] *vt* recommander

recompensa [rekom'pensa] *nf* récompense *f* ; **como** *o* **en ~ por** en récompense de

recompensar [rekompen'sar] *vt* récompenser

recomponer [rekompo'ner] *vt* réparer

reconciliación [rekonθilja'θjon] *nf* réconciliation *f*

reconciliar [rekonθi'ljar] *vt* réconcilier ; **reconciliarse** *vpr* se réconcilier

recóndito, -a [re'kondito, a] *adj* (*lugar*) retiré(e) ; **en lo más ~ de ...** au plus profond de ...

reconfortar [rekonfor'tar] *vt* réconforter

reconocer [rekono'θer] *vt* reconnaître ; **reconocerse** *vpr*: **se le reconoce por el habla** on le reconnaît à sa voix ; **~ los hechos** reconnaître les faits

reconocido, -a [rekono'θiðo, a] *adj* reconnu(e)

reconocimiento [rekonoθi'mjento] *nm* reconnaissance *f* ; **~ de (la) voz** (*Inform*) reconnaissance vocale ; **~ facial** (*Inform*) reconnaissance faciale ; **~ óptico de caracteres** (*Inform*) reconnaissance optique de caractères

reconquista [rekon'kista] *nf* reconquête *f*

reconstituyente [rekonstitu'jente] *nm* reconstituant *m*

reconstruir [rekonstru'ir] *vt* reconstruire ; (*suceso*) reconstituer

reconversión [rekomber'sjon] *nf* reconversion *f*

recopilación [rekopila'θjon] *nf* (*resumen*) résumé *m* ; (*colección*) recueil *m*, compilation *f*

recopilar [rekopi'lar] *vt* compiler

récord ['rekorð] (*pl* **récords**) *adj inv* record ▸ *nm* record *m* ; **cifras ~** chiffres *mpl* records ; **batir el ~** battre le record

recordar [rekor'ðar] *vt* se rappeler ; (*traer a la memoria*) rappeler ▸ *vi* (*acordarse de*) se rappeler ; **~ algo a algn** rappeler qch à qn ; **recuérdale que me debe 5 dólares** rappelle-lui qu'il me doit 5 dollars ; **que yo recuerde** pour autant que je me souvienne ; **creo ~** je crois me rappeler ; **si mal no recuerdo** si je me souviens bien ; **me recuerda a su madre** elle me rappelle sa mère

recorrer [reko'rrer] *vt* parcourir ; (*registrar*) fouiller

recorrido [reko'rriðo] *nm* parcours *msg* ; **tren de largo ~** train *m* grandes lignes

recortado, -a [rekor'taðo, a] *adj* découpé(e) ; (*barba*) taillé(e)

recortar [rekor'tar] *vt* découper ; (*pelo*) rafraîchir ; (*presupuesto, gasto*) réduire ; **recortarse** *vpr* (*marcarse*) se détacher

recorte [re'korte] *nm* (*de telas, chapas: acto*) coupe *f* ; (*: fragmento*) découpure *f* ; (*de prensa*) coupure *f* ; (*de presupuestos, gastos*) compression *f* ; **~ salarial** réduction *f* de salaire

recostado, -a [rekos'taðo, a] *adj* penché(e) ; **estar ~** être allongé(e)

recostar [rekos'tar] *vt* appuyer ; **recostarse** *vpr* s'appuyer

recoveco [reko'βeko] *nm* (*de camino, río*) détour *m* ; (*en casa*) coin *m*

recreación [rekrea'θjon] *nf* récréation *f*

recrear [rekre'ar] *vt* recréer ; **recrearse** *vpr*: **recrearse con/en** prendre plaisir à

recreativo, -a [rekrea'tiβo, a] *adj* récréatif(-ive) ; **sala recreativa** salle *f* de jeux

recreo [re'kreo] *nm* récréation *f*

recriminar [rekrimi'nar] *vt* reprocher ▸ *vi* récriminer

recrudecer [rekruðe'θer] *vi* redoubler d'intensité ; **recrudecerse** *vpr* redoubler d'intensité

recrudecimiento [rekruðeθi'mjento] *nm* recrudescence *f*

recta ['rekta] *nf* ligne *f* droite ; **~ final** dernière ligne droite

rectángulo, -a [rek'tangulo, a] *adj, nm* rectangle *m*

rectificar [rektifi'kar] *vt* rectifier ▸ *vi* se corriger

rectitud [rekti'tuð] *nf* rectitude *f*

recto, -a ['rekto, a] *adj* droit(e) ▸ *nm* (*Anat*) rectum *m* ; **en el sentido ~ de la palabra** au sens strict du terme

rector, a [rek'tor, a] *adj, nm/f* recteur(-trice)

recuadro [re'kwaðro] *nm* cadre *m* ; (*Tip*) encadré *m*

recubrir [reku'βrir] *vt*: **~ (con)** recouvrir (de)

recuento [re'kwento] *nm* décompte *m* ; **hacer el ~ de** faire le décompte de

recuerdo [re'kwerðo] *vb ver* **recordar** ▸ *nm* souvenir *m* ; **recuerdos** *nmpl* (*saludos*) amitiés *fpl* ; **¡~s a tu madre!** amitiés à ta mère ! ; **«R~ de Mallorca»** « Souvenir de Majorque »

recuperable [rekupe'raβle] *adj* récupérable

recuperación [rekupera'θjon] *nf* récupération *f* ; (*de enfermo*) rétablissement *m* ; (*Escol*) rattrapage *m* ; **~ de datos** (*Inform*) extraction *f* de données

recuperar [rekupe'rar] *vt* récupérer ; (*Inform: archivo*) extraire, aller chercher ; **recuperarse** *vpr* récupérer ; **~ fuerzas** reprendre ses forces

recurrir [reku'rrir] *vi* (*Jur*) faire appel ; **~ a algo/a algn** recourir à qch/à qn

recurso [re'kurso] *nm* recours *msg* ; **como último ~** en dernier recours ; **~s económicos/naturales** ressources *fpl* économiques/naturelles

recusar [reku'sar] *vt* récuser

red [reð] *nf* (*tejido, trampa*) filet *m* ; (*organización*) réseau *m* ; **la R~** (*Internet*) le Net ; **estar conectado con la ~** être connecté au réseau ; **~ local** (*Inform*) réseau local ; **~ social** réseau social

redacción [reðak'θjon] *nf* rédaction *f*

redactar [reðak'tar] *vt* rédiger

redactor, a [reðak'tor, a] *nm/f* rédacteur(-trice) ; **~ jefe** rédacteur(-trice) en chef

redada [re'ðaða] *nf* (*tb*: **redada policial**) descente *f*

redicho, -a [re'ðitʃo, a] *adj* maniéré(e)

redil [re'ðil] *nm* enclos *m*

redimir [reði'mir] *vt* racheter

rédito ['reðito] *nm* (*Econ*) intérêt *m*

redoblar [reðo'βlar] *vt* redoubler ▸ *vi* battre le tambour

redomado, -a [reðo'maðo, a] *adj* (*astuto*) rusé(e) ; **sinvergüenza ~** fieffée canaille *f*

redonda [re'ðonda] *nf* (*Mús*) ronde *f* ; **a la ~** à la ronde ; **en varios kilómetros a la ~** à plusieurs kilomètres à la ronde

redondear [reðonde'ar] *vt* (*negocio, velada*) conclure ; (*cifra, objeto*) arrondir

redondel [reðon'del] *nm* cercle *m* ; (*Taur*) arène *f*

redondo, -a [re'ðondo, a] *adj* rond(e) ; (*completo*) parfait(e) ▸ *nm*: **~ de carne** (*Culin*) romsteck *m* ; **rehusar en ~** refuser en bloc ; **en números ~s** en chiffres ronds

reducción [reðuk'θjon] *nf* réduction *f*

reducido, -a [reðu'θiðo, a] *adj* réduit(e) ; **quedar ~ a** en être réduit(e) à

reducir [reðu'θir] *vt* réduire ; **reducirse** *vpr* se réduire ; **el terremoto redujo la ciudad a escombros** le tremblement de terre a réduit la ville à l'état de ruines ; **~ las millas a kilómetros** convertir les milles en kilomètres ; **reducirse a** (*fig*) se réduire à

redundancia [reðun'danθja] *nf* redondance *f*

reembolsar [re(e)mbol'sar] *vt* rembourser

reembolso [re(e)m'bolso] *nm* remboursement *m* ; **enviar algo contra ~** envoyer qch contre remboursement ; **contra ~ del flete** port dû

reemplazar [re(e)mpla'θar] *vt* (*tb Inform*) remplacer

reemplazo [re(e)m'plaθo] *nm* remplacement *m* ; **de ~** (*Mil*) du contingent

reencuentro [re(e)n'kwentro] *nm* retrouvailles *fpl*

reescribible [reeskri'βiβle] *adj* réinscriptible

refacción [refak'θjon] *nf* (AM: *Tec*) réfection *f* ; **refacciones** *nfpl* **1** (*reparaciones*) travaux *mpl* de réfection **2** (*Méx: piezas de repuesto*) pièces *fpl* détachées

referencia [refe'renθja] *nf* référence *f* ; **referencias** *nfpl* (*de trabajo*) références *fpl* ; **con ~ a** en ce qui concerne ; **hacer ~ a** faire référence à ; **~ comercial** (*Com*) référence commerciale

referéndum [refe'rendum] (*pl* **referéndums**) *nm* référendum *m*

referente [refe'rente] *adj*: **~ a** relatif(-ive) à

referir [refe'rir] *vt* rapporter ; **referirse** *vpr*: **referirse a** se référer à ; **~ al lector a un apéndice** renvoyer le lecteur à un appendice ; **~ a** (*Com*) convertir en ; **por lo que se refiere a eso** en ce qui concerne cela
refilón [refi'lon]: **de ~** *adv* en passant ; **mirar a algn de ~** jeter un regard oblique à qn
refinado, -a [refi'naðo, a] *adj* raffiné(e)
refinamiento [refina'mjento] *nm* raffinement *m* ; **~ por pasos** (*Inform*) approximations *fpl* successives
refinar [refi'nar] *vt* (*petróleo, azúcar*) raffiner ; (*modales*) affiner
refinería [refine'ria] *nf* raffinerie *f*
reflejar [refle'xar] *vt* refléter ; **reflejarse** *vpr* se refléter
reflejo, -a [re'flexo, a] *adj* réflexe ▸ *nm* reflet *m* ; (*Anat*) réflexe *m* ; **reflejos** *nmpl* (*en el pelo*) reflets *mpl* ; **pelo castaño con ~s rubios** cheveux châtains à reflets blonds
reflexión [reflek'sjon] *nf* réflexion *f*
reflexionar [refleksjo'nar] *vi* réfléchir ; **~ sobre** réfléchir sur ; **¡reflexione!** réfléchissez !
reflexivo, -a [reflek'siβo, a] *adj* (*carácter*) réflexif(-ive) ; (*Ling*) réfléchi(e)
reflujo [re'fluxo] *nm* reflux *m*
reforma [re'forma] *nf* réforme *f* ; **reformas** *nfpl* (*obras*) rénovation *f*, travaux *mpl* ; **~ agraria/económica/educativa** réforme agraire/économique/de l'enseignement
reformar [refor'mar] *vt* réformer ; (*texto*) refondre ; (*Arq*) rénover ; **reformarse** *vpr* se réformer
reformatorio [reforma'torjo] *nm* (*tb*: **reformatorio de menores**) maison *f* de redressement *o* correction
reforzar [refor'θar] *vt* renforcer
refractario, -a [refrak'tarjo, a] *adj* réfractaire ; **ser ~ a** être réfractaire à
refrán [re'fran] *nm* proverbe *m*
refregar [refre'ɣar] *vt* frotter
refrenar [refre'nar] *vt* (*deseos*) refréner ; (*caballo*) brider
refrendar [refren'dar] *vt* ratifier
refrescante [refres'kante] *adj* rafraîchissant(e)
refrescar [refres'kar] *vt* rafraîchir ▸ *vi* se rafraîchir ; **refrescarse** *vpr* se rafraîchir
refresco [re'fresko] *nm* rafraîchissement *m* ; **de ~** (*jugador, tropas*) de renfort
refriega [re'frjeɣa] *vb ver* **refregar** ▸ *nf* bagarre *f*
refrigeración [refrixera'θjon] *nf* réfrigération *f* ; **sistema de ~** système *m* de réfrigération
refrigerador [refrixera'ðor] (*esp* AM) *nm*, **refrigeradora** [refrixera'ðora] (AM) *nf* réfrigérateur *m*
refrigerar [refrixe'rar] *vt* réfrigérer
refucilo [refu'θilo] (*And, CSur*) *nm* éclair *m*
refuerce [re'fwerθe] *vb ver* **reforzar**
refuerzo [re'fwerθo] *nm* renfort *m* ; **refuerzos** *nmpl* (*Mil*) renforts *mpl*
refugiado, -a [refu'xjaðo, a] *nm/f* réfugié(e)
refugiarse [refu'xjarse] *vpr* se réfugier
refugio [re'fuxjo] *nm* refuge *m* ; **~ de montaña** refuge ; **~ atómico/subterráneo** abri *m* antiatomique/souterrain
refunfuñar [refunfu'ɲar] *vi* ronchonner
refusilo [refu'silo] (*And, CSur*) *nm* = **refucilo**
refutar [refu'tar] *vt* réfuter
regadera [reɣa'ðera] *nf* arrosoir *m* ; (*Méx*: *ducha*) douche *f* ; **estar como una ~** (*fam*) travailler du chapeau
regadío [rega'ðio] *nm* irrigation *f* ; **tierras de ~** terres *fpl* irriguées
regalado, -a [reɣa'laðo, a] *adj* (*gratis*) offert(e) ; (*vida*) de château ; **lo tuvo ~** on le lui a apporté sur un plateau ; **a precios ~s** à un prix dérisoire
regalar [reɣa'lar] *vt* offrir ; (*mimar*) cajoler ; **regalarse** *vpr*: **regalarse (con)** se régaler (de)
regaliz [reɣa'liθ] *nm* réglisse *m o f*
regalo [re'ɣalo] *nm* cadeau *m* ; (*gusto*) régal *m* ; (*comodidad*) aisance *f*
regañadientes [reɣaɲa'ðjentes]: **a ~** *adv* en rechignant
regañar [reɣa'ɲar] *vt* gronder ▸ *vi* se fâcher ; (*dos personas*) se disputer
regar [re'ɣar] *vt* arroser ; (*fig*) semer
regatear [reɣate'ar] *vt* marchander ▸ *vi* (*Com*) marchander ; (*Deporte*) feinter ; **no ~ esfuerzos** ne pas ménager ses efforts
regateo [reɣa'teo] *nm* (*Com*) marchandage *m*

regazo [re'ɣaθo] *nm* giron *m*
regeneración [rexenera'θjon] *nf* régénération *f*
regenerar [rexene'rar] *vt* régénérer
regentar [rexen'tar] *vt* (*empresa, negocio*) diriger ; (*local, bar*) tenir ; (*puesto*) être à la tête de
regente, -a [re'xente, a] *adj* (*príncipe*) régent(e) ▸ *nm/f* (*Com*) gérant(e) ; (*Pol*) régent(e) ; (*Méx: alcalde*) maire *m*
reggaetón [reɣe'ton] *nm* (*Mús*) = **reguetón**
régimen ['reximen] (*pl* **regímenes**) *nm* régime *m* ; **estar/ponerse a ~** être/se mettre au régime
regimiento [rexi'mjento] *nm* régiment *m*
regio, -a ['rexjo, a] *adj* royal(e) ; (AM: *fam*) formidable
región [re'xjon] *nf* région *f*
regir [re'xir] *vt* (*Econ, Jur, Ling*) régir ▸ *vi* (*ley*) être en vigueur ; **mi abuela ya no rige** ma grand-mère perd la tête
registrar [rexis'trar] *vt* fouiller ; (*anotar*) enregistrer ; **registrarse** *vpr* (*inscribirse*) s'inscrire ; (*ocurrir*) avoir lieu
registro [re'xistro] *nm* registre *m* ; (*inspección*) fouille *f* ; (*de datos*) enregistrement *m* ; (*oficina*) bureau *m* d'enregistrement ; **~ civil** état *m* civil ; **~ de la propiedad** bureau des hypothèques ; **~ electoral** registre électoral
regla ['reɣla] *nf* règle *f* ; **en ~** en règle ; **por ~ general** en règle générale ; **las ~s del juego** les règles du jeu
reglamentar [reɣlamen'tar] *vt* réglementer
reglamentario, -a [reɣlamen'tarjo, a] *adj* réglementaire ; **en la forma reglamentaria** en bonne et due forme
reglamento [reɣla'mento] *nm* règlement *m* ; **~ del tráfico** code *m* de la route
regocijarse [reɣoθi'xarse] *vpr*: **~ de** *o* **por** se réjouir de
regocijo [reɣo'θixo] *nm* réjouissance *f*
regodearse [reɣoðe'arse] *vpr*: **~ con** *o* **en algo** se délecter de qch ; (*pey*) se réjouir de qch
regodeo [reɣo'ðeo] *nm* délectation *f*
regresar [reɣre'sar] *vi* retourner ; (*a casa*) rentrer ▸ *vt* (*Méx: devolver*) rendre ; **regresarse** *vpr* (AM) retourner
regresivo, -a [reɣre'siβo, a] *adj* régressif(-ive)
regreso [re'ɣreso] *nm* retour *m* ; **estar de ~** être de retour
reguero [re'ɣero] *nm* traînée *f* ; **como un ~ de pólvora** comme une traînée de poudre
reguetón [reɣe'ton] *nm* (*Mús*) reggaeton *m*
regulador, a [reɣula'ðor, a] *adj* régulateur(-trice) ▸ *nm* régulateur *m* ; **~ cardíaco** stimulateur *m* cardiaque
regular [reɣu'lar] *adj* régulier(-ière) ; (*mediano*) moyen(ne) ; (*fam: no bueno*) médiocre ▸ *adv* comme ci, comme ça ▸ *vt* régler ; (*normas, salarios*) contrôler ; **por lo ~** en général ; **línea ~** (*Aviat*) ligne *f* régulière
regularidad [reɣulari'ðað] *nf* régularité *f* ; **con ~** régulièrement
regularizar [reɣulari'θar] *vt* régulariser
regusto [re'ɣusto] *nm* arrière-goût *m*
rehabilitación [reaβilita'θjon] *nf* (*de enfermo*) rééducation *f* ; (*Arq, de memoria*) réhabilitation *f*
rehabilitar [reaβili'tar] *vt* (*enfermo*) rééduquer ; (*Arq, memoria*) réhabiliter
rehacer [rea'θer] *vt* refaire ; **rehacerse** *vpr* se rétablir ; **va a ~ su vida** il va refaire sa vie
rehén [re'en] *nm/f* otage *m/f*
rehuir [reu'ir] *vt* fuir
rehusar [reu'sar] *vt, vi* refuser
reina ['reina] *nf* reine *f* ; **~ de (la) belleza/de las fiestas** reine de beauté/de la fête ; **prueba ~** épreuve *f* phare
reinado [rei'naðo] *nm* règne *m*
reinante [rei'nante] *adj* régnant(e)
reinar [rei'nar] *vi* régner
reincidir [reinθi'ðir] *vi* (*Jur*) récidiver ; **~ (en)** (*recaer*) retomber (dans)
reincorporarse [reinkorpo'rarse] *vpr*: **~ a** (*equipo*) réintégrer ; (*trabajo*) reprendre ; (*Mil*) être réincorporé(e) dans
reino ['reino] *nm* royaume *m* ; **~ animal/vegetal** règne *m* animal/végétal ; **el R~ Unido** le Royaume-Uni
reintegrar [reinte'ɣrar] *vt* réintégrer ; **reintegrarse** *vpr*: **reintegrarse a** réintégrer
reír [re'ir] *vi* rire ; **reírse** *vpr* rire ; **~ entre dientes** rire sous cape ; **reírse de** rire de
reiterar [reite'rar] *vt* réitérer ; **reiterarse** *vpr*: **reiterarse en algo** réaffirmer qch
reivindicación [reiβindika'θjon] *nf* revendication *f*

reivindicar [reiβindi'kar] *vt* revendiquer
reja ['rexa] *nf* grille *f*
rejilla [re'xiʎa] *nf* grillage *m* ; (*en muebles*) cannage *m* ; (*en hornillo, de ventilación*) grille *f* ; (*para equipaje*) filet *m*
rejuvenecer [rexuβene'θer] *vt, vi* rajeunir
relación [rela'θjon] *nf* relation *f* ; (*lista*) liste *f* ; (*narración*) récit *m* ; **relaciones** *nfpl* (*enchufes*) relations *fpl* ; **con ~ a, en ~ con** par rapport à ; **estar en** *o* **tener buenas relaciones con** être en bons termes avec ; **~ calidad-precio** rapport *m* qualité-prix ; **~ costo-efectivo** *o* **costo rendimiento** (*Com*) rapport coût-efficacité ; **relaciones carnales/sexuales** relations charnelles/sexuelles ; **relaciones comerciales** relations commerciales ; **relaciones humanas/laborales** relations humaines/industrielles ; **relaciones públicas** relations publiques
relacionar [relaθjo'nar] *vt* mettre en rapport ; **relacionarse** *vpr*: **relacionarse con** fréquenter
relajación [relaxa'θjon] *nf* relaxation *f*
relajado, -a [rela'xaðo, a] *adj* relâché(e) ; (*costumbres, moral*) dissolu(e) ; (*ambiente, persona*) détendu(e)
relajar [rela'xar] *vt* (*mente, cuerpo*) décontracter ; (*disciplina, moral*) relâcher ; **relajarse** *vpr* (*distraerse*) se détendre ; (*corromperse*) se relâcher
relamerse [rela'merse] *vpr* se pourlécher
relamido, -a [rela'miðo, a] (*pey*) *adj* (*pulcro*) bichonné(e) ; (*afectado*) collet monté *inv*
relámpago [re'lampaɣo] *adj inv*: **visita/huelga ~** visite *f*/grève *f* éclair ▸ *nm* éclair *m* ; **como un ~** comme un éclair
relatar [rela'tar] *vt* relater
relativo, -a [rela'tiβo, a] *adj* relatif(-ive) ; **en lo ~ a** en ce qui concerne
relato [re'lato] *nm* récit *m*
relax [re'laks] *nm* relax *m*
relegar [rele'ɣar] *vt* reléguer ; **~ algo al olvido** jeter qch aux oubliettes
relevante [rele'βante] *adj* important(e)
relevar [rele'βar] *vt* relever ; **relevarse** *vpr* se relayer ; **~ a algn de su cargo** relever qn de ses fonctions
relevo [re'leβo] *nm* relève *f* ; **carrera de ~s** course *f* de relais ; **coger** *o* **tomar el ~** prendre le relais
relieve [re'ljeβe] *nm* relief *m* ; **bajo ~** bas-relief *m* ; **un personaje de ~** un personnage important ; **dar ~ a** mettre en valeur ; **poner de ~** mettre en relief
religión [reli'xjon] *nf* religion *f*
religioso, -a [reli'xjoso, a] *adj, nm/f* religieux(-euse)
relinchar [relin'tʃar] *vi* hennir
relincho [re'lintʃo] *nm* hennissement *m*
reliquia [re'likja] *nf* relique *f* ; **~s del pasado** vestiges *mpl* du passé
rellano [re'ʎano] *nm* (*Arq*) palier *m*
rellenar [reʎe'nar] *vt* remplir ; (*Culin*) farcir ; (*Costura*) rembourrer
relleno, -a [re'ʎeno, a] *adj* plein(e) ; (*Culin*) farci(e) ▸ *nm* (*Culin*) farce *f* ; (*de cojín*) rembourrage *m* ; (*fig*) remplissage *m*
reloj [re'lo(x)] *nm* horloge *f* ; (*de pulsera*) montre *f* ; **como un ~** comme du papier à musique ; **contra ~** contre la montre ; **~ de pie** horloge de parquet ; **~ (de pulsera)** montre ; **~ de sol** cadran *m* solaire ; **~ despertador** réveille-matin *m inv* ; **~ digital** montre à affichage numérique
relojero, -a [relo'xero, a] *nm/f* horloger(-ère)
reluciente [relu'θjente] *adj* reluisant(e)
relucir [relu'θir] *vi* reluire ; (*fig*) briller ; **sacar algo a ~** mettre qch sur le tapis
relumbrar [relum'brar] *vi* reluire
remachar [rema'tʃar] *vt* river ; (*fig*) insister sur
remache [re'matʃe] *nm* rivet *m*
remanente [rema'nente] *nm* (*resto*) reste *m* ; (*Com*) surplus *msg* ; (*de producto*) excédent *m*
remangarse [reman'garse] *vpr* retrousser ses manches
remanso [re'manso] *nm* (*de río*) bras *msg* mort
remar [re'mar] *vi* ramer
remarcar [remar'kar] *vt* (*señalar*) remarquer ; (*esp* AM: *subrayar*) souligner ; (*Col, CSur: precio*) augmenter
rematar [rema'tar] *vt* achever ; (*trabajo*) parfaire ; (*Com*) liquider ; (*Costura*) arrêter ▸ *vi* (*en fútbol*) tirer ; **~ de cabeza** faire une tête

remate [re'mate] *nm* fin *f*; (*extremo*) couronnement *m*; (*Deporte*) tir *m*; (*Arq*) sommet *m*; (*Com*) liquidation *f*; **de ~** (*tonto*) complètement; **para ~** pour couronner le tout

remediar [reme'ðjar] *vt* remédier à; (*evitar*) éviter; **sin poder remediarlo** sans pouvoir y remédier

remedio [re'meðjo] *nm* remède *m*; (*Jur*) recours *msg*; **poner ~ a** remédier à; **no tener más ~** ne pas avoir le choix; **¡qué ~!** c'est comme ça!, qu'y faire!; **como último ~** en dernier ressort; **sin ~** irrémédiablement

remendar [remen'dar] *vt* raccommoder; (*con parche*) rapiécer

remera [re'mera] (*Arg*) *nf* tee-shirt *m*

remesa [re'mesa] *nf* (*tb Com*) envoi *m*

remiendo [re'mjendo] *vb ver* **remendar** ▶ *nm* raccommodage *m*; (*con parche*) rapiéçage *m*; (*fig*) arrangement *m*

remilgado, -a [remil'ɣaðo, a] *adj* (*melindroso*) minaudier(-ière); (*afectado*) maniéré(e)

remilgo [re'milɣo] *nm* (*melindre*) minauderie *f*; (*afectación*) manière *f*

reminiscencia [reminis'θenθja] *nf* réminiscence *f*

remite [re'mite] *nm* expéditeur *m*

remitente [remi'tente] *nm/f* expéditeur(-trice)

remitir [remi'tir] *vt* envoyer ▶ *vi* (*tempestad*) se calmer; (*fiebre*) baisser; **remitirse** *vpr*: **remitirse a** s'en remettre à

remo ['remo] *nm* rame *f*; **cruzar un río a ~** traverser un fleuve à la rame

remojar [remo'xar] *vt* laisser tremper; (*fam*: *celebrar*) arroser

remojo [re'moxo] *nm*: **dejar la ropa en ~** laisser tremper le linge

remolacha [remo'latʃa] *nf* betterave *f*

remolcador [remolka'ðor] *nm* remorqueur *m*

remolcar [remol'kar] *vt* remorquer

remolino [remo'lino] *nm* remous *msg*; (*de pelo*) épi *m*

remolque [re'molke] *vb ver* **remolcar** ▶ *nm* remorque *f*; (*cuerda*) câble *m* de remorquage; **llevar a ~** prendre en remorque

remontar [remon'tar] *vt* remonter; (*obstáculo*) surmonter; **remontarse** *vpr* s'élever; **remontarse a** (*Com*) s'élever à; (*en tiempo*) remonter à; **~ el vuelo** monter en flèche

remorder [remor'ðer] *vt* causer du remords à; **me remuerde la conciencia** j'ai des remords

remordimiento [remorði'mjento] *nm* remords *msg*

remoto, -a [re'moto, a] *adj* éloigné(e)

remover [remo'βer] *vt* remuer

remozar [remo'θar] *vt* (*Arq*) rafraîchir

remuneración [remunera'θjon] *nf* rémunération *f*

remunerar [remune'rar] *vt* rémunérer

renacer [rena'θer] *vi* renaître

renacimiento [renaθi'mjento] *nm* renaissance *f*; **el R~** la Renaissance

renacuajo [rena'kwaxo] *nm* têtard *m*

renal [re'nal] *adj* rénal(e)

rencilla [ren'θiʎa] *nf* querelle *f*

rencor [ren'kor] *nm* (*resentimiento*) rancœur *f*; **guardar ~ a** garder rancune à

rencoroso, -a [renko'roso, a] *adj* rancunier(-ière)

rendición [rendi'θjon] *nf* reddition *f*

rendido, -a [ren'diðo, a] *adj* épuisé(e); **~ a sus encantos/a su belleza** fasciné(e) par son charme/sa beauté; **su ~ admirador** votre fervent admirateur

rendija [ren'dixa] *nf* fente *f*

rendimiento [rendi'mjento] *nm* rendement *m*; **sacar ~ a algo** tirer parti de qch; **alto/bajo ~** haut/bas rendement; **~ de capital** (*Com*) rémunération *f* du capital; **~ de trabajo** revenu *m* du travail

rendir [ren'dir] *vt* rapporter; (*agotar*) épuiser; (*entregar*) livrer ▶ *vi* (*Com*) rapporter; **rendirse** *vpr* (*cansarse*) s'épuiser; **~ homenaje/culto a** rendre hommage/un culte à; **~ cuentas a algn** rendre des comptes à qn; **el negocio no rinde** les affaires ne rapportent rien

renegar [rene'ɣar] *vi* renier; (*quejarse*) grommeler; (*con imprecaciones*) blasphémer

RENFE, Renfe ['renfe] *sigla f* (*Ferro*: = *Red Nacional de los Ferrocarriles Españoles*) *société nationale des chemins de fer espagnols*

renglón [ren'glon] *nm* ligne *f*; (*Com*) chapitre *m*; **a ~ seguido** aussitôt après

renombrado, -a [renom'braðo, a] *adj* renommé(e)
renombre [re'nombre] *nm* renom *m* ; **de ~** de renom
renovable [reno'βaβle] *adj* renouvelable
renovación [renoβa'θjon] *nf* (*de contrato, sistema*) renouvellement *m* ; (*Arq*) rénovation *f*
renovar [reno'βar] *vt* renouveler ; (*Arq*) rénover
renta ['renta] *nf* revenu *m* ; (*esp* AM: *alquiler*) loyer *m* ; **política de ~s** politique *f* salariale ; **vivir de las ~s** vivre de ses rentes ; **~ disponible** revenu (individuel) disponible ; **~ gravable** *o* **imponible** revenu imposable ; **~ nacional (bruta)** revenu national (brut) ; **~ no salarial** rente *f* ; **~ sobre el terreno** (*Com*) revenu foncier ; **~ vitalicia** rente viagère
rentable [ren'taβle] *adj* rentable ; **no ~** non rentable
rentar [ren'tar] *vt* rapporter ; (AM: *alquilar*) louer
renuncia [re'nunθja] *nf* renonciation *f* ; (*dimisión*) démission *f*
renunciar [renun'θjar] *vi* renoncer ; **~ a hacer algo** renoncer à faire qch
reñido, -a [re'ɲiðo, a] *adj* (*batalla, debate, votación*) serré(e) ; **estar ~ con algn** être brouillé(e) avec qn ; **estar ~ con algo** (*conceptos etc*) être incompatible avec qch ; **está ~ con su familia** il est brouillé avec sa famille
reñir [re'ɲir] *vt* gronder ▶ *vi* (*pareja, amigos*) se disputer ; (*físicamente*) se battre
reo ['reo] *nm/f* (*Jur*) accusé(e) ; **~ de muerto** condamné à mort
reojo [re'oxo]: **de ~** *adv* (*mirar*) du coin de l'œil
reparación [repara'θjon] *nf* réparation *f* ; **«reparaciones en el acto»** (*calzado*) «talon minute»
reparar [repa'rar] *vt* réparer ▶ *vi*: **~ en** (*darse cuenta de*) s'apercevoir de ; (*poner atención en*) remarquer ; **sin ~ en los gastos** sans regarder à la dépense
reparo [re'paro] *nm* (*duda*) doute *m* ; (*inconveniente*) problème *m* ; (*escrúpulo*) scrupule *m* ; **poner ~s** formuler des objections ; **poner ~s a algo** contester qch ; **no tuvo ~ en hacerlo** il n'a eu aucun scrupule à le faire
repartición [reparti'θjon] *nf* répartition *f* ; (*CSur: Admin*) département *m*
repartidor, a [reparti'ðor, a] *nm/f* livreur(-euse)
repartir [repar'tir] *vt* distribuer ; (*Com*) livrer ; (*riquezas*) répartir
reparto [re'parto] *nm* (*de dinero, poder*) répartition *f* ; (*Com*) livraison *f* ; (*Cine, Correos*) distribution *f* ; (AM: *urbanización*) lotissement *m* ; **«~ a domicilio»** «livraison à domicile»
repasador [repasa'ðor] (*CSur*) *nm* (*trapo de secar*) torchon *m*
repasar [repa'sar] *vt* réviser
repaso [re'paso] *nm* révision *f* ; **curso de ~** cours *m* de rattrapage ; **~ general** révision générale
repatriar [repa'trjar] *vt* rapatrier ; **repatriarse** *vpr* être rapatrié(e)
repelente [repe'lente] *adj* repoussant(e) ; (*resabido*) odieux(-euse)
repensar [repen'sar] *vt* reconsidérer
repente [re'pente] *nm* accès *msg* ; **de ~** soudain ; **~ de ira** accès de colère
repentino, -a [repen'tino, a] *adj* (*súbito*) subit(e) ; (*inesperado*) inopiné(e)
repercusión [reperku'sjon] *nf* répercussion *f* ; **de amplia ~** d'une grande portée
repercutir [reperku'tir] *vi* se répercuter ; **~ en** (*fig*) se répercuter sur
repertorio [reper'torjo] *nm* répertoire *m*
repetición [repeti'θjon] *nf* répétition *f* ; **escopeta/fusil de ~** fusil *m* de chasse/fusil à répétition
repetir [repe'tir] *vt* répéter ; (*Escol*) redoubler ; (*plato, Teatro*) reprendre ▶ *vi* (*Escol*) redoubler ; (*sabor*) revenir ; (*en comida*) en reprendre ; **repetirse** *vpr* se répéter
repicar [repi'kar] *vi* (*campanas*) sonner, carillonner
repique [re'pike] *vb ver* **repicar** ▶ *nm* (*de campanas*) carillonnement *m*
repiqueteo [repike'teo] *nm* (*de campanas*) carillonnement *m*
repisa [re'pisa] *nf* étagère *f* ; (*Arq*) console *f* ; (*de chimenea*) dessus *msg* ; (*de ventana*) rebord *m*
repitiendo *etc* [repi'tjendo] *vb ver* **repetir**
replantear [replante'ar] *vt* reconsidérer
replegarse [reple'ɣarse] *vpr* se replier

repleto, -a [re'pleto, a] *adj* plein(e) ; **~ de** plein(e) de ; **estoy ~** je suis repu(e)
réplica ['replika] *nf* réplique *f* ; **derecho de ~** droit *m* de réponse
replicar [repli'kar] *vt, vi* répliquer ; **¡no repliques!** et pas de discussion !
repliegue [re'pljeɣe] *vb ver* **replegarse** ▶ *nm* (*Mil*) repli *m*
repoblación [repoβla'θjon] *nf* repeuplement *m* ; **~ forestal** reboisement *m*
repoblar [repo'βlar] *vt* repeupler ; (*bosque*) reboiser
repollo [re'poʎo] *nm* chou *m*
reponer [repo'ner] *vt* (*volver a poner*) réinstaller ; (*reemplazar*) remplacer ; (*Teatro*) reprendre ; **reponerse** *vpr* se remettre ; **~ que** répondre que
reportaje [repor'taxe] *nm* reportage *m* ; **~ gráfico** reportage photographique
reporte [re'porte] (*Méx*) *nm* reportage *m*
reportero, -a [repor'tero, a] *nm/f* reporter *m* ; **~ gráfico** reporter photographe
reposacabezas [reposaka'βeθas] *nm inv* appui-tête *m*
reposado, -a [repo'saðo, a] *adj* reposé(e) ; (*tranquilo*) calme
reposar [repo'sar] *vi* reposer
reposera [repo'sera] (*CSur*) *nf* chaise longue *f*, transat *m*
reposición [reposi'θjon] *nf* (*de dinero*) réinvestissement *m* ; (*maquinaria*) remplacement *m* ; (*Cine, Teatro*) reprise *f*
reposo [re'poso] *nm* repos *msg* ; **en ~** en repos
repostar [repos'tar] *vt* se ravitailler en ▶ *vi* se ravitailler ; (*Auto*) se ravitailler en carburant
repostería [reposte'ria] *nf* pâtisserie *f*
repostero, -a [repos'tero, a] *nm/f* pâtissier(-ière) ▶ *nm* (*And, Chi*) garde-manger *m inv*
reprender [repren'der] *vt* (*persona*) réprimander ; (*comportamiento*) blâmer
represa [re'presa] *nf* barrage *m*
represalia [repre'salja] *nf* représailles *fpl* ; **tomar ~s** exercer des représailles
representación [representa'θjon] *nf* représentation *f* ; **en ~ de** en représentation de ; **por ~** par représentation ; **~ visual** (*Inform*) représentation visuelle
representante [represen'tante] *nm/f* (*Pol, Com*) représentant(e) ; (*de artista*) agent(e) ; **~ diplomático(-a)** (*Pol*) représentant(e) diplomatique
representar [represen'tar] *vt* représenter ; (*significar*) signifier ; **representarse** *vpr* se représenter ; **tal acto representaría la guerra** une telle action entraînerait la guerre
representativo, -a [representa'tiβo, a] *adj* représentatif(-ive) ; **cargo ~** fonction *f* représentative
represión [repre'sjon] *nf* répression *f*
reprimenda [repri'menda] *nf* réprimande *f*
reprimir [repri'mir] *vt* réprimer ; **reprimirse** *vpr*: **reprimirse de hacer algo** se retenir de faire qch
reprobar [repro'βar] *vt* réprouver ; (AM: *Escol*) ajourner
reprochar [repro'tʃar] *vt* reprocher
reproche [re'protʃe] *nm* reproche *m*
reproducción [reproðuk'θjon] *nf* reproduction *f*
reproducir [reproðu'θir] *vt* reproduire ; **reproducirse** *vpr* se reproduire
reproductor, a [reproðuk'tor, a] *adj* reproducteur(-trice) ▶ *nm* lecteur *m* ; **~ MP3** lecteur MP3
reptil [rep'til] *nm* reptile *m*
república [re'puβlika] *nf* république *f* ; **R~ Árabe Unida** République arabe unie ; **R~ Democrática/Federal Alemana** République démocratique/fédérale d'Allemagne ; **R~ Dominicana** République dominicaine
republicano, -a [repuβli'kano, a] *adj, nm/f* républicain(e)
repudiar [repu'ðjar] *vt* répudier
repuesto [re'pwesto] *pp de* **reponer** ▶ *nm* (*pieza de recambio*) pièce *f* de rechange ; (*abastecimiento*) ravitaillement *m* ; **rueda de ~** roue *f* de secours ; **llevamos otro de ~** nous en avons un de rechange
repugnancia [repuɣ'nanθja] *nf* répugnance *f*
repugnante [repuɣ'nante] *adj* répugnant(e)
repugnar [repuɣ'nar] *vt, vi* répugner ; **repugnarse** *vpr* s'opposer
repulsa [re'pulsa] *nf* réprobation *f*
repulsión [repul'sjon] *nf* répulsion *f*

repulsivo, -a [repul'siβo, a] *adj* répulsif(-ive)
reputación [reputa'θjon] *nf* réputation *f*
requemado, -a [reke'maðo, a] *adj* brûlé(e) ; (*bronceado*) hâlé(e)
requerimiento [rekeri'mjento] *nm* requête *f* ; (*Jur*) mise *f* en demeure
requerir [reke'rir] *vt* requérir ; **~ a algn para que haga algo** (*ordenar*) exiger de qn qu'il fasse qch
requesón [reke'son] *nm* fromage *m* blanc
requete... [rekete] *pref* très
réquiem ['rekjem] (*pl* **requiems**) *nm* requiem *m*
requisito [reki'sito] *nm* condition *f* requise ; **~ previo** condition préalable ; **tener los ~s para un cargo** remplir les conditions requises pour un poste
res [res] *nf* bête *f*
resaca [re'saka] *nf* (*en el mar*) ressac *m* ; (*de alcohol*) gueule *f* de bois
resaltar [resal'tar] *vt* souligner ▸ *vi* se détacher
resarcir [resar'θir] *vt* (*reparar*) dédommager ; (*pagar*) indemniser ; **resarcirse** *vpr* se rattraper ; **~ a algn de algo** dédommager qn de qch
resbaladizo, -a [resβala'ðiθo, a] *adj* glissant(e)
resbalar [resβa'lar] *vi* glisser ; (*gotas*) couler ; **resbalarse** *vpr* glisser ; **le resbalaban las lágrimas por las mejillas** les larmes coulaient sur ses joues ; **me resbala lo que piense de mí** je me moque bien de ce qu'il peut penser de moi
resbalón [resβa'lon] *nm* glissade *f* ; (*fig*) faux-pas *msg*
rescatar [reska'tar] *vt* sauver ; (*pagando rescate*) payer la rançon de ; (*objeto*) récupérer
rescate [res'kate] *nm* sauvetage *m* ; (*dinero*) rançon *f* ; (*de objeto*) récupération *f* ; **pagar un ~** payer une rançon
rescindir [resθin'dir] *vt* résilier
rescisión [resθi'sjon] *nf* résiliation *f*
rescoldo [res'koldo] *nm* braises *fpl*
resecar [rese'kar] *vt* dessécher ; (*Med*) disséquer ; **resecarse** *vpr* se dessécher
reseco, -a [re'seko, a] *adj* desséché(e)
resentido, -a [resen'tiðo, a] *adj* (*envidioso*) jaloux(-ouse) ; (*dolido*) aigri(e) ▸ *nm/f* mauvais(e) coucheur(-euse)
resentimiento [resenti'mjento] *nm* ressentiment *m*
resentirse [resen'tirse] *vpr*: **~ de** *o* **con** se ressentir de ; **su salud se resiente** sa santé s'en ressent
reseña [re'seɲa] *nf* (*descripción*) description *f* ; (*informe, Lit*) compte *m* rendu
reseñar [rese'ɲar] *vt* décrire ; (*Lit*) faire le compte rendu de
reserva [re'serβa] *nf* réserve *f* ; (*de entradas*) réservation *f* ; **a ~ de que ...** (*AM*) sous réserve que ... ; **con ~** (*con cautela*) sous toutes réserves ; (*con condiciones*) sous réserve ; **tener algo de ~** avoir qch en réserve ; **gran ~** (*vino*) grand cru *m* ; **~ de caja** fond *m* de caisse ; **~ de indios** réserve indienne ; **~s del Estado** réserves de l'État ; **~ en efectivo** réserve en argent liquide ; **~s en oro** réserves d'or
reservado, -a [reser'βaðo, a] *adj* réservé(e) ▸ *nm* cabinet *m* particulier ; (*Ferro*) compartiment *m* réservé
reservar [reser'βar] *vt* réserver ; (*Teatro*) réserver, louer ; **reservarse** *vpr* se réserver
resfriado [res'friaðo] *nm* rhume *m*
resfriarse [res'friarse] *vpr* s'enrhumer
resfrío [res'frio] (*esp AM*) *nm* rhume *m*
resguardar [resɣwar'ðar] *vt* protéger ; **resguardarse** *vpr*: **resguardarse de** se protéger de
resguardo [res'ɣwarðo] *nm* abri *m* ; (*justificante, recibo*) reçu *m*
residencia [resi'ðenθja] *nf* résidence *f* ; **~ de ancianos** maison *f* de retraite
residencial [resiðen'θjal] *adj* résidentiel(le) ▸ *nf* (*esp AM: urbanización*) lotissement *m* ; (*And, Chi*) hôtel *m* modeste
residente [resi'ðente] *adj, nm/f* résident(e)
residir [resi'ðir] *vi* résider ; **~ en** (*habitar en: cuidad*) résider à ; (*: país*) résider en *o* à ; (*consistir en*) résider dans
residuo [re'siðwo] *nm* (*sobrante*) résidu *m* ; (*desperdicios*) résidus *mpl* ; **~s radiactivos** déchets *mpl* radioactifs
resignación [resiɣna'θjon] *nf* résignation *f*
resignarse [resiɣ'narse] *vpr*: **~ a** se résigner à
resina [re'sina] *nf* résine *f*
resistencia [resis'tenθja] *nf* résistance *f* ;

no ofrece ~ il n'offre pas de résistance ; **la R~** (*Mil*) la Résistance ; **~ pasiva** résistance passive

resistente [resis'tente] *adj* résistant(e) ; **~ al calor** résistant(e) à la chaleur

resistir [resis'tir] *vt* résister à ; (*peso, calor, persona*) supporter ▸ *vi* résister ; **resistirse** *vpr* résister ; **resistirse a** (*decir, salir*) refuser de ; (*cambio, ataque*) résister à ; **no puedo ~ este frío** je ne peux pas supporter ce froid ; **me resisto a creerlo** je me refuse à le croire ; **se le resiste la química** la chimie lui donne du mal ; **el detenido se resistió** le détenu a refusé d'obtempérer

resolución [resolu'θjon] *nf* résolution *f* ; (*arrojo*) détermination *f* ; **con ~** avec vigueur, avec fermeté ; **tomar una ~** prendre une résolution ; **~ judicial** décision *f* de justice

resolver [resol'βer] *vt* résoudre ; **resolverse** *vpr* se résoudre

resonancia [reso'nanθja] *nf* résonance *f* ; (*fig*) retentissement *m*

resonar [reso'nar] *vi* résonner

resoplar [reso'plar] *vi* haleter

resoplido [reso'pliðo] *nm* halètement *m*

resorte [re'sorte] *nm* (*Tec, fig*) ressort *m*

respaldar [respal'dar] *vt* appuyer ; (*Inform*) sauvegarder ; **respaldarse** *vpr* (*en asiento*) s'adosser ; **respaldarse en** (*fig*) s'appuyer sur

respaldo [res'paldo] *nm* (*de sillón*) dossier *m* ; (*fig*) appui *m*

respectivamente [respektiβa'mente] *adv* respectivement

respectivo, -a [respek'tiβo, a] *adj* respectif(-ive) ; **en lo ~ a** en ce qui concerne

respecto [res'pekto] *nm* : **al ~** à ce sujet ; **con ~ a** en ce qui concerne ; **~ de** par rapport à

respetable [respe'taβle] *adj* respectable ▸ *nm* public *m*

respetar [respe'tar] *vt* respecter

respeto [res'peto] *nm* respect *m* ; **respetos** *nmpl* respects *mpl* ; **por ~ a** par respect pour *o* envers ; **presentar sus ~s a** présenter ses respects à ; **faltar al ~ a algn** manquer de respect à qn

respetuoso, -a [respe'twoso, a] *adj* respectueux(-euse)

respingo [res'pingo] *nm* : **dar** *o* **pegar un ~** sursauter

respiración [respira'θjon] *nf* respiration *f* ; **~ artificial** respiration artificielle ; **~ asistida** respiration assistée ; **~ boca a boca** bouche-à-bouche *m*

respirar [respi'rar] *vt, vi* respirer ; **no dejar ~ a algn** ne pas laisser qn tranquille ; **estuvo escuchándole sin ~** il l'a écouté sans broncher *o* dire un mot ; **por fin pude ~** (*de alivio*) j'ai enfin pu respirer

respiratorio, -a [respira'torjo, a] *adj* respiratoire

respiro [res'piro] *nm* répit *m* ; (*Com*) délai *m*

resplandecer [resplande'θer] *vi* resplendir ; (*belleza*) briller ; **~ de** rayonner de

resplandeciente [resplande'θjente] *adj* resplendissant(e)

resplandor [resplan'dor] *nm* éclat *m*

responder [respon'der] *vt* répondre ▸ *vi* répondre ; **~ a** (*situación*) répondre à ; (*guardar relación*) avoir trait à ; **~ a una pregunta** répondre à une question ; **~ a una descripción** répondre à un signalement ; **~ de** *o* **por** répondre de *o* pour

respondón, -ona [respon'don, ona] *adj* insolent(e) ; **¡no seas ~!** ne réponds pas !

responsabilidad [responsaβili'ðað] *nf* responsabilité *f* ; **bajo mi ~** sous ma responsabilité ; **~ ilimitada** (*Com*) responsabilité illimitée

> **También se puede decir:**
>
> C'est (de) ma faute : j'aurais dû partir plus tôt. (*Es culpa mía: debería haber ...*)
> Je n'aurais pas dû me moquer d'elle. (*No debería haber ...*)
> Je reconnais que j'aurais dû faire un effort. (*Reconozco que ...*)
>
> Ce n'est pas (de) ma faute. (*No es culpa mía.*)
> Je ne l'ai pas fait exprès. (*No lo hice a propósito.*)
> Je ne pouvais pas faire autrement. (*No podía hacer otra cosa.*)

responsabilizar [responsaβili'θar] *vt* responsabiliser, rendre responsable ; **responsabilizarse** *vpr* : **responsabilizarse de** (*atentado*) revendiquer ; (*crisis, accidente*) assumer la responsabilité de

responsable [respon'sable] *adj, nm/f* responsable *m/f*; **la persona ~** la personne responsable; **hacerse ~ de algo** assumer la responsabilité de qch

respuesta [res'pwesta] *nf* réponse *f*

resquebrajar [reskeβra'xar] *vt* fendiller, fissurer; **resquebrajarse** *vpr* se fendiller

resquicio [res'kiθjo] *nm* fente *f*; (*fig*) possibilité *f*

resta ['resta] *nf* soustraction *f*

restablecer [restaβle'θer] *vt* rétablir; **restablecerse** *vpr* se rétablir

restallar [resta'ʎar] *vi* claquer

restante [res'tante] *adj* restant(e); **lo ~** le reste, ce qui reste; **los ~s** les autres; (*cosas*) le reste

restar [res'tar] *vt* (*Mat*) soustraire; (*fig*) ôter ▸ *vi* rester

restauración [restaura'θjon] *nf* restauration *f*

restaurante [restau'rante] *nm* restaurant *m*

restaurar [restau'rar] *vt* restaurer

restitución [restitu'θjon] *nf* restitution *f*

restituir [restitu'ir] *vt* restituer

resto ['resto] *nm* reste *m*; **restos** *nmpl* (*Culin, de civilización etc*) restes *mpl*; **echar el ~** jouer le tout pour le tout; **~s mortales** dépouille *fsg* (mortelle)

restregar [restre'ɣar] *vt* frotter

restricción [restrik'θjon] *nf* restriction *f*; **sin ~ de** sans restriction de

restrictivo, -a [restrik'tiβo, a] *adj* restrictif(-ive)

restringir [restrin'xir] *vt* restreindre

resucitar [resuθi'tar] *vt, vi* ressusciter

resuello [re'sweʎo] *nm* (*aliento*) souffle *m*

resuelto, -a [re'swelto, a] *pp de* **resolver** ▸ *adj* résolu(e); **estar ~ a hacer algo** être résolu(e) à faire qch

resultado [resul'taðo] *nm* résultat *m*; **resultados** *nmpl* (*Inform*) résultats *mpl*; **dar ~** réussir

resultante [resul'tante] *adj* résultant(e)

resultar [resul'tar] *vi* (*ser*) être; (*llegar a ser*) finir par être; (*salir bien*) réussir; (*ser consecuencia*) résulter; **~ a** (*Com*) revenir à; **~ de** résulter de; **resulta que ...** il se trouve que ...; **el conductor resultó muerto** le chauffeur est mort; **no resultó** cela n'a pas réussi; **me resulta difícil hacerlo** il m'est difficile de le faire

resumen [re'sumen] *nm* résumé *m*; **en ~** en résumé; **hacer un ~** faire un résumé

resumir [resu'mir] *vt* résumer; **resumirse** *vpr* se résumer; **en resumidas cuentas** en résumé, en bref

resurgir [resur'xir] *vi* ressurgir

resurrección [resurrek'θjon] *nf* résurrection *f*

retablo [re'taβlo] *nm* retable *m*

retaguardia [reta'ɣwarðja] *nf* arrière-garde *f*

retahíla [reta'ila] *nf* chapelet *m*

retal [re'tal] *nm* coupon *m*

retar [re'tar] *vt* défier

retardar [retar'ðar] *vt* (*demorar*) retarder; (*hacer más lento*) ralentir

retazo [re'taθo] *nm* coupon *m*; **a ~s** (*contar*) par fragments

retención [reten'θjon] *nf* retenue *f*; (*Med*) rétention *f*; (*de prisionero*) détention *f*, garde *f* à vue; **~ de llamadas** (*Telec*) mémoire *f*; **~ de tráfico** embouteillage *m*; **~ fiscal** prélèvement *m* fiscal

retener [rete'ner] *vt* retenir; (*suj: policía*) garder à vue

retina [re'tina] *nf* rétine *f*

retintín [retin'tin] *nm* tintement *m*; **decir algo con ~** dire qch d'un ton moqueur

retirada [reti'raða] *nf* (*Mil*) retraite *f*; (*de dinero*) retrait *m*; (*de embajador*) rappel *m*; **batirse en ~** battre en retraite; *ver tb* **retirado**

retirado, -a [reti'raðo, a] *adj* (*lugar*) retiré(e); (*vida*) calme; (*jubilado*) retraité(e) ▸ *nm/f* retraité(e)

retirar [reti'rar] *vt* retirer; (*jubilar*) mettre à la retraite; **retirarse** *vpr* se retirer; (*jubilarse*) prendre sa retraite; **~ la acusación** retirer la plainte

retiro [re'tiro] *nm* retraite *f*

reto ['reto] *nm* défi *m*

retocar [reto'kar] *vt* retoucher

retoño [re'toɲo] *nm* rejeton *m*

retoque [re'toke] *vb ver* **retocar** ▸ *nm* retouche *f*

retorcer [retor'θer] *vt* (*tela*) essorer; (*brazo*) tordre; (*argumento*) déformer; **retorcerse** *vpr* se tortiller; (*persona*) se contorsionner; **retorcerse de dolor** se

tordre de douleur
retorcido, -a [retor'θiðo, a] *adj* (*tronco*) tordu(e) ; (*columna*) tors(e) ; (*personalidad, mente*) retors(e)
retórica [re'torika] *nf* rhétorique *f*
retórico, -a [re'toriko, a] *adj* rhétorique
retornar [retor'nar] *vt* (*cartas*) renvoyer ; (*dinero*) rendre ▸ *vi*: **~ (a)** retourner (à)
retorno [re'torno] *nm* retour *m* ; **~ del carro** (*Tip*) retour du chariot ; **~ del carro automático** (*Tip*) retour automatique du chariot
retortijón [retorti'xon] *nm* (*tb*: **retortijón de tripas**) crampe *f* (d'estomac)
retozar [reto'θar] *vi* folâtrer
retozón, -ona [reto'θon, ona] *adj* folâtre
retracción [retrak'θjon] *nf* rétraction *f*
retractarse [retrak'tarse] *vpr* se rétracter
retraer [retra'er] *vt* (*antena*) rentrer ; (*órgano*) rétracter ; **retraerse** *vpr*: **retraerse (de)** se retirer (de)
retraído, -a [retra'iðo, a] *adj* renfermé(e)
retraimiento [retrai'mjento] *nm* (*aislamiento*) retraite *f* ; (*timidez*) réserve *f*
retransmisión [retransmi'sjon] *nf* retransmission *f*
retransmitir [retransmi'tir] *vt* retransmettre
retrasado, -a [retra'saðo, a] *adj* en retard ; (*Med*: *tb*: **retrasado mental**) attardé(e) ; **estar ~** (*reloj*) retarder ; (*persona, país*) être en retard
retrasar [retra'sar] *vt, vi* retarder ; **retrasarse** *vpr* (*persona, tren*) être en retard ; (*reloj*) retarder ; (*quedarse atrás*) s'attarder ; (*producción*) prendre du retard
retraso [re'traso] *nm* retard *m* ; **retrasos** *nmpl* (*Com*) arriérés *mpl* ; **llegar con ~** arriver en retard ; **llegar con 25 minutos de ~** arriver avec 25 minutes de retard ; **llevamos un ~ de 6 semanas** nous sommes en retard de 6 semaines ; **~ mental** déficience *f* mentale
retratar [retra'tar] *vt* (*Arte*) faire le portrait de ; (*Foto*) photographier ; (*fig*) décrire ; **retratarse** *vpr* se faire faire son portrait ; (*fig*) se révéler
retrato [re'trato] *nm* portrait *m* ; **ser el vivo ~ de** être tout le portrait de ; **~ robot** portrait-robot *m*
retreta [re'treta] *nf* (*Mil*) retraite *f*
retrete [re'trete] *nm* toilettes *fpl*
retribución [retriβu'θjon] *nf* rétribution *f*
retribuir [retriβu'ir] *vt* rétribuer
retro... [retro] *pref* rétro...
retroactivo, -a [retroak'tiβo, a] *adj* rétroactif(-ive) ; **con efecto ~** avec effet rétroactif
retroceder [retroθe'ðer] *vi* reculer ; **la policía hizo ~ a la multitud** la police a fait reculer la foule
retroceso [retro'θeso] *nm* recul *m*
retrógrado, -a [re'troɣraðo, a] *adj* rétrograde
retroiluminado, -a [retroilumi'naðo, a] *adj* (*teclado*) rétroéclairé(e)
retrospectivo, -a [retrospek'tiβo, a] *adj* rétrospectif(-ive) ; **mirada retrospectiva** regard *m* rétrospectif
retrovisor [retroβi'sor] *nm* rétroviseur *m*
retuit [re'tuit] (*pl* **retuits**) *nm* (*en Twitter*) retweet *m*
retuitear [retwite'ar] *vt* retweeter
retumbar [retum'bar] *vi* retentir
reuma, reúma [re'uma] *nm* rhumatisme *m*
reumatismo [reuma'tismo] *nm* rhumatisme *m*
reunificar [reunifi'kar] *vt* réunifier
reunión [reu'njon] *nf* réunion *f* ; **~ de ventas** (*Com*) meeting *m* commercial ; **~ en la cumbre** réunion au sommet ; **~ extraordinaria** réunion extraordinaire
reunir [reu'nir] *vt* réunir ; (*recoger*) rassembler, réunir ; **reunirse** *vpr* se réunir ; **reunió a sus amigos para discutirlo** il a réuni ses amis pour en débattre
revalidar [reβali'ðar] *vt* (*título*) confirmer
revancha [re'βantʃa] *nf* revanche *f*
revelación [reβela'θjon] *nf* révélation *f*
revelado [reβe'laðo] *nm* (*Foto*) développement *m*
revelar [reβe'lar] *vt* révéler ; (*Foto*) développer
reventa [re'βenta] *nf* revente *f*
reventar [reβen'tar] *vt* (*globo*) faire éclater ; (*presa*) forcer ; (*molestar*) agacer ▸ *vi* éclater ; **reventarse** *vpr* éclater ; **me revienta tener que ponérmelo** ça m'agace de devoir le mettre ; **~ de** (*alegría*)

sauter de ; (*ganas*) mourir de ; **~ por** brûler de ; **estar a ~** (*lleno*) être plein(e) à craquer ; **reventarse trabajando** se ruiner la santé au travail

reventón [reβen'ton] *nm* crevaison *f*

reverencia [reβe'renθja] *nf* révérence *f*

reverenciar [reβeren'θjar] *vt* révérer

reverendo, -a [reβe'rendo, a] *adj* révérend(e)

reverente [reβe'rente] *adj* révérencieux(-euse)

reversa [re'βersa] (*AM*) *nf* marche *f* arrière

reversible [reβer'siβle] *adj* réversible

reverso [re'βerso] *nm* revers *msg*

revertir [reβer'tir] *vi* revenir ; **~ en beneficio/en perjuicio de** tourner à l'avantage/au désavantage de

revés [re'βes] *nm* envers *msg* ; (*fig, Tenis*) revers *msg* ; **al ~** à l'envers ; **y al ~** et inversement ; **volver algo al** *o* **del ~** retourner qch ; **los reveses de la fortuna** les revers de fortune

revestir [reβes'tir] *vt* revêtir ; **revestirse** *vpr* (*Rel*) se revêtir ; **el acto revestía gran solemnidad** la cérémonie revêtait une grande solennité ; **revestirse con** *o* **de** s'armer de

revisar [reβi'sar] *vt* réviser

revisión [reβi'sjon] *nf* révision *f* ; **~ de cuentas** contrôle des comptes ; **~ salarial** révision des salaires

revisor, a [reβi'sor, a] *nm/f* contrôleur(-euse) ; **~ de cuentas** contrôleur(-euse) des comptes

revista [re'βista] *vb ver* **revestir** ▸ *nf* revue *f*, magazine *m* ; **pasar ~ a** passer en revue ; **~ de libros** chronique *f* littéraire ; **~ literaria** revue littéraire ; **~s del corazón** presse *f* du cœur

revivir [reβi'βir] *vt, vi* revivre

revocación [reβoka'θjon] *nf* révocation *f*

revocar [reβo'kar] *vt* révoquer

revolcar [reβol'kar] *vt* renverser ; **revolcarse** *vpr* se vautrer

revolotear [reβolote'ar] *vi* voltiger

revoltijo [reβol'tixo] *nm* embrouillamini *m*

revoltoso, -a [reβol'toso, a] *adj* turbulent(e)

revolución [reβolu'θjon] *nf* révolution *f* ; (*Tec*) tour *m*

revolucionar [reβoluθjo'nar] *vt* révolutionner

revolucionario, -a [reβoluθjo'narjo, a] *adj, nm/f* révolutionnaire *m/f*

revolver [reβol'βer] *vt* remuer ; (*casa*) mettre sens dessus dessous ; (*mezclar*) remuer, agiter ; (*Pol*) soulever ▸ *vi*: **~ en** fouiller dans ; **revolverse** *vpr* (*en cama*) s'agiter ; (*de dolor*) s'agiter, se tordre ; (*Meteorología*) se gâter ; **revolverse contra** se retourner contre ; **han revuelto toda la casa** ils ont mis la maison sens dessus dessous ; **la injusticia me revuelve las tripas** l'injustice me révolte

revólver [re'βolβer] *nm* revolver *m*

revuelo [re'βwelo] *nm* vol *m* ; (*fig*) trouble *m* ; **armar** *o* **levantar un gran ~** jeter le trouble

revuelta [re'βwelta] *nf* révolte *f* ; (*pelea*) bagarre *f*

revuelto, -a [re'βwelto, a] *pp de* **revolver** ▸ *adj* (*desordenado*) sens dessus dessous ; (*mar*) agité(e) ; (*pueblo*) agité(e) ; (*tiempo*) orageux(-euse) ; (*estómago*) barbouillé(e) ; **todo estaba ~** tout était sens dessus dessous

rey [rei] *nm* roi *m* ; **los R~es** le Roi et la Reine, les Souverains ; **el deporte ~** le sport roi

> Selon la tradition espagnole, pendant la nuit qui précède l'Épiphanie, **los Reyes Magos** (les Rois mages) apportent des cadeaux aux enfants qu'ils ouvrent le 6 au matin. Le soir du 5 janvier, les Rois mages arrivent dans la ville par mer ou par terre, et participent à une procession connue sous le nom de *cabalgata*, à la plus grande joie des enfants.

reyerta [re'jerta] *nf* rixe *f*

rezagado, -a [reθa'ɣaðo, a] *adj*: **quedar ~** être en retard ; (*fig*) être à la traîne

rezagar [reθa'ɣar] *vt* retarder ; **rezagarse** *vpr* traîner

rezar [re'θar] *vi* prier ; **~ con** (*fam*) aller avec

rezo ['reθo] *nm* prière *f*

rezongar [reθon'gar] *vi* ronchonner

rezumar [reθu'mar] *vt* laisser filtrer ▸ *vi* suinter ; **rezumarse** *vpr* filtrer

ría ['ria] *nf* ria *f*

riada [ri'aða] *nf* crue *f*, inondation *f*
ribera [ri'βera] *nf* rive *f*, berge *f*; (*área*) rivage *m*, littoral *m*
ribete [ri'βete] *nm* (*de vestido*) liseré *m*; **ribetes** *nmpl* (*atisbos*) côtés *mpl*; **muestra ~s de filósofo** il a un côté philosophe
ricino [ri'θino] *nm*: **aceite de ~** huile *f* de ricin
rico, -a ['riko, a] *adj* riche; (*comida*) délicieux(-euse); (*niño*) gentil(le) ▶ *nm/f* riche *m/f*; **nuevo ~** nouveau riche; **~ en** riche en
rictus ['riktus] *nm inv* rictus *msg*; **~ de amargura** grimace *f* d'amertume
ridiculez [riðiku'leθ] *nf* ridicule *m*; (*nimiedad*) insignifiance *f*
ridiculizar [riðikuli'θar] *vt* ridiculiser
ridículo, -a [ri'ðikulo, a] *adj* ridicule; **hacer el ~** se couvrir de ridicule; **poner a algn en ~** tourner qn en ridicule; **ponerse en ~** s'exposer au ridicule
riego ['rjeɣo] *vb ver* **regar** ▶ *nm* arrosage *m*; **~ sanguíneo** irrigation *f*
riel [rjel] *nm* (*Ferro*) rail *m*; (*de cortina*) tringle *f*
rienda ['rjenda] *nf* rêne *f*; **dar ~ suelta a** donner libre cours à; **llevar las ~s** (*fig*) tenir les rênes
riesgo ['rjesɣo] *nm* risque *m*; **seguro a** *o* **contra todo ~** assurance *f* tous risques; **~ para la salud** risque pour la santé; **correr el ~ de** courir le risque de
riesgoso, -a [rjes'ɣoso, a] (AM) *adj* dangereux, périlleux(-euse)
rifa ['rifa] *nf* tombola *f*
rifar [ri'far] *vt* tirer au sort; **rifarse** *vpr* se disputer
rifle ['rifle] *nm* rifle *m*, carabine *f*
rigidez [rixi'ðeθ] *nf* rigidité *f*
rígido, -a ['rixiðo, a] *adj* rigide; (*cara*) sévère
rigor [ri'ɣor] *nm* rigueur *f*; **el ~ del invierno** la rigueur de l'hiver; **con todo el ~ científico** avec la plus grande rigueur scientifique; **de ~** de rigueur; **después de los saludos de ~** après les salutations de rigueur
riguroso, -a [riɣu'roso, a] *adj* rigoureux(-euse); **de rigurosa actualidad** d'une actualité brûlante
rima ['rima] *nf* rime *f*; **rimas** *nfpl* (*composición*) rimes *fpl*; **~ asonante/consonante** rime pauvre/riche
rimbombante [rimbom'bante] *adj* (*fig*) ronflant(e)
rímel, rímmel ['rimel] *nm* rimmel *m*
rincón [rin'kon] *nm* coin *m*; **buscar por los rincones** chercher dans tous les coins
rinoceronte [rinoθe'ronte] *nm* rhinocéros *msg*
riña ['riɲa] *nf* (*disputa*) dispute *f*; (*pelea*) bagarre *f*
riñón [ri'ɲon] *nm* (*Anat*) rein *m*; (*Culin*) rognon *m*; **me costó un ~** (*fam*) cela m'a coûté les yeux de la tête; **tener dolor de riñones** avoir mal aux reins; **tener riñones** (*fig*) avoir du cran
río ['rio] *vb ver* **reír** ▶ *nm* (*que desemboca en otro río*) rivière *f*; (*que desemboca en el mar*) fleuve *m*; (*fig*) flot *m*; **~ abajo/arriba** en aval/amont; **cuando el ~ suena, agua lleva** il n'y a pas de fumée sans feu; **a ~ revuelto, ganancia de pescadores** à quelque chose malheur est bon
Río de la Plata ['rioðela'plata] *n* Rio de la Plata
Rioja [ri'oxa] *nf*: **La ~** La Rioja
rioja [ri'oxa] *nfm* rioja *m* (*vin de La Rioja*)
rioplatense [riopla'tense] *adj* de Rio de la Plata ▶ *nm/f* natif(-ive) *o* habitant(e) de Rio de la Plata
riqueza [ri'keθa] *nf* richesse *f*
risa ['risa] *nf* rire *m*; **¡qué ~!** que c'est drôle!; **caerse/morirse de ~** se tordre/mourir de rire; **tomar algo a ~** (*a la ligera*) prendre qch à la rigolade; (*con buen humor*) prendre qch avec bonne humeur; **el libro es una ~** (*es divertido*) ce livre est à se tordre de rire; (*no vale nada*) ce livre ne vaut rien; **tener la ~ fácil** rire facilement; **~ de conejo** rire jaune
risco ['risko] *nm* rocher *m* escarpé
risotada [riso'taða] *nf* éclat *m* de rire
ristra ['ristra] *nf* chapelet *m*; **~ de ajos** chapelet d'ails
risueño, -a [ri'sweɲo, a] *adj* (*alegre*) rieur(-euse); (*fig*) souriant(e)
ritmo ['ritmo] *nm* rythme *m*; **a ~ lento** au ralenti; **trabajar a ~ lento** travailler au ralenti; **~ de vida** rythme de vie
rito ['rito] *nm* rite *m*
ritual [ri'twal] *adj* rituel(le) ▶ *nm* rituel *m*

rival [ri'βal] *adj, nm/f* rival(e)
rivalidad [riβali'ðað] *nf* rivalité *f*
rivalizar [riβali'θar] *vi* rivaliser
rizado, -a [ri'θaðo, a] *adj* (*pelo*) frisé(e) ; (*mar*) moutonneux(-euse) ▸ *nm* frisure *f*
rizar [ri'θar] *vt* friser ; **rizarse** *vpr* (*el pelo*) se friser ; (*agua, mar*) moutonner
rizo ['riθo] *nm* boucle *f*
RNE *abr* = *Radio Nacional de España*
robar [ro'βar] *vt* voler ; (*Naipes*) piocher ; (*atención*) dérober
roble ['roβle] *nm* chêne *m*
robo ['roβo] *nm* vol *m* ; **¡esto es un ~!** c'est du vol ! ; **~ a mano armada** vol à main armée
robot [ro'βot] (*pl* **robots**) *adj, nm* robot *m* ; **~ de cocina** robot de cuisine
robustecer [roβuste'θer] *vt* fortifier
robusto, -a [ro'βusto, a] *adj* robuste
roca ['roka] *nf* roche *f* ; **la R~** Gibraltar *m*
roce ['roθe] *vb ver* **rozar** ▸ *nm* frottement *m* ; (*caricia*) frôlement *m* ; (*Tec*) friction *f* ; (*señal*) éraflure *f* ; (*en la piel*) égratignure *f* ; (*trato*) fréquentation *f* ; **tener un ~ con** s'accrocher avec, avoir une prise de bec avec
rociar [ro'θjar] *vt* asperger
rocín [ro'θin] *nm* rosse *f*
rocío [ro'θio] *nm* rosée *f*
rock [rok] *adj, nm* (*Mús*) rock *m*
rocódromo [ro'koðromo] *nm* mur *m* d'escalade
rocoso, -a [ro'koso, a] *adj* rocailleux(-euse)
rodado, -a [ro'ðaðo, a] *adj*: **tráfico ~** circulation *f* routière ; **canto ~** galet *m* ; **venir ~** se présenter on ne peut mieux
rodaja [ro'ðaxa] *nf* tranche *f*
rodaje [ro'ðaxe] *nm* (*Cine*) tournage *m* ; **en ~** (*Auto*) en rodage
rodar [ro'ðar] *vt* (*vehículo*) roder ; (*bola*) faire rouler ; (*película*) tourner ▸ *vi* rouler ; (*Cine*) tourner ; (*persona*) circuler
rodear [roðe'ar] *vt* entourer ; (*dar un rodeo*) contourner ; **rodearse** *vpr*: **rodearse de amigos** s'entourer d'amis ; **rodeado de misterio** entouré de mystère
rodeo [ro'ðeo] *nm* détour *m* ; (*AM*: *Deporte*) rodéo *m* ; **dar un ~** faire un détour ; **dejarse de ~s** arrêter de tourner autour du pot ; **hablar sin ~s** parler sans détours
rodilla [ro'ðiʎa] *nf* genou *m* ; **de ~s** à genoux
rodillo [ro'ðiʎo] *nm* rouleau *m* ; (*en máquina de escribir, impresora*) chariot *m*
roedor, a [roe'ðor, a] *adj* rongeur(-euse) ▸ *nm* rongeur *m*
roer [ro'er] *vt* ronger
rogar [ro'ɣar] *vt, vi* prier ; **se ruega no fumar** prière de ne pas fumer ; **me rogó que me quedara** il m'a prié de rester ; **no se hace de ~** il ne se fait pas prier
rojizo, -a [ro'xiθo, a] *adj* rougeâtre
rojo, -a ['roxo, a] *adj* rouge ▸ *nm* rouge *m* ▸ *nm/f* (*Pol*) rouge *m/f* ; **ponerse ~** rougir ; **al ~ (vivo)** (*metal*) rouge ; (*fig*) chauffé(e) à blanc
rol [rol] *nm* rôle *m*
rollizo, -a [ro'ʎiθo, a] *adj* rondelet(te)
rollo ['roʎo] *nm* rouleau *m* ; (*fam*: *película*) navet *m* ; (*libro*) livre *m* barbant ; (: *discurso*) laïus *msg* ; **¡qué ~!** quelle barbe ! ; **la conferencia fue un ~** cette conférence était barbante
Roma ['roma] *n* Rome
romance [ro'manθe] *nm* (*Ling*) roman *m* ; (*Lit*) romance *f* ; (*relación*) idylle *f*
romanticismo [romanti'θismo] *nm* romantisme *m*
romántico, -a [ro'mantiko, a] *adj* romantique
rombo ['rombo] *nm* losange *m*
romería [rome'ria] *nf* (*Rel*) fête *f* patronale ; (*excursión*) pèlerinage *m*

La **romería**, qui était à l'origine un pèlerinage vers un lieu saint ou une église en l'honneur de la Sainte Vierge ou du saint local, donne lieu de nos jours à une fête populaire où se mêlent religion et folklore. Les participants, parfois venus de loin, apportent à boire et à manger. Celle du Rocío, dans la province de Huelva, attire des centaines de milliers de personnes, certaines en habit traditionnel andalou, venues à pied, à cheval ou dans des charrettes décorées.

romero, -a [ro'mero, a] *nm/f* pèlerin *m* ▸ *nm* (*Bot*) romarin *m*
romo, -a ['romo, a] *adj* émoussé(e)
rompecabezas [rompeka'βeθas] *nm inv* casse-tête *m inv*
rompeolas [rompe'olas] *nm inv* brise-lames *m inv*

romper [rom'per] *vt* casser ; (*papel, tela*) déchirer ; (*contrato*) rompre ▸ *vi* (*olas*) se briser ; (*diente*) casser ; **romperse** *vpr* se casser ; **~ filas** (*Mil*) rompre les rangs ; **~ el día** commencer à faire jour ; **~ a** se mettre à ; **~ a llorar** éclater en sanglots ; **~ con algn** rompre avec qn

ron [ron] *nm* rhum *m*

roncar [ron'kar] *vi* ronfler

ronco, -a ['ronko, a] *adj* rauque

ronda ['ronda] *nf* (*de bebidas*) tournée *f* ; (*de negociaciones*) série *f* ; (*patrulla*) ronde *f* ; (*de naipes*) main *f*, partie *f* ; (*Deporte*) tour *m* ; **ir de ~** faire sa tournée ; **hacer la ~** (*Mil*) faire sa ronde ; **~ electoral** tournée électorale

rondar [ron'dar] *vt* (*vigilar*) surveiller ; (*cortejar*) faire du plat à ; (*importunar*) tourner autour de ▸ *vi* faire une ronde ; (*fig*) rôder ; **la cifra ronda el millón** le chiffre frise le million

ronquido [ron'kiðo] *nm* ronflement *m*

ronronear [ronrone'ar] *vi* ronronner

ronroneo [ronro'neo] *nm* ronronnement *m*

roña ['roɲa] *nf* (*Veterinaria*) gale *f* ; (*mugre*) crasse *f* ; (*óxido*) rouille *f*

roñoso, -a [ro'ɲoso, a] *adj* (*mugriento*) crasseux(-euse) ; (*tacaño*) radin(e)

ropa ['ropa] *nf* vêtements *mpl* ; **~ blanca/de casa** linge *m* blanc/de maison ; **~ de cama** literie *f* ; **~ interior** *o* **íntima** sous-vêtements *mpl* ; **~ sucia** linge sale ; **~ usada** vêtements usagés

ropaje [ro'paxe] *nm* vêtements *mpl*

ropero [ro'pero] *nm* (*de ropa de cama*) armoire *f* (à linge) ; (*guardarropa*) garde-robe *f*

rosa ['rosa] *adj inv* rose ; (*prensa*) people *inv*, pipole *inv* ▸ *nf* (*Bot*) rose *f* ▸ *nm* (*color*) rose *m* ; **estar como una ~** être frais (fraîche) comme une rose ; **verlo todo color de ~** voir la vie en rose ; **~ de los vientos** rose *f* des vents

rosado, -a [ro'saðo, a] *adj* rose ; (*vino*) rosé ▸ *nm* rosé *m*

rosal [ro'sal] *nm* rosier *m*

rosario [ro'sarjo] *nm* chapelet *m* ; (*oraciones*) rosaire *m* ; **rezar el ~** dire son chapelet

rosca ['roska] *nf* pas *msg* ; (*pan*) couronne *f* ; **hacer la ~ a algn** (*fam*) faire du plat à qn ; **pasarse de ~** (*fig*) dépasser les bornes

rosetón [rose'ton] *nm* (*Arq*) rosace *f*

rosquilla [ros'kiʎa] *nf beignet à pâte dure en forme d'anneau* ; **venderse como ~s** se vendre comme des petits pains

rostro ['rostro] *nm* visage *m* ; **tener mucho ~** (*fam*) avoir un sacré culot *o* toupet

rotación [rota'θjon] *nf* rotation *f* ; **~ de cultivos** rotation des cultures

rotativo [rota'tiβo] *nm* journal *m*

roto, -a ['roto, a] *pp de* **romper** ▸ *adj* cassé(e) ; (*tela, papel*) déchiré(e) ; (*vida*) brisé(e) ; (*Chi: de clase obrera*) ouvrier(-ière) ▸ *nm/f* (*Chi*) ouvrier(-ière) ▸ *nm* (*en vestido*) accroc *m*

rotonda [ro'tonða] *nf* rond-point *m*

rótula ['rotula] *nf* rotule *f*

rotulador [rotula'ðor] *nm* feutre *m*

rotular [rotu'lar] *vt* (*carta, documento*) légender

rótulo ['rotulo] *nm* (*título*) enseigne *f* ; (*letrero*) écriteau *m*

rotundamente [rotunda'mente] *adv* catégoriquement

rotundo, -a [ro'tundo, a] *adj* catégorique

rotura [ro'tura] *nf* rupture *f* ; (*Med*) fracture *f*

roturar [rotu'rar] *vt* défricher

rozadura [roθa'ðura] *nf* (*huella*) éraflure *f* ; (*herida*) écorchure *f*

rozar [ro'θar] *vt* frôler ; (*raspar*) érafler ; (*Med*) écorcher ; (*tocar ligeramente, fig*) effleurer ; **rozarse** *vpr* se frôler ; **rozarse (con)** (*tratar*) se frotter (à) ; **su actitud roza el fanatismo** son attitude frise le fanatisme

Rte. *abr* (= *remite, remitente*) exp. (= *expéditeur*)

RTVE *sigla f* = *Radiotelevisión Española*

ruana ['rwana] (*And, Carib*) *nf* poncho *m*

rubí [ru'βi] *nm* rubis *msg*

rubio, -a ['ruβjo, a] *adj, nm/f* blond(e) ; **tabaco ~** tabac *m* blond

rubor [ru'βor] *nm* (*sonrojo*) rougeur *f* ; (*vergüenza*) honte *f*

ruborizarse [ruβori'θarse] *vpr* rougir

rúbrica ['ruβrika] *nf* (*de firma*) paraphe *m*, parafe *m* ; (*final*) couronnement *m* ; (*título*) rubrique *f* ; **bajo la ~ de** dans la rubrique de

rubricar [ruβri'kar] *vt* (*firmar*) parapher *o* parafer ; (*concluir*) couronner

rubro ['ruβro] (AM) *nm* (*título*) rubrique *f*; (*sector*) secteur *m*

rudimentario, -a [ruðimen'tarjo, a] *adj* rudimentaire

rudimentos [ruði'mentos] *nmpl* rudiments *mpl*

rudo, -a ['ruðo, a] *adj* (*material*) rude ; (*modales, persona*) grossier(-ière)

rueda ['rweða] *nf* roue *f*; (*corro*) ronde *f*; **ir sobre ~s** aller comme sur des roulettes ; **~ de prensa** conférence *f* de presse ; **~ de recambio** *o* **de repuesto** roue de secours ; **~ delantera/trasera** roue avant/arrière ; **~ dentada** roue dentée ; **~ impresora** (*Inform*) marguerite *f*

ruedo ['rweðo] *vb ver* **rodar** ▸ *nm* (*contorno*) bord *m* ; (*de vestido*) ourlet *m* ; (*Taur*) arène *f*; (*corro*) ronde *f*

ruego ['rweɣo] *vb ver* **rogar** ▸ *nm* prière *f*; **a ~s de** à la demande de ; **« ~s y preguntas »** « questions et réponses »

rufián [ru'fjan] *nm* ruffian *m*

rugby ['ruɣβi] *nm* rugby *m*

rugido [ru'xiðo] *nm* rugissement *m*

rugir [ru'xir] *vi* rugir ; (*estómago*) gargouiller

rugoso, -a [ru'ɣoso, a] *adj* rugueux(-euse)

ruido ['rwiðo] *nm* bruit *m* ; (*alboroto*) bruit, grabuge *m* ; **~ de fondo** bruit de fond ; **hacer** *o* **meter ~** faire du bruit

ruidoso, -a [rwi'ðoso, a] *adj* bruyant(e) ; (*fig*) tapageur(-euse)

ruin [rwin] *adj* (*vil*) vil(e) ; (*tacaño*) pingre

ruina ['rwina] *nf* ruine *f*; **ruinas** *nfpl* ruines *fpl*; **estar hecho una ~** être en piteux état ; **aquello le llevó a la ~** cela a entraîné sa ruine

ruindad [rwin'dað] *nf* mesquinerie *f*; (*acto*) bassesse *f*

ruinoso, -a [rwi'noso, a] *adj* (*tb Com*) ruineux(-euse)

ruiseñor [rwise'ɲor] *nm* rossignol *m*

ruleta [ru'leta] *nf* roulette *f*

rulo ['rulo] *nm* rouleau *m*

Rumanía [ruma'nia] *nf* Roumanie *f*

rumba ['rumba] *nf* rumba *f*

rumbo ['rumbo] *nm* (*ruta*) cap *m* ; (*ángulo de dirección*) rumb *m*, rhumb *m* ; (*fig*) direction *f*; **con ~ a** en direction de ; **poner ~ a** mettre le cap sur ; **sin ~ fijo** au hasard

rumboso, -a [rum'boso, a] (*fam*) *adj* généreux(-euse)

rumiante [ru'mjante] *nm* ruminant *m*

rumiar [ru'mjar] *vt, vi* ruminer

rumor [ru'mor] *nm* (*ruido sordo*) rumeur *f*; (*chisme*) bruit *m*

rumorearse [rumore'arse] *vpr*: **se rumorea que** le bruit court que

runrún [run'run] *nm* rumeur *f*; (*de una máquina*) ronronnement *m* ; (*fig*) rengaine *f*

rupestre [ru'pestre] *adj*: **pintura ~** peinture *f* rupestre

ruptura [rup'tura] *nf* rupture *f*; **~ con** rupture avec

rural [ru'ral] *adj* rural(e)

Rusia ['rusja] *nf* Russie *f*

ruso, -a ['ruso, a] *adj* russe ▸ *nm/f* Russe *m/f* ▸ *nm* (*Ling*) russe *m*

rústica ['rustika] *nf*: **libro en ~** livre *m* broché ; *ver tb* **rústico**

rústico, -a ['rustiko, a] *adj* (*del campo*) rustique ; (*ordinario*) rustre

ruta ['ruta] *nf* route *f*

rutina [ru'tina] *nf* routine *f*; **~ diaria** routine quotidienne ; **por ~** par routine

rutinario, -a [ruti'narjo, a] *adj* routinier(-ière)

S

S *abr* (= *sur*) S (= *sud*)
S. *abr* (= *san*) St (Ste) (= *Saint, Sainte*)
s. *abr* = *siglo*
s/ *abr* (*Com*) = *su*
S.ª *abr* = *Sierra*
S.A. *abr* (*Com*: = *Sociedad Anónima*) SA *f* (= *société anonyme*) ; (= *Su Alteza*) SA (= *Son Altesse*)
sábado ['saβaðo] *nm* samedi *m* ; **del ~ en ocho días** samedi en huit ; **un ~ sí y otro no, cada dos ~s** un samedi sur deux
sábana ['saβana] *nf* drap *m* ; **se le han pegado las ~s** (*fig*) il a eu une panne d'oreiller
sabandija [saβan'dixa] *nf* (*Zool*) bestiole *f* ; (*fig*) fripouille *f*
sabañón [saβa'ɲon] *nm* engelure *f*

saber [sa'βer]

▸ *vt* savoir ; **a saber** à savoir ; **no lo supe hasta ayer** je ne l'ai appris qu'hier ; **¿sabes conducir/nadar?** sais-tu conduire/nager ? ; **¿sabes francés?** sais-tu parler français ? ; **no sé nada de coches** je n'y connais rien en voitures ; **no sé nada de él** je ne sais rien de lui ; **un no sé qué** un je ne sais quoi ; **saber de memoria** savoir *o* connaître par cœur ; **lo sé** je (le) sais ; **hacer saber** faire savoir ; **¡cualquiera sabe!** allez savoir ! ; **que yo sepa** que je sache ; **¡si lo sabré yo!** je le sais mieux que personne ! ; **¡vete a saber!** va savoir ! ; **¡yo que sé!** je n'en sais rien, moi ! ; **¿sabes?** tu vois ?
▸ *vi*: **saber a** avoir le goût de ; **sabe a fresa** ça a un goût de fraise ; **saber mal/bien** (*comida, bebida*) avoir bon/mauvais goût ; **le sabe mal que otro saque a bailar a su mujer** ça ne lui plaît pas que d'autres invitent sa femme à danser
▸ **saberse** *vpr*: **se sabe que ...** on sait que ... ; **no se sabe todavía** on ne sait toujours pas

sabiduría [saβiðu'ria] *nf* savoir *m* ; (*buen juicio*) sagesse *f* ; **~ popular** sagesse populaire
sabiendas [sa'βjendas]: **a ~** *adv* en connaissance de cause ; **a ~ de que ...** en sachant que ...
sabio, -a ['saβjo, a] *adj* savant(e) ; (*prudente*) sage ▸ *nm/f* savant(e)
sabor [sa'βor] *nm* goût *m*, saveur *f* ; (*fig*) saveur ; **con ~ a** au goût de ; **sin ~** sans aucun goût
saborear [saβore'ar] *vt* savourer
sabotaje [saβo'taxe] *nm* sabotage *m*
saboteador, a [saβotea'ðor, a] *nm/f* saboteur(-euse)
sabotear [saβote'ar] *vt* saboter
sabré *etc* [sa'βre] *vb ver* **saber**
sabroso, -a [sa'βroso, a] *adj* savoureux(-euse) ; (*salado*) salé(e)
sacacorchos [saka'kortʃos] *nm inv* tire-bouchon *m*
sacapuntas [saka'puntas] *nm inv* taille-crayon *m*
sacar [sa'kar] *vt* sortir ; (*muela*) arracher ; (*dinero, entradas*) retirer ; (*beneficios*) tirer ; (*premio*) remporter ; (*datos*) extraire ; (*conclusión*) arriver à ; (*esp* AM: *ropa*) enlever ; (*Tenis*) servir ; (*Fútbol*) remettre en jeu ; (*Costura*) rallonger ; **~ adelante** (*hijos*) élever ; (*negocio*) faire marcher ; **~ a algn a bailar** inviter qn à danser ; **~ algo a relucir** placer qch (dans une conversation) ; **~ a algn de sí** mettre qn hors de soi ; **~ algo en limpio** *o* **en claro** tirer qch au clair ; **~ algo/a algn en televisión/en el periódico** parler de qch/faire passer qn à la télévision/dans le journal ; **~ brillo a algo** faire briller qch ; **~ una foto** prendre une *o* en photo ; **~ la lengua** tirer la langue ; **~ buenas/malas notas** avoir de bonnes/mauvaises notes
sacarina [saka'rina] *nf* saccharine *f*
sacerdote [saθer'ðote] *nm* prêtre *m*

S

saciar [sa'θjar] *vt* assouvir ; **saciarse** *vpr* se rassasier

saco ['sako] *nm* sac *m* ; (*AM: chaqueta*) veste *f* ; **~ de dormir** sac de couchage

sacramento [sakra'mento] *nm* sacrement *m*

sacrificar [sakrifi'kar] *vt* sacrifier ; (*reses*) abattre ; (*animal doméstico*) endormir ; **sacrificarse** *vpr*: **sacrificarse por** se sacrifier pour

sacrificio [sakri'fiθjo] *nm* sacrifice *m*

sacrilegio [sakri'lexjo] *nm* sacrilège *m*

sacristía [sakris'tia] *nf* sacristie *f*

sacudida [saku'ðiða] *nf* secousse *f* ; **~ eléctrica** décharge *f* électrique

sacudir [saku'ðir] *vt* secouer ; (*ala*) battre de ; (*fam: persona*) taper ; **sacudirse** *vpr*: **sacudirse el polvo** s'épousseter ; **sacudirse los mosquitos** chasser les moustiques

sádico, -a ['saðiko, a] *adj, nm/f* sadique *m/f*

sadismo [sa'ðismo] *nm* sadisme *m*

saeta [sa'eta] *nf* flèche *f* ; (*Mús*) *chant religieux de la semaine sainte*

sagacidad [saɣaθi'ðað] *nf* sagacité *f*

sagaz [sa'ɣaθ] *adj* sagace

Sagitario [saxi'tarjo] *nm* (*Astrol*) Sagittaire *m* ; **ser ~** être Sagittaire

sagrado, -a [sa'ɣraðo, a] *adj* sacré(e)

Sáhara ['saxara] *nm*: **el ~** le Sahara

sal [sal] *vb ver* **salir** ▶ *nf* sel *m* ; (*encanto*) grâce *f* ; **~es de baño** sels de bain ; **~ de cocina** sel de cuisine ; **~ gorda** gros sel

sala ['sala] *nf* salle *f* ; (*cuarto de estar*) (salle de) séjour *m* ; (*Jur*) tribunal *m* ; **~ de conciertos** salle de concert ; **~ de conferencias** salle de conférences ; **~ de embarque** salle d'embarquement ; **~ de espera** salle d'attente ; **~ de estar** salle de séjour ; **~ de fiestas** salle des fêtes ; **~ de juntas** (*Com*) salle de réunion ; **~ de operaciones** (*Med*) salle d'opération

salado, -a [sa'laðo, a] *adj* salé(e) ; (*fig*) piquant(e) ; (*And: desgraciado*) malheureux(-euse) ; **agua salada** eau *f* salée

salame [sa'lame] (*CSur*) *nm* salami *m*

salar [sa'lar] *vt* saler

salarial [sala'rjal] *adj* (*aumento*) de salaire ; (*revisión*) salarial(e)

salario [sa'larjo] *nm* salaire *m* ; **~ mínimo interprofesional** ≈ salaire *m* minimum interprofessionnel de croissance

salchicha [sal'tʃitʃa] *nf* saucisse *f*

salchichón [saltʃi'tʃon] *nm* saucisson *m*

saldar [sal'dar] *vt* solder ; (*deuda, diferencias*) régler

saldo ['saldo] *nm* solde *m* ; (*de deuda*) règlement *m* ; (*de móvil*) crédit *m* ; **a precio de ~** en solde ; **~ acreedor/deudor** *o* **pasivo** solde créditeur/débiteur ; **~ anterior** solde reporté ; **~ final** balance *f* après clôture

saldré *etc* [sal'dre] *vb ver* **salir**

salero [sa'lero] *nm* (*Culin*) salière *f* ; (*ingenio*) esprit *m* ; (*encanto*) charme *m*

salga *etc* ['salɣa] *vb ver* **salir**

salida [sa'liða] *nf* sortie *f* ; (*de tren, Aviat, Deporte*) départ *m* ; (*del sol*) lever *m* ; (*fig*) issue *f* ; (*: de estudios*) débouché *m* ; (*fam: ocurrencia*) mot *m* d'esprit ; **calle sin ~** voie *f* sans issue ; **a la ~ del teatro** à la sortie du théâtre ; **dar la ~** (*Deporte*) donner le départ ; **línea de ~** (*Deporte*) ligne *f* de touche ; **no hay ~** il n'y a pas d'issue ; **no tenemos otra ~** nous n'avons pas d'autre issue ; **~ de emergencia/de incendios** sortie de secours ; **~ de tono** propos *msg* déplacé ; **~ impresa** (*Inform*) tirage *m* papier

saliente [sa'ljente] *adj* saillant(e) ; (*cesante*) sortant(e) ▶ *nm* saillie *f*

salir [sa'lir]

▶ *vi* **1** (*ir afuera*) sortir ; (*tren, avión*) partir ; **salir de** sortir de ; **Juan ha salido** Juan est sorti ; **salió de la cocina** il est sorti de la cuisine ; **salir de viaje** partir en voyage ; **salir corriendo** partir en courant ; **salir bien de algo** (*fig*) bien se sortir de qch

2 (*aparecer: sol*) se lever ; (*flor, pelo, dientes*) pousser ; (*disco, libro*) sortir ; **anoche salió el reportaje en la tele** le reportage est passé hier soir à la télé ; **su foto salió en todos los periódicos** sa photo est parue dans tous les journaux

3 (*resultar*): **salir bien/mal** réussir/rater ; **el niño nos ha salido muy estudioso** notre fils se révèle très studieux ; **la comida te ha salido exquisita** ton repas est très réussi ; **salir elegido/premiado** être choisi/récompensé ; **ha**

salido a su madre il tient de sa mère ; **¡no me sale!** je n'y arrive pas ! ; **sale muy caro** c'est très cher ; **salís a 15 € cada uno** vous en avez pour 15 € chacun ; **la cena nos salió por 50 euros** le dîner nous a coûté 50 euros ; **no salen las cuentas** ça ne tombe pas juste
4 (*mancha*) partir ; (*tapón*) s'enlever
5 (*en el juego*) avoir la main ; (*Deporte*) commencer ; (*Teatro*) entrer en scène
6: **salir a** (*desembocar*) déboucher sur ; **salir de** (*proceder*) venir de
7: **salir con algn** (*amigos, novios*) sortir avec qn
8: **le salió un trabajo** il a trouvé du travail
9: **salir adelante** s'en sortir ; **no sé como haré para salir adelante** je ne sais pas comment je vais m'en sortir
▸ **salirse** *vpr* (*líquido*) sortir ; (*animal*) sortir ; (*de la carretera*) quitter ; (*persona: de asociación*) quitter ; **salirse del tema** s'écarter du sujet ; **salirse con la suya** n'en faire qu'à sa tête

saliva [sa'liβa] *nf* salive *f*
salmo ['salmo] *nm* psaume *m*
salmón [sal'mon] *nm* saumon *m*
salmuera [sal'mwera] *nf* saumure *f*
salón [sa'lon] *nm* salon *m* ; (*Chi: Ferro*) salle *f* d'attente ; **~ de actos** *o* **de sesiones** salle de réunion ; **~ de baile** salle de danse ; **~ de belleza** institut *m* de beauté ; **~ de té** salon de thé
salpicadera [salpika'ðera] (*Méx*) *nf* garde-boue *m inv*
salpicadero [salpika'ðero] *nm* (*Auto*) tableau *m* de bord
salpicar [salpi'kar] *vt* éclabousser ; (*esparcir*) parsemer
salsa ['salsa] *nf* (*Culin*) sauce *f*; (*fig*) piquant *m* ; (*Mús*) salsa *f*; **está en su ~** (*fam*) il est dans son élément
saltamontes [salta'montes] *nm inv* sauterelle *f*
saltar [sal'tar] *vt* sauter ▸ *vi* sauter ; (*al agua*) plonger ; (*quebrarse: cristal*) se briser ; (*explotar: persona*) exploser ; **saltarse** *vpr* sauter ; **~ a la comba** sauter à la corde ; **~ a la vista** sauter aux yeux ; **~ con** (*fam: decir*) sortir ; **~ de una cosa a otra** sauter du coq à l'âne ; **saltarse un semáforo** brûler un feu ; **saltarse todas las reglas** enfreindre toutes les règles
salto ['salto] *nm* saut *m* ; (*al agua*) plongeon *m* ; **a ~s** en sautant ; **vivir a ~ de mata** vivre au jour le jour ; **~ de agua** chute *f* d'eau ; **~ de altura/de longitud** saut en hauteur/en longueur ; **~ de cama** saut-de-lit *m* ; **~ de línea (automático)** (*Inform*) retour *m* à la ligne (automatique) ; **~ de página** saut *m* de page ; **~ mortal** saut périlleux
saltón, -ona [sal'ton, ona] *adj* (*ojos*) globuleux(-euse) ; (*dientes*) en avant
salud [sa'luð] *nf* santé *f* ; **estar bien/mal de ~** être en bonne/mauvaise santé ; **¡(a su) ~!** (à votre) santé ! ; **beber a la ~ de** boire à la santé de
saludable [salu'ðaβle] *adj* sain(e)
saludar [salu'ðar] *vt* (*tb Mil*) saluer ; **ir a ~ a algn** aller dire bonjour à qn ; **salude de mi parte a X** saluez X de ma part ; **le saluda atentamente** (*en carta*) salutations distinguées

> **También se puede decir:**
> Bonjour ! (*¡Hola!* o *¡Buenos días!*)
> Bonsoir ! (*¡Buenas noches!*)
> Salut ! (*¡Buenas!*)

saludo [sa'luðo] *nm* salut *m* ; **saludos** *nmpl* (*en carta*) salutations *fpl* ; **un ~ afectuoso/cordial** (*en carta*) affectueusement/cordialement
salva ['salβa] *nf* (*Mil*) salve *f*; **una ~ de aplausos** une salve d'applaudissements
salvación [salβa'θjon] *nf* (*tb Rel*) salut *m* ; **¡fue mi ~!** c'est ce qui m'a sauvé !
salvado [sal'βaðo] *nm* (*Agr*) son *m*
salvador, a [salβa'ðor, a] *nm/f* sauveur(-euse) ; **el S~** (*Rel*) le Sauveur ; **El S~** (*Geo*) El Salvador *m* ; **San S~** San Salvador
salvaguardar [salβaɣwar'ðar] *vt* sauvegarder
salvajada [salβa'xaða] *nf* horreur *f*
salvaje [sal'βaxe] *adj, nm/f* sauvage *m/f*
salvamento [salβa'mento] *nm* sauvetage *m*
salvar [sal'βar] *vt* sauver ; (*un barco*) procéder au sauvetage de ; (*obstáculo, distancias*) franchir ; (*exceptuar*) excepter ; (*Inform: archivo*) sauvegarder ; **salvarse** *vpr*: **salvarse (de)** se sauver (de) ;

~ algo/a algn de sauver qch/qn de ; **¡sálvese quien pueda!** sauve qui peut !

salva-slip [salβaes'lip] (*pl* **salva-slips**) *nm* protège-slip *m*

salvavidas [salβa'βiðas] *adj inv*: **bote/chaleco/cinturón ~** canot *m*/gilet *m*/bouée *f* de sauvetage

salvo, -a ['salβo, a] *adj*: **a ~** en lieu sûr ▸ *adv* sauf ; **~ error u omisión** (*Com*) sauf erreur ou omission ; **~ que** sauf que

salvoconducto [salβokon'dukto] *nm* sauf-conduit *m*

san [san] *nm* saint *m* ; **~ Juan** Saint Jean

sanar [sa'nar] *vt, vi* guérir

sanatorio [sana'torjo] *nm* sanatorium *m*

sanción [san'θjon] *nf* sanction *f* ; (*aprobación*) approbation *f*

sancionar [sanθjo'nar] *vt* sanctionner ; (*aprobar*) approuver

sancocho [san'kotʃo] (AM) *nm* pot-au-feu *m inv*

sandalia [san'dalja] *nf* sandale *f*

sandía [san'dia] *nf* pastèque *f*

sándwich ['sandwitʃ] (*pl* **sándwichs** *o* **sándwiches**) *nm* sandwich *m*

saneamiento [sanea'mjento] *nm* assainissement *m*

sanear [sane'ar] *vt* assainir

Sanfermines [sanfer'mines] *nmpl* *festival de saint Fermín*

> Les **Sanfermines** de Pampelune sont une fête d'une semaine, rendue célèbre par Hemingway. À partir du 7 juillet, fête patronale de *San Fermín*, les habitants de la ville, principalement les jeunes, se rassemblent dans les rues pour chanter, boire et danser. Tôt le matin, on lâche des taureaux dans les rues étroites qui conduisent à l'arène. Selon une coutume répandue dans de nombreux villages espagnols, des jeunes gens font acte de courage en s'élançant devant les taureaux au péril de leur vie.

sangrar [san'grar] *vt* saigner ; (*Inform, Tip*) commencer en retrait ▸ *vi* saigner

sangre ['sangre] *nf* sang *m* ; **a ~ fría** de sang-froid ; **de ~ fría** (*Zool*) à sang froid ; **pura ~** pur-sang *m* ; **~ azul** sang bleu ; **~ fría** sang-froid *m*

sangría [san'gria] *nf* (*Med*) saignée *f* ; (*Culin*) sangria *f* ; (*Inform, Tip*) retrait *m* ; (*fig: gasto*) frais *msg*

sangriento, -a [san'grjento, a] *adj* sanglant(e)

sanguijuela [sangi'xwela] *nf* sangsue *f*

sanguinario, -a [sangi'narjo, a] *adj* sanguinaire

sanguíneo, -a [san'gineo, a] *adj* sanguin(e)

sanidad [sani'ðað] *nf* (*Admin*) santé *f* ; (*de ciudad, clima*) salubrité *f* ; **~ pública** santé publique

San Isidro [sani'sidro] *nm* saint Isidore

> **San Isidro**, saint patron de Madrid, donne son nom à des festivités d'une semaine qui ont lieu aux alentours du 15 mai. Foire au XVIIIe siècle, la fête de **San Isidro** consiste de nos jours en diverses manifestations : bals, concerts, spectacles, courses de taureaux, ainsi qu'une célèbre *romería*.

sanitario, -a [sani'tarjo, a] *adj* sanitaire ▸ *nm*: **~s** sanitaires *mpl* ▸ *nm/f* professionnel(le) de la santé

sano, -a ['sano, a] *adj* sain(e) ; (*sin daños*) intact(e) ; **~ y salvo** sain et sauf

Santiago [san'tjaɣo] *n*: **~ (de Chile)** Santiago (du Chili) ; **~ (de Compostela)** Saint-Jacques-de-Compostelle

santiamén [santja'men] *nm*: **en un ~** en un clin d'œil

santidad [santi'ðað] *nf* sainteté *f*

santiguarse [santi'ɣwarse] *vpr* se signer

santo, -a ['santo, a] *adj* saint(e) ▸ *nm/f* (*Rel*) Saint(e) ; (*fig*) saint(e) ▸ *nm* fête *f* ; **hacer su santa voluntad** faire ses quatre volontés ; **todo el ~ día** toute la sainte journée ; **¿a ~ de qué ...?** en quel honneur ... ? ; **se le fue el ~ al cielo** il a oublié ce qu'il allait dire ; **~ y seña** mot *m* de passe

santuario [san'twarjo] *nm* sanctuaire *m*

saña ['saɲa] *nf* (*crueldad*) sauvagerie *f* ; (*furor*) fureur *f*

sapo ['sapo] *nm* crapaud *m*

saque ['sake] *vb ver* **sacar** ▸ *nm* (*Tenis*) service *m* ; (*Fútbol*) remise *f* en jeu ; **~ de esquina** corner *m* ; **~ inicial** coup *m* d'envoi

saquear [sake'ar] *vt* piller

saqueo [sa'keo] *nm* pillage *m*

sarampión [saram'pjon] *nm* rougeole *f*

sarcasmo [sar'kasmo] *nm* sarcasme *m*
sarcástico, -a [sar'kastiko, a] *adj* sarcastique
sardina [sar'ðina] *nf* sardine *f*
sargento [sar'xento] *nm/f* (*Mil*) sergent(e) ; (*fig*) personne *f* autoritaire
sarmiento [sar'mjento] *nm* sarment *m*
sarna ['sarna] *nf* (*Med, Zool*) gale *f*
sarpullido [sarpu'ʎiðo] *nm* (*Med*) éruption *f*
sarro ['sarro] *nm* tartre *m*
sartén [sar'ten] *nf o* (AM) *nm* (*Culin*) poêle *f* (à frire) ; **tener la ~ por el mango** tenir les rênes
sastre, -a ['sastre, a] *nm/f* tailleur(-euse)
Satanás [sata'nas] *nm* Satan *m*
satélite [sa'telite] *nm* satellite *m* ; **vía ~** (*Telec*) par satellite
sátira ['satira] *nf* satire *f*
satisfacción [satisfak'θjon] *nf* satisfaction *f*; (*para desagravio*) satisfaction, réparation *f*
satisfacer [satisfa'θer] *vt* satisfaire ; (*deuda*) acquitter ; **satisfacerse** *vpr* se satisfaire ; (*vengarse*) se venger
satisfecho, -a [satis'fetʃo, a] *pp de* **satisfacer** ▶ *adj* satisfait(e)
saturar [satu'rar] *vt* saturer ; **saturarse** *vpr* être saturé(e)
sauce ['sauθe] *nm* saule *m* ; **~ llorón** saule pleureur
sauna ['sauna] *nf* (*nm en CSur*) sauna *m*
savia ['saβja] *nf* sève *f*
saxofón [sakso'fon] *nm* saxophone *m*
sazonar [saθo'nar] *vt* mûrir ; (*Culin*) relever ▶ *vi* être mûr(e)
s/c *abr* (*Com: = su casa*) *votre société* ; (*: = su cuenta*) *votre compte*
SE *abr* (*= sudeste*) S.-E. (*= sud-est*)

se [se]

pron **1** (*reflexivo*) se, s' ; (*: de usted/ustedes*) vous ; **se divierte** il s'amuse ; **lavarse** se laver ; **¡siéntese!** asseyez-vous !
2 (*con complemento directo: sg*) lui ; (*pl*) leur ; (*usted, ustedes*) vous ; **se lo dije** (*a él*) je le lui ai dit ; (*a ellos*) je le leur ai dit ; (*a usted(es)*) je vous l'ai dit ; **se compró un sombrero** il s'est acheté un chapeau ; **se rompió la pierna** il s'est cassé la jambe ; **cortarse el pelo** se faire couper les cheveux
3 (*uso recíproco*) se ; (*: ustedes*) vous ; **se miraron (el uno al otro)** ils se sont regardés (l'un l'autre) ; **cuando (ustedes) se conocieron** quand vous vous êtes connus
4 (*en oraciones pasivas*): **se han vendido muchos libros** beaucoup de livres ont été vendus ; **se compró hace tres años** ça a été acheté il y a trois ans
5 (*impersonal*): **se dice que ...** on dit que ... ; **allí se come muy bien** on y mange très bien ; **se habla inglés** on parle anglais ; **se ruega no fumar** prière de ne pas fumer

sé [se] *vb ver* **saber**; **ser**
sea *etc* ['sea] *vb ver* **ser**
sebo ['seβo] *nm* sébum *m*
secador [seka'ðor] *nm* (*tb*: **secador de pelo**) sèche-cheveux *m inv*
secadora [seka'ðora] *nf* sèche-linge *m inv* ; **~ centrífuga** essoreuse *f*
secar [se'kar] *vt* sécher ; (*río, tierra, plantas*) assécher ; **secarse** *vpr* sécher ; (*persona*) se sécher ; **secarse las manos** s'essuyer les mains
sección [sek'θjon] *nf* section *f*; **~ deportiva** (*en periódico*) pages *fpl* sportives
seco, -a ['seko, a] *adj* sec (sèche) ; **habrá pan a secas** il n'y aura que du pain ; **Juan, a secas** Juan tout court ; **parar/frenar en ~** s'arrêter/freiner brusquement
secretaría [sekreta'ria] *nf* secrétariat *m*
secretario, -a [sekre'tarjo, a] *nm/f* secrétaire *m/f*; **~ adjunto(-a)** (*Com*) secrétaire adjoint(e)
secreto, -a [se'kreto, a] *adj* secret(-ète) ▶ *nm* secret *m* ; **en ~** en secret ; **~ profesional** secret professionnel
secta ['sekta] *nf* secte *f*
sectario, -a [sek'tarjo, a] *adj* sectaire
sector [sek'tor] *nm* secteur *m* ; **~ privado/público** secteur privé/public ; **~ terciario** secteur tertiaire
secuela [se'kwela] *nf* séquelle *f*
secuencia [se'kwenθja] *nf* séquence *f*
secuestrar [sekwes'trar] *vt* séquestrer ; (*avión*) détourner ; (*publicación*) retirer de la circulation ; (*bienes: Jur*) séquestrer, mettre sous séquestre
secuestro [se'kwestro] *nm* (*de persona*)

enlèvement *m* ; (*de avión*) détournement *m*

secular [seku'lar] *adj* séculaire

secundar [sekun'dar] *vt* seconder

secundario, -a [sekun'darjo, a] *adj* secondaire ; (*Inform*) d'arrière-plan

sed [seð] *nf* soif *f* ; **tener ~** avoir soif

seda ['seða] *nf* soie *f* ; **como una ~** (*sin problema*) comme sur des roulettes ; (*dócil*) doux (douce) comme un agneau

sedal [se'ðal] *nm* ligne *f*

sedante [se'ðante] *nm* sédatif *m*

sede ['seðe] *nf* siège *m* ; **Santa S~** Saint-Siège *m*

sedentario, -a [seðen'tarjo, a] *adj* sédentaire

sediento, -a [se'ðjento, a] *adj* assoiffé(e) ; **~ de gloria/poder** assoiffé(e) de gloire/pouvoir

sedimento [seði'mento] *nm* sédiment *m*

sedoso, -a [se'ðoso, a] *adj* soyeux(-euse)

seducción [seðuk'θjon] *nf* séduction *f*

seducir [seðu'θir] *vt* séduire

seductor, a [seðuk'tor, a] *adj* séducteur(-trice) ; (*personalidad, idea*) séduisant(e) ▸ *nm/f* séducteur(-trice)

segar [se'ɣar] *vt* (*mies*) moissonner ; (*hierba*) faucher ; (*vidas*) briser ; (*esperanzas*) réduire à néant

seglar [se'ɣlar] *adj* séculier(-ière)

segregación [seɣreɣa'θjon] *nf* ségrégation *f* ; **~ racial** ségrégation raciale

segregar [seɣre'ɣar] *vt* ségréguer ; (*líquido*) sécréter

seguida [se'ɣiða] *nf*: **en ~** tout de suite ; **en ~ termino** j'ai presque fini

seguido, -a [se'ɣiðo, a] *adj* continu(e) ; (*ininterrumpido*) de suite, d'affilée ; (*línea*) droit(e) ▸ *adv* (*derecho*) tout droit ; (*después*) à la suite ; (*AM*: *a menudo*) souvent ; **cinco días ~s** cinq jours de suite

seguidor, a [seɣi'[dd]or, a] *nm/f* adepte *m/f* ; (*Deporte*) supporter *m/f*

seguimiento [seɣi'mjento] *nm* suivi *m*

seguir [se'ɣir] *vt* suivre ▸ *vi* (*venir después*) suivre ; (*continuar*) poursuivre ; **seguirse** *vpr*: **seguirse (de)** résulter (de) ; **sigo sin comprender** je ne comprends toujours pas ; **sigue lloviendo** il continue de pleuvoir ; **sigue** (*en carta*) T.S.V.P. ; (*en libro, TV*) suite ; **¡siga!** (*AM*) allez-y !

según [se'ɣun] *prep* d'après ▸ *adv* (*tal como*) comme ; (*depende (de)*) selon ; (*a medida que*) à mesure que ; **~ parece ...** il semblerait que ... ; **~ esté el tiempo** selon le temps qu'il fera ; **~ me consta** autant que je sache ; **está ~ lo dejaste** c'est resté tel que tu l'avais laissé

segundo, -a [se'ɣundo, a] *adj* deuxième, second(e) ; (*en discurso*) deuxièmement ▸ *nm* seconde *f* ; (*piso*) deuxième *m*, second *m* ▸ *nm/f* deuxième *m/f*, second(e) ; **~ (de a bordo)** (*Náut*) second (à bord) ; **segunda (clase)** (*Ferro*) seconde (classe) *f* ; **segunda (marcha)** (*Auto*) seconde ; **con segundas (intenciones)** avec une arrière-pensée ; **de segunda mano** d'occasion

seguramente [se'ɣuramente] *adv* sûrement ; **¿lo va a comprar? — ~** va-t-il l'acheter ? — sûrement

seguridad [seɣuri'ðað] *nf* sécurité *f* ; (*certeza*) certitude *f* ; (*confianza*) confiance *f* ; **cerradura/cinturón de ~** serrure *f*/ceinture *f* de sécurité ; **~ ciudadana** sécurité en ville ; **~ en sí mismo** confiance en soi ; **~ social** sécurité sociale

seguro, -a [se'ɣuro, a] *adj* sûr(e) ▸ *adv* sûrement ▸ *nm* sécurité *f* ; (*de cerradura*) sûreté *f* ; (*de arma*) cran *m* de sûreté ; (*Com*) assurance *f* ; (*CAm, Méx*) épingle *f* à nourrice ; **~ de sí mismo** sûr(e) de soi ; **lo más ~ es que ...** sans doute que ... ; **~ a todo riesgo/contra terceros** assurance tous risques/au tiers ; **~ contra accidentes/contra incendios** assurance contre les accidents/contre l'incendie ; **S~ de Enfermedad** assurance maladie ; **~ de vida** assurance vie ; **~ dotal con beneficios** assurance à capital différé avec bénéfice ; **~ marítimo** assurance maritime ; **~ mixto** assurance à capital différé ; **~ temporal** assurance à terme

seis [seis] *adj inv, nm inv* six *m inv* ; **~ mil** six mille ; **el ~ de abril** le six avril ; **hoy es ~** nous sommes le six aujourd'hui ; **son las ~** il est six heures ; **tiene ~ años** il a six ans ; **unos ~** environ six

seiscientos, -as [seis'θjentos, as] *adj* six cents ; **~ veinticinco** six cent vingt-cinq

seísmo [se'ismo] *nm* séisme *m*

selección [selek'θjon] *nf* sélection *f* ; **~ nacional** (*Deporte*) équipe *f* nationale ; **~ natural** sélection naturelle

seleccionar [selekθjo'nar] *vt* sélectionner

selectividad [selektiβi'ðað] *nf* (*Univ*) *examen d'entrée à l'université*

En Espagne, à la fin de leurs études secondaires, les élèves souhaitant aller à l'université doivent passer les épreuves de la **selectividad**. À partir de la moyenne de la note obtenue à cet examen et de celle obtenue au cours des deux dernières années d'études secondaires, l'élève peut choisir une filière universitaire en fonction du nombre de places offertes et de la note minimale requise par chaque université. Certaines universités organisent en outre un examen d'entrée.

selecto, -a [se'lekto, a] *adj* sélect(e)

selfi, selfie ['selfi] *nm o nf* selfie *m*

sellar [se'ʎar] *vt* sceller ; (*pasaporte*) tamponner

sello ['seʎo] *nm* (*de correos*) timbre *m* ; (*para estampar*) tampon *m* ; (*precinto*) sceau *m* ; (*tb*: **sello distintivo**) cachet *m* ; **~ discográfico** maison *f* de disques ; **~ fiscal** timbre fiscal

selva ['selβa] *nf* (*bosque*) forêt *f* ; (*jungla*) jungle *f* ; **la S~ Negra** la Forêt Noire

semáforo [se'maforo] *nm* (*Auto*) feu *m* rouge *o* de circulation ; (*Ferro*) sémaphore *m*

semana [se'mana] *nf* semaine *f* ; **entre ~** en semaine ; **~ inglesa** semaine de 35 heures ; **~ laboral** semaine de travail ; **S~ Santa** semaine sainte

Les célébrations de la **Semana Santa** en Espagne sont souvent grandioses. *Viernes Santo* (le Vendredi saint), *Sábado Santo* (le Samedi saint) et *Domingo de Resurrección* (le dimanche de Pâques) sont des fêtes légales auxquelles s'ajoutent d'autres jours fériés dans chaque région. Dans tout le pays, les membres des *cofradías* (confréries), vêtus de cagoules, avancent en procession dans les rues, précédant leurs *pasos*, des chars richement décorés sur lesquels se dressent des statues religieuses. Les processions de la semaine sainte à Séville sont particulièrement renommées.

semanal [sema'nal] *adj* hebdomadaire

semblante [sem'blante] *nm* (traits *mpl* du) visage *m* ; (*fig*) allure *f*

sembrar [sem'brar] *vt* semer

semejante [seme'xante] *adj, nm* semblable *m* ; **son muy ~s** ils se ressemblent beaucoup ; **nunca hizo cosa ~** il n'a jamais fait semblable chose

semejanza [seme'xanθa] *nf* ressemblance *f* ; **a ~ de** pareil(le) à

semen ['semen] *nm* sperme *m*

semestral [semes'tral] *adj* semestriel(le)

semi... [semi] *pref* semi...

semicírculo [semi'θirkulo] *nm* demi-cercle *m*

semidesnatado, -a [semiðesna'taðo, a] *adj* demi-écrémé(e)

semifinal [semifi'nal] *nf* demi-finale *f*

semilla [se'miʎa] *nf* graine *f*, semence *f*

seminario [semi'narjo] *nm* (*Rel, Escol*) séminaire *m*

sémola ['semola] *nf* semoule *f*

Sena ['sena] *nm*: **el ~** la Seine

senado [se'naðo] *nm* sénat *m*

senador, a [sena'ðor, a] *nm/f* sénateur(-trice)

sencillez [senθi'ʎeθ] *nf* simplicité *f*

sencillo, -a [sen'θiʎo, a] *adj* simple ▶ *nm* (*AM*) chaudière *f*

senda ['senda] *nf* sentier *m*

senderismo [sende'rismo] *nm* randonnée *f*

sendero [sen'dero] *nm* sentier *m* ; **S~ Luminoso** (*Perú*: *Pol*) Sentier lumineux

senil [se'nil] *adj* sénile

seno ['seno] *nm* sein *m* ; (*Mat*) sinus *m* ; **~ materno** sein maternel

sensación [sensa'θjon] *nf* sensation *f* ; **causar** *o* **hacer ~** faire sensation

sensacional [sensaθjo'nal] *adj* sensationnel(le)

sensato, -a [sen'sato, a] *adj* sensé(e)

sensible [sen'sible] *adj* sensible

sensorial [senso'rjal] *adj* sensoriel(le)

sensual [sen'swal] *adj* sensuel(le)

sentada [sen'taða] *nf* (*protesta*) sit-in *m inv* ; **de una ~** d'une traite

sentado, -a [sen'taðo, a] *adj*: **estar ~** être assis(e) ; **dar por ~** considérer comme acquis ; **dejar ~ que ...** établir que ...

sentar [sen'tar] *vt* asseoir ; (*noticia, hecho,*

palabras) établir ▶ *vi* (*vestido, color*) aller ; **sentarse** *vpr* s'asseoir ; (*el tiempo*) se stabiliser ; (*sedimentos*) se déposer ; **~ bien** (*ropa*) aller bien ; (*comida*) faire du bien ; (*vacaciones*) réussir ; **me ha sentado mal** (*comida*) je ne l'ai pas digéré ; (*comentario*) cela m'a blessé ; **¡siéntese!** asseyez-vous !

sentencia [sen'tenθja] *nf* sentence *f* ; (*Inform*) instruction *f* ; **~ de muerte** sentence de mort

sentenciar [senten'θjar] *vt* (*Jur*) condamner

sentido, -a [sen'tiðo, a] *adj* (*pérdida*) regretté(e) ; (*carácter*) sensible ▶ *nm* sens *msg* ; **mi más ~ pésame** mes plus sincères condoléances ; **en el buen ~ de la palabra** au bon sens du terme ; **con ~ doble** à double sens ; **sin ~** qui ne veut rien dire ; **tener ~** avoir du sens ; **¿qué ~ tiene que ...?** à quoi cela sert-il de ... ? ; **~ común** bon sens ; **~ del humor** sens de l'humour ; **~ único** (*Auto*) sens unique

sentimental [sentimen'tal] *adj* sentimental(e) ; **vida ~** vie *f* sentimentale

sentimiento [senti'mjento] *nm* sentiment *m*

sentir [sen'tir] *nm* opinion *f* ▶ *vt* sentir ; (*lamentar*) regretter ; (*esp AM*) entendre ; (*música, arte*) avoir un don pour ▶ *vi* sentir ; **sentirse** *vpr* se sentir ; **lo siento (mucho)** je suis désolé(e) ; **siento molestarle** je suis désolé de vous déranger ; **sentirse bien/mal** se sentir bien/mal ; **sentirse como en su casa** se sentir chez soi

seña ['seɲa] *nf* signe *m* ; (*Mil*) mot *m* de passe ; **señas** *nfpl* (*dirección*) adresse *f* ; **(y) por más ~s** (et) en plus de cela ; **dar ~s de** donner des signes de ; **~s personales** (*descripción*) signes *mpl* particuliers

señal [se'ɲal] *nf* signal *m* ; (*síntoma*) signe *m* ; (*marca, Inform*) marque *f* ; (*Com*) arrhes *fpl* ; **en ~ de** en signe de ; **dar ~es de** donner des signes de ; **~ de auxilio/de peligro** signal de détresse/d'alarme ; **~ de llamada** sonnerie *f* ; **~es de tráfico** panneaux *mpl* de signalisation ; **~ para marcar** tonalité *f*

señalar [seɲa'lar] *vt* signaler ; (*poner marcas*) marquer ; (*con el dedo*) montrer du doigt ; (*hora*) donner ; (*fijar*) fixer

señor, a [se'ɲor, a] *adj* (*fam*) classe ▶ *nm* monsieur *m* ; (*hombre*) homme *m* ; (*trato*) monsieur ; **los ~es González** M. et Mme González ; **S~ Don Jacinto Benavente** (*en sobre*) Monsieur Jacinto Benavente ; **S~ Director ...** (*de periódico*) Monsieur le directeur ... ; **~ juez/Presidente** Monsieur le juge/le président ; **Muy ~ mío** cher Monsieur ; **Muy ~es nuestros** Messieurs ; **Nuestro S~** (*Rel*) Notre Seigneur

señora [se'ɲora] *nf* madame *f* ; (*dama*) dame *f* ; (*mujer*) femme *f* ; **¿está la ~?** madame est-elle chez elle ? ; **la ~ de Pérez** Madame Pérez ; **Nuestra S~** (*Rel*) Notre-Dame *f*

señorita [seɲo'rita] *nf* (*tratamiento*) mademoiselle *f* ; (*mujer joven*) demoiselle *f*, jeune fille *f* ; (*maestra*) maîtresse *f*

señorito [seɲo'rito] *nm* (*tratamiento*) jeune monsieur *m* ; (*pey*) fils *msg* à papa

señuelo [se'ɲwelo] *nm* leurre *m*

sepa *etc* ['sepa] *vb ver* **saber**

separación [separa'θjon] *nf* séparation *f* ; (*división*) partage *m* ; (*distancia*) distance *f* ; **~ de bienes** séparation des biens

separar [sepa'rar] *vt* séparer ; (*Tec: pieza*) détacher ; (*persona: de un cargo*) relever ; (*dividir*) diviser ; **separarse** *vpr* se séparer ; (*partes*) se détacher ; **separarse de** (*persona: de un lugar*) s'éloigner de ; (*: de asociación*) quitter

sepia ['sepja] *nf* (*Culin*) seiche *f* ▶ *nm* (*tb*: **color sepia**) sépia *f*

septiembre [sep'tjembre] *nm* septembre *m* ; *ver tb* **julio**

séptimo, -a ['septimo, a] *adj, nm/f* septième *m/f* ; *ver tb* **sexto**

sepulcro [se'pulkro] *nm* sépulcre *m*

sepultar [sepul'tar] *vt* inhumer ; (*suj: escombros*) ensevelir

sepultura [sepul'tura] *nf* (*entierro*) inhumation *f* ; (*tumba*) sépulture *f* ; **dar ~ a** donner une sépulture à ; **recibir ~** recevoir une sépulture

sequedad [seke'ðað] *nf* sécheresse *f*

sequía [se'kia] *nf* sécheresse *f*

séquito ['sekito] *nm* (*de rey*) cour *f* ; (*Pol*) partisans *mpl*

SER [ser] *sigla f* (*Radio: = Sociedad Española de Radiodifusión*) *société privée de radiodiffusion*

ser [ser]

▸ *vi* **1** (*descripción, identidad*) être ; **es médico/muy alto** il est docteur/très grand ; **soy Pepe** (*Telec*) c'est Pepe (à l'appareil)
2 (*suceder*): **¿qué ha sido eso?** qu'est-ce que c'était ? ; **la fiesta es en casa** la fête a lieu chez nous
3: **ser de** (*posesión*): **es de Joaquín** c'est à Joaquín ; (*origen*): **ella es de Cuzco** elle est de Cuzco ; (*sustancia*): **es de piedra** c'est en pierre ; **¿qué va a ser de nosotros?** qu'allons-nous devenir ? ; **es de risa/pena** c'est ridicule/lamentable
4 (*horas, fechas, números*): **es la una** il est une heure ; **son las seis y media** il est six heures et demie ; **es el 1 de junio** c'est le 1er juin ; **somos/son seis** nous sommes/ils sont six ; **2 y 2 son 4** 2 et 2 font 4
5 (*valer*): **¿cuánto es?** c'est combien ?
6: **ser para**: **es para pintar** c'est pour peindre ; **no es para tanto** ce n'est pas si grave
7 (*en oraciones pasivas*): **ya ha sido descubierto** ça a déjà été découvert ; **fue construido** ça a été construit
8: **ser de** (+ *vb*): **es de esperar que ...** il faut s'attendre à ce que ...
9: **es que**: **es que no puedo** c'est que je ne peux pas ; **¿cómo es que no lo sabes?** comment se fait-il que tu ne le saches pas ?
10 (*locuciones: con subjuntivo*): **o sea** c'est-à-dire ; **sea él, sea su hermana** soit lui, soit sa sœur ; **tengo que irme, no sea que mis hijos estén esperándome** il faut que j'y aille, au cas où mes enfants m'attendraient
11 (*con infinitivo*): **a no ser ...** si ce n'est ... ; **a no ser que salga mañana** à moins qu'il ne sorte demain ; **de no ser así** si ce n'était pas le cas
12: **«érase una vez ...»** « il était une fois ... »
▸ *nm* (*ente*) être *m* ; **ser humano/vivo** être humain/vivant ; **en lo más íntimo de su ser** au plus profond de son être

serenarse [sere'narse] *vpr* s'apaiser ; (*tiempo*) se calmer

sereno, -a [se'reno, a] *adj* serein(e) ; (*tiempo*) calme ▸ *nm* veilleur *m* de nuit

serie ['serje] *nf* série *f* ; (*TV: por capítulos*) feuilleton *m* ; **fuera de ~** (*Com*) hors série ; (*fig*) hors norme ; **fabricación en ~** fabrication *f* en série ; **interfaz/impresora en ~** (*Inform*) interface *f*/imprimante *f* série

seriedad [serje'ðað] *nf* sérieux *msg* ; (*de crisis*) gravité *f*

serio, -a ['serjo, a] *adj* sérieux(-euse) ; **en ~** sérieusement

sermón [ser'mon] *nm* sermon *m*

seropositivo, -a [seroposi'tiβo, a] *adj* séropositif(-ive)

serpiente [ser'pjente] *nf* serpent *m* ; **~ de cascabel** serpent à sonnettes ; **~ pitón** python *m*

serranía [serra'nia] *nf* zone *f* montagneuse

serrar [se'rrar] *vt* scier

serrín [se'rrin] *nm* sciure *f* (de bois)

serrucho [se'rrutʃo] *nm* scie *f* (égoïne)

servicio [ser'βiθjo] *nm* service *m* ; **servicios** *nmpl* (*wáter*) toilettes *fpl* ; (*Econ: sector*) services *mpl* ; **estar de ~** être de service ; **~ a domicilio** service de livraison à domicile ; **~ aduanero** *o* **aduana** services de douane ; **~ incluido** service compris ; **~ militar** service militaire ; **~ público** (*Com*) service public ; **~ secreto** service secret

servil [ser'βil] (*pey*) *adj* servile

servilleta [serβi'ʎeta] *nf* serviette *f*

servir [ser'βir] *vt, vi* servir ; **servirse** *vpr* se servir ; **~ (para)** servir (à) ; **¿en qué puedo servirle?** en quoi puis-je vous être utile ? ; **~ vino a algn** servir du vin à qn ; **~ de guía** servir de guide ; **no sirve para nada** ça ne sert à rien ; **servirse de algo** se servir de qch ; **sírvase pasar** veuillez entrer

sesenta [se'senta] *adj inv, nm inv* soixante *m inv* ; **~ mil** soixante mille ; **tiene ~ años** il a soixante ans ; **unos ~** environ soixante

sesgo ['sesɣo] *nm* tournure *f* ; **al ~** (*Costura*) en biais

sesión [se'sjon] *nf* séance *f* ; (*Teatro*) représentation *f* ; **abrir/levantar la ~** ouvrir/lever la séance ; **~ de tarde/de noche** (*Cine*) ≈ séance de 14h/de 20h

seso ['seso] *nm* cerveau *m* ; (*fig*) jugeote *f* ; **sesos** *nmpl* (*Culin*) cervelle *f* ; **devanarse los ~s** se creuser la cervelle

seta ['seta] *nf* champignon *m* ; **~ venenosa** champignon vénéneux

setecientos, -as [sete'θjentos, as] *adj* sept cents ; *ver tb* **seiscientos**
setenta [se'tenta] *adj inv, nm inv* soixante-dix *m inv* ; *ver tb* **sesenta**
seudónimo [seu'ðonimo] *nm* pseudonyme *m*
severidad [seβeri'ðað] *nf* sévérité *f*
severo, -a [se'βero, a] *adj* sévère
Sevilla [se'βiʎa] *n* Séville
sevillano, -a [seβi'ʎano, a] *adj* sévillan(e) ▸ *nm/f* Sévillan(e)
sexo ['sekso] *nm* sexe *m* ; **el ~ femenino/masculino** le sexe féminin/masculin
sexto, -a ['seksto, a] *adj, nm/f* sixième *m/f* ; **Juan S~** Jean Six ; **un ~ de la población** un sixième de la population
sexual [sek'swal] *adj* sexuel(le) ; **vida ~** vie *f* sexuelle
s/f *abr (Com: = su favor) votre crédit*
si [si] *conj* si ▸ *nm (Mús)* si *m inv* ; **si ... o si ...** si ... ou si ... ; **me pregunto si ...** je me demande si ... ; **si no** sinon ; **¡si fuera verdad!** si seulement ça pouvait être vrai ! ; **¡(pero) si no lo sabía!** (mais) je ne le savais même pas ! ; **por si (acaso)** au cas où ; **¿y si llueve?** et s'il pleut ?
sí [si] *adv* oui ; (*tras frase negativa*) si ▸ *nm* (*consentimiento*) oui *m* ▸ *pron* (*uso impersonal*) soi ; (*sg*: *m*) lui ; (: *f*) elle ; (: *de cosa*) lui (elle) ; (: *de usted, ustedes*) vous ; (*pl*: *m*) eux ; (: *f*) elles ; **¡¿sí?!** (*asombro*) ah bon ? ; **«nos vas a llevar al cine, ¿a que sí?»** « tu nous emmènes bien au ciné, hein ? » ; **él no quiere pero yo sí** il ne veut pas mais moi oui ; **ella sí vendrá** elle, elle viendra ; **claro que sí** bien sûr que oui/si ; **creo que sí** je crois que oui/si ; **porque sí** (*porque lo digo yo*) parce que ; **¡sí que lo es!** bien sûr que si ! ; **¡eso sí que no!** alors là, non ! ; **por sí solo/solos** à lui seul/eux seuls ; **volver en sí** revenir à soi ; **sí mismo/misma** lui-/elle-même ; **se ríe de sí misma** elle rit d'elle-même ; **hablaban entre sí** ils parlaient entre eux ; **de por sí** en soi-même *etc*
siamés, -esa [sja'mes, esa] *adj, nm/f* siamois(e)
SIDA, sida ['siða] *sigla m* (= *síndrome de inmuno-deficiencia adquirida*) SIDA *m*, sida *m* (= *syndrome immunodéficitaire acquis*)
siderúrgico, -a [siðe'rurxico, a] *adj* sidérurgique
sidra ['siðra] *nf* cidre *m*
siembra ['sjembra] *vb ver* **sembrar** ▸ *nf* (*Agr*) semailles *fpl*
siempre ['sjempre] *adv* toujours ▸ *conj*: **~ que ...** (*cada vez que*) chaque fois que ... ; (*a condición de que*) seulement si ; **es lo de ~** c'est tout le temps la même chose ; **como ~** comme toujours ; **para ~** pour toujours ; **~ me voy mañana** (AM) de toute façon, je pars demain
sien [sjen] *nf* tempe *f*
siento ['sjento] *vb ver* **sentar**; **sentir**
sierra ['sjerra] *vb ver* **serrar** ▸ *nf* (*Tec*) scie *f* ; (*Geo*) chaîne *f* de montagnes ; **la ~** (*zona*) la montagne ; **S~ Leona** Sierra *f* Leone
siervo, -a ['sjerβo, a] *nm/f* serf (serve)
siesta ['sjesta] *nf* sieste *f* ; **dormir la** *o* **echarse una ~** faire une sieste
siete ['sjete] *adj inv, nm inv* sept *m inv* ▸ *nm* (*en tela*) accroc *m* ▸ *excl* (AM: *fam*): **¡la gran ~!** punaise ! ; **se armó un follón de la gran ~** ça a fait un raffut de tous les diables ; *ver tb* **seis**
sífilis ['sifilis] *nf inv* syphilis *fsg*
sifón [si'fon] *nm* siphon *m* ; **whisky con ~** whisky-soda *m*
siga *etc* ['siɣa] *vb ver* **seguir**
sigla ['siɣla] *nf* sigle *m*
siglo ['siɣlo] *nm* siècle *m* ; **hace ~s que no la veo** ça fait des lustres que je ne l'ai pas vue ; **S~ de las Luces** Siècle des lumières ; **S~ de Oro** siècle d'or
significación [siɣnifika'θjon] *nf* signification *f*
significado [siɣnifi'kaðo] *nm* sens *m*, signification *f*
significar [siɣnifi'kar] *vt* signifier
significativo, -a [siɣnifika'tiβo, a] *adj* significatif(-ive)
signo ['siɣno] *nm* signe *m* ; **~ de admiración** point *m* d'exclamation ; **~ de interrogación** point d'interrogation ; **~ de más/de menos** signe plus/moins ; **~s de puntuación** signes de ponctuation ; **~ igual** signe égal
siguiendo *etc* [si'ɣjendo] *vb ver* **seguir**
siguiente [si'ɣjente] *adj* suivant(e) ; **¡el ~!** au suivant !
sílaba ['silaβa] *nf* syllabe *f*
silbar [sil'βar] *vt, vi* siffler
silbato [sil'βato] *nm* sifflet *m*

silbido [sil'βiðo], **silbo** ['silβo] *nm* sifflement *m* ; (*abucheo*) sifflet *m*
silenciador [silenθja'ðor] *nm* silencieux *msg*
silenciar [silen'θjar] *vt* (AM: *persona*) faire taire ; (*ruidos, escándalo*) étouffer
silencio [si'lenθjo] *nm* silence *m* ; **en el más absoluto ~** dans un silence absolu ; **guardar ~** garder le silence
silencioso, -a [silen'θjoso, a] *adj* silencieux(-euse)
silla ['siʎa] *nf* chaise *f* ; (*tb*: **silla de montar**) selle *f* ; **~ de ruedas** chaise roulante ; **~ eléctrica** chaise électrique
sillón [si'ʎon] *nm* fauteuil *m*
silueta [si'lweta] *nf* silhouette *f*
silvestre [sil'βestre] *adj* (*Bot*) sauvage ; (*fig*) rustique
simbólico, -a [sim'boliko, a] *adj* symbolique
simbolizar [simboli'θar] *vt* symboliser
símbolo ['simbolo] *nm* symbole *m* ; **~ gráfico** (*Inform*) symbole graphique
simetría [sime'tria] *nf* symétrie *f*
simiente [si'mjente] *nf* graine *f*
similar [simi'lar] *adj* similaire
simio ['simjo] *nm* singe *m*
simpatía [simpa'tia] *nf* sympathie *f* ; **tener ~ a** avoir de la sympathie pour
simpático, -a [sim'patiko, a] *adj* (*persona*) sympathique ; (*animal*) gentil(le) ; **caer ~ a algn** être sympathique à qn
simpatizante [simpati'θante] *nm/f* sympathisant(e)
simpatizar [simpati'θar] *vi*: **~ con** sympathiser avec
simple ['simple] *adj* simple ▸ *nm/f* (*pey*) simplet(te)
simplificar [simplifi'kar] *vt* simplifier
simposio [sim'posjo] *nm* symposium *m*
simular [simu'lar] *vt* simuler
simultáneo, -a [simul'taneo, a] *adj* simultané(e)
sin [sin] *prep* sans ▸ *conj*: **~ que** (+ *subjuntivo*) sans que + *subjonctif* ; **~ hogar** sans domicile ; **~ decir nada** sans rien dire ; **~ verlo yo** sans que je le voie ; **platos ~ lavar** assiettes *fpl* pas lavées ; **la ropa está ~ lavar** le linge n'est pas lavé ; **quedarse ~ algo** ne plus avoir de qch ; **~ que lo sepa él** sans qu'il le sache ; **~ embargo** cependant ; **no ~ antes** non sans
sinagoga [sina'ɣoɣa] *nf* synagogue *f*
sinceridad [sinθeri'ðað] *nf* sincérité *f*
sincero, -a [sin'θero, a] *adj* sincère
sincronizar [sinkroni'θar] *vt* synchroniser
sindical [sindi'kal] *adj* syndical(e) ; **central ~** confédération *f*
sindicalista [sindika'lista] *adj, nm/f* syndicaliste *m/f*
sindicato [sindi'kato] *nm* syndicat *m*
síndrome ['sindrome] *nm* syndrome *m* ; **~ de abstinencia** syndrome de sevrage ; **~ de la clase turista** syndrome *m* de la classe économique
sinfín [sin'fin] *nm*: **un ~ de** une infinité de
sinfonía [sinfo'nia] *nf* symphonie *f*
singular [singu'lar] *adj* singulier(-ière) ▸ *nm* (*Ling*) singulier *m* ; **en ~** au singulier
singularidad [singulari'ðað] *nf* singularité *f*
singularizar [singulari'θar] *vt* singulariser ; **singularizarse** *vpr* se singulariser
siniestro, -a [si'njestro, a] *adj* sinistre ; (*izquierdo*) gauche ▸ *nm* sinistre *m* ; (*en carretera*) accident *m*
sinnúmero [sin'numero] *nm* = **sinfín**
sino ['sino] *nm* destin *m* ▸ *conj* sinon ; **no son 8 ~ 9** il n'y en a pas 8 mais 9 ; **no sólo es lista ~ guapa** non seulement elle est intelligente mais en plus elle est belle
sinónimo, -a [si'nonimo, a] *adj, nm* synonyme *m*
síntesis ['sintesis] *nf inv* synthèse *f*
sintético, -a [sin'tetiko, a] *adj* (*material*) synthétique ; (*producto*) de synthèse
sintetizar [sinteti'θar] *vt* synthétiser
sintiendo *etc* [sin'tjendo] *vb ver* **sentir**
síntoma ['sintoma] *nm* symptôme *m*
sintonía [sinto'nia] *nf* (*Radio*) réglage *m* ; (*melodía*) indicatif *m*, jingle *m* ; **estar en ~ con algn/algo** être sur la même longueur d'onde que qn/être en phase avec qch
sintonizar [sintoni'θar] *vt* (*Radio*) régler ▸ *vi*: **~ con** régler sur ; (*fig*) coïncider avec
sinvergüenza [simber'ɣwenθa] *adj, nm/f* canaille *f* ; (*descarado*) effronté(e)
siquiera [si'kjera] *conj* même si ▸ *adv* au moins ; **ni ~** pas même ; **~ bebe algo** bois au moins qch
sirena [si'rena] *nf* sirène *f*

Siria ['sirja] *nf* Syrie *f*
sirviendo *etc* [sir'βjendo] *vb ver* **servir**
sirviente, -a [sir'βjente, a] *nm/f* domestique *m/f*
sisear [sise'ar] *vi* dire « chut »
sismo ['sismo] (*esp AM*) *nm* = **seísmo**
sistema [sis'tema] *nm* système *m* ; **el ~** (*Pol*) le système ; **por ~** systématiquement ; **~ binario** (*Inform*) système binaire ; **~ de alerta inmediata** système d'alarme ; **~ de facturación** (*Com*) système de facturation ; **~ de fondo fijo** (*Com*) *système de gestion de la petite caisse par avance de fonds* ; **~ de lógica compartida** (*Inform*) système de logique commune ; **~ educativo** système éducatif ; **~ experto** (*Inform*) système expert ; **~ impositivo** *o* **tributario** système d'imposition ; **~ métrico** système métrique ; **~ nervioso** système nerveux ; **~ operativo** (*Inform*) système d'exploitation ; **~ solar** système solaire

Le système scolaire espagnol (**sistema educativo**) s'articule autour de deux cycles obligatoires : le cycle primaire (*Educación Primaria* ou *EP*) pour les 6-12 ans, suivi du cycle secondaire (*Educación Secundaria Obligatoria* ou *ESO*) pour les 12-16 ans. Les lycéens peuvent ensuite, s'ils le souhaitent, suivre les deux années du *Bachillerato* ou bien une formation professionnelle.

sistemático, -a [siste'matiko, a] *adj* systématique
sitiar [si'tjar] *vt* assiéger
sitio ['sitjo] *nm* endroit *m* ; (*espacio*) place *f* ; (*Mil*) siège *m* ; **en cualquier ~** n'importe où ; **¿hay ~?** il y a de la place ? ; **hay ~ de sobra** il y a largement la place ; **guardar el ~ a algn** garder la place à qn ; **~ web** site *m* Web
situación [sitwa'θjon] *nf* situation *f*
situado, -a [si'twaðo, a] *adj* situé(e) ; **estar bien ~** (*socioeconómicamente*) avoir une bonne situation
situar [si'twar] *vt* situer ; (*socioeconómicamente*) placer ; **situarse** *vpr* se situer ; (*socioeconómicamente*) avoir une bonne situation
slip [es'lip] (*pl* **slips**) *nm* slip *m*
SME *sigla m* (= *Sistema Monetario Europeo*) SME *m* (= *Système monétaire européen*)
smoking [(e)'smokin] (*pl* **smokings**) *nm* smoking *m*
SMS *nm abr* (= *Short Message Service*) SMS *m*, texto® *m*
s/n *abr* = *sin número*
snob [es'nob] *nm* = **esnob**
SO *abr* (= *suroeste*) S.-O. (= *sud-ouest*)
so [so] *excl* (*a animal*) ho ! ▶ *prep* sous ; **¡so burro!** espèce d'idiot !
s/o *abr* (= *su orden*) votre commande
sobaco [so'βako] *nm* aisselle *f*
sobar [so'βar] *vt* tripoter ▶ *vi* (*fam*) pioncer
soberanía [soβera'nia] *nf* souveraineté *f*
soberano, -a [soβe'rano, a] *adj* souverain(e) ; (*paliza*) magistral(e) ▶ *nm/f* souverain(e) ; **los soberanos** *nmpl* (*rey y reina*) le couple royal
soberbia [so'βerβja] *nf* superbe *f*, orgueil *m*
soberbio, -a [so'βerβjo, a] *adj* (*persona*) orgueilleux(-euse) ; (*palacio, ejemplar*) superbe
sobornar [soβor'nar] *vt* acheter, soudoyer
soborno [so'βorno] *nm* (*un soborno*) pot-de-vin *m* ; (*el soborno*) corruption *f*
sobra ['soβra] *nf* excès *msg* ; **sobras** *nfpl* (*restos*) restes *mpl* ; **de ~** en trop ; **lo sé de ~** je ne le sais que trop bien ; **tengo de ~** j'en ai plus qu'assez
sobrante [so'βrante] *adj* restant(e) ▶ *nm* restant *m*
sobrar [so'βrar] *vi* (*quedar*) rester ; (*estar de más*) être de trop ; **sobra una silla** il y a une chaise de trop ; **me sobran tres entradas** j'ai trois entrées en trop
sobre ['soβre] *prep* sur ; (*por encima de*) au-dessus de ; (*aproximadamente*) environ ▶ *nm* enveloppe *f* ; **~ todo** surtout ; **3 ~ 100** 3 sur cent ; **se lanzó ~ él** il s'est jeté sur lui
sobredosis [soβre'ðosis] *nf inv* overdose *f*
sobreentender [soβreenten'der] *vt* sous-entendre ; **sobreentenderse** *vpr*: **se sobreentiende (que)** il est sous-entendu (que)
sobrehumano, -a [soβreu'mano, a] *adj* surhumain(e)
sobrellevar [soβreʎe'βar] *vt* supporter
sobremesa [soβre'mesa] *nf*: **de ~** (*ordenador*) de bureau ; (*programación*) de l'après-midi ; **en la ~** après manger

sobrenatural [soβrenatu'ral] *adj* surnaturel(le)

sobrentender [soβrenten'der] *vt* = **sobreentender**

sobrepasar [soβrepa'sar] *vt* dépasser

sobreponer [soβrepo'ner]: **sobreponerse** *vpr*: **sobreponerse a algo** surmonter qch

sobresaliente [soβresa'ljente] *adj* excellent(e) ▸ *nm* (*Escol*) ≈ mention *f* « très bien »

sobresalir [soβresa'lir] *vi* (*punta*) saillir ; (*cabeza*) dépasser ; (*fig*) se distinguer

sobresaltar [soβresal'tar] *vt* faire sursauter ; **sobresaltarse** *vpr* sursauter

sobrevenir [soβreβe'nir] *vi* survenir

sobreviviente [soβreβi'βjente] *adj*, *nm/f* survivant(e)

sobrevolar [soβreβo'lar] *vt* survoler

sobriedad [soβrje'ðað] *nf* sobriété *f*

sobrino, -a [so'βrino, a] *nm/f* neveu (nièce)

sobrio, -a ['soβrjo, a] *adj* sobre

socarrón, -ona [soka'rron, ona] *adj* narquois(e)

socavar [soka'βar] *vt* saper

socavón [soka'βon] *nm* (*en calle*) trou *m* ; (*excavado*: *en monte*) galerie *f*

sociabilizar [soθjaβili'θar] *vt* sociabiliser

sociable [so'θjaβle] *adj* sociable

social [so'θjal] *adj* social(e)

socialdemócrata [soθjalde'mokrata] *adj*, *nm/f* social-démocrate *m/f*

socialista [soθja'lista] *adj*, *nm/f* socialiste *m/f*

sociedad [soθje'ðað] *nf* société *f* ; **en ~** en société ; **~ anónima** (*Com*) société anonyme ; **~ comanditaria** (*Com*) société en commandite ; **~ conjunta** (*Com*) société en participation ; **~ de cartera** (*Com*) société d'investissements ; **~ de consumo** société de consommation ; **~ inmobiliaria** société immobilière ; **~ (de responsabilidad) limitada** (*Com*) société à responsabilité limitée

socio, -a ['soθjo, a] *nm/f* membre *m* ; (*Com*) associé(e) ; **~ activo** membre actif ; **~ capitalista** *o* **comanditario** commanditaire *m*

sociología [soθjolo'xia] *nf* sociologie *f*

sociólogo, -a [so'θjoloɣo, a] *nm/f* sociologue *m/f*

socorrer [soko'rrer] *vt* secourir

socorrista [soko'rrista] *nm/f* secouriste *m/f*

socorro [so'korro] *nm* secours *msg* ; (*Mil*) secours *mpl* ; **¡~!** au secours ! ; **puesto de ~** poste *m* de secours

soda ['soða] *nf* soda *m*

sofá [so'fa] *nm* canapé *m*

sofá-cama [so'fakama] (*pl* **sofás-cama**) *nm* canapé-lit *m*

sofocar [sofo'kar] *vt* suffoquer, étouffer ; (*incendio, rebelión*) étouffer ; **sofocarse** *vpr* étouffer ; (*fig*) s'énerver

sofoco [so'foko] *nm* suffocation *f* ; (*vergüenza*) embarras *msg* ; **~s** (*Med*) bouffées *fpl* de chaleur

soga ['soɣa] *nf* cordage *m*

sois [sois] *vb ver* **ser**

soja ['soxa] *nf* soja *m*

sol [sol] *nm* soleil *m* ; (*Mús*) sol *m inv* ; (*moneda*) sol *m* ; **hace ~** il fait soleil ; **tomar el ~** prendre le soleil ; **~ naciente/poniente** soleil levant/couchant

solamente ['solamente] *adv* seulement

solapa [so'lapa] *nf* (*de chaqueta*) revers *msg* ; (*de libro*) rabat *m*

solar [so'lar] *adj* solaire ▸ *nm* terrain *m* vague

solaz [so'laθ] *nm* distraction *f*

solazarse [sola'θarse] *vpr* se distraire

soldado [sol'daðo] *nm/f* soldat *m* ; **~ raso** simple soldat

soldador, a [solda'ðor, a] *nm/f* soudeur(-euse) ▸ *nm* fer *m* à souder

soldar [sol'dar] *vt* souder ; **soldarse** *vpr* (*huesos*) se souder

soleado, -a [sole'aðo, a] *adj* ensoleillé(e)

soledad [sole'ðað] *nf* solitude *f*

solemne [so'lemne] *adj* solennel(le) ; (*tontería*) magistral(e)

solemnidad [solemni'ðað] *nf* solennité *f*

soler [so'ler] *vi*: **~ hacer algo** avoir l'habitude de faire qch ; **suele salir a las ocho** d'ordinaire, il sort à 8 heures ; **solíamos ir todos los años** nous y allions tous les ans

solicitar [soliθi'tar] *vt* solliciter

solicitud [soliθi'tuð] *nf* demande *f*

solidaridad [soliðari'ðað] *nf* solidarité *f* ; **por ~ con** par solidarité avec

solidario, -a [soli'ðarjo, a] *adj* solidaire ;

hacerse ~ de être solidaire de
solidez [soli'ðeθ] *nf* solidité *f*
sólido, -a ['soliðo, a] *adj* solide ; (*color*) grand teint *inv* ▶ *nm* solide *m*
soliloquio [soli'lokjo] *nm* soliloque *m*
solista [so'lista] *nm/f* soliste *m/f*
solitario, -a [soli'tarjo, a] *adj, nm/f* solitaire *m/f* ▶ *nm* (*Naipes*) réussite *f* ; **hacer algo en ~** faire qch en solitaire
sollozar [soʎo'θar] *vi* sangloter
sollozo [so'ʎoθo] *nm* sanglot *m*
solo, -a ['solo, a] *adj* (*único*) seul(e) (et unique) ; (*sin compañía*) seul(e) ; (*café*) noir(e) ; (*whisky etc*) sec (sèche) ▶ *nm* (*Mús*) solo *m* ; **hay una sola dificultad** il y a une seule difficulté ; **a solas** tout(e) seul(e) ; (*dos personas*) seul(e) à seul(e)
sólo ['solo] *adv* seulement ; **no ~ ... sino** non seulement ... mais encore ; **tan ~** simplement ; **~ que ...** seulement, ... ; **~ lo sabe él** il n'y que lui qui le sache
solomillo [solo'miʎo] *nm* aloyau *m*
soltar [sol'tar] *vt* lâcher ; (*preso*) relâcher ; (*pelo*) détacher ; (*nudo*) défaire ; (*amarras*) larguer ; (*estornudo, carcajada*) laisser échapper ; (*taco*) lancer ; (*bofetada*) flanquer ; **soltarse** *vpr* se détacher ; (*adquirir destreza*) se débrouiller ; (*relajarse*) se relâcher ; **¡suéltame!** lâche-moi !
soltero, -a [sol'tero, a] *adj, nm/f* célibataire *m/f*
solterón, -ona [solte'ron, ona] *nm/f* vieux garçon (vieille fille)
soltura [sol'tura] *nf* (*al hablar, escribir*) aisance *f* ; (*agilidad*) adresse *f*
soluble [so'luβle] *adj* soluble ; **~ en agua** soluble dans l'eau
solución [solu'θjon] *nf* solution *f* ; **sin ~ de continuidad** sans solution de continuité
solucionar [soluθjo'nar] *vt* résoudre
solventar [solβen'tar] *vt* (*deudas*) régler ; (*conflicto*) résoudre
solvente [sol'βente] *adj* (*Com*) solvable ; (*fuentes*) sûr(e) ; (*profesional*) fiable
sombra ['sombra] *nf* ombre *f* ; **sombras** *nfpl* (*oscuridad*) ombre ; **sin ~ de duda** sans l'ombre d'un doute ; **tener buena/mala ~** (*suerte*) avoir de la/pas de chance ; (*carácter*) être agréable/désagréable ; **~s chinescas** ombres chinoises ; **~ de ojos** ombre à paupières
sombrero [som'brero] *nm* chapeau *m* ; **~ de copa** *o* **de pelo** (*AM*) haut-de-forme *m* ; **~ hongo** chapeau melon
sombrilla [som'briʎa] *nf* ombrelle *f* ; (*de playa*) parasol *m*
sombrío, -a [som'brio, a] *adj* sombre
somero, -a [so'mero, a] *adj* sommaire
someter [some'ter] *vt* soumettre ; **someterse** *vpr* se soumettre ; **~ algo/a algn a** soumettre qch/qn à ; **someterse a** (*mayoría, opinión*) se soumettre à ; (*tratamiento*) subir
somnífero [som'nifero] *nm* somnifère *m*
somnolencia [somno'lenθja] *nf* somnolence *f*
somos ['somos] *vb ver* **ser**
son [son] *vb ver* **ser** ▶ *nm* son *m* ; **al ~ de** au son de ; **en ~ de paz** en signe de paix
sonajero [sona'xero] *nm* hochet *m*
sonámbulo, -a [so'nambulo, a] *adj, nm/f* somnambule *m/f*
sonar [so'nar] *vt* sonner ▶ *vi* sonner ; (*música, voz*) retentir ; (*Ling*) être prononcé(e) ; (*resultar conocido*) dire qch ; (*máquina*) faire du bruit ; **sonarse** *vpr*: **sonarse (la nariz)** se moucher ; **suena a hueco/falso** ça sonne creux/faux ; **es un nombre que suena** c'est un nom qui sonne bien ; **me suena ese nombre/esa cara** ce nom/ce visage me dit quelque chose
sonda ['sonda] *nf* sonde *f*
sondear [sonde'ar] *vt* sonder ; (*Med*) examiner à la sonde
sondeo [son'deo] *nm* sondage *m* ; (*Med*) examen *m* à la sonde ; **~ de la opinión pública** sondage de l'opinion publique
sonido [so'niðo] *nm* son *m*
sonoro, -a [so'noro, a] *adj* sonore ; **banda sonora** bande *f* sonore, bande-son *f*
sonreír [sonre'ir] *vi* sourire ; **sonreírse** *vpr* sourire ; **~ a algn** sourire à qn
sonriente [son'rjente] *adj* souriant(e)
sonrisa [son'risa] *nf* sourire *m*
sonrojar [sonro'xar]: **sonrojarse** *vpr* rougir
soñar [so'ɲar] *vt, vi* rêver ; **~ con algn/algo** rêver de qn/qch ; **~ despierto** rêver tout éveillé

soñoliento, -a [soɲo'ljento, a] *adj* somnolent(e)
sopa ['sopa] *nf* soupe *f*; **hasta en la ~** (*fam*) partout
sopesar [sope'sar] *vt* peser
soplar [so'plar] *vt* souffler; (*fam*: *delatar*) vendre ▶ *vi* souffler; (*fam*: *delatar*) moucharder; (: *beber*) descendre
soplo ['soplo] *nm* souffle *m*; (*fam*) mouchardage *m*; **la semana pasó en un ~** (*fam*) la semaine a passé à toute vitesse
sopor [so'por] *nm* somnolence *f*
soporífero, -a [sopo'rifero, a] *adj* soporifique
soportar [sopor'tar] *vt* supporter
soporte [so'porte] *nm* support *m*; (*fig*) soutien *m*; **~ de entrada/de salida** support d'entrée/de sortie
soprano [so'prano] *nm/f* soprano *m/f*
soquetes [so'ketes] (AM) *nmpl* socquettes *fpl*
sorber [sor'βer] *vt* (*sopa*) boire en aspirant; (*refresco*) siroter; (*absorber*) absorber
sorbo ['sorβo] *nm* gorgée *f*; **beber a ~s** boire à petites gorgées
sordera [sor'ðera] *nf* surdité *f*
sórdido, -a ['sorðiðo, a] *adj* sordide
sordo, -a ['sorðo, a] *adj, nm/f* sourd(e); **quedarse ~** devenir sourd(e)
sordomudo, -a [sorðo'muðo, a] *adj, nm/f* sourd-muet (sourde-muette)
soroche [so'rotʃe] (AM) *nm* mal *m* des montagnes
sorprendente [sorpren'dente] *adj* surprenant(e)
sorprender [sorpren'der] *vt* surprendre; **sorprenderse** *vpr*: **sorprenderse (de)** être surpris(e) (de); **le sorprendieron robando** ils l'ont surpris en train de voler
sorpresa [sor'presa] *nf* surprise *f*; **por ~** par surprise
sorpresivo, -a [sorpre'siβo, a] (AM) *adj* surprenant(e)
sortear [sorte'ar] *vt* tirer (au sort); (*Mil*) affecter; (*dificultad*) déjouer
sorteo [sor'teo] *nm* tirage *m* (au sort)
sortija [sor'tixa] *nf* bague *f*; (*rizo*) boucle *f*
sosegado, -a [sose'ɣaðo, a] *adj* paisible
sosegar [sose'ɣar] *vt* apaiser; **sosegarse** *vpr* s'apaiser
sosiego [so'sjeɣo] *vb ver* **sosegar** ▶ *nm* calme *m*
soslayo [sos'lajo]: **de ~** *adv* (*mirar*) du coin de l'œil; (*pasar*) sans s'arrêter
soso, -a ['soso, a] *adj* insipide
sospecha [sos'petʃa] *nf* soupçon *m*
sospechar [sospe'tʃar] *vt*: **~ (que)** soupçonner (que) ▶ *vi*: **~ de algn** soupçonner qn
sospechoso, -a [sospe'tʃoso, a] *adj, nm/f* suspect(e)
sostén [sos'ten] *nm* soutien *m*; (*sujetador*) soutien-gorge *m*
sostener [soste'ner] *vt* soutenir; (*alimentar*) faire vivre; **sostenerse** *vpr* (*en pie*) rester; (*económicamente*) survivre; (*seguir*) se maintenir
sotana [so'tana] *nf* soutane *f*
sótano ['sotano] *nm* sous-sol *m*
soviético, -a [so'βjetiko, a] *adj* soviétique ▶ *nm/f* Soviétique *m/f*
soy [soi] *vb ver* **ser**
soya ['soja] (AM) *nf* soja *m*
Sr. *abr* (= *Señor*) M (= *Monsieur*)
Sra. *abr* (= *Señora*) Mme (= *Madame*)
S.R.C. *abr* (= *se ruega contestación*) RSVP (= *répondez s'il vous plaît*)
Sres. *abr* (= *Señores*) MM. (= *Messieurs*)
Srta. *abr* (= *Señorita*) Mlle (= *Mademoiselle*)
Sta. *abr* (= *Santa*) Ste (= *Sainte*)
status ['status, es'tatus] *nm inv* statut *m*
Sto. *abr* (= *Santo*) St (= *Saint*)
su [su] *adj* (*de él, ella, una cosa*) son (sa); (*de ellos, ellas*) leur; (*de usted, ustedes*) votre; **sus** (*de él, ella, una cosa*) ses; (*de ellos, ellas*) leurs; (*de usted, ustedes*) vos
suave ['swaβe] *adj* doux (douce)
suavidad [swaβi'ðað] *nf* douceur *f*
suavizar [swaβi'θar] *vt* adoucir; (*pendiente*) rendre plus doux (douce); **suavizarse** *vpr* s'adoucir
subalimentado, -a [suβalimen'taðo, a] *adj* sous-alimenté(e)
subasta [su'βasta] *nf* vente *f* aux enchères; (*de obras, servicios*) appel *m* d'offres; **poner en** *o* **sacar a pública ~** mettre aux enchères; **~ a la baja** enchères *fpl* au rabais
subastar [suβas'tar] *vt* vendre aux enchères

subcampeón, -ona [suβkampe'on, ona] *nm/f* second(e)
subconsciente [suβkons'θjente] *adj* subconscient(e) ▶ *nm* subconscient *m*
subdesarrollado, -a [suβðesarro'ʎaðo, a] *adj* sous-développé(e)
subdesarrollo [suβðesa'rroʎo] *nm* sous-développement *m*
subdirector, a [suβðirek'tor, a] *nm/f* sous-directeur(-trice)
súbdito, -a ['suβðito, a] *nm/f* sujet(te)
subestimar [suβesti'mar] *vt* sous-estimer
subida [su'βiða] *nf* montée *f*
subir [su'βir] *vt* (*mueble, niño*) soulever ; (*cabeza*) lever ; (*volumen*) augmenter ; (*calle*) remonter ; (*montaña, escalera*) monter, gravir ; (*precio*) augmenter ; (*producto*) augmenter le prix de ; (*empleado*) faire monter en grade ▶ *vi* monter ; (*precio, temperatura, calidad*) augmenter ; (*en el empleo*) monter en grade ; **subirse** *vpr*: **subirse a** monter dans ; **subirse los pantalones/la falda** remonter son pantalon/sa jupe
súbito, -a ['suβito, a] *adj* subit(e), soudain(e)
subjetivo, -a [suβxe'tiβo, a] *adj* subjectif(-ive)
subjuntivo [suβxun'tiβo] *nm* subjonctif *m*
sublevación [suβleβa'θjon] *nf* soulèvement *m*
sublevar [suβle'βar] *vt* soulever ; (*indignar*) répugner à ; **sublevarse** *vpr* se soulever
sublime [su'βlime] *adj* sublime
submarinismo [suβmari'nismo] *nm* plongée *f* sous-marine
submarino, -a [suβma'rino, a] *adj* sous-marin(e) ▶ *nm* sous-marin *m*
subnormal [suβnor'mal] *adj* anormal(e) ▶ *nm/f* handicapé(e) mental(e) ; (*fam: insulto*) débile *m/f* mental(e)
subordinado, -a [suβorði'naðo, a] *adj, nm/f* subordonné(e)
subrayar [suβra'jar] *vt* souligner
subrogado, -a [suβro'ɣaðo, a] *adj ver* **gestación**
subsanar [suβsa'nar] *vt* (*error, falta*) réparer ; (*problema*) résoudre
subscribir [suβskri'βir] *vt* = **suscribir**
subsidio [suβ'siðjo] *nm* (*de enfermedad, paro etc*) allocation *f*
subsistencia [suβsis'tenθja] *nf* subsistance *f*
subsistir [suβsis'tir] *vi* subsister
subte ['suβte] (*CSur*) *nm abr* = **subterráneo**
subterráneo, -a [suβte'rraneo, a] *adj* souterrain(e) ▶ *nm* souterrain *m* ; (*CSur: metro*) métro *m*
subtítulo [suβ'titulo] *nm* sous-titre *m*
suburbano, -a [suβur'βano, a] *adj* de banlieue ▶ *nm* train *m* de banlieue
suburbio [su'βurβjo] *nm* banlieue *f*
subvención [suββen'θjon] *nf* subvention *f* ; **~ estatal** subvention de l'État ; **~ para la inversión** prime *f* à l'investissement
subvencionar [suββenθjo'nar] *vt* subventionner
subversión [suββer'sjon] *nf* subversion *f*
subversivo, -a [suββer'siβo, a] *adj* subversif(-ive)
subyugar [suβju'ɣar] *vt* opprimer ; (*fig*) subjuguer
sucedáneo [suθe'ðaneo] *nm* ersatz *m*, succédané *m*
suceder [suθe'ðer] *vi* se passer ; **~ a** succéder à ; **lo que sucede es que ...** ce que se passe, c'est que ... ; **~ al rey** succéder au roi
sucesión [suθe'sjon] *nf* succession *f*
sucesivamente [suθe'siβamente] *adv*: **y así ~** et ainsi de suite
sucesivo, -a [suθe'siβo, a] *adj* successif(-ive) ; **en lo ~** à l'avenir
suceso [su'θeso] *nm* événement *m* ; **sección de ~s** (*Prensa*) faits *mpl* divers
suciedad [suθje'ðað] *nf* saleté *f*
sucinto, -a [su'θinto, a] *adj* succinct(e)
sucio, -a ['suθjo, a] *adj* sale ; (*que se ensucia*) salissant(e) ; (*lengua*) blanc (blanche) ; (*negocio*) malhonnête ; (*guerra*) déshonorant(e) ; **juego ~** tricherie *f* ; **en ~** au brouillon
suculento, -a [suku'lento, a] *adj* succulent(e)
sucumbir [sukum'bir] *vi* succomber ; **~ a la tentación** succomber à la tentation
sucursal [sukur'sal] *nf* succursale *f*
Sudáfrica [su'ðafrika] *nf* Afrique *f* du Sud
Sudamérica [suða'merika] *nf* Amérique *f* du Sud

sudamericano, -a [suðameri'kano, a] *adj* sud-américain(e) ▶ *nm/f* Sud-Américain(e)

sudar [su'ðar] *vt* (*ropa*) tremper (de sueur) ; (*Bot*) exsuder ▶ *vi* suer, transpirer

sudeste [su'ðeste] *adj* sud-est *inv* ▶ *nm* sud-est *m* ; (*viento*) vent *m* de sud-est

sudoeste [suðo'este] *adj* sud-ouest *inv* ▶ *nm* sud-ouest *m* ; (*viento*) vent *m* de sud-ouest

sudor [su'ðor] *nm* sueur *f*, transpiration *f*

Suecia ['sweθja] *nf* Suède *f*

sueco, -a ['sweko, a] *adj* suédois(e) ▶ *nm/f* Suédois(e) ▶ *nm* (*Ling*) suédois *msg* ; **hacerse el ~** faire la sourde oreille

suegro, -a ['sweɣro, a] *nm/f* beau-père (belle-mère) ; **los ~s** les beaux-parents *mpl*

suela ['swela] *nf* semelle *f*

sueldo ['sweldo] *vb ver* **soldar** ▶ *nm* salaire *m*

suelo ['swelo] *vb ver* **soler** ▶ *nm* sol *m* ; **caerse al ~** tomber par terre ; **estar por los ~s** (*precios*) s'être effondré(e)

suelto, -a ['swelto, a] *vb ver* **soltar** ▶ *adj* (*hojas*) volant(e) ; (*pelo, pieza*) détaché(e) ; (*preso*) libéré(e) ; (*por separado*: *ejemplar*) séparé(e) ; (*arroz*) qui ne colle pas ; (*ropa*) ample ; (*con diarrea*) qui a la colique ▶ *nm* monnaie *f* ; **dinero ~** (petite) monnaie ; **está muy ~ en inglés** il parle anglais couramment

sueño ['sweɲo] *vb ver* **soñar** ▶ *nm* sommeil *m* ; (*lo soñado, fig*) rêve *m* ; **descabezar** *o* **echarse un ~** faire un somme ; **tener ~** avoir sommeil ; **~ pesado** sommeil lourd ; **~ profundo** profond sommeil

suero ['swero] *nm* (*Med*) sérum *m* ; (*de leche*) petit-lait *m*

suerte ['swerte] *nf* (*fortuna*) chance *f* ; (*azar*) hasard *m* ; (*destino*) destin *m* ; (*condición*) condition *f* ; (*género*) sorte *f* ; **lo echaron a ~s** ils ont tiré au sort ; **tener ~** avoir de la chance ; **tener mala ~** ne pas avoir de chance ; **de ~ que** de sorte que ; **por ~** par chance

suéter ['sweter] (*pl* **suéters**) *nm* pull *m*

suficiente [sufi'θjente] *adj* suffisant(e) ▶ *nm* (*Escol*) mention *f* « passable »

sufragio [su'fraxjo] *nm* suffrage *m*

sufrimiento [sufri'mjento] *nm* souffrance *f*

sufrir [su'frir] *vt* souffrir de ; (*malos tratos, cambios*) subir ; (*soportar*) supporter ▶ *vi* souffrir ; **~ de corazón/estómago** être malade du cœur/souffrir de l'estomac ; **hacer ~ a algn** faire souffrir qn

sugerencia [suxe'renθja] *nf* suggestion *f*

> **También se puede decir:**
> Vous pourriez montrer un peu plus de compréhension. (*Podría ...*)
> Il faudrait peut-être essayer autre chose. (*Quizá(s) habría que ...*)
> Et si on allait au cinéma ? (*¿Y si ...?*)
> Je vous propose le 3 mars à 10 h 30. (*¿Qué le parece ...?*)
> Il vaudrait mieux lui offrir de l'argent qu'un bijou. (*Mejor sería ...*)

sugerir [suxe'rir] *vt* suggérer

sugestión [suxes'tjon] *nf* suggestion *f*

sugestionar [suxestjo'nar] *vt* influencer ; **sugestionarse** *vpr* se faire des idées

sugestivo, -a [suxes'tiβo, a] *adj* suggestif(-ive) ; (*idea*) séduisant(e)

suicida [sui'θiða] *adj* suicidaire ▶ *nm/f* (*que se mata*) suicidé(e) ; (*que arriesga su vida*) suicidaire *m/f*

suicidarse [suiθi'ðarse] *vpr* se suicider

suicidio [sui'θiðjo] *nm* suicide *m*

Suiza ['swiθa] *nf* Suisse *f*

suizo, -a ['swiθo, a] *adj* suisse ▶ *nm/f* Suisse *m/f* ▶ *nm* (*Culin*) pain *m* au lait

sujeción [suxe'θjon] *nf* assujettissement *m*

sujetador [suxeta'ðor] *nm* soutien-gorge *m*

sujetar [suxe'tar] *vt* attacher ; (*someter*) avoir de l'autorité sur ; **sujetarse** *vpr* s'attacher ; (*someterse*) se soumettre

sujeto, -a [su'xeto, a] *adj* attaché(e) ▶ *nm* sujet(te) ; **~ a cambios** susceptible d'être modifié

suma ['suma] *nf* somme *f* ; (*operación*) addition *f* ; **en ~** en somme

sumamente ['sumamente] *adv*: **~ agradecido/necesario** extrêmement reconnaissant/absolument nécessaire

sumar [su'mar] *vt* additionner ▶ *vi* faire une addition ; **sumarse** *vpr*: **sumarse (a)** (*agregarse*) s'ajouter (à) ; (*adherirse*) se joindre (à), s'additionner (à) ; **suma y sigue** (*Com*) à reporter

sumario, -a [su'marjo, a] *adj* sommaire ▸ *nm* (*Jur*) instruction *f*
sumergir [sumer'xir] *vt* submerger; **sumergirse** *vpr* plonger
suministrar [suminis'trar] *vt* fournir
suministro [sumi'nistro] *nm* approvisionnement *m*; **suministros** *nmpl* (*provisiones*) provisions *fpl*
sumir [su'mir] *vt* submerger; (*fig*) plonger; **sumirse** *vpr*: **sumirse en** se plonger dans
sumisión [sumi'sjon] *nf* soumission *f*
sumiso, -a [su'miso, a] *adj* soumis(e)
sumo, -a ['sumo, a] *adj* (*cuidado*) extrême; (*grado*) supérieur(e); **a lo ~** tout au plus
suntuoso, -a [sun'twoso, a] *adj* somptueux(-euse)
supe *etc* ['supe] *vb ver* **saber**
supeditar [supeði'tar] *vt*: **~ algo a algo** faire passer qch avant qch; **supeditarse** *vpr*: **supeditarse a** se plier à
súper ['super] (*fam*) *adv* super ▸ *adj inv* super-; **super caro** hyper cher; **super oferta** offre *f* exceptionnelle
super... [super] *pref* super...; (*fam*) hyper, super
superar [supe'rar] *vt* surpasser; (*crisis, prueba*) surmonter; (*récord*) battre; **superarse** *vpr* se surpasser
superávit [supe'raβit] (*pl* **superávits**) *nm* (*Econ*) excédent *m*
superficial [superfi'θjal] *adj* superficiel(le)
superficie [super'fiθje] *nf* surface *f*; (*área*) superficie *f*
superfluo, -a [su'perflwo, a] *adj* superflu(e)
superior [supe'rjor] *adj, nm/f* supérieur(e)
superioridad [superjori'ðað] *nf* supériorité *f*

> **También se puede decir:**
> Il y a des événements bien plus tragiques que de perdre une finale de Coupe d'Europe. (*Hay cosas mucho peores que ...*)
> Le gruyère est meilleur que le comté. (*... es mejor que ...*)

supermercado [supermer'kaðo] *nm* supermarché *m*
superponer [superpo'ner] *vt* superposer; (*anteponer*) faire passer avant
supersónico, -a [super'soniko, a] *adj* supersonique
superstición [supersti'θjon] *nf* superstition *f*
supersticioso, -a [supersti'θjoso, a] *adj* superstitieux(-euse)
supervisar [superβi'sar] *vt* superviser
supervivencia [superβi'βenθja] *nf* survie *f*
superviviente [superβi'βjente] *adj, nm/f* survivant(e)
suplantar [suplan'tar] *vt* supplanter
suplemento [suple'mento] *nm* supplément *m*
suplente [su'plente] *adj* remplaçant(e) ▸ *nm/f* remplaçant(e); (*actor*) doublure *f*
supletorio, -a [suple'torjo, a] *adj* supplémentaire ▸ *nm* (*tb*: **teléfono supletorio**) second poste *m*
súplica ['suplika] *nf* supplication *f*; (*Rel*) supplique *f*; (*Jur*) requête *f*
suplicar [supli'kar] *vt* supplier; (*Jur*) faire appel de
suplicio [su'pliθjo] *nm* supplice *m*
suplir [su'plir] *vt* suppléer; (*objeto*) remplacer
supo *etc* ['supo] *vb ver* **saber**
suponer [supo'ner] *vt* supposer; **era de ~ que ...** il fallait s'attendre à ce que ...; **supone mucho para mí** cela représente beaucoup pour moi
suposición [suposi'θjon] *nf* supposition *f*
supremacía [suprema'θia] *nf* suprématie *f*
supremo, -a [su'premo, a] *adj* suprême
supresión [supre'sjon] *nf* suppression *f*
suprimir [supri'mir] *vt* supprimer
supuesto, -a [su'pwesto, a] *pp de* **suponer** ▸ *adj* supposé(e) ▸ *nm* supposition *f*; **dar por ~ algo** penser que qch est évident; **¡por ~!** évidemment!
sur [sur] *adj* sud ▸ *nm* Sud *m*; (*viento*) vent *m* du Sud
surcar [sur'kar] *vt* sillonner
surco ['surko] *nm* sillon *m*; (*en agua, piel*) ride *f*
surgir [sur'xir] *vi* surgir
surtido, -a [sur'tiðo, a] *adj* (*galletas*) assorti(e); (*persona, tienda*) fourni(e) ▸ *nm* assortiment *m*

surtir [sur'tir] *vt* fournir ; (*efecto*) produire ; **surtirse** *vpr*: **surtirse de** se fournir en

susceptible [susθep'tiβle] *adj* susceptible ; **~ de** susceptible de

suscitar [susθi'tar] *vt* susciter

suscribir [suskri'βir] *vt* (*firmar*) souscrire ; (*respaldar*) approuver ; (*Com*: *acciones*) souscrire à ; **suscribirse** *vpr*: **suscribirse (a)** souscrire (à) ; (*a periódico etc*) s'abonner (à) ; **~ a algn a una revista** abonner qn à une revue

suscripción [suskrip'θjon] *nf* souscription *f* ; (*a periódico etc*) abonnement *m*

susodicho, -a [suso'ditʃo, a] *adj* susdit(e), susmentionné(e)

suspender [suspen'der] *vt* suspendre ; (*Escol*) recaler ▶ *vi* (*Escol*) échouer, être recalé(e) ; **~ a algn de empleo y sueldo** relever qn de ses fonctions

suspensión [suspen'sjon] *nf* suspension *f* ; (*de empleo, garantías*) suppression *f* ; **~ de pagos** suspension de paiements

suspenso, -a [sus'penso, a] *adj* (*en el aire*) suspendu(e) ; (*desconcertado*) interloqué(e) ; (: *alumno*) recalé(e) ▶ *nm* (*Escol*) échec *m* ; **quedar** *o* **estar en ~** rester en suspens ; **tengo dos ~s** je n'ai pas eu la moyenne dans deux matières

suspicacia [suspi'kaθja] *nf* suspicion *f*

suspicaz [suspi'kaθ] *adj* suspicieux(-euse)

suspirar [suspi'rar] *vi* soupirer ; **~ por algo/algn** avoir très envie de qch/se languir de qn

suspiro [sus'piro] *nm* soupir *m*

sustancia [sus'tanθja] *nf* substance *f* ; **sin ~** sans substance ; **~ gris** matière *f* grise

sustentar [susten'tar] *vt* (*familia*) faire vivre ; (*bóveda*) soutenir ; (*idea, moral*) soutenir ; (*esperanzas*) nourrir ; **sustentarse** *vpr* se nourrir

sustento [sus'tento] *nm* (*alimento*) subsistance *f* ; (*apoyo moral*) soutien *m*

sustituir [sustitu'ir] *vt* substituer ; (*temporalmente*) remplacer ; **~ A por B** substituer B à A, remplacer A par B

susto ['susto] *nm* peur *f* ; **dar un ~ a algn** faire peur à qn ; **darse** *o* **pegarse un ~** avoir peur

sustraer [sustra'er] *vt* subtiliser ; (*Mat*) soustraire ; **sustraerse** *vpr*: **sustraerse a** se soustraire à

susurrar [susu'rrar] *vi* susurrer

susurro [su'surro] *nm* susurrement *m*

sutil [su'til] *adj* subtil(e) ; (*gasa, hilo*) fin(e) ; (*brisa*) léger(-ère)

sutileza [suti'leθa] *nf* subtilité *f* ; **sutilezas** *nfpl* (*pey*) subtilités *fpl*

suyo, -a ['sujo, a] *adj* (*de él, ella*) son (sa) ; (: *de ellos, ellas*) leur ; (: *de usted, ustedes*) votre ; (*después de un nombre*: *de él, ella*) à lui (à elle) ; (: *de ellos, ellas*) à eux (à elles) ; (: *de usted, ustedes*) à vous ▶ *pron*: **el ~/la suya** (*de él, ella*) le sien (la sienne) ; (*de ellos, ellas*) le (la) leur ; (*de usted, ustedes*) le (la) vôtre ; **los ~s** les siens *etc* ; **~ afectísimo** (*en carta*) bien affectueusement ; **de ~** en soi ; **eso es muy ~** c'est bien de lui ; **hacer de las suyas** faire des siennes ; **lo ~ sería de ...** le mieux serait de ... ; **cada uno va a lo ~** chacun s'occupe de ses affaires ; **salirse con la suya** avoir ce qu'on veut

t

Tabacalera [taβaka'lera] *nf* ≈ SEITA *f*
tabaco [ta'βako] *nm* tabac *m* ; **~ de pipa** tabac pour la pipe ; **~ negro/rubio** tabac brun/blond
taberna [ta'βerna] *nf* taverne *f*
tabique [ta'βike] *nm* cloison *f* ; **~ nasal** (*Med*) cloison nasale
tabla ['taβla] *nf* (*de madera*) planche *f* ; (*lista, catálogo*) table *f*, tableau *m* ; (*Mat*) table ; (*de falda*) pli *m* ; (*Arte*) panneau *m* ; **tablas** *nfpl* (*Teatro*) planches *fpl* ; **tener ~s** (*actor*) être un (une) comédien(ne) accompli(e) ; **quedar en/hacer ~s** faire match nul ; **~ de planchar** planche à repasser
tablado [ta'βlaðo] *nm* plancher *m*, estrade *f* ; (*Teatro*) scène *f*
tablao [ta'βlao] *nm* (*tb*: **tablao flamenco**) *bar où l'on donne des représentations de flamenco*
tablero [ta'βlero] *nm* planche *f* ; (*pizarra*) tableau *m* ; (*de ajedrez, damas*) damier *m* ; **~ de anuncios** panneau *m* d'affichage ; **~ de mandos** (*Auto, Aviat*) tableau de bord
tablet ['taβlet] *nf* (*Inform*) tablette *f*
tableta [ta'βleta] *nf* (*Med*) comprimé *m* ; (*de chocolate*) tablette *f* ; (*Inform*) tablette *f*
tablón [ta'βlon] *nm* (*de suelo*) planche *f* ; (*de techo*) poutre *f* ; **~ de anuncios** panneau *m* d'affichage
tabú [ta'βu] *nm* tabou *m*
tabular [taβu'lar] *vt* (*Tip*) fixer les marges de ; (*valores, datos*) disposer en tableau
taburete [taβu'rete] *nm* tabouret *m*
tacaño, -a [ta'kaɲo, a] *adj* radin(e)
tacha ['tatʃa] *nf* défaut *m* ; (*Tec*) clou *m* (à grosse tête), broquette *f* ; **poner ~ a** trouver à redire à ; **sin ~** sans défaut
tachar [ta'tʃar] *vt* rayer ; (*corregir*) raturer ; **le tachan de irresponsable** ils l'accusent d'être irresponsable
tacho ['tatʃo] (*AM*) *nm* seau *m*
tácito, -a ['taθito, a] *adj* tacite ; (*Ling*) implicite
taciturno, -a [taθi'turno, a] *adj* taciturne, morose
taco ['tako] *nm* (*tarugo*) cheville *f* ; (*libro de entradas*) carnet *m* ; (*manojo de billetes*) liasse *f* ; (*de bota de fútbol*) crampon *m* ; (*AM*: *tacón*) talon *m* ; (*tb*: **taco de billar**) queue *f* ; (*de jamón, queso*) cube *m* ; (*fam*: *lío*) pagaille *f* ; (: *palabrota*) gros mot *m* ; (*CAm, Méx*) *crêpe de maïs fourrée* ; (*Chi*: *fam*) bouchon *m* ; **armarse** *o* **hacerse un ~** s'embrouiller
tacón [ta'kon] *nm* talon *m* ; **de ~ alto** à talons hauts
taconeo [tako'neo] *nm* bruit *m* des talons sur le sol
táctica ['taktika] *nf* tactique *f*
táctico, -a ['taktiko, a] *adj* tactique
táctil ['taktil] *adj* tactile
tacto ['takto] *nm* toucher *m* ; (*fig*) tact *m*
taimado, -a [tai'maðo, a] *adj* rusé(e)
tajada [ta'xaða] *nf* tranche *f* ; (*fam*: *borrachera*) cuite *f* ; **sacar ~** tirer profit
tajante [ta'xante] *adj* catégorique ; (*persona*) abrupt(e)
Tajo ['taxo] *nm* Tage *m*
tajo ['taxo] *nm* (*corte*) coupure *f* ; (*filo*) tranchant *m* ; (*Geo*) gorge *f* ; (*fam*: *trabajo*) boulot *m* ; (*bloque de madera*) billot *m*
tal [tal] *adj* tel (telle) ; (*semejante*) un(e) tel (telle), pareil(le) ▸ *pron* (*persona*) un(e) tel (telle) ; (*cosa*) une telle chose ▸ *adv*: **~ como** (*igual*) tel (telle) que ▸ *conj*: **con ~ (de) que** pourvu que, du moment que ; **~ día a ~ hora** tel jour à telle heure ; **jamás vi ~ desvergüenza** je n'ai jamais vu une telle effronterie *o* une effronterie pareille ; **~es cosas** de telles choses ; **el ~ cura** le curé en question ; **un ~ García** un certain García ; **~es como** tels (telles) que ; **son ~ para cual** les deux font la paire ; **hablábamos de que si ~ que si cual** nous parlions de choses et d'autres ; **fuimos al cine y ~** nous avons été au ciné

et tout ça ; **~ cual** (*como es*) tel (telle) quel (quelle) ; **~ como lo dejé** tel que je l'ai laissé ; **~ el padre, cual el hijo** tel père, tel fils ; **~ vez** peut-être ; **¿qué ~?** ça va ? ; **¿qué ~ has comido?** tu as bien mangé ? ; **con ~ de llamar la atención** du moment qu'il *etc* attire l'attention

taladrar [tala'ðrar] *vt* percer

taladro [ta'laðro] *nm* perceuse *f* ; (*hoyo*) trou *m* (fait à la perceuse) ; **~ neumático** perceuse *f* pneumatique

talante [ta'lante] *nm* humeur *f* ; (*voluntad*) attitude *f*

talar [ta'lar] *vt* abattre

talco ['talko] *nm* (*tb*: **polvos de talco**) talc *m*

talego [ta'leɣo] *nm* sac *m* ; (*fam*) taule *f*

talento [ta'lento] *nm* talent *m* ; (*capacidad, don*) don *m*

Talgo *sigla m* (*Ferro*: = *tren articulado ligero Goicoechea-Oriol*) *train rapide*

talismán [talis'man] *nm* talisman *m*

talla ['taʎa] *nf* taille *f* ; (*fig*) envergure *f* ; (*figura*) sculpture *f* ; **dar la ~** (*Mil*) avoir la taille requise ; (*fig*) être à la hauteur

tallado, -a [ta'ʎaðo, a] *adj* taillé(e), sculpté(e) ▸ *nm* sculpture *f*

tallar [ta'ʎar] *vt* tailler, sculpter ; (*grabar*) graver ; (*medir*) toiser

tallarines [taʎa'rines] *nmpl* tagliatelles *fpl*

talle ['taʎe] *nm* taille *f* ; (*figura*) silhouette *f* ; **de ~ esbelto** svelte

taller [ta'ʎer] *nm* atelier *m*

tallo ['taʎo] *nm* (*de planta*) tige *f* ; (*de hierba*) brin *m* ; (*brote*) pousse *f*

talón [ta'lon] *nm* talon *m* ; (*Com*) chèque *m* ; (*Tec*) bord *m* ; **pisar a algn los talones** être sur les talons de qn ; **~ de Aquiles** talon d'Achille

talonario [talo'narjo] *nm* carnet *m* ; (*de cheques*) carnet de chèques

tamal [ta'mal] (AM) *nm* (*Culin*) tamale *m* (*pâte de maïs sucrée ou salée enveloppée dans une feuille de bananier*)

tamaño, -a [ta'maɲo, a] *adj* pareil(le) ▸ *nm* taille *f* ; **de ~ natural** grandeur *f* nature ; **de ~ grande/pequeño** de grande/petite taille

tamarindo [tama'rindo] *nm* tamarinier *m*

tambalearse [tambale'arse] *vpr* chanceler ; (*mueble*) branler ; (*vehículo*) bringuebaler

también [tam'bjen] *adv* aussi ; (*además*) de plus ; **estoy cansado — yo ~** je suis fatigué — moi aussi

tambor [tam'bor] *nm* tambour *m* ; (*Anat*) tympan *m* ; **~ del freno/de lavadora** tambour de frein/de machine à laver

tamiz [ta'miθ] *nm* tamis *msg*

tamizar [tami'θar] *vt* tamiser

tampoco [tam'poko] *adv* non plus ; **yo ~ lo compré** je ne l'ai pas acheté non plus

tampón [tam'pon] *nm* tampon *m*

tan [tan] *adv* si ; **~ ... como** aussi ... que ; **~ siquiera** seulement ; **es pesada, de ~ amable que es** elle est si aimable qu'elle finit par être ennuyeuse ; **¡qué cosa ~ rara!** comme c'est bizarre ! ; **no es una idea ~ buena** ce n'est pas une si bonne idée

tanda ['tanda] *nf* série *f* ; (*de personas*) groupe *m* ; (*turno*) tour *m* ; **~ de penaltis/de inyecciones** série de penalties/de piqûres ; **~ de golpes** volée *f* de coups

tangente [tan'xente] *nf* tangente *f* ; **salirse por la ~** prendre la tangente

Tánger ['tanxer] *n* Tanger

tangible [tan'xiβle] *adj* tangible

tano, -a ['tano, a] (*CSur*: *pey*, *fam*) *adj*, *nm/f* rital(e)

tanque ['tanke] *nm* (*Mil*) char *m* d'assaut ; (*depósito*: *Auto*) citerne *f* ; (: *Náut*) tanker *m* ; (: *de agua*) réservoir *m*

tantear [tante'ar] *vt* jauger ; (*probar*) essayer ▸ *vi* (*Deporte*) compter les points

tanteo [tan'teo] *nm* (*cálculo*) calcul *m* approximatif ; (*prueba*) essai *m* ; (*Deporte*) score *m* ; (*sondeo*) sondage *m* ; **al ~** à vue d'oeil

tanto, -a ['tanto, a] *adj* (*cantidad*) tant de, tellement de ; (*en comparaciones*) autant de ▸ *adv* tant, autant ; (*tiempo*) si longtemps ▸ *nm* (*suma*) quantité *f* ; (*proporción*) tant *m* ; (*punto*) point *m* ; (*gol*) but *m* ▸ *pron*: **cada uno paga ~** chacun paie tant ▸ *suf*: **veintitantos** vingt et quelques ; **tiene ~s amigos** il a tellement *o* tant d'amis ; **~ dinero como tú** autant d'argent que toi ; **~ gusto** (*al ser presentado*) enchanté(e) ; **~ que** tellement que ; **~ como él** autant que lui ; **~ como eso** pas tant que ça ; **~ es así que ...** à tel point que ... ; **~ más cuanto que ...** d'autant plus que ... ;

~ mejor/peor tant mieux/pis ; **~ quejarse para nada** tant de plaintes pour rien ; **~ tú como yo** toi autant que moi ; **me he vuelto ronco de** *o* **con ~ hablar** je me suis enroué à force de parler ; **no quiero ~** je n'en veux pas autant ; **gasta ~ que ...** il dépense tellement que ... ; **viene ~** il vient si souvent ; **ni ~ así** (*fam*) pas une miette ; **ni ~ ni tan clavo** n'exagérons rien ; **¡no es para ~!** ce n'est pas si grave ! ; **¡y ~!** et comment ! ; **en ~ que** pendant que ; **entre ~** entre-temps ; **por ~, por lo ~** donc, par conséquent ; **~ alzado** forfait *m* ; **~ por ciento** tant pour cent ; **estar al ~** être au courant ; **estar al ~ de los acontecimientos** être au courant des événements ; **un ~ perezoso** un rien paresseux ; **uno de ~s** un parmi d'autres ; **he visto ~** j'en ai tellement vu ; **a ~s de agosto** tel jour *o* telle date en août ; **cuarenta y ~s** quarante et quelques ; **se quedó en el bar hasta las tantas** il est resté dans le bar jusqu'à pas d'une heure

tapa ['tapa] *nf* couvercle *m* ; (*de libro*) couverture *f* ; (*comida*) amuse-gueule *m inv*, tapa *f* ; (*de zapato*) semelle *f* ; **~ de los sesos** boîte *f* crânienne

tapadera [tapa'ðera] *nf* couvercle *m* ; (*fig*) couverture *f*

tapar [ta'par] *vt* couvrir ; (*hueco, ventana*) fermer, boucher ; (*ocultar*) dissimuler ; (*vista*) boucher ; (AM : *dientes*) plomber ; **taparse** *vpr* se couvrir

táper ['taper] *nm* Tupperware® *m*

tapete [ta'pete] *nm* tapis *msg* ; **poner sobre el ~** mettre sur le tapis

tapia ['tapja] *nf* mur *m* (de clôture) ; **estar (sordo) como una ~** être sourd comme un pot

tapiar [ta'pjar] *vt* murer

tapicería [tapiθe'ria] *nf* tapisserie *f* ; (*para muebles*) tissu *m* d'ameublement ; (*para coches*) garniture *f*

tapiz [ta'piθ] *nm* tapisserie *f*

tapizar [tapi'θar] *vt* (*pared*) tapisser ; (*suelo*) recouvrir ; (*muebles*) recouvrir

tapón [ta'pon] *nm* bouchon *m* ; (*Tec*) bonde *f* ; (*Med : de cera*) bouchon de cire ; **~ de rosca** *o* **de tuerca** bouchon à vis

taquigrafía [takiɣra'fia] *nf* sténographie *f*

taquígrafo, -a [ta'kiɣrafo, a] *nm/f* sténo *m/f*

taquilla [ta'kiʎa] *nf* guichet *m* ; (*suma recogida*) recette *f* ; (*armario*) casier *m*

taquillero, -a [taki'ʎero, a] *adj* : **función taquillera** spectacle *m* qui fait recette ▸ *nm/f* guichetier(-ère)

tara ['tara] *nf* tare *f*

tarántula [ta'rantula] *nf* tarentule *f*

tararear [tarare'ar] *vt* fredonner

tardar [tar'ðar] *vi* (*tomar tiempo*) mettre longtemps, tarder ; (*llegar tarde*) être en retard ; **¿tarda mucho el tren?** le train arrive bientôt ? ; **a más ~** au plus tard ; **~ en hacer algo** mettre longtemps *o* tarder à faire qch ; **no tardes en venir** ne t'attarde pas

tarde ['tarðe] *adv* tard ▸ *nf* (*de día*) après-midi *m inv o f inv* ; (*de noche*) soir *m* ; **~ o temprano** tôt ou tard ; **de ~ en ~** de temps en temps ; **¡buenas ~s!** (*de día*) bonjour ! ; (*de noche*) bonsoir ! ; **a** *o* **por la ~** (*de día*) l'après-midi ; (*de noche*) le soir ; **más ~** plus tard

tardío, -a [tar'ðio, a] *adj* tardif(-ive)

tarea [ta'rea] *nf* travail *m*, tâche *f* ; **tareas** *nfpl* (*Escol*) devoirs *mpl* ; **~s domésticas** tâches *fpl* ménagères

tarifa [ta'rifa] *nf* tarif *m* ; **~ básica** tarif de base ; **~ completa** plein tarif ; **~ doble** tarif double

tarima [ta'rima] *nf* plate-forme *f* ; (*movible*) estrade *f*

tarjeta [tar'xeta] *nf* carte *f* ; (*Deporte*) carton *m* ; **~ bancaria** carte bancaire ; **~ comercial/de visita** carte de visite ; **~ de circuitos** circuit *m* imprimé ; **~ de crédito/de débito** carte de crédit/Carte Bleue® ; **~ de embarque/de transporte** carte d'embarquement/de transport ; **~ de identificación fiscal** *carte d'immatriculation fiscale* ; **~ de teléfono** carte téléphonique ; **~ gráfica/de multifunción** (*Inform*) carte graphique/multifonction ; **~ postal/de Navidad** carte postale/de Noël ; **~ prepago** carte prépayée ; **~ sanitaria** carte d'assuré social ; **~ SIM** carte SIM ; **~ verde** (*Méx*) permis *m* de travail

tarro ['tarro] *nm* pot *m*

tarta ['tarta] *nf* gâteau *m* ; (*torta*) tarte *f*

tartamudear [tartamuðe'ar] *vi* bégayer

tartamudo, -a [tarta'muðo, a] *adj, nm/f* bègue

tártaro, -a ['tartaro, a] *adj* tartare ▸ *nm/f* Tartare *m/f* ▸ *nm* (*Quím*) tartre *m*

tasa ['tasa] *nf* (*valoración*) évaluation *f*; (*impuesto*) taxe *f*; (*índice*) taux *msg*; (*medida*) mesure *f*, règle *f*; **sin ~** sans mesure; **~s académicas** droits *mpl* d'inscription; **~ básica** (*Com*) taux de base; **~ de cambio/de interés** taux de change/d'intérêt; **~ de crecimiento/de natalidad/de rendimiento** taux de croissance/de natalité/de rendement; **~s universitarias** droits d'inscription à l'université

tasación [tasa'θjon] *nf* taxation *f*; (*valoración*) évaluation *f*

tasador, a [tasa'ðor, a] *nm/f expert qui évalue le prix d'un bien*

tasar [ta'sar] *vt* (*fijar el precio*) taxer; (*valorar*) évaluer; (*limitar*) limiter, rationner; **~ en** évaluer à

tasca ['taska] (*fam*) *nf* bistro(t) *m*

tatarabuelo, -a [tatara'βwelo, a] *nm/f* trisaïeul(e); **tatarabuelos** *nmpl* trisaïeuls *mpl*

tatuaje [ta'twaxe] *nm* tatouage *m*

tatuar [ta'twar] *vt* tatouer

taurino, -a [tau'rino, a] *adj* taurin(e)

Tauro ['tauro] *nm* (*Astrol*) Taureau *m*; **ser ~** être Taureau

tauromaquia [tauro'makja] *nf* tauromachie *f*

taxi ['taksi] *nm* taxi *m*

taxista [tak'sista] *nm/f* chauffeur(-euse) de taxi

taza ['taθa] *nf* tasse *f*; (*fam: de retrete*) cuvette *f*; **~ de/para café** tasse de/à café

tazón [ta'θon] *nm* bol *m*

TDAH *sigla m* (= *Trastorno por Déficit de Atención con Hiperactividad*) TDAH *m* (= *trouble du déficit de l'attention avec hyperactivité*)

te [te] *pron* te; (*delante de vocal*) t'; (*con imperativo*) toi; **¿te duele mucho el brazo?** ton bras te fait très mal ?, tu as très mal au bras ?; **te equivocas** tu te trompes; **¡cálmate!** calme-toi !

té [te] *nm* thé *m*

teatral [tea'tral] *adj* théâtral(e)

teatro [te'atro] *nm* théâtre *m*; **hacer ~** (*fig*) jouer la comédie; **~ de aficionados/variedades** théâtre d'amateurs/de variétés; **~ de la ópera** opéra *m*

tebeo [te'βeo] *nm* bande *f* dessinée, BD *f*

techo ['tetʃo] *nm* (*tb fig*) plafond *m*; (*tejado*) toit *m*; **bajo ~** à l'abri; **tocar ~** plafonner, atteindre un plafond

tecla ['tekla] *nf* (*Inform, Mús, Tip*) touche *f*; **tocar muchas ~s** toucher à de nombreux sujets; **~ de anulación/de borrar** touche d'annulation/d'effacement; **~ de control/de edición** touche de contrôle/de correction; **~ de control direccional del cursor** touche de déplacement du curseur; **~ de retorno/de tabulación** touche de retour chariot/de tabulation; **~ programable** touche programmable

teclado [te'klaðo] *nm* clavier *m*; **~ inalámbrico** clavier sans fil; **~ numérico** (*Inform*) clavier numérique

teclear [tekle'ar] *vt* (*teclado*) taper ▸ *vi* (*Mús: fam*) pianoter; (*Inform, Tip*) taper

técnica ['teknika] *nf* technique *f*; *ver tb* **técnico**

técnico, -a ['tekniko, a] *adj* technique ▸ *nm/f* technicien(ne)

tecnología [teknolo'xia] *nf* technologie *f*; **~ de la información/punta** technologie de l'information/de pointe

tecnológico, -a [tekno'loxiko, a] *adj* technologique

tedio ['teðjo] *nm* ennui *m*

tedioso, -a [te'ðjoso, a] *adj* ennuyeux(-euse)

teja ['texa] *nf* tuile *f*

tejado [te'xaðo] *nm* toit *m*

tejemaneje [texema'nexe] *nm* (*actividad*) agitation *f*; (*intriga*) manigances *fpl*

tejer [te'xer] *vt* tisser; (*AM*) tricoter; (*fig*) ourdir ▸ *vi*: **~ y destejer** faire et défaire

tejido [te'xiðo] *nm* tissu *m*

tel. *abr* (= *teléfono*) tél. (= *téléphone*)

tela ['tela] *nf* tissu *m*; (*cuadro, lienzo*) toile *f*; (*en líquido*) peau *f*; **¡hay ~ para rato!** (*fam*) on en a pour un moment !; **poner en ~ de juicio** mettre en doute; **~ de araña** toile d'araignée; **~ metálica** grillage *m*

telar [te'lar] *nm* (*máquina*) métier *m* à tisser; (*de teatro*) cintre *m*; **telares** *nmpl* (*fábrica*) usine *f* textile

telaraña [tela'raɲa] *nf* toile *f* d'araignée

tele ['tele] (*fam*) *nf* télé *f*

tele... ['tele] *pref* télé...

telebasura [teleba'sura] (*fam*) *nf* télé-poubelle *f*

teleco [te'leko] *(fam) nm/f (ingeniero)* ingénieur *m/f* télécoms ▸ *nf (empresa)* entreprise *f* de télécoms

telecomunicación [telekomunika'θjon] *nf* télécommunication *f*

telecontrol [telekon'trol] *nm* télécommande *f*

telediario [tele'ðjarjo] *nm* journal *m* télévisé

teledifusión [teleðifu'sjon] *nf* télédiffusion *f*

teledirigido, -a [teleðiri'xiðo, a] *adj* téléguidé(e)

teléf. *abr (= teléfono)* tél. *(= téléphone)*

teleférico [tele'feriko] *nm* téléphérique *m*

telefonear [telefone'ar] *vt* téléphoner à ▸ *vi* téléphoner

telefónico, -a [tele'foniko, a] *adj* téléphonique

telefonillo [telefo'niʎo] *nm* interphone *m*

telefonista [telefo'nista] *nm/f* standardiste *m/f*

teléfono [te'lefono] *nm* téléphone *m*; **está hablando por ~** il est au téléphone; **~ inalámbrico/rojo** téléphone sans fil/rouge; **~ móvil** (téléphone) portable *m*

telegrafía [teleɣra'fia] *nf* télégraphie *f*

telégrafo [te'leɣrafo] *nm* télégraphe *m*

telegrama [tele'ɣrama] *nm* télégramme *m*

teleimpresor [teleimpre'sor] *nm* téléimprimeur *m*

telenovela [teleno'βela] *nf* feuilleton *m* télévisé

telepatía [telepa'tia] *nf* télépathie *f*

telerrealidad [telerreali'ðað] *nf* téléréalité *f*

telescópico, -a [tele'skopiko, a] *adj* télescopique

telescopio [tele'skopjo] *nm* télescope *m*

telesilla [tele'siʎa] *nm* télésiège *m*

telespectador, a [telespekta'ðor, a] *nm/f* téléspectateur(-trice)

telesquí [teles'ki] *nm* téléski *m*

teletienda [tele'tjenda] *nf* télé-achat *m*

teletipo [tele'tipo] *nm* téléimprimeur *m*

teletrabajo [teletra'βaxo] *nm* télétravail *m*

televenta [tele'βenta] *nf* télévente *f*

televidente [teleβi'ðente] *nm/f* téléspectateur(-trice)

televisar [teleβi'sar] *vt* téléviser

televisión [teleβi'sjon] *nf* télévision *f*; **~ por cable/por** *o* **vía satélite** télévision par câble/par satellite; **~ digital** télévision numérique; **~ privada/pública** télévision privée/publique

televisor [teleβi'sor] *nm* téléviseur *m*; **~ portátil** téléviseur portable

télex ['teleks] *nm* télex *m*; **máquina ~** télex; **enviar por ~** télexer

telón [te'lon] *nm* rideau *m*; **~ de acero** *(Pol)* rideau de fer; **~ de boca/de seguridad** rideau de scène/de fer; **~ de fondo** toile *f* de fond

tema ['tema] *nm* thème *m*, sujet *m*; *(Mús)* thème; *(obsesión)* marotte *f*; **~s de actualidad** sujets *mpl* d'actualité

temática [te'matika] *nf* thématique *f*

temático, -a [te'matiko, a] *adj* thématique

temblar [tem'blar] *vi* trembler

temblón, -ona [tem'blon, ona] *adj* tremblant(e)

temblor [tem'blor] *nm* tremblement *m*; **~ de tierra** tremblement de terre

tembloroso, -a [temblo'roso, a] *adj* tremblant(e)

temer [te'mer] *vt* craindre, avoir peur de ▸ *vi* avoir peur; **temo que Juan llegue tarde** je crains que Juan n'arrive tard; **~ por** avoir peur pour

temerario, -a [teme'rarjo, a] *adj* téméraire

temeridad [temeri'ðað] *nf* témérité *f*; *(una temeridad)* acte *m* téméraire

temeroso, -a [teme'roso, a] *adj* craintif(-ive), peureux(-euse); *(que inspira temor)* redoutable

temible [te'miβle] *adj* redoutable

temor [te'mor] *nm* crainte *f*, peur *f*

témpano ['tempano] *nm (tb:* **témpano de hielo**) plaque *f* de glace

temperamento [tempera'mento] *nm* tempérament *m*; **tener ~** avoir du tempérament

temperatura [tempera'tura] *nf* température *f*

tempestad [tempes'tað] *nf* tempête *f*

tempestuoso, -a [tempes'twoso, a] *adj* orageux(-euse)

templado, -a [tem'plaðo, a] *adj* tempéré(e); *(en el comer, beber)* modéré(e); *(líquido, comida)* tiède; *(nervios)* solide, bien trempé(e)

templanza [tem'planθa] *nf* tempérance *f*; (*en el beber*) modération *f*; (*del clima*) douceur *f*

templar [tem'plar] *vt* tempérer, modérer; (*agua, brisa*) tiédir; (*solución*) diluer; (*Mús*) accorder; (*acero*) tremper; **templarse** *vpr* se modérer; (*agua, aire*) se réchauffer

temple ['temple] *nm* (*humor*) humeur *f*; (*serenidad*) sang-froid *m*; (*Tec*) trempe *f*; (*Mús*) accord *m*; (*pintura*) détrempe *f*

templo ['templo] *nm* temple *m*; (*iglesia*) église *f*; **~ metodista** église méthodiste

temporada [tempo'raða] *nf* période *f*; (*estación, social, Deporte*) saison *f*; **en plena ~** en pleine saison; **de ~** (*trabajo*) saisonnier(-ière); (*fruta*) de saison

temporal [tempo'ral] *adj* temporaire; (*Rel*) temporel(le) ▶ *nm* tempête *f*

tempranero, -a [tempra'nero, a] *adj* (*Bot*) précoce; (*persona*) matinal(e)

temprano, -a [tem'prano, a] *adj* précoce ▶ *adv* tôt; (*demasiado pronto*) trop tôt; **levantarse ~** se lever de bonne heure; **lo más ~ posible** le plus tôt possible

ten [ten] *vb ver* **tener**

tenacidad [tenaθi'ðað] *nf* ténacité *f*

tenacillas [tena'θiʎas] *nfpl* pincettes *fpl*; (*para rizar*) fer *m* à friser

tenaz [te'naθ] *adj* tenace

tenaza [te'naθa] *nf*, **tenazas** [te'naθas] *nfpl* pince(s) *f(pl)*

tendedero [tende'ðero] *nm* étendoir *m*, séchoir *m* à linge; (*cuerda*) corde *f* à linge

tendencia [ten'denθja] *nf* tendance *f*; **~ imperante** tendance dominante; **tener ~ a** avoir tendance à; **~ del mercado** tendance du marché

tendencioso, -a [tenden'θjoso, a] *adj* tendancieux(-euse)

tender [ten'der] *vt* étendre; (*vía férrea, cable*) poser; (*cuerda, trampa*) tendre ▶ *vi*: **~ a** tendre à; **tenderse** *vpr* s'étendre, s'allonger; **~ la cama** (*AM*) faire le lit; **~ la mesa** (*AM*) mettre la table; **~ la mano** tendre la main

tenderete [tende'rete] *nm* (*puesto*) étalage *m*

tendero, -a [ten'dero, a] *nm/f* commerçant(e)

tendido, -a [ten'diðo, a] *adj* étendu(e), allongé(e); (*colgado*) accroché(e), pendu(e) ▶ *nm* (*Taur*) gradins *mpl*; **a galope ~** au triple galop; **~ eléctrico** ligne *f* électrique

tendón [ten'don] *nm* tendon *m*

tendré *etc* [ten'dre] *vb ver* **tener**

tenebroso, -a [tene'βroso, a] *adj* sombre

tenedor, a [tene'ðor, a] *nm/f* détenteur(-trice) ▶ *nm* fourchette *f*; **restaurante de cinco ~es** restaurant *m* cinq étoiles; **~ de acciones** actionnaire *m/f*; **~ de libros** comptable *m/f*; **~ de póliza** assuré(e), détenteur(-trice) d'une police d'assurance

tenencia [te'nenθja] *nf* (*de propiedad*) possession *f*; **~ ilícita de armas/drogas** détention *f* illégale d'armes/de drogue

tener [te'ner]

▶ *vt* **1** avoir; (*sostener*) tenir; **¿tienes un boli?** tu as un stylo?; **¿dónde tienes el libro?** où as-tu mis le livre?; **va a tener un niño** elle va avoir un enfant; **tiene los ojos azules** il a les yeux bleus; **¡ten!, ¡aquí tienes!** tiens!, voilà!; **¡tenga!, ¡aquí tiene!** tenez!, voilà!

2 (*edad*) avoir; (*medidas*) faire; **tiene 7 años** il a 7 ans; **tiene 15 cm de largo** cela fait 15 cm de long; *ver tb* **calor**; **hambre** *etc*

3 (*sentimiento, dolor*) avoir; **tener admiración/cariño** avoir de l'admiration/ l'affection; **tener miedo** avoir peur; **¿qué tienes, estás enfermo?** qu'est-ce que tu as, tu es malade?

4 (*considerar*): **lo tengo por brillante** je le considère comme quelqu'un de brillant; **tener en mucho/poco a algn** avoir beaucoup/peu d'estime pour qn; **ten por seguro** sois-en sûr

5: **tener que**: **tengo/tenemos que acabar este trabajo hoy** il faut que je finisse/nous finissions ce travail aujourd'hui

6 (*+ participio*): **tengo terminada ya la mitad del trabajo** j'ai déjà fait la moitié du travail

7 (*+ adj o + gerundio*): **nos tiene muy contentos/hartos** nous sommes très satisfaits de lui/ nous en avons assez de lui; **me ha tenido tres horas esperando** il m'a fait attendre pendant trois heures

8: **las tiene todas consigo** il a tout pour lui
▶ **tenerse** *vpr* 1: **tenerse en pie** se tenir debout
2: **tenerse por** se croire ; **se tiene por muy listo** il se croit très intelligent

tenga *etc* ['tenga] *vb ver* **tener**
tenia ['tenja] *nf* ténia *m*
teniente [te'njente] *nm/f* lieutenant(e) ; **~ alcalde** adjoint(e) au maire ; **~ coronel** lieutenant colonel
tenis ['tenis] *nm* tennis *msg* ; **~ de mesa** tennis de table, ping-pong *m*
tenista [te'nista] *nm/f* joueur(-euse) de tennis
tenor [te'nor] *nm* (*sentido*) teneur *f* ; (*Mús*) ténor *m* ; **a ~ de** d'après
tensar [ten'sar] *vt* tendre ; (*arco*) bander
tensión [ten'sjon] *nf* tension *f* ; **de alta ~** (*Elec*) haute tension ; **en ~** tendu(e) ; **tener la ~ alta** avoir de la tension ; **~ arterial** tension artérielle ; **~ nerviosa** tension nerveuse
tenso, -a ['tenso, a] *adj* tendu(e)
tentación [tenta'θjon] *nf* tentation *f*
tentáculo [ten'takulo] *nm* tentacule *m*
tentador, a [tenta'ðor, a] *adj* tentant(e) ; (*gesto*) tentateur(-trice) ▶ *nm/f* tentateur(-trice)
tentar [ten'tar] *vt* tenter ; (*palpar*, *Med*) tâter
tentativa [tenta'tiβa] *nf* tentative *f* ; **~ de asesinato** tentative d'assassinat
tentempié [tentem'pje] (*fam*) *nm* en-cas *m inv*
tenue ['tenwe] *adj* (*hilo*) mince ; (*luz*) faible ; (*sonido*, *vínculo*) ténu(e) ; (*neblina*) léger(-ère)
teñir [te'ɲir] *vt* teindre ; (*fig*) teinter ; **teñirse el pelo** se (faire) teindre les cheveux
teología [teolo'xia] *nf* théologie *f*
teorema [teo'rema] *nm* théorème *m*
teoría [teo'ria] *nf* théorie *f* ; **en ~** théoriquement, en principe
teóricamente [teorika'mente] *adv* théoriquement
teórico, -a [te'oriko, a] *adj* théorique ▶ *nm/f* théoricien(ne)
teorizar [teori'θar] *vi* théoriser
tequila [te'kila] *nf* tequila *f*
terapéutico, -a [tera'peutiko, a] *adj* thérapeutique
terapia [te'rapja] *nf* thérapie *f* ; **~ génica** thérapie génique ; **~ laboral** ergothérapie *f*
tercer [ter'θer] *adj ver* **tercero**
tercermundista [terθermun'dista] *adj* tiers-mondiste
tercero, -a [ter'θero, a] (*antes de nmsg* **tercer**) *adj* troisième ▶ *nm* (*mediador*) tiers *msg*, tierce personne *f* ; (*Jur*) tiers
terceto [ter'θeto] *nm* (*Mús*) trio *m*
terciar [ter'θjar] *vt* (*bolsa etc*) mettre en bandoulière ▶ *vi* intervenir ; **terciarse** *vpr* se présenter ; **si se tercia** à l'occasion
terciario, -a [ter'θjarjo, a] *adj* tertiaire
tercio ['terθjo] *nm* tiers *msg*
terciopelo [terθjo'pelo] *nm* velours *msg*
terco, -a ['terko, a] *adj* têtu(e)
tergal® [ter'ɣal] *nm* tergal® *m*
tergiversar [terxiβer'sar] *vt* déformer
termal [ter'mal] *adj* thermal(e)
termas ['termas] *nfpl* thermes *mpl*
terminación [termina'θjon] *nf* extrémité *f* ; (*finalización*) achèvement *m*
terminal [termi'nal] *adj* terminal(e) ; (*enfermo*) en phase terminale ▶ *nm* (*Elec*) borne *f* ; (*Inform*) terminal *m* ▶ *nf* (*Aviat*) aérogare *f*, terminal *m* ; (*Ferro*) terminus *msg* ; **~ de pantalla** écran *m* de visualisation
terminante [termi'nante] *adj* catégorique ; (*decisión*) final(e)
terminantemente [terminante'mente] *adv* formellement
terminar [termi'nar] *vt* finir, terminer ▶ *vi* finir ; **terminarse** *vpr* finir ; **~ por hacer algo** finir par faire qch ; **~ en** finir en ; **se ha terminado la leche** il n'y a plus de lait
término ['termino] *nm* terme *m*, fin *f* ; (*parada*) terminus *msg* ; (*límite: de espacio*) bout *m* ; (*palabra*) terme *m* ; **términos** *nmpl* (*Com*) termes *mpl* ; **~ medio** juste milieu *m* ; **en otros ~s** en d'autres termes ; **en último ~** en dernier recours ; **estar en buenos/malos ~s (con algn)** être en bons/mauvais termes (avec qn) ; **en ~s de** en termes de ; **en ~s claros** en clair ; **según los ~s del contrato** selon les termes du contrat

terminología [terminolo'xia] *nf* terminologie *f*
termo® ['termo] *nm* thermos® *m o f*
termodinámico, -a [termoði'namiko, a] *adj* thermodynamique
termómetro [ter'mometro] *nm* thermomètre *m*
termonuclear [termonukle'ar] *adj* thermonucléaire
termostato [termos'tato] *nm* thermostat *m*
ternero, -a [ter'nero, a] *nm/f* veau (génisse)
ternura [ter'nura] *nf* tendresse *f*
terquedad [terke'ðað] *nf* entêtement *m*
terrado [te'rraðo] *nm* terrasse *f*
terraplén [terra'plen] *nm* terre-plein *m*
terrateniente [terrate'njente] *nm/f* propriétaire *m/f* terrien(ne)
terraza [te'rraθa] *nf* terrasse *f*
terremoto [terre'moto] *nm* tremblement *m* de terre
terrenal [terre'nal] *adj* terrestre
terreno, -a [te'rreno, a] *adj* terrestre ▸ *nm* terrain *m*; **sobre el ~** sur le terrain; **ceder/perder ~** céder du/perdre du terrain; **preparar el ~** préparer le terrain; **~ de juego** terrain de jeu
terrestre [te'rrestre] *adj* terrestre; (*ruta*) par terre
terrible [te'rriβle] *adj* terrible
territorio [terri'torjo] *nm* territoire *m*; **~ bajo mandato** territoire sous mandat
terrón [te'rron] *nm* (*de azúcar*) morceau *m*; (*de tierra*) motte *f*; **terrones** *nmpl* (*Agr*) terres *fpl*
terror [te'rror] *nm* terreur *f*
terrorífico, -a [terro'rifiko, a] *adj* terrifiant(e)
terrorismo [terro'rismo] *nm* terrorisme *m*
terrorista [terro'rista] *adj, nm/f* terroriste *m/f*; **~ suicida** kamikaze *m/f*
terso, -a ['terso, a] *adj* lisse
tersura [ter'sura] *nf* douceur *f*
tertulia [ter'tulja] *nf* cercle *m*; (*sala*) arrière-salle *f*; **~ literaria** cercle littéraire
tesis ['tesis] *nf inv* thèse *f*
tesón [te'son] *nm* ténacité *f*, persévérance *f*
tesorero, -a [teso'rero, a] *nm/f* trésorier(-ière)
tesoro [te'soro] *nm* trésor *m*; **¡mi ~!** (*fam*) mon trésor!; **T~ público** Trésor public
test [tes] *nm* test *m*
testaferro [testa'ferro] *nm/f* prête-nom *m*
testamentario, -a [testamen'tarjo, a] *adj* testamentaire ▸ *nm/f* (*Jur*) exécuteur(-trice) testamentaire
testamento [testa'mento] *nm* testament *m*; **Nuevo/Antiguo T~** Nouveau/Ancien Testament
testar [tes'tar] *vi* tester, faire son testament
testarudo, -a [testa'ruðo, a] *adj* entêté(e)
testículo [tes'tikulo] *nm* testicule *m*
testificar [testifi'kar] *vt, vi* témoigner
testigo [tes'tiɣo] *nm/f* témoin *m*; **poner a algn por ~** citer qn comme témoin; **~ de cargo/de descargo** témoin à charge/à décharge; **~ ocular** témoin oculaire
testimoniar [testimo'njar] *vt* témoigner de
testimonio [testi'monjo] *nm* témoignage *m*; **como** *o* **en ~ de** en témoignage de; **falso ~** faux témoignage
teta ['teta] (*fam*) *nf* téton *m*, nichon *m*; **niño de ~** nourrisson *m*
tétanos ['tetanos] *nmsg* tétanos *msg*
tetera [te'tera] *nf* théière *f*
tetrabrik® [tetra'brik] *nm inv* Tetra Brik® *m*
tétrico, -a ['tetriko, a] *adj* lugubre
textil [teks'til] *adj* textile; **textiles** *nmpl* textiles *mpl*
texto ['teksto] *nm* texte *m*
textual [teks'twal] *adj* textuel(le); **son sus palabras ~es** c'est ce qu'il a dit textuellement
textura [teks'tura] *nf* texture *f*
tez [teθ] *nf* (*cutis*) peau *f*; (*color*) teint *m*
tfno. *abr* (= *teléfono*) tél. (= *téléphone*)
ti [ti] *pron* toi
tía ['tia] *nf* tante *f*; (*fam*) bonne femme *f*, nana *f*; (: *vieja*) mère *f*
tianguis ['tjangis] (*Méx*) *nm* marché *m*
tibieza [ti'βjeθa] *nf* tiédeur *f*
tibio, -a ['tiβjo, a] *adj* tiède

tiburón [tiβu'ron] *nm* requin *m*
tic [tik] *nm* tic *m*
tictac [tik'tak] *nm* tic-tac *m inv*
tiempo ['tjempo] *nm* temps *msg* ; **a ~** à temps ; **a un** *o* **al mismo ~** en même temps ; **a su ~** en temps utile ; **al poco ~** peu après ; **andando el ~** avec le temps ; **cada cierto ~** de temps à autre ; **con ~** à l'avance ; **con el ~** à la longue ; **de ~ en ~** de temps en temps ; **de todos los ~s** de tous les temps ; **de un ~ a esta parte** depuis quelque temps ; **en mis ~s** de mon temps ; **en los buenos ~s** au bon vieux temps ; **ganar ~** gagner du temps ; **hace buen/mal ~** il fait beau/mauvais temps ; **matar el ~** tuer le temps ; **hace ~** il y a quelque temps ; **hacer ~** passer le temps ; **perder el ~** perdre du temps ; **tener ~** avoir le temps ; **¿qué ~ tiene?** quel âge a-t-il ? ; **motor de dos ~s** moteur *m* deux temps ; **a ~ parcial** à temps partiel ; **en ~ real** (*Inform*) en temps réel ; **~ compartido/de ejecución/máquina** (*Inform*) temps partagé/d'exécution/machine ; **~ de paro** (*Com*) temps mort ; **~ inactivo** (*Com*) durée *f* d'immobilisation ; **~ libre** temps libre ; **~ muerto** (*Deporte, fig*) temps mort ; **~ preferencial** (*Com*) heures *fpl* de grande écoute
tienda ['tjenda] *vb ver* **tender** ▸ *nf* magasin *m*, boutique *f* ; (*Náut*) taud *m* ; **~ de campaña** tente *f*
tiene *etc* ['tjene] *vb ver* **tener**
tienta ['tjenta] *nf* (*Med*) sonde *f* ; **andar a ~s** avancer à tâtons
tiento ['tjento] *vb ver* **tentar** ▸ *nm* tact *m* ; (*precaución*) prudence *f* ; **con ~** avec prudence
tierno, -a ['tjerno, a] *adj* tendre ; (*reciente*) jeune
tierra ['tjerra] *nf* terre *f* ; (*país*) pays *msg* ; **~ adentro** à l'intérieur des terres ; **echar/tirar por ~** réduire à néant ; **echar ~ a un asunto** tirer le rideau sur un sujet ; **no es de estas ~s** il n'est pas d'ici ; **~ firme** terre ferme ; **~ natal** pays natal ; **la T~ Santa** la Terre sainte
tieso, -a ['tjeso, a] *adj* (*rígido*) raide ; (*erguido*) droit(e) ; (*serio*) froid(e) ; (*fam: orgulloso*) fier(-ère) ; **dejar ~ a algn** (*fam: matar*) refroidir qn ; (*: sorprender*) laisser qn pantois(e)
tiesto ['tjesto] *nm* pot *m* de fleurs
tifoidea [tifoi'ðea] *nf* typhoïde *f*
tifón [ti'fon] *nm* typhon *m*
tifus ['tifus] *nm* typhus *msg* ; **~ icteroides** fièvre *f* jaune
tigre ['tiɣre] *nm* tigre *m* ; (*AM*) jaguar *m*
tijera [ti'xera] *nf* (*tb*: **tijeras**) ciseaux *mpl* ; (*: para plantas*) sécateur *m* ; **de ~** pliant(e) ; **unas ~s** une paire de ciseaux
tijeretear [tixerete'ar] *vt* découper
tildar [til'dar] *vt*: **~ de** traiter de
tilde ['tilde] *nf* accent *m* ; (*de la ñ*) tilde *m*
tilín [ti'lin] *nm* drelin *m* ; **hacer ~ a algn** (*fam*) plaire à qn
timar [ti'mar] *vt* (*dinero*) escroquer ; (*persona, fig*) rouler, escroquer
timbal [tim'bal] *nm* (*Mús*) timbale *f*
timbrar [tim'brar] *vt* timbrer
timbre ['timbre] *nm* (*Mús, sello*) timbre *m* ; (*de estampar*) cachet *m* ; (*de puerta*) sonnette *f* ; (*tono*) sonnerie *f*
timidez [timi'ðeθ] *nf* timidité *f*
tímido, -a ['timiðo, a] *adj* timide
timo ['timo] *nm* (*estafa*) escroquerie *f* ; (*engaño*) arnaque *f* ; **dar un ~ a algn** escroquer qn
timón [ti'mon] *nm* (*Náut*) gouvernail *m* ; (*AM: Auto*) volant *m* ; **coger el ~** prendre les rênes
timonel [timo'nel] *nm/f* (*Náut*) timonier(-ère)
tímpano ['timpano] *nm* (*Anat*) tympan *m* ; (*Mús*) tympanon *m*
tina ['tina] *nf* cuve *f* ; (*esp AM*) baignoire *f*
tinaja [ti'naxa] *nf* jarre *f*
tinglado [tin'glaðo] *nm* (*cobertizo*) hangar *m* ; (*fig*) combine *f* ; **armar un ~** faire des histoires
tinieblas [ti'njeβlas] *nfpl* ténèbres *fpl* ; **estar en ~** (*fig*) être dans le brouillard
tino ['tino] *nm* adresse *f* ; (*juicio*) doigté *m* ; (*moderación*) retenue *f* ; **sin ~** maladroitement ; (*sin moderación*) sans retenue
tinta ['tinta] *nf* encre *f* ; (*Tec*) teinture *f* ; (*Arte*) couleur *f* ; **tintas** *nfpl* (*matices*) tons *mpl* ; **sudar ~** trimer, suer sang et eau ; **medias ~s** demi-mesures *fpl* ; **(re)cargar las ~s** en rajouter ; **saber algo de buena ~** savoir qch de source sûre ; **~ china** encre de chine
tinte ['tinte] *nm* teinture *f* ; (*tintorería*)

teinturerie *f*; (*matiz*) teinte *f*; (*apariencia*) allure *f*

tintero [tin'tero] *nm* encrier *m*; **se le quedó en el ~** il a complètement oublié

tintinear [tintine'ar] *vi* (*cascabel*) tintinnabuler; (*campana*) tinter

tinto, -a ['tinto, a] *adj* (*teñido*) teint(e); (*vino*) rouge ▸ *nm* rouge *m*; (*Col*) café *m* noir

tintorería [tintore'ria] *nf* teinturerie *f*

tintura [tin'tura] *nf* teinture *f*; **~ de iodo** teinture d'iode

tío ['tio] *nm* oncle *m*; (*fam*: *viejo*) père *m*; (: *individuo*) type *m*, mec *m*

tiovivo [tio'βiβo] *nm* manège *m*

típico, -a ['tipiko, a] *adj* typique; (*traje*) régional

tipo ['tipo] *nm* type *m*; (*Anat*) physique *m*; (*Tip*) caractère *m*; **jugarse el ~** risquer sa peau; **~ a término** (*Com*) cotation *f* à terme; **~ bancario/de cambio/de descuento/de interés** taux *msg* bancaire/de change/d'escompte/d'intérêt; **~ base** (*Com*) taux de base; **~ de interés vigente** (*Com*) taux d'intérêt en vigueur; **~ de letra** police *f* de caractères

tipografía [tipoɣra'fia] *nf* typographie *f*; (*lugar*) imprimerie *f*

tipográfico, -a [tipo'ɣrafiko, a] *adj* typographique

tique ['tike] *nm*, **tíquet** ['tike(t)] (*pl* **tiques**) ▸ *nm* ticket *m*; (*en tienda*) ticket *m* de caisse

tira ['tira] *nf* (*cinta*) bande *f* ▸ *nm*: **~ y afloja** bras *m* de fer; **tiene la ~ de cosas** (*fam*) il a vachement de trucs; **hace la ~ de tiempo** il y a vachement longtemps; **~ cómica** bande dessinée; **~ de cuero** lanière *f*

tirabuzón [tiraβu'θon] *nm* (*rizo*) boucle *f*; (*sacacorchos*) tire-bouchon *m*

tirachinas [tira'tʃinas] *nm inv* lance-pierre *m*

tirada [ti'raða] *nf* lancer *m*, jet *m*; (*distancia*) trotte *f*; (*serie*) tirade *f*; (*Tip*) tirage *m*; **de una ~** d'une traite

tirado, -a [ti'raðo, a] (*fam*) *adj* (*fácil*) fastoche; (: *barato*) donné; **está ~** c'est fastoche; (*de precio*) c'est donné

tirador, a [tira'ðor, a] *nm/f* tireur(-euse) ▸ *nm* (*mango*) poignée *f*; (*Elec*) cordon *m*; **tiradores** *nmpl* (*CSur*) bretelles *fpl*; **~ certero** tireur d'élite

tiranía [tira'nia] *nf* tyrannie *f*

tirano, -a [ti'rano, a] *nm/f* tyran *m*

tirante [ti'rante] *adj* tendu(e) ▸ *nm* (*de vestido*) bretelle *f*; (*Arq*) traverse *f*; (*Tec*) étai *m*; **tirantes** *nmpl* (*de pantalones*) bretelles *fpl*

tirantez [tiran'teθ] *nf* tension *f*

tirar [ti'rar] *vt* jeter, lancer; (*volcar*) renverser; (*derribar*) abattre, démolir; (*cohete, bomba*) lancer; (*desechar*) jeter; (*dinero*) gaspiller; (*imprimir, disparar*) tirer; (*golpe*) décocher ▸ *vi* tirer; (*fig*) attirer; (*interesar*) plaire; (*fam*: *andar*) aller; (*tender*) tendre; **tirarse** *vpr* se jeter; (*abalanzarse*) se lancer; (*tumbarse*) s'allonger; **~ abajo** descendre; **~ a la derecha** tourner à droite; **tira a su padre** il tient de son père; **~ a algn de la lengua** tirer la langue à qn; **~ de algo** tirer qch; **ir tirando** aller comme ci comme ça; **se tiró toda la mañana hablando** il a passé toute la matinée à parler

tirita [ti'rita] *nf* pansement *m* (adhésif)

tiritar [tiri'tar] *vi* grelotter

tiro ['tiro] *nm* tir *m*; (*herida*) balle *f*; (*alcance*) portée *f*; (*de escalera*) marche *f*; (*de chimenea*) tirage *m*; (*de pantalón*) entrejambes *msg*; **caballo de ~** cheval *m* de trait; **andar de ~s largos** être tiré(e) à quatre épingles; **al ~** (*Chi*) tout de suite; **me sentó como un ~** (*fam*) je ne l'ai pas digéré; **a ~ de piedra** à un jet de pierre; **se pegó un ~** il s'est tiré une balle dans la tête; **le salió el ~ por la culata** ça s'est retourné contre lui; **de a ~** (*AM*: *fam*) complètement; **~ al arco/al blanco** tir à l'arc/à blanc; **~ de gracia** coup *m* de grâce; **~ libre** coup franc

tirolina [tiro'lina] *nf* tyrolienne *f*

tirón [ti'ron] *nm* coup *m*; (*muscular*) crampe *f*; (*fam*: *de bolso*) vol *m* à la tire; **de un ~** d'une traite; **dar un ~ a** arracher

tiroteo [tiro'teo] *nm* (*disparos*) fusillade *f*; (*escaramuza*) échange *m* de coups de feu

tísico, -a ['tisiko, a] *adj*, *nm/f* phtisique *m/f*

tisis ['tisis] *nf* phtisie *f*

títere ['titere] *nm* marionnette *f*; **no dejar ~ con cabeza** tout mettre sens dessus dessous; **gobierno ~** gouvernement *m* fantoche

ti

titiritero, -a [titiri'tero, a] *nm/f* marionnettiste *m/f*; (*acróbata*) acrobate *m/f*

titubeante [tituβe'ante] *adj* (*indeciso*) hésitant(e); (*inestable*) vacillant(e)

titubear [tituβe'ar] *vi* (*dudar*) hésiter; (*moverse*) vaciller

titubeo [titu'βeo] *nm* hésitation *f*

titulado, -a [titu'laðo, a] *pp de* **titular** ▸*nm/f* diplômé(e)

titular [titu'lar] *adj* titulaire ▸ *nm/f* (*de cargo*) titulaire *m/f* ▸*nm* titre *m* ▸*vt* intituler; **titularse** *vpr* s'intituler; (*Escol*) obtenir son diplôme

título ['titulo] *nm* titre *m*; (*Com*) valeur *f*; (*Escol*) diplôme *m*; **a ~ de** à titre de; (*en calidad de*) en qualité de; **a ~ de curiosidad** par curiosité; **~s convertibles de interés fijo** titres *mpl* de créances convertibles; **~ de propiedad** titre de propriété

tiza ['tiθa] *nf* craie *f*; **una ~** une craie

tiznar [tiθ'nar] *vt* salir, noircir

tizo ['tiθo], **tizón** [ti'θon] *nm* tison *m*

tlapalería [tlapale'ria] (*Méx*) *nf* quincaillier *m*

TME *sigla mpl* (= *trastornos musculoesqueléticos*) TMS *mpl* (= *troubles musculosquelettiques*)

toalla [to'aʎa] *nf* serviette *f*; **arrojar** *o* **tirar la ~** jeter l'éponge

toallita [toa'ʎita] *nf* (*tb*: **toallita húmeda**) lingette *f*

tobillo [to'βiʎo] *nm* cheville *f*

tobogán [toβo'ɣan] *nm* (*rampa*) toboggan *m*; (*trineo*) luge *f*

tocadiscos [toka'ðiskos] *nm inv* tourne-disques *m inv*

tocado, -a [to'kaðo, a] *adj* (*fruta*) abîmé(e) ▸*nm* coiffure *f*; **estar ~ de la cabeza** (*fam*) être toqué(e)

tocador [toka'ðor] *nm* (*mueble*) coiffeuse *f*; (*cuarto*) cabinet *m* de toilette; (: *público*) toilettes *fpl* pour dames

tocante [to'kante]: **~ a** *prep* touchant à; **en lo ~ a** pour ce qui concerne

tocar [to'kar] *vt* toucher; (*timbre*) tirer; (*Mús*) jouer de; (*campana*) (faire) sonner; (*tambor*) battre; (*topar con*) heurter; (*referirse a*) aborder; (*fam: modificar*) toucher à ▸*vi* (*a la puerta*) frapper; (*ser de turno*) être le tour de; (*atañer*) concerner; **tocarse** *vpr* se toucher; (*cubrirse la cabeza*) se coiffer; **le toca a él hacerlo** c'est à lui de le faire; **~ de cerca** toucher de près; **~ en** (*Náut*) faire escale à; **le ha tocado la lotería** il a gagné à la loterie; **ahora nos toca postre** c'est le moment de manger le dessert; **por lo que a mí me toca** en ce qui me concerne; **esto toca en la locura** cela frise la folie

tocayo, -a [to'kajo, a] *nm/f* homonyme *m/f*

tocino [to'θino] *nm* lard *m*; **~ de cielo** *pâtisserie à base de jaune d'œuf et de sirop*

todavía [toða'βia] *adv* encore; (*en frases afirmativas o con énfasis*) toujours; **~ más** encore plus; **~ no** pas encore; **~ en 1970** encore en 1970; **no ha llegado ~** il n'est pas encore arrivé; **está lloviendo ~** il pleut toujours

todo, -a ['toðo, a]

▸ *adj* 1 (*sg*) tout(e); **toda la noche** toute la nuit; **todo el libro** tout le livre; **toda una botella** toute une bouteille; **todo lo contrario** tout le contraire; **está toda sucia** elle est toute sale; **a toda prisa** à toute vitesse; **a todo esto** (*mientras tanto*) pendant ce temps-là; (*a propósito*) à propos; **soy todo oídos** je suis tout ouïe; **es todo un hombre** c'est un vrai homme

2 (*pl*) tous (toutes); **todos vosotros** vous tous; **todos los libros** tous les livres; **todas las noches** toutes les nuits; **todos los que quieran salir** tous ceux qui veulent sortir

3 (*negativo*): **en todo el día** de (toute) la journée; **no he dormido en toda la noche** je n'ai pas dormi de la nuit

▸ *pron* 1 tout; **todos/as** tous (toutes); **lo sabemos todo** nous savons tout; **todo o nada** tout ou rien; **vino a buscarme con coche y todo** il est venu me chercher, et en voiture avec ça; **todos querían ir** ils voulaient tous y aller; **nos marchamos todos** nous partons tous; **arriba del todo** tout en haut; **no me agrada del todo** ça ne me satisfait pas entièrement

2: **con todo**: **con todo, él me sigue gustando** malgré tout, il me plaît toujours

▸ *adv* tout; **vaya todo seguido** allez tout droit

▸*nm*: **como un todo** comme un tout

todopoderoso, -a [toðopoðe'roso, a]

adj tout(e)-puissant(e)

todoterreno [toðote'rreno] *nm inv* véhicule *m* tout-terrain

toga ['toɣa] *nf* toge *f*, robe *f*

Tokio ['tokjo] *n* Tokyo

toldo ['toldo] *nm* (*en ventana, escaparate*) store *m*

tolerancia [tole'ranθja] *nf* tolérance *f*

tolerar [tole'rar] *vt* tolérer

toma ['toma] *nf* prise *f*; **~ de conciencia** prise de conscience; **~ de posesión** prise de possession; **~ de tierra** (*Aviat*) atterrissage *m*; (*Elec*) prise de terre

tomar [to'mar] *vt* prendre ▶ *vi* prendre; (*AM*) boire; **tomarse** *vpr* prendre; **¡toma!** tiens!; **~ la temperatura** prendre la température; **~ cariño a algn** se prendre d'affection pour qn; **~ el sol** prendre le soleil; **~ (buena) nota de algo** prendre (bonne) note de qch; **tome la calle de la derecha** prenez la rue de droite; **¿qué tomas?** qu'est-ce que tu prends?; **no tomó bien la broma** il a mal pris la plaisanterie; **~ asiento** prendre place; **~ a bien/a mal** prendre bien/mal; **~ en serio** prendre au sérieux; **~ el pelo a algn** faire marcher qn; **tomarla con algn** s'en prendre à qn; **~ por escrito** prendre par écrit; **¿por quién me tomas?** pour qui tu me prends?; **toma y daca** un prêté pour un rendu; **¡vete a ~ por culo!** (*fam!*) va te faire enculer! (*fam!*); **tomarse por** se prendre pour

tomate [to'mate] *nm* tomate *f*

tomavistas [toma'βistas] *nm inv* caméra *f*

tomillo [to'miʎo] *nm* thym *m*

tomo ['tomo] *nm* tome *m*; **de ~ y lomo** de taille

ton [ton] *abr* (= *tonelada*) t (= *tonne*)

tonada [to'naða] *nf* air *m*

tonalidad [tonali'ðað] *nf* tonalité *f*

tonel [to'nel] *nm* tonneau *m*

tonelada [tone'laða] *nf* tonne *f*; **~ métrica** tonne

tonelaje [tone'laxe] *nm* tonnage *m*

tónica ['tonika] *nf* (*bebida*) tonic *m*; (*tendencia*) tendance *f*

tónico, -a ['toniko, a] *adj* tonique ▶ *nm* (*Med*) remontant *m*

tonificar [tonifi'kar] *vt* tonifier

tono ['tono] *nm* ton *m*; **fuera de ~** hors de propos; **darse ~** se donner de grands airs; **estar a ~** être en harmonie; **~ de llamada** sonnerie *f* (de téléphone portable); **~ de marcar** (*Telec*) tonalité *f*

tontería [tonte'ria] *nf* sottise *f*, bêtise *f*

tonto, -a ['tonto, a] *adj* bête, idiot(e) ▶ *nm/f* idiot(e), sot (sotte); (*payaso*) idiot(e); **a tontas y a locas** à tort et à travers; **hacer el ~** faire l'idiot; **hacerse el ~** faire l'ignorant; **estar ~ con algo** être entiché(e) de qch

topar [to'par] *vi*: **~ con** tomber sur; **toparse** *vpr*: **toparse con** tomber sur; **~ contra** *o* **en** buter contre

tope ['tope] *adj* limite ▶ *nm* limite *f*; (*obstáculo*) difficulté *f*; (*de puerta*) butoir *m*; (*Ferro*) tampon *m*; (*de mecanismo*) butée *f*; (*Méx: Auto*) ralentisseur *m*; **a ~** (*fam: aprovechar, acelerar*) à fond; (*: música*) à plein volume; **a** *o* **hasta los ~s** plein(e) à ras bord; **fecha ~** date *f* limite; **precio/sueldo ~** prix *m*/salaire *m* maximum; **~ de tabulación** tabulateur *m*

tópico, -a ['topiko, a] *adj* rebattu(e); (*Med*) externe ▶ *nm* (*pey*) cliché *m*; **de uso ~** à usage externe

topo ['topo] *nm* taupe *f*

topografía [topoɣra'fia] *nf* topographie *f*

topógrafo, -a [to'poɣrafo, a] *nm/f* topographe *m/f*; (*agrimensor*) arpenteur *m/f*

toque ['toke] *vb ver* **tocar** ▶ *nm* (*de mano, pincel*) coup *m*; (*Mús*) sonnerie *f*; (*matiz*) touche *f*; (*retoque*) retouche *f*; **dar un ~ a** passer un coup de fil à; (*advertir*) donner un avertissement à; **dar el último ~ a** mettre la dernière touche à; **~ de diana** sonnerie de clairon; **~ de queda** couvre-feu *m*

toquetear [tokete'ar] *vt* tripoter

toquilla [to'kiʎa] *nf* châle *m*

tórax ['toraks] *nm* thorax *msg*

torbellino [torbe'ʎino] *nm* tourbillon *m*; (*fig*) tornade *f*

torcedura [torθe'ðura] *nf* torsion *f*; (*Med*) entorse *f*

torcer [tor'θer] *vt* tordre; (*inclinar*) pencher; (*persona*) corrompre; (*sentido*) déformer ▶ *vi* (*cambiar de dirección*) tourner; **torcerse** *vpr* se tordre; (*inclinarse*) pencher; (*desviarse*) dévier; (*fracasar*) mal tourner; **~ la esquina** tourner au coin de la rue; **~ el gesto** se renfrogner; **el coche torció**

a la derecha l'auto a viré à droite ; **torcerse un pie** se tordre le pied ; **se han torcido las cosas** les choses se sont gâtées

torcido, -a [tor'θiðo, a] *adj* tordu(e) ; (*cuadro*) penché(e) ; (*intención, persona*) louche

tordo, -a ['torðo, a] *adj* (*caballo*) pommelé(e) ▶ *nm* grive *f*

torear [tore'ar] *vt* (*toro*) combattre ; (*evitar*) esquiver ▶ *vi* toréer

toreo [to'reo] *nm* tauromachie *f*

torero, -a [to'rero, a] *nm/f* torero (torera)

tormenta [tor'menta] *nf* (*tb fig*) orage ; **una ~ en un vaso de agua** une tempête dans un verre d'eau

tormento [tor'mento] *nm* torture *f* ; (*fig*) tourment *m*

tornado [tor'naðo] *nm* tornade *f*

tornar [tor'nar] *vt* (*devolver*) rendre ; (*transformar*) rendre ▶ *vi* revenir ; **tornarse** *vpr* (*ponerse*) devenir ; (*volver*) revenir ; **~ a hacer** recommencer à faire

tornasolado, -a [tornaso'laðo, a] *adj* (*tela*) chatoyant(e) ; (*mar, superficie*) irisé(e)

torneo [tor'neo] *nm* tournoi *m*

tornillo [tor'niʎo] *nm* vis *fsg* ; **apretar los ~s a algn** serrer la vis à qn ; **le falta un ~** (*fam*) il lui manque une case

torniquete [torni'kete] *nm* tourniquet *m*

torno ['torno] *nm* (*Tec: grúa*) treuil *m* ; (*: de carpintero, alfarero*) tour *m* ; **en ~ a** autour de ; **~ de banco** étau *m*

toro ['toro] *nm* taureau *m* ; (*fam*) malabar *m* ; **los toros** *nmpl* (*fiesta*) la corrida

toronja [to'ronxa] (*esp AM*) *nf* pamplemousse *m*

torpe ['torpe] *adj* maladroit(e) ; (*necio*) abruti(e) ; (*lento*) lent(e)

torpedo [tor'peðo] *nm* torpille *f*

torpeza [tor'peθa] *nf* maladresse *f* ; (*lentitud*) lenteur *f*

torre ['torre] *nf* tour *f* ; (*Mil, Náut*) tourelle *f* ; **~ de conducción eléctrica** pylône *m* électrique ; **~ de control** tour de contrôle ; **~ de marfil** tour d'ivoire ; **~ de perforación** foreuse *f*

torrefacto, -a [torre'fakto, a] *adj* : **café ~** café *m* torréfié

torrente [to'rrente] *nm* torrent *m*

tórrido, -a ['torriðo, a] *adj* torride

torrija [to'rrixa] *nf* pain *m* perdu

torsión [tor'sjon] *nf* torsion *f*

torso ['torso] *nm* torse *m*

torta ['torta] *nf* tarte *f* ; (*Méx*) omelette *f* ; (*fam*) baffe *f* ; **ni ~** rien du tout, goutte

tortícolis [tor'tikolis] *nf o nm inv* torticolis *msg*

tortilla [tor'tiʎa] *nf* omelette *f* ; (*AM*) crêpe *f* de maïs ; **ha cambiado** *o* **vuelto la ~** le vent a tourné ; **~ española/francesa** tortilla *f*/omelette

tórtola ['tortola] *nf* tourterelle *f*

tortuga [tor'tuɣa] *nf* tortue *f* ; **~ marina** tortue de mer

tortuoso, -a [tor'twoso, a] *adj* tortueux(-ueuse)

tortura [tor'tura] *nf* torture *f*

torturar [tortu'rar] *vt* torturer ; **torturarse** *vpr* se torturer

tos [tos] *nf* toux *fsg* ; **~ ferina** coqueluche *f*

tosco, -a ['tosko, a] *adj* (*material*) brut(e) ; (*artesanía*) grossier(-ière) ; (*sin refinar*) rustre, grossier(-ière)

toser [to'ser] *vi* tousser ; **no hay quien le tosa** personne ne lui arrive à la cheville

tostada [tos'taða] *nf* tranche *f* de pain grillé, toast *m*

tostado, -a [tos'taðo, a] *adj* grillé(e) ; (*por el sol*) bronzé(e)

tostador [tosta'ðor] *nm* grille-pain *m inv*

tostar [tos'tar] *vt* (*pan*) faire griller ; (*café*) torréfier ; (*al sol*) dorer ; **tostarse** *vpr* (*al sol*) se dorer

total [to'tal] *adj* total(e) ▶ *adv* bref ▶ *nm* total *m* ; **en ~** au total ; **~ que ...** bref ... ; **~ debe/haber** (*Com*) débit *m*/actif *m* total

totalidad [totali'ðað] *nf* totalité *f*

totalitario, -a [totali'tarjo, a] *adj* totalitaire

totalmente [to'talmente] *adv* entièrement ; (*antes de adjetivo*) complètement

tóxico, -a ['toksiko, a] *adj* toxique ▶ *nm* produit *m* toxique

toxicómano, -a [toksi'komano, a] *nm/f* toxicomane *m/f*

toxina [to'ksina] *nf* toxine *f*

tozudo, -a [to'θuðo, a] *adj* têtu(e)

traba ['traβa] *nf* entrave *f* ; (*de rueda*) rayon *m* ; **poner ~s a** mettre des bâtons dans les roues à

trabajador, a [traβaxa'ðor, a] *adj, nm/f* travailleur(-euse) ; **~ autónomo** *o* **por**

cuenta propia travailleur indépendant, free-lance *m/f*

trabajar [traβa'xar] *vt* travailler ; (*mercancía*) faire ; (*intentar conseguir*) s'occuper de ▸ *vi* travailler ; **¡a ~!** au travail ! ; **~ de** travailler comme

trabajo [tra'βaxo] *nm* travail *m* ; (*fig*) difficultés *fpl* ; **tomarse el ~ de** se donner la peine de ; **~ por turnos/a destajo** travail par roulement/à la pièce ; **costar ~** demander du travail ; **~ a tiempo parcial** travail à temps partiel ; **~ de campo** travaux *mpl* des champs ; **~ en proceso** (*Com*) travaux en cours ; **~s forzados** travaux forcés

trabajoso, -a [traβa'xoso, a] *adj* laborieux(-euse)

trabalenguas [traβa'lengwas] *nm inv* *mot ou phrase difficile à prononcer*

trabar [tra'βar] *vt* joindre ; (*puerta*) coincer ; (*animal, proceso*) entraver ; (*agarrar*) saisir ; (*salsa*) lier ; (*amistad, conversación*) nouer ; **trabarse** *vpr* bafouiller ; **se le traba la lengua** il bafouille

tracción [trak'θjon] *nf* traction *f* ; **~ delantera/trasera** traction avant/arrière

tractor [trak'tor] *nm* tracteur *m*

tradición [traði'θjon] *nf* tradition *f*

tradicional [traðiθjo'nal] *adj* traditionnel(le)

traducción [traðuk'θjon] *nf* traduction *f* ; **~ asistida por ordenador** traduction assistée par ordinateur, TAO *f* ; **~ directa** traduction directe ; (*Escol*) version *f*

traducir [traðu'θir] *vt* traduire ; (*interpretar*) interpréter ; **traducirse** *vpr*: **traducirse en** (*fig*) se traduire par

traductor, a [traðuk'tor, a] *nm/f* traducteur(-trice)

traer [tra'er] *vt* apporter ; (*llevar: ropa*) porter ; (*incluir*) impliquer ; (*ocasionar*) apporter, causer ; **traerse** *vpr*: **traerse algo** tramer qch ; **~ a algn frito** *o* **de cabeza** (*fam*) casser les pieds à qn ; **~ consigo** impliquer ; **es un problema que se las trae** c'est un problème épineux ; **traerse algo entre manos** manigancer *o* fabriquer qch

traficar [trafi'kar] *vi*: **~ con** faire du trafic de

tráfico ['trafiko] *nm* (*Auto*) circulation *f* ; (*Com*) commerce *m* ; (: *pey*) trafic *m* ; **~ de drogas** trafic de drogue ; **~ de influencias** trafic d'influence

tragaluz [traɣa'luθ] *nm* vasistas *msg*

tragaperras [traɣa'perras] *nf inv* machine *f* à sous

tragar [tra'ɣar] *vt* avaler ; (*devorar*) dévorer ; (*suj: mar, tierra*) engloutir ; **tragarse** *vpr* avaler ; (*devorar*) dévorer ; (*desprecio, insulto*) ravaler ; (*discurso, rollo*) se farcir ; **no le puedo ~** je ne peux pas le sentir

tragedia [tra'xeðja] *nf* tragédie *f*

trágico, -a ['traxiko, a] *adj* tragique

trago ['traɣo] *nm* gorgée *f* ; (*fam: bebida*) verre *m* ; (*desgracia*) moment *m* difficile ; **de un ~** d'un trait ; **~ amargo** coup *m* dur

traición [trai'θjon] *nf* trahison *f* ; **alta ~** haute trahison ; **a ~** en traître

traicionar [traiθjo'nar] *vt* trahir

traicionero, -a [traiθjo'nero, a] *adj, nm/f* traître (traîtresse)

traidor, a [trai'ðor, a] *adj, nm/f* traître (traîtresse)

traiga *etc* ['traiɣa] *vb ver* **traer**

traje ['traxe] *vb ver* **traer** ▸ *nm* (*de hombre, de época*) costume *m* ; **~ hecho a la medida** costume sur mesure ; **~ de baño** maillot *m* de bain ; **~ de buzo** combinaison *f* de plongée ; **~ de calle** tenue *f* de ville ; **~ de chaqueta** tailleur *m* ; **~ de etiqueta** tenue *f* de soirée ; **~ de luces** habit *m* de lumière ; **~ de noche** robe *f* du soir ; **~ de novia** robe de mariée ; **~ típico** costume traditionnel

trajera *etc* [tra'xera] *vb ver* **traer**

trajín [tra'xin] *nm* agitation *f* ; (*fam*) va-et-vient *m inv*

trajinar [traxi'nar] *vt* transporter ▸ *vi* s'affairer

trama ['trama] *nf* (*de tejido*) trame *f* ; (*de obra*) intrigue *f* ; (*intriga*) machination *f*

tramar [tra'mar] *vt* tramer, ourdir ; **tramarse** *vpr*: **algo se está tramando** il se trame qch

tramitar [trami'tar] *vt* (*suj: departamento, comisaría*) s'occuper de ; (: *individuo*) faire des démarches pour obtenir

trámite ['tramite] *nm* démarche *f* ; **trámites** *nmpl* (*burocracia*) formalités *fpl* ; (*Jur*) mesures *fpl*

tramo ['tramo] *nm* (*de tierra*) bande *f*; (*de escalera*) volée *f*; (*de vía*) tronçon *m*

tramoya [tra'moja] *nf* (*Teatro*) machinerie *f*; (*fig*) machination *f*

tramoyista [tramo'jista] *nm/f* machiniste *m*; (*fig*) conspirateur(-trice)

trampa ['trampa] *nf* piège *m*; (*en el suelo*) trappe *f*; (*en juego*) tricherie *f*; (*fam*: *deuda*) dette *f*; **caer en la ~** tomber dans le piège; **hacer ~s** tricher

trampolín [trampo'lin] *nm* tremplin *m*

tramposo, -a [tram'poso, a] *adj, nm/f* tricheur(-euse)

tranca ['tranka] *nf* (*palo*) trique *f*; (*de puerta, ventana*) barre *f*; (*fam*: *borrachera*) cuite *f*; **a ~s y barrancas** avec maintes difficultés

trancar [tran'kar] *vt* barrer

trance ['tranθe] *nm* (*crítico*) moment *m* critique; (*difícil*) moment difficile; (*estado hipnótico*) transe *f*; **estar en ~ de muerte** être à l'article de la mort

tranquilidad [trankili'ðað] *nf* tranquillité *f*

tranquilizar [trankili'θar] *vt* tranquilliser

tranquilo, -a [tran'kilo, a] *adj* calme; (*apacible*) tranquille

Trans. *abr* = *transferencia*

trans... [trans] *pref* trans...; *ver tb* **tras...**

transacción [transak'θjon] *nf* transaction *f*

transar [tran'sar] (AM) *vi* = **transigir**

transbordador [transβorða'ðor] *nm* transbordeur *m*, bac *m*

transbordar [transβor'ðar] *vt* transborder ▶ *vi* changer de train

transbordo [trans'βorðo] *nm* changement *m*; **hacer ~** changer

transcurrir [transku'rrir] *vi* (*tiempo*) passer; (*hecho, reunión*) se dérouler

transcurso [trans'kurso] *nm* (*de tiempo*) cours *msg*; (*de hecho*) déroulement *m*; **en el ~ de 8 días** en l'espace de 8 jours

transeúnte [transe'unte] *adj* de passage ▶ *nm/f* passant(e)

transferencia [transfe'renθja] *nf* transfert *m*; (*Com*) virement *m*; **~ bancaria** virement bancaire; **~ de crédito** virement; **~ electrónica de fondos** système *m* de virements informatisé

transferir [transfe'rir] *vt* transférer; (*dinero*) virer

transformador [transforma'ðor] *nm* transformateur *m*

transformar [transfor'mar] *vt* transformer; **~ en** transformer en

tránsfuga ['transfuɣa] *nm/f* transfuge *m*

transfusión [transfu'sjon] *nf* (*tb*: **transfusión de sangre**) transfusion *f* (sanguine)

transgénero [trans'xenero] *adj inv, nm/f inv* transgenre *m/f*

transgénico, -a [trans'xeniko, a] *adj* transgénique

transgredir [transɣre'dir] *vt* transgresser

transhumanismo [transuma'nismo] *nm* transhumanisme *m*

transición [transi'θjon] *nf* transition *f*; **gobierno de ~** gouvernement *m* de transition; **período de ~** période *f* de transition; **~ democrática** transition démocratique

transigir [transi'xir] *vi* transiger

transistor [transis'tor] *nm* transistor *m*

transitar [transi'tar] *vi*: **~ (por)** circuler (sur)

tránsito ['transito] *nm* passage *m*; (*Auto*) transit *m*; **horas de máximo ~** heures *fpl* de pointe; **« se prohíbe el ~ »** « circulation interdite »

transitorio, -a [transi'torjo, a] *adj* transitoire

transmisión [transmi'sjon] *nf* transmission *f*; (*Radio, TV*) diffusion *f*; **correa/eje de ~** courroie *f*/axe *m* de transmission; **~ de datos (en paralelo/en serie)** (*Inform*) transmission de données (en parallèle/en série); **~ en circuito** duplex *m*; **~ en directo** diffusion en direct; **~ exterior** émission tournée en extérieur

transmitir [transmi'tir] *vt* transmettre; (*aburrimiento, esperanza*) communiquer; (*Radio, TV*) diffuser

transparencia [transpa'renθja] *nf* transparence *f*; (*foto*) transparent *m*

transparentar [transparen'tar] *vt* laisser paraître ▶ *vi* être transparent(e); **transparentarse** *vpr* être transparent(e)

transparente [transpa'rente] *adj* transparent(e)

transpirar [transpi'rar] *vi* (*sudar*) transpirer; (*exudar*) exsuder

transportar [transpor'tar] *vt* transporter
transporte [trans'porte] *nm* transport *m* ; **~ en contenedores** transport par conteneurs ; **~ público** transport public
transversal [transβer'sal] *adj* transversal(e) ▸ *nf* (*tb*: **calle transversal**) rue *f* transversale
tranvía [tram'bia] *nm* tramway *m*
trapecio [tra'peθjo] *nm* trapèze *m*
trapecista [trape'θista] *nm/f* trapéziste *m/f*
trapero, -a [tra'pero, a] *nm/f* chiffonnier(-ière)
trapicheos [trapi'tʃeos] (*fam*) *nmpl* manigances *fpl*
trapo ['trapo] *nm* chiffon *m* ; (*de cocina*) torchon *m* ; **trapos** *nmpl* (*fam*: *de mujer*) chiffons *mpl* ; **a todo ~** à toute vitesse ; **poner a algo como un ~** (*fam*) descendre qn en flammes ; **sacar los ~s sucios a relucir** se dire ses quatre vérités
tráquea ['trakea] *nf* trachée *f*
traqueteo [trake'teo] *nm* cahot *m*
tras [tras] *prep* (*detrás*) derrière ; (*después*) après ; **~ de** en plus de ; **día ~ día** jour après jour ; **uno ~ otro** l'un après l'autre
tras... [tras] *pref* trans... ; *ver tb* **trans...**
trasatlántico, -a [trasat'lantiko, a] *adj, nm* transatlantique *m*
trascendencia [trasθen'denθja] *nf* importance *f* ; (*Filos*) transcendance *f*
trascendental [trasθenden'tal] *adj* capital(e)
trascender [trasθen'der] *vi* (*noticias*) filtrer, transpirer ; (*olor*) embaumer ; (*acontecimientos*) avoir des répercussions ; **~ de** dépasser ; **~ a** (*sugerir*) évoquer ; (*oler a*) sentir ; **en su novela todo trasciende a romanticismo** dans son roman tout évoque le romantisme
trasero, -a [tra'sero, a] *adj* arrière ▸ *nm* (*Anat*) postérieur *m*
trasfondo [tras'fondo] *nm* fond *m*
trashumante [trasu'mante] *adj* transhumant(e)
trasladar [trasla'ðar] *vt* déplacer ; (*empleado, prisionero*) transférer ; (*fecha*) reporter ; **trasladarse** *vpr* (*mudarse*) déménager ; (*desplazarse*) se déplacer ; **trasladarse a otro puesto** changer d'emploi
traslado [tras'laðo] *nm* déplacement *m* ; (*mudanza*) déménagement *m* ; (*de empleado, prisionero*) transfert *m* ; (*copia, Jur*) notification *f* ; **~ de bloque** (*Inform*) déplacement de bloc
traslucir [traslu'θir] *vt* laisser entrevoir ; **traslucirse** *vpr* (*cristal*) être translucide ; (*figura, color*) se voir au travers ; (*fig*) apparaître, se révéler
trasluz [tras'luθ] *nm* lumière *f* tamisée ; **al ~** à la lumière
trasnochar [trasno'tʃar] *vi* se coucher tard ; (*no dormir*) passer une nuit blanche
traspapelar [traspape'lar] *vt* égarer
traspasar [traspa'sar] *vt* transpercer ; (*propiedad, derechos*) céder ; (*empleado, jugador*) transférer ; (*límites*) dépasser ; (*ley*) transgresser ; **«traspaso negocio»** « bail à céder »
traspaso [tras'paso] *nm* (*de negocio, jugador*) cession *f*, vente *f* ; (*precio*) reprise *f*
traspié [tras'pje] *nm* faux pas *msg* ; (*fig*) faux pas, gaffe *f*
trasplantar [trasplan'tar] *vt* transplanter ; (*Med*) greffer
trasplante [tras'plante] *nm* transplantation *f* ; (*Med*) greffe *f*
trastabillar [trastaβi'ʎar] (*esp* AM) *vi* trébucher
traste ['traste] *nm* (*Mús*) touchette *f* ; **dar al ~ con algo** ficher qch en l'air ; **irse al ~** capoter
trastero [tras'tero] *nm* débarras *msg*
trastienda [tras'tjenda] *nf* arrière-boutique *f* ; **obtener algo por la ~** obtenir qch en sous-main
trasto ['trasto] *nm* vieillerie *f* ; (*pey*: *cosa*) saleté *f* ; (: *persona*) propre *m/f* à rien ; **trastos** *nmpl* (*fam*) attirail *msg* ; **tirarse los ~s a la cabeza** se battre comme des chiffonniers
trastornado, -a [trastor'naðo, a] *adj* (*loco*) détraqué(e) ; (*agitado*) turbulent(e)
trastornar [trastor'nar] *vt* déranger ; (*persona*) troubler ; (: *enamorar*) envoûter ; (: *enloquecer*) rendre fou (folle) ; **trastornarse** *vpr* (*plan*) échouer ; (*persona*) devenir fou (folle)
trastorno [tras'torno] *nm* dérangement *m* ; (*confusión*) désordre *m* ; (*Pol, Med*) trouble *m* ; **~ estomacal** trouble gastrique ; **~ mental** trouble mental

tratado [tra'taðo] *nm* traité *m*

tratamiento [trata'mjento] *nm* traitement *m* ; (*título*) titre *m* ; (*de problema*) manière *f* de traiter ; **~ de datos/de gráficos/de textos** (*Inform*) traitement des données/des graphiques/de texte ; **~ de márgenes** positionnement *m* des marges ; **~ por lotes** (*Inform*) traitement par lots

tratar [tra'tar] *vt* traiter ; (*tener contacto*) fréquenter ▸ *vi*: **~ de** (*hablar sobre*) traiter de ; (*intentar*) essayer de ; **tratarse** *vpr*: **tratarse de** s'agir de ; **~ con** traiter avec ; **~ en** (*Com*) être négociant en ; **se trata de la nueva piscina** c'est à propos de la nouvelle piscine ; **¿de qué se trata?** de quoi s'agit-il ? ; **~ a algn de tú/usted** tutoyer/vouvoyer qn ; **~ a algn de tonto** traiter qn d'idiot

trato ['trato] *nm* traitement *m* ; (*relaciones*) rapport *m* ; (*manera de ser*) manières *fpl* ; (*Com, Jur*) marché *m* ; (*pacto*) traité *m* ; (*título*) titre *m* ; **de ~ agradable** agréable, charmant(e) ; **de fácil ~** d'abord facile ; **~ equitativo** traitement égal ; **¡~ hecho!** marché conclu ! ; **hacer un ~** faire un marché ; **malos ~s** mauvais traitements

trauma ['trauma] *nm* trauma matisme *m*

través [tra'βes] *nm*: **al ~** en travers ; **a ~ de** à travers, au travers de ; (*radio, teléfono*) par ; (*organismo*) par l'intermédiaire de ; **de ~** (*transversalmente*) de travers ; (*de lado*) en *o* de biais

travesaño [traβe'saɲo] *nm* (*Arq*) traverse *f* ; (*Deporte*) barre *f* transversale

travesía [traβe'sia] *nf* (*calle*) passage *m* ; (*Náut*) traversée *f*

travesura [traβe'sura] *nf* espièglerie *f*

traviesa [tra'βjesa] *nf* (*Ferro*) traverse *f*

travieso, -a [tra'βjeso, a] *adj* (*niño*) espiègle, polisson(ne) ; (*adulto*) espiègle ; (*pícaro*) malin(-igne) ; (*ingenioso*) astucieux(-euse) ; **a campo traviesa** à travers champs

trayecto [tra'jekto] *nm* trajet *m* ; (*tramo*) section *f* ; **final del ~** terminus *msg*

trayectoria [trajek'torja] *nf* trajectoire *f* ; **la ~ actual del partido** la ligne actuelle du parti

traza ['traθa] *nf* (*Arq*) tracé *m*, plan *m* ; (*aspecto*) allure *f* ; (*habilidad*) facilité *f* ; (*Inform*) trace *f* ; **llevar ~s de algo** avoir l'air de qch ; **por las ~s** apparemment

trazado [tra'θaðo, a] *nm* (*Arq*) plan *m* ; (*fig*) grandes lignes *fpl* ; (*de carretera*) tracé *m*

trazar [tra'θar] *vt* tracer ; (*plan*) tirer

trazo ['traθo] *nm* (*línea*) trait *m* ; (*bosquejo*) ébauche *f* ; **trazos** *nmpl* (*de cara*) traits *mpl*

trébol ['treβol] *nm* trèfle *m* ; **tréboles** *nmpl* (*Naipes*) trèfle

trece ['treθe] *adj inv, nm inv* treize *m inv* ; **seguir en sus ~** ne pas vouloir en démordre ; *ver tb* **seis**

trecho ['tretʃo] *nm* (*distancia*) distance *f* ; (*de tiempo*) moment *m* ; **de ~ en ~** de temps en temps ; **a ~s** çà et là

tregua ['treɣwa] *nf* trêve *f* ; **sin ~** sans répit

treinta ['treinta] *adj inv, nm inv* trente *m inv* ; *ver tb* **sesenta**

tremendo, -a [tre'mendo, a] *adj* (*terrible*) impressionnant(e) ; (*imponente*) terrible, impressionnant(e) ; (*fam*) terrible ; **tomarse las cosas a la tremenda** prendre les choses au tragique

trémulo, -a ['tremulo, a] *adj* tremblant(e) ; (*luz*) vacillant(e)

tren [tren] *nm* train *m* ; **a todo ~** à grands frais ; **estar como un ~** (*fam*) être canon ; **~ de aterrizaje** train d'atterrissage ; **~ directo/expreso/suplementario** train direct/(train) express *m*/train à supplément ; **~ (de) mercancías/de pasajeros** train de marchandises/de voyageurs ; **~ de vida** train de vie

trenza ['trenθa] *nf* tresse *f*, natte *f*

trenzar [tren'θar] *vt* tresser ▸ *vi* (*en baile*) faire des entrechats ; **trenzarse** *vpr* (AM: *fam*) se mêler à une querelle

trepador, a [trepa'ðor, a] *adj* (*planta*) grimpant(e) ▸ *nm/f* arriviste *m/f* ▸ *nf* (*planta*) plante *f* grimpante

trepar [tre'par] *vi* grimper

trepidante [trepi'ðante] *adj* trépidant(e) ; (*ruido*) accablant(e)

tres [tres] *adj inv, nm inv* trois *m inv* ; *ver tb* **seis**

trescientos, -as [tres'θjentos, as] *adj* trois cents ; *ver tb* **seiscientos**

tresillo [tre'siʎo] *nm* salon *m* (*comprenant un canapé et deux fauteuils*) ; (*Mús*) triolet *m*

treta ['treta] *nf* machination *f*

triángulo [tri'angulo] *nm* triangle *m*

tribal [tri'βal] *adj* tribal(e)
tribu ['triβu] *nf* tribu *f*
tribuna [tri'βuna] *nf* tribune *f*; **~ de prensa** tribune de la presse
tribunal [triβu'nal] *nm* (*Jur*) tribunal *m*; (*Escol*, *fig*) jury *m*; **T~ Constitucional** *Cour constitutionnelle*; **T~ de Cuentas** ≈ Cour *f* des comptes; **T~ de Justicia de las Comunidades Europeas** Cour de justice européenne; **T~ Supremo** Cour suprême; **T~ Tutelar de Menores** Tribunal pour enfants
tributar [triβu'tar] *vt* payer; (*cariño, admiración*) témoigner
tributo [tri'βuto] *nm* impôt *m*; (*precio*) tribut *m*
tricotar [triko'tar] *vt*, *vi* tricoter
trigal [tri'ɣal] *nm* champ *m* de blé
trigo ['triɣo] *nm* blé *m*; **no es ~ limpio** (*persona*) il n'est pas net; (*asunto*) c'est louche
trigueño, -a [tri'ɣeɲo, a] *adj* (*pelo*) châtain-clair *inv*; (*piel*) basané(e)
trillado, -a [tri'ʎaðo, a] *adj* (*Agr*) battu(e); (*fig*) rebattu(e)
trilladora [triʎa'ðora] *nf* batteuse *f*
trillar [tri'ʎar] *vt* battre
trimestral [trimes'tral] *adj* trimestriel(le)
trimestre [tri'mestre] *nm* trimestre *m*
trinar [tri'nar] *vi* (*ave*) gazouiller; **está que trina** (*fam*) il est furieux
trinchar [trin'tʃar] *vt* découper
trinchera [trin'tʃera] *nf* (*Mil*) tranchée *f*; (*para vía*) percée *f*; (*impermeable*) trench-coat *m*
trineo [tri'neo] *nm* traîneau *m*; (*pequeño*) luge *f*
trinidad [trini'ðað] *nf*: **la T~** la Trinité
trino ['trino] *nm* gazouillement *m*
tripa ['tripa] *nf* (*Anat*) intestin *m*; (*fam*) bide *m*; (*: embarazo*) ventre *m*; **tripas** *nfpl* (*Anat*) intestins *mpl*; (*Culin*, *fig*) tripes *fpl*; **echar/tener ~** prendre/avoir du ventre; **me duele la ~** j'ai mal au ventre; **hacer de ~s corazón** prendre son courage à deux mains
triple ['triple] *adj*, *nm* triple *m*
triplicado, -a [tripli'kaðo, a] *adj*: **por ~** en trois exemplaires
tripulación [tripula'θjon] *nf* équipage *m*
tripulante [tripu'lante] *nm/f* membre *m* de l'équipage
tripular [tripu'lar] *vt* former l'équipage de; **nave espacial tripulada** vaisseau *m* spatial habité
tris [tris] *nm*: **estar en un ~ de hacer algo** être sur le point de faire qch
triste ['triste] *adj* triste; (*paisaje*) morne; (*color, flores*) flétri(e); **no queda ni un ~ pañuelo** il ne reste même pas un mouchoir
tristeza [tris'teθa] *nf* tristesse *f*
triturar [tritu'rar] *vt* triturer, broyer; (*mascar*) mâcher; (*documentos*) déchiqueter; (*persona: golpear*) pulvériser; (*: humillar*) anéantir
triunfar [triun'far] *vi* triompher, gagner; **~ en la vida** réussir dans la vie
triunfo [tri'unfo] *nm* triomphe *m*; (*Naipes*) atout *m*
trivial [tri'βjal] *adj* banal(e)
trivializar [triβjali'θar] *vt* minimiser, banaliser
triza ['triθa] *nf* morceau *m*, lambeau *m*; **hacer algo ~s** réduire qch en miettes; **hacer ~s a algn** (*golpear*) démolir qn; (*humillar*) écraser qn
trocar [tro'kar] *vt* (*Com*) troquer; (*papel, posición*) changer; (*palabras*) échanger; **trocarse** *vpr* se changer; **~ (en)** changer (en); **trocarse (en)** se changer (en)
trocear [troθe'ar] *vt* couper en morceaux
trocha ['trotʃa] (AM) *nf* sentier *m*
troche ['trotʃe]: **a ~ y moche** *adv* à tort et à travers
trofeo [tro'feo] *nm* trophée *m*; (*botín*) butin *m*; **~ de caza** trophée de chasse
trol [trol] *nm* (*duende*, *tb Internet*) troll *m*
trolear [trole'ar] *vt* (*Internet*) troller
tromba ['tromba] *nf* trombe *f*; **~ de agua** trombe d'eau
trombón [trom'bon] *nm* trombone *m*
trombosis [trom'bosis] *nf inv* thrombose *f*; **~ cerebral** thrombose cérébrale
trompa ['trompa] *nf* (*Mús*) cor *m*; (*de elefante, insecto, fam*) trompe *f* ▶ *nm* (*Mús*) joueur(-euse) de cor; **estar ~** (*fam*) être pompette; **cogerse una ~** (*fam*) prendre une cuite; **~ de Falopio** trompe de Fallope

trompada [trom'paða] *nf*, **trompazo** [trom'paθo] *nm* coup *m* ; (*puñetazo*) coup de poing ; **darse un ~** se donner un coup

trompeta [trom'peta] *nf* trompette *f* ; (*clarín*) clairon *m* ▶ *nm/f* trompettiste *m/f*

trompicón [trompi'kon] : **a trompicones** *adv* par à-coups

trompo ['trompo] *nm* toupie *f*

tronar [tro'nar] *vt* (*CAm, Méx* : *fam*) tuer ▶ *vi* (*Meteorología*) tonner

tronchar [tron'tʃar] *vt* (*árbol*) casser ; (*vida, esperanza*) briser, détruire ; **troncharse** *vpr* se fendre, tomber ; **troncharse de risa** se tordre de rire

tronco ['tronko] *nm* tronc *m* ; (*de familia*) lignée *f* ; **dormir/estar como un ~** dormir comme une souche

trono ['trono] *nm* trône *m*

tropa ['tropa] *nf* troupe *f* ; (*gentío*) foule *f*

tropel [tro'pel] *nm* (*desorden*) cohue *f* ; (*montón*) amoncellement *m* ; **en ~** en se bousculant

tropezar [trope'θar] *vi* trébucher ; **tropezarse** *vpr* se rencontrer ; **~ con** (*fig*) tomber sur

tropezón [trope'θon] *nm* faux pas *msg* ; **tropezones** *nmpl* (*Culin*) morceaux *mpl* de viande ; **darse un ~** trébucher

tropical [tropi'kal] *adj* tropical(e)

trópico ['tropiko] *nm* tropique *m*

tropiezo [tro'pjeθo] *vb ver* **tropezar** ▶ *nm* (*error*) erreur *f*, bévue *f* ; (*revés*) revers *msg* ; (*obstáculo*) difficulté *f* ; (*desliz*) erreur

trotamundos [trota'mundos] (*fam*) *nm inv/nf inv* globe-trotter *m/f*

trotar [tro'tar] *vi* trotter ; (*fam* : *viajar*) voyager

trote ['trote] *nm* trot *m* ; (*fam*) activité *f* ; **hacer algo al ~** faire qch à toute vitesse ; **de mucho ~** solide, résistant(e) ; **ya no está para esos ~s** ce n'est plus pour lui

trozo ['troθo] *nm* morceau *m* ; **a ~s** par endroits

trucha ['trutʃa] *nf* truite *f*

truco ['truko] *nm* truc *m* ; (*Cine*) trucage *m* ; **ya le he cogido el ~** j'ai pigé le truc ; **~ publicitario** astuce *f* promotionnelle

trueno ['trweno] *vb ver* **tronar** ▶ *nm* tonnerre *m* ; (*estampido*) coup *m* de tonnerre

trueque ['trweke] *vb ver* **trocar** ▶ *nm* échange *m* ; (*Com*) troc *m*

trufa ['trufa] *nf* truffe *f*

truhán, -ana [tru'an, ana] *nm/f* truand(e)

truncar [trun'kar] *vt* tronquer ; (*vida*) abréger ; (*desarrollo*) retarder ; (*esperanzas*) briser

tu [tu] *adj* ton (ta) ; **tus hijos** tes enfants

tú [tu] *pron* tu

tubérculo [tu'βerkulo] *nm* tubercule *m*

tuberculosis [tuβerku'losis] *nf* tuberculose *f*

tubería [tuβe'ria] *nf* tuyau *m* ; (*sistema*) tuyauterie *f* ; (*oleoducto etc*) conduite *f*

tubo ['tuβo] *nm* tube *m* ; (*de desagüe*) tuyau *m* ; **~ de ensayo** éprouvette *f*, tube à essai ; **~ de escape** pot *m* d'échappement ; **~ digestivo** tube digestif

tuerca ['twerka] *nf* écrou *m*

tuerto, -a ['twerto, a] *adj, nm/f* borgne *m/f*

tuerza *etc* ['twerθa] *vb ver* **torcer**

tuétano ['twetano] *nm* moelle *f* ; **hasta los ~s** jusqu'à la moelle

tufo ['tufo] (*pey*) *nm* relent *m*

tuit ['twit] *nm* (*en Twitter*) tweet *m*

tuitear [twite'ar] *vi* tweeter ▶ *vt* envoyer un tweet à

tuitero, -a [twi'tero, a] *nm/f* twittos *m/f*

tuitesfera [twiteses'fera] *nf* twittosphère *f*

tul [tul] *nm* tulle *m*

tulipán [tuli'pan] *nm* tulipe *f*

tullido, -a [tu'ʎiðo, a] *adj* estropié(e)

tumba ['tumba] *nf* tombe *f* ; **ser (como) una ~** être muet(te) comme une tombe

tumbar [tum'bar] *vt* (*extender en el suelo*) allonger ; (*derribar*) renverser ; (*fam* : *suj* : *olor*) empester ; (: *en examen*) recaler, coller ; (: *en competición*) battre ▶ *vi* tomber par terre ; **tumbarse** *vpr* s'allonger ; (*extenderse*) s'étendre

tumbo ['tumbo] *nm* chute *f* ; (*de vehículo*) cahot *m* ; **ir dando ~s** avancer par à-coups

tumbona [tum'bona] *nf* chaise *f* longue

tumor [tu'mor] *nm* tumeur *f*

tumulto [tu'multo] *nm* tumulte *m* ; (*Pol*) émeute *f*, troubles *mpl*

tuna ['tuna] *nf* petit orchestre *m* d'étudiants ; *ver tb* **tuno**

Une **tuna** est un groupe musical constitué d'étudiants ou d'anciens étudiants qui portent les costumes de l'*Edad de Oro*, l'âge d'or espagnol. Ces groupes se promènent dans les rues en jouant de la guitare, du luth et du tambourin. Ils chantent des sérénades aux étudiantes dans les résidences universitaires et font des apparitions improvisées dans les mariages et les soirées, où pour quelques euros, ils chantent des airs traditionnels espagnols.

tunante [tu'nante] *adj, nm/f, nm/f* coquin(e) ; **¡~!** vilain(e) !

tunda ['tunda] *nf* raclée *f*

tunear [tune'ar] *vt* (*vehículo*) customiser

túnel ['tunel] *nm* tunnel *m*

Túnez ['tuneθ] *n* (*país*) Tunisie *f* ; (*ciudad*) Tunis

tuno, -a ['tuno, a] *nm/f* membre *m* d'un orchestre d'étudiants

tupido, -a [tu'piðo, a] *adj* épais(se)

turba ['turβa] *nf* (*muchedumbre*) foule *f* ; (*combustible*) tourbe *f*

turbar [tur'βar] *vt* (*paz, sueño*) troubler ; (*preocupar*) inquiéter, troubler ; (: *azorar*) gêner ; **turbarse** *vpr* être gêné(e)

turbina [tur'βina] *nf* turbine *f*

turbio, -a ['turβjo, a] *adj* trouble ; (*fig*) louche

turbulencia [turβu'lenθja] *nf* agitation *f* ; (*fig*) trouble *m*, agitation

turbulento, -a [turβu'lento, a] *adj* agité(e) ; (*fig*) agité(e), turbulent(e)

turco, -a ['turko, a] *adj* turc (turque) ▸ *nm/f* Turc (Turque) ; (*And, CSur: pey*) *terme péjoratif qui désigne tout immigré du Moyen-Orient* ▸ *nm* (*Ling*) turc *m*

turismo [tu'rismo] *nm* tourisme *m* ; (*coche*) voiture *f* (particulière) ; **hacer ~** faire du tourisme ; **~ rural** tourisme rural ; **casas de ~ rural** gîtes *mpl* ruraux

turista [tu'rista] *nm/f* touriste *m/f*

turístico, -a [tu'ristiko, a] *adj* touristique

turistificación [turistifika'θjon] *nf* aménagement *m* touristique, transformation *f* en site touristique

turnar [tur'nar] *vi* alterner ; **turnarse** *vpr* se relever

turno ['turno] *nm* tour *m* ; **es su ~** c'est à son tour ; **por ~s** par roulement ; **~ de día/de noche** équipe *f* de jour/de nuit

turquesa [tur'kesa] *adj, nf* turquoise *f*

Turquía [tur'kia] *nf* Turquie *f*

turrón [tu'rron] *nm* touron *m* (*sorte de nougat*)

Le **turrón** est une sorte de nougat d'origine orientale fait avec du miel, des blancs d'œufs et des amandes. On le consomme pendant la période de Noël. Il peut être dur et contenir des amandes entières (Alicante), ou tendre, à base d'amandes pilées (Jijona).

tutear [tute'ar] *vt* tutoyer ; **tutearse** *vpr* se tutoyer

tutela [tu'tela] *nf* tutelle *f* ; **estar bajo la ~ de** (*fig*) être sous la tutelle de

tutelar [tute'lar] *adj* tutélaire ▸ *vt* avoir la tutelle de

tutor, a [tu'tor, a] *nm/f* tuteur(-trice) ; (*Escol*) professeur *m* principal ; **~ de curso** directeur(-trice) d'études

tutorial [tuto'rial] *nm* tutoriel *m*, didacticiel *m*

tuve *etc* ['tuβe] *vb ver* **tener**

tuyo, -a ['tujo, a] *adj* ton (ta) ▸ *pron*: **el ~/la tuya** le tien/la tienne ; **es ~** c'est à toi ; **los ~s** (*fam*) les tiens

TV *sigla f* = *televisión*

TVE *sigla f* = *Televisión Española*

tweet ['twit] *nm* (*en Twitter*) tweet *m*

U

u [u] *conj* ou
u. *abr* (= *unidad*) U, u (= *unité*)
uberizar [uβeri'θar] *vt* ubériser
ubicado, -a [uβi'kaðo, a] (*esp AM*) *adj* situé(e)
ubicar [uβi'kar] (*esp AM*) *vt* situer ; (*encontrar*) trouver ; **ubicarse** *vpr* se trouver
ubre ['uβre] *nf* mamelle *f*
ucronía [ukro'nia] *nf* uchronie *f*
Ud (*pl* **Uds**) *abr* (= *usted(es)*) vous
UE *sigla f* (= *Unión Europea*) UE *f*
ufano, -a [u'fano, a] *adj* (*arrogante*) suffisant(e) ; (*satisfecho*) satisfait(e)
UGT *sigla f* (= *Unión General de Trabajadores*) *syndicat ouvrier*
ujier [u'xjer] *nm* (*Jur*) huissier *m* ; (*portero*) portier *m*
úlcera ['ulθera] *nf* ulcère *m*
ulcerar [ulθe'rar] *vt* ulcérer ; **ulcerarse** *vpr* s'irriter
últimamente ['ultimamente] *adv* dernièrement
ultimar [ulti'mar] *vt* finaliser ; (*preparativos*) mettre la dernière main à ; (*AM*: *asesinar*) abattre
ultimátum [ulti'matum] (*pl* **ultimátums**) *nm* ultimatum *m*
último, -a ['ultimo, a] *adj* dernier(-ière) ▸ *adv*: **ahora ~** (*Chi*) récemment ; **a la última** (*en moda*) à la dernière mode ; (*en conocimientos*) au goût du jour ; **a ~s de mes** en fin de mois ; **el ~** le dernier ; **en las últimas** (*enfermo*) à l'article de la mort ; (*sin dinero, provisiones*) à sec ; **este ~** ce dernier ; **por ~** enfin
ultra ['ultra] *adj, nm/f* (*Pol*) ultra *m/f*
ultrajar [ultra'xar] *vt* outrager
ultraje [ul'traxe] *nm* outrage *m*
ultramar [ultra'mar] *nm*: **de ~** d'outre-mer ; **los países de ~** les pays d'outre-mer
ultranza [ul'tranθa]: **a ~** *adv* à outrance
ultrasónico, -a [ultra'soniko, a] *adj* hypersonique
ultratumba [ultra'tumba] *nf* outre-tombe *f*
ultravioleta [ultraβjo'leta] *adj inv* ultra-violet(te)
umbral [um'bral] *nm* seuil *m* ; **~ de rentabilidad** seuil de rentabilité

un, una [un, 'una]

art indef **1** (*sg*) un(e) ; **una naranja** une orange ; **un arma blanca** une arme blanche
2 (*pl*) des ; **hay unos regalos para ti** il y a des cadeaux pour toi ; **hay unas cervezas en la nevera** il y a des bières dans le frigo
3 (*enfático*): **¡hace un frío!** il fait un de ces froids ! ; **¡tiene una casa!** il a une de ces maisons ! ; *ver tb* **uno**

unánime [u'nanime] *adj* unanime
unanimidad [unanimi'ðað] *nf* unanimité *f* ; **por ~** à l'unanimité
undécimo, -a [un'deθimo, a] *adj, nm/f* onzième *m/f*
ungir [un'xir] *vt* oindre
ungüento [un'gwento] *nm* onguent *m*
únicamente ['unikamente] *adv* uniquement
único, -a ['uniko, a] *adj* unique
unidad [uni'ðað] *nf* unité *f* ; **~ central (de proceso)/de control** unité centrale (de traitement)/de commande ; **~ de cuidados intensivos** unité *f* de soins intensifs ; **~ de disco** lecteur *m* de disque ; **~ de entrada/de salida** unité périphérique d'entrée/de sortie ; **~ de información** donnée *f* ; **~ de presentación visual** *o* **de visualización** écran *m* de visualisation ; **~ monetaria** unité monétaire ; **~ móvil** (*TV*) unité mobile ; **~ periférica** unité périphérique
unido, -a [u'niðo, a] *adj* uni(e)

unificar [unifi'kar] *vt* unifier
uniformar [unifor'mar] *vt* uniformiser ; (*personal*) faire porter l'uniforme à
uniforme [uni'forme] *adj* uniforme ; (*color*) uni(e) ▸ *nm* uniforme *m*
uniformidad [uniformi'ðað] *nf* uniformité *f*
unilateral [unilate'ral] *adj* unilatéral(e)
unión [u'njon] *nf* union *f* ; (*Tec*) jointure *f* ; **en ~ de** ainsi que ; **la U~ Soviética** l'Union soviétique ; **punto de ~** (*Tec*) jointure ; **~ aduanera** union douanière ; **U~ Europea** Union *f* européenne ; **U~ General de Trabajadores** (*Esp*) *syndicat ouvrier* ; **~ monetaria** union monétaire
unir [u'nir] *vt* (*piezas*) assembler ; (*cuerdas*) nouer ; (*tierras, habitaciones*) relier ; (*esfuerzos, familia*) unir ; (*empresas*) fusionner ; **unirse** *vpr* (*personas*) s'unir ; (*empresas*) fusionner ; **unirse a** se joindre à ; **les une una fuerte amistad** ils éprouvent beaucoup d'amitié l'un pour l'autre ; **unirse en matrimonio** s'unir par les liens du mariage
unísono [u'nisono] *nm*: **al ~** à l'unisson
universal [uniβer'sal] *adj* universel(le)
universidad [uniβersi'ðað] *nf* université *f* ; **~ a distancia** enseignement *m* à distance ; **~ laboral** ≈ Institut *m* universitaire de technologie
universitario, -a [uniβersi'tarjo, a] *adj* universitaire ▸ *nm/f* (*estudiante*) étudiant(e) ; (*titulado*) professeur *m/f* d'université
universo [uni'βerso] *nm* univers *msg*

uno, -a ['uno, a]

▸ *adj* un(e) ; **es todo uno** ça ne fait qu'un ; **unos pocos** quelques-uns ; **unos cien** une centaine ; **el día uno** le premier
▸ *pron* **1** un(e) ; **quiero uno solo** je n'en veux qu'un ; **uno de ellos** l'un d'eux ; **uno mismo** soi-même ; **de uno en uno** un à un
2 (*alguien*) quelqu'un ; **conozco a uno que se te parece** je connais quelqu'un qui te ressemble ; **unos querían quedarse** quelques-uns voulaient rester
3: **(los) unos ... (los) otros ...** certains *o* les uns ... les autres *o* d'autres ; **se miraron el uno al otro** il se sont regardés l'un l'autre ; **se pegan unos a otros** ils se battent entre eux
4 (*impersonal*): **uno se lo imagina** on se l'imagine
5 (*enfático*): **¡se montó una ...!** il y a eu une de ces pagailles !
▸ *nf* (*hora*): **es la una** il est une heure
▸ *nm* (*número*) un *m* ; **el uno de abril** le premier avril

untar [un'tar] *vt* (*con aceite, pomada*) enduire ; (*en salsa, café*) tremper ; (*manchar*) tacher ; (*fig, fam*) graisser la patte à ; **untarse** *vpr* (*mancharse*) se tacher ; (*fig, fam: forrarse*) s'en mettre plein les poches ; **~ el pan con mantequilla** étaler du beurre sur son pain
uña ['uɲa] *nf* (*Anat*) ongle *m* ; (*de felino*) griffe *f* ; (*de caballo*) sabot *m* ; (*arrancaclavos*) arrache-clou *m* ; **ser ~ y carne** être comme les deux doigts de la main ; **enseñar** *o* **mostrar** *o* **sacar las ~s** montrer *o* sortir ses griffes
uranio [u'ranjo] *nm* uranium *m*
urbanidad [urβani'ðað] *nf* courtoisie *f*
urbanismo [urβa'nismo] *nm* urbanisme *m*
urbanización [urβaniθa'θjon] *nf* lotissement *m*
urbanizar [urβani'θar] *vt* urbaniser
urbano, -a [ur'βano, a] *adj* urbain(e)
urbe ['urβe] *nf* grande ville *f*
urdimbre [ur'ðimbre] *nf* (*de tejido*) chaîne *f*
urdir [ur'ðir] *vt* ourdir
urgencia [ur'xenθja] *nf* urgence *f* ; **urgencias** *nfpl* (*Med*) urgences *fpl* ; **con ~** d'urgence ; **en caso de ~** en cas d'urgence ; **servicios de ~** services *mpl* d'urgence
urgente [ur'xente] *adj* urgent(e)
urgir [ur'xir] *vi* être urgent(e) ; **me urge** j'en ai besoin rapidement ; **me urge terminarlo** il faut que je termine le plus vite possible
urinario, -a [uri'narjo, a] *adj* urinaire ▸ *nm* urinoir *m*
urna ['urna] *nf* (*tb Pol*) urne *f* ; (*de cristal*) vitrine *f* ; **acudir a las ~s** (*votantes*) aller aux urnes
urraca [u'rraka] *nf* pie *f*
Uruguay [uru'ɣwai] *nm* Uruguay *m*
uruguayo, -a [uru'ɣwajo, a] *adj* uruguayen(ne) ▸ *nm/f* Uruguayen(ne)

usado, -a [u'saðo, a] *adj* usagé(e) ; (*ropa etc*) usé(e), usagé(e)

usar [u'sar] *vt* utiliser ; (*ropa*) porter ; (*derecho etc*) user de ▶ *vi*: **~ de** user de ; **usarse** *vpr* s'utiliser

usina ['usina] (*esp CSur*) *nf*: **~ eléctrica** centrale *f* électrique

USO ['uso] (*Esp*) *sigla f* (= *Unión Sindical Obrera*) *syndicat*

uso ['uso] *nm* usage *m* ; (*aplicación: de objeto, herramienta*) utilisation *f* ; **al ~ de la época** dans le style de l'époque ; **de ~ externo** (*Med*) à usage externe ; **(estar) en ~** (être) en usage ; **hacer ~ de la palabra** faire usage de la parole ; **~ y desgaste** usure *f*

usted [us'teð] *pron* (*singular: formal*) vous ; **~es** (*formal*) vous ; (*AM: formal y fam*) vous ; **tratar** *o* **llamar de ~ a algn** vouvoyer qn

usual [u'swal] *adj* habituel(le)

usuario, -a [us'warjo, a] *nm/f* usager *m* ; (*Inform*) utilisateur(-trice) ; **~ final** (*Com*) utilisateur(-trice) final(e)

usura [u'sura] (*pey*) *nf* usure *f*

usurero, -a [usu'rero, a] *nm/f* usurier(-ère)

usurpar [usur'par] *vt* usurper

utensilio [uten'siljo] *nm* instrument *m* ; (*de cocina*) ustensile *m*

útero ['utero] *nm* utérus *msg*

útil ['util] *adj* utile ; **útiles** *nmpl* outils *mpl* ; **día ~** jour *m* ouvrable

utilidad [utili'ðað] *nf* utilité *f* ; (*provecho*) avantage *m* ; (*Com*) bénéfice *m* ; **~es líquidas** bénéfice *msg* net

utilizar [utili'θar] *vt* utiliser

utopía [uto'pia] *nf* utopie *f*

utópico, -a [u'topiko, a] *adj* utopique

uva ['uβa] *nf* raisin *m* ; **estar de mala ~** être de mauvais poil ; **tener mala ~** avoir un sale caractère ; **~ pasa** raisin sec

> En Espagne, la tradition de **las uvas de la suerte** joue un rôle important à la Saint-Sylvestre (*Nochevieja*) : à minuit, chaque Espagnol, qu'il se trouve chez lui, dans un restaurant ou sur la *plaza mayor*, mange un grain de raisin à chaque coup de l'horloge de la Puerta del Sol, à Madrid. Cette tradition est censée porter bonheur pour toute l'année suivante.

V

V. *abr* (= *usted*) vous ; (= *Visto*) vu

v. *abr* (*Elec*: = *voltio*) V (= *volt*) ; (= *ver, véase*) v. (= *voir*) ; (*Lit*: = *verso*) v° (= *verso*)

va [ba] *vb ver* **ir**

vaca ['baka] *nf* vache *f* ; (*carne*) bœuf *m* ; **~s flacas/gordas** (*fig*) vaches *fpl* maigres/grasses

vacaciones [baka'θjones] *nfpl* vacances *fpl* ; **estar/irse** *o* **marcharse de ~** être/partir en vacances

vacante [ba'kante] *adj* vacant(e) ▶ *nf* poste *m* vacant

vaciar [ba'θjar] *vt* vider ; (*dejar hueco*) évider ; (*Arte*) mouler ; **vaciarse** *vpr* se vider ; (*fig, fam*) se défouler

vacilante [baθi'lante] *adj* vacillant(e) ; (*dudoso*) hésitant(e)

vacilar [baθi'lar] *vt* (*fam*) faire marcher ▶ *vi* hésiter ; (*mueble, lámpara*) chanceler ; (*luz, persona*) vaciller ; (*fam: bromear*) plaisanter

vacío, -a [ba'θio, a] *adj* vide ; (*puesto*) libre ▶ *nm* vide *m* ; **envasado al ~** emballé sous vide ; **hacer el ~ a algn** faire le vide autour de qn ; **(volver) de ~** (*sin carga*) (revenir) à vide ; (*sin resultados*) (revenir) les mains vides

vacuna [ba'kuna] *nf* vaccin *m*

vacunar [baku'nar] *vt* vacciner ; **vacunarse** *vpr* se faire vacciner

vacuno, -a [ba'kuno, a] *adj* bovin(e)

vacuo, -a ['bakwo, a] *adj* vide

vadear [baðe'ar] *vt* passer à gué ; (*problema*) surmonter

vado ['baðo] *nm* gué *m* ; **« ~ permanente »** (*Auto*) ≈ « sortie *f* de véhicules »

vagabundo, -a [baɣa'βundo, a] *adj* vagabond(e) ; (*perro*) errant(e) ▸ *nm/f* vagabond(e)

vagamente ['baɣamente] *adv* vaguement

vagancia [ba'ɣanθja] *nf* fainéantise *f*

vagar [ba'ɣar] *vi* errer, vagabonder

vagina [ba'xina] *nf* vagin *m*

vago, -a ['baɣo, a] *adj* vague ; (*perezoso*) fainéant(e) ▸ *nm/f* fainéant(e)

vagón [ba'ɣon] *nm* wagon *m* ; **~ cama/restaurante** wagon-lit *m*/wagon-restaurant *m*

vaguedad [baɣe'ðað] *nf* vague *m*, manque *m* de précision ; **vaguedades** *nfpl*: **decir ~es** rester dans le vague

vaho ['bao] *nm* vapeur *f* ; (*aliento*) buée *f* ; **vahos** *nmpl* (*Med*) inhalations *fpl*

vaina ['baina] *nf* (*de espada*) fourreau *m* ; (*de guisantes, judías*) cosse *f* ; (AM: *fam*) embêtement *m*

vainilla [bai'niʎa] *nf* vanille *f*

vainita [bai'nita] (AM) *nf* haricot *m* vert

vais [bais] *vb ver* **ir**

vaivén [bai'βen] *nm* va-et-vient *m inv* ; **vaivenes** *nmpl* (*fig: de la vida*) vicissitudes *fpl*

vajilla [ba'xiʎa] *nf* vaisselle *f* ; **una ~** un service ; **~ de porcelana** service *m* en porcelaine

val *etc* [bal], **valdré** *etc* [bal'dre] *vb ver* **valer**

vale ['bale] *nm* bon *m* ; (*recibo*) reçu *m* ; (*pagaré*) billet *m* à ordre ; (*Ven: fam*) copain (copine) ; **~ de regalo** chèque-cadeau *m*

valedero, -a [bale'ðero, a] *adj* valable

valenciano, -a [balen'θjano, a] *adj* valencien(ne) ▸ *nm/f* Valencien(ne) ▸ *nm* (*Ling*) valencien *m*

valentía [balen'tia] *nf* courage *m*, bravoure *f* ; (*proeza*) acte *m* de bravoure

valer [ba'ler] *vt* valoir ▸ *vi* servir ; (*ser válido*) être valable ; (*estar permitido*) être permis(e) ; (*tener mérito*) avoir du mérite ▸ *nm* valeur *f* ; **valerse** *vpr*: **valerse de** (*hacer valer*) faire valoir ; (*servirse de*) se servir de ; **~ la pena** valoir la peine ; **~ (para)** servir (à) ; **¿vale?** d'accord ?, ça va ? ; **¡vale!** d'accord ! ; (*¡basta!*) ça suffit ! ; **más vale (hacer/que)** mieux vaut (faire/que) ; **¡eso no vale!** ce n'est pas permis ! ; **no vale nada** ça ne vaut rien ; **no vale para nada** ça ne sert à rien ; (*persona*) il (elle) n'est bon(ne) à rien ; **me vale madre** *o* **sombrilla** (*Méx: fam*) je m'en fous pas mal ; **(poder) valerse por sí mismo** (pouvoir) se débrouiller tout seul

valga *etc* ['balɣa] *vb ver* **valer**

valía [ba'lia] *nf* valeur *f* ; **de gran ~** de grande valeur

validez [bali'ðeθ] *nf* validité *f* ; **dar ~ a algo** valider qch

válido, -a ['baliðo, a] *adj* valable ; (*Deporte*) valide

valiente [ba'ljente] *adj* (*soldado*) brave, courageux(-euse) ; (*niño, decisión*) courageux(-euse) ; (*pey*) fanfaron(ne) ; (*con ironía*) vaillant(e) ▸ *nm/f* brave *m/f*

valija [ba'lixa] *nf* (*CSur*) valise *f* ; (*Correos*) sacoche *f* ; **~ diplomática** valise diplomatique

valioso, -a [ba'ljoso, a] *adj* de valeur

valla ['baʎa] *nf* clôture *f* ; (*Deporte*) haie *f* ; **~ publicitaria** panneau *m* publicitaire

vallar [ba'ʎar] *vt* clôturer

valle ['baʎe] *nm* vallée *f* ; **~ de lágrimas** vallée de larmes

valor [ba'lor] *nm* valeur *f* ; (*valentía*) courage *m* ; (*descaro*) aplomb *m* ; **valores** *nmpl* (*Econ, Com*) valeurs *fpl*, titres *mpl* ; (*morales*) valeurs ; **objetos de ~** objets *mpl* de valeur ; **sin ~** sans valeur ; **dar/quitar ~ a** donner/ôter de la valeur à ; **escala de ~es** échelle *f* de valeurs ; **~ a la par** valeur au pair ; **~ adquisitivo** pouvoir *m* d'achat ; **~ añadido** valeur ajoutée ; **~ comercial** valeur marchande ; **~ contable** valeur comptable ; **~ de compra** pouvoir *m* d'achat ; **~ de escasez** valeur attachée à la rareté ; **~ de mercado** valeur marchande ; **~ de rescate** valeur de rachat ; **~ desglosado** valeur de liquidation ; **~ de sustitución** valeur de remplacement ; **~es habidos** *o* **en cartera** valeurs détenues en portefeuille ; **~ intrínseco/neto/nominal** valeur intrinsèque/nette/nominale ; **~ según balance** valeur comptable

valorar [balo'rar] *vt* évaluer, estimer

vals [bals] *nm* valse *f*

válvula ['balβula] *nf* valve *f*

vamos ['bamos] *vb ver* **ir**

vampiro [bam'piro] *nm* vampire *m*
van [ban] *vb ver* **ir**
vanagloriarse [banaɣlo'rjarse] *vpr*: **~ (de)** se vanter (de)
vandalismo [banda'lismo] *nm* vandalisme *m*
vándalo, -a ['bandalo, a] *nm/f* (*pey*) vandale *m/f*; (*Hist*) Vandale *m/f*
vanguardia [ban'gwardja] *nf* avant-garde *f*; **de ~** (*Arte*) d'avant-garde; **estar en** *o* **ir a la ~ de** être à l'avant-garde de
vanidad [bani'ðað] *nf* vanité *f*
vanidoso, -a [bani'ðoso, a] *adj* vaniteux(-euse)
vano, -a ['bano, a] *adj* vain(e); (*frívolo*) futile ▶ *nm* (*Arq*) embrasure *f*; **en ~** en vain
vapor [ba'por] *nm* vapeur *f*; (*tb*: **barco de vapor**) (bateau *m* à) vapeur *m*; **al ~** (*Culin*) à la vapeur; **máquina de ~** machine *f* à vapeur; **~ de agua** vapeur d'eau
vaporoso, -a [bapo'roso, a] *adj* vaporeux(-euse)
vapulear [bapule'ar] *vt* fustiger; (*reprender*) houspiller
vaquero [ba'kero, a] *nm* (*Cine*) cow-boy *m*; (*Agr*) vacher *m*; **vaqueros** *nmpl* (*pantalones*) jeans *mpl*
vaquilla [ba'kiʎa] *nf* (AM) génisse *f*; **vaquillas** *nfpl* (*Taur*) corrida *f* de jeunes taureaux
vara ['bara] *nf* perche *f*; (*de mando*) bâton *m*
variable [ba'rjaβle] *adj, nf* variable *f*
variación [barja'θjon] *nf* changement *m*; (*Mús*) variation *f*; **sin ~** inchangé(e)
variar [ba'rjar] *vt* (*cambiar*) changer; (*poner variedad*) varier ▶ *vi* varier; **~ de** changer de; **~ de opinión** changer d'avis; **para ~** pour changer
varices [ba'riθes] *nfpl* varices *fpl*
variedad [barje'ðað] *nf* variété *f*; **variedades** *nfpl* (*espectáculo*) variétés *fpl*
varilla [ba'riʎa] *nf* baguette *f*; (*de paraguas, abanico*) baleine *f*
vario, -a ['barjo, a] *adj* divers(e); **~s** plusieurs; **« ~s »** (*en partida, presupuesto*) « divers »
varita [ba'rita] *nf*: **~ mágica** baguette *f* magique
varón [ba'ron] *nm* homme *m*; **hijo ~** enfant *m* mâle
varonil [baro'nil] *adj* viril(e)
Varsovia [bar'soβja] *n* Varsovie
vas [bas] *vb ver* **ir**
vasco, -a ['basko, a] *adj* basque ▶ *nm/f* Basque *m/f* ▶ *nm* (*Ling*) basque *m*; **País V~** Pays *m* basque
vascongadas [baskon'gaðas] *nfpl*: **las V~** les provinces *fpl* basques
vaselina [base'lina] *nf* vaseline *f*
vasija [ba'sixa] *nf* pot *m*
vaso ['baso] *nm* verre *m*; (*jarrón*) vase *m*; (*Anat*) vaisseau *m*; **~s comunicantes** vases *mpl* communicants; **~ de vino** verre de vin; (*para vino*) verre à vin
vástago ['bastaɣo] *nm* (*Bot*) rejeton *m*; (*Tec*) tige *f*; (*de familia*) descendant *m*
vasto, -a ['basto, a] *adj* vaste
Vaticano [bati'kano] *nm* Vatican *m*; **la Ciudad del ~** la Cité du Vatican
vatio ['batjo] *nm* watt *m*
vaya ['baja] *vb ver* **ir** ▶ *excl* (*fastidio*) mince !, zut !; (*sorpresa*) eh bien !, tiens !; **¿qué tal? — ¡~!** ça va ? — on fait aller !; **¡~ tontería!** en voilà une bêtise !; **¡~ mansión!** quelle maison !
Vd (*pl* **Vds**) *abr* = *usted(es)*; *ver* **usted**
ve [be] *vb ver* **ir**; **ver**
vecindad [beθin'dað] *nf* voisinage *m*
vecindario [beθin'darjo] *nm* voisinage *m*, quartier *m*
vecino, -a [be'θino, a] *adj* voisin(e) ▶ *nm/f* voisin(e); (*residente*: *de pueblo*) habitant(e); **asociación de ~s** association *f* de quartier; **somos ~s** nous sommes voisins
veda ['beða] *nf* (*de pesca, caza*) défense *f*, interdiction *f*; (*temporada*) fermeture *f*
vedar [be'ðar] *vt* interdire, défendre; (*caza, pesca*) interdire
vegano, -a [be'ɣano, a] *adj, nm/f* végan(e)
vegetación [bexeta'θjon] *nf* végétation *f*; **vegetaciones** *nfpl* (*Med*) végétations *fpl*
vegetal [bexe'tal] *adj* végétal(e) ▶ *nm* végétal *m*
vehemencia [bee'menθja] *nf* impétuosité *f*; (*apasionamiento*) véhémence *f*
vehemente [bee'mente] *adj* impétueux(-euse); (*apasionado*) véhément(e)
vehículo [be'ikulo] *nm* véhicule *m*; **~ espacial** vaisseau *m* spatial
veinte ['beinte] *adj inv, nm inv* vingt *m inv*; **el siglo ~** le vingtième siècle; *ver tb* **seis**

vejación [bexa'θjon] *nf* brimade *f*
vejez [be'xeθ] *nf* vieillesse *f*
vejiga [be'xiɣa] *nf* vessie *f*
vela ['bela] *nf* bougie *f*; (*Náut*) voile *f*; **a toda ~** (*Náut*) toutes voiles dehors; **barco de ~** bateau *m* à voile; **estar a dos ~s** (*fam*) être fauché(e); **en ~** éveillé(e); (*velando*) à veiller; **pasar la noche en ~** passer une nuit blanche
velador [bela'ðor] *nm* (*mesa*) guéridon *m*; (AM) table *f* de nuit; (*CSur*) lampe *f* de chevet; (*vigilante*) veilleur *m*
velar [be'lar] *vt* veiller; (*Foto, cubrir*) voiler ▸ *vi* veiller; **velarse** *vpr* (*Foto*) se voiler; **~ por** veiller à
velatorio [bela'torjo] *nm* veillée *f* (funèbre)
veleidad [belei'ðað] *nf* inconstance *f*; (*capricho*) velléité *f*
velero [be'lero] *nm* (*Náut*) voilier *m*; (*Aviat*) planeur *m*
veleta [be'leta] *nm/f* (*pey*) girouette *f* ▸ *nf* (*para el viento*) girouette
veliz [be'liθ] (*Méx*) *nm* valise *f*
vello ['beʎo] *nm* duvet *m*
velo ['belo] *nm* voile *m*; **~ del paladar** (*Anat*) voile du palais
velocidad [beloθi'ðað] *nf* vitesse *f*; (*rapidez*) rapidité *f*; **de alta ~** à grande vitesse; **cobrar ~** prendre de la vitesse; **meter la segunda ~** passer en seconde; **~ de obturación** (*Foto*) vitesse d'obturation; **~ máxima de impresión** (*Inform*) vitesse maximum d'impression
velocímetro [belo'θimetro] *nm* compteur *m* de vitesse
veloz [be'loθ] *adj* rapide
ven [ben] *vb ver* **venir**
vena ['bena] *nf* veine *f*; **la ~ poética** la fibre poétique; **le ha dado la ~ por (hacer)** l'envie lui a pris de (faire); **tener ~ de actor/torero** être un acteur/torero né
venado [be'naðo] *nm* grand gibier *m*; (*Culin*) venaison *f*
vencedor, a [benθe'ðor, a] *adj* victorieux(-euse) ▸ *nm/f* vainqueur *m/f*
vencer [ben'θer] *vt* vaincre; (*obstáculos*) surmonter; (*por mucho peso*) briser ▸ *vi* vaincre; (*pago*) arriver à échéance; (*plazo*) expirer; **le venció el sueño/el cansancio** il a succombé au sommeil/à la fatigue
vencido, -a [ben'θiðo, a] *adj* vaincu(e); (*Com: letra*) arrivé(e) à échéance ▸ *adv*: **pagar ~** payer après échéance; **pagar por** *o* **al mes ~** payer à la fin du mois; **darse por ~** s'avouer vaincu(e)
vencimiento [benθi'mjento] *nm* échéance *f*; **a su ~** à l'échéance
venda ['benda] *nf* bandage *m*
vendar [ben'dar] *vt* bander
vendaval [benda'βal] *nm* vent *m* violent
vendedor, a [bende'ðor, a] *nm/f* vendeur(-euse); **~ ambulante** marchand(m) ambulant(e)
vender [ben'der] *vt* vendre; **venderse** *vpr* se vendre; **~ al contado/al por mayor/al por menor/a plazos** vendre au comptant/en gros/au détail/à crédit; **~ al descubierto** vendre à découvert; **«se vende»** «à vendre»; **«se vende coche»** «voiture à vendre»
vendimia [ben'dimja] *nf* vendange *f*
vendré *etc* [ben'dre] *vb ver* **venir**
veneno [be'neno] *nm* poison *m*
venenoso, -a [bene'noso, a] *adj* (*seta*) vénéneux(-euse); (*producto*) toxique
venerable [bene'raβle] *adj* vénérable
venerar [bene'rar] *vt* vénérer
venéreo, -a [be'nereo, a] *adj* vénérien(ne)
venezolano, -a [beneθo'lano, a] *adj* vénézuélien(ne) ▸ *nm/f* Vénézuélien(ne)
Venezuela [bene'θwela] *nf* Venezuela *m*
venga *etc* ['benga] *vb ver* **venir**
venganza [ben'ganθa] *nf* vengeance *f*
vengar [ben'gar] *vt* venger; **vengarse** *vpr* se venger
vengativo, -a [benga'tiβo, a] *adj* vindicatif(-ive)
venia ['benja] *nf* permission *f*; **con su ~** avec votre permission
venial [be'njal] *adj* véniel(le)
venida [be'niða] *nf* venue *f*
venidero, -a [beni'ðero, a] *adj* futur(e), à venir; **en lo ~** à l'avenir
venir [be'nir] *vi* venir; (*en periódico, texto*) être; (*llegar, ocurrir*) arriver; **venirse** *vpr*: **venirse abajo** s'écrouler; (*persona*) s'effondrer; **~ a menos** (*persona*) déchoir; (*empresa*) être en perte de vitesse; **~ de** venir de; **~ bien/mal** convenir/ne pas convenir; **el año que viene** l'année pro-

chaine ; **y él venga a beber** et lui, vas-y que je te bois ; **¡ven acá!** viens ici ! ; **¡venga!** (*fam*) allez ! ; **¿a qué viene eso?** (*fam*) qu'est-ce que ça veut dire ? ; **¡venga ya!** (*fam*) à d'autres ! ; **¡no me vengas con historias!** (*fam*) ne me raconte pas d'histoires !

venta ['benta] *nf* vente *f* ; (*posada*) auberge *f* ; **estar a la/en ~** être en vente ; **~ a domicilio** vente à domicile ; **~ al contado** vente au comptant ; **~ al detalle** vente au détail ; **~ a plazos** vente à crédit ; **~ al por mayor** vente en gros ; **~ al por menor** vente au détail ; **~s a término** ventes *fpl* à terme ; **~s brutas** ventes brutes ; **~ de liquidación** vente de liquidation ; **~ por correo** vente par correspondance ; **~ y arrendamiento al vendedor** cession-bail *f*

ventaja [ben'taxa] *nf* avantage *m* ; **llevar ~ a** (*en carrera*) mener devant

ventajoso, -a [benta'xoso, a] *adj* avantageux(-euse)

ventana [ben'tana] *nf* fenêtre *f* ; **~ de guillotina** fenêtre à guillotine ; **~ de la nariz** narine *f*

ventanilla [venta'niʎa] *nf* guichet *m* ; (*de coche*) vitre *f*

ventilación [bentila'θjon] *nf* ventilation *f*, aération *f* ; **sin ~** sans aération

ventilar [benti'lar] *vt* ventiler, aérer ; (*ropa*) aérer ; (*fig*) divulguer ; (*: resolver*) éclaircir ; **ventilarse** *vpr* s'aérer

ventisca [ben'tiska] *nf*, **ventisquero** [bentiskero] *nm* bourrasque *f* de neige

ventrílocuo, -a [ben'trilokwo, a] *adj*, *nm/f* ventriloque *m/f*

ventura [ben'tura] *nf* félicité *f* ; (*suerte, destino*) fortune *f* ; **a la (buena) ~** à l'aventure

ver [ber] *vt* voir ; (*televisión, partido*) regarder ; (*Jur*) entendre ; (*esp AM: mirar*) regarder ▸ *vi* voir ▸ *nm* allure *f* ; **verse** *vpr* se voir ; (*hallarse*) se trouver ; (*AM: fam*) avoir l'air ; **(que) no veas** tu ne peux pas t'imaginer ; **dejarse ~** se montrer ; **no poder ~ a algn** (*odiar*) ne pas pouvoir voir qn ; **(voy) a ~ que hay** je vais voir ce qu'il y a ; **por lo que veo** à ce que je vois ; **te veo muy contento** tu as l'air très content ; **a ~** voyons voir ; **¿a ~?** fais voir ? ; **a ~ si ...** je me demande si ... ; **a ~, dime** allez, dis-moi ; **¡hay que ~!** il faut voir ! ; **tiene que ~ con** ça a à voir avec ; **no tener que ~ con** n'avoir rien à voir avec ; **a mi modo de ~** à mon avis ; **ya verás (cómo)** tu verras (que) ; **¡nos vemos!** à bientôt ! ; **¡habráse visto!** tu te rends compte ! ; **¡viera(n) qué casa!** (*Méx: fam*) tu verrais la maison ! ; **¡hubiera(n) visto qué casa!** (*Méx: fam*) si tu avais vu la maison ! ; **(ya) se ve que ...** on voit bien que ... ; **te ves divina** (*AM*) tu es divine

vera ['bera] *nf*: **a la ~ de** (*del camino*) au bord de ; (*de algn*) auprès de

veracidad [beraθi'ðað] *nf* véracité *f*

veranear [berane'ar] *vi* passer l'été

veraneo [bera'neo] *nm*: **ir de ~** partir l'été en vacances ; **lugar de ~** lieu *m* de vacances

veraniego, -a [bera'njeɣo, a] *adj* estival(e)

verano [be'rano] *nm* été *m*

veras ['beras] *nfpl*: **de ~** vraiment ; **esto va de ~** c'est sérieux

veraz [be'raθ] *adj* véridique

verbal [ber'βal] *adj* verbal(e)

verbena [ber'βena] *nf* fête nocturne en plein air ; (*Bot*) verveine *f*

verbo ['berβo] *nm* verbe *m*

verdad [ber'ðað] *nf* vérité *f* ; **¿~?** n'est-ce pas ? ; **de ~** vraiment ; **de ~ que no fui yo** je jure que ce n'est pas moi ; **a decir ~, no quiero** à vrai dire, je ne veux pas ; **¡es ~!** c'est vrai ! ; **la pura ~** la pure vérité ; **la ~ es que ...** en fait ...

verdadero, -a [berða'ðero, a] *adj* véridique ; (*antes del nombre*) vrai(e), véritable ; **¿~ o falso?** vrai ou faux ?

verde ['berðe] *adj* (*tb Pol*) vert(e) ; (*plan*) pas encore mûr(e) ; (*chiste*) cochon(ne) ▸ *nm* vert *m* ; (*hierba*) verdure *f* ; **viejo ~** vieux cochon *m* ; **poner ~ a algn** (*fam*) descendre qn en flammes

verdear [berðe'ar], **verdecer** [berðe'θer] *vi* verdir

verdor [ber'ðor] *nm* (*color*) couleur *f* verte, vert *m* ; (*lozanía*) luxuriance *f*

verdugo [ber'ðuɣo] *nm* bourreau *m* ; (*gorro*) cagoule *f*

verdura [ber'ðura] *nf*, **verduras** [ber'ðuras] *nfpl* légumes *mpl*

vereda [be'reða] *nf* sentier *m* ; (*AM*) trottoir *m* ; **meter a algn en ~** remettre qn dans le droit chemin

veredicto [bere'ðikto] *nm* verdict *m*

vergonzoso, -a [berɣon'θoso, a] *adj* (*persona*) timide ; (*acto, comportamiento*) honteux(-euse)

vergüenza [ber'ɣwenθa] *nf* honte *f* ; **no tener ~** ne pas avoir honte ; **me da ~ decírselo** j'ai honte de le lui dire ; **¡qué ~!** quelle honte ! ; **¡es una ~!** c'est une honte !

verídico, -a [be'riðiko, a] *adj* véridique

verificar [berifi'kar] *vt* vérifier ; (*testamento*) homologuer ; (*llevar a cabo*) effectuer ; **verificarse** *vpr* avoir lieu ; (*profecía*) se vérifier

verja ['berxa] *nf* grille *f*

vermut [ber'mu] (*pl* **vermuts**) *nm* vermouth *m* ; (*esp And, CSur: Cine*) matinée *f*

verosímil [bero'simil] *adj* vraisemblable

verruga [be'rruɣa] *nf* (*Med*) verrue *f* ; (*Bot*) excroissance *f*

versado, -a [ber'saðo, a] *adj* : **~ en** versé(e) dans

versátil [ber'satil] *adj* (*material*) polyvalent(e) ; (*persona*) versatile

versión [ber'sjon] *nf* version *f* ; **nueva ~** nouvelle version ; **en ~ original** en version originale

verso ['berso] *nm* vers *msg* ; **~ blanco/libre** vers blanc/libre

vértebra ['berteβra] *nf* vertèbre *f*

verter [ber'ter] *vt* verser ; (*derramar*) répandre ▸ *vi* : **~ a** (*río*) se jeter dans ; **verterse** *vpr* se répandre

vertical [berti'kal] *adj* vertical(e) ; (*postura, piano*) droit(e) ▸ *nf* verticale *f*

vértice ['bertiθe] *nm* sommet *m*

vertiente [ber'tjente] *nf* versant *m* ; (*aspecto*) aspect *m*

vertiginoso, -a [bertixi'noso, a] *adj* vertigineux(-euse)

vértigo ['bertiɣo] *nm* vertige *m* ; (*fig*) précipitation *f* ; **me da ~** ça me donne le vertige ; **de ~** (*fam: velocidad*) grand V *inv* ; (*: suma*) fou (folle)

vesícula [be'sikula] *nf* vésicule *f* ; **~ biliar** vésicule biliaire

vestíbulo [bes'tiβulo] *nm* vestibule *m* ; (*de teatro*) foyer *m*

vestido, -a [bes'tiðo, a] *adj* habillé(e) ▸ *nm* habit *m*, vêtement *m* ; (*de mujer*) robe *f* ; **(ir/estar) ~ de** (être) habillé(e) en ; (*disfrazado*) (être) déguisé(e) en

vestigio [bes'tixjo] *nm* vestige *m*

vestimenta [besti'menta] *nf* habits *mpl*

vestir [bes'tir] *vt* habiller ; (*llevar puesto*) porter ▸ *vi* s'habiller ; (*ser elegante*) habiller ; **vestirse** *vpr* s'habiller ; **ropa de ~** vêtements *mpl* habillés ; **vestirse de** s'habiller en ; **vestirse de princesa/marinero** se déguiser en princesse/marin

vestuario [bes'twarjo] *nm* garde-robe *f* ; (*Teatro, Cine*) costumes *mpl* ; (*local: Teatro*) loge *f* ; **vestuarios** *nmpl* (*Deportes*) vestiaires *mpl*

veta ['beta] *nf* (*de mineral*) veine *f*, filon *m* ; (*en piedra, madera*) veine

vetar [be'tar] *vt* mettre son veto à

veterano, -a [bete'rano, a] *adj* ancien(ne) ▸ *nm/f* vétéran *m*

veterinaria [beteri'narja] *nf* médecine *f* vétérinaire ; *ver tb* **veterinario**

veterinario, -a [beteri'narjo, a] *nm/f* vétérinaire *m/f*

veto ['beto] *nm* veto *m*

vez [beθ] *nf* fois *fsg* ; (*turno*) tour *m* ; **a la ~** en même temps ; **a la ~ que** en même temps que ; **a su ~** à son tour ; **cada ~ más/menos** de plus en plus/de moins en moins ; **hay cada ~ más/menos gente** il y a de plus en plus/de moins en moins de monde ; **una ~** une fois ; **de una ~** en une seule fois ; **de una ~ para siempre** une bonne fois pour toutes ; **en ~ de** au lieu de ; **a veces/algunas veces** parfois ; **otra ~** encore (une fois) ; **una y otra ~** à maintes reprises ; **pocas veces** peu, pas souvent ; **de ~ en cuando** de temps en temps ; **7 veces 9** 7 fois 9 ; **hacer las veces de** tenir lieu de, faire office de ; **tal ~** peut-être ; **¿lo has visto alguna ~?** l'as-tu déjà vu ? ; **¿cuántas veces?** combien de fois ? ; **érase una ~** il était une fois

vía ['bia] *nf* voie *f* ; **dar ~ libre a** ouvrir la voie à ; **por ~ aérea** par avion ; **por ~ oral** (*Med*) par voie orale ; **por ~ judicial** par voie judiciaire ; **por ~ oficial** par la voie officielle ; **por ~ de** par le canal de ; **en ~s de** en voie de ; **un país en ~s de desarrollo** un pays en voie de développement ; **transmisión ~ satélite** transmission *f* par satellite ; **Madrid-Berlín ~ París** Madrid-Berlin via Paris ; **~s aéreas** voies *fpl* aériennes ; **~ de comunicación** voie de communication ; **V~ Láctea** Voie lactée ; **~ pública** voie publique ; **~ única** (*Auto*) voie à sens unique

viable ['bjaβle] *adj* viable

viaducto [bja'ðukto] *nm* viaduc *m*

viajar [bja'xar] *vi* voyager

viaje ['bjaxe] *nm* voyage *m* ; (*carga*) cargaison *f* ; **agencia de ~s** agence *f* de voyage ; **bolsa/manta de ~** sac *m*/couverture *f* de voyage ; **¡buen ~!** bon voyage ! ; **estar de ~** être en voyage ; **ir de ~** partir en voyage ; **~ de ida y vuelta** voyage aller-retour ; **~ de negocios** voyage d'affaires ; **~ de novios** voyage de noces

viajero, -a [bja'xero, a] *adj, nm/f* voyageur(-euse)

vial [bjal] *adj* (*Auto*: *seguridad*) routier(-ière) ; (*marca*) au sol

víbora ['biβora] *nf* vipère *f*

vibración [biβra'θjon] *nf* vibration *f* ; **hay buenas vibraciones** (*fig*) le courant passe bien

vibrar [bi'βrar] *vi* vibrer

vicario [bi'karjo] *nm* vicaire *m*

vicepresidente [biθepresi'ðente] *nm/f* vice-président(e)

viceversa [biθe'βersa] *adv*: **y ~** et vice versa

viciado, -a [bi'θjaðo, a] *adj* (*corrompido*) malsain(e) ; (*postura*) gauchi(e) ; (*aire, atmósfera*) vicié(e)

viciar [bi'θjar] *vt* (*persona, costumbres*) pervertir ; (*Jur, aire*) vicier ; (*objeto, postura*) déformer ; (*mecanismo, dicción*) fausser ; **viciarse** *vpr* (*aire*) devenir vicié(e) ; (*deformarse*) se déformer ; **viciarse con** (*persona*) devenir mordu(e) de

vicio ['biθjo] *nm* vice *m* ; (*mala costumbre*) mauvaise habitude *f*, défaut *m* ; (*mimo*) faiblesse *f* ; (*deformación*) déformation *f* ; **de** *o* **por ~** par habitude ; **~ de dicción** défaut de prononciation

vicioso, -a [bi'θjoso, a] *adj, nm/f* vicieux(-euse) ; **círculo ~** cercle *m* vicieux

vicisitud [biθisi'tuð] *nf* vicissitude *f*

víctima ['biktima] *nf* victime *f* ; **ser ~ de** être victime de

victoria [bik'torja] *nf* victoire *f*

victorioso, -a [bikto'rjoso, a] *adj* victorieux(-euse) ; **salir ~ de** sortir victorieux(-euse) de

vid [bið] *nf* vigne *f*

vida ['biða] *nf* vie *f* ; (*de aparato, edificio*) durée *f* de vie ; **¡~!, ¡~ mía!** mon amour ! ; **calidad de ~** qualité *f* de la vie ; **de por ~** à vie ; **en la/mi** *etc* **~** (*nunca*) de la/ma *etc* vie ; **estar con ~** être en vie ; **hacer ~ social** sortir beaucoup ; **ganarse la ~** gagner sa vie ; **de ~ o muerte** de vie ou de mort ; **¡esto es ~!** ça, c'est la belle vie ! ; **le va la ~ en esto** sa vie en dépend ; **~ de perros** vie de chien ; **~ eterna/privada** vie éternelle/privée

vídeo ['biðeo], **video** [biðeo] (*AM*) *nm* vidéo *f* ; (*aparato*) magnétoscope *m* ; **cinta de ~** cassette *f* vidéo, bande *f* vidéo ; **grabar en ~** enregistrer en vidéo ; **~ compuesto/inverso** (*Inform*) vidéo composite/inverse ; **~ musical** vidéo musicale

videoblog [biðeo'bloɣ] (*pl* **videoblogs**) *nm* blog *m* vidéo, vlog *m*

videocámara [biðeo'kamara] *nf* caméra *f* vidéo

videoclub [biðeo'klub] *nm* club *m* vidéo

videojuego [biðeo'xweɣo] *nm* jeu *m* vidéo

videojugador, a [biðeoxuɣa'ðor, a] *nm/f* joueur(-euse) de jeux vidéos, gameur(-euse)

vidriera [bi'ðrjera] *nf* baie *f* vitrée ; (*AM*: *de tienda*) vitrine *f* ; (*puerta*) porte *f* vitrée

vidrio ['biðrjo] *nm* verre *m* ; (*AM*) fenêtre *f* ; **vidrios** *nmpl* (*objetos*) objets *mpl* en verre ; **pagar los ~s rotos** payer les pots cassés ; **~ cilindrado** verre très épais ; **~ inastillable** verre sécurit®

viejo, -a ['bjexo, a] *adj* vieux (vieille) ; (*tiempos*) ancien(ne) ▸ *nm/f* vieux (vieille) ; **hacerse** *o* **ponerse ~** se faire vieux (vieille) ; **mi ~/vieja** (*esp CSur*: *fam*: *padre/madre*) mon vieux/ma vieille ; (: *marido/mujer*) le vieux/la vieille ; (: *mi vida*) mon amour ; **mis ~s** (*esp CSur*: *fam*: *padres*) mes vieux

Viena ['bjena] *n* Vienne

viene *etc* ['bjene] *vb ver* **venir**

vienés, -esa [bje'nes, esa] *adj* viennois(e) ▸ *nm/f* Viennois(e)

viento ['bjento] *nm* vent *m* ; (*cuerda*) corde *f* de tente ; **contra ~ y marea** contre vents et marées ; **ir ~ en popa** marcher comme sur des roulettes ; **~ de cola/de costado** vent arrière/de travers

vientre ['bjentre] *nm* ventre *m* ; **hacer de ~** aller à la selle

viernes ['bjernes] *nm inv* vendredi *m* ; **V~ Santo** vendredi saint ; *ver tb* **sábado**
Vietnam [bjet'nam] *nm* Vietnam *m*
vietnamita [bjetna'mita] *adj* vietnamien(ne) ▸ *nm/f* Vietnamien(ne)
viga ['biɣa] *nf* poutre *f*
vigencia [bi'xenθja] *nf* (*de ley, contrato*) validité *f*; (*de costumbres*) actualité *f*; **estar/entrar en ~** être/entrer en vigueur
vigente [bi'xente] *adj* (*ley etc*) en vigueur ; (*costumbre*) actuel(le)
vigésimo, -a [bi'xesimo, a] *adj, nm/f* vingtième *m/f*
vigía [bi'xia] *nm/f* guetteur(-euse) ▸ *nf* mirador *m*
vigilancia [bixi'lanθja] *nf* surveillance *f*
vigilante [bixi'lante] *adj* vigilant(e) ▸ *nm* gardien *m* ; **~ jurado** vigile *m* ; **~ nocturno** gardien(-enne) de nuit
vigilar [bixi'lar] *vt* surveiller ▸ *vi* être de garde ; **~ por** (*salud*) veiller à ; (*algn*) veiller sur
vigilia [vi'xilja] *nf* veille *f*; (*Rel*) vigile *f*, veille *f*
vigor [bi'ɣor] *nm* vigueur *f*; **en ~** en vigueur ; **entrar en ~** entrer en vigueur
vigoroso, -a [biɣo'roso, a] *adj* vigoureux(-euse)
vil [bil] *adj* vil(e)
vileza [bi'leθa] *nf* vilenie *f*
villa ['biʎa] *nf* villa *f*; (*población*) ville *f*; **la V~ (de Madrid)** la Ville (de Madrid) ; **~ miseria** (*CSur*) bidonville *m*
villancico [biʎan'θiko] *nm* chant *m* de Noël
vilo ['bilo]: **en ~** *adv* (*sostener, levantar*) en l'air ; **estar en ~** (*fig*) être sur des charbons ardents
vinagre [bi'naɣre] *nm* vinaigre *m*
vinagreta [bina'ɣreta] *nf* vinaigrette *f*
vincular [binku'lar] *vt* rapprocher ; (*por contrato, obligación*) lier ; **vincularse** *vpr*: **vincularse (a)** se rapprocher (de)
vínculo ['binkulo] *nm* lien *m*
vinicultura [binikul'tura] *nf* viticulture *f*
vino ['bino] *vb ver* **venir** ▸ *nm* vin *m* ; **~ añejo** vin vieux ; **~ blanco** vin blanc ; **~ de crianza** grand cru *m* ; **~ de mesa** vin de table ; **~ peleón** pinard *m* ; **~ tinto** vin rouge
viña ['biɲa] *nf* vigne *f*
viñedo [bi'ɲeðo] *nm* vignoble *m*
violación [bjola'θjon] *nf* (*de una persona*) viol *m* ; (*de derecho, ley*) violation *f*; **~ de contrato** (*Com*) rupture *f* de contrat
violar [bjo'lar] *vt* violer
violencia [bjo'lenθja] *nf* violence *f*; **~ de género** violence de genre ; **~ doméstica** violence domestique, violence conjugale
violentar [bjolen'tar] *vt* forcer ; (*persona*) violenter ; **violentarse** *vpr* se faire violence
violento, -a [bjo'lento, a] *adj* violent(e) ; (*embarazoso*) embarrassant(e) ; (*incómodo*) mal à l'aise *inv* ; **me es muy ~** cela me gêne beaucoup
violeta [bjo'leta] *adj* violet(te) ▸ *nf* (*Bot*) violette *f* ▸ *nm* (*color*) violet *m*
violín [bjo'lin] *nm* violon *m*
viraje [bi'raxe] *nm* virage *m* ; (*de ideas, procedimientos*) revirement *m*
viral [bi'ral] *adj* (*esp Internet*) viral(e)
virgen ['birxen] *adj* vierge ▸ *nm* garçon *m* o homme *m* vierge ▸ *nf* vierge *f*; **la (Santísima) V~** la (Sainte) Vierge
Virgo ['birɣo] *nm* (*Astrol*) la Vierge ; **ser ~** être Vierge
viril [bi'ril] *adj* viril(e) ; **miembro ~** membre *m* viril
virilidad [birili'ðað] *nf* virilité *f*
virtud [bir'tuð] *nf* vertu *f*; **en ~ de** en vertu de
virtuoso, -a [bir'twoso, a] *adj* vertueux(-euse) ▸ *nm/f* (*Mús*) virtuose *m/f*
viruela [bi'rwela] *nf* variole *f*; **viruelas** *nfpl* (*pústulas*) boutons *mpl* de variole
virulento, -a [biru'lento, a] *adj* virulent(e)
virus ['birus] *nm inv* virus *msg*
visa ['bisa] (AM) *nf*, **visado** [bi'sado] *nm* visa *m* ; **~ de permanencia** permis *m* de séjour
víscera ['bisθera] *nf* viscère *m* ; **vísceras** *nfpl* viscères *mpl*
visceral [bisθe'ral] *adj* viscéral(e)
viscoso, -a [bis'koso, a] *adj* visqueux(-euse)
visera [bi'sera] *nf* visière *f*; (*gorra*) casquette *f* à visière
visibilidad [bisiβili'ðað] *nf* visibilité *f*
visible [bi'siβle] *adj* visible ; **estar ~** être visible ; **exportaciones/importaciones ~s** (*Com*) exportations *fpl*/importations *fpl* visibles

visillo [bi'siʎo] *nm* voilage *m*

visión [bi'sjon] *nf* vision *f*; **ver visiones** avoir des visions; **~ de conjunto** vue *f* d'ensemble; **~ global** vue globale

visita [bi'sita] *nf* visite *f*; **horas/tarjeta de ~** heures *fpl*/carte *f* de visite; **hacer una ~** rendre *o* faire une visite; **ir de ~** aller rendre visite; **~ de cortesía** visite de courtoisie; **~ de cumplido** visite de politesse

visitar [bisi'tar] *vt* (*familia etc*) rendre visite à; (*ciudad, museo*) visiter; (*inspeccionar*) faire la visite de

vislumbrar [bislum'brar] *vt* apercevoir, distinguer; (*solución*) entrevoir

viso ['biso] *nm* (*de metal*) éclat *m*; (*de tela*) lustre *m*; (*aspecto*) luisant *m*; **tiene ~s de ser cierto** cela a l'air d'être vrai

visón [bi'son] *nm* vison *m*; **abrigo de ~** manteau *m* de vison

visor [bi'sor] *nm* (*Foto, de arma*) viseur *m*

víspera ['bispera] *nf* veille *f*; **la ~** *o* **en ~s de** (à) la veille de

vista ['bista] *nf* vue *f*; (*Jur*) audience *f*; **a primera** *o* **simple ~** à première vue, au premier abord; **a ~ de pájaro** à vol d'oiseau; **fijar** *o* **clavar la ~ en algo** fixer qch; **hacer la ~ gorda** fermer les yeux; **tener ~ (para algo)** avoir du flair (pour qch); **volver la ~** détourner les yeux; **hacer algo a la ~ de todos** faire qch au vu et au su de tous; **está** *o* **salta a la ~ que** il saute aux yeux que; **a la ~** (*Com*) à vue; **conocer a algn de ~** connaître qn de vue; **perder algo/a algn de ~** perdre qch/qn de vue; **en ~ de ...** vu ...; **en ~ de que** vu que; **¡hasta la ~!** à bientôt!; **con ~s a** (*al mar*) avec vue sur; (*al futuro, a mejorar*) dans le but de; **~ cansada** presbytie *f*; **~ de lince** yeux *mpl* de lynx

vistazo [bis'taθo] *nm* coup *m* d'œil; **dar** *o* **echar un ~ a** jeter un coup d'œil à

visto, -a ['bisto, a] *vb ver* **vestir** ▶ *pp de* **ver** ▶ *adj*: **estar muy ~** ne pas être très original(e) ▶ *nm*: **~ bueno** accord *m*; **está ~ que** il est clair que; **está bien/mal ~** c'est bien/mal vu; **estaba ~** c'était à prévoir; **~ que** vu que; **por lo ~** apparemment; **dar el ~ bueno a** donner son accord pour

vistoso, -a [bis'toso, a] *adj* voyant(e)

visual [bi'swal] *adj* visuel(le)

vital [bi'tal] *adj* vital(e); (*persona*) plein(e) de vitalité

vitalicio, -a [bita'liθjo, a] *adj* viager(-ère); (*cargo*) à vie

vitalidad [bitali'ðað] *nf* vitalité *f*

vitamina [bita'mina] *nf* vitamine *f*

viticultor, a [bitikul'tor, a] *nm/f* viticulteur(-trice)

viticultura [bitikul'tura] *nf* viticulture *f*

vitorear [bitore'ar] *vt* acclamer

vitrina [bi'trina] *nf* vitrine *f*

vitrocerámico, -a [bitroθe'ramiko, a] *adj*: **placa vitrocerámica** plaque *f* vitrocéramique

viudez [bju'ðeθ] *nf* veuvage *m*

viudo, -a ['bjuðo, a] *adj, nm/f* veuf (veuve)

viva ['biβa] *excl* hourra! ▶ *nm* vivat *m*; **¡~ el rey!** vive le roi!

vivacidad [biβaθi'ðað] *nf* vivacité *f*

vivaracho, -a [biβa'ratʃo, a] *adj* vif (vive)

vivaz [bi'βaθ] *adj* vivace; (*ingenio*) vif (vive)

víveres ['biβeres] *nmpl* vivres *mpl*

vivero [bi'βero] *nm* (*Horticultura*) pépinière *f*; (*criadero*) vivier *m*; (*fig: de discordia*) source *f*; (*: delincuentes*) nid *m*

vivienda [bi'βjenda] *nf* logement *m*; **~ de protección oficial** HLM *m*; **~s sociales** logements sociaux

viviente [bi'βjente] *adj* vivant(e)

vivir [bi'βir] *vt, vi* vivre; **~ de** vivre de; **~ bien/mal** vivre bien/mal; **saber ~** savoir vivre

vivo, -a ['biβo, a] *adj* vif (vive); (*ser, recuerdo, planta*) vivant(e); **al rojo ~** à blanc; **en ~** (*TV, Mús*) en direct

vocablo [bo'kaβlo] *nm* mot *m*

vocabulario [bokaβu'larjo] *nm* vocabulaire *m*

vocación [boka'θjon] *nf* vocation *f*

vocacional [bokaθjo'nal] (*Méx*) *nf* (*Escol*) collège *m* technique

vocal [bo'kal] *adj* vocal(e) ▶ *nm/f* membre *m* ▶ *nf* (*Ling*) voyelle *f*

vocalizar [bokali'θar] *vt* prononcer ▶ *vi* articuler

vocear [boθe'ar] *vt* (*mercancía*) vendre à la criée; (*escándalo, noticia*) crier sur les toits ▶ *vi* crier

vocerío [boθe'rio] *nm* clameur *f*

vocero, -a [bo'θero, a] (AM) *nm/f* porte-parole *m inv*

voces ['boθes] *pl de* **voz**

vociferar [boθife'rar] *vi* vociférer
vodka ['boðka] *nm* vodka *f*
vol. *abr* (= *volumen*) vol. (= *volume*)
volandas [bo'landas]: **en ~** *adv* en volant ; (*en un momento*) en un clin d'œil
volante [bo'lante] *adj* volant(e) ▶ *nm* volant *m* ; (*Med: de aviso*) convocation *f* ; **ir al ~** être au volant
volar [bo'lar] *vt* faire exploser ▶ *vi* voler ; (*tiempo*) passer ; (*noticias*) aller bon train ; (*fam: desaparecer*) filer ; **volarse** *vpr* s'envoler ; **voy volando** j'y cours
volátil [bo'latil] *adj* volatile
volcán [bol'kan] *nm* volcan *m* ; **el país es un ~** (*fig*) le pays est une poudrière
volcánico, -a [bol'kaniko, a] *adj* volcanique
volcar [bol'kar] *vt* (*recipiente*) vider ; (*contenido*) verser ; (*vehículo*) renverser ; (*barco*) faire chavirer ▶ *vi* (*vehículo*) capoter ; (*barco*) chavirer ; **volcarse** *vpr* (*recipiente*) se renverser ; (*vehículo*) capoter ; (*barco*) chavirer ; (*esforzarse*): **volcarse para hacer algo/con algn** se donner beaucoup de mal pour faire qch/avec qn
voleibol [bolei'βol] *nm* volley-ball *m*
volqué *etc* [bol'ke], **volquemos** *etc* [bol'kemos] *vb ver* **volcar**
voltaje [bol'taxe] *nm* voltage *m*
voltear [bolte'ar] *vt* faire tourner ; (*persona: en el aire*) faire sauter en l'air ; (*AM*) tourner ; (*: volcar*) verser ; **voltearse** *vpr* (*AM*) se retourner ; **~ a hacer algo** (*AM*) recommencer (à faire) qch
voltereta [bolte'reta] *nf* (*rodada*) galipette *f* ; (*en el aire*) saut *m* périlleux ; **~ lateral** roue *f*
voltio ['boltjo] *nm* volt *m*
voluble [bo'luβle] *adj* volubile
volumen [bo'lumen] *nm* volume *m* ; (*Com*) volume, chiffre *m* ; **bajar el ~** baisser le son ; **poner la radio a todo ~** mettre la radio à fond ; **~ de capital** capital *m* ; **~ de negocios/de ventas** chiffre d'affaires/des ventes
voluminoso, -a [bolumi'noso, a] *adj* volumineux(-euse)
voluntad [bolun'tað] *nf* volonté *f* ; **a ~** à volonté ; **buena ~** bonne volonté ; **dar la ~** laisser un pourboire ; **tener mucha/poca ~** être quelqu'un de très volontaire/manquer de volonté ; **por causas ajenas a nuestra ~** pour des raisons indépendantes de notre volonté
voluntario, -a [bolun'tarjo, a] *adj* volontaire ▶ *nm/f* volontaire *m/f*, bénévole *m/f* ; **ofrecerse (como) ~** se porter volontaire
voluntarioso, -a [bolunta'rjoso, a] *adj* volontaire
voluptuoso, -a [bolup'twoso, a] *adj* voluptueux(-euse)
volver [bol'βer] *vt* tourner ; (*boca abajo, de dentro fuera*) retourner ; (*de atrás adelante*) ramener ; (*transformar en: persona*) rendre ; (*manga*) retrousser ▶ *vi* (*regresar*) revenir ; (*ir de nuevo*) retourner ; **volverse** *vpr* (*girar*) se retourner ; (*convertirse en*) devenir ; **~ la espalda** tourner le dos ; **~ a hacer algo** recommencer (à faire) qch ; **~ de** revenir de ; **~ en sí** revenir à soi ; **~ la vista atrás** regarder en arrière ; **~ loco a algn** rendre qn fou (folle) ; **volverse loco/insociable** devenir fou/asocial ; **volverse atrás** revenir en arrière ; **su mentira se volvió contra él** *o* **en contra de él** son mensonge s'est retourné contre lui
vomitar [bomi'tar] *vt* vomir ; (*sangre*) cracher ▶ *vi* vomir
vómito ['bomito] *nm* vomissement *m* ; (*lo vomitado*) vomi *m*
voraz [bo'raθ] *adj* vorace ; (*hambre*) dévorant(e)
vos [bos] (*AM*) *pron* vous ; (*esp CSur*) tu
voseo [bo'seo] (*AM*) *nm* vouvoiement *m*
vosotros, -as [bo'sotros, as] *pron* vous ; **entre ~** parmi vous
votación [bota'θjon] *nf* vote *m* ; **por ~** par vote ; **someter algo a ~** soumettre qch au vote ; **~ secreta/a mano alzada** vote à bulletin secret/à main levée
votar [bo'tar] *vt, vi* voter
voto ['boto] *nm* vote *m* ; (*Rel*) vœu *m* ; **hacer ~s por** former des vœux pour ; **dar su ~** voter ; **~ a favor** vote pour ; **~ de censura/de confianza** motion *f* de censure/vote de confiance ; **~ en contra** vote contre
voy [boi] *vb ver* **ir**
voz [boθ] *nf* voix *f sg* ; (*grito*) cri *m* ; (*rumor*) bruit *m* ; (*Ling: palabra*) mot *m* ; **dar voces** pousser des cris ; **llamar a algn/hablar a voces** appeler qn/parler en criant ; **la ~ de la conciencia** la voix de la conscience ; **a**

media ~ à mi-voix ; **a ~ en cuello** *o* **en grito** à grands cris ; **de viva ~** de vive voix ; **en ~ alta/baja** à voix haute/basse ; **llevar la ~ cantante** mener la danse ; **tener la ~ tomada** être enroué(e) ; **tener ~ y voto** avoir voix au chapitre ; **~ de mando** ton *m* de commandement ; **~ en off** voix off

vuelco ['bwelko] *vb ver* **volcar** ▸ *nm* culbute *f*, chute *f* ; (*de coche*) tonneau *m* ; **me dio un ~ el corazón** ça m'a fait un coup au cœur

vuelo ['bwelo] *vb ver* **volar** ▸ *nm* vol *m* ; (*de falda, vestido*) ampleur *f* ; **de altos ~s** de haut vol ; **alzar el ~** prendre son vol ; **cazar** *o* **coger al ~** attraper au vol ; **cazarlas** *o* **cogerlas al ~** (*fig*) ne pas en laisser passer une ; **falda de (mucho) ~** jupe *f* ample ; **~ chárter** vol charter ; **~ en picado** descente *f* en piqué ; **~ espacial** vol spatial ; **~ libre** vol libre ; **~ regular** vol régulier ; **~ sin motor** vol sans moteur

vuelque *etc* ['bwelke] *vb ver* **volcar**

vuelta ['bwelta] *nf* tour *m* ; (*regreso*) retour *m* ; (*en carreras, circuito*) virage *m* ; (*de camino*) tournant *m* ; (*de río*) méandre *m* ; (*de papel*) verso *m* ; (*de pantalón, tela, fig*) revers *msg* ; (*en labor de punto*) rangée *f* ; (*situación*) renversement *m* ; (*dinero*) monnaie *f* ; **~ a empezar** retour à la case départ ; **a la ~** (*Esp*) au retour ; **a la ~ (de la esquina)** au coin (de la rue) ; **a ~ de correo** par retour du courrier ; **dar(se) la ~** (*coche*) faire demi-tour ; (*persona*) se retourner ; **dar la ~ a algo** retourner qch ; (*de atrás adelante*) ramener qch ; **dar la ~ al mundo** faire le tour du monde ; **dar ~s** tourner ; **dar ~s a algo** (*comida*) remuer qch ; (*manivela*) tourner qch ; **dar ~s a una idea** tourner et retourner une idée dans sa tête ; **dar una ~** faire un tour ; **dar una ~ a algo** (*llave, tuerca*) donner un tour de qch ; **dar media ~** (*persona*) faire demi-tour ; **estar de ~** être de retour ; **poner a algn de ~ y media** (*fam*) traiter qn de tous les noms ; **no tiene ~ de hoja** il n'y a pas d'autre solution ; **~ ciclista** tour (cycliste) ; **~ de campana** tonneau *m*

vuelto ['bwelto] *pp de* **volver** ▸ *nm* (AM) monnaie *f*

vuelva *etc* ['bwelβa] *vb ver* **volver**

vuestro, -a ['bwestro, a] *adj* votre ▸ *pron*: **el ~/la vuestra** le/la vôtre ; **los ~s, las vuestras** les vôtres ; **lo ~** ce qui est à vous ; **un amigo ~** un de vos amis, un ami à vous ; **¿son ~s?** c'est à vous ? ; **una idea vuestra** une de vos idées

vulgar [bul'ɣar] *adj* (*pey*) vulgaire ; (*no refinado*) grossier(-ière) ; (*gustos, uso*) commun(e)

vulgaridad [bulɣari'ðað] *nf* vulgarité *f* ; (*de gustos, rasgos*) banalité *f* ; (*grosería*) grossièreté *f* ; **vulgaridades** *nfpl* (*trivialidades*) banalités *fpl*

vulgarizar [bulɣari'θar] *vt* vulgariser

vulgo ['bulɣo] *nm*: **el ~** (*pey*) le commun des mortels

vulnerable [bulne'raβle] *adj* vulnérable ; (*punto, zona*) sensible ; **ser ~ a** être vulnérable à

vulnerar [bulne'rar] *vt* (*ley, acuerdo*) transgresser ; (*derechos, reputación*) bafouer ; (*intimidad*) violer

W

wasap ['wasap] (*pl* **wasaps**) (*fam*) *nm* WhatsApp *m* ; **mándame un ~** envoie-moi un WhatsApp
wasapear [wasape'ar] (*fam*) *vt, vi* whatsapper
wáter ['bater] *nm* waters *mpl*, W.-C. *mpl*
web [web] *nm* (*red*) Web *m* ▸ *nf* (*página*) page *f* Web
webcam [web'kam] *nf* webcam *f*
webinario [webi'narjo] *nm* webinaire *m*
whisky ['wiski] *nm* whisky *m*
Wi-Fi, wifi ['wifi] *nm* wifi *m*
windsurf ['winsurf] *nm* windsurf *m*, planche *f* à voile

X

xenofobia [kseno'foβja] *nf* xénophobie *f*
xilófono [ksi'lofono] *nm* xylophone *m*

Y

y [i] *conj* et ; **y bueno/claro** (*esp Arg: muletilla enfática*) bon/évidemment ; **¿y tu hermana?** et ta sœur ? ; **¡¿y qué?!** et alors ! ; **¿y si ...?** et si ... ? ; **¡y yo!** moi aussi ! ; **estuvo llora y llora** (AM) il (elle) n'a pas arrêté de pleurer

ya [ja] *adv* déjà ; (*con presente: ahora*) maintenant ; (*: en seguida*) tout de suite ; (*con futuro: pronto*) bientôt ▸ *excl* OK ! ; (*entiendo*) oui ! ; (*por supuesto*) évidemment ! ; (*por fin*) enfin ! ▸ *conj* déjà ; **ya que** puisque ; **ya no vamos** nous ne partons plus ; **ya lo sé** je sais ; **¡ya era hora!** il était temps ! ; **ya ves** tu vois bien ; **ya veremos** on verra bien ; **¡ya está!** ça y est ! ; **ya, ya** (*irónico*) mais oui ; **que ya, ya** mais oui, c'est ça ; **¡ya voy!** j'arrive !, j'y vais ! ; **ya mismo** (*esp CSur*) tout de suite ; **desde ya** (*CSur*) tout de suite ; (*: claro*) évidemment ; **ya que no está ...** puisqu'il n'est pas là ... ; **ya vale (de hacer), ya está bien** ça suffit

yacaré [jaka're] (*CSur*) *nm* alligator *m*

yacer [ja'θer] *vi* gésir ; **aquí yace** ci-gît

yacimiento [jaθi'mjento] *nm* gisement *m* ; **~ petrolífero** gisement de pétrole

yanqui ['janki] *adj* yankee ▸ *nm/f* Yankee *m/f*

yapa ['japa] (*And, CSur: fam*) *nf* petit plus *msg*

yate ['jate] *nm* yacht *m*

yazca *etc* ['jaθka] *vb ver* **yacer**

yedra ['jeðra] *nf* lierre *m*

yegua ['jeɣwa] *nf* jument *f*

yema ['jema] *nf* (*del huevo*) jaune *m* ; (*Bot*) bourgeon *m* ; (*Culin*) *pâtisserie à base de jaune d'œuf mélangé avec du sucre* ; **~ del dedo** bout *m* du doigt

yerbatero, -a [jerβa'tero, a] (AM) *adj* de maté ▸ *nm/f* (*curandero*) guérisseur(-euse)

yerga *etc* ['jerɣa], **yergue** *etc* ['jerɣe] *vb ver* **erguir**

yermo, -a ['jermo, a] *adj* (*no cultivado*) inculte ; (*despoblado*) désert(e) ▸ *nm* terre *f* inculte

yerno ['jerno] *nm* gendre *m*

yerre *etc* ['jerre] *vb ver* **errar**

yeso ['jeso] *nm* (*Geo*) gypse *m* ; (*Arq*) plâtre *m*

yincana [jin'kana] *nf* gymkhana *m*

yo ['jo] *pron pers* je ; **soy yo** c'est moi ; **yo que tú/usted** moi, à ta/votre place

yodo ['joðo] *nm* iode *m*

yoga ['joɣa] *nm* yoga *m*

yogur [jo'ɣur], **yogurt** [jo'ɣurt] *nm* yaourt *m*, yogourt *m* ; **~(t) descremado** *o* **desnatado** yaourt écrémé

yudo ['juðo] *nm* judo *m*

yugo ['juɣo] *nm* joug *m*

Yugoslavia [juɣos'laβja] *nf* (*Hist*) Yougoslavie *f*

yugular [juɣu'lar] *adj, nf* jugulaire *f*

yunque ['junke] *nm* enclume *f*

yunta ['junta] *nf* attelage *m* ; **yuntas** *nfpl* (*Ven: de camisa*) boutons *mpl* de manchette

yuxtaponer [jukstapo'ner] *vt* juxtaposer

yuxtaposición [jukstaposi'θjon] *nf* juxtaposition *f*

yuyo ['jujo] (*And, CSur*) *nm* herbe *f*

Z

zacate [θa'kate] (*CAm, Méx*) *nm* paille *f*
zafarse [θa'farse] *vpr*: **~ de** se libérer de
zafio, -a ['θafjo, a] *adj* rustre
zafiro [θa'firo] *nm* saphir *m*
zaga ['θaɣa] *nf*: **a la ~** à la traîne ; **ella no le va a la ~** (*fig*) elle n'a rien à lui envier
zaguán [θa'ɣwan] *nm* vestibule *m*
zaherir [θae'rir] *vt* mortifier
zalamería [θalame'ria] *nf* flatterie *f*
zalamero, -a [θala'mero, a] *adj* flatteur(-euse)
zamarra [θa'marra] *nf* veste *f* en peau
zambullirse [θambu'ʎirse] *vpr* plonger ; (*fig: en trabajo*) se plonger
zampar [θam'par] (*fam*) *vt* avaler ; **zamparse** *vpr*: **zamparse algo** s'enfiler qch
zanahoria [θana'orja] *nf* carotte *f*
zancada [θan'kaða] *nf* enjambée *f*; **dar ~s** faire de grandes enjambées
zancadilla [θanka'ðiʎa] *nf* croche-pied *m* ; **echar** *o* **poner la ~ a algn** faire un croche-pied à qn ; (*fig*) mettre des bâtons dans les roues à qn
zanco ['θanko] *nm* échasse *f*
zancudo, -a [θan'kuðo, a] *adj*: **ave ~** échassier *m* ▶ *nm* (AM) moustique *m*
zángano, -a ['θangano, a] *nm/f* feignant(e) ▶ *nm* (*Zool*) faux bourdon *m*
zanja ['θanxa] *nf* fossé *m*
zanjar [θan'xar] *vt* trancher
zapallo [θa'paʎo] (*And, CSur*) *nm* calebasse *f*
zapata [θa'pata] *nf* patin *m*
zapatear [θapate'ar] *vi* taper des pieds ; (*bailar*) danser le zapatéado
zapatería [θapate'ria] *nf* (*tienda*) magasin *m* de chaussures ; (*oficio*) cordonnerie *f*
zapatero, -a [θapa'tero, a] *nm/f* cordonnier(-ière) ; (*vendedor*) marchand(e) de chaussures
zapatilla [θapa'tiʎa] *nf* (*para casa, ballet*) chausson *m* ; (*para la calle*) chaussure *f* légère ; (*Tec*) joint *m* ; **~ de deporte** chaussure *f* de sport, tennis *f*
zapato [θa'pato] *nm* chaussure *f*; **~ de tacón** chaussure à talon
zapping ['θapin] *nm* zapping *m* ; **hacer ~** zapper
zarandear [θarande'ar] *vt* secouer
zarpa ['θarpa] *nf* griffe *f*; **echar la ~ a** (*fam*) se jeter sur
zarpar [θar'par] *vi* lever l'ancre
zarza ['θarθa] *nf* ronce *f*
zarzal [θar'θal] *nm* fourré *m*
zarzamora [θarθa'mora] *nf* (*fruto*) mûre *f*; (*planta*) ronce *f*
zarzuela [θar'θwela] *nf* zarzuela *f*
zasca ['θaska] (*Esp: fam*) *nm* (*comentario*) claque *f*, baffe *f* (*fam*) ; **se llevó un ~** il a été calmé
zigzag [θiɣ'θaɣ] *nm* zigzag *m* ; **en ~** en zigzag
zigzaguear [θiɣθaɣe'ar] *vi* zigzaguer
zinc [θink] *nm* zinc *m*
zócalo ['θokalo] *nm* soubassement *m*, plinthe *f*
zodíaco [θo'ðiako] *nm* zodiaque *m* ; **signo del ~** signe *m* du zodiaque
zona ['θona] *nf* zone *f*; **~ blanca** (*Telec*) zone blanche ; **~ de desarrollo** *o* **de fomento** zone de développement ; **~ del dólar** (*Com*) zone dollar ; **~ fronteriza/peatonal** zone frontalière/piétonne ; **~ verde** espace *m* vert
zonzo, -a ['θonθo, a] (AM: *fam*) *adj* bête, idiot(e) ▶ *nm/f* idiot(e)
zoo ['θoo] *nm* zoo *m*
zoología [θoolo'xia] *nf* zoologie *f*
zoológico, -a [θoo'loxiko, a] *adj* zoologique ▶ *nm* (*tb*: **parque zoológico**) zoo *m*
zoólogo, -a [θo'oloɣo, a] *nm/f* zoologue *m*
zoom [θum] *nm* zoom *m*
zopilote [θopi'lote] (AM) *nm* vautour *m*

zoquete [θo'kete] (*fam*) *adj, nm/f* abruti(e)

zorro, -a ['θorro, a] *adj* rusé(e) ▸ *nm/f* renard(e) ▸ *nm* (*hombre astuto*) renard *m*

zozobra [θo'θoβra] *nf* angoisse *f*

zozobrar [θoθo'βrar] *vi* (*barco*) couler ; (*fig: plan*) échouer

zueco ['θweko] *nm* sabot *m*

zumbar [θum'bar] *vi* (*abeja*) bourdonner ; (*motor*) vrombir ; **zumbarse** *vt* (*fam: pegar*) flanquer une gifle à ▸ *vpr*: **zumbarse de** se moquer de ; **salir zumbando** (*fam*) filer ; **me zumban los oídos** j'ai les oreilles qui bourdonnent

zumbido [θum'biðo] *nm* (*de abejas*) bourdonnement *m* ; (*de motor*) vrombissement *m* ; **~ de oídos** bourdonnement d'oreilles

zumo ['θumo] *nm* jus *msg* ; **~ de naranja** jus d'orange

zurcir [θur'θir] *vt* (*Costura*) raccommoder ; **¡que les zurzan!** (*fam*) qu'ils aillent au diable !

zurdo, -a ['θurðo, a] *adj* (*persona*) gaucher(-ère) ; (*mano*) gauche

zurrar [θu'rrar] *vt* (*fam: pegar*) tabasser ; (*piel*) tanner

Grammaire espagnole

Table des matières

1 L'orthographe et l'accentuation

1.1 L'accentuation normale

Il existe des règles simples pour savoir quelle syllabe accentuer dans un mot espagnol. Lorsqu'on est en présence d'une exception, un accent aigu est nécessaire. Ces règles sont les suivantes :

- Les mots qui se terminent par une voyelle, une combinaison de voyelles ou les consonnes **-s** ou **-n** sont accentués sur l'avant-dernière syllabe. La grande majorité des mots espagnols entrent dans cette catégorie.

  pa**la**bra *(mot)* **cri**sis *(crise)*

- Les mots qui se terminent par une consonne autre que **-s** ou **-n** portent l'accent sur la dernière syllabe.

  re**loj** *(montre)* ver**dad** *(vérité)*

- Un petit groupe de mots portent l'accent sur l'antépénultième et ont toujours besoin d'un accent écrit.

  murci**é**lago *(chauve-souris)* **pá**jaro *(oiseau)*

- Certains noms changent d'accentuation en passant du singulier au pluriel.

  ca**rá**cter *(caractère)* carac**te**res *(caractères)*
  régimen *(régime)* re**gí**menes *(régimes)*

1.2 L'accent dans les diphtongues

Pour les diphtongues, on utilise les règles suivantes pour savoir laquelle des voyelles doit être accentuée :

- Dans les diphtongues combinant une voyelle dite « faible » (**i**, **u**) et une « forte » (**a**, **e** ou **o**), l'accent est placé sur la voyelle forte :

  baile *(danse)* **pe**ine *(peigne)*
  boina *(béret)* **ca**usa *(cause)*

- Dans les diphtongues formées à partir de deux voyelles « faibles », la seconde porte l'accent :

  fu**i** *(j'allai)* vi**u**do *(veuf)*

➢ Notez que deux voyelles « fortes » ne forment pas une diphtongue mais sont prononcées comme deux voyelles distinctes. Dans ce cas, l'accentuation suit les règles normales :

  ma**re**o *(mal au cœur)* **ca**os *(chaos)*
  ca**er** *(tomber)* cor**re**a *(laisse)*

1.3 L'accent écrit

Cet accent s'emploie pour indiquer que l'accentuation ne suit pas les règles normales.

autobús *(bus)* **revolución** *(révolution)*
relámpago *(éclair)* **árboles** *(arbres)*

Pour les adjectifs et certains noms, on accentue la même syllabe au pluriel et au singulier. Pour montrer cela, il faut au pluriel :

- ajouter un accent écrit dans le cas des noms et des adjectifs qui se terminent par **-n**.

orden *(ordre)* **órdenes** *(ordres)*
examen *(examen)* **exámenes** *(examens)*

- supprimer l'accent des noms ou des adjectifs portant un accent sur la dernière syllabe et qui se terminent par **-n** ou **-s**.

revolución *(révolution)* **revoluciones** *(révolutions)*
parlanchín *(bavard)* **parlanchines** *(bavards)*

Quand des pronoms objet sont ajoutés à certaines formes verbales, un accent est nécessaire pour montrer que la syllabe accentuée de la forme verbale ne change pas :

comprando *(achetant)* **comprándolo** *(l'achetant)*
vender *(vendre)* **vendérselas** *(les lui/leur vendre)*
compra *(achète)* **cómpralo** *(achète-le)*
hagan *(faites)* **háganselo** *(faites-le-lui/leur)*

L'accent est aussi employé pour distinguer à l'écrit les mots qui se prononcent de la même manière mais qui ont un sens ou une fonction différente :

- les adjectifs possessifs et les pronoms personnels, comme par exemple **mi** et **mí** dans **es mi coche** (*c'est ma voiture*) et **es para mí** (*c'est pour moi*).
- les formes interrogatives et exclamatives des adverbes, pronoms et adjectifs, comme par exemple **donde** et **dónde** dans **donde quieras** (*où tu veux*) et **¿dónde lo encontraste?** (*où l'as-tu trouvé ?*).
- le pronom **él** et l'article **el**, comme dans **él no quiso** (*il n'a pas voulu*) et **el puerto queda cerca** (*le port n'est pas loin*).
- un petit nombre de mots que l'on pourrait confondre, par exemple **de** (*de*) et **dé** (subj. prés. de **dar**), **mas** (*mais*) et **más** (*plus*), **si** (*si*) et **sí** (*oui ; lui-même*, etc.), **te** (*toi*) et **té** (*thé*).

1.4 La diérèse

Elle n'est utilisée que pour **güi** et **güe** afin de montrer que le **u** se prononce comme une semi-consonne.

1.5 Suffixes

Les suffixes sont très courants en espagnol. Des changements orthographiques interviennent dans les cas suivants :

- Noms et adjectifs + suffixes :

terminaison	suffixe	nouvelle terminaison
voyelle + **z** +	**-cito**	**-cecito**
-go, -ga +	**-ito, -illo**	**-guito/a, -guillo/a**
-co, -ca +	**-ito, -illo**	**-quito/a, -quillo/a**

- Adjectifs superlatifs :

terminaison	exemple	superlatif	exemple
-co/-ca	**rico/a**	**-quísimo/a**	**riquísimo/a**
-go/-ga	**largo/a**	**-guísimo/a**	**larguísimo/a**
voyelle + **z**	**feroz**	**-císimo/a**	**ferocísimo/a**

2 Les noms et le groupe nominal

2.1 Le genre des noms

Pour deviner le genre d'un nom, on peut souvent se baser sur sa terminaison :

- pour les noms masculins :

-o **un clavo ▲ un plátano ▲ un niño**
Exceptions : *mano, foto, moto*

-l **un tonel ▲ un hotel**
Exceptions : *cal, cárcel, catedral, col, miel, piel, sal*

-r **un tractor ▲ el altar**
Exceptions : *coliflor, flor, labor, sor*

-y **el rey ▲ un buey**
Exception : *ley*

- pour les noms féminins :

-a **una casa ▲ la cara ▲ una niña**
Exceptions : *día, mapa, planeta, problema*

-ión	**una canción ▲ una procesión** Exceptions : la plupart des noms ne se terminant pas en *-ción* ou *-sión*, par exemple : *avión, camión, gorrión*
-ad, -ud, -ed	**una ciudad ▲ una multitud ▲ la sed**
-itis	**una faringitis ▲ la celulitis**
-iz	**una perdiz ▲ una matriz** Exceptions : *lápiz, maíz, tapiz*
-umbre	**la muchedumbre**

2.2 Certains noms sont complètement différents au masculin et au féminin :

mi marido ➜ mi mujer **un toro ➜ una vaca**

2.3 Suivez ces indications pour former **le féminin** :

- Pour les noms en **-o**, on remplace ce dernier par **-a** :

un amigo ➜ una amiga

- Si la forme masculine se termine en **-a**, elle reste telle quelle :

un deportista ➜ una deportista

- Si la dernière lettre de la forme au masculin singulier est une consonne, on ajoute **-a** :

un león ➜ una leona

➢ Dans ce cas, si la dernière syllabe a un accent, il disparaît au féminin.

2.4 Le **pluriel** peut se former de différentes manières :

- Pour les noms qui se terminent par une voyelle non accentuée, on ajoute **-s** :

la casa ➜ las casas **el libro ➜ los libros**

- Pour les noms qui se terminent par une consonne ou une voyelle accentuée, on ajoute **-es** :

una canción ➜ unas canciones

➢ Les mots suivants constituent des exceptions :

café ➜ cafés	**pie ➜ pies**
mamá ➜ mamás	**sofá ➜ sofás**
papá ➜ papás	**té ➜ tés**

- Les noms qui se terminent par **-n** ou **-s** et dont la dernière syllabe comporte un accent perdent cet accent au pluriel :

la canción ➜ las canciones
el autobús ➜ los autobuses

- Les noms en **-n** qui ont l'accent tonique sur l'avant-dernière syllabe au singulier portent au pluriel un accent sur cette syllabe :

un examen → unos exámenes
un crimen → unos crímenes

- Lorsqu'il est en position finale au singulier, **-z** est remplacé par **-c** au pluriel :

la luz → las luces

- Les noms dont la dernière syllabe n'est pas accentuée et qui se terminent par **-s** restent inchangés au pluriel :

un paraguas → unos paraguas
el lunes → los lunes

2.5 À la différence du français, en espagnol **l'article défini** a une forme différente au masculin pluriel et au féminin pluriel :

	avec un nom masculin	avec un nom féminin	*en français*
singulier	el	la	*le, la, l'*
pluriel	los	las	*les*

- La forme de l'article défini dépend du genre et du nombre du nom :

el tren ▲ la estación ▲ el actor ▲ la actriz

- L'article défini **el** se combine avec la préposition **a** pour donner **al**, et **de** pour donner **del** :

al cine *(au cinéma)* **del autor** *(de l'auteur)*

2.6 L'emploi de **l'article défini** espagnol est souvent comparable à celui de l'article défini français :

El tiempo es oro.
Le temps c'est de l'argent.
Los niños necesitan ser queridos.
Les enfants ont besoin d'être aimés.

el rey Jorge III
le roi Georges III

2.7 À la différence du français, en espagnol **l'article indéfini** a une forme différente au masculin pluriel et au féminin pluriel :

	masculin	féminin	*en français*
singulier	un	una	*un, une*
pluriel	unos	unas	*des*

- On n'emploie pas l'article indéfini avec **otro**, **cierto**, **semejante** et **tal** ni devant un indénombrable :

otro libro
un autre livre
semejante ruido
un tel bruit
No bebe vino.
Il ne boit pas de vin.

2.8 L'article **lo** s'emploie :

- dans la construction **lo** + adjectif/adverbe + **que** :

No sabíamos lo pequeña que era la casa.
Nous ne savions pas à quel point la maison était petite.

- avec un adjectif ou un participe pour former un nom abstrait :

Sentimos mucho lo ocurrido.
Nous sommes vraiment désolés de ce qui est arrivé.

- dans la tournure **lo de** :

Lo de ayer es mejor que lo olvides.
Il vaut mieux que tu oublies ce qui s'est passé hier.

2.9 Les **pronoms personnels sujet** ont un usage limité en espagnol ; en général on les emploie pour créer un effet d'insistance ou pour clarifier quelque chose :

singulier : **yo** ▲ **tú** ▲ **él/ella/usted (Ud.** ou **Vd.)**
pluriel : **nosotros/nosotras** ▲ **vosotros/vosotras** ▲ **ellos/ellas** ▲ **ustedes (Uds.** ou **Vds.)**

- **Ud./Vd.** et **Uds./Vds.** sont toujours utilisés lorsqu'on vouvoie :

Pase Vd. por aquí.
Passez par ici.

2.10 **usted/ustedes**

Il existe deux formes de vouvoiement : **usted** au singulier et **ustedes** au pluriel. **Usted** est suivi d'un verbe conjugué à la troisième personne du singulier, et **ustedes** d'un verbe à la troisième personne du pluriel.

2.11 **La traduction de « on »**

Le pronom français « on » n'a pas d'équivalent direct en espagnol et il existe plusieurs façons de le traduire.

- Pour énoncer une généralité, on emploie **se** suivi d'un verbe à la troisième personne du singulier ou du pluriel selon le complément qui suit :

  Se dice que Cervantes es un genio de la literatura.
  On dit que Cervantes est un génie de la littérature.

- Si « on » renvoie à un groupe de personnes plus défini, la troisième personne du pluriel est utilisée :

  Dicen que es el hombre más rico del pueblo.
  On dit que c'est l'homme le plus riche du village.

- On peut aussi utiliser la troisième personne du pluriel quand l'identité du sujet est inconnue :

  Le llaman por teléfono.
  On vous appelle au téléphone.

- Si celui ou celle qui parle s'inclut dans le groupe désigné par « on » en français, **uno** (ou **una** au féminin) est employé :

  Uno se siente a gusto en una casa tan cómoda.
  On se sent bien dans une maison aussi confortable.

- Là où « on » en français peut être remplacé par « nous », l'espagnol emploie **nosotros** :

  Ahora (nosotros) volvemos al hotel.
  Maintenant on rentre à l'hôtel.

2.12 « **ce, c'** » ne sont en général pas traduits en espagnol :

¿Qué es? — Es una sorpresa.
Qu'est-ce que c'est ? — C'est une surprise.

2.13 **Les pronoms personnels objet direct**

singulier : **me ▲ te ▲ lo/la**
pluriel : **nos ▲ os ▲ los/las**

Lo(s) et **la(s)** sont aussi employés pour le vouvoiement.

- Sauf à l'impératif affirmatif, à l'infinitif ou au gérondif, le pronom objet direct vient toujours avant le verbe :

  Tu hija no nos conoce.
  Ta fille ne nous connaît pas.

- Avec un impératif affirmatif, l'infinitif ou le gérondif, le pronom suit le verbe et s'y accole. Dans certains cas, un accent est ajouté pour indiquer où se place l'accent tonique :

Ayúdame.
Aide-moi.

Acompáñenos.
Venez avec nous.

- Quand un infinitif ou un gérondif dépend d'un verbe placé avant lui, le pronom peut être soit accolé après l'infinitif ou le gérondif, soit placé avant le verbe principal :

Lo está comiendo. ou **Está comiéndolo.**
Elle est en train de le manger.
Nos vienen a ver. ou **Vienen a vernos.**
Ils viennent nous voir.

2.14 Les pronoms personnels objet indirect

singulier : **me ▲ te ▲ le**
pluriel : **nos ▲ os ▲ les**

Ces pronoms remplacent la préposition **a** + nom :

Estoy escribiendo a Teresa. ➜ **Le estoy escribiendo.**
J'écris à Teresa. — *Je lui écris.*

- Sauf à l'impératif affirmatif, à l'infinitif ou au gérondif, le pronom vient avant le verbe :

Sofía os ha escrito.
Sophie vous a écrit.

¿Os ha escrito Sofía?
Est-ce que Sophie vous a écrit ?

- Avec un impératif affirmatif, un infinitif ou un gérondif, le pronom suit le verbe et s'y accole. On ajoute un accent dans certains cas pour montrer où se place l'accent tonique :

Díganos la respuesta.
Donnez-nous la réponse.

- Là où un infinitif ou un gérondif dépend d'un verbe placé avant lui, le pronom peut être soit accolé après l'infinitif ou le gérondif, soit placé avant le verbe principal :

Estoy escribiéndole. ou **Le estoy escribiendo.**
Je suis en train de lui écrire.

2.15 L' ordre des pronoms

Quand deux pronoms se succèdent, le pronom indirect vient se placer avant le pronom direct :

Paloma os lo mandará mañana.
Paloma vous l'enverra demain.

Todos estaban pidiéndotelo.
Ils te le demandaient tous.

➢ Notez que lorsque deux pronoms objets de la troisième personne se suivent, le premier (pronom objet indirect) devient **se** :

Se lo di ayer.
Je le lui ai donné hier.

2.16 **En espagnol, pour rendre l'idée de la possession, on emploie souvent les pronoms objet à la place des adjectifs possessifs quand on parle des parties du corps ou de l'habillement, ainsi qu'avec certaines constructions faisant intervenir des verbes réfléchis.**

Me duele el tobillo.
J'ai mal à la cheville.
Se me ha perdido el bolígrafo.
J'ai perdu mon stylo.

2.17 **Les pronoms interrogatifs** :

¿qué? ▲ ¿cuál(es)? ▲ ¿quién(es)?

- **qué** se traduit généralement par « qu', que, qu'est-ce qu', qu'est-ce que, quoi » :

¿Qué dices?
Qu'est-ce que tu dis ?
¿Por qué no llegaron Vds. antes?
Pourquoi est-ce que vous n'êtes pas arrivés avant ?

- **cuál** (« lequel ») implique le plus souvent un choix :

¿Cuál de estos vestidos te gusta más?
Laquelle de ces robes préfères-tu ?
¿Cuáles viste?
Lesquels as-tu vus ?

- **quién(es)** renvoie aux personnes :

¿Quién ganó la carrera?
Qui a gagné la course ?
¿A quiénes ayudaste?
Qui as-tu aidé ?

2.18 Les **pronoms possessifs** correspondent aux formes fortes de l'adjectif possessif accompagnées de l'article défini. Ils s'accordent en genre et en nombre avec le nom qu'ils remplacent.

masculin singulier : **el mío ▲ el tuyo ▲ el suyo ▲ el nuestro ▲ el vuestro ▲ el suyo**
féminin singulier : **la mía ▲ la tuya ▲ la suya ▲ la nuestra ▲ la vuestra ▲ la suya**
masculin pluriel : **los míos ▲ los tuyos ▲ los suyos ▲ los nuestros ▲ los vuestros ▲ los suyos**
féminin pluriel : **las mías ▲ las tuyas ▲ las suyas ▲ las nuestras ▲ las vuestras ▲ las suyas**

Las habitaciones son menos amplias que las vuestras.
Les chambres sont moins grandes que les vôtres.

2.19 Les **pronoms démonstratifs** qui traduisent « celui-ci, celle-ci, celui-là, celle-là », etc. ont les mêmes formes que les adjectifs démonstratifs. Suivant une réforme récente de l'orthographe, il est désormais recommandé d'omettre l'accent écrit qui distinguait les pronoms démonstratifs masculins et féminins des adjectifs démonstratifs.

Les **formes neutres esto**, **eso**, **aquello** ne portent pas d'accent et se traduisent respectivement par « ceci », « cela », et « cela » ou « là-bas » pour **aquello**.

masculin singulier : **este ▲ ese ▲ aquel**
féminin singulier : **esta ▲ esa ▲ aquella**
masculin pluriel : **estos ▲ esos ▲ aquellos**
féminin pluriel : **estas ▲ esas ▲ aquellas**
neutre : **esto ▲ eso ▲ aquello**

¿Qué abrigo te gusta más? – Este de aquí.
Quel manteau est-ce que tu préfères ? – Celui-ci.
Estos libros y aquellos.
Ces livres-ci et ceux-là.

Le neutre fait toujours référence à une idée, un propos ou un objet, mais jamais à des noms spécifiques :

Eso de madrugar es algo que no le gusta.
Le fait de se lever tôt est quelque chose qu'elle déteste.
Aquello sí que me gustó.
Ça, ça m'a vraiment plu.

2.20 La traduction de « c'est… qui/c'est… que »

- Pour traduire « c'est… qui… », on emploie le verbe **ser** suivi de **quien(es)** et du verbe conjugué à la personne du sujet et au temps du verbe principal. **Quien(es)** peut être remplacé par **el**/**la**/**los**/**las que** :

  Fue Juan quien rompió el vaso. ou **Fue Juan el que rompió el vaso.**
  C'est Juan qui a cassé le verre.
  Seré yo quien daré la respuesta. ou **Seré yo el que/la que daré la respuesta.**
  C'est moi qui donnerai la réponse.

- Pour les tournures du type « c'est… que… », on emploie également le verbe **ser**, mais le pronom relatif qui suit dépend du complément qui est introduit : **donde** (lieu), **cuando** (temps), **como** (manière) ou **por lo que** (cause) :

  Allí es donde vive mi hermana.
  C'est là qu'habite ma sœur.
  Por eso fue por lo que se enfadó conmigo.
  C'est pour ça qu'il s'est fâché avec moi.

3 Les adjectifs

3.1 Comme en français, l'adjectif s'accorde en nombre et en genre avec le nom qu'il qualifie. Pour former **le féminin** d'un adjectif, il faut tenir compte des points suivants :

- Pour les adjectifs se terminant en **-o**, on remplace ce dernier par **-a** :

  mi hermano pequeño ➜ **mi hermana pequeña**
  mon petit frère — *ma petite sœur*

- Certains adjectifs de nationalité forment leur féminin en ajoutant un **-a** :

  el portero barcelonés ➜ **la vida barcelonesa**
  le gardien de but barcelonais — *la vie barcelonaise*

- Cette règle s'applique également aux adjectifs qui se terminent en **-or** (à l'exception des comparatifs irréguliers), **-án**, **-ón**, **-ín** :

  un niño encantador ➜ **una niña encantadora**
  un petit garçon charmant — *une petite fille charmante*
  un hombre holgazán ➜ **una mujer holgazana**
  un homme oisif — *une femme oisive*

➢ Notez que l'accent sur la dernière syllabe disparaît au féminin.

- Les autres adjectifs ne changent pas :

un niño feliz ➜ **una infancia feliz**
un enfant heureux — *une enfance heureuse*
el collar verde ➜ **la falda verde**
le collier vert — *la jupe verte*

3.2 Au **pluriel**, les adjectifs subissent les transformations suivantes :

- Si en position finale on a une voyelle non accentuée, on ajoute **-s** :

una casa vieja ➜ **unas casas viejas**
une vieille maison — *de vieilles maisons*

- Si l'on a une voyelle accentuée ou une consonne, on ajoute **-es** :

un médico iraní ➜ **unos médicos iraníes**
un médecin iranien — *des médecins iraniens*
un examen fácil ➜ **unos exámenes fáciles**
un examen facile — *des examens faciles*

➢ Si la dernière syllabe se termine par une voyelle accentuée et un **-s**, l'accent disparaît au pluriel :

un río francés ➜ **unos ríos franceses**
une rivière française — *des rivières françaises*

- Quand la dernière lettre est un **-z**, elle devient **-c** au pluriel :

un día feliz ➜ **unos días felices**
un jour heureux — *des jours heureux*

3.3 Les adjectifs suivants perdent leur dernière voyelle ou syllabe devant un nom masculin singulier :

bueno ▲ malo ▲ alguno ▲ ninguno ▲ uno ▲ primero ▲ tercero ▲ grande ▲ ciento ▲ cualquiera ▲ santo

algún libro
un livre quelconque
cien años
cent ans
un gran actor
un grand acteur
cualquier día
n'importe quel jour

3.4 **Les comparatifs**

- **más... que...** et **menos... que...** s'emploient respectivement pour dire « plus... que... » et « moins... que... » :

una razón más seria
une raison plus sérieuse

Es más alto que mi hermano.
Il est plus grand que mon frère.
una película menos conocida
un film moins connu
Luis es menos tímido que tú.
Luis est moins timide que toi.

- Pour dire « aussi… que » on emploie **tanto** + nom + **como…** ou **tan** + adjectif ou adverbe + **como…** :

Pablo tenía tanto miedo como yo.
Pablo avait aussi peur que moi.
No es tan grande como creía.
Ce n'est pas aussi grand que je croyais.

3.5 Les superlatifs

- Ceux-ci se forment souvent à partir des tournures **el**/**la**/**los**/**las… más…** pour « le/la/les… le plus… » ou **el**/**la**/**los**/**las… menos…** pour « le/la/les… le moins… » :

el caballo más veloz
le cheval le plus rapide

la niña menos habladora
la fillette la moins bavarde

- On peut former le superlatif absolu (« très, extrêmement » suivi d'un adjectif) en ajoutant **-ísimo**/**a**/**os**/**as** à l'adjectif s'il se termine par une consonne, ou à sa racine s'il se termine par une voyelle :

Mi tío era muy rico. → **Se hizo riquísimo.**
Mon oncle était très riche. → *Il est devenu très riche.*

➢ Notez qu'il est parfois nécessaire de modifier la forme finale de l'adjectif quand on ajoute **-ísimo** :

muy rico → **riquísimo**

muy feroz → **ferocísimo**

3.6 Certains adjectifs ont des **comparatifs** et **superlatifs irréguliers** :

bueno → **mejor (que)** → **el mejor**
malo → **peor (que)** → **el peor**

Grande et **pequeño** ont des comparatifs et des superlatifs réguliers et irréguliers. Les comparatifs irréguliers sont employés le plus souvent pour exprimer l'âge, un ordre de grandeur abstrait ou un degré d'importance. Les formes régulières servent surtout à décrire la taille physique, concrète :

grande → **mayor** *ou* **más grande (que)** → **el más grande** *ou* **el mayor**
pequeño → **menor** *ou* **más pequeño (que)** → **el más pequeño** *ou* **el menor**

la hija menor
la fille cadette
las mayores dificultades
les plus grandes difficultés
Este plato es más grande que aquel.
Cette assiette-ci est plus grande que celle-là.

3.7 Les adjectifs démonstratifs

masculin singulier : **este** ▲ **ese** ▲ **aquel** *(ce, cet)*
féminin singulier : **esta** ▲ **esa** ▲ **aquella** *(cette)*
masculin pluriel : **estos** ▲ **esos** ▲ **aquellos** *(ces)*
féminin pluriel : **estas** ▲ **esas** ▲ **aquellas** *(ces)*

Les adjectifs démonstratifs précèdent généralement le nom et s'accordent toujours en genre et en nombre.

Les formes **este**/**a**/**os**/**as** sont employées pour parler d'une chose relativement proche.

Me llevo esta falda. ¿Cuánto es?
Je prends cette jupe. Elle coûte combien ?

Les formes **ese**/**a**/**os**/**as** sont employées :

- pour créer une distance vis-à-vis de la personne qui parle et une proximité avec la personne à qui elle s'adresse, ou lorsque la chose dont on parle se trouve à une distance intermédiaire :

Ese periódico en el que escribes...
Ce journal dans lequel tu écris...

No me gustan esos cuadros.
Je n'aime pas ces tableaux.

Les formes **aquel**/**la**/**los**/**las** sont employées pour exprimer l'idée d'éloignement dans l'espace ou dans le temps :

Aquellos años sí que fueron felices.
Ces années-là ont vraiment été très heureuses.

3.8 Les adjectifs interrogatifs

masculin : **¿qué?** ▲ **¿cuánto(s)?**
féminin : **¿qué?** ▲ **¿cuánta(s)?**

¿Qué instrumentos toca Vd.?
De quels instruments jouez-vous ?
¿Cuánto dinero te queda?
Combien d'argent est-ce qu'il te reste ?

¿Cuántas personas van a venir?
Combien de personnes viennent ?

3.9 Les **adjectifs possessifs** s'accordent en genre et en nombre avec le nom et peuvent prendre deux formes.

- La **forme faible** ou **atone** de l'adjectif possessif se place toujours avant le nom :

masculin singulier : **mi ▲ tu ▲ su ▲ nuestro ▲ vuestro ▲ su**
féminin singulier : **mi ▲ tu ▲ su ▲ nuestra ▲ vuestra ▲ su**
masculin pluriel : **mis ▲ tus ▲ sus ▲ nuestros ▲ vuestros ▲ sus**
féminin pluriel : **mis ▲ tus ▲ sus ▲ nuestras ▲ vuestras ▲ sus**

Pilar ha traído nuestros libros.
Pilar a apporté nos livres.
¿Han vendido su coche tus vecinos?
Tes voisins ont-ils vendu leur voiture ?

Su(s) peut signifier « son », « sa », « ses », « votre » (**Vd.**, **Vds.**) ou « leur(s) », c'est pourquoi il est souvent nécessaire d'apporter une clarification, en employant par exemple **de él**, **de ella**, **de Vds** :

su casa ➜ **la casa de él**
sus amigos ➜ **los amigos de Vd.**
su abrigo ➜ **el abrigo de ella**

- La **forme accentuée** de l'adjectif possessif se place après le nom :

masculin singulier : **mío ▲ tuyo ▲ suyo ▲ nuestro ▲ vuestro ▲ suyo**
féminin singulier : **mía ▲ tuya ▲ suya ▲ nuestra ▲ vuestra ▲ suya**
masculin pluriel : **míos ▲ tuyos ▲ suyos ▲ nuestros ▲ vuestros ▲ suyos**
féminin pluriel : **mías ▲ tuyas ▲ suyas ▲ nuestras ▲ vuestras ▲ suyas**

- La forme accentuée s'emploie pour traduire des tournures comme « un de tes », « un de mes ». Si elle est placée en attribut, elle peut signifier « à moi, à toi, à lui/elle », etc. :

Es un capricho suyo.
C'est un de ses caprices.

un amigo nuestro
un ami à nous

- Elle peut être également employée pour s'adresser à quelqu'un :

hija mía
ma fille

¡Dios mío!
Mon Dieu !

3.10 **Les adjectifs indéfinis :**

algún, alguna, algunos, algunas ▲ ambos(as) ▲ cada ▲ cierto(a)/s ▲ cualquiera/cualesquiera ▲ los (las) demás ▲ mismo(a)/s ▲ mucho(a)/s ▲ ningún, ninguna, ningunos, ningunas ▲ otro(a)/s ▲ poco(a)/s ▲ tal(es) ▲ tanto(a)/s ▲ todo(a)/s ▲ varios(as)

algún día
un jour

alguna razón
quelque raison

- **otro** n'est jamais précédé d'un article indéfini :

¿Me das otra manzana?
Tu me donnes une autre pomme ?
Prefiero estos otros zapatos.
Je préfère ces autres chaussures.

4 Le verbe et le groupe verbal

4.1 Ser et estar

L'espagnol a deux verbes « être », **ser** et **estar**, qui ne sont pas interchangeables. Chacun s'emploie de façon bien précise.

4.2 Ser s'emploie :

- avec un adjectif pour décrire une qualité intrinsèque :

Mi hermano es alto.
Mon frère est grand.

María es inteligente.
María est intelligente.

- avec les professions et les nationalités :

Javier es aviador.
Javier est aviateur.

Sus padres son italianos.
Ses parents sont italiens.

- dans l'expression de la possession :

La casa es de Miguel.
La maison appartient à Miguel.

- dans l'expression de l'origine, ou pour dire de quoi quelque chose est fait :

Mi hermana es de Granada.
Ma sœur est de Grenade.

Las paredes son de ladrillo.
Les murs sont en brique.

- avec un nom, un pronom ou un infinitif :

Soy yo, Enrique.
C'est moi, Enrique.

Todo es proponérselo.
Le tout est de s'y mettre.

- avec les heures et les jours de la semaine :

Son las tres y media.
Il est trois heures et demie.

Mañana es sábado.
Demain c'est samedi.

- pour former le passif :

Las puertas eran cerradas sigilosamente.
Les portes étaient fermées en silence.

4.3 **Estar s'emploie** :

- pour indiquer où se trouve telle ou telle chose :

La comida está en la mesa.
Le repas est sur la table.

- avec un adjectif ou une locution adjectivale exprimant une qualité ou un état temporaire ou exceptionnel :

Su amigo está enfermo.
Son ami est malade.

Hoy estoy de mal humor.
Je suis de mauvaise humeur aujourd'hui.

El lavabo está ocupado.
Les toilettes sont occupées.

Las tiendas están cerradas.
Les magasins sont fermés.

- avec le gérondif, pour former les temps progressifs :

Estamos aprendiendo mucho.
Nous apprenons beaucoup.

4.4 **Bien qu'ils ne soient pas interchangeables, on peut trouver aussi bien ser que estar avec certains adjectifs. Dans ces cas-là, ser exprime une qualité permanente ou intrinsèque, tandis que estar exprime un état ou une qualité temporaire :**

Su hermana es joven.
Sa sœur est jeune.

Es un borracho.
C'est un ivrogne.

Está muy joven con ese vestido.
Elle fait très jeune dans cette robe.

Está borracho.
Il est ivre.

4.5 Il existe trois **groupes de verbes** :

- Les verbes du **premier groupe** se terminent en **-ar**, comme **hablar**, « parler ».
- Les verbes du **second groupe** se terminent en **-er**, comme **comer**, « manger ».

- Les verbes du **troisième groupe** se terminent en **-ir**, comme **vivir**, « vivre ».

4.6 Règles de formation des temps simples

- Pour former le présent, l'imparfait, le prétérit et les subjonctifs présent et imparfait, on remplace la terminaison de l'infinitif (**-ar**, **-er** ou **-ir**) par les terminaisons de ces temps.
- Pour former le futur et le conditionnel, on garde l'infinitif tel quel pour lui ajouter les terminaisons qui conviennent.

4.7 Les **terminaisons** des trois groupes sont les suivantes.

- **1er groupe** - verbes en **-ar** :

	présent	imparfait	prétérit
(yo)	**-o**	**-aba**	**-é**
(tú)	**-as**	**-abas**	**-aste**
(él/ella/Vd.)	**-a**	**-aba**	**-ó**
(nosotros/as)	**-amos**	**-ábamos**	**-amos**
(vosotros/as)	**-áis**	**-abais**	**-asteis**
(ellos/as/Vds.)	**-an**	**-aban**	**-aron**

	subjonctif présent	subjonctif imparfait
(yo)	**-e**	**-ara** *ou* **-ase**
(tú)	**-es**	**-aras** *ou* **-ases**
(él/ella/Vd.)	**-e**	**-ara** *ou* **-ase**
(nosotros/as)	**-emos**	**-áramos** *ou* **-ásemos**
(vosotros/as)	**-éis**	**-arais** *ou* **-aseis**
(ellos/as/Vds.)	**-en**	**-aran** *ou* **-asen**

	futur	conditionnel
(yo)	**-é**	**-ía**
(tú)	**-ás**	**-ías**
(él/ella/Vd.)	**-á**	**-ía**
(nosotros/as)	**-emos**	**-íamos**
(vosotros/as)	**-éis**	**-íais**
(ellos/as/Vds.)	**-án**	**-ían**

- **2e groupe** - verbes en **-er** :

	présent	imparfait	prétérit
(yo)	**-o**	**-ía**	**-í**
(tú)	**-es**	**-ías**	**-iste**
(él/ella/Vd.)	**-e**	**-ía**	**-ió**
(nosotros/as)	**-emos**	**-íamos**	**-imos**
(vosotros/as)	**-éis**	**-íais**	**-isteis**
(ellos/as/Vds.)	**-en**	**-ían**	**-ieron**

	subjonctif présent	subjonctif imparfait
(yo)	**-a**	**-iera** *ou* **-iese**
(tú)	**-as**	**-ieras** *ou* **-ieses**
(él/ella/Vd.)	**-a**	**-iera** *ou* **-iese**
(nosotros/as)	**-amos**	**-iéramos** *ou* **-iésemos**
(vosotros/as)	**-áis**	**-ierais** *ou* **-ieseis**
(ellos/as/Vds.)	**-an**	**-ieran** *ou* **-iesen**

	futur	conditionnel
(yo)	**-é**	**-ía**
(tú)	**-ás**	**-ías**
(él/ella/Vd.)	**-á**	**-ía**
(nosotros/as)	**-emos**	**-íamos**
(vosotros/as)	**-éis**	**-íais**
(ellos/as/Vds.)	**-án**	**-ían**

- **3e groupe** - verbes en **-ir** :

	présent	imparfait	prétérit
(yo)	**-o**	**-ía**	**-í**
(tú)	**-es**	**-ías**	**-iste**
(él/ella/Vd.)	**-e**	**-ía**	**-ió**
(nosotros/as)	**-imos**	**-íamos**	**-imos**
(vosotros/as)	**-ís**	**-íais**	**-isteis**
(ellos/as/Vds.)	**-en**	**-ían**	**-ieron**

	subjonctif présent	subjonctif imparfait
(yo)	**-a**	**-iera** *ou* **-iese**
(tú)	**-as**	**-ieras** *ou* **-ieses**
(él/ella/Vd.)	**-a**	**-iera** *ou* **-iese**
(nosotros/as)	**-amos**	**-iéramos** *ou* **-iésemos**
(vosotros/as)	**-áis**	**-ierais** *ou* **-ieseis**
(ellos/as/Vds.)	**-an**	**-ieran** *ou* **-iesen**

	futur	conditionnel
(yo)	**-é**	**-ía**
(tú)	**-ás**	**-ías**
(él/ella/Vd.)	**-á**	**-ía**
(nosotros/as)	**-emos**	**-íamos**
(vosotros/as)	**-éis**	**-íais**
(ellos/as/Vds.)	**-án**	**-ían**

4.8 Le **présent** permet :

- de parler du présent en général, de ce qui est habituel, de ce qui arrive régulièrement :

  Lee mucho.
  Elle lit beaucoup.

- de parler du futur :

  Mañana voy a Madrid.
  Demain je vais à Madrid.

- à la forme progressive (**estar** + participe présent), de parler d'une action qui est en cours au moment où l'on parle :

  Está leyendo.
  Elle est en train de lire.

4.9 Le **futur** a souvent le même emploi qu'en français. Le futur proche est souvent exprimé avec la tournure **ir** + **a** + infinitif :

Lo haré mañana.
Je le ferai demain.

Va a perder el tren.
Il va rater son train.

➢ Le futur peut également servir à exprimer une hypothèse :

Serán las dos.
Il doit être deux heures.

- Pour dire que quelque chose sera fait ou se sera passé à un moment dans le futur, on peut utiliser le **futur antérieur**, qui permet aussi d'émettre des hypothèses sur des événements récents :

  Ya habrán llegado a casa.
  Ils doivent être arrivés chez eux maintenant.

- De la même manière que le futur s'emploie pour formuler des hypothèses par rapport au présent, on a recours au **conditionnel** pour les hypothèses dans le passé :

  Serían las dos.
  Il devait être deux heures.

  Tendría unos veinte años.
  Elle devait avoir une vingtaine d'années.

4.10 Comme en français, l'**imparfait** espagnol s'emploie :

- pour évoquer une action ou un état passés sans idée de début ou de fin :

  Todos mirábamos en silencio.
  Nous regardions tous en silence.

- pour parler d'une habitude dans le passé :

  Hablábamos sin parar durante horas.
  Nous discutions des heures sans nous arrêter.

4.11 L'emploi du **passé simple** ou **prétérit** est beaucoup plus étendu en espagnol qu'en français, puisqu'il est également utilisé à l'oral pour évoquer un événement ou une action passés sans lien avec le présent :

Me desperté y salté de la cama.
Je me suis réveillé et j'ai sauté du lit.

4.12 Le **passé antérieur** s'emploie principalement quand le verbe de la principale est au prétérit :

Apenas hubo acabado, se oyeron unos golpes en la puerta.
Elle eut à peine fini qu'on entendit frapper à la porte.

4.13 Le **subjonctif** s'emploie fréquemment en espagnol :

- après les verbes exprimant un souhait :

  querer que ▲ desear que

  Queremos que estés contenta.
  Nous voulons que tu sois heureuse.

- avec les verbes exprimant le regret, la surprise, la honte, le plaisir :

sentir que ▲ sorprender que ▲ alegrarse de que

Sentí mucho que no viniera.
J'ai vraiment regretté qu'il ne vienne pas.
Me alegro de que te gusten.
Cela me fait plaisir que tu les aimes.

- avec les verbes d'ordre, d'interdiction, d'autorisation :

mandar que ▲ ordenar que ▲ permitir que
dejar que ▲ prohibir que ▲ impedir que

Ordenó que fueran castigados.
Il a ordonné qu'ils soient punis.
No me dejó que la llevara a casa.
Elle ne m'a pas laissé la ramener chez elle.

- avec les verbes exprimant le doute, l'incertitude, et les verbes d'opinion employés de façon négative :

dudar que ▲ no creer que ▲ no pensar que

Dudo que lo sepan hacer.
Je doute qu'ils sachent le faire.

- dans les constructions impersonnelles exprimant la nécessité, la possibilité, etc. :

hace falta que ▲ es necesario que ▲ es posible que
más vale que ▲ es una lástima que

¿Hace falta que vaya Jaime?
Est-ce qu'il faut que Jaime y aille ?
Más vale que se quede Vd. en su casa.
Il vaut mieux que vous restiez à la maison.

- dans les propositions relatives dont l'antécédent est négatif, indéfini ou indéterminé :

No he encontrado a nadie que la conociera.
Je n'ai rencontré personne qui la connaisse.
Necesito a alguien que sepa conducir.
J'ai besoin de quelqu'un qui sache conduire.

- dans les phrases conditionnelles, dans la proposition comportant **si**, là où le français emploie l'imparfait :

Si fuéramos en coche llegaríamos a tiempo.
Si nous y allions en voiture, nous arriverions à temps.

- avec certaines conjonctions :

para que ▲ a fin de que ▲ como si ▲ sin que ▲ a condición de que ▲ con tal (de) que ▲ siempre que ▲ a menos que ▲ a no ser que ▲ antes (de) que ▲ no sea que ▲ mientras (que) ▲ (el) que

Saldremos de paseo a menos que esté lloviendo.
Nous sortirons faire un tour à moins qu'il ne pleuve.
Avísale antes de que sea demasiado tarde.
Préviens-le avant qu'il ne soit trop tard.

- après des expressions comme :

cuando ▲ en cuanto ▲ tan pronto como hasta que ▲ mientras ▲ siempre que ▲ aunque después (de) que

- on peut trouver soit l'indicatif, soit le subjonctif ; ce dernier est employé lorsqu'on évoque des événements futurs ou hypothétiques, par opposition à l'indicatif, qui s'applique à des faits ou ou à des événements vérifiables :

Quédate aquí hasta que volvamos.
Reste ici jusqu'à ce que nous revenions.
No hablen en voz alta mientras estén ellos aquí.
Ne parlez pas à voix haute tant qu'ils sont ici.

4.14 La concordance des temps

- Si le verbe de la proposition principale est au présent, au futur ou à l'impératif, le verbe de la subordonnée sera au subjonctif présent ou passé :

Quiero que lo hagas. (prés. + subj. prés.)
Je veux que tu le fasses.

Temo que no haya venido. (prés. + subj. passé)
Je crains qu'il ne soit pas venu.

Iremos por aquí para que no nos vean. (futur + subj. prés.)
Nous passerons par ici pour qu'ils ne nous voient pas.

- Si le verbe de la proposition principale est au conditionnel ou à un temps du passé, le verbe de la subordonnée sera au subjonctif imparfait ou au plus-que-parfait du subjonctif :

Me gustaría que llegaras temprano. (cond. + subj. imparf.)
J'aimerais que tu arrives tôt.

Les pedí que me esperaran. (prétérit + subj. imparf.)
Je leur ai demandé de m'attendre.

Sentiría mucho que hubiese muerto. (cond. + subj. plus-que-parf.)
Je serais vraiment triste s'il était mort.

4.15 On emploie **l'impératif** pour donner des ordres ou des instructions :

- Pour les ordres positifs :
  - les formes correspondant à **Vd., Vds., nosotros** sont les mêmes qu'au subjonctif présent
  - la forme correspondant à **tú** est celle de la troisième personne du singulier au présent de l'indicatif
  - pour **vosotros**, le **-r** final de l'infinitif se transforme en **-d**.

	hablar	comer	vivir
(tú)	**habla**	**come**	**vive**
(Vd.)	**hable**	**coma**	**viva**
(nosotros)	**hablemos**	**comamos**	**vivamos**
(vosotros)	**hablad**	**comed**	**vivid**
(Vds.)	**hablen**	**coman**	**vivan**

- Dans les ordres négatifs, toutes les formes sont strictement identiques à celles du subjonctif présent.
- Le pronom complément s'accolé à la fin du verbe dans les impératifs affirmatifs, et se place avant le verbe dans les impératifs négatifs :

Perdóneme.
Pardonnez-moi.

No me molestes.
Ne me dérange pas.

Devuélvaselo.
Rendez-le-lui.

No se la devolvamos.
Ne la lui rendons pas.

4.16 Les **temps composés** espagnols se forment à partir du verbe auxiliaire **haber** et du participe passé du verbe :

- le passé composé = **haber** au présent + participe passé

(yo) he hablado
j'ai parlé

- le plus-que-parfait = **haber** à l'imparfait + participe passé

(yo) había hablado
j'avais parlé

- le futur antérieur = **haber** au futur + participe passé

  (yo) habré hablado
  j'aurai parlé
- le conditionnel passé = **haber** au conditionnel + participe passé

  (yo) habría hablado
  j'aurais parlé
- le passé antérieur = **haber** au prétérit + participe passé

  (yo) hube hablado
  j'eus parlé
- le subjonctif passé = **haber** au subjonctif présent + participe passé

  que (yo) haya hablado
  que j'aie parlé
- le plus-que-parfait du subjonctif = **haber** à l'imparfait du subjonctif + participe passé

  que (yo) hubiera/hubiese hablado
  que j'eusse parlé

4.17 Formation du participe passé des verbes réguliers

- Pour les verbes du premier groupe, on remplace **-ar** par **-ado** :

  cantar → cantado
- Pour les verbes du second groupe, on remplace **-er** par **-ido** :

  comer → comido
- Pour les verbes du troisième groupe, on remplace **-ir** par **-ido** :

  vivir → vivido

4.18 L'infinitif des **verbes réfléchis** se termine par le pronom réfléchi **se** : **levantarse** « se lever », **lavarse** « se laver ».

Les pronoms réfléchis employés dans les formes conjuguées de ces verbes sont :

singulier : **me ▲ te ▲ se**
pluriel : **nos ▲ os ▲ se**

- Sauf pour l'infinitif, le gérondif et les impératifs affirmatifs, le pronom se place avant le verbe :

Me acuesto temprano.
Je me couche tôt.

No te levantes.
Ne te lève pas.

- À l'infinitif, au gérondif et dans les phrases impératives affirmatives, le pronom suit le verbe et s'y accole :

Quiero irme.
Je veux m'en aller.
Siéntense.
Asseyez-vous.
Estoy levantándome.
Je suis en train de me lever.
Vámonos.
Allons-y.

- Dans les deux premières phrases, le pronom peut aussi se placer avant le verbe :

Me quiero ir.
Me estoy levantando.

4.19 Le **gérondif** se forme en remplaçant la terminaison de l'infinitif par **-ando** pour les verbes réguliers en **-ar** et par **-iendo** pour ceux en **-er** ou en **-ir**.

Le gérondif s'emploie :

- après le verbe **estar** pour former les temps progressifs :

Estoy escribiendo una carta.
Je suis en train d'écrire une lettre.
Estaban esperándonos.
Ils nous attendaient.

- après les verbes **seguir**, **continuar** et **ir** quand celui-ci exprime l'idée d'une progression :

Sigue viniendo todos los días.
Il continue de venir tous les jours.
El ejército iba avanzando poco a poco.
L'armée avançait peu à peu.

- dans les constructions temporelles comme **llevar** (« il y a... que..., cela fait... que... ») :

Lleva dos años estudiando inglés.
Cela fait deux ans qu'il étudie l'anglais.

- pour préciser la manière dont on fait quelque chose :

Llegó corriendo.
Il est arrivé en courant.

4.20 **Expression de l'habitude** :

Pour évoquer un événement habituel, on emploie le verbe **soler** suivi d'un verbe à l'infinitif :

Suelo ir al cine los miércoles.
Je vais au cinéma le mercredi.
Mi abuelo solía emplear esta fórmula.
Mon grand-père employait souvent cette formule.

4.21 Expression de l'obligation

On emploie les tournures **tener que**, **deber** ou **hay que** suivies de l'infinitif :

Tenemos que salir temprano mañana.
Nous devons sortir tôt demain.
Debo visitarles.
Je dois leur rendre visite.
Hay que entrar por ese lado.
Il faut entrer par là.

- On peut également utiliser les tournures **hace falta (que)** ou **es preciso (que)**. Ces expressions ont une forme personnelle, suivie du subjonctif, ou impersonnelle, suivie de l'infinitif :

Hace falta que les vaya a visitar.
Je dois leur rendre visite.
Hace falta levantarse a las cinco cada mañana.
Il faut se lever à cinq heures tous les matins.

4.22 Expression de l'hypothèse

On emploie des structures impersonnelles comme **es posible que** ou **puede (ser) que** suivies du subjonctif :

Es posible que esté enfermo.
Il est possible qu'il soit malade.

Puede (ser) que no lo sepa.
Il se peut qu'elle ne le sache pas.

4.23 On forme les **phrases négatives** en insérant **no** entre le sujet et le verbe (et n'importe quel pronom objet le précédant) :

Este coche es suyo. ➜ **Este coche no es suyo.**
Cette voiture est à lui. *Cette voiture n'est pas à lui.*
Yo me lo pondré. ➜ **Yo no me lo pondré.**
Je le mettrai. *Je ne le mettrai pas.*

4.24 Les **doubles négations** les plus courantes sont :

no... nada ▲ no... nadie ▲ no... más ▲ no... nunca ▲ no... jamás ▲ no... más que ▲ no... ningún/ninguno(a) ▲ no... tampoco ▲ ni... ni ▲ no... ni siquiera

- **No** précède le verbe (et tout pronom complément) à tous les temps ; le deuxième élément de la négation suit le verbe.

No ha venido ni siquiera Juan.
Même Juan n'est pas venu.

No dicen nada.
Ils ne disent rien.

- Le deuxième élément de la négation est parfois placé avant le verbe (à l'exception de **más** et **más que**) et **no** est supprimé :

Nadie ha venido hoy.
Personne n'est venu aujourd'hui.

Nunca me han gustado.
Je ne les ai jamais aimés.

4.25 Certaines **constructions verbales** espagnoles fonctionnent différemment du français.

gustar ▲ encantar ▲ faltar ▲ quedar ▲ doler

L'élément qui est sujet en français devient complément d'objet indirect en espagnol et le complément d'objet direct du verbe français devient sujet en espagnol :

J'aime cette maison. (sujet : « je » ; complément d'objet direct : « cette maison »)
Esa casa me gusta. (sujet : **esa casa** ; complément d'objet indirect : **me**)

Me gustan más éstas.
Je préfère celles-ci.

Me duele la cabeza.
J'ai mal à la tête.

5 Les adverbes

5.1 On forme généralement les adverbes en ajoutant **-mente** au féminin de l'adjectif. Les accents de l'adjectif ne sont pas modifiés, l'accent tonique de **-mente** étant indépendant :

adjectif féminin		*adverbe*
lenta	➜	**lentamente**
fácil	➜	**fácilmente**

➢ Notez que **-mente** est omis dans les premiers adverbes quand plusieurs adverbes reliés par une conjonction se succèdent :

Lo hicieron lenta pero eficazmente.
Ils l'ont fait lentement mais efficacement.

5.2 Les adverbes suivants sont irréguliers :

bueno ➜ bien
malo ➜ mal

5.3 **Adverbes au comparatif et au superlatif**

- On emploie les constructions comparatives suivantes :

más... (que) ▲ menos... (que)
tanto como ▲ tan... como
tan... que ▲ demasiado... para
(lo) bastante... para ▲ (lo) suficientemente... para
cada vez más/menos

más de prisa
plus vite
Ganan tan poco como nosotros.
Ils gagnent aussi peu que nous.

- Pour les superlatifs, on place **más**/**menos** (« le plus/moins ») devant l'adverbe :

María es la que corre más/menos rápido.
María est celle qui court le plus/moins vite.

5.4 Certains adverbes ont un comparatif/superlatif irrégulier :

bien → mejor → (lo) mejor
mal → peor → (lo) peor
mucho → más → (lo) más
poco → menos → (lo) menos

6 Les prépositions

- Lorsque le complément d'objet direct d'un verbe est une personne ou un animal domestique, il doit être précédé de **a**. Cette règle ne s'applique pas au verbe **tener** :

Querían mucho a sus hijos.
Ils aimaient beaucoup leurs enfants.

- « par » ne peut pas se traduire par **para**, mais « pour » peut se traduire par **para** ou **por**:

Tiene que estar por aquí.
Il doit être par là.
Esta película ha sido vista por millones de espectadores.
Ce fi lm a été vu par des millions de spectateurs.
por avión
par avion
diez por ciento por año
dix pour cent par an
Anne luchó toda su vida por los derechos de la mujer.
Anne s'est battue toute sa vie pour les droits des femmes.
el interés de los jóvenes por el arte moderno
l'intérêt des jeunes pour l'art moderne

Te he dado este vestido para que lo lleves.
Je t'ai donné cette robe pour que tu la portes.
El tren para Burdeos sale a las tres de la tarde.
Le train pour Bordeaux part à 15 heures.
Son buenos para la salud.
Ils sont bons pour la santé.

7 Les nombres

7.1 Les nombres cardinaux

cero	0	ochenta	80
uno (un, una)	1	noventa	90
dos	2	cien (ciento)	100
tres	3	ciento uno (una)	101
cuatro	4	ciento dos	102
cinco	5	ciento diez	110
seis	6	ciento cuarenta y dos	142
siete	7	doscientos(as)	200
ocho	8	doscientos(as) uno (una)	201
nueve	9	doscientos(as) dos	202
diez	10	trescientos(as)	300
once	11	cuatrocientos(as)	400
doce	12	quinientos(as)	500
trece	13	seiscientos(as)	600
catorce	14	setecientos(as)	700
quince	15	ochocientos(as)	800
dieciséis	16	novecientos(as)	900
diecisiete	17	mil	1 000
dieciocho	18	mil uno (una)	1 001
diecinueve	19	mil dos	1 002
veinte	20	mil doscientos veinte	1 220
veintiuno	21	dos mil	2 000
veintidós	22	cien mil	100 000
treinta	30	doscientos(as) mil	200 000
treinta y uno	31	un millón	1 000 000
cuarenta	40	dos millones	2 000 000
cincuenta	50	mil millones	1 000 000 000
sesenta	60	un billón	1 000 000 000 000
setenta	70		

- **uno** perd son **o** devant les noms masculins et dans les nombres composés :

  un libro **treinta y un niños**

- 1, 21, 31 etc. ainsi que 200, 300, 400, etc. ont des formes féminines :

  cuarenta y una piezas **quinientas libras**

- **ciento** s'emploie quand le nombre qui suit s'y ajoute ; lorsque **ciento** est multiplié ou placé devant un nom, il devient **cien** :

  ciento cuatro (104), mais **cien euros** (*100 euros*), **cien mil** (100 000)

7.2 Les nombres ordinaux

primero (primer, primera)	1er, 1ère	undécimo(a)	11e
segundo(a)	2e	duodécimo(a)	12e
tercer(o)(a)	3e	decimotercer(o)(a)	13e
cuarto(a)	4e	decimocuarto(a)	14e
quinto(a)	5e	decimoquinto(a)	15e
sexto(a)	6e	decimosexto(a)	16e
séptimo(a)	7e	decimoséptimo(a)	17e
octavo(a)	8e	decimoctavo(a)	18e
noveno(a)	9e	decimonoveno(a)	19e
décimo(a)	10e	vigésimo(a)	20e

- Les ordinaux s'accordent en genre et en nombre avec le nom qu'ils accompagnent :

  la primera vez
  la première fois

  Felipe segundo
  Philippe II

- **Primero** et **tercero** perdent leur **o** devant un nom masculin singulier :

  el primer premio
  le premier prix

  el tercer día
  le troisième jour

- À partir de **décimo**, les ordinaux sont rarement employés et sont remplacés par le cardinal correspondant placé directement après le nom :

  el siglo diecisiete
  le dix-septième siècle

  en el piso trece
  au treizième étage

  Sauf dans le cas de : **vigésimo(a)** (*vingtième*, sauf avec les titres royaux et les siècles), **centésimo(a)** (*centième*), **milésimo(a)** (*millième*), **millonésimo(a)** (*millionième*).

Achevé d'imprimer en avril 2021 Italie par Grafica Veneta S.p.A.
N° d'éditeur : 10273596-10273597- Dépôt légal : juin 2020